黄恩彤文集 一

〔清〕黄恩彤 撰

魏伯河 點校

齊魯書社

圖書在版編目(CIP)數據

黄恩彤文集:全5册/(清)黄恩彤撰;魏伯河點校. --濟南:齊魯書社,2021.1
ISBN 978-7-5333-4065-0

Ⅰ.①黄… Ⅱ.①黄…②魏… Ⅲ.①黄恩彤(1801—1883)—文集 Ⅳ.①Z424.9

中國版本圖書館CIP數據核字(2019)第000249號

策劃編輯/孔　帥
責任編輯/孔　帥　班文冲　昝婷婷
裝幀設計/李　生　郭　覲

黄恩彤文集
〔清〕黄恩彤 撰
魏伯河 點校

主管單位	山東出版傳媒股份有限公司
出版發行	齊魯書社
社　　址	濟南市英雄山路189號
郵　　編	250002
網　　址	www.qlss.com.cn
電子郵箱	qilupress@126.com
營銷中心	(0531)82098521　82098519　82098517
印　　刷	日照日報印務中心
規　　格	16開(170mm×240mm)
印　　張	159.75
插　　頁	17
字　　數	2556千
版　　次	2021年1月第1版
印　　次	2021年1月第1次印刷
標準書號	ISBN 978-7-5333-4065-0
定　　價	**1200.00圓(全五册)**

黄恩彤畫像（寧陽縣博物館藏）

黄恩彤故居（于勇攝於 2006 年 6 月）

黄氏祠堂（于勇攝於 2006 年 6 月）

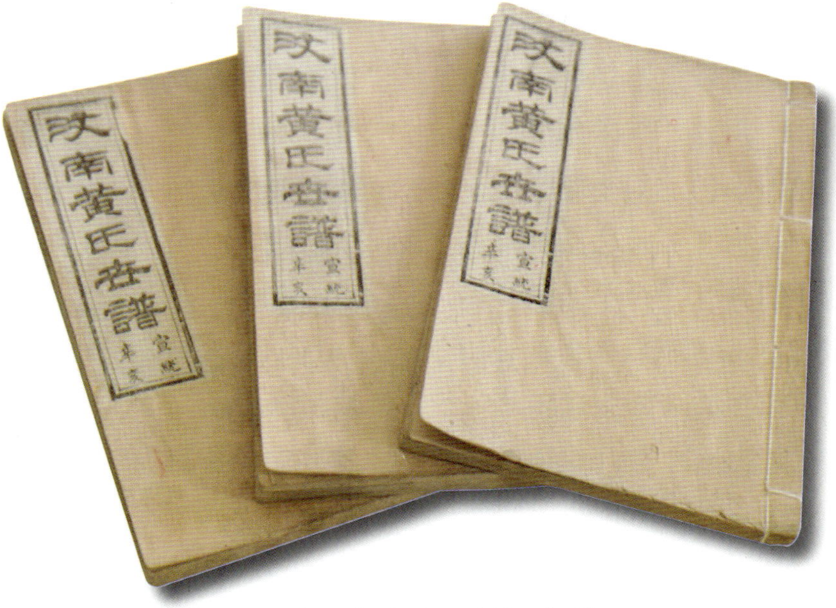

《汶南黃氏世譜》書影

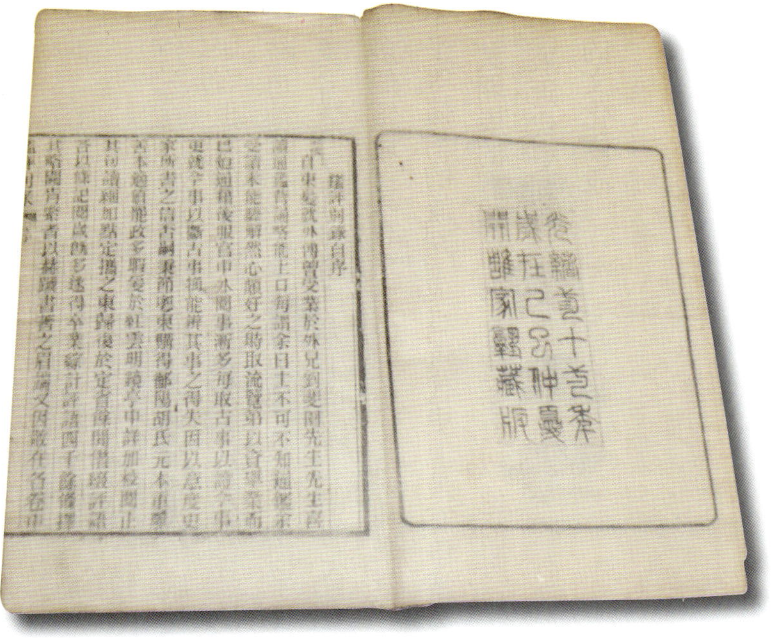

《鑒評别録》書影

前言

在晚清的官員和學者中，黃恩彤（一八〇一——一八八三）是一個頗具典型性并具有較大争議的人物。他是傳統儒學陶冶出來的士大夫，又是較早接觸洋務、睁眼看世界的先驅；既是施政有方的官場能吏，又是治學有成的文史名家。在他身上，幾乎集合了全部的傳統道德：他講求經世致用，是修齊治平理想的忠實踐行者；但因生逢末世，歷經榮辱進退，走過了因時而變、與世浮沉的曲折人生道路。他的大量著作，涉及文學、史學、律學、農學、兵學、科舉、方志、譜牒、傳記等多個領域，具有重要的歷史、文學和學術價值。他因曾參與《南京條約》及其後的《五口通商章程》等中外不平等條約的談判，成爲近代史上最有争議的歷史人物之一，并曾一度被貼上『賣國官史』的標籤。近年學界對其開展的有關研究，才逐步還原他的歷史本來面目，給予比較客觀的評價。整理出版其代表性著作，將爲開展近代史和傳統文化研究提供一些有價值的資料，不僅有助於我們瞭解過去的時代，也將有助於我們今天的文化建設。

一

黃恩彤，原名丕范，字綺江，號石琴，别號南雪，另有筆名秀野亭生、堡壁遺民等。山東省寧陽縣添福莊（今屬蔣集鎮）人。出身於耕讀之家、書香門第。祖父黃尚瓅，字綉琳，『喜讀書，爲文典雅有體裁。乾隆初應童科，郡試第一，旋入庠，補增廣生，有名黌序。……中年遽卒，士論惜之』〔一〕；父親黄宗皋，字翹元，天資英敏，學業優秀，府縣考試名列前茅，因係家中唯一男丁，爲生計放弃科舉，力耕持家，并親自督促二子學業。他常以明朝忠臣楊繼盛名言教育晚輩：『我讓人，毋使人讓我；我容人，毋使人容我。』〔二〕黄恩彤五歲跟隨其兄黄恩霱入塾讀書，過目不忘，有神童之譽。

嘉慶二十年（一八一五），黄恩彤十五歲，獲縣試第一，道光二年（一八二二）中舉人，道光六年（一八二六）成進士，被任命爲刑部主事，從此步入仕途。

黄恩彤就職後，潛心律學，迅速表現出過人才幹，受到刑部尚書陳若霖的器重。當時有户部僞照、銀庫截餉、邪匪傳教三大疑案久拖未决，牽連數百人。黄恩彤被指派審理這三個案件。他『搜抉弊端，指擒首惡，窮治黨與，次第論如法。其株連無辜，悉縱遣之，一時翕然稱平允』〔三〕。接着被選充提牢，掌管刑部監獄；又改任專司修訂頒行法律的律例館提調，十餘年間查辦了大量疑案。其間曾一度出任熱河都統理刑司員，清廉自守，執法嚴明，『却翁牛特蒙古公賄，黜其爵』〔四〕；『佐理三載，蒙民悦服，代歸，送者絡繹過廣仁嶺，謝遣始去』；還多次隨朝臣閣老赴江蘇、安徽、浙江等地俯察民情，懲治污吏，政聲斐然。累遷刑部郎中。道光十九年（一八三九），出任順天鄉試同考官，首次參與科考事務；次年被委任爲廣西鄉試正考官，因選才得人，頗受朝野稱贊。隨後外放江南鹽巡道。當時江淮一帶鹽政鬆弛，走私猖獗，梟匪充斥。黄恩彤精心治理江面，『嚴核水程，遴委幹員，於出江過境鹽船不時抽查，起獲商私數十萬斤，禀請嚴辦』，使江南鹽務出現了前所未有的良好秩序。因政績突出，不到一年即被任命爲江蘇按察使并代理南京政務。

其後，黄恩彤調任廣東按察使，升布政使，再升廣東巡撫。他『因俗施治，擇要興除。粤省地處海疆，民風頑悍，盜劫、拜會、打單、搶掠等案，層見叠出。恩彤統籌全域，寬備緝捕經費，嚴定賞罰章程，選派文武，設法督同地方官，廣布綫目，兜截搜拿，陸續擒獲林大眉、黄悟空、陳昌基、劉亞聰、盧亞音等巨盗數百名，盡法懲治，匪徒震懾，農商獲安。弊革而吏不驚，事集而民不擾，清而不激，嚴而不苛，政績丕著』。黄恩彤自幼接受儒家傳統文化教育，懷抱『修齊治平』理想，此時年富力强，仕途坦蕩，正當大有作爲。但當時中國面臨前所未有的大變局，其个人命運便不可避免地隨着時代變遷而浮沉。

二

十九世紀四十年代，中國成爲西方列强的侵略擴張對象。清廷以『天朝上國』自居，盲目自大，不思進取；國内生産仍停留在農業和家庭手工業相結合的自給自足的自然經濟狀態；社會矛盾尖鋭，吏治腐敗日益嚴重，貪腐大案層出不窮。落後的政治制度和生産方式，尤其是長期的閉關鎖國政策，使統治者不可能正確認識自己、瞭解世界，以致在對外交往中動輒失策、處處被動。

一八三九年（道光十九年）六月三日，林則徐（一七八五—一八五〇）在虎門銷毁鴉片两萬餘箱，嚴重打擊了猖獗的鴉片走私活動，中英之間隨後産生一系列衝突、交涉。次年一月，林則徐根據道光皇帝旨意，宣布正式封港，永遠斷絶和英國的貿易，以爲這樣就可以杜絶鴉片之患，由此引發了第一次鴉片戰争。道光皇帝在戰與和之間舉棋不定，多年廢弛的邊防更是不堪一擊。英人在一年多時間裏，以有限軍隊連克廣州至天津的多處戰略要塞。一八四二年（道光二十二年）二月，英軍攻破長江門户吴淞口後溯江而上。八月四日，兵臨南京城下。清廷匆忙派遣兩江總督伊里布、欽差大臣耆英等赴南京與英人議和。耆英、伊里布等人秉承道光皇帝求和旨意，全盤接受英國侵略者提出的苛刻條件。黄恩彤臨危受命，擔任談判代表，成爲與英人交涉的主角，在簽訂《南京條約》中扮演了一個尷尬的角色。

黄恩彤此前雖從未涉足洋務，但對當時事態之嚴重及道光皇帝旨意是清楚的。被迫簽訂城下之盟，本身就是屈辱的事。然而『國策』已定，無力回天，作爲參與其事而没有决策權的黄恩彤，只能在力所能及範圍内爲大清王朝争取利益，『在諸如是否加蓋皇帝印璽、戰後賠款、英軍占領定海、鼓浪嶼、招寶山等問題上與英人力争。今天看來所争問題有些捨本逐末，但體現出黄恩彤在强敵面前的過人膽識，與朝廷大員的唯唯諾諾相比，他勇敢地争取國家利益，迫使英國作了一定程度的讓步』〔五〕。而對涉及主權的協定關税和治外法權等核心利益，則囿於時代局限，他却和當時的朝臣們一樣，認爲是兩便之事，拱手相讓。《南京條約》簽訂後，英國軍隊仍然騷擾民衆，黄恩彤『親赴夷船，囑夷酋禁約各夷，勿得滋擾百姓，酋即命將炮位兵械悉運回船，其占據之民房，概令退出，并禁各夷無事不許登岸，沿江居民始得稍安』〔六〕。

黄恩彤的表現，當時不僅贏得了朝野稱讚，也獲得談判英人的較高評價，被認爲『是中國最重要的將要起來的政治家之一。……他同外人接觸，不卑不亢，恰如其分，和其他中國人頗不相同』〔七〕。

《南京條約》條款只是一個框架，黄恩彤隨後被調任廣東按察使，繼續協助耆英參與處理善後事宜。税率與商行談判是黄恩彤發揮外交才能、盡最大努力維護清廷利益的外交實例。針對英人裁撤公行的要求，黄恩彤對上司伊里布提出兩套備選方案：一是裁撤公行，把原來的正税及各項附加費用一并歸海關徵收，每年海關收入可增加三倍；一是保留公行，將出入口大宗貨物税額逐件加增，冷僻貨物逐件議減，其所增之數百倍於所減之數。黄恩彤認爲，關鍵不在於公行是否存在，而在於實際操作過程中的貿易壟斷和營私舞弊。這顯然是看到了問題的實質。正像西方學者後來指出的：『主要的變革并不在於帝國的舊税率方面，而是在於要努力掃除深深植根於廣州貿易制度中的撈外快和收小費等一整套敲詐勒索制度。』〔八〕由此可以看出，黄恩彤當時已隱約認同了先進的自由貿易思想。

在談判簽訂《五口通商章程》及《海關税則》過程中，黄恩彤還挫敗了英國代表馬禮遜使鴉片貿易合法化的企圖。

一八四四年（道光二十四年）十二月十八日，黄恩彤在致港督大衛斯的信函中，對英人收銀（賠款）已清而不想退還質當（舟山、鼓浪嶼）的意圖給予揭露與抵制。在他的堅持下，舟山、鼓浪嶼按時復歸，避免了中國領土的進一步割讓。

總體而言，《南京條約》及其附件的簽訂，是中國歷史上涉外不平等條約的開端。協定關税和治外法權其實是不平等條約的核心，當時的清廷君臣却無人能認識到這一點，他們認爲治外法權不過是讓夷人管夷人，方便省事；協定關税可以省除争執，避免戰争。正如近人蔣廷黻所指出的：『道光年間的中國人，完全不懂國際公法和國際形勢，所以他們争所不當争，放弃所不應當放弃的。』〔九〕黄恩彤顯然也不可能超出這樣的局限。

黄恩彤在談判中的表現受到道光皇帝的贊賞。兩年中，他由觀察使升任布政使，再升廣東巡撫，躋身二品大員，成爲封疆大吏，并很快在地方治理上取得突出政績。但在此前後，英人入城與粤民反入城的鬥争却使他心力交瘁，并最終遭受了重大挫折。

黄恩彤認爲，不應該簡單抵制英人進入廣州城。他通過搜集各種外方情報，認爲英人對廣州的要求主要是通商而非領土要求，而『通商於彼此有利』，『粤之所以富甲諸省者，爲通商也，實通洋也，即通夷也』〔一〇〕。黄恩彤反對容易失控的『以民制夷』，認爲這種方式簡單粗暴，容易造成衝突，要求人民正確看待各國自由通商，因爲『今勿論我閉關絶市，即使彼忽然斂舶而去，羊城無業之若干萬人從何安頓哉？』〔一一〕這一觀點説明黃恩彤從實際出發，已經認識到中外之間經濟上互相依賴的關係，改變了傳統朝貢貿易體制下『天朝施恩於外夷而許通商』的觀念，從國計民生兩方面肯定了中外通商是東南沿海不可缺少的經濟活動，證明其經濟思想已走在時代前列。

黃恩彤不支持反入城鬥争，但明確反對英人用武力强行入城。當英國公使德庇時帶兵進入廣州要求交出同英人衝突的粵民時，黃恩彤嚴詞拒絶，他説：『以禮進城，地方官尚可曉諭紳民，酌量妥辦；若以兵進城，更有何説？但和議從此決裂，貿易從此禁斷，不知何人任其責！』〔一二〕迫使德庇時不得不退出廣州。在此期間，廣州民衆多次與英人發生糾紛，黃恩彤屢屢照會英領事，要求『在兩國交往中，必須不偏不倚……必須約束英國商人，使其勿使用暴力，任意壓制别人』〔一三〕，使英人放弃了强行進入廣州的做法。在中英衝突一時難以圓滿解決之際，黃恩彤提出允許英人兩年後進城，作爲緩兵之計。與此同時，他積極加强邊備，以閑置官銀貸給商人生息以備調撥，爲炮臺與兵船籌備錢糧，并勸導紳民捐銀在九龍修築石城和衙署炮臺以禦敵。赴香港談判時，黃恩彤在港逗留二十餘日，對英炮臺設置有初步瞭解，後在《上督部祁公論粵東炮臺戰船書》中，分析英海軍和我水師差别，强調以我之長攻敵之短。後來有學者論述黃恩彤這一意見是正確的，可惜當時未被采納〔一四〕。隨耆英到澳門與美國及法國談判簽訂《中美望厦條約》和《中法黃埔條約》後，到媽閣山游覽，黃恩彤在石壁上題詞明志：『蒼山峨峨，碧海回波，仗我佛力，除一切魔。』應該是其當時憤懣心情的真實吐露。黃恩彤曾上書道光帝：『該夷現雖釋怨就撫，而一切駕馭之方與防備之具均不可一日不講，但當示以恩信，妥爲羈縻，一面慎固海防，簡練軍實』〔一五〕，建議實行兩手準備。可見黃恩彤并非一味把國家安全寄托在求和與通商上，而是主張以軍事準備爲後盾，以期逐步扭轉被動局面。多年後，黃恩彤回憶這段經歷，自稱其間『中間一赴香港，再赴澳門，剛柔叠用，操縱互施，雖有時俯順其情，要未敢稍失國體』〔一六〕。時人梁廷枏（一七九六—一八六一）稱黃恩彤在廣東『相與委屈調停，事事彌縫，不使稍生衅隙』〔一七〕，是比較公道的。梁廷枏是當時廣東人民反入城鬥争的領袖之一，能這樣評價對反入城鬥争并不支持的黃恩彤，一方面反映了梁廷枏的胸懷和客觀態度，另一方面也見證了黃恩彤爲維護國家民族利益所進行的苦心經營。

此時朝中主戰派又占上風，黃恩彤反對入城的態度引起部分士紳反對，并受到朝臣彈劾。不久，在監臨文武鄉試中，又因『疏請年老武生給予武職虛銜』，被道光帝斥爲『違例』，經吏部嚴議，被借機『褫職』，但仍留在廣州協助耆英辦理洋務。不到一年，又以同知起用。一八四八年八月，黃恩彤因與當政官員徐廣縉、葉名琛政見不合，兼之其兄病故，遂請求回鄉奉養雙親，一八四九年三月返回寧陽。第二次鴉片戰爭後，黃恩彤曾奉旨隨耆英去天津議和，抵達時條約已定，隨即返鄉。後來，他把辦理洋務的經歷撰成《撫遠紀略》一書，爲中國近代外交提供了有益借鑒。《清史稿》評論洋務官員時曾指出：『籌邊大計，朝廷無成算，則膺封圻之寄者爲益難』〔一八〕，指出當時外交被動的主要責任在於朝廷和戰無定，使位居封疆、參與洋務的官員很難措置，持論還算公允。而後來簡單地以主戰或主和判定愛國和賣國，顯然并不是科學的態度。

黃恩彤回鄉之後的生活也并不平静。他本想在奉養父母頤養天年的同時，以學者、鄉紳的身份優游林下，度過餘生。爲此，他重修了家族祠堂，創修了黃氏族譜；在地方文化建設方面，兩次出任《寧陽縣志》總撰，對寧陽歷史文化進行了全面梳理。在與鄉鄰量晴校雨的同時，他還整理了多種農業書籍，引進作物品種，改進農業技術，對當地經濟發展付出了較大努力。他在家中建起了知止堂，作爲讀書治學和教子課孫之所。但他當時所處的複雜多變的時局經常打亂他的平静生活。當時不僅外患没有解除，國内矛盾也到了不可調和的程度。席捲南中國的太平天國運動、活躍於北方的捻軍和白蓮教起義陸續爆發。這些運動雖然先後被鎮壓下去，但已極大地動摇了清王朝的統治。黄恩彤作爲官僚地主階級中的上層知識分子，無論從正統觀念還是自身利益出發，都自覺地站在了這些運動的對立面。爲應對捻軍的襲擾，他向地方官員力倡聯村築堡，組建民團，使捻軍多次經過寧陽均不得擄掠而去。在他晚年所作《飛鴻集》《餘霞集》等著作中，固然記載了戰亂給社會民生造成的强烈衝擊，有一定史料價值，但他對『犯上作亂』者的仇恨和詛咒幾乎無以復加，而對戰亂之所以發生的原因，則缺乏客觀深入的分析，暴露出時代和階級的嚴重局限。

一八八二年（光緒八年），黄恩彤重逢鄉舉（中舉人滿六十年），清廷賜予鹿鳴宴，賞還二品頂戴。次年，卒於鄉里，終年八十三歲。

三

黄恩彤學養深厚且閱歷豐富，又中年回鄉專心著述，一生撰寫了大量詩文和專著，謂之著作等身，誠非虚譽。直到晚年，黄恩彤一直手不釋卷，筆耕不輟，這種勤勉的治學精神對寧陽後學有深遠影響。

據近年搜集整理，已知黄恩彤著作包括：

（一）文學類

《知止堂集》十三卷（收録三十—五十歲詩文），《續集》六卷（收録五十—六十歲詩文），《外集》六卷（正續集之外詩文）。此書咸豐九年編定，有光緒六年刻本，今收入山東大學出版社二〇一一年影印本《山東文獻集成》第四輯第三〇册。

《憩亭賦稿》一卷。有道光二十八年粵東刻本，後編入《知止堂集》。今收入山東大學出版社二〇一一年影印本《山東文獻集成》第四輯第三〇册。

《使粵詩草》二卷。有道光二十八年粵東刻本，後編入《知止堂集》。今收入山東大學出版社二〇一一年影印本《山東文獻集成》第四輯第三〇册。

《忘餘詩草》一卷。有道光二十八年粵東刻本，後編入《知止堂集》。今收入山東大學出版社二〇一一年影印本《山東文獻集成》第四輯第三〇册。

《飛鴻集詩》四卷；《續》一卷；《飛鴻餘集》一卷；《飛鴻集文》一卷。同治六年編定，有光緒六年刻本，今收入山東大學出版社二〇一一年影印本《山東文獻集成》第四輯第三〇册。

《秋聲辭》一卷。有光緒六年刻本，今收入山東大學出版社二〇一一年影印本《山東文獻集成》第四輯第三〇册。

《餘霞集》三卷。光緒三年編定，有宣統元年刻本，今收入山東大學出版社二〇一〇年影印本《山東文獻集成》第二輯第三八册。

《離騷分段約説》一卷。同治九年撰，有光緒六年刻本，今收入山東大學出版社二〇一〇年影印本《山東文獻集成》第三輯第二三册。

（二）史學類

《鑒評別録》六十卷。同治九年編定，有光緒三十一年家塾刻本，今收入北京出版社二〇〇〇年影印本《四庫未收書輯刊》第二輯第二九—三〇册。

《兩漢史斷》六卷。咸豐三年編定，有光緒三十一年家塾刻本，今收入北京出版社二〇〇〇年影印本《四庫未收書輯刊》第二輯第三〇册。

《三國書法》十卷。咸豐七年撰，有光緒六年刻本、光緒三十一年家塾重刻本，今收入北京出版社二〇〇〇年影印本《四庫未收書輯刊》第二輯第三〇册。

《重刻于文定公讀史漫録》二十卷。有道光二十六年刻本，齊魯書社一九九六年出版有李念孔等點校本。

《名宦傳》二卷。有清道光二十五年刻本，今收入北京燕山出版社二〇〇八年影印本《中國古代地方人物傳記彙編·河北卷》。

（三）律學類

《律例録要》五卷。編撰。稿佚，『友人攜去，不存』。

《大清律例按語》一百零四卷。編撰。輯有雍正至道光十九年大清律例歷年修改增删之覆奏，將歷次律例之變遷以原律、原改律、原增律、原條例、原增現行例和現行例之名列於各篇各門之下，體現出清律之變革。有道光二十七年潘仕成《海仙山館叢書》刻本。

《粤東省例新纂》八卷。主編。有道光二十六年廣東藩署刻本，今收入臺灣成文出版社一九六八年影印《法律叢書》。

（四）農學類

《蠶桑録要》五卷。摘編於明徐光啓《農政全書》，咸豐元年編定，有是年家塾刻本。

《農學録要》十二卷。摘編於明徐光啓《農政全書》，咸豐三年編定，有是年家塾刻本。
《河干贅語》七卷。爲搜集整理之飼養鵪鶉技術專著，撰著、刊刻時間待考。
《去螣必效録》上下二卷。爲治蝗專著，咸豐六年編定，有是年家塾刻本。

（五）方志類

《寧陽縣志》二十四卷。咸豐元年編定，次年刊行。
《滋陽縣志》十三卷。咸豐九年編定，未刊；後由其子黄師誾於光緒十二年續編，光緒十四年付印。
《寧陽續志》二十四卷。光緒五年編定并刊行。

（六）兵學類

《團練匯議》一卷。咸豐三年撰。
《團練續議》一卷。同治元年撰。

（七）制義類

《刻鵠小草》。稿佚，少作數百篇，『盡被同人携去』。
《存素齋制義》。有道光二十六年粤東刻本。
《制義續存》。咸豐元年編定，有咸豐二年家塾刻本，今收入山東大學出版社二〇一一年影印本《山東文獻集成》第四輯第三〇册。

《傳家制義》五集。收五十以後七十以前所作制義三百篇，又以試律百餘首，分爲三卷，及律賦數首附於制義之後。同治十年編定，未刊。

《傳家續集》一卷。光緒三年編定，未刊。

《傳家制義》初集、二集。精選本，有光緒四年家刻本。

《勝金集》。選所作制義中明白易曉者數十篇，以授初學；附刊試律百二十首。有光緒四年家刻本。

（八）譜牒類

《汶南黄氏世譜》。咸豐元年編定，當年刊刻。

（九）自傳類

《撫遠紀略》一卷。一名《道光撫遠紀略》，同治四年編定，有宣統元年濟南國文報館石印本。

《稀齡追憶録》四卷，《續録》一卷。後人稱《知止堂年譜》，有光緒九年刻本。

根據以上未必完整的梳理，可知黄氏著作不僅卷帙浩繁，而且門類衆多。而其人本不欲以文章顯，故其著述多與其生平事業密切相關，具有鮮明的經世致用功能。如《大清律例按語》，爲其任職刑部時研究律學之作；《粤東省例新纂》，爲其任職粤撫時整飭吏治之作；《蠶桑録要》等農學四種，爲其鄉居時關心民生的産物；《團練匯議》及《團練續議》，則是抵禦捻軍的經驗總結。他的文學著作，大多爲其生活與仕途經歷的可信記載和藝術呈現，明白曉暢，較少雕飾，有濃厚的現實主義色彩。他的史學著作，則具有以經世致用爲旨歸，有感而發，有爲而作；以獨立思考爲前提，指瑕糾謬，辯難釋疑；以知人論世爲特色，闡幽抉微，去僞存真的鮮明特點。他的關注點，大都有關於國計民生。許多史事的成敗得失，經其揭示，一目瞭然，對現世有何鑒戒，讀者亦可會心領悟。至於其中因時代變化而導致的古今差异，他也多以近代眼光給予揭示，告訴後人在借鑒古人歷史經驗時不可膠柱鼓瑟。至於其中某些觀點在今天看來并不科學，乃因時代局限所致，今人正不可以今律古、苛責古人也。

黄恩彤生前，除少量曾刊刻行世者外，大量著作主要以手稿形式藏於家塾，用以教育輔導子孫後學。身後雖大部分由其後人和門生整理，於家塾刊刻，但流布不廣，未能産生應有影響，發揮其社會作用。民國以來，又因其人蒙受不公正評價，殃及其著作，導致散失者多，問津者稀，除專門研究鴉片戰争者對其當時部分奏牘、書信有所參考之外，學界能對其加以利用者難得一見。現在，隨着傳統文化研究的全面開展，整理出版黄氏著作的時機已經成熟。本人不揣淺陋，發願將其代表性著作整理成便於閲讀的文本，以俾便於學林。

這次整理的《黄恩彤文集》，包括文學類的《知止堂集》（含《續集》《外集》）、《飛鴻集》（含《詩》《續》《餘集》《文》）、《秋聲辭》、《餘霞集》、《離騷分段約説》，史學類的《鑒評别録》《兩漢史斷》《三國書法》，以及自述類的《撫遠紀略》《稀齡追憶録》。之所以作如此選擇，主要出於《文集》體例的考慮。因其律學、農學、兵學、方志類著作多爲編選、主編，與個人獨立創作有异；而其制義、族譜類著作今天已不具普遍參考價值，故均未收入。當然要全面研究黄恩彤的生平思想和學術成就，本書未收著作也有其參考價值。但對一般讀者而言，本書所收内容，應該可以滿足其基本需求了。

黄氏著作大多僅刊刻一次，有的還是抄本，因而整理中基本不存在對校的問題。但對其史評類著作中徵引的史書原文，則按照通行本（中華書局中華國學文庫本）逐一加以比照，無論直引還是意引，衹要與原文文意無明顯出入，均保留其原貌。其餘則以内校、理校爲主。

爲方便讀者瞭解黄恩彤的生平，書後附録了《清史稿·黄恩彤傳》和光緒十三年版《寧陽續志·黄恩彤傳》。燕京大學歷史學會編、一九四〇年十二月出版的《史學年報》第三卷第二期所載陳鍫《黄恩彤與鴉片戰後外交》一文，據筆者所見，是迄今爲止對黄氏外交生涯研究最爲深入、全面、公允的文字，有重要參考價值，也一并附録於後，以供參閱。

本書的整理點校工作，自二〇一四年五月起，歷時六年，其間得到了寧陽縣政協、寧陽縣文化和旅游局和山東外事職業大學、齊魯書社的大力支持，謹此一并致謝。因本人才疏學淺，點校整理中不足甚至錯誤之處在所難免，希望得到專家和讀者的批評指正。

魏伯河

二〇二〇年六月於濟南山東外事職業大學

注釋：

〔一〕清光緒十三年版《寧陽續志·篤行》。

〔二〕清光緒十三年版《寧陽續志·篤行》。

〔三〕清光緒十三年版《寧陽續志·黄恩彤傳》。以下引自該傳者不再加注。

〔四〕趙爾巽等：《清史稿》卷三七一《黄恩彤傳》，中華書局一九七七年版，第一一五一五頁。

〔五〕金鑫：《黄恩彤與〈南京條約〉的善後交涉》，《歷史教學》二〇〇五年第二期。

〔六〕［美］馬士：《中華帝國對外關係史》，上海書店二〇〇〇年版，第一一八頁。

〔七〕楊家駱主編：《鴉片戰争文獻彙編》第五册，臺灣鼎文書局一九七三年版，第五〇七頁。
〔八〕〔美〕費正清等：《劍橋中國晚清史》上卷，中國社會科學出版社一九八五年版，第二三八頁。
〔九〕蔣廷黻：《中國近代史》，上海古籍出版社一九九九年版，第一九頁。
〔一〇〕黄恩彤：《與江翊雲給諫論粤東民夷書》。
〔一一〕黄恩彤：《與江翊雲給諫論粤東民夷書》。
〔一二〕黄恩彤：《撫遠紀略》。
〔一三〕廣東省文史研究館：《鴉片戰争史料選譯》，中華書局一九八三年版，第四〇六頁。
〔一四〕茅海建：《近代的尺度》，上海三聯書店一九九八年版，第八三頁。
〔一五〕趙爾巽等：《清史稿》卷三七一《黄恩彤傳》，中華書局一九七七年版，第一一五一五頁。
〔一六〕黄恩彤：《撫遠紀略·序》。
〔一七〕〔清〕梁廷枏：《夷氛聞記》卷五，中華書局一九六九年版，第一四三頁。
〔一八〕赵爾巽等：《清史稿》卷三七一，中華書局一九七七年版，第一一五二二頁。

凡例

一、黄恩彤著作卷帙浩繁，門類衆多。大多由其生前編定，身後又經其子孫、門人校勘，允稱善本。但其遺著既有個人著述，亦有輯録、摘編、參訂和多人合撰由其總司筆削（即今之主編）者。本集祇匯入其自撰之書，其餘概不攬入。

一、黄恩彤著作之《憩亭賦稿》一卷、《使粤詩草》二卷、《忘餘詩草》一卷均曾刻印單行，其後編定《知止堂集》時已大部分收録其中。爲免重複，三書不再收入本集。

一、黄恩彤所作《撫夷論》，僅見於稿本《公文類存》，未收入作者任一文集，但其文爲黄氏外交思想之重要文獻，在當時影響頗大，今特爲采入，附於《撫遠紀略》之後。

一、黄恩彤諸書多有自序，其《兩漢史斷》《三國書法》兩書序文又收入《知止堂集》正集卷十一，略有重複。爲保留其書原貌，姑仍其舊，不予删除。

一、《鑒評别録》每條所引《通鑒》原文，多爲摘引，其所據原文已不可見，今以光緒三十一年家塾刻本爲底本，以中華書局中華國學文庫本（二〇一三年版）爲參校本，异文徑予改正，不另出校記。

一、對全書异體字、舊字形、避諱缺筆字等，整理中統一改爲規範的繁體字。

一、對外國國名如『英吉利』『弗蘭西』『米利堅』等，及外國人名（如『璞鼎查』『加略利』『顧盛』『伯駕』

『李太郭』等）均加『口』字旁以示輕蔑，整理中均給予去除，改爲常用字。對『英夷』『法夷』等稱呼，不作改動。

一、原書對太平天國、捻軍、白蓮教首領名字，亦改换同音字（如張宗禹改作『張淙魚』、賴文光改作『賴瘟洸』等）以示厭棄，整理中均據歷史記載恢復其原名。對農民起義軍『長髮』『匪』『賊』『寇』的蔑稱，爲了保持古籍整理的客觀性及史料的完整性，不作改動。對涉及少數民族舊稱的『猺』『狪』等字，均徑改爲『瑶』『侗』等今稱。不再逐一注明。

目録

第一册

知止堂集卷六

知止堂續集卷一……二一三

知止堂續集卷二……二一六

知止堂續集卷三……二二五

飛鴻集卷二……三四六

餘霞集三卷

餘霞集卷一

第二册

第三册

第四册

知止堂集

十三卷　續集六卷　外集六卷

自序

居今日而爲詩古文辭，蓋未易言矣。士人束髮就外傅，不得不專心科舉之學，冀一得當於有司，既無暇舍所急而圖所緩；迨一行作吏，又未免徵逐疲其力、案牘勞其神，馴致頓荒故業而不復收拾，則亦時勢使然也。

余自五歲入家塾，十一應童科，二十六成進士，中間角逐名場者十五年，於八比之文、八韵之詩賦，蓋嘗殫心竭力爲之。而偶有餘暇，輒旁涉諸古體，恐妨舉業，弗能專也。中年以後，頗復從事於此。自慚寡陋，乏所師承，於古人格律句調既懶於規仿，而世之斑駁以爲雅、詰曲以爲奇、枯寂以爲平淡、簡略以爲高潔者，則又私心不以爲是，往往惟取達意，率爾成篇。每苦於劃今不嚴、摹古不肖，第以性之所近、情之所適，不計工拙，爲之不已。舉凡當途冠蓋之場、空山雪雨之夕，以及馳驅南北、道路風塵、鞅掌簿書、倥傯戎馬，一研自隨，此事未嘗盡廢。良繇結習已深，卒難弃割；又素惡博弈，一切人世戲玩之具均非所好，端居忽忽，意不自得，惟有目注殘編、手拈枯管，聊以銷日磨月，賢乎無所用心而已。非敢云篤志於學，更未嘗刻意爲文也。

諸所作或隨手散失，或投敝簏中，叢殘委積，篇牘實繁。曩曾編爲文集十卷，尚多舛漏。今行年六十矣，志惰力衰，自度無以更進於是，爰於暇日，悉取生平所作古賦、古文、散體詩，重加校勘，手自繕録，自三十歲至五十歲爲正集十三卷、自五十歲至六十歲爲續集六卷，又别爲外集六卷。至於奏牘另有專鈔，制義頗已梓行，是集概不登載。非敢出而問世，將以存諸家塾，俾後之未遽廢學者知余從事於此至老不倦，庶乎動其勤學之心而勿墮綴文之業。敝帚之譏，所不敢辭。

咸豐庚申立秋後二日，石琴黄恩彤自序於知止堂之南軒。

知止堂集卷一

賦一

彩山賦并序

彩山在寧陽縣東北五十里，距余家十五里，衆山皆青，兹獨赭色，故以彩名。登覽既頻，乃爲賦曰：

夫何兹山之瑋麗兮，儼鳳翥而龍蟠。挹嵐光而注翠兮，映霞景而流丹。環錦岩以屏列兮，迴綉谷以花攢。洵昂霄而絢彩兮，奚翅秀色之可餐！

爾其標奇魯甸，孕瑞齊坰。考徂徠而肖體，祖泰岱而分形，弟石閭而兄社首，儔云云而侶亭亭。通氣則洙泗遥連夫道脉，分野則奎婁上應夫文星。其爲狀也：迤邐相屬，岡隱嶺伏，盤比修蚺，環同卧鹿。東則群峰峥嶸，天作列城，紛葱葱而鬱鬱，涵顥氣於太清；南則濃陰晝昏，萬木雲屯，鳥呀呀而朝噪，獸踆踆而宵奔；西則墨點遥村，沙明細路，石屋皴鱗，炊烟隱霧，刻劃荒原，冥迷野渡；北則洞壑深閟，樵蘇迹稀，古雪夏結，仙蝠午飛，清汶一曲，環缺帶圍。

然此第涉其藩籬，未造其堂奥，得其形似，尚遺其精微也。則有餐霞道侶，弄月吟賓，爰携勝具，恰及芳辰，跨嶂腰而覓徑，指溪口而問津。初詰曲以犖確，每躑躅而逡巡。忽乾坤之開朗，豁日月之鮮新。層崖孤而若削兮，矗蒼笏之嶙峋；飛泉激而成瀑兮，拖白練於天紳。躡烟梯而躋巔兮，撑三素之輪囷；架虹梁而度磵兮，拾五色之玢璘。路轉峰迴，雲崩谷開。乍鉤衣而礙葛，頻滑屐兮防苔。舞虬龍兮松偃蹇，蹲虎豹兮石崔嵬。胡匪筇而抽筍，乃不匠而構臺。棼垂鬟而聳髻，更仰盂而覆杯。恍回眸而頓失，欻對面而遽來。有琳宮之突兀，森鵠跱於林隈。

玄闕深掩，中栖道真。門尨不吠，梁雌若馴。擊獸鐶而有應，踐鶴級兮可循。庭花簇座，砌卉叠茵。掇瑶英於潛穴，汲玉乳於幽濱。誦黃庭而忘暮，撫焦桐而嚮晨。齊千齡於一瞬，等萬事於輕塵。

別訪仙踪，試探古洞。昔有高姑，莫紀唐宋，初餌朮而茹芝，卒驂鸞而跨鳳。白日飄以上升，靈風颯兮相送。石室扃而草荒，丹房闃而雲重。恍惚兮環佩之重來，依約兮笙簫之餘弄。儷寒女於南充，感人天之一夢。

更有春回藤磵，開遍蘿花。老幹屈鐵，樛蔓引蛇。披綺衾而低覆，施錦障而横遮。澹傅紅粉，濃抒紫霞。重翦朱縠，輕籠絳紗。羌稠叠兮似雪，更紛披兮若麻。蝶翩躚而逐隊，蜂喧闐兮放衙。香溢十里，目迷萬葩。仙子爲之回顧，神女於焉駐車。

洎夫霜嚴風厲，木落秋深。韡然柿葉，宛若楓林。隕黃金之碩實，變翠蓋之繁陰。發赬顔而酣樹，蜚丹光而灼岑。被崚嶒而半染，入巀嶪而斜侵。繪遠岫而奕奕，燭近麓而森森。溷朝旭兮暗上，隔夕陽兮倒沈。緬杏嶺兮失色，恍桃源之可尋。

良谿象侔艮止，氣禀坤靈。詎韞玉而泄寶，孰點黛而暈青？既匝野而綿亘，亦凌虚而娉婷。外含章而錯駁，中蘊秀而窈冥，繽如妝而如笑，斯可贊而可銘。

若夫右提龜鶴，左挈瓏玲，三峰插天而拱揖，九頂拔地而伶俜，神爵傍栖而引咮，鳳凰高舉而梳翎（諸山并見縣志)。要不過兒孫之羅列，未足并著於圖經。

白雲山賦 并序

白雲山在廣州城北十五里。秋霽，有白雲蓊鬱而起，因以得名。岡嶺環複，岩谷峭深，實東粵鎮山也。山中有蒲磵、簾泉、升仙崖、鶴舒臺諸勝迹，相傳秦時安期生偕李少君南之羅浮，至此山磵采菖蒲，服之仙去。上昇時有白鶴舒翅，故臺曰鶴舒，其言甚妄。山巔爲摩星嶺，有九龍井，泉甚甘洌；龍神祠，禱雨輒應。高廟賜書曰『靈泉昭貺』，勒石泉上，有司春秋致祭，列在祀典。蓋山能出雲作雨曰神，靈爽式憑，疊彰嘉佑，厥功茂矣。爰爲茲賦，粗陳厥概，其子巒孫麓、支磵旁壑，涉歷未周，不能詳也。其辭曰：

仰名山之巀嶪兮，嶟作鎮乎五羊；割羅浮之西麓兮，踞珠海之左方。群峰迤邐以螭蟠兮，危岩岧嶢而鵠跱；矗芙蓉於天半兮，鬱垂青而滴翠。維明都之躔夫朱雀兮，鼓炎熇以翕張；元黿沸海而黭黮兮，赤氛夾日以游翔。

獨茲山之敻絶兮，稟顥氣於西金；湧白雲之皓潔兮，縯舒卷以無心。初紛綸若飛絮兮，漸縞帶以橫飄；欻冒岑而曳練兮，旋被嶺而拖綃。晛霻霳之連蜷兮，駕玉虬而委蛇；揚素輝於晴昊兮，蕩埃滓於秋阿。諏嘉辰而駿邁兮，循磴道以躋攀；石崚嶒而虎蹲兮，徑詰曲以螺旋。涉幽磵以搴芳兮，尋菖蒲之九節；挹瀑簾之倒影兮，乃非冬而飄雪。躡松蹊以高蹈兮，蒼龍夾路而振鱗；乍撐空而夭矯兮，亦偃蓋而輪囷。

孰羽化而翀舉兮，留昇仙之幻迹；令威去而弗還兮，薶荒臺於叢棘？物有造而必化兮，疇得道以長生？何祖龍之昏暴兮，信方士之荒唐！既殺人以谷量兮，愚黔首而自聖；懼千秋萬歲之不久延兮，冀神丹之我贈。何人是安期與羨門兮，何地有方丈與蓬萊？徐福揚帆而徑渡兮，止大澤而不來！三山望而難即兮，風引舟而去之；求不死藥而莫得兮，仙之人孰與期！胡爲乎猋逝於東溟兮，遽翔集於南海？羌服餌以栖遲兮，播遺踪於千載？溯陸梁實繇嬴闢兮，胡弗駕言而來求？徒鞭石而射鮫兮，登琅邪而淹留！彼少君之媚竈兮，初給事於侯家；謬云安期之曾覯兮，啖巨棗以如瓜。既在秦而偕隱兮，胡至漢而獨見？何不進靈草於武皇兮，等文成之蠱眩？洵粵俗之信鬼兮，假詭辭以虚誑；滋點辱夫名山兮，增余懷之惆悵！（遷《史》所書秦漢求仙之事甚備，皆妄誕也。始皇時方士盧生求古仙人，但言羨門高誓，不言安期；迨漢武時李少君始自言見安期生，而欒大亦言之。按史傳，安期生受黄老之學於河上丈人，四傳而至蓋公，其人乃道家者流，非仙也。方士多燕齊之士，所云三神山皆在東海中，故二主求仙第於東海求之，不於南海。漢武平南越，而越人勇之始以祠鬼進，其人殆巫覡者流，非方士比。如果秦時安期、少君已著迹於羅浮、白雲之間，始皇不應僅向東海求羨門等；勇之亦必假以干武皇矣。且《封禪書》於李少君，書其始爲深澤侯舍人，書其病死，書其識武安侯坐上老人，識故銅器，及所云祠竈致物、黄金可成，曾游海上見安期生，食巨棗大如瓜，語殊詳悉，并無言及在白雲山偕安期生餌菖蒲飛升之事。乃少君不自言，而二千年後反艷稱之，并設爲遺迹以實之，抑獨何哉！）

竭弃置而弗顧兮，指摩星而上征？陟層巘而謁龍祠兮，鏡靈泉而濯纓。惟兹泉之正出兮，决霜崖而中裂；既坎止而不流兮，亦井養而靡竭。味醰醰其若醴兮，光澄澄其可鑒。匪緣暵而中枯兮，詎逐潦以旁泛？信山澤之互通兮，分脉絡於九淵。荷天章之特降兮，乃錫號以珉鐫。彼祀事之孔明兮，舉春秋而不忒；羅俎豆以告虔兮，列冠裳而奉職。靈飆肅以綷縩兮，神鐙爍爍而青熒；殷靁車與雹馬兮，欻來格於幽庭。愾妖魃之煽虐兮，泄祲沴於舋陽；睡驪瞑而弗寤兮，火繖熌以四張。燔柔穎其若蕉兮，積煩襟之如擣；瞻雲君而乞佑兮，乃吉蠲以申禱。咸駿奔而麇至兮，通呼籲於崇壇；竪翠條於碧盂兮，汲涓滴於清寒。剛炎炎之卓午兮，忽油油其怒舒；變黕霄於俄頃兮，灑甘霤以霑濡。霈膏澤之匝洽兮，蕩攸鬱以清凉；擢枯莖於垂萎兮，貽嘉粒之穰穰。

既威神之廣庇兮，尤磵壑之多奇；溯龍溪之歕珠兮，訪雲淙之舊基（嶺半有溪曰歸龍，懸流百仞。舊有陳宗伯雲淙別業，今圮）。石聞呼而欲飛兮（賓象峰有動石，游人叱之輒動），鐘不擊而自鳴（滴水岩有石似懸鐘，人至鏗然作聲）；左菊湖而右越溪兮，引文水之雙泓（文溪發源於滴水岩，至粵秀山麓分爲二，左曰菊湖，右曰越溪）。捫烟蘿而騁步兮，探泰霞之古洞；斞泰泉之一勺兮，景吾宗之威鳳（謂前明黃文裕公泰泉先生）。攬群流之環抱兮，棼交注乎林隈（山下諸水如甘溪、月溪，支流甚夥）；既喧豗以激箭兮，或洄洑而行杯（水簾洞下爲流杯池）。芳卉被於蘭薄兮，喬柯蔚於桂林。蓄千蹄之馴獸兮，萃百族之良禽。

繄兹山之閎瑋兮，亦何珍而弗蓄？慚弱翰之蹇拙兮，殊漏萬而挂一。系曰：

巍巍名山，實鎮粵兮；英英白雲，照城郭兮。陟彼崇岡，采芳藿兮；掬彼甘泉，宜洞酌兮。引領遐矚，情弗欣兮；中原杳杳，但白雲兮。惟彼雲兮，亭亭之雲兮！

荔支園賦并序

荔支園者，番禺潘大夫仕成之别業也，亦曰海山仙館。跨波構基，萬荔環植，周廣數十萬步，一切花卉竹木之饒，羽毛鱗介之珍，臺池樓觀之麗，覽眺讌集之勝，詭形殊狀，駴目醉心，瑋矣侈矣！揆厥造園之志，將以娛奉皓慈，申白華致潔之義。又於其中庋儲墳素，以貽後昆。間且試水雷炮、製火輪船。而大帥亦每假以宴覿歐羅巴諸國酋長。良繇地居爽塏，用各攸宜，雖事涉乎游觀，而誼存乎忠孝。登歷既頻，感興益夥，休沐多暇，爰賡斯賦。其辭曰：

泛沙棠而溯珠江兮，乃放棹乎荔灣。何繁林之薈蔚兮，抱明漪以漩澴。瞥岑樓之嶟嶟兮，華構聳乎木末；緊誰氏之別墅兮，般黝惡以丹雘？

徑循塗以登頓兮，擊獸環而延伫；乍入門而周覽兮，芳菲菲其溢目。翠樾森以翳日兮，風篁摎擖而蟬蜎。蒔雜花之狼藉兮，鋪秀卉之芊眠。導清流而爲沼兮，擢千莖之菡萏；區方塘而作田兮，蕃百畝之菱芡。傍迴堤以啓路兮，迮斷岸而駕梁；崇亭鵠跱以向背兮，杰閣矗夫中央。外翬飛而鳥革兮，内蟻曲以蛇盤；甫恍惚以迷方兮，欻晃朗而造天。降層梯而抗首兮，睇危橋之亘空；似渴虹下吸夫清漣兮，忽馮虛而御風。旋周歷以傍眺兮，聊逍遥而徜徉；曲房嫂娟而冬燠兮，高館爣閬而夏凉。柳窺春而早稊兮，（鞠）［菊］待秋而晚放；維朱明之仲月兮，湧紅雲其彌望。裹雪膚以絳紗兮，綴火齊於翠柯；霞漿灑於碧霄兮，赬虬弄珠而騰波。洵炎洲之尤物兮，紛總總而林萃；映水木之明爈兮，增棟宇之瑰麗。下霜鵵於桂宫兮，浮金鲫於蘭渚；練鸖舞而僊僊兮，瓊鸚呷嘎而學語。籠鴛鴦於素瀨兮，孔翠掉尾而屏張；檻白鷳以鐵網兮，錦鷩矯翼以將翔。何妖鷄之三足兮，空贅腹以攫拿；駭文鷁之吐綬兮，忽鼓嗉而紛葩。神鰻絜體於甕盎兮，穹黿大於車輪。蒼玃瞫睒以人立兮，修蚺蜿蟺而振鱗。惟大夫之養志兮，闢芳園而慰母；御版輿以游息兮，笙南陔而重補。慕古人之偕樂兮，殷士女其如雲；揭鳴儔而嘯侶兮，或墮珥而遺簪。届春秋之嘉辰兮，要良朋而開宴；緑蟻注於金罍兮，登紅鱻於玉案。肆徵伶而招伎兮，猗妙舞而清歌；啓丹唇而嘹喨兮，迴朱袂以婆娑。奄曜靈之匿景兮，燔絳炬以熒煌；儼燭龍之銜照兮，粲繁星以吐芒。敦夙好亦結新知兮，期厭厭以盡醉；憎鶡旦之先鳴兮，促望舒之西墜。既曲終而奏雅兮，乃好樂而無荒；披西山之寶笈兮，戢插架以琳琅。招枚乘使抽毫兮，謁揚雄而問字；排甲經與乙史兮，搜秦碑與漢隸。創神器以資水師兮，潛烈焰於靈槖；委奔湍而然機兮，忽鬱勃而歕薄。初闃寂而隱朕兮，驟滈瀑而發聲；豐霳憑怒以震電兮，霹靂訇其乍鳴。激銀濤之横飛兮，何晴晝而雨霜？雹觸鐵幹而立摧兮，詎艨艟之敢遏？萃般倕而運斤兮，師西法以造舟；捽風帆而轉火輪兮，將以禦夫寇讎。彼侏㒧之慕化兮，乃重譯以陳言；覃醴澤而宴犒兮，每假館於斯園。波斯免冠而拜手兮，崑崙握刃而環侍；酌蒲桃而煎蘇合兮，飡果腹而昶意。詫碧矑而茜鬚兮，亦撫景而怦怦；踐清闉而鶚顧兮，躡峻磴而猱升。緬名園之錯列兮，咸日涉以成趣；耽泉石而怡絲竹兮，概古今而一致。惟兹園之不苟造兮，將悦親而御賓；既校文亦肄武兮，更柔遠而揚仁。嗟余久滯此嶺南兮，每經年而纍至；愧弱藻不能狀其萬一兮，輒濡翰而點綴。系曰：

園以荔名，實勝區兮；登高臨深，滋足娱兮。

君親二天，恩思報兮；一游一豫，寓忠孝兮。

集選樓賦并序

集選樓者，番禺許大夫祥光之别館也。大夫精熟《文選》，每集其句爲詩文，渾如己出，覽者詫爲妙才；兹樓因以名焉。在粤省南門外里許，背雉堞，瞰珠江，其地縱約五十餘丈，横約數丈，共爲樓者三、軒者七、亭者五、橋者一、室者三十二，洞達紆曲，瑰麗奇巧，洵般倕之妙製，實棟宇之别裁。爰爲兹賦，粗傳厥狀。其辭曰：

夫何兹樓之爽塏兮，森鳳跱於城闉；羌近市而避囂兮，矧臨水而軼塵。倚蘭槳以叩扃兮，踐椒塗而翔步；素波揚於中庭兮，玄鶴導予以先路。遵池畔而縈紆兮，涉幽房而窈窱；陟崇梯以登頓兮，抗飛軒於雲表。錯罘罳於綉栭兮，冒丹碧於雕梁；布氍毹以衣地兮，琢玻璃以蔽墻。天光排闥而四入兮，輕飈闖户以徐來；朱葩移春以就檻兮，翠條拂空而映楣。肘雙樹以夾持兮，面孤亭而拱揖；斫交疏以闢牖兮，繚修廊而盤壁。啓重門以百折兮，棼襞積而彎環；徑欲阻而忽通兮，足將進而却還。瀕曲隈以霮䨴兮，掩義輪而晝藏；仰清阿以曷曜兮，奪恒星而夜明；或造幽以取燠兮，煊三冬而不裘；乍嚮明以挹爽兮，颯九夏其若秋。惟智人師萬物兮，胡爲廓蟻國而拓蜂房？訝鑽洞復出籠兮，仿佛乎八元之妙章。肆升降以忘疲兮，循磴道而躋攀；躡三層之杰構兮，憑百尺之危欄。攬羊城之烟靄兮，襲屋瓦之鱗鱗；睇獅洋之泱漭兮，矗浮圖之嶟嶟。忽矯首以斜眄兮，青山紛其來迎；指白雲之洞府兮，群峰合沓以峥嶸。竦竿檣之林立兮，揭蓴蓴而刺天；突峭帆之怒張兮，露鷁首之高懸。鏡清流而蕩餘波兮，藉西鄰而偎傍；彩虹墮於晴霄兮，亘弓橋而在望。緊大夫之嗜學兮，謝粉署而言歸；披蕭儲之妙牒兮，坐小閣而下帷。延屈宋作衙官兮，驅沈謝若奴僕；偶劚玉而斷金兮，乃珠聯而錦屬。上窺都京之閎富兮，次搴雪月之清新；綴千翎而成鳳兮，攢萬毳以爲麟。懸國門以紙貴兮，邁江毫而十色；不百衲而五銖兮，泯針痕與綫迹。惟兹樓之肇造兮，緣集選以命名；匠心均夫文心兮，何要紹而瓏玲。撫流光而攬勝兮，每轉眴而改觀；惟晴雨及夏秋兮，尤多景之足歡。晞圓靈之如洗兮，快騁目於四遐；挹朝華於初旭兮，擷夕秀於落霞。欻海風之暴號兮，挾飛瀑而來集；詩情滃鬱而蒸雲兮，畫本淋漓而潑墨。伊珠江之姱俗兮，吊正則於端陽；龍舟水嬉於樓下兮，競劈流而上翔。舞迅棹以飆馳兮，掣驚橈而電速；金鼓駢闐以霆震兮，群螭蚴蟉而相逐。萃香輿與寶馱兮，來士女其殷盈；獨徙倚而平視兮，亦駘蕩而昶情。迨仲秋之良夜兮，朅登臨以清眺；恰纖翳之不滓乎太空兮，歕銀丸而四照。晃金波之萬頃兮，涵三界以冰壺；招神娥歌羽衣兮，探桂蕊於仙株。接廣寒於咫尺兮，沆瀣霏以沾裳；恍不知明河之西没兮，似聞天鷄鼓翅而引吭。要嘉賓而式燕兮，集鴻儒以講藝；列俎豆之莘莘兮，羅衣冠之濟濟。疇臨池而濡翰兮，或刻燭而聯吟；發古香於瓊笈兮，寄雅意於瑶琴。良好樂而無荒兮，亦既登而求降；洵心遠地自偏兮，又何慕乎蓬萊與方丈？系曰：

地不五畝兮屋百椽，岑樓清峙兮危而不顛。展小得大兮何鬱弗宣，寓直於曲兮何造弗專？嗟余同好兮昭明之編，願手一帙兮假斯樓以忘年！

湛園賦 并序

湛園者，吾邑文學曹子待莽（思珍）之別墅也。大可三十畝，在邑城東南香隱村西南二里許。村東有泉，曹子疏爲渠，導之西流至園外。渠南植雜果數十畝、玫瑰數畝，環以青楊，尤多桃，以數千株計，渠北即園門也。石橋通之，園中花繁盛不勝指名，兼有蒼松翠篠隱映其間。牡丹數百本，悉名種，黃、紫、紅、白諸色畢具。辛亥春杪，曹子招飲園中，製群葩爲食品，出家釀玫瑰露酒，甘逾玉醴，芬馨沁煩，主客盡歡，流連竟夕。歸輒述其梗概而爲之賦，其辭曰：

越石碣而南邁兮，指香隱之舊村；緣清塗之一髮兮，乃弭節乎湛園。

導東泉以西注兮，環五里之修渠；揚藻波以溶潏兮，帶莎岸以縈紆。瞥渠南之葱鬱兮，訝桃林之乍逢；值春陰之凝緑兮，裛朝露以抒紅。堨蕁蕁以萬株兮，縯總總以百畝；雜穠李與文杏兮，拂長楊與細柳。肆援柯而翔步兮，忽狂香之馝馞；玫瑰被於長阪兮，叠紫霞與絳雪。恍屏營以迷路兮，循綉塍而北向；喜雁齒之横鋪兮，恰園門之在望。繚周垣以綿邈兮，通曲徑以逡巡；啓別院以屏摺兮，區細隴以鱗皴。聳虛亭以鵠跱兮，構精舍以雲留；既逶迤而闢沼兮，亦崎嶇而增邱。掩蓬扉以晝扃兮，却雜賓而誰侶？偕仙蝶而同夢兮，呼幽禽而共語。

緊艷陽之令旦兮，爰掃徑以迓賓；集冠裾之都雅兮，來輿騎之隱轔。蹴苔錢以彳亍兮，踐蘅薄以徜徉；披繁英之錯列兮，搴叢花之分行。粲爍爍而綻金兮，燿晶晶而吐素；倏丹光之射眸兮，蔚田荆兮樹樹。羌蜷局以左旋兮，撫連理之雙藤；綴綺裘之蒙茸兮，垂瓔珞之鬅鬙。凌紫氣而入洞兮，豁爣閬而中開；矗萬竿之蒼玉兮，舞緑鳳以毰毸。排重闥而幽探兮，遷香國於洛陽；鼓天葩以怒放兮，儷魏紫與姚黃。簇玉盤於碧莖兮，冒珊碗於翠柯；晃燭龍之銜照兮，爛雲錦之騰梭。散萬朵之瓊英兮，湧千枝之寶相；蔽驕陽以層幄兮，如坐神娥於仙帳。洵東皇之不吝兮，分富貴於花王；托芳園而聚族兮，冪瑶砌以榮光。伊群芳之匼匝兮，争臨風而弄姿；藉餘寵於國色兮，紛輪囷以葳蕤。開華筵而燕衎兮，競嚼蘂而含春；却熊白而弗御兮，傾鵝黃而不斟。搗火齊以凝膏兮，斞霞漿而垂露；瀹澄澄以微波兮，香縈縈其若霧。萃甘醇於酒國兮，移温馨於睡鄉；逮夢回而索茗兮，郁枕畔其猶芳。

漸歷夏以徂秋兮，隨物候而殊形；倚北窗以寄傲兮，眄東山兮送青。維賁實之碩大兮，繁纍纍以綴條；注醴泉於牙頰兮，等嘉貺於瓊瑶。矧庶果之充枰兮，羅芳鮮以各各；既右有而左宜兮，任俯拾而仰攫。胡風霜之懔烈兮，序冉冉其入冬；悵葉零而花盡兮，森庭際之寒松。俄青陽之重遘兮，鬭紅紫以暄妍；祝名園之花事兮，恒歲歲以年年。

知止堂集卷二

賦二

牡丹賦并序

牡丹生於中土，而嶺南甚以爲貴。估客歲致數百本，計花索直，頗得善價。花落，移植於地則萎，南北异宜，失其性也。余心感焉，乃爲此賦。其辭曰：

繄名花之瑰瑋兮，擅寵號於洛陽；紛姚黄與魏紫兮，冠百卉而稱王。遝青陽而抒蕊兮，冒靈液而逞姿；瑑珊瑚以攢瓣兮，綴翠羽於柔枝。羌洵美而信姱兮，乃蜚聲於遐邇；既北耀夫上都兮，亦南傾夫吴市（粤之牡丹來自蘇州）。蒔纖株於盆盎兮，遷弱幹以方舟；競帛纏而蠟裹兮，乃遠致乎炎州。招梅花使驂乘兮，度翠嶠而相羊。佛桑見而失色兮，茉莉爲之不芳。初含苞而蹙蹙兮，乍開顔而的爍；酣朝陽而葳蕤兮，扶晚風而綽約。不南强而北勝兮，識上國之穠華；破蠻烟而摛錦兮，洗瘴霧以抒霞。伊珠江之士女兮，殷弭棹乎花田；計朵數以酬直兮，詎悋嗇夫金錢？朝待價於華邸兮，夕移置於復堂；既障護以碧紗兮，復沃之以瑶漿。酌清醑而御嘉賓兮，忽雜遝而來集；燔蚖膏以照紅妝兮，每申旦而未息。愍茲花之無情兮，渾南北與悲歡；不能言而臆對兮，應顧影而增嘆。嗟托根之有所兮，胡爲殢夫异鄉？感氣候之殊絶兮，恍貌莵而神傷。既怯夫颱颶之聒耳兮，又畏夫驕陽之裂膚；彼鮫人與龍户兮，余孰可與爲娱？左攬仙桂之清裾兮，右搴猗蘭之芳袖；情脉脉其誰語兮，卷檀心而含蔻。乍臨風而棖觸兮，忽懷顧夫中原；溯湞江之浩浩兮，憶洪河之漫漫。撫春韶之不久留兮，恐朱顔之難恃；聽鶗鴂之悲啼兮，慮孤荄之凋悴。苟余情其信芳兮，亦何恤乎窮荒？謂此邦之不可處兮，獨不見夫芙蓉與治蘦？姑委心以順化兮，倚東皇而遨嬉；駐酡顔以微醉兮，抱幽芬而自持。亂曰：中州牡丹來嶺南兮，炫炫揚采神弗安兮。以才自累致摧殘兮，願還故國托羽翰兮。花猶如此人何堪兮！

花田賦并序

五羊城外二十里有地曰花田，乃南漢葬宫人處。實産素馨，所云素馨斜也（素馨，宫人名，其冢畔生此花，因名素馨）。土人名曰花地，或曰花埭。居人數百家，種花數千畝，粤之花市咸取給焉。洵衆香之國都、群玉之山藪，瑋乎麗矣，乃爲之賦。其辭曰：

維南交之恒燠兮，羅嘉卉以暄妍；偶攬勝於近郊兮，乃周歷乎花田。步林坰而憑吊兮，觸漢宫之舊愁；羌蛾眉而曼睩兮，紛委蜕乎荒邱。艷魄淪爲黄壤兮，香魂炯而不滅；擢素花之葳蕤兮，播幽馨之郁烈。俄化身以千億兮，騈泣雨而愁烟；被長薄以匼匝兮，亘修坂而邈綿。緊場師之爲圃兮，移靈根而灌溉；芳菲菲以捷獵兮，繽總總其鈎帶。錯綉陌以犬牙兮，鏤錦隰以龍鱗；綴繁英於曲畹兮，滋美蔭以清漘。編青筠以布籬兮，剷蒼蘚而開徑；紅乍吐而日鮮兮，緑低垂而雲重。何夭㚐而連蜷兮，攀離支與羊桃；孰偃蹇而蟬蜎兮，撫蒼松與翠蕉。伊叢蘭之馣馤兮，收珍珠以百斛；况茉莉之皓潔兮，霏瑶霙以六出。既非暮而落霞兮，挹杜鵑之婀娜；胡不夜而然鐙兮，訝佛桑之照灼。梅望春而抒萼兮，桂逐月而翹英；惟丹芙與黄(鞠)[菊]兮，尚有待於西成。猗蠻花之多族兮，棼顛倒乎群芳；不知名而娱目兮，或傳種於殊方。彼珠孃之纖妍兮，恰曉妝而臨鏡；揚皓腕以搴擷兮，簪玄環而端正。么鳳集於釵頭兮，仙蝶舞於輕梢；嗅清芬以含睇兮，倚東風而不佻。何金谷之豪侈兮，拌揉紫而摧紅；紉千葩爲瓔珞兮，緝萬朵作屏風。攢玉瓣之玲瓏兮，懸星毬以代月；悵蓮炬之煒煌兮，隨蘭膏以銷歇。歌曰：

花田日日飛紅雨，痴桃顛李相媚嫵；震地鼕鼕鳴羯鼓，香車寶馬競馳逐。千門賣花花無主，墮溷飄茵知何許？零落胭脂賤如土！

鷓鴣賦并序

嶺南多鷓鴣，頗能作人語，曰『行不得哥哥』，其音悲酸，似以誡夫冒進而不知止者。此鳥其知幾者邪？爰推其意而爲之賦曰：

惟山鷓之微質兮，每族處於茂林；伴鸚鵡以啄粒兮，雜布穀以流音。被錦衣之斑駁兮，奮短翮以翱翔；胡悲鳴而不已兮，客子爲之斷腸。趁烟晨而雙叫兮，留雨夜以孤啼；亮無情而何恨兮，儼蓄意以含凄。聲啁哳而難明兮，語依稀而可辨；曰行不得哥哥兮，矢危辭以進諫。藥苦口而已疾兮，言逆耳而爲忠；何分明而鄭重兮，冀解惑而披聾。問汝諄諄其誰告兮，誰爲汝之密親；睇畏塗而次且兮，乃申警夫同群。初若規而若諷兮，聆哀吭之宛轉；漸如泣而如訴兮，達幽衷之悃款。寄眇軀於大圜兮，殺機暗以包藏；抗矰繳而朝引兮，排網罟而夕張。折纖脰於迅鏃兮，纏弱羽於輕絲；碎肌膚於刀砧兮，佐匕箸於晨炊。嗟躁動以召殃兮，徒追悔其何及；懼失路以安歸兮，曷縮頸而斂翼！綿蠻栖於邱隅兮，雌雉伏於山梁；彼靈翬之時止兮，固尼父之所臧。黄鵠志乎四海兮，鷦鷯托於一枝；洵大小之殊量兮，究孰崇而孰庳？慨物情之多競兮，紛角逐以何求；欻鐘鳴而漏盡兮，猶騰騰其未休！孰進取以賈禍兮，孰退息而獲全；遵老氏之遺戒兮，不敢爲天下先。羌避猛而趨懦兮，誓摧剛而爲柔；聊優游以卒歲兮，將歸卧乎林邱。何少年之贈鞭兮，争導余以先路；吁嗟乎人不如鳥兮，聞禽言而却步。歌曰：

珠江江頭會衆客，雕盤綺食羅瑶席；楚歌趙舞酒百巡，華鐙煌煌夜未息。林端鷓鴣時一吟，有客停杯泪沾臆；毒龍嘘霧瘴雨濕，白波如山行不得。我聞鳥語增愴惻，誰其和者蜀帝魂？不如歸去深閉門！

梅花賦并序

余愛梅，而河北但有蠟梅，紅白殊不易得。迨出使皖江，值冬令梅開，甫得快睹。後之武林，大覽孤山之勝；既官吴會，一探鄧尉之奇。壬寅冬，度嶺南來，正當寒葩競放，騁目縱觀，益豁積抱。乙巳建節東粤，於署内樓前手植紅白梅五十株，花時枕藉其間，流連忘倦。余之得於梅者亦云侈矣。追憶舊游，因成斯賦，其辭曰：

猗歟寒梅之敻絶兮，傲霜雪以抒華；抱冰心而偃蹇兮，挺鐵幹以槎枒。性宜南而畏北兮，儼畫江以自限；嗟余家於岱麓兮，愛兹花而未見。披繪工之妙圖兮，哦騷人之舊詩；欲攀接而末由兮，假夢寐以爲期。逐鋒車以南邁兮，思渡江而邂逅；忽攬轡以踟躕兮，懼花時之難遘。值嘉平之令辰兮，促弭節乎皖城；恰寒苞之怒拆兮，抒藴結於余情。肆杖策於孤山兮，吊逋仙之遺迹；信暗香與疏影兮，映湖天而一色。踐金閶而游衍兮，涉鄧尉之芳坰；香雪浩浩其如海兮，渾莫辨夫瑶瓣與瓊英。展征軨以遠騖兮，指修塗而前進；竭過灘而望嶺兮，阻蒼崖之萬仞。馬盤桓而蜷局兮，僕夫告余以險艱；恍不覺心開而目朗兮，乃徑造乎梅關。微獨南枝之先發兮，森萬樹以成行；紛夾路以充衢兮，迷人影與花光。被巉岩以逞姿兮，緣崎嶇而揚彩；抗松徑而睥睨兮，擢榛蹊而蓓蕾。漸烟村之曖曖兮，彈籬落而横枝；宛小家之碧玉兮，偶窺户而支頤。莅羊城而問俗兮，搴冷艷於炎陬；分靈株於花埭兮，爰移傍夫節樓。白皚皚以玉裹兮，紅焰焰而蠟裝；既巡檐而索笑兮，亦援柯而嗅香。日灌溉以摩挲兮，慮幽芬之憔悴；忽故人之言别兮，問爾梅其知未？緊南交之無定候兮，棼顛倒夫群芳；彼蘭(鞠)[菊]之殊致兮，胡競秀乎青陽。仙桂逐月而遞放兮，秋棠迎夏以争妍；各鬬捷而貢媚兮，又何論乎蜀葵與鳳仙？惟處士之峻格兮，獨逡巡而竢時；讓衆艷之先我兮，恒抑鬱以禁持。彼暄風與凉露兮，每弃予而弗顧；歲冉冉其云莫兮，予又安能忍而與此終古？乍臨晨而解顔兮，奪春意於化工；破凍雲之黯澹兮，迴暖律之冲融。疇賡和以八百兮，任群兒之嘲弄；渾色香以俱寂兮，付羅浮之一夢。亂曰：

庾嶺之南冬不雪兮，惟兹寒花獨清絶兮。娥娥者顔吴姬面兮，栗栗者操詎可玩兮！桄榔之園荔支浦兮，惟余於汝可與處兮，謂汝有情汝不語兮！

孔雀賦并序

孔雀一名孔雉，嶺南巨室多畜之。主人有喜慶或麗服者過，則植尾開屏，五色眩目，意以自矜，亦求媚也；遇藍縷者則怒而逐之，或啄之流血。其慧若此，嘻，何其不大遠於世情邪！乃爲賦曰：

惟炎洲之文鳥兮，實南國之羽儀；披彩翎之糾縵兮，曳修尾之森纚。初岩栖而谷飲兮，紛萃止於喬柯；嗟多才以貽累兮，乃動觸乎虞羅。朝仳離於絶巘兮，夕焜燿乎通都；洵瑰瑋之足貴兮，傍朱户以容軀。圍雕檻以防衝兮，鋪素沙以承趾；投香餌以療飢兮，酌澄波以滌觜。屆青陽之明媚兮，恰煦曜之初晴；花垂垂而晝静兮，樹拂拂而風輕。占門闌之多喜兮，并美景於良時；剛蛾眉之倦綉兮，被姣服以來窺。忽慧性之暗通兮，羌顧影而增憐；竪當頭之華勝兮，振貼體之金錢。异鷄鳴而翅拍兮，等鶴啄以尻高；既頓足以骨竦兮，亦矯頸而氣豪。羽不析而若旌兮，錦匪織而列屏；排緑鱗以成陣兮，撼翠甲而作聲。漸轉側而徐步兮，頻顧盼以弄姿；回五光以晃蕩兮，錯十色而陸離。誠露采以宣驕兮，更衰裒而忘倦；奚罷舞而垂蕤兮，待興闌而人散。性久馴而益狎兮，逐鵝鴨以逡巡；寠人躑躅而來前兮，拖百結之懸鶉。猋憑怒以填膺兮，遽瞫睒而努目；欻匿文而用武兮，儼鷹鸇其相逐。拌猛擊而損裳兮，奮利喙以嚙膚；敗絮紛以雪落兮，灑丹血於庭蕪。劇摧殘而走避兮，猶餘憤之未休；駭昔仁而今暴兮，果孰恩而孰仇？

緊兹禽之珍麗兮，堪友鳳而匹鸞；胡炎凉之异態兮，攬余懷而增嘆。彼佞鵲之好諛兮，每向晨而歡噪；汝何足以驗休咎兮，徒博夫主人之一笑。伊妖雉之善蠱兮，斯對境而僊僊；汝何不禁持以養重兮，棼顛倒以蹁躚！孰被褐而懷玉兮，雖敝緼亦稱身；汝何爲力排夫异己兮，竟罔恤夫清貧！撫衣裳之楚楚兮，倚東君而自雄；綿蠻止於邱隅兮，亦何羡夫樊籠。亂曰：

炫炫者何？汝之形兮；英英者何？汝之靈兮。既慕勢兮，亦希榮兮；貧也匪病，汝則憎兮。亦不汝嗔，乃恒情兮！

木棉賦并序

木棉，名攀枝樹，一名斑枝樹，尉佗謂之烽火樹；粤人因其拔出群木，又謂之英雄樹。高者十丈，春月作花，色赤，大如碗，光燭天半，洵瑋觀也。棉如柳絮，不中衣被之用，木質亦劣，匠石弃之。殆以無用全其天年者邪？余有感焉，乃爲賦曰：

緊斑枝之喬木兮，假烽火以得名；擢修柯而峻拔兮，聳直幹以孤撑。飄素英而冬隕兮（嶺南群木冬不落葉，此木獨隕），孕赭葩而春絢；初藹栗以胚胎兮，漸含毫而矜炫（初開似木筆而大）。滋酡容以醉露兮，開笑口於暄風；訝林端之綴彩兮，殷天半以深紅。遥而望之，若赤烏夾日以群翔；邇而即之，若錦傘翳雲以四張。煒煒焉，煌煌焉，若火齊磊砢初傾乎百寶之箱，又若珊瑚十丈盤拏夭矯森列以成行。惟具體乎明離，禀南交之炎德；含黄蕊於中心，渥丹顔兮正色。導日馭於初升，掩霞標於將夕；燭龍爲之迴光，朱雀於焉斂翼。時則仙城律轉，珠瀣潮回，翕艴乍放，紛葩怒開；爛漫乎呼鑾之道，離披乎朝漢之臺。冒三山兮萬樹，壓雙湖兮千堆；遮畫樓而隱隱，迷綉户以焞焞。增百廛之綺麗，蒸四序以恢台；若乃寂寂碧岑，茫茫緑野，寶靨空舒，瑰姿獨寫，鷓鴣杜宇鳴叫乎其顛，山鬼孤猸躑躅乎其下。泣暮雨而愁多，黯朝烟而恨惹；或羈客之遠行，别情人於道左。花耿照乎妾心，枝莫繫乎郎馬；映珠泪兮俱紅，忽闌干兮盈把。

嗟兹花之粲粲兮，殊少態而無香；諒雖大而不貴兮，不如茉莉以小而稱强。迨結子而吐棉兮，紛飄墮於泥沙；何吉貝之堪擬兮，匹柳絮與蘆花。矧禀質之匪堅兮，實散材之可弃；不中夫舟楫與棟梁兮，徒枝梧於雲際。然而無用爲用，匪珍斯珍：花不香兮麗者弗簪，乃以葆乎花之真；棉不温兮寒者弗茵，乃以全夫棉之神；木不堅兮匠者弗斤，乃以安乎木之身。是以蕃滋千叢，偃蹇百尺，每燒空而流絳，亦烘野而亘赤；果克永其天年，閲榮枯而自適。揭翹出乎群木兮，粤人謂之英雄；乃虚名而鮮實兮，吾則等諸樗櫟。

羊桃赋 并序

羊桃來自外洋，故亦名洋桃。圭棱五出，如田家碌碡狀。《桂海虞衡志》謂之五梭子，屈翁山謂之五棱子，引蘇詩爲證，梭蓋棱之訛也。味酸微甘，本粤果之恒品，産獵德者獨佳，膩肉豐漿，入口立化；擬以冰壺先生，殆不爲侈。余有取焉，因爲賦曰：

維五棱之嘉實，初托根於外洋；隨昆侖而輸贐，乃移植乎粤鄉。傍清湄以浥潤，冒修坂而鋪芳；擢翠條以摎擖，旉碧葉而低昂。引輕颸以度響，漏細日而涵光；華的的而吐素，子纍纍以垂蒼。漸蕃滋以碩大，紛生角而作鋩；狀碌碡而五出，抗觚棱以四張。木匪雕以成質，玉孰截而爲肪；羌雖廉而不劌，洵因圓而得方。伴象蕉而入市，雜烏欖以盈筐；味兼酸而帶澀，聊却暑而引凉。届中秋之令旦，采獵德以新嘗：質玻璃兮儷脆，色蜜蠟兮妃黄；肌觸指兮墮粉，膚滑吻兮流漿；嚼寒冰兮沃雪，歠甘露兮凝霜。液融融兮不滓，氣馥馥兮生香；似含桃兮銜鳥，陋嗜棗兮名羊。時則商飆刷溽，顥氣迎晨，乃斟清酎，以迓嘉賓。螯持黔介，鱠登皓鱗；恰馨腴之初薦，吸沆瀣以飲醇。酒到臍而忘醉，羹饜腹以留津；却鹽梅而勿御，賤酥酪而弗珍。衆饕匪侈，獨饗不貧；朝炊飯飽，午倦茶親；堆盤礌砢，積案輪囷。忽投喉而咽醴，覺沁齒以回春；驅睡蛇而遠遁，結意蕊以彌新；相如爲之止渴，西子於焉舒顰。又或曉夢初醒，宿酲未解，病眼瞢騰，煩襟厭怠，清吹鬱以停嘘，煦曜黕而匿采；儼有蕡而膽之，沃余心而啓乃；鋤一竪於瘴鄉，剸三危於真宰。

若夫對月攤書，挑燈檢韵，思苦神枯，夜闌香燼，惟銀鹿之可兒，傾筠籃而持進；滌滯緒以瓊波，剪愁絲以霜刃；增峻壘於詩城，助雄師於文陣。伊兹果之清嚼，在炎徼而得難；詎綏山以豪賞，媲蟠木而仙餐。香邁橙而胡緑，甘逾荔而奚丹；擬蔗冰以比潔，傲椰酒而禁寒。中醰醰兮多美，外觥觥兮莫干；斯誠狷者之變相，信余情之所歡。

知止堂集卷三

詩一　四言古詩

擬張茂先勵志詩九首

其一

二曜遞運，四序代遷；青陽逝矣，素節忽焉。寒飆號野，層冰遏川；徂兹餘晷，倏爾窮年。

其二

羲馭莫迴，魯戈徒舉；駸駸隙駒，逝不我與。志士夙興，閔默誰語？千古爲期，邈焉儔侶！

其三

仁山峩峩，其崇萬尋；學海泱漭，溟渤讓深。憬彼先哲，珍此寸陰；胡爲玩愒，曾是弗欽。

其四

四駱夙駕，曰予出游；朝臨蘭渚，夕陟松邱。耽兹偷樂，忽彼姱修；朱顏凋落，老大奚求！

其五

庖丁瑣隸，屠牛運斤；佝僂倦叟，掇蜩欣欣。末技雖微，用志不分；古亦有訓，業精於勤。

其六

廓哉聖囿，貞幹有立；蔚矣文林，嘉鞏爰集。性匪殊賦，良慎所習；邛瞻前軌，每懷靡及。

其七

玄蟻盜壤，匪覺其貪；黄螽蠹蕊，匪覺其酣。積纖成巨，歷苦得甘；胡爲淺索，曾弗深探。

其八

浮文妨實，玄言輟務；捷徑多歧，動虞窘步。振轡孔衢，攬襟貞素；努力崇修，我懷彌固。

其九

有斐壯武，勵志矢詩；義貫秋籜，辭擢春荑。九章近雅，百代可師；末學載咏，仿作箴規。

詩二　五言古詩

咏二疏和陶韵

晦朔遞盈虧，代謝有來去。止足佩老箴，行藏契孔趣。子房漢帝師，辟穀學輕舉。餘風激頑懦，繼者兩疏傅。朝辭明光宫，夕首青門路。祖帳梗修塗，揮手去弗顧。道傍自嘆嗟，心不關榮譽。黄金滿橐歸，高枕謝塵務。盛饌款鄰翁，家風安布素。慨彼霍將軍，怙權死不悟。彼遺妻子憂，我爲兒孫慮。柴桑歸去來，見微且知著。

黌山古井歌

黌山高不極，勢與長白連；下有曝書臺，古井踞其偏。蒼蘚黯幽甃，倒景凌神淵。沈深窈莫測，疑有潛虬眠。聞昔鄭司農，於兹羅青編。勘書溯孔傳，説詩衍毛箋。挹井佐饘粥，亦以濡丹鉛。至今書帶草，裛露青芊芊。此地古黌堂，儒雅鄒魯傳。前有秦博士，宰木鬱蒼烟；後有宋樞密，書室構醴泉。矧兹鄭公躅，百代風肅然。安得假修綆，汲古恒濯湔。不須問通德，即此堪懷賢。

昭君咏有序

自晋以來，爲昭君詩者衆矣，大抵閔其出塞之苦，或謂漢家長策在和番，或譏其不能制夷狄，皆未明乎當日之時勢也。余考元帝時，匈奴衰弱久矣，呼韓款塞，稽首來庭；又新斬郅支，威震絶域，漢之安邊制狄，固無藉乎昭君也。單于求爲漢婿，特欲倚漢女爲重，非有要挾；即不予女，或別選一良家女子不及昭君者予之，應無敢桀。乃元帝不忍予而卒予之，正其優柔不斷之一端爾。因爲此詩。

曲逆奏奇計，圖畫眩閼氏；奉春建和親，貴主悦胡兒。是時冒頓强，中國新瘡痍；欲以一女子，息彼十萬師。靖外以安内，含垢未可訾。厥后卒不遺，秘議空爾爲。武皇奮天討，衛霍驅熊羆；東封狼胥巔，西涉余吾湄；左肩解玄菟，右臂斷焉耆。四海坐困敝，萬幕紛崩離。三傳逮孝元，蒙業奠北垂；南面朝呼韓，唾手誅郅支；是時稽侯珊，保塞不敢窺。叩頭賀正旦，五體投丹墀。朝罷謁典客，通譯前致辭，自請托漢婿，天子聞解頤。入宫坐甲觀，批圖選蛾眉；置美取其醜，頗异平城時。昭君良家子，穠華掩蘭芝，玉貌自矜重，金錢寡所遺。賤工弄狡獪，顛倒東西施。畫堂空望幸，輦路蒼苔滋；可憐守宫血，斑斑漬凝脂。一朝天子召，永巷生光儀；掖庭贊上謁，娥娥天人姿。至尊重猶豫，左右皆狐疑，怪彼畫中姝，异此階前姬。邦媛不世出，别選乃其宜。單于附外臣，喘汗驚天威；但得漢女重，敢争妍與媸？取决在俄頃，片言立轉規；奈何竟遣去，掩面從此辭。黄沙凋朱顔，青冢薶香肌；至今聽琵琶，泪下如綆縻。元帝本優柔，太阿不自持；蕭周夙所重，甘受恭顯欺。一女何足道，寡斷乃若斯！耳目蔽房闥，氛霧充簾帷。覘面弃絶代，事後枉見思；縱殺百延壽，出塞安可追！

由南陵赴蕪湖，大雪不得前，夜宿田家

朝發黄荆驛，冷雨如盆傾；日暮凍雲合，鏘然落瓊霙。南陵遇賢守（同年李復堂時守寧國），踏雪來雙旌；

話舊同剪燭，耳熱心怦怦。旅枕耿不寐，卧聽爬沙行。暗牖通曉色，積素充前楹；征車無停軌，衝寒抗孤軨。初飄飛絮密，漸舞鵝毛輕；冰花大如手，打頭鏗有聲。高壓松竹折，低塞坑谷平。天地渾一白，世界變水精。昏晚迷往路，班馬徒悲鳴。林黑燈火出，茅屋連松棚。田家八九十，各各掩柴荆。叩扃呼野老，披褐欣承迎。斗室亦自潔，人牛兩不争。燎衣燒敗葉，滌釜糜新粳。稚兒放學歸，玉立殊英英；謁客嫻拱揖，誦書能咿嚶。十載困行役，緇塵黯華纓；尚有敝廬在，時時慕歸耕。風雪寄蝸舍，頓覺魂夢清；邂逅成主客，依依有餘情。明發向城市，人事紛匌訇！

吴錦塘同年以近詩見示，爲題卷末

出都未十日，途長馬足緊；故人宰近畿（錦塘時爲望都令），未到意先引。相見雜悲歡，一别八年準。爲我羅珍饈，鵝黄酌不盡；酒酣出新詩，秀色奪玉笋。君才本捷疾，矯矯霜天隼。觀書十行下，哦句八叉敏；忽焉發光怪，海氣浮蛟蜃；樓閣晃有無，飛走眩靈蠢。神飆迴一吹，冲穆澹無朕。詞壇建高牙，壓倒居易積。我詩等候蟲，草際吟秋蚓。一唱冰雪歌，松風滿瑶軫。里語賀使君，官貧才不窘。

錦塘以長句送行，匆匆未及答，追賦却寄

昔歲在癸巳，與君别皇州；是時君下第，落魄增牢愁。攬袪送君行，清泪閣不流。時余方典獄，所務在恤囚。坐致羽林兒，脱檻騰猿猴。吏議削曹秩，摇落逢素秋。青陽漸萌達，復作出塞游（余於癸巳任刑部提牢官，因

失察侍衛李相清越獄，於八月被議左遷，旋以入貲復官。甲午正月出使熱河，襄理都統幕府事）。柳河古戰場，天陰鬼啾啾。開平十萬師，大星隕旄頭。聖恩匝化外，種落蕃氈裘。臥鼓滅烟燧，賣刀牧羊牛。都護但坐嘯，幕僚或清謳；桓曳落河，耦語聲咿嚘。通辭賴象譯，顧影罕匹儔。思君不可見，望斷東南陬。丙申始改歲，天衢躍驊騮。相國今歐陽，玉尺懸琳璆。君才等仙禽，飄飄集瓊樓。當其游象外，難以樊籠求。沆瀣通一氣，奇珍出冥搜；月海舉鐵網，不失珊瑚鈎。文出遂紙貴，萬手争雕鎪（錦塘以散體制義受知於潘芝軒相國，成丙申進士，詩文俱發刻）。聯翩掇上第，高步凌瀛洲。九重責實用，百里畀賢侯。時余客塞外，聞之散千憂；歡躍輒三百，呼酒自勸酬。滿歲請代歸，不見鳶肩周。飲水酌清沽，栽花向燕幽；小邑暫屈鳳，孤懷猶盟鷗。下車霈膏澤，懸鏡駭奸偷。頒文程多士，置院延清修。荒祠謁帝母，懷古心悠悠（時方謀修書院及堯母祠）。我來甘棠下，口碑一一收。旅館枉高軒，霞漿泛金甌。贈言弄豪翰，珍若瓊瑶投。願乞玉壺冰，爲我洗兩眸。持照桂林花（時余以典試赴粤西），勿貽蓮廬羞（余家有老屋曰蓮中廬，壬午與錦塘讀書其中）。歸來捧瑶斝，登堂壽太邱（謂尊翁雪巖先生，時方爲製壽序）。

鄭州行館即景

孤館延虛静，寂寞古城曲。小立俯前軒，槐蔭上衣緑。晚來啜茗坐，鐙花結蒼粟。

新鄭道中即景，仍用前韵

古道伏崖脚，如在深山曲。翻覺禾黍高，空際逼人緑。棗香不見花，隨風飄金粟。

由西平達遂平，官路多成巨浸，屢以桴渡

夜雨大如注，凌晨猶不止。冒雨出西平，泥深欲没髀。僕馬忽不進，前路阻於水。亭長跽致辭，黯然色不喜：『此地實周行，蕩蕩平如砥。雨水失宣泄，乃如在中沚。官若欲渡此，乘筏斯可矣。』却顧枯柳下，傍岸一筏艤。指揮出丁壯，頃刻集鄰里。三反過傔從，十度載行李。我馬矯如龍，解鞍浴波裏。一夫牽之前，出没鳧鷗似。渡訖復南行，野水深尺咫。鞭馬屢還濘，漸車恒濡軌。眷言憫我僕，烝然涉波豕。晚抵遂平郭，洪流浩無底。官道素所經，横溢乃如是。亦有束木桴，飄搖一葉比。欲濟心茫然，不覺拂衣起。忠信涉波濤，斯言具至理。乘風破高浪，近見琉球使（涿州途次遇高螺舟侍御，道及出使琉球渡海遇風）。矧兹水一方，猶及見涯涘。下馬疾登桴，性命付舟子。猗嗟諸少年，推挽各奏技：趫捷欺猿猱，游泳隨鰋鯉；十夫駕一桴，飛渡疾於矢。雖乏舟楫用，人心固足恃。須臾達彼岸，鐙火雜廛市。此邦歲苦澇，烝黎饜糠秕。近復雨傷稼，禾頭漸生耳。兹水勢崩奔，湍急流如駛；潰決敗田廬，井竈游鱣鮪。所望賢宰官，未患思預弭。我來役民力，念之覺顔泚。典試曰乘槎，人言或謂此（都中士大夫每謂典試曰乘槎）。

信陽出山喜晴

侵晨出谷口，豁然見芳甸。行行陟崇岡，危徑緣一綫；岡勢肖螺盤，人行似蟻旋。俯視萬稻畦，迸水抽新箭；好風時一過，漾漾緑波濺。碧篠逾嬋娟，佳卉殊婉孌；時鳥媚新晴，巧哢學鶯囀。却顧過來山，眉

痕翠隱見。

輿中閱香山詩偶作二首

其一

元白兩詩仙，蟬聯競玉筭。觀其相切劘，所患在太盡。高才易放縱，欲閟不可忍。盛氣追蛟螭，往往雜螻蚓。唱嘆有餘音，朱絃撥瑶軫。

其二

朱粉贈西施，刻劃失真淑。玉山冠緋衣，所炫非袍服。箏琶日鳴聒，妙不如竹肉。清嚼芙蓉花，雕繢徒眩目。所以香山詩，把向老嫗讀。

湘潭道中

看山不登山，臨水不涉水。山水洗兩眸，俯仰皆可喜。娟娟青蛾眉，倒影明鏡裏。行人傍岸曲，沙鳥拍拍起。翠篠含風薰，蒼松逐雲委。更愛紫薇花，滿路霏紅蕊（地産紫薇，紅雲夾路）。

熊羆嶺（在祁陽縣）

群峰亘連環，一嶺峙雄秀。蒼熊當緑羆，終古相角鬥。顛蹶墮爪牙，怪石忽奔湊。陰崖豁崩騞，隘不容猿狖。伊誰劚烟霞，危磴出杰構。山腰肖帆轉，石角争輻輳。繞磴森萬松，寒濤日鳴吼。竹杉織其間，縟若錯青綉。陰翳互蔽虧，俯仰失晴晝。攀緣陟層巔，始見天光漏。冠壁上孤雲，裂磵下懸溜。蜩螗等仙禽，笙管一一奏（蟬吟能作百囀聲）。罡風砭衣凉，飄然出宇宙。未憚登嶺艱，翻嫌降嶺驟。山民瘦若棘，動有百年壽。安得結茅廬，丹爐看火候。

由永州達粤西，日行亂山幽谷間，灌莽蔽翳，松竹爲之不芳，賦此排悶

種樹思美蔭，無如松與竹。我家齊魯間，未能多所蓄。種竹二十一，種松不滿六。偶來坐其下，亦足慰幽獨。壯歲游京華，日與紅香逐。合眼懷岩栖，甘如飢貪肉。于役歷吴越，耳目得清淑。山容奪蛾眉，水聲和琴筑。松濤寒不凝，竹粉翠可掬。每欲倩良工，寫入生綃幅。今來湘水湄，累日走崖谷。巉巉攢亂山，莽莽纏灌木。千竹復萬松，顛倒委林麓。旁生荆棘叢，中蓄狐兔族。蕪穢蔽芳潔，姿媚變愁蹙。竹露失娟娟，松風徒謖謖。有如絶代姝，蓬首欠膏沐。賢奸不分明，雜進未爲福。我欲謁巨靈，請刃行天戮。鏟却萬重障，一豁千里目。松竹留十一，容我結茅屋。

入粤多好山，桂林尤奇絶，詩以紀之

楚山紛縱横，灌莽復雜糅。危徑緣顛崖，戰栗逐猿狖。險盡得平曠，豁如出深竇。青山我故人，萬里初邂逅。烟嵐遞明滅，轉側生皴皺。離立各弄姿，妙相隨點逗。弭節興安西，群峰忽奔輳。空際鬱槎枒，雲端互通透。神斤窮雕刓，天巧工架構。人傳一百峰，勢若相角鬥。閲日到桂林，駭目驚奇覯。巑岏覺天窄，削鑿疑地瘦。象人殊坐立，肖物極飛走。對峙若拱揖，孤聳或傴僂。蒼鶻刷翅翎，青猊摇尾首。有如肅朝儀，簪笏列左右；又如攢劍戟，寒威懾狂寇。森然富萬象，比擬滋挂漏。我本山中人，癖性愛雲岫。空翠落兩眸，一洗風塵陋。安得謝公屐，踏遍千岩秀！

湘江舟中重閲吴錦塘詩，續題卷末

我携一卷詩，萬里恣游遨。藏之古錦囊，愛比金錯刀。歸來挂片席，泛此清湘濤。晚泊蘆岸宿，月黑風刁騷。是時逢老秋，四野寒蟲號（錦塘詩自題曰《豆間蟲吟》，是夜爲九月二十三日，蟲聲滿耳，因借以廣其意）。小語殊唧唧，大聲亦嘈嘈。感此愴肺腑，使我勞心忉。郤出君詩讀，義薄雲天高。如彼雙黄鵠，矯翼鳴且翱。勿爲東野窮，且作太白豪！

浯溪二首

其一

奇峰忽湧出，蒼翠難爲狀。怪石何牙牙，坐立屹相向。攀緣上高臺（浯溪最高處有石若臺，曰浯臺），眼耳得清曠。一鏡瞰湘流，時有孤帆颺。

其二

蒼崖列萬笏，文字競鎸刻。莓苔蝕姓名，漫漶難可識（浯臺之石，懸崖壁立，俯瞰湘江，自唐以來刻詩文、題名字者難以數紀，風雨剥蝕，多就漫滅矣）。煌煌中興頌，鴻文不稱德；巋然立千秋，道州與魯國（浯溪石刻《大唐中興頌》，記肅宗靈武事，多涉夸侈，徒以元道州爲之文、顔魯公爲之書，遂至今寶貴，然則文字之傳，豈不以其人哉！）。

楓林

貞松似君子，鬱鬱色不變；寒楓似貴人，爛爛袍服炫。要亦抱堅貞，非比桃李賤。秋老萬木凋，穠麗久乃見。清露濯令姿，濃霜發新絢。孤立何亭亭，渥丹氣浮面；鮮霞媚落照，晚節彌可羡。歲暮應返初，飄墮亦何戀。永保君子心，餘香結不散（楓實曰楓香，焚之郁烈）。

巴陵即景

山秀眉讓青，水澄眼侵碧。紅豆絇翠條，黄華縟緑陌。覆塍冒鮮蔬，破塊抽細麥。不見巴陵春，小春足可惜。

登岳陽樓

名城逾百雉，飛樓何亭亭。黝堊錯丹碧，梳櫛排軒欞。闢牖納海日，倚欄摘天星。杰構難可狀，磴道快所經。竭來層霄上，萬象窮瞻聽。俯瞰洞庭水，浩蕩鄰滄溟。蛟龍霧雨濕，魚鱉陰風腥。群峰鬥澎湃，拱揖君山青。歷歷見洲渚，蒼黑紛殊形。不辨雁與鶩，飛飛落前汀。連檣富舟楫，西南正揚舲。彌望不可際，天水烟冥冥（全湖當樓之西南，其西北尚見洲渚）。羽士等龜鶴，香花祠仙靈。純陽殊荒忽，三度去不停。青蛇竟何物，詩句流芳馨。再拜窺肖像，劍佩妝瓏玲。人生若醉夢，鼾睡痴不醒。安得授真訣，歸山誦《黄庭》。

登黄鶴樓

脚踏蒼龍脊，來登黄鶴樓。天高日滉蕩，地闊風飀飀。八窗納萬象，三重隘九州。飄飖雲霞翻，崩奔江漢流。飛闌灑駭浪，倒景涵清漚。西眄邁夔峽，東眺凌神邱。目極去鳥滅，心逐孤烟浮。歷歷見漢陽，軒軒露城頭。魚鱗萬瓦密，鷁首千帆收。蘭宇冠大别，樹色籠芳洲。徘徊望都市，闐咽争喧啾。及此軼埃壒，聊復翳幽憂。訪仙竟孰是（樓相傳爲費文禕仙迹，而其上乃肖純陽像），跨鶴欻來游。

贈林岵瞻四首

其一

鳴鳥思儔匹，嘉卉無异林；采蘭欲爲贈，徘徊待同心。疇昔見君子，雲樓盍朋簪；歡言結芳佩，傾意愜素襟。僶俛逾十載，流光何駸駸。聯鞍駕四牡，言邁粤山岑（余與岵瞻同官比部，復同典粤西鄉試）；校文極昏旦，縱論洞古今。斧藻豈不貴，行義素所欽。緘情胡能默，爲之發長吟。

其二

蓄實無匿采，積誠必流形。短小發精悍，玉頰鬒眉青。少孤等歐陽，琅琅誦遺經。戰文拔將幟，射策揚天庭。飲冰視秋讞，清鏡懸幽扃；直廬踐禁闥，鳴佩聲丁丁。眷懷戀重闈，愁見霜葉零；言將請代歸，循陔采芳馨。陳情有遺表，千載思儀型。

其三

舌以柔而全，齒以剛而折；邇言含要妙，老氏有遺説。神庖解全牛，預防芒刃缺；繞指驗純鋼，肯學錚錚鐵？知白貴守黑，皎皎易點涅。高明天所伐，蘭膏自銷滅。我佛戒嗔恚，劫賊喻尤切；相期挫雄鋭，庶以遠庬駹。謙謙君子心，永懷至耄耋。

其四

怪鳥志填海，迂叟思移山。豈不自量力，有恒乃罔艱。城門多深轍，輪蹄日間關；穹崖穴綫溜，終古流潺潺。勤職貴漸積，旦晝豈不閑；日計雖不足，有備常無患。穿楊擅神技，不知弓幾彎！鬱鬱千丈松，詎作桃李顔？努力保終始，贈子以自閑。

藺相如故里

藺生握奇策，單車西入秦；抱璧行來歸，英概何嶙峋！所重非一璧，先聲怖强鄰。出疆義不辱，足知國有人。折節下廉頗，秉道能屈伸。却敵仗猛士，蛟龍性難馴。武夫易喜怒，釋憾情益親。將相和乃濟，爲國豈爲身！後世述盛業，動稱周與陳。詎知藺生節，邁古罕比倫。我來邯鄲道，霜清水鱗鱗，相傳有故里，喬木鬱輪囷。下馬拜殘碣，芳輝耀千春。

成蘭生方伯瞻園侍母圖

喬柯冒檐端，澄湍鳴階次。拳峰肖天秀，紅紫間蒼翠。祥飆揚旌竿，分藩此重寄。方伯來何莫，三月國已治。寬仁禀慈訓，佛雲廣所被。芳園萃嘉淑，版輿時一至。冠帔耀晨葩，彩衣恣遨戲。投綸弄潺湲，扶笻凌嵬巋。愛日正舒長，韶光復濃媚。循陔采白華，笙詩契微義。移孝可作忠，將以風有位。

游隨園

緑烟蔽谷口，一徑穿竹林。倉山忽在眼，雙湖澄且深。亭館出木末，翠樾交繁陰。登頓快所歷，曠奥清埃襟。當年老居士，買山得幽岑。意匠工架構，不惜百黄金。曲廊隱窈窱，朗閣標崎嶔。門墻半蓁首，賓從羅華簪。熊白有妙割，鵝黄無停斟。追歡忘衰暮，閑情托謳吟。悠悠四十載，良會難可尋。遺蜕委山足，喬木風蕭森。感此長太息，俯仰懷古今。

袁秀浦螺江餞别圖

悠悠螺江水，泛泛波上舟。舟行竟安之？使君去難留！留君欲攀轅，送君猶攬袂。僚屬黯不歡，父老潸出涕。青絲絡君馬，白飯飽君僮。蒲帆張復落，若爲石尤風。歸舟載琴書，一葉浮清泚。十載使君心，視此螺江水。

朱貞女頻伽禮佛圖有序

貞女爲六合令恭壽之妹，未婚夫亡，矢志奉母，綉佛茹素歷數十年。

女貞高拂雲，偃蹇孰與比？鬱作栴檀香，絪緼聞十里。猗猗式叉那，道是嬰兒子。此身爲母存，此心從夫死；身是蓼根蟲，心如古井水。茂節寄枯禪，瞻拜聊復爾。一入紫竹林，斑斑泪如此。

曹塏堂虞山觀海圖

虞山高萬仞，俯瞰東海濤。青銅磨古鏡，倒影窮秋毫。百怪争跳蕩，天風吹刁騷。神洲殊荒忽，仙人難可遭。曹生擅英妙，登歷臨風翱。眼空雲海大，興壓烟山高。繪圖悉巨筆，一一清且豪。滄溟正鼎沸，妖霧迷征艘。長鯨時怒掣，聒天鳴蒲牢。安得任公子，一釣連六鰲；掀翻黿鼉窟，魚鱉紛騰逃；颱颶息駭浪，漁歌發輕舠。與子重携手，洗耳聽龍璈。

鮑逸卿太史石泉聽瀑圖二首

其一

萬籟各爲聲，有聲即囂煩。聲聞得定慧，惟愛山泉喧。懸流東作瀑，雪浪穿雲奔。蕩滌石齒净，響答松濤翻。幽人時一至，洗耳聽潺湲。山深群動息，林鳥亦忘言。

其二

飛泉天半來，青山恰界破。莫笑徐凝詩，此句當屬和。怒挾白雲崩，净謝蒼霞涴。玉峽飛雙龍，豪語毋乃過？年來耳漸聾，世事付懶惰。願言濯塵纓，偕君松下卧。

潘德畬都轉以舊藏顔氏尺牘三十六册見贈，曲阜修來先生故物也，因紀以詩

束髮事文翰，卜居洙泗旁。里老説三顔，玉樹森琳琅。仲子尤杰出，獨鶴凌風翔。意氣傾南北，壇坫均田王。少讀《樂圃集》，金石鳴鏗鏘。壯歲游京邸，爰登未信堂。精爽寓謦欬，榜墨垂英光（京都山左會館乃修來先生舊邸，有手書未信堂額）。悠悠二百載，芳緒墮渺茫。緗帙飽蟫蠹，喬木摧風霜。潘子藴奇雅，書畫今元章。開緘出素册，六六堆巾箱。贈言半老宿，柔翰發古香。鄭重尺素書，陋巷夙所藏。手迹存世澤，珍比千金裝。流傳到海陬，綉梓屬河陽。自此《同人集》，不數冒辟疆（尺牘已刻入《海山仙館叢書》中，與冒氏《同人集》相仿）。持贈鄒魯儒，將以還故鄉。感子意良厚，庋之七寶床。

舟次始興，水淺遇雨早發

七載宦嶠南，竊位羞文仲。沐猴騎土牛，終日勞罄控。漸嗜南烹鮮，頗怯北風中；自分老蠻荒，朝天空有夢。回首白門役，痛定輒思痛。勢迫詎求全，力薄偏任重。中更幾翻覆，搘拄資國棟（謂耆相國）。罪積等邱山，罷退安足用！天恩念逐臣，内召丹綸羾。司馬本清曹，白傅詩堪誦。佐郡剖半符，希禄叨新俸（時奉恩旨以同知起用，赴部待銓）。歸棹理琴書，珠瀨一帆縱。溯流到江口（地名，屬始興縣），溪涸浮沙壅。破沙走百夫，負舟如抱甕。天公幸見憐，夜雨聊相送。新漲琥珀黄，風蹙靴紋弄。朝暾紅欲然，夾岸桃霞映（時戊申十月初旬，嶺南冬暖，岸側山桃盛放）。僂指嶺頭梅，南枝應破凍。殘葩憶昔攀（余於壬寅嘉平度嶺時，梅花將落猶繁），初萼恰今供。遥數十八

灘，潮平下章貢。

肥桃（以産於肥城得名）

桓桓齊三士，各有力如虎。所争僅二桃，性命輕一羽。初聞不相信，謂爲齊東語。壯歲賦遠游，佳果堪指數。董墓所首推，深州亦可取（京都名桃首推董四墓，次則深州）。枇杷黄金丸，荔支白玉乳；塞梨尤殊絶，羊桃入別譜。此皆南北隽，旅食恣含咀。每憶園有桃，饞夢思東魯。歸田恰仲秋，蕡實羅筐筥。素英帶紛披，妍姿相媚嫵。瓊漿溢碩膚，雪肌劈香縷。甘芳妃沆瀣，滑膩奴脩脯。弱不勝齒牙，清足凉肺腑。老佛心槁木，抬手思摩撫（桃之上品名佛抬手）。矧兹豪士豪，重以武夫武。望樹涎久垂，撤柈目先努；口腹甘身殉，延頸赴輕吕。噬嗑兆訟師，异味等妖蠱。不見鄭子公，解黿初登俎。染指愧虚嘗，梟鏡逞一怒。羊羹幾亡宋，熊膰難待楚；尤物足移人，兹桃堪爲伍。莫但笑老饕，公孫田與古。吾將剗其根，匝野種禾黍。

過魯義姑姊祠感懷有作

公私判恩義，兩顧斯兩妨。徇私公必廢，割恩義乃彰。在昔有齊寇，戎馬躪我疆。廟堂但拱揖，氓庶驚走藏。有婦避兵去，揮涕辭閨房。提携兩幼稚，躑躅爵山傍。寇騎肆充斥，劍戟森鋒鋩。當塗梗豺虎，沸耳喧蜩螗。雙雛難共保，形色殊蒼黄。抱一弃其一，踉蹌走高岡。牽衣不忍別，號呼酸中腸。啞啞戀母烏，恍如失乳羊。敵將疑且訝，駐馬問阿娘：『抱者定汝子，弃者誰家郎？』斂衽前致辭，出語泪淋浪：『弃者實妾兒，分離劇可傷。抱者乃兄子，生死相扶將。私愛長已矣，公義安敢忘？』秩音發皓齒，金石鳴鏗鏘。片言重魯國，敵將聞彷徨。匹婦崇高節，何况劍佩行？宗邦未可伐，加兵恐不祥。偃旗謝成邑，倒戈還汶陽。邦君幸兵退，錫賚循舊章。奈何魯大夫，争逐哄岩廊。公室且四分，舉國紛若狂。不及巾幗彦，危急存綱常。

過古成邑有懷榮公

偃鼠醉微溜，鷦鷯安寸枝；人心苦不足，知足往攸宜。尼父守固窮，成野遇榮期。鹿裘復帶索，箕踞理琴絲。停車相問訊：『叟樂奚若兹？』榮公欣然笑：『吾樂詎有涯？物賤人爲貴，男尊女斯卑；大福莫如壽，今我乃兼之。天地爲廬舍，山川爲樊籬；日月爲膏燭，雲霞爲幔帷。飢餐草木實，渴飲雨露滋。朝隨麋鹿群，夕與鷗鳥嬉。生游汶水濱，死葬東山陲。人生胡不樂，不樂將何爲？』

知止堂集卷四

詩三　七言古詩

古槐歌

彩山之麓大槐寺，中有大槐拿雲起。深根下插九地裂，喬柯上去天尺咫。森森翠羽痴不飛，鱗鱗龍蜕堅難毁。里中詎少黄髮翁？誰爲此樹詳甲子？傳聞初大逾百圍，蔭廣五畝猶不止。物老變怪神鬼仇，雷火下燎芒騰紫。祝融愛惜不忍灰，軀殼猶生中心死。外張華蓋蔽日月，内闢虚堂列床几（舊縣志云：中空，能容數十人）。數百年來更摧殘，任脯蒼麟仆青兕。惟留一片若仰舟，鐵石登登剛莫比。地脉未枯天意轉，怒生旁蘖成連理。子槐傍母又百年，垂蔭漠漠飛花蕊。大僅如母百之一，俯視萬木拱把耳。

孫康甫待詔以兄心泉道人《心泉詩》索和，因爲長歌

顔山山水靈所鍾，珠璣迸瀉鳴琤琮。有泉山脚忽湧出，平地突開白芙蓉。時維十月天地閉，土脉凝沍膠泥封。龍潛石穴地氣濕，陟釐終歲花蒙茸。道人騎驢踏敗葉，柳林泉際閑支笻。到此移杖一撥視，蒸蒸如釜

蒼烟濃。山鳴石裂乍鼎沸，銀翻雪滚聲淙淙。呼童荷鍤自疏瀹，繚以怪石交横縱。山中朋輩競傳説，茶神詩伯來相從。磚壚石銚試真味，甘逾玉醴何醇醲！泚毫作詩寄兄弟，開讀如聆風吹松。君家叔子金門客，豐神濯濯如王恭。走謁朝紳廣索和，嵇辭阮旨歸陶鎔。兹泉本以無心得，名曰心泉惑迷蠢。人心天機本活潑，亦如萬派争朝宗。一朝源壅流斯竭，要鑿靈竅休憧憧。道人養心如止水，刷滌渣滓清塵悰。忽得此泉若有悟，天根一點神相舂。以泉鏡心心理徹，以心印泉泉原逢。吾鄉山水爲魯甲，汶流環匝雙從龍（左、右從龍，二泉名）。童時游釣壯忽弃，厭聽街鼓敲鼕鼕。文書遮眼坐郎署，有如籠鳥難飛衝。面塵三斗不可浣，安得一勺澆吾胸？欲和君詩愧不敏，强以布鼓答霜鐘。濠梁他日許携手，還當同上青螺峰。

巴陵道中觀穫稻

乾風吹面如沸湯，炯炯烈日懸清光。早稻登場中稻熟，翻塍覆隴頳雲黄。農夫腰鐮集厥事，顛蓑倒笠田中央。初披莖葉試鉏刃，徐敲粒米傾筐箱（穫稻者均携木箱，刈後敲粒入箱中）。時時椎髻餉黍肉，往往蓬髮擔壺漿。風燎日炙不辭瘁，嘻嘻但説年豐穰。是歲楚南足田水，不雨半月猶湯湯。滑汰未逞腰脚健，衝泥頓覺芒鞋良。聞説彭蠡潰近縣，太守飛蓋往堤防（是時湖溢華容，耿退思太守往視堤工）。幸免漂蕩飽魚鱉，便應報賽烹猪羊。憶余少小事隴畝，督耕每至魚泉莊。自忝科名挂朝籍，年年玉粒分太倉。伊誰胼胝供坐食，慚無寸補心彷徨。但祝蒼蒼均旱潦，於萬斯年樂且康。

獨秀峰歌

粵西諸山多奇秀，奇之尤者獨秀峰。一峰獨立不知高，高幾千尺但見雲。[雲]端露出青芙蓉，有如霜隼摩空振羽翼，又如雨脚倒挂蒼精龍；瘦骨嶙峋含生氣，嵐光明滅烟澹濃。直貫四時不改緑，上有琪花瑶草萬古春茸茸。憶昔洪荒初剖判，疑是天工弄巧供奇玩：乃命夸娥氏之二子負大山，巨靈運斤四面劚之斷；又或天有八柱此其一，爾時挺挺直上干霄漢。中古而後天漸高，此峰乃退居天半。昔我游武林，飛來之峰矜崟岑（飛來峰在杭州靈隱寺南），岡巒起伏紛坐卧，冠帶竹木徒森森。昔我居灤陽，磬錘卓立仙宫傍（磬錘峰在熱河避暑山莊之東），摶沙聚土黯無色，殆如防風氏之民，服卉服而氣不揚。孰若桂林一峰稱獨步，我來飄飄欲奏凌雲賦；徘徊不覺起鄉情，遥憶濟南華不注（華不注山在濟南城北，孤峰聳翠，秀奪花萼）。

早發橋頭驛，冒雨行山水間，即景有作

江天漠漠雲四垂，秋霖十日凉風吹。夢醒忽聞萬聲急，殷雷激電相奔追。凌晨匆匆冒雨出，馬蹄滑撻人行遲。緑溪傍山覓細路，籃輿簸蕩防傾欹。却於奇險得清絶，溪明山暗烟迷離。高閣沈沈墜宿霧，半帆裊裊揚輕颸。丹楓烏桕足秋意，蒼松緑竹迴春姿。野塘水滿寒逾碧，秧針簇簇萍葉滋。一蓑出没罾竿動，沙際驚起雙鸕鷀。茶花滿山含露笑，道傍雪壓千萬枝。

湘陰石橋歌

洞庭之水八百里，餘波分注湘江裏。二水合流過湘陰，孤城乃在水中沚。何年亘水架石梁，江神鞭石石不起。横約二丈縱萬步，渴虹卧吸秋江水。蛟龍避路迴蜿蜒，黿鼉暴甲攢嵬礧。構造整密鎖紐牢，勾心鬥角

唇輔齒。獰飆捲浪日擊撞，屹立不動侔堅壘。大賈列肆坐橋上，販夫群聚多於蟻。我來小立望湘湖，風帆葉葉斜陽紫。

蘭挹秋求己圖小照

棕鞋箬笠何粥粥，秀眉疏髯殊謖謖。豐神昂如鷄群鶴，骨幹峭比霜中竹。飄然疑是東坡翁（仿《笠屐圖》意），毫添頰上將毋同。就中長跽者誰子？若有款曲愬難通（圖作正面一、背面一，背者跪，正者前，若有所乞）。男兒氣宇如山立，手摩長劍秋岌岌。折腰未肯向督郵，見大將軍惟長揖。胡爲乎傴僂屈膝倒塵埃，衣冠委蛻紛毰毸。立者瞠目漫不顧，幾時首肯顔爲開？畫工畫像兼畫理，求人無益還求己。莊周蝴蝶安足論，嗒然隱几南郭子。

句容道中遇雪夜行

句容城中風雪窠，豪奴獰面如妖魔。持鞭鞭人人四散，喧聲鼎沸雜鳶鵝。蒼黄募輿夫，隸卒肩相摩。父兄匿不出，子弟紛遮羅。長者十八次十七，兒嬉有似鄉人儺。中有一人塡在耳，問年三五知無多。是時天陰月正黑，泥深三尺水騰波。一輿簸蕩輕於葉，若負大尊涉江河。旁睨無底壑，失足將奈何！

耆介春節相以新畫山水長卷見示，有題句甚警拔，因和元韵，得詩四章

其一

翠樾蔟簇如怒笋，林迴谷轉天宇静。霏微烟墨落指端，雲山幻泡還留影。松風謖謖九夏冷，梧桐怯秋飛金井。有人散髮岸葛巾，不知更有塵世塵。

其二

危峰千尺緑玉笋，山之人兮太古静。俯吸仙渌仰看雲，時有幽鳥窺人影。石橋跨磵碧波冷，何須縋險探蓮井？漉酒脱却頭上巾，一醉萬事輕埃塵！

其三

竹露重，松風急，老龍嘘雲雲氣濕。前山後山雲相及，清溪一鏡印空碧。傍溪茅屋不成邑，虚舟無人峭帆立。何當破浪乘長風，胡爲躑躅空山空！

其四

潑墨濃，揮毫急，毫端著紙墨花濕。腕力心力那可及，山重水複碧復碧。三家兩家自一邑，瘦筱挺挺老松立。我欲箕踞聽松風，有時白眼看青空！

介春節相十駿圖

在昔漢武通西域，樂府初奏《天馬歌》。大宛未輸汗血種，貳師誅討揮雕戈。權奇俶儻詎易致，沾赤流赭空吟哦。聖朝拓疆二萬里，聲教遠越流沙河。飛黄騄駬按圖索，虎膺鳳臆紛遮羅。天閑歲進不計匹，和鑾噦噦鳴相摩。頒賜往往到朝貴，乘騎許近金鑾坡。於鑠相國今伯樂，相馬相士雙無訛。買骨千金擲不惜，十駿駢列如十科。銅筋鐵肋氣屼嵂，霜蹄竹耳光駊娑。捷疾欲追飛電速，游衍直與春風和。穆滿馳騖窮四表，僅得其八安足多！畫工一一貌形似，欲傳神物殊婀娜。二百年來罷征戰，雲屯萬騎卧緑莎。滄瀛如鏡忽一沸，樓船十丈高嵯峨。珠鞍錦障逞姿媚，驅之蹈海愁鯨波。噉芻伏櫪不自得，沙場猛氣徒消磨。吁嗟乎，世無曹霸與杜甫，凡筆奈爾驊騮何！

羊桃歌

嶺南异果百二十，各名曰子昔所傳（南果以子名者百有二十，見《桂海虞衡志》）；甘酸辛澀無定味，山猺海蜑争流涎。我來但愛荔支好，黄橙縮小差比肩（新會橙以小者爲佳）；諸子紛紛俱薄劣，等諸鄶下無譏焉。忽覯一子吁可怪（羊桃一名五棱子，在百二十子之列），狀類碌碡鋭厥顛（范志云：五棱子形甚詭异，瓣五出，如田家碌碡狀，味酸，久嚼微甜，閩中曰羊桃）。化工作意弄圭角，棱棱五出煩雕鐫。狼籍街市雜蕉欖，味同嚼蠟誰人憐（羊桃本非珍果，四月以後，充牣街巷，殆即石湖所云『味酸，久嚼微甜』者也）！那知獵德（地名）有别種，中秋月缺初登筵。頗黎瀋映流靈徹，琥珀濃注凝脂填。

輕肌觸手墮膩粉，寒漿滑吻飛甘泉。冰棱快作牙頰響，霜華冷逼肝腸湔。文園消渴惜莫致，阿環一顧應嫣然。昆侖蠢蠢尚知味，競買浪擲金銀錢（番夷最重此果，不惜重價購之）。風香露潤真大好，令我不昵海山仙（東坡荔支詩：『海山仙人絳羅襦』）。家園種樹富五果，肥桃碩大尤芳鮮（吾鄉桃最著名，所云『肥桃』是也）。此雖不敵亦不讓，東野詎襲昌黎篇？靜思何物稱二妙，忽憶塞外霜梨妍（灤陽罐兒梨，甘芳足與羊桃埒）。

游龍杖歌呈湯敦甫師相

憶別師門已十年，登堂如坐春風前。欣然出示游龍杖（游龍，蓼也。《詩》：『隰有游龍』），牙鬚不露輕且堅。昌黎赤藤少陵竹，珠玉聯篇光射目（時都中卿大夫爲游龍杖詩者甚盛）；承命復作續貂辭，執筆不下空仰屋。一代夔龍蕭山公，攀鱗早與帝夢通；青藜夜然天祿閣，黃麻朝下蓬萊宮。玉衡冰鑒常在手，藥籠中物無不有；臣門如水雀可羅，人道龍門不去口。杖朝甫届便懸車，戀闕未歸依東華（里第在東華門外）。庭前自有雙玉樹，池畔偶種千蓼花。細檢《葩經》辨箋注，旁稽《爾雅》訂訛誤。小草乃以游龍稱，老子妙契猶龍趣。秋風凄其露氣清，寒花摧倒隨飄英；森然一枝出墻角，勁節直與嚴霜争。主人摩挲意珍重，製同九節充清供；健骨何須扶老扶，散材自合無用用。行來硌徑聲鏗鏗，腰脚欲逐飛仙輕；寄興忽覺江湖遠，入手疑有風雲生。杖履優游春復春，花香酒熟全天真。未應擲向葛陂去，留共喬松伴大椿。

汶上道中遇雪

我官於粵凡七年，隆冬飛蚊聒醉眠。未曾見霜何有雪？惟聞瘴雨愁蠻烟。滕六一出衆犬吠，兒童驚叫争喧闐（道光十八年廣州見雪，犬吠兒啼，移時方定）。北歸渡淮值殘臘，快睹衰草迷荒阡。天工知余厭煩熱，故遣玉戲來相湔。兼旬未匝見三白，預占餅餌口流涎。逐臣生歸荷恩幸，照壁見蝎猶欣然。矧兹瑞物兆豐稔，撒鹽飛絮清且妍。却憶江梅花正放，安得七七攝來前。

劉蓬山學博得香光山水真迹，已斷裂矣，重裝索題，因成長句

古人作畫多畫壁，頹垣敗堵蒼苔積。後人作畫多畫絹，零縑斷幅紛裂帛。妙墨變滅等烟雲，嗜古千載增嗟惜；雪泥鴻爪偶然存，雪化何從認爪迹？晋唐以降逮宋元，後先作者矜高格。雲林松雪贋本多，遑問荆關覓原册！明初經今五百年，遺墨僅見争搜索。香光居士生頗晚，壽考行將迨鼎革；生平書畫廣流傳，然已什一餘千百。君從燕市得殘本，珍重裝池逾拱璧；斷雲罨岫失青靄，窺林缺月留虚白。風神逼肖大痴翁，詩咏兼載鸞臺客（幀首舊有鸞臺逸史題句）。尺素重徵拙句題，披圖吮墨空嚄唶。舊聞道子佛畫好，試叩祝融一片石（吴道子畫觀音石刻在邑城火神廟中，今斷裂）。

知止堂集卷五

詩四　五言律詩

寧陽八景詩八首

雲山烟雨

無煩占礎潤，翹首望雲山。山色空濛裏，雲容晻靄間。輕還籠佛髻，重欲隱仙鬟。散作祁祁雨，三農盡解顔。

蟠龍玉洞

古刹仙都闕，危峰鳥道盤。山環春早燠，洞曲夏猶寒。懸瀑吟風籟，平池舞雪湍。靈源冬不涸，始信有龍蟠。

杏嶺丹霏

難覓桃源路，來看杏嶺花。四圍暗紅雨，十里入丹霞。逐燕林逾密，隨蜂徑轉賒。山君莫相畏，雲外有仙家。

激水轟雷

磵道阻崔嵬，驚濤撼石迴。乘風恣噴薄，挾雨助喧豗。怒作豐隆吼，聲先霹靂來。名泉推趵突，端合讓轟雷。

湯沸珠璣

何來珠百琲，沸地作廉泉。明月波心印，驪龍水底眠。黿魚驚怪瑋，荇藻媚淪漣。羨爾能圓折，臨流嘆逝川。

萬祀古槐

老幹半天緑，亭亭偃蓋重。森纚翻翠鳳，犖確蜕蒼龍。霜雪憐心苦，風雲護蔭濃。大年延萬祀，應不數秦松。

禹碑虹渚

禹廟臨清汶，蒼凉一片碑。風雷猶擁護，苔蘚半迷離。水落濁虹下（元人於此作雙虹石梁），天晴積雨垂（螭首常有水痕）。字青兼石赤，岣嶁記曾窺（曩經衡岳，曾得岣嶁碑拓本）。

虬枝歧柏

雙歧誇瑞麥，虬柏更矜奇。翠鬣連銅幹，蒼髯傅鐵枝。攫拿鱗爪現，摧剥雪霜知。莫漫悲枯槁，龍頭屬後期（近來柏已枯萎，惟龍頭如故）。

龍魚泉

從龍雙派合，共此一源清（有左、右從龍，二泉共一源，曰上泉頭）。荇藻摇春緑，鳧鷗浴夏晴。花繁池水曲，草没闕陵城（地本魯曲池邑，所云曲水池亭也。其西則漢之闕陵故城）。懷古悲馮紹，無人識姓名（昔有高士馮紹結廬泉上。明吴鵬詩所云『馮紹源頭構草堂』者是也）。

京邸即事 三首

其一

欹枕不成寐，蒼茫百感生。十年倦游客，千里故鄉情。馬足愁前路，鷗波負舊盟。填胸無一物，底事氣難平（時患氣逆）？

其二

郎署饒清興，蕭寥竹樹秋。耳根喧雀鼠，心迹托鳧鷗。蠻觸争無已，冤愆結未休。何如覓吟侣，重建白雲樓。

其三

退食逢休沐，空齋坐卧宜。吟餘重覓句，睡起且看棋。學綉憐嬌女，抛書恕病兒。如何潘騎省，隔歲尚含悲？

瑞容堂出守嘉興，以近作九秋詩郵寄灤陽索和，依韵酬之九首

其一

京蛩如有約，又作去年鳴。稍覺凉風起，能添夕照明。雁書滯遥塞，笳吹動邊城。悵望愁天末，迴腸九曲縈。（秋信）

其二

不省天公意，生增旅客情。凉烟沈遠樹，疏雨答殘更。漸怯蕉衫薄，似聞松籟清。金莖如可挹，脉脉待雙成。（秋意）

其三

凉飔驅豹脚，枕簟尚餘温。砧杵千家夢，關山一夜魂。幽蘭泣江國，寒菜憶荒園。棖觸不成寐，銀釭黯

已昏。（秋夢）

其四

幻泡何從覓，翻嫌到眼遲。烟雲無字偈，山水有形詩。碧樹飄金井，黄花映玉巵。西湖風月好（時將移杭），誰共使君知？（秋影）

其五

一雨如膏沐，新容曉鏡懸。籬花仍麗歘，山果半團圓。積翠侵衣濕，疏黄潑眼鮮。遥知香稻熟，墟里暖炊烟。（秋容）

其六

幾人空嚼蠟，此味竟誰知？把酒持螯去，橙黄橘緑時。伊人隔秋水，紅豆寄相思。千里應同嗜，遥情托遠飔。（秋味）

其七

有客悲摇落，不知秋已深。竹梧正蕭摵，風雨獨呻吟。平楚含烟澹，山樓隱霧沈。緘情怨遲暮，恐負美人心。（秋氣）

其八

蕭蕭兼索索，攲枕費尋猜。金鐵空中怒，風濤夜半來。哀蛩訴幽砌，清角發荒臺。曉起看庭樹，殘英掃不開。（秋聲）

其九

露泫寒花際，霞烘落照邊。稻粱争晚節，蓉桂媚凉天。呼酒澆邊月，尋詩踏塞烟。淹留歸未得，非爲買山錢。（秋景）

自題狎鷗圖小照

獨立烟波外，皎然冰雪容。何人能汝狎，忘我許相從。細柳含風軟，新荷著露濃。蓮溪釣游處，畫裏忽重逢。

永平道中

禾黍青連隴，桑麻緑蔭途。勤農能紡績，健婦事耘鋤。沙水清如此，烟山澹欲無。頓忘行役倦，下馬問田夫。

磁州道中

争道江南好，畿南有水鄉。持竿多放鴨，荷笠正分秧。素羽雙雙浴，紅芙一一香。風塵倦行役，便欲賦滄浪。

彰德道中

漳水南來路，中州入境時。平岡紛起伏，芳樹互參差。村市瓜新摘，溪橋柳半欹。雨餘炎暑減，未厭馬行遲。

淇縣道中

碧水虹梁跨，青山虎翼張。林端出樓閣，草際散牛羊。葦箭穿泥緑，萱花夾路黄。曾聞千畝竹，無處覓篔簹。

渡黄河

縮海成洪浸，連山激怒湍。泥沙驅萬斛，日月浴雙丸。斷岸知潮退，孤舟覺夏寒。波平風不惡，預卜慶安瀾。

鄭州道中二首

其一

一雨清埃墟，輕風逐馬吹。野棉青蔓蔓，山果碧纍纍。映日平沙净，連雲美蔭垂。蟬琴與蛙鼓，兩部鎮相隨。

其二

猶憶漁洋句，艷稱紅藕香。如何新雨後，不見水宫妝。父老頻相問，烟波意不忘。城東足粳稻，菡萏滿陂塘。

謁子産廟二首

其一

東里功名著，春秋第一人。尼山無貶語，洧水有遺民。故國神靈在，荒祠草木春。入門先下拜，懷古欲沾巾。

其二

問政傳心法，曾爲世叔言。寬難需用猛，法立始知恩。水火窺民隱，天人抉道根。後來惟葛亮，治蜀許同論。

新鄭道中

洧水張帆渡，川原入望遥。地兼沙土潤，利擅果園饒。的的垂朱實，森森擢翠條。梧桐千百樹，可有鳳翎飄？

確山道中苦雨

夾道饒禾黍，經今半草萊。田家望晴霽，天際尚雲雷。廢寺殘鐘卧，荒橋舊岸摧。斑斑看屋瓦，重綉去年苔。

青崗驛晚坐口占

微雨聊清暑，呼童盡捲簾。晚山三面寂，初月一眉纖。翠筱低垂檻，黄楊老扶檐。喜聞秋節至，蟬噪未應嫌。

長沙懷古

香潔杜蘅性，孤忠鐵石腸。哀吟動七澤，涕泪滿三湘。著意滋蕭艾，甘心喂虎狼。何尤蘭與袖，醉濁是懷王。

湘　陰

地扼湘湖口，飛梁架石成。萬帆環澤國，一路入江城。樓閣含烟翠，笙歌雜市聲。楚南形勝最，盛世久銷兵。

早發長安驛

夜起看星月，嚴裝趁曉晴。寒宵鷄唱早，石路馬蹄輕。露重松枝墜，烟深竹火明。計程三十里，初日漸東升。

宿明港驛

瘦馬嚙殘葉，寒鴉啼暮林。荒凉經野戍，摇落促歸心。霜重怯裘薄，星稠覺夜深。華鐙半明滅，倚枕聽鄰砧。

寄家書思親兼懷家兄蜀中二首

其一

青山餘一髮，極目望中原。音信幾時到，歸期且莫論。五年閲寒暑，萬里隔晨昏。怕觸門閭望，思親不敢言。

其二

蜀粤窮邊外，關懷有弟昆。雪山寒切骨，炎海瘴銷魂。忽忽容顔變，騷騷歲月奔。何時重聚首，槐柳汶南村。

自題丹林圖小照二首

其一

霜林當舍北，步屧每尋幽。廿載成虚憶，披圖識舊游。浮生都似畫，久客不宜秋。一棹留珠海，家山天盡頭。

其二

休沐饒秋興，寒林坐日斜。半生常作客，萬里憶吾家。心似沾泥絮，身如墮溷花。炎陬霜不到，何處覓楓霞？

嚴州道中三首

其一

霜瀨猶春緑，山山碧間紅。漲添連夜雨，浪蹴半帆風。船似來天上，人疑入畫中。方知垂釣叟，不羨漢三公（有子陵釣臺）。

其二

最愛嚴江水，千岩一鏡中。銀鱗如可數，畫鷁宛浮空。灘急遥疑雨，舟行不藉風。沙禽閑自浴，萬里笑征鴻。

其三

片帆曾此去，彈指七年期。似識青山面，重來碧水湄。江湖莽牢落，魚鳥足遨嬉。底事增惆悵，臨流見雪髭。

晚抵滕縣

頻年殢炎徼，歸路恰深冬。修阪霜迷草，崇阿雪滿松。市厨貧不厭，村釀臘偏濃。薄暮昏鴉集，遥聞野寺鐘。

涿州題壁

十年江海去，萬里得生歸。霜雪侵玄鬢，風塵涴素衣。無才酬聖主，有夢到庭幃。預擬陳情表，天恩或庶幾。

五十生日自壽四首

其一

韶序逢蘭禊（余以三月三日生），齊年及艾齡。半生殊草草，雙鬢漸星星。合號乖崖叟，新鎸陋室銘。一觴聊自祝，山色撲眉青。

其二

知命需安命，休官勝服官。年華去飄忽，意興覺闌珊。戀闕猶傾藿，循陔正采蘭。朝來愁對境，難覓駐顔丹。

其三

節鉞曾虚領，非才合避賢。邊防慚上策，世事感中年。騎虎愁迴轡，聞鷄懶著鞭。不堪憶炎海，跕跕墮飛鳶。

其四

久切林烏愧，天恩許放歸。暫投毛義檄，重著老萊衣。曲徑濃花發，小園寒菜肥。怡然覺今是，四十九年非。

園居雜咏八首

其一

著書恒鍵户，即景偶窺園。緑壓墻頭重，紅堆屋角繁。蒲鋒迎雨出，荷蓋待風翻。領略天然趣，忘憂不藉萱。

其二

就下寬爲沼，憑高小築邱。深篁足消夏，疏柳最宜秋。樓暗千頭鴿，波明一點鷗。閑行乘薄醉，獨立儘夷猶。

其三

懶種千畦韭，新栽百本薑。矮棚深護日，闊隴暗通凉。箭短抽鋒翠，根豐孕卵黄。文章宜爾效，老辣味須嘗。

其四

午眠消永晝，睡足漫游遨。燕寄雕梁穩，鳩藏古木高。雨青酣苜蓿，風緑顫蒲桃。多少英雄泪，誰知博望勞。

其五

嫩日吐雲隙，輕風來雨餘。池喧蛙鼓吹，林蔚鳥蘧廬。劚蘚忙移竹，湔泥細檢蔬。閑行視階砌，花藥正須鋤。

其六

异種來殊域，傳生近百年。蒴藤稀插隴，引蔓密連阡。露浥金根直，泥封玉卵圓。不須誇陸海，即此勝藍田。

其七

顛倒花盈架，因風偶作香。翩翩憐蝶懶，逐逐笑蜂忙。累爾尋芳蕊，憑誰割蜜房。浮雲渺天末，物我久相忘。

其八

劚蘚籠鱗細，編籬麂眼疏。麻森蓬自直，草盛豆難鋤。倚杖閑看蟻，投竿戲引魚。家禽勞聖嘆，最愛是吾廬。

知止堂集卷六

詩五　七言律詩

湯陰謁忠武王廟

曾向西湖拜墓門，清尊薄奠酹忠魂。畫圖儼對神靈肅（己亥春于役武林，曾拜王墓，并瞻遺像），廟貌還瞻里社尊。古木煉霜餘鐵色，豐碑炳日落苔痕。千年俎豆春秋薦，香火綿綿有嗣孫（奉祀生開科是日來見）。

長沙懷古二首

其一

抱策哀哀叫九閽，安劉惟在削强藩。殺身幸免先晁錯，去國何須吊屈原！野鳥無心自閑暇，孤臣有泪獨潺湲。少年鋒穎多摧折，不作公卿是主恩！

其二

狼奔七國起烟塵，誅錯何能謝叛臣？遠鑒方知勝竈策，大藩從此剥魚鱗。徒聞帝子誅諸吕，無復宗王制莽新。君看中興銅馬帝，當年曾作賃驢人。

送孫康甫待詔弃官歸隱四首

其一

掉頭長此謝簪裾，舊業彬彬著石渠。萬狀烟雲托豪素，一襟風月付樵漁。梓桑望重推先輩，松竹門深指故廬。四十年來金馬客，歸裝惟有讀殘書。

其二

往事重尋傀儡場，盲風怪雨怕思量。無端藜火延天禄（在史館值宿，曾經回禄），豈有紅陳補太倉（任監督時，庾倉粟有虧，遽引疾去）！衮衮諸公先得馬，紛紛歧路竟亡羊！者番醒却英雄夢，笑指家山萬點蒼。

其三

不須祖帳設東門，且向離筵倒玉尊。雲迹烟踪一揮手，鞭絲帽影總銷魂。幾肩行李閑中客，半幅林巒畫裏村。莫學梁鸞嗟去國，巢由仍荷帝廷恩。

其四

榆嶺空青潑眼新，柳泉春漲緑生鱗（待詔博山人，榆嶺、柳泉皆家山勝處）。閑携康樂尋山屐，試著淵明漉酒巾。室有彩鸞堪共隱，庭森玉樹不知貧。春明殘夢依稀在，應憶天街舊卜鄰（余與待詔同寓潘家河沿）。

讞獄安慶事畢，敬和少司寇吴甄甫先生

皖城冬暖雪初晴，春逗梅花取次生（時使館梅花盛開）。門外旌幢寒有色，階前雀鼠静無聲。喙長三尺難逃罪，筆重千鈞在得情。二八年來今定讞，江干羅拜意非輕（案經訟師簧鼓，屢結屢翻，拖延一十六年。復遣人懷挾封章自刎於刑部門外。至是廉得真情，將訟師嚴懲，始得定讞，釋繫囚數十人，衆情悦服。欽使登程時，均於江干環跪送行，意甚誠懇）。

池州道中除夕大雨，至青陽度歲，叠前韵二首

其一

欣聞三白快時晴（晤仇向初太守，談及得雪三次），指顧雲頭傍馬生。萬樹松杉含暝色，四山風雨作潮聲。江村爆竹驚新歲，驛館鐙花動旅情。賴有使車能載福，祥飆吹度羽輪輕。

其二

霧雨霏霏未放晴，江南春早好風生。初雷已兆龍田象（是日聞雷），獻歲欣占鵲喜聲。複水重山堪著我，紅

鐙緑酒不勝情。青陽恰轉青陽律，簪取梅花壓帽輕。

蕪湖雪後曉行，再疊前韵

六花飛盡放朝晴，料峭寒隨朔吹生。覓路細尋殘爪迹，衝泥亂踏碎瓊聲。倦看凍雀增閑態，擬折梅花寄遠情。計日丹陽舟楫便，行人安穩布帆輕。

湘陰道中酷熱

伏雨炎風奈若何，八千里路此中過。那堪江驛兼山驛，暫借詩魔伴睡魔。京國故人娱枕簟，家園清景足烟蘿。征夫又向長沙去，獨對湘流唱楚歌。

湘陰啖藕甚佳

金盤莫羡鱠銀鱗，碧藕欣看羃素巾。頓覺肝腸浣冰雪，不嫌眼耳犯風塵。香甘未厭瓊漿薄，皓潔應憐玉臂新。若共老坡同匕箸，肯將苦茗比佳人？

衡山道中

薇花照眼紫茸茸，繞路烟蕪失馬踪。每見水中露烏犉，偶來松下倚蒼龍。湘波瀲灧開朝鏡，岳麓依稀聽午鐘。一朵芙蓉青欲滴，雲端遥指祝融峰。

黄鵠嶺（在零陵縣）

蒼熊峻嶺壓群巒，黄鵠高峰未易攀。萬里摩天盤勁翮，千尋拔地峙雄關（嶺上置關有門）。凌空力藉扶摇上，望遠心追滅没間。叠嶂層巒歸眼底，直應看盡永州山。

雨後早行

秋陰曙後始聞鴉，初日剛烘一綫霞。披霧穿林纔辨樹，衝泥覓路恰逢沙。池萍媚雨添肥緑，籬豆羞霜結瘦花。種麥偏宜田水足（楚南種麥，直於水中布種），聲聲叱犢遍農家。

巴陵道中

縹緲江天數點鴻，新霜初醉一林楓。燒松煮飯村村飽，截竹編籬户户同。田水未消連夜雨，野航恰趁半帆風。楚鄉秋色都堪畫，况是疏烟薄霧中。

早發喜晴

鵅鴒聲聲報曉晴，行人頓覺馬蹄輕。幔垂宿霧沈青嶂，鏡轉朝暾上赤城。徑仄尚愁泥滑滑，岸迴偏愛水盈盈。頑雲解駁天如洗，磵碧山紅取次生。

臨湘道中

山腰轉處射斜曛，複嶺重岡細路分。水遠時看帆隱隱，林幽恰見鳥欣欣。青松低亞胭脂土，翠竹遥連靉靆雲。欲共美人拾香草，澧蘭沅芷尚繽紛。

蒲圻道中

西風策策砭衣凉，十月湖天始降霜。嚙岸潮痕知水退，浮空嵐靄見山蒼。寒林漸减三分緑，瘦菊猶開萬點黄。收罷晚禾田父喜，芋魁飯豆野厨香。

東湖（在江夏縣）

湖光一鑒瑩無暇，潮落泥乾細路斜。舟子漫摇青雀舫，漁郎慣住白鷗家。烟横衰柳寒凝碧，雪點殘蘆瘦作花。却憶來時曾問渡，茫茫小海泛輕槎。

黄陂道中

江山歷盡見平蕪，渺渺烟村入畫圖。人語漸聞音變鴂，鳥聲偏喜夜啼烏（過江烏鴉漸多）。寒林葉脱知霜重（江南木葉猶繁，江北揺落殆盡），斷岸泥乾志水枯。宿麥欣看先播種，青青溢隴一痕蘇。

宿亢村驛

黄河滚滚接蒼冥，落木蕭蕭古驛亭。怒馬嘶風衰草白，悲笳吹月夜鐙青。三霄北望瞻樞斗，萬里南歸托使星。遥指五雲最深處，宮壺清漏記曾聽。

北渡漳河

大野西風萬竅號，漳津問渡理輕舠。黏天白草迷荒戍，撲地黄沙捲怒濤。舊域自應連魏趙，遺民無復説袁曹。西陵疑冢知何處，銅雀殘基没亂蒿。

白門春柳四首

其一

不學香山泥楚腰，春來白下綰長條。輕黄半羃新池館，淺碧猶遮舊板橋。虎踞龍蟠徒爾爾，鶯顛燕懶自朝朝。臨春結綺荒荆棘，莫爲風流憶六朝。

其二

潮落江鄉春到遲（時大水初退），枯楊摇曳半成絲。頻經雨澤纔舒眼，飽蘸霜濤怯展眉。露葉如啼應有恨，烟條不斷總相思。鴻蜚滿野知何處，枉向人間管别離。

其三

欲把長條挽去舟，軍書火急敢遲留（時方剿夷，楚兵沿江而下）！笛聲吹月翻商調，旗影摇風攪客愁。江上依依連海上，樓頭日日眄刀頭。携柑漫共流鶯語，忽憶蕭騷戰壘秋。

其四

官舍初看乳燕歸，柔柯攀執轉依依。愁生絮雪黏青鬢，漫惹條風拂綉衣。江上鶯花留我住，路傍笳鼓與君違（時將從軍赴四明）。金陵子弟難爲別，怕見香綿繞店飛。

聞林少穆尚書西謫，和成蘭生方伯作

小范胸中十萬兵，羊城隱隱作長城。漢家便欲誅徵側，秦將終須用孟明。珠海烽烟愁倚劍，玉門風雪冷沾纓。天恩指日刀環賜，莫謂孤忠意不平。

由丹徒赴龍潭舟中作

楝花風緊峭帆張，雲水飄然一野航。解纜剛逢梅雨歇，推篷恰就柳陰凉。登盤玉鱠鰣魚美，著手金泥盧橘香。啼遍春鳩田事急，緑烟羃羃簇新秧。

和梁芷林先生見寄之作（時由粵西移撫吴會）

迢迢江漢望南中，指點雲帆日向東。屬吏未驚容鬢改，部民早許性情通。江鄉重過新如舊，澤國應教歉轉豐。争拜福星迎鷁首，還勞萬目送飛鴻（公昔藩吴，曾倡捐助賑，活飢民數十萬口，繪有《目送飛鴻》長卷，吴中士大夫争爲歌詩以紀其事。是時江南水灾待賑，公適再至）。

題蘇鰲石先生獨立圖小照

看遍烟雲萬變圖，歸來獨對一松孤。葛侯勛業常留蜀（曾任四川制府），張季心情尚戀吴（時方寄居吴門）。往事不須論塞馬，浮生祇合伴江鳧。匣中忽作蛟龍吼，要斬長鯨膽氣粗（新著《平夷論》）。

梁芷林先生引疾南歸，留詩言别，依韵奉和四首

其一

和輯軍氓六月餘，老臣未肯賦閑居。每因醫國儲良藥，詎爲延齡托散樗。滬瀆烽烟千島静，滄浪風月一亭疏。九重永錫平康福，爛漫遥頒五色書（時寓滄浪亭，頒到御書福字）。

其二

重持玉節到江鄉，籌海先儲活國方。鶴唳頻聞烽火急，鯨牙未翦羽書忙。譏關小試經綸手，堅壁全資鐵石腸（公於上海防夷數月，商民悦服）。民病頓瘳公疾作，催人華髪是戎行。

其三

百萬軍儲好護持（公奉命督辦糧臺），八千義旅屬偏裨（時江北募勇大集）。胥江兵氣傳宵柝，幕府戎書罷酒巵。

疏節易逢丞相怒，祁寒常念小民咨。飛鴻滿眼公歸去，萬口同賡信宿詩。

其四

鶚薦慚呼第一人（公於明保案内首列賤名，以爲江南第一），門墻何幸許容身。浮雲富貴心無滓，白雪詩篇句有神。遺愛常留棠蔭遠，歸期恰及杏花春。謝公還爲蒼生出，會見乘軺到鳳闉。

道光丙午二月三日爲耆介春節相周甲生辰，江南士大夫於妙相菴拜公畫像，遥祝蕃釐，并繪圖聯咏郵寄羊城，因綴四律

其一

卧轍難攀玉節移，甘棠留得最繁枝。兒童都作長生祝，緇素還縈去後思（謂菴僧修本）。計歲八千方日永，活人百萬有天知（公定七省夷務，保全民命，奚翅百萬）。請看壽世神仙籙，江上摩崖丈二碑（公仿純陽作壽字，長丈餘，江南人勒之采石磯）。

其二

昔年蘭若駐駪騑，水閣湘簾望衮衣（公於壬寅赴白下防夷，駐節妙相菴）。金薤琳琅垂四壁（公在軍中猶臨右軍《孝經》以示整暇，菴僧勒石壁間），石城談笑解重圍（夷舟泊儀鳳門，公曉以利害，遂解去）。每將蒲饌供生佛（江南人於菴中奉公長生禄位），恰近花朝祝古稀。最愛毗陵老居士（謂湯雨生），紫裘腰笛唱南飛。

其三

軍中曾記伴投壺，争道書生膽氣粗（余時佐公防夷，曾以公命屢至夷船定約）。不信連鰲真有餌，那知却鬼但憑符。掃除月暈剛秋節（夷船於八月望後退去），收拾澄江付釣徒。猶憶嚴更催馬足，孤城刁斗夜啼烏（余偕咸松圃都護夜半開城，出説夷酋，下之）。

其四

五管争迎宰相來，陽春先放嶺頭梅（公督粤以十月度嶺）。恩綸喜自雲霄下，壽寓欣從幕府開。海上群仙隨絳節，江南有客捧霞杯。行看内召還樞密，星極騰輝炳上台。

丙午監東粤文闈，八月初九日夜即事有作，仍依德文莊公辛卯元韵二首

其一

珠海詞源萬頃寛，桂馨漸近九秋寒（是年閏夏八月，已届深秋）。賢書瑞護雲如錦，試院清留月似丸。漏箭無聲嚴鎖鑰，燭花垂穗結團圞。風檐迅掃春蠶葉，文戰偏宜壁上看。

其二

蠹弊應須猛濟寛，遴才原爲振單寒。奸萌欲剔苗中莠（場前訪獲巨蠹，置之法），俊彩如馳阪上丸。魚豕模糊

勞點勘（時方欲杜謄録之弊），鯤鵬變化趁團圞。關心廿五年前月，今夕曾於鎖院看（余於壬午登賢書，計今二十五年）。

木棉 四首（時罷官留粵）

其一

春到炎州處處花，東皇作意蔚晴霞。借名吉貝渾無用，具體芙蓉莫漫誇。縵縵紅雲圍火樹，棱棱赤玉翦天葩。韶光占斷呼鸞道（在觀音山側，木棉最盛處），看盡千林日未斜。

其二

任買胭脂畫不成，照人灼灼最宜晴。争看紅頰迎風笑，别有丹心向日傾。彩筆書空垂寶相，瓊英墮地識清聲（花似木筆，墮地有聲）。何須七七誇神術，頃刻羊城變錦城。

其三

羞從桃李借餘芳，偃蹇無情不作香。烟際鴂啼甘落寞，風前蝶去任飄揚。英雄猶識將軍樹，忠赤難迴烈士腸。萬紫千紅正狼籍，可能天半門新妝。

其四

休誇茜染復霞烘，媚骨無緣借化工。濃寫天姿真爛漫，强翻花樣欠玲瓏。林端偶繫千番錦，木末誰搴十丈紅。捲盡𧸖雲餘皓雪，還隨柳絮鬧東風。

荔支 四首

其一

天將尤物畀炎陬，火齊離離壓樹稠。往事争傳妃子笑，嘉名合錫水精毬（妃子笑、水精毬皆荔支上品，水精毬尤殊絶，多肉小核）。中邊并注雲漿滑，大小都含日氣浮。厭著紅袍貪挂緑，桂花香早不須秋（荔支之凡品曰大紅袍，早熟而寡味；産增城者曰挂緑，稱雋品；有异香者曰桂味，尤難得）。

其二

前村懶更問楊盧，十八仙娥𩍐綉襦。選摘最宜晨露潤，飽餐恰好午眠蘇。漫誇龍眼真奴耳，試鱠河豚得似無？畢竟微酸還帶澀，休將蔗境比甘腴（荔支之美在首，尾則不免酸澀，善食者取首弃尾）。

其三

壓扁筠籠風露鮮，霞肌照眼可人憐。清華衹合金盤著，珍重還勞玉手搴。内熱休貪三百顆，老饕拌費十千錢。綏山枉自誇難得，任爾稱豪我作仙。

其四

綃輕粉薄不勝嬌，荏苒芳魂一夜銷（經宿味輒變）。絳雪未堪遺遠道，紅塵猶自恨前朝。九重却貢疲氓息（貢品久停），萬口回甘渴病消。寄語使君須飽客，長亭莫付畫圖標。

落花 四首

其一

一聲鶗鴂暗魂銷，花事闌珊惹恨饒。香國乍回蝴蝶夢，春陰莫護海棠嬌。顛風痴雨迷三徑，剩粉零金送六朝。休道封姨忒凌藉，繁華自古不終朝。

其二

萬紫千紅低亞枝，顛狂一夜任風吹。鶯捎燕掠渾無賴，溷墮茵飄不自持。南浦新愁波渺渺，西堂舊夢草離離。何須惆悵芳容減，會見成陰結子時。

其三

休從露電認空花，廿四韶光一轉車。落魄怕聽金縷曲，殘魂愁鎖玉鉤斜。漫勞卓地風幡護，翻悔喧天羯鼓撾。有客東籬初種菊，遲君九月看黄華。

其四

鷓鴣啼罷子規啼，桃李何須問舊蹊。舒卷還如雲出岫，行藏都付絮沾泥。花開花落渾閑事，春去春來理亦齊。掃盡殘紅看净緑，捲簾山色滿樓西。

出都抵新店，次翁邃盦題壁詩韵

黄鶯紫燕相隨飛，柳絲花片飄簾幃。涉夏猶駐三春景（是年四月半後立夏），足雨何愁百卉腓。嫩日曨曨不射眼，熟風故故還吹衣。快聽杜宇唤歸去，呼奴貰酒兼烹豨。

茌平夜雨早發喜晴

旅枕愁聽夜雨聲，朝來流潦忽縱横。不辭濡軌衝泥去，便擬乘槎破浪行。一角青開雲解駁，三竿紅上日峥嶸。夕陽西下堪投止，茅店蘆簾看月生。

東阿道中

輕寒輕暖雨餘天，千里官程快著鞭。日影半遮雲作蓋，塵絲不動馬如船。烟迷芳草平鋪毯，風度垂楊漫起棉。逐客歸來幸安穩，迂愚應荷碧翁憐。

重游汶水

三十年前此釣游，歸來又泛木蘭舟。沙明似雪天然岸（汶南有天然沙堤，直余村之北），水静無風自在流。藻下閑行魚掉尾，菭邊穩睡鷺垂頭。不堪江海重迴首，十丈艨艟萬斛愁。

重游珠璣泉

珠江留滯我何堪，快試璇源一勺甘。萬斛不關靈蚌孕，九淵疑向睡驪探。光分桂魄生玄夜，露點荷衣走碧潭。偶把文竿弄清泚，空携魚目壓輕籃。

薺　菜

臘盡荒原草未生，抽荄喜見薺初萌。豐根飽沃三冬雪，嫩甲争舒九陌晴。入夏不隨荼共苦，先春直與麥同榮。休嫌寂寞無人采，記取充盤重上京（高力士《薺詩》：『兩京論斤賣，五溪無人采。』）。

雨　後

小雨連宵入土勻，朝來天氣换晴新。園桑漏日雲通罅，隴麥翻風浪蹴鱗。蠶事近傳劈黑法（《蠶書》：劈黑法，謂布蟻也），田工遥見鎊青人（北方謂耘爲鎊青）。晝長飯飽防思睡，閑向溪頭理釣綸。

藍菊并説

藍菊，色藍，亦有紅白者。花葉似菊，人家籬落間多種之，本秋花之恒品也。余近得嘉種，厥狀非一：其色有重藍、輕藍、深紅、淺紅、濃紫、淡紫、純白、紅間白、白錯藍之殊，其花有千瓣、單瓣、直舒、曲抱、重樓、旋窠、鶴翎、松針之异；大或如掌，小乃如杯，每當風露清晨，紛葩怒開，幾欲與菊莫辨，但不黄、無香耳。土人名藍菊曰江西拉，初不解所謂，及見此花，始曉然曰：『拉者，援引之義也。』柴桑一叟系籍江西，爲黄花大宗，此花乃治藩别子，具體肖形，令淵明見之，不得把臂入林邪？風雨東籬，得此益不寂寞矣。爰爲此説，而繫以詩：

秋到陶籬菊未葩，西風片片落青霞。仙人合住藍橋驛，楚客相逢碧玉家。深淺印砂嬌欲活，參差鏤雪瑩無瑕。鳳奴枉號黄花婢，慣學夫人是此花。

寄和孫雨田殘菊四首，即依元韵

其一

幾番賞菊醉西風，開遍黄花漸不同。晚節渾如將去客，殘葩猶作可憐蟲。霜繁露重悲時逝，蕙折蘭摧怨道窮。依舊南山相對好，陶家遠勝謝家東。

其二

孤芳原不羡春饒，開到無花興易銷。綽約寒姿隨月減，伶俜瘦影倩風描。打窗亂葉聲無賴，聒砌繁蛩意不聊。騷客行吟劇憔悴，餐英猶足佐簞瓢。

其三

秋花莫誤比春花，滿地飄零句本差。欲共葵心延日景，猶存松節傲霜華。荒苔幽徑迷寒蝶，古木斜陽噪晚鴉。到底尾生能抱柱，枯香萎艷未全賒（菊不落瓣）。

其四

莫爲秋香怨放遲，荒凉老圃正芳時。態濃怕惹青娥妒，衰早偏增素女悲。潦倒祇應千日醉，蕭寥恰可一筇支。不須惆悵傷揺落，桃李紛紛付阿誰？

蠟梅四首寄和雨田

其一

寒葩未綻嶺頭梅，蠟瓣先春第一開。磬口無言清韵遠，檀心暗度妙香來。槎枒獨抱凌霜骨，皺摺偏饒鏤雪才。三徑荒寒殘菊盡，欣看半樹倚窗隈。

其二

遲遲花信閟東皇，春到嘉平别有香（一名臘梅）。驛使遠從真臘國，吴姬新换道家裝。未堪借味調鹽鼎，便擬分甘向蜜房。一笑巡檐寄吟興，晚風蕭摵月昏黄。

其三

綽約冰姿寫未真，暗香疏影借傳神。叨陪和靖林邊客，莫認師雄夢裏人。縱不成仙能作佛，願甘卧雪懶争春。涪翁老矣詩懷瘦，繞樹依依覓句頻（蠟梅以山谷得名）。

其四

連朝風雪正紛拿，耿耿孤芳見此花。松際欣逢開口笑，竹邊偏愛亞枝斜。休嫌嚼去真無味，從此春來未有涯。嶺上江南紅白緑，認桃辨杏漫同誇。

伏生祠

漯水東流繞墓旁，清祠松檜鬱蒼蒼。秦家博士鬚眉古，漢代經師俎豆香。闕里金絲猶闃寂，濟南薪火獨綿長。智囊自被申韓誤，未必先生語不詳。

挽外伯舅孫簀谷中丞四首

其一

風嚴雪重暮雲冥，元夜驚看隕大星（公卒於正月十五日夜，連旬風雪晦冥）。八帙松齡開羡歲（時年八十有一），三更鶴馭降中庭（以亥時撤瑟）。心縣北闕終留赤，夢繞東山不改青。聖主遥聞應震悼，勒勛鐘鼎緬前型。

其二

鄂渚開藩憶昔時，雄疆回首不勝悲。檀來唱罷封狼入，聞笛歌終怒馬嘶（時粤逆陷武昌，常南陔中丞殉難）。二楚每愁軍事棘，九京應盼捷書馳。遺民此日凋殘甚，墮泪環瞻峴首碑。

其三

每恨狂鯨掣海濱，滄浪亭畔彩旄新。聯鑣共閲鴛鴦陣（辛丑、壬寅間，揚威將軍督師剿夷，余偕公在吴門籌辦糧臺，公論兵惟取南塘《紀效新書》，每指示鴛鴦陣圖甚悉），仗節争推柱石臣。噩夢竟騎箕尾去，妖氛近與斗墟鄰（時粤逆漸逼九江）。大江鎖鑰需才亟，太息籌防失此人。

其四

襜帷小駐到岩阿，斗酒春軒笑語和（公客春曾枉顧山中）。看菊頻番陪晝錦（連年於九秋謁公里第），采芝無計供維摩。雲樓舊雨悲餘幾（余曩官比部，公及張蘭沚中丞、瑞容堂方伯、熊謙觀察并稱莫逆。諸公先後歸道山，今公亦卒），繐帳淒風恨若何！近日羊曇頭半白，西洲凝望泪滂沱。

蝦蟆登木（澳門蝦蟆慣登木，螃蟹亦能緣壁）

緣木求魚古所嗤，痴蟆蹲踞最高枝。爬沙脚爪由來鈍，跳擲虚空亦自奇。便欲升天尋月食，無端墜地被風欺。休嫌井底泥塗辱，驟致飛騰更可危。

螃蟹緣壁

每向草泥尋郭索，何來粉壁看爬沙。雙螯徒爾空中舞，八足偏於險處拿。蠢蠢横行盤屋角，騰騰直上抱檐牙。倦游應亦思歸去，失水何從覓汝家！

知止堂集卷七

詩六　五言絶句

登　岱

萬峰蒼笏列，一徑碧螺旋。頓覺身如葉，剛風吹上天。

信陽山中早行二首

其一

山山各吐雲，雲重不知曙。天光下林端，時聽瞑禽語。

其二

痴雲不作雨，化作蒼蒼霧。山風迴一吹，衣襟濯微露。

湘潭道中

入冬風未寒，騎月雨不止。野塘生稻孫，山户摘桐子。

登娘媽閣（在澳門）

怪石如伏虎，驚濤起怒龍。偶携一尊酒，來聽數聲鐘。

秦皇五首

其一

造字哭山鬼，燔經殊晏如。百家一炬盡，衡石别量書。

其二

黔首不識字，奚煩刻石銘！長生原可學，無計覓仙經。

其三

方士信有罪，儒生自不辜。祖龍真嗜殺，遷怒到扶蘇。

其四

丞相荀卿學，淵源亦孔徒。有書論逐客，無語諫坑儒。

其五

巨萬黄金盡，仙人何處居！但當戮徐市，底用射鮫魚？

漢武 五首

其一

謳者中宫位，人奴大將壇。寄豭曾謁董，雛鳳却歸欒。

其二

纍下賢良詔，文章百代師。如何萬歲後，顧命托胡兒？

其三

三上天人策，温醇道益尊。君王愛曲學，丞相拜公孫。

其四

關中祠五帝，海上禮八神。邪祟流巫蠱，宫門戰血新。

其五

屬車載方士，東巡駕六龍。蓬萊何處所，空見大人踪。

古剛城

草没誰家壘，烟迷何代樓（城内相傳有梳妝樓舊址）？無情清汶水，嗚咽背城流。

早起

樹暗露猶滴，花香風不生。側嫌苔徑滑，凉覺葛衣輕。

詩七　七言絶句

對松岩

萬點寒松貼翠微，森森偃蓋帶霜威。濤聲似作春雷吼，驚起蒼龍逐隊飛。

五大夫松

謖謖清風鶴影孤，輕摇翠佩綰蒼符。阿房焦土金人化，此樹猶稱五大夫。

南天門三月十五日遇雪

躡盡丹梯十八盤，春風吹雪下雲端。方知天上人難住，纔到天門便覺寒。

玉皇頂（泰山最高處）

呼吸真應帝座通，飄飄仙袂舞天風。何當日觀峰頭立，一覽滄波萬頃紅。

曠園（蒙古鄂貝勒别館，余在灤陽寓於此）

四十年前昇姓王，山頭小築白雲鄉。舞裙歌扇飄零盡（貝勒好妓樂），付與詩人作草堂。

罨畫山房（在曠園）

錦綉山川碧間紅，蒼茫烟樹散空濛。不須小李將軍筆，萬象都涵一鏡中。

三柳亭（在曠園）

春風不惜度邊關，露葉烟條擁翠鬟。擬補雙株成五柳，陶家門徑謝家山。

贈吉秋畬（時守承德）

太守清貧自笑慳，不須五馬鬥斑斕。公餘静展樓窗坐，飽看灤陽四面山。

灤陽三月十五日始見杏花

東風吹破向南枝，一縷紅雲半面窺。彈指光陰過百六，迎春却在送春時。

自題小照四首（图中取『闲安竹榻桐阴下，戏置渔竿钓石旁』二句意）

其一

一邱一壑野人居，爲倩長康寫幼輿。天送空青鑒毫髪，地浮新翠濕襟裾。

其二

磚爐石銚小平頭，一縷茶烟翠欲流。莫向海天問琴客，風濤滿眼阻壺洲。

其三

繞砌森森緑玉寒，八年前記此盤桓。無端錯占桐花瑞，孤負齋頭廿一竿（二十一竹齋，余少時讀書處也。家有桐樹，每著花必有喜。丙戌春花特繁茂，是年余成進士）。

其四

蓮溪春水足魚蝦（蓮溪在余舍北），手翦溪毛自泛槎。此日灤江遲理棹，蕭蕭朔吹捲黄沙。

徐月君女士畫秋海棠，依自題元韵六首

其一

頻將桂醑祝花神，何處雲車駐羽輪。留得斷腸餘泪在，幽芳恰稱美人身。

其二

雪作肌膚玉作神，偶從香界轉風輪。酒痕薄暈胭脂冷，誤認輕盈掌上身。

其三

不羡芙蓉夢裏神，儼同金粟糁冰輪。雲階月地甘岑寂，皺石寒苔伴此身。

其四

翠羽紅冰望若神，招邀緑鳳爲持輪。兒家曾侍西王母，偶借飛瓊一現身。

其五

家風没骨妙傳神，新句標題借月輪（月君自題有『秋滿長空月滿輪』之句）。綽約中含冰雪態，生憎春睡玉奴身。

其六

少時閑曾讀洛神，柔腸曲曲轉車輪。而今綺語銷除盡，認取曇花清凈身。

孫蘭谿屬題美人圖二首

其一

意中人現畫中身，翠羽明璫望若真。生怕蒼苔濕羅襪，那知無迹又無塵。

其二

偶現空花瞥眼新，不堪嚼蠟認横陳。三生石畔迷奚影，誤殺蕉邊夢鹿人（圖中兼畫湖石芭蕉）。

瓜洲渡江

一葉舟中放脚眠，愛從枕上聽潺湲。起來試展蓬窗望，兩點金焦浪拍天。

淮陰市

橋邊納履逢黄石，得似淮陰胯下不？赤帝功成赤松去，韓侯未解學留侯。

史閣部祠

紛紛鎮帥倒旌旗，一夜蟲沙化六師。詎意梅花私葬處，興朝爲建表忠祠。

元夜嘉興舟中

記向天街踏月痕，衣香人影總銷魂。匆匆解纜吴興去，冷雨顛風過石門。

皖口渡江

沙鳥風帆接遠汀，爛銀堆裏任揚舲。維舟便是江南岸，一桁山光潑眼青。

靈隱寺

冷泉亭子繫青驄，小拂塵裝入梵宫。丈六金身都不問，山茶一樹可人紅。

韜光寺

萬竿修竹翠娟娟，石磴横空破緑烟。行到危亭最高處，江湖滿地水浮天。

理安寺

重山複嶺疑無路，木末精藍到始知。夾磵蒼蒼萬林桂，我來恨不及花時。

桃花庵

六如軒外簇紅霞，碧柳陰陰翠竹斜。却憶西湖舊游處，孤山山畔看梅花。

由浙旋都過汶水，思家不得歸

指點家山路未迷，杜鵑何事聒人啼。征車又渡湯湯水，碧浪無情也向西（汶水西流，而余渡處正直家園之東）。

張夏驛題壁

曾踏槐花古驛前，鷄聲茅店著先鞭。皇華重過山中路，彈指光陰十八年。

京闈分校題胡心蓮太史畫梅

江南先放一枝春，點染紅么半未勻。寄語門前衆桃李，百花頭上屬何人？

渡盧溝赴粤西

春明門外水潺潺，欲渡蘆溝意惘然。此去迢迢八千里，歸來風雪滿前川。

早行即景

沙頭遠樹碧離離，烟鎖前村露酒旗。風透蕉衫凉不覺，朝暾初上半竿時。

盧生祠二首

其一

一夢公侯四十年，那知覺後便成仙。携鐺試煮黃粱飯，任覓先生夢覺緣。

其二

夢中富貴本迷離，要做神仙也是痴。飽喫黃粱酣著枕，不如無夢最便宜。

早行書觸目

曙色微茫喚早鵶，馬蹄雨後喜平沙。最憐萬樹垂楊暗，中有白蓮十畝花。

早行聞杜鵑

此行直到桂林西，綠樹陰陰送馬蹄。我聽鷄聲殊不惡，杜鵑何事向人啼？

西平道中遇雨泥濘

泥中無計學猱升，牢抱征鞍力不勝。却憶去年江上路，滿山風雪過南陵。

信陽道中

新秧簇簇竹成園，緑滿陂陀水抱村。最愛兒童牛背穩，笛聲吹破曉烟昏。

蒲圻道中

錦石斑斕綉壤紅，涓涓竹露間松風（地多土山，紅逾燕支，遍植松竹，累萬萬計）。祇須結個茅亭子，便入荆關圖畫中。

大荆驛七夕

烏鵲飛飛入紫冥，銀河清淺度雲軿。那知今夕傷離别，江漢迢迢有客星。

湘陰道中見白蓮花一枝，病葉離披，憔悴殊甚

記曾玉蝀橋邊見，翠袂紅膚度遠香。此日先秋怨摇落，玉容寂寞對清湘。

書觸目

竹林半掩黄茅屋，野水全低紅槿花。放鴨兒回蓑短短，牧牛女坐笠斜斜。

酷熱

烈日炎炎火傘張，那堪匝地旱雲黄。却思十月歸來後，快馬輕裘犯曉霜。

桂林道中

蕉葉刺天天半緑，薇花拂地地微紅（今春夢中句）。灕江風物渾如昨，得句分明憶夢中。

栖霞山桂花盛開（在桂林城外）

清凉亭畔千林桂，每恨春游未及花。此日栖霞最高處，亂飄金粟落銀沙。

興安道中木芙蓉盛開

薇花照眼憶來時，又見芙蓉低亞枝。十五年前舊池閣，滿庭花露錦離披。

段蓉溪以羅浮香夢圖索題，爲賦二絶句

其一

仙子緣何種愛根，師雄痴夢總難論。前身應是羅浮蝶，黏著梅花已斷魂。

其二

幻夢迷奚記不真，那堪回首憶横陳。烏啼月落知何處，衹有梅花似美人。

由全州泛湘江，舟中得小詩十三首

其一

湘山蒼蒼湘水緑，客舟曉發秋江曲。棹歌咿啞柔櫓鳴，江水聲聲答寒玉。

其二

青山江上殊裊裊，白沙江頭何皎皎。晴晝忽驚風雨來，灘邊舟過疾於鳥。

其三

江濱月墮秋夜永，推蓬小立看清景。舟畔忽聞潑剌聲，老魚潛出窺鐙影。

其四

瀕江峭壁孤若削，千尺倒影垂雲脚。江流怒撼意不平，濤頭斜捲銀花落。

其五

楚山眉黛深復淺，娟娟弄影隨帆轉。舟中睡足一開眸，欲挹空青洗雙眼。

其六

疏棕密竹青欲滴，江邊迸作烟羃䍥。推蓬時見牧牛兒，斜坐竹根横吹笛。

其七

漁家小舟小於葉，沙頭曬網語喋喋。舟邊試攬苧絲網，尺半銀鱗尾相接（漁家得魚，以繩繫養水中，引之即出）。

其八

祝融一峰插天半，朝朝暮暮時時見。方知九面望衡山，翻教不識衡山面。

其九

四山雲起如潑墨，江風吹浪打船側。急雨濺翻萬斛珠，天水茫茫惟一色。

其十

疏陰翳翳微陽吐，輕風掀帆帆欲舞。舟行出没澹烟中，不時三點五點雨。

其十一

沙禽唤曙舟人起，烟昏不辨秋江水。明霞一綫上朝暾，兩岸青山來鏡裹。

其十二

歸雲片片秋葉脱，夕陽炯炯波光活。峭帆斜挂趁西風，澄江一碧寥天闊。

其十三

舟行遲遲日將夕，惡風捲浪花飛白。一笑寄謝石尤君，莫向他鄉滯歸客。

早發湘陰喜晴

行來薄霧澹烟中，杲杲初陽忽上東。最愛湘南秋色好，萬松深處一楓紅。

行近岳州

樓臺烟雨望迷離，裊裊西風捲畫旗。繚白環青無限意，巴陵山水送新詩。

書觸目

疏林矮屋兩三家，犖确行來石徑斜。自是湖天冬意暖，雙雙黄蝶趁黄花（時十月望後）。

落葉

木葉紛紛帶雨飛，隨風飄泊點征衣。燕山此日清霜重，落盡庭柯客未歸。

江夏道中

行盡湘湖萬叠山，江村歷歷鳥飛還。凉風蕭摵秋容淡，人在疏林黄葉間。

早發小河溪二首（小河溪，村名，屬湖北孝感縣）

其一

大悟山頭漾曙霞，小河清淺泛寒沙。板橋行過村尨鬧，轉入疏林八九家。

其二

山鵲噪晴聲茁軋，溪鷗弄水羽毰毸。霜花晛晛都成露，柏子遥看似白梅。

題曹處士梅花讀書圖遺照

此地宜稱香雪海，伊人合是藐姑仙。文孫要我看圖畫，化鶴於今五十年。

自題學少圖小照二首

其一

二月春光到白門，柳絲花片總銷魂。使君那得閑如許，踏破青山翠一痕。

其二

偷閑惟有少年宜，行過前川任所之。此日白門賦春柳，烟條露葉攬愁思。

到常山

十年碌碌倦征鞍，萬事無如行路難。歷盡嚴灘三百六，人間何地不平寬。

自題探梅度嶺圖小照二首

其一

劈開翠壁駕蒼螭，百折盤空石磴危。萬里南來殊不惡，梅花恰及半開時。

其二

斗絶奇峰嶺路長，斬新花蕊野梅香。行人頓覺衣裘薄，十里松風灑面凉。

蔡梅莽太史緑窗伴讀圖二首（圖爲悼亡作）

其一

偶現曇花二十年，讀書曾伴玉堂仙。底須追憶增惆悵，畫裏還同夢裏緣。

其二

再折冰弦鬢有絲（余曩官京曹時，曾兩賦悼亡），中年聞樂不勝悲。那堪蠻雨瀟瀟夜，重聽哀蟬落葉辭。

送慈海和尚北歸六首

其一

心羡游僧處處家，打包行脚任天涯。嶺南舊是梅花國，争奈禪心付落花。

其二

掌大蒲團斗大房，栴檀一縷静聞香。閑翻貝葉琅琅誦，頂上圓含舍利光。

其三

争傳懷素比張顛，玉箸冰絲老更妍（和尚善草書，兼工小篆）。詩佛漫誇窮賈島，滄浪妙喻本通禪（近刻詩集）。

其四

閑是閑非莫溷翁，逢人便説耳雙聾。祇應趺坐寒松下，飽聽霜濤謖謖風。

其五

朱門偶踏如蓬户，自是深公迥不群。又逐元戎旌節去，孤雲野鶴伴將軍。

其六

幾曾清饌供伊蒲，瘦影閑看一鶴孤。王不留行吾未敢，贈君惟有荔支圖。

介春節相以令祖光禄公手書壽字見示，因題二詩

其一

貞松不畏雪霜侵，養壽還憑鐵石心。二十年來歸洛下，香山畢竟道根深（公自題取東坡『餘生偶脱風波地，晚歲猶存鐵石心』二句，蓋公爲御史，首彈和珅，遣戍伊犁，賜環後優游京第二十年，於東坡詩意有合也。因就本詩爲之，更衍其意）。

其二

大節天應付大年，傳家世有子孫賢。金貂七葉休相擬，椿蔭綿綿萬六千。

題姚太史蓮漪圖遺照二首

其一

春明記踏澄懷路，露柳風荷似畫圖。香案仙人清思遠，欲將縮本寫西湖（太史，浙人）。

其二

令威仙去知何處，化鶴歸來不計年。偶向人間留小影，空花如夢復如烟。

題蔣丹林中丞游釣圖遺照四首

其一

家山有路重游釣，便是延年却病方。底事侵尋不歸去，老臣戀闕意難忘。

其二

賀監曾聞乞鑒湖，一竿烟雨托菰蒲。不須畫錦誇名宦，合作寒江獨釣圖。

其三

再陟烏臺松下風（先生兩任副憲），狀元内相氣如虹（喆嗣笙陔閣學）。於今喬梓悲凋謝，又見傳經鄭小同（令孫礜侯少司成）。

其四

三朝清望重班行，三代詞林姓字香。不道鯫生生恨晚，當年曾拜魯靈光。

楊綉亭居士以所藏賜綺圖見示，紀仁廟舊恩也。恭題二詩

其一

玉輦西巡肅上儀，仙曹珥筆侍龍旗（仁廟幸五臺，綉亭進呈畫册，曾拜文綺之賜）。淵雲枚馬飄零盡，剩有江南老畫師。

其二

記得當年賜綺回，華堂燕雀舞池臺。披圖别有潸然處，我亦先朝舊秀才。

羅六湖觀察如如交修圖二首

其一

鋒車曾向三山駐，偶借名園入畫圖（六湖於庚子隨使節入閩，就學使署旁小園舊圖手加摹寫，備松竹梅石之勝）。指取危亭最高處，傍松容我閣團蒲。

其二

八年前事渾相憶，欲伴皇華愧妙才（庚子之役，余初擬同行，已而未果）。此日歲寒尋舊約，與君拜石共探梅。

自題春疇圖小照二首

其一

鸞烟瘴雨涴征衣，萬里雲霄鳥倦飛。最是家山三月好，小桃紅破麥苗肥。

其二

主恩未報耻歸田，歷遍江天又海天。不爲青山重回首，高堂兩老各華顛。

閱彭子木詩爲題二絶句

其一

挑鐙細把新詩讀，最喜規橅不入時。却憶風流謝康樂，芙蓉初日耐人思。

其二

摩天大筆賦都京，萬户千門畫不成。試把丹黄細鈎勒，絲絲轉折最分明。

讀史有感

胡椒八百劇可笑，草屩兩舫更云何？人生身外都長物，且向寒溪理釣蓑。

孔綉山舍人屬題馮虛雅集圖，兼懷湯雨生、侯青士，皆白下故人也。圖先有二君題句二首

其一

昔年曾上馮虛閣，此日披圖一悵然。記得後湖湖上路，柳花如雲草如烟。

其二

毗陵居士今無恙，畫筆詩情自一家。欲向白門重載酒，問奇還過老侯芭。

題湯太夫人斷釵吟遺詩卷二首（太夫人，都督貽汾母）

其一

大節能完百念休，斷釵忽惹恨悠悠。傷心五十年來事，一穗青鐙照白頭。

其二

寂寂松楸掩墓門，遺編剩有舊詩存。冰心一縷堪千古，碎盡殘釵玉尚温。

尺五莊餞春口占

開罷荼蘼又牡丹，送春士女惜春殘。漫郎自笑無情甚，都付瞢騰醉眼看。

出都宿南柯店

萬里籌邊白髮生，年來江海幸休兵。使君醒却南柯夢，閑向槐安道上行。

曉行過白馬廟

鱗鱗翠浪舞平疇，十里烟村擁畫樓。遥指家山眉黛好，菜花香裏到龔邱。

章邱早發

晨鷄唤醒睡闌珊，僕馬勞勞意轉閑。雪薄似霜映殘月，輕輿摇夢過龍山。

到家二首

其一

身行萬里半天下，一别鄉關十五年。此日歸來如夢寐，老槐高柳尚依然。

其二

兒時曾逐鄰童戲，問我思量記得無？爲道故人今漸老，聊憑金翦洗銀鬚。

明湖竹枝辭八首

其一

映水樓臺倒影斜，家家傍岸似浮家。蒲鋒割得銀盤破（湖田均有主者，植蒲爲界），十里風香白藕花。

其二

水面亭前碧浸衣，鐵公祠畔午烟肥。一帆舴艋輕於葉，驚起眠鷗拍拍飛。

其三

紅菱碧芡滿湖陂，茭笋居然玉版師。掬取蓮根一堆雪，不勞纖手折冰絲。

其四

佛頭青蘸半城波，翦取秋雲萬幅羅。更把明湖作明鏡，彎彎初月寫纖蛾。

其五

三五漁家自作朋，水葓花下閣魚罾。西風吹得紅蓮熟，星點涼宵照蟹鐙。

其六

四面荷花柳綫長，一城山色映滄浪。天然妙句留楹帖，輸與風流老侍郎（劉金門少宰於鐵公祠留一楹聯云：『四面荷花三面柳，一城山色半城湖。』）。

其七

淡抹濃妝畫不成，自然宜雨又宜晴。明湖敢道西湖似，祇是西湖欠入城。

其八

曾泛蘭橈問莫愁，烟波占斷秣陵秋。若教移入臺城畔，誰向秦淮更買舟？

家園即景

暄風拂水波翻白，圓荷覆沼柳垂陌。出門舍北偶閑行，席帽蕉衫看打麥。

讀《漢書》得奇女子三，各繫以詩

其一

約法三章洗暴秦，肉刑一詔感深仁。那知十五嬰兒子，片語能回萬代春。（緹縈）

其二

丞相封侯仗婦賢，安劉定策贊延年。龍門家學應傳女，子幼能文似祖遷。（楊夫人）

其三

鳳女西歸降帝家，侍兒不道貌如花。長羅自綰通侯印，多少烏孫拜錦車。（馮夫人）

古淄水

一道清流赴汶川，淄湖淼淼古城邊（淄湖即古淄水，在古成城北里許，北流二里許入汶）。道元錯注原山派（《水經注》：

『淄與汶并出原山』，乃齊淄非魯淄），父老猶傳飲馬泉（《左傳》『成人伐齊師之飲馬於淄者』，即此水，今有飲馬泉）。

劉伶墓

荷鍤瞢騰醉夢餘，未妨殘蜕寄荒墟。旁人道是劉梁墓，二傳緣何有故閭？（邑有劉伶墓，或云是劉梁墓，以梁乃邑人，伶則蘭陵人也。但二疏亦蘭陵人，邑何以有其故里乎？）

冬日剛城屯早發

生恨晨鷄聒旅眠，奚奴催我著先鞭。輕霜殘月尋前句，回首龍山漫九年。

知止堂集卷八

文一 論

廢封建論上

唐虞三代之法至秦而大變。其所以一變不可復者，則以其變封建爲郡縣也。蓋自古相傳，如井田、選舉、兵制諸大政，皆所以治封建之天下。一旦變爲郡縣，則古法必不能行；若拘泥行之，徒以滋弊而已。此論治法者所當首辨也。

陳涉，一介細民耳，乃當暴秦全盛之時，忽焉輟耕太息，窺覦非分，何也？此廢封建之所致也。三代以來，天下之變，恒在强諸侯，未有以匹夫發大難之端者。豈獨其民氣醇哉？蓋自天子以及公、侯、伯、子、男，星環棋布，防制周密，百里以及五十里之地，各置君、卿、大夫、士，以撫柔其民而檢其不率。此時即有神奸巨猾，亦陰受約束而無敢動。迨封建廢，而天子之勢孤矣。爲守令者既不能久於其職，復不能自行其意，又往往不得其人，於是政多苟且而與民弗親，民亦視等泛常而靡所托命。倉卒有變，揭竿斬木之徒得以群起而斃之，此必至之勢也。涉見及此，故曰：『帝王將相豈有種乎？』而項籍亦曰：『彼可取而代也！』即漢高亦曰：『大丈夫當如此矣。』三人志量不同，要其所見一也。彼始皇者，懲六國之禍，不肯建侯以樹兵，詎知草澤梟雄已從而窺睨其旁，思乘其後哉！

慨自春秋降爲戰國，封建之敝極矣，窮則必變，不得專咎始皇之不師古也。即秦之二世而亡，亦由於絀仁義而崇刑法，弃扶蘇而立胡亥，不盡由於廢封建也。漢高矯亡秦孤立之失，於是大封功臣，後復專王同姓，乃韓、彭以降不旋踵俱以反誅。迨數傳而後，卒釀七國之變，何哉？蓋所師者戰國之封建，而非周初之封建也。此其故惟賈生知之。故其策曰：『衆建而少力。』見淺者以爲强幹弱支、權宜救敝之計，而不知周初封兄弟十五人、姬姓四十人，即衆建少力之道也。然則置賈生於高帝之世，亦能以此説進乎？曰不能，高帝孤寒崛起，子姓未蕃，勢與周异。其封三庶孽，割天下太半，誠有所不得已也。吁，天下事固未可一概而論也。

廢封建論下

人知封建廢於始皇，而不知廢於戰國：戰國諸侯王皆封建之罪人也。人知封建廢於戰國，而不知廢於東遷：東遷以降，列國分争，兼并吞噬，天子莫敢誰何，尤封建之罪人也。若探其本而論之，則封建之廢，不俟戰國，亦不自東遷，蓋其端已兆於周初已。

何以明其然也？封建之由來尚矣。唐虞内有四岳，外建五長，五服至於五千；禹會塗山，玉帛萬國；商受大小共球，海外有截。其詳固不可考，大抵愼選明德、廣樹勛賢以分理天下，俾世守此土，輯柔其民，歲時效職貢而已。至周乃大封同姓，以壯藩屏，於是封建之局始一大變。夫封建者，古先聖王所以公天下也。但以同姓而封之，是明明示天下以私矣。且其封之之初，必先伐人之國，夷其宗社，而後更爲立君。雖曰誅暴取殘，然敚人所有悉以畀吾同姓，雖以武、周之聖，謂之公而無私，其誰信之！夫作法於涼，其敝猶貪，人惟無私則已，私之端一開，必將悉天下據爲己有而後止。故曰：大封同姓者，廢封建、置郡縣之萌芽也。且周之取天下，其術與秦异，其勢與秦同。其初肇基西土，崛起戎翟之間，猶夫秦也；後乃由西而南、而東，漸拓及於荆梁雍豫徐揚之域；洎戡定商奄，而青兖冀并入版圖，與秦之先取三晋、次取楚、次取燕、次取齊，然後混一區宇者，亦何以大异哉？秦都咸陽，周亦都豐鎬，厥後定鼎陝鄏，南面而朝諸侯，詎不以關中四塞之固、洛陽天地之中，居高馭下，形勢便利，足以隆上都而觀萬國哉！且秦之所以廢封建者，將以尊主抑臣、重内輕外，不欲樹敵於山東也。而周之措置山東，其次第亦瞭然可睹已。奄之故墟以封周公而爲魯，周公，介弟也，又相也；蒲姑氏之故墟以封太公而爲齊，太公，國戚也，又將也；冀之北土以封召公而爲燕，召公，宗臣也，亦相也。夫三公以將相之重，兼肺腑之親，固皆與國家同休戚，股肱心膂之臣也。今挈而置之，屹然三大國，棋跱鼎列於東北濱海緣邊之境，地雄力厚，無事則足以南控淮江，北捍戎貊，主盟東夏，爲諸侯長；一旦山東有變，周天子但坐鎮關中，遣一大將下兵洛陽以扼其吭，而三大國犄角并進以拊其背，雖有奸雄，安所展其手足哉！况又封虢仲、虢叔於二虢，封虞仲之後於虞，封唐叔於晋，據山河之險，以通兩京之路；封康叔於衛，撫殷遺之民，以固洛陽之勢。微子雖續封於宋，而環境數百里内，若曹、若邢、若郕、若滕、若蔡，皆以兄弟之國錯置其間，且其地近洛陽，又有魯、衛兩大邦聲氣聯絡，東西遥制，其形格勢禁，不尤大彰明較著也哉！自古聖人經營天下，必先熟審乎天下之大勢與天下之大利害，斯能握天下之大機，持天下之大權，然後有以弭天下之大釁大變，而厝天下於大治大安。武周雖聖，將欲拱手廟堂，高談仁義，坐致八百年靈長之祚，其道末繇也。然其措置大略，不外乎以關中制山東，以同姓制异姓而已。

嗚呼！天下之事，其變也有漸，而其勢日下而不可止。周本仁義而濟以機權，故益以神其仁義之用；秦專恃機權而盡弃周之仁義，是以尊己自私，悉取古先聖王成法，一旦滅裂敗壞而無復顧忌，然亦豈伊朝夕之故哉！

井田論上

井田者，縮封建而小之者也。一井之地，分爲九區，象九州也；八家各私一區，象侯國也；公田正位乎中，象王畿也；八家各佃其私田，而齊力以佃公田，象諸侯之翊天子也。

夏用貢法，不計豐凶，惟責正供，誠有若龍子所譏者，民弗便也。殷承其弊，於是一變而用助法，第資八家之力以養公田，歲取所入，多寡勿問焉，民誠便矣；然八家之勤惰不齊，而公田歲入之數必難畫一，官弗便也。故至周再變而用徹法，有分井而無分田，七家皆勤，一家難獨惰也；無公田而有公租，一家肯先，七家莫敢後也。此乃救助法之敝，而官民兩無害者。顧田不必有公私之名，其實莫非公田，二十始受，六十則歸，尺寸之土莫敢私焉。此三代所以度地居民，而其民貧富均平、重去其鄉者也。徹行既久，浸以陵夷，民知田終非我有，則鹵莽滅裂之弊生。及其新故更代，亦不能無所苟且牽就於其間，馴致田多荒而不治，而人事與地力其勢莫克相準。商君見及於此，乃壞井田、開阡陌，俾民得盡力於農，其有多力而勤墾田以自廣者，即以其田予之，作爲世業，傳之子孫，得相買賣，俾民家自爲耕，人自爲種，如此則墾田益廣，積粟必多，故卒以富强擅天下，區博所云『周道衰而民弗從，秦順民心以獲大利』即此。然而僭差無度，富者連阡陌，貧者無立錐，且以三代之公田，一旦盡變爲私，是無异假手匹夫割裂天下也。厥后始皇廢封建、置郡縣，欲攬大權以坐制六合，故論者以爲患在土崩。詎知秦之天下，不俟土崩，固已由億兆蚩蚩之氓瓜分而豆剖之哉！自兹以降，富者占恡所有，既不肯出以還官，貧者習故安常，甘心爲富者執厮僕之役，而不以爲耻，是以董仲舒限田之議卒不能行，而新室均田且以復古召亂天下。事窮則必變，積重則難反，固非旦夕之效哉！

井田論下

天子何貴有天下乎？貴有其地而已；何所恃以繫天下之民乎？繫之以所居、所衣食而已。所居者尺寸皆天子之地，所衣食者絲粟皆天子之地之所入，民知非君靡所托命也，是以蟠固附離而不忍叛，則井田之效也。徼一時之近利而不惜捐田以予民，俾匹夫之賤得以擅天子之地而私爲己有，久之則亦忘其爲上之所予，而侈然自謂莫吾敢奪，秦之失策，莫此爲甚。乃自秦以降，豈無英君哲相見及於此，而井田卒莫能復，何也？蓋民之勢甚重而不可以力挾也，其欲甚奢而不可以理饜也，其流日下而不可以法遏也。

井田之由來舊矣，民亦既習而安之矣。壯而受，老而歸。方其受也，自無之有，未有不欣欣者；及其歸也，自有之無，未有不戚戚者。苟有子若孫，無田仍有田耳。否則朝擁中人之産，夕乏立錐之地，雖上有養老之政，不致失所，其心未必願也。第以法不容干、分無可越，則亦陰消其覬覦之萌，束身以聽命耳。今既變公田爲私田，得尺則我之尺，得寸則我之寸，固民之所大快也。久之乃更習而安之矣。一旦驟語之曰：『此暴秦之法，非聖王之制也，貧富不均，非所以示公也。吾將取爾田而復井之，受與歸均如舊制。』民必咈然曰：『是欲奪吾子孫之世業也，是貧者無端而受賞，富者無辜而被罰也。法之不平，莫甚於此！』吾恐尺土一甫頒，怨詈交作，緩之則相率而梗令，急之則紛紜而大擾，未睹復古之效，而天下已囂然多事矣。匪直此也，古之井田，其法必與封建相表裏，區天下爲萬國，區國爲萬井，各君其國，各子其民，各佃其田。其民，世民也，猶巨家之臧獲僮僕也；其田，世田也，猶富室之莊宅園圃也。鄉遂之師、比閭之長，一皆以土著之人爲之。其耳目甚近，其性情甚習，其勸課甚勤，其督責甚便，故分畫無慮其不均，而區處無患其不當。迄今讀信《南山》《大田》諸詩所云『曾孫田畯』以及『農夫婦子』，何其歡然有恩以相愛，不啻家人父子之聚謀也。蓋古之井田，其簡易敦厚有如此者。自封建變爲郡縣，其爲吏者皆東西南北之人耳，一旦偃然立於民上，其情每隔閡而不相親，且自以爲吾官於此，猶傳舍也，旦而上、暮而罷者有之矣，否則滿而代耳，久亦老而休耳，非能與斯民世世共此土也，故其爲政非苟以悦民，即迫以要民。夫悦民以干譽，則纏綿悱惻之意寡，要民以集事，則急遽苟且之弊生。而畫井分田，其事殊瑣屑而難悉舉也，甲更乙代，其數尤參差而不勝稽也。鄉有寬狹，田有肥瘠，或名同而實异，或此優而彼絀，計帳繁猥，支節横出，上下其手，吏緣爲奸，雖有良守賢令，弊不勝詰，既苦旁撓，旋致中輟，此尤古今异宜，不容概論者也。

曰：世業口分之制，元魏不既行之乎？曰：文帝以變夷復古爲亟亟者也，如遷都、改姓諸創舉，均弗詢於衆，而鋭意爲之，均田其一端耳。史家第書其措置之大略，而有司之奉行若何，民間之弊擾與否，紀載弗詳，然拓跋之業自是浸衰，行之未久，至北齊而不勝其弊，則其未爲良法亦明矣。隋唐復踵其遺制，天寶以後名存實亡，遂至盡廢而不可復。論者或譏其世業之許民買賣，寬鄉之聽民遷徙，以爲不合先王立法之意，而不知其受病之由，不在授田之法與三代异，而在建國之制與三代殊也。吁！古昔聖王疆理天下，其大者封建，次則井田，封建既廢，井田必不可復，而或鰓鰓焉欲行周禮，則周公之罪人也。

除肉刑論

漢文帝之除肉刑，乃千古刑法之一大變也。肉刑之設，三代共之，至秦而恣爲峻酷，於是有鑿顛、抽脅、鑊烹之誅，其勢固已窮而將變。漢初定三章之法，作九章之律，漸以疏闊，至文帝乃始毅然斷然，一旦取古先哲王之定制，自我作始，掃除更張，以加惠宇内，此誠帝之大仁大勇。而其事乃自一弱女子發之，不亦异哉！

方緹縈救父上書，其言曰：『妾傷夫死者不可復生，刑者不可復屬，雖欲改過自新，其道亡繇。』可謂婉而悲矣。然非帝篤愛斯民，實有怵惕惻怛之心，亦安能一聞斯言即沛若時雨、普施此异量之恩哉！迄今三復詔書，至沈痛不可卒讀。獨惜在廷諸臣不能仰體奉行，乃至定笞法爲三百五百，又不笞臀而笞背，棰無定制，人且屢更，遂至宛轉呼號，死者相枕，幸而不死，不可爲人。當時以爲名輕而實重，要之非帝意也。至景帝減笞法、定棰令，後王因之，屢有折衷，於是法乃益輕，民以鮮死，文帝之遺澤及萬世矣。

班史《刑法志》以爲『輕刑則民不畏而犯法者多』，議欲行肉刑以復古。不知三代之民養以井田、教以學校，其慮之甚深而防之至密，故其民遷善遠罪而不自知；偶有犯法，又必使忠信之長、慈惠之師究其致罪之由而求其可生之路，直至情無可恕，法不容寬，而後與衆弃之。雖加以肉刑，不爲濫也。後世於教養之法一切以苟焉從事，而治獄之吏又不能無所枉抑於其間，圖治者不揣其本，乃欲斷肢體、刻肌膚，以重制其末，詎非文帝所云『痛而不德』者哉！且後世事事不能復三代之舊，而專師其肉刑，抑獨何哉？

善夫孔融之論曰：『上失其道，民散久矣，而欲繩之以古刑、投之以殘弃，非所謂與時消息者也。且被刑之人慮不念生，志在思死，類多趨惡，莫復歸正，夙沙亂齊，伊戾禍宋，趙高、英布爲世大患，不能止人爲非，適足絶人爲善。』吁，此千古不易之論也！

四皓論

漢高帝末年溺惑戚姬，欲以趙王如意易太子。大臣固諫，不聽。吕后用留侯策，卑禮致四皓，而儲位始定。後之論者或妄有所疑，不知此正留侯真知高祖而中其所畏也。

夫四皓奚足畏哉？蓋帝雖箕踞嫚駡，而深知重士，故酈生以酒狂而爲上賓，陳平以亡虜而爲親臣，至自明其得天下之故以用三杰，誠有見於天下輕重之權繫乎士也。四皓特篤老就木之人耳，使其痼疾烟霞自矜高尚，帝度外置之久矣，何必求之數歲不得猶時時懸諸心目間哉？蓋四皓，皆天下之奇士也。觀其對帝言曰：『陛下輕士善駡，臣等義不辱；竊聞太子仁孝，恭敬愛士，天下莫不延頸欲爲太子死者，故臣等來耳。』帝聞此言，不禁氣奪而心折矣。以己所不能致之天下奇士而太子能致之，則其得士可知，其得天下之心亦可知。故帝語戚姬曰：『我欲易之，彼四人輔之，羽翼已成，難動矣。』蓋不特畏四人爲之羽翼，而畏天下爲之羽翼也。孟子有言曰：『二老者，天下之大老也；而歸之，是天下之父歸之也。天下之父歸之，其子焉往？』留侯知此意矣。其以四皓助太子，實隱然以天下助太子也。

漢高帝與匈奴和親論

漢高誅秦夷項，屢當大敵，瀕於危者數矣，乃百挫不撓，卒成帝業。獨於平城之困不思滌刷仇耻，反采劉敬和親之議，至欲以長公主下嫁單于，何與曩時勇怯頓殊哉？此非力不能也，勢不可也。

自六國迄秦，以逮楚漢，中國苦兵久矣。是時天下初定，瘡痍未復，而冒頓以梟鏡之姿，坐擁控弦三十萬衆，其勢方强，若力與之角，必難卒解。兵連禍結，中國將益以大困。且高祖提三尺，以布衣取天下，非有恩澤洽乎人心；而漢邦新造，方且皇皇焉日不暇給，儻釋此弗圖，遽欲疲中國以事外夷，禍變之作，將有不及防者，是亡秦之續也。然則匈奴之和親與否，豈非天下安危之大機哉！帝見及此，故不惜摧剛爲柔，含垢忍辱，一切付之包荒，俾中國得以及時休息，而我新造邦亦得乘此閑暇更法定制，以奠鴻基而固大本，此誠帝之大度大略，建四百年靈長之祚者也。异日吕后當國，單于書辭誖謾，樊噲不勝其忿，請以十萬衆横行匈奴中。噲老將習兵，其言當非誇侈，而季布斥爲可斬，猶高帝意也。

漢宣帝不好儒論

漢宣帝任法而不好儒，論者或病其刻。然帝最重刑獄，所頒詔令，多爲後世法，有行之至今不廢者。如子匿父母、妻匿夫、孫匿大父母皆勿坐；父母匿子、夫匿妻、大父母匿孫，罪殊死皆上請。此即親屬得相容隱之律也。年八十以上，非誣告殺傷人，他皆勿坐，此即年老收贖之律也。又如令郡國歲上繫囚以掠笞若瘐死者所坐縣名爵里，丞相、御史課殿最以聞，及置廷尉平、躬幸宣室、齋居決事，皆欽恤之大者。史稱德侔殷宗、周宣，洵無忝焉。至其謂太子曰『漢家自有制度，不能純用王道』，未免雜霸之譏；若所云『俗儒不達時宜，好是古非今，使人眩於名實，何足委任』，則其言未爲過也。孔子之言曰『殷因於夏禮，所損益可知；周因於殷禮，所損益可知』，此言古今之异宜也。孟子之言曰『盡信書則不如無書』，又曰『不以文害辭，不以辭害意。以意逆志，是謂得之』，此言讀書之不容泥也。後之末學，往往不知古人之意，爲書所愚，此俗儒通病，而漢儒尤甚。蓋其初承秦火之後，聖教中微，一切申韓、黄老雜出其間，齊魯之士掇拾殘牘轉相授受，學者惟知株守師説，涖涖從事於章句訓詁，又每挾五行灾异爲逢世動主之資，及試之於事，非迂闊不切，即格礙難行。此宣帝所大不取也。歷觀西漢諸儒，惟賈誼之豫制悍侯、劉向之痛詆外戚，奏議卓犖可紀，此外有裨當世者幾人哉！即如元帝，以蕭望之爲師，貢、薛、韋、匡相次柄用，之數人者，褒然稱巨儒矣，究其設施，視丙、魏何如哉？天下之治亂，視宣帝時何如哉？厥後儒道大行，張禹、孔光、劉歆之徒以經術希世取寵，而王莽始得假托周公，緣經飾僞，造作符命，拱手攘取神器。追思宣帝『亂吾家者太子』之言，何其明也！

陳壽以正統予蜀論

晋承魏禪，陳壽晋臣，不敢帝蜀斥魏，昔人論之矣。竊謂壽實以正統予蜀，嘗反復其書，得十數義焉。《本紀》書世系，於操則書：『漢相國曹參之後』，明其爲漢臣也；書曹騰爲中常侍，養子嵩『莫能審其生出本末，嵩生太祖』，此即陳琳檄所謂『乞丐携養、贅閹遺醜』之意。於昭烈則書『漢景帝中山靖王勝之後』，與《光武紀》『高祖九世孫，出自景帝』之例同。世系之正、譜牒之確，以見非『成帝子』與冒襲天潢可比。予一也。

《本紀》書祥瑞，如高帝之雲氣、光武之嘉禾是也。於昭烈則書『舍東南有桑樹，童童如蓋，見者謂當出貴人』，《魏志》無之。予二也。

《本紀》書奇表，如高帝『隆準龍顔，左股七十二黑子』、光武『身長七尺三寸，隆準日角』是也；於昭烈則書『身長七尺五寸，垂手下膝，顧自見其耳』。《魏志》無之。予三也。

書昭烈『學於九江太守盧植』，亦猶光武『受《尚書》於中大夫許子威』，紀其學術淵源，規模之遠，皆由於此。《魏志》不及。予四也。

書操始仕『以舉孝廉爲郎』，而先之以『任俠放蕩，不治行業』，以見其名實不稱，大抵夤緣宦寺得之；昭烈始仕則『以討黄巾有功，除安喜尉』，邪正分矣。予五也。

百姓者天下之本也，書操攻陶謙，所過殘戮，而昭烈去荆州，百姓從者十餘萬，不忍弃之而走。仁暴殊矣。予六也。

建安二十六年，太醫令吉本與少府耿紀、司直韋晃等攻許不克死，書曰『漢太醫令以見操之無君，凡臣於漢者皆得而討之』，况昭烈爲帝室之胄，受衣帶之詔，釋賊不討，何以謝高廟而慰世祖；名號不隆，委任不重，何以令天下而繫人心？故於二十四年群下表先主爲漢中王，則詳書一百二十人之官爵姓名，備録其表，以見諸臣戡弭禍亂、安定國家之忠；復録先主上漢帝表，以見其掃除寇難、靖匡王室之志。然後勸進者非鶩富貴而濟其私，稱王者非襲專制而飾其僞，經權并著，炳若日星，後世跋扈譎詐者不能藉口萬一。予七也。

周秦以來，亂臣賊子未有敢比堯舜者，有之，自曹丕篡漢始：其册規仿《虞書》，僭擬舜禹，托名獻帝，實所自爲，史録之，以揭禪讓之僞、著篡奪之實。凡李伏、辛毗、陳群、許芝之徒侈陳符瑞累數萬言，以及告天祝册，并從删絶。迨先主爲獻帝發喪，黄權、杜瓊諸臣之援據讖緯者，備列無遺，一依光武赤伏符之例，然後大書太傅許靖、安漢將軍糜竺、軍師將軍諸葛亮等上言：『曹丕篡弑，湮滅漢室，海内惶惶，靡所式仰。伏(爲)[惟]大王出自孝景皇帝中山靖王之胄，宜即帝位，以纂二祖』；又録其祝文曰：『皇帝備敢用元牡昭告皇天后土，天命不可以不答，祖業不可以久替，四海不可以無主』，與光武告天之義同。夫同一即位也，曹丕之祝則擯之弗録，昭烈之祝則載之綦詳。武擠鄗南，先後齊揆。予八也。

《吴志》於權書『薨』，《魏志》於丕書『崩』，史爲晋，故姑以『天王書崩』之例予之耳；於蜀書先主『殂於永安宫』，蓋書『崩』則礙於帝魏之嫌，書『薨』則没其帝蜀之實，故祖《尚書》『帝乃殂落』之文，以尊异之。予九也。

武侯大舉伐魏，惟明帝太和二年書『寇邊』、五年書『寇天水』，或者沿魏史舊文，未及削正耳；不然，何以二年十二月圍陳倉、青龍二年二月出斜谷、屯渭南不書『寇』？ 然其義猶晦也，於武侯出屯漢中，録《出師表》以明之，綜其聲罪致討之實，揭其義於張皇六師之初。予十也。

夫壽果抑蜀，則儕蜀於吴，當書『蜀主備』，如『吴主權』之例，不當稱『先主』『後主』也； 當書『蜀主備甘夫人』，如『吴主權謝夫人』之例，不當稱『甘后』『穆后』也。 爲晋之故，不敢以『帝』名之，實以帝予之。 然猶恐後人昧昧然讀之也，復於評語著之曰：『先主之宏毅寬厚，知人待士，蓋有高祖之風、英雄之器焉』，是固顯然見其克紹帝業、無忝厥祖，彰明較著有如此者，後人乃誣以『寇蜀』，殆未取其全書而一一覆按之也。

且壽之推許諸葛亦至矣，其初出祁山也，則曰『戎陣整齊，賞罰肅而號令明』； 其歿而軍退也，則曰『宣王按行其營壘，嘆爲天下奇才』。 叙述如此，雖孫吴何以過之！ 壽以晋臣論敵國之相，揚之乎，懼乖立言之體，抑之乎，又没是非之真，是以隱約低昂以見意。 其《上諸葛文集表》一則曰『所與對敵，或值人杰』，爲仲達之受巾幗諱也； 又曰『天命有歸，不可以智力争』，以見司馬本非諸葛之敵，諸葛亦非用兵之失，其功之不成，則天實爲之，漢祚將傾，雖以諸葛之智力，亦末如何也。 讀者不察，反謂訾武侯短於用兵，豈知其意者哉！

蜀失荆州論

武侯《隆中對》以荆益爲根本，所云『天下有變，命上將將荆州之軍以向宛洛，將軍率益州之衆以出秦川』，此不易之策也。 壯繆之失荆州有可疑焉。 方曹操之敗於赤壁而北遁也，東吴之力非不足以定荆州，其不惜以資先主者，非厚於先主也，懼操之再舉南伐，故以先主塞其衝也。 迨先主西并益州，勢浸强大，荆州爲出峽入江門户，雄踞上游，東窺秣陵，非吴之利，是以屢索不還，勢將用武。會操攻下漢中，先主懼失益州，始割長沙以東與吴講和。權不能一日忘荆州故地者，情也；其眈眈焉必欲謀取之者，亦勢也。善守者備其所攻，吴之所必攻，即蜀之所必守。故當先主初入蜀，則武侯留守荆州，趙雲佐之。及先主下綿竹，武侯乃率趙雲、張飛將兵西行，鎮荆州者，惟壯繆一人而已。是時全蜀未定，不得不先其所急也。厥後漢中既拔，先主稱尊，張、趙、馬、黄諸名將皆環衛成都，按甲不動，曾無一人出屯南郡以西，爲壯繆之犄角者，而以糜芳守江陵、傅士仁守公安，要害之地付於庸奴；壯繆揚威於襄樊，糜、傅内潰於肘腋，詎不惜哉！方壯繆之馘龐德、虜于禁也，曹仁幾遁，操欲遷都避之，陸渾民孫狼等遥受印號，自許以南望風響應，史稱其『威震華夏』：此破竹之勢，千載一時也。乃蜀之君臣但喜其勝，不虞其敗，權以陸遜屯鄗口、吕蒙出奇兵而蜀不防；操以徐晃爲將軍，將殷署等十二營之師以救樊城，而蜀不聞遣一將、增一旅以援壯繆，致令徐晃掎之於前，吕蒙躡之於後，首尾狼狽，勢遂不支，豈非坐失事機也哉！厥後武侯北伐，屢出祁山，功卒不就，則以荆州既失，宛洛路梗，不克别遣一軍兩道并進，以分敵之勢而張我之氣也。以武侯之才，措置荆州，乃不能如其隆中之初計，又非千載之下所敢臆度者矣。

歷代鈔法論一

鈔法雖萌芽於唐之飛錢，實權輿於宋之交子，蓋即《周禮》『質劑』遺意也。顧歷代行之，其初不過乘錢之有餘以從民便，其後乃欲濟錢之不足以救國貧，卒之法敝而國亦與之俱敝。載在史册者，可考而鏡也。

宋真宗時，張咏帥蜀，患蜀中鐵錢重，不便貿易，乃設爲交子，一交爲一緡，定限三年一界與之换易，而以富民十六户主之，殆與今之錢肆行使圖票無异，故蜀民稱便。厥後富民貲衰，無力償負，遂致争訟不息，又與今之錢肆不能按票付錢因而控官追理無异，乃勢所必至者也。於是轉運使薛田、張若谷請置益州交子務，以榷其出入，私造者禁之。蓋始因鐵錢重滯，故署券以便流通，繼因富室侵虧，故置務以杜欺隱，凡以便民，而官無利焉。鈔法之初，如是而已。迨神宗時，推行於河東、陝西，未幾皆罷。而蜀之交子亦因虚券多而竟無實錢，致價大賤，浸以隳廢。紹聖以後，漸復增造，嗣是更名『錢引』，通行諸路。書放愈多，法日以敝。史稱宋之錢引，每造一界，備本錢三十六萬緡，新舊相因，大觀中不蓄本錢而增造無（藝）［已］，至引一緡當錢十數。誠以券不虚行，恃錢以立，所謂虚者實之也。若但執券而無錢可支，則敝楮而已，與今之假錢票何异！欲不爲人所輕賤，何可得哉！

高宗南渡，詔置行在交子務，言者以『官無本錢，民何以信』，於是罷交子，更造關子，一曰公據，又造會子，其法預儲見錢并以都茶場商算、茶、鹽、香、礬等歲入一千萬貫陰助稱提，仍許諸路以會子充上供，用矯虚券無實之弊。初，高宗因論四川交子，最善沈該稱提之説，謂官中常有錢百萬，如交子價賤，官用錢買之，方得無弊。是以南宋引會劃界甚嚴，而收買之費亦巨。其法：每界限以三年書放，均有定額，界滿則收舊换新，以免積壓昏爛諸弊。或因收换不及酌予展界，其間有撥封樁庫金一百五萬兩，度牒七千道，官告、綾紙乳香凑成三千餘添貼官局，收易舊會，品搭入輸者，嘉定二年行之於臨安者也。有以金銀度牒一千三百萬收回舊引半界者，又有以茶馬司羨餘以新引收兑舊引者，嘉定初行之於四川者也。有以内庫及南庫銀一百萬收舊會者，乾道二年行之於行在者也。有以都茶場鈔引八十萬及内降銀錢付漕司收换舊會者，乾道四年行之於荆南者也。此外，换易收兑，禁制之法不一而足。無非祖沈該稱提之議，俾舊楮不致壅積，庶新幣可得流通。然而法立弊生，詐僞蜂起，且引會，虚券也，日造而不窮；金銀錢貨，實物也，時出則不給。故虚券不期其多而日多，實物惟恐其少而日少，卒之稱提乏術屢展界期而無救於價之日損，迭更法令而莫濟夫幣之不行。馬貴與謂其時糴本、鹽本、官俸、軍賞無一非楮，而錢以罕見爲貴，以致物價翔騰，民生憔悴，戰士有不飽之憂，小吏以無以養廉爲嘆，皆楮之弊有以致之。則知權宜之計本非經久之策，故其法不至隳壞不止也。

歷代鈔法論二

甚矣，鈔法至金而大壞也！金自貞元二年用户部尚書蔡松年議，製交鈔，與錢并用，一貫至十貫凡五等，謂之大鈔；一百至七百凡五等，謂之小鈔。以七年爲限，納舊易新，蓋仿宋張咏交子之法。故當時議者以爲，交鈔同於見錢，商旅利於致遠，往往以錢買鈔；但以七年納换，易啓民疑，遂令民得常用。若歲久文字磨滅，許於所在官庫易新鈔。初行似爲便民，而收斂無術，民浸輕之。鈔法之壞，實基於此。

夫宋之所以限年畫界，不令舊幣散放民間者，誠以多則不足爲貴，價必大減；不得不預爲之節也。其所以不惜百萬金銀收兑敝楮者，非不知金銀爲重寶、敝楮爲虚券也，誠欲以轉移天下之耳目心思，俾知虚券與重寶不异，而後確然信之而不疑、斷然用之而不惑。故捐收兑敝楮之大費，始足筦通行新幣之大利。金乃但知行用，不知收斂，遂致交鈔之數百倍於見錢。嗣因錢之日少也，於是行限錢法，令官民之家藏錢不得過二萬貫，違者罪之，意在散積錢以通滞鈔。而民間重錢輕鈔如故，末可如何，乃廢錢不用，專以銀鈔兼行，鈔乃益敝。史稱金舊例銀每錠五十兩，其直百貫，即今之元寶也。大定二十三年始改鑄，銀名『承安寶貨』，一兩至十兩凡五等，即今之中錠、小錁也。夫物之不齊，物之情也；持鈔與錢較，則鈔不敵錢明甚；然而有時可以并行者，以錢難致遠，鈔便輕賫故耳。若持錢與銀較，則錢不敵銀，恒相倍屣；更持鈔與銀較，則鈔不敵銀奚翅千萬？而鈔之輕賫致遠無以加乎銀也，而有不逮焉：銀易於懷藏，而鈔動致磨損；銀便於翦鑿，而鈔不可割裂。其體既有堅脆之殊，其用復有通塞之异，乃强欲比而同之，使之并行，有不貴銀賤鈔者豈人情哉！自是而後，大小二鈔遞有變更，在官利用大鈔，而大鈔出多，民益輕之，在私利行小鈔，而小鈔入多，國亦無補，於是禁官不得用大鈔，已而恐民用銀不用鈔，則又責令以鈔納官，期其必用。先造二十貫至百貫，後造二百貫至千貫，輕重不倫，民益眩惑。不得已則限以年數，限以地方公私受納，限以分數。峻綱嚴條，朝令夕改，又易交鈔爲寶券，未幾更作通寶，未幾復作寶泉，未幾改作綾鈔，名曰珍貨，未幾又作寶會，迄無定制，以至亡國。維時民間但以銀市易，而鈔每貫僅直一錢，不敷工墨之費。蓋廢錢用銀，其害鈔乃至於此！是以温迪罕思敬上言曰：『大定之世，民間錢多鈔少，故貴而易行；軍興以來，官錢殊少，民亦無幾，軍旅調度，悉仰於鈔，日之所出，動以萬計，至於填委市肆，豈無輕乎！不若弛限錢之禁，許民自采銅鑄錢，而官制模範，惡薄不如法者令民不得用，則錢必日多，鈔可少出，少出則貴而易行。今出日益衆，民日益輕，有司欲重之而不得其法，至乃計官吏之俸、驗百姓之物力以斂之，而卒不能增重。曾不知錢少之弊也！』吁，思敬可謂知鈔法之意矣。其所言未始非救敝之一策，而當時莫能用也。

歷代鈔法論三

元起朔漠，議者謂宜用鬼錢，其説不經。而一代鈔法，乃權輿於此。

初，太宗時有于元者，請行交鈔，蓋仍踵金之舊法。於是耶律楚材進曰：『金章宗初，交鈔與錢通行，有司以出鈔爲利、收鈔爲諱，謂之老鈔，至以萬貫惟易一餅。民困國匱，當爲鑒戒。今印造交鈔，宜不過萬錠。

誠以少出則貴，多出則賤而無用。』猶是温迪罕思敬遺策也。其時有行用鈔，莫考其詳。世祖始造交鈔，以絲爲本，每銀五十兩易絲鈔一千兩。又造中統元寶鈔，以十計者，自一十至五十爲四等；以百計者，自一百至五百爲三等；以貫計者，自一貫至二貫爲二等。每一貫同絲鈔一兩，每二貫同白銀一兩。又仿金珍貨，以文綾織爲中統銀貨，自一兩至十兩凡五等；又造釐鈔，自二文至五文爲三等。厥後銀貨未行，釐鈔尋罷，而交鈔元寶行之既久，漸至物重鈔輕，於是改造至元鈔，自二貫至五文，凡十有一等，與中統鈔并行。每新鈔一貫準舊鈔五貫，并於各路設立官庫，貿易金銀，平準鈔法。每花銀一兩，入庫給價至元鈔二貫，出庫二貫五分。赤金一兩，入庫二十貫，出庫二十貫五百文。僞造者死。此元初鈔法，史稱最善者也。武宗復因物重鈔輕，改造至大銀鈔，自二兩至二釐凡十有三等。行之未久，仁宗即位，以出鈔太多，遂罷銀鈔，而中統、至元二鈔終元之世常行不變。

竊考其立法，無以大异於金，而畫界稱提，一切遠不逮宋，乃獨能行之一代，何哉？蓋天下虛實二物不容并立，并立則相形相耀，而實者常勝，虛者立屈，非可以權力争也。鈔，特虛券耳，將欲動民取信，不得不藉銀錢以實之；而其所以日輕者，則以銀錢勢重，足以奪之故也。元初罷錢不鑄，至大中旋鑄旋罷，雖準用歷代古錢，計其時民間行用之數蓋已無幾，而金銀重寶又斷斷乎不可多得，將欲通有無、濟緩急，輕賫致遠，舍鈔奚以哉？而中統、至元二鈔又久久行之不變，民知鈔外無幣，中統、至元外無鈔，則亦不得不翕然歸之，而無復愛憎取舍於其間。此非果有措置他術，乃專行一法，堅持經久之效也。迨順帝至正十年，丞相脱脱欲更鈔法，武俱議以錢鈔兼行，吕思誠争之曰：『錢鈔用法，以虛换實，其致一也。今歷代錢及至正錢、中統鈔及至元鈔、交鈔分爲五項，若下民知之，藏其實而弃其虛，恐非國家之利。祖宗成憲，豈可輕改！』時朝廷不能用。乃更詔以中統交鈔一貫省權銅錢一千，準至元寶鈔二貫；仍鑄至正通寶錢，與歷代銅錢并用，以實鈔法。行之未久，物價翔騰，數逾十倍。又因軍儲供給，出鈔日多，京師交鈔十錠易斗粟不可得。郡縣市肆皆以貨物交易，公私所積之鈔盡同敝楮矣。

歷代鈔法論四

明之鈔法，初仍元制，中參宋法，末蹈金弊。太祖始設局鑄錢，制凡五等，旋因課銅病民，而商賈沿元之舊，便於用鈔，乃設寶鈔提舉司，造大明寶鈔，自一貫至一百文，凡六等。每鈔一貫，準錢千文、銀一兩，四貫準黄金一兩，與錢并行。禁民間不得以金銀交易，違者罪之。嗣復鑄小錢，與鈔兼行，蓋即元至正舊法，而不畫年界、不定額數。出鈔日多，行之未久，而兩浙、江西、閩廣已有以鈔一貫僅折錢百六十文者。成祖雖重申金銀交易之禁，罪同惡逆，而鈔輕如故。於是采陳瑛之策，祖宋沈該稱提之法，先按户口食鹽，令大口月納鈔一貫，小口半之；又令税糧、課程、贓罰俱折收鈔，又令鹽官納舊鈔支鹽，又發南京抽分場積薪、龍江提舉司竹木鬻民收鈔，又以應天府應辦蘆柴徵鈔十分之八，所以收斂民間舊鈔，略如宋嘉定、乾道間故事，鈔仍不行。仁宗復用夏原吉議，以鈔多則輕，少則重，民間鈔不行，由於散多斂少，宜爲法斂之，乃暫加市肆門攤諸税，徵鈔入官；又設布帛交易之禁，與金銀等。然是時民卒輕鈔。至宣德初，糴米一石，用鈔十五貫。嗣是法令屢易，税鈔遞增，而民惟用銀，鈔益不行。乃更嚴其禁，凡交易用銀一錢，罰鈔千貫；贓吏受銀一兩，追鈔萬貫。其意欲以扶鈔抑銀。然以千貫、萬貫之鈔，僅抵一錢、一兩之銀，名爲扶之，實則抑之。立法倒置，無過於此。迨英宗弛用銀之禁，諸應納鈔者多以銀代。朝野率皆用銀，小者乃用錢，鈔益輕矣。至憲宗時，鈔一貫不能值錢一文。宏治中，鹽關鈔并用銀改折，鈔法自此遂廢。雖惠世揚請造於天啓、蔣臣議復於崇禎，而卒不可行。

竊謂鈔者，喜錢而惡銀者也。錢多則滯，鈔以通之，宋之交子、今之圖票是也。無錢則鈔不虛行，歷代之末，鈔每貫僅值錢一文，或視同敝楮是也。用銀則必不能行鈔，金明之已事是也。然則廢銀行鈔可乎？曰：天下之寄命於銀三百餘年矣，一旦奪其重寶，而予以虛券，此人情所大不便也。且金人因行鈔而廢錢，錢悉入宋，若更因行鈔而廢銀，銀必出洋，尤非計之得也。況抑銀扶鈔，明人曾以全力持之矣，不赦之誅、萬倍之罰，而迄莫能勝。甚矣，積重之難返而專欲之難成也！

公斂處父不墮成論

自古立國，未有不申畫郊圻、慎固封守，以禦外而安内者也。《易》曰：『王公設險以守其國。』《傳》曰：『諸侯守在四境。』山川厄塞天設者，上也；金城湯池控制要衝，抑其次也。

魯之初封，都於曲阜，北有泰山以蔽之，徂徠、新甫環境羅列，又有汶水以限之，距齊都臨淄不下數百里，其勢足以畫疆而自立。迨失汶陽之田，而岱南舉爲齊有，於是魯之外屏撤矣，一綫之汶，湯湯彭彭，不足以限戎馬。故魯道有蕩，齊師得以雲翔而進，所恃以扼其衝者，獨成耳。成，固孟氏邑，與季費、叔郈號爲『三都』者也。

城過百雉則耦國而兆亂，欲强公室，自墮三都始。墮之，誠是也。然亦知其一未知其二也。郈、費可墮，成不可墮也。魯爲齊弱久矣，齊之魚肉魯者非一日矣。夾谷之盟，夫子以武備應之，僅免於萊兵之劫，其不可以德化又明矣。汶陽之田雖暫反，而未足恃也。今無端自壞名都，失其可扼之險，而予彼以可乘之隙，一旦齊師驟至，何以禦之？公斂處父所云『墮成，齊師必至北門』者，乃忠於謀國、洞中時勢之言，雖聖人不易也。夫處父，成之良宰也。陽虎之亂，處父以成人入翦大憝，故虎他無所忌，獨畏公斂陽。是時虎在齊，方説齊侯以三加取魯，以齊之强，虎爲謀主，乃魯之大患也。爲魯計者，當付處父以北門之管，而益嚴守備，若襄十五年之備齊而城成郛者，庶足以制虎而却齊耳。今乃先自墮焉，是無异除道以開齊師，而弃處父以予敵也，將不爲陽虎笑歟！

且左氏所記墮三都之事，舉可疑焉：郈之墮也，以初定侯犯之叛，故殆如破竹，迎刃而解者也。及將墮費，即有公山不狃、叔孫輒之兵，當時君若卿蒼黄奔避，登臺僅免，姑蔑一戰，亦倖而勝耳。洎墮成，又爲處父所拒，卒至玉趾空勞，望牒而返，公末如何也，三卿末如何也，夫子亦末如何也，此真不可解矣。夫聖人德盛化神，而其臨事未嘗不委曲審慎以期於有濟。如使費與成之民沐浴膏澤、風行草偃，不應有稱兵據邑之事。儻夫子自度德不能懷、力不能制，則必有以處之，不應倉卒輕發以召意外之變。此殆史家紀載失實，未可盡信者也。故以齊魯之勢揆之，則成必不可墮；以聖人謀國之慎揣之，則三都必不遽墮；即郈、費可墮，而成終不可墮。然則處父又安可厚非哉！

王章論

西漢文、景、武、宣之業，隳自元、成。恭、顯爲内官之大蠹，王氏憑恃椒房，卒成篡竊。而其顛權枋國，實自鳳始。王章以孤寒疏逖，猥被知擢，乃在元代則力詆石顯，當成朝則首彈王鳳，卒致罪成文致，命霣囹圄，含憤九幽，之死靡悔，何其烈也！以章之昌言亮節，乃班《史》略於本傳，詳於《元后傳》者，何哉？以見漢之亡亡於王氏。王氏之興始於鳳，鳳之横由於元后，而漢諸臣敢以直言攻鳳者獨有章。章死而鳳之權愈重，王氏之勢漸成，至於莽，遂移漢鼎焉。章之繫於漢也，重矣哉！

佛教論

自古帝王奉佛最虔者，梁武帝、唐憲宗、懿宗是已。武帝捨身而臺城餓死，憲、懿迎佛骨而壽命不長，奉佛果何益哉！然以此歸咎於佛，而佛不受也。

中國之奉佛，乃中國人自爲之，而佛無與也。佛本天竺國人，與中國風馬牛不相及，生前未嘗泛海東來、一踐震旦之境，與通儒、辨士争是非、角門户，自冀其説之得逞、教之得行也。三藏經文皆番音，夷字本難通曉，末世弔詭之士爲之譯以華言，未必果出佛語也。其虚寂類老子之清浄，其慈悲類墨子之兼愛，其解脱類莊子之放達，亦偶與暗合，非有淵源授受之可考也。蓋彼之爲此教者，亦教其國人而已，其視中國人之奉教與否，不翅秦人視越人之肥瘠也。自中國人觀理不明、信道不篤，詔以綱常名教則褎如充耳，自有詩書易象而束之高閣，厭故喜新，舍近騖遠，於是無端於數萬里外、千百年後别尋一异域之古人而尊之親之，此則事理之萬不可解者也。

約而言之，有四端焉：高明之人好談玄妙，偶於智慧、圓覺之旨超然冥悟，覺世網束縛一朝頓解，蟬蜕風塵之中，鶴舉埃霧之表。其參禪也，猶學仙也。衰懶之人，貪爲安逸，或久歷仕宦而興已闌，或中更憂患而心已灰，顧瞻六合，難可托足，惟有空王之門聊以解紛釋煩、忘憂蠲忿，遂不惜屏絶人事，面壁入山。其尋僧也，猶歸隱也。凶暴之人，恣睢半生，自知殺戮衆多，罪孽過重，獲罪於天，無可解免，一聞大雄氏所言地獄冥誅之慘、輪回果報之速，不能不悚然震動，爲之魂褫膽墮；又聞彼教中懺悔超度，别有免罪解冤之術，則不覺俯首帖耳、號呼乞援。其供佛也，猶贖罪也。庸鄙之人，至妄且愚，但知求福，罔擇所向，習聞誦經持咒可得保佑，并消苦厄，適觸其意之所甚貪，而不暇計及理之所難信。彼教髡徒，又崇飾土木，震蕩觀聽，金身之高丈二，羅漢之屬八百，庸夫愚婦、衰嫗孅兒，躋寺觀而神驚，睇獅象而目眩，真以爲極天下之大聖大神，至靈至感，將欲弭灾致福，舍是焉求？用是膜拜涕泗，如嬰孺之媚慈母。其佞佛也，猶祠鬼也。此四端者，賢愚貴賤，均所不免，而由前二端者，百無一二；由後二端者，十恒八九。然其惑亦甚矣，佛而不神，禱之無益也；佛而神也，則當福善禍淫，不敢自絶於天道，無故供養祈求，而冀其循私以庇我，是以贓吏視佛也，不敬孰甚焉！佛而無知，呼之不聞也，佛而有知，則彼生長天竺，應先加福於本國，必不肯背親而向疏也。今天竺國分而勢微，又爲英吉利所據。奉佛者無益，則佛之不預人事明矣。恝置其父母之邦，而勞勞焉注念於數萬里外無關痛癢之中國人，爲之維持而保護之，佛不如是僨也，其亦不思而已矣。

知止堂集卷九

文二 書

上督部祁公論粤東炮臺戰船書(时甫抵臬司任)

連日周歷水濱,閱視新設炮臺二十餘處。工程大抵鞏固,聲勢亦極聯絡。復詣軍功廠查驗新造大戰船,已、未完工共十餘隻,并有購自外洋之夾板船二隻,堅固高大,較舊師船頓爲改觀。此皆數年以來仰荷藎謨碩畫,指示周詳,而各官紳殫力竭財、踴躍用命,所以爲海疆計者至深且遠,非管蠡之見所能窺測。但以某悉心揣度,反覆於利弊之相因,與夫名實之不容假,竊有謬議以爲:粤東炮臺,患不在少而在多,戰船,患不在小而在大。乍言之似駭衆聽,熟思之未必無當萬一也。

炮臺以防奔突,而炮力所及又足以中敵船而碎之,是以守爲戰也。戰船以備衝擊,而遇有敵船而犯我炮臺,不難飛駛來援而夾攻其背,是以戰爲守也。二者相須爲用,缺一不可者也。粤東自防夷以來,慮彼乘虛登岸,則於外海內河,凡形勢扼要之處,均經設臺安炮,臺則大小不等,炮亦多寡不一,意在節節慎防,不予彼以可乘之隙,炮臺之多,蓋由於此。但試爲彼計,能必其分兵犯我各臺乎?抑合兵攻我一臺乎?能必其用正兵以犯我兵炮俱多之大臺乎?抑用奇兵以攻我兵炮俱少之小臺乎?夫我之兵必須分,而彼之兵可以合；彼之戰利用奇，我之守須用正。是彼以兵合而力厚，我以兵分而力單；彼以用奇而勢銳，我以用正而勢鈍。因分合而衆寡异形矣，因奇正而强弱异形矣，以衆攻寡，以强攻弱，而勝負异形矣。繇是小臺不守，則大臺爲之震動，一臺失利，則各臺不及應援。是彼以全力制我一臺，即以一臺牽我全臺，此勢所必至者也。夫處處設臺設兵設炮，將以制敵而不免爲敵所制，孰若於扼要適中之地，審度形勢，建一高固大臺，臺後建城，以作退步。城後添建兩子城，以作犄角，環列大炮數百於臺前及三城之上，而戍以精兵二千，統以大將一員。都守以下，按額選撥，糧餉器械，足備平時。則雄關屹立，有卧虎之威。猝值有警，敵船至，則開臺上之炮縱擊之；敵登岸，則開城上之炮横擊之；敵出我背，則開兩子城之炮狙擊之。力能敵則更番出戰，以逸制勞；不能敵則聯絡聲勢，且戰且守。弁兵既得輪替以養力，自無難鎮静以待援。於是乎調陸路之兵，以夾攻城下之賊；調水師之兵以環攻臺下之賊。如此則我之氣盛，敵之氣衰；我得勝勢，敵得敗勢。即不被擒，亦必潰走。添此一重門户，而金湯之固，無以逾焉。其間所争者，不過分合之機、多少之數而已。今各臺甫建，勢難議撤議改，惟當明乎臺多之不足恃，將勘定地基未建各臺工一律停止，亦核實省事之端也。

昔之與夷戰也不勝，則曰彼船大而我船小，故議者咸曰『宜造大船，以與之抗』。其説似已。不知人能用器，非器用人。夷人之所以雄於外洋者，匪直以其船也。蓋其立國以通商爲根本，欲通商必謀航海，欲航海必資堅固大船，而貨船須有兵船以護之。其番卒大都以海爲家，以船爲命。所有制造之精，金木之利，駕駛之靈，炮火之猛，傳之非一代，習之非一人，成之非一時一事，其由來甚漸，而致力亦難乎其難。今我之水師弁兵，不過按期出洋巡緝，事竣歸伍，非能以海爲家也。且往往視風濤爲畏途，甚至有收泊内港捏報出洋者，更非能以船爲命也。平時講求駕駛，不過米艇撈繒及拖風紅單而已，於夷船篷帆繂索之轉折取勢，外洋風雲沙綫之頃刻换形，非所素悉也。今一旦舍其所明，用其所昧，必須雇募靈便水手爲之教演，精細弁目爲之訓練，非旦夕所能取效也。且國家經費有常，弁兵口糧限於成額，絲毫不容溢支，又非若夷之寓兵於商，即取商船之贏餘，供兵船之用度，無須另籌也。且夫授干鏌於專諸，而靡擊弗斷者，有專諸然後可用干鏌也；以干鏌授庸夫而責以擊斷可乎？不若釋干鏌而弄鋤梃也。舁函鼎於孟賁，而靡重弗舉者，有孟賁然後可勝函鼎也；以函鼎舁孺子而望其舉重可乎？不若置函鼎而運瓴甓也。今不歸咎於兵之不精，而但諉過於船之不大，於是以不習之弁兵，有限之口糧，歲月之間，耳目之近，遽欲師數萬里外不傳之巧，期數十年後難必之效，多見其惑矣。

議者又欲專造大船，將舊額師船概行裁撤，尤非計也。夫防夷，一時之事耳；捕盜，則無時可置爲緩圖者也。今粵洋行劫之案屢見告矣，其人大都沿海奸民，或失業窮漁，相與嘯聚出没於鯨波鷺嶼之間，伺隙則突如其來，得贜則飄然竟去，較諸内地匪徒，踪迹尤爲倏忽，捕盜者必須如俊猫捕鼠之勢，出其不意，施以爪牙耳。若悉罷舊額師船，而專用新造大船，方其出洋也，配兵須多，口糧不免靡費；及其放洋也，非風不動，行駛頓形濡滯。幸而探有盜艅，鼓鋭往捕，而大船勢如山立，正正堂堂，十餘里外盜匪早經瞭見，於是以其魚拖、鰕笱、扒龍、快蟹等船，衝風破浪，瞬息遠揚。比大船踵至，業已四望無踪，不得不廢然而返。將欲收泰山壓卵之功，轉不免唐肆求馬之嘆，豈不惜哉！今已成之船，勢須配駕，已造之船，亦難中止。竊謂已估未造各船，均應停造。將來新增大船十餘隻，多配弁兵，交水師提督布置虎門附近，專備防夷。其舊額師船，仍由各營照例歲請修造，以便出海游巡，兼資捕盜。似此并行不廢，正自兩不相妨。然此第言有事時不適於用，猶未及於平時也。臺既多，船復大，則分配弁兵數必倍增，於是乎有鑄炮之費、有募兵之費，又有歲需、俸餉、修造、操演、犒賞以及油飾、燂洗各項，名目甚夥，既不能概取之捐輸，則籌款正復不易。況臺多則稽察必有未周，船大則配兵亦難足額，於是又有曠誤、頂替、虚冒諸弊，難以枚舉。若非將領得人，隨時認真整頓，竊恐十餘年後，未收一臺一船之用，而坐受多臺多船之累；　徒有多臺多船之名，仍未有一臺一船之實，此尤鰓鰓過慮，而不禁縷析陳之者也。　某受知素深，且承面諭，令其直抒所見，勿恤人言，不敢不披瀝肝鬲，用備芻蕘。幸恕其狂愚，俯賜涵納。

復劉玉坡督部論銀錢變通書

銀價日昂，固由於銀少，而不關乎錢多。　今欲揚錢而抑銀，勿論萬不能行，即使强束以法，務令銀與錢平，恐國計民生卒不能實有裨益。　樞密所議各條，本已幾經斟酌，且畫定成數，以銀錢搭配收放，於官於民，亦兩無所損。　但收放之款，均係以銀折錢，若定以官價，則無救於銀價之昂，而兵餉未免暗有減削。　若仍照時價，則長落靡常，出入兩有窒礙。　且既欲揚錢價以抑銀價，乃仍聽命於銀價之長落以爲錢價之低昂，則利權在市而不在官，於立法本意更覺剌謬。　至金幣之制，本禹貢三品之一，三代以前蓋嘗行之，太公立九府圜法，始制爲錢；　秦以金錢并用，而銀不列於幣。　故漢初乘凋敝之餘，但以黄金減十六兩爲鎰，縱民得自鑄錢，遂致粟紅貫朽之富。　其法總在少者增之使多，嚴者矯之以寬，故民以爲便而法易行。　迨法行民富，而國用自饒。　自武帝用銀幣、禁私錢，而文景富實之業寖以虚耗。　固由土木甲兵騷然煩費，亦緣其立法主於損下以益上也。　竊謂自古無百年不敝之法，歷代制用曰金、曰錢、曰銀、曰絹、曰鈔，大抵因時變通，而利弊亦紛然錯出。　雖有智者往往無以善其後。　今鈔法之難行，不待言已；　銀之日少，末如何已；　金之不多，亦可知已。　言者但知錢可抵銀，而欲有所低昂操縱其間，初不思官局鑄錢之弊，滇省運銅之艱，及銅課日形短縮之可慮，略無所區劃變通。　所謂不揣其本而齊其末，誠未見其有濟也。

復孔莘農廉訪論潮州會匪書（時任藩司）

接手函知：匪黨漸形瓦解，不至别釀事端，惟首惡驟難弋獲，兵勇數千留之無用，撤之無名，且恐一撤後匪膽復張，而久留又經費不繼，令人焦灼异常。

竊謂黄悟空既遁入蠻鄉，斷無捆送之望，而連日偵探，又確有踪迹，似其心不死。我兵一退，必將故智復萌，不可不早爲之所。舍堵截圍捕外，恐無善辦之法。至本案已獲各犯，萬不可從輕定擬。刑罰世輕世重，亂國宜用重典。法立知恩，寬猛相濟。子産論政，以火烈民畏爲喻，而宣尼既嘆爲『遺愛』，復稱爲『惠人』，其故可思。即如祁竹軒宫保於上年枷斃搶火匪犯十餘人，按律均屬過當，但從此火患大息，保全甚衆。而粤民之頌德政者至今勿衰，詎非以生道殺民哉！今潮俗之敝倍於廣州，會匪之凶甚於搶火，若不嚴加懲創，將恐法紀不肅，而奸頑亦漫不知儆。似應將林大眉等及各會首審録供辭，即先正法，既可以寒群匪之膽，亦可以作兵勇之氣、快紳民之心。時不可失，幸早圖之！

省河歲暮以來，盗賊公行，以致米船不能常川進口，糧價驟昂；而前山營弁胡銓來省請餉，竟在順德所屬河面被賊拒斃，大府深爲震怒。已飭水陸各營、南番等縣調派師船、快蟹二十餘隻，添雇紅單、拖風船十餘隻，分撥兵勇千餘名，上至潭州，下達佛山，於嘉平二十五日合力搜捕，現已報獲賊五十餘名，奪回匪艇十隻。不日即解省嚴訊，一面録供，一面正法，不稍停留，俾知儆懼。仍嚴飭各巡船弁目乘勢窮追，盡殲黨類。有此一番大舉，河道可冀稍安。上年廉洋捕盗蕆事以後，至今并無大夥匪船在洋游奕，亦無失事多案，此尤用寬不如用猛之明證。《書》不云乎：『威克厥愛，允濟；愛克厥威，允罔功。』敢爲執事敬誦斯言。

再復莘農廉訪論會匪書

頃承函示，具聆壹是：黄悟空不過一股會首，各股既未全聽指揮，似捕獲尚不大難；所慮者情急而作走海之計耳。此賊業經上達天聽，將來不得不以總會首定擬。本案雖不必遽照大逆，而謀叛已行之律必須援引。或竟將首要各犯比照大逆科斷，方爲平允。潮郡民情獷悍，不能不惕之以威。即以案情而論，鎮道拿獲兩匪徒，而群醜數千揭竿蜂起，環集叫噪，直至一放總役、一補馬糧始行散去。此其目中詎有王章？不謂之謀叛得乎！假若當時操之稍蹙，戕官據城直頃刻間事耳。至圍城一節，尤萬萬不可消弭。官獲匪而匪黨輒起奪犯，并直撲縣城，銃斃隊目，即屬謀反。幸防守尚嚴，救援旋至，不致有失。此不獨已獲之犯未可從輕，而爲首之人必應根究。若云辦理棘手，不妨照實聲叙，以該匪等恃衆揚言攻城，因兵勇奮力抵禦，始行潰散。似亦并無窒礙。若先行入告，殊可不必。城既未失，匪已有獲，且待定案時叙入奏牘，亦未爲晚。儻因獲犯無多，遽置圍城一節於不論，非徒迹類化大爲小，且亦太覺情重法輕。竊謂此案文武之探報固未盡確，而揭陽之兩次擾城、林大眉等之抗官格鬥，其情實等叛逆。此等亂民，似未可恕其愚蠢。執事爲萬家生佛，而僕乃作此激昂之論者，良以寬猛交濟、和而不同，故敢直獻其愚，幸垂覽焉。

與梁石泉觀察論韶州幫匪書

韶關爲粤東孔道，江西、湖南兩路商旅在所必經。若寇盗充斥，搶劫頻聞，必致道路爲梗。今欲廓清地方，當以查辦幫匪爲第一要務。匪等雖人數衆多，總有窑口爲之容留雇倩。故查辦幫匪，又以嚴禁窑口爲第一要務。窑口自韶關迄樂昌，多至四十餘處，閭胥差役受其陋規，暗相包庇，任其容留；幫匪搶劫滋事，而不一過問。故窑口益無忌憚，幫匪日聚日多，是嚴禁窑口又以地方官約束家丁書差、杜絶陋規爲第一要務。蒙於幫匪一事，日夜焦思，數年以來，未能得其要領。即前任屢經拿辦，亦迄無成效。上年秋間，有樂昌紳士聯遞公稟，於幫匪易聚難散，及窑口容留、書差包庇各情，言之極爲中肯。蒙深以爲然。即飛劄飭行，嚴密查辦，并飭署樂昌王令設法認真整頓。迨李月汀觀察赴韶，又向述一切，諄囑妥辦。復出示一千道張貼，各處曉諭禁止。自上年冬迄今年春，照此法詳查嚴禁，匪徒頓爲斂迹。遇有過嶺及下瀧來者，詢之皆云『河道一律安静』。方冀漸就條理，而不料其忽有蠢動也。各匪出没經由，向分水陸二路，陸路自白土起，至劉村壩止；中經司景等村墟一十七處。水路自樂昌虎口潭起，至宜章縣止；中經渡頭等口岸七處。而其來路則自清遠入英德，或坐東莞八角渡船，或坐清遠石馬船，炮械俱備，動輒肆搶。若能於上下數百里間聯絡營汛、糾約紳耆，詗其踪迹，速其探報，察其人數之多寡，來路之遠近，或預爲防範，不予以可乘之隙；或出其不意，嚴拿一二著名巨憝重辦，以懾其膽。而尤必時時查禁窑口，裁革陋規，以清其源。雖未能洗心革面，尚可冀其俯首帖耳，就我範圍。若不亟加整頓，誠恐其黨日多，其勢日横，送私（私即鴉片）不已，因而搶劫；搶劫不已，因而抗官。誅之既不勝誅，大兵又難輕動。即使動兵剿捕，而此等烏合之衆勢等流賊，兵至則四散，兵撤則復來，地方受其擾害，則民不聊生；商旅被其劫掠，則關税日絀。種種貽患，不堪設想。我等責有攸歸，能一夕安枕邪？

與永安令論開礦書

開礦一事，不佞非惟無絲毫自利之心，亦不甘爲言利之臣。誠以大農經費支絀，九重宵旰憂勞，臣子具有天良，凡有裨度支者，即宜講求籌畫，以冀稍補萬一。况天地自然之寶不容私之於民，必應歸之於官，是以一閲邱生禀呈，不覺怦然心動，竊計執事讀書明理，必當相與有成。曾經兩泐手函，期於查得實在，乃不謂仍蹈俗吏之爲，致令下懷失望也。

現已訪明，彼處自十月以後，産砂日旺，宄者日多，業經搭蓋蓬寮，鱗次雜遝，殺牛聚食，有如都市。執事於近日踏勘，始行焚拆。雖民夫星散，而基址宛然，燒痕可驗。乃來禀竟無一字提及，何相欺之甚耶！彼處民風醇樸，士子無多，有文生員賴昌奇者，曾與委員相見，并無紳衿均赴惠郡考試之説；且學使正值按試潮嘉，現届歲暮，紳衿何必先期赴郡？不佞私心揣測，此必幕中强作解事之人妄逞私臆，隱匿積年私宄真情，初欲以廢礲搪塞了局，并裝點輿情驚惶之狀，牽入有礙田廬、墳墓一語作爲張本，而以紳衿赴郡應試未及公商預留將來聯名具呈阻撓地步，實已如見肺肝。迨接到不佞二次函致，知銀已煉成，事難中止，始變易其辭，將新作塘礲口指出，而仍以山主屬之居民，以便將來高抬租價，設法把持，不待智者而始辨矣。不知此礦私宄已久，并非初開，儻紳士出而禀阻，必以有礙廬墓風水爲名。試問多年私宄，不關風水，一旦歸官開采，即云有礙，雖蘇張之口，能騁其辨乎！此具呈之紳士，即偷宄之奸民耳。若云山係民業，應憑山主議租，尤屬不知輕重。勿論官山不能屬之居民，縱使果係有税之山，而既産銀砂，即非民間所得私采，亦非山主所敢擅專。或酌給平等之租，或豁除應納之税，事甚易易。彼區區緣崖附穴之細民，敢與國家争此大利哉！

不佞所以爲此諄諄者，實已預度此事將來必有人出而饒舌，而深訝執事來禀均已早爲之地，竊不能不重有所疑。儻竟無此事，則是不佞之過慮，可以一筆勾銷；若千慮一得，或者不出所料，是執事始終不肯相待以誠，不佞亦未便輒甘緘默。公牘未盡之言，兹并及之。

與程晴峰漕帥論沙坦歸屯書

粤東籌辦屯田，於今六年矣。初繇竹軒宫保入曾肇、樊豐之言，慨然欲師趙充國，故不惜巨萬帑金，擬於虎門附近筑田募丁，以耕代守。是時，廉訪方督糧儲，宫保責令專司其事，值弟以奉使來粤，每聞廉訪周歷海濱，履畝踏勘，并於宫保前口講指畫，朝定一策，夕更一議，若收效近在目前，實則毫無把握。未幾，曾、樊二人劣迹敗露，弟旋由江蘇臬司調任此邦，躐膺藩篆，宫保若以廉訪未能獨了此事，屬弟爲之贊襄。弟知廉訪内爲劣幕所惑，外爲沙棍所持，幾有不能自主之勢，若悉反所爲，殊乖和衷之雅；儻隨同附和，又將有胥溺之憂。是以設法力辭，未敢輕置一喙。嗣廉訪亦知外間物議沸騰，鋭氣頓消，以此事行止云何虚懷下問，(當)[嘗]勸其將首報各案一律撤銷，但就虎門官筑屯田粗了此局。計此項屯田，止一百餘頃，歲入租息一萬餘兩。而圈筑工費共糜帑金一十四萬有奇，未免得不償費。此以前辦理之諸多棘手也。

迨閣下因善後各項無款可籌，復建溢坦歸屯、召佃輸租之議，弟初未與聞。洎蒙見示奏牘，於坦畝肥磽、租息科則均已言之鑿鑿。竊以各沙坦散在海濱洲渚之旁，隱匿於豪强奸猾之手，移丘换段，百弊叢生；西漲東坍，主名莫定，若以懸而揣之之田，遽議等而上之之租，誠恐事類摶沙、功同畫餅。不禁鰓鰓焉重以爲憂。適值大旆榮行，部符旋下，於原議章程一一照覆，惟限外他人出首，即以田歸出首之人一條，駁斥未准。弟私心竊計，以爲粤東連年辦理屯田，所以轇轕多端，迄無頭緒者，正坐刁頑沙棍陽托首報歸公之名，陰行侵占肥己之計，挾嫌則肆行誣訐，甚或指官作私；得賄則互相包庇，公然堅匿不首。馴致比閭大擾，獄訟紛煩。而阻耕搶割，械鬥凶殺，患且靡所底止。今部議雖於限外准人首報，而其田仍歸原墾之户，首報者別有酬勞，則沙棍無可覬覦，而墾户頓釋驚疑，似從此招徠，較易著手。乃撰爲簡明告示，照録原奉部議，刊印數千張，交委員携往香山、東莞、新會、新寧沙田最多之處，會同地方官，於城厢、市鎮，沿海大小村疃，徧行曉諭，一面確查報墾原案，傳到真正墾户，明白勸諭，俾曉然於隱匿之害、歸屯之利。至歷年争控不明之案，惟香山、東莞之大嶼、萬頃沙坦畝最多，已飭兩縣會同詳議，掃數歸屯。凡有便於民之事，一切與之通融，不復峻其文法，庶幾可望其源源首報，免生畏沮。遵照部議，由原墾之户承佃納租，如山積案，立予注銷，似已略有眉目。復經咨詢利弊，通盤徹底熟籌，竊以粤東沙田升科止征斥鹵税，科則甚輕，民户輸將殊屬易易。而往往匿不報升者，非有心漏税也，蓋由升科規費過重，每田一頃，動需五六百金。州縣官即不無染指，而上下各衙門書吏、門丁、幕友，又皆有例需之數。不遂所欲，則抵牾萬端，處處作梗。大約國賦所入，每畝不及分毫，而飽私槖者數逾什倍。小民憚於煩費，遂爾相率隱匿，以偷旦夕之安。積久相沿，牢不可破。今一旦沛然下令，易升科爲歸屯，以斥鹵之税而增收倍屣之租，於國至便也。民佃完租雖重，而省費實多，以每頃五六百金計之，積至十頃、百頃，爲數尤巨。若就所省之銀按年一分起息，即足以完納屯租而有餘；而從此化私爲官，永成世業，於民尤便也。惟是不肖官吏失其利藪，未免群相觖望；州縣則明爲勸率，暗事把持，而奸胥劣幕串通一氣，假公濟私，遇有報歸之案，往往牽引升科之例，吹垢索瘢，横加苛駁，必欲阻遏停擱而後已。因而委員無以取信於墾户，遂致始而踴躍，繼而遲疑，靡所適從，卒成觀望。此尤緊要關鍵，不可稍予以可乘之隙者。現與委員約：凡有墾户遵示首報，勘明定案，一經具禀，立予批准，總不稽留片刻，亦不駁回一件。一面嚴諭本署書吏，敢有牽引升科舊例，挑剔歸屯新案者，以舞弊論，立予責革。如此明定準繩，務期絶壅蔽之端，拔阻撓之本，但期於事有濟，無嫌作法於凉。綜計數月以來，報歸之田約有十萬餘畝，現在陸續出首者尚不乏人，將來全案完竣，或可積至二十萬畝之數。圈筑不費官家一錢，而每年坐收十萬租息，十年遞增，數且加倍於公帑，大有裨益。此皆仰賴藎謨碩畫，創設宏規，而弟得以竭蹶步趨，不自料其漸底於成者也。知關廑念，用敢縷陳，尚希有以教之，幸甚望甚！

與閣部者公論浦國仁案奉部駁書（時公方閱伍桂林）

軍臺廢員浦國仁篤疾收贖，當時驗報題請，均係晴峰中丞任内之事，某并未與聞。迨上年夏間，接奉刑部咨復，知本案業經照議具題，奉旨允准。嗣接兵部來咨，又令具奏。某因奉旨在先，斷無據部文再奏之理，是以未經照辦。至本年五月，兵部復以此案改奏爲題種種錯誤，奏請飭查。某於前任之事，無所用其迴護，亦不知浦國仁係誰何之人，第詳閱兵部鈔行原奏，顯係未諳定律，誤以贖罪之條駁收贖之案，所云『官犯贖罪，必應具奏』之處，亦與現奉新例大相徑庭。夫律例者，本朝大法，斷不容以一時之喜怒意爲重輕。況今堯舜在上，欽恤惟明，某何敢遽於法外加嚴，曲循貴臣之意！當經剖析律義，援據例條，繕摺具奏，仍請交部再議，用昭詳慎。本期各抒所見，未嘗顯斥彼非也。不料頃接部文，此案大遭奏駁，概置定律、定例於不議，一味吹垢索瘢，横加攻擊，非徒裂眦戟手，直將撫劍關弓，殊出意外。

竊謂此案種種錯誤皆在内部，不在外省。軍臺廢員例由兵部主政。乃曾不會議會稿，輒即自行題覆，此刑部之錯誤也。收贖之與贖罪，判不相蒙，乃但引贖罪之例；而於收贖定律若罔聞知，此尤兵部之大錯大誤也。軍臺廢員隸兵部，各項官犯隸刑部，雖所隸不同，其爲有罪一也。今刑部新例，官犯贖罪業經改咨，而兵部仍執舊例，以爲必應具奏，事涉兩歧。若刑部於定例時，漏未知照兵部畫一辦理，則錯在刑部；儻刑部久經知照，而兵部固執己見，自分畛域，則誤在兵部。此又兩部之必有一錯、必有一誤者也。

軍臺效力，與徒罪等耳。檢查歷辦成案，有由革職發往者，有由徒罪發往者，故定限不過三年，即行釋回。儻不能完繳臺費，則仍改滿徒，其爲徒罪明甚。乃軍流常犯，均准收贖，而徒罪官犯，不准收贖，有是法乎？内地徒罪官犯，并無公項可繳，尚准收贖；軍臺官犯已繳臺費一千六百餘兩之多，反不准收贖，有是理乎？内地徒罪不過拘役而已，軍臺則出口戍邊者也，内地與口外有夷險之殊，拘役與戍邊更有難易之别，今内地廢疾之官犯尚得免於拘役，而軍臺篤疾之官犯必欲迫以戍邊，有是情乎！凡此皆平心静按而灼然可見其是非之所在者。無如部臣護前過甚，成見太深，方謂某適蹈其瑕，群懷憤嫉。若再行奏辦，迹類反唇，不惟煩瀆聖聽，且外吏屢與廷臣争論是非，亦乖政體。現已一切聽彼指麾，飭令浦國仁扶病就道，荷戈遠戍，并以百王相傳欽恤令典，不能行於祥刑寬大之朝，必有執其咎者矣。兹將全案録呈清覽，諸希電核。及折臂之翁垂死長征，慘於無家之别。

復劉玉坡督部論厦門夷情書

接讀函示，如聆教言。所定厦門條約，簡明允當，不勝佩服。夷目記里布種種詐虞，直同無賴。惟與此輩异類共事，不得不付之包荒。且彼業經撤退，事不果行，而鼓浪嶼未便移居，經介春宫保兩番照會，正言拒絶，璞酋亦未再有瀆求，似不致輕聽記夷之言，自爽成約。粤東此等播弄唇舌之件，日有所聞，當時則必與争，過後則不必較。夷性躁而多疑，急之其意愈堅，緩之其情易移，至其措辭之失當，屬文之不通，乃由鄙陋所致，不值一哂，更有無足與深辨者。緣彼雖有人粗識漢文字義而未能透徹，且璞酋又不通中國字話，每逢接到我之照會，一經譒成夷字，於公文本義十不得五，且有大相矛盾者，此多行文不如少行文之爲省事也。

冰案現行之件，晴峰中丞初擬照録行知，繼因璞酋不日回國，記夷亦不日更换，且介春宫保接准大咨，自必轉行照會，勿庸由粤再爲飭諭，以歸簡易，并免參差，已備公牘奉復矣。

李太郭在夷目中最爲安静，在粤循分守法，并不妄爲，若移往厦門，可期省事。但廣埠新領事黎里哈尚無到粤確信，須俟交卸後，方可赴閩。厦門貿易初開，夷貨未能暢銷，似止可虚與羈縻，不必實與招徠。夷商唯利是趨，尤視茶葉爲至寶，其所以亟欲受廛厦門者，以距武夷山較近也。如果厦門茶販雲集，必將群焉相率舍粤就閩，未免大煩措置。且以四面環海之區，舟楫處處可通，而大帥駐節省垣，未免鞭長莫及，竊恐偷漏更難杜絶。不若商販稀少，銷路狹滯，彼無利可圖，則趨粤者多，就閩者寡，豈不諸多省便？至税課之衰旺，此有所絀即彼有所贏，綜五口而計之，亦復無所加損。管見如是，未稔閣下以爲何如？

米夷近有使臣到粤，初欲駛赴天津，籲請朝見，意頗膠執。屢經開導阻止，始肯在澳静候諭旨。現經奉有綸音，勿許北上。介春宫保又指日莅臨，自當有所繫屬，不至輕舉妄動。惟撫局甫定，諸夷未免希冀請求，縱之則玩，操之則怨，正不知費幾許周折方可就範耳。

復劉玉坡督部論米夷情僞書

米酋在粤情形，弟前信略爲述及，此間業經四次陳奏，均經抄録奏牘，飛咨冰案，當已次第得達。此酋航海遠來，名爲觀光上國，實則夸耀英夷。而佛蘭西亦有人在此窺探動静，欲行踵效。若米夷北上之請事可中止，則佛夷亦不至藉口生端。至其欲行商定之善後條約，據云載在國長璽書，不肯遽行吐露。但上年有米夷自陳明習天文，欲進京學習當差，仍循大西洋故事。經竹軒宫保批斥不准。而現在夷醫伯駕由澳致書潘德畬都轉，詢問中國先年與俄羅斯所定條約，業以查無案據回覆。揣測夷情，總有大西洋、俄羅斯兩國成案在其意中，將來開送條款，恐未免越分請求。但米國以貿易爲本務，現已與英夷一體渥被新恩，似格外之事尚不難婉爲覆絶。

查核此酋歷次來文，均稱不敢效英夷之所爲，并云：「其國先賢曾留遺訓：不加兵他國，不占據他國土地。」似另索馬頭，重啓邊衅之處，尚無可慮。惟已越十萬里重洋遠來中國，既勞且費，若求無一遂，未必遽肯回帆耳。

與徐松龕中丞論西洋諸夷書（中丞方著《瀛環志略》）

門下以伏波聚米之才，爲博望鑿空之舉，俾重溟數萬里外，運諸指掌而列之几席，洵爲快絶。此書一出，不惟《職方外紀》《荒外奇書》等作可以付之一炬，即西洋人所譯地理諸圖，亦俱可束之高閣矣。

魏默深學博而不精，所著《海國圖志》，搜羅亦頗費力，但於外國輿圖未能有所依據，其見於列代正史者似亦尚有遺漏，即如其書以歐邏巴諸國爲大秦，實本蔚宗之書，而於孟堅《地理志》所稱『自日南鄣塞，船行可五月，有都元國。又船行可四月，有邑盧没國。又船行可二十餘日，有諶離國。步行可十餘日，有夫日都盧國。又船行可二月，有黄支國，民俗與珠崖相類。自黄支船行可八月到皮宗。船行可二月到日南、象林界。黄支之南有已程不國。漢之譯使自此還矣』。凡此皆南洋海外諸夷，西漢已通使貢獻，雖其國名與近日懸殊，無從考證，然亦不宜概置弗録，僅據范《書》而遺班《志》也。惟其辨控喀爾之烏有，殊爲有識，而於緬甸、越南、俄羅斯、日本諸國，均能考其幅員之廣狹，其餘徵引繁富，多有駁辨，亦足以廣异聞。

弟於校刊《讀史漫録》，曾附《論西洋諸夷》一則，亦約略於漢唐之史以大秦爲歐邏巴諸國，而揣其通中國有二道：一由安息達西域，故定遠遣掾甘英通大秦，抵條支，臨海欲渡，聞安息西界人言渡海之難而中止，而大秦欲通中國，亦爲安息所遮閡而不得達。一由天竺達日南，延熹九年，大秦王安敦遣使自日南徼外獻象牙、犀角、瑇瑁是也。又以爲通市始於唐初，據《唐書・西域傳》贊：『開元盛時，税西域商胡以供四鎮』及李勉、盧奐諸傳，均及崑崙市舶爲證。但亦係臆度之論。《馬援傳》載耿舒之言曰：『伏波類西域賈胡，到一處輒止。』是東漢時已有西域賈胡。但崑崙地在南洋，屢見海書，則唐時所云崑崙市舶者，尚不過爪哇、浡泥之類，未必即今之紅毛諸番也。又據杜（還）［環］《經行記》，而以拂林爲佛蘭西，第即其顔色、衣飾、飲食、物産爲斷，恐亦未確。但以既有此論，未即割弃，付諸妄言妄聽之例而已。若得快讀大著，當昭然若發矇也。

竊謂唐宋以來與中國互市者，名爲西域崑崙，實則爪哇諸島夷耳，否則印度各國耳。迨荷蘭據葛喇巴，是班牙據瑪尼喇，意大里亞據澳門，荷蘭并據臺灣，乃漸有他族逼處之勢。厥后鄭氏取臺灣於荷蘭，本朝復取諸鄭氏，已列爲郡縣，歸我版圖。而英吉利據新嘉坡，近又受廛香港，其氣益張，其聲勢亦頗聯絡，非復從前懸隔殊域者可比。且英夷以印度爲屬國，則北之本若、加治弭爾與西藏爲鄰，南之孟加喇、孟米去滇南不遠，其可以與中國通者，又不止粤東一處矣。

自來紀西番風土者，莫先於杜（還）［環］《經行記》。其人雖不知何代，但鄭氏《通志》已引之，則宋以前人可知。惜其書不可復得。次則明費信《星槎勝覽》，蓋鄭和屢至西番，信實在隨行之列。其序自言前後在彼二十餘年，所記自較謝清高《海録》爲詳。且其人學識亦非清高所能及。近於《學海類編》中得其刻本，所載悉南洋諸夷，正門下所亟欲考訂者，兹倩書手繕録一册，附請采覽。但原刻校勘未精，恐有豕亥之訛，其大指固粲若列眉也。弟爲公事所羈，不獲趨侍高軒，充掃葉之役，但望成書後，速賜一二部，庶先睹爲快耳。

近日英夷郭實拉撰《西洋地理志》一書，殊嫌猥雜，遠不及瑪基士書之明晰。而文煩事增，亦足供外史之采。此間有人將付剞劂，俟續爲郵致。彼人不解著書體例，殊無當于大雅，但以夷人言夷事，自當十得八九，又悉以漢文出之，省却翻譯之勞，亦自便於檢閱，似亦博物君子所不廢也。

閩中民夷和輯，粤東幸亦無事，惟貿易大不如前，中外商賈均多虧折，税課頓減。德酋性氣囂張，不爲夷商所悦服，回國時踽踽獨行，并無一夷送别，幾有瓦礫相餞之意。新來之酋本名巴林，在新嘉坡管事多年，來中國後更名文翰，到港數月，似尚安静。仲翁於三月二十六日在虎門與之會晤，亦絶無干求。或當少异乎德酋之所爲，但狼子野心，究屬叵測。而新换領事焉嗜利，則素非安分之徒，近爲小事，輒即嘵嘵，蛙鳴聒耳，猶幸不到幽谷，亦一快也。

弟自遭先兄之變，萬念灰冷，亟思歸去，而介老苦留不放，幸其述職北行，冀可藉此息肩，乃復奉留粤之命，并傳旨敦勉，所以策勵之者甚至，繇是不敢言歸。辰下公事甚簡，一切多不與聞，止有瀏覽文史以消永晝。粗官二十年，重理素業，亦不可多得之樂。但雙親華皓，遠宦炎陬，不爲避風之爰居，而爲銜石之精衛，正未悉税駕何時，殊增惆悵耳。

與江翊雲給諫論粤東民夷書

粤東民夷漸次相安，一切實在情形，節相均已入告。數月以來，夷商僅以重價租得十三行附近市房六間，黄埔河山荒地六畝，竟可從此罷休。聞之者必以此事結束甚小，不值一辨，而此間千回百折，直至心力俱疲，殊可笑也。

粤民如果真與夷爲仇，制之甚易。夷來中國，爲貿易計耳，一切皆仰給於内民，如果衆心堅一，但能不與交易，而通事、買辦、麻占、沙文、艇户、挑夫，及販賣食物之細民，一皆絶夷而勿與通，不出三日，不煩一兵，而夷已坐困矣。今貪其利者如蟻附羶，甚且爲之腹心耳目，夷之憑恃甚固。而一二粗通文墨、不安本分、不曉事體，不知誰何之人，徒欲假忠義之名，自快一時之筆舌，今日標紅單，明日出白帖，刊刻張貼，欲以空言攝黠虜之心，不知區區伎倆，早被他族窺破，揚之則雄兵百萬，按之實烏有先生，何益之有哉！

嘗謂粤東民夷，猶冰炭也，相愛而相忌，無冰則炭不登於爐，無炭則冰不結於池，而及其相遇，則暴怒而不相入。粤之所以富甲諸省者，爲通商也，實通洋也，即通夷也。此數十百萬之衆，攘攘而來，不過爲此赤髮緑睛之數百怪物有寳可探耳。今勿論我閉關絶市，即使彼忽然斂舶而去，羊城無業之若干萬人從何安頓哉？此亦不可相無之二物，偶有交涉，動輒相争而不相下，與冰炭何异乎？其尤難者，上海等口開港以來，官民待夷本寬，俱如其意以去。惟粤東因舊制之難改，幾致新章之不行，在夷則援各口以爲例，而怨粤相待之薄；在民又執舊例以爲辭，而怪官待夷之厚。任其事者將何法以調停邪？蒙在粤多年，頗悉情僞，輒爲執事一傾吐之。

與許冰蕖觀察論英夷進城不難阻止書

花田判袂，不勝依依，庾嶺梅開，行將北度矣。三宿戀桑，矧七年啖荔邪？回首南雲，曷禁悵惘！

英夷進城之約，期在明春，當事重以爲憂，蒙竊謂勿庸過慮。夷之來粤，爲貿易耳。進城與否，本非所急。故璞酋在江南固請進城，而在粤東則甫一提及，旋置不議。迨李太郭有租住烏石山之事，蒙即預料在粤諸夷必有煩言，未幾而馬額莪重以爲請矣。德酋性本乖張，又復好勝。通商善後一切事宜，均經璞酋啓請中國大臣，明定章程，畫一遵守。德酋無可見長：彼知英商之甚欲一旦進粵城也，故力主此議，屢有嘵瀆。冀以見好英商，夸耀諸夷。意謂邁越璞酋，在此一舉。洎空言無益，則借舟山以爲要挾，期在必得。嗣經蒙商同閣部，持以鎮静，不爲所摇，直至半年之久，始肯轉而就範。自是舟山收復，夷情大定，卒未能跨進五羊一步。前年七月，突有夷人闌入太平門，即被市人捶之幾斃，賴廣協余副戎派兵護回，而德酋及領事皆噤等寒蟬，不置一喙。是其進城之念，實已冰消灰冷。不意此後城外河邊行走之夷人，每被民人驅逐，由領事具報者不一而足。地方官屢經禁止，而此風日甚一日。德酋以爲粵民欺其無能，故加淩藉，又疑地方官利民仇夷，陽禁之而陰縱之，是以忿不能平。遂於上年春間，突以兵船進口，欲相報復。及見粵民聚散靡常，主名不立，無從肆其荼毒，而主客之形、衆寡之勢，勝負亦正未可必，無可如何，仍歸於進城之一説，將就了局。其所以約期二年者，誠有見於『衆怒難犯，專欲難成』，但不欲以脱免之真情，盡殺其怒蛙之餘勢。自度年半以後，即應瓜代回國。比届二年之期，早有他酋來粵。能進城乎，伊仍居建議之功；不能乎，則他酋代蒙恇怯之誚。此其詭詐取巧，如見肺肝者也。

現在文酋早到香港，其人似尚安静，較諸德酋，此善於彼。但明春即届進城之期，亦必不肯遽捐成約，將來未免又有一番喧擾。而蒙以爲無足慮者，實於此事籌之已熟，知其萬萬不能出我彀中也。英夷之於貿易，不啻性命，數年前兵端之開，由於絶市，而就撫之局定於通商。今進城與否，於貿易無增損也，直蛇足耳。萬一届期夷性難馴，紛紜莫決，但當密諭城外各華商，一律閉廛罷市。仍間語英商曰：『我輩所以與爾交易者，以彼此有利也。爾等渡七萬里重洋，運貨求售，殊甚勞苦，我輩亦多外省之人，涉江湖，越嶺嶠，携重貲，身家性命均攸繫焉。豈敢輕於一擲，而不知愛惜哉！今爾之公使，專欲進城，游覽都市，拜見官長，以爲光榮，置貿易於膜外。粵民强悍，必啓争端，釁隙一開，市廛大擾，損貲虧本，所喪實多。爾等禍由自取，無所悔恨，我輩何爲坐受連累？惟有捆載一切，各歸故土，另作他圖。不欲羈旅此邦，於壁上觀鬥。』一面遍語各國夷商曰：『我輩所以不敢交易者，慮受英商之累也。既避英商，不能不并爾各國之商一概謝絶。統俟事平，再申前好。此時惟有付之浩嘆。』又密遣沙文、麻占等，私語英商及各國夷商，以華商罷市，伊等無可經營，現擬散去。如此鼓動其間，而夷情不轉者，未之有也。

計此時夷酋必鳴之於官曰：『進城自進城，貿易自貿易，華商因進城而阻貿易，是違約也。』官應之曰：『昔之洋行，官商也，官得而鈐束之。今之華商，民商也，官不得而調遣之。前於萬年和約内載明：「裁撤官行，聽英商與華商任便交易，官不過問。」交易既須任便，則不交易亦須任便，官何從過問乎？非違約也。』至此而夷之口鬨矣，進城之説必中止矣。凡此一切操縱機宜，蒙瀕行已白諸當事，但緩急之際，間不容髮，稍有泄漏，便滋他虞，執事思慮精密，必能了此，可與紫垣郎中及早圖之。

知止堂集卷十

文三　序上

《寧陽縣志·秩官表》序

古者衆建親賢以分理宇内，大不逾一同，小不逮五成，其地不敵今一大縣。而其中君、卿、大夫、士，所以撫兹民而治者，如彼其衆也。秦承六國之敝，罷侯置守，始變封建爲郡縣。二漢因之，於是以郡統縣。縣之户大抵以萬計而增損之，各設爲令、長、丞、尉以撫治之。蓋其地不減古侯伯，而治之人則什不逮一焉。立法之初，去古未遠，節目疏闊，猶有封建遺意，故吏治最爲近古。魏晋以降，雖經制屢更，要之不離漢法。洎唐中葉，天下外重内輕，浸以釀成藩鎮之禍，五季踵之，而太阿之柄益以倒持。受命之君例以節度使攘取神器，此又郡縣之極敝、窮而必變者也。宋之太祖太宗鑒及於此，於是命諸州長吏，擇本道精兵内充禁旅，又命諸州除經費外一切金帛悉送汴都，無得占留。蓋先奪其兵與財，又令江淮雄郡毁城隍、撤武備，破其負固之資，乃至長令之職皆以京朝官員爲之。蓋重懲乎尾大之失，强幹弱枝，矯枉過直，而郡縣之法至是又一大變。歷元而明，相率因仍，未之有改。

我朝膺圖定鼎，掃除更張，凡明季横歛苛法，立予蕩滌，惟内外官制悉循其舊。故今之縣令以下各官，名爲漢制，實宋法也。論者謂秦廢封建，以孤立而亡；宋改郡縣，以權輕而弱。至欲崇令長之秩，復世官之制，以爲寓封建之意於郡縣之中。不知自古有治人無治法，法有利有害，道一張一弛，先聖後聖，殊途同軌。我朝之御郡縣，不必大變前朝之法，乃行之二百年來，吏勤其職，民安其業，公庭著懸魚之節，比閭鮮狗吠之警。表端則景直，風行則草偃，得人斯治，有繇然也。

夫九有者，一縣之積也。國家方制萬里，海外有截，析而計之，則爲一千三百有二縣，而一縣又百縣之例也。寧陽蕞爾邑，置諸一千三百有二縣中，奚翅黑子著面，而其中令、丞、簿、尉、學官，以長以貳，撫兹土而治其民，則無以异也。因輯秩官表而追論古今郡縣建置异同之故，并著於篇，俾覽者有考焉。

《寧陽縣志·人物傳》序

鄒魯乃聖賢桑梓之邦，其門弟子各以師説教授鄉里，論者以爲文學出於天性。寧陽去孔孟之居百里而近，流芬餘潤沾溉未泯，故在兩漢則有若大小夏侯、王章、二鄭、二戴，咸以經術致高位、著風節，名重當世。而二劉祖孫，亦各斐然以文章顯，蓋其由來遠矣。自典午南渡，故家遺民大半相隨過江，洎淮北陷失，一淪於石勒，再入於拓跋，南北兵交，必争徐、兖，鄉校變而戰場，方幅化爲傖楚。弦誦遺風，不絶如綫，時則僅有泰山羊氏，號稱冠族，名賢輩出。此外寂無聞焉。雖以唐宋盛時之休養生息，卒無以復兩漢風俗之美，故人才爲之頓衰，此亦古今大得失之林也。靖康之變，復入於金，迭更兵燹，版圖割裂，迄元而僅餘八社，若存若亡。明初土宇漸拓，士習漸復，於是王、許、二吴諸公，各以碩猷名德後先相望。此外，掇巍科、通朝籍者，濟濟如林。我朝定鼎之初，寧以吏治，周以文學，朱、劉以武功，一時稱盛。二百年來，涵濡教澤，其士大夫以名節相高，其父兄教子弟皆知勉之以學，故科第蟬聯。庶幾前代山川之靈，磅礴鬱積，久而必發，安見後之人才不如古所云哉！

舊志《人物傳》分門别類，殊失煩碎，而其人之顯晦、事之細大，亦雜出不倫，叙次尤顯陋略。今依史例，首列歷代名臣，其餘則各以類從。并補其闕漏，汰其猥鄙，著於篇。

重校宋《文信國公全集》後序

宋丞相信國公文文山先生，峥嶸大節，震耀千古，擔夫漿叟靡然交稱，事久論定，無可贅一辭者。憶余自垂髫入家塾，即喜讀《正氣歌》；稍長，覽《宋史》本傳，於公出處始終粗窺崖略。方隅寡陋，每以未獲讀公全集爲憾。迨通籍後，吏事敦迫，馳征南朔，間於坊肆中求之，迄無所得。乙巳冬，公裔孫叔來刺史始出其家藏本，重鋟於羊城。殺青既竟，授余卒讀，如臨雪窖、躡冰崖，心目蕩駭，百體寒栗；又如巨浸拍天，瞥見白髮狂夫亂流竟渡，三峽霧雨中森森晝晦，聽杜鵑啼血、哀猿清嘯，不禁肝腸摧裂，涕泗闌干數行下也。

按：公所著有《文山隨筆》數十大册，自罹國變，蕩爲冷風。是集所哀録著，泰山一毫芒耳。又半出劫灰磷火之餘，魯魚帝虎，錯雜間出，未爲完本。但末學之兢兢於是集者，豈徒以其文哉！昔賢往矣，後之人不獲摳衣唯喏，奉清塵，希末光，往往於手澤所留薄物細故，如一琴一硯，靡不什襲寶藏，珍若球璧；下至斷縑零幅、殘文剩句，猶且爲之掇拾補綴，冀存什一於千百。況此集十五卷中，平生之論撰，患難中之記録，陳善閉邪，匡君救國，悽悽之誠，蹈義全仁，致命遂志；蹇蹇之節，堂皇森列，本末備具。誦其詩、讀其書、知其人，舍此何由哉！《出師表》可以教忠，《陳情表》可以教孝，讀公是集，忠孝之心當油然生矣。

曩閲《宋史》本傳，載公在元朝，有『願黄冠歸故鄉，以方外備顧問』數語，竊疑爲傳聞紀載之訛。夫公之義，與國存亡耳。國既亡矣，身何存焉？碧血縈縈留照燕市而已。詎可於數百年後留此一重未明公案，以點公之節而傷公之心哉！及觀家半溪刺史《考辨》一則，力爲糾正，固先得我心者矣。

是集刊本初出，微有訛舛，爰偕吴少村明府讎校三過，酌加釐定，疑者闕焉。

重刻于文定公《讀史漫録》序

東阿于文定公生於前明中葉，學冠北方，立朝粹然無瑕纇。生平著作，如《筆塵》《文集》諸書，皆鋟版行世，而流傳絶少。余家負汶而居，去公穀山舊宅百里而近，少時即聞公有《讀史漫録》，顧未之見也。道光丙午，與傅秋屏方伯共事羊城，乃搜行篋中舊本授余卒讀，竊喜其往往先得我心。獨惜原刻校讎未精，間有訛脱漫漶，每思爲之重刻。會余門人彭蘭畹孝廉從桂林來，亦喜是書，願襄厥事。乃於公餘詳加校閲，參稽諸史，訛者正之，脱者補之，應注者注之，疑者闕之，間有管見所及，輒爲論述，附綴各條下，務與原書互相發明，不敢苟爲同異。凡六閲月而書成，質之秋屏及同事諸君子，尚不以僭妄見譏。爰授之梓，而以詹言弁諸簡端。

竊維史者，古人之事也，而意存焉。論事不如論意，而意必即事以求之。不核其意，但鰓鰓焉鉤考於名物、字畫、音訓之間，其失也瑣。不審其事，徒爲懸揣臆斷，欲於千載下忖度千載上之人之用心，其失也鑿。捃摭陳言，稗販舊説，連篇累牘，無异塵飯土羹，其失也膚。甚或混淆可否，顛倒是非，屈千古之公評，就一己之謬見，不顧理之難安，但冀説之得逞，其失也肆。抵觸昔賢，鍛煉周内，善善從其短，惡惡從其長，戈戟騰於吻頰，霜雹集於毫素，其失也賊。歷觀自古論史諸書，汗牛充棟，律以五失，罕見得免者，而惟明人爲尤甚。如唐順之所作《漢晋解疑》，謂紀信之代死爲不足訓，漢高之斬丁公爲背恩；秦檜有息民之功，故得善終；馮道和藹温柔，故有『長樂老』之榮。又如王志堅所作《讀史商語》，謂謝靈運可比陶潛，李林甫在安禄山必不敢叛，王叔文有功無罪，凡此之類，尤紕繆之最著者也。

文定是書，務在即事以論古人之意，考證間有疏略，持論務歸平允。不惟無明人横議悖理之失，亦不蹈著作家好爲高論、務伸己説之弊。其大指在究治忽之原，辨邪正之微，崇寬大之治，絶刻核之端，進廉讓之節，黜貪競之風，而於恬侈盈滿之戒，尤三致意焉。觀明中葉之由盛而衰，方知是書之非空言；觀公生平之難進易退，方知是書之非苟作。至其立言簡而不失之晦，辨而不失之激，深識者觸類以旁通，淺學者明白而易曉，蓋不徒以一己衡古人之是非，實欲藉古人垂後人之法戒。昔吾有先正，其言明且清，讀公是書，如聆謦欬矣。

考是書内府舊有藏本，《四庫全書總目》稱其無甚乖舛，亦無所闡發，故第存其目，而未録其書。當時編纂諸臣去取精審，自必確有所見。夫博觀約取，以備一代之典章，大君子之盛業也；抱殘守缺，以存昔賢之著述，鄉後學之私淑也。國初益都孫文定公所著《漢史億》二卷，多與公是書議論相同，自序謂『與之暗合』，齊魯之儒，淵源固有自矣。

《寶安詩正》序

山川秀杰之氣鐘於人，爲卓犖奇偉純篤淵静之士；偶因磅礴鬱積發泄於不容已，則爲文章。夫文亦多塗矣，鴻篇大作藻繪宇宙，名家巨儒且難之；其有緣情而發，觸物斯作，躍然以忻，愀然以悲，自寫其喜怒哀樂，而習尚之貞淫奢儉，政教之得失善敗，胥於是乎端倪。此古者所以有輶軒之采、太史之陳，而尼山删訂，首取乎十五國之風。君子居是邦，將欲考人心風俗，必先觀其所爲詩，亦猶行古之道也。

東粤環瀛帶嶠，東莞一邑，實居大海之濱；虎門綫溜，直接南溟蓮華。諸峰笋怒戟張，秀出雲際，其士多重意氣、植節概，代有傳人，史不絶書。以詩鳴者，於宋有何文季、李春叟、趙東山，於明有何潛淵、陳靖吉、陳連。此外高吟抗厲，争思拔鯨牙而酌天漿，我朝文教覃敷越二百年，熏陶濡染，更唱迭和，大小雅材殆難枚數，亦其風氣然也。邑先達陳、祁兩先生，舊有《寶安詩録》前後二選，歲久失傳。鄧徵君粹如廣搜博訪，彙迄今鄉先生遺詩之猶存者，上自薦紳，下逮韋布，旁及閨媛、方外、仙鬼，共得六百餘家，分爲六十卷。依朱竹垞《明詩綜》之例，於作者年代、事實録存梗概，以爲知人論世之徵。書成，命曰《寶安詩正》，乞余一言弁諸簡端。會余解組多暇，乃取全秩略加讎校，正其訛舛，闕其疑似，并爲之序而歸之。

夫詩亦未易言矣。三百篇自周、召、吉甫、奚斯而外，作者多不傳，其間或有勞人思婦之謳吟、狡童游女之贈答，本無意於爲詩，而聖門尊之，列於六經。自漢以降，能者競起，其人多名公巨卿，姓氏表表可紀，乃鐘記室取諸家詩第爲三品，而擬之以［技］，殆均博弈。其記室之識不足以明詩教邪？抑漢以後之詩有异乎三百篇所云邪？厥后詩有專體，體有專家，家有專集，自郊廟朝廷以及登覽酬唱，下迨蟲魚花木之微，靡弗耗精竭神，窮妍盡變，而雕鎪愈工，去古愈遠，風雅之道，渺不可復。古人不言詩而詩存，後人好言詩而詩亡。勞人思婦、狡童游女偶爲詩而足以感人，名公巨卿、專體專家屢爲詩而不足以動物，非詩不若也，所以爲詩者不逮也。今徵君輯是編而命曰《詩正》，其自叙闡明詩教，厥指甚閎，殆將有進於詩者。正詩教以正人心，正人心以正風俗，轉醨爲醇，革薄從忠，温柔敦厚，將於莞之士民望之，又豈徒網羅散失，表章昔賢，有功於桑梓之文獻也哉！

《梓里文存》序

自古國家戡亂以武，飾治以文，張弛互施，柔剛叠用，其揆一也。我朝以神武定天下，造攻之初，於爍桓撥時，則有熊羆之士、不二心之臣宣播威棱，蕩滌瑕穢，招摇首塗，陸讋水慄；其於章句之學，帖括之業，匪直弗暇，亦弗屑也。洎夫皇圖肇建，寰海鏡清，大聖人於是投戈講藝，息馬論道，既恢天網以羅八紘雄俊通博遺佚淹滯之士，復取宗室八旗子弟，遴英選雋，登諸太學，試之春官，一時懷鉛握槧，抽毫吮墨，踐棘院、翱木天者，鱗集響臻，賓賓稱盛。二百年來重光奠麗，冠帶之倫靡弗涵泳聖涯，金聲玉潤，而從龍貴胄，環衛京輦，依日月之光，仰星雲之爛，和聲鳴盛，如鼓應桴，抱荆璞、握靈蛇，坱圠輪囷，項背相望。周作大雅，必屬丰鎬之民，漢立經師，實先鄒魯之士。化雨所濡，自近者始，其地勢使然也。

顧旗籍諸儒，雖作者林立，而爲文不自收拾，專集行世，實所罕睹。蓋其累葉相傳，應以清語騎射爲根本，聖謨垂示至諄；且周凡秀孝之舉，必先試以命中挽强，文武兼資，輕重有在，是以士大夫於制舉業未達則藉爲階梯，既貴則視等筌蹄。即立言不愧古人，未肯鰓鰓焉敝帚自享，間有房行合作，爲操選家所登載，幾如文豹一斑，吉光片羽，覽者欷焉。

大司馬那恭勤公一代宗工，屢持文柄，每有綴屬，談藝家奉爲圭臬。既出其《修竹齋詩文全集》以惠後學，復於國初迄今旗儒之工於文者，廣搜博采，上自公卿，下及韋布，殘編斷牘，爬抉靡遺，手自訂定，詳加批點，計得制義四百首，命曰《梓里文存》。録稿既蒇，授梓未逮，喆嗣全小汀司寇以丙午之秋視學來粤，公餘檢閲舊稿，覆加讎校，會余解組多暇，爰襄掃葉之役。既爲之正其訛脱，偶有會心，僭擬評語，附著於各篇末，并叙其纂輯之由，弁諸簡首。

夫制義特文之一體耳。而代聖立言，其理粹；禀經制式，其道尊。較諸策論，則彼易泛而此必切；方之詩賦，則此務實而彼近華。繇是國家設科取士，未嘗不兼收諸體以核通才，而去取兢兢，尤必以制義爲正鵠。學術之淺深，心地之純駁，士習之貞邪，風會之升降，胥於是覘之。所繫顧不重哉！觀於此集，而我朝文治之隆，八旗儒風之盛，悉可舉一以例餘已。

重刻《廣名將傳》序代耆相國

用兵有法乎？孫吴諸家所著者具在也；爲將必讀經書乎？馬服之子以父書敗，而販繒、吹簫、屠狗者流崛起阡陌，以百戰取封侯，不聞所讀何書也。兩軍角逐，將智者勝，移步换形，俄頃百變，存亡生死，懸於呼吸，此亦惟有如張睢陽所云『兵識將意，將解兵情，以意爲戰』耳，何暇遠稽古人已陳之迹，規目前難必之效哉！　雖然，運用之妙，存乎一心，此決於臨事者也；　前事不忘，後事之師，此裕於平日者也。　必待登壇授鉞始講韜鈐，執鋭陷堅始論攻守，是承平之世不必豫儲將材，飽暖之氓無庸更籌捍衛，傳所謂『備御不虞』，古之善教者何以稱焉？

自古國家雖安，忘戰必危，我朝以神武定天下，二百年來，累洽重熙，聖主諄諄訓誡，每以整飭戎政爲亟。不佞内充宿衛，外總師干，從事於訓將練士者，歷有年所，篋中舊藏《廣名將傳》一書，備録太公以降迄於前明俞大猷，凡歷代將帥著稱者，計一百七十餘人，其戰功按籍可考。公餘每加披覽，輒增慨慕。間與將領面相指證，亦多所啓發。蓋是書序次簡明，本末賅貫，又得名流逐加批斷，昭若發矇。介冑之夫略通文義，無不一覽可悉，實爲營伍中必不可少之書。會趙怡山廉使見而心賞，謀爲之校勘授梓，以資將略之一助。

溯自阪泉、涿鹿以來，將之重漸與相埒，而稱名於後者止此一百七十餘人。就此一百七十餘人中，其爲名將同而所以成名者各异，後之人將何所適從哉？且古今兵制屢變，古以車戰，後乃用騎；古以弧矢爲利器，後乃用銃；古之炮用石，後乃用火；又況宜於陸不必宜於水，宜於平曠不必宜於險阻，宜於江河不必宜於海，亦安有轍迹之可尋哉！顧有同而异者，有异而同者：不愛錢、不惜命，將之體也；賞必信、罰必公，將之用也；辨主客、審勞逸，將之經也；知己知彼、抵瑕蹈隙，將之權也。尤必先積其忠君愛國之誠，又能與士卒同甘共苦，固結其心，俾躍然有同仇偕作之勇，而肫然有親上死長之義，則一切韜鈐之奇、攻守之變，直可舉而措之，雖古名將何以加焉！泥古者不智，蔑古者無法，由其可傳以悟其不傳，斯可以讀是書矣。

《存吾園偶録文稿》序

自古文章之柄，臺閣與山林分持之而不相讓者也。顧其間顯晦异焉。此亦不繫乎名位也，臺閣顯矣，而亦有晦者；山林晦矣，而亦有顯者。豫章古稱才藪，鴻儒巨卿，史不絶書，而彭澤一叟，獨以隱逸别開詩派，清辭高格，夐絶今古。有明以四書義取士，而東鄉老孝廉執旗鼓以抗中原，爲江西五家巨擘。此其人雖晦而文大顯，即不登臺閣，未爲不幸也。

戊申之秋，余晤王柳坪比部於羊城之越華講肆，論文輒相水乳。既，乃出《存吾園偶録》文一卷見示，囑爲校勘，將謀授梓，則其族伯父訥夫先生詩文殘稿，而以先生之友盛、余諸君遺文附焉者也。先生江西瑞昌人，少負异稟，於書靡所弗窺。稍長，以茂才异等食餼於庠，文譽籍甚。應乾隆庚子省試，擬元未售，乃益潛心篤學，爲文吐弃一切，直造韋羅之室。間肆力於詩古文辭，登峰造淵，不愧作者。家貧不能自給，晚乃假館於武寧盛氏之存吾園。旋抑鬱以諸生終。三盛昆仲并負盛名，於先生不翅針芥之投、桴鼓之應，余君轡莽則頡頏其間，如驂之靳也。夫此數君子者，皆山澤之曜，偃蹇嘯傲於荒凉寂寞之濱，互抱一編，析疑賞奇，發爲文章，寸心千古，真若有此中人云未足爲外人道者，可不謂賢乎哉！獨惜其皓首窮餓，既不能如彭澤、東鄉顯名當世，迨一朝奄忽，又無人爲之掇拾捃摭，零殘斷楮，徒果鼠蠹之腹。即轡莽曾欲爲《賓竹文選》，而迄今罕有傳本，其書之有成與否，殆不可知。悠悠數十年中，臺閣巨公專集行世蕩爲冷烟不知凡幾，又况此山林三五窮儒，孰復過而搜討其遺文哉！嘻，亦晦之至矣！庸詎知有柳坪比部爲之裒其殘缺而壽之梨棗也邪！

或者謂訥夫生平著作甚富，而是編所存文不過數篇、詩不過數首，什一千百，不能無憾。不知見鳳一翎知其非凡羽也，見龍一鱗知其非恒介也。李少卿之詩，《河梁》而外無傳焉，楊子幼文似馬遷，而至今存者亦惟《報孫會宗》一書，文豈必以多爲貴哉！夫少卿以武夫爲降虜，子幼罷官怨望，不保要領，而數詩之工、一文之美，傳之二千餘年，至今不廢。况訥夫及盛、余諸君子汲古力學，經明行修，而其文又卓然可傳，如是，又奚以少爲憾哉！今凡羽恒介充牣於高高下下之間，而鳳之一翎、龍之一鱗乃畢世求之不可得，有識者必不以彼易此矣。

《律例按語》序

法家之書，始於《管子》，而盛於申韓。迨蕭何定律，較若畫一，故律以漢爲最古，今已不傳。周顯德中，寶儀等因《唐律》作《刑統》；宋傅霖因其不便記誦，乃作賦而繫以韵。厥后詮解者不一家：在金有李祐，在元有練進、尹忠、張汝楫等，抉摘精要，互有發明，爲唐以後法家之津。逮明陳永輯《法家哀集》一書中，間設爲問答，剖析异同，頗得明慎之意，而持論間或狃於一偏。國朝王德明撰《讀律佩觿》，取現行律例分類編輯，各爲箋釋，頗便觀覽，但其説好爲駁難，而未免穿鑿。此外如《折獄龜鑒》《名公書判》等書，或專主聽斷而不及律文，或徒尚詞華而不及情罪，皆法家之支流，非律學之的派也。三尺之條，繫乎民命。我朝列聖相承，務存矜恤，定律一準前代，條例隨時增减，舉凡臣工之所論列，罔不特下秋官詳慎核議，以中正爲體，以仁恕爲用，是以二百年來公庭無滯獄，囹圄無冤民。闓澤洽，馴致刑措。生斯世者，第見用法之平協乎人心天理之大公，而不知立法之初權衡於銖黍之微、鈎考於毫釐之辨，司憲諸臣固已殫竭心力而求一是，以歸至當，則又無一不煩聖慮之折衷也。

不佞自丙戌釋褐，濫竽西曹，先後十五年，充律例館提調者且十年。未遑以讀律爲學，而實以纂例爲職，每於法有疑，得參末議，沿流溯源，必稽求謹按一書以爲標準。蓋是書所載，乃雍正以來覆奏檔案，其於立法之意擇精語詳，一經取裁，若射有志。但其書爲官閣秘本，外間無從購覓，偶有抄録，闕焉未備。番禺潘德畬方伯本雲署之望郎、雪堂之峻品也，舊有全書，藏諸篋衍，近因刻《海山仙館叢書》，乃以藏本并付剞劂，而屬爲一言以弁簡首。

竊維法者，國與民共之者也。顧其文甚顯，其意則微；其近易識，其遠難稽。士人束髮就外傅，即專心帖括，勞精敝神，冀一得當於有司。洎捧檄作吏，詢以名法，如坐雲霧，既難猝試以所未習，而臺筆之就館穀者，又多鯫生小儒，拘文牽義，未能詳其沿革而觀其會通。遇有疑獄，往往援引失當，甚或削足適履，破觚爲圜。受其弊者，所繫詎淺鮮哉！得此書而究心焉，庶於惟明克允之宗指及世輕世重之微權，靡不昭若發矇，瞭如指掌，則固無俟遠述《刑統》，泛覽他書，而於法家之學思過半矣。

《補注洗冤録》序

《洗冤録》，檢傷之書也。其曰『洗冤』奈何？人之冤莫大乎不得其死，更莫大乎爲人所傷以致死。呼號宛轉，疾痛慘怛，行路所不忍聞，必官爲檢明其傷因，得其致傷之由，與傷之者之主名，首從次第，以法繩之，而後死者瞑目而無所恨。

雖然，難言矣。夫凶器有金刃、他物、手足之殊，傷痕有破裂、損折、青赤紫黑之异。他若仰藥、投繯、赴流、蹈焰，其致死較然明白，不惟官吏一覽可悉，即仵作、行人類能辨之。獨其事涉疑似，迹屬微茫，情既鄰於真僞之際，傷復介乎隱現之間，死者既不能言，生者又無可證，豪强思以避就脱網，吏仵欲以上下弄法，失講於平日，取辦於俄頃，即有神明，難以意造。檢傷不確，讞獄無準，流弊所及，曷可勝言！未明死者之冤，或致生者之枉，一冤未了，一冤復生，憤氣鬱蒸，上召灾祲，可不兢兢歟！

余曩官比部，從事律館，例文隨時修改，而《洗冤録》仍其舊本，未有增益。近莅粤東，乃見番禺令文君所刊《補注洗冤録集證》一書，考訂精詳，足佐官書之所未備。兹端州劉生文瀾復以所輯善本見示，旁參曲證，多所發明，司民命者當奉爲枕中之秘，因爲序而歸之。惟檢骨一法，與檢傷似同實异，辨之愈難，臨之尤慎。輕啓檢而致蒸劙之慘，死者有知，未必不呼籲求免也。就殘骸以定疑似之傷，仁人用心，不得不重，虞出入也。是必先求衆證，再審真情，俟十得八九，然後憑一檢以定案。雖未必百不失一，庶幾鮮矣。昔在灤陽，曾檢一服毒婦人，不惟痕損互异，即肋骨亦多寡不符，參以他説，甫能定讞。古人所見，亦有類此者，則筆之於書，以爲骨骼之异。其檢地等法，僅可姑存其説，而徐察其用意之所在。盡信書不如無書，微乎微矣！

《存悔齋集鈔存》序

文章之作，各有師承，又必得其人以傳之。眉山之於廬陵，昌黎之有籍、湜，尤彰彰者。宫保少宰劉金門先生，少以西吴才子鵬翥木天，爲彭文勤公入室高弟，受累朝特達之知，屢司文柄，海内奉爲宗工。生平大著作，實惟《高廟實録》，綜六十餘載之文治武功，大書特書，洵足藻繢乾坤，雕鎪日月；次則《五代史記注》，藉歐以存薛，徵引繁富，義例精審，不亞裴松之注《三國志》。其他詩文雜作，紛綸滂沛，卓乎大家。迨緣事謫戍，獨惓惓於少陵一飯不忘之義，集杜成帙，粹然忠愛，顧瞻闕廷，三致意焉。蓋其根柢深、性情正，故發而爲文，適如其意之所欲出，非徒爲炳炳烺烺而已。

原集共分二十八卷，粲然巨觀，嗣先生復取衆作，詳加剔抉，挹其菁英，手自訂定爲若干卷，授其婿文君叔來，去取之間，兢兢致慎。道光丁未，叔來以刺史守南雄，公餘檢核舊稿，存者尚十二卷，將謀授梓。會余解組多暇，爰爲之覆加讎校，正其譌舛，并序而歸之。先生文在必傳，既有彭文勤公導之於前，又有叔來刺史張之於后，垂世行遠，將於是乎在矣。

《使粤詩草》序

古者輶軒之使循行列國，博采風謡，上之天子，凡夫狡童游女、勞人思婦之辭，咸有取焉。所以通下情、考諸侯政治之得失，若十五國風所録者是已。我朝直省典試，例用儒臣，蓋將以釐正文體、簡拔俊良，備國家任使，視古輶軒之專職采詩者不侔矣。若其軺車所至，登山臨水，問俗觀風，毋亦有不容自默者乎！

歲庚子，余偕同部林岵瞻主政承天子命，爲粤西考官，行以仲夏，旋以仲冬，計六閱月。由京抵粤，歷畿、豫、二楚凡四省，於山望嵩、衡之高，於水渡黄河、江漢之大，於地經湘蘭、沅芷、蠻烟瘴霧之鄉，於人見卉服鳥言、竹墻松屋、火耕水耨之俗，而桂林諸名山雄秀甲於寰宇，瑶篸玉笋殆難爲狀。又其間昏旦氣候之不齊，南北風土之各异，寒暖晴晦、風雨雪霜之變遷，下及草木之榮落、禽鳥之鳴噪，每有感觸，輒發之於詩。閱時既久，積若干篇，所愧才力蕪弱，不足以摹繪高明、爬梳幽怪，敝帚自珍，不忍弃割，略加芟汰，尚存百篇，第爲二卷，上以志往，下以紀歸。手録納行篋，以備觀覽。

每慨委巷之士足迹不出里門，即抗志爲詩，亦不過以前村後村、春日秋日與夫花落鳥啼、蟬吟蟲語自寫其悠悠之思已耳，安所得名山大川、奇形殊狀，足以助其性靈而發其才藻者乎！余於戊戌、己亥間隨湯敦甫協揆、吴甄甫司寇按獄江南，初自皖之吴、之越，公餘泛舟西湖，覽孤山諸勝，歸渡揚子，登三山，過金陵，抵維揚，勝迹名區，游覽殆遍。今復奉使逾嶺表，往返萬餘里，凡蕩胸駭目之景，悦性怡情之致，咸得仰掇俯拾，以自昌其詩，可不爲厚幸歟！

《嶺海樓經義》序

吾黄氏之居粤者，世儒仕或至大官。自泰泉先生以理學文章鳴海内，厥後子孫抱遺編弗失。迄於今，以通博稱者，實惟香石舍人。舍人才而嗜學，善治經，工詩古文辭。生平著作，裒焉成集。兹乃出其《嶺海樓經義》示余，屬爲序。

緬彼四書文之肇也，將以代聖立言，義取詁經，補箋疏之未逮，其道甚尊。故自趙宋迄金元，率用以取士，與群經并列，統名經義，或曰經問、明經、經疑，限三百字以上。明初專設四書義，限二百字以上，蓋其慎也。嗣是恢拓舊模，釐爲八比，駸駸日盛，漸没其初。於是不曰『經義』，曰『制義』；又不曰『義』，曰『藝』，近則直曰『時文』，稱名各殊，而文體之升降隆污，亦略可概見。譬諸爲子孫者，於高曾故物，亡其器，并失其名，毋乃非纘繩之道乎！世之爲四書文者，比比然矣，雄者騖於策論，麗者淫於詞賦，横者雜於權譎，高者淪於禪寂，鑿者墜於艱深，膚者蔽於謬陋，下此則稗販剩語，剽竊陳言，苟希詭遇，君子無譏焉，良繇不知宗經，往往以辭害義，故至此也。

舍人生數百年後，慨然念歷代帖經取士之遺法，高矚遐追，思還四書文之初體，此其自命居何等，又詎屑與時文家争一朝之利鈍哉！至其文之理氣格律，粲然見於諸篇甚備，識者當覽而遇焉，又奚俟余言以增重邪！

《粤東新纂省例》序

例之設尚矣！周謂之法，秦漢謂之律令，歷代或云條格，或云科式，或云事例，或云條例，明以來通謂之例。所以持情法之平、示功過之準，猶工師之有繩墨、射者之有正鵠也。

我國家以六部分理，大政實本乎周官之六典，各部均設則例館，專派提調等官職掌厥事。舉凡聖明之所指示，臣工之所條陳，堪爲定式者，靡不芟繁録要，筆之於册。其隨時編輯，則有大修，有小修；其因事損益，則有修改，有删并；其頒發外省，則定例之外，又有季例，有通行，粲乎大備，較若畫一。而各省吏治民風不免互异，官是土者，不得不乘勢利導，因地制宜，於是有省例之設，以佐部例之所不及。

粤東幅員遼闊，政務煩巨甲於他省。二百年來，省例尚闕而未修。某於道光癸卯藩牧是邦，爰屬郡丞寧君立悌、經歷陶君復謙、王君錫章分司纂録，繇是鈎考舊牘，討論新章，寒暑再周，始克蕆事。乃付之剞劂，而叙其緣起，弁諸簡端。

夫例者，法也，而意存焉。法有盡而意無窮。法者，意之規矩也；意者，法之神明也。任意而蔑法，是謂率意；泥法而亡意，是謂徒法。乃至法以防奸，而奸每遁於法外；法以杜弊，而弊且生於法中。是在善用法者，了然於立法之意之所在，而不以一己之私意低昂左右於其間，斯則法外之義既可以意通之，意外之弊即可以法持之。吁，三尺之舉墜，固仍取决於方寸之純瑕哉！

知止堂集卷十一

文四　序下

吴小巖制義序

古文與制義有以异乎？曰：异。詩賦與制義有以异乎？曰：异。豈惟與制義异而已，古文與古文亦异，詩賦與詩賦亦异。文自左國馬班，詩自漢魏樂府，賦自荀卿屈平，下逮唐宋，以迄於今，一代有一代之作，遞降遞變，判不相入。就一代之作者，其人自少而壯、而老，往往數變；即出於一時，而執彼篇以例此篇，又不翅同工而异曲也。雖然，此特言乎其變耳。至變之中有不變者，則各异之中有無异者。各异者何？曰體也、式也、格與律也。無异者何？曰：理也、氣也、法也、情與勢也。故言乎不异者，又不惟古文、詩賦與制義而已。即降而至案牘、至詩餘，凡一切有文有韵之言，舉無异也。世之爲古文者，每不屑爲詩賦、爲制義，而爲制義者，又多不能爲詩賦、古文，故論者有專工不及兼至之嘆。余竊以爲不然。其不及兼至者，必其未能專工者也。稱李杜者，罕稱其文，而其文固未可訾也，不必更觀其文，直以其詩决之。稱韓歐者，或遺其詩，而其詩均不可及也，不必更觀其詩，直以其文决之。有明之王唐歸茅、金陳章黄，國朝之熊劉方韓，世多未見其古文詩賦，即其古文詩賦亦或傳或不傳，傳者固卓然有以名家，不傳者亦必翹然足以拔俗，且亦不必更觀其古文詩賦，直以其制義決之。

竊嘗持此論以權衡古今作者，大抵百不失一，而聞者或疑信參半，甚且河漢視之。惟吾友吴子小巖之論與余合。小巖固致力於古文詩賦，而尤工制義者也。近乃裒録其新舊作制義若干篇，釐爲二卷，行將付梓問世，而先以示余。乃略舉平日論文之大指，以爲之序。

黎瘦林詩序

嶺嶠直南交文明之府，山海鬱錯，不平而鳴，故其士例能爲詩。曲江感遇，倡厥先聲；嗣是以降，代有作者。而國初鄺湛若尤以驚才絶艷照灼一時，此外抱荆璞、握蛇珠者，項背相望也。道光乙巳丙午，余忝撫是邦，見有劉璞石太史所選《嶺南群雅》一書，搜羅繁富，粲然巨觀，每思徵求遺佚，彙爲《嶺南詩鈔》，以補所未備。公事敦迫，迄未有暇。

丁未夏，謝政閑居，適東莞黎生祖鞭及弟祖連以其曾祖瘦林上舍遺稿謁請弁言，將謀授梓。余覽其詩，苦心孤詣，抒寫性靈，衆體具備，不名一格，多至六萬餘言。想見環堵風雨，抱膝長哦，陶然有以自樂而不容已。吁，是亦足以傳矣！

緬彼文人，寸心千古，每有著作，輒思表見當世，昭示來許。往往大編巨帙，粲若星貝，墓草未宿，蕩爲冷烟，後之人至有求其隻辭斷句而無從者，何可勝慨！今兩黎生獨能於數十年後抱其先人徑寸遺稿，珍若拱璧，亟思托梨棗以傳，則其克紹家聲，勿忝厥祖可知，詎不爲賢乎哉！故爲之序而歸之。

李曙樓詩序

詩之教閎矣！自風雅肇興，咏歌勿絶，而孔門論列，必徵諸授政、奉使，匪直結藻垂菜、揚聲振韵而已。後之作者，逐流而失源，擷華而弃實，風雲月露，累牘連篇，不過如鮮花候蟲，娱悦聽睹，於尼山詩教，判乎遼矣。

粤東直朱雀文明之宿，帶嶠環瀛，間氣鬱勃，故其士類能爲詩。余莅粤七稔，每接見其賢士大夫，顧未嘗與之言詩也。蓋是時黠酋首鼠，甫就羈靮，萑苻梟鏡，所在芽櫱，方冀靖外敉内，消患剔奸，未遑他務。時則南海孝廉李君曙樓亦自糾督子弟捍衛鄉井，并佐有司擒捕巨憝，不自言功。余耳熟其名，間嘗進之於庭，諮以弭盜方略，益心識爲卓犖有用，顧亦未悉其能詩也。

越歲辛亥，余侍養里居，曙樓以積資得縣令，行取入都，道經東魯，訪余山中。談次出示一編，曰《焚餘未信稿》，乃生平所寫詩，屬余爲序。曙樓高才耽吟，得詩不下數千篇，稍不滿意，輒自澄汰，是編所存，尚不及十之二三。其詩綜貫群雅，不名一格，無事斤斤求工於聲病句律之間，而霶沛紛葩、震蕩翕忽，時而翡翠蘭苕，時而鯨魚碧海，陸離光怪，蕩臆駭眸。展閲弗竟，乃慨然於曩之測曙樓者猶淺，而曙樓蘊抱湛深，出其緒餘，製爲篇什，固已敻然高出乎流俗之爲之也。

雖然，余之爲曙樓預期者，詎徒若是云云哉！方今聖天子仄席旁求，兼搜文武，多士于于，連鑣競進。曙樓以過人之才，值有事之時，行將出宰百里，爲國牧民，授政出使，胥於是乎在。尚其原本詩教，恢而大之，沿流而溯源，落華而取實，异日政成俗美，和聲鳴盛，必有登諸風雅而無愧者。余將以是編爲之先聲也。

白雲洞文會課藝序

地以人傳乎？抑以文傳乎？傅莘野以耕傳，傅巖以筑傳，渭濱以釣，無藉乎文也。靈光之殿、銅爵之臺久矣，蕩爲墟莽，而至今膾炙人口者，則以文考、子建爲之賦也；永嘉之山水僻矣，以康樂之詩傳；柳州之溪谷陋矣，以子厚之文傳。文之時用大矣哉！

粤東名山，并稱二樵。東樵即羅浮也，圖經著矣，文藻爛如，海内青雲之士罔不企朱明之洞天，侈蓬萊之左股。而西樵近枕羊城，隱而弗耀。雖前明何東江父子爲之梳剔岩藪，本朝黄乎初、黎萃堂諸君爲之點綴亭臺，而旋作旋廢，勝迹就湮，徒以供樵牧之謳吟，猿鶴之鳴嘯。山靈爲之不怡，曠士過而慨焉。

馮愚皆太僕爰偕李文川學博及同志諸君子叶謀興修，就蕴玉山房故址建雲泉仙館，就逍遥臺故址建接東樓，就環綺亭故址建静逸窩，就小桃園故址建養雲廬，又創置贊化宫，以奉道真。黝堊丹碧，照灼云表。猶恐土木不靈，必資翰墨，於是即境標題，徵文會友。一時名流聞風麇至，抽秘思、騁妍辭者殆以萬數。莫不左提荆璞、右挈蛇珠，瑰乎夥矣。

或者以詩賦而外兼及制義，疑其爲干進梯榮之具，無當高懷。不知此地舊有雲溪、三湖兩書院，爲士子肄業之所。因之樵鄉風俗醇美，科名尤盛。諸君子之爲此殷殷者，固非徒爲是泉石膏(盲)[肓]、烟霞痼疾已也。况此山爲回道人鶴馭之所，往還靈迹屢著，而道人在唐曾舉進士，雖其時經義未興，而八韵之賦與八比之文一也，道人不曾爲八韵賦乎？至何東江爲前明嘉靖間名進士，所著房行諸作至今罕傳。但其時正值王唐歸茅後先輝映，文運大昌，而東江能於其間策名甲榜，則其精於舉業可知。然則今之兼及制義者，匪直書院課士之規，應亦仙靈之所心許也。

昔里人岑璞軒曾以白雲洞二十四景徵詩，前太守張浮山評定甲乙，以李函谷爲冠。惜其詩不傳。兹會文諸作，余亦僭加去取，諸君子擬拔其尤者付諸剞劂，與黄嘉圃孝廉所輯《白雲洞唱和詩册》并傳。乃爲之識其緣起，弁諸簡端。讀是編者，於樵山面目，當不啻窺豹一斑已。

送唐仲實解元會試禮部序

國家設科目以網羅天下士，士之誦法先王窮年矻矻者，舍春秋兩試無由進其所操以問世。最要之具有二：曰制義，曰試律，非此亦無以得當於有司。今使有士於此，躬尾生、孝己之行，抱左邱、司馬之才，讀三墳五典、八索九邱之書，而不能爲八比之文、八韻之詩，即歲上公車，知其必無幸矣。雖然，自有明迄於今，士之以科目進者不知凡幾，其於八比之文、八韻之詩，非不同塗共軌也，而忠奸賢佞雜然具陳，乃至如苗莠之并殖，梟鸞之不同群者何哉？所操之具不殊，所以操之者异也。一弓矢也，君子用以觀德，武夫用以殺人；一飴蜜也，周之民用以養老，跖之徒用以沃樞。不究其存主之失，而但咎其術業之疏，多見其惑矣！

論者每曰：『士不古若，由於取之亡其具』，意謂制義、試律不足以得士。洵若所云，則是漢士之以策進者，必人人皆賈誼、董仲舒；唐士之以賦進者，必人人皆宋璟、張九齡；唐虞成周之以師錫明揚、鄉舉里選進者，必人人皆五臣、四友、八士。而何以忠奸賢佞之錯立於其朝，亦無以大异於後世科目之所收從事於八比之文、八韻之詩者哉？夫試律固唐制也，宋之問『明月夜珠』、錢起『曲終江上』、祖咏『陰嶺積雪』，皆應試之作，未嘗以聲律損其高格。今人詩自不及古人，何關八韻之爲累哉！制義肇端於宋，最爲後起，而代聖立言，其理正；義主説經，其道尊。較諸唐宋之律賦，其巨細精粗，殆不可以同年語。雖束以繩尺、約以體裁，其流弊乃至剽竊陳言、割裂聖經，但王守溪、歸熙甫之文具在，可取而讀也。彼後生小子之詹詹者，乃制義之罪人耳，詎能以此罪制義乎？

竊聞夫世之不屑爲制義、試律者，曰：此時文也，此今詩也。夫曰『時』曰『今』，非以其异於古所云乎？今之與古，猶輕重遠近之不齊也。力舉百鈞，則斤兩之微不足措其手；明察秋毫，則咫尺之近不足留其目。今之不屑爲制義、試律者，其於古文古詩果能盡如烏獲之任重、離朱之視遠乎？抑亦秦王之舉鼎、葉公之好龍也？

我朝以詩名家者，首推王阮亭，而其論詩法，必曰起承轉合；雖以袁簡齋之風流放誕，乃云詩之不工由於時文之不講，是直以制義之法移之於古詩。顔修來，一代文豪也，其詩古文辭無一不邁越流輩，初以射策登第而服官，後猶於從政之暇，日作制義一篇，終其身弗倦；故所傳《未信堂稿》，幾莫辨爲古文時文。河間紀文達相國學窮四庫，著作等身，而生平精力獨注於《試律》《矩我法集》二書，至今學者奉若準繩。然則制義、試律二者，微論其爲士子進身之階、問世之具，將欲詣精造極，亦豈鹵莽滅裂之所得爲乎！況行陸者必乘輿，行水者必乘舟，駕艅艎以臨康莊，則篙師爲之輟棹；御騄駬以涉江湖，則僕夫爲之投策。用違其具，與無具等也。士將欲應舉弋科名，而不以制義、試律爲當務之急，是猶釋耒耜而言務農，解甲胄而言肄武也，可乎，不可乎？

桂林唐仲實，有志於古者也。今將上春官，行有日矣。爰贈以言，勖所未逮焉。

《汶南黄氏世譜》序

咸豐初元，辛亥中春，家大人建宗祠告成，爰召恩彤而命之曰：『我黄氏自永樂初來遷汶南，迄今已歷十五世矣。仰叨祖宗遺澤，宗支繁衍，以引以翼，先人屢樹譜碑，登載未備，是宜刊修世譜，以昭示來許。』恩彤稽首受命。退而謀諸同族諸尊長，乃以群季之才而敏於事者，或司纂録，或司延訪，或司鈔寫校勘，而自綜其成。於是近稽乾隆十一年大譜碑，遠徵康熙二十七年舊譜碑，上溯嘉靖十一年及三十年初譜二碑，遍詢故老，詳核别支，又分遣子弟周歷叢祠荒冢、野渡圮橋間，摩挲其殘碑斷碣，凡有族老名字，捃摭靡遺。參互考訂，惟審惟慎，不敢拘他姓譜之成式，第取其瞭然易明；不敢泥大譜碑之舊文，第取其鑿然可信。凡閲歲而成書。質諸家大人及同族諸尊長，皆曰『可』。將付剞劂，乃以傀言弁諸簡端。

竊維世譜之修，詎惟是遠紹旁搜、繁徵博引，自矜其家之舊、族之大哉？蓋將以收族敬宗而尊祖也。不見夫木乎？由本而幹，由幹而枝、而葉，乃至千枝萬葉，葳蕤輪囷，要之其本一也。不見夫水乎？由源而川，由川而流、而派，乃至千流萬派，滉瀁溶潏，要之其源一也。惟人亦然，由祖而父，由父而子、而孫，遞降而爲曾玄、爲雲來，乃至本支百世、子孫千億，要之其祖一也。

嗚呼，五世而降，親盡服窮，末孫有不識其遠祖者矣。九族之衆，支分派别，其伯叔兄弟有交臂不相拱揖者矣。其幼子童孫，有覿面不相問訊者矣。今試按譜稽之，凡今之睢睢盱盱、异廛而居，各祖其祖、各父其父、各子其子、各孫其孫，涣然若不相屬、漫然若不相關者，其初固皆一祖之孫也，即一父之子也，實一人之身也。其有不善相勸、過相規、疾痛相呼、緩急相救者哉！同此一祖之孫，至今日有保世滋大者，有一綫僅存者，亦有流離轉徙不知所終者，然則祖宗餘澤，又烏足深恃歟！服田疇、誦詩書、敦孝弟、重廉耻，以承先業而裕後昆，是則厚望於同族者爾。

重修《寧陽縣志》後序

壬子之夏，余偕同志諸君子修縣志脱稿，將以質諸當事，商榷授梓。

客有問於余者曰：子之爲此志也，因乎，創乎？余曰：非創也，因也。曰：胡爲取舊志而删之、并之、增之、更之，若是其多也？曰：非删也，節其冗也；非并也，整其亂也；非增也，補其缺也；非更也，潤其瘠也。

曰：然則編次先後之序，亦有説乎？曰：有。

始之以疆域何也？曰：此通例也。王者建邦設都，必有疆域以限之，所以申畫郊圻、慎固封守，然後築城鑿池，張官置吏，以齊一其政令而扶輯其民人。三代之封建，秦漢以來之郡縣，九區之大，一邑之小，無二制也。故志乘必首列焉。今以皇朝之輿圖爲準，歷代之沿革次之，尊周内魯，春秋之法也。

繼之以星野山川，何也？曰：疆域分矣，則必仰觀於天，而睇審躔度之位；俯察於地，而坐覽流峙之形，是皆統於疆域者也。

繼之以官師何也？曰：辨星野、奠山川，土宇啓而式廓增，是必有以治之。有治人始有治法，作之君、作之師，以養以教，蓋兼資焉。而安不忘危，則武備亦未可忽也。

繼之以建置何也？曰：非君子莫治野人，未可與民并耕而錯處也。設險以固圉，則有城池；居高以臨下，則有衙署。於是公令所重，則有典式；緩急所需，則有儲積；以濟貧乏，則有賑恤；以便行旅，則有館舍橋梁；以重河防，則有堤堰。蓋必如是，始克保其疆域，故官師每措意焉。

繼之以里社，而先乎秩祀何也？曰：諸大夫之爲此皇皇者，凡以爲民也。民，神之主也。古聖王先成民而後致力於神。縣者，民之所繫籍也；里社者，民之所散處也；集市者，民之所競趨也；社倉社學，自昔便民之政，而利與弊均者也；興其利，祛其弊，安輯之俾無擾，鼓舞之俾無倦，是以民和而神降之福。春秋有報焉，水旱有祈焉，備其物，肅其儀，黍稷匪馨，明德惟馨，無虐民自無慢神也。

繼之以物産何也？曰：是里社之所力作而致焉者也。大利必歸農，物土以布利，非上之人所能代謀，而惠而不費，固有因民之政焉。

繼之以風俗何也？曰：與物産相表裏者也。沃土易淫，瘠土易勤，富歲多賴，凶歲多暴，物産之豐耗，動關風俗之盛衰焉。明其政，不易其俗；齊其教，不易其宜，君子所爲，入國而問也。

繼之以田賦何也？曰：物産既饒，風俗漸醇，而後其民可賦也。惟正之供，斂從其薄，「必有輸將恐後者」[一]。不必云撫字心勞、催科政拙也。

繼之以學校何也？曰：富而教也。倉廩實，知禮節。況值昭代昌明之運，居東魯文獻之邦，洙泗餘芬，沾溉百世，丹青所染，易比轉圜，要不可無以誘掖而董正之也。

繼之以選舉何也？曰：學校之效也。庠序盛而教化行，教化洽而人才出，非徒掇科第、拾青紫而已。蓋將不負所學，備國家一日之用。前型具在，可按册而稽也。

繼之以古迹何也？曰：一縣之政，自畫界分疆，以至於明倫崇學；一縣之人，自里居社會以進於筮仕登朝，夫亦可以無餘事矣。曰古迹、曰金石、曰寺觀、曰坊表、曰塋墓，皆陳迹也。然而殘文剩字，或珍重而摩挲；斷碣荒原，每欷歔而憑吊，此亦好古者所難忘而載筆者所必及也。

終之以灾祥何也？曰：謹天戒以驗人事之得失也。祥僅虚美，而灾爲實禍，故君子重灾不重祥。《大易》垂象，吉一而凶悔吝三；《春秋》二百四十年，遇變必書。今亦猶此志也。

列傳之宦績先於人物何也？曰：分也。縣之官，至典史止矣，其官猶是也。縣之民，豈無位卿相者？其民猶是也。不以人物先宦績者，民不先官也。

然則編輯藝文亦有體例乎？曰：首天章、次奏牘，崇巨製也。文次之，賦次之，詩又次之。文與詩各以體分，同體者則以年代先後爲序，此其例也。

客唯而退。爰録其語於卷末。

注釋：

〔一〕魏按：據咸丰版《寧陽縣志·後序》補。

《兩漢史斷》序

余自少時喜讀《漢書》，因而頗知漢事。竊謂《春秋三傳》以降，惟《史記》及前後《漢書》、《三國志》備具史法，非他史所及。《春秋》久列於經，《三傳》附之，未宜僅以史論。《史記》多與經傳互相出入，所載漢事斷自太初，未能本末悉賅。惟班、范二《書》紀載詳實，兩京之興衰理亂粲然布列，展卷瞭如。蔚宗之作，誠未足齊軌蘭臺，然序次分明，文藻華贍，自云『體大思精』，殆非侈説。學者通經後，將欲博稽諸史，是必專心二書，朝夕研摩，得其倫脊，而又於其間參覲《太史》以拓其規模，旁通《三國》以明其書法；《晋書》以下不妨縱目流覽。譬諸草木，區以别矣。

惟是二《書》辭旨浩博，有文顯而事隱者，有文見於此事詳於彼者，有以此事例彼事始明其得失者，有以後事證前事始悉其顛末者。每於校勘之餘偶有所得，輒命筆劄記。閲時既久，積成卷帙，爰以暇日，手自編録，名曰《兩漢史斷》。史之爲道，將以臚舉善惡，明著成敗，固一代爰書也，讀史者平心斷之而已。自慚謬陋，知不免以周璞宋石爲大雅所譏，亦庶乎管中窺豹時見一斑云爾。

《三國書法》序

昔陳壽作《三國志》而裴松之爲之《注》，《志》所未備，以《注》補之。故論者以松之爲壽功臣。竊謂松之非知壽者也。松之論壽書，以爲『銓叙可觀，事多審正』，是已；而病其『失在於略，時有脱漏』，不知壽書之略，略所當略也。《注》所引書，壽非不知之，特削而弗書耳，非脱漏也。史家之例，有書有不書，一斷以義而已。今裴氏繁徵博引而寡所取裁，非惟不知壽，亦不知史也。

世之鄙儒不能博觀全史，但株守朱子《綱目》之説，往往以帝魏寇蜀譏壽之失，因而并譏《資治通鑒》，以爲司馬温公病。不知《通鑒》作於北宋，北宋之得國，無以异於魏也，而又甚焉：魏祖尚有扶漢之功，宋祖第有篡周之罪；魏祖篡漢於數十年之後，宋祖篡周於一旦夕之間。温公爲北宋之臣，若不以正統予魏，何以爲太祖地乎？予魏實予宋也。《綱目》作於南宋，南宋之立國，無以异於蜀也，而有不及焉：蜀主未嘗稱臣於魏，宋主固已稱臣於金；蜀主專任武侯而魏畏之如虎，宋主枉殺鄂王而金輕之若屬國。朱子，南宋之臣，若不以正統予蜀，何以爲高宗地乎？予蜀亦予宋也。故温公之於朱子，非必所見不同，所處之時异也。然皆以异代之臣修异代之史，故可以徑行其意而左右之耳。

若壽之所處，則極難焉：壽本蜀人，蜀亡而入仕於晋。欲尊蜀乎？是心存舊主而貳於晋也；欲抑魏乎？晋之統固受之魏者也，魏非正統，是晋無所受也，是晋之三祖均將擯諸僞朝也（習鑿齒作《漢晋春秋》貶魏尊蜀，以爲晋受漢統，意以譏切桓温耳。其援共工、吴楚，皆曲説也。且是時晋已南渡，與蜀正同，故不復以貶魏爲嫌也）。壽以羈旅之臣處孤危之地，乃敢奮其筆舌，不避嫌疑，獨不爲家族計乎！故壽之尊魏抑蜀，有所不得已也。然其爲書，簡而不漏，詳而不贅，尊魏而不掩其惡，抑蜀而不没其實，諱晋而不滅其迹，微而顯，曲而直，隱寓夫褒貶而顯示夫懲勸，動有合於《春秋》之書法焉，吁！真良史哉！

余嘗謂壽意實以正統予蜀，著之爲論已，然未盡也。山居多暇，每取其書反覆觀玩，偶有所得，輒命筆劄記，久之始彙成一編，釐分十卷，名曰《三國書法》。非敢云億則屢中，如彼飛蟲，時亦弋獲云爾。

《蠶桑録要》序

古者蠶事與農事并重，匹婦不蠶是謂失職。自天子、諸侯必有公桑蠶室，后、夫人躬桑親蠶以爲民倡，載在《禮經》，至爲隆備。

山左徐兖舊域，自古宜蠶，懷襄初奠，桑土肇興，織文纖縞，列諸方物。太史公傳《貨殖》，亦曰：『齊魯之間千畝桑，其人與千户侯等。』漢於齊置三服官，乘輿服御，咸取給焉。蓋桑蠶之利溥矣。

自典午南渡，淪爲戎索。厥後南北兵争，民靡安處，舊俗漸失，蠶功亦廢。繇是遺法傳入江南，而河濟之間迄今邈焉難復。

余宦游吴越，爰及嶺海，所至觀風問俗，野多泄泄之陰，室有札札之響，蓋鮮不以蠶桑爲亟。比乞養歸田，詢諸父老，大抵視若緩圖。間有富室閨娃、蓬門寒女，聞戴勝而夙興，執懿筐以從事，又未免鹵莽滅裂，十無一獲。偶有薄收，得不償勞。良繇素乏講明，罕喻厥理，唐肆求馬，洵可慨嘆！

間於定省之暇，取前明閣老徐文定公所輯《農政全書》流覽一過，於中《蠶桑》一門頗爲詳悉。惜其搜采繁富，尚少剪裁，往往重複錯綜，首尾顛倒，闒閣寡昧之士，猝難得其倫脊。用是殫心校勘，重加排比，芟冗録要，匯撰成書，第爲五卷，共分三十六目八十六條。凡蠶事之利弊功過，先後次序，與夫桑之品類，以及樹藝之宜、采捋之方，厘然井然，寓目可了。將於量晴課雨之餘，與田翁野叟肄業及之，俾各教其家，相率而勤婦職。非敢云復桑土之舊俗、廣《貨殖》之遺編，庶幾於方隅生計小有裨益云爾。

《農書録要》序

前明徐文定公所編《農政全書》，余既就《蠶桑》一門汰其繁複，輯爲五卷，名曰《蠶桑録要》；今春偶暇，復取全書校勘一過，嘆其廣大悉備，惜不免博而寡要之失。蓋是書本文定公裒集諸家成説，未及逐加釐定；陳卧子輩於公身後始取稿本粗分門目，彙集成書，重沓抵牾，往往而有。不惟襏襫之夫無從審正，即有志學稼如吾儕者亦未免望洋興嘆，因而束閣不觀。

夫農書之作，所以教民務本力穡，是必明白易曉，庶幾簡易可行。徒爲是累牘連篇、繁徵博引，是欲牖民而轉以眩之，豈昔賢著書本意哉！爰竭兩月之力，詳加删并，一依《蠶桑録要》體例，釐分一十四卷，名曰《農書録要》。手繕成帙，以備觀覽。至原書所載屯田、水利諸大政，非農夫所知，其泰西水法亦非中土工師所諳；若荒政，則應别輯專書，故概置弗録。余北方之農也，凡書中成法，宜於南而不能通於北者，并從略焉。

知止堂集卷十二

文五　議　説　考　辨

宗葬議

古人重大宗以主祭，明有統也；重族葬以反本，示不離也。乃至今日，而往往不能行者何哉？勢使之然也。古者大夫士多出公族，大抵世官世禄；下逮庶人，各有所受之田、所執之藝。宅里既有定區，墳墓亦有定地，既無甚貧甚富，亦不敢輕去其鄉，故宗法、葬法，人皆習而安之，實與封建、井田相維繫。今或閥閲之家夷爲白屋，孤寒之胄奮起青雲，甚且一祖之孫留徙不一，同父之子貧富頓殊。儻嫡長之貧且徙者，務假以長子主鬯之名；而支庶之富且留者，轉限以支子不祭之例。然乎，否乎？故今之大宗，止可行諸宗室勛貴世爵之家及曲阜孔氏，不能概施之庶姓士大夫也。即民間長孫承重，猶是宗法之遺，亦第可行之本支，不能推之闔族也。一本之親，不免析爨；五服而降，或處别村，生則异廛，而責以死必同葬，已覺不情；況兆域每限於地，累葬既患難容，昭穆必辨其方，叢葬又嫌非禮。假令聚族十世，計口千丁，而必於此方隅之田分占一抔之土，能乎，否乎？故今之族葬，止可行之五世以内，不能推之五世以外也。且古人卜葬期不卜葬地，今則堪輿之説盛行，無論惑於風水、貪圖吉壤之愚夫比比皆是，即間有明理信道之人，亦罔敢違衆而輕置其祖考！此尤與族葬之法相礙者也。

嗚呼，自宗法廢而各宗其祖，有莫識遠祖者矣；自葬法廢而各葬其親，有不拜祖墓者矣。今欲復宗法、葬法而不可得，故建宗祠、修世譜以維宗法之窮，并詳記各祖塋於譜末，以明有分葬而無分族，則亦庶乎族葬之意也。

毛孝子復讎議

復讎，古今之通義也。《公羊》以齊襄滅紀復九世之讎，春秋賢之。伍員報父讎，君則曰『推刃之道』，不譏其叛。記禮者曰：『父之讎，不與共戴天。』又述孔子之言曰：『寢苫枕戈，不仕，弗與共天下也。遇諸市朝，不反兵而鬥。』是以自漢以來，若蘇不韋、劉鯉、趙允、沈林子之倫，皆以復讎一節炳載國史，不可以更僕數。甚矣，復讎之重於天下也！

然則律胡爲禁之？西漢淮南王長以母讎椎殺審食其，文帝弗問，此屈法以伸恩也。東漢孝女趙娥、緱玉爲父報讎殺人，福富長至解印綬欲與娥俱亡；外黄令乃欲論殺玉。是漢律禁復讎也。唐張瑝與弟琇因復父讎共殺御史楊萬頃，張九齡欲活之，明皇降敕，以爲『國家設法期於止殺，各伸爲子之志，誰非存孝之人？展轉相讎，殺傷何限！』乃將瑝、琇付河南府決殺。是唐律禁復讎也。夫律與經詎有异哉？經所云復讎者，亦謂夫弱被强凌、寡爲衆暴，奔走赴訴之無所、惠文三尺之不加者耳。《公羊》之論齊襄曰：『上無天子，下無方伯，緣恩疾者可也。』又曰：『有明天子，則襄公不得爲若行也。』故子之復讎有所不得已也，經之予復讎亦有所不得已也。得已而不已，律之所大禁，即經之所不予也。今之律文曰：『祖父母、父母爲人所殺，而子孫（不告官）擅殺者，杖六十；即時殺死者勿論。』與漢唐之法异矣。若例文則加詳焉。例云：『祖父母、父母爲人所殺，凶犯脱逃未到官，被死者子孫殺死，照擅殺應死罪人律杖一百；其凶犯到官擬抵或減等發配潛逃，被死者子孫擅殺，杖一百，流三千里。若本犯擬抵減等遇赦釋回者，國法已伸，不當爲讎，如子孫仍敢復讎殺害，照謀故殺本律定擬，入於（綏）［緩］決，永遠監禁。』是則同一復讎，而區分三等，其殺死脱逃凶犯不（議）［擬］抵者，予其復讎也；仍擬杖流者，惡其擅殺也。赦后復讎即擬抵者，不以私讎干國法也。若曰彼誠有罪，國家既置諸法矣，今而得釋，乃特恩也，何得復與爲讎、剚之刃以快其私乎！此即《公羊》所謂『有明天子則襄公不得爲若行』者也。

寧陽有毛雷者，細民也。父被人以鐵器擊傷，越五十二日死。官以其限外也而輕之。雷欲復讎，則憫其祖母與母之失養。遲之十二年，奉二母終，卒殺其讎，束身就獄。邑令汪公紹曾爲之傅致輕比，累減得釋。邑人識與不識，稱爲毛孝子云。於是儒家議之曰：『雷之復讎是也，合乎經矣。其遲之十二年者，以祖母與母在，非與讎共戴天也；母死甫葬，不旋踵而推刃焉，是即不反兵也。賢哉雷乎！』法家議之曰：『雷之復讎似也，然未盡也。雷父之傷以鐵器也，鐵器他物也，保辜正限二十日、餘限十日，今越五十二日死，是限外也，應科傷罪，官杖而遣之，法也。雷何得干法以復讎乎！此而曲貸，設遇夫父實被殺而復讎於凶犯遇赦減釋之後者，不知將何以加也？』

余聞之曰：噫，兩家之議皆非也。雷亦直行其意而已，口不誦詩書，不知何者爲《公羊傳》、爲《戴記》也。但知殺吾父者吾讎耳，讎一日不復，則無以對父地下而自立於天壤之間，固不計其合經與否也。目不睹令甲，不知何者爲歷代之律、爲國家之例也，更不知何者爲限内、限外也，但知殺讎以償父命耳。一旦藉手以洞讎人之胸，即刀鋸鼎鑊甘之如飴，又何慮乎背律與否也？自來至行奇節振綱常扶名教、磊磊軒天地、卓卓冠古今，未有規仿趨避於經與律之間而能獨成其是者也。若雷者，可不謂孝乎哉！夫我朝定例之意微矣。著其罪則不惜科以謀故，原其情則一切入於緩決，蓋大爲之坊以杜斯民讎殺之漸，未嘗不曲爲之宥，以慰天下孝子之心，義之盡、仁之至也！傅古義、亭疑獄，汪公得之矣。

汶陽説

山以南爲陽，而水以北爲陽，故杜氏注《左傳》，於『公賜季友汶陽田』，則曰『汶水北地』，固未有專邑也。其見於《春秋》經、傳者，約可舉焉：『成三年，叔孫僑如圍棘。』左氏曰：『取汶陽田，棘不服，故圍之。』是棘乃汶陽之一邑也，杜氏注云：『在濟北蛇丘縣。』『定十年，齊人來歸鄆、讙、龜陰田』，杜氏注云：『三邑皆汶陽田也。』按，魯有三鄆：一、故魯地，『成四年，城鄆』，此西鄆也；一、莒别邑，入於魯，『昭元年，取鄆』，此東鄆也；一則汶陽之鄆，乃北鄆也。有二讙，一爲陽關之讙，『定八年，陽虎入於讙、陽關以叛』是也；一則汶陽之讙，『桓三年，齊侯送姜氏於讙』，杜氏注云『魯地，濟北蛇邱西有下讙亭』是也。龜陰，杜氏注云『泰山博縣北有龜山陰，田在其北』[是]也。其地皆在汶水北，爲今泰安、肥城縣境，乃春秋之汶陽，非漢以後之汶陽也。

漢惠帝七年初置魯國，屬縣五，一曰汶陽。景帝三年遷淮陽王餘王魯，汶陽隸焉。蓋因魯之曲池而置此縣，在汶水南，故杜氏注《春秋》『曲池』云：『魯邑，魯國汶陽縣北有曲水亭。』酈道元《水經注》：『汶水西南徑魯國汶陽縣北，王莽之汶亭也。縣北有曲水亭，漢章帝元和二年東徑泰山，立行宫於汶陽，世謂之闕陵城』[（《寰宇記》）]以爲汶陽故城及闕陵城俱在曲阜境内，九山以南。但按杜、酈二注，魯之曲池、西漢之汶陽縣、東漢之闕陵城實一地耳。如在曲阜，則章帝東巡先幸東郡、過任城，耕於定陶，然後柴告岱宗，進幸奉高。按今地理，由濟寧至泰安蹕路經行，正當寧陽之東北境，不經曲阜，不過九山。直至幸濟南後，方旋蹕而南幸魯，祀孔子於闕里，尋即回鑾。當日自當暫住曲阜城中，何緣於汶陽故城別建行宮乎？）又按《元和郡縣志》：『汶陽故城，在龔邱東北五十四里。』」〔一〕元石晋《沿革記》：『汶陽在龔邱縣東北三十二里。』計其地在寧陽東北境內無疑。

余家舊居寧陽東北、汶水之南。閑嘗周覽里落，憑吊邱墟，尋池亭之故址，訪闕陵之遺堞，而年代遐阻，岸谷變遷，已蕪没於荒榛叢棘中。惟家園迤北二里許，有崦上村焉，背負汶流，沙堤環匝，龍魚諸泉東來注之，溶滴洄洑，勢若縈帶。東西二阜，鵠立相望：西阜高丈餘，闊徑數丈，初之高闊蓋不止此，久犁爲田，僅餘殘基耳；東阜高數丈，闊徑百餘丈，居民數十百家萃處顛頂，因地勢獨高，故以崦上名村。余不禁喟然嘆曰：『此水也，殆即魯之曲池歟！此阜也，殆即漢之闕陵歟！舍此而欲於寧陽東北數十里內別求汶陽故城，安所得如此水若阜者以證之？』

［續考：《太平寰宇記·曲阜縣》：『嶮水，在縣北四十二里，源出九龍山，東南流入洙水，其溪澗嶮隘。』『盟於曲池』注云：『魯國汶陽縣北有曲水亭，今在縣，常流不絕，《地理志》「漢舊縣也，王莽改曰汶亭」。』按，杜注所云『汶陽』，晋縣，即漢舊也。《元和郡縣志》所云『在龔邱東北五十四里』者，以嶮水當曲池，反在汶陽南矣。又，《寰宇記》於『曲阜縣』下載『漢汶陽城在縣東北四十里』，於『泗水縣』下載『漢汶陽城在西』。隋移汶陽於曲阜，又分汶陽置泗水，子正所云漢汶陽城，似即隋所移者，隋所移乃北魏之汶陽，非漢舊縣也。」〔二〕

注釋：

〔一〕魏按：據光緒版《寧陽縣志·藝文》增補。

〔二〕魏按：據光緒版《寧陽縣志·藝文》增補。

汶南黄氏世譜説

《禮》曰：『别子爲祖，繼别爲宗，繼禰者爲小宗』。陳氏説曰：『「别子」有三：一是异姓公子來自他國，别於本國不來者；「爲祖」者，别與後世，爲始祖也。「繼别爲宗」者，别子之後，世世以適長子繼别子，與族人爲百世不遷之大宗也。「繼禰爲小宗」者，謂别子之庶子，以其長子繼己爲小宗，而其同父之兄弟宗之也。』

今譜斷自遷寧始祖，『别子爲祖』之義也。承以二世祖，『繼别爲宗』之義也。三世以下分支子孫各繫於其祖之次，『繼禰爲小宗』之義也。不著大宗者，後世宗法不可復立也。（説詳《宗葬議》）小宗之法，五世則遷，自高祖以至玄孫，服窮斯親盡也。宋歐陽氏初作家譜，以五世爲斷，蓋依宗法爲譜法。今本歐陽氏之意，初譜斷自五世，其各支統譜亦以五世作一行書。五世以降作一行書，宗遷則譜變也。長支承祖，作直書，餘支承考，作旁書，繼祖、繼禰之義也。四世以下之玄孫，又爲五世以下之高祖，九族之中，身居一焉，名十而實九也。且取其循環無端，楮有盡而譜無窮也。施以界畫，别支派使之不淆、分眉目使之易見也。

黄氏自昔以汝南爲郡望，今曰汶南，紀實也。不曰家譜者何？書曰『夙夜浚明有家』，言其爲大夫也。黄氏遷寧九世始有爲大夫者，其初固未爲大夫也。不曰宗譜者何？大宗不可復立，而小宗又無以統衆宗也。不曰族譜者何？族有九，而黄氏今已十五世也，然則當曰世譜矣。左氏之言曰：『保姓受氏，世守宗祊』，曰世譜者，亦愿子孫世守之也。

姓氏考

古者有姓而後有氏，有氏而後有族。左氏之言曰：『天子建德，因生以賜姓，胙之土而命之氏，諸侯以字爲謚，因以爲族；官有世功，則有官族，邑亦如之。』蓋古者姓、氏、族皆命之天子、命之其君，或以生是所生之地也，或以土是所封之國也，或以字、以謚、以官、以邑，其得之若斯之難也。

黄氏遷寧以前，舊譜無徵，莫由詳其所自始。而受氏之初，備載往籍，則固確有可考者。《史記·秦本紀》云：『顓頊之孫曰大費，是爲柏翳。佐禹平水土，佐舜調馴鳥獸，舜賜姓嬴。其後分封，以國爲姓者十四。』有黄氏。蓋柏翳即《尚書》之伯益，而黄氏乃春秋之黄國也。子爵，曾與齊魯會盟，僖公二年并於楚。子孫散處江淮，仍以國爲氏。其故國在漢汝南郡之弋陽縣，今河南光州固始縣境。故黄氏自昔標汝南爲郡望，明所自也。又鄭夾漈《氏族略》亦以黄氏爲嬴姓十四氏之一，而曰陸終之後，受封於黄，與《史記》異。按：陸終亦顓頊之裔，乃祝融弟吴回之子，祝融即重黎，爲帝嚳火正，則陸終應在唐虞之際，與柏翳同時，但《史記·楚世家》詳志陸終生子六人，一曰昆吾（己姓），二曰參胡（斯姓），三曰彭祖（彭姓），四曰會人（妘姓，即鄶國），五曰曹姓（名安），六曰季連（芈姓），并無封於黄爲黄國者。司馬氏世職太史，多見故牒，其言必有所據，此則當據《史記》以糾《通志》之失者也。又按：左氏黄國有二：一爲汝南之黄國，并於楚者，即顓頊裔孫、柏翳之後；一爲汾川之黄國，并於晋者，乃少皡裔孫、臺駘之後。今之黄氏，皆知出自汝南；而汾川之黄國，則闃無聞焉，蓋其子孫微矣。

因修世譜，爰著黄氏得姓之始與受氏之由，俾我宗人及世世子孫有所考證。年代渺矣，譜牒失傳，非敢輒援古帝先聖爲遠祖，如韋氏之自托於豕韋、陶氏之自托於陶唐也。

高子羔葬妻犯禾辨

高子羔，孔門之高弟而成邑之良宰也，其行誼備詳書傳。惟《戴記·檀弓篇》記其葬妻犯人之禾，亦爲成宰時事也，有不可不辨者。

子羔，齊人，或曰衛人，要之，非魯人也。仕魯爲成宰，而妻隨之，歿於是邑，即葬於是邑，亦如延陵季子之子死於齊，葬嬴博間，不歸葬也，禮也。异哉其葬而犯人之禾也！子羔之爲人也，方長不折，啓蟄不殺，仁之至也。今無端而犯禾，是折方長矣。禾者，民食所出也，犯其禾是奪其食矣，何不忍於殺蟲而忍於虐民也？且是時井田之法未壞，溝洫阡陌釐然畢具，不惟四達之衢植木以表之，即田間之路亦平直可由也，胡爲舍正路而趨禾中乎？若云乘便以速葬，則更非子羔所敢出也。子羔仕衛，遇孔氏之難，生死懸於呼吸，猶以不逾缺、不由竇介然自持於顛沛之頃，詎肯苟焉於平時乎！

記者述其言曰：『孟氏不以是罪予，朋友不以是弃予，以吾爲邑長於斯也。買道而葬，後難繼也。』噫！是非子羔之言也。臣之事君，行義也，盡職也，非徒以免罪也。若因不罪而爲之，又何暇審所爲乎？且宰以字民，而葬妻者私也，私而害公，未必孟氏不以爲罪也。子夏哭子喪明，但未能割愛以自損，非有損於人也，而曾子大聲疾呼，正其三罪；若犯禾果出子羔，恐亦曾子所不取也。至以邑長買道爲難繼，是更不然。君子之求爲可繼者，亦以事屬經常，義當節制之耳。故异量之恩、异量之哀，君子慎之。若葬妻則非此倫也。魯之爲成宰者衆矣，妻適歿而適葬者幾人乎？適然之事，何以繼爲乎？且送葬無路則已，若有路而紆就之以避禾，乃人情所大願也，斯時亦安有玩悍之民挾長官之葬而索買道之貲者乎！今乃侈然稱曰：『吾邑長也，邑吾邑也，道即吾道也，買之不可也，吾買之則後之買者必以爲自吾始也；人吾人也，禾亦吾禾也，犯之可也，吾犯之而後之犯者不妨以吾爲例也。』嗚呼，是倚勢作威而甘爲怨府禍首也。稍知自好者不爲，賢如子羔而有是言哉！

洛神賦非感甄辨

居今日而論古人，所可據者，正史而已矣。正史亦未可盡信，所可以推核而十得八九者，時勢與情理而已矣。稗官雜記，其説不根，往往以一事厚誣古人，循習沿傳，遂成故實，而按之正史則不合，揆諸時勢與情理則大謬。後之人不加推核，致使古人卒以被誣而莫之與白，此亦大可悲也。

陳思《洛神》爲魏賦名篇，歷代重之，昭明登諸《文選》。李善注引《記》以爲感甄后而作，初名《感甄》，明帝始改爲《洛神》，并有文帝以后所遺玉鏤金帶枕賜植，及甄后在洛水上現形見植之説，其言甚褻且怪。夫甄后本乏貞淑之行，植亦非禮法之士，似可無庸深辨，但既以誣植而兼誣此賦，俾後之讀者不免瀆倫傷化之譏，則未嘗詳稽正史之過也。

植少以才爲武帝所愛，幾至奪嫡；遲之數年，儲位始定，文帝忌植久矣。迨嗣位受禪，於諸侯王多所猜防，而植尤甚。嚴二丁之誅，則剪其黨；入灌均之譖，則貶其爵。初王鄄城，旋徙雍邱，未嘗安厥居也。其朝京師，實在黄初四年。玆賦序云『三年』，與史小异。《魏略》稱其『自念有過，微行入關，科頭負鑕，徒跣詣闕，及見帝，猶不與語，又不使冠履。植伏地泣涕，太后爲不樂，詔，乃聽復王服。』故其上疏有云：『抱釁歸藩，追思罪戾，形影相吊，五情愧赧。』所獻詩又云：『伊余小子，恃寵驕盈，舉挂時網，動亂國經。』大都皆憂讒畏譏，引咎怨艾之語。蓋植於是時慮群小之構煽，怵猜主之嚴威，方且悚惶戰惕，救死不遑，何敢作此淫靡之賦褻瀆妃后，以滋口實乎！況帝方怒植，相見時至不與語，其未即加誅者，徒以有太后在耳；乃無端以甄后遺枕賜之，欲何爲乎？且甄后雖於黃初二年賜死，而其子於三年已封平原王，後爲明帝，植即放縱，亦何至毫無忌憚，公然以《感甄》名其賦乎！時勢如彼，情理如此，所當據正史以糾他説之妄者也。

竊謂此賦托興窅窈，屬辭悽惻，末後恨人神之道殊，以下云云尤纏綿沈痛，喻文帝邪？抑自喻邪？雖托諸宋玉《神女》，要之非艷體也，當於語言文字之外求之耳。

知止堂集卷十三

文六　傳　記　墓志　祭文　駢體　書後　銘

縣志劉楨傳

按：寧陽自古文人，以楨爲稱首。《魏志》附入《王粲傳》中，寥寥數語，其佚事散見各傳記中。今采輯諸書，合爲一傳。

劉楨，字公幹，梁孫（《後漢書》）。或曰梁子（《文士傳》）。梁，一名恭，少有清才，以文學見貴，終野王令（《文士傳》）。楨亦以文才知名，年八九歲能誦《論語》《詩論》及篇賦數萬言，警悟便捷，所問應聲而答。當其辭氣鋒烈，莫有折者（同上）。家居著《魯都賦》，述東國風土之美，辭極温麗（見本集）。

建安中，魏文帝爲五官中郎將，及平原侯植皆好文學。楨與山陽王粲、北海徐幹、廣陵陳琳、陳留阮瑀、汝南應瑒并見友善（《魏志·粲傳》）。又與粲等及魯國孔融稱『七子』（《典論》）。武帝爲丞相，辟爲掾屬（《魏志》）。

文帝嘗賜楨廓落帶，其後師死，欲借取以爲像。因書嘲楨曰：『夫物因人爲貴，故在賤者之手，不御至尊之側。今雖取之，無嫌其不反也？』楨答曰：『楨聞荆山之璞，曜元后之寶；隋侯之珠，燭衆士之好；南垠之金，登窈窕之首；鼲貂之尾，綴侍臣之幘：此四寶者，伏朽石之下，潛污泥之中，而揚光千載之上，發彩疇昔之下，初亦皆未能自接於至尊也。夫尊者所服，卑者所修也；貴者所御，賤者所先也。故夏屋初成，而大匠先立其下；嘉禾始熟，而農夫先嘗其粒。恨楨所帶無他妙飾，若實珍异，尚可納也。』楨辭旨巧妙皆如是，由是特爲諸公子所親愛（《典略》）。

選爲平原侯庶子。適侍侯坐。厨夫進瓜，侯促令爲賦，授簡立成，體物清妙（見本集）。時家丞邢子昂防閑以禮，與植不合。楨書諫曰：『邢子昂北土之彦，少秉高節，玄静淡泊，言少理多，真雅士也。楨誠不足同貫斯人并立左右。而楨禮遇殊特，邢反疏簡，觀者將謂君侯習近不肖、禮賢不足，采庶子之春華，忘家丞之秋實。爲上招謗，其罪不小，以此反側』（《魏志·邢傳》）。植得書，卒不能用。

後文帝爲太子，嘗請諸文學。酒酣，命夫人甄氏出拜坐者。衆人咸伏，楨獨平視。武帝聞之，乃收楨，減死輸作（《典略》）。會武帝至尚方觀作者，見楨匡坐正色而磨石，問曰：『石何如？』楨曰：『石出荆山懸崖之巔，外有五色之章，内含卞氏之珍，磨之不加瑩，雕之不增文，秉氣堅貞，受之自然。顧其理枉抑紆，繞而不得申。』武帝即日赦之（《文士傳》）。仍署吏。

楨著文賦數十篇（《魏志》），平原侯植盛相稱譽，以爲『振藻海隅』，『握靈蛇之珠，抱荆山之玉』（《與楊修書》）。文帝稱其『於學無所遺，於辭無所假』，猶譏其『壯而不密』（《典論》）。

楨於建安二十二年卒。文帝選其遺文爲一集，及《與吴質書》，深悼惜焉。

陳塤傳

陳塤，初名應塤，直隸清苑人。少讀書，通大義，兩應童科，皆報罷。改肄武，能挽强弓，發輒破的；出應試，復被黜。乃以良家子隸保定尺籍，補騎士，旋擢弁委。爲人短小精悍，慷慨喜自負，好以意氣凌轢儕輩。坐是十年不遷，已乃弃去。會其姊夫、進士陳紀勛爲寧陽令，要墀與偕。

當是時，淮北洊饑，芒碭惡少年虎而冠者糾黨數十百人，北入滕薛。齊魯間爲群盜剽敚，閭里鳴鏑晝聞。紀勛憂之，乃糾集丁壯三十人，練爲士兵，署墀隊長，教諸子弟，稍以兵法部勒之。居常自奮，恨不一當賊。寧陽之[北]北有村曰南義，近泰安；其西[北]有村曰白馬廟，通汶上，皆孔道，富商數十廛，與民雜居，群盜涎焉。一日，紀勛廉知賊從東北來，即大合伍伯，自趨南義，遏其衝；别遣墀率所練士先據白馬廟扼賊，使不得西。賊聞令之趨南義也，乃悉竄白馬廟。時墀將二十餘人甫至，賊至者乃有八十餘人。或説墀曰：『彼衆我寡，懼不敵，今未測我虛實，可以虛聲走也。盍少待？』墀叱曰：『是何言也！陳公之以若輩付我者，固以能辨賊。今與賊遇而緩之使走，是縱也。陳公即不罪我，我何面目見之乎！且賊何能爲，好男子肯與兩立邪！』乃上馬持鳥銃，馳，衆隨之。賊初遇墀，驚欲遁。既見墀將卒少，乃譟而前。墀發銃中二賊，賊蜂午，馬驚，墀墜。陳禿子者，梟賊也，遽前以戈揕其喉，墀遂遇害，時道光二十七年八月三日也。賊逸，大索弗能得。會給事中王東槐以事上聞，天子震怒，爰命大臣治山東盜，褫吏不職者。於是捕獲二十七人，悉誅之，竿陳禿子首寧陽市。

論曰：昔孟子述孔子之言曰：『勇士不忘喪其元。』又曰：『可以死，可以無死，死傷勇。』夫所謂勇者，非徒斷脰絶吭輕擲一旦之命，蓋其權乎可死不可死之間者至審也。若陳墀之死，可乎，否乎？墀，一流寓之人耳，無官守，則功罪奚所加也；非土著，則利害不相及也。使墀不死，孰得以死責之？此可以無死者也。雖然，特世俗之論耳，君子則不然。《記》曰：『謀人之軍，師敗則死之。』此三十人者，成列而出，獨非軍師乎？敗而死，宜也。《傳》曰：『士爲知己者死。』陳公不以捕盜屬他人，而以屬墀，是知己也。力不能勝，則以死報之，宜也。若塤者，可謂得其死矣，可謂勇矣。余獨怪世之人可以死、不可不死，乃委蛇以幸免於死；遇夫可死可不死而卒死如塤者，則訾之以爲過，反援孟子之言爲口實也。

重修白雲山龍神祠碑記

天下名山，能出雲作雨曰神，古者諸侯各於境内祭之，凡以旉膏澤、蕃甘實，有功德於民也。粤東環瀛帶嶠，群峰錯列，其屹立省垣之北、巋然作鎮者，實惟白雲。亘絡坤維，螭蟠鵠跱，烟霞變滅，晨夕殊狀，其中名迹，舊稱簾泉、蒲澗，安期於此飛升，古老傳聞，不可爲典要。層巒之巔，神瀵滃出，井洌鏡澂，甘逾醇酎，盛潦靡增，恒晹莫減，孰主宰是，厥有憑依。高廟特降宸章，錫號『靈泉』，用彰厥奥。土人名曰『九龍』，爰有龍神之祠構乎其上，春秋享祀，有司掌之，吉蠲將事，罔敢弗恪。偶值魃警，粤之吏若民相率奔走呼籲，甘澍輒沛，冥契昭感，如響斯答。歲在乙巳、丙午，余承乏外臺，曾偕寅僚兩致虔禱，均荷嘉貺，立布祥和，轉歉爲豐，歡騰比屋。惟是神祠肇建遠自曩代，累更修復，半就荒弛，上雨旁風，將虞傾覆。余惟神者民所芘也，祠者神所栖也，廢而莫舉，於義弗協。會因事解組，仍奉留粤之命，爰以其事白諸兩大府，商之當道諸君子及鄉之賢士大夫，相與醵金諏吉、鳩工度材，敝者更之，缺者補之，塗丹堊白，廟貌聿新，凡六閲月而蕆事。寺衲將謀立石，來請爲文以紀，乃叙顛末，俾勒貞珉。至於捐資襄事，具載别石，并從略焉。

光禄大夫前江蘇巡撫孫公墓志銘

咸豐元年正月望日，光禄大夫、前江蘇巡撫孫公薨於汪莊里第，時年八十有一。越日，恩彤往，哭之哀，其嗣子奉直君泣血言曰：『日月有時，將葬矣，知先大人者莫若吾子，敢請爲銘而掩諸幽。』吁，恩彤何足銘公哉！顧念與公居同里、仕同朝，又余之外伯舅也。公遇余厚，余侍公亦最久，誼不容以不文辭。

謹按年譜，孫氏祖居洪洞，明萬曆中有諱得保者，始由夏津來遷濟寧，故公世爲濟寧人。高祖諱芳，舉人，内閣中書；曾祖諱文丹，庠生；祖諱擴圖，明通進士，歷知烏程、縉雲、嘉興、錢塘四縣事。三世并以恩例贈光禄大夫。考諱玉庭，字嘉樹，由翰林累官體仁閣大學士，國史有傳；妣張太夫人，懿德載家傳。生三子，公其長也。

公諱善寶，字箕谷，天稟穎異，孝友夙成。少承家學，克自振厲，與弟贈通奉大夫仁榮、今户部尚書瑞珍并以文行著稱。初由國子生中式嘉慶丁卯本省鄉試舉人，道光初用任子例，官刑部員外郎，號爲稱職。擢山西道御史，改陜西道，轉吏科給事中，調户科，晋掌兵科印。公之任山西道也，時倉督以經紀掣欠米麥較多，議令自行購補；漕督復因盤驗浙米不純，奏準令帮丁易以食米，公因定制有違，連疏糾正，得旨允行。其轉吏科也，因深州牧某稟訐本管道員收受陋規，均擬遣戍，乃具密疏將近日官場積弊縷析言之，旋因大旱求言直陳時政，俱焚稿不存。其調户科也，首言鹽務積疲及招商擾累富民之弊，議彷丁銀歸地之法，將引課攤入地丁徵納，庶商民兩益，私販不禁自除。章凡再上，累千餘言，雖格於部議不行，而富民之繫者皆釋。京師爲神州奥區，八方輻輳，繁會殷轔，東萬西章倚爲巢窟。公叠經巡視各城，所至禁暴譏奸，扶良植弱，轄界肅清。宣廟知公才堪方面，中旨簡授廣東糧道，調大順廣道，迴避本籍改霸昌道，治如巡視各城時。擢雲南按察使，未抵任，升授湖北布政使。先是，相國於嘉慶初移藩鄂渚，公隨侍三載，楚疆利病知之尤悉。至是江漢横潰，堤工賑務旁午紛紜，公爬梳剔抉，次第就理，不動聲色，厝置帖如也。會總督某公緣事獲咎，公亦被議左遷，以知府赴部候選，未幾，英夷不靖，竄擾浙洋，大帥統兵進剿，特旨起公督理糧臺。攻戰所需，應機立辦。旋授浙江布政使，調蘇州布政使，晋江蘇巡撫，兼銜如例。再署兩江總督。江南，國家之外府也，徵賦轉漕，夙稱繁巨。維時夷氛甫息，民困未甦，一切報銷防後各事宜，觸手麻集。公掌擘口講，早作夜思，寓整頓於鎮静之中，施補救於張弛之表。其大政則修海塘以資保障，增炮臺以遏奔突，改戰艦以壯聲威，嚴清查以杜虧空。莅政四年，百廢俱舉，馴致比閭按堵，江海宴然，而公亦老且病矣。歲乙巳，公七十有三，引疾得請，遂歸老於家。

公爲人昂軀鶴立，秀眸疏髯，胸次光明洞豁，曠若溪谷，而岳岳自持，人不敢干以私。讀書不喜爲章句之學，每鈎考古今治忽肯綮。及隨相國宦游南服，足迹幾遍天下，類能周知其山川厄塞，道途夷險，與夫民生休戚之原、吏治沿革之故。爲政如良工醫疾，相其緩急，審其標本，務求一是，而不泥成法。論兵惟取南塘《紀效新書》，每謂增兵不如練兵，練兵必先籌餉，議欲減名額、汰冗糧、募精卒、申軍律，惜以疾去位，未獲竟其所施。里居八年，無日不繫念國事，曾因江南賑灾捐錢五千緡，又因軍需捐銀三千兩，均奉旨優叙。自去冬舊疾增劇，適值粤匪突陷武昌，大兵合剿，公呻吟伏枕，每聞軍報輒嚄唶强起。及易簀，語不及他，第連稱『防江、防江』云，聞者悲之。配喬夫人，淑德，早薨；繼孔夫人，婦職母儀，有光壺范，先公一年薨。子一：毓湘，廪貢生，封奉直大夫。孫四：柜，中書科中書；楠，監生；樅，舉人；楣，監生。曾孫幾人。女二。孫女幾人。曾孫女幾人。長者皆適名門，幼者待字。今以公薨之年月日葬於某村某原先塋之次，兩夫人祔焉。爰爲志而系以銘曰：

喬仰梓俯競向日，子道師之臣道立。世篤其休忠孝一，神羊初奮秋岌岌。雲軺再駕甘雨集，皇曰俞哉嘉乃績。臣力竭矣耄將及，奉身而退家食吉。身棲田里心疆埸，仰屋矯首望南國。連呼防江音未寂，騎箕長往棐忱積。巇山西南濟水側，佳城萬古恒鬱鬱，吁嗟我公居此室。

代縣志書局公祭甯星坡明經文

夫何鴻鈞之坱圠而窅窈兮，殃慶舛糾而無門。或夸毗而逢泰兮，孰密勿而遭屯？荼蓼菀以葳蕤兮，杜衡紛以凋悴；燕雀奮翮以翀翔兮，鵷鸞折頸而霣墜。跖蹻蒙佑兮，顏冉罹灾；廣戒壽考兮，彭屈中摧。彼蒼者天，孰發其蔀兮；吁嗟伊人，獨離此咎兮！

溯蹶生於名閥兮，襲芳蘭以被體。膺庭誥於垂髫兮，播文譽於毀齒。擷翹英於芹沼兮，抗峻軫於槐衢。超倫輩以异等兮，躡丹地而凫趨。洵時命之不猶兮，羌中塗而鎩羽。潛衡泌以自怡兮，何妨忍而與此終古！潔曾釜以致養兮，聯姜被以言歡。悲庭椿之秋萎兮，愾原棣之春殘。幸慈暉之正永兮，謹温清於萱幃。矧盈階之蘭玉兮，臚雁序以環飛。緊躬躬以彌廑兮，亦偘偘而不阿。涵履綦於澄鏡兮，濯桑梓以温波。維淹茂之啓歲兮，爰有事乎外史。憫舊牒之澌湮兮，紛魯魚與亥豕。伊大雅之宏達兮，稽文獻於鄉邦；既苔剜而蘚剔兮，乃金鏗而玉鏘。辨奉符之故域兮，企義姑之清芬；步曹劉之高韵兮，抒潘樂之醇文。誕博訪而群諏兮，肆詳讎而密勘；迨命斤於梓人兮，并兼綜而條貫。核典文之同异兮，別字畫之正通；破几塵以眼月兮，掃案葉以腕風。竭歷春而徂秋兮，實靡遑於昕夕。克旬日以殺青兮，累瑶編以徑尺。

胡惡耗之乍傳兮，云玉山之驟傾。初駭疑而不信兮，旋雨泪以縱横。謂修德之獲報兮，天胡爲降此鞠凶！謂年壽之有盡兮，君胡遽長此終窮？詎噩夢之不祥兮，移精魄以震蕩；或游光之爲厲兮，致神魂之凋喪！瞻高堂之皤皤兮，閔諸孤之煢煢。洵孝慈之兩有未竟兮，固將賫恨而不瞑。

誶曰：其生也謙謙，見者以爲可師兮；其殁也勿勿，聞者識與不識垂涕洟兮。斯人何疾，竟至斯兮！

欲叫蒼蒼，九天不可訾兮；欲叩冥冥，九京未必知兮。蓉城玉樓，杳安之兮；往者已矣，存者悲兮！日薄虞淵，凄風颯以吹兮；繐帷綷縩，若睹君之鬚眉兮！志乘續刊，慰君之思兮；補立君傳，厠入文學，邑人僉曰宜兮！

社倉社學論（縣志）

社倉社學，教養兼資，相爲表裏者也。乃往往廢而不舉，何哉？蓋行之各有四難焉。

社倉之難，一在經始：頃畝而計之，升合而入之，斂之不均則滋怨，措之不善則滋擾，儲之不慎則滋蠹，未獲賑貸之益，先虞倉卒之弊，一難也。一在春放：擇人而畀之，則富者每不肯借；盡人而予之，則貧者慮不能還；先近者則遠者怒，先疏者則親者嘩，經理在民，迴异出納在官，二難也。一在秋收：豐可償也，或豐於此而歉於彼；歉可緩也，或歉於甲而豐於乙；寬之則疲，急之則恨；黠者患其抗，懦者慮其逃，未可誰何，仍需鳴官，束以三尺，訟端易啓，三難也。一在得人：豪猾者趨之而衆莫信，官爲所蠱則必且作奸；殷實者避之而衆樂推，既入其中則不免受累；蓋雖民儲其穀，固已官存其籍；既有主守之責，須嚴侵耗之條；法久則弊生，弊極則案破，作奸者必至罹辜，受累者卒歸蕩産，因而人懷畏沮，事鮮責成，四難也。

社學之難，一在延師長：遠求巨擘，既限於力所不能；近聘冬烘，又苦於人多不服。衰者病其頹也，頹則必廢；狂者惡其蕩也，蕩則必荒。卒以庸流凡輩虚擁寒氈，粗了其局，苟利所入而已。一難也。一在合生徒：素封之子，望館而不前；儒業之童，閉門而自課。願游社塾，大抵村蒙。往往朝釋牛鞭，夕操兔穎；旦親章句，暮供樵蘇。聰謹者百無二三，憨跳者十常八九。講席甫撤，少狎而長優；夏楚稍寬，且弱淩而寡暴。來者不拒，莫施澄汰之方；習與性成，徒長浮囂之漸。二難也。一在籌經費：師不必碩學，而脩脯歲支；徒不必英才，而膏油日給。廉之乎，則作養之恩薄；優之乎，則挹注之道窮。將取之於官，而廩庖莫給；將裒之於衆，而囊槖罕餘。置田既患其草宅，榷商又慮其閉廛。漸至盤空苜蓿，先生樂泌水之饑；鑿遍鄰墻，弟子嘆短檠之弃。三難也。一在立課程。父兄半襏襫之夫，詎聞庭誥；師友悉釣游之侶，何有學規？責之保長，無异强祝以代庖；督以紳衿，奚啻以秦而視越？若謂月鍛季煉，動須官詰吏訶，匪直牛刀褻於割鷄，亦復駗騑疲於屢駕。卒至素牒輟咿唔之響，青衿來佻達之譏。徒荒耒耜之勤，罕睹詩書之效。尼父重以爲憂，鄭卿過而欲毁。四難也。

夫至美者，社倉社學之名，而至難者其實。務名者欣其美，務實者知其難。惟祛難斯可成美，長民者操何術焉？

擬長山范文正公祠堂碑文

夫少陵臺迴，披榛憑東郡之墟；太白樓高，剔蘚捫任城之碣。良由名流憩息，輝映枌榆；勝迹沿傳，敬同桑梓。然而拾遺以崎嶇著節，惟愛吟詩；翰林以放誕標名，徒耽進酒，孰與勛崇一代、作奕世典型、學冠群儒、爲後生矩則者乎？

有宋大賢范文正公，繫籍蘇臺，誕生徐廨。楚城失怙，甫届二齡；齊國依慈，爰周廿載，若季布之在魯，暫托朱家；似范雎之入秦，借名張禄。雅近於陵宅畔，依然讓水廉泉；况鄰博士祠邊，宛若鵝湖鹿洞。時維大中祥符之二三年，是爲公之二十二三歲。山名長白，晦迹栖岩；寺號醴泉，讀書假館。晝粥斷齏，聽鐘幾愧闍黎；後樂先憂，弱冠夙懷卓犖。姜諫議傾襟折輩，人慕登龍；劉學究共席分經，士争附驥。既而飄零琴劍，遠邁南都；寂寞篝燈，久留太學。登科於乙卯之歲，榜列蔡齊；復姓於丁巳之年，名更朱説。純忠亮節，雷霆震乎口碑；偉烈豐功，日星炳諸國史。

前賢往矣，遺址儼然，志乘重流寓之編，山麓有祠堂之建。溯自治平初構，韓澤實創其規；越及大德增修，房唐益拓其宇。有舉莫廢，歷昔迄今，民之望也，禮亦宜之。或者謂：本傳第云『冒姓』，而誦習弗傳；《通志》僅列書堂，而紀載仍略。雖云傳聞可信，猶虞文獻無徵。不知公歌詩《登第》，首標『長白』；寒儒磨勘，陳情備述。幼孤游學，張唐英纂事殊詳，魯昌祖記祠尤悉，公之寄迹於斯、肄業於斯，無可疑也。或又謂：西京顯忠之寺，永薦苾芬；姑蘇天平之山，曾留香火。兼之義莊如舊，宗祏有光，豈其生欲南旋，殁猶北戀？正恐溪毛澗潦，縱羅陳於懷范樓前，而風馬雲車，早迴翔於歲寒堂上。不知司農魂魄，每眷桐鄉；太守英靈，恒依石室。且公之守睦州也，曾創置子陵之廟；其赴潤州也，又遷建衛公之祠。均以踪迹之偶留，遂致馨香之不忒。而况烟霞廬在，珍重鄉人；禮參坡前，殷勤父老，公之神游於斯、居歆於斯，洵勿爽也！

兹值靈辰，虔修明祀，博褒峻叟，執俎豆而駿奔；方幅英童，奉尊罍而鶴跂。更以麗牲有石，未應吐鳳無文。爰授簡於鯫生，俾濡毫於螭左。詳稽年譜，補舊記之缺遺；博采佚文，紀清祠之顛末。雕蟲篆刻，敢希先朝褒賢之碑；醇酹明粢，竊附昭代東廡之奠。

唐張府君墓志書後

唐朝散大夫、著作郎張府君墓志銘石刻，乃唐仲實解元於道光癸卯襄陽舟次購諸土人者。考《唐書·列傳》，張柬之有子二人：愿，襄州刺史；漪，著作佐郎。而《宰相世系表》則漪爲柬之子，仕至著作郎；愿爲柬之孫，仕至吴郡太守兼江東采訪使，與本傳互异。今按《墓志》所載，柬之祖、父官階，一一與《世系表》合，且係愿爲漪作《墓志》，而云『伯父垂訓，嚴君若存，煢生藐孤，以至成立，恩深罔極，思報無階』，詳其文義，愿乃漪之孤侄，少爲所撫養，故稱侄而兼繫以子。愈信《世系表》爲足據，而《列傳》失其世次矣。

又，《世系表》載：漪有三子：毖，左補闕；勰，荆府倉曹參軍；軫，河南參軍。《墓志》則云『毖爲邠王府掾』，不云『左補闕』者，其時猶未爲左補闕也；不云軫爲何官者，未仕也。惟尚有子孚，爲郾城縣丞，而《世系表》不載，則史偶佚之，當以《墓志》爲斷。柬之誅二張，擢天官尚書，封漢陽郡公，旋爲武三思所構，晋封郡王，罷其政事。柬之失權，乞還襄州養疾，以漪爲著作佐郎隨侍。《墓志》所載，均與《列傳》合。嗣柬之遭貶，復流瀧州，則在漪既葬之後，故《墓志》不及焉。史稱『漪在襄陽，恃其家立功，簡接鄉人，鄉人怨之』，今《墓志》稱其口絶薰味，心多禪悦，則其爲人冲夷恬淡，不妄交接，未可以鄉評失洽爲訾也。

唐人石刻，近世出土者如《磚塔》《瘞琴》，莫辨真贋，磚塔尤多殘缺。徒以其文辭簡質，字畫遒媚，見者争以爲寶。若此《墓志》之信而有徵，完而弗刓，楷法精妙，遠出《瘞琴》之上，以之頡頏《磚塔》而有餘，則仲實之持若拱璧，有以也夫！

石琴銘

介如石，和如琴，首陽操，柳下心，羚羊之峽青森森。試劚蒼玉霜崖陰，製爲雲和太古音，一彈再鼓清煩襟。

知止堂續集卷一

賦

牧羊賦

歲在作噩，余返初服。乃脱冠裾，解輪軸，聊躑躅乎烟村，將徜徉於雲麓。

客有以牧羊之説進者，曰：『羊之爲物，其生易完：廣拓牧地，惟取閑寬，有石犖確，有草芊眠，降阿飲池，純任自然。精擇牧人，厥責斯專。其行成列，如雁行聯；其止成陣，如鹿角圓。撻不輕施，視後而鞭；勿伐厥性，務全其天。厥初百足，歲必倍焉。故覽其聳耳垂䰇，互黑錯白，足以飾原田；睇其游佚跧伏，抵觸騰踔，足以壯林泉。取其碩大蕃滋，備腯咸有，足以實加籩；登諸刀几鼎俎，蕭切煎和，足以佐初筵。斯乃次大武而稱少牢，非白蹢黄耳之所敢比迹而争先。』

語甫畢，客更端而請曰：『羊於古有徵乎？願聞其略。』

余曰：『羊爲火精，得兑之情；散著篇牘，匪一其名。粤昔姬周，實作卿裘；究究居居，洵直且侯。慨横罹夫刲刺，乃賈禍於輕柔；縱耀軀乎槐棘，曷曳尾於山邱？亦越馬晋，曾引帝車，筠垂青瑣，雪灑丹除。勞蛾眉之延頸，羌中道而踟躕。胡强加以銜轡，望故墟兮天隅。更有執戟上林，牧羊亦勤，片言悟主，踣厥敗群；又或托體監門，牧羊澤畋，截蒲代牒，遂通春秋。乃若奉使絶域，遠涉北庭，持竿窮髮，旄節紛崩，玄冰塞脛，積霰衝膺，烏白馬角，回首觚棱。若此者或奮乎牧豎之中，或屈於牧圉之列，終能標赫奕之鴻聲，矗崢嶸之峻節。然而焦心勞思，竭精敝神，睹羵首而蹙額，眄羝乳而沾巾；殆惟恐輟業之不速，固宜其中懷之抑鬱而不得伸。孰若吾與子散髮青松之岡，濯足素波之川，無牧之勞，而得其趣；慕羊之野，而避其膻。行將攬三百之群，儲三十之蓄，聚之則依廬舍，散之則在林谷。旦而求芻，夕而考牧，爾勿博塞以游，挾書而讀，謹護吾羊，莫學臧穀。斯誠野人之鄙事，又何羨乎關內、臨淮與典屬？』

客聞而听，乃爲賦而繫以歌，曰：

爾羊來斯，于彼夕陽；爾牧來斯，厥有糇糧。量地而置兮勿使將狼，與汝偕隱兮勿入之而爲郎。考古文『羊』與『祥』通兮，訊吉夢兮未央。

甘露子賦有序

甘露子者，園蔬之异品也。葉似匏而小，蔓生花時，露滴入土則結實，發土取之，味等薯芋，而甘最益人。

猗嗟嘉蔬，如匏布葉，翠蔓連蜷，蒼藤轉折。羌引架而上行，或穿籬而旁接。似蓋蔭濃，如帷鱗疊。既乃香葩孕秀，素花含榮，金鬚篆結，璧蕊絲縈，乍倚風而夭裊，恰印月而晶熒；甫繽紛兮聚雪，旋歷亂兮霏瓊。悵芳華之頓歇，詎碩實之倏成？厥實伊何，惟花上露。初瀼瀼以下零，漸溥溥而布濩。徐潤葉以流根，儼如酥之甘雨。沁入黄壚，醴逾碧乳，潛引花氣，與地氣通，根荄匝洽，膏液冲融。毓珠胎而大小，判玉卵以西東。承筐無實兮，孰搴芳於葉底；蕃衍盈掬兮，忽發覆於土中。爾其團圞鈴綴，錯落星攢，觸肌褪粉，運掌停丸。

奪仙漿於沆瀣，匹妙質於琅玕。登諸夕釜，以佐朝餐。剖之則色侔芋栗，嘗之則氣掩椒蘭。斯蓋分靈液於金掌，固宜佐珍饈於玉盤。

攪瓜賦有序

攪瓜，似甜瓜而大。剥去皮殼，以匕攪之，自然成絲。味清美。

若乃托根夏隴，引蔓秋陂，葉舒緑襌，葩綻黄滋。漸孕胎兮大小，紛結實以葳蕤。長不逾尺，圓或中規。於是褰裳越陌，徐步循籬，摘和宿露，濯向晴漪。堆筠籃而翠疊，登玉案而青垂。蜕蒼膚於春鱔，刳碧甲於寒黿。清欺瓊骨，凉徹冰肌；滑不留手，膩若凝脂。俄横陳於溉釜，倩棘匕而攪之。伊誰引緒，宛爾成絲；是闢天造，詎假人爲？不煩比而自合，孰云棼而莫治！乙乙若抽，隱寓三盆之妙；綿綿勿絶，匪矜五色之奇。掬素粒兮盈把，弃丹瓤兮若遺。妃以薑芥，媵以鹽飴，朋以魚肉，靡弗攸宜。既柔韌而著齒，亦香滑而流匙。至若狂客思蒓，終嫌黏滯；佳人雪藕，徒見紛披。將欲儷燕蔬而實於俎，固無足媲美於斯。（以此瓜絲雜燕蔬中可亂真）

知止堂續集卷二

詩一　五言古詩　七言古詩

田間雜咏十五首

其一

束髮事游宦，垂白還故鄉。胡能忍飢凍，且復籌耕桑。先人有遺業，半在汶水旁。置田近山麓，傾我橐中裝。賣馬先買牛，厥色青以黄。呼僮具鋤耒，課婢治筥筐。編籬護鵝鴨，樹柵攔猪羊。謀生非所悉，四顧心彷徨。天時安足恃，十豐恒五荒。農事貴勤力，詩人戒太康。上以供租税，次以奉高堂。

其二

低田宜種麥，種麥得早收；高田宜種豆，種豆望有秋。麥田要深耕，粉壤沃且柔。三冬見三白，入隴如膏油。所畏霜與雹，丹輕不足憂。此實宜吾土，一劣還九優（吾鄉宜麥，最畏三月春霜、四月冰雹；丹則歲有之，輕即不爲患）。豆田要頻鋤，去草如去仇。草與豆苗争，稍縱不可搜。穢根一以拔，良荄忽若抽。匝野溢緑雲，甫得挂鋤鈎（農諺謂耘畢爲『挂鋤鈎』）。稷爲百穀王，群禾孰與儔？亭亭一丈紅（蘆穄别名），濃霞爛西疇。此尤便民用，年年祝滿篝。粗糲飽已足，勿爲稻粱謀。

其三

條風方習習，遲日何輝輝。及兹脱裘襖，相與换袷衣。屋角笑紅杏，春鳩撲檐飛。夜雨鳴復歇，侵晨露未晞。老農驅黄犢，東作趁朝暉。犁一須耙六，油土三寸肥（二語見《農書》）。家人趨相餉，笑語轉依依。投耒慎勿嘆，耦耕賢足希。

其四

青陽過百六，枯桑行復榮。欣欣初破凍，稍稍漸抽萌。突作蟆眼怒（種樹書以桑葉初生爲『蛤蟆眼』），上有倉庚鳴。殷勤囑妾婦，蠶事須經營。捧種就川浴，著體温以輕。旋變胡麻黑，恰肖蚍蜉生（蠶始生曰『蟻』）。督婢出采桑，裛露擢含英。蠶性忌濕葉，風戾古有程。换化類蟬蜕，姁育侔孩嬰。辛苦逾三眠，團雪繭始成。衹愁風雨寒，默祝晅且晴。上簇復下簇，卧聽繅車聲。

其五

汶南富宿麥，匝野青絲棼。軟風一迴薄，叠浪翻澐澐。池蛙日鳴聒，萬隴堆黄雲。我農不遑食，争割如救焚（農諺：割麥如救火）。腰鐮趨南畝，蓑笠何紛紜！村村響碌碡，攤曬惜餘曛。是時禾没牛（農諺：麥去頭，禾没牛），劍葉森蒼雯。釋鐮更持鋤，既穫行且耘。破塊得甘澍，種豆亦孔殷。

其六

鋤禾未云憊，所患在驕陽。剡兹鋤豆時，盛夏火傘張。破笠不覆額，白汗如流漿。苦渴甚苦饑，烈焰燔中腸。詎乏槐柳陰？未暇就彼凉。雲師怒鼓橐，雷車鳴硠硠。快雨蕩埃霧，砉若天瓢揚。此際荷鋤歸，泥淖沾衣裳。三日雨不歇，閉門卧繩床。有時招鄰里，翦蔬傾壺觴。久勞得暫息，歡喜殊未央。天晴視田豆，青青草又荒。

其七

蟬噪枯桑枝，蛩吟衰草根。商飆驚素節，多稼羅秋原。玉粒墮長薄，珠穗垂疏藩。刈禾殊刈麥，厥類紛且蕃。登場有遲早，閲候更（平聲）寒暄。黍香露初白，豆熟霜已繁。今歲幸豐稔，田歌雜笑言。烏雀飽餘粟，時復迎人喧。繄余有别業，厥名紅葉村。有柿不計株，有棗頗成園。黄團間紫綴，纍纍當風翻。願携千木奴，啜菽老邱樊。

其八

滌場歲云暮，晝短風刁騷。節食早完衣，莫學寒禽號。農隙有餘興，趁此霜天高。招邀衆少年，縱獵蹂蓬蒿。黠兔傍草没，驚雉凌風翱。黄犬初脱繫，蒼鶻亦解絛。老拳快一擊，小醜將安逃！虚往必實歸，置酒酣其曹。何如秦丞相，空憶東門豪！

其九

我有十畝園，中開一畝池。芳樹漸成列，荷芰香風吹。弱羽蹲柔柯，纖鱗躍明漪。頗亦種蔬菜，花葉交離披。采摘動盈把，釣弋或忘疲。却思舊游處，南國恣遨嬉。中山開西苑（金陵藩署西偏爲前明中山王西苑，今名瞻園），平南拓東陂（粤東撫署乃平南王尚可喜舊邸，有園在東偏，名漪園）。赫赫异姓王，指顧山可移。園中盛花竹，門外飛旌旗。一朝陵谷變，邸第歸衙司。近復梗貙虎，甚者藏狐狸（時粤東久被賊圍，金陵竟爲所踞）。何如庾信園，寄此鷦鷯枝！

其十

五經無棉字，古有麻與絲。繰絲織作帛，布以麻爲之。持帛奉所尊，幼賤惟布宜。代匱用菅蒯，著體生凉颸。老非帛不暖，此理或未知；假使早有棉，何以衣帛爲！棉初名吉貝，産自西海西。時惟宋元間，番舶載種來。播殖先閩粤，漸乃及魯齊。傳生五百年，利與百穀儕。初出銀鈎屈，布葉翠葳蕤。粲粲黄金朵，團團碧玉肌。行看吐白雪，莫待委紅泥。殷勤唤椎髻，適野筠籠携；敢辭饑與渴？掇拾當及時！紡績自兹始，衣褐乃有資。此實天下利，厥初來外夷。遠勝淡巴菰，嘘噏煩朵頤。近聞罌粟花，爛漫東山陲。

其十一

家近古曲池，東有龍魚泉。昔人曰馮紹，結廬踞其偏。潛虬得雨化，坎窞成深淵。泉流漸盛大，西去匯汶川。前明煩部使，歲修糜金錢；附汶入會通，將以利漕船。聖代恤民力，省役從所便；飛挽有長策，奚霈滴與涓？坐此日堙塞，魚枯龍上天；經流失故道，秋潦妨民田。我有膏腴産，半在沮洳邊；舊開徑尺溝，都被青泥填。老親命疏浚，趁此穀雨前。春耕一已罷，農作方息肩。置酒商鄰社，父老聞欣然。指麾出丁壯，魚貫復蟬聯。腰膂没泥淖，畚鍤揮雲烟。寬深約丈尺，勤惰争後先。導流直斯順，杵岸實乃堅。水去露原隰，略辨陌與阡。上游架石梁，束浪鳴濺濺。環堤插楊柳，萌櫱青芊眠；會看十年後，漫天飛白棉。

其十二

老農逢熙朝，耕鑿無餘事。尺寸皆皇土，能勿輸租税？祖宗有正供，分厘關會計。行之二百年，未曾增一例。吾鄉急完納，傾囊先自致。月夜犬不驚，門無催租吏。近忽暗轉移，穀賤苦銀貴。穀賤怨年豐，銀貴愁錢滯。下有什倍加，上無絲毫利。慨焉語我農，黽勉莫嘘唏。皇恩甚深厚，憫汝思調劑。昔聞土變金（農諺：黄土變成金），萬寶生於地。今見紙變銀，大農頒楮幣。

其十三

野老四五人，把酒快今夕。銜杯各長嘆，慨然話疇昔。憶彼廿年前，沸耳蜩螗集；胡爲噤不鳴，槐柳空摇碧？蜉蝣似雪繁，掘閲填墻隙；祇今籬落間，無處尋形迹。二蟲雖微渺，亦荷造化力；將毋地氣轉，沃衍變墝埆？側聞野老言，扼腕增愴惻：青犢飲江淮，黄巾亂南北；豕突兩渡河，高平戰骨積（時賊陷金鄉）。澒洞烟塵昏，王師方荷戟。魯西幸小康，屢豐足菽麥。及時且爲歡，卒歲聊自適。對酒不能飲，眷焉念行役。

其十四

晨出行阡陌，箬笠青團圞。俯擷蕨芽嫩，仰掇桑葉乾。兒童笑相語：是曾爲大官，當其出莅粤，仗鉞每登壇。前馬走赤棒，屬車排旌竿。胡爲行踽踽，泛此零露漙？我聞三嘆息，愧汗沾闌干。蛟背負崇邱，勝任良獨難。矧余歷風波，頻經惶恐灘。瘴嶺恣魑魅，血灑川原丹。故人多大節，猿鶴化龍鸞。天末感疇昔，怛然摧心肝。生歸荷恩幸，家食忘饑寒。雙親迫華皓，潔養披陔蘭。抱犢願已足，敢望青雲端？

其十五

爲儒不識字，爲農還讀書。閉門若深山，抱膝殊晏如。取禾乏百困，積軸過五車。時復弄柔翰，清藻雲霞舒。生性惡博弈，借此消居諸。童冠四五人，執經集吾廬。對雨硯亦潤，映雪窗更虛。文津快游泳，義藪工爬梳。春秋多暇日，風浴振輕裾。纖繳下高鳥，文竿出深魚。羲炎未云邈，泊焉緬古初。

夢登徂徠得句，醒而足成之

晚步徂徠巔，遥望魯門道。雲山青茫茫，月海白浩浩（夢中句）。長嘯倚孤松，驚起危巢鳥。言尋孔李儔，筠溪掇瑶草。

泉渠有成，田麥倍收，欣然賦此

尼父感逝川，未聞言水利。亞聖本鄒人，地勢亦魯類。雨集溝澮盈，其涸可立致。旱則苗槁矣，浡興待雨施。此病古今同，改時不改地。望澤但呼天，人功竟何事？吾鄉枕汶堤，源泉争觱沸。龍魚舊有名，波流達汶濟。池亭與闕陵，古迹杳難記，往往見頽基，邱冢盤嵬巋（此地爲曲水池亭及闕陵城故址。今東西數里間多高邱大冢，蓋其遺迹云）。憶昔少年時，濯纓臨水際，清颸弄淪漣，渠寬逾丈二，典守有專官，疏浚走群吏。胡爲日填閼，燥濕互易位？經流失通暢，浮潦翻縱恣。漂蕩害旁田，膏沃頓荒弃。隴端下白蝱，塍畔飄紅芰。田没尚懸租，民逃斯逋税。觸目每慨然，修浚頗有志。適當旱蝗後，代賑用民易。沿流昔决壅（先年已疏其下游），溯源今宣滯。導出兩從龍，别派復三四（左右從龍二泉及大小龍尾、見龍、躍淵諸泉，均以次疏通）。鑿渠足相容，横溢始可制。西下匯長川，東來蓄遠勢（渠之開，東起見龍泉新作石橋迤西，里許至左從龍泉，又西至右從龍泉，又西至躍淵泉，又西至小龍尾泉，又西之南至大龍尾泉，通計二里許，至舊作石橋，又西里許至崦上村前石橋，又西四里許至郭河口入汶）。原隰劃龍鱗，圩岸舒雁翅。就田作溝洫，縱横成十字。引水歸正渠，宣泄存古意。車戽取不窮，禦旱恒有備。晴晝飛甘霖，妖魃須走避。輟彼網罟用，修我耕耘器；奪彼萑葦塲，還我盈車穟。魯俗稀種稻，宿麥工樹藝。初看緑浪翻，漸見黄雲墜。畝收倍一鍾，匝野饒滯穗。新泉流活活，岸柳交加翠。掬飲便渴農，時有牧童睡。饑饉轉豐穰，差可挽凋悴。泉塞嘆無禾，泉開逢樂歲。矢詩告鄉人，此實關生計。

連歲旱蝗，賦此排悶

丙辰天降灾，春徂夏不雨。南湖積水乾，魚孽生翅股。蔽天嚮北飛，置陣如項羽。張吻奮厥牙，田稚茹弗吐。薨薨復繩繩，百子一母乳。突穴走黑砂，萬手不及取。坐此致荒歉，鳩鵠變兒女。至今孑遺氓，畏蝗劇談虎。幸兹麥有秋，流亡漸安堵。頑魃心罔悛，火雲歕赤縷。恒暘逾十旬，羲輪駐亭午。祈告空皇皇，惰龍如伏鼠。禾苗半已枯，豆種不入土。麥收能幾何，秋成非小補。閔此長藴隆，洊饑行可睹。又見南來蝗，銜尾横空舞。欲集不忍下，頗似憐人苦。百室方磬懸，枵腹思啖咀。蝗兮慎勿留，飢民且食汝！

雨後郊行見蕎麥花

一雨洗火雲，秋原殊每每。匝野沸白波，蕎麥花如海。迎風倍婀娜，裛露還蓓蕾。蕘蕘泠蜂喧，瘦蝶時揚彩。纍垂細菱角，玄珠穿百琲。此實蝗口餘，禦冬猶有待。但祝晚降霜，噫氣息真宰(是秋蕎麥大熟)。

修《滋陽縣志》成，因爲拙詩書後，兼示莫以南明府及同事諸君

瑕邱古名都，歷漢逮宋世，省邱但存瑕，尊聖因避諱。嵫山一培塿，寧嶧堪比例。宗藩厭祝融，從水思劫制。百雉聳墉垣，九達輳輪轡。河濟扼襟喉，淮海聯指臂。開府唐置軍，專閫今命帥。帶郭領十城，赤緊須健吏。徐舒民氣和，究端士行粹。賓賓盛才賢，克復緬洙泗。經師丁江蕭，儒林竪高幟。申王功亦奇，陳侯氣彌厲。翻覆迄元明，休烈未失墜。祭酒虎豹文，太僕松筠志。昭代運化樞，勝地發人瑞。著作真谷富，旄鉞中丞寄。仡仡仙將軍，瞋目走魑魅；解衣刀劍瘢，百戰致高位。老成尚典型，桑梓生敬畏；文獻炳鄉邦，清芬播蘭蕙。外史昔有作，二李垂雅製；經今二百春，芳躅渺難繼。往迹付微茫，故老漸凋悴。明府古循良，勞心但撫字。暇日登南樓，臨眺多古意。政成百廢修，餘力及縣志。高軒枉蓬茅，授簡俾從事。吾衰每善忘，過眼如夢寐。手重逾十斤，捉筆輒失利。又如水上船，寸進愁尺退。諸君青雲秀，文采奪鳳翅。編仗廣搜，新事煩熟議。痛刊流俗訛，苦析傳聞异。正史資折衷，稗説揭蒙蔽。好辨敢辭譏，傳言期免戾。三月幸書成，累牘嗟辭費。脱漏亦孔多，紀載聊粗備。近愧武功篇，遠慚潡水記。糾謬賴後賢，覆瓿且姑置。

聞近村蝻子爲群燕啄食

古剛城側落星村，近村里許東南原，發生蝻孽紛且繁，填溝溢隴相追奔，啖嚙禾黍田如髡，老農垂涕手莫捫。燕子飛飛黑雲翻，壓蝻而陣寂不喧，欻如鷹擊兼狼吞，殲爾妖蝗之子孫。安得盡傾烏衣國，玄鳦百萬天爲墨，掃除螟螣及蟊賊！

赤藤杖歌

昔年我過滇陽峽，飛來禪寺停襜帷。寺僧贈我赤藤杖，入手夭矯蟠蛟螭。峽山陡立水清絶，草木堅瘦含霜姿。兹藤純陽有殊禀，蜷生山腹穿雲肌。年深瘴霧霾翠蔓，獨標火色爭炎曦。蛇纏虺繚更糾結，石剛鐵勁尤崛奇。細筋盤環抱真骨，血殷腠理凝燕支。攫拿數尺勢千丈，倒垂岩際耀水湄。老樵奮臂拔不得，快斧斫斷珊瑚枝。天生杖材帶根節，不須鑿削煩工師。鳩首翻露丹鳳咮，龍頷怒磔頳虬髭。舟中緘識不敢發，江湖怕有神奸窺。歸來摩弄净牙角，偶以挂壁驚童兒。近苦脚軟仗汝助，掣電繞腕流虹馳。蜿蜒欲飛强捉住，咫尺炫晃光陸離。斗覺生力貫腰膝，徐看寶氣衝鬚眉。殘藜枯竹安足道，塗朱髹漆空爾爲。會當携汝入山去，遍踏蒼崖尋紫芝。

知止堂續集卷三

詩二　五言律詩　七言律詩

諸將六首

科爾沁郡王名僧格林沁，外藩蒙古人

仗鉞襄神武，忠勤异姓王。鼓聲殷地動，旗影拂天長。灌穴收群蟻，傾巢取狡狼（王剿賊於連鎮、馮官屯，俱掘長壕引水灌滿，絶其奔突之路，故能悉殄醜類，生致渠魁）。論功推第一，河朔奠苞桑。

曾少司馬名國藩，湖南人

一貫傳家學，軍中仰大儒。長驅收二楚，轉戰下三吴。鄂渚妖氛蕩，潯陽壯士呼（時方剿賊九江）。鵝黄兼孔翠，逢掖拜恩殊。

塔提督名塔齊布，滿洲人，與曾公共事

列校初開閫，謀深勇亦沉。兩軍互犄角，二帥本同心。犀甲纏金鎖，龍泉按寶鐔。梟渠酣戰處，一騎走

生擒。

江中丞名忠源，湖南人

忠義根天性，同仇屬薦紳（初以舉人團練起兵）。募兵先破産，臨陣每忘身。江表烟塵暗，淮南節鉞新。援師方四集，城碎失疆臣（初撫皖，即於廬郡殉難）。

李廉訪名孟群，河南人

忠孝奇男子，英雄美少年。誓師惟泣血，殺賊獨争先。百戰收親骨（父爲湖北廉使，殉難武昌，廉訪佐曾少司馬力戰，克復城池，收父骨以殮），孤臣荷主憐。倍增科目重，黄甲數君賢。

羅廉訪名澤南，湖南人

湘岳鍾奇杰，南金孰比良？膠庠能造士，草澤敢勤王（以廩生隨曾少司馬起兵）。風助戈船利，烟沉鐵鎖長（屢以火攻斷賊横江鐵鎖）。酬庸須破格，假節領岩疆。

北村二首

其一

行來三五里，萬柳隱柴關。鷄犬自鳴吠，野人相對閑。緑開風過水，青逗雨餘山。樵牧忘名姓，相逢但解顔。

其二

新泉流活活，沙軟浄環堤。隴麥連莎岸，園花接菜畦。溪寬宜鷺浴，林寂偶鶯啼。一路裙腰緑，烟深望易迷。

春郊晚步

尋春不知處，偶行南陌頭。斜陽下芳草，蕭颯只如秋。無事抱黄犢，有心盟白鷗。微吟乘淺醉，歸去月懸鈎。

南　村

地异平泉舊，猶呼閣老亭（地爲明許襄敏別業，至今名閣老院）。溪沙環塢白，山色入樓青。茅舍多新葺，柴扉半不扃。荒墳埋駿骨，絳帳久飄零（村有馬氏兄弟三人，伯寬、仲安、叔容，并有文行，授徒頗衆，時稱『馬氏三駿』，今俱卒）。

大安別業 一名紅葉村

排闥來山色，疑當夕照看（村在彩山之麓，山以赭色得名）。樓空今栗里（村多栗姓，舊從栗家樓移來者），國近古槐安（北爲大槐樹村，以古槐得名，乃邑八景之一）。礀瀑灑晴雪，墟烟凝暮寒。柿林千萬樹，霜染一痕丹。

翠微别業

記取靈山路，東莊東復東（東莊在靈山側，乃許襄敏故里，此村在其東）。峰環村不見，嶺轉徑初通。一水斷橋外，小樓深樹中。此間堪避俗，合住鹿裘翁。

小龐别業

鹿門何處所，高躅仰龐公。此地宜栖隱，孤村烟樹中。春陰桑館緑，秋霽棗園紅。故里鄰疏傅（地介東疏、西疏二村間，二村爲漢二疏故里），蒼凉古木叢。

杜鵑花

蜀魄何年化，花名借鳥名。血痕凝紫重，歸夢惹紅輕。著雨半成泪，迎風不作聲。江南舊游處，對爾若爲情。

青縣道中（時赴天津）

莽莽開青縣，彎彎護緑堤。草齊平野大，樹暗遠天低。傍海多沙堉，緣邊尚鼓鼙。呼鷹宜此地，獵馬待秋嘶。

翠微小住即景成詩三首

其一

北鄙村名古（《春秋》「齊人伐我北鄙」即此），雲封嶺外天（由北鄙村而東，但見山嶺，嶺外十里抵直界村，即翠微也）。路緣山左轉，地盡縣東偏（村在寧陽極東，距縣城百有二十里）。亂石牛羊卧，長林鳥雀便。由來知止足，愛此寢邱田。

其二

屏疊南峰翠，東溪涌白沙。溪邊暗楊柳，柳際露人家。僧隱時聞磬，樵歸半帶花。年來厭人事，與爾共烟霞。

其三

莫愁前路險，曲折入雲深。半掩黄茅屋，都圍翠樾林。有農皆石户，此去接山陰（石户、山陰皆鄰村名）。小住忘塵世，悠然太古心。

哭周星巖孝廉四首

其一

屈指孩童舊，如君復幾人？秋風傳惡耗，夜雨助愴神。意氣平生在，音容夢寐親。撫棺一揮泪，沾灑穗幃塵。

其二

秀孝標清貫，榮親有令名。雄文粲金薤，古誼重瑶瓊。捍水堤環汶（曾修汶堤，至今賴之），編書歲在庚（庚戌與余同修縣志）。古今一彈指，回首不勝情。

其三

薄俗嫌傷惠，丹誠只自知。謀人甘況瘁，損己濟尪羸。莪廢霜凝户，梅寒月闃帷（喪妻不娶）。九原餘慟在，五桂折雙枝。

其四

耆齡猶黑髮，積德合長生。歷劫維摩病，崩榱廣厦傾。藥爐付燕玉，薤露變齊聲。黯澹羊山道，蕭蕭白馬鳴。

庭梅盛開，感懷有作二首

其一

此是江南物，都云易地難。樓前勤護視，花底儘盤桓。觸冷晨驅雀，尋香夜倚闌。瞻園餘夢在，珍重部民看。

其二

不睹吳姬面，匆匆十九年。巡檐同莞爾，回首一潸然。海沸愁香雪，江昏阻瘴烟。金陵六朝樹，零落阿誰邊（陶谷有老梅，相傳是六朝舊物）。

頻歲旱蝗，積感成詩十首

其一

湖涸魚生翅，孽蟲飛食人。薨薨遍河朔，陣陣度江津。徑欲遮鵬海，時還繞鳳闉。九重勞舜目，清問閔斯民（上在宫中，見飛蝗成陣，有旨飭查）。

其二

丙丁逢火歲，齊魯迫湯年。妖魃乘三伏，痴龍閉九淵。流膏金石鑠，病暍肺肝煎。未解蒼蒼意，蝗飛正蔽天。

其三

入境嗟難禦，連群下碧空。疾如風雨至，貪比虎狼同。蟊賊仇田稚，灾傷損歲功。無煩問巫祝，捕逐付兒童。

其四

村寺鳴鐘早，蒼黃走百夫。日高空撲擊，鼎沸亂號呼。長吏惟耽酒，田翁尚荷鋤。雙雙孳乳易，遺種滿平蕪。

其五

戢戢多於蟻，幺麼略辨形。頓教禾隴黑，漸失草塍青。饞腹惟思飽，痴腸本不靈。眼看成盗賊，騰趠遍郊坰。

其六

争道蝗難捕，蝻生簇倍繁。一擒愁萬漏，西取任東奔。沃雪田苗盡，翻風日色昏。老農甘袖手，飲泣向焦原。

其七

汶南足螟螣，魯北限隅隈。悉族傾山下，前行阻水回。崩騰塞坑谷，咀嚼逮蒿萊。便假劉蘭節，妖氛掃不開。

其八

蝗不吃三豆，斯言自昔論。傷心竟蠶食，張吻任鯨吞。欲問南山路，凄涼減翠痕。不須理荒穢，草盡但留根。

其九

蝗旱必相資，妖蟲助魃威。劇憐枯草盡，莫救病蝗饑。蔽日飛還墮，餐風瘦不支。無言應啜泣，恰可伴尪羸（是歲旱甚，草枯，蝗多餓死）。

其十

昨歲罹饑饉，吁嗟今奈何？春荒欣有麥，夏旱恐無禾。吴楚方酣戰，燕齊又決河。疲氓各垂泪，應化雨滂沱。

雨夜雜感十一首(有序)

年來粤賊鴟張，奔突南北，所蹂躪者多舊游之地，所摧殘者半同事之人。小樓聽雨，觸緒增愁，因成長句。

其一

奇峰獨秀擁崔嵬，憶昔曾持蕩節來。驛路乍逢桐子熟，山亭恰見桂花開。風腥瘴嶺朝烟濕，月暗邊城暮角哀。此日半成豺虎窟，劍光拂雪炮鳴雷。

其二

湘水無如刺史清，憑將大義捍危城。登陴倉卒編民伍，授甲張皇借客兵。妖彗三更偏掃堞，援軍百里漸移營。江頭萬點忠良血，都作斑斑竹泪傾(賊犯全州，知州曹君燮培固守旬有三日，城破，死之，僚佐均及於難)。

其三

鶴樓俯瞰大江横，旬始凶芒黯紫清。妖霧朝迷元帥壘，將星夜墮尚書營。黄磯怨鬼聲還咽，赤壁驚濤怒不平。痛哭故人多大節，一杯遥酹武昌城(吴甄甫制軍、常南陔中丞、梁石泉方伯、瑞容堂廉訪、王蔭之觀察先後俱於武昌殉難)。

其四

江上艨艟走督師，蒼黄授甲但乘陴。三山氣盡悲群帥，二水聲吞哭健兒。雨暗臺城啼破鏡，血凝辱井漬胭脂。故人强半成猿鶴，腸斷毗陵松雪姿（武進湯雨生都督以書畫名江左，僑寓金陵，并及於難）。

其五

金陵京口又瓜洲，江草江花滿地愁。觭角便能牽二帥，連檣直欲斷中流。紛紜未必資群策，鎮定還須仗老謀。白下一軍留得在，城頭日日望山頭。

其六

江干曾記折狂酋，按劍看君躍紫騮。彈指十年餘往恨，關心一夕動新愁。戈船纍報金山捷，幕府難將鐵瓮收。畢竟孤軍成底事？英魂付與水東流（江南副將張攀龍昔以弁目隨余撫夷，殊有膽識。今屢於金山邀擊賊船，斬馘無算，旋以力戰死）。

其七

東臨滬瀆望瀛洲，假節登壇憶壯游。自昔江防嚴鎖鑰，於今海運重咽喉。犬羊方恐滋他族，蜂蠆無端起内憂（自上海與諸夷互市，有識者每以爲虞，不料今之倡亂乃在土匪）。聞説中丞能破賊，三軍争唱大刀頭。

其八

高平戰骨半成泥，叠破名城過濟西。東下中丞思保魯，南來元帥欲連齊。四圍貔虎環闉集，一夜鵂鶹繞堞啼（賊趨臨清，援軍四集，竟爲所陷）。二十萬人同日死，軍門愁對壞雲低。

其九

草澤群兒膽亦堅，不愁肉袒冒霜鋋。八千敗北甘隨項，五百殘餘耻背田。恰應紅羊成浩劫，誰驅青犢振長鞭？名王昨已清畿輔，會見東州露布懸（時殘賊數百猶踞馮官屯，屢攻未下）。

其十

羊城將佐半豪英，膽勇如君最有名。每以先聲驚草寇，由來猛將數花卿。戰酣不覺陣雲暗，力竭何辭頸血傾（廣東守備翟黼文捕盜功最著，近於英德力戰陣殁）！預卜臨岐成异讖，無端雨泪忽縱横（君昔送余度嶺，臨别時嗚咽不能止，知非佳兆）。

其十一

累朝渥澤被黎蒸，萬彙春臺喜共登。閫帥投壺惟把酒，屯軍釋甲但尋朋。非關野鼠能成虎，却怪村鳩解化鷹。薄海同仇心莫二，金城式廓不須增。

暮春即景 四首

其一

二十四番風力微，一百五日雨霏霏。囑僮掃徑留苔長，唤婢鈎簾放燕飛。蠶小喜逢桑眼活，蜂歡恰趁菜花肥。朝來聒耳堂前雀，爲賀茅龍已換衣。

其二

作賦蘭成愛小園，編籬恰借柳爲樊。池頭倦鷺栖烟睡，屋脊忙鳩唤雨喧。松夜墮釵青覆砌，竹朝退粉緑遮門。晝晴何處輕雷轉，花下轆轤趁午暄。

其三

清溪一曲小通橋，行過前村萬柳條。嫩緑都從烟際長，殘紅猶帶雨餘嬌。魚争迎沫宜垂釣，路欲迷津合問樵。看取忘機渾物我，閑鴉縮首立牛腰。

其四

雪花争似薺花繁，翠是蓬蒿碧是蘩。不輟絃歌隨鳥哢，厭聽鼓吹任蛙喧。鞋香碎踏桃千片，眉展平分柳一痕。放眼青山吾老矣，更從何處覓仙源？

晚　步

眼光老作照書螢，足迹慵成戀沼萍。款段不須鳴下澤，相羊恰可步芳坰。笠端樹色侵眉緑，鞋際山痕著脚輕。祇恐夜深逢醉尉，歸途先避灞陵亭。

秋夜喜雨枕上口占二首

其一

破夢欣聞屋漏聲，卧聽淅瀝答殘更。涼回枕簟生秋思，暗打軒窗減睡情。天意哀民誅老魃，神膏潤物活枯莖。南山豆盡嗟何及，會把焦原取次耕。

其二

頻番助旱沸蝗螟，天醉龍痴唤不醒。送夏但聞風瞖屑，分秋纔見雨飄零(是日秋分)。甘薯葉皺徐當展，蕎麥花乾冷不馨。欲補晚禾歲云暮，荒原漸見草青青。

哭外舅孫文定公五首

其一

懸車猶聽景陽鐘，列第官街戀闕濃。三代文章周太史，六經禮樂漢司農。天留國老標隆望，帝眷宫僚録茂庸。自昔甘盤先傅説，招摇箕尾拂雲龍。

其二

台星一夕隕重城，天語煌煌許易名（予謚『文定』）。被瑑梵經金粟佛（賜陀羅經被），尊傾法酎羽林英（侍衛十員前往奠醊）。冰銜驟晉翁傳子（次公萊山太史加侍讀銜），桂籍聯題弟亞兄（兩公孫均賞給舉人）。更假青宫崇碩學（加太子太保），恩綸稠叠極哀榮。

其三

憶從弱冠謁公門（余於道光癸未始識公於京邸），隅坐欣瞻玉色温。矮屋夜闌勞下問（是年會試，適與公同號舍，挑燈絮語，蒙詢經義甚悉），芳筵春静許陪尊。年家舊齒諸郎末（公兒子雲高舍人與余同舉壬午鄉試），甥館仍叨半子恩。卅載光陰一彈指，低徊往事黯銷魂。

其四

公留主計我歸田（道光己酉，余赴部謁選，侍公京邸，盤桓累日，余旋以乞養歸。未幾，公晉長户部），把袂春明意惘然。儒不知兵慚薦牘（咸豐癸丑，山東舉行團練，公以余名列上），老猶耽學溯薪傳。蘇詩應許王郎和，韓集終歸李漢編。一别十年成永訣，心喪隕涕繐幃前。

其五

萬斛新愁觸舊愁，不堪回首望秦樓。仙姝自合隨王母（先外姑於道光辛卯薨於京第，公長女之歸於余者尋以瘵卒），巍望終須仰介邱。睹物懷人空有恨，感恩知己總難酬。悼亡騎省頭如雪，又過嵩陽哭戴侯。

春日赴葛石山村張幹堂上舍，留宿日涉園中，因成長句四律，兼贈其令叔翰池明經四首

其一

咫尺東山撲面迎，抱村沙水鑒眉清。樓臺崱屴盤雲出，花竹鬖髿射日明。深巷緑陰閑繫馬，小亭紅雨静聞鶯。誰知仲蔚蓬蒿徑，綉谷都憑意匠成（幹堂於荒地建宅辟園）。

其二

名園日涉寄遐心，堂構今看屬竹林（君家先人副使公曾於城南筑日涉園，池館極一時之勝，今園仍名『日涉』，紹祖業也）。坳水東西雙磵合，拳峰南北四山深（幹堂叔侄以東西兩園合而爲一）。池臺恍睹平泉舊，松菊還從栗里尋（『日涉』取《歸去來辭》句意）。二百年來陵谷變，依然葛石蔚雲岑（副使有《葛石山房詩刻》）。

其三

吴越清游亦壯哉，老專一壑念難灰。默思亭館從頭數，縮取湖山入眼來（幹堂隨翰池曾爲吴越之游，今園中山池臺榭多仿南中小景）。紉蕙搴蘭詩興遠，流丹聳翠畫圖開（幹堂工於繪事）。不須更作江南夢，澒洞烟塵首怕回。

其四

我來又在此山中，一榻何嫌借長公。倚竹晚宜風料峭，别花曉趁日曈曨。十年話舊憐衰白，今夕尋歡發

醉紅。自笑蘭成空作賦，小園燕麥舞東風。

扶杖

一莖素竹恰齊眉，躡履閑行每自隨。非我衰殘抛不得，借他扶助總相宜。徐探雪後迷人徑，細撥花叢礙路枝。更指青山動吟興，穿雲拄月去尋詩。

遣興

苦吟六十未能工，贏得詩翁作病翁。脚軟漫誇元亮似，耳聾竊比少陵同。春因骨重偏愁雨，秋爲形羸早避風。自笑年來禁杯酌，衰顔頓減二分紅。

于役天津，晏城題壁四首

其一

歸田十載老耕耘，鶴詔翩翻下五雲。勇愧班超非用武，辨輸陸賈詎能文？丹衷定許邀天鑒，赤手何能靖海氛！試捋髭鬚霜滿頷，灞陵憔悴故將軍。

其二

緑野初聞起晋公，才非韓退又從戎。明知精衛難填海，耻學爰居但避風。舊夢珠江餘幻蜃，新愁析木偃妖虹。迴飆急雨漂摇甚，車乘翘翘馬首東。

其三

津門雄鎮拱神都，左抱畿疆控制殊。蓬島烟波連百粤，蒲帆粳稻轉三吴。邊防須仗雲中守，舌辨奚煩稷下儒？自昔唐茅讓俞戚，前朝倭事是今模。

其四

靈椿凋謝恨終天，秋老萱花雪滿顛。墨絰從戎存晋禮，皇華將母感周篇。奪情例不關疏末，反哺還應許訴宣。衹有當歸無遠志，忍從伯約覓良田。

馮家口官柳萬株，百年物也，近已摧殘十之三四矣，爲之愴然

環堤官柳尚青青，萬樹扶疏接驛亭。婀娜偏宜籠馬首，輪囷時復作人形。剥膚横被明朝法（盗柳者先剥其皮，俟枯萎即以斧斤加之），髡頂翻遭漢代刑（緑髮毿毿，頂則無不髡者）。衹恐年年摧折盡，於今喬木半凋零。

知止堂續集卷四

詩三　五言排律　七言排律　五言絶句　七言絶句

紅梅屢被雀啄，詩以詛之

千百庭前雀，啁啾日往来。聲兼風雨集，陣簇鸛鵝催。蠢爾空多族，幺麽小有才。未甘蓬藿伏，恰趁户窗開。逐燕頻依幕，隨鷄每傍隈。叢軀鸇巧避，米耗鼠叨陪。堆案粉毛羽，傾巢墮卵胎。琴書遭點涴，灑掃累童孩。罪且寬穿屋，情難恕啅梅。風宵遲放蕊，霜曉乍含胚。猾蝶餘殘蜕，饞蜂化冷灰。孤芳期共賞，群孽劇相摧。鈍觜偏工啄，貪心詎肯回？呼朋矜狡獪，伺隙逞喧豗。張網旁能出，鳴弓耦莫猜。那堪咽冰雪，直欲飽瓊瑰。夕往悲鶻取，晨還誤鳩媒。紛紛碎丹萼，點點委蒼苔。果否充虚腹，徒然損妙腮。駢誅余未暇，夭折汝應哀。勉效銜環智，須防落俎灾。羅浮鳴翠鳥，香月正徘徊。

冰魚二十八韵

水物滋多族，嘉魚此最良。生從瀛海曲，取向衛河旁。僻性仇炎熱，孤踪托渺茫。澄波秋見底，薄凍曉騰芒。卵育孳何速，群游觸莫傷。壺中涵圉圉，鏡里動洋洋。負陟殊春泮，安潛類蟄藏。銜珠徐逐隊，印月悄成行。閉口羞泥滓，無心避禍殃。破堅摧澤腹，集捕響漁榔。網斷琉璃匣，網收劍戟鋩。紛綸疑白小，潑刺起寒光。滑膩鱗安傅，纖柔鬣未妨。昂頭争舞雪，入手欲飛霜。墨點蜂眸細，花翻燕尾張。劇嫌鯽有骨，漫道蟹無腸。脱浪凌猶結，登籠植弗僵。披來森若甲，截處嫩如肪。禁腐欣逢臘，留鮮忌向陽。遠包千里達，久蓄五旬强。詎費鸞刀切，無庸翠釜湯。殺腥非藉醋，辟穢豈須薑；香更資麻瀋，甜還醮蔗漿。水精鹽少著，琥珀酒同嘗。玉鱠休鱸擬，銀絲讓鯽當。潔應充佛饌，清合佐仙糧。輟匕朝饑慰，回甘午夢涼。山厨莽牢落，今喜飫芬芳。

泉南看刈麥，因以俚語成詩

愛此泉南二頃田，呼僮培筑幾經年。通渠每趁三春晚，播麥須迎九月先。泥壅半乾宜插柳，溝開四尺好栽蓮。持竿放鴨毰毸慣，下網攬魚潑刺鮮。閑看鷗鳧眠隴首，偶逢蛙蟹戲塍邊。斜陽閃處紅浮岸，宿雨收時緑滿川。匝野黄雲遮望眼，盈挑碧穗壓頳肩。沿流正好安龍骨，欲學江鄉種稻便。

園蔬十咏 并序

近閲劉屏山先生詩集，有《園蔬十咏》殊佳，如咏『子薑』云『恰似匀妝指，柔尖帶淺紅』；『蘿蔔』云『如何純白質，近蒂染微青』；『韭』云『一畦春雨足，緑髮翦還生』；『瓠』云『一線解瓊瑶，中有佳人齒』。體物既工，語尤妍妙，但所咏不過恒品耳。家園年來頻得异種，頗有屏山未及咏者，因仿其體爲十絶句。

銀茄一名粉茄，質瘦而長，肖其形，又曰象牙茄

皓質殊勝銀，膩理恰凝粉。碧葉隱素囊，欲摘吾未忍。

瓢兒菜葉似瓢，故名。隆冬不萎，一名雪里青

得種自江鄉，逾淮鬱不變。冒雪翠葳蕤，弱質松筠健。

獅頭白菜北菘之絶佳者

飽得霜露氣，養成冰雪肌。緑雲攙翠縷，鬖若拳毛獅。

蓮花白菜南菘之絶佳者，亦可移種於北。二菘皆以形得名，與屏山所咏之菘异

晚菘媚霜雪，冰蓮開片片。合充君子腸，休比冶郎面。

白蘿葡純白，形細長，一名象牙蘿葡，與近蒂染微青者不同

晶熒欺象齒，峭削倒銀瓶。觸手纖纖玉，沾唇點點星。

紅蘿葡形圓滿，一名胭脂蘿葡

等此萊菔根，艷奪秋畦茜。玉手捉團圞，映徹珊瑚釧。

甘露子俗名甘蔓子，周憲王《本草》作甘露子

辨葉誤鶏蘇，下有棱棱笋。掘塊發輪囷，登盤悦喉吻。

苦露子俗名古露子。花上露墜地生實，初收微苦，藏之則甘，故亦名甘露子。余曾爲之賦

空花厭結實，孤生耻伏根。仙漿孕靈魄，回甘似忠言。

白芹莖葉純白

冰花攢細葉，玉筋挺纖莖。盈把香還潔，嗚牙脆有聲。

蒔蘿俗名小茴香

布葉髮鬅鬙，孕子香勃發。和羹佐鹽梅，鼎鼐資調燮。

四老僕詩四首

佝僂丈余之司閽者也

佝僂合應門，見客不敢仰。承蜩安足多，爲余張雀網。

口吃翁余之治圃者也

抱甕余未能，忘機汝亦頗。昨欲拔園葵，期期曰不可。

髯張余之支更者也

髯張似老兵，擊柝夜未已。無分作參軍，亦能令公喜。

老白余之理雜事者也

司馬吾同僚，汝亦忝同姓。争道似老嫗，應解讀長慶。

春夜大雪，擁被得句

一夜東風下玉京，吹來飛絮雜瑶英。十年醒却梨雲夢，冷伴梅花坐到明。

暮春有感

草長閑階緑漸肥，聲聲杜宇喚春歸。梨花漂泊不知處，惟見楊花撲面飛。

閲白集

生平最愛香山叟，每把清詩子細看。一例頭銜署司馬，不須名字改居難。（唐有姓黄人慕香山詩，因改名居難，字樂地）

孫雨田以近作勖子八絶句見示，時賢郎駕航閣長典試蜀中，因依元韵奉賀

其一

紫薇花旁五雲開，花底賢郎八斗才。江畔芙蓉秋似錦，使星遥向益州來。

其二

凌雲賦手本多奇，盛世人文亦在兹。好向諸生選何武，中和雅樂奏清時。

其三

小謫蓬萊亦偶然，玉衡冰鑒是家傳。三朝三世三持節，六紀星周又卯年。（先相國以乾隆癸卯典試粤西，今閲七十二年，閣長又拜新命；中間尚書典試楚北，則道光戊子也）

其四

玉壘奇峰笋孤，履如平地仗恩孚。籃輿徐度天梯穩，猿嘯鵑吟儘足娱。

其五

衰髮盈頭雪半簪，蒼凉老驥壯年心。欃槍掃却文昌耀，苔長閑階卧緑沉（雨田新撤團練）。

其六

丹桂何須换碧蘿，劉蕡老去但絃歌。鯉庭快睹新桃李，一任槐花落幾多（雨田初罷鄉試）。

其七

佳話無煩説古人，家聲繼美總前因。眉山父學能傳子，堂構今看濟水新。

其八

玉簡銀章快此行，鴻文臺閣體非輕。好憑家法搜楨幹，底用金篦刮眼明。

食冬笋

記向嚴灘夜泊船，霜菘雪笋盛登筵。十年冷落山厨飯，今夕重參玉版禪。

食冰魚

皎皎霜稜護粉肌，休誇玉鱠比銀絲。祇應細嚼梅花雪，趁取晶盤乍上時。

雀啄海棠

啄盡梅花又海棠，生憎群雀忒顛狂。閑門不少張羅地，只是機心久已忘。

興集與趙怡山話别，因贈以小詩二章

其一

憶别羊城已十年，津門小聚亦前緣。於今同續歸田賦，回首春明各泫然。

其二

少年分手易前期，垂老奚堪又别離。約種黄花存晚節，白頭相見説相思。

有夢

十年別緒渾如織，忽漫相逢是夢中。更不一言惟有泪，傷心空抱鼎湖弓。

馮家口堤上得句

驕陽如火汗沾裾，堤勢彎環路轉紆。風透蕉衫凉欲睡，緑楊深處過籃輿。

食豌豆藤

豌豆無須但翦藤，嫩於萵苣掩菠薐。廿年忘却江南味，驀對春盤憶秣陵（壬寅春，秣陵旅舍食此藤甚佳）。

夏張驛館題壁，仍用前韵

寒鷄喔喔叫荒林，起撥殘釭酒懶斟。欲向空梁覓顔色，半鈎斜月已西沉。

知止堂續集卷五

文一　序論辨議

唐三家詩選序

詩盛於唐，唐之詩盛於開寶，而世尤推李杜韓三家。同乎李杜，而作者無慮數十百家，而惟李杜齊名；繼乎李杜，而作者無慮數十百家，而惟韓足配李杜，鼎峙杰出，未易軒輊。世之論者，或右李而左杜，或宗杜而祧李，又或置李杜而專學韓，皆阿其所好，狃於一偏，未爲定評也。

竊嘗論之：太白，仙於詩者也，以才勝，故神清而調逸；子美，聖於詩者也，以法勝，故格老而氣醇；文公，豪於詩者也，以力勝，故材富而句奇。而其得失，則有不容不辨者。夫『清水出芙蓉，天然去雕飾』，此太白之所得也；其失也恍惚流蕩而不衷於理。『爲人性僻耽佳句，語不驚人死不休』，此子美之所得也；其失也艱澀迂滯而不暢於情。『横空盤硬語，妥帖力排奡』，此文公之所得也；其失也詭譎險怪而不饒於韵。要其性情正、才力雄、根柢博奥、規模閎壯、氣勢凌厲、律調精深、意象闊遠、神味淵雋，足以步趨漢魏、陶鑄六朝、睥睨三唐、籠罩百代，自昔詩人殆未有盛於三家者也。大抵太白源出《離騷》，而深於樂府；子美源出國風，而精於《文選》；文公源出雅頌，而兼及於古歌謡。至其搴華擷秀、融冶貫穿，則又不名一格而自成其體。善學者沿流溯源，進求其得力之所在，則亦庶乎有轍迹之可尋矣。

去螣必效録序

蝗之初生，多由傳變，或云魚子化生，或云鰕子。諦觀其形色紋理，大抵與鰕尤相似云。乙卯秋，河决銅瓦，經流北趨，下游湖陂强半淺涸，繼以冬暖無雪，春復少雨，至本年夏令，遂叠被蝗蝻之灾。蓋魚鰕子失水而變蝗，蝗遺子而生蝻，一而三，三而一，皆氣化使之然也。是時余鄉受灾頗重，幸諸父老糾合子弟，邀集鄰村，協力捕除，尤賴邑侯董君春卿、主簿韓君淑塄關心民瘼，不時親臨督率，頻加獎勞，用是群情踴躍，甫半月而事蕆。是役也，余躬襄其間，目睹情狀，周咨田父野老，於利弊曲折知之頗悉。因於暇日條列事宜，筆之於書，釐爲二卷，名曰《去螣必效録》，聊備他日倉卒之用。夫效未可必也，試之果效則必之耳矣。是書大指，務在勸民自捕蝗蝻，庶幾簡易迅速，不致遷延遺患；一切官辦成法，概置勿道，雖卑之無甚高論，留心民事者或亦有取於斯乎！

《滋陽縣志》序

丁巳季冬，余方杜門却軌，侍養家居，適莫以南明府跫然足音惠臨空谷。談次，以重修滋陽縣志，囑爲編録。余謝不敢當。既念滋陽爲吾兗郡倚郭，界寧陽僅五十里，元時曾省并爲一，地邇人狎，於此邦文獻不得云概未有聞也，又何敢固辭？

竊觀自古郡縣之志，有專志山川名勝者，有專志歲時風土者，有專志先賢耆舊者，若乃綜疆域之分合、制度之沿革、民生之休戚、吏治之得失，與夫山川名勝、歲時風土、名賢耆舊薈萃貫串，彙成巨帙，此則唐宋以來所罕有，自前明迄乎本朝而始粲然大備，蓋駸駸乎具正史之體而微。故居今而修志，誠亦未易言也。大抵志有四陋：古今遼邈，地一名殊，分劃不明，牽溷百出，一陋也。依傍名流，動思攀附，遷地弗良，偷光可耻，二陋也。誤信傳聞，滋之傅會，不根瞽説，殆類《齊東》，三陋也。摭拾瑣屑，綱目紊紛，當略而詳，宜詳轉略，四陋也。至若是非淆於毁譽，取舍决乎愛憎，逞己見而失其平，徇人情而寡所執，則流俗之通病，更不待言已。余曩者嘗修《寧陽志》，今復從事於滋陽，搦管兢兢，未嘗不以數者爲戒。第苦藏書無多，不足以資博識；而鄉隅株守，又未免固陋寡聞。所賴明府提挈於前，諸君子推挽於後，而余亦磨礪朽鈍，竭數月之力，爬羅補綴，粗得成書，事增於前，文省於舊。自慚弇鄙不文，聊藉手以塞明府之責，而答諸君子之勤。一切編録大指，具詳凡例，并散見各條下，兹第叙其緣起云爾。

滋陽選舉志序

鄉舉里選之法，行於封建而不能行於郡縣。百里一侯，世守兹土，地近則耳目易周，人習則真僞難溷，洵非後世所可并論也。

漢嘗舉孝廉矣，而論者以爲虚造聲譽，妄生羽毛，覽其狀德侔顔冉，核厥實不及中人，則孝廉之弊也。魏嘗置中正矣，而論者以爲但取門閥，不辨賢愚，上品無寒門，下品無貴族，則中正之弊也。世降法隤，弊不勝詰。於是國家取士不得不出於科目之一途。而請托干求輒通關節，上焉者采譽望以收名士，下焉者納賕賂而庇私人。歷唐及宋，而糊名、易書所以防之者一切加密焉，此非待士之禮浸衰，抑亦士不自重激之使然也。世之論者以爲科目不足以羅貞士，制義不足以致通才，或欲復選舉而廢八股，不知昔行選舉不必皆才也，今行科目不必無才也，校其得失，亦復相準，惟在精以擇之已耳。至若策論以覘其識，患在泛濫而動多剽襲；帖括以驗其學，患在記誦而未能貫通；詩賦以發其才，患在浮華而易滋流蕩。是以八股一藝肇於宋、盛於明，行之數百年而未有改者，良以代聖立言其道尊、稟經制式其理粹也。況我朝三場迭試，初則兼試以詩，次則專試以經，三則并試以策，固已綜歷代取士之法與制義并行，安在不可以致通才哉！

因志滋陽選舉，而首述所聞，俾都人士悉覽焉。

滋陽列女傳序

志乘於人物傳後必書列女，蓋亦襲用史例焉。顧史於婦女，固有不專立傳者，緹縈附《倉公傳》，從父也；孟光附《梁鴻傳》，從夫也。雋母附《不疑傳》、嚴嫗附《延年傳》，從子也。其別傳列女，自范氏始，第寥寥十數人耳。唐宋以降，此例漸寬，大抵不過數十人。吾嘗泛覽天下省府各志，旁及各縣志所書列女，罕有連篇累牘積至數百人如滋陽之盛者也。昔左氏撰《魯語》三十五篇，而敬姜居其八；劉氏撰《列女傳》，而義姑姊、漆室女、秋胡妻、陶嬰之屬尤多魯人，詎非宗邦賢淑自昔爲昭，而流芬餘澤迄今未泯耶！況乎窮檐嫠婦，幼不嫻《内則》之訓，長不誦《柏舟》之詩，而乃截耳毁面、矢死靡他，化石崩城，後先相望。又或捐軀殉難，巾幗而三良；仗義存孤，蛾眉而杵臼。峻節貫乎秋霜，清風灑乎彤管，廉頑立懦，蓋亦重有賴焉。又安可略而弗書也！

夫夫婦者，人倫之始也；閨門者，王化之原也。歷覽諸史，惟陳氏之《三國》、歐氏之《五代》，不立列女傳，良以世亂俗瀆，仳離反覆，因而陰教陵遲，無復可傳也。然於斷臂婦人，則未嘗不大書特書。吁！是亦足以觀世變、明史法已。有風俗之責者，烏得不斤斤於此哉！

滋陽忠義傳序

吾嘗歷觀前代改革之際，而不僅掩卷三嘆也。周之武王，一戎衣而有天下，勿論八百諸侯，即如林之旅，未有不倒戈以攻者，而奄獨後服。漢高垓下一戰，亦既誅項籍、定楚地，天下皆折而入於漢矣，而魯獨不下。豈果獨夫之虐不及於奄，而婦人之仁偏厚於魯耶？抑以忠義之氣發不容遏，必如是而始帖然於心耶？夫奄與魯，即今曲阜，而滋陽相距一舍而近，則固奄之封内，而魯之近郊也，其風氣詎有殊哉！不然，何以明季壬午之難，若范之淑泰、淑晋、淑謙，劉之澍潤，以及羅於宀、高士醇、顔華堂諸君子，類皆慷慨引義，誓不反顧？悲夫，何其烈也！夫諸君子，皆鄉先生耳，非有城守之責；而我大兵之徇兖州，亦不爲久駐之計。使其引避以免，未爲害義，而乃絶吭陷脰、争趨於一死而不恤其他，其亦不幸而罹此酷耶。雖然，疾風發，勁草折；嚴霜零，貞松青。使諸君子不逢陽九之厄，亦何由激昂發憤，以其峥嶸大節震當時、鳴後世哉？

陋地辨

滋陽故老之言曰：顔子吾邑人也，至今城内有陋巷遺迹云云。其是非姑弗深考。又曰：城南八里南砂堆社，顔子郭外田也，舊名陋地，則有不容不辨者。

所云陋巷，乃與『簞瓢』相對成文耳，并非顔子以陋自名也。豈其巷陋而地亦與之俱陋乎？况夫子以顔子爲簞瓢屢空，而顔子乃自云有郭内外田若干畝，是亦中人之産，其家不爲貧矣，殊與《論語》不合。按是説始於《莊子·讓王·雜篇》，其述顔子對孔子之言曰：『回有郭外之田五十畝，足以給饘粥；郭内之田十畝，足以爲絲麻。』今以此爲郭外田，不知郭内田在何處？且有城始有郭，而當日負瑕在魯爲都邑、爲鄉聚殆不可考，其有城與否尚不可知，即使有城，故城又在何處？城不可知，何有於郭？郭不可知，何有於田？田不可知，何有於郭之内外？《莊子》一書，大半寓言，不可爲典要，而《外篇》之誕謾甚於《内篇》，《雜篇》之謬悠甚於《外篇》，况《讓王》《盗跖》等篇尤屬鄙倍。昔賢斥爲僞托，更不足據。乃背及門授受之正經，而援异端雜僞之曲説，意在引聖自近，實誣聖之大者。

蓋自唐封顔子爲兖國公，此地因有顔廟；後遂名曰『陋地』，妄指郭外田以實之，其爲流俗傅會無疑。考古當先據正經、正史，次則折衷於名流之論撰，即如元之王思誠，陋地村人，而爲其曾祖作碑銘，第云『世居砂堆里』，不云『陋地村』。若非元時尚未有此村名，即係獻肅有見於村名之妄，是以擯而弗書。此亦猶負瑕之爲『負夏』，前志惟恐失之，而《空山堂集·歷山辨》中必本鄭注，以負夏爲衛地。讀書有識解者，自與流俗不同也。

捻匪芻議一（丁巳）

今之倡亂者長髮，而助亂者捻匪也，助亂豈倡亂比哉！第就時勢衡之，則捻匪之爲患，有更甚於長髮者。蓋長髮妖氛不越江南北，捻匪則縱横於淮南北，時復東掠豐、沛，北蹂曹、單，而頻窺濟寧，其勢逼矣。譬諸疾病，長髮方且困我肢體，捻匪又將潰及胸腹，不可不慮也。且長髮大抵粤人、楚人耳，一切飲食、衣服、言語與北方殊异；惟工山戰、水戰，而馳逐跳蕩非其所長，故一旦渡河而北，置之平原曠野，則其技漸窮，我得以坐制其敝。捻匪則盧、鳳、潁、亳、南、汝、光、陳之獷悍凶徒也，平時大都販鹽，上盗恃衆横行，貪利而輕生，背公而死黨。且其風氣勁悍，耐飢耐勞，善走善戰，有非河北之士所能及；自古天下有變，神奸大猾多出其間，尤不可輕視也。

今之議者每曰：捻匪屢經懲創，勢已蹙矣。竊以爲未也。果其游魂假息、旦夕莫保，大帥重兵何難撲滅？今渠魁未禽也，奏凱無期也，而彼方綽有餘力分股遠出，擄糧肆擾，大帥亦未可誰何，遽信爲『勢蹙』得乎？或又曰：此遠出擄糧者，特其小股零匪，饑則攫食，飽則揚去耳，非有大欲與我争地争城也，何必急與之搏，轉致困獸思鬥哉！不知此正彼之得計而我之失策也。夫彼以大股與我大帥相持，綴我大軍使不遑他顧，而時時多分小股倏東忽西，伺間旁出，擇其地方完實、未被賊擾及無兵防守之處，狼奔豕突，縱其所如，震撼我邊陲，燔毁我鄉聚，俘掠我士民，擄取我財物。奪我之車，運往彼壘，而彼有糧矣；奪我之馬，驅往彼軍，而彼有馬矣。我出彼歸，既去復來，如此不已，漸至地方困敝，比户流移，民力不足供軍，因之我軍不免匱乏之虞，而彼軍轉有飽騰之樂，此勢所必至者也。安可幸其暫去，偷安目前，不爲長慮哉！

然則鄉團果足恃乎？曰：鄉團之力能抗賊者亦無幾耳。然皆自護其鄉者也。既不受廩於官，亦未嘗統以將弁，銃矢利器非所有也，進退軍律非所習也。賊之將至，既不能裹糧遠出以邀擊之；賊之既去，又不能輕騎追奔而盡殲之。以遷地弗良之團勇，當飄忽不定之捻匪，多恐其不相及矣。即使相及，亦止可資其協防，以佐兵力，將欲誅叛定亂，張國威而伸天討，固重賴乎熊羆之士、不二心之臣哉！

捻匪芻議二

初之捻匪與長髮爲二，今之捻匪與長髮爲一。當長髮之初起也，自粤而楚、而吴，遂爾突踞金陵，意在劃江而守；而又慮勢孤而難以自立也，於是東取京口，北取廣陵，中取瓜步，以斷江路咽喉；而又慮上游之兵順流而下也，於是分兵守鄂渚、潯陽、皖口以控扼要津而聯絡聲勢。此其布置，亦有方略。而又慮我京旗勁旅、河朔精卒長驅并進、飛渡天塹也，於是出其敢死之士直闖北犯，意在阻我北兵之南而分我南兵之力，其謀亦狡矣哉！是時尚未有捻匪爲之助也，即捻匪初起，亦自張旗鼓、不屑附於長髮也。既而北犯之賊全軍受戮，無一生還，上下游各要地亦經我軍次第克復，賊見勢之日蹙也，於是以全力守安慶，而時時分出股匪以與我争江外之地，兼撓我江北之軍，意謂不如此不足以延金陵旦夕之命也。是時捻匪屢經受創，勢漸披靡，不得不假長髮之聲勢以圖再振，而長髮亦因黨與漸離，樂收捻匪以爲用，於是分者始合，狼狽蒼黄，急則相倚，勢使然也。夫江淮唇齒，故自古守江必先防淮，今長髮盤踞於江南北，而暗助捻匪，俾縱横於淮東西。是彼劃江不止而兼欲劃淮也，是彼之門庭日拓而勢益張也。我兵方與長髮争淮南，而捻匪不時出没於鳳、潁之境，思乘我兵之後。我兵之在淮北者，又因與捻匪相持，被其遮闌，而與淮南之兵聲勢不相聯接，此最兵家大忌。所以廬州不免再陷，安慶驟難攻克，而浦口挫衄，金陵老師，卒未能克日蕩平也。

竊以爲今日用兵，次第莫若先剿捻匪，廓清淮北，然後乘勢進攻淮南，直搗長江，克復廬州、安慶，而後分爲二路，以水師由長江直趨蕪湖、下采石；以陸兵取道入浦口，渡江與水師會，則金陵勢孤，賊必心悸膽墮而無所爲計。况我圍守金陵之大軍足以制賊有餘乎！如此而金陵不速下者未之有也。欲定江南，當自淮北始；欲殲長髮，當自捻匪始。

捻匪芻議三

不知攻者不可與言守也，不知守者不可與言攻也。善守者守所必攻，衝要是已。以今天下大勢論之：南方有警，則拱衛畿輔者山東、河南也。賊在湖廣，則河南重；賊在江南，則山東重。以其壤地相接，徑途相直，不惟邊鄙易擾，且虞其闌入内地也。然則今之山東，安可不益設守備哉！而形勢又一變矣：自古中國南北天險，曰河、曰淮、曰江，厥後河并入淮，而失一險，惟江與河而已。山東南境，憑河爲固者也。近年河決銅瓦，東流改北，而山東郡縣大半隔在河南，於是失其天險。而南賊動輒窺伺，捻匪頻肆焚掠矣，無洪河以限之故也。今大工力難驟舉，故道莫可挽歸，天險既無可恃，不得不以人力持之。

將欲固圉，莫若守邊。夫山東邊郡，與江南犬牙相入者，曰兖、曰曹、曰沂。此三郡中，曹爲重，兖次之，沂又次之。乃竊揣賊情所眈眈者，尤在濟寧也。方長髮之北犯也，蓋嘗破金鄉、向濟寧矣，因州城兵勇衆多，防守嚴固，猝未易拔，是以舍之西去。近則捻匪屢擾，去而復來，大抵不離乎濟寧以南數十里。内外風鶴震驚，其勢殆岌岌焉。蓋以其地水陸交衝，商賈輻輳，爲河北名區，雖年來十室五虚，大不如前，而號稱富庶，傾動遠邇，賊之垂涎久矣。彼所必攻，此所必守，安可一日弛備哉！

第自軍興以來，集貲募勇，於今七稔矣，力竭則易衰，費煩則難繼，又安可恃以無恐哉！吁，此州雖一隅之地，實南北襟喉也。但使屹然有以自立，則進可以控制曹宋，退可以捍蔽齊魯。齊魯者，畿輔之藩屏也。齊魯免累卵之危，則畿輔有泰山之安。而提樞挈要，實自濟寧始，所繫顧不重哉！

知止堂續集卷六

文二 書公牘

復福元脩中丞書

自違鈞範，歲琯頻更，衹以年來江淮澒洞，重費藎籌，未敢瀆貢蕪箋，上塵清聽。某一介庸愚，毫無知識，受恩深重，未報涓埃。際此時勢多艱，何敢自耽安逸？況蒙閣下不弃葑菲，登諸薦牘，荷揄揚之逾分，實慚感之交并，亟思鼓其鉛刀，勉酬推轂。但有迫切下情，不得不縷晰上陳者：

某前於道光二十八年蒙恩以同知起用，即於次年赴部投供。旋奉部示，以親老丁單，飭令回籍終養。數年以來，老親疾病相尋，醫藥扶持，幸延暮景。今老父已八十有二，自上年正月初三日猝患中風，調治未痊，已成痼廢，轉側需人，日形危篤。老母已七十有五，自前年秋間陡患腦疽，針藥兼施，幸保無恙，而至今飲食減少，精神總未復元。若乍聞某前往軍營，老病之人志氣已衰，必致重增顧慮，儻竟於此時絶裾而去，捫衷殊抱不安。竊思報國日長，報親日短，古人所以陳情也。忠孝不能兩全，尤臣子所痛心也。某此時上念國恩，次感知己，不禁激昂思奮，神馳幕府之旁；而回顧衰殘二老伏枕呻吟，以桑榆之垂暮，看獨子之從軍，何以爲情，何以爲別！即使某割私恩而徇公義，而身依麾下，心戀高堂，方寸如麻，必致半籌莫展，其爲負罪，何可勝言！再四思維，難以自決，惟有據實瀝陳，伏希體恤下情，暫緩檄調。如前章已奉俞旨，仍懇據情代爲陳乞，俾遂烏私。我皇上孝治宏敷，恩推錫類，或不至遽加鈇鉞之誅。

臨箋惶恐，不知所云。

再復福中丞書

前奉諭函，當將感悚下忱及老親久病不克就道各緣由肅具寸箋，由來弁時功喬上呈鈞覽。計荷青垂山中，希見邸鈔，未悉前次薦章曾否仰邀俞允。某負咎素深，賦閑已久，乃蒙閣下拔諸冗散之中，引諸帷幄之近，正可勉圖後效，藉贖前愆。無如老親年逾八旬，久嬰沉痼，不惟桑榆晚景，直同風燭餘光，孺慕私衷，萬難自割。前曾以不得已之下情略陳一二，而發書倉卒，未及以家庭細故盡白諸鈐閣之前，不得不再爲披瀝，上瀆清聰，幸垂鑒焉。

某本無伯叔，一兄自幼出繼長房。老母素患肝氣，不時舉發，每以藥裹相隨。前於江南鹽道任内迎迓來署，旋因水土不服，小住即歸。嗣是久宦嶺南，以道遠不肯就養。彼時老父精神尚好，在家足相扶持；兼以夷務糾紛，未敢引身局外。迨定海收復，撫局粗完，擬俟夷情大定，具疏陳情，旋因錯謬獲咎，留粵差委一年有餘。適遭先兄變故，老親痛感於中，屢以手書促歸。當經啓請徐仲生制府代爲瀝陳。正在繕摺間，恭奉恩旨，以同知起用，遵即赴部投供。旋奉部示，以親老丁單，例應回籍終養。此已往之事，歷有可指者也。歸田以來，於今七稔，初時晨昏奉侍，尚足爲娛。迨前年七月初十日，老母陡患腦疽，痛楚异常，延醫李某針藥兼施，調理百日之久，幸保無恙，而至今患處時復作苦，飲食漸減，精力大不如前；兼以肝氣宿疾時輕時重，刻刻堪虞。老父於上年正月初三日中風猝倒，十分危急，延醫寧某、劉某連進疏風豁痰之劑，并服再造丸，漸能言語，而左體偏枯，艱於運轉，眠食一切需人，延今十有七月，叠進參苓，仍無起色；近來心神恍惚，夢魂驚悸，實有朝不保夕之慮。總因年衰久病，氣血大虧，但憑藥力挽回，一時何能奏效！此又現在實情，衆目共睹者也。

竊觀古人於忠孝之大，往往權乎理之輕重、時之緩急，以爲序之先後。而我朝教孝之典，定例尤嚴。其自行陳告者勿論，乃至親年七十以上，獨子飭令終養；八十以上，勒令終養。非欲其厚於孝而薄於忠也，誠以報國日長、報親日短，求忠臣必於孝子之門也。某親年已八十有二矣，有官尚須勒令終養，況久經歸養，自未便令其弃親從軍。即如近年以來，陳子鶴尚書、程楞香中丞俱非獨子，且或膺喉舌之司，或居清要之地，均以烏私籲請，立荷恩俞；況某之屏迹山樊，碌碌無足比數者哉！如使某自揣果能有裨萬一，則割恩徇義，猶之可也。夫王陵之於漢，温嶠之於晋，皆建不世之殊勛、樹無前之偉績，而論者猶譏其功名之念重，毛裏之恩薄。況如某者，智不足贊韜鈐，力不足荷矛戟，其迂疏寡效、恇怯無能，不俟异日而始决矣。無益於軍國，徒然得罪於名教，亦獨何心而靦顔濫竽於幕府僚佐之末哉！此又無俟嘵嘵，定邀洞鑒者也。

再肅寸啓，瀝陳下悃，萬一前章奉有俞旨，務希俯如所請，代爲陳乞，俾某稍伸反哺之私，而老親亦庶幾暫延垂暮之景，二天永戴，没齒弗諼。昔管仲三戰三北，鮑叔諒其有母，不以爲怯，故云『知我之恩侔於生我』。某誠不敢僭比夷吾，惟有罄布腹心，冀知我者格外矜原而已。

三復福中丞書

前貢蕪箋，猥以烏烏私情上陳鈞座，惴栗方深。頃承環諭，得悉破格薦章未蒙俞允，詎非某至庸極懦，久在聖明洞鑒之中，雖以大君子之推轂，亦末由噓枯者而使之榮、植僵者而使之立哉！自昔英辟之任重臣也，言聽計從，而不必盡如所請，示以不疑也。而盛世之全具臣也，投閑置散而不欲强以所難，憫其無用也。碌碌如某者，智不足佐機宜，勇不足勦攻守，其無禆軍國萬一，不俟异日而始决矣。與其僨轅於事後，有累閣下知人之明；孰若匿影於田間，曲荷聖主矜全之澤？自兹以往，惟望幕府早奏膚功，渥膺上賞，而某得偕牧童樵叟歌咏昇平，於愿足矣。

念國恩之莫報，徒存葵藿之心；冀親疾之小瘥，暫駐桑榆之景。私衷感切，曷可言宣。

與劉蓬山孝廉論加徵借款書

日前僕夫回，轉述尊諭以承姚邑侯諄囑，令舍下早納錢糧。未悉是否專爲正課，抑系兼及加徵？正課之應納，誠不待言；但上忙爲期尚寬，稍遲未爲惰誤；且下忙并完，亦未嘗不可。似無庸遽費追呼。若加徵一款，有關於民瘼頗巨，弟方惕然不勝桑梓之憂。或當事者未之深思耶？不揣愚昧，請爲足下陳之：

此款公項，陳明府當日如何稟借，及作何支銷，弟未及與聞；闔境士民亦多未周悉。本年春初，傳聞有歸入兩忙、與正課一并攤征還款之説。東鄉輿論嘩然。弟曾經函致邑侯，請將新定章程亟爲出示曉諭。旋接復信，以爲業已飭房叙稿，似蒙采納。乃迄今半月，未見明文，但於易知由單紙尾附載一行，謂之『外攤民捻不敷』。鄉間不解『民捻』二字，群相惶惑。竊謂『捻』字恐系『埝』字之訛，但由單款目應由内署核定，追刊版刷印，亦必請官寓目，方可散諸民間。何至於數字之内輒有舛誤，此真不可解者。姑置勿論。夫由單之設，爲正課也，今將借款并入一單，即加賦也。安有不承明文、無端加賦之理？若謂汶堤工程向系民埝民修，則本款亦應民借民還，似矣。但名爲民借，實則官借。試問當日稟借之初，闔境千萬人中與其議者幾人乎？即領借之後，經手收發者誰乎？今借款不知多少，欠款不知多少，突然責民以還，究竟應還多少，何日可以還完？無怪其反唇而相稽也！且埝工之所以不敷者，由於夫價之多未完也。置夫價不催，而輕動借款，此乃陳明府之誤。今欠繳夫價者聽其欠繳如故，轉將借款責令各花户一律攤完。不知刁頑之户夫價尚且不完，借款必將延欠；良懦之户夫價先已全完，借款仍需續納，是頑者抗而又抗，懦者完而又完，不平則鳴，恐所難免。且匪直完而又完，勢將三完、四完以至於靡所底止也！此項攤款，衆花户零星完納，每年完過若干，彼此詎能通知？官府亦止將完過之銀附入正課，陸續搭解，究竟實徵若干，方伯亦無從會計，於是有徵多報少之弊，有捏完作欠之弊，馴致墨吏之私橐填滿無期，即藩庫之公帑補還無日，而閭閻削骨剔髓，源源輸納，遺累安窮！此尤不得不爲之長慮却顧者也。

竊揣姚邑侯之所以附借款入由單者，或欲假正課之重號召群愚，俾并納借款耳。民至愚而不可欺，今之所慮者，轉恐因借款互生觀望，以致貽誤正課也。夫借款無關比較，而正課有累考成，因小失大，於邑侯何利焉？弟本擬晋謁公庭，面陳一切，因侍親疾，未敢稍離左右。若屢向邑侯處妄進芻言，又恐交淺言深，嫌於再三之瀆。足下既承邑侯之囑，催完本款，不得不披瀝私衷，上煩清聽。儻邑侯詢及，無妨以鄙意代達。知不免以戇直開罪，但事關民生休戚，我輩均有切己之虞，弟何敢徇邑侯一日之歡，招闔境無涯之謗哉！

致姚滌山邑侯論加徵借款書

前爲民埝攤徵一款，曾泐寸函致舍親劉蓬山孝廉，并囑以鄙意代達左右，誠以事關民生休戚，并恐有誤正課。執事虚懷若谷，從諫如流，必且恕其狂愚，曲賜茹納。頃承翰教，領悉壹是。竊思現今時勢，正賦爲急，而敝鄉民力，實因物價日低、銀價日昂，以致倍形拮据。且汶堤借款又素爲衆情所不願，若攤入正賦并完，必滋疑沮。弟前此所以函請出示者，正恐催科不易爲力也。今議以正課爲重，借款從緩，洵屬正辦，但愚民易惑難曉，斷不能揣知官府將正課另立一串，但見兩款并列一單，紛紛傳説，以爲借款不完，則正課亦不收受，因而并正課亦不完納。弟僻處一隅，既無從遍告闔境之人，即附近族鄰，亦不能以空言取信。况前發由單屢經辨認，實系『捻』字，并非『埝』字；且埝旁之『念』尚缺一畫，舍下給單頗多，比對如一，此必刻工之誤。而鄉間但見由單，不見底稿，誰悉其致誤之由？群相嘩噪，以爲不知是何款目，此尤難以曉譬者也。爲今之計，似應仍由案下速發簡明告示，遍貼四鄉市鎮，諭令花户先完正賦，其借款則量力續完，并將正賦另立一串、隨到隨收之處剴切示知，庶群疑頓釋，輸將可期踴躍。但各鄉民情醇澆非一，亦未敢云確有把握。至舍下應完正賦，容即趕緊措銀，先將兩忙掃數并納，其借款則隨衆續完，不敢有稽臺命。

再致劉蓬山孝廉書

昨奉環章，聆悉壹是。旋接姚邑侯信，知星巖兄業將前函轉達，弟即復致邑侯，請將先完正課、借款量力續完及正課另立一串、隨到隨收之處出示闔境，一體曉諭，未悉肯見納否？此事邑侯初念别有所在，近因恐誤正課，弄巧成拙，始變其局，以救一時之急。但此乃錢糧要政，一切張弛官主之，偶有惰誤吏催之，我輩紳士，即花户也，烏能越俎而代之哉！邑侯面囑我兄及星巖代諭衆户，并函請弟轉爲傳説，此皆不可解者。弟已力辭矣。借款能完則收，否亦不催，此游移之論，星巖即爲物望所歸，安能遍告闔境之人哉？四鄉傳説紛紛不一，何所取信？若非亟請縣示，恐大户尚可專完正課，小户必且兼徵借款，勢所必至。夫大户即完借款，亦無甚妨礙，惟小户貧民，不堪其累耳。由單既經列入，追呼必且繼至，此蚩蚩者烏知大户之所完爲正課、爲借款哉？奸胥猾吏將舉大户爲例，以嚇小户，并徵兩款，坐飽私囊。弟前信所云『削骨剔髓，遺累安窮』者，不禁爲圭蓽尪羸一雪涕也！且能完則收，否亦不催，是此款之應完仍如故也。藩庫公帑，能聽其懸宕無著乎！竊謂此款本借款也，民借之而民欠之，必應民還之。若并無所欠，及雖大有所欠，而欠者非民，則亦惟欠之者還之耳，何與吾民而爲此紛紛乎！

復陳靖夫邑侯論汶堤借款書

前者汶堤潰决，重賴宣防，九鄉蒙福。乃數年之後，竟爾紛紜，洵非意料。此項庫款，當日如何借領，作何支銷，弟羈身穗石，初未與聞。嗣因有臬憲訪查之件，曾勞光顧，示以稟稿，自愧迂疏，未敢妄參末議。後聞有歸入民欠豁免之説，竊幸此事可了。本年春初，忽聞仍歸民攤，四境喧傳，頗滋物議。弟曾信致姚明府，請將攤銀數目、起止年分明晰出示，俾民間知本款爲數無多，攤完即止，用釋群疑。極蒙采納，而一時未及施行。瞬届開徵，散放由單即將帶徵攤款附列於後，愚民群相嘩惑，因而衆口沸騰。剛城社首先具控，各社聞之接踵而起。弟所居馮于及鄰近周村、太平三社父老亦隨衆遞一公呈，非敢他有所瀆，第云：堤工夫價并無拖欠，借領款項初未詳悉，俟集紳算明，再議攤免。并以先完正課作向銷單給串，懇恩請示而已。原呈在卷，可以覆查。至敝鄉近日情形，實因道途多梗，商販罕通，銀價過昂，民力异常拮据；又因南賊北渡，擾及濟西，徵調紛如，人心摇動。而攤徵借款一事適當其時，是以開徵一月有餘，不獨攤款分釐無完，并正課亦全未破白。迨張中丞提兵過境，即有人攔輿上控，因軍行迅速，未及批發。而群情觀望，輸納亦復不前。姚明府不得不切實曉諭，停徵攤款，專催正課，申之以丹青之信，要之以金石之盟。目下正課略有起色，而攤款無從更下轉語矣。

承諭一切，弟非不欲代白於衆，但蚩蚩之氓難以户曉，即靦面罄譚，而控呈如彼，縣示如此，成見太深，强聒何益？竊謂此項借款雖非正課可比，而公帑攸關，必難無著。兼值大農告匱，恐亦未便日久虛懸。執事胸有智珠，早當權衡默定。况甘棠舊憩，餘蔭方濃，脱鞋送行，依依如昨。想不以邑黔門皙，芥蔕乎大君子之冲懷也。

與董蘭溪邑侯論兵行需車書

捻匪竄擾，中丞統兵防剿，軍行緊急，不得不藉用民車。但其間有三不便：東作方殷，全資牛力，一經出差，即須輟耒，一也。牛能負重，不能致遠，長途往還，易致病斃，二也。一家出車，十家斂費，值此青黄不接，措辦尤難，三也。是以民間出車最畏扣留，誠以人力牛力一試尚可，屢試則必不能支也。若不就未經出車及出車較少之各里社中均匀搭派，輪轉當差，而但留調集之車頻番支應，不得休息，則是置身事外者優游於隴畝，而首先急公者困踣於征途，既不免向隅之泣，且恐群生裹足之心，實於民力差務兩無裨益，不可不早爲之所也。

復董邑侯論均徭書

昨奉環章，知前貢芻言荷蒙采納。兵差過境不時，萬一適值割麥刈禾、异常忙迫之際，忽焉大隊絡繹而來，此時民力一刻千金，而軍行急於星火，若不預爲籌備，必致臨事周章。一有貽誤，咎將誰任？安可不熟思而審處之哉！

承示均徭之法，以社計不若以村計，洵屬至公至平。此法若行，不惟黠民之規避不禁自止，抑且猾胥之賣放不革自除。造福一方，良非淺鮮。但尚有管蠡之見上瀆左右者二端：一則，并村以均村。社有小大，村亦有小大，有一村可抵數村者，有數村不抵一村者。今擬先行酌并，以小村歸入大村，而以每社計之，闔社共爲若干大村，幾大村應出兵車一輛，綜計每社應出兵車若干輛，則小大不致偏枯矣。一則，輪差以均差。每社既定以若干車，則闔境綜計，約以十分爲率，確計每次過兵之多寡，以爲每社調車之分數，足用而止，事竣即放。俾已調者得以番休，未調者足資更代。周而復始，留其有餘，則民不勞而事易集矣。

與董邑侯論捕蝻書

飛蝗遺子必至生蝻，前承示令搜挖并酌賞錢米，固屬善策。但蝗子散布田中，深藏土内，搜尋動滋遺漏，羅掘力有難施。即使衆手爬梳，所損不及萬分之一。現在剛城屯以東、班家堂以西，發生成蝻者甚屬不少，各鄉民已公議按户抽丁，趁此萌動之初，齊力捕打。敝社地方亦間有發生之處，連日均即糾衆撲滅。一切連村合捕章程，不佞已邀請同社衿耆議定，克期舉辦。但蝻子過多，正恐生生不已，滋蔓難圖，非衆心堅一，及早翦除，難期一律净盡。而人夫勤惰不齊，醇澆非一，若非稍以權力驅率，必致參差先後，貽誤臨時。即希案下速發諭貼，選派妥實强壯差役二名，於日内前來敝莊，督夫捕打，如有推諉取巧之人，準其稟請責罰。則愚民咸知畏懼，而公事有所責成矣。再聞各社飛蝗經過，均有遺子，現屆生蝻之期，誠恐處處萌動，似應普律確查，亟籌捕法。蝻生五日之内，捕之尚易；五日之外，捕之較難；十日之外，捕之尤難。半月之外，必且長翅飛騰，爲患滋大。吏議綦嚴，不可不早爲之計也。

與董邑侯論賑書

接奉惠函，敬聆壹是。倉穀出借平糶，均屬窒礙難行。矧當嗷鴻遍野、待哺孔殷，尤恐輾轉需時，緩不濟急。從來放賑之難，一在被灾輕重不等，一在窮檐户口難稽。即以本縣而論，西鄉被灾較重，東鄉正復不輕，此時西鄉室如懸磬，而東鄉亦野無青草。既未便專賑西鄉，置東鄉於弗顧；若一例給賑，誠恐力不從心，勢難遍及。且望恩倖澤，蚩蚩者人有同情。一聞鄰近得霑升斗，未免群相竊議，以爲同一灾荒，何爲厚於彼而薄於我，必將紛紛籲請，衆口難調，劑量稍失其宜，或恐因而生事。此一難也。鰥寡孤獨之家，查察已屬不易，至有地無地及有地五畝，而又區分其成灾與不成灾，則參差轇轕，隱漏多端。專委書差，既恐上下其手，易滋弊涸；兼資紳耆，又恐恩怨嫌疑之見交戰於中，未必即肯和盤托出。甚至黠猾得以冒領，尪羸轉致向隅。况按户清查，動須旬月，饑腸火灼，詎能久延？此二難也。

現奉明府倡捐京錢三千緡，爲數已巨。而敝邑富室無多，就來諭指出九家，内如鄉飲村之曹、剛城屯之仲，已今非昔比。某於地方義舉，萬不敢意存膜視，但以鄙意約計，各家公捐尚未必能如三千緡之數。即能如數，亦不過可得倉斗穀一千二百石。本年春候頗晚，置閏又在夏初，青黄不接，爲日正長。但計户而不計口，概以三斗予之，單丁之户一月可支，八口之家數日立罄。又將何以酌劑而得其平？此尤不可不預爲籌度者也。

竊謂救荒本無善策，而圖終必先慮始。以某愚見，似須一面集紳廣爲勸捐，一面悉心妥議章程，期於立法簡易可行，行之無弊。總之，以民就賑不若以賑就民。故俾四鄉領米入城，不若發米各鄉就近給領之爲便也。合則易混，分則易明。故統一邑之饑民而合賑之，不若析各社之饑民而分賑之之爲得也。至於時措之宜、變通之利，是在執事熟思審處，仍與諸紳士公同商榷，克期舉行，桑梓幸甚。

與董邑侯論均糧匪徒書

日前清騶枉顧，蓬蓽生輝，分袂匆匆，未及暢抒積抱，歉戀何已！敝邑素鮮蓋藏，故當屢豐之後，偶值偏灾，頓形空匱。年來風氣澆漓，不逞之徒所在多有，趁此人心摇動，輒思結黨横行。前於把晤時曾將搶糧亟應重懲一節面陳左右，荷蒙采納。月内屢接南鄉親友來信，輒以前事爲言，并云匪徒狡詐百出，假均糧之名，濟搶糧之實，往往揑寫帳據，串同中保，挾制事主，希圖避就，有迥出常情之外者。擬即邀集衆紳士晋謁琴軒，縷陳壹是。僕因迹涉張皇，當向阻止，仍囑其就近確查，列單彙送，以便密爲上達，免致泄漏風聲。兹據查問，均屬實有其事。諸君既非被害之家，更非多事之人，其所以諄諄不已者，無非爲地方大局起見；僕夙叨厚愛，更未便緘默不言。兹將各原件一并呈閲。至吕觀村一案，已蒙嚴加懲辦，良懦靡不感激。但闔境一時未必周知，即煩出示嚴禁，或責成各社巡役隨時查報，有犯必懲，益臻周密，從此閭閻按堵，宵小潛藏，仰荷仁威，感曷有既！

寧民懦而畏官，當此萌動之初，無難整頓。儻失今不治，轉盼隆冬饑寒交迫之際，兼值明春青黄不接之時，將有不堪設想者。毫末不折，將尋斧柯，此尤不得不緦緦過慮而亟陳諸大君子之前者也。

與董邑侯論捕盗書

寧邑捕務，本非棘手。境内并無巨盗積竊，且民情懦而畏官；間有不逞之徒，一經懲創，頓爲斂迹。即如近來各村均糧之案，自案下嚴辦後，不聞更有失事。此明驗也。所慮者，地處衝途，行人絡繹不絶，奸良殊難辨識。而且東臨泗水，北距泰安，西北毗連東平、肥城，凡兹犬牙相入之處，即爲盗賊出没之區。外匪闌突，在所不免。此時欲靖内匪，尤在先絶外奸。頃閲示稿，責成店户嚴查過客，并聞官道更房一律繕修，撥役分段巡邏，良屬善策。但節節設防，要不若於入境之始、當衝之地先爲設法盤詰，絶其來踪。俾外匪無從投足，則内地緝捕更易爲力。竊攬形勢：北路當以汶河渡口爲要地，南路當以古城爲要地，西路當以白馬廟、王卞村爲要地，東路當以東莊、南義爲要地，中路當以剛城屯爲要地，凡此皆人烟輻輳、市鎮聚集之所，面生之人易於溷迹，且多開張店肆、售賣酒飯之家，外匪食宿於此，因而停留不去，乘隙滋擾。若於此等處密派幹役、責成衿耆、嚴諭居民不時訪察，有犯必獲，則外匪聞風屏迹，而内奸亦無從勾結，似覺用力專而收效速。

致董邑侯論修城書

日前枉顧，以城工緊要殷殷下詢，此誠桑土綢繆之至計也。寧邑當兖、泰之衝，城垣爲南北保障，邇值淮氛不靖，風鶴頻聞，當道重賴卧羆，崇墉尤資竦雉，正宜及時完葺，詎容視爲緩圖？無如墮廢多年，傾頽過甚，一旦撤舊重新，計非三萬金不可。此時將欲籌款，除勸捐外别無措置之方。而體察地方實在情形，正有平時惟有課傭力作，別無生理。故問其富者，亦止數地以對。大約十頃上下爲上富，五頃上下爲中富，二頃上下爲小富。此皆衣食粗給，罕有羸財。每值解囊，動須糶穀。歲歉則穀貴而苦少，年豐則穀多而苦賤。雖名爲富室，而核其家計，亦甚平平。此民力之本有未逮者也。節年以來，捐例頻更，京局既大有減成，而每銀一兩易錢多至十六七千；省局以銀一兩折米一石，而定價三兩有餘。故以錢衡銀，則京局之一兩足抵此間之五兩；省局之一兩幾抵此間之四兩。人貪其利，爭思頂帶榮身，是以稍有力者罔不攘臂思奮；近則貢監職銜斗量車載，亦既再衰而三竭矣。若更勸其捐助修城，勿論力難爲繼，且捐銀一兩不過以大錢一千五百折算，核之京、省銀價，多寡懸殊。況彼之報捐，朝納餉而夕領照；此雖優加甄叙，仍須俟工竣報銷、奉部覆准之後，亦復遲速迥异。人情不甚相遠，孰肯舍彼就此？又緣泰安、曲阜兩縣城工，捐貲者遲至數年未霑實惠。鄰封狃於見聞，更不免望風裹足。即謂現奉新章，别有調劑，而成見久據於中，亦安能遽使之深信不疑！此勸捐之萬難措手者也。

竊謂此項城工，若普律撤修，需費甚巨，一時斷難集事。若擇其坍卸傾倒之處分别輕重，間斷修補，磚之卸者鑲之，土之坍者實之，樓堞之傾倒者筑之，其磚塊并未脱落者悉仍其舊，務令新舊一律完整。再將城壕加寬加深，又挑通蛇眼諸泉，俾壕水充足，似亦可以資保障而壯觀瞻。計所省工料不翅過半。可否詳加履勘，再事約估，統希裁奪。但即如此，補修所費亦復不貲。籌捐仍恐非易。前日所云按畝派夫，究屬衆擎易舉，且有汶堤成案可以仿照，似尚是一策。但人情狃於所安，驟有興作，恐亦未免怨讟。總之，敝邑民情，愚者慳吝而多規避，黠者不曉事而好議論，而各紳士亦罕有爲衆推服者，不惟不聽其言，亦復善攻其短。是以每有地方公事，紳士大抵縮手不前。況勸人捐貲，非所情願，其間操縱駕馭，爲術多端，豈紳士所能爲力？

是在明府通籌全局，内斷於心，相機妥辦，或可底於有成耳。

與韓蓮洲主簿論開渠書

從龍泉下游渠道，前挑未免過窄，且淤泥堆積兩旁，一經雨水冲刷，必致仍前阻塞。此乃勢所必至，挑猶未挑者也。惟是堙塞多年，驟欲開通，大非易易。而泉夫里民又多赤貧無力，工作尤難。僕以此項工程，須趁春旱水涸趕緊興修，若失此弗圖，轉瞬夏秋霖潦，將致無從措手。當經糾集各佃户，酌給工資，令其先將兩旁積泥全行運遠，然後加展渠面，次第開通。計上自葵灣渠起，下至西岸石橋止，長約二百丈，寬以七八尺爲率，并將淤泥隨挑隨運，散布田中；又於上游挑出一泉，下游挑出二泉，導入正渠，會合從龍之水，源源西注，頗形通暢。惟葵灣渠以上、從龍泉以下，長約數十丈，渠面尚窄，未及一律加展，而兩旁淤泥日來漸已運開，不至阻閼爲患，似已略有眉目。若夫潤澤以待來年，至龍魚泉北股正渠工段寬長，填塞過甚，斷非綿薄所能爲力。惟有仰煩執事曉示居民，俾於河身挖泥培田，運土打坯，庶泥去一尺，則渠深一尺。積以歲月，可期漸次疏通，不役一夫而收歲修之功，不糜一錢而獲運遠之效，善之善者也。

上前閣部耆公請暫緩啓程書

久隔尊顔，時深馳仰。衹緣年來老父衰疾日增，旋遭大故，苫塊昏迷，遂致久疏箋啓，諒荷鑒原。近奉東撫行知，始悉台旌移駐津門，保釐任重，并蒙聖恩曲賜甄拔，俾恩彤馳赴行轅，聽候差遣。朽株枯柎，頓覺生春。凡兹雨露之滋培，具荷鈞衡之造就，望風雀躍，曷罄軒饕。恩彤於四月二十五日亥刻接到前件，諭旨由六百里飛行，自係事關緊急，未便稍事稽延，當即定期二十八日啓程，報縣轉詳東撫查考。一面招集家丁，雇備車輛，措辦資斧，至二十七日略有頭緒。不意老母於是日晚間偶感風邪，觸動肝厥舊癥，遂致不省人事，萬分危急。連夜延醫調治，至二十八日下午方漸甦醒，而寒熱交作，飲食不進，神氣總覺昏迷。據醫家云：實因年近八旬，氣血大虧，肝失所養，以致因風爲患。此時斷不敢用伐肝散風之劑，必須緩爲補救，方保無虞，恐非旦夕所能奏效。竊念恩彤受恩深重，具有天良，且年力未衰，亦不甘廢弃，更不敢稍存推諉避就之見，自外生成。是以終制終養，此時不敢提及一字。惟現值母病過重，朝不保夕，義不忍捨之而去。憂懼交縈，難以自决。惟有先行呈明，暫緩啓程，一面延醫購藥，趕緊調理，不敢望驟能康復，但使漸有轉機，尚無他慮，即當星馳就道，不敢片刻稽留。或須附片代陳，抑或毋庸瀆奏，統俟鈞裁。

致趙怡山廉訪書

十年不見，僕遂成衰翁；閣下龍馬精神，固當不減曩昔也。今番津門之役，竟以碌碌如僕者濫竽下執事之後，固由聖主弃瑕曠典，亦緣相國推轂隆情，愧甚感甚！但今吾已非復故吾矣，精神意興，一切大不如前。總因五六年間，無日不侍親疾，無日不懷憂懼，旋遭大故，五内摧裂，遂致忽忽若有所失，竟不能再行振刷，亦不自知其何以然也。

本月二十五日亥刻接奉行知，本擬三日即行，當以二十八日啓程具報。及次第料理，方知掣肘多端：鄉間雇車甚難，正值麥忙，又未便向親友轉借，只此一事，已費周章；兼之年來家丁星散，倉卒必須招集二三人方足備數，而相隔多在百里外，呼應不靈；至措辦資斧之難，更不問可知。竭力摒擋，直至二十七日方粗有眉目。詎意老母於是晚偶感風邪，觸動肝厥舊癥，遂致人事不省，萬分危急。連夜延醫，亟進疏散之劑，至二十八日下午方漸甦醒，而寒熱交作，飲食不進，神氣昏迷，醫家束手無策。焦灼异常，匪可言喻。此時如何便能啓程？徒唤奈何而已！

津門現在情形，鄉隅無從聞見，既由六百里飛行諭旨，則緊迫可知。僕誠不能有涓埃之補，但不畏勞、不避難，人臣之節固應如是。况以相國之知己，閣下之同心，但得共事一方，便須相助爲理，何敢稽留觀望，致負平生！無如事處兩難，身不由己。欲留侍母病，則不可以爲臣；若捨母病而去，則不可以爲子。現已函啓相國，暫緩行期，一俟母病稍可放心，不致旦夕生變，便當星速馳赴差次，聽候指麾。良覿匪遥，統容晤悉。匆匆語多失倫次，諸惟涵宥，不宣。

呈請桂花兩大臣代奏終制終養

竊維恩彤一介庸愚，受恩深重，曾任巡撫大員，糊塗昏瞶，自蹈愆尤，蒙宣宗成皇帝逾格矜全，俾以同知赴部候選。遵即於道光二十九年春間赴吏部投供。奉部批示，以恩彤親老丁單，飭令回籍終養。上年十二月十四日父故丁憂，即經呈報在案。本年四月二十五日恭奉諭旨，馳赴天津，交耆前閣部差委。自顧何人，乃蒙我皇上拔諸冗散之中，試以馳驅之效。望闕泥首，感極涕零。當即束裝，擬於二十八日啓程。適值母病瀕危，請假數日，料理醫藥，均經先後呈報。嗣幸母病小愈，於五月初四日啓程，按站前進。沿途風雨，未敢濡滯。兹於十六日到津，得悉各夷酋均已釋兵就撫，頓革鴞音，一切羈縻駕馭及善後事宜，自不慮乏員差委。

恩彤自維譾劣，才識毫無，即濫竽其間，亦不能有所裨益。第念甫丁父憂，窀穸未卜，方在衰絰之中；況老母年已七十有九，衰殘久病，朝不保夕，烏烏之私，情何能已？未免心懸兩地，寢饋難安。惟有據情呈明，伏乞俯准代奏，俾恩彤遵例回籍葬父終制、侍母終養，感均存歿，戴德靡涯。恩彤現年五十八歲，自揣精力尚未甚衰，一俟服闋及終養事畢，即當赴部投供候選，不敢自耽安逸。所有遵例終制終養各緣由，理合具呈，祇候矜憫代奏施行。

謹呈。

知止堂外集卷一

賦

十二鸚鵡賦十二首（諸賦乃桂林唐仲實屬稿而余爲之改定者）

大赤擬謝莊《赤鸚鵡賦》

《南史》：宋元嘉七年訶羅陁國貢赤鸚鵡。《本草》：紅鸚鵡，紫赤色，大如烏鵲，出滇南、交廣近海諸地。

觀其絳彩外昭，炎精内炯，氣涵熛怒，光奪陽景，信南交之靈翚，抱羽族之殊秉。振華翮兮的皪，鋪純藻而彪炳。昔聞丹距，或稱赤觜，翠帔紅襟，緗翼紺趾，惟此鳥之正色，附海舶而戾止。突翹首兮林旭暾，翩矯翼兮滄烟紫。毛披赤玉之章，尾曳紅桑之蕊。蓋其卵毓火維，羽化南荒，慧性無礙，榮輝用彰。感離明之育德，應乾曜以來王。丹鳳偕翔，木難陳而火齊耀；赤烏絜瑞，氛祲散而日月光。是宜貢列明都，躔分朱雀，效趨蹌於丹陛，快鳴翔於阿閣。暫照影乎珠瀣，俾調音於鑾樂，詎徒跱立乎珊瑚之架，焜煌於芙蓉之幕？

朱冠白擬昭明太子《鸚鵡賦》

《舊唐書》：貞觀十八年，沱洹國獻白鸚鵡，毛羽皓潔，頭上有紅毛數十莖，與翅齊。蓋鸚鵡中异種也。

南溟之曲，沱洹之區，誕育珍禽，作貢上都。其爲狀也，霜翎雪毿，月襴雲裾。皓襟綷縩，素髦蕭疏。晴含黝而耀星，頂凝丹而絢霞。引員吭之清厲，矯修尾之豐姱。性嫻雅而彌静，容朗潔而不華。爾乃玉鎖閑拘，綺窗偶噥，依畫閣以翔嬉，傍雕欄而矜重。品儕朱冠之鶴，靈亞玄趾之鳳。洗穠麗之凡質，抱清迴之素心。對曉月而弄影，遏行雲而調音。表羽儀於華省，謝儔侶於茂林。

黄冠白擬顔延之《白鸚鵡賦》

《桂海禽志》：白鸚鵡，大如小鵝，能言，羽毛玉雪，以手撫之，有粉黏著。指掌如蛺蝶翅。

伊南國之文鳥，舒皓羽以翹英。羌守素而抱玄，復含慧而蘊清。戴金冠之毵髟，被玉帔之晶瑩。容閑澹以著節，音宛轉而肖聲。皎如澡玉，皚如浴雪。其輕逝也，翩若晴空蕩素雲；其聳立也，皓如危峰吐華月。雖托族於羽翰，固超軼乎同列。詳其爲狀也，則如幽栖高士，志潔意閑，席帽絺衣，偃蹇空山；又如五陵豪貴，妍姿麗服，金簪鶴氅，雪夜游逐；或如淡妝美人，縞袂輕盈，額黄隱映，腰素娉婷；又如黄冠逸客，白雲翱翔，葛巾微岸，羽服輕颺。於焉表奇姿於炎陬，挺孤標於清廡，和綺琴而按歌，應鸞節而起舞。固靈性之獨鐘，詎凡輩之足伍？

紫翼五色擬彌正平《鸚鵡賦》

《吴書·外國傳》：扶南東有漲海，海中有洲，出五色鳥。《本草》：五色鸚鵡，出海外諸國，性尤慧利。

寂寂秋闈，沈沈畫省，簾外霜繁，樓頭烟暝。惟樊紲之微禽，悵臨風而恨深，憶故國兮永隔，思舊侶兮愴神。當其翻飛叢樾，栖息茂林，熒熒頳尾，蕤蕤朱纓，茸茸紫帔，葱葱翠衿，飲啄自適，翔集無心。何羅網之紛錯，竟以才而爲患，獨抑鬱而誰語，欲自摧其羽翰。絆長足短，舌澀形單。顧影淒凉，山離水別，望復望兮溟海雲，怨復怨兮炎州月。盼長天兮延頸，睇閑階兮悽咽。幸瑣尾之孱軀，荷主人之厚恩，感生全於曩夕，蒙馴飼於兹晨。願長托乎房櫳，竭寸縷之微忱。

翠翼五色 擬阮咸《鸚鵡賦》

左貴嬪《五色鸚鵡賦》：『丹喙翠尾，緑翼紫頭。』按其形狀，與斯合符。

惟澥南之殊域，儲山川之秀靈，伊磅礴之偶泄，鐘嘉淑於文禽。含榮輝於火德，禀妙質於金精，雖同列乎羽族，固卓犖而爲英。微獨抱穎悟之性，又兼擅瑰瑋之形。徒觀其轉喉效聲，能言解意，則結遼韵清，寒鶡舌慧，類靈族之所能。詎軼倫而拔萃，將取其緗葩焕翼，禎藻敷襹，則翠禽來集，赤燕差池，斯珍羽之所同，亦恒睹而未希。孰若兹之色總總以陸離，文般般以匼匝，妙舌與慧珠俱圓，巧語并鶯簧共滑。既异禀之獨抱，復馴性之可狎。於是斂翮玉籠，流音銀棟，啄紅豆兮相思，伴狸奴兮同夢。匪他禽之足匹，方頡頏乎鸞鳳。

紅頷五色 擬陳琳《鸚鵡賦》

《异物志》：安南麴將軍養一鸚鵡，背尾有深淺翠毛，臆前淡紫嫩紅間出，兩肶別垂黃毛，翅尾甚奇。斯圖形狀，大略似之。

何炎洲之嬌鳥，罨雜彩以呈形，本黃山之异產，應朱雀以鐘靈。既丹咮而赤幘，復翠帔而紅襟；尾鞸紫而媲黝，腹凝赭而流青。胡斑駁而衒色，更倲儸而效聲。繄雕繢之孰加，乃彰施之咸備；寶陸離以騰祥，錦蒙茸而獻瑞。爰羅致於朱邸，宜擁飼於晴軒；映日華而糾縵，披雲影以翩翻。或摹形而弄筆，亦寫狀而題箋；任斧藻之極工，遜稟賦之自然。是蓋聰明内藴，文彩外錯，慕德輝而來翔，欣廣厦之可托。願配靈於鸞鷩，曦朝陽於阿閣。

黄頷五色擬曹毗《鸚鵡賦》

《南方异物志》：鸚鵡有三種，一種五色，小於白者。

倚廛宇而曠覽，紛衆彙之芸生，受陶鑄於大鈞，咸稟氣以賦形。固瑰容之足貴，實奇彩之妨身。孔雀以錦毳見羈，山雉以文翠自累；鷫鸘織毛而爲裘，翡翠摧羽而爲珮。何鸚鵡之微禽，亦觸患之略同；偶蹈機於罝罦，遂坐困於樊籠。爾乃縶以絛鏁，戢其羽翰，變聲音以順指，調喉舌以承顔。悲素節之奄渝，頻顧影而增嘆。羌栖遲於華廡，長愴惻於故山。彼夫鶴鳴和於九天，鳳翱翔於千仞；獨矯翼以孤騫，雖虞羅其孰近？鳲鶵巢於卑枝，鷦鷯壘於空梁，惟蓬籊之陋質，弋人弃而弗傷。若兹紫翼黝尾，翠顛黄臆，麗采紛葩，妍姿婉孅，胡尚口而多言，更矜容而衒飾，宜世網之競投，縱遠飛其奚匿？然則吾將處乎材不材之間，而栖心於玄默。

赤喙緑擬桓靈寶《鸚鵡賦》

《异物志》：廣管雷、羅、春、勤等州多鸚鵡，翠羽丹喙，可效人言。

若夫丁鶴揚歌，宋鷄談玄，或發聲於遼邈，或示异於偶然。又如吉了工謳，鸜鵒解語，亦復貌不加麗，文無足取。彼夫鷟鸑矯首，翡翠振翎，華蟲妒影，巨爵張屏，則嫌其絢彩足珍，轉喉不慧，慨兩美之難兼，信兹禽之足貴。緊其黛羽蕤垂，緑毳縟結，翅暈青而儷紅，尾拖藍而帶白；既鈎喙而芒趾，亦朗目而圓舌。斯則瑰形獨异，靈性益奇，啓丹味而效音，向緑窗而陳辭。曾度朝雲之曲，能吟白傅之詩；傳歌板於善才，受貝葉於優夷。既得秀而最黠，亦備采而多姿；允宜樹羽儀之望，而膺喉舌之司。

玄喙緑 擬王粲《鸚鵡賦》

《山海經》：黄山有鳥，其狀如鴞，青羽赤喙，人舌能言，名曰鸚鵡。《本草》：緑鸚鵡，大如烏鵲，滇蜀交廣皆有之，觜爪皆玄色，久則變丹。或曰雄者變、雌者不變也。

惟華林之慧客，含秀氣而卵生；雖羽族之弱質，禀淑德之純精。則有疑折李獄，奸彈張僮，貢片言於丹地，效塵露之微忠。更有急難同林，瘁軀拯禍，濡翼入水，感神滅火。又如問上皇於隴山，譏奉議於蜀樹，雖遠迹於林阿，仍傾懷於故主。别有誦心經而禳夢，持戒律而栖禪，架上則身心木槁，塔中則舍利珠圓。是其慧固軼群，德亦殊衆，故能承君子之光輝，致佳人之愛重。彼夫垂緑蕤之森纚，炫翠衿之華靚，特文采之外敷，又烏足盡其所禀乎！

桃花鸚鵡 擬江總《鸚鵡賦》

白樂天詩：『色似桃花語似人。』揭傒斯亦有《桃花鸚鵡》詩，種頗難得，世人蓋罕見也。

花田二月桃花肥，霏微香霧沾人衣。花間鸚鵡弄春色，銜花還向花間飛。花與鳥兮共色，鳥與花兮競妍，鳥翩翩兮振彩，花灼灼兮欲然。枝頭啼杏雨，林間蹴柳烟；電影驚翻珊瑚墜，月華流照胭脂鮮。摩拂兮彩翼，顧影兮自惜，暈紫渲紅，蕊青繚白，飛界海天藍，歌斷隴雲碧，尋春夢兮無痕，儷穠華兮何迹？參差罨畫映樓臺，赤欄丹甍面面開；深閨鎮日愁無那，莫向幽窗巧語來。

桐花鳳擬李德裕《桐花鳳賦》

《琅嬛記》：桐花鳳，小於玄鳥，春暮來集，桐花圖中所繪，似鸚鵡而小，即《閩小記》所云倒挂鳥也。

花冥冥兮春深，春波緑兮珠江潯。猗紫桐兮爛漫開，有幺鳳兮飛來。味戢兮趾荆，翠衣兮紅襟。尾垂黛緑，頂凝烟青，縮隴山兮具體，借丹穴兮分形。餐清露兮碧樹枝，采衆香兮蘅蕪畦；忽翱翔兮上下，翻顛倒兮參差。爾乃爐篆烟微，簾波風漾，朝集白玉之釵，夕栖紫絲之障。影悄寒增，夢回春釀。暖巢阿閣陰，冷伴羅浮月，翻飛竟何之，不語心如結，開到梅花尚憶君，頡頏翠羽眠香雪。一年一度訊春風，高崗三月錦蒙茸，還隨王母使，飛入蕊珠宫。

時樂鳥擬熊延京《時樂鳥賦》

《唐書》：明皇有五色鸚鵡，能言，育於宫中，上令左右試牽御衣，輒瞋目叱咤。張説上表稱賀，以爲此鳥與鸚鵡狀同，而毛尾全异，蓋《南方异物志》所載之時樂鳥云。今按圖形，殆即此也。

洛大塊之賦生，妙萬類之殊形；緊炎方之瑞鳥，擅羽族之翹英。觀其靈光皎潔，麗采殷盛，頂則朱藻爛輝，眸則金粟含精，翅緑黝而注漆，翎覶素而流星；紅縹厠於微黄，翠襟蔚以暈青。音調貫珠之舌，舞蹴步虚之趾；備五色以成章，附四靈而效祉。爾乃攬德輝而遠至，賓上國而觀光，引之瓊閣瑶臺之内，置之綺窗朱户之旁；栖以珊瑚瑇瑁之架，飼以金穰玉粒之粱；托華省而戾止，傍清幄以輕颺。夫惟其形瑰足貴，而氣和應祥也，故能叶時雍以兆康樂，而罔俾專美於有唐。彼夫斥鷃翔於蓬蒿，鶻鳩萃於林木，抱陋質以卑栖，徒營營於啄粟，圖經早削其名，題咏罕及其族，夫何足與言南交之羽儀，而窺靈囿之所畜也哉！

知止堂外集卷二

律賦

鏡清砥平賦（以寰海鏡清方隅砥平爲韵）

王者道隆軒燧，化被夷蠻，通車書於萬里，浄埃霧於九寰。清契天心，止水擬其澂澈；平符地德，覆盂遜此安閑。既蕩穢以滌瑕，無爲而鏡函，庶彙亦銷烽兮偃燧，有截而砥礪群頑。原夫鏡之爲用也，製本精瑩，懸當爽塏，奪太史而揚輝，掩望舒而凝彩，一塵不滓，朗朗乎若仰玉山；萬象畢呈，澄澄乎如臨銀海。對之則毫髮不欺，掩之則光華頓改。又若砥之爲物也，秉性堅剛，鏈刑滑浄，質本鑿山，功同磨鏡，直循周道，更兼如矢之歌；用溯商賢，亦荷若金之命。殺廉角而於物能平，效礲鑴而其功斯竟。若乃旁連渤澥，遥接滄瀛，栖開蜃怒，波吼龍驚，既撼山而走狂象，亦跋浪而駭奔鯨。是以秦帝望洋而躑躅，漢皇向若而屏營。非銜石之能填，三山恍惚；豈開匳之可納，一鑒澄清。矧乃圖陳萬國，地拓八荒，山川阻於兩戒，風雨別乎五方。言窮象譯，路絶狼睆。將欲其無偏無黨，來享來王，誠恐剗削銷磨，匪藉他山之石，均齊畫一，難周大陸之旁。詎知王者仰遵乾極，俯協坤符，信孚翔泳，恩洽蠉蠕，人兼僸佅兜離，都歸仁壽；地綜崆峒丹穴，盡釋模糊。良繇湛心鏡以臨九有，是用得一清以奉三無。彼江心百煉之精，未足同兹四照；即殿前五尺之大，猶嫌囿於一隅。迭用柔剛，互施張弛，既摩鈍而砭頑，儼代毛以洗髓，將欲絜之使平，奚翅受之以砥？等越砥之利物，悉去鋒鋩；陋秦砥之用人，枉加鞭棰。挫填胸之五岳，豁開萬頃情田；銷對面之九疑，磨出一般性理。我皇上握金鏡，提玉衡，用天下砥致泰階平，德邁周王，盡翦桃蟲之翼；勛隆漢祖，全收銅馬之聲。是以士皆説禮樂而敦詩書，清净非同老子；民則鑄劍戟以爲農器，平康悉協夷庚。

衆仙同日咏霓裳賦（以題爲韵）

溯進士之同年，自唐朝之鄉貢，書名則雁塔聯題，看花則騮駒齊鞚。李太尉請停詩賦，暫罷尋即復初；高侍郎屢掌文衡，多士咸思命中。兩科而霓裳并咏，免試他題；一榜而韓李兼收，迥殊凡衆。粤稽唐樂之有霓裳羽衣法曲也，始自明皇之製，端由敬術所傳。或云葉法善同游，直造姮娥宫殿；或云羅公遠導引，竊聽神女管絃。要以歌喉宛轉，舞袖蹁躚，殿六幺以按拍，周三叠以增妍。不殊爲雨爲雲，誤入高唐幻夢；却道聽風聽水，飛來閬苑真仙。於是播諸樂府，授彼伶工。迨文宗之繼體，命馮定以折中；雲韶應律，月琯移宫，譜太常之雅奏，鳴當代之休風。儘教一曲九天，非念奴之可擬；叶以三終六變，詎得寶所能同？爰及開成，賜題非一，二年既試以詩篇，三載復重之賦律。青衿得句而伸眉，白袍低哦而摇膝。鏗金鏘石，淵淵發擲地之聲；嘯虎吟龍，飄飄振凌雲之筆。莫學灞橋踏雪，鄭五荒凉；何論陰嶺增寒，祖三蕭瑟？休誇宋問之月珠，不亞李程之雲日。時則義山學富而才高，畏之辭豐而氣盛，各負前茅，孰爲後勁？賦八叉手，咸思體備崇閎；詩一揮毫，何取韵争競病？玉笋班聯，金泥光映，此日奏名北闕，御爐分殿上之香；他年話別東川，鎖院憶簾前之咏。竊見詩人之嘆霓裳也，莫不慨驪山之荒宴，悼蜀道之愴悽，鼙鼓聲來，忽驚鹿觸；

江山舞破，都變鵑啼。那堪凝碧池頭，梨園零落；况值雨霖鈴夜，棧閣凄迷？誰復擬彩橋於駕蝀，方仙袂以揚霓！而當日之咏霓裳也，天子命題而鄭重，多士依韵而賡颺，抽妍騁秘，擢秀鋪芳，狀霓節之森纚，青鸞矯翼；繪霓旌之摇曳，紫鳳引吭。休嫌獺祭徒工，讓奇才於小李；漫道香奩過艷，笑家法於冬郎。固將追少陵大禮之篇，氣衝霄漢；奚翅和太白清平之調，雲想衣裳。然而義有殊歸，理無偏注，天寶流連之樂，既有類於新聲；開成粉飾之觀，亦何關乎本務！孰若我朝，士蹈大方，學臻斯路，溯源雅頌，既玉振而金聲；稟式經程，亦繩趨而矩步。上則皋夔接武，續虞廷八伯之歌；次亦班馬連鑣，效漢室兩都之賦。

羊叔子輕裘緩帶賦（以題爲韵）

羊鉅平功高典午，續著襄陽，以東邦之名德，鎮南服之岩疆。天子解衣而頒賜，諸軍挾纊以翱翔。播江漢之仁風，勛齊召虎；消干戈之戾氣，謗息樂羊。方其仗鉞登壇，擁旄推轂，風霆并將令同嚴，霜雪與軍容共肅。狐裘致咏，迴殊魯之臧孫；礪帶尋盟，詎讓周之方叔！固應旌旗變色，争縛褲以急裝；鵝鸛無聲，各横刀而怒目。爾乃吉叶在師，喜侔受祉，轅門晝静，日暖如春；盧帳宵深，月明似水。方且寓樽俎以折衝，蕩烟塵於壁壘。裘如有曜委蛇，不亞於大夫；帶亦長垂容遂，無嫌於童子。時則狼烽焰息，鼉鼓音清，霍去病之鞠場暫罷，程不識之刁斗希鳴；厭裲襠而釋甲，解褲褶以弛弸。著體蒙茸，或半披而半曳；繫腰廓落，乃亦緩而亦輕。則見其從容决策，談笑運籌，軍中無妨觴咏，老子竟得遨游。不須大劍高冠，自詡將軍好武；何异綸巾羽扇，共推名士風流。恰楊柳之依依，徐拖錦帶；任弓刀之閃閃，冷逼貂裘。况乎偃武睦鄰，推恩布款，固宇則守比女貞，釋俘則惠逾冬暖。宥鄧香於縲紲，頓撤雉羅；憫陸抗之沉疴，遥分藥碗。

嚴莫嚴兮防敵，茲則矯之以寬； 急莫急兮赴機，胡乃承之以緩？ 然而鷙鳥之將搏也，先以斂翮蓄威； 善兵之不戰也，尤以藏鋒遠害。 暇斯能整，神凝挈領之中； 柔以克剛，意注垂紳之外。 豈必辨裼襲於羔麛，表矜莊於結襘？ 固欲撫三吴庶士，覆以大裘； 直將吞萬里長江，視同衣帶。 未幾星隕中營，風摧大樹，太傅留遺愛之碑，晋帝發赫斯之怒。 元凱未能跨馬，武庫仍開； 阿童不肯泊舟，樓船竟渡。 平吴雖仗群謀，踐迹悉循故步。 方今將握弢鈐，士承雨露，相與敦詩説禮，投壺和征虜之歌； 無須釃酒臨江，橫槊效曹公之賦。

太史公遍游名山大川賦（以乃紬石室金匱之書爲韻）（學使觀風）

原夫區宇既分，山川勿改，流峙形殊，智仁樂在。 石緣土聚，五岳鎮乎五方； 水與天連，四瀆歸於四海。象呈於高高下下，有如斯夫； 理契夫浩浩淵淵，其所以乃（莊子成語，見孟孫才篇）。 則有若太史公者，龍門毓秀，程伯延休，紹天官之世業，繩柱史之前修； 方將讀三墳五典，更欲兼八索九邱。 洵有文而必考，又何書而不紬。 然而虐焰既然，聖途未闢，挾書之律雖除，學古之儒鮮獲。 遺經多闕，方言半雜於伏生； 壞壁難藏，故牒僅留於孔宅。 將欲株守簡編，管窺竹帛，正恐衍文脱字，舛訛莫辨夫豕魚； 斷句佚篇，點畫難讎乎金石。太史公以爲： 坐井何以望天，戴盆無由見日，眼界須寬，性靈自出，是必翱翔域外，極雄盛之觀； 斯能開拓胸中，破拘牽之失。 況欲搜鴻寶之奇編，發羽陵之殘帙？ 匪直溯文瀾壯闊，鼓棹三河； 且將攬義藪紛葩，擔簦二室。 於是放懷高舉，抗迹幽尋，上會稽而凌巍巋，望九疑而躡嵚嶔。 禹穴探奇，周覽乎雲蒸霞蔚； 蒼梧吊古，縱觀乎碧筍瑶簪。 何殊披二酉之儲，名齊群玉； 奚止侈天台之賦，聲比鏘金？ 既乃就下辭高，挂帆停艣，方南涉乎沅湘，尋北游乎汶泗，講學則流連齊魯，慕五世之遺風； 鄉射則客寓鄒鄱，述七篇之大義。

因以窮六藝淵源，作群經鼓吹。無事侈陳封禪，誇瑞物於檢玉之函；固已遠紀軒轅，搜遺文於緘金之匱。然而地有所限，目有所遺，踪迹幾遍雍豫荆揚之域，游覽亦兼華嵩江漢之奇。迨侍親而詣周南，不離陝洛；洎奉使而巡巴蜀，并及昆夷。彼劍外之萬壑爭流，固大快其觀矣；若黔中之（學使新自黔中來）千岩競秀，則無由而睹之。孰若晨趨金殿，夕侍玉除，賦頌則頡頏枚馬，獻納則步武嚴徐。值皇華之載路，持使節以升車。但見山不知名，爭迎馬首；水如有意，欲浣塵裾。蕩胸不盡之烟雲，奚翅窮千里目；放眼無邊之浩渺，何殊讀萬卷書！

柳絮因風起賦（以題爲韻）

若乃三白占年，六花盈畝，開門而徑壅三三，填砌而寒凝九九。偶借勢於颼飀，遂凌空以紛糾。匪直香培緑萼，先霑嶺上之梅；還當潤入青條，更綴園中之柳。時則密灑中庭，棼霏别署，謝公乘興而發吟，群從依聲而屬語。簇玉樹而雲低，粲瑶階而星曙。初以顆分細碎，比之空際撒鹽；何如勢漸繽紛，擬以風前飛絮！原夫絮之爲物也，軟欺玉縷，輕溷珠塵，共草萌而冒陌，隨花墮而飄茵。舞趁鶯梢，拂翩翩之錦翼；浮逢魚吹，遮鱍鱍之銀鱗。祇應上下東風，寄萍踪於他處；詎意頡頏朔雪，證絮果於前因。爾乃賦形迥异，作態偏同，莫細評其燥濕，且略狀其虚鬆。靡不逐回飆以宛轉，扶弱質以玲瓏。散作龍麟，飄飄乎冰蕊霜華而外；摶非羊角，仿佛兮烟條露葉之中。漫天而銀海光摇，偏愛飛花滚雪；點地而玉樓凍合，奚殊落絮隨風。風以雪嚴，雪因風靡，既颯颯以頻來，更紛紛而不已。方珪圓璧，未罄形容；縞帶銀杯，詎堪比擬？惟兹撲面之香綿，殊有抽思之妙理。乍睹泥融，鴻爪何礙霑泥；還看水泛，鵝毛恰宜度水。卜周原瑞兆方欣，既渥既優；攀漢苑靈株轉訝，且眠且起。良以清景堪娱，微言足悟，道輼既即目而攄詞，惠連亦抽毫而作賦。惟聖主之劭農，值祥霙之布濩，固以先春有慶，續蘇公宿麥之詩；奚須體物徒工，效韓子文刀之句。

知止堂外集卷三

詩一　少作散體

雜感二首

其一

黄雀傍檐飛，栖止庭前樹。側見雙黄鵠，鳴翔出烟霧。不量羽毛短，鼓翅思追步。黄鵠戾青天，飛飛去不顧。中塗力已窮，雲昏失歸路。情知拙於才，非分何所慕！

其二

雙槐高百尺，下有一畝宫。明月破雲出，虚户延清風。同心四五人，屐齒時相通。團坐無雜言，半在田園中。此外惶恐灘，此中長樂翁。首陽信爲拙，柳下信爲工。

春　晴

夜來雨氣微，有聲弄鳴玉。侵晨捲簾看，天光如初浴。日高浮烟開，四野含清旭。時花媚邱原，芳草揺新緑。輕風忽東來，零露斷還續。但願陰陽和，春疇霑濡足。却作踏青游，浩歌醉醽醁。

蓮池待月

晚步北池頭，遥望東山徑。山光黯有無，澹月閑相映。圓荷喜水平，弱柳知風定。翻嫌跳波魚，未識吾心静。

春雨紀异有序

丁丑三月十三日，疾風迅雷甚雨，經一日夜，汶水漲溢傷麥。

嗚嗚一夜東風急，春山吐雲雲氣濕。雷車轟轟電火飛，屏翳大吼黑蛇立。湯湯汶水忽上潮，麥田處處水没苗。蛟螭四出河伯驕，雨工餘怒猶未消，倒騎龍背傾天瓢。去年秋，風雨愁，富無贏粟貧無鳩。老幼嗷嗷待麥熟，忍見漂没逐東流。我欲呼天呼不得，側聞野老三嘆息。

旅邸秋雨

僦居平陵屋近湖，雨聲淅瀝敲孤蒲。荒齋漏濕不成寐，卧聽栖鴉晚相呼。苔花滿地無人掃，碧紗如烟鐙光小。繁蟲似共芭蕉喧，閑門一徑生秋草。

擬崔司勛

東家輕薄兒，索我手中蘭。微芳何足貴，同心良獨難。妾家近接長安路，裘馬翩翩不知數。誰家金彈逐飛禽，之子珊鞭驅香霧。兒時陌上行采桑，使君五馬駐彷徨。羞將紅袖掩嬌面，未許緇塵染素裳。誰知老大苦淹留，鎮日深閨冷似秋。卧聽鶗鴂鳴何晚，步出空庭草已稠。明知華色足愛惜，寒泉濯濯秋山碧。緘情不遇蹇修人，年年冰玉自清白。

白頭吟

薄雲釀微雨，既雨何能留？會合不終朝，升沈各自由。憶昔與君交，相矢以白頭。方今頭未白，弃我如讎仇。人生孰無白頭時，但願此心不轉移。心轉移，安能白頭不相離！青天誓心向皦日，白頭相見不相識。非關儂白頭，君心不如昔。

月下問影

空階延月色，小院著閑身。舉手招孤影，回頭成二人。風來吹不去，夜久轉相親。愛我誰如此，悠悠總未真。

病夜有夢

微風將夕起，吹我故人心。坐久移情去，愁多入夢深。魂游偏識路，睡覺已難尋。惟有梁頭月，光光照楮衾。

題友人齋壁

地僻無車馬，苺苔長滿庭。平沙連屋白，短樹壓窗青。兒女烹茶熟，鷄豚喚夢醒。柴門閑不閉，山鳥自梳翎。

憶　昔

憶昔蘅門自一家，石林竹枕隔桑麻。携鋤手試分新笋，掃徑人知避落花。簾捲雙鈎通燕雀，詩成五字帶烟霞。垂綸最愛蓮塘晚，十里風香月半斜。

落　花

苔痕一徑草萋萋，春色凋零句懶題。回首風吹蝴蝶夢，開門月落子規啼。還隨飛絮飄香雪，更逐浮萍委碧泥。從此冶郎無意緒，殘紅滿眼覷歸蹄。

訪劉右泉

暮春時節百花風，楊柳陰陰小巷東。著作應同鶡冠子，琴尊來訪鹿裘翁。論文欲勒三章約，鍛句須争一字工。便翦園蔬留我醉，糟床頻注酒娘紅。

重陽病起

困餘起步畫廊東，悶把茱萸數晚紅。四面寒山黄葉下，一聲斷雁碧雲中。興來欲覓登高侶，病後難禁落帽風。自嘆吟身如瘦鶴，不堪重醉菊花叢。

自題所作制義

年來兀似坐禪僧，短几無氈每自憑。著想常依松際月，含毫枯對竹邊鐙。擲殘虛牝嗟何益？覓取金丹愧未能。爭似外間花樣否，折腰齵齒總堪憎。

嶧縣張貞媛未婚守節，同人以事狀徵詩，爲賦七律四首

其一

地缺天摧恨不平，此身猶自未分明。從夫早凛冰霜性，矢死非關兒女情。謀面無緣悲早喪，盟心有約待他生。梨花舊句輝彤管，又見君家矗女貞。（平陰烈女張端秀絶命辭有『年年風雨泣梨花』之句）

其二

伴將香骨葬黄埃，鬒鬢何辭嫁夜臺。身似孤絃猶未絶，心如殘蠟半成灰。麻衣拂雪驚新换，繐帳摇風攪暮哀。泉下有靈應墮泪，招魂何處望歸來。

其三

凄風瑟瑟冷空房，角枕塵絲鏡不光。有夢多應覓魂魄，偷生徒以奉姑嫜。香生翠釜湘溪藻，籠覆青筠攝

陌桑。縱使無兒猶有婦，忍教白髮劇摧傷？

其四

鴛邱燕冢草離離，未嫁全貞節倍奇。薄命難消千種恨，苦衷莫怪十分痴。生成石魄何須鏈，死抱冰心詎肯移？擬向庭前種松竹，青青常映歲寒姿。

法源寺看菊四首

其一

梵宫一徑碧苔斜，轉入蓬扉處處花。願托孤根依佛土，還留香夢寄京華。清心未許緇塵涴，疏影偏宜翠竹遮。門外喧喧車馬度，此間依舊野人家。

其二

連朝香滿鳳城頭，睥睨群芳孰與儔。萬朵金英争浥露，一叢玉蕊獨凌秋。態濃不掩疏狂性，放早何須遲暮憂。莫向西風劇惆悵，者番花事儘勾留。

其三

出山豈易在山心，半畝蒼凉竹柏陰。瘦態偏宜閑處著，冷香莫向鬧中尋。好從般若通禪悟，不爲忘憂倩酒斟。自有幽人偏愛爾，時時淪茗復眠琴。

其四

辭家幾度閱榮枯，獨對黄花興不孤。紉佩香應勝荎莖，餐英味不減蒓鱸。鄉園風物渾如此，客邸光陰有故吾。回首蓮溪溪上路，莫教三徑盡荒蕪。

戲咏田家三畜三首

其一

爲守爲田總莫殊，英聲自昔擅韓盧。秦家丞相豪華盡，漢代功臣膽氣粗。渡海漫誇龍有種，傳書合與雁爲徒。近來狂吠增聲價，一片寒心識得無。

其二

每向村頭得得來，龎然氣象未虺隤。慣因耳大欺龍小，偶爲聲雄惹虎猜。畢世勞形惟轉磨，昨朝清興更尋梅。殷勤自愛休孤負，令僕南朝半爾才。

其三

休笑村奴牧豕忙，聽經也許近書堂。呼豨宛轉歌三疊，聚墨模糊字幾行。好趁秋風收橡栗，恰逢春雨過陂塘。紛紛耳食談龍肉，不及充庖一臠香。

采蓮曲 二首

其一

采蓮向蓮塘，風度蓮花香。蕩舟蓮花裏，采采盈我筐。

其二

妾貌如蓮花，妾心如蓮絲。蓮花有時落，蓮絲無斷時。

銅雀臺

高高銅雀臺，下有魏武墓。臺上歌舞人，日對西陵樹。

寄衣曲

寄衣到君前，上有回文字。熒熒衫袖間，是妾停針泪。

柳枝辭 四首

其一

十五盈盈洛里娘，青絲綰髻門新妝。春心不許蓬門鎖，和雨和烟過遠塘。

其二

暢好韶光二月時，向人解舞逞腰肢。兒家住近前溪水，斜倚春風學畫眉。

其三

風前迴立不勝嬌，漏泄春光上畫橋。飛去飛來雙燕子，輕盈莫妒小蠻腰。

其四

踠地青青望欲迷，冶游人在板橋西。爲誰綰作同心結，一路新鶯送馬蹄。

中秋病歸

九十日秋分此夜，兩三行雁破晴空。幾年不見庭前月，今夕歸來又病中。

釣臺

羊裘箕踞釣寒冰，銅馬君王喚不譍。二十八人畫雲閣，荒臺付與老嚴陵。

青冢

彈將一曲明君怨，愁殺榆關馬上人。三尺孤墳葬香骨，草痕猶帶漢宫春。

獅子猫

迎人拭面復搔頭，生小狸奴得自由。酣卧重茵渾不覺，床前一任鼠啾啾。

卑脚犬

隔花底事吠東丁，踏破蒼苔幾點青。最是鐙昏人醉後，簾前摇碎小金鈴。

知止堂外集卷四

文一　論序碑文

許彬不與奪門論(縣志本傳)

鄉賢許襄敏彬筮仕於前明永樂中葉，而柄用於天順初元。論者因謂其首贊奪門之策。此其説發端於《獻徵録》，而踵增於《明史稿》。按《獻徵録》云：『张軏等主复辟，以谋叩彬，彬曰：「此社稷功也。虽然，彬老矣，无能爲矣。盍图之徐元玉？」』夫所云社稷功者，以是時景帝大漸，儲位尚虚，故欲迎復英宗以安社稷，其言未爲失也。至自謝以老而諉諸他人，則不與其事亦明矣。乃《史稿》述彬言曰：『此不世功也。彬老矣，无能爲。徐元玉善奇策，盍與圖之？』改『社稷』爲『不世』；又曰『奇策』，則是視英宗爲奇貨而欲藉爲富貴之資矣。《史稿》之作，實藍本於《獻徵録》，乃於一人一時之言，意爲增飾，遂致牴牾若此，尚足資傳信乎！蓋嘗反復諦觀於當日時勢，及彬立朝本末，而後知彬固忠於英宗，而不與奪門之事者也。英宗北狩，明之大變也。迨景帝既立，而也先悔禍，忽欲送還，此非景帝所樂聞也。故王直等議遣使奉迎，帝即不悦，并云：『朕本不欲登大位，當日見推，實出卿等。』賴于謙以『天位已定，詎復有他』迎機勸導，於是奉迎之議始定。當時在廷諸臣知有景帝不知有英宗久矣，彬浮沉館閣二十餘年，僅得一太常冷官，非有逼處之地、莫諉之責也，乃獨引『主辱臣死』之分，慷慨請行，豈逆料英宗必能歸國、歸後必且復辟，[而]妄希後福哉！情切於舊君而罔恤其他也。迨宣府上謁、下詔罪己、吊死問存、義動朝野，蓋皆彬有以啓之，然益非景帝所樂聞也。不集於菀而集於枯，彬之愚弗可及已！爲英宗者，浹歲蒙塵，一朝旋蹕，愴懷今昔，觸目悲凉，回憶正統舊臣，此時殆未有如彬者。洎國門朝入，南宫夕閉，玉階草没，龍蟄八年，其心何嘗一日忘彬哉！故當復辟之初，遽有綸扉之命，非以賞奪門，正以酬迎駕也。且夫奪門之謀，乃石亨、曹吉祥輩乘機擁戴以倖恩澤耳，非忠於英宗也。徐有貞以險譎之姿兼占候之術，武夫閹兒心折已久，故引與共事而聽其指麾。若彬者，文學侍從之臣耳，非有奇才异能竦動當世，且以垂白殘年，胸襟廓落，乃亨等所不取也。天下詎有廢立大事昏夜密謀，輒向迂疏衰老坦率之人無端輕泄者哉！且使彬果曾與謀，則入閣後必與亨等相爲表裏，共保身家，何以曾不逾年，既爲有貞所笑，復爲亨與吉祥所擠，鑠金銷骨，主眷潛移，一貶留都，再謫關隴，卒至屏息縮項，放廢歸田，抑獨何哉！

然則《明史稿》及《獻徵録》胡爲有所云云也？史稱彬『入閣後杜門謝客，舊交競相騰謗』，此必因其進用之驟而詆其與徐石之謀以厚誣之。否則亨輩造爲此言，以動英宗而構彬也。觀於彬升閣失足爲有貞笑，英宗亦謂岳正曰：『許彬老矣，無能爲矣』，此尤非英宗所樂聞也。若曰『臣等初以迎復之謀叩彬，彬曰「老矣，無能爲矣」』，何其與史所稱彬之對張軏者如出一口也！此必有先入之言矣。自古讒臣造爲風影之談，巧中人主而傾其所忌，若亨輩之於彬者，又可勝慨哉！嘗考《明史·英宗後紀》：『天順元年春正月壬午昧爽，武清侯石亨、都督張軏張軏、左都御史楊善、副都御史徐有貞、太監曹吉祥以兵迎帝於南宫，御奉天門朝百官。徐有貞以原官兼翰林學士，入閣預機務。日中，御奉天殿即位。太常寺卿許彬、大理寺卿薛瑄爲禮部侍郎兼翰林學士入閣預機務。』丙戌論奪門迎復功，封石亨忠國公、張軏太平侯、張輗文安伯、楊善興濟伯、曹吉祥嗣子欽都督同知』，後徐有貞亦封武功伯。於壬午書迎復諸臣而不及彬、於丙戌書封賞諸臣而不及彬、書御門朝百官徐有貞即以原官入閣，而彬不與同拜，迨即位後，與彬同進春宮入參大政者，乃立朝中正、素與徐石輩薰蕕异氣之薛夫子也。彬之爲人，亦略可想見矣。獨怪《明史稿》附彬及陳汝言於有貞傳中，誣之已甚；迨高廟欽定《明史》，始爲彬別立傳，列諸江淵之後，而有貞傳自與楊善并列。蓋鑒及於彬之被誣，故顯示區別也。豈不炳若日星、昭昭信史也哉！

羊侃非叛魏論（縣志本傳）

羊侃可謂忠於梁者矣。太清之變，事起倉卒，侯景以百戰之餘、必死之寇，而梁值太平已久，文恬武嬉，援兵未集，臨賀先降，東府既殘，南浦遇害，臺城之破，直漏刻間耳。侃以疏逖之臣，處危疑之地，蒼黄受命，慷慨登陴，墨守輸攻，機牙四應，乃至弃子弗顧，矢死靡他，史稱其『志等松筠，心均鐵石』，洵無恧焉。夫梁武遇侃良厚，而魏爲舊君，待羊氏不薄，顧忠於梁而叛於魏者何哉？曰：侃非叛魏也，避爾朱也；爾朱榮沉弑帝后，斬薙侯王，擁戴孱君，盗移魁柄，勢將盡翦拓跋之羽翼而落其爪牙。若侃之世家才武，榮畏且忌之久矣。侃既不能低首事榮，又自度力不能討，坐待屠割，尤心有弗甘，欲不挈家南奔，將安之乎！是時魏宗室諸王，若北海王顥、臨淮王彧、汝南王悦，均以避難歸梁，侃詎有异哉？然則深、敦輩何以獲全？曰：此皆羊氏之恂恂儒雅者耳，非侃比也，非榮之所畏且忌者也。

《粤東名宦傳》序

羊城爲嶠南一大都會，五方之來游者，各設會館，以聯桑梓之誼，繇來尚已。道光甲辰，余偕史蘭溪、韓東園兩令尹相與謀曰：『我直隸、山東，河朔接壤，猶唇齒也，是宜合建一館。』維時兩省寅僚及商旅若而人交口稱讚，咸襄厥舉。工既竣，名曰『燕濟』者何？直隸本古燕地，今爲帝畿，先燕者重首善也；稱山東者，例曰齊魯，舉一則不備，省會所在，實惟濟南，稱濟可以概齊魯也；兼及滿洲、蒙古漢軍者何？我朝定鼎神京，從龍貴胄星羅而環衛之，稱燕人者，當先旗籍也。博稽各省會館之設，往往祀其鄉之神聖仙靈，以隆祁報而光閭里，如山西則祀漢壽亭侯，福建則祀天后，江西則祀許真人，以此例準之，則我兩省所應祀，莫若周公、孔子、太公、召公。而揆之於義，殊有未安者，粤東本百越故墟，秦始置桂林、象郡，在周則蠻夷也。既爲三公教化之所未及，亦我夫子轍迹之所未周。今忽於二千年後妥侑而尸祝之，在天之靈安必其來格來享歟！且我夫子久經崇祀，學官尤非鄉人所得私也。故不敢祀古聖賢，而專祀名宦；亦不祀前朝名宦，而斷自本朝。禮緣義起，近則易親，神道人道，若有合焉。古之鄉先生歿，則祭於其社。會館猶社也，名宦則鄉先生也。雖然，古人往矣，後之人既不獲親炙末光，而於嘉績懿行又未能徵文考獻，以將景行仰止之思，春秋有俎豆，晨夕有香火，徒爲事神之文具而已，非所以尊奉表章於我鄉先生也。爰偕諸同人參考志乘，旁搜年譜，彙爲《名宦傳》一册，或循舊以徵實，或增新以補缺，分上下二卷，存之館中，以備稽覽。念自開國二百年來，我兩省士大夫仕於粤者冠蓋相望，迄今遺愛在民，稱道勿衰，寥寥乎數十人耳。其餘則淪爲湮草，不復悉其姓名焉。後之覽者，應思所以自勉哉！

劉先生本草序

世之醫者必尊其術曰『軒岐』，其書傳於今爲《靈素》。夫上古不著書也，《靈素》托諸軒岐者也。其言奥博閎深，自是先周古書秦火未焚者。大旨推本陰陽，而準諸五行。蓋人有五臟，與五行相配，因有五聲、五色、五味，而病情藥性胥於是端倪。余嘗以醫爲五行家，觀乎《靈素》，益信也。但其書詳於用針，略於用藥，不過鷄矢醴四、烏鰂骨一、藘茹丸諸方而已。其以方傳者，始自仲景《傷寒論》。而余竊有疑焉：仲景爲東漢聖醫，官二千石，名位出倉公遠甚。乃蔚宗不爲立傳，且備列郭玉、華佗及其弟子，而不及仲景何也？或其書初藏於家，后乃大顯歟？要之，不讀《靈素》無以窺造化之秘而窮致病之源，不讀《傷寒論》無以酌補瀉之宜而極用藥之妙。《靈素》其猶儒家之六經乎！《傷寒論》其猶四子乎！

醫至今日難言矣。庸夫俗子粗辨字畫，耳剽藥性僞訣，輒即引手切脉，執筆立方，大抵寒熱雜投，病藥相反，苟衣食而戕生命者比比也。鑒乎此者，又執不求有功先求無過之説，應攻不攻，應補不補，以調停中立之術，爲模棱兩可之方，名爲慎重，實則游移，邪氣滯留不去，則正氣日見銷鑠，久之亦必奄奄坐斃而後已。二者操業不同，其殺人均也。即不至是，而泥古方以治今病，雜僞藥以亂真方，將欲砉然奏效，蓋綦難焉。

吾寧自有明以來，醫術甲齊魯，代有良工，至今不乏，而尤盛推劉貞九先生。先生，余母族舅氏也，天禀穎异，弱冠游庠，名噪郡國，家世醫而獨以儒顯。憶余少時，與先生馳騖名場，角逐後先，往往縱酒歌呼，意氣不可一世。及余爲世網所羅，羈宦南北，契闊二十餘年，比歸而先生亦老矣。所志鬱鬱無所施，乃更以醫世其家。先生善《易》，明於陰陽五行，《靈素》、仲景之書，開卷如素習。而其學尤專精於《本草》。權衡古經以審其性味，折衷諸家以定其功過，旁參他説以別其名物。嘗語余曰：『儒家學醫，與醫家异，醫家疏於觀理，頗能牢記成方，儒家言理多通，每難遍識藥物。夫舍理而遵方，猶漢儒之株守章句暗於大道也；持理而遺藥，猶宋儒之論性談天而於古今車服器物動失考據也。吾學醫，惟以漢儒實事求是之法爲標的，故所著書曰《醫原》，曰《醫律》，曰《醫宗》，曰《醫方》，曰《醫案》，而悉冠以《本草》，明所重也。』咸豐丁巳，先生歸道山，而其仲子出遺書示余，并乞爲序。余非知醫者，然與先生之緒論竊有聞焉，因本其平日論醫之大旨，爲之序而歸之。

宫保節相宗室耆公壽序

嶠南古百越地，秦始置郡設尉令。歷漢以來，大帥以功名顯者，率稱兩伏波。唐於廣州建軍府，制如今總督。史稱王方慶爲廣州都督，南海歲有崑侖舶，市外區琛琲。前督路元叡致番酋之變，方慶至，秋毫無所索，境内清畏，爲治廣第一。又李勉以宗室宰相節度嶺南，平番禺賊馮崇等，西南夷舶至者乃四十餘柁。蓋粤地瀕臨外洋，髡頭鳥言、款關求市者連檣相屬，其間山海阻深，易藏奸宄，攻剽椎埋，往往憑險嘯聚。故治廣之政，首重弭盜撫夷，匪今伊昔也。

宫保節相宗室耆公之奉命帥粤也，值英吉利釋兵就撫，定約通商，勢有類王方慶下車。首嚴捕盜，廉得渠魁，霆擊而電掃之，攝其群醜；馭番酋以恩信，俾帖耳受約束，馴致桴鼓夜停，烽燧晝偃，治又略同李勉。异日登諸史册，治廣第一當有所屬。雖然，今之廣豈昔之廣比哉？秦漢無論已，唐雖軍府肇建，而風氣未開，民俗半雜獞獠，昌黎所謂『一以爲赤子，一以爲龍蛇』，尚樸魯易治，大帥第廉静率屬、相安無事而已。今則不逞之徒佩牛帶犢，蠢然萌蘖，所在伏莽，水有立蛟，陵有倮虎，漸至探丸剸公吏，露刃向長官；而盜風之熾，甲乎南北焉。古之海西大秦國，即歐羅巴諸部，漢史稱其以銀爲錢，以水羊毳爲布，會合諸香，煎爲蘇合，餘風俗物産略同。桓帝延熹九年，其王安敦遣使自日南徼外獻象牙、犀角、瑇瑁，西夷來粤自此始，而尚未與爲市。唐時市於粤者，歲舶不過四五柁，故史以四十餘柁爲侈。今則來者不翅數十國，商船不下數百艘，四十餘柁又何足云！且唐時互市，廣州而外，惟揚州而已。故韓滉帥淮南以番舶致饒，而劉展之變，大食、波斯賈多及於兵。今則福州、厦門、鄞縣、上海均與通商，勢涣難制。况千餘年來中國民人多與相習，語言文字約略可通，較諸昔之獉獉狉狉任我操縱者，相去奚翅千萬！假令置王方慶、李勉於此，誠未知其所以治之者何如也。今耆公之作督者三年矣，初時劫掠公行，道路爲梗，黠酋首鼠，反覆多端，抱杞人之憂者不知凡幾也。公乃詗其踪迹，别其淵藪，離其黨與，寬其脅從，而盗風以戢；察其情僞，布其公誠，制其貪頑，靖其反側，而夷情以定。方其指揮顧眄，取辦俄頃，遲速剛柔，動中肯綮，運千鈞於一握，納萬里於片言，聞者震驚，群相嘩惑，孰知其冥籌默畫，出芒入毫，日旰輟餐，宵分忘寢，三年之久，曾無一息之安。雖龍馬精神未嘗少衰，而竊窺容鬢漸异曩者，蓋政成若斯之難也。惟我皇上之嘉予我公曰『殫心竭慮，坐鎮海疆』，復以『綏疆錫祜』四言勒之雲錦，淵乎鑠哉！海疆至重，惟鎮之始有以綏之，而必爲大臣者殫心竭慮，見微而知著，原始而要終，安常而制變，錫祜之由，合在於此。惟聖得賢，惟主知臣，中外咸仰其鎮綏之勛，而九重獨鑒其殫竭之忱，一心一德，交泰同孚，其感通又不在語言文字之末也。且夫盛王立國，親賢并建，故舜臣五人，俱屬同族；成周卿士，多取諸伯叔兄弟之邦。厥後登崇支屬，惟唐爲盛，李適之以降，由宗室作相者，厥有九人，而祖孫父子相繼鈞軸，則迄未聞焉。惟公金貂累葉，向天之龍，若祖、若考以大學士并躋東閣，直聲茂績，焜耀天子，仍留穗石以鎮海疆。家門之盛，冠絶古今。繼起二難，并列華要；鼎祚隆隆，正未有艾。洪惟我國家國史；公年甫三旬，早登卿貳，中歷五部尚書、九門提督、八旗都統、三省將軍、兩任總督，而後躡揆席以佐靈長之運垂億萬年，而公以宗臣世臣與國咸休，永永無窮。蓋即蕭瑀之八葉宰相，未足倫比；金張王謝，方兹褊矣。

歲在丙午，爲公華齡周甲之辰，皇上眷念重臣，頒賜有差。中外僚屬争以文爲壽。某受知於公最深，襄事於公最久，雖拙於言辭，誼不容默，爰就公之所以治粤，與上之所以倚公者，撮其綱要，綴諸簡牘，以侑一觴。其他嵩陵松柏之比擬，茀禄熾昌之頌禱，均削而弗陳，懼泛也。

楊綉亭太翁壽序

懿維大同之世，在朝則有平格耆臣，黼黻於廣厦細旃之上；在野則有山澤臞叟，咏歌於茂林寂壑之下。雖見潛攸殊，而亭育於太和之一氣，蔚爲休徵，厥致一也。顧余每見槁頂黄馘之士，大抵悶悶醇醇，文采弗耀，薦紳先生罕有稱焉。此則櫟社之木，以無用保天年已耳。求其妙藴清才，兼通衆藝，身處岩谷，名動公卿，异日登諸史册《文苑》《隱逸》，堪資揚榷者，蓋千百無什一也。近乃得之金陵楊綉亭先生。

楊氏世爲名閥，代有巨公。先生少承庭誥，負聖童之譽。十齡厄於目疾，以耳受書，輒能默記。弱冠遇异人，授以刀圭，宿翳盡刮，轉有離朱之明。出應童科，往往屈其曹偶。莫寶齋學使一代哲匠，素少許可，得先生文亟賞之，録爲博士弟子，秀甲一黌。乃益自刻勵，與同里伍實生、何雨人、周石生、温翰初、張梧岡、徐臨川諸公爲筆研至交，共相切劘，文境日進。又以治經餘暇，發爲詩歌，兼取晋唐法帖、宋元名幀，時時觀摩，窺其門閾，直造堂奥。復與周芸皋、闞午亭、陳芝楣、王蘇生、司馬綉谷諸公以書畫角逐後先，如驂之靳。既諸公各以乘時遘會，掇巍科，拾青紫以去，而先生乃益跅弛不偶，屢爲有司繩尺所困。丁卯、庚午、癸酉三科，見賞於典試劉金門、陳鐘溪、鄒曉屏諸宗工，均因他故被乙。論者謂才如劉蕡，讓孫山出一頭地，交相嘆詫，而先生意恬如也。既不得志於矮屋，則携其椽筆遨游通都大邑，一時名公貴人争以禮羅，恨相見晚。在上京，爲長沙劉雲房相國作《南岳衡山圖》；在保陽，爲襄平蔣礪堂相國作《雪鴻紀迹圖》；在津門，爲長白穆鶴舫相國作《漳河利漕圖》，悉能模范荆關、凌躒董范，列坐傳觀，侈爲墨寶。書法師顔魯公，尤喜《争座位帖》，臨摹至數百本，若有冥會。蓋魯公書體嚴重，不多作行草，此貼以無心得之，特臻神品。東坡臨三十餘本，而書法大進。先生之拳拳服膺，蓋有以焉。嘗考唐宋取士，書畫均設專科，故唐之詩人無不工書，而宋之畫法或稱院體。米元章由書畫博士擢禮部員外郎，尤表表者也。我國家庠序儲才，畢收於春秋兩榜，此外以藝術進者罕聞，而先生當仁宗巡幸五臺回鑾時，迎獻畫册，荷蒙睿賞，兼拜文綺之賜，事出特恩，足爲近代藝林增一典故，時論榮之。又考自昔書畫稱兩絶者代不數人，而紀年每多上壽。唐宋以前姑不具論，若元之趙松雪、倪雲林，均至七十外；明之董元宰、陳眉公俱八十有二，沈石田八十有三，文衡山九十。此數公者，皆以波磔皴染藻火人文，尺素寸縑珍逾大貝，而其神明老而弗衰，手迹流傳，晚境尤妙。若是者何也？誠以才之所儲者厚，氣之所禀者清，既厚且清，斯恒以升。而又有毫楮以供其優游烟雲，以資其陶寫，匪緇而禪，不丹而仙，頤養天和，自致大年，固其所也。今先生壽届古稀，松姿彌劭；喆嗣用之貳尹，筮仕羊城，安軉就養，惟以詩囊畫卷自隨，杖履多暇，時復濡翰以爲娱樂。粤之人上自簪紱，下逮逢掖，抱大絹長箋踵門請謁者，項背相望，輒爲之淋漓揮灑，滿其意所欲得。蓋其年逾進、詣逾高，絢爛歸於平淡，雕琢返乎自然，此境惟先生能造之、能知之也。

新秋薦爽，實爲攬揆嘉辰，寅僚争思製錦爲壽，而乞余言以張之。余拙於文辭，第就先生之自得於心、取重當代者，粗舉崖略。綴篇既竟，復爲里歌，以侑一觴。其詞曰：

大江浩浩鐘山麓，是生佳士清且淑。英英秀氣奪蘭菊，萬卷撑腸還拄腹。發爲文章霄可燭，瑩然一片崑山玉。闈戰三北名弗録，大笑歸去管簹谷。得失一馬何榮辱，臨書萬本畫萬軸。清池變黑霜毫秃，黄州木石湖州竹。移書作畫方免俗，名高紙貴矜老宿。上登乙覽看不足，曰惟汝諧錫之福。一端捧出千花簇，少微遷曜珠海曲。妙筆譜出長生籙，霞漿盈斗蟠實熟。添籌要滿十間屋，蒼顔再丹髮更緑。

彭母甘孺人壽序

道光庚子，余由比部郎出爲粤西試官，得士如額。其以積學勵行聞於時者，尤推平南彭子穆。越歲丙午，余持節撫粤東，與子穆居相近也，則招而致之幕府。校書而外，不溷以事。維時天子詔下春官，將以來年丁未開科取天下士，郡縣諸孝廉束書治裝偕計北上者，道相望也。子穆獨否。余异而訊焉，曰：『生之業勤矣，將以致身岩廊爲世用耳。今他人皇皇，子獨凉凉，匪予攸望。』子穆乃雁行避影，逡巡而前曰：『鯫生非敢希高尚也，亦非自視菲薄，無以隨諸君子後塞明詔也。其將進趑趄，徒以有老母在，今已七十有一年矣。』余既嘉子穆之淡於進取、篤於孝養，有以异乎世俗所云者，則詢其家世及母教尤詳。

孺人姓甘氏，幼嫻姆教，廑於閨禮，及笄歸鏡亭太翁，相敬如賓友，生二子而寡，食貧茹苦，完其家室。教子嚴有法，俾世厥業。長文舫茂才，端謹温雅。次即子穆，尤以文學顯。少不屑爲口耳盤帨之學，慨然慕古作者，鄉先生見其文輒驚且喜。梁茝林中丞，世所稱宗工也，尤器重之，亟爲延譽。顧數不得志於有司，困一衿者且十年。居恒每自嘆詫。孺人曰：『毋而翁窮年擁篝鐙呻唔，不能得尺寸。爾何爲者？且休矣！』既而子穆舉於鄉，赴禮闈不中第，留京邸輦下，士大夫之爲古文者，稍稍與之游，翕然稱之。孺人寄以書曰：『予嫠也，今老矣。自爲汝家婦，聞先固未嘗貴，今旦暮望汝歸，不願汝以禄養也。窮達命也，久留胡爲耶！』子穆得書，不數日馳歸，歸即不復出，體孺人意也。可不謂賢乎哉！

其同年生臨桂唐仲實揖而進曰：『孺人今已七十有一年矣，既康且强，卓然在堂，所謂坤厚無疆非歟？

願乞長者一言，書之屏風，以介眉壽。』余維祝壽而爲文、爲屏，非古也；但考雅頌之作，所以咏歌盛美，每多祈年祝嘏之辭，升恒岡嶺，厥稱繁焉。雖韓柳歐蘇各文集不聞有賀生日者著於篇，要不可謂非古也。爰書其事，并效東廣微《南陔白華》之什而作詩曰：

陟彼北山，有茂其松；匪榮於春，胡凋於冬？宛宛淑質，來嬪儒宗；既爽靈匹，憂心忡忡。煢煢在抱，恃母不孤；一檠挂壁，我機汝書。雙童犖犖，各擅文譽；秀孝競舉，載步載驅。泛彼灘江，孝廉之船；爰從天外，言邁日邊。彼居之子，彷徨莫前；小人有母，敬謝群賢。日之吉矣，游子歸止；雁序以升，母顔有喜。旨酒盈尊，肥牧在俎；於千斯秋，以迓繁祉。

茅莊創建石橋并修復官路碑文

由山左會垣取道南下一百六十里，有村曰茅莊，直寧陽縣城北十五里許，其道四達，自大官貴人下及販夫走卒，往往經由乎此。莊故有溝，横亘東西，劃一村而二之，若疆界然。溝受東南諸山水，西注於洸，夏漲而冬涸。其涸也，礫礫乎白沙而已；洎其漲也，陽侯怒飛，浩若巨浸，陷輪蹄，阻行旅，即居是村者，亦北不南、南不北也。其地南高北下，溝以南隆然若阜，北則窪然若渚。蓋村之東北，又有杏山西麓之水東來注之。西折而南，與溝水會，勢若建瓴，溜急湍悍，脅塗泥，破圩岸，横衝直刷，下嚙旁穿，完者日以缺，崇者日以卑，漸致路圮於舊自一二尺至三四尺不等，其水患幾與溝埒。蓋非伊朝夕之故也。

日者，里中諸父老聚而謀曰：『溝匪橋奚濟？路匪修奚復？橋非難也，石難；修匪難也，土難。奈費繁工巨何？』有明經甯君晋驂作而慨然曰：『兹事洵未易集也，然不可緩也。自余少時，習見此溝與路矣，大抵不十年而一變焉。失今弗圖，未知數十年後又當何如！《記》有之：「地荒不治，士以爲耻」，矧今横流絶官道，畏途梗里門，奚翅地荒不治比哉？是余責也，何敢以勞費辭！』於是獨立輸貲，鳩工庀材，又貨其腴田百畝，悉以充費。輦石遠山，畚土近甸，陾陾登登，千指并舉。經始於咸豐十年二月朔日，落成於是年四月望日，凡爲石橋三洞，縱四丈，横半之。衛以欄杆，輔以雁翅，凌跨溝脊，如虹卧波。又於橋頭自南而北、而東，接筑舊路，高與橋平，填以實土，杵以夯硪，既堅且夷，蕩蕩如砥，通長一千丈，寬約三丈。綜計土石夫工一切靡金錢百萬有奇，均出己貲，絲毫不取諸人。又躬自督視，靡遑昕夕。閲數月以迄蕆事，亦勤矣哉！工既竣，閭井大歡，亟圖勒石以紀其事，來徵余文。

余聞古者徒杠輿梁，歲有定制，平治道塗，職在司空。政之經也，民實賴焉。國家方制萬里，大農經費有常，勢不能於荒村野渡一一經畫而厝置之。若非良士碩人居是鄉者因地審宜，締構完葺，橋梁道路諸要工幾何不廢而莫舉哉！然余亦嘗見世之有事於此者，率皆兼資衆善，積簣成山，又或募以僧徒，假福緣爲勸誘之計，君子亦不訾焉。明經以逢掖之儒，挾中人之産，乃能竭一人之力，一旦發憤，創數百年未建之橋，復千萬人共由之路，俾行者有利涉之樂，居者免狂瀾之警，非其濟人利物至誠惻怛迫不容已，亦安能漫爲是豪舉哉！是可書已。明經名雲鶴，晋驂其字也。（此文因碑隘難容，更以節本上石。兹仍録存初稿）

知止堂外集卷五

文二　少作追凉瑣語

蜂蝶説

善取者得其精而遺其粗，不善取者得其粗而遺其精。夫物之至精，恒寓於至粗之中，非粗之外別有所謂精也。不得其間，則我之心不入；不探其秘，則彼之味不出。悠悠焉，旋旋焉，迴翔於前後左右，而浮慕不親，雖有所得，不過糟粕煨燼已耳，烏睹所謂精焉者哉！玉韞於石之璞，不得謂璞即玉也；珠藏於驪之鱗，不得謂鱗即珠也；香隱於花之心，不得謂花即香也。人第見蜂蝶日往來於花之中，而花之膚不稍損，并花之色不稍減，以爲蜂蝶之無與於花也。不知蜂蝶之所采，乃真花也，其餘皆石之璞、驪之鱗耳。夫花者，物形之盡變者也，如仰盂、如磬口、如翦縠、如叠錦、如垂雲、如皺雪，怪怪奇奇，不可名狀。而所謂香者，實隱躍乎其中，承之以跗，包之以瓣，凝之以蕊，衛之以鬚。覩其外者，第覺其飄於風、嗅於鼻，而不知其重閉深藏而不輕獻也。蜂蝶之於花也，必尋其口而穿之，所謂得其間也；必拳其鬚而餂之，所謂探其秘也。捻之則爲粉，釀之則爲蜜，皆是物也。故蜂蝶一過，而金谷無花矣。非無花也，人之所謂花非蜂蝶之所謂花也，皆其糟粕煨燼而無足采者也。此之謂得其精而遺其粗。

蜂蝶後説

物固有同事而殊功者。蛛之吐絲，無以异於蠶也，而不能争繭之功；莠之布葉，無以异於苗也，而不能争粟之功；蝶之擣花，無以异於蜂也，而不能争蜜之功。夫蛛之蠢誠不若蠶之靈，莠之穢誠不若苗之美，功之不齊，無足怪也。吾獨甚怪乎蝶之於蜂也。今試執玩花者問之曰：『愛蝶乎，愛蜂乎？』鮮不曰『愛蝶』；今試執嗜蜜者問之曰：『養蜂乎，養蝶乎？』鮮不曰『養蜂』。夫蜂固質之最劣者耳，秃鬢短翮，黯淡無華，往來花間，愛花者幾欲爲花羞也。及釀以爲蜜，而潤渴、滌煩、調榮、養衛，天下食其利焉。若蝶質之美，固不啻什佰於蜂也，蹁躚其態，丹朱其衣，莊生而降，咏歌無絶。使其以所得之花鏈之爲液、融之爲膏，其色香臭味必有大遠乎蜂之所爲者。而釀蜜之功卒歸於蠢蠢之蜂而不歸於粲粲之蝶何也？蜂之於花也，去而復返；蝶之於花也，樂而忘歸。其去而復返也，志有專屬而不及其他也；其樂而忘歸也，苟安目前而不顧其後也。蜂勤而蝶惰，蜂緊而蝶緩，蜂剛而蝶脆，是以蜂有功而蝶無功。所以然者，蜂有主者也，蝶無主者也。有主故其勢聚，聚則功成；無主故其勢散，散則功墮。然則天下事可無主乎哉！

荷葉説

人之逐於物者，未有不爲其所染者也。夫物之累我，不過榮辱而已。我不取辱，而人或辱之，人自辱我耳，無所辱於我也。我不求榮，而人或榮之，人自榮我耳，無所榮於我也。顧處辱而不折，狷者類能之，處榮而不溺，非道力堅定者不能，何也？辱者人之所苦，榮者人之所甘，避苦而就甘者，情也。故處榮難於處辱也。世之愛蓮者，愛其花耳，愛其花猶不免慕於色也，孰若葉之樸而可悦、清而可玩耶！激以濁水而不受，人知其潔矣；試濯之以清漣，獨受之乎？出於淤泥而不染，人知其浄矣，試沃之以甘露，獨染之乎？夫其受夫清漣者，必其受夫濁水者也；而其不染於甘露者，正其不染於淤泥者也。故必如荷葉者，乃爲不受外物之累者也。

吁！士之處世，豈盡處糾紛之地、顛踣困頓，等於淤泥濁水之辱哉！以美名動我之心、以美言悦我之耳，以美服耀我之軀，以美味爽我之口，是皆世之甘露、清漣也。沈没其中，樂而忘返，而至污、至辱什倍於淤泥濁水者旋承其後矣，岌岌乎殆哉！

燕雀説

天下之勢，當以己馭人，不當藉人庇己。不克自立，而求托於人，未有不爲所圖者也。何也？我不能自存而欲依彼以存我，不能自生而欲依彼以生，是我以彼爲恃也。存之惟彼，則亡之亦惟彼，生之惟彼，則殺之亦惟彼，是我爲彼所制也。我方彼恃，彼已我制，天下之至危無甚於此，而嗜者反忘其危而偷其安，是皆燕雀之見也。

吾初不知燕雀之何所戀而必依人以栖也，豈不以力弱身微，懼不免爲鷙蟲之所搏，幸托重門廣厦之間，庶可以苟且自活乎！庸詎知破巢毁卵禍且更烈於鷹鸇耶！夫雀，固羽族之賤品也，穴人之壁、穿人之屋、啄人之粟，其見戕於人，宜也。若燕之負梁而居，穴壁也歟哉？銜泥而壘，穿屋也歟哉？捉蟲而飽，啄粟也歟哉？玲瓏其聲，翩翾其態，至靈且慧也，使其潛形於叢林茂竹之間，遁迹於幽壑深山之境，摇漾清虚，孰得而即之？升降雲霧，孰得而篡之？而乃求庇於人，甘爲所制，被禍之慘，或至破巢毀卵，而并殞其軀。何其才之什倍於雀而智反不大遠於雀耶？夫燕雀其小焉者也，田氏知其國之不張，而求托於秦，秦并六國未嘗遺齊也；錢氏知其國之不支，而求托於宋，宋定天下未嘗遺吴越也。是皆燕雀之見也。

蟬說

凡物之無益於人者，皆其不容於人者也。魚之盆也，以其游；鳥之籠也，以其鳴；蠶之筐也，以其絲；蜂之房也，以其蜜。之數物者，非必奇异殊絶，而更千百年豢養之不稍倦，非人情之偏愛也，彼固自食其力也。見丹良者不踐，非愛丹良也，以其能照也；見蠅虎者不逐，非愛蠅虎也，以其食蠅也。故雖一物之微，亦必有稍稍爲人興利、爲人去害者，乃可以自立於天地之間，以遂其生而適其性。不然，則物之清遠閑逸，莫蟬若也。蜻蛉潔矣，而好集人冠，人即從而斃之；蛺蝶華矣，而能損人花，人或驅而遠之。今夫蟬，去糞滓之中，游清虚之表，吸風飲露，貴足而不願其餘。其去人也遠，其居身也安，其亦可以俯仰自如，耽林泉之樂，而避機械之危乎！而豈知三尺之子，固已調飴膠絲，睨其旁而承其後耶！趙威后之問陳仲子曰：『是帥民出於無用者，胡爲至今不殺？』夫仲之所爲，非害於人也，無利於人，人思殺之矣。蟬之所爲，非損於人也，無益於人，人思死之矣。然則生天地間者，顧可無益乎哉！

蟬後說

凡物莫滯於胎生，莫靈於化生。胎生以形，形則有象，有象故滯；化生以氣，氣則無迹，無迹故靈。蓋陰陽二氣鼓弄掀簸於天地之間，萬物莫不絪緼於其際也。其禀陽氣而生者，至夏則衰；其禀陰氣而生者，至冬則盡。其間以彼之氣感此之氣，於是乎枯者可潤、僵者可立、走者可飛、潛者可浮，其機括靡可得而運，其端倪靡可得而窺。故不觀化生，不知化工之至神且妙也。而其倏忽轉移，頃刻數變者，莫如蟬。夫鼠化而鴽，雀化而蛤，以此形化彼形也；草化而螢，麥化而蝶，以無知化有知也，要皆偶承其氣，一化而止耳。若夫蟬，生於蜣螂之窟，至濁且穢也，一變而具體，再變而成形，三變而翼，而飛胸而鳴，一朝夕間而化濁爲清、化穢爲潔，其善化也如此。吾弗知其未化之先逆料其能化否，吾弗知其既化之後尚憶其未化否，使其游清虚之表，迴思糞壤之中，何啻超苦海而上升、換凡骨而飄舉耶！然此特氣化者耳，非化之至者也。憩道德之林，則愚者化而爲明；立中正之途，則柔者化而爲剛；飽詩書之味，則鄙者化而爲文士、化而賢、賢化而聖、聖化而天，不必藉彼之形而自易其形，不必感彼之氣而自移其氣，豈非化之至神至妙者哉！故曰學能變化氣質。

蜾蠃説

天下之物，形暌而神聯，體判而氣合，有以化之，未有不化者也。鳩可以化鷹，雉可以化蜃，桃蟲可以化雕，化不仁而爲仁，化不義而爲義，化之大者也。人第見各形其形、各體其體，耳目鼻口之間，雖父子不能相易，於是乎覿面之頃成彼此，一膜之外若秦越，一似彼之所爲無與於我，我之所爲無及於彼也者，豈智反出蜾蠃下耶？

蜾蠃無子，以螟蛉爲己子，人皆知蜾蠃之能化螟蛉也。然吾嘗剖其穴視之，第見其累土爲房，實蟲其中，滿則塗之而旁及其他，初非若鳥之伏卵，必翼而長之也。中更數日，而所積之蟲鎔合爲一，蠢蠢然若蓮房之菂，無復本形，但存皮殼耳。是知蜾蠃之化螟蛉，非能化其形與體也，以我之神交彼之神，神聯而形不遺矣；以我之氣感彼之氣，氣合而體莫違矣。鼓舞以致其變，優游以俟其成，吹噓濡沫而不閉其機，從容暇豫而不助其長，故其所以化之者，不疾而速也。

夫异類至疏也，父子至親也，今以一物之微，尚能化至疏爲至親如此，而況耳同此耳、目同此目、鼻同此鼻、口同此口，天命之性同性也，感物之情同情也，良知之心同心也，顧乃分離乖隔、形相暌、體相判、神不聯、氣不合，豈异類之物可化，而同類之人不可化耶？

鼠狼説

人情莫不惡鼠而畏狼。顧鼠，而鼠非可惡之至也；狼，而狼非可畏之至也。孰不惡鼠？惡之斯薰之、灌之、畜俊猫以攫之耳，何也？鼠吾知其鼠也。孰不畏狼，畏之斯避之、遠之，不則修弓矢、備干櫓以禦之耳，何也？狼吾知其狼也。執鼠而謂之狼，雖懦夫不懼；執狼而謂之鼠，雖孺子不信。何也？鼠吾知其非狼，狼吾知其非鼠也。

齊魯之墟有小獸焉，穴壁而居，夜動晝伏，長不逾一尺，重不滿一斤，而捷於捕鷄，土人謂之鼠狼。夫謂之鼠者，以其形之類鼠也；謂之狼者，以其性之近狼也。名義顯然，奚煩多口哉？乃吾顧其名思其義，竊以爲世之鼠狼何多也，外柔而内險，一鼠狼也；貌陋而性狠，一鼠狼也；身居卑污而心存陰狡，一鼠狼也；陽爲避人而陰能害物，一鼠狼也。夫鼠吾知其可惡，狼吾知其可畏；鼠其外而狼其内，是隱其可畏之實於可惡之中，人將惡之而不知畏之，忽不經意之頃，必有被其吞噬者矣。可不懼哉！

蝎虎辨

天下至猛可畏之物莫如虎，而凡物之猛而可畏者皆得以『虎』名。周之梟將曰『虎臣』，魏之勁兵曰『虎士』，人而虎者也；飛而捕魚者曰『魚虎』，躍而捕蠅者曰『蠅虎』，禽而虎、蟲而虎者也。夫人之力可以如虎，并可以刺虎，『虎』之可也；下及一禽、一蟲之微，其視虎也，奚翅泰山之於土壤，乃群焉奉以虎之名，到今無以易。何哉？魚虎之威得行於魚，自魚視之，居然虎也；蠅虎之威得行於蠅，自蠅視之，居然虎也。彼其威之所行既畏之如虎，而人即以其威之所行者從而『虎』之，虎其名并虎其實者也，其『虎』也固無足怪。

頹垣斷瓦之間，有微物焉，渺小其體，匇遽其態，其行必沿壁，非有超距之勇也；行急則墜地，非有捷利之才也。殆所云『守宮』者耶？而世人嘖嘖稱爲『蝎虎』。夫蝎之爲物，蟲族之最悍者也，其毒螫，傷手則手腫，傷足則足躄，爲害不細也。今幸而蝎虎者出，蝎之患可稍息矣。然以至悍之物而欲取而啖食之，則其悍必什倍於彼，始足以挫其鋒而殺其鋭耳，曾是瑣瑣者而足以當之哉？夫物之得名，何定之有哉！蝗螂之捕蟬也，不聞以爲『蟬虎』；丹鳥之羞蚊也，不聞以爲『蚊虎』；吾見魚虎捕魚矣、蠅虎捕蠅矣，未見蝎虎捕蝎也，虎其名而不虎其實，則蝎虎者，蓋流俗之説也。如蝎虎者，何以稱焉？豈物固有幸有不幸耶？

定蠅蚊罪之輕重

天地之生人爲貴。凡物之害於人者，皆得罪於天地者也。夫害人之物，乃戾氣所感，天地亦無術以鋤之，而未始不陰爲驅遣，使之與人遠而不與人近。虎狼暴矣，而竄身林谷，山居者或遭之耳；蛟鼉横矣，而遁迹江湖，澤居者或苦之耳。狡如蛇，未聞人人爲所傷也；狠如蝎，未聞人人爲所螫也。其罪皆不得執一律論也。

今試問兩大之間，四海之内，自夏之初，徂秋之末，晝有無蠅者乎？夜有無蚊者乎？之二蟲者，雖不大害於人，實人人受其累者也。夫蠅之頑鈍，未若蚊之陰狠也。蠅之變物白黑，未若蚊之病人肌膚也，故人情莫不憎蠅而怒蚊，則定罪亦必入蚊而出蠅。此其用法不平，恐不足服二蟲之心也。夫潛踪匿迹，與人相伺，而盜人所蓄者，盜雖金珠，其罪固不遽至死也；竊也。聚徒合衆，與人相角，而奪人所有者，所奪雖粟布，其罪固在所不赦也；刼也。陰狠如蚊，不過乘人之寐而肆其毒耳，其心尚知畏人也，孰若蠅之雲合霧集，曾不畏死耶？今按律以治二蟲：蠅宜大辟，蚊則劓刖可也。然則豹脚之蚊，白晝公行，戕人血肉者，亦以減死論乎？曰：是其罪浮於蠅。

知止堂外集卷六

文三　致夷酋書　問答

與弗酋謝西耳論中國不能遣使赴弗蘭西(代祁督部)

癸卯暮春曾接來函，深承雅意。因足下回帆吕宋，不及答復，耿耿於懷。曾於本年秋間接晤領事拉地蒙冬，詢及近况亨佳，每爲欣慰。頃展尺素，知足下擢任顯秩，調度巨艦，從此常駐粤洋，講信修睦，何快如之！來書所云立國在於自主，强勇不在兵多，在得其戰守之法、攻擊之具，與夫演兵、修船、鑄炮之方，而以商夷爲貪婪詭詐之徒，不足取信。此誠金石之言，非足下與不佞真心契好，孰肯爲是言哉！兵可百年不用，不可一日不備。不佞近年以來，督率文武，仿造西洋戰船，修建墩臺，添鑄炮位，訓練弁兵，團結義勇，以爲有備無患之計，雖未必果如足下之所厚期，而較諸三年以前，固已换一局面。儻自兹以後，通商各國以禮相交，以信相保，中國自當懷柔遠人，必不挑衅生隙。若或貪利無厭，别有反覆，不佞必當激勵將士，防剿兼施，仍望足下助一臂之力，以勁旅夾攻，殲厥醜類。不惟見足下與不佞交好之誠，亦徵弗國與中國和睦之雅。况弗國之於紅毛素爲仇敵，載在書册，既爲天朝助順，即爲本國宣威，想足下必將拔劍起舞，踴躍而争赴也。

至所請奏明大皇帝遣一使臣前往弗蘭西講求戰備及派商賈游客察探民風一節，具荷美意。惟中國士大夫不慣風濤，若泛海行七萬里，恐不能達；至商賈游客，又多不曉事之人，往亦無濟。弗國自前明以來，與中國通好，彼時英吉利諸國尚未來越貿易，而佛狼機（即弗蘭西）已載在前史，表表著明。惟數百年來，未聞有中國使臣至其地者。即明之鄭和屢至西洋各國，而亦未能遠赴弗蘭西。豈有他故哉？誠以重洋所限，天水蒼茫，中國之人望而興嘆，非若泰西之人不憚遠涉也。本朝康熙年間，亦曾遣使臣往俄羅斯矣，究因道阻且長，中途而返，此亦可以互證。總之，弗國爲西洋强大之邦，其來中國最先，與中國交最久，中國官民亦與之相習相安，較各國之專爲貿易者迥不相同；而彼此交好之真心雅誼不在虚文，而在永久，正無關乎使臣之往來與否也。

與米酋顧盛論中國制度（代耆閣部）

日前兩次會晤，深荷高情。但恨言語不通，未能直抒肝鬲，至今悵然。昨接公文各件，欣悉足下和平友愛一片誠心，莫名快慰。但兩國交涉事宜，有不得不詳細言之者。

中國與合衆國及英吉利各國，一東一西，相去遼邈，其所以通好往來者，實由各國利在通商，不辭險遠航海而來，各國有求於中國，非中國有求於各國也。各國之來粤通商者，大小不一，而既至中國，應以中國爲主，此亦如中國商人赴各國貿易，所到之國即其爲主之國，乃一定之理、一定之勢也。中國之待各國商人，不容有所偏，偏則各國人心不服。是以上年議定英吉利貿易章程，如撤行商、裁規費、減船鈔、定税則、開港口及一切有益遠商之事，大皇帝不俟各國請求，即通行一體照辦，此即一無所偏之明證。至各國商人之來中國，則應遵奉新章，交易輸税，方能彼此相安，有合乎客從主人之義。儻此國商人欲行此例，彼國商人又欲行彼例，則中國之章程紊亂，而各國亦靡所適從，通商大局因之益壞，不惟非中國之利，亦非各國之利也。且中國與各國交涉者，僅貿易之一端而已，其餘一切制度則迥不相同。中國有中國之制度，各國有各國之制度，中國不能因與各國和好，即改制度而就各國；亦如各國不能因與中國和好，即改制度而就中國也。即如中國與英國構兵連年，已成仇敵，迨經議和以後，所定通商善後章程仍不能違中國之制度。書册具在，可考而知。

至兵者不祥之器，不得已而後用之。合衆國與中國毫無釁隙，且遠隔十萬里重洋，言語不通，風俗各别，得其地不能守，得其民不能治，兩國均不乏明於料事之人，豈有無端用兵之理？夫用兵與通商不能并行，用兵則有礙通商，通商則不宜用兵，尤理之至近而易明者也。

與英酋德庇士論進城不便

粵東百姓之不願英人進城者，約有二端：蚩氓生長於斯，耳目不廣，彼亦不知福州等四口何如，但習見數百年來外國商民從無進粵城之事，以爲必應如此；一聞英人欲行進城，則群相駭怪，衆論沸騰，謡言四起，此其一也。用兵以來，曾遭英人蹂躪，積怨於中，易生猜忌，故一聞進城之説，則以爲心懷惡意，迨聞其急欲進城，則懷疑更甚，誓群起而拒絶之，此又其一也。以上二端，乃愚民之見。若紳士，則於福州等處俱已進城均習聞之，進城之并無惡意，亦半信半疑，而其所不欲者，亦有二端：一則因英人進城後任便出入，人數必夥，其中賢愚不等，易致生事滋擾；且各國人亦必接踵而至，中外雜遝，閭巷難安；一時即可無事，日久必有他虞，此其一也。一則因福州有領事踞住烏石山之事，恐進粵城後即援以爲例，亦欲於城内僦居；英人喜住高聳之處，或建房竪旗，有礙風水，俯瞰都市，窺見室家，尤多不便，此又其一也。

以上乃紳民意中之事，官之所慮尚不在此，其大指亦有二端：官雖有權，而民之勢太衆，順其意則喜，拂其情則怒，怒則聚衆抗官而不從其令。如百姓人人不願英人進城，而官則准其進城，出示曉諭，百姓不但不遵，且從而撕毀之，又從而謗訕之，甚或標貼長紅，顯然與官爲難；若脅之以威，激成衆怒，必生事端，此一可慮也。官准英人進城，而百姓聚衆而拒阻之，官不能禁，則無辭以對英人；强欲禁之，又無術以制百姓。英人中道退出，則示粤民以怯；若恃强猛進，必成械鬥，兩國失和將自此始，所關尤大。此二可慮也。古人云『衆怒難犯，專欲難成』，願足下熟思而審處焉。

與弗夷加略利論香港（加夷住澳最久，頗通漢文，爲弗蘭西謀主）

英吉利之在香港，亦如意大里亞之在澳門，乃大皇帝异量之恩，各國不得援以爲例也。且英人連年用兵，亡失亦多矣，得此海外荒島，草創而經營之，所費尤巨。足下以爲得計乎、失計乎？且彼乃藉爲修船停貨之所耳，弗國貿易無多，每年進口之船不過一二隻，商人數不滿十，即索得海隅片壤，將安用之？欲與英人争勝乎？是務虚名而受實累也。欲與中國爲難乎？明係假英人猖狂之餘力，希冀意外之獲，適足爲英人所笑也。足下曾云：譬如人有屋一所，被賊占住一間，不能逐去，而朋友借居，則靳而勿予，未免失算。其説似已。不佞則謂：屋被賊占，爲朋友者惟有助主禽賊，以屋還主，方爲良友耳；若亦欲乘勢占屋一間，是幸主之危，援賊爲例，大非君子之道也！

與加略利論天主教

中華三教，曰儒、曰釋、曰道，而儒爲重。西方亦有三教，曰回、曰佛、曰天主，而天主爲重。中國之釋教即西方之佛教也。自漢明帝時始入中國，而天主教亦於前明中葉由意大里亞人利瑪竇傳入中國，當時稱爲『西士』，中國賢士大夫多與之游，其教遂廣。故天主教由西而東，無以异於佛教也。我朝天文本用西法，前世若南懷仁、湯若望、徐良棟，皆以西士顯於中朝，初未嘗設天主教之禁。厥後習教之人良莠不一，奸徒溷迹其中，於是有誘污婦女、誆取病目之事，旋經敗露，各置於法。由是制爲罪條，編諸令甲。此乃禁中國之人藉天主教爲名公行不法，并未嘗禁西洋之天主教。中國自崇儒教，西洋自重天主教，兩不相妨，亦各不相謀也。今欲强西洋人舍其天主教而改奉中國之儒教，不待智者而知其不能矣。但西士愛慕儒教如足下者，國之君相未嘗禁止之也。若足下藉中國儒教之名，輕犯本國之法，恐亦不能曲宥之也。中國於習天主教之人，何以异是？

與米夷副使威伯士德論官賠貨價不便

米商在中國被劫，地方文武若事先聞報，無不救護之理，事後無不爲捉賊之理，捉獲更無不爲嚴辦之理。獨至代賠貨價，則情有弗順、勢有弗行、力有弗給。

何以明其然也？米商之來中國，乃自願貿易，并非中國招之使來，卸貨後聽其任便行銷，官不過問，所徵者税餉而已。計各商運貨進口，復販貨回國，一出一入，獲利奚止十倍？中國税餉所收，不及百分之一。今一經被劫，即責令地方官全行包賠，是米商安享其利，中國坐受其累，此情有弗順也。徵收税餉，事隸關部，逐捕盜賊，事隸地方，若欲以代賠屬之關部，則本無捕盜之責，何得枉受賠贓之罰？儻竟屬之地方，則事前既未查驗貨色，事後從何擔保貨價？且地方所轄百姓動至數百萬，每年被劫不止數十家，獲盜起贓者十不及五六，未聞官爲代賠，何能獨厚於外國？此勢有弗行也。海關收税，絲毫均須報部，斷不能以代賠之項作正開銷；地方官廉俸均有定數，辦公尚多不敷，何從籌此閑款？儻請動正項，冀邀大皇帝异量之恩，不惟煩瀆聖聽，諸多不便，且致海關税餉因此缺額若干，轉恐於通商大局有礙。此力有弗給也。

連日因此事與足下議論多次，或通事傳語未詳，特具一函，申明前説，煩請伯駕（米夷，略通漢文）譒出西文，熟覽而審思之。

與威伯士德論洋樓棧房官不過問

洋樓賠修、棧房存貨，此皆洋行舊規，洵利益遠商之事。今洋行既撤，則不能責之於官。蓋洋行雖由官設，所承辦者惟各國貿易，故一切均可代爲經理。地方官公事煩多，安能分心分力爲遠商計？遇有告理之事，惟有秉公剖决而已，此外非所及也。况洋樓被焚，或係天灾，或關人事，乃遠商一時不幸，地方官不能分任其咎，亦無從代籌其費。至棧房，雖非洋樓可比，但須先購地基，次集工料，費亦不貲。既不便請動公帑，又安得此巨富之官爲之捐辦？此皆必不能行者。

揣米商之意，本不欲裁撤洋行，又不肯於甫撤之後遽請復設，故欲以官代行，意在裁其名而留其實。不知洋行之所以修洋樓、建棧房者，與遠商均其利也。修建各費，名爲出自洋行，實則於遠商貿易中暗有抽取，以徐償其值。故洋行代修代建，仍無异遠商自修自建。今官於遠商除徵税外有何交涉，而欲强屬以洋行之舊規乎？嘗謂上年請撤洋行，乃英人失策之大者。當時伊大臣曾行文璞鼎查，極論此事不便；璞鼎查深以爲然，而各英商受人慫恿（此人非他，即舊洋行輩），堅執前請，璞鼎查亦末如之何。不佞曾與羅伯聃偶言及之，羅伯聃云：『中國之洋行，猶英國之公司；昔年英商力請撤公司，迨公司撤，而貿易不如有公司時；今又請撤洋行，亦既撤矣，試問貿易比有洋行時究竟如何？恐數年後英商必將後悔，即欲求復而不能得。』此非無所見而云然也。足下若請復設洋行，則洋樓、棧房二者可以仍照舊規辦理；洋行不設，官不與聞。

與米夷伯駕論合衆國號

亞美利駕三十六國聯合爲一，稱爲合衆國，甚屬相宜。合者，聚也；衆者，多也。三十六國，可謂多矣；聯合爲一，可謂聚矣。從此愈合愈衆，愈衆愈合，此國勢浸昌，生齒日繁之吉兆也。至苟合、烏合，雖難與和合之合相提并論（時有以此譏之者，伯夷以爲問），但中國文字體一而用殊者不可枚舉，即如君長之君，乃貴人之稱；若云『君子』，則好人之稱；更云『郎君』，則少年公子之稱。又省城之省，乃都邑之稱；若云『省便』，則少事之稱；更云『内省』，則思想自己之稱。此外若馬稱爲馬，而『輕塵』亦稱野馬；鷄稱爲鷄，而醋蛾亦稱『醯鷄』。不得以一語之不佳，害原文之盡善也。（此戲談也。偶檢舊稿，附録於此）

壬癸問答 有序

道光癸卯仲春，余偕咸松圃都護往香港與英酋璞鼎查議新增税額，留駐月餘。時有夷目羅伯聃因通曉中國語言文字，居間傳譯。暇時偶與都護論及炮臺，甚有理解，因記其語，作《壬癸問答》。壬、癸，猶甲、乙也。

壬問於癸曰：子曾見海疆炮臺之制矣，亦足以禦敵而決勝否乎？

癸曰：此可防洋盜之奔突，而當勁敵，則非所敢知也。請言其略：夫炮臺之設，其地大約有二：非四面臨洋，即一面距海。其四面臨洋者，孤懸於茫茫巨浸中，形等堅城，雉堞環立，中藏大炮，以兵守之。於墻間開鑿炮眼，通炮子出路。而我兵於墻内蹲伏，以防敵炮之轟擊，似若可恃者。然惟以炮眼送炮子，則炮口必與炮眼恰對，而後開放，高低左右，不可差錯，而炮之用已狹矣。且臺中安設之炮，十面羅列，各炮須認定各炮之眼，東西南北不可轉移，而炮之用益滯矣。儻有敵船從一面來攻，則臺上之炮雖多，其可以向敵迎擊者僅此一面之炮，其餘九面之炮均成無用之物。迨三開而後，膛口已熱，勢須停待以消火氣。而敵人乘此機會，以船運炮，連環迭施，烈焰風噴，飛丸雨集，我兵無以抵當，必將弃臺而走矣。即使臺上之炮大逾萬斤，力能摧堅致遠，敵船猝不敢近，而臺既孤懸海中，無兵援應；敵人但以輕舟更番互進，若近若遠，或發空炮，或設疑陣，多方驚擾於臺之四旁炮力不及之處，我兵晝不得飽食，夜不得安眠，不過三日，即疲憊不支。而敵乃鼓彼之鋭，乘我之惰，其奪我之臺，勢若摧枯拉朽，尚可恃以爲固乎！至一面距海之臺，或依山堅壘，或傍岸筑墩，萃炮力以當一面，專候敵船來攻，則并放齊轟，制其死命，較諸四面臨洋則勢孤、十面安炮則力分，似有利鈍之殊。惟炮藏堅壁之中，必借炮眼爲出路，炮口方向一定，不能運轉；而臺後既乏戰備，臺旁又無援兵。一經敵人窺破，必且避我之炮，舍舟登陸，以奇兵繞出臺後，（迸）〔并〕力急攻，是時向外安設各炮，既不能轉而向敵，則有炮與無炮等。我兵失其制勝之具，必至膽怯心慌，相率奔潰，而臺與炮均爲敵有矣。此海疆炮臺之萬不足恃者也。

曰：然則如之何而可？

曰：四面臨洋之臺，須有舟師爲之防護，而後其勢不孤。一面距海之臺，須有陸兵爲之救援，乃可以戰爲守。至其建臺安炮之法，知其所以敗，則可求其所以勝，難以言傳，可以意會也。

壬復問曰：子亦有炮臺可以登覽否乎？

癸曰：香港裙帶路有新設炮臺，小小者耳，而規模略具，請往觀焉。

至則見濱海之地筑有石臺，基與地平，形如偃月，繚以短垣，不過三尺，臺上安設八千斤大炮四，雖各駕以車，而笨重不能運轉；臺之東南建一小房，内藏鉛藥；臺後樹木栅以防出入。不惟無雉堞炮眼之制，亦無高壘厚壁之觀。壬既覽畢，而竊訝其平平無甚奇异也。

癸曰：子未悉我建臺之意乎？此地前臨大洋，後倚土山，中有平地，可作戰場。兩旁各有大路，可通援兵。故置臺於此，以扼要而制勝。其前面所以不筑高壘而筑短垣者，欲我炮口出於垣外，則取勢空闊，可以縱擊無礙也。後面所以不建厚壁而置木栅者，臨敵則便於拆撤，不令阻我兵退步也。儻有敵船來犯，我則先集諸路兵，以一隊據臺後之土山，以壯聲勢；以兩隊分布臺旁之東西大路，以備應援；然後開臺上大炮，迎擊其船。若不能勝，俟彼船近我臺，則臺兵弃炮而退，而山上之兵，以大炮火箭乘高齊發，敵船勢不能支，斷不敢舍船登陸，奪我臺與炮也。萬一敵鋒甚鋭，冒險致死，竟敢放三板（夷呼脚船爲『三板』）上岸據臺，而大炮笨重，亦無暇掉轉昂起以擊我對面山上之兵也，且亦無暇毁我之炮也。而我兩路援兵夾攻并進，山上之兵助勢增威，敵以孤軍當我三面，勢不至盡殪不止。此則我炮臺形勢與護臺以及交戰之機權也。

飛鴻集

四卷　餘集一卷　文一卷

自序

粤西髮逆之變，萌芽於道光末，至同治甲子而江南底定；山東捻匪之患，端倪於咸豐初，至庚申九月而齊魯大擾。嗣是蜂午鴟張，隳突南北，城郭危於累卵，閭井困若倒懸，洵三七之厄期、陽九之劫運也。

不佞生逢隆盛，惟嫻俎豆之容；老值亂離，驟睹干戈之逼，往往魂悸魄落，口不能言，而目慘心傷，情難自默。計自庚申至丁卯八年中，共得古今體詩若干首，皆紀實也。今幸賴大帥運籌決策，將士協力同心，固守河墻，以杜其回竄；堅壁清野，以絶其因糧。賊之馳驟既無所施，劫掠又無所得，然後乘冬令嚴寒，蹙之海曲，蹂以鐵騎，轟以巨炮，擊以洋槍，待其食盡路窮，連營進逼，於是渠魁授首，群醜摇心，數十萬妖魔一朝獮薙。雖闟蘢殘孽尚煩平蕩，而齊魯逋寇普律廓清。此皆仰仗天子威靈、兩宫庇佑，法周成之小毖，盡掃荓蜂；邁漢世之中興，全收銅馬。拯民水火之中，措諸衽席之上。白首遺老，重睹升平。爰於暇日，料檢舊稿，釐爲四卷。因詩首《禽言》，竊取周人《鴻雁》之義，名曰《飛鴻集》。手繕成帙，匪直痛定思痛，亦欲後之覽者安不忘危云爾。其間偶爾吟咏不關時事者，亦并録焉。間作雜文及詩餘各爲一卷附後。

同治六年除夕前三日，保壁遺民黄恩彤并書。

飛鴻集卷一

演禽言三首（有序）

庚申秋越辛酉春，淮北捻賊頻番北竄，兖、沂、曹、濟諸郡縣均被其擾，比户流離，慘難名狀。昔周宣中興，詩歌《鴻雁》，今依此義，演爲《禽言》三首。哀鳴嗷嗷，觀風者或亦有取焉爾。

行不得哥哥

行不得哥哥！山有豺虎，水有蛟鼉。豺虎咬人，我不陟邱阿；蛟鼉作孽，我不涉浪波。豺虎蛟鼉奈我何！蠢蠢赤子，化爲妖魔，芒芒大塊，突起干戈，豺虎下山，蛟鼉出河，甘人之肉，白骨成窠。去將安之留作麼？行不得哥哥，行不得哥哥！

得過且過

得過且過。行不如坐，坐不如卧。行或遇賊，坐且懶惰；坐久生愁，卧且睡那。睡亦不成，夜長無奈。仰視天邊星，老屋新燒破；合眼想承平，好夢亦不作。昨日賊來，殺人如莝；今朝賊去，拭泪相賀。東鄰哭父西失兒，孑遺之民没幾個。但祝賊不來，甘心守凍餓。得過且過，得過且過……

提壺蘆

提壺蘆，前村幸有酒可沽。亂後市人散，百貨一物無。壯哉業釀叟，簾挂青烟孤，莫嫌酒味薄，且辨酒錢粗(是時酒薄而價貴)。無食饑燒腸，無衣寒裂膚。三杯得軟飽，一醉羔裘濡。呼兒邀鄰叟，團坐競叫呼。銜杯説亂離，歌哭聲嗚嗚。賊去飽掠歸，賊來又焚屠。百年無幾何，不飲胡爲乎？提壺蘆，提壺蘆！

春日山中

家山又是一年春，淺緑深紅到眼新。柳亦含愁花有泪，相逢都是避兵人。

有麥

隴麥青時戰馬鳴，黄雲恰傍陣雲横。那知滿眼干戈際，忽聽連村碌碡聲。清野便應收入壘，儲糧衹合輦歸城。山鄉何幸邀天貺，傳道河西寇火明(時長槍賊掠擾會通河以西)。

壘成

頻年經喪亂，村郭亦周防。土劚三重塹，泥摶十尺墻。登陴資銃石，清野聚薪糧。却似梁間燕，匆匆作壘忙。

虜禽言二首

望干戈其一（泰山有鳥，嚮晨而鳴，不睹其形，但聞其聲）

望干戈，干戈滿眼愁奈何！今日望官軍，不見官軍至；明日望官軍，不見官軍至。將軍騎大馬，追賊與賊避。驀見五色旗，賊馬東西馳。縱火燒天紅，殺人血淋漓。篡取東家婦，捉去西家兒。大車高於樓，百室靡孑遺。吁嗟乎，望干戈，日日山頭望，不見官軍但見賊馬東西馳，令我嗚咽嗚聲悲！

望干戈其二

望干戈，官軍不見愁奈何！狂賊疾馳三百里，喧傳官軍且至矣。旌旗搖搖班馬鳴，三聲畫角安行營。有馬不追賊，但踞民家宅；有刀不誅寇，但割民田豆（割以秣馬）。東村捉鵝鴨，西村屠猪羊；逢人便執縛，剥取衣與裳。鑿地發暗積，鉤井搜沉藏。民逃莫返，賊去益遠。旌旗搖搖班馬鳴，三聲畫角拔行營。日行三十里，行行且復止，村村刮地毛，剩有荆與杞！吁嗟乎，賊如梳，兵如篦（去聲），勇如薙。方愁賊再來，且恐兵又至。望干戈，空流涕！

新築黄石山房四絶句

其一

黄石稱名亦偶然（泰山東谷有小山曰黄石，余卜築山之趾），栗林夾磵鬱蒼烟（有栗數百株）。長鑱底事尋黄獨，遮莫山頭劚石田？

其二

杖策曾攀日觀峰，摩挲漢碣問秦松。那知更有東柯谷，隔斷紅塵幾萬重！

其三

艷説桃花逐水流，尋源往往惹漁舟。門前最愛清溪淺，閑對游鱗理直鈎。

其四

誅茅草草結行窩，繞屋青松挂碧羅。一枕夢回聞鳥語，最愁人是望干戈。

喜聞官軍追賊大捷

會通之河東西岸，兵東賊西各得半。兵防十處賊鬭一，衆寡形因分合判。忽驚東渡向泰山，北折突過明湖灣。席捲三齊逼海曲，搜括白鏹掠紅顔。官軍昔怯今殊勇，連環鐵騎競騰踴。旌旗蕩地烟塵開，鼙鼓聒天山岳聳。元帥桓桓异姓王（時統兵者科爾沁親王），手把大鉞斫封狼。擊賊萬銃噴烟蹬，招民一纛迎風翔（王擊賊，先以大紅纛招難民來歸，全活無算）。追奔轉戰二千里，河流變赤血如水。露布夕馳民氣揚，捷書朝奏天顔喜。君不見中興漢將禽赤眉，回溪垂翅奮澠池。

庭　松

群芳凋盡見孤松，直幹凌霜翠色濃。階下盤根恒鬱鬱，檐端簇蓋自重重。蒼髯怒磔嫌栖鶴，碧甲伸張欲化龍。曾侍君王蔽風雨，空山偃蹇不須封。

讀陸詩

放翁本詩淫，所作殆萬首。佳句廣流傳，往往在人口。自昔曾流覽，於今乃細剖。五古宗少陵，雄篇十八九；七古饒風趣，頡頏東坡叟。諸律苦太多，嘉禾雜稂莠；中不乏秀語，味頗等甜酒。翁生宣和末，二帝旋北走。紹興但講和，稱臣尤蒙垢。非無名將相，廟議每掣肘。南北漸相安，恢復更何有？魏公已可嗤，佗胄彌增醜。翁本江湖人，自詡破敵手。連篇侈撻伐，意氣凌星斗。屬纊眄中原，至死心不朽。時勢竟何如，千載覺顔厚。少陵稱詩史，空言吾勿取。

聞科爾沁親王剿撫長槍會匪前事，會匪大率巨鄆團丁潰散爲亂者也

南賊汹汹思北竄，舉國張皇説團練，不費官家升斗糧，坐致雄兵且百萬。伸鋤作矛戟，裂裳制旌旗；蠢蠢家人子，自負熊與羆。傳聞南賊夜渡河，鄉丁叱咤争横戈，前者爲鸖後爲鵝，蛇矛丈八紛交摩。賊騎疾於馳，我矛鈍若椎，宛宛青衿充將領，輕裘緩帶空爾爲。陣交風沙暗，不戰軍先亂，得勢忽雲合，失勢各星散。聚衆不易散衆難，雕面惡少髮指冠。夜伏林莽操白梃，晝游街市弄赤丸。殺賊不工工作賊，長老垂涕禁不得。觀魚台邊烽火紅，獲麟堆畔烟塵黑。横突狂奔西復東，聲息潜與南賊通；黑山遠欲追張燕，白蓮近更慕徐鴻（時白蓮教匪踞繹山爲亂）。异姓賢王仁且武，左握芒黄右鐘乳，元凶授首付典刑，群醜崩角歸民伍。願王抽矢射天狼，江淮掃蕩逞鷹揚；中興論功誰第一，於今再見郭汾陽。

鷄

玉漏沈沈夜易迷，蓬窗乍聽一聲鷄。蕭寥風雨仍催曉，錯落星河漸轉西。蝴蝶夢回銀燭燼，玲瓏唱罷翠眉低。年來拭盡英雄泪，起舞無心學嵊栖。

花鷄

錦翼斑斕十色迷，窗禽文采奪山鷄。豐毛叠叠波鱗細，修尾翹翹綬帶齊。寶鏡乍窺應解舞，金輪初晃早

争啼。桃源此日春如海，洞口林邊任汝栖。

春日有懷

銀鈎初挂玉繩低，風攬垂楊小院西。此際何人不腸斷，天涯應有子規啼。

天鵝歌 有序

天鵝，名鳥也。《本草》：『鵠，一名天鵝，大鵝也。』吴僧贊寧曰：『凡物大者皆以「天」名。』自唐以降，詩人往往形諸吟咏，而見於《遼史》者尤詳。蓋其時以爲天厨珍味，故捕致不遺餘力。今則翱翔雲霞之外，栖息廣漠之野，出塵入冥，人罕目睹。壬戌二月二十八日，大風竟夜，比曉風定，有金羊山下牧牛兒早行村堡中，見一巨白鳥立田畔，蹣跚不能去，亟捕視之，狀如家鵝而大加倍，乃翦翎鬻諸市。市人不識。識者曰：『此天鵝也。』余外孫周郎適曾以錢五百購之，籠以相饋。試投以谷米、菜茹，輒即啖嘬，性頗馴，與家禽伍。暫署『群鴨長』，粗能舉職。余竊悲此鳥，游乎寥廓，與物無争，乃一旦摧折，困辱於村童之手，倖免湯鑊，來集余庭；俟其養成毛翮，會當一舉冲天，孰得而夭閼之哉！因歌以張之。

君不見延芳淀水春始波，遼主彎弓射頭鵝。風勁弦急箭如破，雪毛摧墜投青莎。從臣拜賀呼萬歲，割鮮霍霍銀刀磨（遼主每於季春獵天鵝於延芳淀，射得頭鵝，群臣致賀。見《遼史》）。徵索海青遍屬國，金源憤叛森矛戈（海東青似鷹而小，善捕天鵝，遼因征海青致金之叛，并見《金》《遼》二史）。悲哉禽荒竟亡國，至今遺恨留鴨河（鴨子河濼亦遼主捕天鵝處，即今之混同江）。我朝仁育邁周囿，不以縱獵傷天和。春蒐南苑但狍鹿，赦爾族類寬湯羅。大漠荒荒莽空闊，長林高草容巢窠。嘯侶不離瀚海曲，將雛每傍陰山阿。偶因就暖思南徙，勁翮上與九霄摩。俯視鴻雁皆下品，齊名黄鵠應同科。高冲冥冥漸滅没，白雲幾片青天拖。弋人瞪目望不得，欲加矰繳無媒囮。朔風烈烈星月黑，屏翳怒吼飛廉呵。嗟爾失勢忽飄墮，一落千丈羊山坡。風微體重力莫舉，木立田畔孤峩峩。村童縛致入市賣，市人不識誰經過？縮頸拳足聲慘咽，毛尾摧敝垂鬖髿。周郎一顧頓增價，青銅半貫酬已多。籠盛饋我意良厚，有如皓鶴來庭柯。亟呼斛水滌塵垢，謹防猫犬慮有他。投以穀蔬恣飲啄，漸乃馴狎堪摩挲。鶂鶂似亦解人意，戲舞階下恒傞傞。低頭且伴家禽宿，放膽莫怕兒童訶。一舉千里志未已，暫息六月非婞婀。秋高風厲羽翼就，横絶四海奈爾何！

捕蝻

辛酉九月望，南蝗蔽天來。銜尾向北飛，一半阻汶回。沙堤若邱阜，群聚緣其隈。是時賊甫退，四野嗷鴻哀。欲捕惜無力，田間任徘徊。秋稼早登場，宿麥初抽荄。饞口恣大嚼，莫辨麥與䅘。雌雄相抱合，遺種成胚胎（蝗子有膜裹之，中則子滿於房）。冬雪不能殺，累累藏沙堆（是冬兩得快雪，而蝗子埋沙中如故。或云雪能殺蝗，坡詩亦云『入地千尺』，皆臆説也）。爬掘一漏萬，翻嫌天網恢（掘子亦成法，惟掘不勝掘）。今春苦亢旱，風起迷黄埃。枯麥不作浪，乾甚中穀蓷。時雨一雱霈，布穀鳴如雷。禾苗漸萌達，緑髮森⿱髟采⿱髟意。妖蝻忽怒出，萬卵若剖開。蠕蠕不知數，趯趯小有才。朝生叢西阪，夕從循東陔。坐見害田稚，厥罪惟汝魁。秉畀古有例，捕打今合該。鳴鐘集丁壯，助勢呼童孩。榆柳縛長帚，合隊聲喧豗。部勒用兵法，什長督以催。掘塹防竄逸，疾擊紛崩摧（此溝捕法，詳余著《去螣必效録》）。殷勤語父老，努力休嗟唉。今兹兵火餘，饑饉恒愁灾。塞河慎涓滴，除患宜初纔。莫待牙吻强，截禾如剪裁； 莫待翅股成，騰趠滿蒿萊。所幸民小息，築壘高崔巍（時修壘加高）。王師屢告捷，逆黨付劫灰。蛸孽么麽耳，盡殺何難哉！ 事畢當相勞，家甕新醱醅。

伊都護歌

諸將紛紛不知數，至今人説伊都護。殺賊血染戰袍紅，身先士卒不返顧。可憐百戰未成功，數奇每被旁人妒。萬口叫閽留不得，垂頭且隱南山霧。後來知己遇賢王，表表英名如大樹。躍馬奮呼賊膽裂，直透重圍有餘怒。古來行軍用喪禮，凶門一出無歸路。死在沙場是善終，覆軍之將聖所惡。奈何臨陣輒偷生，誤讀兵書學脱兔。君不見沙河斑斑土花碧，此是將軍戰死處（都護追賊至沙河跕，力戰遇害）。

哭孫雨田 四首

其一

古道未云没，胡爲失此人？平生寄肝膽，咫尺隔音塵。當代劉司户（一生落第），前身雷萬春（於數年前夢爲雷萬春後身，因號雨田）。撫棺空有憶，老泪忽沾巾。

其二

濁世佳公子，吾邦大布衣。乾坤半烽火，里巷亦旌旗。月影隨弓滿，霜花拂劍飛。戍樓一長嘯，指顧解重圍（南賊犯濟寧，君隨當事登陴禦却之）。

其三

曾不入州府，城居户每扃。拔身從火宅（君舊宅毁於兵火，始移居州城），净口得金經（日頌《金剛經》）。歷劫維摩病，安禪蘇晋醒。填胸堆五岳，白眼幾曾青。

其四

總角論兄弟，蒼凉老興孤。百年余酒伴，四海少詩徒。白馬來何暮，青羊徑欲蕪。九京應不恨，琪樹矗三株。

老婦嘆

老婦問年六十五，顛毛如雪稀可數。自言五十喪厥夫，兩兒成立能服賈。薄田饘粥口可糊，幾間茅屋亦環堵。安排娶婦要抱孫，坐稱婆奶驕鄰姥。頻年南寇掠汶陽，千村萬落紛豺虎。兩兒護母不忍離，長者逢殺次遭虜。荒田彌望長蓬蒿，老屋一炬成焦土。却從汶陽來汶陰，流離乞食誰與伍？衰翁七十夢未醒，綏綏求配逞狐蠱。蹇脩一夕有成言，鴛鴦於飛落秋浦。花鐙耿照兩白頭，鳩形鵠面予與汝。枯楊生稊復生華，返照餘光相媚嫵。鄰翁持酒來作鬧，人心未識儂心苦。背鐙怕見老新郎，却念兩兒泪如雨。

富匄篇

一吟富匄篇，泪下如流泉。是時壬戌冬，徙倚柴門前。顧見一丈夫，衣敝履亦穿。手足半皸裂，面目猶端妍。自言三日餓，所慮溝壑填。長跽乞一飯，見許先流涎。呼僮具饘粥，食罷如解懸。借問何爲者，欲語頻潸然。系出卯金氏，累世多才賢。卜居泗水側，結廬東山偏。讀書志科第，作善結福緣。百楹構華屋，十頃開良田。家僮指累百，木奴頭滿千。賓筵陳水陸，食譜羅芳鮮。高車綉帷幕，大馬錦鞍韉。令尉但拱揖，師儒每隨肩。光采照閭里，萬貫誇腰纏。天地忽翻覆，身世遭迍邅。劫運起青犢，妖焰生白蓮。鵂鶹日叫嘯，聚族鳳山顛。吏懦不敢捕，坐致勢蔓延。官軍務持重，今年復明年。螳怒思奮臂，鴟饑必張拳。掠食每四出，蹂躪陌與阡。躍馬聲動地，縱火光燭天。驅人如驅牛，攫粟亦攫錢。不從輒見殺，丹血飛濺濺。村墟化焦土，千室無寸椽。棗柹竟斬伐，百里空寒烟。昔年禾黍稠，今見蓬蒿連。蓬蒿逾一丈，彌望青芊芊。坐此致狼狽，骨肉輕弃捐。賤子脱虎口，餘生恐難全。結草終有報，長者幸見憐。

飛鴻集卷二

癸亥正月二十日杏花盛開四絶句

其一

每到春光二月時，杏花紅亞出墻枝。天公似怕群芳妒，故遣東風火急吹。

其二

景純誤注梅如杏（《爾雅》注：梅似杏而酢。夫謂梅似杏，何异謂荔支似龍眼乎），今日方知杏似梅。休道杏酸梅更酢，百花頭上恰同開（是時庭梅正放）。

其三

閑支笻竹倚柴荆，瞥見紅雲老眼驚。争道柳絲青蹺地，匆匆節候近清明（去秋置閏，二月半後即届清明）。

其四

年來冰雪斬昭蘇，太息荒園衆木枯（頻年冬雪春寒，園樹大半枯萎）。此日春回休怪早，昇平預兆上元符（明年便是上元甲子）。

風雨驟寒喜杏花未損

連宵風雨釀春寒，試覆重裯尚怯單。曉起開門聞好語，兒童先報杏平安。

微雪喜杏花未損

卓爾庭前杏，公然傲化工。狂花争雪白，直幹倚雲紅。詎屑桃爲友，應呼梅作兄。枝頭看玉戲，樹合屬仙翁。

池上得句二首

其一

清波半尺見游鰷，荇藻參差得自由。頗似鷦鷯無遠志，結巢恒傍一枝頭。

其二

垂楊裊裊正飛綿，一半沾泥半入天。莫以泥中望天上，化萍猶勝逐風烟。

官軍過處捉民鷄殆盡

屠狗昔曾爲上將，割鷄今竟屬官軍。群梟漸有連鷄勢，却袖牛刀置不聞（唐衛士佩千牛刀）。

喜聞科爾沁親王親統大軍剿撫捻逆，蒙亳肅清，因成長律以紀

應運中興主，匡時异姓王。諸軍如虓虎，百戰殪封狼。河朔殊勛炳（王曾於連鎮馮官屯禽獲賊渠），淮東偉伐彰。廓清空碭澤，震蕩遍渦陽。鼙鼓驚雷吼，旌旗掩日光。兵行塵不上，陣合氣先揚。鐵騎千群驟，雕弓萬弩張。黑雲飛巨炮，白雨點長槍。臨敵神靡暇，摧鋒勢莫當。洪爐燼毛髮，泰岳壓毫芒。渠首魚投網，群凶馬縶繮。傾巢搜怪卵，搗穴獮狂獐（首逆張落刑及其子蟢并巨捻蘇添才等十餘人次第就俘正法）。堠鷺行頭速（張逆傳首山東及各省被擾地方），林鴞革面忙（王懷義等相率投誠）。威名懾馮异，恩信感張綱。勇以安民大，刑因止辟祥。推心寬反側，垂涕問夷傷。脅從都拋械，旋歸各助裝。困蘇慈霔洽，解吉惠飆翔（被擄難民給貲遣歸甚衆）。露布歡聲動，星馳捷奏詳。書勛邁超勇（本朝外藩軍功以超勇親王策楞爲冠，王乃有其過之），錫爵比宗潢（以親王世襲罔替）。諸葛思先帝，汾陽佐盛唐。丹忱貫金石，素志凛冰霜。行賞尤防濫，居功早若忘（軍營保舉多有冒濫，王每加裁抑，并抗疏剴切言之；其歷次奏報戰勝，語必從質）。偕行資起部（謂國少司空），獨後憫殘疆。魯甸方糜沸（時教幅二匪復熾），齊郊正陸梁（淄川團匪嬰城未下）。雲霓争引領，處處備壺漿。

園中得句二首

其一

槎枒老樹緑蔭横，上有新蟬得意鳴。穩抱一枝飽風露，孤吟伴我咏詩聲。

其二

雨餘四壁數盤蝸，兩兩三三整復斜。不羡仙蟫成脉望，吐涎作字亦生涯。

科爾沁親王移軍東剿教匪，掃穴禽渠，因爲長歌以紀

鳳凰山顛鵂鶹呼，白蓮池畔叢妖狐。負嵎餂爪學於菟，有時咆哮張牙鬚。揚竿鳴銃奔村墟，饑鳶攫肉不擇腴。傾箱倒囷捋褌襦，烈焰絳天烟模糊。驅脅丁壯爲爾徒，不從輒殺丹膏濡。新鬼冤號聲烏烏，厥罪貫盈干天誅。王曰捨舊新是圖，狼子野心性本殊。就撫旋叛膽愈粗，游騎突掠仙源郛。震驚闕里沸洒洙，渡泗而北連萑苻。宣尼仁愛神嗟吁，誘啓王衷來掃除。壯士突鬢黑雲都，大將手挽金僕姑。乃敢螳臂當車衢，江夏元戎麾蝥弧（總兵黄國瑞先登破山）。如湯沃雪鋒摧枯，轟以巨炮山骨酥。搗巢掘穴滌垢污，生致渠魁如縛猪，王不屠爾爾自屠！分兵四出追亡逋，席雲墮地遁迷途（教匪詭稱席雲土遁以惑衆，至是技窮），覆轍再蹈徐鴻儒。魯山蒼蒼聖所娱，嗤爾鼠子何其愚！

千里草（繹山從逆董某）

千里草青青，長遍繹山道。昔爲蘭蕙叢（董氏鄒縣士族，某己酉舉人），今作荆棘繞。啾啾鶡雀結巢窠（初以避賊樹栅繹山，從者萬家），狐兔跳踉人迹少。一朝狐兔變封狼（與教匪合），千群鶡雀隨妖鳥。妖鳥飛飛啄人屋，封狼下山甘人肉。山下邪蒿一丈長，蒺藜塞路迷荒谷。西風忽來天降霜，烈烈猛火燒山岡。千里草，爾爲逋逃藪，爾戮能逃否！

十八子（白蓮池首逆李八）

十八子，道旁零落一苦李。不逐桃花逐白蓮（初以犯法在逃，後乃與教匪同逆），惡風吹落東山裏。東山高高鳳皇儀（踞鳳凰山爲巢），鳳凰去矣來鴞鴟。有爪如鈎觜如錐，飛飛啄盡田家兒。十八子，爾既不學魏公坐擁回洛倉，又不學闖王横驅三堵墻。但以大石磊磊塞山口，饑出攫食飽入守。山外蓬蒿長没人，山中茅舍如魚鱗。朝擊肥牛暮屠豕，雄賊醺醺雌賊喜（教匪出掠，婦女居半）。群呼大王聲沸耳，官軍連營夜吹角。步騎十萬天上落，可憐窟中狡兔穴中狐，化爲不如飛去紇干雀。

卯金刀（淄川首逆劉德培）

卯金刀，孝婦河畔逞爾豪。爾非隆準之末孫，胡爲張口作大言（自稱大漢德主）。孤城斗大一鼠窟，要學錢王割吴越（致書陳觀察，欲仿錢武肅故事）。碩鼠碩鼠乃變狼，縛殺縣令如屠羊。朝朝治事臨堂皇，公然自大倍夜郎。官軍旅進雁鶩行，城頭列銃火機張，城脚伏石堅以蒼。鑿之不入空雷硠，又招南賊相頡頏。异姓賢王今郭李，輕騎轉戰疾於矢（王追賊日行二百里），四面張網羅鼠子。君不聞大白山頭萬鬼號，嗚呼卯金刀！

夢中得句

鼕鼕街鼓打冰花，北斗闌干月影斜。行過銅龍無一事，閑看宫樹數栖鴉。

漫　興

牢落何心咏四愁，逍遥便擬築三休。居鄰白墮稀留客，壁挂青山足卧游。散木不堪煩匠石，孤豚未必羡犧牛。干戈漸息親還健，烏鳥而今已白頭。（東鄰善釀，故有『白墮』句）

平定江南凱歌六首

其一

王師歌舞下金陵，萬里長江一鏡澂。紅旆星馳天有喜，元戎六月佐中興（克復在甲子六月十六日）。

其二

廓清二楚定三吴，十萬幺麽一旦誅。飲酖偏能消瘴霧，焚巢早已燼妖鶵（洪秀全服毒自誅，其子寶填自焚死，其黨十餘萬殄滅殆盡）。

其三

墨絰興師孝作忠（曾協揆初以丁憂在籍侍郎起兵），艱難百戰果成功。奇勛竟出儒臣手，多少兜鍪拜下風。

其四

兄弟連營不可當，兩人奚翅萬人强。命珪重疊兼侯伯，孔翠雙花耀雁行（協揆封侯，其弟中丞封伯，并賞戴雙眼花翎）。

其五

江南士女困囚奴，十二年來骨髓枯。使相愛民天子聖，連番減賦又蠲租（賊擾江南十二年，民困倒懸久矣，協揆與李中丞平賊後叠請減賦蠲租，民有更生之慶）。

其六

東軍犄角陣雲排，叠下名城到館娃。劉井柯亭增氣色，玉堂今見李臨淮（李中丞廓清東路，克復蘇州）。

乙丑正月十三日夜大雪雷電

灾變紀冬雷，春雷非所忌。兹甫逾立春（時立春後五日），發聲亦足异。矧當夜雪繁，盲風更狂恣。列缺走燒天，霹靂奮出地。餘響逐奔車，飛光掣流彗。翁媪失睡眠，兒童盡驚悸。天道本難明，要亦有由致。客冬積雪深，連番看玉戲。開歲滕六驕，羲御愁迴轡。陰凝鬱不開，陽復機猶閟。激怒出與争，豐隆得快意。吼如嘯虎威，歘作騰蛇熾。否隔久必通，因以蕩氛祟。方今劫運終，殘寇各奔避（時粤寇遁入閩漳，豫寇遁入蘄黄，秦寇遁入河西，黔滇逆氛尚熾）。游魂尚逋誅，霆擊須天吏。神力助掃除，行當殲醜類。

自甲子十一月至乙丑二月大雪五次，春寒轉甚，因成二律

其一

三白占年見亦稀，何來五度六花飛！平鋪松竹垂垂重，厚積階庭密密圍。紅日當頭渾不見，青山對面竟全非。王師逐寇方酣戰，獵獵嚴飆透鐵衣。

其二

春來氣候似嚴冬，二月陰寒雪轉濃。續火還須煨榾柮，披裘未許厭蒙茸。風過水面層冰結，霜積原頭宿麥封。漫憶曲江問紅杏，衹愁壓折後雕松。

琴床（以下四題學使觀風）

綠蔭低亞好眠琴，閑倚檀床托素心。髹飾漫誇紅璧艷，安排都付白雲深。橫時合伴淵明酒，響處還酬魯望吟。皓月如霜松子落，高山流水細追尋。

棋奩

落子聲沈各斂棋，香清人静納奩宜。全收白黑銷殘劫，暫息機鋒藴妙思。器小詎堪誇武庫，功成自合罷雄師。熙先錯受彭城贈，何似留侯辟穀時。

書架

百城南面定何如，插架琳琅盡是書。庋置縹緗盈萬軸，排鄰筆硯伴三餘。鬖楹漫擬曹倉富，挂角難容杜庫儲。却笑七層白居士，徒將六貼溷鈔胥。

畫叉

欲教老屋起烟霞，讀畫須憑一舉叉。出手雙尖圖漸展，當眉一軸壁全遮。莫愁寒具污名絹，好拂清塵護淺紗。何似清貧蘇玉局，梁頭百五費尋拿。

乙丑三月南賊復擾寧陽，山南（告山之南）各村被害尤慘，傷懷有作四首

其一

殺機占久雪（甲子冬大雪五降），兵氣兆凝陰（是年二月連陰不開）。鼎沸人争竄，烟迷寇已深（凡寇至必有烟霾）。傳烽光灼灼，游騎走駸駸（賊至必先縱火，驚走居民，即以游騎旁掠）。倚劍愁遥望，長槍植若林（賊之槍以竹竿著鋩刃，長逾二丈）。

其二

狂馳思北犯，驚竄復南奔（賊已渡汶而北，官兵扼之，輒復南竄）。慘澹天容怒，風霾日色昏。登高頻詫火，見馬即銷魂（見火、見馬即云賊至）。屢被訛言誤，真虚不敢論（訛言數驚，明知非真，不敢遽以爲虚也）。

其三

告山南去路，妖霧黯連村。惴惴方憑壘，洶洶竟闖門（破民堡二）。千家丁壯盡，一炬屋廬燔（堡内丁壯同遭虜脅，民居被焚略盡）。躑躅餘殘老，吞聲哭子孫。

其四

十年困征戍，無計靖欃槍。將老須持重，官孱但保城。南來愁急報，東作誤深耕。日昕紅旗捷，賢王正

督兵。

勾留淮海惜匆匆，咫尺旌旗在眼中。此日河干復相送，送君我亦可憐蟲。

送　別

寇退郊行即目

麥隴風迴灑面凉，烽烟暫息且徜徉。茫茫岸草碧連壘，粲粲園花紅出墻。鶯懶尚啼髡首柳，鳩憨偏占屈腰桑。行看萬頃黄雲湧，回首西南涕欲滂（時賊擾曹郡）。

科爾沁親王追賊曹西，連戰大捷，殺賊過半，竟以陷陣深入倉卒遇害，鄒魯之民途哭巷祭，因成七律四首，以助悲哽

其一

一軍轉戰逐奔星，千里長驅馬不停（王追賊每兼程亟進）。强箭何難穿魯縞，奇兵直欲挾驚霆。須防困獸張牙爪（賊已困敝），未許窮鴞展翅翎（以急追制賊旁掠）。萬騎奔騰烟漲黑，春郊踏斷草痕青。

其二

臨淮督陣壓靴刀，十蕩無前血染袍。隊合貔貅知莫敵，穴清螻蟻欲何逃（賊已無穴可歸）！鯨封未掩殘骸積（殺賊萬餘，僵尸十餘里），熊岳還同弃甲高（奪獲器械無算）。誓死不教留一賊（王志在盡殲餘賊，故連日苦戰不解），馬蹄蹴處鬼呼號。

其三

川原慘澹大星垂（是日天色昏暗），士馬無聲鼓角悲。苦霧迷空沈壁壘，腥風吼地裂旌旗。功成忽折將軍樹（王剿賊豫東，禽渠散脅，功已垂成，不料遽罹此變），戰勝徒留墮泪碑。河水東流倍嗚咽，九京遺恨有天知。

其四

閶闔百戰掃欃槍，天柱無端一夕傾。帝惜精忠褒戚里，民思仁勇哭空營。王師克日誅殘寇，國史千秋勒大名。祠廟行看遍鄒魯（鄒魯之民多謀爲王立祠），年年社酒酹村氓。

太白樓懷古（以下四題學使以試諸生）

客隱徂徠記舊游，宗英（謂李陽冰）假館任城留。坐邀明月一杯酒，卧看青天百尺樓。魯北偶尋范居士，洛陽應憶董糟邱。珠簾畫棟今非昔，倚遍闌干滿目愁。

少陵臺懷古

縱目南樓亦快哉，當年杜老此登臺。青徐風月供詩筆，海岱烟雲入酒杯。千載趨庭遺迹在，一生憂國壯心摧。諸儒弦誦仍祠廟（今爲東魯書院，并有少陵祠），草没殘基鎖緑苔。

西施舌

檢尋食譜問閩鄉，老蚌含腴奪蠣房。名掩江瑶冰作質（或以爲即江瑶柱，實二物也），光分海月玉爲肪。流涎潽浥椒盤潤，吐肉濃霑棘匕香。却似館娃留片舌，厲階猶自恨吴亡。

西施乳

魚腹中含膩乳香，柔肌似雪裹瓊漿。濃分漢苑金仙掌，艷奪蘇臺玉女床。龍荔褪紅黏手滑（東坡云：荔支似河豚），鷄頭破緑沁牙凉。稱名怕觸吴王怒，對案遲遲不敢嘗。（河豚有毒）

飛鴻集卷三

續禽言

麥熟即快活

麥熟即快活，收麥莫厭薄。濟西滿干戈，汶南驚風鶴。麥熟須早割，割遲怕零落。幸免充賊囊，薄收亦不惡。麥熟即快活，麥熟即快活。

讀《晋史》有感

白望無端預勝流，浮名侈説景升牛。南朝管葛推殷浩，北地張陳屬石侯。千里江淮連壁壘，百年鐘虡委山邱。登樓枉發神州嘆，猶愈新亭泣楚囚。

山中有花似丁香，而紫艷過之。以其木本叢生，土人名曰棉花條，殆即陶穀《清异録》所云廬山麝囊花，亦號紫風流，南唐後主移取數十株植含風殿，名曰蓬萊紫者耶？

幽崖爍爍簇濃霞，瑣碎丁香未足誇。争道山棉渾不似，風流原是麝囊花。

山中有草花紫艷，瓣似蓮而小，土人名曰老瓜花，不稱也

花含君子德，色奪貴臣衣。爛漫東風裏，空山伴蕨薇。

山中百草之花儘有异品，移植籬落間足供賞玩。然不若自開自落於頽崖斷壑中得全其天也

草花競放不知名，瞥見妍姿倦眼明。却笑園亭衆紅紫，爲誰攀折爲誰榮？

秋意三首

其一

連宵風雨覺秋深，紅損籬花緑減林。倦鳥怯霜增瑟縮，寒蟲醉露解謳吟。争修戰壘朝鳴杵(時連村皆筑壘自固)，爲寄征袍夜搗砧。楚客年來劇憔悴，低徊山水怕登臨。

其二

輪指歸來十六年，幽居端合老林泉。閑行偶逐尋花蝶，寂處還同抱葉蟬。陶陌秫香聊换酒，邵陂瓜熟不論錢。成都八百吾何有？五畝疏黄亦可憐(手種桑百株都已合抱)。

其三

四十登壇擁八騶，南行萬里慕封侯。奪官正坐臣言誤，乞養還叨主眷優。回首觚棱空有夢，關心烽火不勝愁。青衫浣盡江州泪，喜傍春暉到白頭。

秋郊觸目

緑濃黄重碧參差，隴麥攢針豆莢垂。寒蝶傍人如有意，隨花飛上路傍枝。

十月十九日夜雨早寒，因念官軍征戍之苦，悵然有作

涷雨不成雪，連宵滴到明。雲昏愁失曉，天泣暗吞聲。殘賊仍充斥（時掠扶溝以西），疲軍苦戰争。無衣寒可念，莫灑亞夫營。

雨後大風雪

萬竅風號撼屋狂，六花飛逐涷雲翔。踏殘鴻爪還留迹，戰退龍麟更作芒。銀海茫茫迷大野，玉城岌岌凜嚴疆。將軍一夜平淮蔡，自古奇功冠李唐。

聞警二首（丙寅三月初二日）

其一

河徙成平陸，難防寇騎衝。曹南頻告警，濟上忽傳烽。沸地吹脣急，漫天蹴霧濃。連村多戰壘，厭聽鼓鼕鼕。

其二

絡繹官軍至，風雲擁旆旌。徹侯方秉鉞，大將共連營（時爵帥曾公督諸軍駐濟寧）。才本兼文武，胸還富甲兵。

會通衣帶水，莫倚作長城（運河東岸築堤捍賊，土人謂之長城）。

無口匏（縣尊以此題試童子）

匏音争似竹音清，有口堪爲子晋笙。若與繫瓜同不食，還如反舌竟無聲。魏誇五石終愁落，周凛三緘尚戒輕。莫以寡言嘲聖相，須防瓦缶競雷鳴。

北村即景四絶句

其一

漩澴帶水阻西東，無路須憑略彴通。沙鳥倦飛閑自語，一聲聲出緑蘆中。

其二

崦西沙路静無塵，莎岸彎環入遠津（北村爲漢闕陵城址，有二土阜高數丈，人家踞其東阜，西阜枕沙堤通汶河渡口）。蛤鼓（鳥名自呼）呼晴催麥熟，相逢半是荷鋤人。

其三

小尨驚吠菜花籬，茅屋鷄鳴卓午時。曬網漁家知飯熟，炊烟一縷散青絲。

其四

曲池近接闕陵城，十里溪光奪鏡明。嘆我頻年枉工築，泉流半涸斷橋横（村東西泉渠余曾築圩作田，寇擾以來多已堙廢）。

喜聞孫萊山宫庶大考第一，遥贈二首

其一

十載相思兩地情，玉堂天上望峥嶸。鴻都舊擅無雙品，鳳閣新傳第一聲。麗奪揚雲争漢製，高標宋月陋唐評。年來懶不看除目，瞥見泥金老眼明。

其二

玉樹臨風見一枝，出人頭地少年時。幾多前輩争推轂，不少群仙讓獨馳。遥賀權公稱快婿（謂汪嘯荞總憲），足誇謝傅有佳兒（謂文定公）。坐看官貴施行馬，寄語郎君要許窺。

程園古松歌

老松傴僂昂其首，乍逢欲揖緑髮叟。咫尺忽驚風雨來，怒濤直挾蛟龍走。森森俯瞰蛇眼泉（松在邑城北蛇眼泉側），蟠根裂地針刺天。故家喬木今留在，雪霜飽歷三百年。憶昔書堂構城北，有人把卷依松側（地爲程鳳洲先生甃寒書屋舊址）。朝迎爽翠上鬚眉，夕挹浮青入翰墨。先生著作富等身，歌詩往往動鬼神。撫松不覺成白首，有如礀底空輪囷。巢傾鶴化不知處，惟見蒼虬横當路。萬劫不改歲寒心，應有精靈夜來去。

讀史雜感九首

其一

捕賊如搏虎，怒莫撩其鬚。捕賊如救火，急莫揚其枯。堅卧但以梁委吴，君不見，周亞夫？

其二

魏兵發當陽，日夜三百里。於法蹶上將，隆中笑破齒。輕裘緩帶聊復爾，君不見，羊叔子？

其三

行軍無常勢，法應辨主客。客兵利速戰，主兵且休息。賊求一戰不可得，君不見，趙充國？

其四

勞逸關勝敗，營壘須早立。日行三十里，士馬有餘力。刁斗聲聲夜勿息，君不見，程不識？

其五

大盗如蜂蟻，十萬連爲群。鄉民但閉壁，控拳孰解紛。驅散五幡風捲雲，君不見，陳將軍？

其六

兵民勢久分，强弱各不同。鄉豪踞堡塢，專殺矜爲雄。大槲樹下土花紅，君不見，李元忠？

其七

廉頗用趙卒，突騎出漁陽。古今變風氣，北弱南轉强。浙兵陣簇雙鴛鴦，君不見，戚繼光？

其八

攻守用步卒，衝突仗騎兵。平原利馳驟，兩足安能争！步馬不敵隤家聲，君不見，李少卿？

其九

攻守有難易，所争在勞逸。急攻必多傷，善守斯無失。憑城力戰風雨疾，君不見，李光弼？

池上芙蓉盛開

秋潭一鏡寫紅妝，衹爲無情不作香。莫道凄凉似貧女，孤叢猶足拒嚴霜。

讀諸葛傳

漢季隆中隱，躬耕抱節高。潔身避權、表，冷眼看袁、曹。偃息甘龍蟄，悠游養豹韜。樓桑亦英霸，魚水恰相遭。

黄崖嘆有序

黄崖山在肥城桃花山後，上有砦曰黄崖寨。揚州人張積中托名避難，久居其中，乃以左道惑衆，糾黨謀逆，官軍進剿，五日而滅。余以此賊孽由自作，罪無可逭，而愚民被其所惑，多及於難也，因爲此嘆。

黄崖山勢孤復孤，上有懸砦如懸壺。羊腸一徑盤縈紆，登者傴僂争蛇趨。多石乏水泉脉枯，設機汲引鳴轆轤。乃有妖物兩脚狐，自南而北來營居。厥兄臨清綰州符，城破無奈捐微軀（積中兄積功知臨清州，城破殉難）。厥子蒙蔭受恩殊，爛羊都尉飄華裾（積功無子，以積中子爲嗣，因殉城蔭恤，世襲云騎尉）。家有金穴斗量珠，治生白圭兼陶朱。大置牢盆到海隅，廣張邸店羅錙銖。腰纏十萬雄五都，輦運入山便轉輸。購致鹽粟與薪芻，環山堆垛高浮圖。誅茅伐石構精廬，與人暖暖復姝姝。小民依托各歡愉，如蟻附羶蠅集污。更挾左道誑凶愚，招聚頑獷收亡逋。有時對客談詩書，無端媚鬼學師巫（山中有祭祀堂，人不敢入）。既富且康足自娱，潛謀不軌胡爲乎？南眄江淮引孫盧，東睨海岱連萑苻（暗通南賊，謀踞青州）。事露禍發不須臾，兔窮反噬膽愈粗。篝鐙熒熒夜叫呼，嗾衆下山横戈殳。遍躪山後諸村墟，沿村縱火逢人屠。大軍桓桓若虎貙，自天而下行天誅。先斷汲道塞厥途，群賊濁殺口不濡。一聲霹靂石粉酥，燔燒茅屋及朽株。飛走無路空嗟吁，嘻嘻出出聲若烏。老梟塌翅將其雛，争先蹈焰不用驅。頃刻焦爛烟模糊，縱横枕藉皆跖徒。十年所有一旦無，白金磊砢充軍須。館穀醉飽悉爾儲，行且連坐戮爾孥，嗟爾愚民盍鑒諸！

慈犬行

牝犬生六子，子生十日犬母死。六子哰哰失乳啼，索母不得啼不止。主人見之心惻然，呼僮裹飯抱置前。哺之不食亦不飲，命如朝露難久延。旁有一牝犬，生子僅二頭。睇視若不忍，摇尾聲咿嚘。一一銜去入窩裏，八子共乳同卧起。吁嗟乎，世上不少後母撫前兒，奈何尹氏婦逐伯奇！

自製葡萄酒味極清甘，名曰凉州不换，感懷有作

曾聞一斗换西凉，琥珀溶溶注夜光。近日河湟烽火急，幾人爛醉卧沙場。

晚行松下，上有宿鳥，視之白雌鷄也。老僕曰：宿此久矣，驅去復來，詎非乘高履危、不知所止耶？呼僮捉置籠中

胡不栖塒嵲，松端托宿非；蟲蛇多横出，風雪更安歸？伴鶴心徒切，遷鶯願易違。樊籠幸安穩，雌伏莫雄飛。

年來餌苡薏除濕頗效

顆顆勻圓注碧甌，清於玉醴潤於油。伏波虛負明珠謗，試問明珠餌得不？

再續禽言二首

脱破絝

賊闖運河不得渡，河西焚掠日幾度。大村有堡劣自固，小村無堡那可住！拋弃妻與兒，狂奔不返顧。路逢騎馬賊，要我脱破絝。絝破如秋蘆，問爾奚所須？爾絝雖破勝我無（時賊多無絝）！北風烈烈寒徹膚，爾莫問故，無觸我怒，脱破絝，脱破絝，脱破絝！

不如歸去

不如歸去，欲歸無路。苦被賊拘留，又怕兵捉住。從賊四五年，髮纏一匹布。今日東西馳，明日南北鶩，日日説富貴，於今在何處？家中有阿誰，望斷故鄉樹。昨擄一人，泪下如注，我無爾嗔，爾無我怖，還我秃鶖，從爾脱兔（謂倩人薙髮，與之同逃也）。不如歸去，不如歸去（官軍扼運河制賊東竄，又於河西追擊，屢破之。賊勢日蹙，張逆一股先已竄往關中，賴逆一股散亡過半，近亦南遁入黄羅山，復竄至隨州、棗陽。官兵分路追剿，河濟之間漸可安堵矣）！

飛鴻集卷四

讀《南宋書·張浚傳》因爲絶句四首

其一

權門濡足便乘驄，白簡何曾秉至公？首擊李綱援宋愈，如何黨逆却仇忠！

其二

曲端寃骨久沈埋，岳帥精忠儘力排。此是何心是何意？却將誠正語誠齋！

其三

高談恢復吐虹霓，彼己何曾一審稽？慷慨督師成底事，關西送罷又淮西！

其四

紛紛朋附感私恩，公是公非且莫論。争以撰碑推巨手，誰知曲筆爲南軒。

王　倫

詔諭江南未足訾，稱臣納幣久甘之。邦衡痛罵洵堪快，記取河間盡節時。

山齋海棠盛開，因成絶句四首

其一

三株離立傍檐牙，貪睡年年懶作花。瞥見紅雲凝不散，飛瓊此日暫停車。

其二

枝頭小綴淡珊瑚，紅艶天然裹玉膚。葉漸成蔭花更好，濃妝重著翠羅襦。

其三

昨夜東風故故吹，如酥細雨涴胭脂。恰當三徑花繁處，坐看四山雲起時。

其四

生平我亦海棠顛，極樂尋春憶往年（京都極樂寺海棠最盛，有國花堂額，成邸書）。老懶猶爲花早起，未妨天女伴枯禪。

風雨連宵，海棠大損二首

其一

一朝花滿十年樹（余歸田後手植海棠，十餘年惟今年花最盛），兩日雨兼半夜風。卧囑兒童休掃却，開門我欲看殘紅。

其二

紅酣緑嚲曉妝遲，一夜飄零不自持。花到十分原易損，可憐吹折半開枝。

運河東岸數百里年來築壘嚴防，賊不得渡，民可小安，因爲七律四首

其一

狂奔寇騎勢喧豗，阻水連城亦壯哉！地勢漫誇亢父險（古所云『亢父之險』在今濟寧南境），河流都自汶陽來（會通河以汶水爲來源）。千帆昔過通吴舫，百堵今興控魯臺（河湖相爲表裏，魯侯觀魚臺在魚台縣境）。戰格排雲攢劍戟，戈船暴起一聲雷。

其二

方與湖陵古戰場，任城遺堞問桃鄉。非關雍齒能堅守，自是龐萌取速亡。餌虎何妨捐百兔，失狼豈止走千羊！由來昌邑摧吴楚，制勝先須斷賊糧。

其三

紛紛篝火聚群狐，沸地吹唇各夜呼。豕突一朝成決裂，狼奔千里任亡逋。情同乞活聊延命，勢等尤來更挾孥（賴逆多挾妻妾）。步馬匆匆恒不及，争傳鐵騎下盧奴（近往黑龍江招集馬隊）。

其四

齊魯年來暫釋兵，全憑一將作長城（沿河築壘，曾爵帥始決行其策）。環村堡塢連番築，匝野蒿萊取次耕。楚練三千頻逐北，秦關百二竟横行（張逆分股入陝）。旌旗更爲臨淮變（李爵帥代總諸軍，甫經視事），露布行看上玉京。

過龍魚泉有感

十載泉南每督耕，朅來惟見水縱横。非關黄鵠雲當復，應有白鷗與證盟。枯藻近黏馮紹宅，荒廬遥接闞陵城。老農未忍前功弃，風鶴頻傳意外聲。

學使以老妓、老儒命題試諸生作七律，因成二詩

其一

曾比紅兒門艷妝，可憐緑鬢漸成霜。戲鴛庭畔莓苔長，繫馬門前蔓草荒。隋苑鶯花莽牢落，魏臺歌舞轉凄凉。興衰一瞥如春夢，惹得詩人感杜娘。

其二

經笥便便腹飽儲，不堪攬鏡看頭顱。筆鋒挫盡憐殘管，墨瀋傾乾惜漏壺。黑白一枰甘縮手，丹黄萬卷勉操觚。蒲輪詎有申公望，幸免君王駡竪儒。

學使以打鶯、撲蝶二題命童子作七律，因擬二首示諸孫

其一

爲愁驚夢怕聞鶯，漫逞珠喉嚦嚦清。花下戲抛金彈逐，柳邊陡掣玉鞭鳴。投時似惜雙飛翼，散處猶留百囀聲。畢竟詩情難打斷，携柑載酒且逢迎。

其二

何來栩栩怯風斜，雙蝶翩翾欲坐花。愛汝試將羅扇撲，隨儂却被寶闌遮。漫尋幽夢頻相逐，爲護輕衣未忍拿。捉取休教金粉褪，温存好放緑窗紗。

劉蘭署别駕及其二子以禦寇被害，奉旨賜恤，詩以紀之四首

其一

讀書期報國，敵愾屬吾徒。白首方投筆（時年六十），青衫竟執殳。同仇民梃奮，轉戰陣雲孤。誓死誅狂寇，中權一腐儒。

其二

白徒能野戰，聚散若風濤。鵝鸛心難壹，熊羆膽亦豪。勢原殊步馬，技不慣弓刀。獨奮常山舌，模糊血染袍（新募團丁尚未練習，初遇賊，頗有斬馘，尋以步馬不敵，遂致潰敗。君罵賊，與二子并遇害）。

其三

殉親悲二子，古有卞忠貞。彼自膺推轂，君非慕請纓。風吹雁行斷（君有三子，其一幸存），雨打鴿巢傾（家亦被掠）。孝義垂青史，千秋有令名。

其四

飛章騰帝陛，温詔下天閶。聖代恩尤渥，清門蔭正長。栖靈表忠觀（入祀忠義祠），延賞羽林郎（以云騎尉世襲）。鬱鬱三英墓，松風砭骨凉。

丁卯五月十二日南賊闖渡運河，齊魯間殺掠尤慘，墮泪成詩八首

其一

碌碡未收聲（時甫過麥秋），鵂鶹忽夜鳴。酣眠方夢魘，狂寇劇縱横。路梗難投堡，烟迷不辨城。存亡争一刻，何處更求生！

其二

河涸流將斷，兵分勢易孤。衝鋒仗諸將，把淺付鄉夫。官府頻馳檄，田家尚荷鋤。望塵先墜膽，賊渡若平途（時河上之兵調赴前敵，而以防堵責之團丁。賊來迅速，丁未及集，遂致失守）。

其三

登壘愁遥望，風迴寇騎旋。旌旗紛變色，墟里亂生烟。魯甸争炊麥（新麥半充盗糧），齊郊恣飲泉。未能攻劫質，懷古愧喬玄（賊擄人索馬以贖，不贖即殺）。

其四

海岱經飄蕩，年來幸小安。旱苗方減緑，戰血更流丹。扼險籌防易，開門禦寇難。封疆成瓦裂，仗鉞孰登壇？

其五

賊飽争東竄，諸軍發濟西。彼機如脱兔，我勢等連鷄。况欲憑雙足，而將逐四蹄！東隅嗟已失，垂翅又回溪。

其六

降割天公怒，顛風鎮日吹。藴隆增魃虐，酷烈助凶威（不雨將六十日，風旱轉甚）。盛夏寒猶逼（節近小暑，恒寒未解），焦原草不滋。眼看禾黍盡，饑饉更瘡痍。

其七

峼山湖畔路，重筑石頭城（濟南新築重城，以石爲之）。西帶洪河險，南連泰岳傾。老羆但高卧，群狢任横行。壁上看東去，妖氛接大瀛。

其八

鼎沸全齊震，三男盡荷戈（聞東中團練尚整）。不愁東蹈海，更恐北窺河（時黄河奪清河而東，久旱水減）。巨塹難飛渡，輕桴莫徑過。邦畿幸清晏，鎖鑰仗洪波。

連日傳聞賊已蔓延登、萊、青三府之境，恐山左無復完區，爲之永嘆

汶波淼淼忽揚塵（賊於十五日渡汶北趨），直指三齊向海濱。東去幾無乾凈土，南來盡是亂離人（連日道梗，間有南奔者，皆被擄逃出者也）。妖禽晝嘯傳烽急，怨鬼宵啼喋血新。太息遺民猶保壁，干戈滿目一沾巾。

雜感四首

其一

霹靂聲聲夜合圍，銀山高湧一帆飛。張騫徑自乘槎去，蘇武還須抱節歸。珠海昆侖仍弄舶，玉京枉矢未韜輝。鯤移鵬化無消息，望斷滄波咏式微。

其二

七日無端帝所留，嬴秦却與大秦侔。耶穌未免他鄉死，瑪竇偏爲上國游。外道那能争釋老，玄談直欲跨澄鳩。金陵掃蕩餘殘燼，猶拜天兄學沐猴。

其三

翠管銀釭歷劫奇，誰將美疢怨紅夷。嘘成妖物蚩尤怒，煉就淫丹姹女嬉。白戰不虞兵折盡，黑甜詎有夢

迴期。年來罌粟花如錦，多少兒童換口吹。

其四

萬里鯨波一葦航，挾將雷火爇天狼。從征便可誇貔虎，助順何須詬犬羊。未必呼韓真向漢，自來回紇慣扶唐。商胡枉死神功難，不及江頭吊國殤。

題沈珠畫蘭團扇

裂取冰紈捉月光，芳蘭幾簇暗生香。娟娟瘦影愁無那，漫逞腰肢鬥沈郎。

略聞東軍近日信息二首

其一

膠河三百里，冒暑起長圍。揮汗都成雨，諸軍況鐵衣！黄腄烽火逼，海岱羽書飛。寇騎思衝突，元戎待指揮。

其二

大槍工作賊，小范慣行兵。盡斫勞山竹（聞賊斫勞山高竹作槍），難攻細柳營。阻他三面海，扼此一重城。六月戎車飭，東人望旆旌（爵帥克日親往督剿）。

賊於七月二十日闖渡膠萊河，竄往東南，官軍追之不及

狡兔解仇鷹，磨牙思反噬。巨犍搏群虻，甍飛各遠逝。猾賊慣崩奔，飄撇愁難制。跨河起長堤，頗有憑城勢。豕涉波不興，羊觸藩亦敝。南竄逾沂沭，西向規汶濟。度峴若夷途，地險失十二。官軍貴持重，制勝當養鋭。日行三十里，於法戒趨利；百里蹶上將，弩末古所忌。坐此判遲速，逋逃翻得計。矧當徐邳郯，蕩蕩平無際。怒馬便疾馳，縱轡兼程易。善走不逐飛，凝望成迢遞。捕蛇莫捉尾，縶梟須翦翅。堅守仗王羆，力戰資張㲹。狂寇劇跳梁，王師亟獮薙。

大旱

周宣中興苦乾暵，起奮天戈方討叛。長歌江漢未終篇，遇灾而懼嗟雲漢。自是殷憂启聖心，師旅饑饉恒相尋。運逢陽九祝融怒，空羅圭璧祈甘霖。浩劫蒼茫未可知，我皇業業乾綱持。十載用兵不加賦，百萬發帑先振饑。宫中堯舜齊天姥，明德和熹安足數。決策無煩問觸龍，命將亟欲得召虎。齊魯烟塵夏復秋，青犢渴飲海西頭。丹霞千丈乾坤赤，青磷萬點人鬼愁。早禾登場如束薪，晚禾槁矣苗可焚。其雨其雨日杲杲，老農吁天天不聞。安得豐霳揮雷斧，首誅妖魃訖狗鼠。倒挽天河洗垢氛，會見王師如時雨。

三續禽言

但南不北

但南不北，南路一何平，北路一何仄。東望不見扶桑津，黄河西北來崑侖。洪澤一湖天連水，横阻南路無涯垠。泰山之高高入雲，群山合沓如雲屯。亢父誇天險，大峴能摧輪。□地得十二，古稱東西秦。黄巢走死狼虎谷，宋江納降東海濱。惟有一綫會通河，兩岸壁壘高嵯峨（時又於會通西岸增築重垣）。官軍連營排戰格，森森林立攢矛戈。群鼠莫啾唧，莫再食我麥。此邦行路難，路難行不得。我爲爾籌，走是上策。但南不北，但南不北！

哭劉蓬山國簿三首

其一

平生猶昨日，俛俯已千秋。泪灑君黄壤，神傷我白頭。干戈歸旅櫬，車馬阻荒邱（時因侍親疾未往送葬）。朋輩凋零盡，愴懷杏址游（少時偕先兄竹泉及君家昆仲、寧蘭樵、時田諸君肄業杏址書屋。諸君先後逝世，至是君亦卒）。

其二

儒官能捍賊，慷慨屬登陴。誓築王羆冢，争看韋虎旗。褒忠得清秩（君以東郡學博守城，叙功晋秩國子監典簿），死孝失佳兒（君殁月餘，三子静莽文學以哀毁卒）。身後西河慟，應增夫子悲。

其三

十年成契闊，雲樹望模糊。方訝魚書斷（年來久不接君手書），安知鵩賦摹。王琴竟寥闃，陶徑劇荒蕪。愁聽鄰家笛，行行避酒壚。

喜聞官軍追賊大捷，銃斃首逆任柱

賊限河墻阻西渡，東奔海曲騰氛霧。并村入保民志堅，連營進逼軍心怒。清野何虞賫盗糧，草枯馬瘦愁風霜。餓鴟無計覓腐鼠，挺鹿失勢成跛羊。自古善兵不輕戰，蹈利赴機頃刻變。持重誰能撼鐵山，争鋒叱咤驚雷電。火鴉萬陣飛海西，老魈折股群狐啼。流血頓教濰水赤，弃械直與蒙山齊。窮追轉戰無堅對，渠魁冒死仍回轡。漢宥張嬰法網疏，唐誅裘甫天戈鋭。露布星馳遠近聞，破竹壓卵安足云。旌旗驟變李元帥，士卒願屬劉將軍（殲魁者劉提軍銘傳所將之銘字營軍也）。

平定山東凱歌六首

其一

星馳一騎捷旌紅，凱歌喧傳大小東。旬始餘氛消伏鷩，中興上將屬飛熊。

其二

會通夾岸起重圍，天半層虹障夕暉。餓虎垂頭愁莫渡，窮梟塌翅苦難飛。

其三

取子應須虎穴探，凶渠授首戰彌酣。非闗逋寇能攻北（任柱爲降賊潘某所斃），賴有元帥早命南。

其四

蜂逃蟻潰各紛紛，殘孽何能抗大軍！地險更逢狼虎谷（地在萊蕪縣境，黄巢於此自殺，今首逆賴文光亦於高郵州瓦窑鋪就俘），天威掃盡犬羊群。

其五

連營血戰海西頭，功倍前朝殪趙劉。懋賞酬庸應比例，咸寧晋爵列通侯（明咸寧伯仇鉞以平山東盗趙燧、劉七等功，晋封侯。今大帥肅毅伯李公行膺懋賞）。

其六

齊魯遺民劇可悲，驚鴻滿目嘆流離。闗中尚待殲飛燕（張宗禹一股分竄陝西，剿除未盡），河上還須仗卧羆。

冬　暖

天心非難測，其意恒助順。即如今年秋，狂賊思渡運。黄河忽漫溢，横流連巨鄆。沿岸宿重兵，霜鋒攢萬陣。賊知不可越，蒼黄亟東遁。北路亦可虞，河堧已響震（賊由章邱至青城）。倘值澤腹堅，便可馳而躪。冬暖波不冰，滔滔東去迅。任爾小狐聽，水濱莫敢問。賊乃困網中，坐以頸待刃。諸將戰既力，蒼蒼理不紊。罪盈當伏誅，用雪萬民忿！

粗識肅毅伯李公平寇方略五百二十字

肅毅初東征，人或議其拙。魯西有野叟，笑云賊可滅。道旁訝相問，請得畢其説。行軍非一塗，彼己當審察。猾賊慣浪戰，其勢悍而黠。輕行無輜重，因糧食可奪。裹挾數十萬，多馬尤飄忽。失勢但狂奔，拌命免争脱。得勢輒猛衝，迸力豕一突。官軍必以律，鵝鸛肅行列。利器恃火攻，大炮能洞裂。運載須車駝，負重行蹀躞。速戰資扛銃，步鬥仍蹩躠。兩足逐四蹄，籋雲遽超越？坐此判利鈍，非關技優劣。有明值衰季，闖獻競作孽。秦蜀烟塵昏，荆豫日流血。浮議喧蜩螗，剿撫久不决。十面廣張網，武陵計殊切。所言雖不讎，二竪愁蹉跌。潢池竟滔天，往事堪嗚咽。緬我嘉慶初，蓮妖禍亦烈。蹂躪遍西南，三垂劇阢隉。睿廟實神武，九重運機括。選將得虎臣（一等侯額爾登布），萬里遥授鉞。清野務堅壁，不戰賊氣折。飽逸制饑勞，南山空巖嶭（教匪遁入南山老林，尋皆伏誅）。節次盡削平，鴻績彰式遏。成敗炳然分，前車有遺轍。方今李與曾，如昔周與葛。妙算握十全，奇謀掩三杰。賊初渡會通，正如鼠離穴。濱河起層壘，歸路亦已絶。縱之使東奔，假息容苟活。時當夏秋交，草肥馬得秣。况逢再有收，餘粟行可掇。驍騰彼方驕，我軍且止殺。轉眄屆隆冬，北地懍冰雪。遺民各入保，曠野莽空闊。馳騁枉自疲，人羸馬亦蹶。颼颼草上飛，到此成弩末。召我金刀將（提督劉公銘傳，勇略冠諸將），率兹銀槍卒。連營逼海隅，揮戈風颲颲。欲遁西路窮，欲竄東海截。天設三面網，一面兵塞缺。昔爲林端鴞，今爲甕底鱉。會看一網盡，捷書騰紫闥。我言非無徵，聞者猶咋舌。後果如所料，賊平十二月。非常俗所驚，功成衆乃悦。億中亦偶然，矢詩告來哲。折衝在廟堂，閫外肘弗掣。

飛鴻餘集小序

捻匪張宗禹大股由秦入晋，擾及燕趙，復竄踞齊之北境，數月乃滅，有所作詩，編爲《飛鴻餘集》。

飛鴻餘集

聞張宗禹股匪於吉州偷渡黄河，闌入晋境，漸近畿輔二首

其一

千里長河宿重兵，如山濁浪勝連城。踐冰一夕群狐渡，臨晋奚煩縛木罌。

其二

由秦入晋竟馮河，越趙窺燕各倒戈。北阻關山東阻海，獸窮赴阱鳥投羅。

感事三首

其一

捷奏連番上未央，東征原不及西防。須知大耿禽張步，豈慮中山謗樂羊。白面何妨論戰伐，赤眉枉自逞强梁。從來名士惟巾扇，自有奇謀藴智囊。

其二

朔野芒芒似砥平，井陘一出任縱横。昭陵早斷温韜路，回洛須殲翟讓兵。自有將軍營細柳，會看突騎掃欃槍。羽林百萬熊羆士，憑仗天威護玉京。

其三

風清海岱陣雲收，易水燕山滿目愁。坐甲諸軍争敵愾，投壺上將切同仇。勤王共服青齊義（時東軍已抵河間），借箸還爲赤漢籌。駕馭英雄屬神武，孰云李廣不封侯！

雨水節大雨二首

其一

客年愁夏旱，開歲苦春陰。應候初逢雨，連宵竟作霖。足當三尺雪，漫説一犁金。失曉開門晚，階前積水深。

其二

冬雪連番降，春郊宿麥滋。天晴方解凍，日暖好扶犁。鳥語嗟泥滑，牛行惜力疲。祇愁誤東作，何以濟瘡痍。

雨後連日大風雪二首

其一

冬春三匝月，七度灑瓊英。挾雨栖松重，乘風撼竹鳴。舞交銀蝶亂，戰退玉龍驚。殺氣横河北，花飛李愬營。

其二

窮寇真無路，連群近帝畿。草枯知馬瘦，雪凍定人飢。猥以犬羊衆，而當貔虎師。天心應厭亂，玉戲助軍威。

雪後二絶句

其一

檐溜如晴雨，涓涓滴未休。雪餘寒不减，二月尚重裘。

其二

聞説西溪漲，潮來滿汶川。草橋應已没，飄失渡頭船。

自雨水節後多雨少晴，播種愆期，頃將立夏，賦此排悶二首

其一

春雨如秋雨，兼旬未肯休。田污農輟耒，蠶損女銜愁。幽徑荒苔長，平池亂水流。漂摇花事盡，三月不聞鳩。

其二

屋漏床頻徙，柴艱爨每虚。亭中仍鬥蟻，階下忽生魚（頃在坳水中得小魚八尾）。偶出須張傘，常懸欲廢車。洪河知盛漲，逋寇定何如？

喜晴

天日欣重睹，陰霾盡掃除。撥雲開曠蕩，披霧見清虚（是日大霧）。婦弃鳩頻唤，翎乾鵲自梳。田翁亟興作，禾種麥還鋤。

捉蚤

天心原不忍，遺此嚙人蟲。盡殺吾何惜，狂逃爾獨工。蠕蠕痴似虱，趯趯捷於蠭。踪迹殊飄忽，還須用

水攻。

防蚊

蚉急惟工躍，蚊騰更解飛。雷聲轟隱隱，月影度微微。鑽刺能穿箔，逡巡每坐衣。爾攻吾善守，未許闖羅幃。

頗聞河北流寇消息，因爲七律四首

其一

河朔烟塵暗紫清，自春徂夏尚縱横。西窺深冀來封豕，東走清滄掣駭鯨。平地幾曾郊有壘，頹垣强半邑無城（河北初遭寇擾，民間堡寨未立，城亦多圮）。中興上將推方召（時督師者肅毅、恪靖二伯），誰識胸中百萬兵。

其二

窮寇狂奔勢欲歸，長川千里起嚴圍（時於運河西北岸築墻，自張秋鎮直抵津門，斷賊西竄之路）。不教一面開天網，更築重城護帝畿（都城及附近郡縣俱限圍墻外）。南阻洪河崩岸闊，東連滄海怒濤飛。漫誇多馬能馳驟，望斷烟波與願違。

其三

十萬豺狼十度過，平原渤海遍干戈（賊西竄不得，又南阻黃河，乃於山東北境西自高唐東屆惠民數百里內，或疊次往來，或經旬盤踞，劫掠焚殺，慘難言狀，受害甚於河南）。魂飄黑眚遺民少，血化青磷怨鬼多。絕食怕經春磨寨，拋家愁聽別離歌。營營掃迹歸何處，定逐腥風盡渡河（吾鄉自官軍攻破白蓮池後，蒼蠅漸少，今夏幾致絕迹，竟不知其何往）。

其四

善兵不戰計殊工，困獸奚煩盡銳攻。一決彼方思反噬，十全我自擅成功。祇愁掇麥今難飽（河北新麥未收，半充盜糧，然亦難繼），預揣呼糧後莫充。馬瘦人饑憑坐取，會看群醜變沙蟲。

喜聞官軍殲賊於禹城徒駭河畔，擒馘首逆，殲滅餘寇，河朔肅清，時戊辰六月二十八日也

自古制流寇，所恃在城堡。漢民各堅壁，赤眉愁餓殍。馬賢五百塢，悍羌悉搜討。石勒號無敵，葛陂阻浩渺；北趨逢清野，十萬斃狂狡。非徒逸待勞，正苦饑難飽。今更創一法，若拙實大巧。因川起長墻，橫亘千里道。憑墻列大銃，虎士森牙爪。賊馬慣馳騁，到此徒旋繞。南遁隔河洲，東奔望海島。掘阱陷猛獸，張網羅惡鳥。賊已落圜中，跳踉空自擾。仡仡陳將軍，銳若秋鷹矯；急追屢大捷，摧破同振槁（侍衛陳國瑞追賊屢勝）。數月賊勢窮，諸軍乃蕩掃。劉（銘傳）郭（松林）百勝威，張（曜）宋（慶）亦壯佼。各擁萬熊羆，壓卵太山倒。三

面大合圍，前有洪波繞。殪斃兩渠魁，群醜如斬草。蹀血殷川原，積尸浮黃潦。捷書上九重，露布騰八表。流寇如洚水，横流勢灝溔。障水須堤防，此理亦易曉。苦戰逾十年，烟塵暗晴昊；得羊走千狼，何由誅跖蹻！賊愈殺愈多，兵愈分愈少。不戰得坐勝，賴此長墻好；昔以靖齊魯，今乃安燕趙。一笑喜承平，矢詩示遺老。

飛鴻集文

劉晏論

自古心計之臣，奪商賈之利以濟國家者，始自漢之桑羊，而唐復有劉晏。桑羊理財之術，見於《平準書》，史稱其『不益賦而用自饒』，利弊固釐然可觀已。今按《唐書·晏傳》，其厝置一切與桑羊何以大异哉！乃論者往往詆羊而譽晏，何也？蓋羊本賈人子，而晏舉神童；羊置佐吏多取賈人，而晏用士人；羊以謀反誅，而晏著清節，死非其罪，咸訟其冤，此毁譽之所以异也。究其厝置，一切如榷鹽、鑄錢、轉貨、糶粟，所云權萬貨輕重、使天下無甚貴賤而物常平者，與均輸、平準亦何以大异哉！

竊嘗諦觀古今之變，而知晏之才洵不可及也。蓋古者井田之法行，本業多而末業少，國用所資，賦之民什常八九，税之商什僅一二。而其時計田出車則兵費省，因田制禄則官費省，役悉用民則工費省，計正供之入，第以充朝聘會盟及人君饍羞服御之用而已。此所以民足則君無與不足也。後世井田廢而逐末者多，兵農既分，官吏宂雜，民之所入不加多，國之所費日益廣。一旦有事，不得不横征暴斂，以濟目前之急，坐致民困，而國亦敝。乃有掉臂其間擅民之利而不輸國之賦者，則商賈是也。漢初猶爲近古，置市籍以抑之，而《貨殖傳》所列富商大賈以爲『致貲千萬，富埒王侯』。歷世相尋，勢成積重。夫推民之利以與商賈，孰若收商賈之利以歸官？聽商賈之牟大利而官始從而税之，俾黠者得容其漏卮，孰若官自爲商賈，籠其全利悉以輦致大農？晏所云『錢流地上』者，蓋見及於此，其與加賦利害易明也。夫商賈者，民之智而有力者也。今利爲官敓，勢必不爲商賈而趨歸士農。士農多而商賈少，非國之患也。民之利昔以予商賈，今以輸官，民無怨也。然而豈易言哉！民與商賈交易，則挹注甚便；與官交易，則畏阻易生。不得其人，流弊將不可勝詰。試觀晏之所以理財者，蓋實有損其有餘、補其不足之權，與夫如身使臂、如臂使指之妙。此固識務之俊杰、救時之良相，而非迂愎庸闒之所得藉手也。史所云『惟晏能行』者，良有以也。即如宋之王安石，托言《周禮》，實祖商君，及考其設施，則桑羊之所不爲也。乃至放青苗錢以取息、多書會子而不蓄本錢、改鑄大錢，民多犯法，旋罷不行，遂致真、仁之業頓衰，而宋以不競。其謀國，固遠出劉晏下哉！

九河考

《禹貢》：『九河既道，繫於兖州。』禹之兖非今之兖也。其地西北距河，與冀接壤，在今直隸、山東毗連之境，而犬牙相入。《爾雅》釋『九河』云：『徒駭、太史、馬頰、覆釜、胡蘇、簡、絜、鉤盤、鬲津。』李巡、孫炎、郭璞均爲之説。夏氏以爲取名出於一時之偶然，初無義訓，而斥諸説爲附會。若其八枝之堙滅，鄭康成以爲齊桓公塞之。其説蓋本於《春秋・寶乾圖》所云『移河爲界在齊吕，填閼八流以自廣』。康成篤信讖緯，故據以爲説，宜其爲蔡傳所疑。但按周譜：『定王五年河徙』，上距齊桓公卒之襄王九年，甫越四十二年；足徵下流既壅，上流乃決。以情勢推之，似緯書之言必非盡妄。大抵禹之播九河，自因横流衝蕩，漸成河形，是以疏而分之；必非先掘地爲九道，納河流於其中。即桓之塞八河，亦因泥沙淤積，日形狹淺，是以從而塞之；必非以人力創作堤岸，遏八流并歸於一也。

若其故道所經，漢人平當則云『今皆寘滅』，馮逡則云『既滅難明』，王横則云『爲海所漸』，惟許商云：『徒駭、胡蘇、鬲津在成平、東光、鬲縣界中。』鄭康成亦云：『河間、弓高以東至平原、鬲縣，往往有其遺處。』孔穎達以爲：『許商上言三河、下言三縣，則徒駭在成平、胡蘇在東光、鬲津在鬲縣，其餘雖不可知，而《爾雅》九河之次，從北而南，徒駭爲本道東出，分爲八枝，徒駭最北，鬲津最南，其餘六河太史、馬頰、覆釜應在東光之北、成平之南，簡、絜、鉤盤應在東光之南、鬲縣之北也。』按：漢成平故城在今交河縣東，東光故城在今東光縣東，弓高故城在今阜城縣西南，鬲縣故城在今德州北，皆直隸河間、山東濟南二郡境也。于欽《齊乘》以爲：『漳水疑即徒駭，清、滄二州間有古河堤岸，太史等河當在其地。滄州南有大連淀，即胡蘇河。西無棣縣有大河、有沙河，皆瀕古堤，即簡、絜等河；東無棣縣北有陷河，闊數里，即鉤盤河。濱州北有士傷河，比他河差狹，地居最南，其爲鬲津無疑。』按：元清州，今青縣，東西無棣，今海豐、慶雲二縣，滄、濱二州今并同。皆直隸天津、山東武定二郡境也。雖其説不同，或以河流自西南趨東北，許、鄭溯其上流，于欽窮其下流歟？然其地皆《禹貢》兖州之域，則固不甚相遠。且高岸荒磧往往至今猶存，雖未必恰符其名，固可以按行其迹。諸説紛岐，舉可存而不論也。自金元以降，河改東流，與禹之九河幾如風馬牛不相及矣。今河改北流，挾古之濟水，今云小清河者由武定境内入海，詎非禹河所經乎？

劉君蘭署父子死事傳略

劉君名登翰，蘭署其字也。世爲寧陽人，居於縣城北門内。兄弟五人，并以學行知名，君尤負絶人姿。幼端謹夙成，甫就外傅，即治經有家法。未冠，應童子科輒雋，旋補郡學生，英英鶴立，秀甲一黌。每學使者按究，奇其文，往往擢置异等。食廩餼十餘年，始以拔萃貢京師，廷試入乙科，循資以州倅注銓，非其志也。累試南北闈不第，乃更潛心經世之學，不屑屑事章句。工書，晚益進，閉門却掃，以文史筆墨自娱，意泊如也。

會江淮不靖，曹濮驛騷，廟謨廑南顧之憂，特敕大吏督率守長舉行團練。一時同仇之士，釋鋤耒修矛戟者，項背相望也。邑侯豐潤董公辟君從事，軍畫一一諮之。君以城無完堞，亟白董公克期繕治，并請浚壕以限戎馬。公韙其言，方議鳩工而寇至矣。君以士非素習，人心不固，復白董公，親赴各鄉團糾合壯丁爲助守計。即以二子廷瑗、廷勷自隨，星夜抵茅莊，與寧君銘四、劉君峻甫謀，帖召團丁萬餘人。厲兵束伍將行矣，旋聞縣城失守，賊北趨，即帥衆追擊，至汶南高墻村，與賊遇。當是時，我軍新集，氣鋭甚，前鋒始交，憤呼搏戰，斬馘數十。賊驚欲遁，俄而黄埃漲天，賊大至，突騎横衝。我步兵軍力不支，遂潰。君與二子陷賊中。寧君帥壯士欲拔出之，賊拒不得入。惟聞君罵曰：『死奴，國家何苦於汝，而作賊自取死乎！』餘語雜二子號叫聲不可辨。頃之，賊逸去。君與二子相枕藉死。時庚申九月十八日也。

初，君之出城也，留其子廷掄於家，屬之曰：『寇深矣，我出必不歸，爾收余骨焉。』廷掄既免於難，乃具棺迎歸，斂而葬之。吾邑士大夫以君父子義烈狀鳴之官，寧君復走京師上其事御史臺臺長以聞，得旨褒恤。事下東省，大吏覆奏如格，乃依四品以下官陣亡例，給云騎尉世職，入祀忠義祠，二子附焉。遐邇聞其事者，莫不嘆君父子之忠孝完節，而并推寧君之好義爲不可及也。然非我國家篤念死事之臣不遺疏逖，亦安能有此曠典哉！同時劉氏於他所殉難者，有君兄子廷佑、廷蘭，例得并書。而君兄子廷敬妻魏氏亦以罵賊死，余别有傳。

外史氏曰：士君子效忠於國，詎必值得爲之時、迫難謝之責而始奮哉！自寇難以來，不在其位而捨生取義者衆矣，即吾寧蕞爾邑，亦未可以一二書也。君父子尤其犖犖者焉。夫忠孝一也，父死忠、子死孝，洵足震耀當時之耳目矣，孰知其平居之内行乎！君少失怙，事母吴太孺人先意承志，終其身孺慕不少衰。廷瑗落拓不羈，而率其兩弟侍君之疾，衣不解帶、目不交睫者動經旬月。余與君爲中表昆季，故知之特詳。良由至性純篤，發不能遏，固非有所爲而爲之、不可奈何而蹈之也。嗚呼！觀君父子之所以完節與國家之所以褒忠者，其亦可以興矣。

魏烈婦傳

烈婦氏魏，太學聚明翁女，幼婉淑，得父母歡心。不苟言笑，循閨禮惟謹。及笄，嬪於劉，爲文學廷敬妻。婦職修舉，事翁姑以孝聞。會其翁蓬山孝廉仕爲東昌府學博，携廷敬夫妻之官，時咸豐四年也。

十年夏，廷敬因展墓偕烈婦歸，事畢返東郡；烈婦以省母留外家。邑西王卞村者，魏氏故居也。地鄰汶境，當西路之衝。十一年二月六日，南賊突至，火光照數十里，墟里鼎沸。烈婦隨母劉，與鄰族婦女數十人，避往鶴山側顔氏屋中。猝遇賊，烈婦亟拔釵珥擲地畀之。賊揣其更有所挾，必欲搜，烈婦拒之峻。賊直前引其臂，擬之以刃。烈婦叱且駡曰：『死賊奴，殺且殺耳，敢無禮耶！我一弱女子不能殺汝，天必殺汝；官兵必殺汝，汝殺我，汝能苟活耶！』賊怒，刃其頰及吻。烈婦且駡且以口血噀賊。賊愈怒，叠刃其頭面，若刻劃然。其母抱女哭與賊争，賊并刃之，俱仆。時同行諸婦女愕眙莫敢前，乘隙奔散。但聞刀砍聲、駡聲、兩女子哭聲，既而無聲。俄見塵起，賊馳馬去。移時，衆稍稍集，則見烈婦與母相抱持，卧血泊中，意其已死。趨視，撫之尚温，試其鼻微有息，知其甦也，相與舁歸其家。家人環守，謀所以護養之者。其母尋愈，烈婦閉目不視、閉口不言，不食不飲，冥然若死者，然猶不死；至三月三日乃絕。

稗史氏曰：余女亦學博君之子婦也。遇賊赴井，遇救得不死。而君之子廷佑爲余婿者以捍賊死，余每念之，未嘗不流涕也。曩在東山，見有踉蹌自西來者，與之語，輒稱『劉烈婦，劉烈婦』。比賊退，始詢悉其死狀云。嗚呼！方賊之至，避而趨山者不僅烈婦與母也；賊雖暴，亦未至逢人即殺，所急者財耳；迫欲搜掠，以爲有匿財耳。使烈婦少委蛇，安知不免於死？既不即死矣，使少濟以藥餌，亦或可不至於死。乃攖鋒絕粒，一往不顧，若必欲捐生而後快者，何其決也！獨异其始則罵賊以求速死，乃受重創不死；繼復饑之、渴之，遲之一月仍不遽死，豈天不欲死烈婦耶？然而烈婦竟死矣，而不死矣！

奉直大夫同知銜滋陽縣知縣以南莫君墓志銘

咸豐辛酉正月二十一日，前滋陽令莫君卒於兖城公寓。越歲甲子，而其戚黄君以事狀來請銘。君固善吏，又余兄同年友也。顧余初未識君。戊午春，君過余山中，以邑乘應修，囑爲編録。當是時，江淮方用兵，滋陽當南北之衝，羽書旁午，日不暇給。而君獨注念百年文獻，意若一旦廢墜，守土無以逭其責者。余因以嘆君之學以飾治，固大异乎俗吏之爲之也。屬稿未定，而君以疾去官，貧不能歸，淹留竟歿，此固桐鄉之所增悲，而山陽之所累欷者也。銘奚敢辭！

按狀：君諱熾，字以南，原名毓崗，字岳臣，别號醉經居士。祖籍山東益都縣，明季從軍粤西，因家荔浦。贈修職郎、象州學正、諱大武者，君曾祖也。修職翁生世珍翁，諱延之；世珍翁生達泉翁，諱華溪，以君貴，俱贈如例，是爲君之祖若考。達泉翁配李太宜人，艱於嗣，適因修橋，橋成而君生，故小字曰橋秀云。君天稟穎异，勝衣若成人。初就傅，授以《大學》，一日成誦。稍長，爲文出語驚塾師。甫冠，以童科第一補諸生。益自刻厲，學博而篤，旋肄業秀峰書院，學使者擢冠其曹，文名籍甚。顧數奇，屢踐省闈輒報罷。歲乙未，積資充貢，尋登賢書，以第三名魁其經房。甲辰試禮部中式；覆試小累停科。乙巳廷試成進士，釋褐以縣令來山東，累攝樂陵、昌樂、博興諸縣事，所莅有聲。充己酉鄉試同考官，薦拔皆知名士。大府知君才堪理劇，乃於乙卯秋題補滋陽縣知縣。滋邑，兖之附郭也。五方輻輳，民雜兵囂，號稱難治。君抵任，首嚴保甲，兼行團練，法以濟恩，兵民畏愛。會丙辰夏秋間，叠被旱蝗，歲饑盗起，君曰：『盗不治，民不可得而恤也。』於是廉察盗踪，次第捕繫，梃其魁，仆之。然後發粟以平糶，倡捐以設粥，開城壕以資代賑，置官田以備歲脩、闢義冢以瘞暴骸。是歲饑而不害，僉曰『君之惠也』。四稔積勞，二豎間作，遂以引疾解組。邑人公製匾、傘，以志去思，三辭而後受之。時兵興道梗，君又行李蕭然，恐遼邈不能達嶺外也，爰假館於少陵臺下。嘗謂余曰：『昔少陵萬里作客，吾亦多病登臺耳。』未幾，竟以疾卒，年六十有七。夫以君之才學，初則屢躓名場，鬱鬱不得發抒；既遇矣，又跼蹐爲黄綬吏，未竟其志以殁，所云才豐命嗇非耶？然以忠信慈惠爲民師長，清譽滿人口，遺愛至今勿衰，其亦不負所學也已。

配何宜人，婦職修舉，有光内則；簉室潘氏。子四人：夢蘭，宜人出；夢梅、夢桐、夢槐，潘出。女二人，潘出。孫三人，燕金、乾金，夢蘭出；兑金，夢梅出；孫女六人，夢蘭出者五，夢梅出者一。君之柩暫厝於兖城北小安村右壤，其遺孤將卜吉改葬於嵫山夕陽濟寧城北之原，從遺命也。

乃爲銘曰：

謂君屯乎，而沛其施；謂君亨乎，乃止於斯。德豈驟昌，其基孔厚；善無爽報，曰必有後。達者有言，青山埋骨，風馬雲車，神爽飛越。昔遷自齊，今葬於魯；匪云首邱，庶近厥祖。嵫岫輪囷，有巋者墳；行人下馬，君之遺民。

朝議大夫晋中憲大夫兵科掌印給事中湞浦孫太翁墓志銘

孫氏爲濟寧顯族，其上世詳余所撰君伯父中丞公墓志中。君乃體仁閣大學士諱玉庭公第五孫、户部尚書諱瑞珍謚文定公長子也。初，相國開府東粤，文定公偕厥配韋夫人從，生君於節署，故取珠江爲名，命曰毓珠，字湞浦云。君資性英達，孝友篤至，少稟家學，攻苦過寒士，於書靡所弗窺。未冠，補博士弟子員，以高才异等食餼州庠，所與游處多賢豪長者，名譽籍甚。治經不專爲章句之學，往往貫徹大義，尤好鈎考古今利弊，洞若觀火，每酒酣耳熱，抵掌高談，聞者聳异。爲文抉精剔微，窮幽造深，孑孑自喜；力追古作者，不屑一語凡下。屢試京省兩闈，凡二十餘度，中間幾得之者數矣，卒以不中程罷。國家廣任子例，於科場别置官籍，以優大臣侍從。乃文定公之舉於鄉也，官籍不及額而占民籍，如君之才之學，竟以官籍困其命也。夫君所抱負，既鬱鬱不得一發抒，而其弟萊山以廷試第二人入翰林，其子駕航以名庶常歷官閣部，累擢諫垣，隆隆嚮用，中朝士大夫咸曰『文定公之貽謀遠也』。實則君有以教之，不於其身於其弟若子，又何憾焉。

咸豐初，南氛漸熾，中外議行團練，時君從兄梧江廉訪方奉命於濟上募勇捍賊，君亦於汪莊里第集良家子五百人，親加校閲，稍以兵法部勒之，皆踴躍用命，一方恃以無恐。未幾，捻匪起淮徐，西南驛騷，乃移家入城，爲固守計。慕唐雷萬春之爲人，因署别號曰『雨田』。嗣是賊屢過境，規欲犯城，輒隨當事率衆登陴禦却之。會文定公薨，營葬畢，未一年即病，病且數年。屏絶一切人事，焚香閉閤，終日坐蒲團誦《金剛經》。君固廣顙稀髮，望之若老瞿曇。每語余曰：『佛法不可治人而頗便己，吾之爲此，亦以自便云爾。』君早以明經入成均，例得推擇爲校官，以子貴誥封朝議大夫晋中憲大夫并如其官。配喬氏，滋陽名家女，淑德著聞；簉室徐氏，宜男佐家，俱封如例。三子皆徐出，長子檝，駕航其字也，現官兵科掌印給事中；次子桐，三子樟，皆舉人。君享年六十有二，於同治元年七月十五日卒，喬恭人先卒，合葬於州城北何家崗東原先塋之次。將葬，給諫以行狀來請銘。君長妹歸余，與君石交也。銘何敢辭。系曰：

崇崇乎所受也，騰騰乎其後也。粲乎其文之富也，倜乎其義之茂也。胡抱奇蔑施而干時莫遘也。將匿采弗章而植基彌厚也。鍥珉瘞幽，冥冥千載，媪靈所祐也。

奉直大夫兖州府教授前直隸望都縣知縣加三級吴小巖先生墓志銘

余未弱冠即與小巖先生定交。因齒長，以兄事之。中間聚而散，散而復聚。其散也，恒相思；其聚也，恒相愛。故知余者莫若先生，知先生亦莫余若也。先生爲人，外曠而内夷。面有鋒棱，胸無城府，望之壁立萬仞，即之如飲醇醪也。視天下士幾無一人當其意，而於物無不容也。其内行甚敦，孝於親，友於弟，始終無間言。負絶人姿，又禀家學，自其總角即以文雄齊魯間，老而益工。舉凡古文、辭賦、經義、試律，靡不神明於古作者之法，而逌然有以自得其意。所著數十萬言。其作令也，所莅不一方，類能酌其土俗之宜，施以平易之政，若士、若民、若吏，相與安之，去則思之不已。其秉鐸也，於生徒不以近而昵，不以遠而遺；穎而秀者掖而進之，樸而愿者跂而及之。十邑弟子，各欣欣自以爲得師也。顧其生平，雋於才，富於學，高於名，通於仕，卒嗇於命。少以茂才异等受知於大司寇太湖李公，累試皆第一；旋出大司空道州何公之門，策名賢書，駸駸乎通顯矣。乃屢上公車輒報罷，厄於春官者且十五年始中甲科，釋褐爲縣令，即受知於節相長白琦公，延之内署，教其冑子，歷膺赤緊，騰聲三輔，旦夕擢不次，遽以艱歸。服闋，將赴内銓，貧不能具行李，降就郡博士，非其志也。旋復受知於撫東中丞華州李公，以學官襄理軍務；又受知於中丞朝邑閻公，課最，列上考。方冀如安車之迎申公、絶席之旌卓茂也，而先生老且病，竟偃蹇以終，亦可悲矣。然何足爲先生輕重哉！

先生世居郯城，姓吴氏，諱步韓，字錦塘，小巖其别字也。齊魯學者，識與不識，皆稱爲小巖先生。祖諱某，考諱鶴齡，歲貢生，學行知名，以恩例贈奉直大夫，妣皆贈宜人。先生由縣學優廪生中道光壬午科舉人，丙申科二甲進士。以知縣即用，發往直隸，攝鷄澤縣知縣，真授望都縣知縣，改兖州府學教授。同治五年月日卒於官，年六十有九，歸葬於本縣曹莊東原先塋之次。配宜人，生子某，早卒。簉室鮑氏，生二子某、某。今其遺孤以行狀來請銘，誼不得辭。乃爲志而系以銘曰：

斯人而遽終乎，吾道其窮乎！文星其猶爛於太空乎，何光氣如電復如虹乎！孱孱者七岦之峰乎，佳城在兹靈所馮乎！

讀《莊子·内篇》書後

太史公傳莊子，以爲「要歸於老子之言」；又云：「作《漁父》《盜跖》《胠篋》以訾孔子之徒，明老子之術。」後世學者多從之，惟蘇東坡作《莊子祠堂記略》與之辨。近世注《莊》者頗師其意而益爲之辭，甚至曲爲開脱，轉更支離，卒亦無可解免。竊謂讀《莊子》當先讀《内篇》，其《外篇》《雜篇》則當分别觀之，未可執一二以論莊子也。

今按：《内篇》凡設爲孔子之言，皆曰『孔子』、曰『夫子』，或曰『仲尼』，一依《論》《孟》《中庸》之例。其設爲老子之言，則第曰『老聃』，未有稱『老子』者。凡稱『老子』，皆見《外篇》《雜篇》，固已較然不同。又所設孔子之言凡七節（《人間世》二節：一答顔回，一答葉公子高；《德充符》二節：一論王駘，一論哀駘它；《大宗師》三節：一論子桑户死，一論孟孫才，一答顔回論坐忘），皆借聖言以明道，連篇累牘，陳義甚高，無一貶語。《齊物論》中舉《春秋》之『議而不辨』爲例，尤尊聖之顯然者。其設爲他人之言及孔子者凡三節（《齊物論》長梧子、《德充符》叔山無趾、《人間世》楚狂接輿），内接輿『鳳兮』一歌，雖與《魯論》煩簡不同，而意主諷勸；惟長梧子有『固哉』之譏，叔山無趾有『天刑』之誚。詳其語意，不過謂夫子拘於講學、未能忘世耳，亦如微生之譏『栖栖』、荷蕢之誚『硜硜』，不妨并書於《魯論》，未嘗尊之爲定論也。至所設老子之言僅二節：内『叔山無趾』一節僅三句，『陽子居』一節稍詳，亦止十四句。較所設孔子之言，不及百之一。乃先有『老聃死秦失吊之』一節，至詆之爲遁天倍情，忘其所受，何辭之不恕也！但就《内篇》兩衡之，則莊子爲孔子之徒，其學并非要歸老子；其著書亦非詆孔尊老可知矣。

何太史舍《内篇》而專取《外篇》《雜篇》，東坡亦舍炳然可據之明文，而徒爲闡微之論乎？竊謂《内篇》爲莊所自定，《外》《雜》各篇則弟子各記所聞，或有僞作竄入。蓋莊子隱居著書，當時未必大顯，旋經秦火，百家概付一炬，幸僅存於煨燼之餘。迨漢除挾書律，其書始稍稍出，是時黄老盛行，而莊子之言頗有與老子近者，故黄老家托之以自尊其術。如《駢拇》《馬蹄》《胠篋》《在宥》四篇列於外篇之首，其文皆發明《道德經》之緒言（太史所云『要歸老子』蓋取諸此），而最爲整齊明快，實出一手，已開賈、董策論之先，斷非周末人文字。夫《莊子》一書大抵以己意設爲人言，或反復辨難以窮極其趣，所謂『洸洋自恣』以適己，從未有標舉古人成説，屑屑焉爲之下注脚者。此四篇文雖壯闊，亦惟節取《道德經》而推衍其意耳。莊子之學自爲一宗，《天下篇》中叙次甚明，亦安肯傍老子之門户而拾其牙後乎！且《天下篇》歷舉諸家方術，稱老子爲『博大真人』矣，而述其言，則第取其『知雄守雌、知白守黑』云云，何嘗謂其『非堯舜、謗仁義』哉！其於墨子毁禮樂，則以爲『其道大觳、天下不堪』；慎到薄聖賢，則以爲『非生人之行而死人之理』，何獨於老子則助之攻辨，益肆詆譏，致等於父報仇、子行劫哉？必不然矣！論者第云《讓王》以下四篇文義鄙淺，不類莊作，而於此四篇則喜其俶詭，相與翕然稱之，不惟未嘗究心於内七篇之本指，且與老子之恬澹虚静亦不啻謬以千里矣。余故不可以不辨。

國簿劉先生傳略

君諱偉瞻，初名登鰲，蓬山其字也。姓劉氏，爲寧陽甲族。有諱海者仕元爲大校，子姓蕃析。君世居邑城北門内，高祖諱棨，歷判山西汾州、四川夔州二府；曾祖諱應逭，太學生；祖諱克綱，庠生；考諱毓奎，選貢生，候銓州倅：《縣志》俱有傳。

君早失怙，自奮於學，與兄若弟并以文行知名郡國。從鄉先輩徐步衢、寧柳塘兩先生游，悉傳其業。又與同里及齊魯諸名士互相切劘，學乃大昌。事母吴太孺人先意承志，備盡色養，昆季友愛，怡怡無間。其持躬甚嚴，自少時跬步必謹，不苟言笑，見者肅然敬之。年益長，行益飭，履冰執玉，一以慎獨爲宗。其學博極群書，而以六經、四子爲根柢，貫通大義，確有心得，不屑屑守章句。爲文一空依傍，慨然慕古作者，時輩多事剽襲，以求速化，獨研精於有明歸熙甫、陳大士、本朝二方先生之文，嘗曰：『八比可廢，此不可廢也。』尤喜攻古文，嘗曰：『左國史漢之文，猶海也，茫乎莫測其津涯；唐宋諸名家之文，如五都之市，金玉珠璣畢萃焉，吾輩仰而掇、俯而拾，得其片珍寸寶，亦足豪矣。』早以名諸生食餼，累踐省闈，始於道光丁酉登賢書。上春官不第，大挑入等，例得校官。君故善教，里居授徒，從學日衆，經其陶染，每掇科第以去。比膺司鐸之辟，澹然不以冷暖關懷。初攝臨清州學正，州城新遭髮逆蹂躪，生徒凋喪，於荆榛瓦礫中吊死問存，招合離散，講席粗立。尋借補東昌府學訓導，教諸生先行後藝，月誨季課，衆論翕服。東士素競於文，加之淬勵，日益振起。未幾，紅巾肆擾，郡垣鼎沸，會同諸當事登陴固守，露宿城上，晝夜巡視。賊以驍悍肉薄亟攻者屢矣，輒即指麾士卒，以巨銃擊却之。事平，大府上君功狀，得加國子監典簿銜。自軍興以來，儒官捍賊策勛，炳然可紀，蓋亦鮮矣。抑考聖門諸賢，有子踊庭、樊子逾溝、冉子用矛，未嘗不釋章甫著兜鍪爲國禦侮，如君者豈不赫然仁者之勇哉！行年七十，每懷懸車之志，旋於同治六年十月二十一日卒官。

初，君之舉於鄉也，實出邑侯汪公東牧之門。公故識君。迨揭榜見姓名，欣然語同列曰：『余以暗中摸索，得故人不疑於私者，名儒固衆所共信也。買羊沽酒，吾知免矣。』汪公尋殁，旅殯不能歸。君力爲經紀，貨負郭腴田以供費。家僅中貲，坐是益窘，弗恤也。其生平重氣誼、敦故舊，不以生死易交類如此。君有四子：廷祐，太學生，罵賊遇害；廷韓、廷敬、廷黯，俱庠生。以文學世其家。廷敬以君殁月餘以哀毀卒。

石琴氏曰：吾邑數十年來，以余所聞，喜談古文，未有如君者也。君於古文，初師韓文公，以爲確犖峻悍，奇而不詭於正；晚乃好陸宣公，取其明白洞達，周於事理，蓋年進而學識因之歟！余竊以士當知古今之變，每與君言，欲按六部事目，刺取古文中封建之變爲郡縣、選舉之變爲科目、井田之變爲世業、肉刑之變爲笞棰、田賦之變爲養兵，此外一切有關沿革大政者，依類排纂，彙成卷帙，俾子弟童而習之，冀以拓其心胸、長其識見，庶可藉資以爲有用之學。擬俟君歸里共成之。乃君遽歿，而余亦老矣。白首紛如，可勝慨哉！

衍四箴（有序，自注）

程子視、聽、言、動四箴，朱子以爲發明親切，但義閎闊而語渾涵，非末學所能驟解也。兹以鄙意撰成四首，雖詞涉淺近，聊以自箴云爾。

視箴

老氏有言，色令目盲。吾儒异是，視遠惟明。何人不視？何地無色？目不色移，惟禮爲則。非以目攝，實以心觸。目閉心馳，汩之惟欲。以禮制心，以心制目。艷冶當前，視若無物。何以及遠？於近不眩。或察秋毫，睫則莫見。

自注：此言老氏所云『五色令人目盲』者，意欲去色以全目也。吾儒則异於是，第曰『視遠惟明』而已。誠以人不能不視，而目遇成色，無地無之。欲全目而先謀去色，則亦何術可去？惟有不爲色所移耳。欲目之不爲色移，惟以禮爲則而可。蓋色之移人，非以目攝，實以心觸；心有所觸，目始隨之。若不能制心，即閉目不視，而心已内馳；則欲萌而心爲所汩，視亦不能自主矣。故必先以禮制心，而後以心制目。目有所制，雖艷冶當前視同無物而已。以其不足動吾心，故不足移吾目也。夫所云『視遠惟明』者，豈求之於遠哉！當先慎之於近而無所眩，則自能及遠。人之明或有察秋毫者，可謂善於視矣；而不能自見其睫，蔽於近也。戒之哉！

聽箴

老氏又言，音令耳聾。吾儒亦异，聽德惟聰。音不亂耳，耳實自塞。所聽胡德？惟禮是式。行有珮玉，車有鸞和。心失其宰，物交實多。彼以柔來，我以剛克；彼以順入，我以逆敵。鄭固須放，佞尤宜防。聽之不慎，一言喪邦。

自注：此言老氏又云『五音令人耳聾』，意欲去音以全耳也。吾儒亦异於是，第曰『聽德惟聰』而已。誠以耳非音能亂也。自塞其聰也，聽何以協於德？亦惟禮是式乃可。夫行則鳴珮玉，在車則聞鸞和，可謂以禮閑其聽矣。但心失其宰，則物交之乘我者實多，非區區外制之法所能禁也。夫惟以禮内制其心，彼非禮之音初以柔來，而我剛以克之；漸以順入，而我逆以敵之。又何慮其亂吾耳而蔽吾聰哉！夫非禮之害聽者，在鄭聲，尤在佞人。鄭聲之淫，固當放矣；佞人之殆，尤宜遠之。倘聽之不慎，爲其所惑，則一言可以喪邦。聽之所繫重矣哉！

言箴

孰爲心聲，惟言斯最。有動於中，始發於外。人孰不言？言多致悔。檢言以心，檢心以禮。須臾之快，駟馬難追；尚慎旃哉，三復白圭。或緘其口，或刺其舌，未若檢心，是箴是臬。昔吾先正，言明且清，君子欲訥，防意如城。

自注：言之當慎，更甚於視聽也。視聽皆自外入，而言爲心聲，動於中始發於外。縱其言即放其心矣。人亦孰能無言？而言多必有失，故往往悔之無及。是在以心檢言，尤在以禮檢心也。人之易其言者，不過須臾之快耳。然一出則駟馬難追，是以不可不慎之又慎。三復白圭之詩，以自戒也。夫三緘其口，取象金人；而以言賈禍者，或刺其子之舌以示警。但口舌仍是制之於外，未若以禮内檢其心，如門户之有筦、有臬，自不得任其開闔也。是以先正之言既明且清，不使一非禮得雜其間，而非第於言求其訥也。惟其防意如城，是以守口如瓶耳。

動箴

心如止水，湛然空洞。欲謹其幾，察之於動。初則炖炖，漸熾燎原；初則涓涓，積大成川。心放與放，心存與存。心奚以存？禮爲之藩。閑其耳目，勿妄視聽；制其手足，勿妄持行。异端制動，死灰槁木；吾儒兢兢，履冰臨谷。

自注：心之本禮，有如止水，澄然以清，無一物之雜。其存亡操舍之幾於動察之，不可不謹也。動之初甚微，如火始燃，炖炖而已；及其漸熾，乃至於燎原而不可救。如水始流，涓涓而已；及其積大，乃至於成川而不可塞。制動者甚不可以其微而忽之也。然亦返求諸心而已。心放則愈動愈放，心存則雖動亦存，故制動莫若存心。而心不自存，是在以禮藩之俾罔敢越也。耳目、手足，動之具也。目動爲視，耳動爲聽，非禮則有妄視妄聽，閑之以禮，乃能禁耳目之妄動矣。手動爲持，足動爲行，非禮則有妄持妄行，制之以禮，乃能禁手足之妄動矣。凡此皆謹之於微，亦如救火者始於炖炖、塞川者始於涓涓也。夫异端亦言制動，但强制此心使不動而已，故有死灰槁木之喻。吾儒則不然，亦惟兢兢焉敬以作所，如履冰臨谷，不敢一息弛其戒懼也。

讀《西銘》書後

乾父坤母，萬物一體。欲充此心，高矣遠矣。登高行遠，端由卑邇；何以安人？必先修己。仁民愛物，自親親始。堯舜之道，孝弟而已。貢問博施，聖云近取。以心度心，是名絜矩。强恕而行，求仁在此。

秋聲辭

一卷

秋聲辭

念奴嬌　秋望

霜郊凝望，覷白沙堤畔，低迷衰柳。遥指汶流，環匝處，知是闕陵城後。左挹徂徠，平臨岱岳，萬笏蒼烟皺。迴眸笑睇，群峰一桁如湊。　僂指半世萍蓬，風波宦海，儘星馳雲驟。贏得鬢絲歸故里，惟有青山依舊。社櫟春深，庭萱秋老，醉把黄花瘦。衹愁烽火，飛鴻驚起還又。

水調歌頭　中秋

數一年明月，暢好是今宵。雨收雲净，纖塵不入耿秋毫。照澈晶窗鬢陷，遥映瓊樓玉宇，放眼九天高。三人堪共影，把酒對青霄。　憶舊游如昨，夢儘清豪。瑶京此夜，霓裳曾許綴星曹。更向金山山頂，又到珠江江畔，萬頃看銀濤。姮娥應笑我，今夕恁無聊。

夢玉人引　對菊

問花何意，偏開向，九月末？玉飽金酣，恰趁露稀霜薄。一笑嫣然，便香縈林背，春回亭角。瘦影伶俜，伴閑階眠鶴。　群芳看遍，泥繁華，幻夢孰先覺？　今夕荒涼，兀對寒葩綽約。試漉疏巾，一杯應同酌。陶家自合清貧，惟有南山如昨。

滿江紅　芙蓉

寂寞寒塘，乍湧出紅雲萬朵。怪淩波仙子，妝遲者纔停妥。醉靨偏宜白露洗，霞肌不受玄霜鎖。快相逢相對轉凄涼，悲秋我。　水芝好，都飄墮；游龍萎，空婀娜。伴殘蘆飛絮，清愁無那。瘦影未隨流水去，橫枝更向斜陽亸。問阿誰，晚節許同心，黃花可。

沁園春　黃葉

昨夜新霜，荏苒桑柔，消息先知。看森森未改，暗教綠褪；蕭蕭欲落，翻惹黃滋。色不妒楓，痕將掩柳，淡抹濃妝也自奇。洵堪愛，是夕陽紅處，潑眼生姿。　墻根著汝偏宜。嘆沃若繁陰復幾時。記筠筐輕捋，頻煩玉手；葦簾迭飼，都變冰絲。翦伐奚辭，葱蘢猶茂，贏得衰容滿故枝。愁如許，有食貧弃婦，蹙損雙眉。

滿江紅　紅葉

何處尋芳，最爛漫，柿林霜飽。乞西皇，暫借春回，繁英莫掃。似火謾誇紅錦繫，如花怕被丹楓惱。到此間搖落不須悲，秋光好。　青龍寺，何須道；白雲徑，堪凝眺。詫珊瑚萬樹，霞天鬥寶。題句曾傳幽女恨，依枝尚帶寒禽繞。更頳虯抱卵半空游，彤雲裊。

沁園春　落花生

試種花生，地揀松沙，兼帶墳壚。漸鱗鱗翠甲，朝開暮合；綿綿碧蔓，斜界平鋪。淺可藏蛇，深難伏雉，匝野輪囷入望殊。須芟草，趁昨宵好雨，鴨觜頻鋤。莫愁結果全無，偏暗裏生根得氣腴。看黃傾金朵，飄零委露；白凝玉顆，絡索聯珠。胚孕土香，蒂連藤細，却似琅玕滿腹儲。霜寒也，好殷勤篩取，鐵網仍疏。

沁園春　杞柳

菀彼柳斯，遥睇依依，不似垂楊。看緑烟匼匝，叢生隴畔；青雲晻靄，環繞渠旁。比竹乏筋，方蘆饒骨，直上亭亭五尺强。生機富，任頻年輪轉，夏刈春芳。須知舊産東邦，溯孟告諄諄辨性詳。好留良去穢，薅鋤莫厭；芟繁取正，攀折無妨。順作桮棬，藉編栲栳，易事通功計亦臧。爭擔賣，喜白勻合格（貨柳以白勻爲貴），赤仄填囊。

沁園春　白蠟條

汶水湯湯，南阻虹堤，一望平沙。覷柔條冉冉，攢叢似棘；繁英簇簇，蓬勃如麻。積漸盤根，圍圓徑庹，斷續堆雲四面遮。真經久，任一年一刈，歲歲萌芽。村農大好生涯，趁霜月磨鐮取次加。儘乘時出售，緡錢壓篋；并工力作，筐筥填家。遠勝剥桑，奚煩編柳，樹木如斯計不差。還堪用，是緑沈槍輭，丈八蟠蛇。

水調歌頭　薑

此地乏薑産，捆運待江南。宣尼不撤，當年誰致杏壇邊？惟有文林博物，善讀《魯論》章句，預卜地能遷。逾淮殊橘化，學種漸連阡（吾鄉素不産薑，向由青口轉販。余外舅贈文林郎齊太學樂亭因《魯論》有『不撤薑食』之文，以爲聖饌必非遠致吴越，自是吾魯土宜，遂以己意創種，果有所獲。三十年來，傳生漸廣，民食其利）。　護蒼籬，排翠箭，孕黄團。風暄露潤，轆轤不放碧畦乾。遮莫柔尖紅暈，酷似匀妝纔罷，微露指纖纖。老來滋味辣，怕惹萬人嫌。

水調歌頭　甘薯

甘薯實番薯，野叟盡垂涎。新蒸脱釜醰醰，香味妙能兼。初自南洋吕宋，洊至甌閩吴越，廣蒔到東山。青編元扈紀，十二勝喧傳（元扈先生有甘薯十二勝之説，見《農書》）。　破黄壚，抽碧穎，劇芳鮮。附根磊砢，還如珪璧種藍田。漫道芋魁斗大，誤認蹲鴟肥羜（吾鄉例呼番薯爲芋頭，亦如誤認蹲鴟爲羊），玉糝記坡仙（東坡玉糝羹似即以番薯爲之，時方謫居海外，宜有此薯也）。無蜂能釀蜜（蒸薯漸熟，有自然蜜汁），萍實許分甜。

百字令　菊影

山齋冷僻，任黄花開落，秋意狼籍。瘦影支離渾似病，貌出霜容孤寂。月地留痕，風庭弄態，摇曳增蕭檝。携鐙照看，畫屏移上踪迹。　別有傲骨清魂，恁般偃蹇，非比嬌無力。嘆我年來憔悴甚，偶傍東籬小立。我意憐卿，卿如顧我，晚節應同惜。揮杯相勸，雙雙徙倚寒碧。

百字令　水仙

盆池似鉢，注溶溶素瀨，安排小閣。手蒔寒香娛歲暮，偏奈昨霜今雪。玉蒜離根，瑶簪簇朵，占斷冰壺潔。淩波欲步，輕塵怕惹羅襪。　漫競明鏡紅妝，孤芳幽恨，合向靈均説。帝子雲車來北渚，夢繞晶宫銀闕。交甫奇逢，思王麗賦，一笑真痴絶。知心萼緑，頡頏同伴明月。

百字令　蠟梅

春生殘臘，詫百花未動，孤芳夐絶。瘦瓣棱棱黄欲滴，一色輕匀鎔蠟。磬口無言，檀心不轉，妙鍥玲瓏雪。横枝疏影，半亭恰印香月。　自有冷艷幽芬，巡檐清嗅，此味殊堪嚼。回首平生舊游處，看飽紅葩緑萼。庾嶺迢迢，孤山歷歷，悵望空天末。麝薰金蓓，涪翁且共評跋。

沁園春　鬥鶉

同氣相求，莫并兩雄，頓爾仇猜。便竦身勢猛，競思跳蕩；填胸怒滿，耻復徘徊。毳損蒼襟，血凝丹臆，戰罷晴窗日影回。休輕覷，看森然觜距，天付斯才。　棘門壁壘誰開，任兒戲將軍蟻陣排。嘆于思授鉞，全拋兕甲；侏儒推轂，大挫狐駘。姜表螳螂，賈編蟋蟀，輸爾先登上將臺。真不弱，似鬥鷄亞子，唱凱歸來。

百字令　周冠英自寫小照

西涼倦客，住芙蓉泉上，萍踪飄泊。自學虎頭傳小影，寫出一丘一壑。紅颭風荷，青垂露柳，對此偏愁絶。鄉關萬里，玉門何處明月！　莫訝伯雪忘言，緘情脉脉，更向何人説（周君病瘖）？往事不堪重回首，都作杜鵑啼血。琴訴别離，樽澆塊壘（荷、柳、琴、樽皆圖中景物），一夕催華髮。不如弃置畫中，且自尋樂。

餘霞集

三卷

自序

不佞束髮即喜爲詩。少壯所作，存者已裒入《知止堂集》。六十前後猝值亂離，每有吟咏，復編爲《飛鴻集》四卷。迨七十後，意興衰落，江毫敓去，而春蠶之絲未盡，秋蛩之吟不已，數年來，得古今體詩數十百首，仍録存爲一卷，命曰《餘霞集》。予字綺江，蓋取小謝『餘霞散成綺，澄江净如練』二句詩意。此乃暮年殘稿，姑取以爲名云爾。如劉賓客所云『莫道桑榆晚，爲霞尚滿天』，則非衰朽所敢言也。倘續有所作，當附録於後。

光緒初元上巳前二日，黄恩彤并書，時年七十有五。

餘霞集卷一

詩

二君咏（爲曾中丞國荃、彭少司馬玉麟作）

其一

當今天下士，無如曾與彭。拔起諸生列，爲國作干城。曾爲陸路帥，虓虎誰敢争？百戰收建業，一舉摧欃槍。彭寔督水師，萬里江濤平。引弓射妖蛟，揮劍誅狂鯨。至性鬱忠義，不慕圭組榮。

其二

大廷屢授節，引疾發至誠。急流能勇退，此語古所驚。二疏白首歸，尚博千秋名；矧兹熊羆士，超然鷗鷺情！功成萬鈞重，身退一屣輕。滄浪洗戰血，亦以濯我纓。言隨赤松子，逍遥白玉京。

穫豆

不雨六十日，豆收畝三斗。田翁笑相告，此事殊罕有。樹穀豆最難，豐一恒歉九。小旱花輒焦，多雨根易朽。葉香育螟螣，草穢雜稂莠。矧當夏秋交，赤日熱炙手。憫兹徑寸苗，荏弱如春柳。竟與驕陽争，挺立能支久。黄熟莢纍纍，實栗垂隴首。登場慶有秋，煮粥堪糊口。將毋地氣和？要是天恩厚。但盼一犂甘，種麥南東畝。

美人蕉歌

嶺南蕉花狀如蓮，慘紫黯淡色不鮮。結實紛歧類牙角，借名象鹿豈其然（粤東蕉實有象牙、鹿角之稱）？移蒔江北亦蕃茂，森森拔地緑遮天。冬畏霜雪須藏窖，曾無花實難久延。那知别族偏秀絶，芳姿荏苒尤堪憐。抽書界紙酷相似，具體而微争嬋娟。葉凝碧浄得秋潔，花抒紅艷回春妍。曉妝纔罷胭脂濕，羅襦翠袂揚風前。虞姬嫵媚尚解舞，此如天女能通禪。秋深收子春再種，傳生不已年復年。人情重遠輒忽近，競購南本傾囊錢。豈知咫尺有佳麗，毛施祇在籬落邊。

釀肥桃爲酒，味極甘醇，因名碧桃春

曼倩三偷王母桃，一度動須三千歲。何若酒國有長春，一年三百餘番醉。

醸林檎爲酒，名花紅酎（吾鄉名林檎曰花紅也。注之玻璃盞中尤可愛）

嘉果紅於花，色香兩殊絶。并入瓮頭春，且酬花下月。

園菊盛開，以詩與傭力馬順

短短蓑衣解荷鋤，那知家世舊爲儒？偷閒料理東籬菊，莫使支更學雁奴。（順兼支更）

舊羊皮外罩

銀絲歷亂舊羔羊，開篋重看意不忘。三十年前曾著汝，五雲深處謁宣皇。

夏夜即景

營營白鳥映疏簾，偎枕狸奴意不嫌。雨過涼生人欲睡，卧聽殘滴下樓檐。

青桐

咫尺青桐挺勁姿，亭亭直上拂雲霓。衰翁若有百年壽，此樹應抽百尺枝。

偶成

當年夢想騁雄圖，此日頹唐一腐儒。虎鼠原非由我判，馬牛早已任人呼。霸亭醉尉須迴避，魯國諸生亦暖姝。閉户著書聊遣日，微吟拈斷白髭鬚。

會稽李氏母兩世節孝徵詩，因成三十韻

禮官旌婦德，所重節與孝。赤筆揚清芬，將以理陰教。嗟哉兩賢媛，遭家殊不造。節以窮乃見，孝非恒所蹈。濟美萃一門，姑婦相則效。厥姑今陶嬰，天畀松筠操。及笄字衿儒，青雲思騰趠。凄風摧玉樹，麻衣忽换縞。曾無三尺童，徒有萬金窖。中落劇零丁，旁繼同蘿蔦。煢煢未亡人，哀哀年正少。閉閣四十秋，形影自傷吊。栴檀烟幾縷，佛海迴孤棹。老懷抱冰雪，獨鶴霜天叫。守令重高義，大府乃入告。褒綸下九霄，幽光發潛曜。厥婦禀令儀，罔極恩思報。至性抒髫齡，春暉方戀嫪。金鉸斷香纓，刲膚宿病療。事姑如事母，事翁亦惟肖。一臂更三刲，和藥屢有效。斑痕若刻劃，血誠耿相照。問之諱不言，苦語增悲悼。白頭始弄孫，破涕爲一笑。方今隆孝治，博采逮德耀（近時孝婦奏請旌表，纍見邸鈔）。兩宫均堯舜，表里屢頒詔。庸行兹倍

奇，搜訪遠必到。珩璜鬱瑰彩，英華奪珪瑁。會看雙烏楔，并峙稽山嶠。

讀《文選》得句

千秋著作劇紛拿，真贋奚從辨魯魚？班史不登蕭選録，美新文與答蘇書。

讀史偶作

惶恐何曾别有灘，風波咫尺起無端。由來季布輕樊噲，莫怪桓冲慮謝安。盧扁奚辭三折臂，佺期須待九還丹。紛紛白面黄頭輩，不到羊腸未識難。

木冰行

春秋特書兩木冰，幼習聞之見未曾。今朝開門忽射眼，兒童履地猶兢兢（地上結冰如鏡，滑不可立）。初驚一樹堆琉璃，旋看樹樹生瓊肌。老松針密銀鏃竪，枯竹枝折瑶篸欹。是時太歲在庚午，旱魃肆虐連齊魯。種麥曾無什二三，一冬不見雪花舞。開正四日迫立春，黄昏雲起如魚鱗。夜半雷鳴電火熾，雨雪雜下争紛綸。那知天工弄神巧，鞭笞滕六傾幽沼。翻嫌玉戲未爲妍，密灑冰花綴林杪。連日沈陰鬱不開，聚凌未解庭前梅。春寒釀花若有意，祇恐寒甚花爲摧。北地霜濃多樹稼，攢枝麗歜還低亞。更有檐溜萬條垂，晶熒鵝管緣雪化。未若木冰奇復奇，衰翁七十始見之。對景覓句不稱意，忍凍拈斷蒼浪髭。諸儒爲説各不同，稱灾徵變難可通。天道悠遠人詎測，坐看消釋隨東風。

題周冠英心意思味圖小照三首

其一

明湖曾小住，浥露剥蓮蓬。食药方知味，餐英未許同。心如卷葹草，身是蓼根蟲。萬斛酸辛泪，都傳阿堵中。

其二

歷下周公謹，江南庚子山。秋圖留粉本，春恨損朱顔。鉗口知荼苦（周君病瘖），低頭學石頑。不須怨羌笛，夢繞玉門關（周君寄居甘肅，遭變，全家陷賊）。

其三

傳聞唐休璟，指日下河湟。雷碎摧砂堡（時恪靖伯進軍涇州，攻克董志原賊巢），烟銷古戰場。遺民猶保壁，久客要還鄉。蔗境回甘近，輸君子細嘗。

紀　异

東山王氏子，厥名曰建聞。祖父各守分，所業惟耕耘。此子初讀書，椎魯不能文。二十始廢學，力作亦已勤。時（惟）［維］歲庚午，妖魃吐赤氛。禾黍萎欲死，蕩蕩天無雲。仲夏廿五日，二氣忽氤氳。有滃森晝晦，驟雨翻瓶盆。建聞方治田，奔歸不及村。霹靂一震裂，竟爲龍火焚。既死猶長跪，膚剥毛髮薰。舉體若無骨，固已擢爾筋。吾聞天之雷，主者蓋有神。於物偶憤擊，厥罪必有因。近來作孽輩，未可一二云。東村梟食母，西村蛇螫人。胡爲釋弗擊，斃此平常民？

西洋無骨魚

每恨魚多骨，兹魚獨擅奇。辨形同白小，著鹵類凝脂。似讀黄荃畫（黄荃善畫没骨花卉），如吟子固詩（昔人以曾子固不能詩，與鰣魚多骨同恨）。倘逢魯參政，投匕駡西夷。

七十自壽五首

其一

人皆嗟歲暮，我獨喜年增。莫道一無愧，方知百不能。銜杯陪父老，倚杖看孫曾。所事傳家了，真成退院僧。

其二

五十休官早，閑居二十年。漫誇腰脚健，竊喜齒牙全。小海騎鯨度，荒山伴虎眠。餘生甘菽水，萬里净烽烟。

其三

我如白司馬，慣咏白髭鬚。金鑷洗難盡，鉛梳染亦迂。披囊猶愛惜，攬鏡每踟躕。秋色年來重，霜華滿鬢隅（香山詩：『滿頷白髭鬚』，又『風流不稱白髭鬚』，蓋早白也。余年四十五鬚白過半，至五十而皓然，無一莖不白者，今始連鬢）。

其四

人事浮雲散，蕭然慕古初。耳聾稀對客，眼暗勉鈔書。偃蹇同松瘦，蒼凉共竹疏。晨星朋輩少，天末意何如（老友存者陳子鶴尚書、程樗香侍郎、徐松龕太常、趙怡山中丞，或荷戈遠戍，或解組歸田，其餘則二十年以來不通音問）。

其五

反哺烏私遂，循陔雪滿顛。蓼莪今已矣，松菊故依然。閣筆才華盡，懸車膂力愆。主恩慚莫報，矍鑠讓前賢。

即　景

短短疏籬曲徑雙，數叢芳草比蘭茳。年來苦旱恒思雨，故種芭蕉對小窗。

西村

十年不踏西村路，晴雪漫天樹樹梨。掩映緑楊成畫本，環村更有白沙堤。

讀《留侯傳》

博浪一椎惜不中，祖龍喪魄天地動。龍潛不見俠而仙，《素書》《三略》何人傳？生平心事惟報仇，顛嬴僕項乃佐劉。誰與游者赤松子，彭王葅醢韓王死。

漫成

衰翁七十更何愁，淡飯粗茶飽即休。顛倒謝公雙木屐，蒙茸晏子一狐裘。耽書豈必深求解，斷酒都因莫與酬。偶捋銀鬚閑自笑，年來蕭颯似沙鷗。

冬韭二首

其一

大官無分餉山厨，早韭登盤味亦殊。争向春初尋菜把，却從歲暮供園奴。鮮苗折股金釵嫩，豐本駢頭玉筋腴。堪笑季倫空門富，麥根搗汁溷君夫。

其二

由來黄韭比唐花，何似辛盤緑簇芽。烘趁初晴苫乍捲（養冬韭以苫覆之，晴暖則捲苫向日），攧當殘雪剪頻加。嘗新合伴三冬笋（恰宜與冬笋同菹），鬥捷遥同二月瓜。畢竟非時關聖禁，休將廿七炫貧家。

閱斌友松椿郎中《乘槎日記》，因成長句二首

其一

九萬鵬程鑿空游，長風吹度火輪舟。渾儀但道天如卵，亥步安知地是球？争説漢家求宛馬，虚傳海客見牽牛。而今始信環瀛大，鄒衍曾云更九州。

其二

西海茫茫别一天，何人破浪學乘蓮（自古中華士大夫無至西洋者，鄭氏《通志》所引有《杜還經行記》，其書未見，不知其所歷何國也。今友松則周游殆遍）！望洋輒發甘英嘆（班超欲通大秦，遣椽甘英往，至西海不敢渡），攬勝徒煩費信編（明費信從鄭和周歷南洋諸國，有《星槎勝覽》一書，未嘗至西洋也）。漫向《職方》尋外紀（西洋艾儒略著《職方外紀》，所紀各國風物，語多失實），且從基士按新編（近有住粤西人馬基士著《地理志》，紀西洋民俗國勢，多可信，潘德畬都轉刊入《海山仙館叢書》中）。中丞《志略》元非謬，目擊真堪證口傳（徐松龕中丞撫閩時曾據西洋人口傳著《瀛環志略》，今友松此《紀》均得之目睹，足與《志略》互證）。

新聞詩

一人前導三人從，循汶北岸走匆匆。分執尺竿與羅鏡，由東而西步且弓。問之不肯言其故，却以謾語誑兒童。是時黄運方横潰，巡河使者議舉工。初疑汶水本濟運，上游將以尋來龍。細思此事殊未必，夏漲冬涸難爲功。挽黄歸故苦無策，豈有餘力及會通？又疑方伯正疆域，欲拓全圖繪二東。但當分畫責郡縣，胡遣四隷紛横縱！道路訛傳各爲説，互相驚詫争洶洶。或云奸細肆窺闞，更托神怪譚虚空。此地并無險可扼，非關形勢籌守攻。若云河伯將示警，寸量尺度殊無庸。老夫懷疑不自釋，姑以里句投詩筒（後聞乃蔣主政裁莽所遣。蔣君方籌治河，理或然也）。

讀《霍光傳》四首

其一

擁立賢明漢祚延，伊周勛業柱擎天。如何稽首頻歸政，專制朝廷二十年（昭帝冲齡，光專决事可也；迨帝冠而不歸政；宣帝之立，年非幼矣，仍不歸政。异日之禍基此，豈必驂乘哉）！

其二

故事桐宫執代籌，立孫舍子用郎謀。將軍不學能師古，經術惟知重夏侯。

其三

一蘗岑岑玉體枯，淳于蝕月甚蟾蜍。成君未必將軍女，阿顯從來孌子都。

其四

廢立無傷博陸忠，三侯就第便興戎。先時若用徐生策，詎肯低頭作富翁？

讀《揚雄傳》四首

其一

紛葩辭賦果超群，俯視都京未足云。不共甄劉作符命，昭明偏録美新文（本傳云『甄劉符命，雄不知情，而諸儒有「爰清静作符命」之譏』，足徵《劇秦美新》未必非雄作也。所『不知情』者，第甄劉符命耳）。

其二

頡頏賢莽詎吾曹，吏隱金門迹亦高。濁世浮沈保軀命，一生心事反《離騷》。

其三

楚龔絶粒節嶙峋，二姓何能辱漢臣！若與靈均同擬議，也應一例笑湛身。

其四

摹賦何須更擬經，僭王吴楚莫逃刑。《金縢》《大誥》同誣聖，唱和君臣共一廷（雄以《法言》擬《論語》，《太玄》擬《易》；莽以《金縢》《大誥》擬周公。雖工拙不同，其僭經誣聖一也）。

讀《漢書》雜咏六首

其一

蹀血宫門太子亡，壺關一疏斷人腸。君王感悟因三老，丞相云何拜寢郎？（壺關三老茂）

其二

自是中書恨延壽，非關丞相妒陳湯。最憐老弃敦煌外，追訟前功有議郎。（耿育）

其三

七日平城困六軍，十年衛霍奏殊勛。呼韓稽首邊塵静，太子宫中納政君。（呼韓邪單于入朝，元后即於是年入宫侍太子。王氏之盛，萌芽於此。『患不在外而在内』，范文子之言，良有旨哉！）

其四

樵罷行歌盡足娱，食貧莫悔嫁寒儒。便教不共還鄉錦，猶勝肩隨治道夫。（朱買臣妻）

其五

犢鼻臨邛托酒家，長安賣賦劇豪華。文君未老相如渴，却把黄金更買花。（卓氏女）

其六

官族由來論世功，因生因氏義難同。鹿毛羊舌都堪詫，更有司徒馬天宫。（馬宫本姓馬天，後改姓馬。不知因何以馬天爲姓）

《國語》所書事有可笑者，輒繫以詩三首

其一

公父南宫共酌醪，當筵有客獨先逃。盤中鱉小何能長？睹叔涎垂空老饕。

其二

沃盥辰嬴子圉妃，如何重耳結重縭？若云同德方同姓，管蔡先應不姓姬。

其三

扈駕公侯近虎賁，無端三女竟同奔。當時若進天王御，未卜何辭達至尊。

納　凉

園林新雨後，日夕暗生凉。散步行苔徑，抛書坐竹床。鷺眠蓮下穩，蟬噪柳邊忙。斗覺微風入，蕉衫似芰裳。

夏　夜

浴罷科頭坐，更深覺露濃。微凉生徑竹，孤影伴庭松。簾捲螢光入，林疏鳥夢慵。樓西挂斜月，清響度遥鐘。

近事詩

汶北裴氏子，早作方隆冬。是時頻雨雪，冬暖如春融。溝邊見小蛇，蟠屈等蟄蟲。頗怪出非時，疑是糧精逢。捧持若拱璧，歸置豆瓮中。輒即貨其豆，將以驗神通。孰知竟不效，豆盡瓮亦空。惟有蛇在瓮，欲出苦路窮。村祠有道士，乘機扇巫風。趨視佯驚詫，云是大王雄。嘔啞誦經咒，喧傳走愚蒙。争集奉香楮，或以鷄豚供。道士自醉飽，大王殊朦朧。二尹胡爲者，叩拜禮必恭。瓮盤冒紅紙，移請入神叢。斗大元化祠（時移置華佗小廟），權作河伯宫。恐其爲患害，禱祝心忡忡。蒼黄問乩卜，乃曰是雷翁（村叟扶乩云：『此大王是泗水人，雷姓。』）。餘語尤鄙倍，祇足欺盲聾。祭賽意未已，鼓吹來優童。鏗轟震閭巷，痴蛇卒夢夢。興闌檀施散，事訖笙歌終。大王留不去，與鄭内蛇同（村人卒以蛇死成訟）。

冬柳四首

其一

冬入園林萬木衰，幾行疏柳尚參差。蒼條似束荒烟合，瘦影如鏟冷月知。憔悴難爲高下舞，飄零無復淺深眉。不堪重過章臺路，猶憶青青拂馬時。

其二

瘦損纖腰力不支，休誇嫩玉比柔絲。雪輕都作漫天絮，風緊難扶踠地枝。白宅荒園殊寂寂，謝塘衰草自離離。十圍莫發金城嘆，看慣年年減玉肌。

其三

荏苒三春夏復秋，流光似水去悠悠。東風掠燕渾無迹，落日栖鴉未肯留。無可奈何嗟歲暮，樹猶如此惹人愁。當年曾傍靈和殿，張緒而今已白頭。

其四

柔柯何計傲嚴冬，腰折眉摧意已慵。甘伴蒲姿凋露冷，强隨梅蕚耐霜濃。緣堤寂歷迴春態，傍岸依微帶臘容。瞥眼韶華一彈指，聽鶯柑酒許相從。

紅杏花

杏花初放染輕紅，開遍都成雪一叢。何事冰肌添酒暈，獨光桃靨占春風。

玉簪花

憶泛明湖瑟瑟秋，玉簪花插玉人頭。于今寂寞西風裏，冷眼看花不引愁。

木　槿

莫道朝開暮還落，須知落後更重開。端陽直到重陽節，取次看花日日來。

夾竹桃二首

其一

竹外桃花句最工，恰將冷翠間暄紅。何如收拾歸同幹，爛漫交加并一叢。

其二

明鏡紅妝一日休，黄花晚節帶霜愁。武陵别子留春住，入夏繁開直到秋。

秋海棠二首

其一

芍藥何如木芍藥，芙蓉更有木芙蓉。名同色自殊邢尹（芍藥木本勝草本，芙蓉草本勝木本），惟二海棠一樣紅。

其二

彈將一掬懷人泪，化作紅冰點點花。不似玉奴春睡懶，强扶醉態魅唐家。

即　景

回頭往事盡成空，贏得衰容滿鏡中。一徑寒花間戲蝶，半林落葉鬧吟蛩。濠間我亦觀魚客，塞上誰爲得馬翁？撩眼秋光過重九，持螯准擬醉西風。

閲邸鈔始悉陳子鶴尚書於伊犁闔家殉難二首

其一

十年契闊猶通問（余歸田後，都中舊友惟子鶴曾致書問訊），萬里長征尚望還。到此真成生死別，一杯遥酹玉門關。

其二

負罪孤臣遠荷戈，携將細弱滿征駝。白頭殉國應含笑，奈此童孫稚子何！

香　草

《楚辭》『秋蘭兮青青，緑葉兮紫莖』，正謂此草也。

紫莖鬱抽茸，緑葉紛抒藻。至今齊魯間，婦孺呼香草。此草乃真蘭，九畹托根早。同氣感靈均，幽芬滿懷抱；何來閩中花，後世滋傾倒？公然盗嘉名，紉佩果孰好（閩蘭第花香耳，不及此草竟體皆香，胡可紉哉）？萬口讀《離騷》，真贋殊失考。一朝資藥物，方知此爲寶。

惜　春

枝頭落盡可憐紅，春去何須怨化工？獨惜海棠留不得，夜來草草嫁東風。

放　燕

雛燕飛飛傍碧紗，頻番掠水又銜花。開簾放汝營巢去，莫厭尋常百姓家。

題張翰坪深柳讀書堂小照

畫橋流水緑雲斜，試覓書聲五柳家。却笑香山老居士，慣隨童子捉楊花。

夢中得句，醒足成之

宿望何如廉孟子，小詩頗似柳中庸（夢中句云：『宿望共推廉孟子，新詩偶擬柳中庸。』中庸，唐人，傳詩甚少，余亦未有所擬，不知夢中何以有此句）。北窗未悟羲皇趣（時方晝寢），起向樓西問老松。

少時曾作淵明愛菊四絶，稿佚不存，久經忘却，今忽憶及，遂録之

其一

淵明豈愛菊，寓意偶及之。寂寞東籬下，南山入望時。

其二

淵明果愛菊，滯慮已生心。個中有真意，也似無弦琴。

其三

淵明誠愛菊，菊亦愛淵明。不有淵明節，臨風漫掇英。

其四

菊以淵明重，淵明自有真。花時盛游客，誰是此中人？

兖郡行

兖郡西門人若狂，撞鐘伐鼓迎大王。驚問大王在何許？玉河之側埼岸傍。小蛇數寸自蟠結，錦文錯雜頭不方（相傳大王蛇方頭，此則否）。士女喧傳劇鼎沸，奔走禱祝來巫陽。長官聞之亟致祭，紛陳俎豆羅酒漿。更以乩筆請神語，沙盤畫字森成行。自云生時爲河督，順治二年莅魯疆。之錫姓朱字夢九，疏而薦者阿中堂。便問中堂何名諱，大書桂字殊昭彰。順治初塞金龍口，河督方興實姓楊。十有四年越十八，朱公兩任綜修防（朱公之錫兩任河督，均在順治十年以後）。文成（阿相國謚文成）相業最煊赫，乾隆中葉方騰驤。國初自有從龍彥，阿公不及相頡頏。明明時代錯先後，附神托鬼誠荒唐！傍有野叟聽然笑：神道變化安可常？木蘭地下市鞍馬，盧生夢裏臨疆埸（木蘭、盧生均於近年顯靈捍寇請封，見邸鈔）。中興天子百靈助，幽明協贊扶包桑。狂瀾待挽仗神力，大王奚止金龍黄（近日河神惟金龍四大王、黄大王靈感最著）？

鮑小山廉訪桂生寄贈五律四首，依韵奉和

其一

尺素來空谷，開函頓解顔。君行向天上（時方入覲），我老贅人間。江北無雙士，淮南有二山。參軍詩句好，遥共暮雲還。

其二

君子温如玉，從軍賦小戎。奇謀王景略，力戰傅南容。授策朝飛檄，擒渠夜躡踪。衰庸良足愧，幕府我何從（咸豐初，小山佐理福元修中丞幕府，中丞曾以賤名上請勦事，中旨未允）！

其三

少陵詩即史，三峽溯詞源。君自傳其法，人誰得此門？斯文猶未墜，子道足爲尊。我欲充亭長，携編共討論。

其四

不才甘弃置，回首望都城。倦鳥歸林意，殘葵向日情。魯山容雪卧，晋水挹風清（小山之官晋省）。指顧鵬圖

遠，行標紫閣名。

劉松石松鶴圖小照二首

其一

此叟宜邱壑，傳神倩顧痴。古心仍古貌，非惠亦非夷。卓爾惟松伴，超然有鶴知。彼圖風謖謖，爽氣溢鬚眉。

其二

松下科頭坐，蕭寥晝掩關。課僮惟飼鶴，放眼但看山。世事都如畫，浮生好是閑。龍鱗看漸老，應許鳳雛攀（謂賢郎峻甫學博）。

秋成

下隰高原百穀宜，中秋種麥恰逢時。盈車香穗金風爽，溢隴良苗寶露滋。萬斛明珠收（苡薏）［薏苡］，一雙美玉發蹲鴟。霜林都變珊瑚樹，更有赬虬弄卵嬉。

夢中得句，醒足成之

春來破戒飲屠蘇，喜遇高陽舊酒徒。我醉欲眠卿且去，滿身花影不須扶（夢中得此二句）。

讀秦史二首

其一

秦家爵級數人頭（秦法：斬敵一首，賜爵一級），印綬如山盡髑髏。白起亡身蒙氏滅，一家未雪萬家仇。

其二

循環天道劇分明，軹道無端赦子嬰。莫怪重瞳偏嗜殺，新安聊以報長平。

讀《晋史》二首

其一

内屬羌夷各有因，百年劫運起風塵。徙戎枉自持高論，弱晋安能比勁秦？

其二

流民還本理當安，李杜因之造禍端。到此江生應自笑，徙戎百倍徙民難！

冬至後十日

閉閤防思睡，空庭小立宜。疏松挂殘雪，凍雀上寒枝。課僕修茶竈，呼童理酒巵。初晴日光淡，畫地驗痕移。

追題策蹇圖舊照四首

其一

謁選曾經到鳳闉，虎頭滌筆爲傳真（己酉余以起用郡丞，赴部謁選，寓松筠僧舍，同寓畫士趙君爲寫此圖）。灞橋風雪孤寒甚，何似秋山策蹇人？

其二

赭山風景似江南（余家彩山側，山以石赭色得名），紅葉村頭路舊諳（紅葉村以柿林得名，余家別業）。爲道（遥逍）[逍遥]歸去也，魯家禿尾我何堪！

其三

家世吴興六法良，曾因供奉侍文皇（趙君曾繪御容）。尋常更貌支離叟，爲是先朝白髪郎。

其四

藻鑒當時有二公，評肥論瘦可曾同（圖成後，適許滇生、周芝臺兩先生携尊相《餉出圖》同觀。許以爲逼真，周以爲七分似）？年來攬鏡看陳迹，妙處傳神阿堵中（眉目殊肖）。

憶梅

南歸帶得兩株回，白白紅紅取次開。二十年來憔悴盡，聊將一杏補雙梅。

九日園中

雨過秋園敞，蓬扉手自開。林疏孤鳥見，水净數魚來。紅葉供茶竈，黄花入酒杯。風高愁落帽，寄興有樗臺。

雨霽

雨霽荒園草木深，有人徙倚意蕭森。花間步月眈詩味，竹外看雲養道心。魚亦同游知汝樂，鳥如共語和余吟。青山咫尺間相望，預約秋高折屐尋。

園花盛開

秋來花事勝三春，淺紫深紅點綴勻。惟有黄華開最晚，禁霜恰似白頭人。

還讀書屋即景

萬緑叢中一草堂，諸生吟誦日琅琅。風回高柳延朝爽，雨過疏篔透晚涼。浣筆池魚吞硯墨，捲簾梁燕惹爐香（屋梁新構燕巢）。茶餘飯飽評功課，老子科頭坐石床。

漫成

顛倒殘書懶不收，春來意緒只如秋。史才我愛小司馬，經術誰如大夏侯？老態漸增憐病鶴，機心未盡愧閑鷗。蒼顔白髮還堪畫，欲拂長縑待虎頭。

冬暖

冬暖饒春意，心閑即散仙。啼鷄迎鵲噪，卧犬抱猫眠。洗眼收殘菊，銜杯佐小鮮（友人饋白鰱，因破酒戒）。醺醺乘軟飽，負曝勝裝棉。

題張翁夫婦遺像（像爲翁次子所繪）

老去梁鴻對孟光，齊眉含笑看諸郎。不須鍥木留遺像，一幅丹青宛在堂。

臘八粥（得冬字七言八韻）

作粥原兼米豆供，漉存津液倍醇醲。一年將盡剛逢臘，八日初嘗足慰冬。凍合銀床須早汲，霜凝玉粒要頻舂。醍醐借試人工巧，榾柮偏宜火力鬆。緩似煎茶魚眼活，勻於鏈蜜蠟脾封。沙瓶煮就如酥滑，瓦鉢盛餘比酪濃。隔釜先聞香撲撲，圍壚共啜語喁喁。蕪蔞艷説公孫進，風味還應讓老農。

食榆錢

結綠垂青個個圓，沈郎遺製本天然。當筵斗覺貧家富，日食何妨費萬錢。

送春

輕風剪剪雨絲絲，暗遣春歸春不知。落盡桃花紅未了，新鶯啼上緑楊枝。

自題狎鷗續圖小照三首

其一

一泓碧水即滄浪，三五閑鷗足頡頏。我到園林頻小住，汝如江海久相忘。且從濠上同魚樂，不向蕉邊覓鹿藏。記取白蓮舊家物，清風留得百年香（園池白蓮，先君子少時手種，傳生至今，已近百年）。

其二

竊補蘭陔賦遂初，廿年踪迹溷樵漁。歲寒三友偏饒竹，南面百城但擁書。手植楸桐俱拱把，姿同蒲柳漸凋疎。前圖風景依稀在（曩官比部，倩畫士董雲槎爲作《狎鷗圖》小照，今已三十餘年），贏得閑身歷劫餘（三十年紅羊劫，兵燹遍天下，故人半化猿鶴，余幸免於難）。

其三

羅雀閑門漸長蒿，匣中綉澀雁翎刀。徑荒合補淵明柳，技拙難偷曼倩桃。籌筆空教鬚早白（辛丑壬寅間，兩攝江南藩篆，襄辦軍務，其間一防滬瀆，再守金陵。迨軍務粗平，而鬚漸變白。嗣是改官東粵，兼籌西洋諸國通商善後事宜。七年之中，遂盡如雪，時余年未五十也）。加餐竊幸齒猶牢。龐眉自昔堪徵壽，莫訝香山炫耳毫（古語云：『眉毫不如耳毫』。樂天鬚早白，而耳有毫，每形吟咏。余亦有耳毫）。

庭桂盛開花下得句

理安寺畔翠成林，獨秀峰前萬樹金（粵西桂花栖霞最盛）。此日科頭樓下坐，五株香透薜蘿襟。

銅鼓歌

銅鼓將毋石鼓同，石鼓顯自昌黎翁（獵碣，韓文公以屬周宣。究係何代之物，諸家迄無定論）。銅鼓雖小殊精絶，鑄作雕鏤疑鬼工。圜若盤盂仰若釜，徑圓周匝中空空。土花凝緑沁肌理，詹諸蹲踞努雙瞳。苦無文字紀年代，秦邪漢邪誰能窮？相傳蠻酋慣鬥富，鑿山取髓精陶鎔。鼓成置具傳木刻，峒豪部長紛來從。有肉如山酒如海，銀釵攢擊聲鼕鼕。醉飽探囊各有贈，磊落瑰寶光騰虹。或云行軍爲號令，一鼓作氣鳴豐隆。文身綉面最輕佼，猪突猱進争衝鋒。一雲伏波下駱越，至今餘韵猶逢逢。謬屬諸葛理難信，忠武何曾來粵中？故人嗜古按南徼，欲攀銅柱銘豐功。遺我二鼓意良厚，珍重不翅鼎與鐘。荒齋得此生古色，作歌聊以明其衷（二鼓乃萬一樓觀察所贈）。

園棗漸熟

纂纂東園棗，輕紅漸怯霜。木難齊綴樹，火齊（火齊，寶珠，字收霽韵）待傾筐。蠡賊弓腰子（蟲名，害棗），群偷長尾郎（鳥名，最工啄棗）。殷勤呼敏德（看棗童子名），勤視莫疏防。

門内新栽青桐一株

秦卿豈必居樗里，晋叟何妨號柳門（門外樗柳成行）？更有香山老居士，亭亭直上看桐孫（樂天《青桐詩》云『直上意未已』）。

小白犬黄耳

竟體蒙茸綴雪花，雙垂黄耳粲金沙。都門要寄平安字，待爾傳書似陸家。

絨毛赤鷄

錦衣縷縷勝披絨，階下徧縱映日紅。忽入花叢看不見，護花仗汝啄青蟲。

中秋前一日漁人以新得鱖魚相餉（魯人謂之薺花魚）

錦鱗尺半傍苔磯，脱網揚鰭怒欲飛。莫以桃花艷西塞，桂花香裏薺花肥（時庭桂盛開）。

讀《孟子》得二絶句

其一

接庫猶堪證古經，衡情自合近郊坰。道州遠隔三苗外，愛弟緣何弃鼻亭？

其二

五月南巡隕帝星，至今斑竹吊湘靈。黄泉若欲常常見，兄葬蒼梧弟鼻亭。

題恩竹樵廉訪《試帖詩刻》後 三首

其一

不見君詩四十年，今朝示我衍波箋。何時穩趁驪龍睡，摘取明珠顆顆圓？

其二

最愛詩人陸閏生，剪紅刻翠擅時名。君從何處金針度，學綉鴛鴦唾手成？

其三

嘆我年來已白頭，江花零落管城秋。雲樓舊雨輸君少，恰可高吟白雪樓。

題吴錦塘《試帖詩鈔》後四首

其一

初唐試律肇初模，佳句争傳明月珠。試檢《英華》搜《律髓》，可稱完璧幾篇無！

其二

休明鼓吹屬仙曹，館閣争攄五色毫。好向浣花求律細，不須山石鬥吟豪。

其三

剪紅刻翠等雕蟲，鏤月裁雲奪化工。何似老仙能斫桂，天葩散作雨濛濛。

其四

九家篇什蕊珠聯，慧業於今屬後賢。懶向河間稱法嗣，還從祭酒覓家傳。

餘霞集卷二

詩

筆（六言）

雲生張旭腕底，花發李白夢中。莫嫌無食肉相，夫頭曾作三公。

墨

究墨不傳遺制，爭言奚氏法良。一斗莫辭飲水，麝煤口有餘香（用宋姜潛贈范文正公麝煤事。姜，吾邑人，今太平村其故里也）。

硯

端溪盛誇蕉白，青社艷説絲紅。未聞鐘王用硯，選材更覓良工（文具惟硯最貴，而無關字畫之工拙）。

紙

魚網首傳蔡造，蠶繭恰稱王書。何似楮生玉貌，定教傅粉難如。

余以三月三日生，因集禊帖自壽六言

誕日欣當禊會，春和竹茂蘭清。樂事寄之山水，大年齊於老彭。

余以嘉慶丙子科試補諸生，今光緒乙亥又逢科試，吾儕所云重游泮水者，因成截句二首

其一

舉舉青衿結隊來，謁師新自杏壇回。白頭司馬閒觀禮，六十年前小秀才。

其二

獻賦曾游哲匠門（余以八韵賦成賦，受知於學使王公伯申），當年朋輩幾人存（同游泮者，惟張翱池明經今尚健）？五朝遺老今留在，惆悵藍袍舊柳痕。

西村看梨花，時梨花半損二首

其一

夭桃都作可憐紅，垂柳絲絲緑帶風。衹有梨花花似雪，衰顔恰稱白頭翁。

其二

滴粉搓酥本色妍，連宵風雨損嬋娟。年來不作梨雲夢，猶對殘花一惘然。

白鴿來巢

飛來雙白鴿，覘伺欲營巢。銜草嫌鳩拙，巡檐學燕捎。風晨頻對舞，雨夜莫相抛。一片晴天雪，還愁月影淆。

家園牡丹盛開，因成小詩二首

其一

休從姚魏認前身，直擬朝霞望洛神。太息曹南花事盡（吾鄉牡丹産於曹郡，兵燹以來摧折略盡），小園留得一家春。

其二

净白酣紅湜妙顔（牡丹以紅白爲妙品，不必黄紫方貴），非徒富貴亦仙班。祇愁飛燕風吹去，故把豐肌付阿環。

獅毛小黑犬

獅猫洵足异，犬竟小於猫。吠客旄頭竪，迎人彗尾摇。每從簾下隱，突出檻邊跳。拂地蒙茸甚，真堪續黑貂。

采料謡有序（六首）

河工秸料舊有定章，近乃改歸地方，大爲民累。因爲里句，以備采風，猶香山之《秦中吟》也。

其一

大帥出治河，秸料取諸民。采買責郡縣，牧令敢逡巡？置酒坐堂皇，號召衿若紳：爾鄉若干社，各辦數萬斤。治河如治軍，事迫役亦殷。勒限以日計，遲勿逾一旬。紳衿但唯唯，怕觸官怒嗔。歸來各瞪目，未領錢一緡。

其二

紳衿胡爲者，身世亦苟簡。或爲下舍生，頗有中人産。一朝充董事，辦公思黽勉。逐户揣肥瘠，計畝防偷短。婉勸初緩頰，紛争遂裂眼。按限忽已遲，召怨殊非鮮。親鄰莫我怪，官符來催趲。

其三

大社與小社，料數初無异。上户與下户，畝攤亦莫二。官法取畫一，民事殊軒輊。上户儘支持，下户劇凋悴。荒春爨每虚，飢腸日鳴沸。新麥幸登場，一飽且酣睡。無端迫工需，搓手何由致？亟將麥出糶，價賤非所計。且減口中食，暫釋眼前累。易錢能幾何，一錢一點泪！

其四

年來苦牛疫，無能出大車。苦矣鹿車夫，人力充騾驢。一車三百斤，重載奔長塗。驕陽灼肩背，血汗沾衣裾。遇雨泥没踝，委弃填溝渠。努力向前去，困憊敢言劬？一朝達工所，釋負亦足娱。虎弁踞上坐，大枰懸中衢。上納逾一萬，收止三千餘。任意爲輕重，高下憑猾胥。長跪欲有言，哮怒張鬌鬚：爾敢違吾令，馬棒捶爾軀！敢怒不敢争，忍泪徒欷歔。或者别有説，一笑色愉愉。

其五

銜蘖向誰訴，歸來白本官。采納幸足數，物力亦已殫。局收不及半，續辦良獨難。堂上拍案叫，怒髮森指冠。工需雷火急，憲檄霜雪寒。大工甫合龍，三汛要安瀾。儲料不厭多，定限詎汝寬？農功雖云迫，穡事何足言！况汝所輸資，事後將補還。急公自汝分，梗令予不歡。低首出縣門，行行仰天嘆。

其六

勞費何時已，辦納粗已足。欣聞憲恩寬，撥帑發縣速。走領不暇餐，疲羸庶可復。十不及二三，再請恐煩瀆。本莫測多寡，何從論贏縮？謁官官不見，匆匆自結束。安排獨輪車，捆載兩小簏。猶勝空手歸，債家坐滿屋。

閱《金史》畢得絶句四首

其一

林牙西去仍餘地，貞祐南遷計未工。莫以偏安期晋宋，長河詎與大江同？

其二

衛州石底能浮渡，西北冰橋更可虞。暫避强元欺弱宋，望穿銀幣更誰輸！

其三

一綫殘金一旦休，幽蘭遺蜕倩誰收？九京寄語宗留守，孟帥提兵下蔡州。

其四

一旅勤王勢已孤，嬰城巷戰血模糊。文山盡節猶嫌晚，仲德堂堂大丈夫。

續洊龍杖歌

憶昔吾師蕭山公（協揆湯敦甫先生），種蓼得杖名洊龍。朝紳題咏富清製，更徵拙句吟秋蛩（余有《洊龍杖歌》，見《知止堂集》）。三十年來人事改，浮雲變滅隨飄蓬。公騎箕尾向天闕，余亦歸卧東山東。秋夕池上偶縱目，水蕻低映夕陽紅。中有直幹忽挺出，高逾尋丈撑虚空。獨抱真骨霜不殺，登登堅老侔青銅。始知詩人非漫許，竟以小草方喬松（蓼一名小葒草）。天生杖材落吾手，吾師所有將毋同。捉搦未放葛陂去，韓藤杜竹誰爲雄？老矣腰脚漸無力，得汝扶助如還童。山村登高有成約，會看紅葉過（平聲）前峰。

邛竹杖歌

漢武昔開西南夷，邛竹杖名傳博望。出使大夏偶見之，珍比盧布與枸醬。邛笮冉駹路始通，牂牁迎拜中郎將。昔稱异物今罕得，盤拿夭矯難爲狀。孤根下插幽壑深，喬柯聳出穹崖上。三蜀父老叟者稀，欲施斤斧愁岩嶂。故人憐我脚苦軟，兩竿萬里遥相貺。開緘直逼霜雪寒，入手疑與蛟龍傍。實中千畝鮮比倫（《史記》注：邛都山中生此竹，實中高節可爲杖），高節百尺休嘲謗（用東坡嘲文湖州語意）。少陵桃竹誇紫玉，此帶湘斑不肯讓。稍加斫削成雙角，伸唇絀鼻睟相向。諦觀似鹿不似鳩，平安更具壽者相。嘉惠奚翅雙南金，從此老骨當益壯！

年來節食戒飲，頗悟養生之旨，偶成四律

其一

加餐須努力，肉食便衰翁。但慮脾難化，何愁腹未充。萬錢蒙惡謚（何曾日食萬錢，秦秀謚曰繆醜），五鼎卒終凶（主父偃：生不五鼎食，死則五鼎烹）。我自甘疏菜，非關慕屢空。

其二

消愁誇美酒，作病更生愁。試問竹林輩，何人到白頭？但工逃死計（魏晋間士不自保，往往晦迹沉湎以免禍），非爲養生謀。我本甘清聖，年來拒督郵（少時非佳釀不飲，今所遇皆平原督郵，故一概拒絶）。

其三

憂來非外至，妄念發無端。欲海填奚滿？愁城破更難。一心貯冰炭，對面起波瀾。萬事都安命，百年何足嘆（唐人有嘆百年曲，晋王李克用於三垂岡悲歌者是已）！

其四

閑向北窗卧，醒來步舍東。荷疏魚戲雨，林密鳥翻風。踏草沾鞋緑，攀花著手紅。無懷今未遠，此意與陶同。

青　桐

手植青桐樹，於今未十年。亭亭高出屋，漠漠緑遮天。靉靉盤雲密，扶疏結傘圓。日斜陰半院，留我聳吟肩。

師誾出守思恩，詩以勖之十首

其一

郡符吾未綰，今汝守邊城。秩忝二千石，塗經一萬程。方言通象譯，异味戒蛇羹（嶺南异味，慎勿沾唇）。好續驂鸞録，乘風快此行。

其二

西南荒徼外，疆域古田州。洞主仍岑姓（田州土司岑氏世襲，至今猶然），山民類馬流。專城無倚郭，屬吏半蠻酋（所屬土司多於流官）。自昔羈縻地，於今雅化周。

其三

舊治殊荒僻，新遷地勢雄（府治舊設橋利，後遷安山之陽）。筆峰標印笏（筆峰、印笏皆城外山名），帶水繞馱蒙（一名水江）。陂堰民争利，帆檣貨亦通。頗聞消瘴癘，含哺慶年豐（灌溉之利，守土者當講求）。

其四

陽明曾駐節，談笑定王盧（王文成公於此撫盧蘇、王受）。網密魚争遁，林閑鳥自娱。從宜先勿擾，慕義本無殊。合浦原非遠，應還既去珠（馭土司最宜廉静）。

其五

文明知漸啓，舉舉有諸生。郡學兼三屬，均分二十名（府學諸生與賓州及武緣、上林二縣均以二十名爲額，惟遷江僅八名耳）。荒砦開社館，密菁度書聲。不有文翁教，何人到上京？

其六

舊聞粤西盜，略似粤東多。往事有如此（髮逆起於粤西），餘風今若何？捕蛇須斷首，掘鼠要尋窩。莫放萌芽長，乘時用斧柯。

其七

從事羊城久，瑶情略與聞。類原生熟异（在山者生瑶，出山者熟瑶，與民雜處），法亦重輕分。造釁非他族，挑端始敗群（奸民與瑶構怨，所謂『敗群之羊』）。公平仗良吏，奚自致紛紜（民瑶争訟，不可偏袒内民）。

其八

南陽資卧理，渤海貴能安。治劇（猶）［尤］宜静，守邊良獨難。休嫌蠻俗陋，須體聖恩寬（國朝二百餘年，土司奉法惟謹，正由撫之以寬）。率屬當思勉，清心事上官。

其九

記曾留桂苑，校閲亦殷勤（道光庚子科，余曾典粤西鄉試）。北倚瑶篸瘦（獨秀峰），南排玉笋分（桂林諸山）。深探風洞雪，高挹月岩雲（風洞、月牙二山，撤棘曾經游眺）。老嬾慚禽向，荒齋卧少文。

其十

論官吾貳汝，父子儼同僚（余罷官後，尋以同知起用，因歸養未赴）。吾退年方艾，汝行路正遥。承恩須報答，爲治莫虚囂。嗟彼潁川守（吾宗次公），循良冠漢朝。

秋旱

痴龍酣睡昏不醒，雲師畏誅無片影。從來天道往必還，霪雨騎月魃斯警。九月蕩蕩青無垠，大地莽莽飛黄塵。梧桐葉戰西風急，蕭蕭摵摵愁煞人！登場早穀紛狼籍，晚禾乾死吁可惜。籲天更乞一犁甘，好破焦原種宿麥！

閲《晋史》偶成四絶句

其一

百萬秦兵勢莫當，誰知一戰竟奔亡。風聲鶴唳軍威壯，天幸成功屬謝郎！

其二

摧鋒陷陣仗牢之，北府孤軍僅足支。張蚝鄧羌誰與敵？梟雄況有慕容垂！

其三

桓家老將久知兵，左衽還愁晋祚傾。頗似沈公論耕織，休云膽識愧書生。

其四

淮淝兵事繫安危，折屐關心理亦宜。鎮撫群情應有術，斯時似可罷圍棋。

山居雜咏三首

其一

斗覺群峰瘦，風寒早帶霜。山家誇柿富，嶺户蓄薯糧。雲映溪毛白，霞蒸谷葉黄。晚來罷樵牧，呼伴覓牛羊。

其二

側徑通幽壑，雲開别一天。崖銜將墜石，洞咽不流泉。叉路逢樵問，疏林逐鳥穿。前山紅葉滿，火傘半空懸。

其三

一水緣樵徑，彎環幾度過。沙根寒溜淺，石罅細泉多。素甲時藏蟹（山中多石蟹），蒼衣偶露螺。在山清似此，合唱濯纓歌。

秋日園中

摩挲倦眼向秋空，霜入園林漸不同。柿赤日斜殊絢爛，桑黄葉透轉玲瓏。山當墻缺濃如黛，水占塘坳曲似弓。三徑荒蕪由我懶，菊花憔悴不成叢。

白猫善睡

猫亦如人懶，貪眠不下床。魚苗供咀嚼，鼠子任跳踉。漏永頻偎火，窗晴偶向陽。豐茸欺雪白，争似六花颺（時冬乾無雪）。

悼小曾孫春來五首

其一

七六衰翁八歲孫，書燈相伴話温存。罡風一夕吹教去，泉路何從覓汝魂！

其二

京邸年年望汝歸，歸來顧盼有光輝。方期一綫延書種，化作秋雲四散飛！

其三

蘭枯玉碎不勝悲，猶憶喃喃學誦詩。指日薔薇花似錦，可能携汝到東陂（去年村東薔薇盛開，曾携此孫作半日勾留）。

其四

鬼趣茫茫未可知，空花泡影衹如斯。荒墳果有通靈處，世母還應養作兒（瘞於長孫亡婦墳旁）。

其五

不隨汝祖向天涯（聞兒赴任思恩，擬携之往，未果），免葬江魚委碧沙。彭祖無如殤子壽，時時忍泪誦南華。

春旱

客秋種宿麥，得雨苦不足。耕淺犁未翻，種露塊莫覆。冀幸冬雪深，土膏資瀋漉。滕六吹楊花，著地僅霡霂。亟盼雨應時，呼天頻禱祝。轉瞬到花朝，田家理糧稑。風與雲爲仇，勢若虎逐鹿。雲薄不遮山，風狂欲拔木。刮天利于刀，蕩蕩空青緑。老農輟耒嘆，老婦吞聲哭。起視麥苗乾，活者十無六。但聞刑白鵝（時邑侯設壇祈雨），不見驅黄犢。候鳥若有知，春深噤布穀（是時布穀鳥不鳴）。

蠟梅盛開二首

其一

霜風吹破向南枝，若爲群芳作導師。蜂蝶料應生恨晚，水香雪艷幾曾知。

其二

莫羡仙人萼緑華，黄梅自合屬吾家（蠟梅、水仙皆以山谷得名）。摩挲老眼披衣早，冒雪來看第一花。

讀史偶成絶句三首

其一

老去廉頗志未灰，猶披金甲望叢臺。將軍不向沙場死，莫以奸讒怨郭開（開誣頗適以全之，使頗復用於趙，安知不爲李牧乎）？

其二

血濺丹襟害立除，當年何不學專諸？祖龍詎可齊桓例，却怪荆卿誤信書（軻刺秦王，已把其袖，所以未揕其胸者，將生劫之也。軻好讀書，故爲公羊所誤）。

其三

父事王陵死不移，護軍推賞報無知。淮陰若負滕公德，漂母千金亦可疑（韓信得滕公而生，其恩一如張蒼之於王陵，而什倍於陳平之於魏無知，不應無以報。史失其事耳。安有酬一飯以千金而忘大德者哉）！

五月望得雨

悔禍天心轉，嘘枯地氣開。春歸稀見草，夏半始聞（當）［雷］。槁壤幾盈尺，甘霖望再來。呼僮須努力，耕種莫徘徊。

五月半後旱，仍用前韵

夜雨朝尋止，青天蕩蕩開。風乾吹烈日，雲斷響空雷。妖魃仍爲虐，垂龍逝不來。老農對苗泣，隴畔枉徘徊。

蝗　過

聞道蝗將至，飛飛竟夜過。徘徊猶未下，去住定如何？忍汝暫空腹，留余半死禾。誰知飢婦集，更比母蝗多（時有婦女數百沿村攫食）。

郊行見蕎麥

非麥强名麥，深秋擢晚芳。花繁疑有雪，莖弱幸無霜。漸結琅玕實，如聞餅餌香。哀鴻群引領，待爾拌糟糠。

余於四十三歲蓄下鬚，已三十餘年，僅寸許耳。今冬頓長數寸，因爲小詩二首

其一

漫詡眉毫與耳毫，何如繞涿萃群毛（用劉先主語）。無端涌出千莖雪，一笑掀髯儘足豪！

其二

生怕吟髭不耐拈，詩人自古例多髯。玉山識具吾何有？却喜霜毫頰上添。

省垣鈔寄宫保丁公异雁詩，依韵遥和二首

公自序云：八月八日初更，闈中有一雁飛集至公堂前，材官得之，次日持以獻。余令放置庭院，意態閑適，飲啄自如，時作飛騰狀，而飛不過高。越十六日，始向東北去，恰符三場之期，洵佳兆也。東闈必有杰出之才，賦此志异。

其一

筆花香溢燭花前，縹緲賓鴻下碧天。翔集欲隨多士隊，劬勞合在中興年（連歲防决河，今歲備旱灾。宫保心力俱瘁，

四次監臨文闈，廣號舍，增房官，選書手，革修卷之弊，士林感頌）。鹿將開宴鳴堪和，鷗共忘機夢亦圓。萬里西南雲路迴，騫騰預兆鳳綸先（宫保旅奉督蜀之命）。

其二

徘徊堂下又階前，雅步中庭自一天。恰應扃闈留九日，似來觀國趁三年。冲霄有志須風順，庇宇無心戀月圓。咫尺明湖富洲渚，問渠栖止竟何先（雁何心哉！是日天大雷雨以風，雁之爲物，體重飛高，著雨失風，忽焉飄墮，此與昔年吾鄉石碣村外拾獲送余畜養旬餘之天鵝無异。惟適然落於闈中，得近宫保，栖息宿留至三場畢始去爲可异耳。若爲雁計，何若群翔洲渚之爲得所乎）？

吴康之司馬郵寄青州查賑近詩，依韵奉酬

旱甚民無鳩，勢將成擾攘。矯詔徑發倉，千秋誰嗣響？大府廣皇仁（是年旱荒，奉特旨賑恤），鄭公切景仰（富弼知青州，活飢民數十萬）。慎簡得英僚，巡視兼收養。扶困祝錢神，禁暴張法網。無米欲爲炊，巧婦空拍掌（東省叠經兵燹，倉儲久虚）。馬首望群峰，森然羅衆像。翠笏排萬千，蒼螺露三兩。合眼見龍眠，家山憶疇曩（司馬桐城人，詩中多言看山思歸之意）。恍如紅塵中，青雲復重上。經過不及攀，欲去思留賞。一繪流民圖，烟霞徒幻想。

催租隸

晨起行入市，有人頸帶枷。借問爾何辜，由來充縣差（借叶）。輪年值催租，下鄉森爪牙。大户羅酒肉，小

户索烟茶；包納獲微利，餘潤沾些些。今年旱太甚，乾風捲黄沙。二麥夏無粒，百禾秋不芽。晚僅得蕎麥，蕭疏不滿車。官勘未成灾，租課仍梳爬。賤子適應役，窮檐户頻撾。冷竈炊烟稀，十室空九家。明知池無魚，密網徒邀遮。昨來逢比較，長官朝坐衙。長跪請緩期，民饑亦可嗟。官見空手來，奮髯怒且嘩：是爾催不力，爾罪安可赊？姑先枷爾頸，再緩痛棰加！含泪出縣門，踉蹌迷路叉。行行望前村，枯樹啼群鴉；丁男盡逃避，婦孺空咿啞。欲催向誰催？請官飛籤拿！

南村有老民

南村有老民，郭姓失名字。由來性强狠，幼而不遜弟；近已八旬餘，赤貧兼絶嗣。按籍剩空糧，實無立錐地。今年大旱荒，民生劇凋悴。長官重國課，硃籤付幹吏，沿村捉欠户，玩抗罪須議。老民前致辭，欲語先垂泪：『旱荒天降灾，大劫難逃避；皇恩遍四海，僻地亦沾被。官爲民父母，詎忍殄厥類？况我老無兒，飢腸空鼎沸。自分填溝壑，棰笞復何畏！吾將赴縣衙，呼天乞賑濟。』拔步趨向城，不作旋踵計。縣吏色蒼黄，攀遮駡老魅：『官事有期程，私情合調劑，語汝且少安，毋得慁吾事！』

兩　生

歲暮常掩關，忽聞剥啄聲。呼僮出看客，前村來兩生。問生胡爲者？執義殊硜硜。云昔報旱灾，官諭甚分明。吾嘗往汝鄉，目擊灾象成；行將白大府，爲汝蘇艱煢。斯言猶在耳，胡爲遽開徵？今將詣縣衙，問官胡不誠！語生莫往問，斯言官不認。孟子不云乎：大人言不信！

冬暖

宿麥每苦乾，所望三冬雪。今歲自秋分，恒暘歷五節（時迫冬至）。中間兩小雨，沾濡未及徹。近復暖氣回，候與隆冬别。頗喜日曨曨，不愁風烈烈（是冬風不多作）。丁香漸吐葩，蚯蚓必舒結。作雲非不濃，無端自生滅。老農盼雪殷，引領空愁咽。語農莫嘆息，天意渺難説。今歲大旱荒，糧乏柴亦缺。乏糧腹已空，缺柴竈胡熱？十人九無褲，莫論被如鐵。倘降雪尺深，何异填冰穴？冬暖聊假衣，天不忍人絶。

市無魚

小市僻近山，百貨來亦鮮。販魚自南湖，百里勞往返。旱甚水脉枯，湖涸魚缺産。坐此阻販夫，魴鯉不逾兖。市價日以昂，小鮮倍大臠。漸致食無魚，馮歌續宛轉。惟魚子最多，化生易蕃衍。變蝻漸成蝗，蝗老更遺卵。飛飛啖苗禾，厥害良匪淺。客從泲上來，州魚市亦罕。母少子必稀，蝻蝗庶可免。

豁隸牙

大吏恤灾黎，騰章亟入告。兩宫垂泪看，朝奏夕頒詔。灾重銀緩徵，次亦粟免漕。吾邑旱太甚，山鄉尤苦燠。民飢争叫呼，官勘未親到。銀漕仍并徵，催科日喧噪。一朝見謄黄，閭里競歡笑。萬口頌皇仁，深恩均覆燾。誰知不及我，望澤如顛倒。適值吏又催，膽壯氣亦暴：『恩詔已免徵，爾更向誰鬧！』隸云『我不差，官符索租調。愚氓不識字，何從辨條教？』突起奮老拳，毆隸雙牙掉。隸傷走訴官，官怒欲咆哮。硃票立鎖拘，汹汹若捕盗。愚氓仍不悟，孰鑿渾沌竅？

丁丑驚蟄前二日大雪

冬旱思春雨，農耕應候難。遲聞雷信發，喜見雪花團。松折方知重（樓西偃松壓折一大枝），梅封未覺寒（蠟梅封條厚逾寸許）。飢腸貪畫餅，争向麥苗看（麥熟須時，已有餅餌之望。其畫餅果足充飢乎）。

粤工花鳥

錦翼何來褐羽隨，芙蓉花底儘娱嬉。鴛鴦似有登徒好，肯以妍雄昵醜雌。

讀《左傳》得句

后夔納玄妻，厥子有伯封；叔向娶少西，食我卒凶終。智哉羊舌母，先見靈蓍同。危言出妒口，尤物迷英雄。甚美必甚惡，理與柱下通。大澤生龍蛇，比擬猶未工。請看花蝴蝶，遺卵成毛蟲。

喜雨詩

憶昔嘉慶之末丁丑年，三月將半雨如泉。汶水漲溢忽旁出，濤頭散漫漂麥田（嘉慶丁丑三月十三日大雨，汶溢傷麥。余有《春雨紀异》詩編入外集）。周甲今又直丁丑，春旱兩月心煩煎。雷公屏息風伯怒，雲師失職潛龍眠。是時宿麥方抽穗，禾苗針竪或鈎拳。老農盼澤争引領，僅得細雨如絲懸。滴瀝入土不盈指，但見霾霧黄塵連。越若三月二十有五日，東風習習殊泠然。懶龍破睡亦知耻，振擺鱗鬣騰九淵。雷公不動雲師奮（前丁丑之雨大雷電，今則無雷），鼓橐噓氣烟非烟。雨工乘雲弄狡獪，久不得勢今行權。初似密灑運靈帚，漸乃傾注天瓢搴。側耳蕉竹響摵摵，旋看膏乳流涓涓。連昏徹曉恰三日，甘霖下尺酥芳阡。坐致槁壤成沃野，麥期黄熟禾青鮮。去歲妖魃煽威虐，毒流九穀禍百廛。玉雪兒女變鳩鵠，老羸轉壑來烏鳶。長官所急惟租課，忍於飢口加笞鞭。孑遺枵腹十八九，亟須餅餌空流涎。天心仁愛真慈父，沛然一降萬命延。老夫亦有更生慶，拈毫對雨吟新篇。

早起聞杜鵑

去年苦旱杜鵑無（丙子旱甚，不聞布穀杜鵑聲），雨後欣聞曉夜呼。意在趣耘無別語，聲聲衹是勸多鋤（南鵑聲『不如歸去』，北鵑聲『光棍多鋤』。北方里語，例呼少年爲『光棍』也）。

甘雨謡

大暑前三日，夜雨翻波濤。疾雷挾飛電，百怪紛驚逃。逞怒斃人犬（是夜望峰村民楊某與一犬同遭雷殛），糜爛餘皮毛。自此氣候改，盛夏如秋高。老魃趁時出，噓焰煽炎飆。是时禾黍茂，草穢亦已薅；吐華復垂穎，匝野排旌旄。遇旱漸(蕉)[憔]悴，憫比勞人勞。我農亦努力，晝夜鳴桔槔。救一不及百，籲天空呼號。群蝗結大陣，銜尾横空翱(蝗屢過不下)。坐看成洊饑，使我心鬱陶。彈指近立秋，谷風忽刁騷。油雲潑澹墨，靈雨飛甘膏。屏翳工泛灑，豐隆息喧囂(是雨亦無雷)。連綿徹宵旦，滋潤争酥醪。槁壤遍沾渥，枯卉蘇煎熬。乃知傅郇賢，功不數夔皋。

自小雪至大雪得雪三次(丁丑)

宿麥已愆期，遺民苦洊饑。蒼天頻降雪，赤地亦含滋。秋魃誅應盡(秋旱九十日)，春耕候未遲。來牟空補種，三白竟何裨(聞兖、濟間多有補種鮮麥者。既已失時，恐難望獲)。

方竹杖二首示力田

其一

家園喜種竹，杖材百無一。遠購自江南，細大未中律。邛竹空有名，膚裂中不實(《史記》注：邛竹實中。今得二枝，殊不爾)。博采及游龍，枯梗須髹漆。汝從萬里外，寄此霜雪質。肌滑不留手，四角森旁出。慎毋規令圓，异物光蓬蓽。

其二

我昔號石琴，意取和而介。蒼珉劚端溪，製與焦桐配（曩在粵東，曾以端石製一琴，鎸銘其上）。選杖得方竹，悠然更有會。外則露圭棱，中固無闌界。體方而用圓，妙有虚心在。雖云堅多節，不學伯夷隘。好續《石琴銘》，并作韋弦佩。

力田寄桃竹杖，爲詩示之

少時頗喜少陵詩，《桃竹杖引》每誦之。諦觀詩意不在杖，諷動嚴武陳良規。爾時烟塵正澒洞，學龍變化將奚爲？恃舊觸忤竟欲殺，挂冠暫止吁可危。幕府文簿苦拘束，安能扶杖閑娱嬉？嗟予五十罷旌節，東歸耕牧東山陲。三十年來一彈指，他無長物惟霜髭。種桃栽竹意不惡，偶倦亦藉孤笻支。忽得此杖來桂管，取材不亞岷江湄。擬以紫玉未爲過，亭亭疏節環瓊肌。方今薄海更清晏，跛㔸詎有挺之兒？老夫敢比浣花叟，餘生幸免悲流離。腰脚差健杖亦可，有時挂壁生塵絲（非行阡陌不杖）。欲續前歌謝不敏，且翻《竹枝》作《桃枝》。

雙齒

半折憐雙齒，分居左右偏。都緣根未拔，却喜骨猶堅。濡肉柔能決，乾糇脆亦便。耳毫安足异，合續老饕篇（語云：眉毫不如耳毫，耳毫不如老饕。東坡有《老饕賦》）。

山中有小鳥，名碧玉，淡黄色，略如粤東之白燕

宛爾金衣鳥，偏傳碧玉名。豐茸憐毳細，裊娜怯身輕。花下將雛樂（性馴，慣於籠中伏卵），風前轉舌清。不須誇白雀（余歸田後，敝廬檐下曾得一白雀，籠畜經年），具體小倉庚。

客冬嚴寒，罌粟枯盡

罌粟傳漿利共争，剗除有例但虚名。料應惡草干天怒，斷盡根荄不許生。

青桐凍損，旁枝經夏復活

龍門百尺本無枝，直幹亭亭未可欺。根向朝陽生意遠，九霄應有鳳凰知。

雨後早起即目

時晴乘快雨，仲夏似初秋。天色藍於染，山光翠欲浮。風來塵未起，日上露仍留。縱目看禾稼，如雲四野稠。

籬落間花有名平地一聲雷者，亦异品也

春抽翠箭夏全摧，突地丹葩冒雨開。花葉從來不相見，無聲何處發潛雷？

虎文黑犬

未足爲功狗，公然僭獸王。假威須抖擻，莫學見豺羊。

犬异

牝犬老矣十年外，蕃生八子吁可怪。無端一夜失其五，盡果母腹非他害。主人惡之欲椎殺，尚有三子一子癩。朝哺夕抱恩且勤，於中癩者尤憐愛。引置暖處餂其瘡，匍匐卧起亦云憊。一腹所生何厚薄，胡爲慈忍自相背！細揣其间亦有故，子多乳少難均溉。去五留三損已多，猶勝俱斃無一在。由來减口勝添糧，以忍行慈出無奈。傳聞晋民多食子，人間惟有飢難耐。嗟爾异類亦何知，母子如斯良足慨。

柳

春護嬌鶯秋伴鴉，柔絲縷縷萬條斜。浮萍漫道無根蒂，記取風前點點花。

病起偶作

舊病都緣濕，茶捐酒不嘗。眼昏書委架（右眼漸眊，幾致廢），手冷杖支墻（冬怯手冷，因不扶杖）。鐵脊猶能直，銀鬢倍覺長。起來撫殘菊，半萎尚餘芳。

雪

誰剪冰花萬朵齊，隨風吹散任高低。若爲六出求雙絶，只數寒梅漫道梨。

春秋四女子

齊姜氏

漂泊英雄亦可憐，此間安樂懶飛騫。何人辣手誅蠶妾，勸駕奚殊胡趙賢！

楚季芊

漢女常懷不二貞，卿曾負我我隨卿。他年樂尹酬嬌客，定叶南音第一聲（鍾儀世爲伶官，琴操南音。鍾建必儀後，不然亦其族。以爲樂尹，仍世其官也）。

不辨狂夫即故夫，相逢自合拒秋胡。閨房豈止桑中戲，一擲千金值得無（不知爲故夫，拒之，是也。知其爲故夫，死之，過也）。

秋胡妻

秦弄玉

丹鳳逍遥遍十洲，蕭聲吹徹海天秋。仙家别有團圞樂，不羡文嬴嫁晋侯。

戊寅除夕前五日大雪，庖人烹鱖魚以進，欣然獨酌，因成截句

莫將羔酒傲陶家，冰下肥魚正可叉。西塞桃花總粗俗，雪花飛舞似梅花。

客冬服百合，嗽良已

耐雪肌生粟，曾無嗽一聲。功應推百合，力欲逐三彭。保我蓮花藏（醫家以肺爲蓮花藏），嗤他玉糝羹（東坡煮芋作玉糝羹，潔白似百合，而未免膩膈）。黄精安足擬，直可抵青精！

讀史有感

馬服非無子，西平亦有孫。徒干三世忌，莫返九京魂。紈綺多年少，韜鈐屬將門。一丁曾不識，鷹狗細評論。

黄雀

玉碎絲輕逐耳來，雕籠飲啄意無猜。金衣合是吾家雀，豈獨涪翁媚蠟梅。

續修縣志脫稿，感懷有作二首

其一

一世匆匆度（距上届重修凡三十年），還將著席温。殘年留剩迹，往事待重論。蠹簡仍風葉（前志尚須校正），鴻泥又雪痕。愴懷舊同志，祇有老夫存。

其二

浩劫逢庚歲，身曾陷賊中。風埃遮地黑，烟焰爇天紅。安得祝公道，頻逢夷長公（三次遇賊，幸未加害）。餘生編外史，灑墨吊哀鴻（於殉難士民紀載特詳）。

八旬預祝　五首

其一

歸田三十載，忽已八旬經。不注稽生論，還鐫崔子銘。髮衰留我黑（鬚早白，髮尚黑），眼倦向誰青？且種東籬菊，安排晚節馨。

其二

百年猶旦暮，身世一蜉蝣。馬老塗仍昧，鐘殘動未休。偏應嫌杜目（右目漸眊），責合受秦頭（晉張敏有頭責秦子羽文，亦賓戲之類）。却喜眠恒穩，華胥夢屢游。

其三

曾學任公子，投竿試釣鰲。胡能消蜃霧，劣可息鯨濤。歸種先生柳，空悲道士桃（余於粤東罷歸，後任諸公多及於難）。傳家一經足，不用吕虔刀。

其四

老抱兔園册，便便卧敝廬。午眠足攤飯（東坡以午睡爲攤飯），卯飲可澆書（潁濱以早酒爲澆書）。病服中醫藥（不藥得中醫，見《前漢書》），行乘緩步車（緩步以當車，見《戰國策》）。蓬蒿生意滿，仲蔚興何如？

其五

蔬果甘於肉，奚須一片肝。耕奴防地廢，織婢怯天寒。烏哺兒當返，鳩扶我亦安。孫曾群繞膝，帶笑且閑看。

師閭援例乞養，郵寄長句

萬里征臣咏式微，八旬倦叟欲何依？炎荒雪少偏黏鬢，瘴嶺烟深莫染衣。聒耳奚堪聞杜宇，關心惟有寄當歸。春回試看衡陽雁，也解聯翩向北飛。

喜師閭歸二首

其一

久切門閭望，今朝幸脱羈。慈烏能返哺，旅雁果回飛。杖履吾猶健，晨昏汝莫違。劇憐鴻案侣，同往不同歸（其婦歿於任所）。

其二

官評書上考，五馬正班春（新蒙保薦，以道員即升）。吾欲理雙槳，其如迫八旬。肝腸浣冰雪，鬚鬢老風塵。歸載真珠米，誰云太守貧（粤西真珠米似葛仙米，而白山中草子也。清潤頗宜老人。歸舟載回一器，可佐饘粥）？

樹稼行（庚辰正月初一二日有此异）

河北隆冬多樹稼，元旦連朝亦可訝。是歲臘杪天多陰，雪工乘勢連番下。翻花滚絮棼滿庭，團松堆竹森成架。絲風不動忽快晴，珠暾灼爍光迸射。除夕白霧塞太空，咫尺莫辨如玄夜。是時守歲例不眠，黄童白叟互疑訝。混茫一氣失衆星，陰晴錯迕隨元化。嚮晨痴烏不敢騰，羲輪力阻燭龍駕。辨色喧傳樹作劇，麗罭冰蕊連枝亞。聚如玉葉剪瓏玲，散若銀禾攢䆉稏。直至亭午天始霽，輕盈委地姿彌姹。次早依樣弄神通，看慣不復驚初乍。連年旱饑民待賑，客冬雪少愁函夏。九重虔禱盼祥霙，頻沾瑞澤真無價。潤及宿麥根已豐，透入粉壤田可耙。此實豫兆大有年，孰云咎徵達官怕！

手録詩文成集，因題卷尾

文未窺班馬，詩曾學杜韓。平生鑽故紙，垂老尚餘酸。有道碑難繼（每爲人作碑志，多不存草），無功集未刊。可如白司馬，十五卷傳觀？

偶讀三叟詩，引申其意

其一

扶羸資酒肉，節慎理須詳。過厚翻成垢，貪多衹自傷。清虚留徑隧，升降協陰陽。量腹從容受，偏宜半飽湯。

其二

衰翁恒怯冷，助暖倩人難。八八精先竭（男子八八而精絶，謂六十四），雙雙體亦寒。容公空有術，鐘乳詎成丹？莫道姬粗醜，無如獨睡丸。

閏七月初七日得句

漫道重開乞巧樓，天孫果否會牽牛？鵲橋倘許連番渡，但願年年閏孟秋！

榆葉梅

穠葩的的可憐紅，爛漫難禁一夜風。畢竟老梅耐霜雪，冷香合伴白頭翁。

松下得句

老眼看春興已闌，那堪風雨劇摧殘。梨花落盡楊枝折，獨有青松耐歲寒。

即　事

謝客捐書有底忙，三冬半付黑甜鄉。微醺偶酌賢人酒，小恙偏宜君子湯。瘦鶴支離猶守逕，寒龜瑟縮尚搘床。嘉平但祝繁霙集，釀取庭梅入屋香。

西瓜行

憶昔劉楨作《瓜賦》，蜜房冰圭摹寫工。彼所賦者甜瓜耳，西瓜何曾到鄴中？胡嶠陷遼始見之（見《陷虜記》），大如冬瓜今略同。异物附書《五代史》（并見《松漠紀聞》），花門賫種來崆峒。初時種蒔殊費力，茅棚犍夫勤培封。真珠寨北半荒磧，纍纍結實依蒿蓬。渴胡摘取恣飲啖，酪漿不注玻璃鐘。天生珍蓏阻异域，自有地氣能潛通。不脛而走遍中土，瑶膚碧蔓傳詩翁（范石湖、方回俱有《西瓜詩》，『瑶膚碧蔓』即詩中語）。文山題咏尤佳妙，黄水精孕櫻桃紅（文山詩云：『提起金錯刀，劈破蒼玉瓶。千點紅櫻桃，一團黄水精。』殆即吾鄉西瓜黄瓤赤子，横卧如瓶，土人謂枕頭瓜）。吾鄉卧枕亦不惡，赤子滿腹金瓤豐。矧今變化更多品，玉雪比潔胭脂濃（西瓜品類非一，有赤瓤如胭脂，更有白瓤如玉雪者，味尤甘洌）。漫向哈蜜問鼻祖，質殊味别分醨（釀）［醲］（哈蜜瓜别是一種）。功能除煩兼消暑，爽若甘露澆吾胸。

不須更舉盧仝碗，坐致兩腋生清風。文山高唱後寡和，老夫覓句嗤雕蟲。

南村劉生石坡，余初授徒時門人也，九旬尚健，詩以贈之

伏生年九十，家令往受經。未聞伏生師，猶及見伏勝（伏生名勝，見本傳張晏注）。家令方少年，智囊赫有稱。旋嬰東市誅，奇冤沈漢廷。少者竟中摧，不及老者寧。憶余年十七，授徒占得朋。及門有二坡，長予各八齡。雪坡逾八旬，霜柏晚始零。石坡今尚健，九秩炳壽星。孝友傳家法，詩書播芳馨。周折靡傾跌，耳目猶聰靈。華艾屈後輩，角弁齒孫曾。杖履發古色，里閈推典型。予亦八旬餘，與汝守冬青。

光緒壬午，恩彤以恩例重預鹿鳴宴，因爲七律四章以紀

其一

脱藍自昔逢壬午，彈指於今六十年。不踏槐花隨衆士，還斟桂醑附群賢。能留身在真天幸（屢更兵燹，幸而獲全），錯被人呼作地仙（放翁句）。默數朋儔餘有幾，低徊往事轉凄然。

其二

秋風病骨瘦峥嶸，三十年來但耦耕。讓我二齡渭濱叟，輸他八歲濟南生（時年八十有二）。龍鐘竊比不材木，鶚薦還同特奏名（宋有特奏名榜，以優老生，略如今之恩賜舉人）。莫以桑榆嗟暮景，餘光猶作晚霞明。

其三

九天丹詔紫泥函，特爲冗官晋一銜（恩加二品銜）。自有雀翎榮白髮，更將雉服换青衫。仙郎不少探花使（唐人登科，例以少俊爲探花使），聲叟聊充佐酒監。寄語賓筵諸弟輩，婆娑莫笑老兄傀。

其四

淡墨何曾寫姓名，恩褒盛事沐殊榮（恩諭以爲藝林盛事）。此時倖澤緣長命，當日休官爲老生（因主試武闈，爲老生請給把總銜，獲咎褫職）。法酒須傾婪尾醆（唐人歲朝會飲，老者居後，謂之婪尾杯），雅歌猶作繞梁聲。翁思虚荷經師薦，無那驪駒异鹿鳴。

偶　成

萬事渾如夢不成，百年歲月枉峥嶸。閑看檐雀翩翾態，厭聽窗鷄歷亂聲。隨意瞻蒲兼望杏，及時課雨復量晴。莫愁穀賤傷農甚，努力完租飽菜羹（時年豐穀賤，農力拮据。而暘雨應時，麥禾甚茂）。

有感四首

其一

罷鑄於今歷有年，魯郊無復用新錢。須知農末相資甚，日用安能廢貨泉？

其二

放鑄猶應勝大錢，前朝利弊各紛然。沈公初議原非謬，榆筴緣何誤市鄽？

其三

貫朽由來富五銖，上林本自擅官爐。漢皇但惜黄頭飯，嚴道無端付嬖奴。

其四

私鑄尤應杜盗銷，化錢作器利偏饒。不知黄白歸何處，惟有青鉛滿市朝（烟管、鈕扣銷錢最甚，我朝順、康、雍、乾四代所鑄之黄、白、紅銅錢都已銷盡罕存，惟嘉、道兩代之欃鋁錢銷之無利，故流行者尚多耳）。

老友曲沃文爽齋太守久不通問，聞其八十餘尚健，因成二絶句

其一

都門舊雨嗟誰在，今夕聞君一破顔。絳縣老人安足數，文翁端合壽如山。

其二

九華羅守歸來早，慷慨捐生最可悲（池州太守仇君向初亦曲沃故友也。中年解官歸，竟以守城殉難）。何似白頭文與可，笑看庭竹長孫枝（聞爽以守城殉難，齋有二孫，均讀書成立）。

穀賤有序

光緒壬午春夏之交，穀價大減，商販希來，民以坐困，因紀以詩。

年豐糧價減，村市販來希。積滯難爲富，憂愁不在饑。貨窮應鑄幣（停鑄有年，舊錢漸少），典盡莫添衣。定限徵租課，公堂正用威。

獨宿

六尺禪床冷不支，清齋風味有僧知。鰥魚漸覺孤眠慣，暖老何曾傍粉肌？

長夜

剔撥殘缸伴月明，香銷被冷夢難成。衰翁耐慣迢迢夜，細數村樓長短更。

放翁句云『老病已兼惟欠死，貪嗔略盡尚餘痴』，寫老人情況可云工矣。

爲更下一轉語

餘痴未盡緣情在，欠死何憑要命償。解釋落花流水意，不須輾轉費思量（落者自然而落，非欠死也。流者無心而流，非餘痴也）。

鄉間種（鶯）［罌］粟者漸多，獲利亦厚，慨然賦此，聊以解憂

歐邏擅奇器，鐘表乃其尤。中國初不解，重價問洋樓。近乃漸學製，巧匠矜輸婁。蘇造并廣造，妙與巴黎侔。自此鐘來希，表亦寡所售。我有奚須彼，其機亦易投。奸商販鴉片，藐法爲我仇。取諸孟呷喇，載以火輪舟。計箱逾千萬，磊塊堆山邱。愚民乏遠計，自視一蜉蝣。吹烟臭溢巷，乃云香於油。久吸病成癮，枯胔黏髑髏。我自廢性命，大利爲彼收。海關驅之去，繞越逞詭謀。議刑至大辟，遁匿無從搜。更嚴（鶯）［罌］粟禁，根株不少留。彼乃益得計，壟斷自專由。我昔有謬言，聞者摇其頭。重税以困之，成本須倍籌。自種以抵之，土産非遠求。閲今二十年，斯言竟若酬。都門税洋藥，（鶯）［罌］粟爛西疇。市人自交易，得錢日滿

篝。衡以鐘表例，彼販應少休。留我一軟劫，塞彼一金溝。成癮坐自取，於人復何尤！吸彼癮更甚，吸此或易瘳。二者特相較，此視彼亦優。

家園有桃，色白味佳，六月熟，鄉人名曰六月白，因爲此詩

吾鄉古成邑，孟孫爲采地。晋來治杞田，乃以桃相易。二邑本毗連，遷徙若無事。漢置東平郡，新桃仍舊治（新桃，漢縣，與寧陽縣俱屬東平郡）。縣廢曰桃鄉（王莽於漢縣例改鄉、亭。桃鄉即新桃舊縣所改也。一曰桃聚，光武破龐萌於此，地在今濟寧州城北），遺封未失墜。揣彼建邑初，稱名應有義。定因産桃佳，是用表厥异。至今有肥桃，萬口欣同嗜。孰知寧山産，碩果出乎類（寧陽佳桃八月晚熟，味不异肥桃而加大）。大亞安期棗，甘比醴泉瑞。曼倩必舉手，田古或裂眦。今啖六月白，未饜心先醉。雪肌裹仙漿，著齒滋芳膩。休擬西施乳，莫詡王母賜。沆瀣吾未嘗，即此知其二。

餘霞集卷三

文

曩曾編録七十以後詩爲《餘霞集》一卷，兹復將七十五以後所作詩及雜文手録爲二卷、三卷。附存初集之次。時丁丑啓蟄後五日。石琴記。

寧陽重修文廟碑記

國家定制，縣各有學，學必有廟祀孔子。守土之官莅政之初，必先謁廟而後視事；嗣是春秋必祭，朔望必拜，蓋欲以儒術飾吏治，優柔漸漬，化民成俗，其規橅閎遠矣。寧陽文廟肇始有唐，纍次重修，具詳碑刻。歷年既久，日漸頹傾。咸豐庚申以後，兵燹驟經，殘剥滋甚。今天子紹統之六年，邑侯冀城高公鋭志重修，商之學博莊、孔二君，交贊其成。孔君系出東家，尤殷勷助。相與慎選邑紳士之敏而廉者若而人，俾董厥役。於是召匠庀材，諏吉興工。自大成殿以及靈星門、大成門、東西兩門，皆補舊增新，視昔加崇。泮池亦浚治加深。東西兩廡以降，附祀群廟，各工次第規畫，審形度勢，一切修整必堅、必完。經始於庚辰初夏，至仲冬蕆事。會高公因事解組，豐潤甄公攝政，踵而潤飾之。丹雘黝堊，焕然聿新。共費折二緡錢陸仟捌佰柒拾伍貫有奇，均出捐輸，勿糜公帑。

工既竣，將礲石紀其事，爰造敝廬，而屬恩彤曰：敢請爲文。固辭不獲，乃略叙其工役起訖，而復進一言曰：

學宫之有文廟，將以重道而崇儒也。道惟一貫，儒有兩塗：漢得其博，故有訓詁；宋得其約，故有語録。後之學者或祖馬鄭而祧程朱，或尊程朱而貶馬鄭，更有朱陸之异同、王陳之派别，而學術歧矣。我朝列聖相承，以心法爲治法，會蕞六藝，陶鑄群言，折以大中。於時漢學則閻、胡爲之倡，宋學則湯、陸匯其宗，殊塗同歸，斌斌稱極盛焉。竊謂孔子之道，上承堯舜，遞傳顔、曾、思、孟，四子之書具在，可按册而稽也。曾子不云乎：夫子之道，忠恕而已；孟子不云乎：堯舜之道，孝弟而已。此皆芟除支蔓，直指根荄，非徒示當時之門人，將以告萬世之學者也。果能心存忠恕，擴之即爲中和；躬行孝弟，措之罔非仁義。言近而指遠，守約而施博，繇是處爲良士、出爲貞臣。揆諸先聖垂教之深心，與夫熙朝養士之至意，舍是又奚事他圖哉！戒欺求慊，忠之積也；不欲勿施，恕之推也；孩提知愛，少長知敬，孝弟之基也。惟願我都人士勉之已矣。詎惟是瞻仰宫墻、駿奔籩豆，遂竊附於聖人之徒哉！

至於捐貲姓名，具載碑陰，以昭示來許，爲樂善者勸。謹記。

重修剛城、石梁各堰記

寧陽北境以汶爲界。汶之有關利害者，實惟剛城、石梁二堰。其創建、改修，載在志乘及歷代碑記者詳已，而古今异制，則有略可言者。

厥初置閘，將以因時啓閉，導汶入洸；後乃閉閘遏汶，俾不通洸，直達南旺，以入會通。復慮其决溢爲患，於是改閘爲堰，恃土埂以抗怒濤，獾穴鼠窟動滋隱害。故昔之閘爲漕運襟喉，今之堰則田廬保障也。

方堰之既建也，一修於本朝康熙五十五年，再修於雍正七年，皆官爲措資，不取諸民。且合下游被害之濟寧、滋陽、汶上與寧陽協力爲之，不專責寧陽也。今則按畝科夫，計夫折價，而官修改爲民修矣。又以地屬寧境，下游三州縣均不過問矣。此其繇來已久，未便執古以衡今也。

歲壬申，夏秋霖潦，汶水盛漲，居民栗栗，晝夜防虞，幸免橫潰。紳士某等，以舊堰漸圮，相與白諸邑侯張公，請照舊章集貲重修。公上其事於大府，立荷施行，并委太守陳公來寧駐工督視。爰於癸酉春，諏吉鳩夫，計方授役。撥其浮沙，填以實土，漿其粉壤，杵以夯硪。僕者起之，庳者崇之，罅者塞之，陂者平之。恐其内岸之齧也，則釘椿下楗以禦之。防其外岸之坍也，則鋭上豐下以坦之。二公親臨，獎勸策惰，衆手丕作，官民一心。經始於　月　日，至　月　日而工竣。計爲新堰　百　十　丈　尺，用夫　千　百　十名，共費金錢　萬　千　百　十貫有奇。偃若長虹，屹若堅壘，陽侯息警，(警)閭井大驩。僉曰：『微我邑侯及太守之力不及此。』乃謀勒石，垂諸永久，來徵余文。

余東鄙衰氓，未能執畚鍤襄事，竊幸工之速成而我民免其魚也，故忘其弇陋而爲之記。

築堡禦寇碑記

咸豐初，髮逆倡亂粵西，竄踞金陵，淮北捻匪起而應之，至庚申九月而鄒魯大擾。

先是，廷議以賊勢猖獗，飭下郡國，糾合紳民，自製銃炮火藥軍械，舉行團練；又仿照嘉慶初平定川楚教匪成案，令民間并村築堡，家自爲衛，賊至則入(保)[堡]，賊退則力農，俾賊無食可掠、無人可脅，久而自困，而官兵追剿較易爲力；洵勝算也。

我添福莊堡，經始於辛酉初，第掘土築墻，因以爲壕，高深各以八尺計，規模粗具而已。既乃創置東西兩門樓，砌以磚，上安大炮；又於墻上增設女墻，加高三之一，環列抬炮；又於門内預置抬槍、手銃，門扇鑿開槍眼，門外則搭活板橋，以備臨事拽起。此外一切守禦器物略具。尋因寇氛孔熾，形勢尚嫌單露，於是壕外加挑二壕、三壕，壕上扦栽刺梅、棘榛，得雨即活，一望茂密。賊若躍馬來窺，必阻於三壕外，距墻尚遠，所携馬上器械斷不能及我守墻之人，而我於墻上開放抬炮，力達四百步，足以及彼，制其命而有餘。賊必懼而遁矣。猶恐其怒馬馳騁，環繞呼噪，亂我衆心也，爰於堡外四隅各挖壕一道，長里許，寬深以八尺爲率，仍相度形勢，附堡加築炮臺。賊馬遇壕即止，不能横馳，我揣炮力所及，於臺上開大炮縱擊之，藥性猛烈，即不能恰中著體，而人馬爲之辟易，賊必驚而奔矣。又恐其以大隊合力攻我兩門也，除西門外多有阬塹、地險足恃外，爰於東門外路旁加築兩短墻，高可五尺，連墻各挖一壕，長與隅壕等，寬深亦如之。壕間當路間斷，挖品字阬以陷賊馬。賊若帥衆來犯，地隘且險，衆不能容，氣必立折；倘冒死前至五六百步進則門樓上開大炮迎擊之；再進至百步内外，則門左右女墻上開抬炮夾擊之；再進至數十步，則門内取抬槍對準槍眼開放狠擊之；賊欲進則橋已拽起，動必落壕；欲退則鉛子雨飛，折旋不便，不死必傷矣。當日守禦大略如此。自堡成以迄賊平，六七年間，賊往來經過不止數十次，卒無一人一騎敢近吾堡者，方知禦流劫必先繕塢壁，前史所紀石勒、李特之受困，不我欺也。

今兹烟塵净埽，重睹昇平，我國家有道，萬年無虞伏莽。然而痛定思痛，安不忘危，築堡一役不可以無述也。用是撮舉梗概，勒石宗祠，以垂示後昆。綜計此堡墻一周約四百丈，壕七道約數千丈，炮臺、更房毋庸并計，工巨費煩；土性疏惡，屢圮屢築，幸底於成。余雖毀家紓難，不敢言功，誠恐後難爲繼。惟有刺梅、棘榛漸已成叢，尚望族鄰齊力同心，此後勤加培護，毋許剪伐，庶幾生生不已，多多益善，則不勞歲修而墻自完，不煩柝巡而守已固，計無便於此者。後之人欲保身家，其毋忽吾言哉！其毋忽吾言哉！（此文因碑隘難容，更以節本上石）

太子太保户部尚書孫文定公家傳

公諱瑞珍，字符卿，别字□□。孫氏爲濟寧世族，至相國而大顯。公，相國之季子也。孝友性成，穎悟過人，讀書十行俱下，爲文若宿構。弱冠應童科，受知於督學劉金門少宰，補博士弟子員，目爲國士。以優廪生中式嘉慶庚午舉人，道光癸未成進士。時相國節制兩江，具摺陳謝，奉硃批：『卿子才學俱好，已用庶吉士矣。』丙戌散館，試《山鷄舞鏡詩》，爲宣廟所賞，擢置第一，授編修。

公以世臣受特達之知，初考試差，即於戊子出典湖北鄉試，隆隆嚮用，聲譽日起。因聞母張太夫人寢疾，遽請急歸；尋以相國年屆八旬，援例乞養，家食者且十年。迨養親事畢，丁酉服闋，赴京供職，時公年已五十有四矣。上悉公品學，亟思大用，爰命入直上書房，講學授讀，寒暑無間，洊升國子監司業、翰林院侍講學士、太僕寺卿、内閣學士兼禮部侍郎銜，兵部左右侍郎、户部左侍郎、都察院左都御史、禮户二部尚書兼翰林院掌院學士、上書房總師傅，中間充會試同考官者一、教習庶吉士者一、典順天鄉試者一、視學陝甘江西者二、殿廷諸考試閲卷者五、讀卷者一，又於其間充武英殿總裁、經筵日講起居注官，賜紫禁城騎馬，屢拜參、貂之賞。通籍禁中，花塼翔步，龍光晝接，錫賚駢蕃，澄懷儤直，水木明瑟，汲古之榮，退食之樂，望之者以爲神仙中人也。

咸豐初元，文宗御宇，以公甘盤之舊，知顧最深，眷注尤厚。惟時盜起粤西，軍興旁午，飛芻挽粟，需用浩穰，而河決銅瓦，黄流橫潰，運道且中梗。九重憮然廑南顧之憂，方倚公爲計相如左右手。公以我朝取民經制祖宗具有成法，不容更置一議，惟漕鹽、錢幣爲經國要務，亟須量爲變通，於是首議：南漕仍行海運，歲首津貼帮費數十萬，悉以易米運京，餘充部帑；迨糧艘抵津，兩次奉命親往驗收，剔除宿蠹，一無留難，繇是通倉賴以無闕，而東南民力亦不致重困。次議：各省鹺綱積敝，挽救良難，宜仿滇省課歸井竈、淮北以票易引之法，期於便民裕課；惟川私浸灌兩湖，致礙淮鹽銷路，應擇要隘設卡嚴緝。又議：滇銅缺額日甚，京局鼓鑄，以致月餉動滋掣肘，請將每歲銅本百萬分半解京，易錢搭放。又議：乾隆中添補緑營缺額兵六萬六千餘名，嗣經兩次核減，尚存四萬八千餘名，有冗費而無實兵；請以後缺額不補，按次全行裁汰。以上釐弊核實諸大政，或偕同官顯陳，或獨疏上請，皆荷俞允，立見施行。至於議行楮幣，則謂僞造難防，民情不便；議用鐵錢，則謂鐵低於銅，一例行使，必致物價增昂，錢值遞減，皆反覆辯論，力陳其不可。雖事難中止，後乃卒如所策。公之任禮部也，曾經遵旨保舉人才，督辦團練；其在天津也，疏請調取粤東紅單海船，攻剿江面逆匪，又請預撤黄河渡船防匪北竄，均關大計，行之有效。其餘隨時毗贊，動中機宜，殆難一二數也。

公爲人光明磊落，表裏洞然，雖生長華膴，澹泊如寒素。生平無他好樂，惟嗜學如飢渴，於書靡所弗窺，尤喜鈎考古今利病，得其肯綮。少從相國莅官南服，周歷滇、黔、吴、楚、兩粤，所至攬其山川風物，含咀靈秀，鬱積奇偉，發爲文章，超拔流俗。又親承辟咡之訓，於吏治民生講求有素。故一旦見諸厝施，輒即掌劈口畫，昭若發矇。爲政務舉大綱，實事求是，不期諧衆而理必準諸可行，不屑沽名而議必伸其所見，上以是鑒公忠悃，信任愈篤。考績大典，親灑丹毫，有『盡力籌維，任勞任怨』之褒；仍交部議叙，并賞御書『湛虚蔚秀』匾額；又以督收海運功，賞戴花翎。公時年已七旬，自以受恩深重，殫誠竭慮，期濟時艱，每秉筆凝思，夜不成瘵，動輒咯血盈升；復值津沽戒嚴，協辦巡防，軍書坌集，心力交瘁，而公亦不可復支矣。癸丑冬洎甲寅春，兩次引疾乞休，上慰留特至，復賞御書『安士敦仁』匾額，給假調攝，迄未有瘳。是年夏，再疏籲懇，始允所請。自是養疴京邸，日形綿惙，戊午六月加患腹疾，遂逝，年七十有六。上聞悼惜，特旨賞陀羅經被，遣官奠醊，贈太子太保銜，加次子編修毓汶侍讀銜，二孫桐、樟均賞給舉人。閣臣以謚上請，特予『文定』。舉朝皆欷歔纍嘆，悲老成之凋謝，而益思上之始終眷公爲深知公也。

公屢司文柄，取士多知名寒俊，衆論翕服。洎掌翰院，爲文章宗匠，誘掖後進，中峻外和，人皆樂就而罔敢干以私。老不廢學，性尤强記，每同人讌集，語及經史、古文、詩賦，背誦纚纚連篇，不訛一字，即老師宿儒、專門名家，亦自以爲弗及也。

配蕪湖韋氏，温惠孝慈，内政修舉，先公卒，累贈一品夫人；簉室姑蘇吴氏，以子貴，封恭人。子二：長毓珠，廩貢生，封朝議大夫，韋夫人出；次毓汶，一甲二名進士，今官翰林院侍讀學士、福建學政，吴恭人出。孫六人，毓珠出者三：長楫，進士，翰林院庶吉士，今官廣東高廣道；次桐，舉人；次樟，舉人，東河候補同知。毓汶出者三：□，□，□，尚幼。公勛閥載國史，世系具壽陽相國祁公所撰墓志中。恩彤，公長女之婿也，知公尤詳，故復綜舉生平，爲之家傳。雖公之信當世、垂後昆者無藉乎此，揆諸潘岳賦戴侯、李廣序韓子之義，固於古有合也。是可書已。并附論曰：

我朝用財與前代异，前代之財糜於濫用者多矣；我朝惟兵餉、河費爲最巨，宗禄官俸藩賞次之，要之皆經費也。前代有事，往往取諸民；我朝一切，悉由官給，雖時懸武功之爵，亦惟聽民自致，不强以所不樂從，此外則絲毫不以累民也。咸豐初，國家可云多事矣，以我公之才，當理財之任，其淵謨石畫、造膝密陳，外間固不得而知，考其設施，亦惟恪守祖宗成法，核實釐弊而已。以視前代心計之臣所云理財者何如也？用兵二十年，剿賊幾遍天下，而民間始終不加一賦、不括一馬、不抽一丁，故其民仇賊而不怨官，卒乃次第剗除，重睹昇平之景運焉。詎非恪守祖宗成法之明效大驗哉！然則公之所以主計者可知已。

寧陽縣典史龔君死難事略

寧陽直洸濟之交，咸豐十年秋，淮北賊由洸南趨濟西，渡長溝東擾。縣城倉卒失守。惟時殉難者，則有少尉龔君。

君諱紹昌，字良若，江蘇武進人。早補諸生，有名，莅官十載，以儒術飾吏事，詰盜恤囚，號爲稱職。邑侯豐潤董公深倚仗之。每月課生徒及歲科試童子，君輒襄事，月旦甲乙，士論翕服。善屬文，喜爲詩，精校《説文》，旁通訓詁，尤好天官之學，著有《窺天秘鑰》一卷，不輕示人。

會捻匪由皖入豫，踞永城爲巢窟，更番出掠，曹南響震。朝命大臣杜公來東舉行團練，君復佐董侯編審保伍，聯合村疃，事未集而寇至。先是，縣城因霪雨崩圮，方議補築，人心怖駭。董侯赴鄉召團丁迎抵，勢不支，賊遂肉薄乘城。入索令不得，君獨公服坐堂皇。賊譟而前曰：『若令邪？以庫金畀我！』君訶且罵曰：『萬死賊！殺則殺耳，何問爲！我力不能誅汝，大軍且至，汝行齏粉矣！』賊怒，攢刃刺之，君遂遇害。時九月十八日也。

賊退，城復，乃得收殮，竟體無完肌，戟手怒目，勃勃如生。詢諸遺民，得君罵賊遇害狀，爰葬君於郭外南原。事聞，贈恤如例。士民相與祀君於忠義祠。邑侯桐城程公、儋州張公樹碣表厥墓。

野史氏曰：曩頗與龔君游。其人恂恂都雅，一文無害吏也。豈料其臨變慷慨，捐軀蹈義，固赫然烈丈夫哉！君與冠縣尉瞿君濬同鄉里友善。甲寅三月，冠縣破，瞿君殉焉。君方坐衙齋，忽陰風颯颯，從户入，振窗紙有聲。君曰：『噫，瞿君死矣！』翌日，凶問果至。君爲位祭且哭，酸惻動左右。比寇至，語家人曰：『城無完堞，人無固志，詎能守乎？若輩且去，吾死於此矣！』嗚呼，君殆死而不死矣夫！

侯先生傳

憶余年少家食時，稔聞汶陽有侯伯平先生者，其人積學敦行君子也。顧未之識。迨余羈宦中外二十餘年歸，則先生已歿。既而先生之孫芳苞從余游，因得讀先生所著書，并諦觀其行狀、碑銘，乃益信先生爲積學敦行君子也。是可傳已。

先生諱哲衡，伯平其字，别字古度。系籍泰安，世居縣南之申村，自其祖父即以文學知名，至先生而益光其業。其爲人不苟言動，退然如不勝衣，而皝皝自持，罔敢干以非禮。性剛簡，每面責人過，其人悔悟即涣然冰釋，人皆愛而敬之。其爲學，孶孶無間寒暑，貫穿經史，尤覃精四子書，鈎深造微，務得肯綮。不屑爲口耳占畢之學。其爲文兼古今體，所作制義，高者力追古名家，次亦俯視流輩，試輒异等，爲宗工所獎拔。屢踐省闈，卒不得一當。義命自安，澹如也。其教人，因材授之業，漸摩涵濡，使之自得，諸高弟子往往成名士，或掇科第以去。所著書，詩文皆成集，雜記若干卷，而心力所萃，尤在《四書别解》《觸類别异》《中庸一貫》等書，已授梓行世，餘藏於家。凡此皆詳具門人程太守所撰碑銘中。

及按其内行，則更有大過人者。先生垂髫失怙，事母太孺人先意承志，得其歡心，洎壽終，毁瘠幾不欲生，居喪哀禮兼盡；比葬，躃踴號慟，悲感路人。平居祭先必齋，時物必薦，忌日必戚，終其身不少易。宗鄁稱孝，人無間言。弟文泉早卒，親視含殮，營葬從豐；撫其孀孤，恩誼周至，積欠代之償，遺地代之耕，公賦代之納，友愛出於至誠，不以生死异也。姑家貧，爲置田以養其子，成立即全付之。堂叔母氏張者殁而無以斂，氏王者存而無以生，均爲之經紀其殯葬、供給其衣食。嘉慶壬申，歲大祲，族中不舉火者十餘家，岌岌乎殆矣。捐金周恤，并得存活。鄉之中推睦族者，必首先生，而先生欿然略無德色。竊考恤族之舉，莫若范氏義莊。然文正當日致身高位，坐享厚禄，分其所餘用以沾溉不難也，後世猶盛稱之。先生老明經耳，家不及中人産，終歲擁寒氈，咿唔教生徒，藉脩脯以自贍，乃能出其節省餘財，潤及周親，由親逮疏，俾窮嫠得以温飽，凶歲卒免流離。非徒至性，迥异尋常。一切哀益均平，規畫周密，蓋事綦難而心良苦矣。間又改修宗祠，創立族譜，晚年自建家祠，置祭田，訂祠堂記事册，以及修墓樹碑，凡報本追遠、敬宗收族之事，罔不悉心畢力爲之。余乃益嘆先生洵敦行君子，而文學猶其末也。

先生以優廪生充恩貢，例得校官。未銓，卒，年七十有七。子孫以儒世其家。

周烈婦傳

寧陽東北有村曰化觀，村之舊族曰周氏。周氏之先有朝俊者，康熙中以孝行旌，邑文士吴欲達爲之傳，柳祚盛、劉杞諸人競爲詩歌紀其事。至今鄉人嘖嘖稱周孝子不去口。由孝子傳六世，乃又有烈婦。

烈婦高氏女，歸於周。夫繼宗，孝子來孫也。先娶某氏，早故，遺一子序爵，年甫五歲。烈婦實爲繼室。事孀姑以孝，事夫以敬，撫幼子以慈。里稱賢婦。閲三年而繼宗病，病且二年，烈婦侍疾不稍懈。繼宗瀕危，顧烈婦不言而泣。烈婦喻其意，雪泣語之曰：『君念我邪？抑疑我邪？我行從君矣。』時慘怛無人色，家人皆掩泣。繼宗尋歿，烈婦哀號數十聲，嘔血輒止。視含殮畢，侍其姑寢，姑命之退即退。有頃，姑覺其不恒，起而窺其室，門閉，扣之不應，亟呼家人抉户入，已自縊。解救漸甦，姑曉之曰：『殉夫，義也，奈幼子何！吾老矣且病，汝死將誰倚？汝負汝夫矣。』烈婦蹶然起曰：『兒大誤！兒不當死。兒謹從姑命！』於是衰麻躃踴，葬夫如禮，事姑益謹，撫孤益勤。姑以壽終，經紀其喪，視夫有加。家僅中貲，兼多債負，早作夜思，督僕躬耕，一切紡績井臼皆躬親之，遂完其家。又時出所餘，以惠鄉鄰之貧者。序爵稍長，延師課讀，養不弛教。年十五，爲聘舊家女，涓吉完婚。凡牢醴所需，從俗從宜，豐儉必稱。既婚之期月，乃往見其族中父老，曰：『阿姑以五歲兒付我，不料其竟能成立也，今托先人之靈，幸已成人授室。此後在家日少，在外日多，尚望祖若父有以教之也。』又進其老僕，酌酒勞之，曰：『我以幼女子持門户，幸不失墜，汝輩力也。郎君已能自謀，我事畢矣。今日當爲我盡此一杯酒。』又治具召其親鄰，坐定，爵行，嘆曰：『自我爲周家婦，未嘗一日舒心，今可以不恨矣。諸翁媪當賀我。』乃相與飲食盡歡，夜分始散。時家人各就寢，烈婦獨呼傭媪：『趣爲我具湯。』媪曰：『夜深矣，奚須此？』曰：『我渴思飲，不慁汝也。』媪進湯出。烈婦扃户，滅燭無聲。次早，户不啓。家人以其倦也，戒勿呼。日旰始疑，連呼，抉户入。視之，繯挂於梁；撫之，體已冰矣。整裝束髻，衣履無纖塵。始知其戒備已久，呼湯將以沐浴也。時同治十一年二月二日也。初，繼宗之歿，烈婦二十有二；比其盡節也，二十有七。

評曰：前有孝子，後有烈婦，詎非其家法固殊乎？夫世所稱烈婦者，亦惟之死靡他、一瞑弗視已耳，不則抑志完貞、茹荼白首，君子重其節而不必繩以死。今按周氏婦，當夫歿而雉經以殉，已可謂之烈矣。乃絶而復甦，從姑命不即殉，於是奉姑壽終、撫孤成家，凡夫之未能自爲者，一一代爲之，俾無遺恨，又何必務捐其軀始爲不負其夫哉！而乃卒出於此，蓋其殉夫之志忍之五年而未嘗一日忘也。古人有言曰：慷慨赴死易，從容就義難。烈婦之死，何其從容也！不參以兒女恩愛之情，而粹然一出於天理人倫之正，此乃孔子所云『殺身成仁』、孟子所云『捨生取義』者，乃竟得之田家弱女子哉！是可傳已。

梓里詩存序

自隋唐置進士科，始以八韵之賦、五言六韵之律詩取士，而諸賢應制，五律多至八韵，蓋由六韵而推廣之。顧嘗按其所作，如宋五之『明月夜珠』、祖三之『陰嶺積雪』，不過一聯一語之工，膾炙當代；洎觀《英華》所録名公遇合之篇，粲乎備矣，而其間瑕瑜互見，完璧殊少。良以所重首在于賦，士之竭竟日之力爭工角勝，而詩第以餘力成之。其平時贈答題咏，於五律一體又多以四韵爲限，六韵、八韵以上（前）者十僅二三，固宜二百年來士皆以此進身，猶盡美未盡善也。自時厥後，歷宋逮明，傳作寥寥，不絶如綫，欲求如唐人之盛，邈不可復。我朝稽古右文，斟酌歷代科舉之制，於童科即試以六韵五律，諸生則拓爲八韵，凡學使之歲科兩試，以及春秋兩闈，與夫進士朝考、庶常散館、翰詹天考、京朝官考試差，雖兼用經義、律賦、策論及古今雜體詩，而必以八韵五律較其優劣。繇是上自薦紳，下訖逢掖，咸相與月鍛季煉，窮變極妍。自河間紀文達公祖述唐賢，標舉宗旨，而錢塘吴大司成包括衆有，用腓體充，此外作者鱗集，饗臻靡弗，右握隋珠，左挈荆璧，蓋自有八韵五律以來，未有盛於斯時者。而旗籍諸儒，近日月之光，窺球圖之秘，承先達諸老先生之教，騁詞抽思，滂霈紛葩，更非白屋青氈之士所能望其項背者已。

大司馬那恭勤公，一代宗匠，持文枋數十年，所著《修竹齋試律》，具河間之流利而加以深醇，擅錢塘之典則而出以脱灑，久已風行海内，圭臬士林。公餘孳孳，每以表章文獻爲己任。曩曾裒輯旗儒制義四百篇，爲

《梓里文存》，鋟板於羊城，不佞幸得襄校讎之事，并僭爲弁言矣。兹喆嗣協揆全公復繼公之志，偕成魏卿倉帥就公所輯八韵五律，更爲廣搜，得詩九百餘首，區分時代先後，依韵編次，共爲《梓里詩存》初集若干卷，踵事續增，俟諸异日。走書山中，仍命不佞爲序。年來景迫桑榆，藻思荒落，愧無以發皇韋平之事業、闡明蘇賈之家傳，而於試律之極盛於本朝，旗儒之尤工於此體，及公父子表章之勤、作述之美，竊有仰窺於萬一也。故爲之序。

冶山文集序

古人著書例有自序，以略舉其作述之緣起，太史公其權輿也。後世詩文集乃求人爲序，甚且一集而序者數人不止，將以增重其文，未免適形其贅矣。吾宗兄冶山先生，弱冠以能文鳴齊魯，每一篇出，傳鈔殆遍；而不自收拾，往往散佚。晚乃從門人之請，裒録生平舊稿，精加删汰，存其自信者，共得古今體詩文若干篇，以《敝帚》《喁于》分命其集，釐爲七卷，各以自序弁於卷首，言簡而義明，授之手民，剞劂甫畢，遽歸道山。諸郎季雲、篤卿昆仲，不遠數百里，以印本謁余山中，屬爲之序。余衰且病，藻思荒落，何足以序先生？且先生已自分序其集矣，又奚俟余序爲？

顧念先生與余生同姓、籍同郡、學同志，少時聞名輒相傾慕，洎道光壬午省試，僦寓湖濱旅邸，居相鄰也，把臂如舊識，旦夕過從，即爲傾囊倒篋，盡出其平時之所綴屬、胸次之所蘊結，析疑辨難，折衷可否，如是者月餘，幾未嘗跬步離也。既而握手路隅，悵然言别，從此契闊四十餘年。迨先生以名孝廉秉鐸於陵，歸守青檀，齒益尊，學益進，詩文益工，弟子亦益衆，而余宦轍奔馳，北乘朵顔之塞，南浮扶胥之口，日勞勞於簿書鞅掌、戎馬倥傯間，不獲一登先生之堂，重理舊業，共證千秋，回首歷下從游，渺若雲漢！今先生墓草宿矣，余乃校勘其遺詩文，一燈熒熒，鬢眉如睹，遲暮之悲，存歿之感，不知涕泗之何從也！爰爲之序而歸之。至其詩文之根柢、風格、議論、骨力，大而巨夫宏濟之圖，細而士子帖括之業，其才、其學、其識、其體、其用，海内具眼者類能辨之，毋庸更贅一辭，猶是先生自序意也。

鮑小山詩序

昔孟子謂『《春秋》繼《詩》而作』，詩固與史相經緯者也。西京以降，作者代興，而論者獨推少陵爲『詩史』，良以撫時感事，高唱低吟，肫然抒其忠愛之誠而不没是非之實，俾誦其詩者因以知其人論其世，此風雅之真傳，歷代詩人所取則者也。

小山廉訪少即工詩，馳譽大江南北。軍興以來，以名孝廉投筆從戎，佐理諸大帥幕府，累功至監司，秉臬黔中，隆隆嚮用；尋以積勞致疾，得請歸里養疴且四年。既康既復，入覲於廷，行膺新命。近乃裒所爲詩若干首，走書千里，郵寄山中，屬爲之序。

余受而讀之，其義滃然而雲興，其辭冷然而風發，時則碧海鯨魚，時而蘭苕翡翠，時而么絃輕捩，時而洪鐘怒撞，紛葩滂霈，大放厥辭，不名一格，各臻其妙。雖不必墨守少陵成法，字侔句揣，要其身寄江湖、心懸魏闕，與稷契自命之志、一飯不忘之忠默有合焉。蓋詩也，而進於史已。抑又聞之，史家三長曰才、學、識，惟詩亦然。才而廢學，則逞而弛格律；學而乏才，則務摹擬而鮮妙悟；若非裁之以識，又無以折才之中、執學之要。詩洵未易言也。廉訪貫串百家，儲累有素，年來磨盾飛檄，出入雕戈鐵馬間，震蕩奮發，於以老其才、實其學、鏈其識，森森武庫，内充外耀，見之詩者，特緒餘耳。安得以其工詩而僅目爲詩人哉！方今靈臺偃伯，聖主須賢。小毖懲患，彼一時也；卷阿來歌，此一時也。廉訪自兹以往，爲德爲民，功名正未可量，即其詩亦必更有和聲以鳴國家之盛者。余老矣，猶將拭目俟之。

汶陽汪氏重修族譜序

自魏晋立九品中正以門地取士，於是百家世系均上之官，而官譜作焉。不明譜學不可典選舉，蓋綦重矣。降及唐代，猶存此風。故開國之初即辨叙門族，而宰相世系勒諸國史。當是時，私家未有譜也。五季兵燹，官譜放失，至北宋，歐、蘇二公始自爲家譜。厥後士大夫往往踵而效之。蓋官譜廢而後家譜興。竊嘗論之：封建之世，官多世禄，故以宗統族，而譜可不設。郡縣之世，士必土斷，故以族承祖，而譜毋庸紊。此亦古今一變局也。

汶陽汪氏，明初遷自新安，卜居泰安西南鄉城宫里。嗣是浸以昌熾，支派孔繁，散處數十村疃，共一宗祠，春秋報饗，子姓咸集，叙昭穆、崇愛敬、敦禮讓。其長老以忠信篤厚爲家法，其子弟以孝弟力田爲本業，汶水南北稱善門者，必首推焉。前明之季，舊譜失傳。奇亭文學始合族衆詳諏確訪，徵信闕疑，創爲家乘四卷，其於宗支之區别、里居之遷徙、嘉言懿行之附載、義子贅婿之勿録，必嚴必慎，粲若列眉。蓋師歐、蘇之遺意，酌加變通，洵盡善而盡美矣。家乘成於道光戊戌，迄今同治癸酉，中更三十餘年，汪氏丁益以蕃、户益以析，奇亭之孫鐵巖少尹懼其久而棼也，於是更集族衆，續前譜而增修之，體例如舊，考訂加詳。譜成請序。余以少尹此舉有三善焉：别出則情漸疏，异居則意易離，睹兹譜也，方知支雖分而祖則一，油然動水木之思，一也。體判各私其親，家剖各吝其財，撫茲譜也，方知類本同則心不异，愾然念葛藟之庇，二也。文學創始於前，少尹增修於後，凡佐文學爲初譜者，其子若孫大抵復佐少尹爲續譜，後先濟美，蔚然見堂構之承，三也。近更於任城同宗處尋獲徽州舊譜，鈔存宗祠中，追遠返始，其用意可謂勤且篤矣。夫萬物本乎天，人本乎祖，尊祖故敬宗，敬宗故收族。士生三代後，宗法既不可復講，惟賴家譜之修，庶可維宗法之窮，以勿失尊祖收族之誼。然則余之作序，又安敢以不文辭哉！

與孫萊山學士論鄉居不便

前委題主，老懶未能趨赴，愧歉良深。比者春露既濡，柔辰叶吉，吾弟屬當大事，尚冀稍節風木之慟，黽勉如禮，是所切禱耳。

頃當躃踊之時，本不應與聞外事，然有一事不得不亟白諸左右者。鄭莊別業，亭館虚敞，花竹森疏，讀禮其中，閉門養静，洵足抒孝思而寄雅懷。但聞此宅前俯通衢，後鄰曠野，地形未免單露；環而居者惟佃户若干家，聚而守者僅蒼頭若而人，衆力亦不足恃。此乃處士幽栖，如摩詰之輞川、司空之王官谷耳，未可與緑野、平泉并論也。吾弟以世禄之家，擅素封之名，近復青雀南歸，蒼龍北轉，纍纍捆載，光溢里閭，鄉人少見多怪，彼烏識此銜尾而來者皆米家書畫船哉，固將以爲伏波之明珠文犀也。計竊睨其旁而艷且羡者，不乏人矣。方今流氛甫息，散卒縱横，陽侯告警，飢黎載路，不逞之徒往往溷迹其中，日入慝作，動輒蜂午，洵有不可不逆料而豫防者。敝鄉冬間失事不一而足，吾弟以福人而居福地，固可無虞，但聞古諺云：家有千金，坐不垂堂。良以所記者重，則自處不容輕也。况慢藏誨盗，經有明訓，可不慎哉，可不戒哉！爲吾弟計，莫若於葬禮畢後，捨徐公城南之居，卜晏子近市之宅，移眷入城，依兄聚處。倘任人更無屋廬，可問長安舊游地，不翅故鄉，似無妨徑踏軟紅，於上林外謀一枝之栖。雖不拘拘於守墓之誼，而去危就安，應亦先靈所首肯而心帖也。兄老矣，氣衰膽薄，未免緦緦過慮，惟望吾弟熟思而審處，想胸有慧珠，必有以衡其可否也。

再與吴康之明府論秸料

伍伯來，接奉環章，備聆壹是。局弁任意短收，乃有强項令徑陳諸兩大憲之前，自非民瘼關心，不畏强禦，安能毅然出此哉！辰下麥場漸滌，農事小休，弟已將存備秸料一萬斤雇車裝載，交董事張某派人押送運往河干，未悉秤收果有轉圜否。

竊嘗熟思此役，官與民均有爲難之處，而自此遺累無窮，敬爲執事再瀆陳之：宫保身膺畺寄，與國休戚，際此時勢多艱，陽侯頻警，既慮有妨運道，又恐害及民生，灑沈澹菑，刻不容緩。欲請帑於内部，則大農告匱；欲借款於鄰省，則藩庫半空。不得不以劃然有定之正供，填此浩乎無涯之巨浸。揮霍，則后難爲繼；綜核，則士不盡力。乃至躬親督率，手足胼胝。衹有王尊不去，敢期賈魯成功。此大憲之難也。河工必需秸料，秸料例應采買。既取諸民，不得不責成牧令。雖云勿稍抑勒，而人情涣散，非濟以權力，加之縲督，勢難克期集事。平時可以專心撫字，而至是未免從事催科。公款既不能預領，不得不設法籌墊。無米爲炊，巧婦袖手。執事起家寒素，甫綰銀黄，一年以來，計禄所餘正復無幾。科派之名既不敢居，而所發緡錢，大衍之數尚多不敷。即明知其然，無如一勺廉泉，安能供其挹注？此明府之難也。董事亦齊民耳。平時碌碌，不爲鄉人所敬畏，一旦奉派辦公，計畝科費，小人視財如命，本難期其慷慨解囊。

而事更有出於意外者。當派辦之初，恰值農隙之時，群情頗爲踴躍，故有辦齊解至城厢者，亦有解至中途者，又有尚未起解積存各村公所者，乃浮橋兩次衝斷，路阻不通，所解之料不得不於中途截卸，露積浮堆，乏人看管，自冬徂春，多有損失。迨三月初大工合龍，里下聞而歡呼，以爲料可不用，於是紛紛變價，所存不及十分之二三。旋奉憲檄，前料仍須起[解]，且每牌四萬斤，較初派二萬五千之數大有增加。限期既迫，措辦良難。不得不揭借錢文以應急需，將來不知如何措還。而納多收少，續辦幾無了期。此董事之難也。寧邑承修石梁埝工，向係按畝出夫，由五畝以上起科，今則以一畝爲率，下户亦不能免。且畝有多寡、社有大小，今既畫一辦理，大社儘可支持，小社甚形竭蹶。即以弟所居之馮于社而論，東西不過四里，南北不過五里，僅有三大村、數小村，亦社之小者也。其民富少貧多。舍下有地二十餘頃，最爲上户。前次已輸錢二百千，此次復輸三百餘千，數不爲少，尚可努力籌備，而下户有地數畝或僅一二畝者，正不知凡幾。忍半飢以度荒春，幸得收麥，可資果腹。乃以工需緊迫，不得不賤價出糶，洵有如聶夷中所咏者。此花户之最爲難者也。猶幸仰叨福庇，連年豐稔，尚可粗了此局耳。然已有力不能堪之勢矣。

溯查東河秸料，昔曾派之里下，士民深以爲苦，然所派僅沿河州縣，未及於寧邑也。前河帥蘭公第錫於乾隆四十八年間始禁止地方采買，改歸河員自行購備，任城立碑以頌遺愛。奉行至今，民以爲便。自宫保挽黄歸故之議不行，而河務竟改歸地方。以距河遠近而論，寧邑與泰安、肥城、滋陽無甚差殊，滋陽尤近。乃辦料之役三縣不與，而寧邑貧瘠之區，竟與東平、汶上富庶之大邑一例均派，半年之内，兩度輸將。此後河工無事則已，一旦有事，即須照案飭行遵辦。工需急於星火，必致官民交受其累。揆厥所由，自菏工始矣。天下事及之而後知、履之而後艱，經此一番盤錯，利弊可以瞭如。執事胸有智珠，無微弗照，可否通盤籌畫，酌定章程，俾於公有益，於民無害。此則東鄙哀氓率同父老遥執香花禱祀而求者也。

代闔邑紳士禀請詳免秸料公呈

呈：

爲兩工并舉民力難支據實瀝陳懇請轉詳大憲量加寬恤以甦民困事：

竊自黄河改北，由大清河入海，東省當其下游，時虞潰决。宫保爲國爲民，力肩巨任，俟工合龍以後，竟將河務改歸地方，由是石莊户一役，沿河各州縣分派采買秸料、椿木、苘麻。大憲責之牧令，州縣責之里下，此誠大憲勢非得已，紳民義不容辭者也。寧陽地瘠民貧，自上年秋至今年夏，兩次派辦秸料數百萬斤，苘數十萬斤，仰蒙明府酌發錢文，聽民自行采運；又蒙大憲於事後補發價值，某等竭蹶將事，幸無貽誤。但參稽地勢，體察民情，有不能已於言者，敬爲案下一瀝陳之：

寧陽北枕汶河，南岸之石梁口、堽城閘爲洸、汶交匯之區，每值夏秋霖潦，奔湍衝突，一經决溢，下游之汶上、滋陽、濟寧三州縣均受其害。且汶水旁泄，不能注入馬場湖，則閘河斷其來脉，必致有誤重運，所關甚巨。是以康熙、雍正年間本係欽工，或撫憲以下各官捐修，或汶上、滋陽、濟寧三州縣協修。後乃歸於寧陽獨修。三州縣均受其害，寧陽何以獨任之勞？由來已久，毋庸追論。此項工程，大抵數年一舉，遠年亦置勿論。近則程、張二前縣均大修一次。每逢動工，按章俱係闔境三十二社計畝派夫，每夫一名，出錢五百文，約費錢數萬貫。旋修旋圮，勞費無已，大爲民累，亦末可如何。乃此次河工秸料，南則接壤之滋陽、北則連界之肥城均不聞派辦，而獨派寧陽。大憲酌盈劑虚，自有權衡，非草野賤士所能仰窺。萬一惟是，寧陽既經攤派汶河南岸石梁口、堽城閘歲修之工，兼任河工購運秸料苘斤之役，蕞爾小邑，民力幾何？實屬萬分拮据。且秸料係重賚之物，不難於買而難於運，是以大憲酌發運價倍於買價，固已洞鑒及此。寧陽距河工以二百里計者，第就縣城約計之耳。以全境輿圖而論，縣城實當西南之一隅，西界汶上，南界滋陽，村落勻屬無多。惟東北一鄉與新泰、泗水犬牙相入，計山前山後大小約數百村，距縣城遠者一百四五十里，次亦百、數十里不等。所辦秸料，東北鄉不啻十之六七。由鄉起運，未出寧境，已在二百里内外。河工之窵遠，不問可知。且寧陽大半山鄉，運料例用小車，推挽全資人力，一逢陰雨泥濘，寸步難移，往往將料物委弃路隅，化爲無用。此尤與滋陽、肥城各邑遠近迥殊者也。

某等生長此邦，關懷桑梓，畢逢宫保暨各大憲福星照臨，靡微弗燭，明府愛民如子，念切恫瘝。若緘默不言，不惟無以將芻蕘拜獻之忱，轉非所以仰體大憲周恤民隱、河海容納之量。用敢縷晰陳明，伏乞察核轉詳。倘蒙恩准寬免，闔境頂祝。

謹呈。

與邑侯高公論旱災(丙子)

自别光儀，倏更晦朔。伏審藎祺日茂，良慰頌忱。

敝莊捐存社穀已於上月杪次第放完，開列户口清册交司業彙報，計應上塵冰案矣。此項倉穀，於捐存正數外，弟復續捐三十餘石，又倡率本村稍有力者湊捐二十餘石，陸續散給貧民。惟是二麥顆粒無收，十室九空，來日正長，棉力幾何，實難爲繼。然坐視其餓，亦有弗忍。不得不隨時量爲周恤，以救目前。幸小暑後，連次得雨，趕緊補種晚禾，庶冀秋成，以收桑榆之效。不料天怒未已，魃虐仍熾。既交大暑，十餘日以來，僅得微雨一次，日炙風乾，以致初生之菽豆、蕎麥等漸形枯萎，而高粱、穀苗更奄奄待盡。立秋瞬屆，再種無期，誠恐無麥繼以無禾。現在人情危迫，朝不保夕，此後不堪設想矣。

昨恭閱邸鈔，兩宮太后軫念民艱，發帑十萬賑濟畿輔、山東，則責成大吏，或碾動倉穀，或設廠粥賑，或采買鄰封，或勸捐接濟，想上憲必有一番措置。若以寧邑而論，倉穀則顆粒無存，粥賑則無米可炊，采買則空手徒往，勸捐則百室懸罄，四者無一可爲，殊滋憂懼。惟望明府設法拯救，活此一方，斯則東鄙哀氓所焚香默祝者耳。寧邑惟城西一帶村疃素擅井泉之利，雖旱無傷，以闔境計之，尚不及二十分之一。東北兩鄉地占縣境大半，山田十居其八，畏旱最甚，未可以附城例也。

手肅布達，不盡欲言。

説蝗

蝗之爲害，皆以爲天灾，實則不盡然也。原其所由，蓋陂澤沮洳之區，萑葦叢生，魚蝦集焉。所遺之子，附著草間，得水則仍爲魚蝦，失水則化爲螟螣，觀其肌理之斑駁、股爪之瘦勁、跳躍之靈便、性味之腥熱，可知其種類固相嬗也。自古蝗灾往往起自河北。史册所載，姑不具論。以近事徵之，則其始生必於濟寧州屬瀕湖各縣境，而飛騰四出，每在五六月間，有定地、有定期，歷歷不爽。而先事可决者大約有三：［一］則秋旱少雨，湖水易涸，而魚鰕遺子失所依也。一則冬暖無雪，不足殺蟲，而遺子不致腐爛也。一則春雨愆期，涸出之湖乏水灌入，故遺子不得復爲魚鰕，必將他變也。是以咸豐六、七、八年間，無歲不蝗，而同治初復大足爲患。然其所以坐視蝻生不爲之所，以致長翅成蝗者，其故又有二：一則民不關利害。蓋瀕湖之民，利在湖涸，因其肥淤，種麥往往倍收。或且導水他注，以爲麥田。雖連阡芃茂，而魚鰕遺子雜糅於坡隴壤塊之間，迨至小滿節後，地氣鬱蒸，偶得雨潤，蝻子必出。湖民但種麥不種禾，而是時麥秋漸近，蝻子爲害，且捕蝗必致損麥，自惜其麥，不得不姑置其蝻。及割麥登場，則并湖田委而弃之，此所以有蝻而不報也。一則官不顧考成。捕蝗不力，處分綦嚴，然亦必俟勘報成災，方罹吏議。今民既不報，官亦不禀，上司無從察知，馴致貽患鄰封。長吏爲之旰食，里下靡不騷然。而瀕湖牧令因蝻已成蝗，蝗已出境，轉得置身事外，此所以有蝻而不捕也。溯自咸豐中，蝗災幾半天下，嗷嗷遍野，道殣相望，言之痛心。今歲魯北各縣捕除頗力，尚不至如昔年爲患之甚。但入秋亢旱异常，種麥什無一二，湖水淺涸之處，正復不少。倘冬暖無雪，春雨不時，則明年蝗災恐亦不免。兵燹之餘，元氣未復，人心易動，若因之飢饉，更有不堪設想者。因思剿賊必搗其巢，除莠要拔其本，爲今之計，惟有仰仗大憲責成濟寧及所屬各地方官民，遇有蝻孽發生，立即集夫設法亟捕，或聚柴焚之，或引水灌之，悉絶根株，免致以鄰爲壑。倘長翅成蝗，飛騰遺患，須遵定例，將不力之地方官嚴予糾劾，勿任其諱蝗災而報旱災，巧爲避就。庶蝗可稍熄乎！

答友人論甘肅軍務

甘肅軍務竟致紛紜，不徒失一良將爲可惜（時提督劉松山陣亡），而全軍飢潰，尤不免隱憂也。恪靖西征所將，大半楚軍。其人皆生長湘蘭沅芷之鄉，氣暖而水清，食甘而衣薄。今一旦置之西北邊徼，氣則易燠而寒，水則易輕而重，易稻粱而爲油麥、青稞，易魚鮭而爲羶肉、酪漿，易布帛而爲氈裘、毛褐，南北异宜，易生疾病。不待交鋒，强弱已判。况步馬之形、主客之勢，又有不相及者哉！

因思甘肅本匈奴右地，自漢開五郡，偏霸迭興，民風夙稱勁悍。雖漢回雜處，而約計大數尚不能漢七回三。乃自軍興以來，未聞當事者練勇擊賊，何也？或鄉隅寡陋，所聞不能及遠歟？抑風氣頓殊，昔强而今弱歟？不然，何以竟無人焉振作而興起之也？竊謂以本地之勇剿本地之賊，其利有三：服其水土，疾病不生，一也。習其山川，險易素明，二也。受其蹂躪，同仇思奮，三也。兵法：『自戰其地爲散地』，以其田廬妻子之戀反顧爲多耳。今甘省瘠區被兵已久，計其民田廬蕩析、妻子離散，足以動其顧戀者，蓋亦無幾。此等失業哀鴻，地方官供軍之餘，安能遍加存恤？不作溝中之瘠，將爲篝火之鳴。何若募之爲勇，續其將絶之命，即以用其可用之力哉！此乃懸揣之見，未至其地，不敢即云可行。恪靖胸羅兵甲，手握韜鈐，必能通籌全局，因地制宜，固無俟局外之贅謀耳。乾隆中，楚南苗頑弗靖，傅、和兩帥剿之無功，傅鼐一郡丞制之有餘，正以土練二千得力，此亦可以互相考鏡者也。

河運摭談

近有爲任河北流之説者，即孟子行所無事之意也。大禹而後，惟東漢王景知之，故概置黎陽屯氏之故瀆，盡捐宣房瓠子之成法，而因河之勢，由長壽津（今滑縣）導入漯川，斜趨東北，至漯沃（今利津）注於勃海，大抵與今河入海之道不甚相遠也（金章宗明昌五年河決陽武，東注梁山濼，分爲二派，一由北清河入海，即今河所行之道）。禹河自大伾以下北流，是其本性。周定王五年以後，雖屢經遷徙，而方向不殊。元泰定初，始改而東流（即奪淮至東安縣入海之黃河）。經今數百年，又改而北流。名爲決溢，實復故道（胡東樵所云『決荆隆注張秋，由大清河入海』，其言驗矣）。必欲以全力與之抗，挽其北流，而屈之使東，固未易言也。東漢都雒陽，當日治河，但除其患，未嘗資其用。方今定鼎燕薊，漕東南之粟以供天庾，則正當用北流之河，以便吾漕。自古無海運有河運。即以《禹貢》徵之，當日以冀州爲帝畿，其地三面距河，故貢道皆由於河。而兖之貢道，則浮濟漯以達於河。兖在濟、河之交，正今東曹之境，其地非禹河所經（禹河北流，故瀆在今彰德府界），故必由濟入漯、由漯入河，逆挽而西，以抵堯舜所都之平陽、蒲阪，按今輿圖，則由山東達山西也。秦漢以降都長安，東南運道大抵由江入淮、由淮入河、由河入渭。其臣善言漕者，莫如唐劉晏。晏爲轉運使駐揚州，而運道亦無不由江淮入河渭者，雖中更吕梁、龍門之險，而通行無滯，要皆自東而西，逆流而上。按今輿圖，則由江南達陝西也。夫昔之河運可以逆流達山、陜，今獨不能順流達直隸乎？若自五季以迄北宋，皆都汴梁，則河運之便更不待言矣。且彼之運專恃河，今則南運河并未湮塞，北運河一律疏通，惟臨清以南、濟寧以北閘河淺涸，不能飛渡耳。此間地勢本屬高仰，恃南旺、馬踏二湖豬汶水以爲用，而於其間節節置閘，層層盤剥，湖中之水不至，閘中之船必淺，故昔之蓄泄，與荟塘灌運异名而同情。究以水行高地拂其就下之性，今既年久失修，則壅閼淺涸亦無足怪也。况自銅瓦决口，黄河經流北趨，與運河并行而相逼，猶幸直注大清河，藉濟水之力，足以自刷，不致填塞耳。然業經穿運而過，缺口大小不一，以黄河之大、運河之細，挾濁流以臨斷港，漸淤漸滿，不至夷爲平陸不止，此灼然易見者。

爲今之計，欲復運河，必先治黄河；欲治黄河，必挽之東流，使歸故道。以今之財力，二工并舉，既慮無以速其成；先舉其一，又恐無以善其後。此在當事别有良圖，非寡昧所能窺測也。海運創始於元，行之一代，雖開會通河，未用以運也（元於會通，僅一用之。史所稱『自任城分汶之西北流，至須城之安民山，入清濟故瀆，經東阿至利津入海，由海道至直沽』是也。即今决河穿運北行之道，但利津以北仍行海運耳。嗣因海口沙壅，改從東阿陸運抵臨清、下漳御至京，即今之北運河。又開膠萊河通海，勞費不貲，世祖至元十九年，用伯顔策，自是專行海運）。明都金陵，故行江運，仍海運以餉遼東。永樂遷都北平，初則海陸兼運（南糧一由海運，一由淮入黄河至陽武，陸運至衛輝，由衛河入白河至通州），嗣用尚書宋禮之議，采老人白英之策，因元人會通之舊而爲今之運河。十三年河成，始罷海運（史不言所以罷之故，按其時勢，蓋以沿海時有倭患也。自是漕船由清江而下，行黄河五百一十餘里；繼開董家口，避河險二百七十餘里，至南陽夏村，皆引諸湖通漕。至濟寧入會通河，由天井閘至臨清三百八十餘里入衛河，而會通河盡矣。衛河順流直抵天津）。但考其措置，亦乏長策。蓋此河專恃汶水爲來源，而以泗水佐之。汶雖巨川，盛漲必在夏令，冬春則涓涓清泚而已。當南艘抵東之日，正汶波短淺之時，每不足以資浮送。乃於濟寧、寧陽置工部分司主事一員，督率附汶各州縣疏浚七十二泉，導之入汶，冀以濟運。實則各泉發脉甚微，勢難遠及。汶漲則無所用泉，汶涸則泉不足用。雖募置泉老泉夫，歲勤畚臿，未免徒滋勞費，無裨灌輸。今隳廢已久，十泉九堙，更無庸置議已。溯自道光中，江南始試行海運，咸豐中，浙江亦接踵行之，至今爲便。雖取則於元，而規畫周詳，跨越往代。廟堂之上不以海運爲可恃，而兼籌河運，此誠經國深圖，規摹閎遠，第適值黄流横潰、運渠淺涸之時，又當大兵甫撤、巨款難籌之際，苟拘守繩墨，恐公輸亦有難施其巧者。

竊思天下事窮則必變，變而後通，以黄河之運與運河之運較，則黄河不及運河之穩；以大海之運與黄河之運較，則大海不及黄河之平。然黄、運二河必難并行。元以前之黄河，所以導之使北者，因其無妨於運也；明以後之黄河，必欲挽之使東者，慮其有害於運也。欲用會通以運，必挽黄歸故道而後可；欲導黄河使北流，必不用會通即以黄河運而後可。就二者兼權熟計，必欲捍黄以保運，則逆而難，難則費多而功鮮；誠能借黄以助運，則順而易，易則費少而功多。况元所創之海運，可以行之於今；豈禹及歷代相沿之河運，轉不能行之於今乎？何不省此百里閘河挑挖修復及别開支河挽黄合龍之兩巨款，而於曹州以下、武定以上黄河與南北運河相近之處，相度地形高下，或開支渠、置閘壩以時啓閉，或設轉般、資陸輓以利遄行？一切措置機宜，則在當事通盤籌畫，務出萬全，而非几席之上、毫楮之間所能遥揣而謬議者也。

導河北流之説，已駭人耳，况欲資以運乎！但爲今之計，必欲黄運兼籌，兩工并舉，誠恐難於措手。此尚是乘時因勢之一策。然亦言之易而行之難也。

按《元史》：順帝至正四年，河決白茅堤，又決金堤，曹、濮、兖、濟諸州郡民居昏墊立行都水監於鄆城，以賈魯爲大監。魯循河道、察地形，往復數千里，備得要害，爲圖，上二策：其一，議修築北堤以制横潰，則用工省（此師王景遺意）；其一，議疏塞并舉，挽河使東行，復故道，其工數倍。議未竟（此即導河北行及挽歸故道之二策，序有先後，其意則重在前策也），尋調都漕運使，復條奏漕政八事，六曰疏通運河（前二策但論黄河，至是兼籌運河。蓋是時江浙盜起，方國珍屢梗海運，故欲用會通乎），亦不果行。既而河水北侵，安山（即安民山）淪入會通運河（河奪運），延袤濟南、河間，將隳兩漕司鹽場（決河下游，至何處入海，史無明文，俟考。既云有礙鹽場，則直注武定可知）。脱脱復相，乃集廷臣議。或言當築堤以遏水勢，或言疏南河以殺其流。魯復以前二策進，脱脱取其後策。魯言必塞北河使復故道，役不大興，害不能已（即所云『其工數倍』者也）。十一年春，命魯以工部尚書爲總治河防使，起丁夫十餘萬，自四月鳩工、七月塞決河、十月河復故道，南匯於淮，東入海（共用中統鈔百八十四萬五千六百三十六錠有奇。按當時用鈔，故易措置。若如今之用銀錢，恐有未可一概論者）。

魯之治河，其功卓然可紀。至因而致亂，則有任其責者，非魯罪也。以魯之才，又有脱脱爲之内主，使用其前策導河北流，功當不在王景下（景河北流至北宋始改，凡閲九百餘年）。乃卒用後策，天下事洵未易言也。

元世祖中統十四年，漕司議通沁水北、東合流御河以便漕者。衛輝路總管董文用曰：『衛爲郡地最下，大雨時行，沁水輒溢出百十里間；雨更甚，水不達於河即浸淫及衛。今又引之使來，豈惟無衛，將無大名、長蘆矣。』會朝廷遣使相地形，上言衛州城中浮屠最高者纔與沁水平，勢不可開也。事遂寢（《元史·董文用傳》）。

元人不導河入御河徑達天津以便漕，而借汶泗之水爲會通河，似未免失策。今觀此傳，當日未嘗不議及於此也。

明永樂元年，瀋陽中屯衛軍士唐順上言：衛河源出衛輝府輝縣太行蘇門山下，其流自縣城北經衛輝城下，入大名府濬縣界，迤邐抵直沽入海。南距黄河陸路五十餘里。若開衛河，距黄河百步置倉，受南京所運糧，轉致衛河運北，則公私交便。上命廷臣議，俟民力稍甦行之。

分汶濟運，建策者鄉耆；導黄入衛，倡議者屯卒：邇言洵不可不察也。當時海陸兼運，陸運由淮入黄河至陽武，陸運至衛輝，由衛河入白河至通州，似頗用其説矣。如果公私交便，何以九年復有開會通河之役？得非以陸運勞民，故改爲水運邪？但原議以衛河南距黄河僅五十里，既開衛就黄，百步之近，不置閘以通達，而置倉以受糧，殆於絞關過閘之法尚未講求邪？此即由黄河入北運河之説，儘可不用會通。乃當日舍此而從事於後，必有行之不便者。今河道變遷，更難懸擬已（導黄入衛，由衛運京，霍韜力主此議，卒未能行）。

内閣中書舍人孫君墓表

君諱毓漢，字雲皋，姓孫氏，世居濟寧，前大學士寄圃相國之第三孫。考諱仁榮，待銓通判，累贈通議大夫；妣氏馬，贈淑人。生三子，君其仲也。

天稟穎秀，孝友夙成。早失怙恃，持喪過禮，鷄斯柴立，哀感行路。世父中丞公、季父大農文定公撫之成立。就撫受經，讀《内則》至『父母殁，爲善必果』數句，輒撫卷流涕，亟思勿忝所生。攻苦力學，修謹逾寒士。詩文一遵家法。總角補諸生，以异等食餼，與兄□□文學、弟梧江廉訪，錚錚蜚聲齊魯間。既而文學早（世）［逝］，君與廉訪先後舉於鄉，頡頏上公車。廉訪尋掇大魁，而君屢膺房薦，迄不得當於主司。自安義命，處之怡然。乃益潛心根本之學，不屑沾沾事帖括。每三復懿戒，於所云敬慎威儀者，尤身體力行，獨處若對賓客，罕見惰容。與人交，盎然春温，無疾言遽色，人皆愛而敬之。咸豐初，江淮寇警，入貲佐軍興，循資爲内閣中書舍人。儤直薇垣，趨公惟謹，淡於世味。旋謝病歸。晚益静退，閉門不妄交接，端居凝然，惟手《説文》一編，逐細點勘，六書訛舛，多所正是。又裒録高曾以來詩文章奏，彙爲《家集》并《家傳》若干篇，躬督手民鐫印函藏，用存世澤。少工楷隸，與弟齊名；老喜作草，墨守二王，不失尺寸，見者比諸片玉碎金。體素羸，得异傳呼噏吐納之術，華皓而神明弗衰。刊播驗方，兼施善藥，活人亡算。

光緒二年十一月□日無疾令終，年七十有六。配陳恭人，濟上名家女，内政修舉，與君相敬如賓，先卒。子□，孫肇熙中書科中書舍人，葬君於州城北□□之原，恭人祔焉。今將立石表厥墓，屬余爲之撮舉生平行義，書而刻之，以垂示後昆。如右。

通議大夫、浙江按察使司按察使、前翰林院修撰孫公墓志銘

公諱毓溎，字梧江，先於明初由山西洪洞遷山東夏津，再遷濟寧，因系籍焉。世有名德，曾祖諱擴圖，明通進士，錢塘縣知縣。祖諱玉庭，由翰林起家，累官體仁閣大學[士]、兩江總督。考諱仁榮，候銓通判，贈如
公官； 妣氏馬，贈淑人。公生於粵西，蚤失怙恃，伯父中丞公、叔父文定公撫之成立。
天稟秀穎，悉傳家學，屬文清綺，尤工楷法。弱冠應童科，補博士弟子； 尋以高等食餼。五踐省闈，始於道光辛卯登賢書； 七上公車，始於甲辰雋禮闈。廷試一甲第一進士，授翰林院修撰。吾鄉自聊城協揆傅
公、侍郎鄧公後，二百年無大魁，公寔三之。
宣廟知公宿儒，簡放雲南學政。下車釐剔奸蠹，振拔寒俊，士論翕然。會永昌回與漢鬨，滇西道梗，制府

林公督師深入，相機剿撫。公謂林公曰：『漢回勿畦畛，惟公斯服；文武勿芥蒂，惟和乃濟。』林公韙之，亟行其策，果一舉而定。期滿代還，充實録館協修兼教習庶吉士，壹是稱職。咸豐初命中外大臣各舉所知，長白相國文公首以公名上。召對稱旨，出守江西吉安府。未之任，超擢山西按察使，蓋异數也。晋省法紀久弛，公廉得刁衿蠹役，立置重典，疏理滯獄，劾罷縣令之懦不職者，吏治一新。時前藩司因彌補庫款調劑失當，西臺糾其營私，上命公及方伯張公會辦。於是鈎稽積牘，畫定準式，先補新虧，徐追陳欠。疏奏，奉旨以所辦允協，立予施行。調任浙江按察使。武林闤闠櫛比，動虞火患，宵小伏莽其間，嘘焰燃薪，乘機肆攫。公首嚴防冬之令，訪獲三奸，按治如律，市井安堵。又因嘉、湖、温、臺四郡盗風孔熾，擬照江洋大盗例，顯戮首惡，梟懸示警；雖格於大府不行，而各屬捕務頓有起色，公整飭之力爲多。浙省東南環，寧波寔踞一隅，自羅夷變，民氣漸囂。歲壬子，鄞縣因徵糧聚衆辱官，四境鼎沸；奉化莠民又與石山鹽梟同時蜂起。公帶兵馳往，恩威并用，殲渠散脅，指日廓清。惟梟徒負嵎旅距，副將某以輕進致衄。公别簡賢能，密運方略，激厲將士，次第擒馘，匝月而浙東平。凱旋即荷攝藩之命，并以助餉賞戴花翎。

蓋上意方欲畀公重寄，而公以積勞致疾，遂乞假歸。杜門養疴，以文史自娱。尋值江淮不靖，齊魯繹騷，朝議舉行團練，督率須人。黄縣相國賈公復以公名上，立荷聖俞。時公夙疾未瘳，漸成風痹。自以世臣受兩朝重恩，誼不敢辭，乃力疾起視事。一切集貲、募勇、儲糧、製械，必躬必親，士飽馬騰，屹然若重鎮。捻逆以任城完實，更番窺伺，憚我兵威，卒不敢犯。而公疾自此深矣。嗣子郎中君供職虞部，迎養就醫。於同治六年二月三日卒於京邸，年六十有五。次年歸葬於州城東北賈莊東原之新阡。公以覃恩授通議大夫，配楊淑人封如例。子一：棠，即郎中君；孫二：肇熉、肇烜。

銘曰：

奎躔魯野，光燭任垣；宰相之孫，篤生狀元。視學滇南，寬嚴互用；妙贊戎機，邊塵立静。花磚翔步，弟子群仙；摹繪日月，筆大如椽。甫綰郡符，旋陳臬事；於晋於越，安民戢吏。既剪奸偷，更鋤强梗；斧鉞干戈，祥刑示儆。皇曰俞哉！錫汝翠翎；汝綜藩條，大猷是經。請假歸田，力疾練士；未竟所施，九京賫志。惟洸之濆，有巋者墳；古曰不朽，庶幾斯人！

贈鹽運司知事文學汪公墓表

君諱汝霖，字沛倩，别字雲鶴，姓汪氏。世居泰安西南鄉高淤里。考諱文偉，以名諸生爲齊魯間所重，識與不識稱曰『奇亭先生』。君少承庭誥，内行尤篤，悦親敬兄，恩禮周至。事世父如父，撫幼侄如子，人無間言。禀絶人姿，讀書寓目不忘，爲文若宿構，出語驚人。弱冠應童科，郡縣皆前列。學使者季公芝昌，世所云宗工也，得其文亟賞之，拔置學籍，目爲國士。君雖治經生家言，顧不屑爲小儒齷齪章句之學，歷訪名師，貫串大義，既乃受教於先昆竹泉先生，悉傳其業。獨以文格夐絶，不肯俯就有司繩尺，坐是屢踐棘闈，迄無一遇。處之泊如，弗以屑意也。

家僅中貲，性慷慨，喜施予，族鄰有急，多賴其力以濟。尤好爲人排難解紛，抑强扶弱，見義勇爲，每甲乙相争，得片言立罷。咸豐初，盗起，軍興，朝議舉行團練。君與孝廉武君研農并奉檄充團長，倡衆聯村，所在響應。庚申中秋，捻匪闖渡運河，擾及汶南。各鄉聚一時鼎沸，避難北趨，蜚鴻滿野。君約束鄉丁，存恤保護，咸慶更生。辛酉春，賊復大至，逾汶而北，竄入泰境。官弁閉城自守，莫敢誰何。君獨與武君督丁捍禦，戰屢合，殺傷略相當。徒以步馬勢殊，衆寡不敵，君語武君曰：『敗矣，我輩當爲厲鬼殺賊耳！』遂同遇害。時二月九日也。

方寇之將至也，奇亭翁年耄矣，先期入山以免。比聞變，慨然曰：『吾兒不死矣！』蓋其父子平日以忠義相勉勵，義方之訓，有由來已。會臺諫朱公以狀上聞，敕部議恤，追贈鹽運司知事銜，并蔭其子珊樹以主簿待銓。國家褒表死事之臣，不遺疏逖，所以激發人心、扶持世教者，詎不光且大哉！

配梁孺人，克襄内政，尋卒。以禮合葬祖塋之兆。兹主簿及其群季將樹碣表君墓，來請余文。余於君之學行知之素稔，而其恤鄰之義、殺賊之勇、殉難之烈，與夫國家旌忠之典，尤不可以無傳也，於是乎書。

離騷分段約説

離騷分段約説

讀《離騷》當先分段，得其大意，一切舊解，勿深論也。三閭憔悴行吟，有惓惓不能自已之情，又有耿耿不欲明言之隱。原不容以字句訓詁求之。諸家紛紛臆説，愈説愈晦，遂致千古妙文、至文，幾於語無倫次，亦可悲也。孟子説《詩》曰：『不以文害辭，不以辭害志，以意逆志，是爲得之。』至矣哉！説《騷》者何獨不然乎！閑嘗就其本文細加紬繹，始知其脉絡原自分明，語意亦甚清晰，并無難解費解之處。

大略全篇共分一十七段。

第一段

帝高陽之苗裔兮，朕皇考曰伯庸。攝提貞於孟陬兮，惟庚寅吾以降。皇攬揆余於初度兮，肇錫余以嘉名。名余曰正則兮，字余曰靈均。

自叙家世、名字，而首溯其系出高陽，以見其爲楚宗臣無可去之義也。

【眉批】『離』之爲義，班固訓『遭』，五臣訓『別』，俱可通。王逸以爲『離騷經』，賈誼以爲『離騷賦』，經非，賦是。王又云：『離騷之文，依經立義，駟虬乘鷖，則時乘六龍；崑崙流沙，則禹貢敷土』，欲尊爲經也。柳子厚云：《離騷》效頌，其次效雅，其次效風。欲擬以《詩》也。然均非定論。孫月峰云：『風格從《詩》，鑄詞祖《易》』，差爲近之。以其義涉比興，語多取象也。

第二段

紛吾既有此内美兮，又重之以修能。扈江蘺與辟芷兮，紉秋蘭以爲佩。汩余若將不及兮，恐年歲之不吾與。朝搴阰之木蘭兮，夕攬洲之宿莽。日月忽其不淹兮，春與秋其代序。惟草木之零落兮，恐美人之遲暮。不撫壯而弃穢兮，何不改乎此度也？乘騏驥以馳騁兮，來吾導夫先路！昔三后之純粹兮，固衆芳之所在。雜申椒與菌桂兮，豈惟紉夫蕙茝？彼堯舜之耿介兮，既遵道而得路。何桀紂之昌披兮，夫惟捷徑以窘步！

言行修於己。既有扈蘺、辟芷、紉蘭之芳潔，猶孳孳若將不及，惟恐歲不吾與。乃復朝搴木蘭，夕攬宿莽，益自修治若是者何也？誠以日月不淹，春去秋代，草木零落，恐美人遲暮，欲及時而獻之君也。君胡不撫茲壯年，弃彼穢德，幡然改此度乎？將於馳騁，必資騏驥，吾固有以導夫先路矣。先路云何？彼三代聖王，則衆芳所在也。雜申椒與菌桂，不徒紉夫蕙茝而已，况遵道得路者有堯舜之耿介，捷徑窘步者有桀紂之昌披，法戒灼然，何難知所取捨乎？此追溯爲懷王左徒時也。

【眉批】朱子云：吾導夫先路，下文數路字，及險隘、窘步、踵武等句，緊相呼應。

第三段

惟党人之偷樂兮，路幽昧以險隘。豈余身之憚殃兮，恐皇輿之敗績！忽奔走以先後兮，及前王之踵武。荃不察余之中情兮，反信讒而齌怒。余固知謇謇之爲患兮，忍而不能舍也。指九天以爲正兮，夫惟靈修之故也。［約黄昏以爲期兮，羌中道而改路！」初既與余成言兮，後悔遁而有佗。余既不難夫别離兮，傷靈修之數化。

言我之欲效於君者，惟日不足，而在朝黨人，則習爲偷樂。我之導君先路者，惟冀其遵道得路，而黨人之路則幽昧險隘，乃窘步之捷徑也。豈惟殃及余身，方且敗乃國事，而余何敢與之同出一途哉！亦惟不改初志，奔走先後，欲吾君以三后堯舜爲法，踵武前王而已。不意君不見察，信讒齌怒，此謇謇者爲黨人所忌，余固知其爲己患也。第以一念忠君之誠，可以上質九天，無如主聽熒惑，每多中變，卒至見疏，與君别離。此言懷王信上官大夫而斥己也。

【眉批】何義門云：數化之化，與訛同，數訛屢誤其路也。按：此仍作變化之義，方與悔遁有他相應，不應同訛。

第四段

余既滋蘭之九畹兮，又樹蕙之百畝。畦留夷與揭車兮，雜杜蘅與芳芷。冀枝葉之峻茂兮，願竢時乎吾將刈。雖萎絶其何傷兮，哀衆芳之蕪穢。衆皆競進以貪婪兮，憑不厭乎求索。羌内恕己以量人兮，各興心而嫉妒。忽馳騖以追逐兮，非余心之所急。老冉冉其將至兮，恐修名之不立。

言己雖見斥而益修其身，方且滋蘭至於九畹，樹蕙至於百畝。又合留夷揭車、雜以杜蘅、芳芷而并爲一畦，惟願竢時而刈，以獻之君。夫枝葉峻茂，固所冀也，雖或萎絶，亦何傷乎！所可哀者，黨人日進，習俗波靡，昔之號爲衆芳者，今已漸成蕪穢耳。誠以此衆人者，競進貪婪，求索不厭，又恕己諒人，凡芳潔自持、與己异趣者，各以嫉妒之心加之，其馳騖追逐，舉國若狂，而非余心所急也。余之心，但恐老將至而名不立也。

【眉批】何義門云：衆芳，即上文衆芳所在之衆芳，謂衆賢也。故有九畹、百畝之多。但玩本文，似謂於見疏後益修其身，文義方順。屈子既被疏，安能廣引同志乎！且三后、衆芳，承純粹説，亦衆善，非衆賢也。

第五段

朝飲木蘭之墜露兮，夕餐秋菊之落英。苟余情其信姱以練要兮，長顑頷以何傷！擥木根以結茝兮，貫薜荔之落蕊。矯菌桂以紉蕙兮，索胡繩之纚纚。謇吾法夫前修兮，非時俗之所服。雖不周於今之人兮，願依彭咸之遺則。長太息以掩涕兮，哀人生之多艱。余雖好修姱以鞿羈兮，謇朝誶而夕替。既替余以蕙纕兮，又申之以攬茝。亦余心之所善兮，雖九死其猶未悔。

言我既志在修行以立名，又不徒滋蘭樹蕙而已。方且飲蘭露、餐菊英，俾芳香内存，信姱練要，不以顑頷而有所傷損。又結茝、貫薜荔、矯菌桂、紉蕙、索胡繩，萃衆芳佩服於身，以法前修而殊於時俗，雖不周於今人，而有彭咸之遺則可依。夫我之好修姱以自鞿羈，乃至朝誶夕替，哀此多艱，誠可爲之太息掩涕。但初志終不可改，是以君既替余蕙纕，余又申以攬茝，此亦從心所好，雖九死猶未悔也。此申言其必不可奪之志，抱石沈江，計早決矣。曰彭咸遺則，情見乎辭也。

【眉批】朱子云：願依彭咸之遺則，文勢至此作一束；以上言見疏，後乃轉出見替，應作兩段。竊謂疏之於替，究亦無甚分别，況下云九死未悔，正承彭咸遺則而極言之，文勢至此，方束得住。

第六段

怨靈修之浩蕩兮，終不察夫人心。衆女嫉余之蛾眉兮，謡諑謂余以善淫。固時俗之工巧兮，偭規矩而改錯。

背繩墨以追曲兮，競周容以爲度。忳鬱邑余侘傺兮，吾獨窮困乎此時也。寧溘死以流亡兮，余不忍爲此態也。鷙鳥之不群兮，自前代而固然。何方圜之能周兮，夫孰异道而相安？屈心而抑志兮，忍尤而攘詬。伏清白以死直兮，固前聖之所厚。

言我志在忠君，不可改易，而君心浩蕩，終不見察。此非君之故，實因讒夫利口，猶蛾眉之見嫉，而致謡諑。良由時俗工巧，蕩然無復規矩繩墨改錯追曲，競以比周取容，而我獨鬱邑侘傺，自致窮困。然余雖溘死流亡，何忍爲此態乎！此亦如鷙鳥之離群、方圓之异道，即屈心抑志，仍不免忍尤攘詬，但伏清白以死直，固前聖所厚也。我亦折衷於前聖可耳，何忍效時俗之所爲也。

【眉批】人心，王注以爲『萬民好惡之心』。以上下文考之，則人者，三閭自謂也。

此二段，一云『九死未悔』，一云『清白死直』，皆承『願依彭咸遺則』而申言之，其分爲兩段者，彼乃自明其好修至死不變，此則痛言黨人之工巧，已爲所讒以至於死也。

自謂曰『人』，《詩·柏舟》所云『不諒人只』者是也。今恒言猶有此語。

以上六段，乃《離騷》正文也。太史所云『疾王聽之不聰，讒諂之蔽明』。邪曲之害公，方正之不容，故憂愁幽思而作《離騷》者，大意已具於此。

第七段

悔相道之不察兮，延佇乎吾將反。回朕車以復路兮，及行迷之未遠。步余馬於蘭皋兮，馳椒邱且焉止息。進不入以離尤兮，退將復修吾初服。製芰荷以爲衣兮，集芙蓉以爲裳。不吾知其亦已兮，苟余情其信芳。高余冠之岌岌兮，長余佩之陸離。芳與澤其(離)[雜]糅兮，唯昭質其猶未虧。忽反顧以游目兮，將往觀乎四荒。佩繽紛其繁飾兮，芳菲菲其彌章。人生各有所樂兮，余獨好修以爲常。雖體解吾猶未變兮，豈予心之可懲？

言俗態既不可爲，君心又不可悟，則余之伏清白以死直亦相道不察也，能毋悔乎？惟有退而獨善其身，庶可自全。於是及此行迷未遠，延佇將反，回車復路，步蘭皋，止椒邱。與其進而離尤，孰若退修初服，衣芰荷，裳芙蓉，何必求知於人，祇可自信於己，冠岌岌，佩陸離，又復糅以芳澤，庶無虧其昭質。但鬱鬱久居，不若出而遠游，忽焉反顧游目，方將往觀四荒，以寫我憂。此即《楚辭·遠游》之意。若夫我之佩芳菲而好修爲常，則所樂在是，雖體解猶未變者，豈以疏斥退罷而懲其初心也！

【眉批】退脩初服，正太史本傳中『既疏，不復在位』時也。上言『延佇將反』，又云『回車復路』，正是此句緣起。反者，將退也，復路者，退而就蘭皋、椒邱之路也。舊説云：復，反本國，以去國爲非。細按上文，并無去國之意，朱子云：『悔其初輕仕，悟而將隱』，最爲得之。

第八段

女嬃之嬋媛兮，申申其詈予曰：鮌婞直以亡身兮，終然夭乎羽之野。汝何博謇而好修兮，紛獨有此姱節？薋菉葹以盈室兮，判獨離而不服。衆不可户説兮，孰云察余之中情？世并舉而好朋兮，夫何煢獨而不予聽？

言我方退修初服，不變其操，而女嬃嬋媛申申詈予，其言曰：『汝以清白死直，爲前聖所厚，獨不聞鮌以婞直亡身，終夭羽野乎？汝何博謇好修，獨有姱節，曾不以鮌爲鑒乎！且今人室中，咸以薋菉葹盈之矣；汝何獨判然離而不服，必佩飾此芳菲乎？汝之中情，固堪自信，而衆不可户説，孰云察之？值此黨人日進，世并舉而好爲朋比，汝何煢然獨异，曾不聽予言乎？』備述女嬃之言，以見己之不容於時俗，又交謫於家人此自家人交謫，固不必指爲屈子之姊，亦非比黨人。

也。舊説以女嬃爲原姊，亦不必深考也。

【眉批】集解云：『嬃者，賤妾之稱，比黨人也。』按：

林西仲以『衆不可户説』以下四句皆女嬃之辭，極是。

余之中情，此『余』字，實『汝』字也。不曰『汝』而曰『余』者，嬃爲屈子家人，故稱余以親之，今恒言亦往往如是。《春秋》書魯爲『我』，即此例也。

以上二段，亦正文也。蓋三閭被疏之後、未遷以前，必且退而家居，故其言歷歷如是。自此以下，則不敢明言，而托之荒忽矣。

第九段

依前聖以節中兮，喟憑心而歷兹。濟沅、湘以南征兮，就重華而陳辭：啓《九辯》與《九歌》兮，夏康娱以自縱。不顧難以圖後兮，五子用失夫家巷。羿淫游以佚田兮，又好射夫封狐。固亂流其鮮終兮，浞又貪夫厥家。澆身被服强圉兮，縱欲而不忍。日康娱而自忘兮，厥首用夫顛隕。夏桀之常違兮，乃遂焉而逢殃。后辛之菹醢兮，殷宗用而不長。湯、禹儼而祗敬兮，周論道而莫差。舉賢而授能兮，循繩墨而不頗。皇天無私阿兮，覽民德焉錯輔。夫維聖哲以茂行兮，苟得用此下土。瞻前而顧後兮，相觀民之計極。夫孰非義而可用兮，孰非善而可服？阽余身而危死兮，覽余初其猶未悔。不量鑿而正枘兮，固前修以菹醢。曾歔欷余鬱悒兮，哀朕時之不當。攬茹蕙以掩涕兮，霑余襟之浪浪。

言君心不可悟，黨人無可與，退而居家，又不免怒詈。此時更向誰控訴？但我之清白死直，固前聖所厚也。惟有仍依前聖之節中喟然憑心，浮沅湘，望九疑，就重華而陳辭耳。歷陳夏康之娱縱而失家、羿之淫游而鮮終、澆之縱欲而隕首、夏桀之常違忠諫而逢殃、后辛之菹醢直臣而覆宗，蓋其亡也忽焉；湯禹嚴而祗敬，周先王論道莫差，又舉賢授能，動循規矩而不偏頗，一反乎康、羿亡國諸君之所爲，故其興也勃焉。誠以皇天無親，惟德是輔，而以民爲聰明。是以聖哲茂行，得用於世。必且瞻前顧後，相觀斯民之計而務求其極。安有非義非善，而可用可服者乎！余之自效者，其初固若是而已。今雖身阽危死，亦無悔焉。惟其不量鑿枘，以致齟齬難入，雖法前修，不免菹醢，是以歔欷鬱悒，哀不遇時，攬茹蕙而涕下霑襟也。此皆所陳之辭也。

【眉批】此『前聖』承第五段『前聖所厚』，雖中夾『退而家居』兩段，其語脉固未中斷也。特提出舉賢授能，爲下段求女立案伏根。

第十段

跪敷衽以陳辭兮，耿吾既得此中正。駟玉虬以乘鷖兮，溘埃風而上征。朝發軔於蒼梧兮，夕余至乎懸圃。欲少留此靈瑣兮，日忽忽其將暮。吾令羲和弭節兮，望崦嵫而勿迫。路漫漫其修遠兮，吾將上下而求索。飲余馬於咸池兮，總余轡於扶桑。折若木以拂日兮，聊須臾以相羊。前望舒使先驅兮，後飛廉使奔屬。鸞皇爲余先戒兮，雷師告余以未具。吾令鳳鳥飛騰兮，又繼之以日夜。飄風屯其相離兮，帥雲霓而來御。紛總總其離合兮，斑陸離其上下。吾令帝閽開關兮，倚閶闔而望予。時曖曖其將罷兮，結幽蘭而延佇。世溷濁而不分兮，好蔽美而嫉妒。朝吾將濟於白水兮，登閬風而紲馬。忽反顧以流涕兮，哀高邱之無女。

《離騷》惟此段最難解，以其語多荒忽，且與下第十六段殊相近，倉卒求之，而不知其用意所在也。今細按本文，先云『溘埃風而上征』，次云『吾將上下而求索』，末云『哀高邱之無女』，以下段『相下女之可貽』證之，則此段乃上征以求高邱之女而不可得也。言陳辭既畢，得此中正，固前聖之所厚，亦必重華之所許。因念湯禹之祇敬、周之論道，皆以舉賢授能循爲繩墨。我將求賢與之事君，托於女者，妻道、臣道一也。然以時俗之敝，安得賢者，惟有駟虬乘鷖、凌風上征，於是辭重華而朝發蒼梧、夕至懸圃，方欲留此靈瑣，而日忽將暮，乃令羲和弭節，稍駐此崦嵫之餘光，不憚路之修遠，而上下求索，冀一得之。求索未已，日又東升，余乃飲馬咸池，總轡扶桑，折若木以拂日，庶俾明無弗燭。然亦須臾之頃，聊以相羊，初無所遇，未幾而日又暮矣。則見望舒前驅，飛廉後屬，鸞皇先戒，雷師整駕，吾令鳳皇飛騰，夜以繼日，時則飄風雲霓，離合陸離，乃至開帝閽，倚閶闔，無所不到，可以任我求索矣。卒之曖曖將罷，徒結幽蘭以延佇而已，未見有賢者之可求也。良以世人溷濁不分，又好蔽美嫉妒，雖有賢者，何所容乎！余是以濟白水、登閬風而紲馬焉。蓋自發蒼梧至此而止，迄無所得。不禁反顧流涕，哀高邱之無女也。

【眉批】于晴川謂『就重華陳辭』以下，皆所陳之辭，是也。但云『跪敷衽陳辭』以下，四句總括，下半篇遠游皆從此生出，似未當。不若另作一段，則『溘埃風上征』以下，直至『登閬風紲馬』，皆上征也。且遠游之意，惟此段及第十六段纚纚言之，亦非下半篇皆遠游也。

靈鏁，舊注以文如連瑣，楚君之門，但按本文，上方發軔蒼梧，去重華之居未遠，何以無端至楚君之門而少留？又云：夕至懸圃，則去楚更遠，無從復留君門矣。雖托言荒忽，亦有倫脊，自以重華之門爲是。

第十一段

溘吾游此春宮兮，折瓊枝以繼佩。及榮華之未落兮，相下女之可貽。吾令豐隆乘雲兮，求宓妃之所在。解佩纕以結言兮，吾令謇修以爲理。紛總總其離合兮，忽緯繣其難遷。夕歸次於窮石兮，朝濯發乎洧槃。保厥美以驕傲兮，日康娱以淫游。雖信美而無禮兮，來違弃而改求。

言高邱既無女矣，而吾志未已。於是游此春宫，瓊枝繼佩，及此榮華未落，或有下女之可貽乎？下女者，對高邱言之也。爰命豐隆乘雲以求宓妃所在，既得所在，則解佩纕，令謇修以結言而爲理，庶乎可得。無如離合緯繣，卒難一遇。未幾歸次窮石，濯發洧槃，固已歸於后羿，但此宓妃驕傲淫游，美而無禮，本不足求，固當違弃而改求也。

王注云：宓妃神女，以喻隱士，又謂其體好清潔，暮歸窮石之室，朝沐洧槃之水。至『保厥美』以下四句，則曲爲之解，而卒不能通。今按本文，實羿妻也。《左傳》：『后羿自鉏，遷於窮石』，則窮石乃羿都，所以號爲有窮后羿。《天問》篇所云『夷羿妻彼洛濱』，即宓妃也。曹子建《洛神賦》以宓妃爲洛水之神，正與《天問》合。此云『洧槃』，洧與洛近也。惟爲羿妻，故譏其驕傲淫游。不然，神女胡可輕詆哉！（婦人謂嫁曰歸，歸次窮石，即歸於羿也，其旨甚明。子建《洛神賦》，昔人以爲感甄妃而作，雖未必然，其體實仿宋玉《神女》，固不以宓妃爲清潔之女也。揚雄在子建前，其《甘泉賦》云：『屏玉女而却宓妃』，宓妃曾不得施其娥眉；又《羽獵賦》云：『鞭洛水之宓妃』，皆以宓妃爲淫女，至欲加之以鞭。子雲之賦，規仿《離騷》，正與美而無禮、委弃改求同一旨義。其不以宓妃爲清潔神女，愈可見矣。又有羿妻姮娥竊食不死藥奔月宫之説，見於傳記及詞賦者不一而足，何羿妻之多神女邪！抑與宓妃傳聞异詞邪？朱子注《天問》，亦引傳云『羿夢與宓妃交』；錢杲之注『窮石』，亦引《左傳》『后羿遷於窮石』。）

【眉批】何義門盛推李安溪説求女以爲發前人所未發，與作者共有千古。但按其所説，殊不盡然。即如一宓妃也，王叔師以爲清潔隱士，安溪則以爲貴女喻賢臣，其意蓋以三段中惟宓妃以妃稱，有貴女之義；有娀稱佚女，故以喻隱佚之賢，而二姚則以喻左右之臣。但細按本文，安有貴女喻賢臣，而詆其驕傲淫游，美而無禮者乎！佚女可比佚賢，而未嫁之二姚亦可比左右之臣乎！又云少康以喻嗣君，無論《離騷》作於懷王之時，頊襄未立，并無嗣君之可喻，且少康以喻嗣君，則高辛亦以喻先君乎？此則不可解矣。

第十二段

覽相觀於四極兮，周流乎天余乃下。望瑶臺之偃蹇兮，見有娀之佚女。吾令鴆爲媒兮，鴆告余以不好。雄鳩之鳴逝兮，余猶惡其佻巧。心猶豫而狐疑兮，欲自適而不可。鳳皇既受詒兮，恐高辛之先我。

言宓妃既不可求，於是覽觀四極，周天乃下，望見瑶臺，有娀之佚女所居也。固非宓妃之驕傲淫游所可倫擬，無如遣媒不慎，先既爲鴆所誤，而雄鳩佻巧，又不可使，此際猶豫狐疑，自適不可，乃高辛既有鳳皇爲之媒，固將先我得之，則有娀之佚女不可復求矣。

第十三段

欲遠集而無所止兮，聊浮游以逍遥。及少康之未家兮，留有虞之二姚。理弱而媒拙兮，恐導言之不固。時溷濁而嫉賢兮，好蔽美而稱惡。閨中既以邃遠兮，哲王又不寤。懷朕情而不發兮，余焉能忍而與此終古？

言有娀之佚女既爲高辛所先，我欲遠集而無所止，聊以浮游逍遥。適見有虞二姚，佐少康中興者，方留於家，庶幾可得。無如理弱媒拙，誠恐導言不固，則未可必得。良以時方溷濁嫉賢，蔽美稱惡，雖有淑姿，無由自見。況閨中邃遠，本不易通其情，哲王不寤，又無以喻其意。徒爲是懷情不發，亦安能忍而與此終古也！

【眉批】少康未家，二姚尚留，則處子也，故曰閨中邃遠。哲王即指少康；不寤者，謂其未家也。如此解，前後文意方相應，班氏所云『與《左傳》不合』者，似即指此，然亦高穸爲詩矣。此與劉彥和云『豐隆求宓妃，鴆鳥媒娀女，譎怪之談』者，其蔽正同。夫屈子豈真爲少康二姚言之哉！諸家説哲王，俱不可通。而林西仲以爲總上見帝，尤謬。自古及今，安有稱上帝爲哲王者哉！

以上三段，實是一段。雖托諸宓妃、娀女、二姚，意必暗有所指，然不可考矣。揆其大旨，求女自係借喻求賢，與共事君，而卒不可得。即亂所云『國無人』者也。

王注以求女爲求賢，於理爲優，且有合於古風人之義。太史所云『好色而不淫』者，正謂此也。第思懷王外寵靳尚，内嬖鄭袖，張儀之得脱，即二人表裏爲之。則當日女謁盛行，牝晨司令可知。故《卜居》篇有『喔咿嚅唲，以事婦人』之問。而此篇於求女尤三致意焉。歷陳一淫妃、三聖后，以爲法戒，意謂若能弃去淫妃，更得聖后，以襄内治，庶可裨助君德，無如卒不可得，益令黨人得以交通宫掖，熒惑百端，而國事不可爲矣。徑作求女解，不敢正言，而托之荒忽，於義亦可通也。

第十四段

索瓊茅以筳篿兮，命靈氛爲余占之。曰：兩美其必合兮，孰信修而慕之？思九州之博大兮，豈唯是其有女？曰：勉遠逝而無狐疑兮，孰求美而釋汝？何所獨無芳草兮，爾何懷乎故宇？時幽昧以昡曜兮，孰云察余之美惡？人好惡其不同兮，惟此黨人其獨异！户服艾以盈要兮，謂幽蘭其不可佩。覽察草木其猶未得兮，豈珵美之能當？蘇糞壤以充幃兮，謂申椒其不芳。

言求女既不可得，懷情又不能忍，於是索茅筳篿，向靈氛而問卜焉。『曰』者，設爲占辭也。兩美必合，信修孰慕，九州博大，豈惟宓妃、二姚、娀女方謂有女乎？占辭止此，以下則靈氛之言，故更加『曰』字，以别於占辭也。勉逝無疑，汝之美必有求而弗釋者，譬諸芳草，汝臭味也，何必懷此故宇乎？靈氛之言止此，以下則三閭之自言也。言靈氛之意誠厚矣，但方今之時，幽昧眩曜，孰察余美惡乎？良由人之好惡原自不同，非惟此邦之黨人獨异也。余所見今世之人，大抵服艾盈要，而謂幽蘭不可佩。夫艾之與蘭，乃草木之薰蕕易辨者，猶不能察，何況珵玉，又安知其美之當然乎！豈獨佩艾而遺蘭，甚至喜糞而惡椒，尚得云何所無芳草乎！我是以欲從靈氛之吉占，未免猶豫而狐疑也。此托之於卜，即卜居之意，而其答靈氛者，即柳下惠所云『直道事人，焉往而不三黜』者也。

【眉批】［眉批］黨人，篇中屢見，皆指上官輩。乃舊注於此獨曰『楚國鄉黨之人』，何也？

欲從靈氛二句，爲此段結束。因與『之』字爲韵，故割屬下段。

第十五段

欲從靈氛之吉占兮，心猶豫而狐疑。巫咸將夕降兮，懷椒糈而要之。百神翳其將降兮，九疑繽其并迎。皇剡剡其揚靈兮，告余以吉故。曰：勉升降以上下兮，求矩矱之所同。湯、禹儼而求合兮，摯、咎繇而能調。苟中情其好修兮，何必用夫行媒？説操築於傅岩兮，武丁用而不疑。吕望之鼓刀兮，遭周文而得舉。寧戚之謳歌兮，齊桓聞以該輔。及年歲之未晏兮，時亦猶其未央。恐鵜鴃之先鳴兮，使夫百草爲之不芳。何瓊佩之偃蹇兮，衆薆然而蔽之。惟此黨人之不亮兮，恐嫉妒而折之。時繽紛其變易兮，又何可以淹留？蘭芷變而不芳兮，荃蕙化而爲茅。何昔日之芳草兮，今直爲此蕭艾也？豈其有他故兮，莫好修之害也！余以蘭爲可恃兮，羌無實而容長。委厥美以從俗兮，苟得列乎衆芳。椒專佞以慢慆兮，榝又充夫佩幃。既干進而務入兮，又何芳之能祇？固時俗之流從兮，又孰能無變化？覽椒蘭其若兹兮，又況揭車與江蘺！

言靈氛之言，既未可信，我又將問之巫咸以決所從。於是懷椒糈以要之。是時百神備降，九疑并迎，皇乃揚靈告以吉故，所云升降上下，以求矩矱所同，復歷舉皋繇之遇禹、伊摯之遇湯、傅説之遇武丁、吕望之遇周文、寧戚之遇齊桓，皆主臣相得，無端遇合，不藉行媒者。及此年歲未（宴）［晏］，時尚可爲，當擇主而事，無自失時。日月逝而老將至，亦如鶗鴂先鳴，百草不芳，嗟何及矣！巫咸之言止此，以下則三閭之自言也。言巫咸冀我遇合，但孤獨無援，又何以自立乎？即如瓊佩偃蹇，非不美也，而衆乃薆然蔽之，正以黨人嫉妒，必遭摧折。况以今時之繽紛變易，又何可淹留乎！其變易之甚者，乃至蘭芷變而不芳，荃蕙化而爲茅，昔之芳草，今爲蕭艾，又不止服艾遺蘭而已。吾所云衆芳蕪穢者，正謂此耳，豈有他故？以其莫肯好修，故争效黨人所爲，日甚一日，其害至此極也。余初以蘭爲國香，若可恃矣，今竟委厥美而從俗，苟列衆芳而無其實。若椒則專佞慢謟，本非蘭比，况榝又充乎佩幃，徒爲干進務入，又何芳能祗乎！時俗從流，孰無變化，以椒蘭之表表而猶若兹，彼揭車、江離，其變化又安足責也？此托之於巫，即《九歌》之意。前答靈氛，針鋒相注；此答巫咸，語意兩不相涉，何也？蓋靈氛第勸其博求同志，巫咸則欲其去故國而外求君，所謂以不入耳之言來相勸勉，故竟置不答。下段亦言靈氛、不言巫咸也。

【眉批】巫咸自是靈巫，不必殷之賢臣巫咸也。朱子曾辨之；又云巫咸之語，比靈氛俱進一層。前説但云去國，此説則在擇君。

前段止説到服艾盈要，蘇糞充幃，不知幽蘭之可佩、申椒之芳而已。此云昔之芳草、今爲蕭艾，乃真衆芳蕪穢也。蘭、椒，舊注子蘭、子椒，朱子辨其非是。按：《離騷》屢言椒，皆以爲芳草，此直指其佞謟，似舊説亦非無因。但不若仍作比喻之爲通也。

第十六段

惟茲佩之可貴兮，委厥美而歷茲。芳菲菲而難虧兮，芬至今猶未沫。和調度以自娱兮，聊浮游而求女。及余飾之方壯兮，周流觀乎上下。靈氛既告余以吉占兮，曆吉日乎吾將行。折瓊枝以爲羞兮，精瓊爢以爲粻。爲余駕飛龍兮，雜瑶象以爲車。何離心之可同兮？吾將遠逝以自疏。邅吾道夫昆侖兮，路修遠以周流。揚雲霓之晻藹兮，鳴玉鸞之啾啾。朝發軔於天津兮，夕余至乎西極。鳳皇翼其承旂兮，高翱翔之翼翼。忽吾行此流沙兮，遵赤水而容與。麾蛟龍使梁津兮，詔西皇使涉予。路修遠以多艱兮，騰衆車使徑待。路不周以左轉兮，指西海以爲期。屯余車其千乘兮，齊玉軑而并馳。駕八龍之婉婉兮，載雲旗之委移。抑志而弭節兮，神高馳之邈邈。奏《九歌》而舞《韶》兮，聊假日以偷樂。陟升皇之赫戲兮，忽臨睨夫舊鄉。僕夫悲余馬懷兮，蜷局顧而不行。

言衆芳變化一至於此，而我則有不然者，我以瓊佩可貴，委厥美以歷於茲，芳既難虧，芬猶未沫，是以和調度以自娱，仍不輟求女之初志。於是及余飾之方壯，周流觀乎上下，然亦安能鬱鬱久居此乎！因思靈氛既告予以吉占，爰及吉日，余將行焉。羞瓊枝，粻瓊爢以自潔，駕飛龍、雜瑶象以爲飾，離心既不可同，惟有從靈氛之言所云，遠逝無疑者，而以遠逝自疏可耳，何言遠逝將爲昆侖之游也？其路修遠，故揚雲霓以爲旗，鳴玉鸞以整駕，由東而西，以天津爲發軔之始，期於夕至西極，求昆侖所在。時則鳳皇乘旗，高翔翼翼也。往西極必行流沙，赴昆侖必遵赤水，時則麾蛟龍梁津，詔西皇涉予也。但路既修遠多艱，猝不能達，則飛騰從余之衆車，使徑往相待。余則取路不周以左轉，指西海與衆爲期焉。相待之車，屯者多至千乘，余乃齊其玉軑，使之并馳。駕八龍、載雲旗，庶乎可至崑侖矣。乃行行且止，抑志弭節，神馳高邈，奏啓之《九歌》，與重華之韶武，聊以假日偷樂。雖未至崑侖，亦足快我往觀四荒之素志而寫我憂矣。乃方陟升皇之赫戲，忽焉臨睨舊鄉，則僕悲馬懷，蜷局不行。僕馬且然，余獨何心乎！誠以眷懷宗國，義不忍去，雖有靈氛之吉占，欲遠逝而卒不可也。三復本文托諸靈氛、巫咸，意必當日楚之賢者，見三閭不容於楚，勸其别適异國，更求同志，甚或有以伊吕之遇合動之者，即賈生所云『九州相君，何必懷此都』之意。而不知其一念忠君愛國，與其存亡，不以死生易也。賈生不知三閭矣。太史所云『日月争光』者，殆謂此乎！

此即遠游之意，乃承第七段所云『往觀四荒』而暢言之。其與第十段語意相近而實不同者，彼乃求索同志，故曖曖將罷，仍復結幽蘭而延佇，卒之反顧流涕，哀高邱之無女；此則遠逝自疏，故抑志弭節，不妨聊假日以偷樂。忽焉臨睨舊鄉，蜷局顧而不行也。

【眉批】此段應與第十段對看。彼段以上征起，憑羲和以游，而至帝閽，無可再上，方登閬風而紲馬；此段以遠逝起，望崑侖以游，至不周左轉，未見崑侖，即抑志弭節，此不同也。彼段上征，羲和日御，上之至也，由咸池而至閬風，皆上也；此段遠逝，崑侖神山，遠之至也，由天津而至不周，皆遠也，其游則皆自東而至西也。彼段先令羲和弭節，留於崦嵫，日暮也，繼則飲馬咸池，總轡扶桑，日出也，又使望舒先驅，日没而月升也，故總之曰『繼以日夜』；此段陸行則揚雲霓、鳴玉鸞，遇水則麾蛟龍、使梁津，語意自明。『衆車徑待』之『待』，林西仲以爲應作『持』，言藉衆力隨路而持其危。但按下文，既云『指西海以爲期』，又云『屯余車其千乘』，若非相待，何云指以爲期？若非衆車皆待，何以屯至千乘乎？仍以作『待』爲是。

『和調度以自娱，聊浮游以求女』，雖猶存初志，而其意已漸歇矣。故下云『遠逝自疏』，更無一言及求女。舊説乃云『決意到崑侖，必有所遇之女』者，良由未細按本文也。『聊假日以偷樂』，豈復求女乎？

第十七段

亂曰：已矣哉！國無人莫我知兮，又何懷乎故都！既莫足與爲美政兮，吾將從彭咸之所居！

言已矣哉，衆芳蕪穢，求女不得，國無人矣。君又莫我知，我又何懷乎故都而戀戀於人世乎！既莫足爲美政，國將危矣，吾何歸乎？惟有抱石沈江，從彭咸之所居，以明吾志，不忍見宗國之亡也。節短韵促，聲泪俱盡，千載如聞嗚咽之聲，每爲涕泗沾襟、掩卷三嘆也。乃劉彦和猶譏其『狷狹』，何哉？

【眉批】前云惓惓故鄉，不忍去國也。此云何懷故都，誓將沈江也。子胥留眼以觀越師之入，三閭沈江不忍見宗國之亡，相越豈不遠哉！

不佞自少時嗜讀《離騷》，第喜其清辭妙句，於大義不求甚解，所謂『童蒙拾其香草』者也。迨通籍二十餘年，遂以吏事輟業。歸養後未忘夙好，仍時時温習之。於諸家注解，未能遍觀盡識，就所及見者，參互考訂，往往未愜於心。竊謂王叔師舊注，但依字句爲訓詁，而按之文理，每多舛迕。朱子説《九歌》甚善，而於《離騷》分四句爲一節，遂致脉絡未能貫通。錢杲之分爲十四節，而前數節未明作者之意，故强爲離析，殊滋淆溷。後數節亦有失於限斷之處。杲之自覺未安，乃更云大節之中或有小節，迄無定論。近代孫月峰既云重叠反覆，亦無倫次；陸雨侯亦云絮絮言之不覺其複，皆由未能細繹本文，區分段落所致。方伯海始有讀離騷當細分段落，自前至後，并無一字重複之説，可謂善讀《離騷》者矣。但所分六大段，未免意爲割截，且謬爲

『虚中實、實中虚』之强解，又於各段分句分章，更屬破碎。林西仲章詮句釋，用力頗勤，而不免穿鑿附會之失。于晴川會撮諸家，殊有識解，而未能折衷歸於至當。因思以注説解《離騷》，不若以《離騷》解《離騷》，乃就本文反覆紬繹，數年以來，似有所得，不揣固陋，輒以己意約爲之説，於三閭微文奥旨，未必果能抉擿靡遺，較諸家紛紜之論，尚覺明白易曉。手録成編，俾初學便於誦習（凡篇中用聯圈者，是其精彩處；用聯點者，是其筋節處）〔一〕。猶望同志者糾正其失，則幸甚已。（石琴并識）

注釋：

〔一〕魏按：整理中聯圈、聯點均予省略。

黄恩彤文集

二

〔清〕黄恩彤 撰　魏伯河 點校

齊鲁書社

鑒評别録

六十卷

自序

不佞自束髮就外傅，曾受業於外兄劉斐園先生。先生喜讀《通鑒》，背誦略能上口，每謂余曰：『士不可不知《通鑒》。』余受讀未能驟解，然心頗好之，時取流覽，第以資舉業而已。迨通籍後，服官中外，閲事漸多，每取古事以證今事，更就今事以斷古事，粗能辨其事之得失，因以意度史家所書之信否。嗣秉節粤東，購得鄱陽胡氏元本重雕善本，適值罷政多暇，爰於紅雲明鏡亭中詳加校閲，正其句讀，細加點定。携之東歸，復於定省餘閑僭綴評語，各以條記。閲歲既多，遂得卒業。綜計評語四千餘條，擇其略關肯綮者以赫蹏書著之眉端。又因散在各卷中艱於覆視，擬更抄撮别爲卷帙，以便檢核。而單摘評語，苦乏根蒂，復節録原文列諸評語之前，庶於事之本末，展卷瞭如，法戒昭灼，一覽可得。共爲書六十卷，名曰《鑒評别録》。雖管蠡之見未足測量高深，然平生於此書用力頗勤，而白首紛如，亦不料其竟能手鈔完竣也。因爲之序。

同治九年歲在庚午三月既望，秀野亭生黄恩彤自序并書，時年七十。

凡例

一、世所傳《通鑒》節本不一而足，然皆以紀事爲本，撮其要以存一代之治忽。兹書因評而録事，第取事以證評，與諸節本不同，然大事略具。若欲詳其事之始末，須檢原書。

一、温公此書積多年之力，成於衆賢之手，去取具有深意，洵無間然，第論斷無多，或於理爲長、於事未切，拙評偶有异同；至胡身之注，於地理最精，各代典故亦有考核，惟所論頗多疏舛，好以成敗論人，未爲達識。拙評每加糾駁，非敢故爲抵牾。

一、事有似是而實非者，有幸而成不幸而敗者，人有爲一代所推、千秋所重而未免名過其實者，功有冠乎一時而未免因人成事者，政有咈乎衆論而卒不出所規畫者，言有切中時弊而當日實不能行者，是在讀史者合前後而諦觀之，設身處地，審時度勢，方得其真。拙評頗以此爲標的。

一、《春秋》以後，惟《史記》《漢書》尚稱實録，《三國志》亦多直筆，六朝史職漸紊，迨及有唐，天子閲《起居注》，宰相撰《時政記》，而信史不復睹矣。『盡信書不如無書』，武、成第取二三策，况後世之史乎！然時之治亂、主之昏明、臣之賢奸、俗之貞淫，要亦略存梗概。讀史者得其大固可置其細，而即其一未嘗不可例其餘。此拙評中出□拈出。

一、創業之君，衆譽所歸；亡國之君，衆謗所集。多有譽之過其實、謗之失其真者。至若歷朝禪代之際、廢立之交，强臣淩逼弱主，或彰其穢德、或誣以隱慝，史所書不足信者多矣。拙評亦未及悉爲指摘，間舉一二，餘可類推。

一、諸評漢魏稍略，緣拙著先有《兩漢史斷》《三國書法》二書，於兩代時事俱有論説。故此評例不復及，晋以後則加詳焉。

一、案頭所存元本重雕《通鑒》，已將各評語著之眉端，兹復手自校勘，竭三年之力，繕録成帙。有原本所無此本增入者，有原本所有此本芟除者，有原本散見此本合并者，亦有字句增損過多致與原本不同者。應以原本爲草本，此本爲正本。

鑒評别録卷一

周紀

威烈王（諱午，考王子，在位二十四年）

初，命晉大夫魏斯、趙籍、韓虔爲諸侯。（二十三年）

代周者秦，而晉爲之蔽。其所以力不能支者，由於分而爲三也。《左傳》以此終，《通鑑》以此始，實周、秦一大關鍵。

温公論曰：以微子而代殷，則成湯可以配天矣。

文王舍伯邑考而立武王，微子舍孫腯而立衍，似有鑒於帝乙之舍微而立紂。立嫡雖禮之大節，然後世若晉之武帝、明之太祖皆以立嫡子嫡孫致亂，不止帝乙爲然。

又曰：或者以爲當是之時，周室微弱，三晉强盛，雖欲勿許，豈可得乎！是大不然。

温公之論，足以垂法後世。若論當日時勢，則『或説』得之。

又曰：三晉之列於諸侯，非三晉之壞禮，乃天子自壞之也。

周自東遷以後，王室日卑，僖王不能正曲沃武公簒弑之罪，而命爲諸侯。天子之壞禮久矣，又何責乎三百年後之威烈王哉！

趙簡子以無恤爲賢，立以爲後。

家國一也。立子以賢，足以昌後。若簡子立長，則伯魯立而趙且衰矣。

趙襄子(即無恤)夜使人殺守堤之吏，而決水灌智伯軍。韓、魏翼而擊之，遂殺智伯。

智伯知決水灌人之城，而不虞人之決之以灌己軍也。

襄子漆智伯之頭以爲飲器。

死人頭豈可以爲飲酒之器？晉灼所云『虎子屬』是也。仇深恨積，故漆其頭爲便溺之器以辱之。

襄子立伯魯之孫浣爲趙氏後。襄子卒，弟桓子逐浣而自立。

事與宋穆公之立殤公頗相似。

李克與魏文侯論相。

克言有五，而所重在達視其所舉，觀下答翟璜可見。

安王（諱驕，威烈王子，在位二十六年）

日有食之（五年）。

日月之食，實有一定。其當食不食，則疇人推步之失。先聖王恪謹天戒，故因變而修省。

聶政刺殺俠累。

聶政與荆軻不可同日語。軻刺秦王，爲燕除患，雖不成，不失爲忠。聶政刺韓相，特爲嚴仲子復私仇耳。乃温公并書於《通鑑》，不爲別白，何也？

齊田和求爲諸侯。魏文侯爲之請，王許之。（十三年）

必援三晉爲例，王欲勿許，得乎？

吴起對魏武侯曰：在德不在險。若君不修德，舟中之人皆敵國也。（十五年）

起以善用兵重於魏，而所言如是。殆猶未忘曾子之教歟！（起初學於曾子）

子思言：苟變才可將五百乘。（十五年）

吴起名將，而答魏君以『在德不在險』；子思大儒，而説衛君不宜以二卵弃干城之將。（變爲吏，曾食民二鷄子）

子思言：衛君臣自賢，而群下同聲賢之。

言莫予違，孔子所謂『一言喪邦』者。子思之言，何其深切著明乎！

烈王（諱喜，安王子，在位七年）

韓嚴遂令人刺韓廆於朝。廆走哀侯，哀侯抱之，人刺韓廆兼及哀侯。（五年）

《戰國策》以聶政刺韓相兼中哀侯爲一事。《通鑒》據《史記》兩書之，而於此不著刺客之名。若嚴遂即嚴仲子，韓廆即俠累，則聶政一助逆弑君之賊耳，與荆軻更不可同日語矣。

齊威王封即墨大夫，烹阿大夫。（六年）

不以左右之毁譽黜陟外吏，足爲世法。然所使往視之人亦宜慎也，若不得其人，又將有所毁譽矣。

魏武侯薨，不立太子。子罃與公中緩争立，國内亂。韓、趙合兵伐魏，戰於濁澤，大破之。遂圍魏，旋各退師，罃遂殺公中緩而立，是爲惠王。（七年）

魏自文侯，於三晋爲强且大，韓、趙皆入朝，至此始弱，而三晋之交亦離矣。

顯王（諱扁，烈王弟，在位四十八年）

秦獻公敗三晋之師於石門。（五年）

韓、趙伐魏，三晋之交已離矣。至此復合者，以拒秦也。

魏築長城，自鄭濱洛。

齊有長城，至此則魏亦有長城。大抵齊之長城，因山爲之；魏之長城，瀕水爲之也。

秦孝公用衛鞅。（八年）

庶長晁，圍懷公。庶長改，復殺出子。是時秦亦君弱臣强矣。故商君變法，主於尊主抑臣。

魏公叔痤薦衛鞅於惠王，王不能用。

武侯失一吴起，惠王又失一衛鞅，皆所謂『弃謀臣以資敵國』者也。

温公論秦孝公徙木之賞。（十年）

政之不立，令之不行，由於民不相信。孔子論政所以去食不去信也。

齊威王使田忌救趙。孫臏説忌：『引兵疾走魏都，彼必釋趙自救。』（十六年）

此兵法所云『攻其所必救』也，亦云『致人而不致於人』。

申不害學黄老、刑名，韓昭侯以爲相。（十八年）

黄老爲刑名之祖，故學刑名先學黄老。《史記》以老子與申、韓同傳，即此義也。

王致伯於秦。（二十六年）

秦自穆公，天子致伯。孝公修穆公之業，故王致伯於秦。

魏伐韓，齊使田忌、田嬰、田盼將兵救韓，孫子爲師，直走魏都。（二十八年）

救韓而直走魏都，猶是批亢搗虚之計。

趙良論五羖大夫。（三十一年）

舉之牛口之下，加之百姓之上，所謂『時舉於秦』者也。自鬻要君之誣，即此益見。

秦孝公薨，子惠文王立，殺商鞅，車裂以徇，盡滅其家，以公子虔之徒告其欲反也。

吴起立功於楚，悼王薨而起死；商鞅立功於秦，孝公薨而鞅死。二子固有自取其死之道，士處功名之際，亦難矣哉！

洛陽人蘇秦，説六國合從以拒秦。（三十六年）

秦之合從，先説燕、趙。以其未被秦患，説之難爲辭也，故説燕，但令親趙；説趙，先令知韓、魏不足支秦，禍必及趙，不若與五國合力以拒之，則趙王之心折而言易入。既合燕、趙，則韓、魏之逼於秦而被患最深者，不難一言而定。然後説齊、楚，盛誇其强足與秦抗，又得燕、趙、韓、魏四國之助，其利灼然共見，言尤易入矣。其説之有先後，蓋以此也。秦爲六國計最工，而卒不能堅從約者，勢均而心不一，故間易生也。

秦伐魏，渡河，取汾陰、皮氏，拔焦。（四十年）

方以河西地入秦（在三十九年），而秦渡河取二邑，魏失黄河之險。下年，盡入上郡十五縣於秦，魏又幾不保長城之險矣。

愼靚王（諱定，顯王子，在位六年）

張儀説魏襄王曰：『諸侯之約從，盟於洹水之上，結爲兄弟，以相堅也。今親兄弟同父母尚有争錢財相殺傷，而欲恃反覆蘇秦之餘謀，其不可成亦明矣。』（四年）

山東諸國之利於合從，不待智者而辨之。其卒不能堅且久者，則張儀『親兄弟争財相殺傷』之喻，爲能洞見其所以然也。

張儀説秦惠王曰：『親魏善楚，下兵三川，攻新城、宜陽，以臨二周之郊，據九鼎、按圖籍，挾天子以令於天下，莫敢不聽，此王業也。』（五年）

秦是時若用儀策，可以得志於天下，未可以其不見用而謂其智出司馬錯下也。所云『挾天子令諸侯』，自是假之爲名，以責諸侯之不奉命者，非謂共主可伐也。（秦自孝公受王命爲伯，故儀策出此）

司馬錯論攻韓劫天子不如伐蜀。

錯之欲伐蜀，亦如諸葛之欲北伐先入南也。且定蜀則踞岷江上游，而通伐楚之路，亦一奇也。然王翦用兵不由此路。

鹿毛壽説燕王噲讓國於其相子之。

托於禪讓，以篡取人國者，始於子之，而莽、丕繼之。

赧王（諱延，慎靚王子，在位五十九年）

燕昭王謂郭隗曰：『齊因孤之國亂而破燕，極知燕小力少不足以報，誠得賢士與共國，以雪先王之耻，孤之願也。』（三年）

欲雪國耻，先求賢士，燕昭可謂知要。

秦惠王使人告楚懷王，請以武關之外易黔中地。（四年）

既得蜀，又欲得黔中，皆爲規楚計。

楚王將殺張儀。靳尚謂鄭袖曰：『秦王甚愛張儀，將以上庸六縣及美女贖之。王重地尊秦，秦女必貴，而夫人斥矣。』於是鄭袖日夜泣説楚王，王乃赦張儀，而厚禮之。

陳平説閼氏以釋平城之圍，即師此智。此必張儀教靳尚爲之也。

張儀因説楚王曰：『王不事秦，秦西有巴蜀，治船積粟，浮岷江而下，不十日而拒扞關，黔中巫郡，非王之有。』

此即由蜀伐楚之路。張儀以動楚王，尚是虚聲；後晋武平吴，乃出於此。

張儀既説下楚王，乃更説韓、齊、趙、燕，令事秦。

儀所言雖不無虚聲恫喝，而皆中諸國之要害，故懼而從之，非其本心也。

揚子曰：『或問儀、秦，曰：「詐人也。聖人惡諸？」曰：「其才矣乎？」「才乎才，非吾徒之才也。」』（五年）

儀、衍之品，孟子論之詳已。知儀、衍則知蘇秦。揚子之言無足録。

趙武靈王令國中胡服騎射。（八年）

戰國用兵，漸以騎佐車。武靈始專用騎。

公孫龍論臧三耳，孔子高弗應。又論白馬非馬，爲鄒衍所絀。

戰國楊、墨而外，如從横堅白，皆士所挾以干世主者。故《通鑒》備録之而指其蔽。但書鄒衍之絀公孫龍，而不書孟子之距楊、墨，大是一漏。

楚懷王薨於秦，秦歸其喪。楚人皆憐之，如悲親戚。（十九年）

項氏起兵，所以立懷王孫心爲楚懷王也。

趙肥義以身殉公子章之難。（二十年）

義爲人，頗似荀息。所云『死者復生，生者不愧』，荀息曾有是言。

主父欲分趙，而王公子章於代，計未决而輟。

廢長立少，已足致亂；又欲分趙而王二子。即使沙邱之變不作，而趙國以分而弱矣。主父雄武而困於所溺，遂至於此。

燕樂毅并將秦、魏、韓、趙之兵伐齊，大敗齊師於濟西。乃還秦、韓之師，分魏師以略宋地，部趙師以收河間，身率燕師長驅深入。湣王出走，遂入臨淄。（三十一年）

先合四國之師，以與齊戰；戰勝則部分四國之師，使之或先還，或旁擊，而率燕師深入，直取全齊。其智勇洵不可及。

湣王子法章變姓名爲莒太史敫家傭。敫女奇法章狀貌，以爲非常人，因與私通。（三十二年）

太史女私通法章，尚屬一時淫縱。法章以王子當國亡父死之時，屈身傭保，乃爲苟且之事，可謂全無心肝者矣。

王孫賈與市人四百人攻淖齒，殺之，立法章爲齊王，布告國中曰：『王已立，在莒矣。』

法章布告國中，樂生不問，身之以後人善藏其用之論爲不然；王孫賈以四百人殺淖齒，而楚師竟不知嚮往，亦不可解。

荀子曰：『成侯嗣君，聚斂計數之君也，未及取民也；子産，取民者也，未及爲政也。』

此言取民，猶言得民。言子産能以惠得民，而未知爲政也。但與嗣君比較，則擬非其倫矣。

秦王與趙王會於澠池，趙人盛爲之備，秦不敢動。趙王歸國，以藺相如爲上卿。（三十六年）

澠池之會，趙王不至爲秦所劫者，非徒相如折衝樽俎，亦由『盛爲之備』也。不然，將爲楚懷王之續矣。

即墨人共立田單爲將，以拒燕。（時齊地皆屬燕，獨莒、即墨未下）

樂毅下齊，乃反湣王之虐政，而以德感之，如：禁侵掠、禮逸民、寬賦斂、除暴令、修舊政、祀桓公管仲於郊、表賢者閭、封王蠋墓，皆略仿武王之克殷。後世英辟良將取天下、克敵國、撫而定之，皆不外此術。孟子所云『不嗜殺人』者也。迨圍莒、即墨二邑，期年不克，乃令解圍，去城九里爲壘。令城中民出者勿獲，困者賑之，使即舊業。非徒以感二邑之民，正所以鎮全齊新服之民，其用意甚深，所謂『攻心爲上』者也。蓋是時，法章已立於莒，王孫賈輔之；而即墨有田單，其勢皆不易下。齊民新服，未免思其故主。若劫以威，雖得之不能守，故不攻城而攻心，亦有所不得已也。

或謂燕昭王曰：『樂毅欲自爲齊王。』昭王斬之。遣國相立毅爲齊王。毅惶恐不受，拜書以死自誓。

燕昭之於樂毅，一如蜀先主之於諸葛，可謂君臣魚水者矣。

田單大敗燕軍，殺其將騎劫。（燕昭王薨，子惠王以騎劫代樂毅）

田單之用即墨，全在激之使怒。蓋是時樂毅以德籠絡齊人，即墨雖未下，而衆心固未嘗忿恨、思致死於燕也。單故守而不戰，既設反間去毅，然後以術教燕劓齊降卒、掘冢墓、燒死人，以激怒之。又厚賂約降於燕將，以驕惰之。彼驕且惰，我怒且忿，故及鋒用之，以寡勝衆，轉敗爲功也。單之設間於燕者，欲其盡反樂毅之所爲，然後知毅之不攻城而攻心，乃單之所大忌也。然則毅一日不去，單一日不能有爲也明矣。

樂毅去燕適趙，燕惠王使人讓樂毅，毅報書，惠王復以毅子間爲昌國君。而毅往來復通燕，卒於趙，號曰『望諸君』。

樂毅之去燕，雖不及范蠡之去越，而能全舊君之義；惠王復以其子紹封，亦可謂善補過矣。

齊王有幸臣九人，譖安平君（田單封號），貂勃言其功，王乃殺九人，逐其家，益封安平君以夜邑萬户。

齊襄王之於田單，蓋有術焉。以單之力，王得返國，顧反疑之、輕之，幾致無以自明，何其舛也！迨聞貂勃一言，而翻然改悟，至并九子誅之，而封以萬户，又何明也！蓋襄王起自奔亡之餘、傭奴之中，一旦南面立於臣民之上，其勢本輕；而單以孤軍一邑，抗燕復齊，功高權重，齊人知有田單不知有襄王也。故王之待單，直以君臣之義臨之，不輕假以威福之柄，又直呼其名，一則曰『召相單而來』，再則曰『召相單而來』，直若漢高之箕踞嫚駡者然。而後國之中灼然知王之爲貴，此自一時權略。迨名分既尊，威福自已，而後捐萬户之邑以旌其功。則單不致有震主之嫌，而王亦可免虚器之擁，此亦所以全單也。然則單何如？曰：王之意，單知之矣。觀於王召單來，單即免冠徒跣肉袒而進，退而請死罪，正不知單何負於王而無端爲此請也。詎非藉以伸主威、盡臣禮乎！單賢矣哉！

初，齊湣王欲去孟嘗君，孟嘗君奔魏，魏昭王以爲相，與諸侯共伐破齊。

昌國在趙，則往來通燕；孟嘗在魏，則共伐破齊。一不忘故君，一親爲戎首，相越豈不遠哉！

秦白起伐楚，拔郢，楚徙都於陳。（三十七年）

先得黔巫，又得上庸，復取鄢鄧，勢已逼矣。故至此遂拔郢而據其都邑。

秦敗魏軍於華陽之下，魏段干子請割南陽予秦以和。蘇代謂魏王曰：『以地事秦，猶抱薪救火，薪不盡，火不

滅。』王曰：『是則然也。雖然，事已行，不可更矣。』（四十二年）

代之言非不切至。而是時魏實無以支秦，故卒割地請和，以偷旦夕之安。

黄歇説秦善楚以臨韓、魏，韓、魏必入朝，然後危動燕、趙，直摇齊、楚，則四國不待痛而自服。

春申説秦專事韓、魏，意在紓楚禍。而爲秦計良得，即遠交近攻之意。宜秦王之見聽也。

范雎説秦王：『伐楚以肥韓、魏，不如遠交而近攻，得寸則王之寸，得尺亦王之尺。』（四十五年）

遠交近攻，爲秦謀者甚工，更愈於張儀之連衡也。雎之策，與黄歇不謀而合。

温公論穰侯之功、斥范雎爲傾危之士。（五十二年）

太后且廢，何論穰侯？母子既絶，何有甥舅？此自秦王之寡恩，何尤乎范雎！

秦王齕伐趙，趙軍數戰不勝，樓昌請趙王發重使爲媾。虞卿曰：『今制媾者在秦，秦必欲破王之軍矣。』（五十五年）

秦之吞并六國，蓋先以連衡離其黨與，以講和懈其軍心。因利乘便，投間抵隙，以兵力制之。諸國劫於兵威而利其和解，以偷旦夕之安，則不至割地稱藩不止也。後世金之困宋，頗用此術。

趙奢之子括嘗與奢言兵，奢不能難，然不謂善。括母問故，奢曰：『兵，死地也，而括易言之。使趙不將括則已；若將之，破趙軍者必括也。』

馬服真知兵者也。觀其因括之易言兵而決其必敗，何其言之約而盡乎！孔子論行軍，所以不與暴虎馮河，而與臨事而懼、好謀而成者，即此意也。括學兵法於父，言兵事奢不能難，蓋亦有過人者。特不知合變，誠有如藺相如所譏耳。世有未嘗學兵法而易言兵者，則又去括遠矣。

趙括出兵擊秦師，武安君佯敗而走。括追造秦壁，不得入。奇兵二萬五千人絶趙軍之後，又五千騎絶趙壁間，趙軍分而爲二，糧道絶。

武安困趙括亦無他奇，祇是絶其糧道耳。

是時趙軍絶食已四十六日，至陰相殺食。秦人射殺趙括，遺師大敗，卒四十萬人皆降，武安君盡坑殺之。遺其小者二百四十人歸趙。前後斬首虜四十五萬人。趙人大震。

蓋岌岌乎病莫能興矣。括不得已，欲急攻秦壘。及其欲出也，分卒爲四隊，欲以更番迭戰。而卒俱飢疲已極，故四五復之，卒莫能出也。復之，自是往復之義，謂盤桓不能進也。注似未明。括見卒不爲用，乃自將鋭卒搏戰。鋭卒，自是括之親兵，未甚飢疲者。後軍敗而秦坑其降卒多至四十萬，亦因其飢疲，故易爲力。若非餓不能支，即武安之鷙悍，何得唾手而斃四十萬人乎！

武安爲將，一戰伊闕，而殺韓、魏卒二十四萬；再戰華陽，而殺魏卒十三萬；又沉趙卒二萬；又取光狼城，殺趙卒二萬；長平之戰，斬首至四十五萬。其有數可稽者，已積至八十四萬。此外戰勝首虜，尚不知凡幾也。爲將好殺，亦太甚矣！欲善終得乎？未幾遂有杜郵之禍。

孔子順（名斌，孔子六世孫，孔穿子高子）爲魏相，以病致仕。曰：『死病無良醫。不出二十年，天下其盡爲秦乎！』（五十七年）

觀子順之言，則知行道非乘勢不可也。孔子所以不能行於魯者，亦以勢在季氏、不在魯君也。

秦王陵攻邯鄲，少利，王欲使武安君代之。武安君曰：『邯鄲實未易攻也。秦雖勝於長平，士卒死者過半，國内空。』（五十七年）

長平全勝，世但知坑趙卒四十萬，而秦卒死者亦過半矣。兵凶戰危，信哉！

秦將軍摎伐韓，斬首四萬；伐趙，斬首虜九萬。赧王恐，背秦，與諸侯約從，將天下鋭師出伊闕攻秦。秦王使將軍摎攻西周，赧王入秦，頓首受罪，盡獻其邑三十六。秦受其獻，歸王於周。是歲，王崩。（五十九年）

赧王至此，乃欲與諸侯約從攻秦乎？適以速其亡耳。『死病無良醫』，信哉！

鑒評别録卷二

秦紀

昭襄王（諱稷，惠文王庶子，在位五十六年）

荀卿議兵以仁義爲本。曰：『仁者愛人，故惡人之害之也。義者循理，故惡人之亂之也。兵者所以禁暴除害，非争奪也。』（五十二年）

荀子論兵最精。大指與孟子『仁者無敵』『一怒安民』之論互相發明。但泥其文而不善用之，前則有宋襄，後則有陳餘。

始皇帝（諱政，莊襄王子，在位三十七年）

李牧約曰：『匈奴即入盗，急入收保。有敢捕虜者斬。』匈奴每入，烽火謹，輒入收保，不戰，亦不亡失。（三年）

胡騎入掠，飄忽不定。故以急入收保爲上策，即所謂堅壁清野。

昭王時，伐義渠，滅之，始於隴西、北地、上郡築長城以拒胡。趙武靈王北破林胡、樓煩，築長城，自代并陰山下至高闕爲塞。

齊、魏所築長城，非以拒胡；秦、趙所築長城，則專爲拒胡。而秦之長城，亦不始自始皇也。

燕將秦開襲破東胡，東胡却千餘里。燕亦築長城，自造陽至襄平。

燕亦築長城。則北邊自西而東皆有長城。始皇特因其舊而增修之可耳。更開河南地，創築萬餘里，何也？

七月，蝗、疫，令百姓納粟千石，拜爵一級。（四年）

據此，則納粟拜爵實秦法。漢文景特沿用之，并非家令首創其議。

楚、趙、魏、韓、衛合從以伐秦，至函谷關，秦師出，五國之師皆敗走。（六年）

諸國從約屢合屢敗，大抵急則相倚、緩則相圖，卒至同歸於盡也。

楚去陳，徙壽春，命曰郢。

遷國以避敵，獨不思我能往寇亦能往乎？

齊茅焦説秦王，王自駕往迎太后，歸於咸陽，復爲母子如初。（九年）

遷母於雍，謂之狂悖可也。假父二弟，是何言歟！焦一羈旅之人耳，其於秦王，地遠而交疏，乃竟冒必死之刑，博敢諫之名。其意惟在釣奇取寵，直是行險僥倖之小人，何足數哉！秦王之母，邯鄲倡也，固應不以嫪毐之事爲羞。使不忘廉耻，亦何顔見其子乎！

春申君納李園妹，有娠，進之楚王，王召入，幸之，遂生男，立爲太子。（九年）

春申或聞吕不韋之事而師其故智邪？抑奸人篡竊，不謀而合邪？

揚子曰：『或問信陵、平原、孟嘗、春申益乎？曰：奸臣竊國命，何其益乎！』

以信陵、平原與孟嘗、春申并斥爲奸臣，揚子之言謬已。平原佳公子，信陵尤賢，而何有於竊國哉！

王用李斯之策，陰遣辯士賫金玉游説諸侯名士，可下以財者，厚遺結之，離其君臣。（十年）

陳平間楚君臣，即用此術。

王賜文信侯書曰：『君何功於秦，食十萬户？何親於秦，號稱仲父？其與家屬徙處蜀！』（十一年）

不韋於秦，不得云有功；於王，則不得云無親也。車裂之嫪毐，第假父耳；此徙蜀者，乃真父也。

揚子曰：『或問吕不韋其智矣乎？曰：吕不韋之盗，穿窬之雄乎！』

不韋之爲盗，途人知之矣，揚子之論殊贅，温公録之尤贅。《法言》一書，義淺文深，仍不離雕蟲故技。觀其論儀、秦及不韋可見。

秦滅魏，王使人謂安陵君，欲以五百里易安陵。安陵君曰：『臣受地於魏之先王，願終守之，弗敢易！』王義而許之。（二十一年）

安陵之事不足信：秦已滅魏矣，安陵尚得以魏之先王藉口乎？

王翦將六十萬人伐楚，王送至霸上。翦請美田宅甚衆。

王翦之請善田，與趙括之買田宅，相似而不同。

温公譏燕丹挑怨速禍，又引揚子之言，以荆軻爲刺客之靡，斥之爲盜。（二十五年）

荆軻之刺秦王，固不免冒險僥倖。但其事若成，亦足快天下之心而抑强秦之暴，則固未可重訾也。曹沬之劫盟，可以一試於齊桓，而不能得之於秦政：即使脅迫定約，事後亦必反覆，而荆卿卒不免誅，惟有刺殺之耳。燕太子所云『大將擅兵於外而内有亂，則君臣相疑，諸侯得以乘間合從破秦』，未始非救急之一策，惜乎其擊之不中也！若謂其挑釁速禍以致亡國，因而比太子爲白公，是大不然。夫秦之勢已成，不盡滅六國不止。彼韓、魏何嘗挑釁，更不聞遣刺客，而竟先亡；齊事秦最謹，不助五國攻秦，而亦卒不免於亡。安得以遣荆卿咎太子哉！温公於聶政之背公死黨無貶辭，而獨於軻不諒其區區之忠，反引揚子雲之謬説斥之爲盜，何哉？温公生平最尊信揚子雲，動引《法言》以爲定論，乃至作《潛虛》以擬《太玄》，亦一蔽也。

即墨大夫説齊王建：收三晋、鄢郢大夫，與之百萬之師，使收晋、楚故地以攻秦。

賁軍之將不可以言勇，亡國大夫不可與圖存。即墨大夫之策，即用之亦未必有濟，況如王建者，又烏足有爲哉！

王初并天下，自以爲德兼三皇、功過五帝，乃更號曰『皇帝』。（二十六年）

秦自先世以來，殺人多矣。始皇并吞六國，所殺不止以數百萬計，可謂嗜殺而不仁矣，乃能混一區宇。孟子所云『不嗜殺人者能一之，不仁而得天下未之有』者，固亦有時而不驗邪？

召集魯儒生七十人至泰山下，議封禪。（二十八年）

孔子不言封禪，魯諸生安得言封禪？所云蒲車葅秸者，故爲迂説，而亦逆知始皇之必不用也。

始皇東游，至陽武博浪沙中，張良令力士操鐵椎狙擊始皇，誤中副車。（三十年）

力士鐵椎，何异荆卿匕首？乃荆卿誅而力士幸免者，一則禁衛森嚴，脱身無路；一則道塗寥邈，遁迹多方也。厥後子房爲漢帝師、封侯，而此力士名卒不顯。

盧生使入海還，因奏録圖書曰：『亡秦者，胡也。』（三十二年）

圖書自是讖緯之書。録者，録而奏之。注以『録圖書』三字連文，似誤。讖緯起於西漢之哀、平，而盛於東漢。此時似不應有。或已有之，後乃增飾而益甚邪？

蒙恬斥逐匈奴，收河南地，爲四十四縣。築長城，起臨洮，至遼東，延袤萬餘里。（三十三年）

觀此則始皇更築長城，又在舊長城之外。

丞相李斯議燒《詩》《書》及百家語。魏人陳餘謂孔鮒（字子魚，子順子）曰：『子爲書籍之主，其危哉！』子魚曰：『吾將藏之。』（三十四年）

子魚藏書，陳餘首發其端，亦有心人哉！

侯生、盧生相與譏議始皇，因亡去。始皇聞之大怒，使御史按問諸生，犯禁者四百六十餘人，皆坑之咸陽。（三十五年）

盧生當即入海之方士盧生，故始皇以爲尊賜之甚厚，因而遷怒儒生，何也？

葬既已下，或言工匠爲機，藏皆知之，藏重，即泄大事，盡閉之墓中。（三十七年）

當注以『大事盡』絶句，非也。上云『葬既已下』，是既下窆矣，乃又云『大事盡』，先秦無此煩複文字也。當是以工匠爲機，皆知珍寶奇器之藏；知其藏之重，則易泄而害大事，故盡閉之墓中，以滅口也。先秦文字奇奥，當以意通。

二世皇帝（諱胡亥，始皇少子，在位四年）

陽城人陳勝、陽夏人吴廣起兵於蘄。（元年）

自古無匹夫倡亂起兵者，有之自勝廣始。固由秦之暴有以致之，亦因封建廢而郡縣之權輕也。

張耳、陳餘説陳涉立六國後。

此時正宜封六國後以撓秦權。蓋陳涉初起，不爲民所附，以匹夫抗强秦，與以卵擊石何异？六國之民，苦秦苛法，皆思故主。立六國後，俾各收其遺民以與秦抗，則秦以備分而力單，涉以助多而勢重矣。

陳王使武臣徇趙、鄧宗徇九江郡、周市徇魏、周文西擊秦。武臣渡河，下趙十餘城，餘皆城守。

勝、廣起兵以後，命將四出，縱横數千里，不聞郡縣有發兵擊之者。即不遽下，亦祇城守而已。此權輕之明效也。

周文行收兵至關，車千乘，卒數十萬，至戲，軍焉。二世乃大驚，與群臣謀曰：『奈何？』

二世初聞趙高言『諸公子大臣恐爲變』，則曰『爲之奈何』；既聞周文兵至戲，又曰『奈何』。庸駘竪子，千載下如聞其聲也。

陳王聞武信君自立爲趙王，欲盡族武信君等家而發兵擊趙，柱國房君諫曰：『此生一秦也。不如因而賀之，使急引兵西擊秦。』

此與張子房論韓信之王齊同一機勢。項梁復楚，田儋王齊，韓廣王燕，武臣王趙，周市復魏，六國已復其五，陳王安能禁之哉？與其任彼自立，孰若求六國後立之，以樹黨而市恩乎？張耳、陳餘之計不謬也。

是歲，二世廢衛君角爲庶人，衛絶祀。

衛至此始亡。始皇并天下而獨遺衛，亦不可解。未知安陵亡於何年。

泗水監平將兵圍沛公於豐，沛公出與戰，破之。（二年）

郡縣之兵不敢擊陳、吴而敢擊沛公者，以初起勢弱易取也。然亦每戰輒敗。

二世數誚讓，李斯恐懼，乃阿二世意，上書勸行督責之術。

李斯至此又勸二世行督責以速其亂，豈其本心哉？患失而無所不至者也。然亦由師事荀卿，習聞性惡之説，故其末流乃至於此。

陳涉既爲王，其故人皆往依之，妻之父亦往焉。涉以衆賓待之，長揖不拜。妻之父怒，不辭而去。客出入愈益發舒，言陳王故情，陳王斬之。

故人是一事，妻父是一事，客又是一事。《通鑒》不叙傭耕及遮道求見，突云『客愈益發舒』，則語無根蒂。此翦截之失也。

范增説項梁曰：『陳勝不立楚後而自立，其勢不長。今君起江東，楚將争附，以君世世楚將，能復立楚後也。』於是項梁求得楚懷王孫心，立以爲楚懷王。

是時必六國之後方能致衆服從，則以去封建未遠，人人有舊君舊國之思也。增所見，與張耳、陳餘略同。

二世曰：『凡所貴有天下者，得肆意極欲，主重明法，下不敢爲非，以制御四海。』

二世蓋誤用申、韓之術，以濟楊氏爲我之私者。

高陵君顯在楚，以宋義爲知兵，懷王召宋義與計事而大悦之，因以爲上將軍。

懷王用宋義爲上將軍，未爲知人。蘇子瞻以此事與遣沛公入關并舉，推爲賢君，非篤論也。

宋義謂項羽曰：『搏牛之虻，不可以破蟣虱。』（三年）

蘇林、如淳、師古之説皆非也。詳其上下文義，蓋謂羽能粗而不能細，以喻虻之力可以搏牛而不可以破蟣虱也。下云『披堅執鋭』，以喻虻之以力搏牛，『坐運籌策』，必細爲區畫，故以喻破蟣虱也。

項羽曰：『不引兵渡河與趙并力攻秦，乃曰「承其敝」。夫以秦之强攻新造之趙，其勢必舉，何敝之承？』

宋義非知兵者，羽之論切中事機。

齊師、燕師皆來救趙，張敖亦北收代兵得萬餘人來，皆壁陳餘旁，未敢擊秦。

張敖亦不敢擊秦，而張耳獨怨陳餘，殊不可解。

項羽遣當陽君蒲將軍將卒二萬渡河，救巨鹿。絶章邯甬道，王離軍乏食。陳餘復請兵，羽乃悉引兵渡河，與秦軍遇，九戰，大破之。

陳餘自度力不能救趙，而項羽之引兵渡河，餘請之也。

陳餘遺章邯書，説令與諸侯爲從約，共攻秦。

陳餘雖漁獵河上，而説下章邯，亦不爲無功。

二世責讓趙高以盗賊事。高懼，乃陰與其婿咸陽令閻樂謀，廢二世，立子嬰。

秦咸陽令，最爲要重，猶漢之京兆尹也。故高以其婿爲之，因以弑二世。

高使人請子嬰廟見，受玉璽。子嬰不行，高自往請，子嬰遂刺殺高於齋宫。

子嬰刺殺趙高，殊合討賊之義。

鑒評别録卷三

漢紀一

太祖高皇帝（諱邦，字季，在位一十二年）

沛公西入咸陽，欲留居之。樊噲諫，不聽。張良請聽噲言，沛公乃還軍霸上。（元年）

噲此諫，蕭、曹所不及，宜留侯力贊其决也。

范增説項羽擊沛公。沛公謂羽季父項伯曰：『吾入關，秋毫不敢有所近，籍吏民，封府庫，以待將軍。豈敢反乎？願伯言臣之不倍德也。』伯許諾。

幸從樊噲言，故得以自解。若處秦宫而據其府庫，殆已！

沛公脱身獨騎，樊噲、夏侯嬰、靳强、紀信四人持劍盾步走，間行趣霸上，留張良使謝項羽。

脱身行四十萬軍中，如出入無人之境，且行二十里至軍，亦殊淹晷刻。何以項羽、范增均不問其何往，直至張良入謝，方曰『沛公安在』乎？此終不能無疑。

項羽倍約，立沛公爲漢王。王怒，欲攻項羽。蕭何勸王就國，養其民以致賢人，收用巴蜀，還定三秦，天下可圖也。王曰：『善。』

蕭何首定大計，正高祖所云『發蹤指視』者。

張耳之國。陳餘怒曰：『耳與餘，功等也。今耳王，餘獨侯，此項羽不平。』乃陰使張同、夏説説齊王田榮，與共倍楚。

楚、漢兵端，起自陳餘。

項王以張良從漢王，韓王成又無功，不遣之國，廢爲穰侯，已，又殺之。

良佐漢攻秦，爲韓報仇也。秦亡韓復，故辭漢而歸韓。今項羽廢韓國而殺王成，是昔之仇爲秦、今之仇爲項也。良能不思所以報之哉？

蕭何薦韓信於漢王，王以爲大將。

漢所以卒滅項羽者，韓信之力也。無信，漢業不成。非何，信奚由進？即此一端，何之功應居第一。

張良遺項王書曰：『漢王欲得關中，如約即止。』又以齊、梁反書遺項王。項王以此無西意，而東擊齊。

齊、梁近楚，故項王先其所急，而置漢爲緩圖也。漢卒用彭越以困楚。

新城三老董公説漢王曰：『項羽放殺其主，天下之賊也。大王宜率三軍之衆，以告諸侯而伐之。』（二年）

淮陰亦以遷逐義帝爲羽罪，其時尚未被弑也。高帝聲罪致討，伸大義於天下，乃自新城三老發之。其識直出良、平之上。

漢王入彭城，收其貨寶美人，日置酒高會。

既入彭城，乃不虞項王之還兵疾戰，但置酒高會，何也？非所謂戰勝而將驕卒惰者歟！乃良、平亦不聞一言諫止。

周勃、灌嬰等言於漢王曰：『陳平雖美如冠玉，其中未必有也。』

周勃、灌嬰，所謂絳、灌也。乃先譖陳平、後讒賈誼。高祖不因絳、灌而弃陳平，文帝竟因絳、灌而疏賈誼。

秦之亡也，豪杰争取金玉，宣曲任氏獨窖倉粟。及楚、漢相距，民不得耕種，而豪杰金玉盡歸任氏。

金玉者，飢不可食，寒不可衣，不如倉粟之有裨民命也。温公録宣曲任氏，欲治生者知務本也。

成安君嘗自稱義兵，不用詐謀奇計。（三年）

成安君，説孔鮒藏書，其人蓋儒者也。

韓信募生得廣武君者，予千金。有縛致麾下者，信解其縛，東鄉坐，師事之。

以淮陰之才武，而心折於廣武君，至北面師事之，卒用其策以收燕、齊。此不僅堪爲大將也。使爲宰相，必能用天下之才矣。以廣武之知兵，而陳餘不能用，宜其敗也。

酈食其説漢王復立六國後，漢王以語張良。良曰：『誰爲陛下畫此計者，陛下事去矣。』

酈生所言，猶是張耳、陳餘之遺策。而情勢頓殊者，昔時之六國皆秦有，故不惜捐之爲秦樹敵；此時漢已得天下大半，若復爲六國置後，是無异割己地以自樹敵也。其得失判然矣。子房八不可之説，猶不若荀悦之論約而盡也。

漢王欲復與楚戰。郎中鄭忠説止漢王，高壘深塹，勿與戰；使將軍劉賈、盧綰將卒二萬、騎數百入楚地，佐彭越燒楚積聚，無以給項王軍食。

漢王用鄭忠策，高壘不戰，更以奇兵入楚，佐彭越燒其積聚，俾項羽不得不還而自救，卒至兵疲食盡，而收垓下之功。亦可謂『發蹤指示』者矣。長平之戰以强秦摧弱趙，兹以弱漢困强楚，均不外斷其軍食之一策。後之爲將者，可以鑒矣。

酈生説漢王進兵取滎陽，據敖倉之粟。

楚所以敗，在燒積聚。漢所以勝，在據敖倉。足兵先足食，千古龜鑒。

齊王納酈生之言，遣使與漢平，乃罷歷下守戰備。韓信引兵東，未至平原，聞之欲止。用蒯徹計，遂渡河，襲破齊歷下軍，遂至臨淄，齊王東走高密。（四年）

漢使酈生下齊，而不止韓信軍，以齊未必果下也。齊納酈生之言，不俟韓信軍罷，而遽弛戰備，則謀國之失。

項王爲俎，置太公其上，告漢王曰：『今不急下，吾烹太公。』項伯救之得免。

太公之不死，雖項伯爲之解，實天幸也。項羽不烹太公，不失人君之度。且烹太公，僅以泄私忿耳，無與勝負之數也。至欲與漢王挑戰決雌雄，則匹夫之勇，其技已窮矣。

項王與漢王臨廣武間而語。項王欲與漢王獨身挑戰，漢王數項王十罪，項王伏弩，射中漢王，傷胸。漢王乃捫足曰：『虜中吾指。』

項王之獨身挑戰，亦非誠然也，特欲誘漢王與語而伏弩中之耳。漢王幾爲所算。

蒯徹説韓信曰：『足下爲漢則漢勝，爲楚則楚勝，不如兩利而俱存之，叁分天下，鼎足而立。』

武涉、蒯徹，爲韓信謀最工。使信從其計，則三分之局，不俟魏、蜀、吴矣。而不足動其聽者，固由信不肯背漢，亦由灼知楚、漢必不兩立，則己亦不能安坐而王齊也。

羽自知少助食盡，韓信又進兵擊楚，羽患之。漢遣侯公説羽，請太公。羽乃與漢約中分天下，割鴻溝以西爲漢，以東爲楚。九月，楚歸太公、吕后，引兵東歸。

侯生請太公，而項羽并歸吕后，不知生操何説以回重瞳之聽。蓋是時楚勢已屈，利在罷兵，侯生約以中分天下，而因以太公爲請，太公不歸，和議不成，故其言易入，非有他巧也。後世若宋高宗請太上淵聖於金，屢遣信使，而卒不能得，則以兵力不足折金之勢，第爲哀乞，無益也。知宋之不能歸二帝，則知漢之所以歸太公矣。

漢王欲西歸，張良、陳平曰：『漢有天下大半，諸侯皆附；楚兵疲食盡，此天亡之時也。釋而弗擊，所謂養虎自遺患也。』漢王從之。

楚因侯生之請，遽歸太公、吕后，解兵東歸，勢屈情見。良、平知其將亡，故力贊追擊之議也。夫項羽欲殺太公，項伯以爲天下事不可知，殺之祇以益禍，豈料歸之不足紓禍而轉足速禍哉！然而，漢不可謂非負恩矣。

揚子曰：『漢屈群策，群策屈群力；楚憞群策，而自屈其力。屈人者克，自屈者負，天曷故焉。』

此實人所共知之義，而故爲詰屈其文，正所謂義淺而文深也。温公既録太史公之贊，又録《法言》，不亦贅乎！

帝論子房、蕭何、韓信爲三杰，能用之，故取天下。

帝稱三杰，首子房，次蕭何，次韓信，而子房獨不斥其名。蓋蕭、韓一相一將，子房則賓師之列也。

帝召田横，横至尸鄉厩置，自剄。客奉其頭，從使者馳奏。帝爲之流涕，以王者禮葬之。既葬，二客皆自剄。帝大驚，以横客皆賢，餘五百人尚在海中，使召之。至聞横死，亦皆自殺。（五年）

田横主客，舉動有非常之度，宜帝爲之流涕而震驚也。然無救於齊之亡。

温公論高祖斬丁公，戮一人而千萬人懼。

爲項王臣不忠，使項王失天下者，項伯爲最。帝既封爲列侯，錫以宗姓矣；獨斬丁公，何哉？帝於此，蓋别有意，非書生之見所及測也。

婁敬説帝都關中，群臣皆言洛陽便。帝問張良，良曰：『敬言是也。』即日車駕西都長安。

漢王還軍霸上，樊噲首發其端，而子房贊其決；定都關中，婁敬獨倡其議，群臣不願，而子房助其成。子房之識，洵非漢廷所及，而高祖能用之。

温公論子房，托於神仙遺弃人間，等功名於外物，明哲保身，子房有焉。

其遺力士也，似俠；其受書於黄石公也，似怪；其從赤松子也，似仙——子房其猶龍乎！霖雨天下而不尸其功，見其首不見其尾，吾烏乎測之？

韓信爲淮陰侯，羞與絳、灌等列。嘗過樊將軍噲，噲跪拜送迎，曰：『大王乃肯臨臣。』（六年）

樊將軍意氣蓋世，鴻門之會，力能抗方張之項羽，而屈體致敬於勢衰之韓信，此正不可及處。噲，高祖故人，其妻又吕后妹，既貴且親，非有求於信，詎非心服其能，深知其冤，而不肯以盛衰易交哉！

鄂千秋論蕭何萬世之功，宜居第一。

千秋論蕭相功，尚未及其薦韓信。太史作《相國世家》，始首書之。

冒頓滅東胡，西擊走月氏，南并樓煩、白羊河南王，遂侵燕代，悉收蒙恬所奪匈奴故地。

冒頓所以益强者，以兼并諸胡；其所以收復故地者，乘中國大亂、楚漢方争也。

叔孫通欲起朝儀，徵魯諸生三十餘人。有兩生不行，曰：『公所事者十主，皆面諛以得親貴。今又欲起禮樂，禮樂所由起，積德百年而後可興也。』叔孫通笑曰：『若真鄙儒也，不知時變。』

禮樂百年而後興，此論其大且精者耳；禮樂不可斯須去身，安得俟之百年哉！况帝所欲爲者，朝見之儀，安得俟百年而後爲之哉！兩生真鄙儒也。

温公譏叔孫生不能佐高祖復行先王之禮，又引揚子之言，以兩生不應召爲魯有大臣，史失其名。温公善之曰：『夫大儒者，惡肯毁其規矩準繩以趨一時之功哉！』

禮之行於天下國家者，紀綱法度是也。揖讓拜跪，特其文耳。叔孫所制之漢禮，多因秦法而損益之，亦猶孔子所云『殷因夏、周因殷而損益之』者也。古今异宜，安能泥三代之迹而必欲行之後世哉！揚子之言謬矣。充揚子之見，則新莽之學舜、學周公所爲，能不失其規矩準繩乎？温公述之，亦迂儒之見也。

上還過趙，趙王敖執子婿禮甚卑。上箕踞嫚駡，趙相貫高、趙午等皆怒，説趙王欲殺帝。王不可。

高、午所謂亂臣賊子也。張敖知守臣節，而不能明正二人之罪，亦律所云『知而不首』者矣。

貫高等相謂曰：『帝辱我王，故欲殺之，何洿王爲！事成，歸王；事敗，獨身坐耳。』

即使弑帝事成，漢更立嗣主，亦必號召諸侯王大發兵以討趙之罪，屠張氏決矣。乃曰『事成歸王』，何其謬哉！

上取家人子，名爲長公主，以妻單于。使劉敬往結和親約。温公譏之。（九年）

建信之策誠陋矣，而後世撫外國者多用之；温公之論誠正矣，而宋之於遼、於金、於元，雖未與結婚，而媚之者無所不至，卒之帝虜國滅，而中國遂爲左衽焉。以視漢之初用和親，繼用攻伐，馴至單于稱臣朝見，其相去幾何哉！

貫高曰：『王實不知，獨吾等爲之。』

高明趙王不反，乃堅稱王實不知。當日張敖固未嘗不知也。其不坐，亦幸免耳。

荀悦論貫高『殺主之賊，小亮不塞大逆』。温公曰：『高祖驕以失臣，使貫高謀逆者，高祖之過也。』

悦論貫高首謀，罪在不赦，是也；温公乃云高祖之過，夫高祖即嫚駡張敖，何遽爲辱，而高輒萌逆念哉！高蓋習見六國之事，而未明於諸侯事天子之禮者也。

張敖既免，上召見田叔、孟舒等，漢廷臣無出其右者。

趙臣多賢，大抵皆張耳之故吏也。即此知耳之顯名於秦、漢間，亦非無故。

常山亡二十城，周昌請誅守、尉。上曰：『守、尉反乎？』對曰：『不。』上曰：『是力不足，亡罪。』（十年）

昌請誅守、尉，法也；高祖原之，情也。漢之守、尉，治民典兵，非無守禦之具，而帝尚以力不足竟貸其罪。後世以文吏守孤城，兵不滿百，一旦失守，則坐以大辟，冤哉！

太史公論韓信，不能學道謙讓，乃謀畔逆，夷滅宗族，不亦宜乎！温公取之。（十一年）

滅齊而自王、追楚而不至，高祖已疑信之有二心，又忌其能而慮其爲變，故因舍人弟之上告，而吕后輒擅誅之，后固知帝之積欲誅信也。史所記與陳豨通謀，特就當日奏當之辭，未必果有左證也。

梁太僕得罪，亡走漢，告梁王與扈輒謀反。上使掩取梁王，囚之洛陽。有司治『反形已具』。

扈輒勸彭越反而越不誅，有司以爲『反形已具』。張敖之於貫高，其情不异於越，乃竟得免坐者，固由貫高確執其不知狀，亦由有司希吕后之意而不竟其獄也。

呂后白上曰：『彭王壯士，不如遂誅之。』乃令其舍人告越復謀反，遂夷越三族。

觀呂后之力勸帝誅彭越，則知韓信之誅，后實主之。觀后之教令彭越舍人告越謀反，廷尉即奏請族之，則知韓信舍人弟告信謀反，亦未必非后教之；而陳豨通謀，半出獄吏之文致也。

欒布曰：『垓下之會，微彭王，項氏不亡。今陛下疑以爲反，以苛小案誅滅之。臣恐功臣人人自危也。』

蒯徹祇自明其無罪耳，布直爲彭越訟冤矣。而帝均赦之者，自愧其負二臣之功，不欲因二臣更有所誅也。然待自是帝之大度。

趙佗自立爲南越武王。

韋昭譏佗生以武爲號，胡氏取之，但佗之稱南越武王，正如項羽之稱西楚霸王，非以爲謚也。

陸生曰：『秦以極武而亡，鄉使秦并天下行仁義、法先聖，陛下安得而有之？』

陸生論秦亡，由於不法先聖而行仁義。與賈生之論合，皆本孟子爲言。

帝有疾，惡見人，絳、灌等莫敢入十餘日。樊噲排闥直入，大臣隨之。上獨枕一宦者卧。噲見上流涕曰：『陛下病甚，大臣震恐，不見臣等計事，獨不見趙高之事乎？』帝笑而起。

漢廷大臣，史每稱絳、灌，然殊碌碌。舞陽此舉，有骨鯁大臣之節，過絳、灌遠矣。淮陰鞅鞅，羞與絳、灌等列可也，乃并耻與噲伍，何也？

賁赫乘傳詣長安上變，言淮南王布謀反，上語蕭相國。相國曰：『布不宜有此，恐仇怨妄誣之。』

相國於韓信、彭越之謀反無一言，獨爲英布辯誣，而布乃果反。

上召諸將問計，皆曰：『發兵擊之，坑豎子耳。』

諸將於韓信則曰：『亟發兵坑豎子耳。』今於布，亦復云然，殆當時習爲是言邪？

温公考异，以四皓輔太子爲辯士誇大，司馬遷好奇，愛而采之。

四皓皆天下奇士，故高祖求之數歲不得，非山澤之臞叟也。以已不能致之天下奇士而太子能致之，則其得士可知，其得天下之人心亦可知，故曰：『羽翼已成，難動。』孟子曰：『二老者，天下之大老也，而歸之，是天下之父歸之，其子焉往？』留侯其知此意乎！太史雖好奇，而於廢立大事、安危大計，何敢虚撰此四人等於傳奇小説？且其時去漢初未遠，見聞必不謬。如其出於辯士誇大，當時必有斥其非者，何以稱爲良史、實録，而孟堅復祖述其説，登之《漢書》乎？

留侯説上，以太子爲將軍，將關中兵三萬人，屯霸上。

太子監關中兵，則權重而位定，所以安太子也。出屯霸上，重兵爲衛，以備非常，留侯之慮深矣，此非四皓所能爲力也。

上疾益甚，愈欲易太子。叔孫通諫曰：『秦不蚤定扶蘇，趙高得以詐立胡亥，自使滅祀，此陛下所親見。必欲廢嫡立少，臣願先伏誅，以頸血污地。』（十二年）

叔孫太傅之争太子，骨鯁大臣之節也，豈以面諛取寵者哉！兩生之言，殊不足信。

上召燕王盧綰。綰謂其幸臣曰：『往年族淮陰、誅彭越，皆吕氏計。今上病，屬任吕后，專欲誅异姓王者。』

觀盧綰所云，足見信、越之族誅，皆吕后誣之。

陳平以節召樊噲，載檻車，傳詣長安。平行，聞帝崩，畏吕嬃讒之於太后，乃馳傳先去。

平不奉詔即誅樊噲，宜爲吕嬃所知。而畏其讒之於太后者，代將斬噲，帝初用平策也。

孝惠皇帝（諱盈，高帝子，在位七年）

曹參代蕭何爲相，舉事無所變更，以遵何約束，三年，百姓歌之。（二年）

參承大亂之後，與民休息，故以飲醇酒、不事事而致畫一之歌。此非黄老之術果可以治天下也，時爲之也。

高皇后（姓吕氏，諱雉，臨朝八年）

以辟陽侯審食其爲左丞相，令監宫中，如郎中令。食其得幸於太后，公卿皆因而决事。（元年）

秦太后之於吕不韋、嫪毐，尚有所隱，似此則宣淫無忌矣。或太后昔爲項羽遮留，食其隨侍於楚日久，故不復以爲嫌邪？

少帝寖長，自知非皇后子，乃出怨言。太后與群臣言『帝久病，不能治天下』，遂廢帝，幽殺之。（四年）

少帝非張皇后子，未必非惠帝子也。恒山以下諸王亦然。群臣至此，更無一面折廷争者矣。

封朱虚侯章弟興居爲東牟侯，亦入宿衛。（六年）

太后封吕産於濟南，又封吕通爲燕王，似以備齊。又令朱虚、東牟入宿衛，隱有質子之意。或是時畏齊之强，慮其合從而西向邪？

諸吕憚朱虚侯，大臣皆依朱虚侯，劉氏益强。（七年）

朱虚所以重於漢者，以悼惠王子而今王之弟也。然悼惠前朝長安，幾遭鴆殺，似非太后所畏。何以朱虚大露圭角，而諸吕反憚而莫敢先動乎？此其故不可解。或朱虚爲吕禄之婿，故太后不疑，諸吕之譖亦無自而入邪？要知諸吕皆庸奴也。

諸吕欲爲亂，畏大臣絳、灌等，未敢發。朱虚侯以吕禄女爲婦，故知其謀，乃陰令人告其兄齊王，欲令發兵西誅諸吕。（八年）

使朱虚侯婦亦如兩趙王婦，則朱虚之謀必泄，而事不成矣。

太尉遂將北軍，令平陽侯告衛尉，毋入相國産殿門。

誅諸吕，世但知絳、灌、朱虚、陳丞相之功，而平陽侯及酈寄、紀通之功亦不細。

諸大臣相與謀曰：『少帝及梁、淮陽、恒山王，皆非真孝惠子，吕后以計許名他人子，殺其母養後宫，令孝惠子之，立以爲後及諸王，以强吕氏。』

少帝及諸王若俱是後宫美人子，則皆惠帝子也。兹云『以他人子養後宫』，則非劉氏子矣。與前注不符。竊謂太后以後宫美人子爲張皇后子，自以張后無子故耳。取他人子養後宫，欲何爲乎？若云以强吕氏，何不取吕氏子而取他人子乎？此不能無疑。

鑒評别録卷四

漢紀二

太宗孝文皇帝（諱恒，高祖中子，在位二十二年）

詔振貸鰥寡孤獨窮困之人。（元年）

三代下王言，惟帝之詔書，最爲懇至。仁愛之心，溢於言表。此固帝之至誠惻怛，而亦代言者適如帝意所欲出也。竊謂漢之文章，於斯爲盛。而班、楊、司馬之倫，乃其次也。

南越王頓首謝罪，下令國中去帝制，因爲書，稱『蠻夷大長老夫臣佗，昧死再拜，上書皇帝陛下』。

帝賜佗書，辭義甚美；佗所上書，亦質而有文。孰謂南海無珠璣哉！

賈山上書曰：『臣聞山東吏布詔令，民雖老羸癃疾扶杖往聽之，願少須臾毋死，思見德化之成也。』（二年）

帝之詔書，千載下讀之猶油然生感。況當日之民親被其澤者乎！

山又曰：『陛下與衆臣宴游、與大臣方正朝廷論議，游不失樂，朝不失禮。』《冏命》之言曰：『侍御僕從，罔非正人。』方正未嘗不與宴游也。山之言似不盡然。

賈誼説上曰：『今背本而趨末者甚衆，天下財産，何得不蹶？失時不雨，民且狼顧，歲惡不入，請賣爵子。』『請賣爵子』，似以如説爲是。漢法得賣爵也。胡氏云請爵，似無入粟之義；且入粟拜爵，亦不必定俟惡歲也。

誼又曰：『今驅民而歸之本，使天下各食其力，末技游食之民轉而緣南畝。』重農貴粟，賈生首發其議，而家令祖述之。

淮南王心怨辟陽侯，是歲入朝，自袖鐵椎椎辟陽侯，令從者魏敬剄之，走闕下肉袒謝罪。帝赦弗治。（前三年）

審食其私侍太后，穢亂宫闈，朋附諸吕，謀危社稷，罪不容誅。漢誅諸吕，而獨寬於食其，可謂網漏吞舟矣。淮南此舉雖暴，其情可原，亦人心所共快也。帝之赦之，固非漫然者。

張釋之論嗇夫不可拜爲上林令。

丞相不知兵刑錢穀，以自有主者也。上林令之於禽獸簿，真主者矣，乃茫然不能置對，試問所司果何事乎？釋之此論，不免爲曠官者藉口。

周勃就國，有人上書告勃欲反。廷尉逮治，獄吏教勃以公主爲證。公主者，帝女也，勃子勝之尚之。（四年）

侯挾震主之威，帝遣令就國，蓋已不能無疑，故告者之言易入。非公主爲之證、太后爲之言，幾不免矣。守尉行縣，則被甲持兵以見之。廷尉逮捕時，甲兵安在乎？此必告者誣之，而侯無以自明也。

帝朝太后，太后以冒絮提帝曰：『絳侯始誅諸吕，綰皇帝璽，將北軍，不以此時反，今居一小縣，顧欲反邪？』

太后可謂賢而明矣。使於高帝時正位中宫，韓、彭可以不死。

除盜鑄錢令，使民得自鑄。賈誼諫，不聽。

漢之放鑄，實私鑄也。賈生所論鑄錢之利，必有淆雜，雖設重禁亦不能止，真千古之龜鑒哉！觀近日鑄大錢之弊，益知其言之不爽。

賈山亦言：『錢可以易富貴。富貴，人主之操柄也。令民爲之，是與人主共操柄，不可長也。』帝不聽。

漢專用錢爲幣。故山之論以爲利權不可假之於民。近代銀錢并用，銀重於錢，未聞官自鑄銀，亦未見聽民傾鎔交易之權移於下也。又與漢之時勢不同。

淮南王謀反事覺，罪當弃市。制：赦死罪，廢徙蜀郡。憤恚不食，死。

淮南反狀甚明，張丞相以爲罪當弃市，法不私於親也；帝赦其死而徙之，未爲寡恩，特不應封以輜車、絶其供饋耳。袁盎乃欲斬丞相、御史以謝天下，是周公不當誅管、蔡矣。何其謬哉！

中行説令匈奴，得漢繒絮以馳草棘中，得漢食物皆弃之，以示不如旃裘之善、湩酪之美也。

賈生欲以三餌致單于。中行説亦見及此，故教匈奴勿貪漢餌也。

賈誼上《治安策》曰：『以陛下之明達，使少知治體者得佐下風，致此非難也。』

賈生之意，謂漢廷諸大臣無一少知治體者，而昌言無忌，固宜爲諸臣所妒也。

誼又曰：『割地定制，令子孫各受祖之分地，一寸之地，天子亡所利焉。』

賈、晁皆漢謀臣，均主削藩以强幹弱支，洵救敝之急策。但晁直削之，以其地歸漢，致召七國之兵，則操之過蹙也。賈之議，但分其國以予其子弟，而漢無所利焉，則諸侯王雖削而不怨。此所以與晁异也。主父師其遺策，故至孝武而藩國日削，子弟畢侯矣。

誼又曰：『今匈奴嫚侮侵掠，至不敬也。而漢歲致金絮采細以奉之，猶爲國有人乎？』

胸中有五資三餌之策，故言之憤懣乃爾。且欲伏中行説而笞其背也。

誼又言：『秦俗之敝，漢猶未改。』

賈生所言秦之敝俗，自借耰鋤至殺父兄，無一不與今之習俗相等者。民風不古，自漢而已然，至今而未艾。暴秦之流毒遠哉！然賈生所云定經制者，亦言之易而行之難。

誼又言：『趙高傅胡亥而教之獄，故胡亥今日即位，明日射人，豈惟性惡哉！　道之非其理故也。』世之論取士，每曰『所學非所用，所用非所學』，但如秦之太子學治獄、黔首習法令，可謂知時務矣，而其效乃如是。然則教士者，亦惟使之誦詩書、尊仁義，養其德性以培其本根；一旦用之，試以吏事，正可觸類引伸之耳。

誼又言：『湯武置天下於仁義禮樂，累子孫數十世；秦王置天下於法令刑罰，禍幾及身，子孫誅絶。』賈生引孔子『必使無訟』之言以明殷、周、秦之得失，醇乎其醇者也。仲舒天人，猶嫌高而不切。

誼又言：『遇之有禮，故群臣自憙；嬰以廉耻，故人矜節行。上設廉耻禮義以遇其臣，臣以節行報其上，故可以寄六尺之孤。』賈生所云敬禮大臣者，穆然猶見三代之風。文帝采而用之，遂爲故事，有以也夫！竊謂後世待大臣，所以恩禮日薄者，由大臣自取之也。亦猶科場取士，糊名搜檢，不免刻核；亦由不自重有以致之，不盡有司之過也。孟子龍斷征商之喻，最盡古今之變。

封淮南厲王子安等四人爲列侯，賈誼諫曰：『淮南王之悖逆無道，天下莫不聞。自疾而死，孰以王死之不當！今奉尊罪人之子，適足負謗於天下耳。』賈生論淮南王，與袁盎迥異，乃正論也。其云『天下孰以王死之不當』，則知當日罪狀甚明。尺布之謡，乃淮南之黨僞爲之，以動帝聽，而冀封其子耳。竊揣袁盎即其人也。

帝舅薄昭殺漢使者，帝不忍誅，使群臣喪服往哭之，昭乃自殺。（十年）

漢群臣之哭薄昭，正如魯奚斯之哭慶父。是時太后尚在，而不爲一言，亦可謂大義滅親矣。

温公論文帝不爲薄昭置良師傅而用之典兵，驕而犯上，至殺漢使者，非有所恃而然乎。

淮南謀反，誅之非枉，失在先不防閑耳。薄昭亦然。

賈誼説帝益封淮陽、代二國，徙代王王梁，梁足以扞齊、趙，淮陽足以禁吴、楚，此二世之利也。

賈生之爲文帝計，可爲深切著明矣，卒不出所料。吾嘗謂七國之變，賈生豫有以制之。使非以梁爲扞，亞夫雖欲堅卧而不可得。

晁錯上言：『秦發兵攻胡、粤，戍卒不耐水土，戍者死於邊，輸者僨於道。秦民見行，如往弃市。』

暴秦致亂之由，陳、吴一呼而天下響應者，惟家令言之尤爲痛切。

又言：『胡人獵於塞下，以候備塞之卒，卒少則入。不救則邊民絶望而有降敵之心。救之，少發則不足；多發，遠縣纔至，則胡已去。聚而不罷，爲費甚大；罷之，則胡復入。如此連年，則中國貧苦而民不安。』

戍守之難，調發之弊，言之至爲明切。固由洞悉於中，而非此廉悍之筆亦無以達之。讀此，覺長沙諸策尚不免於支蔓。因以知帝之和親，無非屈己以安中國，而武帝之命將深入，亦有所不得已也。

錯又言：『徙民實邊，使遠方無屯戍之事，塞下之民無係虜之患，與秦之行怨民，相去遠矣。』

前説主戰，則用降胡義渠以夷攻夷；此説主守，則募民實塞下使自爲守，以省征調之煩，皆籌邊之善策。

錯又言：『存恤所徙之老弱，善遇其壯士，使安樂而不思故鄉，然後教以射法應敵。』

此疏言新徙之民，先安其居，俾有樂生之趣；次教之戰，俾有禦寇之具。而其要則在吏得其人也。然豈易言哉！弃故鄉之安，而遠就塞下之危，必非民所願。其願往者，非赤貧即亡賴者耳，不則罪應徙者耳，果能墾荒力作以自贍乎？果能無事以相保、有敵則出戰乎？内地良吏已百不得一，乃欲於塞下求之乎？

錯又言：『所徙之民，非壯有材者，但費衣糧，不可用也；雖有材力，不得良吏，猶亡功也。』

漢治猶爲近古，或當日别有措置之方，以近日雙城堡之事推之，恐亦未免言之易而行之難也。

錯之策匈奴，可謂知己知彼矣。遷民實邊，而募民輸粟以餉士，後之制狄安邊，每有取焉。吾嘗謂漢之賈生，王佐之才、伊周之亞也；鼂家令，霸佐之才、管樂之輩也。漢之儒臣，有實用者，二人而已。温公取其論議，備録於册，有以也夫！

錯又言：『珠玉金銀，飢不可食，寒不可衣；粟米布帛，一日弗得而飢寒至。故明君貴五穀而賤金玉。』（十二

年）

五穀之可貴，金玉之可賤，數語盡之。至云金玉之爲物，輕微易藏，令民易去其鄉、臣輕背其主；粟米數石之重，中人弗勝，不爲奸邪所利，則其慮深而所見遠矣。

又言：『募民入粟縣官，得以拜爵除罪，則貧民之賦可損；所謂「損有餘補不足、令出而民利」者也。』欲抑商賈以重農，莫若貴粟；欲貴粟，莫若令民入粟得拜爵除罪。入粟之法，先以粟實塞下；塞下既實，即以入郡縣；郡縣有餘粟，則可無收田租，以優貧民。一舉而富者得爵、貧者免税、邊關省轉運之勞、水旱儲振貸之備。良策如是，稱曰『智囊』不虚也。

賜民今年租税之半。

今年止收半租，明年即除田租。家令之策，其效速如是。

齊太倉令淳于意有罪當刑。［其］少女緹縈上書曰：『妾傷夫死者不可復生，刑者不可復屬，雖後欲改過自新，其道亡繇也。願没入爲官婢，以贖父罪。』（十三年）

數語道盡肉刑之酷，言婉而意悲。以帝之仁，固應聞而心惻也。

天子憐悲其意，詔除肉刑。

文帝除肉刑以惠萬世，實自緹縈發之，真奇女子哉！獨怪帝下哀痛之詔，將省刑辟以仁天下，而張蒼、馮敬定律，議笞罪至三百五百之多，當斬右趾者弃市，是加人於死，欲輕反重也。豈帝意哉！賈生若在，必痛哭上書矣。

上既躬修玄默，而將相皆舊功臣，懲亡秦之政，務在寬厚，是以刑罰大省，斷獄四百，有刑錯之風。

倉廩實知禮節。帝幾致刑錯，蓋貴粟免租之效。

匈奴十四萬騎入朝那、蕭關，殺北地都尉卬，虜人民畜産甚多，遂至彭原，使奇兵燒回中宮，候騎至雍甘泉。（十四年）

家令前言絶匈奴和親，竊意其冬來南，今果大舉深入矣。遷民之舉，至此應已措置有緒，而不能遏匈奴之入者，新遷之民技擊未習、堡塢未固，而胡騎憑陵勢如風雨，亦非民兵所能禦也。

以東陽侯張相如爲大將軍，擊匈奴，單于留塞内月餘乃去，漢逐出塞即還，不能有所殺。

不能有所殺者，畏其强而不敢擊也。家令重農貴粟之策，立見成效。其論戰守事宜，粲然具備，似可見諸施行。乃至此迄無一驗者，書生以口擊賊易，將吏以手擊賊難也。

徙淮南王喜復爲城陽王；分齊爲六國，立悼惠王子在者六人皆爲王。（十六年）

徙淮南王喜復故封者，將以淮南故地立厲王子安、勃、賜三人爲王也；分淮南爲三，分齊爲六，各以王其王之諸子，用賈生之遺策也。

帝用新垣平言，改十七年爲元年。旋知其詐，下平吏，誅之。是後上亦怠於改正、服、鬼神之事。（後元年）

正朔、服色、明堂、封禪，儒者所争也。祀五帝、祠周鼎，方士所建也。帝初亦不能無動，迨新垣平詐覺被誅，曉然於粉飾太平，均非當務之急，於是一切謙讓未遑焉。此帝之明也。

匈奴連歲入邊，殺略人民。上患之，乃使遺單于書，單于亦使當户報謝，復與匈奴和親。（二年）

議戰議守，命將出師，迄無成效，而卒歸於和親。

太中大夫鄧通寵幸無比，戲殿上。丞相申屠嘉召通，欲斬之。上赦之。

以帝之恭儉，而賞賜鄧通累巨萬，又賜銅山得鑄錢，以致錢滿天下，若頓易其素守者。男寵之移人如是。

匈奴三萬騎入上郡，三萬騎入雲中，殺略甚衆，烽火通於甘泉、長安。（六年）

和親未久，盗邊彌甚，至是都城且戒嚴矣。

月餘，漢兵至邊，匈奴亦遠塞，漢兵亦罷。

前之大入上郡、雲中，家令所云『卒少則入』，此則所云『遠縣纔至，胡又已去』者也。是時漢之將吏，名爲追擊，實則聽其飽掠而去耳。

帝崩，遺詔：『天下吏民，出臨三日，皆釋服；已下棺，服大功十五日，小功十四日，纖七日，釋服。』

了然於生死之際，仍重自貶損，以惠天下之臣民，帝可謂聖且仁矣。後世短喪，往往以帝藉口，乃有以日易月之説，師古及貢父歷指其謬。竊嘗尋繹詔書，帝意以生必有死，萬物之自然，不欲徇俗厚葬重服，以破業傷生；又自謙，言『無德以佐百姓，今崩，不忍復使重服久臨，以罹寒暑，傷長老之志。用是制爲此服，行乎心之所安而已。非以變古禮，更非以垂後法也』。帝歷年所頒詔書，一皆温厚，此詔於大行之際，猶悱惻篤至如是，其帝豫自爲之邪？抑另有文雅、忠厚近臣爲之視草邪？要之，言爲心聲，不可以僞爲也。

孝景皇帝（諱啓，文帝子，在位十六年）

丞相嘉等奏：『德莫盛於孝文皇帝，宜爲太宗之廟。』（元年）

賈生説文帝曰：『使顧成之廟，稱爲太宗。』若豫知之，亦异矣。如帝者，洵可謂漢之太宗，後世惟唐之太宗亦庶幾焉。

詔曰：『加笞與重罪無异，幸而不死，不可爲人。其定律：笞五百曰三百，笞三百曰二百。』

此但議加笞之重，猶未及斬右趾之加至弃市也。然亦足救舊律之酷。

内史晁錯穿太上皇廟堧垣，丞相嘉請誅錯。帝言錯無罪，嘉嘔血死。（二年）

嘉召責鄧通，有骨鯁大臣之節。嗣因晁錯用事，所言見絀，輒求其罪，奏請斬錯。不聽，至狷忿嘔血死。

休休有容者不如是矣。

梁孝王以竇太后少子，故有寵。每入朝，入則侍上同輦。出則同車，射獵上林中，因請留，且半歲。

帝於梁孝王所以驕之者，什倍於文帝之於淮南厲王。蓋文帝主於愛弟，而帝則仰體太后意也。

初，孝文時，吴太子入見，侍皇太子飲、博。吴太子争道不恭，皇太子引博局提吴太子，殺之。（前三年）

既與之博，而禁其争道乎？争道，小不恭耳，竟以博局提殺之，可見景帝之慘忍寡恩。文帝亦概置不問，何也？即此一端，可致吴王之反。

吴、楚七國俱反，以誅晁錯爲名，錯欲令上自將兵而身居守，又言徐僮之旁，吴所未下者，皆以予吴。

欲令上自將兵而身居守，勸景帝法高祖而自比蕭何也。且乘輿一出，則吴、楚震慴，諸國易致瓦解也。後世如明宣宗之禽高煦，與此策暗合。乃方議親征，而以徐僮旁地予吴，何哉？或姑餌之以懈其心邪？此在當日必自有説，而漢廷諸臣因以爲錯罪也。

袁盎説上斬錯，赦七國，復其故地，則兵毋血刃而罷。上默然良久，曰：『吾不愛一人，以謝天下。』

盎舊爲吴相，多受吴王金錢，乃其黨也。又與錯積不相能，故乘吴、楚以誅錯爲名，因勸帝誅錯，以快其私忿，冀以是取悦吴王，以解其兵。而不料吴王之不肯中止也。盎之情似非難測，而帝竟爲所中，錯之死冤已。

後十餘日，上令丞相青等劾錯大逆無道。錯當腰斬，父母妻子同産無少長皆弃市。

錯之罪，出於諸臣迎合帝意，深文周内。誅及其身，已冤矣，況又門誅之乎？

上問鄧公曰：『晁錯死，吴、楚罷不？』對曰：『吴爲反數十歲矣，以誅錯爲名，其意不在錯也。臣恐天下之士，鉗口不敢復言矣。』

帝初用晁錯計削諸侯。迨七國反，因袁盎一言，輒誅錯以謝七國，此計之大謬也。無論誅錯而兵不罷，即使罷兵，漢之法令尚能復行於山東乎！況東市之刑，既不明正其罪，迨至袁盎奉使不效而逃歸，又不誅之以謝錯，匪直失刑，亦無以對臣下已。

太尉亞夫言於上曰：『楚兵剽輕，難與争鋒，以梁委之，絶其食道，乃可制也。』

高祖僕項羽，亞夫制吴、楚，乃先絶其糧道，亞夫師高祖者也。然必以梁委之，乃能使之相敝而糧食竭，賈生之策效矣。

吴將田禄伯請以五萬人出武關。桓將軍説吴王曰：『吴多步兵，利險；漢多車騎，利平地。若馳入梁、楚之郊，事敗矣。』周亞夫引兵走昌邑，堅壁不出，而使弓高侯等將輕騎出淮泗口，絶吴、楚餉道。

禄伯所論者，奇、正之形也；桓將軍所論者，步、馬之勢也。亞夫所以制勝，則明於主客、勞逸之辨也。竊謂當日吴、楚兵既入梁地，自可因糧於梁。淮泗之餉道一絶，乃遽至糧乏卒飢，此必梁之吏民一皆完守入保，俾吴、楚野無所掠也。

臧兒奪金氏婦，納入太子宫，生男徹。方在身，王夫人夢日入其懷。及帝即位，初立栗姬子榮爲皇太子，旋廢以爲臨江王，更立徹爲皇太子。

王夫人志在奪嫡，故陰結長公主以樹黨。其夢日入懷，夫人自言之耳。帝乃以夢爲符，而遽易太子，其惑甚矣。

栗太子之廢也，太后欲以梁王爲嗣。帝許諾。大臣袁盎等不可。梁王乃與羊勝、公孫詭謀，使人刺殺袁盎及他議臣十餘人。（二年）

晁錯主削諸侯而誅。袁盎於淮南王之死，則請斬丞相、御史以謝天下；於吴王則初明其不反，又構錯而致之族，正漢法所云『阿附諸侯』者。乃因議事忤梁王，亦被刺殺，何其殊塗而同歸邪！

上遣田叔等往按梁事。勝、詭自殺。梁王恐，使鄒陽見皇后兄王信，令乘間言之，帝怒稍解。

鄒陽雖以舜之於象爲説，而不借王信之口，不足以回帝聽也。田叔悉燒獄辭，直以太后感帝心，則真善處骨肉之間已。

上使田叔等謁太后曰：『梁王不知也。羊勝、公孫詭之屬爲之耳，已伏誅死，梁王無恙。』太后立起坐餐。

郅都治臨江王獄而王自殺，田叔治梁王獄而王得全。梁王之罪重於臨江，乃一逢酷吏，一逢長者，則有幸、不幸也。然而都以彼誅，叔以此賞，人亦何樂爲酷吏哉！

太后曰：『皇后兄王信，可侯也。』（三年）

太后亟欲侯王信，以信有德於梁王也。

上與丞相議，亞夫曰：『高皇帝約：「非有功不得侯。」信雖皇后兄，無功，侯之非約也。』

賈、晁但削强藩，條侯獨抑外戚，其識又出二子之上。後西漢卒亡於外戚。

匈奴王徐盧等六人降，帝欲侯之以勸後。亞夫曰：『彼背主降，陛下侯之，則何以責人臣不守節者乎？』

是時匈奴方强，而徐盧等款塞來歸，故厚加爵賞，以廣招納而攜其君臣，乃兵機權道，非經制也。條侯非不知兵者，乃爲此迂闊之論乎？若如所議，則將械繫六人、使歸就死於匈奴乎？抑戮之塞下以徇衆乎？不則投諸荒裔以禦魑魅乎？使匈奴之臣人人爲其主守節，於漢何有哉？宜帝以爲不可用也。若謂方與匈奴和親，不應納其叛人以爽約而開釁，猶爲近理，然亦與唐之歸悉怛謀於吐蕃，何以异哉！

梁孝王薨，太后聞之，哭極哀，不食。帝乃分梁爲五國，盡立孝王子五人爲王。（六年）

不惟可以慰太后，而梁國亦自此分矣。

上既减笞法，笞者猶不全，乃更减笞三百曰二百，二百曰一百，又定箠令：箠長五尺，其本大一寸、末薄半寸，皆平其節。當笞者笞臀；畢一罪，乃更人。自是笞者得全。

既減笞法，復定棰令，然後刑以益輕，民乃鮮死。帝善承父志，而文帝恩及萬世矣。史乃云『生刑輕而民易犯』，固猶愈於『刑者不可復屬』也。

亞夫子爲父買甲楯五百爲葬器。傭上變，告其子，連污亞夫。上下吏，召亞夫詣廷尉，不食五日，嘔血死。

初入袁盎之譖而誅晁錯，又因傭奴之告而斃亞夫。以錯之忠謀、亞夫之功績，曾不少爲寬貸，真寡恩哉！漢稱『文景』，景不逮文遠矣！

詔郡國務勸農桑，益種樹可得衣食物。

連年降詔，崇本抑末，皆祖文帝遺意。

帝崩，太子即位，尊皇后爲皇太后，封皇太后同母弟田蚡爲武安侯、勝爲周陽侯。

太后王氏，蚡、勝皆田氏子，太后弟之猶可也，帝亦從而舅之乎？王信既以后兄而侯，蚡、勝又以太后异父同母弟而侯，是王太后之兄弟，侯者三人矣。外戚濫恩，不知以吕氏爲戒。王氏五侯，蓋已權輿於此。

孝文、孝景，清静恭儉，安養天下，民家給人足，人人自愛而重犯法，網疏而民富。

文景爲漢極盛之時，史所載物産之饒、風俗之美，三代而下，蓋僅見焉。

鑒評別録卷五

漢紀三

世宗孝武皇帝（諱徹，景帝中子，在位五十四年）

詔舉賢良方正、直言極諫之士。廣川董仲舒對策稱旨。（建元元年）

《天人策》本嫌冗漫，以其隨問爲答，不能首尾一貫也。《通鑒》節録，頗得其要。仲舒經術爲西漢巨擘，文章非賈、晁之敵也。

仲舒言：『古之王者，以教化爲先務，立太學以教於國，設庠序以化於邑。』

此言化民當興學校。蓋漢承暴秦滅聖絶學之後，故仲舒首以爲言，實當日之急務也。

仲舒又言：『使列侯、郡守擇其吏民之賢者，歲貢各二人。所貢賢者有賞，不肖者有罰。』

此欲令二千石歲貢孝廉，後遂爲定制。

仲舒又言：『高位厚禄，因乘資力，與民争利於天下。民日削月朘，浸以大窮。』

此言在上位不可與民争利。蓋漢自文景以來，禁網疏闊，史稱兼并豪黨之徒武斷於鄉曲，公卿大夫以下争於奢侈，其瘠民以肥己者多矣。仲舒所言，實當時切務也。

仲舒又言：『諸不在六藝之科、孔子之術者，皆絶其道，勿使并進。邪僻之説息，然後統紀可一，法度可明。』

武帝罷黜百家，俾學者專師孔子，自仲舒發之。其識卓已。惜乎所學者，惟是洪範五行、春秋灾异也。

申公見天子，天子問以治亂之事。申公年八十餘，對曰：『爲治不在多言，顧力行何如耳。』

申公之言，約而盡矣。書曰：『行之維艱，王忱不艱。』正謂此也。明堂巡狩，特粉飾治具耳。

太后陰求趙綰、王臧奸利事，以讓上。上因廢明堂事，諸所興爲皆廢。下綰、臧吏，皆自殺，申公亦以疾免歸。

綰以儒術進，而所建白，惟勸上立明堂以朝諸侯，其泥古不通亦可概見。卒以得罪太后，自殺其身，真鄙儒哉！

景帝以太子太傅石奮及四子皆二千石，號爲『萬石君』。萬石君無文學，而恭謹無與比，子孫遵教，皆以孝謹聞乎郡國。（二年）

萬石君真儒者也。申公老儒，而其言曰：『爲治不在多言，顧力行何如耳。』今萬石君父子，口不言而躬行孝謹，雖曰『未學』，吾必謂之『已學』矣。

相如特以辭賦得幸，朔、皋不根持論，好詼諧，上以俳優畜之，雖數賞賜，終不任以事。（三年）

以長卿之麗藻、東方之諷諫，而帝特以俳優畜之。此非帝之簡於待賢，亦足見漢廷之多才非後世比，而所重别有在也。

上欲起上林苑，屬之南山，東方朔進諫，力言有三不可。上拜朔爲太中大夫，賜黄金百斤，遂起上林苑。

遷官賜金而不用其言，與拒諫何异？

武安侯田蚡爲丞相。（六年）

蚡，庸奴耳。徒以外戚貴幸，遂躐端揆，乃至奏事所言皆聽，足見帝之私溺。而外戚之勢，日以增長，元舅柄國，遂成故事。新莽之禍，已權輿於此。

天子方招文學之士，曰：吾欲云云。汲黯對曰：『陛下内多欲而外施仁義，奈何欲效唐虞之治乎？』

黯尚清静無爲，蓋亦黄老之學，而其立朝大節，董仲舒且不及，何論趙綰、王臧乎？

上曰：『古有社稷之臣。至如黯，近之矣。』

帝好文學儒者，而社稷之臣，獨推好清静之汲黯。晚年托孤，又屬之不學無術之霍光。蓋其所重，固别有在也。

温公論爲將者效程不識，雖無功，猶不敗；效李廣，鮮不覆亡。（元光元年）

温公此論，足爲行軍之法，亦猶持身者學柳下惠，不如學魯男子也。

少君言上曰：『臣游海上，見安期生，食巨棗，大如瓜。』

始皇時，方士盧生等求古仙人，但言羨門高誓，不言安期生。至此李少君始有『棗大如瓜』之説，而欒大亦言之。按《史記》：安期生受黄老之學，於河上丈人，四傳而至蓋公，即曹參師也。其人乃道家者流，非仙也。

王恢曰：『高帝不報平城之怨，非力不能，所以休天下也。今邊境數驚，士卒傷死，棤車相望，此仁人所隱也。故曰擊之便。』（二年）

武帝與高祖時勢迥异，恢之言不謬也。且文景屢與匈奴和親，至遺以金繒子女，而侵盗彌甚。則亦不得不興問罪之師。此不能與開西南夷并論也。

河水徙，從頓邱東南流，復决濮陽瓠子，注巨野，通淮泗，泛郡十六。（三年）

河流必入於海，無論徙頓邱、决瓠子、注巨野，而必有所歸。漢時黄河不聞從東南入海，則仍入渤海耳。《考异》因渤海在頓邱東，遂疑班《書·武紀》之誤，殊未審也。

田蚡爲丞相，奏按灌夫家屬横潁川，民苦之。收繫夫及支屬，皆得弃市罪。魏其侯上書，論救灌夫。

横潁川者，灌氏支屬，夫在長安，不在潁川也。雖失於訓諭鈐束，亦不得無罪。乃至并予弃市，則田蚡藉以快私忿耳。魏其之論救，自以灌夫功有足録，情尚可原，固非盡出於偏袒也。宜汲黯以爲是。

魏其與武安互相詆訐，上問朝臣兩人孰是，惟汲黯是魏其。太后怒，不食，曰：『今我在也，而人皆藉吾弟。』

是魏其者，公論也；不敢堅者，畏太后也。太后意中全無是非曲直，惟知私其弟耳。較之薄太后力白絳侯之不反，而不寬薄昭之專殺，相去奚翅天淵哉！

徵吏民有明當世之務、習先聖之業者。公孫弘對策，天子擢爲第一。（五年）

弘策，老生常談耳。視晁、董，奚翅鵬、鷃哉！而帝擢冠多士者，非取其必信『八治』之説，實喜其『氣同聲和』之論。而所云『甘露降、嘉禾興』與『朱草生』，侈陳瑞應，尤帝所願聞也。千古敲門瓦礫，此其鼻祖。

衛青雖出於奴虜，然善騎射，材力絶人，遇士大夫以禮，與士卒有恩，衆樂爲用，故每出輒有功。（六年）

衛將軍自是漢之良將。漢擊匈奴有功自青始。後乃有霍去病。

臨淄人主父偃、嚴安，無終人徐樂，皆上書言事。天子召見三人，曰：『公等安在？何相見之晚也？』（元朔元年）

三子之言，皆中事理。而徐樂『天下患在土崩不在瓦解』之論，尤爲深切著明。不徒秦漢之大鑒，實萬世之前車也。

主父偃説上：『令諸侯推恩分子弟，以地侯之，上以德施，實分其國，不削而稍弱矣。』（二年）

分淮南爲三，分齊爲六，分梁爲五，賈生衆建少力之策，漢已行之矣。主父特推廣其意而益削之耳。

趙王彭祖上書，告偃受諸侯金，故子弟多得侯。及齊王自殺，徵偃下吏，公孫弘請誅偃以謝天下。遂族偃。

族郭解，族偃，皆平津主其議，皆以《春秋》之法治獄也。偃求烹得族，尤爲不冤。

是時方通西南夷，東置蒼海，北築朔方郡。公孫弘數諫。上使朱買臣難以置朔方之便，發十策，弘不得一。乃請罷西南夷、蒼海，而專事朔方。上乃許之。（三年）

平津之意，但欲罷西南夷及蒼海郡耳。而必兼朔方爲言者，知帝之自聖而不肯爲己屈，故予其一，乃可止其二也。

張騫通使月氏，徑匈奴中，爲所留十三歲，乃得逃歸。上拜騫爲太中大夫。從者百餘人，還者二人。

漢臣奉使匈奴不辱命者，世但知蘇武之十九年，而騫之十三歲亦足相亞。

汲黯數質責張湯於上前，時與論議，湯辨常在文深小苛。黯罵曰：『天下謂刀筆吏不可爲三公，果然！』

汲黯峭直而意主寬厚，張湯陰險而貌爲温恭。君子、小人之不易辨如是。

青尊寵無二，公卿以下皆卑奉之，獨汲黯與亢禮。大將軍愈賢黯，數請問朝廷所疑。（五年）

公孫弘因汲黯毁儒而欲誅之；以事衛青，因黯亢禮，而遇之加於平日。度量相越，豈不遠哉！

右將軍蘇建逢單于，戰一日餘，盡亡其軍，脱身自歸。議郎周霸請斬之。軍正閎、長史安以自歸不當斬。大將軍以人臣不敢專權擅誅於境外，遂囚建，詣行在所。（六年）

建，武之父也。軍正、長史之議甚當。大將軍所見，則不止加人一等矣。

霍去病年十八，爲票姚校尉。與輕勇八百騎，直弃大軍數百里，逐利，斬捕首虜過當，封冠軍侯。

青有二姊，一子夫，以嘔者得幸，爲皇后；一少兒，以私霍仲孺生去病。

大司農經費竭，不足以奉戰士。詔令民得買爵，諸買武功爵至千夫者，得先除爲吏。

文景□賣爵，而不得除爲吏，若今之常捐；武功爵至千夫得先除爲吏，若今之大捐。

淮南王安謀反，欲使人刺殺大將軍，且曰：『漢臣獨汲黯守節死義，難惑以非；至説公孫弘輩，如發蒙振落耳。』（元狩元年）

淮南欲先使人刺殺大將軍，而憚汲黯，於公孫丞相，則易視之。雖一時狂謀，而三人素望輕重不同，亦可概見。

天子以伍被雅辭多引漢之美，欲勿誅。廷尉湯曰：『被首爲王畫反計，罪不可赦。』乃誅被。

伍被之畫反計，非其本心；且自首可原也。廷尉之議，苛矣。淮南及衡山王，皆厲王子，至此俱以謀反誅。果如賈生所料。

渾邪王降，發車二萬兩以迎之。馬不具，上怒，欲斬長安令。汲黯曰：『匈奴畔其主而降漢，何至令天下騷動，罷敝中國以事夷狄？』

黯之言甚正，帝不能奪。然帝之厚遇渾邪，將以招敕匈奴致其來降，固與命將出師相爲表裏者，又不可以常理論。

日磾長八尺二寸，容貌甚嚴。上奇焉，即日賜湯沐、衣冠，拜爲馬監。

一見而識日磾，帝可謂有人倫之鑒。

山東大水，民多飢乏。天子遣使者振貧民，又徙貧民於關以西及充朔方以南新秦中七十餘萬口，衣食皆仰給縣官。數歲，費以億計，不可勝數。（二年）

連歲兵興，經費空竭，惟買爵贖罪以佐大農之不足，而不加賦税以擾民，又不惜巨費以振饑，帝固知民爲邦本也。且朔方初置郡，正患民少。遷尪羸以實空虚之地，而民不以遠徙爲苦，久之漸成土著，因資其力以捍邊，計無便於此者矣。

是時兵革數動，民多買復及五大夫，徵發之士益鮮。於是除千夫、五大夫爲吏，不欲者出馬。

可見是時買爵者，利在免役，不必願爲吏也。

又造銀錫，爲白金三品：大者圜之，其文龍，直三千；次者方之，其文馬，直五百；小者橢之，其文龜，直三百。（四年）

漢之白金，雜錫爲之，不純用銀。而是時民習用金錢，不以爲貴。至白鹿皮，猶後世之楮幣，宜其人不樂用也。

大將軍出塞千餘里，度幕與單于兵會戰，單于遁走，捕斬首虜萬九千級。遂至窴顔山趙信城。

是役也，匈奴幾失單于，固已大困，獨惜漢兵不能久留幕北耳。然漢馬之出塞者十四萬匹，而入塞者不滿三萬匹，則失亡亦多矣。

驃騎將軍爲人少言不泄，有氣敢往，天子嘗欲教之孫吴兵法，對曰：『顧方略何如耳，不至學古兵法。』天子爲治第，曰：『匈奴未滅，無以家爲也！』

不泥古兵法，而第曰『方略何如』，真知兵者也。法有古今，方略無古今也。至云『匈奴未滅無以家爲』，則真將軍矣。

大將軍爲人仁，喜士退讓，以和柔自媚於上。

爲人仁而喜士退讓，未易得之武臣，况外戚哉！若以和柔爲媚上，則苛論矣。衛、霍雖志操不同，要皆漢之忠實良將，所云熊羆之士、不二心之臣也。

是後匈奴遠遁，幕南無王庭。漢渡河自朔方以西至令居，往往通渠，置田官。

昔之入雲中、度雁門，燒回中宫，烽火達甘泉，視此時何如哉？衛、霍戰功，灼然可驗。

郎中令李敢怨大將軍致其父抱恨而死，乃擊傷大將軍。大將軍諱之。（元狩六年）

李廣之死，由於自剄。使其與趙食其同下吏，亦可贖爲庶人。大將軍何嘗有意殺之？乃李敢輒擊傷大將軍，其罪重矣。衛青受傷而諱匿不言，亦常情所難也。

自造白金、五銖錢［後］，吏民坐盜鑄死者數十萬人。

造五銖錢，而坐盜鑄死者數十萬，况鑄當十、當百大錢乎！

天子以湯懷詐面欺，使趙禹切責湯。湯乃爲書謝，因曰：『陷臣者三長史也。』（元鼎二年）

張湯之爲人，以汲黯之言爲定論。三長史則謀欲陷之而構成其事耳。然湯以巧詐舞文弄法，殺人多矣。既未肆諸市朝，又有賢子幹蠱，封侯貴幸，累世不絶。天之報施，固亦有時而爽邪？

禁郡國無鑄錢，專令上林三官鑄錢。民之鑄錢益少，計其費不能相當，惟真工大奸乃盜爲之。

民之盜鑄，貪其利也。費不相當，則不禁而自少。此非必禁鑄之爲功，而由於五銖錢之輕重得中也。

烏孫王既不肯東遷，漢乃於渾邪王故地置酒泉郡，又分置武威郡。

酒泉、武威二郡，遂爲邊關重地，今已與内郡無异，不復知其爲渾邪故地矣。渾邪近邊，屬匈奴則爲中國患，傾帳内屬，其利大矣。帝之厚加撫納，有以也夫！

封欒大爲樂通侯，食邑二千户；又以衛長公主妻之，賫金十萬斤。（四年）

一妄男子，爲捕風捉影之談，輒拜爲將軍，爵以列侯，厚其賞賜，乃至不惜以公主妻之，甚矣其惑也！

公孫卿曰：『黄帝騎龍，與群臣後宫七十餘人俱登天。』帝曰：『誠得如黄帝，吾視去妻子如脱屣耳。』

黄帝所以可羡者，正以與群臣及後宫七十餘人俱騎龍登天耳。何云弃妻子哉！

天子遣韓千秋與太后之弟樛樂將二千人往入越境，吕嘉等遂反。（五年）

漢之謀南越，殊詭詐無方略。初則使終童挾艾猳往，亂其宫而盜其國，已不足服蠻夷之心。迨釁機已構，又遣韓千秋以二千人往，無損於越，適以速之反耳。

上令諸儒采《尚書》《周官·王制》之文，草《封禪儀》，數年不成。（六年）

長卿《封禪書》，第言符瑞耳；方士則爲神怪之論，均無足訾。諸儒乃傅會經義，更采《尚書》《周官·王制》之文，草《封禪儀》，殊迂謬可笑。如兒寬所云：『享薦之義，不著於經』，諸儒何所折衷乎？迨帝自爲封禪器，又云『不與古同』，試問於古何所據乎？真腐儒之聚訟也。

公孫卿言：夜見大人長數丈，就之則不見，其迹甚大，類禽獸云。群臣有言：見一老父牽狗，言吾欲見巨公，已忽不見。（元封元年）

公孫卿好言大人迹，至是乃云『夜見大人長數丈，迹類禽獸』。是人而禽獸其足，怪誕尤甚。老父牽狗，卑無高論矣。所以動帝聽者，忽不見耳。

其封禪祠，夜若有光，晝有白雲出封中。

夜若有光，未必果有光也。白雲出封中，信有之矣。適值泰山出雲耳。

桑弘羊作平準之法，盡籠天下之貨物，貴即賣之，賤則買之，民不益賦，而天下用饒。

弘羊之才亦不可及。以其盡籠商賈之利以歸官，而不加賦以朘民也。然《史記·平準書》，以卜式『亨弘羊天乃雨』之言終篇，《通鑒》亦録於册，其嫉言利之臣，義深切矣。

有星孛於東井，又有星孛於三台。望氣王朔言：獨見填星出，如瓜，食頃，復入。

孛於東井、於三台，妖星之出，有目共睹，而填星如瓜，獨王朔見之，食頃，即入，不復出矣。謂封禪天報德星，不應與妖星并出，乃拜德星而不禳妖星，何也？

上以旱爲憂。公孫卿曰：『黄帝時，封則天旱，乾封三年。』上曰：『天旱，意乾封乎？』（二年）

天旱亦封禪瑞應，較德星更爲無理。甚矣，方士之妄而帝之惑也。

時詔獄益多，廷尉及中都官逮至六七萬人，吏所增加十萬餘人。

訟獄之繁，至於如是。其中株連亡辜，文致入罪者，可勝數哉！以視文帝時斷獄數百，幾致刑措，真別一天下矣。

左將軍徵至，坐争功相嫉，弃市。樓船將軍亦坐失亡多，當誅，贖爲庶人。（三年）

朝鮮之所以下，左將軍荀彘并軍急擊之功也。乃竟坐罪弃市；而樓船轉得贖死，何也？帝未免私於楊僕。

昔箕子居朝鮮，設禁八條：相殺，以當時償殺；相盗者，男没入其家爲奴，女爲婢，欲自贖者人五十萬。

箕子之法亦峻矣。而其民奉法，浸以成俗。以致户不閉而婦不淫。寬縱固不足以爲治。

詔公孫卿、壺遂、司馬遷共造漢《太初曆》，以正月爲歲首，色上黄，數用五。（太初元年）

至此始用夏時，以正月爲歲首，足爲萬世不易之法。至印文四字者，增一之字爲五數，遂足應土德乎？

帝欲侯寵姬李氏，乃拜其兄廣利爲貳師將軍，發數萬人伐宛。

帝將廣利，亦以其可用，欲因以貴李氏耳。其用衛青，豈專爲子夫哉？帝用人殊有特識，温公譏之，似亦未盡然也。

公孫賀引拜爲丞相，不受印綬，頓首涕泣不肯起。上起去。賀不得已，拜，出曰：『吾今殆矣！』（二年）

賀誠不足道，然拜丞相而涕泣不肯起，帝獨無動於中乎？蓋是時丞相之任寖輕，帝之倚任，固别有所屬矣。

匈奴大入定襄、雲中，殺略數千人，敗數二千石而去，破壞光禄所築城列亭障。（三年）

衛、霍既殁，匈奴復熾，不得不築障列亭爲保塞計。然未免示之以弱，爲彼所窺，是以公然大入而破壞亭障也。迨貳師、李陵相繼敗降，漢之兵威稍不振矣。衛霍良將，洵不易得哉！

貳師至宛，圍其城四十餘日。宛貴人殺其王毋寡，出其馬令漢自擇之。漢軍取其善馬數十匹、中馬以下牝牡三千餘匹，而立宛貴人昧蔡爲王。

貳師殊有將略，非碌碌者，帝固非專爲貴李氏也。帝攻大宛，欲得天馬耳。得馬即可罷兵，況已致毋寡之首，而郁成王亦就誅乎？

後歲餘，宛貴人殺昧蔡，立毋寡昆弟蟬封爲宛王，而遣其子入侍，歲獻天馬二匹。（四年）

殺漢所立，而更立王，不再起兵誅之者，天馬已得，而兵威亦震乎西域也。

單于遮道攻陵，四面射矢如雨下，漢兵南行，未至鞮汗山，一日五十萬矢皆盡，尚三千餘人。（天漢二年）

以步卒五千，當單于十萬騎之衆，轉戰千里，一日數合，殺敵一萬餘計。至此尚餘三千餘人，可謂精兵矣。

上聞陵降，怒甚。司馬遷言：『陵之不死，欲得當以報漢。』上以遷爲誣罔，下遷腐刑。

帝之刑遷，非辱之，將用之也。帝游宴後庭，居中決事，政歸中書，故引遷於閹尹之班，畀以樞機之任也。不然，以遷所犯，何有於割勢哉！

上以法制御下，尊用酷吏，郡國二千石爲政多酷暴，吏民益輕犯法，東方盜賊滋起。

尊用酷吏，將以懲奸，而盜賊滋起，至攻城邑、掠鄉聚、取庫兵、釋死罪，縛辱郡守、都尉，殺二千石，幾爲陳、吴之續矣。迨發兵以興擊，大郡斬首至萬餘級，猶不能止。民固不可以法治之、以死懼之哉！

王賀爲御史，捕魏郡群盜，多所縱捨，以奉使不稱免。嘆曰：『吾聞「活千人者子孫有封」，吾所活萬餘人，後世其興乎！』

賀自以不稱免耳。活萬餘人之説，當是王氏貴顯後其子孫追述之，不足信也。史録之以爲法吏不嗜殺人者勸。

方士之候祠神人、入海求蓬萊者，終無驗，而公孫卿猶以大人迹爲解。（天漢三年）

帝求仙可謂勤矣。所得者，徒大人迹耳。

上遣敖深入匈奴，迎李陵軍，無功還，因曰：『捕得生口，言陵教單于備漢，故無所得。』上於是族陵。（四年）

漢族李陵，非盡由武帝寡恩，亦因公孫敖爲李緒所誤。既乃聞知教單于者是緒、非陵，陵因使人刺殺緒，而陵家已并爲鯨鯢矣。

上命鉤弋、趙倢伃所居之門曰『堯母門』。温公譏之曰：『非名也，是以奸人逆探上意，知其奇愛少子，欲以爲嗣，遂有危皇后太子之心，卒成巫蠱之禍。（太始二年）

温公之戒人主良是。但按史册，巫蠱之禍起於江充之懼誅，并非逆探上意、爲鉤弋母子地也。當時惟李廣利與劉屈氂有謀立昌邑之私議，尋以事發被誅，亦不聞有人擁戴尚在襁褓之昭帝也。蓋衛后雖以色衰弛愛，而恩禮如舊，太子仁孝，帝所素悉，亦無廢嫡立愛之意。觀於太子出亡被害，帝猶念之不置，其意可知已。温公之論，以之垂戒後世可也，謂之切中時事則未也。

太子家使乘車行馳道中，充以屬吏，太子請寬之，充不聽，遂白奏上曰：『人臣當如是矣。』

知人誠不易，以帝之明，而失之江充。充所爲，似强直奉法，實則奸人之尤也。

上居建章宫，見一男子帶劍入中龍華門，疑其异人，命收之。男子捐劍走，逐之弗獲。（征和元年）

此男子，奸人乎？抑妖魅乎？無端帶劍而入，帝見之，門候弗知也。忽然捐劍而走，人不在，劍固在也。乃逐之卒亦弗獲。由是閉城大索，巫蠱事起。太子、丞相相繼受誅，皇后及御史大夫亦皆自殺，宫門蹀血，京師鼎沸。其端自此妄男子發之，异哉！

丞相公孫賀下獄，父子死獄中，家族；諸邑公主、陽石公主及皇后弟子長平侯伉皆坐巫蠱誅。（二年）

公孫賀，衛皇后姊夫也；諸邑、陽石兩公主，皇后女也；長平侯伉，大將軍青子、皇后侄也。均坐巫蠱誅。駸駸乎禍及皇后、太子矣。

上用法嚴，多任深刻吏。太子寬厚，多所平反，皇后每戒太子不應擅有所縱捨。上聞之，是太子而非皇后。

史言太子之賢，而竟以罪自殺。然宣帝卒紹大統，爲漢令辟。太子之澤，固未斬也。

衛青薨，臣下無復外家爲據，競欲構太子。

帝初無廢太子意。構成其罪者，邪臣也。亦由大將軍歿而邪臣無所顧忌也。

上體不平，每忽忽善忘。江充自以與太子有隙，恐上晏駕後爲太子所誅，因是爲奸，言上疾祟在巫蠱。上以充爲使者，治巫蠱獄，坐死者四萬人。復掘蠱皇后、太子宫，於太子宫得木人尤多。

帝求神仙，欲長生也； 老而有疾，慮且速死，故治巫蠱甚急。 江充之奸，因是得逞焉。 則仍由貪生畏死之念熒惑於中，是以雖父子之親有所弗顧耳。

太子懼，問少傅石德。 德懼并誅，因説太子矯以節收捕充等繫獄，窮治其奸詐。

上每行幸，以後事付太子。 時在甘泉，太子留守，故德教太子捕治充等，冀以免禍耳。

太子曰：『吾人子，安得擅誅？ 不如歸謝，幸得無罪。』太子將往甘泉，江充持之甚急，太子不知所出，遂從石德計。

太子初念甚善，所以卒及於禍者，石德誤之，而江充持之也。 迨殺韓説斬充，騎虎之勢不能中止，於是白皇后，發中厩車，載射士，出武庫兵，授長樂宫衛卒，而反形成矣。

蘇文亡歸甘泉，説太子無狀。 上曰：『太子必懼，又忿充等，故有此變。』乃使召太子。 使者不敢進，歸報云：『太子反，欲斬臣，臣逃歸。』上大怒。

帝素知太子仁孝，故文之譖不行。 而使者又誣之，欲不投杼，不可得已。

上賜丞相屈氂璽書，發兵捕反者。 太子引兵至長樂西闕下，逢丞相軍，合戰，死者數萬人。

巫蠱之獄，前所連坐族誅，已數萬人。 至此死於兵者，復數萬人。 皆由帝窮兵黷武，致此蕭墻之禍。『兵不戢，必自灾』，信哉！

太子兵敗出亡，上怒甚，群下憂懼，不知所出，壺關三老茂上書，白太子之冤。上感悟，猶未顯言赦之也。

是時漢廷非無名臣，而首發讜議，乃出壺關三老。

初，上爲太子立博望苑，使通賓客，從其所好。故賓客多以异端進者。

賓客多以异端進，而贊成太子之謀者，少傅石德也。夫非萬石君之子歟！

温公譏武帝不擇方正端良之士爲太子師友，而使之自通賓客，從其所好，宜太子之不終。

帝使方士求仙，又祀神祠鬼，當日巫風之盛，帝實倡之。其父殺人報仇，其子必將行劫。太子若崇信异端，其濡染非一朝夕之故矣，奚俟賓客教之乎？然則君天下者，將欲謹豫教以毓元良，固必慎選保傅，尤必身自作則哉！

貳師之出也，丞相屈氂送至渭橋，廣利曰：『願君侯請立昌邑爲太子。』屈氂許諾。（三年）

衛大將軍已歿，貳師新貴，邪臣之構太子者，固已屬意昌邑王矣。丞相又與貳師親，宜其共謀立昌邑以固寵也。然而禍從此起矣。

高寢郎田千秋上急變，訟太子冤，曰：『臣嘗夢一白頭翁教臣言。』上乃大感悟，族滅江充家。

巫蠱之獄，以帶劍男子起，以白頭翁解。男子幻也，白頭翁夢也。始終妖妄而已。壺關三老之言，著明深切，未足以翳回天聽，而千秋假托高廟神靈，一言而從若轉圜，立取高位。帝蓋猶有牽狗老人、神君、大人迹之邪說熒惑於中，故以人事説之，不若以神道感之爲易入耳。

田千秋曰：『方士言神仙者甚衆，而無顯功，請皆罷斥。』上從其言，自嘆嚮時愚惑爲方士所欺。（四年）

以帝之明而爲方士所欺者，長生之説中之也。長生者，長爲天子也。其欲浮海求仙者，欲見羨門、安期等，覓取不死藥，然後旋蹕甘泉耳。即有仙山，亦必不肯留。

丞相、御史以下，皆以『虜自縛其馬』爲不祥。又占諸將，貳師最吉。

是時帝欲伐匈奴，適有縛馬之事，故丞相以下皆爲逢迎上意之説。帝又欲用貳師爲將，故占者謂之最吉。盈廷諂訛，真堪齒冷。

帝欲立鉤弋夫人之子弗陵爲太子，以其年稚，欲以大臣輔之。察群臣，惟霍光忠厚可任大事。（後元元年）

帝以跅弛之士方覂駕之馬，特以備一時之用耳。至托付大事，則獨屬忠厚之霍光。夫忠厚，豈跅弛比哉！而輔幼主、當重任，非忠厚不可也。

帝譴責鉤弋夫人，卒賜死。語左右曰：『往古國家所以亂，由主少母壯也。故不得不先去之。』

帝欲立昭帝，先賜鉤弋夫人死，此亦不仁之甚。元魏乃踵而行之。

温公論曰：孝武窮奢極欲，繁刑重斂，其异於秦始皇者無幾矣。然秦以之亡，漢以之興。（二年）

秦之亡，亡於胡亥。使始皇立扶蘇而相蒙恬，亦何至二世而亡哉！武帝之末，漢亦岌岌矣。前有文景，後有昭宣，故不敗耳。謂漢以之興，亦未然也。

鑒評别録卷六

漢紀四

孝昭皇帝（諱弗陵，武帝少子，在位十一年）

燕王旦爲奸書，言少帝非武帝子，大臣所立，天下宜共伐之。使人傳行郡國，以摇動百姓。（始元元年）

意中有齊王發兵誅諸吕之事，故以此爲兵端也。

初，武帝遺詔：以前捕反者馬何羅功，封金日磾及霍光、上官桀爲侯。日磾以帝少，不受封。

捕何羅，日磾一人之功耳。光、桀何與焉？今乃稱遺詔三人并封，何也？觀侍中王忽『群兒自相貴』之言，則知日磾之不受，有以也。

詔：往年灾害多，今年蠶麥傷所，振貸種食，勿收責，毋令民出今年田租。（二年）

霍光復行文帝之政。

匈奴始衰。

二十餘年征伐不足以折匈奴之横，至是始衰者，内亂而國分也。其致亂之由，則以狐鹿孤單于之母閼氏枉殺其左大都尉。迨單于病死，而顓渠閼氏復矯令立其子左谷蠡王，以致左賢王、右谷蠡王怨望，各擁衆，不會龍庭也。亂匪降自天，生自婦人，中外詎有异哉！

有男子自稱衛太子，詔公卿以下雜識視，莫敢發言。京兆尹雋不疑叱從吏收縛，曰：『太子得罪先帝，亡不即死，此罪人也。』遂送詔獄。（五年）

不疑之論衛太子是也。勿論泉鳩之往事，□□□太子無緣復生。且是時燕王方騰書郡國，謂少帝非武帝子，豈可復容奸人詐爲故太子以摇動人心乎？但倉卒中雖力辨其僞，亦難遽釋群疑，惟有明正其罪，俾知太子不容復立於天地間，庶足以挫奸謀而遏亂萌也。其援衛出公爲言者，漢人篤信公羊，斷以經義，人莫敢争也。

匈奴歸蘇武及馬宏等。馬宏者，前副王忠使西國，爲匈奴所遮留，亦不肯降。（六年）

蘇武大節，人皆知之，而馬宏不著。

眭弘上書，言大石自立、僵柳復起，當有匹庶爲天子者。漢承唐後，當求賢人禪帝位。（元鳳三年）

凡依托物怪、妄陳禍福者，皆妖言也。况是時主少國疑，政在大臣。乃輒言禪代，以摇人心，其罪大矣。假令霍光有不臣之心，因而窺覦神器，其不爲新莽者幾希。

少府徐仁坐桑遷獄自殺，廷尉王平與左馮翊賈勝胡皆要斬。

桑遷坐父弘羊謀反，即不諫諍，要非同謀。廷尉、少府援赦除侯史吴匿遷罪，未爲失也。乃御史以遷與反者無异，而劾廷尉、少府以故縱，已屬深刻。中二千石、博士等又以吴爲不道，舍匿罪之常法而更爲重比，以致廷尉、少府及左馮翊均以罪誅，失用法之平矣。

温公論傅介子斬樓蘭王，以大漢之强而爲盜賊之謀於蠻夷，不亦可羞哉！（四年）

馳一介之使於萬里之外斬一國王，更爲立王，而國中懾伏無敢動；又遣一司馬將吏士四十人，即可以填撫其國。不必律以三王之法，而漢之威加蠻夷，亦一時之盛已。温公譏之，固屬正論，試問宋之於外國能有此乎？

帝崩無嗣，武帝子惟有廣陵王胥，行失道，郎有上書，言廣陵王不可承宗廟。光乃承皇后詔，迎昌邑王賀，乘七乘傳，詣長安邸。（元平元年）

廣陵王不可以承宗廟，郎之言誠是已。昌邑之失道，無异於廣陵，漢廷獨不聞乎？光之失，不在後之廢，而在初之立也。

武帝之喪，賀游獵不止。中尉王吉上疏諫，并云：『皇帝仁聖，至今思慕不忘，宫館囿池弋獵之樂，未有所幸。大王宜夙夜念此，以承聖意。』

即吉言可知昭帝之居喪盡禮。冲齡踐祚，乃能仁孝夙成，又不止辨上官桀之誣霍光，至明且斷也。天資上聖而不永其年，惜哉！

昌邑宫中，數見怪异。郎中令龔遂力諫，王終不改。會徵書至。

妖祥數見，方憂禍及。而徵書忽至，王必以遂言爲不驗矣。

日中，王發。晡時，行百三十［五］里，王吉奏書戒王，并云：『大將軍仁愛、忠信，天下莫不聞，抱持幼君襁褓之中，布政施教，天下晏然，願大王事之敬之。』

即吉言，則大將軍洵足以任天下之重。托孤寄命，後世以伊、霍并稱。雖霍非伊匹，其人亦良偉矣。

王到霸上，大鴻臚郊迎，騶奉乘輿車。王使郎中令遂驂乘。

王於龔遂直諫，至掩耳起走，曰：『郎中令善愧人。』而恒以自近，蓋善善而不能用者也。

昌邑王既立，淫戲無度。大將軍憂懣，用大司農田延年計，乃與車騎將軍張安世謀廢立。

光先因郎上書言文王舍伯邑考而置廣陵，又因延年言伊尹放太甲而廢昌邑，皆折衷於古義而不敢輕有舉動，安得譏其不學無術哉！

王出游，光禄大夫夏侯勝諫曰：『天久陰而不雨，臣下有謀上者。陛下出，欲何之？』光召問勝，勝舉《洪範傳》以對。光以此益重經術士。

漢之重經術，實欲因以考灾祥、決禍福，故《洪範》五行、《春秋》灾异之説盛行於世。而勝之治《尚書》，卒尊爲經師也。

王既廢，群臣請徙王房陵，太后詔：歸賀昌邑。賜湯沐邑二千户，故王家財物，皆予賀。

此詔雖出太后，實大將軍意也。忠厚於此益見。

望氣者言『長安獄中有天子氣』，武帝遣郭穰盡誅繫者。丙吉閉門不納，曰：『皇曾孫在，他人無辜死猶不可，況親曾孫乎？』相守至天明，不得入。

吉閉門拒詔，可謂仁者之勇。武帝尋寤而赦天下，不惟曾孫恃吉得全，郡邸獄繫者均賴吉得生，即天下之獄囚亦因得邀曠蕩之恩。視王賀之活人，孰多哉？而吉終不自言，則尤過賀遠矣。

後有詔：掖庭養視曾孫。掖庭令張賀奉養甚謹。是時昭帝始冠，賀弟安世爲右將軍輔政，聞賀稱譽曾孫，怒曰：『曾孫，衛太子後也。幸得以庶人衣食縣官足矣。』

安世禁賀稱譽皇曾孫，乃所以保全曾孫也。其用意深矣。

侍御史嚴延年劾奏大將軍光擅廢立主，無人臣禮，不道。奏雖寢，朝廷肅然敬憚之。

是時漢廷有三延年：一田、一杜、一嚴，皆名臣也。嚴延年卒爲酷吏，自取殺身，而首劾大將軍不臣之罪，威震朝廷。然亦霍光之忠厚有以容之耳。使施之於魏晋之際，族矣。

公卿議立皇后，皆心擬霍將軍女，亦未有言。上乃詔求微時故劍。大臣知指，乃白立許倢伃爲皇后。

故劍之求，其意可悲。帝固知許后之立，非光所願也，觀於廣漢之不俟可見矣。大臣揣知帝指，故請立許后；光妻顯窺見光指，故謀鴆許后，以貴其小女成君耳。

中宗孝宣皇帝（初名病己，改諱詢，武帝曾孫，在位二十五年）

大將軍光稽首歸政，上謙讓不受，諸事皆先關白光，然後奏御。光黨親連體，根據於朝廷。（本始元年）

位不期驕，禄不期侈。以霍光之賢，猶不免於盛滿。況其下乎！

大司農田延年有罪，自殺。（二年）

田子賓可謂剛而不撓矣，乃竟盗取官錢三千萬，詎非剛不勝其欲哉？蓋自恃其功，又大將軍故吏，以大將軍必爲掩覆，而不料一旦遂致敗露也。觀其持刀往來，數日不决，猶冀有詔赦之；追聞鼓聲，欲不自刎而不得矣。

詔爲孝武皇帝立廟樂。群臣皆曰：『宜如詔書。』夏侯勝獨曰：『武帝雖有攘夷廣土之功，然多殺士衆，竭民財力，奢泰無度，無德澤於民，不宜爲立廟樂。』

夏侯違詔，議武帝不應立廟樂，侃侃正論，斷非後世人臣所敢言。漢去古未遠，猶見三代之遺直。即如戾太子謚，若在後世，必曰哀、曰滑、曰懷矣。

許后當娠，病，霍光夫人顯欲奇貴其小女成君，使女醫淳于衍進毒，后崩。

許后之立，本非光意，光未嘗不欲貴其少女也。顯之邪謀，蓋亦微窺光意而爲之耳。后之初弒，光固不與聞。迨後知而不舉，又署衍勿論，而納女入宫，則固與於弒后。霍氏之禍，實始於此矣。奚必驂乘哉！

常惠自烏孫還，發兵攻龜兹，先責以前殺漢使狀，其王曰：『乃我先王時，貴人姑翼爲之。』惠曰：『縛姑翼來！吾置王。』王執姑翼詣惠，惠斬之而還。

長羅之討龜兹，名正言順，恩以濟威，極爲得體。勝於傅介子之斬樓蘭王。

匈奴單于將數萬騎，擊烏孫。欲還，會天大雨雪，深丈餘，人民畜産凍死，還者什不能一二。

匈奴始衰，由於内亂。至此則天降凶灾，鄰敵交侵，而漢承其敝矣。

大將軍光薨，魏相因許廣漢上書，言霍氏驕奢放縱，恐浸不制，宜有以損奪其權。又請令上書者去副封，以防壅蔽。（地節二年）

相所陳皆當時急務，蓋是時政在權門，亦猶文帝時憂在强藩也。與賈生《治安策》并爲識時之杰。而去副封，尤關機要。

帝常稱曰：『庶民所以安其田里而無愁恨之心者，政平訟理也。與我共此者，其惟良二千石乎！』

宣帝察吏安民，所以治郡縣之天下者，萬古不易。

詔：『膠東相王成，勞來不怠，流民自占八萬餘口。其賜成爵關内侯。』或言成僞自增加，以蒙顯賞。（三年）

宣帝綜核名實，而僞增户口之弊且不能免，甚矣，察吏之難也！

立子奭爲皇太子，封太子外祖父許廣漢爲平恩侯。

奭，帝在民間時許后所生也。霍光既殁，至此始立爲太子而侯廣漢。帝之受制於光而不能自行其志久矣。

平恩侯以太子少，白使其弟中郎將舜監護太子家。上問太子少傅疏廣，廣曰：『太子師友，必天下英俊，不宜獨親外家。』

是時太子初立，霍顯怨恨，教令霍后挾毒。雖不得行，勢亦危矣。平恩監護之請，未爲無見。殆有鑒於許后之前車也。疏傅所云，未免高而不切。

以地震，詔罷車騎將軍、右將軍屯兵。

帝將罷霍氏兵權，故先罷兩將軍屯兵，以爲之漸。車騎將軍，張安世也；右將軍，光子禹也。罷禹并罷安世，意不在安世也。安世繼光輔政，帝所親倚，罷安世使禹不疑也。

光子禹、兄孫山，并繕治宫室，走馬馳逐平樂館；兄孫雲當朝請，數稱病，私出，多從賓客，獵黄山苑中。

霍氏諸子孫驕奢，祇是馳逐射獵，紈絝惡少年之所爲耳。故易爲翦除。

魏相爲丞相，數燕見言事。時霍山領尚書，上令吏民得奏封事，不關尚書。

先用魏相言，撤去副封，至此遂不關尚書。亦必相於燕見時有所建白也。

以霍禹爲大司馬，亡印綬，罷其屯兵官屬。又收光女婿范明友、趙平將軍、騎都尉印綬，諸領胡越騎、羽林及兩宫衛將屯兵，悉易以所親信許、史子弟代之。

至此乃盡奪霍氏兵權，固由帝英明獨斷，亦必魏丞相居中爲之決策也。賈生説文帝削强藩，則必益封淮陽國，徙代王王梁，以扞齊、趙、吴、楚。丞相贊帝抑强臣，則必悉罷其宫衛屯兵，而代以許、史子弟。此皆以親制疏，救時濟事之良策也。若疏傅之所見，則必云當用天下英俊，不宜獨任許、史矣。

每季秋後，上常幸宣室，齋居而决事。

秋讞親決，與本朝黄册呈覽、硃筆批抹正同。洵萬世不易之良法。

帝置廷尉平四人以决疑獄。鄭昌言：『不若删定律令。今不正其本，而置廷平以理其末，將召權而爲亂首。』

廷平六百石吏而委任頗重，故昌慮其弄法而爲亂。然法必待人而行。若專恃律令，亦徒法耳。謂律令爲本、廷平爲末，竊所未喻也。

霍顯及禹、山、雲自見侵削，相對啼泣。山曰：『聞民間讙言「霍氏毒殺許皇后」，詎有是邪？』顯以實告。禹等驚曰：『此大事，誅罰不小，奈何？』於是始有邪謀。

顯毒殺許后，禹等至此始知之，亦知顯教霍后毒太子乎？霍氏之破家，顯尤罪之魁也。

雲舅李竟所善張赦謂竟曰：『今丞相與平恩侯用事，可令太夫人言太后，先誅此兩人，移徙陛下，在太后耳。』（四年）

赦欲依昌邑故事。不知昌邑之廢，事出大將軍，特假太后爲名耳。今之太后，亦何能爲乎！

張敞上封事，言：『朝臣應請罷霍氏三侯，皆就第，明詔不聽。群臣固争，而後許之。天下必以陛下不忘功德，而霍氏世世無患。』

敞之謀誠善矣。然必禹等自知盛滿當戒，固請避位就第，而後可全耳名。不甘引退而遽罷之，無論出自帝之詔與群臣之請，其怨望均也。

禹、山等舉家憂愁，謀令太后爲博平君置酒，召丞相、平恩侯以下，使范明友、鄧廣漢承太后制，引斬之。因廢帝而立禹。

竟欲廢帝立禹，則又不僅如昌邑故事矣。父報仇、子行劫，信然。

茂陵徐生上疏言：『霍氏泰盛，宜以時抑制。』書三上，輒報聞。其後霍氏誅滅，上乃賜帛十匹，後以爲郎。

帝之不用徐生策，而豫抑霍氏，力不能、時未可也。一旦收其兵權，奪其政柄，而禹等憂懼，邪謀興焉，徐生之策豈易行哉！臣作威福，非害於國，即凶於家，其所由來者漸矣。

温公論霍光：『不應久專大柄，孝宣宜以禄秩賞賜，富其子孫，以報盛德，不應任之以政、授之以兵。』

温公之譏霍光，至當不易。至責孝宣不當復任其子孫，則猶徐生之見也。使光殁而帝即罷退禹等，以侯就第，縱使厚加賞賜，能遂帖然甘作富家翁哉？况是時霍氏支黨布滿朝廷，諸婿范明友等分典禁兵，盤互左右，若不先翦其枝葉，而遽欲摇其本根，肘腋之變，將有不勝防者。故不得不次第圖之，而不敢輕有所措置也。不然，以魏丞相之善謀，帝之能斷，豈不知曲突徙薪賢於焦頭爛額哉！

龔遂拜渤海太守。召見，問：『何以息盗賊？』遂曰：『治亂民猶治亂繩，不可急也。緩之然後可治。』

渤海之盗賊，皆饑民耳。故遂以不治治之。觀其悉罷逐捕吏，而開倉米以賑恤之，勸農桑以勞徠之，啓以自新之路而畀以衣食之資，故莠民悉化爲良民也。此亦因地制宜，未可一概施也。至其教民賣劍買牛、賣刀買犢，世尤述之以爲美譚。但刀劍牛犢，賣且買者，均渤海之民耳。甲賣之而乙買之，刀劍未爲少、牛犢未爲多也。似當日别有措置。

京兆尹趙廣漢下廷尉獄，吏民守闕號泣者數萬人，願代趙京兆死，使牧養小民。廣漢竟坐要斬。（元康元年）

枉殺榮畜，脅制丞相，廣漢亦有取死之道。但京兆失此良吏，爲可惜耳。丞相何不入言於上，爲吏民貸其一死？

馮奉世發諸國兵，擊莎車，拔其城，莎車王自殺，傳首長安。上欲封奉世，蕭望之以奉世擅制違命，不可爲後法，不宜受封。

望之第論其常耳。漢與匈奴争西域，機不可失，又當别論。春秋之義，大夫出竟，苟利國家，專之可也。況萬里之外，而必責其請命哉！

詔曰：『獄者，萬民之命。今用法或持巧心，析律貳端，深淺不平，黎民何所仰哉！』（二年）

此詔乃路温舒書中意也。仁人之言，其利溥哉！

上與後將軍趙充國議，欲出兵擊匈奴。魏相以『邊郡困乏，風俗尤薄，水旱不時，不應發兵報纖介之忿於遠夷』上書力諫，帝從其言。

相此諫書，真宰相之言也。發中國兵以擊遠夷，與馮奉世之以夷攻夷者异矣。

魏相數條漢興以來國家便宜行事及賢臣賈誼、晁錯、董仲舒等所言，奏請施行之。

舉行國家便宜，所謂監於先王成憲也。賈、晁所言，多切於時務；仲舒第言春秋灾异耳，然是時尤重之。

丙吉爲人深厚，不伐善，自皇曾孫遭遇，絶口不道前恩，故朝廷莫能明其功。

吉於宣帝舊恩篤厚，而終不自言，可謂賢矣。然張賀、許伯輩亦無爲帝言之者，則不可解。

帝以蕭望之爲左馮翊，望之從少府出，爲左遷，恐有不合意，遂移病。

前爲平原太守而上書，今爲左馮翊而移病。擇官而仕，足覘褊心之未化矣。

詔封丙吉爲博陽侯。吉病，上憂其不起。夏侯勝曰：『臣聞有陰德者必饗其樂，以及子孫。吉必不死。』

太傅之言是也。以此決博陽之不死，勝於泥《洪範・五行傳》以言休咎。

皇太子年十二，通《論語》《孝經》。太傅疏廣謂少傅受曰：『吾聞「知足不辱，知止不殆」。宦成名立，不去，懼有後悔。』即日父子俱移病，上書乞骸骨。

太傅服膺者，『知足不辱，知止不殆』二語耳。宦成身退，賣金娱樂，不爲子孫置産業俾益過生怨，皆止、足之義也。賢哉，百世之師也。

張安世見父子尊顯，懷不自安，爲子延壽求出補吏，上以爲北地太守。

安世最爲帝所親信。不惟叶贊迎立大謀，且其兄賀於帝微時，躬親教養，恩誼篤厚，實與許、史不殊。乃安世遠權避勢，先既爲兄辭封侯，兹復出子補外吏，何其受寵若驚，有功不罰若是乎？使霍光見及於此，亦何至挾震主之威取覆宗之禍哉！

潁川太守黄霸力行教化，而後誅罰，外寬内明，得吏民心，户口歲增，治爲天下第一。

史所書『先養後教，禁僞詰奸』，循吏設施，千載如見。其不可及者，『外寬内明』也。

右扶風尹翁歸卒，詔以翁歸治民異等，賜其子黄金百斤，以奉祭祀。（四年）

翁歸吏績，無以加於趙廣漢、韓延壽。其顯名令終者，由於温良謙退，不以行能驕人也。

羌侯狼何，遣使至匈奴借兵，趙充國以爲狼何不能獨造此計，疑匈奴使已至羌中，到秋馬肥，變必起矣。

充國熟悉羌情，億則屢中。帝知而善任之，故卒以破羌。

上頗好神仙，張敞諫曰：『願明主斥遠方士，游心帝王之術，太平庶幾可興。』（神爵元年）

帝少喜游俠，嗣位後頗好神仙符瑞，蓋猶有武帝之餘風。一聞敞言，立即悉罷尚方待詔，較武帝晚年始悟方士妄誕者，其明暗相去遠矣。

上頗修宫室，王吉諫曰：『安土治民，莫善於禮。願陛下與公卿大臣延儒生、述舊禮，驅民躋之仁壽之域。』

修宫室，亦武帝之餘風也。史所載吉疏，但云示天下以儉，并未顯言宫室，且亦老生常談耳。延儒生、述舊禮，遂足躋民仁壽之域乎？固不足以動帝聽也。

遣趙充國將兵擊西羌。虜數挑戰，充國堅守。羌豪相責曰：『語汝無反，今天子遣趙將軍來，年八九十矣，善爲兵。今欲一鬥而死，可得邪？』

遠斥堠，堅營壘，持重愛士，先計後戰，此營平將略也。乃至羌豪欲一鬥而死不可得，卒能破散黨惡，坐制其敝。善兵者不戰，營平有焉。

上遣辛武賢擊罕羌，并以書敕讓充國，令引兵并進。充國上書，請『誅先零，則罕、开之屬，不煩兵而服。以今進兵，未見其利。』上從之。

兩將并出，璽書責讓，乃更堅持初議，侃侃言之，充國可謂忠於任事矣。然非帝之明，亦安能遽寢前詔，從若轉圜哉？

充國欲罷騎兵，屯田以待其敝。作奏未上，會得進兵璽書，子卬使客諫充國，充國嘆曰：『何言之不忠也！』

護軍爭之，則曰：『諸君但欲便文自營，非爲公家忠計也。』子卬使客諫，則曰：『何言之不忠也』，不爲一身計利害，但爲國家計成敗，爲臣當如是矣。營平宰相之器，惜乎未竟其用也。

充國上言屯田十二便，上令熟計復奏。充國奏曰：『兵以計爲本，多算勝少算，引軍遠擊，雖無尺寸之功，偷得避嫌之便而亡後咎。此人臣之利，非社稷之福。』

亡尺寸功，但以避嫌而免後咎，人臣之利，慨乎其言之矣！後之謀國者，乃往往出此，爲身乎，爲國乎？然營平所以直行其意，卒能成功者，上有明主，又有賢相以贊其決，則亦所遇之幸也。

浩星賜説充國：『宜歸功二將軍。』充國曰：『兵，國之大事，當爲後法。老臣不以餘命，爲陛下明言其利害，卒死，誰當復言之者！』卒以其意對。

充國事君，可謂不欺矣。其子卒爲辛武賢所構，則事之不容逆料者也。

匈奴顓渠閼氏與右賢王屠耆堂私通。單于死，立爲握衍朐鞮單于。虚閭權渠單于子稽侯狦既不得立，亡歸妻父烏禪幕。日逐王先賢撣降漢，封爲歸德侯。

匈奴之始衰，由於顓渠閼氏矯令立其子左谷蠡王也。至此又因顓渠閼氏以私愛立右賢王，而匈奴復内亂，於是日逐先降，稽侯狦繼至，而匈奴遂臣屬於漢矣。

上以鄭吉爲都護，中西域而立幕府，治烏壘城，匈奴益弱，不敢争西域。

漢開西域，爲制匈奴。匈奴弱不能争而西域奉漢號令，未幾匈奴亦稱臣内屬。孰云西域無關漢之輕重哉！

丙吉爲丞相，吉尚寬大，好禮讓，不親小事，時人以爲知大體。（三年）

於吉不録問牛喘事，以其瑣屑不足録也。良是。

鳳皇十一集杜陵。（四年）

帝之治，庶幾文景。其不及者，鳳皇太多耳。

河南太守嚴延年爲治陰鷙酷烈，府丞義上書言其十罪。事下，御史丞按驗，延年坐不道，弃市。

以帝之綜核，乃太守有『屠伯』而不之知。若非府丞上書，則延年恣行威虐，無復忌憚矣。甚矣，察吏之難也。

匈奴分爲五單于，内自相攻。議者多曰可因其亂舉兵滅之，蕭望之以爲『宜遣使吊問，輔其微弱，如遂蒙恩得復其位，必稱臣服從』。上從其議。

匈奴雖内亂國分，有急則必合而相救，實亦未可滅也。將無衛霍，而輕爲大舉，遠涉龍庭，勝否恐未可知也。望之於馮奉世破莎車則阻其封，於烏孫請婚則以爲不可許，於匈奴内亂則以爲不可伐喪，宜遣使吊問；迨呼韓入朝，又曰『爲非正朔所加，宜待以不臣之禮』，皆論議卓然，可稱與漢廷諸臣异者。

韓延壽代蕭望之爲左馮翊，坐狡猾不道弃市，百姓莫不流涕。

望之馮翊無吏績可稱，史所書延壽吏績，直出趙廣漢、尹翁歸之右。其死，則望之陷之也。因遣御史案官錢而并及其僭逾，非欲致之死乎？温公第曰『激之』，猶自恕辭。獨怪宣帝最重良吏，而於輦轂之近，治民最者，功效如趙、蓋、韓三臣者，均以曖昧之罪，次第加誅，不少愛惜，何也？

丞相司直奏望之遇丞相禮節倨慢，又使吏買賣，私附益凡十萬三千。詔左遷爲太子太傅。（二年）

馮翊之放散官錢百餘萬，幸無事實，至此仍以贜敗。望之難言清節矣。

光禄勛楊惲廉潔無私，然性刻害，好發人陰伏。

既書其刻害、發人陰伏，後又與蓋寛饒并論而惜其剛直。夫刻害發人陰伏，安得爲剛直乎？

黄霸爲丞相，功名損於治郡時，京兆尹張敞鶡雀飛集丞相府，霸以爲神雀，議欲以聞。又請雜問郡、國上計吏有耕者讓畔，男女异路，道不拾遺者先上殿。

讓畔异路，固足彰風俗之美，然亦教化漸積，自然成效，非可束以科條而課其殿最也。而乃亟亟於此，則知帝前詔稱美潁川孝子、悌弟、貞婦、順孫及田者讓畔、道不拾遺，未必盡實；而鳳皇數下，略可睹矣。宜張敞直斥其以僞先天下也。

霸薦（許）[史]高可爲太尉，上使尚書召問，責以越職，霸免冠謝罪。是後不敢復有所請。

觀於霸，可知輔弼之任與郡縣不同。蕭望之所以謂張敞『材輕，不可任師傅』也。

楊惲失爵位家居，《報孫會宗書》，語涉怨望，會日食，騶馬猥佐成上書告惲，下廷尉，按驗，當惲大逆無道，要斬。

惲書衹是誹謗罪案耳。《通鑑》備録，似可不必。惲即驕奢不悔過，豈遂足致日食？猥佐之誣告，其狀甚明。乃以語言之過，亂行悖逆之誅，亦太甚矣。趙、蓋、韓、楊均死不以罪。論者惜帝之失刑，然楊非三人比也。故史但云『殺三良臣』，而惲不與焉。

温公譏宣帝謂王道不可行，儒者不可用，非所以訓示子孫、垂法將來。（甘露元年）

王霸雜之説，未免失辭。至云『俗儒不達時宜，好是古非今，使人眩於名實，何足委任』，則不易之論也。元帝之時，貢、薛、韋、匡相次進用，褒然稱巨儒矣。其治效視宣帝何如哉？其後張禹、孔光，卒以誤國附篡。儒之於漢，何有哉！温公謂『俗儒誠不足與爲治，何不求真儒而用之』，而以稷、契、皋陶、何益、伊尹、周公、孔子當大儒之目。然此數聖人曠代未有，至今不聞再見於世。乃云使漢得而用之，與捕風何异邪？即如宋之儒術較漢爲醇，而國勢遠不及漢，至神宗九申理學，而宋之亡已不可救矣。温公特未之見耳。

呼韓邪單于之敗也，左伊秩訾王勸令稱臣入朝事漢，諸大臣皆曰：『不可。』左伊秩訾曰：『今漢方盛，烏孫城郭諸國皆爲臣妾。事漢則安存，不事則危亡。』

左伊秩訾以城郭諸國皆臣服於漢，故決計事漢，則知漢之制匈奴由於開西域也。

呼韓邪單于款五原塞，願奉國珍，朝三年正月。詔有司議其儀。蕭望之以爲『宜待以不臣之禮，位在諸侯王上。』（二年）

望之此議良是，匈奴非他蠻夷比。與漢爲昆弟久矣，不得謂非敵國。荀悦之論，失之廓已。

先是，自烏孫以西，至安息諸國，近匈奴者皆畏匈奴而輕漢，及呼韓邪朝漢後，咸尊漢矣。（三年）

呼韓邪入朝，而漢之威令行於烏孫以西至安息諸國。其加恩禮以羈縻單于，有以也夫！

皇太子所幸司馬良娣死，太子忽忽不樂，帝乃令皇后擇後宫家人子，得元城王政君，送太子宫。政君即元后也。王氏之貴，新莽之篡，已權輿於此。是時呼韓稽顙，邊塞無塵，威令行於西域，漢之國勢，可云極盛矣。而禍機之伏，乃在蕭墻、床第之間。外寧必有内憂，信哉！

班固贊孝宣：信威北夷，單于慕義，稽首稱藩，功光祖宗，業垂後嗣，可謂中興，侔德殷宗、周宣矣。（黄龍元年）

班史所以盛推宣帝，稱爲中興者，尤以單于稽首稱藩爲不世之功。蓋匈奴爲漢勍敵，固高祖之所畏、而武帝之所不能屈也。

鑒評别録卷七

漢紀五

孝元皇帝（諱奭，宣帝子，在位十六年）

温公譏貢禹不能爲言『優游不斷、讒佞用權』之失，而第於恭謹節儉孜孜言之。（初元元年）

是時元帝初立，尚未見其寡斷信讒之失，而恭儉之德在青宫久已著聞。禹首上此書，意有將順其美，因以矯歷世相沿之敝俗，似尚無可厚非。温公之論稍苛矣。

蕭望之與周堪皆以師傅舊恩，勸導上以古制，上甚鄉納之。中書令弘恭、僕射石顯明習文法，常持故事，不從望之等。

動引古制，多所匡正，此宣帝所云『是古非今』者。元帝雖意向儒術，而未必遽忘庭訓，宜恭、顯持故事以争也。故事者，漢家自有制度也。

望之等以中書政本，國家樞機，宜罷宦官，應古不近刑人之義。上初即位，謙讓，重改作，議久不定。

不近刑人，古制也。中書用宦者，漢法也。帝之謙讓，嫌違武、宣也。

鄭朋奏記望之曰：『今將軍規橅，云若管、晏而休，遂行至周、召而留乎？』

薄管、晏而動以周、召相期，此正僞儒之大言不慚也。朋傾邪，而望之粗疏，遂爲所中。

上欲以蕭望之爲相，恭、顯及許、史兄弟皆側目於望之。劉更生使其外親上變事，以爲宜退恭、顯，進望之等，會望之子伋亦上書訟望之前事。

望之所倚者，帝耳。使謹重自持，許、史輩亦無從下石。乃甫經賜爵引近，而更生輒因地震使外親上書，欲退恭、顯而進望之。亦既繫獄斥免矣，而望之子伋又上書訟父前事，望之豈得諉爲不知乎？輕躁妄動，進不知退，宜其及矣。

詔罷珠崖郡，用待詔賈捐之議也。（三年）

罷珠崖而遽下哀痛之詔，似未免失辭，何不云『海外蠻夷，瘴癘之鄉，留之不足爲益，失之不足爲損，不欲勞中國以事遐荒』乎？

貢禹爲御史大夫，禹前後言得失書數十上。上嘉其質直，多采用之。（五年）

禹所建白，次第施行矣。所以能久於其位，洊歷亞卿者，以石顯爲之内助也，質直安在哉！其品第自在蕭望之下。

上酹祭宗廟，出便門，欲御樓船，薛廣德免冠頓首曰：『宜從橋。』詔曰：『大夫冠。』廣德曰：『陛下不聽臣，臣自刎，以血污車輪！陛下不得入廟矣。』（永光元年）

欲御樓船，未爲大過，何至便欲自刎、以血污車輪乎？且帝之信讒寡斷，其失大於御樓船多矣，廣德未聞一言，何也？此明知帝仁柔，必不加罪，而故爲抵觸，以沽直聲耳。其人又在貢禹之下矣。

帝爲太子，從孔霸受《尚書》，及即位，賜爵關内侯，號褒成君。上欲致霸相位，霸爲人謙退，不好權勢。上屢欲用爲御史大夫，輒辭不受。

霸之再三讓位者，以蕭望之爲鑒而避恭、顯也。史稱霸『謙退，不好權勢』，望之正未免好權勢而不謙退，故及於難耳。

石顯憚周堪、張猛等，數譖毀之。劉更生懼其傾危，上書極諫。

邪正不容并立，顯所憚，堪、猛等耳。貢、薛、韋、匡，舉非所忌也。更生所云『决斷狐疑，分别猶與』，乃帝對證之藥，而其受病，則標在不斷而本在不明也。

賈捐之復短石顯，楊興曰：『顯方貴，上信用之。今欲進，第從我計。』捐之即與興共爲薦顯奏。

捐之粗疏，又亟於求進，故誤信楊興，以致殺身。雖語言妙天下，有忝乃祖多矣。

上問匡衡以地震、日食之變，衡上書以爲『宜省（侈）靡〔麗〕、考制度、近忠正、遠巧佞，以崇至仁，匡失俗。』

衡所言，原本經術，陳義甚高，實則揣摩上意，宜爲帝所喜而遷官也。近忠遠佞，雖亦及之，而附綴章末，祇見其浮泛不切耳。視劉更生所言，奚翅碔砆之於美玉！

隴西羌彡姐旁種反，召丞相韋玄成等人議，漠然莫有對者，右將軍馮奉世請討之。

玄成以名儒居相位，而匡衡等動稱經術，乃叛羌近在境内，既不能豫籌戡輯之策，迨人議，又不能措一辭，其效可睹矣。是時匈奴稱藩而諸羌漸熾，至東漢遂大爲邊患。

日有食之，上於是召諸前言日變在周堪、張猛者責問，皆稽首謝。召拜堪、猛爲光禄大夫、領尚書事。（四年）

漢重灾异，往往因日食而罷三公官。若堪、猛以日食斥退、復以日食進用，尤可怪也。竊謂日食，實有一定躔次，當食未有不食者，或當日推步尚疏耳。若如今日之預定秒分、晷刻不爽，則三公可以早作挂冠之計。而涕泣求免爲相者，不止公孫賀一人矣。

初，貢禹奏言：孝惠、孝景廟皆親盡宜毁，及郡國廟不應古禮，宜正定。天子是其議。

親盡毁廟，雖載於禮書，但祭有其舉之，莫敢廢也。是時外戚擅權，閹寺竊枋，時事之可憂者多矣，貢禹、匡衡曾不是慮，而鰓鰓焉毁廟之是圖，無非欲行其師説而已。真俗儒哉！

上好儒術文辭，頗改宣帝之政，又傅昭儀及子濟陽王康愛幸逾於皇后太子，匡衡上疏云云。

衡諸議，非不粲然可觀，但細按所云，大抵緣飾經義，間及時事，而不欲顯白其是非可否也。即如此疏，『仁愛温良者戒於無斷』，指元帝也，而以六者并舉，則不露芒角矣。『卑不逾尊，新不先故』，指傅昭儀母子及皇后、太子也，而申明古禮則不嫌激訐矣。可見其立説之巧而用意之深也。

考功課吏，自是循名責實之法，而房借灾异立説者，必如是方足動上聽也。

京房上書屢言灾异，有驗。天子説之，數召見。房奏考功課吏法。

《洪範》《春秋》而外，又有京氏易，其學雖原本經術，而主於占候。西漢諸儒所以致身揚名者，多用此術也。

蕭望之與房，皆不欲遠離左右，懼爲石顯讒害也。房亟亟上封事，必藉蒙氣湧水爲言，豈房之去遂足上召天變乎？

帝以房爲魏郡太守，以考功法治郡。房不欲遠離左右，乃上封事云云。

挾其術以要君，而益招權奸之忌。如房所爲，不殺其軀不止也。

房所以挾其方術沾沾求自試而不欲外出者，其意欲與石顯争寵耳。觀張博之事，則房之爲人可知。使其得志，必不能爲奉公無私之臣矣。

淮陽王舅張博傾巧無行，從京房學，以女妻房，令房爲王作求朝奏章。

石顯薦貢禹，王莽尊孔光，皆欲倚以爲重，奸臣固有術也。顯誠不足責禹，以名儒而爲所籠絡，與相結

初，石顯聞人言己殺蕭望之，恐天下學士訕己，以貢禹明經著節，乃使人致意，深自結納，因薦禹歷位九卿。

納，抑獨何哉！蕭、張、周、劉，儒也，而相繼罹辜；貢、薛、韋、匡，亦儒也，而迭爲宰相。其所以致之者，可想已。

使西域都護、騎都尉甘延壽，副校尉陳湯共誅斬郅支單于於康居。

延壽雖爲都護，而斬郅支，實陳湯主之，其方略皆湯爲之也。郅支寄住康居，遺衆不過二三千人，所恃者康居兵耳。又以暴虐爲康居所怨，不爲盡力，故康居兵却，郅支成禽矣。

延壽、湯上疏，請懸郅支首於稾街蠻夷邸間，以示萬里。丞相匡衡等以爲方春掩骼埋胔之時，宜勿懸。（四年）

不以此時宣國威、示蠻夷，乃引《月令》『掩骼埋胔』之文以炫經術，真腐儒也。

中山哀王竟薨，太子不哀，上大恨。史丹曰：『臣見陛下哀痛中山王，戒太子毋涕泣感傷陛下。』上意乃解。

丹以權辭安太子，然即此可見成帝之不克爲令主矣。

呼韓邪單于來朝，自言願婿漢氏以自親。帝以後宫良家子王嫱、字昭君，賜單于。（竟寧元年）

漢自高祖九年取家人子名爲長公主以妻冒頓單于，文帝復以宗室女翁主爲老上單于閼氏而不能止其侵盗者，匈奴方盛，漢憚其强，納女以媚之也。兹以王嫱予呼韓邪單于，而單于歡喜上書願保塞者，匈奴已衰，臣服於漢，賜女以親之，出其望外也。同一予女，而前後時勢頓殊矣。是時天子以邊塵永息，爲之改元『竟寧』，昭君之所係，亦重矣哉！

單于請罷邊備塞吏卒以休天子人民，下有司議，皆以爲便，郎中侯應以爲不可。

郎中十策皆守邊大略，雖未足希踪晁、賈，亦堪踵武營平。

初，左伊秩訾爲呼韓邪畫計歸漢，呼韓邪聽讒而疑之。伊秩訾懼誅，將其衆降漢。

呼韓亡而復存，伊秩訾之功不細矣。而讒人從而害之，譖以伐功鞅鞅，遂啓單于之疑。伊秩訾亦不能復安其位。功之不易居，中外固如一轍哉！

呼韓邪來朝，見伊秩訾，謝過，欲白天子，請之歸庭。伊秩訾固辭不可。

伊秩訾不復歸北，以單于之終不相信也，得無讒人尚在側乎？凡排衆議而畫長策者，不成則爲人所快，成則爲人所忌，因而讒説行焉。伊秩訾得免於死，幸矣，安敢復歸乎！而其所以致此者，則由於呼韓邪之不明也。

御史大夫缺，在位多舉大鴻臚馮野王。上以問石顯，顯曰：『野王親昭儀兄，臣恐後世必以陛下私後宫親。』上曰：『善。』乃以張譚爲御史大夫。

顯沮野王，爲五鹿充宗地也。帝亦知之，故降詔以三人并稱：既以『剛强堅固』首推野王，復以『心辨善辭』次許充宗，然皆不用，所用者乃但予其『廉潔節儉』、列居又次之張譚也。帝意以爲我欲用野王顯以爲不可，顯欲用充宗我亦以爲不可，用譚可耳。

甘延壽、陳湯既至，論功，石顯、匡衡以爲擅興師矯制，幸得不誅，不宜復加爵土。

史書論功沮賞，首石顯，而延壽不取顯姊，爲顯所惡。丞相、御史探知顯意，故以矯制坐延壽而并及湯。匡衡次之，以見顯主其議而衡附之也。此因班《書》舊文也。

劉向上書，訟甘、陳之功，於是天子詔赦延壽、湯罪勿治，令公卿議封焉。

向書遠徵經義，近依國典，詳明剴切，即以帝之優柔，不能不爲之回聽而立斷也。

荀悦論曰：矯制，先王所慎也。矯大而功小，罪之可也；矯小而功大，賞之可也；功過相敵，如斯而已可也。

悦意以延壽等功大可賞，馮奉世功不及延壽等，如斯而已可耳。然必本公羊以立論，則猶是漢儒之習氣也。

上晚年好音樂，而山陽王亦能之，上數稱其材。史丹曰：『所謂材者，敏而好學，温故知新，皇太子是也。絲竹鼙鼓，何足以器人哉！』

丹此言可謂讜論矣。但所云『敏而好學，温故知新』，恐成帝之爲太子，亦未必然。

上寢疾，傅昭儀、山陽王常在左右，皇后、太子希得進見。史丹頓首泣諫，上大感悟，太子遂定爲嗣。

青蒲泣諫，數語回天，丹真不愧親臣哉！　而太子所以不廢，則石顯有力焉。

班彪贊曰：　元帝少而好儒，及即位，徵用儒生貢、薛、韋、匡迭爲宰相。　而上牽制文義，優游不斷，孝宣之業衰焉。

元帝優柔，而孝宣之業衰；　元后壽考，而王氏之勢成。　漢祚之移，基於此矣。『亂我家者，太子也』，豈不信然哉？

太子即皇帝位，匡衡上疏，以爲：　『「君子慎始」，願陛下留神動静之節，使群臣得望盛德休光。』

史稱成帝臨朝，尊嚴若神，蓋注意於修飾容貌者，故衡於臨御之初，首上此疏，以將順其意也。

匡衡奏言：　『前以上體不平，故復諸所罷祠，卒不蒙福。　孝惠、孝景廟，親盡宜毁，太上皇以下諸祠請悉罷勿奉。』奏可。

大行在殯，他務未遑，而亟建毁廟之議，是誠何心哉？　且云『復諸所罷祠，卒不蒙福』，竟若藉帝之崩以證己前説之不謬者，何其言之悖也！　衡生平寡所持守，其堅執一議始終不變者，惟與石顯比而沮甘、陳封賞及建毁廟之議而已。

孝成皇帝（諱驁，字太孫，元帝子，在位二十六年）

石顯遷長信中太僕，失倚，離權。　於是丞相、御史奏顯舊惡，免官，徙故郡，不食，死。　司隸校尉王尊劾奏：

『衡等附下罔上，懷邪迷國。』衡慚懼，謝罪。（建始元年）

元帝崩而石顯退，顯退而首先條奏其罪惡者，即素與顯比之丞相匡衡也，不惟無以對天下，亦安能無愧於顯乎！昔則附顯以自固，今則攻顯以自全，始終一保位之術而已，并非於顯有所厚薄也。王尊劾奏，字字爰書，足令衡置身無地。碌碌如張譚者，又不足訾矣。

封舅王崇爲安成侯，又賜舅譚、商、立、根、逢時爵關内侯。夏四月，黄霧四塞，大將軍鳳上書乞骸骨，上優詔不許。

王氏之勢成於鳳，而是時尚非無所忌憚也。其浸以横肆者，帝養成之。

薛宣上疏，以爲陰陽不和，由吏多苛政，部刺史或不循守條職，多與郡縣事，求吏民過。

漢制：刺史但以六條察舉二千石罪惡，而不干預郡縣職事，此時蓋未免侵官矣。

皇太后詔采良家女以備後宫，杜欽説王鳳宜建九女之制，鳳不能用。（二年）

欽黨於王氏，其上書專攻上失及後宫無□者及外戚之擅權者，惟此説似不無可取。但承恩朝奢麗之教，而帝又好色，必非區區一娶九女之古制所能禁防。況如王鳳者，又安望其格君心之非哉！

呼韓邪單于病且死，欲立顓渠閼氏之子且莫車，顓渠閼氏以匈奴初定，且莫車年少，請立大閼氏之子雕陶莫皋。

不自私其子，而固請立長君以靖國難，顓渠亦賢矣。

關内大雨四十餘日。京師民言大水至。大將軍鳳以爲：『太后與上及後宫可御船，令吏民上城避水。』王商曰：『必訛言也！』問之，果訛言。鳳大慚。（三年）

大水必不能一日暴至，此訛言之易辨者。必云無道之國水不冒城，政治和平不宜有大水，則大雨四十餘日，詎非陰盛侵陽咎徵之灼然可見者乎？《洪範》《五行》之説，漢所尊信，商殆知其一不知其二邪！

匡衡坐多取封邑四百頃，監臨盗所主守［直］十金以上，免爲庶人。

以丞相而坐監守自盗，衡之經術掃地矣。多取公田四百頃，乃係於封邑樂安鄉三千一百頃之外越界私占，事不始於今日，良由石顯死而衡之眷亦衰，故與十金并贓論罪耳。

上悉召前所舉直言之士，詣白虎殿對策。議者多歸咎王鳳。谷永知鳳方柄用，陰欲自托，乃曰：『骨肉大臣，有申伯之忠，宜益納宜子婦人以廣繼嗣。』（四年）

以直言對策，而揣合上意、阿附權奸，其意則欲帝縱情漁獵，以快其好色之私而已，宜帝得其書即遍示後宫也。此等奏書，真糞土之言，似毋庸多録以穢簡册。略存數語，著其佞諛之罪可耳。毋擇好醜，非帝所樂聞也；毋避嘗字，而王鳳小妻之女弟張美人進御；廣求微賤，而趙飛燕姊妹入宫，帝固用永策矣。其如燕啄王孫、禍水滅火何哉？

河決東郡金堤，先是，清河都尉馮逡奏言：屯氏河塞，靈鳴犢口又不利，一川受數河，霖雨必溢。可復浚屯氏河以分殺水力。

河自決瓠子後，至是復決，逡欲分流以殺河勢，與河無兩行之說不同。以屯氏河堙塞未久，疏浚尚易爲力也。

西域都護段會宗爲烏孫兵所圍，上召問陳湯。湯曰：『已解矣，不出五日，當有吉語聞。』後果如湯言。

湯言亦幸而中耳，然非熟悉夷情、諳曉邊事者不能也。後世柄國之臣，深居幃闥之中，而□□萬里之外遇有料事如湯者，事急則虛衷延訪，事過則度外置之，曾王鳳之不若矣。

王鳳以王延世爲河堤使者，(二)[三]十六日，河堤成。(河平元年)

延世以竹落盛小石，兩船夾載而下之，略如後世壓埽合龍之法，但用竹石爲异耳。是時河之爲禍烈矣，乃堤成不過(二)[三]十六日。漢之人才，洵不可及。

上命減省掖庭、椒房用度。許皇后上書，以爲不可行。上於是采谷永、劉向所言灾异咎驗皆在後宫之意以報之。

是時廷臣方以日食咎在後宫，許后不自貶損，反上書妄有陳請，蓋自恃專寵，而不知後宫希得進見，帝意漸不能平也。觀其所以報之者，后之眷衰矣。

給事中平當上言：太上皇漢之始祖，廢其寢園非是。上亦以無繼嗣，遂納當言。

當之言是也。禮緣義起，祭有舉莫廢，何必拘七廟之成數乎？況太上皇爲漢始祖，而寢園亦與廟有别哉！

詔有司議減死刑，及可蠲除約省者，令較然易知。

文帝除肉刑而議罪轉重，成帝減死刑而毛舉塞責。有司務爲苟且，正由三公不得其人也。

匈奴單于遣伊邪莫演朝獻，自言欲降。議者或言宜受其降。谷永、杜欽以爲『不如勿受，以抑詐諼之謀，懷親附之心。』上從之。（二年）

料事何其明，持論何其正邪！永、欽才自不可没，獨惜其心之不忠耳。

御史大夫張忠奏劾京兆尹王尊暴虐倨慢，尊坐免官。湖三老公乘興等上書訟尊，上復以尊爲徐州刺史。

尊禽斬大盜傰宗等，功有足録。惟刺譏不避將相，故忠劾其倨慢。若謂其暴虐，則文致之辭也。尊果暴虐，則免官必爲吏民所共快，三老等詎肯出而爲之訟冤哉？所上書，主於分别白黑，其言至當，乃帝復用尊而不罪張忠、楊輔，則白黑仍未分别也。

劉向以王氏權位太盛，乃作《洪範五行傳論》奏之，天子心知向爲鳳兄弟起此論，然不能奪王氏權。（二年）

向因王氏太盛而作《洪範傳論》，因趙氏擅寵而作《列女傳》，均義主匡救，亦猶以三百五篇諫也。與楊、馬淫靡之賦、諷一勸百者异矣。

琅邪太守楊彤與王鳳連昏，其郡有灾害，丞相王商按問，奏免彤。鳳寢其奏不下，以是怨商。（四年）

漢大將軍班在丞相上，鳳又給事中、領尚書，居樞機喉舌之地，故商奏免彤，而鳳於中寢其奏也。自武帝以來，丞相權輕，由來舊矣。漢之領尚書事，略如今之軍機大臣；丞相則今之大學士也，但得專辟召，爲稍异耳。

京兆尹王章上封事，言日食之咎，皆王鳳專權蔽主之過。上使尚書劾奏章，下吏，竟死獄中。（陽朔元年）

漢廷骨鯁之臣，敢以直言攻王鳳者，獨一王章耳。帝既納其言，欲以馮野王代鳳事，已十八九成矣。徒以太后故，鳳起視事，即以薦野王爲章罪，文致之以至於死，先後數日間耳。一君也，忽明忽暗；一臣也，忽忠忽逆，真不可解也。

衆庶多冤王章。杜欽説王鳳，宜舉直言極諫，明示四方，使天下咸知主上聖明，不以言罪下也。

欽爲鳳謀甚工，似亦有導鳳爲善之迹。而阿附之罪，更浮於谷永者，助成其惡，而事後復文其過也。

薛宣爲郡，所至有聲迹。子惠爲彭城令，或問宣何不教以吏職，宣曰：『吏以法令爲師，能與不能，自有資材，何可學也？』

人各有能有不能，有可以學而能者，有不可以學而能者，吏職其一端耳。宣所云『法令爲師』，可學者也；其能自在法令以外，不可學者也，此非老於吏者不知也。衆人皆以宣言爲然，身之以爲實未必然，書生未知吏道故也。

王氏愈盛，劉向謂陳湯曰：『吾爲宗室遺老，歷事三主，吾不言，孰當言者！』遂上封事極諫。向言苦切，帝爲之嘆息悲傷而終不能用者，內制於太后，外溺於私恩也。王氏之篡，帝養成之。

上始爲微行，從期門郎或私奴十餘人，出入市里郊野，鬥鷄走狗，常自稱富平侯家人。（鴻嘉元年）帝所以委政王氏者，非徒私外家以悦太后，亦以自遂其微行游戲之樂耳。

博士行大射禮，有飛雉集於庭，歷階登堂而雊。王音諫曰：『即位十五年，繼嗣不立，日日駕車而出，失行流聞。高祖天下，當以誰屬乎？』（二年）所言苦切，不愧貴戚之卿矣。王氏如音者，亦未可厚非。

趙飛燕譖許皇后、班倢伃挾媚道，祝詛後宫，詈及主上。許后廢，處昭臺宫。班倢伃乃求共養太后於長信宫。（三年）

班姬置對而先引《論語》者，以帝受《論語》於張禹，素明其義也。其言可謂簡而中理矣。帝方有黄金之賜，舊寵未衰，而自請共養太后，以避趙氏，卒以自全，亦賢矣哉！

上欲立趙倢伃爲皇后，諫大夫劉輔上書極諫。上使侍御史收縛輔，繫獄，減死一等，論爲鬼薪。（永始元年）

谷永前策，勸帝廣求微賤，帝既以其書傳示後宫，并擢爲諫大夫矣。今輔因趙氏微賤而勸帝妙選有德、考卜窈窕，與永策正相反，且在趙氏寵盛、欲立爲后之時，宜帝之怒而收捕繫獄也。然兩人之邪正，固有辨已。

初，太后兄弟八人，獨弟曼早死、不侯，子莽幼孤，不及等比，莽因折節爲恭儉，外交英俊，内事諸父，曲有禮意。上由是賢莽，太后又數以爲言。

曼不能爲人道，莽不知誰氏子，故王氏不以爲等比也。莽工作僞，先售其技於諸父，而太后亦爲所愚。

立皇后趙氏。

景帝之王皇后，金氏婦也，何怪乎張美人？武帝之衛皇后，謳者也，何尤乎趙皇后？漢之家法不立久矣，豈獨成帝好色哉！帝意中未嘗無祖宗故事，但不便明言耳。劉輔之言，安能動聽？

昌陵制度奢侈，久而不成。劉向上疏諫，上感其言，詔罷昌陵，及故陵勿徙吏民。

向疏反覆申明，以孝文爲法、亡秦爲戒，至爲詳切。帝雖庸闇，亦必爲之心折矣。但還復故陵，因向言而沛然下詔；至其忠謨至論、譏切王氏者，則漠然置之，何也？

谷永爲凉州刺史，上使尚書問所欲言。永因極言灾异，歷數上過失。上大怒，使侍御史收永，不及而還。（二

年）

永此疏痛切過劉向，而不得爲直諫者，以其爲王氏所使也。然王氏諸舅承太后意，令永等因天變而切諫，冀以悟帝，則亦未可過訾也。

以孔光爲御史大夫。光，褒成君霸之少子也。領尚書十餘年，不希指苟合，不敢强諫争；時有所言，輒削草稿；有所薦舉，惟恐其人知。

《通鑑》所書孔氏，著於戰國者，有孔穿子高、孔斌子順；楚漢之際，有孔鮒子魚；漢初功臣，有蓼侯孔聚，聚子臧祠侯，辭御史大夫，爲太常典家業，與從弟安國并以經學顯。又有褒成君霸，爲帝師；霸子光，亦以名儒爲時名臣。聖澤之永且三百年，『五世而斬』之説，豈其然乎！使光生當文、景、武、宣之世，詎不始終粹然一賢大夫哉！

（三年）

初，帝用匡衡議，罷甘泉泰畤，其日大風拔木。帝异之，以問劉向。向曰：『家人尚不欲絶種祠，况國之神寶舊畤？』

毁宗廟，罷神祠，衡之相業，如是而已。蓋其爲學，在於復古制、守師説，故堅持一議而不變，正宣帝所云『是古非今』者也。向言『誣神者殃及三世』，尚未明斥毁廟之非，但首云『家人不欲絶種祠』，豈非大以毁廟爲不然乎！向子歆，始有思人愛樹之論，蓋有所受之矣。

南昌尉梅福上書，以爲『山陽亡徒蘇令等蹈藉名都大郡，求黨與、索隨和，而無逃匿之意，此皆輕量大臣、無所畏忌，國家之權輕，故匹夫欲與上争衡也。』

黨與、隨和，皆脅從耳，李奇説是也。劉原父以『隋珠和璧』爲解，似巧而轉失之。夫隋珠和璧，希世之寶，令等即甚貪愚，何至遽向外郡索之哉？以匹夫作難爲輕量大臣，誠哉是言也。福以末吏而進讜言，乃至譏切王氏、比之吕霍，可謂位卑言高。帝雖不納，亦不罪也。其後福避莽遁迹，卒爲漢之逸民。

梁王立驕恣無度，相禹奏立怨望、有惡言。有司按驗，因發其與姑奸。谷永上書，以爲非人情，宜更審問。天子由是寢而不治。（四年）

永此書不惟通達國體，亦復切中事情。治獄者所當三復，勿以人廢言也。

何武爲京兆尹，守法盡公，所居無赫赫名，去後常見思。

武之吏績，雖不及張、趙、三王，亦可謂賢京兆矣。爲吏者，上當法尹翁歸，次亦當師何武。去後見思，何必赫赫名哉！

吏民上書言灾异，多譏切王氏。上以問張禹。禹曰：『聖人不語怪神，性與天道，子貢不得聞，何況淺見鄙儒？宜修政事，以善應之。』上由此不疑王氏。（元延元年）

禹之論，足以矯漢儒依托《洪範》《春秋》妄言灾异之失，非精於《論語》者不能道。特意在左袒王氏以保身家，則藉經義以文奸言耳。然使帝因禹言修政事而罷過舉，未嘗不可挽回天意於萬一，無如憒憒然概付之王氏而不以措懷也。

故槐里令朱雲上書求見，曰：『願賜尚方斬馬劍，斷佞臣一人頭，以厲其餘。』上問：『誰也？』曰：『安昌侯張禹。』

雲可謂直矣，然以廢斥小臣上書求見，遽發狂言，與信而後諫者异矣。是時，諸臣上書多引《論語》，雲亦以鄙夫患得患失爲言，得非以帝素所誦習，冀其説之易入邪？

左將軍辛慶忌卒。慶忌爲國虎臣，匈奴西域親附，敬其威信。

慶忌亦無攻城野戰之功，然疏救劉輔，又救朱雲，其爲人可知矣。威信著於外國，有以也。

自烏孫分立兩昆彌，漢憂勞無寧歲。都護郭舜上言：『結配烏孫，竟未有益，反爲中國生事。』（二年）

觀舜此言，則漢通烏孫，未足制匈奴，徒辱公主耳。與西域城郭諸國不同。蓋諸國與匈奴鄰，而烏孫懸隔諸國之外也。

初，詔求殷後，分散爲十餘姓。推求其嫡不能得。匡衡、梅福皆以爲宜封孔子世爲湯後，上從之。（綏和元年）

是時，封孔吉爲殷紹嘉侯，尋進爵爲公，蓋孔氏之封公自此始。然以之紹湯，非奉孔子也。匡衡議論有餘，惟此説爲至當。梅福小吏末生，乃能昌言尊聖，其卓識奚翅加人一等哉！

中郎將夏侯藩使匈奴，王根令向單于求斗入漢地，單于不許，并以狀聞。乃徙藩爲濟南太守。

根授意於藩，向單于求地，不得，則坐藩以擅稱詔之罪，論死，而援赦免之，又遷其官，諺所云『掩耳盜鈴』者也。烏足以欺匈奴哉？適以長其驕耳。

犍爲郡於水濱得古磬十六枚。劉向因説上：『宜興辟雍，設庠序，陳禮樂，以風化天下。』

向之論洵美已。但以辟雍、庠序、雅頌之聲、揖讓之容遂足風化天下，抑末矣。勿論未作而罷，即作之亦無益於治也。孟子於『五畝之宅』一段凡再言之，乃王道之始、簡易可行者，未嘗遽言學校，其所云庠序之教，亦第申以孝弟而已，不云興禮樂也。孔子云：『禮云禮云，玉帛云乎哉？樂云樂云，鐘鼓云乎哉？』孟子云：『今之樂猶古之樂。』後之儒者，所爲狺狺怒争、幾同聚訟者，惟是玉帛、鐘鼓之文及古今之异云爾。於化民成俗何與哉！

劉向自以見信於上，故常譏刺王氏及在位大臣，言多痛切。居列大夫官三十餘年而卒。卒後十三年，而王氏代漢。

漢之儒臣，前有賈誼，後有劉向，皆忠讜能文章，好直諫，尤能洞見時勢，所言皆切中事情。誼主於制强藩，向主於抑外戚，皆急務也。乃文帝用誼策，徙代王王梁，卒足以抗吴楚；成帝不能用向言，罷退王氏，卒致新莽之簒。言立於生前，而事驗於身後，何其謀國之忠而觀變之明也！

（二年）

熒惑守心，郎賁麗善爲星，言大臣宜當之。上乃賜册、責讓丞相翟方進以政事不治、灾害并臻，方進即日自殺。

漢制以灾异策免三公，以其任在燮理陰陽，猶有説也。至以星變賜死，則難乎爲相矣。方進本以巧宦進，又能窺上意以固其位，當時號爲『通明相』。乃變生意外，竟殞其軀，則非其智計所能爲也。

帝素無疾病，昏夜，平善，鄉晨，傅褲襪欲起，因失衣不能言，晝漏上十刻而崩。皇太后詔大司馬莽與丞相、御史、廷尉問皇帝起居發病狀，趙昭儀自殺。

帝迫翟方進死，欲以應星變。乃方進死而帝亦崩，星變果可禳乎？謂帝之崩由於星變，則趙昭儀之死爲枉矣；不由星變，則方進之死爲枉矣。要之，天象應乎人事，昭儀以麗色淫樂蕩上心，乃宮中之熒惑也。帝若畏天變，而恐懼修省，當退昭儀，不必殺方進也。

先是，帝無嗣，立定陶王欣爲皇太子，至是即皇帝位。丞相孔光恐傅太后與政事，乃以爲定陶太后，使居北宫，不欲其與帝朝夕相近。

傅太后於哀帝祖母之親，且幼而乳養，豈别築宫即能禁其干政哉？光此議，亦咫尺之見也。

詔罷樂府官，［然］百姓漸漬日久，又不制雅樂有以相變，豪富吏民湛溺自若。

吏民知樂者幾人哉？即制雅樂，豈能相變？樂非爲治之要也。

王莽薦劉歆有材行，爲侍中、光禄大夫。貴幸，更名秀。

歆以宗室疏屬，因讖文『劉秀作天子』，公然更名，冀以應之，竟不畏誅。漢廷諸臣亦無劾治之者，殆不可解。

師丹建言，限民名田。丞相等請自諸侯王、列侯、公主名田各有限，關内侯、吏民名田皆毋過三十頃。

漢諸侯王、列侯各有分地，公主亦有湯沐邑。此名田自在外。蓋國邑但食其租税而已，名田則别置之私産也。井田，一夫百畝，而吏民名田皆以三十頃爲限，是已占田三千畝矣。將欲抑兼并而濟貧弱，亦未見其有益也。

賈讓言治河上策：徙冀州之民當水衝者，决黎陽遮害亭，放河使入海，期月自定。

河西薄大山，固不能遠泛濫，既已東薄金堤，果能東河使安行千餘里而入海乎！所云『期月自定』者，安也。

議郎耿育上書，冤訟陳湯。天子還湯，卒於長安。

湯久弃燉煌，而育猶訟其功，漢廷固尚有公論也。育以排湯專坐匡衡，實則石顯主之，衡但阿顯意耳。

鑒評别録卷八

漢紀六

孝哀皇帝（諱欣，定陶恭王子，在位六年）

司隸校尉解光追按趙昭儀害皇子事。耿育上疏諫，帝遂不竟其事。（建平元年）

解光所以追按前事者，不徒爲趙欽輩，意亦在飛燕也。此必王氏使之。

張由誣告中山馮太后祝詛傅太后。遣御史丁玄案驗，無所得。更使史立治之。馮太后自殺，坐死者十七人。

張由、丁玄、史立誣致馮氏之罪，致馮太后自殺，而由竟以先告封侯。迨事露，法應駢誅，因遇赦，免官，徙合浦，獲保首領，亦幸免耳。

御史大夫官既罷，議者多以爲古今异制，漢自天子之號下至佐史，皆不同於古。而獨改三公，職事難分明。（二年）

議者之言是也。此皆腐儒泥古，無益於治。

朱博奏：『故事：置部刺史，秩卑而賞厚。咸勸功樂進。前罷刺史，更置州牧，秩真二千石，中(才)[材]自守而已。』

博此議是也。漢之刺史，正如前明之巡按御史，皆及鋒而用之，故往往有效。若用資深官高者爲之，則未免持禄養望，坐以待遷矣。

初，齊人甘忠可造《天官曆》、《包元太平經》十二卷。劉向奏：『忠可假鬼神罔上惑衆。』下獄，治服；未斷，疾死。夏賀良等復私相教授。

忠可倡爲妖言，以漢家逢天地大終，當更受命。蓋因成帝無嗣，故謬托上帝使赤精子教之，以惑衆而希後福。殆與眭孟大抵相似。漢儒動稱陰陽五行，其流弊乃至於是。劉向劾治，俾逃顯戮，而賀良等猶敢私相授受，皆罪不容誅者。解光、李尋復引之待詔，何也？尋好言禍福，與賀良等臭味相同耳。劉歆更名以應劉秀之讖，賀良等復有漢曆中衰之説，讖起哀、平，信然！

賀良等請急改元易號，帝詔以建平二年爲太初元年，號曰『陳聖劉太平皇帝』。

賀良等所造皇帝之號，其云太平，仍取諸其師之《太平經》；劉者，漢姓；陳聖者，舉《太平經》之聖道而敷陳之，大意似不外是。但適見其怪陋不通耳。如淳謂：『陳，舜後；王莽，陳後』，謬語陳當立，而不知固涉傅會，究因炎祚將移，故有此機兆，實咎徵也。

上既改號，月餘，寢疾自若。上以賀良等反道惑衆，皆下獄，伏誅；李尋、解光減死一等，徙燉煌郡。

光、尋明知賀良踵甘忠可之妖妄，而引之待詔，俾得售其邪説；賀良等見己説得行，復欲妄變政事，詆毁大臣，請以光等輔政，是其互相朋比，奸狀甚明。賀良等伏誅，而光、尋僅以遠徙，猶爲失刑矣。

傅太后怨傅喜不已，使孔鄉侯晏風丞相朱博奏免喜侯。博與御史大夫趙玄奏喜及何武前過，皆免爲庶人。上知傅太后素怨喜，疑博、玄承指，召玄詣尚書問狀，玄辭服。召丞相詣廷尉，博自殺。

博意在快太后之私忿，而太后不爲博延命。帝事事曲從太后之意，而不爲太后貸博一死，均不可解。

平當爲丞相，帝召欲封之。當病篤，或謂當强起受侯印，當不可。遂上書乞骸骨。（二年）

當不肯强起受侯印，與韋玄成之佯狂避封正同。一則崇廉讓之節，一則知止足之分。兩人在位，大抵循分守職，而飾以經術，并以令名善終，皆所謂容容厚福者。漢稱韋、平，豈第以父子作相哉！

關東民無故驚走，持槁或掫一枚，轉相付與，曰『行西王母籌』，多至千數，至京師，不可禁止。（四年）

公卿尚陰陽五行之學，天子重禱祠巫祝之事，民間從而化之，故相率爲妖言怪异耳。《五行志》以爲應在元后、王莽，是助之妄矣。

駙馬都尉董賢得幸於上，出則參乘，入御左右，貴震朝廷，常與上卧起。

帝加恩丁傅，尚是恒情所有。且制於太后，可原也。獨其比昵董賢，則大惑莫解矣。

上欲侯董賢，丞相王嘉、御史大夫賈延上封事諫，上不得已，且爲之止。

嘉、延共上此疏，其言良苦，蓋以帝惑溺甚深，不可以引義争也。取則於成帝之封淳于長，而自謂死有餘責。爲大臣而至此，亦難矣哉！

上使中黄門前後十輩發武庫兵，送董賢及上乳母王阿舍。

史所書，帝之寵董賢，賞賜累巨萬。爲起大第北闕下，土木窮極工巧。上方珍寶，盡在董氏。乃至豫爲賢起冢塋義陵旁，東園秘器，珠襦玉匣，剛柏題凑，無不備具。亦可謂窮奢極僭矣。若武庫兵，則賢何所用之哉？且賢賜第中已有之矣。至此，復與王阿[舍]并賜，何也？賢請之邪？抑帝悦其意而媚之邪？

執金吾毋將隆奏：『武庫兵，國家武備，不宜給賢等』；又因傅太后賤買官婢八人，請更平直。

隆論武庫兵不宜給賢等，誠是也。至因太后買官婢而更請平直，則不諳大體之甚。竊意太后宫中，詎乏官婢？即不足用，何難取之縣官，而必買之司隸乎？此必近倖假太后爲名耳。隆之論奏，亦或有見於此邪？

諫大夫鮑宣上書，言民有七亡七死，群臣志但營私，外戚與董賢賞賜過度。上以宣名儒，優容之。

宣此書，可謂言無不盡矣。賈生痛哭，無此沉鬱。更生直諫，無此苦切。即此可知西漢所以亡者，大傷天下之心。而朝無骨鯁之臣，新莽乃得乘勢而攘取之也。

匈奴單于請朝五年，時帝被疾，公卿以爲可且勿許。黄門郎揚雄上書，諫天子報單于書而許之。

子雲此書，於匈奴今昔情形，可謂洞若觀火，而屬辭尤工整可誦。乃西漢奏議中不可多得之文。蓋其所長，固在是也。

孔鄉侯晏與息夫躬謀，欲求居位輔政。會單于以病未朝，躬因建言，灾异屢見，可遣大將軍行邊兵，敕武備，斬一郡守以立威震四夷，因以厭應灾异。上然之。王嘉諫，不聽。

躬設爲伐謀、伐交之説，其言尚足動聽。至所云行邊兵、斬郡守，果足震四夷乎？無事自擾，策之最下，而帝以爲然。雖王嘉正論深切，亦褎如充耳者，厭應灾异之説中之也。帝所以鰓鰓以灾异爲慮者，以寢疾及無子耳。然帝之致疾，由於董賢及其妻與妹，且日與賢同卧起，而望有子乎？故知成帝之熒惑，在合德；帝之灾异，在董賢。不必目天變而過爲是紛紜也。

詔拜孔鄉侯傅晏爲大司馬、衛將軍，陽安侯丁明爲大司馬、票騎將軍。（元壽元年）

息夫躬之言兵事，晏使之也；其云遣大將軍行邊，爲晏言之也。至此，果如所策。

日有食之，詔公卿大夫悉陳過失；又令舉賢良方正、能直言極諫者各一人，丞相嘉奏封事極諫。上由是於嘉浸不悦。

嘉言『元帝時府庫充實，成帝雖多内議，朝廷安平』。是知二帝優柔荒晏，而不至於大亂者，良有以也。足補史贊之缺。又極言帝寵昵董賢之過，而引鄧通、韓嫣之不終爲戒，請帝節賢寵以全其命。爲賢計，亦非不工也。使帝從其言，賢可免矣。

前凉州刺史杜鄴以方正對策，以日食爲傅晏、丁明并拜大司馬將軍之應。

王嘉專攻董賢，鄴專攻丁、傅。嘉出於公。鄴，故王音客也。此策，王氏使之。鄴於王氏五侯并封、黄霧四塞不聞一言，何至此則以日食歸咎於晏、明之并拜大司馬、將軍乎？其策中亦言及莽之罷遣，而是時賢良周護、宋崇等對策，復深訟莽，於是帝復徵莽還京師，而平阿侯仁并徵還矣。

董賢因日食沮傅晏、息夫躬之策，上收晏印綬，罷就第。

晏用躬策，雖以邊備爲名，實則欲居位輔政，與董賢争寵耳。賢恐其不利於己，故因日食而沮之。躬策之謬，大臣争之不能得，賢沮之而晏立罷，帝固惟賢言是聽也。晏罷而躬亦難免矣。

皇太太后傅氏崩，合葬渭陵，稱孝元傅皇后。

是時傅太后直稱孝元皇后，因嫌於王太后，故加傅以别之。若王太后崩於哀帝之世，亦必稱孝元王皇后無疑矣。王氏孰敢出而争之？乃傅太后崩而元后壽考，所以卒成新莽之簒，則亦非人之所能爲也。使元后早崩，莽亦何所藉手哉？

鮑宣言日食咎由董賢，宜免遣就國，復徵何武、師丹、彭宣、傅喜以應天心。上納宣言，徵何武、彭宣。

徵何武、彭宣，史所云『納宣言』也。不惟不免遣董賢，且益封焉。納猶弗納也。

上托傅太后遺詔，益封董賢二千户。王嘉封還詔書，上封事極諫。帝怒，乃以嘉薦梁相等，召詣尚書責問。嘉免冠謝罪。孔光等劾嘉迷國罔上，不道。

知帝惡王嘉，則首劾之；　知帝嬖董賢，則曲媚之。光之素節，至此掃地矣。其附莽，宜哉！

詔假謁者節，召丞相詣廷尉。吏詰問，嘉對不屈。吏曰：『苟如此，則君何以爲罪？猶當有以負國。』

嘉本無罪，吏求不得，知帝必欲誅之，故文致之。坐以負國，而嘉亦無以自解也。嘉剛方有大節，使其不死，而帝屬以後事，或不至如孔光之附莽乎！

吏稍侵辱嘉。嘉仰天嘆曰：『幸得備宰相，不能進賢退不肖，以是負國，死有餘責。』吏問主名，嘉以賢爲孔光、何武，不肖爲董賢父子。

光阿上旨首劾嘉，而嘉瀕死猶稱其賢。帝既誅嘉，更思其言，竟以光代嘉爲相。光靦然受之。其亦有愧於心乎！　光蓋别有當上心者，非必用嘉言也。

以董賢爲大司馬，與孔光并爲三公。上故令賢私過光，光雅恭謹，拜謁送迎，不敢以賓客鈞敵之禮。

史以光爲『恭謹』，似是而實非也。朱雲請尚方斬馬劍斬佞臣張禹，光之佞，乃甚於禹。觀於此，則其平日之不敢迕賢可知矣。其拜相有由來矣。

是時，成帝外家王氏衰廢，惟平阿侯譚子去疾爲侍中、弟閎爲中常侍。

是時王氏不絶如綫，迴非成帝時矣。即使帝不永年，元后尚在，而朝有顧命重臣，莽雖奸猾，亦安敢窺覦非分哉！無如帝所倚畀者，惟一董賢也。

中郎將蕭咸，望之子也。賢父恭慕之，欲爲其子寬信求咸女爲婦，使王閎言之，咸辭以不敢當。

咸此舉尚不愧其父。賢父子之必不能久，亦衆所共知；但恐忤其意，即取禍耳。咸之辭，亦不易也。

上置酒麒麟殿，從容視賢，笑曰：『吾欲法堯禪舜，何如？』王閎進曰：『陛下承宗廟，當傳子孫於亡窮。天子亡戲言！』上默然不悦。

賢爲大司馬，册文言『允執其中』，蕭咸以爲乃堯禪舜之文，至此乃於殿廷顯言之。謂帝爲戲邪？抑不以賢爲弄臣而欲托以國家之重邪？要之，言爲心聲，而無端狂謬如是，亦王氏受禪之機兆也。

閎遂上書極諫。上雖不從，亦不罪也。

閎殊有節概，其言深切，不減王嘉。嘉以鄧通、韓嫣爲戒，閎亦及之。復擬賢以褒姒，蓋以賢爲人妖也。

匈奴單于來朝，怪董賢年少，以問譯，上令譯報曰：『大將軍以大賢居位。』單于乃起拜，賀漢得賢臣。（二年）

賢進不以道，單于豈不聞知？其問，佯問也。其賀，佯賀也。

帝崩，太皇太后即日之未央宫，收取璽綬，遣使者馳召莽，詔尚書：諸發兵符節、百官奏事、中黄門期門兵皆屬莽。莽使尚書劾賢，禁止賢不得入宫殿司馬門。賢不知所爲，詣闕，免冠徒跣謝。

賢，騃豎子，所倚者帝。帝崩，則無能爲矣，莽取之如搏一兔耳。賢爲大司馬，主兵，故先奪其兵。其實賢亦不知何者爲兵也，武庫兵今安在哉？惟有免冠徒跣，作乞憐之態而已。太阿之柄，一旦投之莽矣。

莽使謁者以太后詔，册免賢罷歸第，賢與妻皆自殺。太后詔公卿舉可大司馬者，大司徒孔光以下，舉朝皆舉莽。

前劾王嘉，順帝指也；今舉王莽，迎太后意也。光所爲，一佞而已矣。然是時光即不舉莽，亦安能禁止爲大司馬哉！

前將軍何武、左將軍公孫禄相與謀，以爲『方當選立近親幼主，不宜令外戚大臣持權，親疏相錯，爲國計便。』於是武舉禄可大司馬，禄亦舉武。

武、禄所見，自出孔光上。然是時中外大權，一皆屬莽，政自莽出，固已爲大司馬矣。且有太皇太后爲内主，有光爲外主，舉朝蟻附，豈武、禄之力所能止哉！乃彼此互相推舉，不知引嫌，授莽以指摘之柄，宜其爲所奏劾而同時斥逐也。竊意此時漢廷大臣，惟以微罪去爲幸，未必不在二子意中也。

太皇太后自用莽爲大司馬、領尚書事。與莽議，迎中山王箕子爲嗣。

孔光與朝臣方共舉莽，而太后已自用之；太后自用之，實則莽自爲之耳。立嗣大事，不詢謀於諸大臣，而獨與莽議。其屬之中山王箕子者，一則利其幼有眚病，莽可以專制朝權；一則知其與傅太后深仇。太皇太后可以報傅氏之夙怨也。

莽白太皇太后，詔有司貶皇太后爲孝成皇后，退居北宫。

莽於柄政之初，追罪合德，貶退飛燕，以專寵錮寢、殄滅繼嗣爲言，則知解光前奏必王氏使之。

莽又徙孝哀皇后退居桂宫，貶傅太后爲定陶共王母、丁太后曰『丁姬』，傅氏、丁氏皆免官爵，歸故郡，傅晏將妻子徙合浦。

所以快太皇太后之心也。

莽又奏：毋將隆前爲冀州牧，治中山馮太后獄，冤陷無辜，及張由、史立、丁玄皆不宜處位在中土，免爲庶人，徙合浦。

所以快箕子之心也。

莽又奏：董賢父子驕恣奢僭，請没入財物縣官，諸以賢爲官者皆免；父恭、弟寬信與家屬徙合浦。縣官斥賣董氏財，凡四十三萬萬。

莽所爲，在當時必翕然稱之。一切皆人心所共快也。史以其出自莽，往往探其私意而追書之。要其改革無一不當也，莽之收人心以此。

董賢所厚吏朱詡，自劾去大司馬府，買棺、衣，收賢尸葬之。莽以它罪殺詡。

朱詡之葬董賢，略如張放之殉成帝，皆晏子所云『私昵』也。而詡之死，尤輕於鴻毛矣。

莽以孔光名儒，太后所敬，於是盛尊事光。諸所不悦者，莽皆傅致其罪，爲奏草與光，以太后指風光。光素畏慎，不敢不上之。

光前爲董賢之廝僕，至此竟爲莽之鷹犬，不知所謂經術者安在？史猶以『恭謹畏慎』書之，何哉？

大司空彭宣以王莽專權，上書乞骸骨，歸鄉里。莽白太后，策免宣，使就國。

宣之去，賢於何武、公孫禄，而武、禄亦未可厚非。

莽權日盛，孔光憂懼，不知所出，上書乞骸骨。莽白太后，帝幼少，宜置師傅。徙光爲帝太傅，領宿衛供養。

當時一言白王嘉之無罪，即脱然而去矣。既屈節以媚董賢，復壹意以推王莽，至此始恐懼乞骸，不亦晚乎！莽位光四輔，所任皆阿保之事，以老嫗待光也。

孝平皇帝（本名箕子，更諱衎，中山王興子，在位五年）

封魯頃公八世孫公子寬爲褒魯侯，奉周公祀；封褒成君霸曾孫均爲褒成侯，奉孔子祀。（元始元年）

莽自比周公，故封公子寬爲侯，以奉公祀；其并及孔子者，所以尊顯孔氏，爲孔光也。前已以孔吉爲殷紹嘉侯、進爵爲公矣，然奉湯祀，非奉孔子也。孔子後由君進侯，實自此始，後世乃更進爲公。

越雋郡上黄龍游江中。太師光等咸稱『莽功德比周公』。大司農孫寶以爲不然。司直陳崇劾寶不迎養母，寶坐免，終於家。（二年）

以寶之智，詎不知异議之迕莽哉？欲因此得罪而去耳。故被劾即自謂恩衰共養，服罪無辭。

光禄大夫楚國龔勝、太中大夫琅琊邴漢以王莽專政，皆乞骸骨，莽令太后皆加優禮而遣之。

何武、公孫禄、孫寶以迕莽去，彭宣、龔勝、邴漢以乞骸去，而漢廷公卿以下，皆王氏之黨矣。莽雖專政擅權，而諸臣不附己者未嘗不聽其自去。揚雄此時尚未審所以自處乎？

莽欲以女配帝爲皇后，而自言其女材下，不宜與衆女共采。公卿以下固請不已，莽乃白『願見女』。

是時漢之公卿，皆歸心於莽矣。平帝冲幼，特虚器耳，况有太后爲之内主乎？

莽隔絶帝母中山衛后。莽子宇與師吴章議。章以莽好鬼神，可爲變怪，因推類説之。宇即使吕寬持血灑莽第門。事覺，莽執宇送獄，自殺。

章教宇爲變怪以懼莽，而已推類説之。其學必長於《洪範》《五行》，卒以自殺其軀。

莽召明禮少府宗伯鳳説爲人後之誼，令公卿以下并聽，欲以内屬天子、外塞百姓之議。

因隔絶衛后，恐爲天下所議，尤恐爲少帝所恨，故令鳳説禮以文其事，俾曉然其知爲人後者不得顧私親也。莽有鑒於丁、傅之用事，故防遏衛氏不遺餘力如此。其實漢之禮書出於暴秦絶學之後，諸儒祖其師説，轉相授受，未必三代果有此禮、孔子果有此説也。

太保舜奏：『蜀郡男子路建等，輟訟慚怍而退，雖文王却虞、芮何以加？宜報告天下。』於是孔光愈恐，固稱疾，辭位。（四年）

初但依托周公耳，至是乃依托文王，又援路建等以方虞、芮舊説，文王平虞、芮之訟，因而稱王莽之意不可量矣。故孔光聞而滋懼也。辯周公，則推之；爲文王，則思避之。抑知周公即文王之漸乎？

莽奏起明堂、辟雍、靈臺，爲學者築舍萬區，徵大小通一藝及有逸禮、古書、天文、圖讖，通知其意者，皆詣公車。

圖讖萌芽，其來已久，但僅私藏傳習，至是乃徵詣公車，所云『起於哀平之際』者也。漢儒之學，專講《春秋》灾异、《洪範》、《五行》，往往依托神怪，妄言禍福，干時動主，首在於是。好奇者乃更於經外創爲緯書，托諸孔子，豫言未來，文辭詭譎，實則五行灾异之踵而日增者。莽好怪而作僞，且知其爲人心所信嚮，故尊而用之以濟其奸，卒成篡竊也。

又徵能治河者以百數，關并言：『河决率於平原、東郡左右，其南北不過百八十里。可空此地，勿爲官亭、民室而已。』

此即『善治水者不與水争地』之説而僅得其半也。河决平原、東郡左右，以其地形下而土疏惡，至今猶然。曹衛之域百八十里，空之可也，如下游何？

王横言：『禹之行河，水本從西山下、東北去，宜徙河使緣西山足，乘高地而東北入海。』

水性就下，曹衛易决，正坐土疏而地下耳。今欲移之，使『緣西山足乘高地而東北入海』，是易其就下者而使就高，正孟子所云『激而行之，可使在山，非水之性』者也。不待試而知其不可矣。

桓譚典其議，言：『凡此數者，必有一是。宜相考驗，計定然後舉事，可以上繼禹功。』

數説竟無一是，後世治河，亦無一用其遺策者，以其依托神禹、徒爲高論也。譚之智，豈猶不足以知之？而依違其間者，不敢迕莽，而亦逆料其必不能見諸施行也。

群臣奏：『安漢公輔政四年，大功畢成，宜升宰衡，位在諸侯王上。』詔可。仍令議九錫之禮。

九錫之禮不見於經，而見於《禮緯·含文嘉》，必莽所徵异能之士有爲是説以媚莽者，莽欲用之，故令群臣議也。自莽作俑，而後之奸臣謀禪代者先加九錫，遂成故事矣。

莽奏：復長安南北郊。

漢初天地祠多因秦舊。武帝於甘泉泰畤祭天、汾陰后土祭地，歷代遵之。建始初，儒術柄用，以爲不合古禮，故罷泰畤后土而置南北郊；旋因未獲福應，既罷仍復。至此，始復南北郊以遵古禮。莽自以制禮作樂，取法周公也。

莽奏太后：掘平共王母及丁姬故冢，周棘其處，以爲世戒。

定陶共王母即哀帝祖母，所云『皇太太后』，丁姬即哀帝母，所云丁太后也。毁冢周棘，莽爲暴以快私忿，而逾制厚葬者亦可以戒矣。

哀帝時，馬宫爲光禄勳，與丞相、御史議傅太后謚曰『孝元傅皇后』，及莽追誅前議者，宫爲莽所厚，獨不及。宫内慚懼，上書自劾。

先既議謚以媚傅，兹復引罪以避莽，宫但爲自全之計耳。其用意與孔光略同。

泉陵侯劉慶上書言周成王幼，周公居攝。今帝富於春秋，宜令安漢公行天子事，群臣皆曰：『宜如慶言。』

居攝之議，倡自宗室，蓋莽使之也。必使宗室言之者，不惟使太后不疑，且將使天下不疑也。然則慶何以甘爲所使？權之所在，人争趨之。威福之移，由來者漸矣。

帝春秋益壯，以衛后故，怨，不悦。冬十二月，莽因臘日上椒酒，置毒酒中。帝有疾，崩。

帝年十四，莽欲去之別立幼主，以遂其篡。即不因衛后之怨，亦必不能久全也。

謝囂奏：『武功長孟通浚井得白石，有丹書曰「告安漢公莽爲皇帝」。』符命之起自此始。

先令宗室發其端，繼乃假之符命，皆莽僞爲之。

王莽（孝元王皇后弟曼子，僭位十七年）

安衆侯劉崇與相張紹謀曰：『安漢公莽必危劉氏，此宗室之耻也。吾帥宗族爲先，海内必和。』紹等從者百餘人遂進攻宛，不得入而敗。（居攝元年）

安衆舉兵，光武之先聲也，雖敗猶榮矣。後光武破王尋、王邑於宛，遂以中興。

更造大錢，一直五十，與五銖錢并行，民多盜鑄者。

作大錢而民多盜鑄，古今之弊正同。

禁列侯以下不得挾黄金，輸御府受直，然卒不與直。

近有爲官市民銅之説者。或云一時恐難與直，其人沉思，徐曰：『無難也，俟民銅既集，鑄錢日多，然後與直耳。』所見與莽略同。

東郡太守翟義，方進子也，與姊子陳豊謀曰：『新都侯攝天子位，故擇宗室幼稚以爲孺子，必代漢家。方今宗室衰弱，外無强藩，莫能亢扞國難。』

自古法立於此弊見於彼，故曰『有治人無治法』。自賈生發『衆建少力』之議，鼂錯、主父偃祖其遺意，更番進計，强幹弱支，諸侯王拱手聽命，然而宗室自此弱矣。義言『外無强藩，莫能亢扞』，蓋莽之所以敢萌窺伺、冀竊大物者，正有見於漢之孤立，可以攘奪於寡婦孤兒之手，無復顧忌也。班史論之詳已。

義又曰：『吾，宰相子，守大郡，父子受漢厚恩，義當爲國討賊，以安社稷。設令時命不成，死國、埋名，猶可以不慚於先帝。』

義此舉雖無成，亦可伸大義於天下矣。死國、埋名，是兩事：死國，謂以死殉國；埋名，謂隱其姓名而逃匿也。義兵敗，即與劉信俱亡，正用其『埋名』之計，特不幸而捕獲耳；信則埋名不知所終矣。顔注誤。

莽母功顯君死，莽自以居攝踐祚、奉漢大宗，爲功顯君緦衰，弁而加麻環絰，如天子吊諸侯服。（初始元年）

此即『爲人後不得顧私親』之義，莽之力争於平帝之初者。將以隔絶衛氏，而亦以預自爲地也。至此，直自謂承繼漢宗矣，置孺子何地乎？揣其意不以功顯君爲母，而以元后爲母，故於即真後尊之爲『新室文母』也。

罷五銖錢，更作小錢，重一銖，文曰『小錢直一』，與前大錢直五十者爲二品并行。禁民不得挾銅、炭。（始建國元年）

盗鑄不可禁，乃禁挾銅，亦勢所必至。禁挾銅猶可也，挾炭亦禁之乎？

國師公劉秀言：『周有泉府之官，收不（受）〔售〕，與欲得。』莽乃立五均司市錢府官，民有乏絶欲賒貸者，錢府予之，每月百錢收息三錢。

賒貸取息，不自青苗始。每月百錢收息三錢，即三分息也。

又以《周官》稅民：凡田不耕，出三夫之稅；宅不毛，出三夫之布；民浮游無事，出布一匹。

《周禮》一書，出自河間獻王，首用其説以致亂者，莽也。其後乃有宋之王安石。莽令游民出布，猶可也。十一之貢，乃至下及紡績、補縫、巫醫、卜祝，則桑孔所不爲也，而亦托之周公乎？利析秋毫，爲之民者，不亦難哉！

羲和魯匡請榷酒酤，莽從之。

此亦見於《周禮》者乎？然後世多有行之者。

盗鑄錢者不可禁，乃重其法：一家鑄錢，五家坐之，没入爲奴婢。吏民出入持錢，以副符傳。

專行大小錢二品，而盗鑄不可止者，大錢之爲害也。吏民持之以副符傳，及公卿持之以入宫殿門者，必大錢也。莽但知大錢一直五十，費省而利厚，故峻法以期其必行，而不知民不以爲便也。故有大錢當罷之訛言，而仍不肯挾耳。

坐買賣田宅、奴婢、鑄錢，自公卿至於庶民，抵罪者不可勝數。於是農(桑)[商]失業，食貨俱廢，民涕泣於市。

復井田、行周禮，其效乃至是乎？非法之不可行，行之非其人也。且泥其法而失其意也。莽初作僞，幾欲盡欺天下人；即真後，所爲乃如是。蓋亦天奪其魄，以啓光武中興之業也。

甄豐子尋作符命，言故漢平帝后黄皇室主爲尋之妻。莽怒曰：『黄皇室主天下母，此何謂也！』收捕尋。尋亡，豐自殺。

莽初欲嫁黄皇室主，至令孫建世子盛飾問疾以動之。尋作符命，欲以爲妻，蓋亦逆探莽意爲之，而不料適逢其怒也。後捕得尋，牽引公卿黨親死者數百人。揚雄投閣，正坐此獄，特莽爲之解，幸而得脱耳。班史《雄傳》亦云符命非雄所爲，而《劇秦美新》一篇，至今傳誦，則寂寞投閣、清静符命之嘲，未爲誣也。

遣使者奉璽書、印綬、安車、駟馬迎龔勝，即拜爲師友祭酒。勝不受印綬，不食十四日，死。

如勝者，真不愧爲儒矣。劉歆固不足責，揚雄亦作符命，何哉？

郇相爲莽太子四友，病死，莽太子使祝以衣衾，其子述父遺言，不受。京師稱之。莽以安車迎薛方，方辭曰：『今明主方隆唐、虞之德，小臣欲守箕山之節。』（三年）

相爲太子四友，已屈身事莽矣，死而辭祝，無足稱也。方巽辭以免，不爲貶節。

莽知民愁怨，乃下詔：『諸食王田，皆得賣之，勿拘以法。』

均田之制，蓋甫作而罷。

以挾銅炭者多，除其禁。（五年）

王田既得賣，挾銅炭又除其禁，專欲難成，卒歸於廢罷而已。雖以莽之堅愎，亦未如之何。

罷大小錢，改作貨布、貨泉二品并行。又令民且獨行大錢，盡六年毋得復挾。每一易錢，民破業而大陷刑。（天鳳元年）

錢以便民用，不可輕變。每一易錢，民即破業陷刑，此實千古之龜鑒也。

莽意以爲，制定則天下自平，故鋭思於制禮作樂，講合六經之説。

始以《金縢》《大誥》假經術篡位，卒以講合六經之説致亂亡。以莽所講，皆莊生所謂『糟（魄）［粕］』『陳迹』也。

是歲，揚雄卒。雄恬於勢利，好古樂道，欲以文章成名於後世，乃作《太玄》《法言》。桓譚以爲『絶倫』，又以爲『文義至深，而論不詭於聖人，度越諸子矣』。（五年）

與王莽、董賢同官而不爲所薦，可謂恬於勢利矣；《劇秦美新》之作，是亦不可以已乎？温公於雄，特書其卒亟揚其美，而於『清静符命』之嘲、『非聖擬經』之詆，均削而弗録，何也？蓋温公雅好《太玄》，至作《潛虚》以擬之；又心折於《法言》，曾爲之注。故引桓譚之言，既以爲『絶倫』，又以爲『度越諸子』。竊謂《太玄》擬《易》，其僭妄毋庸具論；《法言》文深義淺，不惟不能涉《論語》之藩籬，亦安能窺《老子》之門徑？且諸子中，尚有子思、孟子，安可與子雲同日語乎？譚之言謬已。温公生於北宋，雖與程子同時，而其學尚未大顯。前乎此者，惟韓文公推尊孟子，而以揚子爲擇不精、語不詳。温公之意，必不以爲然也。第篤信《揚子》而已。迨朱子以程子紹孟子之統，必不容孟子後、程子前更有一揚子也。故於《綱目》斥爲『莽大夫』而特著其死，其褒貶與温公相去天淵矣。平心論之，子雲特文章之士，學術近醇而節操不立，第浮沉於亂世濁朝苟全性命。莽之篡竊，均未預謀，與劉歆輩自難并論。温公未免阿好，朱子亦涉深文，均非定評也。

郅惲明天文曆數，以爲漢必再受命，上書説莽曰：『上天垂戒，欲悟陛下退就臣位，取之以天，還之以天。』

惲所謂探虎口者也，其不死幸耳。漢之明天文曆數者，往往自矜前知，以神其術，雖死不悔。

莽太子臨妻愔，國師公女，能爲星，語臨：宫中且有白衣會。事覺，臨自刺死，愔亦自殺。（地皇二年）

臨夫婦之死，固不足惜，然言星術者可以戒矣。

田况上書言盜賊所以多之故，宜徙老弱置大城中，積藏穀食，并力固守，賊來攻城則不能破，所過無食，勢不得群聚，如此招之必降，擊之則滅。

盜賊初起，爲數無多，郡縣諱匿，漸成大夥，致煩將帥，又不善戰，爲賊所破，徒損威重，賊氛益熾；不設方略解散黨與，以致蔓延，不可撲滅，此古今通患也。惟堅壁清野最爲上策，况所言洵龜鑒哉！然第言徙民入城，猶未及并付築壘也。未幾東漢之初，赤眉擾掠關中，因民皆保壁自守，無所得食，遂致飢困，則民亦不僅入城矣。

廉丹討賊無效，莽下書切責之。馮衍説丹曰：『將軍之先，爲漢信臣。今爲將軍計，莫若據大郡、鎮撫吏士，興社稷之利，除萬民之害。』（三年）

衍之説似也。然丹已臣莽，受重任，至此因恐得罪而據郡謀叛，不得謂之忠於故主，援子房爲比。且丹若爲此，亦未必有成，徒爲翟義之續耳。

赤眉別校董憲等數萬人在梁郡，王匡、廉丹進擊之，合戰成昌，兵敗，匡走，丹戰死。

丹之死，猶爲盡忠所事。若叛莽受誅，又不若翟義之無負於漢矣。

劉秀與鄧晨俱過穰人蔡少公，少公頗學圖讖，言『劉秀當爲天子』。或曰：『是國師公乎？』秀戲曰：『何知非僕邪？』

當時競言圖讖，莽應早知之矣，乃仍以劉歆爲國師，而不疑其更名應讖，何也？光武『何知非僕』之言，本出於戲，但其名之應讖，南陽諸劉應共知之矣，乃更始害齊武王縯而不及光武，又何也？光武之信讖，蓋由於此。

劉縯見王常説以合從，常曰：『王莽殘虐，百姓思漢，今劉氏復興，即真主也。』

小長安一挫，勢已不支矣。所以復振者，得下江兵之助；而下江之助諸劉，則常有以贊其決也。常之識，不惟非下江諸將所及，其有功於中興，當爲二十八將冠。

鑒評别録卷九

漢紀七

淮陽王（諱玄，春陵戴侯曾孫，建號更始，在位二年）

諸將議立劉玄爲帝。劉縯曰：『赤眉起青徐，衆數十萬，聞南陽立宗室，恐赤眉復有所立，王莽未滅，而宗室相攻，是疑天下而自損權。』（更始元年）

縯言洞中事機。未幾赤眉立劉盆子，卒與玄相攻，不出縯所料。

劉秀帥諸將與莽司空王尋、司徒王邑戰於昆陽，莽軍敗績，殺王尋，王邑逃去。

尋、邑兵多而輕敵，漢兵少而致死。尋、邑所以敗，九在敕諸營勿動，而自將萬餘人，獨迎漢兵與戰也。若先令諸營更番進戰，待其疲而後以精鋭乘之，則勝敗未可知矣。

更始殺劉縯，秀聞之，自父城馳詣宛謝，未嘗自伐昆陽之功。又不敢爲縯服喪，飲食語笑如平時。

此誠光武遵養大度，不得不爾。其强自遏抑，亦人情所難。然伯升倡大謀而膺首禍，良可悲矣。光武所以待之者，卒亦與仲無异，則未免寡恩也。

道士西門君惠謂衛將軍王涉曰：『讖文：劉氏當復興，國師公姓名是也。』涉遂與劉秀、董忠、孫伋謀以所部兵劫莽降漢。伋以告莽，莽格殺忠，秀、涉皆自殺。

涉之謀，讖文誤之也。劉歆改名以應讖，其意可知。其與涉謀劫莽，名曰『降漢』，實欲自立耳。亦爲讖文所誤。

前鍾武侯劉望起兵汝南，莽將嚴尤、陳茂往歸之。

尤、茂於昆陽敗北之後，懼誅而歸劉望，必以叛莽輔漢爲名，與馮衍説廉丹之計正同。

莽憂不知所出。崔發言：『古者國有大灾，則哭以厭之。宜告天以求救。』

莽至此，惟有一哭耳。而亦援古稱天，尤可笑也。

莽避火宣室前殿，旋席，隨斗柄而坐。曰：『天生德於予，漢兵其如予何！』

莽初托於周公，次托於文王，又托於舜。及其將死，乃托於孔子。

王匡拔洛陽，生縛莽太師王匡、哀章，皆斬之。

章一妄男子，詐爲符命，助成篡竊，尸位三公，竟與莽終始，此何人哉！

更始遣使，降赤眉。樊崇即留其兵，將渠帥二十餘人，隨使者至洛陽，皆封爲列侯，未有國邑，復亡歸其營。

更始若於此時褒賞樊崇等，因而撫定其衆，天下可以粗安。

鄧禹見大司馬秀，説以延攬英雄，務悦民心，立高祖之業。

光武雖有大志，而是時尚爲更始用。得禹此説，方有自爲之意。禹所以爲中興諸將第一者，以其首贊大謀也。

馮异説秀曰：『更始亂政，百姓無所依戴，宜遣官屬徇行郡縣，宣布惠澤。』

鄧禹説光武以應天命，异説光武以收人心。人心之所歸，即天命之所屬也。

故趙繆王子林説秀决列入河水以灌赤眉，秀不從。

决河灌賊，未爲非計。而光武不從者，以河决之患，爲魚者不止赤眉也。

更始遷都長安，李松與趙萌説更始：宜悉王諸功臣。朱鮪争之，以爲高祖約『非劉氏不王』。（二年）

鮪殊無足取，而力争諸將之王，不失爲持正。後又辭王不受，差勝諸將。

耿弇説蕭王曰：『天下至重，公可自取，毋令他姓得之。』蕭王乃以河北未平，辭不就徵。始貳於更始。

蕭王之不就徵，雖由大耿决策，亦有天焉。使歸長安，即不以罪誅，亦同歸於盡耳。漢祚何賴乎？

鑒評别録卷十

漢紀八

世祖光武皇帝（諱秀，字文叔，南頓令欽子，在位三十二年）

蕭王擊尤來、大槍、五幡於元氏，陳俊曰：『賊無輜重，宜令輕騎出賊前，使百姓各堅壁以絶其食，可不戰殄也。』王然之。（建武元年）

漁陽以堅壁困群盜，關中亦以保壁困赤眉，以賊無輜重，因糧於民，但能禁其擄掠，即以絶食自困也。然民不築堡，必不能堅壁清野。

馮异勸李軼歸附蕭王，軼知長安已危，乃報書，不復與异争鋒。王宣露軼書，朱鮪聞之，使人刺殺軼。

吏民與王郎書，則燒之以安反側；李軼與馮异書，則宣之以破詐謀。光武之方略如是。

都護將軍賈復與五校戰於真定。復傷創甚，王大驚曰：『吾所以不令賈復别將者，爲其輕敵也。』

光武以輕進致危，復以輕進受創，爲大將固不可不持重。

諸將上尊號，王不許，耿純進曰：『天下士大夫從大王於矢石間者，固望攀龍鱗、附鳳翼，以成其所志耳。』

自古創業之主，往往由群臣勸進，皆攀龍附鳳之意也。純言曲盡其情。

儒生强華自關中奉赤伏符來詣王，群臣因復奏請。六月己未，王即皇帝位於鄗南。

雖由群臣勸進，仍決之於赤伏符，足見當時讖記盛行而光武之篤信也。

帝以赤伏符曰『王梁主衛作玄武』，以野王令王梁爲大司空。

三公以讖文決之，與莽何异？帝之惑滋甚。

卓茂曰：『律設大法，禮順人情。』

茂言『禮順人情』，可謂知禮意矣。殆即所謂『和爲貴』者邪？

帝使侍御史杜詩安集洛陽，將軍蕭廣縱兵士暴横，詩曉敕不改，遂格殺廣。上召見，賜以棨戟。

祭遵殺舍中兒而擢爲將軍，詩格殺蕭廣而賜以棨戟，此軍法所以立也。

諸將皆勸鄧禹徑攻長安，禹曰：『赤眉新拔長安，鋒鋭未可當也。吾且休兵北道，就糧養士，以觀其變。』

禹，書生之知兵者耳。籌策有餘勇略不足，且亦未嘗特將，以當赤眉，非其任也。不攻長安而向北道，尚爲知己知彼，然卒致敗績。

上遣岑彭擊荆州群賊，下犨、葉等十餘城。

定都洛陽，故先遣將擊荆州群賊，以清南路。

酒泉太守梁統等共推竇融行河西五郡大將軍事，流民避凶饑者多歸之。

鮑永之在河東，融之在河西，皆保境俟命，异於公孫述、秦豐輩之乘時割據者。

盧芳居左谷中，詐稱武帝曾孫劉文伯，常以誑惑安定間。王莽末，與三水屬國羌胡起兵。

王郎稱成帝子子輿，芳稱武帝曾孫文伯，是時人心思漢，故奸雄假之以起事也。

劉恭知赤眉必敗，教弟盆子解璽綬，叩頭，謂樊崇等曰：『今設縣官，而爲賊如故，四方怨恨，不復信向，皆立非其人所致。願乞骸骨，避賢聖路。』(二年)

盆子亦有智計，光武以爲大黠，非虚也。

帝使郎中馮勤典諸侯封事，勤差量功次輕重、國土遠近、地勢豐薄，不相逾越，莫不厭服。

此固由勤之公平足以服衆，亦緣東漢功臣多起自經生文吏，類能以恭謹自持也。較沙中偶語，氣象頓殊。

真定王楊造讖記曰：『赤九之後，癭楊爲主。』楊病癭，欲以惑衆。

楊之讖記，固屬僞造，赤伏符獨非僞造乎？光武得符而帝，楊因讖而誅。有幸不幸耳。要之，讖記符命，無一非僞也。

鮑永、馮衍審知更始已亡，乃悉罷兵，幅巾詣河内。帝見永，問曰：『卿衆安在？』永叩頭曰：『悉罷之矣。』帝不悦。

以光武之大度，而不悦永、衍之晚降。又因朱浮之譖而弃彭寵之功。殆三子自有命邪？

衍遂廢弃，永謂衍曰：『今遭明主，亦何憂哉！』衍曰：『天命難知，人道易守，守道之臣，何患死亡！』

敬通之言是也。守道未必死，違道未必生。有命存焉。况守道而死，猶愈於違道而生乎！

湖陽主新寡，意屬宋弘。帝引見弘，令主坐屏風後，因謂弘曰：『諺言：「貴易交，富易妻。」人情乎？』弘曰：『臣聞「貧賤之交不可忘，糟糠之妻不下堂。」』帝謂主曰：『事不諧矣。』

爲新寡之公主擇婿，而令主於屏後觀之，又以『事不諧』語之。竟不畏左右之耳目乎？家法安在？

宛王賜奉更始妻子詣洛陽降，帝封賜爲慎侯，又封更始三子求、歆、鯉皆爲列侯。

更始枉殺伯升，不得謂非光武之仇。今窘急歸降，乃封其近屬兩王一侯，又封其子三人爲列侯。可謂以德報怨矣。

赤眉發掘諸陵，取其寶貨，凡有玉匣殮者，率皆如生。賊遂污辱吕后尸。

少爲項羽所虜，老爲審食其所烝，殁後至此又爲赤眉所污。吕雉所遇亦奇矣。然赤眉亦人耳，辱及二百年之僵尸，則情理所必無也。

以岑彭爲征南大將軍，帝於大會中，指王常謂群臣曰：『此家率下江諸將，輔翼漢室，真忠臣也。』

小長安之敗，已不支矣，得下江兵而復振；滹沱河之渡，亦瀕危矣，得漁陽上谷兵而復振。帝指王常爲忠臣，良是也，彭寵獨非忠臣乎？

遣馮异代鄧禹，討赤眉。帝敕异曰：『諸營保降者遣其渠帥詣京師，散其民令就農桑，壞其營壁。』

勸農桑、禁虜掠，定亂之急務也。赤眉方熾，延、岑未滅，而遽壞營壘，俾遺民散勿復聚，得毋奪其所恃乎？

詔徵鄧禹還，曰：『慎毋與窮寇争鋒。赤眉無穀，自當來東，吾以飽待飢，以逸待勞，折棰笞之，非諸將憂也。』

光武之策赤眉，惟於飢飽、逸勞決其勝負耳。

三輔大饑，人相食，遺民往往聚爲營保，各堅壁清野。赤眉虜掠無所得，乃引而東歸。

遺民堅壁清野，即赤眉之衆，亦不得不引而東歸。營保之效如是。

鄧禹率將軍鄧弘等，要馮异共攻赤眉。异曰：『賊衆尚多，可稍以恩信傾誘，難卒用兵破也。』禹不從，弘大戰移日，异以士卒飢倦，可且休。禹復戰，大敗。（三年）

禹之初計，不與赤眉争長安，至此乃數以飢卒徼戰者，耻於受任無功也。以禹之謀、异之勇、弘之力戰，而卒致敗績，則以漢兵漸已飢疲，而赤眉以百戰悍賊，全夥東歸，其氣方鋭，難與争鋒也。禹之脱歸，亦幸矣。使早從异計，何至是哉！此一事可爲行軍龜鑒。

劉恭爲更始報仇，殺謝禄，自繫獄。帝赦不誅。

恭始終忠於更始，又首先迎降，光武第赦不誅，不聞有賞，何也？後乃爲更始子鯉所殺。

祭遵攻涿郡，禽張豐。初，豐好方術，有道士言『豐當爲天子』，以五彩囊裹石，云『中有玉璽』。豐信之，遂反。（四年）

豐好方術，故道士以石中玉璽誑之。臨斬，椎破其石，始知被詐。實則自詐而已。

公孫述欲授馬援以封侯大將軍位。援曰：『天下未定，不吐哺走迎國士，與圖成敗，反修飾邊幅，如偶人形，此子何足久稽天下士乎！』

劉聖公之羞愧流汗，公孫之修飾邊幅，其器量正同。苟非其所，不知何以措其手足矣。

隗囂遣兵佐馮异擊吕鮪等有功，遣使上狀，帝報以手書。其後公孫述遣將間出，囂輒與异共摧挫之。

囂初拒方望，以事聖公；後復從馬援，以奉光武。使始終一節，功名何減竇融？

蘇茂將五校兵救周建於垂惠。馬武爲茂、建所敗。王霸與戰，破之。

初則閉營堅壘，待戰之勞而承其敝，繼復閉營堅卧，俾賊求戰不得而自屈。此皆洞悉兵機，仍即光武所云『以逸待勞、以飽待飢』者也。豈不戰果足克敵哉！

彭寵奴子密等三人共殺寵及其妻，囊首詣闕。帝封子密爲不義侯。

是時，寵負固背叛，屢抗王師。帝方欲親征，以伏湛之言而止。蓋亦北面一勍敵也。今因蒼頭内變，不勞一兵而寵夫婦之頭馳詣闕下，祭遵因之遂下漁陽。其功何可没哉！使援《春秋》之義致誅於子密，則當日負固者無内叛之虞，而向化者不敢爲倒戈之攻，是爲賊報仇而堅其死黨矣。封侯而以『不義』爲名，褒其功不没其實，乃帝之權也，腐儒烏足知之！

權德輿譏光武之封子密，以爲异於《春秋》書齊豹盗、三叛人名之義。

孟縶爲衛侯兄，未嘗叛衛侯也；彭寵則漢之叛臣也。《春秋》之法：『亂臣賊子人得而誅。』子密固寵之蒼頭，獨非漢人乎？安得以齊豹之殺孟縶爲比？至三叛人，皆挾本國之邑，叛往他國者，與子密之自歸於天子，又不可同日語。權公據以爲説，不惟事理不明，經術亦疏矣。温公蓋亦取其論之正，而未思其義之舛也。

帝使樊宏持節迎耿况於上谷。况至京師，賜甲第、奉朝請，封牟平侯。

初平彭寵，即徵耿况，至遣戚臣持節迎之，似因漁陽而并疑上谷。但况所异於寵者，以子弇功高，又貴幸封侯，足繫其心耳。先不與功臣并封，至此始侯，僅奉朝請，恩亦薄矣。

隗囂使辯士張玄説竇融與隴蜀合從。融召豪杰議之。識者皆曰：『今皇帝姓名見於圖書，故劉子駿更名，冀應其占。』

《王命論》盛陳符瑞，此識者亦據讖文爲説，并援谷子雲、夏賀良及劉子駿之言以證之。足徵當時崇尚内學，非此不足動衆。而倡揚之，則因於諸儒之好怪也。

耿弇爲張步所攻，帝自往救之。未至，陳俊謂弇曰：『劇虜兵盛，可閉營休士，以待上來。』弇曰：『乘輿且到，臣子當擊牛、釃酒以待百官，反欲以賊遺君父邪？』

大耿武略，固不可及，其對陳俊數語，尤爲臣子者所當敬佩也。

車駕至臨淄，群臣大會，帝謂弇曰：『昔韓信破歷下，今將軍攻祝阿，功足相方，而將軍獨拔勍敵，又難於信也。』

弇戰功誠不在韓信下，但當時無勍敵如龍且者來救張步耳。

侯霸聞太原閔仲叔之名而辟之，既至，不及政事，徒勞苦而已。仲叔辭出，投劾而去。

侯司徒每爲當時處士所輕，嚴子陵亦謂之痴。

隗囂遣長子恂詣闕，王元以天下成敗不可知，不願專心内事，説囂據隘自守，以待四方之變。

囂初事更始，不用方望之策；至此乃惑於王元之説者，正以更始往事，爲前車之鑒也。

詔徵處士太原周黨至京師。黨入見，伏而不謁，自陳願守所志。博士范升奏黨大不敬，帝賜帛罷之。

范升劾周黨，深中處士之病，而光武比以夷、齊，賜帛罷歸，所以砥礪廉節也。嚴光爲帝故人，而抗志不屈，彼固不以三公易其介者。王良仕無可述之績，退無不拔之操，扶病就徵，徘徊中路，素節蕩然矣。宜其爲友人所拒也。

公孫述屢移書中國，自陳符瑞。帝與述書曰：『圖讖言公孫即宣帝也。代漢者，姓當塗，名高，君豈高之身邪？乃復以掌文爲瑞，王莽何足效乎？』（六年）

帝以王莽何足效責述，乃亦篤信圖讖，何也？不折之以大義，第緦緦舉讖文而與之辯，豈非以劉秀之名應讖，故欲述知天命之在此不在彼乎？『代漢者當塗高』，帝意以爲實有其人矣。厥後袁術以名字與當塗相近，因而僭號，旋即覆亡。直至譙周始取魏闕爲義，以魏當之，亦曲説耳。故圖讖者，妖言惑衆，徒足爲亂臣賊子假借之資，君子所不道而王者所必誅也。

荆邯説公孫述： 亟發國内精兵，令田戎據江陵、延岑出漢中，冀大有利。

邯之策隗囂甚工，爲述計則謬矣。明知天下九分，漢有其八，乃欲以區區之蜀當天下之兵，又爲戎首，以速其攻乎！

詔以户口減少，吏職尚繁，於是并省四百餘縣，吏職減損，十置其一。

民少官多，故有十羊九牧之譏，况大亂之後，流亡未復，安可虚張官吏以重煩民力乎？ 此實當時急務。

朱浮上書言： 守宰不宜數見换易，帝以爲然。自是牧守代易頗簡。

久任牧守與并省縣邑，皆與民休息之意。

竇融遣弟友上書詣闕，口陳至誠。友至高平，會隗囂反。融與囂書，爲陳利害，囂不納。

先爲囂計，後爲民計，言發至誠，如見肝膈。味融此書，可謂豈弟君子矣。其保全五郡，慶流奕葉，良有以夫！

罷郡國輕車騎士材官，令復還民伍。（七年）

并省縣邑，久任牧守，洵足安凋瘵之遺民； 遽罷郡國兵，得毋不足建威而銷萌乎！ 未幾潁川、河東群盜并起，車駕親征乃定，則以郡國權輕、不足防遏也，非罷兵太速之明效乎？

來歙將二千餘人伐山開道，從番須、回中徑襲略陽，斬隗囂守將金梁。囂大驚，曰：『何其神也！』（八年）

歙以奇兵直取略陽，據囂胸腹。破隴之功，此爲第一。

囂自以大衆圍略陽，公孫遣李育、田弇助之。來歙與將士固守，累月不能下。

略陽取之固難，守之尤難，以其爲囂所必争也，况有公孫之助乎！ 非君叔，孰能當此！

帝自將征隗囂，諸將計未決，召馬援問之。援聚米爲山谷，指示道徑。帝曰：『虜在吾目中矣。』遂進軍。

帝遣來歙以奇兵襲取略陽，固欲以大軍繼之，所以決策親征也。若如諸將計，盤桓中道，阻險不前，略陽孤軍安能支久？ 不惟盡弃前功，歙亦必爲敵禽矣。

竇融率五郡太守、步騎數萬，與大軍會，帝以四縣封融爲安豐侯，弟友爲顯親侯，及五郡太守皆封列侯。

帝之待融，恩禮出諸將上。 融雖倡議助漢攻囂，未嘗有顯功也。

潁川盗賊群起，京師騷動，帝南征，盗賊悉降； 留寇恂於長社鎮撫吏民。東郡盗賊亦起，以耿純爲東郡太守，純入界，盗賊皆詣純降。

郡縣盗賊，惟賢守令足以弭之，愈於將帥之攻擊。

吴漢食盡，乃燒輜重，引兵下隴。蓋延、耿弇亦相隨而退。囂出兵尾擊諸營，岑彭爲後拒，乃得全軍東歸。

漢等垂克而敗，以帝不在軍也。帝之智略，洵非諸將所及。

祭遵薨於軍，其後朝會，帝每嘆曰：『安得憂國奉公如祭征虜者乎！』銚期曰：『陛下念祭遵不已，群臣各懷慚懼。』帝乃止。

期之言陋已。帝念祭遵，帝之仁也，遵之忠也。群臣但當以遵爲法，何慚何懼！

田戎走保江州。岑彭率臧宫、劉歆長驅入江關，令軍中無得虜掠，百姓皆奉牛酒迎勞，彭復讓不受。

用兵各有所宜，循峽江而上，安能徒倚步騎？征蜀之功，彭爲第一。惜乎其不終也。彭在，必無誅殺已降、放兵大掠之事。

鮑永行縣，經更始墓下，拜哭，盡哀而去；西至扶風，上苟諫冢。帝聞之，意不平。張湛曰：『仁不遺舊，忠不忘君，行之高者也。』帝意乃釋。（十年）

以光武之大度，而數不悦於鮑永，豈非以其爲更始舊臣、不忘故主歟？聞湛言而頓釋，則帝之明也。

岑彭襲擊侯丹，大破之，因晨夜兼行二千餘里，徑拔武陽。使精騎馳擊廣都，去成都數十里，蜀地震駭。

來歙以奇兵襲略陽，彭以精騎擊廣都，皆出其不意，所云疾雷不及掩耳者也。然二將均爲刺客所害，得毋摧鋒有餘而持重不足歟！

臧宫大破延岑軍，岑奔成都。宫乘勝逐北，至［平］陽鄉，王元舉衆降。

初爲隗囂畫策反漢者，王元也。隗亡歸述，至此不戰而降，亦曾念及『丸泥封函谷』之言乎！

彭之平蜀，已十八九成矣。吴漢特坐收其敝耳。

公孫述使刺客詐爲亡奴，降岑彭，夜刺殺彭。

詔漢直取廣都，帝之廟算，仍用岑彭遺策。

帝詔吴漢直取廣都，據其心腹。漢乃進軍攻廣都，拔之。遣輕騎燒成都市橋，述將帥恐懼，日夜離叛。（十二年）

因朱浮、鄧隆之相去百里，而決北軍之必敗，因漢與尚阻江別營，而知其緩急不相及。帝之料敵，可謂如在目中。

吴漢進逼成都，使副將劉尚屯於江南，相去二十餘里。帝聞之，讓漢曰：『既輕敵深入，又與尚別營，賊若出兵綴公，以大衆攻尚，尚破，公即敗矣。』

漢長於攻戰而智略未優。至此忽以糧乏欲遁。使非張堪爲之決策，則功敗垂成矣。岑彭若在，必不至是。

公孫述募敢死士五千餘人以配延岑，於市橋鳴鼓挑戰，潛遣奇兵擊破吴漢軍，漢具船欲遁。

述徵廣漢李業、又聘巴郡譙玄，不至，賜以毒酒。業飲而死。玄子瑛願奉錢千萬以贖父死，述許之。

是時，蜀多高節之士。若王皓、王嘉、費貽、任永，皆不屈於述者。蓋文翁之雅化未湮也。業以守節而死，玄以入錢而生。述之重士，固不如其重財乎！

帝以吏事責三公，功臣并不用。惟高密、膠東、固始三侯與公卿參議國家大事，餘皆保其福禄，無誅譴者。（十三年）

光武之善全功臣，堪爲萬世法。後世惟宋太祖杯酒釋兵權頗知此意，而氣象不及。

以竇融爲大司空。融自以非舊臣，一旦入朝，在功臣之右，每朝會進見，容貌辭氣，卑恭已甚。

融既非舊臣，亦無顯功，一旦入朝，驟躐三公，在功臣之右，誠爲逾分。宜其久不自安而數辭爵位也。然亦可謂知止足矣。其不令子觀天文見讖記，在當時尤爲卓識，殆亦隱寓諷諫之意乎？

西域苦匈奴重斂，皆願屬漢，復置都護。上以中國新定，不許。（十四年）

高帝不以平城之耻修怨於匈奴，光武不以莎車、鄯善之入貢爲西域置都護，皆以中國新定，不欲從事於外夷。

梁統上書：言丞相王嘉虧除先帝舊約、成律百有餘事，或不便於理，或不厭民心。

嘉更定律令，不見於班史，但其獲罪，由於引用故廷尉梁相。相獲罪，由於輕貸東平王雲，則其用法，蓋主於寬也。高帝三章之約，首曰『殺人者死』，此百王不易者也。乃哀帝更議輕典，至『手殺人減死一等』，失刑之甚。統所云『刑輕反生大患，惠加奸宄，害及良善』者，與吴漢之論赦，意正相似，初非法外加嚴。而帝不報者，則以開創之初，務從疏闊，以安人心也。

大司徒韓歆好直言，帝每不能容，免歸田里。帝復遣使宣詔責之。歆及子嬰，皆自殺。（十五年）

竇融卑恭，則辭位不許而恩禮有加；韓歆直諫，則策免詰責，而迫致之死。人情好諛惡直，光武且不免，而況中主以下哉！

追謚兄縯爲齊武公，兄仲爲魯哀公。

以伯升之創大謀、膺首禍，而至此始謚爲武公，反不及歙終之父子封兩王，亦不稱其功矣。

帝撫縯二子章、興，恩愛甚篤。以其少貴，欲令親吏事，使章試守平陰令、興緱氏令，後皆遷太守。

以帝之兄子，位列藩王，而試守縣令。漢之重縣令若是。然二子久任外吏，恩愛亦稍疏矣。

帝以天下墾田多不以實自占，又户口年紀互有增減，乃詔下州郡檢核，於是刺史、太守多爲詐巧，或優饒豪右，侵削羸弱。

檢核民田，遂致百弊叢生。然則井田之不可復，不待試行而其效可睹矣。

大司徒歐陽歙坐前爲汝南太守度田不實，臟罪千餘萬，下獄。歙世授《尚書》，八世爲博士。諸生爲歙求哀者千餘人。平原禮震，年十七，求代歙死。帝竟不赦。

歙以名儒，官二千石，而度田不實，坐臟巨萬，其罪暴著，不惟國有常刑，適足爲經術之辱，忝厥祖矣。帝之不赦，是也。至諸生守闕求哀，自行髡剔，則漢儒尊信其師，一時風氣所尚，不足爲歙重也。禮震求代，尤好名之過。

張堪爲漁陽太守，匈奴不敢犯塞。勸民耕稼，以致殷富。

堪之在漁陽，一如李廣之在右北平，均能使匈奴不敢犯塞。雖匈奴之强弱今昔不同，而良二千石之功效，亦不相遠。

交趾女子徵側甚雄勇，太守蘇定以法繩之，徵側忿怨，與其妹徵貳反。

赤眉之亂始於吕母，交趾之叛起自徵側。古聖王所以不忽於匹婦也。亦由守令有以激之。

郡國群盜并起，青、徐、幽、冀四州尤甚。遣使者下郡國追捕，賊并解散。（十六年）

郡國群盜，皆赤眉、青犢各餘孽，誅不勝誅者。急之則成死黨，緩之則自相圖。牧令守長倘束以文法，轉致更相諱飾，不若責其禽討，罪其蔽匿之坐收實效也。此可爲弭盜之法。

袁宏論光武廢太子强更立子陽爲太子之失。（十九年）

光武之於郭后，其失不在後之廢，而在先之立也。陰后本以淑德令儀爲帝傾慕，至有『娶妻當得麗華』之嘆。當成里舍，結縭成禮，固天立厥配也。郭后之娶，在陰后之後，第以其爲劉揚之甥，欲借以結揚爲助耳，豈陰可比哉！使帝正位之初，即立陰爲後，無復后之紛紛已。

西南夷棟蠶反，劉尚討之。路由越巂，邛穀王任貴聚兵起營，多釀毒酒，欲先勞軍，因襲擊尚。

任貴爲越巂太守，謀毒劉尚之軍；莎車王賢爲漢大將軍，欲并西域諸國。蠻夷之酋，固未可輕假以中國之權號也。

吴漢病篤，車駕親臨，問所欲言，漢曰：『臣愚，無所知識，惟願陛下慎無赦而已。』（二十年）

漢，武人，而臨終但以『慎無赦』爲言，此知政體者也。諸葛治蜀用此議。

馬援謂梁松、竇固曰：『凡人富貴，當可使復賤也。』

此伏波格言也。知此，則進有廉耻、退有餘裕矣。

莎車王賢浸以驕横欲并西域，數攻諸國，重求賦税。諸國愁懼。

至此，方知裴遵有先見之明。若以賢爲都護，則更將假漢威以役屬諸國，莫敢與之枝梧矣。

徵劉昆爲光禄勛。帝問昆曰：『前在江陵，反風滅火；後守弘農，虎北渡河。行何德政而致是？』對曰：

『偶然耳。』

昆『偶然』之對，不惟長者之言，乃實言也。鳳凰集、麒麟見，何一非偶然哉！

班固論西域諸國，得之不爲益，弃之不爲損。（二十二年）

班固生東漢之時，故於光武之弃西域盛加贊美；温公生北宋之時，燕雲十六州尚不敢過問，何敢妄冀玉門萬里之外，其有取於班氏之論宜也。但漢之匈奴，即今之蒙古；西域，即今之新疆，其地東與匈奴接壤，所謂右臂也。自漢以後，唐得之而塞外無風塵之警。元起西北，先得之而威加海内。本朝得之而蒙古各部落翕然臣服，邊關息燧者且二百餘年，爲周秦以來所未有，孰云『得不爲益、弃不爲損』哉！

朱祜爲將，多受降，又禁士卒不得虜掠百姓。軍人樂於放縱，多以此怨之。（二十三年）

不好殺，不虜掠，祜乃賢將，不以軍人多怨爲損。

匈奴八部大人共立日逐王比爲呼韓邪單于，款五原塞，願永爲藩蔽，扞禦北虜。公卿皆以『天下初定，夷狄情僞難知，不可許』。惟耿國以爲『宜如孝宣故事』。

匈奴款塞稱藩，中國之利，即使情僞未悉，亦宜姑許而徐爲之計。公卿所見頗謬。殆有見於帝之弃西域，故迎合其意而爲是説邪？

遣馬援與馬武等，征武溪蠻。援謂友人杜愔曰：『吾受厚恩，常恐不得死國事，但畏長者家兒或在左右、或與

共事，殊難得調。』（二十四年）

伏波不惜馬革裹尸，但畏長者家兒讒口難防，劇於刀劍也。

祭（肜）［肜］爲遼東太守，邊無寇警，鮮卑、烏桓并入朝貢。（二十五年）

祭（肜）［肜］之在遼東，亦如馬援之在隴右，而鮮卑難制倍於群羌。（肜）［肜］之忠勇，遵之亞匹也。帝既思遵，何不即以用遵者用（肜）［肜］，而但置之邊郡乎？

馬援還書誡兄子嚴、敦曰：『好論議人長短、妄是非政法，此吾所大惡也。』

此伏波格言也。好論議人長短，所謂稱人之惡也；妄是非政法，所謂居下流而訕上也。以是爲惡，同符聖心矣。使漢之士大夫服膺斯言，何至甘陵、黨禍蔓及清流哉！

援又誡兄子：『勿效杜季良。』季良者，杜保也。會保仇人上書，訟保『爲行浮薄，伏波將軍萬里還書，以誡兄子，而梁松、竇固與之交』，帝免保官，召責松、固，叩頭流血乃得不罪。松由是恨援。

伏波但言季良之不可效耳，因仇人上書而免官并及松、固，則所不及料也。而松之恨由此結矣。伏波方誡兄子以論人長短，而於季良、伯高大有臧否，豈反躬自蹈之哉！良以家書裏言，必不至宣傳於外也。此嚴、敦之過也。

援討武陵蠻，有兩道可入。援以爲不如進據壺頭，扼其喉咽。帝從援策。

進扼壺頭，亦欲如來歙之取略陽、岑彭之趨廣都，謀非不臧也。其利鈍迥殊，則有幸有不幸耳。

援卒於軍，梁松因構陷援。帝大怒，追收援新息侯印綬。

以光武之善全功臣，伏波之以死勤事，乃致恩禮不終，九京飲恨。讒人之交構，固不勝誅；而老不知止者，亦可以鑒已。

援既卒，軍士疫死者太半，蠻亦飢困。監軍宗均矯制令吕種奉詔入虜營，告以恩信，勒兵隨其後，蠻夷震怖，共斬其大帥而降。

蠻方負固不下，均撫之立降。伏波得毋持之過急乎？然蠻所以降，亦因伏波進軍扼其要害，故日形飢困而勢不能支也。均似不能獨擅其功。

初作壽陵，帝曰：『太宗識終始之義，景帝能述遵孝道，遭世反覆而霸陵獨完，豈不美哉！』（二十六年）

霸陵以薄葬獨完，而非徒以薄葬也。文帝之德，入人深矣。赤眉雖暴，孰非帝之遺民哉？周人猶愛甘棠，漢人忍犯霸陵乎？

南單于遣子入侍，雲中等八郡民歸於本土。時城郭邱墟，掃地更爲，上乃悔前徙之。

徙民避寇，帝之失策，至此乃悔之。然徙民固失策，而罷兵尤非計也。兵不足以禦敵，民安得不避寇乎？其後羌患，又徙民避之，不一而足。

北單于詣武威求和親。皇太子曰：『南單于新附，北虜懼見伐，故爭欲歸義耳。今與交通，恐南單于將有二心，北虜亦不來矣。』帝然之。（二十七年）

北求和親，將以間南也。遽受之，則南有二心，而北之計售矣，豈肯復來？此最得其情僞。

臧宫、馬武請擊匈奴，帝不許。

宫、武因帝不受北單于和親之請，故請出兵擊之。亦猶公卿因帝弃西域議拒南單于。雖勇怯不侔，其爲迎合一也。所云『虜今人畜疫死，旱蝗赤地，疲困乏力』，蓋得之塞上傳聞。故帝詔報以『北虜尚强，傳聞恒多失實』也。

帝舅樊宏謙恭柔順，宗族未嘗犯法。及病篤，遺令薄葬，與夫人同墳异藏。

同墳异藏，不惟免傷孝子之心，且益以彰夫婦之有别。宜樊侯行之遂爲世法也。

帝以東海王强去就有禮，賜虎賁旄頭、設鐘虡之樂，擬於乘輿。（二十八年）

帝之待强良厚已。詎非以其無罪而廢，中有不安者乎？然逾制不可爲法，强亦宜辭讓弗受。大位可讓，逾制獨不可讓乎？竊謂東海之賢，必非見不及此，所以受之不辭者，恐帝疑其有所不屑也。

時禁罔尚疏，諸王皆在京師。馬援謂吕種曰：『國家諸子并壯，而舊防未立，若多通賓客，則大獄起矣。』

此伏波先見也。趙熹請遣諸王就國，蓋亦見及於此。至是果有沛王之獄。

更始之子壽光侯鯉怨劉盆子，結客殺故式侯恭。

鯉怨盆子，以赤眉之殺其父也。然盆子雖爲赤眉所擁立，特虚器耳。不怨樊崇等，而怨盆子，已屬怨所不當怨；恭雖盆子兄，而始終忠於更始，又殺謝禄爲之復仇，鯉非無耳目，應有見聞，乃不知感，竟結客殺之。名爲報怨，實則辜恩。此何心哉！真聖公之謬種也！

博士桓榮爲太子少傅。榮大會諸生，陳其車馬印綬，曰：『今日所蒙，稽古之力也，可不勉哉！』

榮陳車馬印綬以示諸生，與董仲舒所云『正其誼不謀其利』者异矣。大抵漢儒治經，專爲干禄，故夏侯氏有『俯拾地芥』之譬，韋氏有『黄金滿籝，不如一經』之諺。蓋自西漢而已然。

北匈奴更乞和親，司徒掾班彪以爲『羈縻之義，禮無不答』，并以稿草上。帝悉納從之。

初則不受其使，至此答書而更有所賜。蓋南既親附，北亦歆動，南北并和，中國之大利，既撫南，亦不宜固拒北也。叔皮著《王命論》説隗囂歸漢，名已重於中朝矣，又屢有建白，多見納用，而官止司徒掾，何也？

群臣上言，宜封禪泰山。詔曰：『即位三十年，百姓怨氣滿腹。「吾誰欺？欺天乎？」何事污七十二代之編録！』（二十九年）

帝直以功德未加於民，不應封禪耳。亦知封禪不見於正經，七十有二君之説，半出方士之傅會乎？

上讀《河圖·會昌符》曰：『赤劉之九，會命岱宗。』於是張純等復奏請封禪，上乃許焉。（中元元年）

前之拒封禪，可謂决絶；忽睹讖文，頓易其初。於是梁松等飾爲三十六事，而張純等奏請恐後已。

京師醴泉出、朱草生，郡國頻上甘露。群臣奏言：宜令太史撰集，以傳來世。帝不納。

帝抑瑞物，乃其素節；封禪，則信讖之過也。

使司空告祠高廟，上薄太后尊號，曰『高皇后』，配食地祇。遷吕太后廟主於園。

吕后誠多可訾，但高帝始終與之敵體，歷西漢二百餘年配祀勿斁。今乃以子孫擅易宗祖之配，毋乃不可乎！

帝崩於南宫前殿。（二年）

封禪將以祈福延祚也。乃盛禮甫畢，而建議之張司空奄然長逝。閲一年，帝亦宫車晏駕矣。萬歲之呼，亦何益乎！

帝雖以征伐濟大業，及天下既定，乃退功臣而進文吏，明慎政體，總攬權綱，舉無過事，故能身致太平。

光武中興漢業，身致太平，卓哉帝王之盛軌已。然不無可議者：信讖，一也；無罪而廢太子，二也；因直言而迫令韓歆自殺，三也；不録彭寵之功，而過寵竇融，擢居功臣之右，四也。至其薄於齊武王而厚於更始，則其意非千載下所能臆度已。

山陽王荆哭臨不哀，而作飛書與東海王强，勸令東歸，舉兵以取天下。强執其使，封書上之。明帝以荆母弟，秘其事，遣荆出止河南宫。

荆爲此書，必非爲强謀。自以皇后子，欲强造兵端，冀有反覆，而己得乘機以取大物耳。

鑒評別録卷十一

漢紀九

顯宗孝明皇帝（初名陽，改莊，世祖第四子，在位十八年）

東海恭王彊薨，使大司空持節護喪事，贈送以殊禮，將作大匠留起陵廟。（永平元年）

移東海王之殊禮改葬齊武王，庶足以慰之於九泉耳。

山陽王荆私迎能爲星者與謀，冀天下有變。帝聞之，徙封荆廣陵王，遣之國。

觀此，益知荆之詐與東海王書其意別有在也。亦冀天下有變耳。

上自爲太子，受《尚書》於桓榮。及即位，猶尊榮以師禮。榮每疾病，輒遣使者存問，太官太醫相望於道。（二年）

帝尊師勸學，爲兩京之冠。而治尚察察，并不純用儒術。

護羌校尉竇林，坐欺罔及臧罪，下獄死。林，融之從子也。帝下詔切責融。融惶恐乞骸骨，詔令歸第養病。

是時竇氏一公、兩侯、三公主、四二千石，自祖及孫，官府邸第相望京邑，親戚功臣莫與爲比。光武之於融，恩亦濫矣。帝蓋意有未慊，故因林以發其端耳。

新陽侯陰就子豐，尚酈邑公主，公主驕妒，豐殺之，被誅。父母皆自殺。

陰興所云『娶妻睱睨公主，心實不安』者，正以公主未易妻也。就父子竟以公主賈禍。

有司奏立長秋宫，帝未有言，皇太后曰：『馬貴人德冠後宫，即其人也。』

伏波有此賢女，亦其家法固殊。

陵鄉侯梁松坐怨望，縣飛書誹謗，下獄死。（四年）

松卒以誹謗自殺其軀。光武愛之，適以害之。

初，上爲太子，鄭衆以通經知名。太子因梁松以縑帛請，衆曰：『太子儲君，無外交之義。』遂不往。

衆，漢之通儒，所云『前鄭』者，斤斤以禮自防，卒不爲梁松所連染。可謂行己有耻者已。

東平王蒼自以至親輔政，意不自安，累疏乞上驃騎將軍印綬，退就藩國。帝許還國，不聽上將軍印綬。

東平累疏固請歸藩，北海以聲色犬馬自污，固由兩賢王明哲保身，而漢法之嚴亦可見矣。

竇融年老，子孫縱誕多不法，帝盡免其子穆等官。融尋薨，穆等復坐事，與子勳、宣皆下獄死。（五年）

光武於竇融，賞倍其功，恩施逾量，宜其子孫以縱誕致罪也。暴貴不祥，信哉！

北匈奴猶盛，數寇邊，遣使求合市。上許之。（七年）

觀此，方知臧宫、馬武之策未必果效。

宗均爲尚書令，謂人曰：『國家喜文法、廉吏，然文吏習爲欺謾，廉吏清在一己，無益百姓流亡、盜賊爲害也。』

吏以法令爲師，操守爲本，文吏、廉吏未嘗不足重。其習爲欺謾，則文之流弊；清在一己，則廉之小節耳。均此言，亦未爲定論。其縱虎，尤不可訓也。

鄭衆使北匈奴，單于欲令衆拜，衆不爲屈。南匈奴密使入詣北虜。衆乃上言：『宜更置大將，防二虜交通。』（八年）

奉使不辱命，又能察知虜情，豫爲之計。如衆者，不愧爲儒矣。

初，帝聞西域有神，其名曰『佛』，因遣使之天竺，求其道，得其書及沙門以來，中國始傳其術。

此佛教入中國之始。明帝尊師勸學，而惑於异端，信道不篤之故。

北匈奴雖遣使入貢，而寇鈔不息。帝議遣使報之。鄭衆疏諫，帝不從。

衆所言，可謂深切著明，洞中事機矣。帝爲太子時，頗悉南北二單于之情僞，今聞衆言，曾不之省，反遣衆往使，何也？

廣陵王荆復呼相工謂曰：『我貌類先帝，可起兵未？』相者告之，荆惶恐自繫獄。帝加恩，不考極其事。詔不得臣屬吏民，惟食租如故。（九年）

帝之處荆，意仿舜之處象。而荆又使巫祭祀、祝詛，則真下愚不移、怙惡不悛者矣。

丁鴻當襲父封，讓國於弟盛，逃去。友人鮑駿讓之曰：『昔伯夷、季劄，亂世權行，故得申其志耳。《春秋》之義，不以家事廢王事。』（十年）

駿以伯夷、季劄爲權行不足訓，洵足箴鴻之失。至引衛出公之事而云『不以家事廢王事』，則與鴻絶不相涉。甚矣，漢人之篤信《公羊》也！

詔發卒數十萬，遣王景與王吴修汴渠堤，自滎陽東至千乘海口千餘里。（十二年）

景，樂浪人，生於東夷，而以治河顯於中國。漢之用人，猶有立賢無方之意。此海口乃渤海，非碣石之海。蓋禹河舊迹不可復識已。

汴渠成，河汴分流，復其舊迹。（十三年）

此時河汴分流，河北、汴東，河未奪汴也。

楚王英與方士作金龜玉鶴，刻文字爲符瑞。燕廣告英有逆謀，事下案驗，有司請誅之。帝不忍，廢英，徙丹陽縣，自殺。

英僞造符瑞，亦欲效光武之（赤符瑞）［赤伏符］耳。中國人學佛始於英，而不保其命，又興大獄，株連死徙不可勝數，佛何益乎！蓋英之學佛，必非慕其虚無慈悲之教也。詫爲神怪，冀禱祠以獲福利耳。其僞造符瑞，亦此意也。世皆知梁武帝之餓死臺城足爲佞佛之戒，而不知英實先之也。

楚王英獄，連及陸續，備受五毒，終無異辭。續母以食饋續，續悲不自勝。吏問其故，續曰：『母來不得見，故悲耳。母截肉未嘗不方，斷葱以寸爲度，故知之。』

帝之平反楚獄，固由寒朗之力争，其機則陸續母子有以感之。蓋以此母此子，必不從人謀逆，因悟株連之衆，不必不濫及亡辜也。

寒朗對帝曰：『臣見考囚，在事者咸共言：「妖惡大故，臣子所宜同疾，出之不如入之，可無後責」。』

『妖惡大故，臣子同疾』，公言也；『出之不如入之，可無後責』，私心也。治獄之吏特利人死，以便其私耳，非真嫉惡爲國也。朗之言曲盡情狀。

車駕幸洛陽獄。録囚徒，理出千餘人。時天旱，即大雨。

楚獄之濫，治獄者成之也。帝本聰察，用法未免從嚴，而諸臣競爲迎合，遂致蔓及亡辜，豈帝意哉！觀其聞寒朗之言而自録囚，覽袁安之奏而即報許，至賢后進説則惻然感悟、夜起彷徨，何嘗不意存矜恤！而無如漢廷諸公卿進則長跽順指、退僅仰屋竊嘆也！

耿秉請擊匈奴，以爲當先擊白山，得伊吾，破車師，通使烏孫諸國，以斷其右臂。（十五年）

秉此議於制匈奴最得要領。其措置次第，則在先通西域以斷其右臂，足徵班固之論西域未爲篤也。

竇固使假司馬班超與從事郭恂俱使西域。西域與漢絶六十餘載，至是復通。（十六年）

定遠以三十六人威加西域，史所書機警勇決，千載如見。使聞孟堅之論，必不以兄言爲然。

淮陽王延性驕奢，而御下嚴烈。有上書告延作圖讖、祠祭祝詛，事下案驗，有司請誅延。上以延罪薄於楚王英，徙爲阜陵王，食二縣。

王莽假符命以篡漢，即真後乃謀絶之，莽固非以符命爲果可信也。光武以赤伏符中興，即位後乃更信讖，至宣布於天下。是以帝諸子如楚王英、淮陽王延皆以造作圖讖致興大獄，則帝之信讖有以教之也。

以蜀郡太守第五倫爲司空。倫在郡公清，故帝自遠郡用之。

先用被譖之楊仁爲什邡令，復特擢倫爲司空。章帝之明，即此可見。

車師與匈奴共攻耿恭，數月不能下。關寵上書求救，司空倫以爲不宜救。帝從鮑昱策，遣耿秉等救之。

倫以恭爲不宜救，蓋以道遠不及故也。其議殊謬。宜帝以鮑昱言爲然也。

第五倫上疏論馬廖等以布三千匹、錢三百萬私贍三輔衣冠，又遺在雒中者錢各五千。

倫首言外戚放縱，可謂讜論矣。廖等交結賓客，乃至廣施錢布，私贍三輔及雒中衣冠，以市惠要譽，殊非伏波取伯高、斥季良之意。馬氏諸子，亦幸遇明德之賢、肅宗之明，未敢恣所欲爲耳。使與吕、霍易地以處，亦未敢必其此善於彼也。

肅宗孝章皇帝（諱炟，顯宗第五子，在位十三年）

上問司徒鮑昱何以消復旱灾，昱對以楚獄冤者過半，宜還諸徙家，蠲除禁錮，則和氣可致。（建初元年）

昱知楚獄多冤，當時不能争，因帝問消復旱灾，首進還徙家、除禁錮之議。雖不及寒朗、袁安之力争，亦可謂能補過之君子矣。

楊終上疏，言『征匈奴、開西域轉輸煩費，陛下宜留念省察』，第五倫亦同終議。

明帝采耿秉之議，從事西域，以制匈奴。業經取伊吾盧地，於功有緒。良以北匈奴侵擾日甚，故大張撻伐，以冀制勝安邊，非得已也。今一旦罷之，未免失策。第五倫前已建議不救耿恭，其欲弃伊吾，不足怪也。

軍吏范羌以兵二千人迎耿恭，遇大雪丈餘，軍僅得至，遂相隨俱歸。吏士至玉門，惟餘十三人。

使恭在武帝時，必封侯矣。羌之義勇，殊不可及，漢亦不聞何以賞之。

鄭衆上疏奏：耿恭以單兵守孤城，當匈奴數萬之衆，連月逾年，卒全忠勇，宜蒙顯爵，以厲將帥。恭至雒陽，拜騎都尉。

衆，儒者，而建議皆中事機，儒而不腐者也。

徵還班超。超至于闐，王侯以下皆號泣，抱超馬脚不得行。超亦欲遂其本志，乃更還疏勒。

使超以此時還，則西域之功不就矣。公卿碌碌，安能遥制萬里之外哉！非帝之明，不能盡超之用也。

帝欲爲原陵、顯節陵起縣邑。東平王蒼上疏諫，乃止。

光武之抑損陵制，其言痛切，明帝奉行，所以爲孝。以帝之明，乃欲爲兩陵起縣邑，詎非習見西京舊制，意謂不以天下儉其親哉？然與光武之初詔不合矣。善哉，東平王之諫也！

初，明帝置永昌郡，以鄭純爲太守。純卒，後人不能撫循夷人，哀牢王類牢殺守令反。

邊郡難得其人。故初以德化招徠，遂成郡縣；後卒怨叛，不免用兵也。

罷伊吾盧屯兵，匈奴復遣兵守其地。（二年）

伊吾罷屯，匈奴即以兵守之，地有所必争也。

上欲封諸舅，太后不聽。會大旱，言事者以爲不封外戚之故。

以不封外戚爲致旱之應，此必馬氏賓客倡爲此説，而言事者希旨附和之耳。明德援黄霧以折之，足關其口。

太后詔曰：『先帝言：「我子不當與先帝子等」，今有司奈何欲以馬氏比陰氏乎？馬氏不及陰氏遠矣！』

馬氏不及陰氏，明德蓋實見其然，非故爲謙抑也。後果如其言。

帝復重請，太后報曰：『昔竇太后欲封王皇后之兄，丞相條侯言：「高祖約：無軍功不侯。」今馬氏無功於國，豈得與陰、郭中興之后等邪？』

竊嘗謂亞夫守高祖約，力争王信之侯，識出賈、晁之上。明德引以報章帝，蓋亦心折其言也。

太后又曰：『常觀富貴之家，禄位重疊，猶再實之木，其根必傷。』

此格言也。富貴之家，可不知所警懼哉！明德真能守伏波之家法者。諦觀此書，何其與《誡兄子書》如出一手也！

馬廖慮美業難終，上疏勸成德政。

廖此書固將順其美，亦聊以塞白耳。其言殊淺陋、乏深味。

安夷縣吏略妻羌婦，其夫殺吏。安夷長宗延追之出塞。羌遂共殺延，相結爲寇。

金城之變，起於小吏略取羌婦。後命將出師，僅乃克之。安邊固須良守長。

第五倫天性峭直，然常疾俗吏苛刻，論議每依寬厚。

天性峭直，但奉公無私耳，固無妨於論議之寬厚。俗吏苛刻，意在希上旨以自取利，外若悻悻，内實靡靡，與峭直者正相反也。

馬防擊布橋，大破之。詔徵防還，留耿恭擊諸未降者。恭嘗以言事忤防，監營謁者承旨奏恭不憂軍事，坐徵下獄，免官。（三年）

恭斬首千餘，納降數萬，其功灼然可紀。乃以忤防之故，被劾下獄免官，則防之爲將可知矣，其爲人亦可知矣。

帝封舅馬廖及防、光皆爲列侯，太后聞之曰：『吾日夜惕厲，思自降損，所以化導兄弟，共同斯志。何意老志復不從哉？萬年之日長恨矣。』（四年）

明德之爲此言者，有見乎馬氏之不終也。不然，亦何必痛心疾首，慨乎其言之哉！使廖等聞而知戒，重自貶損，一以陰、郭爲法，詎非賢后之所厚期？而無如其但知上書辭讓，未能洗濯身心、痛改其所爲也！未幾而明德之言驗已。

日有食之。詔舉直言極諫，尋以外官多曠，并以補任。

以直言極諫補外官，重親民之吏也。漢吏治所以近古歟？

班超欲遂平西域，上疏請兵。帝以徐幹爲假司馬，將弛刑千人就超。

與官屬三十六人，立功萬里之外，以夷攻夷，不費中國兵糧。至此佐之者，僅一假司馬將弛刑千人而已。定遠之才略，洵不可及。而非帝假以便宜，亦不克展其手足也。

廉範爲蜀郡太守。成都邑宇逼側，舊制禁民夜作，以防火災。範毁削前令，但嚴使儲水而已。（六年）

邑宇逼側，遂多火患。當時必苫草爲屋也。教之儲水，又不如教之陶甓。

初，宋貴人生太子慶，梁貴人生子肇，竇皇后養肇爲子，恃寵謀陷宋氏。誣言宋貴人欲爲厭勝之術。（七年）

竇后恃寵，構陷奪嫡，光烈、明德之家法，掃地盡矣。宜其卒致外家之禍。

廢皇太子慶爲清河王，立子肇爲皇太子。慶雖幼，亦知避嫌畏禍，言不敢及宋氏。

觀清河之幼知避嫌，則其廢固不以罪矣。帝此舉大累盛德。而漢廷迄無一人争之者，詎非以光武之於東海有故事可循邪？

竇皇后欲專名外家，忌梁貴人姊妹，數譖之於帝，漸致疏嫌；竇氏作飛書陷梁竦以惡逆，遂死獄中。

既陷宋氏，又陷梁氏，竇后之□妒，固不必言。而諸竇兄弟，既爲后求宋氏之過，又作飛書陷梁竦而致之死，皆所云虺蜴爲心、豺狼成性者。以帝之明，而竟爲所惑，何也？衽席之愛難割而浸潤之譖易行也。

馬廖不能教勒子弟，皆驕奢不謹，防、光資産巨億，食客常數百人。廖子豫投書怨誹，於是有司并奏防、光兄弟奢侈逾僭，悉免就國。

觀馬氏兄弟之驕奢放縱，方知明德之諄諄戒敕將以防之於未然也。太后崩而益無所忌憚矣。

諸馬既得罪，竇氏益貴盛，皇后兄竇憲、弟篤并侍宫省，賞賜累積。第五倫疏請嚴敕憲等無妄交通士大夫。

帝之退諸馬，未爲過也。馬退而竇進，則薄於母黨，厚於妻黨，其爲盛德之累不細矣。卒之竇氏以亂政而駢誅，又不若諸馬之就國猶得自全也。司空沮馬防之將兵、斥竇憲之妄交，皆卓然讜論。

竇憲以賤直請奪沁水公主園田，後發覺，帝大怒，召憲切責。皇后毁服深謝，良久乃得解。

帝以孤雛、腐鼠喻憲，視憲甚輕也。所以卒不加罪者，皇后爲之深謝也。明德下詔以止兄封，竇后毁服以解兄罪，一則裁以公義，一則溺於私恩，所見不翅逕庭矣。卒之竇氏之亂政倍於馬氏，其致禍亦什倍於馬氏。然則后之愛兄，殆適以害之乎！

帝遣李邑送烏孫使者，至于闐，懼不敢前。因上書陳西域之功不可成，又盛毁班超：『擁愛妻，抱愛子，安樂外國，無内顧心。』

邑初到西域，爲龜兹兵衆所懾，故懼而欲還耳。其毁班超，則以超言西域之功可成，與己异議也。帝前因第五倫、楊終之議，罷伊吾屯兵，并徵超還矣；至此復有李邑之毁，使非帝知超忠，委以西事，而不爲浮言所惑，不惟功敗垂成，超且獲罪矣。固知非帝之明，不能盡超之用也。

陳事者多言『郡國貢舉，率非功次』，韋彪議曰：『士宜以才行爲先，其要在選二千石。二千石賢，則貢舉皆得其人。』又言：『天下樞要在尚書，宜重其選。』（元和元年）

外官重二千石，内官重尚書，當時非不知之。彪之議，則二千石宜取忠厚之人，尚書不重文法之吏。

召前臨淮太守朱暉，拜尚書僕射。

暉年已八十，免官家居，帝乃詔拜尚書僕射，以其素以强直著稱也。此用韋彪之議。

北匈奴驅牛馬萬餘頭，與漢交易。南單于遣輕騎，出上郡鈔之，大獲而還。

漢未嘗加兵於北匈奴，而不敢爲寇鈔、亦不敢與班超争西域者，南單于時伺其隙也。此匈奴分爲南北之效。

詔民産子者，復勿算三歲；諸懷妊者，賜胎養穀人三斛，復其夫勿算一歲。（二年）

産子者復三歲，懷妊者賜胎養穀，當日有司未知奉行何如。而立法殊有父母斯民之意，非後世所及。

詔三公曰：『安静之吏，悃愊無華，日計不足，月計有餘。夫以苛爲察、以刻爲明、以輕爲德、以重爲威，四者或興，則下有怨心。』

察吏首在安民。進安静而退苛刻。帝承永平之後，寬以濟猛，可謂知務矣。

幸魯，祠孔子於闕里。帝謂孔僖曰：『於卿宗有光榮乎？』對曰：『此乃崇禮先師，增輝聖德。至於光榮，非所敢承。』

僖之言可謂得體矣。光榮一家之私恩，尊師重道，百王之盛典。不敢承光榮，正所以歸美於上也。

武威太守孟雲上言：『宜還南單于所掠北虜生口。』鄭弘、第五倫以爲不可。

南單于先歸漢保塞，北匈奴猶寇鈔不已，後漸疲弱，始求和親，漢第羈縻勿絶，與南單于情事迥异。漢廷議者皆欲以南制北，故未有不左袒南單于者。此鄭弘所以斥諸言還生口者爲不忠也。

帝乃下詔：『倍雇南部所得生口以還北虜；其南部斬首獲生，計功受賞，如常科。』

贖還生口以示信於北，論功加賞以示恩於南。帝處此可謂權而得中。

鄭弘數陳竇憲權勢太盛，言甚苦切。（三年）

弘數陳竇憲之權勢太盛，言必不誣。則知史所書，帝不授憲以重任，未必然也。

弘病篤，上書曰：『竇憲奸惡，貫天達地，近日王氏之禍，昺然可見，願陛下誅四凶，以厭人鬼憤結之望。』

弘至死猶以憲罪悚切言之，不愧史魚尸諫之直。帝非不重弘，而不能退憲者，并非憲有迷主之術也。帝不能割衽席之愛，且以爲我能制憲，而未計及於千秋萬歲後也。

博士曹褒上疏，以爲『宜定制著成漢禮』，班固以爲『宜集諸儒共議』。帝曰：『會禮之家，名爲聚訟。』

褒之禮，誠不足爲一代定制。帝謂『禮家聚訟』，則適中諸儒之病。

護羌校尉傅育募人鬥諸羌胡，羌胡叛出塞，育追之，爲所殺。隴西太守張紆誘殺迷吾，以其頭祭傅育冢。迷吾子迷唐據大小榆谷以叛，張紆不能制。（章和元年）

燒當之變，傅育先挑其釁，張紆復激成之。不罪二人，漢失刑矣。

京師四方屢有嘉瑞，言事者咸以爲美。太尉掾何敞獨惡之。

敞見衆瑞而惡之，惡其增飾以啓主上之侈心也。

曹褒依準舊典，雜以五經、讖記，撰次天子至於庶人冠、婚、吉、凶始終制度，凡五百十篇。

舊典未必盡合五經，而復雜以讖記，褒之爲禮可知矣。宜帝納之而未見施行也。

帝篤於親親，諸昆弟并留京師，不遣就國。賞賜群臣，過於制度。何敞奏記宋由，以：『賜賚，宜有品制；受賞，亦應有度。』由不能用。（二年）

魏文帝以章帝爲長者，此正所云『君子之過常失之厚』者。敞之言可謂著明深切，而由不能用，則以其平日悾悾無違，但知將順而不能匡救也。

帝崩，年三十一。遺詔：『無起寢廟，一如先帝（故事）［法制］。』

帝年方壯，忽而崩逝，遺詔但云無起寢廟，而於後事一無付托，是以母后臨朝，外戚專政。

太后臨朝，竇憲以侍中内幹機密、出宣誥命。憲客崔駰戒憲曰：『漢興迄於哀、平，外家二十，保族全身，四人而已，可不慎哉！』

駰之言可謂直諒矣。豈猶不知憲之爲人哉！不可與言而與之言，失言。

憲以鄧彪先帝所敬而仁厚委隨，故尊崇之。其所施爲，輒外令彪奏，内白太后，事無不從。

憲之於彪，一如王莽之於孔光。

南單于上言：宜及北虜分争，出兵討伐。耿秉以爲：以夷伐夷，國家之利，宜可聽許。

匈奴所以弱者，以其分爲南北也。章帝加恩於南，而不絶乎北，不惟以南制北，亦欲以北分南，最爲得宋意第曰：今乘北亂而出兵助南攻北，南并北則合而勢重，後將難馭矣。秉但知北之可伐，因以爲利；『鮮卑必將爲患』，而未言及南北合一之爲患更大也。觀南單于上言『破北成南，共爲一國』，又言『臣國成敗，要在今年』，蓋其意在乘北之亂藉漢兵力以復故土，其云『令漢家長無北念』，則甘言以相誘耳。

齊殤王子都鄉侯暢來吊國憂。竇憲遣客刺殺之。太后怒，閉憲於内宫。憲懼誅，自求擊匈奴以贖死。

暢來吊而太后私幸之。暢固罪不容誅，太后之不正尤甚矣。憲遣客刺殺暢，懼暢之分其權也。太后知暢死由於憲，而閉之内宫，怒憲之奪所愛也。所以不即致誅者，不忍於兄也，而北伐之兵自此出矣。

鄧訓代張紆爲護羌校尉，訓曰：『張紆失信，群羌大動，諸胡所以難得意者，以恩信不厚耳。』

羌禍由於傅張挑釁濫誅，故訓反其所爲，以恩信招誘，而其患立解。

鑒評别録卷十二

漢紀十

孝和皇帝（諱肇，章帝第四子，在位十七年）

鄧訓發湟中兵，掩擊迷唐，大破之，斬獲殆盡。迷唐收餘衆西徙。燒當豪帥稽顙歸死，餘皆款塞納質。（永元元年）

以恩信撫諸種，以精兵擊迷唐，故一舉而定。

竇憲將征匈奴。公卿詣朝堂上書諫，書連上，輒寢。

公卿之書連上輒寢，皆憲居中抑而不奏，或太后先入憲説，故置廷議於勿論也。

太后詔使者，爲憲弟篤、景并起邸第，勞役百姓，侍御史何敞上疏，以爲宜罷工匠，專憂北邊。書奏，不省。

竇氏之奢僭，皆太后爲之内主，非徒私外家也。蓋其構陷奪嫡，多賴兄弟之力，故必欲有以報之。盈廷交諍而踵事增甚。竇固横，而后亦悍矣。

竇憲、耿秉出塞，分遣諸將，與北單于戰於稽落山，大破之，斬名王以下萬三千級，諸裨小王率衆降者，八十一部。登燕然山，勒石紀功而還。

憲所擊乃衰弱之匈奴，與衛霍所擊全盛之匈奴异。鎸金石難爲功，摧枯朽易爲力也。况有南匈奴精騎爲之助乎！

何敞上封事，言竇憲兄弟專朝，奢侈僭逼，誅戮無罪。憲乃出敞爲濟南王太傅。

是時直攻竇憲者無如何敞。且首發劉暢之事，宜爲憲所深恨。乃蛇虺之毒得肆於郅壽、樂恢而不及敞者，蓋敞以名儒重於漢廷，憲亦未敢加害；又皎皎不污，足以自完。匪直有幸有不幸也。

初，北海哀王無後，肅宗遺詔，令復齊、北海二國，至是封蕪湖侯無忌爲齊王，北海敬王庶子威爲北海王。（二年）

齊武王首創大業，不數傳而國除，洵可愍傷。即此見章帝之長者。

詔封竇憲爲冠軍侯，篤爲郾侯，瓌爲夏陽侯。

太后專私外家，豈其逮事明德於懿訓一不經意邪？

竇憲既立大功，威名益盛，以耿夔、任尚等爲爪牙，鄧疊、郭璜爲心腹，班固、傅毅之徒典文章。

班固、傅毅、崔駰，文章爲東京弁冕，而皆失身於竇憲，惜哉！

北單于既亡，其弟於除鞬自立爲單于，遣使款塞。竇憲請置中郎將領護，如南單于故事。袁安上封事，極言其不可，上竟從憲策。

憲所以欲立北單于者，慮北之并於南也。然既已助南攻北而空其庭，則不宜更立北單于以失南單于之心。袁司徒之議誠是已。要之，南北合并必爲邊患，亦非完策。此舉之失，在於助南攻北，不若兩立俱存之爲得也。

周榮辟袁安府，安舉奏竇景及争立北單于事，皆榮所具草。（四年）

周榮具草，勝張竦作奏多矣。然不能自晦其迹，致爲竇氏客徐齮所脅，雖幸免飛禍，究非保身之哲也。

日有食之。丁鴻上疏，以爲『上威損，下權盛，天不可以不剛，王不可以不强。宜改政匡失，以塞天意。』

鴻之劾竇憲，何异王章之彈王鳳？皆因日食言之。而成敗頓殊者，所遇有幸不幸也。

帝幸北宫，詔執金吾、五校尉勒兵屯衛南、北宫，閉城門，收捕郭璜、郭舉、鄧疊、鄧磊，皆下獄死。遣謁者僕射收竇憲大將軍印綬，與篤、景、（環）［瓌］皆就國，迫令自殺。

章帝崩時，帝年十歲，至此甫十四歲耳，乃能不動聲色，拔外戚之巨奸，翦權門之衆黨，亦可謂英斷夙成者矣。史稱鄧、郭共圖爲殺害，不知誰爲首謀？若謂欲謀弑逆，必當預有擁戴，何以不聞欲立者何人？且竇氏曾否預謀，亦迄無左證。此蓋帝有見於竇氏之擅權亂政，積不能忍，故借鄧、郭以發之。而其罪狀，原未明也。是以張酺上書，以爲『刑罪未著，後世不見其事，非所以垂示國典』也。酺此書《通鑒》不録。帝幼爲竇太后養護，不令知爲梁貴人所生，乃於諸竇一無顧惜，於太后亦一無瞻徇，而獨與廢太子慶共爲秘謀，或已知非太后所生，而梁、宋二貴人均死非其罪，故與慶同患相恤歟？　太后平日私於外家，無所不至，何以至此噤不一語？　詎非内慚郭舉，又知帝意難回，而兩貴人之死由竇氏，慮及一并發覺，己亦無以自解歟？　未幾，憲等自殺，曾不數年，太后亦鬱鬱以終矣。

初，班固奴嘗醉駡洛陽令种兢。兢因逮考竇氏客，收捕固，死獄中。

固死非其罪，特兢以私憾瘐斃之耳。然黨附竇憲，爲典文章，則亦有以自取。

帝賜清河王慶奴婢、輿馬、錢帛、珍寶，充牣其第，垂意甚備。慶亦小心恭孝，故能保其寵禄。

東漢之東海、清河二王，皆以廢太子保其福禄，而明、和二帝，始終恩禮不替，爲累代所希見。此固二帝之厚，亦二王之賢有以致之。如二王者，亦不幸而廢耳。使正位紹統，何嘗不克長克君哉！

鄭衆遷大長秋。帝策勛班賞，衆每辭多受少，帝由是賢之，與議政事。宦官用權自此始。

衆亦宦官之錚錚者，但因此遂開奄尹預政竊權之漸，東漢之亡，實權輿於此。漏師多魚，《春秋》所以謹書之以示戒歟？

太尉宋由以竇氏黨策免，自殺。太傅鄧彪以老病，上還樞機職，詔許焉。

彪録尚書，憲所引用，其人亦竇黨也。由免而不及彪，故内不自安，而引疾求去。

鄧訓卒，聶尚代爲護羌校尉。欲以恩懷諸羌，招迷唐使還居大小榆谷，迷唐遂反。

訓以恩信撫納諸羌而驅逐迷唐者，知其狼子野心不可畜也。尚代訓，乃首招迷唐，非反訓政，正欲師訓之撫諸羌者兼撫迷唐耳。乃旋致其反，則以未悉羌情，輕舉妄動，圖功而適以致敗也。安邊須良將，固難得其人哉！

皇太后竇氏崩，梁禮以爲『梁貴人親育聖躬，不蒙尊號』。帝感慟良久，張酺請追上尊號，存録諸舅，從之。（九年）

竇氏既誅，豈無左右言梁貴人之事者？況有清河王朝夕侍側乎！帝特礙於太后，不便明言耳。故太后崩而事即白。

三公上奏，請依光武黜吕太后故事，貶竇太后尊號，不宜合葬先帝。百官亦多上言者。帝手詔不許。

當竇氏方盛，則擬鄧夫人以文母；及其既敗，則比竇太后以吕后。廷議之不足憑，千古一（輒）[轍]。其請貶尊號并止合葬者，不專爲竇太后也，逆揣帝意，欲追尊梁貴人爲太后如薄太后之例耳。帝不用公卿之議，據禮以矯光武之失，其識卓已。

清河王慶始敢求上母宋貴人冢，帝許之。詔太官給祭具。慶垂涕曰：『生不獲供養，終得奉祭祀，私願足矣。』

孟子所云『操心危、慮患深』者，其清河王之謂乎！　方其以儲君幼而見廢，母亦自殺，即知避嫌，口不言宋氏，其心何嘗一日忘竇氏哉！　特以年稚勢孤，故隱忍以俟時耳。　及和帝正位東宮，深蒙親愛，至於同室共輿，此固帝之友于，而亦王之自結於帝也。　迨章帝崩逝，太后臨朝，諸竇擅政，和帝雖嗣立，而勢等綴旒，清河尤危如朝露，一帝一王，煢煢兩孤子耳。　太后與諸竇蓋視之若無物矣。　乃帝與王決策於帷闥之中，覓取《外戚傳》求索故事，出其不意，密布方略，遂得立僕權奸，此固帝之英明獨斷，而亦賴王之共定大謀也。　史稱太后崩，帝始知爲梁貴人子，王亦求上母宋貴人冢，此第據其共見者書之耳。　帝之爲梁貴人子及梁貴人之枉死，帝幼不及知；　王長於帝，固已知之稔矣。　當其朝夕不離，豈有不隱以告帝者哉？　帝因鄧、郭之事，於竇氏兄弟一無愛惜，於太后一無瞻徇，毅然無復渭陽之情、凱風之思者，皆王先入之言有以傷其心、觸其恨而因以贊其決也。　至此日而王亦可以慰母泉下矣。

行征西將軍劉尚、越騎校尉趙世坐畏懦徵下獄免，以王信、耿譚代領其營。　譚設購賞，諸種頗來内附。　迷唐請降，信、譚遂受降罷兵。（十年）

高山之役，劉尚等雖斬虜千餘，而漢兵死傷亦多，所云『大破之』者，妄也。　信、譚代將，第以購賞招徠諸種，迷唐請降，遂罷兵，并未一創艾之也，其詣闕貢獻，亦文降耳。　漢於羌，姑息甚矣。

迷唐既入朝，其餘種人入居金城，帝令將還大小榆谷。　迷唐辭以種人飢餓，不肯遠出。　護羌校尉吴祉等賜以金帛，促令出塞。　迷唐復叛。

迷唐所以入朝貢獻，欲還大小榆谷也。　既許其還，則又以河橋爲慮，不肯出塞，其狡詐反覆略可概見。

祉等欲以金帛餌之，徒驕其心而速之叛耳。

迷唐復還賜支河曲，將兵向塞，侯霸擊滅之。種人降者六千餘口。迷唐遂弱，久之病死。

迷唐屢降屢叛，卒以逭誅。漢之羌禍從此不息矣。

安定降羌燒何種反，郡兵擊滅之。隃麋相曹鳳上言：『宜復西海郡縣，廣設屯田。』上從之。

夾河屯田，據大小榆谷之饒，奪西海魚鹽之利，以實邊而制羌，猶是趙營平之遺策也。惜乎其功未竟。

班超久在絶域，年老，上書乞歸。朝廷久之未報。

所以久不報者，難其代也。定遠東歸而西域多事矣。

以任尚代班超爲都護。超謂尚曰：『君性嚴急，宜蕩佚簡易，總大綱而已。』尚私謂所親曰：『我以班君當有奇策，今所言平平耳。』尚後竟失邊和。

超以三十六人開西域，奇策不一矣。兹於西域既定之後，不用奇而用平，平即其奇也。

初，太傅鄧禹嘗謂人曰：『吾將百萬之衆，未嘗妄殺一人，後世必有興者。』其子訓有女曰綏，性孝友，好書傳，選入宫爲貴人，至是立爲皇后。

王賀自云『活人』，而慶鐘元后；鄧禹自云『不妄殺一人』，鄧訓修石臼河『歲活數千人』，而福延和熹。

但王氏之有元后，卒致新莽之篡，尋以夷滅； 禹爲中興元功，爵通侯，食四縣，自足傳世興家，亦不必更賴女主擅朝也。 史家書此，其猶未免流俗之見也夫！

司空徐防上疏，以爲：『博士及甲乙策試，宜從其家章句開五十難以試之，解釋多者爲上第。』

漢儒經學，惟在恪守章句家法。 防所言，則後世帖括之祖也。

帝崩於章德前殿，皇子養於民間。 長子勝有痼疾，少子隆生始百餘日，鄧皇后迎立以爲皇太子，即皇帝位，尊皇后曰皇太后，太后臨朝。（元興元年）

皇子養在民間，不於帝彌留之際迎置宮中，乃收之宮車晏駕後，而又廢長立幼。 和熹處此，亦太不詳審矣，岌岌乎殆哉！

孝殤皇帝（諱隆，和帝少子，在位一年）

以張禹爲太傅，舍宮中，五日一歸府； 以鄧騭爲車騎將軍、儀同三司； 騭弟悝爲虎賁中郎將，弘、閶皆侍中。（延平元年）

不以外戚居禁内，而以重臣舍宮中，將以矯竇太后之失也。 然禹雖見尊禮，而鄧氏兄弟并侍中宿衛，未幾帝崩，定策迎立一皆鄧氏主之，而禹不與聞焉。 則禹亦猶之鄧彪云爾。

西域諸國反，徵都護任尚還，以段禧代之。副校尉梁慬與禧等入保龜兹城。龜兹吏民共叛，慬等出戰，大破之，連兵數月，乃定。

班定遠之去疏勒也，胡人抱馬足留之，不得行。今漢兵入城，而龜兹吏民共叛，詎非仁暴迥殊之效哉！

孝安皇帝（諱祜，清河王慶子，入爲和帝嗣，在位十九年）

封太傅張禹、太尉徐防、司空尹勤、車騎將軍鄧騭、城門校尉鄧悝、虎賁中郎將鄧弘、黄門郎鄧閶皆爲列侯。（永初元年）

三公以下封侯，賞定策功也。先封禹等，次及騭等，則不以私於外家爲嫌也。此與禹舍宫中同一用意。

段禧等雖保龜兹，而道路隔塞，檄書不通，公卿議以爲西域數叛，吏士屯田，其費無已，遂罷都護。

班超之定西域，不勞中國兵力，以夷攻夷，而漢坐收其效。是時叛羌侵逼三輔，且不能制，又安能長駕遠馭於萬里之外哉？惟自弃之而已。

安定諸降羌同時奔潰，燒當羌豪麻奴兄弟與種人俱出塞，滇零、鐘羌諸種大爲寇掠，郡縣不能制。

遷降羌於郡縣，與民雜居，而吏復苦以徭役，積怨成忿，欲其不叛得乎？此最失策。

太尉徐防以灾异、寇賊策免，三公以灾异免，自防始。司空尹勤以水雨漂流策免。

仲長統謂：『事歸臺閣，權移戚宦，而遇有灾异，反以策讓三公，至於死、免。』足爲呼天泣血，曲盡當時之弊已。至云『專委三公，分任責成，天變人妖，然後可以分此罪』，則仍未有當也。灾异之來，豈必三公有以致之，亦豈策免三公足以弭之哉！　漢人過信陰陽五行，故爲此謬舉耳。

大長秋鄭衆、中常侍蔡倫等皆秉勢豫政。司空周章數進直言，太后不能用。

前後漢有兩張禹，皆見尊禮，其人亦略相似。宦官預政，章數進直言，禹但碌碌而已。

周章謀閉宫門，誅鄧騭兄弟及鄭衆、蔡倫，劫尚書，廢太后，封帝爲遠國王，而立平原王勝。事覺，自殺。

勝非有痼疾也。鄧后以其年稍長，自知有母，故置之不立，而貪立始生百餘日之幼孩，因得養以爲子耳。嗣因先不立勝，恐後爲怨，於是捨皇嗣而别立外藩。鄧后之罪大矣！章忠直之士，其謀固有激而然也。事覺，罪止自殺，平原亦得不坐，太后殆亦自知衆心不附，故不竟其獄歟？

敕司隸校尉、冀并二州刺史：『民訛言相驚，弃捐舊居，老弱相携，窮困道路。其敕長吏躬親曉諭。』

此必訛言羌寇將至，故携老弱以避兵也。是時羌禍日熾，遂有鄧騭之遣。

鄧騭至漢陽，諸郡兵未至，鐘羌數千人擊敗騭軍於冀西，殺千餘人。梁慬破諸羌於張掖。（二年）

騭一無將略，其才又在竇憲之下，有忝祖若父多矣。

太后幸雒陽寺録囚徒，釋被枉者一人，行未還宫，澍雨大降。京師及郡國四十，大水。

太后非不聰察，但皆事之小者耳。因旱而録囚，豈必太后親行乎？平反一囚，遂足上召天和乎？此乃久旱雨忽大降，鬱極而通，適逢其會耳。自是雨遂不止，故旋有大水之灾，水灾有以异於旱灾乎！

鄧騭使任尚等與羌戰於平襄，尚軍大敗，死者八千餘人。龐參上書，以爲『萬里運糧以就羌，不若總民養衆，以待其疲』。詔鄧騭還，留任尚屯漢陽。

騭軍屢挫，羌寇益熾。騭既自度力不能制羌，太后亦慮騭有意外之失，故參揣知其意上書以巧爲迎合。其曰『車騎將軍宜且振旅』，此太后及騭所樂聞也。其曰『留任尚督凉州士民轉屯三輔』，則欲舉凉州而弃之以予羌矣。

遣使迎拜鄧騭爲大將軍。既至，使大鴻臚親迎，中常侍郊勞，王主以下候望於道，寵靈顯赫，光震都鄙。

迎拜大將軍，依竇憲故事也。無論竇氏覆轍宜戒，且憲之北伐，實有克敵之功；騭之西征，但有喪師之罪。應罰而賞，何以示天下乎？太后每以裁抑外家爲名高，至此何以不核騭之功罪？而騭曾固辭封爵至於五六，何以一聞大將軍之命，靦然受之而不辭乎？

司徒魯恭罷。恭再至公位，學者受業，必窮核問難，道成，然後謝遣之。

教誨諸生，固足成就後學，然非三公急務也。是時可謂多事矣，恭何不聞有所匡濟乎？然則所講者，特章句之學耳。

三公以國用未足，奏令吏民入錢穀，得爲關内侯及虎賁、羽林郎，下至緹騎營士，各有差。

入錢穀得爲關内侯，此西邸賣官、三公銅臭之漸。

漢人韓琮隨南單于入朝，既還，説單于曰：『關東水潦，民飢死盡，可擊也。』單于信其言，遂反。

聞漢衰而遂反，足徵稱藩保塞，特屈於一時，未嘗不覬釁而動也。豈恩信果足結其心乎？且漢於匈奴，亦何嘗真以恩信結之？

鄧騭在位，頗能推進賢士，薦何熙、李郃等列於朝廷。又辟楊震、陳禪等置之幕府，天下稱之。（四年）

騭庸才乏真識，其薦何熙等，徒慕其名，因自以爲名耳。觀其因虞詡异議即思中傷，固非誠心好士者矣。

龐參説鄧騭徙邊郡不能自存者入居三輔，騭然之。欲弃凉州。虞詡以爲有三不可。張禹善其言，四府皆從詡議。鄧騭由是惡詡。

名爲遷民避寇，實則割地予羌，策之最下，盡人知其不可，而鄧騭以爲然，則其畏懦苟且，概可知已。詡之議著明深切，張禹意不及此，碌碌者固無足怪，然能用詡策而不徇騭意，則猶其生平可取之一端也。

朝歌賊甯季等數千人攻殺長吏，州郡不能禁。鄧騭以虞詡爲朝歌長，故舊皆吊之。詡曰：『不遇盤根錯節無以别利器，此吾立功之秋也。』

詡到官，設三科以募壯士，用以賊攻賊之法，而縣境皆平。是時漢廷有用之才，獨一虞詡耳。騭惡詡而信用龐參，無异輟良驥而駕罷驢也。何熙輩亦坐談客耳，烏足處盤根錯節之地乎！

羌既轉盛，緣邊二千石、令、長争言徙郡縣以避寇難。時連歲旱蝗饑荒，民流離分散，隨道死亡，或弃捐老弱，喪其太半。（五年）

是時所徙者，隴西、安定、北地、上郡也。徙郡避寇，其害如此。龐參之策，詎可行哉！而當時仍用參策者，鄧騭主之，而緣邊守長自度不能禦羌，故競爲苟且之計以便其私也。

馬鈞、龐參各將兵擊零昌。參爲杜季貢所敗，引退；鈞亦敗還。并徵下獄。時梁慬亦坐事抵罪。馬融上書，稱『參、慬智能，宜宥過責效』。詔赦參等。（元初二年）

梁慬曾著戰功，猶可宥過責效。龐參何人，乃亦以智能與慬并稱乎！此必鄧騭欲救參，故授意於融，又恐赦參不厭衆心，故并慬言之以掩其袒護之迹也。

虞詡説任尚曰：『兵法：走不逐飛。今虜皆馬騎，日行數百里，步兵追之，勢不相及，莫如罷諸郡兵，各令出錢市馬，以萬騎逐數千之虜，大功立矣。』尚用其計。

步馬勢不相敵，奈何以步兵追馬賊乎？是時羌衆不過數千，郡兵多至二十餘萬，乃諸將屢戰屢敗，竟莫名其致敗之由。直至虞詡言之，任尚始知所變計。其亦漫不經心哉！

太后以虞詡爲武都太守，郡兵不滿三千，而羌衆萬餘攻赤亭。詡令軍中以强弩射羌，又設伏掩擊，大破之。築營壁百八十所，招還流亡，一郡遂安。

是時以强弩爲行軍利器，以其致遠摧堅，功倍弧矢也。欲制馬賊，必築營壁，以其長於流劫短於駐攻也。自元明以後，用神機銃炮，其猛烈又倍於强弩，而堅壁清野之法，至今無以易也。

築馮翊北界候塢五百所以備羌。（三年）

前於魏郡、趙國、常山、中山作塢候六百一十六所，慮羌自河東、河内入冀州也。又於河内通谷衝要作塢壁三十六所，慮羌自太行入恒山也。兹又於馮翊北界築候塢五百所，制羌使不得寇擾三輔也。與虞詡在武都築營壁百八十所，皆堅壁清野之策。羌自此不能遠出流劫，未幾任尚有北地之捷，而羌勢自此衰矣。蓋羌皆馬賊，長於馳突，短於攻守，且并無輜重糧饟，飢則攫食，飽則弃餘，一遇塢壁，進不能攻，退無所掠，而官軍改步爲馬，又得以追及而掩擊之，其勢不得不披靡而逃潰也。

任尚與馬賢共擊先零羌狼莫於富平河上，大破之，斬首五千級，狼莫逃去。西河虔人種羌萬餘人詣鄧遵降，隴右平。

漢所以制羌，惟多作塢壁以防其奔突劫掠，而以輕騎追擊之，故至此遂破狼莫而平隴右。後世剿流寇者，當奉爲龜鑒也。

鄧遵募羌雕何刺殺狼莫，詔封遵爲武陽侯，邑三千户。任尚與遵争功，坐贓，弃市。

平羌，任尚功也。鄧遵但受虔人種降，并募人刺殺敗竄之狼莫耳。使非富平大捷，虔人安肯降、狼莫何可刺哉！此尚之所以不平而争功也。乃遵以太后從弟，爵封優大，而尚竟以罪誅，賞罰之紊極已。

太后徵和帝弟濟北、河間二王子，男女五歲以上四十餘人，及鄧氏近親子孫三十餘人，爲開邸第，教學經書，躬自監試。（六年）

太后注意，自在鄧氏子孫，而必先及濟北、河間二王子者，以明己之不私外家也。

益州刺史張喬遣楊竦擊封離等於楪榆，大破之。封離等乞降，竦厚加慰納，其餘二十六種皆降。竦因奏長吏侵犯蠻夷者九十人，皆減死論。

先懾以威，繼撫以恩，又劾奏長吏侵犯之罪，以服其心。邊夷自此靖矣。竦，一州從事耳，而立功如是，漢吏洵非後世所及。

初，西域諸國既絶於漢，北匈奴復以兵威役屬之，與共寇邊。敦煌太守曹宗遣行長史索班將千餘人屯伊吾以招撫之。

西域之叛服，攸關匈奴之盛衰，至此益灼然可見矣。遣一長史將千餘人，欲以招撫西域，安能與匈奴争乎？宜其旋被攻没也。

太后聞班勇有父風，召詣朝堂問之。勇議『宜復敦煌郡營兵三百人，置護西域副校尉居敦煌，遣西域長史將五百人屯樓蘭西北扞匈奴。』

勇蓋仍師其父超之遺策，惟在因地乘勢，以夷攻夷，不須多遣兵也。但西域諸國，接匈奴右地，匈奴所必爭，得西域則匈奴弱，而非匈奴懾伏，則西域終不得而臣。我朝所以開拓新疆，正以蒙古掃部内屬也。

太后從弟康，數上書以爲『宜崇公室，自損私權』，太后不從。康謝病不朝，太后免康官，絶屬籍。

觀於袁敞守正而策免自殺，任尚争功而下獄受誅，鄧氏之擅政可知；觀於鄧康之絶屬籍，杜根之被撲殺，太后之怙權可知。

皇太后鄧氏崩。太后自臨朝以來，水旱十載，四夷外侵，盗賊内起，每聞民饑，躬自減徹，以救灾厄。故天下復平，歲還豐穰。（建光元年）

温公於和熹多稱其美，若以爲漢之賢太后。而其擅政專朝，亦不能爲之諱也。竊謂和熹不無嘉言善政，惟其昧牝晨之戒，闕復辟之義，謁廟録囚，親舉玉趾，乃至怒逐鄧康、撲殺杜根，蓋明德之仁賢、吕雉之專横，和熹以一身兼之矣。

上聞薛包名，徵拜侍中。包以死自乞，有詔賜告歸，加禮如毛義。

帝於孟嘗良厚已。而卒不屈者，有見於朝政日紊，主德多疵，故不欲食其禄耳。

帝因宫人誣告太后兄弟謀立平原王，遂廢西平侯廣宗等皆爲庶人，鄧騭免特進，遣就國。廣宗及忠皆自殺，騭與子鳳并不食死，騭從弟豹、遵、暢皆自殺。

鄧禹所云後世必有興者，至此竟何如？若非女主臨朝，何至禍幾覆宗哉！且以禹之明達，既已位上公、爵通侯，豈猶不知止足而妄覬非常之後福哉！故知此等謬語，皆當時阿附鄧氏者爲之以取悦於太后，非禹果有是言也。

大司農朱寵上疏，以爲鄧騭『罪無申證，横罹酷陷』。詔免寵官，歸田里。

鄧氏之罪，由於宫人誣告，而寵，鄧氏故吏，其言亦不足爲定論也。和熹安能『比德文母』？騭等兄弟亦何嘗『同心憂國』乎？

帝寵用耿貴人兄寶，封宋楊四子爲列侯，閻皇后兄弟并典禁兵；又封宦官江京、李閏爲侯，與樊豐、劉安、陳達及乳母王聖、聖女伯榮扇動中外，競爲侈虐。

太后崩，鄧氏廢，而内寵盛、閹宦熾，朝政爲之穢濁。方知太后之不肯歸政，蓋亦有見於帝之弗克負荷也。然帝之不君，太后實不能辭其責。廢皇嗣，擁外藩，又不能慎加選擇、立長立賢。徒欲援樹童昏，自遂其臨朝擅政之計，不得其人，以致炎祚中衰，而外家先蒙其禍。詎非自貽伊戚哉！

尚書翟酺上疏曰：『昔竇、鄧之寵，至議弄神器，改更社稷，豈不以勢尊威廣，以致斯患乎？』

據史所書，鄧賢於竇，而當時言者以『竇、鄧』并稱，至云『議弄神器，改更社稷』，雖未悉其所指何事，大抵鄧氏之勢亦重矣。

幽州刺史馮焕、玄菟太守姚光數糾發奸惡，怨者詐爲璽書，下遼東都尉龐奮。奮即斬光、收焕。焕欲自殺，其子禪疑詔文有异，焕上書自訟。徵奮抵罪。（延光元年）

詐爲璽書，亦甚不易：不惟璽文真僞難溷，即文句體式亦必諳習臺閣故事者方能依仿爲之。奮漫不加察，抵罪固無可寬，而不究詐者主名及璽書之所由來，亦何以懲後乎！

黄憲初舉孝廉，又辟公府，友人勸其仕，亦不拒之。暫到京師，即還，竟無所就。

叔度之不仕，有見於時之不可爲也。其不拒友人者，不欲居辟世之名也。叔度之爲人不可知，大抵和而介者也。

范曄論曰：『黄憲言論風旨，無所傳聞。余曾祖穆侯以爲：「憲，隤然其處順，淵乎其似道，淺深莫臻其分，清濁未議其方，若及門於孔氏，其殆庶乎！」』

叔度年十四，而荀淑目爲顔子，戴良以爲『瞻之在前，忽焉在後，難得而測』，則直擬而孔子矣。要不若郭林宗所云『澄之不清，淆之不濁』，爲能形容其器量也。『澄之不清』，不絶物也，和也；『淆之不濁』，不失己也，介也。故曰『叔度爲人，大抵和而介也』。至蔚宗所引穆侯之説，轉涉玄渺，似晋宋間人矣。

敦煌太守張璫上書曰：『臣在京師，亦以爲西域宜弃，今親踐其地，乃知弃西域則河西不能自存。』

天下事難以遥揣，類如是矣。故曰：『及之而後知，履之而後艱。』

以玄纁羔幣聘汝南周燮、南陽馮良。燮曰：『夫修道者度其時而動，動而不時，焉得亨乎？』與良皆自載至近縣，稱病而還。

薛孟嘗、黄叔度及燮、良皆守無道則隱之訓者也。但三子不言，而燮言之耳。

帝東巡，樊豐等因乘輿在外，競修第宅。太尉部掾高舒得豐等所詐下詔書，具奏。須行還，上之。（三年）

觀此則知遼東所下璽書，亦奸人賂豐等僞爲之耳。

太史言星變逆行。樊豐等遂共譖『楊震鄧氏故吏，有恚恨之心』。車駕還京，夜遣使者，策收震太尉印綬，遣歸故郡。震行至城西夕陽亭，飲鴆而卒。

太尉於群邪之中，挺然獨立，讜論不阿，卒以身殉，可謂蹇蹇匪躬者矣。但是時以安帝之昏，朝政之紊，呼之不應，救之不能，乃不肯奉身引退，遂致横遭讒構，飲恨九泉，徒使朝廷有殺忠臣之名，而無裨時勢之萬一，抑獨何哉？

廢皇太子保爲濟陰王。來歷要祋諷等十餘人，詣鴻都門，證太子無過。陳忠與諸尚書共劾奏歷等，帝乃免歷兄弟官，削國租，黜歷母武安公主不得會見。

歷此舉，無忝厥祖矣。陳忠初則逆探帝意，構成鄧氏罪惡，因而爲帝所重。後雖屢有建白，議論不無可采，其人大抵智計有餘而非骨鯁敢諫者也。故至此遂率諸尚書共劾歷等，以順帝指。

車駕南巡，崩於乘輿。皇后與閻顯兄弟、江京、樊豐等謀，僞云帝疾甚，徙御卧車，驅馳行四日，還宫發喪。尊皇后曰皇太后，太后臨朝，迎北鄉侯懿爲嗣。（四年）

閻后志在久專國政，故置皇嗣而擁立外藩，則仍鄧后之故智也。

班勇發敦煌、張掖、酒泉六千騎及鄯善、疏勒、車師前部兵擊後部王軍就，大破之。生得軍就及匈奴使者。將至索班没處斬之，傳首京師。

勇之誅軍就，功在傅介子之右。漢竟置而不賞，何也？

北鄉侯病篤。中常侍孫程與中黄門王康等十八人於西鐘下迎濟陰王即皇帝位。誅閻顯兄弟及江京等，遷太后於離宫；封程等皆爲列侯，是爲『十九侯』。

閻氏所以束手就戮者，以公卿百僚俱歸心於濟陰王也。使閻顯早從崔瑗之計，勸太后立濟陰王，而已避位，庶可保首領耳。

鑒評别録卷十三

漢紀十一

孝順皇帝（諱保，安帝子，在位十九年）

帝朝太后於東宫，太后意乃安。甲寅，赦天下。辛未，皇太后閻氏崩。（永建元年）

誅諸閻而遷太后，欲其意之安難矣。猶幸有此一朝耳。大赦甫八日而太后崩，恐亦不能免中外之疑。

中常侍張防賣弄權勢，虞詡案之，奏言其罪。防流涕訴帝，詡論輸左校。孫程請收防送獄。詡子顗候中常侍高梵車訴言枉狀。梵入言之，防坐徙邊，即赦出詡。

程雖宦官無足齒數，而首倡迎立大計，又能以直言救虞詡而斥張防，亦此輩之錚錚者。是時公卿百僚，非不知詡之枉，乃噤不一語。而論救乃出中人，漢廷其無人矣乎！帝以張防之訴而罪詡，以孫程高梵之言而赦詡，始終惟中人是聽，亦足恶也。

班勇更立車師後王子加特奴爲王，又誅東且彌王，車師六國悉平。遂發兵擊走匈奴呼衍王，北單于引去。是後車師無復虜迹。

勇經理西域，漸有緒矣，惜乎其功之未竟也。使漢能專任之，假以便宜，寬其時日，豈必不足繼其父業哉！

西域諸國皆服於漢，惟焉耆王元孟未降。班勇與張朗將兵分兩道擊之。勇從南道，朗從北道，約期俱至焉耆。朗先期至焉耆，受降而還。勇以後期，徵下獄免。

此朗違約，非勇後期也。漢之公卿於二將功罪，憒憒乃至於是！且勇有斬軍就、定車師之大功，諸國服漢，皆勇之力也。是時舉朝竟無一人爲之别白，勇免而西域不可爲矣。廟謨如是，即定遠復生，亦安能有效哉！

以許敬爲司徒。敬仕於和安之間，當竇、鄧、閻氏之盛，無所屈撓。三家既敗，士大夫多染污者，獨無謗言及於敬。當時以此貴之。(二年)

第能無所屈撓而已，不聞有所匡正也。第能無所染污而已，不聞有所建白也。如敬者，保身則有之，殉國則未也。然亦足以愧當世之士大夫矣。

帝備禮徵處士樊英。既至，帝爲設壇，賜几杖，待以師傅之禮，延問得失，拜五官中郎將。數月，英稱病篤，詔以爲光禄大夫，賜告歸。張楷譏其進退無據。

東都尚名節，故處士往往見重朝廷。究之純盜虚聲者十居八九，英尤衆著者也。

温公以爲孝弟著於家庭，行誼隆於鄉曲，仕不苟進，潔己安分，雖不足尊主庇民，亦清修吉士。王者當褒優安養，以勵廉耻。不可如張楷之責望也。

此等安分潔己之士，王者但當褒崇安養斯可矣。若隆以壇席，待以師傅，縻以美官，如順帝之於樊英，則必有尊主庇民之略，方能裨益邦家，而副天下之望。張楷之言是也。

時又徵江夏黄瓊。將至，李固以書遺之，以爲『盛名之下，其實難副。故俗論皆言「處士純盜虚聲」。願弘此遠謨，令衆歎服，一雪此言』。

固此書可謂深明出處之道矣。枕山栖谷，獨善其身耳；若輔政濟民，則必有以匡救其失，不得云必待堯舜之君始行其志也。其云『盛名難副』，而引樊英爲戒，尤足砭當世處士之失。

帝欲立皇后，而貴人有寵者四人，欲探籌以神定選。胡廣等上疏，以爲『宜參良家，簡求有德，德同以年，年鈞以貌，斷之聖慮』。（五年）

廣疏雖以簡求有德爲言，但既云俔天必有异表，又云年鈞以貌，則仍以色升、以愛選耳。詎非探知帝意已屬梁氏，故上此疏，以贊成其事邪？

尚書令左雄上疏，極陳吏數變易及鄉官部吏捐政傷民之弊。帝感其言，復申無故去官之禁。又下有司考吏治真僞。而宦官不便，終不能行。（陽嘉元年）

令長『視民如寇仇，税之如豺虎』，監司『言善不稱德，論功不據實』，吏治日以壞矣。尤足异者，按捕亡不受罪，遇赦行賂洗滌，奸臟何所懲懼乎！ 漢之鄉官，嗇夫、亭長之類是也； 部吏，功曹掾史之類是也。皆由郡縣辟置，不命於朝，而秩卑禄薄，勒取諸民，尤亟應厘剔者也。是時宦官子弟親族，多爲令長，其他亦出於夤緣攀附，以自固而便其私，故宦官反爲之道地耳。

左雄又言：『孝廉年不滿四十，不得察舉；諸生試家法，文吏課箋奏，有不承科令者，罪之。若有茂才异行，自可不拘年齒。』帝從之。

考試孝廉，但取其文，此即後世科舉之權輿。蓋鄉舉里選之法，必不可行於郡縣之天下。若不取文而取行，則奸僞不可勝詰已。

胡廣、郭虔、史敞上書駁之曰：『選舉因才，無拘定制，六奇之策，不出經學。鄭阿之政，非必章奏。』

雄所云試家法、箋奏者，亦試之於進身之始耳。若釋褐爲吏，則自有核實甄別之方： 唐虞敷奏以言，然後明試以功，何嘗先責以政治乎！ 廣等之駁謬已。

胡廣出爲濟陰太守，與諸郡守十餘人皆坐謬舉免。自是，牧守莫敢輕舉，迄於永嘉，察選多得其人。

廣不以左雄之議爲然，其出守必有與新格牴牾之處，宜其以謬舉免也。東京中葉以後，孝廉之舉，多由宦官、貴戚書屬請托，名實紊矣。此云察選清平，恐亦未必。或雄之精明公直，可以稍挽頹風耳。

上聞郎顗精於陰陽之學，問以灾异。顗上章曰：『三公上應臺階，下同元首，政失其道，則陰陽反節。』（二年）

凡爲陰陽學者，先言灾异。而漢制凡有灾异，輒策免三公，故顗先以三公不得其人爲言。但是時三公失職久矣，政在臺閣，權歸戚宦，而猶以灾异責三公乎！且三公所以栖遲偃仰、寢疾自逸者，正以事權不屬，既不能與戚宦争，又不敢抗疏求去，是以奉行文書，無所可否，爲拱默自全之計。三公誠尸位矣，而亦豈得已哉！

顗又言：『臣書不擇言，死不敢恨，因條便宜七事。』

顗以死自誓，殊爲激切。但所指擿者，第不能作禍之三公耳。七事中何嘗一言及宦官外戚乎！

顗復上疏言：『自冬涉春，訖無嘉澤，朝廷廣爲禱祈，暴龍移市。臣聞皇天感物，不爲僞動；灾變應人，要在責己。』書奏，特拜郎中，辭病不就。

暴龍祈雨之法，見於《春秋繁露》。董仲舒爲漢儒之首，而所言幾同巫覡，何也？顗雖以陰陽名學，而云『皇天不爲僞動，應變要在責己』，即王嘉所云『應天以實不以文』者也。足以正世俗壓勝祈禳之失。

帝之立也，乳母宋娥與謀。帝封爲山陽君。又封梁冀爲襄邑侯。左雄上封事，引江京、王聖等爲戒。

雄言皆切中當時之弊，而立言有體，不爲激訐，足爲人臣進言之法。

雒陽宣德亭地（拆）［坼］，長八十五丈。帝引公卿所舉敦樸之士使之對策，上以李固爲第一，以固爲議郎，而阿母宦者皆疾之。

固策先言阿乳之濫封，繼言外戚之擅權，再言宦官子弟州郡不得察舉；又言尚書政本，當審擇其人；又言牧守爲外吏師帥，當清其源；末言紀綱猶水之堤防，朝廷猶人之心腹，堤防穿漏，心腹有疾，則所憂不在盜賊水旱，而歸重於罷退宦官，裁定員數。所言皆當時切務，而無一言及三公，與郎顗之言异矣。史稱上覽策即時出阿母還舍，諸常侍悉叩頭謝罪，蓋深有痞於其言也。固此策，其殆庶乎西京賈晁之亞匹歟！

馬融對曰：『古之足民者，量其才用，爲之制度。』張衡對曰：『舉孝廉皆先孝行，辛卯詔書以能章句奏案爲限，此弃本取末。且郡國守相，免黜十餘人。』

融言老生常談耳，古今章疏，似此者多矣，可勝録乎！衡欲借天譴以復孝廉之舊，寬守相之罰，殆非無所爲而發者，其言似是而實非也。國家所以歲舉孝廉者，求忠臣於孝子之門，六計必以廉爲準也。專欲其事親乎？抑將以爲吏乎？專欲其事親，但考其行可矣；將以爲吏，則宜兼試其才。章句奏案，皆才之可見者也，安得譏其舍本取末乎！其論曾子尤不足訓，若如所云，則曾子不列於四科，將不得爲聖門高弟子乎？

太尉龐參在三公中最名忠直，數爲左右所毁。

參於徒中首探鄧氏意指，建弃地遺民之議，遂蒙拔擢，致位通顯，蓋以夤緣巧宦進者，其他不聞謇諤之風，乃云『最名忠直』，何也？或當時三公碌碌，又在參下，故參因以得名耳。而已爲左右所不容，則李固之免罪，亦幸矣。後參卒以不能約束後妻，致前妻子無辜被殺，不能齊家，安能佐國哉！段恭以白起、季友爲比，尤屬擬不於倫。

詔以春夏連旱，赦天下，上自露坐德陽殿東廂祈雨，以尚書周舉才學優深，特加策問。（三年）

帝雖庸闇，而每有災變，必引進名臣，訪問得失，尚不失遇災而懼之義。惜乎爲左右所持，優柔寡斷，不克有爲耳。漢儒篤信陰陽五行，是其學術之一蔽，然借天人感應之理警戒於君，而盡言無諱，裨益亦多矣。舉言雖直，亦第指帝之過失及公卿之佞邪，未敢斥言戚宦也。

張衡以儒者爭學圖緯，上疏言：『圖讖成於哀平之際，欺罔較然，宜收藏，一禁絶之。』

當是時而請禁絶圖讖，其識卓已。桓譚第言讖之非經，衡乃直陳其僞，亦因帝不信讖，故敢昌言之耳。使衡當建武之世，未必敢爲此言，言之亦必獲罪也。衡言曲盡情狀，學者可以悟矣。而大儒如馬鄭者，猶尊信不疑，何哉？

司徒劉崎、司空孔扶免，用周舉之言也。以大司農黄尚爲司徒，光禄勛王卓爲司空。

劉崎、孔扶，舉所云『阿諛苟容』者。免之而以黄尚、王卓代，其果有以异乎？何不聞有所建白也？

以執金吾梁商爲大將軍，商稱疾不起且一年，乃受命。商少通經傳，謙恭好士。李固以商和柔自守，不能有所整裁，奏記於商，商不能用。

東京外戚，如商可謂賢矣，惜乎爲不肖子所累耳。固奏記於商，第言天變可畏，不敢言冀之放縱不法也。

以梁冀爲河南尹。冀居職多縱暴非法，父商所親客、雒陽令吕放以告商。商讓冀，冀遣人於道刺殺放。

知子莫若父，如冀者，可使之爲河南尹乎？商既不能力言於帝爲之固辭，知其縱暴，亦不能禁；直至刺殺與己素親之雒陽令，仍不加察。商已爲冀所愚，并爲所制矣。

扶風田弱薦同郡法真。帝虚心欲致之。四徵，終不屈。郭正稱之曰：『法真名可得聞，身難得而見。逃名而名我隨，避名而名我追，可謂百世之師。』

名不必逃。既已逃且避矣，而欲其我隨我追，是逃名因以釣名也。烏足爲百世之師乎？

初，左雄薦周舉爲尚書，既而雄舉馮直任將帥。直嘗坐贓受罪，舉劾奏雄，雄曰：『是吾之過也。』

舉不以雄之薦己而諱其過，雄不以舉之劾己而責其負。使在朝皆如是，何有朋黨？

大將軍商以小黄門南陽曹節等用事於中，遣子冀、不疑與爲交友。而宦官忌其寵，欲陷之。

商以后父之尊，猶令二子納交宦官以自固，宦官之勢可知已。而宦官顧欲陷之，則所陷可勝道哉！

中常侍張逵等共譖梁商與中常侍曹騰、孟賁：『欲徵諸王子，圖議廢立。』帝曰：『大將軍父子，我所親；騰、賁，我所愛，必無是，汝曹共妒之耳。』

飛章共陷李固，而帝不察，使客誣奏王龔，而帝不悟。至此不爲逵等所惑，非真不信宦官也，正坐偏信外戚耳。

張逵等下獄伏誅，辭所連染，多及在位大臣。梁商懼多侵枉，疏請宜早訖竟，帝納之，罪止坐者。（四年）

商於張逵之獄，所保全者衆矣。能爲少子不疑辭步兵校尉，而不爲冀辭河南尹，何也？

且凍、傅難種羌反，與雜種羌、胡寇三輔。於是拜馬賢爲征西將軍，將兵十萬屯漢陽。梁商以爲賢老，不如太中大夫宋漢；帝不從。

帝之用馬賢，蓋欲師宣帝之用趙充國，以其老將習兵，故以西事委之，而責其成功也。迨聞馬融、皇甫規言，可以悟矣，而堅執不移。卒致射姑之敗，不亦謬乎！

馬賢稽留不進。武都太守馬融上疏，以爲『必有高克潰叛之變』；安定人皇甫規見賢不恤軍事，審其必敗，上書言狀。朝廷皆不從。

賢老於行陣，恃將而驕，融疏所稱『野次垂幕，珍肴雜遝，兒子侍妾列於左右』，蓋以行軍爲樂者，實古今將帥之通弊也。融之料賢，可云先見。至欲假兵五千三旬克敵，則未必然也。融儒生耳，未嫻軍旅之事，而自負將帥之略，恐又在馬賢之下矣。若斯言出之皇甫規，則庶乎其可耳。

皇甫規上疏言：『羌戎潰叛，皆因邊將失御，願假兵五千，出其不意，與趙冲共相首尾，高可以滌患，下可以納降。』帝不能用。

是時，馬賢父子敗没，東西羌遂大合，三輔震擾，園陵被焚，正朝廷旰食之秋。規生長安定，諳悉羌情，所言著明深切，非馬融之徒爲誇大者可比。即謂其年少官輕，何難假以偏裨，收其摧鋒之效？而帝不能用者，其言非權貴所願聞也。

荆州盗賊彌年不定，以李固爲刺史，半歲，境内清平。徙固爲泰山太守，泰山盗賊屯聚，郡兵不能制，固以恩信招誘，賊皆弭散。

李固之刺荆州、守泰山，張綱之守廣陵，皆以招撫弭群盗，事類龔遂之治勃海。緣當日郡縣不恤其民，肆爲侵刻，若左雄所云『視民如寇仇、税之如豺虎』者，民不堪命，是以群聚爲盗，屯結不散；一旦曠然洗滌，與之更始，則相率來歸，各復本業耳。此乃一時之宜，未可爲訓也。

廣陵城張嬰寇亂徐、揚間，積十餘年。張綱爲廣陵太守，徑詣嬰壘，請與相見，爲陳利害。嬰將所部萬餘人，與妻子面縛歸降。（漢安元年）

嬰之怙亂，非荆州、泰山群盗比；綱此舉可謂軼出繩墨之外矣。屈太守之尊，徑詣賊壘，延賊上坐，誘以爵禄，復置酒高會，親爲卜居宅、相田疇，引召其子孫爲吏，國體、王章不幾掃地矣乎！梁冀但遏絶其封，尚未文致其罪，豈非朝廷務爲姑息，不復以縱寇爲失律邪？

揚、徐盗賊群起，九江范容、周生等寇掠城邑，爲江淮巨患。遣御史中丞馮緄督州兵討之。（建康元年）

張嬰甫降，而揚、徐盗賊群起，不得不命將出師，足徵弛法招撫，非弭盗之良策也。

帝崩，太子即皇帝位，年二歲，尊皇后曰皇太后。太后臨朝，以太尉趙峻爲太傅，大司農李固爲太尉，參録尚書事。

太后攝政之初，首進李固，置之樞機要地，非梁冀所願也。然固雖參録尚書，而冀爲大將軍，居中擅權，非固所能與争也。

京師及太原、雁門地震。詔舉賢良方正之士策問之。皇甫規以爲奸臣權重所致，梁冀忿之，以規爲下第。

規策第云『大將軍兄弟宜增修謙節，輔以儒術，凡酒徒、戲客，皆宜貶斥』，未敢直攻其專權害政也，而已爲冀所忿，坐是沉廢於家積十餘年。則亦孰敢攖其怒哉！

九江盜賊徐鳳、馬勉攻燒城邑，鳳稱無上將軍，勉稱皇帝，築營於當塗山中，建年號，置百官。

其未爲盜也，則肆爲苛暴以驅之；其既爲盜也，則巧爲諱匿以釀之；其徒黨日衆，屯結不散也，則又曲爲招撫以縱之。繇是愚民競爲蟻附，而奸民益以鴟張，不至稱帝建號不置也。至此，即李固、張綱恐亦無所用其恩信已。

群盜發憲陵。

憲陵，順帝陵也。在雒陽西十五里耳。奉安未久，輒爲群盜所發，守護竟無人乎！

孝冲皇帝（諱炳，順帝子，在位九月）

帝崩，太后徵清河王蒜及勃海孝王鴻子纘皆至京師。清河王爲人嚴重，動止有法度。李固謂大將軍曰：『立

帝宜擇長年。』冀不從，與太后定策禁中。立纘爲皇帝，年八歲。（永嘉元年）

所以廢長立幼者，固由太后意中有鄧、閻故事，志在臨朝，亦冀之邪説惑之也。李固正論，何從入乎？

太后委政宰輔，李固所言，太后多從之。宦官爲惡者，一皆斥遣。天下咸望治平。梁冀深忌疾之。

太后委任宰輔，斥逐宦官，可謂賢已。使梁冀與李固同心輔政，將順其美，猶可踵武和熹。而無如冀之因成梟獍也。

順帝時，除官多不以次，李固奏免百餘人。怨者希梁冀旨，共作飛章誣奏固『因公假私，依正行邪』。冀白太后，使下其書。太后不聽。

太后不爲梁冀所惑，固知李固之忠貞可信。而卒不保其終者，地近情親而浸潤易入也。

廣陵賊張嬰復聚數千人反，據廣陵。

觀嬰之就撫旋叛，益知張綱之曲事招納未免姑息養奸。

西羌叛亂積年，費八十餘億，諸將多盜牢稟自潤，以珍寶賂左右，不恤軍事。左馮翊梁并以恩信招納，降者五萬餘户。隴右復平。

觀此則知漢之羌禍，諸將釀之；諸將之貽誤，左右庇之也。李固所云腹心之疾，非四支之病也。梁并之平隴右，純用招降，不及任尚多矣。

太后以徐、揚盜賊益熾，拜滕撫九江都尉，與趙序、馮緄，合兵進擊衆賊，大破之，斬馬勉、范容、周生、徐鳳。以撫爲中郎將，督徐、揚二州事。

馮翊得梁并而隴右平，九江得滕撫而徐、揚靖。安邊弭盜，惟在得人而已。

孝質皇帝（諱纘，章帝曾孫，勃海孝王鴻子，在位一年）

令郡國舉明經詣太學，自大將軍以下，皆遣子受業。自是游學增盛，至三萬餘生。（本初元年）

帝初立，太后臨朝，梁冀秉政，而亟亟興學，一時生徒之盛，爲兩京所未有。非真能崇儒也，欲以此釣取天下士之心，杜塞其謗議之口而已。而標榜之風，因之日熾，黨錮之禍，實基於此。

帝少而聰慧，嘗目梁冀曰『跋扈將軍也』。冀聞惡之，使左右置毒於煮餅，帝食之而崩。李固伏尸號哭，推舉侍醫。冀慮其事泄，大惡之。

當固之推舉侍醫，非不欲竟其事，而卒不能發冀之奸者，内爲太后所制，外爲冀所劫也。胡身之謂固『忠有餘而才不足』，實則出於權之不屬，而非其才之不足也。太阿之柄冀持之久矣，庸可奪乎？

議立嗣。李固與司徒胡廣、司空趙戒、大鴻臚杜喬皆欲立清河王蒜，中常侍曹騰等惡蒜，乃説梁冀，立蠡吾侯，冀然其言。

冀既躬爲弑逆，豈不知罪大惡極，爲天地所不容，何肯擁立嚴明長君以自速禍？ 清河即不爲宦者所惡，其不得立明矣。 而諸公猶以爲言，適足以觸冀之怒耳。

明日重會公卿，冀言辭激切，自胡廣、趙戒以下，皆曰『惟大將軍令』。 獨李固、杜喬堅守本議。 固復以書勸冀。冀説太后，先策免固，乃迎蠡吾侯志入，即皇帝位。

固持异議，立即策免，則知煮餅之獄，未可竟也。

大將軍掾朱穆奏記梁冀，勸以『專心公朝，割除私欲』，冀不能用。

冀以弑君之賊，處騎虎之勢，而穆猶勸以專心公朝，何也？ 穆非不知冀者，殆亦姑爲是言，以塞衆聽耳。

滕撫性方直，不交權勢，爲宦官所惡，論討賊功，當封。 胡廣承旨奏黜之，卒於家。

任尚平羌而下獄，以與鄧氏争功也； 滕撫破賊而被黜，以爲宦官所惡也。 介胄之臣效命於疆場而受制於帷闥，亦可悲已。 廣承宦官之旨而劾撫，更甚於匡衡與石顯比而沮甘延壽。

鑒評別録卷十四

漢紀十二

孝桓皇帝（諱志，章帝曾孫，蠡吾侯翼之子，在位二十一年）

龍見譙。（建和元年）

此即曹氏托單颺之言，侈爲符瑞者也。

以定策功，益封梁冀萬三千户。冀弟不疑、蒙、子胤、中常侍劉廣等皆爲列侯。杜喬諫，不省。

當此時而發讜議，固宜言諄諄而聽藐藐矣。

立皇后梁氏。梁冀欲以厚禮迎之，杜喬據舊典不聽；冀屬喬舉汜宫爲尚書，喬以宫臟罪不用。由是日忤於冀，以灾异策免。

李固、杜喬執議欲立清河王，而冀立桓帝，二臣危矣。乃固策免，而喬猶不引身避位，仍斤斤與冀争，冀能不思甘心於二臣哉！所以借劉文之獄，舉清河與固、喬而一網盡之也。

清河劉文與南郡賊劉鮪交通，欲共立清河王蒜。事覺，有司劾奏蒜，貶爵，徙桂陽，自殺。

清河人望攸屬，李杜之所欲立，而梁冀之所深忌也。處危疑之地，欲自全難矣。況有劉文之獄乎！

梁冀因誣李固、杜喬與文等交通，請逮按罪；太后知喬忠，不許。冀遂收固下獄。門生王調等數十人詣闕通訴；太后詔赦之。及出獄，市里皆稱『萬歲』。

寬喬、赦固，太后猶惓惓於二臣；冀欲殺之心亦可稍緩矣。而市人無知，『萬歲』之聲鼎沸，能不益觸冀之忌哉！

冀恐固終爲己害，乃更奏前事。馬融爲冀作章表，吴祐謂融曰：『李公之罪，成於卿手。李公若誅，卿何面目視天下人！』

融爲當時大儒，而附冀陷固，無復顧忌。如此而云經術，不如不識一字之爲愈矣。

固死獄中，臨命，與胡廣、趙戒書曰：『漢家衰微，從此始矣。公等受主厚禄，顛而不扶，後之良史，豈有所私？固身已矣，於義得矣，夫復何言！』

未知廣、戒得書，何面目視天下人？而二人固恬不知耻也。

冀白太后，收繫杜喬，亦死獄中。暴固、喬尸於城北，令敢有臨者加罪。固弟子郭亮與董班俱往臨哭，守喪不去，喬故掾楊匡守護尸喪。太后皆赦之。

太后未嘗不知固、喬之枉，特爲梁冀所持，不克自主耳。

前朗陵侯相荀淑卒。淑博學有高行，有子八人，并有名稱，時人謂之『八龍』。潁陰令苑康命其里曰『高陽里』。

以荀淑八子爲『八龍』，此當時標榜之習，非定論也。八子惟爽最著，餘多無所表見。至以高陽之才子八人妄相比擬，而謬名所居曰『高陽里』，公然以古帝號施之臣庶之家，僭逾已甚。後世往往艷稱之而不知其非也。

陳實爲郡功曹，時中常侍侯覽托太守高倫用吏，實曰：『此人不宜用，而侯常侍不可違，乞從外署。』倫語人曰：『陳君可謂「善則稱君、過則稱己」者也。』由是天下服其德。

是時應太守辟召，爲功曹掾史，皆云『仕於郡朝』，與太守有君臣之義，蓋猶有封建之遺意焉。第實此事，亦非必人所難能，而遽曰『天下服其德』，則猶是標榜之所爲也。

實爲太丘長，修德清静，百姓以安。司官行部，吏慮民有訟者，白欲禁之。實曰：『訟以求直，禁之理將何申？』司官聞而嘆曰：『陳君所言如是，豈有冤於人乎？』

前乃委曲周旋於太(后)[守]、常侍之間，此第不禁民上控耳。仲弓盛德，而史所書僅如此乎？

鍾皓素與荀淑齊名。皓兄子瑾妻，李膺之妹。膺謂瑾曰：『孟子云「無是非之心，非人」，弟何太無皂白邪！』瑾以白皓。皓曰：『國武子好招人過，以致怨怒，必欲保身全家，爾道爲貴。』

孟子所云『無是非之心非人』者，欲人知所取捨，非謂持人短長也。孔子不云『方人則不暇』乎？不云『惡稱人之惡者』乎？膺自負盛名，而好臧否人物，議論朝政，卒致清流之禍。皓之言殊可味也。

梁冀與妻孫壽恣爲貪虐，所在怨毒。朱穆奏記諫曰：『牧守長吏貪聚無厭，掠奪百姓，皆托之尊府，遂令將軍結怨天下。』（和平元年）

觀此則知當日盜賊之多，由於賦斂之重；而長吏之貪，非徒剥民以自肥，實皆裒厚貲以賂冀也。穆受知於冀，固宜有所匡正；然穆若知幾，亦可以去矣，托身非所，而久羈樊籠，甘其餘粒乎！

冀雖專朝縱横，猶交結左右宦官，任其子弟賓客爲州郡要職。朱穆又奏記極諫，冀終不悟。

冀之專横，無庸借助於宦官。而猶與交結者，意在内外朋比，共爲奸利也。州郡要職，親民之吏，而宦官之子弟賓客盤踞其間，何异使狼牧羊乎？

梁不疑好經書，喜待士，梁冀疾之，轉爲光禄勳，兄弟有隙。南郡太守馬融過謁不疑。冀諷有司奏融在郡貪濁，髡笞徙朔方。融自刺不殊。

融爲冀作奏，陷李固之罪，應爲所親，乃久淹外吏，何也？融梁氏客，豈不知冀與不疑有隙，而無端以過謁觸罪，又何也？殆以不疑好經書，故與之臭味相投歟？

崔實作《政論》曰：『濟時拯世，在於補綻決壞，枝拄邪傾，隨形裁割，要措斯世於安而已。』

此言政貴因時立法，所謂『寬則糾之以猛，猛則濟之以寬』也。

又曰：『孔子對葉公以來遠，哀公以臨人，景公以節禮，非其不同，所急异務也。』

此言孔子之論政各不同，由於所急异務。其識非拘牽章句之儒所及。

又曰：『俗人拘文牽古，不達權制，奇偉所聞，簡忽所見，烏可與論國家大事哉！』

此言俗儒是古非今、貴耳賤目之病。

又曰：『孝宣皇帝嚴刑峻法，海内清肅，算計見效，優於孝文。』

文帝斷獄數百，幾致刑措，此寬仁之效，三代下所僅見也。恐非宣帝綜核之政所能企及。

又曰：『爲國之法，有似理身，平則致養，疾則攻焉。刑罰者治亂之藥石，德教者興平之粱肉。以德教除殘，是以粱肉養疾也；以刑罰治平，是以藥石供養也。』

以理身喻爲國，尤爲明切。

又曰：『昔文帝雖除肉刑，當斬右趾者弃市，笞者往往致死，是以嚴致平，非以寬致平也。』

文帝除肉刑，意主用寬，詔書具在，可覆按也。至欲輕反重，則諸臣不能奉行，非帝意也。此論殊謬。

山陽仲長統嘗見其書，嘆曰：『人主宜寫一通，置之坐側。』

實此論不無可采。蓋以當日紀綱頹廢，習爲縱弛，戚宦親黨，漏網既多，奸猾行賕，動輒倖免，故爲此矯枉之説耳。篇中盛推宣帝嚴刑峻法，破奸軌之膽；而以元帝威權始奪，爲漢室基禍之主。誠以宣帝誅霍氏，法行於外戚；元帝任恭、顯，柄移於宦官，其立言之旨，略可睹矣。但漢至桓帝，主闇臣奸，根本之地已壞，用寬固失，用嚴亦未爲得也。仲長統乃云『爲人君者皆當取則』，幾何不進申韓而退周孔哉！

帝欲褒崇梁冀，胡廣等咸稱冀勳德宜比周公，錫之山川、土田、附庸。黄瓊獨曰：『冀可比鄧禹，食四縣。』朝廷從之。

廣等以冀比周公，欲依王莽故事，冀未嘗必欲得之也。若冀意先定，豈瓊所能禁乎？

太學生劉陶上疏，以爲：『陛下不能增明烈考之軌，妄假利器，使群醜刑隸，芟刈小民，死者悲於窀穸，生者戚於朝野。』（永興二年）

陶疏所言，乃宦官子弟賓客任州郡要職之所致。其言激切，帝雖不省，亦不罪也。陶以孤生，累進直言，此處士横議，位卑言高者。甘陵黨禍萌芽於此，不足爲訓。

安定屬國都尉張奂與東羌諸豪共擊匈奴薁鞬，破之。豪遺奂馬二十四、金鐻八枚。奂悉以還之。（永壽元年）

奂所以威行羌胡者，非徒長於將略，尤在先能潔己也。故知用兵之道，攻心爲上。

公孫舉等聚衆三萬人，寇兖、青、徐三州，連年討之，不能克。韓韶爲嬴長，賊聞其賢，相戒不入嬴境。（二年）

是時良吏，如李固之在泰山、張綱之在廣陵，均能招撫群盗，立致郡境清平。至韶爲嬴長，賊不入境，或一時風氣所趨，群盗亦知重名士邪？恐會逢其適，亦如蝗不入境、猛虎渡河之類，事本偶然，言者遂侈陳之，以爲德化所感耳，此不能無疑。

或上言：『宜改鑄大錢。』劉陶上議曰：『民可百年無貨，不可一朝有飢，故食爲至急也。欲民財殷阜，要在止役禁奪，則百姓不勞而足。』（三年）

陶之意以爲民困不在錢輕，而在群小吞噬也。洵屬探本之論。然猶未及改鑄大錢之必不可也。錢貨惟以輕重相準，若鑄大錢，則盗鑄者蜂起，而犯法者不勝誅矣。

南匈奴諸部并叛，與烏桓、鮮卑寇緣邊九郡。以張奂爲北中郎將，襲破其衆，諸胡悉降。奂以南單于車兒不能理國事，乃拘之，奏立左谷蠡王爲單于。詔曰：『車兒一心向化，何罪而黜？其遣還庭。』（延熹元年）

單于不能制其部衆，以致群起背叛寇邊，改立乃其宜也。詔云『何罪而黜』，彼寇邊者誰之種族，而單于無罪乎？其必梁冀爲之，以沮張奂耳。

陳龜爲度遼將軍，州郡震栗，省經用歲以億計。大將軍冀與龜有隙，譖其沮毁國威，挑取功譽，坐徵還。

事急則用軀之策，寇退則誣以爲罪，似此用人，忠臣亦解體矣。

梁皇后恃姊、兄蔭勢，專寵妒忌，六宫莫得進見。及太后崩，恩寵頓衰，后憂恚崩。（二年）

王之後宫，必按三九二十七、八十一之數，以與外廷公卿、大夫、士之數相準，雖見於《周禮》，恐三代聖王之制必不如是。二鄭所云進御之序，亦緣飾經文、臆爲之説耳。若如所云，主志荒矣。東漢諸帝，自明帝以降，年皆不永，得非二鄭之説誤之邪？

崔琦以文章爲梁冀所善，作《外戚箴》以風，冀怒，遣琦歸。琦懼而亡匿，冀捕得而殺之。

琦以直言取禍，雖昧保身之義，與班固、傅毅輩則有蘭艾之殊。

帝與中常侍單超等五人謀，使具瑗合左右厩騶、虎賁、羽林合千餘人，與司隸校尉張彪共圍梁冀第，收冀大將軍印綬，冀及妻壽即日皆自殺。悉收梁氏、孫氏中外宗親送詔獄，無少長皆弃市。

冀專政二十年，固由天子幼弱，亦太后與皇后爲之内主耳。二后崩逝，而梁氏禍不旋踵矣。帝怒冀，雖由於擅殺陳授，實成於謀殺鄧宣。蓋宣女猛，方以美色擅盛寵，帝將立以爲后，故因冀謀殺宣，即決計誅冀也。猛之進，由於孫壽，而冀與壽之伏誅，由於猛，欲援女寵以自固，而適以殺身。淫狐妖蠱，固自貽伊戚哉！

他所連及公卿以下死者數十人，太尉胡廣、司徒韓縯、司空孫朗皆坐阿附免爲庶人。故吏賓客免黜者三百餘人，朝廷爲空。

梁氏根株槃互，一至於此，可畏哉！ 冀本庸才，務爲淫虐，其攀附者大抵小夫孅兒、酒徒戲客，故至此一舉而空之不難也。 漢廷可謂重睹天日矣，惜李、杜二公不及見之耳。

范滂少厲清節，爲清詔使，案察冀州，守令臧汚者，皆解印綬去； 會詔三府掾舉謡言，滂奏刺史、二千石權豪之黨二十餘人。

漢法於刺史外，又有清詔使及舉謡言，皆以三公掾屬爲之。 其考察郡縣，可謂密矣。 而不能止奸貪者，則以不肖守令類有戚宦爲之内主也。 當時奉使而出，凡幾輩矣，如滂者，何可得哉！

帝徵姜肱不至，乃使畫工圖其形狀。 肱以被韜面，工竟不得見之。 又徵魏桓，桓曰：『今後宫千數，可損乎？ 左右權豪，可去乎？』遂隱身不出。

黄瓊薦五處士，皆不至，姜肱其一也。 以被韜面，孟子所云『已甚』者； 桓之言，明於出處之道。

帝既誅梁冀，權歸宦官，白馬令李雲露布上書極諫，帝怒，逮雲送黄門北寺獄。 五官掾杜衆上書，願與雲同死。 帝愈怒，遂并下廷尉，皆死獄中。

西京有槐里令朱雲，東京有白馬令李雲，均以外吏直諫，聲震當世。 或李慕朱爲人，故同其名邪？ 王章言羌胡殺子蕩腸，蓋寬饒言五帝官天下，李雲言帝欲不諦，均非臣子對君之體，雖遇非其主，罪由文致，然亦進言者所當引以爲戒也。 衆一時義憤，竟以身殉； 李、杜同死，乃無獨有對。

於是嬖寵益横，太尉黄瓊自度力不能制，乃稱疾不起，仍上疏極諫，書奏，不納。

瓊於誅梁冀之初，首居公位，舉劾貪污，登進清節，海内翕然推服。使帝委以腹心，必能澄清中外。而無如嬖寵閹竪，蠱惑日深。至此知不可爲，抗疏求去，所謂陳力就列，不能者止。純盗虚聲之誚，瓊庶乎有以雪此言矣。

是時封賞逾制，内寵猥盛。陳蕃上疏曰：『采女數千，食肉衣綺，脂油粉黛，不可貲計。鄙諺言「盗不過五女門」，以女貧家也。今後宫之女，豈不貧國乎？』

『盗不過五女門』及『不藥得中醫』，二語皆見《漢書》，至今恒言每及之。鄙諺之由來遠已。

客星經帝坐，帝密以問侍中爰延。延上封事曰：『陛下與河南尹鄧萬世對博，上下媟黷。惟遠讒諛之人，則灾變可除。』帝不能用。延稱病，免歸。

帝於陳蕃、爰延，似亦知其可用，而卒不能用者，制於宦官而惑於群小也。延之去是已。

詔求李固後嗣。初，固既策免，知不免禍，乃遣三子基、兹、燮歸。固女文姬豫藏匿燮，州郡收基、兹，皆死獄中。文姬乃托父門生王成將燮入徐州界，變姓名爲酒家傭，積十餘年，至是始還鄉里。（三年）

東漢有兩文姬，世多知蔡而不知李，李優於蔡遠矣。文姬知王成之可以托孤，而成不負所托，一奇女子，一烈丈夫，卒存忠臣之血食，蓋有默相之者，天道固不爽哉！

新豐侯單超卒。左悺等四侯轉横，兄弟姻戚宰州臨郡，與盗無异，虐遍天下。民不堪命，多爲盗賊。

東漢宦官所以流毒天下者，以其兄弟姻戚出爲牧守，而居中爲之内主，縱之使吞噬百姓也。

先零沈氏羌寇并、凉二州，段熲將湟中義從討之。凉州刺史郭閎稽固熲軍，使不得進，義從叛歸。閎歸罪於熲，坐徵下獄。

義從之叛，郭閎稽固所致，罪不在熲。而束手就獄者，閎倚恃權貴，非熲所能争也。

羌寇轉盛，泰山太守皇甫規上疏，『願乞冗官，備單車一介之使，勞來三輔，宣國威澤』。詔以規爲中郎將，持節監關西兵，討零吾等。

規歷指諸郡將之同病，而以『求猛敵，不如清平，明孫吴，不如奉法』。蓋以生長邠岐，深悉羌寇致變之由，故言之親切。

規擊羌，破之，斬首八百級。先零諸種羌降者十七萬，東羌遣使乞降，凉州復通。沈氏大豪滇昌、飢恬等十餘萬口，復詣規降。（五年）

規知羌患不生於外而由於内，故其出師，名爲征羌，實則重懲貪吏劣將，以服羌之心，而後以恩信結之耳。其所條奏誅免，如安定太守孫雋、屬國都尉李翕、督軍御史張禀、凉州刺史郭閎、漢陽太守趙熹皆倚恃權貴，不遵法度者也。斬羌首僅八百級，而降納至二十餘萬口，其意主招撫可知。此左右所以乘機讒構、造爲文降之謗乎？

武陵蠻寇江陵，南郡太守李肅奔走。主簿（李）［胡］爽抱馬固諫，肅殺爽而走。帝聞之，徵肅弃市，復爽門閭。

太守避賊何其怯，殺掾何其勇！其勇正其怯也。爽死猶得上聞，帝之耳目未盡蔽也。

以馮緄爲車騎將軍，討武陵蠻。斬首四千餘級，受降十餘萬人，荆州平定。

請中常侍監軍，賜錢一億不受，推功不居，而上書乞骸。緄之慮患，可謂深矣。卒不免爲宦官所陷，亂邦固不易居哉！

徵皇甫規還，論功當封。中常侍徐璜欲從求貨，規終不答。璜忿怒，遂以餘寇不絶，坐繫廷尉，論輸左校，會赦歸家。

是時，諸帥例進賂於宦官，即規疏所云『旋車完封，寫之權門』者也。規雖介然有以自守，而璜以小人度君子，方疑其坐擁自肥。故求貨不得，即文致其罪矣。

詔徵皇甫規爲度遼將軍。規上書，薦張奂『才略優，宜正元帥。』朝廷從之。以奂爲度遼將軍。（六年）

規抱將帥之略，而忠義憤發，强直不撓，固挺然烈丈夫也。其以專閫讓張奂，而已爲之副，尤非功名之士所能。

西州吏民爲段熲訟冤者甚衆。會滇那等諸種羌益熾，凉州幾亡，乃復以熲爲護羌校尉。

皇甫規平羌，以徐璜之陷而罪之；鮮卑不靖，則徵爲度遼將軍。段熲破羌，以郭閎之陷而罪之，羌患益熾，則起爲護羌校尉。罪二臣，非帝意也，宦官爲之也。用二臣，亦非帝意也，有所不得已也。如此用人，即忠臣能無解體乎？

朱穆疾宦官恣横，上疏極諫。復口陳曰：『自和熹太后稱制，不接公卿，乃以閹人爲常侍，小黄門通命兩宫。自此權傾人主，窮困天下，宜皆罷遣。』帝怒，不應。

穆强直自遂，無忝乃祖。按其所言，則知中官干政，始自和熹。蓋女主臨朝，未便與士大夫楚楚相對，不得不假熏椓以司傳宣；而外戚之横，亦由於此。以其進見無時，得以决策禁中，非外廷所得預也。胡身之以和熹爲『牝鷄鳴晨，惟家之索』，詎不信然哉！

黄瓊薨，名士會葬者六七千人。徐穉往吊，進酹哀哭而去。諸名士選能言茅容追及於塗，問國家之事，穉不答；更問稼穡之事，乃答之。

不在其位，不謀其政，位卑言高，罪也。以處士而問國家之事，容失問矣，宜孺子之不答也。竊揣其所以不答者，知容爲諸名士所遣，欲藉以風諸名士也。使諸名士心領孺子不言之教，則默足以容，何至以臧否人物、非議朝政遺清流之禍哉！乃漫不省察，方且譏孺子爲失人。即以郭林宗之達識，亦第謬許爲愚不可及，非真知孺子者也。他日孺子遺林宗書曰：『大厦之傾，非一木可維，何爲栖栖不遑寧處？』其即不答茅容之意也夫！

童子魏昭師事郭泰。泰命昭作粥，粥成進泰，泰呵之，以杯擲地，如是者三。昭姿容無變，泰乃曰：『吾今而後知卿心耳。』遂友而善之。

將以試童子之心乎？殊可不必。倘因煮粥偶爾失宜，連叱弟子，并以杯擲地，則怒失其節矣。此事不足彰林宗之美，亦不足爲輕重，而當時傳之，史家因而書之，是亦不可以已乎！

或問范滂曰：『郭林宗何如人？』滂曰：『隱不違親，貞不絶俗，天子不得臣，諸侯不得友，吾不知其他。』泰嘗舉有道不就，然猶周旋京師，誨誘不息。

是時太學諸生競相標榜，輒加品目，即以林宗之賢，猶不免好名之累。清流之禍，已胚胎於此。若徐穉之清節，仇香之篤行，庶幾足爲士則乎！

黄允、晋文經曜名遠近。托言療病京師，公卿遣門生問疾，猶不得見。三公所辟召，輒以訪之，隨所臧否，以爲予奪。符融謂李膺曰：『二子行業無聞，空譽違實，宜特察之。』二人自是名論漸衰，旬日間，慚嘆逃去。

黄、晋二子，并以臧否人物震動公卿。符融一言而名論頓衰，遂致不安其居，蒼黄遁迹。一時標榜之習漸成傾軋，黨禍殆將作乎！融之力，非能攻二子也。膺爲天下模楷，名重太學，士以其一言爲輕重。膺納融言，而二子失所憑依，則知其初之謬負盛名，亦必膺爲之揄揚也。

太尉楊秉奏中常侍侯覽兄、益州刺史參貪暴，檻車徵參，參自殺；秉又奏免覽官。司隸校尉韓縯因奏左悺及

其兄稱罪惡，悺、稱皆自殺。（八年）

楊秉既正侯參貪暴之罪，因奏免侯覽；韓縯復發左悺兄弟罪惡，迫令自殺；又奏具瑗兄沛相恭贜罪，徵詣廷尉，瑗詣獄謝，貶爵鄉侯。左回天具，獨坐之勢焰一朝灰滅。而單超、徐璜、唐衡之子孫襲封者，并降鄉侯；分封者，悉奪爵土。五侯至此盛極而衰，亦可云見晛雪消矣。漢之紀綱，幾於復振。帝似非不足與有爲，而無如持之不固也。

河南尹李膺表按北海太守羊元群贜罪。元群行賂宦官，膺竟反坐。廷尉馮緄考死單超弟山陽太守遷。大司農劉祐移書没入蘇康、管霸田業。帝大怒，膺、緄、祐俱輸作左校。

同一劾治宦官親黨，乃楊秉、韓縯之志得伸，而三子均因此致罪。或帝一時喜怒，抑諸宦官之寵自有盛衰乎！

楊秉既没，所舉賢良劉瑜上書言：『中官不當比肩列土，孌女亢食空宫，傷生費國』；又言『第舍奇巧，好爲微行』之失，拜爲議郎。

瑜痛陳時弊，不愧太尉之舉。特詔召問，擢拜議郎，帝似知其賢矣，而不用其言，與拒諫何异！

日有食之。詔舉至孝。荀爽對策曰：『後宫采女五六千人。賦不辜之民，供無用之女，百姓窮困，陰陽隔塞，故感動和氣，灾异屢臻。』（九年）

爽言宫女而不及宦官，固不若劉瑜之切直，然亦當時一大弊。帝拜爽郎中，而不聞出一宫女，則仍從而不改者也。

以皇甫規代張奐爲度遼將軍。規數上病，不見聽。乃越界迎友人喪，而令客密告并州刺史胡芳。芳曰：『威明欲避仕塗耳。吾當爲朝廷惜才。』遂無所問。

威明功名之士，至此乃欲以微罪去官。少年雄鋭之氣，摧折盡矣。

鮮卑聞張奐去，招結南匈奴、烏桓，入塞寇掠；復誘東羌共寇武威、張掖。詔復以奐爲護匈奴中郎將，督幽、并、涼三州及度遼、烏桓二營。

觀此則知皇甫規之威略，遠不及奐。其諄諄以元帥相讓，有以也。奐爲護匈奴中郎將，官在度遼將軍下，然以九卿作督，實元帥也。

帝初受學於甘陵周福。及即位，擢爲尚書。鄉人爲之謡曰：『因師獲印，周仲進。』

爲帝者師，逢掖之至榮也，而反以爲譏。此固由帝之學本無成，亦足徵福之爲人不爲士論所重也。

宛有富賈張汎路中官得顯位，用勢縱横。岑晊勸太守成瑨收捕汎等。遇赦，竟誅之，并收其宗族賓客，殺二百餘人。侯覽使汎妻訟冤，帝大怒，徵瑨下獄。

汎即有罪，亦何至蔓及宗族賓客？殺二百餘人，其中豈無冤濫？且於赦後行誅，又不奏請，平心而論，不得無罪。當時特以中官衆怨所歸，故以翦其支黨爲快耳。

侯覽家在防東，殘暴百姓。覽喪母還家，大起塋冢。東部督郵張儉舉奏覽罪，覽遮截，章不得上。儉遂破覽冢宅，籍没資財，具奏其狀，復不得御。

一郡督郵耳。而破冢宅、没資財，亦太甚矣。若如袁紀所書，與盗賊何异！雖侯覽爲衆怨所歸，亦不應刈其家屬賓客如草菅也。蓋漢之太守得專誅殺，故督郵因以倚勢作威也。是時山陽太守翟超坐罪髡鉗，輸作左校，而儉竟潛身亡命矣。

襄楷上書，即召入，詔尚書問狀。楷言：『古者本無宦臣，武帝末，數游後宫，始置之耳。』尚書承旨，奏楷背經誣上，收送雒陽獄。帝釋不誅，猶司寇論刑。

楷疏假天變爲言，指斥悚切，殊足動聽。其因皇嗣未立，而以爲宜修德省刑；又以爲好色及寵待黄門所致，皆因事納忠，所謂善言天者必有驗於人也。至云老子、浮屠好生惡殺，省欲去奢，乖其道不能獲其祚，則又因帝所好而導以易從，并可見其惓惓之忱已。楷不在諸名士之列，而言殊有識。

成瑨死獄中，岑晊逃竄，親友競匿之。賈彪獨閉門不納。曰：『公孝以要君致釁，自遺其咎，吾不能奮戈相待，反容隱之乎！』咸服其裁正。

南陽之誅張汎，岑晊主之，乃成瑨死而晊逃；山陽之摧侯覽，張儉爲之，乃翟超髡而儉遁。初則要君致釁，繼復委罪偷生，二子之罪均也。賈彪閉門拒晊，當時既咸服其裁正矣，乃猶競爲匿儉，何也？

張成善風角，推占當赦，教子殺人。李膺收捕，於赦後竟案殺之。宦官教成弟子牢修上書，告膺養太學游士，交結諸郡生徒，共爲部黨，誹訕朝廷。

膺所以負重名者，太學諸生爲之推崇也。其首罹黨禍者，亦以交結生徒，爲怨家所藉口也。使第當官行法，雖赦後擅誅，亦何至遽干帝怒哉！

於是天子震怒，班下郡國，逮捕黨人，案經三府，太尉陳蕃不肯平署。帝愈怒，下膺等於黄門寺獄。太僕杜密與膺名行相次，時稱『李杜』，故同時被繫。

李杜之獄，至此三見。是時爲諸君子明其無罪者，惟一陳太尉耳。然太學品目，首曰『天下模楷李元禮』，次曰『不畏强禦陳仲舉』，則養游士、結諸生，太尉亦難免此謗矣。固宜不足以回天聽，而尋即策免也。

黨人獄所連染，皆天下名賢。度遼將軍皇甫規耻不得與，乃自上言宜坐，朝廷不問。

規此舉自是一時義憤所激，究未免好名之過。

杜密嘗爲北海相，遣鄭玄就學，卒成大儒。後去官歸，每謁守令，多所陳托。同郡劉勝亦自蜀郡告歸，閉門無所干及。密曰：『勝位爲大夫，見禮上賓，知善不薦，聞惡不言，自同寒蟬，此罪人也。』

密名次李膺，所云自是當時臧否月旦之習氣耳。不在其位，不謀其政，劉勝寒蟬，未可訾也。

匈奴、烏桓聞張奐至，皆相率還降，凡二十萬口。奐但誅其首惡，餘皆慰納之。惟鮮卑出塞去。

奐之威略，可以行乎匈奴、烏桓，而鮮卑則力不能制。以其地大人衆，東自右北平以東至遼東，接夫餘、濊貊，西從上谷以西至敦煌、烏孫，綿亘萬里。今之鮮卑，正昔之匈奴也。

陳蕃既免，朝臣莫敢復爲黨人言者。賈彪説城門校尉竇武、尚書霍諝，使訟之。武上書極言李膺等之枉，因以病上還印綬。諝亦爲表請。帝意稍解。（永康元年）

彪所以西行者，以武、諝可以回帝意，而己之説得行於武、諝也。武上書極諫，即謝病還印綬，以去就争，可謂不遺餘力矣。而帝意不遽轉者，以武雖后父，而后無寵也。故卒須宦官之爲力。

使中常侍王甫就獄訊黨人。范滂曰：『仲尼之言：「見善如不及，見不善如探湯」，今修善身陷大戮，願埋滂首陽山側，不愧夷、齊。』甫爲之改容，并解桎梏。李膺等又多引宦官子弟，宦官懼，請帝大赦改元。黨人二百餘人皆歸田里，禁錮終身。

仲尼此言，指爲善之誠、去惡之決，皆自修其身，非謂善人之善、惡人之惡也。若謂惡人之惡，則與『攻其惡勿攻人之惡』、『躬自厚而薄責於人』及『惡稱人之惡』者云云，皆自相矛盾矣。

范滂歸汝南，南陽士大夫迎之者車數千兩，鄉人殷陶、黄穆應對賓客。滂謂陶等曰：『今子相隨，是重吾禍也。』遂遁還鄉里。

滂是時方遁還以圖免禍，亦已晚矣。况士大夫標榜不已，滂又名列『八顧』之一乎！

帝崩，尊皇后曰皇太后。太后臨朝，竇武白太后，定策禁中，迎解瀆亭侯宏，欲立爲嗣。

不博訪公卿，而私詢一御史，其言果可信乎？且宏年甫十二，何以知其賢否乎？武此舉太不詳審矣。

孝靈皇帝（諱宏，河間孝王曾孫，解瀆亭侯萇之子，在位二十二年）

以竇武爲大將軍，陳蕃爲太傅，及司徒胡廣參録尚書事。（建寧元年）

以武與蕃録尚書，而兼用胡廣，詎非以其明習故事邪？未幾，蕃責尚書，而廣默無一語，則其因人成事，老而彌工矣。

段熲既定西羌，東羌先零等種既降又叛，桓帝問熲，熲上言：『以騎五千、步萬人，三冬二夏，足以破定。』帝許之。

東羌屢降屢叛，詎非以皇甫規、張奂專主招撫之所致乎？熲之痛剿，固有所不得已也。

熲將兵萬餘人，賫十五日糧，與先零諸種戰於逢義山。虜衆大潰，斬首八千餘級。

皇甫規平羌，納降二十餘萬，斬首僅八百級耳。熲一戰而斬首八千餘級，軍威振、賊膽懾矣。

録定策功，封竇武爲聞喜侯，武子機、兄子紹靖、中常侍曹節等侯者十一人。盧植上書説武，宜辭大賞，以全身名。武不能用。特封陳蕃爲高陽鄉侯，不受。

東京外戚，武竇佼佼，但亦未有卓然之識，故立幼受封，仍循故轍，不能用植説也。蕃可謂有守矣。

段熲將輕兵追羌，連破之。羌遂大敗，餘悉散入漢陽山谷間。張奂上言：『東羌雖破，餘種難盡，宜且以恩降，可無後悔。』

奂言自是正論，并非沮敗熲功。而熲力請用兵者，有見於羌之破滅不難也。

熲復上言：『昔先零作寇，趙充國徙令居内；煎當亂邊，馬援遷之三輔，始服終叛，至今爲鯁。故臣建長久之策，欲絶其本根，不使能殖。』

徙羌内郡，與民雜居，日久必不相安。蓋羌弱則受民之凌藉，强則必思報復也。營平、伏波，功垂兩漢，當時以大漢之力制小羌，故可以玩之股掌，任我指麾。乃以一時之功，卒貽百年之患。安邊禦夷，洵未易言哉！

陳蕃與竇武謀誅宦官，武白太后，太后曰：『漢故事世有宦官，但當誅其有罪者，豈可盡廢！』

太后之言是也，而未盡也。盡誅固不可，盡廢亦不能，而漢之故事亟應釐革者，則予以權而俾干政也。

武數白誅曹節等，太后猶豫，事久不發。蕃上疏力言之，并請宣示左右。太后不納。

太后以女主臨朝，不得不藉力於宦官，且地近情習，其意存袒庇，固其宜也。武白誅節等，既事久留中，而蕃復露章彈奏，俾宦官得以乞憐太后而早爲之所，乃機事不密之顯然者。

武使黄門令山冰奏收長樂尚書鄭颯送獄，復奏收曹節等。武出宿歸府，長樂五官史朱瑀盗發武奏，乃誣武廢帝，夜召共普等十七人謀誅武等。

此何時？而武出宿歸府，俾瑀得以盗發彈章，從中構難。詎非坐失事機哉！

曹節白帝，請御德陽前殿，劫太后，奪璽綬，使鄭颯持節，及御史、謁者收捕武等。

太后婦人，帝方冲幼，故中官挾之以號令内外。其所以惟所欲爲者，則由於竇武不在禁中也。

武不受詔，馳入步兵營，與其兄子步兵校尉紹，召會北軍五校士千餘人，屯都亭。蕃聞難，將官屬、諸生八十餘人，拔刃突入承明門。

武以外兵謀攻内官，而不知其冗社憑城所挾者重也。蕃不與武亟籌禦難紓禍之策，乃自將八十餘人拔刃大呼，欲何爲乎！

王甫使劍士收蕃，送北寺獄，即日殺之。曹節等矯詔使周靖與張奂率五營士討武。武、紹走，諸軍追圍之，皆自殺。收捕宗親賓客姻屬，悉誅之。

張奂、段熲，皆東漢名將，乃奂爲曹節所使，將兵以誅竇武；熲竟助宦官爲惡，致與王甫同誅，惜哉！

以司徒胡廣爲太傅，録尚書事。

武、蕃誅而廣獨録尚書事，可謂容容厚福。但未悉此時施何面目以見士大夫，况巍然立於百僚之上邪！

有青蛇見於御坐，上詔公卿以下各上封事。郎中謝弼上封事曰：『惟虺惟蛇，女子之祥。皇太后定策援立聖明，竇氏之誅，豈宜咎延太后？』（二年）

蛇妖不必爲女祥。蓋以宦官毒如蛇虺，竊執天柄，如蛇之蟠御座也。弼言切中時弊，但帝以冲齡擁虚器，奄竪專朝，未知向誰言之，徒以賈禍耳。

帝以蛇妖問光禄勛楊賜。賜上封事曰：『惟陛下抑皇甫之權，割艶妻之愛，則蛇變可消。』

是時帝年甫十四，不聞有艶妻之愛，舉朝受制中官，亦安得有皇甫之權？賜所答，亦聊以塞責耳。不敢如謝弼之有所指斥也。

段熲縱兵奮擊，東羌悉平，凡百八十戰，斬三萬八千餘級，軍士死者四百餘人，更封新豐縣侯，邑萬户。

皇甫規、張奂，未嘗非良將，當時亦未必無良吏，而就撫旋叛，寇掠不止，則羌亦自取其誅耳。温公但憫羌被兵誅之慘，而不思民遭羌禍之酷也。

曹節諷有司，奏諸鈎黨者下州郡考治，李膺詣獄考死。范滂與母訣，母曰：『汝得與李杜齊名，死有何恨！』滂顧其子曰：『吾欲使汝爲惡，則惡不可爲；使汝爲善，則我不爲惡。』行路聞之，莫不流涕。

孟博告子之言，似是而實非也。惡不可爲，固已；爲善惟當反求諸己，自修其身耳。以處士而互相標榜，邀取名譽，公然非議朝政，凌轢公卿，安得云不爲惡乎！無補於國是之萬一，乃至身斃囹圄，不得終老母之養，謂之何哉！

張儉亡命困迫，望門投止，莫不重其名行，破家相容。其所經歷，伏重誅者以十數，連引收考遍天下，宗親并皆殄滅，郡縣爲之殘破。

儉可謂既有令名，又求壽考矣。首發大難之端，致起大獄，禍延搢紳，毒流海内，不能捐身以謝天下，又不能逃遁於無何有之鄉，而乃偷生鼠竄，望門投止，以致經歷之家破滅相踵，猶敻敻焉於草間求活，豈復有心肝面目者哉！以視范孟博，又不可同年而語矣。

夏馥聞張儉亡命，嘆曰：『孽自己作，一人逃死，禍及萬家，何以生爲！』乃自翦鬚變形，入林慮山中，爲冶家傭，黨禁未解而卒。

岑晊亡命，賈彪不納；張儉逃死，夏馥變形。有識之士自不爲虛名所眩，而亦有以自處也。然馥所以能自全者，以其非宦官所必欲甘心者也。若儉者，必如范滂而後可耳。

袁閎欲投迹深林，以母老不宜遠遁，乃築土室，不爲户，自牖納飲食。母思閎，時往就視，母去，便自掩閉，潛身十八年，卒於土室。

東京世家，袁、楊并稱。楊氏始終不失震之家法，袁氏自逢、隗以降，安之家法，掃地盡矣。閎尚有以自守。

初，范滂等非訐朝政，公卿以下，皆折節下之。申屠蟠嘆曰：『戰國之世，處士横議，卒有坑儒之禍。今之謂矣。』乃因樹爲屋，自同傭人。居二年，滂等果罹黨錮之禍。惟蟠超然免於評論。

袁閎土室、申屠蟠因樹爲屋，皆能於黨錮之世晦迹自全。然使叔度尚在，自當超然流俗之外，不假土室、樹屋也。

温公論曰：黨人生昏亂之世，不在其位，而欲以口舌救之，以至身被淫刑，士類殲滅，不亦悲乎！郭泰既明且哲，以保其身；申屠蟠見幾而作，不俟終日。

郭泰居八顧之首，其得免亦幸耳。見幾而作，惟一申屠蟠。

太傅胡廣薨，年八十二。廣周流四公，歷事六帝，禮任極優，罷免未嘗滿歲，輒復升進。京師諺曰：『萬事不理，問伯始；天下中庸，有胡公。』（熹平元年）

廣歷事六帝，皆昏庸冲幼之主，宦官外戚，穢亂朝綱，而能周旋其間，自保禄位，其人可知矣。後世惟馮道似之，正孔孟所謂『鄉愿』者也。『萬事不理問伯始』，以其練習故事、明解朝章，故遇有不理之事便可問之，非責望也。此所云『萬事』，正賈生所云『刀筆筐篋』者也。

初，李暠爲司隸校尉，以舊怨殺蘇謙。謙子不韋結客報仇，殺暠妾及小兒，又掘暠父冢，斷其頭。求捕不獲，遇赦還家。段熲與暠善，乃殺不韋，并其一門六十餘人，盡誅之。

不韋復仇，一時推爲盛節，卒取門誅之禍。不中公法，而任報私怨，仇殺何有已時哉！

詔諸儒正五經文字，命議郎蔡邕爲古文、篆、隸三體書之，刻石立於太學門外。

帝頗好文學。而宦者李巡以諸博士試甲乙科，有行賄定蘭臺漆書經字以合其私文者，乃白帝詔諸儒刻五經文字於石，而命蔡邕以三體書之。石經始自熹平，亦自宦者發其端也。

初，朝議以州郡相黨，人情比周，乃制昏姻之家及兩州人士不得對相監臨，至是復有三互法，禁忌轉密，選用艱難。蔡邕上疏言其不便，朝廷不從。

此在當日，自是禁錮黨人之一法，實後世回避所自昉也。世衰道敝，有不得不以禁令防閑者。三互誠不足訓，而馳法擇人，亦大非易易也。

帝自造《皇羲篇》五十章，因引諸生能爲文賦者待詔鴻都門下，後爲尺牘及工鳥篆者皆加引召。（六年）

帝蓋好爲小學者。故既命蔡邕書石經，又自造《皇羲篇》，并於鴻都兼徵尺牘、鳥篆之士也。若出自勤政圖治之君，游藝亦足爲美，而無與於治亂之數； 在帝則玩物喪志之一端而已，況多有無行趨勢之徒濫厠其間邪！

蔡邕上封事曰：『書畫辭賦，才之小者。陛下觀省篇章，聊以游意，當代博弈。而諸生作者鼎沸，高者頗引經訓，下則有類俳優，或竊成文，虛冒姓氏。』

漢儒重經學而輕辭賦，既以爲當代博弈，又以爲有類俳優。東京承揚馬之後，賦多鴻篇，而邕言如是，則知唐宋專以取士，殊無當於敷奏以言之義。而竊成文、冒姓氏，在漢已不免焉。何古今之不相遠邪！

護烏桓校尉夏育請擊鮮卑。蔡邕議曰：『自匈奴遁逃，鮮卑據其故地，稱兵十萬，兵利馬疾過於匈奴。方今郡縣盜賊尚不能禁，况此醜虜而可伏乎？』

耗竭諸夏，并力蠻夷，誠爲失算。然鮮卑爲患，亦不止手足之疥搔矣。是時漢之兵力財力，日形耗斁，育又乏將帥之略，以此當方盛之鮮卑，其勝負固有不待再計而决者。邕所云『郡縣盜賊尚不能禁，醜虜必不可伏』，洵屬破的之論。至比之於蟲蟻、方之以南越，此非擬不於倫，亦以對君之體當如是耳。觀其引高祖平城、吕后嫚書爲言，其意可知。

遼西太守趙苞遣使迎母及妻子，爲鮮卑所劫質。苞率騎與賊對陳，母遥謂曰：『人各有命，何得相顧以虧忠義！』苞進戰破賊，其母妻皆爲所害。苞歐血而死。

子烈士，母烈女，非此母不生此子也。然所失不在後之難全，而在初之不慎。值鮮卑入塞之時，安可冒然輕進，致陷網羅哉！卒之母子俱殉，妻孥亦同歸於盡，悲夫！

青虹見玉堂後殿庭中。詔問灾异及消復之術。蔡邕對以爲『婦人干政之所致』，帝覽而嘆息。程璜使人飛章言邕罪，遂下邕於獄，劾以大不敬，弃市。吕强力爲伸請，帝更思其章，有詔減死徙朔方。（光和元年）

帝覽章嘆息，似已納其言矣。及見飛章，輒下尚書詰狀。邕上書不省，一任尚書鍛煉入罪，帝蓋全爲群小所播弄，而無以自主也。及聞强言，又思邕章，豈以前都不記憶邪？然邕僅得免死，仍與家屬俱徙朔方，遇赦不除，罰亦重矣。帝又何嘗思其章乎！

太中大夫橋玄幼子爲人所劫，登樓求貨，玄不與，司隸圍守玄家不敢迫。玄曰：『豈以一子而縱國賊？』促令攻之。玄子亦死。（二年）

鮮卑劫質趙苞母妻，乃外夷入掠所爲，不足异也。三公之子於門次被劫，輦轂之下盗賊公行矣。玄不惜其子而促令攻賊，殊爲得體。

王甫、曹節等奸虐弄權，太尉段熲阿附之。陽球爲司隸，奏收甫、熲，送雒陽獄。甫及子萌、吉，悉死於杖下。熲亦自殺。

球本以酷暴免官，又陷蔡邕於罪，其人特一酷吏耳。又爲程璜女夫，則亦依附宦官以進用者。及爲司隸，乃能捕誅王甫父子，何哉？蓋是時甫主眷已衰，又爲諸常侍所惡，故球乘其休沐里舍，輒奏其罪惡。帝既厭甫，諸常侍又不爲之地，故事得施行。而球因以恣其搏噬，誅甫父子，而兼及段熲也。觀於甫子萌罵球曰：『爾前奉吾父子如奴，奴敢反汝主乎？』則球之素附甫等可知。及曹節見甫尸，亦曰：『吾輩自可相食，何宜使犬舐其汁乎！』此謂甫之死由於諸常侍之不救，而球乘其敝，無异犬舐其汁也。是知球特鷹犬之才，非有忠貞之節，與李膺之爲司隸，不可同日語矣。

曹節白帝曰：『陽球故酷暴吏，不宜使在司隸，以騁毒虐。』帝乃徙球爲衛尉。

觀於曹節一言，球即時改官，則知王甫之誅，非球果能制其死命也。

審忠上書，極言朱瑀罪惡，章寢不報。

忠兼訟陳、竇之冤，語極切至。章雖寢而不及禍，亦幸矣。或以但攻朱瑀，而不及曹節輩邪？

中常侍吕强清忠奉公，帝封爲都鄉侯，固辭不受。因上書極言曹節等封爵之濫及後宫采女之多，并訟蔡邕之冤、段熲之功。帝知其忠而不能用。

東京宦官，惟吕强有忠鯁之節。若良賀之清儉，抑其次也。强訟蔡邕兼及段熲，尤持平之論。熲附王甫，洵不得爲無罪；但平羌之功，爲東漢諸將所莫及，安可置之弗議哉！陽球九江微功，尚蒙弃瑕録用，况熲之殊勛，而既殺其身，不復宥其妻子乎！

司徒劉郃與陽球謀誅曹節等，球小妻程璜之女，璜以球謀告節，節等共白帝，誣郃等謀不軌，帝大怒，郃與球及陳球、劉納皆下獄死。

以陳竇之權力，内倚太后，尚不能得志於王甫；碌碌如郃者，乃欲以一陽球誅曹節等，又安能冀帝之必從，事之獲濟哉！亦太不自審矣。謀泄由於陽球小妻，而球亦不免，詎非機事不密之爲害邪！

作畢圭、靈昆苑。楊賜書諫，帝欲止，侍中任芝、樂松曰：『文王之囿百里，人以爲小。今與百姓共之，無害也。』帝悦，遂爲之。（三年）

芝等所謂逢君之惡者。文王之囿七十里，今曰百里，又曰齊宣五里，讀《孟子》尚未熟邪？鴻都文學，大都此輩耳。

帝作列肆於後宫，使諸采女販賣，更相盗竊争鬥。帝著商賈服，從之飲宴爲樂。又於西園弄狗，著進賢冠帶綬；又駕四驢，帝躬自操轡，驅馳周旋。（四年）

作罼圭苑、列肆後宫、弄狗駕驢，皆天子而爲市井匹庶之事，亡國之兆也。

帝爲私蓄，每郡國貢獻，先輸中署，名爲導行費。吕强上疏諫，不省。

强疏云：『天下之財，莫不歸之陛下，豈有公私？』可謂簡而盡矣。又云『調廣民困，費多獻少，奸吏因其利，百姓受其敝』，蓋郡國貢獻，悉取之民，多一費即增一調，故調廣而民困也。所費之物，仍不出所獻之中，彼有所益，必此有所損，故費多則獻少也。徒使奸吏肆其侵漁，小民受其朘削，此乃弊所必致，而無如帝之迷而弗悟也。

詔公卿以謡言舉刺史、二千石爲民害者。太尉許馘、司空張濟承望内官，受取貨賂，宦者子弟貪穢皆不問，而虚糾邊遠小郡清修有惠化者二十六人，吏民詣闕陳訴。司徒陳耽上言其枉。帝以讓馘、濟，諸坐謡言徵者悉拜議郎。（五年）

帝處此有三失焉：三公糾舉失實，不追核其取賄循縱之由，但讓之而已，一失也。知二十六人之枉，不加譴責，而於貪穢素著之宦官子弟一并任其漏脱，二失也。坐徵諸人不復别其才品，悉拜議郎，三失也。蓋紀綱掃地盡矣。

巨鹿張角以妖術教授，號太平道，咒符水以療病，或時病愈，衆共神而信之，奔赴塞路。未至病死者亦以萬數。

符水治病，至今例有明禁。蓋其由來舊已。人情好怪，故或時病瘉，則以爲神；未至病死以萬數，轉以爲命合當盡也。

郡縣不解其意，反言角以善道勸化，爲民所歸。楊賜上書言：『角誑曜百姓，稍益滋蔓。』劉陶復上言『角等陰謀益甚，州郡忌諱，莫肯公言』。帝殊不爲意。

邪説惑衆，未有不托諸勸善者，而卒至於造逆，角實其鼻祖也。初則不解其意，嗣復忌諱不肯公言，黄巾之亂，由郡縣釀成之。守令因循積弊，亦復千古一轍。

角置三十六方。方，猶將軍也。大方萬餘人，小方六七千，各立渠帥。大方馬元義往來京師，以中常侍封諝、徐奉等爲内應，約以三月五日，内外俱起。

角初謀内外俱起，若非其弟子上書告變，禍發倉卒，東都危矣。

角弟子唐周上書告之。收馬元義，車裂於雒陽，下冀州捕角等。角敕諸方一時俱起，皆著黄巾，天下響應。上問計於吕强，强請誅左右貪濁者，大赦黨人。帝懼而從之。（中平元年）

帝從强言，第赦黨人耳。至所請誅左右貪濁，則哀如充耳矣。

發天下精兵，遣盧植討張角，皇甫嵩、朱儁討潁川黄巾。是時中常侍趙忠、張讓等皆封侯貴寵，上常言『張常侍是我公，趙常侍是我母』，由是宦官無所憚畏。

趙忠等即吕强所云『左右貪濁者』也。帝方依之若父母，而强欲誅之，是直攻其父母矣，庸可冀乎？

騎都尉曹操與皇甫嵩、朱儁合兵擊潁川賊，大破之，斬首萬餘級。操父嵩，爲中常侍曹騰養子，不能審其生出本末，或云夏侯氏子也。

陳《志》雖云『不能審其生出本末』，而以惇、淵與洪、仁并列宗臣，則夏侯氏子之説猶信。

許劭好人倫，多所賞識，與從兄靖俱有高名，好共核論鄉黨人物，每月輒更其品題，故汝南俗有月旦評。

魏晋置中正，蓋權輿於此。

護軍司馬傅燮上疏曰：『黄巾雖盛，不足爲憂。臣所懼在閹宦弄權，忠臣將有杜郵之戮矣。』

燮謂所憂不在黄巾，真探本之論。

盧植連戰破張角，斬獲萬餘人。角等走保廣宗。植築圍鑿塹，造作雲梯，垂當拔之。小黄門左豐視軍，植不送賂。豐譖植於帝。檻車徵植，减死一等。

此即傅燮所云『忠臣不免杜郵之誅』者。

皇甫嵩與張角弟梁戰於廣宗，大破之，斬梁，獲首三萬級，赴河死者五萬人。角先病死，剖棺戮尸，傳首京師。又斬角弟寶於下曲陽，斬獲十餘萬人。

黄巾之起，扇動八州，命將出師，期年平殄。漢德雖衰，其人才猶非後世所及。

朱儁圍趙弘於宛，自六月至八月不拔，有司奏徵儁，張温上疏曰：『臨軍易將，兵家所忌，宜假日月，責其成功。』帝乃止。儁擊弘，斬之。

臨軍易將，固兵家所忌，然必將如朱儁，方可假日月以責成功。若推轂非才，而因循久任，其不至勞師糜餉、損威長寇者幾希。

賊帥韓忠惶懼乞降，諸將皆欲聽之。儁曰：『秦項之際，民無定主，故賞附以勸來耳。今海内一統，黄巾造逆，納降無以勸善，討之足以懲惡。』

此不易之論也。後之庸將，以主撫誤國者多矣。

急攻連戰不克，儁曰：『今外圍周固，乞降不受，所以死戰也。不如撤圍，忠必自出，出則意散，破之道也。』

軍法：『圍城必缺』，即此意也。盧植不能拔廣宗，正坐不撤圍耳。

豫州刺史王允破黄巾，得張讓賓客交通書，上之。上責讓，讓叩頭謝，亦不罪也。讓由是以事中允，遂傳下獄。

以直言攻左右者，蔡邕也；而以飛章誣邕者，即左右也。上便宜譏刺左右者，向栩也；而誣栩爲張角內應者，即張讓也。上書請誅十常侍者，張鈞也；而誣奏鈞學黄巾道者，御史承宦官之旨也；上張讓賓客書者，王允也；而以事中允者，即讓也。未幾劉陶、陳耽相繼陷害，而吕强亦不免焉。帝於諸臣直諫，略不省記，而奸閹乘機譖訴，更不疑其反噬，太阿之柄，固已拱手授之中官矣。

北宫伯玉等寇三輔，詔皇甫嵩鎮長安以討之。崔烈以爲宜弃凉州。傅燮曰：『斬司徒，天下乃安！』（二年）

烈無他建白，但議弃凉州，仍拾龐參唾餘耳。銅臭三公，有負程夫人舉主矣。

皇甫嵩之討張角也，没入趙忠舍宅。張讓私求錢五千萬，嵩不與。二人奏嵩連戰無功，徵嵩還，收左車騎將軍印綬，削户六千，以張温代之。

嵩亦幾不免杜郵之誅。傅燮之言良然。

張温使董卓討先零羌，還屯扶風。温召卓責讓，卓應對不順。孫堅説温斬卓，温不忍發。

堅計策可用，温不能用，以至於敗。蓋温是時已怯而畏卓矣。

帝使趙忠論討黄巾之功。甄舉謂忠曰：『傅南容有功不侯，天下失望，今宜理屈，以副衆心。』忠遣弟延致殷勤於傅燮，燮正色拒之。忠懷恨，出燮爲漢陽太守。（三年）

不以失侯爲愠，不以得侯爲喜，必不肯濡足於權門，南容真烈丈夫哉！然漢陽一出，不復生還矣。

韓遂進圍隴西，凉州刺史（晋）［耿］鄙率六郡兵討遂。傅燮曰：『新合之衆，上下未和，萬一内變，雖悔何及！不若息軍養德，賊得寬挺，争勢必離。然後討之，功可坐待。』（四年）

是時鄙任治中程球，爲士民所怨，故燮以内變爲虞。未幾果如所料，鄙死而燮亦遇害。鄙誠無足道，以燮之智勇，乃竟坐困孤城，一籌莫展，惜哉！

太常劉焉建議，以爲刺史威輕，宜改置牧伯。焉内欲求交趾牧。董扶私謂焉曰：『益州分野有天子氣。』焉乃更求益州。朝廷以焉爲益州牧。（五年）

焉建議置州牧，特自爲計耳。求益州即得益州，其赴西園諧價可知。董扶言益州分野有天子氣，其應在先後二主乎！

術士襄楷曰：『天文不利宦者，黄門、常侍，真族滅矣。』會帝欲北巡河間，冀州刺史王芬謀以兵徼劫，誅諸常侍，因廢帝而立合肥侯。

楷明於天文，其言卒驗，殆所謂多言或中者。芬謀廢立，事未果而自殺其軀，則爲天文所誤者也。

望氣者以爲京師當有大兵。帝欲厭之。乃大發四方兵，講武於平樂觀下。帝躬擐甲介馬，稱無上將軍，行陣三匝而還。

前既置西園八校尉，以小黄門蹇碩統之；兹復發兵講武，自稱無上將軍，其築壇擐甲，直兒戲耳。蓋動云黷武，猶鄭重言之也。方王芬之謀廢立也，北方夜半有赤氣東西亘天，太史上言『北方有陰謀』；今董卓之亂將作，而望氣者云『京師當有大兵』。其術士果能先見邪？抑以政亂國危而懵不知戒，則氛祲之作亦人事有以召之也？

初，帝數失皇子，何皇后生子辨，王美人生子協。帝欲立協，猶豫未决。會疾篤，屬協於蹇碩。帝崩，碩欲先誅何進，而立協。進稱疾不入。

欲立協不早定，臨崩以屬蹇碩，是導之争也。

皇子辨即皇帝位，尊皇后曰皇太后，太后臨朝。何進既秉朝政，忿蹇碩圖己，欲誅之。袁紹因勸進悉誅諸宦官，進信而用之。

是時中官外戚，勢不兩立，非進誅碩，即碩誅進，以其各領屯兵，力足相并也。

蹇碩與趙忠等書，謀誅何進兄弟。郭勝以其書示進，進使黄門令收碩誅之，因悉領其屯兵。驃騎將軍董重與進權勢相害，進舉兵圍驃騎府，重自殺。

一蹇碩、一何進、一董重，争權相軋，欲不内亂得乎？此皆帝各置之勢要之地，豫釀其禍也。

袁紹復説何進，盡罷中常侍以下，以三署郎補其處。進白太后，太后不聽。

宦官固足亂政，三署郎果盡貞良乎？其流弊將有不勝防者。此所謂知其一不知其二也。

進難違太后意，且欲誅其放縱者。而太后母舞陽君及何苗數受宦官賂遺，白太后爲之障蔽。故事久不決。

進雖粗疏，而引用名士、謀誅宦官，蓋亦有志之士。若苗者，既感宦官舊恩，復數受賂遺，乃與其母障蔽太后，誣構其兄，品第又遠出進下矣。

紹等又爲進畫策，多召四方猛將及諸豪杰，使引兵向京師，以脅太后。進然之。陳琳諫，不聽。

是時進與宦官釁隙已構，而太后不爲內主，故紹等欲召外兵，脅以必從。而不慮及倒持干戈、授人以柄也。

曹操聞而笑曰：『宦者古今宜有，但不當假之權。治其罪，當誅元惡，一獄吏足矣。何至紛紛召外兵乎！吾見其敗也。』

本初之計，粗而疏；孟德之言，約而盡。袁曹勝負，即此已判。

董卓駐兵河東，進召卓，使將兵詣京師。鄭泰言『事宜速決』，盧植亦言『不宜召卓』。進皆不從。

卓不就徵，而拜爲州牧；卓不委兵，而但加責讓；此靈帝姑息之失也。不奉詔而駐軍觀變，不臣之迹灼然可睹。乃召其兵詣京師，與開門揖盗何异！進固無謀，紹亦失策矣。

進使王匡、鮑信還鄉里募兵，并召東郡太守橋瑁屯成皋，使武猛都尉丁原將數千人寇河內、燒孟津，火照城中，

諸常侍復入直，進豈不知，而施施然入宫乎？蓋自以大權在握，事已垂成，而不復爲意外之慮也。竇武

張讓子婦，太后之妹也。言於舞陽君，入白太后，詔諸常侍復入直。進入長樂宫白太后，請盡誅諸常侍。張讓等率其黨數十人斬進於嘉德殿前。

使於此時叱使收縛，諸常侍一網盡矣。而竟不能决者，紹欲俟進之命、進欲俟太后之命也。

太后乃恐，悉罷中常侍、小黄門，使還里第。皆詣進謝罪，惟所措置。袁紹勸進便於此决之，進不許。

卓久蓄不臣之心。進此時即用紹計，速誅宦官，恐卓亦未肯罷兵，京師蹀血，必不能免。然進兄弟不死，部曲不散，猶有以待之耳。

董卓至澠池，進使种劭宣詔止之。卓還軍夕陽亭，袁紹脅進早决。於是以紹爲司隸校尉，王允爲河南尹，而促卓等上奏，欲進兵平樂觀。

近人習，其潛移默奪，非一朝夕之故邪？

竇武，后父，欲誅宦官，而太后不從；何進，后兄，欲誅宦官，而太后亦不從。女主顧惜内官，詎非以地

董卓聞召，即時就道，上書請收張讓等以清奸穢。太后猶不從。何苗勸進，且與省内和。

既召董卓將兵詣京，復使丁原縱兵爲寇，勢不至焦頭爛額不止矣。

皆以誅宦官爲言。

以歸府而敗，不當出而出也；進以入宫而敗，不當入而入也。此皆事機之間不容髮者也。

袁紹及何苗引兵屯朱雀闕下，捕得趙忠等，斬之。吴匡等素怨苗不與進同心，遂引兵攻殺苗。紹閉北宫門，捕諸宦者，無少長皆殺之，凡二千餘人。

殺進者非苗，而沮其謀者苗也。苗死不枉矣。

張讓、段珪等將帝與陳留王數十人步出穀門，夜至小平津。河南中部掾閔貢厲聲責讓等，手劍斬數人。讓等遂投河而死。

北宫宦者二千餘人，袁紹既已了之；蹙讓等於河，而制其死命者，一河南中部掾耳，何嘗藉外兵乎！

董卓未至，而宦官悉誅；卓既至，而大難方作矣。

董卓之入也，步騎不過三千。何進及弟苗部曲皆歸於卓，卓又使吕布殺丁原而并其衆。卓兵於是大盛。

三千人更番出入，詐少爲多，曾無人偵探虚實。何氏兄弟既死，不亟收其部曲，俾有所屬，乃聽其自歸於卓，爲虎傅翼。漢廷空矣！卓雖庸奴，能無恣睢乎！

卓謂袁紹曰：『天下主宜得賢明，董侯似可，能勝史侯否？人有小智大痴，亦知復何如？爲當且爾。劉氏種不足復遺。』

卓特欲廢主以立威耳，非果欲得賢明也。史記卓語，殊不了了。揣其意，蓋謂董侯似勝史侯，但人有小智而大痴者，亦未知董侯定復何如，爲今計且當立之云爾。其實劉氏種不足復遺也。

卓以廢立議示太傅袁隗，隗報『如議』。卓遂脅太后，策廢少帝爲弘農王，立陳留王協爲帝。

卓初以廢立語袁紹，紹正言拒之，横刀徑出，猶有英雄之概。隗此舉不惟有忝厥祖，亦有愧於紹矣。將以免禍，而卒不能免也。

卓追理黨人，必蔡邕教之也。

卓率諸公上書，追理陳蕃、竇武及諸黨人，悉復其爵位，遣使吊祠，擢用其子孫。

周毖、伍瓊説卓擢用天下名士，於是徵處士荀爽、陳紀、韓融、申屠蟠。爽等皆畏卓，無敢不至。蟠得徵書，人勸之行，笑而不答，終不能屈。

蔡邕三日之間，周歷三臺；荀爽百日之内，驟至三公。榮邪，辱邪？可賀邪，可吊邪？士於此時，惟有爲申屠蟠耳。然蟠所以得全者，不在此日之不屈，而在平日之自晦也。

以曹操爲驍騎校尉，操變姓名，間行東歸陳留，散家財，合兵得五千人，欲起兵討卓。

操不肯爲卓用，知卓必不相容。又見天下已亂，是以東歸起兵，欲以誅卓，因乘機取大物也。

鑒評别録卷十五

漢紀十三

孝獻皇帝（諱協，靈帝子，在位三十一年）

關東州郡皆起兵以討董卓，推袁紹爲盟主。鮑信獨謂曹操曰：『能撥亂反正者君也，殆天之所啓乎！』（初平元年）

温公以正統予魏，故凡橋玄、何顒、鮑信之稱美曹操者，皆詳書之，以其爲命世之主也。

董卓以山東兵盛，欲遷都以避之。會公卿議，衆皆默然。司徒楊彪以爲不可。

卓色厲膽薄，故欲遷都以避兵。其意以爲據關中以自固，然後出兵以應山東，即荀爽所云『秦漢之勢』也。此似非卓所及，必有教之者。

司空荀爽見卓意壯，因從容言曰：『山東兵起，非一日可禁，故當遷都以圖之，此秦漢之勢也。』

爽非骨鯁之士，此言乃順指以免禍耳。

左將軍皇甫嵩將兵三萬屯扶風，梁衍説嵩：『迎接至尊，奉命討逆，徵兵群帥，袁氏逼其東，將軍迫其西，此成禽也。』嵩不從。

嵩善用兵，非卓能敵。衍策甚工，又非酈説可比。而嵩不從者，不欲擅兵邀遮車駕，恐一有蹉跌即無以自立於天下也。此乃嵩守經不欲行權。胡身之以爲自度才不足制卓，殆非也。

車駕西遷，卓悉驅徙民數百萬口於長安。步騎蹈藉，積尸盈路。卓自留屯畢圭苑中，悉燒宫廟，官府、人家，二百里内，室屋蕩盡，無復鷄犬。

東京之禍更烈於西京。董卓實爲之，而召卓者何進、贊其計者袁紹，罪坐所由，二子亦無所逃矣。卓特盗賊之雄耳，故斫喪王室，尋取梟夷之戮。

董卓在洛陽，袁紹等諸軍畏其强，莫敢進。曹操曰：『卓劫遷天子，海内震動，不知所歸，此天亡之時也。』遂引兵西，遇卓將徐榮，與戰，操兵敗。

操之才百倍董卓，而卒不能制卓者，兵寡力弱，權不屬而謀不用也。

幽部應接荒外，資費甚廣，劉虞務存寬政，勸督農桑，民悦年登，青、徐士庶避難歸虞者百餘萬口。

是時宗室賢牧，惟一劉虞耳。若焉、若表，皆思乘時以徼利者也。然虞但能保境息民，而不與山東諸州郡合從以討董卓，其猶昧於勤王之義乎！

司空荀爽薨。

爽登三公，委蛇免禍，未及一年，遽以考終，亦可云容容厚福者矣。爽爲『荀氏八龍』之一，龍邪，蛇邪？

蔡邕議：『孝和以下廟號稱宗者皆宜省去，以遵先典。』從之。

此何時？而猶是古非今、擅削祖宗廟號！非惟不知緩急，亦不得爲無罪矣。

韓馥、袁紹以書與袁術曰：『帝非孝靈子。欲依絳、灌誅廢少主、迎立代王故事，奉大司馬虞爲帝。』（二年）

董卓欲學霍光，則云少帝居喪不戚；袁紹欲學周勃，則云帝非孝靈子。周、霍皆漢之宗臣，志匡社稷，而爲後之奸臣所藉口：廢立洵未易言哉！

馥、紹遣故樂浪太守張岐等齎議上虞尊號，虞固拒之。馥等又請虞録尚書事，承制封拜，復不聽。

馥、紹之欲立虞，以虞近己，欲挾以號令也；操不欲立虞，以馥、紹挾虞，非己之利也；術之拒紹，不欲國有長君也：皆假公義以濟其私。惟虞之固拒不聽，出於至誠耳。

孫堅擊吕布，大破之，斬其都督華雄，復進軍與董卓戰諸陵間，卓敗走。堅進至雒陽，擊吕布，復破走。堅乃掃除宗廟，祠以太牢。

堅威略在當時諸將上。其不成，則天不與之耳。

卓黨欲尊卓比太公，稱『尚父』。卓以問蔡邕。邕曰：『明公威德，誠爲巍巍，然比之太公，愚意以爲未可。』卓乃止。

卓欲稱『尚父』，不過妄自尊大耳。且卓黨欲以媚卓，卓固非必欲得之也，故聞邕言而止。其暴惡無狀，非邕所能匡正，邕亦不聞匡正也。

韓馥欲以冀州讓袁紹。耿武等諫，不聽。趙浮等謂馥曰：『袁本初軍無斗糧，各已離散，請以見兵拒之。』馥又不聽。乃避位，遣子送印綬以讓紹。

馥之讓，非徒畏公孫瓚，實畏紹也。蓋有見於群雄并争，瓚、紹逼處，自度不能與抗，故避位以圖全耳。紹拱手而得冀州，幸也。使馥從耿武等之計，用趙浮等之兵，紹立危矣。

太史望氣，言當有大臣戮死者。董卓使人誣衛尉張温與袁術交通，笞殺温於市以應之。

胡身之以爲張温不能斬卓於西征之時，反死卓手爲可哀。夫温何足哀？皇甫嵩不聽兄子酈之言而誅卓，不聽梁衍之言而討卓，卒爲卓制，其不死亦幸耳，是可哀已。

涿郡劉備，中山靖王之後也。與公孫瓚同師事盧植，由是往依瓚。瓚以備爲平原相。備少與河東關羽、涿郡張飛相友善，恩若兄弟。常山趙雲從備至平原。

書先主因及關、張，而并及趙者，蜀之立國，始於先主，而關張佐之，趙亦同功一體之人也。

豪杰多附於袁紹。袁術怒，與公孫瓚書曰：『紹非袁氏子。』紹聞大怒。

是時，術結公孫瓚，欲以圖紹；紹結劉表，欲以圖術。二袁之隙，自此構矣。紹且誣漢帝非劉氏子，則術云紹非袁氏子，不亦宜乎！

公孫度威行海外，中國人士避亂者多歸之。管寧、邴原、王烈皆往依焉。

寧見度，語惟經典，不及世事，而度安之；原清議格物，而度以下心不安之，潛逃乃免；烈辭長史，爲商賈自穢乃免。處亂世而托迹异域者，可以審所自處矣。

荀淑有孫曰彧，少有才名。及天下亂，彧謂父老曰：『潁川四戰之地，宜急避之。』或依韓馥。會袁紹奪馥位，乃從曹操。操與語，大悦，曰：『吾子房也！』（三年）

四戰之地，群雄所争，必爲戰場。若懷土不去，鮮不及於難者。文若此言，足爲千古龜鑒。是時袁紹方爲豪杰所歸，而獨去之，所見自别。

曹操軍頓邱，于毒等攻東武陽。操引兵入西山，攻毒本屯。毒聞之，弃武陽還。操遂擊眭固及匈奴於扶羅於内黄，大破之。

此即孫子圍魏救趙之計。兵法所云『攻其所必救』、『致人而不致於人』也。

司徒王允與司隸校尉黄琬、僕射士孫瑞、尚書楊瓚密謀誅卓，使吕布爲内應。布持矛刺卓，趣兵斬之，令軍士曰：『詔討卓耳，餘皆不問。』吏士皆稱萬歲。

宣詔誅卓，吏士皆呼萬歲，卓亦獨夫耳。李傕之變，自是處置失宜。

卓之死也，蔡邕在王允坐，聞之驚嘆。允叱之曰：『董卓國賊，君宜同疾，而懷其私遇，反相傷痛，豈不共爲逆哉！』即收付廷尉。

允之責邕，春秋大義。但邕雖爲卓所重，而未嘗盡用其言，邕亦委蛇以免禍，并非一心向卓也。允以其逆，不亦冤乎！若追論其議削孝和以下廟號稱宗，依擅議宗廟律罪之，邕無以自解矣。

邕言：『願黥首刖足，繼成《漢史》。』士大夫多矜救之，不能得；太尉馬日磾亦爲之言，允不聽。邕遂死獄中。

班固之於竇憲、馬融之於梁冀、蔡邕之於董卓，皆以曠世逸才托身非所。但固僅爲憲典文章而已，未必與參謀議也；融則爲冀用矣，其作奏誣陷李固，尤罪之難逭者；邕應卓徵，本非得已，且每進正言，不無小補。以三子并論，邕最可原，固亦可恕。乃二子均填牢户，而融竟免，亦有幸不幸耳。

黄巾寇兗州，劉岱欲擊之，鮑信諫曰：『賊衆百萬，不可敵也。然以鈔略爲資，今若先爲固守，彼欲戰不得，攻又不能，其勢必散，擊之可破也。』岱不從。

信所言切中事機，惜乎岱之不用也。使信不死，當爲魏之佐命。

劉岱爲黄巾所殺。陳宫説鮑信迎曹操領兖州刺史。詔以金尚爲兖州刺史，將之部，操逆擊之，尚奔袁術。

自領州牧，而擊走王官，操之得兖，直割據耳。

以皇甫嵩爲車騎將軍。

卓誅而以嵩爲車騎將軍，允未嘗專任以軍事也。使嵩得盡其用，何有於李傕、郭汜乎！

王允始與士孫瑞議，特下詔赦卓部曲，既而中止。又議悉罷其軍，或説允曰：『凉州人素憚袁氏，可以皇甫義真就領其衆，因使留陜，以安撫之。』允又不從。

是時亟應安置者，董卓部曲耳。布勸盡殺，既不可從；與瑞議赦，又不以時定。以及議罷議留，始終不與皇甫嵩謀，又不肯以嵩代領其衆，固知允未嘗以軍事任嵩也。朝有頗、牧而不能用，允不能辭其責。

時百姓訛言：『當悉誅凉州人。』卓故將校轉相恐動，皆擁兵自守。

何氏兄弟既死，不亟收其部曲，而使悉歸於董卓；卓既誅，不安置其部曲，釀成李傕之變，漢廷可謂無人。

李傕等遣使詣長安求赦，王允不許。傕等欲各解散，賈詡曰：『若弃軍單行，則一亭長能束君矣。不如西攻長安，爲董公報仇，若其不合，走未晚也。』

傕等庸奴耳。得賈詡一言，而兵端復起，遂致漢祚遷移。詡固漢之蟊賊哉！

傕等率兵數千，晨夜西行。王允使胡文才、楊整修解釋之。二人實召兵還。傕收兵，至長安，已十餘萬。與卓故部曲樊稠、李蒙等合圍長安城。

傕等求赦既不許，迨將兵西行，又不遣將迎擊，而召欲解釋，何其措置乖方一至是乎！是時皇甫知兵、呂布善戰，何難背城借一，乃均束手以待攻圍；又不能防叟軍之内變。允之剛愎寡謀，堪爲太息者矣。

呂布軍有叟兵内反，引傕衆入城。布與戰，不勝，將數百騎出走。招王允同去。允曰：『朝廷幼少，恃我而已。臨難苟免，吾不忍也。』太常种拂戰死。

允之不去、拂之不撓，皆不失忠節。但徒死亦何益於國家乎！

初，王允以宋翼爲左馮翊，王宏爲右扶風。傕等欲殺允，乃先徵宏、翼。宏欲舉兵共討傕等，翼不從，遂俱就徵。傕收允及宏、翼，并殺之。

宏計若諧，自可轉禍爲福，不止爲允延旦夕之命也。明知今日就徵，明日族誅，何必與翼同入虎口乎！

王允始自專討卓之勞。士孫瑞歸功不侯，故得免於難。

温公以瑞爲有功不伐、勞謙終吉。竊謂瑞所以甘讓討卓之功者，預揣允之必且及禍也。豈止有功不伐哉！

毛玠言於曹操曰：『今乘輿播蕩，生民廢業。夫兵義者勝，守位以財，宜奉天子以令諸侯，修耕植以畜軍資，霸王之業可成也。』操納其言。

玠一言而魏之王業基焉，其識又在文若之上。

徐州刺史陶謙與諸守、相共推朱儁爲太師，移檄牧伯，欲同討李傕等，奉迎天子。傕徵儁入朝，儁辭謙議而就徵。

儁之就徵於傕，亦猶皇甫之就徵於董卓，皆明知徵已非出帝意，而不敢違詔興兵以失臣節者也。

前太尉曹嵩避難在瑯邪，陶謙别將守陰平，士卒利嵩財寶，襲殺嵩於華、費間。嵩子操引兵擊謙，攻拔十餘城，坑殺男女數十萬口於泗水，水爲不流。（四年）

兖、徐接壤，操既得兖，故伐謙，圖并徐也。按陳《志》，操凡兩伐謙。初伐在初平四年，蓋因下邳闕宣取泰山、華費，略任城，故誣謙與之同反而加以兵；實則謙卒斬宣，不與同反也。温公已於《考异》辨之。再伐在興平元年，方及父嵩避難於瑯邪被害之事。初伐不言復仇，至此始托言復仇以爲兵端也。范《書》并兩伐爲一，不及陳《志》之詳實，《通鑒》從范《書》也。

劉虞率所部兵十萬討公孫瓚，戒軍士曰：『無傷餘人，殺一伯珪而已。』瓚乃簡募鋭士數百人，因風縱火，直衝突之。虞衆大潰。

虞所謂仁義之師也，適以取敗而已。宋襄、陳餘，皆前車之鑒也。湯武以至仁伐至不仁，而誓師之辭，既嚴且慎，安可不臨事而懼哉！

田疇北歸無終，率宗族及他附從者數百人入徐無山中，營深險平敞地而居，躬耕以養父母。百姓歸之，數年間至五千餘家。

管幼安以德自隱，龍蛇之蟄也；田子春以義伏衆，松柏之貞也。士不幸而處亂世，量力度勢，擇於斯二者而已。

陶謙告急於田楷，楷與平原相劉備救之。謙表備爲豫州刺史。（興平元年）

先主之刺豫州，謙所表也；與曹操之自領兖州者异矣。

前九江太守邊讓嘗譏議曹操，操殺之，并其妻子。由是兖州士大夫皆恐懼。陳宫性剛直，内亦自疑，乃與許汜、王楷等共謀叛操。

操得兖州，宫之計也。至此乃内自疑而謀叛。蓋操初得志，果於誅殺，故宫慮其不相容也。

兖州郡縣皆應吕布，惟鄄城、范、東阿不動。荀彧遣程昱至東阿，東阿令棗祗已率厲吏民拒城堅守，卒完三城以待操。

操攻陶謙，而兖州爲吕布所據，僅餘三城耳。及操引兵還，與布挐戰不解，而謙不聞出一旅以掎其後，知其無能爲也。

操至東阿，袁紹使人説操，欲使遣家居鄴。操新失兖州，軍食盡，欲許之。程昱言其不可，乃止。

是時袁、曹方睦，操失兖州，故紹欲其遣家居鄴，名爲患難相恤，實則質其妻子以縻之也。微昱言，操幾入紹彀中矣。

陶謙疾篤，謂别駕糜竺曰：『非劉備不能安此州。』謙卒，竺率州人迎備，備未敢當。陳登曰：『若使君不見聽許，登亦未敢聽使君也。』孔融曰：『天與不取，悔不可追。』備遂領徐州。

先主欲以徐州讓袁術者，與術接境，自度力不能制術，畏其逼也。元龍豪氣，北海名德，而殷殷推轂，先主固人望之所屬也。

初，孫堅娶吴氏，生四男：策、權、翊、匡。策年十餘歲，已交結知名。舒人周瑜與策同年，亦英達夙成。聞策聲問，便推分結好。

吴之立國，始於孫策，而周瑜佐之，權特席其餘業耳。故於此詳載策事，而并及瑜。

策見袁術，術甚奇之，然未肯還其父兵。策因緣召募，得數百人，而爲涇縣大帥祖郎所襲，幾致危殆。復往見術，術以堅餘兵千餘人還策。

堅爲黄祖所害，策又爲祖郎所襲，其一名一姓，果爲孫所忌邪？當時江東稱策曰『孫郎』，并稱瑜曰『周郎』，以二人皆少年也。今乃更有『祖郎』，其亦一少年邪？

董卓初死，三輔民尚數十萬户。李傕等放兵劫掠，加以饑饉，二年間，民相食略盡。李傕、郭汜、樊稠各相與争權，欲鬥者數矣。賈詡每以大體責之。

傕、汜特盗賊之無賴者耳，其智慮又出董卓以下。當時如二袁、曹操，各擁强兵，與謀者不乏智勇之士。若連兵内向，何難匡正王室？而莫肯先發者，各懷异圖，利在傕等之糜爛斫喪而已乘其敝也。賈詡爲傕等所信，而不聞出一忠言善計，導之使不爲惡。好亂樂禍，真漢賊也。

李傕數設酒請郭汜，或留汜止宿。汜妻恐汜愛傕婢妾，會傕送饋，妻以豉爲藥，擿以示汜曰：『一栖不兩雄，我固疑將軍信李公也。』

『一栖不兩雄』，出自妒婦之口，正以兩雄并栖，必争雌而鬥也。然盗賊相處，無終日之計，傕、汜等恰有此情狀。

李傕使兄子暹將兵以車迎帝。帝至傕營，使公卿和傕、汜。汜留太尉楊彪、司空張喜等於其營以爲質。朱儁憤懣發病死。

與其憤懣病死，孰若從陶謙之策起兵誅亂賊乎？吾爲儁惜之。

郭汜饗公卿，議攻李傕。楊彪曰：『一人劫天子，一人質公卿，可行乎？』汜怒，欲手刃之。彪曰：『卿尚不奉國家，吾豈求生邪！』楊密固諫，汜乃止。

是時公卿守正不撓，獨有楊彪耳。不愧楊震孫。

司徒趙温與李傕書曰：『於《易》：一爲過，再爲涉，三而弗改，滅其頂，凶。不如早共和解。』傕大怒，欲殺温。其弟應諫之數日，乃止。

析《易》之一語爲『一、再、三』，必漢儒曾有此解，而温守其師説也。與傕言《易》，非所能曉，適觸其怒耳。

曹操以陶謙已死，欲遂取徐州。荀彧曰：『將軍本以兖州首事，百姓無不歸心。今雖殘壞，猶易以自保。若舍吕布而東，布乘虚寇暴，是無兖州也。將軍安所歸乎！』操乃止。

聞陶謙死，乃欲舍兖州而取徐州；操之垂涎徐州，至此益見。足徵先之誣謙同反、托言報仇，皆假以爲出師之名，實則利其土地而已。兖州雖河、濟之交，其地四達，無險可扼，非關中、河内比；其民亦未嘗歸心於曹氏也，或言殊不盡然。但此時操所據僅三城耳，舍此將安歸乎？操自以吕布未易破、徐州可立取，故爲此有進無退之計。而彧之爲操熟慮者，徐州已屬先主，未可必得，則兖州未可輕弃也。此金玉之論也。

帝使劉艾謂賈詡曰：『羌胡滿路，宜思方略。』詡乃召羌胡大帥飲食之，許以封賞，羌胡皆引去。李傕由此單弱。於是復言和解，傕乃從之。

詡之智洵足操縱傕、汜，而不肯盡力。傕所恃者，羌胡耳。羌胡引去，而傕之勢孤，自度無以加於郭汜，故和解之説易行。

是時長安城空四十餘日，强者四散，羸者相食。二三年間，關中無復人迹。

班固賦所云：『原野厭人之肉，川谷流人之血』，指王莽之亂也。但其時尚有遺民保壁以拒赤眉，此則更有甚焉。

沮授説袁紹『西迎大駕，即宫鄴都，挾天子而令諸侯』，郭圖、淳于瓊曰：『秦失其鹿，先得者王。今迎天子自近，動輒表聞，從之則權輕，違之則拒命，非計之得也。』

授爲紹計甚工，而紹從圖、瓊之策者，以『秦失其鹿，先得者王』二語有以動其心也。授言『若不早定，必有先之者』，此識時務者也，未幾曹氏果先之矣。

朱治勸孫策歸取江東。策説袁術曰：『家有舊恩在東，願投本土召募，可得三萬兵，佐明使君定天下。』術許之，表策爲折衝校尉，將兵千餘人、騎數十匹。

術此時蓋猶以少年視策也。資蛟龍以雲雨，遂不可制。

策行收兵至曆陽，衆五六千，周瑜將兵迎之，所向皆破，莫敢當其鋒者。軍士奉令，一無所犯，民乃大悦。策闊達善用人，士民見者莫不盡心，樂爲致死。

策之威略，實出曹、劉之上。第以不永其年，故功業未就耳。

策進擊劉繇於曲阿。繇同郡太史慈自東萊來省繇，或勸繇可以慈爲大將，繇曰：『我若用子義，許子將不當笑我邪？』

以慈之勇而知義，繇與同郡，豈不知之？而懼爲許子將所笑，遂交臂而失良將。臨敵用人，何須汝南月旦乎？即此知其必敗。

劉繇自丹徒將奔會稽，許劭曰：『會稽富實，策之所貪，不可往也。不如豫章，北連豫壤，西接荆州，孟德、景升必相救濟。』繇從之。

繇因恐爲許子將所笑而不用太史慈，固以劭爲謀主也。今劭之計何如哉？委會稽之富實，而遠赴豫章，亦逃遁以避兵耳。乃云曹、劉必相救濟，何哉？後言卒不驗。

袁紹圍臧洪於東郡，歷年不下。城陷，生執洪，紹知終不爲己用，乃殺之。又殺陳容。在坐無不嘆息，竊相謂曰：『如何一日殺二烈士！』

東漢士人，多由郡縣吏進身，故於守令有君臣之義，往往盡忠竭節以奉之。洪其最烈者也。然使洪方事張超而適逢其難，與之同死可也，不死，爲之復仇亦可也。今既守東郡，則王官矣，乃猶傾戀私恩，弃郡捐身而弗之恤，於公義未爲得也。紹因洪不附己，即興兵攻圍，曲本在紹，洪責以大義，紹亦無可解免，乃殺洪而濫及陳容，適以成二子之名而自隳其君人之度已。

公孫瓚既殺劉虞，盡有幽州之地，恃其才力，不恤百姓。劉虞從事鮮于輔等率州兵欲共報仇；閻柔招誘胡、漢數萬人，南迎虞子和，與袁紹將麴義共攻瓚，破之。瓚軍屢敗，遂徙鎮易，於塹裏築京。

劉虞遺愛在幽州，故輔等因民之怨，扶義而起，一時胡、漢并應，瓚遂不支。詐力果足恃哉！董卓築郿塢，積穀爲三十年儲，自云『事不成守此足以畢老』；瓚築易京，積穀三百萬斤，自云『食盡此穀，足以待天下之事』，皆兔窟、鼠穴之見也。

袁術攻劉備以争徐州。備使張飛守下邳，自將拒術，更有勝負。飛殺曹豹，城中乖亂。術勸吕布襲下邳。許耽開門迎之，張飛敗走。備引還，兵潰。

先主欲以徐州讓術者，固知術必争徐州也。既從陳登而領徐州，竟不能用登，卒爲吕布所困，智出曹瞞下矣。自失徐州，而先主一依吕布、再依曹操、三依袁紹、四依劉表，顛沛流離，幾無立足之地。其卒得建國紹統於蜀，亦天幸耳。布之罪，固無可寬哉！

袁術以讖言『代漢者當塗高』，自云名字應之，遂有僭逆之謀。聞孫堅得傳國璽，拘堅妻而奪之。及聞天子敗於曹陽，乃會群下議稱尊號。

代漢當塗高，讖書之妄言耳。不惟無與於術，即魏亦因魏闕而傅會其説。究之，魏非一統，蜀主尚存，不得云代漢也。

孫策與術書，以爲『宜守忠效節，以報王室，不宜惑圖緯之言、牽非類之文』。術得書，愁沮發疾。策遂與之絶。

策與術書，遠徵湯武爲法，近指董卓爲戒，義正而嚴，辭簡而賅，必張子布輩爲之起草也。

曹操在許，謀迎天子，荀彧亦言之。操乃遣曹洪將兵西迎天子，不得進。董昭作操書與楊奉，奉得書喜悦。董承潛召操，操乃將兵詣雒陽。

昭先既爲操作書與李傕、郭汜，以通操使；　兹又爲操作書與楊奉，操遂得爲鎮東將軍，襲父爵費亭侯。昭是時尚未與操定君臣之分，而每爲之用，厥後復决策移車駕幸許，而魏公九錫之命，均自昭發之。昭固魏之功臣，而漢之賊臣也。

以曹操領司隸校尉、録尚書事。操引董昭并坐問計，昭曰：『諸將人殊意异，今留匡弼，事勢不便，惟有移駕幸許耳。』操曰：『此孤本志也。』

昭知操欲移駕幸許，故逆探其意而贊其决，亦猶魏公九錫之議，亦操欲之而昭成之，蘇則所以斥爲佞人也。其策楊奉，則可謂知己知彼。

車駕出轘轅而東，遂遷都許。以曹操爲大將軍，封武平侯。

魏業自此成，漢祚自此傾矣。爲操計固得，爲帝計亦未失也。是時雒陽殘破，諸將争權，帝危若綴旒，能一日安其居哉！操雖臣節不終，而帝猶得坐擁虚器二十餘年，亦云幸已。

詔書責袁紹『地廣兵多，而專自樹黨，不聞勤王之師』。紹上書陳訴，以紹爲太尉，封鄴侯。紹耻班在曹操下，表辭不受。操懼，以大將軍讓紹。

操蓋托詔書先以大義責紹，使之心折，然後以太尉、封侯羈縻之。而紹固不可制也，故懼而讓以大將軍，操自度兵力不足以敵紹也。然讓者特其名耳，挾天子以出令，太阿之柄紹得而執之乎！

北海太守孔融，負其高氣，志在靖難，而才疏意廣，訖無成功。青州刺史袁譚攻融，自春至夏，流矢交集，而融猶隱几讀書，談笑自若。城陷，乃奔東山。

人各有能有不能。融文章德望，國之羽儀，而治劇既非所長，應變尤其所短也。

棗祇請建置屯田，曹操從之。募民屯田許下，得穀百萬斤。於是州郡例置田官，所在積穀，倉廩皆滿。故操征伐四方，無運糧之勞。

修耕植以蓄軍資，毛玠首發其議，而募民屯田，祇實身任之。

吕布攻劉備，備敗走，歸曹操。操厚遇之，以爲豫州牧。或勸操早圖備，郭嘉曰：『備有英雄名，以窮歸我，而害之，是以害賢爲名也。不可。』

操此時尚欲縻先主爲己用乎？蓋有鑒於枉殺邊讓幾失兖州，而先主雖有英雄名，猶未爲操所畏忌，故用之以圖吕布也。

吕布使袁涣作書罵辱劉備。涣不可，布脅以兵。涣笑曰：『使彼固君子邪，不耻將軍之言；彼誠小人邪，將復將軍之意。』

作書相駡，市井無賴之所爲耳。君子無可駡，故不以駡爲耻；小人工於駡，故必以駡相報。味涣此言，善駡者可以愧矣。且布之可駡者多矣，得免於駡，已爲厚報，乃欲駡人乎！

禰衡少有才辨而尚氣剛傲。孔融薦之於曹操，衡駡辱操，操怒，乃送與劉表。

袁涣不肯作書駡人，而衡逢人便駡。以此處亂世，其取殺身之禍固宜。

袁紹與曹操書，辭語驕慢。操謂荀彧曰：『今將討不義，而力不敵。』或曰：『紹有十敗，公有十勝。』

雖有十敗十勝之説，實則紹以寬濟寬，操糾之以猛；紹不知兵要，操用兵如神，此兩家勝敗所由分乎！

紹以吕布爲左將軍，布遣陳登奉章謝恩。登見曹操，因陳吕布有勇無謀，輕於去就，宜早圖之。操執登手曰：『東方之事，便以相付。』

先主領徐州，登首倡其議，而不聞爲先主盡力。操一見登，即以東方之事相付，卒收其效。固知先主不能用登也。

袁術遣將與韓暹、楊奉趣下邳，七道攻布。布用陳珪策，與暹、奉書曰：『二將軍親拔大駕，今奈何與術同爲賊乎！』暹、奉即回計從布，共擊術軍，大破之。

術所以動致離叛者，以其僭號稱尊，故人得指爲賊而共誅之。『當塗高』之讖，果屬公路乎！

故太尉楊彪與袁術婚姻，曹操惡之，奏收下獄，劾以大逆。孔融營救，操使滿寵按彪獄，寵考訊無他，操即日赦出彪。彪遂稱脚攣，積十餘年不行，由是得免。

彪此時亦幾糜於虎口矣。始稱疾以避禍，猶嫌見之晚也。

袁紹欲移天子自近，使説曹操，以許下埤濕，宜徙都鄄城。操拒之。田豐説紹宜早圖許，奉迎天子，紹不從。

先不奉迎天子，至此乃欲移以自近，何可得哉！又不肯乘虛襲許，坐失事機，宜其敗也。

曹操屠彭城，進至下邳。吕布屢出戰，皆大敗，保城不敢出。用陳宫計，欲使宫及高順守城，而自出斷操糧道，其妻以爲不可，布乃止。

地蹙勢危，方爲出奇救死之計，乃以婦人一言而止，欲不坐困得乎？

孫策使太史慈往撫安豫章。左右皆曰：『慈必此去不還。』策曰：『子義捨我，當復從誰？』

慈新降而策用之不疑，可謂推赤心置腹中矣。其不可及者，尤在知人之明。

策問慈何日能還，慈曰：『不過六十日。』果如期而反。謂策曰：『華子魚，良德也，然無他方規，自守而已。』策遂有兼并之志。

華歆在當日，亦平世三公之選。勘亂應變，本非所長，固宜爲慈所料。

袁紹攻公孫瓚。瓚自計必無全理，乃引火自焚。關靖嘆曰：『前若不止將軍自行，未必不濟。君子陷人危，必同其難，豈可獨生乎！』策馬赴敵而死。（四年）

瓚勢成坐困，衆已内離。靖即贊成其計，黑山賊帥未必果能勝紹；幸而解圍，亦不過苟延旦夕，卒爲紹禽耳。靖義不獨生，自是烈士，不負瓚矣。

袁術既稱帝，淫侈滋甚，資實空虚，不能自立。乃燒宫室，奔其部曲陳簡、雷薄於灊山，復爲所拒，遂大窮。

術以淮南一隅之地，中立於孫策、劉表、曹操之間，即勵精竭智，尚恐無以自存，而乃僭逾淫侈，遂致財盡人離，措身無所。『自作孽，不可活』，術之謂乎！

袁術遣使歸帝號於袁紹，袁譚自青州迎術，欲從下邳北過。曹操使劉備及朱靈邀之，術不得過，復走壽春，憤慨嘔血死。

術所云『袁氏受命當王』者，以讖文『當塗』與『術、路』有合耳，何關於紹，而托言符瑞，以帝號歸之乎？紹不拒其使，又使譚迎術，其意可知已。

袁紹既克公孫瓚，心益驕。主簿耿包密白紹宜稱尊號，紹以包白事示軍府僚屬，皆言包妖妄宜誅，紹不得已，誅包以自解。

術甫以帝號歸紹，包即密白紹宜稱尊號，揣知紹意，將以媚紹，而自居擁戴之功也。紹以示軍府，固已心許之，特欲以覘衆意所向耳。殺包非紹本心；而包之死，實由自取也。

紹欲攻許，沮授以爲『宜務農息民，然後進屯黎陽，漸營河南，分遣精騎，抄其邊鄙，令彼不得安，我取其逸，如此可坐定也。』紹不從。

河北謀臣，知己知彼，惟一沮授耳。是時袁强曹弱，角智則不足，角力則有餘。故授欲以逸乘勞、坐制其敝也。若用其策，亦未必即能定操，而操之勢日蹙矣。

許下諸將聞袁紹將攻許，皆懼。曹操曰：『紹志大而智小，色厲而膽薄，兵多而分畫不明，將驕而政令不壹，土地雖廣，糧食雖豐，適足爲吾奉也。』

兵多而分畫不明，將驕而政令壹，此行軍之大忌也。自古蹙國喪師，未有不由此者。淮陰侯之多多益善，正以分畫明、政令壹耳。

孔融謂荀彧曰：『袁紹地廣兵强，田豐、許攸爲之謀；審配、逄紀任其事；顔良、文醜統其兵，殆難克乎！』或曰：『豐剛而犯上，攸貪而不治，配專而無謀，紀果而自用，此數人勢不相容，必生内變。良、醜，一夫之勇耳，可一戰禽也。』

融在北海，困於袁譚，幾爲所虜，固宜心折於袁氏。彧料紹諸臣，恰中其病。而紹之誤信因以致敗者，尤在郭圖也。

袁紹遣人招張綉，綉欲許之，賈詡勸綉歸曹操。操爲子均取綉女，拜揚武將軍。

此時綉若歸紹，必與同盡。且既爲曹操所邀，又爲劉表所躡，恐河北亦未易達也。詡奸人之雄，實能洞悉利害。

曹操使衛覬鎮撫關中。覬與荀彧書曰：『夫鹽，國之大寶也。亂來散放，宜如舊置使者監賣。』彧白操，從之。

先收河東鹽利歸官，實當時急務，覬亦知務者也。

袁紹使人求助於劉表，表許之而竟不至，亦不助曹操。劉先説表，舉荆州以附操。表狐疑不斷。

計表此時，惟有選將治兵，乘許之虚而迎天子；否則先據形要，俟袁、曹相敝，起而出其後。抑或伺隙觀變，遠交近攻，俾袁不能并曹，曹亦不能并袁，兩利俱存，形格勢禁，尚可從容江漢，偷旦夕之安。勿論附紹非計，即附操亦未爲得策也。操不得志於紹則已，若并紹勢必圖表，又安能重以爲德哉！先所謂萬全之策者，實咫尺之見也。表與張綉不同，綉非操所忌也，荆州則操所貪也。

孫策盛兵徇豫章，使虞翻往見華歆曰：『孫討逆用兵如神，前走劉揚州，君所親見；南定會稽，亦君所聞也。不早爲計，悔無及也。』

王朗、劉繇，皆當時名士，與歆互相引重者。故翻以爲言，其意殊咄咄相逼。宜歆聞之而五體投地也。

歆曰：『久在江表，常欲北歸。孫會稽來，吾便去也。』策進軍，歆葛巾迎策，策修子弟之禮，便向歆拜。

歆自度力不敵策，又欲北歸就曹操，故束手迎降，以郡相授耳。策雖拜歆，其意則賤之如芻狗矣。

曹操東擊劉備。田豐説袁紹襲許，紹以子疾未行。

操弃紹而東征，雖計出郭嘉，非完策也。使紹從豐計，許下危矣。

操擊劉備，破之；進拔下邳，禽關羽。備歸袁紹。紹議攻許。田豐曰：『操既破備，許下非復空虚，不如以久持之，奇兵迭出，使之疲於奔命，我未勞而彼已困，可坐克也。』紹不從。

豐之計猶沮授之策，皆明於主客、强弱之形，以已有餘制彼不足者也。晋悼公以三師敝楚，此師其遺意。使紹用豐前計，即未必果能定許，操不得不還而自救，而下邳不拔，先主不破，操必難免後顧之憂，而不能以全力向紹。用豐後計，即未必遽能坐克，而四州之衆、大河之險，自足以進戰而退守。乃不量彼己而坐失事機，則亦自速其亡而已。

袁紹遣顔良攻東郡太守劉延於白馬，曹操引軍趣白馬，良逆戰，關羽先登擊之，斬其首而還。操重加賞賜。羽拜書告辭，而奔劉備於袁軍。左右欲追之，操曰：『彼各爲其主，勿追也。』

關之决去，操之不追，并足千古。

孫策殺吴郡太守許貢。貢客欲爲報仇。策出獵，遇貢客三人，射策中頬。後騎尋至，皆刺殺之。

三客爲貢報仇，身殉不悔，皆烈士也。惜史失其姓名。

策創甚，召張昭等謂曰：『中國方亂，以吴越之衆、三江之固，足以觀成敗。公等善相吾弟。』呼權，佩以印綬。

策遺言，亦止爲畫江之計。蓋有見於曹操之勢已成，中國未可與争也。

袁紹軍陽武，沮授説紹曰：『北兵雖衆，而勁果不及南；南軍資儲不如北。南幸於急戰，北利在緩師，宜持久曠以日月。』紹不從。

授始終持緩師之議。但此時紹軍業已渡河，即欲曠日持久，得乎？

許攸説紹曰：『曹操兵少，而悉師拒我，許下勢必空虚，若分遣輕軍星夜掩襲，許可拔也。如其未潰，可令首尾奔命，破之必矣。』紹不從。

授計持重，攸計用奇，而俱不從，宜其敗矣。

曹操衆少糧盡，與荀彧書，議欲還許，以致紹師。彧報書曰：『公以至弱當至强，若不能制，必爲所乘，此用奇之時，不可失也。』操從之。

紹兼四州，地廣兵强；而操自起兵以來，身經百戰，往往斬刈群雄，收其部曲，計其糾合驍鋭，應不下數萬衆。雖與紹有多寡之殊，未可云十分居一、至弱當至强也。且操屯田許下，又於諸縣分設田官，勸農殖穀，數年以來，自已廣有儲偫，何至用兵河上甫閲半年，僅餘一月之糧乎？竊謂官渡一戰，曹魏霸業所基，史臣故作危語，一見操用兵之如神。未必盡爲實録也。

袁紹使高覽、張郃等攻操營。郭圖譖郃於紹，郃忿懼，遂與高覽詣操營降。於是紹軍驚擾，大潰，紹及子譚等與八百騎渡河。操追之不及，坑其餘衆七萬餘人。

顔良、文醜、高覽、張郃，皆紹良將也。或戮於前，或降於後，紹軍不能支矣，故潰而遁。

曹操表劉馥爲揚州刺史。時揚州獨有九江。馥單馬造合肥空城，建立州治。數年中恩化大行，流民歸者以萬數。

孫權不於此時據九江以拓江北，後乃争合肥，尚可冀乎？

曹操表孫權爲討虜將軍，領會稽太守。周瑜薦魯肅於權，權與語，悦之。肅曰：『漢室不可復興，曹操不可卒除，爲將軍計，惟有保守江東，以觀天下之釁耳。』

肅議與孫策遺言大指略同。蓋是時江東新造，仲謀初立，江北非所能及，止可固守吴越、徐圖荆楚，爲畫江之計耳。其以曹操之不可除，决漢室之不復興，亦皆識者所共見也。

劉璋性寬柔，無威略。趙韙作亂，引兵數萬攻璋，厚賂荆州，與之連和。

劉表但受韙賂，而不能乘機圖蜀，亦惟郊祀天地，僭擬乘輿，效夜郎之自大而已。

曹操以袁紹新破，欲擊劉表。荀彧曰：『紹既敗，其衆離心，宜乘其困，遂定之。而欲遠師江漢，若紹收其餘燼，乘虚以出人後，則公事去矣。』操乃止。（六年）

以操之智，此時遽欲置河北而圖江漢，必非無所見也。或以紹雖敗，其勢尚强，河北未可驟得； 表不知兵，無難一鼓下之邪？ 然未免失策矣。

汝南近許，肘腋之患，而先主又操夙所忌也。故先自征之。

操自擊劉備於汝南，備奔劉表。

官渡之敗，袁氏大勢已不支，而四州尚完。使其卧薪嘗膽，救死扶傷，猶可復振，乃紹殁而廢長立幼，内變作焉。天殆以河北授曹氏乎！

袁紹慚憤，嘔血薨。紹有三子：譚、熙、尚。衆以譚長，欲立之。逢紀、審配素爲譚所疾，乃矯紹遺命，奉尚爲嗣。譚不得立，自稱車騎將軍，屯黎陽。

至此乃遣兵攻河東，以分操兵勢，惜其已晚。

曹操渡河攻譚，尚自將助譚，與操戰，數敗。尚遣郭援與高幹、匈奴南單于共攻河東。

河東方危，而騰忽爲操用，皆挾天子以號令之效。

袁尚發使與關中諸將馬騰等連兵，騰等陰許之。傅幹説騰引兵討郭援。騰乃遣子超將兵萬餘人與鍾繇會，擊援，大破之，斬援。

劉表使劉備北侵，至葉，曹操遣夏侯惇、于禁拒之。

表因曹操與二袁相持，又有河東之役，故乘虚北侵，冀以掎其後也。然兵少，不足害操。

曹操下書，責孫權任子，權召群僚會議。張昭、秦松等猶豫不決，周瑜以爲不如勿遣，徐觀其變。權從之。

瑜爲權計甚工。厥後赤壁之戰，亦待瑜而决。使瑜不死，權於黄初必不稱臣於魏。

曹操攻黎陽，與袁譚、袁尚戰於城下。譚、尚敗走。郭嘉曰：『二子權力相侔，急之則相保，緩之則争心生。不如南向荆州，以待其變，而後擊之。』

操先欲擊劉表，荀彧止之，以袁紹未死、河北尚强也。兹欲攻譚、尚，而郭嘉勸其南向荆州，以二子權均，内變將作也。嘉與彧非必所見不同，時勢固殊也。且是時表乘虚北侵，故南向以報之，亦非無故而加以兵也。

操還許。譚謂尚曰：『可及其未濟，出兵掩之。』尚不從。郭圖、辛評謂譚曰：『使先公出將軍爲兄後者，審配之謀也。』譚遂引兵攻尚，戰於門外。敗，還南皮。

二袁相攻，果如郭嘉所料。而争端之起，由於郭圖。圖，袁氏之蟊賊也，誤紹者屢矣，兹復構譚、尚而使之鬥。河北之亡，圖爲禍首。

譚欲還攻尚。王修曰：『兄弟，左右手也。譬人將鬥，而斷其右手，曰「我必勝」，其可乎？若斬佞臣，復相親睦，可横行於天下。』譚不從。

修所云『佞臣』，謂郭圖輩也，其言較劉表，可謂切矣。而不能動譚之聽者，釁隙已成，勢不兩立也。

曹操擊劉表，軍於西平。袁尚自將攻袁譚，大破之。譚遣辛毗詣曹操請救，劉表以書諫，譚、尚皆不從。

表以操欲圖荆襄，故遺書二袁，欲其釋憾連兵以制其後。而不能直指利害以動其聽，宜其言之不入也。二袁所争，非曲直也。尚越次得立，而譚不爲之下也。表之言亦泛而不切矣。且表先不致書排解，至此爲操所擊，始勸其先除操以卒先公之恨，亦以自紓禍耳，二袁豈不知之，而肯從其言乎？

辛毗見操，致譚意。群下多以譚、尚不足憂，荀攸曰：『袁氏據四州之地，使二子和睦，守其成業，則天下之難未息也。及其亂而取之，天下定矣。時不可失。』

郭嘉説操擊劉表，欲以緩二袁，使之自鬥，然後及其亂而取之耳，意固不在表也。攸之策，正與嘉合。

操謂辛毗曰：『譚必可信、尚必可克否？』毗曰：『四方之寇，莫大於河北。河北平則六軍盛而天下震矣。』操曰：『善！』

毗與張松、法正同一賣國者也。後卒貴顯於魏。

曹操濟河，袁尚復攻袁譚於平原，留其將審配、蘇由守鄴。（九年）

不扼河以遏操軍，待其既濟，又不聚兵於鄴，爲戰守計而輕出遠攻，其意殆謂譚實召操、破譚則操軍自退。抑知操必攻鄴，正用孫子圍魏救趙之遺策乎！尚固無謀，審配亦不得爲智已。

尚將兵還救鄴，操擊破之，得尚印綬、節鉞以示城中。城中崩沮。審配令士卒曰：『堅守死戰，操軍疲矣。幽州方至，何憂無主！』

以尚印綬、節鉞示城中，必云尚已死也，故配令曰『幽州方至，何憂無主』。幽州，尚兄熙也。

審配兄子榮開門納操兵。配拒戰城中，操兵生獲之。操欲活之，配意氣壯烈，終無撓辭。遂斬之。

配矯命立尚，不爲無罪，至此亦可謂忠於袁氏矣。操知其必不爲己用，故雖愛其才，而不得不殺也。若辛毗、張子謙輩，不自愧其偷生，而轉以配之得其死爲笑、罵乎？

袁尚走中山，牽招説高幹以并州迎尚，并力觀變。幹不從。

袁紹以三子一甥各據一州，固欲其爲輔車之勢。乃譚、尚既自相圖，而熙、幹袖手旁觀，幹又先自貳焉。亦同歸於盡而已。

曹操攻克南皮，袁譚出走，追斬之。斬郭圖等及其妻子。

袁氏之敗，圖實爲蟊賊。操加以門誅，殊當其罪。

王修詣曹操，乞收葬譚尸，操許之。使修還，樂安太守管統不下，修使詣操，操赦之。

誅郭圖而宥修、統，刑賞固自不謬。

袁熙爲其將焦觸、張南所攻，與尚俱奔遼西、烏桓。

譚、尚相攻而熙不問，操與譚、尚相持而熙不聞，譚、尚相繼爲操所敗，而熙不救。徒擁大州，坐待屠滅，熙真庸奴，又劣於譚、尚矣。操但譏劉景升之子爲豚犬，而不及袁本初之子，何也？

焦觸自號幽州刺史，率諸郡太守、令長背袁向曹。别駕韓珩曰：『吾受袁公父子厚恩，北面曹氏，所不能也。』觸曰：『事之濟否？不待一人，可卒珩志，以厲事君。』

觸無足齒數，乃能容珩而不奪其志。或亦聞操之宥王修、管統，有以感動其心邪？

曹操謂荀彧曰：『河東，天下要地也。君爲我舉賢才以鎮之。』或舉杜畿，操以爲河東太守。畿在河東十六年，常爲天下最。

畿之功不在定一時之亂，而在全一郡之民。其慶流子孫，宜哉！

秘書監荀悦，爽之兄子也，作《申鑒》五篇上之。時政在曹氏，天子恭己，悦志在獻替，而謀無所用，故作是書。

悦之論政，非不通達治體，但亦儒者之恒言耳。可以施之平世，不可以行之亂世；可以通乎萬世，不可以濟乎一時。是時大權旁落，政在曹氏，彼漢帝者，亦奚從取悦言而見諸施行哉！然悦非不知其言之不能用也，第以荀氏諸子若彧、若攸，皆曹氏謀臣，内參帷幄，而已踽踽獨在漢帝左右。欲爲曹氏計乎？即百策百中於漢帝，無裨也；欲爲漢帝計乎？必將强公弱私，尊主抑臣，孔子不能得之於季氏，悦又安能得之於曹氏哉！是以姑爲是中理而不切於事之論，著之成書，奏之帝前。俾曹氏見之，必以爲迂闊，而不復介意，已因得全節以全身也。此即悦之所以卒免於禍也夫！

曹操自將擊高幹，幹南奔荆州，上洛都尉王琰斬之。操以梁習爲并州刺史，邊境肅清，百姓布野，勸課農桑，令行禁止。（十一年）

劉馥之在九江、杜畿之在河東、習之在并州，皆以兵法佐吏治者也。

曹操將擊烏桓，諸將皆曰：『劉備必説劉表襲許。』郭嘉曰：『表，坐談客耳。自知才不足御備，重任之則恐不能制，輕任之則備不爲用。公無憂矣。』操從之。

二袁尚在烏桓，四州未忘故主。操之北征，本有不得不然之勢，而未嘗不虞荆州之乘其後也。嘉策表必不能用先主，則决其必不能出師，蓋所慮者先主爲表用耳，表非所慮也。未幾，果如所料。

操登白狼山，卒與虜遇，左右皆懼。操望虜陣不整，乃縱兵擊之，使張遼爲前鋒。虜衆大崩，斬蹋頓及名王以下。胡、漢降者二十餘萬口。

兵貴用奇。操已入死地，故能以寡勝衆。然非遼爲前鋒，亦未必所向摧破也。

袁尚、袁熙奔遼東，太守公孫康斬其首送之。操梟尚首，令三軍：『敢有哭之者斬。』牽招獨設祭悲哭，操義之，舉爲茂才。

敢哭者斬，似以禁哭，實則爲袁氏遺臣必有忠於故主者，因設此令以試其心也。故獨取牽招，以厲事君，而益昭己之大度。

操既還，科問前諫者，皆厚賞之。曰：『孤乘危徼倖，雖得之，不可以爲常。諸君之諫，萬安之計，是以相賞。』

袁紹軍敗，則殺田豐；操軍勝，乃賞諫者。度量相越，豈不遠哉！

徐庶見劉備於新野，謂備曰：『諸葛孔明，卧龍也。將軍宜枉駕顧之。』備詣亮，凡三往，乃得見。亮爲備計：『宜跨有荆、益，結好孫權，内修政治，外觀時變。』

隆中已定三分之局，後卒不出所算，所以不能興復漢室者，則由於得益而失荆也。

備與亮情好日密，關羽、張飛不悦。備解之曰：『孤之有孔明，猶魚之有水也。諸君勿復言！』

關張非媢嫉者，乃猶不悦於諸葛。士處功名之際，亦良難哉！

司徒趙温辟曹操子丕。操表温辟臣子弟，選舉故不以實，策免之。（十三年）

此罷三公所由來也，不欲分辟召之權也。温辟丕將以悦操，而不料適逢其怒。蓋操之意，固不屑以其子仕於公府耳。未幾，操爲丞相，丕即以五官中郎將爲丞相副，肯爲司徒屬吏乎！

甘寧説孫權曰：『曹操終爲簒盜。南荆山川形便，宜早圖之，不可後操。圖之之計，宜先取黄祖，即可漸規巴、蜀矣。』權深納之。

先取荆，次取蜀，興霸之策，與孔明、公瑾略同，亦識時務之俊杰也。

張昭曰：『今吴下業業，若軍行，恐致亂。』權舉酒屬寧曰：『今年行討，如此酒矣，决以付卿。』

昭佐孫策，虚負盛名，而謀議殊無足采，但促促效轅下駒耳。權决計用甘興霸之策而禽黄祖，復决計用魯肅、周瑜之策而破曹操，均不爲昭之言所惑，所以卒能畫江而成鼎足之業也。若用昭策，吴其殆乎！

以曹操爲丞相，操以崔琰、毛玠典選舉，所用皆清正之士，由是天下以廉節自勵。

長吏垢面羸衣，軍吏朝服徒行，將以崇儉而興廉也。未幾乃有故污其衣、藏其輿服；大吏或自挈壺飧以入官寺。和洽所以有『貴中庸而戒詭激』之議。

孔融數戲侮曹操，又上書：『宜凖古王畿之制，千里寰内不以封建諸侯。』操益憚之。郗慮承操風旨，令路粹誣奏融大逆不道，遂收融，并其妻子皆殺之。

以文舉之名重天下，固已爲操所忌，况又志存漢室，動與操忤，欲免禍得乎？文舉但建『王畿寰内不以封建』之議，已足殺身喪家，則知荀悦《申鑒》中理而不切於事之有以也。

劉表二子：琦、琮。蔡瑁、張允毁琦譽琮。琦不自安，與諸葛亮謀。亮曰：『君不見申生在内而危、重耳在外而安乎！』

在内而危、在外而安，孔明之言是也。但考《左傳》，申生在曲沃新城，未嘗在内也。是時惟二姬之子在絳耳。

劉表卒。琩、允立琮爲嗣。曹操軍至新野，琮舉州降。時劉備屯樊，琮不敢告備。備久之乃覺。

是時先主已得孔明，似不難拒操。而以屯樊未得與聞，比覺，則事勢已去，末如之何矣。

王威説劉琮曰：『曹操聞將軍既降，劉備已走，必懈弛無備。若給威奇兵數千，徼之於險，操可獲也。』琮不納。

使威策見用，亦兵家之一奇也。但操聞先主向江陵，即自將精騎急追，則亦不至懈弛無備也。

徐庶母爲操所獲。庶辭劉備，指其心曰：『本欲與將軍圖王霸之業者，以此方寸之地也。今失老母，方寸亂矣。無益於事，請從此别。』遂詣操。

庶就母而詣操，前邁王陵，後跨姜維矣。歸操後寂然無所表見，固由不爲操用，尤難在晦以自全也。孟德不留雲長以全其忠，先主不留元直以全其孝，并堪千古。

張飛將二十騎拒後，飛拒水斷橋，瞋目横矛，操兵無敢近者。或謂趙雲已北走，備曰：『子龍不弃我也。』頃之，雲抱備子禪與關羽船會。

當時與先主同肝共膽者，關張而外，次則子龍。然魏臣程昱稱關張爲『萬人敵』而不及趙，殆威名猶有軒輊歟？

初，和洽從劉表，表以上客待之。洽曰：『昏世之主，不可黷近，久而不去，讒慝將興。』遂南之武陵。

洽從劉表而避表，亦如管幼安依公孫而避公孫，皆所云『見幾而作，不俟終日』者。然二子品格，正自不同。

曹操以韓曁爲丞相士曹屬，裴潛參丞相軍事，和洽、劉廙、王粲皆爲掾屬，從人望也。

每得一州，必旌其忠直、羅其英俊，以從民望而收士心。操之方略，洵不可及。

魯肅聞劉表卒，請吊表二子，慰勞其軍，説劉備共治曹操。孫權即遣肅行。至南郡而琮已降、備南走。肅逕迎之，説備自結於東，共濟世業。

肅吊表覲釁，乃逕迎先主，與之俱東，此孫、劉合從之一大機也。使不遇肅，而先主無歸，竟投吴巨，則無以成赤壁之功、定三分之業矣。

諸葛亮説權曰：『曹操破荊州，威震四海，將軍若能以吴越之衆與中國抗衡，不如早與之絶。若不能，何不北面事之？』

諸葛説權早與操絶，正言之也；又云北面事之，反言之也。實則爲權計，亦止此二端耳。而權所以不甘心北面者，正有見於操必不相容，故不若決之於一戰也。後若魯肅之爲權謀者，乃至言也。

亮又曰：『操之衆遠來疲困，且不習水戰；又荆州之民附操，非心服也。將軍命猛將統兵數萬，與豫州協規同力，破操軍必矣。』

遠來疲困，一也，即周瑜所云『驅中國士衆遠涉江湖，且已久疲』者也。北方不習水戰，二也，即瑜所云『捨鞍馬仗舟楫，與吴越爭衡』者也。新附不爲盡力，三也，即瑜所云『新得表衆，尚懷狐疑』者也。此操所以雖强而易破，孔明、公瑾所見一也。

操遺權書曰：『今治水軍八十萬，與將軍會獵於吴。』權以示臣下，莫不失色。張昭等曰：『曹公挾天子以征四方，今拒之不順。不如迎之。』

昭至此一籌莫展，惟勸迎降耳。回思伯符『仲父』之比，能無汗背？

魯肅謂權曰：『如肅可迎操耳，將軍不可也。今肅迎操，猶不失下曹從事，累官不失州郡。將軍迎操，欲安歸乎？』時周瑜受使至番陽，肅勸權召瑜還。

肅自謂可迎操者，兼張昭等言之也。意謂諸臣迎操，均可不失富貴耳，其指微而顯矣。權至此時，尚不亟召周瑜，聞肅勸而始召還，幾失事機。即此見應變之難。

瑜至，謂權曰：『操雖托名漢相，實漢賊也。請得精兵數萬，進住夏口，保爲將軍破之！』

公瑾直指操爲漢賊，破張昭等『拒之不順』之説也。昔齊桓公以諸侯之師伐楚，屈完以爲衆無所用，正以方城漢水舟師之利，非車戰所宜也。公瑾之籌操，亦以其捨鞍馬仗舟楫，用中國所短，以敵吴越所長，又遠涉江湖，必以下濕生疾，故決其可破也。

權曰：『孤與老賊，勢不兩立。君言當擊，甚與孤合。此天以君授孤也。』

自知與操勢不兩立，則戰之意決矣。權蓋深有味乎子敬之言也。

瑜復見權曰：『操書言水步八十萬，以實校之：彼所將中國人，不過十五六萬，且已久疲；所得表衆七八萬耳，尚懷狐疑。衆數雖多，甚不足畏。』

懸揣兵數，尤能深悉敵之虛實，智略洵不出諸葛下也。瑜、亮并稱，有以也夫！

劉備往見瑜曰：『今拒曹公，戰卒有幾？』瑜曰：『三萬人。』備曰：『恨少。』瑜曰：『此自足用。豫州但觀瑜破之。』

此時兵雖未交，而操已在瑜彀中矣。故以三萬當八十萬，而不慮其少。

黄蓋曰：『操軍方連船艦，首尾相接，可燒而走也。』乃取蒙衝鬥艦十艘，豫備走舸，繫於其尾。

蓋之用火攻，由於操之連船艦也；操之連船艦，由於北軍不習水戰，藉以避風濤之險也。胡身之引杜佑説，以走舸爲戰艦。竊謂此走舸，乃以纜索繫於火船之尾，俟縱火燃燒敵船，則火船上人皆上走舸，斷纜駛去，方不致同被火焚，非戰船也。

劉璋聞曹操克荆州，遣張松致敬於操。楊修白操辟松，操不納。松歸，勸璋絶操，與劉備相結，璋從之。

昔能用陳登，今不肯辟張松，詎非恃勝而驕，遂怠於延攬邪？然使操加恩禮於松，則松必導操取蜀，而先主不能與争矣。以操之智，而失之於松，蓋天留蜀以資先主也。

曹操追念田疇功，復以前爵封疇。疇上疏陳誠，以死自誓。操不聽，欲引拜之，至於數四，終不受。操知不可屈，乃拜爲議郎。

疇辭封侯，以爲不可賣盧龍之塞以易賞，初不喻其意。將以操爲王師邪？則盧龍亦王土，不得云『賣』；將以盧龍爲幽州之境邪？則己非袁氏之臣，亦不得云『賣』。但疇必非漫爲是言也，或者以劉虞爲己舊君，而公孫瓚害之，己欲爲之報仇而不可得，袁紹殺瓚，雖非爲虞報仇，亦足以慰虞之靈、雪己之忿；今乃由盧龍導曹公出塞，致紹之二子逃竄遼東、爲公孫所誅，倘死者有知，已不免有負於紹，故必不肯以爲功而受封歟？然疇若守義，惟當不仕於操耳，亦既爲蓨令、拜議郎矣；誓死以辭封侯，其亦辭多而受少歟？

孫權圍合肥，久不下。權率輕騎欲身往突敵，張紘諫，乃止。（十四年）

權欲突敵，亦客氣耳。觀於得蔣濟僞書，以爲張喜救至，遽燒圍走，足見其怯。

曹操密遣蔣幹往説周瑜。瑜謂幹曰：『丈夫遇知己之主，言行計從，禍福共之，使蘇、張更生，能移其意乎？』

幹還白操曰：『瑜雅量高致，非言辭所能間也。』

公瑾之在吳，亦如諸葛之在蜀，其光明磊落，足以愧死許下諸臣。

和洽言於曹操曰：『立教觀俗，貴處中庸。今崇一概難堪之行，勉而爲之，必有詭激之行，則容隱僞矣。』

洽此言，古今不易之論也。凡難堪之行，無爲爲之則爲高節，有心出之則爲矯僞。操崇尚廉儉，故弊至於此。次年下令，即用洽言也。

曹操作銅爵臺於鄴。（十五年）

操當軍興之時，儉以率下。今見天下大勢略定，亦漸趨於奢，觀於作臺可見矣。和洽之言，所以易入歟？

操下令曰：『孤身爲宰相，人臣之貴已極，兼封四縣，食户三萬，何德堪之！今上還陽夏、柘、苦三縣，但食武平萬户，且以分損謗議，少減孤之責也。』

操此令，因赤壁敗歸，慮有忠義之士倡率郡縣、南連孫劉，北招袁氏遺民，西約關中諸將，聲其不臣之罪而討之，故諄諄自明其無他耳。陳《志》削而不書，惡其僞也。温公於《通鑑》備録之，其以所言爲誠然邪？今年還三縣，明年取十郡，誠邪僞邪？

劉備以地少不能容其衆，乃自詣京見孫權，求都督荆州。

先主此行殊爲失策。求地既未可必得，更不免意外之慮。所以冒險前往，諸葛亦不固止之者，勢非得已而機有可圖，且逆料權畏操，必不留先主也。

周瑜説權，宜徙備置吴，分關羽、張飛各置一方。吕範亦勸留之。權以曹操在北，當廣攬英雄，不從。

權以赤壁之役，操必將大舉報復，故留先主於上游，俾當其衝耳，非廣攬英雄之謂。

周瑜見權曰：『曹操新敗，未能與將軍爭也。乞與奮威俱進，取蜀并張魯，留奮威守其地，與馬超結援，瑜還據襄陽以蹙操，北方可圖也。』奮威者，權弟子奮威將軍瑜也。

北却曹操，仍須西規荆、益，盡長江而有之，方能與中國抗衡，此一定之勢。子敬首以爲言，而公瑾至此遂投袂而起也。使瑜早死，則無以成赤壁之功，而吴幾不國矣；使瑜不死，必且并蜀，而先主無立足之地矣。公瑾亡而諸葛存，漢祚所以相延於西川乎！

瑜還江陵爲行裝，於道病困，薦魯肅自代，卒於巴邱。

瑜，權之翼也。瑜在，權必速飛；瑜亡，權不得不畫江而自守矣。

初，瑜友於孫策，太夫人使權以兄事之，而瑜便執臣節。程普數陵侮瑜，瑜折節下之。普後自敬服，乃曰：『與周公瑾交，如飲醇醪，不覺自醉。』

瑜之於普，奚啻廉、藺？醇醪之言，殊可味也。千載下猶可想見公瑾之爲人。

孫權謂吕蒙曰：『卿今當塗掌事，不可不學。』蒙辭以軍中多務，權曰：『孤豈欲卿治經爲博士邪？但當涉獵，見往事耳。』

博士治經，專精章句，以求中甲乙科耳，不必有益於事。權蓋欲蒙博覽史策也。

劉備以龐統守耒陽令，在縣不治，免官。魯肅遺備書曰：『龐士元非百里才也。使處治中、别駕之任，始當展其驥足耳！』備用統爲治中，親待亞於諸葛亮。

鳳雛與卧龍并稱，龍已得雲雨，而鳳猶栖枳棘，何也？其先主猶未悉其才邪？抑姑小試之，而未及大用邪？肅聞統免官，而殷殷推轂，亦不招致以爲己用，殊有雅人深致。

以曹操世子丕爲五官中郎將，置官屬，爲丞相副。（十六年）

御史大夫，丞相副也，已以郗慮爲之矣。復創置五官中郎將一官，以子爲之，而且副焉。操將西征，不欲他人分其權也。方欲以丕副丞相，而趙温輒辟爲吏，宜其怒也。

操進軍渡渭。馬超等數挑戰，不許；請割地，送任子。賈詡以爲可僞許之。操復問計，詡曰：『離之而已。』韓遂請與操相見，交馬語移時。既罷，超等問遂：『公何言？』遂曰：『無所言也。』超等疑之。

胡身之以爲韓遂昔與樊稠交馬語，因以斃稠，今乃以自斃，然後知遂之遇稠，非用數也。竊謂此即用遂間樊稠之故智也。但彼時遂方與稠戰，忽交馬語，其形迹易見，第稠粗疏，不之覺耳。此時操與遂語，則在許和之後，故遂不復慮及超等之疑己，而已入操彀中矣。

操乃與克日會戰，大破之。斬成宜、李堪等。遂、超奔凉州，楊秋奔安定。

關西之兵雖精，而諸將不相統一，智略又遠出操下，故操出兵之始，即云『將使其長矛不得刺』，至此果如所策也。

法正爲劉璋軍議校尉，璋不能用。張松勸璋結劉備，璋問：『誰可使者？』松舉正，璋遣正往。還，爲松説備有雄略，密謀奉戴以爲州主。

蜀之亡釁由内作，所云『智能之士，思得明君』，果不出諸葛所料。

曹操遣鍾繇向漢中，璋聞之懼。松因説璋遣法正迎備。正説備取益州，備疑未決。用龐統策，乃將步卒數萬人入益州。

取蜀之行，不决之諸葛而决之統，然諸葛於隆中早言之。

備由墊江水詣涪。璋率步騎三萬餘人，往會之。張松令法正白備，便於會襲璋。龐統曰：『因會執之，是無用兵之勞而坐定一州也。』備曰：『不可。』

甫入蜀而即於會取璋，不惟事出無名，且亦勢必生變。先主不用統説，是也。

立皇子熙等四人皆爲王。

胡身之引許靖之言曰：『將欲翕之，必姑張之；將欲奪之，必姑與之，其孟德之謂乎！』竊謂皇子封王，操亦循漢之故事耳。諸王并不就國，即就國亦不治事，無與於翕張、與奪之數也。

董昭與列侯、諸將議，丞相宜進爵國公，九錫備物，以彰殊勛。荀彧以爲不宜如此。操由是不悦。及擊孫權，奏請彧勞軍於譙，因留彧參丞相軍事。彧飲藥卒。

彧爲操心膂之臣，陰謀秘計無不共之，豈猶不知操之居心哉！至此忽欲導之以忠貞辭讓，何哉？或者以九錫之議不出於己，故不欲贊成其事，亦如宋齊邱之於南唐歟？

温公論荀彧曰：孔子之言仁也重矣，自子路、冉求、公西赤門人之高第，令尹子文、陳文子諸侯之賢大夫，皆不足當之，而獨稱管仲之仁。

孔子於子路許其治賦，於冉求許其爲宰，於公西赤許其對賓客，於令尹子文許其忠，於陳文子許其清，而皆不許其仁。於管仲譏其器小，譏其奢僭，而獨許其仁。義判精粗，言各有當，未可相提并論也。

又曰：齊桓之行若狗彘，管仲不羞而相之。

桓公爲人誠不無可訾，然孔子以爲正而不譎，則固春秋之賢君也。乃以爲行若狗彘，亦太甚矣。推温公之意，將以魏武賢於齊桓乎！

又曰：建安之初，四海蕩覆，尺土一民，皆非漢有。荀彧佐魏武而興之，十分天下而有其八，其功豈在管仲之後乎！仲不死子糾而彧死漢室，其仁復居管仲之先矣！

温公以荀彧比管仲，亦猶程子以管仲比魏徵、王珪，均非不易之論也。糾與桓皆齊公子也，仲齊臣，雖從子糾，未定君臣之分，故可以不死。而召忽之死，孔子斥爲匹夫之諒。若彧，自祖父以來，世爲漢臣，乃委身曹氏，安得與仲之事桓并論乎！且仲相桓，亦惟合諸侯以尊王室耳，若仲佐桓共謀篡周，孔子安得稱其仁乎！彧比操爲高、光，比官渡爲楚、漢，尚不過語言之小失，操之害孔融、褫趙温、罷三公，自爲丞相而子副之，一切跋扈不臣、威福自專，弄神器於掌握，等漢帝若贅疣，彧不聞有所匡救，猶孳孳爲之決策運籌，助成僭逆，至是始欲自托於漢，將誰欺乎！其死亦因爲操所惡，慮禍將及，不得不死耳。謂之死漢室，不亦謬哉！

曹操攻孫權，權呼劉備自救。備貽璋書，求益萬兵及資糧，璋許兵四千，餘皆給半。張松書與備曰：『大事垂立，如何釋此去乎！』松兄肅發其謀。璋收斬松，并絶備。備召璋白水軍督楊懷、高沛，斬之，進據涪城。

至此方加兵於璋，亦以釁由彼生，師稍有名耳。

曹操進軍濡須口，號步騎四十萬。權率衆七萬禦之，相守月餘。權爲箋與操，説：『春水方生，公宜速去。』操乃徹軍還。

操既西定關中，又聞周瑜已殁，先主入蜀，故大舉以報赤壁之役也。是時權方勵精圖治，又佐以魯肅、吕蒙，豈操所能挫哉！操用兵往往少則勝，多則不勝。其亦如淮陰侯之論將兵，固各有數邪？

詔并十四州復爲九州。

欲爲丞相，則先罷三公；欲封魏公，則先復九州，皆操之自爲計，而稱詔以行之也。

鄭度謂劉璋曰：『左將軍懸軍襲我，野穀是資。莫若盡驅巴西、梓潼民内涪水以西，倉廪野穀，一皆燒除，高壘深溝，請戰勿許。不過百日，必走，走而擊之，此必禽耳。』璋不能用。

堅壁清野，以逸待勞，以飽待飢，此主之所長、客之所短也。况蜀又有險可扼乎，使璋用度計，先主危矣。孰謂蜀無人哉！

魏公操遣朱光屯皖城，大開稻田。吕蒙説孫權親攻皖城，破之，獲朱光及男女數萬口。（十九年）

是時權徙治秣陵，皖城逼近上游，地有所必争，况光又大開稻田，爲用兵之資乎！

劉備圍成都數十日，使簡雍入説劉璋，吏民咸欲死戰，璋言：『無恩德及百姓，百姓攻戰三年，肌膏草野，以璋故也，何心能安？』遂開城出降。

璋以才論，則爲暗弱；以質論，則爲温仁。觀其意主恤民，亦中主也。

初，劉璋以許靖爲蜀郡太守，成都將潰，靖謀逾城降備，備以此薄之。法正曰：『天下有獲虚譽而無其實者，許靖是也。』

靖與弟劭，共爲汝南月旦之評。乃劭依劉繇，勸繇弃郡以予孫策；靖仕劉璋，自欲逾城以降先主。使其兄弟自評，當居何品第乎！

成都之圍也，備與衆約：『若事定，府庫百物，孤無預焉。』既而軍用不足，劉巴曰：『當鑄直百錢，平諸物價，令吏爲市。』備從之，數月，府庫充實。

用直百錢而物價平、府庫實，當時如何措置，不可考矣。大抵物多錢少，軍士儲物無用，而利在得錢，故官與交易，可以濟一時之急耳。此不可爲訓。

議者欲以成都名田宅分賜諸將。趙雲曰：『昔霍去病以匈奴未滅，無用家爲；今國賊非但匈奴，未可求安。須天下都定，歸耕本土。益州民人，初罹兵革，田宅皆可歸還，令安居復業。』備從之。

不以蜀爲可以偏安，而志在定天下；不以田宅爲可以任據，而推以安蜀民。順平之言，何其大哉！

或謂諸葛亮：『法正太縱横，宜抑其威福。』亮曰：『何如禁止孝直，使不得少行其意邪！』亮治蜀，頗尚嚴峻。正謂亮：『願緩刑弛禁。』亮曰：『吾今威之以法，法行則知恩。』

諸葛治尚嚴峻，而容法正之縱横；正專權擅殺，而勸諸葛以惠撫。諸葛之所以待正者，或當别論。正則内有不安，而自爲地耳，其言非出於公也。諸葛殆微窺之，故以正論折之乎！

劉備以蔣琬爲廣都長。備嘗因游觀，奄至廣都，見琬衆事不治，時又沉醉，將加罪戮。諸葛亮曰：『琬社稷之器，非百里之才也。』

龐統與琬，均非百里才，諸葛夙所稔悉。乃先不白先主用其所長，而以百里委之。直至瘝官始爲解免，何也？

帝自都許以來，守位而已。左右莫非曹氏之人。議郎趙彦爲帝言時策，操惡而殺之。

觀彦之死，益知荀悦《申鑒》不切於時，故不爲操所惡。

董承女爲貴人，操誅承，求貴人殺之。帝以貴人有妊，累爲請，不能得。

當齊桓稱霸，王使賜胙，猶必下拜；管仲至周，不敢受上卿之禮，其恭順如是。操弑伏后，雖在荀彧既死之後，其害董貴人，則在彧用事之時。且其震逼漢帝由來已久，彧豈不知？而爲之謀主，其助篡甚明。温公猶以爲仁居管仲之先乎！

伏皇后由是懷懼，與父完書，令密圖操，完不敢發。至是，事泄，操使御史大夫郗慮策收皇后印綬，以尚書令華歆勒兵入宫，收后。下暴室，以幽死；所生二皇子，皆鴆殺之。

歆至此素節掃地矣。昔之葛巾迎孫策，何其怯；今之破壁取伏后，何其勇！使漢帝有雲龍門之事，歆何不可爲賈充哉！當時『龍頭』、『龍尾』之目，蓋即其得名之先後言之，處士標榜，亦未爲定論也。

立貴人曹氏爲皇后，魏公操之女也。（二十年）

帝之曹后，亦猶先主之孫夫人，均有逼處之勢。而后爲人與夫人不同，夫人頗似兄，后不似父也。

初，劉備在荆州，周瑜等數勸孫權取蜀。權使謂備曰：『劉璋不武，若曹操得蜀，荆州危矣。今欲先取劉璋，次取張魯。』備不從。權使孫瑜住夏口。備不聽軍過。

瑜所云『乞與奮威俱取蜀』者，即謂孫瑜也。是時公瑾已殁，權思其言，故遣孫瑜進軍夏口，委以西征之任。先主所以拒之者，非徒伐權之謀，亦以取信於璋，俾張松、法正之計易行也。

魯肅與關羽相見。肅曰：『始與豫州覲於長阪，豫州志勢摧弱，圖欲遠竄。主上矜愍豫州，不愛士民之力以濟其患。豫州已藉手於西川，又欲并荆州乎？』羽無以答。

肅之責先主，似已；然謂孫權矜愍先主，則非也。權與先主素非知交，何矜愍之有？其相與合從，亦以獨力不能拒操，故資先主爲助耳。肅言殊不難答。

魏公操既破張魯，司馬懿勸操取蜀。劉曄曰：『今破漢中，蜀人震恐，因其傾而擊之，無不克也。』操不從。

使操從二人計，蜀亦危矣。其不從者，操攻張魯，兵疲欲還，得漢中已出望外，故不能更以餘力攻蜀，且知先主雖遠出，而諸葛留守，蜀固不易攻也。

孫權率衆十萬圍合肥。張遼募士得八百人。遼持戟先登，陷陣，殺數十人，斬二大將，大呼自名，衝壘入，至權麾下。權大驚，走登高冢，以長戟自守。

操諸將勇略，無出遼右者，宜關雲長與之爲友也。斬蹋頓、走孫權，均能以少擊衆，魏之爪牙也。權此時可以身自突敵矣，走登高家，何其怯也！

張魯出降，魏公操封爲閬中侯，邑萬户。封魯五子及閻圃等皆爲列侯。習鑿齒論曰：閻圃諫魯勿王，而曹公追封之。塞其本源末流自止，其此之謂歟！

圃第諫魯勿王耳，魯未嘗不拒操也。其後出奔而卒出降，亦圃爲謀主，故操封之。非追封其昔之諫也。習氏之論，不切事情。

進魏公操爵爲王。有與崔琰不平者白琰怨謗，操賜琰死。毛玠心不悦，人復白玠怨謗，操收玠付獄，免黜，終於家。

操圖篡益亟，猜防益甚。因荀彧之异議，并忌舊臣。以崔、毛持正，慮其謗己，故譖言易入，不復閲實其罪而遽誅、黜之。

詔魏王操設天子旌旗，出入稱警蹕。

魏至是已代漢矣，只欠一禪耳。

魏以五官中郎將丕爲太子，左右賀丕母卞夫人曰：『當傾府庫以賞賜。』夫人曰：『我但以免無教導之過爲幸，何爲重賜遺乎！』太子抱辛毗頸而言曰：『辛君知我喜不？』毗以告其女憲英，憲英曰：『魏其不昌乎？』

平時矯飾，以規儲位，一旦得之，喜不自勝，失其常度，乃至抱他人頸而問之，豈復有人君之量哉！憲英賢媛，固有智識；卞雖娼家，而所見乃出丕上。

法正説劉備曰：『曹操一舉而定漢中，不因此勢以圖巴蜀，而留夏侯淵、張郃屯守。今策淵、郃才略，不勝國之將帥，舉衆往討，必可克之。』

操定漢中，不能用司馬懿之策，進兵向蜀；正因説先主乘操北還，亟圖漢中，此大機也。得漢中，則蜀之門庭益拓，藩籬益固，可以進戰而退守矣。

魯肅卒。孫權以嚴畯代肅，督萬人鎮陸口。畯固辭，乃以吕蒙代之。

肅卒、蒙代，固在人人意中，而權用嚴畯，何也？幸畯有自知之明，抒誠固讓，不然敗矣。

魏王操使丞相長史王必典兵，督許中事。

時操居鄴，而漢帝在許，必爲操腹心親吏，故使其典兵、督許，所以伺察漢帝動静也。

時關羽强盛，京兆金禕睹漢祚將移，乃與少府耿紀等謀殺必，挾天子以攻魏，南引關羽爲援。

鄴在河北去許遠，荆、豫接壤去許近，禕等所以謀起兵殺必攻魏者，恃關侯爲援也。乃不與荆州之兵約期俱發，而暴從中起，不惟一敗必難復支，即倖勝，亦何以爲繼乎！禕等蓋激於忠義，而方略不足以濟之者也。然操之欲遷都，實有鑒於此。

劉備屯陽平關，夏侯淵、張郃、徐晃等與之相拒。備急書發益州兵。諸葛亮以問楊洪，洪曰：『漢中，蜀之咽喉，若無漢中，則無蜀矣。發兵何疑！』

先主急書召兵，固無不發之理；漢中蜀之襟喉，地所必争，智如諸葛，豈猶見不及此？而以此問洪者，將以試洪之才識何如也。故聞洪言，即表洪領蜀郡太守以代法正。

備營於定軍山。夏侯淵引兵争之。備使黄忠鼓譟攻之，淵軍大敗，斬淵。魏王操自長安出斜谷，以臨漢中。備拒險，終不交鋒。相守積月，操引軍還長安。

操還長安，并弃武都，自是不敢規取漢中矣。志氣已衰，非其盛時，故先主遂有漢中。

孫權攻合肥。温恢謂裴潜曰：『此間雖有賊，然不足憂。今水潦方生，而子孝懸軍，無有遠備，關羽驍猾，政恐征南有變耳。』

權自攻合肥，而以爲無足憂。關侯未動，而惟恐征南有變。魏人之所輕重可知已。

關羽率衆攻曹仁於樊，大雨，漢水溢，于禁等七軍皆没，禁等遂降。羽獲龐德，斬之。或説曹仁夜走汝南。滿寵曰：『今若遁去，河南非國家有也。』仁乃誓衆固守。

觀寵所云，則關侯軍勢之盛可知。仁老將，尚足當之。攻守之勢异也。

魏諷與長樂衛尉陳禕謀襲鄴。未及期，禕懼而告之。太子丕誅諷，連坐死者數千人。

諷之謀襲鄴，亦猶金禕之謀攻王必——魏之叛逆，未始非漢之忠義也。蓋是時操駐軍長安，鄴中空虚，而關侯圍曹仁、俘于禁，軍聲大震，人心惴恐，故諷乘機起事，而不虞禕之中變也。

陸渾民孫狼等殺縣主簿南附羽。自許以南，往往遥應羽。羽威震華夏。魏王操議遷許都以避其鋭。

金禕等恃關侯爲援，孫狼等復附於關，以致許以南遥與之應。操是時固已兵挫於外、民叛於内矣。其議徙許都者，懼關侯入許奉迎漢帝，聲罪致討，故欲徙帝幸鄴，阻河以自守也。

司馬懿、蔣濟言於操曰：『關羽得志，孫權必不願也。可遣人勸權躡其後，則樊圍自解。』操從之。

使曹仁弃樊城，操徙許都，則河南不復可有矣。乃仁欲遁而滿寵止之，操欲徙而懿等止之，由是孫權起而躡其後，關侯遂以不支。所不可解者，諸葛初爲先主計，『命上將將荆州之軍以向宛洛，身率益州之衆以出秦川』，今荆州軍勢大振，幾於所向無前矣，而益州按兵不動，何也？且荆州踞東吴上游，關侯尤孫權所忌，必將撓敗其成功，此亦事機之易決者，乃懿等欲藉手於權，而諸葛不爲之備，又何也？此漢之所以不再興而蜀亦終於偏安歟？

吕蒙密言於權曰：『羽所以未便東向者，以至尊聖明，蒙等尚存也。今不於强壯時圖之，一旦僵僕，欲復陳力，其可得邪！』

是時蒙已久病，自知必將僵僕，逆計身死之後，吴諸將無能與關侯抗者。荆州雄踞上游，勢必不支，故欲及其未死，與之一決。可謂忠於孫氏者矣。

蒙稱病篤。權露檄召蒙還。陸遜謂蒙曰：『羽始有大功，但務北進，出其不意，自可禽制。』蒙曰：『羽未易圖也。』蒙至都，舉遜自代。

蒙可謂智深勇沈矣。遜之謀與己同，而不肯輕泄一語，孰從而測其際哉！此所由先以智取三郡，後以計下荆州也。知遜之能，亟進之以爲己代，忠矣哉！

徐晃救曹仁，連營稍前，距羽圍三丈所作地道，及箭飛書，與仁消息數通。

胡身之以爲：晃營迫羽圍，而不能制，使吕蒙不襲取江陵，亦必爲操所破。而操假手於蒙者，欲使兩寇自敝，而坐收漁人、田父之功也。竊謂魏所恃者，曹仁固守、徐晃赴援，而關侯爲吕蒙所襲，因以致敗耳。操老將死，志氣已衰，議從許都，畏關如虎，何能坐制其命，從容以收漁人、田父之功哉！

孫權爲箋與魏王操，請以討羽自效，及乞不漏。董昭曰：『宜應權以密，而内露之。羽聞權上，若還自護，圍則速解。秘而不露，使權得志，非計之上。』

昭自度兩不能制，故爲此權宜之計，冀紓目前之禍。蓋亦不料吕蒙之竟取江陵也。

魏王操自洛陽南救曹仁，群下皆謂：『王不亟行，今敗矣。』桓階説操，案六軍以示餘力，操乃駐軍摩陂。

是時操實不欲往，而藉口於桓階，亦猶司馬懿本不欲戰，而假手於辛毗也。味階之言，殊無方略。

徐晃擊羽，破之，羽撤圍退。然舟船猶據沔水，襄陽隔絶不通。

關軍雖退，襄陽猶隔絶不通，倘不爲吕蒙所襲，魏亦未能得志也。是時蜀之援軍可以出矣，乃竟置荆州於度外，一任關軍之自勝自敗、自進自退，而不一過問，何也？

關羽聞南郡破，即走南還。曹仁會諸將議，咸曰：『羽危懼，可追禽也。』趙儼曰：『可留之以爲權害。』

胡身之以爲：儼計即戰國策士兩利俱存之計，陸遜不追劉備，計亦出此。竊揣仁等自是不敢追關侯，委之於吴耳。乃云『宜存之爲權害』，試問關侯之存否，豈魏諸將所能遥制乎？即陸遜之不追先主，亦是量力而止，無所云兩利俱存也。

吕蒙未受封而疾發。孫權迎置於所館之側，所以治護者萬方，已而竟卒，年四十二。

關侯遇害而吕蒙遽卒，未幾函首畀魏，而曹操亦薨。豈會逢其適邪？抑侯之靈有以奪其魄邪？是時吴將首推吕蒙，陸遜後起，威名未著，宜權於蒙尤惓惓也。

權後與陸遜論魯肅曰：『子敬因公瑾致達於孤，孤與語，便及大略，此一快也。孟德張言率數十萬衆水步俱下，子敬勸孤急呼公瑾，逆而擊之，此二快也。雖勸吾借玄德地，是其一短，不足損其二長。』

周瑜欲留先主，而肅勸權資以荆州；吕蒙欲去關侯，而肅勸權結爲援。蓋二子惟恐劉氏君臣爲吴害，肅則欲仗其力與之共拒曹氏，雖所見不同，要其忠於孫氏一也。厥後晋并蜀而吴亦尋亡，三國崩離。肅亦安可厚非哉！

魏王操表孫權爲驃騎將軍，假節，領荆州牧，封南昌侯。權上書稱臣於操，稱説天命。操以權書示外曰：『是兒欲踞吾著爐火上邪！』

昔云與老賊勢不兩立，今乃稱臣勸進，何也？詎非以襲荆州、害關侯，蜀必大舉報復，又新喪吕蒙，内乏良將，故屈體媚操，將以求助邪？胡身之謂：漢以火德王，權欲操加其上。竊謂踞爐火上，光焰非不薰灼，而易以自焚，故操戲取爲喻，意謂權欲引己置之危地耳，此時無暇計及漢之火德也。若論火德，宜作莊語，何乃喻以爐火乎！

温公論：三代既亡，風化之美，無若東漢。魏武不敢廢漢而自立，豈其志之不欲哉？猶畏名教而自抑也。

温公之論東漢是也，其論魏武則迂矣。魏武豈畏名教者哉！弑皇后矣，殺皇子矣，封魏王加九錫矣，僭天子之車服、出入稱警蹕矣，畏名教者顧如是乎？第以關侯威震華夏，金禕、孫狼等内變迭起，操至欲遷都以避之，敢議禪乎？迨侯遇害，操固將禪矣，而尋亦自亡焉，故不及禪也。

鑒評别録卷十六

魏紀一

世祖文皇帝（諱丕，字子桓，武王操長子，在位七年）

温公不以正統予季漢，而以予魏，世多譏之，但公生於北宋，北宋得天下，無以异於魏也。況魏祖尚有輔漢之功，宋祖第有篡周之罪，公若不以正統予魏，何以爲宋之太祖地乎？予魏，實予宋也。

武王至洛陽，庚子，薨。以王后令，策太子即王位。（黄初元年）

不俟漢帝詔，而以王后令策太子即位。魏已自爲一國，不復臣於漢矣。

王弟鄢陵侯彰等皆就國。臨淄監國謁者灌均希指奏『臨淄侯植醉酒悖慢』。貶爲安鄉侯。

彰問璽綬，容有窺望之意。植自以才爲父操所愛，故丕重加貶黜，以快其夙忿耳。

初，置散騎常侍、侍郎各四人，其宦人爲官者，不得過諸署令，爲金策，藏之石室。

東漢亡於宦官，魏又以宦官之後竊取大物。故豫爲之坊，以杜覆轍之漸。

王次於譙，大饗六軍及父老於城東，設伎樂百戲，吏民上壽，日夕而罷。

丕此時志得意滿，竊比於漢高之幸豐沛、光武之幸春陵矣。意中豈復有死父哉！宜孫盛重以爲譏也。

李伏、許芝表言：魏當代漢，見於圖緯，其事衆甚。

陳《志》於伏、芝稱説符瑞圖讖均削而不書，惟書黄龍、白雉、鳳凰。温公并黄龍諸瑞削之，略存伏、芝之説。

改相國爲司徒，御史大夫爲司空。

改相國仍設三公，預防大臣之專權也。然是時司馬氏已顯於朝。

帝欲改正朔。辛毗曰：『孔子曰：「行夏之時。」《左氏傳》曰：「夏數得天。」何必期於相反？』帝善而從之。

事有行之一時而通之萬世、不合於古而爲法於後者。行夏時而不改正朔，一大端也。

帝謂蘇則曰：『前破酒泉、張掖，西域獻徑寸大珠，可復求市益得不？』則曰：『若陛下德流沙幕，不求自至。求而得之，不足貴也。』帝默然。

通西域而欲市大珠、臣孫權而先徵玩好，丕之志荒矣。孟德斥劉景升兒爲豚犬，若丕者，亦席父業而攘大物耳，究其志趣，果能加乎琦、琮哉？

蜀中傳言漢帝已遇害，群下勸漢中王稱尊號。費詩上疏曰：『高祖與楚約：「先破秦者王之。」及屠咸陽、獲子嬰，猶懷推讓。殿下未出門庭，便欲自立邪？』

高祖布衣初起，與先主之身爲宗室，迥不相侔。且破秦者王關中，乃義帝約，非第與高祖約，高祖亦何嘗推讓？特制於項羽，改封漢中耳。是時漢統已絶，先主若不自立，則高、光之廟不血食矣。詩之言，糞土也。當時群臣勸進，侃侃正議，陳《志》備書於册，温公削之，而第存詩之瞽説。《春秋》竊取之義，得毋昧昧於中乎！

漢中王即皇帝位，改元章武。温公論曰：漢興，學者始推五德生、勝，以秦爲閏位，在木火之間，霸而不王，於是正、閏之論興矣。

推五德生、勝，因有正統、閏統之説，皆漢儒爲之。西漢儒術，首重《洪範》《五行》也，乃至改一字之偏傍、争一字之增損，以就其曲説，真豎儒之見也。

又曰：苟不能九州合爲一統，雖有天子之名，與古之列國無异，豈能自尊一國爲正統，而其餘皆爲僭僞哉！

既云不能一統，即無异列國，則魏所得僅天下之太半耳，吴、蜀鼎峙，何得獨以魏爲正統乎？

又曰：周、秦、漢、晋、隋、唐，皆嘗混壹九州，傳祚於後，子孫雖微弱播遷，猶承祖宗之業，四方與之争衡者，皆其故臣，故全用天子之制以臨之。

混壹九州，雖并舉六代，而子孫微弱至於播遷，惟周、漢、晋、唐爲然耳。魏，故漢臣；先主，漢之宗室，實高祖孫也。孫承祖業，漢統未絶，何不可以天子之制臨魏乎！由公前説，則陳壽之《三國志》也；由公此説，則習鑿齒之《漢晋春秋》也。

又曰：昭烈之於漢，雖云中山靖王之後，而族屬疏遠，不能紀其世數名位，亦猶宋高祖稱楚元王後、南唐烈祖稱吴王恪後，是非難辨，故不敢以光武及晋元爲比，使得紹漢之遺統也。

先主於漢，雖族屬疏遠，而中山世系，歷歷可稽，陳《志》記載甚明。與劉宋於易代屢更之後遠托楚元王者，奚翅天淵！南唐更無足并論。何云是非難辨邪？且先主爲漢宗室，上自獻帝，下及漢廷百官，外而孫、曹仇敵，均無异言，乃至匈奴劉淵自托漢甥，猶以昭烈與高、光并稱三祖，可謂中外同符矣。温公於七百年後，忽發此論，不知何所見而云然也。竊揣温公必非見不及此，徒以北宋開國之初，四海未壹，太原既上承北漢，江南復自號南唐，迹均與蜀漢相近，故痛斥先主以正魏之統，因以正宋之統耳。一時之曲説，安能奪千載之公議哉！光武中興一統，與先主之偏安固自不同；若晋元以牛易馬，轉不若先主族屬雖疏，確是中山靖王之後，爲景帝裔孫也。

漢主立夫人吴氏爲皇后，子禪爲皇太子。

陳氏《三國志》以魏爲正統，故先主稱蜀不稱漢，以稱漢則魏無從得統也。温公既以正統予魏矣，而蜀仍稱漢，是先主紹統，漢猶未亡，何得竟以魏爲正統乎？温公屏去正、閏之説，惟取國號以紀年，洵爲通論，而其貶蜀、抑魏，自相矛盾者非一端也。

日有食之。有司奏免太尉，詔曰：『灾异之作，以譴元首，而歸過股肱，豈禹、湯罪己之義乎！後有天地之眚，勿復劾三公。』

此詔用《左傳》楚昭王語意。灾异策免三公之謬制，至是而革，亦一快也。

漢主耻關羽之没，將擊孫權。趙雲曰：『國賊曹操，非孫權也。若先滅魏，則權自服。不應置魏先與吴戰。』

先不救援，至此始圖報復，亦何及矣。滅魏則權自服，固也。但以蜀之力，敢遽云滅魏哉！權據荆州，扼蜀東門，近不圖吴，而遠出攻魏，如吴之掎其後何？雲此論，亦未盡然也。

漢王自率諸軍擊孫權。權遣使求和於漢，諸葛瑾遺漢主箋曰：『陛下以關羽之親，何如先帝？荆州大小，孰與海内？俱應仇疾，誰當先後？』

是時吕蒙已殁，陸遜初當大任，其能抗先主與否，權尚不敢知，故亟遣求和之使也。瑾之言，可謂約而盡矣。然亦托之大義，爲吴緩兵耳。若先主果與吴解仇繼好，吴肯出兵助蜀討魏乎？

時或言瑾别遣親人與漢主相聞者，權曰：『孤與子瑜，有死生不易之誓，子瑜之不負孤，猶孤之不負子瑜也。』

諸葛兄弟，各仕一國爲謀謨重臣。而先主既比孔明爲魚水，吴主亦托子瑜以死生。二主二臣，均古今之盛軌也。

孫權遣使稱臣，朝臣皆賀，劉曄獨曰：『權前襲殺關羽，劉備必大興師伐之，衆心不安。今宜大興師，渡江襲之。吳之亡不出旬日矣。』

曄之策吳，可謂悉其情僞矣。丕不能用其計者，自度力不足以定江南也。長江以南，至於交廣，幾居天下之半，惟蜀地差小耳。此云天下三分，中國十有其八，亦誇也。

遣太常邢貞奉策即拜權爲吳王，加九錫。劉曄以爲：可進其將軍號，封十萬户侯，不可即以爲王。不聽。

曄策似工，但魏不能禁權之自王也。厥後權自稱帝矣，魏竟如之何哉！孫氏三世，樹恩威於江表，士民爲之用，其畏中國與否，亦不關位號之崇庳也。

帝欲以楊彪爲三公，彪辭曰：『嘗爲漢朝三公，若復爲魏臣，於國之選，亦不爲榮也。』帝乃止。

彪之有愧龔勝者，祇欠一死耳。然始終不爲曹氏用，則勝荀彧遠矣。

邢貞至吳，吳人以爲不當受魏封。吳王曰：『昔沛公受項羽封爲漢王，復何損邪！』遂受之。吳王出都亭候貞，貞入門，不下車。張昭曰：『君以江南無尺寸之刃乎！』貞即下車。

觀吳君臣謀議，則知劉曄所云『江南士民未有君臣之分，不宜崇以位號』者，殆瞽説也。然權既稱臣於魏，則所云不受王封，及責使下車，皆紛紛之末議耳。公瑾、子敬如有一人不死，必先止權稱臣。

吴主遣趙咨入謝。帝問曰：『吴主何等主也？』對曰：『聰明、仁智、雄略之主也。』帝曰：『頗知學乎？』咨曰：『吴王志存經略，雖博覽書傳，不效書生尋章摘句。』帝曰：『吴可征否？』對曰：『大國有征伐之兵，小國有備禦之固。』

丕見吴使，三問三失。最無謂者，問『吴可征否』也。咨豈辛毗、張松比，而欲其以國情輸敵乎？

詔曰：『今之計、孝，古之貢士也。其令郡國所選，勿拘老幼。』（三年）

限年之議，始自東漢左雄，至此始革。

漢主軍於夷道猇亭。吴將皆欲迎擊之。陸遜曰：『備軍鋭氣始盛，難可卒攻。今緣山行軍，勢不得展，自當徐制其敝耳。』

所以連營七百里者，正以『緣山行軍，勢不得展』也。故既爲陸遜所持，又爲魏主所料。

是時，諸侯王皆寄地空名而無其實；王國各有老兵百餘人以爲守衛；不聽朝聘，爲設防輔監國之官以伺察之。

此司馬氏所以公行篡奪，而《六代論》所由作也。晉鑒此失而矯之，乃有八王之變。

漢人自正月與吴相拒，至六月不決。漢主遣吴班將數千人於平地立營，吴將帥皆欲擊之，陸遜曰：『此必有譎。』漢主知計不行，乃引伏兵八千從谷中出。

求戰不得，忽遣兵於平地立營，正以誘吴使出擊也，擊之則伏發矣。此亦易曉，安能欺陸遜乎！即使吴出擊，伏發而獲勝，亦小勝耳，何關兩軍之大計乎！

遜進攻漢軍，敕各持一把茅，以火攻，拔之；破其四十餘營。死者數萬。漢主夜遁。

此時漢兵已在陸遜彀中矣。故曰將智者勝。然用火攻於陸戰，與水戰不同，以連營异於連艦也。連破四十餘營，當日必有術以濟之。

初，遜爲大都督，諸將或不相聽從。遜按劍曰：『劉備天下知名，曹操所憚。僕雖書生，國家所以屈諸君使相承望者，以僕能忍辱負重故也。』

忍辱負重，勾踐稱范蠡之言也。不如此不足當大任。《書》所云『惟有忍，其乃有濟』者也。吴主以此知遜，遜以此自知而自信，所以卒摧大敵。

初，諸葛亮與法正好尚不同，而亮每奇正智術。及漢主伐吴而敗，時正已卒，亮嘆曰：『孝直若在，必能制主上東行。就使東行，必不傾危矣。』

鄧隆、朱浮攻彭寵，營相去百里；吴漢、劉尚逼成都，營隔江相去二十餘里，光武均决其必敗，以緩急不相救也。况入山谷中，連營七百里，首尾尚能相顧哉！曹丕猶决其必敗，先主習兵，何以曾不慮及？且軍事亦應商之諸葛，乃不聞疏諫，至此始思法孝直，何邪？此與關侯出師襄樊，蜀中始終不發一將一兵爲之援應，同一不可解。

詔：『自今以後，群臣不得奏事太后，后族之家不得當輔政之任，受茅土之爵。』

此亦鑒二漢太后臨朝、外戚干政之弊，而豫防之。

表首陽山東爲壽陵，作終制，務從儉薄，一用瓦器。

此因習見摸金校尉發掘冢墓，故知厚葬之宜戒也。與光武之薄葬同意。

帝如宛。曹休自陳：『願將鋭卒虎步江南。』帝恐休便渡江，董昭曰：『休勢不獨行，當須諸將。臧霸等既富且貴，何肯自投死地！霸等不進，休意自沮。』

先不用劉曄之策，乘蜀兵東下之勢規取江南，至此因孫權改元拒命，始興師致討，亦客氣耳。休年少氣盛，不自揆度，鋭欲立功，所謂腸肥腦滿者也。其餘諸老將，志氣已衰，求如徐盛、丁奉不可得已。

曹仁以步騎數萬向濡須，時朱桓兵纔五千人，諸將各有懼心，桓曰：『仁既非智勇，人馬罷困。桓與諸君共據高城，南臨大江，以逸待勞，此百戰百勝之勢。』

桓明於主客、勞逸，其策曹仁，尤爲知己知彼。所云『兩軍交對，勝負在將，不在衆寡』，乃不易之論也。

初，吕蒙病篤，薦朱然自代。吴主假然節，鎮江陵。及曹真等圍江陵，然厲吏士，伺隙攻破魏兩屯。魏兵圍然凡六月，卒不能拔。

既進陸遜，又薦朱然，二子均以功名著於江左。吕蒙可謂知人矣。曹仁攻濡須之兵，爲朱桓所破；曹真攻江陵之兵，爲朱然所拒。仁軍所以破，由於不從蔣濟之言，而别入洲中；真軍所以幸全，由於用董昭之策，而未入浦中也。

初，帝問賈詡曰：『吾欲伐不從命，吴、蜀何先？』對曰：『吴、蜀依山阻水，劉備有雄才，諸葛亮善治國；孫權識虚實，陸遜見兵勢。臣竊料群臣無備、權對。』

詡蓋審知丕之才略遠出操下，操尚不能得志於吴、蜀，丕更非二主之敵也。其云諸將無對者，不敢斥尊耳。故又曰『雖以天威臨之，未見萬全也』。

漢主病篤，命丞相亮輔太子。謂亮曰：『君才十倍曹丕，終定大事。若嗣子可輔，輔之；如其不才，君可自取。』

先主托孤，後人或譏其失辭。胡身之以爲明白洞達，其識卓矣。竊謂先主於諸葛，君臣相得，不啻一體，豈猶不諒其心哉！誠以三國鼎峙，蜀以新造之邦、一州之地，介乎兩大之間，非有异才，難以自立。與其爲他人所取，而吾子無托足之所，不若丞相自取，猶必有以全吾子也。此自肺腑之言，其意彌可悲也。

太子禪即位，時年十七。政無巨細，咸决於亮。亮發教與群下曰：『夫參署者，集衆思、廣忠益也。若遠小嫌，難相違覆，曠闕損矣。』

以諸葛之才，柄政之初，首以集衆思、廣忠益殷殷下教，則知用獨不如用衆，納諫方能任賢也。

亮嘗自校簿書，楊顒諫曰：『爲治有體，古稱「坐而論道，謂之三公」，今明公乃自校簿書，不亦勞乎！』

蜀地狹勢危，日不暇給，亮自校簿書，有所不得已也。顒乃以平世三公責之，亦不識時務矣。言有似是而實非者，此類是也。諸葛昇日在軍，罰二十以上猶必親覽，固未嘗因顒言而改其初也。

是時三公無事，希與朝政。高柔上疏曰：『公輔，民所具瞻，而不使知政，遂各偃息養高，鮮有進納，誠非朝廷崇用大臣之義。』

不以灾异策免三公，是也；希與朝政，則失職矣。蜀之丞相躬校簿書，魏之三公偃息養高，勞逸迥殊，而得失亦略可睹矣。

諸葛亮使鄧芝修好於吴。吴王不時見芝。芝請見曰：『臣今來，亦爲吴，非但爲蜀也。』

吴、蜀脣齒，輔車之勢，存則俱存，去一必爲魏并。芝言，約而盡矣。宜吴王決計連和也。

帝欲大興軍伐吴，辛毗諫曰：『今天下新定，莫若養民屯田，十年然後用之。』帝不從，

丕志在吞吴，然後并蜀，以成一統，故諸臣之言皆不入也。然亦不量彼己者矣。未幾大舉臨江，悵望而返，龍舟漂蕩，幾至覆没，壯志亦稍衰矣。

吴張温薦暨艷爲選部尚書。艷好爲清議，彈射百僚，陸遜弟瑁與艷書，諫止之。艷不聽。坐自殺。

艷蓋濡染東都名士餘習，故瑁箴以汝南，勉以林宗，欲因所通，以啓其蔽也。好翹人過，卒以自殺其軀，足爲人官涉世之戒。

帝行如召陵，通討虜渠。（六年）

因上年伐吴，臨江而返，故又爲此舉，欲以虚聲怖吴也。通一渠而須車駕親行乎？適足爲江左君臣所笑耳。

漢諸葛亮討雍闓，馬謖曰：『南中恃其險遠，不服久矣。今日破之，明日復反耳。用兵之道：「攻心爲上，攻城爲下；心戰爲上，兵戰爲下」，願公服其心而已。』

諸葛之討闓，意不在南也。若南中復反，則北伐之力不專。此謖攻心之策所以尤切於事機也。豈徒精於論兵而已哉！

吴丞相孫劭卒。百僚舉張昭。吴王曰：『孤豈於子布有愛乎？丞相事煩，而此公性剛，所言不從，怨咎將興，非所以益之也。』以顧雍爲丞相。

吴王外重昭，内實輕之，以其首勸迎曹操也。不用作相以此。所云性剛非益，特不欲斥言之耳。置昭而用雍，可謂得人。觀雍舉措，洵非昭所及也：用人則心無適莫，建言則終不宣泄；不顯諫而有以格君心之非，不邀功而惟責損敵之效。雍才雖不及諸葛，亦賢相哉！

漢諸葛亮至南中，所在戰捷，斬雍闓及高定。孟獲收闓餘衆拒亮，亮募生致之，既得，縱使更戰，七縱七禽，亮猶遣獲。獲止不去，曰：『公，天威也。南人不復反矣。』

此用馬謖攻心之策也。迨遣之不去，而心服矣。誠以獲素爲夷漢所服，服獲之心，即以服南人之心也。由是益州、永昌、牂牁、越巂四郡皆平，仍即其渠率而用之，蓋即後世土司所自昉乎！以夷治夷，而不以外人與乎其間，則夷之心無所猜忌，久而自安矣，亦攻心之策也。

帝臨江觀兵，戎卒十餘萬，吴人嚴兵固守。時天寒，冰，舟不得入江，遂歸。孫韶遣將率死士五百人於逕路夜要帝，獲副車羽蓋以還。

舟師用於冰凍水涸之時，是自取其滯也。上次龍船，飄於南岸；此次副車，亡於逕路，亦危矣哉！

戰船數千皆滯不得行，議者欲就留屯田，用蔣濟計，鑿地通道，遏入淮中，乃得還。帝謂濟曰：『吾前決欲分半燒船於山陽湖中，卿於後致之，略與吾俱至譙。』

以南人長於水戰，故用舟師伐之，而不審天時，以致凍滯精湖。山陽去江已遠，吴人未敢來追，乃遽欲分半燒船，何其輕舉妄動邪！

帝之爲太子也，郭夫人弟有罪，鮑勛治之。太子請，不能得，由是恨勛。至是，以事誅勛。又因恨曹洪，下獄當死，群臣并救，莫能得，太后令郭后泣涕屢請，乃得免官、削爵土。

致之死，卞責怒且不聽，卒以郭請得免，則知丕惟婦言是用，而勳之死由於郭矣。

帝疾篤，立平原王叡爲太子。帝殂。

陳《志》於魏主書『崩』，於蜀主書『殂』，蓋嫌於魏，故不書『崩』，而取《尚書》『帝乃殂落』之文，以予其爲帝也。《通鑑》因之，并書於魏，似未喻陳氏之意。

明帝在東宫，不交朝臣。即位數日，獨見劉曄，語盡日。曄既出，衆問何如，曰：『秦皇、漢武之儔，才具微不及耳。』

微特叡之才不及秦皇、漢武，亦以魏之立國遠不及秦漢耳。使其席一統全盛之業，意氣何可量哉！

吴王聞魏有大喪，自將攻江夏，太守文聘堅守。先是，朝廷遣荀禹慰勞邊方。禹到江夏，發所經縣兵及所從步騎千人，乘山舉火。吴王遁走。

屢被魏兵，不敢過江一步。因喪伐之，適見其怯耳。又見舉火而遁，膽略如是，尚足經理中原邪？

吴王以陸遜陳便宜，令有司盡寫科條，使褚逢賫以就遜及諸葛瑾，意所不安，令損益之。

内有顧雍爲相，而科條仍商之遜、瑾，以資損益，可謂孜孜求治。然權晚節頗不能容納直言，故遜云『忠讜不能極陳』也。

以華歆爲太尉，歆讓位於管寧。帝不許，徵寧爲光禄大夫，不至。

漢末名士，能以素節自完，不易所守者，幼安一人而已。

烈祖明皇帝（諱叡，字元仲，文帝長子，在位十三年）

蜀丞相亮，率諸軍北駐漢中。臨發，上書曰：『先帝創業未半，而中道崩殂。』（太和元年）

《通鑒》於昭烈書『漢主』，於諸葛不應書『蜀丞相』。此因《三國志》舊文，未及改正畫一者也。丞相《出師》二表，動稱『先帝』，亦猶伊尹訓嗣主追述烈祖、周公告孺子必言二考也。

又曰：『宫中府中，俱爲一體，陟罰臧否，不宜异同。』

丞相出師，所慮者尤在内。故此表諄諄以宫中爲言，舉郭、費、董以專其任。尤以『親賢臣，遠小人』爲後主勖也。

又曰：『今南方已定，甲兵已足，當獎率三軍，北定中原，庶竭駑鈍，攘除奸凶，興復漢室，還於舊都，此臣所以報先帝而忠陛下之職分也。』

以定中原、復漢室爲己任，第曰『職分』而已，此伊尹之志也。

又曰：『今當遠離，臨表涕零，不知所云。』

臨表至於涕零，詎非愴懷今昔，有大不得已於中者乎？自此一出，不復生還矣，何其言之悲也！

帝聞諸葛亮在漢中，欲大發兵就攻之，孫資曰：『今若討亮，道既險阻，及鎮守南方四州，遏禦水賊，凡用十五六萬人，天下騷動。但以今日見兵，分命大將據諸要險，足以震懾强寇，鎮静疆埸。』

吴蜀之所以便於自守者，以江山之險，敵不易入也；而其所以艱於進戰者，亦以江山之險，兵不易出也。資隨曹操征伐，閲兵事多矣，其論吴、蜀，曲盡三分形勢。所論進軍之難、發興之擾，尤老成之見也。魏若進軍攻蜀，吴必乘虚向合肥，或由江夏，故須增兵鎮守南方四州。所云『水賊』，謂吴也。

初，文帝罷五銖錢，以穀帛爲用，民間以濕穀、薄絹爲市，嚴刑不能禁。用司馬芝等議，復五銖錢。

古今异宜，情僞百變。至此方知賈誼、貢禹之論不可行於後世。

初，太祖、世祖皆議復肉刑，以軍事不果。及帝即位，詔公卿以下議，王朗以爲不可。帝以吴、蜀未平，且寢。

肉刑雖三代之制，而罷用已久，民間孰知其爲古法哉！一旦復之，適足駭俗而致怨耳。烏睹所云『法立而民不犯』者乎！朗議雖假寇仇爲言，實不易之論也。

諸葛亮將伐魏，與群下謀之。魏延曰：『聞夏侯楙，主婿也，怯而無謀。今假延精兵五千，直從褒中出，當子午谷而北，不過十日，可到長安。楙必弃城走。』

楙以主婿爲延所輕，亦猶曹休以宗室爲朱桓所輕也。邊任何可輕付哉！然楙人才，又在休下矣。延欲以精兵出子午谷，圖關中，諸葛不從，亦猶朱桓欲以所部長驅規許、洛，陸遜不從，皆知己知彼者也。

帝遣曹真督關右諸軍，軍郿。亮身率大軍攻祁山，天水、南安、安定皆叛應亮。朝臣未知計所出，帝勒步、騎五萬，遣張郃督之拒亮。帝行如長安。

觀此則延計若行，關中必大擾，而魏主與曹真輩以全力争之，延亦必不能支。即諸葛軍至，恐進可戰而退無可守也。

馬謖才器過人，好論軍計。諸葛亮深加器异。及軍祁山，不用舊將魏延、吴懿等爲先鋒，而以謖督諸軍，與張郃戰於街亭。謖違亮節度，郃大破之。

人各有能有不能，固有謀事則工、臨事則拙者，局中與局外殊也。况運籌之於决勝哉！竊謂光武遣鄧禹入關討赤眉，未免用違其才；諸葛不用魏延爲前鋒，而用馬謖，得毋類是乎！智如良、平，算無遺策，而不使之特將，高帝之知人善任，所以不可及歟！

謖之未敗也，裨將王平連規諫謖，謖不能用。及敗，平領千人，鳴鼓自守，張郃不敢逼，平徐徐收合諸營散迸，率將士而還。

謖不用平言，正以己熟讀兵書，平所識不過十字耳。爲將自有方略，安可一概論哉！

或勸亮更發兵者，亮曰：『大軍在祁山、箕谷，皆多於賊，乃爲賊所破，此病不在兵少也，在一人耳。今欲減兵省將，明罰思過，校變通之道於將來。』

丞相真知兵者，故敗後不惟不增兵，且欲減兵也。世之庸將，但知增兵以救敗，詎知兵貴精不貴多乎！

漢諸葛亮聞曹休敗，魏兵東下，關中虚弱，欲出兵擊魏，群臣多以爲疑。亮上言於漢主曰：『先帝深慮以漢、賊不兩立，王業不偏安，故托臣以討賊。』

陳《志》本傳不録此表，或有所諱。裴注取張璠《默記》以存之，《通鑒》補録於此，是也。『漢賊不兩立，王業不偏安』，理也。『不伐賊，王業亦亡，坐而待亡，孰與伐之？』勢也。理既當伐，勢又不得不伐，出師何疑！

又曰：『劉繇、王朗各據州郡，論安言計，動引聖人，群疑滿腹，衆難塞胸，今歲不戰，明年不征，使孫策坐大，遂并江東，此臣之未解二也。』

非以孫策之往事爲未解也，今之蜀，無异昔之江東，而欲蹈繇、朗之覆轍，則未解耳。胡身之讀解爲『懈』，以『未敢懈怠』爲訓，殊於文義未洽。但『江東』以下、『此臣』以上，必有脱文。

又曰：『曹操智計殊絶，用兵仿佛孫、吴，然困於南陽、險於烏巢、危於祁連、逼於黎陽、幾敗北山、殆死潼關，然後僞定一時耳。』

祁山一敗，皆以魏爲不可伐。是以指繇、朗爲戒，而歷言高帝之涉險被創、曹操之屢有挫失，以見一敗未可自沮也。

又曰：『今民窮兵疲，而事不可息，則住與行，勞、費正等，而不及虚圖之，欲以一州之地與賊持久，此臣之未解六也。』

此《出師》正文也。蜀以一州之地，所以能與魏抗者，恃能戰耳。若坐以待之，必難支久。此即上所云『不伐賊，王業亦亡』者也。

又曰：『臣鞠躬盡力，死而後已，至於成敗利鈍，非臣之明所能逆睹。』

前《表》以『興復漢室』爲己任，所謂『自任以天下之重』也；此《表》第云『鞠躬盡力，利鈍不計』，所謂『知其不可而爲之』也。竊謂三代而降，人才不乏，大抵體用不能相兼，求其體粹用宏、不愧聖賢者，丞相一人而已。杜詩云：『伯仲之間見伊吕』，似已；至云『指揮若定失蕭曹』，猶第較其功業耳。以丞相之純節，豈蕭、曹所可同日語哉！

權所見如此，與曹丕因請托不遂，追恨執法之鮑勛者，相去奚翅天淵！

吴王以吕範爲大司馬，印綬未下而卒。初，孫策使範典財計，時吴王年少，私從有求，範必關白，不敢專許，時以此見望。及後統事，以範忠誠，厚見信任。

吴王即皇帝位，改元黄龍。百官畢會，吴主歸功周瑜。張昭舉笏，欲褒贊功德，吴主曰：『如張公之計，今日乞食矣。』昭大慚。

若當日用張公之計，安得至今日哉！雖欲乞食，亦何可得！觀此方知權之不以丞相予昭，有以也。雖然，昭固吳之舊臣，亦重臣也。策之造邦、權之嗣位，昭均有力焉。今於僭號之初，輒以醜言譏詆，權亦量狹而寡恩哉！

吳王立子登爲皇太子，於是東宫號爲多士，太子使胡綜作《賓友目》。

吳之《賓友目》，亦猶魏之《黨友題表》，皆沿東都標榜之習。而魏是時又立九品中正，故此風日甚耳。

吳主以并尊二帝之議往告於漢。漢人以名體弗順，宜絶其盟好。丞相亮曰：『今加顯絶，仇我必深。若睦於我，我北伐無東顧憂，河南之衆不得盡西，爲利，亦已深矣。權僭逆之罪，未宜明也。』

蜀自稱帝，吳自稱王，未嘗臣於蜀也。以蜀之力，安能禁吳之自帝？徒絶好而結仇耳。漢諸臣猶以名體弗順爲言，何弗先禁魏之受禪乎？方魏主之欲大發兵攻漢中也，孫資以爲進軍南鄭，必須增兵鎮守南方四州，以禦水賊，即丞相云『河南之衆不得盡西』者也。

張昭以直言逆旨，中不進見。後漢使來，稱漢德美。吳主曰：『使張公在坐，彼安復自誇乎！』因請見昭，昭曰：『昔太后、桓王不以老臣屬陛下，而以陛下屬老臣。』

昭蓋有口辨而無膽決，故應對則有餘，折衝則不足。其所以引疾避位者，重有愧於吳主『乞食』之言也。追述太后、桓王，辭涉怨望，權特不與校耳。

詔曰：『後嗣萬一有由諸侯入奉大統，則當明爲人後之義，敢爲佞邪，導諛時君，謂考爲皇，稱妣爲后，則股肱大臣，誅之無赦。』

叡之此詔，尤重在藩妾不得稱后也。是時毛氏之寵方盛，故叡豫爲之計耳。

張紘病卒。臨困，授子留箋，勸吴主：『求賢受諫，抑情損欲，以義割恩，則上無偏謬之授，下無希冀之望。』

觀紘此箋，則知吴主好同惡异，不聽逆耳之言，戀於恩愛，不無偏謬之蔽。故紘於臨終猶剴切陳之。迨至末年，釁起骨肉，斯言驗矣。

改平望觀曰『聽訟觀』。帝常言：『獄者，天下之性命也。』每斷大獄，常詣觀臨聽之。

此乃以决獄自炫聰明，非矜恤民命也。觀其輕用民力、果於殺戮，可知已。

衛覬請置律博士，帝從之。又詔陳群等删約《漢法》，制《新律》十八篇，《州郡令》四十五篇，《尚書官令》《軍中令》合百八十餘篇。

《法經》始自李悝，商君繼之，蕭何又繼之。厥後馬、鄭諸儒爲之章句者十餘家，所謂法家之學也。覬言：『刑法，國家所重，而私議所輕；獄吏，民命所繫，而選舉所卑』，四語曲盡古今之弊。令，即今之『例』也。《州郡令》，即命盗諸律例也。《尚書官令》，即吏律及諸例。《軍中令》，即兵律及諸例也。雖未以六項分部，殆即後世《律書》之權輿乎！

吴主使將軍衛温等將甲士萬人，浮海求夷洲、亶洲，欲俘其民以益衆。陸遜、全琮皆諫，不聽。（四年）

夷洲、亶洲，雖自古相傳，而未能指其地之何在。後温等僅得夷洲數千人，而亶洲絶遠，不可至。今東洋若日本、琉球皆自爲一國，臺灣列於郡縣，不聞更有所謂亶洲者也。

諸葛誕、鄧颺等結爲黨友，更相題表，有八達、三豫之目。董昭上疏言之，帝於是免誕、颺等官。

魏是時以九品中正取士，故士矜相標榜以博聲譽。昭言不及此，亦不揣其本而齊其末矣。

曹真以漢人數入寇，請由斜谷伐之。陳群諫，不從。漢丞相亮次於成固赤坂以待之。會天大雨三十餘日，棧道斷絶。華歆、楊阜、王肅皆諫，詔真等班師。

是時魏老成憂國之士皆以蜀爲不可伐，相與累疏固争。蓋知諸葛之難與敵也。

吴衛温、諸葛直軍行經歲，士卒疾疫，死者什八九，亶洲絶遠，卒不得至，得夷洲數千人還。温、直坐無功，誅。（五年）

屢向合肥，欲據江北尺寸之地不可得，乃馳思海外，既遠求亶洲之民，又亟購遼東之馬，廷臣止諫，均拒不聽。權更事多矣，而猶爲此，非所謂『不務德而勤遠略』者乎！迨師老無功，不自悔初計之失，乃遷怒而誅二將，何其謬哉！

司馬懿西救祁山，張郃欲分兵駐雍、郿，懿不可。諸葛亮自逆懿於上邽。懿斂兵依險，兵不得交。

懿自知才不敵亮，而以不戰與之持久，善用其短者也。郃狃於街亭之勝，故亟欲戰，而卒以殺身。

亮引還。懿等尋亮後，既至，又不肯戰。賈栩、魏平曰：『公畏蜀如虎，如天下笑何？』懿病之，乃自向亮。亮使魏延等逆戰，魏兵大敗，懿還保營。亮以糧盡退軍，張郃追之，蜀人射殺郃。

懿實不敢戰，乃其知己知彼者也。因爲諸將所笑，不得已而進兵，遂致大挫。諸葛此役，足刷街亭之耻；殺郃，更足償馬謖矣。懿自此遂不復戰。

黄初以來，諸侯王法禁嚴切，親姻皆不敢通問。東阿王植上疏言之，詔報曰：『已敕有司，如王所訴。』

此所謂《求通親親表》也。表内云：『若以臣爲异姓，竊自料度，不後於朝士』，即有求自試之意。非徒懷才欲展，亦以子丹既歿，魏宗室無人，不覺其言之悲也。

植復上疏曰：『昔漢文發代，疑朝有變，宋昌曰：「内有朱虚、東牟之親，外有齊、楚、淮南、琅邪，此則磐石之宗。」臣伏惟陛下遠覽姬文二號之援，中慮周成召、畢之輔，下存宋昌磐石之固。』

此發前表所未盡也。義取漢宗磐石之固，實有他族逼處之虞。蓋司馬氏功名日盛、權勢所歸，同朝更無與之頡頏者，以狼顧之姿，處鷹揚之任，智如子建，能無爲將來之慮哉！曾不再傳而斯言驗矣。

又曰：『吉專其位，凶離其患者，异姓之臣也。欲國之安，祈家之貴，存共其榮，殁同其禍者，公族之臣也。今反公族疏而异姓親，臣竊惑焉。』

所言异姓公族親疏之异，可謂深切著明，而不能動猜主之聽者，奪嫡之嫌，雖易世猶未釋也。論者以令伯《陳情》方之諸葛《出師》，未免細大不倫。竊謂三國文字，堪與《出師》二表并傳者，惟子建《求通親親》及《求自試》二表耳。

漢丞相亮之攻祁山也，李平留後，主督運事。亮具出其前後手筆書疏，本末違錯，表平免官、削爵。上徙梓潼郡。

丞相所以罪平者，惡其詐也。陳《志》所云『游辭巧飾者，雖輕必戮』，此類是也。

帝愛女淑卒，帝痛之甚，追謚平原懿公主，立廟洛陽，葬於南陵。帝欲自臨送葬，陳群、楊阜諫，皆不聽。

溺愛於孩提之殤女，越禮肆情，無所不至。陳群猶據禮以争，楊阜直言，則舉文皇帝、武宣皇后崩皆不送葬爲例，而猶不見聽。叡之惑甚矣。

尚書郎廉昭以才能得幸，好抉擿群臣細過以求媚於上。杜恕上疏曰：『糾擿奸宄，忠事也；然而世憎小人行之者，以其不顧道理苟以求容進也。』

既以事權畀大臣，又用小臣伺察之，不惟使大臣自疑不得行其志，爲小臣者，必且迎合上意，虚構事端，弊將不可勝詰矣。凡糾擿奸宄，不於廷對公言之，而於造膝密陳之，皆小人欲以小忠求進者也。然亦由人主自矜聰察，寄耳目於近習，故小人得以售其術耳。

帝嘗問陳矯：『司馬公忠貞，可謂社稷之臣乎？』矯曰：『朝廷之望也，社稷則未知也。』

胡身之曰：『陳矯、賈逵皆忠於魏，而二人之子爲晋初佐命，豈但利禄移人哉，非故家而教忠不先也。』竊謂父子不同志者多矣，教忠亦不繫乎故家也。即如劉向爲宗室遺老，忠於漢室，指切王氏，而子歆爲新室佐命，亦將追咎向之教忠不先乎？二子之不肖，不足爲父累也。

吴人歲有來計，滿寵上疏曰：『合肥城南臨江湖，賊往甚易，宜移城内之兵，其西三十里有奇險可依，更立城以固守。此引賊平地，而掎其歸路。』

蜀出漢中，則吴向合肥，二國遥相應和，一定之勢也。吴之圖魏，誘之深入；魏之圖吴，誘之遠出。蓋吴恃江爲固，舟師是其所長。一經捨舟趨陸，則用其所短矣。寵移城之策以此。

公孫淵奉表稱臣於吴，吴主大悦，遣張彌等乘海封淵爲燕王。張昭曰：『淵背魏懼討，遠來求援，非本志也。若淵改圖，自明於魏，兩使不反，不亦取笑於天下乎！』吴主卒遣彌往。（青龍元年）

淵遠在遼東，無端遣使稱臣於吴，欲何爲乎？此盡人知其不足信者。而權獨排衆議，發使備物，浮海封之，豈真自以爲威加重溟之外哉？以爲得其馬，可與魏争陸戰之利耳。然亦愚矣。

公孫淵知吴遠難恃，乃斬張彌等首，傳送京師，悉没其兵資珍寶。

自明於魏，兩使不反，張昭之言驗矣。

吴主大怒曰：『朕年六十，世事靡所不嘗。近爲鼠子所前却，令人氣踴如山。不自截鼠子頭以擲於海，無顔復臨萬國。就令顛沛，不以爲恨！』

權欲自往征淵，蓋因羞見張昭，亦無顔（亦）［以］對群臣，故作壯語耳，非其誠也。

陸遜、薛綜、陸瑁以吴主欲親征公孫淵，各上疏諫，吴主未許。

諸臣之言，非不明切，然施之於權，轉覺不關痛癢，不敢過江一步而能渡海萬里哉！諸臣亦非見不及此，其相率固争，亦聊以釋權之慚耳。瑁疏所云『越海求馬，曲意於淵』八字盡權之情。至云『爲赴目前之急，除腹心之疾』，則求馬專爲敵魏也。權即得馬，果足以北争中原哉！

陸瑁重上疏曰：『今凶桀未殄，疆埸猶警，未宜以淵爲先。願陛下暫息六師，以爲後圖。』吴主乃止。

强鄰壓境而涉海遠征，權必不爲也。其於諸臣之言心折久矣，所以未即許者，俟其再諫也。瑁比以漢文，失之諛矣。

諸葛亮軍於渭水之南，司馬懿引軍渡渭，背水爲壘以拒之。吴主入居巢湖口，向合肥新城。

諸葛出武功，權即自向合肥，所謂同時大舉。然魏之大將重兵皆與諸葛對敵而以南方付之滿寵，其輕重可知。

帝御龍舟東征，滿寵募壯士，焚吴攻具，射殺吴主之弟泰。吴主聞大軍至，遂遁。

甫至巢湖，未能攻城，一聞魏主親征，輒即遁走，似此膽略，猶云渡海征遼東，將誰欺乎？

群臣以爲司馬懿與諸葛亮相守未解，車駕可西幸長安。帝曰：『權走，亮膽破，大軍足以制之。』

魏主策權必走，故乘舟親赴以耀其武。知諸葛難敵，故委之司馬而止其戰。

諸葛亮數挑戰，司馬懿不出。亮遺懿巾幗婦人之服。懿怒，上表請戰，帝使辛毗杖節爲軍師以制之。

懿之請戰，非誠也。蓋陽爲請戰，而以不可戰之故密白於叡，故叡使毗杖節以制諸將耳。不然，叡方云『權走，亮膽破，大軍足制之矣』，何不俾懿制亮而乃使之受制於毗乎？

亮遣使者至懿軍，懿問其寢食及事之煩簡，不問戎事。告人曰：『諸葛孔明食少事煩，其能久乎！』

第問其寢食及事之煩簡，以戎事貴密，問亦無益也。至云食少事煩，決其不久，則未如之何而咒其速死，以安衆心耳。幸而言中，要非其所及料也。

亮卒於軍。楊儀整軍而出，懿追之，姜維令儀反旗、鳴鼓，懿斂軍退，不敢逼。百姓爲之諺曰：『死諸葛走生仲達。』

是時杖節之辛毗，不在軍中矣。乃爲死諸葛所怖，仍不敢戰，何也？畏蜀如虎，於此益信矣。

懿案行亮之營壘，嘆曰：『天下奇才也！』

懿才不敵諸葛，而智足以知諸葛，故發此嘆，非庸常所能及也。懿所畏，獨諸葛耳。諸葛既殁，懿自此雄於天下矣。

初，魏延與楊儀有如水火。亮深惜二人之才，不忍有所偏廢。費禕使吴，吴主醉問禕曰：『楊儀、魏延，牧豎小人也。一朝無諸葛亮，必爲禍亂矣。』

儀、延皆吴所忌也。權非爲蜀計，將以間二人也。乘醉言之，使禕不疑耳。若服其先見，則淺之乎視權矣。

亮病困，與儀及費禕作身殁後退軍節度，令延斷後，姜維次之。若延不從命，軍便自發。亮卒，延曰：『丞相雖亡，吾自見在，云何以一人死，廢天下事邪？』

延之言似也。但延若可任，丞相必付以後事矣。知其將爲亂，故使之斷後，而次以姜維，以維之才足制延也。

陳壽評曰：『諸葛爲相，政刑雖峻而無怨者，以其用心平而勸戒明也。』

丞相治蜀用嚴，取法子產。陳氏擬以管、蕭，殊不相似。其云『用心平而勸戒明』，則定評也。尤在開誠布公，循名責實，以此臨事，何事不辦？

習鑿齒論曰：『昔管仲奪伯氏駢邑三百，没齒而無怨言，聖人以爲難。諸葛亮之使廖立垂泣，李嚴致死，豈徒無怨言而已哉！』

習氏以陳評第言『無怨』，未盡諸葛之美，故於此論首及之。因取喻於水鏡之無私，卒云『法行乎不可不用，刑加乎自犯之罪，而極其量於天下無不服』。旨哉言乎！爲政者所當三復也。

漢主以丞相長史蔣琬爲尚書令，總統國事。時新喪元帥，遠近危悚，琬既無戚容又無喜色，衆望漸服。

觀琬之服衆，足以見丞相之知人。

吴人聞諸葛亮卒，增巴邱守兵萬人。漢人聞之，亦增永安之守，以防非常。宗預使吴，吴主問曰：『西增白帝之守何也？』對曰：『臣以爲東益巴邱之戍，西增白帝之守，皆事勢宜然，俱不足以相問也。』

已增巴邱之戍，而怪人益永安之守，能禁其反唇相稽乎？預猶渾言之耳，若直對曰『西之增守非得已也，由於東之增戍耳，若東撤戍則西罷守矣。』權又將何辭以詰乎？

楊儀既殺魏延，自以爲宜代諸葛亮秉政；而亮密指，意在蔣琬。儀語費禕曰：『往者丞相亡殁，吾若舉軍就魏，寧當落度如此！』禕密表其言。漢主廢儀爲民，徙漢嘉郡。復坐誹謗，自殺。（三年）

此密指，必是丞相白之後主者。胡身之以爲語諸僚佐而儀不知。夫秉政大事，豈僚佐所得預謀哉！且公琰其宜，臨終面授李福，固言猶在耳也。儀悔不舉軍就魏，直思叛矣，其取死固宜。

帝好土功，既作許昌宫，又治洛陽宫，起昭陽太極殿，築總章觀，高十餘丈。力役不已，農桑失業。

魏主所畏諸葛而已，故幸其殁，而日肆其心以爲淫縱。孫權雖存，不以介意矣。孟子以敵國外患與法家拂士同功，有以也夫！

陳群上疏曰：『今喪亂之後，人民至少，比漢文景之時，不過一大郡。加以邊境有事，將士勞苦，若有水旱，國家之深憂也。』

魏得天下大半，而户口不及漢盛時一大郡；吴號爲殷富，乃至越海謀取夷洲、亶洲之民，後得山越數萬以爲殊勳，則其民不加多可知。蜀地小於吴，更形凋敝矣。

帝耽於内寵。自貴人以下，凡數千人，選女子知書可付信者六人爲女尚書，使典省外奏事，處當畫可。

宫室、内寵、田獵同時并興，所謂内作色荒、外作禽荒、峻宇雕墻者，有一即可亡國，况兼之乎！

高柔上疏曰：『周禮：天子后妃以下百二十人。竊聞後庭之數，或復過之，聖嗣不昌，殆由於此。可妙簡淑媛以備内官，其餘盡遣還家。』帝報曰：『輒克昌言，他復以聞。』

叡之報柔，若納其言矣。其意則曰：『妙簡淑媛，依卿所奏；其餘盡遣還家，姑俟异日也。』

是時獵法嚴峻，殺禁地鹿者身死。柔復上疏曰：『百姓供給衆役，親田者既減，加頃復有獵禁，群鹿踐食生苗，所傷不訾，惟寬民使得捕鹿，則衆庶永濟。』

是時河洛之間，麋鹿可以損稼，亦民少之一徵也。若如今日，何地更容麋鹿？

辛毗、楊阜、蔣濟、王基、孫禮各上疏切諫，帝雖不能用群臣直言，然皆優容之。

優容直諫，而工役如故，女寵如故，田獵如故，所謂悦而不繹、從而不改者也。

洛陽崇華殿灾，帝問高堂隆。隆曰：『此人君務飾宫室，不知百姓空竭，故天應之以火。』詔問隆：『漢武之時，柏梁灾而大起宫殿以厭之，其義云何？』對曰：『越巫所爲，非聖賢之明訓也。』

柏梁灾而大起宫殿，漢武荒淫，所當戒也。而叡以問隆，第欲藉口往事，復起崇華殿耳。隆雖正論，不足遏其侈心，未幾復立之詔下矣。

詔復立崇華殿，更名曰『九龍』，引穀水過殿前，使馬鈞作水轉百戲。

引穀水、轉百戲，必舊所未有而創設者。蓋亦以厭火灾，取其相勝也。

陵霄闕始構，有鵲巢其上。帝問高堂隆，對曰：『此宫未成，身不得居之象。天意若曰：「將有他姓制御之」。今若罷休百役，增崇德政，庶可轉禍爲福。』帝爲之動容。

以吴、蜀動之，非所忌也；云宫未成身不得居，將屬他姓，則危言悚論，故爲之動容。而於所謂罷休百役、增崇德政，則哀如充耳矣。未幾，斯言果驗。

帝性嚴急。其督修宫室，有稽限者，帝親召問，言猶在耳，身首已分。王肅上疏曰：『凡陛下所行刑，皆有罪之吏、宜死之人也；然衆庶不知，顧下之於吏。』

叡所殺，亦淫刑以逞耳。督修稽限，罪不至死，而云『宜死之人』乎！此亦姑爲巽語，無觸其怒，而婉導其從耳。

張掖柳谷口水溢，涌寳石負圖，立於川西，有石馬七，又有文曰『大討曹』。詔書頒天下，以爲嘉瑞。

石之出何爲哉？得毋天厭魏德，將降之罰，故以『大討曹』爲文、明示之兆邪？叡不知懼，而反以爲瑞，則天之所弃矣。然蒼蒼者方奪叡之魄，而促魏之祚，又何肯誘啓其衷，使之覺悟哉？

帝使人以馬易珠璣、翡翠、玳瑁於吴。吴主曰：『此皆孤所不用，而可以得馬，孤何愛焉。』盡以與之。

吴之所急者馬也，至渡海賂公孫以求之而不可得。今魏乃以易玩好之物，是吴捐其無用以易有用也。權之計誠得矣，叡之志不亦荒哉！

兖州刺史王昶爲人謹厚，名其兄子曰默、曰沈，名其子曰渾、曰深。戒之曰：『人或毁己，當退而求之於身。若己有可毁，則彼言當矣；若己無可毁，則彼言妄矣。當則無怨於彼，妄則無害於身，又何報焉！』

昶此書，及伏波《戒兄子書》，皆格言至論。讀者所宜書紳，不得因其子侄之不肖而忽二君子之訓也。

山茌縣言黄龍見。高堂隆以爲：『魏得土德，宜改正朔，易服色。』帝從其議。（景初元年）

前既以青龍改元矣，至此又因黄龍而改正朔，謂黄爲土德，則青屬木，爲土所畏，何以青龍先見乎？

有司奏：以武皇帝爲魏太祖，文皇帝爲高祖，帝爲烈祖；三祖之廟，萬世不毁。

孫盛以『當年逆制祖宗，未終豫自尊顯』，譏『魏群司之失正』。竊謂此乃叡志先定，有司順指奏請奉行，亦無足責。高堂隆以傳《禮》儒宗，遇事敢諫，何以默不一言乎？隆建改正朔之議，陳壽以爲學過其通，此時未免當犯而隱矣。

郭夫人有寵，毛后愛弛。帝游後園，曲宴極樂，禁左右使不得宣。后知之，謂帝曰：『昨游宴北園樂乎？』帝以左右泄之，殺十餘人，賜后死。

因一語之忤，輒殺十餘人，并賜后死，暴戾如是，叡絶嗣而魏祚旋傾，宜哉！

起土山於芳林園西北陬，使公卿群僚皆負土，樹松、竹、雜木、善草於其上，捕山禽雜獸置其中。董尋諫，不聽。

自古無役使公卿負土築山者，乃至面目垢黑，衣冠了鳥，可謂視臣如土芥矣。操崇儉而三公挈壺買漿，叡尚奢而群臣穿方舉土，士仕於當塗之世，亦難矣哉！

時有詔：録奪士女前已嫁爲吏民妻者，還以配士，聽以生口自贖；又簡選其有姿首者内之掖庭。張茂諫，不聽。

隋煬妻驍果，第取之寡婦、室女耳，此直録奪有夫之婦矣。然其意非爲配士也，劫質吏民之妻，令獻生口以贖，因而漁色耳。罪惡浮於桀紂，其不亡幸也。魏之亡，實由於叡。

高堂隆疾篤，口占上疏曰：『黄初之際，天兆其戒：异類之鳥，育長燕巢，口爪胸赤，此大异也。宜防鷹揚之臣於蕭墻之内。可選諸王，使君國典兵，翼亮帝室。』

是時司馬氏功名日盛，不臣之迹已露，故隆重以爲言，非徒取徵於异鳥也。諸王典兵之議，與陳思王《求自試表》、曹冏《六代論》相發，自是當時救敝之策，而不得其人，亦未必有益也。

又曰：『夫皇天無親，惟德是輔。民咏德政，則延期過曆；下有怨嘆，則輟録授能。天下乃天下之天下，非獨陛下之天下也！』

天心寄於民心，民怨之則天弃之矣。觀隆此疏，則知魏所以亡，由士民困於虐政，各懷離叛之心。司馬氏柄政，蠲除一切，先得其民，是以取之如摧枯振槁也。

詔劉邵作《考課法》。邵作《都官考課法》七十二條，又作《説略》一篇，詔下百官議。崔林、杜恕、傅嘏各自爲説，久之不决，事竟不行。

考課之法，條目繁密，行之足以防弊，亦易以滋弊。蓋法立弊生，庶政皆然，非止考課一端。若諸臣壹意奉行，何難綱舉目張乎！習爲縱弛，而厭其拘束，乃相與抗言高論，欲自標置於繩墨之外，豈公而忘私者哉！

温公論曰：爲人上者至公至明，則群下之能否，焯然無所復逃矣。詢謀於人，决之在己，研核其實，斟酌得宜，不可以口述，不可以書傳。安得豫爲之法，悉委有司哉！

不可以口傳、不可以書述，則將索之無何有之鄉乎？孔子曰：『文武之政，布在方策』，此口可述、書可傳者也。其人存，則其政舉；其人亡，則其政息，此不可述、不可傳者也。孟子曰：『徒善不足以爲政，徒法不能以自行。』然則法與人固相須爲用者乎！

又曰：或曰：考績之法，唐、虞所爲，京房、劉邵述而修之耳，烏可廢哉？曰：唐、虞之官，其受任也專，其責成也遠。非若京房、劉邵，校其米鹽之課，責其旦夕之效也。

立政在乎用人，用人先以修身，而考課之法亦不可廢。若置法任意，則一切弛其繩墨，而萬事不可得而理矣。兩晋崇尚虚無，流爲放誕，非其效歟？京房、劉邵，亦未可盡非也。

帝使司馬懿將兵四萬討遼東。謂懿曰：『公孫淵何以待君？』對曰：『淵弃城豫走，上計也；據遼東拒大軍，其次也；坐守襄平，此成禽耳。』(二年)

以弃城豫走爲上計，此大言耳。淵既叛魏寇邊，而遽肯弃城乎！弃城將往依鮮卑乎？知其必不爲矣。

公孫淵復遣使稱臣，請救於吴。吴人欲戮其使，羊道曰：『不如遣奇兵潜往，以要其成。』

淵至此復求救於吴，豈果以吴足掎魏之後乎？亦計無復(之)[出]矣。吴戮其使，良不爲過，而道乃欲因而厚之，奇兵潜往，冀收漁人之利，是乃不量彼己而强作解事者也。厥後魏已平遼東，始狙擊守將，俘其民人，勞師襲遠，所得不償所費耳。

帝問吏部尚書盧毓：『誰可爲司徒者？』毓薦處士管寧。帝不能用。

此時幼安尚在，可云碩果不食矣。魏主知其不可屈，故不用。

吴主使吕壹典校諸官府及州郡文書。壹因此漸作威福，深文巧詆，排陷無辜，毁短大臣，纖介必聞。

吴之吕壹，亦如魏之廉昭。蓋權在位已久，威福自作，恒有疑其大臣之心，故壹得行其巧詆之術也。

陸遜、潘濬憂壹亂國，每言之，輒流涕。壹白丞相顧雍過失，吴主怒，詰責雍。

雍是時幾不自保，遜、濬因詢及時事，至涕泣危怖。權之疑及諸臣，蓋非一日矣。三子尚如是，況其他乎！所云『義雖君臣，恩猶骨肉』，特甘言耳。然因察知朱據被枉，即決意誅壹，則尚非執迷不悟者也。

吴主詔責諸葛瑾等曰：『齊桓有過，管子未嘗不諫，諫而不得，終諫不止。諸君諫諍未出於口，仍執嫌難。以此言之，孤於齊桓良優，未知諸君於管子何如耳！』

求亶洲、封遼東，諸臣未嘗不言，言之未嘗不切，而舉不見聽。權豈真能納諫者哉！事後猶思及虞翻、張昭，尚非怙終者，然無及矣。

帝寢疾，深念後事，乃以武帝子燕王宇爲大將軍，與夏侯獻、曹爽、曹肇、秦朗等對輔政。

叡蓋用高堂隆遺疏之言，故以宗王及公族輔政。

劉放、孫資久典機任，獻、肇心内不平。放、資懼有後害，燕王陳誠固辭。放、資因薦曹爽，且言：『宜召司馬懿與相參。』并執帝手强作詔，免燕王宇等官。

燕王輔政，亦未知其勝任與否，然司馬氏不得執太阿之柄矣。此蓋天欲移魏祚，故假手放、資，使之延盜入室也。

先是，燕王爲帝畫計，以爲『關中事重，宜遣懿自軹關西還長安』，事已施行。

宇之意，欲留懿於外，而藉『關中事重』以爲辭，猶是叡以力任處受遺諸大臣之意也。放、資引懿入輔，先免宇官，則知宇不欲懿輔政也。

懿至，入見，帝執其手曰：『吾以後事屬君，君與曹爽輔少子。』指齊王芳謂懿曰：『此是也。』又教齊王抱懿頸。（三年）

諦視勿誤，令前抱頸，付托之意可謂厚矣。曾幾何時，而幼子安在哉？

帝尋殂。帝沈毅明敏，料簡功能，屏絶浮僞。行師動衆，論决大事，謀臣將相，咸服帝之大略。

叡之淫侈暴虐，史所書綦詳。魏祚之傾，實由叡之戕伐邦本，流毒於民也。乃於其殂也，亟稱其美，曾無貶辭，何哉？孫盛稱其政自己出，優容直諫，以爲君人之量如此其偉，而譏其不固維城之基，至使社稷無衛。

夫天生民而立之君使司牧之，豈第令其威福自作、惟所欲爲哉！窮奢極麗，虐用凋瘵之民，而施之以一切苛酷之政，乃至殺鹿如殺人、夫妻不相保，民心既去，天命隨之，雖有周親，安足恃乎！

太子即位，年八歲。諸所興作宫室之役，皆以遺詔罷之。

一切罷諸興作，民慶更生矣。雖稱遺詔，而事由司馬，人心因而向之。此即代魏之漸。

初，畢軌及鄧颺、李勝、何晏、丁謐皆有才名，明帝惡其浮華，抑而不用。曹爽輔政，驟加引擢，以爲腹心。晏等共推戴爽，以爲重權不可委之於人。

轉司馬懿爲太傅而奪之權，晏等意在弱私門以强公室，策非不工，但曹爽非其人耳。凡史所書爽及何晏等罪惡，皆未免過甚，以魏史成於晋臣也。讀史者存其大概可耳，不必盡信。

漢蔣琬爲大司馬，楊敏毁琬曰：『作事憒憒，誠不及前人。』或以白琬，主者請推治敏。琬曰：『吾實不如前人，無可推也。』

爲政繼諸葛之後，易於見短，此正如曹參自謂不如蕭何也。

吴都鄉侯周胤有罪，徙廬陵；諸葛瑾、步騭爲之請。吴主曰：『孤於公瑾，義猶二君，樂胤成就，豈有已哉！且欲苦之，使自知耳。苟使能改，亦何患乎！』

知其非才而不任以事，寬其有罪而冀其能改，吴主始終不負公瑾，亦可謂善處故舊矣。

鑒評别録卷十七

魏紀二

邵陵厲公（諱芳，字蘭卿，明帝養子，在位十三年）

廢君而貶其爵、惡其謚，不臣之甚者也。《通鑒》因而書之，不及陳《志》仍書本爵於義爲當。

殷札言於吴主曰：『今天棄曹氏，喪誅累見，幼童莅事。陛下身自御戎，取亂侮亡，西命益州，軍於隴右，犄角并進，以定華夏。』吴主不能用。（正始二年）

是時魏之兵謀，決於司馬懿，非吴諸將所能當也。札言若用，吴其殆哉！

吴全琮略淮南，諸葛恪攻六安，朱然圍樊，諸葛瑾攻柤中。孫禮與全琮戰於芍陂，琮敗走。太傅懿督諸軍救樊；吴軍聞之，夜遁。

諸軍并出，或一戰而敗，或聞風而遁，吴之兵力，概可知已。而殷札乃欲傾國北伐，贊主親征乎！

漢蔣琬以諸葛亮數出秦川，卒無成功，乃多作船，欲乘漢沔東下，襲魏興、上庸。會疾，未行。

出祁山以向關中，則中原響震。若以舟師乘漢沔東下，即襲取魏興、上庸，僅得蜀之舊境耳。是時荊州已失，襄陽豈可圖哉！琬自度力不能復争關中，故舍難趨易耳。

朝廷欲廣田畜穀於揚、豫之間。鄧艾以爲：『令淮北[屯]二萬人，淮南三萬人，什二分休，常有四萬人且田且守；益開河渠以增溉灌，通漕運。』

屯田兩淮，積穀以省轉運之勞，此取吴之所基也。人皆知平蜀之功成於艾，豈知平吴之功始於艾乎？吴人於蜀多作舟船則疑其背盟；而於魏大興屯田，不慮其圖己，何也？殆亦自度力不能與之争乎？

管寧卒。寧名行高潔，天下知與不知，無不嗟歎。

幼安於漢魏之間，可謂完名全節。人皆知其不仕於魏爲守正，而不知其不仕於漢尤爲見幾也。

步騭、朱然各上疏於吴主曰：『蜀多作舟船，繕治城郭。蔣琬委漢中，還近成都。宜爲之備。』

作舟船欲以襲魏興二郡，徙涪欲以應姜維，未見其效，已爲吴所疑矣。幸吴主不爲浮言所動，未至敗盟耳。

宗室曹冏上書曰：『今州牧郡守，皆跨有千里之土，或兄弟并據；而宗室子弟曾無一人間厠其間，非所以强幹弱枝，備萬一之虞也。』

此所謂六代論也。非不暢所欲言，較之陳思王表，則泛而不切矣。或以爲并出子建，詳其文義，殊未然也。子建注意在秉權用事之臣，此第欲令宗室典兵守土耳。晉武用其遺策，乃致八王之亂。

夏侯玄勸曹爽伐蜀。爽發卒十餘萬，自駱（口）［谷］入漢中。漢中守兵不滿三萬，諸將皆恐。王平令劉敏據興勢，多張旗幟，亘百餘里。爽兵不得進。（五年）

漢中蜀之襟喉，諸葛以全力守之，進則向關中，退則足自固，此魏所以不敢犯蜀也。今移兵屯涪，漢中藩籬固已撤去大半，一旦魏寇臨境，始遣將督軍千里赴救，若非王平布置得宜，正恐緩不濟急矣。是時蜀之宿將，無若王平者，才勇不及姜維，智略實出其右也。

漢費禕爲尚書令，識悟過人。常以朝晡聽事，其間接納賓客，飲食嬉戲，加之博弈，盡人之歡，事亦不廢。及董允代禕，欲斆禕之所行，事多愆滯。

尚書令職居樞要，喉舌是司。接納賓客，已應從簡；至嬉戲博弈，皆廢事之漸，即才力有餘，亦須深戒，正無庸斆禕之行也。此與禕督軍救漢中，嚴駕將發，乃與來敏圍棋，色無厭倦，均不足爲美也。

吴太子（登）［和］與魯王同宫，禮秩如一，群臣多以爲言，吴主乃命分宫别僚；二子由是有隙。自侍御、賓客，造爲二端，仇黨疑貳，滋延大臣，舉國中分。（六年）

匹嫡亂本，古之明戒。權不能割少子之愛，乃至二子賓客仇黨疑貳，舉國中分。祚之不延，此其兆乎！

陸遜上疏，以爲『太子正統，魯王藩臣，當使寵秩有差。』書三四上，吴主不悦。太子太傅吾粲請使魯王出鎮夏口，吴主怒，收槃下獄，誅。遜憤恚而卒。

吴主意在立霸，故凡爲太子言者皆獲罪，即重臣如陸遜，亦不免焉。以遜之忠勛而猶見疑，太子危矣。

漢尚書令董允卒。宦人黄皓，便僻佞慧，漢主愛之。皓畏允，不敢爲非。費禕以陳祇代允爲侍中。祇與皓相表裡，皓始預政。

諸葛表薦董允，屬以宫中之事，允果能制皓，使不敢爲惡。丞相真知人哉！禕越次用祇，而祇即與皓朋比，致皓預政弄權，卒以覆國，爲桓、靈之續，悲夫！

幽州刺史毌丘儉以高句驪王位宫數爲侵叛，督諸軍討之；位宫敗走，儉遂屠丸都，遣王頎追位宫，過沃沮千有餘里，刻石紀功而還。（七年）

儉但以郡縣之兵遂足屠高麗都城，走其王，空其地，無异發蒙振落。降及隋唐，合天下全力，大駕親征，而猶不能克，何也？其東夷之强弱頓殊歟？抑中國之將略古今不相及邪？

蜀大赦，孟光責費禕曰：『赦者偏枯之物，非明世所宜有也。』禕但踧踖而已。初，丞相亮時，有言公惜赦者，亮答曰：『治世以大德不以小惠。』

東漢之末，幾於無歲不赦，迄至亡國。丞相之惜赦，蓋亦目睹其弊而矯之。蔣琬不能守丞相之遺法而去漢中，幾爲曹爽所乘；若禕者，嬉戲博弈，固與丞相之鞠躬盡瘁不可同日語矣。

吴人不便大錢，乃罷之。

吴屢鑄大錢，蓋由國用不足，欲以一錢抵數錢、或數十錢之用也。但本末不相準，盗鑄者必衆，未有行之而無弊者。蜀用劉巴之策，偶一行之，又當别論。然其措置亦不可考。

漢主數出游觀，增廣聲樂。

既進陳祗，俾黄皓預政，又不能防檢後主，任其數出游觀，不聞匡諫。禕不及諸葛遠矣，豈徒赦之一端乎？使禕不死，亦無救於蜀亡。

譙周上疏諫曰：『昔世祖初入河北，馮异勸之曰：「當行人所不能爲者。」及在洛陽，嘗欲小出，銚期進諫，即時還車。夫憂責在身者，不暇盡樂。』

諸葛以先帝勉後主，其言切而有味；周以光武規後主，其言壯而有體。後主於丞相之言，日久漸忘，豈周之言所能啓其悟乎！

大將軍爽用何晏、鄧颺、丁謐之謀，遷太后於永寧宫，專擅朝政。太傅懿稱疾，不與政事。

懿自以失權怏怏，又力不能制爽，故稱疾避政而伺其隙耳。爽固未嘗遷太后，且欲專政，亦無庸遷太后也。魏之太后，豈漢之太后比哉！胡身之以爲：據陳《志》，太后自稱永寧宫；晋諸臣欲增曹爽之惡，故以『遷』字加之。其説固不謬矣。

吴主大發衆集建業，揚聲欲入寇。揚州刺史諸葛誕使王基策之，基曰：『今陸遜已死，孫權年老，此不過欲補綻支黨，還自保護耳。』

吴之不能北伐，不自今日始也。初猶可向合肥，窺江外耳；至此尚發衆揚聲，以示有餘，能不爲敵所料乎！未幾，作涂塘以淹北道，但爲保江自守之計，情見勢屈矣。

以光禄大夫徐邈爲司空。邈嘆曰：『三公，論道之官，豈可以老病忝之哉！』固辭不受。（九年）

是時魏之三公，備員而已。然在位無過一二年者，大抵皆老病之人也。邈之嘆有以哉！

大將軍爽驕奢無度，弟羲數諫止之，爽不聽。

爽一紈絝膏粱子弟耳，中無有也。羲雖數諫，亦不過略知讀書、自修飭而已，非有才略也。觀後桓範劃策時可見。

爽兄弟數俱出游，桓範曰：『總萬機，典禁兵，不宜并出。若有閉城門，誰復納入者？』爽曰：『誰敢爾邪！』

懿之睥睨切齒於爽，範知之而爽不知也。

李勝出爲荆州刺史，過辭太傅懿。懿令兩婢持衣，指口言渴，婢進粥，懿不持杯而飲，粥流出沾胸。勝退，告爽曰：『司馬公形神已離，不足慮矣。』

勝乃爽之腹心党友，其辭懿將以覘之。故懿爲將死之狀詐勝，因以詐爽。勝與爽兄弟果皆入其彀中矣。

帝謁高平陵，大將軍爽與弟羲等皆從。太傅懿以皇太后令，閉諸城門，勒兵據武庫，授兵，出屯洛水浮橋。因奏爽罪惡於帝。（嘉平元年）

先假太后令閉城門，勒兵屯洛水浮橋，然後奏爽罪惡，懿固早有成算，故不難應機立辦耳。桓範之言，至此驗矣。

桓範勸曹爽兄弟以天子詣許昌，發四方兵以自輔。爽等不能用。

範爲爽計，甚有條貫，稱曰『智囊』不虛也。若用其計，則王凌、諸葛誕輩各擁重兵，距許、洛爲近，一呼可集，聲罪致討，取司馬氏何難乎？

爽通懿奏事，白帝，下詔免己官，奉帝還宫。爽兄弟歸家，懿發洛陽吏卒圍守之。有司奏：『爽與何晏、鄧颺、丁謐、畢軌、李勝等陰謀反逆。』與桓範、張當俱夷三族。

爽就第未幾，而張當之獄起，以所擇才人與爽，事之有無未可知，特欲假以爲由，構成爽兄弟大逆之罪，因而斬刈朝望，剪除异己。曹氏之羽翼一網盡矣。

先是，爽辟王沈及羊祜。沈勸祜應命。祜曰：『委質事人，復何容易！』

胡身之以祜爲知幾。竊謂祜乃司馬氏姻親，後卒爲晋佐命，其不應爽辟，自是各有所主，不必盡關知幾也。

何晏好老莊之書，與夏侯玄、荀粲及王弼之徒競爲清談，祖尚虚無，天下士大夫争慕效之，遂成風流，不可復制。

晏自以附曹爽致禍，而清談爲諸名士所宗，時流轉相慕效，遂成一代風俗；直至永嘉之末，猶盛稱正始以爲典型。蓋老莊之遺禍，烈已。

夏侯霸奔漢，漢主遇之甚厚。姜維問霸曰：『司馬懿有征伐之志不？』霸曰：『彼方營立家門，未遑外事。有鍾士季者，其人雖少，若管朝政，吴、蜀之憂也。』

吴蜀所以晏然無事者，正以司馬志不在外也。黄皓亂政，蜀先自伐；魏承其敝，故會得借手耳。使不改諸葛之政，會何足憂哉！

曹爽之在伊南也，蔣濟與之書，言『太傅之旨，不過免官而已』。爽誅，濟病其言之失，遂發病卒。

爽不從桓範之計，而自云『不失作富家翁』者，蓋誤信濟言也。以濟之智，豈猶不知懿之心哉！爽所處之地何如，而云『不過免官』，此可以欺爽，不可以欺濟也。濟蓋爲懿所劫，苟爲書與爽，亦不期其必從。爽誅，慮禍將及己，故憂鬱而死耳。

漢姜維寇雍州，依麴山築二城，使句安、李歆等守之。

孤軍深入，阻險無繼，此危道也。諸葛不許魏延出子午谷，而維輒遣二將守麴城，能勿敗乎！

郭淮使陳泰率徐質、鄧艾進兵圍麴城，維引兵救之，淮進軍洮水。維遁走，安等孤絶，遂降。鄧艾曰：『賊去未遠，或能復還。』乃先據洮城，漢軍遂還。

是時蜀將之勇，莫若姜維；　魏將之智，莫若鄧艾。　艾能料維，維不能料艾，故維見拒於洮水，而艾得入於陰平。

王淩以帝暗弱，謀立楚王彪，語其子廣。　廣曰：　『司馬懿情雖難量，而擢用賢良，修先朝之政令，副衆心之所求。　夙夜匪懈，以恤民爲心，未易亡也。』淩不從。

曹爽之敗在失民，司馬之政在恤民，此探本之論。　魏晋得失之機，什得八九矣。

潘夫人有寵於吴主，生少子亮，吴主愛之。　全公主與太子有隙，數稱亮美。　吴主遂有廢和立亮之意。（二年）

權信其女，遂釀成廢立之事。　但全公主之言所以易入者，則以權耽玩豔妻，因而愛憐少子也。

吴主幽太子和。　朱據、屈晃切諫，吴主杖之各一百，群司坐諫誅放者以十數。　遂廢和爲庶人，賜魯王霸死。　殺楊竺，流其尸於江。

權自欲立亮，故廢和、誅霸而不之惜。　諸臣猶固諫請和，適觸其忿耳。　和本無可廢之罪，霸覬覦奪嫡，亦權有以啓之。　至此不教而誅，不亦甚乎！　權末路，可云耄荒已。

王淩遣楊弘以廢立事告黄華，華、弘以白司馬懿，懿將中軍討淩。　先下赦，赦淩罪，淩勢窮，乃乘船單出迎懿。行到項，遂飲藥死。（三年）

先以免罪，諷曹爽使就第；此以赦罪，誘凌使自歸。爽之愚闇，固不足論；凌似非憒憒者，乃恃舊好，不復自疑，何也？凌所處之勢，豈復有全理哉！

吴主立潘夫人爲皇后，大赦，改元。

權之廢和、誅霸、立亮，正由潘欲爲皇后耳。故爲之大赦、改元，以侈其事。

司馬懿卒。

胡身之云：史以懿死爲王凌之祟，信乎？倘果能然，固忠勇之鬼也。竊謂豈惟凌能爲祟哉？關壯繆侯爲吕蒙暗算，而蒙旋死；迨孫權函首送洛陽，而曹操即死，若皆侯之靈有以奪其命也。左氏載子産之論曰：『匹夫匹婦强死，其魂魄猶能憑依於人以爲厲』，况忠烈大丈夫哉！

鄧艾上言：『單于在内，羌夷失統，聞劉豹部有叛胡，可割爲二國，以分其勢。又，羌胡與民同處者，宜以漸出之，以塞奸宄之路。』司馬師皆從之。

是時魏之謀臣多以吴、蜀爲言，并無慮及羌胡者，艾可謂識微見遠者矣。先請於兩淮大開屯田，又請割南匈奴爲二國，徙羌胡出塞，皆制敵安邊之大略，才識遠出諸將之上。

漢費禕還成都。望氣者云：『都邑無宰相位。』乃復北屯漢壽。

術士因諸葛及蔣琬出屯之日多，故傅會爲是説耳。先主稱帝，諸葛即爲相，居守於成都者有年，何云『無宰相位』也！每怪近代卿大夫位望愈尊，則其信卜筮愈甚。不謂禕亦不能免俗。

吴潘后性剛戾，吴主疾病，后使人問孫弘以吕后稱制故事。左右不勝其虐，伺其昏睡，縊殺之，托言中惡。後事泄，坐死者六七人。

權之廢和、誅霸，蔓及群臣，皆潘有以使之，則其暴戾不自今日始矣。左右受其暴虐，積恨於中，故乘吴主疾病，太子幼弱，無復畏忌，相與因其睡而斃之耳。初不關其欲圖稱制也。胡身之以爲，斯事實吴用事之臣所爲，托諸左右。竊謂權尚未死，而縊殺潘，諸臣豈不慮禍之及己乎？且亮既嗣位，异日詎無所聞，能不爲母追治其事乎？雖以諸葛恪之剛狠，恐亦計不出此也。况此左右六七人者，業已事泄坐死，何必更爲深文之論乎！

吴主殂，太子亮即位。以諸葛恪爲太傅，恪乃命罷視聽、息校官、原逋責、除關税、崇德澤，衆莫不悦。

諸葛爲政，亦自粲然可觀。『朝臣才無及恪者』，孫峻之言不謬。

恪不欲諸王處濱江兵馬之地，乃徙齊王奮於豫章。奮不肯徙，恪遺奮箋曰：『大王宜深以魯王爲戒，若輕棄先帝法教，臣下寧負大王，不敢負先帝。』

先言太伯、東海、河間，猶常語耳，至此指魯王爲戒，而折之以先帝，則悚切動聽，宜奮之聞而氣奪也。

王昶、胡遵、毌丘儉等各獻征吴之計，詔問尚書傅嘏，嘏曰：『舉大衆以臨巨險，希幸僥功，非長策也。惟有進軍大佃，最差完牢。』

此云『大佃』，即鄧艾屯田之策，蓋欲廣開田以逼吴境也。

胡（道）［遵］、諸葛誕率衆七萬攻東興，太傅恪將兵四萬救東興。魏軍死者數萬，恪振旅而歸。

是役魏軍頗盛，而未能得志者，恪方秉政得民，吴之守甚固，而丁奉宿將習兵，能挫其鋒也。

蜀大將軍費禕與諸將大會於漢壽，郭偱（當作脩）在坐，禕歡飲沉醉，（偱）［脩］刺禕，殺之。（五年）

吴之隱蕃，漢之郭（偱）［脩］，皆魏之刺客也。吴不信蕃，故蕃以謀亂而誅；漢不疑（偱）［脩］，故（偱）［脩］欲近後主不得，卒因會而刺殺禕。史以禕質性泛愛，信待新附，不從張嶷之言，故及於禍。竊謂禕之爲人，大抵性情坦率，而失在疏略，又好爲飲食嬉戲，盡人之歡，故（偱）［脩］得於醉飽之餘乘其不備耳。

王昶、毌丘儉聞東軍敗，各燒屯走。朝議欲貶黜諸將，大將軍師曰：『我不聽公休（諸葛誕字），以至於此，諸將何罪？』皆宥之。

師新執朝權，務行寬政，矯魏法之嚴峻，以收士心。乃奸雄籠絡之術，非真能引過自責者也。習鑿齒晋臣，故謬爲讚譽耳。然較之諱敗推過者，固有間矣。殆所云『盗亦有道』者邪？

張緝言於師曰：『諸葛恪雖捷，見誅不久。』師曰：『何故？』緝曰：『威震其主，求不死得乎？』

緝之料恪是已。威震其主，師更甚於恪，能不聞緝言而悚然乎！緝意正欲借恪以戒師耳。

諸葛恪復欲出軍，諸大臣皆諫。恪著論曰：『操時兵衆，於今適盡；司馬懿隕斃，其子幼弱。當今伐之，是其厄會。若順衆人之情，懷偷安之計，以爲長江之險可以傳世，此吾所以長嘆息也。』

胡身之云：恪自謂才足辦魏，不知其自視與叔父亮何如？孔明累出師，卒無成功，恪無孔明之才，而輕用其民，不惟不足强吴，適足滅其身家而已。竊謂身之蓋有見於韓侂胄、賈似道皆以北征中原卒致僨敗，故深以恪之論爲不然。但天下事亦未可概論。恪之不能有功，在於不量彼己，坐失機宜耳。其言則未可非也。若必以伐魏爲失計，則《出師》二表亦可咎孔明之失策乎？

又曰：『近見家叔表陳與賊争競之計，未嘗不喟然嘆息。』

恪蓋熟讀《後出師表》，知吴與魏勢不兩立，與蜀無异，故以漢高之攻楚爲説，其言洵非無見，但未能通籌進戰退守之宜，而違衆疲民，尋即致敗，則學叔父而惟得其迹者也。

滕胤謂恪曰：『君出摧强敵，名振海内，今以勞役之後，興師出征，若攻城不克，野略無獲，是喪前勞而招後責也。不如案甲息師，觀隙而動。』

滕胤不願恪再出師，張翼不願姜維進圍狄道，王基不願司馬昭輕兵深入，皆於乘勝之時，更爲持重之計，深於兵者也。

漢姜維自以練西方風俗，謂自隴而西，可斷而有。每欲大舉，費禕不從，曰：『吾等不如丞相遠矣，丞相猶不能定中夏，况吾等乎！』

禕所謂知己知彼者也。丞相自度其才可以圖魏，故決計出師，威振中夏，而蜀之民相與安之。豈維所敢望哉！

吴諸葛恪圍新城，攻之連月不能拔，會大暑，吴士疲勞，病者太半，死傷塗地。諸將伺知吴兵已疲，乃進救兵，恪引軍去。

以二十萬衆欲圖深入，乃不預籌所向，初則徒事驅略，繼復頓於合肥堅城之下，環攻百日之久，卒不能出奇制勝，尋以困敝退師，不戰而自敗。恪之將略，亦可睹矣。

吴軍還建業，諸葛恪愈治威嚴，多所罪責，又改易宿衛，用其親近，復敕兵嚴，欲向青、徐。孫峻因民之多怨，衆之多嫌，構恪於吴主，云欲爲變。

不撫恤上下而輕用其民，雖勝猶足致禍，況有覆軍之罪乎？但恪之死，實由孫峻欲奪其權，并非吴主欲治其罪也。

孫峻與吴主謀，置酒請恪，峻因殺恪及其妻子。臧均表乞收葬恪，吴主及孫峻許之。

均於覆巢破卵之餘，爲恪乞哀，措詞亦不易矣。乃能布其款誠，言婉意悲，故足以回主聽而釋峻憾。

初，恪少有盛名，而父瑾常以爲戚，曰：『非保家之主也。』恪再攻淮南，張嶷與諸葛瞻書曰：『東主初崩，帝實幼弱，太傅受寄託之重，亦何容易！』

自來受寄大臣，公族則推周公，异姓則推伊、霍。皆中更事變，危而後安。後世始終無間、臣主俱榮者，惟一諸葛丞相耳。此外非臣不保其家族，即君不免於篡奪。誠國家之不幸，而大臣所當怵然知戒者哉！

又曰：『太傅離少主，履敵庭，非良計也。旋軍廣農，務行德惠，數年之中，東西并舉，實不爲晚。』恪與鍾會皆以名父之子，少負才望，卒覆厥宗。會死不足惜，恪特鋭欲立功，負氣凌物，非有□□□□也。以恪之才，使其服膺吕岱『十思』之言，深維陸遜『陵上』之戒，功名詎可量哉！張嶷所云『旋軍廣農，待時并舉』，不惟吴應如是，蜀亦止能如是耳。嶷遥爲恪計甚忠，而不能止姜維之連年出師，殆亦謀適不用也。

高貴鄉公（諱髦，字彦士，文帝孫，東海定王霖子，在位六年）

中書令李豐與夏侯玄、張緝親善。帝數召豐與語，不知所説。司馬師詰豐，豐不以實告，師怒，以刀鐶築殺之，送尸付廷尉，收豐子韜及夏侯玄、張緝等，皆誅之，夷三族。（正元元年）

李豐，忠於魏者也。夏侯太初以名高爲司馬氏所忌，且魏之世臣，亦親臣也。張緝，后父也，師特欲殺緝因以廢后，故借豐爲由，起大獄，并誅异己耳，非其罪也。

玄不肯下辭。鍾毓自臨治之。玄曰：『卿便爲吾作。』毓爲作辭，示玄，玄頷之而已。

李豐築殺而送尸廷尉，太初不肯下辭而鍾毓代作。毓名爲魏之廷尉，實則司馬氏之鷹犬也。

正始中，夏侯玄、何晏、鄧颺俱有盛名，欲求傅嘏，嘏不受。荀粲怪而問之，嘏曰：『太初志大其量，能合虚聲而無實才。』

史所書杜畿及傅嘏之言，均晋臣於事後書之，以見夏侯諸人死由自取耳，非其實也。若如所云，則魏臣必皆背君而向司馬氏，方爲保家之主乎？且李豐私議而族誅，許允泣别而徙死，師之意，必欲盡誅魏臣之异己，俾魏主孤立，己得行其篡耳，猶責夏侯諸人有取死之道乎！

嘏又與李豐不善，謂同志曰：『豐矜小智而昧於權利，若任機事，其死必矣。』

嘏乃司馬氏之謀主，而謂之賊臣也。其與李豐不善，無足怪者，是時權利皆司馬氏專之，而豐猶心在魏主，殆即嘏之所譏爲昧者乎！

廢皇后張氏。

廢后即廢帝之漸，師意不在后也。胡身之云：曹操殺漢后伏氏，司馬師殺魏后張氏，此不惟天道，亦操有以教之。竊謂操第弑后耳，司馬則不止弑后，且弑帝矣。不惟司馬之惡浮於操，亦天惡曹瞞，假手司馬以倍其報也。

大將軍師以皇太后令，召群臣會議，奏收帝璽綬，歸藩於齊。使郭芝入白太后。

芝誠無足比數，然爲太后叔父，亦魏戚臣也。殆以張緝爲鑒，故爲司馬氏盡力邪？蓋自曹爽、李豐兩大獄後，凡魏臣之不附司馬氏者，罕有孑遺矣。

師以太后令，迎高貴鄉公髦於元城，即皇帝位。

胡身之以高貴鄉公猶魯昭公之習於禮，而譏其不能如漢文入立之後，夜拜宋昌爲衛將軍，領南北軍，張武爲郎中令行殿中，收兵權以自固。其説似是而實非也。魏至此時，猶漢至獻帝時也。太阿已屬他族，天子同於寄坐，即有令辟，亦何從收既去之人心，發憤有爲哉！髦不甘爲漢獻之碌碌，故旋有雲龍門之變。此時安能以漢文之事責之？無論髦以鄉公倉卒援立，無從有宋昌、張武，即有臣如二人者，亦爲師所誅耳，且亦安所得南北軍而領之哉！魯昭之不能有爲，亦由受制於季氏，不能專咎其習儀以亟也。

毌邱儉、文欽矯太后詔，起兵於壽春，移檄州郡，以討司馬師。（二年）

是時魏臣之心向曹氏者，在朝已誅戮無遺，而在外方岳重任，猶有毌邱、諸葛，皆司馬氏所忌也。觀二子平日均與李豐、夏侯太初善，則知豐等固魏之貞臣，不附司馬氏者，其死固無愧矣。

儉又遣使邀鎮南將軍諸葛誕，誕斬其使。

誕此時不與儉等合兵并力，後乃孤軍獨起，赴吴請救，何哉？

時師新割目瘤，創甚，或以爲不宜自行。惟王肅、傅嘏、鐘會勸師自行，師疑未决。嘏曰：『儉等未易當也。若諸將戰有利鈍，則公事敗矣。』師蹶然起。

嘏既爲司馬氏謀主，使師事敗，嘏能免於族誅乎？乃猶喋喋焉議夏侯諸人，何足道哉！

師率諸軍討儉、欽，鄭袤曰：『宜深溝高壘，以挫其氣。』王基曰：『軍宜速進。』遂進據南頓，儉等保項。

袤欲效亞夫堅壁之策，而基與之异議。師初從袤策，基争之不得，輒進據南頓，遂以制敵。爲司馬氏則忠矣，揆之於義，基獨非魏臣乎？

師命諸軍皆深壁高壘，以待東軍。諸將請進軍攻項，師曰：『儉、欽舉事，謂遠近必應；今内乖外叛，自知必敗。困獸思鬥，速戰更合其志。』

儉初以爲遠近必應者，以諸葛誕素不附司馬氏，而鄧艾名將，亦必不負曹氏也。豈料其不然哉！

師卒於許昌。詔敕傅嘏：留衛將軍昭屯許昌，令嘏率諸軍還。鍾會與嘏謀，使嘏表上，輒與昭俱還，到洛水住，詔以昭爲大將軍、録尚書事。

留昭屯許，以軍事付嘏，魏主欲解司馬氏兵柄也。使嘏奉詔率諸軍還，則大將軍、録尚書之任别有所屬，魏之事尚可爲乎？然而嘏固司馬氏之腹心謀主，又有鍾會爲之决策，表不俟命，與昭俱還，屯軍洛南挾魏主，使不得不以昭繼師，而司馬氏之根株益固矣。魏主於師死之後，有機可乘，欲暫解司馬氏之兵柄而不可得，而身之於其入立之初遽以漢文之事責之，亦不思之甚哉！

會由是常有自矜之色。嘏戒之曰：『子志大其量，而勛業難爲也，可不慎哉！』

嘏既云夏侯太初志大其量，又云會志大其量，後皆不得其死。豈二人同病，均被識破邪？夫所云志大其量者，謂所望太奢，動逾其分也。會破蜀即思據蜀，誠不免無涯之欲；若太初者，宗尚玄虚，一坐談客耳，徒以名高見忌，非罪枉誅，其人則魏之貞臣也，烏可與會同譏哉？

帝宴群臣於東堂，與諸儒論夏少康、漢高祖優劣，以少康爲優。（甘露元年）

漢高、少康之優劣，殊非定論。然亦可見髦之有志矣。胡身之譏其不能如少康之布其德而兆其謀，以致身死人手。竊謂少康得虞思之助，有田一成，有衆一旅，雖極弱小，非有奸雄窺伺於旁，制之使不得一動手也。髦固非少康之比，而是時權不由己，又安能布其德兆其謀哉！漢之亡由於桓、靈，不必咎孝獻之懦而弗振也；魏之亡由於明帝，不必咎高貴鄉公之輕而寡謀也。

帝幸太學，與諸儒論《書》《易》及《禮》，諸儒莫能及。

髦是時政事皆不得過問，故寓意於儒學，冀以接見群臣，不爲司馬氏所忌耳。其以司馬望及裴秀、鐘會厠其間者，引進司馬氏之親黨，以釋其疑也。若不因論學而時時有所呼召，則李豐、許允之獄便起矣。胡身之以爲考其答問，不過馬鄭异同，非人君之學。竊謂論髦者當諒其受制强臣不克自遂；或譏其不能養晦俟時，輕舉致禍，毋庸苛責其學非所學也。

姜維復率衆出祁山，聞鄧艾已有備，乃趣南安；艾據武城山以拒之。

是時維實魏之勍敵，非吴諸將比也。然其智略出艾下，故當之則敗。

吴大司馬吕岱卒，年九十六。

岱功名大顯在八旬以後，膺方面重寄逾二十年，近百歲以壽考終，亦异人也。

吴主始親政事，孫琳表奏，多見難問。又，科兵子弟十八以下、十五以上三千餘人，選大將子弟有勇力者使將之，日於苑中教習，曰：『吾立此軍，欲與之俱長。』

亮之智過於曹髦，孫琳之勢尚不及司馬昭。而亮卒爲所廢者，機事不密，琳得挾以兵也。太阿之柄不可以授人，威福下移而驟欲收之，豈易言哉！

司馬昭遣賈充至淮南，見諸葛誕，曰：『洛中諸賢，皆願禪代，君以爲何如？』誕厲聲曰：『洛中有難，吾當死之！』充還言於昭，詔以誕爲司空，召赴京，誕疑揚州刺史樂琳間己，遂殺琳。

賈充，魏之蟊賊，而司馬氏之腹心耳目也，誕豈不知之？前既輸以實情，充見昭詎肯默爾乎？司空之召，實奪之兵，國門朝入，檻車夕逮，乃充之謀，不關琳之間也。誕亦不應見不及此，其殺琳者，以其不與己同，留之恐爲後患耳。

司馬昭奉帝及太后，討諸葛誕。

師之討毌邱儉也，并未奉魏主同行；昭不惟奉帝，兼奉太后，奉其名而挾其實也。昭之勢重於師，其謀亦更密於師矣。自古出師，無太后在軍中者，此或誕稱奉太后密詔討昭，故挾太后俱行，以伐其謀。抑有見於懿之誅曹爽，稱太后以舉兵，故不留太后於内，慮有從中假之爲名而討己者耳。

漢姜維聞魏分關中兵赴淮南，欲乘虚向秦川，率數萬人出駱谷。司馬望及鄧艾拒維。

魏所以傾國南征，不復西顧者，以艾足拒維也。

是時維數出兵，蜀人愁苦，譙周作《仇國論》以諷之。

立國之勢，强弱無定，惟在用人行政而已。政事日紊、人才日衰而能久存者，未之有也。以蜀之内有黄皓，外止一姜維，欲以一州之地，高談西伯，與劉表之在荆州何异？亦卒歸於亡而已。且與魏度長挈大，亦未可與六國并據、地醜德齊者同日語也。周此論殊乏卓識。魏之圖蜀，非一日矣，所畏者維耳。後雖大發兵三道并進，而先絆維於沓中。迨維守劍閣以拒鐘會，而鄧艾别出陰平，攻其不備，一戰幸勝，後主震恐，即用周策，遽爾納降，維之智勇無所復施，然猶以計譎會，幾於轉敗爲功。不幸事泄，卒以身殉，維於蜀，亦可謂竭忠盡節者矣。乃胡身之不以蜀亡罪黄皓，而以其責歸維，反以周之著《論》服其先見，不亦謬哉！

司馬昭進攻壽春，克之。諸葛誕將其麾下突小城欲出，胡奮擊斬之。麾下數百人皆不降，每斬一人，輒降之，卒不變，以至於盡。

此數百健兒，其志節何讓田横客哉！誕爲瑾、亮之族弟，兄弟各仕一國，時有『蜀得龍、吴得虎、魏得狗』之諺，至今傳爲口實。然誕雖非二兄之比，其人亦烈丈夫，死有餘榮，未可訾也。

昭欲遣諸將輕兵深入，因釁有滅吴之勢。王基諫，乃止。

乘勝進兵，所謂破竹之勢也。然亦須量敵，未可概論。是時吴未可滅，而魏軍已疲，故基引諸葛恪、姜維爲戒，而勸昭退師也。

習鑿齒曰：司馬大將軍於是役也，可謂能以德攻矣。功高而人樂其成，業廣而敵懷其德。

昭征壽春，算略既優，處置亦當，晉之霸業，實定於此。亦猶曹公之官渡也。習氏之言，不盡溢美。

吴主以孫綝專權，欲誅之。綝知之，以兵圍宫。吴主大怒，上馬執弓欲出，侍中近臣及乳母共攀止之。綝廢吴主爲會稽王。

是時三千子弟兵果安在邪？綝雖擅兵，非司馬氏之比，吴主若出，應未敢公然加害，乃爲左右所阻，坐待廢辱，所謂當斷不斷者也。

孫綝迎立琅邪王休。綝奉牛酒詣吴主，吴主不受。齎詣張布，酒酣出怨言。布以告，吴主銜之。

休雖爲綝所援立，而綝之威權，實足震主。即不漏怨言於布，亦必無久全之理。但漏言則其禍愈速耳。胡身之謂綝酒酣失言，遂以賈禍。以綝所爲，死有餘罪矣，又何必咎其失言乎？

吴主與張布、丁奉謀，因臘會收綝。綝叩頭曰：『願徙交州。』吴主曰：『卿何不徙滕胤、吕據於交州乎？』綝復曰：『願没爲官奴。』吴主不許，遂斬之。

休之智略，無加於亮，乃亮不能誅綝，反爲所廢，而休能誅之。蓋亮所與謀者，憒憒之全尚，以致事先漏泄；休所與謀者張布，而决於丁奉，其智略固可以成事者也。綝本庸奴，至此惟有叩頭乞命耳。若曹髦之於司馬昭，則非主不及休，而臣之勢已成，未可與絉并論矣。

初，漢昭烈留魏延鎮漢中，皆實兵諸圍，以禦外敵。敵若來攻，使不得入。即興勢之役，王平拒曹爽，亦承此制。

此所謂圍，乃築土爲之。春秋謂之壘，秦漢謂之壁，東漢、魏晋謂之塢，後世謂之堡，若依山險而立者，累石曰砦，樹木曰寨、曰栅，其用一也。平所據以拒爽之興勢。陳《志》書曰『興勢圍』，蓋圍之當兵衝者也。

黄龍二見寧陵井中。群臣以爲吉祥，帝曰：『龍者，君德也，上不在天，下不在田，而屈於井，非嘉兆也。』作《潛龍詩》以自諷，司馬昭見而惡之。

龍見摩陂井中，叡臨觀以爲瑞，實則魏主屈辱之兆也。至此復屢見井中，髦乃作《潛龍詩》以自諷，其識自出叡上。胡身之先既責髦不能如漢文之用宋昌，又責髦不能如少康之布德兆謀，其持論亦不能如石勒之辭氣雄爽，至此又責其不務養晦。夫布德兆謀，則非養晦明矣，養晦則不能雄爽矣，既欲其彼，又欲其此，不亦難乎！計髦此時，能爲漢獻帝或可苟全耳，又何必迭加刻責哉！

元皇帝（諱奂，字景明，武帝之孫，燕王宇之子，在位五年）

帝見威權日去，不勝其忿，召王沈、王經、王業謂曰：『司馬昭之心，路人所知也。吾不能坐受廢辱，今日當自出討之。』王經諫，不聽。沈、業奔走告昭。（景元元年）

經以魯昭公之於季氏爲比，可謂切於事情矣。髦所講論者，沈及裴秀、鍾會、司馬望也。至此欲出討昭，先召沈及經、業謀之，蓋引沈爲腹心，益知其平時非專爲講論也。其不召秀、會等，知其附司馬氏，不可與謀也。豈料沈、業已奔走告昭哉！吁，人主挈太阿之柄授之奸臣，以致根株槃互，羽翼已成，非一朝一夕之故，其所由來者漸矣。時勢至此，一摇手而禍機立發，雖有善者亦無如之何，於髦何責乎？

帝遂拔劍升輦，率殿中宿衛鼓噪而出。賈充逆與帝戰於南闕下，帝自用劍。衆欲退，充謂成濟曰：『司馬公畜養汝等，正爲今日。』濟即抽戈刺帝，殞於車下。

觀充所云則知，司馬氏陰謀篡弑，而充預其事久矣。

昭聞之，大驚，自投於地。太傅孚奔往，枕帝股而哭，甚哀，曰：『殺陛下者，臣之罪也！』

不惟昭之驚而自投，未必果有其事，即孚之枕股而哭，亦僞也。

太后下令，罪狀高貴鄉公，廢爲庶人，葬以民禮。收王經及其家屬付廷尉。經謝其母，母笑曰：『人誰不死，正恐不得其所，以此并命，何恨之有！』

不問賈充而先收王經，昭之心路人知之矣。髦之忠臣，獨一王經耳，陳泰不足道也。

王沈以功封安平侯。昭上言：『成濟兄弟大逆不道。』夷其族。

王經就誅，而王沈封侯，未知沈何以對經。成濟夷族，而賈充免坐，未知充何以對濟。

常道鄉公即皇帝位，詔進司馬昭爵位，九錫如前，固讓乃止。

甫讓爵位九錫，以謝弑君之罪。旋進爵位九錫，以賞策立之功。功可賞也，弑君而罪可謝乎？

鮮卑索頭部大人拓跋力微，始遣其子沙漠汗入貢，因留爲質。力微之先世居北荒，不通南夏。

此北魏之始也。魏收以爲出自黄帝，胡身之引以爲注。竊謂蠻夷戎狄，屏居四荒之外，自古不與中國通，其種族由來，殆不可考。《史記·匈奴傳》以爲出自夏桀之子淳維，或有所本。至魏收以拓跋出自黄帝，乃北魏入中國後，托之古帝，以自尊貴。若云出自李陵，則中國好事者爲之，更不足信矣。惟唐時黠戛斯爲李陵之後，或有然耳。

漢大將軍姜維將出軍，廖化曰：『智不出敵，力小於寇，用之無厭，將何以存？』（二年）

『智不出敵』，維之於鄧艾也；『力小於寇』，蜀之於魏也。二語可謂簡而盡矣。

姜維請殺黄皓，漢主不從，敕皓詣維陳謝。維由是疑懼，返自洮陽。因求種麥遝中，不敢歸成都。

蜀所恃者維耳。疑不敢歸，成都之守備虚矣。

吴主喜讀書，欲與韋昭、盛冲講論，張布恐昭、冲言己陰過，固諫止之。吴主恐布疑懼，不復使昭等入。

吴主欲與昭、冲等講論，與曹髦之於王、沈等無以异也。而布固止之，吴主雖有責問，而卒如其意。蓋德其衛己，遂不免爲其所持耳。

阮籍居喪飲酒，不异平日。何曾言於司馬昭，昭愛其才，常擁護之。嵇康不禮於鍾會，會深銜之，譖康嘗欲助毌丘儉，昭遂殺康。

嵇、阮均出禮法之外，嵇被誅而阮獲免者，嵇得罪於鍾會，阮見愛於司馬昭也。然即此可見二子之優劣已。康雖土木形骸，而當時有『卧龍』之目，又好奇任俠，非薄湯武，昭知其必不爲己用，而忌其名高，故會之譖易入耳。

昭欲大舉伐漢，朝臣多以爲不可，獨鍾會勸之。

是時魏地雖云有天下十分之七，以今輿圖考之，實則直隸、山東、河南、山西、陝西五省耳。吴地兼三江、兩湖、浙閩、二廣，遠及越南，則南九省盡爲所有，地實大於魏也。惟蜀以四川一省，旁及黔、滇、陜、甘邊地，殊爲狹小耳。昭欲先取蜀以據上游，而後水陸并進以取吴，二國固已在其算中矣。

以鍾會爲鎮西將軍，都督關中。征西將軍鄧艾以蜀未有釁，屢陳异議，昭使師纂爲艾司馬以諭之，艾乃奉命。

會之決計伐蜀，非必别有特識，亦第揣合昭意而贊成之耳。艾屢陳异議，而用奇破蜀成功者，艾也，非會也。

姜維表漢主，聞鍾會治兵關中，欲規進取，宜遣張翼、廖化督諸軍，分護南陽關口及陰平之橋頭，以防未然。黄皓啓漢主寢其事，群臣莫知。

陽安爲正兵之要路，陰平爲奇兵之捷徑，使用維策，先以重兵阻險自固，鄧艾之謀不得施，則鍾會久而自疲，不敗亦走矣。孰謂維不足以存蜀哉！表進忠謀而付之沉閣，蜀之亡，其權輿於此乎！

詔諸軍大舉伐漢，遣鄧艾督三萬人趣沓中，以連綴姜維；諸葛緒督三萬餘人趣武街橋頭，絶維歸路。鍾會率十萬餘人趣漢中。（四年）

昭所憚者維耳。故三道出師，而以兩道制維。

或問劉實曰：『鍾、鄧其平蜀乎？』實曰：『破蜀必矣，而皆不還。』客問其故，實笑而不答。

實所以決鍾、鄧之不還者，以會必不能容艾，而昭惟會是聽，必且因而誅艾，艾誅則會將有异志，非復魏臣也。夫會之不可信，其兄毓先言之，朝臣亦多知而言之。王夫人及辛憲英皆婦人耳，猶足以料之，而昭獨任之不疑，何也？破蜀既非會之功，使會計得遂，則禍變將有不及防者。幸而爲衛瓘及諸將所殺，亦非昭所能遥度也。史所書昭答邵悌之言，皆晋臣溢美，不足信也。

諸葛緒引軍與鍾會合。會欲專軍勢，密白緒畏懦不進，檻車徵還。軍悉屬會。姜維列營守險，會攻之不能克，糧道險遠，軍食乏，欲引還。

會但工畫策耳，未嘗臨敵制勝也。維百戰名將，憑蜀地之險，以主制客，豈會所能攻克哉？使非鄧艾冒險用奇，則會以糧盡退矣。

鄧艾上言：『賊已摧折，宜遂乘之。若從陰平由邪徑趣涪，衝其腹心，劍閣之守必還赴涪，則會方軌而進；

劍閣之軍不還，則應涪之兵寡矣。』

勸伐蜀者鍾會也，至此欲引還者即會也；持异議者鄧艾也，至此表請深入者乃艾也。破蜀，艾一人之功耳，會無與也。然艾之初計，第欲以奇兵間道趣涪，俾姜維分兵還救，不能以全力守劍閣拒會耳。後主之遽爾迎降，所不敢望也。

諸葛瞻督諸軍拒艾，至涪。黄崇屢勸瞻：『宜速行據險，無令敵入平地』，瞻不能從。艾遂長驅而前，擊破瞻前鋒，瞻退住綿竹。

是時艾軍處死地，瞻軍處散地，不可與戰，惟有據險固守，以輕兵絶其旁掠，不出十日，糧盡兵疲，艾可坐取矣。瞻習聞庭訓，豈猶未悉主客之形乎？崇屢言之而卒不悟，其亦天將亡蜀矣夫！

艾以書誘瞻曰：『若降者，必表爲琅琊王。』瞻斬艾使，列陣以待艾，艾遣子忠及師纂等出戰，不利，引還。艾怒，叱忠、纂，將斬之。忠、纂還戰，大破瞻軍。瞻與子尚俱戰死。

斬使力戰，不勝則父子俱死，亦不愧忠武之子孫矣。瞻死而成都無人矣。

漢人不意魏兵卒至，不爲城守調度，漢主使群臣會議，或欲奔吴，或欲奔南中。譙周以爲不可，勸漢主降魏，漢主從之。

入吴、入南之不可，洵如周所料。但此時惟有嬰城固守，或背城力戰，與社稷共存亡耳。何必於走與降二者之間計較利害哉！周好爲讖緯之學，以『當塗高』爲魏當代漢，天命所歸，故勸後主決計迎降耳。

魏之伐蜀也，吳人或謂張悌曰：『司馬氏得政以來，百姓未服，勞力遠征，何以能克？』悌曰：『曹操雖功蓋中夏，民畏其威，不懷其德；丕、叡承之，刑繁役重。司馬懿父子除其煩苛，而布其平惠，救其疾苦，民心歸之，亦已久矣。』

魏祚不延，而司馬氏於播越之餘猶得偏安江左，惟有歷年，蓋人心之所歸，即天命之所留也。觀悌所云，可以知魏晋修短之由已。

鄧艾以書言於晋公昭曰：『今因平蜀之勢，以乘吳，吳人震恐，席捲之時也。』昭使衛瓘諭艾：『事當須報，不宜輒行。』

艾已破蜀，因欲平吳，其氣甚鋭，而才足以辦之。如昭委以東南之事，則揚帆直下，不俟龍驤矣。然艾之才略，昭所忌也。其專破蜀之功，尤鍾會所恨也。乃輒自矜伐，别圖進取，亦不善處功名之際者矣。此所以動昭之疑而致會之譖者歟？

鍾會有異志，姜維知之，欲構成擾亂，由是情好歡甚。會與衛瓘密白艾有反狀。會善效人書，於劍閣要艾章表、白事，皆易其言，詔以檻車徵鄧艾。

輕信姜維，而不疑衛瓘，會之應事可謂疏矣。直是一紈絝少年之略有計算者耳。先因會誣構而徵諸葛緒，至此復徵鄧艾，昭何惟會言是用邪？會，鍾繇子，應善隸書，其效人書，殆即後世之臨摹乎？

初，會將伐蜀，邵悌言於晉公曰：『衆言蜀不可伐，惟會與人意同。今遣會，蜀必可滅。』

昭用會，第喜其與己同耳。衆言蜀不可伐，即不可使，鄧艾固屢陳异議者也。破蜀者，會歟，艾歟？

晉公將之長安，悌復以爲言。公曰：『近日賈護軍問我「頗疑鐘會不」，我答言：「如今遣卿行，寧可復疑卿邪？」』

是時昭腹心謀主，惟充與會耳。充雖與於雲龍門之弑，但其人凶而愚，非可運籌帷幄者也。會説傅嘏與昭俱至洛陽，昭因而得政，故倚之以決大事而不復疑。

姜維欲使會盡殺北來諸將，已因殺會，盡坑魏兵，復立漢主。會猶豫未決。胡烈知之，疏與子淵，淵率其父兵，雷鼓出門，諸軍皆鼓噪而出，遂斬維及會。

伐蜀之役，會爲謀主，然其才非能定蜀也。會至劍閣，爲姜維所拒，兵食不繼，即欲退師，會之鋭已挫而智已窮矣。賴鄧艾蹈險深入，孤軍幸勝，後主震怖，遽爾迎降，并敕維降會，會安得居其功哉！司馬昭因會意與己合，惟其言是聽，初既譖諸葛緒，繼復構艾，均不察其枉，檻車徵還，一以大權予會，而會遂謀反。此則昭之御將失其術而爲會所蔽也。且會但能作賊耳，其將略非惟不及鄧艾，亦遠出姜維下：不惟劍閣相持情見勢屈，迨至成都，復中維譎計，待爲腹心，維固已玩會於股掌之上，特無如天促漢祚，事泄而敗耳。不然，會轉爲維禽矣。是知昭之用會，未免失人，即夏侯霸之言，亦殊未然也。

劉禪使羅憲守永安。吴聞蜀敗，起兵西上，外托救援，内欲襲憲。憲固守，兵不得過。

吴此時覆亡不暇，猶欲割蜀之邊郡以自廣。其亦未明乎華核之所云矣。

封劉禪爲安樂公。晉王問禪曰：『頗思蜀否？』禪曰：『此間樂，不思蜀也。』

此非後主之痴，乃其黠也。亡國之君，寄命仇國，如以魚肉置刀俎之側，而尚不知用晦以自全乎？若如卻正語，昭肯遣後主西歸邪？適以招其忌而已矣。正亦淺見矣哉！

吴主寢疾，口不能言，手書呼濮陽興入，指子䨻以托之。吴主殂，吴人以蜀初亡，國内恐懼，欲得長君。興受吴主顧托，輒置䨻立皓，負所托矣。然以國家多難，故立長君，較諸貪幼弱以圖擅權者，其用意固殊矣。興爲人固無足論，而此一事亦無可厚非也。

興與左將軍張布説朱太后，以烏程侯皓爲嗣。朱后曰：『苟吴國無隕，宗廟有賴，可矣。』

興、布此舉，有類晉趙盾之於公子雍，但朱后不學穆嬴之哭耳。以宗廟爲重，而不私其子，可謂深明大義。詎知援立非人，遂以亡國，而母子先嬰其禍也哉！

吴主皓之立，當時翕然稱爲明主。及既得志，粗暴驕盈，大小失望，濮陽興、張布悔之。或譖諸吴主，吴主殺之，夷三族。

興、布事孫休於會稽，初未逆料休之入立也，既而均被寵任。迨置䨻立皓，可以專擁戴之功矣，而尋以族誅。禍福之來，固未可臆度也。

鑒評别録卷十八

晋紀一

世祖武皇帝（諱炎，字安世，姓司馬氏，文王昭長子，在位二十五年）

魏帝加文王殊禮，進王妃曰后，世子曰太子。文王卒，太子嗣爲相國、晋王。魏帝禪位於晋。（泰始元年）

所云『殊禮』，皆漢所以加曹操者，而魏循故事以加司馬昭也。昭將禪矣。死，不及禪，而炎承之，亦猶操將禪矣，死不及禪，而丕承之也。

太傅司馬孚執魏帝手，歔欷不自勝，曰：『臣死之日，固大魏之純臣也。』

孚執帝手曰：『臣死之日，固大魏之純臣也。』帝亦應執孚手曰：『卿生之日，固大晋之賢王也。』

奉魏帝爲陳留王，即宫於鄴。優崇之禮，皆仿魏初故事。

晋之受魏禪，一準乎魏之受漢禪，皆曹氏創設，司馬氏踵而行之，故事俱在，不必遠稽唐虞、更煩討論已。

賈充爲車騎將軍，王沈爲驃騎將軍。

充、沈并拜將軍，爲國元勛，以雲龍門之事，奔告者沈、助逆者充也。惟成濟兄弟不聞存恤耳。

傅玄上疏曰：『近者魏武好法術，而天下貴刑名；魏文慕通達，而天下賤守節。其後綱維不攝，放誕盈朝，遂使天下無復清議。』

三代禮法，兩漢猶有存者，至曹氏父子，而掃地盡矣。晋承魏敝，因而不革，風流放誕，殆有甚焉。此胡將亂華之兆歟！辛有所以慨嘆於伊川也。

即用魏廟祭征西府君以下并景帝凡七室。（二年）

晋武之於景帝，較漢世祖之於齊武王，尊禮備矣。

群臣奏：自今明堂南郊宜除五帝座。從之。帝王肅外孫也，故郊祀之禮有司多從肅議。

鄭氏『耀魄寶』『靈威仰』『赤飆怒』『含樞紐』『白招矩』『汁光紀』等六帝之號，不見於聖經，西漢諸儒亦無此說。其稱名詭异，蓋東漢讖緯家所僞造，宜王氏之不取也。

文帝之喪，臣民皆從權制，三日除服。既葬，帝亦除之，猶素冠疏食，哀毁如居喪者。群臣奏請易服復膳，帝不許。遂以疏素終三年。

漢文以日易月，專爲臣民言之，遺詔具在；晋武以爲至謙，真氏歸咎景帝，皆是也。温公遽以師心不學，變古壞禮，痛詆文帝，似於遺詔未之尋繹也。

吴主惡人視己。陸凱曰：『君臣無不相識之理，若猝有不虞，不知所赴。』吴主乃聽凱自視，而他人如故。

凱位爲左相，於吴主自無不識之理，所云『猝有不虞不知所赴』者，爲群臣言之耳。吴主聽凱視己，而仍禁他人，則亦拒諫而已。

詔：『自今雖詔有所欲，及已奏得可而於事不便者，皆不可隱情。』

此帝受禪之初，百度方新，六合未一，故開諫諍之路，冀聞得失也。

立子衷爲皇太子，詔以『近世每立太子，必有赦，曲惠小人，朕無取焉。』遂不赦。（三年）

晋武惜赦，殆有聞於諸葛之政乎？後亦不能堅持此意。

李熹劾山濤占官稻田。詔『勿問』。

濤以清鑒著稱，而占田自穢，何也？被劾而特宥之，何以懲貪？晋時名士，廉隅不飭者多矣。

時吴俗奢侈。華覈上疏言之，吴主不聽。

吴人喜奢，覈所云『家無甔石之儲，出有綾綺之服』，至今且然。况孫皓以侈靡先之乎？

禁星氣讖緯之學。

星氣讖緯之學當禁久矣。歷漢逮魏，傳習日廣，適足以惑世而滋亂耳。

詔杜預爲黜陟之課，預言：『委任達官，各考所統，歲第其優劣。如此六載，主者總案，六優超擢，六劣廢免，優多平叙，劣多左遷。其有徇情，不葉公論，監司彈之。』

預所論考課黜陟之法，約而盡矣。舍此而更爲密文苛法，徒紛擾耳。雖當時未見施行，後世察吏者，大指舉莫能外也。

王祥卒，門無雜吊之賓。

胡身之云：祥所以可尚者，孝於後母與不拜晋王耳。君子猶謂其任人柱石而傾人梁棟也。竊謂祥之孝於後母，洵不可及，其不拜晋王，于魏何益乎？且第一時不拜，而禪代後仍爲晋三公，則亦失節庸臣耳，有愧楊彪多矣。自魏以來，政歸尚書，權歸將相，三公備具而已，亦安能責以柱石、梁棟之任哉！

吴主出東關，使其將施績入江夏，萬彧寇襄陽。

吴此時猶出兵擾晋邊郡，所謂外示有餘者也。亦知北方積穀養民，專心東向乎！

文立上言：『故蜀之名臣子孫宜量才叙用。』詔曰：『諸葛亮在蜀，盡其心力，其子瞻臨難死義，其孫京宜隨才署吏。』又詔：『傅僉息著、募没入奚官，宜免爲庶人。』

帝此舉有王者之度，其混一四海宜已。雖云以傾吴人之望，實足服天下之心。

吴主以何定爲忠勤，賜爵列侯。陸抗上疏曰：『小人不明道理，所見既淺，雖使竭情盡節，猶不足任。』

小人竭情盡節，似亦知事君矣。而不足任者，所謂姑息之愛、婦寺之忠也。

吴丁奉卒。

奉初從孫策，至此始卒。雖史不書其年，然幾與吴終始。

安平獻王孚卒，年九十三。孚性忠慎，宣帝執政，孚常自退損。廢立之際，未嘗預謀。景、文二帝以孚屬尊，亦不敢逼。

孚之所處亦難矣。大義滅親，既非所能，又不能決然引退，仍與懿等共立於朝，坐視其攬權謀篡，而不聞有所匡救。雖云以禮自防，不失臣節，律以春秋之義，難逃黨惡之誅矣。

益州刺史王濬遷大司農，帝與羊祜陰謀伐吴，祜以伐吴宜藉上流之勢，密表留濬，復爲益州刺史，使治水軍。

祜首建伐吴之策，留濬益州，以控制上游，卒資其力，蕩平江表。雖身殁不及其事，而功莫與爭矣。

賈充與任愷皆爲帝所寵任，充欲專名勢，而忌愷，乃薦爲吏部尚書，侍覲轉希，充因與荀勖、馮紞承間共譖之，愷由是得罪。

充之忌愷，帝豈知之？乃充卒能間愷，何也？愷正直而充巧佞，且有勖、紞爲之助，故帝受其浸潤而不覺耳。

陸抗敕西陵諸軍築嚴圍，自赤溪至於故市。

觀此則吴於壁壘，亦謂之『圍』，不止蜀之漢中圍守矣。

賈充與朝士宴飲，庾純醉，與充争言。充曰：『父老，不歸供養，卿爲無天地。』純曰：『高貴鄉公何在？』詔免純官，復以爲國子祭酒。

帝非不知純言之直，但高貴鄉公之事，不可追案耳。

吴主以樓玄主殿中事。玄奉法而行，應對切直，吴主不悦。賀邵上疏極諫，吴主深恨之。左右共誣玄、邵謗訕朝政，送玄付廣州，邵原復職。既而竟殺玄。

邵言可謂切盡，皓既深恨之，乃卒得原復，而玄横被非罪之誅。或者邵之直諫，觸怒於一時；玄之奉法，積忿於平日邪？抑亦有幸有不幸邪？

羊祜歸自江陵，務修德信，以懷吴人，吴邊人皆悦服。祜與陸抗對境，使命常通。吴主聞二境交和，以詰抗。抗曰：『一邑一鄉，不可無信義，况大國乎！』

祜於西陵之役知抗之能，以吴方用抗，未可驟圖，故施惠於吴，結好於抗，不惟豢吴，亦以間抗也。吴主昏暴，幾爲所中，其未即徵抗者，亦以諸將中堪與魏敵，惟有一抗，故雖疑之，而未即易之耳。然已不免於被詰矣。

初，鄧艾之死，人皆冤之。及帝即位，段灼上疏辨其枉，帝善其言而不能從。會帝問樊建諸葛亮治蜀，曰：『吾安得如亮者而臣之？』建曰：『陛下知鄧艾之冤而不能直，雖得亮，得無如馮唐之言乎！』帝乃以艾孫朗爲郎中。

艾之冤死，始於鍾會，而成於衛瓘。灼但言艾狼狽失據，不言瓘乘機害之者，畏瓘之勢而不敢攖也。帝初善灼言而不能用，迨感建言，僅以艾孫爲郎中，既未聽其歸葬，又未還其田宅、續其封爵，且始終於瓘之陷害不爲申理，則艾之冤終未白也。

詔：選公卿以下女備六宮，有蔽匿者以不敬論。又取良家及小將吏女五千人，入宮選之。

以開國之主，乃與孫皓同此秕政乎！選備六宮，猶可以内官未備爲辭，至選良家女五千人入宮，則帝之志荒已。

吏部尚書山濤典選十餘年，每一官缺，輒擇才資可爲者啓擬數人，得旨所向，然後顯奏之。甄拔人物，各爲題目而奏之，時稱『山公啓事』。

一官缺輒擬數人，今之開單請旨也。各爲題目奏之，今之注考也。此千古不易之法，而濤爲之權輿。但濤雖以清鑒著稱，而欲以一人權衡天下之人才，正恐未必悉當耳。

濤薦嵇紹爲秘書郎，紹以父康得罪，欲辭不就。濤曰：『天地四時，猶有消息，况於人乎！』紹乃應命。濤讓尚書郎於康，康與書絶交，因以得罪。今復薦紹，謂之不忘舊可也，謂之愛人以德，不可也。

初，東關之敗，文帝斬安東司馬王儀。儀子裒痛父非命，隱居教授，三徵七辟，皆不就。未嘗西向而坐。

觀裒之不仕而終，紹之應命，不可以已乎？獨非人子哉！

温公曰：昔舜誅鯀而禹事舜，不敢廢至公也。嵇康、王儀，死皆不以其罪，二子不仕晋室可也。

舜之殛鯀，天下咸服；禹之事舜，九州攸同。大聖人之作爲，固有迥出尋常萬萬者。若以鯀禹之事例嵇紹，何异以舜禹之事例司馬氏哉！况嵇康以不附司馬氏而被誅，王儀以直言忤昭而見殺，雖均不以其罪，其情固殊矣。紹雖有蕩陰之忠，使死者有知，中散能無含憤於九京乎！

邵陵厲公曹芳卒。初，芳之廢遷金墉也，太宰中郎范粲素服拜送，哀動左右。遂稱疾不出，陽狂不言。子喬等三人，并弃學業，絶人事。粲不言凡三十六年，卒。

觀范氏父子之至行，可謂臣忠子孝矣。魏晋之際，士風頽靡，禮法掃地，獨能粹然完節，凛若冰蘗，殆《詩》所云『風雨如晦，鷄鳴不已』者邪？如粲者，始可云『臣死之日，固大魏之純臣耳』。司馬孚聞之，能毋汗背乎！

羊祜上疏請伐吴，曰：『江淮之險不如劍閣，孫皓之暴過於劉禪，吴人之困甚於巴蜀，而大晋兵力盛於往時。』

祜贊晋武平吴久矣，所以遲遲蓄而未發者，以陸抗尚在，吴未可圖也。抗殁，而祜之謀始定矣。險阻誠不可恃，但不獨强弱异勢，力不足相抗也，亦視乎主之昏明、將之智愚耳。蜀僅有一姜維，故不能自固；吴自陸抗殁後，諸將中求一姜維而不可得，况皓之昏虐百倍於後主乎！長江之險，安足恃哉！

立皇后楊氏。后，元皇后之從妹也。后叔父珧上表曰：『自古一門二后，未有能全其宗者，乞藏此表於宗廟，异日得以免禍。』帝許之。

珧上表自求免禍，似尚知畏懼，後乃倚后之勢，與二兄駿、濟并營權利，致有『三楊』之目，何其言行之前後相戾邪！

吴主以張俶多所譖白，累遷司直中郎將。其父爲山陰縣卒，上表曰：『若俶有罪，乞不從坐。』吴主許之。

俶父一縣卒耳，乃不以子之驟貴爲榮，而乞免從坐，可謂知子之惡者矣。吴主既許所請，後乃車裂俶而并及其父，何也？

初，幽、并二州皆與鮮卑接，東有務桓，西有力微，多爲邊患。衛瓘密以計間之，務桓降而力微死。

既用田續以襲殺鄧艾，又賂庫賢以擾動鮮卑。瓘之譎謀，自是長於用間。

羊祜以病求入朝，既至，面陳伐吴之計，曰：『孫皓暴虐已甚，於今可不戰而克。若皓歿，吴人更立令主，雖有百萬之衆，長江未可窺也。』

陸抗已卒，孫皓肆虐，祜亟欲伐吴，以爲時不可失。此探本之論也。孰謂長江不足恃哉！

[司、冀]、兗、豫、荆、揚州大水。杜預上言：『宜留漢氏舊陂蓄水，餘皆決瀝，令飢者盡得魚菜之饒，水去之後，填淤之田，畝收數鐘，典牧種牛，可分以給民。』

此乃因水患更爲水利，所謂惠而不費者也。詎必賑貸然後益民哉！

衛瓘爲尚書令，是時朝野咸知太子昏愚，瓘每欲陳啓，而未敢發。會侍宴陵雲臺，瓘陽醉，跪帝床前，因以手撫床曰：『此坐可惜。』

瓘之諫亦譎矣，帝知其意而舉朝不知也。迨帝省太子對，輒先以示瓘，而瓘大踧踖，則事發於不意，真情自不能隱。由是機泄於賈充、結怨於賈后矣。

羊祜疾篤，舉杜預自代。祜卒，預至鎮，簡精鋭襲吴西陵督張政。政，吴之名將，耻以敗告吴主。預欲間之，乃表還其所獲。吴主果召政還。

吴邊將習祜之寬政，亦不設備，此西陵所以可襲也。吴主之信政，不及其信陸抗，故祜之間不行於抗，而預之間得行於政。預似與祜相反，實師其遺意也。抗歿而政復去，吴之西藩撤矣。

何曾卒。曾厚自奉養，過於人主。博士秦秀議謚『醜繆公』，帝策謚曰『孝』。

曾但以奉養過奢，當時尚議加以惡謚，公道猶未泯也。此非後世所及。

樹機能攻陷涼州。帝臨朝而嘆，馬隆請『募勇士三千人』往平之。公卿皆曰：『見兵已多，不宜横設賞募。』帝不聽。隆募得三千五百人，曰：『足矣。』

置兵而募勇，古有行之而效者，此其一也。是時民人不及漢十之一，而募勇如此其易，亦不可解。或承三國虎争之餘，人習戰鬥邪？何其不憚遠征争思自效邪？竊謂史爲隆紀功，容有溢美耳。

王渾及子濟薦劉淵於帝，帝召與語，悦之。濟曰：『淵有文武長才，任以東南之事，吴不足平也。』孔恂、楊珧曰：『非我族類，其心必异，不可重任。』

以淵之才武，使其東征吴、西討胡，必可收旦夕之功，而終不肯居人下，晋之君臣亦無能駕馭控制之者，卒以爲患而已。孔、楊之言，不爲無見。

淵與王彌友善。彌曰：『王、李以鄉曲見知，每相稱薦，適足爲吾患耳。』因歔欷流涕。

淵，异域之人，以才自見，必不爲中朝士大夫所容。故歔欷流涕，懼禍及己也，其慮深矣。

齊王攸言於帝曰：『不除劉淵，恐并州不得久安。』王渾曰：『大晋方以信懷殊俗，奈何以無形之疑殺人侍子乎？何德度之不弘也！』

渾言是也。帝從渾言，不失人君之度。自古國家之亂，在内不在外。使晋不自亂，淵烏能亂晋哉！况天下大矣，何地無奸雄？一淵死，一淵生，可勝誅乎！

王濬上疏曰：『孫皓荒淫凶逆，宜速征伐。若皓死，更立賢主，則難圖也。』帝於是决意伐吴。

濬之策，恰與羊祜同。濬存，祜不死矣。

杜預上表曰：『此舉之利，十有八九，必使朝臣言破敗之形，亦不可得。直是計不出己，功不在身，各耻其前言之失，而固守之。』

『計不出己』云云，不惟指出賈、荀等肺肝，直指出萬古朝臣矜己護前之病。此功名之際，所以動多齟齬，堪爲喟然也。

帝方與張華圍棋，預表適至，華曰：『願勿以爲疑！』賈充、荀勖、馮紞固争之，帝不聽。山濤退而告人曰：『自非聖人，外寧必有内憂，今釋吴爲外懼，豈非算乎！』

濤所引范文子之言似也。但以武帝之寬弛，繼以惠帝之庸暗，即不平吴，能無内憂乎？濤不知慮此，而沾沾以釋吴爲得算，何也？且晋所以偏安江左者，由於先平吴也。不然，則胡擾其北、吴攻其南，宗廟不血食矣，欲爲永嘉之南渡，何可得哉！

詔問朝臣以政之損益，傅咸以爲：『公私不足，由設官太多。』時又議省州、郡、縣半吏以赴農功，荀勗以爲：

『省吏不如省官，省官不如省事，省事不如清心。』

吏以奉官，官省則吏自省矣。官以治事，事省則官自省矣。而其本在於清心。心不能清，則事日煩而官吏因之日增矣。此探本之論。然清心非高語無爲，省事非畏難苟安也。

吴人於江磧要害之處以鐵索横截之，又作鐵錐長丈餘暗置江中，以逆拒舟艦。

吴所恃長江，而蜀船順流而下，非江所能限也。故憑磧爲險，更以鐵鎖、鐵錐益助其勢。不知天設之險尚須以人守之，况人設之險不復以人守之，而欲倚以制敵乎！

王濬克西陵，殺吴都督留憲等，又殺夷道監陸晏及水軍都督陸景。

吴主入杜預之間，以留憲代張政，至此西陵不守，憲亦喪元矣。晏、景皆陸抗之子，雖不能繼其父之功業，而兄弟死事，足匹蜀之諸葛瞻父子。

詔王濬、唐彬：既定巴邱，與胡奮、王戎共平夏口、武昌，順流長騖，直造秣陵。

出峽江而達鄂渚，平水順流，秣陵一帆可到，長江不足恃矣。此時詔書已以平吴之事專屬王濬，并令杜預分兵益濬矣，乃更令受王渾節度，何也？

杜預與衆軍會議。或曰：『方春水生，難於久駐，宜待來冬，更爲大舉。』預不從。遂指授群帥方略，徑造建業。

此時猶欲更俟來冬再舉，雖愚亦不至此。必賈充之黨迎合充意，因以沮軍者，何其與充之表如出一口也！

吴主使丞相張悌督沈瑩等率衆渡江逆戰。瑩曰：『晋水軍必至此，不如蓄衆力以待之。』悌曰：『及今渡江，猶可決戰。若其克捷，北軍奔走，兵勢萬倍。』

瑩、悌二策，於當日事機，言各有當。但吴之人心已瓦解矣，用悌策固敗，用瑩策亦同歸於盡而已。悌所云『士衆散盡，坐待敵到』，真傷心之言哉！

揚州刺史周濬等大破吴兵於版橋。諸葛靚迎張悌，悌曰：『我爲兒童時，便爲卿家丞相所識拔，常恐不得其死，負名賢知顧，今以身殉社稷，復何道邪！』

悌所處，惟有一死報國耳。慷慨數語，千載如生。雖才略不及姜維，而志節有其過之。二子均爲諸葛丞相所識拔，丞相真知人哉！

王濬至西陵，杜預與之書曰：『足下既摧其西藩，便當徑取建業。』濬大悦，表陳預書。

預不忌濬之功，而勸其直取建業，蓋兵機決於俄頃，拙速勝巧遲，破竹之勢，豪杰所見同也。

何惲謂周濬：『宜速引兵渡江，直指建業。』濬使白王渾，渾曰：『受詔但令屯江北以抗吴軍，不使輕進。』

渾若用惲策，自可渡江取孫皓，克日受降矣。坐失事機，而异日争功喧訴，何其謬哉！鐘會兵阻劍閣，而鄧艾取成都; 王渾留屯江北,而王濬克建業。然會爲姜維所拒,故兵不得前,渾已挫張悌,而不敢過江一步,怯而暗者也。

陶濬至建業,吴主問水軍消息。對曰:『蜀船小,今得二萬兵,乘大船,一戰自足破之。』乃合衆授濬節鉞,衆悉逃潰。王濬入石頭,吴主皓詣軍門降。

王濬作大船,長百二十尺,受二千餘人。而陶濬猶以蜀船爲小,恐吴之大船未必能受二千餘人也。即此偵候不明,將略可知矣。

吴之未下也,賈充上表稱:『江淮下濕,疾疫必起,宜召諸軍還。』荀勗復奏:『宜如充表。』帝不從。至是,充慚懼,詣闕請罪。帝撫而不問。

雲龍門之戰,何其勇也,伐吴之役,何其怯也! 充表請腰斬張華以謝天下,帝縱不能腰斬充以謝諸將,乃與立功之杜預、王濬均蒙上賞,而荀勗亦與焉,賞罰於是乎不明矣。

帝臨軒大會,引歸命侯皓。帝曰:『朕設此座以待卿久矣。』皓曰:『臣於南方,亦設此座以待陛下。』

蜀後主以晦自全。皓乃不改其傲愎之性,公然反唇相稽,晉武亦能容之,此皓之幸也。便遇宋太宗,尚望旦夕苟活哉!

賈充謂皓曰:『聞君在南方,鑿人目,剥人面皮,此何等刑也?』皓曰:『臣弑其君,奸回不忠,則加此刑。』

惟無暇者可以戮人。充之見詆於皓，與楚靈王之取辱於慶封頗相似。然其語似尚未盡也。當更益之曰：『爲將退縮，阻撓軍機，亦以此刑加之！』

有司奏：『王濬違詔大不敬，請付廷尉科罪。』詔不許。又奏：『濬赦後燒賊船百三十五艘，輒敕付廷尉禁推。』詔勿推。

鐘會誣構鄧艾，即以檻車徵之。王渾誣構王濬，舉朝從而下石。乃能始終保全，卒明其功。帝此舉殊勝厥考矣。

范通謂濬曰：『卿旋旆之日，角巾私第，口不言平吴之事。若有問者，則曰：「聖人之德、群帥之力，老夫何力之有？」王渾能無愧乎！』

濬之争功，渾激之也。通之箴濬，殊爲雅譚。但當日濬即出此，渾亦未必知愧也。

杜預身不跨馬、射不穿札，而用兵制勝，諸將莫及。

羊叔子輕裘緩帶，杜元凱射不穿札，而并爲名將。蓋其智略有過人者。亦如諸葛出師，無妨綸巾羽扇也。

預在鎮，數餉遺洛中貴要。或問其故，預曰：『吾但恐爲害，不求益也。』

羊祜在鎮，不交朝貴，預則時通饋遺，恐其爲害，與祜所見不同。蓋外吏之受制於朝貴，自昔然矣。預以主婿之重，尚不免暗通苞苴，曲意交歡，况以疏逖之臣、處功名之際，而欲如叔子之守正不阿，其動致顛蹶，宜哉！

諸葛靚逃竄不出。帝與靚有舊，靚姊爲琅琊王妃，帝知靚在姊間，因就見焉。詔以爲侍中，固辭不拜，終身不向朝廷而坐。

靚版橋之敗，不能與張悌同死，已屬偷生。是時琅邪王伷兵臨吴境，吴主遣使送璽綬於伷，靚應已歸於伷矣。猶能不爲晋臣，未至失節，比之於京，差爲勝之。

詔曰：『今天下爲一，當韜戢干戈，刺史分職，皆如漢氏故事；悉去州郡兵。』山濤言：『不宜去州郡武備』。帝不聽。

平吴之後，遽議罷兵，非徒慕偃武修文之盛，抑亦驕泰之漸也。漢世祖因罷郡兵，致後世浸弱，况晋之立國植基本淺，重以帝之縱弛哉！

郭欽上疏曰：『戎狄歷古爲患。魏初民少，西北諸郡皆爲戎居，内及京兆、魏郡、弘農，往往有之。宜及平吴之威，漸徙内郡雜胡於邊地。』帝不聽。

徙戎出塞，鄧艾首發其端，欽乃益暢其説，皆深識大略，防患未萌。乃景帝納艾言而未能行，帝竟置欽言不用。蓋帝於平吴之後，自謂威加四海，天下從此無事，因之耽於女寵，習爲晏安。凡言涉危悚者，皆逆於耳而不入矣。

詔：選孫皓宫人五千人入宫。帝既平吴，怠於政事，掖庭殆將萬人。常乘羊車，恣其所之，至便宴寢。后父楊駿及弟珧、濟始用事，時人謂之『三楊』。（二年）

前選良家女五千人，兹復選孫氏宫女五千人，恰符萬人之數。縱色荒而崇后黨，有以卜帝齡之漸促、晋祚之不延已。

帝問劉毅曰：『朕可方漢何帝？』對曰：『桓、靈。』帝曰：『何至此？』對曰：『桓靈賣官，錢入官庫；陛下賣官，錢入私門。』帝大笑曰：『桓靈不聞此言。朕有直臣，固爲勝之。』（三年）

毅所云『私門』，蓋指三楊用事、女謁公行也。帝能容毅之直言，而不究私門賣官之事實，第以一笑置之，何哉？桓靈何嘗無直臣，第言不見聽耳。帝誤矣。

羊琇與帝有舊恩，典禁兵、預機密十餘年，恃寵驕侈，數犯法。劉毅劾奏琇罪當死，帝不得已，免琇官。

是時辛憲英尚存乎？何以不教其子？或已殁邪？

齊王攸德望日隆，荀勗、馮紞、楊珧皆惡之。紞、勗言於帝，遣王之國。王渾等皆諫，帝不聽。

諸臣之言，非不明切，而不足動帝聽者，慮萬歲後公卿推戴齊王，太子不得立也。言者愈衆，争者愈力，則帝之疑愈甚耳。蓋帝於齊王，外親内忌，群臣不知，而荀勗、馮紞知之。故帝以『誰可托後』問張華，華以齊王對，由是忤旨，勗即譖華而出之外。至是議遣王就國，勗逆揣群臣必諫，即預言之，以爲舉朝歸心、太子孤危之證。詎非陰中帝忌，巧用其譏哉！

羊琇與成粲謀見楊珧手刃之。珧知之，稱疾不出。

齊王就國之謀，荀、馮實爲謀主。而怨歸於珧者，荀、馮深而珧淺也。琇、粲之謀若成，適足爲王累耳。

齊王攸憤怨發病，乞守先后陵。帝不許，攸嘔血薨。（四年）

攸處嫌疑之地，爲宵小所構，惟有束身歸藩，從容養晦，庶足自全耳。乃輒憤怨發病，自殞其軀，不亦褊乎！漢東海王猶能退讓就國，而齊王戀戀不去，桃符此座之言，果未能無動於中邪？

有青龍二見武庫井中。（五年）

此亦晉主幽辱之象，至惠、懷而驗。

初，陳群以吏部不能審核天下之士，令郡國各置中正，州置大中正，使銓次等級，以爲九品，吏部憑之以授官。行之浸久，奸弊日滋。劉毅上疏言之，帝善其言，而終不能改。

九品之弊，毅言盡之矣。魏承大亂之後，士多流徙，選舉猥雜，故各就郡縣設立中正，辨其氏族閥閲，勒歸本貫耳。毅言『上品無寒門，下品無勢族』，蓋立法之初所重在門第，故其流弊至此也。汝南王亮等請用土斷，猶是漢舉孝廉遺意，然世衰道敝，鄉舉里選弊孔百出，必不可行。後世取士，不得不羅之場屋矣。

荀勗卒。勗有才思，善阿人主意，久在中書，專管機事。及遷尚書，人有賀之者，勗曰：『奪我鳳凰池，何賀邪？』（十年）

晋之荀勗、馮紞，亦如魏之劉放、孫資，皆以久在中書，遂竊威柄。

帝極意聲色，遂致成疾。楊駿忌汝南王亮，排出之，以亮督豫州諸軍事，治許昌。

外戚必忌宗室，惡其侵己之權也。駿之意，蓋以帝萬歲後，太子愚暗，太后將有臨朝稱制之事，則大權一歸於己耳。豈知其自取族滅哉！

劉頌上疏曰：『臣聞爲社稷計，莫若封建。然宜審量事勢，使諸侯率義而動，其力足以維帶京邑；若包藏禍心者，其勢不足獨以有爲。』

歷觀自古，雖曰周以宗强，然封建子弟，强大逾制，鮮有不爲後患者。蓋其人生長富貴，習爲驕侈，既多不賢，又易犯法。遽爾畀以大藩，授之兵柄，國家有變，則以地逼而生覬覦之心；驟加繩削，又因觖望而開乖離之隙。欲其謹侯度以屏王室，蓋亦難矣。晋懲魏之孤立，廣樹宗支，以爲固同磐石，未幾兵連禍結，骨肉相殘，外寇乘之，而中國淪爲左衽，詎非矯枉過直、患生於偏重哉！

又曰：『今尚書制斷，諸卿奉成，於古制爲太重，可出衆事行外司，使得專之；尚書統領大綱，歲終課功校簿，賞罰而已。』

尚書總外寺之成可也，侵列卿之職不可也。我朝軍機大臣，如漢魏以來之録尚書事，其屬有軍機章京，如尚書郎，資深者領班，如尚書僕射。然所掌者軍務機要，承旨宣詔，而政事仍歸六部，不相侵越，暗與頌議合。

又曰：『近世以來爲監司者，大綱不振，而微過必舉。蓋由畏避豪强，而又懼職事之曠，奏劾相接，狀似盡公，而撓法在其中矣。』

密網不足制大魚，苛法轉或漏巨奸，故曰『天網恢恢，疏而不失』。頌爲當日監司言之，可謂曲盡情狀，而後世操白簡、司彈劾者，每出於此。

又曰：『創業之勛，在於立教定制，使遺風繫人心、餘烈匡幼弱，後世憑之，雖昏猶明，乃可尚也。』

自古立國，各有一代規模，創自祖宗，子孫奉爲世守，而享祚之修短因之，所謂『垂統可繼』者也。胡身之以爲：苟非其人，道不虚行，以劉禪之庸，輔以諸葛，則昭烈死猶不死；孔明死，則法制雖存，禪不能守。竊謂人存政舉，人亡政息，安有成法可以行之萬世者？周道衰於幽、厲，非道亡也，幽、厲不由也；文武之政且然，又何論昭烈、孔明乎！然爲祖宗者，不得逆料子孫之不能守而不爲之立教定制也。頌言亦可謂賈誼之次矣。以晋武之荒弛，又安望其以典則貽子孫哉！

帝疾篤，楊駿獨侍疾，大臣皆不得在左右。駿輒以私意改易要近，樹其心腹。

駿未輔政，先已亂政。后私其父，亦不得爲無罪。

帝崩。楊駿入居太極殿。或告汝南王亮，欲舉兵討駿，駿白太后，令惠帝爲手詔，使石鑒、張劭帥兵討亮。劭趣鑒速發，鑒以爲不然。

此時幸賴鑒止討亮之兵耳。不然，亮必被誅，而諸王亦必有舉兵誅駿者矣。

楊濟謂傅咸曰：『家兄若避汝南王，門户庶幾可全。』咸曰：『宗室外戚，相恃爲安，但共崇至公以輔政，無爲避也。』

咸所言乃持平之論。周召獨非宗親、太公獨非外戚乎？駿所以與亮勢不兩立者，正以自欲專權，不能崇至公以輔政也。非亮不能容駿，實駿不能容亮也。

詔：以太尉駿録朝政，百官總己以聽。傅咸謂駿曰：『諒闇不行久矣，今聖上委政於公，而天下不以爲善，當審思進退之宜。』駿不從。

咸爲駿謀，可謂忠矣。濟既知駿不能保其門户，乃以骨肉至親，不聞匡諫，卒致同誅，不亦昧乎！

楊駿以賈后險悍多權略，忌之，故以其甥段廣管機密、張劭典禁兵，凡有詔命，帝省訖，入呈太后，然後行之。

駿意蓋欲太后臨朝而已專政，徒以帝非冲幼，無可藉辭，而諸王各擁重兵，懼其聲罪致討，故不敢耳。國有長君，而擅持魁柄，凡有詔命，必呈太后然後宣行，蓋以帝本暗弱，假太后足以制之。詎知賈后之切齒其旁，欲食其肉哉！一旦禍發，遂致赤族，固由自取之也。

駿辟王彰爲司馬，彰逃避不受。曰：『楊太傅昵近小人，專權自恣，敗無日矣，奈何應其辟乎！』

彰，匈奴東部人，而見幾之哲，中朝士大夫有弗及焉。

鑒評别録卷十九

晋紀二

孝惠皇帝（諱衷，字正度，武帝第二子，在位十七年）

賈后密使董猛與孟觀、李肇謀誅楊駿，報楚王瑋，瑋許之。觀、肇啓帝，夜作詔，誣駿謀反，命東安公繇帥殿中四百人討駿，殺之。遂收駿弟珧、濟及張劭等，皆夷三族。（元康元年）

是時朱振説駿，引東宫及外營兵，擁皇太子入宫，取奸人，冀以免難。駿不能决。竊謂駿即用振策，事必無成。勿論擁太子而稱兵犯闕，名既不順，衆必不附；且駿輔政，嚴碎專愎，久爲中外所惡，其親黨又盡屬庸奴，無能爲之效命也。

珧臨刑，告東安公繇曰：『表在石函，可問張華。』衆謂宜與申理。繇不聽。繇，諸葛誕之外孫也，故忌文鴦，以爲駿黨而誅之。

珧久有『三楊』之目，且與荀、馮比，而間齊王攸，平日不能遠權避謗，至此乃以前表爲言，亦何及乎！楊氏尚望有遺種乎？文鴦不與父欽同死壽春，而死於楊駿之難，亦可謂不得其死矣。圍壽春者，司馬昭也，殺欽者，諸葛誕也。誕既殺欽，鴦應仇覩，而繇乃忌鴦而族之，亦太甚矣。

賈后諷群公有司奏：宜廢太后曰『峻陽庶人』。張華議：宜依漢廢趙太后爲孝成后故事，還稱武皇后，居异宫。荀愷等議：宜貶尊號，廢詣金墉城。從之。又以太后之母龐付廷尉，行刑，太后上表，詣賈后稱妾，請全母命，不省。

駿雖有罪，而坐以謀危社稷，實誣之也。駿誅，則太后不可復全，既不能如上官之得免從坐，則華議猶爲近之。然而不見聽者，賈后之意，必欲廢太后而置之死地也。龐之行刑，有司亦仰承后意，而固請之耳。太后不請於帝而請於后，亦知帝固不能爲力也。

董養游太學，升堂嘆曰：『朝廷建斯堂，將以何爲乎！天人之理既滅，大亂將作矣。』

養後與妻荷擔入蜀，不知所終，可謂知幾矣。張裴對之，猶有愧色，何論二陸、潘、石乎！士生此時，安可不審所處哉！

賈謐、郭彰權勢愈盛，賓客盈門。石崇、陸機、機弟雲、潘岳等皆附於謐，號曰『二十四友』。

二陸之入洛，無异蜀之諸葛京，但以世胄名流，失身權貴，有忝祖、父矣。

太宰亮、太保瓘以楚王瑋剛愎好殺，欲奪其兵，瑋怒。亮復與瓘謀，遣瑋與諸王之國，瑋益忿怨，乃自昵於賈后。后留瑋，領太子少傅。

瓘好爲陰謀，亮蓋倚爲謀主也。帝不能自爲政，而后持其權，故后留瑋，而亮、瓘束手無策矣。

公孫宏、岐盛矯稱瑋命，譖亮、瓘於賈后云『將謀廢立』。后素怨瓘，且患二公執政，己不得專恣，使帝作手詔賜瑋，免亮、瓘官。

瑋謀誅楊駿，意欲輔政，而帝用亮、瓘，瑋已不平，况又奪其兵權、遣之就國乎？故藉賈后爲内主，而兵端啓矣。

瑋遣公孫宏、李肇以兵圍亮府，王遐收瓘。亮與世子矩俱死。初，瓘爲司空，榮晦有罪，斥遣之。至是，晦從遐收瓘，輒殺瓘及子孫共九人。

賈后藉瑋以誅亮，因修怨而并誅瓘。以瓘之智而不能自全，卒致門誅，死生固有命哉！然瓘與鍾會誣陷鄧艾，又因田緒與鄧艾有怨，激之使殺艾父子，至是乃爲曾被斥遣之榮晦所殺，并其子孫殆盡，何天道報施之巧邪！詎非艾之靈假手於晦邪？艾尚有孫爲郎中，而瓘尋被贈恤，不聞録其後裔，殆已靡有孑遺邪？而其孫玠乃以清談著譽。

張華使董猛説賈后曰：『楚王既誅二公，威權盡歸之矣。人主何以自安？宜以專殺之罪誅之。』賈后深然之。乃執瑋斬之。公孫宏、岐盛并夷三族。

既用瑋以誅楊駿，復用之以誅二公，瑋可謂盡力於賈后。乃即誣坐以專殺而誅之。固由張華慮瑋之逼，用計除患，而后之凶狠嗜殺，固大有父風矣。

以張華爲侍中、中書監。華與賈模、裴頠同心輔政，故數年間朝野安静，華等之功也。

華之用計除楚王瑋，固有所不得已也。使瑋不除，欲數年之安得乎？

氐帥齊萬年圍涇陽，以周處爲建威將軍討之。陳準言於朝曰：『梁王當使處先驅以不救而陷之，其敗必也。』朝廷不從。（六年）

處既劾肜違法，必爲肜所惡，乃使之西討，隸肜麾下，此必權貴積恨於處，假手於肜以殺之耳。准既以爲言，而張華置若罔聞，何也？未幾，果如所料。

齊萬年聞處來，曰：『周府君有文武才，若專斷而來，不可當也；或受制於人，此成禽耳！』

梁王肜鎮關中，而氐、羌悉反，其不爲人所畏服可知。而是時方居大將軍之任，萬年所云『受制於人』者，正以處不得不受肜節度也。晉之内亂，始於楚王瑋，氐亂，則趙王倫、梁王肜成之。宗王之效，略可睹矣。

王衍爲尚書令，樂廣爲河南尹，皆善清談，宅心事外，王澄及阮咸、咸從子修、胡毋輔之、謝鯤、王尼、畢卓，皆以任放爲達。（七年）

清談已足廢事，任放爲達，則自弃於禮法之外矣。輔之之子，直呼其字，卓乃爲酒盗，七賢末流，一至此乎！

初，何晏等祖述老、莊，立論以[爲]：『天地萬物，皆以無爲本。』王衍之徒皆愛重之。由是士大夫皆以浮誕爲美，弛廢職業。裴頠著《崇有論》以釋其蔽。

老子云：『有之爲利，無之爲用』，非專言無也。譬之於人，有則形骸也，無則神氣也。形骸不得神氣，則虚器耳，得神氣方有用；而神氣必以形骸爲附麗，不能自爲用也。《莊子》内七篇雖多寓言，每有精實要妙之論，惟《駢拇》《胠篋》諸篇，語涉放恣，但皆在外篇，似漢初人策論，非周末人言語也。何晏等正坐不善讀《老》《莊》耳。頠《論》痛斥虚無之蔽，然崇虚無者，非真能外萬物也，以此博名高、取貴仕也。所云『人情所徇，名利從之』二語，乃切中其膏肓之病。

孟觀大破氐衆，獲齊萬年。江統作《徙戎論》曰：『周室失統，諸侯專征，封疆不固，戎、狄乘間得入中國。』（九年）

戎狄入中國，似在春秋前，不必因周室失統也。魯公伯禽征淮夷、徐戎，事在周初；召穆公平淮南之夷，事在中興之世；足徵山戎及陸渾諸戎、赤白諸狄，其入中國由來已久。至東遷後，始爲患耳。統云封疆不固，戎狄乘間得入，或有所本，然不可考已。

又曰：『難者曰：氐寇新平，百姓咸望寧息，而欲使疲悴之衆徙自猜之寇，恐前害未及弭，後變復横出矣。』

前害未弭，後變復出，此乃勢所必至，蓋舉朝共發此難也。較其利害，爲一勞永逸之計，洵屬上策；然此舉誠非易易。計當日晉之君臣，亦未足了此。

又曰：『今我遷之，傳食而至，附其種族，使自相贍，而秦地之人，得其半穀。』徙戎而得其半穀，洵足償傳食之費，但甫徙之初，遽令種族自贍，則必難爲給也。總之，内遷已久，一旦還本，生計殊未易籌耳。

又曰：『并州之胡，本實匈奴，人口之盛，過於西戎，可爲寒心。正始中，遷句驪餘種於滎陽，今户以千計；數世之後，必至殷熾。』

先言西戎，繼言北狄。狄爲患甚於戎，徙狄又難於徙戎。蓋齊萬年初平，西戎尚可懾以兵威，北狄則驟難驅逐也。末言『句驪』，則因而及之，所重固不在此。統著此論，朝廷不用，尋有五胡之亂，其言驗矣。但當日諸胡，徙亦反，不徙亦反。不徙，反尚遲；徙之，反更速，而禍之大小不繫乎此。且以晋之主暗政荒，權歸悍后，即使徙戎出塞，亦安望其『惠中國以綏四方』哉！正孔子所云『季氏之憂，不在顓臾，而在蕭墻之内』者也。統之計亦末矣。

賈后淫虐日甚，賈模甚憂之。裴頠與模及張華謀廢后，華曰：『卿二人於中宫皆親戚，宜數爲陳禍福之戒，庶無大悖。吾曹得以優游卒歲而已。』

帝不廢后，而諸臣輒廢之，事出無名，華之不從，未爲失也。以帝之昏愚，后之淫虐，諸王之强横，而華以庶姓搘拄其間，計惟有引身避位庶足自全，否則持正竭忠以身許國，如唐狄仁杰之於武后，亦不失爲忠耳。華欲優游卒歲，正恐歲不我與矣。

權在群下，政出多門，勢位之家，更相薦托，有如互市。賈、郭恣横，貨賂公行。魯褒作《錢神論》以譏之。

政出私門，危在旦夕，士當此時，可以懼矣。而乃更相薦托，賄賂公行，賢如華、頠，亦相與貪位戀禄而不能去，甚矣，亂邦不居，無道則隱，固未易言也。

裴頠薦韋忠於張華，華辟之，忠辭疾不起。人問其故，忠曰：『張茂先華而不實，裴逸民欲而無厭，弃典禮而附賊后，豈大丈夫之所爲哉！』

王彰不應楊駿、韋忠不應張華，皆見幾有守之士。『華而不實』『欲而無厭』，第品騭其爲人耳。『弃典禮』『附賊后』，則二子之罪案也。如賈后者，而欲附之以固其位乎！殆亦苟患失之，無所不至者矣。

初，廣成君郭槐以賈后無子，常勸后使慈愛太子。及病，臨終執后手，令盡心於太子，言甚切至，后不從。更與趙粲、賈午謀害太子。

槐以后無子，故諄諄勸令慈愛太子，以自托耳。此實工爲后謀，非爲太子謀也。后雖無子，而求子方亟，其私通程據等，并以箱簏載少年入宫，非獨宣淫，亦圖廣生。方欲更立己子，而肯盡心太子乎！賈午意别有在，固應力贊邪謀耳。

太子幼有令名，及長，不好學，惟與左右嬉戲。賈后復使黄門輩誘之爲奢靡威虐，由是名譽浸減。

太子殆所謂小黠大痴者，至乃躬親屠酤，自賣園菜，直市井庸奴耳。即使即位，亦不能爲守文之令辟。

賈謐譖太子於后，后納其言。詐爲有娠，内藁物、産具，取妹夫韓壽子慰祖養之，欲以代太子。

后此時即有所生，亦不知誰氏子矣。賈午爲后妹，韓壽午之夫，慰祖午之子，即賈謐弟也。此必午、謐因后無子，故相與秘謀，欲以潛移晉祚耳。午之贊后謀害太子，正爲此也。其計若遂，無俟以牛易馬矣。

趙俊請太子廢后，太子不聽。劉卞謂張華曰：『公居阿衡之任，若得公命，皇太子入録尚書事，廢賈后於金墉城，兩黄門力耳。』華不可。

卞之計有似裴頠，而欲太子以宫甲自衛，入朝廢后，是直反矣。華拒之，未爲失。

賈后詐稱帝不豫，召太子入，置於别室，遣婢陳舞以帝命賜太子酒三升，强飲至盡，遂大醉。后使潘岳作書草，令小婢承福稱詔使書之，以呈帝。

此何事？而潘岳代作書草乎！蓋岳諂附（曹）［賈］謐，厠居禁近。且素以美貌著稱，至今傳擲果之事。后本荒淫，應已納諸面首之列，故得預密謀耳。

帝召公卿入，以太子書示之，曰：『遹書如此，今賜死。』張華曰：『自古以來，常因廢黜正嫡致亂，願陛下詳之。』裴頠以爲，宜先檢校傳書者，又比對太子手書，不然，恐有詐妄。』后懼事變，乃表免太子爲庶人。詔許之。

胡身之以爲：張華姑引古義，依違言之，不敢發賈氏之奸；裴頠請檢校傳書者，賈氏之奸無所逃矣，亦不敢竟其説。上下相蒙，宜其大亂。竊謂此書之出於詐妄，當日公卿以下孰不知之？一經檢校，奸弊立見，亦孰不知之？然而更無申雪之望者，以帝不辨菽麥，而后自操太阿之柄也。華、頠又何從發賈氏之奸而竟其獄哉！

閻纘輿棺詣闕上書，以爲：『漢戾太子稱兵拒命，言者猶曰罪當笞耳。今遹輕於戾太子。宜重選師傅，先加嚴誨，若不悛改，弃之未晚也。』書奏，不省。（永康元年）

此書將以悟帝，而帝不及見也。見之者，賈后及謐輩耳。欲學田千秋，亦何可得！

中台星拆。張華少子韙勸華遜位，華曰：『天道幽遠，不如静以待之。』

閻纘勸華遜位而不聽，韙以天文示警，勸其避位而又不聽。以華之智，豈不知危在旦夕而猶戀戀邪？蓋自恃累朝宿望，優游可以幸全；抑以是時即欲避位亦不能免，不得不坐以待之邪？

賈后使孫慮殺故太子遹。孫秀、趙王倫將討賈后，使司馬雅告張華，華拒之。

華此時即與倫共謀，亦難免禍；然使遽白賈后，先爲之備，己尚可圖全。乃既已拒倫，又不白后，何哉？或以倫與后均不足與謀，而自恃宿望，以爲倫必不加害邪？

倫矯詔敕三部司馬，入廢中宫，衆皆從之。又矯詔開門，夜入迎帝，幸東堂，召賈謐於殿前，將誅之。謐走入西鐘下，呼曰：『阿后救我！』就斬之。

謐真庸奴也。至此猶呼『阿后救我』，誰救阿后邪！

倫與孫秀謀篡位，欲先除朝望，乃執張華、裴頠等。華謂張林曰：『卿欲害忠臣邪？』

華至此猶以『欲害忠臣』詰林，則知其心有所恃。

倫欲收人望，選用名士，以陸機爲參軍。

機事賈謐，在二十四友之列。今倫誅謐，而機復事倫。不惟無以見中朝士大夫，捫心亦何以對謐乎？

淮南王允知倫有异志，遂帥衆討倫。倫與戰，屢敗，陳准言於帝，宜遣白虎幡以解鬥。乃使伏胤持幡從中出。

汝陰王虔陰與胤誓曰：『富貴共之！』胤乃詐殺允。

虔，倫之子，故陰與胤誓，胤即詐殺允也。然允即誅倫，而帝之昏愚，亦無以御允，卒歸於亂而已。

孫秀稱石崇、潘岳、歐陽建奉允爲亂，收之。

崇、岳、建皆素附賈謐，謐誅而得免於難，亦云幸矣。兹云『奉允爲亂』，則秀誣之也。張林詰張華曰：『諫而不從，何不去位？』華無以對。收者詰石崇曰：『知財爲禍，何不散之？』崇不能答。夫位與財，皆身外倘來之物耳，二子一時名流，乃因貪位戀財，并罹赤族之禍。旨哉，老氏知足、知止之言乎！

初，潘岳母常誚責岳曰：『汝當知足，而乾没不已乎？』及敗，岳謝母曰：『負阿母。』

潘母即岳《閑居賦》所云『太夫人』者也。不遵其教誨，而徒養其口體，安得云孝乎？然岳之負母，不在今日之被誣而從坐也，亦不在昔日之結怨於孫秀也，聽從賈后，代作書草，陷太子於罪，族誅非枉矣。此則負阿母之大者耳。

以張軌爲凉州刺史。軌以時方多難，有保據河西之志。（永寧元年）

竇融、張軌，以河西自全；謝晦、袁顗以荆襄致敗。固由心迹各殊，亦以河西一隅之地可以保境圖存；荆襄四戰之衝，不容劃疆自守也。

帝禪位於相國倫，出居金墉城。倫普加爵賞，每朝會，貂蟬盈坐，時人爲之諺曰：『貂不足，狗尾續。』

貂不足者，言侍中猥多，應插貂者不能給也。狗尾續者，以狗尾僞爲貂尾，聊以飾冠也。蓋以當時侍中冠插貂尾，故取狗尾爲言，以譏其濫耳。注引《史記》之言，失其義也。

孫秀以齊王冏、（城）［成］都王穎、河間王顒各擁强兵，據方面，惡之，乃盡用其親黨，爲三王佐參。

倫篡而秀憚諸王各據方面，後興兵誅倫者，果賴冏、穎之力，足徵諸王擅兵，非不可藩衛王室，而卒致更相屠滅，則不得其人，遂至變生意外也。

齊王冏與何勖、董艾等起兵，遣使告成都王穎、河間王顒、常山王乂等，稱逆臣孫秀迷誤趙王，當共誅討，有不從命者，誅及三族。

冏起兵名義甚正，故卒能誅倫使，於帝反正後，束身歸藩，以禮自處，即不幸遇禍，而功在晉室，令名詎有窮哉！

使者至鄴，成都王穎召盧志謀之。志曰：『趙王篡逆，人神共憤，殿下仗大順以討之，蔑不克矣。』

是時人心不附倫，故有識之士皆欲應冏。不應冏者，往往自取其敗。

安南將軍孟觀以爲紫宫帝座無他變，倫必不敗，乃爲之固守。

三台星拆，張華不避位；帝座無變，孟觀不舉兵。華不信天文而及禍，觀過信天文而亦及禍。天文果可信乎？

倫、秀聞三王兵起，大懼，遣李嚴等拒冏，秀子會等拒穎，日夜禱祈、厭勝以求福。又使人著羽衣，詐稱仙人王喬作書述倫祚長久，欲以惑衆。

既詐爲冏表宣示中外，又詐稱仙人以惑衆。自知不爲朝野所附，故欲以術誑誘之耳。將誰欺乎！

張泓等與齊王冏戰，屢破之。而孫輔、徐建軍夜自亂，徑歸洛陽，自首曰：『齊王兵不可當，泓等已没矣。』

泓等方戰勝，而輔、建軍亂潰歸，謬云泓等敗没。迨泓等破冏捷聞，輔、建之罪不勝誅矣。乃倫、秀概置不問，何也？

成都王穎前鋒至黄橋，爲孫會等所敗，穎欲退保朝歌，用盧志、王彦計，乘會等恃勝不設備，帥諸軍擊之。會等大敗，弃軍南走。

兵敗則敵恃勝而驕，驕則惰而不設備，兵法用奇，此時之不可失者。然亦視敵將之智愚，未可概論。會，孫秀子，豚犬乳臭，固應一敗而不支。

王輿與廣陵公漼帥兵攻孫秀、許超、士猗，皆斬之，使倫爲詔，遣甲士迎帝於金墉城。百姓咸稱萬歲。

迎帝金墉，而百姓皆呼萬歲，豈猶以帝之反正爲幸邪？或者帝雖愚黯，虐不及民，抑或王輿輩令百姓爲之，以取悦於帝，因自以爲功邪？

詔：以齊王冏爲大司馬，加九錫，如宣、景、文、武輔魏故事。成都王穎爲大將軍，加九錫。河間王顒爲侍中、太尉，加三賜之禮。

遽加二王殊禮，樞要之地盡用王公，無一庶姓朝望參錯其間，亂可立待矣。又豈待『武號森列，文官備員』始知兵之未戢哉！

盧志謂穎曰：『齊王欲與大王共輔朝政，兩雄不俱立，宜因太妃微疾，求還定省，委重齊王，以收四海之心。』穎從之。

志之謀非欲穎以大權讓冏也，知冏爲人，欲穎姑讓，徐俟其機而圖之耳。將欲取之，必姑予之，此之謂乎！

初，大司馬冏疑陸機爲趙王倫撰禪詔，收欲殺之。大將軍穎爲之辯理，得免死，因表爲平原内史，以其弟雲爲清河内史。友人勸機還吴，機留不去。

機不死於冏，其間不容髮，猶不思避禍，而欲與穎立功，可謂不知止矣。使於此時超然南逝，華亭鶴唳尚可聞乎？

東萊王蕤密表大司馬冏專權，與王輿謀廢冏。事覺，詔廢蕤爲庶人，誅輿三族，徙蕤上庸，潛殺之。

誅秀廢倫，王輿首謀，故蕤又與謀廢冏。蕤之凶暴使酒，廢之誠不爲過，而冏之專權，自此日甚矣。

初，朝廷符下秦、雍州，召還流民入蜀者。李特遣閻式詣羅尚求權停至秋，又納賂於尚及馮該；尚、該許之。尚遣從事督流民，限七月上道，人人愁怨。

流民之在梁、益者，閱時僅數年耳，非若戎、狄之移自前代也；且皆關中之民耳，非若戎、狄之遠在塞外也。猶以無行資，驟徙致變。李氏乘之，遂得竊據巴蜀。然則江統所云『徙戎出塞，各令附其種族，使自相贍，而内地留其半穀』者，其不可行彰彰已。

六郡流民共推李特行鎮北大將軍，進兵攻羅尚於成都。尚以書諭閻式，式復書曰：『流民不肯延頸受刃，以致爲變，即寬使治嚴，不過九月盡集，何有如此？』

式已爲特用，故其言如此。以當日情勢揣之，流民不欲去蜀，特兄弟更有據蜀之意，爲流民所歸，即使暫爲寬期，亦未必果於九月漸集也。

齊王冏既得志，驕奢擅權，中外失望，嵇紹、鄭方以書諫冏。孫惠上書，勸以『崇親推近，委重長沙、成都二王，長揖掃藩』，冏皆不能用。

諸人爲冏計，皆欲其遠權避禍。蓋冏本齊王攸之子，與帝服屬已疏，不及長沙、成都二王之至親且近。今乃居中擅權，二王轉不得與，其心必不能甘。此禍機所以易構也。冏亦非必見不及此，但利帝之暗，怙勢戀權，方且擁立幼弱，冀己久專大政，又大起府第，爲三子立宅，其意甚盛。而惠以太伯、子臧勉之，知其必不聽矣。

王豹致箋於冏，請悉遣王侯之國，以成都王爲北州伯，治鄴；冏爲南州伯，治宛；各統王侯，夾輔天子。長沙王乂以豹離間骨肉，冏奏豹不忠不義，鞭殺之。

豹言可謂切至，其爲冏策，則亦未見其可也。蓋豹所尤爲冏慮者，成都王耳。故仿成周分封之制，欲事調停。而不知成都必不樂從，諸王尤所不便也。尋以觸怒長沙王自殞其軀，亦不得爲智矣。

河間王顒上表陳冏罪狀，遂舉兵向洛陽，遣使邀穎。冏大懼，會百官議之。王戎曰：『二王不可當也。若就第崇讓，庶可求安。』

冏委權崇讓，當在二王未舉兵時。至此，將安往乎？葛旟所云『漢魏以來，王公就第，未有能保妻子者』，其言誠是也。然外兵已逼，士各懷貳，雖有智士，亦不能爲冏謀。進則亢龍有悔，退則據於蒺藜。王豹之言，至此驗矣。

張方軍新安，檄長沙王乂討冏。又奉天子攻大司馬府，連戰三日，冏衆大敗。執冏，斬之。

帝之反正，冏力也。帝乃討冏而斬之，負冏甚矣。然非帝意也，帝直寄坐耳。初受制於楊駿，繼受制於賈后，卒受制於諸王。不惟矯詔不經帝目，騶虞幡不經帝手，乃至篡之、遷之、迎之、奉之，均非帝所能自主也。哀哉！

蜀民相聚爲塢者，皆送款於李特。李流與特司馬上官惇書曰：『納降如受敵，不可易也。』特曰：『大事已定，但當安民，何爲更加疑忌，使之離叛乎！』（二年）

特欲以大度安蜀民，自是英雄作用。但不能暗自設防，故卒以致敗。

羅尚遣兵襲特營，諸塢皆應之，特兵大敗，斬特及李輔、李遠，傳首雒陽。李蕩、李雄收餘衆還保赤祖。

李氏所以屢被誅戮而卒據蜀者，以特兄弟父子均有武略，誅一人復有一人接踵而起也。

李流以宗岱、孫阜將至，大懼。李含勸流降，流從之。含子李驤、李雄共説流民襲擊阜軍，大破之。流由是奇雄才，軍事悉以任之。

特兄弟惟流差爲懦劣，然能委任於雄，故卒成霸業。

荆州發武勇赴益州，討李流，民不欲行。詔書督遣嚴急，時江夏大稔，民就食者衆。張昌因之誑惑百姓，諸流民及避戍者多從之。

還流民即致李特之變，發武勇復召張昌之亂。觀此二事，益知徙戎之難。天下事固非紙上所能盡也。

李流徙屯郫。蜀民皆保險結塢，虜掠無所得，士衆飢乏。青城山居士范長生資給軍糧，流軍復振。

東漢初，三輔遺民保壁自守，而赤眉無所掠；此蜀民保險結塢，流亦虜掠無所得。赤眉與流，皆驍賊也。乃爲塢壁之民所拒。堅壁清野之策，歷代行之有效，灼然可徵已。獨惜羅尚庸才，不能乘其飢乏出兵并力急攻，俾流得以藉資於長生，軍勢復振也。

荆、江、揚、豫、徐五州之境，多爲張昌所據。劉弘遣陶侃等攻昌於竟陵，屢戰，大破之。

昌勢已不可制，第以『更置牧守，皆盜劫小人』，故能取不能守耳。然非弘委任於侃，恐一時未易掃除矣。羅尚帥蜀而李氏日熾，劉弘率楚而張昌立破，方岳之任，固在得人哉！

弘表皮初補襄陽太守，朝廷更以弘婿夏侯陟爲之，弘下教曰：『必若親姻然後可用，則荆州十郡，安得十女婿然後爲政哉！』

定制：姻親不得相監，朝廷用陟守襄陽，以弘有功，故破例以示優异，即今所云『毋庸回避』者也。弘之教，可謂宏雅有君子之量。

河間王顒起兵討長沙王乂。又與成都王穎共表：『乂與羊玄之、皇甫商專擅朝政，請誅玄之、商，遣乂還國。』

詔：『以乂爲太尉，都督中外諸軍事以禦之。』

乂奉帝攻大司馬府，而斬齊王冏，故仍奉帝親征，而已以太尉專軍事，冀仗大順以討逆也。詔皆乂爲之。

潁以陸機爲前鋒都督，督王粹等向洛陽。孫惠勸機讓都督於粹，機不從。

機從惠言，或不致遽及於禍。但既爲潁將，引兵直犯宫闕，已干叛逆之誅。況事卒無成，安能幸免？

大將軍潁遣馬咸助陸機。太尉乂奉帝與機戰於建春門，執咸斬之。機軍大敗，斬其大將十六人。

建春之戰，機直與帝對敵矣。春秋之義，機非不聞，而悍然出此，殆以騎虎難下者邪？

初，孟玖弟超領萬人爲小督，未戰，縱兵大掠。陸機録其主者；超將騎百餘人直入機麾下，奪之。孫拯勸機殺超，機不能用。

機馭軍無律，宜其敗矣。胡身之云：使機用拯言，斬超，是穰苴之戮莊賈，由此爲潁所殺，豈不光明俊偉？竊謂超特嬖閹孟玖之弟，與莊賈輕重懸殊，且其罪什倍於莊賈。機即殺超，潁未必因此殺機也。且機助潁稱兵犯蹕，如果建春幸勝，弒帝立潁，何异魏之賈充？其或執帝不殺，逼令禪位，亦無异趙王倫之孫秀，與穰苴之受鉞專征，爲國捍難者，詎可同日語哉？即使斬超受誅，又何光明俊偉之有？

孟玖譖陸機於潁，曰『有二心於長沙』。潁使牽秀殺機，并收其弟雲、耽，皆殺之，夷三族。孫拯言機冤，拯門人費慈、宰意言拯冤，玖皆殺之，夷拯三族。

拯言二陸世之奇士，故爲之捐身沈族而不悔；所謂寶燕石而含糞丸者也。二陸祖、父，世爲吴之重臣，其兄弟分領乂兵，早登貴仕，乃吴亡俱歸於晋；　又諂事賈謐，謐爲趙王倫所誅，則復事倫；　倫爲齊王冏、成都王穎所誅，則復事穎，直是反覆嗜利之小人耳。　何足道哉！　至慈、意之以身殉抆，固當别論。

朝議以爲乂、穎兄弟，可辭説而釋。乃使王衍等往説穎，令與乂分陝而居。穎不從。

穎、乂分陝，仍用王豹遺策。　而穎卒不從，固知豹欲分河爲界，立穎爲北州伯。　冏即用其言，穎亦必不從也。　獨怪乂因豹建此策，即坐以離間骨肉之罪，致冏殺豹，今於朝議亦即俯從，何也？

長沙王乂屢與大將軍穎戰，破之。　乂未嘗虧奉上之禮，城中糧食日窘，而士卒無離心。　東海王越慮事不濟，啓帝詔免乂官，置金墉城，張方殺之。（永興元年）

汝南王亮及乂，皆晋諸王中之彼善於此者。　乂屢戰獲勝，城圍將解，而變由内作，遂殞其軀。　有以知晋亂之未已也。

河間王顒頓軍於鄭，聞劉沈兵起，還鎮渭城。　張方擊敗沈軍，獲沈，沈曰：　『君臣義重，沈不可違天子之詔。投袂之日，期之必死，菹醢之戮，其甘如薺。』顒殺之。

沈以雍州刺史奉詔討顒，不幸敗死，可謂光明俊偉矣。　陸機之死，直鴻毛之不若耳。

流民在荆州者十餘萬户，羈旅貧乏，多爲盗賊。　劉弘大給其田及種糧，擢其賢才，隨資叙用，流民遂安。

使羅尚如弘安置流民，即有李氏父子兄弟，安能爲亂？

丞相穎表廢太子覃爲清河王。河間王顒表請立穎爲皇太弟，都督中外諸軍事，丞相如故。乘輿服御，皆遷於鄴，制度一如魏武帝故事。

覃本清河王遐之子，年甫八歲，齊王冏欲久專大政，故表請立之。正位東宫者，且二年矣。穎以己於帝諸弟中次序當立，故請廢太子。而顒承穎旨，即請立爲皇太弟也。胡身之以爲：天子在洛，而建儲於鄴，乘輿服御亦遷而就之何居？獨不憶魏武故事邪？

東海王越與陳眕、上官巳等討太弟穎，奉帝親征，檄召四方兵。比至安陽，衆十餘萬。穎集群僚問計，東安王繇曰：『宜釋甲縞素，出迎請罪。』穎不從。

穎之失在平日專權凌上，廢后僭儲，至此即縞素出迎，亦自取死耳。況生殺之柄不由帝操乎？此亦如王戎勸齊王冏歸第崇讓也。

劉淵遷都左國城，謂群臣曰：『吾漢氏之甥。』乃建國號曰『漢』，即漢王位。追尊安樂公禪爲孝懷皇帝，作漢三祖五宗神主而祭之。

三祖者，高祖、世祖及昭烈也。觀此追尊奉祭，固以紹統予蜀漢矣。昭烈爲漢宗室，不惟吴魏敵國無异言，即匈奴异域亦無他議，而温公獨比之劉宋、南唐，抑獨何哉？

淵以族子曜爲建武將軍。曜早孤，養於淵，常自比樂毅及蕭、曹。劉聰曰：『永明（曜字）漢世祖、魏武之流，數公何足道哉！』

劉淵自比漢高、魏武，不若石勒不爲孟德、仲達也。曜自比樂毅，蕭、曹，不若諸葛自比管仲、樂毅也。夫魏武詎漢高之倫，蕭、曹豈樂毅之匹哉！聰以曜爲漢世祖、魏武之流，得毋唐突光武乎？

張方欲奉帝遷都長安。劫帝幸其壘。群臣皆逃匿，惟盧志侍側。方將焚宗廟、宫室，志勸止之。方擁帝及太弟穎、豫章王熾等入長安。

志雖不及嵇紹之忠烈，然危急中帝實賴之。

司空東海王越傳檄山東，征鎮州郡，云『欲糾帥義旅，奉迎天子，還復舊都』。范陽王虓及王濬等共推越爲盟主。（二年）

越起兵討張方，師出有名，但恨其晚耳。

成都王穎故將公師藩等稱將軍，起兵於趙、魏，衆至數萬。汲桑與石勒帥數百騎赴之。

此河北之兵，石勒因之而起。

司空越以劉喬爲冀州刺史，喬發兵拒之，因引兵攻許。遣子祐將兵拒越於蕭縣之靈壁。

山東州鎮，劉喬獨不附越，而東平王楙與喬合。

太宰顒聞山東兵起，甚懼，以公師藩爲成都王起兵，表穎爲鎮軍大將軍，都督河北諸軍事；盧志爲魏郡太守，隨穎鎮鄴。

穎之不死，已屬厚幸。兹復以都督鎮鄴，蓋顒之力不足制山東，自以與穎素厚，故欲藉河北之兵以分山東之勢也。

顒發詔，令東海王越等各就國。越等不從。

以穎鎮鄴，已屬情見勢屈，能否安撫公師藩而緩其兵，尚未可必，乃遽令越等就國乎？

會得劉喬上事，乃下詔，稱：『劉輿迫脅范陽王虓，構造凶逆。令劉弘等與劉喬并力；以張方爲大都督，共會許昌，誅輿兄弟。』

得喬上事，顒之意以爲山東有喬，事尚可爲，故下詔命群帥并力致討，而不知其無濟也。

劉弘遺喬及司空越書，欲使解怨釋兵，同奬王室，皆不聽。又上表曰：『骨肉之禍未有如今日者，萬一四夷乘虚爲變，此亦猛虎交鬥、自效於卞莊者矣。』

晉之方岳不失臣節者，首推劉弘、張軌。弘雖未能勤王靖亂伸大義於天下，其勞來填撫保障一方，固有足多者。此表於當日時勢言之痛切，而劉、石之禍亦預爲料及。使顒决行其策，或可暫安東夏，無如彼昏不知也。

太宰顒矯詔：以羊后屢爲奸人所立，敕留臺賜死。司隸校尉劉暾等上奏，固執以爲不可。顒怒，收暾，暾奔青州。然后以是得免。

后之屢廢屢復，皆非后所得自主；其假令稱兵，亦非后所得與聞。蓋帝在關中，后在洛下，故奸人得挾以爲資耳。顒不奉迎，而矯詔賜死，不亦冤乎！然后若於此時引決，不致失身於劉曜矣，其得免未爲幸也。

范陽王虓遣劉琨乞師於王濬，濬以突騎資之，擊王闡於河上。琨與虓引兵濟河，斬石超，走東平王楙，東迎司空越，劉祐敗死，劉喬衆潰，奔平氏。

山東得河北之助，劉喬父子死潰不支。關中之氣索矣。

初，陳敏既克石冰，有割據江東之志。其父怒曰：『滅我門者，必此兒也！』遂以憂卒。

敏若生於平世，亦一健吏。乃因四海鼎沸，輒規非分，自取族滅。知子莫若父，信哉！

敏使甘卓假皇太弟令，拜敏揚州刺史，遂據江東。疑諸名士終不爲用，欲盡誅之。顧榮爲之言，乃免。

江東諸名士所以免禍，及敏之就誅，皆榮力也。大有造於吴，不忝厥祖矣。

劉弘遣陶侃、苗光屯夏口。侃與敏同郡，又同歲舉吏，扈懷言於弘，弘曰：『侃之忠能，吾得之已久，必無是也。』

同郡同舉，即致紛紜之論。然則同鄉、同年之誼，在晋已重之矣。弘，侃之知己已，宜侃爲之盡力。但弘之於侃，不徒示以不疑，而在察其不貳也。

劉喬敗，太宰顒懼，欲罷兵與山東和解，恐張方不從。畢垣説顒，使郅輔殺方，送其頭於司空越以請和。越不許。（光熙元年）

東有劉喬，西有張方，顒始可以自立。今喬既潰敗，所恃者方耳。乃復殺方，欲以自解於越，豈知方死越兵行且大入關乎！

恡令劉伯根反，衆以萬數。王彌帥家僮從之。王濬遣將討柏根，斬之。王彌亡入長廣山爲盜。

伯根鼠子，其才萬不及陳敏，而亦據邑以反，直自取屠裂耳。而王彌因之起矣。

東方兵聞方死，争入關。太宰顒遣彭隨、刁默將兵拒祁、弘等於湖。弘等擊隨、默，大破之。遂西入關。顒單馬逃入太白山。弘等入長安，奉帝乘牛車東還。

張方既死，隨、默等均非將帥之才，是以奔北相繼，而顒亦弃城單馬入山。使弘等乘勢追討，立即成禽矣。所以置之不取者，志在入掠，因奉帝東歸，顒非所重也。

以司空越爲太傅，録尚書事。越以庾敳爲軍諮祭酒，胡毋輔之爲從事中郎，郭象爲主簿，阮修爲行參軍，謝鯤爲掾。敳等皆尚虚玄，不以世務嬰心。

是時晋之禍亟已，越迎帝東歸，代執政柄，不能卧薪尝膽，循名核實，而乃廣搜白望，提唱玄風，知其不足有爲矣。敳等皆縱酒放誕，而敳殖貨、象招權，所云不以世務嬰心者安在乎？象曾注《莊子》，爲世所稱，而其爲人，與漆園之旨正爾相背。

范陽王虓薨。劉輿以成都王穎素爲鄴人所附，僞令人爲臺使，稱詔賜穎死，并殺其二子。盧志收而殯之。

穎不死於洛陽，不死於長安，而死於鄴；不死於張方，不死於馮嵩，而死於劉輿。人之生死，固有定期、定地邪？志不負穎，庶乎始終一節者矣。

帝食餅中毒，崩於顯陽殿。

以帝之胸無可否，俯仰隨人，卒亦不免中毒而崩。未知越何所忌於帝，而亟去之？

羊后自以於太弟熾爲嫂，恐不得爲太后，將立清河王覃。華混馳告太傅越，召太弟入宫，即皇帝位。

后此時遽欲爲廢立之事，其人亦頗黠猾。然則金墉構亂，未必盡如劉暾所云也。

懷帝始遵舊制，於東堂聽政。每至宴會，輒與群官論衆務，考經籍。

懷帝尚非亡國之君。而時勢至此，非少康、光武，正恐著手不得。

詔徵河間王顒爲司徒。南陽王模遣其將梁臣邀之新安，於車上扼殺之，并殺其三子。

顒之就徵，乃就死耳。計顒當亦自知之。第以不就徵則禍至更速，故束身歸命，冀幸萬一之苟免。孰知洛陽固不可得而至哉！帝之立爲太弟，顒之力也。顒之就徵，亦恃己有德於帝耳。越以爲顒至洛陽，帝必不忍殺，故授意於模，於中途斃之。帝亦無如之何也。模，越之弟也。

鑒評別録卷二十

晉紀三

孝懷皇帝（諱熾，字豐度，武帝二十五子，在位五年，遷一年殂）

陳敏刑政無章，子弟凶暴。顧榮與周玘説甘卓曰：『敏反覆無定，其敗必矣。而吾等受其爵禄，事敗之日，函首送洛，題曰「逆賊顧榮、甘卓之首」，萬世之辱也。』（永嘉元年）

榮言切至，足寒萬世亂賊之膽。固宜卓聞而心折。

卓與榮、玘及紀瞻共攻殺敏，傳首京師。詔徵榮爲侍中，瞻爲尚書郎；太傅越辟玘爲參軍。榮等至徐州，聞北方愈亂，逃歸。

榮等不與懷、湣之難，正賴此耳。

西陽夷寇江夏，太守楊珉請督將議之。諸將争獻方略，朱伺獨不言。珉問其故，伺曰：『諸人以舌擊賊，伺惟以力耳。』

盜賊所以不靖者，正坐諸將但以口舌談方略，而攻剿不能盡力耳。安得如朱將軍者，授以旗鼓。

帝親覽大政留心庶事。太傅越不悦，固求出鎮許昌。

帝親政而越求出鎮，非以奪己之權邪？越既鴆惠而復避懷，其以帝固未可圖邪？然越既擁重兵，又以兩弟略、模并據西南方面，帝安能制之哉！

琅邪王睿至建業，以王導爲謀主，推心親信。導説睿謙以接士，儉以足用，撫綏新舊，故江東歸心焉。

南渡偏安之業，肇基於此。

以王衍爲司徒。衍説太傅越曰：『朝廷危亂，當賴方伯。』乃以弟澄爲荆州刺史，族弟敦爲青州刺史。

越用騰鎮鄴，而騰以吝予失人心；衍用澄鎮荆，而澄以縱酒廢政務。二子各私其黨，而不知其才之弗克任也。

前北軍中侯吕雍、度支校尉陳顔等，謀立清河王覃爲太子。事覺，太傅越矯詔囚覃於金墉城。

是時救亡不暇，而諸臣猶謀廢立，蓋有齊王、高貴鄉公之故事在其意中也。作法於貪敝將若何？旨哉言乎！雍、顔謀立太子，先應白帝，乃事覺而帝無一言，越因覃亦出矯詔，且未正二人之罪，何也？

潘滔説越曰：『苟晞有大志，非純臣也。』越自爲丞相，領兖州牧，以晞領青州刺史。越、晞由是有隙。

越之有晞，猶顒之有張方也。雖不免卒爲所制，尚可倚以爲强。晞離，而越勢頓衰矣。

涼州刺史張軌病風，口不能言，使其子茂攝州事。張越欲逐軌而代之，軌長子實斬越黨曹祛，越奔鄴。（二年）

軌之在涼，亦如劉弘之在荆，爲當時岳牧之冠。乃弘卒而郭勱作亂，軌病而張越謀逐。蓋是時州郡遷代朝廷幾不能操予奪之權，故奸人因而覬覦也。

王彌入許昌。張軌遣督護北宫純將兵衛京師。

軌遣將勤王，非當時岳牧所及。又貢獻歲時不絶，尤爲不失臣節。

漢太史令宣于修之言於劉淵曰：『不出三年，必克洛陽。平陽氣象方昌，請徙都之。』淵從之。（三年）

修之所云『三年克洛』，亦偶中耳。淵之日强，在得石勒、王彌之助，不關遷都。况淵於遷都之次年即死，曜破洛陽，淵亦不及見。氣象方昌之説，殊未驗也。

以山簡爲征南將軍，鎮襄陽。簡，濤之子也。嗜酒不恤政事，南州由是遂亂。

不用劉璠而用簡，徒以貴胄虚名而用之耳。高陽徑醉，接籬倒著，非不風流共賞，而南州從此亂矣。蓋是時王衍爲司徒，太傅與之相得，既以王澄牧荆州，復以簡鎮襄陽，皆衍爲之内主耳。

太傅越自滎陽入京師。遣王秉帥甲士三千人入宫，執帝所委任中書監繆播等十餘人於帝側，付廷尉，殺之。

帝嘆息流涕而已。

是時帝躬親庶政，綱紀粗立，使越兄弟同心夾輔，王室或可稍振。乃輒興晋陽之甲，誅鋤异己，震主立威，從此大權旁落，時勢愈不可爲矣。石勒云『亂天下者此人』，乃定讞也。

劉實連年請老，詔實以侯就第。

實位三公，不聞有所匡救，而於傾覆危亂之中，獨能全身保位，引年歸老，非所云容容厚福者邪？

太傅越奏：宿衛有侯爵者皆罷之。由是出者略盡，皆泣涕而去。更使何倫、王秉領東海國兵數百人宿衛。

是時朝廷有朝露之危，而殿省諸臣猶戀戀若是，其果志在報主邪，抑以攀龍附鳳、不欲離闕廷邪？東海國兵，名爲宿衛，實同監守，帝已在越掌握中矣。

石勒寇巨鹿、常山，衆十餘萬，集衣冠人物，别爲君子營。以張賓爲謀主。

中國崇尚玄虚，而智略之士、幹濟之才悉被群雄網羅以去，安得不受制於彼哉！

劉淵遣劉聰等帥精騎五萬寇洛陽，太傅越嬰城自守。聰親祈嵩山，孫詢説越，乘虚出擊，斬其將呼延朗，劉厲赴水死。淵召聰等還。

聰寇洛陽，所以驟勝而卒敗者，恃勇輕敵也。初因怠不設備，爲垣延詐襲，又因親祈嵩山，致越搗虚。此皆人事之失，何關天道哉！宣于修之以爲晋氣猶盛，軍不歸必敗，特術士之妄言耳。

漢主淵寢疾，以陳留王歡樂等録尚書事，置單于臺於平陽西。始安王曜領單于左輔，廷尉喬智明領單于右輔，安昌王盛等分典禁兵。（四年）

淵雖偏霸初起，而臨終樹置親賢，規模略備。較晋武死於婦人之手，以致權歸后族者，相去遠矣。

初，盛不好讀書，惟讀《孝經》《論語》。曰：『誦此能行，足矣。』李熹見之，嘆曰：『望之如可易，及至肅如嚴君，可謂君子矣。』

讀書期於能行，兩漢諸儒尚未足語此，况魏晋以降乎！玩熹言，可想見盛之爲人。

淵卒，太子和即位。和猜忌無恩，呼延攸等説和，謀去楚王聰等。安昌王盛曰：『陛下勿聽讒言以疑兄弟。兄弟尚不可信，他人誰可信哉！』攸等殺盛。

盛言，金石之論也。使司馬氏知此，不致今日之亂；和以一隅之地，崇朝之勢，遽欲剪枝葉而自露本根，何其謬哉！

聰殺和於光極西堂，群臣請聰即帝位。聰以北海王乂單后之子，以位讓之。乂涕泣固請，聰曰：『乂及群公正以孤年長故耳。孤何敢辭！』

漢國初立，既無根本之固，又無藩籬之限，不過崛强一逞，惟力是競耳。非有雄略之君，何以自振哉！况聰既殺和，勢成騎虎，其自立，决矣。乂何爲者，乃猶執嫡庶之成例，啓將來之事端乎？聰之僞讓，蓋將以悦單后，意不在乂也。

劉琨遣使言於太傅越，請出兵共討劉聰、石勒。越忌苟晞、馮嵩，恐爲後患，不許。

越即出兵與琨共討聰、勒，亦未必有功。蓋琨所恃者，拓拔猗盧之兵耳。晉諸將均非聰、勒敵，其威名素著，無過苟晞，而已不爲越用；琨志大才疏，何足恃乎！

王如大掠(江)[沔]、漢，進逼襄陽，山簡嬰城自守。王澄自將，欲援京師，至沶口，聞簡敗，衆散而還。朝議多欲遷都以避難，王衍不可。

簡與澄謂『醉翁』耳。時勢至此，而以此輩處方岳之任，欲濟緩急，得乎？

太傅越以胡寇益盛，内不自安，帥甲士四萬向許昌，以行臺自隨，用太尉衍爲軍司，名將勁卒，咸入其府。於是宫省無復守衛，荒饉日甚。

先害二繆，并撤宿衛，易以私人。至此因外寇侵逼，又托言討賊，囊括六軍、羅取朝臣，出屯於外。以致宫省空虚，京都孤危，遂一旦瓦解。越之罪，可勝誅哉！

寧州刺史王遜到官。時寧州外逼於李雄，内有夷寇，城邑邱墟。遜惡衣菜食，招集離散，州境復安。

張軌在凉州，遜在寧州，均能安輯一方。然皆荒陬僻壤，故可以便宜行之有效耳。若在中州，亦未必得展其手足也。

漢太后單氏卒。單氏年少美色，漢王聰烝焉。太弟乂屢以爲言，單氏慚恚而死。乂寵由是漸衰。

爲胡妻母，其故俗也。乃乂有煩言，單以慚死，則入中國後漸染於禮教已。

乂舅單冲泣謂乂曰：『主上有意於河內王矣（河內王，聰子粲也），殿下何不避之！』乂不從。

聰已殺恭（聰嫡兄），安能容乂？徒以烝於單氏，因母而寵其子耳。乂尚晏然以太弟自處，聞冲言而不悟，真騃豎子哉！

巴蜀流民在荆、湘間，爲土民所侵苦，蜀人李驤據樂鄉反。王澄使王機討驤，驤請降，澄僞許而襲殺之。流民益怨。四五萬家一時俱反，共推杜弢爲主。（五年）

晋之兵亂，多由流民而起。初失之於李特，再失之於張昌，三失之於王如，四失之於杜弢。前車既覆，後車不戒，胡寇乘之，遂致神州陸沉。

苟晞移檄諸州，陳太傅越罪狀。帝亦惡越專權，密賜晞手詔，使討之。越憂憤成疾，以後事付王衍；卒於項。

晞爲曹嶷所破，顛蹶失據，兵勢已衰，然其力猶足以制越。故帝急仗之以除所患，而越遂憂懼以死。但晞亦僅能制越耳，使當劉、石，則亦卵石之喻也。越，晋之賊臣也。在八王中，尤爲罪魁。弑惠帝，害清河王，制懷帝於掌握，使非外迫劉、石，內忌苟晞，其篡奪可立俟矣。而王衍，實附之爲奸。其秉政也，以衍爲司徒；其害二繆及諸臣也，衍不徒免禍，且晋太尉；其弃帝而出屯於外也，又以衍爲軍司；至此卒付以後事，其形同狼狽，情狀彰灼。假令越不死，得遂其簒，則衍亦郗慮、華歆之流亞耳，何足道哉！

初，梁州刺史張光會諸郡守，共謀進取。以張燕沮衆，斬之。治兵進戰，累年乃至漢中，綏撫荒殘，百姓悅服。

光之在梁州，與王遜之在寧州殊相似。

石勒率輕騎追太傅越之喪，大敗晉兵，執太尉衍等，問以晉故。衍云計不由己；因勸勒稱尊號，冀以自免。勒曰：『破壞天下，非君而誰！』

衍，(以)[一]坐談客耳。無事則務虛名，臨變則思苟免，志節一無可取。但於惠帝時，未執朝權，無與於治亂之數；迨懷帝時，雖位爲三公，亦不能有所張弛，以爲破壞天下，似非其實。惟是崇尚玄虛，以致風流放誕，扇成澆俗，又附東海王越，坐視其擅權逼上，而曾不匡救，其罪尚可逭乎！排墻殺之，死不枉已。

勒命剖越棺，焚其尸，曰：『亂天下者此人也。』何倫等至洧倉，遇勒，戰敗，東海世子及宗室四十八王皆没於勒。

武帝二十五子，至是存者惟懷帝耳。卒不免青衣之辱。宗室四十八王，一網盡矣。令人憬然憶高平陵、雲龍門之事。

劉聰使呼延晏寇洛陽。王彌等克宣陽門，入南宮，執帝，幽於端門。劉曜自西明門入，殺太子詮等，士民死者三萬餘人。曜納羊后，遷帝於平陽。

羊后不死於金墉而辱於曜，蓋天留此婦以彰司馬氏之醜也。

豫章王端，太子詮之弟也，東奔倉垣，苟晞率群官奉以爲皇太子，置行臺。端承制以晞領太子太傅、録尚書事，自倉垣徙屯蒙城。

傳祇建行臺於河陰，荀藩建行臺於密，苟晞奉豫章王端屯蒙，荀藩復奉秦王業趨許昌。是時懷帝北遷，無復還理。諸臣不早建嗣君以主社稷，而紛紛樹置，欲何爲乎？不惟卒歸無濟，亦恐别啓争端，失策莫此爲甚。

王濬設壇告類，立皇太子，布告天下，稱受中詔承制封拜，備置百官，列署征鎮。

苟晞立豫章王端爲皇太子，以其爲太子之弟也。濬所立，則虚有其名耳。蓋濬此時，兵勢頗盛，意欲僭立，而患其無名，故僞立儲君，以爲异日受禪之地。備置百官，列署征鎮，非謀稱尊號之權輿乎？

凉州將北宫純帥其衆降漢。漢兵圍長安，南陽王模降，劉粲殺之。

純良將，屢立戰功，徒以長安既無可倚，凉州又不得歸，不得已而降漢，惜乎！

苟晞驕奢苛暴，衆心離怨。石勒襲蒙城，執晞及豫章王端。王彌與勒外相親而内相忌。勒請彌燕於己吾，酒酣，手斬彌而并其衆。

勒所忌者，晞與彌也。既禽晞，復斬彌，由是益縱横不可制。

勒表漢主聰，稱爾叛逆。聰大怒，遣使讓勒，然猶加勒鎮東大將軍，以慰其心。

是時聰已知勒必不爲己用，自度力不能制，故且以虚恩縻之。

初，勒與其母王氏相失，劉琨得之，并其從子虎，送於勒，因遺勒書曰：『得主則爲義兵，附逆則爲賊衆。』勒報書曰：『君當逞節本朝，吾自夷，難爲效。』

琨以順逆説勒，烏足動其聽哉！勒之志大矣，豈慕容、段氏之倫乎！

索綝等與賈疋謀興復晉室，推疋爲平西將軍，率衆五萬向長安，大敗劉曜於黄邱，兵勢大振。閻鼎奉秦王業入關，疋遣兵迎之，入於雍城。

疋，賈詡曾孫。雖舉事無成，而名義尚正。庶幾幹祖之蠱，亦猶譙周之孫有登也。

桓彝避亂過江，見琅邪王睿微弱，謂周顗曰：『中州多故，來此求全，單弱若此，將何以濟？』既而見王導，退謂顗曰：『向見管夷吾，無復憂矣。』

導非管夷吾之比，以擬晏平仲，猶爲近之。戮力王室，克復神州，導果無負此言邪！

陳頵遺王導書[曰]：『中華所以傾敝者，正以取才失所，先白望而後實事。加有老、莊之俗，傾惑朝廷。今宜改張，明賞信罰，然後大業可舉。』導不能從。

先白望後實事，九品中正之流弊也； 老莊之俗，則倡自何晏、王弼，而諸名士遞相祖述，王衍所以難辭誤國之罪也。 頵言實救敝之要，但導所舉百六掾，亦白望居多耳。 安能用頵言哉！

遼東鮮卑素喜連、木丸津攻陷諸縣，屢敗郡兵。 東夷校尉封釋不能討，慕容廆帥衆東擊連、津，破斬之。 盡并二部之衆。 得所掠民，悉以付郡，遼東賴以復存。

廆於晋不失臣節，遂能存撫遼左，卒成偏霸之業。 在諸胡中猶爲近正。

劉聰將納太保劉殷女。 太弟乂固諫，聰以問太宰延年、太傅景，皆曰：『太保自云劉康公之後，與陛下殊源，納之何害？』聰拜殷二女英、娥爲左右貴嬪。（六年）

殷自云劉康公之後，亦不可考，但與漢之出自劉累者殊源耳。 聰本匈奴，遠祖淳維，近宗冒頓，與劉何涉？ 其云爲漢甥，冒劉姓，亦胡俗耳。 乂乃執不娶同姓之説諫聰納殷女乎！ 此亦漸染華風而不知其似［是］而非也。

石勒築壘於葛陂，課農造舟，將攻建業。 琅邪王睿集衆於壽春，以紀瞻爲揚威將軍，督諸軍討之。

此南北存亡之一大機也。 使勒計得遂，渡江進攻，琅邪君臣勢不能支，建業之亡可立而俟矣。 乃以大雨饑疫返旆北歸，江左偏安之局遂以次而定，豈非天哉！

會大雨，三月不止，勒軍中饑疫，死者太半。 聞晋軍將至，刁膺請先送款於睿，徐更圖之。 勒愀然長嘯。 張賓勸勒據鄴，經營河北，勒從之。使石虎帥騎二千向壽春。

勒若送款，是先示晉以弱，晉軍必不退矣。賓勸勒退而圖鄴，尤在引兵先向壽春，作進攻之勢，使敵不測也。揣勒初意，蓋以平陽有劉聰、幽州有王濬，并州有劉琨，河北之地多爲群雄所據，未易力争；江南素稱完富，琅琊微弱，取之勢同振落，故舍北而趨南。今見勢屈，是以知難而退耳。

□聰封帝爲會稽郡公。謂帝曰：『卿家骨肉何相殘如此？』帝曰：『大漢將應天受命，故爲陛下自相驅除，此殆天意，非人事也！臣家若九族敦睦，陛下何由得之！』

帝答聰，可謂嫻於辭令，宜爲所喜。而卒不免者，一由聰之猜暴，必不能久相容；一由帝雖被虜，而晉國尚存，其地什倍於漢。故去帝以絶臣民之望也。

劉聰作温明、徽光二殿未成，斬將作大匠靳陵。王彰諫，聰命斬之。王夫人叩頭乞哀，乃囚之。太宰延年、太保殷等免冠泣諫，聰乃赦彰。

聰於彰，似尚非怙惡，但彰女爲夫人，而殷家六女寵冠後宮，故其言易入耳。不然，太后張氏已三日不食，太弟乂、單于粲亦輿櫬切諫，而聰乃置若罔聞，何也？

漢劉殷卒。殷爲相，不犯顔忤旨，因事進規，補益甚多。常恂恂有卑讓之色，故能處驕暴之國，保其富貴，不失令名，以壽考終。

殷所以得保富貴者，固由恂恂退讓，亦恃六女爲之内主耳。通鑑盛書其美，似可不必。

石勒自葛陂北行，所過皆堅壁清野，虜掠無所獲，軍中飢甚，士卒相食。

勒自葛陂饑疫之後，軍勢亦頓衰矣。以勒之勁悍，佐以張賓，而未免爲堅壁清野所困者，非無故也。蓋郡國頻遭蹂躪，孑遺殘黎不得不築塢自固。初一二人創之，繼千百人效之，漸致數百里内堡塞林立，聲勢聯絡，民有可憑之險，賊無可掠之資。此乃家自爲守，不必煩官措置也。足爲千古龜鑒。

石勒引兵自棘津渡河，軍勢復振，遂長驅至鄴。諸將欲攻三臺，張賓曰：『三臺險固，攻之未易猝拔。邯鄲、襄國，形勝之地，請擇一而都之。』

賓在葛陂勸勒取鄴。迨見三臺未易猝拔，復勸其別擇便地，進據襄國。蓋是時勒軍無見糧，難以持久，又慮爲王、劉所乘，不能固守前説也。勒，初起一流賊耳。縱横千里，鋭不可當。迨裹脅日衆，劫掠是資，能戰而不能守，可進而不可退。故一爲大雨所阻，而死者太半；再爲堅壁清野所困，而士卒相食。渡江不得，幸而濟河。勒亦自度其衆聚而易散，無以自立，賓因進説勸其建都邑、蓄糧芻，而後趙之霸業權輿於此矣。

劉琨移檄州郡，期以十月會平陽擊漢。琨素奢豪，喜聲色。徐潤以音律得幸，譖令狐盛於琨，琨殺之。盛子泥奔漢，具言虚實。漢劉曜等襲晋陽，琨奔常山。

以琨之兵力而欲擊漢，所云探虎穴者也。不能卧薪嘗膽，與將卒同甘苦，以圖摧大敵，乃猶狃於奢豪舊習，溺情聲色，琨之志荒矣。況又入伶人之譖，自翦爪牙哉！其敗宜已。

賈疋等奉秦王業爲皇太子，建行臺於長安。登壇告類，建宗廟、社稷。

懷帝不還，豫章王復爲石勒所執，不更立皇太子，何以繫屬人心？ 疋等此舉，與王濬固殊矣。

代公猗盧遣子六修等帥衆數萬攻晋陽，自帥衆二十萬繼之。六修敗劉曜於汾東，曜中七創，與劉粲弃晋陽而歸。猗盧追之，戰於藍谷，漢兵大敗。

拓拔兵力日盛，非曜、粲輩所能敵，浸以成元魏之業。

王濬遣王昌帥諸軍及遼西公段疾六眷部衆五萬攻石勒於襄國。勒獲疾六眷從弟末柸，誓爲父子，遣還遼西。由是段氏專心附勒，王濬之勢遂衰。

勒初據襄國，根柢未固，而段氏方强，爲王濬用。使結怨段氏，必致加兵無已，襄國危矣。厚撫末柸以款遼西而携王濬，其智略有過人者。

王澄少與兄衍名冠海内。及在荆州，屢爲杜弢所敗，猶傲然自得，與王機日夜縱酒博弈，由是上下離心。

自古名士，各有習氣。劉繇、王朗，動稱聖人，是東漢習氣； 山簡、王澄，嗜酒放縱，是魏晋習氣。均足敗國家之事。

故山簡參軍王沖擁衆自稱刺史。王澄懼，徙治孱陵，尋又奔沓中。郭舒諫，不聽。

澄初任郭舒，復任王機，皆由憚於治事，以庶政委之於人，便其酣飲也。二人優劣，未知何如，但舒於澄弃郡東奔，猶知匡救，而機不聞一言，則更不及舒矣。

琅邪王睿召澄爲軍諮祭酒，以周顗代之。顗至州，杜弢别將王真襲沔陽，顗狼狽失據。王敦進屯豫章。澄侮敦。敦怒，遣壯士扼殺之。

澄與顗皆荒於酒者。以酒而論，則澄非顗對也。荆州要地，一醉刺史去，一醉刺史來，竟成酒國矣。澄與敦爲從兄弟，衍所倚爲三窟者，乃因侮敦，爲敦扼殺。顗卒以乘醉駡王氏，亦爲敦所殺。敦固暴戾，而二子死不足惜。

衛玠卒。玠常以『人有不及，可以情恕，非意相干，可以理遣』，故終身不見喜愠之色。

玠以清談著稱，而此四語，乃名言可珮。

孝滑皇帝（諱業，字彦旗，武帝孫，吴孝王晏之子，在位三年）

劉聰宴群臣於光極殿，使懷帝著青衣行酒。庾珉、王儁等不勝悲憤，因號哭； 聰惡之。殺珉、儁等故晋臣十餘人，懷帝亦遇害。（建興元年）

帝與珉、儁等不死於洛陽，而死於此，均所謂輕於鴻毛者也。即欲爲安樂公、歸命侯，亦何可得！

劉聰立劉娥爲皇后，爲之起凰儀殿。陳元達切諫，聰怒，命斬之。任顗等叩頭出血力救，劉后手疏自請賜死，聰爲之變色。乃引元達上，以劉后表示之。

聰欲斬元達，爲劉后也；更重元達，亦爲劉后也。雖顗等破首力救，微后言，庸必聽乎？然后知元達之忠，手疏切直，争之以死，亦可謂賢矣。婦言豈必不可用哉？

懷帝凶問至長安。皇太子舉哀，因加元服，即皇帝位。時長安城中，户不盈百，蒿棘成林，公私有車四乘，百官無章服、印綬，惟桑版署號而已。

長安衰敝至此，而外寇復至，何以禦之？滑帝所處，勢更遠不如懷帝矣。是時賈疋已爲彭天護所殺，軍國之事悉委索綝，欲以一木支傾厦得乎？

陳頵言於琅邪王睿曰：『洛中承平之時，朝士以恭恪爲凡俗，以倨肆爲優雅，流風相染，以至敗國。今僚屬皆承西臺餘弊，請自今臨使稱疾者，免官。』睿不從。

頵前言中州傾敝之由於王導，而導不聽；兹復言西臺餘弊於睿，而睿不從。蓋由魏晋以來，士大夫以放達相高，競爲標目，漸染成俗，一唱百和，恬不知非，直至國破主俘，而猶沉醉未醒也。睿亦非必以頵言爲不可用，第以國步方危，群情未輯，不欲驟加繩削以失士大夫之心耳。如睿之才，偏安江左亦幸矣，安能期以少康、光武之業哉！

周玘爲刁協所輕，陰與其黨謀誅執政，以諸南士代之。事泄，玘憂憤而卒。

玘三定江南，口不言功，乃吴士之錚錚佼佼者。固非睿與王導所能用也。協爲睿所信任，幾致周玘之變，卒因奪王導之權，召王敦之兵，而睿幾失國。其人固非足孚衆望者哉！

游邃嘗爲昌黎太守，後歸慕容廆。王濬屢以手書召邃兄暢，暢欲往，邃止之。暢曰：『亂世宗族宜分，以冀遺種。』

欲返中國，既無由達，别求托足，又不易得。乃至謂『亂世宗族宜分，以冀遺種』，其意彌可悲矣。漢末世人往往南依士燮，晋末乃北托慕容，此詩人所以致羨於萇楚也。

詔曰：『今當掃除鯨鯢，奉迎梓宫，令幽（王濬）、并（劉琨）兩州勒卒三十萬直造平陽，右丞相（南陽王保）宜帥秦、凉、梁、雍之師三十萬徑詣長安，左丞相（琅邪王睿）帥所領精兵二十萬徑造洛陽，同赴大期，共成元勳。』

帝此詔名爲懷帝復仇，實欲以虚聲震平陽，使之不敢出兵亟攻長安，以紓目前之禍也。此八十萬，皆紙上之兵耳。長安户不滿百，有車四乘，而尚欲張皇六師乎？適足爲劉、石所笑已。

帝遣劉蜀詔左丞相睿以時進軍，與乘輿會於中原。睿辭以方平定江東，未暇北伐。

帝徵兵而辭以未暇北伐，睿志在畫江，不在勤王也。王導亦不聞有所可否，所云『勠力克復神州』者，得毋自食其言乎？蓋秦王業之立，本非江左君臣之意，又稔知長安微弱，迫近大敵，必不能久，故不從其令，亦不恤其灾也。論者多以睿似宋之高宗，竊謂頗似漢之劉表，徒以長江天塹，所遇無孫、曹勍敵，幸得偏安耳。

祖逖居京口，糾合驍健，言於睿，請命將出師，使如逖者統之，以復中原。

逖所論晋室之亂，自是當日情事。但所云人思自奮，豪杰必有聞風興起者，恐未必然。晋立國日淺，初無厚澤及民，安足繫人思哉！

左丞相睿召周顗，復以爲軍諮祭酒。

顗與王澄，先後敗北，不加罪譴，仍復召用，皆以其名士而曲宥之。陳頵所云『先白望後實事』，積習牢不可破矣。二子酒徒，均爲軍諮祭酒，有以也夫！

王濬以其父字『處道』，自謂應『當塗高』之讖，謀稱尊號。劉亮、王摶、高柔切諫，濬皆殺之。

袁術字公路，尚與『當塗』字義粗合，其自謂應讖，非無因也。若濬與父沈，名皆水旁，以深爲訓，與『塗高』之義正相反，安得以『字處道』而傅會讖文乎！讖本不足信，即如所云，『當塗高』亦代漢者耳，譙周以魏當之，以魏闕爲説，已屬迂謬。濬乃於中隔二代之後，仍妄引以圖濟其私。甚矣，讖緯之作，適足爲奸臣賊子之資也。

石勒用張賓計，遣使卑禮厚幣奉表於濬云：『願陛下應天順人，早登皇祚。』濬大悦。

聞刁膺勸降，輒愀然長嘯，幾欲斬膺。至此卑辭奉表於濬，而不以爲辱者，將欲上之先下之也。勒何畏於浚，而無端幣重言甘，其詐易見。濬之狂昏，遽爲所誘，不惟適中所貪，抑亦天奪之鑒耳。

代公猗盧城盛樂爲北都，治故平城爲南都。又作新城於灅水之陽，使六修鎮之，統領南部。

元魏立國，至此漸有規模。

王濬使者至襄國，石勒匿其勁卒精甲，北面拜使者而受書。使者還薊，具言勒形勢寡弱，款誠無二。濬大悦，益驕怠不設備。（二年）

故示弱以驕之，此冒頓誘漢高之計也。以勒之縱横南北，所向無前，而遽以爲形勢寡弱，智出劉敬下矣。

李雄虚己好賢，民多富實。是時天下大亂，蜀獨無事，年穀屢熟，乃至閭門不閉，道不拾遺。

四海雲擾中，猶有此一片樂土，豈徒仇池百頃隔斷烟塵哉！李氏亦未可厚非也。

石勒將襲王濬，畏劉琨爲後患，遣使奉箋送質於琨，自陳罪惡，請討濬以自效。琨大喜。

以勒之强，無端卑辭奉表於王濬，而濬大悦；兹復奉箋送質於劉琨，而琨大喜。濬之昏狂，固已天奪之鑒；琨非濬比，乃亦爲所愚弄而不之覺，何哉？蓋中朝卿大夫習爲驕貴，喜人佞己，又好自矜伐，不慮其後，琨猶未能免此也。

勒軍達易水，孫緯馳遣白濬，將勒兵拒之。將佐皆請擊之。濬怒曰：『石公來，正欲奉戴我耳；敢言擊者斬！』

幣重言甘，猶可曰易爲所誘也。稱兵臨境，其詐襲顯而易見，乃將佐合辭請擊，竟逢其怒。詎非以奉表擁戴之言先入爲主哉？甚矣其惑也！

勒執濬立於前。濬駡曰：『胡奴何凶逆如此！』勒曰：『公位冠元台，手握强兵，坐觀本朝傾覆，曾不救援，乃欲自尊爲天子，非凶逆乎！』使王洛生送濬於襄國，斬之。

勒責濬侃侃數語，可以使之無辭。

勒停薊二日，焚濬宫殿，置守宰而還。孫緯遮擊之，勒僅而得免。

使劉琨陽與勒合，而以奇兵邀其歸路，乘懈擊之，勒可禽矣，况先有緯之邀遮乎？琨乃快勒之誅濬，而不知行將及己也，愚哉！

劉琨知石勒無降意，大懼，上表曰：『東北八州，勒滅其七；先朝所授，存者惟臣。勒據襄國，與臣隔山，朝發夕至，城塢駭懼，雖懷忠憤，力不從願耳！』

既不能於勒據襄國之初乘其新造力與之争，又不能與王濬犄角制其前後使不得逞，乃信其僞降，輒即張皇文告，移檄州郡，自伐其功，至此始知患在肘腋，必不能支，懼而上表，亦何益乎！是時晋帝且不自保，尚能爲琨計邪？

張軌寢疾，遺令：『文武將佐，務安百姓，上思報國，下以寧家。』軌薨。

軌遺令先國後家，而以安百姓爲本，與王衍三窟之計异已。衍但知有家耳，其家亦何嘗能保哉？

周勰謀作亂；　使徐馥矯稱奉叔父札之命，合衆以討王導、刁協。札子續亦聚衆應馥，導説左丞相睿使續族弟莚往誅續。莚欲誅勰，札不聽。睿撫勰如舊。（三年）

江東之變，幸周札意殊，勰不敢發耳。莚一夫之力，何能爲乎！所以遂能誅續者，太守孔侃爲之主也。導此舉亦幸而有成，非關智略。勰爲亂首，而撫之如舊，豈果以周氏豪族、不加窮治邪？抑以勰父玘有三定江南之功，抑而不賞，故曲全其後，以厭吳士之心邪？然亦可謂遵養時賊者矣。

杜弢請降，丞相睿不許。弢遺應詹書，詹爲言，睿乃受其降，以爲巴東監軍。諸將猶攻之不已，弢怒，復反。

不許弢降，是也。既受其降，而諸將猶攻之不已，則非也。蓋睿雖納詹言，而令不行於諸將耳。

雨血於漢東宫延明殿，太弟乂惡之，崔瑋、許遐説乂以四衛精兵取晋王粲及大將軍敷等，乂弗從。

前既流星化肉，兹復雨血，天道難知，大抵用兵殺戮過甚，將致骨肉相殘、宫省流血之兆也。乂若用瑋等策，或可殺粲兄弟，卒亦不免於死。所以然者，聰未可遽代，即弑聰，曜亦必起兵誅乂而自立也。

劉聰使卜抽將兵監守東宫。乂上表乞爲庶人，褒美晋王，請以爲嗣。抽抑而弗通。

乂此表得通，或可免死。抽抑而弗通何也？此表應爲聰所願聞，通之何害？

盗發漢霸、杜二陵及薄太后陵，得金帛甚多。詔收其餘，以實内府。

霸陵至此被發，蓋西京之遺澤盡矣。漢文薄葬，而金帛甚多，然則厚葬者又當何如邪？

朝廷聞張光死，以第五猗爲安南將軍、荆州刺史。杜曾迎猗於襄陽，爲兄子娶猗女。

曾迎猗，欲倚以爲重。猗即以女妻曾兄子，詎不知曾之爲賊哉？蓋是時朝命不行，方岳每自相署置，猗雖膺安南重任，而勢弱無以自立，故借曾兵力引而近之耳。

王敦嬖人錢鳳忌陶侃之功，屢毁之。敦留侃，左轉廣州刺史。以其從弟廙爲荆州刺史。荆州將吏鄭攀等帥其徒三千人西迎杜曾。廙奔江安。

王衍初以弟澄刺荆州，而荆州亂；敦復以從弟廙刺荆州，而荆州再亂。不量其才，但樹私親以自便，所謂未能操刀而使割，所傷實多也。

漢主聰使大鴻臚賜石勒弓矢，策命爲陜東伯，得專征伐。

漢之寵勒，知其不可制，而順適其意以羈縻之也。不然，安能禁勒之自爲乎？

劉曜寇北地，轉寇上郡。帝屢徵兵於丞相保，保左右皆曰：『今胡寇方盛宜斷隴道，以觀其變。』

江左與關中懸隔，援救恐不相及。保在隴右，去長安不遠。乃欲爲斷隴觀變之計，其罪更浮於睿。迨爲裴詵正論所屈，始命將徵兵，而又遲留不發，仍不出觀變之謬策耳。

麴允欲奉帝往就保，索綝曰：『保得天子，必逞其私志。』乃止。

允、綝即奉帝就保，不惟保得逞其私，且長安不守。保豈能獨存？亦同歸於盡而已。

劉聰游宴後宫，政事一委相國粲。中常侍王沈等車服、第舍逾於諸王，子弟、中表爲守令者三十餘人，皆貪殘爲民害。

子弟是沈等子弟，中表亦是沈等中表。身之注以爲子弟之中表親，非也。此亦似東漢之宦官。

中官郭猗有怨於太弟乂，謂相國粲曰：『太弟與大將軍謀，因上巳大宴作亂，宜早圖之。』

粲爲相國，乂必難久全。猗等非直修怨於乂，亦欲以擁立粲爲己功耳。其言則動聽而易入。

靳準復説粲曰：『殿下宜自居東宫，以領相國，使天下早有所繫。』

淵立國自托於漢，而聰信閹宦、崇后父，因以致亂，竟蹈兩漢覆轍。

劉聰命收陳休、卜崇等，并誅之，皆宦官所惡也。渤海王敷、陳元達等皆詣闕表諫，請免王沈等官，付有司治罪，聰封沈等爲列侯。太宰易又上疏極諫，聰手壞其疏。易忿恚而卒，元達自殺。

易等之言，極爲危悚，於當日時勢尤切，而不足動聰之聽者，一則先入之言爲主，一則横暴之氣難回也。

元達生於亂世，仕於霸朝，而挺挺守正，有骨鯁大臣之節，晋諸臣有愧色矣。

焦嵩、竺恢、宋哲皆引兵救長安。華輯監四郡兵，屯霸上，畏漢兵强，不敢進。相國保遣胡崧入援，帥諸郡兵屯渭北，不進。

長安危於累卵，而相國保遣兵入援，盤桓不進；丞相睿晏安江沱，按兵不動。蓋二王皆不免利國之亡以便己私也。崧已擊破劉曜軍，恐國威復振則長安不亡，而保不得自立，此必保先授意而崧承之，豈徒虛麴、索勢盛哉！

劉曜攻陷長安外城，麴允、索綝退保小城。城中飢甚，逃亡不可制。惟涼州義衆千人，守死不移。

涼州義衆，亦知大義，足徵天理自在人心，而以張氏父子有以感之。

帝泣謂允曰：『今窮厄如此，外無救援，當忍耻出降，以活士民。』因嘆曰：『誤我事者，麴、索二公也。』遂降於曜。

麴、索誠不得爲無罪，然時勢至此，雖有善者，亦末如之何，以内無糧、外無援也。

干寶論曰：『昔高祖宣皇帝應時而起，大象始構，世祖承基，太祖繼業，咸黜异圖，用融前烈。』

寶晋臣，故其言如是。核而論之，所云『大象始構』，懿之誅曹爽而攘取政柄也；所云『咸黜异圖，用融前烈』，師、昭之鋤异己、廢齊王芳、弑高貴鄉公髦、陰謀篡盗也。雖巧爲文飾，而實不可掩，安能欺天下萬世哉！又以武帝爲『和而不流，寬而能斷』，亦溢美也。

又曰：『樹立失權，托付非才，四維不張，而苟且之政多。』

『樹立失權，托付非才』，以兵柄予諸王、以政柄予楊氏，内亂所由作也。行甘放濁，仕貴苟得，官方所由隳也。沉飲終日，塵尾清譚，而貪賄競進，不知止足，魏晉士風大抵如是，皆四維不張之所致也。

又云：『禮法刑政，於此大壞。國之將亡，本必先顛。』

實論晉政不綱，始自武帝。凡所云云，大抵武帝時事。『況我惠帝』以下，乃及三世之亂。

劉琨得拓跋猗盧之衆，欲因鋭氣，以討石勒。箕澹、衛雄諫，不從。

猗盧代北之雄，而以愛憐少子之故，遂致國亂身弑，拓跋之業中衰。所謂『威加鄰敵，禍起蕭墻』也。琨得猗盧之衆，勢將復振，第以撫之無術，用之過亟，遂致覆敗，釁由内作，蒼黄出走，卒殞其軀，惜哉！

丞相睿聞長安不守，出師露次，躬擐甲胄，移檄四方，刻日北征。以漕運稽期，斬督運令史淳于伯。刑者以刀拭柱，血逆流至柱末，觀者咸以爲冤。

先既坐視不救，至此即督兵赴難，亦無及矣。況貌爲露次擐甲，徒移北征之檄，更無出師之期，乃以稽運斬一令史，以自解免，固宜冤血之逆流也。然而勤王復仇之舉，從此中止矣。

鑒評別録卷二十一

晉紀四

中宗元皇帝（諱睿，字景文，宣帝曾孫，琅邪武王伷之孫，恭王覲之子，在位六年）

黄門郎史淑等奔涼州，稱湣帝出降前一日，使淑等賫詔，賜張寔，拜寔司空，承制行事。且曰：『朕已詔琅邪王時攝大位，君其贊琅邪共濟艱難。』（建武元年）

賜寔詔，雖云已詔琅邪王攝大位，而攝詔并無明文，特出自淑等之口耳。果有此詔，何以未至江東乎？此必寔奉表建康時，飾爲此説，而江左史臣因而著之於册，以明元帝有所受之也。

張寔遣韓璞等帥步騎一萬東擊漢，陳安等各統郡兵爲前驅。又遺相國保書曰：『惟公命是從。』璞等卒不能進而還。

保全涼州，張氏之功。而出師勤王，卒無救於長安之敗者，地本懸隔，而偏師亦不足與漢抗也。

宋哲至建康，稱受湣帝詔，令丞相睿統攝萬幾。琅邪王即晉王位。

此滑帝詔，出宋哲之口，亦猶賜張實詔出史淑之口也。淑爲黃門郎，奉詔猶有説也；哲由宏農弃郡南奔，未至長安，何從受詔乎？此群臣欲上尊號，而患其無因，故授意於哲，謬爲是言耳。先稱晉王而後即真，猶踵魏晉故事，但魏晉皆以臣受禪，故由漸而升與帝之以宗王紹統者，安可并論乎？光武鄗南，故事可循，似未免多此轉折矣。至蜀先主稱漢中王，在魏未受禪之先，又當別論。

漢相國粲使王平謂太弟乂曰：『奉中詔云：京師將有變，宜衷甲以備非常。』乂信之。靳準白漢主聰曰：『太弟將爲亂。』聰廢乂爲北部王，粲使準殺之。

信平言而衷甲，乂固愚已。是時政出於粲，而聰惟準之言是聽，乂即不衷甲，亦安能免於死乎？惟四衛兵萬五千人，因衷甲而并坑之，則尤冤之甚者耳。

乂形神秀爽，寬仁有器度，故士心多附之。聰聞其死，哭之慟曰：『吾兄弟止餘二人，而不相容，安得使天下知吾心邪？』

乂之爲人，蓋優柔而寡斷者，秀爽特其貌耳。寬仁則暗弱之別名也。聰欲去乂立粲久矣，聞其死而慟哭，欲以掩臣民之耳目，將誰欺乎？

石虎圍譙。晉王傳檄天下，稱石虎『敢帥犬羊、渡河縱毒，今遣琅邪王裒等九軍鋭卒三萬，徑造賊場，受祖逖節度。』尋復召裒還建康。

至此再傳檄矣，未聞一兵渡江，何也？此時逖已入譙城，兵勢頗振，使再以大軍繼進，中原尚有可圖，而乃盤桓不進，坐失事機，遂成一偏安之局。

段匹磾推劉琨爲大都督，檄其兄疾陸眷及叔父涉復辰、弟末柸等會於固安，共討石勒。末柸説疾陸眷等各引兵還。琨、匹磾不能獨留，亦還薊。

是時諸段末柸最强，疾陸眷、涉復辰均不能制，而受勒全活之恩，結爲父子，不願加兵於勒，故説疾陸眷等俱退也。

周訪擊杜曾，進至沌陽。曾鋭氣甚盛，訪使李恒督左甄，許朝督右甄。曾先攻之，自旦至申，兩甄皆敗。訪選精鋭八百人，騰躍奔赴，曾遂大潰，走保武當。

先以兩甄委之力戰，自旦至申，將以勞之也。然後以精鋭急攻，所謂以逸乘勞也。朱伺所云『我能忍之』，即此意也。

戴邈上疏，以爲：『喪亂以來，庠序隳廢；貴游之子不及盛年使之講肄道義，良可惜也。宜篤道崇儒，以勵風化。』王從之。

邈此疏似不切於時務，而於立國之道，可謂知所重矣。貴游之子，异日卿大夫之選也。既不能斬將搴旗，又得免從軍征役，若不從事於學，則酒食調戲，甚或傲惰邪辟，望其成就人才、爲國楨幹，何可得哉？光武投戈講藝，息馬論道，有以也夫！

湣帝凶問至建康，百官請上尊號，王不許。韓績徹去御座。紀瞻叱績曰：『敢動者斬！』王爲之改容。周嵩上疏，請先雪社稷大耻，由是忤旨。（太興元年）

瞻叱徹座而改容，嵩請雪耻而忤旨。王之讓尊號，誠邪僞邪？二子之言，嵩爲正論，然王及江左諸臣無能勝其任者，即嵩亦第能言之耳。耻一日不雪，位一日不定，則晋統將無所屬。不如瞻之論切於事情也。

王即皇帝位，欲賜諸吏投刺勸進者加位一等，民投刺者皆除吏，凡二十餘萬人。熊遠請遍賜天下爵，於恩爲普，帝不從。

勸進吏民，加恩至二十餘萬人，可謂濫矣。帝所以必欲爲此者，以示人心之歸己者衆也。

立子紹爲皇太子。庾亮善談老莊，帝器重之，聘亮妹爲太子妃。帝以《韓非》書賜太子。亮諫曰：『申、韓刻薄傷化，不足留聖心。』太子納之。

亮以善談老莊爲帝器重，因得侍講東宫。又以周顗爲少傅，帝之所尚可知已。申韓固刻薄傷化，較之老莊，尚覺有裨實用耳。

裴嶷言於慕容廆曰：『晋室衰微，介居江表，中原之亂，非明公不能拯也。』廆乃以嶷爲長史，委以軍國之謀。

廆之安輯遼東，亦猶張氏之世守凉州、李氏之據有西蜀，皆以一隅之地，非四戰之衝，而諸人又有文武智略，故能保境息民，卒成偏霸之業。

李矩遣郭默、郭誦救趙固，誦遣耿稚等夜襲漢營，劉粲走保陽鄉。漢主聰使范隆帥騎助之，與稚等苦戰二十餘日，李矩進兵救之，漢兵臨河拒守，矩不得濟。

是時石勒雄踞河北，漢兵規取河南，孟津實當其衝。稚等以孤軍苦戰，固已力挫其鋒，所以卒不能支者，李矩既不得濟河，而祖逖一軍又懸隔不及應援也。

焦嵩、陳安舉兵逼上邽，相國保告急於張寔，寔遣寶濤督步騎二萬赴之。至新陽，聞湣帝崩，保謀稱尊號。

保爲嵩、安所逼，賴涼州之救，僅得延喘，乃亟亟謀稱尊號，幸國之亡而自爲利也。其坐視長安之危而不救，至此乃益見肺肝已。

張詵言於張寔曰：『晋王近親，且有名德，當帥天下以奉之。』寔遣使奉表詣建康。比至，帝已即位。寔不用江東年號，猶稱建興。

實不用江東年號，殆以帝昧於勤王復仇之義，故不欲爲之臣邪？然既已奉表勸進，安得更有二三乎？厥後用建興年號，歷九世四十九年，尤不可解。

王導遣八部從事行揚州郡國，還各言得失，獨顧和無言。導問之，和曰：『明公作輔，寧使網漏吞舟，何緣采聽風聞，以察察爲政邪？』導咨嗟稱善。

和此言，當時後世，皆以爲雅談。然江左君臣，但當卧薪嘗膽，訓農勵兵，以雪耻復仇爲急務。似此雍容之論，徒滋寬弛，非所宜也。網取恢恢，政忌察察，皆杜下緒言，和殆亦善談老莊者邪？

漢中常侍王沈養女有美色，劉聰立以爲左皇后。王鑒、崔懿之、曹恂諫，聰怒，皆斬之。

以聰之淫暴，欲崇所嬖，而鑒等以正論争之，宜其及矣。欲爲陳元達，何可復得哉！然當主昏刑濫之時，猶相率犯顔直諫，遂致駢首就戮，亦可哀已。

劉聰寢疾，徵劉曜爲丞相，石勒爲大將軍，皆録尚書事，受遺詔輔政。曜、勒固辭。

勒雄據襄國，曜坐鎮長安，均跋扈難制。乃欲其入朝輔政，聰之意固別有在矣。曜爲漢宗臣，尚當別論，勒雖委質劉氏，而自制其國，未嘗一至平陽，宜其不受也。

劉聰卒。粲即位。靳太后等皆年未二十，粲多行無禮。靳準使甲士執粲，數而殺之。劉氏男女無少長皆斬，發永光、宣光二陵，斬聰尸，焚其宗廟。

準受漢厚恩，爲外戚貴臣，尤爲粲所寵任，乃無端作亂，殺粲，孥戮劉氏，甚至發墓斬尸，焚毁宗廟，若有深仇積恨，逞志報復者，何哉？或天怒劉氏，假手於準，以行其誅邪？抑尚有他故，史不及書邪？

詔群公卿士各陳得失。熊遠上疏，以爲：『梓宫未反，不以仇賊未報爲耻，用人不料實德，惟在白望，舉賢不出世族，用法不及權貴。此道不改，求以救亂，難矣！』

遠此疏，可謂切中當時之弊。用人不料實德，而以治事爲俗吏，倡之者何平叔、王夷甫。既已神州陸沈，猶復相沿成俗，江左初政如此，不惟夷吾之譽非王導所敢當，而帝之偏安亦幸已。

先是，帝欲悦人心，州郡秀、孝至者，不試，普皆署吏。陳頵上言：『宜漸循舊制，試以經策。』於是秀、孝皆不敢行，到者亦托疾，比三年無就試者。

江左諸臣，能直陳時弊者，熊遠與頵也。刁、劉雖欲矯枉而未得綱要，徒失之苛碎耳。當時秀、孝，非世族權貴子弟，即以賄賂請托得之，遠所云『白望』者是也。大抵不學無文，故一聞試經策，即裹足不前，乃至三年之久，無一就試。文風之不競，亦可嗤已。戴邈請設庠序，或亦有見於此乎！

劉曜即皇帝位。石勒攻靳準於平陽。準使卜泰請和於勒，勒囚泰送於劉曜。曜謂泰曰：『先帝末年，實亂大倫，司空行伊霍之權，使朕及此，其功大矣。』

匈奴妻母，是其故俗。曜方祀冒頓以配天，而詆粲爲亂倫乎？此雖權辭誘準使迎己，亦由入中國久，漸染華風，知人倫之不可瀆，猶劉聰烝於單氏，而劉乂以爲耻；聰欲娶劉殷女，而乂以同姓爲嫌也。

喬泰等殺靳準，推靳明爲主，遣卜泰奉傳國六璽降漢。石勒大怒，進軍攻明；明出戰，大敗，嬰城固守。

勒舉兵以助漢討準爲名，乃明殺準，奉璽降漢，勒反大怒進攻，何也？蓋勒見漢亂，已有吞漢之志，特以曜兵尚强，故稍緩以觀變耳。未幾平陽竟爲勒有，曜不敢争。

封皇子焕爲琅邪王。焕，鄭夫人之子，生二年矣，帝愛之，以其疾篤，故王之。［薨］，以成人之禮葬之，備吉凶儀服，營起園陵，功費甚廣。孫霄諫，不從。

帝愛煥，因鄭夫人也。封王厚葬，非以寵煥，亦以悦夫人也。帝之志荒矣。孫霄切諫而猶不悟，尚足有爲哉！王導不聞一言，何也？

石勒遣左長史王修獻捷於漢。修舍人曹平樂言於劉曜曰：『大司馬遣修等來覘强弱，將襲乘輿。』曜信之，斬修於市。勒大怒。（二年）

曜加勒殊禮，至出警入蹕，已知勒之不可復臣，乃因平樂言輒斬其使，是速之叛也。

劉曜還都長安，立羊氏爲皇后。即故惠帝后也。曜甚寵之，頗干預國事。

不敢至平陽，而還都長安，曜畏石勒，自知非其敵也。計羊后此時，年已長矣，猶能取寵干政，可見前在金墉，屢爲奸人所挾，必非無因。

南陽王保自稱晋王，改元建康，置百官。

元帝在江左，初稱晋王，蓋取例於蜀先主之稱漢中王也，已即真矣。保至是復稱晋王，殆亦欲爲即真之漸耳。元帝都於建康，保即改元建康，其意云何？

應詹上疏曰：『元康以來，賤《經》尚道，以玄虚夷放爲宏達，以儒術清儉爲鄙俗。宜崇獎儒官，以新俗化。』

賤《經》，輕儒術也；尚道，貴老莊也。此風倡自正始，而盛於元康，江左因循卒不能革。

祖逖攻陳川於蓬關，石虎救之，戰於浚儀，逖兵敗，退屯梁國，又退屯淮南。勒留桃豹守川故城。

逖蓋由河南退屯淮南。勒漸有規取淮北之勢，而豹固非逖敵也。

曹嶷遣使賂石勒，請以河爲境，勒許之。

勒取幽州，東逼青州，所恃以限南北者，惟河耳。故嶷請與之分境，勒姑許之者，將有待也。

王廙在荆州，多殺陶侃將佐，士民怨怒。帝徵廙爲散騎常侍，以周訪爲荆州刺史。王敦忌訪威名，郭舒説敦自領之。訪大怒，陰有圖敦之志，敦不能制。

敦先許訪以荆州，迨帝詔以訪代廙而敦不從，詔亦遂寢。訪得敦書，竟據襄陽，擅補守宰，敦亦不能制。是帝之詔不行於敦，敦之令亦不行於訪。江左無復紀綱，偏安爲幸。帝之以訪代廙者，知訪爲敦所忌，欲藉其力以制敦而抑其强，刁、劉之謀也。敦拒詔而自領荆州，外雖郭舒贊之，内實王導主之也。導在江左，固有再造之功，而貌托忠勤，志非純壹，自居中握政柄，而以敦踞上游擁重兵，根株槃互，牢不可動，猶是王衍三窟之計也。刁、劉之禍變起於敦，實釁生於導也。

徐龕寇掠濟、岱，帝問將帥於王導，導以泰山羊鑒，龕之州里冠族，必能制之。鑒深辭，郗鑒亦表鑒非才，不可使。導不從。

導之用鑒，非知鑒也，徒以羊氏爲泰山冠族耳。冠族非不可用，要當審其才略何如。導但取郡望，故得之周莚而失之於鑒。

石勒即趙王位。勒以律令煩多，命貫志采集其要，作《辛亥制》，重禁胡人，不得陵侮衣冠華族。張賓專總朝政，謙虛敬慎，屏絶阿私。勒甚重之，呼曰『右侯』而不名。

勒是時建國稱王，不復請命於漢矣。諸國偏霸之主，智略無過於勒，有英主之風；佐霸之臣，才品無過於賓，有大臣之節。後此足與相抗者，苻堅、王猛也。

平州刺史崔毖自以中州人望，鎮遼東，而士民多歸慕容廆，心不平。數遣使招之，皆不至。

王導以羊鑒爲泰山冠族，用之而致敗；毖自恃中州人望，而不爲士民所歸。門第之不足重如此。乃自魏立九品中正，貴族例居上品，遂致世俗波靡，競相推轂，歷六朝以迄於唐，沿而不革，所以有譜學之名、官譜之設，甚無謂也。

崔毖説高句麗、段氏、宇文氏合兵伐慕容廆。廆獨以牛酒犒宇文氏，二國疑宇文氏與廆有謀，各引兵歸。廆與子翰等擊宇文氏，大破之。

慕容父子洞識兵機，故能以寡擊衆，遽摧大敵。

崔毖聞之，懼，使兄子燾詣棘城僞賀。三國使者亦至，請和，曰：『非我本意，崔平州教我耳。』廆遣燾歸，引兵隨之。毖弃家奔高句麗。

毖至此一籌莫展，惟有走耳。中州人望，堪爲齒冷。

廆以高瞻爲將軍。瞻稱疾不就。廆曰：『立功、立事，惟志略何如耳，華夷何足問乎？』瞻猶不起，旋以憂卒。

瞻之歸慕容，與管幼安之依公孫，不可同日語矣。雖不能爲崔氏死，卒不爲慕容氏用，憂讒畏誅，悒悒以歿，亦可哀已。

邵續爲石虎所執，送於襄國，石勒釋而禮之。劉胤言於帝曰：『北方藩鎮惟餘邵續；宜發兵救之。』帝不能從。

胤言自是正論。但江左兵力，安能及河北哉？一徐龕且不能討，況石虎乎！

羊鑒討徐龕，頓兵下邳，不敢前。蔡豹敗龕於檀邱，帝敕以時進討。鑒猶不進，刁協劾奏鑒，免死除名。王導以所舉非人，乞自貶，帝不許。（三年）

冠族至此掃地矣。協之劾奏，意不在鑒，而在導。故鑒除名，導即引咎。帝雖從寬，而導之怨協益深已。

趙將（劉曜改稱趙）解虎、尹車謀反，伏誅。劉曜囚句徐等五十餘人，將殺之。游子遠諫，曜怒，囚之。於是巴衆盡反，子遠從獄中上表諫争，曜意解，乃赦之。以子遠都督雍秦征討諸軍事，反者皆降。

子遠犯顏直諫，兼有將略，曜初欲殺之，後乃赦而用之，卒能靖亂拓境，亦君臣一時之遇合也。

劉曜作酆明觀及西宫，起陵霄臺，又於霸陵西南營壽陵。喬豫、和苞上疏力諫，曜下詔曰：『二侍中懇懇有古人風，可謂社稷之臣矣。其悉罷諸役。』

既納中山王雅等之言赦游子遠，因用之以立功；復受豫、苞之諫，悉罷工作，下詔褒美，曜此二事，殊有人君之度，勝聰遠已。

祖逖將韓潛與後趙將（石勒稱後趙）桃豹分據陳川故城。豹宵遁，屯東燕城。逖使潛進屯封丘以逼之。後趙鎮戍歸逖者甚多，境土漸蹙。

是時河南多歸於逖，石勒所據之地皆在河北，使帝有志經理中原，益遣諸將統兵渡江，聽逖節度，何至坐守江沱，偏安不振哉！帝似亦非見不及此，所以然者，刁、劉方内忌王敦，未遑遠略，而於逖亦尚未深信，故第以河南之事任其自爲，而不復爲之濟師也。未幾，征西之任更付戴淵，而逖反爲所統，則帝之任逖不專可見已。

蔡豹既敗，將詣建康歸罪，王舒止之。帝遣使收之。舒夜以兵圍豹，豹以爲它寇，帥麾下擊之；聞有詔，乃止。舒執豹送建康，斬之。

豹誠有罪，然當日敗軍之將如豹者多矣，獨嚴於豹何也？豹佐羊鑒共討徐龕，乃鑒被劾而止於免官，豹歸罪而遂至駢首，用法尤不得其平，得非以鑒爲冠族、豹出寒門邪？抑舒隱其歸罪之實及誤擊之由，坐豹以拒詔，致觸帝怒邪？

帝之始鎮江東也，王敦與從弟導同心翼戴，帝亦推心任之。敦總征討，導專機政，子弟布列顯要。

江東造國之初，政由王氏，帝但仰成而已。以帝之才，不藉敦、導之力，亦安能成偏安之業哉！

敦自恃有功，且宗族强盛，稍益驕恣，帝畏而惡之。乃引劉隗、刁協等爲腹心，稍抑王氏之權，導亦漸見疏外。

敦之見惡，自取之也。導之見疏，則因敦而及之也。『將恐將懼，惟予與汝；將安將樂，汝轉弃予。』此非導負帝，帝負導也。彼刁、劉者，果可倚以托國哉？

導能任真推分，澹如也，而敦益懷不平。

導之澹如者其外耳，炎凉之感，果能無動於中乎？敦急而導緩，敦剛而導柔，敦疏而導密，故人第見敦之不平，而不知導之含愠也。

敦上疏爲導訟屈，辭語怨望。導封以還敦，敦復遣奏之。

敦之上疏怨望，爲導訟屈也；導得疏，既不白帝以自明，又不苦口以止敦，第封還之而已。迨敦復遣奏，則亦不復禁也。導之意，略可睹已。

日中有黑子，郭璞上疏，以爲繁刑所致，宜赦。（四年）

是時江左政失寬弛，日中黑子自是君德未明，致被陰邪侵暗，璞以宜赦爲言，殆言天而不能有驗於人也。

以戴淵爲征西將軍，鎮合肥；劉隗爲鎮北將軍，鎮淮陰，皆假節領兵，名爲討胡，實備王敦也。

隗爲帝謀出心腹以鎮方面，既以譙王丞鎮湘州，制敦之後，又以淵與己分鎮淮陰、合肥，作犄角之勢，以壯聲援，意謂敦必不敢動也。淵亦白望耳，隗斗筲之器，均非將帥之才，安能爲國爪牙哉！　帝固不量二子，二子亦殊不自量矣。計帝此時，惟重用祖逖，畀以兵柄，庶足制敦耳。

敦遺隗書曰：『今大賊未滅，中原鼎沸，欲與足下及周生之徒戮力王室，共靖海内。』

敦知帝出淵等以備己，隗實主謀，而既以討胡爲名，故泛與書以覘其意，其不言戴淵，而言周顗者，胡身之以爲敦素憚顗，故并舉之。竊謂敦非憚顗，實惡之也。异日殺顗之機，已伏於此。

隗答曰：『「魚相忘於江湖，人相忘於道術」；「竭股肱之力，效之以忠貞」，吾之志也。』敦得書，甚怒。

隗豈不知敦與書之意哉？不借討胡爲言，并及時勢，勉以忠義，怵以利害，啓其悟而折其謀，乃泛引莊生之言，答非所論，宜其怒也。隗平日殆亦托於老莊，高談玄邈者邪？

帝以敦故，并疏忌導，周嵩上疏，以爲『導素竭忠誠，輔成大業，不宜惑疑似之言，放逐舊德，虧既往之恩，招將來之患。』帝頗感悟，導由是得全。

虧既往之恩，誠非所宜；招將來之患，其言旋驗。嵩兄顗之見害於敦，何嘗不由於導之恨之哉！　導因嵩而得全，顗因導而被殺。導不惟負顗，并負嵩已。

石虎攻段匹磾於厭次，段文鴦帥壯士數十騎出戰，殺後趙兵甚衆，力竭被執。邵續之弟洎出降。匹磾見石勒不爲禮，朝服持晋節，與文鴦、續皆爲勒所殺。

段氏兄弟命名之義，兄曰匹磾，欲匹金日磾也；弟曰文鴦，慕文鴦之勇也。匹磾雖與日磾所遇不同，而志節亦足相配；文鴦力戰，不亞於彼文鴦，而忠義非彼文鴦所能及。蓋匹磾失策而未免可訾者，惟聽讒害劉琨耳。若其效忠晋室，死生不貳，豈惟异域中罕見，其比彼中朝卿大夫受國厚恩，平日高自標置，一逢事變，輒即昧義趨利、忘君事仇者，以視二段，將何地自容哉！

祖逖聞王敦與劉、刁構隙，將有内難，知大功不遂，感激發病，卒於雍丘，王敦聞逖卒，益無所憚。

帝所倚以制敦者，劉、刁、周、戴也。敦所憚者，周訪與逖也。訪先殁而逖繼之，帝視若漠然，而敦之謀自此亟矣。彼劉刁周戴何一足以怵其心哉！

後趙王勒悉召武鄉耆舊，與之共坐歡飲。勒微時，與李陽數争漚麻池相毆，陽由是獨不敢來。勒曰：『孤方兼容天下，豈仇匹夫乎！』遽召與飲。以武鄉比豐、沛，復之三世。

勒自云北面高祖，并驅光武，此舉非學光武也，直欲學高祖耳。高祖於豐沛復之世世，而勒於武鄉第復之三世，蓋猶不敢以豐沛爲例也。勒雖竊踞一方，亦盗賊之雄耳。烏足與漢之二祖比烈哉！韓信不報胯下之辱，勒不記老拳之恨，均有英雄豁達之度。

慕容廆立子皝爲世子，作東横（黌同），以平原劉讚爲祭酒，使皝與諸生同受業。

劉曜尚立太學，廆亦作東横，夷狄偏霸，猶重儒術，而中國乃厭經籍而上玄虚，抑獨何哉？

王敦既與朝廷乖離，乃録朝士有時望者置幕府，以羊曼及謝鯤爲長史，曼、鯤終日酣醉，故敦不委以事。（永昌元年）

曼、鯤皆虚名無實，敦之羈録，聊以塞時望耳，其所重不在此輩。故二子得以酣醉，自置其身於事外也。韜精日沉飲，誰知非荒晏二子之謂乎？

敦舉兵於武昌，上疏罪狀劉隗，稱：『隗佞邪讒賊，威福自由，輒進軍致討。昔太甲顛覆厥度，幸納伊尹之忠，殷道復昌。願陛下深垂三思。』

舉兵誅君側之惡，應援趙鞅爲例，何與於伊尹？敦乃妄爲稱引者，以太甲比帝也。

温嶠謂周顗曰：『大將軍此舉，似有所在，當無濫邪？』顗曰：『人主自非堯舜，何能無失？人臣安可舉兵以脅之？處仲（敦字）狼抗無上，其意寧有限邪？』

敦之不臣，途人知之。以嶠之智，猶以爲『似有所在』邪？竊謂此語非出自嶠，史欲歸美於顗耳。敦之舉兵，正以劉、刁專政，王氏失權，故遷怒於帝，比之太甲，其罪狀劉隗，所云『佞邪』者，謂其熒惑帝心也。所云『讒賊』者，謂其疏間王氏也。所云『威福自由』者，謂其獨持政柄也。敦之情已見乎辭，何關乎帝之有失哉？顗言殊未切也。

敦初起兵，遣使告甘卓，約與俱下，卓許之。及敦升舟，而卓不赴，使陳雙詣武昌諫止敦。

卓非不忠，但不果耳。觀其以先從陳敏爲愧，知不爲敦言所動。卓誅敏，賴顧榮爲之畫策，亦非能自決也。

敦遣桓羆説譙王承，請爲軍司。承嘆曰：『吾其死矣！然得死忠義，夫復何求！』乃囚羆，以虞悝爲長史，其弟望爲司馬，督護諸軍討敦。

承委任二虞，非無智略，特以湘州地荒民貧，勢孤援絶，力不從心耳。然先則聲罪致討，繼復嬰城力戰，事不濟則以身殉之，於帝委任之意固無負矣。二虞墨經從戎，捨生取義，凛凛如生，承洵知人哉！

承遣鄧騫説甘卓曰：『劉大連（隗字）雖驕蹇失衆心，非有害於天下。大將軍以其私憾，稱兵向闕，公受任方伯，奉辭伐罪，乃桓、文之功也。』

是時力足以制敦者惟卓。故承遣騫説卓討敦，因藉爲聲援也。隗雖失衆心，非有害於天下，敦此舉爲私憾耳。此持平之論。非爲隗寬解於卓也。

李梁説卓當案兵坐以待之。騫曰：『大將軍兵不過萬餘，其留者不能五千，將軍見衆，既倍之矣，以順討逆，舉武昌若摧枯拉朽。』

騫爲卓計甚工，而卓仍狐疑，非惟怯而畏敦，亦由李梁之邪説先入其中也。

敦恐卓於後爲變，又遣樂道融往邀之。道融忿其悖逆，乃説卓襲武昌，卓曰：『吾本志也。』

道融爲卓計，與鄧騫合。故卓討敦之意遂決。然亦第出屯猪口而已，未敢直取武昌也。

帝徵戴淵、劉隗入衛建康。隗與刁協勸帝盡誅王氏，帝不許。

隗、協以甘卓方與陶侃舉兵躡敦之後，敦必不得前，故勸帝盡誅王氏，以快其宿忿也。

司徒導帥其從弟中領軍邃等及宗族二十餘人詣臺待罪。周顗將入，導呼之曰：『伯仁（顗字），以百口累卿！』顗直入不顧。既見帝，言導忠誠，申救甚至。顗喜飲酒，至醉而出，導又呼之。顗不與言，顧左右曰：『今年殺諸賊奴，取金印如斗大，繫肘後。』既出，又上表明導無罪，言甚切至。導不之知，甚恨之。

入則不顧，出不與言，以示無私可也。『殺賊奴』、『取金印』，此何等語！大抵皆醉中夢囈耳。以此取死，真無謂哉！

帝遣王廙往諭止敦。敦不從而留之，廙更爲敦用。

諸王之從逆，罪無可逭者，含與廙也。及敦死事敗，含誅而廙以先死倖免。

敦將至，帝使劉隗軍金城，周札守石頭，帝親披甲徇師於郊外。

帝至此，凡再被甲矣。任用非人，徒作態以示武，何益於事乎！

敦使杜弘攻石頭，札開門納弘。敦據石頭。嘆曰：『吾不復得爲盛德事矣！』謝鯤曰：『何爲其然也！但使自今以往，日忘日去耳。』

鯤屢説敦，均迂緩不關痛癢。此人自應置邱壑中。若羊曼，更不聞有言矣。

帝命刁協、劉隗、戴淵帥衆攻石頭，王導、周顗、郭逸、虞潭等三道出戰，協等兵皆大敗。

帝所恃札石頭一軍耳。協等均非將帥之才，平時但出入諷議，未嫻軍旅，一旦强之臨戎，其張皇失措可知。故札降而諸軍俱敗。甚矣，帝之不量諸臣而諸臣亦不自量矣。

敦擁兵不朝，帝使謂敦曰：『公若不忘本朝，於此息兵，天下可安。不然，朕當歸琅邪避賢者路。』刁協、劉隗入見帝，帝勸令避禍。協行至江乘被殺，隗奔後趙。

初則被甲視師，至此便欲遜位，帝之怯也。初則舉族待罪，至此置帝不顧，王導之詐也。初則爲帝腹心，與刁、劉共攻石頭，至此不聞同入見帝，戴淵、周顗之貳也。彼刁、劉者，初則擅權構釁，又無術以制王敦，至此戰敗，又不能以身殉節，協出亡被殺，隗乃竄身异域，末路如是，其人可知矣。帝之倚如左右手，何哉？

帝令公卿百官詣石頭見敦，敦謂戴淵曰：『吾此舉天下以爲何如？』淵曰：『見形者謂之逆，體誠者謂之忠。』又謂周顗曰：『卿負我。』顗曰：『公戎車犯順，下官親帥六軍，不能其事，使王旅奔敗，以此負公。』

周戴之委任，次於刁、劉。敦舉兵以誅刁、劉爲名，而周、戴亦所深惡也。公卿見敦，敦於二子不能釋然於前日之戰，其意可知矣。觀二子所以答敦者，淵佞而顗直，淵不及顗遠甚。且淵爲方岳，以兵入衛，而奔北不支，罪尤浮於顗也。

郝嘏等勸顗避敦，顗曰：『吾備位大臣，朝廷喪敗，豈可草間求活，外投胡、越邪！』顗雖乏靖亂之才，尚不失致身之節，足愧刁、劉。獨惜其不死於石頭之敗耳。竊揣顗所以獨立不懼者，固由素矜志操，亦由自恃爲王氏親友，又保全其宗族，不爲無恩，敦必不忍加害，而不虞導之見恨也。

吕猗説敦除周顗、戴淵。敦問導曰：『周、戴南北之望，當登三司無疑也。』導不答。又曰：『若不三司，止應令僕邪？』又不答。敦曰：『不爾，正當誅爾！』又不答。敦遣部將收顗及淵。

敦之作逆，導雖不預謀，而未嘗不利刁、劉之敗，以泄宿恨也。蓋敦爲人剛而疏，導爲人柔而密，導能用敦，敦不能用導，即如顗、淵之誅，敦雖先入猗言，猶必待導而決。使導爲之保持，二子尚可不死。乃以恨顗之故，并弃淵不顧。詎非藉敦之勢以快己私哉！

先是，敦謂謝鯤曰：『吾當以周伯仁爲尚書令，戴若思（淵字）爲僕射。』是日，又問鯤：『近來人情何如？』鯤曰：『若舉用周、戴，則群情帖然。』敦曰：『吾已收之矣！』鯤愕然自失。

鯤與周、戴皆一時名士，故因敦有用二人爲令僕之説，而思借群情以獎成之。二人被收，鯤尚未之知也。鯤爲人，直將凌懷葛而入混沌。

帝使王彬勞敦。彬素與顗善，先往哭顗，而後見敦。敦問之。彬曰：『向哭伯仁，情不能已。』因數敦曰：『兄抗旌犯順，殺戮忠良，圖爲不軌，禍及門户矣！』

王氏真不從逆者，彬一人耳。觀其哭顗責敦，挺然不懼，賢於導遠已。

王導料檢中書故事，乃見顗救己之表，執之流涕曰：『吾雖不殺伯仁，伯仁由我而死，幽冥之中，負此良友！』

導恨顗，以其不救己也；見表流涕，自謂負此良友，以其救己也。顗固由導而死矣。戴淵何負於導，而亦以三不答了之，獨不有歉於中邪？

敦遣臺使以騶虞幡駐甘卓軍。秦康與樂道融說卓曰：『今分兵斷彭澤，使敦上下不得相赴，其衆自然離散，可一戰擒也。』卓不從。

卓若從道融計，徑據武昌，王含不能禦，敦必將還而自救，不敢直指石頭；周札見敦勢沮，亦必不開門納之。進退失據，敦可擒矣。敦之得志，由於卓之失機，此時即斷彭澤，邀其歸路，亦何及乎！

謝鯤勸敦朝見。敦曰：『君能保無變乎？』對曰：『必無虞也。公若入朝，鯤請侍從。』敦勃然曰：『正復殺君等數百人，亦何損於時！』竟不朝而去。

敦與帝豈一朝所能釋然哉？琨此對與前『日忘日去』之説如出一口，蓋其胸中絕無機械，故爲此迂闊不切之論。敦所云『殺君等數百何損於時』，恨之實笑之也。所謂『人盡如此，結繩可治』，但恐狐狢啖盡者也。

魏乂等攻拔長沙，譙王丞等皆被執，乂以檻車載丞送武昌。王廙承敦旨，殺丞於道。

帝初置丞於湘州，欲以制敦之後，丞之舉兵，長沙之被圍，帝非不知，刁、劉既敗，敦兵亦解。帝此時若諭敦解圍，徵丞還都，未必無萬一之得全。乃竟置勿問，聽其爲敦所害。蓋帝以得免爲幸，不暇及他矣。

前趙羊后卒。

金墉屢廢，而幸免於死。前趙將亡，而先以善終，后之所遭亦异已。

祖逖既卒，後趙屢寇河南。祖約不能禦，退屯壽春。

逖卒而河南非復晋有。勢漸及於淮北。

帝憂憤成疾，崩。太子即位。

帝之立國，王氏力也；其崩亦由王氏促之。

黄恩彤文集

三

〔清〕黄恩彤 撰
魏伯河 點校

齊魯書社

鑒評别録卷二十二

晋紀五

肅宗明皇帝（諱紹，字道畿，元帝長子，在位三年）

梁碩據交州，陶侃遣高寶攻碩，斬之。詔以侃領交州刺史。未幾，阮放求爲交州刺史，許之。放行至寧浦，遇高寶，爲設饌，伏兵殺之。（大寧元年）

侃遣寶斬碩，以定交州，故用侃領刺史，兼進征南之號。此在廣州遥領之，固未至交州也。放求交州，置侃用放，則正刺史也。寶有功無罪，放輒於中途殺寶，乃侃不上聞，朝亦勿問，何也？交州今爲越南國，阮姓最蕃，踞其地而王之，殆放之苗裔邪？

劉曜擊凉州，自將戎卒二十八萬屯河上。諸將争欲濟河，曜曰：『吾軍勢雖盛，然畏威而來者三分有二，中軍疲困，其實難用。今但以威聲震之。』

以曜之强，所以一戰而敗，即身死國亡不能復振者，正以畏威者多，懷恩者少，故其衆易離也。曜固自知之矣。

王敦欲强其宗族，陵弱帝室，徙王含爲征東將軍，王舒爲荆州刺史，王彬爲江州刺史。

敦欲强其宗族，而所置方面，惟含與之同心耳。若舒、若彬，則皆不爲逆者也。舒知敦逆謀，即與導啓帝陰爲之備，敦固無由知；彬屢與敦忤，敦欲殺者再，而置之江州，何也？或以其平日居心坦直，足資倚仗邪？

敦誣周嵩、周莚與李脱謀爲不軌，收嵩、莚殺之。遣賀鸞就沈充於吴，盡殺周札諸兄子。進兵襲會稽，札拒戰而死。（二年）

敦欲自强其宗，而惡周宗之强。札於石頭首先開門迎敦，若爲所喜，乃卒赤其族。猶是拒戰而死也，不於石頭而於會稽，遂有泰山鴻毛之判。

李雄立其兄蕩之子班爲太子。群臣請立諸子，雄曰：『吾兄有奇才大功，事垂克而早世，朕常悼之。且班仁孝好學，必能負荷先烈。』（二年）

雄不立其子而立班，將以國予蕩也。亦猶晋文欲立齊王攸，將以國予景帝也。皆盛德之事，非恒情所及。而攸卒不得立。班立，乃致李氏之亂。

王敦疾甚，矯詔拜王應爲武衛將軍以自副，以王含爲驃騎大將軍。錢鳳謂敦曰：『脱有不諱，當以後事付應邪？』敦曰：『應年少，豈堪大事！我死之後，莫若釋兵歸朝。』鳳與沈充謀，俟敦死，即作亂。

敦自知將死，已有釋兵歸朝之意，所以作逆者，錢鳳爲之也。鳳以敦兵力方盛，非朝廷所能敵，故欲乘敦未死而作亂。幸而有成，必將除應及含，而自專其利也。

初，帝親任温嶠，敦惡之，請爲左司馬。嶠乃繆爲恭敬，深結錢鳳。會丹楊尹缺，嶠言於敦曰：『公宜自選其才。』敦問誰可，嶠推錢鳳，鳳亦推嶠，敦表嶠爲丹楊尹。

嶠欲得丹楊尹，因以還都，故請敦自選而推錢鳳。鳳爲敦腹心，不能離左右，而嶠已爲敦所信，故鳳即推嶠。而敦用之，嶠去，遂不可復制矣。

嶠至建康，與庾亮共畫討敦之謀。敦與司徒導書曰：『太真（嶠字）别來幾日，作如此事，當募人生致之，自拔其舌。』

敦此等語均不避導，以導與己同心也。故知導能用敦，敦不能用導。

帝將討敦，應詹勸成之。加司徒導大都督、領揚州刺史，以温嶠都督東安北部諸軍事，郗鑒行衛將軍。鑒以爲軍號無益事實，請召蘇峻、劉遐同討敦。

軍號無益事實，鑒言洞中時弊。蓋當日紛紛置將，實無兵力配之也。後卒得峻、遐二將之力。

司徒導聞敦疾篤，帥子弟爲敦發哀，於是詔下，列敦罪惡，曰：『天不長奸，敦以隕斃，鳳承凶宄，彌復煽逆。有能殺鳳送首，封五千户侯。』

考异以晉春秋載此詔云：『斬送敦首，封萬户侯』，但既云『敦已隕斃』，不應復購敦首。竊謂導爲敦發哀，特托爲敦死，以安人心，其實敦尚未死，導不應於帝有隱也。詔雖云『敦已隕斃』，而仍購其首，於事理爲允。蓋敦即死，亦應斬首梟懸。觀後南桁可見。

敦使錢鳳等帥衆向京師。以王含爲元帥，水陸五萬，奄至江寧南岸，人情恟懼。

帝已下詔討敦、鳳，命將出師，乃沿江一無備禦，俾鳳等五萬之師順流直下，遽至朱雀桁南，此無异延盜入門而與鬥於庭廡之側者也。

温嶠移屯水北，燒朱雀航以挫其鋒，含等不得渡。帝欲親將兵擊之，聞橋已絶，大怒。嶠曰：『今宿衛寡弱，徵兵未至，若賊豕突，危及社稷。何愛一橋乎？』

敦初次犯闕，帝爲太子，欲自將出戰，而嶠止之。此次復欲將兵擊含等，而嶠又止之。蓋以兵凶戰危，變生俄頃，萬乘雖尊，出而突陣，一人敵耳。脱有不虞，則人心潰散，大事去矣。高貴鄉公之已事可鑒也。王含、錢鳳豈不能爲賈充哉！此嶠之智也。

司徒導遺含書曰：『兄之此舉，謂可得如大將軍昔年之事乎？昔年佞臣亂朝，如導之徒，心思外濟。』

導自云『佞臣亂朝，心思外濟』，此裹言也。蓋昔年之事，導實利敦兵之入，以去刁、劉，至是乃自具獄辭，遂成千古鐵案。

又曰：『大將軍臨終，委重安期（應字），諸有耳者，皆知將爲禪代。導門大小，受國厚恩，今日之事，明目張膽，爲六軍之首，寧爲忠臣而死，不爲無賴而生。』含不答。

昔年之事，心思外濟，今日之事，寧爲忠臣，非先後异趣也。蓋昔年知敦之必濟，故借其力以去刁、劉；今日知敦之將死，含之必敗，故以大義以全門户，其托身之巧，可以溷一時而不可以欺萬世也。且敦屯於湖，將謀篡位，王彬苦諫，而導不聞一言；至此乃以其臨終委重安期爲禪代逆節之證。夫不禪於破石頭、入建康之日，而乃於身死之後屬之乳臭兒乎？必不然矣。

或以爲『王含等衆力百倍，苑城小而不固，宜及軍勢未成，大駕自出拒戰』。郗鑒以爲不可，帝乃止。

或之説，必因帝自欲出戰，故順其意而贊其謀也。是時宿衛寡弱，僅可自守，而不足以戰。帝雖下詔親征，張皇六師，皆空言耳。鑒與温嶠，所見正同。嶠之斷橋，鑒之固守，皆蓄力以待援也。

帝帥諸軍出屯南皇堂，募壯士，遣將軍段秀等帥甲卒千人渡水掩其未備，大破之。秀，匹磾之弟也。

匹磾之弟，能戰者不止一文鴦。段氏固多猛將。

敦聞含敗，謂其舅羊鑒及王應曰：『我死，應便即位，然後營喪事。』敦尋卒。

以鑒之庸懦，應之童昏，而欲鑒輔應，遽即僞位乎？竊謂敦不應有此言，史書之以正其僭竊之罪耳。初疑導薦鑒爲帥以討徐龕，至是方知鑒爲敦舅，導不獨以其爲泰山冠族也。

沈充帥衆萬餘人與王含軍合，顧颺説充曰：『决湖水灌京邑，縱舟師以攻之，上策也；藉初至之鋭，并力俱進，中策也；召錢鳳計事，斬之以降，下策也。』充不能用。

颺之下策，乃上策也。其意第欲斬鳳送首，轉禍爲福。所云上、中二策，特設言之耳。其曰『天子已扼其咽喉，鋒摧氣沮，必致禍敗』，則以鳳等事必無成，充宜自爲計也。

充、鳳至宣陽門，拔栅，將戰，劉遐、蘇峻自南塘横擊，大破之，赴水死者三千人。遐又破充於青溪。王含等燒營夜遁。帝還宫，大赦，惟敦黨不原。

充所將皆吴人，脆弱不習戰。鳳所將楚師，亦未當勁敵。遐、峻所將，則皆河南百戰之餘、敢死之士，固非充、鳳所能當也。王含碌碌，本無將略，充、鳳特權門鷹犬，藉敦勢故敢恣睢耳。至此一戰而敗，不能復振矣。

王含欲奔荆州，王應曰：『不如江州。』含不從，遂奔荆州。王舒遣軍迎之，沉含父子於江。王彬聞應當來，密具舟以待之；不至，深以爲恨。

如史所書，則舒能以大義滅親，而彬爲徇私黨惡矣。然二人之不與敦同逆，則灼然可見。

錢鳳走至闔廬洲，周光斬之。沈充爲吴儒所殺，傳首建康。有司發王敦瘞，出尸，焚其衣冠，跽而斬之。與充首同懸於南桁。司徒導等皆以討敦功受封賞。

導不從坐，足矣。敦自伏天誅，含等授首，由於劉遐、蘇峻之力戰；翊贊廟謨，則温嶠、郗鑒實左右之。導有何功，而濫受封賞哉！

有司奏：『王彬等敦之親族，皆當除名。』詔曰：『司徒導以大義滅親，猶將百世宥之，况彬等皆公之近親乎！』

諸王昆弟，如舒沉含父子，彬素不附敦，自應別論。其爲敦所用，助成逆謀者，廙實與含無异。且於中途害譙王丞，真賊黨也。即以先死倖逃顯戮，猶應發墓焚尸，追正其罪，禁錮其子孫，庶彰國法。而亦以導近親，概置不問乎？

有詔：『王敦綱紀除名，參佐禁錮。』温嶠上疏曰：『如其贊導凶悖，自當正以典刑；如其枉陷奸黨，謂宜施之寬貸。』郗鑒以爲：雖多逼迫，宜加義責。帝卒從嶠議。

如王廙者，尚不聞追治其從逆之罪，何必於綱紀參佐繩以憲典乎？且其綱紀參佐，爲敦親信者，莫如羊鑒，臨終猶以後事相托，其平時與聞逆謀可知。乃竟不聞坐罪，何也？

贈故譙王丞、戴淵、周顗等官。周札故吏爲札訟冤，卞壼以爲：『札守石頭，開門延寇，不當贈謚。』王導以爲：『往年之事，敦奸逆未彰，自臣等有識以上皆所未悟，與札無异；既悟其奸，札便以身許國，尋取梟夷。臣謂宜與周、戴同例。』郗鑒以爲不然。卒用導議，贈札衛尉。（三年）

譙王之死，廙害之也；周顗之死，敦殺之而導使之也。譙王等贈官，則不惟廙罪難逭，即導亦應從坐矣。導乃以開門延寇之周札與周、戴同例，且云『往年之事，敦奸逆未彰，自臣等有識以上皆所未悟』。蓋其所以百爲札原者，正欲自脱其不拒敦之罪耳。以敦之稱兵犯闕，擅行誅戮，而猶云『奸逆未著』乎？無君之心，不臣之迹，途人知之，而猶云『有識未悟乎』；札開門延寇，其從逆萬口難辨，敦忌周宗之强，因而誅札，別有所由，安得與周、戴同例乎！札猶蒙贈恤，紀綱掃地矣。

以陶侃爲荆州刺史。侃性聰敏恭勤，常語人曰：『大禹聖人，乃惜寸陰；至於衆人，當惜分陰。』諸參佐或以談戲廢事，命取其酒器、蒲博之具，投之江。

晋過江人物，應推祖逖第一，侃次之，郗鑒、温嶠又次之。皆非諸名士所及。

以郗鑒爲車騎將軍、兗州刺史，鎮廣陵。

是時司州刺史李矩、潁川太守郭默爲石氏所逼，弃郡南歸，司、豫、徐、兗之地入於後趙，淮北非復晋有，故以鑒出鎮廣陵，爲晝淮保江之計。

帝崩，皇太子即位。君臣進璽，司徒導稱疾不至。卞壺正色於朝曰：『大行在殯，嗣皇未立，豈人臣辭疾之時！』導聞之，輿疾而至。

以導之諳練朝章，乃於嗣皇初立，輒引疾不至乎？蓋以帝甫冲齡，政有庾氏，故避之耳。壺言則導所□□也。

尚書召樂廣之子謨爲郡中正，庾怡爲廷尉評，謨、怡各稱父命不就。卞壺奏曰：『各私其子，則君臣道廢，戰戍者之父母皆當命子以不處也。』謨、怡各就職。

壺言洵足正以私廢公之失，但官職與戰戍自别。戰戍固不可以親命爲解，若於承平之日，辭官養親，於義亦何傷乎？此亦一偏之論也。

顯宗成皇帝（諱衍，字世根，明帝長子，在位十六年）

司徒導稱疾不朝，而私送郗鑒。卞壼奏『導虧法從私，請免官』。雖事寢不行，舉朝憚之。壼裁斷切直，不肯苟同時好，故爲諸名士所少。（咸和元年）

壼力矯時弊，尤能正導之失。其爲諸名士所少，正其所以足多也。

祖約望開府不得，遂懷怨望。蘇峻有鋭卒萬人，頗懷驕溢。庾亮既疑峻、約，又畏陶侃之得衆，以温嶠爲江州刺史，鎮武昌；王舒爲會稽内史；丹楊尹阮孚求出爲廣州刺史。

置嶠武昌，以壯西藩；置舒會稽，以通東路，又修石頭，以控扼襟喉。然放達如孚者，竟以爲丹陽尹，京輦重地，乃以酸□客邪？固宜其知難而去矣。

石聰寇逡遒、阜陵，建康大震，加司徒導大司馬、假黄鉞、都督中外諸軍事以禦之，軍於江寧。蘇峻遣韓晃擊石聰，走之，導解大司馬。

後趙兵犯淮南，故命導出鎮江寧。然未離都下也。此正郗鑒所云『軍號無益事實』者。迨峻於江外遣將却敵，導即解軍號，直同兒戲矣。

庾亮以蘇峻在歷陽，終爲禍亂，欲徵之，舉朝以爲不可，亮不聽。於是下詔徵峻爲大司農，峻將赴召，任讓、匡

術勸峻反，峻遂不應命。（二年）

亮之畏峻，以其擁强兵、逼近京邑耳。峻先請討賊外任，遠近惟命，又乞補青州界一荒郡，其願易酬，非欲反也。使亮移峻置淮南，未嘗不可收其鷹犬之效。而乃迫令就徵，以致畏死謀叛。激變之咎，亮固無辭。

温嶠聞之，即欲帥衆下衛建康，三吴亦欲起義兵。亮并不聽，而報嶠書曰：『吾憂西陲過於歷陽，足下無過雷池一步也。』

嶠於亮之徵峻，累書止之，知峻之必爲變也。迨聞峻不就徵，即欲帥衆赴都，知亮之非峻敵也。使嶠早至建康，必當有以禦峻。亮既止嶠，而所恃以備峻者，惟郭默、庾冰。默百戰之將，尚可急仗其力；若冰者，詎知兵乎？徒以亮弟，故使爲將，又以弟翼白衣領兵守石頭。亮但以兩弟爲左右手，而不量其能否勝任也。亮雖畏峻而有輕峻之心，所尤畏者陶侃，故曰『憂西陲甚於歷陽』。夫以侃之忠亮，而亮猶不諒其無他，詎非以其功名出己上而陰懷嫉忌之心哉！亦憂所不當憂者矣。

孔坦、陶回言於王導，請『及峻未至，急斷阜陵，守當利諸口，往逼其城。時不可失。』導然之，庾亮不從。

坦、回之言是也。歷陽逼近京邑，而中阻大江，即不能往逼其城，亦當以重兵扼江口，使不得東渡，則輦轂不致驚擾，而援師可以漸集。不能防江而備之石頭，無异延盜入門，而與之鬥於庭下已。

郗鑒欲帥所領赴難，詔以北寇不許。

温嶠欲入衛而留備西陲，鑒欲赴難而使禦北寇。亮殆自以兄弟才力足了蘇峻也。直少不更事耳。

温嶠入救建康，軍於潯陽。韓晃襲司馬流於慈湖；流素怯，將戰，食炙不知口處，兵敗而死。蘇峻帥祖渙等衆二萬人，濟自横江，軍於陵口。（三年）

嶠駐軍潯陽，蓋猶遵不過雷池之約。慈湖重地，付之懦將，一戰敗歿，峻遂渡江。

陶回謂庾亮曰：『峻知石頭有重戍，必向小丹楊南道步來；宜伏兵邀之。』亮不從。峻果自小丹楊來，迷失道，夜行無復部分。亮聞，乃悔之。

先不用回言，斷阜陵守當利口；迨韓晃等陷姑孰，而始悔之；此不用回言，伏兵小丹楊，邀峻來路，峻至乃悔之。兵機利鈍，决於呼吸，一悔何容再悔乎？

卞壼與鍾雅帥郭默等軍及峻戰於西陵。壼等大敗。壼帥左右苦戰而死；二子眕、盱亦赴敵而死。

此時諸名士不知何往。父子力戰殉難者，乃『含瓦石』、『執鄙吝』者也。

庾亮帥衆將陳於宣陽門内，未及成列，衆皆弃甲走，亮與弟懌、條、翼及郭默、趙胤俱奔潯陽。將行，謂鍾雅曰：『後事深以相委。』

亮徑帥諸弟弃帝出奔，不以後事托王導，而以委雅者，與導异趣，而雅曾承亮旨劾南頓王宗謀反，素爲所親信也。至此尚何後事之可委乎！

司徒導謂侍中褚翜曰：『至尊當御正殿。』翜自抱帝登太極前殿，導及陸曄等共登御床，擁衛帝。劉超、鍾雅侍立左右，峻兵不敢上殿。

導在亂能整，其識固出庾亮上，亦以蘇峻所欲殺者，亮兄弟耳。自恃三朝元老，衆望所歸，又胸無適莫，不爲峻所畏忌，故從容衛帝，冀以君臣大義御峻也。

時官有布二十萬匹，金銀五千斤，錢億萬，絹數萬匹，佗物稱是。峻盡費之，太官惟有燒餘米數石以供御膳。

官物非乏，不以充軍賞，而以飽賊橐，亮之智略安在？名士風流，堪爲齒冷。

亮至尋陽，宣太后詔，以温嶠爲驃騎將軍、開府儀同三司。嶠曰：『今當以滅賊爲急，未有功而先拜官，將何以示天下！』遂不受。

欲嶠進兵討賊，而先以官爵相加，是餌之也。且此詔亦不出自太后也。固宜嶠之不受。然是時欲仗其力而先晋其官者多矣。

後趙石堪攻祖約，軍於淮上。約將陳光起兵攻約，約逾垣獲免，光奔後趙。

約狼狽如此，猶與蘇峻同逆，蓋亦所謂騎虎背者。

庾亮、温嶠將討蘇峻互相推爲盟主，嶠從弟充曰：『陶征西位重兵强，宜共推之。』

嶠雖忠果，而兵力實未足制峻。當時智勇富强、堪資定亂者，獨侃耳。充此策最善，所以卒能成功，賴有此也。

嶠遣王愆期詣荆州，邀陶侃同赴國難。侃猶以不豫顧命爲恨。

以侃之賢，猶以不預顧命，遂失勤王之義乎？蓋自知爲亮所疑忌，至城石頭以備己，故引嫌積怒，不肯速發耳。觀下見亮所言，可以知其意矣。

侃遣龔登帥兵詣嶠，復追登還。嶠遺侃書曰：『仁公進當爲大晋之忠臣，參桓、文之功；退當以慈父之情，雪愛子之痛（侃子瞻爲峻所害）。』侃深感悟，即兼道而進。

先責以討賊之義，繼申以交友之情，又道以愛子之痛，然後以不討賊之害、討峻之易爲功，深切言之，宜侃之投袂而起也。

郗鑒在廣陵，城孤糧少，逼近胡寇。得詔書，即流涕誓衆，入赴國難。遣使謂嶠曰：『或聞賊欲挾天子東入會稽，當先立營壘，屯據要害，斷賊糧道。』

鑒爲江北重鎮，而城孤糧少，何以禦寇？鑒雖鋭於勤王，工於畫策，而非得上游重兵亦無濟也。足見江左署置將帥，大抵有名亡實。

陶侃率衆至尋陽。庾亮詣侃拜謝。侃曰：『庾元規（亮字）乃拜陶士行（侃字）邪！』亮引咎自責，侃不覺釋然，曰：『君侯修石頭以擬老子，今反見求邪！』遂同趣建康。

亮自疑侃，侃不疑亮，故一經晤謝，便爾釋然。亮此時其亦有怍於中乎！

峻逼帝遷於石頭。劉超、鍾雅與荀崧、華恒、荀邃、丁潭侍從不離帝側。超繾綣朝夕，猶啓帝，授《孝經》《論語》。

諸臣皆能盡心擁衛幼主，而超尤心同金石，勁正不撓。然此時《孝經》《論語》似暫可輟業矣。或故示無他，以安峻心耳。

司徒導密令以太后詔諭三吴吏士，使起義兵救天子。會稽内史王舒以庾冰行奮武將軍，將兵一萬，西渡浙江。

導假太后詔密令三吴吏士勤王，於是東路義兵應詔而起。不惟分峻兵勢，兼可斷其糧道，與郗鑒之策不謀而合，或亦鑒有以教之邪？庾亮初以王舒爲會稽内史，與温嶠東西相應，至此果爲義兵首倡。

陶侃表王舒監浙東軍事，虞潭（鑒）［監］浙西軍事，郗鑒都督揚州八郡諸軍事，令舒、潭皆受鑒節度。

東軍并起，未有統帥，故請舒、潭監軍，鑒爲都督以節度之。此舉必不可少。且斷東道，鑒之本謀，尤當以東事屬之也。

庾亮遣王彰擊峻黨張曜，反爲所敗。亮送節傳以謝侃，侃答曰：『古人三敗，君侯始二；當今事急，不宜數爾。』

以曹沫譏亮，以蘇武譏王導，又以導不討郭默爲遵養時賊。侃不在諸名士之列，而談鋒甚利。蓋晋人風氣如是，侃亦不免也。

侃軍夜築白石壘，至曉而成。聞峻軍嚴聲，諸將咸懼其來攻。孔坦曰：『若峻攻壘，必須東北風急，今必遣軍出，掠京口以東矣。』已而果然。

峻所以遣軍東掠者，爲管商等後繼，兼欲得其糧儲以自給也。

祖約遣祖渙、桓撫襲湓口。陶侃將自擊之。毛寶曰：『義軍恃公，公不可動，寶請討之。』

約遣軍襲湓口，欲出侃後也。與東掠之軍，皆所以分侃兵勢。

後趙石聰、石堪攻壽春。祖約衆潰，奔歷陽。

約至此已無歸矣。蘇峻被徵，約本無故，而遽與同逆，自取覆滅。不惟大負其兄，兼亦有愧其嫂。

後趙石虎攻蒲阪。趙主曜自將中外精鋭以救之，虎懼，引退。曜追戰，大破之，斬石瞻；虎奔朝歌。曜攻石生於金墉，襄國大震。

虎與曜戰輒敗，虎非曜敵也。曜與石勒戰輒敗，曜非勒敵也。曜亦一時之雄，與勒未易軒輊，但智略不及耳。

路永等聞祖約敗，恐事不濟，勸蘇峻盡誅司徒導等，更樹腹心。峻不許。導攜二子奔白石。

導至此，亦攜子弃帝而去，有負顧命之托。

陶侃、温嶠與蘇峻久相持不决，朝士之奔西軍者皆曰：『峻所向無敵。』嶠怒曰：『諸君怯懦，乃更譽賊！』

及累戰不勝，嶠亦憚之。

峻所將皆百戰之餘，且已入重地，人思致死，嶠等雖謀議有餘，未必能身歷行陣，故相持久而不决。使非嶠以危言留侃，侃去則義軍失勢，大事不可爲矣。至所云『峻一鼓可擒』，徒壯語耳。尋如其言，殆有天幸焉。

毛寶説侃曰：『賊亦畏死，非皆勇健，可與寶兵，上岸斷賊資糧。』侃加寶都護而遣之。

『賊亦畏死，非皆勇健』，此至言也。彼譬賊者，特爲虚聲所震耳。寶之計在上岸斷賊資糧，前已用之以困祖約，兹復用之以困峻。蓋客兵利於戰，而糧易竭，飽者飢之，則其强易弱也。此真知兵者也。

峻軍乏食，張健、韓晃等急攻大業壘，郭默潜突圍出，留兵守之。郗鑒在京口，軍士聞之皆失色。曹納請鑒還廣陵，鑒責納將斬，久乃得釋。

健等急攻大業，將以沮東軍而通糧路也。鑒爲節度，若還廣陵，則東軍失其所恃矣。固守京口以鎮定人心，此足見鑒之智勇。

侃督水師向石頭，峻遣匡孝先薄趙胤軍，敗之。峻乘醉望見胤走，與數騎突陣，不得入，馬躓，彭世、李千等投之以矛，峻墜馬，斬首臠割之。餘衆大潰。

峻之死，以醉誤也。與劉曜正同。

後趙石勒欲自將救雒陽，徐光曰：『劉曜不能進臨襄國，更守金墉，此其無能爲，可知也。平定天下，在此一舉，不可失也。』勒自將步騎四萬趣金墉。

曜之不敢徑趣襄國者，前阻大河，懼洛陽乘其後也。若破金墉，即逼襄國；守襄國不如爭洛陽，此定勢也。勒必欲親行者，成敗所繫，知諸將均非曜敵也。

石虎等與趙軍大戰於西陽門，石勒自出閶闔門，夾擊之。劉曜將戰，飲酒數斗，昏醉退走，馬陷石渠，墜於冰上，被創十餘，通中者三，爲石堪所執，送於襄國。

是時曜之兵十餘萬，勒之兵數萬耳，乃一戰而敗。曜既被擒，而前趙之精鋭亦略盡矣。此長安所以不能復振也。

勒使曜與其太子熙書，諭令速降。曜但敕熙『與諸大臣匡維社稷，勿以吾易意也』，勒見而惡之，久之乃殺曜。

曜至此猶不失英雄之概。其意固不欲苟活也。較晋之懷滑何如？

諸軍攻石頭，蘇碩（峻子）帥驍勇渡淮而戰，温嶠擊斬之。西軍獲蘇逸（峻弟），斬之。曹據抱帝奔温嶠船。（四年）

峻雖誅，逸與諸將猶挾帝據石頭不下。至此始誅逸而帝得出，亦危矣哉！

是時宫闕灰燼，以建平園爲宫。温嶠欲遷都豫章，三吴之豪請都會稽。王導以爲不可，乃止。

導云『古之帝王不必以豐儉移都』，其言未爲有據。周之東遷，誠不足訓，殷之五邦，導不應未之聞也。惟所云『建康王者之宅，不應示弱而竄蠻越』，足徵趙宋之都臨安爲失策。

帝之出石頭也，庾亮見帝，稽顙哽咽，明日復泥首謝罪，乞骸骨，欲闔門投竄山海。帝手詔慰喻，亮乃求外鎮自效，出爲豫州刺史，鎮蕪湖。

亮此時真無地自容矣。然痛自引咎，情辭款切，是猶有是非羞惡之心者。不然，且將論討賊之功，掩其致敗之罪已。

陶侃之討蘇峻也，移檄征、鎮，使引兵入援。湘州刺史卞敦擁兵不赴。及峻平，侃奏請收敦付廷尉。王導以喪亂之後，宜加寬宥，轉敦廣州刺史。

温公以爲『庾亮、卞敦罪莫大焉，不正典刑，而報以寵禄，晉室無政，亦可知矣。任其責者，非王導乎？』竊謂温公不責導於王敦犯闕之時，又不責之於弃帝出奔之日，而以亮、敦之應罪而賞，責其失政，殆亦『放飯流歠，而問不齒决』之比也。

以劉胤爲江州刺史，陶侃、郗鑒皆言胤非方伯才，司徒導不從。導子悦曰：『此温平南之意也。』

導違衆而用羊鑒，既至覆餗，兹復違衆而用胤，又將僨轅。然導非果有取於二子也，用胤，温平南之意也；用鑒，則以其爲大將軍之舅也。

趙劉胤（曜子）帥衆趣長安，石生嬰城自守，石虎帥騎二萬救之。大破趙兵於義渠，胤奔還上邽。乘勝追擊，上邽潰，虎執趙太子熙及胤、王公以下三千餘人，皆殺之。

以胤之才武，而不能敵虎者，氣先餒而勢不支也。敗軍之將不可言勇，亡國大夫難與圖存，轉敗爲功，豈易言哉！

江州刺史劉胤專務商販，縱酒耽樂，不恤政事，有司奏免胤官，胤不即歸罪，方自申理。郭默稱詔斬之，誣以大逆，傳首京師。

胤爲人，蓋惟好酒與財耳。默取之如屠一猪，不知温嶠何取而用爲軍司，王導何取而用爲江州。或亦白望者流邪？

劉胤首至建康。司徒導以郭默驍勇難制，以爲江州刺史。太尉侃聞之，曰：『此必詐也。』即將兵討之。且與導書曰：『默殺方州即用爲方州，害宰相便爲宰相乎？』（五年）

導懲蘇峻之亂，故容養郭默。爲偷安之計，姑息亦太甚矣。『害宰相即爲宰相』，言殊相逼，導答書乃云『朝廷潛嚴，俟軍到相赴』，此飾説也。後平默者，侃與庾亮軍耳，不聞臺軍相赴也。

程遐言於勒曰：『大王起兵以來，見背叛不臣者輒誅之，今祖約猶存，臣竊惑之。』姚弋仲亦以爲言。勒乃收約，并其親屬百餘人悉誅之。

約之當誅，遐言之，弋仲亦言之，异域皆曰可殺，不止諸大夫、國人矣。

初，祖逖有胡奴曰王安，逖甚愛之。遣歸，仕趙爲左衛將軍。及約之誅，安嘆曰：『豈可使祖士稚（逖字）無後乎？』乃竊取遜幼子道重匿之，後歸江南。

遜之有後，天也，假手於安耳，然足見造物之巧。

趙劉徵帥衆數千，浮海抄東南諸縣，殺南沙都尉許儒。

趙以奇兵浮海直抵南沙，大江不足限之矣。

趙郭敬寇襄陽。南中郎將周撫監沔北軍事，屯襄陽。

撫因王敦黨除名禁錮，至此復爲南中郎將，蓋以其父魴功在襄陽，爲吏民所畏愛，故欲撫紹其業耳。乃因爲敬虚聲所怖，弃郡南奔，遂致襄沔淪爲异域，可謂弗克負荷已。

劉徵復寇婁縣，掠武進，郗鑒擊却之。（六年）

徵掠武進，漸逼建康，徒以孤軍無繼，故爲鑒擊却耳。且徵之浮海，意主偵探，不在攻戰也。勒之志大矣，使勒不死，即死而趙不亂，益兵南下，正兵由襄陽而進，奇兵浮海由武進而前，東西并舉，内外交訌，江左君臣其旰食乎？

蒸祭太廟，詔歸胙於司徒導，命無下拜；導辭不敢當。初，帝冲幼，每見導必拜。荀弈議：『三朝之首，宜明君臣之體。若小會自可盡禮。』從之。

導在晋，安得有齊桓之功？至議者謬引臨雍拜三老之禮，而令帝拜導，導亦受之不辭。冠履倒置，莫此爲甚。

慕容廆僚屬宋該等共議：『廆位卑任重，宜表請進廆官爵。』韓恒駁之，廆不悦，出恒爲新昌令。封抽等疏上陶侃，請封廆爲燕王。侃復書曰：『今騰箋上聽，可否、遲速，當在天臺也。』

恒之駁是也。但未喻廆指，宜見疏外。且所云『功成之後，九錫自至』者，俟河之清，詎有期乎？侃書所云『功成進爵』，與恒議暗合。其不欲峻拒之者，亦以不能禁其自爲也。廆之兵力安足以抗石勒，勒不東討幸矣，乃約侃『共清中原』乎！蓋廆之爲此言，意在因此以進官爵耳，亦逆料侃必不能興兵北伐也。

石勒謂徐光曰：『朕若遇漢高祖，當北面事之；若遇光武，當并驅中原，未知鹿死誰手。大丈夫行事，宜礌礌落落，不效曹孟德、司馬仲達欺人孤兒、寡婦，狐媚以取天下也。』（七年）

劉淵欲爲漢高、魏武，勒乃欲北面事漢高，而鄙曹孟德爲狐媚，其識固出淵上。礌礌落落，北人至今猶有此語。礌之音若『磿』。

程遐言於石勒曰：『中山王久爲將帥，威振内外；陛下在，自當無他，恐非少主臣也。宜早除之。』勒不聽。

勒志吞江左，見諸將才略無出虎右者，故欲重其權以收其用耳；且亦不料己之遽死也。

徐光言於勒曰：『中山王資性不仁，於東宫侍宴，有輕皇太子之色。恐陛下萬年之後，不可復制也。』勒默然，始命太子省可尚書奏事，中常侍嚴震參綜可否。

勒此時，但當奪虎父子兵權，而虚崇其爵位，庶可稍安耳。命太子省可奏事，而參以閹豎，適足開亂政之漸。而虎父子擁兵如故，心益怏怏，固宜一旦毒發而不可制也。

趙郭敬南掠江西，太尉侃遣桓宣乘虚攻樊城，悉俘其衆。敬懼，遁去；宣遂拔襄陽。侃使宣鎮襄陽，趙再攻之不能勝；時人以爲亞於周訪。

宣著節於祖約、郭默之亂，然非侃知人善任，亦無以奏襄樊戰守之功。

進太尉侃大將軍，劍履上殿，入朝不趨，贊拜不名；固辭不受。凉州僚屬勸張駿稱凉王，駿曰：『此非人臣所宜言也。敢言此者，罪不赦！』

侃不受大將軍殊禮，駿不從僚屬之請而稱王，皆能固守臣節，而駿尤難。

石勒遣使來修好，詔焚其幣。（八年）

晋之焚幣，較趙宋之納歲幣於金，稱臣、稱侄者，固不可同年語。

寧州刺史尹奉降於成。成盡有南中之地。

是時李氏境土，漸復蜀漢之舊。

石勒寢疾，中山王虎入侍禁中，矯詔群臣、親戚皆不得入，又召秦王宏、彭城王堪還襄國。

勒使宏督軍鎮鄴，將以分虎兵權，然宏竪子耳，安能與虎敵？且虎在内，宏在外，虎能制宏，宏不能制虎也。若出虎於外，其禍尚可稍緩。

勒卒，虎夜以勒喪潜瘞山谷，莫知其處。

勒不學曹孟德，身後乃師疑冢之故智。虎殆有鑒於晋之諸陵及漢之永光、宣光二陵邪？

趙主弘以中山王虎爲丞相、魏王，加九錫，總攝百揆。

虎一依曹孟德故事。但孟德篡竊，圖之以漸；虎則明目張膽，毫無顧忌。蓋亦如石勒所云『磊磊落落不爲狐媚』者，但未免欺人孤寡太甚耳。

趙劉太后謂彭城王堪曰：『先帝甫晏駕，丞相遽相陵藉如此，將若之何？』堪曰：『臣請奔兖州，挾南陽王恢爲盟主，舉兵以誅暴逆，庶幾有濟。』

堪亦虎所忌，故與宏皆矯詔召之，因留不遣。恢騃竪子耳，虎度外置之，故聽其在兖州而不召也。堪即奉恢爲主，亦與之俱亡而已，安能有濟？

劉氏謀泄，虎廢而殺之。劉氏有膽略，勒每與之參决軍事，佐勒建功業，有吕后之風，而不妒忌。

勒不敢自比漢高，而史乃以劉氏比吕后。胡身之以吕后能誅韓信、彭越，而劉氏不能制虎爲不及。竊謂韓、彭反迹未著，死不以罪，至今冤之，其人固非虎比；且受誅均在失國歸命之後，一力士足縛之，與虎之專權擅兵、跋扈恣睢，安可同日語哉！於此而云劉不及吕，亦不揣其本而齊其末矣。惟是虎之必爲後患，程遐、徐光皆痛切言之，劉氏既以智略佐勒軍政，默無一語何也？其果以虎爲忠可托國邪？抑宫寢秘謀，史不及書邪？

石生鎮關中，石朗鎮洛陽，皆舉兵討虎。虎自將攻朗，斬之；進向長安，以其子挺爲前鋒。生遣郭權與挺戰於潼關，大破之，挺及劉隗皆死。

隗不死於王敦之亂而死於此，輕更甚於鴻毛矣。或别一劉隗，非必大連也。

鮮卑潛與虎通謀，反擊生。生單騎奔長安；又弃長安，匿於鷄頭山。蔣英據長安拒守，虎進兵擊斬之。生麾下斬生以降。

生見用於石勒，亦屢著戰功，而粗疏怯懦，一至於此！蓋其昔之立功，皆禀成於勒，借力於將佐耳。中無有也。

慕容皝庶兄翰、母弟仁有勇略，得士心，皝忌之。翰與其子奔段氏。

以石勒之智，而以過信失之於虎；以慕容皝之能，而以過疑失之於翰。兄弟至親，且不可保，匪直人心未易測度，亦以權利所在，易啓争端，固無殊於中外也。

段遼遣其弟蘭與慕容翰共攻柳城，慕容皝遣慕容汗救之。汗兵大敗，蘭欲乘勝窮追，翰止之。（九年）

翰之止蘭，固由心存宗國，然以慕容氏之强，皝之智略，蘭即進兵，亦安能必勝哉？石虎尚爲皝所挫，況如蘭者乃云『此已成禽，無復餘理』，亦不量彼已而謬爲大言者也。

陶侃晚年深以滿盈自懼，屢欲告老歸國，佐吏苦留之。疾篤，上表遜位。以後事付王愆期，出就船，將歸長沙，薨於樊溪。

侃可謂有始有卒矣。觀其爲人，微獨決指之事、折翼之夢出於傅會，即蘇峻之亂，召還龔登，不給温嶠軍糧，或亦别有方略，不足爲侃病也。

以庾亮鎮武昌。亮辟殷浩爲記室參軍。浩與褚裒、杜乂，皆以識度清遠，善談《老》《易》，擅名江東，而浩尤爲風流所宗。

是時江左小安而玄風轉盛，皆亮爲之提唱也。更無如陳頵輩者直指其蔽已。

李雄卒，太子班即位，李越與弟期謀作亂。班弟玝勸班遣越還江陽，班以未葬不忍遣。越弑班於殯宫，矯太后任氏令，罪狀班而廢之。

石弘文雅，班殊仁孝，皆不免失位殞身。良以所處之地，既不可以辭讓自全，所遇之人，又不可以禮義相悦也。

趙主弘自賫璽綬詣魏宫，請禪位於丞相虎。虎曰：『天下大業，天下自當有議，何爲自論此邪？』弘流涕還官。虎廢弘爲海陽王，尋弑之。自稱居攝趙天王。

弘先不讓位，至此復請禪位，無非欲虎貸其一死耳。大雅（弘字）愔愔，勒之雄姿勁概掃地盡矣。而虎不遽受者，直欲廢之而代其位，并殺之以絶其種也。

虎行如信都，復還襄國。

胡身之以讖文『天子當從東北來』，蓋謂慕容氏自遼碣入中國，虎自如信都，冀以應之。正如秦皇東游以厭天子氣，不能遏漢高之興。竊謂讖文本屬假托，不惟虎之至自信都不足以應之，即慕容氏亦安得爲天子乎？秦皇、漢高，擬非其倫矣。虎雖暴横，而既佞佛，又信讖，或自以殺戮過多，故乞宥於佛。顧戀大物，謬欲以身應讖邪？然適見其愚耳。

司徒導以羸疾不堪朝會，帝幸其府，拜導，并拜其妻曹氏。孔坦密表切諫，導聞而惡之。桓景諂巧，導親愛之。會熒惑守南斗，導謂陶回，欲遜位以厭天譴，回曰：『公與桓景造膝，熒惑何以退舍？』（咸康元年）

帝既加元服，導又羸疾，不堪朝會，此時不稽首歸政，將何俟乎？乃惡孔坦之正論，立見疏外；喜桓景之諂巧，每與造膝，誠何心哉！

導辟王濛爲掾，王述爲中兵屬。濛與劉惔齊名，稱風流者，以惔、濛爲首。述性沉静，人謂之痴。導以門第辟之。

以名士辟濛，以門第辟述，導之所重可知已。

石虎南游，臨江而還，有游騎十餘至歷陽，太守袁耽表上之，不言騎多少，朝廷震懼，司徒導請出討之。

昔稱疾而送郗鑒，猶有說也；今以羸疾不堪朝會，其不任軍旅明矣。而忽請統兵討賊，欲何爲乎？將毋偵知趙騎至少且去，故爲是張皇六師以聳朝野之觀聽邪？導末路更不可解。

初，石勒以天竺僧佛圖澄豫言成敗有驗，敬事之。虎即位，奉之尤謹。詔曰：『夷趙百姓，樂事佛者特聽之。』

勒之敬事圖澄，以其豫言成敗有驗，能前知也；圖澄於勒，不應有所隱；乃弘之弒、虎之篡，不聞一言，何也？然則其言之驗，亦偶中耳。佛入中國，雖始於漢明帝，但聽西域人之流寓中國者立寺都邑，漢人不得出家，流傳尚未廣也。中國人造寺出家，實始於此。然亦第行之北方，至梁武帝，而南方之奉佛更甚於北方矣。

張駿遣楊宣伐龜茲、鄯善，於是西域諸國皆詣姑臧朝貢。駿有兼秦、雍之志，上疏以爲：『勒、雄已死，虎、期繼逆，乞敕司空鑒、征西亮等泛舟江、沔，首尾齊舉。』

駿雖雄踞河西，兵力所能役屬者，西域諸小國而已，安能敵石虎哉！遽欲并吞秦、雍，非其所及。蓋駿尤注意者，因李雄已死，蜀國大亂，故欲乘機圖之，約庾亮首尾齊舉，是其本謀。

慕容皝將討慕容仁，高詡曰：『前此海未嘗凍，自仁反以來，連年凍者三矣。仁專備陸道，宜乘海冰襲之。』皝從之。遂擒仁，賜死。（二年）

由海道踐冰以趨平郭，不可謂非乘危徼倖，連年海凍，事尤僅見，然亦可知地險之不足恃已。

段遼遣段蘭將步騎數萬屯柳城西。慕容皝帥步騎五萬向柳城，蘭不戰而遁。

蘭畏皝如此，固知前所云『此已成擒，無復餘理』之言，全是謬妄。蓋段氏自末柸以後，兵勢已漸衰矣。

石虎作太武殿於襄國，作東、[西]宫於鄴，窮極工巧。又作九殿於顯陽殿後，選士民之女萬餘人以實之。以女騎千人爲鹵簿，游宴以自隨。

虎所以亟欲奪弘位者，意中固有如許宫室子女玩好也。故一旦得志，即窮奢極欲，無復紀極。

虎稱大趙天王，立其妻鄭氏爲天王皇后，子邃爲天王皇太子。（三年）

虎不敢居皇帝之號，而依殷、周之制稱『天王』。不知『天王』見於《春秋》，乃史臣書法；殷、周天子稱『王』而已，未聞自稱『天』也。又稱妻曰『皇后』，稱子曰『皇太子』，而以『天王』冠其上，則以意爲之而不求其通者也。如虎者，亦何足譏哉！

馮懷請興學校，帝從之，立太學，徵集生徒。而士大夫習尚老、莊，儒術終不振。

帝雖立太學，而當時慕尚，乃在殷浩、王濛、劉惔之徒，自王導、庾亮以下，翕然稱之，將欲進儒術、退老莊，何可得哉？所謂從所好不從所令者也。學術之變，其來亦有漸，西京重陰陽五行，其變則爲讖緯；江左尚老莊，其變則爲佛教。理相近故勢相因也。

趙太子邃驕淫殘忍，好裝飾美姬，斬其首，洗血置盤上，與賓客傳觀之，又烹其肉共食之。

愛之乎？不應斬首；憎之乎？不應觀血食肉。此真無復人情人理者。然其父殺人報仇，其子必將行劫。虎既教宮人占星騎射，邃自當斬美人首洗血傳觀矣。

邃謂李顏曰：『吾欲行冒頓之事，卿從我乎？』顏不敢對。邃稱疾不視事，佛圖澄謂虎曰：『陛下不宜數往東宮。』虎將視邃疾，思澄言而還。

邃欲爲冒頓之事，而衆不從者，既爲虎積威所劫，邃之淫酗亦無以得衆，非冒頓比也。倘虎往視疾，或以無備猝遭剸刃耳。邃旋以事發伏誅。自此虎之信澄愈篤而奉佛更虔已。

封奕等勸慕容皝爲燕王，皝從之。即燕王位。

廆求封燕王於晋而不得，至是皝自爲之矣，晋將如之何哉？

燕王皝引兵攻掠令支以北諸城。段遼將追之。慕容翰以爲不可，段蘭怒曰：『吾前爲卿所誤，今不復墮卿計中。』乃悉衆追之。皝設伏待之，大破蘭兵。（四年）

翰昔謂蘭曰：『皝多權詐，好爲潛伏』，至此果爲皝伏兵所敗。翰之言不謬已。尚得曰『前爲卿所誤』乎？且蘭見皝不戰而遁，固畏之也。今又輕皝，而悉衆急追，何哉？

趙王虎進屯金臺。支雄長驅入薊，取四十餘城。段遼不敢復戰，奔令支，奔密雲山。執慕容翰手泣曰：『不用卿言，自取滅亡，深以爲愧。』翰北奔宇文氏。

段蘭怒謂翰曰：『吾爲卿所誤，以成今日之患。』遼泣謂翰曰：『不用卿言，自取敗亡。』未知蘭與聞此言否？段氏之亡，由於構怨慕容。當謂蘭曰：『此真成禽，無復餘理矣。』

成主期忌李壽威名，壽懼不免，龔壯説壽襲成都，期不設備，壽遂克成都，矯太后任氏令，廢期爲邛都縣公，幽之別宮。

期與壽釁隙已構，既不先奪其兵，又不豫爲之備，固宜爲其所襲。

羅恒等勸李壽稱藩於晉，任調等勸壽稱帝。壽命筮之，占者曰：『可數年天子。』壽遂即皇帝位，改國號曰漢，追尊父驤曰獻皇帝。

稱藩於晉，龔壯之志也。恒等第踵其説耳。壽竊踞一隅，即僭號數年，安得爲天子乎？壽改成稱漢，自以非李雄之子，故不用其國號，而襲蜀漢之舊。又以昭烈得統於獻帝，即以獻皇帝追謚其父，皆無謂之甚者也。劉淵稱漢，猶以自托漢甥，竊附劉姓，若壽者於漢何與乎？乃至自比昭烈，而以獻帝擬其父，亦非所以尊其父矣。

石虎以慕容皝不會趙兵攻段遼而自專其利，欲伐之。趙戎卒數十萬，燕人震恐。皝謂高詡曰：『將若之何？』詡曰：『但堅守以拒之，無能爲也。』

趙欲并燕久矣。所以不加兵者，段氏爲之蔽也。慕容與段氏構兵，故皝乞師於趙，以滅段氏。段氏滅而趙即伐燕，此虞虢脣齒之勢，非必果因皝之自專其利也。竊謂慕容之約趙以攻段，略如趙宋之約金以攻遼；段滅而趙兵移於燕，亦如遼滅而金兵移於宋，所异者，燕能自强，勝於宋之積弱耳。然其勢亦危矣。觀於趙兵既入，郡縣潰叛，强敵内逼，直造都城，皝初則惶怖無策，繼則迫欲出走，使非納慕輿根之策，堅守挫敵，燕之亡可翹足待矣。

趙兵進逼棘城。慕容皝欲出亡，慕輿根諫，乃止。趙兵四面蟻附緣城，慕輿根等晝夜力戰，凡十餘日，趙兵引退。皝遣其子恪帥二千騎追擊之，趙兵大敗。

皝以寡敵衆，所以卒能挫趙者，戰不足，守有餘，以逸乘勞，客倍主人半，其勢固殊也。孫子云：『攻城爲下』，信哉！

石虎遣曹伏將青州之衆戍海島；又運穀三十萬斛詣高句麗，使王典帥衆萬餘屯田海濱；又令青州造船千艘，以謀擊燕。

此必以軍行陸路糧運艱阻，故欲以舟師出海，并於海濱屯田以省饋餉也。然不敢以大兵直指薊遼，而令青州造船運穀以擬其後，其氣已衰矣。故卒亦不能再舉也。

司徒導性寬厚，委任諸將多不奉法。庾亮與郗鑒箋曰：『人主春秋既盛，宜復子明辟。不稽首歸政，居師傅之尊，多養無賴之士。』欲共起兵廢導，鑒不聽。

亮之議導，未必盡爲定評。然帝春秋已盛，仍不稽首歸政，且身居師傅，而不能教帝以詩書，又不令其親近正人，以養成令德，則固不能辭其責也。

陶侃之子稱以亮謀告導。或勸導密爲之備，導曰：『元規若來，吾便角巾歸第，復何懼哉！』又與稱書，以爲：『庾公帝之元舅，宜善事之！』

胡身之云：此導之識量，所以爲宏遠。竊謂亮以帝舅握强兵、踞上游，導自度必不能制，故示以不疑，静以俟之。且郗鑒既不同謀，亮亦不敢遽動。導不應無所聞也。使是時王敦尚在，則亮兄弟亦刁、劉之續耳。殺周戴者何人哉！所云宏遠者安在？

孫盛密諫亮曰：『王公常有世外之懷，豈肯爲凡人事邪！』亮雖居外鎮，而遥執朝權，趣勢者多歸之。導内不能平，常遇西風塵起，舉扇自蔽，徐曰：『元規塵污人！』

導年長而不歸政，所云『世外』者妄也。『元規來而角巾歸第』，何若不俟元規來而復子明辟乎？且讒佞猶膩也，近則污人，更甚於塵；舉扇以障西風，而日與桓景造膝，獨不畏其污乎？

李充以時俗崇尚浮虚，乃著《學箴》。以爲老子云『絶仁弃義，民復孝慈』，豈仁義之道絶，孝慈乃生哉？蓋患乎情仁義者寡，利仁義者衆，將遺累乎陳迹也。

充著《學箴》即推《老子》以明之，乃善言《老子》者。竊謂老子既欲民復孝慈，是即欲民行仁義矣。孝慈者，仁義之實也。有日日言仁義而歉乎孝慈者，未有日日行孝慈而悖乎仁義者。老子亦惡夫冒托仁義之名而無其實者耳。

蜀中久雨，百姓饑疫，李壽命群臣極言得失。龔壯上言：『宜推奉建康，彼必不愛高爵重位以報大功；雖降階一等，而子孫無窮，永保福祚，不亦休哉！』

是時蜀即稱藩於晋，何關國之存亡乎？江左委靡，本不可以托國，苟能自强，亦必并蜀。『百世諸侯』，徒妄語耳。然壯心在王室，其忠自不可没。

論者以『王導帝之師傅，百僚宜爲降禮。』馮懷以問顔含。含曰：『王公雖貴重，禮無偏敬。』既而告人曰：『吾聞伐國不問仁人，向馮祖思（懷字）問佞於我，我有邪德乎！』

是時帝且拜導兼拜導妻矣，何論百僚乎？含不争帝之屈尊，而争百僚之降禮，抑末矣。然其言不失爲守正。

郭璞嘗遇含，欲爲之筮。含曰：『年在天，位在人。修己而天不與者，命也；守道而人不知者，性也；自有性命，無勞蓍龜。』致仕二十餘年，年九十三而卒。

含所論性命之理，與孔孟微异，其大旨自不相悖。不信卜筮而信性命，真知命者也。世之好爲卜筮者，皆惑於禍福之説，而欲與命争，卒之命不可逃也。即如郭璞，卜筮之術可謂神妙矣，而年不中壽，首領莫保，卜筮何益乎？或曰：『璞自知命盡日中，果爲王敦所害，亦可謂能前知矣。』曰：『敦以逆謀告璞，而璞不與之同，敦必殺璞，此自可以人事决之，何須卜筮哉！使璞果能前知，自當超然遠引，不受敦辟；即在幕府參佐之列，亦必托故而逃矣。温嶠尚能自脱，况璞不爲敦所忌哉？乃曾不豫防，坐待屠裂，前知者固如是乎？含不信卜筮，而壽考令終，後之君子可以悟已。』

初，代王猗盧既卒，國多内難，部落離散，拓跋氏浸衰。什翼犍立，雄勇有智略，能修祖業，國人附之，有衆數十萬人。

元魏之業，成於什翼犍，是時已雄於北方。

庾亮欲開復中原，以陶稱爲南中郎將，入沔中。稱下見亮，亮素惡稱，收而斬之。（五年）

胡身之云：亮素怨陶侃，稱又間亮於王導，蓋以私忿殺之。竊謂亮兄弟不死於蘇峻之亂者，陶侃力也。侃生前已釋然於亮，亮至此豈猶未釋然於侃邪？正以稱黨於王導，泄己秘謀，故殺之以快私忿耳。稱固不能肖其父，然侃昔救亮，亮今殺稱，又不以罪，非惟有愧於侃，亦未免專殺而不臣矣。

亮上疏言：『蜀甚弱而胡尚强，欲帥大兵十萬移鎮石城，遣諸軍羅布江、沔，爲伐趙之規。』帝下其議。丞相導請許之，太尉鑒以爲不可。

亮欲帥衆伐趙，亦不量彼己，而輕舉妄動耳。以導之智，豈不能料其勝負？而遽請許之者，將坐觀其敗也。於此見導之柔而險。

蔡謨議以爲：『不計强弱而輕動，則亡不終日』；又以爲：『王土與胡，水陸异勢；胡若送死，則敵之有餘，若弃江遠進，以我所短擊彼所長，懼非廟勝之算』。

謨議先論兵勢，次論地勢，可謂深切著明矣。其論兵勢，則以石虎能禽石生，而庾亮不能制蘇峻，祖逖不能得志於石勒，則亮亦難得志於石虎，皆據已往之成迹，校其强弱，使亮無辭。其論地勢，則惟恃長江以爲之限耳。夫齊桓不能懲楚，魏武不能平吴，皆以水陸异勢，便習不同也。然石勒已遣將泛海入吴，據南沙，抵武進，則長江不能爲之限矣。江左所以稍安者，以勒死趙亂，虎又與燕構兵，大爲所挫，故不暇圖南耳。是時燕雖挫趙，而未嘗不畏趙之報復，且慕容皝雖僭稱王，亦未嘗自絶於晋，使亮謀伐趙而約燕夾攻，皝未有不翕然響應者。虎雖善戰習兵，而淫侈苛暴，政紊民離，若晋攻其南，燕攻其北，首尾并舉，虎即未可驟禽，趙必削矣。河南舊境似不難唾手而得。此誠恢復之一大機。乃亮徒知經營襄沔，虚構兵形，謨亦倡爲畫江之計，舉朝亦無一人見及於此者，晋所以卒不競歟？

王導薨，喪葬視漢博陸侯及安平獻王故事，參用天子之禮。

元帝本非中興之主，所以能偏安於江左者，導之力居多。導大節殊多可議，而功在晋室，不可没也。喪葬參用天子之禮，則僭矣。

以庾冰爲中書監，參録尚書事。冰經綸時務，不捨晝夜，朝野稱爲賢相。冰好爲糾察，近於繁細，後益矯違，復存寬縱。

冰之頗任威刑者，初得政，氣盛力鋭，故欲救前政之寬弛，加以振刷耳。然非其本志也。未幾興闌情見，斯寬弛更甚矣。世之爲政者，往往如是。

陳光請伐趙，詔遣光攻壽陽。蔡謨上疏言其不可，乃止。

庾亮欲伐趙而謨止之，光欲攻壽陽而謨又止之，非怯也，知己知彼，故臨事而懼耳。若二將渡江而北，固應不出謨之所料。

庾亮使毛寶、樊峻戍邾城。石虎惡之，使夔安等將兵五萬寇荆、揚北鄙，二萬騎攻陷邾城。寶、峻突圍出走，赴江溺死。安進圍石城，李陽拒戰，破之，安乃退。

晋第以偏師渡江戍邾城，趙即大舉南犯，諸將覆亡殆盡。即以毛寶之勇，欲保邾城而不可得，亮擁兵□□，而卒不能救也。若果率衆北伐，虎以精兵身自當之，亮不還矣。

趙李農帥衆三萬攻燕凡城。燕悦綰以兵一千守凡城。農等攻之經旬不能克，乃退。石虎以遼西迫近燕境，數遭攻襲，悉徙其民於冀州之南。

綰之挫農能以寡敵衆者，亦以攻守勢殊，主足制客也。農與夔安皆趙之名將，乃安能陷邾城，而農不能克凡城者，則以綰能誓死堅守，而毛寶先則求救，後卒出走，其守不堅也。大抵燕之用兵長於固守而巧於設伏，故爲石虎所畏。

宇文逸豆歸忌慕容翰。翰乃陽狂酣飲，被髮歌呼，跪拜乞食。舉國賤之，不復省録，故得行來自遂，山川形便，皆默記之。慕容皝使商人王車迎翰歸。（六年）

翰可謂智深勇沉矣。慕容多才，無出翰右者，惟垂可伯仲耳，而忠實則垂不及翰也。皝迎之歸，卒收其用，并宇文、破高麗，拓境千里。乃竟疑而害之，匪直自殘手足，亦自壞棟梁已。

石虎遺李壽書，欲與之連兵入寇，約中分江南。壽大喜，遣王嘏、王廣使於趙。龔壯諫，不聽。

晋之於蜀，無异趙之於燕，晋不知約燕以圖趙，趙乃約蜀以圖晋。虎蓋有見於晋武平吴得益州舟師之力，故約壽并舉，控其上游。壽與虎合，固晋之大患也。然是時虎方備燕，必不暇分兵南下，亦姑爲是虚聲以震江左耳。

石虎命合兵五十萬，括民馬四萬匹，欲以擊燕。慕容皝帥諸軍入自蠮螉塞襲趙，戍將當道者皆禽之，入高陽，略三萬餘家而去。幽州刺史石光坐懦弱徵還。

紛紛集兵括馬，運糧興屯，若將克日大舉。迨燕軍入塞，飽掠而歸，竟不闻出一騎追之，但徵還一幽州刺史而已。

張駿遣馬詵入貢於趙，表辭蹇傲；虎怒，欲斬詵。石璞諫，乃止。漢將李閎自晋奔趙，李壽致書於虎以請之，署曰『趙王石君』。虎不悦，王波爲言，乃歸閎。

燕於趙，肘腋之患也。虎屢爲皝所敗而不能報，何暇及凉州與蜀哉！駿表辭蹇傲，壽書署『趙王石君』，蓋亦因趙軍之將備燕，故輕虎而不虞其怒也。即微璞、波言，虎能如二國何？

燕使劉翔至建康，爲燕王皝求大將軍、燕王章璽。朝議以爲：『故事：大將軍不處邊；自漢、魏以來，不封

异姓爲王。所求不可許。』（七年）

雖之雄猜，其終爲晋臣，誠不可保，但是時晋之威令，幾不行於江北，况遼東乎？但能因雖之請，厚加存撫，崇以位號，畀以事權，使之感激思奮，出其驍鋭，掎虎之後，則强趙有所顧忌，不敢傾國而南，江左得以息肩，所獲已多矣。諸葛恢以爲慕容能除石虎，乃是復得一石虎，其言似已，不知除一虎得一虎，猶一虎也。倘雖因不如所請，怒而叛晋，更與虎合，是一虎之外又生一虎矣。一虎且不能制，况二虎乎？既不約燕夾攻，燕自來而復拒之，晋之君臣，直謀國不如弈棋已。

劉翔留建康歲餘，衆議終不决。翔乃説中常侍彧弘，入言於帝，帝欲許之。會雖上表，罪狀庾氏兄弟，又以書責庾冰，冰懼，乃與何充奏從其請。

韓信請爲假王，留侯勸漢高，以爲不能禁其自王，因而立爲真王。今雖（以）［已］自立爲真王矣，猶間關遣使請命於朝，其意中尚知尊晋也。諸臣乃援故事靳之，以致日久不决。彼李壽稱皇帝、石虎稱天王，有何故事？何以不遣一旅問罪乎？迨雖上表罪狀庾氏兄弟，則又懼而從之，是忠順者屢請不應，桀驁者有求輒許，人臣又何樂乎忠順哉！此乃教藩鎮以桀驁也。

詔郭悕册命燕王，與劉翔俱北。翔謂諸公曰：『今石虎、李壽，志相吞噬，王師縱未能澄清北方，且當從事巴、蜀。若虎并壽而有之，據形便之地以臨東南，雖有智者不能善其後矣。』

虎非見不及此，其約壽共伐晋，平分江南，正此策也。所以未敢輕舉者，畏燕之掎其後也。晋之偏安，雖有力焉。

初，李雄以儉約寬惠得人心。及李閎等還自鄴，盛稱鄴中宫室壯麗；趙王虎以刑殺御下。壽慕之，大修宫室，人有小過，輒殺以立威。民思亂者衆矣。

虎虐甚桀紂，所以未即亡國者，積威可以劫制其臣民也。蜀一隅之地，國勢既遠不及趙，壽之智略又萬不及虎，而欲效其所爲，亡可立待矣。

庾翼在武昌，數有妖怪，欲移鎮樂鄉。王述與庾冰箋曰：『方岳重將，當居要害之地，君子直道而行，禳避之説，皆所不取。』朝議以爲然。翼乃止。（八年）

翼以果鋭自喜，而因妖怪輒欲移鎮，弃要害之地，遠避西陲，失策之大者也。述以人事爲重，自足正翼之失。

帝疾篤。或詐爲尚書符，敕宫門無得納宰相。庾冰曰：『此必詐也。』推問，果然。

帝疾篤子幼，而詐爲符，敕宫門不得納宰相，其意何居？業已推問得實，不聞治詐傳之罪，亦不得其主名，何也？此必因冰素有推奉琅邪之説，故不欲冰與聞顧命，將爲孺子地耳。冰之不竟其事，殆亦自知廢子立弟未足厭服人心，故置詐傳於不問邪？

庾冰自以兄弟秉權日久，恐易世之後，親屬愈疏，爲他人所間，每説帝以國有强敵，宜立長君；請以母弟琅邪王岳爲嗣，帝許之。何充曰：『將如孺子何！』冰不聽。

國有强敵，宜立長君，其言公也。親屬愈疏，慮爲人間，其意私也。是時政在庾氏，故充亦竟不能争。

慕容翰言於燕王皝曰：『宇文屢爲國患。今逸豆歸性識庸暗，將帥非才，臣久在其國，悉其地形；若擊之，百舉百克。然高句麗去國密邇，宜先除之。』

欲擊宇文，先擊高句麗，慮其乘虛掩不備也。則知趙不能勝燕，而遠攻涼州之非計。然虎第以關中兵攻涼州耳，其本國之兵，自足備燕，又與燕之兵力不同。

高句麗有二道，北道平闊，南道險狹，衆欲從北道。翰曰：『王宜帥鋭兵從南道擊之，出其不意，丸都不足取也。』皝從之。大敗高句麗兵，遂克丸都。王釗單騎走。

以萬五千兵委之北道，絆其五萬之衆，而以全力直指其都城，真有疾雷不及掩耳之勢。翰之智略，實出慕容諸將上。皝固已陰忌其能矣。

石虎敕河南四州治南伐之備，并、朔、秦、雍嚴西討之資，青、冀、幽州爲東征之計，皆三五發卒，百姓失業。

虎欲南伐、西討、東征，同時大舉，非其力之所能，特外張形勢，内遂其淫縱耳。是時已志得意滿，無復遠圖已。

青州上言：『平陵城北石虎，一夕移於城南。』虎喜曰：『石虎者，朕也；自西北徙東南者，天欲朕平定江南也。其敕諸州兵明年悉集。』

石虎安能自移，人移之耳。此州郡欲媚虎，故神其事；而虎亦樂聞其説也。觀於頌德者多至一百七人，群臣之競爲貢諛可知。

鑒評别録卷二十三

晋紀六

康皇帝(諱岳，字世同，成帝母弟，在位三年)

庾翼爲人，慷慨喜功名，與桓温友善，相期以寧濟海内。杜乂、殷浩并才名冠世，翼獨弗之重也。遺浩書曰：『王夷甫雖云談道，實長華競，明德君子，寧可然乎？』(建元元年)

温雖臣節不純，而幹略實出江左諸臣上。翼薦其有英雄之才，而欲束乂、浩於高閣，真鑒别巨眼也。謝尚、王濛皆當時名士，但知傾倒深源(浩字)耳。談道實長華競，此晋人通病，奚止一王夷甫哉！

殷羡爲長沙相，在郡貪殘，庾冰與庾翼書屬之，翼報曰：『殷君驕豪，亦似由有佳兒，江東之政，嫗煦豪强，時有行法，輒施之寒劣，皆前宰之昏謬，當明目而治之。』

胡身之云：『庾翼察舉小才耳。當江東草創之時，非王導之弘致遠識不能濟也。謂之昏謬，談何容易。』竊謂殷浩不能幾諫其父，羡乃恃子而驕，以致貪殘，害及郡政。浩之虚名無實，即此已可見一斑已。翼言實切江左之弊。其指出二事，斥王導爲昏謬，未爲過也。江左開創，導固有力，但外寇不能禦、内亂不能靖，使非祖逖、温嶠、陶侃、郗鑒諸人同心戮力，又適值二趙相并、燕趙相攻，胡馬不暇南牧，如導者能以其弘致遠識坐鎮偏安哉？

翼以滅胡取蜀爲己任，遣使東約慕容皝，西約張駿，刻期大舉，朝議多以爲難，惟庾冰意與之同。

欲圖胡蜀，先約二國，方略自出亮上。但二國不爲之用耳。二庾志在恢復，卒無成效，頗似趙宋之張德遠，較江左諸名士之昏酣縱弛，晏安江沱者，猶爲勝之。

石虎享群臣於太武殿，有白雁百餘集馬道南，虎命射之不獲。時諸州兵集者百餘萬，趙攬密言於虎曰：『白雁集庭，宫室將空，不宜南行。』虎因大閲而罷。（二年）

虎徵兵諸州，必不能有百餘萬之數，所謂先聲後實，號稱百萬者也。因白雁而罷兵，雖攬有所言，實則虎本非果欲出師，因前已有南伐東征西討之説，故謬爲是舉耳。

慕容皝自將伐逸豆歸。以慕容翰爲前鋒；逸豆歸遣涉夜干將精兵逆戰，皝謂翰曰：『涉夜干勇冠三軍，宜小避之。』翰曰：『吾知其爲人，實易與耳。』遂進戰，斬涉夜干。士卒不戰自潰；宇文氏由是散亡。

破高麗、摧宇文，翰之智略，均出皝上。皝資其力以收二國。然從此忌之更甚，未幾遂賜之死。石勒不疑虎，卒爲所篡，勒固不負虎也；皝實負翰，不及勒遠矣。

趙太史趙攬谓石虎曰：『熒惑守房，房爲天王，宜以大臣王姓者當之。』虎遂腰斬王波。漢太史韓皓上言：

『熒惑守心，乃宗廟不修之譴。』

一熒惑也，而二國占驗不同，實則攬之意欲害王（朗）［波］，皓之意欲尊李特，各假天象爲説耳。未知晋太史云何，或康帝之崩應之邪？

帝疾篤，庾冰、庾翼欲立會稽王昱爲嗣； 何充建議立皇子聃，帝從之。立聃爲皇太子。帝崩，充奉太子即位，由是冰、翼深恨充。

昱，元帝子，於康帝爲叔父，二庾欲立爲嗣，昭穆不相當。第以帝既彌留，子復沖幼，故欲以擁戴爲功耳。充惓惓於孺子，不能得之於成帝，而得之於康帝，則以成帝先入冰言，康帝獨從充議也。然以二齡幼主，勢等委裘，不得不太后臨朝矣。

石虎作河橋於靈昌津，采石爲中濟，石下，輒隨流，用功五百餘萬而橋不成。虎怒，斬匠而罷。

虎先於鄴南投石於河作飛橋，兹復於靈昌津采石爲中濟，蓋因作飛橋不成故欲先爲中濟，然後系絙縛船作橋也。然亦適見其暴而愚已。

孝宗穆皇帝（諱聃，字彭子，康帝子，在位十七年）

虎發雍、洛、秦、并州十六萬人治長安未央宫。又發諸州二十六萬人修洛陽宫。增置女官二十四等，發民女三萬餘人，料爲三等以配之。（永和元年）

虎恣爲淫樂，豈有志經營四方哉？故知前之徵兵，皆妄也。

燕王皝以牛假貧民，使佃苑中，税其十之八，自有牛者税其七。封裕上書以爲不當收重税，并言王憲、劉明言事忤旨不宜免官禁錮，皝皆從之。

虎虐用其民，皝厚撫其衆；虎拒諫遂非，皝從諫如流。即二主之昏明，不必問其國勢之强弱，已可卜其國運之盛衰已。

以會稽王昱録尚書六條事。昱清虚寡欲，尤善玄言，以劉惔、王濛、韓伯爲談客，又辟郗超爲掾，謝萬爲從事中郎。超卓犖不羈，萬亦有時名。

以昱之寡欲談玄，安能用卓犖不羈之士哉！寡欲美□，□之何益？

庾翼卒，朝議欲以其子爰之代其任。何充曰：『荆楚，國之西門，豈可以白面少年當之哉！桓温英略過人，足以勝任。』劉惔勸昱自鎮上流，昱不聽；又請自行，亦不聽。以桓温爲安西將軍、荆州刺史。

充□忠持正，庶幾社稷之臣。所論上流之勢，洞若觀火。以付桓温，亦可謂得人矣。是時諸臣才略，實無出温右者。昱及惔輩皆坐談客耳，何足仗哉！

張駿自稱大將軍、假凉王。

策慕容皝爲燕王，而不王駿，晋之失策也。至此而駿自王矣。

石虎使鄧恒將兵數萬屯樂安，治攻具，爲取燕之計。燕王皝以慕容霸戍徒河；恒畏之，不敢犯。

徵兵百萬，尚不敢以一矢加燕；至此乃命一偏將治攻具，將何爲乎？陽虎所云『客氣』者，石虎有焉。

燕王皝遣世子儁帥慕容軍等三將軍、萬七千騎襲夫餘，拔之，虜其王玄及部落五萬餘口而還。（二年）

夫餘之境南接高句麗，燕拔夫餘，蓋由高句麗而北更拓地也。

褚裒薦顧和、殷浩。以和爲尚書令，浩爲揚州刺史。和有母喪，固辭不起，謂所親曰：『古有釋衰絰從王事者，以才足幹時故也。如和者，正足以虧孝道、傷風俗耳。』

墨經從戎，乃金革之變禮耳。當平世而奪情，即才足幹時，亦不免虧孝道、傷風俗，况碌碌者哉！和言良是已，猶有所未盡也。

浩亦固辭。會稽王昱與之書曰：『足下沉識淹長，足以經濟。若深存挹退，恐天下事於此去矣。足下去就，即時之廢興，家國不异，宜深思之。』浩乃就職。

昱之重浩，亦云至矣；浩之養望，亦云工矣。但恐名愈盛則副之愈難耳。

趙嚴生譖朱軌謗訕朝政，石虎誅軌。又立私論朝政之法，聽吏告其君，奴告其主。公卿以下，不敢復相過從談語。

虎之禁私論朝政，立法甚嚴，實則中有所歉也。自知無道，未免爲臣所譏，故欲重治其末耳。然亦愚矣。

公卿以下可禁，趙之民安得人人而禁之哉！

趙麻秋等攻金城，凉州震恐。張重華（駿子）使裴恒禦之。久而不戰。張耽言於重華曰：『今舉將多推宿舊。夫韓信之舉，非舊德也。謝艾兼資文武，可用以禦趙。』

人才貴及鋒而用之，况戎事乎！故宿將往往持重有餘，而摧鋒不足。

漢李弈自晋壽舉兵反，蜀人多從之，衆至數萬。李勢登城拒戰，弈單騎突門，門者射殺之，其衆皆潰。

弈，李氏之大臣，亦世臣也。勢用弈襲取其弟廣，又勢之腹心也。今亦反，則蜀人無不欲反者矣。勢直獨夫耳，宜桓温之投袂而起也。

桓温將伐漢，將佐皆以爲不可。袁喬曰：『李勢無道，人民不附，可一戰擒也。論者恐大軍既西，胡必窺覦，似是而非。胡聞我萬里遠征，以爲内有重備，必不敢動。』

喬之料蜀，可謂智矣。其料趙，則亦似是而非也。當云『胡方屢挫於燕，燕附於我，胡懼爲所乘，必不敢大舉輕出。若以偏師侵軼，緣江諸軍足以拒守』，方合當日形勢。

温伐漢，拜表即行。至彭模，議者欲分爲兩軍，异道俱進。袁喬曰：『今懸軍深入，當合勢齊力。若分兩軍，則衆心不一，萬一偏敗，大事去矣。』温從之。

兵分則單，况温衆少深入，安能更爲兩軍乎！温破蜀與鄧艾頗相似，皆以孤軍冒險直取成都。而有不同者，艾尚有鍾會大軍在劍閣，温則更無一軍爲之後繼也。其成功，蓋亦有天幸焉。

温自將步卒直指成都。三戰三捷。勢悉衆出戰。温前鋒不利，衆懼，欲退，而鼓吏誤鳴進鼓；袁喬拔劍督士卒力戰，遂大破之。温乘勝至成都，勢出降。

温軍若敗，不可復支矣。督衆力戰，遂轉爲勝。破蜀之功，喬爲第一。

日南太守夏侯覽侵刻商胡，諸國恚憤。林邑王文（姓范）攻陷日南，殺覽，以尸祭天。文既去，交州刺史朱蕃使劉雄戍日南。

商胡寇邊始此。但此商胡，乃南洋附近諸夷之互市於交廣者，故林邑王爲發難之首。是時尚未通西洋也。

趙麻秋攻枹罕。張璩固守以禦之。秋衆死傷數萬。石虎復遣劉渾等帥步騎二萬會之。軍士李嘉潛引趙兵登城；璩督諸將力戰，趙兵乃退。

璩等之拒秋，亦是以主制客，所謂戰不足、守有餘。

虎以石甯爲征西將軍，帥并、司州兵二萬餘人爲秋等後繼。重華以謝艾爲軍師將軍，帥步騎三萬，大破趙軍。秋單馬奔大夏。

艾以步騎三萬當趙三將之兵十餘萬，衆寡懸殊，所以一戰而勝者，艾軍方鋭，而趙兵已老也。

秋與石甯復帥衆十二萬進屯河南，姑臧大震。重華欲自出禦之，謝艾固諫。乃以艾與索遐帥步騎二萬擊秋，大破之。虎聞之，嘆曰：『彼有人焉，未可圖也！』

涼州一隅之地，不足當趙之十二。重華守祖父成業，非有雄略，卒能屢挫趙軍，爲石虎所畏者，委任謝艾之效也。國以一人重，虎至是不敢復圖涼州矣。

石虎發近郡男女十六萬人，運土築華林苑，然燭夜作，暴風大雨，死者數萬。郡國前後送蒼麟十六、白鹿七，虎命張曷柱調之以駕芝蓋。

白鹿已不易得，蒼麟從何而至？殆侈爲瑞應以僞溷真歟？抑或是時亂逾三紀，閭閻半爲榛莽，草木蕃則禽獸殖，因而有异物孕字其中，致彼羅致歟？

虎命太子宣祈福山川，因行游獵。十有六軍，戎卒十八萬。虎升陵霄觀望之，笑曰：『我家父子如此，自非天崩地陷，當復何愁！但抱子弄孫，日爲樂耳。』

此虎肺腑之言也。縱佚若是，何暇經營四方乎？未幾韜（虎子）死於佛盧，宣死於鄴北，天崩地陷，即在眼前耳。

遣俞歸至涼州，授張重華涼州刺史、西平公。重華使沈猛私謂歸曰：『朝廷封慕容皝爲燕王，而主公才爲大將軍，何以勸忠賢乎！』歸以正論折之，重華乃受詔。

歸據古義以折重華，可謂善於辭令，然不足服其心也。所云周衰吴楚僭王，諸侯以蠻夷畜之，故不之非，似已；至云借使齊魯稱王，諸侯必四面攻之，漢高祖封韓彭爲王，尋皆誅滅，則古今未可并論。試問重華已稱假王矣，何處諸侯四面攻之？晉已封慕容皝爲王矣，亦能誅滅之乎？僭號則置之不問，請命則靳而勿予，輸其實而惜其名，抑獨何哉？

趙太子宣使楊柸等殺秦公韜於佛精舍。石虎將出臨其喪，李農曰：『賊在京師，鑾輿不宜輕出。』虎乃止。

□□佞佛，韜即於精舍被殺，佛之靈安在？佛圖澄竟無一言，其前知安在？

史科知宣謀，告之；虎囚宣於席庫。佛圖澄曰：『宣、韜皆陛下之子，今爲韜殺宣，是重禍也，宣當爲彗星下掃鄴宫。』

後之掃鄴宫者，冉閔也，何有彗星之祟乎？澄言亦妄耳。不然，則黨於宣而曲爲之解免也。

虎積柴於鄴北，樹標其上，標末置鹿盧，穿之以繩，倚梯柴積。送宣其下，使韜所幸宦者郝稚等拔其髮，抽其舌，牽之登梯。繩貫其頷，鹿盧絞上，縱火焚之。

虎一生好殺，至是自殺其子，亦備極慘毒，殆佛所云□□厲鬼轉生於震旦者邪？此時當問虎曰：『汝家父子豈必天崩地陷始愁乎？尚欲抱子弄孫爲樂乎？』

虎誅宣妻子九人。四率已下三百人，宦者五十人，皆車裂節解，弃之漳水。東宫衛士十餘萬謫戍凉州。

虎既誅宣妻子，又誅四率已下，皆加以極刑，抑亦濫矣。乃又悉以衛士十餘萬謫戍凉州，何也？宣之殺韜，與謀者楊柸等三人耳。他人何辜，而株連瓜蔓乃至是哉！未幾遂有梁犢之變。

桓温既克蜀，威名大振，朝廷憚之。會稽王昱以殷浩有盛名，引爲心膂，欲以抗温，由是與温寖相疑貳。王羲之以爲内外協和，然後國家可安，勸浩不宜與温構隙。浩不從。

温雖有平蜀之威，并無不臣之迹，乃因其雄踞上游，輒懷猜忌。疑貳之端，開自中朝。不量浩之才略，遽以抗温； 羲之正論，而不見聽，知其必無濟矣。

石虎議立太子，張豺説虎立少子齊公世，虎謂群臣曰：『吾欲以純灰三斛自滌其腸，何爲專生惡子，年逾二十輒欲殺父！ 今世年十歲，比其二十，吾已老矣。』

虎弑君，子欲殺父，乃肖子也。純灰滌腸，亦何益哉！ 使虎而有令子，克延趙祚，天網疏而失矣。

虎令公卿上書，請立世爲太子。曹莫不肯署名，虎使張豺問其故，莫曰：『天下重器，不宜立少。』虎曰：『忠臣也，然未達朕意。』遂立世爲太子，以劉昭儀爲后。

豺固利在立世，然是時世母劉昭儀(曜女)方有盛寵，母愛子抱，虎固欲立世，特嫌於廢長立少，慮群臣不以爲可耳。豺蓋逆探虎意而表之也。

虎卒，太子世即位，尊劉氏爲皇太后，臨朝稱制。張豺與張舉謀誅司空李農，舉與農善，密告之； 農奔廣宗，帥乞活數萬家保上白。劉氏使張舉統諸軍圍之。(五年)

舉説虎立斌、遵，世立，非舉意也。又與農善，劉氏乃使之討農，何也？ 即此見豺之寡謀。

姚弋仲等討琛犢還，遇石遵於李城，共説遵討張豺。遵軍於蕩陰，石閔爲前鋒。入自鳳陽門，斬豺，夷三族。遵即位，封世爲譙王，廢劉氏爲太妃。

豺但知斌在内宜除，而不知遵在外難制也。是時趙將無如石閔、李農，豺第欲誅農，而不知閔之難禦也。豺亦庸奴耳。徒欲倚附城社以爲固，至是惟有束手就戮，坐待赤族而已。

石冲鎮薊，聞遵殺世自立，將討遵，軍於苑鄉。遇遵赦書，曰：『皆吾弟也，吾將歸矣！』陳暹不可，冲乃復進。遵使石閔、李農討之，冲兵大敗。獲冲，賜死。

冲初討遵，欲争立耳。中途忽欲却歸，蓋知遵之位定而勢盛也。冲已騎虎背，尚欲下乎？即此决其無能爲矣。

慕容霸上書於燕王儁（皝子嗣立）請伐趙，孫興亦表言之。儁以新遭大喪，弗許。

此時燕之攻趙，不待再計而决。若廆、皝尚在，早厲兵秣馬矣。儁聞霸言，初以遭喪不許，繼乃猶豫未决，迨封奕、慕輿根迭進良策，始謀大舉，又遠約凉州，與之犄角，遲至一年，猶未出師，何其怯也！

慕輿根謂儁曰：『中國之民，困於石氏之亂，咸思易主，以救湯火之急，千載一時，不可失也。自武宣王以來，招賢養士，務農訓兵，正俟今日。』儁從之。

封奕以人事决之，黄泓以天道决之，根言尤爲切至，故儁爲之動，使非諸臣力贊，儁不敢圖趙也。燕固大有人哉！

桓温聞趙亂，出屯安陸，遣諸將經營北方。褚裒表請伐趙，即日戒嚴，帥衆徑赴彭城。朝野皆以爲中原指期可復，蔡謨謂所親曰：『胡滅誠爲大慶，然恐更貽朝廷之憂。』

温但遣將經營北方，而未敢自行，知趙之未可驟圖也。裒可謂鋭欲進取矣，但非將帥之才，其兵力亦安能敵趙哉！竊謂晋之伐趙，與燕不同，燕與趙鄰，地既相接，又兵多突騎，勢亦相均，況自眺以來，屢摧趙軍，慕容霸、慕輿根輩皆百戰良將，（燕）［趙］之所憚，及其亂而攻之，取（燕）［趙］不難也。若晋則遠隔江左，復有長淮大河之限，既不能直指洛陽，又不能徑造鄴都，況南兵柔脆，馬步勢殊，其諸將有一可以當冉閔、李農者乎？即使出兵，亦不過抄其邊鄙、招降拓境而已。遽欲大舉深入，鮮不動而有悔者。此慕容霸所以贊主親征，桓温則止於出屯遣將，英雄所見、知己知彼，易地皆然也。裒雖一時名士，未嫻軍旅，固宜進鋭退速，卒請自貶耳。

裒遣王龕、李邁將鋭卒三千與趙李農二萬騎戰於代陂，龕等大敗，皆没於趙。裒退屯廣陵。上疏乞自貶，不許，命裒還鎮京口。

李農豈易當哉！況馬步勢殊，衆寡懸絶，全軍盡覆，直意中事耳。至此不得不退而保江矣。

司馬勳出駱谷，破趙長城戍，使劉焕攻長安，斬京兆太守劉秀離。三輔豪杰多殺守令以應勳。石遵遣王朗率精騎二萬討勳，勳不敢進，復還梁州。

關中内變，實有可取之機。乃僅有一司馬勳率梁州兵以赴之，不聞更遣大將爲後繼。勳本庸才，旋以兵少敗退。蓋晋君臣初無意出兵，若褚裒之赴彭城，勛之出洛谷，皆方鎮自圖進取，不關廟謨，而桓温方爲中朝所憚，温亦自疑，故不能乘勢而奮也。

趙孟准等勸遵誅石閔，太后鄭氏曰：『李城還兵，無棘奴豈有今日？何可遽殺！』楊環以告閔。閔執遵，殺之，并殺鄭太后等。石鑒即位。

鄭氏所謂婦人之仁也。以閔之勇，總内外兵權，李農又爲所劫，誅之亦大不易矣。鄭氏以一言緩閔之誅，閔乃殺遵而并及鄭。况鑒實預謀誅閔，閔豈不知，而立之以代遵何哉？蓋自以本非石氏子孫，未敢遽行篡奪，又以鑒雖尸居君位，而生殺在其掌握，故姑立之而漸圖之耳。

趙孫伏都等帥羯士三千欲誅石閔、李農。石鑒曰：『卿是功臣，好爲官陳力。』伏都等攻閔、農不克，閔、農帥衆毁金明門而入。鑒謂閔曰：『伏都反，宜速討之。』閔、農攻斬伏都等。

鑒先令李松、張才攻閔、農不克，則僞爲不知，竟斬松、才；至是伏都等率衆欲誅閔、農，鑒既奬以功臣，許以厚報，因其不克，又誣以謀反，令閔、農討斬之。無非自爲免死計耳。然亦愚而詐矣。

閔使王簡等帥衆守鑒於御龍觀，懸食以給之。閔知胡不爲己用，令趙人斬胡首數萬。又親帥趙人以誅胡、羯，無貴賤、男女、少長皆斬之，死者二十餘萬。

此二十餘萬人，可謂同一劫數。但自石勒弄兵以來，所殺中國人殆難數計，爲之操刀者非胡、羯乎？此則天道好還也。

燕王儁遣使至凉州，約張重華共擊趙。

凉州即出兵擊趙，亦只能趨關中，分其兵勢耳，與燕之聲援，安能相接？

石閔欲滅去石氏之迹，托以讖文，更國號曰魏，易姓李氏。石琨及張舉等帥衆七萬伐鄴，閔帥騎千餘馳擊，大破之。

靳准受劉氏厚恩，而誅滅劉氏，至於毁墓斬尸。閔爲石氏養孫，而誅滅石氏，幾無噍類。固由二人豺狼成性，亦以劉、石殺戮過當，故天假手於准、閔以殄之無遺也。

閔與李農討張賀度於石瀆。石鑒密遣宦者召張沈等，使乘虚襲鄴。宦者以告閔、農，閔、農馳還，廢鑒，殺之，并殺石虎三十八孫，盡滅石氏。

使死者有知，虎應長嘆於地下，曰：『余殺人孫多矣，能毋及此乎？』

朝廷聞中原大亂，復謀進取。以殷浩爲中軍將軍、假節、都督揚、豫、徐、兖、青五州諸軍事。

自代陂喪師，北伐之議寢矣。兹聞冉閔盡誅石氏，以爲中原唾手可得，故復謀進取也。將帥之任，不付桓温而以付浩，殆真以浩爲才比管、葛乎？

燕主儁三道出師，自將以伐趙，拔薊，執王佗，斬之。儁將悉坑其士卒千餘人，慕容霸諫，乃止。儁入都於薊。

拔薊而坑降卒，恐他郡縣聞之，皆將死守以抗燕，卒不可拔矣，不止先聲之有損也。

雋自將擊鄧恒於魯口。鹿勃早將數千人夜襲燕營，慕容霸奮擊，手殺十餘人，早不能進。雋謂慕輿根曰：『賊鋒甚鋭，宜且避之。』根曰：『求賊得賊，正當擊之。』

燕營被襲，使非霸、根，則軍立潰矣。雋初欲退避，旋出屯高冢，其氣已怯，所以卒能戰勝者，諸將力也。

麻秋説苻洪曰：『冉閔、石祇方相持，不如先取關中，基業已固，然後東争天下。』洪深然之。既而秋因宴鴆洪，欲并其衆；洪子健收秋斬之。

秋亦趙將之錚錚者，被獲降洪，因爲洪用，非其願也。是時不惟閔、祇相持，且燕王大衆已壓趙境，乘間以取關中，唾手可得。秋爲洪計甚工，而尋即鴆之者，欲并洪衆而自取關中耳。凉州不能於此時經略關中，知其無進取之志已。

石閔殺李農及其三子并王謨等。遣使臨江告晉曰：『逆胡亂中原，今已誅之；能共討者，可遣軍來也』。朝廷不應。

閔見趙未可猝定，故先殺農父子及諸异己者，以防内變；又臨江告晉，以求外援。使晉果有志進取，此實可乘之機。然而卒不應者，殷浩雖受都督之任，固未嘗過江一步也。

故散騎常侍辛謐有高名，石閔征爲太常。謐遺閔書，以爲物極則反，勸其『歸身晉朝，必有由夷之廉，享喬松之壽』，因不食而卒。

以閔之凶悍，而規以由夷，可謂方枘圓鑿矣。然謐歷劉、石之世，征辟皆不就，卒能保其皎然不滓之身，完節以終，則亦晉之伯夷也。

蔡謨除司徒，三年不就職；帝臨軒徵謨，自旦至申，終不至。殷浩欲加謨大辟，會荀羡入朝，浩問羡，羡曰：『蔡公今日事危，明日必有桓、文之舉。』乃免謨爲庶人。

三年不就職，可謂固讓矣。揣謨所以如此者，蓋以主少國疑，母后臨朝，會稽雅好談玄，既無從效其輔弼之職，而殷浩、桓温中外猜隙，又將有王敦、蘇峻之變，故自以違命獲罪而去也。浩之令不惟不行於桓温，亦不行於（羡）［謨］，將欲折衝萬里，得乎？

苻健即天王、大單于位，國號大秦，立妻强氏爲天王后，子萇爲太子，靚等皆爲公。

甫入長安，亟稱尊號，王公卿相，廣爲署置，多見其不知量也。

冉閔攻圍襄國，石祗危急，遣張舉乞師於燕。閔遣常煒使於燕。燕王儁使封裕詰之，并問：『傳國璽安在？』煒曰：『在鄴。』

煒比閔爲湯武，桀犬狂吠，誠不足論。儁之詰煒，先以鑄象不成爲言，次以傳國璽爲問，殊憒憒乏精采。蓋儁欲救趙，志在得璽，舉先有送璽之約，故聞璽在鄴而不之信，其實在鄴、在襄國，本難遥揣，以二人之言衡之，則煒爲近理。而舉未必不以璽爲餌，冀燕出兵，此亦事理之易明者。又何必積柴脅煒，使之易其前説乎？儁此時但當計救趙之利害，不必預校璽之有無也。若必欲得璽，當與舉約：先納璽則進而救趙，不納璽則更助魏攻趙，璽可得矣。若不有襄國，舉之詐立窮矣。又何必諄諄問其所在乎！

姚襄及石琨各引兵救襄國。冉閔悉衆出戰。悦綰適以燕兵至，三面擊之，石祗自後冲之，魏兵大敗，閔與數十騎走還鄴。盧諶等并將士死者十余萬。

閔雖驍勇善戰，攻襄國百餘日不下，其師已老，諸將救兵新集氣鋭，城中之兵又鼓勇與之相應，閔四面受敵，勢不能支，所以有此大敗。其不死亦倖免耳。劉隗不死於晋而死於前趙，固爲不得其死，若諶則不死於劉琨、不死於段氏、又不死於石氏，而死於冉閔，尤爲一錢不值已。

石祗使劉顯帥衆七萬攻鄴，冉閔悉衆出戰，大破顯軍，斬首三萬餘級。顯懼，請降，求殺祗以自效。

閔所以大敗於襄國者，姚襄、悦綰之兵爲祗用也。趙諸將豈閔之敵哉！然閔徒健鬥耳，既不用群策，又不恤其民，故雖屢戰屢勝，卒以取誅。盗亦有道，况無道而欲盗國乎！

杜洪等遣使召司馬勛。勛帥步騎三萬赴之，苻健禦之於五丈原。勛屢戰皆敗，退歸南鄭。

不圖之於關中大亂之時，而争之於苻氏既定長安之後，且健之才略十倍石苞，勛既不能得志於苞，而欲與健角乎？其敗退固無煩卜筮已。

魏周成、魏統、樂弘、張遇、高崇、吕護各以地來降。

成等皆魏之方鎮，知魏將亡，而息肩於晋。既非慕義，亦非力屈，故撫納無方即相帥而叛。

初，桓温聞石氏亂，上疏請出師經略中原，事久不報。

温請出師不報，褚裒北伐旋即敗歸，故温議遂寢也。使於是時從温所請而罷裒兵，當不致代陂之辱。

温知朝廷仗殷浩以抗己，甚忿之；然亦不之憚也。屢求北伐，詔書不聽。温帥衆四五萬軍於武昌，朝廷大懼。浩欲去位以避温，因王彪之之言，乃止。

温請北伐則不聽，聞其東下則大懼，使非用彪之之策，浩與會稽王昱幾一籌莫展矣。是時温仍以北伐爲名，并未稱兵向闕，有何危迫而張惶失措一至於此！昱，清談客耳，固無足責；浩智略如是，而諸名士推爲管、葛，何其謬哉！

高崧言於昱曰：『王宜致書，諭以禍福，自當返旆。如其不爾，便六軍整駕，逆順於兹判矣！』乃於坐爲昱草書與温，温即上疏致謝，回軍還鎮。

崧書首云『寇難宜平』，温表請出師之意也；次云『轉運之艱』，朝廷不許北伐之意也；次云『异常之舉，衆之所駭』，則謂温兵東下武昌，京師震動也；次云『苟患失之，無所不至，一時崩散，則望實并喪』，似言北伐之無成，實則謂人言之可畏、衆心之難保。故温知難而退也。

孔嚴謂殷浩曰：『内外之任，各有攸司；深思廉、藺屈身之義，令穆然無間，然後可以保大定功。近日降附之徒，皆人面獸心，恐難以義感也。』浩不從。（八年）

浩畏温忌温，而不肯屈意下之，必欲與之抗，此嫌隙所以日積也。使用嚴策，温未必不釋然於浩；觀後語郗超，温亦非不重浩也。是時新降諸將，皆中原百戰之餘，浩蓋有收爲己用以拒上游之意，故嚴及之。

浩上疏請北出許、洛，詔許之。以謝尚、荀羨爲督統，進屯壽春。尚不能撫慰張遇，遇據許昌叛。浩不能進。

不許桓温東下武昌，而許浩北出許、洛，豈不慮轉運之艱乎？蓋以機會可乘，中原唾手可得，不欲温有其功耳。浩此舉實以遇爲北道主人，遇叛而浩沮矣，得不爲温所竊笑乎？

燕王儁使慕容恪等擊魏，大破之。執冉閔，儁責之曰：『汝奴僕下才，何得妄稱帝？』閔曰：『爾曹夷狄禽獸之類猶稱帝，我中土英雄，何得稱帝邪！』

儁責閔，語類腐儒，宜爲所罵。觀儁舉措，遜其祖、父遠矣。所以遽能平魏者，乘其内亂，而恪、垂皆雄略過人，爲之勠力也。儁初約凉州夾攻，至是亦曾得張氏一兵之助乎？

燕人斬冉閔於龍城。會大旱，蝗，儁謂閔爲祟，遣使祀之，謚曰『悼武天王』。

旱、蝗，天災。閔即强死爲厲，天亦助之爲虐乎？使果能爲祟，將甘心於儁，奚止旱、蝗？

鄴中大饑，人相食。蔣幹奉表請降，求救於謝尚。尚使戴施據枋頭，施聞幹求救，徙屯棘津，止幹使者，求傳國璽。帥壯士入鄴助守，得璽，送於枋頭。

傳國璽在鄴，果如常煒之言。胡身之以爲：藺相如全璧歸趙，擢爲上大夫，施能致累代之寶，未聞晋有顯賞。竊謂傳國璽始自暴秦，漢以後相循寶用，其實政之盛衰、祚之短長不系乎此。石趙得璽於劉趙，自矜所有，故以江南爲白板天子，何足爲輕重乎！　至趙王之擢相如，亦謬賞耳，何足援爲故事哉！

魏馬願等開鄴城，納燕兵，戴施、蔣幹奔倉垣。慕容評送魏后董氏等於薊。燕王雋詐云董氏得傳國璽獻之，賜號『奉璽君』。

雋求璽不得，乃詐爲得璽，又賜『奉璽』之號以實之，適見其陋耳。然雋之爲此，欲僭帝位而以得璽傲晋也。

殷浩之北伐也，王羲之以書止之，不聽。既而無功，復謀再舉。羲之遺浩書，以爲：『軍破於外，資竭於内，保淮非所復及，莫若還保長江。』又與會稽王箋，勸其『暫廢虚遠之懷，以救倒懸之急。』不從。

羲之此論，與蔡謨正同，皆度量彼己之言也。蓋用兵之道，選將爲先，而兵力財力，舉足相副，方能乘釁赴機，動而有獲。若將不得人，兵不素練，財不應急，即使彼有可乘之釁，我有恰赴之機，卒不免勞而罔功耳。胡身之以爲保江之説王導佐元帝之規模，量時度力，策未爲非。又以諸葛街亭爲善敗不亡，其言是已。竊謂身之生於南宋，其偏安與晋正同，又目睹挑釁，以致亡國，故深以王導爲得策，而不復以忘仇忍耻爲譏。此乃一時之淺謀，非千秋之通義也。諸葛志在興復漢室，其《後出師表》正在街亭、箕谷喪師之後，何嘗以一敗挫其鋭哉！　此不可與江左諸臣相提并論也。

燕王雋即皇帝位。自謂獲傳國璽，改元元璽。

先既賜號『奉璽』，兹又改元『元璽』，蓋詐爲得璽，以自尊大，豈知璽已歸於『白板天子』哉！

姚襄屯曆陽，訓厲將士。殷浩惡其强，囚襄諸弟，屢遣刺客刺之，刺客皆以情告襄。（九年）

欲收其用，而惡其强，不足以御猛將，不能自强而忌人之强，更不足以御良將。乃至惡其强而囚其弟以辱之，忌其强而使刺客刺之，以御降將，是速之叛也。張遇之叛，由於謝尚不能撫慰；若浩之於襄，豈止不能撫慰而已哉！

初，浩陰遣人誘雷弱兒，使殺苻健，許以關右之任，弱兒僞許之，且請兵應接。浩聞張遇作亂，健子黃眉自洛陽西奔，以爲安等事已成。

陰遣刺客，其計已疏，況無端誘其用事之臣，使自害其主乎？ 如果弱兒力能殺健，則關中固已據而有之；倘殺健而不能定關中，必爲苻氏所誅，浩遠在壽春，兵力安能應接，此亦不煩再計而決者，乃不加審度，輕聽誤信，又偵候不明，一聞黃眉西奔，遽以大衆深入，而不虞變生肘腋。浩之敗，自取之也。

浩帥衆七萬北伐，欲進據洛陽，修復園陵。王彪之上會稽王箋，以『弱兒容有詐僞，浩未應輕進。』不從。

浩之北伐，非敢向關中應接弱兒也，第以姚黃眉西奔，洛陽唾手可得，故欲乘虛進據之，以修復園陵爲功耳。弱兒之誠僞，何關此舉之成敗哉！ 蓋彪之猶未悉浩之情也。

浩以姚襄爲前驅。襄引兵北行，度浩將至，詐令部衆夜遁，陰伏甲以邀之。浩追襄至山桑。襄縱兵擊之，浩大敗，弃輜重，走保譙城。襄復如淮南。

浩初欲北出許、洛，以張遇爲地主，遇叛而浩沮矣；此復謀據洛陽，以襄爲前驅，襄叛而浩敗矣。孔嚴之言，至是皆驗。非徒新降諸將難以義感，實由浩御之無術也。

張重華有疾，子曜靈纔十歲，立爲世子。謝艾有寵，左右疾之，譖艾，出爲酒泉太守。艾疏言張祚（重華庶兄）等將爲亂，重華徵艾，祚等匿而不宣。重華卒，世子曜靈立。

涼州諸臣，可倚者止一艾耳。重華乃受譖而出之於外。及疾篤，始手令徵之，將何及乎！子幼勢孤，遂爲奸人所乘，致啓篡奪之禍，則付托之失也。

張祚廢張曜靈，自稱涼王。丁琪諫曰：『我自武公以來，世守臣節，士民所以用命，以奉晋故也。今而自尊，則中外離心，安能拒强敵乎！』祚怒，斬之。（十年）

苻健以賈玄碩不上尊號而殺玄碩，祚以琪諫稱王而殺琪，奸雄盜據一方，亟思僭位，殆有如李壽所云『朝聞夕死』迫不及待者，有以卜其祚之不長也。琪言自是正論，但以時勢揆之，則河西地本險遠，易以劃疆自守，而張氏又世有賢君，勤於政事，故能延五十餘年之祚耳，不系乎奉晋與否也。劉琨、段匹磾可謂始終奉晋矣，何救於亡乎！

殷浩師徒屢敗，桓温請廢之。朝廷不得已，免爲庶人。浩常書空作『咄咄怪事』字。久之，温將用浩爲尚書令，浩欣然許焉，將答書，慮有謬誤，開閉者十數，竟達空函。温大怒，由是遂絶。

魏晋名士往往外托夷曠，内實貪競。即如浩屢辭徵命，若無意於世，及擢居政府，則又不自審度，既與桓温相抗，又欲北伐邀功，一旦被廢，則書空『咄咄』，□於得失之際，未免熱中。迨温欲以尚書令相縻，則欣然答書，惟恐失温之意，乃至開閉十數，誤達空函，尤可哂也。温之怒，殆以浩爲倔强猶昔耳。使悉其情，何怒之有哉！

桓温統步騎四萬伐秦，與秦兵戰於藍田，秦兵大敗，温軍進至霸上，秦太子萇退居城南，秦主健固守長安小城，遣雷弱兒等與萇合兵以拒温。

藍田一戰，秦軍固已披靡，猶有萇及弱兒之兵足以拒守。温不渡灞水，蓋亦不敢輕進也。

王猛少好學，有大志。聞桓温入關，披褐詣之，捫虱而談當世之務，旁若無人。温問曰：『三秦豪杰未有至者，何也？』猛曰：『公不渡灞水，百姓未知公心，所以不至。』

猛所云『未知公心』者，非謂温無志於定秦也。蓋以温既不渡灞水，則勝負尚未可必，故人懷觀望，恐温退師後苻氏罪之耳。

温與苻雄等戰於白鹿原，不利，死者萬餘人。温軍乏食，徙關中三千餘户而歸。以王猛爲高官都護，欲與俱還，猛辭不就。

温以孤軍直取成都，而不敢進逼長安者，苻氏勁悍，非李氏比；健爲秦民所歸，又與勢之親離衆叛不同。且是時雄等兵力猶盛，若徑渡灞水，前臨堅城，後有强敵，軍無見糧，野無所掠，不幾進退失據乎？必謂温力能攻而不攻，則未明乎當日之時勢也。胡身之謂：猛不從温，温匆匆退師，故不暇殺之。竊謂温本無意殺猛，殆商君所云『既不能用，亦不能殺』者。否則留猛於秦，以俟异日觀釁再舉而收其用耳。若果欲殺之，何不暇之有？

二月，秦大蝗，百草無遺，牛馬相噉毛。（十一年）

秦中地寒，必無二月大蝗之理。且蝗由蝻化，二月蝗將正月蝻子，百草未生，亦無從噉之無遺也。此史之誤。

苻健寢疾，引魚遵、雷弱兒等受遺詔輔政。謂太子生曰：『六夷酋長及大臣執權者，若不從汝命，宜漸除之。』

温公謂顧命大臣所以輔導嗣子，不宜教使自翦羽翼。竊謂大臣亦有未可姑容者，但云不從命即殺，則真亂命矣。命不可從，應匡救其失。况少年嗣位，正賴大臣輔導，而可責以惟命是從乎？健以夷狄崛起，竊據一隅，其大臣未免等夷倨傲，不肯低首事少主，故其言如是，抑亦無足深責也。未幾生因諫改元，即殺段純，則恪遵健之遺命也。

胡文等言於苻生曰：『有星孛於大角，熒惑入東井。不出三年，國有大喪，大臣戮死。』生殺其后梁氏及毛貴、梁楞、梁安以應之。

梁氏必先得罪於生，故借天象殺之，而并及其黨。未幾，復殺雷弱兒及后妃公卿以下五百餘人。蓋生本好殺，健復教以漸除不(用)[從]命之大臣，由是恣爲酷虐，遂至截脛、拉脅，鋸項、刳胎，無所不至。其人固不盡大臣，亦不問其從命與否矣。

秦苻柳遣閻負等使於凉，説張玄靚。玄靚稱藩於秦。

張氏雖六世奉晋，而茂、駿亦稱藩於二趙，故負等以利害説下之，然亦未絶於晋也。

姚襄攻洛陽，逾月不克。桓温自江陵北伐，與僚屬登平乘樓望中原，嘆曰：『神州陸沉，百年丘墟，王夷甫諸人不得不任其責！』袁宏曰：『運有廢興，豈必諸人之過！』

温之罪夷甫，爲會稽王等言之也。宏當時名士，故其言如是。温以景升大牛况之，殊咄咄相逼。

温至伊水，姚襄拒水而戰。温親督戰。襄衆大敗，奔洛陽北山。民知襄所在，扶老携幼赴之。楊亮自襄所來奔，温問襄之爲人，亮曰：『孫策之儔，（文雅）［雄武］過之。』

襄雖有英雄之目，惟一敗於麻田，再敗於誠橋，至此凡三敗矣。未幾與秦將鄧羌戰於黄洛又敗，遂爲所殺。亮以比孫策，殊不似。其屢敗而爲民所歸，乃似蜀先主。大抵襄博學善談論，爲江東士大夫所推，故譽之每過其實。其人殆亦沾染當時名士之習氣者乎！

燕慕容恪圍段龕於廣固，諸將請急攻之。恪曰：『我强彼弱，無援於外，當羈縻守之，以待其斃。』

恪於攻城緩急之宜，言之約而盡矣。司馬昭攻壽春禽諸葛誕，正是羈縻守之，以待其斃。

燕主雋徵乙逸爲光禄大夫。逸子璋爲御史中丞。逸嘆曰：『吾少自修立，克己守道，僅能免罪。璋不治節儉，專爲奢縱，而更居清顯。此即時世之陵夷也。』（升平元年）

觀逸之嘆其子，知慕容之不終矣。

秦苻生飲酒無晝夜，乘醉多所殺戮。自以眇目，諱言『殘、缺、偏、只、少、無、不具』之類，誤犯而死者，不可勝數。吕婆樓薦王猛於東海王堅，語及時事，堅大悦。

是時薛贊、權翼皆勸堅廢生而自立，堅問婆樓，亦不能決。所云『時事』者，乃篡奪之密謀也。此猛信用於堅之始。以視諸葛隆中之對，邪正固殊矣。

堅兄法與梁平老等帥壯士數百潛入雲龍門，堅與吕婆樓帥麾下三百人繼進。生猶醉寐，驚問左右曰：『此輩何人？』左右曰：『賊也！』生曰：『何不拜之！』

生自云『性耐刀槊』，今見賊則命左右拜之，殆亦色厲内荏者邪？旋爲堅所殺，瞎兒不止一泪矣。

堅稱大秦天王，即位於太極殿，以王猛爲中書侍郎。李威得幸於堅母苟氏，堅事之如父。威知王猛之賢，勸堅以國事任之，猛以兄事之。

猛以兄事威，蓋欲立功於秦，借威爲内主也。然其品斯卑矣。

堅自將討張平，以鄧羌爲前鋒。平養子蚝多力趫捷，能曳牛却走。羌擒之以獻，堅以蚝爲虎賁中郎將，常置左右。秦人稱羌、蚝皆萬人敵。

堅好用降將，蚝其一也。以蚝之勇，未測其心，而遽置左右，亦稍疏矣。

豫州刺史謝弈卒。司徒昱以桓雲代之。王彪之以爲：『兵權萃於一門（雲，温之弟），非深根固蒂之宜。』乃以謝萬爲豫州刺史。

彪之不以雲處西藩，是也。昱乃以萬代奕，蓋以其秀韵與己同耳。王羲之與桓温箋所云『違才易務』者，亦曾聞之乎？

燕主儁欲經營秦、晋，令州郡校實見丁，户留一丁，餘悉發爲兵，欲使步卒滿一百五十萬，期來春大集洛陽。劉貴上書，極陳其弊，儁善之，乃止。

調步卒一百五十萬，安所用之？儁非不知兵者，而爲此紛紛乎？不惟調發擾民，土崩足慮，且將蹈王莽昆陽、曹操赤壁之覆轍矣。

燕吴王垂娶段末柸女。涅皓告段氏爲巫蠱，欲以連污垂。考驗終無撓辭。掠治日急，竟死獄中。垂以段氏女弟爲繼室。

段氏奇女子，堪爲垂配。宜垂復以其女弟爲繼室也。後其女弟隨垂入秦，乃爲苻堅所幸，愧其姊矣。

燕主儁夢石虎嚙其臂，發虎墓，求尸不獲。女子李菟知而告之，得尸鞭之，投於漳水。及秦滅燕，王猛爲之誅菟，收而葬之。（三年）

因旱蝗而改葬冉閔，因夢嚙臂而鞭虎尸，儁何畏閔而不畏虎之爲祟邪？以虎之凶暴，即發墓沉尸，亦何足復論！猛乃葬虎而并誅菟，甚無謂也。

秦王堅以王猛爲京兆尹。太后弟强德豪横爲民患。猛下車收德，奏未及報，已陳尸於市。權豪、貴戚殺戮、刑免二十餘人，朝廷震栗。

猛爲政以執法爲主，先自貴戚，故能令行禁止。與諸葛治蜀略同。皆遠師子産者也。以新造之秦，而法必不容弛，益知王導之在江左不足有爲已。

燕主儁寢疾，謂太原王恪曰：『景茂（儁太子暐）冲幼，吾欲以社稷屬汝。』恪曰：『臣何敢干正統！陛下若以臣能荷天下之任，豈不能輔幼主乎？』儁曰：『汝爲周公，吾復何憂！』

儁才略遠不及其祖、父，所以拓境而成燕之霸業者，功皆由恪與垂也。儁雖疏垂，而能始終任恪，以幼子屬之，付托可謂得人矣。慕容氏有翰、有恪，苻氏有雄、有融，不惟資兼資文武，而志慮忠純，非徒江左所無，亦魏晋所罕。其是時山川間氣鐘於异域邪？

燕主儁大閲於鄴，欲使大司馬恪等將之入寇；會病篤，乃召恪等受遺詔輔政，尋卒。太子暐即位。（四年）

儁欲大舉入寇，而以疾不果，亦江左君臣之幸。

慕輿根言於太后可足渾氏及燕主暐曰：『太宰（恪）、太傅（評）將謀不軌，臣請帥禁兵以誅之。』可足渾氏將從之，暐曰：『二公，國之親賢，必不肯爾。』

暐以冲幼，而能辨根之誣，明恪不反，與漢昭帝之於霍光殊相似。

恪聞之，乃與評密奏根罪狀，誅根并其妻子。時新遭大喪，内外恟懼，恪舉止如常，由是人心稍定。

恪以安重定人心，而不慮意外之變者，威望素孚而心無他也。

恪雖綜大任，而朝廷之禮，兢兢嚴謹，朝（廷）［臣］或有過失，不顯其狀，隨宜他叙，以此爲貶。時人以爲大愧，莫敢犯者。

以遷官爲貶，果足致人之愧乎？此或偶一爲之，不可概施。史稱恪之美，容有溢辭。恐當日燕之朝士，亦未必人人自愛也。

燕所徵郡國兵互相驚動，自鄴以南，道路斷塞。恪以吴王垂鎮梁國之蠡台，孫希等帥騎二萬觀兵河南，臨淮而還，境内乃安。

恪自以安重鎮内，又使垂以兵威靖外，措置厘然，具有大略。

謝安少有重名，前後征辟皆不就，時人皆以公輔期之，至相謂曰：『安石（安字）不出，當如蒼生何！』

胡身之謂：盛名之下其實難副，而以安與殷浩并論。竊謂浩雖爲時輩所推，而局量殊淺。即以桓温論，平時既不量彼己與之相抗，迨温請北伐兵至武昌，遽惶恐欲避位，賴王彪之之言而止。安值温跋扈不臣之際，王坦之流汗沾衣，而安從容就席，笑語移日，卒能使温斂兵歸藩。兩人之優劣，固相懸矣。又何必以

『書空』『折屐』并，譏其矯情哉！

燕方士丁進欲求媚於太宰恪，説恪令殺太傅評。恪大怒，奏收斬之。

慕輿根説恪廢暐自立，而恪拒之；旋奏誅之。進説恪殺評，而收斬之。恪之心，皎如白日。

燕河内太守吕護欲引晋兵襲鄴。太宰恪將兵討之。護嬰城自守。傅顔請急攻之，恪曰：『護内無蓄積，外無救援，坐而守之，不過十旬，取之必矣。』乃築長圍守之。

恪圍野王，仍用廣固前策，皆司馬氏取壽春之遺法也。但文欽等求救於吴而吴救之，護降晋而晋不能救，恪亦不復以晋爲虞也。救護且不能，尚敢襲鄴乎？

范寧好儒學，常謂王弼、何晏罪深於桀、紂。或以爲過。寧曰：『王、何蔑弃典文，幽沈仁義，波蕩後生，至今爲患。桀、紂自喪之罪小，不如迷衆之罪大也。』

當此時而能昌言王、何之罪，可謂豪杰之士矣。孟子言孔子賢於堯、舜，以其功在萬世也；寧言王、何甚於桀、紂，亦以其禍及後生也。語异而意同。但比王、何於桀、紂，究嫌擬不於倫，當云浮於楊、墨。

秦王堅命牧伯守宰各舉孝悌、廉直，得人者賞之，非其人者罪之。由是請托不行，士皆自勵。

似此立法，亦非所難。難在破除一切瞻循，而實力奉行之耳。亦非堅所及，蓋即諸葛循名責實之政，而王猛師之以治秦也。

鑒評别録卷二十四

晋紀七

哀皇帝（諱丕，成帝長子，封琅琊王，在位三年）

桓温請遷都洛陽。人情疑懼，孫綽上疏言其不可，王述曰：『温欲以虚聲威朝廷耳，非事實也；但從之，自無所至。』事果不行。（隆和元年）

以晋之國勢、温之兵力，偏安江左，亦云幸矣。遽欲長鶩遠邁，旋軫舊京，擁孱弱之主，驅播蕩之民，以新復之邦，當方張之寇，是速之亡也。温非不量彼己者，敢出此哉？綽文士，不徒明於時勢，亦妙於語言，但不如述之料温爲能洞見肺腑也。

朝廷以交、廣遼遠，改授温督并、司、冀三州；温辭不受。

以并、司、冀三州授温者，因其請遷洛陽，故使遥領之，以便乘勢進取也。但交廣雖云遼遠，而地接荆益，利盡南海；若并、司、冀，則久已翦爲戎藪，曠若异域，名爲兼督三州，實則八州削去其二，固宜温之不受也。益知遷都之議妄已。

詔復徵大司馬温入朝。温至赭圻，詔止之，温遂城赭圻居之，固讓内録，遥領揚州牧。（［興寧］二年）

既徵之而復止之，適足增其跋扈而已。蓋畏温之逼，故以入朝虚崇其體，以爲必不入也。迨温果東上，則又惟恐其至，徵之僞也，止之誠也。似此舉措，詎不爲奸雄所窺？

大司馬温移鎮姑孰。以其弟豁領荆州刺史，監荆州、揚州之義城、雍州之京兆諸軍事；加江州刺史桓冲監江州及荆、豫八郡諸軍事，并假節。（三年）

自鎮姑孰，進逼京邑，而以荆、江二州付之兩弟，監軍假節，雄踞上游。非止兔營三窟，直是虎添兩翼已。

司徒昱聞陳祐弃洛陽，會大司馬温於洌洲，共議征討。帝崩，事遂寢。

止温入朝，而昱出就之，與議北伐，豈果有志進取哉！因温屯姑孰，畏其内逼，欲以救洛陽爲由趣之移鎮耳。其意易見，未足動温也。

周撫卒。撫在益州三十餘年，甚有威惠。以其子楚代之。

撫初附王敦，其人本無足取。後乃立功於蜀，以威惠著稱，然亦不得爲訪之肖子也。

海西公（諱奕，字延齡，哀帝母弟，在位五年，爲桓温所廢）

燕太原王恪言於燕主暐曰：『吴王垂，將相之才，十倍於臣。臣死之後，願陛下舉國以聽吴王。』秦王堅聞恪

卒，陰有圖燕之志。（太和二年）

恪臨終薦垂自代，可謂忠矣。暐非不用其言，所以卒致垂懼禍而出奔者，評爲之梗也。燕亡於暐，實亡於評。桓温以恪在爲可憂，苻堅聞恪卒而有圖燕之計，國以一人輕重，豈不信然！

以郗愔爲徐、兖二州刺史，鎮京口。

愔，超之父，而不黨於桓温。超爲温之腹心，故中朝即以愔鎮京口，示温不疑，而因以制超也。

秦魏公廋以陝城降燕，請兵應接；秦人大懼。燕范陽王德請伐秦，燕人多請救陝，因圖關中，太傅評不可。

德所云苻氏骨肉乖離，國分爲五，實取秦可乘之機。而吴王垂及皇甫真亦王猛之敵。若用其言，秦亦危矣。評庸奴，暐豎子耳，安知大計！

秦王猛等拔陝城，獲魏公廋，送長安。秦王堅賜廋死，原其七子，以長子襲魏公。苟太后曰：『廋與雙俱反，雙獨不得置後，何也？』堅曰：『高祖（苻健）之子不可以無後。至於仲群（雙字），不顧太后，謀危宗廟，天下之法，不可私也。』

雙，堅之母弟，故苟氏援庾爲言，欲爲立後，私其子也。堅可謂不私其弟矣。

桓温不欲郗愔居北府。愔遺温箋，欲共奬王室。愔子超爲温參軍，更作愔箋，自陳老病，乞閑地自養，勸温并領己所統。温大喜，即以愔爲會稽内史。（四年）

愔初爲會稽内史，其鎮京口，會稽王昱用之也。温雖不願，以超之故，亦姑聽之。及得超所爲愔箋，仍以爲會稽内史，意以愔還之會稽王耳。

温帥步騎五萬發姑孰，自兖州伐燕。至金鄉，使毛虎生鑿巨野三百里，引汶水會於清水。

鑿巨野引汶水以通漕，即元人會通河之權輿也。今南漕亦貪汶水之力爲多。

郗超曰：『清水入河，難以通運。若寇不戰，運道又絶，因敵爲資，復無所得，此危道也。不若舉衆直趨鄴城。』

客兵所以利速戰者，正以深入敵境糧運易懸乏也。況以步騎六萬之衆，而欲憑初鑿三百里一線之水以通運乎？温非不知兵者，乃不用超策何也？及秦攻燕，則遣王猛統諸將破壺關、越上黨、長驅向鄴，爲疾雷不及掩耳之勢，遂一戰而傾其國都，正與超策不謀而合。

温至枋頭，燕主暐及太傅評大懼，謀奔和龍。吴王垂請擊之，暐以垂爲南討大都督，帥衆五萬以拒温。

温因慕容恪死而輕燕，故大舉北伐，以爲中原唾手可定。不知恪死而垂尚在，燕固未可圖也。蓋評雖忌之，事急不得不仗其力，垂亦不得不爲之用也。

暐遣樂嵩請救於秦，王猛言於堅曰：『若温舉山東，進屯洛邑，觀兵崤、澠，則陛下大事去矣。不如與燕合兵以退温；温退，燕亦病矣，然後我承其弊。』

秦之救燕，實自救耳。猛固不欲温得志於燕，而留燕以俟己之自取也。温之智略亞於猛，猛直趨鄴都而克燕者，慕容垂已在秦也；温不敢直趨鄴都而卒敗者，垂猶在燕也。使二子易地以處，成敗固有未可知者。

温數戰不利，糧儲復竭，又聞秦兵將至，焚舟，弃輜重、鎧仗，自陸道奔還。慕容垂追及温於襄邑，大破之，斬首三萬級，秦苟池邀擊温於譙，又破之，死者萬計。

郗超之言驗已。温屢出師，無此大挫，自是氣索，不復再出矣。

燕吴王垂自襄邑還，威名益振，太傅評愈忌之。太后可足渾氏素惡垂，與評密謀誅之。恪子楷勸垂先發，垂曰：『骨肉相殘，首亂於國，吾有死而已，不忍爲也。』

垂之於暐，亦如翰之於皝，皆拳拳忠愛，而無地自容者也。然翰奔遼西，又奔宇文，皆不忘宗國，垂奔秦，則佐苻氏以覆燕，竟爲戎首矣。

世子令言於垂曰：『太傅忌賢疾能，人尤忿恨。若襲其無備，取之如指掌耳。願給騎數人，足以辦之。』垂曰：『不如西奔。』遂奔秦。

令初勸垂東保龍城，至此復欲襲取鄴都，均非完策也。就二策衡之，若保龍城，評必以全力與争，其能自全與否，尚不可知。若以數騎掩評不備，謀襲鄴都，則行險僥倖，成一而敗九矣。

初，秦王堅聞太宰恪卒，陰有圖燕之志，憚垂不敢發。聞垂至，大喜，郊迎，執手曰：『要當與卿共定天下。』

桓温知恪而不知垂，知人之明，不及堅遠矣。然則温不能用王猛，而堅能用之，又何足怪乎！

王猛言於堅曰：『慕容垂父子，譬如龍虎，若藉以風雲，將不可制，不如早除之。』堅曰：『吾方收攬英雄以清四海，奈何殺之！』

垂父子誠非可馴，然是時方得罪於燕，歸命於秦，豈有他望？孫仲謀尚借蜀先主以荆州，堅之待垂，安得云養虎自遺患乎！論者徒以秦卒爲燕并，故歸咎於堅不除垂，而服猛先見。不知秦之亡，由於滅燕而盡遷鮮卑於關中，又以大衆傾國南伐而不虞其後，一經挫敗，遂爲慕容泓輩所乘，垂因而復故業耳。使秦不滅燕，堅不伐晋，各守其國，鼎峙争衡，如垂父子詎不可爲秦之爪牙哉！即使秦滅燕而善處其遺民，堅伐晋而不輕於大舉，進可以攻，退可以守，垂父子又安能爲患哉！

燕申紹上疏，以爲：『守宰致治之本。大燕户口，數兼二寇，弓馬之勁，四方莫及；比者戰則屢北，皆由守宰賦調不平，侵漁無已，行留俱窘，莫肯致命故也。』

紹以兵不制勝，由於民不用命，不咎將帥之失其職，而咎守令之非其人，可謂探本之論。古今成敗，恒必由之。

初，燕許割虎牢以西賂秦。晋兵既退，燕人悔之。秦王堅大怒，遣王猛等帥步騎三萬伐燕，進攻洛陽。

秦既得慕容垂，則堅取燕之志决矣。即使守割地之約，猶不免觀釁而動，况自啓兵端乎！

孫盛作《晋春秋》，直書時事；大司馬温見之，怒，謂盛子曰：『枋頭誠爲失利，何至如尊君所言！』其子拜謝，遂私改之。盛先已寫别本，傳之外國。

盛作《晋史》，書法不隱可也。先寫别本，傳之外國，則失諱國惡之義矣。且定哀之間，多微詞，亦何嘗訐以爲直哉！

王猛請慕容令參其軍事，至洛陽，賂垂所親金熙，詐爲垂使者，言已已還東，囑令速發。』令遂奔燕軍於石門。猛表令叛狀，垂懼出走，爲追騎所獲。秦王堅引見東堂，待之如舊。燕疑令反間，徙之沙城。

勸堅疏垂，猶可也；勸之殺垂，已過矣；乃至詐爲垂使，譎令出奔，欲以叛坐令，而因誅垂，則大非君子之所爲矣。猛此舉宜爲温公所譏，但云『市井鬻（販）［賣］』，比擬殊不似，直謂之屑小構陷可耳。堅不罪垂，殊有英雄大度。

慕容令自度終不得免，密謀起兵，帥謫戍士東襲威德城，遣人招東西諸戍，皆應之。後衆潰，爲涉圭所殺。

令少年英鋭，而失之輕脱。觀其勸垂以數騎襲鄴可見矣。讁戍數千，似足成軍，而肘腋變生，卒罹戕害，則知保東都、守肥如之策，未必果自全也。

王猛克壺關，執上黨太守南安王越，燕人大震。封孚問申胤曰：『事將何如？』胤曰：『鄴必亡矣。然越得歲而吴伐之，卒受其禍。今福德在燕，秦雖得志，而燕之復建，不過一紀耳。』

若歲星果可恃，燕不應亡；一紀之後，天道可預必乎？此與吴越之廢興，皆子産所云『多言或中』者耳。

王猛進兵潞川，與慕容評相持。猛因失期，欲斬徐成，鄧羌請之，猛弗許。羌欲攻猛。猛使謂之曰：『將軍止，吾今赦之。』將戰，猛謂羌曰：『非將軍不能破勍敵！』羌曰：『若以司隸見與者，公勿以爲憂。』猛曰：『非吾所及也。』俄而兵交，召羌，不應。猛馳就許之，羌與張蚝等馳赴燕陳，出入數四，燕兵大敗。評單騎走還鄴。

崔鴻論鄧羌撓法徇私，陵上邀君，猛容其所短，收其所長，有合於『采葑采菲』之義，温公取之。竊謂猛自度不能制羌，則應貸徐成以悦其心；知破燕必資其勇，則應如所請，許爲司隸以作其氣，乃先皆拒而弗許，直至其勒兵相攻，堅卧不應，始不得已而許之。雖卒收其用，而帥之令不行於將，失制御之道矣。

猛之未至也，鄴旁剽刼公行。及猛至，遠近貼然，號令嚴明，軍無私犯。

諸葛軍於渭濱，魏民不知兵；猛攻鄴城，燕民各安其業。均不失吊伐之義。

余蔚帥扶餘等質子五百餘人，夜開鄴北門，納秦兵，燕主暐與上庸王評等奔龍城。暐失馬步走，郭慶執以詣秦王堅。堅令還宫，帥文武出降。

燕以廆、皝、雋數世之業，暐雖冲幼，亦無甚失德，乃一戰而敗，遂致瓦解土崩，投足無所者，何也？崛起一隅，植基本淺，拓地雖廣，皆以兵力屈服；故盛則甘爲僕隸，衰則起爲寇仇，無足怪也。

太宗簡文皇帝（諱昱，字道萬，元帝少子，桓温廢海西公而立之，在位二年）

秦王堅以關東初平，守令宜得人，令王猛以便宜簡召英俊，補六州守令，授訖，言臺除正。（咸安元年）

守宰致治之本，申紹曾言之於燕主暐，而暐不能用； 堅乃首以爲務，又得猛爲之簡召，計此時守令宜得其人，六州之民咸慶更生矣。乃未幾慕容氏乘亂一呼，復背秦而爲燕，何也？ 蓋燕之并於秦，以慕容評一戰而敗，遂以不支耳。暐固未嘗毒痛其民如石虎之暴也。秦人得之易，失之亦易，理固然也。

秦王堅既克楊纂，因命王猛爲書諭張天錫。天錫大懼，遣使謝罪稱藩。

秦既定燕、定仇池，凉州震恐，傳檄可下，自然之勢也。猛書侈説兵威，乃云回弱水使東流、返江河使西注，無乃誇而誕乎！ 此與苻堅投鞭斷江流之言，同爲自滿之失。

大司馬温陰蓄不臣之志，既克壽春，謂郗超曰：『足以雪枋頭之耻乎？』超曰：『未也。』温曰：『然則奈何？』超曰：『明公不爲伊、霍之舉，無以立大威權，鎮壓四海。』

曹孟德敗於赤壁，遂寢禪讓； 温挫於枋頭，乃謀廢立，非必所見不同。曹有所畏，而温無所忌也。超亦如魏之董昭。

温詣建康，諷褚太后，請廢帝，百官震栗，不知所爲。王彪之知事不可止，乃命取《霍光傳》，禮度儀制，定於須臾。宣太后令，廢帝爲東海王，迎會稽王即皇帝位。

温欲謀廢立，豈猶不知《霍光傳》乎？ 郗超首贊邪謀，而亦不豫爲之計，乃至臨時張皇失措邪？ 彪之素非黨於温者，即事不可止，亦姑聽之云爾，又何必亟取先代故事以助成其惡乎？ 此舉僅愈於華歆、王沈耳。史乃云『彪之神彩毅然，曾無懼容，文武儀准，莫不取定』，若以爲真能臨大事者，可謂褒其所當貶，失予奪之准已。

温威振内外，帝雖處尊位，常懼廢黜。郗超請急省其父，帝謂超曰：『致意尊公，家國之事，遂至於此！』遂泣下沾襟。

史稱『帝神識恬暢，然無濟世大略，謝安以爲惠帝之流，但清談差勝』。竊謂帝雖乏宏略，而文雅可觀，使際承平，尚不失爲中主。第以制於强臣，不能有爲耳。方之漢獻，庶爲近之。豈惠帝之昏騃不辨菽麥者所可同日語哉！此論未免抑之太過，亦非人臣所宜言，未必果出於安也。而胡身之乃云『能立此論，可謂拔乎流俗』，何哉？

郗超以温故，朝中皆畏事之。謝安嘗與王坦之共詣超，日旰未得前。坦之欲去，安曰：『獨不能爲性命忍須臾邪？』

安未遇時，托弟萬於諸將，兹既拜温，又降志於超，皆體物情以自免禍也。明夷柔順，固亦不得不然耳。

張天錫聞秦有兼并之志，大懼，立壇於姑臧西，刑三牲。帥其官屬，遥與晋三公盟。遣使奉表送盟文，并獻書於大司馬温，期以明年夏會於上邽。

立壇遥盟，奉表獻書，將以求助於晋，而無救於危也。晋爲秦弱，勢既不敵，且與凉州地不相接，秦兵近在門庭，安能俟晋援於數千里之外哉！

帝不豫，立子昌明爲皇太子，遺詔：『大司馬温依周公居攝故事。』又曰：『少子可輔輔之，如不可，君自取之。』王坦之曰：『天下者，宣、元之天下，陛下何得專之！』（二年）

正惟爲宣、元之天下，所以有桓温之臣。温學宣帝者也，何足怪乎！

帝乃使坦之改詔曰：『家國事一稟大司馬，如諸葛武侯、王丞相故事。』温望簡文臨終禪位於己，不爾便當居攝。既不副所望，甚憤怨。

使温得居攝，必爲新莽。此則坦之改詔及彪之封還太后令旨之力。然温必欲爲之，豈坦之等所能禁乎？晋祚所以不傾者，温死既速，而弟冲頗賢，子玄尚幼，故王謝得以展其忠悃耳。

秦王猛爲相剛明清肅，善惡著白，放黜尸素，顯拔幽滯，勸課農桑，練習軍旅，官必當才，刑必當罪。由是國富兵强，秦國大治。

如猛之才，庶幾管葛耳。王導、謝安且不敢望，何殷浩之足云？

鑒評别録卷二十五

晋紀八

烈宗孝武皇帝（諱曜，字昌明，簡文帝第三子，在位二十一年）

桓温薨。初，温疾篤，諷朝廷求九錫。謝安、王坦之故緩其事，使袁宏具草，宏以示王彪之，彪之曰：『卿固大才，安可以此示人？』（寧康元年）

彪之規宏，是已。宏亦應規彪之曰：『卿固博學，安可以《霍光傳》示彼邪？』

秦王堅使王統等入寇梁、益，遂取二州。邛莋、夜郎皆附於秦。

梁益皆入於秦，則上游勢逼，江左危矣。所以不致蹈孫氏之覆轍者，秦尋亂也。

秦王堅欲以周虓爲尚書郎。虓曰：『蒙晋厚恩，但老母見獲，失節於此，母子獲全，秦之惠也。』遂不仕。每見堅，或箕踞而坐，呼爲氐賊。嘗值元會，堅問之曰：『晋朝與此何如？』虓曰：『犬羊相聚，何敢比擬天朝！』

虓第不仕於秦，故堅以其守節而容之耳。既不仕矣，何從見堅，又何從與於元會，而輒爲是箕踞謾罵乎？堅若於『氐賊』『犬羊』甘受不耻，亦何以臨其臣下乎？且虓之降秦，爲全母也；乃屢次觸忤其主，豈不慮及母子并誅乎？與其失節而自取并誅於秦，何如守節而同死於晋，猶爲不虧忠孝乎？此必周氏子孫爲其祖父文過，史氏因其家乘爲之記載，乃斷不足信者也。

有彗星出於尾箕，掃東井。秦太史令言於秦主曰：『十年之後，燕當滅秦。』秦（平陽）〔陽平〕公融上疏以爲：『慕容氏狼虎之心，終不可養。』堅曰：『惟修德可以禳灾，何懼外患！』

修德禳灾，堅之言似已。畜慕容冲爲龍陽，與段夫人同輦，修德者固如是乎！堅之親幸慕容，雖自托於恢廓大度，未嘗不由於一雌一雄雙飛入宫也。

有人入秦明光殿大呼曰：『甲申、乙酉，魚羊食人！』秦王堅命執之，不獲。朱彤、趙整固請誅鮮卑，堅不聽。（二年）

前有妖星之變，此有妖人之异，言者盈廷，而王猛不聞有所建白，何也？或以大道悠遠難知，而不知誰何之人無端入殿大呼，索之不獲，事本近誣；又魚羊拆字，義尤淺俚，恐有心陷害，而托諸鬼神，故不欲深究其事邪？抑或以前已屢言之而堅不聽，不復爲再三之瀆邪？

王猛寢疾，秦王堅親爲之祈南、北郊。猛疾少瘳，爲之赦殊死以下。猛上疏曰：『善作者不必善成，善始者不必善終。伏惟陛下，追踪前聖，天下幸甚！』

堅所以及身而亡者，地大兵强，自謂無敵，志在混一六合，而不虞蕭墻之禍，皆自滿之一念有以致之。猛之遺疏，固已鑒及堅之弗克善終已。

堅親至猛第，訪以後事。猛曰：『晋正朔相承，上下安和，臣没之後，願勿以晋爲圖。鮮卑、西羌，我之仇敵，終爲人患，宜漸除之。』言終而卒。（三年）

胡身之以爲：王猛知正統在晋。竊謂猛既不仕晋而仕秦，與諸葛丞相之委身劉氏，固不可同年語矣。彼其君臣魚水，豈不欲并舉江南，混一區宇哉！第以王謝和衷，政無過舉，因以爲未可圖耳。身之生於南宋，故斤斤以正統爲言，猛之意殊未必然也。鮮卑，慕容也；西羌，姚也。堅滅燕而親用慕容氏，殺姚襄而親用姚萇，以爲懷之以异量之恩，冀收其用；不知既滅其國、殺其兄矣，尚何恩可懷乎？彼若忘本事仇，則是全無心肝，不足齒數；果其負驍雄之恣、抱縱横之略，即使抑心俯首暫就羈靮，其回顧反噬，何能一日忘哉！堅所以國覆於慕容而尸戮於姚氏也。

帝講《孝經》，始覽載籍，延儒士。謝安薦東莞徐邈補中書舍人，每被顧問，多所匡益。

王導不欲成帝誦詩書、親士大夫，庾亮譏之以爲愚其主。安薦邈以資匡益，非導所及也。

秦王堅下詔：『增崇儒教，禁老、莊、圖讖之學，犯者弃市。』

堅知崇儒教、禁老莊，將以矯晋人之失，尤能遏絶圖讖，其識遠出漢魏君臣及諸儒士，蓋皆王猛教之。堅禁老莊，而重沙門道安，絶讖學而信讖文，非必果有特操也。

堅下詔曰：『朕聞勞於求賢，逸於得士。往得丞相，常謂帝王易爲。自丞相違世，鬚髮中白。今或政教淪替，可分遣侍臣周巡郡縣，問民疾苦。』（〔太元元年〕）

王猛既歿，而堅念之不置，君臣相與之際，有如是乎！前既自臨聽訟，茲復遣使問民疾苦，堅似知守猛成法，孜孜求治。但秦之綱紀日以弛紊，則知非言之艱行之維艱也。

堅遣苟萇等將兵臨西河，閻負、梁殊奉詔徵張天錫入朝。群臣皆勸天錫發兵拒之，天錫攘袂大言曰：『孤計決矣！』乃射殺負、殊。

平時荒於酒色，不親庶務，至此乃攘袂大言，不量彼己，以弱敵强，而輕於一決，適足自速其亡而已。

秦人聞天錫殺負、殊，梁熙等濟自清石津，苟萇濟自石城津，天錫奔還姑臧。秦兵至姑臧，天錫出降。

涼州阻河爲固，不能防河，以致秦之兩軍克期并濟，張氏之大事去矣。姑臧何可守乎？

桓冲聞秦攻涼州，遣朱序等游軍沔、漢，又遣桓伊帥衆向壽陽，劉波泛舟淮、泗，欲撓秦以救涼。聞涼州敗没，皆罷。

一軍向沔漢，一軍向淮泗，名爲援涼，而涼不知其援也；名爲撓秦，而秦不爲所撓也。卒亦皆罷而已。晋之兵力，安能及遠哉！

代王什翼健爲其子實君所弑，部衆逃潰，國中大亂。秦王堅執實君，至長安車裂之。分代民爲二部，自河以東屬劉庫仁，以西屬鐵佛衛辰。

以秦之力，乘代之亂，可以犁其庭矣。而仍存撫之者，遷徙之國與城郭不同，既不能夷其種族，不得不因其風俗，置君長以統之也。

慕容紹私謂其兄楷曰：『秦恃其强大，務勝不休，北戍雲中，南守蜀、漢，兵疲於外，民困於内，危亡近矣。冠軍叔父（慕容垂時爲冠軍將軍）智度英拔，必能恢復燕祚。』

堅志大而中疏。志大故攻戰不休，中疏故防患不謹。是時平凉定代，班功賜爵，方且赫然下詔，自以爲辟土九千，威加無外，安知慕容子弟固已竊睨其旁、思乘其後哉！

趙故將作功曹熊邈屢爲秦王堅言石氏宫闕器玩之盛，堅以邈爲將作長史，大修舟艦、兵器，飾以金銀，頗極精巧。（［二年］）

堅之志略，非石虎可比，其用邈非爲宫闕、器玩計，蓋以平凉定代，跨踞梁益，固將進規漢沔，控制上游，爲順流破竹之勢耳。大修舟艦，其意可知已。

桓冲以秦人强盛，欲移阻江南，奏自江陵徙鎮上明。

秦兵南下，惟阻江可以禦之。冲老將，其移鎮上明，與庾亮之置戍邾城，所見自别。

詔求文武良將可以鎮禦北方者，謝安以兄子玄應詔。郗超聞之，曰：『玄之才不負所舉。』衆咸以爲不然。超曰：『玄履屐間未嘗不得其任，是以知之。』

超於玄之機略知之有素，故决其不負所舉，特難與衆言，姑舉履屐一端以明之耳。實則修飾邊幅，無關才謂也。

玄募驍勇之士，得劉牢之等數人。以牢之領精鋭爲前鋒，戰無不捷，時號『北府兵』。

玄固有將略，而攻戰必資猛士，前鋒之鋭，實惟牢之。桓温每謂北府兵可用，蓋京口之兵本以北府著名，至玄乃更精耳。

謝安欲增修宫室，王彪之曰：『今寇敵方强，豈可大興功役，勞擾百姓！』安不能奪其議。

彪之此論，非安所及。安固宏雅，而有不能免俗者二：好音律與修宫室也。

郗超黨於桓氏，以父愔忠於王室，不令知之。及病甚，出一箱書授門生曰：『我死之後，若以哀惋害寢食者，可呈此箱。』超卒，愔果成疾，門生呈箱，皆與桓温往反密計。愔大怒，遂不復哭。

超不能仰承父志，勸温尊奬王室，乃至共謀簒逆。假令事成，不知置父何地？即死後有術以止父之哀，安得謂孝乎？

作新宫，帝移居會稽王邸。秦王堅遣長樂公丕等帥步騎七萬寇襄陽，石越率精騎一萬出魯陽關，慕容垂等帥衆五萬出南鄉，苟池等率衆四萬出武當，會攻襄陽。（三年）

方作新宫，而秦師大至，謝安應悔不用王彪之之言。是時軍興旁午，所費不貲，想規制亦未能宏整耳。

苻丕欲急攻襄陽，苟萇曰：『吾衆十倍於敵，糗糧山積，但塞其運道，絶其援兵，何患不克？而多殺將士，急求成功哉！』丕從之。

萇蓋欲師慕容恪圍廣固之遺策也。所以日久無功者，適逢朱序之善守也。

丕命諸軍并力攻襄陽。朱序屢出戰，破秦兵。督護李伯護送款於秦，請爲内應；丕命諸軍進攻之，克襄陽，執朱序，送長安。（四年）

襄陽之失，由於内變，非序不能戰也。苻堅嘉序守節，拜度支尚書，而斬伯護以戒不忠，得好惡之正已。

詔以『疆埸多虞，年穀不登，其供御所須，事從儉約；九親供給，衆官廪俸，權可减半。』

猝備兵機，頓形空匱，國之儲蓄，概可知已。然使不作新宫，當不至是。

秦毛當、王顯帥衆二萬，自襄陽東會俱難、彭超，攻淮南。拔盱眙，圍田洛於三阿，去廣陵百里，朝廷大震。謝玄自廣陵救三阿，連戰，大破之，難、超僅以身免。

桓冲在上明，擁衆七萬，不敢救襄陽，以致失守；玄自廣陵趨救三阿，立挫秦師。厥後一戰於盱眙，再戰於淮陰，三戰於君川，均能制勝却敵，二帥之功罪較然已。玄此舉實出淝水上，彼乃堅退軍而融被殺，秦兵因之遂潰耳。

朝廷以秦兵之退爲謝安、桓冲之功，拜安衛將軍，與冲皆開府儀同三司。

安薦玄而制勝却敵，其功自不可没；　冲以襄陽陷失，疏請解職，朝廷不許，已屬從寬，至此乃與安同賞，何也？　詎非以桓氏世將，冲又心在王室，而安方柄政，玄乃兄子，不欲有所軒輊於其間邪？　此自時勢宜然，不必綜核其名實也。

秦王堅分三原、九嵕、武都、汧、雍氐十五萬户，使長樂公丕等各領之，散居方鎮。　堅送丕至灞上，諸氐别其父兄，皆慟哭，哀感路人。

人情安土重遷，盤庚遷殷以避河患，而民胥動浮言；　晋惠敕六郡流民反其本土，而李氏因以據蜀。況無故而散之四方哉！

帝初奉佛法，立精舍於殿内，引諸沙門居之。　王雅表諫，不從。（六年）

奉佛法，立精舍，已先梁武帝而爲之矣。　桓温欲廢海西公，太后在佛屋燒香，是宫中先有佛屋；　精舍特佛屋之别名耳。

秦員外散騎常侍王皮謀反，事覺，秦王堅問之，王皮曰：『欲圖富貴耳。』堅曰：『丞相臨終托卿，以十具牛爲治田之資，未嘗爲卿求官。　知子莫若父，何其明也！』

諸葛丞相有賢子，則遺之以十五頃薄田、八百株桑；　王丞相有不肖子，則托之以十具牛。　子雖不同，而兩賢之爲裕後計者，與疏太傅何以异哉！

秦王堅會群臣議伐晋，權翼、石越皆以爲未可。陽平公融曰：『諸言晋不可伐者，皆忠臣也。今勞師大舉，恐無萬全之功。且臣之所憂，不止於此。』（〔七年〕）

融所以不願伐晋者，非以晋爲必不可伐也，特不欲堅大舉親征耳。鮮卑、羌、羯布滿郊甸，太子獨以弱卒數萬留守國都，寇仇睥睨，根本空虛，即使克敵拓境，猶恐有艾陵、黄池之悔，況未必能勝乎？

慕容垂言於堅曰：『「謀夫孔多，是用不集。」陛下斷自聖心足矣。』堅大悦。陽平公融諫曰：『江東雖「微」弱僅「存」，然中華正統，天意必不絶之。』堅曰：『帝王歷數，豈有常邪！』

是時秦諸臣贊堅伐晋者，朱彤與垂耳。彤所見與堅同，非有他也；垂力排衆議，以助其決，則冀其敗而思乘之。融言窮兵極武未有不亡，可謂切至，然云正統不在夷狄，則正中堅之所忌矣。垂所云晋武混一，乃堅之志也。方欲混一而斬以正統，宜其怫然耳。

堅所幸張夫人及幼子中山公詵皆諫，不聽。

堅之伐晋，匪直舉朝以爲不可，乃至外而沙門道安，内而愛妾幼子，更番進諫，卒不能□其行。誠以恃己之强欺晋之弱，以爲江南唾手可得，一六合而紹正統，千載一時也。是時，晋亦岌岌矣。

秦王堅大舉入寇，戎卒六十餘萬，騎二十七萬。以謝石爲征討大都督，以謝玄爲前鋒都督，衆共八萬拒之。玄

問計於謝安，安曰：『已別有旨。』既而寂然。（八年）

安不答玄問，第以大敵壓境，故示以鎮静以安人心耳，廟算初不在此。且軍形百變，非可執一，亦難以居中遥制也。

安遂命駕出游山墅，親朋畢集，與玄圍棋賭墅。安棋劣於玄，是日玄懼，遂爲敵手。安遂游陟，至夜乃還。

圍棋賭墅，是時似可已矣。此與蜀費禕之與來敏頗相似，皆千古美談，實則無關機要也。

桓冲遣精鋭三千入衛京師。謝安固却之，冲嘆曰：『安石（安字）有廟堂之量，不嫻將略。今大敵垂至，游談不輟，遣諸不經事少年拒之，天下事已可知矣！』

玄淝水之捷亦天幸耳，冲老成之言未可非也。

秦陽平公融等攻壽陽，克之。梁成等帥衆五萬屯洛澗，謝石、謝玄等不敢進。融馳使白秦王堅曰：『賊少易擒，但恐逃去，宜速赴之！』

融初以晋爲不可伐，至此獲胡彬使，知彬軍糧盡，石等怯敵，勸堅速赴，正合兵機。胡氏譏其輕脱，則事後論成敗也。

堅引輕騎就融於壽陽。遣朱序説謝石等降。序謂石等曰：『秦諸軍未集，宜速擊之。』謝玄遣劉牢之帥精兵五千擊梁成，大破之，斬成。

壽陽既失，苻堅親赴，石等已有氣沮力屈之勢。所賴者，朱序進計，牢之摧鋒，故軍勢稍振耳。

秦兵阻肥水而陳，晋兵不得渡。秦王堅曰：『但引兵少却，使之半渡，以鐵騎蹙之，蔑不勝矣！』遂麾兵使却。秦兵遂退，不可復止，謝玄等引兵渡水擊之。陽平公融馳騎略陳，馬倒，爲晋兵所殺，秦兵大敗。

胡身之謂：兩陣相向，退者先敗。此用兵之常勢，乃就兩陣勢均力敵，置陣平地者言之耳。是時秦軍之衆，十倍於晋，又阻肥水，堅欲引兵少却，蹙之半渡，計未爲失。至秦兵退不可止，融復以略陣被殺，不惟非堅之所料，亦非玄所料也。肥水之捷，實由天幸，非諸將之力果足摧大敵也。亦猶虞允文采石之挫金主亮。

是時，諸軍皆潰，惟慕容垂所將三萬人獨全，堅以千騎赴之。垂子寶説垂取堅，以復燕祚，垂曰：『吾昔爲王猛所賣，秦主獨能明之，此恩何可忘也！』

堅不殺垂於令叛之時，洵人情所難；垂於此時不殺堅，則合當如是。蓋此時堅雖委命於垂，而秦之大勢尚未動摇，燕之遺民亦未遽集，若輒殺堅，垂能保其復燕并取秦乎？一敗則措身無所，何從展其手足乎？寶之勸垂殺堅，亦如令之勸垂襲鄴，皆少年氣盛，鋭欲立功而不顧其後者也。垂之不用寶言，非徒以報堅之恩，勢亦有所未可也。

趙秋説垂曰：『明公當紹復燕祚，著於圖讖。若殺秦主，據鄴都，鼓行而西，三秦亦非苻氏之有也！』垂不從。

信圖讖而輕於舉事，尋以覆敗者多矣。垂不用秋言，自具卓識。

謝安得驛書，知秦兵已敗，時方與客圍棋，攝書置床上，了無喜色。客問之，徐曰：『小兒輩遂已破賊。』既罷，還内，過户限，不覺屐齒之折。

因此時之喜，可以知前此之未嘗不懼。要知喜者喜所當喜，懼者亦懼所當懼，均不足爲安病也。使其當危急存亡之秋，而漠然無動，豈柄國大臣所宜出此哉！

慕容垂行至澠池，言於秦王堅曰：『北鄙之民，聞王師不利，輕相扇動，臣請奉詔書以鎮慰安集之。』堅許之。權翼諫，不聽。翼曰：『關東之亂，自此始矣。』

垂所以欲往北鄙者，因燕舊壤，撫其遺民，招其故吏，則恢復不難也。厥後泓、衝突起關中，卒無所就，而垂得以移都中山，不失舊物，非惟智略迥殊，地勢亦异也。翼策垂往而不反，必亂關東，然秦之亡，豈關東之爲患哉！此時即留垂不遣，亦無救於關中之亂。

堅遣李蠻等帥衆三千送垂。又遣石越帥精卒三千戍鄴，張蚝帥羽林五千戍并州，毛當帥衆四千戍洛陽。

堅既遣垂，即令蠻等帥衆送之，因以防之。又令諸將分屯關東要地，將以制垂，使不敢動也。豈料其不足恃哉！然是時秦雖新敗，而精兵猛將布列如林，使垂遽殺堅，必有起而問罪者，燕之遺民故吏既遠在北鄙，鮮卑餘衆又懸隔關中，一時無從驟集，豈垂父子所能禦乎？

垂至安陽，長樂公丕自迎之。館於鄴西。垂與燕之故臣謀復燕祚。會丁零翟斌起兵叛秦，秦王堅驛書使垂將兵討之。

垂謀復燕祚，而不肯輒自起兵，適會丁零唱亂，奉爲盟主，猶不遽與之合。其臨事之慎如此，固非輕於一試、僥倖圖功者。可知其不殺苻堅，非爲意氣之私而已。

丕以羸兵二千及鎧仗之弊者給垂，又遣苻飛龍帥氐騎一千爲垂副，密戒飛龍曰：『垂爲三軍之帥，卿爲謀垂之將，行矣，勉之！』

丕不能制垂，乃使飛龍從而圖之，適足激之使變，因得藉以爲兵端耳。此失策之大者。

垂停河内募兵，旬日間，有衆八千。垂謂飛龍曰：『寇賊不遠，當晝止夜行，襲其不意。』飛龍以爲然。垂夜遣子寶等擊氐兵及飛龍，盡殺之。

丕所以制垂者，第予以羸兵敝仗，更以親將勁騎與之同行，以爲牽率之，使不得逞也。豈知兵少可以召募，而飛龍無謀，反爲所算乎？

翟斌欲奉垂爲盟主，垂不從。垂至洛陽，平原公暉拒之。翟斌復遣郭通往説垂，垂猶未許。通曰：『將軍以斌兄弟山野异類，獨不念憑之，可以濟大業乎！』垂許之。於是斌帥其衆與垂會。

垂非必鄙斌兄弟爲异類也，欲仗其力故靳之，以堅其意也。若亟與之合，必爲所輕，難於控御矣。

垂至滎陽，稱燕王，承制行事，衆二十餘萬； 慕容農起兵於列人，衆數萬，長樂公丕使石越將步騎萬餘討之，農大敗秦兵，斬越。

農之鋭過於其父，亦以垂已起兵承制，故農得以借其聲勢，招集燕之遺民故吏，不啻登高而呼也。

農引兵會垂於鄴，垂立世子寶爲太子，封從弟拔等十七人皆爲王；宗族及功臣封公者三十七人，侯、伯、子、男者八十九人。

此時不大有封拜，不足以張國勢而動人心。蓋垂本燕之宗親近屬，以恢復爲名，與草澤初起者不可同日語也。

丕使姜讓誚讓垂，垂曰：『孤受主上不世之恩，故欲安全長樂公，使盡衆赴京師，若不以鄴城見歸，當窮極兵勢。』讓厲色責之，垂默然。

胡身之謂：讓之辭直，垂心内愧，故無以答。竊謂垂受堅恩，而堅滅垂國，以恩則君臣也，以義則仇讎也。垂非無以答讓，事已至此，多言何益，故默然耳。晉文公之咎楚成王，垂詎不能爲是言乎？

桓冲聞謝玄等有功，自以失言，慚恨成疾，卒。

拒秦之功，謝氏專之，冲自以身爲宿將，而奇功乃出少年，故内愧於心，亦如宋劉琦之於虞允文耳。若謂自恨失言，因以成疾，則非其實矣。死生有命，豈以一言促其期哉！

慕容泓聞燕王垂攻鄴，亡奔關東，收集鮮卑，衆至數千。還屯華陰，敗秦將强永，其衆遂盛。

泓既出關，收集鮮卑，復入關與秦戰者，不欲與垂合也。故卒合於冲。

慕容冲亦起兵於平陽。慕容泓敗秦兵，殺巨鹿公睿，姚萇遣趙都等詣秦王堅謝罪，堅怒，殺之。萇懼，奔渭北馬牧，羌豪歸萇者五萬餘家。萇自稱『萬年秦王』。

萇欲叛秦久矣，況又殺其使以激之乎？苻融以『鮮卑與羌均爲深仇，懼有不虞之變』，今慕容蜂起鮮卑，果如融言；堅猶不知戒，而欲責萇以不救睿之罪，以致鋌而走險，羌豪因之煽亂。詎非天奪之鑒哉！

秦王堅自帥步騎二萬以擊後秦，屢敗之，後秦軍中無井，秦人塞安公谷、堰同官水以困之。會天大雨，後秦營中水三尺。堅嘆曰：『天亦佑賊乎！』

堅畏萇甚於泓、冲，故泓、冲皆遣將擊之，萇則親臨致討。萇非堅敵，而卒不能制者，天佑之也。

劉庫仁欲大舉兵救長樂公丕，慕容文等作亂，夜攻庫仁，殺之。

庫仁欲大舉救鄴，使果出兵，秦之勢或可復振。乃以内亂被殺，實秦之不幸也。

丕進退路窮，謀於僚佐。楊膺請自歸於晋，丕未許。會謝玄遣劉牢之等據碻磝，郭滿據滑台，顔肱等軍於河北；丕乃遣從弟就請救於玄。

晋與秦仇。秦之亂，晋之利也。丕至此乃欲求救於晋，晋何愛於秦，而以德報怨乎！即使援軍果至，亦欲乘勢規取中原耳，於秦何濟？

秦王堅與西燕主冲戰於仇班渠，大破之。戰於雀桑，又破之。戰於白渠，秦兵大敗。（十年）

冲已逼長安，堅雖力能出戰，互有勝負，而饑匱不支，勢難久存矣。

西燕主冲攻長安。有堡壁三十餘，遣兵糧助堅，多爲西燕所殺。民爲冲所略者，密告堅，欲縱火爲內應。堅遣七百騎赴之，縱火者反爲風火所燒。

堅窮困如是，而人心猶固結不解。非徒堅無大失德，亦王丞相之遺澤未泯也。民心即天心，民心所歸，天豈必弃之？蓋窮兵黷武，固已獲罪於天也。姚軍病渴而得雨，冲營縱火而反風，非天弃秦而何？

堅以讖書云『帝出五將久長得』，乃留太子宏守長安，帥騎數百出奔五將山。

『帝出五將』之文本不可解。若以秦近事而論，堅至五將山即被禽，而秦遂以亡；後秦姚萇卒得長安。蓋萇、長音同字近，又自稱『萬年秦王』，與『久』字義合，或即萇之預兆歟？

宏不能守長安，將數千騎與母、妻、宗室西奔下辨，爲楊壁所拒。宏奔武都，投氐豪强熙，假道來奔，詔處之江州。

堅爲晋帝置第長安，而其子乃奔於晋，事之不可逆料，顧如是邪？

堅至五將山，姚萇遣吴忠執之。堅自以遇萇有恩，數罵萇求死，萇遣人縊堅於新平佛寺，張夫人、中山公詵皆自殺。

張夫人倖免爲段夫人，詵亦倖免爲慕容冲耳。然堅不死於長安而死於五將，未得謂之死社稷也。

温公論曰：　論者皆以爲秦之亡，由不殺慕容垂、姚萇，臣獨以爲不然。使堅治國無失其道，則垂、萇皆秦之能臣也，烏能爲亂哉！

堅之亡，不由於慕容垂。垂第欲復燕之舊，不欲與堅争關中也。使堅得保關中，猶足以爲秦矣。其所以并關中而失之者，由於慕容冲及姚萇也。蓋垂雖一時之雄，而不容於燕，歸命於秦，堅納而用之，又曲爲保全之，垂與堅，有恩而無仇也。若冲與萇，則堅已滅其國、虜其主、殺其兄矣，即加寵任，何足爲恩哉！不屏之遠方而置之左右，又徙其部衆於都城之近，使得招集黨類因以爲資，故一旦釁有可乘，力不能制，即相帥蜂起，志圖報復，非徒飽鷹思颺，乃至養虎自噬，悔何及哉！

鮮卑劉顯殺頭眷自立。欲殺拓跋珪。珪奔賀蘭部，依其舅賀訥。外朝大人賀悦舉所部以奉珪。

北魏之先，盛衰無定，至珪而國基始立，然瀕於危者數矣。蓋其國俗，以廬帳逐水草，初無定居，部落亦聚散靡常，與城郭郡縣之各有疆界者迥殊。故勝則瓦合，敗則瓜分，不可以理勢度之也。

秦長樂公丕知堅已死，乃即皇帝位於鄴。以張蚝爲司空，王永爲尚書令。

蚝，秦之名將；　永，丞相猛之子。故丕畀以將相之任。蚝至此亦一籌莫展，萬人敵徒虚名耳。勇而無謀，特偏將之才，以收一戰之功則可，無與於國之重輕也。

吕光自龜兹還至宜禾，梁熙謀拒之。楊翰請守高梧谷口，熙弗聽。使子胤與姚皓等拒光於酒泉。光與胤戰，大破擒之。彭濟執熙以降，光自領凉州刺史。

熙疑光欲取凉州，不能據高梧、阻伊吾以守其險，迨光至玉門，始移檄拒之，固已晚矣。且光奉命西討，宣威萬里之外，有功可録，無罪可加，移檄亦何以爲辭？所云擅命還師者，果足以責光而服衆心乎？迨光報檄責以不赴國難，遏絶歸師，熙無以自解矣。師之曲直，即勝敗所由分，况智略又遠出光下乎！

張天錫之南奔也，王穆與其世子大豫奔河西，魏安人焦松等聚衆數千人，迎大豫爲主。大豫自號撫軍將軍、凉州牧。（十一年）

凉州人不悦吕光，更思張氏，故松等迎大豫爲主，攻拔昌松、進扼姑臧，此實張氏興復之機。而大豫非其人也，未幾爲光所破。

西燕王冲爲韓延所殺，延立段隨爲燕王；慕容恒等襲段隨，破之，立宜都王子顗爲燕王。帥鮮卑男女四十餘萬口，去長安而東。

長安有此四十餘萬鮮卑之衆，而以慕容氏兄弟睥睨其間，欲不變生肘腋得乎？

秦主丕以王永爲丞相，永傳檄四方，討姚萇、慕容垂，於是姜延等咸承檄起兵，各有衆數萬，遣使詣秦。

永爲丞相，傳檄四方，而延等相帥起兵，一呼而數萬之衆立集，此非丕與永之倡義足以動人，乃景略之遺愛未忘也。愛其甘棠，况其子乎！丞相永實興復之機，無如永忠悃有餘而智略不足也。永與皮皆猛之子，皮降後秦，不與西燕；慕容永力戰而死，賢不肖判然矣。猛之有永，猶諸葛之有瞻，雖無救於國之亡，要爲無忝其父也。

秦主丕帥騎數千奔東垣，謀襲洛陽。將軍馮該自陝邀擊之，殺丕，執其太子寧、長樂王壽送建康；詔赦不誅，以付苻宏。

堅之太子宏先已奔晋至此，其嗣子丕又爲晋將所殺，丕之子復被執送建康，詔以付宏。堅之子孫，乃托命於晋矣。

秦南安王登謚丕爲哀平皇帝。乃爲壇於隴東，即皇帝位。

關中諸苻，雖相次建號，而不能成興復之業者，勢不統一，咸思割據，故卒不免同歸於盡也。

以朱序爲青、兖二州刺史，代謝玄鎮彭城；序求鎮淮陰，許之。燕主垂遣蘭汗等，濟河擊破温攀等，温詳奔彭城，其衆皆降於燕。（十二年）

彭城尚可進而與燕争河南，移鎮淮陰則止爲晝淮保江計耳。玄威名遠出序上，故可以控引河朔，羈屬温詳。今以序代玄，又退屯淮陰，則與詳等聲援不接。燕人乘之，攻下東阿，詳南奔，而朱肅等相率降燕矣。

燕高陽王隆等擊張願於祝阿之瓮口，大破之。願保三布口。燕人進軍歷城，青、兖、徐州郡縣壁壘多降。

燕自祝阿進軍歷城，漸拓青、兖、徐三州之境，河南郡縣非復晋有。欲不晝淮而不得矣。然朱序在淮陰，淮南尚可恃以無恐。

燕主垂自帥諸將攻翟遼，遼請降。垂以遼爲徐州牧，封河南公。

是時河南北郡縣均已降燕，惟遼以黎陽一郡中立其間，故垂自將以討之。

翟遼自稱魏天王，改元建光。（十三年）

垂受遼降，仍畀以州牧之任，冀收其用也。遼卒反復不爲之用，蓋志在僭號，故以一郡之地崛强中立於三國之間，卒之不量分而自尊也。當時群僞割據，惟遼最劣，竟得保首領以歿，亦天幸哉！

魏王珪陰有圖燕之志，遣九原公儀奉使至中山，燕主垂詰之曰：『魏王何以不自來？』儀曰：『先王與燕世爲兄弟，臣今奉使，於理未失。』

垂自以威加四海，而不虞魏之思乘其後，尚欲責其王之自來，殆亦老而智衰，不足料敵邪？

秦主登帥衆圍後秦主萇營，四面大哭；萇命營中哭以應之，登乃退。

圍營而四面大哭，內亦以哭應之，兩軍竟一哭而罷，亦自古行軍所僅見也。登軍之哭，哭苻堅也；萇軍之哭，哭姚襄也。

萇以秦戰屢勝，謂得秦王堅之神助，亦於軍中立堅像而禱之。登遥謂萇曰：『爲臣弑君，而立像求福，庸有益乎？』久之，乃斬像首以送秦。

先鞭其尸，復禱其像。以堅爲無知乎？不惟禱無可禱，亦鞭無可鞭；以爲有知乎？既已鞭之於前，何庸禱之於後？蓋因一時逞忿鞭尸，旋即屢經挫敗，軍中必有訛言堅能爲祟者，故立像致禱，以釋衆心之疑懼耳。似此舉動，殆類巫覡，其識固遠出石勒、苻堅下。五胡惟萇最劣，不足數也。

登據苟頭原以逼安定。萇夜帥騎三萬襲秦輜重於大界，克之，殺登后毛氏及其子南安王尚，擒名將數十人，驅掠男女五萬餘口而還。

登之於萇，已屢挫其衆，所以卒爲所破者，苟頭原之役也。蓋登驟勝而驕，有輕萇之心，故悉其精鋭，直逼安定，志在必克，而留輜重於大界，不復設防，意謂萇有鑒於姚崇之敗，不敢再以輕兵掩其不備也。豈料萇以全軍銜枚夜赴之哉！是以一敗而遂不振也。

登以竇衝爲大司馬、雍州牧；楊定爲左丞相，秦、梁二州牧，約共攻後秦。

有此二援，不早撫納以資羽翼，迨軍敗勢衰之後始欲約以助攻，衝等豈復爲之用哉！

帝既親政，溺於酒色，委事於琅邪王道子。道子亦嗜酒，又崇尚浮屠，窮奢極費，所親昵者皆姏姆、僧尼。左右近習，争弄權柄。

江左自桓温後，内無强臣，而苻秦既敗，燕雖蠶食河南，尚有長淮足以自固，可謂小康。故帝與道子無復畏忌，恣爲昏酣，以致賞僭刑濫。晋祚之傾，實肇於此。孟子云：『生於憂患，死於安樂』，旨哉言乎！

許營上疏曰：『臣聞佛者清遠玄虚之神，今僧尼往往依傍法服，五誡尚不能遵，況精妙乎？ 而競加敬事，又侵漁百姓，取財爲惠，亦未合布施之道也。』

是時佛教浸盛，其勢已不可遏。 營第詆僧尼耳，未敢斥佛也。 佛教入中國，至此雖數百年，而漢魏以來，尚禁中國人出家。 北方之弛禁，始於石虎，計江左亦相爲先後，而僧尼於五誡已不能遵，豈真於佛教信向皈依哉！ 蓋其意專爲避征役、希布施、苟衣食耳。 古今一轍，堪爲齒冷。

道子勢傾内外。 王國寶諷八座啓道子宜進位丞相、揚州牧，假黄鉞，加殊禮。 車胤曰：『此成王所以尊周公也。 今主上非成王之比，相臣豈得爲周公乎？』

胤言主非成王、臣非周公，是也。 然黄鉞殊禮，乃漢之尊曹氏、魏之尊司馬氏耳，成王何嘗以之尊周公哉！

范寧在豫章，遣十五議曹采求風政。 徐邈與寧書曰：『自古以來，欲爲左右耳目[者]，無非小人，皆先因小忠而成其大不忠，先藉小信而成其大不信。』

爲政寄耳目於左右，未有不滋弊者。 蓋左右多非其人，往往迎合上意，以快其愛憎恩怨之私，因之招權納賄，無所不至。 邈所云『豈有善人君子而幹非其事多所告白者』，誠燭隱之論也。 然左右固不可信，耳目亦不可壅，好問好察，大智固自有權衡耳。

北平人吴柱聚衆千餘，立沙門法長爲天子。 破北平郡，轉寇廣都，入白狼城。

是時沙門已有僞立爲天子者，不惟叛佛，且作賊矣。 豈止不尊五誡而已哉！

慕容麟言於燕主垂曰：『觀拓跋珪舉動，終爲國患，不若攝之還朝，使其弟監國。』垂不從。

胡身之謂天將啓珪滅燕，故垂不知珪之終不可制。竊謂垂所以不從麟策者，正以魏未可圖，若輕舉攝珪，恐珪不至而因啓兵端也。豈不知珪之終爲患哉！

魏王珪遣其弟觚獻見於燕。燕主垂衰老，子弟用事，留觚以求良馬。珪弗與，遂與燕絶。觚逃歸，燕太子寶追獲之，垂待之如初。

珪與燕絶，而垂不校，觚逃被獲而垂不罪，垂自度年老，諸子均非珪敵，故以恩義羈縻之，使不爲邊患，己得以全力經營中國耳。此正垂之明略，非徒以包荒示大度也。

范弘之論殷浩宜加贈謚，因叙桓温不臣之迹。（十六年）

弘之以桓温有不臣之迹，是也；但謂浩宜加贈謚，則阿其所好耳。浩虚名無實，非徒不足制温，且喪師蹙境，罪無可逭，又何以贈謚爲乎！若欲加謚，不謂之『繆』不得也。弘之因其祖汪得罪於温，故於事後論温，而因及浩，亦非出於至公也。

劉衛辰遣子直力鞮帥衆攻魏南部。魏王珪大破之。乘勝徑入衛辰國，衛辰爲其部下所殺。珪軍於鹽池，自河以南諸部悉降。

衛辰魏之世仇，亦强敵也。珪乘勝直覆其國，魏由此日熾矣。

燕主垂進逼蘇康壘。翟釗求救於西燕。鮑遵曰：『使兩寇相弊，吾承其後，此卞莊子之策也。』張騰曰：『垂强釗弱，何弊之承！不如速救之。』西燕主永不從。（［十七年］）

垂所以不即加兵於永者，釗爲之蔽也。遵第知卞莊之策，而不明虞虢之形，騰云速救，救釗實自救也。

南郡公桓玄負其才地，以雄豪自處，朝廷疑而不用。嘗詣琅邪王道子，值其酣醉，張目謂衆客曰：『桓温晚途欲作賊，云何？』玄由是益不自安。

若以温爲不臣，則當追正其罪，乃一無所問；而於玄之失職怨望，亦聽其所爲，而不爲之所。紀綱弛紊，固宜釀成亂階耳。

李遼上表請敕兖州修孔子廟，給户灑掃，仍立庠序，教學者，表不見省。

此時請修孔子廟，似不知緩急。燕兵南下，兖州且不可保，何有於闕里乎！與其灑掃絲竹之堂，不若退老莊、崇六經，於江左振興儒教，猶爲近實也。

燕主垂進軍圍長子，西燕主永欲奔後秦，藺英曰：『垂七十老翁，厭苦兵革，終不能頓兵連歲以攻我，但當城守以疲之。』永從之。（十九年）

胡身之以永之諸臣不能效死勿去，竊謂永若奔後秦，必不爲姚興所容，徒取辱耳。不若堅守長子，以冀燕兵之疲而自退，尚是一策。

帝惡琅琊王道子，逼於太后，不忍廢黜。徐邈曰：『兄弟之際，實宜深慎。王雖有酣媟之累，宜加弘貸。』

廣親親之義以全其弟可也，以道子之昏酣而任以政事，若社稷何？邈此言，亦婦人之仁耳。

魏王珪治兵河南，燕太子寶列兵將濟，時燕主垂已有疾，珪執燕使者使臨河紿寶，言垂已死，寶燒船夜遁。珪追擊之於參合陂，禽其士衆四五萬人。（二十年）

寶等非魏之敵，然既燒船遁歸，使其嚴兵斷後，尚可全師而返。乃爲麟所誤，遂致全軍盡覆。此亦天亡燕之兆也。

王建謂珪曰：『燕衆强盛，今傾國而來，我幸而大捷，不如悉殺之，則其國空虛，取之爲易。』乃盡坑之。

殺降匪直不仁，亦以堅敵人之心，而重其怒，失策之大者也。珪誤聽建言，故卒有中山之悔。

燕主垂引兵密發，鑿山開道，出魏不意，直指雲中。魏陳留公虔鎮平城，不設備，燕軍至，出戰敗死，燕軍盡收其部落。魏王珪欲走。垂疾篤，乃還，卒於上谷。（二十一年）

垂以精鋭出間道，直造平城，遂敗魏兵，馘其梟將，所謂『囊底智』也。使非上谷遽殞，不惟可以刷參合之耻，魏之君臣且將奔北不暇矣。

燕主寶定士族舊籍，分辨清濁，校閲户口，罷軍營封蔭之户悉屬郡縣，由是士民嗟怨，始有離心。

寶之失人心，不徒在罷蔭户之不便於軍，尤在辨清濁之不便於民也。士族舊籍，特魏晋以來九品中正之故牒耳。慕容起自遼東，系出鮮卑，於中國士族何涉而緦緦焉起而辨之？此蓋有慕乎江左之重門第，自謂用夏變夷，實則不知務矣。

魏王珪大舉伐燕，至陽曲，燕遼西王農出戰，大敗，奔還中山，珪遂取并州。燕主寶聞魏軍將至，議於東堂，苻謨曰：『宜杜險以拒之。』眭邃曰：『宜清野以待之。』封懿曰：『阻關拒戰，計之上也。』

謨云『杜險』，邃云『清野』，雖所見不同，實則將以制騎兵之奔突，而阻其掠食，皆所云以主待客、以飽待饑者也，未嘗不可并行。懿云『阻關拒戰』，則與謨之論合。

珪進軍中山，謂諸將曰：『中山城固，不如先取鄴。』引兵而南。燕范陽王德使南安王青夜擊魏軍於鄴下，破之。青等請追擊之，韓諄曰：『不如深壘固軍以老之。』

寶不用封懿阻關拒戰之策，而誤信慕容麟完守中山之計，嬰城坐困，以致魏軍四出蹂躪，全境受兵，此大謬也。德以一城當魏之全軍，鄴下又無險可扼，雖一戰倖勝，而未可狃也。只有深壘固軍，尚可以主制客耳。

帝嗜酒，醒治既少，外人罕得進見。張貴人使婢以被蒙面弑之。時太子暗弱，會稽王道子昏荒，遂不復推問。太子即皇帝位。

以道子之昏酣，而以不辨寒暑饑飽之安帝爲之君，欲不亂亡得乎？自古帝王，如安帝之不慧，亦僅見矣。惠帝問蛙鳴之爲官爲私，怪饑民之不食肉糜，遂爲千古口實，而較安帝，固遠出其上。

鑒評别録卷二十六

晋紀九

安皇帝（諱德宗，孝武帝長子，在位二十三年）

燕范陽王德遣桂陽王鎮等帥騎七千擊魏軍，大破之。魏王珪自攻信都，燕宜都王鳳奔中山。（隆安元年）

德守鄴，尚能出奇兵以挫魏軍。鳳守信都，聞珪至即走。兩人優劣，自此可見。

燕主寶遣趙王麟攻楊城。魏醜提帥步兵還國作亂，珪欲還。寶悉發其衆邀之，募勇敢萬餘人夜襲魏營，珪驚起跣走。募兵無故自驚，珪縱騎衝之，遂大敗。

珪攻信都，則出兵攻楊城以撓之；聞魏有内難，則悉發其衆以邀之。寶之措置，未爲失也。迨縱火急擊，軍亂珪走，已操必勝之勢。而魏國中不徒醜提作亂，又有封真起兵、南安圖攝及賀蘭等三部之變，珪亦危矣。乃因募軍無故自驚，遂(至)[致]魏軍散而復振，卒亦不支。則後患之難料，而不得咎其始謀之不臧也。

魏以奚牧爲并州刺史。牧與東秦主興書，稱『頓首』，與之均禮。興怒，以告珪，珪爲之殺牧。

珪方謀并燕，不欲與秦開釁，故殺牧以悦興。

魏主珪圍中山既久，慕容隆言於寶曰：『涉珪頓兵經年，士馬死傷太半，乘彼之衰，往無不克。如持久不決，將卒氣喪，雖欲用之，不可得也。』

珪攻中山，志在必克，而經年不下，内難屢作，以傾國之兵頓於堅城之下，亦智勇俱困矣。使寶從隆策，何難坐收其敝，再奏棘城之功？而無如麟爲之蟊賊也。

慕容麟劫北地王精，使弑燕主寶。精拒之。麟殺精，出奔西山。寶恐麟先據龍城，乃召征北大將軍隆、驃騎大將軍農謀去中山、走保龍城。

寶初爲麟所誤，兹麟已謀逆，事泄出奔，不難更用隆策，背城一戰。乃遽爲弃中山、保龍城之計，而隆亦贊成之。誠以百姓疑懼，難支大敵耳。不知城中震駭，特由於一時之内難，而人心尚固，撫循而激勵之，猶可恃以爲强。觀下慕容詳之堅守抗魏可見矣。舊都一移，國勢頓改，即使龍城可保，盧龍可扼，而中原必爲魏有，不可復得。即遼左一隅，亦勢難久存也。憑險養鋭，豈易言哉！

魏石河頭引兵追及寶於夏謙澤，清河王會與農、隆等衝擊，大敗之。會矜狠滋甚，寶謂農、隆『宜早除之』，農、隆力言其不可。

農、隆之智，遠過於寶，乃寶能料會必反，亟欲除之，而農、隆屢爲解免者，欲倚會兵却敵以衛社稷，惟恐再構内難也。寶不能察弟麟之奸，猶能知子會之惡，而農、隆既不能制麟，以救中山之危，又不能制會以紓龍城之難，似非智者所爲矣。然其愚正不可及，二人固皆燕之賢王也。

會引兵向龍城，城中將士出戰，大破之。會將十餘騎奔中山，開封公詳殺之。

此時中山被兵已久，而會仍竄往，蓋叛父害叔，固已無地自容矣。詳之殺會，并非正其罪而誅之，將以絶民望也。

王國寶、王緒依附會稽王道子，惡王恭、殷仲堪，勸道子裁損其兵權。恭遣使與仲堪謀討國寶等。桓玄説仲堪許之，恭遂舉兵。道子委罪國寶，賜死，并斬緒。

國寶等斗筲之器，但知竊權納賄，恣爲奢侈耳。故一聞王、殷合謀舉兵，即恇怯不知所爲。道子昏荒，更不足論，但知誅國寶等以救目前之急，而不慮其後也。

沮渠羅仇從凉王光伐西秦。其弟麴粥曰：『主上荒耄猜忌，吾兄弟必不見容，不若勒兵向西平，凉州不足定也。』羅仇曰：『寧使人負我，我不忍負人也。』

羅仇不失爲吕氏忠臣，當日宇内鼎沸，群情翻覆，羅仇與光又非其族類，獨能執忠孝大節，守死勿貳，雖爲匈奴之裔，足以愧中朝士大夫矣。既而光果信讒枉殺羅仇兄弟，而其子蒙遜起兵叛凉，自爲一國。

魏主珪罷中山之圍，就穀河間，督諸郡義租。慕容詳自謂能却魏兵，威德已振，乃即皇帝位。

罷圍而就穀河間，兼督諸郡義租者，是時燕郡縣多附魏，故魏得因糧於燕，以徐圖中山，期在必取。而詳猶詡詡然自謂能却魏兵乎！詳欲自立久矣，其殺會正爲今日耳。

詳嗜酒奢淫，刑殺無度，群下離心，舉城皆謀迎趙王麟。麟自丁零潛襲中山，執詳殺之。麟遂稱尊號，聽人四出采稆。人既飽，求與魏戰，麟不從。

麟雖狠愎，實則恇怯。前之阻隆出戰，猶可云别有奸謀；至此僭稱尊號，所欲倖遂，乃始終不聽民出戰，於死地求生，困守窮城，偷安旦夕，卒亦無以自免也。

魏主珪徙軍常山，軍中大疫，將士思歸。珪問疫於諸將，對曰：『在者才什四五。』珪曰：『此固天命，將若之何？四海之民，皆可爲國，何患無民！』

珪不恤其衆，取亡之道也。使麟於此時因人心之思奮，乘敵軍之疫亡，背城借一，銜枚疾戰，珪之崩潰可立俟矣。赤壁、烏林，前事可鏡。乃甘於坐困，俾珪得以違衆逞志，蓋亦有天幸焉。

秦太后蛇氏卒。秦主興哀毁過禮。群臣請既葬即吉，李嵩上疏以爲宜『既葬之後，素服臨朝』。尹緯駁嵩『矯常越禮』。興從嵩議。

自短喪之制行，而天子不行三年喪，尹緯所以駁李嵩也；自居喪之禮廢，而士大夫無復哭泣之哀，韋高所以慕阮籍也。姚興能遵用李嵩之議，古成詵能亟攻韋高之惡，可謂『風雨如晦，鷄鳴不已』者矣。禮失而求諸野，官失而求諸夷，信哉！

魏主珪與慕容麟戰於義臺，大破之，麟奔鄴。魏克中山，燕公卿以下降者二萬餘人。追謚弟觚爲秦湣王。發慕容詳冢，斬其尸；收殺觚者高霸、程同，皆夷五族。

珪入中山，不殺降，并赦亡叛，有鑒於參合之失也。而猶夷霸、同五族，挫以大刃，則仍失之濫矣。殺觚豈二人之爲哉？奉詳命也。斬詳尸以報觚，雖暴，猶有説也；族二人，是仇匹夫也，人君之度安在？且珪既以弟留質於燕，乃不顧其弟而攻燕不已，則觚之死，珪殺之耳，於二人乎何尤！

魏主珪南巡至高邑，得王永之子憲，喜曰：『王景略之孫也。』以爲本州中正，領選曹事，兼掌門下。（二年）

魏録景略之孫，亦猶晋求諸葛之後也。憲之仕魏，與京之仕晋，則不可例論矣。

珪發中山，徙山東六州吏民、雜夷十餘萬口以實代。博陵、勃海、章武群盜并起，略陽公遵等討平之。

胡身之以爲：此即漢高帝徙關東豪杰以實關中之策。竊謂珪此舉，正類苻堅之徙鮮卑，與漢高相似而實不同。漢高徙之於天下大定之後，珪徙之於二燕并建之時，山東民夷皆燕之遺，未嘗忘燕，與漢初六國之人人仇秦者迥别，一旦遷徙，必萌反側，此群盜所以并起也。珪亦幸而不敗耳。以爲得策，則事後之論也。

南燕王德遣李延詒寶，言：『涉珪（北）［西］上，中國空虚。』寶發龍城，連營百里，至乙連，段速骨等因衆心之憚征役，遂作亂，衆潰，寶奔還龍城。

寶不能固守中山，因衆之怒背城力戰，乃輕弃舊都，遁還遼左；又不能閉關阻險，養鋭俟時，一聞涉珪（北）［西］上，輒思乘中國空虚，驟圖恢復。殆以珪爲能取不能守邪？抑以爲一舉不復再舉邪？其計謬矣。

即使燕衆樂從，亦未能有濟；況拒諫違衆，從欲以逞，求不亂亡得乎？

速骨等將攻城，遼西王農爲蘭汗所誘，夜潛出赴之。農素有威名，城中恃以爲强，忽見在城下，無不喪氣，衆遂逃潰。速骨入城，寶出走。

農與隆皆垂之才子，而農之性識遠不及隆，觀於中山被困，隆屢請出兵擊魏，而農無一言，可以知二子之優劣矣。使隆在此，必不肯舍寶從汗。

離石胡帥呼延鐵、西河胡帥張崇等不樂徙代，聚衆叛魏，魏庾岳討平之。

觀離石、西河二部之叛，益知徙代之未爲完策。使慕容氏有若垂者，乘勢而起，河南北必聞風響應矣。

燕主寶至黎陽，遣趙思告北地王鐘，白丞相德出迎。德謀於群下，（張華）［慕輿護］曰：『衛輒不納蒯聵，《春秋》是之。以子拒父猶可，況以父（德於寶爲叔父）拒子乎！』

衛輒拒父，趙鞅清君側之惡，皆公羊邪説叛經，致後世亂臣賊子得以藉口。

寶聞德已稱制，懼而北走，留頓石城。蘭汗遣蘇超奉迎，寶謂必無他，遂行。長樂王盛固諫，寶不聽，留盛在後，汗遣弟加難迎寶入龍城外邸，弒之。

寶能知子會之將爲逆，而獨不疑於汗，殆天奪之鑒，以速其死也。

盛欲赴哀，張真止之。盛曰：『我以窮歸汗，汗性愚淺，必念婚姻，不忍殺我。旬月之間，足以展我情志。』

盛之歸汗，所謂入虎穴、探虎口者也。其事之成，亦天幸耳。然是時盛若他奔，將安往乎？且亦卒難自全。固不若冒死歸汗，尚可於死中求生也。

龍城不雨，自夏至秋，汗日詣燕諸廟及寶神座，頓首禱請，委罪於加難。

汗因旱而禱於寶座，亦猶姚萇因敗而祠苻堅像，皆内歉於心，遂爲鬼神所怵，實則愚而惑者也。

汗子穆謂汗曰：『慕容盛，我之仇讎，宜先除之。』汗欲殺盛。盛妃知之，密以告盛。盛稱疾不出。

胡身之以爲：蘭妃异於雍姞，處夫妻父子之變，得其一而失其一。竊謂妃於此時，實無兩全之法，所處亦與雍姞不同。雍糾謀殺祭仲，而仲之力足以殺糾，故姞泄其謀而糾爲仲所屠，糾之死由於姞也。汗欲殺盛，而盛之力未足殺汗，其潛使太原王奇逃出起兵，不聞謀及於妃，妃但欲盛不出以避禍耳。汗之死非由於妃也。且汗弑君之賊，盛舊君之子，亦與祭仲、雍糾未可并論。

豫州刺史庾楷以道子割其四郡使王愉督之，怒，遣其子鴻説王恭舉兵，恭以爲然。以告殷仲堪、桓玄。仲堪、玄許之，推恭爲盟主，刻期同趣京師。

恭此次舉兵，釁起於楷。仲堪雖踞上游，實聽命於恭；而贊成其事，則玄與楊佺期爲之。

仲堪素不習爲將，以軍事委楊佺期兄弟。佺期出自漢太尉震，矜其門地，而時流以其晚過江，每排抑之。佺期欲因事際以逞其志，故贊成仲堪之謀。

晋人矜尚門地，江左尤甚，以北人爲傖，故雖楊震子孫，不免寒士之目。

佺期、玄奄至湓口。王愉奔臨川，玄遣偏師追獲之。

道子恃愉爲形援，王、殷舉兵，又指愉爲罪首，乃守備不設，一聞寇至，蒼黄出走，尋即束手就擒，甚矣，道子之不知人，而門地之不足恃也。愉非王氏之子歟？

譙王尚之大破庾楷於牛渚，楷單騎奔桓玄。

楷首發兵端，其氣頗鋭，乃一戰而奔，則亦自取族滅而已。

王恭素以才地陵物，仗劉牢之爲爪牙，而但以部曲將遇之。牢之深懷耻恨。

恭本無將略，所以威震朝廷者，恃牢之耳。乃猶貴倨自由，若可以惟我指麾者，固宜牢之積忿不平，而元顯因得以構成其釁也。

會稽世子元顯使高素説牢之，使叛恭。恭置酒請牢之，於衆中拜之爲兄，精兵堅甲，悉以配之，使爲前鋒。牢之使子敬宣襲恭。恭奔曲阿，獲之，送京師。

恭拜牢之爲兄，非慮其圖己也，欲用爲前鋒，急仗其力，故謬爲恭敬，冀以悦其心耳。豈意其倒戈相向哉！束手就縛，延頸待戮，直騃豎子耳，平時之才地安在？

燕長樂王盛即皇帝位。初，蘭汗之當國也，盛從寶出亡，蘭妃事盛母丁后愈謹。及汗誅，盛以妃當從坐，欲殺之；丁后固争得免，然終不爲后。

盛之不死，蘭妃力也，豈獨奉事丁后哉！乃汗誅而欲以妃從坐，若非丁后力争，幾不得免。盛雖迫於大義，亦寡恩哉！然愈可見妃不預誅汗之謀已。

楊佺期、桓玄至石頭，劉牢之軍於新亭。佺期、玄回軍蔡洲。桓修言於道子，以玄爲江州刺史，佺期都督梁、雍、秦三州諸軍事，黜仲堪爲廣州刺史，敕令回軍。

仲堪等所恃者王恭，非恃恭，恃牢之耳。故一聞牢之至新亭，而佺期、玄爲之氣奪，立即回帆，其情可見。修知仲堪素乏將略，與恭無异，其所仗者佺期、玄，亦與恭之仗牢之無异。元顯間牢之於恭，牢之叛而恭就戮；故修因西軍之沮，恐以重利啗佺期、玄，俾貳於仲堪，則仲堪可以坐取。此善謀也。

仲堪得詔書，大怒，趣玄、佺期進軍。玄等喜於朝命，欲受之，仲堪諭蔡洲軍士曰：『汝輩不自散歸，吾至江陵，盡誅汝餘口。』佺期部將劉系帥二千人先歸。玄等大懼，追仲堪至尋陽，交質結盟，俱不受朝命。

使元顯於此時遣劉牢之以精兵追擊，玄等授首矣。坐失可乘之機，遂致殷、桓離而復合。

魏主珪即皇帝位。用崔宏議，自謂黄帝之後。

（托）［跖］跋自誣其祖，以爲出自黄帝。又云北語謂土爲托，以粉飾其説。適見其謬且陋耳。

燕主盛每十日一决獄，不加拷掠，多得其情。（三年）

胡身之以爲：史言盛以聰察殺身。竊謂决獄得情不煩拷掠，此盛之美，史無貶詞，何得因其卒致殺身遽以『聰察』病之？但燕諸臣以謀反誅者，屢書於册，詎非盛持之過急，以致群情不安，即治獄亦未必無枉歟？

魏和跋入滑臺，悉收南燕王德宫人府庫。潘聰説德取青州，德引師而南，兖州北鄙郡縣皆降之。

滑臺四戰之地，德以殘燕而支秦、魏，必不能久。彭城形勢無异滑臺，况地方屬晋，安得以其爲楚舊都，輒欲於挫衄之餘輕議進取哉！聰所云取青州，據廣固，乃不易之論，無煩再計决者。而德仍猶豫，必待沙門占候，何也？

秦主興以灾异屢見，存問孤貧，舉拔賢俊，簡省法令，清察獄訟，遠近肅然。

應天以實不以文。興雖偏霸之主，而遇灾修政，非世俗所及。

孫恩帥其黨殺上虞令，遂攻會稽。會稽内史王凝之，羲之之子也，世奉天師道，不出兵，亦不設備，日於道室稽顙跪祝。恩陷會稽，執凝之，殺之。

漢人重陰陽五行，流爲讖緯；魏晋人好老莊，既流爲佛教矣。乃更有天師道，介乎其間，以王氏之家、右軍之子，而稽顙跪祝，有類巫覡，至死不悟，則其道之盛行於世，略可見矣。彼殷仲文，又何足怪乎！

命謝琰兼督吴興、義興軍事以討恩；劉牢之亦發兵討恩，拜表輒行。

討恩不以屬牢之，而以屬琰，元顯蓋疑牢之，而不付以重任也。然恩所畏者獨牢之耳。牢之與元顯自此隙矣。

桓玄既克荆、雍，表求領荆、江二州。詔以玄爲都督荆、司、雍、秦、梁、益、寧七州諸軍事、荆州刺史，以桓修爲江州刺史。玄固求江州，於是進玄督八州。（〔四年〕）

是時玄不臣之迹早已彰灼，乃務爲姑息，更廣所統，又聽其樹置親黨以爲爪牙，是速之叛耳。

初，隴西李暠有令名。嘗與郭黁及宋繇同宿，黁謂繇曰：『李君終當有國家；有騍馬生白額駒，此其時也。』

凡假天文瑞物以言禍福者，皆邪説也。人多好怪，故於其偶中者輒艷稱之以爲前知，其不中者則概置勿論。即如騍馬生駒額白，亦恒有之事，而黁以爲暠有國之應，此説之最不經者。史書於册，適足啓亂臣覬覦之心、助術士簧鼓之口而已。

謝琰不爲武備。諸將咸諫，琰曰：『苻堅之衆百萬，尚送死淮南；孫恩小賊，敗死入海，何敢復出！』既而恩至會稽，琰出戰兵敗，爲帳下都督張猛所殺。

淝水之捷，琰雖爲元帥，而摧鋒破敵，謝玄與劉牢之力也。琰特坐而指麾，收其成功耳。且彼時實有天幸，安可屢邀狃以自用，卒致顛覆，適足以殺其軀而已矣。

西秦王乞伏乾歸爲秦主興所破，乞降於武威王秃髮利鹿孤。利鹿孤置於晋興。未幾，送其子熾磐等於西平，遂降秦。熾磐欲逃詣乾歸，利鹿孤將殺之。傉檀曰：『子而歸父，無足深責，宜宥之以示大度。』

胡身之以傉檀卒死熾磐之手，譏其養虎遺患。竊謂傉檀之言是也。將來之事，固有不可知者。此自熾磐之負恩，不必追咎傉檀之遺患。

車胤以元顯驕恣，白會稽王道子，請禁抑之。元顯聞之，謂其徒曰：『胤間我父子。』密遣人責之，胤自殺。

處人父子之間，自古以爲難。况以道子之昏酣，而欲其禁抑驕恣之元顯乎！不可與言而與之言，宜其及也。

魏太史屢奏天文乖亂。魏主珪下詔風（動）〔勵〕群下，以天命不可妄干。又數變易官名，欲以厭塞灾异。

姚興因灾异屢見，貶號修政以應之。珪乃下詔侈陳天命，變易官名以爲厭塞，仍復煮藥求仙，重法繩下，識陋而志荒矣。兩主優劣，灼然易見。而秦不敵魏者，强弱之勢殊也。

武威王利鹿孤欲稱帝，鍮勿侖曰：『吾國逐水草遷徙，無城郭室廬，故能雄視沙漠。今建都立邑，難以避患，不如帥國人以習戰射，鄰國弱則乘之，强則避之。』（五年）

胡身之以爲：自漢以來，爲夷狄謀者，莫過此策。竊謂侖所云，亦就利鹿孤國勢言之耳。河西一隅，僅得全凉四分之一，遽欲僭號建都，弃其故俗，而謬學中國，若强秦興師問罪，勢必不支，亡可立待；固不若逐水草遷徙，觀釁而動之爲便也。若拓跋氏雖起自北荒，而地大兵强，瓜分中夏，則侖之策有所不用矣。

孫恩北趣海鹽，劉裕擊破之。追至滬瀆，海鹽令鮑陋遣子嗣之帥兵請爲前驅。裕曰：『賊兵甚精，吴人不習戰，可在後爲聲勢。』嗣之不從，戰没。

兵有以少而勝、以多而敗者，精與不精之别也。嗣之鋭欲立功，然以不習戰之兵，當百戰之賊，故助裕適以敗裕耳。

沮渠蒙遜欲除北凉王段業，其兄男成不可。蒙遜使許咸告男成欲反，業殺男成。蒙遜因激怒其衆，攻張掖，遂斬業。

蒙遜欲圖北凉，先構殺其兄，因以激怒其衆，迨業勾命東還，卒加駢戮。蓋以復兄仇爲名，不殺業不足服衆心耳。其人真豺狼也。

河西王利鹿孤命群臣極言得失。史暠曰：『陛下命將出征，惟以徙民爲務；民安土重遷，故多離叛，此所以斬將拔城而地不加廣也。』

自晋末群雄割據，每攻下城邑，未有不遷彼民以實己地者。唯暠言其非策。

張法順言於元顯曰：『桓玄既并殷、楊，專有荆楚，孫恩爲亂，東土塗地，玄必乘此縱其奸凶，竊用憂之。』元顯曰：『爲之奈何？』法順乃爲元顯謀討玄。

法順智計，自在元顯之上。但不量彼己，輕發大難之端，既欲討玄，又謀誅劉牢之，其亦審度元顯爲人及當時兵力果足了此乎？ 適足以殺其軀而已矣。

下詔罪狀桓玄，以劉牢之爲前鋒都督。張法順言於元顯曰：『牢之反覆，當逆爲之所。』元顯曰：『非牢之無以敵玄，且始事而誅大將，人情不安。』再三不可。（元興元年）

元顯不從法順之言而誅牢之，於計未爲失也。但既知非牢之無以敵玄，而不能厚撫之以結其心，致令叛而就玄，遂束手受禍，則亦自貽伊戚耳。

柔然社侖爲魏將和突所破，遠遁漠北，吞并諸部，士馬繁盛，雄於北方。自號豆代可汗。

史稱柔然之地，西至焉耆，東接朝鮮，南臨大漠，不言北之所至，蓋直抵北海矣。即今之俄羅斯。

秃髮傉檀克顯美，執孟禕責，以不早降。禕曰：『禕受吕氏厚恩，若望旗歸附，恐獲罪於執事矣。』傉檀釋而禮之，卒歸於姑臧。

傉檀勸利鹿孤宥乞伏熾磐，又釋禕而歸之，皆長者之事，不可以成敗論。

桓玄聞大軍將發，欲保江陵。用卞範之計，乃抗表傳檄，罪狀元顯，舉兵東下。檄至，元顯大懼。

元顯討玄，張法順爲之主謀；玄舉兵犯闕，卞範之爲之決策。蓋元顯與玄雖微有優劣，皆紈絝膏粱子弟耳，非有人鼓煽其間，固不敢輕舉大事也。

玄至姑孰，劉牢之不肯擊。玄使何穆説牢之，牢之頗納穆言。何無忌、劉裕極諫，不聽。遣子敬宣詣玄請降。玄陰欲誅牢之，敬宣不之覺。

牢之非力不能敵玄，恐取玄後，不爲元顯所容耳。然使牢之果能取玄，元顯雖忌其功，未必遽敢誅之。今降玄欲以自全，而不知玄已陰圖之矣。等死也，死於玄，孰若死於元顯乎？

元顯將發，聞玄至新亭，退屯國子學。軍潰，元顯走入東府，惟張法順隨之。玄遣毛泰收元顯送新亭，帝遣侍中勞玄。玄入京師，總百揆，斬元顯。

元顯騃豎子耳，所恃者劉牢之，一聞玄至新亭，知牢之不足恃，即奔北不暇，束手就戮矣。似此人才，而張法順欲倚之以討桓玄，豈不謬哉！

玄以劉牢之爲會稽内史。牢之曰：『奪我兵，禍其至矣！』劉敬宣勸牢之襲玄，牢之猶豫不決，欲北就高雅之於廣陵，劉裕曰：『朝野人情皆已去矣，廣陵可得至邪！』

擁北府强兵，不能匡社稷而首先迎降，至此乃欲北就廣陵、因人以成事乎？勿論廣陵不可得至，雅之未必同心，即使猝然會合，而權非獨操、士非素附，其崩潰可立俟矣。宜裕之决然辭去也。

牢之大集僚佐，議據江北以討玄。劉襲曰：『將軍往年反王兖州，近日反司馬郎君，今復反桓公；一人三反，何以自立！』語畢，趨出，佐吏多散走。牢之縊死。

昔之桓玄稱兵向闕，晉之賊也； 今之桓玄，納揆授鉞，晉之相也。牢之昔督前鋒以討玄，是謂討賊；今據廣陵以拒玄，是謂作賊。宜襲之直斥爲反也。是時劉裕謂何無忌曰：『玄若守臣節，當與卿事之；不然，當與卿圖之。』此則明乎順逆之理也。

河西王禿髮利鹿孤寢疾，遺令以國事授弟傉檀。傉檀更稱凉王，遷於樂都。

史稱禿髮思復韃愛重傉檀，故諸兄不傳子而傳弟。胡身之以比吴壽夢之於季劄。竊謂吕氏亂亡，由於吕光立幼子紹而篡奪之，利鹿孤非必遠師勾吴，實近懲吕氏也。

秦主興大發諸軍，遣義陽公平等將步騎四萬伐魏，自將大軍繼之。

以秦之兵力而大舉伐魏，豈非不量彼己而輕發難端？

魏主珪自將擊秦，圍義陽公平於柴壁，執其將狄伯支等。秦主興不能救。遣使求和，珪不許，進攻蒲阪。會柔然謀伐魏，珪引還。

魏之攻秦，已有壓卵破竹之勢，使非柔然思乘其後，姚氏危矣。

西凉公李暠問梁中庸曰：『我何如索嗣？』中庸曰：『未可量也。』暠曰：『嗣如敵我，我何能以長繩絞其頸邪？』中庸曰：『智有短長，命有成敗，得失之理，臣實未之能詳。』

世之論人，皆以成敗爲優劣耳。暠之於嗣，不知其何如； 中庸之言，亦未必足據。而所論智命得失，則异乎悠悠之口矣。

以太尉玄爲大將軍。玄上表，請帥諸軍掃平關洛，而諷朝廷下詔不許。

當時中朝憚玄，以桓氏世據西藩，上游勢重，而玄又温子，猶震乎温之餘威耳。然元顯輩固非玄敵。

涼吕隆請迎於秦，秦徙隆宗族於長安。初，郭黁常言代吕者王。及隆東遷，王尚卒代之。黁降秦，以爲滅秦者晉，遂來奔，秦人追殺之。

使黁果能前知，不應舉事輒敗，而卒以殺身也。郭璞自知死期，而黁不知，其術亦疏矣。

高雅之表南燕王備德請伐桓玄，備德令公卿議之。公卿皆以爲玄新得志，未可圖，乃止。

備德不敢遽窺晉者，非徒有鑒於苻堅也。以殘燕踞青州一隅，北鄰大魏，西逼强秦，自守之不暇，敢事遠略哉！

楚王玄詐言錢塘臨平湖開、江州甘露降，爲己受命之符；又以前世皆由隱士，求得皇甫謐六世孫希之，號曰『高士』。時人謂之『充隱』。

胡身之謂實非隱者而以之備數，故曰『充隱』。竊謂此充字，乃詐冒之義，今人恒言猶然。希之爲謐孫，故非隱而隱；玄爲温子，故非雄而雄。希之名曰『充隱』，玄亦可曰『充雄』。

卞範之爲禪詔，使臨川王寶逼帝書之。寶，晞之曾孫也。帝遣兼太保、司徒王謐奉璽綬，禪位於楚，玄即皇帝位。

晞爲桓温所害，而寶爲玄用；王導爲江左元勛，而謐佐玄篡，頽其家風矣。

益州刺史毛璩傳檄列玄罪狀，遣柳約之等擊破桓希，帥衆進屯白帝。（三年）

璩起兵在劉裕前，而不能共討玄者，以遠在梁益，勢不相及也。然亦足以伸大義於天下矣。後玄卒爲璩將馮遷所誅。

劉裕與何無忌同舟還京口，密謀興復晋室。劉毅、王元德及弟仲德、孟昶、裕弟道規、魏咏之、檀憑之、諸葛長民、辛扈興、童厚之相與合謀起兵。

裕不從劉牢之起兵於廣陵，今乃與無忌等起兵於京口，以桓玄既移晋祚，則討賊有名，正前與無忌所云『與卿圖之』者也。裕之志豈果欲興復晋室哉！潛伏草澤，睥睨大物，乘亂取玄，因以攘晋耳。

孟昶妻周氏富於財，知昶謀，傾貲以給之。何無忌夜草檄文，其母劉牢之姊也，密窺之，泣曰：『吾不及東海吕母明矣，汝能如此，吾復何恨！』

昶有豪妻，無忌有健母，不惟無忌似舅，其母亦似弟也。吕母爲子報仇，殺縣令，劉姊不能爲弟報仇討桓玄，故曰不及。

裕托以游獵，與無忌合徒衆百餘人，入京口城，斬桓修以徇。刁弘帥文武佐吏來赴，裕登城謂之曰：『我等被密詔誅逆黨，諸君非大晋之臣乎？』弘收衆而退。

諸桓皆奴才耳。修、弘爲玄所倚仗，付以京口重地、北府勁兵，而略無措置，束手就戮，玄之不知人可見矣。有一桓振而不能用，宜其敗也。

裕軍竹里，玄召侍官入止省中，桓謙請亟擊裕，玄曰：『彼軍鋭甚，不如屯大衆於覆舟山以待之，案兵堅陣，勿與交鋒，彼鋭氣已挫，求戰不得，自然散走。』

玄似明於主客之勢，以策劉、何，則料敵未審也。然使謙果從玄策，或不致一戰而敗。

玄憂懼特甚，或曰：『裕等烏合微弱，事必無成。』玄曰：『劉裕一世之雄；劉毅家無儋石之儲，摴蒲一擲百萬；何無忌酷似其舅：共舉大事，何謂無成！』

以豪賭爲才，玄之所見陋已。其亦因父温善博，爲劉尹所稱，故爲此謬評邪？然知劉、何難敵，其識固出諸臣之上。

玄使桓謙、何澹之屯東陵，卞範之屯覆舟山西，衆合二萬。裕進至覆舟山東，張旗幟爲疑兵，數道并前。偵者還云：『裕軍四塞，不知多少。』玄益憂恐。

是時玄所遣擊裕之軍，連敗於江乘羅落橋，喪其驍將吴甫之等，範之爲玄謀主，故付以重兵，屯覆舟山，蓋仍用其前策也。裕孤軍初起，安得如此之衆？固由偵候不明，亦因玄自知禪代未厭衆心，慮裕號召忠義群起攻之，故聞而不復疑其失實耳。

裕與劉毅等進突謙陣，諸軍大潰，玄西趨石頭，與殷仲文浮江南走。裕屯石頭城，立留臺百官。

玄至此惟辨走耳。其意自以世守西藩，恩威著於荆楚，故直指潯陽，以爲逋逃之淵藪。

斬刁逵於石頭，子侄無少長皆死。初，劉裕名位微薄，王謐獨奇貴之。裕與刁逵摴蒱，不時輸直，逵縛之馬柳，謐代輸直。由是裕深憾逵而德謐。

温公録蕭方等之論，以爲漢高赦雍齒、魏武免梁鵠，而以王謐爲公、刁逵亡族譏裕之狹。竊謂逵黨玄爲逆，罪在不赦，其死非枉；不得以雍齒、梁鵠爲比。惟謐之爲公，則屈法以酬恩耳。

玄至潯陽，留何澹之等守湓口，於道自作起居注，叙討劉裕事。自謂經略無遺策、諸軍違節度以致敗。

玄是時大勢已去，死在旦夕，而猶自修起居注，諉過於下，將誰欺乎？與王始之臨刑妄自稱尊者，相去幾何！

初，王謐爲玄佐命元臣，玄受禪，謐手解帝璽綬。及玄敗，衆謂謐宜誅，劉裕特保全之。劉毅嘗因朝會問謐璽綬所在，謐内不自安，逃奔曲阿。

毅問璽綬所在，較之陶侃言蘇武節不如是，更覺咄咄相逼。謐雖倖免於誅，而王氏家風掃地盡矣。然王祥爲晋三公，未嘗著節於禪代之際，於謐又何責乎！

何無忌等大破何澹之於桑落洲，進據潯陽。桓玄收荆州兵，有衆二萬，挾帝東下，使徐放説劉裕等曰：『若能旋軍散甲，當與之更始，各授位任。』

玄至此尚欲以牢籠劉牢之者施之劉裕乎！勿論裕之志大，必不臣玄，且前車不遠，詎不以牢之爲戒乎！玄亦愚哉！

劉毅等大破玄軍於峥嵘洲，玄挾帝單舸西走，留永安何皇后及王皇后於巴陵。殷仲文時在玄艦，求出收散卒，因叛玄，奉二后奔夏口。

仲文以佞玄爲所親近，至此見事敗，故奉二后出奔以求免。反復小人，又在卞範之之下。

玄與帝入江陵，城内已亂，乘馬出城西走，僅得至船，左右分散，惟卞範之在側。

元顯之奔也，從騎惟有張法順；玄至此，在側亦惟有範之。二子委身非所，謀事無成，尚能始終忠於所事，均堪節取。其亦自知身爲戎首，無所逃刑，故甘心駢首與之同斃邪？然範之助逆，固難與法順并論。

毛璩兄孫佑之等帥數百人遇玄於枚回洲。都護馮遷抽刀前欲擊玄，玄曰：『汝何人？敢殺天子！』遷曰：『我殺天子之賊耳。』遂斬之。乘輿反正於江陵。

至此猶自稱天子，竟無异王始之死不改號矣。

桓振聚黨二百餘人襲江陵，桓謙應之，復陷江陵。振瞋目謂帝曰：『臣門户何負國家？而屠滅若是！』琅琊王德文謂振曰：『此豈我兄弟意邪？』振欲殺帝，謙苦禁之。

帝所以倖免於弑者，以白痴也。然亦由謙等欲挾天子爲重，以敵東軍，故匆匆竟得反正。琅琊閶闔翼衛，不避艱險，亦賢矣哉！

劉毅等諸軍至馬頭，桓振挾帝出屯江津，遣使求割江、荆二州，奉送天子，毅等不許。（義熙元年）

桓謙所以禁振弑帝者，正欲挾之以敵東軍，進則可以號令天下，退則可以求割二州，非果欲奉送也。使如其所請，則軍心頓懈，桓氏因以逞其狡謀，患且生於不備矣。毅等不許，而振之技窮，未幾帝還都而桓氏滅。

秦王興以鳩摩羅什爲國師，翻譯西域經論三百餘卷，大營塔寺，州郡化之，事佛者十室而九。

此經論譯爲華言之始。蓋是時佛教之盛，無過關中；江左雖有漸染，尚未至如此之熾也。

帝至建康，百官詣闕請罪，詔令復職。殷仲文以音樂未備，請治之。劉裕曰：『今日不暇給，且性所未解。』仲文曰：『好之自解。』裕曰：『正以解即好之，故不習耳。』

仲文黨附桓玄，贊成篡竊，及見事敗，始背玄來歸。晋廷不聞追正其罪，仍列清要，可謂失刑矣。大難初夷，百度未康，而首言音樂，何其不知緩急一至於此！胡身之以裕言爲英雄度越常流，亦未免溢美。然固可以遠邁劉琨、近軼謝安已。

初，南燕王備德之從秦王堅寇淮南也，留金刀與其母別，其兄納被誅，有遺腹子超生於羌中，奔於涼州，後徙長安。至是歸於備德，以金刀爲獻。

超以孤童流離异域，卒能逃歸本國，金刀授受，遇亦奇矣。然卒以亡燕。

劉裕遣使求和於秦，且求南鄉等諸郡，秦王興許之。群臣以爲不可。興曰：『裕起細微，能誅桓玄、復晉室，内厘庶政，外修封疆。吾何惜數郡不以成其美乎！』

是時姚氏浸衰，興亦老矣，畏裕，故割十二郡之地以予之。所云『成其美』者，妄也。若不予之，必不能禁裕之取之，未幾復以涼州予禿髮傉檀，以朔方畀赫連勃勃，皆畏之也，亦可云『成其美』乎！

西涼公暠手令戒諸子，以爲：『從政者當慎賞罰，勿任愛憎，近忠正，遠佞諛，勿使左右竊弄威福，毁譽之來，當研核真實，務廣諮詢，勿自專用。』

暠在諸涼中，雖智勇不足，而息民保境，不失爲賢君。觀其戒子之言，亦异乎沮渠、乞伏、禿髮之所爲矣。此所以卒啓有唐之祚歟？

魏諸州置三刺史、郡置三太守、縣置三令長。刺史、令長各之州縣，太守雖置而未臨民。(二年)

虚置太守，而州縣臨民者各有三刺史、三令長，可謂『一國三公，吾誰適從』矣。北魏官制，多不師古，此其尤甚者也。

秦隴西公碩德自上邽入朝，秦王興爲之大赦。及歸，送之雍乃還。興事晉公緒及碩德，皆如家人禮，車馬服玩，先奉二叔，而自服其次。

入朝遠送可也，爲之大赦則濫矣；事叔如家人禮可也，車服亡等則僭矣。然興之厚於二叔，非世主所及。而碩德等皆賢，故骨肉之間，始終恩禮篤備，亦安可厚非哉！

禿髮傉檀獻馬三萬匹、羊三萬口於秦。秦王興以傉檀爲涼州刺史，鎮姑臧。胡威見興流涕曰：『陛下弃五郡之地以資暴虜，恐方爲旰食之憂。』

以涼州畀傉檀，興之失策也。威言切至，故興旋即悔悟，而事已不可中止矣。

殷仲文素有才望，悒悒不得志，出爲東陽太守。東陽爲何無忌所統，仲文許便道修謁，無忌喜，欽遲之，仲文失志恍惚，遂不過府。無忌以爲薄己，大怒。（〔三年〕）

仲文始附桓玄以求進，玄敗倖免，干進不遂，輒懷怨望，其鄙躁淺中，固無足論。無忌素有雄豪之概，乃亦慕其虛名，側席待之，何也？然則當時之所尚可知已。仲文失志而忘過府，亦猶深源發書而達空函。名士末路，均堪齒冷。然深源僅以坐廢，仲文遂致族誅，則所遇有幸不幸也。

燕王熙后苻氏，嘗季夏思凍魚，熙下有司切責，不得而斬之。苻氏卒，熙服斬衰，食粥，命百官哭，無泪則罪之。群臣皆含辛以爲泪。

熙之責涑魚於季夏，幾如王祥之卧冰矣，以孝子之事親者事其妻；死而躬行喪親之禮，如熙者亦罕見矣。含辛爲泪，較自哭亡妾者，更有所不得已也。

秦王興以劉勃勃爲安遠將軍，使助没奕干鎮高平。興弟邕固争以爲不可，興乃止。久之，竟以勃勃爲安北將軍，鎮朔方。

興以勃勃與魏世仇，欲資其力，犄角以圖魏耳。豈知狼子野心不可畜哉！以凉州畀傉檀，以朔方畀勃勃，皆興之失策，而勃勃更變速而禍大。

勃勃集其衆，僞畋於高平川，因襲殺没奕干而并其衆。勃勃自謂夏后氏之後，自稱大夏天王。

勃勃少依没奕干并妻其女，一旦得志即殺没奕干；何有於姚興哉！《史記》《漢書》皆云：匈奴出自桀子淳維，勃勃爲劉淵族孫，實匈奴餘種，自云夏后氏苗裔，殊有所據，與拓跋氏謬云出自黄帝者迥别。

秦王興請歸賀狄干以贖狄伯支，魏主珪許之。賀狄干久在長安，因習讀經史，舉止如儒者。及還，珪以爲慕效秦人，怒，并其弟歸殺之。

珪見賀狄干言語衣服類秦人，即怒而殺之，固屬殘暴。然其意則惟恐輕變國俗，漸染華風，流於文弱也。與文帝之事事模仿中國者，所見迥别。

南燕王超母妻猶在秦。超遣使請之，秦王興曰：『昔苻氏之敗，太樂諸伎悉入於燕。燕今稱藩送伎，或送吴口千人，所請乃可得也。』

超稱藩於秦，爲親屈也。興既許歸超母妻，不因以爲德，而必求太樂諸伎，所見亦陋矣。

夏王勃勃攻秦三城已北諸戍，斬秦將姚石生等。諸將請定都高平。勃勃曰：『姚興一時之雄，關中未可圖也。今專固一城，彼必并力於我，亡可立待。不如以驍騎風馳，使彼疲於奔命，我則游食自若。』

勃勃不據城而野戰，仍用其匈奴游牧遷徙之故俗也。後世流寇，其意與此暗合。

勃勃擊禿髮傉檀，大掠而還。傉檀追之，勃勃於陽武下峽鑿凌埋車以塞路，勒兵逆擊傉檀，大破之。

勃勃鑿凌，正如淮陰背水，古今有迹异而意同者，此類是也。

劉毅等不欲劉裕入輔政，議以謝混爲揚州刺史。劉穆之白裕曰：『揚州根本之地，不可假人，前者以授王謐，事出權道。』（〔四年〕）

裕所以推謐爲揚州者，謐有宿望而無特操，且素厚於裕，不爲异同也。

秦王興欲取禿髮傉檀，使韋宗往覘之。傉檀與宗論當世大略，縱横無窮。宗歸謂興曰：『竊觀諸臣才略，無傉檀之比；雖以天威臨之，未敢保其必勝。』

胡身之謂：傉檀才辨足以欺其父兄及覘國者，而卒以敗亡；蓋智伯瑶之流，而才識不及。竊謂傉檀自是一時之雄，其才略實出諸凉君臣之上，未可以成敗論之。興遣其子弼等襲傉檀，精兵猛將，悉以配之；

而僫檀嬰城固守，卒能出奇制勝，大挫秦軍。則宗所云『群臣無僫檀比者』，其言不謬也。然而秦自此不競矣。

劉裕遣劉敬宣帥衆五千伐蜀，軍至黄虎，去成都五百里。譙道福悉衆拒險，相持六十餘日，敬宣不得進。食盡，軍中疾疫，死者太半，乃引軍還。

客利疾戰，主利持久，勞逸之勢殊也。况蜀地險厄，饋運莫繼，其得引還猶幸已。

南燕王超朝會群臣，嘆太樂不備，議掠晋人以補伎，韓諱諫，不聽。（一五年）

超據青齊一隅之地，攝乎晋、魏、秦三大國之間，不思爲固圉自强之計，而惟以太樂不備爲噓唏，適足貽井蛙之誚耳。况又挑釁强鄰，自啓兵端乎！

南燕將慕容興宗等帥騎寇宿豫，拔之，大掠而去。簡男女二千五百，付太樂教之。

劉裕不解音律，惟恐解即好之；而超亟亟惟伎樂是務，乃至輕動干戈，足見其志之荒已。豈知晋人問罪之師旦夕即至乎！

馮翊人劉厥聚衆作亂，秦太子泓遣軍討斬之。諸將請露布表言，泓曰：『主上委吾後事，不能式遏寇逆，當責躬請罪，尚敢矜誕自爲功乎！』

泓此舉自得爲子之道。《通鑒》録之，固有取也。胡氏譏其優游文義，非撥亂才，則失之過刻矣。大抵身之評史，好以成敗論人，殊乏特識。

初，苻氏之敗也，王猛之孫鎮惡來奔，以爲臨澧令。劉裕與語，説之，爲參佐曰：『吾聞將門有將，信然！』

猛諸孫在北有憲，在南有鎮惡，而鎮惡尤以功名顯，惜不終耳。

魏主珪服寒食散，久之藥發，忿怒無常，疑群臣皆不可信，每百官奏事，追記其舊惡，輒殺之。其餘或顔色變動，或鼻息不調，以爲懷惡在心，往往手擊殺之。

珪雄略不可一世，而荒悖殘忍，亦有出乎常情之外者。蓋其獷悍出自性生，即强制於平時，而不禁其發之暴也。未幾遂爲子紹所弑。

劉裕至下邳，留船艦輜重，步進至琅琊。南燕王超集群臣議，公孫五樓曰：『吴兵利在速戰，宜據大峴，使不得入；徐簡精騎，循海而南，絶其糧道。别敕段暉帥兖州之衆東下，腹背擊之，此上策也。各命守宰依險自固，資儲之外，餘悉焚蕩，芟除禾苗，使敵無所資，彼僑軍無食，求戰不得，可以坐制，此中策也。』

兵法客利速戰，主利固守，此定策也。五樓雖非正人，而謀略有足稱者。超平時惟五樓之言是聽，而至此不用其計，何也？得非國之將亡，天奪之鑒邪？使超於上中二計采用其一，裕孤軍深入無繼，亦危矣。

劉裕與燕兵戰於臨朐南，遣胡藩等潛師出燕兵之後，攻臨朐，克之。因縱兵奮擊，燕兵大敗。超遁還廣固，裕克其大城，超入保小城，裕築長圍守之。

超既不斷大峴，又不固守臨朐，迨遁還廣固，又弃大城而保小城，是時青州已爲晋有，超坐困一城，與牢獄何异！况外周以三丈之圍、三重之塹，即欲突走，亦何可得哉！

超使張綱乞師於秦，并問計於桂林王鎮。鎮曰：『聞秦有内患，恐未暇分兵救人。散卒還者尚有數萬，宜悉出金帛以餌之，更决一戰。』樂浪王惠以爲不可。

鎮之計，所謂『收合餘燼，背城借一』者也。雖勝敗未可知，猶愈於束手待盡。惠不思於死地求生，而欲乞援千里之外，適以自斃而已。

秦王興自將擊夏王勃勃，大敗，還長安。初，興遣姚强帥步騎一萬就姚紹於洛陽，并兵以救南燕；及爲勃勃所敗，追强兵還。

興初遣使謂劉裕曰：『已遣鐵騎十萬屯洛陽，晋軍不還，當長驅而進』，雖語涉矜大，而未嘗不發兵救燕也。所以中止者，大爲勃勃所敗，不得不自護根本耳。裕初料燕不能清野，而公孫五樓爲超畫策首及之；繼料秦不能救燕，而姚强就姚紹於洛陽，欲并兵以向廣固，均不如裕所料。其卒能滅燕者，五樓之策不用、强之兵中道西還耳。殆亦有天幸哉！

西秦王乾歸以焦遺爲太子太師，謂其子熾磐曰：『汝事之當如事吾。』遺子華至孝，乾歸欲以女妻之，華固辭，乾歸曰：『卿之所行，古人之事，孤女不以强卿。』

乾歸於遺，可謂尊師重儒矣。其不以女强嫁遺子華，尤爲善全其孝。此皆華夏令主所難能，未可以夷狄偏霸少之。《通鑒》備書於册，固有取爾。

劉裕悉衆攻城。或曰：『今日往亡，不利行師。』裕曰：『我往彼亡，何爲不利！』四面急攻之。超突圍出走，追獲之。裕數以不降之罪，超神色自若，一無所言。（六年）

超恃歲星而不守大峴，裕不避往亡而急攻廣固，天道固難測也。往亡之我往彼亡，亦猶子卯之有滅有興，英雄所見，自不與凡俗同。

裕忿廣固久不下，欲盡坑之，以韓範之言而止。猶斬王公以下三千人，没入家口萬餘，夷其城隍，送超詣建康，斬之。

温公譏裕不於此時慰撫疲民，而更恣行屠戮，宜其不能蕩一四海。竊謂裕雖取青州，而北鄰强魏，西接姚秦，人情輕於去就，自度力不能定，故惕之以威，俾不敢輒謀叛耳，然計亦末矣。

徐道覆聞劉裕北伐，説盧循曰：『本住嶺外，以劉裕難敵也。今裕未有還期，掩擊劉、何之徒，如反掌耳。』循自始興寇長沙，道覆寇南康、廬陵、豫章。

姚氏所以不能救南燕者，以勃勃梗之也。拓跋所以不暇争青州者，主珪被弑，嗣主新立，内難未平也。皆在劉裕算中。故以全力攻圍，期在必克，而不虞道覆之思乘其後，豈智者之一失哉！正以徐、盧小賊，劉、何輩足了之耳。劉、何與裕，并爲桓玄所畏，劉毅自謂非不及裕，乃道覆畏裕如虎，而輕劉、何如無物，人苦不自知耳。度量相越，豈不遠哉！道覆兵行之路，按今輿圖，則由大庾度嶺直犯江西，入大江，順流向金陵也。

循則分道由廣西入湖南。

何無忌自潯陽引兵拒盧循，鄧潛之曰：『循兵艦大盛，勢居上流，宜決南唐、守二城以待之。俟其疲老，而後擊之。』無忌不聽，與徐道覆遇於豫章，衆潰，死之。

無忌潯陽之師，名拒盧循，實則與徐道覆遇，一戰而敗耳。循方寇長沙，不得遽至豫章也。

劉毅聞盧循入寇，帥舟師二萬發姑孰，循進至巴陵，徐道覆聞毅將至，馳使報循，循即日發巴陵，與道覆合兵而下。毅與循戰於桑落洲，毅兵大敗。

盧、徐二賊，至此始合兵東下，道覆謂掩擊何、劉如反掌，今一戰而馘無忌，再戰而摧盤龍，則其言非誇也。

劉裕募人爲兵，發民治石頭城。議者謂宜分兵守諸津要，裕曰：『賊衆我寡，今聚衆石頭，隨宜應赴，既令彼無以測多少，又於衆力不分。』

兵分則勢單，合則力厚。裕聚兵石頭，隨宜應赴，使賊不測，真知兵機者也。

朝廷聞劉毅敗，人情恟懼。時北師始還，將士多創病；循戰士十餘萬，舟車百里不絶。孟昶、諸葛長民欲奉乘輿過江，裕不聽。

裕初渡江遇風，衆咸難之，裕曰：『若天命助國，風當自息；若其不然，覆溺何害？』至是昶等固請奉乘輿過江，裕復曰：『兵士雖少，自足一戰。苟厄運必至，當横尸廟門，以身許國。』其臨危能斷，實有賁、育莫奪之勇。蓋裕之威名，爲民所仗，爲賊所憚，又自度力能辦賊，而將士亦齊心用命，故以身扞患，卒以成功。固非輕於一擲也。

裕謂將佐曰：『賊若於新亭直進，其鋒不可當；若回泊西岸，此成禽耳。』徐道覆請於新亭至白石焚舟而上，數道攻裕。盧循不從。

客兵利在速戰，況循以十倍之衆，乘連勝之威，若鼓鋭而前，數道并進，誠非新募之兵所能當也。道覆智計，大出循上。使循果用其言，卒亦不免於敗。蓋二賊均非劉裕之敵，又爲積威所懾，觀其既破劉毅，軍勢方張，一聞裕還，即相顧失色，蓋其膽先落，故其氣亦終靡耳。

劉毅經涉蠻、晋，僅能自免，至建康待罪。裕慰勉之，毅請自貶，詔降爲後將軍。

裕雖慰勉，毅亦未免厚顔。計裕意中，未嘗不幸毅之敗也。

盧循寇掠諸縣無所得，謂徐道覆曰：『師老矣，不如還潯陽，并力取荆州。』遂自蔡洲南還，裕使王仲德等帥衆追之。

循軍一無所挫，遽即南還者，畏劉裕固守以老其師，而出奇兵以擊其惰也。道覆智出循上，而不聞更運一籌者，亦畏裕也。欲擊劉、何，則悉衆直趨豫章，洎當劉裕，不敢分軍徑向新亭，非勇怯頓殊，其意可知矣。

裕大治水軍，遣孫處、沈田子帥衆三千，自海道襲番禺。敕處曰：『大軍十二月之交必破妖虜，卿先傾其巢窟，使彼走無所歸也。』

先以奇兵出海，奪其巢窟，故二賊於挫衄之後，不知所歸，旋即授首。兵法所謂『出其不意攻其不備』者也。

裕帥劉藩等南擊盧循，進軍大雷。循與徐道覆帥衆塞江而下。裕帥諸軍先備火具，以勁弩射循軍，循艦悉泊西岸，岸上軍投火焚之，循兵大敗。

欲破戰艦，須用火攻；欲用火攻，須備走舸。走舸稍遲，便慮自焚。不如迫令近岸，自岸上投火焚之。而非射以勁弩，彼必不肯近岸也。

循收散卒數千，徑還番禺；道覆走保始興。劉藩帥孟懷玉等追盧循至嶺表，懷玉克始興，斬徐道覆。（七年）

循倚道覆以爲强，道覆誅，循勢孤矣。況已失巢窟乎！

盧循至番禺，遂圍之。孫處據守二十餘日。沈田子引兵救番禺，擊循，破之。循走，田子與處追破循於蒼梧、郁林、寧浦。循奔交州。

番禺爲處所據，循無所歸，故其勢不能復振。按今輿圖，則由廣東擾及廣西，遂至越南。

循至龍編南津；交州刺史杜慧度與循戰，擲雉尾炬焚其艦，以步兵夾岸射之，循兵大潰，自投於水，慧度取其尸斬之，函首送建康。

慧度破循，亦用火攻而助之以弓矢。蓋南津岸狹，較大江易爲力也。

柔然可汗斛律獻馬於燕王跋，求娶跋女樂浪公主。遼西公素弗曰：『宜許以妃嬪之女，公主不宜下降非類。』跋曰：『朕方崇信殊俗。』乃以樂浪公主妻之。

跋畏魏之强，慮其侵軼，故結婚柔然，冀借其力以爲援耳。所云『崇信殊俗』，乃飾説也。

以劉毅爲荆州刺史。毅性剛愎，深自矜伐，及居方岳，常怏怏不得志，太尉裕每柔而順之。（〔八年〕）

裕欲誅毅，而惡其無名，故於毅之出鎮，事事屈從所請以驕之。待其釁積惡彰，而後明正其罪。毅雖恣睢，固已入裕彀中矣。

劉毅至江陵，多變易守宰，輒割豫州文武、江州兵力萬餘人以自隨。太尉裕以詔書罪狀毅與藩及謝混共謀不軌，收藩及混，賜死。

裕已誅藩、混，稱詔大赦，統諸軍西討。而毅曾不之知，亦不之備，宜其敗也。

裕帥諸軍發建康，使王鎮惡、蒯恩將百舸前發，揚言劉兖州（毅弟藩時爲兖州刺史）上。鎮惡等至豫章口，去江陵城二十里，舍船步上。遂入城。毅戰敗自縊死。

裕統諸軍西討，其取毅則鎮惡百舸之力耳。毅雖擁荆楚重兵，兼豫、江二州萬餘之衆，均無所用之。

初，毅季父鎮之常謂毅及藩曰：『汝輩才器，足以得志，但恐不久耳。我不就爾求財位，亦不同爾受罪累。』及毅死，太尉裕奏徵鎮之爲光禄大夫，固辭不至。

平日不借毅之勢，恬淡寡欲者或能之。此時不受裕之徵，非堅確有守者不能。惟其不就毅，故亦不畏裕也。卒能自全於危亂之世，豈易言哉！

仇池公楊盛叛秦，侵擾祁山。秦王興遣趙琨等討盛。興自雍赴之，與諸將會於隴口。琨爲盛所敗。興以姚伯壽畏懦不進，斬之而還。

觀興諸將，智略無一足辦楊盛者，况劉勃勃乎！梁喜乏才之嘆，蓋非虚發也。此秦之所以日衰歟！

太尉裕至江陵，問申永曰：『今何施而可？』永曰：『除其宿釁，倍其惠澤，貫叙門次，顯擢才能，如此而已。』裕納之。

永勸裕顯擢才能，必先貫叙門次，裕納其言，禮辟名士，而荆人咸悦。蓋晋人重門第，其由來舊矣。

諸葛長民驕縱貪侈，常懼太尉裕按之。及劉毅誅，長民曰：『禍其至矣！今欲爲丹徒布衣，豈可得邪！』因遺劉敬宣書曰：『盤龍自取夷滅，富貴相與共之。』

李斯臨刑而思上蔡，陸機被收而憶華亭。今長民未至於敗，使决計爲丹徒布衣，未必不可脱然而去也。乃目睹盤龍之自取夷滅，猶不知止足，而欲與阿壽（敬宣小字）共圖富貴，此豈甘心爲丹徒布衣者乎！

太尉裕謀伐蜀，欲用朱齡石爲元帥。衆皆以爲齡石名位尚輕，難當重任，裕不從。毛修之固請行，裕恐修之至蜀，必多誅殺，不許。

於諸將中破格拔取齡石爲帥，而不聽修之復仇，裕之用人，洵非常人所及。

夏王勃勃築都城於黑水之南，名曰『統萬』，自謂其祖從母姓爲劉非禮，乃改姓赫連氏，其非正統者，皆以鐵伐爲氏。〔一九年〕

勃勃初不肯建都高平，自度力不足敵秦，懼爲所困也。今已屢挫秦軍，地廣人衆，故築城以爲立國之基，不復仍其遷徙游牧之故俗已。勃勃雖暴横，好自矜伐，其才氣實出秃髮、乞伏、沮渠諸君長之上，非姚氏君臣所能當也。

朱齡石諸軍倍道兼行，譙縱命譙道福將重兵鎮涪城，以備内水。齡石至平模，去成都二百里，克其二城，舍船步進，諸營屯望風奔潰。縱弃成都出走。

齡石所以克平模、徑取成都者，道福涪城之兵不能還而自救也。皆由取道外水，故易爲功耳。以蜀之險，而道福以重兵守之，豈旦夕之所能猝拔哉！

譙道福自涪入赴，縱往投之，道福怒，投縱以劍，縱去，自縊死。道福謂其衆曰：『蜀之存亡，實系於我。我在，猶足以戰。』衆潰，道福逃於獠中，執之，斬於軍門。

縱本無意據蜀，初爲將士所迫，恃道福爲之謀主耳。故縱死而道福尚欲决戰。無如成都已傾，衆不爲用矣。

司馬休之在江陵，頗得江漢民心，其子譙王文思在建康，太尉裕惡之。有司奏文思擅殺國吏，裕執文思送休之，欲其殺之。休之但表廢文思，裕由是不悦。（〔十年〕）

裕惡文思，意不在文思也。江陵地踞上游，休之得江漢民心，裕陰懷畏忌，欲亟去之，而惡其無名，故借文思以發其端耳。有司之奏，承裕旨而誣構其罪，非實也。裕誅劉毅、諸葛長民，猶曰慮其圖己也，休之宗室令望，輒欲翦除，其斫喪晋室，迹不可掩已。

秦王興愛少子廣平公弼，左右掌機要者，皆弼黨也。梁喜等承間言於興曰：『廣平公有奪嫡之志，道路皆言陛下將有廢立之計，信乎？』興曰：『豈有此邪！』

興愛弼，既不欲廢太子泓而立之，又不忍推而遠之，乃假以事權，俾得憑勢以樹黨，是教之争而速之亂也。蓋興將死而神爽不存矣。

唾契汗、乙弗等部叛南凉，傉檀討之，以太子虎臺守樂都。河南王熾磐襲東都。尉肅謂虎臺曰：『外城廣大難守，殿下守内城，肅等拒戰於外，猶足自存。』不聽。

南凉之亡，固由傉檀悉衆遠征乙弗，亦由虎臺不能固守樂都也。使用肅言，分守内外二城，以待傉檀，未必遽至崩潰。

城潰，熾磐入樂都，遣捷虔帥騎追傉檀。傉檀自歸於熾磐，熾磐鴆殺之，并殺虎臺。傉檀子保周、賀等皆奔魏，魏以保周爲張掖王，賀平西公，賜姓源氏。

秃髮亡而源氏貴顯於北魏，雖不及李氏之後有唐，較諸沮渠、乞伏之旋歸族滅者，猶爲過之。

魏主嗣遣於什門使於燕，什門見燕王跋不拜。跋怒，留什門不遣。什門數衆辱之，左右請殺之，跋曰：『彼各爲其主耳。』乃幽執什門，欲降之，什(們)[門]終不降。

跋雖乘亂竊據一隅，殊有人君之量，其不殺什門，亦以畏魏也。

太尉裕發兵擊司馬休之，休之上表，罪狀裕，勒兵拒之。裕密書招休之府録事參軍韓延之。延之復書曰：『當與臧洪游於地下，不復多言！』(十一年)

延之此書，足以愧事人而懷二心者。且委身司馬，誓不臣劉氏，可謂知義矣。後卒隨休之奔秦，秦亡皆入於魏。

裕使徐逵之等爲前鋒，出江夏口。與魯軌戰於破冢，兵敗，逵之及王允之、沈淵子皆死，裕聞之，怒甚，帥諸將濟江。休之兵潰，遂克江陵。

休之諸將，力戰者惟有一魯軌耳。軌敗，即不能支。

趙倫之等破魯軌於石城，司馬休之救之不及，遂與軌俱奔襄陽，李應之閉門不納。休之及譙王文思等俱奔秦。

休之得士民心而不免於敗者，才略遠出劉裕下，而兵力亦不足相敵也。使生於平世，固當爲宗室方岳之望。

休之至長安，秦王興以爲揚州刺史。唐盛曰：『據符讖之文，司馬氏當復得河洛，不如留休之於京師。』興曰：『天命所在，誰能違之！留之適足爲害。』卒遣之。

興不忌休之，亦猶苻堅不疑慕容垂，均不失英雄大度。卒之得河洛而亡秦者，劉裕也，非司馬氏也。符讖何足信乎！

西秦王熾磐率衆襲湟河，沮渠漢平出降，司馬隗仁勒壯士百餘據南門樓，三日不下，力屈被禽，熾磐欲斬之，段暉曰：『忠臣也，宜宥之。』熾磐使還姑臧。

仁守死以全節，熾磐曲宥以勸忠，兩足爲美。至遣還姑臧，則恢恢乎人君之度。

魏比歲霜旱，民多饑死。王亮等言宜遷都鄴，崔浩曰：『此可以救今年之饑，非長久之計。今居北方，山東有變，我輕騎南下，孰知其多少？所以威制諸夏也。』

浩雖以天文占驗，受知魏主，而其論遷都，則不拘讖文而專主人事，蓋明乎經國大略，特借占驗以堅魏主之信耳。

魏太史奏熒惑在匏瓜中，忽亡不知所在，於法當入危亡之國。魏主嗣召名儒十餘人使議熒惑所詣，崔浩曰：『必入秦矣。』後八十餘日，熒惑出東井。

此則子産所云『多言或信』者也，崔浩焉知天道？

燕尚書令孫護之弟伯仁、叱支乙拔，皆從燕王跋起兵有功，求開府不得，有怨言，跋皆殺之。護怏怏不悦，跋鴆殺之。遼東太守務銀提怨望，謀外叛，跋亦殺之。

胡身之以萬泥、乳陳既死，孫護兄弟及務銀提又誅，譏跋爲少恩。竊謂護兄弟情罪未著，其死未必無冤；若萬泥、乳陳及務銀提均以謀叛伏誅，安得與護兄弟并論哉！且跋於素弗，何嘗不始終加以恩禮乎！

秦王興疾篤。尹冲謀因太子泓出而殺之。泓將出，宫臣諫而止。興命泓録尚書事，東平公紹、胡翼度典兵禁中，遣斂曼嵬收廣平公弼第甲仗納之武庫。尹冲等帥甲士攻端門，斂曼嵬等勒兵閉門拒戰。興力疾臨前殿，賜弼死。冲等大敗出奔。明日，興卒。（〔十二年〕）

興雖病篤，猶能於倉卒間制弼而定其亂。但不能防之於豫，待其罪無可逭而始誅之，則愛之適以害之也。

涼司馬索承明上書，勸涼公暠伐西河王蒙遜，暠曰：『力未能除耳。卿爲孤陳必禽之策；直唱大言，使孤東討，此與言「石虎小竪，宜肆諸市朝」者何异！』

暠之語承明者，可謂詞約而理盡。惟其熟審乎彼己，而權其利害，故含忍而不敢輕發也。使宋文能見及此，何至爲王玄謨所誤？

太尉裕戒嚴，將伐秦。寧州獻琥珀枕於裕。裕以琥珀治金創，命搗碎之，分賜北征將士。

琥珀枕，玩好之物也。搗碎以賜將士治金創，則化無用爲有用矣。與晋武之焚雉頭裘事相類，而用意自别。

裕以劉穆之總攝内外。穆之目覽辭訟、手答箋書、耳行聽受、口并應酬，不相參涉，悉皆贍舉。張邵言於裕曰：『穆之若邂逅不幸，誰當代之？』裕曰：『此自委穆之及卿耳。』

此所謂五官并用者也，然亦勞矣。邵所以有邂逅不幸之慮，殆亦以其竭精敝神，將不能久邪？

裕既行，青州刺史檀祗率衆至塗中掩討亡命。劉穆之恐祗爲變，議欲遣軍。時檀韶爲江州刺史，張邵曰：『今韶據中流，道濟爲軍首，必無患也。』

祗所以率衆徑至塗中者，以檀氏方爲裕所倚任，故不復以形迹爲嫌耳。若遽遣軍，不惟激成意外之變，即道濟等亦不自安矣。邵之智慮，乃過穆之。

東平公紹言於秦主泓曰：『晋兵已過許昌，安定孤遠，難以救衛，宜遷其鎮户，内實京畿，可得精兵十萬。不然，晋攻豫州、夏攻安定，將若之何？』

紹慮勃勃乘釁攻安定，而欲遷鎮户以實京畿，似亦亟救根本之一策。但當此兵興倉卒，驟議遷民，恐人情懷土，擾動易至生亂，於計未爲工也。

檀道濟進逼洛陽，姚洸出降。道濟獲秦人四千，議者欲盡坑之，道濟曰：『伐罪吊民，正在今日。』皆釋而遣之。

道濟之入洛陽，殊勝劉裕之下廣固。蓋裕已定燕，故示之以威，以制其外叛； 道濟方攻秦，故感之以恩，以致其來降。兵機固不同也。

裕遣王弘還建康，諷朝廷求九錫。劉穆之以旨從北來，愧懼發病。詔以裕爲相國，總百揆，備九錫之禮。裕辭不受。

裕既克雒陽，故諷朝廷求九錫以賞其功。辭不受者，先引其端，俟伐秦班師，再申前命，則受之有名也。穆之爲裕腹心，情同魚水，乃以謀非己出，遽爾發病，遂以不起。以裕雄猜多忌，懼爲荀彧之續邪？

西秦王熾磐遣使詣太尉裕，求擊秦以自效。

熾磐請伐秦自效者，非助晋也，欲乘秦之悉力拒晋，割其邊鄙以自入； 且恐裕滅秦後加兵於己，故早自貳也。

秦主泓會百官於前殿，以内外危迫，君臣相泣。齊公恢帥安定鎮户三萬八千趨長安，移檄州郡，欲除君側之惡。（十三年）

胡身之謂：泓不用東平公紹、懿横之言以召亂。竊謂恢不肯速殺吕超，已貳於泓。使從横言徵之，亦必不入朝，適以速其亂耳。此自恢之邪謀，非關泓之失策。

王鎮惡引兵抵潼關，秦東平公紹督姚鸞等步騎五萬守潼關，引兵出戰，檀道濟、沈林子奮擊，大破之。紹退屯定城。

秦所恃者紹及潼關耳。今以大衆付紹，俾守潼關，國之存亡，胥系乎此。乃一戰而敗，潼關既失，紹亦尋卒，泓於是束手坐困矣。

太尉裕將水軍將泝河西上，遣使假道於魏。魏群臣皆曰：『裕聲言伐秦，其志難測，且秦婚姻之國，不可不救。』崔浩曰：『是我代秦受敵也。』

裕志在圖秦，非以襲魏，乃情勢之灼然易見者。一則晉與秦仇，而魏方與晋通好；一則秦有内難，而魏勢方强也。乃諸臣猶云其志難測，甚且謂其聲西而實北者，憚裕之威，故思豫爲之備，亦未可訾也。浩策假之水道，聽裕西上，不肯代秦受敵，南北异俗，裕終不能争河北之地，量敵保境，於計良得，然道武不殂，必不出此。

王鎮惡等爲秦兵所拒，不得前。久之乏食，或欲弃輜重還赴大軍，沈林子不可。秦魯公紹遣姚洽等帥衆屯九原，林子邀擊破之，殺獲殆盡。

使鎮惡等由潼關退軍，紹必以驍鋭出關追擊，晋之前鋒頓爲之挫矣。裕之破秦，二沈力戰之功居多。

紹聞洽等敗死，憤恚發病，以兵屬東平公贊而卒。贊衆力猶盛，引兵襲林子，林子復擊破之。

贊庸才耳。衆力雖盛，已不支矣。

魏主嗣謂崔浩曰：『裕既入關，不能進退，我以精騎直搗彭城壽春，裕將若之何？』浩曰：『願陛下按兵息民，以觀其變，秦地終爲國家之有。』

若如魏主之計，則裕必回軍自救，而秦不亡矣。浩論晋不能有秦，其言卒驗，然亦未料及赫連之徑取長安也。

太尉裕至旻鄉，沈田子等將攻嶢柳。秦主泓欲自將禦裕，恐田子等襲其後，欲先擊滅之，至青泥。田子撫慰士卒，執短兵奮擊，秦兵大敗，泓奔還灞上。

裕伐秦，亦分二道。王鎮惡以前鋒向潼關，自帥大衆隨其後，此正兵也；别遣沈田子等以偏師入武關，分秦兵之勢，此奇兵也。二將均能以少勝衆，足徵裕之知人。

王鎮惡至渭橋，令軍士皆持杖登岸，諭士卒曰：『吾屬家在江南，此長安北門，去家萬里，進戰而勝，則功名俱顯；不勝，則骸骨不反矣。』

沈田子青泥之捷，與鎮惡渭橋之戰，皆所謂『置之死地而後生』者，客兵利速戰也。使姚泓於此時斂兵固守都城，而清野以制其旁掠，更出奇兵以挫其鋭，勢尚可支。姚健之拒桓温，往事可鏡，泓君臣獨不聞乎？

乃倉卒出戰，一敗遂降。則以其闇於事機，懦而無振也。

鎮惡身先士卒，衆騰踴争進，大破姚丕於渭橋。泓引兵救之，爲丕敗卒所蹂踐，不戰而潰。姚諶等皆死，泓單馬還宫，遂出降。

勃勃以暴而興，泓以仁而亡。使生於平世，詎非守文中主哉！

太尉裕至長安，秦東平公贊帥宗族百餘人詣裕降，裕皆殺之。送姚泓至建康，斬於市。裕議遷都洛陽，王仲德以暴師日久，士卒思歸，裕乃止。

晋若於是時遷都洛陽，方可保有關中。遷都之議既不可行，則關中必不可保。江淮懸隔，勢不相及，北接赫連，西鄰沮渠，又有强大之北魏雄於朔方，孰不窺睨其旁而思乘其後哉！

裕以次子桂陽公義真爲安西將軍，以王修爲長史，王鎮惡爲司馬，留鎮長安。沈田子言鎮惡不可信，裕曰：『「猛獸不如群狐」，卿等十餘人，何懼鎮惡！』

鎮惡以羈旅孤寒，一旦位列諸將佐之上，乃吴兒所忌也。故功雖成，而讒間易入。裕取蜀用朱齡石，破秦用鎮惡，其知人善任，固非常情所及。至此竟爲群言所惑，何也？吁，士處功名之際，難矣哉！

三秦父老聞裕將還，詣門流涕訴曰：『長安十陵是公家墳墓，咸陽宫殿是公家室宅，舍此欲何之乎！』裕爲之潸然。

父老留裕之言，極爲懇到，千載而下，猶令人酸鼻。此非徒秦人之嫻於辭令也。西京遺澤，其尚有未泯者乎！

夏王勃勃聞太尉裕東還，大喜，用王買德計，以其子璝都督前鋒諸軍事，帥騎二萬向長安。又以次子昌屯潼關、買德屯青泥，自將大軍爲後繼。

沮渠蒙遜聞裕入關而怒，勃勃聞裕東還而喜。怒者，怯也；喜，則將有所爲矣。義真，孺子耳；田子輩，戰將耳，均非勃勃、買德之敵。所恃惟一王鎮惡，旋爲田子所害。留兵一萬，大半水師步卒，且分則勢單，安能支夏人三路之勁騎哉！

赫連璝至渭陽，沈田子退屯劉回堡。王鎮惡謂王修曰：『公以十歲兒付吾屬，當共竭力；擁兵不進，虜何由平！』田子聞之，忿懼，遂殺鎮惡。修執田子，斬之。（〔十四年〕）

使鎮惡不死，長安或可守也。乃田子殺鎮惡，修復殺田子。自翦爪牙，何以禦外侮乎！

太尉裕始受相國、宋公、九錫之命。

裕之伐秦，非不知關中不可守也。特欲立非常之功，以爲受相國、宋公、九錫地耳。司馬昭之伐蜀亦然。

劉義真年少，賜予左右無節，王修每裁抑之。左右皆怨，譖其欲反。義真使殺修。由是人情離駭。

以當時義真諸將佐，當勃勃父子，即使同心協力，亦難支久。乃智如王鎮惡、勇如沈田子先已相繼屠戮，至是王修又死於左右之譖。諸將可恃者，惟一傅弘之尚在耳。義真股肱爪牙，芟除殆盡，固已孑然無以自立矣，况童竪無知乎！

關中郡縣悉降於夏。夏王勃勃進據咸陽。宋公裕聞之，使召義真東歸；以朱齡石代鎮長安。謂齡石曰：『卿至，可敕義真輕裝速發。若必不可守，即與俱歸。』

觀裕之諭齡石者，若於血戰所得之關中弃如脱屣，何也？自度力不能争，又因宋國既建，禪讓旦夕可期，故不妨得魚忘筌耳。然齡石自此不返矣。

齡石至長安。義真將士貪縱，大掠而東，方軌徐行，日不過十里。傅弘之曰：『虜追騎且至，何以待之！』俄而夏兵大至，弘之等被禽。段宏束義真於背，單馬東歸。

裕之伐秦，特爲赫連驅除耳。能取之不能守之，王鎮惡、沈田子、傅弘之及朱齡石、超石皆猛將也，王修亦佳吏也，乃一旦并愛子委之死地而不復顧，卒之寸土非吾有，徒翦其翼爪牙，幾并其愛子而失之，詎非以虚名博實禍哉！裕之此舉，固失策之大者也。

宋公裕聞青泥敗，未知義真存亡，刻日北伐，謝晦請俟他年，不從。鄭鮮之上表力言其不可，會得段宏啓，知義真得免，裕乃止。

胡身之謂：裕聞敗不即投袂而起，而必待刻日者，英雄所爲，非常人所能測識。竊謂裕之刻日北伐，特示威於衆耳。明知關中不可復得，得之亦必不能守，且志在篡奪，亦無暇他及。即微鮮之言，義真竟不獲免，裕亦必不出師也。此事機之灼然易見者，以爲英雄所爲，殊未解也。

彗星出天津，入太微，經北斗，絡紫微。魏主嗣召諸儒、術士問之曰：『今四海分裂，災咎之應，果在何國？』崔浩曰：『其劉裕將篡之應乎！』

浩知熒惑之入秦，又知彗星之應晉，皆以人事推之，因而占驗天象，所謂善言天者必有驗於人也。夫裕之將篡，奚待彗星哉！

宋公裕以讖云『昌明之後尚有二帝』，乃使王韶之與帝左右謀酖帝，而立琅邪王德文。韶之以散衣縊帝於東堂。裕稱遺詔，奉德文即皇帝位。

讖何爲者哉？裕，奸雄，篡則篡耳，乃信昌明後尚有二帝之文，縊一帝復立一帝，何也？安帝白痴，屬當末運，亦何足道；德文仁且賢，卒以大物拱手授人，而亦不免於弑，天之報施安在哉！韶之爲廙曾孫，廙與王敦謀逆，幸逃顯戮，其遺種固非善。

恭皇帝（諱德文，安帝母弟，在位一年）

夏主勃勃徵京兆隱士韋祖思。既至，恭懼過甚。勃勃怒曰：『我以國士徵汝，汝乃以非類遇我。汝昔不拜姚興，今何獨拜我？』遂殺之。（元熙元年）

自古未有恭懼過甚而見殺者，不拜姚興而拜勃勃，以興能容之、勃勃將殺之耳。乃求生適以速死。士逢此時而欲自全，亦良難矣。胡身之以祖思爲無所守可也，以勃勃爲有見，不亦謬哉！

夏群臣請都長安。勃勃曰：『朕在長安，統萬必危。』乃於長安置南臺，以子璝録南臺尚書事，自還統萬。

勃勃不都長安，而還統萬，殊有算略。胡身之譏其不能貽厥子孫，似未審乎當日之時勢也。

勃勃性驕虐，視民如草芥。常居城上，置弓劍於側，有所嫌忿，手自殺之。群臣迕視者鑿其目，笑者决其唇，諫者先截其舌而後斬之。

勃勃雖暴狠，然能用其衆，所向無前，必有恩威足以致人死力者。如史所書，則紂之不善，不如是之甚也。

宋公裕始受進爵之命。

進爵爲王，固將禪矣。司馬氏之受於魏者，均有故事。

鑒評别録卷二十七

宋紀一

高祖武皇帝（諱裕，字德輿，小字寄奴，漢楚元王交二十一世孫，在位二年）

宋王欲受禪。至建康，傅亮諷晋恭帝禪位於宋，帝謂左右曰：『桓玄之時，晋已無天下，重爲劉公所延，將二十載，今日之事，本所甘心。』（永初元年）

恭帝之言，肺腑之言也。乃卒不能如山陽、陳留之克終其天年，宋真寡恩哉！

帝遜於琅琊第。百官拜辭，徐廣流涕哀慟。

晋宋禪代之際，不忘故主者，廣一人而已。

帝臨太極殿，大赦，改元。其犯鄉論清議，一皆蕩滌。

得罪名教，莫大於弑君，而宋祖躬自蹈之，尚何鄉論清議之足云乎！裴子野援四凶、頑民爲説，未免擬不於倫。

魏主聞宋受禪，召崔浩，告之曰：『卿往年之言驗矣。朕於今日，始信天道。』

聞晋亡而不知警，徒喜浩言之驗，以爲彗星不爲己出，所見亦淺矣。

西河王蒙遜擊凉公歆於懷城，歆大敗；復戰於蓼泉，蒙遜殺歆，遂入酒泉，禁侵掠，士民安堵。以宋繇爲吏部郎中，委之選舉，凉舊臣有才望者咸禮而用之。

繇受托孤之重，既不能訓導嗣君，又不能扞禦外侮，迨國亡不惟不能殉節，而乃反面事仇，有負武昭多矣。

蒙遜見凉太后尹氏而吊之。尹氏曰：『李氏爲胡所滅，知復何言！吾惟速死爲幸耳。』蒙遜嘉之，娶其女爲子牧犍婦。

尹氏之不屈，蒙遜之不殺，兩足爲美。觀蒙遜安撫西凉，其才略智量誠有過人者。

帝令兵人進藥於零陵王。王不肯飲，曰：『佛教自殺者不復得人身。』兵人以被掩殺之。

當時人主，如姚泓之友於弟，帝之恭厥兄，均可謂賢矣。而不免亡國殞身，悠悠蒼天，謂之何哉！

上之爲宋公也，謝瞻爲宋臺中書侍郎，其弟晦爲右衛將軍。晦權遇已重，賓客輻凑，門巷填咽。瞻曰：『此豈門户之福邪？』乃以籬隔門庭，曰：『吾不忍見此。』

瞻蓋知其弟之才多識寡，適足以殺身亡家也。使晦聞兄言痛自懲戒，益以恬静自持，豈必不能自求多福哉！

徐羡之起自布衣，又無術學，一旦居廊廟，朝野推服，咸謂有宰相之望。頗工弈棋，觀戲常若未解。（二年）

工弈而觀戲若未解，此雖細事，亦常情所難。每見士大夫弈本不工，而强作解事，甚且欲代人捉刀者，比比然矣。

皇太子多狎群小，謝晦言於上曰：『陛下春秋既高，宜思存萬世。神器至重，不可使負荷非才。』上曰：『廬陵何如？』晦曰：『德輕於才，非人主也。』

無端進廢立之計，又斥廬陵非人主，皆人臣所難言。而晦易言之，足見其疏脱矣。异日帝誡太子，以晦必有同异，正以其先有此言也。

帝殂於西殿。

《三國志》書蜀先主曰『殂』，所以别於魏之書『崩』、吴之書『薨』也。《通鑒》於南北朝之君，殁皆書『殂』，本諸陳氏而無義例。

魏主服寒食散頻年，藥發，密問崔浩曰：『爲我思身後計。』浩曰：『宜早建東宫。』魏主從之。立太平王燾爲皇太子，使居正殿臨朝，爲國副主。

魏主是時，年三十一耳。乃立太子，即令臨朝聽政，略如後世所云内禪者，與建儲迥异。

魏主聞高祖殂，議發兵取洛陽、虎牢、滑臺，崔浩諫，不從。假司空奚斤節，加晋兵大將軍，使督宋兵將軍周幾、吴兵將軍公孫表同入寇。

魏主所忌者，宋武帝也。帝殂則决計南伐，其心固未嘗一日忘淮北也。浩所云『喪不可伐，功不可必』，亦老生常譚耳。烏足抑其壯志哉！

魏軍將發，公卿集議以先攻城與先略地。奚斤欲先攻城，崔浩曰：『不如分軍略地，至淮爲限，列置守宰，則雒陽、滑臺、虎牢更在軍北，圍中之物，何憂不獲？』公孫表固請攻城，魏主從之。

用兵之道，攻城爲下，慮其曠日以挫鋭也。但攻城必克，方可置兵戍守。深入之與淺攻，兵勢固殊。若略地而不攻城，彼方踞城以自固，安得遽置守宰乎？浩雖善謀，而此所言不若斤、表之老將習兵也。後卒以攻克滑臺、虎牢，始能悉定兖豫各郡縣，則浩之計不售已。

營陽王（諱義符，小字車兵，武帝長子，在位一年）

魏奚斤、公孫表共攻虎牢，毛德祖嬰城自守。魏又遣萬餘人渡河屯濮陽南。朝議使劉粹召高道瑾還壽陽，粹請守項城，許之。（景平元年）

魏所以卒不得越項城而南者，粹固守之力也。若此時捨之南去，則淮西非復宋有矣。

魏叔孫建將三萬騎逼東陽城，竺夔、垣苗悉力固守。魏人作長圍進攻，旦暮且陷，檀道濟與王仲德兼行救之，軍於臨朐，建燒營及器械而遁。

青州所以不至失守者，不惟夔、苗善守，良由道濟、仲德赴援也。然道濟亦第能援青州耳，若虎牢則擁兵湖陸而不敢進救矣。

魏人作地道以泄虎牢城中井，城中人馬渴乏。

前已斷汲河之路，至是復泄城中井。魏攻虎牢，惟渴以困之。

魏人急攻虎牢，城陷，將士欲扶毛德祖出走，德祖曰：『我誓與此城俱斃，義不使城亡而身存也。』魏主命將士必生致德祖，將軍豆代田執之以獻。

德祖守虎牢，可謂善守且固守、死守矣。而卒不能守者，兵力單而外援不至也。故曰：『小敵之堅，大敵之禽。』

魏崔浩研精經術，練習制度，不好老莊之書，尤不信佛法。嵩山道士寇謙之修張道陵之術，奉其書獻於魏主，朝野多不之信，浩獨師事之。

老莊之書雖自爲一家，而大旨與吾儒不甚相遠。史稱孔子問禮老聃，子夏再傳而爲莊周，未爲無稽。至神仙乃方伎者流，秦漢迂怪之士假托之以誑惑世主者，未可與老莊并論也。自魏迄晉，學者尊信老莊，流爲放誕，浩以爲不近人情，敗法亂治，頗足正當時習尚之失。乃師事寇謙之，何也？得非自比子房，欲從赤松子游邪？浩不信佛，而不知張道陵依托道家，倡言惑衆，實大乖清静之旨，正如佛家所云野狐外道者；不事胡神，而事米賊，豈不每况愈下哉！且既以老子之書爲僞矣，而謙之所云神人李譜文皆托於老子，豈《道德》五千言爲敗法之書，而圖籙真經、天宫静輪轉爲性命圭旨乎！尤惑之甚者也。

太祖文皇帝（諱義隆，小字車兒，武帝第三子，在位三十年）

廬陵王義真，警悟愛文義，而性輕易，與謝靈運、顔延之、慧琳道人情好款密。嘗云：『得志之日，以靈運、延之爲宰相，慧琳爲西豫州都督。』（［元嘉元年］）

義真地非當璧，輒以宰相、都督許人，其心殆不可測。所云『得志之日』，果何日邪？

徐羡之等惡義真，義真亦怨執政。羡之等謀廢帝，次立應在義真。乃先奏列其罪惡，廢爲庶人。張約之疏救，不從，尋殺約之。

義真誠不可任用，罷其都督可也。遽加廢徙，抑亦過矣。約之言非不可聽，何至於殺之哉！此即殺義真之漸。

徐羡之等以檀道濟先朝舊將，威服殿省，乃召道濟及王弘入朝，以廢立之謀告之。謝晦夜邀道濟同宿，晦悚動不得眠，道濟就寢便熟，晦以此服之。

胡身之以爲：服其處大事而不改常度。竊謂以臣廢君，罪大於逆，晦悚動不眠，猶有所忌憚；道濟自恃兵力，威服殿省，直視宋帝若無物，故就寢便睡，不以介意，乃不臣之尤者，何有於處大事而不改其常度哉！

帝與左右引船夕游天淵池，即龍舟而寢。道濟引兵與羡之等入雲龍門，軍士殺二侍者，傷帝指，扶出東閤，收璽綬，衛送故太子宫。

自古權臣廢立，往往假太后之命，漢昌邑王故事可按也。兹則先廢帝，而後稱太后令以行，與高貴鄉公之已事，相去一間耳。且軍士已傷帝指矣，使帝從而抗拒，道濟豈不能爲賈充哉！

稱皇太后令，數帝過惡，廢爲營陽王，以宜都王義隆纂承大統。遷營陽王於吴，羡之等使邢安泰就弑之。又遣使者殺前廬陵王義真於新安。

武帝誡太子以謝晦必有同异，徐傅當無异圖。至此召道濟、廢營陽，皆三人共爲之，非晦獨有同异也。三人中，羡之尤爲狠愎，亮雖附和，尚微有首從之分，殺義真而以晦爲外援，皆在亮赴江陵後，亮亦未必與謀。

宜都王即皇帝位。詔復廬陵王先封，迎其柩及孫修華、謝妃還建康。

先問義真及少帝薨、廢始末，即悲哭嗚咽；至此即位謁廟，首詔復廬陵王先封，并迎其柩與母妻還都，帝之意可知已。百官衆力不得近部伍，而以府州文武嚴兵自衛，又以王曇首、王華侍中宿衛，重用朱容子、到彦之，委以腹心，俾作爪牙。徐傅雖居政府而兵權不屬，亦何能爲乎！故一旦收縛，如翦孤雛矣。

謝晦將赴荆州，問蔡廓曰：『吾其免乎？』廓曰：『卿受先帝顧命，廢昏立明，義無不可，但殺人二兄而以之北面自免爲難。』晦既發，望石頭城，喜曰：『今得脱矣。』

羨之以帝必能明其赤心，晦望石頭域，自謂得脱。均所謂當局者迷。惟廓言洞中事理。

徐羨之、傅亮上表歸政，表三上，帝乃許之。始親萬機。羨之仍遜位歸第，徐珮之等以爲非宜，敦勸甚苦，乃復奉詔視事。（二年）

胡身之云：速徐傅之死者，珮之諸公也。竊謂帝欲誅徐傅意已决矣，特俟時而發耳。即遜位還第，庸得免乎！

王弘自以始不預定策，不受司空；表讓彌年，乃許之。

胡身之云：弘以此得免徐傅之禍。竊謂弘自以不預定策，而廢立之事，未嘗不共謀也。惟弑少帝、殺廬陵王，則羨之實主之耳。弘不與徐傅同誅，蓋亦有天幸焉。

孔寧子與王華疾徐羨之、傅亮專權，日夜構之於帝。帝欲誅羨之、亮，并發兵討謝晦，聲言當伐魏，又言拜京陵，治行裝艦。時朝廷處分异常，其謀頗泄。

徐傅弑君之罪必不可寬，不得以王華等之構間爲非。帝已與華等密謀誅徐傅，而亮與晦書，猶似未有所聞，非必疏於防患，蓋自恃其擁立之功而不慮意外之變也。

謝晦問何承天曰：『卿令我云何？』承天曰：『境外求全，上計也。以心腹將兵屯義陽，自帥大衆戰於夏口；若敗，即趨義陽以出北境，其次也。』（〔三年〕）

使晦用承天上計，於此時奔魏，或可苟全性命。

帝以王弘、檀道濟始不預廢、弑之謀，弘弟曇首又爲帝所親委，事將發，密使報弘，召道濟，使討晦。

謂王、檀不與於弑，猶可曲爲之解；謂其不與於廢，則當日引兵居前，入雲龍門，殺侍者、傷帝指，非道濟乎？弘於是時未知果否同行，而事前被召入朝，固已預聞其謀矣。帝蓋以曇首之故，爲弘開脱，又欲用道濟以討晦，故洗滌前釁，以安其心也。夫帝所以能誅晦者，以用道濟耳。若不用道濟，必將自疑，與晦合勢，而到彦之輩均非其敵矣。此帝之權也。

下詔暴羨之、亮、晦殺營陽、廬陵王之罪，命有司誅之。羨之自經死。亮讀詔訖，曰：『亮受先帝顧托。黜昏立明，社稷之計也。欲加之罪，其無辭乎！』於是誅亮。

黜昏立明，猶可言也；弑一君并害一王，又何説乎？

帝將討謝晦，問於檀道濟，道濟曰：『晦才略明練，殆爲少敵。然未嘗孤軍決勝，戎事恐非所長。今奉命以討之，可未陣而擒也。』

坐譚之與臨敵，難以概論。故文臣往往決策則有餘智，而攻戰非其所長。沈慶之所云『耕須問奴，織須問婢』者，與道濟所見正同。

謝晦勤兵得三萬人，乃奉表稱羡之、亮忠貞，横被冤酷，且言『故廬陵王於營陽之世，積怨犯上，自貽非命。耿弇不以賊遺君父，臣亦何負於宋室？』

自辨其殺廬陵王，已是曲説； 引耿弇爲言，則大謬矣。 義真安得目之爲賊、與張步并論乎？ 若營陽之弑，晦亦無從置喙已。

下詔戒嚴，諸軍相次進討謝晦。晦至江口，聞檀道濟帥衆來上，惶懼無計。道濟與到彦之軍合，列艦過江，晦軍一時皆潰。

晦所畏獨道濟耳。其抗表稱兵而無復顧忌者，以營陽之廢，道濟身爲戎首，徐傅誅則道濟必内懷疑懼，不爲朝廷用也。使道濟不來，則晦軍勢方張，必不致無端離沮。彦之新敗，既不能遽振； 而劉粹之兵復爲周超所挫，臺軍勢必不支矣。帝之誅晦，用道濟之效也。

晦至江陵，衆散略盡。乃携其弟遯等北走，爲光順之所執檻，送建康，於是誅晦。

晦之走也，左右皆弃之，惟延陵蓋追隨不捨。帝以蓋爲鎮軍功曹都護。

蓋以隨晦不捨而見擢，周超以沙橋戰勝而并誅，同情异法，似亦未得其平。超雖爲晦破劉粹兵，而旋即歸降，亦可原也。

帝以(惠)[慧]琳道人善談論，因與議朝廷大事，遂參權要。賓客輻凑，孔覬慨然曰：『遂有黑衣宰相。』

王敬弘以虚名而加禮敬，（惠）[慧]琳以清談而參權要。帝爲宋勤政之主，而亦未免爲江左習氣所染。

王華以王弘輔政，王曇首爲上所親任，與己相埒，自謂力用不盡，每嘆曰：『宰相頓有數人，天下何由得治！』

華欲專機要，先以譖構徐傅，至此因帝兼任弘、曇首，故發此嘆。其實宰相數人，何害於治？不見舜之五人、周文武之四人、十人乎！

帝欲封王曇首、王華等。曇首固辭，乃止。

曇首固辭封賞，其識自出王華之上。

魏主詔問公卿：今當用兵，赫連、蠕蠕二國何先？長孫嵩等請先伐蠕蠕，崔浩曰：『赫連氏政刑殘虐，宜先伐之。』劉絜、安原請先伐燕。

魏之鄰敵，柔然在北，赫連在西，燕在東。論其强弱，柔然最强，赫連次之，燕最弱；較其遠近，柔然最遠，赫連較近，燕最近。以兼弱攻昧及遠交近攻之策，衡其先後，則燕宜先伐明甚。乃絜等以爲請，而魏主未即加兵者，馮跋勤於政事，上下相安，無釁可乘也。故曰：國必自伐而後人伐之。

魏主行至君子津，會天暴寒，冰合，帥輕騎二萬濟河，襲統萬。夏主方燕群臣，魏師奄至，上下驚擾。夏主出戰而敗，退走入城。魏軍四掠，殺獲數萬。

魏所以不敢加兵於宋者，畏武帝也；武帝殂則發兵取雒陽矣。其不遽加兵於夏者，忌世祖（赫連勃勃）

也；世祖殂則潛師襲統萬矣。是時夏人無備，鳥驚獸駭，豆代田已帥衆入其西宫，復逾垣而出，亦勢在垂克矣。乃弃而不取，殆以其城堅不可拔邪？是時奚斤之兵已入長安，統萬勢孤，使魏主留兵力攻，安在不可下哉！

帝如丹徒，謁京陵。初，高祖既貴，命藏微時耕具以示子孫。帝至故宫見之，有慚色。近侍或進曰：『大舜躬耕歷山，陛下不睹遺物，安知先帝至德！』（〔四年〕）

見耕具而色慚，帝之明不應如是。或因江左崇尚門地，故以崛起阡陌爲歉邪？

魏奚斤與夏平原公定相持於長安。魏主欲乘虚伐統萬，以輕騎三萬倍道先行。至統萬，夏主將步騎三萬出城，魏主分騎爲左右隊以掎之。

魏主取統萬，冒險深入，危而後濟，其成功殆有天幸，非崔浩果善决策也。出死地以徼奇功，乃偏將之事，人主而爲此，則失之自輕矣。

魏主馬蹶而墜，幾爲夏兵所獲。拓跋齊捍蔽力戰，夏兵乃退。魏主騰馬得上，身中流矢，奮擊不輟。夏衆大潰，死者萬餘人，夏主不及入城，遂奔上邽。

輕萬乘之尊，以倖一戰之勝，未可訓也。魏主之不死，其間亦不能容髮矣。

奚斤與夏平原公定猶相距於長安，定聞統萬已破，遂奔上邽。魏主詔斤等班師。斤請追夏主昌，魏主不許，固請，乃許之。給斤兵萬人、馬三千匹。

斤請乘勝取昌，於許殊得。乃魏主初則不許，繼又少與之師，以致斤卒爲夏擒。未免失算。崔浩亦不聞一言，何也？

彭城王義康在荆州，職事修治。范泰謂王弘曰：『權要難居，卿兄弟當深存降挹，彭城王，帝之次弟，宜征還共參朝政。』弘納其言。（〔五年〕）

弘固辭司空，避位以免禍；曇首亦力辭封爵：其兄弟均非知進不知退者，宜泰言之易入也。泰勸弘以盛滿難居，而蔚宗乃以嗜進不止，遂覆厥族。父子志趣不同，一至於是！

魏尉眷攻夏主於上邽，夏主退屯平涼。奚斤進軍安定，夏主來攻城，安頡出應之。夏主自出搏戰，軍士識其貌，争赴之。夏主馬蹶而墜，遂擒之。

昌好勇而輕，自出搏戰，與魏主之身入死地，親冒矢石，亦何异哉！其成敗不同，則有天焉。魏主馬蹶而墜，遇救得免；夏主馬蹶而墜，遂以被擒，亦有幸有不幸耳。

赫連昌至平城，魏主以妹始平公主妻之，賜爵會稽公。常使侍從，與共逐鹿，深入山澗。昌素有勇名，諸將咸以爲不可。魏主曰：『天命有在，亦何所懼！』

魏主於昌，氣足懾之。諸將之言，非不可聽。

河西王蒙遜因秦喪，伐秦，攻樂都。絶其水道，城中飢渴，死者太半。暮末乃遵文昭王（乞伏熾磐）遺命，遣使詣蒙遜，許歸沮渠成都以求和。蒙遜引兵還。

留成都一匹夫耳。歸之則可以紓禍。熾磐將死，猶有料敵之智。

以江夏王義恭爲荆州刺史，帝與之書曰：『凡訊獄多决當時，難可逆慮，訊日虚懷博（議）［盡］，慎無以喜怒加人。不可專意自决，以矜獨斷之明。』（［六年］）

郡政惟折獄爲難。民之觀聽，胥繫乎此。帝諄諄言之，尤爲知務。

魏主將擊柔然，群臣皆不欲行。太史令張淵、徐辨曰：『柔然，荒外無用之物，得其地不可耕，得其民不可使。』崔浩曰：『此漢世常談，施之於今，不合時宜。』

中國於塞北，可以無用置之。魏起朔漠，其畜牧游獵，習尚與柔然正同。自不得以漢世常談爲例。

公卿或尤浩曰：『南寇方伺國隙，安可捨之北伐？』浩曰：『南人聞國家克統萬，内懷恐懼，故揚聲動衆以衛淮北。比吾破蠕蠕，往還之間，南寇必不動也。』

宋聞魏克統萬，懼其南侵，故揚聲動衆，外示有餘，實則專爲衛淮北，作固圉之計耳，斷不敢因魏伐柔然輒乘虚渡河深入以報虎牢之役也。此亦不待智者而知之。

魏主至漠南，捨輜重，帥輕騎兼馬襲擊柔然。紇升蓋可汗燒廬舍，絶迹西走，不知所之。其弟匹黎帥衆欲就其兄，長孫翰邀擊，大破之，殺其大人數百。

柔然恃其廣漠，伺隙寇盜，非有雄杰之主、梟俊之將，故魏師數道并入，即奔北不支。

夏主□欲復取統萬，引兵東至侯尼城，不敢進而還。

夏主聞魏大舉伐柔然，故欲乘虛復取統萬，而兵勢不能復振。宋不於此時取河南，直至魏克柔然凱旋之後，始命將出師，坐失事機。又不及夏主之知兵矣。

魏主分軍搜討，俘斬甚衆。降者三十餘萬落，獲馬百餘萬匹，畜産數百萬。引軍東還；後聞涼州賈胡言：『若復前行二日，則盡滅之矣。』魏主深悔之。

魏主初攻統萬，垂克而去之；迨取統萬，又不乘勢以重兵急追赫連昌，以致赫連定餘燼復燃。此次又失之於紇升蓋。大抵魏主爲人，性情剛急，鋭於深入，而難於久駐，故往往剽而不留也。

崔浩善天文，常置銅鋌於酢器中，夜有所見，即以鋌畫紙作字以記之。魏主每如浩家，問以灾异。

浩之決策多中，正由明於人事，其言天文，所以動主聽而贊其決，非必專事占卜也。

帝有恢復河南之志。詔簡甲卒五萬，令到彦之等舟師入河；段宏將精騎八千直指虎牢，劉德武將兵一萬繼進，長沙王義欣將兵三萬監征討諸軍事。

此即帝前對魏使所云『趣歸河南地，不然，將盡我將士之力』者。按其措置方略，蓋以五萬之衆，令彦之劃河以止魏師之南援，而義欣統諸將次第收復舊境也。

魏南邊諸將表稱宋將入寇，請逆擊之。崔浩曰：『水潦方降，不可行師。宜待秋高馬肥，徐往擊之。』魏主未以爲然。浩乃復陳天時，以爲南方舉兵必不利。（〔七年〕）

浩策宋兵不利，亦先言人事，而後及天時。所云先修人事、次盡地利、後觀天時。是天時自在人事、地利之後。與孟子之言正合。

到彦之至須昌，乃溯河西上。魏主以河南四鎮兵少，命諸軍悉收衆北渡。彦之等進屯靈昌津，於是司、兖既平，諸軍皆喜，王仲德獨有憂色。

以魏之强，不戰而委地以去，其情僞亦易悉也。且斂戍相避，冰合更取，魏主已對宋使預言之，諸將豈無所聞？乃以爲憂者，獨一王仲德，則彦之等之智略，亦概可睹已。

夏主遣其弟謂以代伐魏鄜城，遣使來求和，約合兵滅魏，遥分河北：自恒山以東屬宋，以西屬夏。

夏主因宋大舉伐魏，遥結爲援，冀以分魏兵勢而規復舊疆，於計亦得。但交疏而未固、勢阻而不接，則亦虚聲而已；固宜爲崔浩所料也。預約滅魏而分其地，與吴、蜀之約略同。夫以孫、葛之智勇不能得之於曹氏，今赫連殘燼、江左孱邦而欲瓜分河北，多見其不知量耳。

魏主將伐夏，群臣咸曰：『劉義隆兵若乘虚濟河，則失山東矣。』崔浩曰：『義隆兵東西徑二千里，一處不過數千，形分勢弱。此不過欲固河自守，無北渡意也。』

善用兵者，城有所不攻，地有所不守，惟在厚集兵力制敵要領耳。列兵徑二千里，分則勢單，遇有緩急，應援不及，意在防河，而河固不勝防也。帝之將伐魏也，先告魏使，索還河南；及舉兵又遣使告魏以不關河北。今彦之等固河自守，正是稟承廟算，然亦不得謂之知兵矣。

到彦之沿河置守。魏安頡自委粟津濟河，攻拔洛陽。魏河北諸軍會於七女津。彦之恐其南渡，遣王蟠龍溯流奪其船，魏杜超等擊斬之。安頡進拔虎牢。

彦之所恃者，扼河使魏軍不得南渡，但此則列兵分防二千餘里。彼所并力急争者，要津耳。委粟既濟，七女不競，而諸城守頓成瓦解。前之喜得河南者，至此惟憂不得還江南矣。

加征南大將軍檀道濟都督征討諸軍事，帥衆伐魏。

恢復重任，不以付道濟而用彦之，帝非必以彦之優於道濟也。正以信道濟不如信彦之也。至此始命道濟北伐，惜其已晚。

到彦之聞洛陽、虎牢不守，諸軍相繼奔敗，欲引兵還。垣護之以書諫，不聽。彦之先有目疾，至是大動；乃引兵自清入濟。南至歷城，焚舟弃甲，步趨彭城。

當時嘲道濟云：『檀公三十六計，走是上計。』若彦之則更無一計，惟辦走耳。

魏兵攻濟南，太守蕭承之使偃兵，開城門。魏人疑有伏兵，遂引去。

開城以疑敵，與弃城以與敵，相去一髮耳。幸而免攻，仍屬不得已之下下策。

到彦之、王仲德皆下獄免官。

帝既誅姚聳夫，又誅竺靈秀，而彦之、仲德止坐免官，用法未得其平。蓋彦之爲帝腹心之將，不忍重繩以法，因而并寬仲德也。彦之所以決計南歸，弃軍弗顧者，詎非自恃藩邸舊勛，必無他慮哉！

檀道濟等進至濟上，前後與魏三十餘戰，道濟多捷。軍至歷城，叔孫建等縱輕騎燒其糧穀。道濟軍乏食，不能進。安頡等攻滑臺，克之。道濟等引還。（〔八年〕）

步馬之勢，利鈍懸殊，故道濟卒爲魏所挫。然既克滑臺，遂斂兵而去、不復進攻者，未始不由於道濟之力戰有以折其勢也。

魏以王慧龍爲滎陽太守。農戰并修，大著聲績。帝縱反間於魏，云：『慧龍欲引宋人入寇。』魏主賜之璽書曰：『劉義隆畏將軍如虎，欲相中害，朕自知之。』

反間不行，可謂明矣。魏主雖失之於公孫表，猶得之於慧龍。所以在郡十年，得展手足，卒立功效者，遇其主也。

魏使李順拜河西王蒙遜爲凉王。册曰：『盛衰存亡，與魏升降。北盡窮髮，南極庸、岷，西被昆嶺，東至河曲，王實征之，以夾輔皇室。』

蒙遜雖崛起竊踞一隅，而享國最久，乞伏禿髮、赫連群雄相次夷滅，蒙遜獨以傾心事魏，册授涼王，專制河西，固由天幸，亦善謀之效也。然魏主何嘗一日忘涼州哉！特觀釁而動耳。所云『盛衰存亡，與魏升降』者，皆華言也。

魏復境内一歲租賦，詔修廢職，舉逸民，征盧玄等及州郡所遣，至者數百人，差次叙用。命崔浩更定律令，闕左懸登聞鼓，以達冤人。

軍事凱旋，即寬民租、禮名士、修法令。魏之政事，亦粲然可觀。

魏主治兵於南郊，欲伐燕。〔九年〕

馮跋死而馮弘篡立，燕内亂而魏師旋至。釁固自開之，而敵乘之。

魏主至和龍，燕石城太守李崇等降。魏主發其民三萬，穿圍塹以守和龍。燕王使數萬人出戰，魏昌黎公邱等擊破之。魏主引兵西還。

魏主圍和龍，穿塹守之，似志在必克矣。乃於破敵拔城之後，忽引兵還，亦如初攻統萬。

燕王之子長樂公崇鎮肥如，使弟樂陵公邈如魏，請舉郡降。燕王聞之，使封羽圍崇於遼西。

外寇已逼，内變復作，欲不速亡得乎？

涼王蒙遜卒。牧犍即河西王位，遣使請命於魏，并送其妹興平公主於魏，拜右昭儀。（〔十年〕）

牧犍進妹稱藩，卒不免爲魏所滅。馮弘不從郭淵之勸，納款獻女，亦不爲無見。

馮崇上表請説降其父，魏主不聽。

魏主滅燕之志决矣，弘即降，豈能復存乎？

臨川内史謝靈運爲有司所糾，司徒遣鄭望生收之。靈運執望生，興兵逃逸，作詩曰：『韓亡子房奮，秦帝魯連耻。』追討，擒之，徙廣州，弃市。

靈運此詩，不作於晋宋禪代之初，而作於襲封拜官、獲咎褫奪之後，謂之怨望可也，謂之忠義不可也。

燕王遣使請和於魏，魏主不許。（〔十一年〕）

此時燕即請降，亦難免矣，况不稱藩而但請和邪？

燕王遣高顒上表稱藩，請罪於魏，乞以季女充掖庭。魏主乃許之。征其太子王仁入朝。

燕至此不得不送女稱藩，而魏仍征其太子入侍，蓋直欲坐而取之，不再煩兵力也。

燕王不遣太子質魏，魏主遣永昌王建等伐燕，收其禾稼，徙民而還。

燕即送質子，亦無救於亡。但不送則魏兵立至，其禍更速耳。劉滋所云『願亟遣太子，而修政事、撫百姓、收離散、賑飢窮、勸農桑、省賦役，社稷猶庶幾可保』者，未始非目前之急策，而馮弘不能用也。

燕王數爲魏所攻，遣使詣建康稱藩奉貢。（［十二年］）

燕不能支魏，而稱藩於宋，欲藉爲援。勿論南北勢不相及，且江左僅能自守，安能出兵救燕？即使以偏師擾魏南境，又烏足牽制之使不得逞志於燕哉！

燕王遣孫德來乞師。

甫經稱藩奉貢，即來乞師，燕之勢岌岌矣。未聞宋何以應，意必依違答之而不復措意耳。

魏數伐燕，燕上下憂懼。楊岷勸燕王速遣太子。燕王曰：『吾未忍爲此。若事急，且東依高麗，以圖後舉。』乃密遣使請迎於高麗。

初欲求援於宋，已屬計無復之；至此乃欲東依高麗，亦知高麗早以稱藩於魏乎？岷所云『高麗無信，始雖相親，終恐爲變』者，未幾其言驗矣。

燕王遣使入貢於魏，請送侍子，魏主不許。（十三年）

入貢稱藩，則責其侍子；迨請送侍子，則又不許。魏主志在并燕久矣。其諸所求索，特多方以誤之，非其本謀也。

檀道濟立功前朝，威名甚重。帝久病不愈，劉湛説司徒義康，以爲『宫車一日晏駕，道濟不復可制』。會帝疾篤，召道濟入朝，因執而誅之，并其子十一人。

道濟之誅，義康實主其謀，而發端者劉湛，非帝意也。然營陽之廢，徐傅實藉道濟爲之爪牙，帝雖資其力以誅謝晦，固已疑其反覆難恃，是以義康之言易入耳。

赫連定之西遷也，楊難當遂據上邽。魏主遣樂平王丕督諸軍討之。先以詔書諭難當，丕至略陽，難當請奉詔。諸將議殺掠，丕將從之，以高允之諫而止。

諸將之意，第欲掠取貲財以自肥耳。所云『不誅豪帥，軍還恐其爲亂；不有所掠，無以充軍實、賞將士』，皆飾説也。然而魏之行軍可知已。

魏主以官多貪，詔吏民得舉告守令不如法者，於是奸猾專求牧宰之失，迫脅在位，横於閭里。長吏咸降心待之，貪縱如故。（十四年）

長吏所魚肉者，非奸猾也，良懦也；敢於舉告守令者，非被其魚肉之良懦也，奸猾也。許部民告訐，流弊必至於是。太阿之柄不可倒持也。卒之横者益横、貪者仍貪，而良懦之受害不徒在守令之貪，又在奸猾之横已。

魏征牧犍世子封壇入侍。李順自西河還，魏主問之曰：『卿往年言取凉州，朕以東方有事未遑也，今欲西征可乎？』對曰：『國家士馬疲勞，請俟他年。』

牧犍於魏，入貢稱藩，并送質子，且互爲婚媾，宜在所親； 而西征之意未嘗一日忘也。 所以未遽加兵者，燕國初附，馮弘猶在高麗，東方之事未畢耳。

燕主弘至高麗，高麗王連遣使勞之，稱曰：『馮君。』弘慚怒，稱制讓之。 高麗奪其侍人，取其子王仁爲質。 弘遣使上表求迎，上使王白駒迎之。 高麗殺弘於北豐。（十五年）

失國依高麗，猶稱制讓其王，取死不遠矣。 怨高麗而求迎於宋，更屬計無復之。 宋既受燕朝貢，坐視其亡而不能救援，至此乃遣使越海往迎，亦殊可不必也。

帝雅好藝文，使何尚之立玄學，何承天立史學，謝元立文學，雷次宗立儒學。 帝數幸學館，次宗以巾褠侍講，資給甚厚。 又除給事中，不就。 久之，還廬山。

四學已乖古制，且以玄爲首，史次之，文次之，儒又次之，則所尚可知。 江左崇尚老莊，玄學自當别立，若文史皆吾儒所有事，何以區爲二學？ 殆以次宗業專治經，而文史非其所長邪？

帝仁厚恭儉，勤於爲政，三十年間，晏安無事。 閭閻之間，講誦相聞； 士敦操尚，鄉耻輕薄。 江左風俗，於斯爲美。 後之言政治者，皆稱元嘉。

元嘉之政，固冠江左。 但遽云『士敦操尚，鄉耻輕薄』，恐未必然。

楊保宗與兄保顯奔魏。魏主以保宗爲征西大將軍、武都王，鎮上邽，妻以公主。（十六年）

保宗奔魏，遽即封王、尚主者，欲藉保宗以傾難當也。與所以待牧犍者，似同而實异。

河西王牧犍通於其嫂李氏，李氏毒魏公主。魏主遣侍醫乘傳救之，得愈。魏征李氏，牧犍不遣。

李氏之毒魏公主，事有可疑。毒之發不待時，今於被毒之後，由涼州遣使至平城告魏主，而魏之解毒醫乘傳赴救，計其往返，總在一月之間。何以仍得無恙乎？此非公主妒而誣之，即魏主欲加之罪以爲兵端也。蓋是時馮弘已死，魏將有事於西征矣。

魏每遣使詣西域，詔牧犍發導護送。使者自西域還，至武威，牧犍左右告魏使，言蠕蠕可汗妄言魏已削弱，西域諸國有貳心，使還，具以狀聞。

河西事魏，而通柔然之使，俾得煽惑西域，是諸國之貳心未可憑，牧犍之貳心無可辨矣。魏主未嘗一日忘涼州，牧犍即恪守藩服，虔修貢職，猶恐難以久存，乃自開其隙，予魏以出師之名，是速禍也。而亂階乃始自失身之蕩婦、漏言之讋御。

魏主欲討牧犍，崔浩曰：『今出其不意，大軍猝至，彼必駭擾，不知所爲，擒之必矣。』

柔然謂魏士馬衰耗，將以携涼州及西域諸國之心，使輕魏重己耳。而魏即乘此機，遽興師取涼州，爲『出其不意攻其不備』之計。柔然之妄言，適足爲魏間也。

魏主集公卿議，奚斤等三十餘人皆以爲未可；李順、古弼曰：『自温圍水西至姑臧，地無水草。』崔浩曰：『《漢書·地理志》稱「凉州之畜爲天下饒」，若無水草，畜何以蕃？』

順言凉不宜伐猶可，至云地無水草，不惟難以間執崔浩之口，且源賀生長姑臧，賀多羅奉使初還，耳目甚真，豈遂默無一語？即使一時可以支飾，而魏主若再遣一腹心信臣托爲奉使，再往復驗，亦何難辨其虚實乎！順頗有智數，而頓出於此，殆所云死期將至，天奪其魄，不止利令智昏也。

魏主自雲中濟河，部分諸軍，以源賀爲鄉導，牧犍聞有魏師，驚曰：『何爲乃爾！』魏主至姑臧，牧犍嬰城固守；魏主分軍圍之。姑臧城潰，牧犍面縛出降。

牧犍不虞魏師之至者，自恃有公主之親，且貢獻不絶也。豈知魏主取凉州之心久蓄於中，待時而動哉！

魏主之西伐也，敕穆壽曰：『吴提必犯塞，朕故留壯兵肥馬，使卿輔佐太子。』壽以公孫質爲謀主。皆信卜筮，以爲柔然必不來，不爲之備。

劉絜因日辰不利，斂兵不追董來；壽、質信卜筮，而不備柔然，固由諸臣闇於事機，亦未嘗不因魏主篤信天文、矜炫前知有以啓之。

柔然敕連可汗（名吴提）聞魏主向姑臧，乘虚自帥精騎深入，至善無七介山，平城大駭，民争走中城。穆壽不知所爲，欲請太子避保南山，竇太后不聽而止。

竇太后之膽識，乃出穆壽之上。魏所以不至大有所失者，太后力也。

秃髮保周帥諸部鮮卑據張掖叛魏。

沮渠無諱於涼亡之後，帥遺民保敦煌，而不降魏，事雖無成，其志殊可悲也。保周甫還涼州，遽思割據，不惟罪無可逭，亦太不自量矣。

涼州自張氏以來，號爲多士。牧犍尤喜文學。闞駰、張湛、劉昞、索敞、陰興、宋欽、趙柔、程駿、駿從弟弘，魏主皆禮而用之。

涼州號爲多士，牧犍亦喜延攬，而無救於亡者，强弱勢殊，而諸人但以文學著稱，其智略不足應變也。

高允雖明曆，初不推步及爲人論説。游雅數以灾异問允，允曰：『陰陽灾异，知之甚難；既知之，復恐漏泄，不如不知也。天下妙理至多，何必問此！』

允論陰陽灾异，足祛諸儒之惑。自漢以後，知此者希矣。蓋即孔子不語怪神、不言天道之旨。

司徒義康專總朝權，劉湛與殷景仁有隙，欲倚義康以傾之。義康權勢已盛，湛愈推崇之，無復人臣之禮。上浸不平。（十七年）

士大夫躁競似湛者，蓋亦鮮矣。位遇不爲不重，乃干進不已，必欲機政一由己出。其與景仁有隙，欲倚義康以傾之，特其迹耳。若論其心，直以文帝久病，欲推□義康以取大物而已。乘勢立奇功、徼厚利也。觀於帝疾篤，使義康具顧命，湛則唱言『天下艱難，詎是幼主所御？』其肺肝如見矣。

上收劉湛付廷尉，就獄誅之。以義康爲江州刺史，出鎮豫章。初，殷景仁卧疾五年，雖不見上，而密函往來，日以十數。收湛之日，上召景仁，誅討處分，一以委之。

諦觀當日情事，義康與湛久在帝及景仁算中，而懵然不覺也。

義康將南，嘆曰：『昔謝述惟勸吾退，劉班(湛小字班虎)惟勸吾進；今班存而述死，其敗也宜哉！』

義康所處之地，惟有退耳。進則逼上，述之言是也。

范曄遷左衛將軍，掌禁旅。曄有俊才，而薄情淺行，數犯名教，爲士流所鄙。性躁競，自謂才用不盡，常怏怏不得志。

劉班既敗，坐死多人，士大夫亦可以戒矣。乃才如蔚宗，而躁競彌甚，所云『敦操行，耻輕□』者安在邪？謝靈運之詩、蔚宗之史，皆冠絶一代而不免殺身，足爲文人無行之戒。究而論之，靈運祇是放縱不羈，蔚宗則真名教罪人矣。

魏主欲以伊馛爲尚書，封郡公，辭曰：『尚書務殷，公爵至重，非臣年少愚近所宜膺受。』帝問其所欲，曰：『中、秘二省多諸文士，馛願參其次。』乃以爲秘書監。

以馛之武勇，乃辭封爵而思近文士，其志趣有足异者。然亦可見魏之漸趨於文，使馛當道武之世而出於此，且得罪矣。

扶令育表稱：『彭城王義康，陛下次弟，若有迷謬，正可導以義方，奈何一旦黜削，遠送南垂！伏願召返京甸，兄弟協和。』表奏，即收付建康獄，賜死。（十八年）

帝所以出義康於外者，正以羸疾日增，太子幼弱，恐臣民之心别有所屬。令育此表，乃適觸其忌也。表内援廬陵爲龜鑒，以爲帝固不忍於廬陵，詎知營陽之事尤所在心乎！

魏主詣道壇受符籙。寇謙之又奏作静輪宫，必令高不聞鷄犬，以接天神。崔浩勸帝爲之，功費萬計，經年不成。太子晃諫，不從。（十九年）

受籙已屬謬陋，至作静輪宫，上接天神，尤怪誕不經。謙之方士，誠不足論。浩亦勸帝爲之，何也？其果爲謙之所惑邪？抑逢君爲容悦邪？

沮渠無諱遣汜俊奉表詣建康。詔以無諱爲凉州刺史、（西河）[河西]王。柔然遣使詣建康。

宋既平仇池，聲威遠播，故無諱奉表稱藩，柔然亦遣使通問，將欲藉以爲援。冀分魏之兵勢，非慕宋也，畏魏也。

雍州刺史劉道産善爲政，民安其業，小大豐贍，山蠻皆出，緣沔爲村落，户口殷盛。及道産卒，蠻追送至沔口。未幾，群蠻大動，朱修之討之，不利。

山蠻之出，似爲善政所化；追緣沔群居，户口殷盛，則仍虞難制。故道産卒而相率作亂，所謂狼子野心不可畜也。

魏劉絜久典機要，恃寵自專。魏主將襲柔然，絜諫，崔浩勸魏主行。絜耻其言不用，欲敗魏師。魏主於諸將期會鹿渾谷，絜矯詔易其期，六日不至。事覺，伏誅。（二十一年）

絜耻其言不用，輒矯詔易期，以致魏主與太子孤軍深入，至鹿渾谷，而諸將六日不至。猶幸柔然不知魏軍虚實，一時驚遁耳。若以大衆合圍，魏主父子危矣。絜既矯詔，則諸將失期罪應末減，中山王辰等八將坐死不爲無冤。蓋其時矯詔事猶未敗露也。

何承天撰《元嘉新曆》，表上之，以月食之衝知日所在；又以中星檢之，知今之南至日應在斗十三四度。

考日月食以定曆法，此實天官之秘；今西法亦用之，而更加詳審。

武陵王駿將之鎮，時緣沔諸蠻猶爲寇，水陸梗礙，駿遣沈慶之掩擊，大破之，遂平諸蠻，獲七萬餘口。涢山蠻最强，慶之討平之，獲三萬餘口。（二十二年）

群蠻屢動，痛剿始平。异類固不可以德化。若當時禁其出山，不予以緣沔之地，則在我不煩兵力，在彼亦得安其故巢矣。

魏民間訛言『滅魏者吴』。盧水胡蓋吴聚衆反於杏城，衆胡皆應之，有衆十餘萬；遣其黨趙綰上表自歸。

以魏主之英武、兵力之精猛，而上年有北部之叛，至是復有盧水之叛，大興帥徒，數年方定。以其專恃威逼力屈，而不能以恩結其心也。魏尚書右丞張嵩家有圖讖，云『劉氏應□□國家後』，今民間訛言復云『滅魏者吴』。夫劉氏者，宋也；吴者，江左也。雖幻妄不足信，大抵北方之人積苦兵革，思息肩於南，故有此謬傳歟？

孔熙先博學，通數術，不爲時所知。義康遷豫章，熙先以爲天文、圖讖，帝必以非道晏駕，由骨肉相殘，江州應出天子。以范曄志意不滿，引與同謀。

熙先所謂『小有才適足殺其軀』者，然非因惑於天文圖讖，亦何至遽萌逆志哉！非道晏駕，骨肉相殘，不數年而驗矣。但江州不出天子耳。讖文固有應不應邪？要之妖妄流傳，適足動亂臣賊子之心，所宜深戒也。

曄猶疑未决。熙先曰：『丈人奕葉清通，而不得連姻帝室，人以犬豕相遇，而丈人欲爲之死，不亦惑乎！』曄門無内行，故熙先以此激之。曄反意乃决。

蔚宗所以與熙先同謀者，正坐志意不滿，欲乘時舉大事以徼厚利耳。門内之譏，似非所耻，而熙先以此激之者，蓋連姻不得，必其所深恨也。

曄、熙先及其子弟、黨與皆伏誅。收籍曄家，樂器、服玩并皆珍麗，妓妾不勝珠翠。母居止單陋，惟有一厨盛樵薪；弟子冬無被，叔父單布衣。

蔚宗門内如是，人以犬豕相遇，豈爲過哉！裴子野以蔚宗與劉湛并論，而議其『忸志貪權、矜才徇逆，嚮所謂智能，翻爲亡身之具』，是已；至云『逸群之才，必思冲天之據，蓋俗之量，則僨常均之下』，六朝士大夫往往有之，然未可概論也。

魏安南、平南府移書兖州，以南國僑置諸州多濫北境名號；又欲游獵具區。兖州（移答）〔答移〕曰：『知欲觀化南國。呼韓入漢，厥儀未泯，饋餼之秩，每存豐厚。』

兩國口舌相競，何關强弱？此等均非雅談。

魏主如汾陰，濟河，至洛水橋。聞蓋吴在長安北，崔浩曰：『吴營去此六十里，輕騎趨之，破之必矣。』帝不從，自渭南向長安。吴聞之，悉衆散入北山。（二十三年）

兵法：『巧遲不如拙速。』於此益信。但魏主行師，每以孤軍深入，力挫强敵，而此次不從浩策，何也？得非以吴本小醜，終當就禽，不欲以萬乘之尊輕騎趨利邪？

魏主至長安，入佛寺，見大有兵器、釀具，又爲窟室匿婦女。命誅闔寺沙門。崔浩説帝，擊破浮圖形像，焚燒胡經，沙門無少長悉坑之。塔廟在魏境者，無復孑遺。

此時佛法入中國未久，而奸髡依托寺宇，恣爲非法，已罪不容誅矣。破像燒經，猶可也；沙門衆矣，獨不可勒令還俗爲民乎？乃一舉而坑之，不惟魏主好殺，浩亦忍人哉！

魏人寇青、兖、冀三州，北邊騷動，帝以爲憂。咨訪群臣，何承天表言四策：一、移遠就近；二、多築城邑；

三、纂偶車牛以載糧械； 四、計丁課仗。

以當日南北兵力而論，即有三十年之儲，十萬之衆，將欲『追踪衛、霍，一舉蕩夷』，亦何可得？ 承天姑爲是言，以悦帝聽，非其本計也。所建四策，亦惟遷民内地、多築城堡、堅壁清野，俾敵來無所掠、去無所得，而我以主制客，乘其敝耳。在宋亦止能如此。惟所云『纂偶車牛，參合鈎連，平地趨險，賊不能干』，亦未必然也。

魏金城邊固、天水梁會，與秦、益雜民萬餘户據上邽東城反，氐、羌萬餘人，休官、屠各二萬餘人起兵應固，刺史封敕文擊固，斬之，餘衆推會爲主。

蓋吴未平、固、會復反，專恃兵力，洵未足以靖亂也。後魏主以陸俟鎮長安，其意固亦厭兵，但恩信未洽，而第以方略取之，尚非知本之論。

魏高凉王那等破蓋吴，獲其二叔； 欲送詣平城，陸俟曰： 『不斬吴，長安之變未已。不如私許吴叔，免其妻子，使追吴，擒之必矣。』吴叔果以吴首來。

用吴叔追取吴，而免其妻子，實質其妻子也。得吴則妻子生，不得則妻子死。吴叔愛吴，必不如其妻子。此俟所以策其必得吴也。

初，上以貨重物輕，改鑄四銖錢。民多盜鑄。江夏王義恭請以大錢一當兩。何尚之以爲： 『徒崇虚價，富人之貲自倍，貧者益困。』上卒從義恭議。（二十四年）

尚之謂幣物相準，多少异而濟用不殊，語自有理。但云富倍貧困，則未必然也。富者錢多物亦多，貧者錢少物亦少。并非專以富者之錢易貧者之物，輕則俱輕，重則俱重；倍則俱倍，困則俱困，何云彼倍而此困乎？且大錢一當兩，正今日市井通行之折二錢。自前明末季，至今二百餘年，未見貧者之日困也。

帝欲經略中原，群臣争獻策以迎合取寵。王玄謨尤好進言，帝謂侍臣曰：『觀玄謨所陳，令人有封狼居胥意。』(荀)[袁]淑曰：『陛下席捲趙、魏，檢玉岱宗；臣願上封禪書。』帝悦。(二十六年)

玄謨請皇子出鎮彭城，實爲北伐進取之計。雖其策未必果效，不得不謂之有志功名。淑，文士，因帝有封狼居胥意，輒以檢玉岱宗爲言，并欲上封禪書，則貢諛而已。

魏主伐柔然。高凉王那出東道，處羅可汗悉國内精兵圍那數十重；那掘塹堅守，處羅數挑戰，輒敗。以那衆少而堅，疑大軍將至，夜解圍去。

那以孤軍當柔然傾國之兵，卒能使之恐懼遁去，固由堅守力戰，亦緣柔然屢經大創，故處羅疑魏將誘而覆之也。使其悉魏軍虚實，那不免爲李陵之續矣。

沔北諸山蠻寇雍州，沈慶之帥柳元景等討之，前後斬首三千級，大羊蠻憑險築城，慶之置六戍以守之。久之，蠻食盡，請降；悉遷於建康，以爲營户。(二十七年)

慶之前所討平者，緣沔諸蠻耳；沔北山蠻固自若也。至此剿撫兼施，始不爲患矣。蠻所恃者，險不可攻；而山中食少，久必自困。置六戍，乃以守爲攻也。

魏主將入寇。大獵於梁川。帝敕淮、泗諸郡：『若魏寇小至，則各堅守；大至，則拔民歸壽陽。』邊戍偵候不明，魏主自將步騎十萬奄至。南頓太守鄭琨等弃城走。

兩國用兵，先嚴偵候。宋欲伐魏，而魏主知之，爲先發制人之計，魏之偵候也；魏將入寇，而宋帝聞之，有堅守拔民之敕，宋亦非無偵候也。但不明則不知所備，故弃城而民亦并弃之矣。

魏永昌王仁將步騎萬餘，驅所掠六郡生口北屯(伊)[汝]陽。徐州刺史、武陵王駿遣劉泰之、垣謙之等潛進擊之，諸生口悉得東走。魏人偵知泰之等兵無繼，復引兵擊之。謙之先退，士卒弃仗走。泰之爲魏人所殺。

此敗固由謙之先奔，亦由彭城更不遣軍爲之繼援也。武陵王亦不得辭其責。

魏主引兵還。遺帝書，言『來秋當往取揚州』。又云：『我亦不痴，復非苻堅，何時與彼交戰，取彼亦不須我兵刃，此有善咒婆羅門，當使鬼縛以來耳。』

魏主書語多倨慢，而未免内怯於心。『我亦不痴』數語，取鑒苻堅，既情見乎辭；且終之以婆羅門，則是弃人用鬼矣。婆羅門乃佛教中之外道，魏主已毁塔廟、坑沙門，而猶信婆羅門，亦不可解。今喇嘛紅衣者，即婆羅門遺教也。其咒謂之黑經，云能致人死，然亦妄耳。

崔浩與高允等共撰《國記》，魏主諭以務從實録，令史閔湛、郗標勸浩刊所撰《國記》於石，以彰直筆。高允謂宗欽曰：『恐爲崔門萬世之禍，吾徒亦無噍類矣。』

允既見及此，何不以直言諫浩，而但私語欽邪？其浩意方盛，允知其不可諫而不諫邪？抑諫而浩不聽，史失載其言邪？以允之直諒，理無不諫；且害切於身，勢不容不諫。大抵浩事魏主，雖力排衆議，屢決大計，而未免出於迎合，此舉亦因魏主有『務從實録』之諭，故悍然不顧而爲之，以爲上意所在也。豈盡關二令史之勸哉！

北人相與譖浩於帝，以爲暴揚國惡。帝怒，收浩，并召高允，問曰：『國書皆浩所爲乎？』對曰：『浩總裁而已。至於著述，臣多於浩。』帝曰：『不欺君，貞也。』遂赦允。

允所謂仁者之勇也。其志雖賁育不能奪，然亦惟不欺其心，不欺其君耳。此等品概，未易於三代以下求之。

帝命允爲詔，誅浩及宗欽等百二十八人，皆夷五族。允乞更一見，曰：『浩若直以觸犯，罪不至死。』帝怒，使執允。太子爲之拜請，帝曰：『無斯人，當有數千口死矣。』

允之意，固將爲浩匄其餘生，而數千口因以不死。然是時允之不死，亦間不容髮矣。

它日，太子讓允曰：『吾欲爲卿脱死，而卿激怒帝如此。念之使人心悸。』允曰：『史所以記人主善惡，爲將來勸戒，臣與浩實同其事，死生榮辱，義無獨殊。』

魏主之眷浩至矣，既殺之、族之，而復悔之、惜之。則以浩暴揚國惡，觸其所諱也。竊謂浩既奉敕修史，則所撰國書，自必次第呈進魏主覽定，斷無藏諸私室之理；即其刊石郊壇，亦必先期奏請，且工費不貲，要須仰給於官，斷無任意自爲之理。乃先無觸忤，忽焉雷霆之擊，無不糜碎，何也？詎非先惟浩言是聽，嗣入北人之譖，始悟其重爲國辱邪？允論史誠是，但《春秋》經至聖筆削，首明諱尊、諱親之義，至定、哀之間，尤多微辭，何取乎訐以爲直哉！浩博學多通，獨不聞此乎？

上欲伐魏，徐湛之、江湛、王玄謨等并勸之。沈慶之固陳不可。上使湛之等難之。慶之曰：『治國如治家，耕當問奴，織當問婢。今欲伐國，而與白面書生輩謀之，事何由濟！』

以文帝之明，更事不少，豈猶未悉南北之强弱乎？乃不量彼己，輕於一試，則玄謨輩及江、徐迎合上意，有以誤之也。慶之所云，實不易之論。白面書生，紙上談兵，何足信乎！

申元吉引兵趨碻磝。魏濟州刺史王買德弃城走。崔猛攻樂安，魏青州刺史張淮之亦弃城走。蕭斌與沈慶之留守碻磝，使王玄謨進攻滑臺。

邊城諸將不戰而走，魏主不聞治其罪者，預受秘計，誘宋師使深入也。

魏群臣初聞有宋師，請遣兵救緣河穀帛。魏主曰：『馬今未肥，天時尚熱，速出必無功。展至十月，吾無憂矣。』

魏主諳悉兵機，必俟秋高馬肥而後出師南向，用己之長制彼之短也。

魏主引兵救滑臺，王玄謨士衆甚盛，河洛之民，競出租穀，玄謨家付匹布，責大梨八百，衆心失望。魏主濟河，衆號百萬，玄謨懼，退走。魏追擊之，麾下散亡略盡。

玄謨責大梨八百，魏主見黄柑即噉，南人嗜梨，北人嗜柑，古今不相遠也。帝以玄謨爲衛、霍，故有封狼居胥意，今按其智略不惟遠出檀道濟下，亦尚不及到彦之，用爲前鋒，安得不敗？

蕭斌欲固守碻磝，沈慶之曰：『坐守窮城，復作朱修之滑臺耳。』斌乃使王玄謨守碻磝、申坦，垣護之據清口，自帥諸軍還歷城。

慶之始終以伐魏爲失策，故力贊退師。然此時宋師不退，必爲魏所覆没，恐欲退不得矣。

柳元景使龎法起等進攻弘農，拔之，擒魏太守李初古拔。詔以元景爲弘農太守。元景使薛安都就法起等於陝，斬魏洛川刺史張是連提，遂克陝城，進據潼關。上以王玄謨敗退，魏軍深入，召元景等還。

宋諸將惟元景一軍差强人意，固由安都力戰之功，亦以未當大敵也。

帝召劉康祖還。魏永昌王仁將八萬騎追及之於尉武。康祖有衆八千，結車營而進，軍士皆殊死戰，殺魏兵萬餘人，康祖身被十創，墜馬死，餘衆遂潰。

蕭斌退守而得全，康祖進戰而敗績，固知兵無定形，須量彼己。沈慶之以朱修之爲鑒，良有以也。

魏兵在蕭城，去彭城十餘里，江夏王義恭欲弃城南歸，沈慶之欲奉二王及妃女奔歷城，何勖欲奔鬱洲，自海道還京師，議彌日未决。

南歸不如固守，亦理勢之易明者，但恐一旦離城，則魏以輕騎急追，必致進退失據耳。北趨歷城，未必能到，若東奔鬱洲，爲浮海還京之計，何若徑自南奔之爲便乎！勖之所云，何其謬哉！

武陵王駿謂義恭曰：『道民（駿小字）忝爲城主，必與此城共其存亡。』義恭乃止。魏主至彭城，使尚書李孝伯至南門，駿使張暢開門出見之。魏攻彭城，不克。

暢固善於辭令，但宋之强弱，早已爲魏所窺，即巧爲掩飾，亦何益乎？胡身之以爲足增國威，殊未必然也。

盱眙太守沈璞到官，即爲城守之備。及魏兵南向，璞收集得精兵二千，曰：『足矣！』臧質兵潰，將七百人向城，衆欲不納，璞開門納之，因與共守。

衆之不欲受質，恐其分全城之功耳。所云地狹人多，乃藉辭也。璞云『兵多則虜退速，少則退緩』，知當日城中，雖有二千之兵，得質衆則力愈厚，并非無地相容也。

魏主至瓜步，伐葦爲筏，聲言欲渡江。建康震懼，内外戒嚴。

帝封狼居胥之壯志，至此灰冷矣。願上封禪書者安在？能無汗顔？

上登莫府山觀望形勢，購魏主及王公首，許以封爵、金帛；又募人賫野葛酒，置空村中，欲以毒魏人，竟不能傷。

欲以封爵、金帛於隔江百萬軍中購魏君臣之首，此必不可得者也。置毒酒於空村，即使誤飲，能傷幾人乎？江、徐智略，不過如是。

太子劭言於上曰：『北伐敗辱，數州淪陷，獨有斬江湛、徐湛之可以謝天下。』上曰：『北伐自是我意，江、徐但不异耳。』

帝之北伐，王玄謨唱之，而江、徐和之也；況爲前鋒，而首先弃軍乎？獨有斬玄謨可以謝天下。

魏攻盱眙。魏主遺臧質書，質復書曰：『爾獨不聞童謡之言乎？爾自送死，幸得爲亂軍所殺，不幸則生相鎖縛，載以一驢，直送都市耳。』魏主大怒，攻之，不克。（二十八年）

質之詈魏主，洵足爲一時之快，而於計未爲得也。以孤城當大敵，惟有激厲將士，待其來則禦之，伺其懈則擊之耳。徒爲陳□□之善駡，未足挫其鋒，適以觸其怒，曾何與勝敗之數乎！且是時南北强弱之形灼然易見，徒爲大言以相恐嚇，安足動其聽哉！致使并力急攻三旬之久，亦危於累卵矣。其不拔，蓋有天幸焉。

上每命將出師，常授以成律；交戰日時，亦待中詔。是以將帥趑趄，莫敢自决。又江南白丁，輕易進退，此其所以敗也。自是邑里蕭條，元嘉之政衰矣。

千里請戰，兵家所忌，勢險節短，頃刻變形，安有授成律而須中詔者哉！帝蓋工於談兵而拙於料敵者也。況以江南不練之白丁當河北百戰之勁騎乎！

初，魏主過彭城，遣人語城中曰：『食盡且去，須麥熟更來。』及期，江夏王義恭議欲芟麥翦苗，移民堡聚。王孝孫言其不可，張暢以孝孫之言爲然，乃止。

麥熟更來之約，固不足信；但魏師初過彭城，即有『不攻此城，直造瓜步』之説，後果如其言；義恭於此所以不能無疑也。魏師南犯，例須秋高馬肥，麥熟則天氣向熱，暑雨將降，均非北兵所利，其爲虚聲恫喝，亦易明矣。無端芟麥翦苗，不惟無麥，并致無禾，詎非自困其民哉！孝孫云『虜若必來，芟麥未晚』，正以乘魏師之將至未至而亟芟其麥，則麥將熟猶可食也。不愈於先事自擾，芟不熟之麥并翦方長之苗乎！

魯軌之子爽及其弟秀因罪爲魏主所詰責，懼誅請降。上大喜，以爽爲司州刺史，鎮義陽；秀爲潁川太守，餘弟侄并授官爵，賞賜甚厚。

於喪師失地之後忽得歸正之降人，則加以尊爵厚賞，欲□來者。而不知其懼罪逃死，非出本心也。

魏中常侍宗愛，性險暴，多不法，太子晃惡之。愛誣構東宫，官屬多坐死，太子以憂卒。

《考异》謂魏太子之死，《宋書》《齊書》所載與《魏書》不同。竊謂若如《宋》《齊》諸史，晃不應有景穆之謚，其子亦不得爲世嫡皇孫矣。江南傳聞，本不足信，且亦未必非加以誣衊也。

魏世祖追悼景穆太子不已，宗愛懼誅，弑帝，殺秦王翰及左僕射蘭延等，而立南安王余。

魏太武兵力雄天下，而殞身宗愛之手，詎非黷武好殺之報邪？自古帝王威加於薄海而變生於肘腋，奚止魏太武哉！

上聞魏世祖殂，更謀北伐，魯爽等復勸之。何偃以爲瘡痍未復，不宜輕動，帝不從。下詔出師。沈慶之固諫，上以其异議，不使行。

因魏内亂而報仇雪耻，固亦可乘之機。但用兵必量彼己。是時宋之君臣，晏安江沱，又安能蕩覆中原、侈談混壹哉！帝之伐魏，初次則王玄謨及江、徐贊其決，此次則魯爽及劉興祖協其謀，而始終固諫以爲不可者，沈慶之也。爽初降，鋭欲立功，興祖欲以七千人濟河直入心腹，未免輕於一試。慶之老將，固非無所見而云然。

帝遣蕭思話督張永等向碻磝，又使徐爰隨軍銜中旨，授諸將方略，臨時宣示。

出師常授成律，交戰亦待中詔，初次北伐之所以敗也。今復遣使銜中旨、授方略，諸將安得不動多掣肘乎？帝闇於兵機，竟屢敗而不悔也。

太子劭與始興王濬并多過失，數爲上所詰責；使女巫嚴道育祈請，欲令過不上聞。後遂共爲巫蠱，琢玉爲上形像，埋含章殿前。

南北二帝，均有蕭墻之禍。魏之禍中於奄豎，宋之禍始於女巫。

劭補東陽主奴陳天與爲隊主。上以讓劭，劭懼，以書告濬。濬復書曰：『彼人若所爲不已，正可促其餘命。』劭、濬往來書疏，稱上爲『彼人』，或曰『其人』。

劭、濬平日逆謀，蓋欲以厭勝詛咒致帝於死； 至此乃云『促其餘命』，則將爲商臣之事矣。

諸軍攻確磝，累旬不拔。 魏人自地道出，燒營及攻具。 張永夜撤圍退軍，士卒驚擾； 魏人乘之，死傷塗地。蕭思話自往，增兵力攻，不克。 退屯歷城。

彦之出師，四鎮皆斂兵北去者，非不能守也，受魏主方略，誘宋師深入而覆之也。 玄謨之下確磝亦然。至是則魏有内難，不肯輕動河北之兵，不能不嚴河南之守，故確磝累攻不拔矣。

臧質頓兵近郊，不以時發，獨遣柳元景等進據洪關。

質所長，特善罵耳。 前守盱眙，由沈璞預爲之備，非質一人力也。 是時佛狸已死，質獨將雍州之師以向關中，又佐以元景及薛安都之勇，固應所向無前矣。 而乃頓兵不發。 蓋徒以口擊賊，而不敢以手擊賊者也。

上以諸將屢出無功，賜蕭思話詔曰：『虜既乘利，方向盛冬，脱敢送死，兄弟父子自共當之耳。』言及增憤。

諸將誠不足經略中原，帝之兄弟父子果足以當魏兵乎？ 言之第增顔汗耳。

魏宗愛弑南安隱王余，羽林郎中劉尼、殿中尚書源賀、南部尚書陸麗、長孫渴侯勒兵迎皇孫濬入平城，即皇帝位，誅宗愛、賈周，皆夷三族。

愛所與共事者，小黄門輩耳。 宿衛之兵，皆屬尼、賀等。 愛雖有都督中外諸軍之名，而爲日尚淺，衆心未服，故東廟一呼，衛士響應，皇孫正位，愛、周即束手就戮。 此非尼、賀等果有智略，實由愛之權力迴非漢、唐諸閹宦所可同日語也。

魏世祖晚年，佛禁漸弛，至是詔州郡縣，各聽建佛圖一區，沙門大州五十人，小州四十人。魏主親爲沙門師賢等五人下髮，以師賢爲道人統。

佛圖之復，雖有定額，然魏主親爲沙門下髮，并有道人統之設，則民間必翕然從之，無復限制矣。

魏主賜陸麗爵平原王，麗再三不受，魏主不許，麗請以爵授其父俟，魏主乃進俟爵爲東平王，又命麗妻爲妃，復其子孫，麗力辭不受。

長孫渴侯與麗共有定策擁戴之勛，乃麗以讓爵受封，渴侯以争權賜死，士大夫居功名之際，可以審所處矣。

嚴道育之亡命也，變服爲尼，匿於東宫，又隨始興王濬至京口。上聞之，欲治劭、濬之罪，潘淑妃抱濬而泣，濬奮衣起曰：『天下事尋自當判，必不上累。』（三十年）

劭、濬共爲巫蠱，業經於王鸚鵡家得書數百紙，其辭狂悖，逆狀昭灼，而帝猶必俟捕獲嚴道育而後議其罪，何也？非徒失於决斷，溺愛不明，良由濬母潘妃居中爲之乞哀，故遲遲不忍割耳。

帝欲廢太子劭，賜始興王濬死，使王僧綽尋漢魏以來廢太子諸王典故；僧綽勸帝以義割恩，帝曰：『彭城始亡，人將謂我無復慈愛。』僧綽曰：『臣恐千載之後，言陛下能裁弟，不能裁兒。』帝默然。

能裁弟，不能裁兒，乃帝之真病。魏兵内逼，即殺義康，略無顧惜。又特加東宫兵與羽林等，皆以猜防諸弟，而不虞其子之因以爲變也。

帝欲立建平王宏，嫌其非次，議久不决。每夜與徐湛之屏人語，或連日累夕，常使湛之自秉燭，繞壁檢行，慮有竊聽者。帝以其謀告潘妃，妃告濬，濬馳報劭。

慮人竊聽，而以告淑妃，竟不虞其漏泄，獨不思婦人之愛其子甚於昵其夫乎！此則帝之當斷不斷、機事不密也。

劭乃與陳叔兒、張超之等謀爲逆。夜饗將士，或親自行酒。王僧綽密以啓聞。

僧綽有此密啓，東宫之逆謀亟已！帝既不先發，又不爲備，與坐以待弑何异！

劭詐爲帝詔，使張超之等集素所養士二千餘人，從萬春門入，超之等數十人入雲龍門，拔刀上殿，帝與徐湛之屏人語，燭猶未滅，遂弑帝，并殺湛之。

廢劭、賜濬死，兩言而决耳。更議所立，不妨别作籌商。乃帝與湛之密語既已連夕累日，至此猶刺刺不休，不惟帝之寡斷，湛之亦庸才也。

劭遣超之馳召濬，濬入見劭，劭曰：『潘淑妃遂爲亂兵所害。』濬曰：『此是下情，由來所願。』

劭弑父，因恐被廢，尚非無故也；潘妃於濬，可謂慈母矣，乃聞其死，而云『由來所願』，則更無復人理。

劭即位，下詔曰：『徐湛之、江湛，弒逆無狀，吾勒兵入殿，已無所及。今罪人斯得，元凶克殄，可大赦。』

以弒逆誣江、徐，因以殺江、徐自托於討賊，蓋其謀逆之初早有成算，以爲可以欺天下，而不知其不可欺也。

劭不知王僧綽之謀，以爲吏部尚書，料檢文帝巾箱，得僧綽所啓饗士并前代故事，收殺之。

僧綽幸免於死，便當糾合衆徒，聲罪致討，即不能，亦宜秉節不撓，以身殉義，乃甘受吏部尚書之職，而不虞前事之猝發，禍不旋踵也。其死，亦輕於鴻毛者乎！

沈慶之勸武陵王駿起兵討劭，顔竣曰：『宜待諸鎮協謀，然後舉事。』慶之厲聲曰：『今舉大事，而黄頭小兒皆得參預，安得不敗？宜斬以徇！』王令竣拜謝慶之。

慶之老將習兵，深沉有智略，當時罕匹。其諫文帝北伐，則云『伐國與白面書生謀之，安得有濟？』兹復斥竣爲黄頭小兒，欲斬以徇，其臨事慷慨，殊可喜也。蓋是時元凶弒逆，敷天同憤，而諸王各擁鎮兵，彼此顧望，莫敢先發。其有首倡大義者，人心所向，即神器所歸，安可姑待以失事機哉！

武陵王至尋陽，移檄四方，州郡響應。隨王誕將受劭命，沈正謂顧琛曰：『天下未有無父之國，今弒逆冤酷，義不共戴天，舉兵豈必求全邪？』乃共説誕，誕從之。

正所云，深有合於《春秋》之義。其云『舉兵豈必求全』，尤爲壯烈，蓋勇决猶有父風（正，田子之兄子）。

劭聞四方兵起，悉召下番將吏，遷淮南居民於北岸，盡聚諸王及大臣於城内，移江夏王義恭處尚書下舍，分義恭諸子處侍中下省。

晝則環刃，夜則張鐙，慮禍機之猝發於左右也。諸王大臣聚之於城内，義恭父子分處於下舍、下省，自知爲衆所共憤，防内變也。又厚撫魯秀、王羅漢，冀以恩結其心，而得其死力，皆劭之黠而無救於敗者，弑君父之賊，固天地所不容也。

武陵王發尋陽，沈慶之總中軍以從。蕭斌勸劭勒水軍自出决戰，不則保據梁山。義恭以南軍不利水戰，説劭養鋭待期，坐而觀釁。劭善之。

遷淮南居民於北岸，劭之意可知。義恭割弃南岸、栅斷石頭之説，乃恰與之針芥也。蓋劭外雖獷悍，内實恇懹，深恐一旦外出則變生肘腋，都城將不可保。即微義恭言，亦必不能從斌策也。

王僧達得武陵王檄，未知所從，客説之曰：『移告旁郡，誰不響應？如其不能，便致身南歸。』僧達乃奔武陵王於鵲頭。王初發尋陽，沈慶之曰：『王僧達必來赴義。』

僧達庸人耳，非客爲之晝策，則南歸之志不决矣。慶之所料，亦未爲中。

王自發尋陽，有疾，不能見將佐，惟顔竣出入卧内，擁王於膝，親視起居。疾屢危篤，不任咨禀，竣皆專决。如是累旬，舟中甲士亦不知王之危疾。

竣於宋武，可謂股肱心膂之臣矣。而終不免於罪，昔人所爲太息於龍蛇也。

柳元景至新亭，依山爲壘。劭使蕭斌等帥精兵萬人攻之。元景令軍士銜枚疾戰，劭將士懷劭重賞，皆殊死戰，兵勢垂克，魯秀擊退鼓，劭衆遽止。元景乃開壘，鼓噪乘之，劭衆大潰。

元景憑壘而戰，故劭軍猝不能克。迨鳴退鼓，則其氣衰，故元景開壘，鼓噪乘之而獲勝也。其宿令軍中所云『銜枚疾戰，聽吾鼓聲』者，皆謂開壘接刃之後。若憑壘之時，則惟厚蓄兵力以持之耳。秀鳴退鼓，亦因元景憑壘堅不可拔，而兵力已疲，故暫退休息以冀更番迭進耳。身之以爲誤，非也。

劭、濬憂迫無計，以輦迎蔣侯神像，置宫中，稽顙乞恩，拜爲大司馬、鍾山王。拜蘇侯神爲驃騎將軍。

先既信巫而爲逆，兹欲事神以免禍，始終爲妖妄所惑。

武陵王軍於新亭。義恭上表勸進。王即皇帝位。魯秀、王羅漢、蕭斌皆降，斬斌，諸軍克臺城，斬王正見、張超之，獲劭及濬，并梟首於大航。

魯秀倒戈，羅漢放仗，厚撫亦何益哉！三人并降，斌獨駢首何也？秀與羅漢第爲劭敵義師耳，斌則共爲弒逆，罪在不赦也。

初，劭以何尚之爲司空，領尚書令。及劭敗，尚之左右皆散，自洗黄閤。

使其退老方山，終身不出，何至有自洗黄閤之辱？然其得免於死，亦幸矣。

鑒評別録卷二十八

宋紀二

世祖孝武皇帝（諱駿，字休龍，小字道民，文帝第三子，在位十年）

臧質自謂足爲一世英雄。太子劭之亂，潛有异圖，以荆州刺史南郡王義宣庸暗易制，欲外相推奉，因而覆之。

（孝建元年）

質與沈璞固守盱眙，似有不可奪之大節，乃璞既以黨逆伏法，質亦以謀反族誅。人之不可保如是。

豫州刺史魯爽有勇力，義宣素與相結。義宣密使人報爽及兖州刺史徐遺寶，期以今秋同舉兵。使者至壽陽，爽方飲醉，失義宣指，即日舉兵。

爽酗於酒者也。因醉而倉卒舉兵，迨小峴之戰，卒以飲酒過醉，爲薛安都所殺。

義宣聞爽已反，狼狽舉兵。進爽號征北將軍。爽使戶曹板義宣等，文曰：『丞相劉，今補天子，名義宣；車騎臧，今補丞相，名質；平西朱，今補車騎，名修之。』

天子乃出自藩方之板授，真可謂『白板天子』矣。爽，武人，生長北方，粗陋乃至是邪？『荒傖』之目，爽實當之。

魯秀至江陵見義宣，出，拊膺曰：『吾兄誤我，乃與痴人作賊，今年敗矣！』

義宣作賊，臧質誤之也。魯爽亦痴人耳。秀之識乃出兄上。

命柳元景統王玄謨等討義宣。玄謨聞魯秀不來，喜曰：『臧質易與耳！』

質自謂一世英雄，而爲玄謨所輕。然玄謨將略，不惟不能當魯秀，亦尚不及質。

義宣至尋陽，以臧質爲前鋒。質至梁山，與官軍相拒。上遣沈慶之濟江，督諸將討魯爽；爽引兵退，慶之使薛安都追擊，斬之，送首示義宣。義宣與質皆駭懼。

爽之驍勇，義(康)[宣]等所恃以爲雄者也。斬之而送首以奪其氣，此慶之方略。

柳元景軍於采石，王玄謨以臧質衆盛，遣使求益兵，上使元景進屯姑孰。

前云臧質易與，見其衆盛，即求益兵，將毋愧其前言乎？

胡子反等守梁山西壘，臧質遣尹周之攻之；偏將劉季之帥水軍殊死戰，求救於玄謨，玄謨不遣；崔勳之固争，乃遣勳之及垣詢之救之。比至，城已陷，勳之、詢之皆戰死。

梁山之戰，玄謨殊乏將略，因緩救而失西城，兼失二將，梁山之外屏撤矣。僅守東岸，其勢已孤。而龐法起之兵，復趨南浦以掩其後。若非垣護之水軍力戰破敵，則腹背不支，何以救敗乎？

王玄謨使垣護之告急於柳元景，欲退還姑孰，元景不許，曰：『賊勢方盛，不可先退，吾當卷甲赴之。』護之亦勸元景往援。元景乃悉遣精兵助玄謨。

玄謨已作退計，若非元景精兵助力，梁山必不能守矣。

義宣至梁山，頓兵西岸，臧質與劉湛之進攻東城。薛安都冲其東南，斬湛之；劉季之、宗越陷其西北，質等大敗。諸軍乘勢攻西岸，義宣兵亦潰。

義宣以質爲前鋒，而屢掣其肘。因爲義恭所間，既不能無疑；而湛之不欲質專其功，故居中爲之裁抑也。魯爽既授首於前，湛之復就馘於後。爽固號爲萬人敵，而湛之尤義宣所倚仗以爲股肱爪牙者。至此則惟有車舸迸走、閉艦啜泣矣。

臧質西走，逃於南湖。追兵至，以荷覆頭，自沉於水，出其鼻。軍主鄭俱兒望見，射之中心，斬首送建康。

較固守盱眙，痛罵佛狸時，昔何壯、今何憊也。

義宣至江陵，竺超民具羽儀迎之。魯秀等欲收餘兵更圖一决；而義宣入内不復出。魯秀北走，義宣欲從秀去，至城外，左右盡弃之。超民收送刺奸。義宣止獄户，五妾尋被遣去，義宣號泣曰：『今日分别始是苦。』

魯秀叛魏南歸，北走欲安之乎？未幾還向江陵，赴水而死，亦有所不得已也。竺超民首贊逆謀，身爲留守，固義宣之腹心也。乃先既迎之入城，尋即收送刺奸，反覆小人，負心實甚。何尚之乃以爲觀過知仁，謬已。義宣騃竪子耳，至此猶戀戀於五妾，亦何及哉！

上使王公、八座與荆州刺史朱脩之書，令義宣自爲計。書未達，脩之入江陵，殺義宣并其子十六人，及竺超民等。

脩之乃魯爽板授驃騎以代臧質者，蓋義宣等謀逆之初引與同黨，脩之僞許之，而遣使陳誠於帝，尋以擊敗魯秀，固守雍州，故代義宣爲荆州刺史也。其殺義宣父子而并誅超民，亦以明己之不黨惡也。

沈慶之請老，表數十上，又面自陳，至於稽顙流涕，上不能奪，聽以始興公就第。上復使何尚之往起之，慶之笑曰：『沈公不效何公，往而復返。』（二年）

慶之首唱大謀，乃能急流勇退，殆亦耳學之所獲乎！

上即位，鑄孝建四銖錢，形式薄小，盗鑄者衆，物價踴貴，朝廷患之。沈慶之議：『宜聽民鑄錢，郡縣置錢署，樂鑄之家皆居署内，平其準式，萬税三千，嚴檢盗鑄。』（三年）

慶之放鑄之議，意主便民。而官置錢署，則利權仍操之自上，與漢文之聽民自鑄相似而實不同。殆即後世分爐鼓鑄之所由昉歟？

議者以『銅難得』，欲鑄二銖錢。顔竣曰：『恣行新細，於官無解於乏，而民間奸巧大興，天下之貨將靡碎至盡。空嚴立禁，而利深難絶。』

改鑄小錢，則一錢之銅可得二錢之用，盗銷盗鑄必致如雲而起；亦猶用當十當百大錢，工省利多，則盗銷盗鑄非嚴刑所能禁。此議圜法者所當加意也。

顔延之卒。其子竣貴重，延之布衣茅屋，蕭然如故。常語竣曰：『吾生平不喜見要人，今不幸見汝！』嘗早詣竣，見賓客盈門，竣尚未起，怒曰：『驕傲如此，其能久乎！』

延之與謝靈運并以文章冠絶一時，而其識量出靈運上奚翅百倍！此所以與靖節有針芥之契歟！

群盗聚任城荆榛中，累世爲患，謂之『任榛』。徐州刺史申坦討之，任榛逃散。天旱，人馬渴乏，無功而還。坐法當誅，群臣爲請，弗能得。沈慶之抱坦哭於市曰：『汝無罪而死。我行當就汝矣！』有司以聞，乃免之。（大明元年）

坦第無功耳，非有喪師之罪，遽予坐誅，宜慶之號咷也。

上奢淫自恣，多所興造。顔竣以藩朝舊臣，數懇切諫諍，上浸不悦。竣求外出以占上意，詔以爲東揚州刺史，竣始大懼。

竣雖不能遠權避勢，非有震主之威，其懇切諫諍，尤不失蹇蹇之節，而竟以忤主獲罪。此帝之寡恩，非竣之取戾也。能保王玄謨之不反，乃不能容竣之直諫，獨不記病危擁膝時邪？『將恐將懼，惟予與汝；將安將樂，汝轉弃予。』其帝與竣之謂乎！沈慶之殆亦有見於帝之爲人，故脱然而去邪？

魏設酒禁，釀者、酤、飲者皆斬；吉凶之會，聽開禁，有程日。魏主以士民多因酒致鬥及議國政，故禁之。（二年）

釀與酤、飲，情罪似有重輕，乃一律論斬，蓋以無釀者則酤飲奚從，無酤飲則釀者自止，故并置重典，使不敢犯也。當日議者必援《周書・酒誥》爲説，然即此可見拓跋氏用法之嚴。

魏起太華殿，高允諫曰：『今計所當役凡二萬人，老弱供餉又當倍之。「一夫不耕，或受之飢」，况四萬人之勞費，可勝道乎！此陛下所宜留心也。』帝納之。

宋主於周朗之言，則解其職；於顏竣之諫，則出諸外。魏主於允之切諫，則善遇之復樂聞之。兩主之優劣，相去遠已。

游雅論允曰：『前史稱卓子康、劉文饒之爲人，褊心者或不之信。余與高子游處四十年，未嘗見其喜愠之色，高子内文明而外柔順。』

允可謂寛而栗、柔而立矣。卓茂、劉寛，但以温厚謙退著美耳，烏足與允并論！

帝不欲權在臣下，分吏部尚書置二人，以謝莊及顧覬之爲之。

爵禄爲人主之大柄，而吏部專之。帝欲分其權而置尚書二人，不知官分而權如故也。裴子野論官人不宜專責吏部，以爲萬品折乎一面，百位斷以一司，囂風遂行，不可抑止，誠切中其病矣。但欲復周之始於學校、漢之起於郡縣，則亦不可行也。九品中正，何嘗非鄉舉里選之意，而但取門閥，毁譽無據，孝廉之舉，東漢已不勝其弊，况掾史之流品日卑，尤非士人所樂就乎！此後世所以卒出於科目也。

王僧達自負才地，一二年即望宰相。遷護軍，快快不得志。路太后兄子嘗詣僧達，趨升其榻，僧達令舁弃之。太后大怒。固邀上殺僧達。乃誣以罪，賜死。

僧達之死，誣以與反者高闍通謀，固非其罪，但其褊躁，自足賈禍也。僧達於赴義之初，遲疑莫決，非有過人之才，所恃者門地耳。太后兄子路瓊之誠碌碌無足比數，然亦未聞有大過惡，所以鄙夷不屑，嫌其污我坐榻者，徒以系出寒微，其父慶之曾爲王氏門下騶也。太后之尊，不能加於烏衣子弟，江左門地之重乃如是邪？沈約因是論九品之弊，以爲『周、漢之道以智役愚，魏、晋以來以貴役賤』；裴子野亦謂『三公之子傲九棘之家，黄散之孫蔑令長之室，惟論門户，不問賢能』，鄉論之不足憑，概可知已。然則周漢之選舉辟署，亦安可復乎哉！

戴法興、巢尚之、戴明寶權重當時，顧覬之獨不降意於法興等，蔡興宗嫌其風節太峻，覬之以爲『命有定分，妄意僥倖，徒虧雅道，無關得喪』。乃以其意命弟子原著《定命論》以釋之。

不知命無以爲君子，正以『徒虧雅道，無關得喪』也。覬之此論，入仕途者尤宜服膺。

竟陵王誕反，詔沈慶之將兵討之。誕弃廣陵城北走，行十餘里，衆皆不欲去，乃復還。

使誕於此時奔魏，不失封王，乃爲左右所持，還守孤城，欲以數百人抗諸道之兵，何异以卵抵石乎！

顔竣遭母憂，送喪還都。會王僧達得罪，疑竣譖之；將死，具陳竣怨望誹謗之語。上免竣官。及竟陵王誕反，上遂誣竣與誕通謀，賜死，復沉其男口於宫亭湖。

因誕之反而殺竣，亦猶文帝因魏兵之逼而殺義康。彼乃借事端以除其所忌，此則慮其謗己也。

沈慶之攻城，克之，斬誕。上聞廣陵平，敕左右皆呼『萬歲』。蔡興宗曰：『陛下今日，正應涕泣行誅，豈得皆稱萬歲！』上不悦。

當時近侍，如興宗及沈懷文輩皆正人；即誕之佐吏，如賀弼之飲藥自殺、范義之守死不去、吕曇濟之身殉幼主，亦俱有烈士之風。蓋元嘉之遺澤猶未泯也。

周朗言事切直，上銜之。使有司奏朗居母喪不如禮，傳送寧州，於道殺之。朗之行也，蔡興宗方在直，請與朗别，坐白衣領職。（四年）

胡身之以爲：興宗立於猜暴之朝，犯暴主之怒，而不加刑，由其素行孚□人。竊謂觀於興宗□□，可以審所自處，蓋有命焉，不盡關乎人事也。厥後於廢帝時屢建廢立之議而卒不泄，詎非天幸哉！

雍州刺史海陵王休茂，年十七，性急，欲自專决，司馬庚深之及主帥每禁之，常懷忿恨。張伯超説休茂殺深之及典籤楊慶戴雙；徵集兵衆，使佐吏上己爲車騎大將軍。參軍尹玄慶起兵攻休茂，斬之。（［五年］）

竟陵王誕之反，尚出於不得已，措置亦微有方略；若休茂，則騃豎子，爲左右所誤，自殺其軀而已。童稚出臨大藩，固無异未能操刀而使割，況又資以兵衆，一有讒人構煽其間，其不至釀成逆亂者幾希。

上自即位以來，抑黜諸弟；既克廣陵，欲更峻其科。沈懷文諫。及襄陽平，太宰義恭探知上指，請不使諸王任邊州，懷文固諫，以爲不可，乃止。

帝猜暴，又懲廣陵、襄陽之變，方欲裁抑諸王，義恭所請，實帝意也。懷文固諫，正是批其逆鱗，雖一時爲正論所屈，而蓄怒自此深矣。此所以卒不免歟！

沈慶之固讓司空，詔許之。慶之家累萬金，童奴千計，多蓄妓妾，盡意歡娱，非朝賀不出門；車馬率素，從者不過三五人，遇之者不知其爲三公也。

史所稱慶之自奉不爲不豐矣。乃多蓄妓妾，而車馬率素；童奴千計，而從者三五，得非居室則窮奢極欲，出門則避勢遠權邪？慶之可謂善處功名之際，而卒亦不免，則壽考爲之殃也。命之所限，洵無可逃，然慶之固加於人一等矣。

張岱三爲王府諮議，與典籤、主帥共事，事舉而情不相失。或問其故，岱曰：『古人言：「一心可以事百君。」我爲政端平，待物以禮，明暗短長，更是才用之多少耳。』

岱此論，足爲處同僚共事之準。其云『爲政端平，待物以禮』，固已。而『明暗短長，更是才用之多少』二語，意蓋謂共事諸人才用不齊，要當以禮待之，不可因有明暗長短之异，輒有所軒輊於其間也。旨哉言乎！

詔士族雜婚者皆補將吏，士族多避役逃亡。乃嚴爲之制，捕得即斬之；往往竄湖山爲盗賊。

江左重門地，至以士族與工商爲婚者謂之『雜婚』，動遭彈劾。而河北崔、盧諸名族，乃更有『賣婚』之弊。

策秀、孝於中堂。揚州秀才顧法對曰：『源清則流潔，神聖則刑全。躬化易於上風，體訓速於草偃。』上覽而惡之，投策於地。（六年）

顧法之言，所云侈麗之源，貫先宫闈者，洵爲切中時弊。但此策，第老生常談耳。而帝已惡而投之，則以素□慚德，慮下謗己，故一聞『躬化』『體訓』之論，即劌目怵心也。

沈懷文數以直諫忤旨。上每燕集，在坐皆令沉醉，嘲謔無度。懷文不能從衆，上出爲征虜長史，尋免官禁錮。懷文賣宅，欲還東，上大怒，收付廷尉，賜死。

自古以飲酒嘲謔獲罪者有之矣，乃亦有以不飲酒、不嘲謔殺其身者，士君子事暴主，欲自全亦難矣哉！顔竣之死，猶曰『怨望』也；懷文何罪，徒以直諫忤旨耳，與周朗正同。

初，晋庾冰議，使沙門敬王者；桓玄復述其議。至是，制沙門致敬人主。

沙門不敬人主，乃是用夷變夏。帝此制，尚爲中理，但其意則欲自尊大耳。

詔：『自非臨軍，不得專殺；罪應重辟，皆先上須報；違者以殺人論。』又詔：『刺史、守宰，動民興軍，皆

須手詔施行；惟邊隅外警、奸釁内發，變起倉猝者，不從此例。』（七年）

專殺擅興，均應嚴禁，此自歷代成法。江左寬弛，又每以親王出鎮，恃貴梗令，勢所難免。帝以紀綱隳紊，故頒詔以整飭之。此亦未可訾也。

上好狎侮群臣，自太宰義恭以下，不免穢辱。又寵一昆侖奴，令以杖擊群臣，柳元景以下皆不能免。惟憚蔡興宗方嚴，不敢侵媟。

義恭柔佞，其不免狎侮，宜也；元景威略冠諸將，而動遭昆侖之杖，何哉？奴何敢杖群臣，帝令之也；非奴憚興宗，帝憚之也。帝於侍從諸臣如顔竣、周朗、沈懷文、江智淵皆以方正不能順指次第誅譴，而獨能容興宗，且憚而加敬焉，亦不可解。或諸臣皆犯顔諫諍，而興宗第正色立朝，未嘗翹帝過失邪？

上既葬殷貴妃，數與群臣至其墓，令羊志哭貴妃，志嗚咽極悲。它日，有問志者曰：『卿那得此副急泪？』志曰：『我爾日自哭亡妾耳。』

志言若使帝聞之，身首分矣。此雖倖免，宜以爲戒。

上爲人機警勇决，學問博洽，文章華敏，而奢欲無度，大修宫室，嬖妾幸臣，賞賜傾府藏。

是時南北通好，聘使歲至，邊陲無警，故帝肆爲淫侈，不復有所忌憚。范文子所謂『外寧必有内憂』，而孟子以爲『死於安樂』者也。

上末年尤貪財利，終日酣飲，少有醒時，常憑几昏睡；或有奏事，即肅然整容，無復酒態。内外畏之，莫敢弛惰。殂於玉燭殿。（八年）

内外之畏帝，非畏其明也，畏其暴也。帝之荒淫猜狠，甚於元凶劭，但欠弑父耳。以此式穀，宜廢帝之不君也。

太子即皇帝位，年十六。罷孝建以來所改制度，還依元嘉。蔡興宗以爲：『三年無改，古典所貴。今不論是非，一皆刊削，雖復禪代，亦不至爾。』顔師伯不從。

孝建所改制度，亦不必盡非，如有罪不得專殺，動衆必須手詔之類，皆毋庸改。乃沙門致敬人主，亦復舊制，可知一切皆刊削無餘矣。此蓋師伯爲之，非廢帝意也。

戴法興等專制朝權，詔敕皆出其手；義恭雖受遺輔政，而引身避事。蔡興宗數與義恭等争選事，往復論執。義恭、法興皆惡之。

興宗當少主初立，群奸竊柄之時，乃能守正不撓，可謂卓然自立者矣。然義恭恇怯，法興宵小，固不敢害興宗也。

太宗明皇帝（諱彧，字休景，小字榮期，文帝第十一子，在位八年）

魏高祖殂。初，魏世祖經營四方，國頗虚耗，重以内難，朝野楚楚。高宗嗣之，與時消息，懷集中外，民心復安。

太子弘即皇帝位。（泰始元年）

高宗乃魏之守成令主，與太武之窮兵黷武相去遠矣。是時南北之民皆得息肩。

魏主年十二，車騎大將軍乙渾專權，矯詔殺楊保年等，使穆多侯召陸麗。多侯勸陸麗『俟朝廷安靜然後入』。麗不從，馳赴平城。渾又殺麗及多侯。

麗赴平城，名義甚正，而未可與權也。大臣與國休戚，當此權奸恣横、幼主孤立，使遂正渾專殺之罪，按劾行誅，内亂可速已矣。事苟無成，則以身殉之，不猶愈於束手就戮哉？

廢帝欲有所爲，戴法興輒抑制之。帝不能平，詔免法興官，賜死。諸大臣無不震懼。柳元景、顔師伯密謀廢帝，立義恭。沈慶之恨師伯，乃發其事。

慶之雖累辭三公，亦未能忘情於權勢者也。故因師伯專斷朝事而恨之。若顔、柳之計得遂，慶之亦可不死。

帝自帥兵討義恭，殺之，并其四子。别遣使召柳元景，以兵隨之。元景知禍至，入辭其母，朝服應召。軍士殺元景并其八子、六弟、諸侄，殺顔師伯并其六子。

以義恭之柔，師伯之佞，均不免父子駢誅。命之不可逃，如是夫！

帝每出，常與沈慶之及山陰公主同輦。公主，帝姊也，適駙馬都尉何戢。尤淫恣，帝爲置面首三十人。

沈公至此，又不及何公矣。以八十之年，側身佞倖之列，辱莫大焉。蓋耳學之業荒已。

臨海王子頊爲荆州刺史，朝廷以蔡興宗爲子頊長史，辭不行。其甥袁顗時爲雍州刺史，勸之行，興宗曰：『汝欲在外求全，我欲居中免禍。』

顗爲興宗謀甚善。興宗不從，詎非以桓文之功非所及邪？厥後顗舉事無成，而興宗亟謀廢立，卒不及禍，則天命爲之，不關人事。胡身之以興宗可謂先見，此事後之論。夫興宗既欲居中免禍，而後乃屢唱廢立之議，何也？其不至事泄族誅，亦幸耳。

沈慶之復啓聽民私鑄錢，由是錢貨亂敗。千錢長不盈三寸，大小稱此，謂之『鵝眼錢』；劣於此者，謂之『綖環錢』；斗米一萬，商貨不行。

慶之初議雖曰聽民鑄錢，實則官司其事，又必平其準式，嚴檢盜鑄，固未嘗不禁其濫惡也。至此則一切弛其繩墨，圜法因之大壞，與初議固大相徑庭已。

沈慶之數進言規諫，帝浸不悦。慶之懼。蔡興宗説之曰：『主上比者所行，人倫道盡；百姓所瞻，在公一人。指麾之日，誰不響應！願詳思其計。』

慶之曾發顔、柳之謀，而興宗仍以是説之，或有見於慶之閉門謝客，有自危自疑之意，故欲迎其機而導之使從邪？然亦冒險而倖免耳。使廢帝别有所聞，或慶之不即賜死，而更加詰訊，則興宗之謀泄矣。

慶之曰：『僕誠知不復自保，但盡忠奉國，始終以之，當委任天命耳。加老退私門，兵力頓闕，雖欲爲之，事亦無成。』

慶之老將，更事多而慮患深，自念廢弑大事，幸而有成，亦冒天下之不韙；萬一蹉跌，則身戮族沉，犬彘不食其肉。未若委天任命，抱忠而死，猶爲不失臣節。故興宗亟進危言，而褎如充耳也。亦可謂有定識矣。

興宗曰：『公統戎累朝，舊日部曲布在宫省，沈攸之輩皆公家子弟耳，何患不從！聞車駕屢幸貴第，酣醉淹留；或屏左右，獨入閤内。此萬世一時也！』慶之不聽。

萬世一時之計，直教慶之於閤内弑帝矣。貴第即慶之家，若如胡注所云『時貴之宅』，即使酣醉入閤，於慶之何與，而曰『時不可失』乎！慶之爲武帝起兵誅元凶劭，而不用興宗之策圖廢帝者，非直憑藉勢殊，亦因劭乃弑君父之賊，武帝討之，名正言順；廢帝雖無道，而以臣廢之，弑之則名不正言不順也。慶之武夫，而處大事殊不孟浪，身之乃詆其從君於昏狂，杜門以待死，不能行伊霍之事，固不足爲定論也。

帝誅何邁，量慶之必當入諫，先閉青溪諸橋以絶之。慶之果往，不得進而還。帝乃使慶之從父兄子攸之賜慶之藥。不肯飲，攸之以被掩殺之。

觀攸之掩殺慶之，則知興宗爲慶之謀所云『攸之輩公家子弟』，猶未悉攸之爲何如人也。

王玄謨數流涕諫帝，帝大怒。玄謨使包法榮至蔡興宗所。興宗因使法榮勸玄謨舉事。玄謨不可。興宗又謂劉道隆曰：『比日思一閑寫。』道隆解其意，掐興宗手曰：『蔡公勿多言！』

興宗以廢立説沈慶之，事既不諧，慶之復遇禍，自知將不免，故又説玄謨，并説道隆，蓋有不能中止之勢，急何能擇之情。乃謀不泄而帝旋弑，興宗竟得保其家族，任遇如故，詎非幸免哉！玄謨宿將，威名亞於慶之，又逢帝怒，内懷憂懼，説之猶有因也。道隆小人，即無禮於建安太妃者，方爲帝所寵昵，而乃欲與之共謀大事乎！

帝召諸妃、主列於前，强左右使辱之。南平王鑠妃江氏不從；帝怒，鞭妃一百，殺其三子。

會稽公主置面首三十人，廢帝納其姑爲貴嬪而殺其夫何邁，此必慮爲諸妃、主所謗，故令左右顯辱之以關其口。淫縱昏暴，亘古所無。然皆武帝之戕賊同氣、遺亂閨門有以啓之。『其父殺人報仇，其子必將行劫』，爲人父者可不懼哉！

湘東王主衣阮佃夫、内監王道隆等謀弑帝。帝悉屏侍衛與群巫及彩女射鬼於竹林堂，壽寂之弑之。建安王休仁擁立湘東王彧，宣皇太后令，數廢帝罪惡，命湘東王纘承皇極。

廢帝所畏者舊臣也。柳元景、沈慶之輩次第誅鋤，以爲莫如我何矣；所忌者諸父也，湘東、建安皆留之建康、拘於殿内，以爲不能爲患矣；所仗者侍衛也，厚撫宗越、沈攸之等，以美人、金帛充牣其家，固皆感恩圖報矣。豈料竹林堂之變，起自小臣，湘東王之立，即在禁中。三呼『寂寂』，而宗、沈諸將竟無一應者哉！

湘東王即皇帝位。廢帝時昏制謬封，并皆刊削。賜劉道隆死。宗越、譚金、童大一等内不自安，因謀作亂；以告沈攸之，攸之以聞。上收越等，下獄死。

廢帝弑而道隆死，道隆恃廢帝爲命者也；而蔡興宗乃欲與之共圖廢帝，何哉？攸之既掩殺從父慶之以取寵於昏主，又發越等之謀以自結於新君，反覆不義，小人之尤。

先是，廢帝使朱景雲送藥賜江州刺史、晋安王子勛死。鄧琬勸子勛起兵，使陶亮等以甲士五千人出頓大雷。至是，袁顗奉表，勸子勛即大位。傳檄建康，謂上：『矯害明茂，篡竊大寶，干我昭穆。』

當時諸藩，如郢州刺史、安陸王子綏等皆舉兵以應子勛，正以同氣之親，不欲明帝越次而承大統也。

徐州刺史薛安都、冀州刺史崔道固皆舉兵應尋陽。

江北州郡，應尋陽者，以安都爲首；其應建康者，青州刺史沈文秀、濟陰太守申闡。未幾，文秀更令其將劉彌之應安都。彌之至下邳，更以所領應建康。申闡之兄令孫降於安都之從子索兒。

帝遣孔璪入東慰勞，璪説孔覬擁五郡以應袁、鄧。（二年）

江東州郡應尋陽者，以覬爲首，而吴郡太守顧琛等附之。

益州刺史蕭惠開聞子勛舉兵，集將佐謂之曰：『湘東太祖之昭，晋安世祖之穆，其於當璧，并無不可。景和雖昏，本是世祖之嗣，吾當推奉九江。』

蜀應尋陽，惠開主之。所論昭穆之次，人心所同，故諸州郡一時響應。

是時四方貢計皆歸尋陽，朝廷所保惟丹陽等數郡。上集群臣謀成敗，蔡興宗曰：『今普天同叛，宜鎮之以静，物情既定，人有戰心，六軍精勇，器甲犀利，以待不習之兵，勢相萬耳。願陛下勿憂。』

興宗亦姑爲是説以寬上意耳，并非有制勝長策也。子勛舉事無成，良由輔佐不得其人，非沈攸之輩果能戡亂，興宗亦幸而言中耳。身之許爲識時審勢，殊未然也。

劉順説豫州刺史殷琰應尋陽，琰不許。柳光世自省内出奔彭城，過壽陽，言『建康必不能守』，琰信之，乃從順言。

觀光世所云『建康必不能守』，則知『六軍精勇，器甲犀利』之説固不足信。

上謂蔡興宗曰：『頃人情云何？事當濟不？』興宗曰：『今商旅斷絶，米甚豊賤，四方雲合，而人情更安。以此卜之，清蕩可必。但臣之所憂，更在事後。』

興宗謂『清蕩可必，憂在事後』，其言卒驗。但當日四方雲合，間關百戰，幸而獲濟，其初起之時殆未可云『清蕩可必』也。『事後之憂』，由明帝自取，恐亦非興宗所能逆料。

兖州刺史殷孝祖之甥葛僧韶説孝祖曰：『景和昏狂，開闢未有；主上夷凶翦暴，更造天地。國亂朝危，宜立長君。而群迷相煽，貪利幼弱，競懷希望。使群凶事申，則權柄不一，兵難互起，不若控濟義勇，還奉朝廷。』

建康之所以勝，尋陽之所以敗，數語盡之。僧韶可謂識時審勢者矣。蔡興宗不聞有此言。

殷孝祖帥文武二千人隨僧韶赴建康，時四方皆附尋陽，朝廷惟保丹楊一郡。義興兵垂至延陵，内外憂危，咸欲奔散。孝祖至，衆力不少，人情乃安。

是時諸將王玄謨、沈攸之輩各帥衆隨建安王休仁西討，與鄧琬相持不決，建康守備單虛，而東軍漸逼，若非孝祖赴援，勢必不支矣。興宗所云『人情更安』者，然邪否邪？

孔覬遣其將孫曇瓘等軍於晉陵九里，部陣甚盛。沈懷明至奔牛，所領寡弱，乃築壘自固。張永退還延陵，衆無固心。得懷明書，賊定未進，劉亮又至，人情乃安。

臺軍之分禦東軍者，衆寡不敵，僅能自守而已。曇瓘庸才耳，使其帥衆鼓勇而前，豈懷明輩所能當哉！

吴喜請得精兵三百致死於東，上簡羽林勇士配之。議者以『喜未嘗爲將』，巢尚之曰：『喜昔隨沈慶之屢經軍旅，性既勇決，又習戰陣；若能任之，必有成績。』

是時西軍未過尋陽，東軍已至晉陵，朝廷以全力抗西軍，而東軍思乘其後，勢更迫於西也。尚之斗筲耳，而能識吴喜其人，似在沈法興之右。

吴喜至國山，擊東軍，大破之，進逼義興。上復以四百人配任農夫，使助東討，遂克義興。

義興，今常州之宜興也。距建康較近，故喜等以全力争之。義興破，而東軍之氣折矣。

魏乙渾專制朝權，多所誅殺。拓跋丕告渾謀反，馮太后收渾，斬之。

渾雖剛暴，實奴才耳。太后誅之，如翦孤雛腐鼠，則知陸麗之力非不能制。

沈懷明等軍於九里西，與東軍相持。東軍聞義興敗，皆震恐。王道隆攻拔孫曇瓘等五城，曇瓘等敗走，遂克晋陵。吴喜入吴興，任農夫入吴郡。

四郡平而東路廓清，吴喜之功居多。由是可以從事於浙東。

吴喜至錢唐，遣任農夫擊東軍於黄山浦，破之。喜自柳浦渡，取西陵，擊斬庾業。會稽人大懼。王晏殺孔璪，并斬孔覬。

會稽下，璪、覬授首，朝廷無東顧之憂，得以專力西討。蓋薛安都雖勇，而遠在淮北，與建康勢不相及，蕭惠開之兵并未出峽，更非所慮已。

鄧琬性鄙暗貪吝，既執大權，父子賣官鬻爵，酣歌博弈，日夜不休。群小横恣，競爲威福，於是士民忿怨，内外離心。

子勛豎子耳，所恃者琬也。琬所恃以舉事者，子勛武帝之第三子，於次當立也。名義雖正，兵力亦强，而以鄙暗貪吝之資，委任群小，將欲開端門而坐黄閤，何可得乎！

殷孝祖陵轢諸將，衆莫爲用。每戰常以鼓蓋自隨，軍人相謂：『殷統軍可謂死將矣！』衆軍攻赭圻，陶亮等引兵救之，孝祖於陣爲流矢所中，死。

孝祖忠節，固自可録。恃此以淩轢諸將，以致群情不附，取敗之道也。況以鼓蓋表异於衆，爲敵所争趨乎！此可謂行軍之鑒。

建安王休仁遣江方興等將兵赴赭圻，沈攸之以孝祖既死，亮等有乘勝之心，軍政不壹，致敗之由也，乃帥諸軍主詣方興，推爲統。

孝祖爲統軍，既死，則宜更立一將爲統軍，乃既不以屬攸之又不以屬方興，此休仁，措置之失也。先慮姓□不同，而就一軍取號，此慮軍政不壹，而推方興爲□攸之，可謂知兵要矣。

方興以諸軍進戰，大破西軍。詔以沈攸之代殷孝祖，督前鋒諸軍事。陶亮退保濃湖。

軍不可一日無統。若須朝命，已失事機，何以成却敵之功乎！

鄧琬遣劉胡帥衆三萬，鐵騎二千，東屯鵲尾，并舊屯凡十餘萬。胡勇健多權略，將士畏之。吴喜既定三吴，帥所領五千人并運資實至於赭圻。

江左立國，恃三吴爲根本，以其財賦爲軍國所取給也。況是時四方貢計多赴尋陽，國用不足，軍中食少，幾有不可終日之勢。喜不惟廓清東路，俾建康無後顧之憂，而運資實以餉軍功，尤不可没也。

殷琰將劉順等馬步八千人據宛唐；劉勔帥諸軍并進。時琰所遣軍皆受順節度，惟不使統督皇甫道烈、柳倫二軍。勔始至，塹壘未立，順欲擊之，道烈、倫不同，順不能獨進，乃止。

方興爲統，姥山所以勝也； 不督二軍，宛唐所以敗也。 軍政不壹，致敗之由，信哉！

沈攸之帥諸軍圍赭圻。 薛常寶等糧盡，劉胡帥步卒一萬，運米餉之。 至城下，沈攸之帥諸軍殊死戰，胡衆大敗。 常寶等開城突圍走，遂拔赭圻。

赭圻之拔，不徒力戰城下，實由斷其糧餉。

建安王休仁進屯赭圻。 鄧琬以子勛之命，征袁顗下尋陽。

赭圻大挫，西軍勢漸不支。 故琬假子勛命，征顗以自助。

劉順等始行，惟賚一月糧，既與劉劻相持，糧盡。 杜叔寶發車載米餉順，自將精兵五千送之。 吕安國及黄回以精兵千人於横塘抄之，叔寶弃米車走。

叔寶之餉順，亦(有)［猶］劉胡之餉赭圻。 胡敗而赭圻拔，叔寶走而順軍潰矣。

袁顗帥樓船千艘、戰士二萬入鵲尾。 顗本無將略，性又怯撓，在軍中未嘗戎服，語不及戰陣，惟賦詩談義而已，不復撫接諸將。 劉胡每論事，酬對甚簡。

顗在軍中，舉止略如謝萬，以其素負名流之望，故高自標置，不屑與武夫爲伍也。 似此才謂，而欲與蔡興宗共立桓、文之功，堪爲齒冷。

諸軍與袁顗相拒於濃湖。張興世帥輕舸徑趨錢溪，築城寨，斷其糧運。濃湖軍乏食，顗懼，曰：『賊入人肝脾裏，何由得活？』

濃湖亦以乏糧而敗，仍蹈赭圻之覆轍。

劉胡委袁顗而去；顗亦走，至鵲頭，薛伯珍斬之。鄧琬聞胡去，憂惶無計。張悦斬琬，蔡道淵執子勛囚之，沈攸之諸軍至尋陽，斬子勛，傳首建康，時年十一。

袁顗、鄧琬均非智勇之將，所以敢於起事者，挾子勛號令州郡，冀合衆力，坐取建康，得以擁戴爲功，共享富貴耳。赭圻既敗，退保濃湖，猶仗劉胡以抗臺軍。胡去，而顗、琬惟有束手受戮矣。

廢帝之世，衣冠懼禍，咸欲遠出。至是流離外難，百不一存，衆乃服蔡興宗之先見。

胡身之云：晋安舉兵，實義舉也。鄧琬不足道，孔覬、袁顗未可以成敗論之。竊謂覬、顗均不失爲義，但孔之死，殊有氣決，袁未免稍遜耳。此外如傅靈越、何慧文，皆一時烈士，其死乃不亞於孔也。興宗亦不得爲先見。細按當日時勢，建康實有累卵之危，未敢云出外爲失策、在内爲得計也。衆人第於事後論成敗，而不知有幸不幸也。

上既誅子勛，待世祖諸子猶如平日。司徒休仁以爲言，松滋侯子房等并賜死；路太后之侄休之、茂之及劉祇、嚴龍皆坐誅。世祖二十八子於此盡矣。

宋武殺人子多矣，能毋及此乎？不善餘殃，信哉！

徐州刺史薛安都、兖州刺史畢衆敬等并遣使請降。上欲示威淮北，命張永等將甲士五萬迎安都。安都、衆敬并降魏。

安都之勇，帝所忌也，故因其降而以重兵迎之，實將執而誅之。故安都懼而外叛。

魏尉元入彭城，張永等夜遁。會天大雪，泗水冰合，士卒凍死太半。元與安都大破永等於吕梁之東。沈攸之僅以身免。由是失淮北四州及豫州淮西之地。（三年）

彭城在淮泗之交，地尚近江南。而吴人不耐冰雪，乃至於此。欲逞志於北方，不亦難乎！

尉元以彭城兵荒之後公私困竭，請發冀、相、濟、兖四州粟，取張永所弃船九百艘，沿清運載，以賑新民。魏朝從之。

永弃船多至九百艘，元即取運糧以賑新民。魏朝不惜四州之粟收拾淮北民心，此彭城所以遂爲魏有也。

沈文秀攻青州刺史明僧暠，帝使劉懷珍帥王廣之浮海救之。進至黔陬，文秀所署高密、平昌二郡太守弃城走。王廣之拔不其城，文秀請降；帝復以爲青州刺史。崔道固亦請降，復以爲冀州刺史。懷珍引還。

懷珍衆少糧竭，帝亦知之。故因文秀、道固請降，即復其位任，而敕懷珍引還也。青州郡縣與江南地本懸隔，况彭城既爲魏據，淮北非復宋有，乃遣軍浮海以救僧暠，即一時倖勝，豈能支久乎？

魏長孫陵等將兵赴青州，慕容白曜將騎五萬繼援。攻無鹽，克之，殺東平太守申纂。肥城潰，遂取垣苗、麋溝二戍，威震齊魯。

魏既據彭城，制南北之襟領，以爲齊魯唾手可得，故命將出師，以争青州。其攻取俱有次第。

慕容白曜攻升城，自二月至四月，乃克之。白曜欲盡坑城中人，韓麒麟諫曰：『恐自此以東諸城人自爲守，不復可克。師老糧竭，此危道也。』白曜乃使民復業。

白曜初克無鹽，欲盡以其人充軍賞，而酈範止之；兹克升城，又欲盡坑城中人，而麒麟止之。皆祖酈生説漢高不攻而下城之言。白曜從之，故能所向有功。

尉元上表稱：『彭城賊之要藩，不有重兵積粟，不可固守；若資儲既廣，雖劉彧帥徒悉起，不敢窺淮北之地。』又言：『今若先定下邳，平宿豫，鎮淮陽，戍東安，則青、冀諸鎮可不攻而克。』

元此表於南北形勢，瞭如指掌，其規畫方略，惟在斷南軍北援之路，絶北民南向之心而已。魏主雖不盡用其策，而畀以重任，控制要衝所由，席捲淮北、包舉海西也。

上復遣沈攸之等擊彭城。尉元遣孔伯恭帥步騎一萬拒攸之，又以攸之前所喪士卒瘃墮膝行者悉還之，以沮其氣。上尋召攸之等還。

彭城失則淮北無從措置，地有所必争；又以魏軍方向青、冀，故爲此批亢擣虚之計，冀以牽掣東軍，而不知其力有未逮也。

慕容白曜進至瑕邱，房法壽據磐陽降於白曜。白曜表韓麒麟與法壽對爲冀州刺史，以法壽從弟靈民等八人皆爲郡守。

以冀州畀法壽，所以慰其心；更以麒麟間之，所以分其勢。從弟八人悉綰郡符，施異量之恩以悦新降而勸來者。

詔徙義陽王昶爲晋熙王，使李豊以金千兩贖昶於魏。魏人弗許。

帝之猜忌，昶應已知之。且爲魏所重，既封王尚主矣，同姓异姓，均之王也。與其歸宋而履危，孰若留魏而即安？魏雖許贖，昶亦未必願歸也。

魏復寇義陽，豫州刺史劉勔使孫曇瓘擊破之。淮西民賈元友上書，陳伐魏取陳、蔡之策，上以示劉勔。勔曰：『臣竊尋元嘉以來，遠人歸闕，皆勸討虜，從來信納，皆貽後悔。境上之人，惟視强弱：王師至彼，壺漿候塗；裁見退軍，抄截蜂起。』（四年）

傖荒情態，勔言盡之。與王玄謨輩之導主用兵者有忠佞之别。

尉元遣使説東徐州刺史張讜、兖州刺史王整、蘭陵太守桓忻，讜等皆降於魏。魏以元爲開府儀同三司、都督徐、南北兖三州諸軍事、徐州刺史，鎮彭城。

彭城既失，下邳、宿豫、淮陽相繼淪陷，魏人控扼南北津要。宋之兵勢不相連接，雖青、冀尚未遽下，而徐、兖帥皆枝梧，故元得以次説降諸城，如疾風之掃敗葉。

交州刺史劉牧卒。州人李長仁殺牧北來部曲，據州反，自稱刺史。

交州自爲一國，此其權輿乎？

徙東海王禕爲廬江王。上以廢帝謂禕爲『驢王』，故以廬江封之。

禕爲『驢王』，即徙封廬江。然則帝爲『猪王』，將於何處建都乎？

上以沈文秀之弟文静爲輔國將軍，自海道救東陽。至不其城，爲魏所斷，因保城自固。

前已遣崔道固兄子僧佑將兵從海道救歷城，未至而歷城已拔，道固降魏，冀州非復宋有矣；至此因文秀固守東陽，又使文静浮海救之，而卒不能達。總緣彭城以東諸津要均爲魏所斷，不得不出於浮海之一途。即使得達，而孤軍深入，懸絶無繼，徒爲虜耳，烏足支大敵哉！

沈文秀守東陽，魏人圍之三年，士卒晝夜拒戰，無離叛者。魏拔東陽，執文秀送平城。魏主數其罪而宥之。於是青、冀之地盡入於魏。慕容白曜撫御有方，東人安之。（五年）

彭城既失，兖、冀瓦解，青州海曲一隅之地，安能獨存？即以文秀之善守，卒亦不免於敗，方知尉元先定東南之策洵爲得計也。魏道武、太武之南伐，兵力百倍而卒不能得淮北尺寸之地者，以其專事攻掠、不加存撫，人皆畏其威而不懷其德也。元與白曜反是，所以遂定東南。

魏復遣使來修和親，自是信使歲通。

魏既定徐、兗、青、冀諸州，撫納新降，欲暫息肩，而宋失地喪師，不能自振，亦思以和親爲緩兵之計，此南北所以復修舊好歟？

上宫中大宴，裸婦人而觀之，王后以扇障面，曰：『豈有姑姊妹集，而裸婦人以爲笑！』上大怒，遣后起。（［六年］）

裸婦人以示姑姊妹，欲何爲乎！　帝蓋習見武帝及廢帝之荒淫，而欲踵其故事邪？要以内難已平、外患暫弭，心無畏忌，故縱恣之端見耳。

南兗州刺史蕭道成在軍中久，民間或言道成有异相，當爲天子。上疑之，征爲黄門侍郎。道成懼，荀伯玉勸道成，遣數十騎入魏境，魏果遣游騎行境上。道成以聞，上使復任，尋命還鎮淮陰。

有事則資以禦寇，無事則憚其威名而思爲之所。以此御將，欲得其力難矣。方疑而征之，小有寇警則止，是教之挾寇爲重、因以要君也。似此舉措，安得不爲奸雄所窺？

上爲諸王，寬和有令譽；　及晚年，更猜忌忍虐，多忌諱，言語、文書，有禍敗、凶喪及疑似之言應回避者數千百品，有犯必加罪戮。（七年）

帝初立不失爲中主，晚更猜虐，較武帝尤甚。初終易轍，若出兩人。非直貴極而驕，喪其素守，抑亦宋祚將傾，天奪之鑒邪。

上素無子，密取諸王姬有孕者内宫中，生男則殺其母，使寵姬子之。至是寢疾，以太子幼弱，深忌諸弟。

取諸王姬有孕者内宫中，生子以爲己子，猶可也。太子則以陳妃賜嬖人李道兒數月迎回所生者，不惟非帝之子，亦非劉氏子矣。

晋平王休祐性剛狠，前後忤上非一。從上射雉，上遣壽寂之等拉殺之。王敬先説巴陵王休若以荆州舉事，休若素謹畏，使人執敬先，白帝誅之。

休祐之死，尚有自取之道。休若之謹畏、休仁之忠勛、禕之凡劣，而均亦不免，帝真忍人哉！

上疾嘗暴甚，内外莫不屬意於建安王休仁。上聞，惡之，遣人賫藥賜死。休仁罵曰：『上得天下，誰之力邪！孝武以誅兄弟滅絶，今復爲爾，宋祚其得久乎！』

孝武子孫滅絶，誰實爲之？休仁但知責孝武忍於兄弟，而不自咎其忍於孝武諸子也。

上慮人情不悦，乃與諸大臣及方鎮詔，稱：『休仁與休祐深相親結，不得不有近日處分。』

此詔即使盡實，休仁亦無可死之罪。其教休祐以佞，因其剛狠忤旨，而欲其順旨自全也。入省辭母，射雉懼從，有鑒於休祐之被害，慮不自保，故至此也。使帝稍有手足之情、惻隱之心，聞之應凄然動念，乃更觸其忌而速之斃，豈復有人理乎！

上惡壽寂之勇健；會有司奏寂之擅殺邏尉，徙越州，於道殺之。

寂之弑君之賊，死已晚矣。在帝則爲負心。

上以吴喜多計數，素得人情，恐不能事幼主。乃召喜入内殿，與共言謔甚款。既出，賜以名饌，尋賜死。

喜長者也。死不以罪，亦足悼已。士大夫立於猜暴之朝，何術可以自免？喜於泰始東討，活人多矣，乃亦及此乎！

上與劉勔等詔曰：『吴喜輕狡萬端，苟取物情。尋喜心迹，豈可奉守文之主，遭國家可乘之會邪！』

前詔歷數休（文）［仁］之罪，猶不免迹涉怨望；此詔第叙喜之功耳。以數十人説下群賊，以三百人清蕩十郡，何負於國，而疑其心迹不可保邪？以功爲罪，功臣如勔者得不人人自危乎！欲蓋彌彰，此詔有焉。

征蕭道成入朝。所親勸勿就征，道成曰：『主上自以太子稚弱，翦除諸弟，何預他人！今惟應速發。淹留顧望，必將見疑。』既至，拜散騎常侍、太子左衛率。

先聞征而懼，此不復懼，何也？帝爲太子計，欲以褚淵爲羽翼、道成爲爪牙耳。道成知之，故速赴不疑。

魏顯祖聰睿夙成，剛毅有斷，而好黄、老、浮屠之學，雅薄富貴，常有遺世之心。以叔父京兆王子推沉雅仁厚，素有時譽，欲禪以大位。

宋主惟翦除諸弟，魏主欲禪位叔父，雖皆未爲得中，而厚薄相去天淵已。

魏主會公卿大議，莫敢先言。任城王雲，子推之弟也，對曰：『陛下方隆太平，豈得上違宗廟，下弃兆民。且父子相傳，其來久矣。必欲委弃塵務，則皇太子宜承正統。若更授旁支，恐啓奸亂之心，不可不慎。』

雲之言，可謂正大光明。南朝諸臣，希聞此等議論。

源賀曰：『今欲禪位皇叔，臣恐紊亂昭穆。』東陽公丕等曰：『太子冲幼。陛下富於春秋，奈何欲隆獨善？』陸馛曰：『陛下若捨太子更議諸王，臣請刎頸殿廷，不敢奉詔！』帝怒，變色；以問宦者趙黑，黑曰：『臣以死奉皇太子，不知其他！』時太子宏生五年矣，帝以其幼，故欲傳位子推。高允曰：『願陛下念周公抱成王之事。』帝乃曰：『然則立太子，群公輔之，有何不可！』又曰：『陸馛，直臣也，必能保吾子。』乃以馛爲太保，與源賀持節，奉皇帝璽紱，傳位於太子。

雲、賀第言不當禪位子推耳，丕等則直云不當禪位，皆正論也。馛則云『即使禪位，亦不應捨太子更議諸王，不惟子推不可禪』，其言激切，故帝驟聞而怒。迨黑亦以奉戴太子爲言，贊成馛議，帝意始爲之移。允知帝禪位之意已決，而捨太子立子推之議中止，故以周公抱成王之説進，以太子雖幼，無妨内禪也。於是傳位太子之議定矣。觀魏君臣共議大事，其分明鄭重如此，與南朝之噏訿附和，莫肯□□者，相去奚翅霄壤邪？胡身之謂魏主聞馛言而變色，聞黑言而默然，以此議魏之朝綱，殊不知馛與黑所云雖微分先後，其以死奉太子則一也。使魏主果以馛言爲謬，不應心折於黑，且并稱馛直而擢爲太保，隱然以周公屬之。與宋帝之以黄□□褚淵者，孰謂知人哉！竊謂以魏顯祖之英明且富於春秋，是時年甫十八耳，何至厭弃塵務，遽欲傳位於五齡之幼子乎？蓋以馮太后内行不正，穢德彰聞，欲爲秦始皇則不忍，欲爲漢惠帝則不甘，故爲此超然獨善之舉，將以避太后也；其初欲禪子推者，并太子亦避太后也。不然，何以如此大事而太后不與聞哉！此則其不能明言之苦衷也夫！

魏高祖即皇帝位，悲泣不自勝。顯祖問其故，對曰：『代親之感，内切於心。』顯祖徙居崇光宫，建鹿野浮圖，與禪僧居之。群臣上尊號曰『太上皇帝』。

受璽傲惰，宋廢帝所以不終也；代親悲泣，魏孝文所以能賢也。

魏沃野、統萬二鎮敕勒叛，源賀帥衆討之，降二萬餘落，追擊，大破之，斬首八千餘級。

魏太上徙居崇光，安禪鹿野，而仍總萬機。命將出師，固惟其命是從也。浮圖戒殺，而敕勒之叛斬首八千，其破戒也大矣。

上命垣崇祖經略淮北，崇祖自鬱洲將數百人入魏境七百里，據蒙山。魏于洛侯擊之，崇祖引還。

命崇祖經略淮北，而不授以兵，不饋以糧，徒以數百人越境深入，欲何爲乎？魏師出則退而入海耳。似此用兵，殆同兒戲。

上以故第爲湘宫寺，備極壯麗。巢尚之罷郡入見，上曰：『卿至湘宫寺未？此是我大功德。』虞愿曰：『此皆百姓賣兒貼婦錢所爲，何功德之有！』上怒，使人驅下殿。

魏主皈依釋氏，則禪位太子，與僧同居，徙崇光宫，采椽、土階而已。宋主宗奉釋氏，則以故第爲湘宫寺，備極壯麗，且猜忌功臣，戕賊同氣，其去佛教之所云慈悲寂滅者，不愈遠乎！

上以王景文外戚貴盛，張永累經軍旅，疑其將來難信，乃自爲謡言曰：『一士不可親，弓長射殺人。』景文懼，表解揚州，詔報曰：『有心於避禍，不如無心於任運。』

避禍不如任運，帝之詔景文，庶乎達觀已。但既見及此，則斬伐手足，屠害功臣，爲螟蛉子鰓鰓作計者，其謂之何？

上疾篤，遣使賫藥賜王景文死，手敕曰：『與卿周旋，欲全卿門户，故有此處分。』（泰豫元年）

帝欲殺休若，則手書殷勤；欲殺吴喜，則言詭甚款；今殺景文，轉云『欲全卿門户』。自古君於其臣，未有以賜死爲恩者。有之，自景文始。乃張永竟未之及，豈非命乎！

上夢有人告曰：『豫章太守劉愔反。』既寤，遣人就郡殺之。

以疑忌殺諸弟及諸臣，猶有因也；愔之死，乃由於夢，异哉！

上殂，太子即皇帝位，年十歲。袁粲、褚淵秉政，承奢侈之後，務崇節儉；而阮佃夫、王道隆等用事，貨賂公行，不能禁也。

粲、淵不能制佃夫等，安能制蕭道成哉！淵不足論，粲亦非可托孤寄命者也。

沈攸之自以材略過人，自至夏口，陰蓄异志，舉錯專恣，不復承用符敕，朝廷疑而憚之。

如史所書，攸之乃真不可事幼主者。帝但疑吴喜、張永而不疑攸之，何也？或疑之而憚其威略，莫可如何邪？然攸之不舉事於蒼梧肆虐之時，而起兵於蒼梧遇弑之後，其名義甚正。雖旋被誅夷，要不可謂之不得其死也。所云『陰蓄异志』者，然邪否邪？

以劉秉爲尚書左僕射。秉和弱無幹能，以宗室清令，故袁、褚引之。

秉所云『平世三公』也。以與袁、褚同志，故引與共政。但取其不作异耳。

阮佃夫欲用所親張澹爲武陵郡，袁粲等皆不同。佃夫稱敕施行，粲等不敢執。

佃夫所恃者，明帝寵任之耳。帝殂，則失其所恃，安敢與顧命諸大臣抗哉！蓋袁、褚皆遠權避勢，遇事拱默，故佃夫仍得肆行無忌也。

蒼梧王（諱昱，字德融，小字慧震，明帝長子，在位四年）

桂陽王休範，素凡訥，少知解，故太宗之末得免於禍。及帝即位，年在冲幼，休範自謂應入爲宰輔；既不如志，怨憤頗甚。密與典籤許公輿謀襲建康。（元徽元年）

宋明猜防諸弟，均已翦除。劣如廬江，猶不能免。休範獨得免禍，仍鎮尋陽，以其不足爲患也。乃帝之陵土未乾，而休範即稱兵向闕，豈帝所及料哉！

遣使入魏。魏上皇將入寇，詔州郡之民十丁取一，户收租五十石以備軍糧。

宋甫報聘，魏即謀入寇，足征前之修好，欲以和親款宋，使不設備。至是因宋有大喪，主少國疑，故大舉南下，將以進規江北也。後卒不果者，魏上皇旋即遇酖也。

桂陽王休範反。掠民船，以材板付軍隊，合手裝治，數日即辦。率衆二萬、騎五百發尋陽，晝夜取道。大雷戍主杜道欽馳下告變，朝廷惶駭。（二年）

尋陽下建康，順風數日即至。休範舉兵，有疾雷不及掩耳之勢。此非休範所及，許公輿教之也。若非道成料及，預爲之備，建康殆矣。

蕭道成至新亭。休範遣丁文豪别將兵趨臺城，自以大衆攻新亭，白服，乘肩輿，以數十人自衛。黄回、張敬兒詐降，斬休範首及其二子，馳歸新亭。

遣二子而不疑，置二降將於左右而不防。休範之暗劣，於此益信。文豪及杜黑騾爲之力戰，所謂『共痴人作賊』者也。

休範將士不知其死，杜黑騾攻新亭甚急。道成拒戰，黑騾趨朱雀桁。劉勔、王道隆皆戰死。中外大震，太后執帝手泣曰：『天下敗矣！』

劉勔、王道隆皆死，張永、沈懷明逃還。諸人皆著名宿將，朝廷所恃以爲重者也。而一時挫敗，是以白下、石頭之衆瓦解星奔，大勢已不支矣。惟道成尚據新亭，然亦憊矣。脱令休範尚在，諸將爲之并力急攻，臺城一陷，新亭安能支久乎？太后此時，應追悔宋明不并殺休範也。

杜黑騾進至杜姥宅，宫省恇擾，衆莫有鬥志。俄而丁文豪之衆知休範已死，欲退散，文豪厲聲曰：『我獨不能定天下邪！』

文豪雖謬爲大言，其氣已折矣。

道成遣陳顯達等將兵入衛宫省。袁粲謂諸將曰：『請與諸君同死社稷！』被甲上馬，將驅之。於是顯達等引兵出戰，大破杜黑騾於杜姥宅，斬之，并斬丁文豪。

粲文臣耳，即被甲上馬，亦何與於軍之勝敗乎！然觀其慷慨赴敵，知其异日必能死節。

以蕭道成爲中領軍，留衛建康，與袁粲、褚淵、劉秉更日入直決事，號爲『四貴』。

雖『四貴』并稱，而軍事專屬道成，三人不能與争。太阿之柄，拱手授之矣。

休範之反也，使道士陳公昭作《天書》，題云『沈丞相』，付荆州刺史沈攸之。攸之得公昭，送之朝廷。又與南徐州刺史建平王景素等同舉兵討休範。

攸之果有他圖，此正可乘之機。使其帥荆州之衆與尋陽合勢，共趨建康，豈道成所能當哉！乃不出此，則知史所書『陰蓄异志』者，妄也。

魏上皇尤重刑罰，大刑多令覆鞫，或囚繫積年。群臣頗以爲言，上皇曰：『滯獄誠非善治，不猶愈於倉猝而濫乎！』又以赦令長奸，故延興以後，不復有赦。

慎殺而惜赦，殊得周公之旨。

張敬兒謂蕭道成曰：『沈攸之在荆州，公知其欲何所作，不出敬兒表裏制之，恐非公之利。』道成以敬兒爲雍州刺史。敬兒得攸之事迹，皆密白道成。（三年）

道成所忌者，惟攸之耳。敬兒乃道成腹心，故逆探其意以進計，蓋自任以上流之重也。

魏馮太后以李奕之死怨顯祖，密行鴆毒，顯祖殂。太后復臨朝稱制。太后猜忍多權數。自以失行，畏人議己，群下語言小涉疑忌，輒殺之。

顯祖，魏之賢君，而不得令終，篤生孝文，克纘其緒，亦可謂式穀之明效已。馮太后初誅乙渾，又鴆顯祖，均能不動聲色而制其死命，事後亦無與之抵牾者，果操何術哉！雖左右多所寵嬖，尚知畏人議己失行，未至如武塈之宣淫無忌，其權略則蕭太后之流亞也。

帝好獨游郊野，曹欣之謀伺帝出作亂。韓道清、郭蘭之欲説蕭道成因帝夜出，執帝迎立建平王景素，景素每禁使緩之。旋於京口起兵，兵敗被殺。

當時若廢蒼梧而立景素，宋祚或可少延。然以此謀告道成，事必不諧，道成固不欲立長君也。

順皇帝（諱準，字仲謀，小字知觀，桂陽王休範之子，在位一年）

蒼梧王數出游行。始出宮，猶整儀衛。俄而弃車騎，帥左右數人，或出郊野，或入市廛。陳太妃每乘青犢車，隨相檢攝。既而遠走二三十里，太妃不復能追。（昇明元年）

蒼梧失德狂游，檢攝者止有太妃耳。顧命大臣如褚淵者固不足論，袁粲亦不聞諫諍，何也？

蒼梧王嘗自磨鋋，曰：『明日殺蕭道成！』陳太妃止之。道成憂懼，與袁粲、褚淵謀廢立。粲曰：『上幼年，微過易改。伊、霍之事，非季世所行；縱使功成，終無全地。』淵默然。

粲云『伊、霍非季世所行，功成終無全地』，實至論也。但蒼梧昏狂，幾於無復人理，而猶云『幼年微過易改』，何也？竊謂粲貞勁之士，必非妄言，或道成恐蒼梧害己，弑之而加以罪，其不善固不若是之甚邪？

或勸道成奔廣陵起兵，其從兄善明及紀僧真以爲不可。其族弟順之及次子嶷，皆以爲『上好單行道路，及此立計，易以成功；外州起兵，鮮有克捷。』道成乃止。

順之等之計，猶是曹欣之之謀也。行同獨夫，而貫穿巷陌，取之一夫力耳。道成之舉事，乃不在道路而在殿中。

道成命王敬則陰結帝左右楊玉夫等十五人，於殿中詗伺機變。帝飲醉，還仁壽殿寢。玉夫與楊萬年取帝防身刀刎之，以首與敬則。

自古人主即甚昏狂，必有群小爲之羽翼。若蒼梧王之孑然孤立、殞身於左右之手者，蓋亦鮮矣。其防身止有一刀，豈知即刎頸之具哉！

道成戎服出殿庭槐樹下，以太后令召袁粲、褚淵、劉秉入會議。褚淵曰：『非蕭公無以了此。』道成乃議備法駕詣東城，迎立安成王。

休範舉兵犯闕，爲道成所誅，而至是乃迎立其子。其舍此别無可立邪，抑意别有在邪？

儀衛至東府門，安成王令門者勿開，以待袁司徒。粲至，王乃入居朝堂，即皇帝位，時年十一。

安成冲幼，習聞粲名，以爲可恃，而不知其不足恃也。大權去矣，粲如之何！

道成遣沈攸之子元琰以蒼梧王刳斫之具示攸之。攸之謂元琰曰：『吾寧爲王凌死，不爲賈充生。』攸之有素書十數行，常韜在裲襠角，云是明帝與己約誓。及將舉兵，妾崔氏勸止之，攸之指裲襠角示之。

攸之舉兵，殊似諸葛誕。觀其謂子與妾之言，自是乃心宋室，不可以成敗論之。

攸之勒兵馳檄，遣將孫同等相繼東下。遺道成書，以爲：『少帝昏狂，宜與諸公密議，共白太后，下令廢之；奈何交結左右，親行弑逆？子孟、孔明，固如此乎！』

攸之責道成，侃侃正論，不爲霍光而爲司馬昭，欲逭弑君之罪，得乎？

王藴與沈攸之深相結，又與袁粲、劉秉密謀誅道成，黄回、任侯伯、孫曇瓘、王宜興、卜伯興皆與通謀。道成初聞攸之事起，自往詣粲，粲辭不見。

粲既與秉謀誅道成，則當陽與之合，而藉王藴以陰結攸之，待其帥荆州大衆直下建康，然後與諸將士約期并力，中外齊奮，道成可馘矣。乃不出此，而顯示同异，俾道成得以預爲之備。其敗宜哉！

道成更與褚淵議之。淵曰：『西夏事必無成，公當先備其内耳。』粲以其謀告淵，淵即以告道成。

粲猶不知淵之爲人乎！機事不密則害成，粲之敗，實由自取。

道成亦先聞其謀，遣蘇烈、薛淵、王天生將兵助粲，守石頭。

以蘇烈等助守石頭，亦猶以段佛榮、李安民同向京口也。粲惟無動，動則烈等從中起矣。

道成又以王敬則爲直閤，與卜伯興共總禁兵。

矯太后令，使伯興與劉韞帥宿衛兵攻道成於朝堂，黄回等帥所領爲應，此粲本謀也。道成以敬則爲直閤，將以制韞與伯興，仍是遣蘇烈等助守石頭之故智，而敬則尤道成之心腹猛將也。

袁粲約劉秉等并赴石頭，本期夜發，秉恇擾不知所爲，晡後即束裝；未暗，載婦女盡室奔石頭，部曲數百，赫奕滿道。既至，見粲，粲驚曰：『何事遽來？今敗矣。』

粲意以事露於劉秉之奔石頭，而不知機泄於己之告褚淵也。是時道成已預爲之備，即使秉如期夜至，事亦無成。若沈攸之不攻郢城，直指新亭，内外葉謀，或可有濟耳。

道成密使告王敬則，殺劉（韜）［韞］、卜伯興；蘇烈等據倉城拒粲。王藴帥部曲向石頭，薛淵據門射之，皆散走。道成復遣戴僧静率數百人助烈等。劉秉與二子俣、陔逾城走。僧静殺粲及其子最。追執劉秉父子，斬之。

（韜）［韞］、伯興之死，以王敬則入爲直閤也；粲、秉之敗，以蘇烈等先據倉城也。王藴之潰，以薛淵由城内射外也。均不出道成所算。

沈攸之遣孫同等五將以三萬人爲前驅，劉攘兵等五將以二萬人次之；王靈秀等四將分兵出夏口，據魯山。攸之至夏口，自恃兵强，有驕色。

攸之先已勒兵移檄，遣使邀雍州刺史張敬兒、豫州刺史劉懷珍、梁州刺史范柏年、司州刺史姚道和、湘州行事庾珮玉、巴陵内史王文和同舉兵，敬兒、懷珍、文和并斬其使，餘亦無一應者，其勢已孤矣。今傾州東下，獨不慮敬兒等之乘其後乎！

攸之攻郢城不能克。劉善明言於道成曰：『攸之性既險躁，才非持重；而起逆累旬，遲迴不進。一則暗於兵機，二則人情離怨，三則有掣肘之患，四則天奪其魄。』

遲迴不進，暗於兵機，攸之所以敗也。若兼程直下，掩襲未備，與袁、劉中外合勢則事未可知耳。

攸之攻郢城，三十餘日不拔，衆多逃散。攸之以餘衆還江陵。聞城已爲張敬兒所據，攸之與其子文和走至華容界，皆縊於櫟林。

袁粲據石頭，而不虞蘇烈之拒己於倉城也；攸之攻郢城，而不虞敬兒之潛入於江陵也。粲，書生耳，其迂疏固無足怪；攸之，百戰名將，而不顧其後，詎非天奪之鑒哉！然其死則不愧王凌矣。

回蓋勇而無斷者，屢欲圖道成而不出道成股掌之上，一旦取之，如囊中物耳。然與王藴皆心在宋室者，其死均未可訾也。

道成以黄回終爲禍亂；回有部曲數千人，欲收之，恐爲亂。召入東府。使桓康殺之於外齋。

道成立休範之子爲帝，而不復爲昇日之慮者，正以利其幼冲，爲攘取大物地也。惟内忌袁粲，外畏沈攸之，故不敢遽有動作耳。今昇已者次第誅鋤，則圖篡之心安能須臾緩哉！淵附道成久矣，至是豈復作同昇乎！

道成欲引時賢共贊大業，王儉知其指，請間言曰：『以公今日位地，欲終北面，可乎？』乃唱議加道成太傅，假黄鉞。道成曰：『褚公不從，奈何？』任遐曰：『彦回（淵字）惜身保妻子，非有奇才異節，遐能制之。』淵果無違異。

是時臣强主幼，宋祚將傾，乃以正樂爲言，可謂不知緩急。殆亦坐視國危，不一動念者乎！

王僧虔奏：『朝廷禮樂，多違正典，今之清商，實由銅爵，三祖風流，遺音盈耳；中庸和雅，莫近於斯。十數年間，亡者將半，宜命有司悉加補綴。』朝廷從之。

鑒評别録卷二十九

齊紀一

太祖高皇帝（諱道成，姓蕭氏，字紹伯，小字門將。南蘭陵人，在位四年）

以太傅爲相國，總百揆，封十郡，爲齊公。臨川王綽遣腹心陳贊説凌源令潘智，謀舉兵。智告齊公，誅綽兄弟及其党與。（建元元年）

人望如袁粲、宿將重鎮如沈攸之，尚舉事無成。綽宗室疏屬，乃欲邀一縣令起事，即使智不告發，亦同歸糜碎而已。綽亦非必見不及此，徒以舊人凋殘殆盡，無可與謀，又不甘束手待盡，故爲此冀幸萬一之計，亦可悲已。

進齊公爵爲王，加殊禮。宋帝禪位於齊。帝當臨軒，不肯出，逃於佛蓋之下。

逃於佛蓋之下，欲仗佛力以自全也。佛果有靈乎？

王敬則勒兵殿庭，以板輿迎帝。太后懼，自帥閹人索得之。敬則引令升車，帝曰：『欲見殺乎？』敬則曰：

『出居别宫耳。官先取司馬家，亦如此。』

禪代之際，足征天道好還。

帝乘畫輪車，出就東邸，問：『今日何不奏鼓吹？』左右莫有應者。

前已涕泗交頤，救死不得，至此忽動念於鼓吹，童騃可憫。

王華從父弟琨，在晋世已爲郎中，至是攀車獺尾，痛哭曰：『人以壽爲歡，老臣以壽爲戚。既不能先驅螻蟻，乃復頻見此事。』嗚咽不自勝，百官雨泣。

是時宋臣之有氣節才力者，芟除略盡矣。其備於朝者，皆庸碌不能爲同异，徒有雨泣而已。琨兩逢禪代，固已數見不鮮，嗚咽自是老人常態，非有慷慨之志也。

奉朝請裴顗上表數帝過惡，挂冠徑去，帝怒殺之。太子賾請殺謝朏，帝曰：『殺之遂成其名，正應容之度外耳。』久之，因事廢於家。

顗以冗散末僚，一時義激，遂能殺身成仁。朏爲齊帝所重，而始終不豫禪代之事，倘得家食令終，亦庶幾乎漢之楊彪。獨惜其廢不終廢也。

崔祖思上言：『人不學，不知道，此悖逆禍亂所由生也。今無員之官，空受禄力，宜開文、武二學，各從所樂，依方習業。』

立學以課員外之官，固造就人才之成法。謂悖逆禍亂由於不學，是已；但齊帝躬行篡奪，而欲以經藝爲弭亂之具，殆亦濁其源而欲清其流者乎？

魏主詔：『候官千數，重罪受賕不列，輕罪吹毛髮舉，宜悉罷之。』更置謹直者數百人，使防邏街術，執喧鬥者而已。

候官不發重罪，而舉輕罪者，陰縱巨猾，以營奸利；毛舉細故，以爲勞績，此實千古通弊，小人不可寄以耳目也。

或走馬過汝陰王（宋順帝降封）之門，衛士恐。有爲亂者奔入殺王，而以疾聞，上不罪而賞之。殺宋宗室陰安公燮等，無少長皆死。劉遵考之子澄之與褚淵善，淵爲之固請，其族獨得免。

走馬過門事之有無不可知，即或有之，亦事之常，豈遽爲亂乎？汝陰遇害，實帝意也。觀於賞衛士、因盡誅宗室可見已。天之報施，恒倍其數。魏晋禪代，宗室罕及於禍；宋之代晋，亦未至悉予芟除，至此則不遺齠齡矣。

魏詔高允議定律令。允雖篤老，而志識不衰。魏主以允家貧，朝哺給膳，朔望致牛酒，月給衣服綿絹，入見則備幾杖，問以政治。

允在六朝，獨有儒者氣相，其受魏主恩禮，可謂汲古之榮。

魏遣假梁郡王嘉等奉丹陽王劉昶入寇，許昶以克復舊業，世胙江南，稱藩於魏。南兖州刺史王敬則，聞魏將濟淮，委鎮還建康，既而魏竟不至。

叩門大呼，拔刀跳躍，勒兵殿庭，逼帝升車，何其悍也；淮北虚驚，委鎮狂奔，何其憊也！敬則殆勇於助逆而怯於禦侮者歟！

魏寇壽陽，垣崇祖於城西堰肥水，堰北築小城，周爲深塹，使數千人守之。魏人攻城，决堰下水，魏衆漂溺塹中，死者以千數，乃退走。（二年）

魏之南伐特以納昶爲名，欲宋之臣民簞壺迎昶而以不戰收成功耳。壽陽小挫，輒議還師，其意固不欲深入也。堰水以灌北軍，亦僅可一試，再則不效矣。梁武之堰淮水，未必非師此故智。

宋自孝建以來簿籍訛謬，上詔虞玩之等更加檢定。玩之上表：『宜以元嘉二十七年籍爲正，更立明科，一聽首悔；迷而不返，依制必戮。』上從之。

黄籍之當校固已，但於弛紊訛謬之餘驟欲一律勘正，寬之則無以剔奸，嚴之則先虞滋擾。是時帝甫經篡立，恩信未孚，植根本淺，不亟行寬政以收人心，遽爲綜核名實之舉，亦可謂不知務已。

上以何戢領選，欲加常侍，褚淵曰：『聖旨每以蟬冕不宜過多。臣與王儉既已左珥，若復加戢，則八座遂有三貂。』

據淵所云，則當時以珥貂爲貴，即帝亦惜蟬冕也。蓋倍重於今之花翎。

王僧虔上言：『郡縣獄相承，有上湯殺囚，實行冤暴。愚謂囚病必先刺郡，求職司與醫對共診驗，遠縣家人省視，然後處治。』上從之。

刺郡，非謂刺史，郡守也。刺史體尊，豈能理縣獄之事？若謂郡獄報刺史，縣獄報郡而止，則事不畫一。若謂由郡轉報刺史，則囚病亟須救療，文書往返，必致無及，是生之適以殺之，非善政也。惟家人省視，而官給醫藥，則簡易可行，豈徒宜於遠縣哉？

褚淵入朝，以腰扇障日，劉祥曰：『作如此舉止，羞面見人。』祥，穆之之孫也，好文學，而性韵剛疏，撰《宋書》，譏斥禪代。王儉密以聞，坐徙廣州而卒。

胡身之以祥爲無辱乃祖。竊謂祥祖穆之既爲宋佐命，祥既不能匡扶宋室，亦當如陶淵明之超然遠引。乃既已側肩新朝，而輕肆譏詆，以取罪戾，何足貴乎？

沙門法秀以妖術謀作亂於平城。苟頽帥禁兵擒之，加以鐵鎖，無故自解。魏人穿其頸骨，三日乃死。議者或欲盡殺道人，馮太后不可，乃止。（三年）

鐵鎖自解，果有此妖術邪？然亦無救於死。盡殺道人，固不免濫及亡辜，而佛法之不足止亂、僧徒之易致藏奸，概可睹已。

魏中山宣王王叡疾病，太后、魏主屢至其家視疾。及卒，贈太宰，立廟平城南，文士作哀詩及誄者百餘人。

叡爲太后幸臣，魏主豈不知之？ 乃非直不能防閑，復從太后屢至其家。 飾終之典，寵靈炫赫。 敝笱之譏，所不能免。

薛虎子代尉元爲徐州刺史，上言：『國家欲取江東，先須積谷彭城。 請興置屯田，且耕且守。』魏主從之。

虎子之守彭城，與鄧艾之在淮南形勢正同。 故屯田爲一時之利，蓋南北兵争，地多曠土，足給兵耕也。

上殂於臨光殿，太子即位。 高帝性清儉，每曰：『使我治天下十年，當使黄金與土同價。』（四年）

齊高無他功德，惟承宋末造奢靡之後力行儉約爲可取耳。 物之不齊，物之情也； 金土同價之説，吾未敢信。

褚淵卒，子賁耻其父失節，服除，遂不仕。 以爵讓其弟蓁，屏居墓下終身。

自晋宋以來，上競苟得，廉耻道喪； 賁獨耻父失節，屏弃終身，亦可謂不偶流俗者矣。 然不能諫其父於生前，而自潔其身益以彰父之過，亦非爲子之道也。

世祖武皇帝（諱賾，字宣遠，高帝長子，在位十一年）

詔：『袁粲、劉秉、沈攸之雖末節不終，而始誠可録』。 皆以禮改葬。（永明元年）

三子皆忠於宋室者，以禮改葬，足征公道尚未泯於人心。 然使褚淵不死，亦未必有此盛舉。

王之爲太子也，多違制度，信任左右。張景真、荀伯玉密以啓太祖。太祖怒，殺景真。太子憂懼，王敬則叩頭啓太祖，往東宫解釋之。召諸王宴於玄圃，盡醉乃還。

敬則於太祖，亦如司馬子如之於高歡，皆善處人主父子之間，使儲副得安其位。然非腹心古舊之臣，亦不能爲此。

張敬兒好信夢。初爲南陽太守，其妻尚氏夢一手熱如火；及爲雍州，夢一胛熱；爲開府，夢半身熱。敬兒意欲無限，謂所親曰：『吾妻復夢舉體熱矣。』上聞而惡之，乃收敬兒并其四子殺之。

敬兒一生在夢中，其言皆夢中説夢也，直至脱冠貂投地夢始醒矣，其妻應夢舉體凉。

初，王弘任子孫戲適。僧達跳下地作虎子；僧綽正坐，采蠟燭珠爲鳳凰；僧虔累十二博棋，既不墜落，亦不重作。弘曰：『僧虔必位至公台。』已而如其言。

弘言亦幸中耳。小兒嬉戲，果足定終身之休咎乎？

劉纘屢奉使之魏，馮太后遂私幸之。

太后即内行不謹，亦難於左右近習擇所愛而私幸之；纘鄰國使臣，地遠情疏，或得遽分辟陽之寵？此必因太后失行，故江南構爲此言，以益彰其穢德耳。且是時太后年已非少，何淫縱無忌至此極乎？若果有之，則文帝事太后，亦過於順適其意已。

竟陵王子良篤好釋氏，范縝盛稱無佛。子良曰：『君不信因果，何得有富貴、貧賤？』縝曰：『人生如樹花同發，隨風而散，或拂簾幌墜茵席之上，或關籬墻落糞溷之中。貴賤雖復殊途，因果竟在何處？』子良無以難。

無佛之論較無鬼尤爲中理。縝又著《神滅論》，則與聖人之言背矣，宜王琰以『不知先祖』譏之。縝第以刀没利存爲理之所無，而不思薪盡火傳乃事之所有也。

詔户增調帛三匹、穀二斛九斗以爲官司之禄。禄行之後，贓滿一匹者死。

不予以禄而責吏之廉，不可得也。班禄歲增穀帛，吏犯贓則嚴加罪辟，吏不敢多取於民，民雖增調而不以加賦爲苦，此在主治者力行之耳。若但班禄而不禁贓，吏雖受禄而取民如故，民必重困矣。

魏詔班禄，以十月爲始。李别受之，義贓一匹，枉法無多少皆死。李洪之外戚貴顯，首以贓敗。魏主以其大臣，聽在家自裁。自余守宰坐死者四十餘人。

齊班禄，魏亦班禄；齊禁贓，魏亦禁贓。齊法贓滿一匹者死，魏則義贓一匹、枉法無多少皆死，法更嚴於齊矣。乃魏之坐贓者，首外戚李洪之，守宰多至四十餘人，均論如律，而齊不戮一人，何也？豈魏之吏貪，齊之吏獨廉邪？抑魏之法在必行，而齊猶未盡核實邪？史稱魏是時『受禄者無不跼蹐，賕賂殆絶』，而齊無聞焉，蓋其效可睹矣。

魏淮南王佗奏，請依舊斷禄。高閭以爲：『給禄則貪者足以勸慕，不給則廉者不能自保。』詔從閭議。

佗請斷禄，欲因以貰坐贓之罪。貪吏利在受賕，不在得禄也。

高閭上表：『請依秦漢故事，於六鎮之北築長城以扞北狄。』魏主優詔答之。

四足之寇，不利攻城，故以堅壁清野爲備禦長策。大則邊城，小則堡塢，其用一也。拓跋起自代北，與柔然長技略同。道武以來，用武非一，止有長驅深入及重兵嚴防而已。今柔然國勢浸衰，而閭乃議築長城爲扞邊固圉之計，魏其不競矣乎？

魏詔曰：『圖讖之興，出於三季。既非經國之典，徒爲妖邪所憑，自今一皆焚之，留者以大辟論。』

魏文嚴禁讖緯，讖出漢世祖上。

王儉領國子祭酒，作解散髻、斜插簪。朝野慕之，相與仿效。儉常謂人曰：『江左風流宰相，惟有謝安。』

解散髻、斜插法服，名亦不雅，儉蓋以風流宰相自命，故有此褒句。史稱儉『造次必於儒者』，恐不無溢美也。

魏遣使者循行州郡，與牧守均田，男夫十五以上，受露田四十畝，婦人二十畝，奴婢依良丁，年及課則授田，老免及身没則還田，桑田皆爲世業，身終不還。

均田之法，倡自董仲舒。新室行之，遂以召亂。今魏文獨能頒一詔、遣一使即定爲口分世業，厘然□□。當時如何措置，史臣記載弗詳。竊以田制紊亂已久，貧富多寡懸殊，一旦取而均之，必大有一番變更。勘丈分畫，動須年月。魏之使者既不必得人，其牧守亦不盡良吏，稍涉偏倚，百弊叢生。即使得人矣，盡良吏矣，而民情難與圖始，亦安能使之翕然從令？恐亦不免以峻法驅之也。

初，太祖命虞玩之檢定黄籍。上即位，别立校籍官。上籍被却者悉充遠戍，民多逃避。唐寓之因以妖術惑衆作亂，却籍者奔之，衆至三萬。

齊但校黄册，以防脱漏户口耳。較之均田，難易迥别。乃連年鈎考，未能剔奸，卒以致亂。魏之民風，詎必獨醇，何以奪彼予此而不怨，改弦易轍而不擾乎？千載下不能無疑。

魏初立黨、里、鄰三長，定民户籍。民始皆愁苦，豪强者尤不願。既而課調省費十餘倍，上下安之。

齊檢黄籍而民亂，魏定户籍而民安。南北民風，果有异乎？惟均田以抑兼并，尤不便於豪强，而俯首聽命何也？或河南北屢經兵燹，曠莽荒蕪，按户均受，因而勸墾，毋庸奪富民之成業以予貧民邪？此在當日必有措置，然不可考已。

高允歷事五帝，出入三省五十餘年，未嘗有譴。馮太后及魏主甚重之。允仁恕簡静，雖處貴重，情同寒素，執書吟覽，晝夜不去手。誨人恂恂不倦，年九十八卒。贈侍中、司空，賻襚甚厚。

高文公始終一節，卓然名賢。魏主恩禮有加，可謂崇儒重道，君臣兩足爲美，未易於南北朝求之。

魏春夏大旱，代地尤甚，加以牛疫，民餒死者多。詔内外臣極言無隱。韓麒麟上言：宜禁斷珍异之物，勸課農桑，數年之中，必有盈(瞻)[贍]。

是時均田之法，未悉能否蔵事，甫經歲旱，而民多餓殍，至於出關就食，其匱乏可知。倘均田未畢，事須中止，若既停均給，而麒麟表稱『耕者日少，田多荒蕪』，則魏所云口分世業者，名實亦未必相副已。

魏詔：有司開倉賑貸，聽民出關就食，遣使者造籍分遣去留，所過給糧廪，所至三老贍養之。

三長養贍流民，恐流民未能周給，而三長之破家者不知凡幾矣。此等荒政，在紙上視之甚易，而行之實難，古今未必相遠也。

是時，魏久無事，府藏盈積。詔：盡出御府衣服、珍寶，太官雜器，太僕乘具，内府弓矢、刀鈐，外庫衣物、繒布、絲纊非供國用者，以其太半頒賚有差。

是歲魏春夏大旱，民多餒死，七月命州郡開倉賑貸，聽民出關就食，其匱乏可知。乃九月則云『府庫盈積，盡出衣服珍寶諸器幣，普行頒賚』，何也？數月之内，不應忽貧忽富。若云國富民貧，文帝賢君，不應坐視民饑而不早爲之所；若云器幣有餘、粟米不給，則魏之君臣皇皇焉講均田、立三長，亦徒爲是紛紜已。

魏主問高祐何以止盜，對曰：『昔宋均立德，猛虎渡河；卓茂行化，蝗不入境。盜賊，人也。苟守宰得人，治化有方，止之易矣。』

虎渡河、蝗不入境，果可信爲善政所感乎？千載僅見之事，可據爲典要乎？祐之空言，不如李崇之實政。

杜元懿建言：『西陵牛埭税，并浦陽、南北津、柳浦四埭，歲可增四百餘萬。』顧憲之議以爲：『監領者各務已功，或禁遏他道，或空税江行。百方侵占，爲公賈怨。』（六年）

憲之所云，即設關爲暴者也。非徒一時之針石，實乃千秋之龜鑒。

魏李彪上封事，以爲『國之興亡，在冢嗣之善惡。宜准古立師傅之官，以訓導太子。』

胡身之云：彪蓋有見於太子恂之失德，故爲是言。竊謂恂之失德與否，文帝或不能遽有所聞；而其材質何如，則知之宜悉。使用彪議預加檢約，或不至以罪廢，傷恩誼；廢恂立恪，卒亦弗克負荷，則於式穀之道或未盡也。

魏遣兵擊百濟，爲百濟所敗。

魏自上世以來，威加北方，至是爲百濟小國所敗，不聞再舉。蓋文帝崇尚文治，而武事漸不如昔。此拓跋氏極盛漸衰，勿徒許其用夏變夷也。

魏汝陰王天賜、南安王楨皆坐贓當死。魏主下詔，稱『二王所犯難恕，太后追惟高宗孔懷之恩，且南安王事母孝謹聞於中外，并特免死，削奪官爵，禁錮終身。』（七年）

魏之禁贓，初既不私於外戚，兹復不私於宗王，可謂『法行始自貴近者』已。

紀僧真得幸於上，請曰：『臣出自本縣武吏，惟就陛下乞作士大夫。』上曰：『此由江斅、謝瀹，可自詣之。』僧真承旨詣斅，坐定，斅顧左右曰：『移吾床遠客。』僧真喪氣而退，告上曰：『士大夫固非天子所命。』

胡身之謂二家以名義自將，甄别流品，雖萬乘之尊不可得而奪，若甚有取於瀹者。竊謂此乃魏晉以來九品中正之流弊，以門第相高，非以名義相尚也。不必以爲佳談。

地豆干頻寇魏邊，陽平王頤擊走之；庫莫奚寇魏邊，樓龍兒擊走之。（八年）

地豆干、庫莫奚，皆胡之小種耳。寇邊而不能討，益徵魏之兵力非昔比已。

魏太皇太后馮氏殂，高祖勺飲不入口五日，哀毁過禮。楊椿諫曰：『聖人之禮，毁不滅性。縱陛下欲自賢於萬代，其若宗廟何！』帝爲之一進粥。

魏文心欲自賢，誠如椿言，然於喪禮力能行之，已爲晉武以後所僅見。

魏葬太皇太后於永固陵。

馮太后别營壽宫，不從先帝之兆，或以内行不謹，無復面目於泉下相見邪？魏文動輒師古，何不以禮裁之？

魏太尉等請行先朝舊典，葬後即吉。帝曰：『今不敢闇默不言，以荒庶政；惟欲衰麻廢吉禮、朔望盡哀誠。』

不以闇默廢政，惟以衰麻存禮，朔望致哀，此事之必可行者。諸臣何難將順其美？而猶據故事再三力争，殆亦逆探帝意，故爲駁詰，以益彰孝思耳。

初，太后忌帝英敏，欲廢之，盛寒閉於空室，絶其食三日。東陽王丕等固諫乃止。帝初無憾意。又有宦者譖帝於太后，太后杖帝數十，帝默然受之，不自申理。

空室絶食，初無憾意；受杖默然，不自申理，可謂勞而不怨矣。左右嬖幸，概不禁治；王叡飾終，備極哀榮，可謂從親之令、不復以禮防閑矣。以帝之明，於顯祖之遇酖暴殂，豈竟毫無所聞？即不追治其事，亦安能無憾於中，乃於太后之喪，哀痛迫切，百倍恒情，何也？其意固欲復三年之通制、舉百王之墜典，一切衰絰之服、哭泣之節，罔非准禮爲之，而未必發於至誠也。豈真以馮氏爲魏之文母乎？其果痛祖母倍於痛父乎？

交州刺史房法乘好讀書，不治事，長史伏登之擅權，法乘系之獄。得出，因將部曲襲州，執法乘，囚之别室。法乘復就登之求書讀之，登之不與。

法乘所謂書痴也。當其求書，正可多與之。登之殊不解事。

初，太祖以南方錢少，更欲鑄錢。孔顗上言：『重錢患難用，而難用爲累輕；輕錢弊盗鑄，而盗鑄爲禍深。民所以盗鑄、嚴法不能禁者，由上鑄錢惜銅愛工也。』

盗鑄利多，則嚴法不能禁，不獨細錢也，大錢當十當百，其利更重，盗鑄更甚。是亦顗所云『開其利端，從以重刑』者。

又云：『王者不患無銅乏工，每令民不能競，則盜鑄自絶。』鑄一錢不獲一錢之利，則民何樂乎盜鑄？所云民不能競者也。至云不患無銅，第就當時言之，後世坑治政廢，或産銅之處洞老山空，則鼓鑄更形掣肘，不徒較量於輕重之間，遂足裕國利民也。

自太祖治黄籍，至上，謫巧者戍緣淮各十年，百姓怨望。乃下詔：『自宋升明以前，皆聽復注；戍者還本。』即黄籍之卒不能一律清釐，則知均田之必不能較若劃一。二事相權，均田倍難於黄籍也。然宋之治籍，以民怨而罷；魏之均田，無梗令者，南北之政事民情，大略可睹矣。

王晏陳疾自解，上欲以西昌侯鸞代晏領選，手敕問之，晏曰：『鸞清幹有餘，然不諳百氏，恐不可居此職。』領選不恃清幹，而先諳百氏，以九品中正之法專以門地取人也。門地雖不足以定才之高下，舍此而欲取辨於俄頃，則更無從鑒别。此停年格之所以窮則變歟？

詔太廟四時之祭，薦宣皇帝，起面餅、鴨臛；孝皇后，筍、鴨卵；高皇帝，肉膾、菹羹；昭皇后，茗、粣、炙魚：皆所嗜也。（九年）

太廟時祭，牲牢固有常典，以因其所嗜而更薦褻味，似有合於事死如生之義，此亦禮緣義起者也。温公援屈到嗜芰以譏之，殊可不必。

先是，魏常以正月吉日於朝廷設幕，中置松柏樹，設五帝座而祠之。又有探策之祭。帝皆罷之。移道壇於桑乾之陰，改曰『崇虚寺』。

罷設幕、探策，移道壇，皆變夷而合於禮。

魏有司上言，求卜祥日。詔曰：『筮日求吉，違永慕之心，今直用晦日。』帝宿於廟，帥群臣哭已，易服縞冠，黑帶葛履。

作明堂、太廟，定律令，議養老六宗禘祫及諸典禮，皆於大喪一年之内次第興革。蓋文帝變夷復古之意，久蓄於中，特厭於太后，未及施行，故至此亟爲更張，迫不及待，此真情之不可掩者。如果銜悲茹痛，五内崩摧，何暇召群臣考古制、别同异、殊隆殺，舉祖宗百年之舊典，一旦爲此紛紛乎？

魏主禫於太和廟，衮冕以祭。既而服黑介幘，素紗深衣，拜陵而還。冬至，祀圜丘，遂祀明堂。臨太華殿，服通天冠，絳紗袍，以饗群臣。

馮太后殂於八年九月癸丑，魏主至九年九月丁丑而祥、十一月己未而禫，越五日癸亥而祀圜邱、明堂，六日甲子而臨太華殿即吉，亦非能遵殷周之制、孔孟之訓也。第如宰我所云『三年之喪，期可已焉』者耳。

上留心法令。詔獄官詳正律文舊注，是歲書成。孔稚圭表稱：『律文雖定，苟用失其平，則法書徒明於帙裏，冤魂猶結於獄中。』

用律不平，則法徒明而冤猶結。故治獄之吏必以忠信爲本、慈惠爲用，濟以明察，庶乎用律而得其意之所在，民自不寃已。

魏李惠之誅也，思皇后之昆弟皆死，魏主訪舅氏存者，得惠從弟鳳之子安祖等，皆封侯加將軍，後又例降爲伯，去其軍號，時人皆謂帝待馮氏太厚、待李氏太薄。

人情安有厚於母而薄於舅者乎！安有薄於母而厚於祖母者乎！况惠爲魏良臣，死不以罪，民皆寃之。文帝不爲昭雪，又薄待其後人，何哉？

魏始以太祖配南郊，魏主命群臣議行次。高閭議：『秦之既亡，魏乃稱制，宜爲土德。』李彪等以爲『宜承晋爲水德』。從之。（十年）

魏承苻秦之後，其序甚明。晋雖南渡，猶傳國百年，安得云司馬祚終於郟鄏、拓跋受命於雲代乎？魏文自以中原正統，固不屑與劉石、苻氏相承。彪等蓋探其意而爲此曲説也。

魏罷租課。

租課當從《北史》作『租倮』，蓋禁之以崇禮容也。租課可罷乎？魏是時固未能如漢文之除田租。

豫章王嶷卒，遺令諸子曰：『才有優劣，位有通塞，運有貧富，此自然之理，無足相陵侮也。』上哀痛特甚，久之語及嶷，猶歔欷流涕。

嶷本以賢明爲太祖所愛。幾致易儲而事兄愈謹，故能友愛無間，始終如一，可謂賢矣。竊謂六代諸王，嶷爲第一。才略德望，均出晋齊王攸、魏任城王澄之上。惟彭城王勰，差堪伯仲耳。

魏以尉元爲三老，游明根爲五更。帝再拜三老，親袒割牲，執爵而饋；肅拜五更，且乞言焉。

此復古禮而徒爲文具者。元等所言孝友化民，亦老生常談耳。

太子長懋素惡西昌侯鸞，嘗謂竟陵王子良曰：『我意中殊不喜此人。』不解其故。（十一年）

太子疏忌骨肉，曾諭蕭順之枉殺巴東王子響。其惡鸞，亦以爲帝所愛，恐其逼已耳。身之以爲『知所惡』，殊未然也。

魏主以平城地寒，六月雨雪，風沙常起，將遷都洛陽。恐群臣不從，乃議大舉伐齊，欲以脅衆。

北魏起自玄朔，風氣勁悍，士馬驍武，故能蹈藉中原，威加殊域。今遷都洛陽，變北方之强俗，施以中土之柔教，此拓跋所以漸衰歟？

王融自恃人地，三十内望爲公輔。嘗夜直省中，撫案嘆曰：『惟爾寂寂，鄧禹笑人！』行逢朱雀桁間，喧湫不得進，捶車壁嘆曰：『車前無八騶，何得稱丈夫！』

以融之才地，稍遲年歲，何患不至三公？乃褊躁如是，若有迫不及待者。卜其非令終之器。

上不豫，融矯詔欲立竟陵王子良，詔草已立。俄而上殂。西昌侯鸞奉太孫登殿，命左右扶子良出。融知不遂，釋服還省，嘆曰：『公誤我！』

時郁林王正位太孫，而融欲以一人之力擁立子良以取高位，其謀固已疏矣。子良爲司徒，位三公，故融稱爲公，所云『公誤我』者，謂子良也。夫子良本無奪嫡之志，矯詔亦融自爲之，子良不知也。未幾，融賜死，子良亦罷退。『公誤我』乎，我誤公乎？

魏主至洛陽，詔諸軍前發，帝策馬將出，諸臣皆諫，帝曰：『苟不南伐，當遷都於此。』南安王楨進曰：『陛下輟南伐，遷都洛邑，臣等之願也。』群臣皆呼萬歲。

魏文自將南伐，而舉國無一願從者，遂脅其衆以遷都。遷都非衆所願也，南伐尤非衆所願也。二者相較，不得不舍彼就此。亦足覘其武事之不競。

鑒評别録卷三十

齊紀二

高宗明皇帝（諱鸞，字景栖，小字玄度，高帝兄始安王道生之子，在位五年）

西昌侯鸞，將謀廢立，引蕭衍與同謀，征荆州刺史隨王子隆爲士中，崔慧景，高武舊臣將，鸞疑之，以衍爲寧朔將軍，戍壽陽。（建武元年）

謀廢立而先征子隆，以上流之重，不欲諸王居之。鸞是時已有除諸王之心，不知衍已擬其後。

朝事皆决於西昌侯鸞。鸞數諫争，帝多不從。左右楊珉、宦者徐龍駒、直閣將軍周奉叔皆有寵於帝，鸞奏誅珉、龍駒，并毆殺奉叔。

鬱林雖童昏，然嬖幸如珉、龍駒，爪牙如奉叔，鸞皆得擅行誅殺，鬱林曾無可如何。則所云『數諫不從』，亦《齊史》事後追書，爲明帝塞責。而一切失德、鄙褻之事，未必非欲加之罪也。

先是，杜文謙説綦毋珍之，使密報周奉叔，使萬靈會等殺蕭諶，奪其兵，即勒兵入尚書斬鸞。珍之不能用。及鸞殺奉叔，并收珍之、文謙，殺之。

文謙爲珍之謀，亦有方略。使用其計，鸞亦危矣。但諶久典宿衛，其兵殊未易奪。即使誅鸞，而珍之貪鄙庸劣，卒亦致亂耳。

魏主如洛陽西宫，韓顯宗上言：『州郡貢察秀孝，有名無實，朝廷但檢其門望，不復彈坐。夫門望乃其祖父遺烈，亦何益於皇家？』

顯宗所陳諸事，皆金玉之論也。其論秀孝不應專檢門望，尤切中時弊。但魏文習見魏晋九品中正之法，思相仿效，乃至定八族、標四姓，易諸王之妻，則顯宗之論，烏足動其聽哉！

又曰：『刑罰在於明當，不在於重。苟不失有罪，雖捶撻之薄，莫敢犯；若容可僥幸，雖參夷之嚴，不足懲。』

當罪則雖輕莫犯，倖免則雖重莫懲，足爲千古用刑金鑒。

又曰：『昔周居洛邑，猶存宗周；漢遷東都，京兆置尹。代京，宗廟山陵所托，今便同之郡國，臣竊不安。宜建畿置尹，一如故事。』

代都建畿置尹，此論千古不易。魏文未見施行，其意以洛陽爲重、代都爲輕。顯示於衆，以絶北人戀舊之思耳。

又曰：『君人者不可有所私。在朝諸貴，受禄不輕；比來賜賚，動以千計。若分賜鰥寡孤獨，所濟實多；

今直以與親近之臣，非「周急不繼富」之謂也。』

觀顯宗此奏，則永明五年，魏之民春夏出關就食，而冬間大出器幣，頒賚群臣，可知其措置之謬。

魏主使群臣更論遷都利害。穆羆曰：『今四方未定，未宜遷都。』于果曰：『自先帝久居於此，百姓安之；一旦南遷，衆情不樂。』

二臣之言，皆至論也。魏之鄰敵，南有江左，北有柔然。定都於代，則南阻洪河，可以杜江左之窺伺；北連大漠，不難制柔然之馳突。若遷洛則南接唐、鄧，既失之淺露；北阻關塞，又苦於懸隔。此羆之所云『未宜』者，以國勢言之也。王業所基，既未可輕；弃民情所戀，又未可驟奪，果言尤爲切中事理。而不足動主聽者，彼方欲宅中端拱，以希踪古帝王，固非一切無甚高論所能入其耳也。

魏遣盧昶、王清石來聘。魏主謂清石曰：『使人以和爲貴，勿迭相矜誇，見於辭色，失將命之體。』

敵國使臣往往誇己訾人，互相矜勝，以爲將命不辱。實則國之强弱，全不繫乎此。魏文以戒清石，亦以甫遷於洛，不欲挑釁於齊也。

西昌侯鸞謀廢帝，使蕭諶先入宫，殺曹道剛、朱隆之、徐僧亮。鸞引兵入，王晏等隨其後。帝在壽昌殿，拔劍自刺，不入。輿接出延德殿。行至西弄，弑之。

入宫弑帝，皆諶爲之，以其素爲宿衛將士所服，故鸞使之也。

新安王即皇帝位，時年十五，以鸞爲宣城郡公，進爵爲王。鸞謀繼大統，多引名士與參籌策。侍中謝朏心不願，乃求出爲吴興太守。至郡，致酒數斛，遺其弟吏部尚書瀹，爲書曰：『可力飲此，勿豫人事！』

朏於齊高禪代之際，引身事外，坐廢於家，可以已矣，乃復躋位侍中；既坐視鬱林之弑而不爲同异。至是宣城謀篡，始脱身爲外吏，而處弟以醉鄉，亦可云巧於避禍者矣。温公譏之，宜哉！

宣城王鸞殺桂陽王鑠等，又遣茹法亮殺巴陵王子倫，典籤華伯茂執鴆逼之，子倫曰：『先朝昔滅劉氏，今日之事，理數固然。』

天道好還，史書子倫之言，一何可畏！

皇太后令曰：『嗣主早嬰尩疾，弗克負荷。宣城王胤體宣皇，鐘慈太祖，宜入承寶命。帝可降封海陵王。』以宣城王爲太祖第三子，即皇帝位。

是時宗王略有才諝聞望者誅鋤殆盡，故假太后一令，即攘取大位，易於反手。

帝與群臣(晏)[宴會]，命功臣上酒。王晏等興席，謝瀹獨不起，曰：『陛下受命，應天順人；王晏妄叨天功以爲己力！』帝大笑，解之。

瀹雖斥晏，而謂帝應天順人，則諛而非直，又不及朏之對太祖矣。

魏主欲自將入寇，任城王澄曰：『今代都新遷之民，有戀本之心，扶老携幼，始就洛邑，居無一椽，食無甔石。

而驅之使擐甲執兵，泣當白刃，殆非歌舞之師也。』

洛邑新遷，遽興大衆，驅戀本之民，爲問罪之師，遠衆獨斷，有類苻堅，無功而歸，亦云幸矣。揣魏文之意，正以密邇淮甸，恐齊人乘其不定，出師擾之，故爲先發制人之計，外示有餘，勝則進而拓境，不勝則振旅而歸，俾齊人震懾而不敢動。蓋其胸中早有成算，故任城言雖切至，亦不足回其聽也。

魏主濟淮，至壽陽，遣使呼城中人，崔慶遠出應之。慶遠問師故，魏主曰：『固當有故！卿欲我斥言之乎，欲我含垢依違乎？』慶遠曰：『未承來命，無所含垢。』魏主曰：『齊主何故廢立？』（二年）

以萬乘之主，親將三十萬衆，伐篡弑之國，不能聲罪致討，乃先爲依違吞吐之辭，其氣已餒。是以一聞慶遠强辨，輒即語塞。自古未有理直而辭窮者，有之，則魏文之今日是已。

魏主曰：『卿主若不忘忠義，何以不立近親？』慶遠曰：『霍光舍武帝近親而立宣帝，惟其賢也。主上正可比宣帝，安得比霍光！』

以齊明比漢宣，謬之謬者也。勿論漢宣爲武帝嫡曾孫，非齊明之宗室弟支可比；且漢宣之立，霍光立之，非自立也。昌邑之廢，亦霍光廢之，非漢宣廢之也。如果漢之昌邑亦如齊之海陵，漢宣以旁支而相昌邑，亦如齊明之相海陵，乃廢之而自立，則亦安能逭篡竊之罪乎？至以武王不立微子爲言，則擬不於倫，其謬更不待辨。

魏主發鐘離。司徒馮誕病，不能從，魏主與之泣訣。行五十里，聞誕卒。時崔慧景等軍去魏主營不過百里，魏主輕將數千人夜還鐘離，拊尸而哭。

親統六軍，方欲臨江，大敵在前，僅隔百里，忽因戚臣病歿，輒即輕騎夜還，罷軍行喪，何其不知緩急！

魏主欲築城置戍於淮南，陸叡上表，以爲：『遷鼎草創，庶事甫爾。兵徭并舉，聖王所難。今介胄之士，外攻寇仇，羸弱之夫，内勤土木，驅弊卒，討堅城，何以取勝！』

高閭第言置戍淮南無益耳，叡乃就中外困敝之狀痛切言之。魏文至此應亦自悔兵徭并舉未免失策。故聞張欣泰兩願罷兵之説而返旆也。

魏太師馮熙卒於平城。平陽公丕不樂南遷，與陸叡表請魏主還臨熙葬。帝曰：『安有天子遠奔舅喪者乎！今經始洛邑，豈宜妄相誘引？』

三馮等戚也。昔在軍中既因誕卒而罷臨江之行；今在平時，何妨因熙卒而返平城之駕？丕、叡之請，亦非無因。

魏主之在鍾離，仇池鎮都大將拓跋英請以州兵擊漢中，屢破梁州刺史蕭懿軍，進逼南鄭。懿嬰城自守，圍城數十日，會魏主召兵還，英全軍還仇池。

淮南置戍，高閭以爲不可，正以孤城必難獨守也。英即攻下南鄭，詎能守乎？如英者，謂之力戰則可，謂之知兵則未也。

魏主欲變北俗，詔斷諸北語，一從正音，違者免所居官。

魏遷都洛陽，遲數十年，土音自變，將至求其北語而不可得，孟子所云『莊越數年，楚語變齊』者也。魏文乃亟亟焉斷北語、從正音，至設爲厲禁以防之，亦闇於事理已。李冲之言，至言也。自古帝王建都，不一其方，安能盡變其方言如出一口乎！

魏主謂群臣曰：『國家從來有一事可嘆：臣下不肯公言得失是也。人君患不納諫，人臣患不盡忠。』

魏文雖以納諫自期，然性極偏執，一往莫回，如遷都、南伐，群臣何嘗不極言匡救，帝皆峻拒而痛折之，動云『卿罪宜大辟』，何其氣盛而言厲也。故雖有此諭，群臣不從其令而從其好，此後即改國姓、易弟妻，亦無一人出而争之矣。

魏主下詔，以爲北人謂土爲拓，謂后爲拔，魏之先出於黄帝，以土德王，故爲拓跋氏。夫土者黄中之色，萬物之元也。宜改姓元氏，諸功臣姓或重復，皆改之。（三年）

將欲用夏變夷，因而制禮作樂，以自文飾可也，無端更改國姓，并大改群臣之姓，乃更姓改物之兆，不祥莫大焉。拓跋氏自此衰矣。

魏主下詔，爲六弟咸陽王禧等聘李輔等之女爲室，前有所納，可爲妾媵。

爲弟聘室，專取著姓可也。乃至前所納者，皆爲妾媵，亦太甚矣。且諸王前之所納，大抵先帝先后之所命也。一旦以妻爲妾，而更爲娶妻，是亦不可以已乎！

衆議以薛氏爲河東華族，魏主曰：『薛氏蜀也，豈可入郡姓？』薛宗起曰：『臣之先人漢末仕蜀，二世復歸河東。陛下黄帝之胤，受封北土，豈亦謂之胡邪？』

即使出自黄帝，而世居北荒，不得不謂之胡。亦猶匈奴出自夏後，史有明文，安得不謂之胡？胡亦何害？東夷、西夷，詎有損於舜、文乎？

魏主與群臣論選調，李冲曰：『何爲專取門品，不拔才能？』帝曰：『君子之門，即使無當世之用，要自德行純篤。朕故用之。』李彪曰：『不審魯之三卿，孰若四科？』

若謂『君子之門德行純篤』，則朱均堯舜之子，何以不肖？且魏之先世起自北荒，勿論出於黄帝之説本屬無稽，即使有之，而遥遥華胄，豈尚有不斬之澤乎？諸臣剴切言之，而不一動聽，甚矣其蔽也！

韓顯宗曰：『陛下豈可以貴襲貴、以賤襲賤？』帝曰：『必有出類拔萃者，朕亦不拘此制。』帝謂劉昶曰：『或言惟能是寄，不必拘門。清濁同流，殊爲不可。』

魏文雖動稱復古，實則所慕者中土華風耳。故亟亟以門族爲重，至自改其姓以先之。良繇習聞魏晉九品之制，因而仿效江左也。竊謂陳顯達由卒伍起家貴顯，其子弟乃以麈尾蠅拂步趨王謝，魏文雖巨細攸殊，其用意則一也。

上躬親庶務，綱目繁密。鐘嶸上言：『古者三公坐而論道，九卿作而成務。天子惟恭己南面而已。』上不懌。

帝躬親庶務，固爲不知大體；嶸言天子惟恭己南面，亦高而不切。『文王罔攸兼於庶獄庶慎』，何嘗不日昃不遑食哉！

初，魏馮太后欲其家貴重，簡馮熙二女入宫，一早卒，一得幸，有疾還家爲尼。太后殂，帝立熙少女爲皇后，其姊疾愈，復迎入宫，拜左昭儀，因譖后而廢之。

史稱太后之於魏文，初欲廢之，又欲殺之，其恩意甚薄，且鴆害顯祖，即以事秘未有所聞，而内行不正，則灼然無不共見。乃生盡其養、殁盡其哀，洵足度越恒情已。而於其身後猶必仰承其意，以馮氏女爲后，卒致穢醜孔張，幾遭毒手，又不僅『敝笱』遺譏已。

魏主以久旱，自癸未不食，至於乙酉，謂群臣曰：『朕當以身爲萬民塞咎。』是夕大雨。

因大旱而三日不食，自古無此求雨之法。如七日不雨，亦將七日不食以身殉之乎！

魏太子恂不好學，苦河南地熱，常思北歸，魏主賜之衣冠，恂私著胡服，謀與左右輕騎奔平城。元儼勒門防遏，入夜乃定。帝杖而囚之。

帝云『君子之門德行純篤』，如帝可謂君子之門矣，恂之德行安在？帝至此猶䰟䰟以門族爲重乎？

魏主南遷洛陽，所親任多中州儒士，宗室及代人往往不樂。穆泰、陸叡謀作亂，陰結樂陵王思譽等，共推陽平王頤爲主。頤密以狀聞，任城王澄討平之。

魏之戀舊者，親則太子恂，貴則平陽公丕。恂既密謀輕騎奔還，丕之弟及子則相與爲亂。此外若泰、若叡皆勛舊用事之臣，乃有據代扇誘推戴之舉。人心不附可知已，幸而不至於亂耳。

魏主謀入寇，謂公卿曰：『朕卜宅土中，綱條粗舉，惟南寇未平，朕今南征决矣。』李冲對曰：『遷都尚新，秋穀未稔，宜俟來秋。』帝曰：『若秋行不捷，諸君當盡付司寇。』

甫清北難，又欲南征。蓋既都洛陽，距齊境較近，非惟志在攘奪，實亦慮及侵軼也。故曰『寇戎咫尺，异日將爲社稷之憂，朕何敢自安』，其意可知已。

初，王晏爲世祖所寵任，及上謀廢郁林王，晏即欣然推奉。上即位，晏自謂佐命新朝，事多專决。上惡之。始安王遥光曰：『晏不能爲武帝，安能爲陛下！』乃誅晏。

晏自以擁戴爲功，而帝已疑其心之不可信。即使遠權避勢，猶難自免，况不知盈滿之戒，更以形迹爲帝所猜乎！

魏太子恂既廢，頗自悔過。李彪密表恂與左右謀逆，魏主賜恂死。

彪誣恂謀逆，魏文不察，而遽賜之死，此非帝之明爲彪所蔽，彪實逆揣帝意而中其所疑也。『聽其言若忠恕之賢，校其行實佞暴之賊』，李冲之言不謬矣。

魏主引兵向襄陽，衆號百萬，至宛，夜襲其郛，克之。房伯玉嬰内城拒守，魏主使人諭降，伯玉對曰：『卑微常人，得抗天威，真可謂獲其死所！』

伯玉答辭甚正，而意甚卑遜，與臧質之詬道武者迥殊，所以力窮卒甘面縛也。

魏主至新野，太守劉思忌拒守。魏軍築長圍守之，使人諭降。思忌對曰：『城中兵食猶多，未暇從汝小虜語也。』

思忌答語無多，與房伯玉卑亢迥异。未幾伯玉出降，而思忌殉節。

上欲盡除高、武之族，以問始安王遥光。遥光曰：『當以次施行。』遥光每入内，與上屏人久語畢，上索香火，嗚咽流涕，明日必有所誅。

屏人久語，謀誅高、武之族也；索香火而嗚咽流涕，殆以不得不相圖之故告諸祖宗，而亦有不能恝然於中者乎！帝雖猜忌，未必無不忍之心，所以枉殺諸王者，遥光導之也。

魏王肅攻義陽，裴叔業將兵五萬圍渦陽以救義陽。魏孟表守渦陽。叔業積所殺魏人，高五丈，以示城内；又擊魏廣陵王羽及傅永、劉藻，大破之。

齊諸將，惟叔業差强人意。而卒致潰敗者，力足挫魏之偏將，而不足抗其大軍也。

王敬則自以高武舊將，心不自安。上遣其子仲雄入東安慰之。仲雄於御前鼓琴，作《懊儂歌》曰：『常歎薄情儂，郎今果行許。』又曰：『君行不净心，那得惡人題。』上愈猜愧。

陳顯達之子，不許其捉麈尾蠅拂；敬則之子，乃善琴能歌，一變拔刀跳躍之家風矣。

上以張瓌爲平東將軍、吴郡太守，王敬則曰：『東今有誰？欲平我耳。東亦何易可平？』敬則子幼隆以情告其女婿謝脁，脁馳啓以聞。

脁此時若不啓聞，難免事後連坐。且敬則謀逆，安可與之同乎？此不得議脁之薄情也。

敬則舉兵反，以奉南康侯子恪爲名。子恪亡走，未知所在。始安王遥光勸上盡誅高武子孫，於是悉召諸王侯入宫，須三更當盡殺之。子恪徒跣自歸。上曰：『遥光幾誤人事！』乃賜王侯供饌，明日悉遣還第。

是時諸王侯不死，其間不能容髮；卒得免者，蓋有定命存焉。然亦可見帝非必欲盡去高武子孫矣。

敬則兵敗，爲崔恭祖所殺。上賞謝脁之功，遷尚書吏部郎。脁上表三讓，不許。

即脁之三讓遷官，知其告妻父出於不得已。

上殂於正福殿。魏主之入寇也，遣使發高車兵。高車北叛，遣宇文福討之，大敗而還。更遣高陽王繼討之。魏主聞高宗殂，下詔稱『禮不伐喪』，引兵還。

魏主此時，進則有漢沔之阻，退則虞高車之叛，師老力竭，故藉不伐喪爲名而退耳。觀於甫退即下詔北伐，其意可知。

東昏侯（諱寶卷，字智藏，明帝第二子，在位二年）

魏主至洛陽，謂任城王澄曰：『朕離京以來，舊俗少變不？』對曰：『聖化日新。』帝曰：『朕見婦人猶戴帽

著小襖。』對曰：『著者少，不著者多。』帝曰：『此何言也！』（永元元年）

魏文禁胡服，并婦女亦禁之。是時男子均已易服，而婦人猶有著舊服者，此未能驟改者也。著者少，不著者多，固以漸而變矣，何必持之過急？

魏御史臺令史龍文觀告太子恂被收之日有手書自理，李彪不以聞；尚書表收彪赴洛陽。帝以彪爲必不然，以牛車散載詣都。會赦得免。

彪誣恂謀逆以致被收，則手書自理不以聞，事必有之。龍文之告非妄也。彪之倖免，乃天網之一漏。

魏主連年在外，馮后私於宦者高菩薩。

菩薩宦者，應是閹人，后何取而私之？將如後世所云『對食』者邪？或閹割未盡，猶能爲人道邪？抑托名宦者，實非閹人邪？

彭城公主詣懸瓠，具道后所爲。帝還洛，收菩薩等，按問具伏。召彭城王勰等入，帝曰：『此嫗欲手刃吾脅，吾以太后家女不能廢，虛置宫中，庶能自死。』

瑶光寺之練行尼，獨非后邪？獨非太后家女邪？彼無罪而可廢，此有罪而不能廢，何也？馮氏之嫗，其種不良，手刃帝脅之逆謀，非猶是鴆害顯祖之毒計乎？蓋其意中先有臨朝稱制之大欲，故幸帝之速死，挾幼主以自恣耳。

初，馮熙爲文明太后之兄，有三女，二爲皇后，一爲左昭儀。由是馮氏貴寵冠群臣，熙爲太保，其子誕爲司徒。及誕、熙繼卒，幽后尋廢，馮氏遂衰。

馮氏在魏，無大功德，其貴由於女寵。但太后險狠淫縱，既鴆害魏帝，又私幸諸臣，及身不敗，亦云幸矣。誕、熙富貴令終，修之不肖，亦獲保首領。方之吕、武，未爲不幸也。

自魏主有疾，彭城王勰常居中侍醫藥，晝夜不離左右。以勰爲使持節、都督中外諸軍事。勰辭，魏主曰：『吾病如此，深慮不濟。安六軍、保社稷，舍汝而誰？』

魏文春秋方盛，而病久不支，乃猶力疾親征；侍疾治軍，專恃一彭城王，亦云危矣。與苻堅之南伐，其氣勢相去胡可以道里計？乃謝玄奏捷於淝水，陳顯達敗績於均西，有幸有不幸耳。

魏主疾甚，北還，至穀塘原，謂司徒勰曰：『中宫久乖於陰德。吾死之後，可賜自盡，葬以后禮，庶免馮門之醜。』

馮門之醜，文明太后已甚彰灼，况幽后乎！賜盡厚葬，安能掩天下之耳目哉！

又謂勰曰：『嗣子幼弱，社稷所倚，惟在於汝。』勰泣曰：『昔周公大聖，成王至明，猶不免疑，而况臣乎？如此，則陛下愛臣，更爲未盡始終之美。』

勰蓋有見於太子之未免疑忌，故力辭顧托，以爲遠權保身之計，亦可謂既明且哲矣。然而定命所在，亦何可逃！

魏主殂於穀塘原。高祖友愛諸弟，始終無間。嘗謂咸陽王禧等曰：『我後子孫邂逅不肖，汝等可輔則輔之，不可輔則取之，勿爲他人有也。』

胡身之以爲，禧本驕貪，而以此語之，是啓其奸心，固已。竊謂此蜀先主托孤以語諸葛丞相者。若平時不審其人，而遽以此語語之，尤爲失言。禧，一庸奴耳，安知大計！

魏高祖常謂史官曰：『時事不可以不直書。人君威福在己，若史不書其惡，何所畏忌邪！』

時事直書，魏文雖有此諭，然自崔浩受誅，史官孰不爲家族計邪？況帝自謂跨越前代，諸臣將順不暇，何敢書其惡哉！

魏太子恪至魯陽，遇梓宫，乃發哀即位。彭城王勰跪地授遺敕數紙。東宫官屬多疑勰有异志，密防之。勰推誠盡禮，卒無間隙。

東宫官屬疑勰，必太子先疑之也。勰之力辭輔政，有以也夫！

魏以彭城王勰爲定州刺史，任城王澄爲雍州刺史，追尊皇妣高氏爲文昭皇后，封后兄肇爲平原公，肇弟顯爲澄城公，數日間，富貴赫奕。

勰、澄出外，禧等居中，高肇驟貴，魏始兆亂矣。

帝嬉戲無度，親信宦官及左右御刀、應敕等。江祏與弟祀謀廢帝、立始安王遥光，以謀告謝朓。朓以告太子右衛率左興盛，興盛不敢發。遥光乃收謝朓付廷尉，遂死獄中。

朓於王敬則謀逆，則告之；於江祏等謀廢立，則又告之，均未足爲訾。叛逆、廢立，皆國家大變，臣子所不忍聞者。知而不告，則罪與之同；告之而爲其所害，未爲不得其死也。朓之死，勝於謝靈運，范蔚宗更未可并論。而胡身之以行險僥倖譏之，不亦昧於義乎！

帝既誅二江，慮遥光不自安，欲遷爲司徒，使還第，召入諭旨。遥光恐見殺，召劉渢等謀舉兵，垣曆生説遥光帥城内兵夜攻臺，遥光不敢出。

遥光若從曆生之計，則臺中倉卒不及備禦，未必無成，然亦卒歸於敗而已。蓋遥光雖陰狠，而内則恇怯，渢等亦非有應變之才也。

遥光死二十餘日，茹法珍等譖劉暄有异志。帝曰：『暄是我舅，豈應有此？』徐世標曰：『明帝乃武帝同堂，恩遇如此，猶滅武帝之後；舅焉可信邪！』遂殺暄。

遥光欲爲明帝者也；世標勸東昏殺舅，亦援明帝爲説。而明帝之戒其子，更以事在人後，取鑒隆昌。由是東昏果於誅殺，遂致人心瓦裂，祚移他族。貽謀不臧，可勝慨哉！

帝召徐孝嗣、沈文季、沈昭略入華林園，使茹法珍賜以藥酒。昭略怒駡孝嗣曰：『廢昏立明，古今令典；宰相無才，致有今日！』以甌擲其面。

『廢昏立明，古今令典』，此不學之言也。自古以臣廢君，始於伊尹，然既廢之，尋復之，未嘗别有所立。其廢君更立，得以令名終者，惟霍光耳，不旋踵而妻子爲戮，則以震主之威難以善其後也。孟子論伊尹曰：『有伊尹之志則可，否則篡也。』迨與齊王論貴戚之卿，乃有易位之説，仍應以有無伊尹之志爲斷。魏晋而降，假伊霍之名以濟其私者，可勝誅哉！

豫州刺史裴叔業降魏，尋卒。遣崔慧景將水軍討壽陽，慧景召衆軍主曰：『幼主昏狂，朝廷壞亂，欲與諸君共建大功。』衆皆回應。於是還軍向廣陵。

是時高武舊將，素有威望者，惟陳顯達及叔業、慧景耳。顯達既以反誅，叔業又以壽陽外叛，慧景受命往討，即稱兵向闕。齊之爪牙俱已離心，東昏豈能久乎！

崔慧景向建康，敗臺軍於竹里，斬張佛護。左興盛望風退走。東府、石頭、白下、新亭諸城皆潰。慧景性好談義，兼好佛理，頓法輪寺，對客高談。

此何時，輒對客高談邪？慧景宿將，乃不知緩急至此！緣恃勝而驕，以爲功在漏刻，不復以攻城爲意也。

時豫州刺史蕭懿將兵在小峴，帝遣使召之。懿帥數千人自采石濟江，大破崔覺於秦淮南岸，崔恭祖降。慧景潛去，欲北渡江，至蟹浦，爲漁人所斬。

張佛護、左興盛雖乏將帥之略，尚爲東昏力戰拒敵。既已先後授首，則所與共守臺城者，惟茹法珍、梅蟲兒及刀敕輩耳。使非小峴援軍渡江破賊，危城尚可保乎？

初，慧景欲求處士何點，點不顧。及圍臺城，逼召點赴其軍，終日談義，不及軍事。慧景敗，帝欲殺點，蕭暢謂茹法珍曰：『點若不誘賊共講，未易可量。』帝乃止。

何胤免於王敬則之劫，點赴慧景，卒以談義得全。『肥遯無不利』，一何有焉。

茹法珍、梅蟲兒用事。帝呼所幸潘貴妃父寶慶及法珍爲『阿丈』，蟲兒及俞靈韻爲『阿兄』。帝與法珍等俱詣寶慶家，躬自汲水，助厨人作膳。

是時潘妃擅寵，法珍等皆倚妃以蠱東昏，故相與致殷勤於寶慶。王茂論潘妃云：『亡齊者此物』，蓋不誣也。尤物移人，可不戒哉！

蕭懿之入援也，蕭衍使虞安福説懿：「滅賊之後，勒兵入宫，行伊霍故事。」懿不從。崔慧景死，懿爲尚書令，或勸懿，因帝出，舉兵廢之，懿不聽。茹法珍等憚懿，譖之於帝，乃賜懿藥於省中。懿且死，曰：『家弟在雍，深爲朝廷憂之。』

懿在朝，衍之謀或可暫寢也。以懿之忠勳而猶不免，中外諸臣誰不離心？况衍之磨礪以須，非一朝夕乎！

蕭衍聞懿死，夜召張弘策等入宅定議。集僚佐謂曰：『昏主暴虐，惡逾於紂，當與卿等共除之！』是日，建牙集衆，得甲士萬餘人。

不爲兄懿發哀，不以誅茹、梅爲名，不援廢昏立明爲説，而自比於武王之伐紂，蓋當舉兵之時，胸中早有成算。

南康王寶融爲荆州刺史，蕭穎胄行府州事。衍以書説穎胄舉事。穎胄以寶融教，以衍爲使持節、都督前鋒諸軍事。

荆、雍合從，則上游勢重，而衍無復掣肘之憂。

穎胄遣使言年月未利，當須明年二月進兵。衍曰：『舉事之初，所藉者一時驍鋭之心；若頓兵十旬，必生悔吝。且武王伐紂，行逆太歲，豈復待年月乎！』

穎胄庸人耳。業已斬劉山陽，纂嚴起兵，頓成騎虎之勢，而猶拘於年月小數、遲留不發乎！使非衍贊其決，必致敗矣。

曹景宗説衍迎南康王都襄陽，先正位號，然後進軍。衍不從。張弘策亦以爲言，衍曰：『若大事不捷，蘭艾同焚；若其克捷，則威震四海，豈碌碌受人處分者邪！』

衍舉事之初，既不復托於趙鞅之清君側、霍光之廢昏主已，至此景宗又以魏武挾天子令諸侯之策幹之，恐异日爲穎胄所制耳。而衍不從者，非徒以穎胄爲不足慮也，蓋國所恃以立者人心也，自古奸雄窺伺人國，往往視此以决取捨。魏武所以擁戴漢帝而自比周文王者，以人心尚思漢也。齊立國日淺，本無深仁厚澤，明帝篡立，粃政尤多，東昏繼之，暴逾桀紂，人心去之久矣。衍見及此，故不復以寶融措意。後雖虛崇位號，迨攻下臺城，不俟其至，而輒受禪也。

和皇帝（諱寶融，字智昭，明帝第八子，在位一年）

蕭衍發襄陽，留弟偉總府州事、憺守壘城。（中興元年）

既有郡城，又於附城築壘，使兩弟分任，以爲犄角之勢，紓後顧之虞。

魏咸陽王禧爲上相，驕奢貪淫，不親政務，魏主頗惡之。北海王詳以禧過惡白帝，且言彭城王勰大得人情，不宜久輔政。詔勰以王歸第，禧進位太保，詳爲大將軍、録尚書事。

禧專恣，退之可也，乃猶進位太保；以勰之賢，爲詳所譖，遽解官歸第，曾禧之不若乎！詳之貪縱，何异於禧，而付之政柄。魏自此紊矣。

魏主引見群臣，告以親政之意。以咸陽王禧領太尉，廣陵王羽爲司徒。引羽入内，面授之。羽固辭，曰：『彥和（勰字）新去此官，以臣代之，必招物議。』乃以爲司空。

禧仍領太尉，羽晋位司空，而勰不復委任，則以人心所歸，尤爲魏主所忌也。以羽之爲人，而命爲上相乎！

南康王即皇帝位於江陵。加蕭衍征東大將軍、都督征討諸軍事，加黄鉞。

南康即位，而蕭穎胄不能居中制衍，如曹操之於袁紹也。遽加黄鉞，已兆禪代之漸。

魏廣陵王羽通於員外郎馮俊興妻。夜往，爲俊興所擊而匿之，尋卒。

此魏主面授司徒，因其固讓，改授司空者也。三公之任，乃以寄猥側其間乎！

魏主既親政，嬖幸擅權，左右言欲誅咸陽王禧。禧懼，謀反。會帝出獵，禧與其黨欲發兵襲帝，猶豫不決。楊集始告之于烈，遣叔孫侯收禧，賜死。

魏文曾語禧曰：『朕子邂逅不肖，可輔則輔之，不可輔則取之。』魏主親政以來，忠賢屏斥，嬖幸弄權，可謂不肖矣。禧此舉，其亦托於遺詔邪？乃先則狐疑不決，繼則束手待擒，觀其舉措，與不辨菽麥者相去無幾。癡人作賊，適足殺其軀而已。

蕭穎胄等議欲請救於魏，蕭衍不可。

是時東昏遣陳伯之西擊荆、雍，蕭穎達等進逼郢城欲攻之，蕭衍不許。東昏又遣吴子陽等十三軍救郢，穎胄等見臺軍大集，故爲北面請救之議。不知衍所以并軍漢口者，正欲厚積衆力，爲扼吭之計。以其地上通荆、雍，糧運易達，并可以控引秦、梁，結連數州也。若留兵以拒臺軍，又遣兵以攻郢城，兵分則力單，倘咽喉爲敵所據，糧援中絶，頓成瓦解之勢，即得郢亦不能守，何論西陽、武昌乎！此衍之洞悉兵機也。觀後元英諸臣勸魏主乘齊亂以取襄漢，則知此時請救，適足召寇而自賊耳。

吴子陽進軍加湖，去郢三十里。舉烽，城内亦舉火應之；而内外各自保，不能相救。會房僧寄病卒，衆推張樂祖代守魯山。

是時盡力分守郢、魯二城以抗荆雍者，張冲與僧寄耳。冲卒而僧寄繼之。蓋亦天厭東昏，剪其爪牙乎！

東昏侯作芳樂苑，於苑中立市，使宫人、宦者共爲(裨)[稗]販，以潘妃爲市令，自爲市録事，小有得失，妃則予杖。乃飭虎賁，不得進大荆、實中荻。

妃杖東昏，聊爲戲耳。即有大荆實荻，何所用之？故飭虎賁進其小且輕者，殆亦蒲鞭示辱之意歟！

左右朱光尚詐云見鬼。東昏入樂游苑，人馬忽驚，以問光尚，對曰：『先帝大嗔，不許數出。』東昏大怒，乃縛菰爲高宗形，北向斬之，懸首苑門。

潘妃之杖，受之甘心；先帝之嗔，斬菰懸首。東昏之昏，乃至是乎！竊謂土木之靡麗、巷陌之屏除，固有目所共睹；若此類宫禁事秘，未必非故甚其罪也。

孫樂祖窘迫，以魯山降。程茂、薛元嗣以郢城降。蕭衍命衆軍即日上道，緣江至建康，凡磯浦村落、軍與宿頓處所，張弘策逆爲圖畫，如在目中。

衍之所以頓兵夏口者，不惟憚加湖諸軍之扼其前，并慮郢、魯二城之掎其後也。加湖既潰，二城亦降，固將乘勝揚帆、順流莫禦矣。

魏王肅卒。肅以父死非命，四年不除喪。高祖曰：『三年之喪，賢者不敢過。』肅猶素服，不聽樂終身。

肅之北奔，雖有虧臣節，然卒能食仇人肉，終身不弛心喪，忠不足而孝則庶幾焉。

崔慧景之死也，少子偃潛逃得免。及西臺建，以偃爲寧朔將軍。偃上書申理其父，詔報曰：『具知卿惋切之懷，今當顯加贈謚。』偃尋下獄死。

偃一書、一疏，至爲沈痛，且亦中理。乃西臺既奉温詔，慧景未荷褒恤，而偃轉填牢户者，則以平慧景乃蕭懿之功，衍不肯追貰其罪，穎胄固不能與衍争也。

衍至尋陽，陳伯之束甲請罪。魯休烈等破劉孝慶等於峽口，進至上明，江陵大震。穎胄懼，馳告衍，令遣楊公則還救根本。衍不從。

尋陽既下，亟應直指建康。兵勢至此，有進無退。故雖江陵告急，而公則之軍不可遣之西還，恐無及於江陵，而諸軍聞之，未免摇心而挫鋭也。然亦預度休烈烏合之衆，雖一戰幸勝，不足爲江陵患，故出此耳。豈真不顧其後哉！

衍至新林，命諸將大破李居士、王珍國等軍，徐元瑜等皆降。衍鎮石頭，東昏驅逼士民悉入宫城，閉門自守。衍命諸軍築長圍守之。

以獨夫坐困孤城，豈能久乎！

蕭穎胄卒，於是衆望盡歸於衍。夏侯詳請與衍弟憺共參軍國，詔以詳爲尚書右僕射，尋除荆州刺史。詳固讓於憺，乃以憺行荆州府州(軍)[事]。

穎胄在江陵，雖不足制衍，而挾和帝以令於衆，固衍之所忌也。穎胄卒而衍之權愈重矣，況憺又握西臺之樞要哉！

魏征南將軍元英上書，請『帥步騎三萬，直指沔陰，據襄陽，斷黑水。昏虐君臣，自相魚肉，我居上流，長驅南出，進拔江陵，則三楚之地，一朝可收。』

此批亢擣虚之計也。以英之勇，若其計得遂，蕭衍不得不還而自救，而無如魏主昏庸，置之度外也。

魏源懷上言：『蕭衍内侮，寶卷孤危，廣陵、淮陰等戍皆觀望得失。斯實天啓之期，宜東西齊舉，以成席捲之勢。』魏主乃以任城王澄爲揚州刺史，既而不果。

若從元英計，則襄沔立危；若用懷策，則江淮并震。若魏文當此，必當躬帥六師，濟淮南邁矣。乃欲用任城經略而中止，則魏主之庸而梁武之幸也。

臺城圍久，茹法珍、梅蟲兒説東昏曰：『大臣不留意，使圍不解，當悉誅之。』王珍國、張稷懼禍，乃與張齊、錢强、豐勇之、黄泰平等共弒東昏，送其首詣石頭。

東昏以黄門刀敕爲腹心，而爲内應之豐勇之，即御刀也。進刃傷膝之黄泰平，乃宦者也。蓋因臺城日夕不保，故與珍國等合謀，爲自全之計。小人之不可信也如是哉！

蕭衍以宣德太后令，追廢涪陵王爲東昏侯。以衍爲中書監、大司馬、録尚書事、驃騎大將軍、揚州刺史，封建安郡公，依晋武陵王遵承制故事，百僚致敬。

衍初舉兵，即以武王伐紂爲説，不主廢昏立明之議，又不迎請南康王正位襄陽，挾以號令；江陵推戴之舉，皆蕭穎胄主之，衍特不爲异同而已。其意中未嘗有和帝。故一旦攻下臺城，獨夫授首，舉凡廢置興革諸大政，均以太后令行之。不用西臺之詔，以示恩威悉自己出，人心咸知信向，因之攘取大物易於探囊，皆其舉兵時之成算也。

衍圍城時，州郡皆遣使請降，吴興太守袁昂獨不受命。衍使李元履巡撫東土，敕元履曰：『袁昂，道素之門，世有忠節，天下須共容之，勿以兵威侵辱。』

『世有忠節，天下須共容之』，大哉斯言！其爲四十年太平天子，非偶然也。

馬仙琕聞臺城不守，乃悉遣城内兵出降，餘壯士數十，閉門獨守。兵入，圍之不敢近。日暮，乃投弓曰：『諸君但來見取，我義不降！』檻送石頭。衍釋之，使待袁昂至，俱入，曰：『令天下見二義士。』

雖未能始終完節，然於東昏，亦庶不負矣。六朝武臣，如仙琕何可多得！王珍國輩，使尚有人心，能不愧死無地乎！

鑒評别録卷三十一

梁紀一

高祖武皇帝（諱衍，字叔達，小字練兒，南蘭陵人，與齊同出淮陰令整，三世至順之，與齊高帝爲族弟。帝順之之子，在位四十八年）

迎宣德太后入宫，臨朝稱制，大司馬衍解承制。（天監元年）

新政皆承制以令行之矣。至此仍不奉迎和帝，乃請太后臨朝者，欲加殊禮，嫌於自尊，故假太后稱制而降詔也。

進大司馬衍都督中外諸軍事，劍履上殿，贊拜不名。衍内有受禪之志，沈約進曰：『今與古异，不可以淳風期物，苟歷數所在，雖欲謙光，亦不可得。』衍曰：『吾方思之。』約曰：『公初建牙時應思，今何所復思！』

梁武受禪之志灼然可見，聞約言而曰『吾方思之』者，非誠也。『建牙時應思，今何所思』，正以勢成騎虎，不可慕虚名而受實禍耳。豈知建牙之初，早有成算，至今日而勢更不可止矣，奚待約言而始決哉！

詔進大司馬位相國，總百揆，揚州牧，封十二郡，爲梁公，備九錫之禮。尋增封十郡，進爵爲王。

殊禮均不侯西臺之命、詔從中出者，太后臨朝稱制之效也。胡身之謂梁武暫解承制以覘人心，猶未窺見其隱。

梁公納東昏余妃，頗妨政事。范雲、王茂以爲言，梁公以余氏賚王茂，賜雲、茂錢各百萬。

甚矣，美色之移人也！梁武奸雄，當創業之初，先既欲留潘妃，兹復竟納余妃。若非茂、雲進諫，不且以女德爲累乎！茂既勸殺潘妃，復諫納余妃，爲梁武計誠得矣；迨梁武以余妃賚之，則受而不辭，亦非所以自處也，不幾類巫臣之於夏姬邪？

齊和帝東歸至姑孰，下詔禪位於梁。梁王即皇帝位於南郊。

和帝之歸，梁王迎之也，迎歸使禪位也。帝非不知之，而是時建康人心已去，荆州又爲萧憺所有帝無立足之地，故欲不歸而不得也。何以甫至姑孰，遽即下詔？梁王之意也。帝至建康而始議禪，梁王應北面而正君臣之禮，故不願也。名歸實未歸也。

奉和帝爲巴陵王。上欲以南海郡爲巴陵國，徙王居之。沈約曰：『不可慕虚名而受實禍。』上頷之，乃遣所親鄭伯禽，以生金進王。王曰：『醇酒足矣。』飲醉；伯禽折殺之。

梁武雖乘釁以取人國，而性非好殺，頗顧名義。使非約導以不仁，巴陵尚可緩死。約不以魏之待山陽公、晋之待陳留王者爲言，乃云『古今殊事』，真忍人哉！

齊南康侯子恪及弟子范入見，上從容謂曰：『我自取天下於明帝家，非取之於卿家。卿今日猶是宗室，無復懷自外之意！』子恪兄弟十六人，皆仕梁，以壽終。

觀帝之語南康兄弟，則知誅夷明帝之後，亦非其本心也。特沈約輩導之耳。子恪兄弟皆仕宦令終，較齊高之盡誅劉氏，相去遠矣。

江州刺史陳伯之有自疑之意，鄧繕等説令舉兵，伯之集僚佐謂曰：『我荷明帝厚恩，誓死以報。』即命纂嚴詔王茂帥衆討之，伯之奔魏。

首以江城迎降、反戈攻臺城者，彼何人哉！至此乃云誓死報明帝厚恩乎！

蕭寶寅伏於魏之闕下，請兵伐梁，陳伯之亦請自效。魏以寶寅爲鎮東將軍、齊王，屯東城；伯之爲平南將軍，屯陽石，俟秋冬大舉。（二年）

齊明帝諸子在南無一存者，惟寶寅以奔魏倖免耳。使明帝不立寶卷而立寶寅，齊祚或可少延。

范雲卒，衆謂沈約宜當樞管。上以約輕易，不如尚書左丞徐勉，乃以勉及右衛將軍周舍同參國政。

帝嘆約才智縱横，而實疑其心。故樞管之任，不以約代雲，而付之徐、周也。

詔征謝朏，未至。至是詣闕，以爲侍中、司徒、尚書令，禮遇優异。朏素憚煩，不省職事，衆頗失望。

朏於宋齊禪代之初，引身事外，而復仕於齊；於齊梁禪代之際，引身事外，而復仕於梁。其去也以避禍，其出也以希榮，非惟遠遜樊英，亦復近愧二何已。

魏既遷洛陽，北邊荒遠，因以饑饉，百姓困弊。魏主加源懷侍中行臺，使持節巡行北邊，賑給貧乏，考論殿最。事之得失，皆先決後聞。

魏遷都失策，至此乃灼然益見。然使文帝從韓顯宗之議，於代建畿置尹，何待饑饉困敝始遣使巡行邪！蓋當時惟恐北人戀本，故不欲留代都之名，而不虞北邊之鞭長莫及也。魏自遷洛後，諸帝不聞幸代謁祖宗陵，尤爲闕典。

吉翂父爲原鄉令，坐法當死。翂年十五，撾登聞鼓，乞代父命。上疑人教之，使廷尉嚴加誘脅，終無异辭，乃宥其父罪。丹陽尹王志欲舉充純孝。翂固拒而止。

胡身之以翂拒王志爲是，梁武不叙用翂以厲流俗爲非。竊謂帝非不知翂之可用也，蓋以既宥其父，亦可慰其孝思，彰我孝治矣。若再加旌擢，死囚有子者多，恐相率以代父爲請，既可脱父於罪，因以成己之名，非所以爲訓也。

魏詔任城王澄以『四月淮水將漲，舟行無礙，南軍得時，勿昧利以取後悔。』會大雨，淮水暴漲，澄引兵還壽陽，失亡四千餘人。（三年）

是時魏軍屢勝，即因淮漲退師，亦應預爲節度。何至狼狽而歸，失亡四千之衆乎！任城將略，即此可見一斑。

魏大旱，邢巒奏稱：『粟帛養民而安國，金玉無用而敗德。自景明之初，貢篚相繼，金玉恒有餘，國用恒不足。自今請非要須者一切不受。』魏主納之。

物少則見珍，金玉貴而民逐末矣；質輕則易携，苞苴通而官黷貨矣。此魏政所以日衰也。粟帛養民、金玉敗德，語極平而有至理。不獨有國者宜知所輕重，士大夫尤當審所取捨。

上遣馬仙琕救義陽，兵勢甚鋭。元英分命諸將設伏待之。仙琕盡鋭決戰，一日三交，皆大敗而返。蔡靈恩勢窮，以義陽降於魏。

仙琕雖三戰不勝，亦可謂不遺餘力矣。使曹景宗以大軍繼進，何難却敵解圍？而乃頓兵鑿峴，游獵自如，坐視義陽之危急而不救，詎非自恃功臣，罪不可加哉！

詔置五經博士各一人，以賀瑒、明山賓、沈峻、嚴植之各主一館，館有數百生，負笈者雲會。又選學生往會稽雲門山從何胤受業。（四年）

北魏既學業大盛，江左復負笈雲會。當南北兵争之際，而興學造士，其效如是。雖由利禄所誘，亦聖教猶未歇絶於人心也。雲門受業，殆即後世書院之權輿乎！

益州刺史鄧元起以母老乞歸，詔以西昌侯淵藻代之。魏寇晋壽，元起不救。淵藻至，元起悉取糧儲器械，以瞀還裝，淵藻恨之。又求其良馬，元起不與，淵藻恚，因醉殺之。上貶淵藻號冠軍將軍，謚元起曰忠侯。

蜀亂之由，始於元起。淵藻當亟加劾治，以肅刑章。乃因私憾而輒殺之，則以帝行法寬於宗親，淵藻有所恃也。既不能明正淵藻擅殺刺史之罪，又不能追論元起養寇致亂之罰，蓋兩失之。李延壽但以元起之死爲冤，猶一偏之論也。

魏有芝生於太極殿之西序，魏主以示崔光，光表稱：『野木生朝，野鳥入廟，古人皆以爲敗亡之象，伏願陛下側躬聳意，惟新聖道，節夜飲之樂，養方富之年。』

光借灾异以明人事，引君當道，殊有漢劉向、蔡邕遺意。

上大舉伐魏，以臨川王宏都督北討諸軍事。

以伐國大事，舉全軍授之少不更事之臨川王宏，徒以其爲貴介弟耳。帝此舉殊謬。

邢巒表上魏主，請乘勢進取蜀，魏主不從。先是，魏主以王足行益州刺史，更以羊祉代之，足不悦，輒引兵還，遂不能定蜀。久之，足自魏來奔。

元英之論南伐，巒之論取蜀，皆切中要害。使當道武、孝文之世，漢南劍外，非復南朝有矣。魏主荒嬉，高肇昏劣，固宜其坐失事機也。破蜀，王足之力；乃不以足刺州，而更用祉，即使得人，已難免足之怨叛，況祉本酷吏，又以苛刻失新民之心乎！

魏主詔王公以下直言忠諫。楊固上表以爲：宜親宗室、勤庶政，絶談虚窮微之論，簡桑門無用之費。時魏主委任高肇，疏薄宗室，好佛法，不親政事，故固言之。

魏主求言，徒文具耳。固言皆切時弊，而未見采用。

魏甄琛請弛河東鹽池之禁。邢巒奏：琛之所陳，坐談則理高，行之則事闕。（五年）

人臣言事，坐談理高、行多窒礙者，往往有之。即如弛鹽禁，與民同利，後世亦多有言之者，以爲私販不禁自絶。而不知鹽利甚厚，不歸官必歸商，徒使富民壟斷自肥，於國有損、於民無益也。即課歸場竈，亦非完策。

張惠紹等侵魏徐州，昌義之拔梁城。韋叡遣王超等攻小峴。魏出數百人陳於門外，叡曰：『必其驍勇者也。』遂進擊之。魏兵敗走，因急攻之，中宿而拔，遂至合肥。

叡之勇，有似魏之傅永，而智略過之。使當邢巒，未知孰勝負也。皆儒將之知兵而善戰者。

叡攻合肥，守將杜元倫登城督戰，中弩死，城潰，俘斬萬餘級。諸軍進至東陵，有詔班師。

是時南北兵交，南之勝北，惟合肥及鐘離之戰耳。皆叡之功多。

臨川王宏以帝弟將兵，軍容甚盛。性懦怯，部分乖方。魏詔邢巒渡淮，與中山王英合攻梁城。宏懼，召諸將議旋師。吕僧珍曰：『知難而退，不亦善乎！』魏人遺以巾幗，且歌之曰：『不畏蕭娘與吕姥，但畏合肥有韋虎。』

异哉，梁武豈不知阿六之童騃而掃境内以屬之，又佐以僧珍，豈非以國予敵？

魏中山王英至馬頭，攻拔之。城中糧儲，悉遷之歸北。議者咸曰：『魏不復南向。』上曰：『此欲進兵，爲詐計耳。』乃命修鍾離城，敕昌義之爲戰守之備。

是時洛口師潰，臨川王宏逃遁濟江，故英乘勝進拔馬頭。梁所以轉敗爲功，恃鍾離一戰耳。其預爲備者，則以帝逆料魏之必攻，而選將得義之也。

英進圍鍾離，魏主詔邢巒引兵會之。巒上表力言其不可，乃召巒還。

巒智足料敵。故於全蜀則以爲必可取，於鍾離一城則以爲不可攻。其指陳利害，洞若觀火，并以去就力争。無如魏主之昏而不悟也。後乃果如所料。

英與楊大眼等衆數十萬攻鍾離。昌義之督帥將士，隨方抗禦。上命韋叡將兵救鍾離，叡與曹景宗大破魏軍，緣淮百餘里尸相枕藉，生擒五萬人。

南軍勝北，惟鍾離一戰。謝玄淝水之捷，亦幸耳，不足并論也。

詔增景宗、叡爵邑，義之等受賞各有差。

景宗等有賞，而臨川王宏、吕僧珍不聞有罰，何也？

以臨川王宏爲驃騎將軍、開府儀同三司。

不聞失律之罰，乃有開府之命。梁之政刑安在！

魏有司奏：中山王英經算失圖，齊王蕭寶寅等守橋不固，皆處以極法。詔除名爲民，楊大眼徙營州爲兵。

魏之元英、楊大眼，皆功臣宿將，而失律之罰，輕重有差。視梁之臨川王宏、吕僧珍，猶有三尺在也。

魏皇后于氏殂，是時高貴嬪有寵而妒，高肇勢傾中外，后暴疾而殂，人皆歸咎高氏。

魏雖兵敗於外，未爲患也。蓋禍機伏於蕭墻之内已。

以吕僧珍爲領軍將軍。（七年）

蕭娘開府，吕姥領軍，韋虎僅爲太守而已。

魏京兆王愉，驕縱多不法。帝杖之五十，出爲冀州刺史。愉愧恨，高肇數譖之，愉不勝忿，詐稱肇弑逆，爲壇即皇帝位，立妾李氏爲皇后。

愉之反，肇激之也。甫經僭位，即立妾爲后，蓋因其被捶，先思有以悦之。愉庸奴耳，其志可知。

魏以李平督諸軍討愉。至經縣，夜有蠻兵數千斫平營，平堅卧不動，俄而自定。愉逆戰於城南。平奮擊，大破之。愉走入城。

胡身之以蠻兵爲平所統，欲爲内變，故平不動而自定。竊謂此蠻兵必從愉爲逆者，因斫營而平不動，故不測虛實而自退耳。高肇誣彭城王所云『南招蠻賊』，正指此也。

高肇數譖彭城王勰於魏主。勰舅潘僧固爲長樂太守，京兆王愉脅與同反。肇因誣勰『北與愉通，南招蠻賊』。魏偃、高祖珍希肇提携，構成其事。

勰不預朝政久矣，獨於高后之立而固諫者，懼肇以元舅更挾后父之尊，勢將不可制也。

魏主召勰及諸王宴。飲醉，就別所消息。俄而元珍賫毒酒至，勰曰：『吾無罪，願一見至尊。』珍曰：『至尊何可復見！』勰曰：『冤哉皇天！』乃飲毒酒，武士就殺之。

少時握蛇騎虎，蹈險如夷。今老矣，乃於飲食醉飽之餘，慘遭白刃，禍機所發，何常之有！以勰之忠節雅操，而亦不得其死，定命固不可逃邪？悠悠蒼天，謂之何哉！

京兆王愉不能守信都，携妾李氏及其四子從百餘騎突走。追執之，群臣請誅愉，魏主不許，命鎖送洛陽。行至野王，高肇密使人殺之。

愉之死誠不足惜，而高肇之横、魏主之昏，益可見已。

濟州刺史高植帥州軍擊愉有功，當封，不受，曰：『家荷重恩，爲國致死，乃其常節，何敢求賞！』植，肇之子也。

高肇之子，乃辭封爵，或亦志在幹蠱邪？平時既不能幾諫其父，而於彭城王枉死，又坐視無一言。則其讓亦僞耳。

魏郢州司馬彭珍等叛，潛引梁兵趨義陽。魏以中山王英都督南征諸軍事，將步騎三萬救之。

鐘離之敗，英已削黜，至此仍爲都督。蓋是時魏之名將，無出英右者，次則邢巒也。

魏懸瓠軍主白早生殺豫州刺史司馬悦，魏使邢巒將兵擊之。魏主問巒：『早生走也、守也？』對曰：『早生得梁之援，必守而不走。不出今年，當傳首京師。』

巒智足料敵。其用兵也，知難而退，則處女不足喻其怯；見可而進，則餓虎不足喻其猛。儒將中尤難多得。堪與韋叡伯仲。

魏郢、豫二州，自懸瓠以南至於安陸，諸城皆没。魏主命中山王英趨義陽。英以衆少，累表請兵，弗許。英至懸瓠，輒與邢巒共攻之，齊苟兒等出降，斬白早生。

英不遽進而請益兵，懲鐘離之敗也。視昔之孤軍進逼南鄭，勇怯頓殊矣。早生授首，果不出巒所料。

時有請封會稽禪國山者。上命諸儒草封禪儀，欲行之。許懋建議，極言其不可，上嘉納之，遂止。（八年）

帝欲封禪，聞正言而中止，其果識出漢光武之上歟？蓋光武信讖，帝則否；且亦自度江左偏安，未能混一文軌，既無由檢玉岱宗，固不屑下同歸命也。封禪之説，陋儒緣經飾僞以誑惑世主者也。然鄭康成、韓退之皆盛稱之，何論司馬相如乎！懋能推明正義，以匡其失，亦儒臣之錚錚者已。

魏中山王英拔武陽，又攻西關，馬仙琕弃城走。上使韋叡將兵救仙琕。叡至安陸，增築城二丈餘，更開大塹，起高樓。衆譏其怯，叡曰：『爲將當有怯時，不可專勇。』英急追仙琕，聞叡至，乃退。

叡知英欲刷耻，必致死力戰，故增陴浚塹，固守以待之，將挫其鋭以老其師。英知叡不可犯，故退。二將皆知兵，叡不怙勝而驕，英亦量力而不輕進也。

初，魏主遣董紹慰勞叛城，白早生囚送建康。上遣霍靈超謂紹曰：『今聽卿還，令卿通兩家之好，彼此息民，豈不善乎？』紹還魏言之，魏主不從。

帝厭兵，故遣紹歸，因以通好。亦如晋悼之遣鐘儀。魏主不聽者，耻邵陽之敗，不欲示弱於梁也。

時佛教盛於洛陽。沙門之外，自西域來者三千餘人。魏主别爲之立永明寺千餘間以處之。由是遠近承風，無不事佛。比及延昌，州郡共有一萬三千餘寺。

中土佛教之盛過於江南。永明寺在同泰寺之前，而同時又有嵩山閑居寺。

沈約文學高一時，而貪冒榮利，用事十餘年，政之得失，唯唯而已。自以久居端揆，有志台司，而上終不用；乃求外出，又不許。（九年）

約，文人之無行者，其一心推戴梁武，專爲攀附以取富貴，故當事則才智縱横，事成則拱默尸禄。其志固不在政之得失也。

張稷自謂功大賞薄，嘗侍宴酒酣，怨望形於辭色。上曰：『卿兄殺郡守，弟殺其君，有何名稱？』稷曰：『東昏暴虐，義師亦來伐之，豈在臣而已？』上曰：『張公可畏人。』（十年）

觀帝之重袁昂，知其薄沈約；觀其重馬仙琕，知其薄張稷。蓋一時不得不仗其力，事後則疑其心也。稷弑君之賊，得策名新朝、安享榮利，亦云幸矣。乃自謂功大賞薄，輒懷怨望。小人之貪冒無厭，固其恒情哉！

魏禁天文學。

魏之崇佛教，非也；其禁天文學，是也。天道悠遠，本難窺測，玄象垂示，有驗有不驗。學之則好言休咎，徒足搖撼人心，啓奸人之窺伺而已。此高允所以拒游雅也。

游肇言於魏主曰：『朐山僻在海隅，非我所急，於賊爲利。得朐山終難全守。聞賊欲以宿豫求易朐山，持此無用之地，復彼舊有之疆，其利爲大。』

不以朐山或漢中易宿豫，及不因董紹與梁通好，皆失策之大者。以魏此時之兵力，而欲開邊拓境乎！

上敦睦九族，優借朝士，有犯罪者，每屈法申之。百姓有罪，則按之如法。嘗因郊祀，有老人遮車駕言曰：『陛下爲法，急於庶民，緩於權貴。誠能反是，天下幸甚。』

立法自貴近始。老人之言，非徒欲帝寬於庶民，尤欲其嚴於權貴也。故曰『反是天下幸甚』。帝之意，但以老人爲逋謫之家乞恩，故其施行不及權貴，則亦僅得其半耳。

會大旱，高肇擅録囚徒。清河王懌言於魏主曰：『昔季氏旅於泰山，孔子疾之。減膳録囚，乃陛下之事，今司徒行之，豈人臣之義乎！』帝笑而不應。（十一年）

懌之言，至言也。魏主雖笑不應，尋有尚書與群司拘獄之詔，則亦心是其言，而施行之。肇田舍奴耳，其心第知顓權以苟富貴，固不可以王莽例之。然卒代拓跋氏者，高氏也。

魏立皇子詡爲太子，始不殺其母。

魏不殺太子母自胡后始，而后遂亂魏。然則不殺非歟？春秋之義：母以子貴。立其子而殺其母，是天子無母也。天下有無母之國乎！

以郭祚領太子少師。祚嘗從魏主幸東宫，懷黄觚以奉太子；時趙桃弓深爲帝所信任，祚私事之，時人謂之『桃弓僕射』『黄觚少師』。

時在魏主左右者，先有餓虎將軍、饑鷹侍中，又有桃弓僕射、黄觚少師。

初，齊伏曼容表求制一代禮樂，世祖選學士十人修《五禮》。帝即位，命何佟之總其事。佟之卒，以伏暅代之。暅，曼容之子也。至是，《五禮》成，列上之。

制禮之議，倡自曼容，事更兩代，暅乃卒業。亦父子之美也。

上有憾於張稷，與沈約語及之，約曰：『左僕射出作邊州，往事何足復論！』上怒曰：『卿言如此，是忠臣邪！』（十二年）

約不論張稷，亦因己不得台司之故。蓋弑東昏者稷，而首進禪代之謀、并決計鴆害和帝者約，正是同功一體之人，故代爲不平，而無心吐露怨言也。

約病，夢齊和帝以劍斷其舌，乃呼道士奏赤章於天，稱『禪代之事，不由己出』。上聞之大怒，中使譴責者數四。約益懼，遂卒。

妖夢固不足憑，若死者有知，和帝之深恨於約、奮劍斷舌者，非以其贊禪代之謀，正以其決鴆害之計耳。胡身之謂帝信釋氏報應之説，欲移腹心之疾而置諸股肱。竊謂赤章自明，正是歸罪於帝，故聞而大怒，非關信釋氏也。且釋氏報應之説亦未嘗云天可欺，只是借佛力得以懺悔，帝亦不聞別有禳解也。與楚昭不禳赤雲，事亦不類。

魏恒、肆二州地震、山鳴，逾年不已，民覆壓死傷甚衆。

是時崔光不聞藉灾异以進諫。蓋官高年老，氣亦漸靡矣。地震山鳴，其變兆奚止鷄雛四足、芝生殿廡之比哉！

李苗、淳于誕奔魏，共説魏主以取蜀之策。魏主信之，以高肇爲大將軍、平蜀大都督，將兵寇益州。（十三年）

肇爲司徒而去尚書，茲復將兵而遠出境外，任之乎？抑疏之乎？蓋肇因旱而擅自録囚，不臣之迹已露，故魏主有感於清河之言，而知其不可信也。寇蜀之舉，志不在平蜀也，藉以出肇而奪之權也。即使宣武延數年之命，肇亦難保其令終已。

游肇諫，以爲『今頻年水旱，百姓不宜勞役，蜀地險隘，鎮戍無隙，豈得虚承浮説而動大軍！舉不慎始，悔將何及！』魏主不從。

肇初諫朐山，再諫鬱洲，三諫伐蜀，魏主皆不聽。卒之朐山、鬱洲不出所料，伐蜀之師若非中道而反，亦必有後悔。高肇有何將略，而欲倚以平蜀哉！

魏以楊津爲華州刺史。先是，官受絹綢，尺度特長，任事因緣，共相進退，百姓苦之。津令悉依公尺，所輸少劣亦受之。於是人更相勸，官調更勝舊日。

今官收民銀，則有平色火耗；收民米，則有淋尖踢脚。當時收民絹，則有因緣進退，古今之不相遠類如是。

魏主殂於式乾殿。崔光、于忠等迎太子詡於東宫。王顯欲須明行即位禮，崔光曰：『天位不可暫曠。』顯曰：『須奏中宫。』光曰：『帝崩，太子立，國之常典，何須中宫令也！』於是光等請太子止哭，御太極殿，即皇帝位。（十四年）

是時高肇雖擅權，而遠在萬里之外，高后拱默而已。其餘親屬，亦不聞有异謀。諸臣之擁立太子，固不容緩，然亦似過於蒼黄已。未審即位後返喪次，亦釋冕仍衰絰否？此與孝文之居馮太后喪降殺懸殊。蓋止知嚴防高氏，故先請太子即位，以填服中外，而喪禮不復置議矣。

魏主稱名，爲書告哀於高肇，且召之還。肇承變憂懼，歸至瀍澗，家人迎之，不與相見，升太極殿盡哀。高陽王雍、于忠密謀，令邢豹等於舍人省下扼殺之。

肇所恃惟魏帝耳。聞喪惟有哭泣，蓋亦自知不免。然亦足見其苟貪富貴，更無他圖也。

尊胡貴嬪爲皇太妃，以高太后爲尼，徙居金墉瑶光寺。

肇死，高后何能爲？且亦無罪。所以廢者，胡太妃欲爲太后耳。是時柄政大臣，高陽、任城二王以下，皆憾肇而遷怨於高氏，更無一人爲高后援手者矣。

魏沙門法慶與李歸伯作亂，推法慶爲主。法慶以尼惠暉爲妻，以歸伯爲十住菩薩、平魔軍司，自號大乘。詔假元遥征北大將軍，悉破誅之。

沙門爲主，以尼爲妻，以其黨爲菩薩，而自爲新佛，建號大乘，一切不離釋教。但毁寺舍，斬僧尼，燒經像爲异耳。是時佛教大行，故奸髡乘之而起，仍假彼法以惑衆也。

魏郭祚、裴植皆惡于忠專横，密勸高陽王雍使出之。忠聞之，令有司誣奏植詐稱被詔，帥合部曲，欲圖于忠。雖辭不伏引，然衆證明昺，准律當死。植、祚皆賜死。

此即今所行衆證明白、即同獄成之律。植南朝叛臣，固不足論，祚黄甽少師，亦何足惜，二人足爲冒進不知止足之戒，勿徒歸咎于忠之專横也。

魏尊胡太妃爲皇太后，臨朝稱制，出于忠爲冀州刺史。以任城王澄領尚書令。澄奏：『太后父安定公胡國珍宜出入禁中，參諮大務。』詔從之。

出于忠以端揆畀任城王，此太后之能斷也。太后既臨朝聽政，則國珍之加侍中、入參大務，必不容已。且國珍非高肇可比，於時政亦無加損也。胡身之譏澄有違在得之戒，亦稍苛矣。

太后以魏主尚幼，欲代行祭事；禮官以爲不可。太后以問崔光，光引漢和熹鄧太后祭宗廟故事，太后大悦，遂攝行祭事。

和熹祭廟，遺譏後世，安可援爲故事乎？光正當指和熹之失爲太后戒。

魏論西硤石之功，崔亮進號鎮北將軍。亮與李平争功於禁中，太后以亮爲殿中尚書。（十五年）

亮違平節度，有罪不誅，以功進號，亦云幸矣。乃又喧競禁中，更叨殿中尚書之拜，所恃者崔光耳。

康絢既還，張豹子不復修淮堰。淮水暴漲，堰壞，其聲如雷，緣淮城戍村落十餘萬口皆漂入海。

淮堰之成，工費不貲，所關乎南北利害甚巨，皆絢之力也。帝不以守堰之任畀絢，反入豹子之譖，遽即召還，以致巨工失守，十餘萬軍民盡飽魚腹，豈不謬哉！

魏任城王澄以北邊鎮將，選舉彌輕，恐賊虜窺邊，山陵危迫，奏求重鎮將之選，修警備之戒。詔公卿議之。袁翻請如澄策，太后不能用。

澄之所慮良遠已，然其所以至是者，固由邊將不得其人。實則孝文舉國南遷，不顧舊都祖陵之所致也。

交州刺史李叜斬反者阮宗孝，傳首建康。

是時交州反者有阮宗孝。阮氏固州之豪族乎！自前明阮黎内訌，迄今越南遂屬阮氏。

初，魏世宗作瑶光寺，未就。是歲，胡太后又作永寧寺，皆在宫側。又作石窟寺於伊闕，皆極土木之美，而永寧尤盛。民多絶户爲沙門。

永明閉居而外，又有數大寺。塔廟像設，巨麗跨越江南。後世第知梁武之佞佛，而不知胡太后之崇飾更盛也；第知梁武之餓死，而不知胡太后之沉河更慘也。民之甘心絶户出家者，向法其名、避役其實也。弃其親實背其君，於國何利，而不嚴禁乎！

魏初，民間皆不用錢。太和十九年，始鑄太和五銖錢。遣錢工在所鼓鑄。民有欲鑄錢者，聽就官鑄。銅必精煉，無得淆雜。（十六年）

此與沈慶之初議，相似而有不同。慶之聽民自鑄而官督察之。此則官遣工分路鼓鑄，亦聽民就官爐自鑄也。

魏多竊冒軍功。盧同奏：『乞集吏部中兵二局勳簿，對勾奏案，更造兩通，一關吏部，一留兵局，以防僞巧。』任城王澄以爲止應攝其一簿研檢虛實。

軍功竊冒，何以示勸？同所請皆綜核名實之法，澄乃云『止攝一簿研檢虛實』，不知弊以互較而始出，豈一簿遂足爲據乎？此必因竊冒者多，一經徹底清厘，株連必衆。故以一簿塞責也。

詔以宗廟用牲有累冥道，宜皆以面爲之。於是朝野喧嘩，以爲宗廟去牲，乃是不復血食。

梁之去牲，乃是不復血食；魏之易拓跋爲元，乃更姓改物之兆。皆不祥之大者也。

魏詔北京士民未遷者，悉聽留居爲永業。

魏至是始停止南遷，蓋亦有見於代都根本未可輕弃。然而六鎮之亂將作矣。

魏主引見柔然使者，讓之以藩禮不備，議以漢待匈奴故事，遣使報之。張倫上表以爲不可。不從。

是時柔然國勢復張，而魏浸弱，太后女主，既乏遠圖，任城王已老，此外爪牙之臣足備折衝者，亦復無幾。以漢文待匈奴之禮約爲昆弟，羈縻伏跋，未爲失策。倫所陳，其猶未知己知彼乎？

魏胡國珍卒，贈號太上秦公，葬以殊禮。張普惠言其不可，太后不從。又爲國珍造寺，壯麗埒於永寧。尚書奏復征民綿麻之税，普惠復上疏争之。

復征棉麻，爲造寺費耳。與其先正稱尺，不若大減土木。普惠此疏，猶未爲探本之論。迨因魏主過崇佛法，郊廟之事，多委有司。上疏切諫，以爲減禄削力，近供無事之僧，崇飾雲殿，遠邀未然之報，未若收萬國之歡心以事其親，則庶幾乎諍臣矣。

臨川王宏殖貨無厭，都下有數十邸，出懸錢立券，每以田宅邸店，懸上文契，期訖，便驅券主、奪其宅。都下東土，百姓失業非一。上知之，始制懸券不得驅奪。

懸錢立券，以田宅上文契，殆亦如今之放債取利者，以田宅作保押。但既云『懸錢』，則未有實錢，徒以虚券爲奪取之計，洵不可不禁也。〔二〕

魏胡太后遣宋雲與比丘惠生如西域求佛經。任城王澄奏：『昔如來闡教，多依山林。今此僧戀著城邑，正以誘於利欲，不能自已，此内戒所不容。』

佛居山林，僧居城市，既圖布施，亦爲奸利，僧固佛之罪人也。佞佛已惑，况度僧乎！

魏太師雍等奏：『鹽池資育群生，先朝爲之禁限。及甄琛啓求弛禁，乃爲尉保光等擅自固護，語其障禁，倍於官司，取與自由，貴賤任口。請仍禁之爲便。』從之。

鹽利不歸於官榷，必歸於豪右。障禁倍嚴，貴賤任口，乃勢所必至。尉保光之事，可爲前鑒已。今山右富室，尚多尉姓，蓋其由來固已久乎？

魏張彝之子仲瑀上封事，求銓削選格，排抑武人，不使豫清品。羽林、虎賁近千人捶彝死，焚其第，投彝子始均火中，仲瑀重傷走免。胡太后收凶强八人者斬之，餘不復窮治。因令武官得依資入選。

仲瑀論選格可也，意主排抑武人，則失之偏。蓋魏自孝文改定氏族，專以門地取人。仲瑀必踵其意而更爲之法，以分别流品，固宜觸羽林、虎賁之怒也。立榜克期，約加屠害，乃魏既不禁遏，彝父子胡不據以入告，豫爲之防哉！

魏官員既少，應選者多，銓注不行。崔亮爲吏部尚書，奏爲格制，不問賢愚，專以停解日月爲斷。沉滯者皆稱其能，謂之『停年格』。

停年格，誠不足盡選舉之理，但以應選之人地殊八方，數逾千百，而欲憑尚書一人鑒别而進退之，其不能周悉可知已。若非假耳目於親故，即須分權衡於佐史，弊之所叢，亦安從塞其竇孔哉！此所以亮法一行而至今卒無以易也。

薛琡上言：『黎元之命系於長吏，若惟取年勞，不簡能否，執簿呼名，一吏足矣。何謂銓衡？』書奏，不報。其後甄琛爲禮部尚書，踵而行之。魏之選舉失人，自亮始。

選舉之得人與否，亦在行之何如耳。以魏之女主臨朝、奸閹竊柄、官因賂進、政以賄成，即不用停年格，欲其得人，亦綦難矣。亮法雖不能盡選舉之理，而可以杜請托之弊，蓋亦一時救敝之策。而琛復踵而行之，則亦有所不得已也。

魏胡太后好佛，營建諸寺，令諸州各建五級浮圖，諸王、貴人、宦官、羽林各建寺於洛陽，相高以壯麗。太后數設齋會，施僧物動以萬計，而未嘗施惠及民。

魏君臣奢侈，而其作無益害有益，尤在佞佛。太后内行不正，先犯淫戒，豈真皈依佛法哉！亦惑於因果之説，冀以邀福利耳。卒爲爾朱所沈，委身魚腹，佛果有靈乎！

魏東平王匡，以論議數爲任城王澄所奪，憤恚，復治其故棺，欲奏攻澄。澄因奏匡罪三十餘條，廷尉處以死刑。詔免死，削除官爵。未幾，復除平州刺史。

直臣彈劾，不避權貴，可言則言，何必治棺、且屢治棺哉！匡爲澄所糾，不聞有所辨白，迨免死起用，亦遂鉗口以終，則治棺第客氣耳。

魏清河王懌，美風儀，胡太后逼而幸之。元義恃寵驕恣，懌每裁之以法。義怨之，乃與劉騰密謀，誣懌欲毒魏主。騰閉永巷，太后不得出，遂殺懌。（普通元年）

義所以能害懌者，以魏主幼而可欺耳。然非與騰葉謀，閉太后於永巷，亦安能奪其所愛乎！故殺懌即幽太后也。

義詐爲太后詔，還政於帝。幽太后於北宫宣光殿，内外斷絶。帝謂義爲姨父，義與騰表里擅權，常直禁省，共裁刑賞，政無巨細，决於二人。

是時魏主年甫十二，太后雖有還政之名，實則未能親政，故義與騰得以表里爲奸也。帝之昵義，利其幽太后以政還己耳。孝文之於馮太后，幾爲所害，而事之彌謹；帝於太后，聽其幽閉，而不復省見，固由天性之薄，亦以童昏爲義所制不能自由也。

韋叡卒，時上方崇釋氏，士民無不從風而靡。獨叡自以位居大臣，不欲與俗俯仰，所行略如平日。

凡佞佛者，皆中無主而妄求福也。其蔽由於貪痴，與佛理正相反。若能淡然於名利之交，灑然於生死之際，不必事佛而自與冥契已。

魏發兵萬五千人，使楊鈞將之，送柔然可汗阿那瓌返國。張普惠上疏，力言其不可，不聽。

柔然之地，蓋即今之俄羅斯，東西萬里，横亘大漠之北，部衆遷徙靡常，非可以兵力猝定。又非可以中國之法役屬之也。阿那瓌已立爲可汗，避亂南奔，魏若留之洛陽，一匹夫耳。因其請援，而以兵送之歸國，使得撫其故地，輯其種族，長爲北藩，於計未爲失也。普惠乃云：『救累世之勍敵，資天亡之醜虜，幹時而動，不圖大計』，亦昧於安邊之遠略已。

柔然可汗婆羅門爲高車所破，帥部落詣凉州，請降於魏。余衆數萬，相帥迎阿那瓌。袁翻以爲『蠕蠕二主并宜存之，分其降民，各有攸屬。』

并存柔然二主以分其勢，兼資其力以禦高車。翻此議深得以夷制夷之策。

初，太子統之未生也，上養臨川王宏之子正德爲子。及統生，正德還本，賜爵西豐侯。怏怏不滿意，亡奔魏。

復自魏逃歸，上泣而誨之，復其封爵。

正德無故外叛，正欲爲蕭寶寅、劉昶耳。因魏待之薄，故旋即逃歸，待以不死猶可也，復其封爵，尚有國法乎！

魏使元孚勞阿那瓌於柔玄、懷荒二鎮之間，阿那瓌衆號三十萬，陰有异志，遂拘留孚。引兵而南，所過剽掠，至平城，乃聽孚還。

阿那瓌甫爾北歸，輒即擁衆入寇，其果豺狼成性、不可懷以恩邪？抑以魏之主闇臣奸，紀綱紊墜，早爲所輕，而所以撫而御之者未得其道邪？

魏蘭根説李崇曰：『昔緣邊初置諸鎮，或徵發中原强宗子弟，或國之肺腑，寄以爪牙。中年以來，有司號爲府户，役同厮養，官婚班齒，致失清流，理當憤怨。宜悉免爲民，入仕以準其舊。』崇爲之奏聞，不報。

此魏亂之由也。然必内先亂而外乘之。此時即如蘭根所議，普免府户，以慰六鎮之心，其如蕭墻之内何哉！六鎮不豫清流，蓋自南遷洛陽、分别族姓之後。則魏之亂，不得謂非孝文基之也。

元義既得志，貪吝寶賄，與奪任情。父京兆王繼與其妻子各受賂遺，請屬有司，郡縣小吏亦不得公選，牧、令、守、長率皆貪污。由是百姓困窮，人人思亂。

魏之亂源，不在外而在内。即使六鎮不亂，内地亦必亂，但發有遲速耳。觀義父子及劉騰之賂遺請屬、以官爲市，若不用停年格，吏部何以爲政？兩史乃云『選舉失人始於崔亮』，豈不謬哉！

魏沃野鎮民破六韓拔陵聚衆反，殺鎮將，改元真王，諸鎮華夷之民往往回應。

魏亂自此始矣。破六韓，北姓之未改者；拔陵，蓋府户也。

魏賈思伯爲侍講，授帝《春秋》，傾身下士。或問：『公何以能不驕？』思伯曰：『衰至便驕，何常之有！』

日中則昃，月盈則虧，四時之序，成功者退，天道然也。夫日之中、月之盈，皆驕象也；四時之成功，亦驕象也。然而曰『昃』、曰『虧』、曰『退』，不旋踵矣，詎非衰之將至乎！《易》曰『滿招損』，又曰『天道惡盈』，非滿果能招損，滿則不能不損，而盈必毁，乃天道之自然也。况於人乎！

魏以臨淮王彧都督北討諸軍事，討破六韓拔陵。高平鎮民赫連恩等反，推胡琛爲高平王以應拔陵。彧與拔陵戰於五原，兵敗，坐削除官爵。

北討之任，付之臨淮王彧，魏其無人矣乎？

魏主謂群臣曰：『去歲李崇上表，求改鎮爲州，開鎮户非冀之心，致有今日之患；欲還遣崇行，何如？』皆曰：『實符群望。』崇曰：『臣年七十，不堪軍旅，願更擇賢才。』不許。

是時魏之宿將，無出崇右者，然亦老矣。

魏自破六韓拔陵之反，二夏、豳、凉寇盗蜂起。秦州民薛珍等殺刺史李彦，推莫折大提爲帥；南秦州民張長命等殺刺史崔游，以應大提。大提尋卒，子念生自稱天子，改元天建。

是時魏西北盜賊所在蜂午，而其渠魁，則拔陵跳梁於塞北，念生盤踞於關中，均僭號改元，有割據并吞之志。至梁武乘魏之亂命將出師，則淮南北亦騷然不靖矣。

廣陽王深上言：『先朝都平城，以北邊爲重，盛簡親賢，配以高門子弟，以死防遏，當時人忻慕爲之。太和中，李冲用事，涼州土人悉免厮役；帝鄉舊門，仍防邊戍，在鎮驅使，但爲虞候、白直，一生推遷，不過軍主。』

深奏與魏蘭根同意而語加詳。據此則知，鎮户爲清途所隔，始自太和中；而邊任之輕，由於遷洛也。拓跋之業，詎非至孝文而衰乎？慕復古之名而有忘本之實，後之腐儒以其用夏變夷翕然稱之，而不知貽患於數十年後也。

李苗上書曰：『隴賊倡狂，非有素蓄，飆至風舉，逆者求萬一之功；高壁深壘，王師有全制之策。但天下久泰，人不曉兵，將無法令，士非教習，宜勒大將堅壁勿戰，别命偏裨帥精兵以襲其後。』

『飆至風舉，逆者求萬一之功；高壁深壘，王師有全制之術』，此督師剿賊者所當知也。然以北魏起自雲、代，將猛兵悍，太武、道武縱横宇内，所向無敵。曾不數十年，乃至人不曉兵、士非素習，則以孝文變俗復古，粉飾禮樂，上下習爲晏安，以至此也。後之謀國者，尚鑒兹哉！

先是，代人遷洛者，多爲選部所抑，不得仕進。及六鎮叛，元義乃用代來人爲傳詔，以慰悦之。

六鎮府户，既不預清途，代人遷洛，又不得仕進。若非辨族姓、别流品，何至於是！

南秀容牧子萬於乞真[反]，殺太僕卿陸延，酋長爾朱榮討平之。榮陰有大志，結納豪杰，於是侯景、司馬子如等皆往依之。

四方兵起，奸雄從而生心，爾朱所以奮於秀容也。

以裴邃都督北討諸軍事，伐魏。成景儁拔魏睢陵，趙景悦圍荆山，邃帥騎三千襲壽陽，克其外郭，别將擊魏淮陽。

魏方西北用兵，故乘隙命將北伐，規取淮南北故地也。

廣陽王深上言：『今六鎮盡叛，高車二部復與之同，以此疲兵擊之，必無勝理。不若選練精兵，守恒州諸要，更爲後圖。』遂與李崇引兵還平城。

此魏北征之兵也。深與崇退守平城，六鎮非復魏有，破六韓拔陵不可復制矣。

魏以京兆王繼都督西道諸軍，以討莫折念生。

既以蕭寶寅爲西道行臺大都督，復以繼爲大將軍，督諸軍西討，權任又在寶寅之上，以繼之貪昏，而膺兹重寄，非以其爲元義之父邪？用將如此，軍政可知。

周舍坐事免，朱异代掌機密。异好文義、多藝能，精力敏贍，上以是任之。

异之才品，大出徐紇之上。而卒以亂梁，則亦『可小知不可大受』之小人也。

魏徐州刺史元法僧殺行臺高諒，改元天啓。魏發兵擊之。法僧遣其子景仲來降，上使朱异撫法僧。以元略爲大都督，與陳慶之等將兵迎接。（六年）

彭城南北襟喉，必争之地，法僧來降，故先遣親臣撫之。又擢魏降王爲大都督統兵迎接，欲因之以經營齊魯也。

蕭寶寅、崔延伯大破折莫念生於黑水，進破宛川，俘其民爲奴婢。魏蘭根曰：『此縣介於强寇，不能自立，故附從以救死。宜矜而撫之，奈何翦以爲賤役乎？』

蘭根之言是也。官軍不能殺賊衛民，反責被脅之民爲從逆，不惟無損於賊，適足堅其從逆之心，則是驅民爲賊而已。

裴邃拔鄭城，汝、潁之間，所在響應。魏河間王琛等至壽陽，引兵五萬擊邃。邃進戰，大破之。斬首萬餘級，琛走入城，閉門不出。

此魏救壽陽之師，一戰而敗矣。

魏安樂王鑒將兵討元法僧，擊元略於彭城南。略大敗，走入城。鑒不設備，法僧出擊，大破之。鑒單騎奔歸。

鑒所破者，略所將應接之梁軍耳；彭城之兵，固未挫也。恃勝弛備，故法僧背城一戰，而鑒僅以身免。

是時魏諸軍相繼潰敗，惟蕭寶寅西征有黑水之捷，所恃崔延伯耳。

魏劉騰既卒，胡太后及魏主左右防衛微緩，元義亦時出游，流連不返。帝遂與太后密謀黜義，先解其領軍。

義雖幽太后，而密爲防衛則騰實主之。故騰死而漸緩，帝與太后不復隔絶也。義志得意滿，故宴樂流連，不復爲慮。蓋其人一紈絝惡少年耳。

命豫章王綜權頓彭城，總督諸軍，并攝徐州府事。召元法僧、元略還建康。

彭城竟爲梁所有矣。惜守之者非其人耳。

柔然王阿那瓌爲魏討破六韓拔陵，勒衆十萬，自武川西向沃野，屢破拔陵兵。

阿那瓌屢破拔陵，若以報魏之德，而更有輕魏之心。

魏胡太后復臨朝攝政，下詔追削劉騰官爵，除元義爲民，復發劉騰墓，露散其骨，籍没家貲，盡殺其養子。

太后恨騰甚於義，故於死後仍加以極刑。

胡太后以元義妹夫未忍行誅，未幾，有告義及弟瓜謀誘六鎮降户反於定州，得其手書，太后猶未忍殺之。群臣固執不已，魏主亦以爲言，乃賜義、瓜死。

太后於義始終惓惓，其亦曾分辟陽之寵邪？此不能無疑。

初，鄭儼私得幸於胡太后。及再攝政，以儼爲中書舍人，領嘗食典御，晝夜禁中。儼以徐紇有智數，仗爲謀主，共相表裏，勢傾中外，號爲徐鄭。

以太后之淫縱，而幽禁頻年，其抑鬱可知已。故再攝政而留寄豭於禁中，無復忌憚也。

李神軌爲太后所信任，人云得幸於太后，莫能明也。神軌求婚於盧義僖，義僖不許，女遂適他族。臨婚之夕，太后遣中使宣敕停之，内外惶怖，義僖夷然自若。

鄭儼休沐，太后常遣宦者隨之。儼見其妻，惟得言家事而已。其防閑如是。兹雖宣敕停婚，亦不聞以盧氏女歸神軌也。然則人言非無故矣。義僖夷然，蓋自有見。

蕭寶寅既破莫折天生，軍威甚盛，與胡琛將萬俟醜奴戰於安定。崔延伯恃勇先驅，爲賊所敗，復獨出襲賊，大破之。賊見軍士采掠散亂，復還擊之，魏軍大敗，延伯中流矢死。

延伯爲將，蓋長於攻戰，而短於紀律者也。黑水大捷，因將士稽留采掠，而天生遂塞斷隴道，軍不得進。兹於襲賊破柵之後，又因軍士采掠散亂，爲賊所乘，竟至輿尸，詎非軍無紀律之所致哉！

初，帝納東昏寵姬吴淑媛，七月生豫章王綜。及淑媛寵衰，謂綜曰：『汝七月生兒，安得比諸皇子？』綜由是自疑，私於别室祭齊氏七廟，常懷异志。

帝初欲納潘妃，因諫而止；又納余妃，頗廢政事，旋以之賜王茂；乃卒納吴姬，七月生綜，以致外叛，詎非女德之爲累哉！

及綜在彭城，魏臨淮王彧等將兵逼彭城。綜乃密遣人送降款於魏，與梁話等夜出，步投魏軍。城中求王不獲，軍遂大潰。魏人入彭城，乘勝復取諸城，至宿預而還。

彭城要地，既得而旋失之。失彭城而諸城不可復守矣。

有司奏削綜爵土，絶屬籍，更其子直姓悖氏。未旬日，詔復屬籍，封直爲永新侯。綜至洛陽，見魏主，還就館，爲齊東昏侯舉哀，服斬衰三年。

帝之溺愛其子，往往出恒情之外。若綜既不以帝爲父矣，而帝必欲子之何哉？東昏死已二十餘年，乃有人焉追認遺腹子，爲之行三年喪，不亦异乎！

柔然頭兵可汗（即阿那瓌）大破破六韓拔陵，拔陵南避渡河。廣陽王深帥衆赴之，賊降者二十萬人。詔分處之冀、定、瀛三州就食。深曰：『此輩復爲乞活矣。』

拔陵驍賊，其衆皆百戰之餘也。二十萬降衆漫無措置，而聽其就食三州，欲其不亂得乎？

魏柔玄鎮民杜洛周聚衆反於上谷，改元真王，攻没郡縣。高歡、蔡儁等皆從之。

拔陵未滅，洛周復起，而高歡睥睨其間，魏之亡可立待矣。

魏方有事於西北，二荆西郢群蠻皆反，寇掠至北襄城。魏主下詔親征。

魏都洛陽，二荆西郢逼近京畿，乃因群蠻煽亂，道梗不通，且招引梁將，連兵内侵。較諸西北諸寇，尤爲肘腋之患。故魏主下詔親征，尋即中止也。

魏辛雄上疏曰：『自秦隴逆節，蠻左亂常，三方之士，敗多勝少。然將士之勛，歷稔不决，亡軍之卒，晏然在家。是使節士無所勸慕，庸人無所畏攝。』

軍律無章，足爲千古鑒戒。然國家末造，往往蹈其覆轍。

初，魏廣陽王深通於城陽王徽之妃。徽爲尚書令，爲胡太后所信任。會恒州人請深爲刺史，徽言深心不可測。（七年）

深之智略，本不足辨賊； 而徽居樞要，復動掣其肘，能無敗乎？

城陽王徽與徐紇共毁元順於太后，出爲護軍將軍。順指紇謂太后曰：『此魏之宰嚭。』

以當日時勢及諸臣才略，即使和衷共濟，已不能支，而况互相嫉忌，以私害公乎！ 國家將亡，大抵如斯已。

魏復以廣陽王深爲大都督討鮮于修禮，深以子自隨。城陽王徽言於太后曰：『廣陽王携其愛子，握兵於外，將有异志。』

使太后疑深，黜之可也，不疑則置徽言不聽，亦可也。乃既用深而實信徽，深無以自明，遂致顛蹶。深何足惜，如國事何！

魏東平王略爲大將軍、尚書令，爲太后所委任，與城陽王徽相埒。然徐鄭用事，略亦不敢違也。

略雖以才器爲太后所委任，然亦因其爲清河王懌之子，則仍分外嬖之餘寵耳。安能抗徐鄭哉！雖其人固非徽比，不及元順遠矣。

杜洛周遣曹紇真等將兵掠薊南，于榮等擊之於栗園，大破之。斬紇真，賊帥元洪業斬鮮于修禮，請降於魏，葛榮復殺洪業自立。

常景既有栗園之捷，修禮復爲洪業所殺，賊有可乘之機，而魏諸將勇怯不一，卒無成功。葛榮因之，而賊復熾矣。

魏盜賊日滋，征討不息，國用耗竭，預征六年租調猶不足，乃税入市者人一錢，及邸店皆有税。百姓嗟怨。辛雄上疏，以爲『民聚爲亂，正以守令不得其人。』

魏之盜賊蜂起，皆由民怨其上而樂於從亂也。乃又預徵租調，横斂税錢，以致人心益思離叛，直是驅民爲賊耳。前明末季，遞加三餉，與此同弊。洵謀國者所當重以爲戒也。國家設官雖多，其最關天下之治亂者，宰相與守令而已。宰相，近君者也，君德之隆替繫之；守令，親民者也，民生之休戚繫之。未有守令不得其人而民安者，民爲國本，未有民不安而國安者。以守令爲猥官而用非其才，是使之虐民而蹙國也。魏自孝文以門第取士、崔亮以年資叙官，守令之選，已不勝其弊； 又況元義、劉騰以官爲市，徐、鄭繼之，政以賄成，馴致豺狼當路，戎馬生郊，其所由來者漸矣。

魏分定、相二州四郡置殷州，以崔楷爲刺史。 楷表稱：『州今新立，尺刃斗糧，皆所未有，乞資以兵糧。』詔付外量聞，竟無所給。（大通元年）

置州置刺史，將以控扼津要，固圉捍賊，乃尺刃斗糧一無所給，徒令抱方寸之印，以莅岩疆，何异驅之死地哉！

或勸崔楷單騎之官，楷曰：『若吾獨往，則將士無固志矣。』遂舉家之官。 葛榮逼州城，楷撫勉將士，連戰不息。 城陷，楷執節不屈，榮殺之。

城亡與亡，楷得其死矣。 然非榮殺之也，魏固置之必死之地也。

蕭寶寅大敗於涇州，莫折天生乘勝寇雍州。 羊侃射殺之，其衆遂潰。 路思令疏稱：『比年將帥多寵貴子孫，以攻戰自許，及臨大敵，鋭氣頓盡。』

觀辛雄之疏，則知魏致亂之由； 觀思令此疏，則知魏致敗之由。 蓋以郡縣不得其人，平日剥民奉上，而因以自肥。 迨民心思亂，盗賊蜂起，則又横征暴斂，以佐軍興，由是驅民從賊，而賊黨日增矣。 及其命將出師，委兵權於膏粱子弟如蕭寶寅輩，擁旄觀望，坐失事機，兼之賞罰不明，覆軍者不蒙顯戮，殺賊者未加優擢，遂致武臣解體，士氣不揚，而賊氛日熾矣。

將軍成景儁攻魏彭城，魏以崔孝芬爲徐州行臺以禦之。景儁欲堰泗水以灌彭城。孝芬與李叔仁擊之，景儁遁還。

梁既克壽陽，即規取彭城，地有所必争也。堰泗水以灌彭城，猶是堰淮水以灌壽陽之故智。而彭城一失，不可復得矣。

魏相州刺史安樂王鑒幸魏多故，陰有异志，遂據鄴叛，降葛榮。魏遣源子邕等攻鄴，拔之。斬鑒，傳首洛陽，改姓拓跋氏。

鑒叛國從賊，罪不容誅，已自絶於宗祖矣。改其姓以示戒，乃令其復宗祖之本姓，不亦异乎！

蕭寶寅之敗於涇州也，或勸之歸罪洛陽，或曰不若留關中立功自效。馮景曰：『擁兵不還，罪將滋大。』寶寅内不自安，魏朝亦疑之。

寶寅敗於涇州，免死爲庶人，旋起用爲大都督，又因秦州請降，還其舊封。蓋太后及魏主倚眷未衰也。此所叙關中擁兵稱帝之由，但書其涇州之敗，以爲内不自安，似非其實。

中尉酈道元，素名嚴猛。汝南王悦怨之，乃奏以爲關中大使。寶寅謂爲取己，甚懼，遣郭子恢攻殺道元。於陰盤驛自稱齊帝，改元隆緒。

悦因寶寅反狀已露，故奏請道元出使關右，陷諸不測，而適以激寶寅使速反也。

葛榮圍信都，自春及冬。元孚帥勵將士，晝夜拒守。糧儲既竭，外無救援，城陷。執孚及其兄祐。榮集將士議其生死，孚兄弟争相爲死。潘紹等數百人皆請就法，以活使君。榮曰：『此皆魏之忠臣義士！』皆免之。

崔楷之守殷州，孚之守信都，非不上下同心，而卒無救於敗者，糧食既竭，而外無援兵也。蓋是時魏都洛陽，以淮上爲門庭，以關中爲肘腋，内訌外侮，不得不以全力争之。而河北視爲可緩，且亦更無餘力以相及也。迨信都既陷，始移源子邕拔鄴之軍以討榮。即使無漳曲之敗，亦何救於孚乎？

魏楊津守定州，杜洛周圍之。魏不能救，津使其子遁突圍出，請救於柔然。頭兵可汗遣吐豆發帥兵一萬南出，阻於賊，不能進。城破，執津，欲烹之，既而舍之。（二年）

津之守定州，亦猶元孚之守信都也。所不及崔楷者，均欠一死耳。

魏以長孫稚爲行臺，討蕭寶寅。稚克潼關，遂入河東，收鹽池税以佐軍，屢敗郭子恢等。其將侯終德還軍襲寶寅。寶寅戰敗，携妻子奔萬俟醜奴。

不以全力守潼關，而坐困長安，宜其敗也。

爾朱榮兵勢强盛，魏朝憚之。高歡歸爾朱榮，榮與語，大悦，自是每參軍謀。魏肅宗惡鄭儼、徐紇，密詔榮舉兵内向，欲以脅太后。儼、紇與太后謀，鴆帝，弑之。

召外兵以清内奸，未有不致亂者。况以榮之豺狼成性，而欲寄以爪牙乎？即使太后歸政、徐鄭就誅，而太阿之柄榮得而操之，豈魏主所能制乎？ 太后之鴆弑孝明，蓋師馮太后之鴆弑宣文也。

胡太后立皇女爲帝，既而下詔，更立臨洮王世子釗，始生三歲。爾朱榮謂元天穆曰：『吾欲帥鐵騎赴哀山陵，剪除奸佞，更立長君。』天穆曰：『此伊霍復見於今。』

榮雖武夫暴横，而措置殊有方略。其所上表疏，辭氣激昂慷慨，有勒馬横槊之勢，不知何人爲之屬草也。

榮起兵，發晋陽。太后聞之，甚懼，悉召王公等入議，莫肯致言。徐紇獨曰：『但守險要，以逸待勞，彼懸軍千里，士馬疲敝，破之必矣。』太后以爲然。

榮起兵以誅徐鄭爲名，先正其鴆弑之罪，殊有合於《春秋》討賊之義。魏之王公大臣蓋亦心快之，而不欲與爲敵也。紇此時已辨走矣，其建議禦寇，特爲華言以欺太后耳。

爾朱榮濟河，立長樂王子攸爲帝。徐紇東奔兖州，鄭儼亦走還鄉里。太后盡召肅宗後宫，皆令出家。太后亦自落髮。

李神軌既遁，儼復還鄉，二嬖臣至此亦不復顧太后矣。太后一生佞佛，故欲落髮爲尼，以空門爲容身之地，而無如佛之不佑也。

榮遣騎執太后及幼主，送至河陰。太后對榮多所陳説。榮拂衣而起，沉太后及幼主於河。

北朝佞佛，無如胡太后；南朝佞佛，無如梁武帝。太后之死，梁武非不稔聞。佛之福利安在乎？ 猶捨身講經，迷而不悟，何也？

榮引百官於行宫西北，責以『天下喪亂，肅宗暴崩，皆由朝臣貪虐，不能匡弼』，因縱兵殺之。自丞相高陽王雍以下，死者二千餘人。

榮之縱殺，固虐且濫矣；其責朝臣，則罪無可辭也。雍柄用最久，唯阿取容，貪庸誤國，殺之尤爲不枉。

高歡勸榮稱帝，榮疑未决。賀拔岳進曰：『將軍志除奸逆，遽有此謀，正可速禍，未見其福。』榮乃自鑄金爲像，四鑄不成。劉靈助卜之不吉。榮亦恍惚不自持。久而方寤，深自愧悔曰：『過誤若是，惟當以死謝朝廷。』

史稱榮深思愧悔，自云『過誤當以死謝』者，非其實也。蓋榮之稱帝，本疑而未决，及聞岳言，中有所憚，又因鑄像不成，卜筮不吉，故仍奉長樂耳。其恍惚不自持，自緣中無定見，喪其神守也。

以江陽王繼爲太師。

江陽王繼，即京兆王繼，元義之父也。前普通六年，義兄弟賜死，遂書繼廢於家，病卒。至此復爲太師，何也？按：《魏書·繼傳》：『榮素爲義所厚』，故以繼爲太師、司州牧。前書『病卒』誤也。

葛榮引兵圍鄴，衆號百萬。爾朱榮帥精騎七千，東出滏口，以侯景爲前驅，戰於鄴北。榮身自陷陣，大破之。於陣擒葛榮，餘衆悉降。

榮緣勝而驕，兵無紀律，故爾朱能以少勝衆，一戰而决。賊徒從榮日久，各有悔心，特爲榮所脅，又别無可往，故相聚偷生耳。榮已就擒，爾朱又下令各從所樂，衆亟於免死，是以登即四散矣。

帝以魏北海王顥爲魏王，遣陳慶之將兵送之還北。顥襲據銍城，進拔滎城，遂克梁國。魏元天穆既平邢杲，移軍拒顥，慶之奮擊，大破之。（中大通元年）

慶之能以少勝衆者，置軍死地，計不旋踵也。

陳慶之進擊虎牢，魏主北行，入河内。臨淮王彧、安豐王延明帥百僚、備法駕迎顥。顥入洛陽宫，改元建武。

魏自河陰之變，文武誅戮殆盡，洛陽守備單虚，諸軍多隨爾朱榮而北，或從元天穆而南。天穆敗北，虎牢失守，爾朱榮應援不及，洛陽勢不能支，此魏主所以委之而去也。

爾朱榮馳傳見魏主於長子，魏主即日南還，榮爲前驅，兵衆大集。顥既得志，密與彧等謀叛梁，與陳慶之外同内异。慶之説顥『宜請天子更請精兵』，顥不從。

顥本庸才，所恃者慶之。即使委任不疑，而慶之所將南兵不過數千，又無後繼，且已疲老，必非爾朱之敵。况又自相猜忌，徒與彧、延明輩群兒聚謀，强作解事邪！

馬佛念説陳慶之殺顥、據洛，慶之不從。爾朱榮與顥相持於河上，慶之守北中城，三日十一戰，殺傷甚衆。榮以無船可渡，議欲還北。

以慶之兵力，殺顥何難？但恐無以善其後耳。即使用佛念之策，據有洛陽，更請梁帝以大兵繼進，而南北异宜，雖能取而未必能守。且是時江左良將無若慶之，必不能敵爾朱之衆，亦卒歸覆敗而已。一侯景足亂江南，況以爾朱榮之勇，又有高歡、侯景輩在其軍中邪？

楊侃説榮征發民材，多爲浮筏，間以舟楫，一旦得渡，必立大功。榮乃遣爾朱兆等縛筏夜渡，襲擊顥子冠受，擒之。顥衆潰，南走。陳慶之收步騎，結陣東還。

顥兵力必非爾朱之敵，所可恃者，洪河之限耳。使其與慶之同心協力，更募義民，廣設方略，扼河守險，以次撫定河南諸郡縣，仍乞梁帝發兵來援，即未遽進規河北，而洛陽尚可據而有也。顥所處與慶之不同：慶之，梁之羈旅也，衆志難孚；顥，魏之宗王也，群情易洽。故慶之殺顥則洛陽必生内變；顥用慶之，則洛陽可以偏安，而顥固非其才也。

陳慶之之入洛也，蕭贊（即豫章王綜）送啓求還。時吴淑媛尚在，上使以贊幼時衣寄之，信未達而慶之敗。

贊於蕭寶寅事敗幸免連坐，恐不爲魏所容，故啓求南還，以避禍耳。惟前既自認東昏遺腹，并追服斬衰三年，能無汗顔乎？

慶之自魏還，特重北人，朱异怪而問之，慶之曰：『吾始以爲大江以北皆戎狄之鄉，比至洛陽，乃知衣冠人物盡在中原，非江東所及也。』

胡身之以爲：慶之特有見於洛陽華靡之俗而爲是言。竊謂慶之良將，其有取於北人者，自以其才力非江左所及，華靡似非所重也。若但取華靡，洛陽何以逾於建康哉？如魏文所云『江南多好臣』，則但取其文采耳。

魏以上黨王天穆爲太宰，城陽王徽爲大司馬兼太尉。

徽，魏之奸臣，乃屢更國變，幸免於死，至此更有太尉之拜，得毋依附天穆、自結於爾朱邪？

魏多細錢，斗米幾直一千。高道穆表稱：『銅價一斤八十一錢，私造薄錢，斤贏二百。抵罪雖多，奸鑄彌衆。宜改鑄大錢，文載年號，私鑄無利，自應息心。』

魏之五銖，舊制官民并鑄，但民必就官爐耳，乃不能禁盜鑄者、細錢之爲患也。禁盜鑄，在使之無利而自止，此實探本之論。然豈易言哉！且以魏當時時勢，恐亦無暇及此。

魏以城陽王徽爲太保，丹陽王蕭贊爲太尉。

是時魏之大權移於爾朱，三公固無關輕重，乃一則奸佞誤國之元徽，一則私啓南歸之蕭贊，不亦异乎！

萬俟醜奴侵擾關中，爾朱榮使爾朱天光爲雍州刺史、賀拔岳爲之副以討之。天光初行，惟配軍士千人，發洛陽以西路次民馬以給之。（二年）

榮用兵能以少擊衆。故前遣侯淵討韓樓，配騎止七百；兹遣天光討醜奴，亦止配軍千人也。

天光、岳屢破賊，進抵安定，侯幾長貴以城降。醜奴走至平凉，侯莫陳崇擒之。天光逼高平，城中執送蕭寶寅以降。

天光平關中，賀拔岳之力爲多。而宇文泰實岳之謀主也。後周之業已肇於此。

爾朱榮雖居外籓，遥制朝政；魏主雖受制於榮，然性勤政事，朝夕不倦，數親覽辭訟、理冤獄。榮聞之，不悦。

魏莊性勤政事，手誅强臣，乃可與有爲之君。其不免於禍，則在誅榮後措置失宜，而不關此時之不能養晦也。胡身之好以成敗論人，是其一蔽。

城陽王徽之妃，魏主舅女也。徽與李彧欲得權寵，惡爾朱榮爲己害，日毁榮於帝，勸帝除之。帝懲河陰之難，恐榮終難保，由是密有圖榮之志。

徽性既陰柔，尤工讒構，先既譖殺廣陽王深，兹復勸帝除榮，皆以自快其私，非爲國計也。然榮挾震主之威，跋扈尤甚，豈復有全理哉！

榮請入朝，視皇后（榮女）娩乳。徽等勸帝，因其入刺殺之。榮至洛陽，帝問温子升以殺董卓故事，曰：『若即赦凉州人，必不至此。』帝言皇子生，召榮入，手刃之，遂殺元天穆及榮子菩提等三十餘人。下詔大赦。

榮雖暴横，此時尚未遽有异圖；帝欲誅榮，亦非迫不及待。構成其事者，城陽王徽之謀爲多。帝徒知漢李、郭之亂由於不赦凉州人，而不知誅卓後不亟散其部曲，致傕、汜輩得因以爲資也。

北鄉長公主（榮妻）帥榮部曲出屯河陰。賀拔勝與田怡等奔赴榮第，時宫殿門猶未嚴防，怡等議欲攻門，勝曰：

爾朱氏兵在城下，帝集朝臣議，皆恇懼不知所出。李苗奮衣起曰：『請以一旅爲陛下斷河橋。』城陽王徽、高

爾朱拂律歸將胡騎一千，來至郭下，索太原王尸。帝遣牛法尚諭之，不退。即出庫物，募士得萬人，不習戰鬥，與拂律歸屢戰不克。

但以募士分授高敖曹兄弟及賀拔勝，一戰而世隆可禽矣，何論拂律歸哉！惜乎驅市人而付之庸將也。

爾朱榮之入洛也，以高敖曹自隨，禁於駝牛署。榮死，帝引見勞勉之。以其兄乾爲河北大使，敖曹爲直閤將軍，使歸招合鄉曲，爲表裏形援。

是時不留敖曹兄弟，配以兵衆，共保洛陽，而令其歸鄉里、集部曲，爲异日緩急之用，亦何及乎！

爾朱世隆即欲還北，司馬子如曰：『當此時，不可以弱示人。莫若分兵守河橋，還向京師。』世隆攻河橋，擒奚毅等，殺之。據北中城，魏朝大懼。

使世隆北還，魏亂可以少弭。得子如一言，而反戈内向，河橋失守，洛陽幾不可支，與漢之賈詡正同。子如後爲北齊佐命，竟以富貴考終，亦似詡也。

『吾輩衆少，何可輕爾，不如出城，更爲他計。』

榮雖伏誅，其部曲自在，驍將悍卒，正不爲少。況世隆等入其軍中乎！乃不加禁遏，徒爲是登門肆收，以冀反側自安。若非賀拔一言，則怡等稱兵向闕，宫省危矣。

道穆皆曰善，帝許之。苗出，縱火船焚橋，爾朱氏兵争橋北渡，溺死甚衆。苗待援不至，赴水死。世隆亦北遁。

苗一戰而世隆北遁，足知隆外强而中怯也。是時敖曹兄弟雖去，而賀拔勝固在城中，勝之勇，帝應知之，以其素附爾朱，故疑而不用；勝亦自疑，不肯遽爲帝用；高陽性多嫉忌，必不爲之推轂也。使勝以偏師犄苗，苗可不死矣。

魏主以城陽王徽總統内外，爾朱世隆党衆日盛，徽憂怖不知所出。

徽所長者讒構耳，乃欲付以兵權，責其禦侮之效，何异未能操刀而使割哉！

初，爾朱榮以高歡爲晋州刺史。及爾朱兆引兵向洛，遣使召歡，歡辭不赴。

榮不死，歡固未敢叛爾朱也，豈肯爲兆用哉！

爾朱兆輕兵晝夜兼行，從河橋西涉渡。先是，魏主以大河深廣，謂兆未能猝濟。兆騎叩宫門，宿衛乃覺，彎弓欲射，矢不得發，一時散走。

兆已臨河欲渡，京師猶未戒嚴。直至騎叩宫門，宿衛乃覺。魏之君臣，何其夢夢！

兆執魏帝鎖於永寧寺樓上。城陽王徽走至山南，抵寇祖仁家。祖仁一門三刺史，皆徽所引拔也。徽賫金百斤，馬五十匹，祖仁利其財，乃殺之，送首於兆。

祖仁一門三刺史，皆緣徽以進，其人可知。且徽之引拔，未有不受其重賂者。故事急相投，仍因貪財希賞起而圖之也。

兆夢徽謂己曰：『我有金二百斤、馬百匹，在祖仁處，卿可取之。』兆即掩捕祖仁，征其金、馬。祖仁云：『實得金百斤、馬五十匹。』兆依夢征之。祖仁家舊有金三十斤、馬三十匹，盡以輸兆。兆怒，捶祖仁至死。

徽已死，猶能夢感兆以報祖仁，豈果取多用宏，尚能爲厲邪？抑兆臆度祖仁殺徽，必隱其金、馬，故托諸夢以征取之，是以數不悉符邪？徽死誠不足惜，如祖仁之幸恩昧良，而晏然坐享不義之財，天網亦太疏矣。《通鑒》不語怪，獨詳書此事，以戒夫後世之貪利忘義而并忘其害者也。

爾朱榮之死也，魏敬宗詔河西賊紇豆陵步蕃使襲秀容。及兆入洛，步蕃南下，兵勢甚盛。兆亟還晉陽，爲步蕃所敗，使人召高歡，并力擊步蕃，斬之。

詔步蕃襲秀容，自是牽制爾朱之一策，惜洛陽之守不固耳。但能相持半月，則兆還而自救，城圍立解矣。敬宗多謀寡斷，委任非人，卒至播遷晉陽，縊首佛寺，亦足慨已。

初，葛榮部衆流入并、肆者二十餘萬，大小二十六反，誅夷者半，謀亂不止。至是悉屬高歡。

魏之亂始於六鎮，葛榮部衆皆六鎮之人，實百戰精卒也。歡得之，遂成霸業，卒傾魏鼎。然則魏之亡，固六鎮亡之也。

魏自敬宗被囚，宫室空近百日。爾朱世隆鎮洛陽，兄弟密議，以長廣王疏遠，欲更立近親，乃作禪文，使長廣王

禪位於廣陵王恭。（三年）

魏閔帝聞爾朱欲奉爲王，即曰：『天何言哉！』是已儼然以天子自處，亦猶武帝見斛斯椿《勸進表》，即曰：『便不得不稱朕矣。』雖語有文質，其志得意滿一也。天位難居，聖王每以兢業持之，蹈虎尾、涉春冰，如此其懼也。況當日爾朱弄兵、宫門蹀血，九五之尊危如朝露乎！有以知其不克終已。

魏主詔，以『三皇稱「皇」，五帝稱「帝」，三王稱「王」，蓋遞爲冲挹；自秦以來，競稱「皇帝」。予今但稱「帝」，亦以褒矣。』

是時柄移强臣，主威不振，正位之初，遽貶尊號，似可不必。

魏行臺劉靈助起兵，自稱燕王，聲言爲敬宗復仇，幽、瀛、滄、冀之民多從之。

靈助起兵，名義自正，雖舉事無成，而封隆之、高歡相繼而起，遂滅爾朱，則未始非靈助爲之先聲也。

爾朱兆遣孫白鷂至冀州，托言調發民馬，欲收高乾兄弟。乾等知之，與封隆之等合謀，潛部勒壯士，襲據信都，殺白鷂，執刺史元嶷，奉隆之行州事。

高乾兄弟，爾朱氏所忌也。河上一揚塵，此時已恨其晚。猶不負敬宗河橋之約。

封隆之爲敬宗舉哀，移檄州郡，共討爾朱氏。爾朱羽生將五千人襲信都，高敖曹將十餘騎馳擊之，羽生敗走。敖曹馬矟絶世，時人比之項籍。

如此馬矟，惜不於洛陽用之以擊佛律歸，而僅於信都用之以擊羽生也。

高歡引兵東出，高乾迎謁於滏口，説歡共誅爾朱氏。李元忠亦説歡向冀州。歡至山東，約勒士卒，絲毫不犯。每過麥地，歡輒步牽馬，遠近歸心焉。

人心所向，天命所歸也。歡能以仁矯爾朱之暴，故能以弱制爾朱之强。奸雄自有作用。

魏以爾朱世隆爲太保，長孫稚爲太尉，稚固辭太尉，乃以爲驃騎大將軍，開府儀同三司。

胡身之以稚爲世衰難佐故辭，非也。稚特避世隆，示不敢與之并列耳。是時稚即爲太尉，亦徒擁虚名，何與於世之盛衰哉！

昭明太子統卒。太子寬和容衆，好讀書屬文，引接才俊，賞愛無倦。每霖雨積雪，遣左右周行閭巷，視貧者賑之。及卒，朝野惋愕，建康男女奔走號泣。

以昭明之仁賢，而享年不永，天不祚梁，佞佛何益乎！雨雪賑貧，自是太子恤民雅意；身之譏其好行小惠，似可不必。

魏詔有司不得復稱『僞梁』。

身之以爲魏不競於梁之故。竊謂魏閔詔有司不稱『僞梁』，亦猶己之去皇稱帝，自是謙退之意，并非不競於梁也。夫魏即不競，而令自行於國中，何必改僞稱以取媚於梁哉！

初，昭明太子葬其母丁貴嬪，遣人求墓地之吉者。或賂宦者俞三副求賣地，三副密啓上，言『太子所得地不如今地於上爲吉』，上年老多忌，即命市之。

帝之信堪輿，及其佞佛，皆禍福之説足以惑之，故老而彌甚。

高歡將起兵討爾朱氏，斛律金、庫狄干、婁昭、段榮皆勸成之。歡乃椎牛饗士，起兵於信都。會李元忠舉兵逼殷州，歡令高乾救之。乾入見爾朱羽生，因擒斬之。持其首謁歡，歡撫膺曰：『今日反決矣。』

歡之起兵，雖斛律金等衆口交勸，意猶未決。其使高乾救殷州，尚持兩端也。迨乾斬羽生，歡即欲不叛爾朱而不可得，則以乾有以贊其決也。

魏主追尊父廣陵惠王爲先帝。

胡身之云：『支子入繼大宗，尊所生父爲帝，自吴孫皓始。』竊謂魏主以去皇稱帝，故稱其父爲先帝，非用孫皓故事。

高歡立元朗爲帝。朗，章武王融之子也。爾朱仲遠等軍於陽平，兆軍於廣阿，迭相猜貳。仲遠等使斛斯椿、賀拔勝往諭兆，兆執椿，勝還營。仲遠等引兵南遁。

史稱『兆執椿，勝還營』，是勝已在仲遠處。何以兆數其罪將斬之乎？椿既被執，應在兆處，又安能於次年在洛陽説世隆追天光共誅高歡，卒滅爾朱氏乎？應是『勝執、椿還』，史誤書也。

高歡將與兆戰，而畏其强，段韶曰：『爾朱氏弒天子、屠公卿、暴百姓，王以順討逆，何强之畏！』歡曰：『吾以小敵大，恐不能濟。』韶曰：『韶聞「小能敵大，小道大淫」。』

歡論大小，韶論順逆。要之，爾朱所以敗者，失天下之心也。

魏南兗州民王乞得劫刺史劉世明，舉州來降。上以世明爲郢州刺史。世明不受，因請北歸，上許之。世明至洛陽，奉送所持節，歸鄉里，不仕而卒。

世明爲南兗州刺史，乃爲城民所劫，舉州降梁，雖不受官爵，北歸洛陽，其失地辱身，罪固難逭。身之以其不仕而終，遽贊其『陳力就列，不能者止』，未免過其實已。

揚州刺史邵陵王綸遣人就市，賒買錦彩絲布數百匹，市人閉邸不出；何智通以聞。綸被責還第，乃遣人刺殺智通。事覺，綸坐免爲庶人，頃之，復封爵。

以綸之凶悖，而用爲揚州刺史，帝可謂不知其子矣。抑買仇殺，罪狀灼然，而既鎖旋釋，又復封爵。與王正德、蕭贊，同一溺愛不明之甚也。

爾朱兆與世隆等更立誓約，復相親睦，斛斯椿謂賀拔勝曰：『天下皆怨爾朱，而吾等爲之用，亡無日矣。不如圖之。』乃說世隆追天光等赴洛，共討高歡。

椿欲致天光等於洛，因而覆之。蓋有見於爾朱爲天下所怨，其兄弟雖强，不難聚而殲也。

爾朱兆帥輕騎襲鄴，不克。歡出兵與兆戰於韓陵，不利。高敖曹以千騎自栗園出，横擊之，兆等大敗。兆走還晉陽，仲遠奔東郡。

歡初舉兵，非高乾則其謀不能决；韓陵之戰，非敖曹則敗矣。歡之霸業，乾兄弟之力也。爾朱兄弟，兆殊健鬥；兆敗，世隆等遂不支矣。

爾朱彦伯聞敗，欲自將兵守河橋，世隆不從。斛斯椿與賈顯度等倍道還洛陽，據河橋，盡殺爾朱氏之黨，并擒度律、天光，執世隆、彦伯，斬之。

爾朱兄弟在洛者同時授首，果不出斛斯所算。惟仲遠漏網南奔，兆以餘衆北走。

爾朱天光之東下也，留其弟顯壽鎮長安，召侯莫陳悦，欲與俱東。賀拔岳令宇文泰説悦，俱襲長安，擒顯壽。高歡以岳爲大行臺，岳以泰爲左丞。

爾朱支黨，一時俱叛，皆由平時威劫利誘，而不以恩義固結其心，故見其勢敗即群起而圖之。若賀拔兄弟，固非甘心爲爾朱所用者也。岳是時以泰領府司馬，事無巨細皆委之。關中大勢，已漸趨宇文。

高歡以魏主爲爾朱氏所立，幽之於崇訓佛寺。斛斯椿謂賀拔勝曰：『高歡初至，圖之不難。』勝曰：『彼有功於時，害之不祥。』椿乃止。

椿反復小人，其欲圖歡，志在乘時以竊大權耳。但才非歡敵，若輕有舉動，適以取死而已。勝之勇略，固十倍於椿，而亦非能定大事者也。

魏侍中高隆之，本徐氏養子，歡命以爲弟，恃勢驕公卿。南陽王寶炬毆之，曰：『鎮兵何敢爾？』魏主以歡故，黜寶炬。

魏至此，而寶炬猶以『鎮兵』詈北人乎？積習相沿，乃牢不可破。

高歡立平陽王修爲帝。爲安定王作詔策，而禪位焉。鴆節閔帝於門下外省。

節閔，爾朱氏所立也。安定，歡所立也。既廢爾朱氏所立矣，并己所立者亦廢之而更立焉。將以攬權示威，爲簒奪之漸，非第置君不如弈棋也。

斛斯椿聞喬寧、張子期之死，内不自安，與南陽王寶炬等密勸魏主圖丞相歡。（五年）

喬、張皆爾朱仲遠舊將，背仲遠降歡，歡責其不忠不義而殺之。與椿之先附爾朱、事敗反噬者正同，所以内不自安也。椿本有圖歡之志，至是而其謀益亟，皆自爲計，非爲魏主計也。

魏主以賀拔岳在關中擁重兵，密與相結，又出賀拔勝爲都督三荊等七州諸軍事，欲倚勝兄弟以敵歡。又與高乾共立盟約，冀爲己用。

倚賀拔、結高乾，較之專用斛斯椿，猶爲得計，而不知乾之心實附歡也。

高乾密啓歡。歡召乾詣并州，面諭時事。乾因勸歡受魏禪。歡以袖掩口，曰：『勿妄言！』

乾勸歡受禪，固魏之亂臣也。歡實心許之，而不敢遽納其説者，畏賀拔兄弟議其後也。

魏主聞乾漏泄機事，賜乾死；又密敕徐州刺史潘紹業殺其弟敖曹。敖曹奔晋陽，歡抱其首哭曰：『天子枉害司空！』敖曹兄仲密亦奔晋陽。

乾之死，歡有力焉。以其先與魏主盟約，不即啓聞，嫌其貳於己也，至是乃以『枉殺』歸咎於魏主。而敖曹不疑者，魏主既敕徐州殺敖曹，又敕青州斷仲密歸路，有以驅之使與歡合也。

賀拔岳爲侯莫陳悦所殺，杜朔周等共推宇文泰領其衆。丞相歡使侯景招撫之，泰謂景曰：『賀拔公雖死，宇文泰尚存，卿何爲者？』景失色。

歡聞岳死，衆無所屬，此收取關中之一大機也。景奸詐有餘，爲歡所倚任，故使之前往招撫，意謂可以指麾而定矣。景智足見幾，因岳衆已歸宇文，不可摇動，故至安定而返。此乃時勢當然，非泰一言便能折其心也。

于謹言於泰曰：『明公據關中險固之地，將士驍勇。今天子在洛，迫於群凶，若陳懇誠，請都關右，挾以號令，桓、文之業也！』泰善之。

胡身之云：『謹事廣陽王深，所陳策劃，不過隨時設變；今事宇文泰，則勉之以迎天子而成王業，蓋知泰足以有爲，故量而後入。』竊謂以泰之才，據關中之地，撫賀拔岳之衆，乘魏之亂，故可以挾天子、令天下，卒成霸功。與魏武、漢獻時勢略同，豈廣陽所可同日語哉！此非謹之策有工拙也。

魏主以泰爲關西大都督、承制封拜。

泰得承制封拜，因易置牧伯，去其异己，而關中悉歸其掌握矣。

魏主增置勛府庶子廂别六百人；又增騎官廂别二百人。魏主欲伐晋陽，下詔戒嚴，云欲自將伐梁。又密詔丞相歡，稱『宇文黑獺、賀拔勝頗有异志，故假稱南伐，潜爲之備。』

不能任賢選將，徒倚譎詐反復之斛斯椿爲謀主，即調發州兵、增置宿衛，豈能有濟乎？欲伐晋陽，而假稱南伐，又慮歡聞而自疑，乃更爲密詔，托爲潜備荆雍，此必斛斯詐謀，而不足以欺賀六渾(歡字)也。

歡表稱：『荆、雍將有逆謀，臣今勒兵三萬，自河東渡；又遣庫狄干等將兵四萬，自來違津渡；婁昭等將兵五萬，以討荆州；尉景等將山東兵七萬、突騎五萬，以討江左。皆勒所部，伏候處分。』帝知歡覺其變，乃出歡表，令群臣議之，欲止歡軍。

宇文泰之在雍、賀拔勝之在荆，皆帝所倚以敵歡者，君臣之交甚固，歡豈不知之？今欲伐歡，而托言二人有异志，以爲必歡所願聞，而其詐乃更顯而易見。所謂『掩目捕雀，不可以欺小兒』者也。歡承密詔，即以討荆、雍爲名，與諸將連兵南向，皆帝召之。乃復欲止之，將何以爲辭乎？

歡復表稱：『臣爲嬖佞所間，陛下若垂信赤心，使干戈不動，佞臣一二人願斟量廢出。』

帝敕賜歡曰：『朕不知佞人爲誰。頃高乾之死，豈獨朕意！王忽對昂（即敖曹）言「兄枉死」。人之耳目，何易可輕！』

『高乾之死，不獨朕意』，敕殺敖曹、斷仲密歸路，果誰之意乎？此時尚追論乾死，將以間敖曹兄弟於歡邪，抑僅刺刺學兒女子語邪？

又云：『王雖啓云「西去」，而四道俱進，或欲南度洛陽，或欲東臨江左，言之者猶應自怪，聞之者寧能不疑！王若晏然居北，此雖有百萬之衆，終無圖彼之心。』

調兵大閲，欲伐晋陽，非圖彼而何？歡即欲晏然居北，亦何可得？魏主圖歡，形迹大露，尚欲以空言掩飾，徒爲所輕耳。

魏主召賀拔勝赴行在。勝以問盧柔，柔曰：『高歡悖逆，公席捲赴都，與决勝負，死生以之，上策也；北阻魯陽，南并舊楚，觀釁而動，中策也；庇身於梁，功名皆去，下策也。』勝笑而不應。

勝雖笑而不應，尋即軍於汝水，蓋北阻魯陽，用其中策也。卒出下策，固非此時所及料也。

高歡勒兵南出，以誅斛斯椿爲名。魏主親將兵十餘萬屯河橋。斛斯椿請帥精騎二千夜渡河，掩其勞弊，帝始然之。楊寬以爲不可，帝遂敕停椿行。

以精騎夜渡掩歡，實制勝之良策。帝既倚椿爲謀主，歡舉兵又以誅椿爲名，計椿此時，無不爲帝盡力者。乃因寬言而輒疑之何也？寬言『椿若有功，是滅一高歡生一高歡』，則固知椿之爲人已。

宇文泰聞之，謂左右曰：『高歡數日行八九百里，此兵家所忌，當乘便擊之。長河萬里，捍禦爲難。若一處得度，大事去矣。』

可守者惟城壘耳。若於平地設防，則防不勝防。無論我防其一，賊闖其十；即我防其十，賊闖其一，卒無救於侵軼也。長河且不足恃，而況并無可憑之險者乎！

歡引兵渡河，魏主問計於群臣，或欲奔梁，或云南依賀拔勝，或云西就關中，或云守洛口死戰。元斌之紿帝云：『高歡兵已至。』帝西奔長安。

奔梁策之最下，守洛口死戰尚可一决，但帝早作西走之計，安能復與歡争？而諸將亦均不足恃，戰則必敗耳。

歡入洛陽，集百官謂曰：『爲臣奉主，處不諫諍，出不陪從，緩則耽寵争榮，急則委之逃竄，臣節安在？』乃收辛雄、叱列延慶、崔孝芬、劉廞、楊機、元士弼，皆殺之。

歡之殺諸臣，雖意在芟夷朝望，更樹私黨，然其所以責之者，固非欲加之罪也。雄等或居端揆、或司喉舌，乃不從魏主而留以待歡，蓋以平日不爲同异，無惡於歡，欲苟免以保禄位耳。其死固不足惜。

先是，熒惑入南斗，上以諺云：『熒惑入南斗，天子下殿走』，乃跣而下殿以禳之。及聞魏主西奔，慚曰：『虜亦應天象邪？』

天道悠遠難知。梁帝跣而下殿，固不足禳熒惑之入南斗；魏帝西奔，豈果上干天象乎？

賀拔勝帥所部赴關中，聞高歡屯華陰，欲還。崔謙曰：『今主上蒙塵，公宜倍道兼行，朝於行在，與宇文行臺同心戮力，唱舉大義。』勝不能用，遂還。

謙言即盧柔之上策。勝不能從柔，安能從謙？蓋勝雖勇，而非歡敵，未免内怯於歡。又因兄岳已死，關中悉屬宇文，慮到彼爲其所制，西上之計，亦不能决，但欲保有荆楚以觀釁耳。故聞歡屯華陰而返旆也。

歡自發晋陽，凡四十啓，魏主皆不答，又遣僧道榮奉表請還，帝亦不答。歡乃集百官議所立。時清河王亶出入已稱警蹕，歡醜之，遂立清河王世子善見爲帝。

魏之大勢，已移於高氏。而亶於危亂中，規取大物，輒稱警蹕，此人尚有肺肝乎？宜爲歡所醜。

歡以洛陽西逼西魏，南近梁境，乃奉魏主遷於鄴。

歡所以决計去洛遷鄴者，鄴在河北，恃長河以拒梁與西魏也。

魏孝武帝閨門無禮，從妹不嫁者三人，皆封公主。平原公主明月，南陽王寶炬之同産也，從帝入關。丞相泰使元氏諸王取明月殺之。帝與泰有隙，飲酒遇鴆而殂。泰立寶炬爲帝。

魏主圖高歡，釁起於斛斯椿，以致播遷；與泰有隙，則由於明月，遂遭鴆害。二人固不臣，而魏主實爲小人、女子所誤。

丞相歡世子澄通於歡妾鄭氏，一婢告之，二婢爲證。歡杖澄一百而幽之。司馬子如見歡曰：『消難亦通子如妾，此事正可掩覆。』（大同元年）

史於此事書之綦詳，若以子如爲善處父子之間者。竊謂歡與子如，生長邊郡，起於盗賊，故不以子通父妾爲耻。此等語足污簡册也。

魏丞相泰用蘇綽爲行臺郎中，臺中稱其能，擢爲著作郎，拜左丞，參典機密，自是寵遇日隆。

綽之才誠一時之選，然非遇泰無以自見；非周惠達稱薦，亦無由自達於泰也。天下無時無才，特患在上者不加延訪耳。獨怪泰之霸業，于謹首贊大謀，而得志以後未見柄用，何邪？

魏下詔，數高歡二十罪，且曰：『朕將親總六軍，與丞相掃除凶醜。』歡亦移檄於魏，謂宇文黑獺、斛斯椿爲逆徒，且曰：『今分命諸將領兵百萬，刻期西討。』

西魏主下詔數歡罪，不患無辭；歡指宇文、斛斯爲逆徒，殆并坐以鴆殺之罪邪？惟不用東魏主之詔，而自以檄行之，名不正言不順已。

陶弘景隱居茅山，上早與之游。及即位，恩禮甚篤，國家大事，無不先諮之。時人謂之『山中宰相』。爲詩曰：『夷甫任散誕，平叔坐論空。豈悟昭陽殿，遂作單于宫。』（二年）

弘景爲梁武所重，大事無不諮訪，然於當日秕政，亦不聞有所匡救。蓋弘景自托於神仙，帝所諮訪，大抵方士、導養之事爲多耳。臨没爲詩，若有前知，或借王、何以諷當時之士邪！

東魏丞相歡軍蒲阪，使竇泰攻潼關。魏丞相泰軍至小關，竇泰聞之，自風陵度，丞相泰大破之。士衆皆盡，竇泰自殺。丞相歡撤浮橋而退。丞相泰亦引還。

歡起兵，竇泰每爲前鋒，乃一戰而全軍盡覆者，屢勝而驕也。故曰：輕敵必敗。歡渭曲之戰亦然。

東魏丞相歡得奇石，隱起成文曰『六王三川』。陽休之曰：『大王受天命，應奄有關、洛。』歡曰：『勿妄言！』杜弼承間勸歡受禪，歡舉杖擊走之。

歡爲人頗似魏武，但文采不及耳。魏武非不欲受漢禪，其所畏蜀先主與關、葛也。歡非不欲受魏禪，其所畏西魏主及宇文也。魏武非真欲爲周文王，特時未可耳；歡亦然。

上修長干寺阿育王塔，出佛爪髮舍利。幸寺，設無礙食，大赦。

上元縣去西域天竺等國絶遠，長干里，安得有阿育王塔？舍利爪髮，胡爲來哉？此由梁武佞佛，國人化之，而彼教髡徒設爲妖幻，以恣誑惑。帝爲所愚，更加崇飾，而不悟其詐也。

東魏丞相歡將出兵拒魏，杜弼請先除内賊。歡問爲誰，弼曰：『諸勛貴掠奪百姓者是。』歡使軍士張弓、注矢、舉刀、按矟，命弼出其間。弼戰栗流汗。歡曰：『諸勛貴身犯鋒鏑，百死一生，雖或貪鄙，豈可同之常人！』

士大夫重文輕武，常以此論之。但勛貴雖不可等之常人，而聽其掠奪百姓不爲之禁，亦非法也。此歡所以僅足定霸於一時，未可貽謀於來許歟？

歡每號令軍士，其語鮮卑，則曰：『漢民是汝奴，夫爲汝耕，婦爲汝織，使汝温飽，何爲陵之？』其語華人，則曰：『鮮卑是汝作客，爲汝擊賊，使汝安寧，何爲疾之？』

此即民以養兵、兵以衛民之意。三代以下，兵農既分，歡語殊有旨哉！

東魏丞相歡將兵二十萬涉洛，軍於許原西。西魏丞相泰據渭曲以待之，背水置陣。東魏軍見其兵少，争進擊之，無復行列。泰奮擊，大破之。

背水置陣，所謂欲(一)[以]死決也。偃戈葦中，火攻可慮，此亦未爲完策。勿徒以其幸勝而詫爲奇也。

歡喪甲士八萬人，弃鎧仗十有八萬。泰追歡至河上，李穆曰：『高歡膽破矣，速追之可獲。』泰不聽。

泰此時不敢乘勝追歡者，歡雖敗，其衆猶盛也。邙山之不追泰，則歡之失策。

歡自沙苑敗歸，蒲阪民敬珍、敬詳帥衆邀擊之，斬獲甚衆。秦州别駕薛善與族人斬關納魏師。丞相泰進軍蒲坂，略定汾、絳。

西魏承孝武正統，人心所歸，又有宇文爲之佐。觀敬、薛諸人之效順，則知魏德雖衰，天命未改。歡此時固未敢遽簒也。

高敖曹聞歡敗，退保洛陽。獨孤信軍至新安，敖曹引兵北渡河。洛州刺史廣陽王湛弃城歸鄴，信遂據金墉城。

渭曲一敗，獨孤東出，洛陽遂不能守。方知歡決計遷鄴爲得策。

東魏濟州刺史高季式有部曲千餘人，馬仗皆備。濮陽民杜靈椿等爲盜，聚衆近萬人，攻城剽野。季式遣騎三百，一戰擒之；又擊陽平賊路文徒等，悉平之。

莠民爲變，初皆一時烏合，郡縣兵力盡足捕除。惟其縱寇養癰，漸致蔓延而不可制。使魏之牧守盡如季式，破六韓拔陵之亂何自而起哉？

詔以東冶徒李胤之得如來舍利，大赦。

如來生於天竺，在春秋之時；東漢初，其徒始入中國、至長安，不知何時傳入江南。然距佛之涅槃固已久矣。舍利一物耳，安能於數萬里外不脛而走、至無翼而飛來乎？長幹寺之舍利爪髮，尚托諸阿育王，兹冶徒所得，又何從溯其所自乎？即使果有舍利，亦得諸焚化煨燼之余，正如唐之佛骨，韓退之所斥爲凶穢者也，何必奉若至寶、爲之肆眚乎？此非奸民作爲妖幻煽惑愚人冀獲布施，即諸臣如朱异輩有見於帝之信佛錮蔽已深，迎合上意，詐爲之以取容悦也。

東魏侯景等攻獨孤信於金墉，魏丞相泰救之。至邙山與景合戰。泰墜馬，李穆以馬援泰，與之俱逸。高敖曹一軍皆没，爲魏軍所殺。

宇文泰所以墜馬而獲免者，自晦其迹也；以敖曹之勇而軍敗無以自脱者，先建旗蓋，爲敵所攻，而從奴復持金帶以表异於衆也。然非高永樂閉城弗納，亦可不死。

是日，東、西魏置陣既大，首尾懸遠，從旦至未，戰數十合，氛霧四塞，莫能相知。魏獨孤信、李遠居右，趙貴、怡峰居左，戰并不利，與李虎等俱去，泰燒營而歸。

泰非不知兵者，而置陣既大，戰復數合，遂致諸將不能相顧，各自潰歸。足見兵多多益辦，非淮陰侯不能也。

魏王思政陷陣既深，被重創悶絶。思政每戰，常著破衣(弊)[敝]甲，敵不知其將帥，故得免。(李)[蔡]祐擊東魏兵，殺傷甚衆，東魏募人取之，佑止餘一矢，射之應弦而倒，乃徐引還。

爲將臨敵，不可表异於衆也。思政不著破衣(弊)[敝]甲，豈能免乎？佑有一矢，可以却魏兵；賀拔勝不挾弓矢，無以取高歡。古人固以弓矢爲利器也。今人用銃、炮，則弓矢不足言矣。

魏自正光以後，四方多事，民避賦役，多爲僧尼，至二百萬人，寺有三萬餘區。至是，東魏始詔：『牧守令長擅立寺者，計其功庸，以枉法論。』

民之奉佛，非慕佛法也，避賦役也。僧尼至二百萬，正以賦役過重，故出家如是其多耳。不能寬其賦役，而第峻立寺之科，亦不揣本而齊其末矣。我朝不禁民奉佛，亦不禁郡縣立寺，而僧尼日少，塔廟漸廢，則以賦役本輕，而寺觀田産與平民一例納賦也。

東魏以高澄攝吏部尚書，始改崔亮年勞之例，銓選賢能，汰尚書郎，妙選人地以充之。凡才名之士，皆引致門下。

澄爲吏部，所擢用者，大抵其私人耳。將以爵位收拾衆心，則必時時有破格超升者，安得仍用停年舊格乎？史傳書澄之美政，多因魏收紀傳舊文，未可盡信也。

司空袁昂卒，遺疏不受贈謚，敕諸子無上行狀及立銘志。（六年）

昂非過自貶損也。仕梁非其本心，故臨終仍以失節爲愧耳。

以宇文測行汾州事。地接東魏，其人數來寇抄，測擒獲之，待以客禮，衛送出境。東魏人大慚，不復爲寇。或告測交通境外，丞相泰曰：『何得間我骨肉！』命斬之。（七年）

測之待東魏人，蓋取法乎羊叔子之待吴人。然非泰信之不疑，亦不能行其志。

交趾李賁世爲豪右，仕不得志。有并韶者，富於詞藻，詣選求官，吏部以并姓無前賢，除廣陽門郎；韶恥之。與賁還鄉里，連結數州豪杰俱反。

因姓無前賢，輒予猥官，激成交趾之亂，亦門第取人之流弊也。

魏自喪亂以來，公私困竭。東魏丞相歡於幽、瀛、滄、清四州傍海煮鹽，以給軍國之費。

魏屢議弛利予民，仍收歸官者，河東池鹽耳。此則東海之鹽，管子所以富齊，而歷代置榷，未之有廢者也。

東魏臨淮王孝友表曰：『令制百家爲族，二十五家爲閭，五家爲比。百家之内，有帥二十五，徵發皆免，苦樂不均，羊少狼多，復有蠶食，此之爲弊久矣。』

漢之鄉官有三老、亭長、嗇夫等，皆因秦舊。左雄極陳其病民。魏自太和立三長，因有二十五帥，蓋祖《周禮》比閭族黨之法。而蠶食之弊，至以羊少狼多爲比。然則治民立法，惟在簡易，與之休息，無庸多置小官也。

東魏高仲密娶崔暹之妹，既而弃之，更娶李氏，慧而艷，高澄見而悦之，李氏不從，衣服皆裂，以告仲密，仲密以虎牢叛，降魏。（八年）

仲密弃暹妹，必不以其慧而艷也。乃因更娶李氏，禍及其身。甚美必有甚惡，信哉！

侯景入虎牢，獲高仲密妻子。李氏當死，高澄盛服見之，曰：『今日何如？』李氏默然，遂納之。

觀澄之於李氏，其人更可知矣。既通父妾，又奪人妻，躬爲禽獸盜賊之行，安望其振立綱紀、扶持朝政乎？所以能屈群貴而懾百僚，特倚父勢耳。然使高敖曹尚在，必不敢出此。

魏更權衡度量，命蘇綽損益三十六條之制，總爲五卷。搜簡賢才爲牧守令長，皆依新制，百姓便之。（十年）

宇文爲治，最重牧守令長，足以矯魏政之失，皆綽有以贊之。

高澄請於丞相歡，以崔暹爲御史中尉，以宋游道爲左丞。澄謂之曰：『卿一人處南臺，一人處北省，當使天下肅然。』

暹、游道，皆高氏鷹犬，故澄請於其父，用之以收一旦搏噬之效。其矜矜作態，無非私智小數耳。楊愔以『吠狗』擬游道，得其倫矣。然法立自貴近始，高氏父子欲懲貪瀆，先治司馬子如、咸陽王坦之罪，雖一時權略，較梁武之嚴於細民、寬於權貴者，固不可同日語也。

高澄納魏高陽王斌之妹玉儀，封琅琊公主。崔暹諮事，懷刺隆之於前。澄問『用此何爲？』暹曰：『未得通公主。』澄大悦，把暹臂入見之。

觀此事，可知暹之彈劾不避權貴，皆澄使之。澄之用暹，喜其順己之意，而歡以爲當官正色，失之遠矣。暹與季舒，皆崔氏之子極無賴者也。

晋氏以來，文章競爲浮華，魏丞相泰欲革其弊，命蘇綽作《大誥》，宣示群臣，戒以政事，仍命『自今文章皆依此體』。

文無定體，惟在切中事理，明白易曉耳。唐虞三代之文，各不相襲，孔子雅言詩書，四子未嘗仿詩書體也。晋宋浮華，誠足爲弊，然矯其失而爲《大誥》，所争仍不外字句間，與事理無當也。

東魏丞相歡娶柔然女，號曰『蠕蠕公主』。婁妃避正室以處之，歡跪而拜謝。妃曰：『彼將覺之，願絶無顧。』

西魏主弃乞伏后而娶柔然女，歡亦置妻妃而娶其女，皆畏其强大，欲倚以爲援而恐其爲寇也。卒至乞伏賜死，妻妃自絶，所以媚柔然女者至矣。然亦第不爲寇而已，何嘗獲其助哉！

賀琛啓陳四事：其二以爲：『今之燕喜，相競誇豪：積果如丘陵，列肴同綺繡；露臺之産，不周一燕之資。賓主之間，裁取滿腹，未及下堂，已同臭腐。』

太平已久，士大夫以酒食征逐，因而務爲奢靡，競相誇尚。此乃勢所必至，今古一轍，非法令所能禁也。

其四以爲：『事省則民養，費息則財聚。凡興作有非急，徵求有可緩者，皆宜停省，以息費休民。』

雖未明言塔廟齋供，固已隱括其中。帝所以大怒而詰責者，正以觸其所忌也。

上敦尚文雅，疏簡刑法，自公卿大臣，咸不以鞫獄爲意。奸吏招權弄法，貨賂成市，枉濫者多。

刑獄者，民命所繫，所以抑豪强伸枉屈也。此而忽焉，紀綱安在？

上年老，厭於萬機。又專精佛戒，每斷重罪，則終日不懌；或謀反逆，事覺，亦泣而宥之。由是王侯益横。

胡身之謂帝自襄陽起兵，猶可曰伐暴救民，洛口之敗、浮山之敗、寒山之敗，死者不知幾何人；侯景之亂死於兵饑者，典午南渡以後所未見，驅無辜而就死地，乃佛教之罪人。竊謂帝初起兵，志在篡奪，其所誅殺□齊之廢帝及諸王，皆大干不義，不得云伐暴救民也。至於南北構兵，容有勢不獲已者。若侯景之亂，失在納景，及其稱兵犯闕，帝且不自保，安能以景之殺人歸罪於帝乎？惟其姑息養奸，任用非人，則亡國之由耳。

上幸同泰寺，講《三慧經》七日。解講，大赦，改元。是夜，同泰寺浮圖灾，上曰：『此魔也，宜廣爲法事。』群臣皆稱善。乃下詔更起十二層浮圖；將成，值侯景亂而止。

魏浮圖灾而居民皆哭，今帝甫輟講遽有此灾。佛之不佑，民必大恐。故托之於魔而亟下詔也。帝方更起浮圖，欲以除魔，而景即犯闕，然則景乃真魔耳。

東魏丞相歡如鄴。（中大同元年）

胡身之云：朝於鄴，而書『如鄴』，言其陵上，若列國然。竊謂《通鑒》但主紀事，并無褒貶。此書『如鄴』，亦偶變其文，未及削正畫一耳。若謂不書『朝』而書『如』乃譏其陵上，則歡之不臣，由來已久，何以他皆書『朝』，此始書『如』以示譏，且自亂其例乎？

東魏丞相歡攻玉壁，晝夜不息，魏韋孝寬隨機拒之。敵以攻車撞城，孝寬縫布爲幔，隨其所向張之，布既懸空，車不能壞。

孝寬之守玉壁，略似羊侃之守臺城，皆恰逢其敵者也。布幔足禦撞車，以柔制剛也，遇火攻則敗矣。有謂布幔足禦炮者，特石炮耳；若火炮必不能禦。松麻尚可燒布，况硝磺之火力百倍松麻哉！

先是，歡别使侯景將兵趣齊子嶺，楊檦帥騎禦之。景聞檦至，斫木斷路六十餘里，猶驚而不安，遂還河陽。

景非畏檦，當是以聞歡攻玉壁不拔，解圍而去，并聞韋孝寬以定功弩射殺宰相之訛傳，故懼而退耳。

魏蘇綽常謂『爲國之道，當愛人如慈父，訓人如嚴師。』積勞成疾而卒。丞相泰深痛惜之，謂公卿曰：『蘇尚書平生廉讓，吾欲全其素志』，歸葬武功，載以布車一乘，泰與群公送至同州郭外。酹酒言曰：『惟爾知吾心，吾知爾志，方欲共定天下，遽舍吾去，奈何！』

泰之於綽，幾如苻堅之於王猛，均有魚水之契。

東魏侯景將兵十萬專制河南。丞相歡病篤，謂世子澄曰：『我雖病，而汝面更有餘憂，何也？』澄未及對，歡曰：『豈非憂侯景叛邪？』

父病子憂，情之常也。歡輒疑而問澄，蓋亦知志在得權，不恤父病也。澄凌轢勛貴，敢於施之司馬子如，而不敢施之景。宋游道劾景，亦不加罪。蓋景在當日已隱然一敵國矣。

東魏丞相勃海王歡卒。侯景據河南叛，歸於魏。諸將以景之叛由崔暹，澄欲殺暹以謝景。陳元康諫曰：『晁錯前事，願公慎之。』澄乃止。（太清元年）

景雖爲暹所糾，其叛本不由暹。諸將恨暹，故以景叛歸罪於暹而去之。澄實畏景，乃欲殺暹以謝，此失策之大者也。不惟暹死而景之叛如故，且爲諸將所窺，不可復繩以法矣。

景又遣丁和來上表，請以十三州内附。上召群臣廷議。謝舉等皆曰：『頃與魏通和，不宜納其叛臣。』朱异揣知上意，以爲『拒而不納，恐絶後來之望』。上意乃决。

諸臣但言與魏通好，納叛非宜，尚未言及景之狼子野心不可畜也。是時朱异得君，帝惟其言是聽。若剴切諫止，自可挽回帝意，而務爲迎合，更以諛言導之，於是納景之計決矣。梁之亡亡於景，景之納由於异，即謂亡於异可也。

東魏高澄入朝於鄴。

前書『歡如鄴』，此書『澄入朝於鄴』。澄之不臣，殆甚於歡，何以書『朝』不書『如』乎？故知前之書『如』，偶不及檢，亦如魏主之書『幸』，不關義例也。

高澄遣元柱等將數萬衆晝夜兼行，以襲侯景。遇景於潁川北，柱等大敗。

胡身之以爲：景知澄能用其衆，故不敢乘勝北向。竊謂：柱等，特偏師耳。澄先遣柱等，襲景不備，而以韓軌督大軍隨其後，景安敢乘勝北向哉？觀後潁川旋即被圍可見。

韓軌等圍侯景於潁川。景懼，割四城賂魏以求救。于謹曰：『景奸詐難測，不如厚其爵位，以觀其變，未可遣兵。』王思政以爲：『若不乘勝進取，後悔何及！』

魏諸臣惟謹能料景。是時景已納款於梁，志不在西魏，特以梁兵未至，而東魏之圍已合，故割地乞師以救目前之急耳。宇文泰不用謹策，乃有李弼、趙貴之遣。迨潁川圍解，景即謀執二將而奪其軍。若非貴疑之不往，未免爲景所算矣。

景恐上責之，遣柳昕奉啓於上，以爲『王旅未接，死亡交急，遂求援關中，自救目前，事不得已。本圖爲國，願不辭咎。』

景志在歸梁，不在西魏，非有所擇也，以梁可圖，魏不可圖也。梁信景而不之疑，魏疑景而不之信，故梁兵至，魏即引還。非力不能爭也，知景之不可測也。魏智而梁愚也。

景引兵出屯懸瓠，復乞兵於魏。王悦言於丞相泰曰：『侯景所圖甚大，終不爲人下，既背德於高氏，豈肯盡節於朝廷？』泰乃召景入朝。

悦可謂得景之情矣。尊其官爵，而召之入朝，泰處景甚當。故景之詐窮而情見也。

以羊鴉仁爲司、豫二州刺史，鎮懸瓠。下詔大舉伐東魏。遣貞陽侯淵明、南康王會理分督諸將。

伐國大事，而以督師之任付之紈絝少年，不惟無以制馭諸將，亦未免爲侯景所輕矣。

會理懦而無謀，所乘襻輿，施版屋，冠以牛皮。上聞，不悦。淵明與諸將密告朱异，追會理還，以淵明爲都督。

以懦而無謀之會理，而异贊帝用之，又以淵明代之。史稱諸將議軍事，淵明不能對。但云臨時制宜，亦何以逾於會理哉！梁之君臣，可謂不知人矣。然用大將第求之宗室王侯中，得人亦良難耳。

景母及妻子皆在鄴。高澄以書諭之。景使王偉復書曰：『昔王陵附漢，母在不歸；太上囚楚，乞羹自若。矧伊妻子，而可介意！』

以景之凶狡，而欲以其母妻系屬其心，非知景者也。景逆料北歸後澄必不相容，亦無救於闔門受誅，故不復以爲意也。

東魏静帝從容沉雅，時人以爲有孝文風烈。大將軍澄深忌之。初，獻武王（歡謚）自病逐君之醜，事静帝禮甚恭。及澄當國，倨慢頓甚。

凡所書歡恪守臣節，皆襲《魏書》舊文，未盡可信。如果歡能如是，澄不應頓改所爲也。竊揆當日時勢，魏帝爲歡積威所劫，故終歡之世，不敢有异。歡死澄繼，以爲高氏可圖，是以與荀濟等謀誅澄耳。

魏静帝不堪憂辱，咏謝靈運詩曰：『韓亡子房奮，秦帝魯連耻。』荀濟知帝意，乃與元瑾等謀誅澄。澄知之，勒兵入宫，幽帝於含章堂。

侯景復高澄書，自比王陵猶可也，至云『太上乞羹』，已不倫矣。魏帝欲以君誅臣，何取於子房、魯連乎？且靈運因作此詩而見殺，托諸吟咏，非吉兆也。

楊愔謂荀濟曰：『衰暮何故復爾？』濟曰：『壯氣在耳。』高澄欲宥其死，親問之，曰：『荀公何意反？』濟曰：『奉詔誅高澄，何謂反？』

濟自是奇士。在南朝則欲檄梁武，在北朝則謀誅高澄。觀其辨論侃侃，至死不撓，亦可謂慷慨赴義者矣。未可以舉事無成而没其壯節也。

上命蕭淵明堰泗水於寒山，以灌彭城。東魏慕容紹宗御衆十萬，據駱駝峴。羊侃勸淵明乘其遠來擊之，不從。戰於城下，梁兵大敗。淵明爲東魏所虜。

堰浮山以灌壽陽，復堰寒山以灌彭城，帝慣用水攻，諸將固秉承廟算也。

帝方晝寢，聞寒山失律，恍然將墜床，嘆曰：『吾得無復爲晉家乎！』

寒山失律，魏師尚未渡淮，何至即有懷湣之慮？而帝忽發此嘆，詎非幾兆之先見者乎？

東魏使杜弼作檄移梁朝，有云：『侯景周章向背，離披不已。使其勢得容奸，時堪乘便。老賊奸謀，將復作矣。會應遥望廷尉，不肯爲臣，自據淮南，亦欲稱帝。』

決侯景之必叛，度梁師之不敵。此雖以間景於梁，而其言至爲明切。無如梁君臣褎如充耳也。

又云：『彼梁主者，用舍乖方，廢立失所，毒螫滿懷，妄敦戒業，躁競盈胸，謬治清浄。災异降於上，怨讟興於下，必將禍生骨肉，釁起腹心。』

鼓鐘於宫，聲聞於外。帝之詰責賀琛，何嘗不工於緣飾？而其心事曲折，乃爲鄰敵所窺，言之痛切，如見肺肝。帝覽此檄，能毋憬然於中乎！正德之事，東魏無由預知，此則幸而言中。

慕容紹宗引軍擊侯景，戰於渦陽。景命士卒，皆被短甲，執短刀，入陣但低視，斫人脛馬足。東魏軍遂敗。紹宗謂斛律光曰：『吾戰多矣，未見如景之難克者。』

胡身之謂：「景以短兵破紹宗，而不能破陳霸先，由於陣堅不可破。竊謂短甲短刀，低首斫馬足人脛，此破騎兵之法也。紹宗多騎兵，故敗；霸先多步兵，馬足既無可斫，若專斫人脛，則戈矛足以禦短刀而有餘，故不敗。」

慕容紹宗以鐵騎五千夾擊侯景，景誑其衆曰：「汝輩家屬爲高澄所殺。」衆信之。紹宗遥呼曰：「汝輩家屬并完。若歸，官勛如舊。」（二年）

上兵伐謀，其次伐交。紹宗知景誑誘其衆，故明白曉諭，以携其黨；復披髪設誓，以堅其信。是以不戰而破景。由於其衆自潰也。

朝廷聞景敗，未得審問。或云：「景與將士盡没。」上下咸以爲憂。何敬容曰：「得景遂死，深爲朝廷之福。」太子問其故，敬容曰：「景翻覆叛臣，終當亂國。」

梁諸臣不尚玄虚、知禍亂者，陶弘景與敬容二人而已。

上以景爲南豫州牧，蕭介諫曰：「侯景弃鄉國如脱屣，背君親如遺芥，豈知遠慕聖德，爲江、淮之純臣乎！」

介此表不上於初納景之時，至此始痛切陳之。蓋初則帝欲得河南，其意甚盛，朱异復從中慫慂，故介有懷而不敢發。此時彭城既敗，景復失地南奔，以爲帝興已闌，可有轉圜之望。而無如彼昏不悟也。

東魏大將軍澄復求通好，貞陽侯淵明亦以爲言，朱异等皆曰：「可許。」傅岐獨曰：「高澄何事須和？必是設間，欲令侯景自疑。景若不安，必生禍亂。』

景之反復，澄之譎詐，情僞亦非難知。帝既髦荒，又偏信朱异，是以蕭介與岐雖剴切之言，而卒不悟。殆亦國將亡而天奪之鑒邪？

上遣使吊澄，景又啓曰：『今陛下復與高氏連和，使臣何地自處？』上報之曰：『朕與公大義已定，豈有成則納、敗則相弃乎？』

澄所以亟與梁通好者，正欲景無地自處也。帝即推心相與，景已不免自疑。帝與景均墮澄計中矣。

景乃詐爲鄴中書，求以貞陽侯易景；上將許之。傅岐曰：『景百戰之餘，豈肯束手就縶！』上從朱异言，復書曰：『貞陽旦至，侯景夕返。』景於是始爲反計。

兩主通書，必加以璽，所謂璽書也。高澄若通書於梁，亦必用印章以防詐僞。景所爲鄴中書，魏主書邪，抑澄書邪？豈能一無舛漏？且亦必有賫書之人，乃梁之君臣，既不辨其真僞，又不審所從來，率爾答書，致景窮思反噬。殊不可解也。

東魏吏部令史張永和等僞假人官。事覺，糾檢，首者六萬餘人。

吏部令史舞弊賣官，其多乃至於此！此必非實任之官，第待銓者耳。所以然者，由於高澄罷停年格，而以意爲進退，遂致吏得夤緣爲奸也。史所謂銓擢賢能、妙選人地者，果安在哉！

臨賀王正德貪暴不法，屢得罪於上，由是憤恨，陰養死士，幸國家有變。景知之，致箋於正德，約共爲亂。正德大喜，報之曰：『機事在速，今其時矣。』

觀東魏之檄，則梁之不能制景，高澄固已知之。但澄實畏景，景在梁，必導梁兵取河南，固魏之大患也。澄見及此，故亟請通好以間之。意謂和好既定，然後請景於梁。梁執送景，則已得以行誅；梁執景，景不受執，必反，反則梁受其禍，而河南可以無虞矣。此澄之狡謀也。梁武於景納款之初，方欲拱手而取河南，又仗景力以扞東魏，其視景甚重；迨彭城失律，景復弃地南奔，則又以河南之地必不可得，東魏之鋒必不可犯，而景以孤客仰我鼻息，一力士可以縛之，其視景又甚輕。故不惜弃景予魏，以結澄歡，爲苟求罷兵之急策，是以墮澄之計，速景之反，卒致亡國。其亦不足悲也已。

景反於壽陽，以誅朱异等爲名。上笑曰：『是何能爲！』以邵陵王綸持節督諸軍討景。

以綸之狂謬，而使之督軍討景，宜其敗也。

景問策於王偉，偉曰：『邵陵若至，彼衆我寡，必爲所困。不如弃淮南，帥輕騎直掩建康，臨賀反其内，大王攻其外，天下不足定也。』景從其計。

偉所以勸景直掩建康者，恃正德之内應也。

景攻曆陽，太守莊鐵以城降，因説景曰：『大王速趨建康，可兵不血刃而成大功。若使朝廷徐得爲備，遣羸兵千人據采石，雖精甲百萬，不得濟矣。』

景已納王偉之策，直掩建康，而鐵復贊其決，由是以兵臨江。

景引兵臨江。上問討景之策，羊侃請『以二千人急據采石，令邵陵王襲取壽陽，景進不得前，退失巢穴，其衆自瓦解。』朱异曰：『景必無渡江之志。』遂寢其議。

此時若用侃議，自足制景。且景兵尚阻大江，但有士馬，并無舟楫。若於采石嚴防，則景與正德不能遽合，正德亦未敢公然以大船數十艘迎景而濟之也。景若無渡江之志，臨江欲何爲乎？异之誤國，固不足責；而帝之髦荒失智，直同木偶，尤可怪也。

太子停中書省，指授軍事。朝廷猶不知臨賀王正德之情，命正德屯朱雀門。

景自采石濟江，皆正德遣大船迎之。事甚彰灼，乃一無聞知，而更付以朱雀之管鑰，欲其不開門延寇得乎？

太子命臨賀王正德守宣陽門、庚信守朱雀門，景至朱雀桁南，太子命信開大桁以挫其鋒，正德止之。俄而景至，信弃軍走。正德迎景入宣陽門。

建康諸門，朱雀最要，以其南臨秦淮，以大桁爲津渡也。初以付正德，又以付信。信文學雖優，未嫻軍旅，豈能當戰守之事哉！況甫命開桁，旋以正德之言而止。於是景兵徑渡北岸，直指宣陽，正與正德合勢，而揚旌闕下矣。

朱异遺景書，爲陳禍福。景報書，并告城中士民曰：『梁近歲以來，權幸用事，割剥齊民，以供嗜欲。僕所以趨赴闕庭，指誅奸佞，非傾社稷。幸各三思，自求元吉！』

景所謂騎虎背、探虎穴者也。此時乃遺書爲陳禍福，豈足動其聽哉！景報書不惟聲异之罪，亦以携士民之心也。

陳昕説景將範桃棒襲殺王偉、宋子仙，詣城降。上大喜。太子恐其詐，朱异、傅岐曰：『桃棒既降，景必驚，乘此擊之，可大克也。』太子終不能决。桃棒爲景所殺。

是時臺城危在旦夕，所以尚能固守者，恃羊侃耳。景軍勢方盛，桃棒忽於此時約降，事本可疑。太子之不遽受，未爲無見。异種種昏謬，獨於桃棒信之不疑，亦非果有定見，意謂桃棒若降，則景兵可退，城圍自解，故亟爲贊成，而不虞其詐耳。此不宜咎太子之失機而許异之有識也。

邵陵王綸帥西豐王大春等步騎三萬，自京口西上，營於蔣山。景分兵三道攻綸。綸與戰，破之。明日再戰，安南侯駿等敗走，景乘勝擊之，諸軍皆潰。綸奔朱方。

綸本狂謬，其一戰而勝，亦幸耳。即不爲安南所誤，亦必非景敵也。

湘東王繹遣世子方等將步騎一萬入援。方等有俊才，善騎射，親犯矢石，以死節自任。

胡身之譏方等可以謂之必死之將，而不能全其身以全國家，非所論於臣子大節。竊謂主辱臣死，致身之義也。况方等梁武親孫，安可視臺城之危而不冒死以赴救乎？其親犯矢石，固無虧於臣子之大節也。獨惜其不死於臺城，而死於湘州耳。

朝野以侯景之禍，共尤朱异。异慚憤發疾，卒。上痛惜异，特贈尚書右僕射。

以异之貪佞誤國，獲保首領以歿，幸矣。而帝眷注至死不衰，异哉！

時援軍四集，鄱陽世子嗣等將兵渡淮，攻東府前柵，焚之。侯景退，諸軍互相猜阻，莫有戰心。

臺城危在旦夕，所亟望者援軍耳。乃既集而互相猜阻，何貴乎援軍哉！

景抄掠無所獲，東城米可支一年，援軍斷其路，又聞荆州兵將至，甚患之。用王偉計，遣任約等至城下，拜表求和，乞復先鎮。太子以城中窮困，遂報許之。

範桃棒之請降，情僞誠不易料。若景之請和，正因攻城不克，援軍大集，姑爲此請，以懈中外之心耳。其詐謀灼然易見。乃既許其請，復爲之降詔以止援軍，則適墮其計中矣。

景運東府米入石頭。王偉聞荆州軍退，援軍雖多，不相統壹，乃説景且觀其變。臨賀王正德亦謂景曰：『大功垂就，豈可弃去？』景遂上啓，陳帝十失。

偉言觀變，爲景計也；正德言不可去，自爲計也。蓋正德從逆，正以景破城後必廢帝而立己耳。若一旦解圍而去，不惟篡奪之志不遂，亦何地自容乎？故知其情更迫於偉也。然景既不撤長圍，而運東城米入石頭，其意可見。即微二人言，亦必不去也。

景百道攻城，晝夜不息，邵陵世子堅守太陽門，終日蒲飲，不恤吏士。董勛、熊曇朗恨之。於城西北樓引景衆登城，永安侯確力戰，不能却。

邵陵在外，既按兵不戰，其子復不恤吏士，以致勛等引賊登城。臺城之陷，邵陵父子尤罪之魁也。

景入見於太極東堂，上神色不變。復至永福省見太子，太子亦無懼容。景謂王僧貴曰：『吾跨馬對陣，了無怖心。今見蕭公，使人自慴，吾不可以再見之。』

景以此時援軍尚集秦淮南岸未散，且諸王侯分列州郡，其勢衆强，若遽行篡弑，恐群興問罪之師，故陽奉梁武父子，不加兵刃耳。非畏其天威難犯也。凡史所書類此者，不足盡信。

景遣石城公大款以詔命解外援軍，諸軍隨方各散。柳仲禮及弟敬禮、羊鵶仁、王僧辨、趙伯超并開營降。仲禮等入城，先拜景，而後見上。

景所以留帝者，假其詔以解援軍也。邵陵東奔，仲禮等皆降，援軍盡散矣。

初，臨賀王正德與景約，破城之日，不得全二宫。及城開，正德帥衆揮刀欲入。景先使其徒守門，不得入。景更以正德爲大司馬。正德入見上，拜且泣。

正德貪愚，爲景所賣，至此方如大夢初覺也。亦何顔與帝相見乎！

上外爲景所制，而心甚不平。太子泣諫，上曰：『若社稷有靈，猶當克復。如其不然，何事流涕？』

帝此時自知必無全理，故於景不復假借，景亦知其如此，且老而將死，不復與較耳。史所稱『心甚憚之』者，妄也。

上卧静居殿，口苦，索蜜不得，再曰『荷荷』，遂殂。年八十六。

帝享國最久，年登大耄，或亦茹蔬戒殺之報乎？然使其早赴山陵，何至幽縶困辱，至於料檢鷄子而不可得哉！天假之年，非福之也。

太子即皇帝位，立宣城王大器爲皇太子。臨賀王正德怨侯景賣己，密書召鄱陽王範，使以兵入。景遮得其書，縊殺正德。

正德初拜大司馬，雖失所望，猶冀帝殂景當立己也。至此確知始終爲所紿，故怨景，欲更召外兵以圖之，而適以自殺其軀也。

東魏大將軍澄爲膳奴蘭京等所殺。時變起倉猝，内外震駭，太原公洋聞之，指揮部分，入討群賊，斬而臠之，内外莫不驚异。

是時東魏大權，久歸高氏，朝廷内外，皆其私人。澄之被殺，賊黨不過六人，何難捕獲？洋處此際，本易措置。史因《魏書》，過爲炫飾，不足信也。

岳陽王詧與湘東王繹爲敵，恐不能自存，遣使求援於魏，請爲附庸。丞相泰令榮權使於襄陽。繹遣柳仲禮鎮竟陵以圖詧，詧懼，遣其妃王氏及世子嶚爲質於魏。仲禮趣襄陽，泰遣楊忠及長孫儉將兵救詧。

繹於臺城之陷，樹栅掘塹，但爲固守江陵之計，不遣一旅東下勤王。獨於湘州并力急攻，有必不兩立之勢，以致岳陽窘迫求救於魏以圖存。而江陵之禍，權輿於此。

南郡王大連爲東揚州刺史，朝夕酣飲，不恤軍事；宋子仙攻會稽，大連欲奔（岳）［鄱］陽，子仙執送建康。帝聞之，引帷自蔽，掩袂而泣。

大連在州，朝夕酣醉，曾不念其父之被幽於臺城、度日如歲也。迨被獲送臺，而簡文爲之掩袂而泣，舐犢之情、婦人之態，抑亦不足悲已。

注釋：

〔一〕　魏按：黄氏此處理解有誤。『懸券』，即當時抵押貸款的文契，并非『虚券』。『懸券不得驅奪』，猶美國之《家園地豁免法》，規定欠債人即便欠債無法歸還，亦不得將其掃地出門。

鑒評别録卷三十二

梁紀二

太宗簡文皇帝（諱綱，字世纘，小字六通，武帝第三子，昭明太子母弟，在位二年）

魏楊忠圍安陸，柳仲禮救之。忠謂諸將曰：『南人不閑野戰，仲禮師在近路，吾以奇兵襲之，一舉可克仲禮，則安陸不攻自拔，諸城可傳檄定也。』（大寶元年）

以奇兵襲南軍而與之野戰，以所長制所短也。不與水戰，避所長也。

侯景遣任約等帥衆攻諸藩。邵陵王綸欲救河東王譽而兵糧不足，乃致書於湘東王繹，勸其解湘州之圍，存社稷之計。繹不從。

景遣將攻諸藩，爲篡位計也。是時諸藩唯湘東最强，所以不即勤王者，欲景弑帝，己可以越次得立耳；其亟攻湘州者，恐譽兄弟議其後也。綸言雖中理，烏足動其聽哉！且綸所以致書於繹者，欲繹緩湘州之攻，與譽兄弟相持，而己得以擁兵江夏，觀望形勢，庶可攘取大物，其言似誠而實詐也。

江南連年旱蝗，江、揚尤甚。富室無食，衣羅綺，懷珠玉，俯伏床帷，待命聽終，白骨成聚。

羅綺珠玉，無救於死，方知菽粟之爲貴。然當此時，雖有菽粟，安得而食諸？彼富室者，大抵奉佛之人也，福利安在哉！

邵陵王綸在郢州，以聽事爲正陽殿，内外齋閣，悉加題署。其部下陵暴軍府，郢州將佐莫不怨之。

綸之僭署殿閣，較元亶之輒稱警蹕，尤爲可醜。其窺覦非分，如見肺肝。

王僧辯攻長沙，克之，斬河東王譽。湘東王繹自去歲聞高祖之喪，以長沙未下，故匿之。至是始發喪，刻檀爲高祖像，事之甚謹，猶稱太清四年。

繹據强藩，擁重兵，坐視其父餓死臺城而不救。今雖刻檀爲像，動静必諮，亦何及乎！然繹爲此，非不忍於其父也，將以假太清之號，托高祖之靈，欲俟平侯景後以簡文爲賊臣所立，廢而代之耳。

東魏徐之才、宋景業，皆善圖讖，以太歲在午，當有革命，因高德政以白齊王洋，勸之受禪。

魏屢禁讖緯，而傳習未絶，二臣因之導洋圖篡。圖讖之禍人家國如是。

洋召諸勛貴議之，杜弼曰：『關西國之勍敵，若受魏禪，彼挾天子、稱義兵而東向，何以待之！』徐之才曰：『彼亦欲爲王所爲。縱其屈强，不過隨我稱帝耳。』

魏諸臣所以不勸洋受禪者，非忠於魏也，畏宇文挾西魏主而議其後耳。弼之言，乃人人意中之言，歡與澄雖積威震主，而未敢攘取大物，正以此也。之才能料宇文，故力贊其決。

東魏孝静帝禪位於齊王洋，乃下御坐，步就東廊，咏范蔚宗《後漢書·贊》曰：『獻生不辰，身播國屯，終我四百，永作虞賓。』

帝之謀誅高澄也，咏謝靈運詩，自托於子房、魯連，固擬不於倫矣。兹復咏《後漢書·贊》，自比於漢獻，庶幾近之。然欲如山陽之壽考令終，亦豈易得哉！虞賓可作，正恐不永耳。

魏丞相泰以齊主稱帝，帥諸軍討之。自弘農爲橋濟河，至建州。齊王自將出頓東城。泰聞其軍容嚴盛，曰：『高歡不死矣。』會久雨，乃自蒲阪還。

泰雖帥大軍東討，乃未交綏而即退者，亦如魯三卿之不討陳恒，果不出徐之才所料也。

初，魏敬宗以爾朱榮爲柱國大將軍，文帝復以丞相泰爲之。其後功參佐命者，亦居此官，凡八人，謂之八柱國。

繼宇文者，楊氏，而楊忠不在八柱國之列。李虎，則李唐之祖，獨孤信則隋獨孤后之祖也。

魏丞相泰始籍民之才力者爲府兵，身租庸調一切蠲之，以農隙講閱戰陣。

府兵即民兵也，但蠲其租庸調，而無養兵之費，有事則爲兵，無事則散而仍爲民。其制最爲近古。

湘東王繹以王僧辯爲大都督，帥諸將東擊侯景。至巴陵，聞郢州已陷，因留戍之。景攻之不克，軍中食盡，死傷大半，胡僧佑等與戰於赤亭，破之，擒其將任約，景焚營夜遁。約至江陵，繹赦之。徐文盛坐怨望，下獄死。

赤亭一戰，景之鋭挫矣。約臨陣被擒，罪無可宥，文盛西陽之捷功亦足録，赦彼誅此，不可解也。

王僧辯攻魯山，擒支化仁。進攻郢州，克其羅城。宋子仙等困蹙，乞輸郢城，身還就景；僧辯僞許之，子仙浮舟將發，宋遥追至白楊浦，大破之。周鐵虎生擒子仙及丁和，送江陵，殺之。

南軍長於水戰，僧辯所以屢破景兵者，皆水軍之力也。任約、宋子仙、丁和，皆景之腹心爪牙也。次第就擒，不待至建康而其勢已不支矣。

王僧辯乘勝下湓城，陳霸先帥所部三萬人將會之，屯於巴邱。西軍乏食，霸先有糧五十萬石，分三十萬石以資之。

以今地理按之，則僧辯下九江，霸先屯廬陵，其運糧則由長江順流而下也。

景尚帝溧陽公主，嬖之，妨於政事。王偉屢諫，景以告主，主有惡言，偉恐爲所讒，因説景除帝。

以景之凶狡，而不免爲溧陽所惑，偉慮讒，因進廢立之計。是帝之被弒，實由溧陽，則亦不祥人矣。

景廢帝爲晋安王，更立豫章王棟爲帝。殺太子大器及王侯二十餘人。太子於景未嘗屈意，謂所親曰：『賊若於（時）［事］義，未須見殺，吾雖陵慢呵叱，終不敢言。若見殺時至，雖一日百拜，亦無所益。』

太子之言，至言也。即此則知景之不弒梁武，及擁立簡文，皆於（時）［事］義未須見殺耳。史乃云『憚帝天威』，不亦謬乎！

郭元建問景何故廢帝，景曰：『王偉勸吾「早除民望」，以安天下。』元建曰：『吾挾天子令諸侯，猶懼不濟；無故廢之，乃所以自危，何安之有！』

元建此言，正坐畏王僧辯耳。即不廢帝，西師亦難中止。湘東不用大寶年號，豈簡文之令所能行乎！但景不受禪於兵力全盛之時，而廢立於郢州累敗之後，亦偉之失策也。

景以太子妃賜郭元建，元建曰：『豈有皇太子妃乃爲人妾乎！』竟不與相見，聽使入道。

元建雖賊黨，而此舉有長者之風。其不與王偉等隨景并誅者，或亦有天道邪？

景弑簡文帝，豫章王棟禪位於景。景封爲淮陰王，鎖於密室。

自臺城既陷，梁帝久爲景所囚縶矣。豈獨淮陰有密室之厄哉！

王僧辯等至蕪湖，侯景使侯子鑒據姑孰南洲以拒之，戒之曰：『西人善水戰，勿與争鋒。』子鑒舍舟登岸，閉營不出。僧辯等停軍蕪湖十餘日。

登岸閉營，欲待西師之來而擊之也。僧辨知其謀，不肯捨其長而用其短，故停軍不進。

景命子鑒爲水戰之備。僧辯至姑孰，合戰中江，子鑒大敗，僅以身免。收散卒，走還建康。

以水戰破擒任約、宋子仙者，僧辯之軍耳。今復益以陳霸先之衆，豈子鑒所能當哉！其得免亦幸矣。

世祖孝元皇帝（諱繹，字世誠，小字七符，武帝第七子，在位三年）

侯景聞子鑒敗，大懼，涕下，覆面曰：『誤殺乃公！』（承聖元年）

景所云『誤殺乃公』，以王偉勸令廢立，因受禪也。景即不受禪，荆州之兵能不連檣而下乎！

王僧辯進軍招提寺北，侯景率衆衝王僧志陣，僧志小縮，陳霸先遣徐度將弩弓二千横截其後，復與王琳等以鐵騎乘之，景帥百餘騎，弃矟執刀，左右衝陣不動，衆遂大潰。

弃矟執刀，亦是短兵接戰，但仍皆騎兵也。與景渦陽之戰令軍士皆短甲短刀，低頭入陣，斫馬足人脛，以敗慕容紹宗者不同，彼乃弃騎用步也。且其時軍勢方盛，與此時之百餘騎，多寡懸殊，安可執彼例此哉！胡身之相提并論，殆未審也。

景至闕下，不敢入臺，與房世貴等百餘騎東走，欲就謝答仁。侯子鑒、王偉奔朱方，杜崱入據臺城。王僧辯命侯瑱等帥精甲五千追景。

江中屢挫，猶可曰『水戰不敵』也。至是陸戰敗績，而景之勢窮矣。是以弃臺城而東遁。

僧辯之發江陵也，啓湘東王曰：『平賊後，嗣君何以爲禮？』王曰：『六門之内，自極兵威。』僧辯曰：『討賊臣爲己任，成濟之事，請别舉人。』王乃密諭朱買臣，使爲之所。

湘東所以刻檀肖高祖、仍稱太清四年者，意固有在。至是乃情見乎辭矣。侯景之攻臺城也，臨賀王正德約以克城之日不得全二宫；兹湘東復委買臣以成濟之事。梁武之待子侄，溺愛百倍恒情，而其子侄安忍無親乃至此極！

豫章王棟及二弟橋、樛相扶出密室，二弟曰：『今免横死矣！』棟曰：『倚伏難知，吾猶有懼！』朱買臣呼之就船共飲，未竟，并沉於水。

棟與譽同出昭明太子，乃譽之猶子也。（懌）［繹］方與譽爲仇敵，安肯全棟兄弟乎！此棟所以懼也。（懌）［繹］密諭買臣爲之所者，本欲弑簡文，因其已殂，而移之於棟兄弟，仍承（懌）［繹］旨也。

侯子鑒奔廣陵，與郭元建皆降齊；直瀆戍主黄公喜獲王偉，送建康。王僧辯問曰：『卿爲賊相，而求活草間邪？』偉曰：『使漢帝（景僞號）早從偉言，公豈有今日！』

偉與子鑒中途相失，遂爲公喜所獲，殆亦簡文有靈，陰制其命，而不能逃邪？偉之於景，可謂言聽計從矣。當日景遣僧辯西還，偉初不聞諫阻，今乃謬爲此言，以愧僧辯，則猾賊之利口也。

益州刺史、武陵王紀即皇帝位，王僧略、徐怦固諫，不從。初，臺城之圍，怦勸紀速入援，紀不欲行，内銜之。至是誣怦謀反，殺之，并殺僧略。

武陵勤王之怯，不异湘東，其僭位之勇，乃更過之。繹以蕭賁勸其勤王，而枉殺賁；紀因怦勸其勤王并諫其僭位，而枉殺怦，真可謂魯衛矣。

侯瑱追敗侯景於松江，擒彭儁等。景與腹心數十人單舸走，下海欲向蒙山。羊侃之子鵾刺殺景，送尸建康，傳首江陵，暴尸於市，士民争取食之，并骨皆盡。

景即歸北，高氏豈復相容？蒙山之行，徒送死耳。鵾卒殺景，不忝其父。景亦一時梟雄，至此不自引決，乃欲挾船入水，何其憊也。

湘東王執王琳於殿中。琳從王僧辯平侯景，功居第一。在建康，恃寵縱暴，僧辯不能禁。以宫殿之燒，恐得罪，欲以琳塞責，乃密啓請誅琳。琳至江陵，王下琳吏。

僧辯於克臺城後，不能約束軍士，以至公行劫掠，復遺火延燒宫殿。不自引咎，輒委罪於琳，啓請加誅，亦大异乎君子之用心已。

湘東王即皇帝位於江陵。侯景之亂，州郡太半入魏，自巴陵以下至建康，以江爲限，荆州界北盡武寧，西拒峽口，詔令所行，千里而近，民户著籍者，不盈三萬。

廣陵已入於齊，則建康與齊對境，止隔一江。岳陽王詧復以襄陽附魏，上游襟領之地頓成敵國，江南大勢駸駸乎折而入於北。此混一之漸也。

上聞武陵王紀東下，使方士畫版爲紀像，釘支體以厭之。與魏書曰：『子糾，親也，請君討之。』

荆、益，唇齒也；繹、紀，手足也。今起而相圖，内亂既作，外寇乘釁而入矣。况襄陽仇敵，近在肘腋乎！

魏太師泰曰：『取蜀制梁，在此一舉。』諸將咸難之。尉遲迥曰：『蜀恃其險，不虞我至。若以鐵騎兼行襲之，無不克矣。』

用兵之道，巧遲不如拙速。侯景直趨建康，迥兼行襲取成都，皆乘其不備，直攻其根本也。

潼州刺史楊乾運兄子略説乾運曰：『侯景初平，宜同心戮力，保國安民，而兄弟尋戈，自亡之道也。世衰難佐，不如送款關中。』乃與楊法琛皆潛通於魏。

兄弟尋戈，自取其亡，此不獨爲武陵言之也。湘東與武陵一轍耳。初攻建康，預飭朱買臣，爲成濟之事；及挫武陵，又敕樊猛，不令紀生還，猛遂斬紀。刈兄弟如草菅，其不克令終，宜哉！

下詔將還建康，胡僧等勸上留都江陵。上以建康凋殘，江陵全盛，卒從僧祐等議。詔王僧辯還鎮建康，陳霸先復還京口。

使帝還建康，亡可稍緩，江陵既介在江北，而僧辯、霸先復置之下游千里之外，脱有緩急，將誰恃乎？

齊主親征契丹，倍道兼行，奮擊大破之，虜獲十萬餘口，雜畜數百萬頭。

高洋雖昏暴，而其臨敵戰勝，固亦一時之雄。

齊主討山胡。有都督戰傷，其什長路暉禮不能救，帝命刳其五藏，令九人食之皆盡。自是始爲威虐。

洋之暴虐，出於天性。方其篡位伊始，猶自矯飾，至是破契丹、服柔然、平山胡，志得意滿，故淫酗殘酷，無所不至耳。

魏主密謀誅太師泰；謀泄，泰廢魏主，置之雍州，立其弟齊王廓。去年號，稱元年，復姓拓跋氏。九十九姓改爲單者，皆復其舊。

齊之篡東魏也，先使代人復其本姓；今宇文亦然，西魏殆不久矣。魏孝文以漢姓易蕃姓，西魏不惟使改者復舊，并令諸將所部士卒亦改從其姓，是又以蕃姓易漢姓。北方姓氏，自是紛錯難詳已。

郢州刺史陸法和上啓自稱司徒，上怪之。王褒曰：『法和既有道術，容或先知。』上就拜法和爲司徒。

法和自稱司徒，即拜爲司徒；若自稱天子，亦奉爲天子乎？法和妖妄，托幻術以誑惑愚人，梁主爲其所愚耳。

魏侍中宇文仁恕來聘。會齊使亦至，帝接仁恕不及齊使。仁恕歸，以告太師泰。泰曰：『「天之所弃，誰能興之」，其蕭繹之謂乎！』

宇文於江陵，垂涎已久，即卑辭厚幣，亦未能止其狡焉思啓之志，况自開兵端乎！

齊魏收撰《魏書》，頗用愛贈爲褒貶，每謂人曰：『何物小子，敢與魏收作色！舉之則使升天，按之則使入地！』既成，時人不服，謂之『穢史』。

崔浩以直筆而族誅，收蒙『穢史』之譏其書至今不廢，詎非有幸有不幸邪！

上以王琳爲廣州刺史，琳謂李膺曰：『今天下未定，遷琳嶺南，如有不虞，安得琳力！何不以琳爲雍州刺史，鎮武寧，爲國禦捍？』膺然其言，而弗敢啓。

梁元股肱爪牙之臣，藉其力以平侯景者，王僧辯、陳霸先及琳耳。既都江陵，即當留僧辯於朝，畀以軍國重任；置霸先於建康以備齊；置琳於武寧以捍魏，此一定之局也。乃不出此，所以魏師卒至，召僧辯而不來，琳雖欲效忠而不得。

庚季才言於上曰：『建子之月，恐有大兵入江陵。陛下宜還都以避之。假令魏虜侵逼，止失荆、湘，社稷猶得無慮。』上嘆曰：『禍福在天，避之何益！』

荆、湘既失，順流之勢已成，建康安能支久？然北軍不習水戰，扼大江以控制，尚是救亡之急策。梁元亦非必不信天文，特狃於苟安、昧於大計耳。

齊主使常山王演等帥衆於洛陽西南築四城。齊主巡四城，欲以致魏師，魏師不出。

魏方有事於梁，故不復加兵於齊。胡身之謂宇文泰畏齊强，非也。

帝好玄談，於龍光殿講《老子》。

武帝好佛，故於同泰寺講經；元帝好道，故於龍光殿講《老子》。均足爲君德之累。而武帝開講於無事之時，元帝開講於多事之日，尤爲不知務也。

魏遣于謹等將兵五萬入寇，至樊鄧，梁王詧帥衆會之。帝使李膺至建康，徵王僧辯爲大都督、荆州刺史，命陳霸先徙鎮揚州。

以僧辯之才略，即在江陵，未必能却魏兵。況先不畀以重任，至此始徵之入衛，亦何及乎！

魏軍濟漢，于謹令宇文護克武寧，執太守宗均。

使以王琳守武寧，必非旦夕所可克也。不以付琳，而以付均，故護至而即下。

帝乘馬出城行栅，插木爲之，周圍六十餘里。以胡僧祐都督城東諸軍事，王褒都督城西諸軍事。

插木爲栅，果足遏魏兵乎？直兒戲耳。是時江陵諸將，固不得不首推僧祐。褒，文士，乃亦分都督之任，何也？

徵王琳爲湘東刺史，使引兵入援。

平時則推之惟恐不遠，今勢急矣，嶺南天末，安能一呼而至哉！

于謹令築長圍，中外信命始絶。帝巡城，猶口占爲詩，群臣亦有和者。帝裂帛爲書，趣王僧辯曰：『吾忍死待公，可以至矣！』

戒嚴而復開講，巡城而猶爲詩，直是全無心肝，不亡何俟乎？計帝此時，惟有與諸將突圍出走，順江東下，趨建康以就僧辯，或可逃死耳。待其至而竟不至，僧辯固畏魏之强也，豈忠於帝者哉！

王琳軍至長沙鎮，裴政先報江陵，爲魏所獲。梁王詧鎖政至城下，使言曰：『王僧辯已自爲帝，王琳不復能來。』政告城中曰：『援兵大至，各思自勉。』

琳自廣州入援，軍行不爲遲緩。但江陵已勢不能支矣。若王僧辯，則未離建康一步。

魏人百道攻城，胡僧祐親當矢石，晝夜督戰，衆咸致死，魏不得前。俄而僧祐中流矢死，内外大駭。反者開西門納魏師，帝與太子及王褒等退守金城。

梁元忠臣，僧佑與王琳二人而已。僧佑戰死於東，反者開門於西，非王褒之罪歟？

城陷，帝命高善寶焚圖書(四十)[十四]萬卷，將自赴火，左右共止之。又以寶劍斫柱令折，嘆曰：『文武之道盡矣。』

文武之道，詎徒書、劍？帝何小視文武邪？

帝使王孝祀作降文。謝答仁、朱買臣請突圍出，可渡江就任約。帝問王褒，褒曰：『答仁，侯景之黨，豈足可信！』答仁又請守子城，帝然之，褒以爲不可。

答仁誠不足信，若突圍渡江，以就任約，或堅守子城，以待王琳，猶勝於束手面縛也。帝惟褒言是聽，故卒爲所誤。

于謹征太子爲質，帝使王褒送之。謹子以褒善書，給之紙筆，乃書曰：『柱國常山公（于謹官封）家奴王褒。』

褒已甘心作于謹家奴矣，其力勸帝降，宜哉！

帝爲魏人所殺，并殺太子元良等。魏立梁王詧爲梁主，資以荆州之地，延袤三百里，仍取其雍州之地。

魏之殺帝，詧爲譽等復仇也。然自是詧亦不能自立矣。

魏師之在江陵也，尹德毅説梁王詧『伏武士，襲殺于謹等，分諸將，掩其營壘，盡殲其衆，撫安江陵百姓，招致王僧辯等，朝服濟江，入踐皇極。』詧曰：『魏人待我厚，未可背德。』既失襄陽，乃恨不用德毅之言。

德毅所云，自是一時奇策。詧之不從，蓋冀魏以荆州界己，而不意其更奪雍州也。天之所廢，誰能興之？梁祚盡矣，即從德毅，未必果足斃于謹，王僧辯等亦必不甘心北面於詧也。

王僧辯、陳霸先等共奉晋安王方智爲太宰，承制。王褒、王克、劉瑴、宗懔、殷不害、沈炯至長安，太師泰皆厚禮之。

此時方智尚在江州，僧辯等遥奉之耳。王克既失節於侯景，又歸降於西魏。江左王氏，累世卿族，至此掃地盡矣。王褒甘心爲奴，何足齒哉！

敬皇帝（諱方智，字慧相，小字法真，元帝第九子，在位二年）

梁王詧即皇帝位於江陵，惟上疏於魏則稱臣，奉其正朔。以蔡大寶爲侍中、尚書令，推心任之，以爲謀主，比之諸葛孔明。（紹泰元年）

以大寶比諸葛，詧蓋以昭烈自比也。勿論晉安建號金陵，莫能兩大，且依魏爲國，至於稱臣，自比附庸，亦异乎蜀漢三分鼎峙者矣。

齊立貞陽侯淵明爲梁主，使其上黨王渙將兵送之。晉安王至自尋陽，即梁王位，時年十三。

先以晉安爲太宰、承制，既迎至建康，而未正位號，但稱梁王。蓋因聞齊納貞陽，故遲疑，將有待也。僧辯此時已有迎立貞陽、以晉安爲皇太子之成算在其意中矣。

齊主使邢子才詣建康，與王僧辯書，令其迎接貞陽王淵明。淵明亦與僧辯書求迎。僧辯不從。

僧辯畏齊，豈果一意推戴晉安哉！姑爲不從，以掩其觀望之迹耳。

貞陽侯淵明至東關，裴之横禦之。齊克東關，斬之横，王僧辯大懼，遣使奉啓於淵明，定君臣之禮，又遣别使奉表於齊，求以晉安王爲皇太子。淵明許之。

東關一挫，遽即奉表送質。初之不從，誠邪僞邪？

淵明入建康，即皇帝位。齊主以梁國稱藩，詔凡梁民，悉遣南還。

詧既稱藩於魏，淵明亦稱藩於齊。梁既分爲二，而皆無以自立。

王僧辯納淵明，陳霸先苦争之，僧辯不從。霸先謂所親曰：『武帝子孫甚多，惟孝元能復仇雪耻，其子何罪，而忽廢之！外依戎狄，援立非次，其志欲何所爲乎！』

霸先欲圖僧辯，故加之罪耳。以孝元能復仇，不應廢其子責僧辯，异日受禪篡位，尋即加害者，獨非孝元之子歟？

會有告齊師至壽春，將入寇者，僧辯遣使江旰告霸先，使爲之備。霸先留旰於京口，舉兵襲僧辯。執其父子，縊殺之。既而竟無齊兵，亦非霸先之譎也。

先有人告齊師大舉入寇，既而竟無齊兵，此與宋祖出兵陳橋，以禦契丹，因而受禪事正相類。霸先遣人虚構兵形，藉以舉兵襲僧辯耳。觀其因杜稜小有异同，立即絞之悶絶，囚之别室，其謀甚密，則其遣人告齊舉兵，亦必無知其謀者。故史以『非霸先之譎』書之，不知人人以爲非其譎，乃其譎也。

貞陽侯淵明遜位，出就邸。晋安王即皇帝位，告齊云：『僧辯陰圖簒逆，故誅之。』仍稱臣於齊，永爲藩國。

霸先擁立晋安，而稱藩於齊如故。

陳霸先東討義興，徐嗣徽、任約將兵五千襲建康，據石頭。侯安都擊破之。齊遣兵五千渡江據姑孰，以應嗣徽等。又遣翟子崇等於胡墅度米三萬石、馬千匹入石頭。

建康守備單虚，嗣徽等既襲據石頭，齊師復進據姑孰，臺城危於累卵，所恃惟安都耳。緣與齊對境，止隔一江，故有卒不及防之勢。

霸先問計於韋載。載曰：『齊若分兵先據三吴之路，略地東境，則時（勢）［事］去矣。今可急於淮南因侯景故壘築城，以通東道轉輸，分兵絶彼糧道。』霸先從之。

建康糧仰給三吴，防齊人遏東路傳輸，而分兵絶彼糧道。行軍無論主客、攻守，皆賴糧以濟，故善言兵者每先籌之。

霸先對冶城立航，悉渡衆軍。柳達摩等渡淮置陳，霸先督兵疾戰，大破之。徐嗣徽等引齊兵還據石頭，霸先四面攻之。達摩遣使請和。霸先陳兵石頭南門，送齊人歸北。嗣徽、任約皆奔齊。

國必能自强而後能自立。霸先所以移梁祚，而卒與齊爲敵國者，恃能戰也。

突厥木杆可汗擊柔然主鄧叔子，滅之。木杆西破嚈噠，東走契丹，北并契骨，其地東自遼海，西至西海，長萬里，南自沙漠以北五六千里皆屬焉。

突厥之地，與今之俄羅斯部落廣輪相等。蓋所謂契骨，即黠戛斯，亦曰紇扢斯。番音無定，故至今遂爲俄羅斯，其地則兼柔然之舊域也。

齊遣蕭軌等與任約、徐嗣徽合兵十萬向梁山。黄叢逆擊，破之，齊師退保蕪湖。陳霸先遣沈泰等就侯安都，共據梁山。安都襲齊師於曆陽，大破之。

齊耻柳達摩之敗，故爲此大舉。二將連勝，足挫其鋭。

齊師自方山進及倪塘，游騎至臺，内外纂嚴。霸先令周文育、侯安都與徐嗣徽戰，破之。

齊師漸逼臺城，其未至合圍者，二將以力戰却之。

霸先以精卒三千配沈泰(度)[渡]江，襲齊將趙彦深於瓜步，獲艦百餘艘，粟萬斛。又遣錢明將水軍出江乘，邀擊齊糧運，盡獲其船米。齊軍乏食。(太平元年)

霸先破齊，固由諸將力戰，尤在沈、錢二將獲其粟米，致令乏食也。仍用韋載之策。

齊軍逾鐘山，霸先分軍斷其衝要。會連日大雨，平地水丈餘，齊軍坐立泥中，足指皆爛。霸先與衆軍首尾齊舉，大破齊師。擒斬徐嗣徽及弟嗣宗，虜齊將蕭軌等四十六人。惟任約、王僧愔得免。

是時不惟齊軍乏食，建康亦糧運不至，士皆饑疲，賴陳蒨米鴨以濟。其勢岌岌，所以一戰而全勝者，蓋亦有天幸焉。自是齊人不敢輕言渡江矣。大創而終身痛，正謂此也。

齊主嗜酒淫泆，肆行狂暴，而素能强記，加以嚴斷，群下戰栗，不敢爲非；又能委政楊愔，愔總攝機衡，百度修敕，故時人皆言『主昏於上，政清於下』。

以高洋之昏狂，暴逾桀紂，而愔爲之相，既不聞諫諍，又不能引退，其長惡逢君，不問可知矣。乃云『百度修敕，政清於下』，皆史之華言耳。又如所云愔『性强記，一見不忘姓名』，與所云唐邕『簡閲數千軍士，不執文簿，唱其姓名，未嘗謬誤』者，皆譽過其實，不足信也。

齊發山東寡婦二千六百人以配軍，有夫而濫奪者什二三。

以死囚供御，任其支解，猶之可也。寡婦配軍，濫奪有夫之婦，亦可謂之『政清於下』乎？

魏太師泰病，以後事屬中山公護（泰侄），卒於雲陽。世子覺嗣位，時年十五。護問計於于謹，謹曰：『若對衆定策，公必不得讓。』明日，群公會議，謹即推護。護曰：『此乃家事，何敢有辭！』於是衆議始定。

泰起事之始，謹首爲決策，至此復推護以繼泰，可謂始終忠於宇文矣。謹方言『軍國之事，理須歸護』，護即云『此乃家事，何敢有辭』，是時雖大權制於宇文，而輒以國事爲家事，得毋失辭乎？

齊主詔以『魏末州郡，離大合小，公私煩費，丁口減於疇日，守令倍於昔時』。於是并省三州、一百五十三郡。

并省州郡，自是當時循名責實之政。雖出自高洋，無可厚非。或楊愔實主其事也。

魏宇文護以周公幼弱，欲早使正位，以定人心。以魏恭帝詔，禪位於周。

北人入主中國，始於元魏，得天下之大半；至元乃撫有四海。拓跋改姓爲元，殆元之先聲歟？劉、石雖北人，而起自中國，不由塞外，世代既促，土宇亦狹。慕容、遼、金皆起於東北，又當别論。

鑒評别録卷三十三

陳紀一

高祖武皇帝（諱霸先，字興國，小字法生，姓陳氏，吳興長城下若里人，在位三年）

周王祀圜丘，自謂先世出於神農。（永定元年）

宇文出於神農，亦如拓跋出於黄帝，均可謂遥遥華胄。

周王性剛果，惡晋公護之專權，李植等共譖之。王欲去護，張光洛以告護。護泣諫曰：『臣爲天子之兄，位至宰相，尚復何求！願陛下勿信讒言。』

護泣諫之言，至爲剴切，似無他志。未幾廢其主而尋弒之，則平日專權陵上可知。所云尚復何求，乃飾説也。

乙弗鳳等謀召群公入宴，執護誅之；光洛復以告護。護乃召公卿會議，廢周王爲略陽公，迎立寧都公毓。公卿皆曰：『此公之家事，敢不惟命是聽！』

護得政之初，魏帝未禪，護輒以軍國之事爲家事，意中已無魏帝矣。今周已化家爲國，護雖宇文近屬，實與公卿同爲周臣。以臣廢君，豈得云『家事』哉！蓋自誅趙貴、殺孤獨信，大權一歸於護，公卿皆爲積威所劫，不復敢有异同已。

梁敬帝禪位於陳。陳王即皇帝位。上幸鍾山，祠蔣帝。出佛牙於杜姥宅，設無遮大會，帝親出闕前膜拜。

梁武佞佛，無所不至，臺城幽閉，遂以亡軀，而國亦隨之。陳武曾目睹其事，乃於受禪之初，他務未遑，亟祠蔣帝，又拜佛牙，其果以掃齊軍、移梁祚皆神佛爲之默佑邪？覆轍不遠，而旋蹈之，有以知其享國之不永、胤嗣之遽絶已。

侯安都等與王琳戰於沌口，大敗，安都及周文育、徐敬成、周鐵虎、程靈洗皆爲琳所禽。琳殺鐵虎，囚安都等，令宦者王子晋掌視之。

安都、文育皆百戰勇將，一戰被擒，固由師出無名，亦以二將不相統攝也。軍無主帥，罕有不敗。

上幸大莊嚴寺捨身；群臣表請還宫。（二年）

佛牙膜拜不已，遂至捨身，修梁武故事。謂佛無靈，捨身奚益？謂佛有靈，弑君篡國之人佛必不佑也。

詔臨川王蒨以舟師五萬西討，王琳在白水浦。侯安都、周文育、徐敬成許王子晋以厚賂，子晋以小船夜載之上岸，步投陳軍。上并宥之，復其本官。

帝有安都、文育并及敬成者，録其前功，責其後效也。二將威名，琳非不知，既不即殺，乃鎖之榻旁，又付閹兒監守，以致賄縱潛逃，則失策之大者。

齊主殘忍，有司訊囚，莫不嚴酷，惟蘇瓊以寬平爲治。有告謀反者，事多申雪。崔昂謂瓊曰：『數雪反逆，身命何輕！』瓊曰：『所雪者冤枉耳，不縱反逆也。』

高洋之暴，乃有蘇瓊；亦如唐武曌之濫誅，乃有徐有功。皆所謂『風雨如晦，鷄鳴未已』者邪？

齊主於甘露寺禪居深觀，惟軍國大事乃以聞。

無日不犯殺戒、淫戒、酒戒，而無端坐禪，亦釋氏之所弃也。

齊主問於元韶曰：『漢光武何故中興？』對曰：『爲誅諸劉不盡。』於是齊主誅元世哲等二十五家，囚韶等十九家。韶幽於地牢，絶食，啗衣袖而死。

韶導高洋殺諸元，而己亦不免，天道之昭昭，可畏哉！揣韶之意，蓋自以久齒嬪御之列，爲洋所寵無虞禍及，而不知洋之喜怒，未可以恒情測也。

上殂。時皇子昌在長安，（薛）［侯］安都與群臣定議，奉臨川王蒨嗣位。

陳武創一代之業，而其子不得立。

齊主盡誅諸元，或祖父爲王，或身嘗貴顯，皆斬於東市，其嬰兒投於空中，承之以矟。前後死者凡七百二十一人，悉弃尸漳水。

魏之道武、太武諸君，南征北伐，殺人殆不可以千萬計矣。子孫於易代之後，遭高洋昏虐，駢首就誅，不遺齠齔，孰謂無天道哉！

齊主嗜酒成疾，不復能食，自知不久，謂李后曰：『人生必有死，何足致惜！但憐正道（太子殷字）尚幼，人將奪之耳！』又謂常山王演曰：『奪則任汝，慎勿殺也！』尋殂。群臣號哭無下泣者，惟楊愔涕泗嗚咽。

洋之視其臣，可謂如土芥矣。哭不下泣，亦何足責？愔豈獨戀戀於暴主哉？蓋愔平日事洋，未免逢君之惡，非止容悦而已。即如永安王譏其不諫，則遽以白帝，與高道德同爲相，則忌而譖之，皆致之死，其他可知。一旦失其所恃，慮勢變而禍及，故悲從中來而不自禁也。史於愔多爲之飾美而諱惡，於演亦然，均不足信也。

世祖文皇帝（諱倩，字子華，高祖兄始興王道譚之長子，在位六年）

齊顯祖之喪，常山王演居禁中，護喪事，婁太后欲立之，不果。太子即位，乃就朝列。（天嘉元年）

演之篡，婁太后實主之，太后私其子也。

齊楊愔等以常山王演、長廣王湛位地親逼，恐不利於嗣主，心忌之。可朱渾天和曰：『不誅二王，少主無自安之理。』燕子獻謀處太皇太后於北宫，使歸政皇太后。平秦王歸彦盡以疏忌之迹告二王。

愔等謀去二王，子獻先欲遷婁太后於北宫而奪之政。蓋是時政在太后，太后不歸政，二王必不可去也。

愔等奏以長廣王湛鎮晋陽，以常山王演録尚書事。二王既拜職，於尚書省大會百僚。二王與賀拔仁、斛律金等於會執愔等。

湛鎮晋陽，演録尚書。愔等蓋知二王不可遽去，姑付之中外重任，以安其心而徐圖之。而不虞禍發之速也。

二王與平秦王歸彦等擁愔等入雲龍門，演至昭陽殿，帝與太皇太后并出，演具奏其事。時衛士二千餘人皆被甲待詔。娥永樂叩刀仰視，帝倉卒不知所言。太皇太后厲聲曰：『奴輩即今頭落！』乃退。

此時誅二王，片語可定。而齊主不能决者，固緣吃訥，亦制於婁太后耳。太后與高歡共創霸業，久預兵謀，其積威者漸矣。

太皇太后讓帝曰：『此等懷逆，欲殺我二子，次將及我，爾何爲縱之！』帝猶不能言。太皇太后怒且悲，曰：『豈可使我母子受漢老嫗斟酌！』太后拜謝。

婁太后所深恨者，尤在燕子獻之謀遷己於北宫，歸政李太后也。所云『漢老嫗』，謂李也。其祖護二王，肺肝如見，明明欲以大位傳子矣，常山之篡，婁實啓之。

演叩頭不止。太后謂帝：『何不安慰爾叔！』帝曰：『天子亦不敢爲叔惜，况此漢輩！但匄兒命，此屬任叔處分。』遂斬愔等。以演爲大丞相。

齊主洋之將終也，謂李后曰：『正道尚幼，人將奪之。』因謂演曰：『奪則任汝』，是演之圖篡，洋固知之矣。後魏、北齊之大丞相，即將篡而加官也。

周人遣高祖之子昌還。昌將濟江，致書於上，辭甚不遜。上謂侯安都曰：『太子將至，須别求一藩，爲歸老地。』安都曰：『自古豈有被代天子？臣不敢奉詔。』

昌隻身南歸，猶以儲君自處，將欲陳帝避位以讓己乎！祇自取死耳。揣其意，蓋欲以周之勢脅陳，而不知周固不足恃也。未幾即爲安都所害。

齊大丞相演如晉陽，謂王晞曰：『何以處我？』晞曰：『殿下往時位地，猶可以名教出處；今日(時)[事]勢，遂關天時，非復人理所及。』詔：『軍國之(事)[政]，皆申晉陽，稟大丞相規算。』

晞之意，固勸演篡。但演此時，已有必篡之勢，不俟晞勸也。都督中外諸軍兼録尚書事，軍國大政，固已盡歸掌握，甲寅之詔，特申明之耳。蓋以演居晉陽，恐鄴中或分其權也。

演進晞密室，謂曰：『比王侯每見敦迫，謂我違天不祥。』晞曰：『殿下所行，非復人臣之事。芒刺在背，何由可久！殿下謙退，實恐違上玄之意。』

演此時所處，乃騎虎背而不能下者。晞所云『芒刺在背，何由可久』，實爲悚切動聽。至所云『恐違上玄之意』，乃飾辭耳。

太皇太后下令，廢齊主爲濟南王，以常山王演入纂大統，且戒之曰：『勿令濟南有他也！』

晞等勸演，則托諸天命；演啓太后，則藉口人心。實則母子合謀奪取大位，而群臣迎而導之也。

齊主識度沈敏，明習吏事，即位尤自勤勵，大革顯祖之弊，時人服其明而譏其細。

以當日紀綱弛紊，不可無以整之。失之細固勝於失之粗也。

齊主性至孝，太后不豫，帝容色貶悴，衣不解帶，食飲藥物，皆手親之。友愛諸弟，無君臣之隔。

高齊四主，惟演爲賢，其孝友尤非世主所及。使其生於士大夫之家，可謂篤於内行者。篡兄子之位而復害之，則利欲没其本心也。

齊主問時務於盧叔虎，叔虎請伐周，曰：『宜立重鎮於平陽，與蒲州相對。我軍士年别一代，彼來求戰，則我不應；彼若退去，我乘其敝。不過三年，彼自破矣。』

此即晋悼公三師敝楚之計，所謂『以此有餘，致彼不足』也。然所論當日形勢，亦未爲知己知彼。

齊主欲以王晞爲侍郎，苦辭不受。或勸晞勿自疏，晞曰：『吾閲要人多矣。得志少時，鮮不顛覆。非不好作要官，但思之爛熟耳。』

晞雖導箕，而善處功名之際，非郗超輩所及。

齊蘇珍芝建議修石鱉等屯，自是淮南軍防足食。嵇曄建議，開督亢陂，置屯田，歲收稻粟數十萬石，北境周贍。又於河内置懷義等屯，以給河南之費。

開屯田以省轉輸，行之南北兵争、土曠人少之時，自是足食良策。若太平日久，則有所不行。以尺土皆民産，無地可置屯也。

先是，齊濟南王常在鄴，望氣者言鄴中有天子氣。平秦王歸彦恐濟南復立，爲己不利，勸帝除之。帝乃徵濟南王如晉陽，使人扼殺之。

濟南王，齊主所忌也。歸彦亦迎合齊主之意，托於望氣，以除其忌耳。即使望氣者果有此言，亦歸彦教之也。若以濟南死而長廣得立，爲望氣之言驗，則咫尺之見也。

齊主出畋，有兔驚馬，墜地絶肋。詔以嗣子冲眇，徵長廣王湛統兹大寶。又與湛書曰：『百年無罪，汝可以樂處置之，勿效前人也。』遂殂於晉陽宫。（二年）

湛之立，蓋亦婁太后陰主之。演所以不傳子而傳弟者，逆料百年嗣立，必至見奪見殺，故豫爲之地，庶幾避位以全生也。詎知有不然者哉！

齊婁太后殂。齊主不改服，緋袍如故。未幾，登三臺，置酒作樂，宫女進白袍，帝投諸臺下。和士開請止樂，帝

怒，撾之。（三年）

士開長君之惡，無所不至，而至此請止樂，何哉？蓋居母喪不改服而飲酒，亦已甚矣。若再作樂於三臺之上，其聲遠聞，即士開亦知其不可，故請止也。而以此被撾，則人倫道盡矣。

齊平秦王歸彦至冀州謀反，詔段韶等討之。城破，獲歸彦，鎖送鄴。載以露車，銜木面縛。劉桃枝臨之以刃，擊鼓隨之，并其子孫十五人弃市。

銜木塞口，恐其臨刑暴齊主之惡也。誅歸彦而并及子孫，足以報楊、燕，并償濟南矣。此亦天網之不失。

侯安都恃功驕横，嘗陪禊飲，謂上曰：『何如作臨川王時？』上曰：『此雖天命，亦明公之力。』意甚惡之。蔡景曆希旨稱安都謀反。上收安都，賜死。（四年）

安都恃功偃蹇，有無君之心，其死實自取之。景曆雖云希旨，固非無端也。

齊和士開有寵，每侍左右，極諸鄙褻，以夜繼晝，常謂帝曰：『自古帝王，盡爲灰土，堯舜、桀紂，竟復何异！陛下宜及少壯，極意爲樂，縱横行之。』

士開之語齊主者，乃自古佞臣蠱君之術也。其術始於趙高，然高猶出於莊語，士開真糞土之言已。

齊主使士開與胡后握槊，河南王孝瑜諫曰：『皇后天下之母，豈可與臣下接手！』由是士開譖之。孝瑜竊與爾朱御女言，帝聞之大怒，鴆孝瑜殺之。

孝瑜之諫誠是已，乃責士開與胡后握槊，而自與爾朱私語，得不疑於穢亂掖庭邪？但事無左證，未必非士開與后誣之，而孝瑜爲齊主所忌，故無以自白耳。

周楊忠拔齊二十餘城。突厥木杅、地頭、步離三可汗以十萬騎會之。齊主至晋陽，畏其强，欲帥宫人東走，趙郡王睿、河間王孝琬諫止之。

齊雖主昏政亂，而兵力尚强者，承累代百戰之餘，宿將勁卒猶在行列也。

齊令民十八受田輸租調，二十充兵，六十免力役，六十六還田，免租調。一夫受露田八十畝，婦人四十畝，奴婢依良人，牛受六十畝。（五年）

此即魏口分之制而略有變通。其制一夫受田八十畝、婦人四十畝，牛六十畝，奴婢依良人。綜而計之，如一夫一婦，其家又有牛、有奴婢，則所受之田積至數百畝矣。言露田而不言桑田，意者桑田仍爲世業乎！此亦因南北争戰，土曠人稀，故其法可行耳。

齊主以白虹圍日兩重，赤星見，欲以樂陵王百年厭之。賈德胄教百年書，百年作數敕字，德胄封以進。帝發怒，召百年。遣左右亂捶之，氣息將盡，乃斬之。

百年何罪，欲殺之以厭白虹，因除所忌耳。以數敕字爲由而加之酷害，獨不念阿兄傳位時諄諄囑托邪？高氏行事，全無人理。

周晋公護之母在晋陽，齊人以配中山宫。時周人謀與突厥再伐齊。齊主大懼，許遣護母西歸。段韶曰：『不如且許之，待和親堅定，然後遣之。』齊主不聽。

兩國相争，執其血屬以爲質，往往無與於成敗之數。齊即留護母，亦未必能定和親也。漢高尚不以太公爲重，何論於護哉！

突厥留屯塞北，更集諸部兵，遣使告周，欲共擊齊。晋公護新得其母，未欲伐齊；恐負突厥約，更生邊患，不得已，徵兵二十萬人趨潼關。

護之伐齊，本非得已。段韶第知護爲主兵，欲留其母以堅和議，而不知周畏突厥，不敢不如約也。

晋公護進屯弘農。尉遲迥圍洛陽，齊公憲等軍於邙山。段韶等與周軍戰於太和谷，周人以步兵在前，上山逆戰。韶擊之，周師大敗，齊公憲等引還。

突厥約周伐齊，而軍至沃野而止，未嘗深入，則亦欲構周、齊使鬥，而乘勢肆掠耳。其謀亦狡矣。晋陽之戰，周以步卒爲前鋒，致爲段韶所敗；兹與韶戰，仍以步兵在前，或因騎兵登山非便，故捨騎用步邪？然步、馬究不相敵。韶宿將習兵，亦未易當也。

齊祖珽有文學而無行。嘗爲高祖中外府(兵)[功]曹，因宴失金叵羅，於珽髻上得之。(六年)

自古文人無行者多矣，鼠竊之事，惟珽屢爲之。高洋呼之爲賊，不誣也。自盲而爲相，亦惟珽一人。

祖珽與和士開共爲奸諂。教士開説齊主曰：『文襄、文宣、孝昭之子，俱不得立，今宜令皇太子早踐大位。』珽復上書言之，并上魏顯祖禪子故事。齊主從之。

文襄、文宣、孝昭之子，俱不得立，惟武成之子得立，是爲後主，而國遂以亡。

上不豫，太子伯宗柔弱，上憂其不能守位，謂安成王頊曰：『吾欲遵泰伯之事。』頊固辭。孔奐曰：『皇太子聖敬日躋。安成王足爲周旦。廢立之事，臣不敢聞詔。』上曰：『古之遺直。』乃以奐爲太子詹事。上殂，太子即位。（天康元年）

温公以奸諛斥奐，誠誅心之論已。竊謂陳文自因太子幼弱，故爲此論，以覘頊及諸臣之心耳，非果欲捨子而傳弟也。是以一聞奐言，即褒之爲直，而托之以孤。

徐陵爲吏部尚書。以梁末以來，選授多濫，乃爲書示衆曰：『永定之時，聖朝草創，白銀難得，黄劄易營，權以官階，代於錢絹。』

此非令人輸資而償以官，乃應賞錢絹者以官代之耳。然是時已以銀錢爲珍貨。

齊河間王孝琬怨執政，爲草人而射之。和士開、祖珽譖之於上皇曰：『草人以擬聖躬也。』上皇頗惑之。會孝琬得佛牙，夜有光。上皇使搜之，得填庫稍幡數百。以爲反具，使武衛倒鞭撾之，折其兩脛而死。

孝琬因其兄孝瑜之死由於和士開，其所射草人，以擬士開也。佛牙有光，孝琬旋即及禍，祥邪妖邪？

臨海王（諱伯宗，字奉業，小字藥王，文帝嫡長子，在位二年）

劉師知與（成安）［安成］王頊同受遺詔輔政。見頊地望權勢爲朝野所歸，與王暹等謀出頊於外。瑣使毛喜入言於太后及帝，因極陳師知之罪，付廷尉，賜死。（光大元年）

師知等欲出（成安）［安成］王而不使帝與太后知，蓋帝既幼冲，太后亦不與聞政事也。胡身之以師知大類楊愔，然愔之謀魏帝知之；師知之謀，第與暹等共之，則更疏於愔矣。惟（成安）［安成］王無异齊之常山王耳。

齊東平王儼爲司徒，領御史中丞將上中丞。上皇與胡后張幕而觀之，遣中使驟馬趣仗，自言奉敕，赤棒卒碎其鞍，馬驚人墜。上皇大笑。

儼死時年甫十四，是時僅十歲耳。以乳臭小兒官以台司，復畀以風憲，愛之適以害之也。齊上皇之尊寵儼，正欲悦胡后耳，張幕同觀，其意可見。

齊祖珽欲求宰相，乃疏趙彦深、元文遥、和士開罪狀，令劉逖奏之。逖不敢通，彦深等先自陳，上皇大怒，執珽詰之，鞭杖交下，珽呼曰：『臣爲陛下合金丹。』

珽由士開進，至此遂攻士開，欲得其處。所謂『勢利之友，反面即不相識』者也。先以胡桃油呈身，又以合金丹免死。油易爲耳，丹安在哉？珽之爲人，非立於高氏之朝，必不能厠身卿大夫之列也。

齊畢義雲爲治酷忍，於家尤甚。夜爲盗所殺，遺其刀，其子善昭所佩刀也。有司執善昭，誅之。

胡身之以善昭果弑其父，必不遺刀以待驗。蓋盗爲此計以殺其子。竊謂盗即欲爲此計，其子之刀何由入於盗手乎？此等積不善之家，子弑其父，亦惡報之不爽，况值高氏人倫道盡之時乎！

突厥木杆可汗（二）［貳］於周，更許齊以昏。會大雷風，壞其穹廬，木杆懼，即送其女至長安。周主行親迎禮。（二年）

周於突厥，既恐其爲邊患，又欲資其兵力以攻齊，故求婚與之和親，不惟以敵國待之，幾欲以大國事之。而身之引祭公逆王后爲説，失之迂已。

成安（安成）王瑱以太皇太后令，誣帝云與劉師知等通謀，遂廢帝爲臨海王，以成安（安成）王入纂大統。

師知等欲出瑱於外，惟帝不知，故瑱得加以罪。若果帝與通謀，則師知等罪無可加，而瑱之誅師知等，其爲不臣，無所逃責已。而乃因以廢帝，名不正言不順之尤者也。事有相似而實不同者，陳太皇太后之於臨海、齊太皇太后之於濟南是已。

齊上皇疾亟，以後事屬和士開，握其手曰：『勿負我也！』遂殂於士開之手。士開秘喪三日不發。馮子琮曰：『升退之事，行路皆傳，久而不舉，恐有他變。』乃發喪。

士開但工諂諛，毫無學識，因見高氏創霸之初，往往秘喪不發，以爲故事應爾，輒欲踵而行之，而不知時勢迥殊也。使祖珽在朝，必爲代謀，不俟子琮之説已。

鑒評别録卷三十四

陳紀二

高宗宣皇帝（諱頊，字紹世，小字師利，始興王道譚第二子，在位十四年）

齊和士開初爲世祖所親狎，出入卧内，無復期度，遂得幸於胡后。及世祖殂，齊主以士開受顧托，深委任之，威權益盛。（太建元年）

士開與齊主親狎，乃至出入卧内，遂通胡后，殆以龍陽之嬖兼辟陽之寵，所云靈狸一體、自爲陰陽者。其殆齊人之妖乎！

胡太后觴朝貴於前殿，趙郡王叡面陳和士開罪失云：『士開先帝弄臣，受納貨賂，穢亂宫掖。臣等義無杜口。』太后曰：『先帝在時，王等何不言？今欲欺孤寡邪？』

叡謂士開先帝弄臣，實太后弄臣也。齊主聽於太后，太后聽於士開，叡乃欲奪其所愛，不亦難乎！

齊主（部）責趙郡王叡以不臣之罪。叡將復入諫，妻子咸止之，叡曰：『吾寧死事先皇，不忍見朝廷顛沛。』遂入，見太后，出，至永巷，太后令劉桃枝拉殺之。

戮於齊諸王大臣中，可謂錚錚佼佼者。獨惜其於武成之世不早諫耳。

齊王之在襁褓，宫婢陸令萱保養之。令萱有寵於胡太后，封爲郡君，和士開、高阿那肱皆爲之養子。令萱引子提婆入侍齊主，朝夕戲狎，提婆冒姓穆氏。

一和士開足以亂齊，况又益之令萱乎！小人女子，表裏爲奸，高氏之祚將傾矣。

齊主思祖珽，就流囚中除海州刺史。珽遺陸媪弟悉達書，求進用，和士開亦欲引珽爲謀主，乃與陸媪言於帝曰：『珽已盲，必無反心，請呼取問以籌策。』齊王從之，召珽入爲秘書監。

士開等雖狐鼠聚謀，而不識古今，又無籌略，故亟欲得珽；而珽目盲心熱，因得罪於士開，更思由令萱以進，初不料士開之頓弃舊怨也。

歐陽紇據廣州反。詔章昭達討之。至始興，紇出頓洭口，多聚砂石，盛以竹籠，置於水栅之外，用遏舟艦。昭達進攻，大破其衆，擒紇送建康，斬之。（二年）

以竹籠盛砂石置水中，欲遏舟艦，此兒曹之見。如其可遏，則此之舟先不能出，將何以戰？如不可遏，則彼之舟無礙於入，亦何能守乎？宜其無濟也。而至今猶有用其遺策者，殊可哂也。

齊斛律光築十三城於西境，拓地五百里，而未嘗伐功，又與周韋孝寬戰於汾北，破之。（三年）

齊拓地五百里，周即失地五百里，宇文護不從韋孝寬之言，遂致蹙國。

齊琅邪王儼以和士開、穆提婆等專横，意甚不平。二人由是忌之，乃出儼居北宫，五日一朝，不得無時見太后。

出儼而禁其見太后，太后亦不召儼，則以士開間之於太后，其言易入也。

儼令王子宜奏彈士開罪，請禁推馮子琮雜他文書奏之，帝不省而可之。儼因殺士開。斛律光聞之，撫掌大笑曰：『龍子所爲，固自不似凡人！』

光聞儼殺士開，詫爲非凡，尋即導（魏）［齊］主禽儼，并收其党，蓋儼是時稱兵向闕，迹同謀逆，光爲大臣，不得不衛帝而執儼，其意則欲全之也。

光執儼手，請於帝曰：『琅邪王年少，輕爲舉措，稍長自不復然，願寬其罪。』帝拔儼所帶刀環，亂築辮頭，良久，乃釋之。自是太后置儼於宫中，每食必自嘗之。

太后以和士開之死，積憾於儼。每食必嘗，恐亦未然。但留之宫中，防其爲變耳。覩於聞其死而僅哭十餘聲，若母子之恩早已無幾矣。

陸令萱説帝曰：『琅邪王自專殺以來，常懷恐懼，宜早爲之計。』帝密以問祖珽，珽稱：『周公誅管叔，季友鴆慶父。』帝乃携儼之晋陽，使劉桃枝拉殺之。

珽勸武成傳位太子，則引魏顯祖禪子故事；助和士開害胡長仁，則引漢文帝誅薄昭故事；兹勸後主殺琅琊王，又援周公誅管蔡、季友鴆慶父，亦二故事也。珽之文學，適以濟其虺蜮之性而已。儼不殺桃枝，卒殞其手。桃枝害諸王多矣，雖爲齊主所使，其人固豺狼也。

胡太后與沙門統曇獻通，齊主聞太后不謹而未之信，後朝太后，見二尼，悦而召之，乃男子也。於是曇獻事亦發，皆伏誅。

和士開死，遂通曇獻，因使年少沙門僞爲尼以私侍左右。太后之不謹，日甚一日，而不自今日始也。齊主至此始有所聞，豈其於出入卧内之和士開習見而不以爲怪邪？

齊主奉太后自晋陽還鄴，至紫陌，遇大風。帝詐云『鄴中有變』，馳入南城，遂幽太后於北宫。

齊主於太后，不爲防閑，則蹈敝笱之譏，幽之北宫，即召暴風之變。所處亦良難耳。

胡太后既幽於北宫，珽欲以陸令萱爲太后，因言魏保太后故事。（四年）

珽欲媚令萱，以攘取相位，則又有魏保太后故事。何故事之多也！

周晋公護總十二軍，侍衛盛於宫闕。周主深自晦匿，人不測其淺深。衛公直勸帝誅護，帝乃密與直及宇文神舉等謀，引護入内，斬之，并誅其子弟。

周武之誅護，可謂智深勇沉。

周主閲護書記，得庾季才書兩紙，盛言緯候灾祥，宜返政歸權，乃賜季才粟帛，遷太中大夫。

季才明習天文，而能用之於正，殆如嚴君平之卜筮，非術士所及。

齊祖珽怨斛律光。會周韋孝寬密爲謡言曰：『百升飛上天，明月照長安。』珽因續之曰：『盲老公背受大斧，饒舌老母不得語。』齊主問珽，因解之曰：『百升者，斛也；盲老公，謂臣也；饒舌老母，謂陸令萱也。謡言可畏。』

珽之亂齊，罪與和士開、陸令萱相等，而尤可誅者，在譖殺斛律光也。段韶既殁，惟光爲齊之良將，所謂熊羆之士、不二心之臣，資其力以扶社稷者也。光存則齊存，光亡則齊亦與之俱亡矣。即謂齊之亡亡於珽可也。

丞相府佐封士讓密啓云：『光前西討還，敕令散兵，光引兵逼帝城，將謀不軌，事不果而止。若不早圖，恐事不可測。』齊主信之，使劉桃枝拉殺光，并誅其子弟。

胡身之謂士讓密啓，祖珽等使之，是也。人必先疑也，而後讒入焉。珽等蓋知齊主因兵至紫陌有疑光之心，故使士讓密爲此啓，而齊主即自詡其心之靈也。

光弟羡常以盈滿爲懼，臨刑嘆曰：『富貴如此，女爲皇后，公主滿家，常使三百兵，何得不敗！』及其五子伏護等皆死。周主聞光死，爲之大赦。

豐樂（羡字）威略，亞于明月（光字），而其忠謹亦不可及也。以斛律兄弟之賢，不免駢首受誅，闔門就戮，固由立於昏主之朝，死於奸臣之手，亦可見貴寵之難居、盛滿之足戒已。

齊胡后之立，非陸令萱意，乃譖之於太后。太后大怒，呼后出，立剃其髮，送還家，廢爲庶人。

聞令萱一言，輒將胡后剃髮遣歸，更不察其虚實，豈果惟其言是聽邪？抑受其劫制而不忍拂其意邪？其亦自慚失德，適中其忌邪？

齊主頗好文學。祖珽奏置文林館，多引文學之士以充之，以李德林、顔之推同判館事。（五年）

德林、之推，皆北方文士之有重名者，均爲珽所羅致。士生此時，欲超然遠引，亦良難哉！

帝以吴明徹統衆十萬伐齊。齊人議禦陳師，王紘曰：『官軍比屢失利，若復出頓江、淮，恐北狄、西寇乘弊而來，莫若薄賦輕徭，息民養士。』

帝所以決計伐齊者，正以西北交侵，未遑南顧，欲乘其敝，恢復江南舊境耳。此時齊師誠未宜輕出，然陳既來伐，安得不有以禦之？如紘所議，是直舉淮南北而弃之矣，宜齊主之不從也。

齊遣軍救曆陽，趙彦深私問計於源文宗，文宗曰：『國家之於淮南，失之同於蒿箭。不如專任王琳，招募淮南三四萬人，風俗相通，能得死力。』

王紘之議，專備西北，不復顧江淮，究非完策。惟文宗所云專任王琳，最爲得計。若用其言，不唯淮南可保，琳亦不至被禽。惜乎彦深碌碌，徒付一嘆也。

吴明徹與齊師戰於吕梁，齊師大敗，尉破胡走。破胡之出師也，齊人使王琳與之俱，琳謂破胡曰：『吴兵甚鋭，宜以長策制之，慎勿輕鬥。』破胡不從而敗。

不以方面之任付琳，而屬於破胡，此即源文宗所云不推赤心於琳，更遣餘人掣肘者也。迨敗還彭城，乃使之隻身赴壽陽招募，亦何及乎！

齊自和士開用事，政體隳紊，祖珽執政，頗收舉才望，陸令萱、穆提婆議頗同异，珽乃諷麗伯律，令劾王子冲納賂，知其事連提婆，欲因此并坐令萱。

珽執政乃欲致治，豈果爲枉尺直尋之計乎？將藉此以傾令萱母子而獨擅朝權耳。先因和士開以進，旋即謀攻士開，繼附令萱以進。既得政矣，又欲去令萱母子，爲鬼爲蜮，真狗彘之不若已。

陸令萱言祖珽之奸，帝令韓長鸞檢案，得其詐出敕受賜等十餘事，帝乃出珽爲北徐州刺史。珽坐不肯行，長鸞令牽曳而出。

盲人性多狠愎，今之村盲，與人争競，往往逐之不去、牽之不行，大爲人所憎畏。珽之被斥，乃頗類比，古今人固不甚相遠邪？

齊張雕以經授齊主，大見委信，雕遂以澄清爲己任，貴幸皆側目，齊主將如晋陽，崔季舒謂雕曰：『壽陽被圍，小人或相驚恐，以爲畏避南寇』，遂與從駕文官連名進諫。韓長鸞言於帝曰：『諸漢官未必不反，宜加誅戮。』齊主悉召雕、季舒等已署名者，皆斬之。

雕固賢於祖珽，但進不以正，及被委任，輒譏切寵要，以致貴幸側目，遂殞其軀。雖所遇不幸，亦死由自取也。齊主以長鸞『未必不反』一語，遂誅漢官多人，其不足惜者，惟一崔季舒，然非其罪也。

吴明徹攻壽陽，齊皮景和等救之，衆數十萬人，去壽陽三十里頓軍不進。明徹躬擐甲胄，四面疾攻，一鼓拔之。生擒王琳等送建康，景和北遁。

以數十萬之衆、三十里之近，坐視壽陽之危而不能救，景和之罪大矣。乃齊王釋而不誅，仍以全軍受賞。蓋亦諸嬖幸爲之内主也。

齊穆提婆、韓長鸞聞壽陽陷，握槊不輟，曰：『本是彼物，從其取去。』齊主頗以爲憂，提婆等曰：『假令國家盡失黄河以南，猶可作一龜兹國。人生如寄，惟當行樂。』

齊之君臣，所謂安其危而樂其亡者也。盡失河南，猶可爲國，此專欲畫河自守以拒陳耳。亦曾計及周師西來，即河北亦不可保乎？

齊北徐州民多起兵應陳，逼其州城。祖珽出兵拒之。自乘馬臨陣，左右射。反者先聞其盲，謂其必不能出，忽見之，大驚。珽且戰且守，十餘日，反者散走。

盲宰相坐都省判事，尚可以耳代目；若盲將軍臨陣殺賊，則更未之前聞。想其左右射，亦虚發耳。

詔懸王琳首於建康市，故吏朱瑒請其首，瘞於八公山側，會葬者數千人。茅智勝等五人密送其柩於鄴，齊贈琳諡曰『忠武王』，給轀輬車以葬之。

琳忠於梁室，殞首無二，遂致野叟爲之收血，故吏爲之請首。義故會葬，多至數千。即以齊主之昏虐，齊臣之奸佞，彝倫掃地，如鬼如蜮，亦知重其殉節，隆以飾終，足徵天理自在人心。雖當六朝之季，而三代之直道究亦未盡泯也。然以琳之智略，卒不能爲梁報陳者，則以托身亂國，不足與有爲耳。

周主集群臣及沙門道士，帝自升高坐，辨三教先後，以儒爲先，道爲次，釋爲後。

齊主辨釋道優劣，遂令道士剃髮，今周主以道先於釋，聽其并存可也。升坐辯論，似可不必。且周自開國，動遵周禮，固以儒教爲治，又何庸與二氏互較，區分先後邪？

周葬文宣皇后，周主跣行至陵所，詔曰：『三年之喪，達於天子，但軍國務重，須自聽朝，衰麻之節、苫廬之禮，率遵前典，以申罔極。』公卿固請依權制，帝不許。（六年）

周武乃行三年喪，魏文第期年耳。

周主如雲陽，衛公直因帝在外，遂作亂，帥其徒攻肅章門。門閉不得入。尉遲運帥留守兵擊之，直大敗，率百餘騎奔荆州。

直與周主謀誅宇文護，手斬護者，直也。齊公憲素爲護所厚，直復譖之，乃周主於憲則曲爲保全，於直則時加防檢，蓋雖同母之親，而素悉其爲人，故資其力而疑其心也。

齊定州刺史南陽王綽，喜爲殘虐，常云『我學文宣伯之爲人』。齊主問在州何事最樂，對曰：『多聚蝎於器，置狙其中，觀之極樂。』帝即命索蝎三二升，置浴斛，使人裸卧斛中，號叫宛轉。帝與綽臨觀，喜噱不已。

綽之殘虐，固由天性，但云欲學文宣，則亦習之不善也。綽第聚蝎螫狙，後主乃以螫人，其殘虐又浮於綽。何高氏之多忍人也！

齊主寵任陸令萱、穆提婆等，官由財進，獄以賄成，競爲奸諂，蠹政害民，爲守令者率皆富商大賈，民不聊生。

内則狐鼠盈廷，外則豺狼當道，欲不速亡得乎？國必自伐而後人伐之，未幾周師至矣。

周主謀伐齊，于翼曰：『疆埸相侵，互有勝負，不如解嚴繼好，使彼懈而無備，然後乘間出其不意，一舉可取也。』韋孝寬上疏陳三策。（七年）

孝寬之策，因齊連歲與陳交兵，喪師蹙境，又主荒政隳，内變將作，故欲乘勢取之。而外崇鄰好，蓄鋭養威，以坐制其敝，則與翼意略同也。

周主引伊婁謙入内殿，謂曰：『朕欲用兵，何者爲先？』對曰：『其人沉溺倡優，耽昏麴蘖，斛律明月已斃於讒口，上下離心，道路以目，此易取也。』帝大笑。

明月周之所憚，故謙首以爲言。

周大將軍楊堅姿相奇偉。齊王憲言於周主曰：『普六茹（楊氏賜姓）堅相貌非常，臣每見之，不覺自失，恐非人下。請早除之。』

憲爲周諸王之巨擘，故所見有過人者。

周主下詔伐齊，帥衆六萬直指河陰。師入齊境，禁伐樹踐稼，犯者皆斬。

師入齊境，先禁伐樹踐稼，有合於王者伐罪吊民之義。

周主攻河陰大城，拔之。圍中潬城，二旬不下；攻金墉，不克。齊高阿那肱將兵拒周師。周主有疾，引兵還。

周主雖志在平齊，而中無定見，一舉因疾而罷；再舉既克晋州，又因畏齊兵勢盛引還；三舉平陽大捷，輒因疲敝欲還，賴梁士彦之言而止。迨晋陽失利，復出城欲遁，使非宇文忻進計，段暢泄機，竟致垂成而敗矣。蓋其爲人謀有餘而勇不足，所以卒定關東者，則以天厭高氏，主昏臣庸，自毁其家，自伐其國，固無异倒持干戈授人以柄也。

以江總爲太子詹事。總與太子爲長夜之飲，養良娣陳氏爲女，太子亟微行，游總家。上怒，免總官。（八年）

陳之江總，殊似周之鄭譯。帝但免總官，不聞訓戒太子，何也？陳之亡，已兆於此。

齊趙彦深卒。彦深歷事累朝，常參機近，以温謹著稱。既卒，朝貴典機要者，惟斛律孝卿一人而已。其餘皆嬖幸也。

齊初以彦深代楊愔，陽休之有『殺麒麟策蹇驢』之嘆。乃卒以温謹著稱，則以其在諸嬖幸中，猶爲此賢於彼，所云『臨深以爲高』者。孝卿亦伴食耳，安能與穆、韓輩争是非、可否哉！

周鄭譯等有寵於太子，太子多失德。周主遇太子甚嚴，有過輒加捶撻。王軌因内宴上壽，捋帝鬚曰：『可愛好老公，但恨後嗣弱耳。』

周之王軌，殊似晋之衛瓘，而軌言尤切。雖忠於國，實足賈禍。周武之義方，勝於陳宣之溺愛，而亦不能擇賢更立，則所處固難也。

周主將伐齊，謂群臣曰：『晋州本高歡所起之地，鎮攝要重，今往攻之，彼必來援，吾嚴軍以待，擊之必克。然後乘破竹之勢，鼓行而東，足以窮其巢穴。』

此即趙熙直指太原之計，以周攻齊，最爲得策。因其爲齊之重鎮，地險兵精，故諸將憚行也。

周主自將伐齊，至晋州，進攻平陽，克之。齊主方與馮淑妃獵於天池，聞平陽已陷，齊主將還，淑妃請更殺一圍，齊主從之。周以梁士彦爲晋州刺史。

周克晋州，即置將守之。蓋拔本扼吭，惟此地爲最要也。使齊主速赴，晋州尚可不失。

齊主至平陽，周主以齊兵新集勢盛，引還。齊師遂攻平陽，城中危急，梁士彦督將士死戰，城陷十餘步，齊主召馮淑妃觀之。淑妃不時至，周人以木拒塞之。

平陽齊所必争，弃去弗顧，周主已以城委齊矣。所以卒不下者，固在士彦之善守，尤在淑妃不至，而齊主止兵不使入也。

周主還長安，復下詔，以齊圍晋州，更帥諸軍擊之。至平陽，諸軍總集，凡八萬人。稍進，逼城而陣。

胡身之謂：周主引歸，欲使齊師疲於攻而後取之。竊謂還長安甫三日，輒復出師，往返不亦勞乎！平陽之不陷，其間不能容髮，周主果能必梁士彦之死守不去乎？果能逆料齊主之待馮淑妃同觀而止兵不入乎？謂欲齊師疲於攻而取之，何不引兵略退，相機應援？而乃遠道還長安，復由長安赴平陽，聲勢既不相接，緩急亦不相及，此實周主之失策；而必曲爲之解，則以成敗論人者也。

齊主大出兵，陣於塹北。高阿那肱勸齊主勿戰，諸内參皆曰『不宜示弱』，於是填塹南引。周主勒諸軍擊之。齊主與馮淑妃并騎觀戰。東偏少却，淑妃怖曰：『軍敗矣。』穆提婆曰：『大家去，大家去！』

晋州之陷，由於淑妃之獵；平陽之不下，由於淑妃之不時至；高梁之敗，由於淑妃之怖。馮小憐真齊之妖孽哉！

齊主以淑妃北走。齊師大潰，死者萬餘人。先是，齊主將立淑妃爲左皇后，遣内參取褘翟等。至是，遇於中塗，齊主爲按轡，命淑妃著之，然後去。

平陽妝點，洪洞粉鏡，小憐於干戈烟塵中猶專爲狐媚，欲以色蠱齊主。而齊主當蒼黄奔避之餘，必以后服著小憐，以順適其意。殊可哂也。

齊主入晋陽，欲向北朔州，群臣皆以爲不可，帝不從。周師至晋陽，齊主夜斬五龍門而出，欲奔突厥，從官多散，乃回向鄴。穆提婆西奔周師，陸令萱自殺。

提婆狗鼠之輩，惟勸齊主出走，至此則納降於周，并其母亦弃而不顧矣。令萱非能引決，殆以提婆外叛，不死則必連坐受誅耳。

齊唐邕立安德王延宗爲帝，即位於晋陽。延宗以邕爲宰相。

邕爲斛律孝卿所輕，意甚鬱鬱，故立延宗爲帝而己相之，非爲齊之社稷計。

周主至晋陽，自攻東門，際昏，遂入之。延宗與莫多婁敬顯夾擊之，周師大亂，死者二千餘人。周主崎嶇得出，齊人奮擊，幾中之。

周主之攻晋陽，甚似魏太武之攻統萬。

周主出城，欲遁去，宇文忻曰：『破竹之勢已成，奈何弃之？』齊王憲亦以爲去必不免，周主乃鳴角收兵，俄頃復振。還攻東門，克之。延宗戰敗被擒，周主禮之。

用兵之道，勢險而節短，一轉移間，勝負頓异，故勝不可恃也。延宗豈遽料其被擒哉！

齊主命立重賞以募戰士，而竟不出物。將士皆無戰心。於是自大丞相以下，太宰、三師、大司馬、大將軍、三公等官，并增員而授，或三或四，不可勝數。

虚立重賞，不出一物，欲以募士，何可得邪？ 不肯出宫人、珍寶，而尊官顯爵，濫授不惜，不惟名器輕假，亦復賞不知勸已。

周主出齊晋陽宫中珍寶、服玩及宫女二千人班賜將士，各有差。

鄴中之宫人珍寶，齊主不肯出以賞士； 晋陽之珍寶、服玩、宫人，周主乃以之頒賜。 亡國之蓄，新主之資也。

周師趣鄴，命齊王憲先驅。 朝士多出降，高勱『請追五品已上家屬，置之三臺，因脅之以戰』，齊主不能用。

勱因貴臣多出降，故爲此急策。 但是時齊政久紊，官方失叙，五品以上大抵庸碌，且多夤緣嬖幸以進身者。 即用勱策，安能望其出力死戰哉！

周師至鄴城下，齊人出戰，周師奮擊，大破之。 齊主從百騎東走。 周師入鄴，齊王公以下皆降。 鮮于世榮不屈，乃殺之。（九年）

齊臣殉國者，世榮一人而已。

齊主留胡太后於濟州，自與穆后、馮淑妃、幼主及韓長鸞等數十人奔青州。 周師獲内參田鵬［鸞］，問齊主何在，紿云：『去已出境。』周人捶折其四支而死。

莫多婁敬顯自晉陽走鄴，携妻弃母，周主責其不孝而斬之矣。齊主留太后於濟州，携穆后、馮妃赴青州，何君臣同德邪？鵬［鸞］雖宦豎，而不惜一死，足愧李德林輩。

齊主至青州，即欲入陳。高阿那肱密召周師，約生致齊主。周師至青州，齊主與后妃、幼主等十餘騎南走。尉遲勤追及，盡擒之，并胡太后送鄴。

穆提婆及阿那肱，皆齊主之腹心爪牙也。乃一則背主先降，一則賣主以博富貴。

周主詔故斛律光、崔季舒等宜加贈謚，并爲改葬。指斛律光名曰：『此人在，朕安得至鄴？』

齊臣惟光宜加贈謚，季舒雖死不以罪，然其死不足惜也。

周主詔：『齊之東山、南園、三臺，并可毁撤。瓦木諸物，可用者悉以賜民。山園之田，各還其主。』

誅有罪、禮名儒、表忠良、除苛法、恤遺民，周主平齊之後，次第舉行新政，殊有王者氣象。較楊忠之平江陵，過之遠矣。但穆提婆、高阿那肱尚未加以顯戮，雖一時權宜，究未能大快人心耳。祖珽陰毒險狠，爲國蟊賊，竟得善終，則天網之一漏。

梁主入朝於鄴。自秦兼并天下，無朝覲之禮，至是始命有司草具其事。

梁雖稱藩於周，其主并未入朝。至此親朝於鄴，畏平齊之威，亦以致賀也。

周主自鄴還，至晋州，遣高阿那肱招齊東雍州刺史傅伏。伏隔水問：『至尊何在？』阿那肱曰：『已被擒矣。』伏仰天大哭，入城，於聽事前北面哀號，良久，然後降。

伏雖未能引决，亦可謂始終一節矣。未知阿那肱當日作何面目相對。

周主謂群臣曰：『我常聞李德林名，復見其爲齊朝作詔書移檄，謂是天上人；今乃得驅使。』紇豆陵毅對曰：『臣聞麒麟鳳凰，爲王者瑞，豈如德林有用哉！』

德林文學之士，詔書移檄，是其所長，在齊不聞别有建白也。周主詫爲天人，毅擬以麟鳳，德林未免當之有愧耳。

上聞周滅齊，欲争徐、兖，詔吴明徹督諸軍伐之。軍至吕梁，周梁士彦率衆拒戰，明徹擊破之。士彦嬰城自守，明徹圍之。

以士彦之善守，明徹即窮極兵力，亦未必能下彭城，况又有王軌之援軍乎！

周人誣高緯、穆提婆謀反，并其宗族皆賜死。

齊之亡由於提婆母子，其母已自殺，提婆之當誅，周主豈不知之？第以其首先迎降，故崇以爵位，用携齊諸將之心耳。兹關東已定，加以罪而誅之，未爲不當也。緯亡國之君，必無全理，武王尚誅紂，况敵國而世仇者哉！

周王軌將兵救徐州，以鐵鎖貫車輪數百，沉之清水，遏陳船歸路。蕭摩訶言於吴明徹曰：『今水路未斷，不若擊之。』明徹不從。（十年）

明徹之不肯解圍擊周師者，狃於屢勝，欲於死地求生也。明徹之圍壽陽也，齊皮景和以數十萬衆來援，距城僅三十里，明徹不顧，攻拔其城，遂擒王琳而走景和。兹王軌之援彭城，兵勢與彼相近，故但圖進攻，不爲後慮耳。

吴明徹患背疾甚篤，蕭摩訶曰：『願公乘馬輿徐行，摩訶領鐵騎驅馳前後，必當使公安達京邑。』明徹曰：『吾爲總督，必須居後，弟馬軍可速發。』

明徹，良將也。不肯弃軍脱走，力疾爲殿，雖敗而被擒，固無忝所任矣。

吴明徹爲周人所執，將士三萬，皆没於周。初，帝謀取彭、汴，毛喜曰：『周始吞齊，難與争鋒，弃舟楫之工，踐車騎之地，非吴人所便。』至是，帝謂喜曰：『卿言驗矣。』

帝狃於取淮南之易，以爲彭、汴唾手可得，徐、兖指日可復，而不知周師非齊比也。喜與蔡景曆所見略同，其言皆驗，然當日形勢，亦非難見，特諸臣見帝意堅，不敢盡言耳。

周主殂，太子即位。初立即逞奢欲，大行在殯，曾無戚容，捫其杖痕大罵曰：『死晚矣。』忌齊王憲，使于智告其有异謀，縊殺之。

憲初爲宇文護所厚，衛公直以母弟之親，屢加譖誣，而周武推心委任，卒資其力，以佐成平齊大功，可謂知人。今乃無罪而死，固由嗣主之昏虐，亦足見功名嫌疑之地，良不易居也。豈知周祚之移，不在宗王而在外戚哉！

上幸妻湖誓衆，以盟誓頒下四方，上下相警戒。

軍敗將擒，不能自振，而徒爲盟誓，欲以固結人心，不亦難乎！

周主居喪纔逾年，輒恣聲樂，多聚美女，以實後宫，游宴沉湎，或旬日不出。樂運輿櫬詣朝堂，陳帝八失。帝大怒，將殺之。元巖救之，乃免。（十一年）

周武躬行三年喪，而嗣主居喪無禮，殆所謂『下愚不移』者乎！　運之强直，乃得免於天元之朝，殆所謂『死生有命』者乎！

周主傳位於太子闡，自稱天元皇帝，所居稱天臺，冕二十四旒，車服旗鼓，皆倍於前王之數。每對臣下自稱爲『天』，用樽彝珪瓚以飲食。

自古帝王，未有如周主之妄自尊大者。蓋其人直是喪心病狂，不可以常理論。

周楊堅私謂汝南公慶曰：『天元實無積德；　視其相貌，壽亦不長。又，諸藩微弱，各令就國，曾無深根固本之計。羽翮既剪，何能及遠哉！』

胡身之謂堅處猜虐之朝，而發此言，其免爲幸。竊謂堅當日未嘗有此言，隋代周後，史臣追爲之，著之

《周書》，以明文帝之先見耳。讀史於似此者，舉可以意推之。

周天元幸道會苑，大醮，初復佛像及天尊像。天元與二像俱南面坐，大陳雜戲，令長安士女縱觀。

天元非以二教爲可復，第欲與二像并坐以觀雜戲耳。然既自同於上帝，又與二像比肩，是貶尊也。

南北兗、晋三州及盱眙、山陽、陽平、馬頭、秦、曆陽、沛、北譙、南梁等九郡民，并自拔還江南。周又取譙、北徐州。自是江北之地，盡没於周。

周師南下，一舉而定江北。陳主之盟誓，果足恃乎？玄武湖之步騎、瓜步江之樓船，果足用乎？使周武尚在，或嗣主不至如天元之昏虐，北之并南，不俟隋文矣；然此即混一之漸。

（十二年）

周天元將立五皇后，辛彦之以爲不可。何妥曰：『昔帝嚳四妃、虞舜二妃。先代之數，何常之有？』帝大悦。

后與天子敵體，不宜有五，豈宜有四？天元已有四后矣，其欲增爲五，專爲尉遲氏耳。妥曲學阿世，誠不足論；但如天元所爲，亦安得以經義裁之？

天元造（大）［下］帳五，使五皇后各居其一。實宗廟祭器於前，自讀祝版而祭之。又以五輅載婦人，自帥左右步從。

自用祭器以食，又用祭器以祭其后，蓋以天神自居，因并神其后也。祝版不知如何措辭，自讀則貶尊矣。

安有碧甕躬作祝史，以薦獻於黄媪者，殊可笑也。胡身之謂：五輅必非古之五輅，乃周制媛婦至孺人所乘之五輅。竊謂此所載婦人，雖非皇后，既帥左右步從，必其愛且重之埒於皇后者，五輅自是乘輿之五輅。若夏縵墨車之屬，天元豈屑用之哉！彼既以宗廟祭器祭皇后而自讀祝，則以乘輿五輅載嬖寵而自步從，乃其宜也。

天元不豫，召劉昉、顔之儀入卧内，欲屬以後事。瘖不能言，昉見静帝幼冲，乃與鄭譯等謀引楊堅輔政。帝殂，秘不發喪，昉、譯矯詔以堅總知中外兵馬事。

天元與魏獻文皆禪位於子，其時不過十餘歲耳。其殂亦止二十餘歲。

諒闇之禮，行於古不能行於後世。有行之者，必至篡奪。此亦古今勢殊之一大驗也。

周以楊堅爲假黄鉞、左大丞相，百官總己以聽。

堅謂李德林曰：『今欲與公共事，必不得辭。』德林曰：『願以死奉公。』

德林之見，乃與鄭譯無异。譯，固天元腹心之臣；德林，則周武所云『天上人』，而實毅比之麟鳳者也。今乃宇文氏之鴟梟耳。

堅以正陽宫爲丞相府，引盧賁置左右。將之東宫，百官不知所從，賁嚴兵而至，衆莫敢動；至東宫門，門者拒不納，賁瞋目叱之，門者遂却。堅入，賁遂典宿衛。

置幼主於天臺，即以正陽宫爲丞相府，又嚴兵而入，以刼制朝臣，其心迹途人共睹。

堅以相州總管尉遲迥位望素重，恐有异圖，召之會葬，以韋孝寬代之。

孝寬，周之開國舊臣，亦名臣也。乃遽附楊氏，人心之不可保如此。

尉遲迥集文武士民，諭以起兵，共討楊堅，衆咸從命。堅以韋孝寬爲元帥，梁士彦等爲總管，以討迥。畢剌王賢與五王謀殺堅，事泄，堅殺賢，并其三子。

周之諸王，堅所忌也。堅欲篡周，必先翦落其枝葉而拔取其本根。賢與五王，與堅勢難两立也。堅既殺賢父子，若同時并誅五王，則尉遲必聲罪致討，師更有名矣。陽置不問，而陰爲之防。五王，直機上肉耳。

迥遣使招并州刺史李穆，穆鎖其使，封上其書。穆子士榮勸穆從迥，穆深拒之；使其子渾獻熨斗於堅，曰：『願執威柄以尉安天下。』

穆在周，闔家貴顯者數十人，受恩隆渥，又非韋孝寬之比。乃孝寬猶托之討逆，而穆公然導篡，獨何心哉！

周趙王招謀殺堅，邀堅過其第，伏壯士於室後。酒酣，招以佩刀剌瓜，連啖堅，欲因而刺之。元胄進曰：『相府事殷！』因扶堅下床趨去。堅誣招與越王盛謀反，皆殺之。諸王數欲伺隙殺堅，李圓通常保護之。

是時大權悉移於堅，文武皆爲之用。諸王不量力而欲圖之，衹取敗耳。保護堅者，奚止一李圓通哉！

韋孝寬軍至永橋城。尉遲迥遣其子惇帥衆十萬，軍於沁東。孝寬與迥隔水相持不進。李詢密啓堅云：『崔弘度、宇文忻并受尉遲迥餉金，人情大异。』

詢此密啓，乃譖言耳。觀於鄴城之戰，忻用計破迥，弘度復追迥，逼令自盡，命弟弘升取其首，則未受餉金可知。

堅深以爲憂，用李德林計，乃命崔仲方往監諸軍，爲之節度。仲方辭以父在山東。又命劉昉、鄭譯，昉辭以未嘗爲將，譯辭以母老。堅不悦。高熲請行，堅喜遣之。

仲方未可知，昉、譯若往，必致敗矣。因其辭而遣熲，堅之幸也。譯平日與母别居，軍旅之事，乃以母老爲解，何也？

梁柳莊奉書入周。時諸將多勸梁主舉兵，與尉遲迥連謀。莊至自周，謂梁主曰：『迥雖舊將，昏耄已甚；周朝將相，競效節於楊氏。以臣料之，迥終當覆滅。』

莊之料周，可謂智矣。迥雖老，尚可一戰。其所以敗，正坐周之將相均附楊氏，更無人焉從中起而與之應和者也。

高熲至軍，爲橋於沁水。韋孝寬進軍擊尉遲惇，大破其衆，惇走，孝寬追至鄴，與迥戰，不利。鄴中士民觀者數萬，宇文忻射之，觀者皆走。忻乃傳呼曰：『賊敗矣！』衆復振，因其擾而乘之。迥軍大敗，走保鄴城。孝寬進攻，克之。迥自殺。

兩軍數十萬大戰城下，而士民觀者多至數萬，固由亂世之民習見兵戈，亦尉遲軍律之不肅也。竟因此致敗，惜哉！

周王誼帥四總管至郥州，司馬消難擁其衆，以魯山、甑山二鎮來降。

誼兵甫至，即擁衆降陳，消難真庸奴也。蓋尉遲授首，先聲足奪其魄也。

周梁睿將步騎二十萬討王謙，自劍閣入，進逼成都。謙弃城走，追獲斬之，并斬高阿那肱，劍南平。

阿那肱降周，授衡州刺史，幸免與穆提婆同誅。乃因爲謙將，事敗而死於蜀，亦已晚矣。

周韋孝寬卒。孝寬久在邊境，屢抗强敵；雖在軍中，篤意文史；敦睦宗族，所得俸禄，不入私室。人以此稱之。

孝寬若卒於周武、天元之代，足爲完人。惜其末路效節於楊氏耳。故壽考未必爲福。

周大丞相堅進爵爲王，備九錫之禮。堅殺代王達、滕王逌及其子。

自魏晋以來，未有受九錫而不篡者也。堅見外患已平，人心附己，故殺代、滕二王，不更加以罪已。

周庚季才勸隋王堅宜以二月甲子應天命，李穆、盧賁亦勸之。於是周主禪位於隋。（十三年）

胡身之謂：季才巫史之學，自信其術。竊謂：堅圖禪亟矣。季才第迎合其意，托之月日以勸進耳，非必自信其術也。

虞慶則勸隋主盡滅宇文氏，高熲、楊惠亦依違從之。李德林固争，以爲不可，隋主作色曰：『君書生，不足與議此！』於是譙公乾（渾）［惲］等皆死。

隋主猜忌好殺。先既誅五王父子，至此不盡滅宇文氏不止。此慶則所以逢其惡，而熲、惠亦不敢有所異同也。德林既導之篡而欲止其殺，何异授以刀而禁其割哉！

隋以賀若弼爲吴州總管，鎮廣陵；韓擒虎爲廬州總管，鎮廬江，使潛爲經略。

隋與陳聘使頻通，而於沿江潛置將帥。後主方恣爲酣宴，冥然罔覺也。

隋蘇威奏減賦役，務從輕簡，隋主悉從之。漸見親重，與高熲參掌朝政。威嘗言於帝曰：『臣先人每戒臣曰：「惟讀《孝經》一卷，足以立身治國，何用多爲！」』

儒者治經，惟在明其理而得其意耳。理明則可因名以求實，意得則可借古以衡今。威一卷《孝經》，亦猶趙普半部《論語》，固不必以多爲貴也。不然，即讀破萬卷，亦書櫥耳。况雜而不純者哉！

隋鄭譯與母别居，爲憲司所劾，由是除名。隋主下詔曰：『譯若留之於世，爲不道之臣；戮之於朝，爲不孝之鬼。宜賜以《孝經》，令其熟讀。』仍遣與母共居。

譯被此詔，不知施何面目自立於天地間。乃未幾復其官爵，仍玷朝列，何也？

初，周法比於齊律，煩而不要，隋主命高熲等更加修定，去前世梟、轘及鞭法；死刑二：絞、斬；流刑三：自二千里至三千里；徒刑五，自一年至三年；杖刑五：自六十至百；笞刑五：自十至五十。後世多遵用之。

隋所制刑，至今猶用之，以其輕重適中，百王不易也。但小有增損耳。

隋獨孤皇后，雅好讀書，言事多與隋主意合，宫中稱爲『二聖』。有司奏：『百官之妻，請依古制，命於(皇)［王］后。』后曰：『婦人與政，或從此爲漸，不可。』

后以命百官妻，恐開婦人與政之漸，用意良深。但如后之方輦臨朝，號稱『二聖』，又奚止命百官妻乎？后雖有匡諫之美，而最爲妒忌，廢勇立廣，遂以亡國，則亦哲婦傾城、長舌惟厲者也。

突厥沙鉢略可汗與故齊誉州刺史高寶寧合兵入寇。隋主患之，長孫晟上書，謂：『宜遠交而近攻，通使玷厥，説合阿波，則攝圖(即沙鉢略)回兵，自防右地。又引處羅，遣連奚、霫，則攝圖分衆，還備左方。』

漢武開西域，以斷匈奴右臂；平高句麗，以斷匈奴左臂，所以卒收長駕遠馭之效。晟之計，則以狄攻狄，尤爲事半功倍者也。

上殂，太子即位。遣使請和於隋，歸其胡墅。(十四年)

喪師失地，乃始歸侵地以請和，適以示弱而召侮耳。

隋高熲奏：『禮不伐喪。』隋主詔熲等班師。

隋之圖陳，先爲淺攻，以覘其强弱，故因其請和，而遂班師，非真拘不伐喪之禮也。

隋主與蘇威、高熲議遷都，庾季才奏曰：『臣仰觀乾象，必有遷都之事。』帝曰：『是何神也？』李穆亦上表請遷都，乃詔高熲等創造新都於龍首山。

隋主意欲遷都，當爲近臣所窺見，故季才托諸乾象，迎合進説，因以自神其術耳。李穆勸受禪，請遷都，皆與季才相應和，其果不謀而合邪？

設無礙大會於太極殿，捨身及乘輿御服。

陳自武帝捨身，至此後主再捨身矣，福佑安在？

隋達奚長儒將兵二千，與突厥沙鉢略可汗十餘萬衆遇於周槃，晝夜凡十四戰，五兵咸盡。士卒以拳毆之，手皆骨見，殺傷萬計。虜氣稍奪，於是解去。

此即李陵所云『張空拳冒白刃』也。乃陵不免爲虜，而長儒竟得脱歸，則以陵孤軍深入，長儒猶在慶州境内耳。

長城公（諱叔寶，字元秀，小字黄奴，宣帝嫡長子，在位二年）

上欲用毛喜爲僕射，司馬申譖之而止。帝置酒後殿，引江總等展樂賦詩，既醉而命毛喜，喜陽爲心疾，僕於階下。上謂申曰：『此人負氣，吾欲乞鄱陽兄弟，聽其報仇。』傅縡曰：『若然，置先皇何地？』乃以喜爲永嘉内史。（至德元年）

喜助成陳宣之篡，其人死不足惜。但後主不應聽鄱陽兄弟報仇耳。然亦可見是非之公，人心終不能泯也。

隋主詔曰：『往者周、齊抗衡，突厥交通二國，周恐齊好之深，齊慮周交之厚。朕以爲厚斂兆庶，多惠豺狼，不若以入賊之物加賜將士。』

此詔於突厥當日情事言之極爲明切。所云『以入賊之物加賜將士』，足徵趙宋歲幣之失策。

隋竇融定屢敗阿波可汗，長孫晟使謂阿波曰：『此突厥之耻也。攝圖必歸罪阿波，滅北牙矣。』沙鉢略聞阿波貳於隋，襲擊北牙，大破之，殺阿波之母。

兵威既振，反間之計乘機入之，所以構之使鬥、坐制其敝也。晟方言攝圖必滅北牙，未幾果如所料，阿波安得不信晟而受其操縱乎！

隋楊尚希上言：『當今郡縣，倍多於古。或地無百里，數縣并置；或户不滿千，二郡分領。民少官多，十羊九牧。今宜存要去閑，并小爲大。』

此所云并省州郡，與柳彧所云『武臣不得刺州』，皆當時切要之論。

隋主以李穆功大，詔曰：『法備小人，不防君子。太師申公自今雖有罪，但非謀逆，縱有百死，終不推問。』

穆有何功，衹送一條十三環金帶耳。法不防君子，而君子固不犯法，何得有百死哉！穆功在八議，自當臨時取旨，何必豫爲此詔哉！穆受而不辭，亦非君子之節也。

隋柳彧奏曰：『竊見京邑爰及外州，每以正月望夜，聚戲朋游，鳴鼓聒天，燎炬照地，盡室并孥，無問貴賤，男女混雜，淄素不分，請并禁斷。』詔從之。

隋主方崇儉黜奢，故彧有此奏。上元游戲，不知起自何時，恐亦非法令所能禁也。今京邑已漸革其弊俗矣，而南中通都大邑，此風猶盛，所云『鳴鼓聒天，燎炬照地』者，余固屢見之。自軍興以來，蓋亦漸形蕭索已。

隋主以隴西頻被吐谷渾寇擾，而俗不設村塢，命賀婁子幹勒民爲堡，仍營田積穀。子幹上言：『屯田費多獲少，隴右以畜牧爲事，若更屯聚，彌自不安。』

築堡屯田，自古以爲守邊禦寇良策。而子幹以爲不可者，法無一定、用各有宜也。雖一時之論，亦可見軍機不從中制，而上之代民謀不及民之自爲謀已。

隋主不喜辭華，李諤上書曰：『魏之三祖，崇尚文辭，江左、齊、梁，其弊彌甚。閭里童昏，貴游總丱，未窺六甲，先製五言。舜、禹之典，周、孔之説，不復關心，何嘗入耳。』

觀此可知詩學之易、經學之難。然士之才質，亦各有所長，未可概論也。當時重詩如此，至唐遂用以取士。

突厥沙鉢略可汗數爲隋所敗，乃請和親。千金公主自請改姓楊氏，爲隋主女。

沙鉢略非徒爲隋所敗也，阿波、達頭兩可汗均已降隋，衆叛親離，故屈己以求和耳。

隋虞慶則使於沙鉢略，沙鉢略稱病不拜，長孫晟曰：『可汗是大隋女婿，奈何不敬婦翁？』沙鉢略起拜、頓顙，既而慟哭。慶則又遣稱臣。

頓顙稱臣，沙鉢略非畏隋也，國有内難，將求助也。

隋主遣薛道衡等來聘，戒道衡曰：『當識朕意，勿以言辭相折。』

將欲上之，必先下之。隋之平陳，蓋用此術。

上起臨春、結綺、望仙三閣，自居臨春閣，張貴妃居結綺閣。貴妃名麗華，性敏慧，有神彩，善候人主顔色，百司啓奏，上倚隱囊，置張貴妃於膝上，共決之。

以貴妃之美，而又善候顔色，兼通政事，所謂『哲婦傾城』者非邪？

上盛修宫室，府庫空虛。沈客卿奏，請不問士庶，并責關市之征。以陽惠朗爲太市令，暨慧景爲金倉都令史。二人督責苛碎，聚斂無厭，士民嗟怨。

竭閭閻膏髓，以供耳目之娱；又有聚斂之臣爲之督責於下，國本(撥)[拔]矣，豈能久乎？

突厥沙鉢略可汗既爲達頭所困，又畏契丹，遣使告急於隋，請將部落度漠南，寄居白道川。隋主命晋王廣以兵援之，沙鉢略因西擊阿波，破之。（〔三年〕）

先既請和，此則告急，先止稱臣，此乃保塞。正以西畏達頭、東迫契丹，左支右绌，不得不窮而歸命，則不出長孫晟之所算也。自此分爲東西兩突厥，亦如匈奴之南北二單于。隋之并加撫納，亦仍師漢之遺策，蓋兩利俱存，俾鷸蚌相持而坐收漁人之利也。

湛文徹侵隋和州，隋費寶首擊擒之。隋使李若等來聘。

隋欲伐陳久矣，所以遲遲者，慮突厥爲寇也。今沙鉢略已款塞稱臣，北方大定，陳即重幣修好，豈能久安？而乃侵和州以挑釁乎！隋不遽興問罪之師，仍遣下聘之使，姑寬之使不設備也。

隋主徵梁主叔父太尉吴王岑入朝，拜大將軍，因留不遣；置江陵總管以監之。

徵其大臣入朝不遣，復置總管以監其國，隋主已有取梁之志，蓋欲取陳，先取梁也。

隋主使崔仲方發丁三萬，於朔方、靈武築長城，東距河西至綏州，綿歷七百餘里，以禦胡寇。

東突厥款塞，西突厥尚强，故於朔方、靈武更築長城，以遏其入寇。凡此皆欲并力大舉平陳，慮突厥之乘其後也。

隋主忌梁士彥，召還長安；忌宇文忻，以譴去官。與劉昉皆被疏遠，頗懷怨望，數相往來，陰謀不軌。事泄，士彥、忻、昉皆伏誅。叔侄兄弟，免死除名。

昉不足論，士彥、忻皆周之良將名臣也。若與尉遲迥同起兵，即無成而死，不猶愈於此時之束手就戮乎！

隋主每臨朝，日昃不倦。楊尚希諫曰：『周文王以憂勤損壽，武王以安樂延年。願陛下舉大綱不親細務。』帝善之而不能從。

尚希勸隋主舉大綱略細務，是也；所引鄭康成《禮記注》，則非篤論。文王未嘗損壽，武(帝)[王]亦何敢安樂乎！若移之漢代，而云文帝以憂勤損壽，武帝以安樂延年，猶爲近之。然與周公無逸之言异已。

吐谷渾可汗誇吕屢因喜怒廢殺太子，後太子懼，謀執誇吕而降。隋主不許，太子爲誇吕所殺。少子嵬王呵懼誅，謀帥部落降隋，請兵迎之，隋主不許。

隋主不加兵於吐谷渾者，非獨不肯開釁於外夷，正以方謀大舉伐陳，不欲分其兵力也。

沙鉢略卒，弟處羅侯立，是爲莫何可汗。隋使長孫晟賜以鼓吹、幡旗。莫何西擊阿波擒之。

東撫莫何，西擒阿波，隋主始無北顧之憂。故次年即大舉南伐，遂平陳而成混一。

隋主徵梁主入朝，遣崔弘度將兵戍江陵。梁主叔父安平王巖等恐弘度襲之，驅文武、男女十萬口來降。隋主聞之，廢梁國。

巖等即不降陳，梁主亦不能歸，因而廢之，固隋志也。陳人此時方且喜於得梁之臣民，而不虞隋之興師問罪也。

隋楊素、賀若弼、高勱、崔仲方等争獻平江南之策。及受蕭巖等降，隋主益忿，命大作戰船。人請密之，隋主曰：『吾顯行天誅，何密之有！若彼懼而能改，吾復何求！』

諸臣獻策，惟仲方最得要領。其議以陸兵由曆陽横渡，以水師由蜀江直下，使之首尾不能相顧，而金陵危矣。蓋猶是晋武平吴之遺策也。隋欲取陳久矣，况又有受降納叛之釁乎！所云『懼而能改，我又何求』者，史臣飾爲此言，以見隋文之吊民伐罪耳。

時江南妖异特衆，帝乃自賣於佛寺爲奴以厭之。章華上書極諫，帝大怒，即日斬之。

捨身不已，乃至自賣爲奴，欲仗佛力以厭伏妖异。勿論佛本無靈，且沈湎冒色，横徵暴斂，亦佛之所惡也。陳之亡可蹺足而待矣。胡身之謂：殺諫臣者亡其國。後主此時即不殺華，亦何救於亡哉！

隋主下詔伐陳，命晋王廣、秦王俊、楊素皆爲行軍元帥，凡總管九十，兵五十一萬八千，皆受晋王節度；以高熲爲晋王元帥長史。（二年）

隋之平陳，較晋之平吴，兵力更爲雄盛。後主即卧薪嘗膽，尚恐無救於面縛銜璧之辱；而乃肆爲怡淫，甘受群臣蒙蔽，欲不速亡得乎？

江濱鎮戍聞隋軍將至，相繼奏聞，施文慶、沈客卿并抑而不言，樊毅曰：『京口、采石，俱是要地，各須鋭兵五千、金翅二百以爲防備』，袁憲、蕭摩訶皆以爲然，議久不决。

是時楊素帥水軍東下，已奪取長江之險，京口、采石均不足恃，即用毅策，亦難防遏，而况燕雀處堂，苟爲偷旦夕之安乎！

鑒評别録卷三十五

隋紀一

高祖文皇帝（諱堅，姓楊氏，漢太尉震之後，父忠，從周太祖起義關西，以功封隨國公。帝受周禪，去『辶』作隋。在位二十四年）

賀若弼自廣陵引兵濟江，韓擒虎將五百人自横江宵濟采石，晋王廣帥大軍屯六合鎮桃葉山。若弼自北道、擒虎自南道并進。（開皇元年）

是時秦王俊、楊素兩元帥之兵，爲上江諸將周羅睺等所拒，其平建康者，晋王廣；而渡江力戰者，賀、韓二將也。

賀若弼進據鐘山，蕭摩訶曰：『弼懸軍深入，壘塹未堅，掩襲可以必克。』任忠曰：『兵法：客貴速戰，主貴持重。今宜固守臺城，北兵雖來，勿與交戰，分兵斷江路，無令彼信得通，待春水漲，上江衆軍必來赴援。此良策也。』

摩訶主戰，忠主守，忠之計明於主客，殊合事機。假令後主用之，或可救亡。但是時上流諸軍方與秦王俊、楊素拏戰不解，恐不能東援建康也。

蕭摩訶等與賀若弼戰於白土崗，摩訶兵敗被擒。任忠率數騎迎韓擒虎於石子崗，請降，引隋軍入朱雀門。陳人欲戰，忠曰：『老夫尚降，諸軍何事？』衆皆散走。

蠻奴初進戰守之策，其言娓娓動聽，至此乃首先迎降，開門延寇，蓋忿其言之不用，而亦有見於陳之必亡也。

陳主遑遽將避匿，袁憲曰：『北兵之入，必無所犯，大事如此，陛下去欲安之？臣願陛下正衣冠、御正殿，依梁武帝見侯景故事。』

憲止後主之去，不如勸以國君死社稷之義，而己以身殉，爲得其正。至欲依梁武帝見侯景故事，則迂闊不情矣。景，梁之叛臣，故武帝以君禮自處；韓擒虎詎肯以故君奉叔寶哉？況元帥乃晋王廣乎！

陳主從宫人十餘，出景陽殿，將自投於井。憲苦諫不從。夏侯公韵以身蔽井，陳主與爭，久之乃得入。軍人引之以繩，乃與張貴妃、孔貴嬪同束而上。

叔寶投井，計未爲失，恨其不死耳。公韵蔽井，無識之甚。

太子深年十五，閉閣而坐。軍士叩閣而入，深勞之曰：『戎旅在塗，不至勞也？』軍士咸致敬焉。

深至此猶以儲君自處乎？隋人特欲生致叔寶父子，送之長安，獻俘成禮，故不加害，非必致敬於深也。

賀若弼夜燒北掖門入，聞韓擒虎已得陳叔寶，呼視之。叔寶惶懼，流汗股栗，向弼再拜。弼謂之曰：『小國之君當大國之卿，拜乃禮也。』

觀弼此言，則知袁憲所云『依梁武見侯景故事』者大謬。

晉王廣遣高熲之子德弘詣熲所，令留張麗華。熲曰：『昔太公蒙面以斬妲己，今豈可留麗華！』乃斬之於青溪。德弘還報，廣由是恨熲。

熲之竟斬麗華，略如王茂之勸殺潘妃。若援妲己爲例，殊非其倫。武王誅紂，因及妲己。今叔寶尚在，何必先斬麗華？且先爲宮僚，後爲宰相，而身充狎客，導主戲游，以致亡國者，江總實爲罪首，又何以釋而不誅乎！

王僧辯之子頒，夜發陳高祖陵，焚骨取灰，投水而飲之。既而自縛，歸罪於晉王廣。廣以聞，上命赦之。

頒之焚骨，與伍員鞭尸似同而實异。楚平，員之舊君；陳武，則頒之父仇也。帝赦之，誠是已。杜姥宅膜拜大莊嚴寺捨身，佛之佑之者何如乎！人第知梁武之不保其身，而不知陳武之不保其骨，獲報尤慘也。

蘇威奏請五百家置鄉正，使治民間辭訟。李德林以爲：『本廢鄉官判事，爲其里閭親識，剖斷不平，今令鄉正專治五百家，恐爲害更甚。』帝不聽。

漢吏治最爲近古，故有亭長、三老、嗇夫、游徼之屬，皆佐縣令治民。而左雄之論曰：『鄉官部吏，職卑禄薄，車馬衣服一出於民。廉者取足，貪者充家。』蓋其時已有倚勢作奸、魚肉良懦之弊。降及六朝，世衰俗敝，益非漢比，而欲以鄉正聽訟，能免瞻循親故、聽受請托之弊乎？德林洵核實之論也。

楊素遣别將龐暉將兵略地，至湘州，刺史岳陽王叔慎詐降，伏甲執暉，斬之。招合士衆，得五千人。隋所署湘州刺史薛冑擊敗之，擒叔慎，斬於漢口。

叔慎死得其正，足愧叔寶及江總以下諸臣。

賀若弼、韓擒虎争功於帝前。帝曰：『二將俱爲上勳。』

晉之平吴，王沈與王濬争功，功實在濬也；兹弼亦與擒虎争功，雖各持一説，然非弼在蔣山力戰，擒虎不能以輕騎遽入臺城；非擒虎先得叔寶，弼亦未能遂平陳國也。

帝命高熲與賀若弼論平陳事，熲曰：『臣文吏耳，焉敢與大將論功？』帝之伐陳也，使熲問方略於李德林，至是帝賞其功。或説熲曰：『今歸功德林，諸將必當憤惋，且後世觀公，有若虚行。』熲入言之，乃止。

熲能讓弼，而未免抑德林者，『公若虚行』之説有以觸其忌也。德林雖未在行間，以晉武賞張華例之，功不應在諸將後。且帝嘗有七寶莊嚴之約，何遽忘之邪？

晉王廣之戮陳五佞也，未知孔範、王瑳、王儀、沈瓘之罪，故得免；及至長安，事并露，帝暴其過惡，投之邊裔，以謝吴、越之人。

範等之罪，與五佞無殊。而範又浮於瑳等，乃彼皆肆諸市朝，此但投諸邊裔，非必同罪异罰，殆以發露有遲早，故用法有輕重邪？

上謂群臣曰：『平陳之初，我悔不殺任蠻奴。受人榮禄，兼當重寄，不能横尸殉國，乃云無所用力，與弘演納肝，何其遠也！』

蠻奴在陳爲罪魁，在隋則爲功首，不殺未爲失刑。帝此言爲群臣戒也。江總以宰相爲狎客，佐主荒淫，誤國浮於五佞，納款後於蠻奴，乃終不加罪，何也？

帝見周羅睺，許以富貴。羅睺泣曰：『臣荷陳氏厚遇，本朝淪亡，無節可紀。何富貴之敢望！』賀若弼謂羅睺曰：『聞公郢、漢捉兵，即知揚州可得。』羅睺曰：『若得與公周旋，勝負未可知。』

胡身之云：羅睺何以得此於弼哉？史家溢美耳。竊謂羅睺督上江諸將抗秦王俊三十總管之兵，直至陳亡，後主遣樊猛以手書招之，然後解甲歸降，固江南諸將中之佼佼錚錚者，其志節殊似齊之傅伏，而勇略過之。茲與賀、韓二將語，無所撓屈，亦無可厚非也。

初，陳韋鼎聘於周，遇帝而异之。謂帝曰：『公當大貴，貴則天下一家。歲一周天，老夫當委質於公。』及陳平，上召鼎爲上儀同三司。

凡自詡先見者，非術士迎合以自炫鬻，即不忠之臣托之天道以自逭其失節之罪耳。讀史者慎勿爲其所惑。

帝踐祚之初，鄭譯請修正雅樂，詔牛弘等議之，積年不决。何妥白帝云：『黄鐘象人君之德。止用黄鐘一宫，不用餘律。』從之。萬寶常曰：『此亡國之音也。』

謂隋之德薄運短，而亡國之音應之，可也；謂譯等所作之樂足以亡國，則非也。以文帝之猜忍，煬帝之淫虐，即使后夔復生，調八音，奏九韶，烏足以延靈長之祚哉！

牛弘奏：『中國舊音多在江左。前得粱樂，今又得陳樂。請加修緝以備雅樂。其後魏、後周之樂，雜有邊裔之聲，皆不可用，請悉停之。』

儒家議禮，尚有『聚訟』之譏，况居後世而欲復先王之雅樂乎！孟子曰：『今之樂猶古之樂』，而歸於『與民同樂』，則通論也。

辛公義爲并州刺史，下車，先至獄中，親自驗問。决遣咸盡，方還聽事受領新訟。若有須禁者，公義即宿聽事，曰：『豈可禁人於獄而安寢於家乎！』罪人咸自款服。

此以勤於聽訟而致無訟，足爲牧民折獄之師。

李德林議論好勝，數與蘇威异議，高熲助威，上多從威議。上賜德林莊店，使自擇之，德林請高阿那肱衛國市店，上許之。店人訟高氏强奪民田，蘇威因奏德林誣罔，妄奏自入。上出德林爲湖州刺史，尋卒。（十年）

奪民田自是阿那肱所爲，於德林無與，但帝以莊店賜德林，令其自擇，爲德林者，應取法於孫叔寢邱、晏子邶殿，不當遽取膏腴以自潤也。德林在齊，名位已顯；齊亡入周，受武帝知遇，致有天上鳳麟之譽。乃於幼主嗣位之初，黨附楊氏，首贊邪謀，其人本無足取。兹復恃佐命之功，好勝招忌，不知止足，致遭訴斥，其獲保首領，亦云幸矣。

上以柳莊爲給事黄門侍郎。莊博學，善辭令，明習典故，帝與高熲皆重之。與陳茂同僚，不能降意，茂譖之於上，上稍疏之，出爲饒州刺史。

是時重内輕外，故以刺史爲疏斥。但莊以羈旅之臣，處猜嫌之地，豈能久乎？其出外，未爲不幸也。

李君才上言：『上寵高熲太過。』上大怒，以馬鞭捶殺之。

因言寵熲太過，即於殿内鞭殺，帝之愎不待言矣。熲坐視不救，亦非所以自處也。

江表自東晋以來，刑法疏緩，平陳之後，牧民者盡更變之。蘇威作《五教》，使民無長幼悉誦之，士民嗟怨。於是汪文進等皆舉兵反，執縣令，抽其腸，臠其肉食之，曰：『更能使儂誦《五教》邪！』以楊素爲行軍總管，討平之。

誦《五教》，所以教民爲善也。乃致民之恨，至於執縣令而抽腸食肉，何哉？有司不能奉宣德意，而第以勢迫刑驅，故教民適以厲民，民因而仇官也。隋之平陳，先下金陵，俘後主，其餘州郡，勢同破竹，幾於傳檄而定。惟其取之太易，故不免再舉。蓋南北久分，民情狃於習見，自以江表爲异域；又因鼎革伊始，恩信未洽，故奸民乘之，構煽其間，競思爲割據之計。再經大創，始帖服而不敢動已。

詔給事郎裴矩巡撫嶺南。

巡撫之任，多屬太子，至隋始以文臣爲之。先既遣使者巡撫陳州郡矣。矩爲給事郎，一正八品官耳，乃復膺兹重寄。蓋當日惟取才望，不拘資格，且以《春秋》之義，王人雖微，固在諸侯之上也。

帝初與滕王瓚不協。帝爲周相，瓚恐爲家禍，陰欲圖帝，帝隱之。瓚妻與獨孤后素不平，帝命出之，瓚不可。瓚從幸栗園，暴薨，時人疑其遇鴆。（十一年）

胡身之以瓚爲周之忠臣，竊謂瓚亦非必忠於周，恐大事不成，則爲家禍，而己并誅耳。其不得良死，固由與帝不協，實則獨孤譖害之也。帝雖創業之主，未免婦言是用。

蘇威好立條章，每歲責民間五品不遜，或答曰：『管内無五品之家。』其不相應領，類多如此。（十二年）

威承其父綽之學，動輒援經法古，不明於事理之宜，故有煩迂不急之病。江南之民既厭誦《五教》，此俗吏又誤解五品，殊可笑也。

賀若弼自謂功名出朝臣之右，以宰相自許。既而楊素爲僕射，弼甚不平，形於言色，由是免官。

弼仍以言得罪，正由望爲宰相耳。其父敦僅能刺其舌，不能抑其心也。

有司上言：『府藏皆滿。』詔：『河北、河東今年田租三分減一。』時天下户口歲增，京輔及三河地少人衆，帝遣使均天下田，狹鄉每丁纔二十畝，老少又少焉。

是時承百年兵燹之餘，休養生息，僅十餘年耳。而户口歲增，核其均田之數，每丁纔得二十畝，雖寬鄉優於狹鄉，較諸世業口分之初制，相去遠矣。井田安可行於後世哉！

遣長孫晟入突厥，廢大義公主。裴矩因説都藍可汗使殺公主。都藍更表請婚，晟以爲不可許。上復遣晟慰諭處羅侯之子染干，許尚公主。（十三年）

隋之控馭突厥，以公主爲餌，仍用劉敬遺策也。

詔行新樂，萬寶常曰：『樂聲淫厲而哀，天下不久將盡！』時四海全盛，聞者皆謂不然；大業末，其言卒驗。（十四年）

即不用新樂，更用寶常所作雅樂，大業之末，能勿亡乎！寶常，知音而不知樂者也、知樂而不知所以爲樂者也。

始詔公卿以下皆給職田，毋得治生與民争利。

官給職田，最爲近古。但是時均田給民已多不足，何以又有職田給官乎？

張賓曆既行，劉孝孫及張胄玄共短之。上令參問日食事，楊素等奏：『太史奏日食二十有五，率皆不驗。胄玄所刻，前後妙中；孝孫所刻，驗亦過半。』

曆家占候，以日食爲準。西法自明季傳入中國，初亦以此競勝。今則推步益加詳密，不惟不爽晷刻，亦復不差秒分矣。

關中大旱，民飢，上帥民就食於洛陽。

既置黎陽、廣通二倉，漕關東及汾晋之粟，以給長安，又鑿廣通渠以便運，復令民間各爲義倉，以備凶年。隋之儲蓄，信有素已。乃猝值旱饑，遂勞乘輿，躬帥畿輔之民出關就食，何也？其倉廩所積，但以富國，不以撫民邪？然則後世之大農告匱，賑貸無資者，豈不重可慮哉！

齊州刺史盧賁坐民飢閉糶除名。皇太子以爲言，帝曰：『微劉昉、鄭譯、盧賁等，我不至此。然此等皆反覆子也，任之則不遜，置之則怨望，自爲難信，非我弃之。』

帝資諸人之力以篡周，而惡其反覆，不任以政，所以混壹南北，成開皇之治。不然，則不俟大業而亂矣。

晋王廣帥群臣固請封禪。帝令牛弘創定儀注，既成，帝視之，曰：『兹事體大，朕何德以堪之！但當東巡，因致祭泰山耳。』

帝初雖固拒封禪之請，而好言禨祥符瑞，故陳叔寶賦詩即有『願上東封書』之句。而廣帥群臣抗表固請，皆逆探帝意而爲之者。

以韋世康爲荆州總管。世康和静謙恕，在吏部十餘年，常有止足之志，謂子弟曰：『禄豈須多，防滿則退；年不待暮，有疾便辭。』（十五年）

『禄不須多』，知足也；『年不待暮』，知止也。此言可以服膺。

詔『諸司論屬官罪，有律輕情重者，聽於律外斟酌决杖。』（十七年）

帝每於殿庭行杖，故推之於諸司，而屬員之得免捶楚者鮮矣。唐時猶未捐此法，然止及簿尉以下，故杜詩云：『脱身簿尉中，始與捶楚辭。』不似隋之概施於上佐也。以奴隸待士而欲其重廉恥、勵風節，亦何可得哉！

帝以盜賊多，命盜一錢以上皆弃市；或三人共盜一瓜，事發皆死。有數人劫執事而謂之曰：『自古未有盜一錢而死者，而不爲我奏至尊，吾更來，而屬無類矣。』帝聞之，爲停此法。

以重法治盜，乃至盜一錢、一瓜即死，迨衆盜共劫執事，迫以上聞，奚翅一錢、一瓜之比哉！釋而弗治，更爲變法以循其請，詎非導之犯上作亂乎！

帝嘗乘怒，欲以六月杖殺人，大理少卿趙綽固争，帝不從。綽與大理卿薛胄俱名平恕，然胄斷獄以情而綽守法。

薛情趙法，雖各有所主，但情法必須兩得其平。而法準乎情，則得情尤爲治獄之要。

秦王俊好奢侈，違越制度，上免俊官，以王還第。楊素諫曰：『秦王之過，不應至此。』上曰：『我是五兒之父，非兆民之父。若如公意，何不别制天子兒律？』

俊之奢縱，自應免官。周五叔無官，并非天子兒必應有官也。帝不肯以子虧法，勝梁武遠矣。胡身之以爲：楊素逢君之惡，他日贊帝廢立，蓋有見於此。未免深文之論。素之爲俊進諫，自以俊有平漢沔之功，已與共事，故冀帝曲宥之耳。他日之事，自當別論。

虞慶則之討李世賢也，以婦弟趙什住爲隨府長史。慶則還，至臨桂嶺，曰：『此誠險固，攻不可拔。』什住通於慶則愛妾，恐事泄，因告慶則謀反，慶則坐死。

慶則討世賢，初不願行，其不萌他念可知。何以還至臨桂，而忽有是言？即有是言，亦第言其山川之險固耳。乃遽告其謀反，詎非誣陷乎！慶則勸隋主盡滅宇文氏，今禍及其身，固自有天道邪？

詔：『畜猫鬼、蠱毒、厭媚野道之家，并投於四裔。』（十八年）

盜一錢一瓜即死，而畜猫鬼、蠱毒、厭媚野道之家罪止遠徙，何也？或誅其本犯而徙其家人邪？據《隋書》，江南諸郡，往往畜蠱，今惟滇、粤溪峒間或有之。殆因投諸四裔，故流毒至今歟？

楊素出靈州，道遇達頭可汗十餘萬騎。周羅睺曰：『賊陣未整，請擊之。』帥精騎逆戰，素以大兵繼之。突厥大敗，達頭被重創走，殺傷不可勝計。（十九年）

羅睺在江南，長於水戰，今乃爲素前鋒，更以騎兵破突厥。方知其不肯降心賀若弼，有以也。

王世積爲凉州總管，其親皇甫孝諧有罪，亡抵世積，不納。孝諧因上變，稱『世積令道人相其貴不，道人答曰：「當爲國主。」』世積坐誅。

虞慶則之誅，由於趙什住；世積之誅，由於孝諧。然二人所以告變者，一則私其愛妾，一則恨其不納也。私妾之事，慶則或未之知；若因不納而致恨，其情易明，世積何難申辯，而乃延頸受戮，何哉？蓋帝於功臣宿將，多有所疑，而法吏希旨，深文周内，必欲致之於死，卒無以自明也。

獨孤后性妒忌，尉遲迥女孫有美色，先没宫中。上悦之，因得幸。后陰殺之。上大怒，單騎從苑中出，入山谷間。楊素、高熲等追及苦諫。熲曰：『陛下豈以一婦人而輕天下！』上乃還宫。后聞熲謂己爲『一婦人』，遂銜之。

獨孤殺其所愛，帝亦無如之何，匹馬入山，將欲弃國而去邪，抑他有所往邪？所云『一婦人』，自指尉遲，而獨孤因而恨熲，遂謀排陷，真蛇虺哉！

高熲夫人卒，獨孤后言於上曰：『高僕射老矣，陛下何不更爲之娶？』帝以后言告熲。熲曰：『臣老，納室非所願。』上乃止。既而熲妾生男，后曰：『陛下尚信高熲邪？』

因妾生男而譖熲，復因寵雲昭訓而廢太子勇。獨孤之妒，直不欲臣子有二色，與芮伯萬之母何异代同情邪？帝非不知其素心，而亦助之行妒，尤不可解。

熲初爲僕射，其母戒之曰：『汝富貴已極，但有一斫頭耳。爾其慎之！』熲由是常恐禍變，至是除名爲民，熲歡然無恨色。

熲母，婦人之有識者也。熲亦非賀若弼所及。

賀若弼坐事下獄，上數之曰：『公嫉妒心太猛，自是非人心太猛，無上心太猛。』既而釋之。他日，上謂侍臣曰：『弼將伐陳，謂高熲曰：「陳可平也。不作高鳥盡、良弓藏邪？」』（二十年）

以帝之猜忌，熲是其心腹之臣，弼遽吐狂言，獨不畏熲之入告邪？

秦王俊薨。王府僚佐請立碑，上曰：『欲求名，一卷史書足矣，何用碑爲？若子孫不能保家，徒與人作鎮石耳。』

帝論立碑，語殊可味。

初，上使太子勇參决軍務，戒之曰：『自古帝王未有奢侈而能久長者。汝爲儲后，當以儉約爲先。』

帝於勇，未嘗不教以義方。

勇多内寵，昭訓雲氏尤幸。其妃元氏無寵，遇心疾，二日而薨。獨孤后意有他故，其責望勇。晋王廣彌自矯飾，惟與蕭妃居處，後庭有子皆不育。

勇之失愛於獨孤，未嘗不由於自取也。廣奪嫡之謀，乃乘機而進矣。

廣問計於宇文述，述曰：『能移上意者，惟楊素耳。』廣遣述厚賂素弟約，因説約曰：『儲后每切齒於執政，上一旦弃群臣，公亦何以自庇！今若請立晋王，王必永銘骨髓。』約以白素。素大喜，撫掌曰：『吾思不及此。』

以素之奸詐，豈猶見不及此？蓋蓄機不發，以待廣之求助於己，因以爲功耳。故一聞約言，輒喜而撫掌也。

素入侍宴，微稱『晉王有類至尊』，用揣后意。后泣曰：『公言是也！』素因盛言太子不才。后遂遺素金，使贊上廢立。

高熲不助己，則思去之；素迎合己意，則遺以金而爲之内主。廢立之謀，贊之者素，而成之者后也。帝惟婦言是用，臨終方知『獨孤誤我』，亦已晚矣。

勇頗知其謀，計無所出，使王輔賢造諸厭勝；又於後園作庶人村，室屋卑陋，勇時於中布衣草褥，冀以當之。

勇此時惟當重自抑損，益隆孝敬，以冀挽回帝后之心。乃造諸厭勝，作庶人村，欲何爲乎！此真下才，亦不足惜也已。

上禁勇及諸子，部分收其黨與。楊素舞文巧詆，以成其獄。上命薛道衡宣詔，廢勇及其男、女爲王、公主者，元旻等并處斬。

勇之廢已非其罪，旻等何辜，而駢首受戮！甚矣，帝之忍而素之酷也。

初，雲昭訓父定興，出入東宫，屢進奇服异器以求悦媚；左庶子裴政屢諫，勇不聽。政謂定興曰：『公所爲不合法度。宜自引退，不然將及禍。』

定興小人，使勇得立，亦必干政亂國，恐更甚於宇文述、封德彝輩。

勇嘗宴宫臣，唐令則自彈琵琶，歌《娬媚娘》。李綱起白勇曰：『令則身爲宫卿，乃於廣座自比倡優，請治其罪！』勇曰：『我欲爲樂，君勿多事！』

觀勇所爲，必非能負荷者也。

史萬歲自大斤山破突厥還，楊素害其功，遂寢之。萬歲數抗表言狀，上方窮東宫黨與，問萬歲所在，素曰：『謁東宫矣！』上召萬歲，萬歲言『將士有功，爲朝廷所抑！』辭氣憤厲。上大怒，令左右摚殺之。

萬歲良將，有功無罪，竟死於楊素之譖，較虞慶則、王世積尤爲寃抑，宜天下之共惜也。

立晋王廣爲皇太子。天下地震。囚故太子勇於東宫，付廣掌之。勇自以廢非其罪，頻請見上申寃，廣遏之不得聞。

囚勇東宫，使廣掌之，不惟非所以處勇，亦非所以處廣也。勇如有不諱，廣何以自明乎？以帝之殘忍、廣之猜忌，勇即欲爲漢之東海王，亦何可得？而乃不自引咎，瀆求申雪，何其昧也！

初，帝之克陳也，天下皆以爲將太平，房彦謙私謂所親曰：『主上忌刻而苛酷，太子卑弱，諸王擅權，天下雖安，方憂危亂。』其子玄齡亦曰：『主上以詐取天下，諸子皆驕奢不仁，必自相誅夷，其亡可翹足待。』

《隋書》成於唐，玄齡唐之元勛，故史特書其父子之先見，與所書帝之論周天元者正同。

太史令袁充表稱：『大隋啓運，上感乾元，景短日長，振古希有。』於是百工作役，并加程課，工匠苦之。

充假天文以求媚，其矯誣不待言已。但日之短長，不難考校，帝亦綜核名實之主，何至遽爲所欺？若云喜其飾説，姑爲瑞應，又何以輒加百工程課，竟似深信不疑者，詎非好諛之一念蔽之哉！

詔：以天下學校生徒多而不精，惟簡留國子學生七十人，太學、四門及州縣學并廢。（仁壽元年）

國家人才出自學校，故王者必廣設博收，以宏作育。今乃舉諸學校皆廢之，雖以沙汰精簡爲名，實則由於帝之苛刻而不悦學、楊素之娼嫉而不好士也。

皇后獨孤氏崩，上令蕭吉爲皇后擇葬地，得吉處，云：『卜年二千，卜世二百。』上曰：『吉凶由人，不在於地。我家墓田若不吉，朕不當爲天子；若不凶，我弟不當戰没。』

帝此語，實爲達識。世之篤信風水、精求墓地者，可以廢然已。

吉告族人蕭平仲曰：『太子得政，隋其亡乎！吾前紿云「卜年二千」者，三十字也；「卜世二百」者，世二傳也。汝其識之！』（二年）

吉若果能灼見葬地之不吉，何不更求吉者，而必故爲隱語以罔上，仍退有後言，何邪？詎不畏語泄族誅邪？此蓋隋亡之後青烏家造爲此言，托諸吉以神其術，不足信也。

幽州總管燕榮性嚴酷，元弘嗣爲幽州長史，上敕榮曰：『弘嗣杖十已上罪，皆須奏聞。』榮遣弘嗣監納倉粟，揚得糠秕，皆罰之。每笞雖不滿十，一日或至三數。（三年）

長史，州之上佐，其品已尊，多有代刺史爲政者，而猶不免捶撻之辱，亦太傷治體已。

龍門王通詣闕獻《太平十二策》，上不能用，通遂教授於河、汾之間，弟子甚衆，累徵不起。大業末，卒於家，門人謚曰『文中子』。

通詣闕獻策，固亦有志於仕，但帝方廢學厭儒，安能用通策哉！河汾講授，抱道以終，庶乎肥遁之節。

帝崩於大寶殿。高祖性嚴重，令行禁止，愛養百姓，勸課農桑；自奉務爲儉素，故衣食滋殖，倉庫盈溢。受禪之初，民户不滿四百萬，末年，逾八百九十萬。（四年）

晋武隋文，均能平定江南，混一區宇。以二主較優劣，隋文過晋武遠矣。乃晋祚百年，隋僅二世，詎非以晋武紀綱不立而不失爲寬仁，隋文法令雖行而務逞其苛暴哉！

初，上寢疾，太子入侍，宣華夫人陳氏出更衣，爲太子所逼，拒之得免，上問之，夫人曰：『太子無禮！』上恚曰：『畜生何足付大事！』乃呼柳述、元巖使召勇。楊素白太子，令張衡入侍疾，俄而上崩。故中外頗有异論。

如煬帝者，直書其弑父可也。《隋史》隱約其辭，《通鑒》因之，然亦微而顯矣。

太子即皇帝位。矯稱高祖詔，賜故太子勇死。袁充奏：『皇帝即位，與堯受命年合。』諷百官表賀。許善心議，以『國哀甫爾，不宜稱賀』。

善心之論，誠是已。然以羈旅之臣，處亂賊之朝，斯言不可以已乎！

漢王諒爲并州總管，陰蓄异圖。會熒惑守東井，諒問傅奕：『是何祥也？』對曰：『天上東井，黄道所經，熒惑過之，乃其常理；若入地上井，則可怪耳。』

此即唐初斥佛之傅弈也。曉天文而不爲諒陳説灾异，以助其邪心，其識卓已。所云『熒惑入地上井』，則必無是事。語類譜謔，殆以竪子待諒邪？

諒發兵反。從諒反者十九州。王頍説諒曰：『大王宜長驅深入，直據京都，所謂疾雷不及掩耳。』諒乃唱言楊素反，將誅之。

阿麽弑父事已彰灼，頍爲諒畫策，不先正其罪，以爲出師之名，宜其敗也。

以楊素爲行軍總管，帥衆數萬討諒。諒自將衆且十萬，拒素於蒿澤。會大雨，諒欲引還，王頍諫，不從。素進擊，大破之。諒退保晋陽。素進兵圍之，諒請降。

文帝曾謂諒曰：『爾一旦無我，或欲妄動，彼取爾如籠内鷄雛耳。』至是而其言驗矣。知子莫若父，信然！

章仇太翼言於帝曰：『陛下木命，雍州爲破木之衝，不可久居。又讖云：「修治洛陽還晋家。」』帝深以爲然。尋幸洛陽，留晋王昭守長安。

太翼於文帝之崩，幸而言中，故自炫其術，導帝遷都，豈知人事不修，天道固無足信邪！

鑒評别録卷三十六

隋紀二

煬皇帝（諱廣，一名英，小字阿麼，高祖第二子，在位十二年）

詔曰：『聽采輿頌，謀及庶民，故能審刑政之得失；　今將巡歷淮、海，觀省風俗。』（大業元年）

帝以盤游無度失天下，此其權輿也。

作天經宫於東京，四時祭高祖。

宣華烝淫，張衡弑逆，四時之祭，其來享乎？　帝之作天經宫，亦如周天元之釋奠、齊文宣之坐禪。

楊素雖有大功，特爲帝所猜忌。　素寢疾，自知名位已極，不肯餌藥，謂其弟約曰：『我豈須更活邪！』尋卒。（二年）

素殺人多矣，竟以壽終，亦天道報施之爽。　未幾玄感遂赤其族，素亦有掘冢焚骨之慘，所謂疏而不失。

置洛口倉於鞏東南原上，築倉城，周二十餘里，穿三千窖，窖容八千石。又置回洛倉於洛陽北七里，倉城十里，穿三百窖。

積儲不爲不多矣，异日徒爲李密之資。

劉炫謂牛弘曰：『往者州惟置綱紀，郡置守、丞，縣置令而已。其餘具僚則長官自辟。今大小之官，悉由吏部，纖介之迹，皆屬考功。省官不如省事，官事不省而望從容，其可得乎！』弘善其言而不能用。（三年）

鄉官得治民事，長官自辟具僚，乃秦漢以來相沿舊法。至是小官悉由吏部，而古制無復存矣。炫所言省官省事，非惟弘不能用，後世亦卒不能用。世降勢殊，法有不得不密者，故官難從省、吏且日增也。

帝之徵散樂也，高熲諫，不聽。熲退，謂李懿曰：『周天元以好樂而亡，殷鑒不遠，安可復爾！』熲與宇文弼、賀若弼並以誹謗朝政坐誅。

熲斬張麗華，久爲帝所恨，又與太子勇有連，今乃私議朝政，能勿及乎！文帝篡周，熲與李德林首贊其謀，而熲最忌德林，時加排擠，故熲爲宰相，德林竟以刺史終。卒之德林獲保首領，熲不免坐誅，則以德林疏而熲親也。史稱熲有文武大略，竭誠盡節，以天下爲己任，海内富庶，皆熲之力，亦可謂賢矣。罷退寂寥，晚乃就戮，固由遇非其主，要人洵不易居哉！

車駕發榆林，歷雲中，泝金河，旌旗輜重，千里不絶。胡人每望御營，十里之外，屈膝稽顙，無敢乘馬。

帝雖淫侈，而威行塞外，爲魏晋以後所罕見，仍（席）襲開皇之餘業也，然其心因之愈肆矣。

裴矩言『胡中多珍寶，吐谷渾易可并吞。』帝於是將通西域。矩引致諸胡，勸令入朝。往來相繼，郡縣疲於送迎，糜費以萬萬計，卒令中國疲弊以至於亡。

疲中國以事外夷，特致亡之一端耳。以帝之荒淫驕暴，即不通西域，亦無救於亡。

裴矩聞西突厥處羅可汗思其母（向氏），請遣使招懷之。帝遣崔君肅齎詔書往，處羅受詔不肯起，君肅諭以利害，處羅再拜，跪受詔書，因遣使貢汗血馬。（四年）

裴矩之通西域，長孫晟之款突厥，劉方之破林邑，韋雲起之襲契丹，君肅之折處羅，其才略均非常人可及。然帝之心因之益肆，正孟子所云『今之良臣，古之民賊』者也。至於民離盜熾，政亂國危，諸臣亦無所用其智力已。

上大獵於拔延山，長圍亘二十里。（五年）

《考异》曰：『《隋帝紀》作二千里，疑二十字誤。』竊按：拔延山，在西平郡隆化縣，地接河湟，邊疆遼闊，若僅以二十里爲圍，不足云『長圍』矣。今木蘭圍場周千餘里，矧以煬帝之禽荒，其長圍二千里不足詫也。

置馬牧於青海，縱牝馬二千匹於川谷以求龍種，無效而止。車駕東還，經大斗拔谷，風雪晦冥，文武饑餒沾濕，夜久不逮前營，士卒凍死太半。

自漢以來，即有龍馬之説，乃西域之妄言耳。今青海久隸版圖，同於内地，安得有龍馬哉！帝本與處羅期會於大斗拔谷，失期不至。使其率衆而來，亦可危也。

帝欲大營汾陽宫，令張衡具圖奏之。衡乘間進諫曰：『比年勞役煩多，百姓疲弊，伏願留神，稍加抑損。』帝意甚不平，乃出衡爲榆林太守。（六年）

衡爲帝心腹舊臣，恩眷素厚，一語匡正，即被疏斥，卒置之死。甚矣，帝之拒諫也。

牛弘卒。弘寬厚恭儉，學術精博，隋室舊臣，始終信任、悔吝不及者，惟弘一人而已。

弘爲人有類漢之張禹、孔光，故能處猜忌昏虐之朝得保禄位，所謂容容厚福者也。

敕穿江南河，自京口至余杭，八百餘里，廣十餘丈，使可通龍舟，并置驛宫草頓，欲東巡會稽。

此即今之太平河，爲江浙漕運通津，商旅便之。帝之巡幸，至江都而止，雖開此河，固未至會稽也。

帝自江都行幸涿郡，御龍舟渡河，入永濟渠，敕選部、門下、内史、御史四司之官於船前選補，受選者三千餘人，或徒步隨船三千餘里，致死者什一二。（七年）

因赴選而徒行三千餘里，因而凍餒致死，亦千古仕途中罕見之事。士生此時，猶熱中干進不止，其亦不足悲也已。

帝自去歲謀討高麗，發民夫運米，積於瀘河、懷遠二鎮，車牛往者皆不返，士卒死亡過半。又發鹿車夫六十餘萬，皆懼罪亡命。百姓困窮，始相聚爲盜。

牛車運遠，已不能達，即達亦必不能反，況鹿車夫乎！當時蓋以車牛不足給用，故以人力代之，而不復計及事之濟否也。師行糧食，勞者弗息，民能毋作慝乎！

鄒平民王薄擁衆據長白山，作《無向遼東浪死歌》，以相感勸，避征役者多往歸之。劉霸道、竇建德、孫安祖、張金稱、高士達等，所在群盜蜂起，不可勝數。

隋季群盜初起，僅爲救死；其後浸不可制，奸雄乃得因以爲資而國亡矣。蓋文帝雖令行禁止，并無深仁厚澤以固結人心，天下畏威者多，懷德者少；煬帝淫暴，毒流海内，又因高麗之役虐用其民，是以一夫奮呼，亂者四應，雖以金甌全盛之勢，而立致土崩也。

四方兵皆集涿郡，帝問庾質曰：『朕伐高麗，卿以爲可克不？』對曰：『若車駕留此，命猛將勁卒，倍道兼行，克之必矣。事機在速，緩則無功。』帝不悦。（八年）

質，季才之子，世傳數學，故帝召而問之。高麗之役，不惟帝再舉無功，即以唐太宗之神武，亦不能克；卒克之者，乃李勣也。質若有先見。

詔左右各十二軍總集平壤，號二百萬，每軍大將、亞將各一人；受降使者一人，承詔慰撫，不受大將節制。

别置受降使者，不受大將節制，恐大將欲以誅殺邀功，失於撫納也。劉士龍因此遂固止于仲文，致失乙支文德。帝意蓋以高麗小夷，臨以大兵，自必震懾天威，崩角恐後耳，豈知其旅距不服哉！

諸將之東下也，帝戒之曰：『凡軍事進止，皆須奏聞待報，毋得專擅。』遼東嬰城固守，帝命攻之。又敕諸將：『高麗若降，即宜撫納，不得縱兵。』

帝蓋自托於吊民伐罪之義，欲坐收有征無戰之功，以爲王者之兵，當如是也。軍機不從中制，動須奏報，往返需時，正庾質所云『緩則無功』者。

九軍渡遼，凡三十萬五千，及還至遼東城，惟二千七百人。帝大怒，鎖繫宇文述等，引還。述有寵於帝，故不忍殺。與于仲文等皆除名爲民，斬劉士龍以謝天下。

既特置受降使者，不受大將節度；又敕高麗若降，遂即撫納。士龍爲撫慰使，受降是其專責，其不擒乙支文德，第遵敕有所縱捨耳。因軍敗而斬之，亦枉殺也。

齊郡王薄等各聚衆攻剽，多者十餘萬，天下承平日久，人不習戰，郡縣吏每與賊戰，望風沮敗。惟齊郡丞張須陀得士衆心，勇決善戰。（九年）

是時帝屢事遠征，不可謂人不習戰，但精壯均已徵發，所存皆老弱不堪用耳。大抵群盜所以不可撲滅者，一則人心思亂，所在蜂起，誅不勝誅，一則衆逾十萬，郡縣之兵力不能敵，不惟懦吏望風沮敗，即勇決如須陀者，卒亦罔功也。

張須陀、羅士信擊賊於濰水上，大破之。帝遣使慰諭，并畫須陀、士信戰陳之狀而觀之。

帝既知須陀、士信戰功，并畫其狀而觀之，則山東群盗日熾，帝亦聞之良稔；乃置之度外，不聞遣將撲討，仍親征高麗，何其捨近而圖遠也！

車駕渡遼，命諸將攻遼東，聽以便宜從事。飛樓、橦車、雲梯、地道四面俱進，高麗應變拒之，二十餘日不拔。

帝蓋有見於動須奏報之違誤軍機，故特申便宜從事之命，亦不再遣受降、撫慰諸使矣。

楊玄感於黎陽督運，潛謀作亂，勒兵部分，李密説玄感曰：『據臨渝之險，扼其歸路，上計也；直取長安，據其根本，中計也；襲取東都，若攻之百日不克，天下之兵四面而至，非僕所知也。』玄感引兵向洛陽。

密欲玄感據臨渝關，扼煬帝歸路。以數千新集之兵，驟當百萬思歸之士，勢同卵石，必不能支；惟有乘其不備，疾走入關，西取長安，東面而争天下，爲得策耳。後李子雄卒勸玄感出此計，然而王師大集，失之晚矣。

修武民相率守臨清關。玄感不得度，使弟積善將兵三千，緣洛水西入，玄挺逾邙山南入，自將三千餘人隨其後，其兵皆執單刀柳楯，無弓矢甲胄。

臨清關且不得度，臨渝關可得而扼乎？以如此兵仗，而欲其斷大軍歸路，直取獨夫，李密之言謬已。

玄感每誓衆曰：『我身爲上柱國，家累萬金，富貴無所求也。今不顧滅族者，但爲天下解倒懸耳！』衆皆悦。父老争獻牛酒，子弟詣軍門請自效者，日以千數。

當時人心如此，使玄感得據關中，除隋苛法，不惟民思歸附，即群盗亦可收以爲用也。

樊子蓋守東都，令行禁止。玄感攻之，不克。代王侑使衛文昇帥兵四萬救東都，文昇至華陰，掘楊素冢，焚其骸骨，示士卒必死，直趨東都城北。

子蓋、文昇，皆隋之良將，玄感之勍敵。今子蓋據堅城，而文昇以大衆赴援，玄感欲攻東都，難矣。李密所云『百日不克，天下之兵四面而至』者，其言將驗。

遼東城久不拔，帝令造布囊百餘萬，滿貯土，欲積爲魚梁大道，高與城齊，使戰士登而攻之。城中危蹙。會楊玄感反書至，帝大懼，夜召諸將，使引軍還。

若非玄感内叛，遼東可拔。

高麗即時覺之，然不敢出，但於城内鼓噪。來日午時，方漸出外，四遠覘偵，猶疑隋軍詐之。經二日，乃出數千兵追躡，至遼水，後軍羸弱爲所殺略。

斛斯政既奔高麗，自必以國情輸之。今隋師果退，而高麗不敢遽追者，不惟疑隋師之僞退，兼疑政之詐降也。彼實畏隋，既自度力不足抗大軍，又不欲結怨以開後釁，但利帝之速去而已。追兵僅出數千，其意可見。

衛文昇與玄感戰，玄感屢破之，衆至十萬。文昇衆寡不敵，乃更進屯邙山之陽，戰一日十餘合。楊玄挺中流矢死，玄感軍乃稍却。

文昇良將，所以屢挫於玄感者，隋之軍士，咸懷二心，不肯力戰，非直衆寡不敵也。

李子雄勸玄感速稱尊號，李密曰：『今雖復頻捷，郡縣未有從者；東都守禦尚强，天下救兵益至，公當挺身力戰，早定關中，乃亟欲自尊乎！』玄感笑而止。

子雄勸玄感速稱尊號，其識甚卑。玄感所以一呼而衆皆響應者，正以不求富貴、爲解天下倒懸，故人樂爲之用耳。若遽僭號，便是作賊，人心因之瓦解矣。

屈突通引兵屯河陽，宇文述繼之。通濟河，軍於破陵。玄感分爲二軍，西抗文昇，東拒通。樊子蓋復出兵大戰，玄感軍屢敗，李子雄曰：『東都不可久留，不如直入關中，開永豐倉以振貧乏，三輔可指麾而定。』

攻城則百日不克，援兵則四面而至，李密之言，至此驗矣。開倉濟貧，乃漢據敖倉之遺策。密卒用之以困東都。

玄感引兵西趨潼關，宇文述等軍追敗之於皇天原。又戰於董杜原，玄感大敗，謂弟積善曰：『汝可殺我。』積善抽刀斫殺之，因自刺不死，被執，與玄奬等皆伏誅。

玄感起兵之初，不從李密之計，乘其不備，直取長安，至是官軍四集，累敗披靡，潼關可得而入乎！

宋子賢自稱彌勒出世，遠近信惑，遂謀舉兵襲乘輿，事泄伏誅。桑門向海明亦自稱彌勒出世，三輔人翕然奉之，因舉兵反，楊義臣擊破之。

子賢、海明，并自稱彌勒出世，與建國門焚香持花之盜正同。蓋當時自有此一種邪説，托之於佛以惑衆而作亂，至今律文猶嚴其禁，所由來遠已。

詔百僚議伐高麗，數日無敢言者。復徵天下兵，百道并進。車駕次懷朔鎮，所徵兵多失期不至。來護兒擊破高麗兵，高麗王元乞降，囚送斛斯政，帝班師。（十年）

此時帝見徵兵不至，東征之興已闌，故因高麗送叛乞降，即悦而旋師，非若初征、再征之時，必欲俘高元而郡縣其地也。

上還西京，以高麗使者及斛斯政告太廟。仍徵高麗王元入朝，元竟不至，敕將帥嚴裝，更圖後舉，竟不果行。殺斛斯政，烹其肉，使百官噉之。

是時中國盜賊日熾，高麗自應早有所聞。元之不朝，蓋預度帝之不能再舉，而帝猶敕將帥嚴裝，則陽虎所云『客氣』者也。以斛斯椿之反覆陰譎，安得有遺種哉！政之外叛覆宗，殆亦天網之不漏乎！

帝將如東都，庾質諫曰：『比歲伐遼，民實勞弊，陛下宜鎮撫關内，使百姓盡力農桑。』帝不悦，質辭疾不從，帝怒，下質獄，竟死獄中。

質因事納規，屢有正論。雖術不逮父，而事君之忠有其過之。

孟讓寇掠諸郡，至盱眙，衆十餘萬。王世充將兵拒之。時民皆結堡自固，野無所掠，賊衆漸餒；世充縱兵出擊，大破之。

結堡自固，俾賊無所掠，此堅壁清野之效。

帝好讀書著述，自爲揚州總管，置王府學士百人，常令修撰；以至爲帝，前後近二十載，自經術、文章至蒱博、鷹狗，皆爲新書，共成三十一部。（十一年）

書不在多，在用之何如耳。善用之則張良《素書》一卷可以決楚漢之機，蘇威《孝經》一卷可以佐開皇之治，趙普《論語》半部可以相宋太宗致太平；不善用之，則帝之《新書》三十一部，何救於亂亡哉！

帝以户口逃亡，盗賊繁多，詔民悉城居，田隨近給。郡縣、驛亭、村塢皆築城。

此或因盱眙之結堡有效，故推行於各郡縣耳。然迫以必行，民必大擾。

初，高祖夢洪水没城，方士安伽陀言『李氏當爲天子』，李穆之孫敏，小名洪兒，帝疑之；宇文述遣裴仁基告穆子渾反。仍教敏妻宇文氏誣證之。殺渾、敏等及宗族三十二人，三從以上皆徙邊。

穆以周室親貴重臣，首附楊氏，并進尉斗鐶帶，以贊其簒，隋文之報以富貴，亦云渥矣。而其孫筠既爲同氣所戕，子渾等又因讖文、夢兆無端赤族，亦天道循環，積不善之餘殃也。

帝巡北塞，聞突厥始畢可汗帥騎數十萬謀襲乘輿，車駕馳入雁門。突厥急攻雁門，矢及御前；上大懼，抱趙王杲而泣，目盡腫。

帝初次北巡，威行塞外，可汗自芟庭草，王侯莫敢仰視，上壽賦詩，何其壯也！今乃坐困孤城，矢集御幄，望胡塵而墜膽，抱愛子而飲泣，又何憊也！

宇文述勸帝簡精騎潰圍而出，蘇威以爲不可；樊子蓋、虞世基勸帝撫循士卒，重爲賞格，下詔停遼東之役，蕭瑀勸帝求救於義成公主，帝從之。

漢高威略，非後世所可及。乃困於平城，至七日不食，其不肯潰圍而出者，胡騎利於馳逐，出則必不能去也。述庸懦無識，但知迎合帝意，爲脱網之計耳，若從其言，帝必爲虜矣。

帝親巡將士，許以富貴，於是衆皆踴躍，晝夜拒戰，死傷甚衆。義成公主遣使告始畢云：『北邊有急。』始畢解圍去。帝遣使偵無胡馬，乃遣二千騎追躡，至馬邑，得突厥二千餘人而還，皆其老弱也。

胡騎長於野戰，短於攻城，所恃惟弓矢，而他械不及中國之精利，所以進攻多致死傷也。義成之説始畢，略如閼氏之説冒頓；遣軍追躡，先加偵視，卒以俘獲老弱塞責，帝竟師高麗之故智，殊可哂也。

蘇威追論勛格太重，宜加斟酌，樊子蓋固請，以爲不宜失信。帝曰：『公欲收物情邪？』子蓋懼不敢對。帝性吝爵賞，仍議取高麗，由是將士無不怨憤。

威之論亦迎合帝意而爲之者也。軍無賞，士不往，濫賞固不足示勸，吝賞必無以得人死力。以項羽之雄，印刓不與，尚爲韓信所輕，况帝之昏虐，而又食言哉！不報怨於突厥，而逞忿於高麗，畏强侮弱，彌可耻也。

帝謂群臣曰：『突厥狂悖，勢何能爲！少時未散，蕭瑀遽相恐動，情不可恕！』出爲河池郡守。

帝愎而好勝，雁門之困，乃失意之大者，不得已從群臣之言，親循軍士，請救義成，停征高麗，以抒目前之急，其心固已愧而恨矣。一旦無事，飾非拒諫之積習互動於中，是以勛格概從減削，而瑀等不以爲功、反以爲罪也。以此御臣，欲不解體，何可得哉！

帝與群臣飲於西苑水上，命杜寶撰《水飾圖經》，采古水事七十二，使黄衮以木爲之，間以妓航、酒船，人物自動如生，鐘磬箏瑟，能成音曲。（十二年）

此即今所云西洋水法也。足徵奇技淫巧，古者中國人能爲之，後乃失傳，故西夷獨擅其長耳。

帝幸江都，崔民象以盗賊充斥，於建國門上表諫，帝大怒，先解其頤，然後斬之。至汜水，王愛仁上表請還西京，帝斬之而行。至梁郡，郡人邀車駕上書曰：『若遂幸江都，天下非陛下之有。』又斬之。

以帝之怙惡拒諫，大臣鉗口不言，而小臣及細民不避鈇鉞，上書請止江都之行，足徵人心猶未盡去，而無如彼昏之不省也。

宇文述卒。帝以其子化及爲右屯衛將軍，智及爲將作少監。

述贊奪嫡之謀，楊素决廢立之計，隋祚之移，二人實爲蟊賊，但素尚有功可紀，述第以便辟希寵而已，非素比也。二人殺人多矣，而皆以善終，蓋天厭楊氏，假手二人以斫喪之。其子則均以叛逆赤族，若出一轍焉，報施詎或爽哉！

翟讓於瓦崗爲群盗，單雄信往從之。徐世勣説讓入滎陽、梁郡剽掠商旅，附者益衆。王伯當、周文舉、王當仁、李公逸等皆擁衆爲盗。

讓之初起，在今東、豫二省之間，讓與雄信、世勣、伯當，皆今之曹州府人，當仁、文詎、公逸，則今之歸德、開封府人也。自來巨猾大盗多出其間，黄巢、朱温卒以亡唐。

李密因王伯當以見翟讓。李玄英云：『比來民間歌謡有曰：「桃李子，皇后繞揚州，宛轉花園裏。勿浪語，誰道許！」「桃李子」，謂逃亡者李氏之子也；「莫浪語，誰道許」，謂密也。斯人當代隋家。』

是時雖群盗滿天下，而横行中州，直逼洛陽者，惟密最爲驍悍。唐祖初起所以遂定關中者，以密扼其東面也。歌謡本屬妖妄，而愚民易惑，故奸徒往往假之以動衆，與圖讖有莊、俚之别。

賈雄曉陰陽占候，爲翟讓軍師。讓問雄曰：『蒲山公何來從我？』對曰：『將軍姓翟，翟者，澤也。蒲非澤不生，故從將軍也。』讓然之，與密情好日篤。

密所以自托於讓者，欲因其衆也。雄語皆謬妄鄙俚，術士所不屑道，而可以動讓者，以其易解也。由是讓資密以兵，一戰而殺張須陀，其勢遂不可制。

以唐公李淵爲太原留守，將兵討甄翟兒，遇於雀鼠谷。賊圍淵數匝；淵子世民將精兵救之，拔淵於萬衆之中，合擊，大破之。

讖文李當代楊，淵固李氏也。隋高夢洪水没城，淵亦水也。且洪水泛濫於陶唐之世，唐卒代隋，夢兆似非無因。乃李渾、李洪兒駢首受戮，而唐公實膺北門重寄，高祖大業，肇基於此，太宗亦脱穎而出矣。

楊義臣討張金稱，深溝高壘，月餘不出，金稱以爲怯，不設備，義臣簡精騎二千，伺金稱離營，入擊其累重，金稱引兵還，義臣從後擊之，金稱大敗。

金稱驍賊，故義臣先爲深溝高壘，以挫其鋒。

楊義臣乘勝至平原，討高士達，大破之，斬士達。竇建德收士達散兵，軍復大振，至十餘萬人。

建德自是横行於河北。

虞世基以帝惡聞盜賊，諸將及郡縣有告敗求救者，皆不以實聞，但云『鼠竊狗盜，郡縣捕逐，行當殄盡，願陛下無以介懷。』

世基之於隋煬，略如趙高之於秦二世。

韋雲起劾奏『世基及裴藴職典樞要，四方告變不爲奏聞。賊數實多，裁減言少，請治其罪。』左遷雲起爲大理司直。

雲起劾奏世基等，言頗切直，而罰止左遷，蓋帝所惡者諫諍，劾奏非所忌也。

涿郡臨朔宫多珍寶，諸賊競來侵掠；羅藝屢破之。藝將作亂，宣言曰：『城中倉庫山積，而莫肯散施，何以勸士！』乃發庫物以賜戰士，開倉廪以賑貧乏，境内咸服；藝自稱幽州總管。

開皇之政，崇尚節儉，綜核名實，故不獨興洛、永豐諸倉，陳因紅腐，即郡縣亦富有積儲，乃饑歲不以賑民，而務爲朘削以奉上。故群盜之起，未有不以閉倉藉口誅吏，而即散粟以收拾人心、招合徒衆者。然則隋之積儲，不惟賫盜，適以亂階耳。

恭皇帝（諱侑，封代王，煬帝之孫，元德太子昭之子，在位二年）

李密説翟讓曰：『今百姓饑饉，洛口倉多積粟，將軍帥大衆輕行掩襲，取之如拾遺耳。發倉粟以賑窮乏，遠近孰不歸附！百萬之衆，一朝可集。』（義寧元年）

密喜讀《漢書·項羽傳》，此正漢據敖倉之遺策也。

祖君彦，珽之子也，博學强記，文辭贍敏，薛道衡嘗薦之，高祖曰：『是歌殺斛律明月人兒邪？朕不須此輩！』煬帝即位，尤疾其名，君彦常鬱鬱思亂。李密引爲上客。

盲老公之子，其種不良，隋文斥而不用，是也。煬帝特忌其才名耳。珽第竊物，而君彦乃公然作逆，又不徒『父報仇而子行劫』。

越王侗遣劉長恭等帥步騎二萬五千討密。時東都人皆以密爲饑賊盗米，烏合易散，争來應募，國子三館學士及貴勝親戚皆來從軍。

三館學士亦應募從軍，并非義存敵愾，但欲冒功取勛格耳。軍興旁午，朝野震驚，而攘臂其間者視爲仕宦捷徑，此亦古今一轍者矣。

劉長恭等與李密、翟讓戰於石子河。隋兵大敗，死者什五六。讓推密爲主，上密號爲魏公；於是趙、魏以南，江、淮以北，群盗莫不響應，降者不絶，衆至數十萬。

是時群盗雖多，大抵乞活耳。密一戰而斬張須陀，再戰而破劉長恭，開倉賑恤，聲威大振，故群盗皆與之遥相應和也。

突厥立劉武周爲定楊可汗，武周引兵圍雁門，陳孝意悉力拒守，外無救援，百餘日食盡，張倫殺孝意以降。

胡氏以定楊爲將使之定揚州。竊謂隋帝姓楊，故突厥以武周爲『定楊可汗』，欲其定隋之天下也，豈僅謂揚州哉！後又以郭子和爲『平楊天子』，意亦取此。

薛舉與其子仁果及同黨十三人劫金城令郝瑗，發兵囚郡縣官，開倉賑施，自稱西秦霸王。

劉武周起於馬邑，舉起於金城，皆逼近關中，爲唐之勍敵。

趙王侗遣元善達間行詣江都奏稱：『李密有衆百萬，圍逼東都。』虞世基曰：『若如所言，善達何緣來至！』

帝怒，使善達經賊中向東陽催運，善達遂爲群盗所殺。

因善達自云間行賊中而至江都，故令經賊中向東陽催運，以驗其言之誠否； 而善達果爲盗殺，帝益以世基言爲可信矣。

唐公李淵之子世民勸淵舉兵，淵大驚曰：『汝安得爲此言，吾今執汝！』明日，世民復説淵，淵乃嘆曰：『汝言亦大有理。破家亡軀亦由汝，化家爲國亦由汝矣！』

唐之業雖創自高祖，而首決大計者太宗也。時建成、元吉皆在河東，不與其事。

劉文静謂裴寂曰：『先發制人，後發制於人。何不早勸唐公舉兵！且公爲宫監，而以宫人侍客，公死可爾，何誤唐公也！』寂甚懼，屢趣淵起兵。

文静誘寂以博，而寂所以昵於唐公者，則在以晉陽宫人私侍之。故世民與文静因此脅寂，寂亦以此脅唐公而舉兵。其由來固非出於正。

淵與副留守王威、高君雅共坐視事。劉政會告威、君雅潛引突厥入寇，劉文静等共執威、君雅繫獄。突厥數萬寇晉陽，衆以爲二人實召之也，乃斬以徇。

方云威等引突厥入寇，威等甫繫獄，而突厥果至，不應如此巧合，蓋已偵知突厥將至，故以勾引誣二人，使之無從置辯也。

柴孝和説李密西襲長安。密曰：『此誠上策，但昏主尚存，從兵猶衆，我所部皆山東人，見洛陽未下，誰肯從我西入！』

密曾以先取長安説楊玄感，而不從孝和之計者，勢固有所不可也。勿論東人不肯西入，且密若入關，必留翟讓攻東都，讓無密必敗，讓敗則密衆摇心，長安可得而至乎！

劉文静勸李淵與突厥相結，資其士馬以益兵勢。淵自爲手啓，遺始畢可汗，約與和親。始畢曰：『隋主爲人，我所知也。若唐公自爲天子，當以兵馬助之。』

迎隋主、復和親，所以不足取信於突厥者，固知煬帝於雁門之役不能無恨也。然亦可見不忠信之不行於蠻貊已。

西河郡不從淵命，淵使建成、世民將兵擊之。時軍士新集，咸未閲習，建成、世民與同甘苦，菜果非買不食，軍民感悦。郡丞高德儒閉門拒守，攻拔之。

郡丞通守，班在太守下，而當時以爲要職。蓋皆主城守捕盗之事者也。唐兵一出，而義聲載路，固應所向無敵。

建成等引兵還，淵喜，遂定入關之計。開倉以賑貧民，應募者日多。淵命爲三軍，通謂之義士。

開倉賑施以收人心，因以招合徒衆。當時群盗初起，往往如是，故唐主計亦出此。

淵命劉文静使於突厥以請兵，私謂之曰：『胡騎入中國，生民之大蠹也。吾所以欲得之者，恐劉武周引之共爲邊患耳；數百人之外，無所用之。』

太原與突厥鄰，師出向長安，而武周引突厥乘虚以掎其後，此大患也。唐祖之稱臣奉幣，固有所不得已焉。請兵市馬，用示羈縻，而預防其爲害於中國，則帝王之閎識，度越尋常已。

淵至西河，慰勞吏民，賑贍窮乏；民年七十以上，皆除散官，其餘豪杰，隨才授任，一日除千餘人；受官皆不取告身，各分淵所書官名而去。

授官之多，版不給而代以黄紙，今則并黄紙而不復用矣；將軍告身，僅供一醉，今則并告身而無之矣。蓋承煬帝吝賞之弊，矯枉過直，冀以慰納新附，收拾人心耳。

淵以書招李密。密復書，自恃兵强，欲爲盟主。淵得書，笑曰：『密妄自矜大，吾方有事關中，不如卑辭推獎以驕其志，使爲我塞成皋之道，綴東都之兵。』

稱臣於突厥，以紓北顧之憂；卑辭於李密，以止東都之援，所以能專力西向，遂定關中也。小屈大伸，唐祖殊有英雄之略。

淵軍中糧乏；或傳突厥與劉武周襲晉陽；淵召將佐謀北還。裴寂等皆曰：『不如還救根本，更圖後舉。』世民言其不可，時左軍已發，世民與建成夜追之，復還。

突厥乘虚襲晉陽，唐祖所畏，但道路傳聞，安可遽信！寂所云似老成之見，不知唐兵至此，進則有成，退則必敗，成則爲義，敗則爲賊，其間不能容髪也。

淵兵趣霍邑。宋老生出戰，世民與段志玄馳擊，大破之，斬老生。遂克霍邑。淵見吏民，勞賞如西河，或以爲濫，淵曰：『隋氏吝惜勛賞，致失人心，奈何效之！』

收衆以官，用矯煬帝吝賞之弊，亦因義兵初起，頒賚無資，故以名爵虚縻之，所云『白銀難得，黄札易營』也。

驍果從煬帝在江都者多亡去，帝患之，裴矩曰：『人情非有匹偶，難以久處，請聽軍士於此納室。』帝從之。悉召江都境内寡婦、處女集宫下，恣將士取之。

納室卒以繫驍果之心，方知孟子所云『好色同民，於王何有』者，其言猶信。

貴鄉長魏德深爲政清静，遼東之役，徵税百端，民不堪命，惟貴鄉閭里不擾，所求皆給。元寶藏受詔捕賊，數調器械，德深聽隨便修營，恒若無事。

以横徵暴斂之時，尚有循吏如德深者，足徵牧民之長果有實心實政，未有不得行其志者也。

徐世勣言於李密曰：『天下大亂，本爲饑饉。今更得黎陽倉，大事濟矣。』密遣世勣濟河，會元寶藏等襲破黎陽倉，開倉恣民就食，浹旬間，得勝兵二十餘萬。

洛口既失，黎陽復破，東都積貯，盡爲李密之資矣。

徐洪客獻書於密，以爲：『大衆久聚，恐米盡人散』，勸密乘機『直向江都，執取獨夫，號令天下』。密壯其言，以書招之，洪客竟不出，莫知所之。

洪客之言，於此時似爲得策。蓋隋之良將鋭師，俱集東郡；江都宿衛，惟有驍果，又久客思歸，莫肯爲用。虞世基、裴藴輩嬖佞竊權，殊乏將略。若臨以大兵，無難一鼓而下矣。

李淵欲引兵西趨長安，裴寂曰：『屈突通擁大衆，憑堅城，吾捨之而去，若進攻長安不克，退爲河東所躡，腹背受敵，此危道也。不若先克河東，然後西上。』

寂欲先取河東，亦猶還救太原，似是老謀深算，實則怯懦不前。唐主若倚爲謀主，鮮不敗矣。

李世民曰：『兵貴神速，吾席累勝之威，鼓行而西，長安之人望風震駭，取之若振槁葉耳。若淹留於堅城之下，坐費歲月，衆心離沮，則大事去矣。』

留攻弘農，楊玄感所以敗也，況屈突通老將習兵，擁大衆，據堅城，主客之形异，攻守之勢殊，豈旦夕所能拔乎？徒自挫其鋒耳。軍法：『城有所不攻。』此其例也。

李密之克洛口也，張季珣固守不下。時密衆數十萬，季珣所領不過數百人，糧盡水竭，士卒無一離叛。自是城陷。季珣不屈，密殺之。

初幸江都，諸臣力諫；兵交勢危，仍多死守。隋非無干城也，特煬帝自毁而自伐耳。

李淵帥諸軍濟河。遣世子建成等諸軍守潼關以備東方兵，敦煌公世民等諸軍徇渭北。屈突通聞淵西入，使堯君素守蒲坂，自引兵趨長安，爲劉文静所遏。

河東不可攻，潼關不可不守，蓋攻河東則彼主此客，彼逸此勞，故不免坐費歲月，致沮衆心。守潼關則彼客此主，彼勞此逸，故屈突援長安之兵遏於文静而不得進也。此攻守之异勢也。

淵遣其將吕紹宗等攻河東，不能克。

乘屈突通之西趨潼關，而别遣將攻河東，此批亢搗虚之計，乃卒不能克，况通擁大衆以守之乎！裴寂先攻河東之策，至此足驗其謬。

衛文昇年老，聞淵兵向長安，憂懼成疾，不復預事。獨陰世師、骨儀奉代王侑乘城拒守。

文昇良將，使力能枝梧，長安未易攻也。乃以老疾，不復預事，世師等尚足恃乎！

房玄齡謁世民於軍門，一見如舊識。世民自盩厔遣使白淵，請赴長安。淵曰：『屈突不能復西，不足虞矣！』淵至長安，諸軍皆集，合二十餘萬。

時有李代楊之讖，本屬無稽，乃蒲山先起，唐公繼之，卒移隋祚者，李氏也。且佐密者房彦藻，佐唐者房玄齡，又皆房氏也。雖一時偶合，亦足异已。

淵克長安。迎代王於東宫，遷居大興殿後；淵舍於長樂宫，與民約法十二條，悉除隋苛禁。衛文昇已卒，執陰世師、骨儀等，數其罪，斬之。

文昇之死，死於病邪，抑自裁邪？文昇討楊玄感，先掘楊素墓，以示必死。兹守長安，復發唐公墳墓，使其不死，必無降理。儀以天竺人，入仕中朝，而素著清節，與城俱碎，雖死猶生。裴仁基、元寶藏輩，獨何心乎！

王儒信勸翟讓自爲大冢宰，以奪李密權；讓兄弘謂讓曰：『天子汝當自爲，奈何與人！』讓俱不從，密聞而惡之。房彦藻等説密圖讓，密殺讓及弘等，并其衆。

觀翟、李二人之事，讓初無害密之心，亦不料密之害己也。密負讓，讓不負密。

李淵迎代王即皇帝位，時年十三，遥尊煬帝爲太上皇。以淵爲大丞相，封唐王。詔軍國機務，文武設官，咸歸相府；惟郊祀天地、四時禘祫奏聞。

『政由寧氏，祭則寡人』，此其例乎！

屈突通爲劉文静所敗。或勸之降，通自摩其頸曰：『要當爲國家受一刀！』及聞長安不守，乃留其將桑顯和鎮潼關，引兵將趨洛陽。衆散，被執送長安。

通以死自誓，乃卒降唐而爲之用，甚矣，臨大節而不可奪之難也！

黄恩彤文集

四

〔清〕黄恩彤 撰
魏伯河 點校

齊魯書社

鑒評别録卷三十七

唐紀一

高祖神堯皇帝（諱淵，字叔德，本隴西成紀人，七世祖暠，西涼武昭王，祖虎，周柱國，封唐公，父昺襲封，高祖進封唐王，受隋禪，因以唐爲國號。在位九年）

東都乏食，元文都等募守城不食公糧者，進散官二品，於是商賈執象而朝者不可勝數。（武德元年）

商賈執象而朝，名器可謂濫矣。但唐王之口授手注，不取告身，其濫不更甚於是乎！總之，官出自君上之口，用之不竭，故倉卒軍興，往往藉以爲賞功之具耳。

李密遣房彦藻等分道招諭州縣，彦藻以書招竇建德，使來見密，建德復書，卑辭厚禮，托以羅藝南侵，請捍禦北垂。彦藻還至衛州，賊帥王德仁邀殺之。

建德豈折簡可致者哉？彦藻死，密失其左右手矣。

煬帝荒淫益甚，見中原已亂，無心北歸，欲都丹楊，從駕驍果多關中人，久客思鄉里，見帝無西意，多謀叛歸。郎將竇賢帥所部西走，帝遣騎追斬之。

至此即配有家室，亦不足繫其心矣。爲驍果者，應賦《東山》之詩曰：『其新孔嘉，其舊如之何？』

虎賁郎將司馬德戡領驍果屯於東城，與裴虔通等謀作亂，告宇文智及，推其兄化及爲主。德戡等引兵自玄武門入，虔通請帝出慰勞，進其從騎，帝嫌其鞍勒敝，易新者，乃乘之。帝問：『世基何在？』賊黨馬文舉曰：『已梟首矣！』令狐行達遂縊殺帝。

至此猶嫌鞍勒敝，開口先問世基。帝之喜侈好諛，可謂至死不變。

難將作，張惠紹馳告裴蘊。蘊與惠紹謀發兵收化及等。虞世基疑告反者不實，抑而不許。

世基之諱飾蒙蔽，亦可謂至死不變。

裴矩知必有亂，雖厮役皆厚遇之，又建策爲驍果娶婦。及亂作，賊皆曰：『非裴黄門之罪。』

矩逢君長惡，罪亞世基，所以幸免於難者，以其黠也。由矩之黠，更見世基之愚。

百官悉詣朝堂賀，許善心獨不至，化及遣人擒至朝堂，既而釋之。善心不舞蹈而出，化及怒，擒還殺之。其母范氏年九十一，曰：『能死國難，吾又何求？』

善心不死於陳亡之際，而死於江都之難，亦未爲得其死也。

隋恭帝詔以唐王爲相國，加九錫。王謂僚屬曰：『此諂諛者所爲耳。孤秉大政，而自加寵錫可乎？必循魏晉之迹，彼皆繁文僞飾，欺天罔人，竊亦耻之。』

斯言亦何光明磊落，魏文、晉武所不能道。

麥孟才、錢杰與沈光謀殺宇文化及，語泄，司馬德戡引兵圍之，殺光，其麾下數百人皆鬥死，無一降者。孟才亦死。孟才，鐵杖之子也。

隋諸將中，非無忠義之士，但煬帝不能用耳。麥氏父子均有氣决。而鐵杖之死，以希恤賞；孟才之死，以殉忠義，子乃過於父也。

世子建成等至東都，軍於芳華苑。東都閉門不出，遣人招諭不應。李密出兵争之，小戰各引去，趙公世民曰：『吾新定關中，根本未固，雖得東都，不能守也。』引軍還。

唐之救東都，非誠也，特欲因而取之耳。故招諭不應，旋即退師。密亦知之，故不力争。揣當日時勢，越王必不肯聽命於代王，密亦必不甘以東都讓唐也。趙公之論，得之矣，然則此舉未免徒勞耳。

宇文化及擁衆十餘萬，據有六宫，自奉一如煬帝。每於帳中南面坐，有白事者，默然不對；下牙，方取啓狀與唐奉義等參决之。

化及與楊玄感，同以貴臣子爲逆，而化及庸陋，不逮玄感遠甚。使玄感易地處此，即事卒無成，必不如此碌碌也。白事默然不對，下牙與人參決，史書之以著化及之愚，而不料後世達官似此者正復不少也。

司馬德戡、趙行樞與李本等謀殺化及，更立德戡爲主，許弘仁等知之，以告化及，化及縊殺德戡，并殺其支黨十餘人。

盜賊共處，必相吞噬，李密之於翟讓，德戡之於化及，其情一也。

蕭銑即皇帝位，徙都江陵，於是東自九江、西抵三峽、南盡交趾、北距漢川，銑皆有之。勝兵四十餘萬。

梁之舊域，在江以南者，銑得其大半，惟九江以下，三峽以上，未爲所有耳。惟其以恢復爲名，故可指麾而定。與群盜之掘起者不同。

隋煬帝凶問至東都，留守官奉越王即皇帝位（改元皇泰）。段達、王世充、元文都、皇甫無逸、盧楚、郭文懿、趙長文共掌朝政，時人號『七貴』。

是時隋運將終，洛陽危如朝露，而諸臣猶有『七貴』之稱，真處堂之燕雀哉！

突厥强盛，東自契丹室韋，西盡吐谷渾、高昌諸國皆臣之，控弦百餘萬。帝以初起，資其兵馬，前後餉遺不可勝紀。突厥使者至長安，多暴横，帝優容之。

唐初之突厥，亦如漢初之匈奴，始畢暴横，不及冒頓，而强大過之。其土域之廣，準以今輿圖，固已東接朝鮮、西抵回疆，兼有蒙古各部矣。但未至冰海，或俄羅斯猶未爲所并邪？

上待裴寂特厚，群臣無與爲比，視朝必引與同坐，入閤則延之卧内，言無不從，稱爲『裴監』而不名。

帝於寂，第以舊恩優待之可耳。至於言無不從，則過矣。寂之碌碌，曾何與開國功臣之數哉！

上每視事，自稱名，引貴臣同榻而坐。劉文静諫，上曰：『昔漢光武與嚴子陵共寢，諸公皆平生親友，宿昔之歡，何可忘也？公勿以爲嫌。』

視朝必引與同坐，帝以寵裴寂，因而推及諸貴臣。文静之諫所不可者，尤在寂也。朝廷禮法之地，與燕間不同，共寢可也，視事同坐不可也。且子陵不爲漢臣，故光武以故人待之，豈唐之諸公所可同日語乎？帝與諸貴臣蓋兩失之。

東都聞宇文化及西來，上下震懼，蓋琮疏請説李密與之共拒化及，元文都曰：『今兵力不足，若赦密罪，使擊化及，兩賊自鬥，吾承其弊，并密亦可擒也。』盧楚等皆以爲然。即遣琮賫敕書賜密。

琮此策亦自可取，乃鷸蚌、漁人之勢也。但皇泰主非能駕馭李密，文都等亦乏應變之才，王世充又以爲不利於己，故卒以致敗。

孫伏伽上表，以爲：『隋以惡聞其過亡天下。宜易其覆轍，務盡下情。』因及鷂雛、妓衣二事。上大悦，下詔褒稱，擢爲治書侍御史，賜帛三百匹，仍頒示遠近。

帝知隋主以吝賞失人心，矯其弊而流於濫，豈知其所以亡國，首在惡聞過而殺諫臣乎？伏伽此言，可謂中病之良藥，悦而賞之，孰不樂告以善？宜其勃焉以興已。

宇文化及引兵北趨黎陽。徐世勣保倉城。李密壁於清淇，深溝高壘，不與化及戰。化及逼倉城，世勣於城外掘深溝以固守，化及阻塹，不得至城下。

壕深一尺，城高一丈，世勣掘深溝以固守，故化及不得近城。

密東拒化及，常畏東都議其後。見蓋琮至，大喜，遂上表乞降，請討化及以贖罪。元文都喜於和解，置酒作樂。王世充謂崔長文曰：『朝廷官爵，乃以與賊乎？』

文都等喜於和解，固爲無識，世充之意，亦别有在。蓋以密若得志，則已不得爲所欲爲耳。

密以精兵東擊化及，戰於童山之下；密爲流矢所中，左右奔散。秦叔寶獨捍衛之，由是獲免。叔寶復收兵力戰，化及乃退。

化及之兵，亦自難敵，以所將皆宿衛精鋭也。密與世勣初皆避不敢擊，蓋有以也。然則徐洪客直取江都之策，亦未必果效。

薛舉進逼高墌，秦王世民深溝高壘不與戰。會世民得瘧疾，委軍事於劉文静、殷開山，二將進戰於淺水原，八總管皆敗，士卒死者什五六。

以秦王之英武，每先爲深溝高壘以挫敵鋒，而坐制其敝。文静等非碌碌者，乃以違戒輕出，遂有淺水原之敗。甚矣，用兵之未可浪戰也。

李密每戰勝，隋人皆喜，王世充謂其麾下曰：『元文都輩，刀筆吏耳，必爲李密所擒。吾軍士屢與密戰，没其父兄子弟前後已多，一旦爲之下，吾屬無類矣！』

密與世充，勢不并立，所云乃必然之事，非徒以激怒其衆也。

元文都與盧楚等謀殺王世充，段達以告，世充勒兵殺楚及文都，入見皇泰主，誓無貳心。以世充爲左僕射，總督内外諸軍事，捕獲趙長文、郭文懿，殺之。

七貴除世充及達在朝如故外，文都等四人皆死，惟皇甫無逸以西奔長安幸免耳。自此東都大權，一歸世充，皇泰主在其掌握中矣。李密不於此時乘東都之亂，假救主之名，聲世充之罪，克期進討，而乃踞蹐金墉，坐觀局外，知其無能爲也。

竇建德攻河間，郡丞王琮拒之，歲餘不下；聞煬帝凶問，乃請降。諸將請烹之，建德曰：『今欲安百姓，定天下，豈得害忠良乎！』以爲瀛州刺史。於是河北郡縣聞之，多附於建德。

胡身之以爲：盗亦有道。竊謂建德雖起自草澤，殊有王者之度，不止保全王琮一端也。未可徒以成敗論。

李密頗自驕矜，不恤士衆；徐世勣譏其短，密不懌，使世勣出鎮黎陽，雖名委任，實亦疏之。

房彦藻既死，世勣復以出鎮見疏。密所與謀，獨鄭頲耳，安得不敗！

密開洛口倉散米，無典守者，取之者隨意多少；力不能致，委弃衢路，米厚數寸，望如白沙。密謂賈閏甫曰：『此可謂足食矣！』閏甫曰：『竊恐一旦米盡人散！』

密所以能合其衆者，恃倉米耳。米儲於倉，有出無入，雖多終有盡時。此事理之最易明者。乃不知愛惜，弃等泥沙，竟不虞一旦米盡人散。以密之智，豈猶見不及此？殆亦將亡而天奪之鑒也。

王世充厚賞將士，陰圖取密，時隋軍乏食，密軍少衣，世充請交易，密難之，邴元真等各求私利，勸密許之。東都人既得食，降密者益少。

密爲元真所誤，此一誤也。迨失倉城，則再誤而不能復振矣。

世充將擊密，恐人心不壹，乃詐稱軍士張永通三夢周公，令宣意於世充，當相助擊賊，乃爲周公立廟，每出兵輒先祈禱。

此田單神師之故智。

世充出師擊密，密召諸將會議，裴仁基説密乘虚以精兵逼東都，勿與戰，以勞其師；密稱善。陳智略、單雄信等皆欲戰，密惑於衆議而從之。

密初從仁基之計，旋即中變者，智略、雄信誤之也。後二人軍敗先降，則其意别有所在矣。

魏徵謂鄭頲曰：『世充乏食，志在死戰，難與争鋒，未若深溝高壘以拒之，不過旬月，糧盡必退，追而擊之，蔑不勝矣。』頲曰：『此老生之常談耳。』

先爲不可勝以待敵之可勝，是時秦王擒薛仁果，破宋金剛，俱用此策；況世充乏食，利在速戰，惟持久足以敝之。若用徵言，密必不敗。

世充誓衆曰：『死生在此一舉，各宜勉之！』密未及成列，世充縱兵擊之。先得一貌類密者，縛而匿之。戰方酣，使牽過陣前，噪曰：『已獲李密矣！』士卒皆呼萬歲。

厨人濮之於華登，此亦師其故智。

密衆大潰。其將陳智略、單雄信皆降，邴元真亦以洛口倉城降。密欲自刎，王伯當抱密號絶，密曰：『諸君幸不相弃，當共歸關中。』

隋之東都，雖爲密所困，安得云有功於唐？至此兵敗計窮，始狼狽西歸，救死而已，乃云擁衆百萬，一旦解甲，何其妄也。

宇文化及至魏縣，其衆多亡，化及自知必敗，嘆曰：『人生固當死，豈不一日爲帝乎？』於是鴆殺秦王浩，即皇帝位。

自知必敗，而欲一日爲帝，意與侯景略同。

宴突厥骨咄禄，引升御坐以寵之。

胡身之謂：突厥驕倨，欲結其心，適滋其慢。竊謂唐祖之屈意於突厥，正如漢祖之屈意於匈奴，皆以王業未固，不欲挑釁强胡，忍小以全太耳。且唐祖是時雖建號關中，而王世充、薛仁果、竇建德、劉武周群雄并騖，四面虎視，江淮以南聲教未通，其土宇不及天下三分之一，與漢初强弱懸殊，其卑禮以結好於突厥，更有所不得已也。

李密將至，上遣使迎勞，相望於道。密謂其徒曰：『我歸唐，比於竇融，功亦不細，豈不以台司見處乎？』至長安，有司供待稍薄，既而以爲光禄卿，密意甚不平。

密特窮而歸唐耳。安得與竇融比？然帝之待密，亦與漢祖之待英布异已。

薛仁果與諸將多有隙，秦王世民至高墌，仁果使宗羅睺將兵拒之，相持六十餘日。世民奮擊羅睺，大破之，帥二十餘騎急追至城下。仁果計窮，出降。

閉壘養鋭，持之六十餘日之久，以挫敵鋒；迨戰勝則乘破竹之勢，捲甲疾馳，俾不暇爲備。秦王真知兵者也。

徐世勣據李密舊境，未有所屬。上遣魏徵安集山東，徵遺世勣書，勸之早降。世勣曰：『此土地人民，皆魏公有也。宜籍其數，啓魏公，使自獻之。』

世勣不肯背德邀功，卒葬李密，始終不失臣禮，殊有義操。雖起自群盜，士大夫有不及焉。其佐唐立功，富貴考終，非偶然也。

竇建德攻冀州。刺史麴稜之婿崔履行自言有奇術，可使攻者自敗。於是爲壇，夜設章醮，自衣衰絰，杖竹，登北樓慟哭；又令婦女升屋振裙。城陷，哭猶未已。

晋宋以降，論門地者，江南首王、河北首崔。王凝之，羲之子也，世奉天師道，因孫恩攻會稽，日於道壇稽顙跪咒而城陷；崔履行，暹之孫也，自言有奇術，因竇建德攻冀州，爲壇夜設章醮，而城亦陷。二子均系出冠族，名祖父之子孫，各以左道禦寇致敗，而履行尤爲詭异，其衣衰杖竹，登樓慟哭，蓋純用喪禮，致使婦女登屋振裙，不知作何厭勝。殆即後世陰門陣之權輿乎？

隋將堯君素守河東，上遣吕紹宗等相繼攻之，俱不下。又使皇甫無逸爲陳利害，君素不從，謂將士曰：『吾大義不得不死，若隋祚永終，終當斷頭付諸君以取富貴。』久之，倉粟盡，人相食，左右殺君素以降。

君素之守河東，與唐張巡之守睢陽，可以并垂青史。巡之食妾，略如君素之射妻。

李密請自往山東，收其餘衆，并請與賈閏甫偕行。上遣之。密行至稠桑，敕令單騎入朝，更受節度。密懼誅，遂反。閏甫力諫，不聽。

閏甫爲密計，可謂深切著明，而不足動其聽者，密之自請東出，意別有在，即中路不奉追還之敕，亦必叛去。不屑與絳灌同列，是其本懷也。

密率衆襲取桃林縣，直趨南山，乘險而東，盛彦師追斬之，傳首長安。上遣使以密首示李世勣（徐世勣賜姓李），世勣表請收葬，詔歸其尸，世勣備禮葬之。

世勣初從翟讓，密殺讓而甘心事密；乃獨奉密爲舊君，始終盡禮，殆亦『國士遇我，國士報之』者乎？

沙門高曇晟因縣令設齋，與僧衆五千人殺縣令及鎮將，自稱大乘皇帝，立尼静宣爲邪輸皇后，改元法輪。高開道襲殺之，并其衆。

僧爲皇帝，尼爲皇后，號爲大乘，元曰法輪，其起事以齋期，從之者僧衆及齋衆，始終不離彼法。但未知僭位之後，蓄髮邪，抑仍髠邪？

河右饑，人相食，李軌欲發倉粟，謝統師等皆曰：『百姓餓者自是羸弱，勇壯之士終不至此。國家倉粟以備不虞，豈可散之以飼羸弱！』軌以爲然。

隋末所以閉倉不發，坐視饑民之死，大抵皆此説誤之也。統師等皆故隋官，蓋習聞之，故復以誤軌耳。

朱粲有衆二十萬，軍中乏食，乃教士卒烹婦人、嬰兒噉之。陸從典、顔愍楚，謫官在南陽，粲初引爲賓客，其後闔家皆爲所噉。諸城堡相帥叛之。（二年）

庾信之子立，爲薛仁果所噉；顔之推之子愍楚，爲粲所噉。立禍止及身，愍楚遂至滅門。士生亂世，固未可以常理論。

初，王世充既殺元、盧，慮人情未服，猶媚事皇泰主。既而漸驕横，皇泰主力不能制，惟取内庫彩物大造幡花；又出諸服玩，令僧散施以求福。

造幡施僧，非不知其無益，受制强臣，計無復之，故乞福於釋氏，冀延將傾之命耳，固不可與佞佛者同論。然亦愚矣，獨不念爾祖之於宇文氏乎！

上遣張俟德册封李軌爲凉王。軌欲受命，曹珍止之。軌遣使入見，奉書稱『皇從弟大凉皇帝臣軌』，而不受官爵。帝怒，議興師討之。

唐所以親軌者，欲資其力以掎薛氏之後耳。今兹仁果就俘，隴右底定，河西彈丸之地，襟帶畿輔，豈容判爲异域，况能聽軌僭號乎！此時惟有納土請吏，身自入朝，竊比竇融，庶可長保富貴；而乃聽珍邪説，妄自尊大，何其不度量之甚也！與隗囂之誤信王元、自取傾覆，奚以异哉！

宇文化及守聊城，竇建德謂其下曰：『吾爲隋民，隋爲吾君，化及弑逆，乃吾仇也。吾不可以不討。』乃引兵趣聊城，化及請降於淮安王神通。神通不許。

建德之討化及，雖其意非誠，而其名甚正。神通之師，未免失此義聲矣。

建德軍至聊城，神通引兵退，建德與化及連戰，大破之。遂入聊城，生擒化及。先謁隋蕭皇后，語皆稱臣，素服哭煬帝盡哀，執逆黨宇文智及等，集隋官而斬之。梟首軍門之外，以檻車載化及并其二子，至襄國而斬之。化及且死，更無餘言，但云『不負夏王』。

建德此舉，甚似漢高爲義帝發喪，其聲罪而誅化及，尤足快人心而申大義於天下。雖事卒無成，其識量過人遠矣。未可以群盜輕之。

建德得隋宫人以千數，即時散遣之。隋官裴矩等皆隨才授職，不願留者，仍給資糧，以兵援之出境。隋驍果尚近萬人，亦各縱遣，任其所之。

建德殊有王者大度，其散宫女、縱驍果，不强留隋官，均非世主所及，勿論群盜。

上謂裴寂等曰：『隋以主驕臣諂亡天下，朕每虚心求諫，惟李綱差盡忠款，孫伏伽可謂誠直。餘人猶踵敝風。朕愛卿如子，卿當有懷必盡，勿自隱也。』

鑒亡隋之失，而虚心求諫，帝可謂知務矣。但所云『愛卿如子』者，謂裴寂也。如寂者，即有懷必盡，恐亦無裨，况其爲人斷非骨鯁乎！

宇文士及、封德彝自濟北來降。上以德彝諂巧不忠，深誚責之，罷遣就舍。德彝以秘策干上，上大悦，尋拜内史舍人，俄遷侍郎。

德彝有何秘策，乃能轉移上意如是之速乎！按史册：德彝來降，以閏二月；八月而酇公薨，謚曰隋恭帝。然則德彝之秘策，所由諱而不書歟？

王世充以秦叔寶、程知節爲將軍，皆厚待之。二人疾世充多詐，知節謂叔寶曰：『王公器度淺狹而多妄語，好爲咒誓，此乃老巫嫗耳，豈撥亂之主乎！』遂來降。

世充以美言小數，冀收人心，而其將佐乃相率去之。士固不可虛拘。

世充議受禪，李世英深以爲不可，韋節、楊續皆贊成之。樂德融曰：『昔歲長星出，乃除舊布新之象；今歲星在角、亢，亢，鄭之分野。若不亟順天道，恐王氣衰息。』

術士假天象以取媚，最足動亂臣賊子之聽而助成其邪謀。聖人不言天道，不矜前知，其意深哉！

初，鄭善果從宇文化及至聊城，督戰中流矢。竇建德責之曰：『公隋室大臣，奈何爲弑君之賊效命苦戰？』善果大慚，乃奔相州，淮安王神通送之長安，上優禮之。

建德不禮善果，帝乃優禮而授以美官，好惡之不同如是，未可以成敗論是非也。

道士桓法嗣獻《孔子閉房記》於王世充，言『相國當代隋爲天子』。世充大悦。世充又羅取雜鳥，書帛繫頸，自言符命而縱之。有得鳥來獻者，拜官。

樂德融既假諸天文，法嗣復托之讖記，詐爲符命，而書帛繫鳥，則狐鳴飯牛之故智也。

段達以皇泰主命，加世充殊禮。世充奉表三讓，百官勸進，世充以蘇威隋氏重臣，扶威置百官之上，然後南面正坐受之。

隋祖之將禪也，蘇威避匿不出，今乃甘心屈節於世充，所謂『老而不死是爲賊』者也。試讀《孝經》，能無汗背？

段確慰勞朱粲於菊潭，乘醉侮粲曰：『聞卿好噉人，人作何味？』粲曰：『噉醉人正如糟藏彘肉。』確怒，罵粲，粲收確及從者數十人，悉烹而噉之。

確以醉殺身，乃至葬於群盜之腹，不止辱君命而已。此事足爲嗜酒之戒。

王世充令韋節、楊續等及孔穎達，造禪代儀。

節等固無足論，穎達名儒，而爲世充造禪代儀，雖迫於僞命，較諸阮嗣宗作《九錫勸進文》，更足爲經術之辱。

世充稱皇泰主命，禪位於鄭。遣其兄世惲幽皇泰主於含凉殿，雖有三表陳讓及敕書敦勸，皇泰主皆不知也。

歷代禪授之際，凡三表陳讓，敕書敦勸，皆奸雄自爲之耳，其主何嘗知之？不獨世充爲然。此唐祖所以耻而不爲也。

世充以陸德明爲其子玄恕師，令玄恕就其家行束脩禮。德明耻之，服巴豆散，卧稱病，玄恕入跪床下，德明對之遺利，竟不與語。

徐文遠見世充必拜，畏其殺人；孔穎達爲之造禪代儀，亦懼死耳。今德明峻拒玄恕，至於對之遺利，卒亦未嘗及禍也。然則二子亦先自餒耳，死生自有定命，世充何必遽殺人哉！

西突厥射匱可汗拓地東至金山，西至海，與北突厥爲敵。射匱卒，子統葉護立。北并鐵勒，控弦數十萬，據烏孫故地，西域諸國皆臣之。

西突厥之地，蓋已錯入今新疆及西藏之境。至北并鐵勒，則兼有俄羅斯右地。

劉文静自以才略功勛在裴寂之右，而位居其下，意甚不平。數侮寂，文静家數有妖，召巫爲厭勝，其妾兄上變告之。李綱等明其不反，上卒用寂言，殺之。

文静不負帝，帝負文静，其事皆由於寂。寂於文静，又不僅如朱浮於彭寵也。

裴寂討劉武周，至介休，宋金剛據城拒之。寂軍於度索原，金剛絶其澗水，士卒渴乏。寂移營就水，金剛縱兵擊之，寂軍遂潰，失亡略盡，寂一日夜馳至晋州。

以寂之庸懦，而可使之將重兵、抗劇賊乎？帝之命將，亦太不擇人矣。不戰而潰，惟辦走耳。

劉武周進逼并州，齊王元吉奔還長安，土豪薛深以城納武周。帝謂李綱曰：『元吉幼弱，故遣竇軌、宇文歆輔之，聞歆首畫弃城之策，我當斬之。』

元吉罪狀，前已暴著，因父老僞留，仍畀以鎮守重任。遇賊恇怯，弃地逃歸，厥咎甚重，乃以爲弱不習事而委罪他人，何其溺愛不明也！

李綱曰：『齊王少年驕逸，竇誕曾無規諫，今日之敗，誕之罪也。宇文歆諫，王不悛，尋皆聞奏，乃忠臣也。』明日，上謂綱曰：『元吉自爲不善，非二人所能禁。』并誕赦之。

初則置誕而專欲斬歆，繼則宥歆而因以赦誕，非以其爲帝婿邪？而討賊喪師、偷生遠遁之裴寂，竟不議及，帝之刑賞，未能一秉至公，於此益見。

竇建德陷趙州，執慰撫使張道源等，欲殺之。凌敬諫曰：『彼堅守不下，乃忠臣也。今大王使高士興拒羅藝，藝纔至即降，大王以爲何如？』建德悟，乃釋之。

建德能宥王琮、麴稜，而必欲殺道源等，賴敬爲之申救乃免，何也？或昔之宥琮等，亦敬教之邪？敬之識，洵非房彥藻、祖君彥輩所及。

劉武周將宋金剛陷澮州，裴寂怯不能禦，又爲吕崇茂所敗，詔永安王孝基等將兵討之。王行本據蒲反，亦與武周相應。上出手敕，欲弃河東，謹守關中。秦王世民力言其不可，於是悉發兵使世民擊武周。

若弃河東，關西亦安能久守？唐之王業，自此隳矣。此實成敗之大機，待秦王而决者，或謂唐史臣專美太宗，而於高祖多貶辭；然高祖實乏撥亂之略，他不具論，即其寵任裴寂，而録用宇文士及封德彝、鄭善果，足以覘其識度已。

滑州刺史王軌奴殺軌，携其首詣建德降。建德曰：『奴殺主大逆，吾何爲受之！』立命斬奴，返其首於滑州。

吏民感悦，即日請降。

建德之斬王軌奴，勝於漢世祖之封蒼頭子密。

秦王世民引兵自龍門乘堅冰渡河，屯柏壁，與宋金剛相持。軍中乏食，世民發教諭民，民聞世民爲帥，莫不歸附，然後漸收其糧，軍食以充。

胡身之謂民已信之，足食足兵，當知所先後。竊謂秦王此時亦第勸歸附之民輸粟於軍，以應一時之急需耳。於民信兵食之先後，恐亦不暇熟計也。

永安王孝基急攻吕崇茂，宋金剛遣尉遲敬德等救之，大破唐軍。孝基及獨孤懷恩等皆爲所虜。上征裴寂入朝，責其敗軍，下吏，既而釋之，寵待彌厚。

寂亦幸免爲虜耳，征之入朝，是所願也。劉文静一敗而除名，寂三敗而寵待彌厚。帝之待二臣，固以意爲厚薄乎！

秦王世民使殷開山、秦叔寶擊破尉遲敬德等於美良川，又破之於安邑。諸將請與宋金剛戰，世民曰：『金剛懸軍深入，劉武周軍無蓄積，利在速戰。宜閉營養鋭以挫其鋒，分兵汾、隰，衝其心腹。』

秦王之破金剛，先以不戰挫之，與破薛仁果同一方略，所云『敵無蓄積，利在速戰，閉營養鋭，以待其糧盡技窮』者，乃審度彼己，以所長制所短也。

宋金剛食盡北走，秦王世民追及尋相於吕州，大破之。乘勝逐北，一晝夜行二百餘里，戰數十合。劉弘基曰：『士卒飢疲，宜留壁於此。』世民曰：『機難得而易失。』（三年）

金剛與薛仁果，皆勍敵也。既已克之，不可復縱，縱則遺患矣。秦王乘勝窮追，更番轉戰，所以一舉而破金剛、走武周，遂復并州也。

竇建德將王伏寶，勇冠三軍，諸將嫉之，言其謀反。建德殺之，伏寶曰：『大王奈何聽讒言，自斬左右手乎！』

秦王以坦懷待尉遲敬德，建德以讒言殺伏寶，成敗之所以异，此亦其一端也。

詔秦王世民督諸軍擊王世充。世充拒之，隔水謂世民曰：『世充未嘗西侵，王忽舉兵東來，何也？息兵講好，不亦善乎！』應之曰：『奉詔取東都，不令講好也！』

兵已臨城，乃面求講好，世充之氣索也。

劉武周降將尋相等多叛去。諸將疑尉遲敬德，囚之軍中。屈突通等請殺之。世民不聽，引入卧内，賜之金，曰：『丈夫意氣相期，勿以小嫌介意，必欲去者，以此金相資，表一時共事之情也。』

因相而疑敬德，疑其可疑也；因囚之而請殺之，請所當請也。秦王不聽，乃釋而厚遇之，所以爲獨見之明；賜金以資其去，敬德自此不去矣。

王世充以邴元真爲滑州行台僕射。李密故將杜才幹恨元真叛密，詐以衆降。元真自往招慰，才幹執而斬之，遣人賫其首至黎陽祭密墓。

王伯當與密同死，徐世勣請葬密尸，才幹復殺元真以首祭密墓，皆始終不負密者。

梁師都説突厥處羅可汗南取中原，如魏道武故事，處羅從之，其群臣多諫，處羅曰：『我父失國，賴隋得立，此恩不可忘！』未出師而卒。

處羅若大舉入寇，雖不能如魏道武之雄踞河朔，但秦王攻東都之師不得不還而自救，世充目前之患紓矣。乃天奪之命，則非人所能爲也。

王世充求救於竇建德。劉彬説建德曰：『鄭亡則夏不得獨立。不如救之。夏擊其外，鄭攻其内，破唐必矣。唐師既退，徐觀其變，若鄭可取則取之。』

彬爲建德計最工，建德之救世充，實自救也。

王世充帥衆二萬，臨谷水以拒唐兵。屈突通帥步卒五千渡水擊之，世民引精騎與通合勢力戰。自與數十騎衝之，直出其背，衆皆披靡。（四年）

《唐史》書太宗戰功，不無溢美，但以意會可耳。

鄭頲不樂仕世充，多稱疾不預事，至是請弃官削髮爲沙門，世充不許。頲遂削髮披僧服。世充大怒曰：『爾以我爲必敗，欲苟免邪？』斬頲於市。

頵亦李密之臣不爲世充用者，其死亦可謝密。

唐將士皆疲敝思歸，劉弘基等請班師。世民曰：『今大舉而來，當一勞永逸。功在垂成，奈何弃之而去！』乃下令曰：『洛陽未破，師必不還，敢言班師者斬！』

史稱太宗制敵，未有不力排衆議而成功者，固由智勇首出，亦歸美於君之義宜然也。

唐兵圍洛陽，掘塹築壘而守之。城中乏食，絹一匹直粟三升，布十匹直鹽一升，服飾珍玩，賤如土芥。

於此方知粟鹽之貴、珍玩之賤。

竇建德衆號三十萬，軍於成皋之東原。世民集將佐議之，皆請避其鋒。薛收曰：『今宜分兵守洛陽，世充出兵勿與戰，大王親帥驍鋭，先據成皋，以待建德。建德既破，世充自下。』世民善之。

收策所謂『合者離之』也。蓋是時世充已不能支，所恃者建德耳。但使兩寇不能并力，破建德不必更攻世充矣。劉彬『夏擊其外，鄭攻其内』之策，至此遂無所用。

世民將驍騎五百，覘建德營。緣道分留從騎，使李世勣、程知節、秦叔寶分將之，伏於道旁；纔餘四騎，與尉遲敬德去建德營三里外，遇游兵，大呼曰：『我秦王也。』引弓射之，斃其一將。建德軍中大驚，出五六千騎追之；世民與敬德按轡徐行，殺十餘人，誘入伏内，世勣等奮擊，大破之，獲其驍將殷秋、石瓚以歸。

秦王好以數騎覘敵，又好以輕兵嘗敵，因而陷陣深入，往往獲勝，然瀕於危者數矣。當時猛將如雲，前鋒不難其選，乃以元帥代偏裨之任，又以寡犯衆，親冒鋒鏑，其不敗亦天幸耳。此或史臣故作險語狀太宗之神武，而以奇功歸之一人；即使誠然，亦不足訓也。

竇建德迫於武牢不得進，戰數不利，士卒思歸。凌敬謂建德曰：『大王悉兵濟河，攻取懷州、河陽，守以重將，更建旗鼓，逾太行，入上黨，徇汾、晉，趣蒲津，則關中震駭，鄭圍自解。』建德妻曹氏亦曰：『祭酒之言不可違也。』建德不聽。

秦王破薛仁果、宋金剛，皆先以不戰挫其鋒，待其餉絀兵疲，而後以一戰取之。惟討王世充則直以大兵壓其境。兹據虎牢以拒建德，則仍用制薛、宋法，皆先爲不可勝以待敵之可勝也。敬之策，即圍魏救趙之計也。但揆諸當日兵勢，使建德果取山北，秦王亦必分兵以應之，不能遽解洛陽之圍也。況戰不足、守有餘，唐之守臣，豈遂無以自固？觀於突厥屢入寇而不能得志，則知建德兵力亦未必遂能震動關中也。

建德悉衆鼓行而進。諸將皆懼，世民升高望之，謂諸將曰：『賊度險而囂，是無紀律；我按甲不出，彼勇氣自衰，陣久卒飢，勢將自退，追而擊之，必破之矣！』

兩軍將戰，仍按甲不出以待其衰，總不肯輕用其鋒也。

建德列陳，自辰至午，士卒飢倦，又争飲水，逡巡欲退。世民曰：『可擊矣！』於是諸軍大戰。世民帥史大奈、程知節、秦叔寶、宇文歆等出其陳後，張唐旗幟，建德將士顧見之，大潰；追奔三十里，斬首三千餘級。建德中槊墜馬，爲楊武威所擒。

以建德之雄，將傾國之衆，一戰失利，束手就擒，雖戰之罪，亦天亡之也。

世民囚建德等至洛陽城下，以示世充。世充與建德語而泣，遂帥其太子、群臣詣軍門降。世民禮接之。

建德既破，世充自下，薛收之言，至此驗矣。秦王訶斥建德而禮接世充，以建德臨陣擒獲、世充帥衆歸降也。

初，李世勣與單雄信友善，誓同生死。及洛陽平，世勣請盡輸己之官爵以贖之，世民不許。世勣乃割股肉以啗雄信，曰：『使此肉隨兄爲土，庶幾不負昔誓也！』

雄信反覆，死不足惜，故秦王必不以待尉遲敬德者待之。世勣割股，亦一時意氣之私耳。

蘇威請見，稱老病不能拜。世民遣人數之曰：『公隋室宰相，見李密、王世充皆拜伏舞蹈。今既老病，無勞相見。』至長安，又請見，不許。年八十二卒。

請見被斥，已足愧矣；至長安而又請見，是亦不可以已乎！詎非以昔曾與帝同朝事隋，冀帝憫其老而收録之邪？帝優待宇文士及封德彝，而獨不見威，亦不可解也。

秦王世民至長安。俘王世充、竇建德獻於太廟。詔赦世充爲庶人，與兄弟子侄處蜀；斬建德於市。獨孤機之子修德帥兄弟殺世充及兄世惲，以報父仇，修德坐免官。其兄弟子侄於道亦以謀反誅。

建德，唐之所畏也，一戰獲勝，幸而就擒，不殺將安置之？世充之降，秦王雖許以不死，而望久活，亦何可得？修德之報仇，快於王頒。

竇建德之敗也，其諸將多盜匿庫物，及居閭里，横暴爲民患，唐官吏以法繩之，或加捶撻，諸將皆驚懼不安。會上征建德故將范願、董康買、曹湛、高雅賢、王小胡等，願等相謂曰：『吾屬至長安，必不免矣。』乃謀作亂。

秦王破擒建德，俘其衆五萬人，即日散遣，聽其自還鄉里；又不於其故將中擇才力出衆者授之以官、責其後效，而使之屏居隴畝，驚懼不安，有不鬱鬱思亂者乎！此實措置之失。彼劉黑闥、王小胡輩倘駕馭得宜，其勇略豈必遠出程知節、尉遲敬德下哉！

范願等卜之，以劉氏爲主吉，因相與見建德故將劉雅，以其謀告之。雅不從，衆怒殺之。以告劉黑闥，黑闥欣然殺牛共食，聚衆得百餘人，襲漳南縣據之。

雅安於耕桑，而先見殺；黑闥不安於鋤菜，而卒見殺。亦足覘命之有定。

淮安王神通將兵與李藝合五萬餘人，與劉黑闥戰於饒陽城南；黑闥衆少，依堤單行；神通乘風擊之，既而風反，神通大敗；藝聞大軍敗，退保槁城；黑闥就擊之，藝亦敗歸幽州。黑闥軍勢大振。

依堤爲陣，故單行可以禦敵。黑闥等皆百戰之餘，又以爲建德復仇爲名，故士少而鬥倍也。

上以秦王功大，前代官皆不足以稱之，特置天策上將，位在王公上。以世民爲之，仍開天策府，置官屬。世民出教，以杜如晦、房玄齡等并以本官兼文學館學士，號十八學士，時人謂之『登瀛洲』。

置官以天策爲名，位冠王公之上，不惟有配嫡之嫌，實有奪嫡之漸。帝命之而秦王即受之不辭，何以爲太子地乎？由是人才輻輳，競羨『登瀛』，而羽翼成矣。

趙郡王孝恭帥戰艦二千餘艘東下，蕭銑殊不爲備；孝恭擊敗其將文士弘，進入北江。銑出戰，孝恭敗走，李靖縱兵奮擊，大破之，乘勝直抵江陵。

孝恭以靖爲謀主，一違其言即敗，自此惟命是聽矣。

孝恭(圖)[圍]江陵。銑問策於岑文本，文本勸銑降。銑詣軍門，曰：『當死者惟銑耳，百姓無罪，願不殺掠。』孝恭入城，諸將欲大掠，文本曰：『恐自此以南，無復向化之心矣！』孝恭稱善，遽禁止之。諸將又言：『梁之將帥與官兵鬥死者，請籍其家。』李靖曰：『彼乃忠臣，豈可同叛逆之科！』

銑本梁後，以恢復爲名，非群盜比也，但才略不及耳。其人殊類魏公子咎，雖亡國不失人君之度，祇欠一死。文本蒼黄歸命，首進正言，故卒以功名顯。

劉黑闥將兵數萬進逼宗城，李世勣屯宗城，弃城走保洺州。黑闥追擊，破之，世勣僅以身免。

世勣百戰名將，乃竟望風奔北。黑闥之鋒，洵未易當也。

命秦王世民、齊王元吉討黑闥，與李藝營於洺水之南，分兵屯水北。黑闥數挑戰，世民堅壁不應，别遣奇兵絶其糧道，相持六十餘日。(五年)

仍用前破薛仁果、宋金剛、竇建德之方略，蓋以黑闥勍敵，未可輕也。

黑闥帥步騎二萬壓唐營而陣。世民自將精騎擊其騎兵，破之，乘勝蹂其步兵。戰數合，王小胡曰：『智力盡矣。』遂與黑闥先遁，其衆大潰。黑闥奔突厥，山東平。

黑闥之勇，過於建德，而不敵秦王者，智弗逮也。

徐圓朗聞劉黑闥敗，大懼，劉復禮説圓朗曰：『有劉世徹者，名高東夏，不若迎而奉之。』圓朗然之。世徹至，已有衆數千人，圓朗以爲司馬，尋殺之。

圓朗傭奴耳，所以竊踞兗州者，恃黑闥也。此時欲降則懼誅，戰守則無具，故爲復禮之説所動。世徹何人？不自度量，公然帥衆赴約，欲南面以臨圓朗，至愚且妄，適足殺其軀而已。即不爲圓朗所誅，能不爲唐兵所禽乎！

突厥頡利可汗寇并州，上問群臣曰：『突厥入寇而復求和，和與戰孰利？』封德彝曰：『若不戰而和，示之以弱，明年將復來。不如擊之，既勝而後和，則恩威兼著矣。』

德彝先擊後和之説，實千古不易之論。中國之馭外夷，未有力不能制而和可久者。然亦必自度兵力勝彼而後可擊；若擊之不勝復與議和，則更爲所輕矣。

上遣鄭元璹詣頡利，責以負約，因説之曰：『突厥雖得唐地，不能居也。今虜掠所得，皆入國人，於可汗何有？不如旋師，復修和親，坐受金幣。』頡利悦，引兵還。

元璹爲可汗計未嘗不工，宜頡利之悦而退兵也。宋富弼之議歲幣，其説與此略同。

淮陽王道玄與劉黑闥戰於下博，帥輕騎先出犯陣，副將史萬寶擁兵不進，道玄獨進敗没，時年十九。道玄數從秦王世民征伐，世民深惜之。

道玄之輕騎犯陣，學秦王而敗者也。爲大將而輕脱，一失則全軍覆矣。

道玄之敗也，山東震駭，廬江王瑗弃洺州西走，州縣皆叛附於黑闥，旬日間，黑闥盡復故地，進據洺州。齊王元吉畏黑闥兵强，不敢進。

道玄死而黑闥之勢復振，遂失山東。

上之起兵晋陽也，皆秦王世民之謀，上曰：『事成當以汝爲太子。』世民拜且辭。及爲唐王，將立爲世子，世民固辭而止。世民功名日盛，上有意以代建成，建成内不自安，乃與元吉協謀，共傾世民。

唐之有天下，皆世民血戰之功，拱手而授之建成，恐非其所甘心也。史所書帝之欲立、世民之固辭，蓋亦未盡實録。要其兄弟争奪，實帝之當斷不斷有以釀之。

上晚年多内寵，建成與元吉曲意事諸妃嬪，以求媚於上。或言烝於張婕妤、尹德妃，宫禁事秘，莫能明也。是時，東宫諸王公、妃主之家及後宫親屬恣爲不法，有司不敢詰。

晚多內寵，帝之志荒矣； 況家法不肅，至於如此乎！ 唐之得天下無以异於隋，而帝之勵精圖治不及隋文遠甚。 房玄齡於開皇之末即知隋祚之不永，至此不聞奏記秦王有所規戒，何也？ 或深謀秘劃，史不及書邪？

太子、二王出入上臺，皆乘馬、携弓刀雜物，相遇如家人禮。 太子令、秦、齊王教與詔、敕并行，有司莫知所從，惟據得之先後爲定。

二王不得同於太子，則教不得同於令，況教、令與詔、敕并行乎？ 一國三公，吾誰適從？ 蕭墻之內，禍將作矣。

世民每侍宴宫中，對諸妃嬪，思太穆皇后早卒，不及見上有天下，或歔欷流涕，上顧之不樂。 諸妃嬪因共密譖世民而譽太子仁孝，上由是無易太子意。

帝惟諸妃嬪之言是聽，故建成曲事以求媚，而中冓之言遂播於外矣。 雖事之有無不可知，而唐之家法固棼如也。

詔太子建成將兵討劉黑闥。 大軍至昌樂，黑闥引兵拒之。 魏徵説太子悉解其囚俘以離其黨。 黑闥食盡，衆多亡，遂夜遁。 諸葛德威執之，并其弟十善送詣太子，斬於洺州。

黑闥一戰殺道玄而不免爲建成所困者，道玄恃勇輕進，以攖其鋒； 建成先離其黨使之衆散勢孤，待其食盡，而後以大軍蹙之，故成禽也。

上問備邊之策於劉世讓，對曰：『突厥數入寇，以馬邑爲之中頓也。請以勇將戍崞城，募降者厚賞之，數出騎兵蹂其禾稼，不出歲餘，彼無食必降矣。』上命世讓戍崞(縣)[城]，高滿政以馬邑降。（六年）

用世讓之策以圖馬邑，即如所算矣。旋入突厥之間而殺世讓。帝於世讓，何以既信之復疑之乎？

突厥惡劉世讓爲己患，遣其臣曹般陀來，言(曰)世讓與可汗通謀，欲爲亂。上信之，殺世讓，籍其家。

世讓果與可汗通謀，突厥何肯遣般陀來言之？此最易明，而帝不察，何也？蓋必先有疑之之心，否則左右必有浸潤之譖，而突厥之間，適與之會也。然未免自屠良將矣。殆亦因秦王遠在并州，故不及諫歟？

初，上遣李高遷助高滿政守馬邑，頡利可汗大發兵攻馬邑。高遷率所部斬關宵遁。上命劉世讓救之，至松子嶺，不敢進。杜士遠殺滿政降於突厥。

先書殺世讓，後書命世讓救馬邑；既加『初』字以别之，固在殺世讓之前也。竊謂：世讓屯兵崞城，本爲馬邑形援；乃突厥攻馬邑，勢甚危急，世讓既奉命赴救，而桓盤中路，旋即退保崞城，以致馬邑陷而滿政被害，世讓固有不能辭其責者，且其形迹亦不無可疑。此突厥之間所以易入歟？夫世讓之不救馬邑，與史萬寶之不助道玄，其情罪自有輕重之殊，乃世讓誅而萬寶幸免，何也？

突厥數爲邊患，竇静請於太原置屯田，以省饋運；議者以爲煩擾，不許。敕徵静入朝，與裴寂、封德彝、蕭瑀論難於上前，寂等不能屈，乃從静議。

寂庸愚、德彝奸佞，瑀差强人意，而剛褊無遠識。帝所與謀議，不出此三人，武德之政所以多紊也。

杜伏威卒。輔公祏之反也，詐稱伏威之命以紿其衆。及公祏平，趙郡王孝恭不知其詐，以狀聞；詔追除伏威官爵，籍没其妻子。及太宗即位，知其冤，赦之。（七年）

公祏之反，伏威早已歸朝，其曾否通謀，本不難辨。孝恭不能察公祏之詐，誣伏威於身後，又以忤意枉殺闞稜，其人亦甚粗率。所以卒平江南者，尚能聽命於李靖也。

初定均田租、庸、調法：中丁給田一頃，篤疾減什之六，寡妻妾減七；皆以什之二爲世業，八爲口分。

唐初均田，仍依世業、口分之制。開皇末，田不足給，而此時可行者，群盜初平，流亡未復，田多而人少也。

或説上曰：『突厥所以屢寇關中者，以子女玉帛皆在長安故也。若焚長安而不都，則胡寇自息矣。』上遣宇文士及至樊、鄧，行可居之地，將徙都之。太子建成、齊王元吉、裴寂皆贊成其策。

帝雖畏突厥，何至弃長安而謀他徙？此史臣痛貶建成等之無識，因以歸美太宗，而不復爲高祖地也。

秦王世民諫曰：『陛下以聖武龍興，所征無敵，奈何以胡寇擾邊，遽遷都以避之？願假數年之期，請繫頡利之頸，致之闕下。若其不效，遷都未晚。』上曰：『善。』

太宗之禽頡利，亦因突厥内亂而乘之耳，此時安能豫定其期？凡此皆史臣追書也。

頡利、突利二可汗舉國入寇，秦王世民引兵拒之。帥輕騎馳詣虜陣，責以負約，頡利引兵稍却。是時霖雨益甚，世民謂諸將曰：『虜恃弓矢，今筋膠俱解，可擊也！』乃潛師夜出，冒雨而進，突厥大驚。世民又遣使説以利害，乃請和親，結盟而去。

此與便橋之役，皆預策突厥之可擊，而以和親罷兵。所以不輕戰者，知突厥不可以一戰屈也。揣當日時勢，自是勒兵將戰，而自往與議和解，適值霖雨彌時，兩可汗亦知戰必不利，故得其所欲而去耳。此可意會者也。

西突厥統葉護可汗遣使請婚，上問裴矩，對曰：『今北狄方强，當遠交而近攻，臣謂宜許其婚以威頡利；俟數年後，中國完實，足抗北狄，然後徐思其宜。』（八年）

西突厥國勢，不弱於北突厥。未足抗北，而又開釁於西，二虜連兵，爲患方大。秦王之約和結盟、矩之勸帝許婚，皆審時度勢，有所不得已也。

頡利可汗寇靈州。以張瑾爲行軍總管以禦之。先是，上與突厥書用敵國禮，至是，謂侍臣曰：『突厥貪婪無厭，朕將征之，自今勿復爲書，皆用詔敕。』

帝初起兵，乞援於突厥，至卑辭稱臣以媚之。迨建國已牢，拓地漸廣，所以報之者，費已不貲，而不滿其欲，此所以寇掠無已也。至是不堪其擾，赫然命將出師，而太谷一戰，全軍皆没，益知秦王之持重議和，良有以也。

傅奕上疏請除佛法，曰：『佛在西域，言妖路遠；漢譯胡書，恣其假托。使不忠不孝，削髮而揖君親；游手游食，易服以逃租稅。』（九年）

自六朝以降，佛教大行，横流莫挽。奕獨能昌言其妄，首正其不忠不孝之罪，真豪杰之士哉！其識不減韓退之，而其文深切著明，直出《佛骨表》之上。《新唐書·奕傳》載此疏，以其駢偶，乃全改其文，不及此疏遠矣。

又曰：『僞啓三塗，謬張六道，恐愒愚夫，詐欺庸品。追懺既往之罪，虚規將來之福；布施萬錢，希萬倍之報，持齋一日，冀百日之糧。遂使愚迷，妄求功德，不憚科禁，輕犯憲章；有造爲惡逆，身墜刑網，方乃獄中禮佛，規免其罪。』

於釋氏之妄誕，愚民之貪痴，言之曲盡。

又曰：『降自羲、農，至於有漢，皆無佛法，祚長年久。漢明帝始立胡神，西域桑門自傳其法。西晋以上，國有嚴科，不許中國之人，輒行髠髮之事。洎於苻、石，羌、胡亂華，政虐祚短，梁武、齊襄，足爲明鏡。』

佞佛求福，轉更得禍，已先《佛骨表》而言之矣。言齊襄不言胡太后，實則事佛最謹、受禍最酷者胡太后，乃更甚於梁武也。

上詔百官議，惟張道源稱奕言合理。蕭瑀曰：『佛，聖人也，而奕非之；非聖人者無法，當治其罪。』奕曰：

『人之大倫，莫如君父。佛以世嫡而叛其父，以匹夫而抗天子。蕭瑀不生於空桑，乃遵無父之教。非孝者無親，瑀之謂矣！』瑀不能對，但合手曰：『地獄之設，正爲是人！』

是時同奕議者，舉朝惟道源一人。佛教之盛，由來舊矣。瑀，梁武末孫，佞佛自其家法，奕明正其無父無君之罪，與孟子之距楊墨正同。豈惟瑀不能答，即彼教之廣長舌恐亦無從置辯也。

上亦惡沙門、道士苟避征徭，不守戒律，皆如奕言。乃下詔，命有司沙汰天下僧、尼、道士、女冠。

佞佛，惑也；因佞佛而度僧、飯僧、敬僧，又惑之惑者也。僧尼雖自托於佛，并戒律亦不能守，乃佛之罪人耳。奕請除佛法，帝惟下詔沙汰僧尼，非果能用奕言也。然其識自出太宗之上。

上謂秦王世民曰：『觀汝兄弟似不相容，同處京邑，必有紛競。當遣汝還行臺，居洛陽，自陝以東皆王之。』世民涕泣，辭以不欲遠離膝下。

秦王先已遣温大雅鎮洛陽，并遣張亮將左右王保等千餘人之洛陽，陰結山東豪杰以俟變矣，帝所言適與之會。而乃涕泣固辭，非出於誠也。使於此時分陝出鎮，將判爲東、西唐矣。

建成、元吉密以金銀器一車贈尉遲敬德，并以書招之。敬德辭曰：『敬德蒙秦王更生之恩，當殺身以報；若私交殿下，乃是二心，徇利忘義，殿下亦安用之！』

建成以元吉爲謀主，敬德奪矟，固元吉之所畏也。却贈數語，琅如金石。

建成、元吉謀殺秦王，長孫無忌勸秦王先事圖之。秦王曰：『誠知禍在旦夕，欲俟其發，然後以義討之。』敬德曰：『大王縱自輕，若宗廟社稷何！』

欲俟其發，然後以義討之，自是太宗本謀。及勢迫禍速，不得不先發制之。史所書遲疑不決，府僚勸逼，特爲太宗地耳。讀者宜會其意，不必泥其文也。

太白經天。傅奕密奏：『太白見秦分，秦王當有天下。』上以其狀授世民。世民密奏建成、元吉淫亂後宫，今欲殺臣。上省之，愕然曰：『明當鞫問，汝宜早參。』

以奕仕隋朝不答漢王諒熒惑守東井之事推之，不應有此奏。帝若以爲不足信邪，勿庸以狀授秦王；以爲可信邪，當思有以處之，不必遽以狀授秦王。秦王見狀略不遜謝，即直訐建成、元吉淫亂之罪，亦非所以自處。帝既云『明當鞫問』矣，乃於次早泛舟海池若無事者，直待敬德擐甲持矛而至，始驚問『今日亂者爲誰』，何也？此皆史臣托之密奏，以爲太宗地，不足信也。

世民帥長孫無忌等入，伏兵於玄武門。

帝方云『明當鞫問，汝宜早參』，而遽伏兵以待建成等。早參乎，抑欲爲變乎？

張婕妤竊知世民表意，馳語建成。建成召元吉謀之，元吉曰：『宜勒宫府兵，托疾不朝，以觀形勢。』建成曰：『兵備已嚴，當與弟入參，自問消息。』乃俱入，趣玄武門。

秦王已伏兵玄武門，而建成、元吉相將俱入。固由二子之愚，亦足見其并非亟欲害秦王也。

建成、元吉至臨湖殿，覺變，跋馬東歸宫府。世民從而呼之，元吉張弓射世民，再三不彀，世民射建成，殺之。尉遲敬德將七十騎繼至，左右射元吉墜馬。世民馬逸入林下，爲木枝所絓，墜不能起。元吉遽至，奪弓將扼之，敬德躍馬叱之。元吉步欲趣武德殿，敬德追射，殺之。

秦王伏兵以待，故有弓矢； 建成、元吉聯騎入朝，皆徒手無備。故秦王射殺建成、敬德射殺元吉，取之甚易易耳。史所書『元吉張弓射世民不彀』，并『奪弓將扼之』，均未必實有其事。建成無弓，元吉安得獨有弓？ 既有弓矣，即墜馬必不肯弃弓，何必更奪秦王之弓乎？ 且是時秦王左右及敬德之兵畢集，元吉一負痛匹夫耳，禽之、殺之，易於反手，乃聽其走入林下，圖害秦王乎？ 此皆史臣故爲之辭，以著元吉之凶，而秦王之殺之出於不得已也。

翊衛車騎將軍馮立聞建成死，與薛萬徹、謝叔方帥東宫、齊府精兵二千馳趣玄武門。張公謹多力，獨閉關以拒之，不得入。

此即建成所云『兵備已嚴』者邪，嗟何及矣！

上謂裴寂等曰：『不圖今日乃見此事，當如之何？』蕭瑀、陳叔達曰：『秦王功蓋宇宙，率土歸心，陛下若處以元良，委之國事，無復事矣。』上曰：『善！此吾之夙心也。』

計帝此時，亦安得不以秦王爲太子邪？ 然寂獨無言。

建成子安陸王承道等五人，元吉子梁郡王承業等五人，皆坐誅，仍絶屬籍。

帝意邪，秦王意邪？

下詔赦天下。凶逆之罪，止於建成、元吉，自餘黨與，一無所問。其僧、尼、道士、女冠并宜依舊。國家庶事，皆取秦王處分。（上以手詔，『加尊號爲太上皇』。）

大赦誠不可緩，僧尼復舊，有何迫不及待邪？

立世民爲皇太子。又詔：『自今軍國庶事，無大小悉委皇太子處決，然後聞奏。』以高士廉爲侍中，房玄齡爲中書令，長孫無忌爲吏部尚書，杜如晦爲兵部尚書。

軍國事無大小，悉委太子處决；文武機近大臣，皆以秦府舊僚爲之，帝仰成而已，實與内禪無異。

制傳位於太子。太子固辭，不許。太宗即皇帝位於東宫顯德殿。

殺建成、元吉，猶可曰『不得已也』；即皇帝位，亦有所不得已乎？

頡利可汗進至渭水便橋之北。上自出玄武門，與高士廉、房玄齡等六騎徑詣渭水上，與頡利隔水而語，責以負約。突厥大驚，俄而諸軍繼至，精甲蔽野。頡利來請和，詔許之。上即日還宫。

隴阪之役，尚以百騎自隨，此僅以六騎詣渭水上，而卒能退突厥者，蓋帝之威略，素爲北人所憚；突厥入寇，所志不過金帛，故以和親結盟而去也。

蕭瑀請於上曰：『突厥未和之時，諸將請戰不許，既而虜自退，其策安在？』上曰：『吾即位日淺，國家未安，且當静以撫之。故卷甲韜戈，啖以金帛，彼既得所欲，理當自退，然後養威伺釁，一舉可滅也。將欲取之，必固與之，此之謂矣。』

諸軍繼至，精甲被野，禦寇之形也；　啖以金帛，理當自退，却敵之實也；　養威伺釁，一舉可滅，籌邊之略也。要以國家未安、虜勢方盛，不得不曲意撫之；　既用撫矣，必使彼得所欲，不得不以金帛啖之。至於一舉而掃穴犁庭，則必伺釁而動，非旦夕所可期也。將取固與之策，用之善則帝之撫突厥，用之不善則宋王安石之款契丹。

上日引諸衛將卒親教射於殿庭，群臣多諫，曰：『於律，以兵刃至御在所者絞。萬一有狂夫竊發，非所以重社稷也。』上曰：『王者視四海如一家，奈何宿衛之士亦加猜忌乎！』

帝所云自是王者大度，群臣之諫亦未可厚非。帝此時固未嘗一日忘突厥也。

蕭瑀爲左僕射，封德彝爲右僕射。議事已定，德彝數反於上前，由是有隙。房玄齡、杜如晦新用事，皆疏瑀而親德彝。

此亦因瑀剛褊難近、德彝輭熟易親耳。房、杜乃帝股肱心膂之臣，契同魚水；　德彝，隋之亡虜，雖以秘策干上皇幸叨恩顧，而素爲帝所輕，烏能施其伎數乎？

上嘗謂侍臣曰：『君依於國，國依於民。刻民以奉君，猶割肉以充腹，腹滿而身斃，國富而君亡。朕常以此思之，故不敢縱欲也。』

帝目睹隋之所以亡，故言之痛切乃爾。有國者當奉爲龜鑒也。

上患吏多受賕，密使左右試賂之。有令史受絹一匹，上欲殺之。裴矩曰：『是乃陷人於法，恐非所謂「道之以德」。』上悦。温公論曰：矩佞於隋而忠於唐。君惡聞其過，則忠化爲佞；樂聞直言，則佞化爲忠。

臣之忠佞，有根於心者，不變者也；有隨乎君者，善變者也。君若好諛，則以佞悦之；若好諫，則以忠悦之。佞與忠不同，同一容悦而已。矩殆孟子所云『事君人』者邪？

鑒評别録卷三十八

唐紀二

太宗文武皇帝（諱世民，高祖第二子，在位二十三年）

李藝據涇州反，詐稱奉密敕勒兵入朝，遂入豳州。詔長孫無忌爲行軍總管以討之。藝爲統軍楊岌所攻，衆潰。弃妻子將奔突厥，左右斬之，傳首長安。（貞觀元年）

藝亦一時之豪，乃不反於群雄并起之時，而反於天下大定之後；不反於坐制幽燕之時，而反於束身歸朝之後，以致竄伏無所，身首横分，殊不可解也。

有上書請去佞臣者，上問：『佞臣爲誰？』對曰：『願陛下與群臣言，陽怒以試之，彼畏威順旨者，是也。』上曰：『朕方以至誠待天下，卿策雖善，朕不取也。』

此必因宇文士及、封德彝、裴矩輩猶在朝柄用，故上書言之，而不敢直斥其名耳。諸臣之佞，已著於隋煬之世，帝早應深悉，殆以其爲高祖舊臣，故不欲遽弃之邪？夫佞臣，豈必俟畏威而後順旨哉！

王君廓在幽州，多不法，徵入朝。李玄道，房玄齡從甥也，憑君廓附書，君廓私發之，不識草書，疑其告己罪，行至渭南，殺驛吏而逃；將奔突厥，爲野人所殺。

因不識草書而謀叛，亦自古絶無僅有之事。得非廬江王瑗陰奪其魄邪？

上謂王珪曰：『煬帝之世，内外庶官，務相順從，皆自謂有智。及天下大亂，家國兩亡，雖萬一有得免者，亦爲時論所貶。卿曹各當徇公忘私，勿雷同也！』

漢高以秦爲鑒，帝以隋爲鑒，知其所以失即知其所以得，知其所以亂即知其所以治，可謂能自得師、知其不善而改之也。詩云：『殷鑒不遠，在夏後之世』，意正如此。何必希踪隆古，侈談道法，然後爲得師哉！

隋秘書監劉子翼，有學行，性剛直，朋友有過，常面責之。李百藥云：『劉四雖復罵人，人終不恨。』至是有詔徵之，辭以母老，不至。

以子翼之剛直，而能自全於隋煬之世，士亦何不可自行其志哉！隋臣不仕於唐者，子翼一人而已。

頡利政亂，薛延陀與回紇等相帥叛之，頡利不能制。會大雪，平地深數尺，羊馬多死，民大飢，群臣多請擊之，上曰：『新與盟而背之，不信；必待有罪，然後討之。』

前書突厥大雪深數尺，畜死民飢，兹復云然，或秋冬兩見大雪邪？抑一事兩書之邪？所云群臣多請擊之，亦略相似，但一則因長孫無忌之言而止，一則帝自不欲背盟，爲小异耳。

上謂王珪曰：『開皇十四年大旱，隋文帝不許賑給，而令百姓就食山東；比至末年，天下儲積可供五十年。煬帝恃其富饒，侈心無厭，卒亡天下。但使倉廩足備凶年，其餘亦何用哉！』（二年）

初讀《隋紀》，文帝時，倉粟充積，而偶值旱、饑，即率民出關就食；及群盜并起，又皆以閉倉罪有司，而開倉賑飢民以收人心而合徒衆，每以爲疑。觀帝此言，則其弊了然已。

上謂房玄齡等曰：『爲政莫若至公。昔諸葛亮竄廖立、李嚴於南夷，亮卒立、嚴皆悲泣有死者，非至公能如是乎！高熲爲隋相，公平識治體，隋之興亡，繫熲之存没。卿等不可不法前世之賢相也。』

帝非輕許可者，乃獨推高熲公平，至與諸葛并舉以訓群臣。熲之爲人可知已，但云『隋之興亡繫熲之存没』，恐係史臣紀言之偶失。當云『隋之治亂繫熲之進退』，蓋熲之罷斥，在開皇末，距隋亡尚遠也。熲固非諸葛之比，而其品概，足與王猛、王朴相伯仲，固漢以後所僅見也。

祖孝孫斟酌南北，考以古聲，作《唐雅樂》。上曰：『禮樂者，先王緣情以設教耳，治之隆替，豈由於此？』杜淹曰：『齊將亡，作《伴侣曲》，陳將亡，作《玉樹後庭花》，聞者皆悲泣，何得言治之隆替不在樂？』上曰：『將亡之政，民必愁苦，故聞樂而悲耳。』

王者功成治定，乃作禮樂，以象功昭德，而功德不在禮樂。今使日日陳俎豆，列金石，而不能行帝王之政，何與於治之隆替哉！太宗不亟言禮樂，乃真知禮樂者；魏徵引孔子『禮云、樂云』之言以爲證，得其義矣。

温公論曰：　王者執五帝、三王之禮樂而施之世，是亦五帝、三王之治已。而太宗遽云治之隆替不由於樂，何發言之易而果於非聖人也？

温公好爲律吕音樂之學，晚訂冠婚喪祭之禮，蓋有志乎復古禮樂者，故不以太宗之言爲是，然太宗初未嘗非聖人也，正與孟子『今樂猶古樂』之論不謀而合。

畿内有蝗。上入苑中，見蝗，掇數枚，祝之曰：『民以穀爲命，而汝食之，寧食吾之肺腸。』舉手欲吞之。左右諫曰：『惡物或成疾。』上曰：『朕爲民受灾！』遂吞之。

吞蝗果可禳灾乎？然亦可見帝心乎恤民矣。若欲救灾，仍當講求捕蝗之政。

上以辰州刺史裴虔通，特蒙隋煬帝寵任，而身爲弑逆，雖屢更赦令，不可猶使牧民，乃下詔除名，流驩州。又詔宇文化及之黨牛方裕等四人并除名徙邊。

罪虔通而并及方裕等，示天下以公，教人臣以忠也。

上曰：『縣令尤爲親民，不可不擇。』乃命内外五品以上，各舉堪爲縣令者，以名聞。

以縣令爲親民之官，令五品以上各舉所知，帝之圖治殷矣。但當時未有以治狀顯擢者。

沙門法雅坐妖言誅。裴寂嘗聞其言，坐免官，上數寂曰：『計公勛庸，安得至此！直以恩澤［爲］群臣第一。武德之際貨賂公行，紀綱紊亂，皆公之由也。』（三年）

帝責寂甚當，但無以爲上皇地耳。寂親近妖人，罪由自取，然自帝御極，雖爲司空，久同閑散已。

以李世勣、李靖、柴紹、薛萬徹并爲行軍總管，分道擊突厥，衆十餘萬，皆受李靖節度。突利可汗入朝。

先是張公謹上言突厥可取之狀有六，上亦以頡利既請和親，復援梁師都，先自背盟，罪不可宥，於是北征之師出矣。帝之破突厥、擒頡利，非徒人爲之，天爲之也。使非畜斃民飢，親離衆叛，即以英、衛之略，恐亦未能功倍於衛、霍耳。

頡利既敗，遣使入見謝罪，請舉國内附，身自入朝。上遣唐儉等慰撫之，又詔李靖將兵迎頡利。靖與李世勣謀曰：『頡利若走度漠北，追之難及。今詔使至彼，虜必自寬，若選精騎一萬，賫二十日糧往襲之，不戰可擒矣。』（四年）

靖破突厥，所謂出其不意、掩其不備也。

靖等勒兵夜發，使蘇定方帥二百騎爲前鋒，去牙帳七里，虜乃覺之。頡利先走，靖軍至，其衆遂潰。靖斬首萬餘級，俘男女十餘萬。頡利帥萬餘人欲度磧，世勣軍於磧口，頡利至，不得度，其大酋長皆帥衆降，世勣虜五萬餘口而還。露布以聞。以克突厥赦天下。

頡利已遁，所以卒就擒者，以未能度磧入大漠也。

頡利往依蘇尼失沙鉢羅設。任城王道宗引兵逼之，頡利夜走，匿於荒谷。張寶相俘頡利送京師，蘇尼失舉衆來降，漢南之地遂空。

是時斥地自陰山至大漠，蓋全有漢南匈奴之地，在今則内札薩克蒙古也。若大漠以北，則今外札薩克蒙古之地，唐之兵力，未之能及。

上皇聞擒頡利，嘆曰：『漢高祖困白登，不能報；今我子能滅突厥，吾托付得人，復何憂哉！』上皇召上與貴臣及諸王、妃、主置酒凌烟閣，酒酣，上皇自彈琵琶，上起舞，公卿迭起爲壽，逮夜而罷。

擒頡利，自應奏知上皇，史第書『上皇聞之』，不書帝奏，何也？帝不聞躬帥群臣朝賀上皇置酒上壽，而置酒凌烟閣，召上與貴臣及諸王、妃、主者乃出自上皇，何也？帝即位後，所以尊事上皇之禮，史無明文，至此乃大書之以爲盛事。

突厥降衆十萬餘口，詔群臣議區處之宜。朝士多言：『宜徙之河南兗、豫之間』，顔師古『請置之河北』。李百藥以爲：『宜因其離散，各即本部署爲君長，國分則弱而易制，必不能抗衡中國。仍於定襄置都護府，爲其節度。』竇静議與百藥略同。

諸臣之議，無過百藥與静，蓋仍用賈生衆建少力之遺意。我朝撫綏蒙古，分爲内外札薩克二百餘部，所以二百年來塞北無風塵之警，正與二子之策同。

温彦博『請准漢[建]武故事，置降(胡)[匈奴]於塞下，爲中國捍蔽』；魏徵以爲：『宜縱之使還故土，不可留之中國。郭欽、江統之言足爲明鑒。』彦博曰：『若授以生業，教之禮義，數年之後，悉爲吾民。選其酋長，使入宿衛，長威懷德，何後患之有！』上卒用彦博策。

諸臣論區處突厥，李、竇最爲上策。徵驅出塞外、不使與民雜居之説尤爲切要。帝卒從彦博策者，意在收其地而臣其人也。

蕭瑀劾奏李靖御軍無法，突厥珍物，虜掠俱盡，請付法司推科。上特敕無劾。及靖入見，大加責讓。

大將立功萬里之外，而文吏據三尺法從容而議其後，此介胄之士所以扣心而解體也。以靖之勛，逢帝之明，猶不免大加責讓，然則漢之甘陳，又何足怪乎！

上初即位，嘗與群臣語及教化，上曰：『今承大亂之後，恐斯民未易化也。』魏徵曰：『久安之民驕佚，驕佚則難教；經亂之民愁苦，愁苦則易化。』封德彝曰：『魏徵書生，未識時務。』上卒從徵言。是歲，天下大稔，斗米不過三、四錢，終歲斷死刑纔二十九人。

驕佚難教，治極思亂也；愁苦易化，亂極思治也。此實古今通論。孟子所云『事半功倍』者也。漢初以黄老矯申韓之失，尚足致太平；况以仁義教化承大亂之後乎！德彝乃真不識時務耳。

遣使詣高麗，收隋氏戰亡骸骨，葬而祭之。（五年）

贖亡民於突厥，瘞戰骨於高麗，皆帝异量之恩，不止剗除京觀也。四海歸心，開有唐三百年靈長之祚，宜哉！

御史權萬紀、李仁發俱以告訐有寵於上，魏徵諫曰：『萬紀等小人，不識大體，以訐爲直。凡所彈射，皆非其罪。陛下奈何昵奸以自損乎！』

徵犯顏諫諍，而力斥萬紀等之告訐，公私之别也。

初，上令群臣議封建，魏徵以爲：『若封諸侯，則卿大夫俸禄，必致厚斂；京畿賦税不多，經費頓闕。又，燕、秦、趙、代俱帶外夷，若有警急，追兵内地，難以奔赴。』

此言封建之不便於國。

李百藥以爲：『今使勛戚子孫皆有民有社，易世之後，將驕淫自恣，害民尤深，不若守令之迭居也。』

此言封建之不利於民。

顔師古以爲：『不若分王諸子，勿令過大，間以州縣，錯雜而居，互相維持，足扶京室；爲置官僚，皆省司選用，不得擅作威刑，朝貢禮儀，具爲條式。』

師古精於《漢書》之學，故所議一準漢法。然漢之封建，勢重則有跋扈之虞，權輕則無捍蔽之固，班史所載，利弊亦較然可睹已。

康國求内附。上曰：『前代帝王，好招來絶域，而糜敝百姓。今康國内附，有急難不得不救。師行萬里，疲勞百姓以取虚名，朕不爲也。』遂不受。

平突厥、擒頡利、空大漠，分州置府，有如内地，帝攘夷之功，冠絶百王，然皆所以安中國也。不討林邑，不迎西域，不受康國，敉中國以事外夷，則斷然有所不爲，殆亦取鑒於隋之一端乎！

新羅王真平卒，無嗣，國人立其女善德爲王。

夫亡妻代，高凉洗夫人是也，今土司有之。父亡女繼，善德是也，今西洋有之。

文武官復請封禪，上曰：『卿輩皆以封禪爲帝王盛事，朕意不然。若天下乂安，家給人足，雖不封禪，庸何傷乎！且事天掃地而祭，何必登泰山之巔，封數尺之土，然後可以展其誠敬[乎]！』群臣猶請之不已，上亦欲從之，魏徵獨以爲不可。事遂寢。（六年）

帝論封禪，可謂切盡事理，而群臣仍固請，何也？房玄齡之識，遠出魏徵下。

上將幸九成宫，馬周上疏，以爲：『太上皇春秋已高，陛下宜朝夕視膳。車駕此行，將以避暑；太上皇尚留暑中，陛下獨居凉處，温凊之禮，竊所未安。今行計已成，不可復止，願速示返期，以解衆惑。』上深納之。

周之言可謂切至，帝雖深納，而不能止九成宫之幸，豈果『行計已成，不可復止』邪？何以此後鑾輿屢動，史不一書邪？

上宴近臣於丹霄殿，長孫無忌曰：『王珪、魏徵，昔爲仇讎，不謂今日得同此宴。』上曰：『徵、珪盡心所事，故我用之。然徵每諫，我不從，我與之言輒不應，何也？』徵曰：『昔舜戒群臣：「爾無面從。」臣心知其非而口應陛下，是面從也，豈稷、契事舜之意邪！』上大笑。

丹霄宴樂，而無忌首言王、魏昔仇，殊覺失辭。

尉遲敬德預慶善宮宴，有班在其上者，敬德怒曰：『汝何功，坐我上！』任城王道宗諭解之。敬德拳毆道宗，目幾眇。上不懌而罷。

據《唐曆》，班在敬德上者，宇文士及也。道宗殊未可毆，毆士及亦一快也。但不應於御前遽奮老拳耳。

頡利可汗鬱鬱不得志，容貌羸悴。上憐之，以虢州地多麋鹿，可以游獵，乃以爲虢州刺史；頡利辭不願往，復以爲右衛大將軍。

擒頡利而不誅，仍授以大官，自是帝之大度。但因其羸悴，即用刺虢州，以遂其游獵之好，則過於順適其意矣。且頡利亦安能治民乎？

上屢請上皇避暑九成宮，上皇以隋文帝終於彼，惡之。營大明宮，以爲上皇清暑之所。未成而上皇寢疾，不果居。（八年）

此用馬周之説，既請上皇避暑九成宮，又營大明宮也。雖事皆不果，而帝奉親之孝、從諫之美，概可見已。此外更有大安宮之捧輿、未央宮之上壽。

吐谷渾寇涼州。下詔討之。上欲得李靖爲將，爲其老，重勞之。靖自請行，以靖爲西海道行軍大總管，節度諸軍。

靖之西征吐谷渾，亦如李世勣之東征高麗，均所謂元老壯猷、媲美方叔者也。

中牟丞皇甫德參上言：『修洛陽宫，勞人；收地租，厚斂；俗好高髻，蓋宫中所化。』上怒，欲罪之。魏徵諫，上曰：『朕罪斯人，誰敢復言？』乃賜絹二十匹，拜監察御史。

縣丞卑官，乃上疏諫諍，語涉宫禁，此必因帝納諫旌直，故欲以敢言結主知耳。然是時營繕頗繁，亦不無女寵，則其言固足戒也。

吐谷渾可汗伏允悉燒野草，輕兵走入磧。諸將以爲未可深入。李靖從侯君集之計，分軍爲兩道并進。靖由北道連敗吐谷渾於牛心堆、赤水源；君集由南道行無人之境二千餘里，追及伏允於烏海，與戰，大破之。

靖擒頡利，先使李世勣軍於磧口，以斷其入磧之路；兹伏允已走入磧，無從遮攬，故從君集之計，分道窮追，置軍絶地，以收奇功。征西之難，倍於征北也。

李靖督諸軍經積石山，至且末，聞伏允在突倫川，契苾何力以驍騎千餘，襲破伏允牙帳，俘其妻子。伏允爲左右所殺。李靖奏平吐谷渾。（九年）

唐之國威，至是暢於西海矣。靖初定江南、繼平塞北，老當益壯，奏此膚功。洵爲有唐諸將之冠。雖英、衛并稱，英不及衛也。

太上皇崩。詔：『山陵依漢長陵故事，務存隆厚。』期限既促，功不能及。虞世南上疏，以爲：『釋服已依霸陵，邱壟之制不宜獨依長陵。』又以『漢天子即位即營山陵，今數月安能爲數十年之功？』乃依漢原陵之制。

漢武帝享國年久，故長陵最爲崇侈，蓋積數十年之功以成之者。上皇營陵於既崩之後，安能以彼爲例？世南先言其理，後論其事，理有不可，未若事有難行之足據也。故帝意頓爲之移。

上遣使勞諸將於大斗拔谷，薛萬均排毀契苾何力，自稱己功。何力拔刀欲殺萬均，諸將救止之。上聞之，欲解萬均官以授何力，何力固辭。

赤水之戰，萬均與弟萬徹爲吐谷渾所圍，中槍幾殆，賴何力救之得生。不思報德，乃排毀攘功，似此無良，亦不多見。蓋因何力初入中國，孤立寡助，故倚勢而欺凌之耳。非帝之明，孰與昭析？

上謂蕭瑀曰：『卿之忠直，古人不過；然善惡太明，亦有時而失。』

瑀之失，不徒善惡太明，蓋剛而近愎，故自矜而不能容物耳。

上以魏王泰好文學，特命其於府别置文學館，聽自引召學士。（十年）

居然天策府之瀛洲，但未有十八人之數。

長孫皇后疾甚。太子欲奏請赦罪人及度人入道，后曰：『若爲善有福，則吾不爲惡；如其不然，妄求何益！赦者國之大事，不可數下。道、釋异端之教，蠹國害民，必行汝言，吾不如速死！』

后之達識，非世主所及，勿論宫壼。且以當日上皇之疾不聞有赦，則太子之欲奏請，非也。

后嘗采自古婦人得失事，爲《女則》三十卷，又嘗著論駁漢明德馬后以不能抑退外親，使當朝貴盛，徒戒其『車如流水馬如龍』，是開其源而防其流也。

后讀書知政體，内廷清宴，因事納規，貞觀之治，裨益實多。而不預外事、不私外戚，所以不可及也。明德尚爲所駁，和熹更不待言。

后崩，葬昭陵。帝爲文刻石，稱：『皇后節儉，遺言薄葬，以爲「盗賊之心，止求珍寶，既無珍寶，復何所求」。』

帝后陵中，曰無珍寶殉葬，愚民必不信也，况盗賊乎！爲文刻石，似可不必。异日安能止温韜之發掘哉！

權萬紀上言：『宣、饒二州銀大發，采之，歲可得數百萬緡。』上曰：『堯、舜抵璧於山，投珠於谷，漢之桓、靈乃聚錢爲私藏，卿欲以桓、靈待我邪！』黜萬紀，使還家。

萬紀小人，先爲告訐，今復言利。蓋以告訐爲帝所疏，故復以利動上心耳。惟其既黜旋復，所以卒釀齊王祐之變。

群臣復請封禪，上使顔師古等議其禮，房玄齡裁定之。

帝屢拒封禪之請，而群臣言之不已，非盡無識也。蓋帝本有意封禪，初因魏徵之言而止，繼因恐升高動疾而止，故群臣仰體其意，不憚爲再三之瀆，而徵亦不復固争矣。與漢光武因讖文而頓易其初意者，又不盡同。

馬周上疏，以爲：『貞觀初，天下饑歉，而百姓不怨者，知陛下憂念之也。今比歲豐穰，而百姓怨咨者，多營不急之務故也。國之興亡，不以畜積多少，在於百姓苦樂。陛下但如貞觀之初，則天下幸甚。』

貞觀之初，南多逋寇，北有强敵，帝之心多懼，懼則善心生焉；貞觀之盛，威加四海，玉食萬方，帝之心漸逸，逸則侈心萌焉。此不急之務所以日多，而恤民納諫之誠因之日替歟？

又以爲：『百姓所以治安，惟在刺史、縣令，今朝廷惟重内官，京官不稱職始補外任，邊遠之處，用人更輕。百姓未安，殆由於此。』上謂侍臣曰：『刺史，朕當自選；縣令，宜詔京官各舉一人。』

前已以縣令爲親民之官，詔京官五品以上各舉堪任者矣。周言如此，則前詔尚未盡奉行也。重内輕外，自是六朝以來相沿積弊，雖以貞觀之治，而未能驟革。

故荆州都督武士彠女，年十四，上聞其美，召入宫，爲才人。

文德甫崩，禍水旋至矣。

先是，山東崔、盧、李、鄭諸族，好自矜地望。上命高士廉等撰《氏族志》，分爲九等。初以崔民幹爲第一。上曰：『是徇流俗之情也。』更命刊定，以皇族爲首，外戚次之。（十二年）

前既置九品中正，兹復定甲乙九等之譜，皆仍踵南朝故事，未能盡革。甚矣，習俗之移人也！帝以山東諸名族自矜地望，甚至得財賣婚，弃廉忘耻，故特命銓次姓氏，以厘正其失，而士廉等猶以民幹爲首，何其未喻帝意邪！然終唐之世，崔氏子孫多顯官，殆家法固殊歟？

上謂尉遲敬德曰：『朕欲以女妻卿，何如？』敬德叩頭謝曰：『臣妻雖陋，相與共貧賤久矣。臣雖不學，聞古人富不易妻，此非臣所願也。』上乃止。（十三年）

敬德此語，何减宋弘？

尚書奏：『請自今後宫及東宫内職有闕，皆選良家有才行者充，以禮聘納；其没官口及素微賤之人，皆不得補用。』上從之。

掖庭内職，慎選良家，洵不易之論。但尤在人主以禮自坊，不爲艷嬖所惑。金輪、玉環，獨非良家女乎！

上詔宗室群臣襲封刺史，于志寧以爲古今事殊，上疏争之。馬周亦上疏，以爲：『堯、舜猶有朱、均之子。倘有孩童嗣職，萬一驕愚，兆庶被其殃國家受其敗。』會長孫無忌等皆不願之國，上表固讓，詔停世封刺史。

世官與封建相表裏，而世官尤爲周之敝政，《春秋》譏之。諸臣之疏，周言尤爲切盡。帝意固已轉圜，特非無忌等上表固讓，未遽收回成命耳。

突利可汗之弟結社率曆位中郎將，誣告突利謀反，上由是薄之，乃謀作亂，陰結故部曲，得四十餘人，犯行宫，弓矢亂發，衛士死者數十人。孫武開等帥衆奮擊，久之，乃退，盜御厩馬二十餘匹北走，追獲，斬之。

以突厥充宿衛，遂有結社率之變，狼子野心，豈可畜乎！所以遣思摩北歸，卒從魏徵之策也。

傅奕精究術數之書，而終不之信，遇病，不呼醫餌藥。臨終戒其子無得學佛書，時年八十五。

奕始終罵佛，而壽考令終。

侯君集平高昌，上欲以爲州縣，魏徵諫，不從，以其地爲西州，以可汗浮圖城爲庭州，各置屬縣。（十四年）

高昌彈丸之國，既隸職方，而自恃險遠，不修職貢，坐取其亡，亦何足惜！然帝竟州縣其地，未免勤遠略已。

司門員外郎韋元方給給使過所稽緩，上怒，出爲華陰令。魏徵諫曰：『前爲給使，夜出敕書，事如軍機，誰不驚駭！宦者難養，漸不可長。』

以帝之明，而宦者已能竊威福，徵所云『漸不可長』，足爲遠見已。豈料數傳之後，大權移於奄尹哉！

君集破高昌，私取其珍寶，詔下之獄。岑文本疏論其功，乃釋之。有告薛萬均私通高昌婦女者，魏徵爲之言，上置不問。諸將受賞，阿史那社爾惟取老弱、故敝而已，上嘉其廉慎，賜以寶刀。

君集私取珍寶，不廉也；萬均私通婦女，不慎也。雖以二臣疏救幸免，其事固已彰灼。其以廉慎被褒賞者，惟番將社爾一人，諸將能無汗顔乎！

張玄素少爲刑部令史，上嘗對朝臣問之曰：『卿在隋何官？』曰：『縣尉。』又問：『未爲尉時何官？』曰：『流外。』又問：『何曹？』玄素耻之，色如死灰。孫伏伽在隋爲令史，於廣坐自陳往事，一無所隱。（十五年）

惟在隋爲卑官，則仕唐猶未大害於名義。玄素之耻，耻所不當耻也；帝之問，問所不必問也。如蕭瑀、宇文士及、封德彝輩，皆隋之國戚達官，而復貴顯於唐，亦得以前資自矜乎！且帝前因妄訴隋資欲誅柳雄矣，獨於玄素窮其始仕，何也？

薛延陀擊西突厥，以步戰取勝，至是將入寇，乃大教步戰，使五人爲伍，一人執馬，四人前戰。李世勣與戰於諸真水命士卒下馬，執長矟直前冲之，大破其衆。

塞北恃馬爲强，而薛延陀獨以步戰勝突厥。諸真水之戰，世勣亦命士卒下馬，執長矟直前冲敵。是知步、馬不相如，特論其常，而未盡其變也。或以地勢有廣狹、夷險之不同歟？

制：自今有自傷殘者，據法加罪，仍從賦役。隋末賦役重數，人往往自折肢體，謂之『福手福足』，至是遺風猶存，故禁之。（十六年）

自殘以避役，非得已也。但當減役以息民，則不禁自止。據法加罪，得毋不揣其本而制其末乎！白居易有《新豐折臂翁》一詩，正是『福手福足』之意。唐之中葉，此風猶存，則亦非三尺所能禁也。

上曰：『當今國家何事最急？』褚遂良曰：『太子諸王，宜有定分最急。』上曰：『是也。』時太子承乾失德，魏王泰有寵，群臣日有疑議，上謂侍臣曰：『方今忠直無逾魏徵，我遣傅太子，用絶天下之疑。』立子以嫡，正也；但嫡子不肖而衆子賢，則亦未可執一。堯、舜舍其子而禪位他族，非薄其子，知其不肖，而不欲以天下私之也。帝乙舍微子而立紂，遂以亡殷；文王鑒之，故舍伯邑考而立武王；微子鑒之，故舍其孫腯而立衍；周以之王，宋以之安，較帝乙之立嫡何如乎？漢高因四皓不易太子，而惠帝時劉氏不絶如綫，卒之代王以外藩入立，乃致太平，詎關惠帝之紹統乎！即以唐論，高祖若舍建成而早立秦王爲太子，亦何至宫門喋血、骨肉相賊哉！帝援漢高爲例而擬徵以四皓，亦知其一未知其二也。

黨（弘仁）［仁弘］罷廣州，爲人所訟，贓百餘萬，罪當死。上召五品以上，謂曰：『今朕欲赦（弘仁）［仁弘］，是亂法，上負於天。欲席槁於南郊，日進一蔬食，以謝罪於天三日。』房玄齡等頓首固請，帝乃降手詔罪己，黜（弘仁）［仁弘］爲庶人。（十七年）

（弘仁）［仁弘］雖婪贓坐罪當死，然以開國功臣，應入八議，帝赦之未爲亂法。所以如此鄭重者，欲功臣知感且知戒也。

齊州都督、齊王祐殺長史權萬紀、典軍韋文振，私署上柱國、開府等官，驅民入城，繕甲兵樓堞。詔李世勣等發兵討之。未至，兵曹杜行敏等執祐至京師，賜死。

祐誠不肖，其謀反，則燕弘亮等教之，而萬紀激之也。教之者固小人矣，激之者果君子乎？總之童騃無知而授之方面，非惟病民，適足殺其軀耳。

太子承乾喜聲色，好畋獵，又好效突厥語及其服飾，嘗謂左右曰：『一朝有天下，當帥數萬騎獵於金城西，然後解髮爲突厥，委身思摩，若當一設，不居人後矣。』

以帝之明，文德后之賢，乃有承乾不肖之子，性邪習邪？帝好用兵，而數加恩於外夷，其待突厥尤厚，承乾殆亦熟見而慕之邪？

太子聞齊王祐反，謂紇干承基曰：『我宫西墻去大内正可二十步耳，與卿爲大事，豈比齊王乎！』會治祐反，事連承基，坐繫獄當死。

慕突厥，猶可也；乃欲爲楊廣，不亦甚乎！預謀者，竟有杜如晦之子荷。

紇干承基上變，告太子謀反，敕長孫無忌等與大理、中書、門下參鞫之。反形已具，詔廢承乾爲庶人，黨羽皆伏誅。魏王泰日入侍奉，上面許立爲太子。

承乾固不肖，其遽有邪謀，未嘗不由於帝之鍾愛魏王也。然使其得立，必弗克負荷。

上御兩儀殿，謂長孫無忌、房玄齡、李世勣、褚遂良曰：『我三子一弟，所爲如是，我心誠無聊賴。』因自投於床，抽佩刀欲自刺，遂良奪刀以授晋王治。無忌等請上所欲，上曰：『我欲立晋王。』

廢太子而更立，亦歷代所時有。況承乾反狀甚明，罪由自取，而帝投床抽刀，作兒女子態，何也？意在立泰，而不能置治也，治固文德皇后所生也。

詔：立晋王治爲皇太子。上謂侍臣曰：『我若立泰，則是太子可經營而得。自今太子失道、藩王窺伺者，皆兩弃之。且泰立，承乾與治皆不全；治立，則承乾與泰皆無恙矣。』

帝以泰有經營窺伺之心并予斥退，可謂能割愛矣。未幾承乾卒於黔州，迨帝崩治立，泰雖有開府之命，而永徽三年即薨於均州。以吴王恪兄弟之事推之，則所云『治立承乾與泰皆無恙』者，恐亦未必然也。

李世勣嘗得暴疾，方云『須灰可療』，上自翦須爲之和藥。世勣侍宴，上從容謂曰：『朕求群臣可托幼孤者，無以逾公。公不負李密，豈負朕哉！』

帝於世勣，固信之有素。而卒贊立武后，幾傾唐祚，所云不負者安在乎？世勣之與李密，特感於意氣之私，而非出於義理之正。觀其弃父不顧，其心固不可保矣。以帝之明，而失之世勣，甚矣，知人之難也！

薛延陀真珠可汗使其侄突利設來納幣，上賜賚甚厚。旋從契苾何力之計，徵可汗親迎，仍發詔將幸靈州與之會。卒以聘禮未備，詔絶其婚。

帝初許真珠婚，欲得契苾何力也。受其聘幣，欲使徵斂以携其部衆也。卒絶其婚，欲令雜姓知其爲中國所弃，則將不從其令也。此中别有機權，温公譏其失信，蓋猶是儒者之論歟？

上欲自觀國史，命房玄齡與許敬宗等爲高祖、今上《實録》上之。上見書六月四日事，語多微隱，謂玄齡曰：『周公誅管蔡以安周，季友鴆叔牙以存魯，朕之所爲，亦類是耳。史官何諱焉？』即命直書其事。

周公誅管蔡而相成王，季友鴆叔牙而奉子般，二君子者，何嘗因之自立乎？帝援以自解，殊未當也。必欲親見《實録》，其意可知。况敬宗爲之載筆乎？所云『直書其事』，恐亦未然。

初，楊文幹之亂，上皇欲廢隱太子而立上，封德彝固諫而止。其事甚秘，德彝卒後，上乃知之。唐臨追劾其事，詔黜其贈官，改謚曰謬。

宇文士及謚曰『縱』矣，則德彝謚曰『謬』，洵稱其實。但於身後追治其固諫之罪，則示人以不閎矣。且王、魏尚不以爲仇，而必以德彝爲罪乎！

上疑太子仁弱，密謂長孫無忌曰：『太子懦，恐不能守社稷。吴王恪英果類我，我欲立之。』無忌固争，以爲不可。上曰：『公以恪非己之甥邪？』

帝立治非其本心，故復欲立恪。此則帝自欲立之，非恪有所經營也。無忌固欲立治，未嘗非私其甥，所云『儲副至重，豈可數易』，果由衷之言乎？因此一問，而恪兄弟异日皆以枉死，則亦非帝之所及料也。

上使相里玄奘至平壤，諭高麗，使勿攻新羅，莫離支曰：『昔隋人入寇，新羅侵我地五百里，非歸侵地，兵未能已。』玄奘曰：『遼東本中國郡縣，中國尚且不言，高麗豈得必求故地！』莫離支竟不從。（十八年）

直以隋伐高麗爲入寇，已有輕中國之心。玄奘以『遼東本中國郡縣』折之，語殊相逼，而蓋蘇文崛强如故者，狃於隋之屢征不克也。

上欲討蓋蘇文，褚遂良以爲不可。李世勣曰：『間者薛延佗入寇，陛下欲發兵窮討，魏徵諫而止，使至今爲患。嚮用陛下之策，北鄙安矣。』上曰：『此誠徵之失。』

上欲討高麗久矣，至此師出有名，詎肯已乎？遂良正論，固不若世勣順指之言爲易入。然卒平高麗者，世勣也。

上謂司徒無忌等曰：『人苦不自知其過，可爲朕明言之。』對曰：『陛下武功文德，臣等將順之不暇，何過之可言！』上曰：『朕欲面舉公等得失，以相戒而改之。』

觀帝之品藻，則諸臣惟岑文本、劉洎、馬周、褚遂良卓然有所樹立外，其餘皆庸臣耳。無忌爲佐命元輔，而善避嫌疑，則亦中有所不足而持禄保身者也。

車駕至洛陽，以鄭元璹嘗從隋煬帝伐高麗，召詣行在；問之，對曰：『遼東道遠，糧運艱阻；東夷善守城，攻之不可猝下。』上曰：『今非隋比，公但聽之。』

胡身之以爲：帝恃强大，欲見威於敵。竊謂帝已威加萬里之外，區區高麗，曾何足云！第以其爲中國故地，欲取之以復四郡之舊耳。其於高昌置西州，亦欲漸復漢之舊境，故置都護仍用漢法也。

真珠可汗欲擊突厥。上遣使戒敕無得相攻。真珠對曰：『至尊有命，安敢不從！然突厥翻覆，前此歲犯中國，殺人以千萬計。至尊克之，養之如子，恩德至矣，而結社率竟反。此屬安可以人理待？當爲至尊誅之。』

真珠之言，雖非出自誠心，而殊有理。帝之待突厥，未免失之過厚。與漢武之待匈奴正同。其見譏於真珠，亦如漢武之見譏於汲黯也。蓋以誅不勝誅，故以恩結之，意則主於安邊耳。

上自將諸軍發洛陽，尉遲敬德上言：『陛下親征遼東，太子在定州，長安、洛陽心腹空虚，恐有玄感之變。且邊隅小夷，不足勤萬乘，願遣偏師征之，指期可殄。』上不從。以敬德爲左一軍總管，使從行。（十九年）

敬德此言，亦老成之見。但云『恐有玄感之變』，則因目睹隋亡，而未免過慮者也。何不言『薛延陀入寇』？

詔謚殷太師比干曰『忠烈』，所司封其墓，春秋祠以少牢。上至鄴，自爲文祭魏太祖，曰：『一將之智有餘，萬乘之才不足。』

魏太祖本不足祭，既已祭之，何必爲文以譏之？帝此舉似可不必。

上謂侍臣曰：『遼東本中國地，隋氏四出師而不能得；朕今東征，爲中國報子弟之仇，高麗雪君父之耻。且方隅大定，惟此未平，故及朕未老，用士大夫餘力以取之。』

報仇雪耻，其名也；餘力取之，其實也。帝意固欲以高麗爲郡縣，其云『方隅大定，惟此未平』，乃東征之本謀也。

李世勣攻遼東城，克之，以其城爲遼州。進攻白岩城，契苾何力挺身陷陳，槊中其腰；薛萬備單騎往救之，拔何力於萬衆之中而還。

薛氏兄弟皆以勇聞。萬備救何力，足以報何力之救萬均、萬徹。

上攻白巖城，令軍中曰：『得城悉以人、物賞戰士。』李世勣見上將受其降，請曰：『士卒所以不顧其死者，貪虜獲耳；今城垂拔，奈何更受其降，孤戰士之心？』上曰：『有功者朕以庫物賞之，庶因將軍贖此一城。』

軍無賞，士不往。世勣此請，乃《黄石公兵法》所云『使貪』者也。故帝下馬謝之。許之爲是。而以庫物賞有功，不欲失信於軍士。胡身之譏世勣盜習未除，則書生之見耳。

上至安市城，高麗將延壽、惠真帥兵十五萬救安市。有對盧（官名）謂延壽曰：『秦王不可敵也。莫若頓兵不戰，遣奇兵斷其糧道。』延壽不聽。

對盧之策，即帝爲秦王時所以破薛仁果、宋金剛者，而用之高麗，尤爲勝算，以主客异形也。孰謂東夷無智士哉！

江夏王道宗曰：『高麗傾國以拒王師，平壤之守必弱，願假臣精兵五千，覆其本根，則數十萬之衆可不戰而降。』上不應。

道宗之策，所謂批亢擣虚，乃勝算也。而帝不應，何哉？蓋以延壽大衆在前，利在速戰，戰則必克，克則乘破竹之勢，鼓行而前，莫離支之膽喪，高麗之氣索，平壤必不能支，用正即用奇也。若延壽頓兵不戰，帝必用道宗之策，使之還而自救，對盧亦不能售其計矣。

上遣使給延壽曰：『我以爾國强臣弑主，故來問罪；交戰非吾本心。芻粟不給，故取爾數城，爾國修臣禮，則必復矣。』延壽信之，不設備。上以諸軍進擊，大破之。延壽等帥其衆三萬六千八百人降。

既誘之出戰，又紿之以懈其將士之心，然後乘其懈而擊之。惟不輕戰，故戰則必勝。

上之伐高麗也，薛延陀遣使入貢，上謂之曰：『語爾可汗：能爲寇，宜亟來！』真珠可汗惶恐，遣使致謝；及高麗敗，莫離支使靺鞨説真珠，啖以厚利，真珠不敢動，尋卒，上爲之發哀。

真珠特欲攻突厥耳，非敢與中國爲難。帝知其情，故不以爲慮，而直以盛氣折之。

上以安市城險而兵精，欲先攻建安，李世勣請攻安市，從之。安市人望見上旗蓋，輒乘城鼓噪，上怒，世勣請克城之日，男(女)[子]悉坑之。安市人聞之，益堅守。

盡坑男(女)[子]，世勣未必遽爲是請；即有是請，帝亦必不聽。觀於糧盡退師，城主於城上拜辭，猶賜縑以勵事君，豈有怒其固守，欲盡坑其男女乎！且唐之君臣，相與計議，軍事機密，安市人亦何從聞之？此皆情理之所必無者。或約日令降，不降必盡坑之，以此脅之使速下邪？

高延壽、高惠真請上先攻烏骨城，群臣亦言宜并力拔烏骨城直取平壤，獨長孫無忌以爲：『天子親征，异於諸將，不可乘危徼幸。』上乃止。

胡身之以爲：太宗定天下，多以出奇取勝，獨遼東之役欲以萬全制敵，所以無功。竊謂帝斬艾群雄，身經百戰，雖所向無敵，然瀕於危者數矣。今天下大定，統六師以臨一隅，固必堂堂正正，動出萬全，安可以萬乘之重争一將之奇哉！無忌之言是也。尉遲敬德所云『偏師征之，指期可殄』者，殆亦有見於此歟？

諸將攻安市城，不能克，上以遼左早寒，草枯水凍，士馬難久留，且糧食將盡，敕班師。

以帝之兵精將鋭，并力急攻，而安市城卒不能克，鄭元璹所云『東夷善守』，其信然邪？

凡征高麗，拔玄菟等十城，斬首四萬餘級，徙户口入中國者七萬人。戰士死者幾二千人，戰馬死者什七、八。

上深悔之，嘆曰：『魏徵若在，不使我有是行也！』

帝東征之舉，較之隋氏，固百倍其功矣。然以天子百勝之威，不能誅一莫離支，則所損良不細也。李世勣贊帝東征，因以諫止發兵討薛延陀爲魏徵之失，今帝思徵而發嘆，世勣聞之，能無愧乎！

詔：戰亡士卒骸骨并集柳城東南，設太牢，帝自作文以祭之，臨哭盡哀。其父母聞之，曰：『吾兒死而天子哭之，死何足恨！』諸軍所虜高麗民萬四千口，將賞軍士，上悉以錢布贖爲民，歡呼之聲，三日不息。

哭戰亡之士，贖係虜之民，帝之閎略大度，洵非世主所及。

上之征高麗也，使執失思力將突厥屯夏州之北，以備薛延陀。多彌可汗既立，引兵寇河南，上遣田仁會與思力合兵擊破之。追奔至磧北而還。

觀此則薛延陀非必不敢入寇也。特真珠可汗將死，故兵不出耳。多彌立而河南告警矣。是時處突厥於河南勝夏之間，多彌入寇，仍爲突厥來也。然帝固有以禦之。

初，上使劉洎輔皇太子於定州。及上不豫，洎謂同列曰：『聖躬可憂！』或譖之曰：『洎言當輔幼主行伊、霍故事，大臣有异志者誅之。』上怒，詔賜洎自盡。

以帝之明，而洎以枉死，譖人洵可畏哉！輔幼主行伊霍故事，是以帝之疾爲不起矣，適觸其所甚諱，故怒而不及致詳耳。

常德玄告張亮養假子五百人，又問術士程公穎曰：『吾臂有龍鱗起，欲舉大事，可乎？』上命馬周等按其事，亮辭不服。上曰：『亮有假子五百，正欲反耳！』亮與公穎俱斬西市，籍没其家。（二十年）

亮素怯，又佞佛，且爲帝所信任，何以無端謀反？此必德玄誣之。帝誅亮，直以假子五百爲可疑耳，故雖從百官之議，終以李道裕『反形未具』之言爲當也。既以誣譖而賜劉洎死，又以誣告而斬亮西市，用刑亦稍濫矣。詎非以内乏文德之納規，外無魏徵之進諫，而主志漸驕乎！

薛延陀多彌可汗猜忌無恩，回紇酋長吐迷度與僕固、同羅擊破之。詔以江夏王道宗等爲瀚海安撫大使；又遣執失思力等將兵三道并進。薛延陀驚曰：『唐兵至矣！』多彌出奔，回紇攻殺之，遂據其地。

薛延陀之亡，由於屬部内畔，而唐兵乘之。思力等所將，皆突厥兵胡兵及靺鞨兵，惟薛萬徹張儉所將乃中國邊兵耳。

薛延陀餘口七萬餘西走，立真珠可汗兄子咄摩支，奉表請居鬱督軍山之北。朝議恐其爲磧北患，遣李世勣與九姓敕勒共圖之。

薛延陀爲中國患，不及突厥百之一，乃帝於突厥始終撫而存之，於薛延佗則必欲滅之。殆以突厥誅不勝誅，薛延陀無難一舉而定邪？

李世勣至鬱督軍山，咄摩支南奔荒谷，世勣遣蕭嗣業往招之，咄摩支降，送京師。上幸靈州。敕勒諸部酋長皆請入朝。車駕至浮陽，回紇等十一姓各遣使入貢。

帝之平薛延陀，回紇力也。鑾輿一出而諸部來朝，可謂不勞而定。然回紇自此漸强。

上幸漢故甘泉宫，詔以『聊命偏師，遂擒頡利；始弘廟略，已滅延陀。鐵勒百餘萬户，散處北漠，委身内屬，并爲州縣；混元以降，殊未前聞，宜告廟頌示普天。』

帝攘夷之功，先突厥，次薛延陀，而終於鐵勒。突厥用全力，薛延陀用餘力，鐵勒全不用力。鐵勒内附，則唐之威靈北極窮髮矣。故告成於宗廟，而下詔頒示普天也。

蕭瑀性狷介，數忤旨，上銜之。上嘗謂張亮曰：『卿既事佛，何不出家？』瑀因自請出家。上曰：『知公雅好桑門，今不違公意。』瑀須臾復進曰：『臣適思之，不能出家。』上以瑀發言反覆，手詔數其罪，出爲商州刺史。

亮事佛而以謀反枉誅，佛之福利安在？瑀好佛而性褊，動與物忤，則是但奉其教而未達其理者也。瑀蓋希望福利，故帝手詔直以報施之謬曉之，并歷指其祖宗佞佛之無益。此釋氏之當頭棒喝也。瑀若有知，能無猛省？

詔以回紇等部爲瀚海等府、州，以其酋長爲都督、刺史，北荒悉平。然回紇吐迷度已私自稱可汗，官號皆如突厥故事。（二十一年）

突厥破而薛延陀强，薛延陀滅而回紇熾。北狄爲天之驕子，未易以中國兵力屈服之也。

上將復伐高麗，朝議以爲：『今若數遣偏師，擾其疆埸，使疲於奔命，則人心自離，可不戰而取。』上從之。使牛進達將兵自萊州泛海而入，李世勣將兵自新城道入。兩軍皆選習水善戰者配之。

北荒既平，東夷未服，帝所以必欲從事於高麗也。初征直欲以氣吞之，至是乃思以計取之。

進士張昌齡、王公治皆善屬文，名振京師，考功員外郎王師旦知貢舉，黜之，及奏第，上怪無二人名，師旦曰：『二人文體輕薄，終不成令器。』

唐初，以考功員外郎知貢舉；開元間，始移貢舉於禮部，以侍郎主之。貢舉爲掄才大政，士子進身之階梯，而例以一官專其事，無論員外望輕，即禮部侍郎，能無關節、情面、囑托之弊乎？此立法之未善也。

上問侍臣曰：『自古帝王不能服戎、狄。朕才不逮古人而成功過之，諸公各率意言其故。』群臣皆稱：『陛下功德如天地，不得名言。』上曰：『自古皆貴中華、賤夷狄，朕獨愛之如一，故其種落皆依朕如父母。所以成今日之功也。』

帝之定中夏，姑不具論；其服戎狄，則伺瑕蹈釁，先以兵威劫之，而後以恩意懷之。三代以降，制勝安邊，大抵不出乎此。群臣亦非見不能及，但欲推崇之極於無上耳。帝自言愛夷狄與中國如一，而不言用兵方略，但帝之平突厥，破薛延陀以及高昌、吐谷渾，何嘗有一國不用兵哉！

立皇子明爲曹王。明母楊氏，巢剌王妃也，有寵於上；文德皇后之崩也，欲立爲皇后。魏徵諫曰：『陛下方比德唐、虞，奈何以辰嬴自累！』乃止。尋以明繼元吉後。

殺元吉，猶可曰『不得已』也，納其妃，亦不可以已乎？至欲立爲后，抑又甚矣。徵能諫止其立，而不能諫止其納，何也？或宫禁事秘，外廷不及諫邪？抑以身事隱太子，與齊王有連，不敢諫邪？文德因事納規，固知帝之納楊氏矣，而亦不諫，何也？或以恐涉妒娼之嫌，故不諫邪？唐承周隋之後，俗染戎夷，不以内亂爲耻，以帝之賢明，而瀆倫傷化躬自蹈之，將以垂示後昆，不亦難乎！此所以一傳之後，穢彰於聚麀，禍基於牝晨也。

突厥車鼻可汗遣使入貢，請身自入朝。詔遣郭廣敬徵之，車鼻竟不至。

吐迷度自稱可汗，車鼻不肯入朝，帝之服戎狄，以力服之，非心服也。蓋蘇文之旅距，更不待言。

結骨自古未通中國，聞鐵勒諸部皆服，其酋長失鉢屈阿棧入朝。其國人皆長大，赤髮緑睛，有黑髮者以爲不祥。以結骨爲堅昆都督府。（二十二年）

此赤髮緑睛人，俄羅斯至今有之，非必西洋荷蘭、英吉利之紅毛夷也。

充容徐惠以上東征高麗，西討龜兹，翠微、玉華，營繕相繼，又服玩頗華靡，上疏切諫，上善其言。

惠雖女子，而所言皆帝之藥石。諸臣自魏徵、馬周而外，罕能及之。

王玄策奉使至天竺，諸國皆遣使入貢。中天竺王阿羅那順發兵攻玄策，悉擒其從者三十人。玄策宵遁，至吐蕃西境，徵兵進戰，大破之，俘阿羅那順以歸。

玄策以一介之使，行萬里之外，乃能徵兵鄰國，以夷攻夷，遂下天竺，係虜其王，獻俘闕下，亦奇功也。若在漢世，侯矣。乃僅以爲朝散大夫，似未免賞不酬勞。

時民間傳《秘記》云：『唐三世之後，女主武王代有天下。』上密問李淳風，對曰：『臣仰觀天象，其人已在陛下宫中，爲親屬，不過三十年，當王天下，殺唐子孫殆盡，其兆成矣。』上曰：『疑似者盡殺之，何如？』對曰：『天之所命，不可違也。王者不死，徒多殺無辜。』上乃止。

《秘記》傳自民間，本不足信，淳風先見，亦殊未必然。此非術士於事後假托淳風，故神其説，助武氏之輩矯稱天命，以贊篡奪耳。如果淳風言之準確如是，太宗即不誅武氏，何肯留之宫中引以自近，且亦何不豫戒高宗，俾爲之所乎？且淳風既有是言，長孫無忌、褚遂良輩爲顧托大臣，不應全不與聞，何以高宗欲立武氏爲后，無忌既不順旨，遂良以死力争，方直指其經事先帝，不復以聚麀爲高宗諱，何不并述《秘記》及淳風之言，以動高宗之懼而解其惑乎！又如韓瑗、來濟既以褒姒滅周、飛燕傾漢爲比，何不徑以『女主武王代唐』爲説，更足竦聽乎？此則合前後觀之，而知史之不足據者也。若云言出淳風之口，入太宗之耳，甚秘不宣，史又何從知之而記之如是其詳邪？必不然矣。

阿史那社爾既破處月、處密，擒焉耆王薛婆阿那支，斬之。遣韓威爲前鋒，曹繼叔次之，大破龜兹之衆。社爾進軍，攻克撥换城，擒其王布失畢，送京師。

社爾破龜兹，亦當日邊功之可紀者，但失一郭孝恪耳。

上崩於翠微宫，秘不發喪。太子入京城，大行御馬輿繼至，發喪於太極殿。太子即位。（二十三年）

太子可謂弗克負荷矣。惟平高麗、封泰山二事，繼太宗之志。

鑒評别録卷三十九

唐紀三

高宗皇帝（諱治，字爲善，小字雉奴，太宗第九子，在位三十四年）

韋思謙劾奏褚遂良抑買中書譯語人地，左遷遂良爲同州刺史。（永徽元年）

遂良名臣，受顧托之重，乃以抑買人地被劾左遷，殊不可解。

滕王元嬰、蔣王惲皆好聚斂，上賜諸王帛，獨不及二王，敕曰：『滕叔、蔣兄自能經紀，不須賜物；給麻兩車以爲錢貫。』二王大慚。（二年）

帝於滕蔣二王，知其好聚斂，不加譴責，但賜麻以愧之，於親親之道則得矣。仍留刺州，百姓何以堪乎！

引駕盧文操逾墻盜左藏物，上欲誅之。蕭鈞諫曰：『文操情實難原，法不至死。』上乃免文操死。

帝尚知納諫，此太宗之教也。但於立武后則拒諫耳。

房遺愛與薛萬徹、柴令武謀反，奉荆王元景爲主。其兄遺直告之，上令長孫無忌鞫得其狀。無忌忌吴王恪，欲因事誅之，遺愛因言與恪同謀，冀得免死。詔遺愛等皆斬，恪賜自盡。（四年）

杜如晦之子荷既以謀反誅，房玄齡之子遺愛亦蹈其覆轍。房、杜爲唐一代元臣，勛名赫奕，而子皆不肖，何也？蓋二人初佐太宗起兵，則反於隋；復贊太宗殺太子建成，則反於唐，特幸有成功耳。其子之謀反，亦何足怪？褚遂良之誣殺劉洎，事本可疑；無忌之枉殺吴王恪，則負太宗矣。

初，王皇后無子，蕭淑妃有寵，王后疾之。上之爲太子也，入（待）［侍］太宗，見才人武氏而悦之。太宗崩，武氏隨衆感業寺爲尼。忌日，上詣寺行香，見之，武氏泣，上亦泣。王后聞之，陰令武氏長髮，勸上内之宫中，欲以間淑妃之寵。（五年）

太宗以晋王仁孝，立爲太子，但入侍而屬意於才人，忌日而移情於舊好，所云仁孝者安在乎？太宗有靈，應艴然曰：『長孫誤我！』

大雨，山水漲溢入玄武門，宿衛士皆散走。薛仁貴登門桄大呼以警宫内。上遽出登高，俄而水入寢殿，溺衛士及麟游居人，死者三千餘人。

地，爲皇后之象；震者，不安其位也。大水，陰盛之象也。帝嗣位而先見地震，復疊被水灾，乃至入宫門、溺衛士，帝亦幸免耳。其即王后廢而武氏亂國之咎徵歟？

李義府上表，請廢皇后王氏，立武昭儀。上召長孫無忌、李勣、于志寧、褚遂良。勣稱疾不入。上以廢立爲問，遂良曰：『武氏經事先帝，衆所具知，萬代之後，謂陛下爲何如！』因叩頭出血，上大怒，命引出。

太宗欲以巢刺王妃爲后，魏徵以辰嬴爲喻，其言猶隱也。遂良之言，可謂椎心刺耳矣。韓瑗、來濟以褒、妲、飛燕爲喻，不及此之切中病痛。帝若稍知愧耻，未有不中止者。而無如其爲艷嬖所蠱，竟置天下耳目、萬代譏貶於不顧矣。

他日，李勣入見，上曰：『朕欲立武昭儀爲后，遂良固執以爲不可，事當且已乎？』對曰：『此陛下家事，何必更問外人！』帝意遂决。

帝召問三臣，固執以爲不可者，獨遂良耳。無忌、志寧殊默默也。勣稱疾不入，意别有在，故於他日獨對，直以片言决之。許敬宗之奸邪，無以异於李義府，其言糞土，又不足論已。

百官上表請立中宫，乃下詔曰：『武氏以才行選入後庭，朕昔在儲貳，特荷先慈，以武氏賜朕，事同政君，可立爲皇后。』（六年）

感業寺尼，蓄髮入宫，中外孰不知之？曲辭諱飾，比之政君，豈非欲蓋彌彰乎！西漢之亡，由於政君，而武氏幾傾唐祚，比擬不倫，竟成語讖。

故后王氏、故淑妃蕭氏，并囚於别院，武后皆殺之。許敬宗奏請廢太子忠，更立皇后子代王弘爲太子，從之。（顯慶元年）

王后導武氏入宫，欲以間蕭妃，而適以自殺其軀。亦足爲妒媢之戒。

程知節擊西突厥，至鷹娑川，遇西突厥二萬騎，蘇定方帥五百騎馳擊，大破之。王文度害其功，言於知節曰：『今何急而爲此！當爲萬全之策。』由是追賊不及。

知節事太宗，以驍勇著稱。及身爲大帥，不能用定方之策，致爲文度所誤，蓋智略不足，且亦老矣。

劉洎之子訟其父冤，稱爲褚遂良所譖而死，李義府復助之。上以問近臣，衆希義府之旨，多言其枉。樂彦瑋曰：『洎爲大臣，人主暫有不豫，豈得自比伊、霍！今雪洎罪，豈先帝用刑不當乎！』上然之，事遂寢。

據史所書，自比伊、霍，非洎之言，譖者之言也。史不書譖者何人，今觀洎子所訟，豈斯言果出遂良邪？義府之陷遂良，諸臣之附義府，均不足信。彦瑋但以先帝爲言，而亦不敢爲遂良辨，遂成千古疑獄。

王玄策破天竺，得娑婆寐以歸，自言有長生術。太宗頗信之，使合藥不就。上即位，玄策復以爲言，上曰：『自古安有神仙！果有不死之人，今皆安在！』李勣曰：『此婆羅門容髮衰白，何能長生！』娑婆寐竟死於長安。（二年）

帝知娑婆寐之妄，乃又欲餌盧伽逸多之不死藥，何也？

蘇定方擊西突厥沙鉢羅可汗，大破之於曳咥河西，沙鉢羅與數百騎西走。定方帥諸軍晝夜兼行，徑至其牙帳，斬獲數萬人。沙鉢羅脱走，趣石國。蕭嗣業將兵追至石國，石國人以沙鉢羅授之。

方陣徐行，程知節所以無功也；倍道深入，定方所以克捷也。故用兵之道，巧遲不如拙速。

尉遲敬德晚年閑居，學延年術，修飾池臺，奏清商樂以自奉養，不交通賓客，凡十六年。年七十四，以病終，朝

廷恩禮甚厚。（三年）

唐開國猛將，如敬德之富貴壽考，亦不多見。

武后怨長孫無忌不助己，令許敬宗伺其隙而陷之。會李奉節告韋季方與李巢朋黨事，敕敬宗鞫之。敬宗因誣奏季方與無忌謀反，上曰：『豈有是邪！』敬宗曰：『臣反覆推究，反狀已露。』上曰：『舅若果爾，朕决不忍殺之。』敬宗曰：『薄昭所坐，止於殺人，漢文帝殺之，至今以文帝爲明主。况無忌謀移社稷，陛下少更遷延，恐變生肘腋。』上以爲然，竟不問無忌，下詔削其官封，以爲揚州都督，黔州安置。（四年）

無忌固請立晋王爲太子者，欲自保其元舅之尊，以徼福也。立武后而不力争者，猶是善避嫌疑之故智，以免禍也。今竟何如乎！周公誅管蔡，後世援以戕骨肉；漢文誅薄昭，後世援以除外戚，不徒成湯放桀致滋口實也。

命李勣、許敬宗等更共覆按長孫無忌事。敬宗遣袁公瑜等詣黔州，再鞫無忌反狀，逼令自盡。

此武后之意，假帝命行之，而勣等仰承之也。勣與敬宗贊帝立武后，遂爲武氏私人。敬宗固不足論，勣將略爲有唐之冠，而相業如彼其卑。少爲盜賊，不負李密，晚爲輔弼，負高宗并負太宗矣。

詔隴西李寶、太原王瓊等十一家子孫，不得自爲婚姻。仍定天下嫁女受財之數，毋得受陪門財。然族望爲時所尚，終不能禁。

將以矯山東士族賣婚之弊，而不能禁，亦不必禁也。此乃衣冠舊俗，何損於國家哉！且立法自貴近始，李勣既與山東舊族爲婚，許敬宗且以女嫁蠻酋馮盎之子，多納其貨矣，又何以禁天下之士庶人乎！

蘇定方帥劉伯英等水陸十萬伐百濟。自成山渡海，破百濟兵於熊津江口，直趣其都城。百濟傾國來戰，大破之。進圍其城；百濟王義慈及諸城主皆降。（五年）

先平百濟，將以逼高麗也。

以任雅相、契苾何力、蘇定方并爲行軍總管，與蕭嗣業及諸胡兵凡三十五軍，分道并進伐高麗。上欲自將大軍繼之；皇后表諫，乃止。（龍朔元年）

以帝之懦而不武，又苦風眩，頭重目昏，百司奏事，尚委皇后决之。安能自將東征乎！故爲此説，以俟后之諫止，因以歸美於后也。

蘇定方破高麗於浿江，遂圍平壤城。蓋蘇文使其子男生以精兵守鴨緑水，契苾何力乘冰渡水，大破之，男生僅以身免。會有詔班師，乃還。任雅相薨於軍。蘇定方圍平壤久不下，會大雪，解圍而還。（二年）

定方圍平壤，直逼高麗都城，軍士非不鋭也，所以卒無功者，何力既還，雅相又薨，定方深入無繼，以孤軍頓於堅城之下，豈能久乎？不徒大雪之阻也。

鄭仁泰等敗鐵勒於天山。鐵勒九姓合衆十餘萬以拒之，選驍健者數十人挑戰。薛仁貴發三矢，殺三人，餘皆下馬請降。仁泰進擊思結、多濫葛等部，至仙萼河，不見虜而還。值大雪，士卒飢凍，比入塞，餘八百人。以契苾何力爲安撫使，宣布威德，九姓乃定。

何力此舉，智略出鄭、薛之上。鄭、薛但屈其力，何力乃服其心也。然非痛剿窮追，九姓破膽，恐亦難遽收撫定之功。則二將之罪，固可原已。是時何力方戰勝於鴨緑，所以詔令班師者，將使之安輯九姓也。而東征之蕭嗣業，爲仙蕚道行軍總管，蓋亦移軍而西。益知蘇定方之不能獨力取平壤矣。

初令僧尼、道士女官致敬父母。

顯慶二年，既令僧尼不得受父母及尊者禮拜，至此始令僧尼、道士、女官致敬父母，蓋未著令以前，道士、女官止於不致敬父母，僧尼不惟不致敬父母，而其父母反禮拜之也。當日佛教之重如是，然亦悖矣。此傅弈所以直斥其不孝歟？

初，劉仁願、劉仁軌等屯百濟熊津城，及平壤軍回，上敕令西歸。仁軌曰：『上欲滅高麗，故先誅百濟，宜留兵守之，制其心腹。』乃攻拔其支羅城，又拔其真峴城。

先平百濟，以逼高麗，東征之本謀也。王師西還，而道琛、福信等餘孽復熾。若非留兵固守，則百濟非復唐有矣。

左相許圉師之子自然，游獵犯人田，田主怒，自然以鳴鏑射之。圉師杖自然一百而不以聞。袁公瑜遣人易姓名上封事告之，詔免圉師官。

圉師杖其子一百，足謝田主，但不以聞耳。帝蓋心厭圉師，故因事去之。

西突厥寇庭州，刺史來濟將兵拒之，謂其衆曰：『吾久當死，幸蒙生全以至今日，當以身報國！』遂赴敵而死。

諸臣得罪於武氏者，皆次第受戮，惟韓瑗、褚遂良以早卒幸免。來濟之死，可謂得所矣。

李義府典選，恃中宫之勢，專以賣官爲事，上頗聞之，謂義府曰：『卿子及婿頗不謹。』義府勃然變色，曰：『誰告陛下？』上曰：『但我言如是，何必就我索其所從得邪！』義府殊不引咎，上由是不悦。

義府外和内狠，當時有『笑中刀』及『李猫』之目。至此乃於帝前忿戾如是，詎非中有所恃，蔑視帝以爲不足畏邪？抑亦天奪其魄，失其常度邪？

李義府使其子津召長孫無忌之孫延，受其錢七百緡，除延司津監，楊行穎告之。下義府獄，遣劉祥道鞫之，事皆有實。詔義府除名，流嶲州，并流其子及婿。

帝雖不悦，而中宫爲之奥援，故義府猶得苟延旦夕。迨長孫延之事發，而武后亦怒矣。延爲無忌之孫，固武氏所忌也。義府賣官，貪利忘害，亦何足异；如延者，覆巢遺卵，不思晦迹，乃復行財求官，亦全無心肝者哉！

劉仁軌攻周留城。百濟王豐奔高麗，王子忠勝等帥衆降，百濟盡平。初，蘇定方克百濟，縱兵劫掠，黑齒常之收集亡散，保任存山，至是亦降於仁軌。

觀此則定方之兵，亦未遵紀律，足徵爲將之難。史所書秋毫無犯者，未必然也。

魏州刺史郇公孝協坐贜應死。司宗卿奏：孝協父叔良死王事，孝協無兄弟，恐絶嗣。上曰：『法不以親疏

殊，苟害百姓，雖皇太子亦所不赦。』孝協竟賜自盡。（麟德元年）

何不賜麻一車作錢貫邪？寬於近親而嚴於疏屬，何云皇太子邪？帝卒不能庇其子，非以其害百姓也，當云『若得罪皇后，雖皇太子亦所不赦。』

劉仁軌上言：『戍兵惟思西歸，臣問其故，咸言：「曩時東西征役，身没王事，并蒙敕使吊祭，追贈官爵，或以死者官爵回授其子，凡渡遼海者，皆賜勛一轉。自顯慶五年以來，征人屢經渡海，官不記録。」』

忘勞忘死，由於悦以使民，况遠征於遼海之外乎！存恤士卒，無間存殁，太宗所以無敵也；帝欲繼太宗之志，誅滅高麗，而不録渡海之勛，甚至富者行錢得免，貧者老弱被發，戰時厚許爵賞，事後推禁奪破，即此推之，知貞觀之業衰矣。

初，武后能屈身順上意，故上立之；及得志，專作威福，上不勝其忿。道士郭行真，出入禁中，爲厭勝之術。上大怒，召上官儀草詔，欲廢之。后遽詣上自訴，上羞縮不忍，因紿后曰：『我初無此心，皆上官儀教我。』后使許敬宗誣儀與故太子忠謀逆，殺儀，并賜忠死。

后雖鷙悍，盗弄威福，而未嘗不有所顧忌，以帝意或難測也。既已忿之、怒之、欲廢之矣，因其自訴，則又愧之、畏之，諉其責於儀以自解。迨后殺儀因以及忠，帝非不知其枉，乃縮頸瞪目而不能救，由是后之氣愈横、心愈肆，直視帝若無物矣。先既與行真爲厭勝，後遂與懷義奸通，固由武之淫惡，亦以僧道出入禁中，唐之宫闈不肅所致也。

上語及隋煬帝，謂侍臣曰：『煬帝拒諫而亡，朕虛心納諫；而竟無諫者，何也？』李勣對曰：『陛下所爲盡善，群臣無得而諫。』（二年）

帝安能納諫，而每以求諫爲言，未忘太宗之遺教也。胡身之譏李勣獻諛以苟禄利，而不知凶於其家。竊謂勣將帥之略有餘，匡弼非其所知，謂之苟禄可也，其破家何關獻諛乎！

上祠泰山，發東都，從駕文武儀仗，數百里不絶。東自高麗，西至波斯、烏長諸國各率其屬扈從。時比歲豐稔，米斗至五錢，麥、豆不列於市。

帝雖非令辟，而是時乃唐之極盛，後不可復睹。

上至濮陽，問竇德玄曰：『濮陽謂之帝邱，何也？』德玄不能對。許敬宗自後躍馬而前曰：『昔顓頊居此，故謂之帝邱。』上稱善。敬宗謂人曰：『大臣不可無學；吾爲德玄羞之。』李勣曰：『敬宗多聞，信美矣；德玄不强對，亦善也。』

敬宗以多聞自矜，固小人之恒態，所云『大臣不可無學』，則不易之論，惟不專以記誦爲學耳。勣善德玄，殆亦自藏其拙邪？

壽張人張公藝九世同居，上幸其宅，問所以同居之故，公藝書『忍』字百餘以進。上善之。

公藝書『忍』字百餘以進，而帝稱善，忍固帝所能爲也。但忍其所不當忍耳。

上祀昊天上帝於泰山南。登泰山，封玉牒，降禪於社首，祭皇地祇。上初獻，皇后亞獻。大赦，惟長流人不聽還，李義府憂憤發病卒。（乾封元年）

帝之封禪，名爲繼太宗之志，實則循皇后之欲也。義府獲保首領，亦云幸矣；許敬宗富貴令終，尤天網之一漏。

高麗泉蓋蘇文卒，長子男生代爲莫離支，出巡諸城，使其弟男建、男産知留後事。或謂二弟曰：『男生欲除二弟。』又有告男生者曰：『二弟欲拒兄。』男生懼，不敢歸；男建自爲莫離支，發兵討之。男生使其子詣闕求救。

蓋蘇文死而諸子構兵，男生求救，釁自内作者也。高麗之亡，實自亡也。

以李勣爲遼東道行軍大總管，郝處俊副之，以擊高麗。諸將龐同善、契苾何力等，并受勣處分。

是時唐開國名將，惟勣在耳。勣卒於總章二年，據《舊傳》：年八十六，則是時年八十三矣。乃仗鉞東征，卒平高麗，以繼太宗之志，可謂壯哉！

自行乾封泉寶錢，穀帛踴貴，商賈不行，詔罷之。（二年）

乾封元年始鑄乾封泉寶錢，一當十，乃行之未一年而輒罷者，大錢固不便於民也。

李勣拔高麗之新城，進擊，一十六城皆下之。薛仁貴拔南蘇等三城，又拔扶餘城。扶餘川中四十餘城皆望風款服。（總章元年）

鄭元璹東夷善守城之説，至此不驗。

賈言忠自遼東還，上問以軍事，對曰：『先帝東征而不克者，高麗未有釁也。今蓋蘇文已死，男建兄弟內相攻奪，男生內附，爲我鄉導，其勢必克。』

隋煬不克，固無足怪；以太宗之英武，而不能取無釁之高麗國。必自伐而後人伐之，信哉！

李勣帥諸軍圍平壤月餘，高麗王藏遣泉男産帥首領九十九人，詣勣降。擒泉男建，高麗悉平。

平高麗而唐之威靈加於四夷，惟吐蕃猶崛强稱敵國耳。然女戎已伏於衽席之間，則孔子所云『季氏之憂，不在顓臾』者也。

烏茶國婆羅門盧伽逸多自言能合不死藥，上將餌之。郝處俊諫曰：『貞觀末，先帝服娑婆寐藥無效；大漸之際，議者歸罪娑婆寐，前鑒不遠。』上乃止。

以太宗之明，既餌金石，又服奇藥，以致大漸，非慕神仙，實貪天位也。與秦皇、漢武微有不同，而其用意則一也。

盧承慶考內外官，有一官督運，遭風失米，承慶考之曰：『監運損糧，考中下。』其人容色自若，無言而退。承慶重其雅量，改注曰：『非力所及，考中中。』既無喜容，亦無愧詞。又改曰：『寵辱不驚，考中上。』（二年）

監運損糧，偶值風暴，非力所及，考以中下可也。乃以容貌顔色之間意爲進退，取決俄傾，直兒戲耳。史乃述之爲美譚乎？總之，考察屬僚，須責長官，但憑一人之耳目，未有能核實者也。

李勣寢疾，上及太子賜藥，則餌之；子弟爲之迎醫，皆不聽進。一日，謂其弟弼曰：『吾今日少愈，可置酒爲樂。』酒闌，謂弼曰：『吾自度必不起，故與汝爲别耳。子孫今悉付汝。有志氣不倫，交游非類者，皆先撾殺，然後以聞。』自是不復更言，遂薨。

病不迎醫，瀕危猶從容置酒，勣可謂了然於生死之際矣。蓋其天資英達，又身經百戰，蹈刃若夷，故其心能不動耳。

以薛仁貴爲行軍大總管，阿史那道真、郭待封副之，以討吐蕃。待封耻居仁貴下，多違其言。仁貴擊吐蕃於河口，大破之，待封將輜重徐進，爲吐蕃所敗。仁貴退屯大非川，論欽陵將兵四十餘萬就擊之，唐兵死傷略盡。仁貴等與欽陵約和而還。（咸亨元年）

李勣卒，而唐之名將首推仁貴，乃以元戎秉鉞西征，而有大非川之敗。自太宗用兵四夷，罕有如此挫衄。固由待封不從其令，亦由欽陵大敵，非孤軍所能抗也。仁貴之勇不減尉遲敬德，其將略乃不及蘇定方。

皇后奏以姊子賀蘭敏之爲武士彠之嗣，改姓武氏。敏之貌美，蒸於太原王妃（士彠妻楊氏，武后之母）。楊思儉女，有殊色，上及后自選以爲太子妃，婚有日矣，敏之逼而淫之。后於是表言敏之罪惡，流雷州，以馬繮絞死。（二年）

武氏男女，類多淫艶，蓋天生妖物以亂唐室。敏之幸爲后所惡，而以罪死耳，不則穢及宫掖矣。

吐蕃遣其大臣仲琮入貢，上問以吐蕃風俗，對曰：『吐蕃地薄氣寒，風俗樸魯；然法令嚴整，上下一心，議事常自下起，因人所利而行之，所以能持久也。』（三年）

議事常自下起，此蓋西夷政之大經，今西洋歐邏巴諸國，多遵用之。

許敬宗卒。太常博士袁思古議：『敬宗弃長子於荒徼，嫁少女於夷貊。案《謚法》：「名與實爽曰繆」，請謚爲繆。』詔集五品以上更議，改謚爲恭。

敬宗爲清議所不容，其奸佼佞諛，非太常所敢斥言，故但指其家事，而以惡謚加之，亦猶秦秀議賈充謚，但指其立异姓爲後，而謚曰『荒』也。

有劉曉者，上疏論選，以爲：『選曹以書判爲得人，不考其德行才能。况書判借人者衆矣。禮部取士，專用文章爲甲乙，故士皆捨德行而趨文藝。』（上元元年）

取士先德行後文藝，自是正論。但鄉舉里選既不可復，九品中正又不勝其弊，則亦何從考其德行哉！徒令處士競爲矯僞以盗名聲，互相標榜以希薦達，而夤緣請托百弊叢之，則言之易而行之實難也。

帝苦風眩甚，議使天后攝知國政。郝處俊曰：『昔魏文著令，雖有幼主，不許皇后臨朝，陛下奈何以高祖、太宗之天下，不傳之子孫，而委之天后乎！』上乃止。（二年）

魏文不許皇后臨朝，所以矯漢之弊，但爲幼主母后言之耳。自古未有帝疾而后攝政者也。處俊侃侃正論，乃有回天之力，使許敬宗尚在，方將以嫫母佐帝，太姒興周藉口貢諛矣。

太子弘仁孝謙謹，上甚愛之；天后方逞其志，太子數迕旨，薨於合璧宫，時人以爲天后鴆之。下詔：『朕方欲禪位太子，而疾遽不起，可謚爲孝敬皇帝。』

帝議使天后攝政，后欲之也。因郝處俊之言而止，欲禪位於太子也。太子受禪，則后之志不遂。故鴆之也。弘之遇鴆，史必不敢直書。李泌，唐之名臣，去高宗不遠，其對肅宗云：『孝敬皇帝爲太子，仁明孝悌，天后方圖臨朝，乃鴆殺孝敬。』其言必非虛謬。而《考异》猶以爲其事難明，則疑所不必疑也。

郇王素節，蕭淑妃之子也，警敏好學。天后惡之，自岐州刺史左遷申州刺史。自以久不入覲，乃著《忠孝論》。張柬之封其論以進。后見之，誣以贓罪，降封鄱陽王，袁州安置。（儀鳳元年）

蕭淑妃爲武后所殺，瀕死猶有『爲猫、爲鼠』之語，以致宫中不敢畜猫，其恨深已。素節即善自韜晦，猶恐不免，乃因久不入覲，論忠孝以自表見乎！柬之封進，亦不得爲智已。

劉仁軌鎮洮河，每有奏請，多爲李敬玄所抑，由是怨之。知其非將帥才，乃奏言：『西邊鎮守，非敬玄不可。』敬玄固辭，帝不聽，以敬玄代仁軌爲洮河道大總管。（三年）

帝以邊事付仁軌，是也，任之不專，致爲敬玄所抑，不知仁軌者也；既不察仁軌之情僞，又不辨敬玄之能否，輒以敬玄代仁軌，墮其算中，不知敬玄者也。仁軌爲相，不及其爲將；因怨敬玄，而諉之重任，坐視其覆敗，以快己私，大臣與國同憂，不宜出此。若敬玄者，居政府則懸揣遥制以撓邊略，及身當推轂，又怯不敢往；卒至喪師辱國，罪不容誅矣。

李敬玄將兵十八萬與吐蕃將論欽陵戰於青海之上，兵敗，劉審禮爲吐蕃所虜。敬玄狼狽還走。黑齒常之帥敢死士五百人襲擊虜營，虜衆潰亂遁去，敬玄乃收餘衆還鄯州。

唐與吐蕃戰，一敗於大非川，至是再敗，國威挫矣。以薛仁貴之勇，不能敵欽陵，何論敬玄哉！十八萬衆弃甲大奔，而斷後全師，惟仗一東夷降將，亦足羞也。

李敬玄之西征也，婁師德應猛士詔從軍，及敗，敕師德收集散亡，軍乃復振。因命使於吐蕃，宣導上意，諭以禍福，論贊婆甚悦，爲之數年不犯邊。

以唾面自乾之人，而應猛士詔，從軍著績，賢者固不可測。

太學生魏元忠上封事，以爲：『選將當以智略爲本，今類取將門子弟及死事之家，彼皆庸人，豈足當閫外之任！近日征伐，虚有賞格而無事實。大非川之敗，薛仁貴、郭待封等不即重誅，使早誅仁貴等，自餘諸將豈敢失利於後哉！』

元忠所言選將及吝賞之弊，均切中當時病痛。唐之軍威浸以不振，蓋由於此。大非川之役，仁貴戰非不力，且先有河口之捷，徒以待封違令徐行，師無後繼，遂致敗耳。當時一例免死除名，本屬异罪同罰。元忠亦不爲區别，且但言大非川之敗不誅薛、郭，不言青海之敗不誅李敬玄，何也？

西突厥十姓可汗阿史那都支及其别帥李遮匐與吐蕃連和，侵逼安西，裴行儉曰：『今波斯王卒，其子泥洹師爲質在京師，宜遣使者送歸國，便道過二虜，可不血刃而擒也。』上命行儉往，果囚都支、遮匐以歸。

唐兵連敗，吐蕃益强。西突厥與之爲鄰，都支等所以陰懷去就也。使發兵討之，則吐蕃必以全力來争，不惟驅之使合，且將兵連不解矣。行儉出其不意，以計擒之，智略出當時諸將之上。

突厥阿史德温傅、奉職二部俱反，立阿史那泥熟匐爲可汗，二十四酋長皆叛應之，衆數十萬。蕭嗣業等將兵討之，大敗。以裴行儉爲行軍大總管，帥程務挺等東西諸軍三十餘萬，大破突厥於黑山，擒奉職可汗，泥熟匐爲其下所殺，以首來降。（永隆元年）

兩突厥同時俱反，使東西合從，結約吐蕃，西北邊患，將有不可勝言者。大張撻伐，有所不得已也。行儉先以譎計擒都支，復以力戰破泥熟匐，唐雖力屈於吐蕃，而威伸於突厥，行儉之功偉矣！要之，太宗之於突厥，本以兵力制伏，雖郡縣其地，衣冠其人，而卒不能悦服其心，故一旦有隙可乘，即狡焉思逞也。

廢太子賢爲庶人。高真行之子政爲太子典膳丞，事與賢連，上以政付其父，使自訓責。真行以佩刀刺其喉，真行兄審行又刺其腹，兄子琁斷其首，弃之道中。

真行非忍於其子也，懼禍及己，以殺子庶可自免也。高氏與長孫氏至親，無忌之獄幸免連坐，故真行兄弟自危耳。

裴行儉軍還，突厥阿史那伏念復自立爲可汗，與阿史德温傅連兵爲寇。以行儉爲大總管，曹懷舜、李文暕爲副，將兵討之。懷舜等將前軍至長城北，與伏念戰於横水，大敗，斂金帛以賂伏念，約和而還。（開耀元年）

懷舜等豈伏念之敵哉？郭待封以徐行不及薛仁貴而敗，懷舜等以輕進不俟裴行儉而亦敗，皆副將不遵元帥之令者也。

太原王妃之薨也，天后請以太平公主爲女官以追福。及吐蕃求和親，請尚太平公主，上乃立太平觀，以公主爲觀主以拒之。至是，始選薛紹尚焉。

吐蕃屢經構兵而信使不絶，志在和親，求尚主也。乃專請太平，帝至令主入道以拒其請，因而遲遲不敢出降，何畏之甚也！

上徵田游巖爲太子洗馬，無所規益。蔣儼以書責之，游巖不能答。

劉曉論取士，先德行後文藝。若游巖者，詎非以德行進者哉？較文藝之士，優劣竟何如邪？

裴行儉軍於代州之陘口，多縱反間，伏念與温傅浸相□貳。伏念與曹懷舜約和而還，至金牙山，失其妻子輜重，乃引兵北走。行儉使劉敬同等將兵追之。伏念狼狽，不能整其衆，遂執温傅，詣行儉降。

先縱反間，以携其黨；復以奇兵掩取其妻子輜重，以破其家；知其心摇氣奪，乃以輕騎深入窮追，使之進退失據，故一舉而二虜悉擒也。兵無强弱，將有巧拙，信哉！

王勃、楊炯、盧照鄰、駱賓王皆以文章有盛名，裴行儉曰：『士之致遠，當先器識而後才藝。勃等雖有文華，而浮躁淺露，豈享爵禄之器邪！』（永淳元年）

浮躁淺露，必非載福之器。即以文論，凡獵取詞華、務爲輕靡者，其人必無足重也。

魏玄同上言銓選之弊，以爲：『天下之大，士人之衆，而委之數人之手，用刀筆以量才，案簿書而察行，借使如水鏡，猶照有所窮，況愚暗阿私者乎！』

論專委選部之失，可謂切盡；至云『略依周漢之規，以救魏晋之失』，亦未易行也。

上既封泰山，欲遍封。作奉天宫於嵩山南。李善感諫曰：『陛下封泰山，告太平，數年以來，菽粟不稔，四夷交侵，宜恭默思道以禳灾譴，乃更廣營宫室，勞役不休，天下莫不失望。』上雖不納，亦優容之。

封禪將以祈福，而更得灾譴。即使遍封五岳，亦何益之有！

黔州都督謝祐希天后意，逼零陵王明令自殺。祐後寢於平閣，夜失其首。垂拱中，明子零陵王俊等爲天后所殺，有司籍其家，得佑首，漆爲穢器，題云謝祐，乃知明子使人刺殺之也。

明崇儼被殺，求賊不得；祐夜失其首，後乃得之零陵王府中，皆刺客爲之。此唐小説所以有《劍俠傳》也。數傳而有宰相武元衡被刺之事。

上自奉天宫疾甚，還東都，夜召裴炎受遺詔輔政，上崩於貞觀殿。太子柩前即位，軍國大事有不决者，兼取天后進止。

孝敬遇鴆，章懷被廢，中宗乃得嗣位。詎非武氏欲取大物，忌賢明而利昏懦邪？

鑒評別録卷四十

唐紀四

武后（諱曌，后自製字，讀與照同，在位一十六年）

立太子妃韋氏爲皇后； 中宗欲以后父玄貞爲侍中，裴炎固争，中宗怒曰：『我以天下與玄貞，何不可！而惜侍中邪！』炎白太后，廢中宗爲廬陵王，立豫王旦爲帝。政事决於太后，居睿宗别殿，不得有所預。（光宅元年）

遺詔：『軍國大事，有不决者，兼取天后進止』，太后固預政矣，而其心未厭也。政事决於太后，睿宗不得有所預，則天子之事，太后專之矣。中宗庸愚，誠不堪負荷，炎以一言之謬，遽謀廢立，豈猶未知太后之心邪？炎之爲人，固非李義府、許敬宗之比，而權歸太后，炎實首贊其事，則亦不得謂非唐之賊臣已。

命劉仁軌專知西京留守事。仁軌上疏，辭以衰老不堪居守，因陳吕后禍敗事以申規戒。太后使武承嗣賫璽書慰諭之。

置仁軌於西京，雖畀以留守重任，實疏之也。仁軌知之，故自陳衰老，以冀引退，猶借吕后以申規戒，較之裴炎，固有間已。

太后命邱神勣詣巴州，檢校故太子賢宅，以備外虞，其實風使殺之。神勣至巴州，幽賢於别宅，逼令自殺。

即賢之自殺，由於被逼，則知弘之遇鴆，無可疑者。武氏先自殺其女，誣王后也；復殺其二子，謀奪位也。房州之不死，亦幸免耳。

廣州都督路元叡暗懦。有商船至，僚屬侵漁不已。商胡訴於元叡，元叡欲縶治之。群胡怒，有昆侖袖劍直登聽事，殺元叡及左右十餘人，登舟入海，追之不及。

此昆侖國，今無可考。大抵南洋黑夷所居，唐有昆侖奴，見於小説，即黑夷也。市舶之利始於唐，故西洋至今猶稱中國人曰『唐人』，亦猶塞北稱曰『漢人』也。然當其時已能爲變已。

赦天下，改元。旗幟皆從金色。改東都爲神都，官名太初。又改尚書省爲文昌臺，左、右僕射爲左、右相，六曹以下官名悉改之。

因改元而并改旗幟、服色，宫省官名，即更姓改物之漸。

李敬業及弟敬猷、唐之奇、駱賓王、杜求仁皆坐事貶官。魏思温亦被黜。會於揚州，各以失職怨望，乃謀作亂，以匡復廬陵王爲辭，思温爲之謀主。

諸人作亂，由於失職怨望，特以匡復爲名耳。敬業此舉，亦如李密、楊玄感，乘釁以濟其私也。

敬業等起兵於揚州，復稱嗣聖元年。移檄州縣，罪狀武氏，有曰：『包藏禍心，竊窺神器。君之愛子，幽之於別宫；賊之宗盟，委之以重仁。一抔之土未乾，六尺之孤安在！』所云『幽之别宫』，謂居睿宗於别殿，不預政事也；又云『六尺之孤安在』，謂故太子賢也。敬業等雖以匡復廬陵爲辭，復求得貌類賢者，紿衆云『賢不死』，奉其令以舉兵，故云然。

以李孝逸爲大總管，將兵三十萬，討李敬業。魏思温説敬業帥大衆直指洛陽，敬業用薛仲璋之計，使唐之奇守江都，將兵度江攻潤州。

直指洛陽，爲國討賊也；起兵於江北而南渡江，謀取金陵爲割據之計，則作賊矣。揣當日形勢，即從思温，亦未必有濟，但尚不失忠義之名耳。

太后問計於裴炎，對曰：『皇帝年長，不親政事，故豎子得以爲辭。若太后返政，則不討自平矣。』崔察因言炎有异圖，太后收炎下獄。劉景先等皆明炎不反，太后不聽，斬炎於都亭。

廢中宗，立睿宗，俾大權一歸太后，炎實首贊其事，於是御殿設尊號、改元易服色，炎鞠躬唯諾，不敢稍爲同异。至此乃欲藉敬業起兵，脅太后歸政，豈猶不知武氏之心乎？直自取其死耳。

裴炎之下獄也，姜嗣宗使至長安，謂劉仁軌曰：『嗣宗覺裴炎有异於常久矣。』仁軌曰：『有奏事，願附使人以聞。』嗣宗受其表而還，表言：『嗣宗知裴炎反，不言。』太后命絞殺嗣宗於都亭。

仁軌知炎冤而不敢救，聞嗣宗言而惡之，故密表其知反不告，俾太后殺之以爲快也。

李孝逸軍至臨淮，與李敬業戰，不利，按兵不進。用魏元忠計，乃引兵進至都梁山。擊韋超及敬業弟敬猷，皆走之。敬業勒兵阻溪自守，孝逸戰數不利，懼，欲引退，元忠曰：『風順荻乾，火攻之利。』孝逸從之，敬業大敗，將入海奔高麗，爲王那相所殺，餘黨悉平。

諸起兵者，惟敬業頗健鬥，餘皆庸懦人耳。孝逸戰則屢敗，敗則欲退，殊非敬業之敵。所以卒能平定三州者，元忠教之也。駱賓王但工作檄，不聞出一謀、建一策，刀筆小才，何足與於成敗之數哉！適足殺其軀而已矣。

初，裴炎下獄，程務挺密表申理，由是忤旨。務挺素與唐之奇、杜求仁善，或譖之曰：『與裴炎、徐敬業通謀。』遣裴紹業即軍中斬之。

按《唐統紀》曰：『太后召群臣謂曰：「卿輩有受遺老臣，倔强難制，過裴炎者乎？有將門貴種，能糾合亡命，過徐敬業者乎？有握兵宿將，攻戰必勝，過程務挺者乎？此三人者，不利於朕，朕能戮之。卿等有能過此三人者，當即爲之；不然，須革心事朕，無爲天下笑。」群臣頓首，不敢仰視，曰：「惟太后使。」』蓋武氏既誅三人，即以威脅群臣，自是當日作用，故其言如是，殊相逼而可畏也。《考异》以爲，不至如此淺露。竊所未喻也。

太后修故白馬寺，以僧懷義爲寺主。懷義得幸於太后；出入禁中，宦者十餘人侍從，武承嗣、武三思皆執僮僕之禮以事之。（垂拱元年）

内誅裴炎，外誅徐敬業、程務挺，而劉仁軌亦薨。太后益無顧忌，故直與懷義宣淫，不以爲耻矣。

徐敬業之反也，魚保家爲作刀車及弩，敬業敗，僅得免。至是上書，請鑄銅爲匭，以受天下密奏。其怨家投匭告保家爲敬業作兵器，遂伏誅。（二年）

保家蓋素有巧思、工於製器者，故既爲敬業作刀車，復爲太后作銅匭，設爲機發，俾入不可出，以受告密表疏也。此匭成，而冤死者不知幾千百人矣，乃作法先以自斃，與周興之入火甕無异，皆天道循環之最速且巧者。

太后自徐敬業反，疑天下多圖己，又自以久專國政，宗室大臣不服，乃盛開告密之門，用索元禮、周興、來俊臣等，網羅無辜，織成反狀。陳子昂上疏諫，不聽。

子昂之言，非不明切，然處此淫昏苛虐之朝，子昂官卑言輕，獨不可以已乎！將爲女主效忠邪，則方枘不入圓鑿；將爲冤囚請命邪，則疾呼不震聾耳。其默足以容，固當有以自處矣。

雍州言新豐縣東南有山踴出，改爲慶山縣。四方畢賀。俞文俊上書，以爲：『陛下以女主處陽位，反易剛柔，地氣塞隔，故山變爲災，非慶也。宜修德以答天譴。』太后怒，流之嶺外。

先大肆誅殺以示威，又盛開告密以防患，皆以除异己，而未足以惑愚民也。於是詐爲符瑞，先以慶山開其端，而洛水白石相繼而出矣。此乃武氏篡竊方略，而文俊適觸其機，何异探虎口乎！

裴匪躬檢校京苑，將鬻苑中蔬果以收其利。蘇良嗣曰：『公儀相魯，猶能拔葵、去織婦，未聞萬乘之主鬻蔬果也。』乃止。（三年）

監苑而鬻蔬果，洵爲見小利而不識大體，較之賣馬糞，則差勝耳。

太后潛謀革命，稍除宗室。韓王元嘉等内不自安，琅邪王沖令長史蕭德琮募兵，分告韓、霍、魯、越，令各起兵。太后命邱神勣討之。冲兵散，爲守門者所殺。越王貞亦舉兵於豫州，命麴崇裕討之，貞自殺。太后悉收韓、魯諸王於東都，迫脅皆自殺，更其姓曰『虺氏』。（四年）

諸王舉兵，名義甚正，而旋即破滅者，紈絝、乳臭，非撥亂之才也。武氏僞作寶圖、瑞石，及改骨篤禄曰『不卒禄』、改韓魯諸王姓曰『虺氏』之類，皆與王莽相似，以此推之，則知女主、武王之讖并出僞造，其托諸李淳風，亦如曹氏代漢，托諸單颺也。

越王貞之將起兵也，遣使告壽州刺史趙瓌，瓌妻常樂公主謂使者曰：『爲我語越王：禍且至矣，丈夫當爲忠義鬼，無爲徒死也。』

公主高祖女，殊有鬚眉氣，蓋諸王即不舉兵亦必及於難，與其坐以待誅，固不如仗義而起也。

時治越王貞黨與，當坐者六七百家，籍没者五千口。狄仁杰密奏：『彼皆詿誤。』太后特原之，皆流豐州。道過寧州，父老迎勞之曰：『我狄使君活汝邪？』相携哭於德政碑下，設齋三日而後行。

仁杰密奏，既云不欲顯爲逆人申理，必不敢宣露於外，寧州父老從何知之？且是時法令嚴急，此免死流人，沿途必有監押官吏，其行必有程期，安能聽其逗遛、設齋三日邪？此皆唐人歸美仁杰，或過其實。若果有然，則迹涉賣恩，將爲告密者所羅矣。

濟州刺史薛顗、顗弟緒、緒弟駙馬都尉紹，皆與琅邪王冲通謀。顗、緒伏誅，紹以太平公主故，杖一百，餓死於獄。

紹選尚太平公主，爲太后愛壻，而與琅邪通謀。殆與公主及諸武不葉邪？

太后欲發梁、鳳、巴蜑，自雅州開山通道，出擊生羌，因襲吐蕃。陳子昂上書言其不可，乃止。

子昂以蜀人言蜀事，故利害尤爲明切。至所云『廢安北、拔單于、弃龜兹、放疏勒』，皆失地蹙國，是知唐之兵威，不惟屈於吐蕃，亦不能加於突厥，而以爲『務在養人，不在廣地，天下翕然謂之盛德』，則諛辭耳。

始用周正，改永昌元年十一月爲載初元年正月，除唐親屬籍。時武承嗣、三思用事，宰相皆下之。韋方質不爲禮，尋爲周興等所構，流儋州，籍没其家。（天授元年）

此時不附武氏，不居其位可也。身爲宰相，而與承嗣、三思忤，以取禍謫，其亦進退失據者矣。

太后策貢士於洛城殿，貢士殿試自此始。

進士科始於隋煬帝，殿試始於武后，後世因之，至今不改，法不以人廢也。

時置制獄於麗景門内，入是獄者，非死不出，王弘義戲呼爲『例竟門』。朝士人人自危，每朝輒與家人訣曰：『未知復相見否？』

是時朝士，乃至朝不保夕，獨不可去邪？或有所畏而不敢去邪？抑有所戀而不忍去邪？

僧法明等撰《大雲經》四卷，表上之，言太后乃彌勒佛下生，當代唐爲閻浮提主；制頒於天下。

先是反者，多托彌勒佛以惑衆，法明殆拾其牙後邪？但未知懷義是何佛下生。

以唐爲周，以皇帝爲皇嗣，賜姓武氏；立武氏七廟於神都，追尊周文王曰『始祖文皇帝』。

改國號曰周，賜皇帝姓武氏，傅游藝首唱其説，而百官及帝室宗戚、遠近百姓從而附和者多至六萬餘人，不知何術以致之，與王莽居攝時殊相似。其以文王爲始祖，亦如莽以舜爲始祖，將以誣聖而惑民也。

敕兩京諸州各置大雲寺一區，藏《大雲經》，使僧升高座講解，其撰疏雲宣等九僧皆賜爵縣公，仍賜紫袈裟、銀龜袋。

西漢之季，人皆信讖，故王莽作符命以欺世。唐時人多奉佛，故武氏頒《大雲經》以惑民。其盗國之術一也。唐給魚符，取鯉、李同音，李爲國姓；僞周改佩魚爲佩龜，取龜爲玄武，武亦國姓也。龜之爲物，與龍、麟、鳳并列爲四靈，故有大寶之稱。而至今俗間以爲辱詈，殆由武氏賜龜袋，人遂賤之邪？

邱神勣以罪誅。（二年）

足爲害章懷太子之報。

制：以釋教開革命之階，升於道教之上。

唐以老子爲遠祖，上尊號曰太上玄元皇帝。道教之崇，實由於此。武氏既移唐祚，故并道教而抑之。且其身方屬懷義，則尊釋教宜也。豈徒以《大雲經》哉！

張嘉福使王慶之等數百人上表，請立武承嗣爲皇太子。岑長倩以皇嗣在東宫，不宜有此議；太后又問格輔元，輔元固稱不可。由是大忤諸武意，長倩、輔元及歐陽通等皆以謀反坐誅。

長倩與傅游藝、張虔勖、邱神勣皆賜姓武氏，固太后所親信也。乃甫及一年，誅戮殆盡。固由太后喜怒不恒，亦群小貪冒恣睢，自速其辜也。

李昭德言於太后曰：『天皇，陛下之夫；皇嗣，陛下之子。陛下身有天下，當傳之子孫，豈得以侄爲嗣乎！自古未聞侄爲天子而爲姑立廟者也！』太后以爲然。

立武承嗣爲皇太子之議，岑長倩、格輔元稍有异同，立即駢誅。狄仁杰非不在朝，亦噤不一語。得昭德直言，而皇嗣賴以不廢，其有功於唐之社稷豈細也哉！

太后雖濫以禄位收天下人心，然不稱職者，尋亦黜之，或加刑誅。挾刑賞之柄以駕馭天下，政由己出，明察善斷，故當時英賢亦競爲之用。（長壽元年）

其進也，施以异量之恩；其罪也，加以异量之罰。武氏執此術以奔走天下士，僅可以震蕩流俗，不足以籠絡英賢也。當日側肩武氏之朝，競爲之用者，雖有才可録、有功可紀，要皆不知羞耻者耳。安得有英賢哉！吾每爲狄梁公惜之。

來俊臣羅告狄仁杰等七人謀反。仁杰承反，有司待報行刑。乃裂衾帛書冤狀，其子光遠持之告變，太后召見仁杰，問曰：『卿承反何也？』對曰：『不承已死於拷掠矣。』於是出仁杰及魏元忠等，各貶官有差。

俊臣詐見，則仁杰等之枉宜伸，乃均不免貶謫，而俊臣委任如故。蓋武氏藉俊臣爲爪牙，以誅鋤异己，不復罪其誣陷也。

禁天下屠殺及捕魚蝦。

胡身之以爲：禁屠捕而殺人如刈草菅，是人不如物。竊謂禁屠捕者，遵佛教戒殺以求福也，非真不忍於物也。草菅人命者，懼人圖己，故以重刑禁之，將以自固其位也，非必忍於人也。二者相反，而其意則一也。

徐堅上疏，以爲：『竊見比有敕推按反者，使者得實，即行斬决。萬一懷枉，吞聲赤族，豈不痛哉！臣望絶此處分，依法覆奏。』

此時上疏，能直指用刑之濫，承反之冤，可謂洞中時弊。若陳子昂之連篇累牘，第皮膚之論耳。

李昭德密言於太后曰：『魏王承嗣權太重。』太后曰：『吾侄也，故委以腹心。』昭德曰：『姑侄之親何如父子？子猶有簒弑其父者，况侄乎！』太后矍然曰：『吾未之思。』於是罷承嗣政事。

前既以侄不爲姑立廟諫止承嗣之爲太子矣，兹復進危言以奪其宰相之權。於是太后懷疑，而易儲之議遂寢。昭德所言，皆人臣所難言也。

自垂拱以來，任用酷吏，誅唐宗室貴戚及大臣以下不可勝數。每除一官，户婢竊相謂曰：『鬼樸又來矣。』御史嚴善思按問告密者，引虚伏罪八百餘人。羅織之黨構陷善思，坐流驩州。太后復召爲渾儀監丞。

樸者，木之斫而未成器者也，今猶有此語（音轉爲葩）。除官曰『鬼樸』，以其行將被誅、鬼形已具也。然是時士大夫往往干進不已，至有嘗長官之糞而不以爲耻者，其識遠出户婢下已。羅織之盛，不獨太后縱之，實武承嗣主之也。觀於狄仁杰等免死貶竄，承嗣與來俊臣固請誅之，可見告密之衰，不獨太后厭之，亦李昭德持之也。史稱酷吏恣横，百官畏之側足，昭德獨廷奏其奸，是時承嗣罷相、昭德柄政，故善思得行其志耳。

朱敬則上疏，以爲太后本任威刑以禁异議，今既革命，衆心已定，宜省刑尚寬，太后善之，賜帛三百段。周矩上疏，亦言緩刑用仁，太后頗采其言，制獄稍衰。

敬則此疏，語語爲武氏地，而導之使從，宜其聞而意移也。李昭德所以能間武承嗣者，亦以適中武氏之所忌也。言，豈一端而已哉！

同平章事李游道等七人皆爲王弘義所陷，流嶺南。

朱敬則、周矩之疏既蒙褒納，而被陷羅法，自平章以下大有人焉。蛇虺之性，固未能化也。

姚璹奏請令宰相撰《時政記》，月送史館；從之。《時政記》自此始。（二年）

人主觀《起居注》，宰相撰《時政記》，此史局之一大變也。自是信史不可復睹。而千秋公議，要自有不可掩者。武氏之穢德彰聞，豈《時政記》所能粉飾哉！

婁師德謂其弟曰：『吾備位宰相，汝復爲州牧，人所疾也，何以自免？』弟曰：『自今雖有人唾某面，某拭之而已。』師德曰：『唾，不拭自乾，當笑而受之。』

世但知師德之忍辱，而不知其意在免禍也。士生此時而立於朝，亦難矣哉！

裴匪躬、范雲仙坐私謁皇嗣，腰斬。有告皇嗣有异謀者，太后命來俊臣鞫其左右，不勝楚毒，皆欲自誣。安金藏剖心以明皇嗣不反，太后即命俊臣停推。睿宗由是得免。

坐私謁而腰斬，太后之忌皇嗣深已。故异謀之告，即乘之而起，此必武承嗣覬覦東宫，故使人誣陷，而俊臣助之也。睿宗之得免，亦幸耳。皇嗣之親，猶無以自白，史所書羅織不振，制獄稍衰者，殊未必然也。

以僧懷義爲行軍大總管，李昭德爲長史，蘇味道爲司馬，帥契苾明等十八將軍以討默啜，虜退而止。昭德嘗與懷義議事，失其旨，懷義撻之。（延載元年）

懷義兩次北征，一不見虜而還，一未行而止，蓋武氏以此寵懷義，非欲其折衝禦侮也。昭德方爲太后所親信，乃足以奪武承嗣之權，而不免受懷義之撻。

來俊臣坐贜貶同州參軍。王弘義流瓊州，詐稱敕追還，至漢北，胡元禮遇之，按驗，得其奸狀，杖殺之。

俊臣外貶，弘義遠竄，羅織至是稍息矣。杖殺與寸臠，同死也，然弘義獲保首領，自是天網之漏。

李昭德恃太后委遇，頗專權使氣，邱愔上疏攻之，以爲：『臣觀其膽，乃大於身，鼻息所衝，上拂雲漢。』太后由是惡昭德，貶爲南賓尉，尋又免死流竄。

昭德固非君子，然當日諸臣中，亦可謂錚錚佼佼者。此必諸武嫉其權寵，故假手於愔以攻之，而陰爲之內主也。惟昭德甘受懷義之撻，而謝罪不遑，不知其膽大於身、氣衝雲漢者安在？

御醫沈南璆亦得幸於太后，懷義心愠，密燒天堂，延及明堂。火照城中，暴風裂血像爲數百段。時方酺宴，劉承慶請停酺以答天譴，姚璹以爲不應自貶損，太后乃御門觀酺如平日。（天册萬歲元年）

血像即懷義所作夾紵大像，殺牛取血塗其首，詐稱懷義刺膝血爲之，貯於天堂者。竊謂僧法明等撰《大雲經》，言太后乃彌勒下生，則此大像必彌勒像，實太后像。懷義恨太后更有所幸，故燒天堂、毀其像以泄忿耳。二臣之言，承慶直而璹佞，若核其實，則此非天火，人火之也，何關災譴乎？太后蓋亦心知之矣。

以明堂火，下制求直言。劉承慶上疏，以爲：『陛下垂制博訪，許陳至理，而張鼎以爲火流王屋，大周之祥；逢敏奏稱，彌勒成道時，有天魔燒宫，斯實諂妄邪言。』

二臣之言，與姚璹無异。然益可見大像之爲彌勒像已。

是時官爵易得而法網嚴峻，故人競爲趨進、多陷刑戮，劉知幾乃著《思慎賦》，以刺時見志。

不恤法網之嚴，惟貪官爵之易，此所以陷刑者日多，而趨進者不止也。可哀也已。

僧懷義既焚明堂，心不自安，言多不遜；太后選宫人有力者百餘人，執之於瑶光殿前樹下，使武攸寧帥壯士毆殺之。

南璆進而懷義之寵衰，去之如孤雛、腐鼠耳。

安平王武攸緒，少有志行，恬澹寡欲，扈從封中岳還，即求弃官，隱於嵩山之陽。冬居茅椒，夏居石室，買田使奴耕種，與民無异。（萬歲通天元年）

攸緒爲太后近屬，一旦弃官歸隱，即能超然物外。可知諸臣之觸網陷刑而干進不已者，非不能去，實不肯去也。

契丹李盡忠、孫萬榮舉兵反。遣曹仁師等二十八將討之。以武三思爲安撫大使，改盡忠爲盡滅，萬榮爲萬斬。

胡身之云：此事何异王莽所爲，顧有成敗之异。竊謂武氏所爲，多類於莽，以其專事矯誣，自欺而欺人也。改姓易名，其小者耳，無關於成敗之數也。

曹仁師等與契丹戰於硤石谷，唐兵大敗。制：『天下繫囚及士庶家奴驍勇者，官償其直，發以擊契丹。』陳子昂上疏，以爲『免罪贖奴，損國大體，不可威示天下』。

免罪充兵，漢之舊法；贖奴，唐初亦有行之者。於計均未爲失。子昂所云『刑獄久清，罪人至少』及『天下忠臣義士，萬分未用其一』，全係諛辭，不足録也。

太后思徐有功用法平，擢拜左臺殿中侍御史，聞者無不相賀。潘好禮著論，以爲：『張釋之逢漢文之時，有功逢革命之秋，難易之間，優劣見矣。』

張、徐難易，此論得之。然亦所遇之時不同，未可以定二子之優劣也。

劉思禮學相人於術士張憬藏，憬藏謂思禮位至太師。思禮乃與綦連耀謀反。吉頊以告來俊臣，上變告之。太后使武懿宗推之。懿宗令思禮廣引朝士李元素等三十六家，皆海内名士，以誣陷族誅。（神功元年）

思禮爲相術所誤，以致謀反族誅。其云『耀有天命』，或亦以其有异人之相邪？凡謬托奇術、自詡前知、許人富貴者，皆亂民也。俊臣一日不死，羅織一日不息，況有懿宗爲之内主乎！

張易之年少，美姿容，與弟昌宗入侍禁中，皆得幸於太后。拜其母臧氏爲太夫人，仍敕李迥秀爲臧氏私夫。武承嗣等皆俟易之門庭，争執鞭轡，謂易之爲五郎，昌宗爲六郎。

懷義，僧也；沈南璆，醫也，其出入禁中，尚各有所托。若二張者，直以面首進耳。蓋武氏竊位已久，老不識羞，公然齒二張於男妾之列，而忘其爲中冓之醜矣。私夫竟以敕爲之，此敕似不經鸞臺鳳閣。宣淫至此，千古罕聞。懷義之幸也，諸武爲之執轡；二張之幸也，復爲之執鞭，皆事以僮僕之禮，雖將以媚悦太后，亦過於卑屈矣。諂事寄豭，曾不厚顔，然則後世詈縱妻外淫者爲龜，豈無以乎？

喬知之有美妾曰碧玉，武承嗣藉以教諸姬，遂留不還。知之作《緑珠怨》以寄之，碧玉赴井死。承嗣得詩大怒，諷酷吏羅告，族之。

以碧玉之美，乃借承嗣以教諸姬，將以悦承嗣耳。宜其爲所留矣。以誨淫之容，值宣淫之世，而投之於朋淫之家，尚望其去而復返乎？知之固自取其死也。

來俊臣誣李昭德謀反，下獄。俊臣欲羅告武氏諸王及太平公主，又欲誣皇嗣及廬陵王與南北牙同反，衛遂忠告之。諸武及太平公主共發其罪，俊臣與昭德同弃市。仇家争啖俊臣之肉，斯須而盡，抉眼剥面，披腹出心，騰蹋成泥。

俊臣之罪彰，則昭德之誣白矣，乃同時弃市，何也？蓋昭德素爲諸武所惡，故因而擠之也。當時諸酷吏，惟俊臣爲最凶，其死亦最慘，但惜不早耳。

太后謂侍臣曰：『周興、來俊臣按獄，多引朝臣，云其謀反；自興、俊臣死，不復聞有反者，然則前死者不有冤邪？』姚元崇對曰：『臣以百口保，自今内外之臣無復反者。』太后悦，賜元崇錢千緡。

周、來之羅織，太后藉以鋤异己耳，豈不知死者之冤哉！今宗室大臣素所疑忌者誅滅無遺，其餘内外之臣，非以恩餌之，即以威劫之，均帖然無敢動，太后知羅織之無所用也，故并殺周、來，追正其罪，俾怨有所歸，而又擢徐有功，賞姚元崇，以明淫刑之非出己意，其心最曲，其術彌巧，要之可以欺一時不可以欺萬世也。

武承嗣、三思求爲太子，數使人説太后。狄仁杰謂太后曰：『大帝以二子托陛下，奈何欲移之他族？且侄與子孰親？未聞侄爲天子而祔姑於廟者。』因勸太后召還廬陵王。吉頊亦説張易之兄弟勸太后立廬陵王，二人承間屢爲太后言之。太后意乃定。（聖曆元年）

侄不祔姑之説，李昭德曾言之，然未遽足動武氏之聽也。使武氏傳位承嗣、三思，則爲創業之祖，百世不祧，又何姑侄之可言乎！雖古無此禮，而制由我作，承嗣等何難使人説太后以破仁杰之説乎？廬陵之復，非關仁杰固争，實由二張密勸也。此中蓋有天焉。

使徐彦伯召廬陵王及其妃、諸子詣行在療疾。廬陵王至神都。

睿宗雖居别殿，不與政事，固已立爲皇帝矣。雖革命以後，賜姓武氏，而皇嗣之稱，固未之改也。乃置皇嗣而更召久廢遠遷之廬陵王，何也？蓋以皇嗣之立順而易，廬陵之立逆而難，惟其難也，始可以專擁戴之功而厚責廬陵之報，吉頊與二張，固視廬陵爲奇貨可居已。

命淮陽王武延秀入突厥，納默啜女爲妃；閻知微等賫金帛巨億以送之。張柬之諫曰：『自古未有中國親王娶夷狄女者。』由是忤旨。

自古有女主革命建國者乎？自古有女主多畜男寵、宣淫不諱者乎？公主可以嫁可汗，親王何不可娶可汗女？况延秀又何足惜，柬之亦諫所不必諫已。

武延秀至南庭。默啜謂閻知微等曰：『我欲以女嫁李氏，安用武氏兒邪！聞李氏惟兩兒在，我今將兵輔立之。』遂發兵襲静難、平夷等軍，移書數朝廷。

不以女嫁武氏兒，仍以兵輔李氏兒，雖虚聲恫喝，太后及諸武未嘗不爲震懾也。移書雖驕，未至如冒頓移書吕雉之褻嫚。

武承嗣恨不得爲太子，怏怏病卒。皇嗣固請遜位於廬陵王，太后許之。立廬陵王哲爲皇太子，復名顯。

承嗣之求爲太子，非一日矣。皇嗣未廢，廬陵復還，太子既不可得，而其子延秀又爲突厥所拘留，此所以怏怏而自斃也。太后之寵用三思，不及承嗣，承嗣死而皇嗣固讓，廬陵之位定矣。

命太子爲河北道元帥以討突厥，以狄仁杰爲副。太子不行，仁杰知元帥事。默啜盡殺所掠趙、定等州男女萬餘人，自五回道去，所過殺掠不可勝紀。仁杰將兵十萬，追之不及。

默啜亦飽掠而歸耳，不關太子之爲帥也。乃會逢其適，竟若聞之而退者。雖殺戮遍於河朔，而未嘗不有助於廬陵也。

狄仁杰奏請『曲赦河北諸州，一無所問』，制從之。仁杰於是撫慰百姓，得突厥所驅掠者，悉遞還本貫。散糧運以賑貧乏，禁其下無得侵擾，河北遂安。

仁杰諸所措置，皆善後成法，而當時以爲异量之恩者，以前平契丹，武懿宗安撫河北，殘殺脅從之民，酷虐無復人理也。事半功倍，信然！

置控鶴監丞、主簿等官，率皆嬖寵之人，頗用才能文學之士以參之。以張易之爲控鶴監，張昌宗、李迥秀等皆爲控鶴監内供奉。（二年）

控鶴之義，蓋以武氏跨鶴升仙，而二張爲之控御，正恐『願作鴛鴦不羡仙』耳。《易》曰：『老婦士夫，亦可醜也。』其武氏之謂乎！

宗楚客與弟晋卿坐贓萬餘緡及第舍過度，楚客貶播州司馬，晋卿流峰州。太平公主觀其第，嘆曰：『見其居處，吾輩乃虚生耳。』

以太平之奢麗，其居處可知；及觀楚客第，而不覺自失，致發『虚生』之嘆，則楚客之僭侈更可知矣。乃貶謫曾不數年，復入爲相，何也？

太后幸嵩山，過緱氏，謁升仙太子祠。

置控鶴監，以二張比子晋也。既嬖二張，復慕子晋，子晋安可得哉！

婁師德薨。師德在河隴，前後四十餘年，民夷安之。性沉厚寬恕，是時羅織紛紜，師德久爲將相，獨以功名終。

師德所以令終，唾面自乾之效也。士生此時，而具位將相，得免羅織亦難矣，况保其功名乎！雖然，亦有命焉。

改控鶴監爲奉宸府，太后又多選美少年爲奉宸内供奉，朱敬則諫曰：『陛下内寵有易之、昌宗，足矣。近聞侯祥等，明自媒衒，醜慢不耻。』（久視元年）

此等帷簿之事，外廷亦可顯諫，蓋當時不以爲諱也。

太后重狄仁杰，常謂之國老而不名。仁杰好面折廷争，太后每屈意從之。仁杰薨，太后泣曰：『朝堂空矣！』

武氏不能容魏元忠，而知重狄仁杰；小忤意殺人如草菅，而不罪蘇安恒，亦不可解。

以李迥秀同平章事。迥秀性至孝，其母本微賤，妻崔氏常叱媵婢，母聞之不悦，迥秀即時出之。（長安元年）

迥秀受敕，爲張易之母臧氏私夫，宣淫無耻，辱親莫甚；又爲控鶴監内供奉，則亦嬖寵之流耳。其入相必易之母子援引之力，出妻亦未必不由於臧氏之妒。所云『不能悦母』，特假以爲辭，不足信也。

太子、相王、太平公主上表請封張昌宗爲王，制不許；又請，乃賜爵鄴國公。（二年）

置控鶴則張易之爲監，改奉宸則易之爲令，皆先於昌宗。今太子輩請封昌宗爲王，隱然以假父尊之，而不及易之，或昌宗寵盛，易之不及邪？不封王而封公，未知何以爲辭，殆以昌宗合神丹，太后服之有驗，如楊再思所云邪？

魏元忠面奏：『臣承乏宰相，不能盡忠死節，使小人在側，臣之罪也！』由是諸張深怨之。昌宗譖元忠於太后，

貶高要尉，元忠指易之兄弟曰：『此二小兒，終爲亂階。』易之等叩膺自擲稱冤。太后曰：『元忠去矣！』（三年）

事女主而男寵在側，穢亂宮闈，辱國孰大焉。元忠引爲己罪，是也。武氏惟二張之言是聽，元忠免死亦幸耳。是時惟有不事武氏，事武氏而忤二張，是自求禍也。

自武三思以下，皆謹事张易之兄弟，宋璟獨不爲禮。諸張積怒，欲中傷之；太后知之，故得免。

事淫亂之女主，與面首并立於朝，士之辱也。不爲之禮，未若奉身而退。

李迥秀頗受賄賂，馬懷素劾奏之，貶廬州刺史。（四年）

迥秀以贓敗，二張母子，亦不能爲之援手，何也？

李嶠等奏：『比來所遣牧伯，多是貶累之人。望於臺、閣、寺、監妙簡賢良，分典大州。』太后命書名探之，得韋嗣立及楊再思等十二人，各以本官檢校刺史，其後政績可稱者，惟薛謙光、司馬鍠而已。

重内輕外，習尚已久，非必内賢而外不肖也。當時貶累者多非其罪，榮擢者或不以道，亦不得以此定朝臣之優劣也。以内官補外，不問其能否，而探籌取之，宜其政績之鮮有可稱已。即如楊再思者，諂事二張，務爲佞媚，至有『兩脚狐』之譏，而望其察吏安民乎？

蘇味道謁歸葬父，制州縣供葬事。味道因之侵毁鄉人墓田，役使過度。蕭（志）［至］忠劾奏之，左遷坊州刺史。

味道遇事模棱、持兩端，當時謂之『蘇模棱』。一旦挾州縣供葬之勢，即侵毁墓田、役使過度，平日模棱之術爲之頓改，以此人而刺州，得不倚勢作威乎！

太后復税天下僧尼，作大像於白司馬阪，縻費巨億。張廷珪諫曰：『以時政論，則宜蓄府庫，養人力；以釋教論，則宜救苦厄，滅諸相。』太后爲之罷役。

廷珪據釋教爲言，故巽而易入。要之崇飾塔廟，恣爲淫麗，詭作像設，以希布施，乃髡徒之詐術，非佛氏之本旨也。

太后寢疾，宰相不得見者累月，惟張易之、昌宗侍側。崔玄暐奏言：『太子、相王足侍湯藥。宫禁事重，願不令异姓出入。』太后曰：『德卿厚意。』

武氏即甚無耻，既以二張侍側，刻不忍離，亦何顔再對二子乎！玄暐所言，理甚正而事則必不可行者也。且宫禁之不肅久矣，异姓出入，豈自今日始哉！

楊元嗣告『張昌宗召李弘泰占相，弘泰言昌宗有天子相。昌宗款稱「弘泰之語，尋已奏聞」，准法首原。』宋璟云：『昌宗包藏禍心，請收付獄。』太后不聽。

武氏私昵二張，而璟必欲奪其所愛，武氏既不從璟，亦不顯庇昌宗，乃委曲爲之地，何也？其果將死而氣衰邪？竊謂璟固不附二張，而史所書剛鯁强直之概，恐亦事後歸美，不無溢辭。武氏蛇虺之性，不應如此降心於璟也。

鑒評別録卷四十一

唐紀五

中宗皇帝（諱顯，高宗第七子，在位五年）

太后疾甚，張柬之、崔玄（瑋）［暐］、敬暉、桓彦範、袁恕己與李多祚等以羽林兵迎太子，從玄武門入，斬張易之、昌宗，太后傳位於太子。中宗即位。（神龍元年）

武氏尸居餘氣，二張乳臭小兒，南牙北門諸將相帥禁旅挾太子行誅，因以反正，直唾手之易耳。諸武皆紈綺庸奴，才出禄、産之下，更無一人敢出而枝梧者矣。

太后遷上陽宫。姚元之獨嗚咽流涕。桓彦範、張柬之曰：『今豈公涕泣時邪！』元之曰：『事則天皇帝久，乍此辭違，悲不能忍，亦人臣之義也。』出爲亳州刺史。

元之功名之士，其致身高位，皆由武氏拔擢，故感舊恩而不能自抑耳。胡氏稱其智，未必然也。

上在房陵，與韋后同幽閉，嘗與后私誓曰：『异時幸復見天日，當惟卿所欲。』及再爲皇后，遂干預朝政。上每臨朝，后必施帷幔坐殿上。

韋氏才智萬不及武氏，但學其淫縱耳，徒施帷幔，亦不知何者爲政事，必待上官爲之指發也。

二張之誅也，薛季昶謂張柬之、敬暉曰：『二凶雖除，產、禄猶在。』二人曰：『彼猶機上肉耳，夫何能爲！』季昶嘆曰：『吾不知死所矣！』

誅二張不及諸武，自因中宗以武氏母族，不欲重傷太后之心；柬之輩亦不欲故違中宗之意。至三思烝淫韋氏，中宗復寵任三思，固非其所及料也。使中宗稍有心肝，豈有不以武后爲戒者哉！

上女安樂公主適武三思子崇訓。上官婉兒通於三思，又薦三思於韋后，遂與后通，由是武氏之勢復振。張柬之等數勸上誅諸武，不聽。

安樂，帝之愛女；婉兒，韋后之腹心。三思所以不與二張同誅者，以二人爲之內主也。帝初被廢，由於過崇后族；至欲以天下予后父玄貞，其言謬陋，固下愚不移者，况又有房州之私誓乎！后爲三思所烝，而帝爲后所制，三思并可以制帝矣，何論柬之等乎！帝之昏懦，柬之等豈猶不之知，乃云『主上昔爲英王，時稱勇烈』，失之遠矣。

術士鄭普思、葉静能皆以妖妄爲上所信重，墨敕以普思爲秘書監，静能爲國子祭酒。桓彦範、崔玄暐固執不可，上曰：『已用之，無容遽改。』

高宗之才遠遜太宗，而永徽之政尚有可觀者，奉太宗之教也。中宗之質，頗似高宗，而復辟之政一無足取者，承武氏之敝也。

崔湜、鄭愔爲武三思謀去敬暉等。三思與韋后日夜譖暉等『恃功專權，將不利於社稷』。上信之。三思等因爲上畫策：『封暉等五人爲王，罷其政事。』

韋后惟三思之言是聽，帝惟后之言是聽，暉等豈能免乎？

上官婕妤勸韋后襲則天故事。

婉兒雖爲武氏所信用，但於百官表疏，時參末議，其大事則武氏自主之，非婉兒所能代謀也。韋氏則惟其言是聽矣。

則天崩於上陽宫，年八十二。

論者以吕、武并稱，武之淫凶，乃什倍於吕，此乃天地之邪氣獨有所鍾，帝王之閏位偶有所屬，不可以常理論也。

上居諒陰，以魏元忠攝冢宰三日。元忠素負忠直之望，武三思憚之，矯太后遺制，慰諭元忠，賜實封百户。元忠捧制，感咽涕泗，見者曰：『事去矣！』

元忠素稱忠直，然與狄仁杰皆功名之士，故武氏雖穢德彰聞、簒唐革命，而二子不耻立於其朝，爲之盡力，至屢嬰危禍，瀕死而不悔。即元忠之捧制感咽涕泗，可以見其素心矣。姚元之嗚咽流涕，亦猶是耳，詎有智數存乎其間哉！

太后將合葬乾陵，嚴善思上疏，以爲：『合葬非古，望於乾陵之傍更擇吉地爲陵，若神道有知，幽塗自當通會。』不從。

死而有知，武氏自當隨二張於九京，亦何顔與高宗冥會哉！合葬果何益乎！

魏元忠自端州還，爲相，不復强諫，惟與時俯仰。袁楚客致書元忠，歷指時政十失，元忠愧謝而已。

計元忠此時，惟有奉身而退，差可完其素節耳。以中宗爲之君，而韋后竊其柄，又有武三思熒惑其間，即欲匡救時政，亦何可得乎！

韋月將上書告武三思潛通宫掖，必爲逆亂；上大怒，命斬之。宋璟奏請推按，上益怒，謂璟曰：『朕謂已斬，乃猶未邪！』命趨斬之。璟固請按之，上不許。

帝受制牝晨，懦無立志，及其拒諫殺忠，何其勇也！然月將以處士而直言中宫私於三思，又不止位卑而言高已。

初，韋玄貞流欽州而卒，蠻酋寧承基兄弟逼取其女，其妻崔氏不與，承基等殺之，及其四男，上命周仁軌討之。斬承基等，殺掠其部衆殆盡。及韋后敗，仁軌以黨與誅。

玄貞雖以流人卒於荒徼，故后父也。承基等輒因逼取其女不得殺其妻及諸子，罪不容誅，仁軌奉命討斬，足伸國法，乃因韋氏敗而株連及之，冤已。仁軌曾於秋分後一日斬韋月將，殆亦奉敕行刑，非擅誅也。

武三思陰令人疏皇后穢行，榜於天津橋，請加廢黜。上大怒，命李承嘉窮核其事。承嘉奏言：『敬暉、桓彦範、張柬之、袁恕己、崔玄暐使人爲之』，請族誅暉等。上以暉等嘗賜鐵券，許以不死，乃長流於瓊、瀼等州。

帝所以復寵武氏，由於三思；三思柄用，由於韋氏；而其所以得志於韋氏者，上官婉兒先與私通，又有安樂公主爲之子婦也。女子、小人，朋比用事，而中宗尸居其間，爲之傀儡，故三思必欲殺暉等，爲二張報仇，而鐵券不足恃已。

太平公主與僧寺爭碾磑，雍州司户李元紘判歸僧寺。刺史竇從一命改判，元紘大署判後曰：『南山可移，此判無動！』從一不能奪。

一司户耳，判事既定，刺史不能奪。唐之庶僚，尚能自舉其職。然亦此時之太平公主耳，若在則天之世，元紘必獲罪矣。

安樂公主恃寵驕恣，賣官鬻獄，勢傾朝野。自請爲皇太女，上雖不從，亦不譴責。

《統紀》云：安樂公主私請廢太子，立己爲皇太女，帝以問魏元忠，元忠以爲不可。《考异》以中宗雖愚，豈不知立皇太女之不可，何必待元忠之言。竊謂中宗爲人，有不可以常理論者，况於安樂，尤溺愛不明，未必以立皇太女爲不可也，或因元忠之言而中止耳。

上遣武三思、攸暨詣乾陵祈雨。既而雨降，上喜，制復武氏崇恩廟及昊陵、順陵，因名酆王韋玄貞廟曰『褒德』，陵曰『榮（光）〔先〕』。（景龍元年）

復崇恩廟、昊、順二陵，此韋氏之志，爲『褒德』『榮（光）〔先〕』陵廟作張本。乾陵祈雨，特假以爲名，非其實也。

權若訥上疏，以爲：『神龍元年制書，一事以上，并依貞觀故事，豈可近捨母儀，遠尊祖德！』疏奏，手制褒美。

若訥此疏，非徒附三思，將以媚韋氏也。胡氏以爲中宗無是非之心。竊謂中宗之心，本無是非，此則受制於韋氏，而非其本心也。韋氏事事欲學武氏，故不欲改其政也。

皇后以太子重俊非其所生，惡之；武三思尤忌太子。上官婕妤以三思故，每下制敕，推尊武氏。武崇訓教安樂公主言於上，請廢太子，立己爲皇太女。

重俊非韋氏親子，故惡之；安樂爲韋氏親女，故愛之。韋氏無子，不能更圖別立，故尤注意於安樂。皇太女之請，所以屢瀆不已者，非徒崇訓教之，實由韋氏使之也。三思當武后之時，求爲太子而不得，今既蒸於韋氏，通於婉兒，又得安樂爲子婦，計中宗左右，皆三思一家之人，固將乘機造謀，蠱惑韋氏，愚弄中宗，立安樂爲皇太女，崇訓因之以移唐祚。所〔以〕不能遽如其志者，東宮正位已久，未可驟奪耳。所以尤忌太子歟？

太子與李多祚等矯制發羽林千騎兵殺三思、崇訓於其第，并親黨十餘人。

重俊之誅三思，殊似齊東平王儼之誅和士開。雖舉事無成，亦一快也。多祚既誅二張，復誅諸武，固爲無負大帝。

太子與多祚引兵自肅章門入，叩閤索上官婕妤。上乃與皇后、安樂公主、上官婕妤登玄武門。上俯謂千騎曰：『汝輩皆宿衛之士，何爲從多祚反？苟能斬反者，勿患不富貴。』於是千騎斬多祚等，餘衆皆潰。

當日太子矯制發兵，必以奉敕誅武三思及上官婉兒爲名，故羽林翕然從之。迨帝登門曉諭，知發兵非出上意，故倒戈以攻多祚也。亦斛律光所云『奴見大家，心死』者也。

太子以百騎走終南山，至鄠西，能屬者纔數人，憩於林下，爲左右所殺。上以其首獻太廟及祭三思、崇訓之柩，然後梟之朝堂。

重俊頗似漢之戾太子；帝之追恨，則與漢武迥异。首獻太廟，果以其得罪祖宗乎？將以祭三思父子，故以獻廟先之耳。此韋氏與安樂、上官之志也。

襄邑尉席豫聞安樂公主求爲太女，乃上書請立太子，言甚深切。太平公主欲表爲諫官，豫耻之，逃去。

義有所激，則言人所難言。迨公主欲行表薦，則潔身而去。當時諸臣，如豫者可謂知耻矣。

安樂公主及宗楚客日夜謀譖相王，使冉祖雍誣奏相王及太平公主『與重俊連謀』。上使蕭至忠鞫之。至忠泣諫，上素友愛，遂寢其事。

重俊既誅，復譖相王。不惟安樂之所忌，亦韋氏之所惡也。帝意已爲之動，賴至忠以相王讓位爲言，故事得寢耳。若遇來俊臣，相王危矣。

魏元忠以武三思擅權，意常憤鬱。及太子起兵，遇元忠子升，脅以自隨，爲亂兵所殺。元忠揚言曰：『元惡已死，雖鼎鑊何傷！但惜太子隕没耳！』上釋不問。宗楚客、紀處訥共證元忠『與太子通謀』，元忠表請解官，以特進、齊公致仕。尋貶務川尉。行至涪陵而卒。

元忠與時俯仰，非其本心，薑桂之性，豈能盡改？故因子死而一發舒其憤懣也。安樂之忌元忠久矣，彼方亟欲爲皇太女，知元忠必且固争，故藉太子之脅其子以陷之，而宗、紀受其嗾使耳。

僧慧範於東都作聖善寺、長樂坡作大像，府庫爲之虚耗。

武氏作夾紵大像被焚後，屢欲作銅鐵大像，因狄仁杰之言而止。中宗不惜耗府庫以作之，可謂成母之志矣。寺曰『聖善』，義取《凱風》，其中有微指焉。

蘇安恒矜高好奇，太子之誅武三思也，安恒自言『此我之謀』。太子敗，或告之，伏誅。

安恒在武后時，三上疏，語甚狂直，不死；至是竟以妄言被誅。好名之士，既得大名，而好之不止，宜其及也。

迦葉志忠奏：『則天皇后未受命，天下歌《娬媚娘》；順天皇后未受命，天下歌《桑條韋》，蓋天意以順天皇后宜爲國母，主蠶桑之事。』（二年）

志忠以《桑條韋》與《娬媚娘》并稱，以爲受命之符，明明導韋氏以篡竊，所云國母主蠶桑者，特不敢斥言之耳。

朔方軍與突厥以河爲境，張仁愿於河北築三受降城，唐休璟以爲：『自漢以來皆北阻大河，今築城寇境，恐終爲虜有。』仁愿卒築之，自是朔方無復寇掠。仁愿建城，不置壅門及守備之具。或問之，仁愿曰：『兵貴進取，不利退守。』其後常元楷始築壅門。

於河北築城，可以拓地却敵，未若畫河而守之易爲固也。三城不置壅門，利進取不利退守，未若憑城且守且戰之有餘力也。仁愿誠一時名將，休璟、元楷亦未可厚非也。

置修文館大學士四員。

大學士之職，始自中宗，建議者上官婉兒，歷代因之，至今遂爲宰相。亦猶進士科始自隋煬帝，殿試創自武后，而後世爲定制，不以人廢法也。

每游幸禁苑，或宗戚宴集，學士無不畢從，賦詩屬和，使上官昭容第其甲乙。

學士以備顧問，乃止於從游賦詩，且甲乙決於婉兒，亦足羞已。而後世猶謬傳玉尺爲佳話，何也？

於是天下靡然，争以文華相尚，儒學忠讜之士莫得進矣。

是時儒學如祝欽明、郭山惲皆依附韋氏，以求進用，無以异於學士之文華相尚者也。

安樂、長寧公主及皇后妹郕國夫人、上官婕妤、婕妤母沛國夫人鄭氏、尚宫柴氏、賀婁氏、女巫第五英兒、隴西夫人趙氏，皆依勢用事，請謁受賕，雖屠沽臧獲，入錢三十萬，則别降墨敕除官，謂之『斜封官』。

公主賣官可也，乃至於皇后之妹、婕妤賣官可也，乃至於婕妤之母、尚宫賣官可也，乃至於女巫，可謂私門洞開，捷徑旁出矣。以其别降墨敕，斜封付中書，故謂之『斜封官』。但斜之爲言，邪也，似此得之不以其正，授之莫詰其由，謂之『斜封』，不亦宜乎！名器之濫甚於漢之西邸，彼猶輸貨於公，此則盡填私橐矣。

突騎施酋長娑葛自立爲可汗，殺唐使者。其將忠節不服，謀發安西兵及引吐蕃以擊之。郭元振上疏曰：『吐蕃若破娑葛，請分于闐、疏勒，何以抑之！是以古之智者，皆不願受夷狄之惠。』

智者不受夷狄之惠，此至論也。唐初借兵於突厥，後復借兵於回紇，雖一時急仗其力，卒不免侵陵之患。皆受其惠以致責報無已也。

帝以安樂公主將適武延秀，遣使召武攸緒於嵩山。將至，敕禮官於兩儀别設位，欲行問道之禮。攸緒趨立辭見班中，再拜如常儀，賜予皆不受。

崇訓，三思之子；延秀，承嗣之子、三思猶子也，與崇訓爲從兄弟。乃安樂公主初適崇訓，繼適延秀，瀆倫傷化，恬不知耻，固宜攸緒避之若浼也。

姚廷筠奏稱：『比見諸司不遵律令，事無大小皆悉奏聞。修一水竇，伐一枯木，豈可取斷宸衷！自今若軍國大事，聽奏取進止，自餘各准法處分。』從之。

帝非勤政之主，而是時奏牘叢委，乃至小事亦取斷宸衷，實則帝均未寓目也。即軍國大事，亦上官及韋氏主之，而宗楚客輩奉行之耳。

上數與近臣學士宴集，令各效伎藝以爲樂。郭山惲獨歌《鹿鳴》《蟋蟀》。上嘉其意，賜時服一襲。（三年）

山惲此舉，似差强人意。至與祝欽明同建皇后亞獻之議，以媚韋氏，則五經一時掃地矣。

崔湜、鄭愔俱掌銓衡，傾附勢要，贓賄狼藉，數外留人授擬，不足逆用三年闕，選法大壞。

選法無一定格式，可以意爲進退，而賄賂請托之弊，不可勝詰矣。名曰爲闕擇人，實則爲人擇闕，至有逆用三年闕者，蓋預擬其人以待闕也。胡身之云：選法之壞，至宋而極，吏部注擬，率一官而三人共之：居之者一人、未至者一人、伺之者一人；倘有美闕，伺之者又不止一人也。宋之弊乃更甚於唐，豈復成銓政哉！此循資之法所以至今行之，雖不足拔殊尤，猶可以抑奔競也。

蕭至忠爲中書令。至忠女適皇后舅子崔無詖，成婚日，上主蕭氏，后主崔氏，時人謂之『天子嫁女，皇后娶婦』。

當日諸臣，至忠亦庸中佼佼者，惜其進取之志太鋭，卒附太平公主，與謀廢立，自取駢誅耳。似此恩寵，祇足爲辱也。

唐休璟年八十餘，進取彌鋭，娶賀婁尚官養女爲子婦。以休璟爲太子少師、同中書門下三品。

休璟文武才略爲時名臣，而晚節乃如是，亦如魏元忠錚錚鐵漢，末路未免頽唐。在得之戒，君子所爲兢兢也。

睿宗皇帝（諱旦，高宗第八子，在位二年）

相王子五王列第於隆慶池北，望氣者言：『有帝王氣，比日尤盛。』上幸隆慶池，泛舟以厭之。（景雲元年）

此因玄宗受命，故術士有此言而史書之。要之凡言符瑞，多於事後附會，以爲天命所歸，適足動奸雄窺伺之心，藉諂諛誑誘之口，君子必不道也。

馬秦客以醫術，楊均以善烹調，皆出入宫掖，得幸於韋后，恐事泄被誅；安樂公主欲韋后臨朝，自爲皇太女；乃相與合謀，於餅餤中進毒，帝崩。

武三思死而馬、楊并幸，韋氏之淫縱，乃過武氏。以武氏失行在高宗崩後，韋氏則在中宗生前也。然則中宗之昏懦，殆亦過於高宗歟？重俊誅而東宫虚位，以中宗有子，而非韋氏所生，故安樂謀爲皇太女之心未嘗一日息也。毒弒之謀，雖三人共之，實安樂主之。

韋后秘不發喪，自總庶政。召諸宰相入禁中，徵諸府兵五萬人屯京城，使韋捷等五人及高嵩分領之。

諸韋典兵，自謂布置周密，然其人皆紈絝乳臭兒，安足恃哉！

太平公主與上官昭容謀，草遺制：立温王重茂爲皇太子，皇后知政事，相王旦參謀政事。宗楚客謂韋温曰：「相王於皇后，嫂叔不通問，聽朝之際，何以爲禮？」遂帥諸宰相表請皇后臨朝，罷相王政事。

韋后但知秘不發喪，而遺詔轉出太平及上官之手。安樂所謀韋后臨朝、已爲皇太女者，遺詔不惟均未之及，且更立重茂爲皇太子，韋后但知政事而已；又以相王參預其間，何也？蓋韋氏母女，皆淫縱無識女子耳，才智不及太平，策畫全恃上官，故爲其所賣而不覺也。使非楚客爲之謀主，事立敗矣。

殤帝即位，時年十六，尊皇后爲皇太后。宗楚客密上書，稱引圖讖，謂韋氏宜革唐命。謀害殤帝，深忌相王及太平公主，密與韋温、安樂公主謀去之。

韋氏事事欲學武氏，既已攝政，必謀革命，楚客特探其意而導之耳。既謀革命，則害殤帝、去相王，皆勢不獲已者也。

相王子臨淄王隆基，與太平公主等謀誅諸韋。隆基以羽林萬騎葛福順等入，斬韋璿等以徇。韋后走入飛騎營，軍士斬之，并斬安樂公主、武延秀等。

屯兵五萬，至是無一人爲之用者。弑逆之賊，衆所共憤，臨淄聲其罪而誅之，有合於《春秋》之義也。

隆基入宫，上官昭容帥官人迎之，并以所撰遺制草示劉幽求。幽求爲之言，隆基不許，斬於旗下。

隆基斬昭容，殊有定見。婉兒久竊權寵，作患於武、韋之間，罪不可赦也。

隆基迎相王入輔少帝。閉宮門及京城門，分遣萬騎收捕諸韋親黨。斬韋温及宗楚客等。崔日用將兵誅諸韋於杜曲，襁褓兒無免者。

楚客斬衰逃走，爲門者所殺； 韋巨源聞難奔赴，爲亂兵所殺。雖有勇怯之殊，但淫后弑逆，甘心朋附，厥罪惟均，其同誅，宜也。 竇從一妻，韋后乳母，自號『皇后阿奢』，至是殺妻求免，竟得貶謫，未免失刑。有宮人與宦官求劉幽求作制書立太后幽求不可隆基曰此勿輕言。此所云太后乃殤帝母也。 幽求隆基意别有在。

太平公主傳少帝命，讓位於相王，相王固辭。 劉幽求言於宋王成器、平王隆基，入見相王，極言其事，相王乃許之。 太平公主以少帝制傳位相王，睿宗即位。

臨淄謀誅諸韋，本欲立相王。 少帝之讓位，自是當日成局。 太平第欲攘以爲功耳。

上將立太子，以成器嫡長，而隆基有大功，疑不能决。 成器涕泣固辭者累日。 大臣亦多言平王功大宜立。 劉幽求復力贊之。 上立平王隆基爲太子。

成器讓太子於隆基，可謂審於自處矣。 使建成能見及此，何至宮門蹀血？

蕭至忠爲中書令，崔湜爲吏部侍郎，同平章事。

湜通於上官，黨於武、韋，免誅亦云幸矣，乃暫貶旋復，竟與姚元之同相，則太平公主爲之奧援也。 至忠亦然。

鄭愔、張靈均謀立譙王重福爲帝，詐乘傳詣東都。洛州長史崔日知帥衆討之。重福赴漕渠溺死。愔貌醜多須，既敗，梳髻著婦人服，匿車中逃走，擒獲，族誅。

重福中宗長子，最爲韋氏所忌，幸而得免，乃謀非分，亦自取死耳。宗楚客著斬衰，愔梳髻著婦人服，皆爲鼠竄逃死計；而愔貌不稱服，尤可哂也。

謚故太子重俊曰『節愍』。韋凑上書，以爲：『漢戾太子困於江充之讒，發忿殺充，非圍逼君父也，猶謚曰「戾」。况重俊可謚曰「節愍」乎！』以制命已行，不爲追改。

凑論重俊不得無罪，固以《春秋》之義責之。但太子能誅武三思，爲國鋤奸，厥功亦不可泯。充罪止詐爲巫蠱以陷戾太子，與三思之蒸淫母后、包藏禍心，不可一例論也。

上以二女西城、隆昌公主爲女官，以資武太后之福，仍欲於城西造觀。寧原悌上言，以爲：『不當廣營寺觀，勞人費財』，上善之。

公主出家入道，復殫財力爲之營構，洵唐之亂政。原悌但言不宜過爲崇麗，而不敢言女官資福之妄、公主入道之非，則猶未循其本也。

崔湜私侍太平公主，公主欲引以爲相，湜以陸象先爲時所重，請與同升，公主并言於上。上不欲用湜，公主涕泣以請，乃許之。（二年）

爲湜請而至於涕泣，公主之私情，固有不可掩者，帝豈不知之？而曲徇所請，何也？唐之家法不肅，固不以私夫爲諱也。《朝野僉載》云：『湜妻美，并二女皆得幸於太子。』《考异》不取。竊謂以湜之首贊逆謀，明皇初貸其死，不與竇懷貞等同誅，後乃僅賜自盡，未必非艷婦之助也。

辛替否上疏，以爲：『水旱相繼，未聞賑恤，而爲二女造觀，用錢百餘萬緡。豈可不計府庫蓄積有幾，而輕用之以供無用之役乎！』上雖不能從，而嘉其切直。

爲二公主造觀，寧原悌既言之矣，替否言尤切直，帝既心善之并嘉其直，而卒不能用者，内制於太平而不能自由也。觀之作，專爲武氏資福，主其事者太平也。

鑒評别録卷四十二

唐紀六

玄宗皇帝（諱隆基，睿宗第三子，在位四十三年）

蕭至忠自托於太平公主，蔣欽緒謂之曰：『如子之才，何憂不達！勿爲非分妄求。』至忠不應。欽緒退，嘆曰：『九代卿族，一舉滅之，可哀也哉！』（先天元年）

至忠名位已顯，以黨附韋氏，貶官仍領大州，宜稍知止矣。乃又附太平以進，故欽緒知其有非分之求也。徒以冰山爲可倚，不知朝露之易晞，方欣欣然自以爲得計也，其亦不足哀也已。

薛訥鎮幽州二十餘年，未嘗舉兵出塞，虜亦不敢犯。李璡毁之於劉幽求，幽求薦孫佺代之。佺與奚酋李大酺戰於冷陘，全軍覆没。

訥安邊之功，卓然可紀，所以致毁者，以二十餘年未嘗舉兵出塞也。佺一出而全軍盡覆，方知訥之不出，固知己知彼也。

有相者謂竇懷貞曰：『公有刑厄。』懷貞懼，請解官爲安國寺奴；敕聽解官。未幾，復以爲左僕射兼御史大夫、平章軍國重事。

懷貞即從一也。先爲皇后阿奢，復爲公主邑司，至是乃爲安國寺奴，可謂每況愈下矣。然第假以厭禳，非真爲奴也。故未幾即有僕射、平章之命，皆恃太平爲奧援。而卒不免雉徑於溝中，則刑厄亦安可逃哉！

太平公主使術者言於上曰：『彗所以除舊布新，又帝座及[心]前星皆有變，皇太子當爲天子。』上曰：『傳德避災，吾志決矣！』太平公主及其黨皆力諫，以爲不可；太子固辭，上皆不聽。制傳位於太子。

太平忌太子英明，故假星變欲以害太子。帝決計傳位，殊有定見，不惟高出中宗，其識直出高祖之上。

玄宗即位，尊睿宗爲太上皇。三品以上除授及大刑政決於上皇，餘皆決於皇帝。上大聖天后尊號曰『聖帝天后』。

天后復上尊號，太平因睿宗内禪，稱上皇，而更尊其母也。第尊曰『聖』，無以异於舊；更尊曰『帝』，著其曾革命而爲帝也。律以《春秋》之法，武氏篡竊之罪，乃灼然不可掩，此非一字之褒，乃一字之貶，固非太平所知也。崔湜檢校中書令，亦太平挾上皇爲之内主，是時三品以上除授，仍決於上皇也。

是時宰相多太平公主之黨，劉幽求與張暐謀誅之，上以爲然。暐泄其謀於鄧光賓，上大懼，列上其狀。流幽求於封州，暐於峰州。

是時太平挾上皇以爲重，而宰相多助之，根株槃互，未可猝拔。故歸罪二臣，以釋上皇之疑，因間執讒慝之口也。

初，崔湜爲襄州刺史，密與譙王重福通書，重福敗，湜當死，張説、劉幽求營護得免。既而湜與太平公主謀罷説政事，及幽求流封州，湜諷廣州都督周利貞，使殺之。桂州都督王晙知其謀，留幽求不遣。

湜之當死，罪由自取，亦人所同快。而説等爲之營救，必其私於湜者也。湜之無良，本不足責，《詩》所云『養蜂自求辛螫』者，其説等之謂乎！晙所以拒執政而不遣幽求者，知幽求雖爲湜等所恨，而明皇爲之内主，不遣不至累己，遣之轉恐獲罪於後耳。

楊相如上疏言時政，以爲：『法貴簡而能禁，罰貴輕而必行；小過不察則無煩苛，大罪不漏則止奸慝。』（開元元年）

此在當時尚非急務，而可爲用法之准。

太平公主倚上皇之勢，與上有隙，與竇懷貞等謀廢立，又與宫人元氏謀於赤箭粉中進毒於上。

謀廢立，欲學武氏之於廬陵也；謀進毒，欲學韋氏之於中宗也。

魏知古告公主欲與常元楷等作亂。上因王毛仲取閑厩馬及兵三百餘人，斬元楷等。上皇乃下誥，罪狀竇懷貞等，『自今軍國政刑，一皆取皇帝處分。』

帝之以兵誅元楷等，固有不得已之勢。而上皇即於是日傳政徙居，難免逼奪之嫌。

太平公主賜死於家。崔湜坐私侍公主，流竇州，有司鞫宫人元氏，元氏引湜同謀進毒，乃追賜死於荆州。

太平委身於湜，倚爲謀主，豈止進毒於元氏同謀哉！先既不與逆黨同誅，後雖賜死，仍未肆諸市朝，可謂失刑矣。

以高力士爲右監門將軍，知内侍省事。初，太宗定制，内侍省不置三品官。天后雖女主，宦官亦不用事。中宗時，宦官七品以上至千餘人，然衣緋者尚寡。宦官之盛自此始。

《通鑒》書高力士，亦猶《左傳》書寺人貂，著唐之所以亂也。自古女主多用宦官，武氏獨否，非能裁抑内竪、不令竊權也，使懷義、南璆、二張輩皆爲宦官，武氏亦無所用之。

中宗之崩也，李嶠密表韋后，請出相王諸子於外。上即位，於禁中得其表，以示群臣。或請誅之，張説曰：『嶠雖不識逆順，然爲當時謀則忠矣。』上然之。

中宗之崩，韋氏之弑也。嶠爲大臣，乃不討賊而助逆乎？烏有不識逆順而得謂之忠者乎？若以忠於韋氏爲忠，則當日逆黨均不應坐罪矣。説此議謬甚，帝誤用其説，聽嶠漏網，亦不知《春秋》者也。

上以太常禮樂之司，不應典倡優雜伎；乃更置左右教坊以教俗樂，又選樂工數百人，自教法曲於梨園，謂之『皇帝梨園弟子』。（二年）

帝之意不在正樂，直欲自教歌伎耳。稱曰『皇帝弟子』，其名之不正甚矣。此即荒淫之漸。

中宗以來，貴戚争營佛寺、奏度人爲僧，富户强丁，多削髪以避徭役。姚崇以爲言，上命有司沙汰天下僧尼，以僞妄還俗者萬二千餘人。

高祖曾因傅弈言而沙汰僧尼，已而未果，至是帝乃見諸施行。然還俗者，特僞妄萬二千餘人耳。蓋惡其削髪避役，并非欲屏除佛法也。

或告劉幽求、鐘紹京有怨望語，貶幽求爲睦州刺史，紹京爲果州刺史，王琚亦坐幽求黨貶澤州刺史。

幽求等皆預密謀，成一旦之功；而其人行險徼利，帝蓋仗其力而疑其心，故皆驟進而旋罷。至是則均出之於外也。

上友愛宋王成器等，近世帝王莫能及。然專以聲色娱樂之，不任以職事。群臣請循故事，以成器等出刺外州。乃令到官但領大綱，州務皆委上佐主之。

厚畜之而不任以職事，可爲待宗室諸王之法。若假之以重權、責之以庶務，則恩有所不行已。

姚崇謂齊澣曰：『余爲相，何如管、晏？』澣曰：『公可謂救時之相。』崇喜曰：『救時之相，豈易得乎！』盧懷慎與崇同相，自以才不及崇，每事推之，時人謂之『伴食宰相』。（三年）

管仲亦救時之相耳，若晏子，則尚未足云救時也。澣既以崇爲救時之相，乃云不及管、晏，何哉？温公著論，盛推懷慎，比之鮑叔薦管仲、子皮下子産、曹參繼蕭何，而復擬以斷斷無他、休休有容。竊謂鮑叔、子皮，皆名位在前而推賢讓能者也。蕭曹則相繼爲政，而遵守成法者也。若懷慎之受知於明皇而爲所倚畀，遠不及崇，第以安静佐之爲相耳。雖與媢嫉者固殊，而與一介臣之能容亦异矣。當時既不免『伴食』之譏，温公毋亦揄揚太過矣乎！

山東大蝗，民或於田旁設祭而不敢殺，姚崇奏遣御史督州縣捕而瘞之。盧懷慎以殺蝗太多，恐傷和氣。崇曰：『奈何不忍於蝗，而忍人之飢死乎？』

田旁焚香膜拜設祭，愚民固無足怪；懷慎亦云殺蝗『恐傷和氣』，何也？豈蝗感和氣而生乎？去其螟螣，秉畀炎火，捕蝗之法，由來最久，懷慎獨未之聞邪？即此一事，其識遠不及崇。

吐蕃與大食攻拔汗那，更立阿了達爲王。張孝嵩帥旁側戎落兵萬餘人，出龜兹西數千里，下數百城，攻阿了達，屠其三城，阿了達逃入山谷。孝嵩威振西域。會有言其贓污者，坐繫獄，貶靈州兵曹參軍。

郝靈荃因人成事，雖獲突厥默啜之首，本不應重賞；孝嵩以夷攻夷，其功自在當時諸將上，乃賞不及而罰轉加焉，似非所以勵將帥也。

皇后妹夫長孫昕以細故與御史大夫李杰不協，與其妹夫楊仙玉於里巷伺杰而毆之。杰上表自訴，上大怒，命於朝堂杖殺昕、仙玉，以謝百僚。（四年）

昕之毆杰，恃皇后也。杰位冠台卿，而輕出里巷，亦有取辱之道焉。帝既以法繩王仙童，而昕等輒以私憾逞毒手以陵犯衣冠，宜其直予杖殺也。

山東蝗復大起，姚崇命捕之。倪若水謂：『宜修德以禳之。』崇牒若水曰：『古之良守，蝗不入境。若修德可免，豈無德致然？』若水乃不敢違。由是連歲蝗灾，不至大饑。

若水論宦官取鵁鶄鸂鶒，至以鳳凰爲凡鳥、麒麟爲凡獸，其識卓已。乃欲修德以禳蝗，蓋習聞『蝗不入境』之説，而不知其爲事之偶然也。

上悉召縣令於殿庭，試以理人策。惟鄄城令韋濟辭理第一，擢爲醴泉令。餘二百餘人不入第，且令之官；四十五人放歸學問。

此新選縣令，故以理人策試之。然(以)[亦]第試其文學耳。若吏治，則非到官不能辨其優劣也。

突厥降户處河曲者，聞毗伽可汗立，多叛歸之。王晙上言：『徙之内地，上也；多屯士馬，大爲之備，次也；正如今日，下也。』

突厥降户，皆因苦默啜之虐，故欲一時息肩於唐耳，非慕化而來也。及聞默啜死而毗伽立，則北顧思歸，固有不能自已者。即多屯士馬、大爲之備，安能制其奔竄哉！徙之内地，與居民必不相安，弱則俯首而受欺凌，强則攘臂而思報復，暫就羈縻，卒成禍亂，亦不得云上策也。

毗伽可汗欲入寇。暾欲谷止之；又欲築城，暾欲谷曰：『突厥所以與唐爲敵者，正以逐水草，居處無常，唐兵雖多無所用。若築城而居，一朝失利，必爲所滅。』

暾欲谷之爲突厥謀，亦如中行説之爲匈奴謀，皆知己知彼、用其所長者也。行國之便於城郭者以此。

太廟四室壞，時上將幸東都，以問宋璟、蘇頲，對曰：『災异爲戒，願停車駕。』又問姚崇，對曰：『太廟屋材，皆苻堅時物，歲久腐壞，適與行期相會，何足异也！』（五年）

武、韋之世，唐祚將傾，何以太廟未聞示警？且高宗以來，屢幸東都，并非帝爲此創舉，况因關中不稔，出而就食乎？璟等因天變以進言，固屬正論；崇所云『歲久腐壞』，乃得其事實耳。

初，上與姜皎親善。及誅竇懷貞等，皎預有功。由是寵遇群臣莫及，常出入卧内，與后妃連榻宴飲。

功臣即加寵遇，何至與后妃連榻宴飲乎？唐宫闈不肅，故恬不知怪耳。

廣州吏民爲宋璟立遺愛碑。璟上言：『臣在州無他异迹，以臣光寵，成彼謟諛；欲革此風，望自臣始，請敕下禁止。』上從之。（六年）

璟此舉可爲居官之法。凡德政碑，大抵有爲爲之，君子無取焉。

王仁皎薨。其子守一請用竇孝諶例，築墳高五丈（二）［一］尺；上許之。宋璟、蘇頲固争，以爲不可。上悦曰：『朕每欲正身率下，况於妻子，何敢私之！』（七年）

是時王皇后已失愛，漸不自安，而守一猶爲此請，有以卜其不終已。

吐蕃遣使請上親署誓文；上不許，曰：『昔歲誓約已定，苟信不由衷，亟誓何益！』

吐蕃之意，特欲帝親署誓文，以自示尊大，所重固不在誓文也，拒之良是。

宋璟與蘇頲建議嚴禁惡錢，江、淮間惡錢尤甚，璟以蕭隱之充使括惡錢。隱之嚴急煩擾，怨嗟盈路，上於是貶隱之官。罷璟爲開府儀同三司。（八年）

以帝之勵精圖治、璟之竭誠奉公，而卒不能禁惡錢，何也？蓋惡錢行使已久，民間藏以爲富，一旦禁之而復括之，則惡錢化爲烏有，而新錢又未能驟行，富者頓失所藏，貧者更無以自給，此所以怨謗盈路也。計惟有廣鑄好錢，流通各路，姑聽與惡錢并行，而參用准折之法，以好錢一準惡錢二三，俾好錢日見其重，惡錢日見其輕；行之數年，則好錢日見其多，惡錢日見其少，民情必不肯舍好而取惡，庶惡錢久而自止。此固非旦夕之效也。

王晙奏請西發拔悉密，東發奚、契丹，掩毗伽牙帳。暾欲谷曰：『不足畏也。』乃爲毗伽畫策，擊拔悉密，大破之。復大敗唐兵。毗伽由是大振，盡有默啜之衆。

以暾欲谷之智略，而毗伽能用之，故雄於西北。國以得人而興，中外詎有异哉！

以宇文融爲勸農使，括逃移户口及籍外田，所獲巧僞甚衆。融奏置判官十人，分行天下。競爲刻急，州縣承風勞擾，百姓苦之。（九年）

融充使雖以勸農爲名，實則括户增税耳。逃亡户口，限百日自首；新附客户，免六年租調，立法非爲刻急，而奉行不善，遂致擾民。與宋璟之禁惡錢，雖用意不同，其滋弊一也。

姚崇薨，遺令：『勿得寫經造像，追薦冥福。道士見僧獲利，效其所爲，尤不可延之於家。當永爲世法！』

二氏言福報，皆以惑愚民而邀利，非釋、老本旨也。無論釋老之教淪於虚寂，即謂其理本精，亦與僧道之言迥殊。僧道乃釋老之罪人耳。崇不詆釋老而惡僧道，其論最爲持平。

初，諸衛府兵，自成丁從軍，六十而免，其家又不免雜徭，浸以貧弱，逃亡略盡，百姓苦之。張説建議，請召募壯士充宿衛，旬日，得精兵十三萬。兵農自此始分。（十年）

三代寓兵於農，其法自井田始。秦廢井田，而計户出丁，兵農尚未分也。歷代因之，唐之府兵，實踵後周之制，至此乃兵自兵、民自民，洵兵制之一大變也。要之，以民爲兵，國無養兵之費，民有征戍之苦，利於國不利於民；反是，則民以爲便，遂不可改。井田之廢，亦猶是也。欲復古必致擾民已。

上置麗正書院，多聚文學之士，供給優厚。陸堅以爲無益於國，欲奏罷之。張説曰：『自古國家無事，莫不崇宫室、廣聲色。今天子延禮文儒，發揮典籍，所益者大，所損者微。陸子之言，何不達也！』（十一年）

説言（陸）［裴］伷先不可杖、麗正書院不可廢，皆千古不易之論。

命蕭嵩與京兆、蒲、同、岐、華州長官選府兵及白丁一十二萬，謂之『長從宿衛』，一年兩番，州縣毋得雜役使。

前已召募壯士十三萬，兹復選府兵及白丁十二萬，均使之更番宿衛，免其雜徭，所以救府兵之敝也。此法初行，民必翕然稱便，而府兵不可復已。

王后兄守一，以后無子，使僧明悟爲后祭南北斗，剖霹靂木，書天地字及上名，合而佩之，祝曰：『佩此有子，當如則天皇后。』事覺，后廢爲庶人，守一賜死。（十二年）

守一無識，爲后厭禳求子耳，所云『當如則天皇后』，則文致之辭。

以宇文融兼户部侍郎。制：以所得客户税錢均充所在常平倉本；又委使司與州縣議作勸農社，使貧富相恤，耕耘以時。（十三年）

以客户税錢充常平倉本，又作勸農社，帝固意在恤民，特融因以牟利耳。

上自選諸司長官有聲望者源光裕等十一人爲刺史，餞於洛濱，供張甚盛。上自書十韵詩賜之。汾州刺史楊承令不欲外補，意怏怏，上聞之，貶睦州别駕。

帝志在勤民，故重刺史之選，盛爲之禮，以榮其行，將以矯士大夫重内輕外之弊，而承令猶不願行，甚矣，積重之難返也。

車駕發東都，至泰山下，御馬登山。留從官於谷口，獨與宰相及祠官俱登。

唐之封禪，至是再舉，雖儀物不及高宗時，亦盛典也。泰山恐非御馬可登，當日自必别有措置。

上欲以武惠妃爲皇后，或上言：『武氏乃不共戴天之仇，豈可以爲國母！且太子非惠妃所生，惠妃復自有

子，若登宸極，太子必危。』上乃止。（十四年）

或可謂言人臣所難言矣。帝雖武后親孫，而革命之禍，豈不知之？况手誅三思父子，與武氏爲世仇，安可復立其女爲后乎！

渤海靺鞨王武藝遣其弟門藝將兵擊黑水。門藝來奔，武藝上表請殺之。上報云已流門藝於嶺南。武藝復上表固請，上暫遣門藝詣嶺南以報之。

帝頗好邊功，而所忌者吐蕃、突厥，次則契丹，以其勢大而近邊，能爲患也。渤海阻絶東北一隅，地小兵强，緩之則内附，急之則叛歸契丹。若用兵討之，勝則不足爲武，不勝則諸夷狄將輕中國。此所以曲示羈縻而不欲明正其罪也。温公譏其威不能服武藝、恩不能庇門藝，顧效小人欺誑爲可羞。竊謂帝及諸臣非必見不及此，但審機度勢，有所不可耳。

吐蕃自恃其强，致書用敵國禮，上意常怒之。張説曰：『吐蕃連兵十餘年，甘、凉、河、鄯不勝其弊，聞其悔過求和，願聽其款服，以紓邊人。』（十五年）

説所言亦暫紓邊患之一策，但是時吐蕃方强，悉諾邏用事，屢挫唐兵，恐非空言所能羈縻也。未幾遂有王君㚟之敗。

吐蕃大將悉諾邏等攻陷瓜州，執刺史田元獻及河西節度使王君㚟之父，君㚟登凉州城西望而泣，竟不敢出兵，尋爲回紇護輸所殺。

君奐鋭欲立功，故以深入進討沮張説和親之計。但吐蕃兵力雄於西北，非君奐所能敵，而其氣方張，和親徒以示弱，二臣之策，此失而彼亦未爲得也。惟有慎固邊防，徐覘其釁以爲進退耳。

以張守珪爲瓜州刺史，帥餘衆築故城。吐蕃猝至，擊走之。蕭嵩縱反間於吐蕃，云悉諾邏與中國通謀，贊普召而誅之；吐蕃由是稍衰。

田元獻不能守完實之瓜州，而守珪復之於瘡痍殘破之餘，遂爲重鎮，城以一人爲存亡也。毗伽用暾欲谷而盛，贊普誅悉諾邏而衰，國以一人爲强弱也。王君奐力戰而敗績，嵩運籌而制勝，將不在勇怯而在智愚也。

以吐蕃爲邊患，令隴右道及諸軍團兵五萬六千，河西道及諸軍團兵四萬；又征關中及朔方兵各萬人，集臨洮及會州防秋，寇至，互出兵腹背擊之。

隴右、河西之兵，土兵也；即後世團練之權輿也；關中、朔方兵，客兵也。土兵用之於守，客兵用之于戰。西北有此十餘萬衆，邊備自是稍飭矣。

楊思勗討瀧州叛獠陳行範，破之，斬首六萬，生擒行範，斬之。思勗爲人嚴，偏裨白事者不敢仰視，故用兵所向有功。

思勗自是當時勇將，獨惜其出於宦官耳。於安南擊斬賊帥梅叔焉，於溪州生擒叛蠻覃行璋，於邕州生擒叛獠梁大海，皆能一戰而定，不留遺孽。兹復破斬行範，其功洵不可没。亦由各賊帥皆溪硐小醜，故草薙禽獮，較易爲力也。

楊瑒奏：『主司帖試明經，不務求述作大指，專取難知，問以孤經、絶句或年月日；請自今并貼平文。』（十七年）

帖經惟取年月、絶句以取難知，蓋以士子艱於默記、主司易於識别也。近代用經義取士，雖以八比爲定式，而往往有搭題、截題及虚縮險仄之小題，正是此意，古今固不甚相遠。瑒請帖經并帖平文，亦猶今之條陳科場者，請禁出題割截也。

敕：以人間多盗鑄錢，禁私賣銅、鉛、錫及以銅爲器皿；其采銅、鉛、錫者，官爲市取。

防盗鑄因禁私銅，但民亦惟利是視耳。錢貴則毁銅器以鑄錢，器貴則銷銅錢以爲器，要在權其貴賤之等而酌其輕重之平，非可以法令禁也。

初令百官於春月旬休，選勝行樂，自宰相至員外郎，凡十二筵，各賜錢五千緡，上或御花萼樓邀其歸騎留飲，迭使起舞，盡歡而去。（十八年）

是時東都斗米十五錢，天下歲奏死罪二十四人，幾與貞觀并稱極盛。上既以生日宴百官於花萼樓下，并以八月五日爲千秋節，布於天下，咸令宴樂，至此君臣嬉游、好樂而荒矣。

以裴光庭兼吏部尚書。先是，選司注官，惟視其人之能否，或不次超遷，或老於下位；州縣亦無等級。光庭始奏用循資格，庸愚沉滯者皆喜，才俊無不怨嘆。

凡怨嘆者，才俊十之一，奔競十之九。停年循資之格，亦猶選舉之變爲科目，所謂窮則變、變則通者也。但無問能否，選滿即注，限年躡級，無得逾越，未免屈抑人才。今吏部選法一準此格，而於選闕之外，更定題調之闕，由內外各長官擇人而授，不占吏部之闕，固有以待才俊之士矣。

吐蕃兵數敗而懼，乃求和親。皇甫惟明因言和親之利。上命惟明與内侍張元方使於吐蕃。贊普大喜，悉出貞觀以來所得敕書以示惟明。

惟明一言，遂收和親之利，河西隴右得以息肩。然吐蕃所以款服者，兵數敗而悉諾邏已死，勢不敢與唐抗也。此非惟明之力，而蕭嵩及張守珪等之功也。昔於吐蕃方熾之時而用張説之計，適以示怯取侮而已。毋謂説言至此驗也。

高力士娶吕玄晤女爲妻，擢玄晤少卿，子弟皆王傅。吕氏卒，朝野争致祭。（十九年）

閹人娶妻，殆即後世所云對食者。玄晤不惜以女予力士，第欲夤緣以干進耳。至《唐朝年代紀》云：『裴光庭娶武三思女，力士私焉。光庭因以入相。』此則事理之必不可信者。雖三思之女不貞，何取於力士而私之？蓋光庭爲循資格，才士多爲所抑，故造爲帷簿之謗以詆之也。

初令兩京諸州各立太公廟，以張良配享，選古名將，以備十哲；春秋致祭，如孔子禮。温公以爲：自古未有不兼文武而稱聖人者，譏其非禮。

三代以來，文武未嘗分也。至後世而判爲兩途，故優於文者每絀於武。二廟并立，示無偏重，亦禮緣義起者也。温公譏之，似未盡古今之變。

渤海靺鞨王武藝遣將張文休帥海賊寇登州，殺刺史韋俊，上命葛福順發兵討之。（二十年）

渤海去登州絶遠，其遣將入寇，必泛海而南也。蓋因不殺門藝，故怒而犯順也。然亦悍已。

上遣大門藝詣幽州發兵討武藝；命金思蘭使於新羅，發兵擊其南鄙。會大雪丈餘，山路阻隘，士卒死者過半，無功而還。（二十一年）

門藝，武藝之弟；思蘭，新羅侍子也。前已遣葛福順致討，慮其險遠，故即命門藝爲將，佐以思蘭，爲以夷攻夷之計。然卒無功，則知前之曲示羈縻未爲失策也。

制：『自今選人有才業操行，委吏部臨時擢用。』雖有此制，而有司以循資格便於已，猶踵行之。

循資格所以不能廢者，非徒易行，亦以杜弊也。以天下選人，而才業操行决於吏部數人之口以爲升擢，其弊可勝詰哉！我朝二百餘年銓政所以一準此格，而探籌截缺輪補之法日益加密也。

楊崇禮爲太府卿二十餘年，前後爲太府者莫能及。以户部尚書致仕，年九十餘矣。三子慎餘、慎矜、慎名，皆廉勤有才，上皆擢用之。

崇禮，隋煬帝之曾孫，而父子仕唐并以功名顯，亦後世所僅見也。

方士張果自言『有神仙術，堯時爲侍中，於今數千歲』；多往來恒山中。上遣徐嶠迎之至東都，肩輿入宫，恩禮甚厚。（二十二年）

堯時安得有侍中？果雖妄托神仙，實則方士之謬陋者耳。

張果固請歸恒山，制以爲銀青光禄大夫。後卒，好异者奏以爲尸解；上由是頗好神仙。

果既卒，可以决其非仙矣；又爲尸解之説以惑人，而帝竟爲所惑，則仍長生之説動其所貪也。

契丹王屈烈及可突幹爲其牙官李過折所殺。過折帥餘衆來降。張守珪出師紫蒙州，大閲以鎮撫之，梟屈烈、可突幹首於天津之南。

守珪亦因人成事耳。與郝靈荃之得默啜首殊相似。乃靈荃之功不録，而守珪之賞甚厚，非二子有幸不幸，良以帝中年之好大，非復初政之核實也。

上御五鳳樓觀酺晏，觀者闐隘，樂不得奏。金吾白梃如雨，不能遏，高力士奏：河南丞嚴安之爲理嚴，請使止之；安之以手板繞場畫地，無敢犯者。（二十三年）

一縣丞耳，手板畫地而人不敢犯，乃更嚴於金吾之白（梧）［梃］。固由安之威信所致，亦足見唐之庶官得自舉其職也。

張審素二子瑝、琇因復父仇，殺御史楊萬頃。議者多言二子父死非罪，稚年孝烈，宜加矜宥；張九齡欲活之。

裴耀卿、李林甫以爲恐壞國法，上以爲然。

審素謀反，事雖未明，而坐贓被告，其黨至以兵劫按獄之御史，審素安得諉爲不知？連坐被誅，殊未爲枉。其子報仇，罪在不宥，未可以九齡、林甫有邪正之殊，遽以原情爲是、執法爲非也。

張守珪使安禄山討奚、契丹叛者，禄山恃勇輕進，爲虜所敗。守珪惜其驍勇，執送京師。上赦之，以白衣將領。張九齡曰：『臣觀禄山貌有反相，不殺必爲後患。』上不聽。

讀史者每以守珪不斬禄山、明皇不從九齡爲自遺患害，此事後之論耳。驍將一戰而敗，許其戴罪自贖，乃駕馭武夫之恒例，所云『使功不如使過』也。以貌取人，聖且自失，彼亂臣賊子，豈必有反相哉！至九齡所云『穰苴誅莊賈、孫武斬宮嬪』，則與禄山不可同日語矣。

李林甫短張九齡於上，上浸疏之。九齡與嚴挺之善，林甫恨之。挺之出妻嫁王元琰，元琰坐贓罪，挺之爲之營解。林甫因左右白上。上語宰相，九齡曰：『此乃挺之出妻，不宜有情。』上曰：『雖離乃復有私。』

既出妻而復與之私，此人情所必無者，其爲林甫之誣譖明甚，蓋藉挺之以傾九齡也。元琰犯贓，而挺之爲之營解，其平時必非恒泛之交。乃元琰輒娶挺之出妻，挺之仍與往來無間，均非所以處友與自處也。唐時士大夫帷簿不謹，固如斯夫！

上以九齡爲阿黨，與裴耀卿并罷政事。林甫爲蔽塞人主視聽，召諸諫官謂曰：『今明主在上，烏用多言！諸君不見立仗馬乎？食三品料，一鳴輒斥去矣。』

厚結内臣以伺上意，杜絶言路以蔽主聰，奸臣竊柄，千古一術。九齡罷而林甫專權，開元之政自此紊矣。

初置玄學博士，每歲依明經舉。（二十五年）

尊老子而并及莊、列、文三子，此明皇之弊法。

楊洄奏太子瑛、鄂王瑶、光王琚與駙馬薛鏽潛構异謀，上召宰相謀之。李林甫曰：『此陛下家事，非臣等所宜豫。』上乃廢瑛、瑶、琚爲庶人，尋賜死。

此武惠妃之謀，藉洄發其端，而以林甫贊其決也。諫者以爲惠妃若登宸極，太子必危，豈知惠妃欲危太子，固不必正位中宫哉！林甫之言，與李勣之贊立武后，乃如出一口。

太子瑛既死，李林甫數勸上立壽王瑁。上以忠王璵年長，仁孝恭謹，欲立之。高力士亦以爲言，上意乃定。立璵爲太子。（二十六年）

帝初非欲立壽王，以武惠妃之寵，故注意於其子耳。惠妃薨而壽王之眷顧頓衰，故力士一言而儲位定，林甫亦不復爲力矣。

追謚孔子爲文宣王。先是，祀先聖先師，周公南向，孔子東向坐。制：『自今孔子南向坐，被王者之服，釋奠用宫懸。』追贈弟子皆爲公、侯、伯。（二十七年）

此學宫專祀孔子之始，弟子封侯，不及曾子，公伯寮亦封伯。蓋以曾子不列四科，而《史記》以寮爲孔子弟子也。

是歲，天下縣千五百七十三，户口滋殖。西京、東都米斛直錢不滿二百，絹匹亦如之。海内富安，行者萬里不持寸兵。（二十八年）

此開元之極盛也。而安、史已睥睨於偏裨之中，漸露牙角矣。

上夢玄元皇帝云：『吾有像在京城西南百餘里。』上遣使求得之於盩厔樓觀山間。迎置興慶宫。命畫玄元真容，分置諸州開元觀。（二十九年）

此因樓觀山有尹喜宅、授經臺故址而妄爲傅會也。置玄學不止，即有托夢求像之事。

置十節度經略以備邊。以安禄山爲平盧節度使。開元之前，供邊歲不過二百萬；天寶之後，益兵浸多，公私勞費，民始困矣。（天寶元年）

于西、北、南三邊各置大將，戍以重兵，防制四夷，可謂密矣。雖威加萬里之外，而中國(才)[財]力浸以不支；又自恃太平，忘危弛備，未幾漁陽發難，遂致播遷，幾傾寶祚，則偏重之勢有以致之也。豈獨禄山建節實肇禍始哉！

田同秀上言：『見玄元皇帝，告以「藏靈符，在尹喜故宅」。』上遣使求得之。崔以清復言：『玄元皇帝，藏符在紫微山。』按問，得其詐，上亦不深罪，流之而已。

唐之靈符，亦如宋之天書，人主非不知其僞，但欲假之以誑惑天下愚民，而不知愚民固不可欺也。

李林甫爲相，凡才望出己右、勢位將逼己者，必百計去之；尤忌文學之士，或陽與之善，啖以甘言，而陰陷之。世謂林甫『口有蜜，腹有劍』。

李義府柔而害物，時謂之『李猫』，又謂之『笑中有刀』；林甫之『口有蜜、腹有劍』，何與義府如出一人邪？

安禄山入朝。時選人集者萬計，張奭爲首，群議沸騰。禄山言於上，上悉召入等者面試之，奭終日不成一字，時人謂之『曳白』。同考判官裴朏等皆貶官。（二年）

禄山以邊帥而干預銓政，不自以越俎爲嫌者，欲示赤心無私，以取信於上。且是時李林甫方領吏部尚書，禄山故與之忤，俾不得行其譖害也。至今科場不成文而納卷，謂之『曳白』，房官謂之同考，蓋其由來舊已。

以安禄山兼范陽節度使；席建侯爲河北黜陟使，稱禄山公直；李林甫、裴寬皆順旨稱其美。三人皆上所信任，由是禄山之寵益固。（三載）

入朝而發張奭之私，帝必以禄山爲公直矣；故建侯亟稱之以迎合帝意，豈獨林甫、寬工於順旨哉！

初，武惠妃薨，上悼念不已，後宫無當意者。或言壽王妃楊氏之美，絶代無雙。上見而悦之，乃令妃自乞爲女官，號太真，潛内宫中，寵如惠妃。

惠妃與楊洄、李林甫共譖殺太子瑛等三人，爲擁立壽王耳。乃惠妃尋死，壽王卒不得立，林甫亦無如之何，詎非天命有屬，不可以人力爭邪？迨楊氏以壽邸舊妃繼惠妃入宫，則尤壽王之不幸也。太宗納巢剌王妃，高宗烝太宗才人，猶在剌王、太宗身後也，明皇於問視之餘不避新臺之醜，不惟無以示天下後世，亦何顔以見壽王乎！

上謂宰相曰：『朕於宫中爲壇，爲百姓祈福，自草黄素置案上，俄飛升天，聞空中語云：「聖壽延長。」』太子、諸王、宰相，皆上表賀。（四載）

帝之爲此妄語者，以春秋漸高，欲延壽命，故不覺其自欺，因以欺人也。

李林甫欲除不附己者，求治獄吏，蕭炅薦吉温，林甫得之大喜。又有羅希奭，爲吏深刻，二人皆隨林甫所欲，鍛煉成獄，無能自脱者。時謂之『羅鉗吉網』。

奸臣欲惑君而專權，首在蒙蔽，故先鉗制言官；既得君而盗其權矣，須除异己，故亟用酷吏。

劍南節度使章仇兼瓊辟楊釗（即國忠）爲推官，使獻春彩於京師，更以蜀貨精美者遺之。釗至長安，歷抵諸妹，以蜀貨遺之，於是諸楊引之見上。

此國忠進身之始，雖緣貴妃，而其見親於諸妹，則蜀貨之力也。

以王忠嗣爲河西、隴右節度使，兼知朔方、河東節度事。忠嗣杖四節，控制萬里，與吐蕃戰於青海、積石，皆大捷。又討吐谷渾，虜其全部而歸。（五載）

當日邊帥委寄之重，無過忠嗣，而威略亦足以控西北而制之，故吐蕃、突厥，皆懾伏而不敢動。帝於是恃以無恐，益肆荒淫，卒致播遷之禍。正孟子所云『死於安樂』者。然忠嗣良將，實帝之長城也。

上欲使王忠嗣攻吐蕃石堡城，忠嗣上言：『石堡險固，非殺數萬人不能克。不如俟其有釁然後取之。』上不快。董延光自請將兵攻石堡城，上命忠嗣分兵助之。忠嗣不盡副延光所欲，李光弼曰：『彼無功，必歸罪於大夫。』忠嗣曰：『吾豈以數萬人之命易一官乎！』

是時邊帥，當以忠嗣爲第一。安邊制夷，姑不具論，即其數言安禄山必反，先見何減曲江？至若始終不助石堡之役，甘心貶退，不欲以數萬人之命易一官，大哉言乎！

李林甫欲杜邊帥入相之路，乃奏言：『文臣爲將，怯當矢石，不若用寒畯胡人，必能爲朝廷盡死。』上悦其言，始用安禄山。至是，諸道節度使盡用胡人。

林甫所云，不爲無見，但不當以太阿之柄，全假之耳。如阿史那社爾、契苾何力諸人，何嘗不可用哉！

楊釗以聚斂驟遷，歲中領十五餘使。蘇冕論曰：奸臣廣言利以邀恩，多立使以示寵，宇文融首唱其端，楊慎矜、王鉷繼遵其軌，楊國忠終成其亂。仲尼云：『寧有盗臣，而無聚斂之臣。』誠（者）［哉］是言！（七載）

冕此論亦人所共知，而語多牽湊失倫，如『人望怨而成禍，受厚禄而虚其用』之類是也，引《大學》語，一經倒置，并加『而無』兩字，便不通矣。况以孟獻子之言誤屬仲尼乎？不知温公何所取而稱引之。

府兵日益墮壞，徒有官吏而已。彍騎應募，皆市井無賴子弟。時承平日久，民間挾兵器者有禁；子弟爲武官，父兄擯不齒。精兵猛將，皆聚於西北矣。（八載）

帝初年有志於講武，乃天寶之弛備如是，甚矣，人情之喜文事而厭武事也。承平久則議銷兵，千古一轍，自非周公之聖，安能訓成王以『詰爾戎兵』哉！但其時寓兵於農，國無養兵之費，與後世之兵民判而爲二者，又未可概論也。

太白山人李渾上言見神人，言金星洞有玉板石記聖主福壽之符；命王鉷入仙游洞求而獲之。上以符瑞相繼，乃加上祖宗尊號。

先上祖宗尊號，意在自加尊號也。明皇之尊號，雖沿唐代故事，但屢加不一加，直至幸蜀回鑾，仍復有所加焉，獨何心哉！

群臣上尊號曰開元天地大寶聖文神武應道皇帝。

《春秋》書天王，猶天子也，乃臣下尊之之辭，非以爲號也。若稱天兼稱地，則惟明皇爲然，與周天元之自稱天者又异。『天地皇帝』，可比『宇宙大將軍』。

楊貴妃復忤旨，送歸私第。吉温以爲言，上亦悔之，遣中使賜以御膳。妃乃剪髮一繚而獻之。上遽使高力士

召還，寵待益深。（九載）

胡身之以爲：婦人女子，最爲難養，古之英主，如漢武之於鈎弋，庶乎！竊謂帝王之御妃嬪，自有正道，明皇之於楊妃固失矣，漢武欲立其子先殺其母，亦未爲得也。

太白山人王玄翼上言見玄元皇帝，言寶仙洞有妙寶真符。命張均等往求，得之。上尊道教，慕長生，故所在争言符瑞。

尊道教，其名也；慕長生，其實也。長生不可必得，則姑爲符瑞以自欺欺人耳。凡此舉動，皆如兒戲。

安禄山屢誘奚、契丹，爲設會，飲以莨菪酒，醉而坑之，動數千人，函其酋長之首以獻，前後數四。

禄山雖凶狡，亦有將略，其邊功自非一無可録。若誘奚、契丹而乘醉坑之，僅可偶一試耳，安得屢爲之至於數四，而兩番輒墮其術中乎？此史臣惡禄山而增益其辭者也。

楊釗，張易之之甥也，奏乞昭雪易之兄弟。制引易之兄弟迎中宗於房陵功，復其官爵。

《天寶故事》云：『楊國忠本張易之之子。』温公不取，然易之姊妹實生國忠，妖狐固有種類也。

上命有司爲安禄山治第於親仁坊，敕令但窮壯麗，不限財力。禄山生日，上及貴妃賜予甚厚。自是出入宫掖不禁，或與貴妃對食，頗有醜聲聞於外。（十載）

禄山雖有鷹犬之微能，而按其功狀，安邊制勝，不及王忠嗣；深入克敵，不及哥舒翰、高仙芝。徒恃諸楊爲内主計，亦受其賕賂，爲之延譽耳。帝雖倦於萬幾，然固英主，何以尊寵無所不至，甚乃任其出入宮掖，無復禁防？太真即性非貞淑，亦何取於腹重三百斤之胡兒而畜爲面首乎？此尤情所必無者。殆亦當時紀載諸臣因禄山構逆、諸楊亂政，幾覆唐室，故以傳聞异辭過爲增飾，遂致充類至盡，諸惡悉歸於下流也。

安禄山獨憚李林甫，謂爲十郎。既歸范陽，劉駱谷自長安來，必問：『十郎何言？』得美言則喜；或但云『語安大夫，須好檢校！』輒反手據床曰：『噫嘻，我死矣！』

是時禄山方欲與吉温共排林甫，且謀作亂，何以畏林甫至於如此？殆前日之事，史追書之也。其時林甫方用事，禄山新得寵，又以發張奭事與之忤，故惟恐爲其所陷耳。

禄山既兼領三鎮，日益驕恣。自以曩時不拜太子，見上春秋高，頗内懼；又見武備墮弛，有輕中國之心。嚴莊、高尚因爲之解圖讖，勸之作亂。

心輕中國，何畏李林甫哉？以禄山之怨獷，而莊等助逆，猶必援圖讖以勸之。甚矣，内學之惑人，至唐而不已也。

制大募兩京及河南、北兵以擊南詔；人聞雲南多瘴癘，莫肯應募。楊國忠遣御史分道捕人，連枷送詣軍所。行者愁怨，哭聲振野。

此即李白詩所云『五月渡瀘水，將赴雲南征』者。白居易《新豐折臂翁》詩亦追述其事。

安禄山將兵六萬討契丹，以奚騎二千爲鄉導，至契丹牙帳，時久雨，弓弩筋膠皆弛，奚叛，與契丹合，夾擊唐兵，殺傷殆盡。禄山與麾下二十騎走免。

禄山喪師，不聞失律之罰，豈竟匿不上聞邪？抑亦如鮮于仲通之掩敗爲功邪？林甫、國忠，亦不聞一言白於上，何也？蓋以帝方寵禄山而惡聞敗，故相與爲欺蔽迎合，而國忠是時亦未與禄山有隙也。

時江、淮多惡錢，貴戚大商往往載入長安，李林甫請禁之，官爲易取，期一月，不輸官者罪之。商賈不以爲便，楊國忠言於上，乃更命非鉛錫及穿穴者，皆聽用之如故。（十一載）

賢如宋璟，奸如林甫，均不能驟禁惡錢。圜法固未易言也。

李林甫以陳希烈易制，引爲相，政事常隨林甫左右，晚節遂與林甫爲敵。

初若易制，後與爲敵，以林甫之奸狡，竟墮希烈術中。小人之心難測，其交亦難恃也。

初，李林甫以楊國忠微才，且貴妃之族，故善遇之。國忠與王鉷俱爲中丞，鉷用林甫薦爲大夫，國忠不悦，遂深探刑縡獄，令引林甫交通鉷兄弟及阿布思事狀，陳希烈、哥舒翰從而證之；上由是疏林甫。

小人之交，以勢利耳。利所在則趨之，勢所在則争之。其趨利也，不期其合而自合；其争勢也，不期其離而自離。千古一轍，詎徒國忠之與林甫哉！

林甫有疾，國忠謁林甫，拜於床下。林甫流涕謂曰：『林甫死矣，公必爲相，以後事累公！』國忠謝不敢當，汗出覆面。

國忠久與林甫爲仇敵，思去之而代其位矣，至此何憚於將死之林甫而汗出覆面乎？

以楊國忠爲右相，兼文部尚書。或勸進士張彖謁國忠，彖曰：『君輩倚右相如泰山，吾以爲冰山耳！若皎日既出，得無失所恃乎！』遂隱居嵩山。

是時處士、山人，假托神怪以干進者多矣，如彖者豈易得哉！

國忠欲收人望，建議：『文部選人，依資據闕注官。』滯淹者翕然稱之。

依資注官，即得衆譽，足徵循資格之便於施行。

安禄山以李林甫狡猾逾己，故畏之。及楊國忠爲相，禄山視之蔑如也，由是有隙。國忠屢言禄山有反狀，上不聽。（十二載）

國忠言禄山有反狀，非果見其反狀也。第以其蔑視己，故誣以反而欲除之耳。此不得與張九齡、王忠嗣并稱先見也。

國忠謂客：『吾本寒家，一旦緣椒房至此，未知税駕之所，然念終不能致令名，不若且極樂耳。』

張彖以國忠爲冰山不足恃，國忠亦自謂『未知税駕之所』，小人非不知後患，但爲目前計，倒行逆施，以取一時之快耳。正如李林甫聞其子指役夫爲凶，亦愀然不樂，第云『勢已至此，無如之何』，而晝夜防刺客如當大敵也。

宋昱知選事，劉迺與之書曰：『察言於一幅之判，觀行於一揖之間，借使周公、孔子今處銓庭，考其辭華，則不及徐、庾；觀其利口，則不及嗇夫，何暇論聖賢之事業乎！』

觀迺此書，則知後世以銓選專責吏部，捨循資別無善法。彼以登俊拔尤爲説者，徒以滋弊而已。

禄山之發長安也，上令高力士餞之於長樂坡，及還，上問：『禄山慰意乎？』對曰：『觀其意怏怏，必知欲命爲相而中止故也。』（十三載）

禄山欲反，故失其常度，非因不得爲相而怏怏也。既欲反矣，何必以命相爲榮、失相爲辱乎？

劍南留後李宓將兵七萬擊南詔。閤羅鳳誘之深入，閉壁不戰。宓糧盡，士卒罹瘴疫，死十七八，蠻擊之，宓被擒，全軍皆没。楊國忠隱其敗，更以捷聞。

用兵之道，客利速戰，主貴持重，閤羅鳳閉壁以老宓之師，故能坐制其敝，亦明於主客之形者也。

上嘗謂高力士曰：『朕今老矣，朝事付宰相，邊事付諸將，復何憂！』對曰：『邊將擁兵太盛，陛下將何以制之！恐一旦禍發，不可復救。』上曰：『卿勿言，朕徐思之。』

帝老而倦勤，且爲楊妃所蠱，樂以忘憂，不復留意於軍國大計。力士之言，本非所願聞，故置之度外耳。

自去歲水旱相繼，關中大饑，天下無敢言灾者。高力士侍側，上曰：『淫雨不已，卿可盡言。』對曰：『陛下以權假宰相，賞罰無章，陰陽失度，臣何敢言！』上默然。

邊將擁兵太盛，謂禄山也；宰相賞罰無章，謂國忠也。二人勢傾中外，而力士一再言之者，自恃爲帝所親信也。力士言之不聽，他人無復言之者矣。即有言之者，亦必獲罪，而天寶之亂成矣。

楊國忠、韋見素言於上曰：『今若除禄山平章事，召詣闕，以賈循爲范陽節度使，吕知誨爲平盧節度使，楊光翽爲河東節度使，則勢自分矣。』（十四載）

帝從二人之計，尋以中使輔璆琳之言而中止。但禄山反謀已決，必不肯受代赴闕，適以速之反耳。

禄山以上待之厚，欲俟上晏駕然後作亂。楊國忠與禄山不相悦，數以事激之，禄山由是决意遂反，以討國忠爲名，引兵而南。使何千年等至太原，劫北京留守楊光翽以去。

禄山之反，不盡由於國忠；而其速反，則國忠有以激之。國忠亦非果能料禄山之必反，争寵相妒，欲其反而因以誅之耳。

上聞禄山反，召宰相謀之。楊國忠揚揚有德色，曰：『今反者獨禄山耳，將士皆不欲也。不過旬日，必傳首詣行在。』上以爲然。

激其反而不爲之備，豈果能料禄山之必傳首哉？姑爲大言，以暫取悦於帝耳。當時朝議，皆以爲禄山狂悖，不日授首，則又附和國忠，爲衆犬之吠也。

安西節度使封常清入朝，上問以討賊方略，常清曰：『今太平久，故人憚賊。然事有逆順，臣請詣東都，募勇渡河，取逆胡之首獻闕下！』上悦，即命常清乘驛詣東京，募兵六萬人；斷河橋，爲守禦之備。

前已遣畢思琛詣東京，程千里詣河東，募兵拒賊矣。常清鋭於任事，亦非無將帥之才，但倉卒召集，素非訓練之師，安能當胡騎之衝突哉！

安禄山自靈昌渡河，以緪約敗船及草木横絶河流，一夕冰合如浮梁，遂陷靈昌郡。禄山步騎散漫，人莫知其數。

封常清不能偵知禄山所向，控扼要津，使得踐冰徑渡，知其無能爲已。

初，平原太守顔真卿知禄山且反，完城浚壕。禄山以其書生，易之。及禄山反，真卿遣李平間道奏之。上曰：『朕不識顔真卿作何狀，乃能如是！』

帝習知其狀者，貴幸大臣及左右便辟耳。如張巡者，亦安知其作何狀乎？豈止一真卿！

封常清所募兵皆白徒，未更訓練，屯武牢以拒賊；賊以鐵騎蹂之，官軍大敗。常清收餘衆，連戰皆敗。禄山陷東京。

常清既不能扼河津以遏其渡，又不能據武牢以挫其鋒，乃以白徒當鐵騎，與之浪戰，宜其敗也。

常清帥餘衆至陝，謂高仙芝曰：『賊鋒不可當。且潼關無兵，若豕突入關，則長安危矣。』仙芝乃帥兵趣潼關。賊至，不得入而去。

以不練之新兵，當百戰之勁寇，必不能支，常清之言非妄也。但已不能先斷河津，又不能固守東京，則不得爲無罪耳。然非仙芝用常清之策退保潼關，則長安爲東京之續矣。

上議親征，制太子監國，并欲傳位太子。楊國忠大懼，退謂韓、虢、秦三夫人曰：『太子素惡吾家，若得天下，吾與姊妹命在旦暮矣！』乃使貴妃請於上，事遂寢。

帝即親征，安能靖寇？且亦必不成行，第欲借此傳位太子，自謀息肩耳。

高仙芝之東征也，監軍邊令誠數以事干之，仙芝多不從。令誠入奏事，具言仙芝、常清撓敗之狀，且云：『常清以賊搖衆，仙芝弃地數百里，又盜減軍士糧賜。』上大怒，遣令誠賫敕，即軍中斬仙芝及常清。

常清弃東京、仙芝弃陝，固有應得之罪。但所將皆白徒無賴，本難應敵，其并力守潼關，遏賊西入，以待諸路援兵之集，正合當日事機。二將固非不知兵者也，使褫其官而不奪其兵，即委以戰守之任，未嘗不可收效桑榆。而帝既入令誠之譖，又輕信國忠大言，以禄山爲不足慮，故一時發怒，輒即行誅，於常清累表所云，亦褎如充耳也。

哥舒翰病廢在家，上藉其威名，且素與禄山不協，召見，拜兵馬副元帥。翰以病固辭，不許，將兵八萬及火拔歸仁等各部并仙芝舊卒，號二十萬，軍於潼關。

翰之勇略，無以加於仙芝。與其以二十萬衆付之病夫，何若仍用仙芝，以收使過之效乎？

禄山將高秀巖寇振武軍，朔方節度使郭子儀擊敗之；薛忠義寇静邊軍，子儀使李光弼、僕固懷恩等逆擊，大破之，坑其騎七千。進圍雲中。

禄山悉軍渡河而南，未嘗不慮及朔方之掎其後也，故遣高、薛二將先發以制之。而是時子儀已杖節爲元帥，光弼、懷恩因之脱穎而出矣。

常山太守顔杲卿將起兵，會顔真卿自平原遣杲卿甥盧逖潛告杲卿，連兵斷禄山歸路。杲卿斬禄山將李欽凑，擒高邈、何千年。河北十七郡皆歸朝廷，兵合二十餘萬。

二顔起兵，河朔響應，禄山之胸腹潰矣。其卒無成功者，士不素練，將亦非才也。惜不與張許异地以處，而朝廷亦不亟遣郭子儀出井陘爲之節度也。

杲卿密使人入范陽招賈循，馬燧説循以范陽歸國，循猶豫不時發。别將牛潤容知之，以告禄山，禄山使韓朝陽縊殺循。

觀循之爲人，則知楊國忠等欲召禄山入朝、以循代爲節度之策，未必有濟。

鑒評别録卷四十三

唐紀七

肅宗皇帝（諱亨，玄宗第三子，在位六年）

顔杲卿使其子泉明等獻李欽湊首及何千年、高邈於京師。至太原，張通幽教王承業留泉明等，更其表，多自爲功，毁短杲卿，别遣使獻之。（至德元載）

承業之不救杲卿，罪浮於賀蘭進明。進明第畏賊不敢進耳，承業則攘其功而利其敗也。

杲卿起兵纔八日，史思明、蔡希德引兵皆至城下。杲卿告急於王承業。承業擁兵不救。城陷，執杲卿及袁履謙等送洛陽。禄山縛於中橋之柱而咼之。杲卿、履謙比死駡不虚口。顔氏死者三十餘人。

顔之推名其二子，一曰『愍楚』，嘆梁亡也；一曰『思魯』，懷故土也。愍楚闔家悉爲僞楚帝朱粲所噉，其名竟成語讖矣。杲卿，師古之曾孫，而思魯之玄孫也。遇害之慘，幾同愍楚，而忠義不泯，千載如生矣。

上命郭子儀罷圍雲中，還朔方，益發兵進取東京；選良將一人，分兵先出井陘，定河北。子儀薦李光弼，以光弼爲河東節度使，分朔方兵萬人與之。

先不亟遣子儀出井陘，與杲卿合兵，猶可曰未知杲卿起兵也。至此始命子儀益兵取東京，光弼分兵定河北，不知兵分則單、勢緩則變，何若使二將并力趨河北，傾其根柢，則禄山必還而自救，東都將不攻自下乎？

李光弼將兵出井陘。至常山，常山團練兵三千人殺胡兵，執安思義出降。

光弼出井陘即復常山，則知郭子儀出井陘必能保常山。顔杲卿求救於王承業，而不於子儀，亦失算也。

光弼謂思義曰：『今爲我計當如何？』思義曰：『大夫士馬遠來疲敝，不如入城，早爲備禦，先料勝負，然後出兵。胡騎雖鋭，不能持重，苟不獲利，氣阻心離，乃可圖矣。』

顔杲卿獲何千年，光弼獲思義，皆不殺而詢以兵事。二人所進之策，均洞中機宜，足徵禄山諸將，類多善戰而知兵也。

史思明帥二萬餘騎直抵常山城下。光弼遣步卒五千自東門出戰，賊守門不退。光弼命五百弩於城上齊發射之，賊稍却；乃出弩手千人，分爲四隊，使其矢發發相繼，賊不能當，因進擊，破之。賊退入九門。

思明用騎，光弼用步，所以能勝思明者，憑城而用弩也。蓋騎兵利馳驟，遇城則止；步兵據城爲固，則有所恃而不懼。而弩力所及，恒數百步，其致遠摧堅，數倍於弓矢，故可以制騎兵之衝突也。後世用火銃火炮，其猛烈又什倍於弩，故弩之制遂廢。然亦須用步兵，而尤利於憑城，則其取勢一也。近日始有用之於騎兵者，要不如步兵之得力也。

令狐潮引賊兵攻雍邱；張巡力戰，却之。潮復與賊將李懷仙等四萬餘衆奄至城下；巡每伺隙，出兵擊之。積六十餘日，大小三百餘戰，賊敗走。

世但知巡死守睢陽，而不知雍邱戰功爲諸將之冠。

顔真卿用李萼之計，使李擇交等將兵會清河及博平兵，與禄山所署魏郡太守袁知泰所遣將白嗣恭等戰於堂邑，大破之。知泰奔汲郡，遂克魏郡。

萼以朝廷遣程千里將兵十萬討賊，阻於崞口不得進，故説真卿先擊魏郡，開崞口之路，以出千里之師，俾之北討，以傾禄山之根柢也。今既克魏郡，而千里之師聲勢不相應接，則萼之計仍未用也。

北海太守賀蘭進明亦起兵，真卿以書召之并力，進明將步騎五千渡河，屯平原城南，真卿每事咨之，由是權移於進明矣。

杲卿起兵，諸郡響應，而敗於王承業；真卿克魏郡，軍聲大振，而撓於進明。二顔忠義有餘，均非將帥才也。承業爲北京留守，名位本尊，宜杲卿未敢與抗也；進明亦一太守耳，何加於真卿，而必每事咨之，以致客奪主權乎？常山之功，特爲承業所攘取耳；堂邑之功，何與於進明，而乃屈意以讓之？亦何以慰立功諸將士之心乎？

李光弼與史思明相持四十餘日，告急於郭子儀，子儀引兵出井陘，至常山，與光弼合，蕃、漢步騎十餘萬，與思明等戰於九門，大破之。

兵分則單，合則厚，故光弼雖善戰，僅足以保常山，必與子儀合，方能破思明，并蔡希德而走之也。至是而子儀東京之行亦中止矣。

禄山使平盧節度使吕知誨誘安東副大都護馬靈詧，殺之。劉客奴、董秦、王玄志同謀討誅知誨，遣使逾海與顔真卿相聞，請取范陽以自效。

楊國忠等謀以代禄山分其勢者，范陽代以賈循，河東代以楊光翽，平盧則代以知誨也。乃循與光翽均爲禄山所殺，知誨已節度平盧矣，轉受禄山嗾使，害靈詧以助逆，旋爲客奴等所誅。然則三人皆庸奴耳，何足恃哉！

禄山使蔡希德、牛廷玠將兵助史思明。郭子儀深溝高壘，賊來則守，去則追之，夜斫其營，賊不得休息。數日，戰於嘉山，大破之，斬首四萬餘級，虜千餘人，思明奔博陵。河北十餘郡皆殺賊守將而降。

禄山所以竊踞洛陽，不以河北爲慮者，恃思明及希德等諸驍將耳。嘉山大捷，思明破膽，河北諸郡反正來歸，禄山之胸腹潰矣。是時漁陽路絶，賊衆揺心，使委任郭、李，何難克期奏恢復之功哉！

禄山大懼，召高尚、嚴莊詬之曰：『汝教我反，今守潼關，數月不能進，北路已絶，諸軍四合，吾所有汴、鄭數州而已。』禄山議弃洛陽，走歸范陽，計未决。

是時郭、李雖有嘉山之捷，尚未能直取范陽也。若漸逼范陽，又有劉客奴爲犄角之勢，禄山不得不還而自救，東京必復，潼關之賊亦不戰而退矣。使禄山北歸，則勢沮衆潰，未有不成禽者。而國忠與哥舒將相相圖，釁由内肇，遂致潼關之敗。

禄山起兵以誅楊國忠爲名，王思禮密説哥舒翰，使抗表請誅國忠，翰不應。思禮又請以三十騎劫取以來，至潼關殺之。翰曰：『如此，乃翰反，非禄山也。』

禄山謀反，蓄意久矣，其起兵特以誅楊國忠爲名耳。是時即誅國忠，烏足以釋禄山之憾而解其兵乎？國忠雖爲衆怨所歸，而尸居相位，豈閫外所得專誅？且長安雖無備，亦安能以三十騎劫取國忠竟莫之誰何乎？思禮之計，謬已！

或説國忠：『今朝廷重兵盡在翰手，翰若援旗西指，於公豈不危哉！』國忠大懼。會有告崔乾祐在陝，兵不滿四千，皆羸弱，上遣使趣翰進兵復陝、洛。

胡身之以爲：此禄山之用間。竊謂禄山方欲弃洛陽北遁，志已不在進取關中，何暇用間哉？此乃將吏偵候不明，謬言賊弱，以悦國忠而寬明皇耳。小人臨機誤事，往往如是。

翰奏曰：『禄山久習用兵，是必羸師以誘我。且賊遠來，利在速戰；官軍據險，利在堅守。今諸道徵兵尚多未集，請且待之。』郭子儀、李光弼上言：『請引兵北取范陽，賊必内潰。潼關大軍，惟應固守，不可輕出。』國忠言於上，遣中使趣翰，引兵出關。

賊利在速戰，官兵利在堅守，此主客定形也。翰但知據險扼賊，待其内變，尚未計及郭、李之直取范陽也。翰以大軍固守潼關，扼賊使不得西；郭、李乘屢勝之威爲擣虚之計，禄山進不得戰，退無所歸，欲不潰敗得乎？國忠固無足論，明皇尚非憒憒者，何於三將金玉之論衺如充耳，而反爲國忠糞土之口所眩也？

哥舒翰將兵遇崔乾祐之軍於靈寶西原。乾祐據險以待之，南薄山，北阻河，隘道七十里。與官軍會戰。

守關則官軍據險以扼賊，出關則賊反得據險以待官軍。是時翰所將號二十萬，乾祐衆寡不敵，故引之入隘道中，俾無所用其衆也。

乾祐伏兵於險，翰見其兵少，趣諸軍使進。乾祐出兵不過萬人，兵既交，偃旗如欲遁者，官軍懈，不爲備。須臾伏兵發，賊乘高下木石，擊殺士卒甚衆。道隘，士卒如束，槍槊無所施。乾祐遣同羅精騎自南山過，出官軍之後擊之，官軍首尾駭亂，於是大敗。

翰以二十萬衆當乾祐，力非不敵，所以敗者，一則兵非素練，一則置陣失宜。安有於一綫隘道中排大兵十五萬，前後不相統、首尾不相顧，俾賊得以乘高據險、設伏用奇，而不大敗者乎？翰蓋一勇之夫，非大將才也。

翰獨與麾下數百騎走入關，士卒得入關者纔八千餘人。乾祐進攻潼關，克之。翰至關西驛，揭榜收散卒，欲復守潼關。火拔歸仁等執翰以降。

以二十萬衆，一敗而纔餘八千，又不能據關死守，迨乾祐攻克之後，始欲收散卒而復守之，此必無幸者也。被執而即降賊，更無所逃罪矣。

潼關既敗，河東、華陰、馮翊、上洛各防禦使皆弃郡走，上召宰相謀之。楊國忠自以身領劍南，首唱幸蜀之策。上然之。

潼關既失，全軍盡覆，諸將奔潰，長安守備單虚，勢不能支矣。惟有避兵出幸，召集勤王之師，徐圖恢復，尚是一策。不然，將爲梁武之續。此乃時勢之灼然易見者，勿以謀出國忠而詆其謬也。

上遣宦者王洛卿前行，告諭郡縣置頓。洛卿與縣令俱逃，於是民争獻糲飯，雜以麥豆；皇孫輩争以手掬食之，須臾而盡，猶未能飽。

牙盤水陸，今皆安在？然昔之珍羞不如今之粗糲轉覺適口也。

有老父郭從謹進曰：『禄山包藏禍心，亦有告其逆謀者，陛下往往誅之。草野之臣，知有今日久矣。事不至此，臣何由得睹陛下之面而訴之乎！』上慰諭而遣之。

百姓所以惓惓如此者，天寶之虐未甚，而開元之澤猶在人心也。從謹輒進讜言，亦忠義所激。

王思禮自潼關至，始知哥舒翰被擒；以思禮爲河西、隴右節度使，即令赴鎮，收合散卒，以俟東討。

思禮之不爲封常清，幸也。遽得使節，則以其首先奔赴行在耳。

至馬嵬驛，陳玄禮以禍由楊國忠，欲誅之，因李輔國以告太子，太子未决，軍士遂殺國忠。上慰勞軍士，令收隊，不應。上使高力士問之，玄禮對曰：『國忠謀反，貴妃不宜供奉，願陛下割恩正法。』上乃命力士引貴妃於佛堂，縊殺之。

明皇播遷，釁由國忠。王思禮勸哥舒翰以晉陽之事，固屬孟浪，至此則必應誅之，以清君側之惡。若聽其扈從入蜀，仍執魁柄，禍有不可勝言者。玄禮此舉，功莫大焉。其除韓、秦二夫人而并及貴妃，快哉！杜詩『活國』之褒不虚也。

國忠妻裴柔與其幼子晞及虢國夫人、夫人子裴徽皆走，至陳倉，縣令薛景仙帥吏士追捕，誅之。

景仙之快不下玄禮，宜其卒守扶風，屹爲重鎮。

上將行，父老皆遮道請留，上令太子宣慰父老。父老因曰：『若殿下與至尊皆入蜀，中原百姓誰爲之主？』太子跋馬欲西。建寧王倓與李輔國諫曰：『殿下若從至尊入蜀，則中原拱手授賊矣。不如收西北守邊之兵，召郭、李於河北，與之并力東討逆賊，克復兩京，掃除宫禁以迎至尊，非孝之大者乎！』

唐之中興，建寧首贊大謀，肅宗於危難中，實仗其力。旋入譖言而賜之死，昏謬殊甚。

上宿扶風郡。士卒潛懷去就，往往流言不遜，陳玄禮不能制。會成都貢春彩十餘萬匹，上命悉陳於庭，諭將士曰：『卿等從朕至此，勞苦至矣。今聽卿等各還家，可共分此彩，以備資糧。若歸，見父母及長安父老，爲朕致意，各好自愛也！』衆皆哭，曰：『臣等死生從陛下。』

明皇弃貴妃以定倉卒之變、散春彩以收將士之心，雖皆迫於不得已，要非亡國之君所能。至其不焚左藏，恐賊復斂於民；不斷便橋，俾避兵者得以徑渡，則所謂是宜爲君，有恤民之心者也，所以卒能復國。

祿山不意上遽西幸，遣使止崔乾祐，兵留潼關；凡十日，乃遣孫孝哲將兵入長安。

使乾祐既克潼關，乘勝遂趨長安；孝哲至長安後，即分兵四出，兼程追迫乘輿，則明皇、太子危矣。乃舉不出此，固由賊乏遠謀，抑亦天心未厭李氏也。

太子至平凉數日，朔方留後杜鴻漸等遣李涵迎太子至朔方。上箋請遵馬嵬之命，即皇帝位，太子不許。裴冕等箋五上，乃許之，即位於靈武。

肅宗即位於靈武，後儒多有議其非者。但是時兩京淪陷，國步艱危，存亡之幾，間不容髮。明皇遠在蜀中，奏報批答，既動多稽緩，且耄而倦勤，安能更勞思慮？自非先正位號，手攬乾綱，亦何以進退群臣、鼓舞士氣？况將吏捐弃一切，相從於間關跋涉之中，孰不欲附鳳攀龍，以赴功名之一會哉！若但以撫軍監國之名臨乎其上，則賞罰多須奏請，舉措未盡自由，一有掣肘，動失人心，將有不可收拾者矣。彼執常理以論權道者，殆未審其時勢、一爲深長思耳。此《通鑒》所以直書其事，不復著論以譏之也。

張良娣每寢，常居上前。曰：『倉卒之際，妾以身當之，殿下可從後逸去。』産子；三日起，縫戰士衣。上止之，對曰：『此非妾自養之時。』上以是益憐之。

胡身之云：爲良娣挾寵竊權得禍張本。竊謂此所書皆良娣之美，不必逆計其挾寵竊權也。

上皇制：『以太子亨充天下兵馬元帥，取長安、洛陽。永王璘、盛王琦、豐王珙并充節度使，虢王巨等依前充使。』琦、珙皆不出閤，惟璘赴鎮。

以諸王分領大藩，藉資屏翰，似是一策。然皆生長富貴，少不更事之人，筋骨脆耎，志氣驕佚，脱有緩急，安足倚賴？況不出者徒擁虚名，赴鎮者卒致構逆，則固於國無益也。

上命河西節度副使李嗣業將兵五千赴行在，嗣業欲緩師以觀變。段秀實讓嗣業曰：『安有君父告急而晏然不赴者乎！』嗣業大慚，即如數發兵詣行在。

嗣業意存觀望，未爲忠純，因秀實一言，即慚憤出師，卒之收京血戰，爲衆軍鋒；鄴城之敗，以身殉國，可謂能從善者矣。

以蠟丸致赦書於顔真卿，真卿頒下河北諸郡，又遣人頒於河南、江淮。諸道始知上即位於靈武，徇國之心益堅。郭子儀等將兵五萬至靈武，軍威始盛。

赦書頒而人心有所繫屬，益知從權即位，實關天下之大機。然非得郭、李之兵，亦無以振積弱之勢。

靈武使者至蜀，上皇曰：『吾兒應天順人，吾復何憂！』命韋見素等奉寶册詣靈武傳位。上不肯受，群臣固請，上置寶册於别殿，事之，如定省之禮。

明皇誅常元楷等，睿宗於即日傳政移宫，不知有何迫不及待？若肅宗權正位號以繫人心，仍别奉寶册以盡子職，亦可謂變而不失其正矣。

上欲以建寧王倓爲天下兵馬元帥，李泌曰：『建寧誠元帥才；然廣平，兄也。若建寧功成，豈可使廣平爲吴太伯乎！太宗、上皇，即其事也。』上乃以廣平王俶爲天下兵馬元帥，以泌爲元帥府行軍長史。

泌於肅宗，雖不居宰相之名，而秘謀碩畫，裨益多矣。其力争建寧之爲元帥，而屬之廣平，杜漸防微，用意良善；但是時寇氛孔熾，國步方危，存亡之機，決於命帥，似當論其才之優劣、不當拘於年之長幼也。如果高祖不以大事付太宗而付建成；睿宗不以大事付明皇而付宋王成器，何以化家爲國、轉危爲安乎？猶幸廣平之才亞於建寧，又有郭、李諸將爲之爪牙，故卒成恢復之功耳。若但以其冢嗣而遽挈重任授之，或非其才，將社稷不血食矣。雖欲爲吴太伯，豈可得乎！

上皇賜張良娣七寶鞍，李泌言於上曰：『今四海分崩，當以儉約示人，良娣不宜乘此。請撤其珠玉付庫，以賞戰功。』良娣在閣中言曰：『鄉里之舊，何至於是！』

此何時？猶以七寶鞍賜良娣！欲其於軍中乘之以爲觀美邪？上皇亦可謂全無心肝者。泌之言甚正，而良娣不以爲然，挾寵竊權之端，於此見矣。

第五琦請以江、淮租庸市輕貨，泝漢而上至洋川，陸運至扶風；上從之。琦作榷鹽法，用以饒。

琦功自不可没。市輕貨以便運、榷鹽以佐軍，不惟開劉晏之先，并爲後世鹽法之祖。

房琯(嘉)[喜]賓客，好談論，多引拔知名之士，而輕鄙庸俗，人多怨之。賀蘭進明與琯有隙，言於上曰：『琯佐上皇，使諸王分領諸節制，置陛下於沙塞空虛之地，其意以爲上皇一子得天下，則己不失富貴，豈忠臣乎？』

琯祖尚空虛，好談釋老，誠不足爲中興良佐；而進明小人，其言不足信也。諸王分領節制，開元早有成例，但不出閤，兹則遣永王赴鎮耳。其議或出於琯，未必不慮及中原或失，猶可畫江而守如東晋也。至云置肅宗於沙塞，則非琯之所與聞矣。肅宗自爲百姓所遮留，赴朔方以圖恢復，明皇因以元帥命之，豈琯意哉！此亦易辨，而無如帝之不明也。

琯上疏，請自將兵復兩京，上許之。

琯爲相，已不免虚名亡實，况使之將兵爲帥乎？固由琯鋭於自任，不知揆度，亦由帝用違其才，恰得所短也。

琯以中軍、北軍爲前鋒，遇賊將安守忠於咸陽之陳濤斜。琯效古法，用車戰，以牛車二千乘，馬步夾之；賊順風縱火，人畜大亂，官軍死傷者四萬餘人。

哥舒翰之戰於靈寶也，以氈車駕馬爲前驅，爲賊所焚而敗。况琯本不知兵，其牛車必倉卒取於民間者，安能禦賊乎？

史思明遣將攻平原，未至，顔真卿弃郡渡河南走。裨將張興守饒陽，賊攻之，彌年不能下。至是城陷，太守李系赴火死，興被執不屈，思明鋸殺之。

河北惟恃一顔真卿，而真卿儒者，用兵非其所長，故河間不守，平原自潰，餘郡勢如破竹矣。此非必思明之善攻，良以諸將均非其敵也。系、興之在饒陽，頗似張巡、許遠之在睢陽，可謂烈士。

永王璘從上皇入蜀。上皇命諸子分總天下節制，高適以爲不可，上皇不聽。璘領四道節度都使，鎮江陵。薛鏐等爲之謀，以爲今天下大亂，宜據金陵，保有江表，如東晋故事。

諸子惟璘赴鎮，其不出閣者勿論。如璘之才，安能撫民禦寇？徒令僥倖之徒導之爲不義而已。然明皇此舉，亦自有成算，以太子帥師西北，專領興復之任；以永王出鎮東南，豫圖偏安之局。若太子功成則已得以返軫舊京；倘中原傾覆，天險可恃，己亦不難順流東下，歸老江南，不失作太上皇也。其爲謀亦黠矣。此適之正論所以不入，而鏐等窺見微指，遂進邪説歟？

上問李泌曰：『今敵强如此，何時可定？』對曰：『賊之驍將，史思明、安守忠、田乾真、張忠志、阿史那承慶數人而已。若令李光弼出井陘，郭子儀入河東，則思明、忠志不敢離范陽、常山，守忠、乾真不敢離長安，從禄山者，獨承慶耳。陛下以所徵之兵軍於扶風，與子儀、光弼互出擊之，使賊疲於奔命。來春命建寧爲范陽節度大使，并塞北出，與光弼南北犄角以取范陽，覆其巢穴。賊退則無所歸，留則不獲安，然後大軍四合而攻之，必成擒矣。』

禄山之初陷東京也，郭、李之計不在亟取東京，而在北取范陽；泌爲帝謀，不在亟取兩京，而亦欲北取范陽，皆爲覆其巢穴，則其勢頓成瓦解也。厥後兩京既復，餘氛猶熾，河北遂曠若异域，終唐之世，與國爲敵，方知諸臣之深識遠圖，固非徒爲一戰之功、一時之利也。

嚴莊與安禄山之子慶緒謀，使李猪兒殺禄山，埋其尸於床下；宣言禄山疾亟，立慶緒爲太子，尋即帝位。慶緒昏懦，事皆取决於莊。

祿山死而賊勢不稍衰，何也？蓋祿山僭位後，目昏不能視物，又病疽，深居禁中，大將希得見其面，一切軍謀皆出於莊，祿山特尸居餘氣耳，其生死固無關輕重；慶緒騃豎子，而莊爲謀主，故猶能令其衆也。

李輔國附會張良娣，與相表裏。建寧王倓數於上前詆訐二人罪惡，二人譖之曰：『倓恨不得爲元帥，謀害廣平王。』上怒，賜倓死。

詆訐輔國猶可，詆訐良娣，則取禍之道也。詆訐良娣猶可，因李泌薦爲范陽節度大使，即欲除良娣，以泌言而止，良娣詎無所聞？則尤速禍之道也。二人譖倓曰『恨不得爲元帥、謀害廣平王』，實則恨不得爲范陽節度大使，謀害張良娣也。

史思明等引兵十萬寇太原。李光弼麾下精兵皆赴朔方，餘團練烏合之衆不滿萬人。乃於城外鑿壕以自固。作墼數十萬，及賊攻城，壞輒補之。思明圍太原，月餘不下，會安祿山死，慶緒使思明歸守范陽，留蔡希德等圍太原。光弼出擊，大破之。斬首七萬餘級，希德遁去。

哥舒翰以二十萬衆，據潼關之險，當崔乾祐數萬之賊，而於關外掘塹三重，寬各二丈，深各一丈，未免示怯。若光弼以團練烏合不滿萬人守太原，當思明等四將十萬精兵，勢必不支，城既大而難守，又非可以倉卒修築，此誠危急存亡之會。兵法云：『壕深一尺，城高一丈。』而鑿壕與修城遲速難易相去懸殊，不止事半功倍，乃救急之良策也。『墼』即今土坯，先時作之，臨時用之，取携既便，以補缺壞，堅固不坍，尤足應變。余年來於鄉居築壘捍禦捻逆，曾用鑿壕作墼之法，殊有效也。

賊初逼城急，光弼作大炮，飛巨石，一發輒斃二十餘人，賊死者什二三。

石炮之利用如是。今惟用火炮，取其迅疾，而石炮之法不講。亦如連弩神臂弓，自漢以來相傳爲行軍利器，而今惟用弓矢，不復用弩也。

上至鳳翔，隴右、河西、安西、西域之兵皆會，李泌請如前策取范陽。上以爲迂，泌曰：『今所恃者，皆西北之兵，耐寒畏暑，若乘其新至之鋭，攻禄山已老之師，其勢必克。兩京春氣已深，賊收其餘衆，遁歸巢穴，關東地熱，官軍必困而思歸，不可留也。賊伺官軍之去，必復南來，則征戰未有涯也。不若先用之於寒鄉，除其巢穴，則賊無所歸，根本永絶矣。』上不能用。

禄山猾賊，久鎮河朔，亦有威惠以懾伏人心，民從其令非一日矣。况史思明之凶狡，甚於禄山，而中原虜掠所獲，又悉數輦至范陽，兵强財富，其植根亦不淺，非可以猝拔也。故郭、李及泌皆先爲搗穴之計，而不亟於收京，蓋惟恐其遁歸范陽，糾合醜類，得勢則豕突而來，失勢則兔脱而去，其爲中國之患可勝言哉！西北諸軍之耐寒畏暑，其一端耳。泌所指陳利害，洞若觀火，是真知彼己者。無如帝之急近功而昧遠圖也。

郭子儀平河東，走崔乾祐，遣其子旰等濟河擊潼關，破之。安慶緒遣兵救潼關，旰等大敗。

平河東、破潼關，漸向東京矣，竟一戰而敗。

慶緒使尹子奇將兵十三萬圍睢陽。許遠告急於張巡，巡引兵三千，自寧陵入睢陽，與遠兵合六千八百人。晝夜苦戰，凡十六日，擒賊將六十人，殺士卒二萬餘，賊夜遁。

張、許至是始共守睢陽，戰事一決於巡，遠但調軍糧、修器具而已，自以才不及巡，故推而讓之也。以巡之力戰却敵，而不能解睢陽之圍，卒至與城俱碎者，兵力不足而糧援不接也，故曰『小敵之堅，大敵之禽』。

安守忠寇河東，郭子儀擊走之。以郭子儀爲天下兵馬副元帥，使將兵赴鳳翔。李歸仁以鐵騎邀之於三原北，子儀使僕固懷恩等擊之於白渠留運橋，殺傷略盡。子儀與王思禮軍合於西渭橋，進屯潏西。守忠、歸仁軍於京城西清渠，相守七日，守忠僞退，子儀悉師逐之。賊以驍騎夾擊官軍，官軍大潰，軍資器械盡弃之。子儀退保武功，中外戒嚴。

白渠戰勝，進屯潏西，漸逼西京矣，而大敗於清渠，勢幾不振。蓋子儀兵力，可以挫賊偏師，而不足以抗其全軍也，此所以必藉助於回紇也。

是時府庫無蓄積，專以官爵賞功，諸將出征，皆給空名告身，有至异姓王者。諸軍但以職任相統攝，不復計官爵高下。及清渠之敗，復以官爵收散卒。由是官爵輕而貨重，大將軍告身一通，纔易一醉。

此徐陵所云『白銀難得，黄札易營』者也。官爵無恒，職任有定，不得不置官爵而論職任。有官無任，與無官同，何况勛階乎？久之，職任少而官爵日見其多，多則益輕。人人皆官，則無官矣；人人皆爵，則無爵矣；人人皆大將軍，則無大將軍矣，告身特空紙耳。以博一醉，未爲不值。此足爲千古之戒。而兵急財匱，乃有不得不然者，可勝慨哉！

房琯性高簡，時國家多難，而琯多稱病不朝謁，不以職事爲意，日與劉秩等高談釋、老，或聽董庭蘭鼓琴，庭蘭大招權利。御史奏其贓，罷琯爲太子少師。

此何時也？身爲宰相，又有陳濤斜之敗，不思戴罪圖功，而猶高談釋老、聽客鼓琴乎！賀蘭進明比之王衍，未爲過也。琯之罷相，殊不足惜。杜甫疏救，乃阿其所私耳。

上常使僧數百人爲道場於內，晨夜誦佛。張鎬諫曰：『帝王當修德以弭亂，未聞飯僧可致太平！』上然之。

數百僧人，作道場誦佛以乞福祐，此必出自張良娣之意，李輔國贊成之，而帝亦不之禁也。即以鎬言爲然，其事未必中止。

尹子奇復攻睢陽。先是，許遠於城中積糧至六萬石，虢王巨以其半給濮陽、濟陰二郡，睢陽至是食盡。將士人廩米日一合，雜以茶紙、樹皮爲食。

睢陽之陷，固由於賀蘭進明之不救，而其所以飢疲不復任戰，則由於虢王之分其糧也。巨既以張巡爲先鋒，乃不從其請，僅予告身十三道，而不予實物，又分許遠一半之糧，使之無以自給，得非忌二人威名而沮其功乎？

睢陽將士消耗至一千六百人，皆飢病不堪鬥，遂爲賊所圍，張巡修守具以拒之。賊不復攻，遂於城外穿三重壕，立木柵以守之。

賊雖百道環攻，猶可禦也。於城外穿壕立栅，以不攻爲攻，而城中坐困矣。

張巡令南霽雲告急於臨淮。賀蘭進明不能救。初，房琯惡進明，以爲河南節度使，以許叔冀爲都知兵馬使，不受其節制。故進明不敢分兵，懼爲所襲也。

此時即使進明、叔冀連兵赴救，未必即能破賊，或可暫緩其攻耳。然睢陽非陷於攻，乃陷於餓，若無糧以濟之，雖有援兵在城外與賊相持，亦無救於城中之枵腹也。

郭子儀勸上益徵回紇兵。懷仁可汗遣其子葉護及將軍帝德等將精兵四千餘人來至鳳翔。上引見葉護，宴勞賜賚，惟其所欲；廣平王俶與之約爲兄弟。

子儀請益徵回紇兵，自是急仗其力，然未免不顧其後矣。幸而葉護志在助唐，惟廣平之言是聽，不然，將有貽害無窮者，此不足訓。

廣平王俶將諸軍十五萬發鳳翔。至長安西，陣於香積寺北澧水之東。賊衆十萬陣於其北，官軍逼之。賊衆齊進，官軍驚亂。李嗣業曰：『今日不以身餌賊，軍無孑遺矣。』乃肉袒，執長刀，立於陣前，殺數十人，陣乃稍定。於是帥前軍各執長刀，如墻而進，身先士卒，所向披靡。

是役也，嗣業將前軍、子儀將中軍、王思禮將後軍。使非嗣業捐軀赴敵，前軍一挫，中、後二軍與之俱潰矣。香積之戰，論功當以嗣業爲第一。

賊伏精騎欲襲官軍，僕固懷恩引回紇就擊之，翦滅殆盡。李嗣業又與回紇出賊陣後，與大軍夾擊，自午至酉，斬首六萬級，賊遂大潰。

嗣業力戰，幾於轉敗爲功矣，所以一戰而全勝，則回紇之力居多。

餘衆走入城，迨夜，囂聲不止。僕固懷恩言於廣平王曰：『賊弃城走矣，請以二百騎追之，縛取安守忠、李歸仁等。』王曰：『俟明日圖之。』懷恩固請，往而復反。遲明，諜至，守忠、歸仁與張通儒、田乾真等皆已遁矣。

懷恩固請追賊，深合兵機，廣平王固未知此，子儀亦未力贊其決，何也？獨不聞太宗之於薛仁果、宋金剛乎？

大軍入西京。初，上與回紇約：『克城之日，土地、士庶歸唐，金帛、子女皆歸回紇。』至是，葉護欲如約。廣平王俶拜於葉護馬前曰：『今始得西京，若遽俘掠，則東京之人皆爲賊固守，不可復取矣，願至東京乃如約。』葉護驚躍下馬答拜，跪捧王足，曰：『當爲殿下徑往東京。』

因欲速得京城，而約回紇以金帛、子女皆歸之，是何言也！設葉護必欲如約，從之則長安祇剩空城，雖得之何益？不從則彼得以負約爲辭，更啓兵端，禍有不可勝言者。帝之失計，不待言矣。子儀豈猶見不及此，而不預爲後患地乎！廣平亟拜，國體掃地矣，乃葉護遽爾回心，蓋有天幸焉。

李泌言於上曰：『臣不可留，願陛下聽臣去，免臣於死。』上曰：『卿以朕不從卿北伐之謀乎？』對曰：『非也，所不敢言者，乃建寧耳。』因白其冤，并誦雍王賢《黄臺瓜辭》曰：『「一摘使瓜好，再摘使瓜稀。」今陛下已一摘矣，慎無再摘！』是時良娣忌廣平王之功，潛構流言，故泌言之。

以泌之得君知，建寧之冤，而當時不敢言，何也？建寧之死，事坐廣平，所云『夜扪欲加害』者，既屬讒口之誣，廣平何以不爲一辯，而徒於事後嗚咽流涕邪？且建寧爲帝愛子，艱危中多仗其力，屢欲用爲元帥，以泌言而止，何以一人譖言，既不商之於泌，亦不質之廣平，并不容建寧辯訴，而遽奪其命邪？此皆事理之不可解者也。

尹子奇久圍睢陽，城中食盡，將士病，不能戰。城遂陷，張巡等三十六人皆死之。張鎬聞睢陽急，檄浙東、浙西、淮南、北海諸節度及譙郡太守閭邱曉，共救之，曉不受命。比鎬至，睢陽城陷已三日。鎬杖殺曉。

是時以鎬兼河南節度、采訪等使，代賀蘭進明，使其早至，必救睢陽。乃鎬至而城已陷，可勝悲哉！鎬但杖殺曉，而亦不能追罪進明也。

安慶緒悉發洛陽兵，使嚴莊將之，就通儒於陝，以拒官軍，步騎猶十五萬。郭子儀等遇賊於新店，戰不利。回紇自南山襲其背，與官軍夾擊之，賊大敗。莊等弃陝東走，僕固懷恩等分道追之。

香積寺之戰，官軍初爲賊所乘驚亂，李嗣業力戰，相持不決，僕固懷恩與回紇夾擊，則始大潰，而西京復矣。新店之戰，郭子儀初戰不利，回紇出賊之背，與官軍夾擊，始獲全勝，而東京亦復矣。唐之破賊收京，皆仗回紇之力，宜子儀勸上益徵其兵也。蓋是時賊兵强、官兵弱，子儀自度力不能辦賊，故不得已而求助焉。然回紇自此有輕中國之心已。

嚴莊先入洛陽告安慶緒，慶緒帥其黨走河北。廣平王俶入京師。回紇意猶未厭，俶患之。父老請率羅錦萬匹以賂回紇，回紇乃止。

金帛子女，成約具在。初入西京，猶可以東京爲説也；既入東京，將何辭以謝之乎？使其縱兵肆掠，孰得而禁之？禁之則兵端起矣。葉護於此，蓋猶有重義輕利之善心焉，不然，羅錦萬匹，視兩京城之金帛子女孰多？豈足厭其意哉！

安慶緒走保鄴郡，從騎不過三百，步卒不過千人，諸將阿史那承慶等散投常山、趙郡、范陽。旬日間，蔡希德、田承嗣、武令珣各帥所部兵歸之，軍聲復振。

慶緒此時，真如釜底游魂。使子儀乘勝以諸將之兵渡河急攻，克日可下，何至復有九節度之潰乎？廣平王於西京戰勝，不從僕固懷恩之請，急追安守忠、李歸仁，兹又不遣子儀渡河急攻慶緒，皆緩不應機，宜其縱寇貽害也。

上皇至咸陽，上備法駕迎於望賢宫。上皇謂左右曰：『吾爲天子五十年，未爲貴；今爲天子父，乃貴耳！』左右皆呼萬歲。即日，幸興慶宫，遂居之。

内樹奸回、外畜妖孽，以致胡塵沸天，毒流海内，誰之咎歟？輕弃宗廟社稷，脱身西邁，曾不顧惜，雖幸得旋蹕故都，亦何面目以見長安父老歟？乃不引咎責躬，痛自愧悔，而沾沾焉以天子之父爲貴，是真全無心肝者矣。

上御丹鳳樓，赦天下，惟與安禄山同反及李林甫、王鉷、楊國忠子孫不在免例。

嚴莊爲禄山謀主，復弑禄山而立慶緒，又爲慶緒將兵拒廣平王於陜，罪不止同反矣，乃新除司農卿，何也？殆欲藉以招諸賊將，導之來降邪？然未免失刑矣。

諸陷賊官以六等定罪，重者刑之於市，次賜自盡，次重杖一百，次三等流、貶。斬達奚珣等十八人於城西南獨柳樹下，陳希烈等七人賜自盡於大理寺。

希烈位爲宰相，以失恩怨上，首先降賊，與張垍同爲賊相，罪不容誅。乃希烈既未肆諸市朝，而垍以父説舊恩免死流徙，尤失刑之大者也。

上皇加上尊號曰『光天文武大聖孝感皇帝』，上固辭『大聖』之號，上皇不許。上尊上皇曰『太上至道聖皇天帝』。（乾元元年）

收復兩京，僅能不失舊物耳，况河北未平，寇氛猶熾，正當卧薪嘗膽之時，而乃父子互相推崇，各加徽號，甚無謂也。即此事而論，上皇加上尊號，以收復兩京也；兩京孰失之乎？上皇受尊號，能無汗顔？

房琯既失職，頗怏怏，多稱疾不朝，而賓客朝夕盈門，其黨爲之揚言於朝云：『琯有文武才，宜大用。』上聞而惡之，下制數琯罪，貶幽州刺史。

琯之文才不可知，武才已用之於陳濤斜，可再試乎？平時則高談釋老，崇尚虚浮，迨失職又稱疾怏怏，招聚朋黨，騰聲以求復用。琯之素望，至此掃地盡矣。僅予外貶，猶屬從寬。

史思明奉表請降，上大喜，以爲歸義王、范陽節度使。李光弼以思明終當叛亂，而烏承恩爲思明所親厚，陰使圖之。賜阿史那承慶鐵券，令共圖思明。事泄，思明榜殺承恩父子。

承恩雖爲思明所親厚，而其人非有智略，烏足取思明哉？思明老賊，狡計百出，承慶一勇之夫，亦何能爲，况未必同心邪？以此激思明，適以速之反耳。不以全力取安慶緒，而遽從事於新降未叛之思明，何也？郭子儀之緩於應田承嗣、光弼之急於圖思明，均不免智者之一失。

册命回紇可汗曰『英武威遠毗伽闕可汗』，以上幼女寧國公主妻之。漢中王瑀爲册禮使，上送公主至咸陽，流涕而還。

以一公主易兩京子女，唐之所損似少，而回紇之所得實多矣。葉護之所以不轉肆掠者，固由與廣平爲兄弟，亦由可汗得公主爲可賀敦也。齊景之涕，至帝而再出矣。

瑀等至回紇牙帳，可汗責其拜，瑀曰：『嚮者唐與諸國爲婚，皆以宗女爲公主。今天子自以所生女妻可汗，恩禮至重，奈何以子婿傲婦翁？』可汗改容，起受册命。立公主爲可敦，舉國皆喜。

可汗恃功而驕，所以起立受册，爲公主耳。不然，恐瑀等先不免鞭血之辱矣。

安慶緒不親政事，殺蔡希德，以崔乾祐總中外兵，士卒不附。上命郭子儀等七節度使將步騎二十萬討慶緒；又命李光弼等二節度使將所部兵助之。以子儀、光弼皆元勛，難相統屬，故不置元帥，但以宦官魚朝恩爲觀軍容宣慰處置使。

軍之進退，視乎帥之勇怯；軍之利鈍，視乎帥之能否。未有不置帥而能行軍者，以九節度數十萬衆而各不相統，其敗宜矣。况又以閹兒亟處其間，爲之掣肘乎！

廣州奏：大食、波斯圍州城，刺史韋利見逾城走，二國兵掠倉庫，焚廬舍，浮海而去。

廣州夷變，自路元叡後至此再見。彼但戕都督耳，此竟入城焚掠矣。然皆任其自來自去，事前不爲設防，事後不復問罪，何也？蓋以巨海汪洋，諸國一帆可達，來如烏集，去等魚沉，防之既不勝防，追之亦無從追也。然非利貪市舶，亦何至釁構商胡哉！

郭子儀與李嗣業等大破安慶緒於衛州，又敗之於鄴城西愁思岡，遂圍鄴。慶緒窘急，求救於史思明。思明發范陽兵十三萬救鄴，先遣李歸仁將步騎一萬軍於滏陽，遥爲慶緒聲勢。

使非有烏承恩之釁，思明何至遽與慶緒合哉？至是則其反决矣。

平盧節度使王玄志卒，上遣中使往撫將士，就察軍中所欲立者，授以旌節。裨將李懷玉殺玄志之子，推侯希逸爲平盧軍使。朝廷因以希逸爲節度副使。節度使由軍士廢立，自此始。

是時平盧以淄青爲巡屬，地當東夏，唐之威令，非不能行，乃從軍中所欲，姑息命帥，暫事羈縻而已。厥後河朔反正，因而撫之，遂成世及，則一時權宜，有所不得已也。然而太阿之柄授之方鎮，卒以亡國。

史思明自稱大聖燕王。李光弼曰：『思明得魏州而按兵不進，此欲使我懈惰，而以精鋭掩吾不備也。請與朔方軍逼魏城，彼必不敢輕出。得曠日引久，鄴城必拔。慶緒死，彼無辭以用其衆也。』魚朝恩不可，乃止。（二年）

光弼往往能料思明，滏水之潰，由於不用其言；河陽之戰，遂能挫思明之鋭而大破其軍。此則牽於衆議，彼乃斷自一心也。

郭子儀等圍鄴城，自冬涉春，安慶緒食盡，人皆以爲克在朝夕，而諸軍無帥，進退無所禀；城久不下，上下解體。思明自魏州引兵趨鄴。

思明以慶緒委諸將，俾兩相敝而後乘之，不惟諸將易破，慶緒亦易取矣。此鷸蚌漁人之勢也。

官軍步騎六十萬陣於安陽河北，思明自將精兵五萬直前奮擊，李光弼、王思禮、許叔冀、魯炅先與戰，殺傷相半；郭子儀乘其後，未及布陣，大風吹沙，天地晝晦，咫尺不辨。兩軍大驚，官軍潰而南，賊潰而北。

光弼等以前軍交戰，殺傷相當，勝負固未分也。子儀以中軍繼進，未及布陣，則猶未戰也。忽因風沙晝晦，兩軍因驚而潰，驚則俱驚也，潰則俱潰也，勝負仍未分也。使子儀與諸將整勒部伍，何難再戰？

子儀以朔方軍斷河陽橋保東京。戰馬萬匹，惟存三千；甲仗十萬，遺弃殆盡。東京士民奔散山谷，留守崔圓等及各官吏南奔襄、鄧，諸節度使各潰歸本鎮。士卒所過剽掠，旬日方定。惟李光弼、王思禮整勒部伍，全軍以歸。子儀至河陽，師人相驚，又奔缺門。諸將議捐東京，退保蒲、陝。張用濟曰：『不如守河陽。』子儀從之。

以六十萬官軍當數萬之賊，一戰驚潰，輒即渡河南奔，爲斷河橋守東京之計，以致官民駭散，各鎮潰歸，是子儀先不能自固，而諸將隨之，僕固懷恩所云『郭公先去』者，謂此也。又况戰馬亡失過半，甲仗遺弃僅存，既至河陽，不能止師人之驚，乃更爲缺門之奔，幾欲捐東京而保蒲、陜。馭軍無律，略可睹已。史稱『諸軍乏食，人思自潰』，然安慶緒收子儀營中糧，得六七萬石，則朔方軍何嘗乏食哉！

慶緒以三百騎詣思明營，思明怒曰：『爾爲人子，殺父奪其位，天地所不容！吾爲太上皇討賊！』即命左右牽出，并其四弟及高尚、孫孝哲、崔乾祐皆殺之。

諸將紛紛逃潰，思明按兵不動者，意固别有在也。使以精騎渡河急追，東京唾手可得矣。其誅慶緒兄弟，真霹靂手也！

李輔國自上在靈武，判元帥府行軍司馬事，及還京師，專掌禁兵，常於銀臺門决天下事。李峴具陳其專權亂政，上感寤，輔國讓行軍司馬，上不許。

輔國所以侍直帷幄、傳宣詔命、因竊大權者，以其爲元帥行軍司馬也。今讓而請歸本官，則其權頓失，乃帝猶不許，何也？史稱感悟，殊未然也。

制：『比緣軍國務殷，或宣口敕處分，自今一切并停。如非正宣，并不得行。中外諸務，各歸有司。』輔國由是忌峴。

帝用峴言，停口敕，以正宣歸中書，以諸務歸有司，將以挫輔國之專權，史稱感悟者謂此耳。然未嘗退輔國也。未幾因崔伯陽事，輒以峴爲朋黨，貶刺蜀州，猶嫌其寬，則必輔國忌峴，從中構成其罪也。帝何不忍於輔國而忍於峴也。

魚朝恩惡郭子儀，因其敗，短之於上。上召子儀還京師，以李光弼代爲朔方節度使、兵馬元帥。士卒涕泣，遮留。子儀紿之曰：『我餞中使耳。』因躍馬而去。

收復兩京，子儀實專其功，光弼無與也。使帝於討鄴之舉，留子儀不遣，俾休息將士，而以元帥屬之光弼，更不以魚朝恩掣肘其間，必當馘慶緒而挫思明，惜乎其不早出此也。滏水之敗，子儀何嘗無可短，但九節度之師同時奔潰，子儀既非元帥，安能獨職其咎？且功冠諸將，心在王室，中外所倚，安可一旦置之閑處？朝恩因惡子儀而思去之，不知於子儀無損，而國家所損甚大也。子儀此時，可謂功成名遂身退，故躍馬而去，更不流連。然非有此敗，朝恩之譖無由入，則亦不敢求退；非去之速且決，則張用濟輩必且遮留生變，將有求去不得者矣。此子儀之智也。

李光弼以河東騎五百馳赴東都。張用濟屯河陽，與諸將謀，以精鋭突入東京，逐光弼，請子儀。僕固懷恩、康元寶皆以爲不可，用濟乃止。

懷恩，良將也，勇而知義，洞悉兵機，郭、李而下，罕見其匹。卒爲叛臣，則御之失其道耳。

史思明向河南，分兵四道，會於汴州。許叔冀與戰，不勝，遂與董秦等降之。李光弼至洛陽，謂留守韋陟曰：『賊乘勝而來，利在按兵，不利速戰。洛城不可守，公計何如？』陟請留兵於陝，退守潼關。光弼曰：『兩敵相遇，貴進忌退，今無故弃五百里地，則賊勢益張矣。不若移軍河陽，北連澤潞，利則進取，不利則退守。』

利在按兵，不利速戰，封常清不知，所以敗也；無故弃地，賊勢益張，高仙芝不知，所以走也。

判官韋損曰：『東京帝宅，奈何不守？』光弼曰：『守之，則汜水、崿嶺、龍門皆應置兵，子能守之乎？』遂移牒韋陟使率官屬西入關，牒河南尹李若幽使帥吏民出避賊。光弼帥軍士，運油、鐵諸物，詣河陽爲守備。

城大則難守，分兵則勢單，東京必不可守也。空其城而并力守河陽，光弼用兵，可謂灼見利害、斷在必行。此時事機，更不容稍緩晷刻也。郭子儀不守河陽橋而奔缺門，光弼不守東京而固守河陽，勇怯固殊矣。

史思明引兵攻河陽，光弼使李抱玉守南城，賊急攻之。抱玉出奇兵，殺賊甚衆。光弼自將屯中潬，城外置栅，栅外穿塹，深廣二丈。

仍用太原穿塹之法，以守爲戰，以逸待勞。光弼將略，大抵如是。

賊將周摯捨南城，攻中潬。光弼使荔非元禮出擊，破之。光弼登北城望賊曰：『賊雖多，囂而不整，不足畏也。』乃令諸將出戰。曰：『吾急颭旗三至地，則萬衆齊入，少退者斬！』又以短刀置靴中，曰：『萬一戰不利，我自刭於此，不令諸君獨死也。』諸將進戰，賊衆大潰，周摯以數騎遁去，思明亦遁。

不戰則固守，戰則有進無退，光弼所以屢挫思明者，先爲不可敗，以乘敵之可敗也。臨機制變，將略實出郭子儀之上。

第五琦作乾元錢、重輪錢，與開元錢三品并行，民争盗鑄，貨輕物重，穀價騰涌，餓殍相望。上言者皆歸咎於

琦，貶琦忠州長史。（上元元年）

乾元、重輪，皆大錢也。一當開元錢之五十，故民争盗鑄以邀利。市廛交易，利用開元錢，而不能禁大錢之并行，則昂其物價以抵之，此所以貨輕而民困也。大錢之弊，千古一轍。

第五琦既行，或告琦受人金二百兩，遣御史劉期光追按之。琦曰：『琦備位宰相，二百兩金不可手挈，若付受有憑，請准律科罪。』期光奏琦已服罪。琦坐除名，長流夷州。

琦鑄大錢，誠爲謬計，然亦以兵興財匱，爲此旦夕之急策，其意固非爲私也。且靈武興復之初，理財不爲無功，遽加嚴譴，又使罹不白之冤。琦不負帝，帝負琦矣。

追謚太公望爲武成王，選歷代名將爲亞聖、十哲。

有一郭子儀不能用，崇祀太公，何益之有？

三品錢行浸久，屬歲荒，米斗至錢七千，人相食。京兆尹捕私鑄者，數月間，榜死者八百余人，不能禁。乃敕京畿，開元錢與乾元小錢皆當十、重輪錢當三十，諸州更俟進止。史思明鑄順天、得一錢，一當開元錢百，賊中物價尤貴。

當十大錢，已不能行，况當三十、五十以至當百乎？利重則盗鑄必不能止，貨輕則物價必不能平，卒致官民交困而已。此弊端之灼然易見者，而後世猶蹈其覆轍，何哉？

李輔國爲上皇左右所輕，意恨，且欲立奇功以固其寵，乃言於上曰：『上皇居興慶宮，日與外人交通，陳玄禮、高力士謀不利於陛下。請迎上皇居大内。』上不聽。

欲立奇功以固寵，輔國固已窺見帝之隱衷矣。蓋上皇與外人交接，及人心歸向上皇，皆帝所不欲，特無術以禁之，故輔國以逼遷西内爲奇功也。

興慶宮先有馬三百匹，輔國矯敕取之，纔留十匹。上皇謂高力士曰：『吾兒爲輔國所惑，不得終孝矣。』

矯敕取馬，上皇既知帝爲輔國所惑，亦第與力士私言之，而無如輔國何已。

輔國矯稱上語，請上皇游西内，至睿武門，輔國將射生五百騎，露刃遮道，迎上皇遷居西内。所留侍衛兵，纔尪老數十人。陳玄禮、高力士及舊宫人皆不得侍左右。輔國與六軍大將素服請罪。上迫於諸將，乃勞之曰：『南宫、西内，亦復何殊！卿等恐小人熒惑，防微杜漸，以安社稷，何懼也！』

遷上皇於西内，猶可曰輔國矯命爲之；請罪而加以慰勞，猶可曰迫於諸將；流貶高力士、陳玄禮等，并出如仙媛及玉真公主於外，豈得云非帝意乎？顔真卿率百僚上表請問上皇起居，立即貶謫，帝之意更可知已。輔國特逆探之而逢其惡耳。

上皇日以不懌，浸以成疾。上初猶往問安，既而上亦有疾，但遣人起居。其後上稍悔悟，惡輔國，欲誅之，畏其握兵，竟猶豫不能决。

逼遷因而致疾，遂以厭世，此王骷髏之謗所由起也。竊謂帝始終未嘗悔悟，如惡輔國，但以禁軍授郭子儀，即百輔國，能爲變乎？事事惟輔國之言是用，又信任魚朝恩而疏子儀，是時宦官之勢成矣。猶曰『欲誅輔國』，其誰信之？

或上言：『天下未平，不宜置郭子儀於散地。』命子儀統諸道兵自朔方直取范陽，還定河北，發禁軍及蕃兵共七萬人，皆受子儀節度。爲魚朝恩所沮，事竟不行。

李光弼河陽血戰，子儀自在京邸優游。沮子儀者，愛子儀者也。但國家少一良將耳。

上敕李光弼等進取東京。光弼奏：『賊鋒尚鋭，不可輕進。』僕固懷恩憚光弼而心惡之，乃附魚朝恩，言東都可取。由是中使相繼，督光弼出師。（二年）

子儀破敵，多仗懷恩，尤資回紇之力。然子儀能以恩結懷恩、以信結回紇，卒收其用，此所以爲大將也。光弼勇略出子儀之上，而器量狷狹，故不能用懷恩而失其心也。

光弼與懷恩將兵會朝恩攻洛陽，陣於邙山。光弼命依險而陳，懷恩不聽。史思明乘其陣未定，進兵薄之，官軍大敗。

光弼屢挫思明，至此一戰而敗，何也？有朝恩掣其肘，而懷恩附朝恩，不用其命也。

史思明之子朝義與部將駱悦、蔡文景謀，執思明於鹿橋驛，縊殺之。

邙山一敗，思明之勢日張，即欲乘勝西入關，而遽有子禍，蓋天尚祚唐也。

朝義即位，密使人至范陽，敕張通儒殺其弟朝清及朝清母辛氏，并不附己者數十人。其黨自相攻擊，死者數千人，數月乃定。

胡身之云：　去年若使子儀自朔方直擣范陽，適值城中自相攻擊，可馳檄而下。竊謂子儀如果以大軍直擣范陽，思明必將還而自救，光弼不致有邙山之敗，思明亦無緣至鹿橋驛，爲悦等所殺，朝義又安能使通儒殺朝清母子，致范陽内亂，恐又是一局面，未必能馳檄下范陽也。光弼或可乘間取東京耳。

初，李輔國與張后同謀遷上皇於西内。山人李唐見上，上方抱幼女，謂唐曰：『朕念之，卿勿怪也。』對曰：『上皇思見陛下，亦如陛下之念公主。』上泫然泣下，然畏張后，不敢詣西内。

抱幼女見臣下，豈復有人君之度，帝之不足有爲，即此可見。畏張后而不詣西内，則知其頻年定省之闕，非有疾也。因知李輔國逼遷上皇，恃張后爲之内主，帝畏后，故不能不從輔國也。與宋光宗受制於李后，不朝重華宫正同。

李輔國求爲宰相。上曰：『以卿之功，何官不可爲，如朝望未允何！』輔國乃諷裴冕等薦己。上密謂蕭華曰：『若公卿表薦，不得不以宰相與輔國。』華出，問冕，曰：『吾臂可斷，宰相不可得！』

輔國何功？正以逼遷上皇爲功耳。此因帝有『防微杜漸，以安社稷』之言，故作此非分之想也。帝於輔國，不應畏之如是，以其依附張后，畏后故畏輔國，非徒以其典禁兵也。

上生日，於三殿置道場，以宫人爲佛菩薩，武士爲金剛力士，召大臣膜拜圍繞。

置道場將以祈福。觀其所爲，與戲劇何异？此必張后借帝生日以爲娱樂，否則帝揣后意，而爲此以悦之，非果有意佞佛也。

或告康謙與史朝義通，事連嚴莊，俱下獄。京兆尹劉晏遣吏防守莊家。上尋敕出莊，引見。莊怨晏，因言晏矜功怨上；貶晏通州刺史。

莊爲禄山謀主，罪在不赦，因其降而授以官，尚可曰一時權宜，至此不因事誅之，反入其言而貶晏，何顛倒至是！蓋帝自六等定罪後，惑於邪説，務存姑息，故如莊者，不惟任其漏網，且使之久玷清班也。

租庸使元載以江、淮雖經兵荒，其民猶有資産，乃按籍徵其逋負，察民有粟帛者，發徒圍之，籍其所有而中分之。有不服者，嚴刑以威之。（寶應元年）

載所爲，不惟劉晏不爲，第五琦亦不爲也。與盗賊何异？

初，王思禮爲河東節度使，贍軍之外，積米百萬斛，奏請輸五十萬斛於京師。思禮卒，朝廷以鄧景山代之。將士殺景山。上不復推究亂者，遣使慰安之。諸將請以辛雲京爲節度使。

思禮雖無赫赫之功，自是當時善將，杜詩每稱之，有以也。侯希逸得平盧，第即軍中所欲立而命之耳；兹則朝廷命帥，輒擅殺之，亦置不問矣。且河東股肱郡，豈平盧比哉！姑息之政，乃至於是，紀綱掃地盡矣。殆所謂『遵養時賊』者邪？未幾而朔方兵殺都統李國貞、鎮西北庭兵殺節度使荔非元禮。

上召山南東道節度使來瑱赴京。瑱樂在襄陽，將士亦愛之，乃諷將士表留。行及鄧州，復令還鎮。荆南節度使吕諲等言：『瑱曲收衆心，恐久難制。』裴茙謀奪瑱位，密表瑱倔强難制，請以兵襲取之，上以爲然。

爲軍士所殺，則置之勿問；爲軍士所留，則疑其曲收衆心，此時之節度使，亦難乎免矣。瑱素有『嚼鐵』之稱，自是著名宿將，其心亦無他，特諲等以私憾欲去之，而茙謀奪其位，因而誣之耳。觀其旋即入朝謝罪，可知非倔强難制，故死而天下冤之。

上皇崩於神龍殿，上自仲春寢疾，至是哀慕，疾轉劇，乃命太子監國。

生不定省，死而哀慕，其誰信之？此因帝旋即崩逝，故史臣爲之推美，《通鑒》因其舊文耳。

初，張后與李輔國表裏，專權用事，晚年，更有隙。上疾篤，后召太子，謀誅輔國，太子不從。乃與越王係謀之。程元振密告輔國，以太子命遷后於别殿。上崩，輔國等殺后并係及兖王僴。代宗即位。

張后固不足惜，而輔國等弑逆，罪不可逭。舉朝更無一人敢言之者，詎非以其假太子命邪？殺節使不問，而曲徇其意以命帥，於是方鎮之廢立，權歸軍士；殺皇后而不問，而更以擁戴爲奇功，漸至天子之廢立，枋在中官。《易》曰：『履霜堅冰至。』豈不信然！

高力士遇赦還，至朗州，聞上皇崩，號慟嘔血而卒。

力士在内官中，不失爲婦寺之忠，與李輔國輩，不可同年語。

初，李國貞治軍嚴，朔方將士不樂，皆思郭子儀，王元振因之作亂。子儀至軍，元振自以爲功，子儀數其罪，及其同謀四十人皆殺之。辛雲京聞之，亦推按殺鄧景山者數十人，誅之。由是河東諸鎮率皆奉法。

朔方軍士，初憚李光弼之嚴，張用濟謀逐光弼不果；兹復憚國貞之嚴，元振因之遂殺國貞。一則沮於僕固懷恩之正論，一則欲踵行河東之近事也。挺刃害上，漸不可長，使子儀不亟正元振輩之罪，悉誅之以遏亂萌，是將之威令不可復行，一旦有釁，則狼顧而起，安知不爲國貞之續乎！人但知子儀不以私廢公，而不知其執法所以懲後也。雲京亦見及此，故叱吒行誅，不啻與子儀桴鼓相應也。

敕乾元大小錢皆一當一，民始安之。

貨之與物，輕重相權，兩得其平，則人以爲便。且民間交易，皆日用所需，以物准貨，數至參差。故當一小錢，用之無弊。若用當十、當三十五十之大錢，則其數必難相准，既不肯屈物以就貨，又不能損貨以就物，必有持一物而終日不能易一錢者，亦有持一錢而終日不能市一物者。此所以卒不能行也。將欲變通，亦惟一當二而止。後之言圜幣者，曷觀唐之已事乎！昔魏文帝罷錢而用穀帛交易，論者以爲布帛不可寸寸割裂。夫布帛不可寸寸割裂，皆知其不可用矣；大錢獨可一一破碎用之乎？何不思之甚也！

李光弼在徐州，惟軍旅之事自決之，衆務悉委張傪。傪吏事精敏，諸將白事，多令與傪决之。由是軍中肅然，東夏以寧。

兵以衛民，未有不恤民而能治兵者。光弼委任賢能，用輯東夏，此所以與汾陽并推良將，而非僕固懷恩以下所可及也。

程元振謀攘李輔國權，密言於上，請稍加裁制。於是解輔國行軍司馬，以元振代之，仍遷輔國出居外第。輔國懼，上表遜位。罷輔國兼中書令，進爵博陸王。

輔國握兵擅權，以判元帥府行軍司馬也。解其司馬，則勢頓衰而易制。肅宗特不欲去輔國耳，非不能去也。進爵爲王，而以博陸爲稱，居然以霍光擬之，亦僭矣哉！

裴茙既得密敕，帥麾下二千人趣襄陽，來瑱以兵逆之，問其所以來，茙曰：『尚書若受代，當釋兵。』瑱曰：『吾蒙恩復留鎮此，何受代之有？』因擊茙兵，大破之。追擒茙於申口，送京師，賜死。

茙欲代瑱，既敕令襲取之矣，至此復以爲罪而賜之死。茙固不足惜，朝廷將何以使人乎！

郭子儀入朝。程元振以其功高任重，忌之，數譖之於上。子儀不自安，表請解副元帥、節度使。上撫慰之，子儀遂留京師。

子儀爲魚朝恩及元振所忌，而卒能自免者，坦懷相與，而不争是非，專心奉國，而不計進退也。

史朝義誘回紇登里可汗起兵入寇，至三城。僕固懷恩女爲登里可敦，上遣懷恩往見之，懷恩因言唐家恩信不可負，可汗上表，請助討朝義。以雍王適爲天下兵馬元帥。上欲以郭子儀爲適副，程元振等沮之而止。以僕固懷恩領諸軍節度行營以副適。

登里入寇，一變而爲助順，懷恩之力也。副帥之任，必應屬之懷恩，不然不足以結回紇之心而用其衆。即微元振之沮，子儀亦必相讓也。

雍王適與僚屬從數十騎往見登里可汗。可汗責適不拜舞，藥子昂對以禮不當然。與其將軍車鼻爭辯久之，車鼻鞭子昂等各一百，以適年少未諳事，遣歸營。魏琚、韋少華一夕而死。

唐雖借回紇之力，而回紇驕横已甚，至此則國體掃地矣。總之，中國與夷狄，力不能制而資其兵以爲用，未有不爲所輕者。卒之不滿所欲，亦必有侵軼之患，所謂『報者倦矣，施者未厭』『彼固貪吝，而又啓之』者也。

史朝義謀於諸將。阿史那承慶曰：『唐若與回紇俱來，其鋒不可當，宜退守河陽以避之。』朝義不從。與軍戰於西原，又戰於昭覺寺、石榴園、老君廟，朝義兵大敗，將輕騎數百東走。僕固懷恩克東京。

安史諸將，不畏官軍而畏回紇，故唐不藉回紇之兵，不敢向洛陽直取朝義。朝義誘回紇將以攻唐，而適以自攻，則亦天奪其魄也。

回紇入東京，肆行殺掠，死者萬計，火累旬不滅。朔方、神策軍亦以東京、鄭、汴、汝州皆爲賊境，所過虜掠，三月乃已，比屋蕩盡，士民皆衣紙。

胡身之云：使郭、李爲將，安有是禍？竊謂廣平克西京，回紇即欲大掠，拜之乃已。今以登里之横，佐以車鼻，至責雍王拜舞，鞭殺侍臣二人，與葉護之呼廣平爲兄、答拜盡禮者迥殊。即郭、李爲將，恐亦不能禁其肆掠也。至朔方神策軍，從而效尤，則不得不歸咎於僕固懷恩、魚朝恩之馭軍無法已。

懷恩使其子瑒及高輔成帥步騎萬餘乘勝逐朝義，連戰皆捷。

廣平克西京，懷恩即請急追安守忠等；及克東京，又親見官軍不追安慶緒，以致遺患於後。至是爲帥，故遣瑒逐朝義，而成破竹之勢也。

賊將薛嵩以相、衛、洺、四州降於李抱玉，張忠志以趙、恒、深、定、易五州降於辛雲京。抱玉等進軍入其營，嵩等皆受代；僕固懷恩皆令復位。

是時河北未平，。史朝義尚在，而二將首以九州之地來歸，使遽奪其位，則必反側不安，而自此以往，皆堅守不下矣。復位以勸來者，所以懈賊將之心、孤朝義之黨，此自當日兵機；懷恩此舉，未爲失也。

瑒等復擊朝義於臨清，走之；回紇又至，戰於下博，賊大敗，朝義奔莫州，諸軍進圍之。

安慶緒據鄴而其勢復振者，由於官軍之不追也。知彼之失，則知此之得。即此之得，益足以證彼之失。

鑒評别録卷四十四

唐紀八

代宗皇帝（初名俶，後改名豫，肅宗長子，在位十七年）

田承嗣説史朝義親往幽州，發兵還救莫州。朝義既去，承嗣即以城降，送朝義母、妻、子於官軍。僕固瑒等追敗朝義於歸義。朝義至范陽，不得入。縊於林中，其將李懷仙取其首以獻。（廣德元年）

安史之亂，唐不借回紇之力，無以復京城。禄山、思明，皆爲其子所殺，慶緒爲思明所殺，官軍不能禽也；惟朝義窮蹙自縊，懷仙獻其首，傳至京師耳。是時唐將非無郭、李，然勝負相當，迄未能收廓清之效。蓋由肅、代均非英主，又無良相爲之運籌決策，而李輔國、魚朝恩、程元振輩居中擅權，動多掣肘，郭、李雖爲元帥，亦卒不能展其手足也。

以降將薛嵩、田承嗣、李懷仙仍爲節度使。時（江）［河］北諸州皆降，嵩等迎拜僕固懷恩，乞自效；懷恩亦恐賊平寵衰，故奏留嵩等及李寶臣分帥河北，自爲黨援。

初令嵩與張忠志各復其位，以勸來者，自是一時權宜；至是朝義授首，河朔肅清，不爲蕩滌瑕穢，樹久大之規，（爾）〔而〕乃援留凶醜，貽將來之患，懷恩不得辭其責矣，况欲挾賊以自資乎！

楊綰上疏，以爲：『古之選士，必取行實，近世專尚文辭。請令縣令察孝廉，薦之於州。刺史考試，升之於省。任各占一經，朝廷擇儒學之士，問經義二十條，策三道，上第即注官，中第得出身，下第罷歸。』

綰但知選士必先行實，欲由州縣察舉孝廉，而不知察舉之弊更難防也。賈至但知人多僑寓、察舉爲難，而不知州縣不能久於其任，又往往不得其人，無以察士之賢否也。選舉出於鄉里，實與封建并行，未有廢封建而能行選舉者；漢之孝廉，已不勝其弊，豈足爲後世法哉！獨不聞王符、左雄之論乎！

楊綰上貢舉條目：秀才問經義二十條，策五道；國子監舉人，令博士薦於祭酒，祭酒試通者升之於省，如鄉貢法。或以爲明經、進士行之已久，不可遽改。事雖不行，識者（韙）〔是〕之。

分鄉貢、國學爲二途而并試以經、策，亦何以异於進士之雜文、明經之帖括乎？以科場取士，立法雖异，利弊正同。

唐自武德以來，開拓邊境，地連西域，軍城戍邏，萬里相望。及安禄山反，邊兵皆徵入援，所留兵單弱，胡虜稍蠶食之；西北數十州相繼淪没，自鳳翔以西，邠州以北，皆爲左衽矣。

唐都長安，故備邊以西北爲重。其開拓西域，廣置戍邏，將以北斷突厥、南制吐蕃，非徒據胡虜之胸腹，實足壯帝畿之肩背也。至是河西、隴右之地，盡爲吐蕃所有，而西北之藩籬盡撤矣。

初，僕固懷恩受詔與回紇可汗相見於太原；節度使辛雲京閉城自守，亦不犒師。及史朝義既平，詔懷恩送可汗出塞，往來過太原，雲京不與相聞。懷恩怒，具表其狀，不報。

回紇助討朝義，天子惟其所欲，而雲京獨不犒師，猶可曰慮其爲變也。迨河北既平，送之出塞，而亦置若罔聞，何也？憎回紇邪，抑疑懷恩邪？計雲京亦未敢出此，必有爲之内主者。

中使駱奉仙至太原，雲京厚結之，爲言懷恩與回紇連謀，反狀已露。奉仙還，過懷恩，懷恩留與樂飲一日。奉仙固請行，懷恩匿其馬，奉仙夜逾垣而走，懷恩遽以其馬追還之。奉仙至長安，奏懷恩謀反。

懷恩殷殷，方效陳遵之投轄；奉仙匆匆，乃爲段幹之逾垣：如此主賓，亦可怪也。此乃雲京、奉仙自生嫌忌耳。懷恩父子新立大功，并荷殊寵，豈得謀襲太原、殺中使乎？

懷恩亦具奏其狀，請誅雲京、奉仙；上兩無所問，優詔和解之。

三人之曲直，亦易判也。懷恩一奏而不報，再奏而不問，能毋自疑乎？

懷恩自以軍興以來，一門戰死者四十六人，女嫁絶域，説諭回紇收兩京，平定河南、北，功無與比，而爲人構陷，憤怨殊深，上書自訟。

懷恩此書，洵非臣子對君之體，然不可不謂之理直氣壯。其於中官蒙蔽、方鎮疑阻，言之尤切。使帝果垂省覽，未必不有救於偏聽誤信之失；而無如蠱惑已深、迷而弗悟也。

上遣裴遵慶諭懷恩諭旨。懷恩見遵慶，號泣訴冤。遵慶諷令入朝，懷恩許諾。范志誠曰：『公信其甘言，入則爲來瑱，不復還矣！』懷恩乃止。

不罪奉仙而慰諭懷恩，安能釋其疑懼乎？瑱之枉死，由於程元振之誣訴。當時方鎮，已人人自危。況懷恩上書，直訐驃騎（元振爲驃騎大將軍），知必爲元振所不容。志誠之言，所以易入也。

吐蕃入寇，邊將告急，程元振皆不以聞。過邠州，上始知之。寇奉天、武功，京師震駭。詔以郭子儀爲副元帥，子儀召募得二十騎。至咸陽，吐蕃帥吐谷渾等二十餘萬衆已（度）［渡］渭而東。子儀使王延昌入奏，請益兵，元振遏之，竟不得召見。

元振蒙蔽之罪，甚於李輔國、魚朝恩。帝既知吐蕃過邠州矣，何以於前之匿不以聞概不追究？既不得已用子儀爲帥矣，何以全不予兵，欲其以二十騎當二十餘萬之巨寇乎？蓋帝惟元振之言是聽，而元振忌子儀，必欲置之危地而隳其成功也。

吕月將將精卒二千，破吐蕃於盩厔之西。吐蕃寇盩厔，月將復與力戰，兵盡，爲虜所擒。

月將自是猛將，特衆寡不敵，又無援繼耳，然非知兵者也。使其堅守盩厔，尚可以主制客，遏其東下，而無如其輕出浪戰也。

吐蕃度便橋。上幸陝州，六軍逃散。郭子儀還長安，車駕已去。吐蕃入長安，剽掠府庫市里，焚閭舍，長安中蕭然一空。

是時非無六軍，不以付郭子儀，而令其别自招募，蓋元振留之，將以守京城、衛乘輿也。乃帝東出，而紛然逃散矣。長安初陷於孫孝哲，旋復於廣平王，雖疊更兵燹，尚未至蕭然一空也，至此則府庫閭里掃地無餘。元振誤國之罪，可勝誅哉！

郭子儀引三十騎自御宿川循山而東，謂王(廷)[延]昌曰：『六軍將士逃潰者多在商州，速往收之，并發武關防兵北出藍田，以向長安，吐蕃必遁。』

子儀雖爲元帥，實不能成軍，卒收京城而退强寇，殆有天幸。蓋吐蕃利在劫掠，飽則思去，固無須乎中國之土地人民也。

子儀至商州，行收兵，并武關防兵，合四千人，軍勢稍振。子儀泣諭將士共取長安。上賜子儀詔，徵詣行在。子儀表稱：『臣不收京城，無以見陛下。』

由二十騎增至三十騎，今集至四千之衆，固屹然成一軍矣。但吕月將以精卒二千，力戰而敗績；兹數雖倍之，然皆倉卒烏合，遽欲當吐蕃二十餘萬之突騎，奚翅卵石之比乎？乃子儀鋭然以收京自任者，預揣吐蕃必不久留也。此非其禦寇之勇，實料敵之智也。

吐蕃既立廣武王承宏，欲掠城中士女、百工，整衆歸國。子儀使長孫全緒將二百騎出藍田(覘)[觀]虜勢，令第五琦攝京兆尹，與之偕行。

吐蕃入京城，即立承宏爲帝，其必不久留中國可知。子儀揣悉其情，故遣長緒覘虜，即以琦攝京尹，與之偕往也。其鋭然以收京自任，正由見及於此，豈其不量彼己而欲以四千新集之兵，輕嘗二十餘萬之巨寇哉！

全緒至韓公堆，晝張旗幟，夜多燃火，以疑吐蕃。百姓紿之曰：『郭令公將大軍至矣。』全緒又使王甫入城，陰結少年數百，夜擊鼓大呼。吐蕃惶駭，悉衆遁去。

吐蕃兵雖衆，而初入中國，未能深知虚實，且其意本不欲久留，故可以虚聲走之。若回紇則不能矣。竊揣當日情勢，吐蕃不戰而克京城，掃地而收府庫，志得欲滿，故整衆飽載而歸。史所云『惶駭遁去』者，第就露布之文書之，非其實也。

程元振專權自恣，人畏之甚於李輔國。上出幸，詔徵諸道兵，李光弼等皆忌元振居中，莫有至者。柳伉上書，極言其罪，上以元振有保護功，削官爵，放歸田里。

元振專權蒙蔽，僕固懷恩上書言之而帝不悟。伉小臣耳，乃能以數語回天，何也？蓋帝雖闇懦，而播遷之餘，亦知爲元振所誤，故因伉言而决去之，元振亦無説以自解也。然不能明正其罪，肆諸市朝，以謝天下；又不忍投諸四裔，以禦魑魅，則餘眷未衰，宜其有變服潛行、復圖任用之詭謀也。

上命顔真卿説諭僕固懷恩入朝，真卿曰：『言懷恩反者，獨辛雲京、駱奉仙、李抱玉、魚朝恩四人耳，自餘群臣皆言其枉。若以郭子儀代懷恩，可不戰而服。』（二年）

真卿論懷恩，最爲持平。蓋其所以怒，由於辛雲京；所以懼，由於駱奉仙。而其所以反，則由於帝之寵任程元振、魚朝恩；既因朝恩之忌而罷郭子儀，又因元振之構而殺來瑱也。

以郭子儀爲關内、河東副元帥，河中節度等使。懷恩將士聞之，皆曰：『吾輩從懷恩爲不義，何面目見汾陽王？』

帝感顔真卿及李抱真之言，用子儀代懷恩，洵足以慰將士之心矣。然是時元振雖黜，而以朝恩爲天下觀軍容、宣慰、處置等使，又以奉仙爲築城使，領中渭橋屯兵。二竪寵任有加，子儀固未能展其智勇，懷恩又何由釋其疑懼哉！

僕固瑒爲其將焦暉、白玉所殺，懷恩入告其母，母曰：『吾語汝勿反，今軍心既變，禍必及我！』懷恩出，母提刀逐之，曰：『吾爲國家殺此賊！』懷恩走免。

懷恩之母，賢母也。不從坐而以禄養終身，若有天道焉。

張維岳殺焦暉、白玉而竊其功。子儀使盧諒至汾州，維岳賂諒使實其言。子儀奏維岳殺瑒，傳首詣闕，群臣入賀。上慘然不悦，曰：『朕信不及人，致勛臣顛越，深用爲愧，又何賀焉！』命輦懷恩母至京，給待優厚，尋以壽終，以禮葬之，功臣皆感嘆。

帝雖曰『懷恩父子負朕實深』，其實懷恩未爲負帝，其不入朝，特畏死耳，至是則竟反矣。帝蓋心有所不安，故厚養其母，不忍加罪，直至懷恩死，猶不斥言其反也。

郭子儀如汾州，懷恩之衆悉歸之，咸鼓舞涕泣，喜其來而悲其晚。子儀知盧諒之詐，杖殺之。

諒死非枉，但行賄攘功之張維岳何以不聞追治其罪？　焦、白二將之功，亦曾追録否邪？

上之幸陝也，李光弼竟遷延不至。上恐遂成嫌隙，吐蕃退，除光弼東京留守，光弼辭不赴。其母在河中，上迎至長安；　使其弟光進掌禁兵，遇之加厚。

帝於光弼，蓋有鑒於僕固懷恩之叛，故曲示優容，惟恐再有激變；　而厚撫其母、重用其弟，因以羈縻光弼也。

郭子儀以大盗已平，而所在聚兵，耗蠹百姓，表請罷之，仍自河中爲始。敕罷河中節度及耀德軍。子儀復請罷關（中）〔内〕副元帥，不許。

吐蕃之變，李光弼擁重兵，不赴陝勤王；　子儀以二十騎自長安趣咸陽，又以三十騎自御宿入商州收兵，卒以退敵。迨事平，光弼徑歸徐州，不受東都留守之命；　子儀請罷諸道節度，自河中始。兩人優劣，不可同日語矣。

李光弼治軍嚴整，謀定而後戰，能以少制衆，與郭子儀齊名。及在徐州，擁兵不朝，諸將田神功等不復稟畏，光弼愧恨成疾，薨。

光弼擁兵不朝，諸將不復稟畏，田承嗣等據鎮拒命，何以能使其衆？　蓋光弼平時御軍有法，動輒以公義裁之，故不合乎公義即不合乎衆心。承嗣等起於盗賊，惟以私恩結其將士，而其將士亦不復知有公義，故甘心與之同叛耳。

僕固懷恩引回紇、吐蕃十萬衆將入寇，詔郭子儀帥諸將出鎮奉天。仍以子儀充北道通和吐蕃使，李抱玉充南道通和吐蕃使。（永泰元年）

子儀雖帥諸將出鎮，而與抱玉皆以通和使爲名，非以緩吐蕃之兵，蓋可和則和，不得已而後戰也。

懷恩與回紇、吐蕃進逼奉天，諸將請戰，子儀曰：『虜利在速戰，吾堅壁以待之，彼以吾爲怯，必不戒，乃可破也。敢言戰者斬！』

此主客定形也。李光弼破史思明於太原、於河陽，皆以守爲戰，得以主制客之法，子儀所見正同。

子儀夜出陳於乾陵之南。虜始以子儀無備，欲襲之，忽見大軍，驚愕，不戰而退。子儀使李懷光等將五千騎追至麻亭而還。虜至邠州，攻之不克，遂遁。

吐蕃之所以再至者，以前此涇州之寇，長驅深入，若蹈無人之境，因之不戰而入京城、掃地而收府庫，以爲唐無備易襲；而回紇聞之，亦不免垂涎。故懷恩誘與具來耳。豈知向之無備，乃元振於寇至匿不以聞，而子儀倉卒出禦，有將無兵也。豈可狃於一勝，輕視中國哉！

河西節度使楊志烈使柏文達將鋭卒五千擊摧砂堡、靈武縣，皆下之，進攻靈州。懷恩聞之，自永壽遽歸。

欲救京師，先攻靈武，攻其所必攻也。

獨孤及上疏，以爲：『今天下惟朔方、隴西有吐蕃、僕固之虞，邠涇、鳳翔之兵足以當之。自此而往，東洎海，南至番禺，西盡巴、蜀，無鼠竊之盗而兵不爲解。傾天下以給無用之軍，臣不知其故。』（永泰元年）

郭子儀請罷節度，意正如此。及乃暢言之耳。

（承）［成］德節度使李寶臣、魏博節度使田承嗣、相衛節度使薛嵩、盧龍節度使李懷仙，各擁勁卒數萬，自署文武將吏，不供貢賦，與山南東道節度使梁崇義、平盧節度留後李正己結爲婚姻，互相表裏。朝廷不能制。

藩鎮之横，至於如是；天子之可虞者，奚止吐蕃、僕固哉？然則郭子儀請罷節度、獨孤及扼要設兵之議，恐亦難行。天下大勢，不可有所偏重，積重則難返；雖欲改作，亦末如之何，蓋非一朝一夕之故，其由來者漸矣。

置百高座於資聖、西明兩寺，講仁王經。僕固懷恩誘回紇、吐蕃、吐谷渾、黨項、奴剌數十萬衆入寇。懷恩中途遇暴疾而歸，死於鳴沙。

置座講經，將以祈福佑，而數十萬之寇至矣。然懷恩遽死，當時必以爲佛力所致。

上聞懷恩死，憫然曰：『懷恩不反，爲左右所誤耳！』

懷恩因范志誠之言而不入朝，遂至於反，則謂其爲左右所誤，似得其情；然志誠之言所以易入者，則由於爲駱奉仙所誣，而畏程元振之譖害也。蓋不惟其左右誤之，帝之左右實激之也。

上命宰相及諸司長官於西明寺行香，設素饌，奏樂。是日，吐蕃十萬至奉天，京城震恐。魚朝恩欲奉上幸河中，以劉給事之言而止。

行香奏樂，而吐蕃至奉天，侫佛果可徼福乎？然帝之爲此，將以禳兵灾也。寇退則仍歸功於佛。

吐蕃大掠男女數萬而去，復講經於資聖寺。吐蕃退至邠州，遇回紇，復相與入寇至奉天。

是時數萬男女啼號滿路，帝曾不置念，而資聖寺之梵唄又作矣。方幸吐蕃之去，而與回紇偕來，計其時亦必爲之罷講。

回紇、吐蕃合兵圍涇陽，郭子儀命諸將嚴備而不戰。使李光瓚等往説回紇，欲與之共擊吐蕃。回紇不信，子儀身往説之。郭晞諫，子儀曰：『今戰則父子俱死而國家危；往以至誠與之言，或幸而見從，國之福也！不然，則身没而家全。』

人但知子儀之忠，而不知其智也。勿論幸而見從，福及社稷；即使不從，與其父子俱死而國家危，孰若身没而家全乎？况以身殉國，雖死猶生邪？且是時回紇與吐蕃争長不睦，分營而居，子儀知其釁有可乘，故親往説之以速其決，亦非輕於一擲也。

子儀將數騎，開門而出，使人傳呼曰：『令公來！』回紇大驚。子儀因説其大帥藥葛羅曰：『吐蕃不顧甥舅之親，焚蕩我畿甸，其所掠之財不可勝載，此天以賜汝也。』藥葛羅曰：『請爲公擊吐蕃以謝過。』

子儀説回紇，雖曰以至誠感之，其使擊吐蕃，仍以利動之。蓋回紇、吐蕃之入寇，本以利合，故亦可以利離。而僕固懷恩已死，無人爲之謀主也。亦有天幸焉。

藥葛羅帥衆追吐蕃，子儀使白元光帥精騎與之俱；　戰於靈臺西原，大破之，殺吐蕃萬計，得所掠士女四千人。又破之於涇州東。

昔不藉回紇之力，無以復兩京；　今不藉回紇之力，無以破吐蕃。子儀之功，皆回紇之助也。被掠數萬，止得四千，餘蓋半入於回紇矣。

回紇胡禄都督等二百餘人入見，前後贈賚繒帛十萬匹；　府藏空竭，税百官俸以給之。

昔克東京，僅予羅錦萬匹，今乃什倍其數。蓋回紇之貪，日甚一日，唐之畏之而惟恐不滿其欲亦日甚一日也。

玄宗之離蜀也，以所居行宫爲道士觀，仍鑄金爲真容。節度使郭英乂愛其竹樹茂美，奏爲軍營，因徙去真容，自居之。崔旰宣言英乂反，帥所部襲成都。英乂奔簡州，韓澄殺之。

幸蜀實玄宗傷心之事，乃返國而鑄金爲真容，留之道觀。此固由其始終不知愧悔，亦必左右佞臣爲之慫慂也。

元載專權，恐奏事者攻訐其私，乃請：『百官凡論事，皆白長官，長官白宰相，然後奏聞。』顔真卿力言其不可，載聞而恨之，奏貶真卿峽州别駕。（大曆元年）

奸臣竊權，先思壅蔽。奏事先白宰相，設有言涉宰相及其親黨者，必無由上達矣。此壅蔽之顯然者。帝爲載所惑，真卿痛切言之而猶不悟，何其闇也。

國子監成；　釋奠。魚朝恩執《易》升高座，講『鼎覆餗』以譏宰相。王縉怒，元載怡然。朝恩謂人曰：『怒者常情，笑者不可測也。』

帝所以修復國學，非有意崇儒也，正由朝恩欲升座講經耳。蕭昕之請，亦必迎合朝恩之意。

以杜鴻漸爲劍南、西川節度使。鴻漸至蜀，先使人達意於崔旰，許以萬全。旰卑辭重賂以迎之，鴻漸悉以府事委旰；　又數薦之於朝，因請以節度讓旰。

帝用鴻漸平蜀亂，固意主調停。以鴻漸之爲人，而可倚以戡暴乎？

周智光殺監軍張志斌，臠食其肉。詔加智光檢校左僕射，遣中使余元仙授以告身。智光曰：『智光有大功，不與平章事而與僕射！』郭子儀屢請討之，上不許。

姑息之政，施之河南、北諸强藩，猶曰力不能討也；　智光行同賊盗，既殺張麟及杜冕家屬，又殺監軍，極漫無人臣禮，乃任其横行於近畿之地，不即加誅。帝之闇懦，乃至是乎！

密詔郭子儀討周智光。子儀命渾瑊、李懷光軍於渭上；　智光將李漢惠以同州降。華州牙將姚懷等殺智光，以其首來獻。（二年）

子儀出師而智光授首，如屠一猪耳。乃帝猶遲疑而不速決，何也？

魚朝恩奏以先所賜莊爲章敬寺，以資章敬太后冥福，於是窮壯極麗，費逾萬億。高郢上書，以爲：『興造急促，晝夜不息，愁痛之聲盈於道路，以此望福，臣恐不然。』書寝不報。

是時承兵燹之餘，府庫空虛，户口衰耗，而乃動費巨億以營佛寺，舉國狂酲，真不可解。

始，上好祠祀，未甚重佛。元載、王縉、杜鴻漸爲相，皆好佛。上嘗問以報應，載等奏：『安、史皆有子禍，懷恩出門病死，回紇、吐蕃不戰自退，豈得言無報應！』上由是深信之，常於禁中飯僧數百人。寇至則令僧講《仁王經》以禳之，寇去則厚加賞賜，由是臣民皆奉佛。

縉等侈言福應，而以飯僧營寺日事祈求，若然，則胡太后不沉、梁武帝不餓，而國祚皆當延於萬年已。且三人中惟鴻漸病終，載賜自盡，且有發墓、斫棺、弃尸、毁廟、焚主之戮，禍及祖父；縉雖倖免於死，而括蒼遠謫，所云福應者安在乎？

盗發郭子儀父冢，人疑魚朝恩使之。子儀入朝，上語及之，子儀流涕曰：『臣久將兵，不能禁暴，軍士多發人冢，今日及此，乃天譴也。』

以子儀之仁勇，尚自云不能禁軍士發人冢，况他將乎？史所書『秋毫無犯』者，大抵溢美耳。此道家所以忌世將歟！

上遣中使徵李泌於衡山，既至，謂泌曰：『朕欲卿食酒肉，有室家，受禄位，爲俗人。』泌曰：『臣絶粒二十餘年，陛下何必使臣隳其志乎！』上乃命中使爲泌葬二親，又爲泌娶盧氏女爲妻。（三年）

不御酒肉可也，絶粒二十餘年，恐亦未必；不娶妻可也，二親不葬，必待官爲葬之乎？

幽州兵馬使朱希彩與朱泚等共殺節度使李懷仙，希彩自稱留後。朝廷不得已宥之，以王縉爲盧龍節度使；縉至幽州勞軍，旬餘日而還。

縉之於希彩，正如杜鴻漸之於崔旰，所以能撫定之者，務存姑息、順適其意，而爲之請旌節於朝也。鴻漸在蜀，尚閲數月；縉在幽州，僅旬餘日耳。蓋希彩之悍甚於旰，縉之畏希彩，亦甚於鴻漸之畏旰，故彼猶爲之强留，此則决於速去也。鴻漸之歸也，以使蜀亡恙日飯千僧；縉此時不知供養幾許比邱矣。

回紇可敦卒，蕭昕爲吊祭使。回紇庭詰昕曰：『我於唐有大功，奈何市馬不時歸我直？』昕曰：『回紇之功，唐已報之矣。僕固懷恩之叛，回紇助之，與吐蕃連兵入寇，及懷恩死，吐蕃走，然後回紇懼而請和；我唐不忘前功，加惠而縱之。不然，匹馬不歸矣。乃回紇負約，豈唐失信邪！』回紇慚，厚禮而歸之。

所云『回紇之功，唐已報之』，可也；以助懷恩、與吐蕃入寇，責其負約失信，亦可也；餘言則全非事實。吐蕃何以走？回紇擊之而走也；請和乃郭子儀親往見藥葛羅，非回紇懼而請也；藥葛羅等事後入見，傾府庫以賂之，非止『不忘前功而加惠縱之』也。似此大言，適足觸回紇之怒耳，亦何從動其慚乎？斯則出使者自行誇述，史因書之以爲美譚也。

內出盂蘭盆賜章敬寺。設七廟神座，書尊號於幡上，百官迎謁於光順門。自是歲以爲常。

帝蓋因民間競作盂蘭盆，故仿效爲之，以資祖宗冥福；而不知釋教爲此，始自目連救其母於餓鬼道中也。唐之七廟神靈，亦在餓鬼道中乎？至今都會士女猶有相聚供佛作盂蘭會者，蓋猶是唐之遺俗。

郭子儀入朝，魚朝恩邀之游章敬寺。元載恐其相結，密使軍吏告子儀曰：『朝恩謀不利於公。』子儀曰：『彼無天子之命，安敢害我！』乃從家僮數人而往。（四年）

子儀單騎見回紇、輕身赴朝恩，非徒誠足感人，亦智能料事也。朝恩忌惡子儀之意，至是冰釋矣。

初，僕固懷恩既死，上憐其有功，養其女於宮中。回紇請以爲可敦，册爲（永）［崇］徽公主，嫁回紇可汗。遣李涵送之，以董晋爲判官。

既養其母而以禮葬之，復養其女而以公主嫁之，帝於懷恩，未爲不厚也。登里可汗初以懷恩女爲可敦，既卒，而蕭昕奉使吊祭矣。至是復請其女爲可敦，蓋亦念懷恩舊好，故願與爲婚也。

李涵等至回紇牙帳。回紇來言：『市馬賄不足』，董晋曰：『我非無馬而與爾爲市，數皮而歸資，爲爾賜不既多乎！』於是其衆皆環晋拜。

胡身之以爲：此晋吏韓愈之辭，容有溢美。蓋即史所書回紇之驕横、唐之曲從，而知其未必然也。晋第就市馬言之，其言良是，而猶覺可疑，况蕭昕之大言無實、肆口唐突者，何足信乎！

杜鴻漸以疾辭位，病甚，令僧削髮，遺令爲塔以葬。尋薨。

前有蕭瑀，後有鴻漸，名爲宰相，實則比邱，但生不出家，死乃下髮，不亦晚乎！詎非生則戀端揆之榮，死更慕（生）［升］天之樂邪？

魚朝恩專典禁兵，寵任無比。劉希暹説朝恩於北軍置獄，使坊市惡少年羅告富室，誣以罪惡，捕繫地牢，訊掠取服，籍没其家資入軍。（五年）

既握禁軍，必於軍中置獄，方足立威。此與前明之東廠略同，猶未至如東廠之甚耳。

李抱玉徙鎮盩厔，軍士憤怒，大掠鳳翔坊市，數日乃定。

姑息之政亟行，而兵日驕，徙鎮尚不免致變，况欲罷節度而散其兵乎？天下事洵未易言也。

上與元載謀誅魚朝恩。於寒食置酒，宴貴近於禁中。宴罷，留朝恩議事，使周皓與左右縊殺之。

朝恩雖握禁兵，其人庸奴耳。一旦直取其命，如孤雛腐鼠。然則前之恣睢暴戾，詎非帝授以太阿之柄哉！

元載以李泌有寵於上，忌之，言：『泌與魚朝恩親善。』上不聽，載與其黨攻之不已。上謂泌曰：『載不容卿，朕今匿卿於魏少游所，俟朕决意除載，當有信報卿。』

載之謀誅魚朝恩，非惡朝恩，妒其寵也；其忌泌亦然。帝既與載謀誅朝恩矣，復知載之攬權，戒之不悛，奪其權可也，罷其官可也，貶之罪之亦可也，皆帝所得爲者，乃内懷憤嫉、外示優容，并爲之出淤於外，置李少良於死，直至罪積惡彰，而後加以極刑，何其寡斷而少恩哉！

回紇使者擅出鴻臚寺，掠人子女；所司禁之，毆擊所司，以三百騎犯金光、朱雀門。是日，宫門皆閉，上遣中使劉清潭諭之，乃止。（七年）

回紇驕暴，横行長安中，公然稱兵犯闕。唐之君臣，不敢與較，何以爲國乎？由是逐吏奪馬、入獄劫囚，一切聽其所爲，不復過問矣。資外夷以平内寇，勢必至此，不足怪也。

永平節度使令狐彰卒。時藩鎮皆跋扈，彰貢賦未嘗闕。疾亟，齊映勸彰表薦劉晏、李勉自代。遣子建等歸東都私第。將士欲立建，建誓死不從，舉家西歸。（八年）

彰本史思明舊將，乃能恪守藩職，晚節復納忠言，舉賢自代，不以軍府私其子；而建等亦尊父治命，舉家西歸，可不謂賢乎！是年，昭義節度使薛嵩亦卒，其子平年十二，將士脅以爲帥，平乃夜奉父喪，逃歸鄉里，其亦不爲盜贓所污者矣。

回紇自乾元以來，歲求和市，每一馬易四十縑，動至數萬匹，皆駑瘠無用；朝廷苦之，所市多不能盡其數。至是，上命盡市之。回紇辭歸，載賜遺及馬價，用車千餘乘。回紇復遣使者赤心以馬萬匹來求市。

回紇雖以市馬爲名，實藉徵歲幣耳。其馬駑瘠無用，至數皮以歸資，豈復論價值哉！故蕭昕、李涵奉使至彼，首以不時歸直及賄不足爲言。至是前使者甫飽載而歸，後使者復長驅而至也。一馬四十縑，萬馬四十萬縑，積至數萬馬，易縑百餘萬之多，况賜遺又不在此數乎！唐之杼軸幾空矣。

有司以赤心馬多，請市千匹。郭子儀以爲如此逆其意太甚，自請輸一歲俸爲國市之。上不許，命市六千匹。

子儀不欲過逆赤心之意，惟恐挑釁强虜，爲國生事也。此老臣憂國之苦心，淺見者必以爲怯。

盧龍節度使朱泚遣弟滔奉表請入朝，且請自將步騎五千防秋；上許之，爲先築大第於京師以待之。（九年）

帝於方鎮，拒命則姑容之，入朝則優禮之，如奉驕子，無所不至。而卒不免召亂者，紀綱不立，無以服其心也。

成德節度使李寶臣擊田承嗣有功，上遣中使馬承倩賫詔勞之。將還，寶臣詣其館，遺之百縑；承倩詬詈，擲出道中。寶臣慚其左右，遂有玩寇之志。

是時朝廷於河北藩鎮，務存姑息，惟恐少拂其意，而中使索賄，不滿所欲，輒行詬詈，予以難堪。閹兒不知事體，乃至於此！

田承嗣上表請入朝。上詔赦其罪，復其官爵，聽與家屬入朝；其所部拒朝命者，一切不問。承嗣遣兵寇滑州，敗李勉。（十一年）

承嗣方稱兵拒命，必無入朝之理，此乃玩侮朝廷；而帝與元載不察情僞，輒爲之宥罪復官，將欲誘之入朝，而不知適爲所笑也。李光弼且不可召，承嗣豈甘爲來瑱乎？故尺一甫頒，而滑州告警矣。

元載專横，王縉附之，二人俱貪。載妻王氏及子伯和、仲武，縉弟、妹及尼出入者，争納賄賂。又以政委群吏，士之求進者，不結其子弟及卓英倩等，無由自達。上含容累年，載、縉不悛。上乃賜載自盡，主者脱穢韈塞其口而殺之。縉初亦賜自盡，劉晏以爲言，乃貶(栝)[括]州刺史。(十二年)

載、縉皆好佛，縉更甚於載，而貪欲無厭，正與佛戒相反。即以彼法律之，亦佛之罪人也。蓋其佞佛專爲求福，亦貪心爲之也。縉倖免於死，仍得刺州，必以爲佛力庇之，此時不知有幾多膜拜矣。

定諸州兵，皆有常數，其召募給家糧、春冬衣者，謂之『官健』；差點土人，春夏歸農、秋冬追集、給身糧醬菜者，謂之『團結』。

唐『官健』之設，始於開元十五年，召募諸色徵行人及客户中丁壯，願充健兒、長住邊軍者，每年加常例給賜，兼給永年優復，其家口願同往軍州者聽。蓋當時諸州尚無定額，至此乃各有常數，此徵兵也。土人『團結』，則守兵也。自此國家增養兵之費，閭閻免徵調之煩，民必翕然稱便。而兵農一分，不可復合，亦如秦廢井田，至今不能復三代之舊也。

以楊綰爲中書侍郎，朝野相賀。上方倚綰，使厘革弊政，會綰有疾，薨。上痛悼之甚，謂群臣曰：『天不欲朕致太平，何奪朕楊綰之速！』

綰爲人，較之元載、王縉，品第懸殊，使久於其位，相業必有可觀。然亦能爲盧懷慎，不能爲姚元之也。其能否厘弊，尚不敢知。且帝不能用李泌，亦必不能專任綰、俾行其志也。

京兆尹黎幹奏秋霖損稼，渭南令劉澡稱縣境苗獨不損；上使御史朱敖視之，損三千餘頃。上曰：『縣令，字人之官，不損猶應言損，乃不仁如是乎！』貶澡南浦尉。

損不損，當核其實。損言不損，固非矣；不損言損，亦未是也。

回紇寇太原，鮑防遣焦伯瑜等逆戰於陽曲，大敗而還，死者萬餘人。回紇縱兵大掠。張光晟擊破之於羊武谷，乃引去。上亦不問回紇入寇之故。（十三年）

逐吏奪馬，殺人劫囚，縱之猶可説也；至此入寇，敗官軍，縱兵大掠而概置不問。郭子儀但請輸歲賦以市赤心之馬，亦不聞出一言以責其渝盟犯順之罪，何也？帝語子儀曰：『不痴不聾，難作家翁』，豈其於回紇亦一切付之痴聾邪？

上召李泌入見，語以元載事，曰：『與卿别八年，乃能誅此賊。』對曰：『陛下知群臣有不善，則去之；含容太過，故至於此。』

帝初使盗殺李輔國而用程元振，復去元振而專任魚朝恩，又用元載而誅朝恩，兹復誅載。計帝寵用内外諸臣，未有善其終者。諸臣恃權縱恣，罪由自取，而帝外柔内狠，當其曲示含容，固已陰圖誅戮，亦非寬仁之主也。

郭子儀以朔方節度副使張曇性剛率，謂其以武人輕己，銜之；吴曜因而構之。子儀怒，誣奏曇扇動軍衆，誅之。既而僚佐多以病求去，子儀悔之。

副使尊官，朝廷所命，以貳節度者也。以子儀之忠純，輒因疑曇輕己誣奏行誅，則所屬刺史以下，除代、生殺，惟其所欲可知已。方鎮之權，其重如是，欲其不跋扈，何可得哉！安能人人皆子儀乎！子儀誤信盧諒，而没焦暉、白玉之功；復入吴曜之譖，而枉殺張曇。雖君子之過亦如日月之食，而譖訴不行，可以知其難也。

以王翃爲河東副元帥留後。部將凌正與其徒乘夜作亂，翃知之，故縮漏水數刻以差其期。賊潰驚走，擒正誅之，軍府乃安。（十四年）

段秀實延漏刻以定王童之亂，翃縮漏刻以定凌正之亂。蓋日入慝作，宵小之便，爽其期，則其黨自潰也。

上崩，德宗即位，在陰諒中，動遵禮法。貶常衮爲潮州刺史，以崔祐甫爲門下侍郎、同平章事，聞者震悚。

祐甫之才優於衮，而衮之貶，非其罪也。與不改父臣者异矣。

常衮爲相，思革元載、王縉之弊，杜絶僥倖，無所甄别。崔祐甫代之，欲收時望，推薦引拔，常無虚日。上謂佑甫曰：『人或謗卿，所用多涉親故，何也？』對曰：『苟生平未之識，何以諳其才行而用之？』上以爲然。

温公以爲：天下之賢，非一人所能盡識，必待諳其才行而用之，所遺亦多，不若舉之以衆、取之以公，進退賞罰，與衆共之。竊謂夫子告仲弓：『舉爾所知。爾所不知，人其舍諸？』温公蓋本此立論。然第言取人之法耳，若充其量，則必相臣休休有容、視人若己，如《秦誓》云云者，而人君又必加以詳察灼見而後用之，如

《孟子》云云者，庶乎野無遺賢、朝無幸位已。唐宋以用人之權歸宰相，一宰相之進退，而舉朝之進退因之，故不免朋黨之論。前明矯其弊而爲廷推，而流弊更甚。然則與衆共之，豈易言哉！

第五琦始榷鹽以佐國用，劉晏代之，法益精密，初歲入錢六十萬緡，末年所入逾十倍，而人不厭苦。自淮以北，列置巡院，擇能吏主之，不煩州縣而集事。

鹽務設專官，不煩州縣，即後世鹽政運使之權輿。

顔真卿上言：『上元中，始增祖宗之謚。玄宗末，累聖之謚，有加至十一字者。今謚號太廣，有逾古制，請自中宗以上皆從初謚。』袁傪以爲不可，事遂寢。

尊號逾制，惟真卿請正其失，雖時不能用，論自不刊。但唐累朝之加祖宗號謚，皆由諸帝欲自加尊號，故以祖宗先之。真卿蓋欲言尊號之非古，而思革其弊，故借祖宗以爲説歟？

上方勵精圖治，卜相於崔祐甫，祐甫薦道州司馬楊炎，上亦素聞其名，故用之。又因張涉薦，并用懷州刺史喬琳，聞者無不駭愕。

貶常袞、相祐甫，而聞者震悚。以炎與琳并相，而聞者駭愕。其震悚，以袞之非其罪而退之驟也；其駭愕，以琳之非其才而進之速也。炎之器識，自非時輩所及；惜恩怨太明，好惡失其正耳。琳因涉一言，遽登揆席，本末俱無足觀。甚矣，不次用人之難也！

沈既濟上《選舉議》，以爲：『人未土著，不可本於鄉閭；鑒不獨明，不可專於吏部。五品以上及群司長官，宜令宰臣進叙，吏兵部得參議焉。六品以下或僚佐之屬，許州、府辟用，選用非公，則吏兵部得察而舉之。』

選舉專歸吏部之弊，言之可謂著明深切。其云五品以上責宰臣，六品以下責長吏，而吏、兵二部董其成，似屬簡易可行。惟五品以上不及外官，六品以下不及内官，則未備也。

崔寧在蜀十餘年，恣爲淫侈，朝廷患之而不能易。至是入朝。吐蕃與南詔合兵入寇，上趣寧歸鎮。楊炎曰：『蜀地富饒，寧據有之，朝廷失其外府十四年矣。請留寧，發朱泚所領范陽兵數千人雜禁兵往擊之。』

炎建議留崔寧，出内藏歸度支，定兩税，皆切時務，卓然可紀。

上問關播以爲政之要，對曰：『必求有道賢人與之爲理。』上曰：『朕下詔求賢，又遣使臣廣加搜訪，庶幾可乎！』對曰：『惟得文詞干進之士，安有有道賢人肯隨牒舉選乎！』上悦。

播所云有道賢人，必高隱山林、席珍待聘者。下詔既不可求，使者又不及薦，彼又必不肯自出求售，播爲近臣，意中應有所屬，何以不聞有所汲引？帝既悦其言，亦不令其悉舉所知。君若臣徒爲高論，而賢人卒不可得也。

鑒評别録卷四十五

唐紀九

德宗皇帝（諱適，代宗長子，在位二十五年）

始用楊炎議『約百姓丁産，定等級，改作兩税法。比來新舊徵科色目，一切罷之；二税外輒率一錢者，以枉法論。』（建中元年）

兩税乃當時救敝良法。白居易詩所云『國家定兩税，本意在愛人；税外加一物，皆以枉法論』者，是也。行之至今，謂之上下兩忙。前明中葉，始改行『一條鞭』，而兩税法不改。

楊炎奏用元載遺策，欲城原州，劉文喜因衆心不安，據涇州叛。上命朱泚、李懷光討之，久不拔。朝臣多請赦文喜，上皆不聽。劉海賓等殺文喜，傳首。

建中初政，赫然可觀。帝之才略，自出肅、代之上。

使韋倫歸吐蕃之俘，俘入境，稱：『新天子出宫人、放禽獸，德洽中國。』吐蕃大悦，除道迎倫。贊普即發使隨倫入貢，且致賻贈。

帝之和吐蕃，不惟歸俘有以悦之，亦由初政有以服之也。

復遣韋倫使吐蕃。倫請上自爲載書，與吐蕃盟。楊炎以爲非敵，請與郭子儀輩爲載書以聞，令上畫可而已。從之。

吐蕃未請盟，而先與之盟，已不免示弱矣，況上自爲載書乎？炎之言是也。

初，回紇風俗樸厚，君臣之等不甚异，故衆志專一，勁健無敵。及有功於唐，賜遺甚厚，登里可汗始自尊大，築宫殿以居，婦人有粉黛文綉之飾。

觀此益知賈生三餌之策洵爲有見。中行説爲匈奴謀，正防此患也。

登里可汗欲乘喪舉國入寇。其相頓莫賀達干諫，不聽。頓莫賀舉兵擊殺登里，自立爲可汗，遣使入見，願爲藩臣。命休册頓莫賀爲武義成功可汗。

吐蕃、回紇，唐之所畏，今不勞一兵，而吐蕃入貢，回紇稱藩，邊患爲之頓紓矣。乃離宫之厄、奉天之城，桑道茂已預言之，其果天道之不可測歟？抑亦外寧必有内憂，禍基於無恐，而患生於所忽歟？

庾准希楊炎指，奏劉晏與朱泚書辭多怨望，又召補州兵，欲拒朝命，炎證成之。上密遣中使就忠州縊殺晏，下詔賜死。天下冤之。

帝之殺晏，更甚於代宗之殺來瑱。其失天下之心自此始。

劉晏出納錢谷，必委之士類；吏惟書符牒，不得輕出一言。常言：『士陷贜賄，則淪弃於時，名重於利，故士多清修；吏雖潔廉，終無顯榮，利重於名，故吏多貪污。』

士名重於利，吏利重於名，切中人情之論。但唐之吏尚异於今之吏。

晏以爲户口滋多，賦税自廣，故其理財，以愛民爲先。每旬月，具州縣雨雪豐歉之狀白使司，豐則貴糴，歉則賤糶，或以谷易雜貨供官用，及於豐處賣之。

晏之理財，以漕、鹽二者爲大端，其一切措置，要皆本桑孔舊法而變通之，故不加賦而用自饒。其所以异乎第五琦、韓滉輩者，尤在以愛民爲先也。歉則賤糶，即平糶之政；至於豐則貴糴，及以谷易雜貨，更於民便。

知院官始見不稔之端，先申至某月須如干蠲免，某月須如干救助，及期，晏不俟州縣申請，即奏行之，應民之急，未嘗失時，由是民安其業，户口蕃息。

晏以理財爲職，而關心民瘼，至於如此，可謂知本矣。彼任司牧之責者，平時於民之疾苦一不過問，直至道殣相望，猶不肯以灾賑上請，獨何心哉！

晏專用榷鹽法充軍國之用。以爲官多則民擾，但於鹽鄉置官，收所煮之鹽鬻於商人，任其所之；其江嶺間去鹽鄉遠，轉官鹽於彼貯之，或商阻鹽貴，則減價鬻之，謂之『常平鹽』。官獲其利而民不乏鹽。

官多民擾，此至言也。晏之鹽法，第於鹽場設官，嚴防灶漏，迨鬻鹽於商，則聽其所之與民交易，而更不過問。惟商運不通之處，民虞淡食，則官爲運鹽以濟其窮，因收其利耳。今之票鹽，是其遺意。

晏以爲：江、汴、河、渭，水力不同，各隨便宜，造運船，教漕卒，江船達揚州，汴船達河陰，河船達渭口，渭口達太倉，其間緣水置倉，轉相受給。

唐都長安，漕東南之粟以餉關中，必由江達淮、由淮達汴、由汴達河、由河達渭，以入太倉，故量水造船，緣水置倉，爲此轉般運法也。

振武留後張光晟殺回紇使者(董突)[突董]等九百餘人，聚爲京觀。獨留(一)[二]胡，使歸國爲證，曰：『回紇鞭辱大將，且謀襲據振武，故先事誅之。』

光晟擊回紇，先有羊武谷之捷，其人固健將也。因(董突)[突董]恃衆侵暴，逞忿專殺，蓋逆探帝因陝州之辱，積怨於回紇，故敢出此。若在代宗之世，未必有此快舉也。回紇請復仇，帝貶光晟爲睦王傅以慰其意，回紇亦即中止。蓋頓莫賀新立，未敢輕用其衆；又受唐册命，願備北藩，亦與登里之驕悍迥殊也。

至德以來，國家多事，公主、郡縣主多不以時嫁，有華髮者。上始引見諸宗女，尊者致敬，卑者存慰，悉命嫁之。所賫小大之物，必經心目。

宗女華髮不嫁，乃至十年不見天子，雖居禁中，奚翅君門萬里，況萬里之外哉！即此可見肅、代之不君已。

成德節度使李寶臣薨，其子惟岳請襲，上不許。田悦屢爲之請，上亦不許。或諫曰：『惟岳已據父業，不因而命之，必爲亂。』上曰：『許之適足以長亂也。』竟不許。悦乃與李正己各遣使詣惟岳，潛謀勒兵拒命。（二年）

肅、代以姑息釀亂，洵宜更張。但方鎮根柢盤互，由來已久，豈倉卒所能動摇？非内修政事以服其心、外設方略以乘其釁，而但鋭欲削平，則是知其病而未能儲其藥，藥不中病反以益之疾也。

楊炎既殺劉晏，朝野側目，李正己累表請晏罪，譏斥朝廷。炎懼，遣腹心詣諸道，密諭節度使云：『殺晏自出上意。』上聞而惡之，由是有誅炎之志。

炎證殺晏，爲元載報仇也。正己理晏之枉，欲假以爲名而稱兵拒命也。帝之欲誅炎，惡其以衆怨歸己也。蓋帝之決計不許李維岳，實狃於劉文喜之誅，而於正己等約從連謀未嘗不懼也。

還楊炎中書侍郎，擢盧杞爲門下侍郎，并同平章事，不專任炎矣。杞蕞陋無文學，炎輕之，多托疾不與會食，杞亦恨之。

帝之才略，實出肅、代之上，故初政赫然可觀，所以卒成禍亂、幾致傾覆者，爲杞所誤也。見杞必屏姬妾，恐婦人笑其貌醜，因而生嫌，郭子儀之智也。輕其無學，不與會食，而不復虞其恨，炎之愚也。

詔李希烈督諸道兵討梁崇義。楊炎諫曰：『希烈爲董秦養子，卒逐秦而奪其位。爲人狼戾無親，無功猶屈强不法，使平崇義，何以制之！』上不聽。

炎之才識，自出當時諸臣之上，其諫用希烈，亦一端也。若盧杞，則但工作奸耳。

汾陽忠武王郭子儀薨。子儀爲上將，擁强兵，程元振、魚朝恩譖百端；詔書一紙徵之，無不即日就道，由是讒謗不行，年八十五而終。其將佐爲名臣者甚衆。

子儀有再造唐室之功，其將略不及英、衛遠矣，所以爲當時諸將所不及者，奉國以忠、事君以敬、接物以誠，故能功高天下而主不疑、位極人臣而衆不疾也。至史所云『窮奢極欲而人不非之』，固由以功掩過，亦以當日勛臣習爲奢縱，故恬不知怪耳，究不免爲盛德之累。

郭子儀之弟昕爲四鎮留後，爲吐蕃隔絶，帥將士拒守十餘年。至是，遣間使道歷諸胡自回紇中來，上嘉之。以昕爲安西大都護、四鎮節度使，賜爵武威郡王。

世皆知子儀有再造唐室之功，而不知其弟以孤軍保境於萬里之外，歷十餘年而不挫其志，爲邊帥所罕睹也。

馬燧、李抱真、李晟大破田悦於臨洺。時李正己已死，子納擅領軍務。悦求救於納及李惟岳，納、惟岳各遣兵救之。納請襲父位，上不許。

納方拒命，而請襲父位，豈可許乎？是時燧等方有臨洺之捷，帝意方鋭，則其不許固宜。

李希烈大破粱崇義將翟暉、杜少誠於蠻水，二將請降，希烈使將其衆先入襄陽慰諭軍民。崇義與妻赴井死，傳首京師。

崇義毫無智略，兵力亦弱，其人頗似周智光，非田悦、朱滔比也，取之易易耳。希烈遽自以爲莫大之功，而帝亦因此輕視河北諸鎮，用兵之志愈鋭已。

范陽節度使朱滔將討李惟岳，軍於莫州。并勸張孝忠以易州歸朝廷，上悦，以孝忠爲成德節度使，命惟岳護父喪歸朝，惟岳不從。

馬燧等破田悦，李希烈鹹粱崇義，官軍大振，惟岳失其所助，故滔欲乘機進討，取之以爲功也。惟岳亡則田悦不能自存，而李納勢孤，亦易取矣。計帝此時，必以河南、北可一舉而定也。

李希烈既得襄陽，遂據之。上以李承爲山南東道節度使。承至襄陽，希烈置之外館，迫脅萬端，承誓死不屈，希烈大掠闔境所有而去。

希烈之意，欲兼領二鎮，其迫脅承，令其爲之上請，以旌節相讓，如王縉之於朱希彩耳。希烈破粱崇義即據襄陽，朱滔若破李惟岳，亦必據恒州也。

初，蕭嵩家廟臨曲江，玄宗以娱游之地，命徙之。楊炎營家廟，正直嵩廟地，盧杞因譖炎，云『兹地有王氣，故玄宗令嵩徙之。炎有异志，故於其地建廟。』炎自左僕射貶崖州司馬，未至崖州百里，縊殺之。

先借李希烈之不進兵而罷炎政事，又假建家廟而誣殺之，杞之毒甚於蛇虺。而帝惟『藍面鬼』之言是聽，亦可怪也。自古大臣因建家廟而獲罪殺身者，亦僅見矣。然可爲炎誣殺劉晏之報。

以永樂公主適田華，上不欲違先志故也。

華，承嗣之子，而悦弟也。悦叛，華不從坐，仍得尚主，异哉！豈果以先志不可違邪，抑意别有在邪？

徐州刺史李洧，正己之從父兄也。舉州歸國，遣崔程奉表詣闕，且使口奏，并白宰相，以『乞領徐、海、沂三州觀察使』。盧杞怒程不先白己，不從其請。

是時三鎮叛，惟李正己最强，據有淄、青、齊、海、登、萊、沂、密、德、棣、曹、濮、徐、兖、鄆十五州之地，擁兵十萬，虎踞東方。固田悦、李惟岳所恃以爲援者。正己雖死，納亦能用其衆，勢未易圖。兹乃骨肉自離，天誘洧衷，以徐州歸國，亟應如其所請，畀以海、沂二州，則割其東南一隅，即未必遽能取納，而肘腋之患憂及腹心，納自救不暇，悦、惟岳之勢孤矣。此實可乘之機，而爲杞所阻，惜哉！

李納遣其將王温會魏博將信都承慶共攻徐州，宣武節度使劉洽等救徐州，大破之。李納海州刺史王涉、(沂)[密]州刺史馬萬通并以州降。

徐州圍解，海、(沂)[密]并降，可以申三州觀察之命矣，而曾不議及。甚矣，盧杞之媢也！

馬燧等諸軍大破田悦於洹水，斬首二萬餘級，捕虜三千餘人。悦收餘衆走魏州。馬燧與李抱真不協，頓兵平邑浮圖。（三年）

燧若於此時乘破竹之勢直取魏州，得李長春爲内應，雖有智者，不能爲悦謀矣。乃因與抱真不協，頓兵旬日，致悦死灰復燃，豈非坐失事機哉！

悦夜至南郭，大將李長春閉門不納，以俟官軍，久之，天且明，乃納之。悦殺長春，嬰城拒守。官軍攻之不克。

悦，驍賊也，其衆不滿數千，乃能以私恩激勵將士，與諸將約爲兄弟，誓同生死，悉出府庫所有以賞士卒，遂能堅衆志以保危城。

朱滔、張孝忠與李惟岳戰於束鹿，惟岳大敗，燒營而遁。滔欲乘勝攻恒州，孝忠引兵西北，軍於義豐。於是滔亦屯束鹿，不敢進。

馬燧不乘洹水之勝而急趨魏州，孝忠不乘束鹿之勝而進攻恒州，其迹相似，而未可同譏者，一則與李抱真不協而坐失事機，一則知恒州宿將尚多、急之則并力死鬥，不若緩之使自相圖也。蓋惟岳豎子，不足以制馭諸將，孝忠決其必生内變也。

惟岳將王武俊襲執惟岳，收其黨鄭詵等，皆殺之。欲生送惟岳於長安。常寧以爲不可，乃縊殺之，傳首京師。以武俊爲恒冀都團練觀察使。

是時成德既歸版圖，將分其地以畀立功諸將，措置良難。武俊手誅惟岳，當膺懋賞，而成德節度先已命張孝忠。若將所屬七州析爲二鎮，使二將分領之，又無以畀首唱討叛之朱滔及以趙州歸國之康日知。此所以一失其平、動致觖望也。

以德、棣二州隸朱滔，令還鎮。滔固請深州，不許，由是怨望。王武俊素輕張孝忠，自以功在康日知上，而孝忠爲節度使，己與康日知俱爲都團練使，亦不悦。

滔爲元帥，功應居首；日知雖有反正微功，烏能與武俊之擒渠掃穴并論？計此時應如滔所請、畀以深州；更分其餘易、定、滄、恒、冀、趙六州，以三州畀孝忠，以三州畀武俊，各授旌節；日知則援李洧以徐州歸國近例，不奪其地，而更加以官，庶足以厭諸將之心耳。乃不出此，武俊既不免功大賞薄，滔未得成德寸土，徒以淄青之德、棣隸之，有名亡實，將欲索之李納乎？必不可得；將欲俟平淄青而後如約割地，不幾等河清乎？與李希烈克梁崇義，而山南東道别授李承者正同，宜其貳也。

田悦聞之，遣王侑、許士則説朱滔，令救魏博，滔大喜，遣王郅與士則同往説王武俊，與之連兵，武俊許諾，又遣人説張孝忠，孝忠不從。

成德甫平，而三鎮連謀，其勢倍熾，則朝廷措置之失也。

劉洽攻李納於濮州，克其外城。納求自新，李勉又遣人説之。納遣房説以其母弟經及子成務入見。上囚説等於禁中。納遂歸鄆州，復與田悦等合。

納遣子弟入見，將以緩宣武之師而去濮歸鄆耳。帝即不囚説等，納亦安肯束身入朝乎？帝蓋誤信中使梁鳳朝之言，謂納勢窮蹙，欲遂取之，而未悉其情也。

上遣中使發盧龍、恒、冀、易、定兵萬人討田悦。王武俊不受詔，執使者送朱滔。上以魏州未下，武俊復叛，力未能制滔，賜滔爵通義郡王，冀以安之。

滔非不貳心之臣，帝殆不知其人乎？不畀以深州，而虚崇以王爵，遂足厭其心邪？

滔將起兵，恐張孝忠爲後患，遣蔡雄往説之。孝忠曰：『昔者司徒語孝忠，歸國即爲忠臣。今既爲忠臣，不復助逆。武俊最喜翻覆。司徒勿忘鄙言！』

孝忠因滔得旌節，厚與相結，而能毅然不肯助逆，乃河北諸將之錚錚者。

時兩河用兵，月費百餘萬緡，府庫不支數月。韋都賓、陳京請括富商錢，人不勝苦，有縊死者，又括租櫃質錢，百姓爲之罷市。計所得纔二百萬緡。

兵興方亟，月餉日增，内帑不足以供，而更爲横徵暴斂以濟之。於是兵益驕而民胥怨矣。括長安富商，僅得二百萬緡，蓋屢經兵燹，元氣未復也。

朱滔遣人以蠟書置髻中遺朱泚，欲與同反。馬燧獲之，并使者送長安。上驛召泚於鳳翔，以蠟書示之，泚實不知。上曰：『非卿之罪也。』因留之長安私第。

泚不與滔同反，而泚之反實由於此。

上以幽州兵在鳳翔，思得重臣代朱泚。盧杞請自行，上俯首未言，杞又曰：『陛下必以臣貌寢，不爲三軍所伏。』上顧張鎰曰：『無以易卿。』

杞排鎰出之於外，鎰卒爲李楚琳所害；使顔真卿於李希烈，真卿旋爲希烈所害。二子之死，皆杞害之。然鎰之見殺，猶非可逆料；真卿則驅之死地矣。

上初即位，崔祐甫爲相，務崇寬大，故當時政聲藹然。盧杞知上性多忌，因以疑似離間群臣，勸上以嚴刻御下，中外失望。

帝初相祐甫而治，中相楊炎而紊，末相杞而亂。蓋帝具英明之（恣）［資］而失之刻薄，故杞得窺其隱而逢其惡也。

上遣源休送（董突）［突董］及等四喪還回紇，留五十餘日乃得歸。可汗使人謂休曰：『唐負我馬直［絹］百八十萬匹，當速歸之。』遣康赤心隨休入見，詔償其馬直。

回紇所急者馬直耳。得直則（董突）［突董］等之死可姑置勿論也。是時府庫空虚，而不惜以金銀十萬兩亟償其直者，兩河方用兵，恐再挑邊釁也。

朱滔、王武俊軍至魏州，李懷光軍亦至，馬燧等與懷光擊滔於愜山之西，官軍大敗，蹙入永濟渠溺死者不可勝數。燧與諸軍退保魏縣。李納求救於滔等，滔遣信都承慶將兵助之。納攻宋州。

愜山一敗，滔之勢張，不惟田悦恃以爲强，李納亦藉以爲助；四鎮連兵，遂横不可制。帝連年用兵，至是而前功盡隳矣。此變局之大者也。

李晟請以所將兵北解趙州之圍，與張孝忠分勢圖范陽，上許之。晟自魏州北趨趙州，王士真解圍去。晟與孝忠合兵，北略恒州。

欲圖范陽以傾覆朱滔，先略恒州，以震動王武俊，批亢搗虚，固兵法之一奇也。

盧杞惡顔真卿，欲出之於外。真卿謂杞曰：『先中丞（杞父奕）傳首至平原，真卿以舌舐面血，今相公忍不相容乎？』杞矍然起拜，然恨之愈甚。

此時若出外，必可免於李希烈之使矣。杞之爲人，真卿豈猶不知，而欲其見容乎？唐人重内輕外，真卿亦不免也。

盧杞知上必更立相，恐分己權，薦關播儒厚，可鎮風俗。以播爲中書侍郎、同平章事。政事皆决於杞，播但斂衽無所可否。

播嘗語帝『求有道賢人與之爲理』，杞薦播以其『儒厚可鎮風俗』，庶幾有道賢人矣，相業何碌碌邪？

朱滔自稱冀王，田悦稱魏王，王武俊稱趙王，仍請李納稱齊王。滔爲盟主，稱孤；悦等稱寡人。李希烈密與滔交通，納亦數遣游兵渡汴以迎希烈。

滔等稱王，又密通於希烈，所以不遽合者，以汴州爲之梗耳。然李勉之才，不足當希烈也。

朱滔等與官軍相拒累月，專仰給於田悦，客主日益困弊。聞李希烈軍勢甚盛，乃相與謀勸希烈稱帝。希烈由是自稱天下都元帥、太尉、建興王。

勸希烈稱帝，欲其代河北受兵，所謂嫁禍者也。蓋希烈妄自尊大，肆無忌憚，早爲滔等所窺，故迎其機而導之同反耳。

關播薦李元平於上，以爲將相之器，以汝州距許州最近，擢元平爲别駕，知州事。李希烈遣李克誠襲陷汝州，縛元平去。希烈駡曰：『盲宰相以汝當我，何相輕也！』元平降於希烈。（四年）

播爲盧杞所制，不敢發一言。乃薦元平而僨事，不如不言之爲愈也。

希烈遣董待名等四出抄掠，東都震駭。上問計於盧杞，對曰：『希烈恃功驕慢，誠得儒雅重臣爲陳順逆禍福，可不勞師旅而服。顔真卿三朝舊臣，真其人也！』

杞欲出張鎰於鳳翔，則曰『非宰相重臣無以鎮撫』；欲使真卿於希烈，則曰『忠直剛決，名重海内』。蓋譽之更甚於譖之，用之正所以殺之，亦可謂口有蜜腹有劍者也。

真卿至許州，欲宣詔旨，希烈使其養子千餘人拔刃擬之，真卿色不變。希烈麾衆令退，館真卿而禮之，欲遣還。李元平以密啓白希烈，遂留不遣。

元平被擒，猶可曰一時失計，乃既降希烈，并説希烈留真卿，則甘心從賊，真不值半文錢者。關播謬薦，可謂心目俱盲，固宜爲希烈所駡也。

以哥舒曜爲東都汝州節度使，將兵萬餘人討希烈，又詔諸道兵討之。

四鎮勸希烈稱帝，將以分河北之兵也。朝廷蓋亦窺破其謀，故别遣將討希烈，而馬燧等諸軍留屯魏縣者如故。然自此供億浩煩，益不能支矣。

希烈遣周曾、康秀琳將兵三萬攻哥舒曜，至襄城，曾等密謀還軍襲希烈，奉顔真卿爲節度使，約王玢、姚憺、韋清爲内應。希烈知之，襲殺曾等，并殺玢、憺。清獨得免，恐終及禍，説希烈詣朱滔乞師，逃奔劉洽。

希烈留真卿，意在脅之使降，非有意殺之也。曾等乃欲奉以爲主，自此希烈忌真卿，而有殺之之心矣。希烈稱兵，滔等勸之也；今受兵而四鎮不爲應援，故清説希烈詣滔乞師，希烈遣之而不疑也。

李晟[謀]取涿、莫二州，與張孝忠之子升雲進圍清苑，朱滔留馬實守魏營，自將步騎救清苑。晟軍大敗，退保易州。會晟病甚，引軍還保定州。

晟軍鋒甚鋭，其一敗不復振者，由於病也。然滔雖勝，而留屯瀛洲，不敢遽還魏營者，畏晟之掎其後也。

時河東等四軍屯魏縣，神策、永平等十二軍環淮寧之境，皆仰給度支。上優恤士卒，一人兼三人之給，月費錢百三十餘萬緡，常賦不能供。趙贊乃奏行税間架、除陌錢法。於是愁怨之聲，盈於遠近。

括商不止，乃至税及間架，此外徵求之無藝，概可知已。諸軍月餉，皆給緡錢，不給穀帛，何也？殆以穀帛艱於重運，緡錢便於輕賫邪？重斂以給軍，將以結其心而收其用，不復以民怨爲恤也。乃涇軍旋以賞薄致變。

盧杞惡李揆，使入吐蕃爲會盟使。上謂杞曰：『李揆無乃太老！』曰：『使遠夷，非諳練朝廷故事者不可。且揆行，則少於揆者，不敢辭遠使矣。』

杞使揆於吐蕃，仍用遣顔真卿之故智。

陸贄以兵窮民困，恐別生内變，乃上奏，曰：『將不能使兵，國不能馭將，非止費財玩寇之弊，亦有不戢自焚之灾。』

贄疏明白剴切，累數百言，而洞中時弊，此四語盡之。蓋自唐之中葉，迄於五季，所以禍變相尋者，由於將不能使兵，故節度使之廢立，聽命於兵；國不能馭將，故國之存亡，聽命於節度使。操柄之失，其由來者漸矣。

又論關中形勢，以爲『王畿者，四方之本也。今朔方、太原之衆遠在山東，神策六軍繼出關外，倘有賊臣啗寇，黠虜窺邊，伺隙乘虛，微犯亭障，未審何以禦之？』

是時吐蕃方睦於唐，回紇新有(董突)〔突董〕之仇，雖亟償馬直，未必果忘報也。傾國遠出，更不留兵以護根本，失策甚矣。贄言幸而不中耳。

又曰：『伐叛之初，議者多易其事，僉謂討兵未甚多，度費未甚廣，曾不料兵連禍拿，變故難測，萬一將帥之中，又如朱滔、希烈，誘致豺狼，驚犯宫闕，何以備之？』

前所云黠虜，盧回紇也；以其有(董突)[突董]之仇也；此所云將帥，疑朱泚也，以其爲滔之親兄，又新有蠟書之使也。盧誠當慮，疑亦可疑，前言幸而不中，此言不幸而中矣。

又曰：『陛下倘過聽愚計，所遣神策六軍李晟等悉可追還；明敕涇、隴、邠、寧，但令嚴備封守，更不徵發；又降德音罷間架等雜税，人心不摇，邦本自固。』

贄所奏，於當時利弊，洞若觀火，而言之深切悚聽，使天誘帝衷，亟行其言，或可紓目前之禍。無如剛愎自用，又專任盧杞，忠謨至論，置若罔聞。安其危、利其灾，德宗之謂乎！

李希烈圍哥舒曜於襄城，李勉遣劉德信、唐漢臣將兵襲許州，與淮寧將李克誠戰於滬澗，敗績。汴軍由是不振，襄城益危。

是時環淮寧境者十二軍，其進戰，惟神策及汴軍耳。蓋諸軍類多出境而止，盤桓不進，而黔中、嶺南、劍南諸軍，徒有徵發之名，而遠莫能致也。

上以諸軍討淮寧者不相統一，以舒王謨爲荆襄等道行營都元帥，更名誼。以蕭復爲長史，孔巢父、樊澤爲左右司馬。未行，會涇師作亂而止。

帝徒知肅、代以來例用親王爲元帥，而不知昔之所以有功者，恃郭子儀、李光弼、僕固懷恩輩爲之副也，親王第仰其成而已。此時即使舒王至軍，亦何益乎？蓋哥舒曜、李勉均非希烈之敵，即復等亦未嫻軍旅也。

上發涇原諸道兵救襄城。涇原節度使姚令言將兵五千至京師。軍士冀得厚賜遺其家，及至，一無所賜。怨憤，遂作亂，鼓噪向京城。上遽命賜帛，人二匹，衆益怒。又命中使宣慰，賊殺之。又命出金帛二十車賜之。賊入城，不可復遏。

諸軍均叨厚賜，涇軍獨無，所以怨而作亂也。初無所賜，亂而賂之，適以長其驕而益其怒耳。

白志貞掌禁兵，但受市井富兒賂而補之，名在軍籍，身爲販鬻。至是，上召禁兵，竟無一人至者。賊已斬關而入，上乃與王貴妃等及太子、諸王自苑北門出。

神策諸軍，其任戰者均已出征；留充宿衛，虚存名籍，長安但空城耳。帝至此欲不出幸得乎？志貞先請勸節度等使子弟爲兵，而所募禁軍，乃取賂以市井子弟充數，臨變竟無一人，其罪大矣。帝概置不問，仍於奉天用爲都知兵馬使。甚矣，其愎而闇也！

姚令言與諸亂軍謀奉朱泚爲主，迎泚入禁中，居白華殿。百官見泚，或勸迎乘輿，泚不悦。源休以使回紇還賞薄，怨朝廷，密勸泚僭逆。泚喜，未决。

泚之僭逆，休勸之；休之怨望，盧杞以賞薄激之也。奉天之幸，杞與白志貞實爲禍首。

上自咸陽幸奉天，文武之臣稍稍繼至。渾瑊至奉天。瑊素有威望，衆心恃之稍安。

帝至奉天，所以卒得反正者，瑊固守之力也。功在李懷光之右。

有上言：『朱泚爲亂兵所立，且來攻城，宜早爲備。』盧杞曰：『朱泚忠貞，群臣莫及，奈何言其從亂？臣請以百口保其不反。』上亦以爲然。

於張鎰、顔真卿、李揆，皆恨之刺骨，必欲置之死地；獨以百口保朱泚，是誠何心哉？帝於諸臣動多猜忌，獨於杞信任不疑，爲其所誤，以致播遷，而猶惟其言是聽，真不可解也。

泚召源休等議稱帝。段秀實奪休象笏，擊泚中額，濺血灑地。泚脱走。泚黨争前殺秀實，泚止之曰：『義士也，勿殺。』秀實既死，泚哭之甚哀，以三品禮葬之。

秀實之忠義奮發，固見於奪笏擊泚、捐軀殉國，而其功尤在倒用司農印、詐爲姚令言符、追還韓旻襲奉天之軍也。是時奉天兵衛單弱，旻又托名奉迎，猝不爲備，乘輿危矣。韓游瓌輩諸援兵，亦何從爲力哉！泚止其衆勿殺秀實，仍哭而以禮葬之，復於奉天哭高重捷、束蒲爲身而葬之，蓋其人尚有血性、知重忠義，特以德宗馭將失宜，又爲源休邪説所動，是以反耳。

泚自稱大秦皇帝，改元應天。自將逼奉天，軍勢甚盛。韓游瓌等將兵三千拒泚，遇於醴泉。監軍翟文秀曰：『我壁於此，賊必不敢過。』游瓌不聽，遂引兵入奉天，泚兵隨至，争門欲入。渾瑊與游瓌血戰竟日，賊乃退。

文秀之言，似是而實非也。其意正以還趨奉天，則須入城被圍，不若留壁於外，尚可逐利自便耳。

上與陸贄語及亂故，深自克責。贄曰：『今日之患，皆群臣之罪也。』上曰：『此亦天命，非由人事。』贄退，上疏，以爲：『致亂之由，未必盡關天命。』

所云天命，必盧杞、白志貞等引桑道茂之言，以自寬其致亂之罪，而帝亦信之。其實道茂亦言之偶中耳，豈果能前知乎？贄此疏第言亂由人事，非關天命，而以罪歸群臣，不敢直攻杞與志貞也。

李抱真遣賈林説王武俊，與昭義并力取朱滔。時武俊與滔有隙，因攘袂作色曰：『吾不臣二百年天子，豈能臣此田舍兒乎！』遂與抱真及馬燧相結。

泚已立滔爲太弟，與之遥相應和，使諸鎮附之，勢且不可制矣。所以卒不能合者，武俊撓之也，抱真之功不細已。

杜希全等合兵萬人入援，將至奉天。渾瑊曰：『漠谷道險狹，恐爲賊所邀。不若自乾陵北過。』盧杞曰：『恐驚陵寢。』乃命希全等自漠谷進，爲賊所敗，退保邠州。

杞至此，尚不知其罪之難逭、禍之將至，仍執謬議以沮軍謀，何其愚哉！

李晟疾愈，聞上幸奉天，帥衆將奔命。張孝忠迫於朱滔、王武俊，倚晟爲援，不欲晟行。晟解玉帶賂孝忠親信，使説之。孝忠乃遣將楊榮國將鋭兵與晟俱西。

馬燧聞奉天之難，引兵歸鎮，後乃遣兵入援；晟疾甫愈，即帥衆赴命。兩人優劣，於此可見。

李懷光入援，屯蒲城，有衆五萬。李晟行且收兵，軍於東渭橋，衆至萬餘。尚可孤將三千人入援，軍於七盤。

駱元光以萬餘人軍華州，賊由是不能東出。元光將兵二千西屯昭應。馬燧遣王權及其子匯將兵五千入援，屯中渭橋。於是泚黨所據，惟長安而已。

是時援軍四集，泚黨困守長安，而泚之圍攻奉天自若也。奉天被圍經月，資糧俱盡，危於累卵，使非渾瑊固守力戰，亦何以待援軍哉！

泚内以長安爲憂，乃急攻奉天。賊已有登城者，時士卒凍餒，又乏甲胄，渾瑊激以忠義，鼓噪力戰。瑊中流矢，進戰不輟。燒賊雲梯，賊乃引退。於是三門皆出兵，太子親督戰，殺賊數千。

使泚還救長安，則奉天之圍自解，此李晟、馬燧二軍所以分屯兩渭橋、直逼長安，迫泚以不得不救之勢也。泚，知兵者也，以爲奉天之圍一解，則軍心懈而氣衰，亟還長安，必反爲官軍所圍矣，故姑置長安而急攻奉天，迫諸將以不得不救之勢也。一則攻其所必救，一則致人而不致於人也。

李懷光引兵趣涇陽，并北山而西，敗泚兵於醴泉。泚聞之懼，引兵遁歸長安。衆以爲懷光三日不至，則城不守矣。

奉天解圍，懷光一人之力也，然亦以威名爲泚所憚，又擁重兵，故一戰而勝，直以先聲走之耳。與渾瑊之裹創血戰、力保危城，功難并論。

李懷光數與人言盧杞、趙贊、白志貞之奸佞，且曰：『吾見上，當請誅之。』杞聞之懼，乃言於上，令懷光乘勝取長安。懷光自以數千里赴難，破朱泚，解重圍，咫尺不得見天子，意殊怏怏，引兵去，至魯店，留二日乃行。

懷光，雄快人也。所言乃天下人意中之言，陸贄上書所云『今日之患，皆群臣之罪』，正謂此也。但贄畏杞，不敢明言，而懷光昌言不諱耳。帝至此猶惟杞言是聽，真所謂大惑莫解者也。

上問陸贄以當今切務。贄上疏以爲：『在於審察群情，群情之所甚欲者，陛下先行之；所甚惡者，先去之。』是時群情所惡，有甚於盧杞、趙贊、白志貞諸人者乎？贄特引其端，以待帝之宸斷耳。

又曰：『頃者竊聞輿議，頗究群情，四方則患於中外意乖，百辟又患於君臣道隔。』中外意乖，君臣道隔，非宰相及近幸之蒙蔽，而誰致之歟？帝猶不悟乎？

又曰：『總天下之智以助聰明，順天下之心以施教令，則君臣同志，何有不從！遠邇歸心，孰與爲亂！』疏奏，上無所施行，亦不詰問。

贄疏皆引而不發，以待詰問，無如帝之昧昧也。蓋所言大抵援據經術，敷陳義理，而未嘗明舉某人某事，有所指摘，故帝視爲迂而不切耳。贄不爲盧杞所惡，未嘗不由於此。

李懷光頓兵不進，數上表暴揚盧杞等罪惡。衆論喧騰，亦咎杞等。上不得已，貶杞爲新州司馬、白志貞爲恩州司馬、趙贊爲播州司馬。宦者翟文秀，上所信任也，懷光又言其罪，上殺之。

此即陸贄所云『群情所甚惡，先去之』者也。杞得君專、行政久，城府阻深既不可測，根柢牢固尤不易拔，非懷光挾大功、擁强兵，亦安敢直斥其奸，奪九重之私庇、紓四海之公憤哉！四人者去，君側稍清矣，然均非帝意也。

上在奉天，使人説田悦、王武俊、李納，赦其罪，厚賂以官爵。悦等皆密歸款，而猶未敢絶朱滔，稱王如故。

赦三鎮而説令歸款，携滔黨也，滔孤則泚亦孤矣。若滔與泚合，而三鎮助之，益不可制，此伐交之一策也。

朱滔使王郅説田悦曰：『今太尉受命關中，滔欲與回紇共往助之，願八郎治兵，與滔渡河共取大梁。』悦未忍絶滔，許士則勸悦陽許偕行而陰爲之備。

使滔得遂其計，以其衆合回紇挾悦而西，則泚之勢益張，而長安未可遽復矣。而悦先與滔貳焉，此成敗之大機也。

王武俊遣田秀馳見悦曰：『今天子以德綏我，我曹何得不悔過而歸之、舍九葉天子不事而事滔乎！八郎慎勿與之俱南，但閉城拒守。武俊請伺其隙，連昭義之兵，擊而滅之。』

河北叛藩，惟武俊殊有英爽之氣，其藐視朱滔，尤情見乎辭。悦雖先入許士則之言，非武俊無以贊其決。

術者上言：『國家厄運，宜有變更。』群臣請更加尊號一二字。陸贄上奏，以爲：『尊號本非古制。行於安泰之日，已累謙冲，襲乎喪亂之時，尤傷事體。』上納其言。

此何時也，而欲加尊號，不知何以爲辭。術士寡識，固無足論，群臣翕呲，乃亦相率貢諛，因是知明皇返國即與肅宗同加尊號，非必果出上意，亦此輩爲之慫恿也。當時在廷，能言尊號非古者，顔真卿及贄二人而已。

上又以中書所撰赦文示贄，贄上奏，以爲：『今茲德音，悔過之意不得不深，引咎之辭不得不盡。』乃別撰以進，上然之。赦天下，改元。下制罪己。（興元元年）

群臣方議加尊號，贄獨請上下詔罪己，度量相越，豈不遠哉！所撰赦書，可謂言無不盡。而胡身之遽以爲可與誓誥相表裏，則未免尊之太過已。

王武俊、田悦、李納見赦令，皆去王號，上表謝罪。惟李希烈自恃兵强財富，遂謀稱帝。

武俊等先已歸款，但未去王號耳，至此見赦令悉予蕩滌，故相帥謝罪輸誠，非必帝之罪己有以感之也。朱滔、希烈同在赦例，并非不見罪己之詔，而乃罔有悛心，滔稱王如故，希烈且謀稱帝矣。

蕭復言於上曰：『宦官多爲監軍，恃恩縱横。此屬但應掌宫掖之事，不宜委以兵權國政。』上不悦。

帝倉卒出幸，僅有竇文瑒、霍仙鳴率宦官左右百人從行，方以爲緩急可恃，宜復言之不入也。此亦陸贄所不敢言者。蓋贄累疏敷奏，惟在格君心之非，而不專指一人一事，所謂『人不足於適、政不足於間』者也。

李懷光屯咸陽累月，逗留不進。上屢使中使趣之，辭以『士卒疲弊，且當休息觀釁』。諸將數勸之攻長安，懷光不從，密與朱泚通謀。

懷光因奉天解圍不能見上，知爲奸臣所排，故累疏罪狀盧杞等，脅帝悉加貶逐。此乃武夫憤不能忍，以圖一時之快；然亦知帝性多猜忌，必不甘心，事後方將求其罪而誅之，所以内不自安也。帝既不免眷念於杞，即不能不隱恨於懷光，特欲急仗其力以討朱泚；而懷光擁兵逗留，實則挾賊自重。帝不能推誠以結其心，乃屢遣中使趣之，又欲統禁旅幸行營以督戰，俾懷光更生疑畏，計窮走險，此反謀所以益亟，一旦决裂，遂不可收拾也。詎非制御失宜，自速其變哉！

上遣崔漢衡使吐蕃發兵，李懷光以爲不可，曰：『若克京城，必縱兵焚掠，一害也。彼發兵五萬，求賞無以給之，二害也。勝則從而分功，敗則乘之爲變，此三害也。』

借回紇兵以討安、史，猶可曰賊强而官軍弱，出於不得已也。朱泚敗北之餘，竊據長安，較安、史相去何止十倍！唐之諸將制之綽有餘力，何必遠借吐蕃之兵、更生外患？懷光三害之説，未可非也。

上欲親總禁兵幸咸陽，趣諸將進討。懷光大懼，反謀益甚。上加懷光太尉，賜鐵券。懷光對使者投鐵券於地，曰：『人臣反，賜鐵券；懷光不反，今賜鐵券，是使之反也！』

疑之愈甚，故撫之愈厚，而彼不以爲感、反以爲懼矣。

懷光與韓游瓌書，約使爲變，游瓌密奏之。上稱其忠，因問：『策安出？』對曰：『懷光總諸道兵，故恃衆爲亂。若尊其官、罷其權，安能爲亂乎！』上曰：『若朱泚何？』對曰：『陛下許將士以殊賞，誰不願討賊以取富貴！』

懷光已反，猶不肯奪其兵權，欲倚以制朱泚，何其謬邪！未幾罷懷光副元帥及節度等使，惟以爲太子太保，即用游瓌此策。

上幸梁州。懷光遣其將孟保等邀車駕，至盩厔。保等相與謀曰：『彼使我爲不臣，我以追不及報之，不過不使我將耳。』乃帥衆而東，由是百官從行者得入駱谷。

懷光將張名振、石演芬俱以不從反被殺，保等不從懷光之命迫脅乘輿，此外尚不乏忠義之士，蓋汾陽之遺教未泯也。

河東將王權、馬匯引兵歸太原。李晟謂諸將佐曰：『長安天下根本，若皆從行，誰當滅賊！』乃治城隍，繕甲兵，爲復京城之計。

朔方既叛，河東又去，晟之勢孤矣。乃毅然以滅賊復京爲己任，恐郭子儀易地處此，有此忠無此勇也。

田悦兵數敗，其下皆厭苦之。上使孔巢父至魏州，爲陳順逆禍福，悦及將士皆喜。悦既歸國，撤警備。田緒（承嗣子）因殺悦及其母、妻，巢父命緒權知軍府。

悦既歸國，即緒不殺悦，魏博亦可無患。然悦爲亂首，而身先就屠，亦有天道焉。

李懷光欲襲李晟，三令其衆，衆不應。閻晏等勸懷光東保河中，懷光從之。於是韓游瓌屯邠寧，戴休顔屯奉天，駱元光屯昭應，尚可孤屯藍田，皆受李晟節度。

懷光不去，晟即志在滅賊復京，而不能不慮肘腋之變也。至此則力專而氣倍矣，况有四將爲之助乎！

上在道，民有獻瓜果者，上欲以散試官授之。陸贄奏以爲：『兵興以來，病在爵輕，設法貴之，猶恐不重，若又自輕，何以勸人！』

賞濫則爵輕，輕則人不知勸。兵興財匱，其弊每至於此。但以畀獻瓜果者，尤不可耳。

陸贄在翰林，爲上所親信，當時謂之内相。然數直諫，迕上意，盧杞雖貶官，上心庇之。贄極言杞奸邪致亂，上不悦，故恩遇雖隆，未得爲相。

患難中相須如左右手，而以數直諫不得爲相，迨爲相卒以讒去，轉不若誤國基禍之藍面鬼始終眷顧不衰，則忤意與順指之别也。以贄之得君而猶不能行其志，况疏逖之臣乎！

渾瑊帥諸軍出斜谷，崔漢衡勸吐蕃出兵助之。瑊與韓旻戰於武功，不利；吐蕃擊旻，大破之於武亭川。瑊遂引兵屯奉天，與李晟東西相應，以逼長安。

旻，朱泚之驍將也。武亭大挫，諸賊墜膽矣。晟既得四將之助，又有瑊爲之聲援，長安在其彀中矣。

上欲爲唐安公主造塔，厚葬之。姜公輔表諫，上謂陸贄曰：『此非宰相所宜論。公輔正欲指朕過失，自求名耳。』贄上奏，爲公輔辯理，上猶怒，罷公輔爲左庶子。

於忠讜如公輔者，一言忤意，必不能容，而於奸佞如盧杞、白志貞、裴延齡、韋渠牟輩，則針芥相投、魚水同契，直至禍成迹露，猶復曲爲之庇，帝初政有貞觀之風，而中路乃自有肺腸，殊不可解。

上問陸贄：『近有卑官自山北來者，率非良士，頗似窺覘，已於一所安置。如何爲便？』贄上奏，以爲『今盗據宫闕，有涉險遠來赴行在者，當加恩貸，豈得猜慮拘囚？』

歸正之人，撫慰失宜，則自新之路絶而從賊益堅矣。此實人心向背之機，而帝猜忌多疑，贄所以痛切言之，而冀其一悟也。

又曰：『陛下有輕待人臣之心，獨馭區寓之意；嚴束百辟，威制四方。由是才能者怨於不仕，忠藎者憂於見疑，著勛業者懼於不容，懷反側者迫於及討，馴致離叛，構成禍灾。願以覆轍爲戒。』

於當日致亂之由，可謂言無不盡矣。

朱滔攻貝州，百餘日不下。賈林復爲李抱真説王武俊合兵救之。武俊軍於南宫東南，抱真以數騎詣其營，見武俊，叙國家多難，流涕縱横。武俊亦悲不自勝，遂約爲兄弟，誓同滅賊。武俊曰：『此身已許十兄死矣！』

林雖善説，只是動以利害耳。抱真以血誠感之，而武俊之心折矣。然抱真所以出此者，亦稔知武俊爲人，素有肝膽，且與滔有隙，故可示之不疑，收以爲用，并非輕身以試不測也。

吐蕃既破韓旻，大掠而去。朱泚使田希鑒厚以金帛賂之。渾瑊奏：『尚結贊屢約共取長安，失期不至。』上甚憂之，陸贄以爲『吐蕃貪狡，有害無益，其去可賀』。

一勝即大掠而去，李懷光所云『一害』者，其言驗已。屢約失期，受泚賂，故不欲攻長安也。吐蕃亦惟利是視耳，豈果欲助唐哉？帝借兵吐蕃，最爲失計。贄居腹心股肱之任，當時不能力爭以阻其來，至此乃賀其去，何也？或事出中旨，贄不及諫邪，抑諫而帝不聽邪？

上謂陸贄曰：『渾瑊諸軍，當規畫令其進取。卿條議以聞。』贄以爲：『兵勢無常，遥爲規畫，未必合宜。彼違命則失君威，從命則害軍事，不若假以便宜，則智勇得伸。』

用兵之道，運籌貴秘，决機貴速，呼吸之頃，利鈍迥殊。豈居中所能遥制哉！

李抱真、王武俊距貝州三十里而軍。或謂朱滔：『武俊善野戰，不可當其鋒。』回紇達干曰：『當使匹馬不返。』滔出戰。武俊縱兵擊之，回紇敗走。滔步騎皆奔，抱真與武俊合兵追擊，大破之。滔以餘衆遁歸幽州。

昭義步兵爲諸鎮所不及，足制朱滔，而不能當回紇。以武俊之勇，而所將皆騎兵，固非回紇所能當也。尚結贊之失約，由於受賂而陰持兩端；達干之請戰，則狃於屢勝而輕視勍敵。故彼則飽載而歸，此乃一蹶不振矣。

李晟大陳兵，諭以收復京城。諸將請『先復外城，據坊市，然後北攻宫闕。』晟曰：『坊市狹隘，賊若伏兵格鬥，居人驚亂，非官軍之利。不若自苑北攻之，潰其腹心，賊必奔亡。則宫闕不殘，坊市無擾。』

攻京城將以滅賊，而宫闕乃我之宫闕，坊市亦我之坊市，若糜爛而戰之，即幸得收復，必不勝其殘且擾矣。謀定後戰，動出萬全，此所以爲大將乎！

朱泚驍將張庭芝、李希倩引兵出戰，晟命吴詵等擊敗之。李演等又連敗之。賊餘衆走入白華門。晟復出兵，諸將請待西師至，夾攻之。晟曰：『賊已破膽，不乘勝攻之，非計也。』賊又出戰，官軍屢捷。

晟督戰殊似李光弼，非郭子儀所及。

晟陳兵於光泰門外，使李演、王佖將騎兵，史萬頃將步兵，開苑墻二百餘步，賊樹栅塞之，官軍不得前。晟叱諸將，欲斬之，萬頃帥衆先進，拔栅而入，演、佖繼之，賊衆大潰，諸軍分道并入。且戰且前，凡十餘合，賊不能支。晟帥百餘騎至，左右呼曰：『相公來！』賊皆驚潰。

郭子儀以數騎出見回紇藥葛羅也，左右呼曰『令公來』，今晟左右亦呼曰『相公來』，同一呼也，而其聲必有辨矣。

先是，張光晟屯九曲，密輸款於晟。至是，光晟勸泚出亡，泚乃與姚令言帥餘衆西走。光晟送泚出城，還詣晟降。

滔以餘衆由貝州北遁，猶有幽州可歸也；泚以餘衆由長安西走，將安歸乎？計其爲謀，不走回紇，即走吐蕃耳，未幾爲韓旻所斬。

晟令諸將曰：『長安士庶，久陷賊庭，若小有震驚，非吊民伐罪之意。』命京兆尹李齊運等安慰居人。公私按堵，秋毫無犯，遠坊有經宿乃知官兵入城者。

馭軍嚴整，如史所書，正恐郭李未必及此。

上問陸贄：『今至鳳翔，有迎駕諸軍。因此遣人代李楚琳，何如？』贄上奏，以爲：『如此則事同脅執，議者或謂之權，夫權之爲義，取類權衡；以反道爲權，君上行之必失衆。』

楚琳賊殺張鎰，罪無可寬，因兵威而遣代，未爲不可。但是時反側者尚多，恐人人自疑耳。贄論權字，實本《孟子》『權，然後知輕重』及『執中無權，猶執一』之旨，蓋輕重得中，始可謂權。自公羊倡反經合道之邪說，漢儒宗之，遂與孟子相反，贄正其失，實開宋儒之先。程子謂『自漢以後，無人識權字』，殆未聞贄此論邪？

高郢數勸李懷光歸款，懷光遣其子璀詣行在謝罪，請束身歸朝。遣孔巢父賷先除懷光太子太保敕，詣河中宣慰。

懷光歸款，非其本心，又自以罪釁已深，歸朝必無全理，故卒害巢父而復叛。

車駕至長安，李晟謁見上於三橋，先賀平賊，後謝收復之晚，伏路左請罪。上駐馬撫慰，爲之掩涕，命左右扶上馬。

晟赴難之忠、破賊之勇、御軍之嚴、撫民之仁、奉上之敬，非惟當時諸將莫及，有唐一代惟郭子儀堪與并稱，而威略則有不及焉。

孔巢父至河中，李懷光素服待罪，巢父不之止。懷光左右多胡人，皆嘆曰：『太尉無官矣！』巢父又宣言曰：『誰可代太尉領軍者？』於是左右發怒，殺巢父。

巢父宣慰魏州，適值田悅爲田緒所殺，緒請命於巢父，遂易其帥。此蓋狃於前事，以爲代帥甚易，而不虞倉猝之變也。巢父與李白同隱徂徠之竹溪，杜甫贈詩；又有所云『巢父掉頭不肯往』者，計是時亦已老矣。

初，肅宗在靈武，上學文於李泌。代宗之世，上爲太子，亦與泌游。及在興元，泌爲杭州刺史，上急詔徵詣行在，以爲散騎常侍。

當時在廷諸臣，陸贄而外，似泌者蓋寡矣。帝於泌知之素稔，乃即位數年，委之外吏，至此始急詔徵之，詎非不能早用，今急而求者邪。

上問泌，以河中爲憂，對曰：『料敵者料將不料兵。懷光既解奉天之圍，不能取朱泚垂亡之虜，使李晟得以爲功。又虐殺使臣，鼠伏河中，如夢魘之人耳！恐不日爲帳下所梟，諸將無以藉手也。』

泌久爲外吏，當時軍謀密畫，了不與聞，而於懷光洞見肺肝。正張名振所云『功高太山，一旦弃之，自取族滅，富貴他人』者。後乃卒如所料，智者審察事機，固不必身在局中也。

上欲以伊西、北庭之地與吐蕃。泌以爲不可，乃止。

郭昕等於萬里之外固守二十年，今乃於幃闥之中、一旦舉而弃之乎？且郭子儀、僕固懷恩之復京城，全借回紇之力，當日雖厚賂以金帛，未嘗割地以畀之也。吐蕃無功，不得以回紇爲例，即使彼妄有干求，不難以事理折之。帝乃不俟其請，而自撤藩籬以徇其欲，何畏之甚邪！

先是，上命渾瑊、駱元光討李懷光，數爲其將徐庭光所敗，不能進。至是，以瑊與馬燧并充行營副元帥，與元光及唐朝臣合兵討之。

是時三大將名位相埒，功亦相亞：守奉天，渾瑊之功；復長安，李晟之功；克河中，則馬燧之功也。瑊與晟，均所云『熊羆之士、不二心之臣』，但才略則晟出瑊右耳。燧勤王獨後，雖有績可紀，不稱鼎足已。

李晟至鳳翔，治殺張鎰之罪，斬裨將王斌等十餘人。

晟克長安，既誅泚黨李希倩等八人；又斬文武官受泚寵任者崔宣等十餘人；兹至鳳翔，復誅斌等十餘人；後詣涇州，又誅爲亂者石奇等三十餘人。蓋助逆之將卒，芟除略盡矣。所惜者，涇州并及田希鑒父子，鳳翔不及李楚琳耳。帝初欲以兵威脅代楚琳，因陸贄之言而止；至是楚琳已束身歸朝，取之甚易，乃不以付晟，俾追治其罪，何也？

初，魚朝恩既誅，代宗不復使宦官典兵。上即位，以禁兵委白志貞，志貞得罪，復以宦官竇文場代之。上還長安，頗忌宿將，始令宦官分典禁旅。

代宗之政，略無可紀，惟誅朝恩、奪宦官兵柄，爲千慮之一得耳。是時神策名將如林，帝乃先用志貞，致禁軍徒存虛籍；繼用文場，俾刑餘得操利器。終唐之世，遂成痼疾。蓋玄宗肇其端、帝乃著爲令已。蕭復一言而罷相，詎非由於忌宿將而信中人哉！

議者以李勉『失守大梁，不應尚爲相』。李泌言於上曰：『勉公忠雅正，而用兵非其所長。且劉洽出勉麾下，勉授以衆，卒復大梁，亦勉之功也。』上乃命勉復其位。議者又言：『韓滉聚兵修石頭城，陰蓄异志。』上以問泌，對曰：『自車駕在外，滉貢獻不絶。所以修石頭城者，謂陛下將有永嘉之行，爲迎扈之備耳。臣敢保其無他。』

勉承平三公耳，不惟用兵非所長，亦非救時宰相也。滉之舉措，頗駭物聽，固宜致流言之謗，非泌昌言保奏，無以自明矣。

是歲蝗遍遠近，草木無遺，惟不食稻。大饑，道殣相望。

石勒時蝗不食三豆，猶爲近理：豆非蝗所嗜也。若稻，則蝗所尤嗜者。兹獨不食，何也？豈物性固有時而异邪？竊謂關中向不宜稻，惟江南多稻，或此言出於韓滉歟？

盧杞遇赦，移吉州長史，未幾，上以爲饒州刺史。制出，給事中袁高執之不下，且奏：『杞極惡窮凶，百辟疾之若仇，豈可復用！』上不聽。陳京、趙需等上疏力争，乃以爲澧州别駕。杞竟卒於澧州。（貞元元年）

帝於杞，雖不得已去之，而眷顧不衰，此李懷光所以不自安而遂叛也。今懷光未平，遽欲用杞，是始終於其排抑功臣、陷害忠良、誤國致亂之罪狀迄未省悟，何偏私錮蔽至於此極邪！杞獲保首領以殁，不得謂非天網之一失。

馬燧與諸將謀曰：『長春宫不下，懷光不可得。』乃親往城下，呼守將徐庭光，諭以順逆利害，衆不對。燧披襟曰：『汝不信吾言，何不射我！』將士皆伏泣。燧曰：『此懷光所爲，汝曹無罪。第堅守勿出。』皆曰：『諾。』庭光驍將，攻之不克，欲進逼河中，則慮庭光之掎其後。馬謖有云：『用兵之道，攻心爲上，攻城爲下。』燧於庭光，攻其心也。將士皆伏泣，則心降矣。

燧與渾瑊帥諸軍至河西，河中軍士自相驚，皆易其號爲『太平』字。懷光不知所爲，乃縊而死。其將牛名俊斷懷光首出降。

皆如李泌所料。蓋懷光既害孔巢父，則歸國乃歸死於司敗耳。與其肆市，何若自裁？故雖稱欲歸國，卒遷延而至於雉經也。

初，上以懷光子璀爲監察御史，寵待甚厚。及懷光屯咸陽，璀密謂上曰：『臣父必負陛下，願早爲之備。臣與父俱死矣。』上使璀諭懷光，還曰：『無益也，臣父言：「吾非貪富貴，直畏死耳，汝豈可陷吾死地邪！」』

父子之間，言無不盡，懷光之叛，直畏死耳。蓋其初自以有解圍大功，而恨盧杞排己，故累疏罪狀，脅帝逐之，以快一時之意。迨事後追思，則知帝疑忌已深，必難自免，不能不出於走險之一途，以冀幸萬一也。與僕固懷恩情事略同。璀諫父不從、救父不得，卒以身殉，賢於瑒遠矣。

陸贄以河中既平，慮有以王師所向無敵，請乘勝討淮西者，則四方負罪者孰不自疑？乃上奏，曰：『臣方以生禍爲憂，而未敢以獲福爲賀。』

是時大憝如朱泚兄弟及李懷光輩次第芟夷，其倔强未伏者，惟李希烈耳。乘震疊之威，移師致討，似亦計之得者。而贄力言其不可，則以我之力已疲，兵不可以不戢；彼之勢方熾，功不可以必成。故諄諄以建中之往事爲戒也。

詔以『李懷光嘗有功，宥其一男，使續其後，賜之田宅，歸其首及尸使葬。諸道與淮西連接者，宜各守封疆，不須進討。李希烈若降，當待以不死。』

用陸贄之言，不討希烈，并加恩於懷光也。自此而反側者自安矣。

初，李晟將神策軍戍成都，及還，以營妓高洪自隨。節度使張延賞怒，追還之，由是有隙。至是，上召延賞入相。晟表陳其過惡，上重違其意，以延賞爲左僕射。

晟以營妓自隨，未免移情於聲色；延賞輒怒而追還，何其逼人太甚邪！蓋是時晟名位未顯，爲延賞所輕也。帝相延賞，而表陳其過惡，郭子儀必不出此。

李希烈有疾。陳仙奇使醫陳山甫毒殺之。因以兵悉誅其兄弟、妻、子，舉衆來降。以仙奇爲淮西節度使。

希烈竟不煩兵而誅，陸贄之言驗已。未幾，吴少誠殺仙奇，自爲留後，朝廷因而命之。帝蓋復行姑息之政。

初，上與李泌議復府兵，泌因爲上歷叙府兵自西魏以來興廢之由，且言：『向使府兵之法常存不廢，安有如此下陵上替之患哉！』（二年）

泌但言府兵之利，而未及復之難也。戍卒還者十無二三，蒸熨手足以避其役，百姓苦府兵久矣；痛入骨髓，其不欲復明矣。今欲復之於久罷之後，豈旦夕所能爲力乎？誠恐府兵未復而民先怨叛已。

吐蕃之用間，亦拙而易辨，況晟先有汧城之捷、旋有摧砂堡之拔。其間何自而入哉！無如帝之闇而多疑也。

吐蕃游騎及好畤。李晟遣王佖將驍勇三千擊敗之於汧城。尚結贊謂其徒曰：『唐之良將，李晟、馬燧、渾瑊而已，當以計去之。』以兵二萬直抵鳳翔城下曰：『李令公召我來，何不出犒我！』經宿，乃退。

上忌李晟，會吐蕃有離間之言，張延賞等騰謗於朝，無所不至。晟聞之，晝夜泣，目盡腫，悉遣子弟詣長安，表請削髮爲僧，上慰諭，不許。入朝見上，自陳足疾，懇辭方鎮，上不許。

郭子儀屢爲魚朝恩、程元振所讒構，而聞命即至，處之怡然，若無所動於中者。晟聞延賞騰謗，乃至晝夜涕泣，表請爲僧，非二人器量廣狹果有不同，蓋肅代仁柔、德宗猜狠，子儀可以無恐，而晟不得不懼也。以晟之功同再造，猶不自保，然則李懷光之畏死而反，非德宗有以致之哉！

上命韓滉諭旨於晟，使與延賞釋怨。晟奉詔，滉引延賞詣晟第謝，結爲兄弟，宴飲盡歡。滉因使晟薦延賞爲相。晟爲其子請婚於延賞，延賞不許。（三年）

帝欲相延賞久矣，以晟表陳其罪惡而止。由是延賞之憾晟愈深，而帝之疑晟轉甚。滉使晟薦延賞，不惟釋延賞之憾，亦所以解帝之疑，故薦疏朝入，恩命夕下，固帝之所甚願也。奉詔與之釋憾可也，既約爲兄弟，復薦爲宰相，又請爲婚姻，悦之親之，無所不至；　昔何冰炭，今何水乳，固由武夫性快，亦可見其非出於公誠已。適足動延賞之疑耳。

韓滉性苛暴，爲上所任，言無不從，百吏救過不贍。渾瑊雖爲滉所薦，正色讓之曰：『先相公以褊察爲相，不滿歲而罷，今公又甚焉。作福作威，豈人臣所宜！』滉愧，爲之少霽威嚴。

前云滉爲人『强力嚴毅』，又云『性剛嚴』，至此乃云『苛暴』。豈剛嚴固與苛暴近邪，抑亦大命將終（滉尋卒）失其常度邪？　滉父休，開元名相，瑊第欲借其不久於位爲滉戒，『褊察』之譏，非定評也。　李晟以奪妓宿隙而沮張延賞之入相，瑊不以薦引私恩而正言以規滉之失。兩人所見，又自不同。

上以果州刺史白志貞爲浙西觀察使，柳渾曰：『志貞憸人，不可復用。』會渾疾，不視事，詔下，用之。渾疾間，遂乞骸骨，不許。

志貞久典禁兵，但存虚籍，涇卒之變，召之無一人至者，遂致播遷，帝豈竟忘之？　乃於功臣動多猜忌，即忠如陸贄，患難中倚之如左右手，事後則弃之如遺。而獨於誤國奸臣始終眷念，獨何心哉！　袁高等力能沮盧杞，渾不能尼志貞，亦時有先後耳。初時帝猶有懼心，至是則漸萌肆志，使杞不死，亦將復用矣。

吐蕃尚結贊遣使求和於馬燧，且請修清水之盟，燧爲之請於朝。李晟曰：『戎狄無信，不如擊之。』燧與張延賞言和親便。上以渾瑊爲清水會盟使。

晟請擊吐蕃，固確知其情僞，亦以破其間也。

渾瑊發長安，李晟深戒之，以盟所宜嚴備。張延賞言於上曰：『晟不欲盟好之成，我疑彼，彼亦疑我。』上乃召瑊，切戒以推誠待虜。

延賞故反晟謀，藉以修怨；帝偏聽延賞，而暗於事機，均不足責。瑊宿將習兵，非汶汶者，乃不用晟嚴備之良策，而遵帝推誠之謬戒，以致召侮辱國，何其疏也！

渾瑊與尚結贊盟於原州。將盟，虜伐鼓三聲，大噪而至，殺都監宋奉朝等於幕中。瑊自幕後出，偶得他馬乘之，與將卒皆東走，虜追殺數百人，擒千餘人。

吐蕃意在劫盟，而瑊不爲備，其得免亦幸耳。

韓游瓌表言：『虜劫盟者，兵臨近鎮。』上大驚，欲出幸以避之。大臣諫而止。

吐蕃和親，倡議者馬燧，而主之者張延賞也。乃帝既入尚結贊之間，罷燧兵柄，而延賞慚懼謝病，始終未治其誤國之罪，何也？方吐蕃之請盟也，李晟請擊之；及渾瑊之將行也，晟戒以嚴備；迨尚結贊之將盟也，柳渾獨以爲憂，晟亦以爲然。是劫盟之事，均不出晟所料。乃游瓌之表，但以示渾，而不以示晟，蓋護延賞之同己，而忌晟牢不可破也。

李泌爲相，與李晟、馬燧、柳渾俱入見，泌曰：『臣願與陛下爲約，勿害功臣。晟、燧有大功於國，聞有讒之者，雖陛下必不聽，臣今對二臣言之，欲其不自疑耳。萬一害之，則宿衛之士，方鎮之臣，無不憤惋，恐中外之變不日復生。』上曰：『卿言社稷之至計也！』

帝性本猜忌，又易爲讒言所惑，是時晟、燧皆不自安，故泌首以爲言，來瑱誅而懷恩叛，劉晏死而正己憤，枉殺一人，足以失天下之心。況晟、燧俱有大功，又非瑱、晏之比乎！

上問李泌以復府兵之策。對曰：『國家比遭饑亂，無暇議也。』上曰：『然則奈何？』對曰：『陛下用臣言，可以不減戍卒，不擾百姓，糧食皆足，府兵亦成。』上曰：『苟能如是，何爲不用！』泌因進戍卒屯田塞下之策。

泌爲帝畫策，皆先言其效以歆動之，此孟子説齊宣王法也。惟所云用戍卒、開屯田，并由本貫給牒續食，遣其家人往與同居，不過數番，悉成土著。勿論戍卒未必願留，家人未必願徙，即使行之有效，亦仍師晁錯募民實塞下之遺法耳，乃遽云府兵亦成，何也？得毋近於爲大言乎？

郜國大長公主不謹，李昇等皆出入主第。主女爲太子妃，上恩禮甚厚。或告主淫亂，且爲厭禱。上大怒，幽主於禁中，切責太子。太子不知所對。

昇即叔明之子，其出入主第，固非張延賞誣之也。唐之公主，能以禮自防者蓋寡矣。帝之怒，非怒其淫亂，怒其厭禱耳。故因而遷怒於太子也。

上告李泌，欲廢太子而立舒王。泌曰：『陛下惟一子，奈何欲廢之而立侄？此大事，願陛下審圖之。臣在彭原，竟不敢言建寧之冤，臨辭乃言之，肅宗亦悔而泣。陛下從容三日，究其端緒而思之，必知太子無他。』

泌知建寧冤，而不能救其死，每以爲疑。觀泌自言，方知其有所不敢也。蓋建寧得罪於張良娣，肅宗惟良娣之言是聽，非他人所能挽回也。

吐蕃帥羌、渾之衆寇隴州，京城震恐。遣石季章戍武功、唐良臣戍百里城。吐蕃大掠汧陽、吴山、華亭，老弱者殺之，驅丁壯萬餘悉送安化峽西。

有良將李晟、馬燧忌而不用，但以季章、良臣輩分兵屯戍，閉城自守，寇至不敢擊、去不敢追，以致民遭荼毒，千里蕭條，帝固無足責，李泌亦不聞有言，何也？

回紇屢求和親，且請婚。上不許。李泌言於上曰：『臣願陛下北和回紇，南通雲南，西結大食、天竺，則吐蕃自困。』上曰：『三國當如卿言，回紇則不可。』

結諸夷以共圖吐蕃，洵爲伐交善策，但萬里之外，事難猝就，不如選將練兵，自爲戰守之可恃也。置李、馬於廟堂，使爲伴食宰相，不放出國門一步，而求援於荒遠難稽、緩急不及之外夷，豈計之得哉！

泌曰：『豈非以陜州之耻邪！』上曰：『然。韋少華等以朕之故受辱而死，朕豈能忘之！』泌曰：『少華輩不深思，以萬乘元子徑造其營，又不先與之議相見之儀，使彼得肆其桀驁，死不足償責矣。』

泌以陜州之事責少華等，似是正論，實則權辭。當日回紇方驕，可汗親至，若非元子自造其營，恐彼嘖有煩言，别開兵釁也。

泌又曰：『回紇有再復京城之勛，吐蕃幸國之灾，陷河、隴數千里之地，又引兵入京城，使先帝蒙塵於外，此乃必報之仇，乃欲和吐蕃以攻回紇乎？』

二國恩怨，固較然不侔已。但當時待諸蕃，第以强弱爲隆殺，其和親與否，皆出一時權計，非能較量曲直也。此自泌善爲説辭耳。

上曰：『朕與爲怨已久，今往與和，得勿拒我乎？』對曰：『臣請與之約：稱臣，爲陛下子，每使來不過二百人，印馬不過千匹。』後果如約，上大喜。

是時回紇漸弱，不足支吐蕃，欲倚唐爲助，且既叨尚主之榮，兼貪市馬之利，是以求無不遂。泌蓋揣悉情僞，故爲帝預期其效，而帝則喜出望外也。然回紇雖和親，亦未聞其足以制吐蕃也。

元友直運淮南錢帛二十萬至長安，李泌悉輸之大盈庫。然上猶數有宣索，仍敕諸道勿令宰相知。泌聞之，惆悵而不敢言。（四年）

泌先請不受諸道貢獻，及罷宣索，故帝敕諸道勿令宰相知也。泌善迎機開導以悟主，而不爲强諫，故至此惟惆悵而已。奉天之被圍也，惟食糲飯；關中之告匱也，米至陜方慶更生，帝固已疊更艱苦，今乃坐擁大盈庫而猶患不足，蓋好貨之心，至此日熾已。

咸陽人或上言：『臣見白起，令臣奏云：「吐蕃必大下，當爲朝廷破之。」』既而吐蕃入寇，邊將敗之。上欲於京城爲起立廟，贈司徒，李泌以爲不可，乃止。

白起助破吐蕃，洵屬妄誕，但於邊將屢敗之餘，依托神怪以鼓勵軍心，未嘗非用兵之一機。且唐立武廟祀太公，起在配饗之列，亦無庸别立廟也。泌固争起之褒贈，與田單神師，所見不同。

吐蕃三萬餘騎寇涇、邠、寧、慶、鄜等州。諸州皆城守，無敢與戰者，吐蕃俘掠人畜萬計而去。

白起之神安在？豈以不得贈三公而怨望邪？

吐蕃發兵十萬將寇西川，亦發雲南兵屯於瀘北。韋臯以計間之。由是雲南與吐蕃大相猜阻，雲南引兵歸國。

吐蕃失雲南之助，兵勢始弱矣。

李泌建議，北和回紇，南通雲南，西結大食、天竺，則吐蕃自困。帝既從其計矣，然所云回紇和則吐蕃不敢輕犯塞者，言殊不驗。惟招雲南、斷吐蕃之右臂，其效頗速，則以雲南本欲附唐，而臯之措置有素也。至大食、天竺，則卒未聞何以招之也。

李泌屢乞更命相。上欲用班宏，泌以爲不可；乃薦竇參、董晉，上皆以爲不可。至是泌疾甚，復薦二人。以晉爲門下侍郎，參中書侍郎，并同平章事。（五年）

是時在廷諸臣，堪爲宰相，孰如陸贄？乃帝欲用班宏而不及贄，泌舉竇參、董晉，亦不及贄，何也？且泌未爲相以前，帝事事問計於贄，贄亦盡言無隱。迨相泌以後，軍國大計，贄不預謀，亦不復有所建白。帝與泌遍論即位以來宰相，亦無一語及贄。若謂贄初未宰相，則帝明言泌在肅、代之朝爲真相，贄在當時有『内相』之稱，豈不得爲真相乎？此皆千載下索解不得者也。

詔：出岐山無憂王寺佛指骨，迎置禁中，又送諸寺以示衆，傾都瞻禮，施財巨萬；遣中使復葬故處。（六年）

佛生於天竺，死於天竺，葬於天竺。當時佛教未入中國，其骨何由至中國乎？且佛亦人耳，其指骨應與人同，又何從辨其爲佛之指骨乎？妖幻無稽，莫此爲甚。而世之愚迷傾心信嚮，何哉？佛無靈乎，非佛骨乎？吾不得而知之矣。佛有靈乎，果佛骨乎？斷其指而投諸萬里之外，又發其藏而出之千載之下，招摇都市，誑取民財，以飽群髡之腹，貪痴者且不願，而謂佛願之乎？唐自肅、代以降，事佛漸謹，而迎佛骨則自此始。

回鶻（回紇改國名）頡干迦斯（於）［與］吐蕃戰不利，吐蕃急攻北庭。北庭人與沙陀酋長朱邪盡忠皆降於吐蕃。節度使（李）［楊］襲古奔西州。頡干迦斯悉舉國兵將復北庭，又爲吐蕃所敗，死者大半。安西由是遂絶。

回鶻國勢，大非昔比，所以稱臣、稱子於唐而不以爲卑也。然其力不足制吐蕃矣，此非李泌所及料。

回鶻遣達（比）［北］特勒梅録來告可汗之喪，且求册命。梅録至豐州，刺史李景略以氣加之，梅録驕容猛氣索然俱盡。自是回鶻使至，皆拜景略於庭，威名聞塞外。

此自由回鶻之弱，非關景略之威。史稱『名聞塞外』者，不足信也。

吐蕃攻靈州，爲回鶻所敗，夜遁。九月，回鶻遣使來獻俘。（七年）

此與回鶻和親之效，然僅足保靈州，而不能復北庭。迨吐蕃再至，則不免勞河東、振武及神策之師，而回鶻無能爲役矣。

竇參陰狡而愎，恃權而貪，每遷除，多與族子給事中申議之。申招權受賂，時人謂之『喜鵲』。（八年）

參爲人如是，李泌乃力薦以爲相，未爲知人。

貶竇參爲郴州别駕，以陸贄爲中書侍郎、同平章事。

參惡贄，以爲兵部侍郎，解其翰林學士；竇申復爲謗書以傾贄。帝察知其狀，故貶參而以贄代之。當時乃有贄陷參之謗，如柳珵《上清傳》所云者，尤誣之甚者也。温公不取其説，而於《考异》力辨之，得其實矣。

陸贄請令臺省長官各舉所屬，异日考其殿最，并以升黜舉者。或言『所舉皆有情故，或受貨賂，不得實才。』上密諭贄，贄上奏，以爲：『人主擇輔臣，輔臣擇庶長，庶長擇佐僚，將務得人，無易於此。』

責臺省長官各舉所屬，偶一爲之，必可得人；著爲成法，則情弊難免。大抵用人之權不歸天子，勿論權移左右别啓私門，即如委之吏部、委之宰相、委之長官，以及後世之廷推，均不能無弊，小則請托，大則賕賂，卒成朋黨，有不勝防者。則天之用人，固不足訓，其收效一時，則以權操自上也。

嶺南節度使奏：『近日海舶珍异，多就安南市易，欲遣判官就安南收市，乞命中使與俱。』陸贄上言，以爲：『廣州衆舶所凑，今改就安南，若非侵刻過深，則必招携失所。』

廣州互市，兩致夷變，乃至戕帥陷城，而卒不能止海舶之續至者，彼貪交易之利，此豉珍异之來也。然亦惟南洋及天竺、大食諸商胡，若今之西洋諸國，則尚未通中國也。

右庶子姜公輔詣陸贄，求遷官，贄密語之曰：『聞竇相屢奏擬，上怒不允。』公輔懼，請爲道士。上問其故，公輔不敢泄贄語，以聞參言對。上怒，貶公輔爲吉州别駕，又遣中使責參。

公輔素以清直著稱，而罷相以後，汲汲於遷官，何其不知退邪？卒至再罹貶謫，累及竇參。足爲干進之戒。

上使人諭陸贄，以『諸道饋遺，如鞭靴之類，受亦無傷。』贄上奏，以爲：『賄道一開，展轉滋甚，鞭靴不已，必及金玉。目見可欲，何能自窒於心；已與交私，何能中絶其意！是以涓流不絶，溪壑成災。』（九年）

贄論鞭靴之不可受，其義精嚴。爲上臺者，所宜書紳。

汴州節度使劉士寧遺竇參絹五十四，李巽奏參交結藩鎮。上大怒，欲殺參，陸贄以爲參罪不至死，上乃止，更貶參驩州司馬，男女皆配流。

參於罷相後，受五十四絹，帝即謂交結中外，其意難測，更加重貶，卒至賜死籍没。然則贄之不受鞭靴，非徒砥操，亦以遠罪也。

陸贄上奏，論備邊六失，以爲『措置乖方，課責虧度，財匱於兵衆，力分於將多，怨生於不均，機失於遥制。』

於邊帥積習，軍興陋弊，言之委曲詳盡，深切著明，可謂眼見萬里之外、心周千載之下，真字字蓍蔡也。

其論措置乖方，曰：『關東戍卒，不習土風，身苦邊荒，心畏戎虜。屈指計歸，張頤待哺。或利王師之敗，乘擾攘而東潰；或拔弃城鎮，揺遠近之心。』

此戍卒防秋之弊。

其論課責虧度，曰：『自頃權移於下，柄失於朝。將之號令，鮮克行之於軍；國之典常，不能施之於將，務相遵養，苟度歲時。罪以隱忍而不彰，功以嫌疑而不賞。』

此兵驕將悍，朝廷姑息之弊。

其論財匱於兵衆，曰：『虜每入寇，將帥無敢誰何。虚張賊勢上聞，則曰兵少不敵。朝廷莫之省察，唯務徵發益師，無裨備禦之功，重增供億之弊。』

此勞師糜餉之弊。

其論力分於將多，曰：『統帥專一，則人心不分，氣勢自壯。自頃分朔方之地，擁節者凡三使焉，其餘鎮軍，數且四十，皆承特詔委寄，更遣中使監臨，人得抗衡，莫相禀屬。』

九节度相州之潰，正坐不置帥，而以中使監軍，乃邊鎮亦踵其弊。

其論怨生於不均，曰：『長鎮之兵，皆百戰之餘，然衣糧所給，惟止當身，常有凍餒之色。而關東戍卒，怯於應敵，衣糧所頒，厚逾數等。苟未忘懷，孰能無愠？』

神策軍糧賜獨優，李懷光曾欲因之以移怨於李晟，况以怯不任戰之客兵而坐糜厚餉哉！

其論機失於遥制，曰：『戎虜馳突，迅如風飆，馹書上聞，旬月方報。守土者以兵寡不敢抗敵，分鎮者以無詔不肯出師，賊既縱掠退歸，此乃陳功告捷。』

選將責成，不宜遥爲掣肘。贄昔曾言之，兹更痛陳其弊。

又曰：『宜罷諸道防秋將士，令本道但供衣糧，募戍卒願留及蕃、漢子弟以給之。又多開屯田，寇至則人自爲戰，時至則家自力農。又擇文武能臣爲隴右、朔方、河東三元帥，分統緣邊諸節度使，有非要者，隨所便近而并之。然後減奸濫虛浮之費，定衣糧等級之制。』

將士防秋，非所願也。但供衣糧，而募士以代其役，略如漢之過更，未有不翕然從命者。屯田以省饋運，李泌曾建議因復府兵矣，乃行之迄無成效，則措置之難也。置帥以一事權，乃當日救敝之良策，但帝方忌宿將典兵，而以中人爲可信，安能用贄言哉！

雲南王异牟尋上表，請弃吐蕃歸唐。韋皋遣其使者詣長安，上賜异牟尋詔書，令皋遣使撫慰之。哥鄰王董卧庭等八王先皆役屬吐蕃，至是各帥衆内附。

雲南先雖附唐，未敢絶吐蕃也。至是遣使奉表，而其志定矣。諸羌視雲南爲去就，雲南屬吐蕃，則與之俱往；内附則與之偕來也。

裴延齡奏：『自判度支以來，檢責諸州欠負錢八百餘萬緡，抽貫錢三百餘萬緡，呈樣物三十餘萬緡，請别置季庫以掌之，染練物則別置月庫以掌之。』

此皆張虚數以惑上，實無所增。而帝爲所欺，則延齡有以中其所欲也。

先是，吐蕃與回鶻争北庭，大戰，死傷甚衆，徵兵於雲南。异牟尋遣五千人先行，自將數萬人踵其後，襲擊吐蕃，大破之，取鐵橋等十六城，虜其五王。（十年）

北庭之戰，回鶻大敗，其衆死者大半。蓋吐蕃雖勝，亦多死傷也。雲南雖以奉表歸唐，未敢加兵於吐蕃，至是則二虜構釁，其勢不可復合，而内附之意益堅。西南之邊患紓矣，所應備者西北耳。

上性猜忌，不委任臣下，官無大小，必自選而用之，宰相進擬，少所稱可。

帝非能自用人也，寄耳目於左右，而取捨於俄頃耳。

陸贄論兩税之弊，曰：『惟以資産爲宗，不以丁身爲本。有藏於襟懷囊篋，物雖貴而人莫能窺；其積於場圃囷倉，直雖輕而衆以爲富。有流通蕃息之貨，數雖寡而計日收贏；有廬舍器用之資，價雖高而終歲無利。一概估計算緡，宜其失平長僞。』

贄言貧富不關資産之多寡，洵爲曲盡物情。但國家欲定税額，惟資産可以按籍而稽。至於襟懷囊篋之藏、流通蕃息之貨，何從較其盈縮多寡哉！若捨資産而更求輕細，則告緡算舟車之苛法，更有不勝其弊者矣。

贄又論稅限迫促之弊，曰：『蠶事方興，已輸縑稅，農功未艾，遽斂穀租。有者急賣而耗其半直，無者求假而費其倍酬。』

此即聶夷中詩所云『醫得眼前瘡，剜却心頭肉』者。

贄又論兼并之家，私斂重於公稅，曰：『今每田一畝，官稅五升，而私家收租有畝至一石者，是二十倍於官稅也。降及中等，租猶半之。望凡所占田，約爲條限，裁減租價，務利貧人。』

唐時世業口分之制尚未盡廢，而流弊亦多。贄曾未之及，何也？且口分舊制，授受均有定額，其得相買賣者，惟世業田耳。如贄所云，是民田均已得相兼并，是以富者連阡陌而貧者爲之佃種輸租，其所由來漸矣。限田裁租之法，恐亦未易行也。

李抱真薨。其子緘謀襲位，遣使詣王武俊假貨財。武俊怒曰：『吾與乃公厚善，欲同奬王室耳，豈與汝同惡邪！』詔以王延貴權知昭義軍事。

緘，不肖子也。武俊不助緘自立，而責以正，不負抱真矣。

陸贄上書極陳裴延齡奸詐，上不悦，待延齡益厚。延齡日短贄於上，趙憬助之。贄與憬約，至上前極論延齡奸邪。上怒形於色，憬默然。贄罷爲太子賓客。

帝於贄，知之不爲不深，任之不爲不重，乃以攻延齡而遽即罷退。甚矣！忠奸之不容并立，而讒言之易入也。

陸贄既罷相，會旱，裴延齡奏：『贄失勢怨望，言於衆曰：「度支多欠諸軍芻糧」，以動搖衆心。』後上獵苑中，有軍士訴云：『度支不給馬芻。』上以延齡言爲信，貶贄忠州別駕。（十一年）

贄雖罷相，而眷倚素深，延齡恐其復用也，故復以怨望摇衆譖之，以中帝所忌，而贄不免遠竄矣。此訴馬芻之軍士，必延齡使之，以實己言也。

初，陽城自處士征爲諫議大夫，及至，諸諫官紛紛言事，而城與二弟及客日夜痛飲，有欲造城而問者，輒强與酒。客或先醉僕席上，城或先醉卧客懷中。

城欲學曹參邪，抑欲學阮籍、畢卓邪？使杜甫尚在，將作歌以續《八仙》矣。殊放蕩無檢，不足訓。

及陸贄坐貶，罪且不測，城帥拾遺王仲舒等守延英門，上疏論延齡奸佞，贄無罪。上大怒，欲加罪。太子爲之營救，乃免。金吾將軍張萬福趨至賀曰：『朝廷有直臣，天下必太平矣！』遂遍拜城等。萬福，武人，年八十餘，自此名重天下。

萬福昔於渦口發進奉船，屹然熊豹之姿；茲於延英門拜城等，巍然鳳麟之度。亦當日武臣中之錚錚者也。

以李齊運爲禮部尚書，齊運無才能學術，專以柔佞得幸於上。每宰相對罷，則齊運次進決其議。或病卧家，上欲有所除授，往往遣中使就問之。（十二年）

齊運乃帝所云『真相』者也。罷陸贄而用齊運，何异却良驥而策蹇驢乎？

竇文場、霍仙鳴勢傾中外，藩鎮將帥多出神策軍，台省清要亦有出其門者。

帝命官所以不由宰相進擬，而自用人者，職是故耳。

上自陸贄貶官，尤不任宰相，自御史、刺史、縣令以上皆自選用，然所取信者，裴延齡、李齊運、王紹、李實、韋執誼、韋渠牟，皆權傾宰相，趨附盈門。

非能自選用也，特不任宰相耳。帝蓋防宰相之專權，然而主之所信，即權之所屬，士之所趨，豈必宰相而後有權哉！內有竇、霍，外有裴、李，帝之選用，概可知已。

宫中市外間物，以宦者爲使，率用直百錢物買人直數千物，仍索進奉門户及脚價錢。人將物詣市，至有空手而歸者。每敕使出，沽漿、賣餅者皆閉門。（十三年）

帝聞趙光奇言民間之愁苦，則復其家；而有司之横斂不問也。知宦者因市柴并欲奪驢，則賜農夫帛，而宫市之抑買不禁也。殆亦見牛未見羊者歟？

諫官數言宫市之弊，上不聽。徐州節度使張建封入朝，具奏之，上頗嘉納，以問户部侍郎蘇弁，弁希宦者意，對曰：『京師游手萬家，皆仰宫市取給。』上信之。

宫市幾與掠奪無异，游手則閹兒之爪牙，史所稱『置白望數百人於要鬧坊曲』者也。帝既納建封之諫，弁一言沮之而止，則以宦者從中持之也。夫宫市起自近年，試問未有宫市以前，京師豈無游手，於何取給？且愛游手而忍於虐良民，獨何心哉？

陽城左遷道州刺史。賦税不登，自署考曰：『撫字心勞，催科政拙，考下下。』觀察使遣判官督其賦，城先自囚於獄。門外有故門扇横地，城晝夜坐卧其上，判官不自安，辭去。（十四年）

賦税不登，必因灾傷民困，力難供辦，故城自署下考，并自囚於獄，不惜一官爲民請命也。若民尚能供辦，則亦安忍刺史之坐卧板扉而不亟解囊哉！

宣武節度使董晋薨，行軍司馬陸長源爲節度使。長源性刻急，恃才傲物；判官孟叔度，輕佻淫縱，好侮慢將士。軍士作亂，殺長源、叔度，臠食之。（十五年）

韓詩《汴州亂》即此。所云『殺留後』者，謂長源也。用劉逸准爲節度，而不罪亂軍，故其詩曰：『朝廷不肯用干戈』。迨韓宏爲帥，誅劉鍔等三百餘人，亦可以報長源已。

中書令、咸寧王渾瑊薨。瑊性謙謹，雖位窮將相，無自矜大之色，由是爲上所親愛。瑊每奏事，不過，輒私喜曰：『上不疑我。』故能以功名終。

瑊與僕固懷恩、李懷光均出郭子儀部曲，受其奬拔，以至大將。較其威略，懷恩爲最，懷光次之，瑊又次之。乃二將均爲叛逆，而瑊獨以功名終，不爲帝所疑忌，有李晟、馬燧所不逮者。以其謙謹，恪守臣節，無一毫挾功之迹也。瑊蓋以子儀爲師，其因奏事不過而喜，正遵子儀之訓。其原州泣盟，推誠以待吐蕃，亦欲效子儀之輕騎見回紇，而一遇藥葛羅，一遇尚結贊，故成敗攸殊耳。

義成監軍薛盈珍屢毁節度使姚南仲於上。上征盈珍入朝。南仲亦請入朝。上召見，問：『盈珍擾卿邪？』對曰：『盈珍不擾臣，但亂陛下法耳。且天下如盈珍輩，何可勝數！雖使羊、杜復生，亦不能行政也。』上默然，竟不罪盈珍，仍使掌機密。（十六年）

觀南仲之言，則當日監軍之弊可知已。帝於奸臣、宦官，罪彰惡露，猶曲爲掩覆，如護愛子，蓋其性情固相近也。

以韓全義爲蔡州四面行營招討使，統十七道兵討吴少誠。全義素無勇略，以結宦官得大帥，每議軍事，監軍數十人争論莫决。士卒離心。與少誠將吴秀琳等戰於溵南廣利原，諸軍大潰。全義退保五樓。

帝正位之初，志在削平僭亂。迨播遷反正，務爲姑息，紀綱掃地矣。至此赫然發憤，張惶六師，問罪於少誠，亦弛久忽張之勢也。乃因誤聽竇文場之薦，置帥不得其人，以致挫鋭損威，遂一蹶而不復振，可勝慨哉！九節度相州之圍，不置帥而潰；十七道兵蔡州之討，置帥而亦潰。要之，其不置帥者，以魚朝恩爲之旁撓；其置帥者，以文場爲之内主：則皆宦官誤之也。

湖南觀察使吕渭奏永州刺史陽履臓賄。履奏稱，所斂物皆備進奉。上召履，命三司詰問，履曰：『已市馬進之。』詰以『馬主爲誰？馬齒幾何？』皆不能對。上悦其進奉之言，釋之，但免官而已。

履既進馬，必有納馬之處、受馬之人。納之也，應有文狀；受之也，應有簿籍。此真僞之最易辨者，又何必詰馬主與馬齒哉？裴延齡指無爲有，履更以虚作實，帝非不知其詐妄，而不加罪責。他主之好貨，好其實；帝之好貨，并其名而亦好之，殆亦死馬骨之比邪？殊出恒情之外。

吴少誠進擊韓全義於五樓，諸軍復大敗，全義保溵水縣城。少誠逼之，全義帥諸軍退保陳州。孟元陽等與少誠戰，殺二千餘人。

全義退師，元陽等即挫少誠。然則諸軍累敗，皆全義不才之所致耳。

先是，韋皋聞諸軍無功，上言：『請以渾瑊、賈耽爲元帥。若重煩元老，則臣請以精鋭萬人下荆楚以翦凶逆。不然，因請罪而赦之，罷諸軍以休息公私。』

皋此奏，第欲舉渾瑊爲元帥耳。不惟自下荆楚之説非其本指，即并及賈耽，亦借賓形主也。胡身之譏其以大言炫朝廷，則殊未然。

賈耽言於上曰：『賊意蓋亦望恩貸，恐須開其生路。』上從之。會少誠致書幣於監官軍者求昭洗，監軍奏之。詔赦少誠及彰義將士，復其官爵。

初討少誠，以其拒命稱兵，侵掠不已也。討之不克，屢爲所敗，而復曲循其請，赦罪復官，不如不討之爲愈也。韓全義因宦官得元帥，少誠因監軍而得昭洗，其餘節度多不降敕，但憑中使口授，蓋大權悉付之貂璫已。

韓全義至長安，竇文場爲掩其敗迹，上禮遇甚厚。全義稱疾，遣崔放入對，放爲全義謝無功，上曰：『全義能招來少誠，其功大矣，何必殺人然後爲功邪？』（十七年）

不以全義之喪師而罪文場，反以文場之掩敗而宥全義。甚矣，帝之闇也！

吐蕃陷麟州，殺刺史郭鋒，夷其城郭。上敕韋皋深入吐蕃以分其勢，紓北邊患。皋遣將將兵二萬分出九道，攻吐蕃維、保、松州及栖鷄、老翁城。

自吐蕃失雲南之助，西南之邊患頓紓，而西北之寇擾未已也。至是，乃欲假西南之兵力以援西北，而不復借力於回鶻已。

吐蕃遣其大相論莽熱將兵十萬，救維州，西川兵設伏大敗之，擒論莽熱。維州、昆明竟不下，引兵還。（十八年）

一戰擒其大將，而維城竟不能克，然亦未深入吐蕃也。

左神策中尉竇文場致仕，以楊志廉代之。與右神策中尉孫榮義皆驕縱招權，依附者衆。宦官之勢益盛。（十九年）

宦官之盛，由於典兵，然則奪取其兵柄，仍以大將統之，詎非當日之急務歟？

王伾善書，王叔文善棋，俱出入東宫，侍太子。嘗論及宫市，太子欲極言之，叔文曰：『太子當視膳問安，不宜言外事。陛下在位久，如疑太子收人心，何以自解！』

叔文此言殊有識，且帝性多猜忌，晚年尤甚。罷宫市更非所願聞也。

京兆尹嗣道王實言於上曰：『今歲雖旱而禾苗甚美。』由是租税皆不免。監察御史韓愈上疏，以『百姓窮困，征未得者，請俟來年蠶麥』。愈坐貶陽山令。

此即韓《赴江陵》詩所云『是年京師旱，田畝少所收。積雪驗豐熟，幸寬待蠶麥』者也。而云放逐不由上疏，何哉？

昭義節度使李長榮薨，上使中使以手詔授本軍大將軍士所服者。中使以授來希皓，希皓固辭。盧從史曰：『來大夫不肯受詔，從史請句當此軍。』中使因取詔授之。（二十年）

如此命帥，直同兒戲矣。

鑒評别録卷四十六

唐紀十

順宗皇帝（諱誦，德宗長子，在位一年）

德宗崩，太子即位。時順宗失音，不能决事，常居禁中施簾帷，獨宦者李忠言、昭容牛氏侍左右。百官奏事，自帷中可其奏。（永貞元年）

似此時事，乃不可一朝居者。非早建東宫，監國莅政，更有何善策乎？

自德宗大漸，王伾先入，稱詔召王叔文，坐翰林中使决事。伾以叔文意入言於忠言，稱詔行下，外初無知者。

伾、叔文侍順宗於東宫，久蒙親信，故於是時急召入宫，主持一切耳。是時順宗尚能著紫衣麻鞋，力疾出九仙門，召見諸軍使，又縗服見百官。雖以風疾失音，固非昏不知人，一任伾等所爲也。史所書，得毋欲加之罪乎？

以王伾爲散騎常侍，王叔文爲起居舍人、翰林學士。叔文入至翰林，伾入見李忠言、牛昭容計事。每事先下翰林，使叔文可否，然後宣於中書，韋執誼承而行之。

此韓詩《永貞行》所云『太皇亮陰未出令，小人乘時偷國柄』者也。

外黨則韓泰、柳宗元等謀議唱和，互相推奬，曰『伊、周』，曰『管、葛』，僴然謂天下無人。榮辱進退，生於造次，惟其所欲，不拘程式。士大夫畏之，道路以目。

新進少不更事，自負其才力，欲乘時會以建功名，往往有此意態，舉朝憎嫉而不自覺也。以泰等之才，稍自抑損，何患不至公卿？而乃依托非人，以致身敗名裂，惜哉！

素與往還者，相次拔擢，其黨或言『某可爲某官』，一二日輒得之。於是叔文等之門，晝夜車馬如市。伾專以納賄爲事，作大匱貯金帛，夫婦寢其上。

《永貞行》所云『夜作詔書朝拜官，超資越序曾無難。公然白晝受賄賂，火齊磊落堆金盤』，即謂此也。史但言伾納賄，而不及叔文，其兩人固有區別邪？

上御丹鳳門，赦天下，諸色逋負，一切蠲免，常貢之外，悉罷進奉。貞元之末，政事爲人患者，如宫市、五坊小兒之類，悉罷之，并罷鹽鐵使月進錢。

順宗爲太子，即欲極言宫市之害，以王叔文之言而止，故即位首罷之。

追忠州别駕陸贄、郴州别駕鄭餘慶、杭州刺史韓皋、道州刺史陽城赴京師。贄與城均未聞追詔而卒。

使贄爲相，唐之政必不至於紊也。使贄返國，尚可復用也。贄即不返，而帝之於贄，固不忍弃之於外矣。其果出帝之獨斷邪？抑叔文等相與贊成之，冀以收人望邪？

竇群謂王叔文曰：『事固有不可知者。去歲李實怙恩挾貴，氣蓋一時，公逡巡路旁，乃江南一吏耳。今公一旦復據其地，安知路旁無如公者乎！』

群以叔文驟進而擅權，故指實以戒之。其言洵藥石也。使叔文能用之，尚可自全。

上疾久不愈，中外危懼，思早立太子，而王叔文之黨欲專大權，宦官俱文珍等啓上，召翰林學士鄭絪等入金鑾殿，草制，立廣陵王純爲太子。

是時安危所繫，未有急於早立太子者。乃宰相如賈耽、杜佑輩皆緘默不言，舉朝亦無一人言之者，而大計決於宦官。蓋自陸贄貶逐以後，宰相尸位久矣。

賈耽以王叔文等用事，稱疾不出，屢乞骸骨。叔文至中書，與韋執誼計事，因同食閣中。鄭珣瑜嘆曰：『吾豈可復居此位！』顧左右，取馬徑歸，遂不起。

新進驟居權要，每爲老成所厭憎，況意氣自得，不知斂抑乎！《永貞行》所云『元臣故老不敢語，晝卧涕泗何汍瀾』，即指二相之相次歸卧也。然二相均非能扶顛持危者也。

上御殿，册太子，中外大喜。王叔文獨有憂色，口不敢言，但吟杜甫題諸葛亮祠堂詩曰：『出師未捷身先死，長使英雄泪滿襟！』聞者哂之。

以范希朝爲神策行營節度，韓泰爲司馬，以奪宦官兵權。叔文與其黨必已早有成謀，其屏人竊語，蓋爲此也。今見太子既立，知宦官必請帝内禪，則大局立變矣。所以吟杜詩而唏噓歟？

以范希朝爲左右神策、京西諸城鎮行營節度使，韓泰爲行軍司馬。王叔文欲奪宦官兵權，藉希朝老將，使主其名，實以泰專其事。

既專鹽鐵利權，復奪神策兵權，爲公乎，爲私乎？觀其平時互相推奬，曰『伊、周』，曰『管、葛』，蓋亦志在功名，非有他也。《永貞行》乃云：『北軍百萬虎與貔，天子自將非他師。一朝奪印付私黨，懍懍朝士何能爲！』是直以神策爲天子親軍，非宦官不能爲將矣。夫宦官典兵，唐之所以亂而卒至於亡也。退之賢者，豈猶見不及此？乃因欲甚叔文等之罪，而以宦官之憑城穴社爲當然，不亦謬哉！

俱文珍等惡王叔文，削去翰林之職。叔文見制書，大驚，謂人曰：『叔文日至此，商量公事，若不得院職，則無因而至矣。』王伾即爲疏請，不從。

文珍等於德宗時專權已久，惡叔文分其權，尚未痛奪其兵也。故但去其翰林學士，疏之於外，猶未深恨之也。叔文不能制宦官，而宦官能制叔文，亦可見帝之寵任叔文，不及其親信宦官也。

劍南支度副使劉闢爲韋皋求都領劍南三川，王叔文不許。皋上表，以爲：『陛下哀毀成疾，請權令皇太子親監庶政。』又上太子箋，極言王叔文等之奸。俄而荆南節度使裴均、河東節度使嚴綬箋表繼至，與皋同。

臯遣闢向叔文求領三川不得，故表請太子監國，而直攻其罪，即闢所云『若與三川，當以死相助；不與，亦當有以相酬』者也。況臯未入朝，皆據闢所言耳。初，叔文欲斬闢，闢逃歸蜀，恨叔文入骨髓，且卒爲叛逆，其言何可盡信？綬本以進奉升擢，均黨附宦官，亦未足爲公論也。獨怪當日者叔文等如果擅權亂國，何以内則宦官爲之敵、外則藩鎮起而攻，而在廷諸臣，自宰相以至臺諫，竟無一人昌言其奸狀者？且太子之立，決於宦官；監國之請，倡自藩鎮，而朝臣但懷憂懼，相與拱默，何也？此固由諸臣之碌碌，亦可見唐之事權，内奪於宦官，外移於藩鎮已。

希朝奉命節度行營以代左右中尉，諸將孰不知之？宦官一言，而擁兵觀望，蓋威柄之移，由來漸已。順宗初政，蔚然可觀，首貶李實，尋即赦天下逋負，罷諸道進奉及宫市、五坊小兒之類，又召還陸贄、陽城，皆能革德宗宿弊。若云出自帝意，則中風不能言；倘繫叔文等稱詔行之，未得爲罪也。叔文等之爲人，誠不可知，但以事求之，則未見其爲惡之迹。史所稱專權植黨、汲汲如狂，特欲加之罪，從而爲之辭耳。大抵進太鋭、望太輕、氣太盛，故圖事無成，尋及於敗。《易》所云『力小而任重，智小而謀大』者，其叔文等之謂乎！其進也，以藩邸之舊，恃宦官、宫妾爲援；其退則以攘取神策兵柄，觸宦官之怒。揣其隱衷，蓋有見於中人握兵爲唐大患，德宗已養成之，順宗必深惡之，欲乘勢藉手以奪其權，故陽與之合，陰行其計，而不知其根株盤互，牢固不可動也。微吟杜詩，頻唤奈何，正爲是耳。

諸宦者知兵柄爲叔文等所奪，大怒曰：『從其謀，吾屬必死其手。』密告諸將曰：『無以兵屬人。』范希朝至奉天，諸將無至者。韓泰馳歸白之，叔文計無所出，惟曰：『奈何！奈何！』未幾，以母喪去位。

自叔文歸第，王伾失據，日詣宦官及杜佑，請起叔文爲相，且總北軍；既不獲，則請以爲威遠軍使、平章事，又不得。遂自稱中風，輿歸不出。

叔文以奪取宦官兵柄不得，徒唤『奈何』；伾既與相倚，不應竟無聞知。乃爲之謀起復總北軍，并請爲威遠軍使，是適觸宦官所忌也。伾果出此，可謂大愚。竊意其尚不至如是之愚也。叔文以憂去，伾以病解，兩人之技窮矣。然亦足見其并無异志。《永貞行》所云『董賢三公』已非其倫，『侯景九錫』是何言歟！

制：『令太子即皇帝位，朕稱太上皇。』改元永貞。貶王伾開州司馬、王叔文渝州司户。伾尋病死貶所。明年，賜叔文死。

《永貞行》比叔文爲侯景，直以爲欲干天位，實屬故入其罪——當時亦未嘗坐以謀反也。退之自以貶陽山非由上疏，而云『偏厚柳劉，漏泄言語，致落冤仇』，故於《永貞行》極言嶺南風土之惡，自云『目見非妄徵，既往宜爲懲』，意似快宗元、禹錫之遠謫者，則其極不悦於叔文等可知已。

憲宗皇帝（諱淳，改爲純，順宗長子，在位十五年）

劉闢既得旌節，志益驕，求兼領三川，上不許。闢遂發兵圍東川節度使李康於梓州。（元和元年）

闢甫得節，即求兼領三川，可知韋皋之求領三川，亦非皋之本意。非爲闢所惑，即爲所假耳。蓋闢知皋已老，已當代皋，故預求兼領，以自爲地。求之不遂，更爲此請，請之仍不許，遂至稱兵也。

上欲討闢，議者多以爲難，杜黄裳獨言『闢易取』，并薦高崇文勇略可用，上從之。上與黄裳論及藩鎮，黄裳勸帝矯姑息之弊，稍以法度裁之。上深以爲然，於是始用兵討蜀，以至威行兩河，皆黄裳啓之也。

德宗鋭欲削平藩鎮，用兵不息，馴致播遷，宗社幾傾。帝之志無异德宗，而動輒有功者，蓋德宗先規河朔，帝姑置河朔，先取蜀夏。難易既殊，利鈍斯判也。

策試制舉之士，於是元稹、白居易等出焉。以稹爲左拾遺。稹上疏論諫職，請『時於延英召對，使盡所懷』；又上疏，請次對百官、復正牙奏事。

勸上納諫，是也。但必先有汲汲求治之心，惟恐政之闕失不得聞、民之疾苦不得達，則求諫自不容已，而逆耳之言亦受之不厭。若本無求治之心，而徒博納諫之名，勿論可暫不可久，即日日聽受，而不能見諸施行，亦所謂『悦而不繹，從而不改』者也。

李師古有异母弟師道，常疏斥在外，及師古疾篤，謂高沐等曰：『師道專習小人賤事以爲能，果堪爲帥乎？幸諸公審圖之！』師古薨。沐等迎師道，奉爲節度副使。

師古無子邪？或有子而幼，抑不才邪？其止有一异母弟邪？何以極不滿於師道而卒無以易之，沐等亦無他説邪？此史家叙事未明也。

堂後主書滑涣久在中書，與知樞密劉光琦相結，杜佑、鄭絪等皆低意善視之。李吉甫言其專恣，上命宰相闔中書四門收掩，盡得其奸狀。貶涣雷州司户，尋賜死。籍没家財，凡數千萬。

涣，一堂吏耳，所以權加宰相、富累巨萬者，恃光琦爲之内主也。既盡得其奸狀，必有事連光琦者，不聞并治光琦，何也？

高崇文克成都，劉闢赴江不死，擒之，檻送京師。休息士卒，秋毫不犯，一境皆平。闢二妾皆殊色，監軍請獻之，崇文不可，以配將吏之無妻者。

崇文御軍似西平，其不獻二妾以求媚，尤非武臣所及。

回鶻入貢，始以摩尼偕來，於中國置寺處之。其法日晏乃食，食葷而不食湩酪。回鶻信奉之，可汗或與議國事。

此當是回教入中國之始；所云摩尼，蓋即今之掌教師，彼教謂之阿渾者。其寺名大雲光寺，蓋即今之禮拜寺，而制加閎。

高崇文在蜀期年，一旦謂監軍曰：『西川乃宰相回翔之地，崇文豈敢自安！』屢上表稱『蜀中安逸，無可陳力，願效死邊陲。』以武元衡同平章事，充西川節度使。（二年）

崇文此舉，不惟志在陳力，亦復善處功名之際。史稱其『不通文字，厭大府案牘諮稟之煩』，又以爲『理軍有法而不知州縣之政』，均非其實也。有識如此，正恐通文知政者未能見及耳。

上問李絳曰：『諫官多謗訕朝政，欲謫其尤者一二人。』對曰：『人臣敢諫者有幾？就有諫者，朝删暮減，比得上達，什無二三。孜孜求諫，猶懼不至，况罪之乎！』

不論人主納諫之美，但論人臣進諫之難；知進諫之難，則知諫之可貴矣。言約而盡，殊勝元稹之累疏。

群臣上尊號曰『睿聖文武皇帝』，赦天下。劉光琦奏，遣使賫詔詣諸道，意欲分其饋遺；裴垍、李絳奏『敕使所至煩擾，不若但附急遞』。上從之。（三年）

帝初立，孜孜求治，有貞觀之風。首誅楊惠琳，次誅劉闢，又誅李錡，三叛俱平，藩鎮惕息，故至是加上尊號，蓋帝先有矜大之心，而群臣爲此將順之舉也。然求治自此漸不如初矣。我朝初頒恩詔，亦專員賫送，名曰『詔差』，蓋沿明制，而以筆帖式充使，不用中官。聞當時外間亦小有饋遺，嘉慶中始裁省，由驛遞發。蓋即附急遞之遺法也。

上策試賢良方正、直言極諫舉人，牛僧孺、皇甫湜、李宗閔皆指陳時政之失，韋貫之署爲上第，上亦嘉之。李吉甫惡其言直，泣訴於上，貫之等皆坐貶。

帝於是倦於納諫矣。蓋吉甫有以啓之，牛、李之嫌始此。

山南東道節度使裴均進銀器千五百餘兩。李絳、白居易上言：『均欲以此嘗陛下，願却之。』上命出銀器付度支。有旨諭進奏院：『自今諸道進奉，無得申御史臺；有訪問者，輒以名聞。』居易復以爲言，上不聽。（四年）

帝於三年降德音，罷進奉矣，乃柳晟、閻濟美違詔進奉，盧坦言之，帝雖不加罪，猶命歸所進於有司；迨王鍔以進奉求平章事，賴居易之言而寢，蓋所進固已受之矣。至是均進銀器，雖沮於絳等正論出付度支，而諭進奏院自今進奉，毋申御史臺，則固欲其進奉，而不欲言官言之也。臣之於君，不從其令而從其好；德音之罷進奉也，其好别有在焉。此進奉所以禁之而不止也。

上欲革河北諸鎮世襲之弊，以問諸學士，李絳等對曰：『河北不遵聲教，誰不憤嘆！今日取之，或恐未能。興師攻討，則勞費盡歸國家。今公私困竭，未可輕議。』

河朔諸鎮，根株糾結，由來已久，與楊惠琳輩迥不相同，故陸贄言之於德宗，至是絳等復以爲勢難驟革、兵未可用，所見一也。

時吴少誠病甚，李絳等復上言：『少誠病必不起。淮西與河北不同，朝廷命帥，今正其時，萬一不從，可議征討。願捨恒冀難致之策，就申蔡易成之謀。』

絳等論河北之難取，有鑒於建中之覆轍也。策淮西之易圖，取決於夏蜀之近效也。使帝從其言，蔡州之平，不俟裴度矣。

以左神策中尉吐突承璀爲招討宣慰使，督諸軍討王承宗。承璀戰屢敗。上以河朔方用兵，不能討吴少陽，以爲淮西留後。（五年）

置淮西而用兵於河北，已屬失算，况以元帥付之宦官乎！力屈於承宗，而勢沮於少陽，帝於此蓋兩失之。

諸軍討王承宗者久無功，白居易累疏請罷兵。承宗遣使自陳，乞輸貢賦、請官吏；李師道等數上表請雪承宗。制：以承宗爲成德節度使，悉罷諸道將士。

命帥非人，師久無功，不得不復行姑息之政。威不足畏，恩不足懷，不若不討而竟予之之爲愈已。

吐突承璀自行營還。復爲左衛上將軍，充左軍中尉。裴垍曰：『承璀首唱用兵，卒無成功，豈得全不貶黜以謝天下！』段平仲等亦以爲言。上乃罷承璀中尉，降爲軍器使。

赦承宗猶可也，宥承璀可乎？蓋討承宗實出帝意，諸臣均以爲不可，惟承璀順指請行，故雖喪師辱國，而喜其同己，不以爲罪也。

義武節度使張茂昭請除代人，欲舉族入朝。河北諸鎮互遣人説止之，茂昭不從。凡四上表，上乃許之。茂昭遣其妻子先行，曰：『吾不欲子孫染於污俗。』

張孝忠於田悦、朱滔等稱兵構逆之時，屹然中立，卒完臣節。至是茂昭舉族歸朝，不惑邪説，不染污俗，克肖其父矣。

宦官惡李絳在翰林，以爲户部侍郎。上問：『户部侍郎皆進羨餘，卿獨無，何也？』對曰：『户部所掌，皆府庫之物，自左藏輸之内藏，以爲進奉，臣不敢踵此弊也。』（六年）

絳在翰林爲承旨，帝特加倚注，异於諸學士，而宦官竟能出之户部，帝亦聽其出，何也？此必吐突承璀爲之也。蓋承璀師出無功，絳力請奪其兵柄，又面陳其專横；帝雖未能即行斷割，而承璀知絳不利於己，銜之(次)[刺]骨，是以先奪其禁近之地，俾不得非時召見，而後誣以罪而陷之。帝受其蒙蔽而不知，絳亦危矣。不進羨餘，即罪之一端。若非絳直言悟主，眷顧未衰，宦官何難從而媒蘖之哉！猶幸承璀尋即獲罪斥外，故絳卒得行其志耳。

李吉甫奏：『今天下[千]三百餘縣，或以一縣之地而爲州、一鄉之民而爲縣者甚衆，請敕有司，詳定廢置，吏員可省者省之，州縣可并者并之。』

并州縣，省吏員，自是救敝良策。十羊九牧，民必不堪，汰冗官正以蘇疲民也。

弓箭庫使劉希光受羽林大將軍孫璹錢二萬緡，爲求方鎮，事覺，賜死。事連吐突承璀，以承璀爲淮南監軍。上問李絳：『朕出承璀何如？』對曰：『外人不意陛下遽能如是。』上曰：『此家奴，朕去之輕如一毛耳！』

希光僅爲弓箭庫使，品秩甚庳，何能爲人求方鎮？璹亦安肯遽以重貲付之？此非希光假托承璀以誆取人財，即承璀受璹賄囑，事發諉罪希光耳。

以李絳爲中書侍郎、同平章事。

新、舊《唐書》皆云：帝欲相絳，故出承璀，温公不取。要之承璀不出，絳不入相也。

上與宰相論治道於延英殿，暑甚，汗透御服，宰相求退。上曰：『朕入禁中，所與處者宫人、宦官耳，故樂與卿等共談爲理之要，殊不知倦也。』(七年)

帝逐承璀而相李絳，遂覺主德清明，孜孜圖治，氣象頓殊。甚矣，進賢之爲效速也。

魏博節度使田季安薨。立子懷諫爲副大使，時年十一。上與宰相議魏博事，李吉甫請興兵討之，李絳以爲魏博不必用兵，當自歸朝廷。上從絳言。

吉甫所以力贊用兵者，知帝志在削平叛藩，故乘機迎合，冀其有功，以傾絳而取寵也。絳策魏博，可謂洞中事機；未幾軍中逐懷諫，更立田興，請命於朝，果如所料。然帝所以決從絳言，不復用兵者，一則懲恒州之役無功，一則吐突承璀不在左右也。

上召宰相，謂李絳曰：『卿揣魏博如符契。』李吉甫請遣中使宣慰，絳請即降白麻，除興節度使。制命至魏州，興感恩流涕。絳復請發内庫錢百五十萬緡賜魏州士卒，以慰其心，使四鄰勸慕。上并從之。（興尋賜名弘正）

絳於魏博，不徒事前明於事機，尤在事後善於處置也。蓋魏博六州，南連汴、蔡，東控青、徐，北接恒、冀，不惟居河北之腹心，亦足制河南之襟領。失之五十餘年，一旦得之，不可不恩施异量，以大慰其心而益堅其信也。

李師道使人謂韓弘曰：『田興首變兩河事，亦公所恶也！我將與成德合軍討之！』弘曰：『我知奉詔行事耳。若兵北度河，我則以兵東取曹州！』師道懼，不敢動。

弘雖不入朝，要不與師道通謀，力亦足抗淮西，所以尋有都統之命。

以受降城騎士隸天德軍。兵籍舊四百人，及交兵，止有五十人，器械止有一弓，自餘稱是。上驚曰：『邊兵乃如是虛邪！』（八年）

受降爲極邊要地，戍兵四百不爲多矣。乃按其實數，止五十人；器械一弓而已。不知邊將何恃不恐？是時回鶻尚熾，吐蕃頻擾，廟堂爲之旰食，而邊備廢弛至於此極！然則累世承平而驟言武事，誠非易易哉！

李絳屢以足疾辭位，罷爲禮部尚書。召還吐突承璀，復以爲弓箭庫使、左神策中尉。（九年）

帝逐承璀而相絳，其眷念承璀，固未嘗一日忘也。絳蓋揣知上意，故屢稱疾以避位，絳罷而承璀復進矣。然則帝所云去承璀輕如一毛者，殊未然也。

回鶻屢請昏，朝廷以公主出降，所費甚廣，故未之許。李絳上言：『回鶻凶强，不可無備；淮西窮蹙，事要經營。許昏回鶻，乃得專意淮西。』上不聽。

唐專以公主羈縻强虜，漸乃移之河北叛帥，較諸漢之和親匈奴，以良家子代公主者，相去遠矣。絳此策，計較利害，不復更論國體，蓋亦習見故事，而不以爲怪也。

以杜悰尚岐陽公主，上長女也。公主有賢行，杜氏大族，尊行不翅數十人，公主卑順，一用家人禮，二十餘年，人未嘗以絲髮指爲貴驕。

公主往往挾貴以驕夫家，而唐尤多縱放。如岐陽者，百無一二。

彰義節度使吴少陽薨，其子元濟自領軍務。李吉甫言於上曰：『淮西非如河北，四無黨援，國家常宿數十萬兵以備之。失今不取，後難圖矣。』以嚴綬爲申、光、蔡招撫使，督諸道兵招討吴元濟。

李絳勸帝撫回鶻以專事淮西，其時，吴少陽尚在也。今少陽已死，元濟竪子，抗不俟命，縱兵四出屠掠，雖欲不討，得乎？

加韓弘守司徒。弘鎮宣武，十餘年不入朝，頗以兵力自負，朝廷亦不以忠純待之。弘耻班居王鍔下。朝廷方欲倚以制吴元濟，故遷官以寵慰之。（十年）

朝廷不以忠純待弘，以其坐擁重鎮，久不入朝也。然弘兵力，實爲李師道及元濟所憚，故加官以慰其心。尋以嚴綬無功，復有都統之命。

吴元濟遣使求救於恒、鄆。王承宗、李師道數上表請赦元濟，上不從。師道使大將將二千人趣壽春，聲言助討元濟，實欲爲之援。

是時黨元濟者，承宗、師道，而劉總不與焉，總遠而承宗、師道近也。援元濟者，師道，而承宗不與焉，承宗遠而師道近也。遠則聲勢不接，故緩而有待；近則事計相關，故迫而思逞也。

李師道素養刺客奸人，説師道曰：『河陰院積江、淮租賦，請潛往焚之。募東都惡少年數百，劫都市，焚宫闕，則朝廷先自救腹心，未暇討蔡。亦一奇也。』

奸人所説，固盗賊之譎計，乃與孫子圍魏救趙及漢高遣彭越燒楚積聚之策暗合。

諸軍討淮西久未有功，韓愈上言：『客兵羈旅异鄉，與賊不相諳委。聞陳、許等州近賊村落百姓習於戰鬥，召募立可成軍。乞悉罷諸道兵，募土人代之。』

罷客兵、募土人，既免戍征之苦，亦省饋運之勞，言之似足動聽；但自戰其地，顧慮必多，故兵法謂之散地，且從軍殺賊與保護鄉里，勢殊而情亦异，尤不容以彼例此也。此亦書生紙上談兵耳。

上以用兵事委武元衡。李師道遣刺客殺之，取其顱骨而去。又擊裴度，傷其首，墜溝中，度氈帽厚，得不死。

自漢以後，刺客罕聞矣。至唐而復見於世，此所以有《劍俠傳》之小説歟？

神策將軍王士則等告王承宗遣張晏等殺元衡。吏捕得晏等八人，命裴武等鞫之。晏等具服。斬晏等五人，殺其黨十四人，李師道客竟潛匿亡去。

據史所書，則殺元衡乃師道客爲之，晏等誣服，而真賊漏網也。後平師道，閲其簿書，有賞殺元衡人王士元等案，其爲真賊無疑矣。迨田弘正械送士元等十六人至京，鞫之皆款服。京兆尹崔元略以元衡物色詢之，則多异同。據云恒、鄆同謀，而士元等後期聞恒人事已成，遂竊以爲功，還報受賞。今自度終不免死，故承之耳。帝悉殺之，不復辨正。然則士元等亦尚非真賊，而刺客之遣，是恒是鄆，亦卒未明也。

上召裴度入對，以爲中書侍郎、同平章事。度上言：『淮西腹心之疾，不可不除。業已討之，不可中止。』上深以爲然，悉以用兵事委度，討賊甚急。

度所云腹心之疾，專指元濟，未嘗云并討承宗也。帝既以賊害元衡之罪坐承宗，忿不能忍，旋因田弘正之請而致討。

李師道潛置兵於東都，謀焚宫闕，事泄，留守吕元膺以兵圍之。賊突出，望山而遁，官軍於谷中獲之。按驗得其魁，乃僧圓浄，嘗爲史思明將，年八十餘。

鑒虚交結權幸，受方鎮賂遺；圓浄漏網凶渠，爲師道奸細。髡徒中乃有巨蠹大盗，良以其易於匿迹，又依托佛法，吏莫敢訶也。

上使嚴綬督諸軍。綬到軍之日，傾府庫，賚士卒，賂宦官，擁衆屯境上，無尺寸功，裴度屢以爲言。詔以韓弘爲都統。弘欲倚賊爲重，不願淮西速平。

綬在河東，所恃者李光進兄弟耳，將略本非所長；其爲元帥，亦由宦官爲之内主，宜其師出而無功也。弘力足辦賊，而意别有在，用以代綬，果彼善於此乎？

李光顔在諸將中戰最力。韓弘以美妓遺之，容色絶世。光顔謂使者曰：『戰士弃家遠來，冒犯白刃，光顔何忍獨以聲色自娱乎！』厚贈使者，并妓返之。

光顔此舉，既以服將士之心，又不拂都統之意，隱然示以志不可奪，孰謂武人心不細哉！柳公綽因所乘良馬踶殺圉人，輒殺其馬，與光顔却妓用意略同。

田弘正表請擊王承宗，上不許。表十上，乃許之。弘正軍於貝州。詔發振武兵二千，會義武軍討承宗。

弘正首變兩河故事，納土歸朝，爲諸叛藩所深惡，弘正亦亟思自异於諸藩，故先既遣子布將兵渡河助討元濟，茲復累表固請進擊承宗也。

王承宗縱兵四掠，幽、滄、定三鎮上表請討之。張弘靖『請并力平淮西，乃征恒冀』；韋貫之屢請先取吳元濟、後討承宗，曰：『陛下不見建中之事乎？』上不聽。（十一年）

帝討淮西，若非裴度親往督戰，李愬用間出奇，諸將未必果能成功。是時方拿戰不解，又有李師道連謀助逆，乃至刺宰相、焚軍儲、謀犯東都、震驚陵寢，史稱『盗賊縱横，人心恟懼』，勢亦危矣。乃又命六道出師，并討承宗，何其不量兵力、財力，而輕於逞忿，以徼不可必之功乎？其不爲建中之續，蓋亦有天幸焉。弘靖、貫之同符李絳，皆老成謀國之言，不得譏其失策也。至韓退之《平淮西碑》，則紀功之文，固以鋪張揚厲爲得體耳。

高霞寓與淮西戰，大敗於鐵城，霞寓僅以身免。時諸將討淮西者，勝則虚張殺獲，敗則匿之。至是不可掩，始上聞，中外駭愕。以袁滋爲彰義節度使，代霞寓鎮唐州。

前歷書諸將奏破淮西兵，至此書鐵城之敗，乃并前奏之不實書之，以見討淮西之無功也。霞寓爲羽林大將軍，特簡出師，朝廷方倚以辦賊，因其敗而以滋代之，又出霞寓下矣。

討淮西諸軍近九萬，上怒諸將久無功，命知樞密梁守謙宣慰，因留監其軍。

以韓弘代嚴綬爲帥，猶可也；以袁滋代高霞寓，進兵唐州，制賊之要，已失人矣。又因久無功，而命宦官爲監軍，諸將豈不解體乎？

義武節度使渾鎬與王承宗戰，屢勝，遂引全師，距恒州三十里而軍。承宗潛遣兵入鎬境侵掠，軍心内顧而摇。鎬引兵進薄恒州，與承宗戰，大敗，奔還定州。

是時六道之兵共討承宗，雖屢奏小捷，而進壓其境、直抵城下者，惟義武一軍。鎬爲瑊子，蓋猶有父風也。乃以深入無繼，全師幾覆，官軍之勢挫矣。

袁滋至唐州，去斥候，止其兵不使犯吴元濟境。元濟圍其新興栅，滋卑辭以請之。朝廷知之，以李愬爲唐、隨、鄧節度使，貶滋爲撫州刺史。

滋本無將略，而其不敢加兵於元濟，抑有由也。滋祖父墓在朗山，爲淮西屬縣，恐觸元濟之怒，而致發掘，故甘以怯懦貶謫而不辭耳。此朝廷命將之失也。破蔡之功成於愬，而發軔自此始。

李愬至唐州，存恤士卒，不事威嚴。或以軍政不肅爲言，愬曰：『賊聞吾至，必增備，吾故示之以不肅。彼必以吾爲懦而懈惰，乃可圖也。』（十二年）

愬承高、袁二將喪敗之餘，故陽爲卑弱之勢。鷙鳥之搏也，先斂其翼；利刃之割也，必養其鋒。愬，深知兵者也。西平諸子多才，尤以愬爲巨擘。

淮西將丁士良、吴秀琳等皆降於李愬。愬自唐州徙屯宜陽栅，進拔文城等栅，於是唐、鄧軍氣始振。官軍渡溵水，進逼郾城，董昌齡等以城降，李光顔入據之。

平蔡之功，愬用奇，光顔力戰。愬功第一，光顔次之。

六鎮討王承宗者兵十餘萬，既無統帥，又相去遠，期約難壹，由是歷二年無功。李逢吉及朝士多言『先平淮西，乘勝取恒冀』，上猶豫，久乃從之。

帝凡兩討承宗，初因用吐突承璀爲帥而敗績，兹因不置帥而無功。興兵十餘萬而勢不統於一，未有不互相觀望者。九節度相州之師，非無郭、李，猶不免奔潰，況六鎮之碌碌者乎！至是而力拒張弘靖、韋貫之者，不得不屈從逢吉，蓋猶有鑒於建中之事歟？

李愬擒淮西將李祐，釋其縛，待以客禮。愬欲襲蔡，而更密其謀，獨召祐及李忠義屏人語，或至夜分，他人莫得預聞。

愬之襲蔡，惟在推誠以待降將，而更密其謀，故能出其不意、攻其不備也。

吴元濟兵勢日蹙，上表謝罪，願束身自歸。詔許以不死，而爲左右及董重質所制，不得出。

元濟之死，固由自取，實則重質有以致之。平蔡而宥重質，未免失刑。殆亦將以安反側歟？

諸軍討淮蔡，四年不克，饋運疲弊，上亦病之。李逢吉等競欲罷兵，上問裴度，對曰：『臣請自往督戰。』以度充淮西宣慰詔討處置使。

討恒冀之軍，既以無功而罷，王承宗之氣益張已；討淮蔡之軍，又以無功而罷，吴元濟之勢復熾已。李師道助逆之罪既不能討，幽、滄聞之，亦必遥相應和，諸强藩之黨愈固已。情見力絀，不得不行姑息之政。帝經營數年，徵兵半天下，將以振刷頽綱，而一旦前功盡弃，此朝廷之大辱也。度所以慷慨請行，誓不與賊俱生也。

裴度至郾城。先是，諸道皆有中使監陳，進退不由主將。度悉奏去之，諸將始得專軍事，戰多有功。

人知度力贊廟謨，躬親督戰，平蔡功居第一；而不知其奏去中使，尤爲制勝之首策也。

李祐言於李愬曰：『蔡之精兵皆在洄曲及四境拒守。乘虚直抵其城，元濟可擒也。』愬然之，遣使密白裴度。度曰：『兵非出奇不勝，此良圖也。』

愬所以推誠待祐，引爲腹心者，以其深知蔡之虚實也。愬能用祐，度能用愬，故一舉而成功。

李愬使李祐、李忠義帥突將三千爲前驅，自與監軍將兵隨之。時大風雪，夜至蔡州城下，城中人不知覺。祐、忠義钁其城爲坎以先登，壯士從之，開門納衆，愬入居元濟外宅。

愬取蔡專用降將，其作用洵不可及，然亦不可爲訓，以其過於冒險也。

元濟帥左右登牙城拒戰。時董重質擁精兵萬餘人據洄曲。愬曰：『元濟所望者，重質之救耳。』乃訪重質家，厚撫之，遣其子持書諭重質。重質單騎詣愬降。

元濟欲歸朝而爲重質所制，元濟方望救而重質遽降。先挾以叛，勢窮而賣之，重質不惟負朝廷，兼負元濟矣。偷生苟免，未立寸功，與李祐等難以并論也。

李進誠攻牙城，毁其外門；復攻之，燒其南門。門壞，元濟於城上請罪，進誠梯而下之。愬以檻車送元濟詣京師，且告裴度。申、光二州及諸鎮兵相繼來降。

諸軍討淮西者，至郾城而止，度雖奉命督師，亦未抵蔡州城下也。入虎穴、得虎子，惟愬一軍耳。檻送元濟赴都，始告捷於度，愬固已專其功矣。韓碑歸美於度，而叙愬功狀殊略，此愬所以不平歟？

裴度先遣馬總入蔡州慰撫。度建彰義軍節，將降卒萬餘人入城，以蔡卒爲衙兵，或以爲不可不備，度曰：『元惡既擒，蔡人則吾人也，又何疑焉！』

是時蔡人厭兵久矣，故示以不疑，而人心自定。此亦未可概施。

官軍之攻元濟也，李師道使劉晏平至蔡，察其形勢，還謂師道曰：『元濟阽危如此，而日與僕妾游戲博奕，曾無憂色，殆必亡矣。』

元濟、師道皆紈褲惡少年，憑藉祖父餘業，狃習兩河故事，故敢於稱兵拒命耳。帝威略非必果出德宗上，將帥且遠不及建中時，其竟能次第削平，頽綱復振，亦緣元濟輩本非勍敵，與田悦等迥殊也。劉闢、李錡更不足道已。

上御興安門受俘，以吴元濟獻廟社，斬於獨柳之下。上封二劍以授梁守謙，使誅吴元濟舊將。裴度至郾城，遇之，復與俱入蔡州，量罪施刑，不盡如詔旨，仍上疏言之。

是時淮西諸將，罪釁之深，無如董重質，應爲詔旨所欲誅者，乃卒得遠貶，或度爲之乞免邪？抑李愬先既許以不死，重以爲言邪？

淮西既平，李師道憂懼不知所爲。李公度等因而説之，使納質獻地以自贖。師道奉表，請使長子入侍，并獻沂、密、海三州。上許之。（十三年）

師道助逆而賊害宰相，謀犯東都，震驚陵寢，焚毀軍儲，其罪實浮於元濟，故懼而亟圖自贖也。

横海節度使程權自以世襲滄、景，與河朔三鎮無殊，内不自安。表請舉族入朝，許之。

横海小鎮，并無跋扈不臣，但世襲耳。然非震懾天威，權亦未肯舉族入朝也。

裴度遣柏耆賫書説王承宗，承宗懼，求哀於田弘正，請以二子爲質，及獻德、棣二州。弘正爲之奏請，上初不許；弘正上表相繼，上重違其意，乃許之。

承宗再煩致討，屢挫官軍，罪釁之深，同於師道。故納質獻地之請，即以淄青爲例也。

幽州大將譚忠説劉總曰：『今天子神聖威武，豈須臾忘天下哉！今國兵駸駸北來，趙人已獻城十二，忠深爲公憂之。』總曰：『吾心定矣。』遂專意歸朝廷。

河朔諸鎮，最跋扈者，王承宗耳。總昔討承宗，出境五里，頓兵不進，其相爲狼狽可知。今見承宗獻地納質，總之勢孤，故忠之説易入也。

李師道惑其妻魏氏之言，表稱軍情不願納質割地。上怒，决意討之。

師道即納質割地，終亦難免於討，但可緩數年之期耳。蓋是時承兩河用兵之後，朝廷方圖休息，不欲亟有事於淄青也。

下制罪狀李師道，令宣武（韓弘）、魏博（田弘正）、義成（李光顔）、武寧（李愬）、横海（曹華）兵共討之。韓弘自將擊師道，圍曹州。

弘討淮西，雖爲元帥，戰殊不力，至是内懷愧懼，故首奮而自將也。

淮西既平，上浸驕侈。户部侍郎、判度支皇甫鎛，鹽鐵轉運使程异曉其意，數進羡餘以供其費，由是有寵。鎛又以厚賂結吐突承璀。

帝本好貨，但昔以供軍，今以供欲耳。『外寧必有内憂』，范文子之言也；『無敵國外患者國恒亡』，孟子之言也。淮西既平，兩河效順，而帝之驕侈生焉。二子之言，猶信！

鎛以本官，异以工部侍郎并同平章事，判使如故。制下，朝野駭愕。裴度、崔群極陳其不可，上不聽。度耻與小人同列，表求自退，不許。

欲復用吐突承璀，則罷李絳而不惜；迨以承璀意相鏄、异，則拒度、群而不聽。帝不徒惑於承璀，蓋已受其制矣。較諸德宗欲相裴延齡，憚陽城之直諫而中止者，其愎殆有甚焉。

上好神仙，詔求天下方士。李道古因皇甫鏄薦山人柳泌，云能合長生藥。泌言於上曰：『天台多靈草，得爲彼長吏，庶幾可求。』上以泌權知台州刺史。

進羨餘以供費、薦方士以煉藥，皆以迎合上意而已。至於衆論之交譏、藥物之叢患，皆所弗恤。小人托於愛君，實則害之；而人主爲其所惑，何哉？

先是，田弘正請自黎陽渡河，會李光顔討李師道，裴度曰：『不若俟霜降水落，自楊劉渡河，直指鄆州。』上從之。是月，弘正將全師自楊劉渡河，距鄆州四十里而壘。賊中大震。

博之與鄆，祇隔一河，與其由黎陽渡，向滑州以就光顔，孰若由楊劉渡，趣鄆州以取師道，此利鈍之最易明者，弘正豈不知之？蓋初猶觀望，而廟算正中其機，故鼓鋭而前，計不旋踵也。

上常語宰相：『人臣當力爲善，何乃好立朋黨！』裴度對曰：『方以類聚，志同者必相合。君子之徒，謂之同德；小人之徒，謂之朋黨。在聖主辨其邪正耳。』

度爲衆望所歸，皇甫鏄等爲公論所嫉，故自托於孤立，而潛結吐突承璀熒惑上聽，欲以朋黨傾度也。度之論，至當不易，而邪正雜糅難辨，未幾牛李傾軋、朝士相爲水火者且四十年，蓋其端已肇於此。帝之言非無因也。

功德使上言：『鳳翔法門寺塔有佛指骨，相傳三十年一開，開則歲豐人安。來年應開，請迎之。』上遣中使帥僧衆迎之。

德宗所迎之佛指骨，在岐山無憂王寺；茲所云『佛指骨』，在鳳翔法門寺。唐岐山縣屬鳳翔府，或法門寺即無憂王寺之异名邪？同一佛指骨歟，抑別一佛指骨歟？溯自貞元六年迎置禁中，復葬故處，至是閲二十六年，與所云『三十年一開，來年應開』者，數亦不合。或別一佛指骨歟？何佛指骨之多也！前已信方士煉長生藥，茲復用功德使之言迎佛骨，帝蓋自以春秋未高、精力漸耗，惟恐壽命不長，故欲乞靈於仙佛，以冀永保富貴，則皆貪愚之一念爲之耳。

中使迎佛骨至京師，上留禁中三日，乃歷送諸寺，王公士民瞻奉捨施，惟恐弗及。韓愈上表切諫，貶爲潮州刺史。愈力排佛教，其言多矯激太過。惟《送文暢師序》最得其要。（十四年）

唐人力排佛教，先有傅奕，不獨愈也。愈言鑿然可據，未見其『矯激太過』；徒取其《送文暢師序》，何若取其《原道》乎？

滄州刺史李宗奭不受横海節度使鄭權節制，上遣中使追之，宗奭使其軍中留己，表稱『懼亂未敢離州』。詔以烏重胤代權，將吏懼，逐宗奭。宗奭奔京師，斬之。

宗奭至愚且妄，以斗大一州，而欲假軍情以拒朝命，此不可行於肅、代之世，而欲嘗試於平淮蔡、討兖鄆之時乎？適以取死而已。

李師道使劉悟將兵屯陽穀以拒官軍。田弘正渡河，悟軍數敗，師道欲殺之。悟引兵夜趣鄆州，襲執師道，并其二子斬之，函三首送弘正營。

李愬之取蔡州，以降將爲嚮導；弘正之平鄆州，由於賊將内變。其襲取一也。

自廣德以來，垂六十年，藩鎮跋扈河南、北三十餘州，自除官吏，不供貢賦，至是盡遵朝廷約束。

自封建改爲郡縣，割據豈易言哉！唐之兩河藩鎮，所以擅地專兵、尾大不掉者，朝廷措置之失。温公論之詳已。

田弘正既入鄆，悉除苛禁，縱人游樂。或諫曰：『不可不備。』弘正曰：『今爲暴者既除，宜施以寬惠，若復爲嚴察，是以桀易桀也，庸何愈焉！』

弘正可謂善學裴度。

兖、海、沂、密觀察使王遂性狷急，無遠識。時軍府草創，人情未安，遂專以嚴酷爲治，將卒憤怨。王弁與其徒四人作亂，殺遂及副使張敦實，弁自稱留後。

觀遂之致亂，則知裴度、田弘正之處置得宜已。弁等五人，皆走卒耳。一旦戕二使、脅監軍，公然自稱留後，將士如林，竟無一人與之抵牾，何也？固由遂以嚴刻失衆心，亦以兖海久染污俗，故恬不知怪也。曹華之大加殺戮，蓋亦刑亂國用重典歟？

韓弘始入朝，上待之甚厚。弘累表請留京師。以張弘靖充宣武節度使。弘靖歷河東、宣武兩鎮，廉静寬大，故上下安之。

胡身之謂弘靖簡貴，施之并汴則可，施之幽燕則敗。竊謂當日帥臣，如裴度之在蔡州、田弘正之在鄆州，皆承叛亂反仄之餘，以寬大鎮服人心。幽燕雖習爲獷悍，較之蔡鄆，固有間矣。弘靖之簡貴，用於并汴者，何嘗不可移之幽燕？其所以致亂者，由於幕僚競爲苛暴，略如王遂之在兖海，而宰相又不與朱克融等官，仍令回本軍驅使，故乘衆怒而爲變耳。謂弘靖短於治軍則可，謂幽州之亂由弘靖簡貴所致，則事後論成敗也。

李渤爲陳、許吊祭使還，因言逃户攤税、有司苛斂之弊。執政見而惡之，渤遂謝病歸東都。

帝方好貨，皇甫鎛等競進羨餘，是以有司望風，務爲苛斂。當此上下交征之際，而以小民疾苦爲言，固宜枘鑿不相入矣。渤即韓詩所譏爲『少室山人索價高』者，然其出處，正自不苟。

朝廷議興兵討王弁，恐青、鄆相扇爲變，乃除弁開州刺史，給之赴官，入徐州境，加以杻械，乘驢入關，腰斬東市。

弁，騃竪子，暴起一時，安能扇衆爲變？但朝廷不欲煩兵致討耳。一除刺史，欣然就道，名曰赴官，實則赴死，殊可哂也。

朝廷以李師道餘黨凶態未除，命曹華引棣州兵赴鎮以討之。華先以好言撫慰，衆皆不疑。視事三日，大饗將士，伏甲盡殺鄆卒，千二百人，無一得免者。

殺王遂者，王弁等五人耳，其餘將士無與也。責以當時不救、事後從賊，罪亦無可解免，但遽加駢戮，而不復區别，則失之冤濫矣。平蔡時，帝封劍付梁守謙，使誅叛將，裴度量罪施刑，不盡如詔旨。使此時度猶在相位，必當止帝淫刑；給誅王弁，度亦不屑爲也。温公譏帝苟徇近功，不敦大信，所以美業不終。竊謂帝之美業不終，此特其一端耳。所失尤在信任吐突承璀、出裴度節度河東而相皇甫鎛也。崔群之論得之。

蠻賊黄少卿，自貞元以來數反覆。桂管觀察使裴行立等欲徼幸立功，請討之，嶺南節度使孔戣諫曰：『此禽獸耳，但可自計利害，不足與論是非。』上不聽。

蠻賊恃險跳梁，但可就近募士兵相機剿撫耳。若遠徵客兵，越嶺海，觸瘴癘，則不戰而先屈矣。『但可自計利害、不足與論是非』二語平平，而中國之御夷狄，理當如是。

上服柳泌藥，日加躁渴。裴潾上言：『方士大言自炫，皆不軌徇利之人。金石酷烈有毒，非五藏所能勝。乞令獻藥者先自餌一年，則真僞自辨。』上怒，貶潾江陵令。

不言神仙之必無，而言方士之不可信，又欲使之自餌其藥以辨真僞。人情孰不慕長生？彼如真有不死藥，未有不自餌而炫鬻以求售於人者；此理最爲淺近易明，而帝猶不悟，何哉？

中書舍人武儒衡，有氣節，好直言，上器之，且入相。令狐楚忌之，因草左拾遺狄兼謨制辭，盛言『天后竊位，賴仁杰保佑中宗』。儒衡泣訴於上，且言：『臣曾祖平一，在天后朝，辭榮終老。』上由是薄楚之爲人。

儒衡，元衡之弟；兼謨，仁杰之族曾孫也。平一在諸武中，真能一塵不染，其後乃有二衡。

上服金丹，多躁怒，左右宦官往往獲罪，有死者，人人自危。暴崩，時人皆言内常侍陳弘志弑逆，其黨類諱之，不敢討賊，但云藥發，外人莫能明也。（十五年）

陳弘志弑逆，宦官未嘗共爲弑逆也；其黨類諱之，非其黨類者，不必代爲諱也；外人莫能明，太子非外人也。殺吐突承璀而宥弘志，律以《春秋》『許止趙盾』之義，穆宗罪無所逃已。

中尉梁守謙與諸宦官馬進潭、劉承偕、韋元素、王守澄等共立太子，殺吐突承璀及澧王惲，穆宗即位。

承璀之死晚矣，然太子殺承璀而并及惲，則以其謀立惲也。觀於惲之見殺，可思憲宗之暴崩非由藥發已。

貶皇甫鎛爲崖州司户，上欲誅鎛，蕭俛及宦官救之，故得免。

鎛之佞邪，固所當誅，然以前朝寵任之臣，大行在殯，遽加嚴貶，毋亦嫌於死其親之忍、彰其過之速乎！

杖殺柳泌及僧大通，自餘方士皆流嶺表。

既以憲宗暴崩由於藥發，不得不殺泌以實其事。泌死而弘志生矣。

上御丹鳳門樓，赦天下。事畢，盛陳倡優雜戲於門内而觀之。幸左神策軍，觀手搏雜戲。

居喪不戚，猶可譏也；即位而樂，不亦甚乎！不討賊，猶可諉爲不知也；盛陳雜戲，是亦不可以已乎！穆宗心事，固有不可掩者。此光陵商臣之説，所以别著於《東觀奏記》歟？

上在東宫，聞宫人誦元稹歌詩而善之。至是，以宦官崔潭峻獻稹詩百餘篇，上以稹爲祠部郎中、知制誥。朝論鄙之。

元白以詩齊名，情好尤密。而人之躁静貞邪，乃有涇渭之别。

上謂丁公著曰：『聞外間人多宴樂，此乃時和人安，足用爲慰。』公著對曰：『自天寶以來，公卿大夫競爲游宴，沈酣晝夜，百職皆廢，陛下能無獨勞乎！』

曲江游賞，雖始自天寶，但帝甫過公除，即事游畋聲色，并於重陽舉行貞元故事，臣下化之，是以酒食徵逐，晝夜不止也。不惟職業漸荒，亦必難乎爲繼，盛極而衰，興盡而悲，有固然者。公著真金玉之論哉！

王承宗薨。以田弘正代爲成德節度使，更以承宗之弟承元爲義成節度使。諸將及鄰道争以故事勸之，承元皆不聽。十將李寂等固留承元，承元斬以徇，軍中乃定。承元赴滑州。

承宗雖遵朝廷約束，所獻者德、棣二州耳，餘地自擅如故也。承元移鎮，而世及之弊始革，蓋以吴元濟、李師道爲前鑒也。

黄少卿久未平，韓愈上言：『用兵以來，所奏殺獲，不下二萬餘人，倘皆非虛，賊已尋盡。至今賊猶依舊，足明欺罔。若因大慶赦罪宣諭，賊必望風降伏。』上不聽。

罷客兵，用土兵，正宜用之此際。而愈不復以爲言，何也？軍中奏捷，多涉增飾，自漢以來，已以殺一報十爲例，千古一轍，爲之慨然。

鑒評别録卷四十七

唐紀十一

穆宗皇帝（諱恒，憲宗第三子，在位四年）

盧龍節度使劉總既殺其父兄，心常自疑，數見父兄爲祟。見河南、北皆從化，奏乞弃官爲僧。殺將士遮留者十餘人，擇麾下伉健難制朱克融等送京師，舉張弘靖自代，以印節授留後張玘，遁去，不知所在。（長慶元年）

總雖逆賊，而末路去就甚決，踪迹頗奇。其規劃善後事宜，亦殊周悉。惜乎朝廷不能盡如所措置也。

楊汝士、錢徽知貢舉，段文昌、李紳各以書屬所善進士於徽；榜出，皆不第。及第者，有蘇巢，李宗閔之婿也。文昌因言：『禮部不公。』上以問諸學士，李德裕素恨宗閔，與元稹及紳皆曰：『誠如文昌言。』上乃命王起等覆試。黜鄭朗等十人，徽及宗閔等貶官有差。自是德裕、宗閔各分朋黨，更相傾軋，垂四十年。

二李構怨，初由宗閔對策，繼由蘇巢登第，其釁皆起於科場，遂釀朋黨傾軋之患。

以太和長公主嫁回鶻。公主，上之妹也。吐蕃聞之，寇青塞堡，鹽州兵擊却之。回鶻奏：『以萬騎出北庭、萬騎出安西，拒吐蕃以迎公主。』

唐於兩番，蓋以公主爲餌，一予一拒，因而離其交、開其釁，使之互鬥以紓邊患。爲計甚巧而體則褻矣。

張弘靖至幽州，莊默自尊，政事多委幕僚。而所辟判官韋雍輩嗜酒豪縱，復裁刻軍士糧賜，由是軍中怨怒。士卒呼噪作亂，囚弘靖，殺雍及張宗元等，奉朱克融爲留後。

士卒之亂，雍輩激之也。然使朝廷予克融一官，縻之長安，何從至幽州哉！河北初叛，始於禄山；再叛，始於克融，皆以幽州爲資也。

衆以判官張徹長者，不殺。徹罵曰：『汝何敢反，行且族滅！』乃殺之。

即士卒之先囚弘靖，尋即自悔，又不殺張徹，則知幽州之亂，皆韋雍等有以激之，使弘靖加之撫循，徹諭以利害，待其既定，而後誅其首惡，安其反側，或可漸就羈縻，無如弘靖屢請不應，徹但以怒詈相加，遂致決裂，不可收拾已。

初，田弘正受詔鎮成德，自以久與鎮人戰，有父兄之仇，乃以魏兵二千從赴鎮，奏請度支供其糧賜。崔倰恐開事例，不肯給。弘正四上表，不報；不得已，遣魏兵歸。兵馬使王庭凑謀作亂，結牙兵殺弘正及僚佐、元從將吏并家屬三百餘人。

以張弘靖鎮盧龍，已屬用違其才，猶可曰劉總請之也；弘正與成德有宿仇，其不應移鎮明矣，乃又撤其親兵，何异置之死地乎？蓋是時，帝日事荒宴，宰相崔植等又乏遠略，是以措置乖方，馴致河北得而復失也。

先因省糧賜而裁魏兵，復因賜將士錢輦運不至，以致庭湊乘機激怒將士，因之構亂。弘正之死，度支迫之也。

庭湊自稱留後，逼監軍宋惟澄奏求旌節。惟澄以聞，朝廷震駭。崔倰於崔植爲再從兄，故時人莫敢言其罪。

唐置監軍，往往爲叛帥求旌節。蓋其平日於軍政無多預聞，但拱手養尊；及軍亂則徒作壁上觀，而不一過問。故軍士殺節使不殺監軍，非惟素無恩怨，亦以其庸懦易制，又以中人近幸，欲藉其力以上熒天聽也。

魏博節度使李愬聞田弘正遇害，素服令將士曰：『諸君受田公恩，何以報之？』衆皆哭。愬以寶劍、玉帶遺牛元翼，將出兵討王廷湊，會疾作，不果。

愬將出兵而疾作，失一良將。然愬即親往，亦不能再收平蔡之功。觀於裴度、李光顔之一籌莫展可見已。度固非昔智而今愚，光顔亦非昔勇而今怯也。

起復田布（弘正子）爲魏博節度使。布固辭不獲，與妻子、賓客訣曰：『吾不還矣！』悉屏去旌節導從而行。

魏兵之不可用，布早知之，訣妻子、屏導從，固已有必死之心。所可惜者，不死於進戰，而死於自刺耳。

自定兩税以來，錢日重，物日輕，民所輸三倍其初。楊於陵請『使天下輸税課者皆用穀、帛，廣鑄錢而禁滯積及出塞者，則錢日滋』，朝廷從之。

錢多則輕，而物以之重；少則重，而物以之輕。民間通有無、濟緩急，尚可隨時權其輕重而爲之低昂。惟以錢輸賦，先須以物易錢，則官之所收不加多，而民之所納數倍其初矣。然爲此議者，猶未料及後世之以銀輸賦也。

以裴度爲鎮州四面行營都招討使討王庭凑。元稹有寵於上，以度先達重望，恐其有功復相，妨己進取，度所奏軍事，稹多與知樞密魏弘簡從中沮壞之。

自古未有奸臣在内而大將能立功於外者，非必忌功，正恐其不利於己也。稹先因監軍崔潭峻進而入中書，兹復與弘簡比而謀宰相，内結閹宦，外沮軍謀，素節至此掃地盡矣。胡身之乃以爲憲宗之過，則未知其何謂也。憲宗久經崩逝，安能保稹之始終一致邪？

杜叔良將諸道兵與鎮人戰，大敗於博野，叔良脱身還營，喪其旌節。以李光顔代叔良爲行營節度使。

叔良以宦官之薦爲行營節帥，朝廷倚以辦賊者也。至是大挫，而官軍爲之氣奪矣。以光顔代之，似屬得人，但事從中制，饋運不給，即勇將亦難以展其手足也。

幽、鎮用兵久無功，府藏空竭。執政乃議：『王庭凑殺田弘正，而朱克融全張弘靖，罪有重輕，請赦克融，專討庭凑。』上從之，以朱克融爲平盧節度使。

姑置克融，專討庭凑，未爲失策。但當日執政，并無遠謀，第欲仍行姑息之政耳。赦幽即赦鎮之漸也。

白居易上言，以爲：『王師無功，由節將太衆，莫肯率先。請令李光顔將諸道勁兵從東速進；裴度將太原全軍西面壓境。其餘不可用者悉遣歸本道。』（二年）

罷遣儒將冗兵，專任裴、李，實當日第一良策。

又言：『朝廷用田布，令報父仇，今領全師出界，供給度支，數月以來，都不進討，若更遷延，將何供給？ 此尤宜早令退軍者也。』

居易既請罷諸路兵，而魏博以復仇爲名，與他鎮异，故別白言之。其云『兵驕將富，莫肯爲用』，尤爲切中肯綮。若朝廷早令退軍，布可不死矣。史憲誠激怒衆軍，正以布發本道租賦供軍，而不令仰給度支也。恰如居易所料。

田布以史憲誠爲先鋒兵馬使，精鋭悉以委之。憲誠陰蓄异志，軍士多歸之。布議出兵，諸將不從。布作遺表，拜授幕僚李石，入啓父靈，抽刀刺心而死。衆奉憲誠爲留後，朝廷即命爲魏博節度使。

布知事不可爲，以一死從父地下，亦可悲已。即田氏一家而論，承嗣凶猾而富貴累世，弘正忠順而父子偕亡，天之報施，果何如哉！

王庭凑圍牛元翼於深州，官軍三面救之，皆以糧乏不能進。李光顔亦閉壁自守而已。朝廷不得已，以庭凑爲成德節度使。

盧龍以畀朱克融，魏博以畀史憲誠，成德復以畀庭凑，三鎮連横，河北遂不可制。

上之初即位也，兩河略定，蕭俯、段文昌以爲『天下已平，漸宜消兵』，詔軍鎮之兵每歲百人之中限八人逃、死。

軍士落籍者衆，皆聚山澤爲盜。及朱克融、王庭凑作亂，一呼而亡卒皆集。

消兵已非良策，況限以逃、死之數乎？真可謂藉寇兵者矣。

諸道兵討幽鎮者，皆臨時召募，烏合之衆。又各有監軍，主將不得專號令，凡用兵舉動，皆自禁中授以方略，不知所從。故雖以十五萬之衆，裴度元臣宿望，烏重胤、李光顔皆當時名將，竟無成功。由是再失河朔，迄於唐亡，不能復取。

天子童昏，宰相尸素，中人如鼠如狐，跳踉無忌。以此用兵，即良將鋭卒，亦難取效，況召募烏合之衆乎？度至是竟一籌莫展，非必昔智今愚，以憲宗委任責成，而帝中制掣肘也。然度雖才兼文武，謨謀是其所長，攻戰則其所短，淮蔡若無李愬，亦未必遽能奏凱也。

昭義監軍劉承偕陵轢節度使劉悟，悟諷其軍士作亂，圍承偕，欲殺之。賈直言入，責悟曰：『公欲效李司空邪！此軍中安知無如公者乎！』悟遂謝直言，救免承偕，囚之府舍。

悟襲殺李師道而得旌節，其人亦好亂者也。若殺承偕，則與幽、鎮接踵而起矣。所以竟能中止者，不惟納直言之切諫，亦由久居方鎮，其志已滿，不欲輕發難端耳。

武寧節度副使王智興將精兵討幽、鎮，節度使崔群忌之，智興亦自疑。會罷兵，智興殺不同己者十餘人，爲群及判官、從吏具人馬及治裝，遣兵衛送，至埇橋而返。

三鎮同時作亂，叛將各授節鉞，故智興從而效尤也。朱克融囚張弘靖、王廷凑殺田弘正、史憲誠逼田布令其自殺，惟智興於群，雖逐之而代其位，而衛送出境，未至於囚殺也。蓋以身爲副使，朝方厭兵，命帥固在意中，不必更爲已甚耳。

加朱克融、王庭湊檢校工部尚書。上聞其解深州之圍，故褒之，然庭湊之兵實猶在深州城下。

解圍遽即加官，賞亦濫矣，況成德之兵猶在城下乎！以此馭將，欲其不跋扈不可得也。

使韓愈宣諭成德，愈諭以順逆，庭湊曰：『侍郎來，欲何爲？』愈曰：『神策將如牛元翼者不少，但朝廷顧大體，不可弃之耳！尚書何爲圍之不置？』庭湊曰：『即當出之。』

顏真卿死於李希烈，愈不死於庭湊者，所遇不同也。希烈僭號稱帝，其欲無厭；庭湊得授使節，其意已滿。朝廷遣使，但諭之使出牛元翼耳。況彼圍未解，而預加官以褒之？所以逾格施恩者，已過其望，庭湊安得無禮於愈哉！後元翼卒潰圍自出，則庭湊固未肯奉詔也。

張平叔上言：『官自糶鹽。』又請『令所由將鹽就村糶易』。又乞『令宰相領鹽鐵使』。又請『以糶鹽多少爲刺史、縣令殿最』。又乞『檢責所在實户，據口給鹽，四季輸價』。

唐自劉晏始擅鹽利，亦惟於産地責商輸價，運出售賣；其商賈不通之處，乃官備常平鹽，以濟民食，因收其利耳。平叔建議非一，其大旨則在奪商利歸官也。

韓愈上言，以爲：『城郭之外，少有見錢糴鹽，多用雜物貿易。鹽商則無物不取，或賒貸徐還，用此取濟，兩得利便。今令吏人坐鋪自糶，非錢不受。如此貧者無從得鹽，自然坐失常課。』

當時尚以雜物易鹽，今非見錢不可得已。要之商民交易，農末相資，其事至爲纖鄙，若官自爲之，則動多窒礙，而民亦往往畏阻不前，此勢所必至，不止糶鹽一端而已。列貨之邸，古作『舖』，今改作『鋪』；載錢之簿，古作『帳』，今改作『賬』，從『舍』從『貝』，亦有取爾也。字形略异，而音義則同。

王庭凑之圍牛元翼也，于方言於元稹，請『遣客間説賊黨，仍賂兵、吏部令史，僞出告身二十通，令以便宜給賜』。稹皆然之。

稹既爲相，方有寵於帝。既采方策，遣客用間，不難密以奏聞。其告身二十通，帝亦必非所惜，何須賂令史僞出之邪？此非事實。

宣武節度使李愿以其妻弟竇瑗典宿直兵；瑗驕貪，軍中惡之。牙將李臣則等作亂，斬瑗。愿與一子逾城奔鄭州。亂兵殺其妻，推李夵爲留後。

西平諸子，若愬、若聽、若愿，皆爲節使。愬、聽各已功名顯，愿殊碌碌。韓退之作《送歸盤谷序》，不知何時，或其罷官後邪？抑同時别有一李愿邪？

詔三省官與宰相議汴州事，皆以爲宜如河北故事，授李夵節。李逢吉曰：『河北之事，蓋非獲已。若并汴州弃之，則江、淮以南皆非國家有也。』上以爲然。

夵之不可授節，事理易明，乃宰相杜元穎等皆以爲宜如河北故事，是時裴度在朝，何以并無一言？豈所見反出逢吉下哉？殆以逢吉既動上聽，不必再有瀆陳邪？抑或罷相但爲僕射，不復與議邪？

以韓充爲宣武節度使。李光顔、曹華各將兵討李岕。岕遣李臣則等將兵拒李光顔，兵屢敗，李質與監軍姚文壽擒岕，殺之，斬臣則等。迎充入汴。

岕欲學王智興而不成者也。其亦有幸不幸歟？

以牛僧孺爲中書侍郎、同平章事。時僧孺與李德裕皆有入相之望。德裕出爲浙西觀察使，八年不遷。以爲李逢吉排己，引僧孺爲相。由是牛、李之怨愈深。（三年）

僧孺入相，出自帝之特賞，德裕因是怨逢吉，而益怨僧孺，未免因疑生隙。

柳公綽爲山南東道節度使。有二吏，一犯贓，一舞文，衆謂必殺犯贓者。公綽判曰：『贓吏犯法，法在；奸吏亂法，法亡。』竟誅舞文者。

舞文非徒犯法，亦志在得贓耳。吏未有不慣舞文而能詐贓者也。貪吏得贓，以身試法；黠吏得贓，遁於法外，其情尤可誅耳。

初，柳泌等既誅，方士復因左右以進，上餌其金石之藥。處士張臯上疏，以爲：『神慮淡則血氣和，嗜欲勝則疾疹作。藥以攻疾，無疾不可餌也。』上甚善其言，使求之，不獲。（四年）

騰疏納忠，翛然高蹈，如斯人可云處士矣。『金玉爾音，而有遐心』，是之謂乎！

上疾大漸，命太子監國。宦官欲請郭太后臨朝稱制。太后曰：『我家世守忠義，非武氏之比也！』取制書手裂之。

太后以劉承偕爲養子，又游華清宮流連忘反，内治殊無足稱。至是以武氏爲戒，嚴拒臨朝之請，尚不失汾陽家法。且太子年已十五，并非幼冲，亦無庸太后臨朝也。

敬宗即位。初，穆宗之立，神策軍士人賜錢五十千，宰相以太厚難繼，乃下詔：『人賜絹十匹、錢十千；畿内諸鎮，又減五千。』時人善之。

憲宗暴崩，穆宗嗣位，既不能正陳弘志弑逆之罪，不得不厚賞以悦軍士之心，此亦安可援以爲例哉！胡身之謂：逢吉爲相，時人所惡，一事之善，從而善之，乃是非之公。竊謂逢吉恩怨太明，固不得爲公忠體國，而謀議時有可取，較杜元穎輩之容身保位，猶爲過之。是時諸臣各有朋黨，互相傾軋，毁譽每過其實，不惟私記多不足信，即國史亦未盡可憑也。

李逢吉忌李紳，令王守澄言於上曰：『杜元穎及紳皆欲立深王（名悰，穆宗之弟）。』逢吉亦奏『紳不利於上，請加貶謫』。乃貶紳爲端州司馬。上閲禁中文書，得裴度、杜元穎及紳疏請立上爲太子，乃悉焚人所上譖紳書。雖未即召還，後有言者，不復聽矣。

既確知紳被誣，但焚譖書，而不罪上書之人，又不召紳還，然則知與不知，相去幾何！

上視朝每(宴)[晏]，日絶高尚未坐，百官班於紫宸門外，老病者幾至僵踣。劉栖楚進諫，以額叩龍墀，見血不止。上命中使宣慰，尋擢爲起居舍人。栖楚辭疾，歸東都。

栖楚骨鯁之士，立朝風節，亦不凡矣。乃名側八關十六子之列，竟目爲宰相私人，然則當時朝論尚可憑乎！

韋處厚諫上宴游，曰：『先帝以酒色致疾損壽，臣是時不死諫者，以陛下年已十五故也。今皇子纔一歲，臣安敢畏死而不諫乎！』上賜處厚錦彩百匹、銀器四。

處厚之諫，無以异於劉栖楚也，一則擢爲美官，一則頒以厚賞，而宴游如故也。處厚之受賜，不如栖楚之辭官。

王智興以上生日，請度僧尼以資福，於是四方輻凑，李德裕上言：『若不鈐制，至降誕日方停，計兩浙、福建當失六十萬丁。』奏至，即日罷之。

度僧令下，則避役者争趨之，故失丁如是之多也。此其意非爲奉佛，而佛法之盛，未嘗不由於此。

敬宗皇帝(諱湛，穆宗長子，在位一年)

鄠令崔發以擒曳中使繫獄，李渤等累疏論救，上皆不聽。李逢吉從容言於上曰：『發誠不敬，然其母年垂八十，陛下方以孝理天下，此宜矜念。』上乃赦之。(寶曆元年)

裴度奏免劉禹錫播州之行，即以其母老感動上心，逢吉蓋師其意耳。胡身之以爲出於權數，則持論過刻已。

昭義節度使劉悟暴薨，子從諫匿其喪，謀以悟遺表求知留後。司馬賈直言入責從諫曰：『孺子何敢如此！父死不哭，何以爲人！』從諫恐悚不能對，乃發喪。

直言累佐幕府，均以忠讜著稱。前既止悟不殺劉承偕，兹復以正義質責從諫，尤人所難言。從諫爲其所屈，亦尚知服善。史稱寬厚，蓋有以也。

朝廷得劉悟遺表，議者多言上黨内鎮，與河朔异，不可許。李絳上言：『熟計利害，决無即授從諫之理。』時李逢吉、王守澄計議已定，竟以從諫爲昭義留後。

李㝏之逐李愿也，逢吉以爲若如河北故事，授㝏旌節，則江淮以南非國家有，故卒討㝏。今從諫爲悟之子，固與㝏异，但方鎮父死子代，亦河北故事也。絳之議上黨，與逢吉之議汴州，其意正同。乃先後措置如出兩人，何哉？《舊從諫傳》以爲逢吉、守澄受其賂，故曲爲奏請，温公不取，而著之《考异》，蓋以時方傾軋，或出自怨恨之口，不足信也。

以裴度爲司空、同平章事。度在中書，左右忽白失印，度飲酒自如。頃之，左右復白於故處得印，或問其故，度曰：『此必吏盗之以印書券耳，急之則投諸水火，緩之則復還故處。』人服其識量。

胡身之云：『或曰：「當左右白得印之時，豈不可就詰其人，以得印所自邪？」答曰：「晋公當此必有說，請自詳度。」』竊謂白得印、白失印皆此左右，而盜印者吏也。吏還印故處，必不以告左右，何從就詰其人乎？若左右與吏通謀，又何肯白失印乎？盜印之吏既無主名，安能歸獄於白得印之左右窮其所自乎？史所書事理甚明，而身之仍設爲問難，卒以不了語了之，殊不可曉也。

朝廷遣中使賜朱克融時服，克融以爲疏惡，執留敕使。上欲遣重臣宣慰，仍索敕使。裴度曰：『克融無禮已甚，殆將斃矣！譬如猛獸，必不敢輒離巢穴。』

崔發曳中使，則以大不敬繫獄；克融留敕使，帝與王守澄輩均束手無策矣。度云『克融將斃』，特痛詆之以釋帝慮，其云『不敢離穴』，則料事之智也。克融非有他望，特故爲桀驁以脅朝廷，示不可制耳。其尋爲亂兵所殺，亦非度所及料也。

上夜獵歸，與宦官劉克明等二十八人飲酒。上酒酣，入室更衣，蘇佐明等弑上於室内。

李德裕獻《丹扆六箴》，其六《防微箴》曰：『亂臣猖獗，非可遽數；玄服莫辨，觸瑟始僕。柏穀微行，豺豕塞路。睹貌獻餐，斯可戒懼』，帝固不以措意也。至此其言乃驗。

劉克明等矯稱上旨，命路隋草遺制，以絳王悟權句當軍國事。王守澄等以衛兵迎江王涵入宫，發兵討克明等，盡誅之。絳王爲亂兵所害。文宗即位，更名昂。

克明等立絳王，則隋爲之草制；守澄等立江王，則韋處厚與之共議。隋與處厚，皆翰林學士也。蓋唐之翰林，地居禁近，最爲密切。故宰相不得與聞，而學士參贊於其間也。克明等舉事無成，尋即就戮，以禁兵屬於守澄也。

上自爲諸王，深知兩朝之弊，及即位，勵精求治，去奢從儉。中外翕然，以爲太平可冀。

胡身之云：　人君初政，足以新民視聽，然卒無以副天下之望者，魏高貴鄉公，晋懷帝，唐德宗、文宗是也。竊謂文宗所處，尚與魏高貴鄉公、晋懷帝難易迥殊；　德宗建中之亂，由於自取；　與文宗之受制權閹、不能有爲者，又未可并論也。

文宗皇帝（諱昂，穆宗第三子，在位十三年）

鹽鐵使王播自淮南入朝，力圖大用，所獻銀器以千計，綾絹以十萬計。六月，癸巳，以播爲左僕射、同平章事。（太和元年）

節度使之進奉，虐取於民者也；　鹽鐵使之進奉，盜取於官者也。與户部之羡餘，何以异哉！　播竟以賄爲相，諫官亦更無言其奸邪者矣。

以前横海節度使李同捷爲兖海節度使。　同捷托爲將士所留，不受詔。　王智興奏請將本軍三萬人、自備五月糧以討同捷，許之。

同捷爲節度使全略之子，父死而擅據滄景，欲援劉從諫爲例，復行河北故事也。

自元和之末，宦官益横，建置天子在其掌握，威權在人主之右，人莫敢言。

宦官所以益横者，以其典兵也。天子之宿衛，皆爲奄尹之爪牙，而建置在其掌握矣。是時名臣重望如裴度、李絳，均不敢與王守澄輩抵牾，韓愈敢言佛骨，亦不聞一言及宦官也。

上親策制舉人，賢良方正，劉蕡對策略曰：『陛下宜先憂者：宫闈將變，社稷將危，天下將傾，海内將亂。』又曰：『陛下將杜篡弑之漸，則居正位而近正人，遠刀鋸之賤，親骨鯁之直，奈何以褻近五六人總天下大政！禍稔蕭墻，奸生帷幄，臣恐曹節、侯覽復生於今日。』

是時朝政最可憂者，宦官竊柄，次則方鎮擅兵，其餘積弊雖多，要皆末務也。蕡策首言宦官，正如賈誼首言諸侯王，皆痛哭流涕而陳之者。自漢及唐，寥寥數百年，可以方駕長沙者，惟蕡此策耳。

又曰：『威柄陵夷，藩臣跋扈。或有不達人臣之節，首亂者以安君爲名；不究《春秋》之微，稱兵者以逐惡爲義。則政刑不由乎天子，征伐必自於諸侯。』

内臣專兵，執太阿之柄，天子不能制，宰相不敢抗，罪積惡彰，勢不能已，則必有召外兵以平内亂者，而奸雄因以爲資；更有托於趙鞅，以清君側爲名而稱戈犯闕者。漢之董卓，其前鑒已。況唐之威權，移於方鎮，漸成外重内輕之勢哉！此固不待朱全忠誅宦官因移唐祚，而可以預決其必然者矣。

又曰：『臣聞昔漢元帝即位之初，更制七十餘事，其稱甚美，然而紀綱日紊者，不能擇賢而任，失其操柄也。陛下誠能以國權歸相、兵柄歸將，則心無不達矣。』

國權不歸相、兵柄不歸將，皆由宦官持之於内也。其横尤在專兵。蕡言如是，與《永貞行》所云六軍『天子自將，一朝奪印付私黨』者，其指固殊矣。

又曰：『臣非不知言發而禍應，蓋痛社稷之危，豈忍姑息時忌，竊陛下一命之寵哉！』

蕡雖不第，而帝謀去宦官，未嘗不用其策也。無如典兵握要，其勢已成，非旦夕所能驟革；而又任非其人，反以遺禍耳。

考官馮宿等見劉蕡策，皆嘆服，而畏宦官，不敢取。李郃曰：『劉蕡下第，我輩登科，能無厚顔！』乃上疏，以爲：『臣所對不及蕡遠甚，乞回臣所授，以旌蕡直。』不報。

蕡策自足千古，不必以一第爲榮。郃之讓官，卓然有國士之節，皆後世所僅見也。然使蕡登第而仕於朝，力未足以制宦官，必爲所忌而加害，宋申錫且不免，況蕡乃新進小臣哉！蕡之下第，未爲不幸也。

王庭凑陰以兵及鹽糧助李同捷，上欲討之。詔集百官議。宰相以下莫敢違，殷侑獨以爲：『庭凑事未甚露，宜且含容，專討同捷。』

庭凑於河北諸鎮，最爲桀黠，但先既不能致討，此時方用兵於滄景，安能并討成德乎？是時宰相非無裴度，乃亦默無一言，蓋耄及而氣衰矣。

河南、北諸軍討同捷，久未成功，每有小勝，則虚張首虜以邀厚賞。朝廷竭力奉之，江、淮爲之耗弊。

中書王智興等奏捷者屢矣，至是乃著其實，然則王庭湊又安可并討哉！

李同捷軍勢日蹙，乃遣人説魏博大將亓志紹，使殺史憲誠父子。志紹引所部兵二萬人還逼魏州。詔李聽帥滄州行營諸軍以討志紹。

滄州小鎮，力不足支諸道之兵，故構難於魏博，以分官軍之勢。然必王庭湊與之同謀也。未幾志紹即與成德合兵掠貝州。

横海節度使李祐帥諸道行營兵擊李同捷，破之，進拔德州。同捷請降。柏耆受詔宣慰行營，自將數百騎馳入滄州，誅萬洪，取同捷及其家屬詣京師。至將陵，或言王庭湊欲以奇兵篡同捷，乃斬之，傳首。

耆取同捷及家屬，意在攘功耳。洪乃祐所遣之將，代同捷守滄州者。耆之得入滄州，洪納之也。乃無罪而受誅，何哉？蓋耆欲取同捷，洪待祐不予，故殺洪而奪之耳。耆卒以此賜死，不爲枉已。

詔：『鎮州四面行營各歸本道休息，但務保境，勿相往來。惟庭湊效順，爲達章表，餘皆勿受。』

滄州未平，并討成德；同捷既誅，不乘勝移軍取庭湊，乃詔各行營撤歸休息，何也？蓋糧竭財匱，不能再籌供饋矣。庭湊猾賊，能不益懷恣睢乎！

以史憲誠爲河中節度使、李聽兼魏博節度使。魏州軍亂，殺憲誠，奉靈武何進滔知留後。聽至魏州，不得入。進滔出兵擊之。聽大敗，走歸滑台。河北久用兵，饋運不給，朝廷厭苦之，以進滔爲魏博節度使。

以魏博予進滔，不若以横海予李同捷。

王庭湊因鄰道微露請服之意。赦庭湊及將士，復其官爵。

何進滔不能討，安得不赦庭湊乎？是時朝廷處置滄鎮，有三失焉：初討同捷，本應姑置庭湊；乃不量兵力、財力，同時并舉，以致兵疲財匱，三年之久，僅能平定滄州，一失也。既誅同捷，即應移行營諸軍壓鎮州之境，作進取之勢，然後頒尺一之詔，責以大義，許其自新；庭湊震懾，必當崩角納降，乃悉罷諸軍，各歸休息，并敕以『但務保境，勿相往來』，不示强而示弱，俾庭湊益無忌憚，二失也。既許庭湊上章效順，亦當俟其悔罪輸誠，情辭真切，仍由鄰道代爲陳乞，略如王承宗之於田弘正，庶恩出自上，不失朝廷之尊；乃庭湊微露其意，而輒予洗滌，一切付之不問，不惟威不足畏，亦且恩不足感，此三失也。此紀綱所以日紊、藩鎮因之益横歟？

西川節度使杜元穎以舊相，文雅自高，不曉軍事。南詔嵯顛謀大舉入寇，邊州屢以告，元穎不之信，一無備禦。蠻襲陷嶲、戎二州，大敗蜀兵，遂陷(卬)[邛]州。

韋皋帥蜀，始奏撫納之功；元穎弛備，竟致侵軼之患。蓋异牟尋本欲内屬，而皋之智略又足以柔遠；嵯顛久思入寇，而元穎之貪庸適足以召侮也。

詔發東川、興元、荆南兵以救西川。以東川節度使郭釗爲西川節度使。嵯顛引兵徑抵成都，陷其外郭。杜元穎帥衆保牙城以拒之。

《考异》以《實録》先書蠻陷邛州，至此乃云寇至子城，元穎方覺，似尤之太過，故不取。竊謂南詔入寇，元穎雖屢經奏報，而不料其徑抵成都，故直至子城方覺耳。一日不見賊，一日不設備，庸帥偷安旦夕，大抵如是，并非《實録》先後相違也。

蠻留成都十日，大掠子女、百工數萬人及珍貨而去。遣使上表，稱：『杜元穎不恤軍士，故軍士祈我此行，以誅虐帥。誅之不遂，無以慰蜀士之心，願陛下誅之。』

既飽掠而歸，故修好而退，此黠夷玩弄中國也，然亦可見致寇之由已。

武昌節度使牛僧孺入朝。李宗閔薦爲兵部尚書、同平章事。於是二人相與排擯李德裕之黨，稍稍逐之。（四年）

牛李之怨，自此益深矣。

山南西道節度使李絳募兵千人救成都，未至，蠻退而罷。詔新募兵悉罷遣之。監軍楊叔元激使作亂。絳及僚佐趙存約等皆爲亂兵所害，賊遂屠絳家。

絳之罷遣新軍，乃奉行詔書，但未加賞耳。軍所以變，則叔元以賜物薄激之也。《新傳》謂叔元迎説軍士曰：『將收募直而還爲民』，故衆怒作亂。温公不取，著之《考异》。竊謂叔元於事後尚誣奏絳收新軍募直以致亂，則《新傳》固可信也。

以尚書右丞温造爲山南西道節度使。造視事，饗將士，悉誅新軍八百餘人。其害絳者，斬之百段；以百首祭絳，三十首祭死事者，具事以聞。流楊叔元於康州。

造即韓文所謂温處士也，其人固不凡矣。叔元不死，猶不足以償絳矣。

以李德裕爲西川節度使。蜀自南詔入寇，一方殘弊。德裕練士卒，葺堡鄣，積糧儲以備邊，蜀人粗安。

德裕帥蜀，帝固付以重任，牛僧孺輩則擠之危地也。然其才實非僧孺輩所及。

盧龍副兵馬使楊志誠作亂，節度使李載義奔易州。上召宰相謀之，牛僧孺曰：『范陽自安史以來，非國家有。今日志誠得之，猶前日載義得之也。因而撫之，使捍北狄，不必計其逆順。』上從之。（五年）

温公譏僧孺姑息偷安，洵屬正論。但是時初平滄景，兵疲財耗，遽再興師，殊亦不易措手。且志誠與王庭湊、何進滔之罪一也，既赦庭湊、撫進滔矣，又安能討志誠乎？亦譏不勝譏矣。

上與宋申錫謀誅宦官，申錫引王璠爲京兆尹，以密旨諭之。璠泄其謀，鄭注使豆盧著誣告申錫謀立漳王湊（上弟）。王守澄奏之，上以爲信然，甚怒。

帝與申錫，方托以腹心，旋視若寇仇。以此用人，孰能展其手足哉！

守澄欲即遣騎屠申錫家，馬存亮固争乃止。捕豆盧著所告晏敬則等，於禁中鞫之；敬則等自誣服。崔玄亮等乞以獄付外覆按。牛僧孺曰：『申錫已爲宰相，假如所謀，復欲何求！』鄭注恐覆案詐覺，乃勸守澄請止行貶黜。貶申錫爲開州司馬。存亮即日請致仕。

非存亮之固爭，則申錫家爲守澄所屠矣；非玄亮等之力辨，則申錫竟爲帝所誅矣。玄亮等叩頭流涕，竟回天聽，固屬無忝諫職；存亮中人，乃不黨守澄而庇申錫，尋即潔身而去，亦賢矣哉！

吐蕃悉怛謀以維州降。李德裕奏其狀，牛僧孺曰：『吐蕃失一維州，未能損其勢。比來修好罷兵，今若失信，彼以萬騎綴回中，不三日至咸陽橋。此時西南數千里外，得百維州何所用之！』上以爲然。

僧孺之言，無可厚非。是時内有城社之奸、外有跋扈之將，兵疲餉絀，朋黨盈朝，不思自治，而復欲徼奇功於萬里之外乎！即以蜀論，甫致南詔之寇，亦不宜再挑吐蕃之兵也。況得一州於吐蕃，尋失三縣於南詔乎！

西川監軍王踐言入知樞密，數爲上言：『縛送悉怛謀以快虜心，絶後來降者，非計也。』上亦悔之，尤牛僧孺失策。附李德裕者因言『僧孺害德裕之功』。（六年）

踐言論縛送悉怛謀之非計，非徒助德裕，亦自表其功耳。

上謂宰相曰：『天下何時當太平？』僧孺對曰：『今四夷不至交侵，百姓不至流散，雖非至理，亦謂小康。若別求太平，非臣等所及。』因累表請罷。

温公譏僧孺『偷安竊位』可也，但以爲『自謂太平』則非也。僧孺但云『小康』，亦謂差勝於天寶、建中之時耳，未敢云『太平』也。

以李德裕爲兵部尚書。上注意甚厚，朝夕且爲相，李宗閔百方沮之不能。杜悰勸宗閔用德裕爲御史大夫，并告德裕。德裕驚喜。宗閔復與楊虞卿謀之，事遂中止。

胡身之云：『牛僧孺患失之心重，李德裕進取之心鋭，所謂「楚失，齊亦未爲得」。』竊謂牛李樹黨，誠宜交譏，但是時僧孺已出帥淮南，恐未可置宗閔而專責僧孺也。

以李德裕同平章事。上與之論朋黨事，對曰：『方今朝士，爲朋黨者三之一。』時楊虞卿與從兄汝士、弟漢公及張元夫、蕭澣等依附權要，上干執政，爲士人求官及科第，無不如志，上聞而惡之，故與德裕言首及之。德裕因得以排其所不悦者。（七年）

李宗閔於德裕，惜御史大夫，而不能沮其入相也。德裕所云朋黨三之一者，意指僧孺及宗閔之黨，而不能自處於無黨也。

以楊虞卿爲常州刺史，張元夫爲汝州刺史。他日，上復言及朋黨，李宗閔曰：『臣素知之，故虞卿輩皆不與美官。』李德裕曰：『給、舍非美官而何！』宗閔失色。

虞卿即與宗閔謀沮德裕不得爲御史大夫者，固宗閔所甚昵而德裕所甚惡也。至是與元夫首先貶逐，蕭澣輩繼之，而宗閔亦不得安其位矣。未幾遂有山南西道節度之命。

上患近世文士不通經術，李德裕請依楊綰議，進士試論議，不試詩賦。從之。

進士不試詩賦而試論議，蓋將以發明經義，既與策問攸殊，亦與帖括迥异，其意與王安石同，但未有經義之名，亦未以八比代八韻耳。

李德裕又言：『昔玄宗以臨淄王定内難，自是疑忌宗室，不令出閤。天下議皆以爲幽閉骨肉，虧傷人倫。陛下誠因册太子制書，聽宗室年高屬疏者出閤，且除諸州上佐，使携其男女出外婚嫁，孰不欣悦！』世皆以明皇篤於兄弟，觀此乃知其意在猜防。讀史洵不可以一端竟也。德裕此議，卒以議所除官不決，迄未施行。

杜牧憤河朔三鎮之桀驁，而議者專事姑息，乃作書，名曰《罪言》，大略以爲：『上策莫若先自治，中策莫若取魏，下策爲浪戰。』三鎮雖桀驁，必借天子之命以令其衆，意中尚有朝廷也。第以主荒相怠、將懦兵驕，故爲其所輕，益以跋扈耳。不先自治而輕議用兵，建中之覆轍可戒也。憲宗以全力平淮蔡，而河北次第來歸，由於用相得人、勵精圖治；而率先向化，實自田興始，詎非得魏有以制其襟領哉！田氏父子死而河北復叛矣。

牧又注《孫子》，爲之序，以爲：『兵者，刑也；刑者，政事也；爲夫子之徒仲由、冉有之事也。不知自何代何人分爲二道，曰文、武。』夫子不答衛靈公問陣，意别有在。其平時告子貢足兵，許子路治賦，又曰『臨事而懼』『好謀而成』，未嘗不慎戰也。若孟子謂『善戰者服上刑』，則以矯戰國佳兵之弊。

群臣上尊號曰『文武仁聖皇帝』。會有五坊中使薛季稜自同、華還，言閭閻凋弊。上嘆曰：『吾無術以救之，敢崇虚名乎！』因以通天犀帶賞季稜。群臣凡四上表，竟不受。

群臣於六年曾上尊號，帝納韋温之諫而不受；至此復上尊號，帝聞季稜之言而仍不受。帝之謙沖，洵非世主所及矣。季稜宦者，而於使還直陳民瘼，亦可取也。彼群臣曾不汗顔乎！

東都留守李逢吉思復入相，遣李仲言（即訓）厚賂鄭注。注引仲言見王守澄，守澄薦於上，云仲言善《易》，上召見之。仲言儀狀秀偉，有口辯，多權數。上大悦。（八年）

訓、注之才，實出王伾、叔文之上。其謀去宦官，布置殊有方略，所以無成而卒受禍者，二人雖共事，而各欲專其功，未免外密内疏；所引與共事者又非其人也。

王守澄、李仲言、鄭注皆惡李德裕，引李宗閔以敵之。詔徵宗閔於興元，以爲中書侍郎、同平章事；以李德裕充山南西道節度使；以李仲言爲翰林侍講學士。

宗閔復相，德裕出鎮，仲言始入翰林。甘露之禍，此其胚胎乎！

貢院奏：進士復試詩賦，從之。

詩賦之復，固由於李德裕之罷，若以詩賦與論議兩衡之，詩賦雖雕蟲之技，而各出心裁，不相蹈襲，故考官取士易爲鑒别；論議取徑太寬，既便預擬，又易涉泛，故行之不久而輒罷也。國初廢制義用策，未幾復故，即此例也。

李德裕請留京師，以爲兵部尚書。李宗閔言德裕不宜自便，復以爲鎮海節度使。時德裕、宗閔各有朋黨，上患之，每嘆曰：『去河北賊易，去朝中朋黨難！』

人君不能自操進退之權，則朋黨必不能免。蓋勢之所在，人争附之，有异同斯有愛憎，有愛憎斯有予奪，有予奪斯有恩怨，漸至報復、傾軋，而朋黨牢不可破已。

李仲言請改名訓，以鄭注爲太僕卿。

訓之入翰林也，李德裕争之而不能得；注之爲太僕也，郭承嘏争之而不能得。二人之不可信用，舉朝無不知之，惟帝與王守澄輩不知耳。

初，李德裕爲浙西觀察使，漳王傅母杜仲陽放歸金陵，詔德裕存處之。至是，王璠、李漢奏德裕厚賂仲陽，陰結漳王，圖爲不軌。上怒甚，路隋曰：『德裕不至有此。』言者稍息。以德裕爲賓客分司。（九年）

璠、漢之誣奏，鄭注使之也。注既陷宋申錫，復誣德裕，均以欲立漳王爲由。以漳王爲帝所忌也。注之陰謀，欲致兩相於族誅，而以親王爲鈎餌，其毒害甚於蛇虺矣。况始緣宦官得進，與爲死黨，既受主知又迎合上意，欲盡誅宦官，以立奇功而攘大權，狙詐反復，豈可倚仗？即幸而事成，豈帝所能制馭哉！璠素附王守澄，并党於注，其人誠不足論；漢即韓門弟子，仍爲之婿，曾序其文者，亦非佳士也。

宦官益横，上不能堪。李訓、鄭注揣知上意，數以微言動上。上以訓、注皆因王守澄以進，宦官不之疑，遂密以誠告之。訓、注遂以誅宦官爲己任。

用訓、注以誅宦官，使不之疑，於計未爲失也。是時宦官憑依城社，根株盤互，六軍在其掌握，南牙聽其指麾，外廷諸臣孰與共謀，機事一泄，立成禍變。惟用訓、注以毒治毒，所以杖殺陳弘志，鴆殺守澄，元和逆黨略盡也。

京城訛言鄭注爲上合金丹，須小兒心肝，上聞而惡之。注素惡京兆尹楊虞卿，與李訓共構之。上怒，下虞卿獄。注毁李宗閔於上，會宗閔救虞卿，上怒，叱出之，貶明州刺史。

一虞卿也，李德裕相則貶常州，李宗閔相則京兆尹。一宗閔也，王守澄等引以敵德裕，則相之；鄭注恨其不予己兩省官，則因其救虞卿而貶之。帝之進退諸臣如是，欲其不爲朋黨，何可得哉！

時人皆言鄭注朝夕且爲相，侍御史李甘揚言曰：『白麻出，我必壞之於庭！』貶甘封州司馬。然李訓亦忌注，不欲使爲相，事竟寢。

甘但言壞注白麻，即加貶逐，注之相立可待矣。乃以訓不欲而止。帝於注亦無定見。

鄭注、李訓所惡朝士，皆指目爲二李之黨，貶逐無虚日，上亦知之。訓、注恐爲人所摇，勸上下詔：『德裕、宗閔親舊及門生故吏，今日以前貶黜之外，餘皆不問。』人情稍安。

漳王，帝所忌也，故注等陷宋申錫及德裕，則曰欲立漳王；朋黨，帝所惡也，故於所惡朝士，皆指爲二李之黨；　宦官，帝所忿也，故又謀誅宦官。二人所爲，皆迎合上意，以自便其私圖，初非爲國家計也。其心迹又遠出伾、叔文下矣。

以鄭注爲鳳翔節度使。李訓因注得進，及勢位俱盛，心頗忌注。謀欲中外協勢以誅宦官，故出注於鳳翔。其實俟既誅宦官，并圖注也。

中外協勢以誅宦官，以宦官握兵，故借助於方鎮之兵也。訓之才優於注，帝之倚訓亦過於注，故不相注而相訓，訓在内而注出外也。

以李訓爲禮部侍郎、同平章事。訓起流人，期年致位宰相，天子傾意（注）［任］之，天下事皆决於訓。王涯輩承順其風旨，自中尉、樞密、禁衛諸將，見訓皆震慴。

中尉、樞密，宦官之貴要擅權、橫莫能制者也。乃見訓震慴，至於迎拜叩首，既杖殺陳弘志，復鴆殺王守澄，南牙勢盛，北司爲之頓衰。使訓、注於此時緩圖善策，次第舉行，似無難拔城社之奸、剔貂璫之蠹。乃迫不及待，未能收其兵柄，遽欲以外兵喋血宮門，爲草薙禽獮之計，遂致事敗垂成，駢首受戮，二人之覆族，誠不足惜，而唐之宦官，自此更牢不可動已。

李訓、鄭注密言於上，請除王守澄。遣中使李好古就第賜鴆，殺之。於是元和之逆黨略盡矣。

元和逆黨，積歲逋誅，唐之君若臣不能討賊，而訓、注能斃之，其功亦不可没。

鄭注與李訓謀，至鎮選壯士爲親兵，持白棓，懷其斧。仍奏令中尉以下盡集滻水，送王守澄之葬，因令親兵斧之，使無遺類。訓與其黨謀：『如此則注專有其功，不若使郭行餘、王璠以赴鎮爲名，多募壯士爲部曲，并用金吾、臺府吏卒，先期誅宦者，已而并注去之。』

是時以行餘爲邠寧節度使、璠爲河東節度使，均未赴鎮。蓋訓欲與之共誅宦官，故假以旌節，俾得借名募士，并掩其迹；與注之出鎮爲外援者，似同實异。約爲左金吾衛大將軍，自有吏卒，不須更募矣。初謀若成，宦官應無遺類。但守澄鴆死，奄黨寒心，其果肯盡往與否，尚不可知。乃訓恐注專其功，更欲從内攻之。獨不思中尉握兵已久，六軍聽其指麾，豈召募烏合之衆、臺府給使之卒所能制其死命乎！宜其敗矣。

上御紫宸殿。韓約奏稱：『左金吾聽事後石榴，夜有甘露。』李訓奏：『臣與衆人驗之，非真。』上顧左、右中尉仇士良、魚志弘帥諸宦者往視之。宦者既去，訓遽召郭行餘、王璠，璠股栗不敢前，獨行餘拜殿下。時二人部曲數百，皆執兵立丹鳳門外，訓已先使人召之，獨河東兵入，邠寧兵竟不至。

訓已紛紛召兵，而士良等若罔聞知，取之甚易，無如約等之不足與集事也。河東，璠之兵也，乃兵入，而璠不敢前；邠寧，行餘之兵也，乃行餘拜殿下，而兵不至，能毋僨事乎！

仇士良等至左仗視甘露，韓約變色流汗，士良怪之，俄風吹幕起，見執兵者甚衆，士良等驚駭走出，詣上告變。訓遽呼金吾衛士曰：『來上殿衛乘輿者，人賞錢百緡！』宦官即請上還宫，扶升軟輿，决殿後罘罳北出。

士良等已至左掖，乃按兵不動，任其走出，約之坐失事機也。訓但呼金吾衛士上殿，而二鎮之兵不惟邠寧始終不至，即河東先入者亦不知何往，且不惟王璠股栗，郭行餘亦不前矣。

訓攀輿呼曰：『陛下不可入宫！』金吾兵已登殿。羅立言帥京兆邏兵三百餘自東來，李孝本帥御史臺從人二百餘自西來，皆登殿縱擊，宦官死傷者十餘人。

立言、孝本所帥者，即臺府吏卒也。二人尚有勇，殊勝王璠輩。

乘輿迤邐入宣政門，訓攀輿呼益急，上叱之，宦者郗志榮奮拳毆其胸，偃於地。乘輿既入，門隨闔，百官駭愕散出。訓知事不濟，脱從吏緑衫衣之，走馬而出。

諸軍士自於殿上擊宦官，而攀乘輿者惟訓一人，欲止其入宫得乎？使帝於是時乘諸軍之集，仗訓等之助，留止殿上，大奮乾剛，號令指麾，將宦官次第收縛，然後按罪行誅，須臾決矣。乃先既與訓等密謀私約，臨事則自不主持，以一身委諸群奄，聽其搬弄若傀儡。訓雖盡力攀號，而卒噤不一語也。訓不負帝，帝負訓矣。

王涯、賈餗、舒元輿還中書，相謂曰：『上且開延英，召吾屬議之。』兩省官詣宰相請其故，皆曰：『不知何事，諸公各自便！』

事已至此，而三相猶待開延英，并將會食，竟似身在局外者，可謂天之方蹶而泄泄矣。蓋訓、注之謀，惟元輿知之，涯、餗均不與聞也。元輿是時，殆佯爲不知，而冀倖免也。

仇士良等命神策副使劉泰倫等各帥禁兵，出閤門討賊。王涯等將會食，狼狽步走，兩省及金吾吏卒死者六百餘人。士良等分兵閉諸門，索捕賊黨。諸司吏卒及民酤販在中者皆死，死者又千餘人。

外兵紛紛烏合，內兵一麾即整隊而出，勝敗不待戰而決矣。況外干犯闕之誅、內假討賊之命乎！

舒元輿易服單騎出安化門，禁兵追擒之。王涯徒步至永昌里茶肆，擒入左軍。涯時年七十餘，掠治不勝苦，自誣服，稱與李訓謀行大逆，尊立鄭注。

元輿附訓、注而入相，其及禍宜也。涯第不爲异同、容容保位者耳，而亦不免焉。所云可憐而不足惜者歟！

王璠歸私第，閉門以其兵自防。神策將至門，呼曰：『王涯等謀反，欲起尚書爲相，魚護軍令致意！』璠喜，出見之。知見紿，涕泣而行，至左軍。又收羅立言於太平里，及涯等親屬，皆入兩軍繫之。

河東之軍，不以擊宦官而以自防，可知璠之股栗不前，非徒怯而畏死，實亦陰持兩端也。至此刃將加頸，乃猶冀入相。殆以昔曾泄宋申錫之謀於王守澄，自揣不爲宦官所惡邪？然亦愚矣。

賈餗自知無所逃，詣興安門，自言：『我賈餗也。』門者執送西軍。李孝本至咸陽西，追擒之。李訓將奔鳳翔，被擒，械送京師，送者斬其首以來。乃以訓首引王涯等獻於廟社，徇於兩市，斬於獨柳之下。

溫公譏涯、餗偷合取容，苟全祿位，誠不得爲無罪也。至謂其應伏天誅，則過矣。唐之宰相，罪浮於二子者何可勝道？天亦安能人人誅之哉！

王涯有再從弟沐，聞涯爲相，欲求一簿、尉。留長安，及涯家被收，沐并腰斬。舒元輿有族子守謙，願而敏，元輿愛之，從元輿者十年，一旦求歸江南，獨免於難。

沐、守謙，一死一生，所謂莫之致而致者也。胡身之以沐爲躁之禍，守謙爲願之福，因言天道不爽，則失之拘矣。勿論躁者未必得禍，願者未必獲福，且止求簿尉，其願不奢，罪何至死哉！

初，王守澄惡宦者田全操等六人，李訓、鄭注因之遣分詣靈武各道巡邊，命顧師邕爲詔書賜各道，使殺之。會訓敗，詔廢不行。以師邕爲矯詔，下獄。

全操等六人，因守澄惡之出之六道，以一紙詔書立促其命，亦訓、注措置之得計也。乃六人不死，而草詔之師邕反罹於罪，天之禍福安在邪！亦可以王沐、舒守謙之生死例之邪？

鄭注將親兵至扶風。聞李訓敗，還鳳翔。仇士良等使賫密敕授監軍張仲清令取注，仲清用李叔和之計，以好召注，既啜茶，叔和抽刀斬注，遂滅注家。

以親兵閉門悉誅宦官，注之本謀也。今叔和爲仲清謀，於座間斬注，即閉門悉誅其親兵，注亦惟束手受戮而已，真庸奴也！

自是天下事皆决於北司，宰相行文書而已。每延英議事，仇士良等動引訓、注折宰相。鄭覃、李石曰：『訓、注誠爲亂首，但不知始因何人得進？』宦者稍屈。

凡平日媚宦官求進者，即异日與之争權、争寵而謀殺之者也。士良等應亦知媚己者之不足恃已。

時中書百物皆闕。江西、湖南獻衣糧百二十分，充宰相召募從人。李石曰：『宰相若忠正，神靈所佑，盗賊不能傷。臣願止循故事，金吾卒導從足矣。』

石罷衛卒，所以釋宦官之疑忌也。是時六軍皆屬中尉，宰相即募百餘從人，亦安足仗哉！未幾竟爲盗所傷。

昭義節度使劉從諫上表，極言王涯等之冤，并稱：『臣欲詣闕面陳，恐并陷孥戮，謹當修飭封疆，訓練士卒，如奸臣難制，誓以死清君側！』加從諫檢校司徒。（開成元年）

是時舉朝自天子宰相以下，低眉俯首，惟兩中尉之言是聽；方鎮林列，亦噤無一語。而從諫獨能抗疏爲死者力白冤誣，并昌言宦官之罪。雖未能掃除凶穢，亦公論之一快也。此不當以跋扈罪之。

劉從諫上表讓官，稱：『臣言可聽，則涯等宜蒙湔洗，不可聽，則賞典不宜妄加。』因暴揚仇士良等罪惡。士良等憚之。由是宰相粗能秉政，天子亦倚以自强。

宦官所以横，以其典兵；方鎮所以强，以其專兵。故天子、宰相皆受制於宦官，而方鎮爲宦官所憚也。其後卒以方鎮之兵誅宦官，而國祚移於朱氏，蓋由來者漸矣。

上與宰相論詩之工拙，鄭覃曰：『詩之工無若三百篇，皆國人作之以刺美時政，故王者采之，不聞王者爲詩。陳後主、隋煬帝皆工於詩，不免亡國，陛下何取焉！』

前與宰相語，患四方表奏華而不典；兹復論詩之工拙，其以受制不能自遂、［遂］有所寄以解憂邪，抑夙好在是未能忘懷邪？此文宗所以爲文乎！

李孝本二女配没右軍，上取之入宫。魏謨（徵五世孫）上疏，以爲：『不避宗姓，大興物論。』上曰：『朕憐孝本女髫齔孤露，故收養宫中。謨能盡言，可謂愛我，不忝厥祖矣！』

憐而收養可也，孝本爲帝謀誅宦官，既不能救其死，而復納其女，獨何心哉！帝擢謨爲補闕，而二女不聞遣放〔二〕，或收養之説信然歟。

國子監《石經》成。

此世所云《開成石經》也。今碑尚存，多有拓本，又有校勘文字别本單行。

李石入朝，中途有盗射之，微傷；左右奔散，石馬驚，馳歸第。又有盗邀擊於坊門，斷其馬尾。上聞之，大驚，命神策遣兵防衛，敕中外捕盗甚急，竟無所獲。（三年）

武元衡、裴度之遇盗，盗自外來，故終能捕獲；兹盗爲仇士良所遣，彼既不肯自捕，他人安敢於禁軍中捕盗哉！石之不死，間不容髮，固由天佑善人，抑亦士良本不欲殺石，特驚之使求去耳。石知之，故累表辭位，因而出帥荆南也。

上命魏謨獻其祖文貞公笏，鄭覃曰：『在人不在笏。』上曰：『亦甘棠之（意）〔比〕也。』

使文貞尚在，亦必爲士良所刺，不復能直諫矣。

楊嗣復欲援進李宗閔，恐爲鄭覃所沮，乃先令宦官諷上。上謂宰相曰：『宗閔宜與一官。』覃曰：『陛下若憐宗閔，止可移近數百里，不宜再用。』乃以爲杭州刺史。

宗閔朋黨，帝所深惡，以宦官爲言，便欲召用。雖經覃與陳夷行合辭力阻，卒以大郡畀之，何其取捨之無定邪？

太子永頗好游宴，楊賢妃日夜毀之。上召宰相及兩省、御史、郎官，疏太子過惡，議廢之，群臣皆言：『太子年少，容有改過。國本豈可輕動！』上意稍解。

帝受譖，至於兄弟父子亦不能保，事後追悔，而無可如何，明不足以辨是非已。

上問柳公權以外議，對曰：『聞陛下取郭旼二女入宫，有之乎？』上曰：『入參太皇太后耳。』曰：『外間皆云，旼納女故得方鎮。』上俯首良久，曰：『然則奈何？』對曰：『獨有自南内遣歸其家，則外議自息。』太皇太后送二女還旼家。

李孝本女，因憐其幼，收養宫中，事或有之；旼女若果入參太皇太后，亦戚里之常，外間何至輒有物論？帝亦何必俯首良久，遽發奈何之嘆乎？

上好詩，嘗欲置詩學士。李玨曰：『今之詩人浮薄，無益於理。』乃止。

是時以詩名者，無過白居易。其人固非浮薄無益於理，計帝亦必知之，乃久在東都，并不召之還朝，何也？

裴度薨。度身貌不逾中人，而威望遠達四夷。四夷見唐使，輒問度老少用舍。身繫國家輕重，如郭子儀者，二十餘年。（四年）

度之功在平蔡耳，安得與子儀之再造唐室并論？此史之溢美。

上稱杜悰之才，楊嗣復、李玨因請除悰户部尚書，陳夷行曰：『恩旨當由上出。』玨曰：『陛下嘗語臣云：人主當擇宰相，不當疑宰相。』夷行復言不宜使威福在下。

不宜使威福在下，爲帝中病之藥。帝不能自操魁柄，乃至建儲命相，一切爲他人所持。夷行屢以爲言，非徒然也。

上以姚勖能鞫疑獄，命權知職方員外郎。韋温奏：『郎官清選，不宜以賞能吏。』上問宰相，楊嗣復對曰：『温志在澄清流品。若能吏皆不得清流，則天下事孰爲陛下理之！恐似衰晋之風。』上素重温，終不奪其所守。

嗣復固非端良，而此論自不可易。置吏能而但别流品，温之謬也。

立敬宗少子陳王成美爲皇太子。上召教坊劉楚材等四人、宫人張十十等十人，責之曰：『構（會）［害］太子，皆爾曹也！今更立太子，復欲爾邪？』執以付吏，皆殺之。

因教坊、宫人之誣構，致太子不得其死，是誰之過歟？但責楚材等而不責楊妃，則帝之溺愛不明，卒亦莫之能解也。

上疾甚，命知樞密劉弘逸、薛季稜引楊嗣復、李玨至禁中，欲奉太子監國。中尉仇士良、魚弘志矯詔立潁王瀍爲皇太弟，將兵詣十六宅，迎至少陽院。（五年）

弘逸等爲帝所信任，親承付托，而不能定太子之位。中尉典兵，非樞密及宰相所能制也。

上崩。仇士良説太弟賜楊（貴）［賢］妃、安王溶、陳王成美死。士良等追怨文宗，凡樂工及内侍得幸於文宗者，誅貶相繼。裴夷直言其不可，不聽。武宗即位。

不惟士良等追怨文宗，武宗亦以立己非文宗之意，故泄其怒於楊妃及安、陳二王也。楊妃請立安王，故賜妃死并及安王；成美雖立爲太子，而年方冲幼，亦何能爲，特以既奪其位，勢不得全耳。貴妃、太子盡命於大行在殯之時，何有於樂工、内侍哉！夷直引義固争，亦可云『放飯流歠，而問無齒决』者已。

召李德裕入朝，以爲門下侍郎、同平章事。德裕言於上曰：『致理之要，在辯群臣之邪正。正人如松柏，特立不倚；邪人如藤蘿，非附他物不能自起。故正人一心事君，而邪人競爲朋黨。』

德裕之論正人、邪人是也，但於朋黨之原，猶未之及。臣之朋黨，由於不能忘恩怨；君之不能禁臣朋黨，由於不自持威福。

伊吾之西，焉耆之北，有黠戛斯部落，其君長曰阿熱，回鶻既衰，始自稱可汗。攻回鶻，大破之。回鶻諸部逃散。可汗兄弟嗢没斯等各帥其衆抵天德塞下，求内附。

黠戛斯，即今之俄羅斯。《唐書》稱其人皆長大，赤發、晳面、緑瞳，至今猶然也。

注釋：

〔一〕 魏按：《通鑒》原文於魏謨疏後有『上即出孝本女』一語，是已『遣放』矣。黄氏責以『不聞遣放』，當係讀書偶疏，或因所閲本缺漏此語。

鑒評别録卷四十八

唐紀十二

武宗皇帝（諱瀍，穆宗第五子，在位六年）

賜知樞密劉弘逸、薛季稜死，遣中使就潭州誅楊嗣復、桂州誅李珏。李德裕等泣涕極言，上乃曰：『特爲卿等釋之。』遂追還二使。（會昌元年）

帝之立，非弘逸等之意，故仇士良從而譖之。弘逸、季稜既死，嗣復、珏亦幾不免也。帝介介於恩怨如是，人君之度安在？何怪牛、李之傾軋報復哉！

天德軍使田牟等請擊回鶻，李德裕以爲：『回鶻窮無所歸，遠依天子，宜遣使鎮撫，運糧食以賜之。』陳夷行屢言不可，德裕曰：『今徵兵未集，天德孤危。倘不以糧啖饑虜，且使安静，萬一天德陷没，咎將誰歸！』

回鶻雖失地南奔，其衆不止十萬，牟等所將天德城兵纔千餘耳。以此而欲出擊，則不量力而思僥倖者也。胡身之以爲：德裕此言，特以鉗制夷行之喙，非其本計。竊謂用兵大勢，固不在一城得失，而天德不可不計也。觀下文，振武之不可惜，則知天德之不可失。

初，盧龍軍將陳行泰殺節度使史元忠，表求節鉞。李德裕弗予，以爲『必自生變』。至是軍復亂，殺行泰，立張絳，德裕仍弗與節。張仲武表請討之。乃以仲武知盧龍留後。仲武尋克幽州。

德裕於回鶻近塞、盧龍軍亂，措置均有方略，其才自在當時諸臣之上。

初，黠戛斯既破回鶻，得太和公主，自謂李陵之後，與唐同姓，遣達干十人奉公主歸唐。回鶻烏介可汗引兵邀擊達干，質公主，南度磧，屯天德軍境上。

陵降匈奴，封爲丁零王，地抵北海，即今黠戛斯建牙之所。其自謂陵後，非無以也。

田牟奏：『回鶻侵擾不已，出兵拒之。』李德裕奏：『戎狄長於野戰，短於攻城。牟但應堅守，以待諸道兵集。回鶻糧絶，人心易動。宜詔牟招誘降者，給糧轉致太原。』（二年）

回鶻所以不可遽擊者，步馬之技殊、衆寡之勢异也。堅守以挫其鋒，招誘以携其黨，我主彼客、我飽彼饑，故可以我所長制彼所短也。

烏介可汗上表借兵助復國，又借天德城，詔不許。屢遣使諭之，使還漠南，可汗不奉詔，帥衆過杷頭烽南，突入大同川，驅掠河東雜虜牛馬數萬，轉鬥至雲州城門。刺史張獻節閉門自守。

烏介非敢爲邊患也，畏黠戛斯，故不敢北還，而其衆苦饑，故時出掠食耳。德裕答書，欲其遣子入侍，身自入朝，及令太和公主入謁太皇太后求哀乞憐，則必不肯。蓋彼自上世以來凌轢中國，習爲桀驁，一旦過自卑屈，未免耻其國人。而公主則挾以爲質，庶便要求，更不忍遺也。

上聞太子少傅白居易名，欲相之，以問李德裕。德裕素惡居易，乃言居易衰病，不任朝謁。其從弟敏中，辭學不減居易，且有器識，以敏中爲翰林學士。

以愛憎爲取捨，以恩怨爲進退，以此爲相，即不爲朋黨，亦與休休有容者异矣。况朋黨即權輿於此乎！

黠戛斯遣將軍踏布合祖等至天德軍，言：『先奉公主歸大唐，至今無聲問，或爲奸人所隔。今出兵求索，期於必得。』又言：『將徙居回鶻故國，兼已得安西、北庭、達靼等五部落。』

黠戛斯在西北塞外，達靼與女真同種，靺鞨之後，居混同江上者曰女真，居陰山者爲達靼，其地在東北，與黠戛斯似不相及。胡身之所以致疑於李心傳之言也。但今之俄羅斯，横亘玄朔，東西二萬里，東至混同江、興安嶺，西與歐羅巴諸部爲鄰，則當日挾其方張之勢，東兼達靼不誣也。

吐蕃達磨贊普卒，無子，佞相立其妃綝氏兄子乞離胡爲贊普。首相結都那見乞離胡不拜，慟哭而出，佞相殺之。論恐熱自稱國相，與青海節度使同盟舉兵。

吐蕃國勢浸衰，至此内亂作矣。結都那以死殉國，雖才不足撥亂，而臣節炳於中外，故宜特書。

黠戛斯求册命，上恐加可汗之名即不修臣禮，踵回鶻故事，求歲遺及賣馬。李德裕奏：『黠戛斯已自稱可汗，恐不可吝此名。彼未嘗有功於中國，豈敢遽求賂遺？當與之約，必如回鶻稱臣，又當叙同姓以親之，使執子孫之

禮。』上從之。（三年）

德裕以回鶻有收兩京之功，黠戛斯不得援以爲例，未必果能服其心。第是時黠戛斯初滅回鶻，志求册立，方欲遠托宗姓，依附大國，未遽爲無厭之求，故羈縻尚易爲力耳。

上命德裕草《賜黠戛斯可汗書》，諭以『可汗受（姓）［氏］之源，與我同族，國家承北平太守之後，可汗乃都尉苗裔。以此合族，尊卑可知。』

此責之以子孫之禮也。廣後既歷凉、武、昭以至唐，陵後亦歷堅昆以至黠戛斯。太守數奇，都尉降虜，雖屈抑於生前，而後嗣可謂盛已。

自回鶻至塞上及黠戛斯入貢，每有詔敕，上多命德裕草之。德裕請委翰林學士，上曰：『學士不能盡人意，須卿自爲之。』

朝廷告諭外國，須使之明白易曉，又須洞悉情僞，使之見而悦服。翰林第爲官樣文章，烏足達意哉！

李德裕追論維州悉怛謀事，以爲：『始受其降，南蠻震慴，可減八處鎮兵，坐收千餘里舊地。乞追獎忠魂，各加褒贈！』詔贈悉怛謀右衛將軍。

德裕亦自表己功耳。必謂維州足制吐蕃，何以吐蕃未得維州以前，國勢日强；兹固未失維州，何以日衰乎？故知吐蕃不必以維州爲輕重。

温公論牛李是非，以爲德裕所言者利，僧孺所言者義，因以荀吴圍鼓爲説，復取喻於鄰人攘牛，勸歸者曰『攘之不義』，勸攘者曰『彼嘗攘吾羊，何義之拘！』

牛李是非，以荀吴圍鼓爲説，已非其倫；攘牛之喻，更迂而不切。維州，唐之故地，吐蕃據而有之，悉怛謀以城來歸，唐僅得其故地耳，安得以鼓人爲例？若以牛喻維州，則是牛先爲鄰所攘，今復攘而得之，不必更以攘羊爲説；且吐蕃之侵據邊城，殆難枚數，其地十倍於維州，攘羊之喻，胡爲乎來哉！况僧孺初議，亦以得維州而開釁於吐蕃，恐其由西北入寇，直逼京畿，故權其利害，以爲取捨，并非專以義言也。温公亦云『維州緩而關中急』，一言可判牛李之是非已。

劉從諫疾病，謂其妻曰：『吾以忠直事朝廷，而朝廷不明我志。我死，他人主此軍，則吾家無炊火矣！』乃與張谷等謀效河北諸鎮，以弟子稹爲都知兵馬使。

從諫桀驁，卒取覆族者，正以與宦官爲仇，自知必不爲朝廷所容，因而爲走險之計，非其本心也。

從諫尋薨，稹秘不發喪。逼監軍崔士康奏請命己爲留後。上謀於宰相，李德裕曰：『澤潞近處心腹，與河朔三鎮不同。但得鎮、魏不沮撓官軍，則稹必成擒矣！』

德裕之論澤潞，與裴度之論淮蔡略同。

上用德裕言，决意討稹，命德裕草詔，賜成德節度使王元逵、魏博節度使何弘敬，略曰：『澤潞與卿等事體不同。勿爲子孫之謀，欲存輔車之勢；但能顯立功效，自然福及後昆。』上稱其語要切。

用兵賜諸將詔敕，尤須切中事機。非主兵大臣，識洞萬里之外，亦安能折衝於一紙之上哉！此與賜回鶻、黠戛斯均不用翰林草詔，乃帝之知要也。帝專任德裕，亦如憲宗之於裴度。

杜牧上李德裕書，自言：『嘗問淮西將董重質以三州之衆四年不破之由，重質以爲：朝廷徵兵太雜，客兵數少，不能自成一軍，心志不一，多致敗亡。』

牧以淮西事問董重質，因得用兵肯綮，此非腐儒所知。

又言：『今成德、魏博雖盡節效順，不過圍一城、攻一堡。若使河陽萬人室天井口，堅壁勿與戰；以忠武、武寧兩軍，帖以青州五千精甲，宣、潤二千弩手，徑搗上黨，必覆其巢穴矣！』德裕頗采牧言。

牧著《罪言》，其言方鎮利害甚辨，此書亦切中事機。唐代文人，罕有似此議論。與白居易相伯仲，而精峭過之。韓文雖工，言事者殊不多見。德裕雖頗采牧言，亦未盡其用也。

以翰林學士承旨崔鉉爲中書侍郎、同平章事。宰相、樞密皆不之知。時樞密使劉行深、楊欽義皆願悫不敢預事，老宦者尤之，以爲『墮敗舊風』。

是時天子專任宰相，南牙權重，北司勢衰。德裕不於此時密白於帝，收兩中尉之兵還之將帥，未免坐失機會已。

吐蕃鄯州節度使尚婢婢好讀書，不樂仕進。年四十餘，彝泰贊普强起之，使鎮鄯州。婢婢沉勇有謀略，訓練士卒多精勇。論恐熱雖名義兵，實謀篡國，大舉兵擊婢婢。婢婢以計退之。

吐蕃中亦有好讀書、不樂仕進之人。不知所讀何書，或其國中自有書邪？抑以與唐和親屢至中國，載書而歸，因而得窺經史邪？觀其治績赫然，固非腐儒株守章句者也。

劉稹上表自陳：『亡父從諫爲李訓雪冤，言仇士良罪惡，由此爲權倖所疾，謂臣父潛懷异志，臣所以不敢舉族歸朝。乞陛下稍垂寬察，活臣一方！』不報。

稹此表非謬言也。從諫之謀世襲，正坐不敢歸朝耳。其情與吴元濟不同。

劉稹將薛茂卿破官軍於科斗寨，擒河陽大將馬繼等，焚掠小寨一十七，距懷州十餘里。以無稹命，不敢入。時議者鼎沸，李德裕曰：『願陛下勿聽外議。』

是時一爲浮議所摇，必復行姑息之政矣。此不獨德裕之善謀，實由帝之能斷。

吐蕃論恐熱屯大夏川，尚婢婢遣將擊之。恐熱大敗，單騎遁歸。

婢婢破恐熱，先示弱以驕之，復設伏以待之，誘之深入，一戰而摧堅敵，未嘗非讀書之效也。

李德裕奏：『黨項愈熾，不可不爲區處。聞黨項分隸諸鎮，剽掠於此則逃亡於彼。請以皇子兼統諸道，擇中朝廉幹之臣爲之副，居於夏州，理其辭訟。』從之。

皇子出鎮夏州，較之不出閤而遥領大使者，尚非有名亡實。然亦未必果足奪各鎮之權而制黨項之叛也。

劉稹因李恬書與李石書云：『稹願舉族歸命，奉從諫喪歸葬東都。』石以聞。李德裕上言：『請詔石答書云：「若誠能悔過，舉族面縛，待罪境上，則當親往受降。」』

積之爲此，但冀緩師耳。責以面縛，則詐謀立破。

河東都將楊弁作亂，李石奔汾州。弁據軍府，與劉稹約爲兄弟。朝議喧然。或言兩地皆宜罷兵，王宰又上言：『得劉稹表，有意歸附。若許招納，乞降詔命！』李德裕力言不可，并言：『若更有章表，宜即焚之；惟面縛始可受。』詔王逢以易定、宣武兗海兵討楊弁。（四年）

并、潞接境，弁與稹合，則賊勢轉盛，此朝議所以有兩地罷兵之説也。稹之具表，正以太原兵變、朝廷憚於并討，必有厭兵之意，冀因已請而罷兵，則旌節可以倖獲，其謀亦黠矣。宰固已爲其所中。

上遣馬元實至太原曉諭亂軍，楊弁與之酣飲，且賂之。元實還，稱弁兵勢甚盛，須早與之節。李德裕奏弁：『决不可恕。』河東兵戍榆社者，擁監軍吕義忠自取太原，生擒弁，盡誅亂卒。弁及其黨皆斬於狗脊嶺。

王宰請招納劉稹，畏其强也；元實請早與弁節，受其賂也。使非帝專任德裕，斷在不疑，必致復如文宗之於鎮、魏矣。唐之文武官獲罪斬於獨柳，盜賊乃斬於狗脊嶺。

李德裕言於上曰：『事固有激發而成功者：王宰趣磁州，而何弘敬出師；遣客兵討太原，而戍兵先取楊弁。今宰久不進軍，請徙劉沔鎮河陽，仍以義成精兵二千直抵萬善，處宰肘腋之下，宰必不敢淹留。』

裴度贊憲宗决計討蔡，并親往督師，其指授方略，史不具載。德裕雖居中遥制，而於諸將實能操縱得宜，其才似出度上。

李德裕奏鎮州奏事官高迪密陳二事。又訪降將高文端破賊之策，請詔示諸將及王宰。

進奏官，末弁耳。密陳二事，則采以上聞；降將復虚心訪以破賊之策，由是得賊中曲折，密授方略，而賊如在目中矣。德裕帥蜀，建籌邊樓，諮訪軍務，即用此術。主兵大臣當以爲法。

高文端又言：『固鎮寨四崖懸絶，勢不可攻。然皆飲澗水，絶其水道，賊必遁去，官軍追躡前十五里，至青龍寨，亦四崖懸絶，水在寨外，可以前法取也。』

山高寨險，必不可攻，所乏者水耳。絶其澗道來源，則不攻自下。此亦用兵所當知。

高文端又言：『都頭王釗内懷疑懼，必不爲劉稹用。』李德裕請詔何弘敬諭釗，釗以洺州降。

釗以洺州降，崔嘏以邢州降，安玉以磁州降，三州相繼反正，而昭義之根本傾矣。

潞人聞三州降，大懼。郭誼、王協共謀殺劉稹，因收其宗族，皆殺之。

誼等非有積怨於劉氏，所以屠積家不遺齠齔者，正以謀叛拒命，皆渠等教積爲之，恐送京按問，必露其謀，難以自脱也。

李訓之兄仲京，郭行餘之子台，王涯之從孫羽，韓約之子茂章、茂實，王璠之子渥，賈餗之子庠，甘露之亂，亡歸劉從諫，從諫撫養之；至是皆闔家被殺。

仲京等避禍依從諫，撫養至今，不失爲厚。相隨族滅，亦可悲矣。乃胡身之以爲『天聚而殲之』！夫訓等特承上意謀誅宦官耳，何至上干天怒若此？若涯、餗則初不與謀，并及於死，舉朝皆知其冤，天乃欲并誅其子孫使無孑遺哉！

上曰：『郭誼宜如何處之？』李德裕對曰：『劉稹，騃竪子耳，阻兵拒命，皆誼爲之謀主。及勢孤力屈，又賣稹以求賞。此而不誅，何以懲惡！』上曰：『朕意亦然。』

德裕之論郭誼是也，死者有知，稹等瞑目已。裴度之宥董重質，未免失刑。

李德裕以『韓全義以來，將帥出征屢敗，其弊有三：一、詔令不一，宰相不得預聞；（一）[二]、監軍以意指揮，將帥不得專進退；三、監軍各選驍勇爲牙隊，其在陣者皆怯弱之士。』乃與樞密使楊欽義、劉行深議，約敕監軍不得預軍政，故將帥得以施其謀略，所向有功。

三弊相因，皆宦官爲之也；以樞密爲內主，故詔令不關宰相，監軍倚樞密之勢，故任意指麾、選兵自衛，而將帥無所施其謀略矣。楊、劉不撓軍政，賢於魚朝恩、仇士良，然亦由帝專任德裕，不爲所惑。

劉稹將郭誼等七人至京師，皆斬之。

温公譏憲宗之用董重質，以爲賞奸非義；武宗之誅郭誼，以爲殺降非信，不若免死流之遠方、没齒不還，因舉光武之不殺樊崇、徐宣、牛邯、王元爲例。竊謂崇、宣與劉盆子俱降，未嘗殺盆子自以爲功也。光武赦盆子，則崇等亦所宜赦矣。誼等賣主規利，安可并論？若隗囂爲光武敵國，既與劉稹之以臣叛君不同，則邯、元亦與誼等之朋謀助逆迥异。其情罪輕重，更屬懸殊。即以董、郭二人衡之，重質止於擁兵不救蔡州，其降已在元濟就擒之後，與誼之手刃稹并屠劉氏者，又何可同日語哉！温公特未之思耳。

王羽、賈庠等已爲郭誼所殺，李德裕復下詔稱『逆賊王涯、賈餗等已就昭義誅其子孫』，識者非之。

史所書如此，則涯等之枉死，當時自有公論，不獨劉從諫言之也。温公以爲均伏天誅，尚是《春秋》責備之意；乃身之因其子孫并屠，輒以爲『天聚而殲之』，竟若以其赤族爲快者，與德裕之宣告正同，亦難免爲識者所非已。

李德裕怨牛僧孺、李宗閔，言於上曰：『劉從諫太和中入朝，僧孺、宗閔執政，不留之，加宰相縱去，以成今日之患，皆二人之罪也。』僧孺、宗閔於是再貶。

從諫初立，恪守臣節，其入朝必無留理；甘露亂後，方與宦官爲仇，亦跋扈不復入朝矣，安得以爲牛、李罪？且稹之叛，究在從諫身後；所以重坐從諫者，止以追罪牛、李耳。因而知其下詔斥王涯、賈餗爲逆賊，意亦不在涯、餗，蓋因從諫撫養其子孫，坐以同逆，將以黨逆坐牛、李也。

李德裕以柳仲郢爲京兆尹。素與牛僧孺善，謝德裕曰：『不意太尉恩奬及此，仰報厚德，敢不如奇章公門館！』德裕不以爲嫌。（五年）

德裕切齒於僧孺，而不惡仲郢，或以僧孺死灰不然，故不復以其黨爲意邪？仲郢方上疏争吴湘之獄，德裕亦不以爲忤，何也？京尹重任，宰相以私人爲之，而其人亦感恩圖報，欲不朋黨，何可得哉！

詔陳釋教之弊，宣告中外。凡天下所毁寺四千六百餘區，歸俗僧尼二十六萬五百人，大秦穆護、祆僧二千餘人，毁招提、蘭若四萬餘區。收良田數千萬頃，奴婢十五萬人。所留僧皆隸主客，不隸祠部。

是時寺宇如此之盛，僧尼如此之多，兼有穆護、祆僧來自大秦者溷迹其間，非果志在修持也。托空門以避賦役，而坐擁良田、頤指奴婢，歲入倍於食俸，自養厚於封君，故奸黠之民争趨之，以爲逋逃淵藪耳。傅弈、韓愈力争不能得，德裕一旦廓清，固由其得君之專，亦足見其爲相真能令行禁止也。

五臺僧多亡奔幽州。李德裕召進奏官謂曰：『汝趣白本使，五臺僧爲將爲卒，必不如幽州將卒，招聚閑人，竟有何益！』張仲武乃封二刀付居庸關，有游僧入境則斬之。

德裕諭仲武，第禁其容納五臺游僧耳；而仲武遽封刀付關，遇僧即斬，亦太甚矣。然河北之畏德裕，即此可見。

吐蕃論恐熱復糾合諸部擊尚婢婢，婢婢遣厖結藏將兵拒之，恐熱大敗，遁去。婢婢傳檄河、湟，曰：『汝輩本唐人，吐蕃無主，則相與歸唐，毋爲恐熱所獵如狐兔也！』於是諸部從恐熱者稍稍引去。

婢婢爲此，將以携恐熱之黨。而唐之復河湟，實由於此。

上疾久未平，宰相請見，不許。初，憲宗納李錡妾鄭氏，生光王怡。怡幼時，以爲不慧，太和以後，益自韜匿。及上疾篤，諸宦官於禁中定策，下詔立怡爲皇太叔。（六年）

宦官所以擁立宣宗，以其不慧而易制也。竟未能窺其際。太叔見百官，哀戚滿容；裁决庶政，咸當於理，人始知其有隱德。上崩，宣宗即位。李德裕奉册，既罷，謂左右曰：『適近我者非太尉邪？每顧我，使我毛髮灑淅。』

宣宗之立，由於宦官，德裕初不與聞，且久爲武宗所信任，以南衙奪北司之權，宦官惡之，故乘機行其譖訴；而德裕恩怨太明，群臣亦多有疾之者，是以中外合勢，互相擠排，而貶斥至再至三矣。

初，武宗疾困，顧王才人曰：『我死，汝當如何？』對曰：『願從陛下於九泉！』武宗以巾授之。武宗崩，才人即縊。上聞而矜之，贈貴妃，葬於端陵柏城之内。

王才人即武宗欲立爲后、納李德裕之諫而止者。《獻替記》以爲『驕妒忤旨，一夕而殞』，則是武宗晏駕時先已賜死矣。唐人咏《河滿子》事，皆以爲孟才人，不獨《劇談録》爲然。似從死者是孟、非王也。

宣宗皇帝（諱怡，更名忱，憲宗第十二子，在位十三年）

上以旱故，疏理京城繫囚。馬植奏稱：『官典犯贜及故殺人，大赦所不免，今因疏理而原之，使貪吏得志，死者銜冤，恐非所以消旱灾、致和氣也。』（大中元年）

諸葛惜赦，即是此意。將欲祈求雨澤，惟有清理滯獄，俾繫囚得釋，或罪不至死者，量予減等，毋庸赦也。

初，李德裕引白敏中爲翰林學士。及德裕失勢，敏中竭力排之，使其黨李咸訟德裕罪，德裕由是自東都留守以太子少保、分司。

武宗所欲相者，白居易也；德裕惡居易，乃薦敏中。倘因武宗之問而引居易爲相，必無今日之累。

敕：『會昌五年所廢寺，有僧能營葺者，聽自居之，有司毋得禁止。』是時君、相務反會昌之政，故僧、尼之弊皆復其舊。

德裕相文宗，奏罷進士試詩賦，甫一年，因德裕罷相而復舊；兹毁寺汰僧之政，甫二年而亦廢。然則政之興除，固不在天子而在宰相乎！

回鶻遏捻可汗與妻、子西走，室韋七姓分其餘衆。黠戛斯大破室韋，悉收回鶻餘衆歸磧北。其别部龐勒，先在安西，自稱可汗，居甘州，總磧西諸城。（二年）

今之新疆回部皆築城以居，殆權輿於龐勒乎？厥後唐復册爲可汗，道梗未至，蓋其勢危矣。

以周墀同平章事。墀謂韋澳曰：『何以相助我？』澳曰：『願相公無權。』墀不知所謂。澳曰：『官賞刑罰，與天下共其可否，勿以愛憎喜怒移之，何權之有！』墀深然之。

澳所言，乃爲相之準繩也。李德裕惟不知此，故於刑賞之際參以愛憎喜怒，而不能盡得其平，因之恩怨太明，激成朋黨，而天子惡其專權矣。

萬壽公主適鄭顥。上詔公主執婦禮，戒以毋輕夫族。顥弟顗，嘗得危疾，上遣使問之，問：『公主何在？』曰：『在慈恩寺觀戲場。』上召主責之曰：『豈有小郎病，不往省視，乃觀戲乎！』

慈恩寺戲場，必傾都士女雜沓，而公主亦往乎？唐之家法安在？第責其不視小郎病，猶非所以訓女也。

吐蕃秦、原、安樂三州及石門等七關來降。（三年）

三州、七關，皆唐舊地没於吐蕃者，是時尚婢婢爲論恐熱所敗，退歸鄯州。三州之衆，必非恐熱迫之使降，蓋由婢婢諭之歸本耳。

西川節度使杜悰奏取維州。

此時取維州，特反手之易耳。所云『無憂城』者安在？

以中書侍郎、同平章事馬植爲天平節度使。植與中尉馬元贄叙宗姓。上知之，故罷相。收植親吏下御史台鞫之，盡得植與元贄交通之狀，再貶常州刺史。（四年）

帝可謂明且斷矣。植既貶逐，未聞元贄如何處分，或史偶失之邪？似不應同罪异罰。

初，上令白敏中爲萬壽公主選佳婿，敏中薦鄭顥。時顥已昏盧氏，行至鄭州，堂帖追還，顥甚銜之，由是數毁敏中於上。（五年）

李德裕薦敏中爲翰林學士，而敏中力排德裕；敏中薦顥尚萬壽公主，而顥數毁敏中。以常情論，似均不免以怨報德，而當時士大夫之不願尚主可知已。

孫樵上言：『陛下即位以來，修復廢寺，天下斧斤之聲至今未絶，度僧幾復其舊。陛下縱不能如武宗除積弊，奈何興之於已廢乎！』

僧尼之禁一弛，而修復廢寺，遂致斧斤之聲遍天下，甚矣，民之愚也！甘心以十户養一僧，而不吝土木之費，釋氏罪福之説，猶捉風耳，其惑人乃至於是，真不可解。

以户部侍郎魏謩同平章事。時上春秋已高，未立太子，群臣莫敢言。謩入謝，因言：『今未建儲副，使正人輔導，臣竊以爲憂。』且泣。時人重之。

是時急務，莫先建儲。謩入相首以爲言，不忝厥祖矣。

張義潮首以沙州歸唐，復發兵略定其旁瓜、伊、西、甘、肅、蘭、鄯、河、岷、廓十州，遣其兄義澤奉十一州圖籍入見。於是河、湟之地盡入於唐。

河湟久失復得，由於吐蕃内亂不能有，非唐之兵力果能取也。事成於義潮，而機啓於尚婢婢。

上舅鄭光歷平盧、河中節度使。上與之論政，光應對鄙淺，上不悦，留爲右羽林統軍。太后數言其貧，上輒厚賜金帛，終不復任以民官。（七年）

光倚帝舅之重，建節兩鎮，計其玩法虐民，不知凡幾矣。此而猶貧，奢侈可知。貧而復出臨民，貪殘更甚。厚賜而不任以官，足爲待外戚之法。

上自即位以來，治弑憲宗之黨，宦官、外戚乃至東宫官屬，誅竄甚衆。慮人情不安，詔：『長慶之初，亂臣賊子餘黨，搜摘已盡，其族從疏遠者，一切不問。』（八年）

胡身之云：「宣宗絶郭后景陵之合葬，誅元和東宫之官屬，則以爲穆宗母子誠預陳弘志之謀者。然文宗乃穆宗之子，憤元和逆黨，欲盡誅之而不克，以致甘露之禍，使父果爲商臣，則子必爲潘崇諱。竊謂穆宗與謀弑父雖未必然，而不得諉爲不知，即位後甘心隱忍，更不討賊，去商臣一間耳。文宗誅陳弘志，鴆王守澄并及諸逆黨，雖未竟其志，亦可云幹父之蠱矣。而胡氏遽欲因以追穆宗弑父之罪，其猶未明春秋之義也夫！

上以甘露之變，惟李訓、鄭注當死，自餘王涯、賈餗等無罪，詔皆雪其冤。

涯等雪冤，足正會昌下詔之謬。但平心論之，訓、注亦仰承文宗密旨，謀誅宦官耳。雖其爲人死不足惜，而此一事則無當死之罪也。

上與韋澳謀奪内侍權勢，澳曰：『不若就其中擇有才識者與之謀。』上曰：『自衣黄至衣緋，皆感恩，纔衣紫則相與爲一矣！』上又與令狐綯謀盡誅宦官，綯密奏曰：『但有罪勿捨，有闕勿補，自然漸耗，至於盡矣。』

澳、絢所見不同，然皆治標之法耳。奪其兵柄，罷其職任，還其掃除之役，中人何能爲患哉！但是時積重之勢已成，恐亦非旦夕所能驟革也。

上密令韋澳纂次諸州境土風物及諸利害爲一書，號曰《處分語》。鄧州刺史薛弘宗入謝，出謂澳曰：『上處分本州事驚人。』澳詢之，皆《處分語》中事也。（九年）

《具員録》《處分語》，雖非爲治之本，而亦人君所當留意也。并此不知，但高語唐虞，迂而不切已。帝不惟念切民事，其以纂次密屬之澳，尤爲得人。

上命裴休極言時事，休請早建太子，上曰：『若建太子，則朕遂爲閑人。』休不敢復言。（十年）

不建太子可也，何不早定所立乎？總之歷代建儲，皆立嫡、立長之説，衆口一辭，遂致人君不能遽決。帝之不建太子，正以長子鄆王無寵，欲立三子夔王，而嫌於非次耳。『閑人』之言，非誠也。

詔以『回鶻有功於國，世爲婚姻，會昌中虜庭喪亂，可汗奔亡，屬奸臣當軸，遽加殄滅。近有降者云，已龐曆（即龐勒）今爲可汗，尚寓安西，俟歸牙帳，當行册命。』

帝雪王涯、賈餗之冤，是其明也；正元和弑逆之罪，搜摘餘黨，誅竄殆盡，是其斷也；惟因欲反武宗之政，而下詔表回鶻之功，竟以誅討烏介爲李德裕罪，則未免以愛憎没其是非已。

上欲以韋澳爲户部侍郎、判户部事。澳辭，上不悦。其甥柳玭尤之。澳曰：『主上不與宰輔僉議，私欲用我，

人必謂我以他歧得之，何以自明？』（十一年）

澳進退不苟，非當時諸臣所及。士大夫當奉爲圭臬。

以王式爲安南都護、經略使。式至交趾，樹芀木爲栅，可支數十年。深塹其外，泄城中水，塹外植竹，寇不能冒。（十二年）

南中多雨，城尤易圮，以芀竹爲之，可以經久。聞臺灣之城即用此竹；兼可禦炮，以柔制剛也。北方無此竹，若於塹外多樹棘柘，十年後必得其用。

以劉瑑同平章事。瑑與崔慎由議政於上前，慎由曰：『惟當甄别品流。』瑑曰：『昔王夷甫祖尚浮華，妄分流品，致中原邱墟。今盛明之朝，當循名責實。』

韋、崔皆當時甲族，故韋温與慎由皆主於甄别流品，正以高自標置也。瑑言洵足正慎由之失，而亦未肯直指其私。

罷公卿朝拜光陵（穆宗陵）及忌日行香，悉移宫人於諸陵。

律以《春秋》『許止不嘗藥、趙盾不討賊』之義，則穆宗弑父之罪，亦何所逃！

初，山南東道節度使徐商以封疆險闊，素多盗賊，選精兵數百人别置營訓練，號『捕盗將』。及湖南逐帥，討之。商遣捕盗將二百人討平之。

兵貴精不貴多。故捕盗二百，足以平湖南之叛軍；浙東二將，不能制剡縣之小賊。

初，上長子鄆王温無寵，第三子夔王滋上愛之，欲以爲嗣，爲其非次，故久不建東宫。上病疽甚，宰相及朝士皆不得見，上密以夔王屬樞密王歸長等，使立之。左軍中尉王宗實迎鄆王，立爲皇太子，時上已崩。（十三年）

病亟不一見宰相、定儲嗣，僅與奄人密謀，私其所愛，致亂宜已。帝不立鄆王，蓋早知其弗克負荷，不得不謂之明；獨惜其顧命非人、托孤失所耳。

宣宗明察沉斷，用法無私，從諫如流，重惜官賞，恭謹節儉，惠愛民物，故大中之政，訖於唐亡，人思咏之，謂之『小太宗』。

宣宗，唐之賢君，祚之不延，非關宣宗之聰察也。胡身之乃與衛嗣君并譏，何其謬哉！

浙東賊裘甫攻陷象山，官軍屢敗。甫進逼剡縣，有衆百人。觀察使遣二將將兵三百，合臺州軍共討之。

浙賊進逼剡縣，衆甫百人，然則初起固未至百人也。乃能屢敗官軍，郡縣武備之弛可見已。唐之兵變屢矣，民變始此。未幾王仙芝之徒叫呼蜂起，蔓延南北，以讫於亡。蓋兵變者瓦解之形、民變者土崩之勢也。

鑒評别録卷四十九

唐紀十三

懿宗皇帝（初諱温，更諱漼，宣宗長子，在位十四年）

裘甫大破官軍，陷剡縣，衆至數千人。觀察使鄭祇德遣將將兵擊之。戰於剡西，官軍大敗。於是山海諸盗及他道無賴亡命之徒，四面雲集，衆至三萬。（咸通元年）

以百人抗官軍，一戰而勝，遂至千餘人；再戰再勝，遂至數千人；未幾積至三萬，非郡縣兵力所能制矣。篝火微焰，漸致燎原，賊勢日熾，大抵如此。

以王式代鄭祇德爲觀察使。上問討賊方略。對曰：『但得兵，賊必可破。』時宦官侍側，曰：『發兵，所費甚大。』式曰：『兵多賊速破，則費省矣。』

以新募之兵，當方張之寇，必不能支，况屢敗之後乎！式所以亟請兵也。然亦以當時方鎮之兵多可用，故式倚以辦賊耳。

裘甫分兵掠明州，民相與出財募壯士、治器械、樹柵、浚溝、斷橋，爲固守之備。

此土團捍賊之效，然亦偶爲之而未可恃也。

裘甫聞王式將至。劉晊勸甫：『急取越州，據險以拒官軍。得間則進取浙西，過江掠揚州，還，修石頭城而守之；遣兵襲取福建，則國家貢賦之地盡入於我矣。』

胡身之以爲：觀晊策劃，豈可以小盜待之？竊謂晊計似有遠略，但賊以全力尚不能敵王式，若復分遣略地，其勢更單，恐大軍一臨，立成瓦解，此自速其斃也。王輅以時勢與孫吳不同，説甫據險自守，急則逃入海，雖卑無高論，然爲甫計，止能如是，亦苟延旦夕而已。

王式至西陵，裘甫遣使請降。式曰：『是必無降心，直欲窺吾所爲，且欲使我驕怠耳。』乃謂使者曰：『甫若面縛以來，當免爾死。』

甫之情亦易見也。責以面縛，則其詐立破。

王式入越州，爲鄭祗德置酒，迨夜，繼以燭，曰：『式在此，賊安能妨人樂飲！』餞祗德於遠郊，復樂飲而歸。

載筆者第欲狀式之安閑耳。式未必果爲裘甫所不敢犯，祗德之行，亦無煩遠送樂飲也。

賊別帥洪師簡、許會能帥所部降。式使爲前鋒，合諸路軍，與賊十九戰，連破之。式預料賊必逃入海，入海則歲月間未可擒也。命將軍於海口以拒之。

急則逃入海島，王輅之謀也。尚可以延歲月之命。故式於海口預置兵以防之。

浙東軍大破賊於南陳館，賊復入剡。諸軍圍之，賊屢出戰，皆敗。裘甫、劉晊從百餘人出降，官軍悉擒之。王式腰斬晊等二十餘人，械甫送京師，斬於東市。

胡身之以爲：王式之平裘甫，亦如張伯儀之平袁晁。二盜均起浙東，而《通鑑》書式事特詳，蓋式儒家子，成功之後，紀事者不無張大，故《通鑑》因其文而序之。竊謂温公有取於《平剡録》者，以式制賊殊有方略，可爲法於後也。特於其俯仰盼睞之辭失於删削，遂覺冗蕪耳。

是時士大夫深疾宦官。進士葉京識監軍，既登第，與同年出游，遇之於塗，馬上相揖，因之謗議喧然，遂沉廢終身。其不相悦如此。

胡身之以晚唐士人不能企東漢黨錮李杜諸公之萬一。竊謂唐人尚知以清議爲重，若前明末季，則更有不可言者，身之特未之見耳。

上奉佛太過，怠於政事，蕭仿上疏諫，上雖嘉奬，竟不能從。（三年）

帝雖昏愚，而不罪言者，蓋習見宣宗之納諫，雖乖其實，而尚慕其名也。仿疏老生常談耳，固宜不足動帝之聽，而亦不觸其怒。

初，王智興既得徐州，募勇士二千，號銀刀等七軍，常以三百人自衛。其兵浸驕，節度使田牟犒賜萬計，猶要求不已。牟薨，温璋代之，驕兵憚璋性嚴，竟聚譟而逐之。

兵非自驕，有養之使驕者。既驕矣，而復縱之，則其驕日甚而不可制，勢必至盡殺而後已，罪不在殺之者也。養之、縱之適以殺之耳。

以王式代温璋爲武寧節度使。忠武、義成兩軍從式討裘甫者猶在浙東，詔式帥以赴徐州。式視事三日，饗兩鎮將士，因命圍驕兵，盡殺之，死者數千人。

驕兵不可不誅，然亦不可盡誅也。罔分首從，屠若羊豕，數千人中，詎少寃濫乎？式此舉洵足快意，而彭門之亂已胚胎於此。

上游晏無節，劉蜕上疏曰：『今西涼築城，應接未決於與奪；南蠻侵軼，干戈悉在於道途。陛下不形憂閔以示遠近，何以責其死力！望節娱游，以待遠人乂安，未晚。』弗聽。（四年）

不斥晏游之無節，而第云征戍之方亟；不直言荒嬉之當戒，而姑云娱游之未晚。亦不敢望其盡體恤之實，而但欲其示憂閔之形。蜕固非責難於君，而帝則褎如充耳也。

以令狐滈爲左拾遺。劉蜕、張雲皆言其不可，雲并言：『滈，父綯執政時，人號滈曰「白衣宰相」。』滈亦上表引避。綯爲滈訟寃。雲、蜕俱貶。（五年）

滈既上表引避，可以已矣。而其父代爲訟寃，得不疑其父爲子隱乎？遽以爲言者罪，殊不可解。

彗星出於婁，長三尺。司天監奏：『按《星經》，是名「含譽」，瑞星也。請宣示中外，編諸史策。』上大喜，從之。

以妖爲祥，非司天果迷於天象也。中官、宰相，欲逢君以爲容悦，故授意天官爲此謬説耳。以事應推之，殆龐勛作亂之兆歟？

始以懿安皇后配饗憲宗室。時王皥復爲禮院檢討官，更申前議，朝廷竟從之。（六年）

宣宗以郭后與聞陳弘志之逆謀，故葬景陵外園，神主不祔憲宗室。皥力争不能得，坐是貶官。至此復申前議，卒如所請，可謂有執。然帝之爲此，正如贈李德裕官，非有意正宣宗之失也；只以游晏昏酣，漫不思省，一聽宰相、内官之意爲舉廢耳。

南詔遣清平官董成等詣成都，欲與節度使李福抗禮。將士皆怒，福命捽而毆之，因置於獄。劉潼代福，奏遣還國。詔召成等至京，見於别殿，厚賜而遣之。（七年）

是時吐蕃衰而南詔强，爲邊患者屢矣。命將出師，迄無成績，故其氣愈驕，不復自居於藩屬之列。觀成等欲與節度使抗禮，則知杜悰所云『遣使册命，徒足召侮』也。福捽毆械繫，僅以泄一時之憤，無裨邊計，亦無傷國體；乃朝廷召其使至京，特賜引見，厚加勞遣，竟以此貶福官，何也？將欲以羈縻南詔，亦何可得哉！

拓跋懷光以五百騎入廓州，生擒論恐熱，刖而斬之，傳首京師。其部衆悉遷嶺南。吐蕃由是衰絶，乞離胡君臣不知所終。

回鶻既滅，吐蕃亦亡，河湟盡復，西北無警，而南詔横於西南，蜀、粵不勝其擾。甚矣，守在四夷之難也！

夏侯孜薦高駢，以爲安南都護、本管經略招討使。駢治兵於海門，監軍李維周惡駢，趣使進軍。駢以五千人先濟，維周不發一卒繼之。駢大破蠻衆於安定。

孜先薦王式於浙東，兹復薦駢於安南，均有成效，固時相之留意人才者。

高駢進擊南詔，屢破之。李維周匿不以聞。上問維周，維周奏駢駐軍峰州，玩寇不進。上以王晏權代駢。駢圍交趾，遣使奏捷。上大喜，復使駢鎮安南。駢督勵將士攻交趾，克之，殺南詔節度使段酋遷。

駢爲維周所扼，幾至覆没；迨力戰破敵，又爲所抑，末由上達，反以逗留爲罪；及告捷之使入朝，功已白矣，賞亦加矣，而維周概置不問何也？蓋是時夏侯孜已罷相，駢失其内主；而維周自有中人爲之奥援也。

懷州民訴旱，刺史劉仁規揭榜禁之，民怒，相與作亂，逐仁規，仁規逃匿村舍。民入州宅，掠其家貲，登樓擊鼓，久之乃定。（八年）

訴旱不恤，揭榜以禁，玩視民瘼，刺史誠難逭責。逐之而復掠其家貲，與盗賊何异？此民窮思變之明徵也。乃既不治亂民之罪，亦不申惰吏之罰，國之紀綱安在？

徐州兵戍桂州者，六年不得代，許佶等謀作亂，殺都將王仲甫，推糧料判官龐勛爲主，劫庫兵北還，所過剽掠，

州縣莫能禦。朝廷聞之，遣張敬思赦其罪。（九年）

戍卒之叛，由於思歸，而激變則由於爽約。蓋初約三年一代，已六年矣。而節度使崔彥曾、從押牙尹戡之言以發兵多費，復令留戍一年，而亂作矣。

龐勛等泛舟沿江東下，相與謀曰：『吾輩罪大於銀刀。朝廷所以赦之者，慮緣道攻劫，或潰散爲患耳。若至徐州，必菹醢矣！』

其遠戍桂州也，則久留之而不得代；其殺督將而剽掠也，則遣中使赦罪以撫之，將以羈縻叛軍。而廟堂權計，固已爲彼所窺。況近則銀刀之酷誅，足以動其驚疑；遠則王智興之濫授，又復萌其覬覦乎！

龐勛等入淮南，李湘言於節度使令狐綯曰：『徐卒擅歸，勢必爲亂，不如伏兵擒之。』綯素怯，且以無敕書，乃曰：『彼在淮南不爲暴，聽其自過，餘非吾事也。』

若從湘策，徐卒不至爲大患矣。綯但顧目前之苟安，而不圖其後，固屬失策。然徐卒既不爲暴，朝廷已赦其罪，不奏敕而輒出兵邀擊，倘激成他變，誰執其咎？此固非怯懦文臣所敢任也。

龐勛等行及徐城，勛言於衆曰：『聞已有密敕下本軍，吾輩至則族滅矣！曷若戮力同心，赴蹈湯火，然後遵王侍中故事，五十萬賞錢，可翹足待也。』

以族滅動衆心之疑懼，迫使從己；實則希冀旌節，以王智興故事據其胸中也。

將士趙武等欲逃去，龐勛悉斬之，致其首於崔彥曾，坐以倡亂之罪。勛復於遞中申狀，乞停軍將尹戡、杜璋、徐行儉等職任，以釋衆疑。

先除异己，而以首惡歸之；又以衆脅彥曾，斥退戡等，不從則因以爲兵端也。

戍卒至符離，諸將請發兵擊之。崔彥曾命元密等將兵三千人討勛，仍命宿州出兵符離，泗州出兵於虹以邀之，具奏其狀。

不使戍卒至彭城，而迎擊於宿州，彥曾之措置，未爲失也。

賊攻陷宿州，募兵得數千人。勒兵乘城，龐勛自稱兵馬留後。元密至，將圍城，賊急擊之，官軍死者近三百人。賊掠大船，載資糧，順流而下，欲入江湖爲盜。

既據宿州，即自稱留後，將以邀節，亦太早計矣。蓋因刺史張敬思在其軍中，脅使上請，否則敬思佯爲畫策，以悅其心也。迨密等至州，官軍勢盛，賊雖一戰幸勝，自揣非敵，故欲入江湖以延旦夕。蓋王侍中故事、五十萬賞錢之初念，至是一變。是以贈敬思以千縑，衛送出境，蓋已無所用之矣。

官軍知賊已去，狼狽追之，比追及，士卒饑乏。賊出擊之，官軍大敗，密等諸將皆死，餘衆皆降於賊。賊問知彭城無備，龐勛引兵渡睢水，逾山趣彭城。

使賊入江湖，雖剿滅須時，而爲患稍緩矣。一戰而全軍盡覆，賊勢遂熾。密等雖死，不足蔽罪。

或勸崔彦曾奔兗州，彦曾怒曰：『吾爲元帥，城陷而死，職也！』立斬言者。賊攻城，陷之。囚彦曾於大彭館，執尹戡、杜璋、徐行儉，刳而銼之。

彦曾雖智略不足定亂，尚不失『城亡與亡』之義。崔氏子之錚錚者。因彦曾而殺戡等，亦如幽州亂軍之囚張弘靖而殺韋雍等也。

龐勛遣使奉表詣京師。又詐爲崔彦曾《請翦滅徐州表》，又作詔書，依其所請，傳布境内。徐人信之，皆歸怨朝廷，附從增倍。勛使劉行及攻濠州，刺史盧望回開門具牛酒迎之。行及囚望回，自行刺史事。

詐爲表詔，剪滅徐州，而州人皆信之者，固用愚民易惑，亦以銀刀等諸軍駢首就戮，蹀血方新，故易滋疑懼也。自六朝以來，河北名族，崔、盧并稱，望回平日亦必以門第器韵自矜者，故臨變與崔雍同一伎倆也。

李圓引兵圍泗州。辛讜勸杜慆挈家避之。慆曰：『吾爲刺史，誓與將士共死此城耳！』讜曰：『公能如是，僕與公同死！』乃還廣陵，與其家訣，復還泗州。

崔彦曾，宰相慎由之從子；慆，宰相悰之弟也。其固守之志，兩人不約而同。乃彦曾不能保徐州，慆卒能存泗州者，非徒有幸有不幸，亦以彦曾佐助無人，而慆能用讜，得其死力也。

龐勛聞敕使入境，以爲必賜旌節，衆皆賀。敕使至，但責崔彦曾及監軍張道謹，貶其官。勛大失望，遂囚敕使，不聽歸。

是時徐州已爲勛所據，彦曾亦爲所囚，朝廷既不致討，亦不予節，而猶遣使赴徐，責貶彦曾，宜其爲勛所留也。

以康承訓爲義成節度使、徐州行營都招討使，王晏權爲徐州北面行營招討使，戴可師爲南面行營招討使，大發諸道兵以隸三帥。

戍卒初叛，其勢尚易捕除，不速敕沿途節帥相機剿撫，反行姑息之政，遣中使迎赦其罪，以致順流東下，莫敢誰何，直至據州城、囚節度、敗官軍、留敕使，其亂已成，其黨日衆，而後命將出師，與之角勝，措置何其謬哉！

龐勛遣吴迥攻泗州。時敕使郭厚本將淮南兵救泗州，不敢進。杜慆使辛讜求救於厚本，都將袁公弁不可，讜拔劍將殺之，厚本抱止之，乃分五百人與讜。

讜功在泗州，洵屬非常。史所書請救事，容有溢美。劍擊公弁，厚本抱止，乃南霽雲不能得之於賀蘭進明者；至所云中途因軍吏欲還，攬其髻，舉劍將擊之，士卒共奪不能得，則殊難盡信矣。竊謂讜雖多力，亦安能以一人劫制全軍同赴死地？殆亦忠義所激，故踴躍用命耳。

鎮海將翟行約將兵救泗州，賊逆擊之，行約及士卒盡死。淮南將李湘將兵救泗州，與郭厚本、袁公弁屯都梁城，出與賊戰，大敗，賊遂陷城，執湘等送徐州。

辛讜以五百人入泗州，足以敗攻城之賊而走之；行約等諸將合數千兵與賊戰，而全軍盡覆，不惟攻守勢殊，抑以將有勇怯，故兵有利鈍也。公弁不欲分兵於讜，但爲自守計耳。乃入泗州者不死，而留都梁者不生，公弁與厚本亦均不免，得毋爲讜所笑哉！

康承訓爲賊所拒，退屯宋州。龐勛以官軍不足畏，遣將四出寇掠。至和州，刺史崔雍遣人以牛酒犒之，引賊登樓共飲。賊遂大掠城中，殺士卒八百餘人。

雍之在和州，亦如盧望回之在濠州，與開城納降無异，較焦璐之在宿州，不能守而走免者，罪又甚焉。乃望回被囚，而雍於軍罷，乃賜自盡；殆賊於是時委之而去邪？

戴可師將兵三萬渡淮，轉戰而前，圍都梁城；賊弃城夜遁。可師不設備，賊將王弘立引兵數萬乘大霧擊官軍，大敗之，得免者才數百人，可師及監軍皆死。

三帥惟可師軍鋒頗鋭，乃因輕敵致敗，遂喪其元，賊勢愈熾。

令狐綯遣使詣勛説諭，許爲奏請旌節，勛乃息兵俟命。由是淮南稍得收散卒，修守備。

都梁大挫，李湘死之，淮南業已震恐，至是則其勢迫矣。勛已大破官軍，殺戴可師，而猶信綯奏請節鉞之甘言乎？此非徒勛之貪愚，良由唐自中葉以後，於叛將務爲姑息，跋扈愈甚，恩賞愈渥，是以勛自謂殺可師則威脅朝廷，節鉞可以立致，不復疑綯之紿己也。

王晏權兵數退衄，朝廷命曹翔代爲北面招討使。

三帥惟晏權尤爲懦劣，智興之從子，固如是乎！蓋其平日惟知阿附宦官，故屢用爲帥，而未立寸功。

康承訓使朱邪赤心將沙陀三千騎爲前鋒，陷陳却敵，賊軍屢敗。（十年）

承訓征邕州鑾虚增首級、假冒功賞，其才略亦與王晏權相伯仲耳。所以卒能破賊定亂者，恃沙陀之力戰也。

康承訓大破賊於睢水，斬首二萬餘級，賊將王弘立單騎走免。時有敕，諸軍破賊，得農民皆釋之，自是賊每與官軍遇，其驅掠之民先自潰。

龐勛之據徐州也，詐爲表詔云：朝廷依崔彦曾所奏，欲翦滅徐人，是以愚民歸怨朝廷，從賊日衆。朝廷蓋已知其所爲，故有此敕，將以携其黨而孤其勢，所謂『上兵伐謀、攻心爲上』者。然非軍威大振，賊勢漸衰，從逆之民亦未能遽散也。

康承訓進逼柳子寨，賊將姚周弃寨走，沙陀以精騎邀之，屠殺殆盡。龐勛聞之大懼，乃殺崔彦曾及監軍張道謹等。許佶等共推勛爲天册將軍、大會明王。勛辭王號。

勛至此無復旌節之望，故殺彦曾，蓋前此猶欲效王智興之逐崔群也。

龐勛至豐縣，擊魏博軍，諸寨皆潰。曹翔方圍滕縣，聞魏博敗，退屯兖州。

王弘立既敗於睢水，姚周復敗於柳子，二人皆賊之驍將、勛所恃以敵官軍者也。至是見勢不支，故掃境内之兵自將而出。其不遽西擊康承訓而北犯曹翔者，北軍已至豐、沛，恐西出則根本空虚，翔必將乘其後也。

龐勛欲西擊康承訓，或曰：『天時向暑，不若且休兵。』或曰：『宜乘聲勢，破走西軍。』勛父舉直以書勸勛進軍，勛意遂决。

勛此時若回彭城，承訓亦必統諸軍進逼合圍，即欲休兵聚糧，何可得哉？乘勝進軍，尚是救死急策，無如一戰而敗也。

馬舉帥精兵三萬，渡淮救泗州，大敗賊衆。王弘立死，吴迥退保徐城。泗州被圍七月，至此始解。

賊雖四出攻掠，而淮南未被蹂躪者，泗州有以扼其衝也。破賊解圍，雖由於舉，而堅守待援，杜慆及辛讜之功尤著。

龐勛合兵五六萬人趣柳子。康承訓設伏以待之。賊兵先至者遇伏，敗走。比勛至，其衆不戰而潰。承訓命諸將急追之，殺賊數萬。勛遁歸彭城。

勛悉衆爲此大舉，欲僥倖於一戰之勝耳，敗則不可復振矣。

馬舉圍濠州，曹翔拔滕縣，賊將朱玫以沛縣降。康承訓克臨涣，殺獲萬人，遂拔襄城等寨，長驅進抵宿州之西，築城而守之。龐勛不知所爲，但禱神飯僧而已。

以勛之殺戮焚掠，凶虐暴著，至此乃禱神飯僧，欲以求福，不知神佛特不與人事耳。若果有靈，早應降殃，而何福之可求乎？

龐勛使張儒等將兵數萬拒官軍，龐舉直、許佶守徐州，自引兵而西，欲掠宋、亳。其將張玄稔遣心腹白康承訓，約期殺賊將，以城降。至日，玄稔勒兵殺張儒等數十人，開門出降。

承訓之破賊，雖仗沙陀之力，而非玄稔爲之内應，亦未能遽克徐州也。勛之西出，欲掠宋亳，以分官兵之勢，因解宿州之圍，但勢已不支，安能轉敗爲功乎？不過稍緩須臾之死而已。

張玄稔引兵趨符離，斬其守將，收其兵，北趨徐州。龐舉直、許佶嬰城拒守。玄稔至，諭城上人曰：『朝廷惟誅逆黨，汝曹奈何爲賊守？』於是守城者弃兵而下，開門納官軍，悉斬龐舉直等，捕戍桂州者親族斬之，死者數千人，徐州平。

先既誅銀刀等驕兵數千人，兹復誅桂州戍卒親族數千人，雖皆罪由自取，而漫無區别，其不無枉濫可知已。

龐勛將兵二萬自石山西出，所過焚掠。康承訓引步騎八萬，使朱邪赤心將數千騎爲前鋒，追及之於亳州。官軍縱擊，殺賊近萬人。勛死，獲其尸。

勛不死於徐，而死於亳。

陝民作亂，逐觀察使崔蕘。蕘以器韵自矜，不親政事，民訴旱，蕘指庭樹曰：『此尚有葉，何旱之有！』杖之。民怒，故逐之。蕘逃於民舍，渴求飲，民以溺飲之。

蕘，崔氏子，必素以門第自高，故矜器韵而不理政事，乃至杖訴旱民，舉庭樹爲例。逐之而飲以溺，亦自取之也。然唐自中葉以來，但見兵逐帥，不聞民逐吏。乃上年懷州已逐刺史劉仁規，今陝州復逐觀察使，是民欲效兵所爲也。固將大亂而不可收拾已。

定邊節度使李師望殺南詔使者酋慶，欲激怒南詔以求功。西川大將恨師望，遣人導南詔使入寇。朝廷征師望還，以竇滂代之。滂貪殘更甚於師望。

師望先以欺罔朝廷得專方面，至此復殺酋慶，欲致寇以幸功。似此爲國生事之人，安可付以邊防重任？況又貪殘嗜貨，致士卒欲食其肉乎！乃復聽其巧營自脱，置身事外，唐之紀綱掃地盡矣，欲不亂亡得乎！

南詔驃信酋龍傾國入寇，陷犍爲，進陷嘉州。竇滂自將兵拒之於大渡河，蠻乘筏争渡，滂懼，自經於帳中。徐州將苗全緒解之，全緒與安再榮及忠武將勒兵出戰，滂單騎宵遁。三將亦引去。

全緒，健兒也。但如滂者，平時則肆其貪殘，臨敵則輒思退縮，自經而死，獲保首領，亦云幸矣。解之，非也。

西川之民聞寇將至，争入成都。時但有子城，亦無壕，人所占地各不過一席許。又乏水，取摩訶池泥汁，澄而飲之。（十一年）

是時南詔方强，屢爲邊患，唐之備邊，惟西川爲尤亟；而成都，軍府重地，全蜀恃以無恐者也。乃既無郛郭，又無壕塹，但憑區區子城，而水泉復竭。一旦寇至，將何以支？膺節鉞者，平時何漫不措意邪？且城中湫隘如此，安可聽民聚處，此高駢所以馳使開城歟？

路岩、韋保衡上言：『康承訓討龐勛時，逗撓不進，又不能盡其餘黨，又貪虜獲，不時上功。』貶蜀王傅、分司，尋再貶恩州司馬。

承訓固非良將，而平徐州不爲無功，乃因二相劾奏，叠加貶謫，幾與喪師失地同罰，一旦有事，將何以責將帥立功乎！所云『國家好負人』者，此其一端歟！

南詔進軍新津，節度使盧耽遣使告急於朝，且請遣使與和，以紓一時之患。朝廷命支詳爲宣諭通和使。蠻以耽待之恭，亦爲之盤桓，成都守備由是粗完。

外寇深入，官軍大挫，而遣使通和，將以紓患，適足召侮而已。然耽之爲此，外示羈縻，内修守備，於計未失。後世庸帥，不量彼己，偃蹇自尊，既乏禦寇之略，又無守城之具，高談坐鎮，謬示雍容，遂致開門揖盜，而身不自保，其才識又遠出耽下已。

蠻軍抵成都城下。盧耽使楊慶復等禦之，蠻屢攻不能克，援軍至，蠻燒攻具遁去。慶復始教蜀人築壅門城，穿塹引水滿之，植鹿角，分營鋪。蠻知有備，自是不復犯成都。

守城先守門，築壅門城（即今之甕城）而門不露矣。孤城亦未易守，穿塹環城，引水灌滿，賊不能近城，雖無外郭而城不孤矣。此守城所當留意也。

光州民逐刺史李弱翁，楊堪等上言：『此風殆不可長，宜加嚴誅，以懲來者。』

民不畏官，即作亂之漸。况刺史之尊，又非令長可比。堪等所言，乃古今不易之論。無如唐之姑息，先施於叛帥，繼加於驕兵，又移於亂民也。

葬文懿公主。凡服玩，每物皆百二十輿，以錦綉、珠玉爲儀衛、明器，輝焕(三)[二]十餘里。上與郭淑妃思公主不已，樂工李可及作《嘆百年曲》，其聲凄婉。（十二年）

古今之溺愛其女，鮮有如帝之甚者。乃至族醫官、貶宰相，飾終之具靡費不貲，又因思之不已，更作新曲，盛爲伎樂，是以哀始而以樂終也。蓋用情無准，卒爲淫侈而已。

國子司業韋殷裕告郭淑妃弟敬述陰事。上大怒，杖殺殷裕，籍没其家。（十三年）

告淑妃弟，不問其所告之事，輒即杖殺籍没，帝之蠱惑深已。然則其愛文懿公主，非愛公主也，將以悦淑妃也。

上遣敕使詣法門寺迎佛骨，群臣諫者甚衆，至有言憲宗迎佛骨尋晏駕者。上曰：『朕生得見之，死亦無恨！』廣造浮圖、寶帳、香輿、幡花、幢蓋以迎之。（十四年）

自憲宗元和十四年，至此三迎佛骨，惟此次尤爲侈靡。然帝非佞佛也，特借爲淫侈之觀以悦耳目；而乃降樓膜拜，流涕沾臆，詎非大命將傾，先爲之兆邪？未幾而宫車晏駕矣，『生得見之，死亦無恨』，非語讖而何？

上疾大漸，左、右軍中尉劉行深、韓文約立少子普王儼。上崩，僖宗即位。行深、文約皆封國公。

謂佛有靈乎？帝求福而得疾；謂佛無靈乎？帝言死而死至矣。彌留之際，在廷大臣無一預顧命者，建儲擁立，惟兩中尉之言是聽。而宦官封公，實始於此。

僖宗皇帝（諱儇，改諱儇，懿宗第五子，在位十四年）

盧携上言：『陛下初臨大寶，宜深念黎元。竊見關東去年旱災，自虢至海，所在皆饑，小民坐守鄉閭，待盡溝壑。而有司以上供及三司錢，督趣甚急。朝廷倘不撫存，百姓實無生計。』（乾符元年）

携於初政首請恤民，可謂知本計已。觀其所言，則當日之民不聊生，概可想見。即使曲加賑貸，仍恐實惠不能遍及，凋瘵未獲頓甦，況以具文付之悠悠哉！

路岩削官爵，長流儋州，尋賜自盡。初，岩佐崔鉉於淮南，鉉知其必貴，既而入爲御史，十年至宰相。其入翰林也，鉉曰：『路十今已入翰林，如何得老！』皆如鉉言。

少年驟登貴仕，鮮克終者；況岩之怙寵擅權，罪由自取乎！此進取所宜深戒也。

南詔寇西川，濟大渡河。兵馬使黃景復俟其半濟，擊敗之。蠻分兵潛濟，夾攻景復，力戰三日，景復設伏大敗之。蠻兵繼至，景復不能支，軍遂潰。

大渡河之戰，景復非不盡力，初亦獲勝，卒以衆寡不敵，軍無繼援致潰耳。高駢遽坐以失守腰斬，未免過苛。

南詔進攻雅州，成都驚擾。坦綽遺節度使牛叢書云：『欲入見天子，面訴冤抑。今假道貴府，借蜀王廳留止數日，即東上。』叢素怯，欲許之，楊慶復不可。叢恐蠻至，豫焚城外，民居蕩盡。

欲許借廳，是不敢拒其入城也。彼入，則城不可復守矣。且彼甫至雅州，距成都尚遠，而爲其虚聲所怖，遽如所請，與開門揖盗何异！叢之識略，遠出盧耽下矣。賊未至而先焚城外民居，言守備者多出此計，不止叢爲然也。

上年少，政在臣下。自懿宗以來，奢侈日甚，用兵不息，賦斂愈急。關東連年水、旱，百姓流殍，相聚爲盗，所在蜂起。州縣兵少，承平日久，人不習戰，每與盗遇，官軍多敗。是歲，濮州人王仙芝聚衆起於長垣。

唐所患者叛帥亂軍，而大盗乃起於草澤。其致亂之由，史備書之，以爲千古龜鑒也。天子失其操柄，而群小哄於内；有司苛於誅求，而民怨叢於外。恩不足綏懷，威不足震懾，民離盗熾，土崩之勢成已。

以高駢爲西川節度使。駢至劍州，先遣使開成都門。或以爲不可，駢曰：『吾在交趾破蠻二十萬衆，蠻聞我來，何敢犯成都！今春氣向暖，數十萬人藴積城中，污穢鬱蒸，將成癘疫，不可緩也！』（二年）

成都湫隘，安能容數十萬避兵之民共處其中乎？然亦自度威略足懾蠻寇，故決計縱民而不復疑慮也。

蠻方攻雅州，聞高駢至，遣使請和。駢奏：『南蠻易以枝梧。西川新舊兵已多，所發長武、鄜坊、河東兵，并乞勒還。』敕止河東兵而已。

駢帥蜀無功可紀，而初至殊有膽略。

先是，南詔督爽屢牒中書，辭語怨望，中書不答。盧攜奏稱：『如此則蠻益驕，宜數其十代受恩以責之。請賜高駢及辛讜詔，使録詔白牒與之。』

南詔屢請和而盜邊不已，其通書中國，但由督爽牒中書，固已傲然無復屬國之禮。此時惟有敕邊吏，却其使，不受其書，益修邊備，待其來則擊之耳。攜云不答書恐其益驕，而自中書發牒又嫌敵體，因請下詔責其負恩，令兩節度録白與之，何足以折南詔之心哉？徒爲辭費而已。

初，南詔圍成都，楊慶復募突將以禦之。及高駢至，悉令納牒，停其稟給。突將作亂，入府廷，駢走免。監軍使人招諭，許復其職名稟給，久之，乃肯還營。

駢方以蜀兵可用，奏請勒還諸道客兵，又請自將本軍擊南詔，且累經戰陣，非不知兵，乃不厚結突將爲己用，反以刻核致變，何也？迹其生平，未免大言亡實，其帥蜀，不惟遠遜韋臯，亦迥非李德裕之比已。

王仙芝及尚君長攻陷濮州、曹州，衆至數萬。寃句人黄巢聚衆數千應之。巢粗涉書傳，屢舉進士不第，遂爲盜，與仙芝攻剽州縣，民困於重斂，多歸之。

盜賊初起，揭竿斬木，烏合一時耳，亦何能爲！所以如火燎原、不可撲滅者，以民争歸之，故其勢日熾。

民豈願爲盗？重斂驅之也。後之有國者，尚鑒玆哉！

董禹諫上游畋，上賜金帛以褒之。邠寧節度使李侃奏爲假父華清宫使道雅求贈官，禹上疏論之，語頗侵宦官。楊復恭等訴於上，禹坐貶郴州司馬。

復恭以楊欽義養孫爲樞密使，中人養中人爲孫，仍爲中官也。侃爲節度使，則人非中人，官非中官矣；而乃爲假父求贈官，昌言爲中人假子而恬不知愧。侃無足責，而唐之士風日下，亦略可概見已。

賜宣武、感化節度、泗州防禦使密詔，選精兵數百人，各於巡内游奕，防衛綱船，五日一具上供錢米平安狀聞奏。

唐都西北，而錢米仰給東南，故山東盗起，則有梗漕之患。後世元失江南，而陳友定仍於福建運米上供，則以北都瀕海，運道無阻也。

王仙芝陷陽翟、郟城，詔忠武節度使崔安潛發兵擊之。安潛，慎由之弟也。

是時崔氏子官於中外者，何累累若若邪？蓋慎由甄别流品之效。

高駢築成都羅城。蜀土疏惡，以甓甃之，不撲撻而功辦。恐南詔揚聲入寇，役者驚擾，奏遣僧景仙説驃信，使歸附中國，許妻以公主，因與議二國禮儀，久不决。由是訖於城成，邊候無警。

成都舊有子城，加築壅門城，至此乃更築羅城，不惟藩籬益固，亦不至湫隘難容，此駢之有功於蜀也。欲築城，先縻南詔，殊有方略。但遽以公主餌之，亦陋已。

王仙芝攻蘄州，王鐸弟鐐（先爲汝州刺史，爲賊所執）以書説刺史裴渥斂兵不戰，爲之奏官。渥表陳其狀。諸宰相皆云：『仙芝小賊，赦罪除官，益長奸宄。』王鐸固請，許之。

諸宰相之言殊不謬，鐸獨排衆議而固請許之，何也？得非以鐐已爲賊所質，因欲贊成其謀，以脱鐐於厄乎？

以王仙芝爲左神策軍押牙兼（鑒）［監］察御史，遣中使以告身授之。仙芝甚喜。黄巢以官不及己，大怒，毆仙芝，傷其首。仙芝畏衆怒，遂不受命，大肆焚掠。

揣王鐸之意，非果欲官仙芝也，縻之以官，因散其衆，俟其赴官左軍，加以罪而戮之耳。此可以餌仙芝，而不可以欺巢，故鼓衆脅仙芝以拒命，豈徒以官不及己哉！鐸此時亦何顔立於百僚之上乎！

南詔驃信酋龍卒，子法立，委國事於大臣。嶺西南道節度使辛讜奏：南詔遣段瑳寶來請和，且言『諸道兵戍邕州歲久，疲弊中國，請許其和，使羸瘵息肩。』

唐所以厚撫回鶻、吐蕃，而不肯屈意於南詔者，以回鶻、吐蕃皆在西北，動輒逞其四足馳突郊畿，而南詔遠隔西南，有黔、蜀爲之捍蔽故也。詎知西川爲國外府，一經蠻寇，則貢賦不充，而戍兵饋餉仰給度支，其靡費難以數計哉！

賊帥劉彦璋襲陷江州，執刺史陶祥，使祥上表求官，彦璋亦自附降狀。敕以彦璋爲右監門將軍，令散衆赴京師。以劉秉仁爲江州刺史。彦璋不從。

彦璋欲自爲江州刺史耳。散衆赴京，朝廷詎能容之？欲以此術縻黠盜，宜其不從也。

王仙芝、黄巢圍宋威於宋州。張自勉將忠武軍救宋州，賊遁去。王鐸、盧携欲使張自勉受宋威節度，鄭畋不肯署奏。鐸、携求罷，畋亦請養疾，上皆不許。

是時宰相即同心協力，猶恐未足撥亂轉危，况各執偏見、自相水火乎？

鄭畋與王鐸、盧携争論用兵於上前，畋不勝，退，復上奏，明崔安潛、張自勉之功，請正宋威欺罔、敗衄之罪，不從。

是時携於諸將，意屬宋威、高駢；而畋意屬安潛、自勉。卒之威、駢誤國，安潛、自勉尚有功可録，則携之知人固不及畋也。帝於諸將之功罪，既漫無權衡，三相之争論，亦不置可否。蓋苟安目前，而於天下事一無措意也。

招討副都監楊復光諭王仙芝，仙芝遣尚君長等請降於復光。宋威遣兵於道中劫取之，奏稱於潁水西南生擒以獻。詔御史鞫之，竟不能明，斬於狗脊嶺。

威先既妄奏仙芝之死，又劫取君長等以爲己功，乃朝廷始終倚任、卒不加罪者，必有爲之内主者也。即此事亦非難明，豈御史果憒憒哉！

招討副使曾元裕大破王仙芝於申州東。敕以宋威久病，罷招討使，還青州。以元裕代威，張自勉副之。

威至是亦自揣不勝招討之任矣。還鎮養疾，固所願也。

雲州沙陀兵馬使李盡忠等殺大同防禦使段文楚，迎振武節度使李國昌之子克用於蔚州，請爲留後。

沙陀自國昌，始以討龐勛有功賜姓名（即朱邪赤心），爲節度使。克用因之，遂肇後唐之業。

曾元裕大破王仙芝於黄梅，斬仙芝，傳首。黄巢方攻亳州未下，尚君長之弟讓帥仙芝餘衆歸之。巢襲陷沂州、濮州。既而屢爲官軍所敗，乃遺節度使張裼書，裼奏之。詔以巢爲右衛將軍，令就鄆州解甲。巢不至。

仙芝就戮，巢膽已寒，況屢敗之餘，不敕元裕督諸將乘勢進討，而聽其僞降，遽欲縻之以官乎？詎知其姑爲緩兵之計，而釋甲歸朝則必不肯也。

黄巢自滑州略宋、汴，攻衛南，遂攻葉、陽翟。詔發河陽、宣武、昭義兵三千人共衛宫闕。以劉景仁充東都應援防遏使，又詔曾元裕將兵徑還東都。

時王仙芝餘黨王重隱陷洪州，轉掠湖南；别將曹師雄掠宣、潤，沿江所在繹騷。巢亦有南下之志，而先向東都，牽制官軍，俾還救根本，然後乘隙引兵渡江，攻陷虔、吉、饒、信等州，與重隱并擾江西也。

曹師雄寇湖州，鎮海節度使裴璩遣兵擊破之。王重隱死，其將徐唐莒據洪州。

師雄敗、重隱死，唐莒雖據洪州，而饒州爲彭幼璋所克，江西之賊勢衰矣。

南詔遣趙宗政來請和親，盧攜欲許之，鄭畋固争以爲不可。攜怒，拂衣起，袂罥硯墮地，破之。上聞之，曰：『大臣相詬，何以儀刑四(方)[海]！』畋、攜皆罷。

攜欲與南詔和親，主高駢之議也。參觀辛讜所奏，駢亦不爲無見。但遽許妻以公主，洵有如崔澹等所云『不識大體』者。殆以唐與吐蕃、回鶻和親，例以公主餌之，不如此不足以結驃信之歡邪？

李國昌欲父子并據兩鎮，與李克用合兵，陷遮虜軍，進擊寧武及岢嵐軍。

唐之和親，屢行於回鶻、吐蕃，而獨靳於南詔；其姑息之政，屢行於河南、北諸叛藩，而獨靳於國昌父子。是時群盜半天下，而黄巢之勢尤熾，謀國者曾不知先其所急，而更欲挑釁於邊塞之外乎！殆以巢已渡江而南，遠在閩粤，遂視爲可緩邪？

黄巢攻宣州不克，乃引兵攻浙東，開山路七百里，攻剽福建諸州。

是時承平日久，南中人不知兵，故巢以其衆縱横馳突，如行空虚之地，而守令之避賊倖免，大吏之諱飾掩覆，正不知凡幾矣。

平盧軍奏：節度使宋威薨。

《通鑒》特書『威薨』，殊乏義例。或以威久任討賊，故終言之？乃胡身之以爲握兵玩寇、不能報國之戒； 夫威死未爲不幸，書之何足爲戒哉？ 若云朝廷不能正威欺罔、敗衄之罪，而聽其獲保爵禄以殁，故書官以示譏，則可耳。

詔昭義節度使李鈞等討李國昌父子於蔚州。 鈞及河東節度使崔季康與李克用戰於洪谷，兩鎮兵敗，鈞戰死。

沙陀兵精爲諸道冠，况以國昌父子之勇，其鋒豈易當哉！ 一戰而覆軍殺將，固其宜也。 使於此時赦克用之罪，權假旌節，亟征其兵，責以討黄巢自效，何難再奏彭門之功？ 乃計不出此，而以全力與之角，雖幸而勝之，而兵疲財匱，浸以養成巢賊滔天之勢，故一旦北向，遂不能禦已。

高駢遣張璘等分道擊黄巢，屢破之，降其將秦彦、畢師鐸等數十人。 巢遂趣廣南。（六年）

彦等自降，巢自趨粤，不關兩軍之勝敗也。 駢因巢去，而飾言璘等屢破賊，以爲己功耳。

辛讜使賈寵等往南詔，未至，相繼卒於道。 時讜已病風痹，召徐雲虔，執手流涕，厚具資裝而遣之。 雲虔至善闡，驃信待之甚厚，留十七日而還。

以讜之勇，而拳拳於羈縻南詔，詎非以中原鼎沸，邊釁不可開邪？

西川節度使崔安潛到官不詰盗，出庫錢千五百緡，分置三市，置榜其上曰：『有告捕者，賞錢五百緡。 盗侣告者，賞同平人。』於是諸盗互相疑，無地容足。

此以盗治盗之法，後之捕盗者多用之，蓋其法亦非創自安潛也。

上以群盗爲憂，王鐸請自督諸將討之。乃以鐸充荆南節度使、南面行營招討都統。鐸奏以李晟曾孫系爲行營副都統，將兵屯潭州，塞嶺北之路，拒黄巢。

是時方用兵於沙陀，而河東屢有兵變，朝廷方從事於西北，而帝獨廑南顧之憂，蓋亦知巢必不肯久淹於嶺外也。鐸以討賊自任，而先用系，以重兵控扼長沙，殆將以杜巢之北竄歟？

黄巢與浙東觀察使崔璆、嶺南東道節度使李迢書，求天平節度使。二人奏聞，朝廷不許。巢復表求廣州，亦不許，乃議别除官。宰相請除巢府率，從之。

初以旌節予叛帥，猶可也；繼乃欲以官縻盗渠，意將餌之，使釋兵歸朝，然後以事誅之耳，而已爲彼所窺矣。彼求節使，欲擁方鎮自雄，因之世襲，效兩河故事也。若束身自歸，則長安一匹夫，勿論府率，即爲宰相，亦虚名虚位，一武士能執而戮之，彼亦安肯自投羅網哉！且前已以巢爲右衛將軍而不受，今又何必多此一除哉！

高駢奏：『請以郎幼復充留後，守浙西；遣張璘將兵五千於郴州守險；王重任將兵八千，於循、潮二州邀遮；臣將萬人自大庾嶺趣廣州，擊黄巢。』詔不許。

王鐸自請討賊，而控扼先在潭州，距廣州尚遠；駢自請擊巢，而直趨庾嶺，去廣州爲近，其勢鋭於鐸。但駢之爲此言，一如其請討南詔，皆非情實，許之則其詐立窮。而無如朝廷之爲其所愚也。

黄巢得府率告身，大怒，急攻廣州，即日陷之，殺節度使李迢。巢士卒罹瘴疫，死者十三四，其徒勸之北還，以圖大事，巢從之。

觀此，則當日即以廣州旌節予巢，亦未必能縻之嶺南也。

以高駢爲淮南節度使，充鹽鐵轉運使。

朝廷不許駢自將度嶺討賊者，將倚之以控制南北襟喉，轉輸東南財賦也。其委寄亦重矣。

黄巢抵潭州城，李系嬰城不敢出戰。巢急攻，陷之，系奔朗州。尚讓進逼江陵，衆號五十萬。王鐸留其將劉漢宏守江陵，自帥衆趣襄陽。鐸既去，漢宏大掠江陵。

鐸自出討賊，爲帝分憂，乃一失之系，再失之漢宏。蓋果於任事而暗於知人也。

黄巢北趣襄陽，山南東道節度使劉巨容與江西招討使曹全晸合兵，拒之於荆門，設伏大破之。比至江陵，俘斬其十七八。

王鐸帥衆趣襄陽，欲會巨容之師；乃巨容、全晸合力破賊，而鐸不預其事，何也？巢敗走至江陵，其衆十損七八，假令鐸不先去，劉漢宏不焚掠，而二將躡之於後，鐸遮之於前，以生力軍蹙擊殘寇，巢可擒矣。鐸以相臣身爲元帥，而進退失據，致誤事機，惜哉！

黄巢與尚讓收餘衆渡江東走。或勸巨容窮追，巨容曰：『國家喜負人，不若留賊以爲富貴之資。』衆乃止。全最渡江追賊，會朝廷以段彦謨代爲招討使，全最亦止。由是賊勢復振。

荆門之捷，奏報亦未必盡實，但轉敗爲勝，賊勢當稍衰矣。不乘勢蹙之江濱，而聽其東渡，已失一機。況二將一存觀望之心，一值更代之際，而王鐸亦不聞作何調度，遂致縱賊不擊，釀禍滔天。豈非天不祚唐，益滋其亂乎！

上好騎射，尤善擊球，嘗謂優人石野猪曰：『朕若應擊球進士舉，須爲狀元。』對曰：『若遇堯、舜作禮部侍郎，陛下不免駁放。』笑而已。（廣明元年）

安有開擊球進士科，而堯舜爲考官者乎？野猪謬矣！

高駢遣張璘等擊黄巢，屢捷，盧携奏以駢爲諸道行營都統。時江淮諸軍屢奏破賊皆不實，宰相已下表賀，朝廷差以自安。

江淮諸軍之奏捷不實，高駢爲之也；宰相已下文表賀，盧携倡之也。一相一將，中外應和，互相欺飾，以偷旦夕之安。而帝方從事於蒱博、嬉游，不復以安危爲慮，欲不亂亡得乎！

黄巢屯信州，遇疾疫，卒徒多死。張璘急擊，巢以賂啖璘，且致書請降於高駢，求保奏。駢許爲之求節鉞。時昭義等軍皆至淮南，駢恐分其功，奏悉遣歸。賊詗知之，乃請戰。駢令璘擊之，兵敗，璘死，巢勢復振。

巢非無可滅之機，乃一誤於劉巨容，再誤於駢，遂益不可制。

趙宗政之還南詔也，西川節度使崔安潛以崔澹之説爲是，上命宰相議之。盧携、豆盧瑑上言：『自咸通以來，蠻屢爲寇，徵兵運糧，逾（五十）[十五]年，百姓困爲盜賊。縱未得其稱臣奉貢，且不使之懷怨犯邊，則可矣。』

安潛主澹説，自是崔氏一家之論。携、瑑所言，乃實在利害也。唐至此時，群盜充斥，府藏空竭，兵驕民困，社稷將危，救亡之不暇，安有餘力再與南詔相持哉！使酋龍不死，安潛其旰食乎！

黄巢自采石渡江，兵勢甚盛。畢師鐸言於高駢曰：『今賊數十萬衆若逾淮，必爲中原大患。』駢自度力不能制，畏怯不敢出兵，上表告急。

駢至此情見勢屈矣。欺飾之罪，盧携亦不能爲之掩覆，而朝廷則莫敢加以褫奪也。

蔚、朔等州招討都統李琢與李可舉、赫連鐸共討沙陀。其大將高文集以朔州降。李克用引兵擊文集，可舉遣韓玄紹邀擊，大破之。琢、鐸進攻蔚州，李國昌戰敗，部衆皆潰，與克用及宗族北入達靼。

琢，聽之子，晟之孫也。其才略自優於系。

赫連鐸陰賂達靼，使取李國昌父子。李克用知之，時與其豪帥游獵，酒酣言曰：『吾聞黄巢北來，一旦天子赦吾罪，得與公輩南向立大功，不亦快乎！人生幾何，誰能老死沙漠邪！』達靼知無留意，乃止。

克用之言，出自肺腑。蓋其意欲乘時立事，與群雄角逐於中原，固不甘老死沙漠，亦非必效忠唐室也。

黄巢衆號（五十）[十五]萬，曹全晸以兵六千與戰，頗有斬獲。以衆寡不敵，退屯泗上。高駢不救，巢擊敗之。

时汝、鄭把截使齊克讓引兵還兖州，諸道屯溵水者皆散。巢遂渡淮，所過不虜掠，惟取丁壯以益兵。

全晸、克讓，朝廷所恃以防淮者，駢則淮南節帥，兼爲諸道行營都統者也。乃全晸等既相繼敗退，駢按兵坐視，以致諸道瓦解。巢於是長驅徑度，志在直犯兩京矣。

初，黄巢將渡淮，豆盧瑑請以天平節鉞授之，盧携曰：『雖與節，不能止其剽掠，不若急發諸道兵扼泗州，賊既前不能入關，必還掠淮、浙。』從之。既而淮北相次告急，携稱疾不出。

初求天平不與，繼求廣州不與，至是不俟其求，遽以天平授之，巢必拒而不受，徒取侮耳，豈徒不能止其剽掠哉！瑑之計亦謬而陋已。携薦高駢爲都統，置之淮南，恃以禦巢，至此巢將渡淮，駢不能制，而猶云賊不能入關，豈知巢已窺見朝廷之虚弱，志在取京都乎！

齊克讓奏：『黄巢牒諸軍云：「各宜守壘，勿犯吾鋒！吾將入東都，即至京邑問罪。」』上對宰相泣下。觀軍容使田令孜曰：『昔安禄山構逆，玄宗幸蜀以避之。』

令孜久欲奉帝幸蜀，其自請守潼關，非誠語也。故旋進幸蜀之策，而崔沆、豆盧瑑力贊之，蓋預有成謀也。但時勢至此，亦不得不然。使明皇不幸蜀，必爲梁之武帝；僖宗不幸蜀，必爲明之思宗。

齊克讓奏：『黄巢已入東都境，臣退保潼關，於關外置寨。將士屢經戰鬥，久乏資儲，州縣殘破，人烟殆絶，凍餒交迫，恐一旦潰去，乞早遣資糧及援軍。』

觀克讓此奏，潼關尚可守乎？

黄巢陷東都，留守劉允章帥百官迎謁。巢入城，勞問而已，閭里晏然。

是時朝廷但謀守潼關，置東都於度外。故巢至而允章等即相帥迎降。

上命選神策弩手二千八百人，令張承範等將赴潼關。神策軍士皆長安富家子，賂宦官竄名軍籍。聞當出征，父子聚泣，更以金帛雇病坊貧人代行。

以二千之兵，當數十萬之寇，即使精鋭，亦慮衆寡不敵，况富家子及病坊貧人乎！

承範進言：『聞黄巢以數十萬衆鼓行而西，齊克讓以饑卒萬人依托關外，復遣臣以二千餘人屯關上，又未聞爲饋餉之計，臣竊寒心。』

發兵而不籌餉，謂無可籌；則車駕出幸後，府庫金帛，何以爲長安軍民所掠取乎？帝本庸闇，既不肯出内帑以供軍，而田令孜意在奉帝幸蜀，宰相附之，雖遣承範等守關，非其本計，故但置糧料使，而更無饋餉之實也。

承範等至潼關，與齊克讓軍皆絶糧。黄巢至，舉軍大呼，聲振河、華。克讓力戰，士卒饑甚，燒營而潰，克讓走入關。賊急攻關，關上兵皆潰，承範帥餘衆脱走。

哥舒翰之兵力，非不足保潼關，所以弃關不守者，楊國忠趣之出戰而敗也。若克讓、承範，兵單餉缺，何以支巨寇乎？

賊之攻潼關也，朝廷以蕭廪爲東道轉運糧料使。廪稱疾，請休官，貶賀州司户。

廪非避事也，内藏不發，外運梗絶，而置使以東道糧運爲名，廪之肉豈足食乎！

制：以巢爲天平節度使。以盧攜爲太子賓客、分司。田令孜聞巢已入關，恐天子責己，乃歸罪於攜而貶之。攜飲藥死。

巢已入華州，乃以天平旌節授之，尚可冀其回軍赴鎮乎？攜之貶，雖由於令孜卸罪，然誤國當誅，其獲保首領，未爲不幸也。

田令孜帥神策兵奉帝自金光門出。金吾大將軍張直方帥文武數十人迎黄巢於霸上。民夾道聚觀，尚讓諭之曰：『黄王起兵，本爲百姓，非如李氏不愛汝曹。』

賊勢如此，而民不畏避，更相與夾道觀之，何也？固足見人心之已去，亦由巢自入東都，更不虜掠，且托言入京問罪，沿途必先有安民牓子也。

黄巢殺唐宗室在長安者無遺類。

早從李德裕之言，不至此。

黄巢即皇帝位於含元殿。崔璆、楊希古并同平章事。

巢僞相首用崔氏子，其亦重門品邪？

黄巢將朱温屯東渭橋。温少孤貧，與兄昱、存隨母王氏依蕭縣劉崇家，崇數笞辱之，崇母戒家人曰：『朱三非常人也，汝曹善遇之。』

明太祖幼時，亦隨母傭於劉氏，後亦起自群盜而有天下。二太祖皆姓朱，皆生於淮左右，其微時頗相似。

鄭畋謁上於駱谷，請得便宜從事，許之。畋還鳳翔，召將佐議拒賊，皆曰：『賊勢方熾，宜且從容。』畋曰：『諸君勸畋臣賊乎！』因悶絶僕地，自午至明旦，尚未能言。

畋先通表於巢，後乃起兵勤王，卒成克復之功。史稱『悶絶，自午至明旦』者，以見草表署名，畋初不與聞也。此《春秋》『爲賢者諱』之義也。

鄭畋刺指血爲表，遣所親間道詣行在，召將佐諭以順逆，刺血與盟，密約鄰道合兵討賊。時禁兵分鎮關中尚數萬，皆往從畋，軍勢大振。

此數萬之衆，何不遣赴潼關？可見田令孜志在奉帝幸蜀以避寇，守關非所計也。畋一呼而軍勢立振，固由忠義所激，亦緣令孜已隨帝西行，不復居中爲之掣肘也。

黄巢遣使調發河中，吏民不勝其苦。王重榮謂衆曰：『始吾屈節以紓軍府之患，今調財不已，又將徵兵，不如拒之。』衆以爲然，乃悉殺巢使者。巢使朱温等擊河中，重榮與戰，大破之；與王處存結盟，引兵營於渭北。

重榮首先迎降，今亦反戈歸正。雖巢之調發不已有以逼之，未始非鄭畋首倡大義有以感之也。

車駕至成都，上遣使趣高駢討黄巢，駢終不出兵。上至蜀，猶冀駢立功，詔駢巡内刺史及諸將有功者，自監察至常侍，聽以墨敕除訖奏聞。（中和元年）

盧携已死，駢失其内主矣。而帝猶不悟，所謂大惑莫解者也。

以鄭畋爲京城四面諸軍行營都統。黄巢遣尚讓、王播寇鳳翔，畋使唐弘夫伏兵要害，大敗賊於龍尾陂，斬首二萬餘級。

龍尾大捷，鳳翔之軍勢愈振。

有書尚書省門爲詩以嘲賊者，尚讓怒，大索城中能爲詩者，盡殺之；凡殺三千餘人。

唐人重詩，往往以詩得名位。安史猶學爲詩，雖鄙俚弗恤也。今城中詩人，乃有此厄邪？

代北監軍陳景思募兵得三萬人，皆北方雜胡，獷悍暴横。李友金説景思遣使詣行在，請赦李國昌父子之罪，召以爲帥。李克用帥達靼諸部萬人赴之。

此時召克用，惜其已晚。雖未獲其用，而卒資其力以破賊。

鄭畋傳檄天下藩鎮，合兵討賊。時天子在蜀，詔令不通，天下謂朝廷不能復振，及得畋檄，争發兵應之。賊懼，不敢復窺京西。

唐之失兩京，雖由於高駢之縱賊，盧携實罪魁也。唐之復京城，雖由於諸將之力戰，畋乃功首也。

唐弘夫屯渭北，王重榮屯沙苑，王處存屯渭橋，拓跋思恭屯武功，鄭畋屯盩厔。弘夫乘龍尾之捷，進薄長安。黄巢帥衆東走，程宗楚先入，弘夫繼之，處存帥鋭卒五千夜入城。坊市民争歡呼出迎官軍。

巢所以擁衆不敢拒戰、弃城而走者，怵龍尾之敗也。宗楚爲鄭畋之副都統，弘夫則畋之行軍司馬，二將先入，遂克京城，畋之功也。

宗楚等恐分其功，不報諸將，軍士釋兵入第舍，掠金帛、妓妾。賊詗知官軍不整，引兵還襲之，大戰長安中，宗楚、弘夫死。處存收餘衆還營。巢復入長安。

宗楚等以先聲怖賊，遂復京城；賊之大衆，固未挫傷，且露宿霸上，亦未遠遁也。不於此時迎請鄭畋入城，會合諸軍，爲且守且剿之計，而遽欲自專其功，復縱兵大掠，以致爲賊所乘，軍敗身喪，京城得而復失，惜哉！

李克用牒河東，稱奉詔將兵五萬討黄巢，令具頓遞，鄭從讜閉城以備之。克用屯於汾東，從讜犒勞，給其資糧，累日不發。克用縱沙陀剽掠而歸。

克用習見承平時供軍之厚，而不知今非昔比也。其縱兵剽掠，則仍沿叛將亂軍之惡習。

田令孜爲行在都指揮處置使，須賜從駕諸軍，不及蜀軍。郭琪以爲言，令孜酌酒以賜琪。琪知有毒，歸殺婢吮血，吐黑汁乃解，遂帥所部作亂。陳敬瑄命都押牙安金山將兵攻之，琪奔廣都。

令孜時時以毒酒自隨。蓋諸將有不附己者，得以就便鴆之也。意其所殺亦多矣。

左拾遺孟昭圖上疏，以爲：『去冬車駕西幸，不告南司，遂使宰相以下悉遭屠害，獨北司平善。北司未必盡可信，南司未必盡無用。天子宰相了無關涉，朝臣皆若路人，恐收復之期，尚勞聖慮。』疏入，令孜屏不奏。矯詔貶昭圖嘉州司户，沉之於蟆頤津。

昭圖所言，切中時弊，但刑賞之權，久歸北司；出納之任，專屬令孜。況幸蜀以後，天子左右，罔非田氏之黨，宰相尸位，朝臣備員，其勢已牢不可解。而乃直攻其短，冀上心之一悟乎！適足以觸怒而速禍耳。此忠而愚者也。

高駢移檄四方，云將討黄巢，悉發巡内兵八萬，出屯東塘。詔屢趣之，駢上表，托以鎮海節度使周寶、浙東觀察使劉漢宏將爲後患，罷兵還府。

駢志不在討賊，途人知之矣，而猶詔趣之使進兵乎！

鳳翔行軍司馬李昌言將本軍屯興平。時倉庫虚竭，糧饋不繼。昌言因激怒其衆，引軍還襲府城。鄭畋以留務委之，西赴行在。

以畋之忠義，猶爲昌言所逐，蓋唐末惡習，恬不爲怪也。其得保首領，不爲李絳，亦幸耳。

鄭畋累表辭位，以爲太子少傅、分司，以李昌言爲鳳翔節度行營招討使。

昌言逐畋，即授節鉞，兼荷詔討之命。蓋鳳翔當長安西路要衝，不得不急仗其力以捍賊，無暇更責其逐帥之罪也。

王鐸以高駢爲諸道都統無心討賊，自以身爲首相，發憤請行。以鐸兼中書令，充諸道行營都都統。（二年）

鐸雖代駢爲都統，并加『都都統』之號，亦不能調發駢統内之軍也。所將者，周岌、王重榮諸軍耳。

高駢好神仙，方士吕用之坐妖黨，亡命歸駢，駢厚待之，補以軍職。用之又引其黨張守一、諸葛殷共蠱惑駢，駢倚用之如左右手，事皆决於用之。

自古好神仙，爲方士所惑者多矣，未有如駢之甚者。駢頗有才略，似不至如是之愚。蓋自得志以後，驕愎凶虐，欺詐不忠，久已獲罪於天，故天奪其魄，假手用之輩，以速其死亡也。

王鐸將兩川、興元之軍屯靈感寺，涇原、易定、河中、邠寧、鳳翔、保大、定難、忠武等官軍四集。黄巢勢蹙，號令所行不出同、華。

巢克京城，既得之而旋弃之，既弃之而復據之，既據之則亦惟僭竊苟安，而不復爲攻取之計。蓋草賊器小易盈，本無智略，故坐待官軍之集而其勢自蹙也。

以湖南觀察使閔勖權充鎮南節度使。時鐘傳據撫州，又據洪州。朝廷以勖本江西牙將，故置鎮南軍，以勖領之，因討傳。勖知朝廷意欲鬥兩盜使相斃，辭不行。

初縻盜以官，欲其釋兵赴闕，更以事誅之，盜不應也；繼又假盜以節，使之别赴他鎮，將兩鬥以斃之，而盜不受也。姑息苟且，徒爲欺詐，其用意灼然易見，安得不爲奸黠所窺哉！

加高駢兼侍中，罷其鹽鐵轉運使。駢表訴，言辭不遜，略曰：『是陛下不用微臣，非微臣有負陛下。』又曰：『奸臣未悟，陛下猶迷，但慮恐寇生東土，劉氏復興，即軹道之災，豈獨往日！』

駢言固屬狂吠，但所云『奸臣未悟，陛下猶迷』者，亦非過也。

上命鄭畋草詔切責之，略曰：『綰利則牢盆在手，主兵則都統當權，以爲不用，如何爲用？』又曰：『「奸臣未悟」之言，何人肯認！「陛下猶迷」之語，朕不敢當！』又曰：『天步未傾，皇綱尚整，君臣之禮儀，未可隳陵。』

直責以擁兵玩寇，亦復奚辭？何必斤斤與之角口邪？『天步未傾』，業經播越；『皇綱尚整』，莫救凌夷，此言何足以折駢之不臣哉！

南詔上書，請早降公主。詔報以『方議禮儀』。

業許以公主而不早降，卒致南詔遣使强迎，亦不得不予，更傷國體。

黄巢將朱温見巢勢日蹙，知其將亡，殺其監軍嚴實，舉同州降王重榮。温以舅事重榮。

是時但喜温之歸降，而不料其旋傾唐祚也。

時諸道兵會關中，獨平盧留後王敬武受黄巢官爵，故不至。王鐸遣張濬往説之，敬武即發兵從濬而西。

是時勤王兵大集，巢勢已蹙，故濬之言易入。此非可以口舌争也。

黄巢兵勢尚强，王重榮患之，行營都監楊復光曰：『雁門李僕射，驍勇，有强兵。以朝旨諭之，必來，來則賊不足平矣！』王鐸乃以墨敕召李克用。

朱温之降，王敬武之至，究無關成敗之數。决計召克用，遂以破賊復京，復光之功應居第一。

蜀賊阡能黨愈熾，陳敬瑄以楊行遷等久無功，以高仁厚爲招討指揮使，將兵五百人往代之。仁厚以計散其衆，獲阡能及其黨羅渾擎等，悉誅之。

是時乘輿在蜀，寇氛日熾，實爲肘腋之患。仁厚不妄戮一人，而能六日平五賊，功亦奇矣。但以賊帥五人之力，安能驅脅數千不思亂之民使之從己？既已屢挫官軍，自知罪重，結爲死黨，又安肯一聞諜者赦罪之言，不復疑畏，相與倒戈，崩角歸降？竟無一人與賊帥同心乎？此則不能無疑。

李克用將兵四萬至河中。自高潯之敗，諸軍畏賊，莫敢進。及克用軍至，賊憚之，曰：『鴉軍至矣，當避其鋒。』克用軍皆衣黑，故謂之鴉軍。

可見克用不至，諸將必不能破巢。

李克用將李存貞敗黄揆(巢弟)於沙苑;克用進屯沙苑。王鐸承制:以克用爲東北面行營都統,以王鐸爲義成節度使,令赴鎮。田令孜以鐸久無功,卒用楊復光策,召沙陀而破之,故罷鐸兵柄以悦復光。

巢悉衆渡淮,遂覆兩都,鐸爲都統,責有攸歸,安得以縱賊之罪獨坐高駢哉?『都都統』之命,不以屬鄭畋而以屬鐸,不惟委任失當,亦復功罪不分。況出師以後,寸效未展,則罪之是也。

李克用進軍乾坑,與河中、易定、忠武軍合。尚讓等將十五萬衆屯於梁田陂,明日,大戰,自午至晡,賊大敗,俘斬數萬,伏尸三十里。

沙苑一戰,賊膽已寒,第挫其偏師耳。至是悉衆出拒,再致輿尸,而其勢不支矣。

李克用進圍華州。黄巢陰爲遁計,發兵扼藍田道。遣尚讓救華州。克用與王重榮逆戰,破之。克用進軍渭橋,每夜令其將薛志勤等潛入長安,燔積聚,斬虜而還,賊中大驚。

乘屢勝之勢,而遣將入城,出其不意,示以不測,俾賊驚而自擾,亦一奇也。

李克用與忠武將龐從、河中將白志遷等引兵先進,與賊戰於渭南,一日三捷。義成、義武等軍繼之,賊衆大奔。克用等入京師,黄巢焚宫室遁去。(三年)

巢先爲遁逃之計,其在長安,既不固守,亦未必力戰,渭南屢敗,膽已落矣。

楊復光遣使告捷，百官入賀。詔以崔璆家貴身顯，爲黄巢相首尾三載，不逃不隱，於所在斬之。

璆相巢於長安，與之相終始，乃巢遁而不與俱去，坐待顯戮，何也？豈其自恃門胄、朝多親黨，猶冀幸漏網邪？

楊復光卒於河中，軍中慟哭累日。田令孜素畏忌之，聞其卒，甚喜，因斥其兄復恭爲飛龍使。令孜專權，惟復恭數與之争得失，故令孜惡之。

復光雖由宦官進，而慷慨喜忠義，善撫士卒，首建策召李克用，破賊收京，功冠諸將，乃未聞加以殊賞，反於其卒也并斥復恭。令孜之陰賊，固無足責，帝何竟形同木偶邪？

鄭畋雖當播越，猶謹法度。田令孜爲吴圓求郎官，畋不許；陳敬瑄欲立於宰相之上，畋以故事争之。二人乃令李昌言上言：『軍情猜忌，不可令畋扈從過鳳翔。』畋亦累表辭位，乃罷爲太子太保。

畋於乘輿播遷、人心涣散之際，首唱大義，號召勤王，遂能破賊收京，厥功甚偉。雖都城既得旋失，畋復爲昌言所逐，而主靈復振，畋有力焉。較諸王鐸再爲統帥，莫展一籌者，相去胡可以道里計哉！雖主暗時危，受制權閹，尚能不失所守，奉身以退，亦足風已。

（武寧）［感化］節度使時溥因食中毒，疑判官李凝古而殺之。凝古父損，爲散騎常侍，時在蜀，溥奏凝古與父同謀。田令孜受溥賂，令御史台鞫之。蕭遘爲之奏辨，由是損得免死，歸田里。

是時天下權勢，内移於北司，外奪於方鎮，群臣第俯仰其間，與之波靡。遘雖爲宰相，備員而已。即欲有所執持，亦何可得！　史稱其屢與令孜争辯，朝廷倚之，恐未必然也。

黄巢圍陳州幾三百日，趙犨兄弟與之大小數百戰。　李克用會許、汴、徐、兖之軍於陳州，黄巢引兵趣汴州。　全忠告急，克用追巢於中牟北王滿渡，奮擊，大破之。

巢雖弃長安東遁，其衆尚强，非諸將所能制。　中牟一挫，勢遂不支，克用之功也。

賊遂潰。　尚讓帥其衆降時溥，李讜、霍存、葛從周、張歸霸及弟歸厚帥其衆降朱全忠。　巢逾汴而北，克用追擊於封丘，又破之。　巢收餘衆，奔兖州。（四年）

唐之祚雖移於朱全忠，實則傾於黄巢。　非惟唱亂稔禍、毒流海内，且全忠乃巢將降唐，而佐全忠吞噬諸方鎮、以成偏霸之業如從周輩，又皆巢將降於全忠者也。

李克用至汴州，營於城外。　朱全忠固請入城，館於上源驛。　全忠就置酒，從者皆醉，宣武將楊彦洪密與全忠謀，發兵攻之。　克用醉，不之聞；　郭景銖以水沃其面，徐告以難，克用帥左右數人，逾垣縋城而出。

克用破巢，有功於汴，而其雄武則全忠所畏且忌者也。　蓋全忠陰懷吞噬篡奪之志，視當時諸將無足與敵，惟克用擁强兵，威略出己上，故欲乘其不意除之，以免後患。　當其固請入城，早已蓄謀於心，彦洪特贊其决耳。　史稱克用乘酒使氣，全忠不平，彦洪因而進計，似猶未得全忠之情也。

克用妻劉氏，多智略。　左右脱歸者以變告，劉氏立斬之，陰召大將，謀保軍以還。　比明，克用至，欲勒兵攻全忠，劉氏曰：『當訴之朝廷，辨其曲直。』克用引兵去。

劉氏雖智，先既不能止克用之入城，且是時全忠兵力尚微，克用親兵雖爲所屠，而大軍未動，若表奏朝廷移師問罪，汴人必不能支；遽引兵去，俾得養成氣勢，遂爲勍敵，於計未爲得也。且以當日朝廷之暗弱，而望其辨明曲直、主持功罪，亦何可得哉！

武寧將李師悦與(高)[尚]讓追黄巢至瑕丘，敗之。巢衆殆盡，走至狼虎谷。巢甥林言斬巢兄弟妻子首，將詣時溥，遇沙陀博野軍，奪之，并斬言首以獻於溥。

巢構亂十年，縱横幾遍天下，及其勢敗衆散，乃卒歸兖州，由冤句至瑕丘，鼠伏鳥竄，隕首荒谷，何其憊也！豈亦狐死不忘首丘邪？讓爲巢股肱之將，名次於巢，至是亦反戈相向，固不足責也已。

蔡州節度使秦宗權縱兵四出，侵噬鄰道。朱全忠爲所攻，勢甚窘，求救於天平節度使朱瑄，瑄遣弟瑾將兵，敗宗權於金鄉。全忠與瑄約爲兄弟。

借李克用兵以破黄巢，而謀害克用；借瑄兵以破宗權，而卒滅瑄、瑾。不止負心於王重榮。全忠雖僭竊一時，其居心則盗賊之不若已。

李克用至晋陽，大治甲兵，遣李承嗣奉表詣行在，自陳：『有破黄巢大功，爲朱全忠所圖，僅得自免，乞遣使按問，發兵誅討。』朝廷遣中使賜優詔和解之。

朝廷亦非專務姑息，蓋慮克用并全忠則益不可制，全忠破克用則歸怨於朝廷，不若和解，兩縻之耳。

義昌節度使王鐸厚於奉養，過魏州，侍妾成列，服御鮮華。魏博節度使樂彦禎之子從訓，伏卒數百於高鷄泊，殺鐸及賓僚從者三百餘人，掠其資裝侍妾。彦禎奏云爲盗所殺，朝廷不能詰。

鐸蓋以大盗誅除，道途無梗，故從容按轡，仍修承平使相之威儀，而不虞從訓之伺其後也。然亦足見其平時厚自奉養，疏於防患，宜其討賊之罔功已。

時黄巢雖平，秦宗權復熾，命將出兵，寇掠鄰道，其殘暴又甚於巢。北至衛、滑，西及關輔，東盡青、齊，南出江、淮，千里無復烟火。上將還長安，畏其爲患，下詔招撫之。（光啓元年）

宗權之虐焰，遍及千里，朝廷尚招撫之；朱全忠之毒謀，止及一人，又安能誅討哉！固知劉氏勸李克用表奏以辨曲直，雖正論而不切於事情也。

車駕至京師，荆棘滿城，狐兔縱横，上凄然不樂。時朝廷號令所行，惟河西、山南、劍南、嶺南數十州而已。

長安之荆棘、狐兔，應久在意中，奚俟入城見之始凄然不樂哉？是時荆棘、狐兔幾半天下矣，帝特未之見耳。

河中節度使王重榮久專解池鹽利。田令孜奏復舊制隸鹽鐵，自兼兩池榷鹽使。重榮弗予。時令孜多遣親信覘藩鎮，不附己者輒圖之。乃徙重榮爲泰寧節度使，以王處存帥河中，仍詔李克用以河東兵援處存赴鎮。

是時天子威令幾不出於禁闥，令孜雖横，亦假天子以行其私耳。乃更遣親信覘藩鎮，陰圖异己，而所遣小人復倚勢作威，有不召釁取禍者哉！

右補闕常濬上疏，以爲：『陛下姑息藩鎮太甚，宜稍振典刑以威四方。』田令孜之黨言於上曰：『此疏傳於藩鎮，豈不致其猜忿？』貶濬萬州司户，尋賜死。

是時帝受制於令孜，安能自振典刑？而濬責其姑息太甚，可謂不識時務者矣。令孜恐藩鎮猜忿，至殺濬以悦之，乃竟遣親信覘伺，陰圖异己，何也？

王重榮不肯之兖州，累表論田令孜離間君臣，數其十罪。令孜結邠寧節度使朱玫、鳳翔節度使李昌符以抗之。王處存亦上言：『未敢離易、定。』

重榮、處存，俱不肯奉命移鎮，李克用亦不聞應詔發兵，令孜亦應知難而退矣。乃恃二鎮之援，不思變計，致啓兵端，蓋天奪之鑒也。

秦宗權攻鄰道二十餘州，陷之；惟陳州距蔡百餘里，兵力甚弱，趙犨日與宗權戰，宗權不能屈。詔以犨爲蔡州節度使。犨德朱全忠之援，調發無不立至。

犨再守陳州，以抗黄、秦兩大寇，其氣烈不在辛讜之下，獨惜其黨於全忠耳。然德其援己，思有以報之，較全忠之急則乞憐、尋即反噬者，其居心不可同日語矣。

秦宗權擊光州刺史王緒。緒舉兵五千人，驅吏民渡江，至漳州，令軍中『以老弱自隨者斬』。王潮兄弟扶母董氏從軍，緒命斬其母。潮等請先死，乃捨之。

潮兄弟以死奉母，未易於盜賊中得之。其據有八閩，亦非偶然。

衆執王緒，奉王潮爲將。潮引兵將還光州，約其屬，所過秋毫無犯。泉州人張延魯等以刺史貪暴，帥耆老奉牛酒請潮爲州將，潮乃引兵圍泉州。

軍中推爲主帥，耆老留爲州將，潮之初起，頗异群盜。未幾拔泉州，殺刺史廖彦若，觀察使陳岩表爲刺史，遂踞泉州，卒成偏霸之業。

王重榮求救於李克用，克用方怨朝廷不罪朱全忠，乃上言：『朱玫、李昌符與全忠欲共滅臣，臣不得不自救，已集蕃、漢兵，决以來年討二鎮；不近京城，保無驚擾。』上遣使者諭釋，冠蓋相望。

方欲仗河東兵力以制河中，使重榮移鎮，乃河東兵不出，而重榮陰與克用合矣。既不敢罪全忠以慰克用之心，又不肯捨重榮以平二鎮之憾，徒煩諭釋而不切事情，所遣皆泛使耳。此非徒帝之暗弱，實則令孜之愎而愚也。

田令孜遣朱玫、李昌符將本軍及神策、鄜、延、靈、夏等軍屯沙苑，討王重榮。李克用引兵至，表請誅令孜及玫、昌符。詔和解之，克用不聽。合戰，玫、昌符大敗，各走還本鎮。克用進逼京城，令孜奉上出幸鳳翔。

玫、昌符，豈克用之敵哉？進逼京城，將誅令孜以清君側也。刃加於頸，惟有奉乘輿出幸耳。解池鹽利，庸可冀乎！

李克用還軍河中，與王重榮同表請大駕還官，因罪狀田令孜，請誅之。上復以楊復恭爲樞密使。令孜請上幸興元，上不從。令孜以兵劫上幸寶鷄。

召克用破巢收京，楊復光實倡其議。帝以樞密用復恭，將以通意於克用也。令孜見勢將逼己，故懼禍而劫遷。

車駕至興元，詔加王重榮爲應接糧料使，調本道穀十五萬斛以濟國用。重榮表稱令孜未誅，不奉詔。

初因重榮抗不移鎮而興師致討，繼因重榮與李克用連兵犯闕而再致播遷，乃既賜河中軍號曰『護國』，又以重榮爲糧料使，調其穀以濟用，不知詔書何以爲辭也。

陳敬瑄疑東川節度使高仁厚，發維、茂羌軍擊仁厚，殺之。

仁厚屢立戰功，敬瑄倚之爲左右手，至此忽擊殺之者，疑其節制東川，勢將逼己也。仁厚長者，必不負敬瑄；敬瑄將亡，先自翦其羽翼耳。以仁厚之智勇，而束手待誅者，自信無他，猝不及備也。

朱玫以田令孜在上左右，終不可去，言於蕭遘曰：『李氏孫尚多，相公盍改圖以利社稷？』遘不可。玫逼鳳翔百官奉襄王熅權監軍國事，仍遣大臣入蜀迎駕。使遘爲册文，遘辭以文思荒落；乃使鄭昌圖爲之。

熅乃肅宗玄孫，玫蓋習聞靈武之事，故仿效爲之。熅亦受之不辭也。肅宗已不免遺議，况熅以外藩旁支，輒敢乘危以干正統乎！遘不爲册文，即可云不預廢立乎？然較崔安潛之遥上賀箋者，究難同論。

田令孜自知不爲天下所容，乃薦楊復恭爲左神策中尉、觀軍容使，自除西川監軍使，往依陳敬瑄。

令孜置敬瑄於西川，乃狡兔之一窟也。其劫駕幸興元，正預爲便於入蜀之計。

朱玫以蕭遘爲太子太保，遘稱疾歸永樂。

遘在鳳翔，召玫迎駕，致啓异圖，罪一也；孔緯趣詣行在，而辭疾不赴，罪二也；玫擅廢立，不能固争，又隨煴還京師，受其爵命，罪三也。稱疾而去，遂能逭責乎？

朱玫遣將王行瑜將兵追乘輿，進屯鳳州。杜讓能言於上曰：『楊復光與王重榮同破黄巢，相親善；復恭其兄也。若遣重臣諭以大義，且致復恭之意，宜有回慮歸國之理。』上從之，遣劉崇望諭河中，重榮聽命。

與復光同破巢者，李克用也，重榮第因人成事耳。是時乘輿再致播遷，重榮爲之乎？抑克用爲之乎？但知致復恭之意於重榮，而不及克用，何也？重榮即聽命請討朱玫，非借克用之兵力，亦安必其能破玫乎？初意帝用復恭爲樞密，將以通意於克用，而曾不之及，帝固甚暗，讓能亦未爲善謀也。

襄王煴遣使賜李克用詔，言：『上至半塗，六軍變擾，蒼黄宴駕，吾爲藩鎮所推，今已受册。』朱玫亦與克用書。克用聞其謀皆出於玫，大怒。蓋寓説克用討玫，克用從之。

帝不借楊復恭詔諭克用，襄王乃遣使下詔於河東，使克用與玫合，雖百王重榮，豈復能爲力哉！聞謀大怒，寓因贊其决，蓋有天焉。

以楊復光假子守亮將兵二萬出金州，與王重榮、李克用共（誅）［討］朱玫。克用表稱：『發兵濟河，除逆黨，迎車駕。』先是，人皆言克用與玫合，上出其表，并諭山南諸鎮，人心由是帖然。然克用猶以朱全忠爲言，上使楊復恭以書諭之，云：『俟三輔事寧，别有進止。』

人言必非無因。此蓋玫詐稱克用與己合，播騰飛語，以摇動扈從之人心。朝廷所以詔諭王重榮而不及克用者，未必非爲浮言所惑也。克用力足破玫，而不肯釋憾於全忠；朝廷既不敢拂其意，又不敢從其請，故不答詔，而第令復恭諭之以書，仍爲依違兩可之辭，惟恐全忠聞而生怨也。

楊復恭傳檄關中，稱『得朱玫首者，以静難節度使賞之』。邠寧將王行瑜斬玫。裴澈、鄭昌圖帥百官奉襄王奔河中；王重榮執熅，殺之。

河東兵未至，而玫已就誅。然玫所以不能自保者，正由李克用表奏朝廷，移檄諸道，聲其罪而討之，故勢孤易摧耳。使克用與之合，行瑜豈敢動哉！重榮方將討玫，而澈等奉熅奔河中，詎非自蹈死地？亦可憫而不足惜也已。

詔：僞宰相蕭遘、鄭昌圖、裴澈，於所在集衆斬之，皆死於岐山。（三年）

是時昌圖等從熅在長安，遘已辭疾歸永樂，似以《舊書》所紀爲得其實。遘雖不能辭從僞之罪，而與昌圖等自有區别。鄭、裴并斬，遘獨賜死，亦殊平允，當從之。

山南西道節度使楊守亮忌利州刺史王建驍勇，屢召之。建懼，帥衆襲據閬州，自稱防禦使，守亮不能制。張虔裕説建奉表朝廷，建從之。

帝幸興元，建扈蹕功最著。帝枕其膝而卧，脱錦袍賜之，不可謂非忠實良將。所以爲守亮所忌者，非徒以其驍勇，以其爲田令孜養子也。然建之據蜀，實權輿於此。

削奪三川都監田令孜官爵，長流端州。令孜依陳敬瑄，竟不行。

朝廷亦知令孜必不肯行，特重加貶謫，以謝王重榮耳。鹽池之争，至是勝負始決已。

高駢聞秦宗權將寇淮南，遣畢師鐸將百騎屯高郵。時吕用之用事，師鐸與有隙。駢子四十三郎素惡用之，欲使師鐸帥外鎮將吏疏用之罪惡，聞於其父，師鐸乃與鄭漢章發兵謀誅用之。

駢方信任用之，而其子乃欲借外鎮之力以圖之，適足以召兵釀禍耳。王建之叛，（王）［楊］守亮激之也，而建因之據蜀；師鐸之變，用之致之，而楊行密因之據淮南。

畢師鐸兵奄至廣陵城下，高駢急召吕用之詰之，用之徐曰：『師鐸之衆，已隨宜區處，計尋退散，倘或不已，正煩玄女一力士耳。』駢曰：『近者覺君之妄多矣，君善爲之。』

駢已覺用之多妄，用之仍以玄女力士爲辭，駢猶以兵事委之，何邪？詎非以其操術妖幻、略與己同邪？抑以其根株盤互，不復能拔去邪？

畢師鐸以廣陵城堅兵多，遣使乞師於觀察使秦彦，許以克城迎彦爲帥。高駢謂吕用之曰：『吾不欲出兵相攻，君可選一温信大將，以我手札諭之。』用之遣許戡出勞師鐸。師鐸大罵曰：『梁纘、韓問何在？乃使此穢物來！』戡未及發言，已牽出斬之。

師鐸已許迎彦爲帥，則其望舊將勞問、具陳用之奸惡、披泄積忿，欲何爲乎？即使纘、問出見，兵亦安能中止？

高駢遣石鍔以師鐸幼子及其母書并駢委曲諭師鐸，師鐸遣其子還，曰：『令公但斬吕、張以示師鐸，不敢負恩，願以妻子爲質。』

師鐸自度用之不去、己必無全理，故捐弃老母、弱子而不顧。豈舊將勞問遂足退其兵乎？

秦彦遣其將秦稠將兵助師鐸。師鐸入羅城，吕用之出走。高駢召梁纘以百餘人保子城。師鐸縱兵大掠。駢不得已，與師鐸相見於延和閣下。

師鐸發兵，雖以誅用之爲名，其意固將取駢而代之，故用之出走而兵不戢。

或説師鐸：『宜奉高公而佐之，但總其兵權以號令，誰敢不服。奈何以此功業付之秦司空？豈惟受制於人，終恐自相魚肉。』師鐸大以爲不然。

師鐸於此時，推奉高駢，號令諸鎮，擒斬吕用之，因以收取軍府之權，上策也。假以軍變，表奏朝廷，自領節鉞，朝廷方事姑息，必且因而命之，中策也。害駢而別迎秦彦爲帥，諸鎮不服，必啓兵端，弃前功而速後禍，是無策也。

畢師鐸之攻廣陵也，吕用之詐爲高駢牒，署楊行密行軍司馬，追廬州兵入援。袁襲説行密曰：『此天以淮南授明公也，趣赴之。』

畢、吕構兵，行密固將伺隙而動，况牒召入援乎！師鐸草賊，第爲行密驅除耳。

秦彦將宣歙兵三萬餘人，乘竹筏沿江而下，趙暉邀擊於上元，殺溺殆半。彦入廣陵，自稱權知淮南節度使，仍以畢師鐸爲行軍司馬。

彦於軍敗後始入廣陵，甫攘旌節，而楊行密之兵已至城下，閉門固守，以待覆亡。可謂不度德、不量力者矣。

秦彦遣畢師鐸、秦稠將兵出城擊楊行密。稠敗死，士卒死者十七八。城中乏食。

師鐸等一戰而敗，彦已膽落矣。及再敗於城西，遂不復出。

李克用表張全義爲河南尹。東都經黄巢之亂，繼以秦宗權、孫儒殘暴，僅存壞垣，居民不滿百户。全義招懷流散，勸之樹藝。數年之後，都城坊曲，漸復舊制，諸縣户口，率皆歸復，桑麻蔚然，野無曠土。

全義保聚之功，誠不可没，然亦適值朱全忠與蔡賊相持，秦宗權又遣孫儒等渡淮、不復北犯河南也。

秦彦命其將劉匡時殺高駢於道院，其子弟甥侄，無少長皆死。楊行密聞之，帥士卒縞素，向城大哭三日。

駢一生奉道，故吕用之、諸葛殷以神仙妖幻之説亂政而奪兵權。至是駢首受戮，殆即彼教所云『兵解』者邪？拔宅飛升，亦復何憾！行密之哭，正如錢鏐之迎周寶耳。

楊行密圍廣陵且半年，城中無食。吕用之部將張審威帥麾下士三百登城，守者皆潰。先是，秦彦、畢師鐸信重尼奉仙，至是諮之，奉仙曰：『走爲上策。』乃出奔東塘。行密帥諸軍入城，殺梁纘，韓問入井死。

高駢信任用之，以致傾覆；師鐸等既聲罪而討之，何又信重奉仙，蹈其覆轍乎？纘、問，高氏舊將，軍心所屬，而行密所忌也。故於入城首坐纘以不盡節之罪而誅之。問知次將及己，故決計自沉，此與縞素哭駢，皆假公義以行私也。

楊行密自稱淮南留後，以高駢從孫愈攝副使。

行密自是遂據淮南。

秦宗權遣其弟宗衡將兵渡(江)[淮]，與楊行密争揚州，以孫儒爲副。抵廣陵，秦彦、畢師鐸引兵與之合。未幾，宗權召宗衡還拒朱全忠。儒因殺宗衡，獻首於全忠。

宗權方與全忠相持，勢漸不支，乃復分兵欲争淮南，不量力而圖遠，宜其敗也。然以蔡軍之鋭，秦、畢復與之合，使非宗權召宗衡還以致蔡軍内變，行密危矣。

秦宗權陷鄭州。朝廷以淮南久亂，以朱全忠兼淮南節度使、東南面招討使。

朝廷以全忠兼帥淮南者，以秦寇尚强，而孫儒兵勢復熾，不得不倚全忠以遏之也。

陳敬瑄惡顧彦朗與王建相親，恐其合兵圖己，田令孜曰：『建，吾子也，折簡召之，可致麾下。』乃遣使以書召之，建大喜。

建圖西川久矣。令孜乃欲以舊恩縻之，可謂開門揖盜。

王建帥精兵二千，與從子宗鐬等至鹿頭關。李乂謂陳敬瑄曰：『王建，虎也，奈何延之入室！』敬瑄亟遣人止之。建怒，破關而進，遂拔漢州，又拔德陽。顧彦朗以其弟彦暉爲漢州刺史，發兵助建，急攻成都。

乂不得謂無先見之明，獨惜其言之不早耳。殆以召建之謀决於令孜，幕僚均未與聞邪？

吕用之在天長也，紿楊行密曰：『用之有銀五萬鋌，埋於所居，克城之日，願備麾下一醉之資。』行密閱士卒，顧用之曰：『許此曹銀，何食言邪！』遂腰斬用之。

用之習爲妄誕，不知五萬朱提，非若玄女力士之可以托諸空言也。行密先斬梁纘，至是始誅用之，揚州之人，計猶未盡稱快。

袁襲言於行密曰：『廣陵饑弊已甚，蔡賊復來，民必重困，不如避之。』行密遣延陵宗以其衆二千人歸和州，又命蔡儔將兵千人，以輜重歸廬州。

此時廣陵殘敝，必不能再支强敵。行密久在廬州，積有恩信，故襲勸其暫歸舊治，以避孫儒之鋒。行密雖遣輜重歸，而身猶未去廣陵也。

朱全忠遣張(廷)[延]範致朝命於楊行密，以行密爲淮南節度副使，又以李璠爲淮南留後，遣郭言將兵送之。以書假道於時溥，溥不許。

是時行密兵力未足定淮南，而朝廷以節帥命全忠，使全忠得逞其志，淮南非行密有矣。乃因溥不許假道構怨相攻，而行密得於其間次第剿撫，攘淮南爲己物，豈非天哉！

張守一與吕用之俱歸楊行密，復欲爲諸將合仙丹，又欲干軍府之政，行密怒而殺之。(文德元年)

畢師鐸舉兵，以誅吕、張爲名，用之既死，守一尚可留乎？直待復合仙丹、又欲干政而始誅之，晚已。

蔡將石璠將萬餘人寇陳、亳，朱全忠遣朱珍、葛從周將數千騎擊擒之。以全忠爲蔡州四面行營都統，代時溥，諸鎮兵皆受全忠節度。

宗權已僭號稱帝，朝廷畏其漸逼關中，故重全忠之權，欲假其兵力以制之。而太阿之柄，已舉而授之矣。

上疾大漸。詔立壽王杰爲皇太弟，更名敏。上崩，昭宗即位，體貌明粹，有英氣，喜文學，以僖宗威令不振，有恢復前烈之志。

亡漢者桓、靈，非獻帝也；亡唐者懿、僖，非昭宗也。人心既去，國勢將傾，非有少康、光武之雄才，豈易言恢復前烈哉！昭宗正似魏之高貴鄉公耳。

孫儒襲揚州，克之。楊行密出走，儒自稱淮南節度使。行密將奔海陵，袁襲勸歸廬州，再爲進取之計，從之。

行密先遣蔡儔以輜重數千乘歸廬州，而留鎮廣陵，固以廬州爲根本，至是乃欲奔海陵，何也？

李克用遣康君立等助李罕之攻河陽。張全義求救於朱全忠。全忠遣丁會等救河陽。敗李存孝於温，康君立引兵還。全義德全忠，由是盡心附之。

全義之附全忠，與趙犨無异，其保聚河南，徒足爲全忠攻奪吞噬之資，則亦唐之蟊賊也。

王建攻成都不能克，欲倚天子以令衆，乃上表罪狀陳敬瑄，請討之。上有憾於田令孜，遣人監西川軍，令孜不奉詔。上以令孜所恃者敬瑄耳，乃以韋昭度爲西川節度使，徵敬瑄爲龍武統軍。

帝欲抑藩鎮，以敬瑄方爲建所攻，有釁可乘，故遣重臣往代之，不受代則仗建兵力誅之以立威，因誅令孜，以快人心而釋宿憾，而不知昭度非其人也。

朱全忠遣朱珍將兵五千送楚州刺史劉瓚之官。

楚州爲淮南屬郡，除刺史而以大將將兵送之，意在兼并淮南也。

徐兵邀朱珍、劉瓚不聽前，珍等擊敗之。

徐軍邀遮汴軍，不惟爲楊行密定淮南之地，亦爲錢瓌收兩浙之資。若縱之使南，二子事未可知。

蔡將申叢執秦宗權，折其足而囚之，降於朱全忠，全忠表叢爲蔡州留後。

是時朝廷必幸宗權之亡，而不能不憂全忠之愈不可制也。

鑒評别録卷五十

唐紀十四

昭宗皇帝（諱杰，改諱敏，又改諱曄，僖宗第七子，在位十六年）

蔡將郭璠殺申叢，送秦宗權於汴，朱全忠送宗權至京師，斬於獨柳。加全忠兼中書令，進爵東平郡王。全忠既克蔡州，軍勢益盛。（龍紀元年）

宗權，全忠之所畏也，自是并力於徐州，兼及淮南。

楊行密圍宣州，城中食盡，執指揮使周進思以降。行密入宣州，表言於朝，詔以行密爲宣歙觀察使。

是時揚州方爲孫儒所據。

朱珍拔蕭縣，與時溥相拒，朱全忠欲自往臨之。珍殺李唐賓，誣以謀叛。全忠如蕭縣，珍出迎，命武士執之，責以專殺而誅之。霍存等叩頭爲之請，全忠怒，以床擲之，乃退。

全忠之有朱珍、李唐賓，猶李克用之有李存孝、薛阿檀也。乃全忠因珍殺唐賓，遂決計誅珍，諸將爲之叩頭乞命而不顧；克用因存孝叛，攻圍數月而後擒之，猶不忍殺，諸將不爲之請，始不得已而殺之，猶惜其才而恨諸將不置。夫珍之罪止於專殺，初未叛也，存孝則叛而稱兵拒命矣，安可赦乎！克用之雄略不亞全忠，而用意不同若是，則以汴將如葛從周、龐師古輩才勇均出珍上，而河東諸將更無存孝之匹也。

上素疾宦官，楊復恭恃援立功，多不法，上意不平，政事多謀於宰相孔緯。張濬勸上舉大中故事，抑宦者權。

昔之權内奪於宦官，今之權外移於方鎮。田令孜所以甘就貶逐者，天子、宰相之力歟？二子之言，何其易也。

劉巨容之在襄陽也，有申屠生教之燒藥爲黄金。田令孜之弟過襄陽，巨容出金示之。及寓居成都，令孜求其術，不與，恨之，殺巨容，滅其族。

燒藥爲黄金，將以自富，秘不示人可也。既已示令孜之弟矣，乃寓居成都，在令孜股掌之上，而猶惜其術而不予，何哉？竊意巨容并非實有其術，前所示者僞耳。

李克用巡潞州，以供具不厚，怒昭義節度使李克修，詬而笞之。克修慚憤成疾，遂卒。克用表其弟克恭爲留後。（大順元年）

怒克修而任克恭，寵存信而疏存孝，克用殊乏知人之明。

赫連鐸、李匡威表請討李克用。朱全忠亦上言：『克用終爲國患，請與河北三鎮共除之。乞朝廷命大臣爲統帥。』上命三省、御史臺四品以上議之，以爲不可者什六七。張濬欲倚外勢以擠楊復恭，乃曰：『乞陛下付臣兵柄，旬月可平。』孔緯曰：『濬言萬世之利也。』

史稱濬欲倚外勢以擠復恭，正欲倚全忠及各鎮之勢耳。故其言曰：『俟臣先除外憂，然後爲陛下除內患。』胡身之注以爲：『宰相主兵，則外廷勢重』，殊失其指。濬謀擠復恭，本非專爲國計，緯乃力贊其決，何也？所云『萬世之利』者，以平河東、誅克用，則沙陀不復爲國患也。勿論事不可知，即使幸而有功，全忠之爲患豈不更烈於沙陀乎？復恭云『宗廟甫安，不宜更造兵端』，其言固不可易也。

詔削奪李克用官爵、屬籍，以張濬爲河東行營都招討制置宣慰使，孫揆副之，以朱全忠爲南面招討使，李匡威爲北面招討使，赫連鐸副之。濬奏牛徽爲判官，徽曰：『國家以喪亂之餘，橫挑强寇，吾見其顛沛也！』遂以衰疾固辭。

此舉之失策，亦易見也。特濬鋭欲邀功，帝亦亟欲倚以自强，遂爲所誤耳。

李克恭驕恣不曉軍事，將士離心。牙將安居受帥其黨作亂，殺克恭。朱全忠遣河陽留後朱崇節引兵入潞州，權知留後。李克用遣康君立、李存孝將兵圍之。以孫揆爲昭義節度使，充招討副使。

潞州爲河東脣齒之邦，王師將出而內亂先作，機有可乘、地有必爭，故全忠遣將入而據之，克用即遣將以兵圍之，朝廷亦亟命帥，而畀以招討副使，將因以進規河東也。

孫儒求好於朱全忠，全忠表爲淮南節度使。未幾，全忠殺其使者，遂復爲仇敵。

全忠以淮南讓儒者，自度力未足制儒，故用儒以制楊行密，而儒不爲之用也。後竟罷淮南不領者，以其地已屬行密，非汴人所能遥制也。

朱全忠遣葛從周將千騎夜抵潞州，犯圍入城。又遣李讜等將兵攻李罕之，又遣張全義等軍於澤州之北，爲從周應援。

既遣朱崇節入潞權知留後矣，猶恐其非君立、存孝之敵，故復遣從周入城共守；又遣將攻罕之以披河東之黨，軍澤州以爲從周之援，此全忠之知兵也。

朱全忠奏：『請孫揆赴鎮。』張濬分兵（三）［二］千，使揆將之赴潞州。李存孝以三百騎伏於長子西谷中。揆建牙杖節，褒衣大蓋，擁衆而行。存孝突出，擒揆及中使韓歸範。紖以素練，徇於潞州城下，遂紖以獻於李克用。

建牙杖節，何其壯也；紖練徇城，又何憊也。書生不識兵機，驕貴作態，往往如是。近日有張三簷凉繖以登陴，乘八座肩輿以督陣者，與揆何异！

李罕之告急於李克用，克用遣李存孝將五千騎救之。朱全忠軍於河陽。汴將鄧季筠出戰，存孝生擒之。李讜、李重胤收衆遁，存孝、罕之追擊至馬牢山，大破之。葛從周、朱崇節棄潞州而歸。全忠斬讜及重胤而還。

全忠遣將固守潞州，而自至河陽督戰，其鋒鋭甚。馬牢一敗，而氣索不振矣。斬先奔之二將以懲後，而不以棄城罪從周者，惜其才也。

李克用以康君立爲昭義留後，李存孝爲汾州刺史。存孝自以擒孫揆功大，當鎮昭義，而君立得之，憤恚不食者數日，始有叛克用之志。

克復潞州，存孝一人之力也。破走全忠，較之計擒孫揆，其功尤大，豈君立所可并論哉！乃以存孝血戰所得之潞州，更畀君立，能無觖望乎？制馭失宜，致生怨叛，此克用生平第一大錯也。

李匡威攻蔚州，赫連鐸引吐蕃、黠戛斯攻遮虜軍。克用遣李存信擊之，不勝；更命李嗣源爲存信之副，遂破之。克用以大軍繼至，匡威、鐸皆敗走。

南面招討之軍既敗，北面招討之軍又敗。張濬所恃者兩招討耳，至是官軍之勢孤，濬亦束手無策矣。

官兵出陰地關。李克用遣薛志勤等營於洪洞，李存孝營於趙城。韓建以壯士三百夜襲存孝營，遇伏而敗，静難、鳳翔之兵不戰而走。河東兵抵晉州，張濬出戰又敗，官軍死者近三千人。濬、建閉城拒守，自是不敢復出。

以朱全忠之百戰習兵、葛從周之勇冠諸將，曾不能當存孝，何論韓建哉！濬以書生，將脆弱之禁卒，一旦出當勍敵，其敗不俟戰而已決矣。濬至此，亦憶及『假臣兵柄，旬日可平』之大言乎！

存孝攻晉州三日，與其衆謀曰：『張濬宰相，俘之無益；天子禁兵，不宜加害。』乃退五十里而軍；濬、建遁去。

存孝首擒孫揆，何畏於宰相？正以俘之無益，故縱使走耳。胡身之乃云『分足攝之』，迂已。且是時存孝已貳於克用，其暫抑凶鋒，得非預爲异日歸朝地邪？

先是，克用送韓歸範歸朝，附表訟冤，言：『臣父子三代，受恩四朝，破龐勳、翦黄巢、黜襄王、存易定。朝廷當阽危之時，則譽臣爲韓、彭、伊、吕；及既安之後，則罵臣爲戎、羯、胡、夷。今天下握兵立功之人，獨不懼陛下他日之駡乎！』

克用雖桀驁不馴，而所言皆實。朝廷寛於朱全忠、嚴於克用，何也？以功而論，克用什倍全忠；雖未必能爲唐之純臣，而較之全忠，不止彼善於此也。

是役也，朝廷倚朱全忠及河朔三鎮。及張濬至晉州，全忠方連兵（兗）［徐］、鄆，身不至行營；鎮、魏倚河東爲扞蔽，皆不出兵；惟華、邠、鳳翔、鄜、夏之兵會之。兵未交而孫揆被擒，幽、雲俱敗，楊復恭復從中沮之，故濬軍望風自潰。

胡身之以爲：史言濬志節可憐。竊按史第書致潰之由，於濬初無恕辭，濬先附復恭以進，得志後又欲倚外勢以擠復恭，本無志節之可取；乃於喪亂之餘輕造兵端，横挑强寇，自取顛沛，有何可憐哉！若杜讓能之竭忠殉國，乃覺可憐耳。

加李克用守中書令，復李罕之官爵；再貶張濬繡州司户。

前已貶濬爲鄂岳觀察使，再貶連州刺史，并悉復克用官爵矣；至是克用加官而濬再貶。然濬依韓建，并求救於朱全忠，朝廷亦無如之何也。

韋昭度將諸道兵十餘萬討陳敬瑄，三年不能克；餽運不繼，朝廷欲息兵。制：復敬瑄官爵，令顧彦朗、王建各帥衆歸鎮。

張濬出師，既大挫而歸，昭度又爲敬瑄所拒，久而無功。帝之鋭志，至是衰矣。因李克用爲赫連鐸、李匡威所敗則討之，王師敗則復其官爵，并加官以悦之；因敬瑄爲建所攻則討之，三年不克，又復其官爵，而令建歸鎮。迨建不奉詔，亦末如之何。以此制御藩方，欲其不跋扈得乎？

王建見罷兵制書，謀於周庠，庠勸建請韋公還朝，獨攻成都，克而有之。建令唐友通等擒昭度親吏駱保於行府門，臠食之，云其盜軍糧。昭度大懼，遽稱疾，以印節授建，即日東還。

建欲據蜀，固不利昭度之臨其上也。然昭度即不東還，亦安能制建！

李克用急攻雲州，赫連鐸食盡，奔吐谷渾部，既而歸於幽州。

始終與克用爲仇者，鐸也。克用亦知鐸非己敵，而未嘗不畏雲州之掎其後，故自帥大衆，并力亟攻，以報遮虜之役，而鐸不支矣。

王建攻陳敬瑄益急。田令孜登城謂建曰：『公何見困如是？』建曰：『父子之恩豈敢忘！但朝廷命建討不受代者，不得不然。倘太師改圖，建復何求！』是夕，令孜自携西川印節詣建營授之。建入城，自稱留後。

建於韋昭度去後，悉力攻敬瑄，期在必克，成都遂不能守。建自是據有全蜀。

初，陳敬瑄之拒命也，田令孜謂之曰：『三兄尊重，軍務煩勞，不若盡以相付。』敬瑄忻然許之。自是軍事皆不由己，以至於亡。

敬瑄，市井傭奴耳，其富貴皆由令孜，即智計亦必遠出令孜下，拱手聽命，自其分也。即軍事盡由己出，何救於亡，安知不益速其亡乎？史書此事，未爲得實。

楊復恭總宿衛兵，專制朝政，諸假子皆爲節度使。上舅王（環）［瓌］求爲節度使，復恭以爲不可。（環）［瓌］怒，詬之。復恭奏以爲黔南節度使。至吉柏津，令山南西道節度使楊守亮覆諸江中，宗族賓客皆死，以舟敗聞。

（環）［瓌］以元舅之尊，不留内廷，而甘就蠻荒之節度使，亦侈而愚矣。即不死於吉柏津，是時道途多梗，亦何由自達於黔南？即至黔南，與遷謫何异？乃帝亦依復恭所奏，聽（環）［瓌］赴鎮，何也？豈竟以黔南爲樂土邪？

以王建爲西川節度使。建既得西川，留心政事，容納直言，好施樂士，用人各盡其才；然多忌好殺，諸將有功名者，多因事誅之。

建所謂『盜亦有道』者邪？是時偏霸之主，如王潮之在閩、錢鏐之在浙、楊行密之在淮南，亦均有人君之度，故能奄有一方。唯劉隱之在嶺表、馬殷之在湖南，則乏善足紀耳。

或告楊復恭與假子守信謀反，上命天威都（頭）［將］李順節、神策軍使李守節將兵攻其第。復恭出興元，楊守亮、守貞、守忠、守厚同舉兵以討李順節爲名。

守亮、守忠、守貞皆復恭假子爲節度使者，守忠帥武定，守貞帥龍劍，皆不輸貢賦，上表訕薄朝廷；守亮帥山南西道，覆王（環）［瓌］於江中。復恭奔興元，依守亮也。守厚亦復恭假子，爲綿州刺史者，故同舉兵。順節，初亦復恭假子（名楊守立），後賜姓名，每以復恭陰事告帝，又首攻復恭，故守亮等討之，以爲兵端也。

李順節恃恩驕横，出入常以兵自隨。中尉劉景宣、西門君遂白上，恐其作亂。邀順節於仗舍坐語，供奉官似先知自後斬其首。

順節勇冠六軍，帝所倚以去楊復恭者，乃復恭甫去，順節旋誅，或適逢其會邪？抑以諸楊舉兵以討順節爲名，其勢方盛，逼近郊畿，故誅順節，冀以釋其忿而解其兵邪？當日姑息之政，視强弱爲低昂，其苟且大抵如是。史所云『恃恩驕横，恐其作亂』者，特欲加之罪耳，未必然也。

李茂貞、王行瑜、韓建、王行約、李茂莊五節度使上言：楊守亮容匿叛臣，請出軍討之；乞加茂貞山南西道詔討使。朝議以茂貞得山南，不可復制，下詔和解之，皆不聽。（景福元年）

守亮不止容匿復恭也，與守忠等舉兵犯闕，叛狀昭然，乃朝廷不聞加罪。迨五節度合辭請討，猶下詔和解，何也？然則此前之誅李順節，其意可知已。

李茂貞、王行瑜擅舉兵擊興元。茂貞表求招討使不已，上召群臣議之。宰相相顧不敢言，上不悦。牛徽曰：『茂貞志在疾惡，聞兵過山南，殺傷至多。倘不以招討使授之，使用國法約束，則山南之民盡矣。』帝從徽言。

既不能止其擅兵，又安能不予招討？乃宰相緘口，詎非以與和解之前詔抵牾邪？徽言志在疾惡，亦曲解耳。茂貞欲奪取興元以自廣其地，豈爲國討叛哉！即微徽言，招討使亦不得不予；即予招討，亦不能止妄殺也。

楊行密屢敗孫儒兵，斷其糧道。儒食盡，士卒大疫，行密聞儒病瘧，縱兵擊之。會大雨、晦冥，儒軍大敗，田頵擒儒，斬之，傳首京師，儒衆多降於行密。

儒，驍賊也，行密久與相持，互有勝負，非乘其饑疫，未易擒也。行密至是始歸揚州，領淮南節鉞，建偏霸之業。

孫儒将劉建鋒、馬殷收餘衆七千，南走洪州，推建鋒爲帥，殷爲先鋒指揮使，張佶爲謀主，比至江西，衆十餘萬。

黄巢死，而朱全忠據大梁；秦宗權死，而孫儒亂淮南；儒死，而馬殷據湖南。當日中原大盜，固應以巢爲首，宗權次之。

以楊行密爲淮南節度使。行密馳射武伎，皆非所長，而寬簡有智略，推心待物，無所猜忌。淮南被兵六年，士民轉徙幾盡；行密招撫流散，輕徭薄賦，未及數年，公私富庶，幾復承平之舊。

揚州水陸之衝、南北之會，商賈輻輳，財貨流通，故易致富庶，亦地勢使然也。然行密之器度，過王建遠矣。

李茂貞攻拔興元，楊復恭、守亮、守信、守貞、守忠、滿存奔閬州。茂貞表其子繼行密權知興元府事。

以三節度之力，不能保興元，諸楊皆庸奴也。茂貞自是遂據興元，兼鳳翔二鎮，威脅朝廷。

李存孝自以有功於李克用，而信任不及李存信，憤怨，且懼及禍，乃潛結王鎔及朱全忠，以邢、洺、磁三州自歸於朝廷，乞賜旌節，會諸道兵討克用；詔以存孝爲邢、洺、磁節度使，不許會兵。

朱全忠知朱珍、李唐賓之不相能，而使之共事；克用不知存孝、存信之互相忌，而使之合兵，皆御將之失。

朱友裕圍彭城，時溥數出兵，友裕閉壁不戰。朱友恭以書譖友裕於全忠。友裕大懼，全忠夫人張氏使友裕見全忠，拜伏於庭；全忠乃捨之。張夫人多智略，全忠敬憚之，軍府事，時與謀議。

是時全忠與李克用并角兩雄，乃克用妻有曹夫人，而全忠亦有張夫人，智略足相敵。友恭之譖友裕，亦如李存信之譖存孝。但存信以假子譖假子，友恭以假子譖親子，故張夫人之言易入、全忠之怒亦易解也。

柳氏自公綽以來，禮法爲士大夫所宗。柳玭嘗戒其子弟曰：『凡門地高，可畏不可恃也。立身行己，一事有失，則得罪重於他人，死無以見先人於地下，故可畏也。』

玭不以門第自矜，而以忝祖是畏，較崔慎由、韋温之專重流品者，所見自别。然柳氏子孫，仕宦遠不及崔氏之盛。

王建屢請殺陳敬瑄、田令孜，朝廷不許。建使人告敬瑄謀作亂，殺之新津。又告令孜通鳳翔書，下獄死。

先則命將出師以討敬瑄，至是建請殺之則不許。建卒殺之，亦不能禁，是直教以專殺耳。

朱全忠自將如徐州；龐師古拔彭城，時溥舉族登燕子樓自焚死。全忠以張廷範知感化留後，奏乞朝廷除文臣爲節度使。

徐州當大梁之東，勢若股肱，地居肘腋，全忠所必争。血戰數年，始攘爲己有。雖表請朝臣，而旌節卒歸廷範。自是始得專力圖取兖鄆已。

王彦復、王審知攻福州，久不下。白王潮，欲罷兵，潮報曰：『兵盡添兵，將盡添將，兵將俱盡，吾當自來。』彦復等懼，親犯矢石急攻之。城中食盡，范暉不能守，夜，以印授監軍，棄城走。潮入福州，汀、建二州降。

潮之攻福州，亦如王建之攻成都，皆志在必克者也，遂據閩而成霸業。

以扈蹕、耀德、宣威、捧日各都頭曹誠等四人并爲節度使。時李茂貞跋扈，上以武臣難制，欲用諸王代之，故誠等皆解兵柄，令赴鎮。

以禁軍付諸王，將倚以討茂貞也。生深宫，長阿保，未嘗一日臨戎，而欲以之代諸將乎？

李茂貞恃功驕横，上表及遺杜讓能書，辭語不遜。上怒，欲討之，命讓能專掌其事，讓能諫曰：『茂貞近在國門，萬一不克，悔之無及。』上曰：『卿但爲朕調兵食，朕自委諸王用兵。』讓能曰：『但恐他日臣徒受晁錯之誅，不能弭七國之禍也。』

時勢至此，即憲宗、裴度，亦難著手。而欲以用兵委之諸王，甚矣，帝之輕舉而不思難也。

李克用自引兵攻邢州，掘塹築壘環之。存孝時出突擊，塹壘不能成。袁奉韜密使人謂存孝曰：『大王俟塹成即歸晋陽，諸將非尚書敵也。』存孝以爲然，按兵不出。旬日，塹壘成，飛走不能越，存孝由是遂窮。

以存孝之勇而不免坐困者，外無糧援，而城内之兵又爲塹壘所阻，求戰不得也。曹氏之取鄴、司馬氏之取淮南，皆用此法。

覃王嗣周帥禁軍三萬送鳳翔節度使徐彦若赴鎮。李茂貞、王行瑜合兵六萬以拒之。禁軍皆新募少年，望風逃潰，茂貞等進攻三橋，京城大震。崔昭緯密遺茂貞書曰：『用兵非上意，皆出於杜太尉。』茂貞請誅讓能。上泣謂讓能曰：『與卿訣矣！』

帝即位後，鋭欲自强。凡四起兵：一試之於陳敬瑄，三年不克，而督兵之韋昭度貶東都分司；再試之於李克用，王師敗潰，而首謀之張濬貶繡州司户；三試之於楊復恭，諸楊舉兵，而進攻之李順節以他罪誅；四試之於李茂貞，禁軍不振，强藩内逼，而進諫不聽、竭節任事之杜讓能一再貶官、卒賜自盡。此皆帝之不度德、不量力也。昭度、濬，咎由自取，順節亦無足惜，死非其罪者，獨讓能耳。帝於讓能，平時倚爲腹心，至此則棄如敝屣，誠有所不得已也。君臣似此，堪爲雪涕。

以韋昭度爲司徒、門下侍郎，崔胤爲户部侍郎，并同平章事。胤，慎由之子也，與崔昭緯深相結，故得爲相。

韋温、崔慎由，每以甄别流品爲務。促唐祚者，二氏子也。

以鄭綮爲禮部侍郎、同平章事。綮好詼諧，多爲歇後詩，譏嘲時事；上以爲有所蘊，手注班簿，命以爲相，聞者大驚。綮曰：『歇後鄭五作宰相，時事可知矣！』累讓不獲，乃視事。（乾寧元年）

當日時事，堪爲痛哭，綮不爲詩則已，爲詩而以歇後譏嘲，是誠何心哉！度其有蘊，破格爰立，此帝之失也。然綮雖滑稽，無足輕重，而自揣非才，累表辭讓，卒潔身而去，其爲人固與朱樸迥殊已。

邢州城中食盡，李存孝登城謂李克用曰：『兒蒙王恩得富貴，苟非困於讒慝，安肯捨父子而從仇［讎］乎！』克用使劉夫人視之。夫人引存孝出，克用囚之歸晉陽，車裂於牙門。又有薛阿檀者，勇侔存孝，密與存孝通；恐事泄，遂自殺。自是克用兵勢浸弱，而朱全忠獨盛矣。

克用於存孝，所可惜者，御之失宜，致其憤而叛耳。此時即使不誅，亦安能收其用哉！存孝亦何足惜，河東勢弱而汴梁日强，全忠無所忌憚，遂移唐祚，其有關當日天下之大勢亦非輕也。

劉建鋒入潭州，自稱留後。

建鋒自江西轉入湖南，遂據軍府，爲馬殷之先驅。

以李谿同平章事。方宣制，劉崇魯出班掠麻痛哭。上召問故，對言：『谿奸邪，恐危社稷。』谿竟罷爲太子少傅。谿十表自訟，詬詈崇魯無所不至。

谿之争進，不如鄭綮之求退。胡身之謂：是時强藩遥制朝廷，視宰相如鬼樸；谿急於作相，所以有都亭驛之禍。竊謂君子難進易退，如谿所爲，即當治平盛世，亦非所以自處也。

李茂貞遣兵攻閬州，拔之，楊復恭、守亮、守信帥其族黨犯圍走。將自商山奔河東，至乾元，遇華州兵，獲之。韓建獻於闕下，斬於獨柳。

楊復光與李克用有舊，故復恭等將往依之。而中塗被擒，遂致覆滅，殆所云『自作孽，不可活』者歟！

李匡籌數侵河東之境。李克用怒，大舉兵攻匡籌，拔武州，進圍新州。匡籌遣大將救新州，克用逆戰，大破之，新州降。進攻嬀州。匡籌發兵出居庸關，克用李存審擊之，幽州兵大敗。匡籌挈族奔滄州，義昌節度使盧彦威利其輜重、妓妾，遣兵攻之於景城，殺之，盡俘其衆。

王鐸尚爲樂從訓所害，匡籌失地之後，擁輜重、妓妾，欲何往乎！

黄連洞蠻二萬寇汀州，王潮遣李承勳擊破之，閩地略定。潮遣僚佐巡州縣勸農桑、定租税，交好鄰道，保境息民，閩人安之。

是時干戈雲擾，而八閩僻在海隅，得潮撫治，遂爲樂國。

義勝節度使董昌苛虐，於常賦外，加斂數倍，以充貢獻及中外饋遺。每旬發一綱，金萬兩，銀五千錠，越綾萬五千匹，他物稱是。貢奉爲天下最，朝廷以爲忠，官至司徒、同平章事，爵隴西郡王。

昌於此時悉索貢獻，實藩鎮所難得，宜朝廷以爲忠也。然如史所書，每旬一綱，每月三綱，每年三十六綱，綜計金、銀、綾之數，一年得金三十六萬兩，銀十八萬鋌，綾五十四萬匹。浙東一隅之地，非揚、益富饒可比，安得有此物力哉！恐不免有過其實。要之，民力竭矣。

董昌求爲越王，朝廷不許，昌不悦，有諂之者曰：『爲越王，曷若爲越帝。』昌大喜，於是民相帥喧噪，請昌爲帝。昌曰：『天時未至，讖云「兔子上金床」，此謂我也。我生，太歲在卯，明年復在卯，二月卯日卯時，吾稱帝之日也。』

昌横徵暴斂，應爲越民所深恨，乃相帥喧噪，請其爲帝，何哉？其畏彼苛虐，謬爲此請以媚之邪？抑欺其狂妄，故爲此請以愚之邪？昌以羅平妖鳥爲已鸑鷟猶可也，引讖而以兔子自居，至預擇稱帝之年月日時無一非兔，亦過於貶損矣。豈月中之兔將化爲日中之烏乎？

幽州軍民數萬以麾蓋歌鼓迎李克用入府舍。克用命李存審、劉仁恭將兵略定巡屬。（二年）

與克用爲仇敵者，雲州赫連鐸、幽州李匡威也。克用先既攻克雲州，并於吐谷渾部殺鐸矣，匡威爲弟匡籌所逐，走依王鎔，尋爲鎮人所屠，至是克用復擊走匡籌，而并取幽州。

董昌將稱帝，集將佐議之。副使黄碣曰：『唐室雖微，天人未厭。大王受朝廷厚恩，奈何爲滅族之事！』昌怒，斬之，并屠其家。會稽令吴鐐、山陰令張遜亦以爲不可，昌又殺之。被衮冕登子城門樓，即皇帝位。

區區浙東，乃有三義士。但以昌之狂愚，安可以正論悟之哉！駢首就戮，亦可悲也。

董昌移書告錢鏐，鏐遺書止之，昌不聽。鏐將兵三萬詣越州城下，見昌，再拜言曰：『大王位兼將相，奈何捨安就危！縱不自惜，士民何罪，隨大王族滅乎！』昌懼，致犒軍錢二百萬，執首謀吴瑶等送於鏐，鏐以狀聞。

鏐爲昌謀似忠，其意則欲以討賊爲名，并取浙東也。還兵而以狀聞，已爲他日再舉之地。

李克用表劉仁恭爲盧龍留後，留兵戍之；還晉陽。

得幽州不以畀李存審，而以畀仁恭，亦猶得潞州不以畀李存孝，而以畀康君立，皆克用之失策。

護國節度使王重盈薨，軍中請以重榮子珂知留後事。重盈之子保義節度使珙、晉州刺史瑶舉兵擊珂，表言珂非王氏子。珂，李克用婿也。克用表重榮有功，請賜珂節鉞。珙厚結王行瑜、李茂貞、韓建三帥，更上表助珙攻珂。上不許。

三帥之稱兵向闕，克用之起兵勤王，釁皆由於珂、珙之争河中。

朝廷以董昌有貢輸之勤，今日所爲，類得心疾，詔釋其罪，縱歸田里。

計昌此時，亦安肯奉詔而去越州？

錢鏐奏：董昌僭逆，不可赦，請以本道兵討之。

即鏐之請討，則知昌之不奉詔也。朝廷於是削昌官爵，以鏐爲浙東招討使，發兵討昌，卒斬昌而并取越州，遂兼兩浙而成霸業。

王珂、王珙争河中，王行瑜、李茂貞、韓建皆爲珙請，不能得，恥之。各將精兵數千入朝。上與三帥宴，三帥奏稱：『韋昭度、李谿不合作相，請誅之。』上不許。行瑜等殺昭度、谿於都亭驛。三帥謀廢上，立吉王保；聞李克用已起兵於河東，皆辭還鎮。

三帥稱兵，雖由於恥不得請，實則崔昭緯召之。故殺昭度、谿，皆昭緯所惡也。使非心憚河東，帝亦危矣。

李克用大舉蕃、漢兵南下，上表稱王行瑜等稱兵犯闕，賊害大臣，請討之；又移檄三鎮，行瑜等大懼。

河東之兵，非三鎮所能當，况杖大順以致討乎！宜其膽爲之破也。

克用攻絳州，拔之，斬王瑶。進至河中，王珂迎謁於路。匡國節度使王行約（行瑜弟）敗於朝邑，棄同州走，至京師。與弟行實大掠西市。行實請車駕幸邠州。樞密使駱全瓘請幸鳳翔。上曰：『沙陀至此，朕自枝梧。』

三鎮不能合兵以拒克用，而但爲自保之計，知其無能爲矣。邠、岐請幸，第欲挾天子爲重，帝固知克用之不爲逆也。

右軍指揮使李繼鵬，茂貞假子也，與駱全瓘謀劫駕幸鳳翔。中尉劉景宣與王行實謀劫駕幸邠州。上以捧日都頭李筠、扈蹕都頭李居實兩軍自衛，出啓夏門，趣南山，宿莎城鎮。

邠、岐各謀劫駕，而王行瑜弟行約、行實先帥衆大掠西市，行約又引左軍攻右軍，其罪固浮於繼鵬。帝言

『不臣之狀，行瑜爲甚』，亦非無因。

李克用遣王瑰奉表問起居。上遣内侍郗廷昱詔克用，令與王珂各發萬騎同赴新平。又詔彰義節度使張鐇以涇原兵控扼鳳翔。克用方攻華州；廷昱至，乃移兵營渭橋。

赴新平以討行瑜，扼鳳翔以遏茂貞，而不及華州之韓建。蓋三鎮罪有首從，帝之致討，亦有後先也。建雖與行瑜等連兵向闕，而不與劫駕之謀，其情固有區別。

以薛王知柔爲清海節度使，俟反正日赴鎮。

此時乃以知柔出鎮清海，詎非异數！或適值廣帥乏人邪？抑帝欲以諸王領方鎮，故以薛王爲之權輿邪？然知柔因此得免於石堤顧之難。

李克用進軍渭橋，遣李存貞爲前鋒，拔永壽。又遣李存信、存審會保大節度使李思孝攻王行瑜梨園寨，擒其將王令陶等，獻行在。李茂貞懼，斬李繼鵬，傳首行在，上表請罪，且遣使求和於克用。

行瑜敗，而茂貞斬繼鵬，送首以自解，以劫駕之罪委之也。賊殺二宰相，亦繼鵬爲之乎？

上遣延王戒丕、丹王允諭克用，令且赦茂貞，并力討行瑜。削奪行瑜官爵。以克用爲邠寧四面行營都招討使。克用急攻梨園，城中食盡，棄城走。李罕之等邀擊，大破之，獲行瑜子知進及大將李元福等。王行約、行實燒寧州遁去。行瑜以精甲五千守龍泉寨，罕之攻拔之。行瑜走入邠州，遣使請降。

行瑜所恃以拒克用者，梨園、龍泉二寨也。以精兵固守二寨，而乞援於鳳翔，欲以逆待勞、以主制客，俾河東之騎兵無所施其馳突耳。此亦行瑜之黠也。乃茂貞既不能援，二寨俱不能守，而其技窮矣。

李克用引兵逼邠州，王行瑜登城號哭，委罪於李茂貞，請移兵問鳳翔。克用不聽。行瑜挈族棄城走。至慶州境，部下斬之，傳首。

茂貞先斬繼鵬，上表請罪，猶可曲爲之解。行瑜抗拒不服，至此始號哭乞命，亦何及乎！

進李克用爵晉王，以河東大將蓋寓領容管觀察使。克用性嚴急，左右無敢違忤；惟蓋寓敏慧，能揣其意，婉辭裨益，無不從者。境内依附，權與克用侔。朱全忠數遣人間之，揚言寓已代克用，而克用待之益厚。

胡身之以寓爲伺候顏色、敏慧軟媚之人，所見殊淺。克用之有寓，猶全忠之有敬翔。不惟恩威孚於境内，聲稱重於朝廷，乃至爲全忠所畏忌，數遣人間之而不得，則寓在河東，固非無關輕重之人、但以伺候顏色事克用也。

李克用遣李襲吉入謝恩，密言於上，請『乘勝取鳳翔』。上謀於貴近，或曰：『茂貞覆滅，則沙陀太盛，朝廷危矣！』乃賜克用詔，令其『休兵息民』。克用私於詔使曰：『觀朝廷之意，似疑克用有异心也。然不去茂貞，關中無安寧之日。』

急則仗其力，緩則疑其心，以此御將，欲其輸忠效命，難矣。未幾茂貞再犯京師，克用不復入援，未必不由於此也。貴近之所見，亦左矣。以二鎮并衡之，則鳳翔近在肘腋，地逼於河東；以二帥互較之，則茂貞跋扈异常，罪浮於克用，克用足制茂貞，留茂貞亦不足敵克用也。徒養虎自遺患耳。且但慮沙陀太盛，足危朝廷，而不以朱全忠爲慮，何也？

又詔免克用入朝，將佐或言：『密邇闕庭，豈可不入見天子！』蓋寓曰：『天子還未安席，人心尚危，大王若引兵渡渭，恐復驚駭都邑。人臣盡忠，在勤王，不在入覲。』克用笑而從之，上下始安。

當播遷之日，則盼其速來；迨事平之日，則利其速去。克用若爲李懷光，事有不可知者矣。以克用之雄猛，千里血戰，迎大駕、誅叛藩，乃不獲一覲天顔，躬承宴勞，使以一言激之，豈不立致其怒哉！寓言切中事理，勉以盡忠，婉而不阿，直而不忤，宜克用之心折而首肯也。方襄王之僭立而詔諭河東也，寓首贊討逆之舉，遂成反正之功；兹復勸克用還軍以安都邑，當時佐霸之將，能知大義、導主於善如寓者，何可多得！以視敬翔，直蘭艾之不啻已。乃胡氏以軟媚詆之，不亦謬乎！

李克用遣李存信將萬騎假道於魏以救兖、鄆，軍於莘縣。存信戢衆不嚴，侵暴魏人。羅弘信怒，發兵三萬襲之。存信軍潰，退保洺州；史儼、李承嗣之軍隔絶不得還。弘信自是與河東絶，專志於汴。（三年）

克用屢以偏師救兖、鄆，俱爲汴人所敗，至是兖、鄆被圍，二朱告急，既遣史儼等以數千騎往，復遣存信以萬騎繼之，所以爲此大舉者，誠以兖、鄆一日不亡，則朱全忠之兵一日不敢遠出，河東得以無患也。克用所畏者全忠，故假道助二朱而不以爲煩。胡身之乃譏其勞師遠圖，失其意矣。

劉建鋒既得志，嗜酒不親政事，爲直長陳贍所殺。諸將殺贍，推張佶爲留後。時馬殷攻邵州未下，佶謝諸將曰：『馬公寬厚樂善，吾所不及，真乃主也。』乃以牒召之。殷至長沙，佶以留後讓之。

殷自此遂據湖南。

崔昭緯復求救於朱全忠。遣中使賜昭緯死，行至荆南，追及，斬之，中外咸以爲快。

昭緯初罷相爲右僕射，又貶梧州司馬。其平日與邠、岐密，與全忠疏，今見茂貞不足恃，始求救於全忠，故全忠不之救，而朝廷得行其法。然誅昭緯而相崔胤，所謂『猶吾大夫崔子』也。

李克用攻魏博，侵掠遍六州。朱全忠使葛從周將兵救之，敗克用於洹水，獲其子落落。克用請修好以贖落落，全忠以與羅弘信，使殺之。克用引軍還。從周又破兖、鄆及河東之兵於欒亭，兖、鄆屬城多爲汴所據。克用發兵赴救，爲弘信所拒，不得前。

攻魏博，將以通救兖、鄆之路也。既爲從周所摧，又爲弘信所拒，於是河東勢沮，而朱瑄、朱瑾均爲全忠所困矣。克用猶知勤王也，全忠於天子播遷，概置不問，但窮兵力以規取兖、鄆耳。

自李克用去，李茂貞、韓建貢獻漸疏，表章驕慢。上於神策兩軍之外，更置安聖、捧宸等軍，選補數萬人，使諸王將之；嗣延王戒丕、嗣覃王嗣周又自募麾下數千人。茂貞以爲欲討己，亦勒兵，揚言欲詣闕訟冤。

既不能勵精以圖治，又不能養晦以俟時，猥以諸王紈絝少年，將新募市井游手，謬欲張國威而懾强藩，適足啓釁而召侮耳。甚矣，帝之一誤不悟至於再誤也！

上命通王滋及嗣周、戒丕分將諸軍以衛近畿，戒丕屯三橋。茂貞表言：『延王無故稱兵討臣，臣今勒兵入朝請罪。』上遽遣使告急於河東。茂貞引兵逼京畿，覃王與戰於婁館，官軍敗績。

前既不令克用入覲以慰其心，又不從其請討茂貞以絶禍本，至此遽往告急，克用安能投袂而起乎！婁館之輿尸，無异興平之棄甲。

李茂貞進逼京師。延王戒丕請幸太原，上出至渭北；韓建遣其子從允奉表請幸華州，上初不許，建詣富平見上頓首泣涕，固請，乃許之。至華州，以府署爲行宫。茂貞入長安，宫室、市肆，燔燒俱盡。

避茂貞而就建，無异避虎而就狼也。克用坐視，卒不出師，勤王之志衰矣。

水部郎中何迎薦國子博士朱樸才如謝安，道士許岩士亦薦樸有經濟才。上連日召對，樸有口辯，上悦之，賜以金帛，并賜何迎。

時勢至此，即安石復生，恐亦不免屐齒屢折矣。樸何人，乃騰口説乎？

宰相畏韓建，不敢專决政事。詔建關議朝政；建固辭，乃止。建移檄諸道，令共輸資糧詣行在。

胡身之以建非避權勢，目不知書，故辭。竊謂建非徒目不知書，正以宰相之命在其掌握，不必關議朝政始爲有權也。假行在爲名，檄征資財，建之固請行幸，意正爲此。

上憤天下之亂，思得奇士不次用之。朱樸自言：『得爲宰相，月餘可致太平。』上以爲然。以樸爲左諫議大夫、同平章事。

韓信登壇、諸葛隆中，皆能於天下大勢洞若觀火，厥後次第布置，卒不出所算，彼固非謬爲大言也。是時宇内有倒懸之困，王室有累卵之危，乘輿播遷，宫庭灰燼，樸乃云『月餘可致太平』，豈别有神術邪？此不足欺孺子，而帝遽以爲然，何其昧也！

以朱樸兼判户部，軍旅財賦一以委之。以孫偓爲鳳翔四面行營都統，以李思敬爲静難節度使，兼副都統。以韓建權知京兆尹，兼把截使。李茂貞上表謝罪，仍獻助修宫錢；建復佐佑之，竟不出師。

以樸主兵，而仗偓以戰，仗建以守，帝之所倚爲腹心、股肱、爪牙者，其效可逆睹矣。亦幸不出師耳，若出師，必爲婁館之續。

清海節度使薛王知柔行至湖南，廣州牙將盧琚、譚弘玘據境拒之。弘玘結封州刺史劉隱，許妻以女。隱托言親迎，伏甲夜入端州，斬弘玘；遂襲廣州，斬琚；具軍容，迎知柔入視事，知柔表隱爲行軍司馬。

婚媾寇仇，朱瑾施之於齊克讓，隱復施之於弘玘。使隱不誅二將，知柔不得至廣州。然隱之據東粤，實權輿於此。

韓建奏：『防城將張行思等告睦、濟、韶、通、彭、韓、儀、陳八王謀殺臣，劫車駕幸河(東)[中]。』建惡諸王典兵，故使行思等告之。因奏『請依舊制，令諸王歸十六宅，不令典兵預政。』又奏『散遣殿後四軍』，并斬捧日都頭李筠，天子之親軍盡矣。(四年)

諸王將兵，誠不足以壯國威，然固天子之腹心干城也。建以兵脅諸王歸宅、散禁軍歸農，而王室益卑矣。

龐師古、葛從周并兵攻鄆州，朱瑄兵少食盡，不復出戰，但引水爲深壕以自固。師古等爲浮梁，夜以中軍先濟。瑄棄城奔中都，從周逐之，野人執瑄及妻子以獻。

兖、鄆，輔車之勢也。鄆破，則兖不能獨存矣。

朱瑾留康懷貞守兖州。與史儼、李承嗣掠食於徐州之境。葛從周將兵襲兖州，懷貞降，從周入兖州。瑾還無所歸，與儼、承嗣度淮奔楊行密。於是鄆、齊、曹、棣、兖、沂、密、宿、徐、陳、許、鄭、滑、濮皆入於全忠。

全忠是時跨有今河南、山東二省之地，而亦不能盡有之。若宿、徐，則又錯入江南境内。

門下侍郎、同平章事孫偓罷守本官，中書侍郎、同平章事朱樸罷爲秘書監。樸既秉政，所言皆不效。馬道殷以天文、許巖士以醫得幸於上，韓建誣以罪而殺之，且言偓、樸與二人交通，故罷相。

凡士之好爲大言者，多無實效，顧未有如樸之甚者。樸不死亦幸矣。如樸者，建亦不值殺之也，未幾遂有夔州司馬、郴州司户之貶。

錢鏐遣顧全武等將兵救嘉興，擊淮南兵，大破之。又破淮南十八營，虜其將士三千人。淮南將田頵自湖州奔還，兩浙兵追敗之，死者千餘人。

朱全忠之勢，什倍於楊行密，而不能得志於淮南；行密之勢，倍蓰於錢鏐，而不能得志於兩浙。當日偏霸割據，蓋亦有天命焉。

李茂貞表：『王建攻東川，連兵累歲，不聽詔命。』貶建南州刺史。以茂貞爲(四)[西]川節度使，以覃王嗣周爲鳳翔節度使。覃王赴鎮，茂貞不受代，圍覃王於奉天。

朝廷以茂貞請討建，故順其意以西川予之，因使移鎮，而以覃王帥鳳翔，欲令茂貞與建互門相斃，而京西得以息肩。當時必以爲得計，而不知茂貞早已窺破其情也。此乃帝之自取其侮也。

初，李克用取幽州，表劉仁恭爲節度使。及上幸華州，克用徵兵於仁恭，欲與之共定關中。仁恭辭以契丹入寇，須兵扞禦；克用屢趣之，仁恭慢罵，囚其使者。克用大怒，自將擊仁恭。

盧龍雖自爲一鎮，實河東巡屬也。仁恭叛，克用失一助，且樹一敵矣。胡身之以爲：克用應先舉兵勤王，事定後移兵問罪，則仁恭無所逃死。計不出此，宜其致敗。竊謂此時克用兵力漸不如前，未必能一舉而定華州；若曠日持久，頓於堅城之下，獨不畏仁恭之掎其後乎？胡氏之論甚正，而於事機殊不切也。至云『不先勤王，所以致敗』，則更不然。當日擁强兵、吞噬鄰道，視天子之播遷而不過問者無如朱全忠，乃破滅時溥、連摧二朱，敗邪勝邪？

上欲幸奉天親討李茂貞，令宰相議之。宰相切諫，乃止。

是時天子無一親兵，韓建必不爲用，徵兵各鎮，亦未必應赴；帝即欲躬行天討，與雲龍門之出師亦何以异！是時奉天業已解圍，覃王亦歸華州，帝猶欲追治茂貞稱兵拒命之罪，未幾建矯詔枉殺諸王，覃王亦預其禍，帝何不與宰相議討之邪？

韓建與知樞密劉季述矯制發兵圍十六宅。諸王被發，或緣垣，或登屋，呼曰：『宅家救兒！』建擁通、沂、睦、濟、韶、彭、韓、陳、覃、延、丹十一王至石堤谷，盡殺之，以謀反聞。

此時宅家不能自救，安能救兒！即此呼號，足見諸王口尚乳臭，而帝乃用以典兵乎！

以彰義節度使張璉爲鳳翔西北行營招討使，以討李茂貞。復以王建爲西川節度使。削奪李茂貞官爵，復姓名曰宋文通。

當時雖命諸道討茂貞，而不聞出兵。茂貞之官爵、姓名忽奪忽復，於彼無榮辱加損也。

王建攻梓州益急。顧彥暉自殺，建入梓州。

建自是兼有東川。

朱全忠大舉擊楊行密，遣龐師古壁清口，將趣揚州，葛從周壁安豐。楊行密與朱瑾將兵三萬拒汴軍於楚州，引淮水灌之。行密與瑾夾擊，汴軍大敗，斬師古。從周爲壽州團練使朱延壽所敗。行密等合兵追擊，殺溺殆盡，從周走免。汴卒還者不滿千人。全忠亦奔還。

師古、從周，皆汴之猛將，全忠所以横行河南北、吞噬鄰道者，恃此兩人耳。今一死一遁，鋭氣折矣。計全忠用兵，無如此之大敗者，故自此不敢復萌窺伺江淮之志。

右拾遺張道古疏稱：『國家有五危、二亂，封域日蹙。』上怒，貶道古施州司户。

是時國家之危亂，尚可以數計哉！但持危治亂無其術耳。道古以漢文帝、太宗爲言，非帝所及，但所云『登極十年，曾不知爲君馭臣之道』者，則切中帝病也。又云『社稷終爲賊臣所有』，其言旋驗。蓋其勢已成，其兆已見，不待智者而後知也。

上下詔罪己息兵，復李茂貞姓名官爵，應諸道討鳳翔兵皆罷之。（光化元年）

諸道何嘗出一兵哉？一討一赦，徒頒詔書而已。茂貞亦無所喜、懼也。胡身之以爲韓建之志，竊謂帝至是亦不得不出此耳，非由於建也。

初，李茂貞命將出兵救東川，不暇東逼乘輿。又聞朱全忠營洛陽宫，累表迎車駕，茂貞、韓建懼，請修復宫闕，奉上歸長安。

茂貞、建雖逼脅乘輿，而未嘗不挾天子以自重也。故聞全忠奉迎而懼。

以馬殷知武安留後。時湖南管内七州，衡、永、道、郴、連五州爲賊帥楊師遠等所據，殷所得唯潭、邵二州。

後殷卒盡取五州，兼得桂管之地。

葛從周攻拔邢、洺、磁三州，朱全忠以從周爲昭義留後，守三州。

河東失三州，山東之路梗矣，此李克用所必争也。

忠義節度使趙匡凝陰附楊行密。全忠遣氏叔琮將兵伐之，拔唐州，擒趙匡璘。汴將康懷貞襲鄧州，克之。匡凝懼，請服，全忠許之。

匡凝地介汴、淮之間，故因清口之敗陰懷去就，但全忠第劃淮以南，不與行密争耳；若山南東道，則必不肯放手也。

上至長安，欲藩鎮相輯睦，賜李克用、朱全忠詔，又令宰相與之書，使之和解。克用欲奉詔，而恥於先自屈，乃致書王鎔，使通於全忠。全忠不從。

全忠方得邢、洺、磁州，以爲斷河東左臂，其意不擒克用不止也。且和解必還三州，全忠不忍捨；不還三州，克用不肯和。帝亦徒頒此尺一耳。

李克用遣李嗣昭、周德威將步騎二萬出青山(口)，將復山東三州。進攻邢州，葛從周出戰，大破之。嗣昭等引兵退入青山，從周追之，李嗣源與嗣昭奮擊，從周乃退。

克用遣將争三州，爲從周所挫。

前常州刺史王柷，性剛介，有時望。詔征之，時人以爲且入相。過陝，王珙延奉甚至，請叙子侄之禮，柷固辭。珙怒，使送者殺之，并其家人悉投諸河，以覆舟聞。朝廷不敢詰。

珙請叙子侄之禮，以柷且入相也；柷之固辭，鄙珙爲人也。此足見柷之剛介。獨惜其不能遂以行權也。王鐸使相、王瑰帝舅，遇害皆不敢詰，何有於柷！

李罕之求節度使於李克用，不能得。會昭義節度使薛志勤薨，罕之擅引澤州兵夜入潞州，據之，以狀白克用。克用怒，遣人讓之，罕之遂降於朱全忠。

罕之宿將有名，其據潞州，而以狀白克用，欲克用即以節鉞畀之也。讓之，則騎虎之勢成，而鋌鹿之計決矣。此克用之失策。蓋寓亦無一言，何也？三州既失，潞州復叛，河東又失一臂、又樹一敵矣。

劉仁恭發幽、滄等十二州兵十萬，欲兼河朔。攻貝州，拔之，城中萬餘户，悉屠之，投尸清水。由是諸城各堅守不下。仁恭進攻魏州，羅紹威求救於朱全忠。

仁恭雄踞幽燕，狃木瓜澗之勝，自謂無敵，欲兼河朔，與全忠、克用角逐於中原，而不自知其才之不逮也。未幾大爲汴、魏所挫，狼狽奔還，而其勢衰矣。

葛從周自土門攻河東，拔承天軍；氏叔琮自馬嶺入，拔遼州、樂平，進軍榆次。李克用遣周德威擊之。生擒其驍將陳章，因繫叔琮，大破之，叔琮棄營走，從周亦引還。（二年）

河東之『周陽五』，正如山東之『一條葛』，叔琮非其敵也。

王珙性猜忍，妻子親近常不自保。至是軍亂，爲麾下所殺。

樂從訓害王鐸，而卒致族誅；楊守亮害王瑰，而不免駢戮；珙害王柷，而旋即被殺。此天網之不漏者。

朱全忠使賀德倫守潞州。李嗣昭引兵至潞州城下，分兵攻澤州。汴將劉玘棄城走，德倫亦棄潞州宵遁。葛從周以援兵至，聞德倫等已敗，乃還。李克用表孟遷爲昭義留後。

邢、洺、磁三州懸隔山外，非若澤、潞之逼近太原也。昭義一鎮，實河東之門户，所繫重矣。既失之，復得之，而留後之任，輕以予遷，不惟其心難保，其才亦何足仗乎？克用可謂一誤再誤。

李克用大發軍民治晉陽城塹，劉延業諫曰：『大王聲振華、夷，宜揚兵以嚴四境，不宜近治城塹，損威望而啓寇心。』克用謝之，賞以金帛。（三年）

是時大梁兵力雄盛，河東勢不能敵，不於此時完城浚壕，力固根本，爲進戰退守之計，而謬爲大言，但欲揚兵四境，非善於謀國者也。未幾氏叔琮等兵臨晉陽，積雨城圮，城中大恐，克用登陴備禦，不遑飲食，賴李嗣昭等鑿門力戰，僅能退敵，未聞延業此時有何奇策也。

上素疾宦官，樞密使朱道弼、景務修專横，崔胤日與上謀去宦官，宦官知之。王摶恐其致亂，言於上曰：『宦官擅權，其勢未可猝除，願陛下言勿輕泄。』胤聞之，譖摶於上，上疑之。及胤罷相，意摶排己，遺朱全忠書，令全忠表論之。上復召胤還。貶摶溪州刺史，又貶崖州司户。與道弼、務修并賜死。

胤所以謀誅宦官者，非爲社稷計也，迎合上意，以固恩寵，因欲攫取兵柄，以擅大權耳。此不惟與宋申錫迴殊，即王叔文、李訓亦未可并論也。觀其外挾全忠，與摶一言不合，遽擠之死，其心可知矣。

朱全忠以王鎔與李克用交通，移兵伐之，攻鎮州南門，焚其關城。鎔遣周式詣全忠請和。全忠盛怒責之，式不爲屈。全忠笑攬式袂，延之帳中，曰：『與公戲耳！』乃遣劉捍入見鎔，鎔以其子昭祚爲質，全忠引還。

胡身之謂：式言中要，如屈完之説齊桓。竊謂全忠於河北諸鎮，但能脅以兵力，使之服從於己，不助河東耳，非能有其地也。故聞式言而罷兵議和，因以動諸鎮之心，爲异日用兵之地。此自全忠成算待式言而決，非式果以口舌折其鋭也。若易地而處，兖、鄆雖百式，何益哉！

張澤言於王鎔曰：『河東，勍敵也，今雖有朱氏之援，譬如火發於家，安能俟遠水乎！彼幽、滄、易、定猶附河東，不若説朱公乘勝兼服之，使諸鎮合爲一，則可以制河東矣。』鎔復遣周式往説全忠，全忠從之。

澤言雖爲鎮州計，而全忠用兵，亦合當如此。故遣張存敬擊幽、滄、易、定，河東不能救，而全忠之威令行於河北矣。

自宋道弼、景務修死，宦官益懼。中尉劉季述、王仲先，樞密使王彦范、薛齊偓等謀『奉太子立之，尊上爲太上皇，引岐、華兵爲援』。以告崔胤，胤不敢違。乃以兵劫上，幽之少陽院，矯詔令太子嗣位。

帝至此，亦憶王摶之言乎？

進士李愚客華州，上韓建書曰：『明公地處要衝，位兼將相。自宫闈變故，已涉旬時，若不率先圖反正，一朝山東侯伯唱義連衡，鼓行而西，明公欲自安，其可得乎！』建不能用。

愚爲建謀亦工矣，而建不能用者，黨於季述也。

劉季述遣養子希度詣朱全忠，許以唐社稷輸之；又遣李奉本以太上皇誥示全忠。全忠會僚佐議之，或曰：『朝廷大事，非藩鎮所宜預知。』

季述等初欲依岐、華爲援，至是覺其不足恃，故欲更托强藩以自固。其不詣河東而詣大梁者，非徒以其兵力雄盛，正以全忠向不勤王，故知其可以利動也。觀『或』之論，可見全忠幕僚知義者鮮，敬翔亦但知助賊耳。

李振説全忠曰：『王室有難，此霸者之資也。今公爲唐桓、文，季述一宦豎耳，乃敢囚廢天子，公不能討，何以令諸侯！且幼主位定，則權盡歸宦官，是以太阿之柄授人也。』全忠大悟。

振蓋略知古今者，故其言如是。

左神策指揮使孫德昭自季述廢立，憤惋不平。崔胤聞之，使石戩密説德昭誅季述等，迎上皇復位。德昭復結都將董彦弼、周承誨，伏兵擒季述、仲先、王彦範，悉誅之，薛齊偓赴井死。（天復元年）

胤與帝謀盡誅宦官，宋、景之賜死，皆胤爲之。季述等非不稔知，乃廢帝而不敢殺胤，何也？詎非以胤素厚於朱全忠，畏全忠故憚胤邪？然亦幸而免耳。胤本末俱無足論，就此一事，則頗似朱勝非。

以孫德昭充静海節度使，賜姓名李繼昭；周承誨爲嶺南西道節度使，賜姓名李繼誨；董彦弼爲寧遠節度使，賜姓李，并同平章事。俱留宿衛，十日乃出還家，賞賜傾府庫，時人謂之『三使相』。

恩亦渥矣，而其心未厭也。

崔胤、陸扆上言：『禍亂之興，皆由中官典兵。乞令胤主左軍，扆主右軍，則諸侯不敢侵陵，王室尊矣。』上召李繼昭等謀之，皆曰：『臣等世在軍中，未聞書生爲軍主；不若歸北司爲便。』

謂中官典兵足以致亂，途人知之矣。謂宰相典兵，即足以制諸侯、尊王室，其誰信之？當日諸强藩，豈胤等所能駕馭哉！彼張濬者，何嘗非宰相統兵乎？

徵前樞密使嚴遵美爲兩軍中尉、觀軍容處置使。遵美曰：『一軍猶不可爲，况兩軍乎！』固辭不起。

温公有取於遵美之避權。竊謂遵美未必知避權，但尚知畏死耳。所見與崔胤自別。

李茂貞辭還鎮。崔胤以宦官典兵，終爲肘腋之患，欲以外兵制之，諷茂貞留兵三千充宿衛，以茂貞假子繼筠將之。

假外勢以制宦官，張濬所以擠楊復恭也。胤所見，蓋與濬同，而適足致亂。

朱全忠既服河北，欲先取河中以制河東。遣張存敬將兵三萬襲取晋、絳，以扼河東援兵之路。王珂告急於李克用，克用以汴人先據晋、絳，兵不得進。

克用坐視全忠取河中而不能救，則知劉延業所云『揚兵以嚴四境』者，特謬爲大言耳。

王珂又遺李茂貞書，言：『河中若亡，則同、華、邠、岐俱不自保。天子神器拱手授人，公宜亟帥關中諸鎮固守潼關，赴救河中。』茂貞不報。

珂言乃勢所必至，而茂貞不爲動者，挾河東舊嫌，而利珂之危以爲快也。

張存敬引兵至河中，王珂將奔京師，而人心離貳，乃送款於存敬。朱全忠至，珂出迎，聯轡入城。珂舉族遷於大梁。後全忠遣珂入朝，殺之於華州。

既奪其地，則珂大梁一匹夫耳，乃必欲殺之，獨不念王重榮之舊恩乎？甚矣，全忠之忍也！

朱全忠大舉兵攻李克用，遣氏叔琮等分六道入。叔琮入天井關，沁州降。進拔澤州，李存璋棄城走。攻潞州，昭義節度使孟遷降。屯將李審建、王周以其軍詣叔琮降。叔(宗)[琮]抵晋陽城下，城中大恐。克用登城備禦，時大雨城壞，隨加完補，李嗣昭、嗣源鑿暗門夜出攻汴壘，屢有殺獲，李存進敗汴軍於洞渦。時汴軍既衆，芻糧不給，久雨，士卒瘧利，全忠乃召兵還。

既得河中，即大舉攻河東，六道并入，直抵晋陽，存璋輩或走或降，無一能與枝梧者，河東之不競甚矣。戰不足，守有餘，頓兵城下，曠日持久，必生他變，此兵家所忌也。亟召軍還，養其鋒以俟再舉，此全忠之知兵也。

上悉以軍國事委崔胤，宦官長之側目，胤欲盡除之，韓偓曰：『事禁太甚。恐迫切更生他變。』胤不從。上獨召偓問之，偓曰：『不若擇其尤無良者，明示其罪，置之於法，然後撫諭其餘，擇忠厚者爲之長，咸自安矣。』

偓所論，宦官不可盡誅，君道不尚機巧，皆通達治體之言。但所云『擇尤無良者置之於法，以釋餘人之疑，而更爲擇長』，恐此時行之亦非易易。觀後監軍、守陵者皆不奉詔，則知偓策之未必行也。

偓又曰：『帝王之道，當以重厚鎮之、公正御之，至於瑣細機巧，此機生則彼機應矣。況今朝廷之權，散在四方。苟能先收此權，則事無不可爲者矣。』上曰：『此事終以屬卿。』

偓言君道當御以公正、不尚機巧，實切中帝病。帝固志在有爲，而好以機巧御下，雖迫於時勢，亦氣鋭而量狹有以致之。胡身之以爲：世固有能知之、言之而不能究於行者，韓偓是也。竊謂時勢至此，所謂『雖有善者無如之何』，非偓能言不能行也。

韓全誨等懼誅，謀以兵制上，乃與李繼昭、李繼誨、李彦弼、李繼筠深相結，繼昭獨不肯從。

全誨等之譖謀劫制，爲救死計；繼誨等承恩方渥，有何不安，而皆與敕使合党，何也？

韓全誨聞朱全忠將至，令李繼筠、李彦弼等勒兵劫上，請幸鳳翔。朱全忠至河中，表請車駕幸東都，京城大駭。

全忠引兵七萬趣同州。

全誨請幸鳳翔，固屬劫駕；全忠請幸東都，亦非勤王。故當日汴人詬岐人曰『劫天子賊』，岐人亦詬汴人曰『奪天子賊』。

韓全誨等以李繼昭不與之同，遏絶不令見上。崔胤居第在開化坊，繼昭帥所部及關東諸道兵在京師者共守衛之。

胤不死於劉季述之亂，兹又賴繼昭衛之以免。殆天留奸臣以斫喪唐室邪？

朱全忠引兵渡渭，韓建請降。張濬説全忠曰：『建，李茂貞之黨，不先取之，必爲後患。』全忠聞建有表，勸天子幸鳳翔，乃引兵逼其城。建單騎迎謁，全忠責之，對曰：『建目不知書，表章皆李巨川所爲。』全忠斬巨川，以建爲忠武節度使，理陳州，以兵送之赴鎮。

王處直委罪梁汶，族之以悦全忠，以其勸王部趣己出戰，以致喪師，猶有説也。建於巨川，平日倚之，若瞽之有相，至此乃委罪而殺之，亦昧良喪心者矣。然巨川導建爲惡，乃至賊害諸王，其得免族誅，亦幸已。

崔胤使盧渥等二百餘人列狀請朱全忠西迎車駕，又使王溥至赤水見全忠計事。全忠至長安，宰相班迎於長樂坡；明日行，復班辭於臨皋驛。

胤既召全忠以兵迎車駕，其時帝猶在長安也。至是帝已西幸，而全忠猶發赤水，故趣之赴鳳翔。

朱全忠至鳳翔，李茂貞登城謂曰：『天子避灾，非臣下無禮，讒人誤公至此。』全忠報曰：『韓全誨劫遷天子，故來問罪，迎扈還宫。岐王苟不預謀，何煩陳諭！』上屢詔全忠還鎮，全忠乃拜表奉辭。

全忠制茂貞，先剪其羽翼，既移韓建於陳州、攘取華州矣，而邠、岐唇齒，静難節度使李繼徽又茂貞假子也。故全忠暫去鳳翔，移攻邠州。未幾繼徽請降，而茂貞之勢孤矣。

全忠之西入關也，韓全誨、李茂貞以詔徵兵河東，茂貞仍以書求援於李克用。克用遣李嗣昭將五千騎自沁州趣晉州，與汴兵戰於平陽北，破之。

全忠所憚者，克用耳；其不遽攻鳳翔者，豈獨欲取邠州哉！預料茂貞必求援於河東，而克用亦必將掎其後也。

李嗣昭、周德威攻慈、隰二州，下之。全忠遣兄子友寧將兵會氏叔琮擊之。破嗣昭等於蒲縣。全忠自河中赴之。

嗣昭、德威皆河東良將，其鋒誠不可當。全忠親赴，以全力與之一決也。

氏叔琮等進攻李嗣昭、周德威營。時汴軍横陳十里，河東軍不過數萬。德威出戰而敗，密令嗣昭以後軍先去，德威引騎兵亦退。叔琮等乘之，河東兵驚潰，兵仗輜重委棄略盡。（二年）

河東二將之敗，衆寡不敵也。鳳翔於是失一强援。

朱全忠令氏叔琮等乘勝攻晉陽。城中兵未集，叔琮攻城甚急。克用召諸將，議保雲州，李嗣昭、嗣源、周德威皆勸克用固守，惟李存信以爲『事勢已急，不如且入北虜』。克用不能決。

存信譖殺存孝，太原因以不振；後又屢喪其軍，至此復首贊入北之議，非徒恇怯無能，亦因克用欲保雲州，故迎合其意也。克用諸養子，存信最爲下劣，而始終親信，乃至因其言而遂不能决，何也？

劉夫人言於克用曰：『存信，北川牧羊兒，安知遠慮！王常笑王行瑜輕去其城，死於人手，今反效之邪！』克用乃止。克用弟克寧曰：『此城吾死所也！』衆心乃安。李嗣昭、嗣源數將死士夜入氏叔琮營，斬首捕虜，汴軍驚擾。會大疫，叔琮引兵還。

雖有晋州之捷，猶恐河東兵之復出也。故遣將直抵晋陽，作急攻之勢，雖不克而退，克用之氣折矣。故自是不敢與全忠争。

李克用咨幕府以貯軍食、置兵甲、修城池之利害。李襲吉獻議，以爲：『國富不在倉儲，兵强不由衆寡，變法不若養人，改作何如舊貫！伏願大王崇德愛人，去奢省役，訓兵務農。則不求富而自富，不求安而自安。』

克用以兵食不足博訪奇策，而襲吉獨進正論，庶乎知本務矣。當日未悉能用其言否；然河東危而不亡，莊宗卒成帝業，未始非結人心、固國本之明效也。

上以李儼爲江淮宣諭使，書御札賜楊行密，拜行密東面行營都統、中書令、吴王，以討朱全忠。

此非帝意，李茂貞與韓全誨等爲之也。河東兵敗，故求助於淮南，而行密固不能赴救也。

工部侍郎、同平章事韋貽範遭母喪，宦官薦姚洎爲相。洎謀於韓偓，偓曰：『若圖永久，莫若未就爲善；倘出上意，固無不可。且汴軍旦夕合圍，孤城難保，家族在東，可不慮乎！』洎乃移疾。

觀偓之語洎者，則知偓之必不爲相也。此時爲相，無益於國，而適足殺身破家，智者不爲也。

李茂貞自將兵與朱全忠戰於虢縣，大敗而還。全忠進軍鳳翔城下，朝服向城而泣曰：『臣但欲迎車駕還宫，不與岐王角勝也。』遂爲五寨環之。

全忠至此，猶云『不與岐王角勝』乎？兵敗援絶，五寨環郭，鳳翔於是坐困矣。

韋貽範之爲相也，多受人賂，許以官。既而以母喪罷去，日爲債家所噪。故汲汲於起復，日遣人詣兩中尉及李茂貞求之。

時勢至此，爲相亦何可樂？其汲汲圖之者，唯欲受賕賣官耳。然汴軍圍逼，困守孤城，一旦城破，即坐擁厚貲，知誰屬乎？唐末宰相，貽范尤爲無恥，殆韋氏子之最下才者歟？

命韓偓草貽範起復制，偓曰：『吾腕可斷，此制不可草！』上即命罷草，仍賜敕褒賞之。

起復爲金革變禮，是時不得謂無軍旅之事也，偓不草制，特以貽範志在營私戀棧，并非墨經從戎，故不爲之屈耳。然亦欲藉此立异，俾茂貞等不肯引己入相也。

全忠以久雨，士卒病，召諸將議引兵歸河中。高季昌、劉知俊曰：『茂貞已困，奈何捨之去！』全忠患李茂貞堅壁不出，季昌請以譎計誘致之。茂貞果開門，悉衆攻全忠營，全忠鼓於中軍，百營俱出，擊殺殆盡。茂貞自是喪氣，始議與全忠連和。

茂貞爲人，凶滑倔强，未易屈服。全忠但爲四面張網之計，使之自困，而不以急攻力取者，正以車駕方在城中，恐致意外之變，將冒不韙之名也。

保大節度使李茂勳（茂貞從弟）帥衆萬餘人救鳳翔，屯於城北。朱全忠遣孔勍等乘虚襲鄜、坊，拔坊州。冒雪襲取鄜州，擒留守李繼瑭。茂勳聞之，遁去，遂請降。

茂勳庸奴，無足輕重，然亦鳳翔一援也。失地乞降，而茂貞之羽翼盡矣。

蘇檢數爲韓偓經營入相，言於茂貞及中尉、樞密，且遣親吏告偓，偓怒曰：『公與韋公自貶所召歸，旬月致位宰相，訖不能有所爲。今朝夕不濟，乃欲以此相汙邪！』

士値板蕩之時，若自度得君足以有爲，即入相亦所不辭，成則主、臣俱榮，不同則與國同盡耳。若明知不能有爲，而貪位忘禍，誤國因以自誤，則君子必不爲也。

李茂貞山南州鎮皆入王建，關中州鎮皆入全忠，坐守孤城。乃密謀誅宦官以自贖，遺全忠書，委罪韓全誨，全忠亦以書報之。

前第議與全忠連和耳，至此始謀誅宦官。

初，朱全忠圍鳳翔，韓全誨以詔書徵藩鎮兵入援。平盧節度使王師範見之，泣曰：『吾屬爲帝室藩屏，豈得坐視天子困辱如此，各擁强兵但自衛乎！』會張濬亦遺之書，勸舉義兵。師範曰：『張公言正會吾意。』（三年）

師範於車駕被劫西幸之時不思入援，至於鳳翔詔書，豈不知其出於全誨之僞托，而泣下沾衿，誓以生死乎？竊謂兖鄆既亡，淄青豈能久存？徒以全忠興師遠出，既經營河北，復鏖戰河東，又以迎駕爲名，措置關中，故不暇東出耳。師範預度鳳翔回戈之日禍必及己，故乘虚掩襲，爲先發制人之計，其托言舉義，非誠也。濬素附全忠，且説全忠先取韓建矣，乃又遺書師範，令圖全忠，何其如出兩人哉！

時關東兵多從全忠在鳳翔，師範分遣諸將，詐爲貢獻及商販，包束兵仗，載以小車，入汴、徐、兖、鄆、齊、沂、河南、孟、滑、河中、陝、虢、華等州，期以同日俱發，討全忠。適諸州者，多事泄被擒。

師範之計似巧，但僅可試之一州耳。若遍及各州，則紛紛四出，形迹易露；且兵無援應，將又難得其人，宜其事泄被擒也。

泰寧節度使葛從周悉將其兵屯邢州，劉鄩襲取兖州，將精兵五百，夜自水竇入，比明，軍城悉定。鄩據府舍，拜從周母；待其妻子，甚有恩禮。

從周威名素著，當時有『山東一條葛，無事莫撩撥』之諺。鄩雖以智取兖州，自度非從周敵，故善視其家，預爲他日地。鄩之卒歸全忠，於此亦可見已。

李茂貞獨見上，請誅韓全誨等，與朱全忠和解，奉車駕還京。上大喜，即遣内養帥鳳翔卒四十人收全誨等，斬之。又斬李繼筠等十六人，以其首示全忠。

茂貞兩次劫駕，一則假子繼鵬，一則假子繼筠。乃河東兵至，即斬繼鵬；鳳翔圍急，復斬繼筠，皆委之罪以自解。彼健兒亦何樂爲茂貞假子、聽其嗾使、助之爲惡也？

全誨等已誅，全忠圍猶未解。茂貞白上急召崔胤，令帥百官赴行在。胤稱疾不至。全忠以書召之，始來。

全忠之迎駕，胤召之也；圍之未解，待胤來耳。胤來而圍解矣。

茂貞請以子侃尚平原公主，又欲以蘇檢女爲景王妃以自固。上皆從之。

此時即尚主，能自固乎？檢何爲者？乃亦於此納女爲王妃，無非欲托外戚以保相位耳。唐祚將傾，天子如寄坐，宰相如鬼樸，二人豈猶見不及此，而乃妄求援繫於帝室，亦可謂大迷弗悟者已。

上入長安，全忠、崔胤同對。胤奏請悉罷宦官職事，上從之。是日，全忠以兵驅宦官第五可範等數百人於内侍省，悉殺之；其出使外方者，詔所在誅之。止留黄衣幼弱者三十人，以備灑掃。上愍可範等無罪，爲文祭之。

物極必反，天道之常。唐室宦官專權最久，造孽最深，受誅亦最慘。天固假手全忠草薙而禽獮之也。帝既不能救可範等之死，爲文祭之，殊可不必。是時宰相以下，如杜讓能、王摶輩，冤死者衆矣，不聞追恤，何獨不忍於宦官乎！

温公論宦官之弊，其終篇曰：『袁紹行之於前而董卓弱漢，崔昌遐行之於後而朱氏篡唐，雖快一時之忿而國遂以亡。是猶惡衣之垢而焚之，患木之蠹而伐之，其爲害豈不益多哉！』

謂盡誅宦官無救於唐之亡，可也；謂唐之亡由於盡誅宦官，比之惡垢焚衣、患蠹伐木，則非其倫矣。是時即不誅宦官，能止朱氏之篡乎？ 前明之天下亦壞於宦官，其亡也，何嘗誅宦官哉！

崔胤奏： 官人宋柔等皆韓全誨所獻，及僧、道士與宦官親厚者二十餘人，并送京兆杖殺。

柔等皆知書美人，日侍帝側，爲全誨耳目者，杖殺亦不爲枉； 并及僧道，無乃太甚乎！ 胤此時應志得意滿，而不知行將自及也。

工部侍郎、同平章事蘇檢，吏部侍郎盧光啓，并賜自盡。

茂貞子尚主，檢女爲王妃，檢之黨於茂貞，較光啓更爲衆著，其賜死無可疑者。《新書》所云『長流環州』者，誤也。 女爲王妃，既無救於死，而平原公主，帝亦取歸。 茂貞、檢，亦安能自附於外戚哉！

以崔胤爲司徒兼侍中。 胤恃全忠之勢，專權自恣，天子動静皆禀之。 朝臣從上幸鳳翔者，貶逐三十餘人。 刑賞繫其愛憎，中外畏之。

胤所爲，何以异於李茂貞、韓全誨？

貶韓偓濮州司馬。 上密與偓泣别，偓曰： 『臣得遠貶及死，乃幸耳。』

偓以貶而免於白馬驛之難。

朱全忠奏： 留步騎萬人於故兩軍，以朱友(寧)[倫]爲左軍都指揮使、張廷範爲宫苑使、王殷爲皇城使、蔣玄暉爲街使。於是全忠之党布列於禁衛及京輔。

長安自天子至於士庶，均歸全忠掌握之中。

朱全忠辭歸鎮，留宴壽春殿，又餞之於延喜樓。百官班辭於長樂驛。崔胤獨送至霸橋，夜二鼓始還。上復召對，問全忠安否，置酒奏樂，至四鼓乃罷。

帝畏全忠，因畏胤；昵胤，將以媚全忠也。豈得已哉！胡身之乃譏其徵召不時、宴飲無節，豈知帝之苦心哉！

朱全忠至大梁。王師範弟師魯圍齊州，朱友寧引兵擊走之。師範遣兵益劉鄩軍，友寧擊取之。由是兖州援絶，葛從周引兵圍之。友寧進攻青州；全忠引兵十萬繼之。

既取兖州，復圍齊州，師範亦住手不得矣。然豈全忠之敵哉？立見其敗耳。

王師範求救於淮南，楊行密遣王茂章以步騎七千救之。

是時方鎮與汴爲敵者，李克用與行密耳。師範初舉兵，即以書告克用，克用不能救也。至是始求救於淮南，而行密應之。

王建遣韋莊入貢，亦修好於朱全忠。全忠遣王殷報聘，建與之宴。殷言：『蜀甲兵誠多，但乏馬耳。』建乃集諸州馬，大閲於星宿山，官馬八千，私馬四千，部隊甚整。殷嘆服。

胡身之謂：建以多馬炫殷，殷遽嘆服，非善視者。竊謂殷欲覘蜀，而譏其乏馬，已屬情見乎辭，蓋欲知蜀馬之多少也。迨建示以多馬，殷即心有不服，不容更有所譏。謂非善覘，必如何而後謂之善覘乎？

崔胤奏：『左右龍武、羽林、神策等軍名存實亡，請每軍募步兵四將，每將二百五十人，騎兵一將百人，合六千六百人，選其壯健者，分番侍衛。』從之。

朱全忠已留步騎萬人，以朱友倫爲宿衛都指揮使矣，豈欲更置侍衛之軍哉！胤托備禦鳳翔爲名，輒自招募，固全忠所惡也。胤阿附全忠，乃觸其所惡而曾不之知，詎非死期將至、天奪之鑒乎！

朱友寧拔博昌，進拔臨淄，抵青州城下，遣别將拔登州。王師範帥登、萊兵拒友寧於石樓，友寧擊登州柵，破之，進攻萊州柵。王茂章度其兵力已疲，乃與師範合兵出戰，大破之。斬友寧，傳首淮南。

茂章淮南良將，故一戰而大捷。

朱全忠聞友寧死，自將兵二十萬赴之。至臨朐，命諸將攻青州。王師範出戰，汴兵大破之。王茂章度衆寡不敵，引軍還。

友寧死而全忠之兵愈集，茂章去而師範之勢益危已。

寧國節度使田頵叛楊行密，與潤州團練使安仁義同舉兵。行密使李神福討頵，王茂章擊仁義。

《十國紀年》載：朱全忠聞頵叛，削奪行密官爵，命頵及杜洪、鐘傳、錢鏐充四面招討使，布制書於境上。

行密知其詐。温公不取，著之《考异》。竊謂全忠自清口之敗，何嘗一日忘淮南？此時聞頵之叛，豈不欲乘釁以圖行密？第以方攻淄青，與王師範相持，是以置淮南爲緩圖耳。削奪之詔、四面招討之命，蓋詐爲之，亦第以虚聲震怖，俾行密蒼黄失圖，而洪等固未肯奉命出兵也。

楊行密夫人，朱延壽之姊也。行密狎侮延壽，延壽怨怒，陰與田頵通謀。頵遣杜荀鶴至壽州，與延壽相結，又至大梁告朱全忠，全忠遣兵屯宿州以應之。

史稱延壽爲行密所狎侮，怒而思叛，亦未盡然。延壽、田頵，皆與行密起自閭閻，等夷親故，所云布衣昆弟者也。今見行密獨居尊位，而渠等皆爲之臣，狎恩恃舊，猜隙易生，是以積不能平，思起奪之耳。行密知之，故詐爲失明，召之以軍府相委，而延壽即至，其意可知已。

朱延壽謀頗泄，楊行密詐稱目疾，對延壽使者多錯亂所見，或觸柱僕地。謂夫人曰：『吾不幸失明，諸子皆幼，軍府事當悉以授三舅。』夫人屢以書報延壽，行密又自遣召之，令徐温爲之備。延壽至，行密迎及寢門，執而殺之。部兵驚擾，温諭之，皆聽命。

胡身之以爲：温有以服延壽部兵之心，故諭之皆聽命。竊謂此不盡繫乎温也。行密恩信結於人心，爲淮南將士所悦服；而延壽苛暴寡恩，素不能得衆故也。觀於臺濛討田頵，先以行密書遍賜頵將，皆下馬拜受，則延壽之衆可知已。

王師範請降於楊師厚，朱全忠聞李茂貞、楊崇本將起兵逼京畿，恐其復劫天子西去，欲迎車駕都洛陽，乃受師範降，選諸將使守登、萊、淄、棣等州，即以師範權淄青留後。

師範雖有留後之名，而坐守孤城，不能行其號令矣。胡身之謂全忠欲殺師範而力有未及，非也。第以既受其降，未便遽殺之耳。後居其家，則因友寧妻之請也。

葛從周急攻兖州，劉鄩使從周母乘板輿登城，謂從周曰：『劉將軍事我不异於汝，新婦輩皆安居，人各爲其主，汝可察之。』從周嘘唏而退。

鄩善事葛母，正爲今日。非徒動之以情，實則脅以爲質也。時稱鄩用兵，十步九計，信然。

劉鄩堅守以扞敵，及王師範力屈，葛從周以禍福諭之，鄩曰：『受王公命守此城，不俟其命而降，非所以事上也。』及師範使者至，乃出降。從周送鄩詣大梁。朱全忠賜之冠帶，辭；請以囚服見，不許。全忠以爲元從都押牙，諸將具軍禮拜於廷，鄩坐受自如，全忠益奇之。

鄩於師範，始終不失臣節，於全忠進退必以禮，其智非諸將所及也。全忠一旦擢居右職，旋以保大留後畀之，固知其才堪大受，不以破格爲嫌。而諸將亦無异議者，鄩之自處有以服其心也。

淮南將臺濛擊斬田頵，遂克宣州。初，楊行密與頵同閭里，少相善，約爲兄弟。及頵首至廣陵，行密爲之泣下，赦其母殷氏，行密與諸子皆以子孫禮事之。

劉鄩以禮事葛從周之母，乃兵機權道也；行密於頵母，庶乎不失爲厚矣。頵負行密，行密不負頵。

張濬居長水。王師範之舉兵，濬豫其謀。朱全忠將謀篡奪，恐濬扇動藩鎮，諷張全義使圖之。全義遣牙將楊麟將兵詐爲劫盜，圍其墅而殺之。

胡身之謂：夷考本末，濬之死，遠過白馬朝士。竊謂濬本末俱無足觀，其勸師範舉兵，特欲緩鳳翔之攻耳；實則所頒徵兵詔書，皆韓全誨等僞爲之，師範不知，濬亦不知乎？勿論師範文弱，事必無成，即使乘虛襲取汴州，迫全忠還兵自救，鳳翔之圍解，而全誨等劫持如故，跋扈如故，帝之幽辱亦如故，曾何與於國之存亡、主之安危哉！濬之死，亦輕於鴻毛耳，與白馬朝士，殊未見其相遠也。

初，崔胤假朱全忠兵力以誅宦官，全忠既破李茂貞，威震天下，遂萌篡奪之志。胤懼，與全忠外雖親厚，私心漸异，乃謂全忠，請募士以實六軍。全忠知其意，陰使麾下壯士應募，以察其變。及朱友倫死，全忠益疑胤，且欲遷天子都洛，恐胤立异。

胤素附全忠，豈猶不知全忠之爲人乎？全忠起於盜賊，專兵擅地，吞噬鄰道，跋扈自恣，其爲卓、莽，不爲桓、文，彰彰易見。胤既召之來，復趣之進，凡全忠之大得志於關中者，皆胤導之也；既授以刃，而欲戒其割乎？史所稱外親厚而心漸异者，恐未然也。胤自以募兵爲全忠所疑，適值友倫擊毬致斃，故其疑轉甚，遂決計誅之耳。至遷都之舉，胤未必立异，且事在全忠，胤亦不能立异、不敢立异也。

朱全忠密表崔胤專權亂國，并其黨鄭元規、陳班等，皆請誅之。詔責授胤太子少傅、分司，元規等貶官有差。全忠密令朱友諒以兵圍胤第，殺胤及元規、班并胤所親厚者數人。（天祐元年）

帝於胤死不能救，亦不之惜也。其相胤、重胤、昵胤，皆爲全忠，非爲胤也。使死者有知，第五可範等能無稱快於地下乎？胡身之謂胤有誤國之罪，無負國之心，竊謂胤誤國之罪固難辭，負國之心亦不容恕。觀於帝在鳳翔圍城中屢召不至，全忠一呼即來，其心可知矣。特幸而因疑被誅，免致與六臣同傳耳。胤之募兵，爲備茂貞，其告全忠，乃誠言也。以數千烏合之衆，詎足抗友諒百戰之師？况大梁兵力雄天下，李克用且不敢與争，胤書生，敢萌他圖哉？全忠亟欲移唐祚，凡與帝親近者，皆誅戮無遺，乃至宫女、小兒，罕得免焉，况胤之尊爲宰相、大作威福者乎！

初，上在華州，朱全忠屢表請上遷都洛陽，上不許。全忠常令張全義繕修宫室。楊崇本（即李繼徽）恨全忠私其妻，遂説李茂貞，相與連兵，侵逼京畿。全忠屯河中，上御延喜樓，表請上遷都洛陽。

茂貞、繼徽，真庸奴也。侵逼京畿，何關邠、岐之輕重？適足令全忠藉口表請東遷耳。

上甫下樓，裴樞已得全忠移書，促百官東行。驅徙士民，號哭滿路，駡曰：『賊臣崔胤，召朱温來，傾覆社稷，使我曹流離至此！』

當日口碑如是，胤之罪不勝誅矣。而胡氏猶謂其無負國之心乎？崔、韋、裴、柳，皆唐之名族，乃崔有胤、柳有璨、裴有樞，皆附朱氏，而唐以亡。韋有貽範，則更不足論矣。

車駕發長安，至陝，以東都宫室未成，駐留於陝。朱全忠自河中來朝，上延入寢室見何后，后泣曰：『自今大家夫婦委身全忠矣！』

全忠之意，但欲車駕速離長安耳，不必遽至洛陽也。崔胤募兵以防李茂貞，與全忠東遷之議正相左，蓋全忠方假邠、岐侵逼爲由，以遂其劫駕之計，故深恨胤之沮其謀也。此胤之所以被誅歟？

朱全忠辭上，先赴洛陽督修宫室。上遣間使以絹詔告急於王建、楊行密、李克用等，令糾帥藩鎮以圖興復，曰：『朕至洛陽，則爲所幽閉，詔敕皆出其手，朕意不復得通矣！』

帝亟欲出鳳翔，正以幽閉難堪，今逆料洛陽無异鳳翔，而不知更有甚焉者也。

朱全忠奏：洛陽宫室已成，請車駕早發。上屢遣宫人諭以皇后新産，請俟十月東行。全忠疑上徘徊俟變，謂牙將寇彦卿曰：『汝速至陝，即日促官家來。』

帝之盤桓中路，以間使絹詔應有消息也。乃三鎮不應，而全忠先疑，催促之使立至矣。

車駕發陝，全忠逆於新安。上之在陝也，司天監奏：『星氣有變，今秋不利東行。』故上欲以十月幸洛。至是，全忠令許昭遠告醫官使閻祐之、司天監王墀、内都知韋周、晋國夫人可證等謀害元帥，悉收殺之。

東行之不利，何必更占星氣哉！十月與是月等耳，乃墀竟以一言賈禍；晋國弱女子，亦何能爲，乃亦以耳語坐誅，冤哉！

上憩於穀水。自崔胤死，六軍散亡俱盡，所餘擊球供奉、内園小兒共二百餘人，全忠爲設食，盡縊殺之。預選二百餘人大小相類者，衣其衣，代之侍衛。自是左右皆全忠之人矣。

奸雄將謀篡竊，必先翦天子之羽翼而落其爪牙，然亦第除其所忌耳，未有不分男女良賤一概獮薙靡遺，若朱三之甚者。良由起自盜賊，性同蛇虺，猜忍無復人理也。

車駕入宮，御正殿，受朝賀。敕內諸司惟留宣徽等九使，餘皆停廢，仍不以內夫人充使。

不惟宦官誅絶，內夫人亦不得傳宣詔命。而充宣徽等使之蔣玄暉等，皆全忠心腹之人。天子在大內，亦不得自由已。

上宴朱全忠及百官於崇勳殿，復召全忠宴於內殿。全忠疑，不入。上曰：『可令敬翔來。』全忠擿翔使去，曰：『翔亦醉矣。』

帝之復召全忠宴，將以示寵异、昵全忠也，安敢圖全忠哉！全忠自知無禮已甚，而帝猶有英氣，故動輒猜防耳。

西川諸將勸王建乘李茂貞之衰取鳳翔。建問馮涓，涓曰：『鳳翔，蜀之藩蔽，不若與之和親。』建曰：『茂貞與朱全忠力争則不足，自守則有餘，使爲吾藩蔽，所利多矣。』乃與茂貞修好。

建藉茂貞爲藩蔽，故蜀安而岐亦不亡。

朱全忠方引兵討邠岐，以帝有英氣，欲立幼君，易謀禪代。乃遣李振至洛陽，令蔣玄暉、朱友恭、氏叔琮等弑帝於椒殿，夫人裴貞一、昭儀李漸榮俱死之。又欲殺何后，后求哀於玄暉，乃釋之。

椒殿殉節，惟裴、李二女子耳。不惟何后偷生，即裴樞輩號爲大臣宿望者，亦尸位苟容而噤不一語。蓋臣節士氣，掃地盡矣。

蔣玄暉矯詔稱李漸榮、裴貞一弒逆，宜立輝王祚爲皇太子，更名柷，監軍國事。昭宣帝即位，時年十三。

委罪二女子，而擁立幼弱，李振之謀，全忠之志也。

朱全忠還至東都，伏梓宫慟哭，見帝，自請討賊。奏貶朱友恭崖州司户、氏叔琮白州司户，皆賜自盡。友恭臨刑大呼曰：『賣我以塞天下之謗，如鬼神何！行事如此，望有後乎！』

司馬昭誅成濟，而不誅賈充；全忠誅友恭、叔琮，而不誅蔣玄暉。然於二人，亦第坐以不戢士卒，貶之而賜自盡，固未明正其弒逆之罪，肆諸市朝也。

以崔遠爲清海節度使。遠至江陵，聞嶺南多盗，且畏劉隱不受代，不敢前。朝廷召遠還。隱遣使以重賂結朱全忠，全忠以隱爲節度使。

隱之秉節，以賂全忠得之。然自是遂據東粤。

昭宣皇帝（諱祚，更名柷，昭宗第九子，在位二年）

張廷範本優人，有寵於朱全忠，奏以爲太常卿。裴樞曰：『廷範勳臣，幸有方鎮，何藉樂卿！』持之不下。全忠謂賓客曰：『吾常以裴十四不入浮薄之黨，觀此議論，本態露矣。』柳璨因譖之，乃與崔遠、獨孤損俱罷相。（二

年）

天子遇弑，不能討賊，又不能殉節，澳涊偷生，尸居相位，而猶争樂卿，何其不知輕重一至於此邪！蓋裴氏名家，樞仍存甄别流品之成見耳。全忠盗賊，既爲元帥；廷範優人，則爲樂卿，固其宜也。

河東都押牙蓋寓卒，遺書勸李克用省營繕，薄賦斂，求賢俊。

寓遺書，與李襲吉之議略同。《通鑑》具官特書其卒，蓋予之也。

彗星長竟天，占者曰：『君臣俱災，宜殺戮以應之。』柳璨因疏其素所不快者於朱全忠，曰：『王欲圖大事，此曹皆難制者也，不若盡去之。』全忠以爲然。裴樞、崔遠等各貶官賜自盡。全忠聚樞等及朝士貶官者三十餘人於白馬驛，一夕盡殺之，投尸於河。

此曹雖好自標置，實無關唐之存亡，未見其難制也。璨非不知，特欲以此言動全忠之聽耳。士生此時，既不能扶傾定亂，又不能遠禍全身，隕首糜軀，溘焉同盡，獨何爲者邪？不睹白馬驛之慘，不知王官谷之超也。

朱全忠以趙匡凝東與楊行密交通，西與王建結婚，遣楊師厚將兵擊之，全忠以大軍繼之。

全忠既東定淄青，必將南圖襄鄧，匡凝豈能免於受兵乎？况與行密等移檄諸道，聲罪共討，有以觸全忠之怒邪！

初，禮部員外郎、知制誥司空圖棄官居虞鄉王官谷，昭宗屢徵之，不起。柳璨以詔書徵之，圖懼，詣洛陽入見，陽爲衰野，墜笏失儀，乃放還。

韓偓以貶謫爲幸，圖以衰野自全，皆唐末詩人之不失名節、而能以明哲保身者也。

楊師厚攻下唐、鄧、復、郢、均、隨、房七州，朱全忠軍於漢北。師厚作浮梁渡漢，大破趙匡凝兵於漢濱，遂傅其城下。匡凝焚府城，帥其族及麾下士奔廣陵。師厚入襄陽，全忠繼至。

王師範猶能求救於淮南，背城力戰，匡凝一戰而敗，即舉族出奔廣陵，不及師範遠矣。其弟匡明據有荆南，乃既不能救其兄，又不能守其地，不戰而棄城走，不惟不及朱瑾，又不及匡凝矣。全忠吞噬鄰道，未有如兩鎮之易者。

楊行密長子宣州觀察使渥，素無令譽。行密寢疾，命周隱召渥。隱性戇直，對曰：『宣州司徒非保家之主，餘子皆幼。劉威從王起細微，必不負王，不若使之權領軍府，俟諸子長以授之。』行密不應。

隱知渥非保家之主，能保威必不負行密乎？行密肯以血戰所得之境土，舍其子而輕付他人乎？隱不惟戇直，殆有狂易之疾者歟！

嚴可求謂楊行密曰：『王若不諱，如軍府何？』行密曰：『吾命周隱召渥，今忍死待之。』可求與徐温詣隱，隱未出見，牒猶在案上，可求與温取牒，遣使如宣州召渥。

召渥，大事也。隱既受行密牒，不即遣發，乃置之案上，遽爾他出。及爲温等所取，亦復不問，何也？隱即疏略，亦何至此！

起居郎蘇楷，禮部尚書循之子也。素無才行，乾寧中登進士第，昭宗覆試黜之，仍永不聽入科場。

觀此，則唐之進士復試，固甚嚴也。胡身之以爲：裴樞等死，而蘇循等進，奉唐璽綬而輸之梁者，此輩也。竊謂：樞特幸而先死耳，使其尸居相位，禪代之際，奉璽綬而輸之梁，未必讓循等也。初議東遷，天子甫下延喜樓，遽奉朱全忠書促百官東行者，非樞也邪？

朱全忠至大梁，急欲傳禪，蔣玄暉與柳璨等議：欲依魏、晋以來故事次第行之。全忠大怒。王殷、趙殷衡因譖玄暉等欲延唐祚，逗留以俟變。玄暉自見全忠曰：『今兹晋、燕、岐、蜀皆吾勍敵，王遽受禪，彼心未服，不可不曲盡義理，然後取之，欲爲王創萬代之業耳。』全忠叱之曰：『奴果反矣！』

是時晋勢已衰，燕、岐更非梁敵，蜀地險遠不能爲患。所云『創萬代之業』者，實亦不關於魏晋故事，宜其不足動全忠之聽而益觸其怒也。曹孟德非不欲受漢禪，所以遲遲不發者，畏荆州之方强，故關侯遇害，丕遂代漢。全忠盜賊之雄耳，所見遠不及孟德，而又一無所畏，欲其不速篡得乎？玄暉，朱氏家奴，事全忠久，豈不知其爲人？而乃汲汲於九錫、封國，欲加殊禮，適以重拂其意，其亦將死而天奪之魄邪？抑爲柳璨所誤邪？

柳璨、蔣玄暉等議加朱全忠九錫，以宣武等二十一道爲魏國，進封魏王。全忠怒其稽緩，讓不受。王殷、趙殷衡譖玄暉：『與柳璨、張廷範對太后焚香爲誓，期復唐祚。』全忠收玄暉、璨等，皆斬之。璨臨刑呼曰：『負國賊柳璨，死其宜也！』

朱友恭臨刑，猶恨全忠賣己，實則躬行弑逆，罪無可逭也。璨臨刑，即自伏其負國之罪。殆是非之良心，至死而一現邪？

初，昭宗凶訃至潞州，昭義節度使丁會流涕久之。及李嗣昭攻潞州，會舉軍降，見李克用曰：『會非力不能守。梁王陵虐唐室，會雖受其舉拔之恩，誠不忍其所爲，故來歸命耳。』（三年）

王師範舉義兵，雖敗猶榮；自是唐之藩帥，罕有繼之者矣。會本汴之宿將，爲朱全忠所倚任，毫無罪釁，第以其躬行弑逆，不忍所爲，翻然改圖，歸命河東，亦可謂不爲盜賊餘贓所汙者已。

黄恩彤文集

五

〔清〕黄恩彤 撰
魏伯河 點校

齊魯書社

鑒評别録卷五十一

後梁紀一

太祖皇帝（姓朱氏，諱温，宋州碭山午溝里人，背黄巢歸唐，賜名全忠，即位改名晃，在位六年）

唐昭宣帝降御札禪位於梁。以攝中書令張文蔚爲册禮使，禮部尚書蘇循副之；攝侍中楊涉爲押傳國寶使，翰林學士張策副之；御史大夫薛貽矩爲押金寶使，尚書左丞趙光逢副之；帥百官備法駕，詣大梁。（開平元年）

文蔚等，所謂『唐六臣』者也，歐陽公之論詳已。竊謂唐自中葉迄於末造，政操於宦官，兵專於方鎮，宰相尸居其間，不能有所匡救，甚乃阿附强藩，召亂基禍，崔昭緯、崔胤、柳璨尤罪之魁也。至是則朱氏之勢已成，李氏之事已去，雖有百官，具員充數而已。即欲挽落照於神淵，扶頽□於□□，亦何從爲力哉！苟全性命、罔顧廉耻若文蔚等，祇當責其不能死節，毋庸概加以賣國之罪也，惟蘇循則當别論耳。

楊涉子直史館凝式言於涉曰：『大人爲唐宰相，手持天子璽綬與人，雖保富貴，奈千載何！盍辭之！』涉大駭曰：『汝滅吾族！』神色爲之不寧者數日。

唐養士三百年，不爲不厚，乃易代之際，群臣競奉新朝，無一人盡節故主者；惟凝式尚知名義，而其父爲之駭怖，若無地自存者。蓋自白馬駢戮，衣冠垂盡，其倖免者，皆頑鈍嗜利、偷生鮮耻之人，是以靡然無復生氣也。胡身之以爲：涉之相也，知必爲凝式之累，不應駭凝式之言。竊謂：涉所云『爲累』者，懼父子并誅也。凝式之言，亦幸而不聞於朱氏耳，一有漏泄，禍立致矣。即欲佯托心疾、浮沈五季之間，號曰『風子』，亦何可得哉！

梁王即皇帝位，與張文蔚等宴。帝舉酒曰：『此皆諸公推戴之力。』帝復與宗戚飲博於宫中，酒酣，朱全昱忽以瓊擊盆中，迸散，睨帝曰：『朱三，汝本碭山一民，從黄巢爲盗；天子用汝爲四鎮節度使，富貴極矣！奈何滅唐家三百年社稷，自稱帝王？行當滅族矣！』帝不懌而罷。

昭宗之弑也，方鎮擁兵坐視，而不忍所爲、悉衆他往者，乃有全忠之將丁會；昭宣之禪也，群臣屈膝新朝，而忽發狂言、斥其僭僞者，乃有全忠之兄全昱。亦异矣！雖然，全昱之言，乃天下人人意中之言也。特畏誅，噤不敢發耳。全昱其猶有三代之直乎！

奉唐昭宣帝爲濟陰王，遷於曹州，栫之以棘，使甲士守之。

未幾遂鴆弑之。

以敬翔知崇政院事。帝性暴戾難近，惟翔能識其意趣。禪代之際，翔謀居多。

翔佐全忠，所云助紂爲惡者也。其人頗似魏之賈詡，而幹略過之。

是時，惟河東、鳳翔、淮南稱『天祐』，西川稱『天復』年號，餘皆禀梁正朔，稱臣奉貢。蜀王與弘農王移檄諸道，欲與岐王、晋王會兵興復唐室，卒無應者。蜀王乃謀稱帝，下教諭統内吏民。

是時楊行密已卒，渥騃豎子耳，雖襲爵弘農王，據有淮南，興復非其所及，移檄徒爲大言耳。王建見朱氏篡立，亦有僭號之意，其假興復爲名，張皇文告，正以覘人心之向背何如，故諸道莫應，而稱帝之謀決矣。

蜀(主)[王]遺晋王書云：『請各帝一方，俟平朱温，乃訪唐宗室立之，退歸藩服。』晋王復書不許，曰：『誓於此生靡敢失節。』

河東、淮南，與朱氏仇隙最深，必無臣服之理；不惟克用雄武，氣不能降，即楊渥庸騃，亦滕不肯屈也。岐、蜀地阻西偏，非朱氏所必争，王建又與李茂貞婚姻朋附，相爲唇齒，進則不足，退則有餘，建自以全蜀險固，可以閉門作天子，故欲爲劉備耳，其志固不在遠也。克用以帝止一方，與王等耳，與其僭號而無廣地之實，孰若循舊而有守義之名？且既可以愧朱温之作賊，又可以致諸鎮之心服。此自克用之智略，非建所及；若遽信其不忍背唐，則書生之淺見已。胡氏遽許爲忠純，豈知克用者哉！

岐王以兵羸地蹙，不敢稱帝，但名所居爲宫殿，妻稱皇后，將吏上書稱箋、表，鞭、扇、號令，多擬帝者。

茂貞不敢僭號，而妄自尊大，倔强一隅，殊可嗤已。其不附朱氏，非别有所見，正以積怨素深，必不見容，又恃蜀援，故且作旦夕之計耳。

羅隱説吴王鏐舉兵討梁，曰：『縱無成功，猶可退保杭、越，自爲東帝；奈何交臂事賊，爲終古之羞乎！』鏐雖不能用，心甚義之。

李茂貞與王建，婚姻也，蜀恃鳳翔爲捍蔽，故蜀安；鏐與楊氏，亦婚姻也，吴恃淮南爲捍蔽，故吴安。鏐之所處，與建正同。况蜀有劍閣之險，吴亦有浙江之限，均非朱氏所能驟圖。乃建稱帝而鏐附梁，亦各有所志也。

契丹遣其臣袍笏梅老來通好，帝遣高頎報之。初，契丹有八部，部各有大人，相與約，推一人爲王，建旗鼓號令諸部，每三年則以次相代。

趙志忠《虜庭雜記》云：『衆部酋長會議立王，三年一代。倘灾害不生，群牧孳盛，人民安堵，則不代。』其法與今西洋之米利堅國正同。地隔重溟，事隔千載，乃竟不謀而合。

及阿保機爲王，擊滅七部，并爲一國，東北諸夷皆畏服之。是歲，阿保機以三十萬衆寇雲州，晋王與之連和，約爲兄弟，約以今冬共擊梁。阿保機歸而背盟，更附於梁。

以晋王之兵，得契丹之助，長驅渡河，直指汴洛，其勢未易當也。背盟而遣梅老，河東失一强援，而朱氏益無所憚矣，故遂有潞州之役。

命康懷貞將兵八萬，會魏博兵攻潞州。

自丁會以潞州歸河東，朱氏方謀篡竊，故未暇出兵。至是乃爲此大舉，蓋將攻取潞州，因以進規河東也。

蘇循及其子楷自謂有功於梁，循朝夕望爲相。帝薄其爲人，敬翔及李振亦鄙之，翔言於帝曰：『循，唐之鴟梟，賣國求利，不可以立於維新之朝。』詔：循及張褘等十五人并勒致仕，楷斥歸田里。

背舊君而自結於新主，反爲新主所斥者多矣。全忠於唐臣之稍知廉耻者，誅戮惟恐不盡，而於循父子又薄其爲人，何也？詎非干進希榮，不知止足，曾盜賊之不若邪？裴樞等以宿望駢誅勿論已，柳璨猶不免於死，循等又不免於斥，士即不自愛，亦何樂而立於朱氏之朝哉！

康懷貞攻潞州，不克。帝黜懷貞，以李思安代爲都統，至潞州城下，更築重城，謂之夾寨。調山東民饋軍糧，周德威日以輕騎抄之。夾寨中出芻牧者，德威輒抄之，於是梁兵閉壁不出。

既築壘穿塹以守之矣，乃更築重城夾寨，内防奔突，外絶糧援，其志在必得潞州而後已。使非李嗣昭善守，德威善戰，不及待晋王之援已。

蜀王會將佐議稱帝，皆以爲宜。馮涓獨請以蜀王稱制，曰：『朝興則未爽稱臣，賊在則不同爲惡。』王不從，涓杜門不出。王用韋莊之謀，帥吏民哭三日；即皇帝位。

建稱帝之意已决，觀其遺晋王書可見，宜涓言之不足動聽也。羅隱、韋莊，皆唐末詩人之有干用而不獲仕於中朝者。乃隱在吴，則説錢鏐爲東帝；莊在蜀，則贊建爲西帝，其識均在涓下。

義昌節度使劉守文聞其弟守光囚其父仁恭，集將吏大哭曰：『不意吾家生此梟獍！誓與諸君討之！』乃發兵擊守光，互有勝負。羅紹威遺守文書，諭以禍福。守文亦恐梁乘虚襲其後，遣使請降。

王師範不失爲忠，守文不失爲孝。而事卒無成者，才略不足以濟之也。

晋王疽發於首，病篤。命其弟克寧等立其子存勖爲嗣，曰：『以亞子（存勖小字）累汝！』言終而卒。存勖以位讓克寧，克寧曰：『汝冢嗣也，先王之命，誰敢違之！』（二年）

克寧初意甚善，後爲假子所惑、悍妻所制，遂萌异圖，致殺其身，惜哉！

帝至澤州，以李思安久無功，削其官爵。晋李嗣昭固守逾年，帝數遣使諭降之。嗣昭焚詔書，斬使者。帝欲召兵還，諸將以爲李克用死，周德威兵且退，上黨孤城無援，請更留旬月以俟之。帝從之。

諸將之議，未爲失策。胡身之以爲夾寨之敗正坐此，竊所不解。

劉知俊將精兵萬人擊晋軍，斬獲甚衆，表請自留攻上黨，車駕宜還京師。帝以關中空虚，慮岐人侵同、華，命知俊休兵旬日，退屯晋州，俟五月歸鎮。

胡氏以爲：知俊小捷，所以驕梁兵而殲之，天之厭梁，於此可見。竊謂全忠躬親視師，疑克用詐死而實在軍中，慮諸將非其敵也。此時既知克用確死，以爲晋無可畏，潞必可取，諸將兵力制之有餘，故令知俊屯晋州以備關中。此自當日一定之勢，未見天之厭梁也。凡讀史，最不宜於事後論成敗。

夾寨奏：余吾晋兵已引去。帝以援兵不能復來，潞州必可取，自澤州南還；梁兵在夾寨者亦不復設備。

晋兵已去，潞城久困，無煩大駕久留，全忠有不南還者乎？夾寨之備，非備内兵，備外兵也。外既無援，城可坐取，有不弛備者乎？晋王召周德威還，而自帥精兵倍道赴援，則非梁之君臣所及料也。

晋王與諸將謀曰：『上黨，河東藩蔽，無上黨，是無河東也。且朱温所憚者，先王耳；聞吾新立，以爲童子未閑軍旅，必有驕怠之心。若簡精兵倍道趣之，出其不意，破之必矣。取威定霸，在此一舉！』張承業亦勸之行。

存勖嗣立之初，才敏氣鋭，頗有太宗之風，此其發軔之始也。承業雖宦官，而親承顧托，首決大計，遂爲佐命元臣，贊成後唐之業。

晋王伏兵三垂岡下，詰旦大霧，進兵直抵夾寨。梁軍不意晋兵之至，軍中驚擾。晋王命周德威、李嗣源分兵爲二道，填塹燒寨，鼓噪而入。梁兵大潰，南走，招討使符道昭馬倒，爲晋人所殺。失亡士卒以萬計。

河東兵不競於汴久矣，至是復振。

帝聞夾寨不守，大驚，既而嘆曰：『生子當如李亞子，克用爲不亡矣！至如吾兒，豚犬耳！』

此曹孟德嘆美孫仲謀者，史仍襲用其語也。但豚犬之目，孟德以譏劉景升之子，全忠則自駡其兒耳。

晋王歸晋陽，休兵行賞。命州縣舉賢才，黜貪殘，寬租賦，撫孤窮，伸冤濫，禁奸盜，境内大治。

晋王欲用兵與梁争天下，而先自治其國，可謂知本務矣。

淮南左右牙指揮使張顥、徐温專制軍政，弘農王欲去之而未能。二人不自安，共謀弑王，分其地以臣於梁。顥遣紀祥等弑王於寢室，詐云暴薨。嚴可求奉王弟隆演爲淮南留後。

温卒殺顥，而以弑君之罪歸之，遂專制淮南之政。

楚王馬殷遣吕師周將兵擊嶺南，與清海節度使劉隱十餘戰，取昭、賀、梧、蒙、龔、富六州。殷土宇既廣，乃養士息民，湖南遂安。

馬氏自是所據土地，幾兼今湖南、廣西二省。

進士梁震過江陵，高季昌愛其才，留之，欲奏爲判官。震耻之，欲去，恐及禍，乃曰：『震素不慕榮利，但以白衣侍樽俎可也。』季昌許之，以爲謀主，呼曰『先輩』。

震亦士之有志節者。唐進士例稱『先輩』，至宋猶然。今惟翰詹科道、内閣中書、吏禮二部諸司、軍機章京猶稱『前輩』，進士不復稱『先輩』已。

淮南兵圍蘇州，推洞屋攻城，吴越將孫琰置輪於竿首，垂絙投錐以揭之，攻者盡露，炮至則張網以拒之，淮南人不能克。（三年）

昔之炮以石爲之，故張網以拒，柔可制剛。若今之火炮，藥性猛烈，則非網所能拒矣。而猶有爲此説者，又推其意而欲用牛皮、布幔，不惟昧於古今之變，亦未講明於物理而輕於嘗試者矣。

劉守文頻年攻劉守光不克，乃以兵四萬屯薊州。守光逆戰於鷄蘇，爲守文所敗。守文單馬立陣前，泣謂其衆曰：『勿殺吾弟！』守光將元行欽直前擒之。

胡身之譏守文小不忍以敗大事，身爲俘囚，自取之也。竊謂守文不忍臨陣殺守光，第欲執之請命於父，殊未爲失。至倉卒被擒，則非意料所及，不必於事後譏其自取也。

劉知俊以帝猜忍日甚，内不自安，以同州叛附於岐。遣兵襲華州，逐刺史蔡敬思，以兵守潼關。潛遣人以重利啖長安諸將，執留後劉捍，殺之。遣使請兵於岐，亦請晋人出兵攻晋、絳。

知俊猛將，既據同華、守潼關，又得長安，使岐、晋連兵，分道并進，關中可取矣。此實可乘之機。惜其事之無成也。

帝遣近臣諭劉知俊，知俊不報。詔以楊師厚爲招討使，帥劉鄩等討之。鄩克潼關，擒知俊弟知浣。

知俊之决計叛梁，知浣教之也。又請帥弟侄往迎知俊，藉以脱禍，計亦巧矣。而卒不免焉，不得謂非自取之也。

楊師厚至華州，知俊將聶賞開門降。知俊舉族奔岐。師厚至長安，岐兵已據城，師厚以奇兵并南山急趨，自西門入，遂克之。

知俊屢立戰功，其勇略不亞師厚，乃既不能據關迎戰，又不能堅守待援；迨華州既失，并不退保長安，與岐兵并力拒敵，但蒼黄出走，爲逃死計，何其憊也。

晋王引兵南下，遣周德威攻晋州，刺史邊繼威悉力固守。詔楊師厚將兵救晋州，德威以騎扼蒙坑之險，師厚擊破之，進抵晋州，晋兵解圍去。

劉知俊既敗，關中必不可圖。師厚軍勢方盛，何必與之角命於晋州乎？前有堅城，後有勍敵，兵家所忌，固宜解去。《考异》較量勝敗，似猶未悉當日之事機也。

以翰林(承)[奉]旨、工部侍郎杜曉爲户部侍郎、同平章事。曉，讓能之子也。

讓能以死殉國，而曉貶節事梁，叨居鼎飪，忝厥父矣。卒死友珪之難，亦何足惜！

鄴王羅紹威得風痹病，表乞骸骨歸第。帝以其子周翰爲天雄節度副使，謂使者曰：『亟歸語爾(王)[主]：爲我强飯！如有不諱，當世世貴爾子孫以相報也。』

紹威借汴兵以誅牙兵，致有六州鐵不能鑄此一錯之悔。其竭財力以奉全忠，有所不得已也。身患風痹，子復懦弱，知必不免爲全忠所并，故先自請代乞骸，殆亦有鑒於王師範，爲宗族百口計耳。

岐王欲取靈州以處劉知俊，使知俊自將兵攻之。朔方節度使韓遜告急；詔康懷貞、寇彦卿將兵攻邠寧以救之。知俊引兵還。帝急召懷貞等還，遣兵迎援於三原谷口。知俊遣兵據險邀之，懷貞大敗，僅以身免。

全忠知懷貞等非知俊之敵，故急召令還；遣兵迎之，而無救於敗，亦足見其久在兵間料敵之審。

宋州節度使衡王友諒獻瑞麥，一莖三穗，帝曰：『豐年爲上瑞。今宋州大水，安用此爲！』詔除本縣令名，遣

使詰責友諒，以惠王友能代爲宋州留後。（四年）

此一節殊可取。蓋全忠雖猜暴，而起自田間，故尚知務實。友諒、友能皆全昱子，全昱雖駡全忠，而全忠待其父子有恩，不失親親之誼。

初，唐末宦官多養軍中壯士爲子，由是諸將效之，而蜀王尤多。惟宗懿等九人及宗特、宗平真其子；自餘假子百二十人皆功臣，雖冒姓連名而不禁婚姻。

胡身之云：史言假子皆以利合，非人倫之正。竊謂宦官假子無不以利合者，若諸將則不盡然也。干戈之際，生死相依，故結爲父子以示無他耳，其非人倫之正，自不待言。

上疑趙王鎔貳於晋，且欲因羅紹威卒除移鎮、定。會劉守光發兵欲侵定州，上遣杜廷隱、丁延徽監魏博兵三千分屯深、冀，聲言助趙守禦。未幾，廷隱等閉門盡殺趙戍兵，乘城拒守。鎔乃遣使求援於燕、晋。

鎔使者至晋陽，王處直使者亦至，欲共推晋王爲盟主，合兵攻梁。晋王會僚佐謀之，皆曰：『鎔與朱温婚姻，此必詐也。』晋王曰：『彼亦擇利[害]而爲之耳。今救死不贍，何顧婚姻！我若不救，正墮朱氏計中。宜趣發兵赴之。』

初疑趙貳於晋，輒發兵襲據其二州，是驅之使與晋合也。

河東之不競於汴者，以河朔諸鎮附之也。今二鎮背梁而附於晋，此轉弱爲强之大機。不救鎔則梁且并鎮，而處直不能自立，定亦且折而入於梁。鎮、定皆爲梁有，則山東皆晋之敵，晋兵不出則睨其旁，晋兵一出則掎其後； 欲與梁兵角逐中原，亦何能展其手足哉！ 晋王見及於此，所以不俟再計、投袂而起也。

鎔使者至幽州，劉守光曰：『王鎔數負約，今使之與梁相弊，吾可以坐承其利，又何救焉！』

趙梁相弊，燕承其利，亦一説也。 但晋先救趙，趙與晋合，則無利可承耳。 且是時梁若并鎮、定，幽州能獨存乎？

晋王以李存審守晋陽，自將兵自贊皇東下，王處直遣將將兵以從。 至趙州，與周德威合，進兵距柏鄉五里，營於野河之北。 遣胡騎迫梁營馳射，且詬之。 梁將韓勍等將步騎三萬追之，鎧胄皆被繒綺，鏤金銀，光彩炫耀，晋人望之奪氣。

是時梁大將爲王景仁，即淮南名將王茂章也。 勍是其前鋒。

周德威徇於軍曰：『彼皆屠酤傭販之徒，衣鎧雖鮮，十不能當汝一。 擒獲一夫，足以自富，此奇貨，不可失也。』乃自引精騎千餘擊其兩端，左右馳突，俘獲百餘人，且戰且却，距野河而止。 梁兵亦退。 德威言於晋王曰：『賊勢甚盛，宜按兵以待其衰。』

是時兵力，梁强晋弱，晋非梁敵也。 所恃者，將之智勇耳。 德威先徇於軍，因動以利，以作己軍之氣； 又引精騎擊其兩端，以挫彼軍之鋭。 知其不可勝，故按兵以待其衰。

晋王曰：『吾孤軍遠來，利在速戰，公乃欲持重，何也？』德威曰：『吾所恃者，騎兵利於馳突。 今壓賊壘門，騎無所展其足。且衆寡不敵，使彼知吾虚實，則事危矣。』王不悦，退卧帳中，諸將莫敢言。

以德威之勇，而兵不輕進。曹孟德所云『爲將須有怯時』者，此之謂歟？

德威謂張承業曰：『大王驟勝而輕敵，今去賊咫尺，所限一水耳。彼若造橋以薄我，我衆立盡矣。不若退軍高邑，誘賊離營，彼出則歸，彼歸則出，别以輕騎掠其糧餉，不過逾月，破之必矣。』承業入曰：『此豈王安寢時耶！德威老將知兵，其言不可忽也。』王乃從之。

左氏引《軍志》曰：『先人有奪人之心，後人以待其衰。』又：『彼歸則出，彼出則歸』，晋悼公所以敝楚也。德威論兵，皆與之合，其亦有所受之邪？

柏鄉比不儲芻，梁兵刈芻自給，晋人日以游軍抄之，梁人銼屋茅坐席以飼馬，馬多死。周德威與史建瑭、李嗣源將精騎三千壓梁壘門而詬之。（乾化元年）

德威欲以輕騎抄糧，今先以游軍抄芻，人雖未飢，馬則多死矣。蓋梁軍之所長，在以衆敵寡；晋軍之所長，在以騎敵步。故德威乘梁馬疲羸而直以精騎壓之，以己所長乘彼所短也。

王景仁、韓勍悉衆而出。德威等轉戰至高邑南；李存璋以步兵陣於河上，梁軍競前奪橋，鎮、定兵不能支。晋王命李建及選卒二百，力戰却之。自巳至午，勝負未決。晋王謂德威曰：『興亡在此一舉。我爲公先登，公可繼之。』德威諫曰：『梁兵當以勞逸制之，未可以力勝。』

先既以己所長乘彼所短，此復以己之逸乘彼之勞。蓋梁兵多而且精，景仁亦百戰良將，故德威不敢輕於一決，欲以全力制其罷極也。

時魏、滑之兵陣於東，宋、汴之兵陣於西。至晡，梁軍未食，景仁等引兵稍却。德威疾呼曰：『梁軍走矣！』晉軍大噪爭進，魏、滑兵先退，李嗣源帥衆噪於西陣之前曰：『東陣已走，爾何久留！』梁兵遂大潰。自野河至柏鄉，僵尸蔽地。王景仁等以數十騎走。凡斬首二萬級，弃糧食、資財、器械不可勝計。

夾寨一敗，梁軍之鋒已挫矣；柏鄉再敗，遂不復振。

劉守光使人謂王鎔、王處直曰：『聞二鎮與晉王破梁兵，僕有精騎三萬，欲自將之爲諸公啓行。』鎔遣使告於晉，諸將曰：『雲、代與燕接境，彼若擾我城戍，動摇人情。不若先取守光，然後專意南討。』晉王曰：『善！』

先取幽州，然後南面而爭天下，當日一定之勢。

劉隱卒，弟巖襲位。巖多延中國士人，置於幕府，出爲刺史，刺史無武人。

巖厚待中國士人，略如漢之士燮。是時梁、晉交爭，淮、吴、蜀、岐亦構兵不已，惟閩、粤差爲樂國耳。

劉守光將稱帝，將佐多竊議以爲不可，守光乃置斧質於庭曰：『敢諫者斬！』孫鶴曰：『今日之帝不可也。』守光怒，寸斬之。

以守光之狂愚，而欲以正議折之，宜逢其怒矣。鶴本劉守文判官，守文被擒，猶奉其子延祚乘城拒守，其人素有志節，乃不死於滄州，而以諫守光受誅，未爲得死所也。

晉王聞劉守光稱帝，大笑曰：『俟彼卜年，吾當問其鼎矣。』張承業請遣使致賀以驕之。

『卜年問鼎』，與朱全忠『生子當如李亞子』云云，皆史臣潤飾之辭。遣使致賀，所謂『將欲取之，必故予之』。

帝發相州，至洹水。邊吏言晉、趙兵南下，帝即時進軍，至魏縣。或告曰：『沙陀至矣！』士卒恟懼，多逃亡，嚴刑不能禁。既而復告云無寇，上下始定。帝以夾寨、柏鄉屢失利，故力疾北巡，思一雪恥，意鬱鬱，多躁忿，功臣宿將往往以小過被誅，衆心益懼。

梁軍屢敗之後，均破膽矣。即朱温自行，亦不能復振。且温以病軀臨戎，忿不思難，此時晉王若悉鋭以出，温可擒矣。竊謂温與王莽有相似者：莽移漢祚以詐，方其未篡也，舞其智足以欺天下；既篡則舉措乖方，曾愚人之不若。温移唐祚以力，方其未篡也，騁其暴足以制群雄；既篡則師徒撓敗，幾庸將之不殊。固由器小易盈，抑亦天奪之鑒而速其斃也。

劉守光將兵二萬寇易定，王處直告急於晉。晉王遣周德威將兵三萬攻燕以救之。

晉欲攻燕久矣，故因處直請救，遂大舉搗巢。

周德威東出飛狐，與趙將王德明、義武將程巖會兵進攻祁溝關，下之；涿州降。德威至幽州城下，劉守光來求救。帝疾小愈，議自將擊鎮、定以救之。（二年）

河北天子『帶甲三十萬』，今安在？乃遽向河南天子求救乎？攻者已至幽州，救者方議擊鎮、定，毋亦『火發於家、求水於遠』者邪？

帝發洛陽。至魏州，命楊師厚圍棗强，賀德倫圍蓨縣。帝至下博南，趙將符習引數百騎巡邏，不知是帝，遽前逼之。或告曰：『晋兵大至矣！』帝弃行幄，亟引兵趣棗强，與師厚軍合。

欲擊鎮、定以救燕，而畏晋如此，猶幸不遇晋兵耳，遇之必敗。

賀德倫攻蓨縣，李存審引兵扼下博橋，使史建瑭等分兵擒獲梁軍之樵芻者數百人，皆殺之。留數人，斷臂縱去，曰：『爲我語朱公，晋王大軍至矣。』時帝引兵就德倫，始至縣西，建瑭等各將騎兵至德倫營，弓矢亂發，營中大擾。斷臂者復來曰：『晋軍大至矣！』帝燒營夜遁，既乃覘知晋軍未來，帝不勝慚憤，由是病增劇。

以河南天子，親將五十萬衆救河北天子，乃畏晋如虎，偵候不明，一聞訛傳，即倉黄逃遁，弃行幄、委甲仗，不翅燕雀之避鷹隼。及事後徐覘，第游騎數百而已。以五十萬衆不敢當數百游騎，亦何顔以見六軍之將士乎！全忠凶猾習兵，屢摧大敵，而末路頹唐如是，所以慚憤而增疾也。雖未喪元，已喪魄矣。

帝疾增甚，謂近臣曰：『我經營天下三十年，不意太原餘孽更昌熾如此！吾觀其志不小，天復奪我年，我死，諸兒非彼敵也，吾無葬地矣！』因哽咽，絶而復蘇。

全忠所以動輒親將者，知諸將均非晋王敵。至是自度將死，异日豚犬兒必遭屠割，故不覺其言之悲耳。然使全忠不死，安知不爲劉仁恭父子之續乎？

初，元貞張皇后嚴整多智，帝敬憚之。后殂，帝縱意聲色，諸子雖在外，常徵其婦入侍，帝往往亂之。博王友文，帝假子也，其婦王氏色美，帝尤寵之，雖未以友文爲太子，意常屬之。

張氏頗似隋之獨孤后，但獨孤后殂而隋文縱欲，亦惟宣華夫人輩耳。張氏死而朱三不可問矣。天下多美婦人，乃恣情内亂，無復人倫，盜賊而兼禽獸之行，安得以其僭竊一時，遽躋諸帝王之列哉！三代以降，得天下不以正而治天下不以道者亦多矣，然猶有可節取焉，未有凶猾淫暴如朱三者也。

帝疾甚，命王氏召友文於東都，欲付以後事。郢王友珪婦張氏亦朝夕侍帝側，知之，密告友珪。帝命敬翔出友珪爲萊州刺史，即令之官。已宣旨，未行敕。時左遷者多賜死，友珪益懼。

胡身之以爲：翔佐帝有年，功不爲小，使能爲之謀，則必有以處友珪，而帝免剸刃之禍。顛而不扶，焉用彼相？竊謂：翔事全忠，第逢其意、濟其惡耳，不聞有所匡救。即全忠之委任於翔，亦取其籌兵食、贊計畫，爲吞噬篡竊之計，雖名君相，實大盜之首從，未可以扶顛持危責之也。

友珪與韓勍合謀，以牙兵五百人雜控鶴士，入伏於禁中，夜入寢殿，侍疾者皆散走。帝問：『反者爲誰？』友珪曰：『非他人也！』帝曰：『我固疑此賊，恨不早殺之。』友珪曰：『老賊萬段！』友珪僕夫馮廷諤刺帝腹，刃出於背。友珪自以敗氈裹之，瘞於寢殿。

朱温老賊，萬段不足蔽辜，但非友珪所當聲罪致討耳。禍生骨肉，洞背流腸，天蓋假手於其子，以快天下萬世之人心也。

友珪秘不發喪。遣丁昭溥馳詣東都，命均王友貞殺友文。矯詔稱：『友文謀逆，遣兵突入殿中，賴友珪忠孝，將兵誅之，保全朕躬。然疾因震驚，彌致危殆，宜令友珪權主軍國之務。』

蔣玄暉等之弒昭宗也，歸罪於殉難之李漸榮、裴貞一，而全忠卒殺氏叔琮、朱友恭，冀以塞天下之謗。若友珪，則直以弒父委之友文，而無復顧忌矣。

許州馬步都指揮使張厚作亂，殺節度使韓建，友珪不敢詰，以厚爲陳州刺史。

建死晚矣，以朱温之猜忍，獨不忌建，故得保其富貴終温之世。殆以建痴物不足忌邪，抑德其害唐諸王、爲己掃除邪？

天雄節度使羅周翰幼弱，楊師厚軍於魏州，久欲圖之，憚太祖威嚴，不敢發。至是，師厚引兵入牙城，據位視事。制以師厚爲天雄節度使。

自羅紹威死，全忠已有取魏博之志，然以周翰襲父位，未忍易帥也。師厚蓋窺其微指，久欲乘周翰幼弱攘而奪之，特未奉全忠之命，不敢發耳。至是全忠已死，友珪立不以正，張厚殺韓建且不敢詰，師厚又何所忌憚乎！此所以殺潘晏、逐周翰，而友珪不得不以天雄旌節予之也。

友珪既篡立，諸宿將多憤怒。友珪加護國節度使、冀王友謙侍中、中書令，且徵之。友謙謂使者曰：『先帝晏駕不以理，吾且至洛陽問罪，何以徵爲！』友珪以韓勍爲招討使，督諸軍討之。友謙以河中附於晉。

友謙本陝州牙將朱簡，亦全忠假子也。梁自是失河中而晉得之。

友珪以敬翔太祖腹心，恐其不利於己，解其内職，以爲中書侍郎、同平章事，以李振充崇政院使。翔多稱疾不預事。

胡身之以爲：振與友珪同惡，翔雖稱疾，若律以主亡與亡之法，亦不免於死。竊謂弑父與弑君等耳，翔雖用事於朱氏，而在唐爲太府卿，固王臣也。彼既佐朱温弑二君矣，至是乃以春秋之法律之，不亦迂乎！

朱友謙復告急於晉，晉王自將自澤潞而西，遇康懷貞於解縣，大破之。梁兵解圍，退保陝州。

是時梁將無一能當晉王者，楊師厚尚不足恃，况懷貞乎？故一戰而敗，友謙附晉之心自是益固已。

鑒評別録卷五十二

後梁紀二

均王（諱友貞，太祖第三子，即位改名瑱，又改名鍠，在位八年）

友珪既得志，遽爲荒淫，内外憤怒。駙馬都尉趙巖奉使至大梁，均王友貞密與之謀誅友珪，巖曰：『此事成敗，在招討楊令公耳。』均王乃遣馬慎交之魏州，説楊師厚，且許事成之日賜犒軍錢五十萬緡。師厚許諾。（三年）

師厚將佐，未必果知『弑父爲賊、復仇爲義』也。好亂樂禍，且貪五十萬緡之賞錢耳。

楊師厚遣王舜賢至洛陽，密與袁象先謀，遣朱漢賓屯兵滑州爲外應。象先帥禁兵數千突入宫中。友珪聞變，與妻張氏及馮廷諤趨北垣樓下，自度不免，令廷諤先殺妻，後殺己，廷諤亦自剄。

友珪，獨夫也。所與謀逆者張氏，而助逆者廷諤與韓勍耳。勍已將兵赴河中討朱友謙，故其勢益孤，取之易於反手矣。

均王即帝位於大梁，追廢友珪爲庶人。

此大梁建都之始。

晋周德威進軍逼幽州南門。劉守光遣使致書請和，語甚卑而哀。德威曰：『大燕皇帝何雌伏如是邪！』不答書。守光復遣人祈哀，德威乃以聞於晋王。

守光之稱帝也，晋王以問鼎戲之；其請和也，德威以雌伏嘲之。蓋守光之詐力止能亂其父兄，而晋之君臣早已竊笑於其旁已。

盧龍巡屬皆入於晋，劉守光獨守幽州城，求援於契丹；契丹以其無信，不救。守光登城謂周德威曰：『俟晋王至，吾則開門泥首聽命。』德威使白晋王。晋王詣幽州謂守光曰：『但出相見，保無他也。』守光辭以他日。

晋王未至則請俟晋王，晋王既至則辭以他日。甚矣，守光之無信也！

晋王督諸軍四面攻城，克之，擒劉仁恭及其妻妾，守光帥妻子亡去。晋王入幽州。

平時則奪其父之軍府而囚之，臨難則弃其父不顧，而第帥妻子以去。守光真梟獍之不啻已。

劉守光將奔滄州就劉守奇，迷失道。至燕樂之境，晝匿坑谷，數日不食，令妻祝氏乞食於田父張師造家。師造怪婦人异狀，詰知守光處，并其三子擒之以獻。晋王語之曰：『主人何避客之深邪！』

守奇雖守光弟，惟先既奔晋，隨周德威至涿州，所云『河東小劉郎爲父討賊』者，後乃奔梁，藉梁兵以取滄州，實守光之敵也。窮而就之，守奇必將責其篡父、殺兄之罪，豈能免乎？

晋王以練紖劉仁恭父子，凱歌入晋陽，獻於太廟。自臨斬劉守光。守光曰：『守光善騎射，王何不留之使自效！』其妻李氏、祝氏讓之曰：『皇帝，事已如此，生亦何益！』守光至死哀祈不已。王命械仁恭至代州，刺其心血以祭先王墓，然後斬之。

乞食田父之家，臨刑哀祈至死。自有皇帝、皇后以來，未有如是之狼狽者。

晋王既克幽州，乃謀入寇。會王鎔及周德威於趙州，南寇邢州，李嗣昭引昭義兵會之。楊師厚引兵救邢州，晋軍退。

朱温既死，友貞初立，故乘幽州之勝，規取邢、洺、磁三州，此當日用兵一定之勢。然第欲攻其不備耳；知其有備，故不戰而退，以俟再舉，乃晋王之知兵也。《通鑑》於《魏紀》書『諸葛亮入寇』，爲後儒所譏，此書『晋王入寇』，固非亮比，但晋王奉唐年號，出師以興復爲名，其義亦正。且既書『晋王』，已用敵國之體矣，則應書『伐梁』，不當書『入寇』也。

楊師厚卒。師厚晚年矜功恃衆，帝雖外加尊禮，内實忌之，及卒，私於宫中受賀。（貞明元年）

梁主但慮師厚之難制、魏博之廣强，而不知河北恃爲藩蔽也。使師厚不死，魏博不叛，晋師安能越之而進踞楊劉，又何從徑向汴都、直取梁主哉！

趙巖、邵贊言於帝，分魏博六州爲兩鎮以弱之，帝以爲然。以賀德倫爲天雄節度使；置昭德軍於相州，割澶、衛二州隸焉，以張筠爲節度使。魏兵不願分徙，劫德倫置樓上。軍校張彦逼德倫求援於晉。

河中之附晉，由於友珪之徵友謙；魏博之附晉，由於友貞之分兩鎮。釁由内作，而敵得而乘之也。梁之亡始兆於此。

晉王得賀德倫書，命李存審自趙州進據臨清。引大軍自黄澤嶺東下，與存審會，按兵不進。德倫遣司空頲密言於晉王，請先除張彦。晉王進屯永濟，彦謁見，王數其罪，斬之及其黨七人，諭其衆曰：『罪止八人，餘無所問。自今當竭力爲吾爪牙。』衆皆拜伏。

誅亂首而撫定其餘，固由措置得宜，亦以平日威震梁軍，故拜伏無敢抗也。

賀德倫請晉王入城慰勞。既入，德倫上印節，請王兼領天雄軍，王辭，固請乃許之。

晉王之辭，非誠也。自是遂踞魏州。資六州之賦，萃三鎮之兵，與梁戰於河上，不十年而成帝業。

晉王勞軍於魏縣，因帥百餘騎循河而上，覘劉鄩營。會天陰晦，鄩伏兵五千鼓噪而出，圍王數重。王躍馬大呼，帥騎馳突，夏魯奇等操短兵力戰，自午至申乃得出，亡其七騎。李存審救兵至，乃得免。

深入嘗敵，亦頗似太宗；然輕脱足爲戒也。

劉鄩以晉兵盡在魏州，乃潛引兵欲襲晉陽。晉人怪鄩軍數日不出，但時見旗幟循堞往來。更使覘之，乃縛芻爲人，執旗乘驢在城上耳。晉王亟發騎兵追鄩。李嗣恩倍道先入晉陽，勒兵爲備。

晋王與梁兵相持於河上，梁兵凡兩襲晋陽。初則預爲之備，故鄩不得志；後則王檀發關中兵，出陰地關奄至城下，而晋陽幾危。晋陽根本之地，而守備單虚，爲敵所乘，亦足見晋王之鋭於進取，而不能動出萬全也。

周德威聞劉鄩西上，自幽州引千騎救晋陽，屯於宗城。鄩軍馬死殆半。時晋軍乏食，鄩欲據臨清以絶晋糧道。德威急追鄩，掠鄩營而過，入於臨清。

德威入據臨清而鄩不能争者，馬步之勢殊也。

帝以詔書責劉鄩老師費糧，鄩奏：『臣今退保莘縣，以俟進取。』帝復問决勝之策，鄩曰：『臣無策，但願人給十斛糧，賊可破矣。』

鄩襲晋陽不得，據臨清不得，至是已智窮力竭，即再給糧，亦必不振，徒欲按兵觀釁，以俟時之可乘耳。然豈易得哉！

帝遣中使往督戰。鄩曰：『主暗臣諛，將驕卒惰，吾不知死所矣！』乃將萬餘人薄鎮、定營，晋李存審以騎兵二千横擊之，李建及以銀槍千人助之，鄩大敗奔還。

鄩智將，非勇將，掩襲是其所長，攻戰是其所短。且不能當存審，何論周德威哉！况晋王在軍中乎！

康王友敬目重瞳子，自謂當爲天子，遂作亂，帝召宿衛兵捕誅之。由是疏忌宗室，專任趙巖及張德妃兄弟漢鼎、漢杰、從兄弟漢倫、漢融，咸居近職，參預謀議，每出兵必使之監護。敬翔、李振所言多不用，每稱疾不預事，政事日紊，以至於亡。

是時梁之舊將相，惟翔及劉鄩、王彦章或可倚以救亡耳，振等用之亦無濟也。

劉鄩遣卒詐降於晉，謀賂膳夫以毒晉王。事泄，晉王殺之，并其黨五人。

鄩所云『人給十斛糧，賊可破』者，技止此乎？

劉巖表求封南越王及加都統，帝不許。巖謂僚屬曰：『今中國紛紛，誰爲天子！安能梯航萬里，遠事僞庭乎！』自此貢使遂絶。

巖不惟自恃險遠，殆亦聞梁兵屢敗於晉，勢漸不支，故因所請不遂，而輒爲畫疆之計耳。

帝屢趣劉鄩戰，鄩不出。晉王勞軍於貝州，聲言歸晉陽。鄩聞之，奏請襲魏州。令楊延直引兵萬人夜半至魏州城南，城中選壯士五百潛出擊之，延直不爲備，潰亂而走。（二年）

鄩欲襲魏州，而誤用延直，轉爲魏州所襲。

劉鄩自莘縣悉衆至魏州城東。李嗣源引兵出戰，李存審以兵踵其後，晉王亦至，鄩見之，驚曰：『晉王邪！』引兵稍却，晉王躡之，至故元城西，與李存審遇。合戰良久，梁兵大敗，鄩引數十騎突圍走。步卒七萬，殺溺殆盡。

梁兵自柏鄉敗後，至此又一大敗，遂不能與晉爭魏博。

匡國節度使王檀密疏請發關(中)[西]兵襲晋陽，帝從之，發河中、陝、同華諸鎮兵，出陰地關，奄至晋陽城下，晝夜急攻。城中無備，發諸司丁匠及驅市人乘城拒守。

劉鄩之襲晋陽也，方與晋對壘，忽引兵他去，故晋王得而料之。是時晋兵方有故元城之大捷，悉在河上，而檀自以關中兵出陰地關，既非覘候所能及，即爲意料所不到，故一旦奄至，而城中大擾也。

張承業大懼。代北故將安金全退居太原，往見承業，自請授甲，帥子弟及退將之家得數百人，夜出北門，擊梁兵於羊馬城内。梁兵大驚，引却。李嗣昭遣石君立將五百騎救晋陽。徑至城下，大呼曰：『昭義侍中大軍至矣。』遂與安金全擊梁兵，破之。王檀引還。

是時梁兵三萬，晋兵不過千人，乃能背城力戰却敵，固諸將奮勇，亦由梁將不知晋之虚實也。

晋王自將攻邢州。昭德節度使張筠弃相州走。晋復以相州隸天雄軍，以李嗣源爲刺史。閻寶以邢州降。晋王以李存審爲安國節度使，鎮邢州。

自晋失邢、洺、磁三州，李克用争之不能得，至是既取惠州，復舊名爲磁州矣，又得邢州，以腹心大將鎮之，而梁不能與争。

晋人以兵逼滄州，順化節度使戴思遠弃城奔東都。晋王徙李存審爲横海節度使，鎮滄州。

晋之土宇，由邢、磁而至滄、德，中包鎮、定兩鎮，北控盧龍，南兼魏博，固以舉山之東、河之北、海之西而悉爲所有已。

契丹王阿保機自稱皇帝，國人謂之『天皇王』，以妻述律氏爲皇后，置百官，改元(天)[神]册。述律后勇决多權變，阿保機行兵御衆，述律后常預其謀。晋王欲結契丹爲援，常以叔父事阿保機，以叔母事述律后。

朱全忠起於汴，其妻有張氏；李克用起於太原，其妻有曹氏、劉氏；阿保機起於塞北，其妻有述律氏，并有才略，與謀軍國。偏霸之興，亦非偶然也。

劉守光遣韓延徽求援於契丹。契丹主怒其不拜，使牧馬於野。延徽有智略，頗知屬文。述律后言於契丹主，禮而用之。延徽教契丹建牙開府，築城郭，立市里以處漢人，使各有配偶，墾藝荒田，各安生業。

阿保機威服諸夷，遂開耶律之業，强大且數百年。然亦中國士人韓延徽及盧文進輩有以教之。延徽之爲契丹謀者，皆欲其參用漢法，與中行説之教匈奴，所見自别。

晋王之弟威塞軍防禦使存矩在新州，驕惰不治。軍亂，殺存矩。衆擁盧文進攻武州，防禦使李嗣肱擊敗之；周德威亦遣兵追討，文進帥其衆奔契丹。

文進自是遂大用事於契丹。

初，幽州北七百里有渝關，舊置八防禦軍，募土兵守之。契丹不敢輕入寇。及周德威爲盧龍節度使，恃勇不修邊備，遂失渝關之險，契丹每芻牧於營、平之間。(三年)

德威善戰而不善守，故有此失；然亦由契丹兵勢日强，必非士兵所能扞禦，不得專咎德威之弛備也。

契丹主得吴王所遺猛火油，選騎三萬，欲攻幽州，述律后哂之曰：『豈有試油而攻一國乎！』因指帳前樹曰：『樹無皮不可以生，幽州城亦猶是矣。吾但以三千騎掠其四野，城中無食自困，何必如此躁動輕舉！萬一不勝，爲中國笑，吾部落亦解體矣。』契丹主乃止。

胡身之以爲：述律非必有此智慮，特阿保機張大之辭；就使能爾，何爲不能止德光之南牧，而終有木葉山之囚？竊謂：敵國無釁可乘，因欲試猛火油之水沃不滅而攻其都城，此誠輕舉妄動，故述律指帳前樹以曉之，非謂幽州之必不可攻。未幾盧文進爲之嚮導，阿保機遂以傾國之衆圍幽州，不聞述律出一言沮之也。至德光南牧，在彼亦未爲失策，述律又何爲止之？若木葉山之囚，則末路殊難預料，安可執彼例此？即如晋王，及身取天下而復失之，亦將因其卒爲伶人所困，而輒疑經營河北、直取大梁之非實録乎？

盧文進引契丹兵急攻新州，安金全弃城走。文進以劉殷爲刺史。晋王使周德威合兵攻之，不克。契丹主帥衆三十萬救之，德威大敗奔歸。契丹進圍幽州。

契丹攻取新州，文進爲之導也。其進圍幽州，乘德威之敗也。與欲試油而輕動者異已。

劉巖即皇帝位於番禺，國號大越，以梁使趙光裔爲兵部尚書、同平章事。

劉守光之稱帝也，以梁使王瞳爲相；兹巖復以光裔爲相，豈僭僞者皆欲假梁使爲重邪？正以其人皆唐之舊臣，衣冠世族，諳悉中朝典故，欲資其潤色以爲榮觀耳。趙光逢爲梁相，光胤爲後唐相，光裔爲越相；

光逢、光胤爲兄弟，光裔蓋亦其兄弟行也。三人相三國，而碌碌略同。

契丹圍幽州且二百日，城中危困。李嗣源、閻寶、李存審步騎七萬會於易州。

周德威善戰，而以孤城支强虜至二百日之久，亦可云善守矣，足徵猛火油試之未必果效。

李存審曰：『虜衆吾寡；虜多騎，吾多步。若平原相遇，虜以萬騎蹂吾陣，吾無遺類矣。』李嗣源曰：『虜無輜重，吾行必載糧食自隨，若平原相遇，虜抄吾糧，吾不戰自潰矣。不若自山中趣幽州，與城中合勢。』

存審、嗣源，皆老將習兵，其與梁戰，皆以騎制步，故於彼己短長籌之至審，其言可爲行軍龜鑒。

李嗣源與養子從珂將三千騎爲前鋒，距幽州六十里，與契丹遇。嗣源躍馬奮檛，三入其陣，斬酋長一人，契丹兵却。李存審命步兵伐木爲鹿角，人持一枝，止則成寨。契丹騎環寨而過，寨中發萬弩射之，契丹人馬死傷塞路。

嗣源以騎兵爲前鋒，故以力戰挫敵之鋭，使不知吾虚實也。存審以步兵爲後勁，故以鹿角拒敵之馬，因以用吾弓弩也。後世戚繼光戰車是其遺意。

將至幽州，契丹列陣待之。存審命步兵陣於其後，戒勿動，先令羸兵曳柴然草而進，烟塵蔽天，契丹莫測其多少。因鼓譟合戰，存審乃趣後陣起乘之，契丹大敗，自北山去。晋兵追之，俘斬萬計。

存審以寡勝衆，由於契丹莫測晋兵之多少也。

契丹以盧文進爲盧龍節度使，常居平州。契丹每入寇，則爲嚮導，盧龍巡屬諸州爲之殘弊。

文進與韓延徽皆以中國人用事於契丹，然延徽止契丹不令深入爲寇，而文進導之擾邊，二人固不可概論也。胡身之以爲：自唐中世以來，盧龍一鎮，足以扞禦兩蕃，及晉則不足敵契丹，由於廣土衆民，故心力有所不及。竊謂是時契丹之勢方盛，而晉王與梁連兵河上拿戰不解，故不暇兼顧東北耳。此自今昔不同，毋庸援『甫田』之詩以譏之。

晉王連歲出征，軍府事一委監軍使張承業，承業勸農桑、積金穀，行法不避貴近。王或時須錢蒱博及賜伶人，而承業靳之，錢不可得。王不悦，以語侵之，承業怒曰：『僕，老敕使耳！非爲子孫計，惜此庫錢，所以佐王成霸業也，不然，王自取之，何問僕爲！不過財盡民散，一無所成耳。』王怒，索劍，承業起，挽王衣泣曰：『僕受先王顧托，爲國家誅汴賊，若以惜庫物死王手，下見先王無愧矣。今就王請死！』曹太夫人聞之，遽令召王。王入宫，太夫人謝承業曰：『小兒忤特進，已笞之矣。』

承業之留守晉陽，一如蕭何之留守關中，其骨鯁則亞父不及也。豈可於宦官中求之！

晉王聞河冰合，亟至魏州，視冰已堅，引步騎稍度。梁甲士三千戍楊劉城，緣河數十里，列栅相望。晉王急攻，皆陷之。進攻楊劉城，拔之。

梁所恃以禦晉者，黄河之險，而楊劉其津要也。晉得楊劉，則河不足以限之矣。

晉兵侵掠至鄆、濮而還。敬翔上疏曰：『國家連年喪師，疆土日蹙。陛下深居宫中，所與計事者皆左右近習，

豈能量敵國之勝負乎！臣雖駑怯，受國重恩，陛下必若乏才，乞於邊垂自效。』帝不用。（四年）

是時梁將無一能當晋王者，楊師厚、牛存節已死，劉鄩屢敗，賀瑰、謝彦章輩又碌碌寡效，即使用翔，亦惟仗一王彦章耳，恐亦無濟。或劣足救亡乎？

謝彦章將兵數萬攻楊劉，晋王自魏州輕騎詣河上。彦章築壘自固，决河水，彌漫數里，以限晋兵，晋兵不得進。

方欲與晋争楊劉，而築壘决河，但爲自守之計，知其無能爲矣。

蜀主疾增劇。以宋光嗣爲内樞密使，與兼中書令王宗弼等并受遺詔輔政。初，蜀主雖因唐制置樞密使，專用士人；宦者用事，自光嗣始。蜀主殂，子衍嗣位。

王建雖僭竊一隅，亦雄人也。晚年耽艷妻、立愛子，而托付非人，遂一傳而亡其國。

吴徐知訓驕倨淫暴，狎侮吴王，無復君臣之禮。父温皆不之知。知訓及弟知詢皆不禮於徐知誥，知訓與知誥飲，伏甲欲殺之，知誥遁去，知訓以劍授刁彦能，使追殺之。彦能中途而還，以不及告。

胡身之以爲：楊渥、徐知訓之於知誥，皆知所惡者。竊謂就此時而論，知訓罪不容誅，知誥固無罪也。以知訓爲知所惡，而并及楊渥，殊不可解；且渥亦未嘗惡知誥也。

徐知訓惡朱瑾位加己上，置静淮軍於泗州，出瑾爲節度使。知訓過別瑾，瑾延之中堂，伏壯士斬知訓，提其首出，從者皆散走。瑾以首示吴王曰：『僕已爲大王除害！』王懼，走入内，瑾挺劍將出，翟虔等闔府門勒兵討之，瑾曰：『吾爲萬人除害，以一身任患。』遂自剄。

使吴王於此時收攬大權，紀綱或可復振；而退避不敢自任者，非盡由於怯懦非才也，太阿之柄授之徐氏久矣，一瑾何足恃乎！然瑾亦烈丈夫也，此舉事雖無成，要爲不負楊行密。

徐知誥在潤州聞難，用宋齊丘策，即日引兵濟江。朱瑾已死，因撫定軍府。時徐温諸子皆弱，温乃以知誥代知訓執吴政。

知誥本李氏子，温養子也。南唐霸業，權輿於此。

晋王自魏州勞軍於楊劉，自測河水，其深没槍。謂諸將曰：『梁軍但欲阻水以老我師，當涉水攻之。』乃引親軍先涉，諸軍隨之。是日水落，深纔及膝。謝彦章拒之，梁兵大敗，死傷不可勝紀。

彦章所恃者水耳，晋軍涉水，則其氣先餒矣，故一戰而敗。

吴徐温還鎮金陵，總吴朝大綱，自餘庶政，皆决於徐知誥。知誥悉反知訓所爲，事吴王以恭，接士大夫以謙，御衆以寬，約身以儉。以吴王之命，悉蠲天祐十三年以前逋稅，於是人心悦服。

知誥之盗吴，頗似田氏之盗齊，皆有道之盗也。

晋王謀大舉入寇，周德威等皆以兵會之。并河東、魏博之兵，大閲於魏州。

晋之伐梁，《通鑑》至是再書『入寇』矣。胡身之以爲：兵莫難於用衆，是舉也，晋王特危而後濟。竊謂晉王以不用德威之言，輕進致敗，豈關用衆哉！ 迨敗而復振，卒以覆梁祚，豈非用衆之效也？

晉王屯於麻家渡。賀瓌、謝彥章將梁兵相持不戰。晉王好自引輕騎迫敵營挑戰，危窘者數四，賴李紹榮力戰，衛之得免。 李存審諫曰：『大王當爲天下自重。彼先登陷陣，將士之職，非大王之事也。』

存審之言是也。但晉王輕出嘗敵，將以作士氣而壯國威。觀敬翔之諫梁主者，則知太原之復振，未始不由於晉王有以率作之也。未可以後之不終，過爲訾議。使太宗不能成貞觀之治，亦何能免輕脱之譏哉！

晉王欲趣大梁，而梁軍扼其前，堅壁不戰百餘日。晉王進兵，距梁軍十里而舍。賀瓌屢欲戰，謝彥章不可。瓌素惡彥章，密譖之於帝。與珪謀，因享士，伏甲，殺彥章及孟審澄、侯温裕，以謀叛聞。

前臨大□而二將自相屠害，宜其敗也。

晉王欲自將萬騎直趣大梁，周德威以爲未可，不從。毁營而進，衆號十萬。賀瓌亦弃營而踵之。晉王至胡柳陂，候者言梁兵自後至。周德威曰：『既深入敵境，動須萬全，王宜按兵勿動，德威請以騎兵擾之，使彼不得休息，乘其疲乏，可一舉滅也。』

行軍之道，騎速步遲，騎逸步勞，是時晉多騎兵，梁多步兵； 且自謝彥章等被殺，騎將惟一王彥章，勢不足與晉敵。故德威欲以騎兵擾之，以己之長制彼之短，然後以己之逸乘彼之勞也。

晉王曰：『今賊至不擊，尚復何待！』即以親軍先出。周德威不得已，引幽州兵從之，謂其子曰：『吾無死所矣。』賀瑰結陳而至，横亘十餘里。王帥銀槍都陷其陣，冲蕩往返。王彥章軍先敗，西走，晉輜重望見驚潰，幽州兵亦擾亂，自相蹈藉； 德威父子皆戰死。

晉王以親軍陷陣，一戰而勝，彥章先敗，以騎軍西走； 瑰所將惟步軍耳，詎能當晉王哉！ 乃晉之輜重，望見彥章之敗軍而驚潰； 幽州兵又因輜重之驚潰而擾亂蹈藉，以致德威父子俱歿，詎非旗鼓不明、號令不壹之所致歟！

晉王據高丘收散兵，軍復振。閻寶曰：『王彥章騎兵已入濮陽，步卒向晚各有歸志，乘高趣下，破之必矣。』李嗣昭曰：『賊無營壘，以精騎擾之，使不得夕食，俟其引退，追擊可破也。』(王)[李]建及曰：『賊大將已遁，王之騎軍一無所失，今擊此疲乏之衆，如拉朽耳。』

觀三將所云，雖微有不同，要在以騎制步、以逸乘勞耳。方知周德威之初計必不可易也。

李嗣昭、(王)[李]建及以騎兵陷陣，諸軍繼之，梁兵大敗。弃甲山積，死亡者幾三萬人。晉王還營，聞周德威父子死，哭之慟，曰：『喪吾良將，是吾罪也！』

是役也，晉兵雖有亡失，不得不謂之獲勝。所可惜者，良將如德威者，不可復得也。

王彥章敗卒有走至大梁者，曰：『晉人將至矣。』頃之，晉兵有先至大梁問次舍者，京城大恐。帝驅市人登城，又欲奔洛陽，遇夜而止。

胡柳之戰，晉兵雖勝，而死傷與梁亦略相當。晉王攻拔濮陽，至德勝渡而反。晉兵何敢遽至大梁問次舍乎？此必訛言，而友貞誤信爲真，遂致自擾也。然是時晋兵果至，大梁不守矣。

吴越錢傳瓘與吴將彭彦章戰於狼山江。傳瓘使順風揚灰，吴人不能開目；及船舷相接，又使散沙於己船而散豆於吴船，豆爲戰血所漬，吴人踐之皆僵仆。因縱火焚吴船，吴兵大敗。彦章自殺。（五年）

散沙己船，可以預爲之，不必俟船舷相接也。若散豆吴船，則必兩船相近，然後可以衆手疾擲之，亦安能一時遍及諸船、致吴人踐之皆僕乎？史紀此事，恐未必盡實。

吴徐温大敗吴越兵於無錫，知誥請襲取蘇州。諸將皆以爲：『今大旱水涸，宜盡步騎之勢，一舉滅之。』温嘆曰：『民困已甚，錢公亦未易可輕；今戰勝以懼之，戢兵以懷之，使兩地之民各安其業，豈不樂哉！』乃引還。

吴與吴越，爲唇齒之邦，而錢氏受命於梁，興師圖吴，此鏐之失策也。温若乘勝進兵，勢必與錢氏拏戰不解，非徒民受其困，安知不有坐收漁人之利者乎！温之智非鏐所及。

晋王歸晋陽，郭崇韜以諸將陪食者衆，請省其數。王怒曰：『孤爲效死者設食，亦不得專，可令軍中別擇河北帥，孤自歸太原。』即召馮道，令草詞以示衆。道以爲不可，會崇韜入謝，王乃止。

因減陪食而怒崇韜，與因欲得庫錢而怒張承業，同爲不及致詳而發之暴。然軍中別擇河北帥、自歸太原之語，則非誠也。

賀瓌卒。以王瓚爲北面行營招討使。晋王如魏州，發徒數萬，廣德勝北城，日與梁人争，大小百餘戰，互有勝負。晋王與王瓚戰於河南，瓚先勝，既而大敗。晋王乘勝遂拔濮陽。帝召瓚還，以戴思遠代之。

賀瑰、王瓚，雖均非晋敵，其人略相等，思遠則又遜一籌已。

吴禁民私畜兵器，盗賊益繁。盧樞上言：『今四方分争，宜教民戰。且善人畏法禁而奸民弄干戈，是欲偃武而反招盗也。宜團結民、兵，使之習戰，自衛鄉里。』從之。

禁民私蓄兵器，則兵器均爲盗有，而民失其禦盗之具矣。非禁民不禁盗也，民不敢犯法而盗不畏法，故民可禁、盗不可禁也。漢吾丘壽王所云『擅賊威而奪民救』者，與此議暗合。

晋王自得魏州，以李建及爲魏博内外牙都將，將銀槍效節都，所向立功；同列疾之。宦者韋令圖監建及軍，復譖之於晋王，王疑之。罷其軍職，以爲代州刺史。

以晋王之身在行間，日與建及更番血戰，猶不免爲左右之言所惑，况九門萬里不能自達者乎！君臣相與之際難矣哉！

吴宣王楊隆演重厚恭恪，徐温父子專政，王未嘗有不平之意形於言色，温以是安之。至是寢疾。或勸温自取，温曰：『使楊氏無男，有女亦當立之。敢妄言者斬！』乃以王命迎丹楊公溥監國。上殂，溥嗣位。（六年）

温專吴政，不得爲楊氏純臣；而擁立三君，要爲不負行密。

河中節度使冀王友謙以兵襲取同州，逐節度使程全暉，以其子令德爲忠武留後，求節鉞於晋王，晋王以墨制除令德爲忠武節度使。

友謙初以河中附晋，後歸於梁，至是并挈同州入晋。

帝以劉鄩爲招討使，帥尹皓等攻同州。晋王遣李存審等救之。鄩知晋人已至，不敢輕出。存審等按兵旬餘，乃進逼其營，鄩等悉衆出戰，大敗，收餘衆退保羅文寨。存審（爲）〔謂〕李嗣昭曰：『不如開其走路，然後擊之。』乃牧馬於沙苑。鄩等宵遁，追擊至渭水，殺獲甚衆。

鄩亦梁將之錚錚者，乃與晋戰輒敗。蓋其氣已衰，不能復振矣。

趙王鎔不親政事，權移左右，好事佛及求仙，盛飾館宇於西山，每往游之，數月方歸，將佐士卒陪從者常不下萬人，往來供頓，軍民皆苦之。李弘規諫，不聽。

蜀主泛江而民愁怨，趙王游山而軍民皆苦之。貴者一日之樂，中人十家之産不能供也。

蜀主、吴主屢以書勸晋王稱帝，不從。將佐勸進不已，乃令有司市玉造法物。會僧傳真以其師所藏傳國寶詣行臺獻之，將佐皆奉觴稱賀。（龍德元年）

晋王之稱帝，發其端者吴、蜀，而贊其成者將佐也。所謂攀龍鱗、附鳳翼者也。

張承業聞之，詣魏州諫曰：『吾王世世忠於唐室，所以老奴三十餘年爲王捃拾財賦，召補兵馬，誓滅逆賊，復本朝宗社耳。王何不先滅朱氏，復列聖之深仇，然後求唐後而立之，南取吴，西取蜀，泛掃宇内，合爲一家，雖使高祖、太宗復生，誰敢居王上者？讓之愈久，得之愈堅矣。』王曰：『此非余所願，奈群下意何？』承業知不可止，慟哭曰：『諸侯血戰，本爲唐家；今王自取之，誤老奴矣！』即歸晉(王)[陽]邑，成疾不復起。

承業，志在復仇者也，不惟爲唐復仇，兼爲宦官復仇。蓋朱温弒唐二帝、害唐諸王、覆唐社稷，固唐之仇；而誅戮宦官幾無遺類，則亦宦官之仇也。承業幸而不死，適遇晉王英雄之主，又與朱氏爲世仇，故誓欲佐之滅梁，以快其復仇之夙志耳。夫以承業之智，度晉王爲人，豈遽期其功成不居、復立唐室裔孫、退而終身北面哉！蓋以天下群雄并起，四分五裂，驟難混一，故必先滅朱氏更立唐後，方能假其名義號召諸僭僞，使之稱藩歸地，有不順命則加之兵，以晉王之威挾天子之重，破竹之勢成而席捲之功可立致也。然後高拱揖讓，爲舜禹之事，豈不名正而言順哉！故曰：『雖高祖、太宗復生，誰敢居其上』也。其爲晉王謀者甚工，而期其功業甚大，惜乎晉王之志量不及此也。

趙王鎔既殺李弘規，所部兵五百人欲逃，聚泣偶語，未知所之。王德明因激之作亂。夜逾城入，趙王方焚香受籙，二人斷其首而出，請德明爲留後，德明復姓名曰張文禮，盡滅王氏之族。

佛祖無靈，仙人兵解矣。未幾拔宅飛昇，不遺鷄犬。回憶王廷湊屠滅田氏時，孰謂天網之漏哉！

張文禮遣使告亂於晉王，因求節鉞。晉王欲討之。僚佐以爲方與梁爭，不可更立敵於肘腋。王不得已，承制授文禮成德留後。

僚佐之謀是也。此時不得不行姑息之政。

晋王求唐舊臣，欲以備百官。朱友謙遣前禮部尚書蘇循至魏州，入牙城，望府廨即拜，謂之拜殿。見王呼萬歲，舞蹈稱臣。翌日，又獻大筆三十枚，謂之『畫日筆』。王大喜，即命循以本官爲河東節度副使。

胡身之以循迎合禪代，爲朱全忠所薄，而李存勖乃喜之，譏又在全忠下。竊謂全忠之受禪，篡唐也；存勖之稱帝，在唐亡之後，特自帝耳，而以復唐爲名。循固不足論，而迎合存勖，與迎合全忠，義自有别。

張文禮雖受晋命，内不自安，遣使來告曰：『臣已北召契丹，乞朝廷發精甲萬人相助，則晋人遁逃不暇矣。』敬翔曰：『宜乘此釁以復河北，不可失也。』趙、張輩皆以爲不可許，帝乃止。

晋乘張彦之釁，以全力取魏博，故能制梁；梁不能乘文禮之釁，以精甲趣成德，故不能制晋。

趙將符習將兵萬人從晋王，張文禮請召歸。習見晋王，泣涕請留，晋王曰：『汝苟不忘舊君，能爲之復仇乎？』習曰：『願以所部徑前搏取凶竪，死不恨矣！』晋王以習爲成德留後，命閻寶、史建瑭將兵助之，攻拔趙州。張文禮驚懼病卒。其子處瑾與韓正時悉力拒晋。

用趙將將趙兵以討趙賊，而更以良將將兵助之，故所向有功。

義武節度使王處直以晋王討張文禮，恐鎮亡而定孤，謀召契丹犯塞，以解鎮州之圍。軍府之人皆不欲召契丹，處直養子都以新軍數百劫處直并其妻妾，幽之西第，盡殺處直子孫，自爲留後，具以狀白晋王。晋王因以都代處直。

都與張文禮皆以養子篡父位，而都幽處直，因其欲召契丹犯塞，以撓晋兵。是處直黨於文禮，都有功於晋也。故晋王討文禮而以節鉞予都也。

王處直之子鬱説契丹主曰：『鎮州美女如雲，金帛如山，天皇王速往，則皆己物也，不然，爲晋王所有矣。』契丹悉衆而南，攻幽州，李紹宏嬰城自守。契丹拔涿州，進攻定州。王都告急，晋王自鎮州將親軍五千救之。

是時鎮州有張處瑾之拒戰，定州有契丹之寇擾，皆太原肘腋之患。故晋王爲之回軍，而河上之進兵緩矣。

晋王至新城南，候騎白契丹前鋒，涉沙河而南；乃自帥鐵騎五千先進。至新城北，半出桑林，契丹萬餘騎見之，驚走。晋王逐之，獲契丹主之子。契丹主聞之，舉衆退保望都。（二年）

晋王以寡擊衆，先挫其鋒，而契丹又不測晋軍之多少，故聞敗而退。

晋王引兵趣望都，契丹逆戰。晋王以親軍千騎先進，爲奚酋禿餒五千騎所圍。李嗣昭引三百騎横擊之，王乃得出。因縱兵奮擊，契丹大敗。會大雪數尺，人馬無食，死者相屬於道。契丹主乃北歸。

禿餒，契丹良將也。禿餒敗則契丹遁矣。

晋王之北攻鎮州也，李存審謂李嗣源曰：『梁人聞我在南兵少，不攻德勝，必襲魏州。不若分軍備之。』戴思遠果悉楊村之衆趣魏州，嗣源引兵先之。思遠知有備，又將兵攻德勝北城。聞晋王將至，燒營遁還。

梁既不能乘釁而取成德，思遠又不能乘晋兵之分而取德勝，知其無能爲矣。

張處瑾遣兵千人迎糧於九門，李嗣昭設伏於故營，邀擊之，殺獲殆盡。餘五人匿墻墟間，嗣昭環馬而射之，鎮兵發矢中其腦；嗣昭箙中矢盡，拔矢於腦以射之，一發而殪。還營，流血不止，是夕卒。晉王聞之，不御酒肉者累日。

嗣昭斃於敗卒之手者，恃其善射，而不慮困獸之猶鬥也。千鈞之弩，不爲鼷鼠發機。爲大將而自輕者，可以戒已。晉王於嗣昭及張承業之死，均不聞如何贈恤，惟不御酒肉耳。周德威之子爲嵐州刺史，亦未嘗以之代德威也。

晉衛州刺史李存儒，本姓楊，名婆兒，以俳優得幸，賜姓名，爲刺史；專事掊斂。段凝與張朗引兵渡河襲之，執存儒，遂克衛州。戴思遠又與凝攻陷淇門、共城、新鄉，於是澶州之西、相州之南皆爲梁有，梁軍復振。

梁軍不敢渡河久矣，至是襲取衛州，因陷諸城邑，則令人爲刺史誤之也。大抵用兵之道，備多則單，戰久必疲。晉王之兵，既攻鎮州之堅城，又當契丹之大敵，雖幸而勝之，計其傷亡亦不少矣。河上所留之兵，爲數無多，專恃存審、嗣源二將之智勇，僅足備梁，然瀕於危者數矣；賴晉王馳救，方能却敵。計晉王之兵，自魏而鎮、而定、而幽，又自幽而定、而鎮、而魏，南北奔追，往來動逾千里，雖精鋭亦安能免於勞困哉！而思遠等擁十萬之衆，進則伺間擣虚，退則閉營養鋭，以己之有餘制彼之不足，此其所以復振也。

晉王以李存進代李嗣昭攻鎮州，營於東垣渡。張處瑾使其弟處球將兵七千人奄至，存進引十餘人鬥於橋上。鎮兵退，晉騎兵夾擊之，鎮兵殆盡，存進戰歿。晉王使李存審代存進，遂克鎮州。執處瑾兄弟、家人等送行臺，趙人請而食之。

晋攻鎮州，凡三失上將，初則史建塘，次則李嗣昭，次則李存進。河東名將，首推周德威，而三人亦其亞匹，皆從先王起自代北，裹創百戰，威震鄰敵，所云腹心、股肱、爪牙也。乃河上兵交，紛拿未解，而數人相繼殞喪。未幾張承業又復病殁，晋王之羽翼摧矣。獨有一李存審，又北禦契丹，且亦老病，其從軍者，惟李嗣源耳。使非晋王與之冒險深入，直取大梁，僥倖成功，則事未可知也。

晋特進、河東監軍使張承業卒，曹太夫人詣其第，爲之行服。晋王聞其喪，不食者累日。

承業不受晋封爵，但稱唐官，以至終身。於其卒也，應書『唐河東監軍』，不當書『晋特進』也。《三國志》於荀彧之卒猶書『漢侍中』，況承業爲唐之純臣哉！

鑒評别録卷五十三

後唐紀一

莊宗皇帝

（諱存勖，晋王克用長子。其先本姓朱邪，出於西突厥處月别部，居沙陀磧，自號沙陀，而以朱邪爲姓。至執宜歸唐，子赤心有功，賜姓名李國昌，編於屬籍。克用，赤心之子也。帝滅梁，在位三年）

晋王下教置百官，於四鎮判官中選前朝士族，欲以爲相。河東節度判官盧質爲首，質固辭，請以豆盧革、盧程爲之；王即召革、程，拜行臺左、右丞相。（同光元年）

置相惟取前朝士族，猶是甄别流品之意。是時軍國務殷，丞相充位而已，非所重也。郭崇韜、張居翰爲樞密使，乃真相也。

晋王築壇於魏州牙城之南，即皇帝位，尊母曹氏爲皇太后，嫡母劉氏爲皇太妃。及受册，太妃詣太后宫賀，有喜色，太后忸怩不自安。

曹爲太后，劉爲太妃，嫡庶之紊，非禮固不待言。乃太妃詣賀，不以爲嫌，而轉有喜色，亦人情所難也。

帝遣李嗣源將所部精兵襲鄆州，拔之。帝大喜，以嗣源爲天平節度使。梁主罷戴思遠招討使，遣使詰讓北面諸將段凝、王彦章等，趣令進戰。

是時李繼韜以昭義叛附於梁，唐失澤潞，嗣源乃以奇兵取鄆州，而梁之君臣爲之震恐。

敬翔知梁室已危，以繩内靴中，入見梁主，引繩將自經。梁主止之，問所欲言，翔曰：『事急矣，非用王彦章爲大將，不可救也。』梁主從之，以彦章爲招討使，仍以段凝爲副。

是時梁將更無出彦章右者，故翔首舉之，梁主亦以將印畀之，而仍用凝爲副，則不免掣肘也。然翔策亦止此耳。

梁主召問王彦章破敵之期，對曰：『三日。』左右皆失笑。彦章兩日馳至滑州。引精兵數千循河南岸趨德勝。天微雨，朱守殷不爲備，彦章引兵急擊南城。浮橋斷，南城遂破。守殷以小舟載甲士濟河救之，不及。

一擊而南城破，固由彦章之急攻，亦由守殷之不善守也。

王彦章、段凝以十萬之衆攻楊劉，百道俱進，連巨艦九艘，横亘河津以絶援兵。城垂陷者數四，李周悉力拒之。彦章不能克，退屯城南，爲連營以守之。

南城既破，北城必不能守，故弃北城并力守楊劉，而彦章不能克。即李周之憑城拒敵，則知南城之失不盡由於彦章之善攻也。

李嗣源守鄆州，河北聲問不通，人心漸離。會梁將康延孝密請降於嗣源。嗣源遣范延光送延孝蠟書詣帝，延光因言於帝：『請築壘馬家口，以通鄆州之路。』帝從之。

契丹爲患，而盧順密來奔，始進襲鄆之策；東平瀕危，而延秀請降，遂決通鄆之計。帝之取梁，以先得鄆州也。而其機自降將發之，豈非天哉！

帝遣郭崇韜將萬人至馬家口渡河築城，凡六日；王彦章聞之，將兵數萬，急攻新城。時板築僅畢，沙土疏惡。崇韜身先士卒，四面拒戰，遣使告急。帝自楊劉引大軍救之。彦章退保鄒家口。鄆州奏報始通。

固守楊劉，李周之功也；六日之間，築新城而守之，崇韜之功也。然則朱守殷失守南城，責無可諉矣。乃李嗣源請正其罪，而帝不從何也？

王彦章等聞帝引兵已至鄒家口，解楊劉圍，走保楊村；唐兵追擊之，復屯德勝。梁兵前後急攻諸城，士卒遭矢石、溺死、暍死者且萬人，委弃資糧、鎧仗、鍋幕，動以千計。楊劉比至圍解，城中無食已三日矣。

彦章固健鬥，所攻拔者德勝南城耳，然智取非力取也。此外雖苦戰急攻，未能得尺寸之效。至是梁兵仍保楊村，唐兵復屯德勝，各還其故處而已。而梁兵之亡失，如此其多也。用兵之道，攻城爲下，豈不信然！

王彦章疾趙、張亂政，謂所親曰：『待我成功還，當盡誅奸臣！』趙、張聞之，相與竭力傾之；段凝諂附趙、張，與彦章動相違戾。由是彦章功竟無成，梁主徵之還。

彦章勇將、非智將，鬥將、非謀將；爲偏將則有餘，爲大將則不足。即無趙張之中制、段凝之旁撓，亦未必果能成功也。

梁主遣段凝監軍於河上，敬翔、李振屢請罷之，梁主不從。至是，凝厚賂趙、張，求爲招討使，翔、振力争以爲不可；趙、張主之，竟以代王彦章。於是宿將憤怒，士卒亦不服。張宗奭諫，梁主不聽。

翔、振、宗奭，皆開國佐命之臣，與主同休戚者也。置其言不用，而惟趙、張是聽，友貞之昏懦，不待言已。彼趙、張力排彦章，而爲凝内主者，悦其諂、利其賂耳。豈知异日昌言於唐帝請誅趙、張者，凝實首倡哉！

帝引兵屯朝城。康延孝來奔，帝問以梁事，對曰：『梁朝兵不爲少；然主既暗懦，趙、張擅權，官之高下惟視賂之多寡；段凝智勇俱無，專率斂行伍以媚權貴。近又聞欲數道出兵，决以十月大舉。願陛下蓄勇養力，待其分兵，帥精騎五千，自鄆州直抵大梁，擒其僞主，旬月之間，天下定矣。』帝大悦。

觀此則知梁之亡不在軍之不振，而在政之不綱也。數道出兵，當時蓋亦能言而不能行。未幾帝以十月滅梁，未見其有何大舉也。

自德勝失利，倉廪之積不支半歲。傳聞契丹將深入爲寇。又聞梁人欲數道入寇，帝深以爲憂。李紹宏等請弃鄆州，與梁約和，以河爲境，更圖後舉。帝曰：『如此吾無葬地矣。』郭崇韜勸帝『留兵守魏，固保楊劉，自以精兵與鄆州合勢，長驅入汴，僞主授首，諸將自降。』帝曰：『丈夫得則爲王，失則爲虜，吾行决矣！』

以孤軍直取大梁，即帝亦知冒險深入，計非萬全，而崇韜與李嗣源合辭力贊者，熟揣彼己，知大梁之必不能守、友貞之必可擒也。且是時唐亦憊矣，一退軍則前功盡弃，而後舉爲難。是以君臣拼死爲此一决，而亦不料其兵不血刃也。

帝以大軍自楊劉濟河，至鄆州。以李嗣源爲前鋒，遇梁兵，一戰敗之，追至中都，圍其城。梁兵潰圍而出，追擊，破之。王彦章以數十騎走，李紹奇單騎追之，識其聲，曰：『王鐵槍也！』拔矟刺之。彦章重傷，馬躓，遂擒之。

彦章至此，亦無復平日之勇。紹奇即夏魯奇，屢脱帝於瀕危，乃太原諸將之最健鬥者也。

帝謂諸將曰：『嚮所患惟王彦章，今已就擒；段凝猶在河上，宜何向而可？』李嗣源曰：『兵貴神速。今彦章就擒，凝未之知；此去大梁至近，晝夜兼程，信宿可至。凝未離河上，友貞已爲吾擒矣。臣願以千騎前驅。』帝從之。

帝大軍亟趨鄆州，勢已逼近大梁，凝猶逍遥河上，何也？其失於偵候邪？抑不關痛癢邪？其所恃之護駕水，何嘗能阻唐之大軍，適以自阻其軍耳。

王彦章敗卒有先至大梁者，告梁主以『彦章就擒，唐軍且至』，梁主聚族哭曰：『運祚盡矣！』召群臣問策，莫能對。梁主謂敬翔曰：『事急矣，將若何？』翔曰：『臣欲請陛下出［居］避狄，陛下必不聽從；請陛下出奇合戰，陛下必不果決。臣願先賜死，不忍見宗廟之亡也。』

翔至此，亦束手無策矣。但所言猶未切至，當云『欲請陛下避狄，則左右各懷貳心；欲請陛下出戰，則將士不復用命』，方合當日之時勢耳。

時城中尚有控鶴軍數千，朱珪請帥之出戰。梁主不從，命王瓚驅市人乘城爲備。

友貞不欲控鶴出戰，蓋惟恐其一遇唐兵，非潰即降，故留珪使衛宫闕，而以城守責之京尹耳。

初，梁陝州節度使邵王友誨，全昱之子，性穎悟，人心多向之。或言其欲爲亂，梁主召還，與其兄友諒、友能并幽於别第。及唐師將至，梁主疑諸兄弟乘危謀亂，并皇弟賀王友雍、建王友徽盡殺之。

大梁未破，朱氏幾無種矣，是自屠也。

梁主登建國樓，面擇親信，使衣野服，賫蠟詔，促段凝軍。既辭，皆亡匿。或請幸洛陽，或請幸凝軍，皇甫麟曰：『凝本非將材，且其膽已破，安知能終爲陛下盡節乎！』趙岩曰：『事勢如此，一下此樓，誰心可保！』梁主乃止。

麟第云凝軍之不可幸耳，未嘗并尼洛陽之行也。友貞此時，若速向洛陽，或可稍延旦夕；而卒亦不免者，精兵皆在河上，而凝不以梁之存亡爲意也。朱氏起於盜賊，習爲貪詐，其所與共事者，皆凶悍卑鄙之人耳。平時駕馭群臣，非脅之以威，即誘之以利，其將佐非有忠君愛國之誠，其卒伍不知親上死長之義，一旦國步瀕危，無威可畏，則視其君若綴旒；有利可貪，則賫其君爲奇貨。岩所云『一下此樓，誰心可保』者，非謬言也。

梁主復召宰相謀之，鄭珏請自懷傳國寶詐降以紓國難，梁主曰：『今日固不敢愛寶，但如卿此策，竟可了否？』珏俯首久之，曰：『但恐未了。』左右皆縮頸而笑。

珽非欲詐降紓難也，特欲紿取傳國寶迎獻邀功耳，其肺肝如見。

梁主置傳國寶於卧内，忽失之，已爲左右竊之迎唐軍矣。或告唐軍已過曹州，趙岩謂從者曰：『吾待温許州厚，必不負我。』遂奔許州。

此時人心已去，不可爲矣。親貴如趙岩，而先奔許州；近習如左右，而竊寶迎降。此蓋聞鄭珽之言而有動於中，當其縮頸匿笑之時，早有成算，各懷賣國之心，競作偷生之計。友貞即避往洛陽，或赴段凝軍，亦不能至彼也。

梁主謂皇甫麟曰：『李氏吾世仇，不可俟彼刀鋸。吾不能自裁，卿可斷吾首。』麟泣曰：『臣不敢奉此詔。』梁主曰：『卿欲賣我邪？』麟欲自剄，梁主持之曰：『與卿俱死！』麟遂弑梁主，因自殺。

友貞不失死社稷之義，麟不失殉君之節。其事則逆，其心則忠矣，不得以趙盾之法繩之。

李嗣源軍至大梁，攻封丘門，王瓚開門出降；嗣源入城，撫安軍民。帝入自梁門，百官迎謁，拜伏請罪，帝慰勞之。嗣源迎賀，帝喜不自勝，手引嗣源衣，以頭觸之，曰：『吾有天下，卿父子之功也，天下與爾共之。』

帝雖鼓一時之鋭，孤軍直指大梁，爲探穴取子之計，其心未嘗不内懼也。假令梁君臣尚能用其衆，嬰城固守，段凝河上之軍馳回入援，諸方鎮亦帥兵踵至；唐兵前臨堅城，後迫大敵，饋運不繼，進退兩難，其勢立危矣。茲乃不戰而軍自潰，不攻而城自開，其君則伸頸就屠，其臣則屈膝詣命，此則帝之初念冀其然而萬不敢必其然者。有前日之大懼，故有此日之狂喜，遂不覺失其常度也。與魏文帝之抱辛毗之頸而自明其喜者，不容并論。然無心之言，遂成語讖已。

李振謂敬翔曰：『有詔洗滌吾輩，相與朝新君乎？』翔曰：『吾二人爲梁宰相，君昏不能諫，國亡不能救，新君若問，將何辭以對！』是夕未曙，或報翔曰：『崇政李太保已入朝矣。』翔嘆曰：『縱新君不誅，何面目入建國門乎！』乃縊而死。

史每稱『友貞不用敬翔、李振，以至於亡』，竊謂振非翔匹也。二人并佐朱温篡竊，而委任之重，振本不及翔；迨友貞之世，并遭疏忌，翔猶屢進讜言，振則甘爲容□；至是更不可同日語矣。然則友貞若用翔，或可救亡耳，振何足道哉！梁亡殉節之臣，惟王彦章、皇甫麟及翔耳。翔不死於舊君畢命之時，而死於新君設朝之後，其死已晚；麟與君同死，究不免逆迹之嫌；彦章被擒不屈，誘説不降，卒飲刃以明其志，庶乎『謀人軍，師敗則死之』者已。

段凝自滑州濟河入援，以杜晏球爲前鋒。至封丘，遇李從珂，晏球先降。凝將其衆五萬至，亦解甲請降。凝帥諸大將先詣闕待罪，帝勞賜之。

凝非入援，直入降耳。晏球名爲先鋒，實爲先降耳。

段凝、杜晏球上言：『僞梁要人趙岩、趙鵠、張希逸、張漢倫、張漢杰、張漢融、朱珪等竊弄威福，殘蠹群生，不可不誅。』

趙、張之誤國蠹民，罪誠不可赦；平時諂之、賂之，藉以希榮固寵者誰歟？凝之請誅趙、張，與温韜之殺趙岩同一負心。帝不先誅趙、張以謝梁人，而必俟段、杜之請，亦不足彰維新之化也。

詔：『敬翔、李振首佐朱温，共傾唐祚；宜與岩等并族誅於市；自餘文武將吏一切不問。』

翔已自縊，岩奔許州爲温韜所殺，均未及肆市之誅。振方幸有詔洗滌，而不料其行且赤族也。竊謂：翔之死，非必盡節於梁，自知不爲新君所容，故先以雉經自了耳。即此一端，其智亦非振所及。

梁西都留守張全義來朝，獻幣馬千計；帝命皇子繼岌等兄事之。帝欲發梁太祖墓，斫棺焚其尸，全義上言：『朱温雖國之深仇，然其人已死，刑無可加，屠滅其家，足以爲報；乞免焚斫，以存聖恩。』帝從之。

帝舉兵以爲唐復仇爲名，已漆朱友貞首函藏太社，則發朱温墓、斫棺焚尸，豈不足以慰高祖、太宗之靈而雪昭、宣二帝之恨哉？乃以全義一言而遽止，何也？全義至此，猶不忘朱氏舊恩乎？何其於婦女閨室受污曾不動念邪？

帝幼善音律，故伶人多有寵，常侍左右；帝或時自傅粉墨，與優人共戲於庭，以悦劉夫人，優名謂之『李天下』。

帝好以輕騎陷陣，似太宗；其好鬥鷄，尤好音律，則似明皇。然明皇第教梨園子弟耳，未嘗自傅粉墨、與優人共戲也。『鬥鷄小兒李亞子』，已爲敵所輕矣，况優名『李天下』乎？後卒以伶人亡國。

匡國節度使温韜入朝，賜姓名曰李紹冲。紹冲多賫金帛賂劉夫人及權貴伶宦，旬日，復遣還鎮。郭崇韜曰：

『韜發唐山陵殆遍，罪與朱温相埒，何得復居方鎮？』上曰：『入汴之初，已赦其罪矣。』竟遣之。

是時爲唐復仇之説，帝已不復置念矣。況劉夫人受賂，爲之内主，豈崇韜之正論所能奪乎！

議者以郭崇韜不知朝廷典故，當用前朝名家以佐之。以趙光胤爲中書侍郎，與禮部侍郎韋説并同平章事。

朝廷典故，爲治之文具耳。一代之興，必有因革，無庸盡相沿襲。帝建國伊始，不思進賢退不肖以立紀綱，發政施仁以培根本，溺於聲色，荒於游畋，嬖幸用事，賕賂公行，以創業之君，蹈亡國之弊，而乃鰓鰓焉引進世家浮薄子弟置之相位，冀以補苴罅漏、講習典章。勿論掇拾於煨燼之餘，千百不能得十一，即使盡復貞觀、開元之舊制，而名存實亡，曾何與於國之興衰、政之治忽哉！

荆南節度使高季興入朝，上問曰：『朕欲用兵於吴、蜀，二國何先？』季興以蜀道險難取，乃對曰：『吴地薄民貧，克之無益，不如先伐蜀。蜀土富饒，又主荒民怨，伐之必克。克蜀之後，順流而下，取吴如反掌耳。』上曰：『善！』

季興不欲帝先伐吴，恐平吴後勢將逼己也。然是時吴有徐温父子，取之不易，未若伐蜀之可以必克，且先蜀後吴，與司馬氏之取二國正同，季興或亦得之於耳學歟？

高季興在洛陽，左右伶宦求貨無厭，季興忿之。帝欲留季興，郭崇韜諫曰：『陛下新得天下，諸侯不過遣子弟將佐入貢，惟季興身自入朝，當褒賞以勸來者；乃羈留不遣，沮四海之心，非計也。』乃遣之。

遣温韜而欲留季興，帝於二鎮，詎有厚薄哉！良由韜賂劉夫人，爲之内主；而季興之貨，不足以厭伶官之求也。崇韜請誅韜而諫留季興，均屬正論。

季興倍道而去，至江陵，謂將佐曰：『新朝百戰方得河南，乃對功臣舉手云：「吾於十指上得天下，」則他人皆無功矣，其誰不解體！又荒於禽色，何能久長！吾無憂矣。』

季興盜賊之雄耳，乃能於帝之矜伐荒縱，洞若觀火，方知其竊據一隅，非偶然也。

敕：『内官不應居外，前朝内官及諸道監軍并私家先所畜者，不以貴賤，并遣詣闕。』時在上左右者已五百人，至是殆及千人，皆給贍優厚，委之事任，以爲腹心。（二年）

唐以宦官亡國，帝目擊其事，乃正位之初，旋蹈覆轍，不惟帝喜其便辟，亦緣劉夫人與之氣味相投，且利其不能分床笫之寵，故退宫婢而進閹奴耳。

内諸司使，自天祐以來以士人代之，至是復用宦者，浸干政事。既而復置諸道監軍，節度使出征或留闕下，軍府之政皆監軍决之，陵忽主帥，怙勢争權，由是藩鎮皆憤怒。

此輩皆前朝宦官，倖免駢誅，親見天復三年之事，應知懲戒，乃一朝得志，故態復萌，怙惡不悛，不至盡殺其軀不止也。

郭崇韜位兼將相，權侔人主，嬖幸僥求，多所摧折。宦官疾之，朝夕短之於上。崇韜扼腕，欲制之不能。

崇韜得君行政，亦可謂專且久矣。乃既不能止宦官之復進，又不能抑其擅權，乃遷怒於騸馬，亦何益哉！

豆盧革、韋説問郭崇韜曰：『汾陽王本太原人，公豈其枝派邪？』崇韜曰：『聞先人言，上距汾陽四世耳。』由是以膏粱自處，多甄别流品，引拔浮華，鄙弃勛舊。由是宦官疾之於内，勛舊怨之於外。

抑嬖幸之僥求，雖爲宦官所忌，不失爲持正；若謬托汾陽，因而甄别流品，拔浮華，弃勛舊，則無异庸相之所爲矣。勿論崇韜本非汾陽同族，即使果系其四世從孫，曾何與於輕重之數哉！彼莊宗起自代北，一沙陀胡人耳，誰復較其門第乎？

郭崇韜鬱鬱不得志，與所親謀赴本鎮，以避宦官，其人曰：『不可，蛟龍失水，螻蟻足以制之。』

避權則怨謗可以稍息，而所親尼之者，憑藉方殷，不欲崇韜出外也。所云水者，非徒相位，乃主眷也。主眷一移，即欲不失，得乎？

先是，上欲以劉夫人爲皇后，而有正妃韓夫人在，太后素惡劉夫人，崇韜亦屢諫，上以是不果。於是所親説崇韜曰：『公若請立劉夫人爲皇后，上必喜。内有皇后之助，則伶宦輩不能爲患矣。』崇韜從之。

太后不欲劉夫人爲皇后，以正妃韓夫人在也。然太后亦非正妃，獨不有劉太夫人在乎？太后越劉太夫人而爲太后，則劉夫人越韓夫人而爲皇后，正有近例可援。帝所以不果者，不欲拂太后之意，姑俟諸异日耳。崇韜且不能弭伶、宦之謗，又安能止劉夫人之立哉？至欲迎合取悦，倚爲奥援，雖一時爲小夫所誤，要亦其患失之心有以迫之，豈料卒死於艷嬖之手邪？

立魏國夫人劉氏爲皇后。后生於寒微，既貴，專務聚財，四方貢獻皆分爲二，一上天子，一上中宫。以是寶貨山積，惟用寫佛經，施尼師而已。

積財爲富，而以佞佛施尼妄希福利，村嫗之見，往往如是。

自唐末喪亂，搢紳之家或以告赤鬻於族姻，遂亂昭穆，選人僞濫者衆。郭崇韜請令銓司精加考核。時南郊行事官千二百人，注官者纔數十人，塗毁告身者十之九。選人或號哭道路，或餒死逆旅。

此甄别流品之意也。鬻告赤致亂昭穆，自是亂後之一弊；但全無告赤，又乏譜牒，而冒稱汾陽王爲四世從祖者，獨非亂昭穆乎？是時怨且謗者，又不獨伶宦與勛舊已。

伶人周匝爲梁所得，帝每思之；入汴之日，匝謁見於馬前，帝甚喜。匝涕泣言：『所以得生，由於梁教坊使陳俊、内園使儲德源』，乞以二州報之。帝許之。郭崇韜諫曰：『大功始就，封賞未及一人，而先以伶人爲刺史，恐失天下心。』以是不行。逾年，帝謂崇韜曰：『吾已許之，公當屈意爲我行之。』乃以俊、德源皆爲刺史。時親軍有從帝百戰未得刺史者，無不憤嘆。

以伶人爲刺史，其濫授不待言已。救活一伶人，即償以二刺史，不更甚乎！非徒百戰親軍憤嘆沸耳，而二州赤子其啼哭滿路者更不知幾何人矣。『李天下』特未之聞耳。

薛昭文上疏，以『士卒久從征伐，賞給未豐，貧乏者多，宜以四方貢獻及南郊羡餘，更加頒賚。』不從。

昭文所奏各條，皆切中時弊，而此尤當時之急務也。帝之亡國喪身，皆由吝賞致失軍心耳。至於嬖后擅權、伶宦干政，昭文亦不敢言。

李嚴自蜀還，言於帝曰：『王衍童騃荒縱，不親政務，斥遠故老，昵比小人。其用事之臣王宗弼、宋光嗣，皆諂諛專恣，黷貨無厭，君臣上下專以奢淫相尚。大兵一臨，瓦解土崩，可翹足而待也。』帝深以爲然。

奢淫相尚，豈徒蜀爲然哉！嚴知蜀之將亡，而不知唐之已亂；帝知彼國之可伐，而不知己國之難保，所謂以燕伐燕也。故蜀亡而帝即繼之已。

契丹恃其强盛，遣使就帝求幽州以處盧文進。時東北諸夷皆役屬契丹，惟渤海未服；契丹謀入寇，恐渤海犄其後，乃先舉兵擊渤海之遼東，遣其將禿餒及盧文進據營、平等州以擾燕地。

渤海立國最久，是時據有遼東，盡兼高麗、肅慎之地，爲東夷盛國，故能與契丹爲敵。契丹志在并燕，故求之不得，擾之不已。割取十六州，蓋已權輿於此。

以孔謙爲租庸使、孔循爲副。循即趙殷衡也，梁亡，復其姓名。謙重斂急征以充帝欲，民不聊生，賜號『豐財贍國功臣』。

剥民自奉，不恤其民而民怨；擁財吝賞，不恤其兵而兵怨。兵民俱怨而國不危者，未之有也。帝以謙爲功臣，而不知其爲聚斂之臣，罪更浮於盗臣也。據歐《史》，循非姓孔也，初爲李讓養子，冒姓李；讓爲朱温養子，循因冒姓朱；又爲乳母趙姓者養以爲子，乃冒姓趙；至此依附孔謙，故又冒姓孔耳。以爲復姓，恐非其實。

天平節度使李存霸、平盧節度使符習言：『屬州多稱直奉租庸使貼指揮公事，使司殊不知，有紊章程。』租庸使奏：『近例皆直下。』敕：『朝廷故事，制敕不下支郡，應復舊規。』雖有此敕，竟不行。

奏援近例，孔謙之意也；敕復舊規，郭崇韜之意也。帝方以豐財贍國爲謙功，能禁其直下支郡乎？惡謙而不能制，以景進爲之内主也。崇韜之眷衰矣。

帝帥親軍獵於伊闕，命從官拜梁太祖墓。涉歷山險，連日不止，或夜合圍；士卒墜崖谷死及折傷者甚衆。

雖未至十旬，亦可謂禽荒矣。初欲發墓斫棺焚尸，至此乃遣官往拜，何也？或從官内多梁之舊臣邪？

初，唐昭、僖之世，宦官雖盛，未有建節者。蜀安重霸勸王承休求秦州節度使，承休言於蜀主，曰：『秦州多美婦人，請采擇以獻。』蜀主以承休爲天雄節度使。

胡身之云：史言蜀政之亂爲唐末所無，竊謂宦官爲節度使，與伶人爲刺史，相去幾何？正恐均非唐末所有也。蜀主因承休言秦州多美婦人，而畀之節鉞，後因與承休妻通而幸秦州，然則承休所云美婦，即其妻也。以閹人而擁美婦，何所用之？但欲蠱昏主意固寵耳。

帝性剛好勝，不欲權在臣下，信伶宦之讒，頗疏忌舊將。李嗣源家在太原，表李從珂爲北京内牙都指揮使，以便其家，帝怒，黜從珂爲突騎指揮使，帥數百人戍石門鎮。

帝於郭崇韜及嗣源，始終不忘其決策滅梁之功。故雖忌嗣源，而不忍加罪；崇韜之誅，非帝意也。

洛陽宫殿宏邃，宦者欲上增廣嬪御，詐言宫中夜見鬼物。上欲使符咒者禳之，宦者曰：『臣逮事咸通、乾符天子，六宫貴賤不减萬人。今掖庭大半空虚，故鬼物游之耳。』上乃命宦者王允平、伶人景進采擇民間女子以充後庭，不啻三千人。

咸通、乾符，皆唐末造，何足爲法？固由宦者迎合上意，導之奢淫，以希恩寵；亦由帝血戰十年，驟登寶位，志得意滿，欲厚自奉養，以償其勞苦，而未得其方，故一聞宦者之言，而應之如響也。正如貧兒乍富，偶用一二故家奴僕，輒聽其指使，以爲『問途必於已經』也。

太后自與太妃别，常忽忽不樂；太妃自别太后，亦邑邑成疾。太后欲自往省之，帝以天暑道遠，苦諫，久之乃止。太妃薨於北都，太后悲哀不食者累日，自是得疾，尋殂。

嫡庶情好，始終無間，乃至生死共之，如曹、劉者，古今罕見。

郭崇韜用羅貫爲河南令。爲政不避權豪，伶宦切齒。河南尹張全義亦惡貫，遣婢訴於皇后，后與伶宦共毁之。會太后將葬，帝往視坤陵，道路泥濘，橋多壞。帝問主者，宦官對屬河南。帝怒，下貫獄。崇韜力救不能得，卒杖殺之。

崇韜抑孔謙、斥段凝、薦張憲，始終不附伶人、宦官，卓然有特立之概；惟請立劉后，未免爲世所譏。要之後唐良佐，爲五季第一流人物，非安重誨、桑維翰輩所能跂及也。

帝與宰相議伐蜀，李紹宏薦『李紹欽（即段凝）可以大任。』郭崇韜曰：『段凝亡國之將，奸諂絶倫，不可信也。』衆舉李嗣源，崇韜曰：『契丹方熾，總管不可離河朔。』乃請以皇子魏王繼岌爲都統，帝從之，以崇韜爲都招討制置等使，軍事悉以委之。

即伐蜀之議，崇韜亦可謂能斷大事矣，安得不爲紹宏輩所忌乎！

李紹琛（即康延孝）攻蜀威武城，指揮使唐景思出降；城使周彦禋等亦降，得糧二十萬斛。

延孝猛將，崇韜用爲前鋒，故一攻而威武即下，自此前無堅城矣。蜀地險遠，饋軍仰給鳳翔，方憂匱乏，使非因糧於敵，安望士馬飽騰乎？

郭崇韜入散關，指其山曰：『吾輩進無成功，不復得還此矣。當盡力一決。』李紹琛告捷，崇韜帥諸將倍道趨鳳州。王承捷以鳳、興、文、扶四州降，得糧四十萬斛。崇韜曰：『平蜀必矣！』

崇韜冒險深入，決計取蜀，猶是贊莊宗直取大梁之策也。伐蜀之軍，不患不能戰，患在蜀人據險固守，求戰不得，漸致師老糧竭耳。承捷望風納款，得糧四十萬斛，彼將無不摇心，此軍因之增氣，故可以決功之必成。

蜀主以王宗勳、王宗儼、宗昱爲三招討，將兵三萬逆戰。李紹琛等大破之於三泉，斬首五千級，餘衆潰走。又得糧十五萬斛，由是軍食優足。

平蜀之役，惟三泉一戰耳，此外則兵不血刃矣。

蜀主聞敗，自利州倍道西走，斷桔柏津浮梁；令王宗弼將大軍守利州。李紹琛晝夜兼行趣利州。武德留後宋光葆遺郭崇韜書請降，崇韜復書撫納之。魏王繼岌至興州，光葆與王承肇等各以所屬來降。

蜀之節將，不惟無一人敢戰，亦無一人能守，但相帥迎降耳。非必聞三泉之敗而破膽，蓋其上下離心非一日矣。李嚴所云『大兵一臨土崩瓦解』者，於此益信。

王宗弼與三招討合謀送款於唐。

宗弼位兼將相，統帥大軍，蜀主所托國者也。宗弼送款，餘人更誰恃乎？

李紹琛至利州，修桔柏浮梁。昭武節度使林思諤請降。魏王繼岌至劍州，武信節度使王宗壽降。

蜀主以王宗弼將大軍守利州，先斷桔柏浮梁以阻唐兵；使宗弼控扼要津，利州非不可守也。納款而先歸成都，利州已爲唐有，何論浮梁哉！故昔之斷者，今復修之矣。

王宗弼至成都，嚴兵自衛。蜀主及太后自往勞之，宗弼劫遷蜀主及太后、後宫、諸王於西宫，收其璽綬，自稱權西川兵馬留後。

宗弼已送款於唐，故將兵先至成都，劫取蜀主，自以爲功，以待魏王之至。其權稱留後者，妄冀平蜀後即以西川旄節授己也。

李紹琛至綿州，倉庫民居已爲蜀兵所燔，又斷綿江浮梁。紹琛謂李嚴曰：『吾懸軍深入，利在速戰。若修橋梁，必留數日；或教王衍堅閉近關，折吾兵勢，則勝負未可知。』乃與嚴乘馬浮渡，從兵得濟者僅千人。

紹琛所論，固合兵機，實過慮也。是時衍幽閉西宮，成都非其所有，何論鹿頭關哉！紹琛殆未知王宗弼之所爲耳。

魏王繼岌至綿州，蜀主遣歐陽彬奉降表、降書以迎之。進至德陽。王宗弼遣使奉箋，稱已遷蜀主於西第，安撫軍城，以俟王師。又使其子承班以蜀主後宫及珍玩賂繼岌及郭崇韜，求西川節度使。

宗弼之劫遷蜀主，正爲此耳。

繼岌至漢州，王宗弼迎謁；至成都，蜀主出降。大軍入成都，郭崇韜禁軍士焚掠，市不改肆。自出師至克蜀，凡七十日。

歷代平蜀，未有如是之速且易者。非崇韜果有奇策，誠以蜀主荒臣佞，軍怨民離，故一旦土崩，不翅疾風之掃秋籜耳。

平蜀之功，李紹琛爲多。郭崇韜素與董璋善，表璋爲東川節度使。紹琛怒，乃見崇韜，請以任圜帥東川，崇韜怒曰：『紹琛反邪，何得違吾節度！』紹琛懼而退。

紹琛之功，惟三泉一戰，余何足言！然非璋所及也。崇韜以璋帥東川，不得謂之無私。

初，帝遣宦者李從襲等從繼岌伐蜀。及破蜀，蜀之貴臣大將爭以寶貨、妓樂遺郭崇韜及其子廷誨；魏王所得，不過匹馬、束帛、唾壺、麈柄而已，從襲等不平。

繼岌雖爲都統，而招討制置之任，崇韜實兼之，此軍政所以多專決也。乃至父子廣受賂遺，則取禍之道矣。繼岌所得，不過匹馬束帛，從襲等更何所得乎？宜其不平也。

王宗弼之自爲西川留後也，賂郭崇韜求爲節度使，崇韜陽許之。既而久未得，乃帥蜀人列狀見繼岌，請留崇韜鎮蜀。從襲等謂繼岌曰：『郭公父子專横，今又使蜀人請己爲帥，其志難測。』由是繼岌與崇韜互相疑。

李紹琛之請以任圜帥東川也，意不在圜，以見董璋之不應爲帥也；既不用己，則用圜，猶愈於璋也。宗弼之請留崇韜鎮蜀也，意不在崇韜也；逆料崇韜之必不留，而故爲此請，冀繼岌商之崇韜，而崇韜因薦己爲帥。其所以出此者，以崇韜先受己賂而曾許之也。

郭崇韜徵犒軍錢數萬緡於王宗弼，宗弼靳之；士卒怨怒，縱火喧噪。崇韜欲誅宗弼以自明，白繼岌，收宗弼及宗勳、宗渥，皆數其不忠之罪，族誅之。

父子并受重賂，而士卒不能得緡錢之賞，此所以怒而思變也。歸罪於宗弼，并宗勳等而斬之，可以自明於士卒，不能自明於魏王，以宦官作祟也。

初，帝得魏州銀槍效節都近八千人，皆勇悍，屢立奇功。及河南平，雖賞賚非一，而恃功驕恣，更成怨望。是歲大饑，東都倉廩空竭，無以給軍士，往往餒死，流言怨嗟，而帝游畋不息。

軍士所以怨，非徒恃功驕恣，正以帝荒於游畋，而不恤其餒且死也。

帝賜王衍詔，略曰：『固當裂土而封，必不薄人於險。三辰在上，一言不欺。』

帝初無殺衍之心，適值軍訌内亂，爲景進所惑，遂致失信耳。

時成都雖下，而蜀中盜賊群起，郭崇韜命任圜、張筠分道招討，以是淹留未還。帝遣宦者向延嗣促之，崇韜不出郊迎，及見，禮節又倨，延嗣怒。李從襲因言崇韜父子有异志，延嗣歸，以語劉后，后泣訴於帝。

帝以宦官爲耳目，宦官以劉后爲内主，崇韜以此死，帝亦以此亡。小人、女子，其可畏如是。

以孟知祥爲西川節度使。將行，帝語之曰：『聞郭崇韜有异志，卿到，爲朕誅之。』知祥曰：『崇韜，國之勛舊，不宜有此。俟臣至蜀察之，苟無他志則遣還。』帝許之。

知祥帥蜀，崇韜所薦也。帝既用知祥，固非欲殺崇韜。是以雖惑於向延嗣之讒言，旋移於知祥之正論也。

帝復遣宦者馬彦珪馳詣成都，觀郭崇韜去就，若有遷延跋扈之狀，則與繼岌圖之。彦珪見皇后曰：『臣見向延嗣言蜀中憂在朝夕，安可當斷不斷！』皇后自爲教與繼岌，令殺崇韜。

劉后惟宦官之言是聽，而不復請命於帝，則其平時之悍戾自專可知已。果誰使之然哉？此一教也，帝不知，甚於帝知之。

鑒評别録卷五十四

後唐紀二

明宗皇帝（諱嗣源，太祖養子，即位改名亶，在位八年）

魏王繼岌將發成都，諸軍部署已定，馬彦珪至，以皇后教示繼岌，繼岌曰：『彼無釁端，安可爲此負心事！且主上無敕，獨以皇后教殺招討使，可乎？』李從襲等巧陳利害，繼岌不得已從之。從襲以繼岌之命召崇韜計事，方升階，繼岌從者李環撾碎其首，并殺其子廷誨、廷信。（天成元年）

不惟帝不欲殺崇韜，魏王亦不欲殺崇韜，殺之者宦官，而主之者劉后也。

馬彦珪還洛陽，乃下詔暴郭崇韜之罪，并殺其子廷説、廷讓、廷議，於是朝野駭惋，群議紛然。

帝至是亦惟宦者之言是聽矣。

宦者欲盡去郭崇韜之黨，譖殺睦王存乂。景進誣李繼麟與崇韜謀反，殺繼麟及其二子令德、令錫，并族其家，復其姓名曰朱友謙。

存乂之死，以其爲崇韜之婿也。友謙何爲者？徒以伶人索賂不滿所欲，遂致被誣耳。友謙反覆，死不足惜，就事而論，則無罪而族誅也。

魏博指揮使楊仁晸將兵戍瓦橋，逾年代歸，敕留屯貝州。時天下莫知郭崇韜之罪，民間訛言，有謂劉后已弑帝者，仁晸部兵皇甫暉作亂，殺仁晸，奉趙在禮爲帥。

帝之得天下由於得魏博，其失天下由於魏博先叛。

皇甫暉等擁趙在禮南趣臨清、永濟、館陶，所過剽掠。有告軍亂將犯鄴都者，巡檢使孫鐸等請授甲乘城爲備，監軍史彦瓊不聽。賊前鋒夜攻北門，彦瓊部兵驚潰，單騎奔洛陽。趙在禮入鄴都，縱兵大掠。留守王正言猶未之知，家人告之，索馬不能得，乃帥僚佐步出謁在禮，衆推在禮爲魏博留後。

鄴都重地，而委之昏髦之王正言，又以閹兒史彦瓊主其軍政，欲其扞城禦侮，何可得哉！一日寇至，或曳尾狂奔，或崩角乞命，堪爲齒冷。正言，所謂如在夢中者也。可見其平日於軍府之政一聽命於彦瓊，毫不預聞已。

史彦瓊至洛陽。帝問可爲大將者，李紹宏復請用李紹欽。皇后曰：『此小事，不足煩大將，紹榮可辦也。』帝乃命李紹榮將騎三千詣鄴都招撫。

以二人較之，元行欽（即紹榮）似勝段凝（即紹欽），然亦偏將之才、匹夫之勇耳，招撫非所任也。帝非不知，特不欲拂皇后之意耳。

李紹琛軍至魏城，乘酒謂諸將曰：『國家南取大梁，西定巴蜀，皆郭公之謀而吾之戰功也；至於去逆效順、與國家犄角以破梁，則朱公也。今朱、郭皆無罪族滅，行及我矣。奈何！』紹琛所將多河中兵，其將焦武等哭於軍門，曰：『决不復東矣。』紹琛擁兵西還，自稱西川節度、制置等使。

紹琛武夫粗猛，其言則非妄也。狡兔死，走狗烹，自古功臣如崇韜者，可勝嘆哉！紹琛之反，雖董璋有以激之，良以平時依附崇韜，慮禍及己；河中兵之變，則由於懷朱友謙舊恩，不忍其無罪而族誅也。

李紹榮至鄴都，攻其南門，遣人以敕招諭之。趙在禮拜於城上曰：『得免於死，敢不自新！』史彦瓊戟手大駡曰：『死賊，城破萬段！』皇甫暉謂衆曰：『上不赦我矣。』因聚噪，掠敕書手壞之，守陴拒戰，紹榮攻之不利。彦瓊弃城鼠竄，帝不治其罪，仍使之監紹榮軍，以嫚駡激成衆怒，遂致拏戰不解，而内變作焉。誰之咎歟？

郭從謙本伶人也，優名郭門高，積功至指揮使，以叔父事郭崇韜，又爲睦王存乂假子。崇韜、存乂死，從謙數以私財饗從馬直諸校，流涕言崇韜之冤。及王温作亂被誅，從謙陰謂諸校曰：『主上以王温之故，將盡坑若曹。』於是親軍益不自安。

始以吝賞致親軍之怨，又以枉殺崇韜使之不安，而從謙乃得構煽其間，釀成禍亂，蓋由帝志滿氣驕，以爲威加天下，而不復虞肘腋之變也。古之聖王，居安思危，每云『匹夫匹婦，一能勝予』，鰥寡且不敢侮，而况百萬熊羆之士哉！

李紹榮討趙在禮久無功，河朔告亂者相繼。宰相、樞密使皆舉李嗣源，張全義亦言之。帝心忌嗣源，以内外所薦，命嗣源將親軍討鄴都。

是時中外人心所屬，郭崇韜與嗣源耳。故崇韜死而亂始萌、嗣源出而變將作矣。

任圜大破李紹琛於漢州。紹琛入漢州，閉城不出。

紹琛曾言於郭崇韜云：『圜有文武才，宜帥東川。』今圜果破紹琛，足征紹琛非謬譽也。

李嗣源至鄴都，下令詰旦攻城。是夜，從馬直軍士張破敗作亂，帥衆大噪，殺都將，逼中軍，嗣源叱而問之，曰：『爾曹欲何爲？』對曰：『將士從主上百戰得天下。今主上弃恩任威，貝州戍卒思歸，主上不赦；從馬直數卒喧競，遽欲盡誅。我輩初無叛心，但畏死耳。今衆議欲與城中合勢，請主上帝河南，令公帝河北。』

觀其所云『戍卒思歸，主上不赦』之言，則知由於史彦瓊之激變也。觀其所云『數卒喧競，遽欲盡誅』之言，則知由於郭從謙之扇動也。

亂兵擁嗣源及李紹真等入城，城中不受外兵，皇甫暉逆擊張破敗，斬之，外兵皆潰。趙在禮帥諸校迎拜嗣源，曰：『將士負令公，敢不惟命是聽！』嗣源詭説在禮，出城收外兵，與紹真宿魏縣，散兵有至者。

破敗一鹵莽軍士耳，既欲與城中合勢，不先通謀，而遽擁嗣源以入，城中安敢受乎？宜其爲皇甫所斬也。嗣源之得出，亦幸矣。

任圜擒李紹琛，孟知祥自至漢州犒軍，謂紹琛曰：『公已擁節旄，又有平蜀之功，何患不富貴，而求入此檻車邪！』紹琛曰：『郭侍中佐命功第一，兵不血刃取兩川，一旦無罪族誅；如紹琛輩安保首領！故不敢歸朝耳。』

無罪殺一元勛，則將士人人自危矣。況紹琛首贊直取大梁之策，又爲平蜀都將，與崇韜同功一體者乎！武夫性直，其言固非妄也。

李嗣源之爲亂兵所逼也，李紹榮有衆萬人，營於城南，嗣源遣張虔釗等七人相繼召之，欲與共誅亂者。紹榮留使者，閉壁不應。及嗣源入鄴都，遂引兵去。

召之共擊亂者而不應，見嗣源入城而即去，紹榮之意可知。

李紹榮退保衛州，奏李嗣源已叛，與賊合。嗣源上章自理，一日數輩，皆爲紹榮所遏，不得通，嗣源由是疑懼。石敬瑭曰：『安有上將與叛卒同入城，而他日得保無恙者乎！大梁，天下之要會，宜亟取之。』

嗣源雖不得爲純臣，而其初固無叛意也。張破敗迫之於前，元行欽激之於後，迨石敬瑭建入汴之策，而臣節不可復保矣。

李從珂將所部兵與王建立軍合，倍道從李嗣源，於是軍勢大盛。詔白從暉將騎兵扼河陽橋，帝出金帛賜諸軍，軍士負物而詬曰：『吾妻子已殍死，用是何爲！』

此必内庫金帛也，劉后至是亦不得不破慳矣。平時不加存恤，有急欲仗其力，即厚賜豈足爲恩乎！

帝發洛陽，遣李紹榮將騎兵循河而東。先是，西方鄴守汴州；石敬瑭遣李瓊以勁兵突入封丘門，敬瑭踵其後，自西門入，西方鄴降。嗣源入大梁。

嗣源之隨莊宗取大梁也，攻封丘門，而王瓚出降；兹敬塘亦遣將突入封丘門，而鄴即降。

帝至萬勝鎮，聞嗣源已據大梁，諸軍離叛，嘆曰：『吾不濟矣！』即命旋師。帝之出關也，扈從兵二萬五千，及還，已失萬餘人。

嗣源之善用兵，莊宗所知也。且恩威素著，爲衆所歸，既據大梁，知不能敵，故氣沮而返耳。

帝還過罌子谷，每遇軍士，輒以善言撫之曰：『適報魏王進西川金銀五十萬，當盡給汝曹。』對曰：『陛下賜已晚矣，人亦不感聖恩！』

西川金銀五十萬安在？特口惠耳；金帛不免諸軍之詬，甘言烏足悦之？

帝又索袍帶賜從官，内庫使張容哥稱頒賜已盡，衛士叱之曰：『致吾君失社稷，皆此閹豎輩也。』抽刀逐之；或救之，獲免。容哥曰：『皇后惜財，乃歸咎吾輩；事若不測，吾輩萬段，吾不忍待也！』因赴河死。

致莊宗失天下者，劉后也。惜財以致軍士之怨，伶、宦皆倚后爲内主，以固其寵；而殺郭崇韜，尤爲致亂之由，則后教使之也。

帝入洛城。李嗣源命石敬瑭將前軍趣汜水收撫散兵，嗣源繼之；李紹虔、李紹英引兵來會。

胡身之謂：嗣源據大梁，莊宗嘗至萬勝鎮，相望數十里，無一奏陳情、一騎迎候，莊宗既還，但以兵踵之而西，此意何在？竊謂胡氏之責備誠是已，但嗣源在鄴，爲亂兵所劫，事不由己，又詭辭自脱，甫入旋出，故可以上章自理耳；既據大梁，叛迹昭著，又何情之可陳？此所云騎虎難下者也。若釋兵自歸，莊宗豈能容之乎？諸將如石敬瑭輩亦安肯束手與之同就死地邪？

宰相、樞密使奏：『魏王西軍將至，車駕宜且控扼汜水，收撫散兵以俟之。』帝從之。詰旦將發，郭從謙帥所部兵作亂，與黄甲兩軍焚興教門，緣城而入。帝爲流矢所中，鷹坊人善友扶帝至絳霄殿廡下，抽矢，渴懣求水。皇后不自省視，遣宦者進酪，須臾，帝殂。

莊宗之弑，由於從謙，而從謙以叔父事郭崇韜，又爲睦王存乂養子，若非殺崇韜并及存乂，從謙之亂奚由作哉？劉后平時專房固寵，悍戾驕恣，固後唐之梟鴟，然實與莊宗共禍福、同生死者也。乃既聞集矢，不自省視，反進酪以速其死，何也？得非意屬存渥，志在竊寶同逃邪？加功助逆，弑君戕夫，罪更浮於從謙已。

劉后囊金寶系馬鞍，與申王存渥及李紹榮引七百騎，焚嘉慶殿，自師子門出走。

后與存渥，蓋早有成約矣；紹榮亦后之私人也。七百騎不以衛帝，而以從后，豈非早有成約邪？

朱守殷遣使馳白李嗣源以『京城大亂，願亟來救之！』嗣源入洛陽，止於私第，禁焚掠，拾莊宗骨於灰燼之中而殯之。謂守殷曰：『公善巡徼，以待魏王。吾俟山陵畢，社稷有奉，則歸藩，爲國家扞禦北方耳。』

嗣源此時將安歸乎？其言非誠也。

豆盧革帥百官上箋勸進，嗣源不許。百官三箋請監國，乃許之。入居興聖宫，始受百官班見。下令稱教，百官稱之曰『殿下』。以安重誨爲樞密使，張延朗爲副。

是時樞密乃真相也，故首以命重誨。

劉后與申王存渥奔晋陽，在道與存渥私通。存渥至晋陽，李彦超不納，走至風谷，爲其下所殺。劉皇后爲尼於晋陽，監國使人就殺之。

后與存渥及李紹榮出奔，自當預謀所向，乃紹榮欲往河中，中途爲人執送洛陽；而后與存渥，不西迎魏王而北赴晋陽，何也？繼岌爲后之子，且居都統重任，帥征蜀大軍，功成返旆，指日東歸。后何不徑往依之，而貿貿焉爲晋陽之投？豈不知繼岌行抵何處邪？或知之而道梗不能赴邪？抑其身已屬存渥，惟存渥是從邪？痴女騃兒，同歸於盡，所謂『自作孽、不可活』者已。

李紹真屢薦孔循之才，以循爲樞密副使。監國下教，數租庸使孔謙奸佞侵刻、窮困軍民之罪而斬之，凡謙所立苛斂之法皆罷之。

致莊宗失人心、因以亡國喪身者，謙之苛斂侵刻爲之也。斬之而罷其法，監國於是乎能去惡矣。然二孔猶狼狽也，斬謙而用循，可乎？

魏王繼岌自興平退至武功，李從襲曰：『退不如進，請亟東行以救内難。』繼岌至渭南，腹心吕知柔等皆已竄匿。從襲謂繼岌曰：『時事已去，王宜自圖。』繼岌徘徊流涕，自伏於床，命僕夫李環縊殺之。

繼岌以儲副之尊，荷元帥之重，將克蜀全勝十萬之師，使於此時移檄中外，聲郭從謙弑逆之罪，正李嗣源篡竊之名，擗踴縞素，慷慨登壇，激勵將士，扶義而東，握兵舊臣必有聞風回應者，天下事固大可圖也。即使人心已去，舉事無成，捐弃此身以殉君父，詎不足以對天下後世哉！而乃徘徊中路、進退依違，不思報家國之仇，第欲延旦夕之命，卒之飲泣雉經、横尸床簀，何其卑也！且是時郭崇韜雖死，任圜固在，其才亞於崇韜，堪資倚仗，乃曾不預謀，惟與宦竪、僕夫私相呫囁，蓋其平時托爲腹心、得參機密者，除此輩外更無他人，知其不足與有爲矣。故其殺崇韜也，從襲首謀，李環奮撾，至是亦惟從襲之言是聽，而甘心雌伏畢命於李環之手。其庸劣無能，又出朱友貞下，殆豚犬之不若已。莊宗即不失國，傳之繼岌，終亦必亡也。

罷諸道監軍使；以莊宗由宦官亡國，命諸道盡殺之。

自鄴都軍變，諸道擅殺監軍近侍者多矣。至是乃獮薙靡遺，亦一快也。

先是，監國命李冲爲華州都監，應接西師。衡殺西川行營都監李從襲。

從襲説魏王自盡，而身隨西師歸朝，蓋欲以除魏王爲己功，冀監國有以相酬，而不虞中途被殺也。是時已命諸道盡除監軍，從襲何所逃死乎？

自監國入洛，内外機事皆決於李紹真。紹真擅收李紹欽、紹冲下獄，欲殺之。安重誨曰：『温、段罪惡皆在梁朝，殿下平内難，豈專爲公報仇邪！』紹真由是稍沮。監國教，李紹冲復姓名爲温韜，紹欽復姓名爲段凝，并放歸故里。

紹真之擅收温、段，與李冲之擅殺李從襲，均不免專權，而其人則天下古今所共嫉也。郭崇韜比温韜以朱温，斥段凝爲奸佞，而重誨乃以罪在前朝，曲爲寬貸，其所見不及崇韜遠矣。天下之惡一也，莊宗既已失刑於前，此時僅予放歸，獲保首領，猶屬倖免，後卒賜死，則天網之不漏也。

有司議即位禮。李紹真、孔循以爲唐運已盡，宜自建國號。監國問左右：『何謂國號？』對曰：『先帝賜姓於唐，爲唐復仇，繼昭宗後，故稱唐。今梁朝之人不欲殿下稱唐耳。』

胡身之謂左右未必皆儒生，而於正閏之位致辨甚嚴，雖儒生不能易。竊謂莊宗稱唐，以賜姓編入屬籍也。監國爲武皇養子，於莊宗爲兄弟行，其誼較賜姓爲親，莊宗既繼昭宗之後，監國宜纘莊宗之統，安有纘其統而別建國號者乎？此事理之灼然無可疑者，不必儒者辨正閏也。

監國曰：『吾事武皇三十年，先帝垂二十年，安有同家而异國乎！』乃用李琪議，依嗣子柩前即位之禮。

監國之言是也，故琪援旁支入繼爲言，力贊其決。

有司劾奏太原尹張憲弃城之罪，賜憲死。

莊宗諸臣，殉節者元行欽及憲耳。行欽黨於劉后，并遏絶嗣源章表，又枉殺不二心之繼璟，因以致亂，不爲無罪，其死本無可逃；憲以大臣重望，若奉箋勸進，宰相可以立致，其不從張昭遠之言，固已早辨一死，至是乃甘心瞑目矣。獨惜明宗失一良佐耳。

任圜將征蜀兵二萬六千人至洛陽，明宗慰撫之，各令還營。

圜與張憲，皆莊宗舊臣之表表者。德望則圜不如憲，才名則憲不如圜，乃一則盡節故主，一則效用新君，志趣固不同已。

量留後宫百人，宦官三十人，教坊百人，鷹坊二十人，御厨［五］十人，自餘任從所適。分遣諸軍就食近畿，以省饋運。除夏、秋税省耗；節度等使四節貢奉不得斂百姓；刺史以下，不得貢奉。選人先遭塗毁文書者，令三銓止除詐僞，餘復舊規。

宦官竊權，租庸横斂，弊之大者也。先既悉罷監軍，大誅宦官，盡除苛法，并斬孔謙已，至是復將同光秕政一一釐革，此人心所以翕然歸服，而中外無復异議歟？

以鄭珏、任圜并爲中書侍郎、同平章事。圜憂國如家，簡拔賢俊，杜絶僥倖，期年之間，府庫充實，軍民皆足，朝綱粗立。圜每以天下爲己任，安重誨忌之。

圜亦可謂救時之相。如珏者，相業一無可稱，徒欲給取傳國寶以迎降，其人何足道哉！郭崇韜薦張憲，而重誨忌圜，即此一端，已遠不及崇韜。

宦官數百人竄匿山林，或落髮爲僧，至晋陽者七十餘人，詔李從温悉誅之。

宮中宦官量留三十人，餘悉任從所適矣。此數百人何爲者邪？詎非有罪當誅，亡命倖免者邪？伏誅於北都僅七十人，其以山林僧寺爲逋逃之藪者，猶未免法網之多疏已。

聽郭崇韜歸葬，復朱友謙官爵。兩家貨財田宅，前籍没者皆歸之。

兩家皆以族誅，財産將誰歸乎？或崇韜諸子駢戮，孫輩尚有孑遺邪？若朱氏，則百口同盡已。

安重誨恃恩驕横，殿直馬延誤衝前導，斬之於馬前；御史大夫李琪以聞。重誨白帝，下詔稱延陵突重臣，戒諭中外。

梁祖雖暴，而寇彦卿殺人，尚能裁之以法，俾司憲得舉其職；今乃不治重誨專殺之罪，而反以死者爲陵突重臣，特頒尺一，然則重誨何所忌憚哉？且殿直雖微，亦天子侍臣也，誤衝前導而即斬之，彼犯蹕者將何加焉？臣有作威，豈徒凶於而國乎？

豆盧革、韋説奏事帝前，禮貌或不盡恭；百官俸錢皆折估，而革父子獨受實錢；由是衆論沸騰。説以孫爲子，奏官；受選人王傪賂，除近官。蕭希甫疏劾其罪，制：貶革辰州刺史，説(淑)[漵]州刺史。

自唐末以來，軍國大政，别有主者，而宰相尚能予人以官，故韋貽範以受賂爲債家所噪，而説復私於選人也。五代輕宰相，而宰相亦自輕，蓋是時衣冠道盡、士品益卑，其孑遺幸存、猶立於朝者，大抵頑鈍嗜利無耻之人，故相業無復可稱，而馮道身相五朝，仍以『長樂老』自鳴得意也。

契丹主阿保機卒於夫餘城，述律后立中子德光爲天皇王。德光性孝謹，母病不食，亦不食；侍於母前，應對或不稱旨，母揚眉視之，輒懼而趨避，非復召不敢見也。

母病不食亦不食，暗合一飯再飯之義；見揚眉而趨避，不復召不見，得毋迹近懟親乎？然亦可見述律之積威有漸已。

賜李繼儼名從儼。

李茂貞在唐末，迫脅其主，罪不容誅，乃竟以壽考令終，其子崇儼復榮貴於莊、明二帝之世，則天網之漏也。

任圜判三司，知成都富饒，遣趙季良爲孟知祥官告國信，兼三川都制置轉運使。季良至成都。蜀人皆欲不與，知祥曰：『府庫輸之可也；租税以贍兵，決不可得。』季良但發庫物，不敢復言制置轉運職事矣。

欲以官告國信爲由羈縻知祥，因以制置轉運，奪其利權，然後再置監軍，撓其兵柄也。其用意已爲知祥所窺見。

安重誨以孟知祥乃莊宗近姻，陰欲圖之。李嚴自請爲西川監軍，許之。嚴母賢明，謂嚴曰：『汝前啓滅蜀之謀，今日再往，必以死報蜀人矣。』

嚴自以得志於王衍，因欲再試於知祥，而不知虎口之不可屢探也。

是時，除正員官外，其餘試銜、帖號止以寵激軍中將校而已；及長興以後，所除浸多，乃至軍中卒伍，使、州、鎮、戍胥史，皆得銀青階及憲官，歲賜告身以萬數矣。

軍賞不足，則虚授以官，不能復計及名器之濫也。此歷代同弊。

豆盧革、韋説既得罪，朝廷議置相，孔循薦崔協於安重誨。它日議於上前，重誨舉協。任圜曰：『協雖名家，識字甚少。臣既以不學忝相位，奈何更益以協，爲天下笑乎！』上曰：『吾在河東時見馮書記多才博學，與物無競，此可相矣。』乃以馮道、崔協并爲中書侍郎、同平章事。

自六朝以來，河北名家，首推崔氏，故仕唐多至相位者，圜所由以名家譽協也。其自謂不學，乃是謙辭，所云『識字甚少』，正斥協之不學耳。帝目不知書，故以道爲博學，詎知道所學不出兔園册子哉！

孟知祥禮遇李嚴甚厚。一日嚴謁知祥，知祥曰：『公前奉使王衍，歸而請兵伐蜀，今復來，蜀人懼矣。且天下皆廢監軍，公獨來監吾軍，何也？』遂揖下，斬之。（二年）

趙季良不敢復言制置轉運職事，知祥已跋扈拒命矣。至是擅斬監軍，而朝廷不敢過問，其據蜀之權輿乎？

述律太后左右有桀黠者，后輒謂曰：『爲我達語先帝！』至阿保機墓所，則殺之。趙思温當往，不行，后曰：『汝事先帝親近，何爲不行？』對曰：『親近莫如后，后行，臣則繼之。』后乃斷一腕，令置墓中。思温亦得免。

述律鷙悍，乃至斷腕弗恤，吕、武所不逮也。德光素以孝稱，何竟聽其自殘，而不爲勸止乎？

初，莊宗之克梁也，以魏州牙兵之力；其亡也，皇甫暉、張破敗之亂亦由之。帝以烏震爲副招討，代房知温屯盧臺軍。知温誘龍晊所部兵作亂，殺震。知温恐事不濟，與安審通合謀擊亂兵殆盡，得免者什無一二。敕復誅其家屬萬餘人，永濟渠爲之變赤。

魏博牙兵，殲於朱全忠；而銀槍效節，至此復獮薙靡遺。怙亂踵惡，自取屠滅，不足惜也。兵之驕，自唐天寶而後，所由來者漸矣。積重難返，豈誅殺所能禁哉！

任圜性剛直，與安重誨争於上前，聲色俱厲。上退朝，宫人曰：『妾在長安宫中，未嘗見宰相、樞密奏事敢如是者，蓋輕大家耳。』上不悦。

争於上前者，圜與重誨同一聲色俱厲也。即宫人言宰相、樞密輕大家，亦并斥二人。而帝卒右重誨而左圜者，圜之得君不及重誨也。

帝謂安重誨曰：『從榮左右有矯宣朕旨，令「勿接儒生，恐弱人志氣」者。朕以從榮年少臨大藩，故擇名儒使輔導之，今奸人所言乃如此！』欲斬之；重誨請嚴戒而已。

帝以馬上得天下，目不知書，而兢兢焉擇名儒以輔其子。非天姿之美，烏能見及此哉！雖從榮不知親師嚮學，而帝則可謂明矣。

初，晋陽相者周玄豹嘗言帝貴不可言，帝即位，欲召詣闕。趙鳳曰：『玄豹言陛下當爲天子，今已驗矣，無所復詢。若置之京師，則輕躁狂險之人爭問吉凶，非所以靖國家也。』帝乃就除光祿卿致仕，厚賜金帛而已。

鳳此論殊有卓識，足破流俗之惑。天子之貴，不藉相士之言。先言之適足賈禍耳，不必賞也。

安重誨性强愎。秦州節度使華温琪入朝，請留闕下，帝嘉之，除左驍衛將軍。歲餘，帝謂重誨曰：『温琪舊人，宜擇一重鎮處之。』重誨對以無闕。帝屢言之，重誨曰：『臣累奏無闕，惟樞密使可代耳。』帝曰：『亦可。』重誨無以對。（三年）

主眷不可恃，重誨以樞密非己不可，故謬自請代，而不知帝之意已移也。未幾即欲以王建立代之矣。

安重誨惡成德節度使王建立，奏建立與王都交結，有异志。建立亦奏重誨專權，求入朝面言其狀，帝召之。既至，言重誨與宣徽使張延朗結昏，相表裏，弄威福。帝謂重誨曰：『與卿一鎮自休息，以建立代卿，延朗亦除外官。』重誨曰：『臣事陛下數十年，一旦弃外，願聞其罪！』帝不懌而起。朱弘昭曰：『陛下平日待重誨若左右手，奈何以小忿弃之！』帝尋召重誨慰撫之。

重誨、建立，互相奏訐。重誨以建立與王都交結有异志，既屬空言；建立所奏重誨與延朗表裏弄威福，亦無實據。乃帝既召建立入朝，仍不聞面加質詰，而遽欲將重誨、延朗并斥出外，何以折服二臣之心？宜重誨以『願聞其罪』嘵嘵置辨也；然亦可謂不見機矣，使於此時稍知斂退，何難保其功名，以善厥終？而乃驕横如故，剛狠有加，卒殺其軀，則自取之也。

王晏球以王都反狀聞，詔削都官爵。以晏球爲招討使，發諸道兵會討定州。

都之謀叛也，知王建立與安重誨有隙，遣使結爲兄弟，與之謀復河北故事，建立陽許而密奏之，可見建立初無异志，重誨所奏與都交結，實誣之也。帝若於此詰重誨，能不辭窮乎？

王都以重賂求救於奚酋秃餒。秃餒以萬騎突入定州，王晏球與戰於嘉山下，大破之。因攻定州，得其西關城。定州城堅，不可攻，晏球增修西關城以爲行府，使三州民輸税供軍食而守之。

定州城雖堅，而屬州均非其有。都之勢孤，豈能久乎？

王晏球聞契丹發兵救定州，與張延朗會兵，戰於曲陽城南。晏球令諸將『悉去弓矢，以短兵擊之』，契丹死者過半，餘衆北走；盧龍節度使趙德鈞邀擊之，殆無孑遺。

王都所恃者，契丹之援耳。曲陽一戰，契丹之氣折矣。

東都民有犯私麴者，留守孔循族之。或請聽民造麴，而於秋税畝收五錢，敕從之。

私麴乃至族誅，枉濫已甚。帝但弛造麴之禁，而不治循虐民之罪，何也？

契丹復遣其酋長惕隱將七千騎救定州，王晏球逆戰於唐河北，大破之；追至易州，時久雨水漲，契丹爲唐所俘斬及溺死者，不可勝數。其北走者，道路泥濘，人馬饑疲，趙德鈞邀擊之，生擒惕隱等數百人；其脱歸者不過數十人。自是契丹不敢輕犯塞。

晏球兩敗契丹，一由於用短兵，蓋契丹用弓矢，利於及遠；短兵入陣，迫不及施，幾與徒手無异，此其所以敗也。今之銃炮，猛烈什倍弓矢，然亦攻守之利器耳，若短兵相逼，鉛藥莫繼，亦必危也。一由於乘久雨，蓋契丹皆騎兵，便於馳突，若水漲泥深，不免陷溺，則徒步之不若，此所以兵殲而將虜也。今日肅毅伯李公平山東、河北流寇，皆先於沿河築墻制其竄逸，待其人馬饑疲，然後蹙之海隅河曲，聚而殲之，亦此意也。

王都據定州，守備固，伺察嚴。帝遣使者促王晏球攻城，晏球謂使者曰：『城高峻，非梯衝所及。徒多殺精兵，無損於賊。不若食三州之租，愛民養兵以俟之，彼必内潰。』帝從之。

定州非無外援，晏球不肯攻城，而以全力累破契丹之兵，則外援絶矣。況食三州之租，不煩饋運，即曠日持久，無虞匱乏，以此之有餘制彼之不足，有不坐困而内潰者乎？後城破，擒王都并擒秃餒，正如司馬氏之取淮南，不惟擒諸葛誕，并擒入援之吴將也。

王都、秃餒欲突圍走，不得出。馬讓能開門納官軍，都舉族自焚，擒秃餒及契丹二千人。王宴球在定州，日以私財饗士，自始攻至克城未嘗戮一卒。入朝，帝美其功；晏球謝久煩饋運而已。（四年）

都以王處直養子，劫處直而代其位，并盡殺其子孫，其人固豺狼也。今舉族付之以炬，足償處直矣。

上與馮道從容語及年穀屢登，四方無事。道曰：『臣昔奉使中山，歷井陘之險，臣憂馬蹶，執轡甚謹，幸而無失；逮至平路，放轡自逸，俄至顛隕。爲天下者，亦猶是也。』帝深以爲然。

此即孟子『生於憂患、死於安樂』之旨，語淺而意深，宜其巽而易入也。此可爲大臣從容進諫之法。

上又問道：『今歲豐，百姓足否？』道曰：『農家歲凶則死於流殍，歲豐則傷於穀賤。臣記聶夷中詩云：「二月賣新絲，五月糶新穀；醫得眼前瘡，剜却心頭肉。」語雖鄙俚，曲盡田家情狀。人主不可不知也。』上悦，命左右録其詩，常諷誦之。

時和年豐，君若臣從容燕語，不爲頌禱之辭，獨能曲陳下民疾苦，以動上心，可謂先知稼穡之艱難矣。帝在位頗多恤民之政，或道實啓沃之歟？

康福善胡語，上訪以時事，多以胡語對。安重誨惡之，福懼，求外補。重誨以靈州深入胡境，爲帥者多遇害，以福爲朔方、河西節度使。福見上，涕泣辭之；上命重誨爲福更他鎮，重誨固執不可，上不得已，謂福曰：『重誨不肯，非朕意也。』

重誨驕横，擅作威福，皆帝有以養成之也。天子之貴，不能庇一康福，何以御群臣哉？

鴻臚少卿郭在徽奏請鑄當五千、三千、一千大錢；朝廷以其指虚爲實，無識妄言，左遷衛尉少卿、同正。

是時兵興財匱，而議者知大錢之必不可行，治言者罪而貶其官，於虚實之不相冒，猶能灼知其失，此亦帝之明也。帝所行善政，如不鑄大錢、聽民造麴、聽民自鑄農器及雜鐵器、雕版印賣《九經》，皆行之後世而無弊者，不可以其祚短而忽之。

初，帝在真定，李從珂毆安重誨，重誨銜之。至是，從珂爲河中節度使，重誨矯帝命諭河東牙内指揮使楊彦温使逐之。從珂以狀聞。重誨請速討之，乃命索自通、藥彦稠將兵討之。帝令彦稠必生致彦温，欲面訊之。自通等

拔河中，斬彦温，傳首來獻。重誨奏從珂失守，宜加罪。上曰：『令閑居私第亦可矣。』（長興元年）

前既奏誅從璨，兹又構陷從珂，二人皆帝子也，乃以睚眦欲致之死，重誨專横，乃至此乎？就此事而論，重誨有四可誅：挾嫌煽亂，一也；詐爲敕旨，二也；因欲陷從珂而并害彦温，三也；授意彦稠殺彦温以滅口，扶同蒙蔽，四也。帝雖欲面訊彦温，卒不能究明其事，而從珂因此閑廢，已入重誨彀中矣。爲臣如此，何所不至哉！

安重誨言昭義節度使王建立過魏州有揺衆之語，制以太傅致仕。

建立，帝之親將，素與重誨不協，帝方欲倚以代重誨，乃一入重誨之譖，立即罷斥，豈其於二人之互相奏訐，竟過而輒忘邪？如此任重誨，欲其不專權自恣，不可得也。

捧聖軍使李行德、十將張儉引告密人邊彦温告：『安重誨發兵，云欲自討淮南；又引占相者問命。』帝以問安從進、藥彦稠，二人請以宗族保重誨不反，帝乃斬彦温，召重誨慰撫之。趙鳳奏：『奸人誣陷大臣，行之未盡。』帝乃收行德、儉，皆族之。

重誨請治李從珂失守罪，則罷從珂；言王建立有揺衆語，則罷建立。今彦温告重誨發兵，乃不問其事之虚實，遽斬彦温，亦足謝重誨矣；并族引告之二將，不已甚乎？彦稠、鳳，皆黨於重誨者也。鳳承重誨意旨，屢請加罪於從珂；彦稠不尊帝命生致楊彦温，而殺之以滅口，其朋比爲奸，灼然易見，帝猶惟其言是聽，何其蔽也！

安重誨久專大權，中外惡之者衆；王德妃及宦官孟漢瓊浸用事，數短重誨於上。重誨懼，表解機務，上不許。重誨固請不已，上遣漢瓊詣中書議之，馮道曰：『諸公果愛安令，宜解其樞務爲便。』趙鳳曰：『公失言。』乃奏大臣不可輕動。

殿直可以擅斬，皇子可以請誅，詔命可以詐傳。王建立奏訐而不爲動，邊彦温密告而不爲意，重誨之强狠，幾於鼻息上沖霄漢，乃一聞德妃、漢瓊之交譖，則懼而請退。甚矣，女子、小人之可畏也！道之不留重誨，乃愛之也；鳳則適以害之耳。

制：削東川節度使董璋官爵，以石敬瑭爲都招討使，興兵討之。敬瑭入散關，王弘贄等襲劍門，克之，遂破劍州。因大軍不繼，還保劍門。

安重誨欲取兩川，故先討璋。兩川猶脣齒也，孟知祥知必及己，故遂與璋合。

詔：削西川節度使孟知祥官爵。知祥知劍門失守，遣李肇將兵五千赴之，戒之曰：『爾倍道兼行，先據劍州，北軍無能爲也。』又令趙廷隱將萬人會屯劍州。

董璋雖悍，本無智略，知祥與之合，則兩川未易取也。

官軍分道趣文州，將襲龍州，爲西川將潘福超、沙延祚所敗。

正兵據劍門，而以奇兵趣文州，師鄧艾由陰平入蜀之故智也。孟知祥早爲之備矣。

石敬瑭至劍門，進屯劍州北山；趙廷隱陣於牙城後山，李肇、王暉陣於河橋。敬瑭引步兵進擊廷隱，廷隱擇善射者五百人按甲待之，矛矟欲相及，乃擊之，北軍退走，俘斬百餘人。敬瑭又使騎兵衝河橋，肇以强弩射之，騎兵不能進。薄暮，敬瑭引去，廷隱追擊，敗之。敬瑭還屯劍門。

蜀地險隘，利用弓弩，故廷隱與肇皆以弓弩取勝。文州一敗，劍州再敗，官軍之氣折矣。

石敬瑭征蜀久未有功，關右之人疲於轉餉。上憂之，安重誨請自往督戰，上許之。重誨即拜辭，日馳數百里。西方藩鎮聞之，無不惶駭。

重誨一出，而藩鎮惶駭，爲積威所刦也。亦可見其平日之專横。

石敬瑭本不欲西征，及安重誨離上側，乃敢累表奏論，以爲蜀不可伐，上頗然之。

如重誨者，不可一日離上側也。此時爲异同之論，以動主聽者，豈止一敬瑭哉！

初，鳳翔節度使朱弘昭諂事安重誨。重誨過鳳翔，爲弘昭泣言：『讒人交構，幾不免。』重誨既去，弘昭即奏『重誨怨望』；又遺石敬瑭書，言：『重誨若至軍前，恐將士疑駭，宜逆止之。』敬瑭上言：『重誨至，恐人情有變，宜急征還。』孟漢瓊自西方還，亦言重誨過惡，有詔召之還。（二年）

敬瑭頓兵不進，固深慮重誨之代己，因發其挫衄逗撓之狀，是以托軍變而力沮之。

石敬瑭以遂、閬既陷，糧運不繼，燒營北歸。

敬瑭自度力不能平蜀，所以不敢遽歸者，以安重誨持之於内也。今知帝已疏重誨，故先言蜀不可伐，又請征還重誨，至是遂燒營而遁矣。蜀地險狹，饋運阻滯，郭崇韜之克捷，因糧於敵也；敬瑭之無功，懸軍乏食也。

以安重誨爲護國節度使。趙鳳言於上曰：『重誨陛下家臣，其心終不叛主，但以不能周防，爲人所讒；陛下不察其心，死無日矣。』上以爲朋黨，不悦。

帝非昏庸之主，平時於重誨之專横，豈不知之？第以功臣久居相位，故屈意容之耳。至是主眷已移，讒言競進，一出國門，禍不旋踵。鳳素附重誨，帝已灼見其情，尚欲以不入耳之言冀回天聽乎？

帝既解安重誨樞務，乃召李從珂，泣謂之曰：『如重誨意，汝安得復見吾！』以從珂爲左衛大將軍。

不退重誨，即不敢見從珂，帝竟似爲重誨所制，殊不解其故。然其蓄憾則非一日矣。

復以錢鏐爲天下兵馬都元帥、尚父、吴越國王，遣張籛往諭旨。以嚮日致仕，安重誨矯制也。

内而李從珂召用，外而錢鏐復官，皆反重誨所爲，并以矯制之罪坐之，然則重誨豈有全理乎？

以孟漢瓊知内侍省事。時范延光、趙延壽雖爲樞密使，於政事不敢可否；獨漢瓊與王淑妃居中用事，人皆憚之。

帝正位之初，以莊宗爲戒，大誅宦官，而不免惑志於王鎔；奴出宫中，美女數百，而卒乃移情於花見羞。

鮮克有終，古人所由重以爲戒也。

安重誨内不自安，表請致仕；制以太子太師致仕。其子崇贇、崇緒逃奔河中。重誨驚曰：『汝安得來？』既而曰：『吾知之矣，以死徇國，夫復何言！』乃執二子表送詣闕。帝遣翟光鄴詣河中察之，曰：『重誨果有异志則誅之。』光鄴素惡重誨，乃并其妻殺之。

重誨所倚者，帝眷耳。一離帝側，則怨之者争欲殺之，豈致仕所能免乎？平日不能善用其權，至是乃欲自脱於禍，何見之晚邪？莊宗無意殺郭崇韜，殺之者劉后與宦者也；帝亦非必欲殺重誨，殺之者光鄴也。

下詔，以重誨離間孟知祥、董璋、錢鏐爲重誨罪，又誣其欲自擊淮南以圖兵柄，遣元隨竊二子歸本道；并二子誅之。

帝於重誨，初則任之太重，後又誅之無名，雖欲文致，而難爲辭，何不以弄權矯詔明正其罪乎？重誨剛愎專擅，遠不及郭崇韜，然能力持綱紀杜絶王淑妃、孟漢瓊非分之求，固卓然有以自立者。當時貴近諸臣爲國任事，無若重誨，使早抑其權，何至君臣不保始終哉！

敕解縱五坊鷹隼，内外無得更進。馮道曰：『陛下仁及禽獸。』上曰：『不然。朕昔從武皇獵，時秋稼方熟，有獸逸入田中，遣騎取之，比及得獸，餘稼無幾。以是思之，獵有損無益，故不爲耳。』

道以帝意恤鷹隼，因罷游畋，故以爲仁及禽獸。而不喻其所慮者獵之害稼也。殆猶未忘聶夷中之詩乎？

馬殷之子希聲聞梁太祖嗜食鷄，慕之。殷卒，希聲襲位，日殺五十鷄爲膳。葬父於衡陽，將發引，頓食鷄臛數盤。潘起譏之曰：『昔阮籍居喪食蒸豚；何代無賢！』

慕朱温而日殺五十鷄，又於葬父發引之日大嚼鷄臛，尚有人理乎？馬氏竊據湖南，殷卒而國勢頓衰矣。

錢鏐卒，子傳瓘襲位，更名元瓘。以遺命去國儀，用藩鎮法；除民田荒絶者租税。命曹仲達權知政事。置擇能院，掌選舉、殿最，以沈崧領之。（三年）

元瓘能紹父業，异於馬希聲之但知食鷄者矣。

董璋會諸將謀襲成都，破白楊林鎮。孟知祥遣趙廷隱以兵三萬拒之。璋克漢州，知祥自將兵八千趣漢州，至彌牟鎮。廷隱大破東川兵於鷄蹤橋，璋遁還梓州。廷隱攻之，璋將潘稠、王暉斬璋以降。

東川之地，狹於西川；璋之才，遠不及知祥。其諸將中無一足當趙廷隱、李仁罕者。重幣修好，尚恐爲其所并，而乃輕動無名之師，妄冀難成之功，不量彼已，冒昧嘗試，宜其一戰而北、身隨以亡也。自此知祥兼有東川，遂據全蜀已。

孟知祥入梓州，謂李仁罕、趙廷隱曰：『二將誰當鎮此？』仁罕曰：『令公再與蜀州，亦行耳。』廷隱不對。知祥愕然，退命李昊草牒，俟二將有所推則命一人爲留後，昊曰：『昔梁祖、莊宗皆兼領四鎮，今惟公自領爲便耳。』

仁罕威名，本在廷隱之右； 今見廷隱取東川、誅董璋，必且代其位出己上，所以不服。 知祥意在以東川授廷隱，而嫌於仁罕，故問二將誰當鎮此？ 欲仁罕讓廷隱也。 迨見其交爭有狀，是以猝莫能決，而昊因進自領之策耳。

帝使李存瓌諭知祥，以『董璋自貽滅族。 卿親戚皆保安全，所宜成家世之美名，守君臣之大節』。 知祥拜泣受詔，自是復稱藩。

知祥兼有兩川，已無他望，稱藩亦與拒命等耳。 朝廷第羈縻之而已。

秦王從榮喜爲詩，頗自矜伐。 帝語之曰：『吾雖不知書，然喜聞儒生講經義，開益人智思。 吾見莊宗好爲詩，將家子文非素習，徒取人竊笑，汝勿效也。』

帝雖不知書，而諳於事理，故其言多金石之論。 蓋天資獨優也。

大理少卿康澄上疏曰：『國家有不足懼者五，有深可畏者六： 陰陽不調不足懼，三辰失行不足懼，小人訛言不足懼，山崩川涸不足懼，蟊賊傷稼不足懼； 賢人藏匿深可畏，四民遷業深可畏，上下相徇深可畏，廉耻道消深可畏，毁譽亂真深可畏，直言蔑聞深可畏。』

澄所云『深可畏』者，信有之矣。 所云『不足懼』者，如陰陽不調、三辰失行，猶可曰天道悠遠難知，至於小人訛言足以致亂，山崩川涸、蟊賊傷稼必致成灾，未可擅置勿論也。

秦王從榮爲人鷹視，輕佻峻急；既判六軍諸衛事，復參朝政，多驕縱不法。石敬瑭不欲與從榮共事，思外補以避之。會契丹欲入寇，上命擇帥臣鎮河東，范延光、趙延壽皆薦敬瑭，敬瑭亦願行，上即命除之。

唐之内亂，始自從榮；晋之建國，基於河東。

石敬瑭至晋陽，以劉知遠、周瓌爲都押衙，委以心腹。

敬瑭羽翮將成，知遠頭角已露。

閩王延鈞即皇帝位，國號大閩。延鈞自以國小地僻，常謹事四鄰，由是境内差安。（四年）

董昌稱帝，錢鏐有兵諫之舉；劉守光稱帝，莊宗有問鼎之嘲。今延鈞較守光更爲弱小，勢與昌略相等耳，乃公然帝制自爲，而鄰道不復過問者，則謹事之效也。若朝廷則務爲姑息，且遠隔淮、浙，亦無從加兵問罪已。

上疾久未平，軍士頗有流言。賜在京諸軍優給有差；既賞賚無名，士卒由是益驕。

胡身之謂：唐兵之驕，始於同光，甚於長興。竊謂唐自中葉以後兵漸驕，至末造而節度使之廢立、生殺，皆在其手；朝廷姑息，莫敢誰何，兵之驕由來已久，并非始於同光也。

太僕少卿何澤見上寢疾，表請立秦王從榮爲太子。上覽表泣下，私謂左右曰：『群臣請立太子，朕當歸老太原舊第耳。』不得已，詔宰相、樞密使議之。從榮謂范延光等曰：『執政欲以吾爲太子，是欲奪我兵柄，幽之東宫耳。』延光等白上，制以從榮爲天下兵馬大元帥。

帝所戀者天位也，故不願立太子；從榮所戀者兵柄也，故不願爲太子。不立太子，而帝之心慰矣；以爲大帥，而從榮之心亦慰矣。惟澤爲此奏，以冀進用，則未免索然耳。

帝疾大漸，秦王從榮入問疾，帝不應。從榮出，聞宫中皆哭，意帝已殂，明旦稱疾不入。帝實小愈，而從榮不知，恐不得爲嗣，與其黨謀，欲以兵入侍，先制權臣。

從榮所以不願爲太子，而願爲大元帥者，正恐一失兵柄，即爲權臣所制，雖擁太子之虚名，仍不得爲嗣也。其請嚴衛、捧聖兩指揮爲牙兵，正爲今日耳。

從榮自河南府將步騎千人陣於天津橋。遣馬處鈞謂馮贇曰：『吾今日决入。』贇與康義誠、朱弘昭、孟漢瓊謀未决，監門白秦王兵已至端門外。漢瓊即入見帝，贇等隨之，漢瓊曰：『從榮反，兵已攻端門！』帝曰：『從榮何苦乃爾！』問弘昭等：『有諸？』對曰：『有之，已令門者闔門矣。』帝指天泣下，謂義誠曰：『卿自處置，勿驚百姓！』

是時從榮爲河南尹兼大元帥，民政兵權，在其掌握，雖未正儲副之名，固儼然太子也。一旦宫車晏駕，從厚在外，(熟)[孰]復與之争嗣位乎？計從榮亦非不知之，第欲以兵入宫，脅朱、馮輩令其不敢有异議耳。朱、馮輩畏誅，故乘帝病亟，加以悖逆之名誅之，以自脱禍，更立從厚，以擁戴爲功也。

孟漢瓊被甲乘馬，召朱洪實將五百騎討從榮。左右走白從榮，從榮大驚，命取鐵掩心擐之，坐調弓矢。俄而騎兵大至，從榮走歸府，與妃劉氏匿床下，安從益就斬之，并殺其子，以其首獻。

擐掩心、調弓矢，非不睥睨作態；迨騎兵四合，則祇辦一走，與婦匿床下耳。紈絝惡少年，腸肥腦滿，輕舉妄動，而好亂樂禍、行險僥倖之小人，又欲乘勢挾之以取富貴，是以干名犯義、躬蹈大戮而不悟也。

帝殂。帝性不猜忌，與物無競，登極之年已逾六十，每夕於宫中焚香祝天曰：『某胡人，因亂爲衆所推；願天早生聖人，爲生民主。』在位年穀屢豐，兵革罕用，校於五代，粗爲小康。

帝以百戰得天下，豈不欲傳之子孫，而祝天更生聖人乎？且彼方顧戀大位，尚不欲立太子，安有公天下之心哉？即有此言，亦惟焚香默禱，深宫語秘，何由傳播於外？殆亦宋臣修《五代史》傅會其説，自尊其太祖，以爲應期而生耳。

宋王從厚即皇帝位。秦王從榮既死，朱洪實妻入宫，司衣王氏語之曰：『秦王爲人子，不在左右侍疾，致人歸禍，是其罪也；若云大逆，則厚誣矣。朱司徒不爲之辨，惜哉！』洪實以其語白閔帝，賜王氏死。

從榮固未爲大逆，但已稱兵向闕，豈止不在左右侍疾乎？此非公論也。竊謂從榮子弄父兵，有似戾太子，然戾太子因被誣無以自明，擅以兵誅江充；從榮乘帝之疾，以兵脅大臣立己，其心亦可誅矣，罪固浮於戾太子也。

潞王（諱從珂，鎮州平山人，本姓王氏，明宗掠得之，養以爲子，在位一年）

鳳翔節度使潞王從珂，與石敬瑭少從明帝征伐有功，得士心。朱弘昭、馮贇皆忌之。明宗殂，潞王辭疾不來，

其子重吉爲控鶴都指揮使，朱、馮不欲其典禁兵，出爲亳州團練使。潞王由是疑懼。（清泰元年）

從珂功名在諸將之右，所以不得與從榮、從厚同列者，以其爲養子也。然明宗亦武皇養子，何以得立？已不足杜從珂窺覦之心。況明宗臨終又以『付爾父兵柄』之言語其子重吉乎？朱、馮又從而激之，宜其反矣。

潞王移檄鄰道，言『朱弘昭等乘先帝疾亟，殺長立少，專制朝權。今將入朝，清君側之惡，願乞靈鄰藩以濟之。』潞王以西京留守王思同當東出之道，尤欲與之相結，遣郝詡等詣長安，説以利害。思同執詡等，以狀聞。時潞王使者多爲鄰道所執。

思同深明大義，卒能不失臣節，當時諸將，似此者無幾已。潞王初起兵，黨與甚寡，所以卒能有成者，士卒附之也。

朝廷議討鳳翔。康義誠請以王思同爲統帥。思同雖有忠義之志，而御軍無法；潞王老於行陣，將士徼幸富貴者心皆向之。

當時諸將均非潞王之敵，豈思同所能當哉！將士所以心向之者，固由希冀恩賞，亦由震於威名也。

護國節度使安彦威等五節度使合兵討鳳翔，攻城期於必取。潞王登城泣謂外軍曰：『吾從先帝百戰，金創滿身，以立社稷；今何罪而受誅乎！』聞者哀之。楊思權、尹暉各帥其衆降，外軍亦潰，王思同等皆遁去。

唐兵攻潞王者，惟思同及五節度耳，此外均倒戈納降，稽首迎新君矣。

西軍都監王景從等自軍前奔還，中外大駭。帝不知所爲。康義誠欲悉以宿衛兵迎降，固請自行，帝乃召將士慰諭，空府庫以勞之。軍士負賜物，揚言於路曰：『至鳳翔更請一分。』

非徒義誠欲迎降，軍士皆欲迎降，故不戰而潰。

潞王至昭應，聞前軍獲王思同，王曰：『思同雖失計，然盡心所奉，亦可嘉也。』王責讓之，對曰：『思同起行間，先帝擢至節將，敗而釁鼓，固其所也。請早就死！』王爲之改容，欲宥之。劉延朗乘王醉，擅殺之。王嗟惜累日。

潞王嘉思同，誅孟漢瓊、康義誠，不失好惡之正。

潞王至陜，僚佐説王曰：『今將及京畿，王宜少留，先移書慰安京城士庶。』王從之，移書諭洛陽文武士庶：『惟朱弘昭、馮贇兩族不赦外，自餘勿有憂疑。』

軍心已向潞王，得此移書，民心亦歸之矣。

康義誠軍至新安，所部將士弃甲兵，争詣陜降。義誠亦請降。閔帝聞之，召朱弘昭謀所向，弘昭赴井死。安從進殺馮贇，傳二人首於潞王。

潞王起兵，以誅朱、馮爲名，兵未至都，朱、馮已誅。

帝欲奔魏州，召孟漢瓊，漢瓊不應，單騎奔陝。帝以五十騎出玄武門，謂愛將慕容遷曰：『朕且幸魏州，汝帥控鶴衛士從我。』遷陽爲團結；帝既出，闔門不行。

漢瓊聞召而不赴，遷陽從而陰違，人心去矣，帝將安往乎？此五十騎者，皆忠義之士；沙守榮、奔洪進，其表表者也。

閔帝至衛州，遇石敬瑭；帝問以社稷大計，敬瑭往問衛州刺史王弘贄，弘贄曰：『前代天子播遷，然皆有將相、侍衛、府庫、法物；今皆無之，獨以五十騎自隨，雖有忠義之心，將若之何？』

敬塘國戚名將，踞大鎮，擁强兵，聞難不即奔赴，及中途遇帝，或奉迎還晉陽，或就近入衛州，然後傳檄四方，號召忠義，共圖興復大計，何難速决？而乃謀之於弘贄，藉辭推諉，其意可知已。

敬瑭見帝，以弘贄之言告。沙守榮、奔洪進責敬瑭附賊賣天子，守榮抽佩刀欲刺之，敬瑭親將陳暉救之，守榮與暉鬥死，洪進亦自刎。劉知遠引兵入，盡殺帝左右及從騎，獨置帝而去。

守榮、洪進之死，較王思同尤爲忠烈。左右從騎同時殉難，雖姓字無傳，義均不朽矣。

馮道等入朝，及端門，聞帝已北走，乃止於至天宫寺，召百官。中書舍人盧導至，道曰：『勸進文書，宜速具草。』導曰：『潞王入朝，百官班迎可也；設有廢立，當俟太后教令，豈可遽議勸進乎？』

導之言，雖有違於君亡與亡之義，而與當日事體，固有合也。潞王舉措，卒與之同。

安從進遣人趣之馮道等曰：『潞王至矣，安得百官無班！』道等即紛然而去。既而潞王未至，三相（馮道、李愚、劉昫）息於上陽門外，道復召盧導語之，導對如初。李愚曰：『舍人之言是也。吾輩之罪，擢發不足數。』

胡身之謂馮道、李愚、盧導之論皆不合義，因言爲相者主於持危扶顛，不以但能盡死爲貴。竊謂胡氏之論甚正，而未合乎當日之時勢也。是時政在樞密，宰相備員，行文書而已。稍露鋒穎如任圜者，已不能保其首領，安能以持危扶顛責道等哉！然則士處此時當如何？曰，夫子固言之矣：『危邦不入，亂邦不居』，此爲未仕者言之也；『陳力就列，不能者止』，此爲既仕者言之也。道等既不能有爲，又不肯求去，波流萍泛，貪位苟容，莊、明易代之際，業已送舊迎新，恬不知耻，潞王之於閔帝，猶明宗之於莊宗耳。如諸臣者，其亦無足責備也已。

初，潞王罷歸私第，王淑妃數遣孟漢瓊存撫之。漢瓊自謂於王有舊恩，至澠池西，見王大哭，欲有所陳，王曰：『諸事不言可知。』即命斬於路隅。

漢瓊弃閔帝而迎潞王，正以於王有舊也。橫尸路隅，非其意料。

潞王入謁太后、太妃，伏梓宫慟哭。馮道帥百官班見，復上箋勸進，王曰：『予此行，事非獲已。俟皇帝歸闕，園寢禮終，當還守藩服。群公遽言及此，甚無謂也！』太后下令廢少帝爲鄂王，以潞王知軍國事。

道於新故乘除之際，更事多矣，意以此時若不勸進，不能專擁戴之功，而潞王亦無由彰辭讓之美，故不從盧導之言，李愚等亦惟道是聽也。宰相勸進則辭，太后下令而後受之，潞王親見明宗監國之事，故其舉措亦有次第也。

太后令潞王宜即皇帝位，乃即位於柩前。帝之發鳳翔也，許軍士以入洛人賞錢百緡。府庫不足給。三司使王玫請率京城民財，僅得數萬緡。執政請據屋爲率，預借五月僦直，從之。

新天子即位，不聞下寬恤之令，而先征間架之税。軍賞不足，民已大擾矣。

王弘贄遷閔帝於州廨，帝遣弘贄之子巒往鴆之。閔帝不飲，巒縊殺之。閔帝性仁厚，於兄弟敦睦，於潞王亦無嫌，而朱弘昭、孟漢瓊之徒横生猜間，閔帝不能違，以致禍敗。

閔帝優柔寡斷，頗似朱(守)[友]貞。若内有良佐，外無强敵，不失爲守文弱主。其所以速亡者，固由弘昭輩挑釁潞王，致動鳳翔之兵；亦以帝不能進賢退不肖也。

閔帝之在衛州也，惟磁州刺史宋令詢遣使問起居，聞其遇害，慟哭半日，自經死。

令詢舊爲天雄左都押牙，侍帝最久。朱弘昭忌而出之，卒與沙守榮、奔洪進先後盡節，可謂忠於所事者矣。

斬康義誠，滅其族。

明帝以義誠爲樸忠，使總宿衛。而義誠每持兩端，巧詐不忠，斬而族之，當其罪矣。諸臣謀殺秦王從榮者，朱洪實先爲閔帝所斬，朱弘昭赴井死，馮贇爲安從進所殺，孟漢瓊迎降於潞王爲其所誅，惟義誠尚在，至是則靡有孑遺矣。

有司百方斂民財，僅得六萬，晝夜督責，囚繫滿獄。是時，竭左藏舊物、諸道貢獻及太后、太妃器服簪珥，纔及二十萬緡，盡以賞軍，軍士猶怨望，爲謡言曰：『除去菩薩，扶立生鐵。』以閔帝仁弱、帝剛嚴也。

帝之得天下，以士卒志在邀賞，不滿其欲，則將别有所擁立，以希厚獲，此所以可慮也。謡言固不足憑，而軍心至此稍變矣。

帝與石敬瑭皆以勇力事明宗，素不相悦。帝即位，敬瑭入朝，將佐多勸帝留之，惟韓昭胤、李專美以爲不可。時敬瑭久病羸瘠，帝不以爲虞，乃復以爲河東節度使。

敬瑭弃舊主而朝新君，謂之不忠可也；謂之不臣不可也。留之宿衛可也，使之歸鎮亦可也。既歸鎮矣，疑之而復徙之，與鳳翔之徙河東何异？前車不遠，帝竟忘之乎？

劉昫、李愚議論多不合，帝欲更命相，親信以盧文紀、姚顗、崔居儉才行互有優劣，帝不能决，乃置其名於琉璃瓶，夜焚香祝天，以筯挾之，首得文紀，遂相之。

此亦不失枚卜之意，可見帝之命相，專以左右之言爲憑，胸中非有鑒别也。

以劉昫判三司。昫命判官高延賞鉤考長興以前户部及諸道逋租三百三十八萬，詔悉蠲之。貧民大悦，而三司吏怨之。

此三百三十八萬，實欠在民者也，故蠲之而民悦。後世欠不在民而在官，雖蠲之而民罔聞知矣。

漢主命判六軍秦王弘度募兵千人，皆市井無賴子弟，弘度昵之。同平章事楊洞潛諫，漢主不聽。洞潛見衛士掠商人金帛，嘆曰：『政亂如此，安用宰相！』因謝病歸第；久之，卒。

洞潛雖爲相於僭僞之邦，其識自在馮道、李愚之上。

太常丞史在德，上書歷詆内外文武之士，請加黜陟。盧文紀等怒，請加罪。帝謂馬胤孫曰：『朕新臨天下，宜開言路；若朝士以言獲罪，誰敢言者！』乃下詔宣意。（二年）

帝雖武人，而此舉有人君之度。然亦第不加罪耳，未嘗用其言也。

石敬瑭既還鎮，陰爲自全之計。多於賓客前自稱羸瘠，不堪爲帥，冀朝廷不之忌。時契丹屢寇北邊，敬瑭與趙德鈞求益兵運糧，朝夕相繼。

始則假契丹之寇以益兵，繼乃借契丹之兵以謀叛。

石敬瑭將大軍屯忻州。朝廷遣使賜軍士夏衣，傳詔撫慰，軍士呼萬歲者數四。敬瑭懼，幕僚段希堯請誅其唱首者，敬瑭命劉知遠斬李暉等三十六人以徇。帝聞之，益疑敬瑭。

聞傳詔而呼萬歲，呼朝廷乎？抑呼敬塘乎？此三十六人者，罪狀固未明也，斬之將以釋帝之疑，而帝之疑轉甚。帝於敬塘，其疑之非一日矣。

帝深以時事爲憂，嘗讓盧文紀等無所規贊。文紀等上言：『臣等五日起居，暫獲對揚，侍衛滿前，雖有愚慮，不敢敷陳。望復前朝延英故事。』詔許『於閣門奏榜子，當盡屏群臣，於便殿相待』。

文紀等胸中實無一策，特援故事，請開延英，以爲緩責之地耳。爲見宰相而别置一殿，豈不動需時日？迨帝許於閣門奏榜子，亦未見有所論列也。

荆南節度使高從誨性明達，親禮賢士，委任梁震，以兄事之。省刑薄賦，境内以安。梁震曰：『先王待我如布衣交，今嗣王能自立，吾老，不復事人矣。』遂固請退居。從誨爲之築室於土洲。震自稱『荆台隱士』。

是時淮南有嚴可求、蜀有趙季良、楚有高鬱，皆著名於偏霸之朝。而去就綽然、善始善終，無如震之在荆南，宜温公以『成功能退』特許之也。

閩葉翹博學質直，閩主昶以師傅禮待之，多所裨益，宫中謂之『國翁』。昶既嗣位，驕縱，不與翹議國事。翹見昶頓首曰：『老臣輔導無狀，致陛下無一善可稱，願乞骸骨。』昶慰留之。未幾復上書言事，昶批其紙尾曰：『一葉隨風落御溝。』遂放歸。

翹雖遇非其主，而始終不失輔導之義，亦盧文紀輩所不及也。

以馮道爲司空。時久無正拜三公者，朝議疑其職事；盧文紀欲令掌祭祀掃除，道聞之曰：『司空掃除，職也，吾何憚焉！』既而文紀自知不可，乃止。

是時權歸樞密，政在中書，三公徒虚名耳，有何職事哉！如道者，即使之掃除，亦不爲耻，其言非謙也，文紀誤矣。

鑒評別録卷五十五

後晉紀一

高祖皇帝（諱敬瑭，姓石氏，父臬捩鷄，本出於夷，從朱邪歸唐，居陰山。其姓石不知所自始。既得天下，祖衛大夫石碏。在位七年）

石敬瑭盡收其貨之在洛陽及諸道者，歸晉陽，托言助軍費，人皆知其有异志。帝與近臣語及之，吕琦曰：『河東若有异謀，必結契丹爲援。契丹母以贊華在中國，屢求和親，若與之和，歲以禮幣約直十餘萬緡遺之，彼必歡然承命；則河東無能爲矣。』

此時欲制河東，莫如先和契丹，洵伐謀之上策。但契丹垂涎於燕雲者非一日矣，第予歲幣，果足厭其心乎？

帝以其謀告薛文遇，文遇對曰：『以天子之尊，屈身奉夷狄，不亦辱乎！虜若循故事求尚公主，何以拒之？』因誦戎昱《昭君詩》曰：『安危托婦人。』帝意遂變。一日，急召李崧、吕琦盛怒責之，二人拜謝無數。

中國天子之尊，有時屈於夷狄者，所以安中國也。漢唐盛時，猶不免焉。况帝以士卒推戴，攘取大位，僅據數州之地，曾不及天下之半者乎？契丹亦未必遽請尚主，即使出此，後唐起自沙陀，本屬雜夷，帝隨母被掠，因爲明宗養子，更出微賤，與契丹婚，豈足辱乎？乃聞文遇言而盛怒，豈竟忘拾馬糞時邪？

石敬瑭欲嘗唐王之意，累表自陳羸疾，乞解兵柄，移他鎮。帝與執政議從其請，移鎮鄆州。李崧等皆以爲不可，與薛文遇議之，文遇曰：『諺有之：「當道築室，三年不成。」河東移亦反，不移亦反，不若先事圖之。』帝大喜，曰：『卿言殊豁吾意，成敗吾決行之。』

文遇蓋略識古今而不知時務者，其沮契丹和議，則誤於戎昱之《咏昭君》；其論處置河東，則誤於(朝)[晁]錯之削吴楚。

以石敬瑭爲天平節度使，以宋審虔爲河東節度使，以張敬達爲西北蕃漢馬步都部署，趣敬瑭之鄆州。

帝之勇而知兵，亦敬瑭所憚，河東一鎮非朝廷之敵，契丹雖可爲援，究難深恃，使坦懷相委以北門，豈肯遽萌异志哉？移鎮猶可，遽遣敬達以兵臨之，欲不速反得乎？

石敬瑭欲發表稱疾以覯帝意，劉知遠曰：『明公久將兵，得士心；今據形勝之地，士馬精强，若稱兵，帝業可成，奈何以一紙制書自投虎口乎！』桑維翰勸敬塘求援於契丹，敬瑭意遂决。

敬塘之移鎮天平，亦猶潞王之移鎮河東，自度必無全理，故爲鋌而走險之計。契丹助之，遂不可制。

敬瑭表：『帝，養子，不應承祀，請傳位許王。』帝手裂其表抵地，制削奪敬瑭官爵。以張敬達兼太原四面排陣使，又以爲兵馬都部署，帥諸將進討。

敬塘宿將習兵，又結契丹爲援，帝於此時，惟有乘其初起，速即親征以折其勢，庶足相當耳。豈敬達所能了哉！

敬塘遣間使求救於契丹，稱臣於契丹主，且請以父事之，約事捷之日，割盧龍一道及雁門關以北諸州與之。契丹主大喜，許俟仲秋傾國赴援。

胡身之云：自是之後，遼滅晋、金破宋、元滅金滅宋，遂并中外，皆敬塘捐割關隘以啓之。竊謂以遼、金之滅晋、破宋，爲石氏割地所致，猶可也；至以元之混一并咎石氏，則非篤論矣。元祖起自西北，拓地極廣，未滅宋以前，固已西臨星海、南越、滇池，豈藉區區燕雲以爲進兵之路哉！且元魏先已畫淮而有之，立國百年矣，所割取奚翅盧龍及雁門以北哉？又將誰尤乎！

張敬達築長圍以攻晋陽。石敬塘以劉知遠爲馬步都指揮使。知遠用法無私，由是人無貳心。帝聞契丹許敬塘仲秋赴援，屢督張敬達急攻晋陽。晋陽城中日窘，糧儲浸乏。

以敬塘、知遠之智勇，固守晋陽，攻之洵未易拔。所慮者糧芻不給耳。使非契丹來援，勢必坐困。

契丹主將五萬騎，自揚武谷而南。至晋陽，陣於汾北之虎北口。即與唐騎將高行周、符彦卿合戰，劉知遠出兵助之。張敬達等以步兵陣於山下，契丹衝唐兵，斷而爲二，縱兵乘之，唐兵大敗。敬達收餘衆保晋安。

敬達庸將也。不量敵而輕戰，一敗即不能復振矣。

敬瑭出北門，見契丹主，問曰：『皇帝遠來，士馬疲倦，戰而大勝，何也？』契丹主曰：『始吾自北來，謂唐必斷雁門諸路，伏兵險要，使人偵視皆無之，吾是以長驅深入。兵既相接，我氣方銳，彼氣方沮，所以亟戰而勝。』

契丹騎兵利於馳突，惟有扼險拒之、設伏邀之耳。縱之深入，而與之角逐於山下，是予彼以地利，俾之得施其長技也，其敗宜矣。此蓋偵候不明，意以契丹來援，不過偏將將數千騎，其勢易折，故欲任彼入境，而以長圍困之，冀如王晏球之擒王都并擒秃餒，而不虞契丹主之傾國而至也。

敬瑭引兵會契丹，圍晋安寨，置營於寨南，長百餘里，厚五十里。敬達等士卒猶五萬人，馬萬匹，四顧無所之。遣使告敗於唐，自是聲問不復通。

一敗而膽落氣沮，坐擁五萬之衆，困守孤栅，不敢再出一戰。敬達真庸將也。

唐主下詔親征。雍王重美曰：『陛下目疾未平，未可遠涉風沙；臣請代行。』帝本不欲行，聞之頗悦。張延朗等皆勸帝行，帝不得已，發洛陽。謂盧文紀曰：『聞卿有相業，故首用卿，今禍難如此，卿嘉謀安在？』文紀不能對。

此時始議親征，已嫌其晚。然使簡帥精鋭、卷甲疾馳，或可救晋安之急，而無如帝之憚於行也。因術者言『國家應得賢佐，出奇謀定天下』，而輕信薛文遇，置名於琉璃瓶，焚香祝天，筯挾枚卜，而誤相文紀。究之文遇奇謀，適足召亂；文紀嘉謀，迄未有聞也。時勢至此，不必開延英、不必奏榜子，直抒所見可矣，如胸中實無一策何！

諸軍自鳳翔推戴以來，驕悍不爲用。帝至河陽，心憚北行，召宰相、樞密使議進取方略。盧文紀希旨言：『國家根本大半在河南。胡兵倏來忽往，不能久留；晉安大寨甚固，已發三道兵救之。河陽天下津要，車駕宜留此鎮撫南北，且遣近臣往督戰。』

帝方問文紀嘉謀安在，至是始以嘉謀入告矣。寇凖力贊親征，故有澶淵之勝；今文紀請車駕留鎮河陽，遂致將士解體，誤國之大者也。

帝以晉安爲憂，龍敏請『立李贊華爲契丹主，令天雄、盧龍二鎮分兵送之，自幽州趣西樓。契丹主必有內顧之憂，然後選募精鋭以擊之。』帝深以爲然，執政恐其無成，議竟不决。帝憂形於色，但日夕酣飲悲歌。群臣或勸其北行，則曰：『卿勿言，石郎使我心膽墮地！』

用吕琦和親之策，則可以伐河東之邪謀；用敏此策，則可以致德光之內顧。雖未必有成，而分其兵勢，晉安之圍或可解也。既以爲然，而卒莫能决，徒爲酣飲悲歌，亦何益乎！胡身之以爲，莊宗之於明宗、潞王之於晉祖，皆同出入兵間，內揆其智力，無以大相過，而乘時用勢，偶有不相及者，故其氣先餒。竊謂莊宗與潞王，皆身經百戰，勇冠三軍，及得大位，則厭兵而怯敵，前後若出兩人，不知何以轉移若是之速。大抵狃於所安而困於所溺，故志氣爲之頓衰，豈徒智力、時勢有以致之哉！

詔大括天下將吏及民間馬，又發民爲兵，每七户出征夫一人，自備鎧仗，謂之『義軍』。凡得馬二千餘匹，征夫五千人；無益於用，而民間大擾。

倉卒括兵，徒以擾民而不足爲用。帝生長兵間，豈猶見不及此？蓋國將亡而天奪之鑒也。

初，趙德鈞陰蓄异志，欲因亂取中原，自請救晋安寨。唐主命自飛狐踵契丹後，鈔其部落；德鈞請將銀鞍契丹直三千騎，由土門路西入，帝許之。

踵契丹後，鈔其部落，正契丹所畏也。德鈞非不知兵機，特意别有在耳。

契丹主作册書，命石敬瑭爲大晋皇帝，自解衣冠授之，築壇於柳林，即皇帝位。割幽、薊、瀛、莫、涿、檀、順、新、嬀、儒、武、雲、應、寰、朔、蔚十六州以與契丹，仍許歲輸帛三十萬匹。

石氏所得專者，惟河東所屬之儒、武等州耳。若盧龍所屬之幽、薊等州，趙德鈞方據爲己有，非石氏所能割也。是時雖有成約，後契丹虜德鈞父子，始能取幽州并所屬耳。漢弃陘北，不害魏晋之强，以匈奴衰弱，而魏祖智略足以控制北方也。周德威失渝關之險，契丹入據營平，而不敢深入爲寇者，後唐之武皇、莊宗猶足挫其鋒而沮其勢也。然則守邊在得人，不徒恃地險也；制外在自强，亦不徒在守邊也。胡身之專咎石氏之割地，殆習聞宋人之餘論耳。

契丹主軍柳林，其輜重皆在虎北口，每日暝輒結束，以備倉猝遁逃。而趙德鈞欲倚契丹取中國，至團柏谷，逾月按兵不戰。

胡身之以契丹有畏中國之心，竊謂趙德鈞土門西入之請，德光應有所聞，其日夕結束者，慮幽州或陘北之兵或乘虚出其後，則以輕騎馳還自救耳。此非畏中國，正德光之知兵也。

趙德鈞爲密書，厚以金帛賂契丹主，云：『若立己爲帝，請即以見兵南平洛陽，與契丹爲兄弟之國；仍許石氏常鎮河東。』契丹主欲許之。帝聞之大懼，亟使桑維翰見契丹主，跪於帳前，涕泣争之。契丹主指帳前石，謂德鈞使者曰：『我已許石郎，此石爛，可改矣！』

觀述律之言，則德光之畏德鈞者，畏其以幽州之衆北向雲應，乘虚搗其巢也。德光捕鼠囓手之喻，與其所以日夕結束者，正爲此耳。許立爲帝，第陽許之以止其兵，非真許也。即微維翰之力争，彼亦安肯舍割地之利而貪金帛之賂、捐君父之尊而就兄弟之列哉！

晋安寨被圍數月，芻糧俱竭，援兵竟不至。楊光遠、安審琦勸敬達降於契丹，敬達不從。光遠斬敬達首，上表降於契丹。契丹主嘉敬達之忠，命收葬而祭之，謂其下及晋諸將曰：『汝曹當效敬達也。』

潞王諸臣以身殉國者，敬達一人而已。若張延朗輩，第不得不死耳。

帝與契丹主引兵而南，以其將高謨翰爲前鋒，至團柏，與唐兵戰，趙德鈞與其子延壽先遁，符彦饒、張彦琦、劉延朗、劉在明繼之，士卒大潰，死者萬計。

晋安既破，唐軍墜膽矣。况德鈞父子陰懷貳心乎？

劉延朗等至懷州，唐主始知帝即位，楊光遠降。李崧勸唐主南還。洛陽聞北軍敗，衆心大震，居人逃竄。門者請禁之，河南尹、雍王重美曰：『不若聽其自便，事定自還。』乃出令任從所適，衆心差安。

唐兵一敗於晋安，再敗於團柏，死傷降潰，所餘無幾。潞王即有侍衛親軍，又驕悍不爲用，尚能禦敵哉？

崧所以勸之南還也。

趙德鈞父子南奔潞州，唐敗兵稍稍從之。帝與契丹主至潞州，德鈞父子迎降，契丹主鎖之，送歸其國。述律太后問德鈞曰：『汝何爲往太原？』德鈞曰：『奉唐主命。』太后曰：『汝從吾兒求爲天子，何妄語邪！吾兒將行，吾戒之曰：趙大王若引兵向渝關，亟須引歸；汝欲爲天子，何不先擊退吾兒，汝爲人臣，既負其主，又欲乘亂邀利，何面目復求生乎？』德鈞不能對。

述律之責德鈞，固足關其口矣，未能服其心也。石郎獨非唐主臣乎？獨非求爲天子乎？獨非乘亂邀利乎？一則爲帝，一則爲虜，何哉？

帝將發上黨，契丹主曰：『大事已成，我若南向，河南之人必大驚駭；汝宜自引漢兵南下，我令太相温將五千騎送汝至河梁，欲與之渡河者多少隨意。餘且留此，俟汝音聞，洛陽既定，吾即北返矣。』

德光非必不忍於河南之人也。一則亟欲歸國，鎮撫新割之十六州；一則初次深入中國，未肯自渡河也，再至則不然矣。

唐主歸洛陽。遣宦者秦繼旻、皇城使李彦紳殺李贊華於其第。

誅石氏子弟猶可也，贊華雖德光親兄，因不得立，怒而南奔，仕於中朝者歷有年矣；於契丹何與，而乃濫及亡辜乎？德光若思其兄，殺之是重其怒也；若忌其兄，是除其逼也。若因德光之陵虐而泄忿於贊華，則尤謬而寡識者矣。

唐主與宋審虔等議復向河陽，而將校皆已飛狀迎帝。帝慮唐主西奔，遣契丹千騎扼澠池。唐主與曹太后、劉皇后、雍王重美及宋審虔等，携傳國寶登玄武樓自焚。

以潞王之勇，而始終不敢一戰，委身烈焰，父子俱燼，亦可嘆也。審虔鳳翔親將，知必不爲新君所容，雖捐生殉主，其情與張敬達异矣。

劉后積薪欲燒宫室，重美諫曰：『新天子至，必不露居，他日重勞民力；死而遺怨，將安用之！』乃止。

先既聽民出城避兵，至此猶諫焚宫室，不欲重勞民力，恤民之心，不以生死易，可不謂之仁哉！然以儲副之尊，任京尹之重，既不能背城一戰，又不能嬰城固守，殆所云仁而不武者歟！

帝入洛陽，止於舊第。唐兵皆解甲待罪，帝慰而釋之。命劉知遠部署京城，知遠分漢軍使還營，館契丹於天宫寺，城中肅然，無敢犯令。士民避亂竄匿者，皆還復業。

觀知遠之令行禁止，則知驕兵必當齊之以法，不可但悦之以賞也。

李崧、吕琦逃匿於民間。帝以始鎮河東，崧有力焉，德之；亦不責琦。以琦爲秘書監，崧爲兵部侍郎。（二年）

以收取河東財賦而恨張延朗，以始鎮河東有力而德崧，皆度量之不廣也。

以李崧爲中書侍郎、同平章事，充樞密使；桑維翰兼樞密使。時藩鎮多未服從，府庫殫竭，契丹徵求無厭。

維翰勸帝『推誠以撫藩鎮，卑辭厚禮以奉契丹，訓卒繕兵，務農通商』，數年之間，中國稍安。

撫藩鎮、奉契丹，中外相安，無干戈之擾，而後訓卒、務農、通商之政可以次第舉行，此維翰之識時務也。李桑并相，而安中國之功史獨推桑者，維翰得君，實主其事也。

天雄節度使范延光聚卒繕兵，將作亂。會帝謀徙都大梁，桑維翰曰：『大梁北控燕、趙，南通江、淮，水陸都會，今延光反形已露，大梁距魏不過十驛，彼若有變，大軍尋至，所謂疾雷不及掩耳也。』帝東巡汴州。

大梁水陸之會，便於漕運。惟地平無險，强則利於出戰，弱則難於固守。

范延光素以軍府之政委左都押牙孫鋭。鋭與馮暉合謀，逼延光反，延光從之。以東都巡檢使張從賓爲魏府西南面都部署。遣楊光遠將兵屯滑州、杜重威將兵屯衛州。

延光，唐之舊將，雖奉表請降，意不自安，聚卒繕兵，蓄謀已久，至是其反始决耳。史稱爲鋭、暉所逼，恐非其實。

以和凝爲端明殿學士。凝署其門，不通賓客。張誼致書於凝，以爲『切近之職，天子耳目，宜知四方利病，奈何杜絶賓客！』凝奇之，薦於桑維翰，除左拾遺。

此亦『三不開』之一耳。近臣豈宜如是？然較之招權納賄、車馬填咽者，相去遠矣。是時樞密主機務，學士預謀議，皆内廷密切之職，委任實居宰相之右也。

詔張從賓發河南兵數千人擊范延光。延光使人誘之，從賓遂與同反，殺皇子河陽節度使重信，又引兵入洛陽，殺皇子權留守重乂。扼汜水關，將逼汴州。詔侯益帥禁兵五千，會杜重威討之。

桑維翰以大梁距魏十驛，可以發兵速討延光；豈料從賓與延光合，禍發於洛陽，距大梁曾無十驛哉！此真所謂『疾雷不及掩耳』者也。

張從賓攻汜水，殺巡檢使宋廷浩。帝戎服嚴輕騎，將奔晉陽以避之。桑維翰苦諫曰：『賊鋒雖盛，勢不能久，請少待之，不可輕動。』帝乃止。

帝無他策，第欲亟奔晉陽、乞援契丹耳。如此則人心瓦解，晉陽果可至乎？且舉河南而弃之，即至晉陽，何以爲國？

符彦饒殺白奉進。盧順密與方太等共攻牙城，執彦饒送大梁。敕斬彦饒於班荆館，其兄弟皆不問。

胡身之謂：彦饒不能馭下，倉卒成亂，兄弟皆不通謀，故依古法罪不相及。竊謂帝不問符氏兄弟者，因是時人心震動，故以大度容之，冀安反側，恐其各懷疑懼，争附延光耳。無暇遠稽罪不相及之古法也。先是敕以延光誣污忠良，獲其蠟書，禁勿以聞，亦此意也。

時魏、孟、滑三鎮繼叛，人情大震。帝問計於劉知遠，知遠對曰：『今天下已定，内有勁兵，外結强虜，鼠輩何能爲乎！願陛下撫將相以恩，臣請戢士卒以威；恩威并著，京邑自安，根本深固，則枝葉不傷矣。』

恩威爲禦衆之權，京邑乃立國之本，知遠可謂要言不煩。

馮暉、孫鋭引兵至六明鎮，楊光遠引之渡河，半渡而擊之，暉、鋭大敗，衆多溺死，走還魏。杜重威、侯益大破張從賓於氾水，其衆萬餘人俘斬殆盡。從賓溺死，獲其党張延播等，送大梁，斬之。

范延光恃暉、鋭爲爪牙，倚從賓爲聲勢，今同時挫衂，延光豈能獨立乎！此所以歸罪孫鋭，族之以自解，而帝不赦也。

吴司徒王令謀老病，或勸之致仕，令謀曰：『齊王大事未畢，吾何敢自安！』疾亟，力勸徐誥（知誥更名）受禪。吴主下詔禪於齊。令謀卒。

忍死以贊徐氏之篡，殆所云『老而不死是謂賊』者。及見吴主之下詔，而不及見齊王之即位，令謀其猶死不瞑目歟？

齊王誥即皇帝位於金陵，國號唐。遣徐玠奉册詣吴主，稱『受禪老臣誥謹拜稽首』，上皇帝尊號曰『高尚思玄弘古讓皇』，宫室、乘輿、服御皆如故，宗廟、正朔、徽章、服色悉從吴制。

誥之受禪，不得不謂之篡；而尊禮故主，視前代有加矣。其亦『紾兄奪食，徐徐云爾』者邪？

唐主宴群臣於天泉閣，李德誠曰：『陛下應天順人，惟宋齊丘不樂。』因出齊丘止德誠勸進書，唐主執書不視，曰：『子嵩三十年舊交，必不相負。』加齊丘大司徒。齊丘雖爲左丞相，不預政事，心愠懟。

勸進則不署名，不預政事，又心懷愠懟，外托荀文若，中藏華子魚，殆欲名實兼收者邪？

契丹國號大遼，公卿庶官皆仿中國，參用中國人，以趙延壽爲樞密使，兼政事令。

德光葬祭張敬達，而疏斥趙德鈞，庶近好惡之正矣，乃復尊用德鈞之子，何也？

張允上《駁赦論》，以爲：『帝王遇天災多肆赦，借有二人坐獄遇赦，則曲者倖免，直者銜冤，冤氣升聞，乃所以致灾，非所以弭灾也。』詔褒之。

允論赦以爲不足弭灾，誠篤論已。然是時承大亂、大兵之後，負罪者衆，誅不勝誅，不得不亟予蕩滌以安反側，與遇灾肆赦又不可一概論也。

李詳上疏，以爲『十年以來，赦令屢降，諸道皆許推恩，薦論動逾數百，乃至典藏、書吏、優伶、奴僕，初命則至銀青階，被服皆紫袍象笏，名器僭濫，貴賤不分。請自今節度聽奏朱記大將十人，他州皆爲限制。』從之。

軍興則輕官爵，事平則惜名器，此亦古今之不相遠者。大將給以朱記，即今之木截。

帝上尊號於契丹主及太后，契丹主大悅。帝事契丹甚謹，歲輸金帛三十萬之外，吉凶慶吊，歲時贈遺，相繼於道。太后及太子、諸大臣皆有賂。小不如意，輒來責讓，帝常卑辭謝之。朝野皆以爲耻，而帝曾無倦意，以是終帝之世，與契丹無隙。然所輸不過數縣租賦，往往托以民困，不能滿數。

帝於契丹，始終事之無倦，固未免含垢忍辱；然度量彼己，權其利害，知不能與彼相抗，則必不自我生隙。此所以終其世無北戎之警也。迨出帝，而其效可睹已。

楊光遠攻廣晋，歲餘不下，帝以師老民疲，遣朱憲入城諭范延光，許移大藩，曰：『若降而殺汝，白日在上，吾無以享國。』延光謂李式曰：『主上重信，云不死則不死矣。』然猶遷延未决。劉處讓復入諭之，延光乃降。

延光自知罪在不赦，故據城死守；所以遵諭出降者，帝重信有素，知必不誘而誅之也。

初，李彦珣與張從賓同反，從賓敗，奔廣晋，范延光使登城拒守。楊光遠訪獲其母，置城下以招之，彦珣射殺其母。延光既降，以彦珣爲坊州刺史。近臣言殺母惡逆，不可赦；帝曰：『赦令已行，不可改也。』

温公謂：治國家固不可無信，若赦彦珣叛君之惡，治其殺母之罪，何損於信？竊謂殺母誠不可赦，然延光叛首已從寬宥，若誅彦珣，彼同叛者安知赦其叛君、治其殺母？必且疑懼不安。故概予蕩滌，一依赦令行之，而不復按律以懲惡。此乃帝重信之過，而亦有取［焉］爾也。總之，大亂之後，諸事從權，不可以常法論也。

建東京於汴州，復以汴州爲開封府。

都汴始自朱梁，後唐遷於洛，至是復都汴，而漢、周、宋并因之，洛都遂廢。

楊光遠怨執政。范延光降，光遠密表論執政過失；帝不得已，加桑維翰兵部尚書、李崧工部尚書，皆罷其樞密使；以劉處讓代之。

光遠殺張敬達、平范延光，自謂功冠諸將，故欲撓政柄而遥執朝權也。帝曲徇所請，而光遠益横矣。

吴權舉兵攻皎公羡於交州，公羡以賂求救於漢。漢主以其子萬王弘操將兵救之，帥戰艦自白藤江趣交州。權已殺公羡，於海口多植大杙，鋭其首，冒之以鐵，遣輕舟乘潮挑戰而僞遁，須臾潮落，漢艦皆礙鐵杙不得返，漢兵大敗，士卒覆溺者大半；弘操死。

鐵冒木杙，可以礙船。此必於海口狹處乘潮挑戰，杙没於潮，待其船進口，潮退，然後以兵蹙之，使不得返，乃從而覆之耳；非可概施之水戰也。亦如張武以鐵索横江，第可用之峽中，而用之大江則無濟也。

敕：聽公私自鑄銅錢，無得雜以鉛鐵，每十錢重一兩，以『天福元寶』爲文。仍令鹽鐵頒下模範，惟禁私作銅器。

此即放鑄之法。漢文行之，而錢多至貫朽不可挍；至是行之而寡效者，漢銅多、晋銅少也。産銅之山，自昔稱會稽、嚴道，此外亦多在吴、楚、蜀、越之境。其時均爲群雄所割據，晋之版圖，祇河南北及關中耳，惟河東多鐵山，銅山則罕見矣。此所以續有慮銅難得、輕重從便之敕，而圜法日壞也。

吴讓皇卒。

山陽、陳留而後，善終者至讓皇而再見，固由楊溥委運任命，不蹈禍機，而徐誥亦异乎歷代之甫經禪代遽戕故主者已。

鳳翔節度使李從曮厚文士而薄武人，愛農民而嚴士卒，由是將士怨之。會發兵戍邊，既出郊，作亂，入城剽掠。

從曮發帳下兵擊之，亂兵敗，東走；至華州，張彦澤邀擊，盡誅之。

高季興滑賊也，而其子從誨省刑薄賦；李茂貞叛臣也，而其子從曮重士愛民。

唐群臣累表請唐主復姓李，立唐宗廟，許之。群臣又請上尊號，唐主曰：『尊號虚美，且非古。』遂不受。其後子孫皆踵其法；又不以外戚輔政，宦者不得預事，皆他國所不及也。（四年）

誥雖偏霸一方，而政令多可稱述。若不受尊號、戚宦不得預政，足以矯漢唐及歷代之弊，豈僅當時諸國莫及哉！至其自托於唐吴王恪之後，略如劉宋之自托於漢楚王交，譜系均無可考，與蜀先主之出自漢中山靖王者未可并論也。

詔劉知遠、杜重威并加同平章事。知遠自以有佐命功，耻與重威同制，四表辭不受。帝怒，謂趙瑩曰：『重威，朕之妹夫，知遠雖有功，何得堅拒制命！』

帝寵重威，徒曰『朕之妹夫』耳，烏足與佐命功臣并論？若謂妹夫可信，帝果誰之妹夫哉！

敕：先令天下公私鑄錢，今私錢多用鉛錫，小弱缺薄，宜皆禁之，專令官司自鑄。

官鑄亦必用銅，鑄錢非難，購銅爲難。正恐墟韝雖設，欲如漢之上林三官不可得也。

初，王處直子威避王都之難，亡在契丹。至是義武缺帥，契丹主遣使來言，『請使威襲父土地，如我朝之法』。帝辭以『中國必自刺史、團練、防禦序遷乃至節度，請遣威至此，漸加進用』。契丹主怒，復遣使來言曰：『爾自節度使爲天子，亦有階級邪！』

節度爲天子，固無階級可循，而五代天子，皆鎮帥之兵强馬壯者爲之，幾與序遷無异，德光其猶未之知邪？

河决博州。

史自是屢書河决。

以馮道守司徒兼侍中，事無巨細，悉委於道。帝訪以軍謀，對曰：『征伐大事，在聖心獨斷。臣書生，惟知謹守歷代成規而已。』帝以爲然。

是時軍國大計，惟在征伐；若中書政務，皆有格式可循，於國之安危、身之利害均緩而不切。但能奉法而不賣官，即爲稱職耳。此道之巧宦也。

楚王希範始開天策府，置護軍中尉等官，以諸弟及將校爲之。又以幕僚拓跋恒等十八人爲學士。

希範好自矜大，作銅柱學伏波，以其姓馬也；置十八學士學唐太宗，以其開天策府也。學伏波猶可，學太宗不亦僭乎！

太子太師致仕范延光請歸河陽私第，帝許之。延光重載而行。楊光遠利其貨，請敕延光居西京，使其子承貴以甲士圍其第，逼令自殺。延光曰：『天子賜鐵券，許以不死，爾父子何得如此？』承貴驅延光至浮梁，擠於河。

光遠奏云自赴水死，帝不敢詰。

延光死晚矣，但光遠不當利其貨而擅殺之耳。光遠以西京留守兼領河陽，延光豈不知其貪横而自投湯鑊乎？使終老京第，必可倖免。

彰義節度使張彦澤欲殺其子，張式諫，彦澤怒，射之；式懼，謝病去。彦澤遣兵追至邠州，静難節度使李周以聞，帝以彦澤故，流式商州。彦澤遣鄭元昭詣闕求之，且曰：『彦澤不得張式，恐致不測。』帝不得已，與之。式至涇州，彦澤命决口、剖心，斷其四支。

彦澤，豺狼也。以爲節度使，其流毒一方，不問可知矣。况又姑息之，俾益肆其虐乎！

唐主即位以來，江、淮豐稔，兵食有餘，群臣争言『北方多難，宜出兵恢復舊疆』。唐主曰：『吾少長軍旅，見兵之害民深矣，不忍復言。使彼民安，則吾民亦安矣。』

使南唐於此遽議恢復，勿論諸將均非晋主之敵，吴越且將乘虚而窺其後；即使因亂而定中原，亦何以支契丹哉！甚矣，諸臣之不量彼己而妄冀生事幸功也！

山南東道節度使安從進謀反，遣使奉表詣蜀，請出師金、商以爲聲援；蜀主辭之。又求援於荆南，高從誨遺書諭以禍福；從進怒，反誣奏從誨。王保義勸從誨具奏其狀，且請發兵助朝廷討之。

從進殺馮贇以迎潞王，其人反復不足道。及帥襄陽，恃其險固，久蓄异謀，帝欲移之青州，乃對以若移青州置漢南，臣即赴鎮，真偃蹇無人臣禮矣。至是遂反。

成德節度使安重榮耻臣契丹，見契丹使者，必箕踞慢罵，或潛遣人殺之。上表稱：『吐谷渾等願備十萬衆，與晋共擊契丹；又朔州節度副使趙崇已逐契丹節度使劉山，求歸命朝廷。機不可失，願早决計。』表數千言。又爲書遺朝貴及移藩鎮，云已勒兵，必與契丹决戰。

重榮耻臣契丹，當時必有人焉翕然推重，又必有人焉以諸部響應、契丹可圖之狀盛爲粉飾以媚之者，是以誤信爲實，騰章入告，而不知其一切不然也。其意則以帝所恃者契丹，若擊敗契丹，則攘取大物易於反掌也。

泰寧節度使桑維翰密上疏曰：『陛下免於晋陽之難而有天下，皆契丹之功也，不可負之。今重榮恃勇輕敵，吐渾假手報仇，皆非國家之利，不可輕也。』

晋之立國根本未固，諸藩跋扈者尚不敢輕於舉動，恐啓兵端，而遽欲挑釁强胡、自貽後患乎？此不待智者而知。

帝憂安重榮跋扈，以劉知遠爲河東節度使。知遠微時，爲晋陽李氏贅婿，嘗牧馬犯僧田，僧執而笞之。知遠至晋陽，首召其僧，慰諭贈遺，衆心大悦。

知遠事帝於河東，久膺腹心重寄，若報夙怨於此僧，不俟今日矣。首召而禮之，所以悦衆心也。

帝以詔諭安重榮曰：『爾身爲大臣，家有老母，忿不思難，弃君與親。吾因契丹得天下，爾因吾得富貴，吾不敢忘德，爾乃忘之邪？今吾以天下臣之，爾欲以一鎮抗之，不亦難乎！宜審思之！』重榮陰與安從進通謀。

帝之諭重榮，可謂約而盡矣。重榮先戍代北，因帥其衆五百人奔降石氏；迨晉陽被圍，重榮實在城中，未聞有一策之奇、一戰之勇，至此乃欲獨當契丹，何哉？一則恃吐渾、黨項之助，一則與從進通謀，以爲擊敗契丹，即可乘勢而取中原也。

劉知遠遣親將郭威以詔旨説吐谷渾酋長白承福，令去安重榮歸朝廷。威謂知遠曰：『虜惟利是嗜，今欲其來，莫若重利乃可致耳。』知遠從之，承福帥其衆歸知遠。知遠表承福領大同節度使。

安重榮所恃者，吐谷渾之助也。承福歸河東，而重榮失其肩臂矣。知遠之有威，亦如石氏之有知遠。

安從進舉兵攻鄧州，西京留守鄭王遣張從恩等將討之。從進至花山，遇張從恩兵，合戰，大敗。從進以數十騎奔還襄州，嬰城自守。

平時跋扈不臣，稱兵犯順，何其横也！一戰而北，坐困孤城，又何怯也！只自取族滅而已。

安重榮聞安從進舉兵反，大集境内饑民，衆至數萬，南向鄴都。帝遣護聖等三十九指揮擊之。以杜重威爲招討使，戰於宗城，鎮人大潰，斬首萬五千級。重榮走還鎮州，嬰城自守。

重榮既失吐渾、黨項之助，則所將者數萬饑民耳。曾不足當重威，而欲戰契丹，亦太不自量矣。一戰而北，坐困孤城，乃與安從進如出一轍。

鎮州牙將自西郭水碾門導官軍入城，執安重榮，斬之。杜重威殺導者，自以爲功。庚申，重榮首至鄴都，帝命漆之，函送契丹。（七年）

帝第以斬重榮爲重威之功，而不知重榮之速亡，由於劉知遠招納白承福以離其黨也。送重榮首於契丹，猶勝於南宋送韓侂胄首於金。

張彥澤在涇州，擅發兵擊諸胡，兵皆敗没，調民馬千餘匹以補之。還至陝，獲亡將楊洪，乘醉斷其手足而斬之。王周奏彥澤貪殘不法二十六條。帝以其有軍功，又與楊光遠連姻，釋不問。

彥澤已罷鎮入朝，而帝務存姑息，雖曰以其有軍功，實則畏其與光遠聯姻也。可謂紀綱掃地。

鄭受益上言：『楊洪所以被屠，由陛下去歲送張式與彥澤，使之逞其凶殘，故彥澤無所忌憚。乞正彥澤罪法，以湔洗聖德。』疏奏，留中。

受益之言良是，但帝以式與彥澤、不聞匡救何也？『湔洗聖德』一語，章疏僅見，既云聖德，而云湔洗乎？

契丹以晋招納吐谷渾，遣使來讓。帝憂悒不知爲計，始有疾。

招白承福不用詔書，以爲可以欺契丹，而卒不能欺也。殺使者猶可委罪於安重榮，招承福則不敢委罪於劉知遠也。若云招承福所以孤重榮之党，重榮既誅，仍以吐渾歸契丹，亦不患無辭；惟知遠已處其部落於太原東山及嵐石之間，收其精騎隸麾下，必不肯驅之出塞，帝亦末如之何也。惟有憂悒焉耳。

唐丞相宋齊丘既罷尚書省，不復朝謁。唐主遣壽王景遂勞問，許鎮洪州，始入朝。唐主與宴，酒酣，齊丘曰：『陛下中興，臣之力也，奈何忘之！』唐主怒曰：『公以游客干朕，今爲三公，亦足矣。』齊丘曰：『臣爲游客時，陛下乃偏裨耳。今日殺臣可矣。』明日，唐主手詔謝之。

齊丘挾舊矜功，唐主未免曲徇其意。較諸魏武之於荀文若，則厚薄懸殊矣。齊丘爲人，殊似安重誨，然明宗不能全重誨，唐主能全齊丘者，一則任之太過，一則罷其政事也。

帝寢疾，一旦，馮道獨對。帝命幼子重睿出拜之，又令宦者抱重睿置道懷中，意欲道輔立之。帝殂。道與景延廣議，以國家多難，宜立長君，乃奉齊王重貴即皇帝位。

欲立幼子，帝之溺愛耳。是時國勢，豈幼主所能任哉！道立長君，猶爲守正，未可以重貴不終而譏之。

先是，河南、北諸州官自賣鹽。言事者稱民坐私鹽抵罪者衆，不若聽自販，而歲斂其食鹽錢；高祖從之。俄而鹽價頓賤，每斤十錢。至是，三司使董遇欲增羨利，而難於變法，乃重征鹽商，過者七錢，留賣者十錢。由是商販殆絶，官復自賣。其食鹽錢，斂之如故。

後唐明宗聽民自造麯，而歲別輸税錢於官；此則聽民自販鹽，而遂納食鹽錢於官，蓋師明宗之意以立法也。竊謂此與放鑄皆便民之政，但放鑄雖足以止私鑄，而銅既難得，錢復惡雜，殊與圜法有礙。若弛鹽禁而收其税錢於民，民食賤鹽，官不失厚利，且私販不禁自止，似無不便。乃當時行之未久，即爲三司所撓。近世官自招商賣鹽，流弊百出，以至商疲課絀，補苴乏術。議者或爲『鹽歸地丁、課歸場竈』之説，然而産、煎之地，豪强恃勢包占，則官失利權；僻遠之鄉，商販昂值居奇，則民虞淡食，亦未可輕變成法也。

帝初即位，大臣議奉表稱臣告哀於契丹，景延廣請致書稱孫而不稱臣。帝從之。契丹主大怒，遣使來責讓，延廣復以不遜語答之。趙延壽欲代晉主中國，説契丹主擊晉，契丹主頗然之。

晉主卑禮厚幣以奉契丹，不惟安重榮耻之，延廣亦耻之，即齊王亦耻之。故甫即位，即用延廣議，改奉表爲致書，又稱孫不稱臣也。招納吐谷渾，已觸德光之怒；至是則其怒愈甚，延壽乘機構之，遂啓兵端。

鑒評別録卷五十六

後晉紀二

齊王（諱重貴，高祖兄敬儒之子，在位四年）

唐馮延己性傾巧，與宋齊丘、陳覺相結。嘗戲謂孫晟曰：『公有何能，爲中書郎？』晟曰：『晟，山東鄙儒，文章不如公，談諧不如公，諂詐不如公。如公之能，適足爲國家之禍耳。』（天福八年）

晟面折延巳，殊覺嚴正。至欲稱遺詔，令太后臨朝稱制，意在杜延巳等之柄用。然歷代以來，安有長君嗣位而母后聽政者乎！自云『山東鄙儒』，信然！

唐主疽發背，疾亟，召齊王璟入侍疾。謂璟曰：『吾餌金石，始欲益壽，乃更傷生，汝宜戒之！』是夕，殂。璟嗣位。

以唐主之明，而爲金石所誤，貪生之一念致之也。至此始悟，而戒其子，亦何及哉！

閩富沙王延政稱帝於建州，國號大殷。以楊思恭爲兵部尚書。思恭以善聚斂得幸，遷僕射，録軍國事，國人謂之『楊剝皮』。

閩至是乃有二帝。以區區建州，而僭號大殷，無足譏議。但一隅之地，有富沙王爲帝，又有楊剝皮爲相，不知民何以堪也。

契丹以喬榮爲回圖使，置邸大梁。景延廣説帝囚榮於獄，既而釋之，遣歸。辭，延廣曰：『歸語爾主：今上乃中國所立，稱孫足矣，無稱臣之理。翁怒則來戰，孫有十萬橫磨劍，足以相待。他日爲孫所敗，毋悔也！』榮請延廣書其語，具以白契丹主。契丹主大怒，入寇之志始決。桑維翰屢請遜辭以謝契丹，每爲延廣所沮。

徇其名則延廣志在尊主，維翰不免辱國；按其實則延廣適足召寇，維翰尚可安邊。然非於事後較利害，亦未易於事前爭是非也。稱臣固失國體，稱孫果不失國體乎？晉祖之初請援於契丹也，劉知遠以爲稱臣尚可，父事太過；兹延廣則以稱臣爲辱，易而稱孫，蓋以稱臣爲國禮，稱孫爲家人禮耳。正如南宋孝宗之於金，改稱臣爲稱侄，即頒詔中外，以爲正敵國之體，殊可哂也。

帝以景延廣爲有定策功，故寵冠群臣；又總宿衛兵，故大臣莫能與之爭。劉知遠亦不敢言，但益募兵以備契丹。

帝之信用延廣，非徒以定策功也。契丹倨傲不恭，婪索無厭，帝在藩邸蓋已心恨之，而以晉祖之卑屈爲辱國，故一聞延廣之言，不覺其動聽而易入也。使帝果如唐太宗之於突厥，豈不甚快？無如不能自强，徒足速寇也。且帝如欲從事於契丹，用延廣何若用知遠哉！

楊光遠密告契丹，以晉主負德違盟，境内大饑，公私困竭，乘此攻之，一舉可取；趙延壽亦勸之。契丹主乃集山後及盧龍兵合五萬人，使延壽將之，委延壽經略中國。

光遠於晉安殺張敬達降契丹，與德光曾正君臣之分；至是自以爲見疑於帝，内不自安，故密約契丹入寇，德光方怒景延廣，又有光遠與延壽構煽其間，是以專任延壽，大起燕雲之衆，潛合光遠淄青之兵，欲以中國攻中國也。

是歲，春夏旱，秋冬水、蝗大起，竹木葉俱盡。重以官括民谷，使者督責嚴急，民餒死者數十萬口，流亡不可勝計。

内而居喪納叔母爲妻，因立爲后，人倫斁矣；外而不恤民饑，又括穀以奪其命，人心怨矣。國本先撥，即無外患，豈能久乎？

楚地多産金銀，楚王希範喜自矜大。作九龍殿，刻沈香爲八龍，飾以金寶，長十餘丈，抱柱相向；希范居其中，自爲一龍，其襆頭脚長丈餘，以象龍角。

閩作九龍帳，楚作九龍殿；楚之九龍，希范自居其一，猶勝閩之帳，止貯一歸郎也。襆頭長丈餘，足令觀者駭目，但非寬大其門，恐出入未免觸礙耳。

契丹陷貝州。以高行周爲北面行營都部署，帥諸將禦之。（開運元年）

此陷貝州者，趙延壽及趙延照所將山後及盧龍之兵也。是時又有分道入雁門關及恒、邢、滄諸州者，河北已不勝其擾矣。

以景延廣爲御營使，高行周以前軍先發。時用兵方略號令皆出延廣，宰相以下無所預；延廣乘勢使氣，陵侮諸將，天子亦不能制。

帝親征而以兵權付延廣，故有御營使之名；蓋所將皆宿衛禁兵也。

帝發東京，至澶州。契丹主屯元城，趙延壽屯南樂。

澶州據德勝，爲南北要津，故帝駐兵於此，扼河以禦契丹。時都大梁，恃河爲險，與莊宗之攻朱梁同一兵勢，故契丹亦悉衆向魏州，并以延壽爲魏博節度也。

契丹寇太原，劉知遠與白承福合兵二萬擊之。以知遠爲幽州道行營招討使，杜威副之。

知遠以幽州行營招討爲名，時契丹方向河南，欲太原出兵乘虛北伐以犄其後也。

帝復遣譯者孟守忠致書於契丹，求修舊好。契丹主復書曰：『已成之勢，不可改也。』

初致書不達，至是再致書矣。不奉表而致書，其不稱臣可知。即請修舊好，已不足動德光之聽；況趙延壽意別有在乎！

太原奏：破契丹偉王於秀容，斬首三千級。契丹自鴉鳴谷遁去。

太原兵力，足支契丹，然亦僅能挫其偏將，不敢犯其大軍也。

知鄆州顔衎奏：『博州刺史周儒以城降契丹，又與楊光遠通使往還，引契丹自馬家口濟河，擒左武衛將軍蔡行遇。』

晉所恃以禦契丹者，黄河之險耳。濟河則不可制，况有光遠爲之響應乎？若非李守貞等力挫其鋒，河南危矣。

遣李守貞、皇甫遇、梁漢璋、薛懷讓將兵萬人，緣河水陸俱進，至馬家口。契丹遣步卒築壘，散騎兵於其外，餘兵數萬屯河西，船數千艘渡兵，未已，晉兵薄之，契丹大敗，溺死、俘斬各數千人。河西之兵慟哭而去，由是不敢復東。

守貞等四將以少擊衆，竟能大捷者，乘其半渡也。使縱之渡河入壘，而與之戰於平地，則事未可知矣。此麻答之軍，亦非其主之大軍也。

楊光遠將青州兵欲西會契丹，詔石贇分兵屯鄆州以備之。光遠圍棣州，刺史李瓊出兵擊敗之，光遠走還青州。

光遠之兵本欲西迎麻答，導之進；取聞其敗，故北出而圍棣州。一戰而北，鼠竄歸穴，而其勢孤矣。

趙延壽説契丹主曰：『晉軍悉在河上，不如四面攻之。』契丹主自將兵十餘萬，陣於澶州城北。高行周前軍在戚城南與戰，互有勝負。契丹主以精兵當中軍而來，帝亦出陣以待。契丹主以精騎左右略陣，晉軍萬弩齊發，契丹稍却；又攻東偏，不克。苦戰至暮，兩軍死者不可勝數。昏後，契丹退，營於三十里之外，旋即北去。景延廣疑其詐，不敢追。

自梁晋交兵以後，河上又有此大戰，兩主對陣，傾國奮戈，殺傷略相當，而北軍先遁，不得不以勝歸南矣。詳其軍勢，大抵北多騎、南多步；騎用弓，步用弩；騎之衝突不及步之持重，弓之發矢不及弩之致遠，故精騎略陣不動，驟當萬弩則不得不却走也。今之槍炮排擊，用步可以制騎，亦此意也。

巡檢使梁進以鄉社兵復取德州。

是時方籍天下鄉兵，其應須兵械，以七户資一卒；社兵則非鄉兵也，鄉兵有籍在官，尚可以備徵發，社兵則團結以自衛而已。因契丹北去而取德州，非攻而取之，乃乘其弃而取之耳。

帝至大梁。景延廣既爲上下所惡，帝亦憚其難制；桑維翰引其不救戚城之罪，出爲西京留守。

延廣雖剛愎自用，而其心固無他也。較之杜重威，不止此善於彼。

朝廷因國用愈竭，復遣使分道括率民財，各封劍以授之。州縣吏復因緣爲奸。河南府出緡錢二十萬，景延廣率三十七萬。盧億言於延廣曰：『公富貴極矣。國家不得已取於民，公何忍因而求利！』延廣慚而止。

括粟不已，又下括財之令，而鄉兵之擾民，更有甚焉。將以禦寇，而不知適足自伐也。是時國有累卵之危，大臣與國共休戚，乃乘括率之際多取民財以自封殖，亦知國亡則家破、身且莫保、財將誰屬乎？

馮道雖爲首相，依違兩可，無所操決。或謂帝曰：『陛下欲禦北狄，安天下，非桑維翰不可。』復置樞密院，以維翰爲中書令兼樞密使，事無大小，悉以委之。數月之間，朝廷差治。

維翰力主卑事契丹之議，必謂其可禦北狄，恐亦未必。然治内方能攘外，是時諸臣，主持綱紀，未有如維翰之膽識者，則或之言不謬也。

河决滑州，浸汴、曹、單、濮、鄆五州之境。詔大發數道丁夫塞之。既塞，帝欲刻碑紀其事。楊昭儉諫曰：『陛下刻石紀功，不若降哀痛之詔，頒罪己之文。』帝乃止。

史屢書河决，書塞河始此。或前决未甚，旋决旋塞，至此則浸遍五州，故徵發及於數道也。是時都汴，恃河爲固；北有强寇，伺隙而動勢，故不得不塞，然而民力殫矣。

以劉知遠爲北面行營都統，杜威爲都招討使，督十三節度以備契丹。桑維翰兩秉朝政，出楊光遠、景延廣於外，至是一制指揮，節度使十五人無敢違者，時人服其膽略。然頗任愛憎，恩怨必報，人以此少之。

維翰之才，不亞郭崇韜，而文學過之。其恩怨太明，頗似李德裕。

劉知遠雖爲都統，實無臨制之權，密謀大計，皆不得與。郭威見知遠有憂色，謂知遠曰：『河東山河險固，風俗尚武，士多戰馬，静則勤稼穡，動則習軍旅，此霸王之資也，何憂乎！』

威之説知遠，正如知遠之説石敬瑭。

李守貞圍青州，城中食盡。楊光遠之子承勳等勸光遠降，光遠曰：『吾昔在代北，以紙錢祭天池而沈，人皆言當爲天子，姑待之。』承勳等劫其父出居私第，開城納官軍。朝廷以楊光遠罪大，而諸子歸命，難於顯誅，命李守貞以便宜從事。守貞遣人拉殺之，以病死聞。

祭天池而紙錢沈，即信人言，自謂當爲天子，至此猶不悟也。愚哉！紙錢入池水中，有不沈者乎？

契丹復大舉入寇，帝欲自將拒之，會有疾，命張從恩等會諸道兵屯邢州，趙在禮屯鄴都。契丹［主］以大兵建牙於元氏。朝廷憚之，詔從恩等稍却，於是諸軍恟懼，無復部伍，委弃器甲，所過焚掠，比至相州，不復能整。

用兵之道，當用其鋒，故有進無退，退則不振，况大敵當前乎？然亦由將非其人，從恩等均乏制御之略也。

契丹逼邢州，詔諸將進兵拒之。張從恩等以行營兵數萬，陳於相州安陽水之南。皇甫遇、慕容彦超將數千騎前覘契丹，至鄴縣，將渡漳水，契丹大至，二將力戰百餘合，相殺傷甚衆。日且暮，安審琦引騎兵救之，契丹望見塵起，即解去。遇等乃得還。（二年）

契丹兵勢甚盛，從恩自知不敵，所以未至敗潰者，遇等之力戰有以折其鋭也。

契丹引軍退，其衆自相驚曰：『晋軍悉至矣！』時契丹主在邯鄲，聞之即時北遁。張從恩與諸將議引軍就黎陽倉，未决，從恩引兵先發，諸軍繼之；擾亂失亡，復如發邢州時。

契丹衆自相驚，主復先遁，實有可乘之機。而無如從恩畏敵如虎，惟思退避也。

馬全節奏：『據降者言，虜衆不多，宜乘其散歸部落，大舉徑襲幽州。』帝以爲然，征諸道兵，下詔親征。帝至澶州，馬全節等諸軍以次北上。劉知遠聞之曰：『中國疲弊，自守尚不足，乃横挑强胡，勝之猶有後患，況不勝乎！』

既不能以卑禮奉之，不得不以力戰却之；與其坐待其來而後禦之，不若直造其境與之一決，此乃帝之振作有爲，計未爲失。知遠意別有在，毋庸以事後之成敗服其先見也。

馮玉、李彦韜惡桑維翰，數毁之。帝欲罷維翰政事，李崧、劉昫固諫而止。維翰知之，請以玉爲樞密副使，玉殊不平。中旨以玉爲樞密使，以分維翰之權。

罷馮道而用維翰，可謂得人；乃以玉爲樞密，掣維翰之肘，殆所謂『有一范增而不能用』者歟！

杜威等諸軍攻契丹泰州，克之。契丹主至虎北口，聞之，復擁衆南向。威等南行，契丹踵之。至陽城，晋軍與戰，契丹逾白溝去。晋軍至白團衛村，胡騎四合，圍之數重，契丹主令其衆曰：『晋軍止此耳，當盡擒之！』

初則不測晋軍之多寡，故一戰即去；迨偵知其并無繼援，故下盡擒之令。蓋猶狃於晋安之役也。

契丹主命鐵鷂下馬，奮短兵以擊晋軍。諸將請出戰，杜威曰：『俟風稍緩，徐觀可否。』李守貞曰：『若俟風止，吾屬無類矣。』即呼曰：『諸軍齊擊賊！』符彦卿曰：『與其束手就擒，曷若以身殉國！』乃與張彦澤、藥元福、皇甫遇引精騎出擊之。

使從威令，必爲晋安之續；契丹乘勝直取大梁，不俟再舉矣。張敬達若得諸將之助，必不至束手坐困於晋安也。

符彦卿等擁萬餘騎横擊契丹，契丹大敗。李守貞亦令步兵出門，逐北二十餘里。鐵鷂既下馬，蒼皇不能復上，皆委弃馬及鎧仗蔽地。契丹主乘槖駝而走。諸將［請］急追之。杜威揚言曰：『逢賊幸不死，更索衣囊邪？』

使於此時以精騎急追，德光可擒矣。乃以威一言而止。然景延廣『十萬横磨劍相待、翁爲孫敗』之言，至此竟驗。

杜威久鎮恒州，畏契丹之强，累表請入朝，帝不許；威遽委鎮入朝，聞之者驚駭。桑維翰請因此廢之，或授以近京小鎮，帝曰：『威，朕之密親，必無异志；但宋國長公主切欲相見耳，公勿以爲疑！』

維翰爲政，能去楊光遠、景延廣，而不能去馮玉、杜威，一則椒房之戚、一則駙馬之貴也。帝云『密親必無异志』，卒之殉國者維翰，而賣國者威也。

契丹連歲入寇，中國疲於奔命，契丹人畜亦多死。述律太后謂契丹主曰：『使漢人爲胡主，可乎？』曰：『不可。』太后曰：『然則汝何故欲爲漢主？』曰：『漢兒果能回意，我亦何惜與和！』又謂其群下曰：『萬一蹉跌，悔何所及！』

觀述律之言，則知德光固欲入主中國，滅晋後弃之北歸，非其初志也。

桑維翰屢勸帝復請和於契丹以紓國患，帝遣張暉奉表稱臣詣契丹，卑辭謝過。契丹主曰：『使景延廣、桑維翰自來，仍割鎮、定兩道隸我，則可和。』朝廷以契丹語忿，謂其無和意，乃止。

先已兩次遣使，皆致書稱孫，至是乃不惜奉表稱臣者，此必杜威爲帝極言契丹兵强，必且傾國報復，帝氣餒於中，故維翰之勸易入也。是時既有陽城大捷足折其鋭，使再遣信臣請修舊好，加之重幣，未有不轉圜者。夫澶淵之役，兩軍尚未交綏，而遼、宋之和議因此而定，况德光已知晋未可輕，安肯不坐收歲幣之利哉！且德光行將斃矣，倘於此時議和，轉瞬兀欲代立，述律被囚，契丹漸弱，中國可以息肩，石氏之祚亦稍延矣。而晋之君臣不能乘機善爲謀，則亦天之不祚晋也。

帝自陽城之捷，謂天下無虞，驕侈益甚。桑維翰諫，帝不聽。馮玉每承迎帝意，由是益有寵。乘勢弄權，四方賂遺輻輳其門。由是朝政益壞。

果以爲天下無虞，何以遣使奉表稱臣於契丹哉！此必佞臣貢諛，稱頌功德，導之淫侈也。朱梁之將亡，何嘗不有胡柳陂之捷哉！

初，高麗王建因胡僧襪囉言於高祖，請共擊契丹，高祖不報。及帝與契丹爲仇，襪囉復言之。帝欲使高麗擾契丹東邊以分其兵勢，會建卒，子武立，上表告喪。帝遣郭仁遇使其國，諭指使擊契丹。仁遇至其國，見其兵極弱，實不敢與契丹爲敵。

使高麗擾契丹以分其兵勢，似是一策，而無如其虚誕不足信也。兵弱不敢敵契丹，王建何必詐爲共擊之請哉？或契丹使之嘗試中國邪？

罷桑維翰政事，爲開封尹。或謂馮玉曰：『桑西元老，解其樞務，猶當優以大藩。』玉曰：『恐其反耳。』曰：『儒生安能反？』玉曰：『恐其教人反耳。』

胡身之以爲：指維翰贊成晋祖舉兵之謀，非也。正恐其屬意重睿爲廢立之事耳。

有自幽州來者，言趙延壽有意歸國。李崧、馮玉信之，命杜威致書於延壽，具述朝旨，啖以厚利，延壽復書言：『久處异域，思歸中國。乞發大軍應接，拔身南去。』辭旨懇密。朝廷欣然，復遣使與爲期約。（三年）

此契丹使延壽詐降，誘晋軍應接深入而覆之也。

契丹使瀛州刺史劉延祚遺樂壽監軍王巒書，請舉城内附。且云：『城中契丹兵不滿千人，乞朝廷發輕兵襲之。』巒與杜威屢奏瀛、莫乘此可取，馮玉、李崧以爲然，欲大發兵迎趙延壽及延祚。帝與崧、玉議，以威爲元帥，李守貞副之。

先已使延壽詐降，晋師不出，故復使延祚繼之，欲速致晋師也。

吴越王弘佐議鑄鐵錢，其弟弘億諫曰：『鐵錢有八害：新錢既行，舊錢皆流入鄰國，一也；可用於吾國，不可用於它國，二也；銅禁至嚴，民猶盜鑄，況家有鐺釜，野有鏵犁，犯法必多，三也；閩人鑄鐵錢而亂亡，不足爲法，四也；國用幸豐而自示空乏，五也；禄賜有常而無故益之，啓無厭之心，六也；法變則不可遽復，七也；「錢」者國姓，易之不祥，八也。』弘佐乃止。

錢法必歸畫一，若銅鐵并用，則人必貴銅而賤鐵。即使以一銅錢當數鐵錢，人猶以銅爲貴，以其堅而可久也。若以一鐵抵一銅，則必不能相准。弘億所云八害，前三害尤古今同病也。

杜威、李守貞會兵於廣晉而北行。威屢使公主入奏，請益兵，曰：『今深入虜境，必資衆力。』由是禁軍皆在其麾下，而宿衛空虛。

契丹方欲誘晋軍而使之北，威又欲并禁軍以歸於己，於是河上之守備頓虛，而大梁之宿衛幾空矣。一敗不支，遂以亡國，職此之故。

杜威等至瀛州，城門洞啓，寂若無人，威等不敢進。聞契丹將高謨翰先已引兵潛出，威遣梁漢璋將二千騎追之，遇契丹於南陽務，敗死。威等聞之，引兵而南。時束城等數縣請降，威等焚掠而還。

不與威等戰於瀛洲，而引兵潛出者，誘之欲其深入也。既不見劉延祚迎降，追謨翰之兵又敗，故懼而南還，而契丹大至矣。

契丹主大舉入寇，自易、定趣恒州。杜威等至武强，聞之，將自貝、冀而南。張彦澤時在恒州，引兵會之，威等復趣恒州。至中度橋，契丹已據橋。彦澤帥騎争之，契丹焚橋而退。始，契丹見晋軍大至，又争橋不勝，議引兵還。及聞晋軍築壘爲持久之計，遂不去。

初使趙延壽、劉延祚先後詐降，以誘晋出師，惟恐其不大至也；因其至瀛洲而南還，大舉急追，既與相遇，固已落其彀中，豈有因争橋小挫即議退師者乎？史書此事，似未得實。

契丹以大軍當晉軍之前，潛遣其將蕭翰等將百騎及羸卒，并西山出晉軍之後，斷晉糧道及歸路。樵采者遇之，盡爲所掠；有逸歸者，皆稱虜衆之盛，軍中恟懼。

契丹之計，固欲誘致晉軍而覆取之，至是而軍形始見矣。其斷糧道及歸路之軍，屬之貴將蕭翰，必不止百騎，亦非羸卒也。

杜威奏請益兵，詔悉發守宫禁者得數百人赴之。威又遣張祚等來告急，祚等還，爲契丹所獲，自是朝廷與軍前聲問兩不相通。

是時諸軍被困，與晉安殊相似，固由威等怯懦不忠，亦可見契丹主以全力蹙晉軍，必欲盡擒也。

時宿衛兵皆在行營，人心懔懔。桑維翰以國家危在旦夕，求見帝言事。帝(乃)［方］在苑中調鷹，辭不見。又詣執政言之，執政不以爲然。退謂所親曰：『晉氏不血食矣！』

計維翰此時亦無别策，惟有急召劉知遠以河東兵入衛，遣符彦卿等諸將控扼河津耳。帝方疑忌知遠，豈肯召之？故馮玉等逆揣帝意，亦不以爲然也。

帝欲自將北征，李彦韜諫而止。以高行周爲北面都部署，符彦卿副之，共戍澶州；以景延廣戍河陽，且張形勢。

此必維翰之策，執政言之，帝不得已而從之者。是時諸道兵多在行營，守備單虚，不惟三將之力不能防守河津，帝即親征，亦何濟乎！

王清言於杜威，請以步卒二千奪橋開路，諸軍繼之入恒州。威許諾，遣清與宋彦筠俱進。清戰甚鋭，契丹小却。諸將請以大軍繼之，威不許。彦筠爲契丹所敗，浮水抵岸得免。清全軍戰没。

晋將勇而知義，惟皇甫遇及清耳。

契丹以兵環晋營，軍中食且盡。杜威與李守貞、宋彦筠謀降契丹。威遣腹心詣契丹牙帳，邀求重賞。契丹主紿之曰：『趙延壽威望素淺，恐不能帝中國。汝果降者，當以汝爲之。』威喜，遂定降計。

威賣國之罪，浮於梁之段凝，其意則欲爲石敬瑭也。

杜威伏甲召諸將，出降表示之，使署名。諸將但唯唯聽命。威遣高勳賫詣契丹，契丹主賜詔慰納之，遣趙延壽衣赭袍至晋營慰撫士卒，曰：『彼皆汝物也。』亦以赭袍衣威以示晋軍，其實皆戲之耳。

趙、杜二子，皆以契丹必不能主中國，故欲依石氏故事，冀幸得之，而不知德光意别有在也。

契丹主引兵自邢、相而南，杜威將降兵以從。遣張彦澤將二千騎先取大梁，撫安吏民，以通事傅住兒爲都監。

以晋將將晋兵取晋都，但以一通事與之偕行，較唐莊宗之取梁，尤爲兵不血刃。

杜威之降也，皇甫遇初不預謀。契丹主欲遣遇先將兵入大梁，遇辭。退謂所親曰：『吾位爲將相，敗不能死，忍復圖其主乎！』至平棘，謂從者曰：『吾不食累日矣，何面目復南行！』遂扼吭而死。

遇雖不預降謀，固已署名降表，以遇之勇，何不帥所部力戰而死、與王清同葬沙場乎？然其意亦可悲已。

張彦澤倍道疾驅，夜度白馬津。帝始聞杜威等降，又聞彦澤至滑州，召李崧、馮玉、李彦韜入計事，欲詔劉知遠發兵入援。

使大梁尚能嬰城固守，則河東之援可待也；使知遠果能投袂勤王，則大梁之危可救也。此必桑維翰前曾言之，執政者至此欲用其策，而猶未果也。

張彦澤自封丘門斬關而入，李彦韜帥禁兵五百赴之，不能遏。彦澤頓兵明德門外，城中大擾。

彦澤豺狼，至是乃公然肆其反噬。彦韜之不能遏，匪直衆寡不敵，其意固別有在也。桑維翰方爲京尹，有城守之責，亦付之不問，何也？

帝於宫中起火，驅後宫十餘人將赴火，爲親將薛超所持。俄而張彦澤傳契丹主與太后書慰撫之，帝乃命滅火，召范質草降表，遣二子延煦、延寶奉國寶、金印出迎。帝使召彦澤，欲與計事，彦澤微笑不應。

初以奉表稱臣爲耻，以致□釁構兵；繼復持之不堅，甘心奉表稱臣以議和，尋復中止；又輕信趙延壽等之詐降，悉師北入，重戰輕防，冀徼奇功於萬一，遂致弃甲外投、反戈内向，帝之亡國，實同自伐，至是又不能死社稷，而舉族就俘，飄零异域，其亦可憐而不足惜也已。

或勸桑維翰逃去。維翰曰：『吾大臣，逃將安之！』彥澤以帝命召維翰。維翰遇李崧，駐馬語未畢，有軍吏於馬前揖維翰赴侍衛司。維翰知不免，顧謂崧曰：『侍中當國，今日國亡，反令維翰死之，何也？』崧有愧色。

維翰之死，特爲彥澤所害，非殉節也。使見德光，必不爲所殺。蓋維翰始終勸帝卑事契丹，德光應有所聞也。

李濤投刺謁張彥澤曰：『上疏請殺太尉人李濤，謹來請死。』彥澤欣然接之，謂濤曰：『今日懼乎？』濤曰：『濤今日之懼，猶足下昔年之懼也。使高祖用濤言，事安至此！』彥澤大笑，命酒飲之。濤引滿而去。

以彥澤之凶暴，殺桑維翰而不殺濤，死生有命，信然！

張彥澤殺桑維翰。以帶加頸，白契丹主云其自經。契丹主曰：『吾無意殺維翰，何爲如是！』命厚撫其家。

維翰之死，乃賢於生。

先是，契丹主至相州，即遣兵趣河陽捕景延廣。延廣無所逃，往見契丹主於封丘。契丹主詰之曰：『致兩主失歡，皆汝所爲也。十萬横磨劍安在！』召喬榮，使相對證，延廣伏地請死，乃鎖之。

延廣至此尚望活邪？何不直對曰：『河上大戰，陽城大捷，誰勝邪，誰敗邪？今日何必多言！』

鑒評别録卷五十七

後漢紀一

高祖皇帝（姓劉，名知遠，更名暠。其先沙陀部人，居於太原，及得中國，自以姓劉，遂言爲東漢明帝第八子淮陽王昺之後，國號曰漢。在位二年）

百官遥辭晋主於城北，乃易素服紗帽迎契丹主，伏路側請罪。契丹主命易服，撫慰之。晋主及太后迎於封丘門外，契丹主辭不見。（天福十二年）

晋代革命之際，群臣争迎新主，更無一戀舊主者，亦可慨也，蓋其由來者漸矣。

高勳訴張彦澤殺其家人於契丹主，契丹主亦怒彦澤剽掠京城，并傅住兒鎖之。斬彦澤及住兒於北市，仍命高勳監刑。勳命剖其心以祭死者。市人争破其腦取髓，臠其肉而食之。

德光不以彦澤直取大梁之功宥其剽掠京城之罪，亟誅之以快人心，非中主以下所及。

契丹送景延廣歸其國，宿陳橋，伺守者稍怠，扼吭而死。

不死於河陽，不死於封丘，至此乃扼吭自盡，所謂輕於鴻毛，欲求爲匹夫之諒而不可得。然德光殺張彦澤而不殺延廣，則用刑殊有分曉，未可訾也。

契丹主入宫。廢東京，降開封府爲汴州，尹爲防禦使。契丹主改服中國衣冠，百官起居皆如舊制。

德光於中國，其意不知作何措置。既廢東京，則不復立漢兒爲帝矣，趙延壽、杜威猶未喻其意邪？胡身之以爲猶知用夏變夷，竊謂德光於此時不知延訪舊臣，厘革弊政，反縱兵出掠，括借錢帛，以致人心不服，盗賊群起，但服中國衣冠以爲觀美，即謂之用夏變夷乎？

趙延壽、張礪共薦李崧之才。會馮道自鄧州入朝，契丹主素聞二人名，皆禮重之。以崧充樞密使；道守太傅，於樞密院祗候，以備顧問。

歐《史》以無廉耻詆道，崧則道之亞也。且在晋則與馮玉阿比，至是首爲延壽所引用，其巧宦乃過於道。

契丹主使杜重威以降衆屯陳橋。會久雪，官無所給，士卒凍餒，相聚而泣。重威每出，道旁人皆駡之。契丹主猶欲誅晋兵。趙延壽請悉徙其妻子於恒、定、雲、朔之間，每歲分番使戍南邊，以禦吴、蜀，契丹主以爲然。陳橋兵始得免，分遣還營。

此皆驕兵也，尚欲背故主、立新君，以邀厚賞乎？

晋主之絶契丹也，劉繼勳頗預其謀。至是入朝，契丹主責之。時馮道在殿上，繼勳急指道曰：『馮道爲首相，與景延廣實爲此謀。』契丹主曰：『此叟非多事者，勿妄引之！』命鎖繼勳，將送黄龍府。

是時鼎祚屢遷，諸臣不復以事二姓爲耻，道謹身寡過，與物無競，故能歷事七姓，不爲新主所疑，然亦有天幸，不盡關乎人謀也。

趙延壽請給上國兵廩食，契丹主曰：『吾國無此法。』乃縱胡騎四出，以牧馬爲名，分番剽掠，謂之『打草穀』。丁壯斃於鋒刃，老弱委於溝壑，自東、西兩畿及鄭、滑、曹、濮數百里間，財畜殆盡。

張彦澤剽掠京城，則并監軍之傅住兒誅之。安有自縱胡騎剽掠近畿者乎？此必胡騎四出牧馬，因而剽掠耳。史書德光之暴，或過其實。

契丹主謂判三司劉昫曰：『契丹兵三十萬，應有優賞。』時府庫空竭，昫不知所出，請括借都城士民錢帛，自將相以下皆不免。又分遣使者數十人詣諸州括借，皆迫以嚴誅，人不聊生。於是内外怨憤，始患苦契丹，皆思逐之矣。

率民財以賞軍，中國屢行之，何尤乎契丹哉！史稱『中外患苦契丹，思欲逐之』，然德光亦厭中國，而自去耳，何嘗有人出而逐之哉？

初，晋主與劉知遠相猜忌，知遠廣募士卒，又得吐谷渾財畜，由是河東富强冠諸鎮。晋主與契丹構怨，知遠知其必危，而未嘗論諫。契丹屢深入，知遠初無邀遮、入援之志。及聞契丹入汴，知遠分兵守四境以防侵軼。

知遠擁兵觀望，正欲以漁人坐收鷸蚌之利。即聞晋帝之召，亦必不入援，然亦由晋帝之猜忌有以致之。

劉知遠遣王峻奉表於契丹主，契丹主賜詔褒美，及進書，親加『兒』字於知遠姓名之上，仍賜以木拐，如漢賜几杖之比。知遠又遣白文珂入獻，契丹主以知遠觀望不至，文珂還，使謂知遠：『汝不事南朝，又不事北朝，意欲何所俟邪？』

德光頗憚知遠，欲以虛恩縻之；知遠亦畏德光，故以假意奉之。

王峻言『契丹貪殘失人心，必不能久有中國。』或勸劉知遠舉兵，知遠曰：『契丹虎據京邑，未有他變，豈可輕動！觀其所利，止於貨財，貨財既足，必將北去。况冰雪已消，勢難久留，宜待其去，然後取之。』

胡身之以爲：知遠審於料敵，故舉兵南向，契丹不能與争。竊謂知遠初非别有智略，第欲按兵保境，俟契丹北歸，而後乘隙經略河南耳。未幾德光果歸，中途病死，兀欲擅立，契丹内亂，不暇南顧，故知遠指麾而定天下，此乃天幸，出於意外，非關料敵之審也。假令德光不歸，即歸而不死，肯聽知遠奪取中原、南面自帝，而不與之争哉！

唐韓熙載上疏，以爲：『陛下恢復祖業，今也其時。若虜主北歸，中原有主，則未易圖也。』時方連兵福州，未暇北顧。唐人皆以爲恨，唐主亦悔之。

熙載此疏，較唐諸臣因潞王之亂勸烈祖北定中原，尤爲孟浪。蓋其平日於南北强弱毫無審度，直與醉夢中無异。唐人之恨、唐主之悔，則舉國皆不知量耳。

契丹主召晋百官問曰：『晋國之俗异於吾國，吾欲擇一人君之，何如？』皆曰：『天無二日，願推戴皇帝。』

如是者再。契丹主乃曰：『汝曹既欲君我，今茲行何事爲先？』皆曰：『應大赦。』契丹主服通天冠、絳紗袍，登正殿，百官朝賀。下制稱大遼會同十年，大赦。

是時晋臣推戴德光，雖百口一辭，而首倡者必李崧、馮道也。

趙延壽以契丹主負約，心怏怏，令李崧言於契丹主曰：『漢天子所不敢望，乞爲皇太子。』契丹主曰：『吾於燕王無所愛。然吾聞皇太子當以天子兒爲之，豈燕王所可爲也！』

爲漢天子，尚可援石氏爲例，爲皇太子，則不惟主中國，直將繼德光并主契丹矣。延壽貪愚，固不足論，崧非昧於輕重者，乃竟爲之請，殊可怪也。豈以德光不知皇太子爲何名，而欲誑取之邪？

河東將佐勸劉知遠稱尊號，以令四方，知遠不許。聞晋主北遷，聲言欲出兵井陘，迎歸晋陽。命史弘肇集諸軍於毬場，軍士皆曰：『宜先正位號，然後出師。』爭呼萬歲不已。知遠命左右遏止之。張彦威等三上箋勸進，郭威、楊邠説知遠應順人心，知遠從之。

知遠所以不遽稱尊號者，以晋主尚未北遷也。既聞北遷，則以出兵迎駕爲名，因衆心之推戴而即位。

劉知遠即皇帝位。自言未忍改晋，又惡開運之名，乃更稱天福十二年。詔：『諸道括率錢帛，皆罷之。其晋臣被迫脅爲使者勿問，令詣行在。自餘契丹，所在殺之。』

首罷括率，以收拾人心。是時德光未去，契丹方强，諸道必不敢奉詔也。

初，晋置鄉兵，教習歲餘，竟不可用，悉罷之。而無賴子弟不肯復農業，山林之盗，自是而繁。契丹多以其子弟及左右爲節度使、刺史，不通政事，掊斂民財，民不堪命。於是所在相聚爲盗。

山林之盗，始於鄉兵之罷遣，禦侮則不足，作亂則有餘也。郡縣之盗，由於官吏之侵漁，大吏倚勢作威，有司剥民奉上也。此二事，足爲千古龜鑒。

帝還晋陽，議率民財以賞將士，夫人李氏諫曰：『陛下因河東創大業，未有以惠澤其民，而先奪其生生之資，非新天子救民之意也。今宫中所有，請悉出之以勞軍，雖復不厚，人無怨言。』帝從之，中外大悦。

方下詔罷契丹括率，而躬自蹈之，可乎？此人心向背之機，而其議自夫人發之。

契丹主賜趙暉詔，以爲保義留後。暉斬契丹使者，焚其詔，遣趙矩奉表詣晋陽。帝見矩，甚喜，曰：『子挈咽喉之地以歸我，天下不足定也！』矩因勸帝，早引兵南向，以副天下之望，帝善之。以暉爲保義節度使。

是時史弘肇已拔代州，張晏弘亦據晋州，暉又以陝州歸命，河東之藩籬益固，而形勢漸張矣。趙矩勸引兵南向則善之，王超求救則厚賜遣之，而未嘗有一兵離河東境。直至德光北歸，始經略河南，而弘肇及閻萬進之兵出矣。此與晋主北遷始正位號，皆帝之成算也。

契丹鎮寧節度使耶律郎五性殘虐，澶州人苦之。賊帥王瓊帥其徒圍郎五於牙城。契丹主聞之懼，由是無久留河南之意。遣兵救澶州，瓊退屯近郊，遣弟超奉表來求救。帝厚賜超，遣還。瓊兵敗，爲契丹所殺。

契丹之初得恒、易也，以麻答爲安國節度使，馬崇祚知恒州事。張礪言於德光，以爲『宜用中國人，不宜用北人及左右近習，苟政令乖失，則人心不服，雖得之，猶將失之。』德光不聽。至是果如礪言。郎五與麻答，其殘虐正相似也。

東方群盜大起，陷宋、亳、密三州。契丹主謂左右曰：『我不知中國之人難制如此！』

德光北歸之計，至此始決。

契丹主復召晋百官，諭之曰：『天時向熱，吾難久留，欲暫至上國省太后。當留親信一人爲節度使。』群臣請迎太后，契丹主不可。復以汴州爲宣武軍，以蕭翰爲節度使。

畏群盜，一也；厭煩熱，二也；戀射獵，三也。省太后，其名也。

契丹主發大梁，盡載府庫之實以行。自白馬渡河，謂高勳曰：『吾在上國，以射獵爲樂，至此令人悒悒。今得歸，死無恨矣。』

德光所以不能如元魏據有中國者，正以戀射獵之樂，而以衣冠、禮節爲拘苦耳。非果以群盜爲難制，遂畏而避之也。且彼既以全力取中原，南面以臨天下，乃一任河東之稱帝而不加討，非力不能討也，意不欲久留，故不復與争也。

契丹主攻相州，克之，悉殺城中男子，驅其婦女而北。胡人擲嬰孩於空中，舉刃接之以爲樂。契丹主見所過城邑丘墟，謂蕃、漢群臣曰：『致中國如此，皆燕王之罪也。』顧張礪曰：『爾亦有力焉。』

破相州而屠城，何其暴也；見丘墟而罪二臣，又若有不忍之心焉。竊謂忿石氏之負己，而必欲吞滅，乃德光之本意，趙延壽特贊成其事耳。徒以中國之人難制，又戀射獵之樂，故弃之北歸，未嘗不有餘憾焉。以相州之事推之，彼見城邑丘墟，方且以中國之摧殘爲快，有何愛惜，而委罪二臣乎！此言不足信也。

帝聞契丹北歸，欲經略河南，以史弘肇爲前驅，將步騎萬人救潞州；又遣閻萬進出嵐、憲二州，以分契丹兵勢。

河東分兵二道，一出澤、潞，爲正兵；一出嵐憲，以防契丹乘虚而掎其後也。

契丹主使武行德將士卒千餘人，部送晉鎧仗數十艘，自汴泝河歸其國。至河陰，行德與將士謀殺契丹監軍使。入據河陽，遣弟行友奉蠟表間道詣晉陽。以行德爲河陽節度使。契丹主聞之，嘆曰：『我有三失，宜天下之叛我也！諸道括錢，一失也；令上國人打草穀，二失也；不早遣諸節度使還鎮，三失也。』

德光自知其失，而言之不諱，猶是胡人性直。

史弘肇遣馬誨擊契丹，斬首千餘級。耿崇美，崔廷勳至澤州，聞弘肇兵已入潞州，不敢進，引兵而南。弘肇遣誨追擊，破之。

弘肇擊契丹，止此一戰耳。

契丹主至臨城，得疾，及欒城，病甚，苦熱，聚冰於胸腹、手足，且啖之，至殺胡林而卒。國人剖其腹，實鹽數斗，載之北去，晉人謂之『帝羓』。

北人啖冰，習以爲常，何至畏熱如此之甚？殆所云陽淫熱疾者邪？

趙延壽先引兵入恒州，契丹永康王兀欲及南北二王各以所部兵相繼而入。時契丹諸將密議奉兀欲爲主，延壽不知，自稱受遺詔權知南朝軍國事，下教布告諸道。

延壽所恃者，德光之寵任耳。今德光已死，事變難測，固已危若朝露，乃敢詐稱遺詔，公然布告諸道，攝行南朝天子之事。兀欲收取恒州管鑰倉庫，固已顯奪其權，猶不覺悟，輒下令月朔上事，坐受宰相、樞密之拜賀，豈竟以皇太子自居邪？何其貪愚一至於此！

兀欲召趙延壽及張礪、和凝、李崧、馮道於所館飲酒。兀欲妻以兄事延壽，兀欲謂延壽曰：『妹自上國來，寧欲見之乎？』延壽欣然與之俱入。良久，兀欲出，謂礪等曰：『燕王謀反，適已鎖之矣。』

延壽導契丹滅晋，以禍中國，至是兀欲擒之，如縛一匹雛耳。

帝集群臣議進取，諸將咸請出師井陘，攻取鎮、魏，先定河北，河南自服。郭威曰：『虜主雖死，黨衆猶盛，各據堅城。我出河北，若群虜合勢，共擊我軍，糧餉路絶，此危道也。近者陜、晋二鎮相繼款服，引兵從之，萬無一失，不出兩旬，洛、汴定矣。』帝曰：『卿言是也。』

河北，契丹之所争；河南，契丹之所弃。攻鎮、魏須用全力，雖取之不足以屈契丹；趨洛、汴有若拾遺，既得之即可以定中夏。難易之勢、利鈍之形，灼然易見也。況帝按兵不出，必俟德光北歸，而後經略河南，固已早有成算，奚待威言而始决乎？

帝發太原，自陰地關出晉、絳。史弘肇克澤州。崔廷勳、耿崇美、奚王拽剌方逼河陽，聞之，還保懷州。弘肇將至，廷勳等擁衆北遁。契丹在河南者相繼北去。弘肇爲人，沉毅寡言，御衆嚴整，故所向必克。

德光既歸，契丹之在河南者必難久留。況中途病殁，衆心揺動，故不戰而去矣。

蕭翰聞帝擁兵而南，欲北歸。時唐明宗子許王從益與王淑妃在洛陽，翰遣高謨翰迎至大梁，立以爲帝。淑妃泣曰：『是禍吾家也！』翰及劉晞辭行，從益餞於北郊。

翰去，則大梁不攻自下矣。

王淑妃召諸大臣謀曰：『吾母子爲蕭翰所逼，諸公宜早迎新主。』衆感其言，或曰：『今集諸營，不減五千，堅守一月，北救必至。』淑妃曰：『吾母子亡國之餘，安敢與人争天下！若新主見察，當知我無所負。』乃稱梁王，知軍國事。遣使奉表稱臣，迎帝請早赴京。

寡婦孤兒，欲求苟活而不可得，此所以『願世世無生帝王家』也。

帝至陝州，汴人有來迎者。

是時從益之表應先至矣。

帝至新安，西京留司官悉迎來。帝至洛陽，汴州百官奉表來迎。詔諭以受契丹補署者皆勿自疑，聚其告牒而焚之。命郭從義先入清宫，密令殺李從益及王淑妃。淑妃且死，曰：『吾兒爲契丹所立，何罪而死！何不留之，使每歲寒食，以一盂麥飯灑明宗陵乎！』

從益之立，爲契丹所逼，非能自由，其貶號稱臣，遣使奉迎，又有何罪可加？乃并其母子害之，是誠何心哉！假令於晉主北遷迎歸晉陽，亦必不能保其餘生矣。

帝至大梁，晉之藩鎮相繼來降。下詔大赦。凡契丹所除節度使下至將吏，各安職業，不復變更。復以汴州爲東京，改國號曰漢，仍稱天福年，曰：『余未忍忘晉也。』

因藩鎮來降，故於赦令普加安撫，此當日急務。

契丹述律太后聞契丹主自立，大怒，發兵拒之。相遇於石橋，太后兵大敗。契丹主幽太后於阿保機墓，自稱天授皇帝，慕中華風俗，多用晉臣，而荒於酒色，輕慢諸酋長。由是國人不附，諸部數叛，興兵誅討，故數年之間，不復南寇。

此漢祖所以從容而成帝業也。豈其始願所及哉？若以爲智能料敵，才足定亂，則事後之論耳。

唐主聞契丹主德光卒，蕭翰弃大梁去，下詔以李金全爲北向行營招討使，議經略北方。聞帝已入大梁，遂不敢出兵。

唐主且不敢抗新造之漢，而韓熙載勸其與方張之契丹争中國，豈不謬哉！

時兵荒之餘，公私匱竭，北來兵與朝廷兵合，頓增數倍。王章白帝罷不急之務，省無益之費以奉軍，用度克贍。

國用所以不足，皆由於不急之務、無用之費耳。悉從罷省，而專供軍國，未有不克贍者。帝無多善政，惟軍無濫賞、民免括率，足以矯近代之弊。

制建宗廟。太祖高皇帝、世祖光武皇帝，皆百世不遷。又立四親廟，追尊謚號。凡六廟。

南唐之祀高祖、太宗，雖世系不可考，而烈祖固中國李氏子，猶有説也；帝本出沙陀，因氏劉而祀高、光，誣祖尤甚，神其吐之乎！

麻答貪猾殘忍，衆心怨憤。何福進、李榮潛結軍中壯士數十人謀攻契丹，約以擊佛寺鐘爲號。契丹主遣騎至恒州，召馮道、李崧、和凝會葬德光於木葉山。未行，鐘聲發。漢兵擊殺契丹十餘人，突入府中。麻答等走保北城。漢兵無所統壹，契丹勢復振。李穀請道等至戰所慰勉士卒，士卒争奮。有村民數千噪於城外，欲奪契丹寶貨、婦女，契丹懼而北遁。

道、凝、崧三人從契丹北行，因德光道卒而留恒州。迨兀欲召赴木葉山會葬，勢將陷蕃矣。又因恒州軍亂，契丹驚遁而中止，卒歸於漢。事之不可料度如此。

蘇逢吉爲人文深好殺。及爲相，朝廷草創，帝悉以庶務委逢吉及蘇禹珪。二相决事，皆出胸臆。雖事無留滯，而用舍、黜陟，惟其所欲。帝方倚信之，無敢言者。逢吉尤貪詐，公求貨財，無所顧避。

梁、唐、晋之興也，日事干戈，而股肱佐命，尚有敬翔、郭崇韜、桑維翰諸人。雖相業未純，均能有所規益。帝創業之初，相臣惟一逢吉耳，不及翔輩遠矣。

荆南介居湖南、嶺南、福建之間，自高季興時，諸道入貢過境，多掠奪其貨幣。及從誨立，唐、晉、契丹、漢更據中原，南漢、閩、吴、蜀皆稱帝。從誨利其賜予，所向稱臣，諸國賤之，謂之『高無賴』。

從誨在荆南，頗有善政，而爲諸國所賤，致蒙『無賴』之譏，雖由國貧兵弱，志在貪利圖存，亦沿季興盜賊之餘習也。

帝發大梁，至鄴都。高行周言於帝曰：『城中食未盡，急攻徒殺士卒，未易克也。不如緩之，彼食盡自潰。』帝然之。韓訓獻攻城之具，帝曰：『用此何爲！』杜重威食竭力盡，開門出降，城中餓死者什七八。

重威因移鎮據城拒命，所恃者恒州之援耳。麻答北遁，重威勢孤，故不待攻而自破矣。

皇子開封尹承訓卒。承訓孝友忠厚，達於從政，人皆惜之。（乾祐元年）

承訓之死，得非殺李從益之報乎？

帝自魏王承訓卒，悲痛過甚，始不豫。未幾，疾大漸，召蘇逢吉、楊邠、史弘肇、郭威入受顧命，下詔誅杜重威并其子弘璋等。磔重威尸於市，市人争啖其肉。

至此始誅重威，惜其已晚。

帝殂，立皇子承祐爲周王，宣遺制，令周王即皇帝位。

漢以新造之邦，根本未固，帝享國日淺，承訓賢而不年，乃以大寶付之幼弱之承祐，故知其祚之不延已。

邪律忠聞鄴都既平，常懼華人爲變。詔以劉在明爲幽州道馬步都部署，使出兵經略定州。未行，忠與麻答等焚掠定州，悉驅其人北去。孫方簡自狼山還據定州，又奏以弟行友爲易州刺史，方遇爲泰州刺史。於是晉末州縣陷契丹者，皆復爲漢有矣。

德光之北歸也，以蕭翰爲宣武節度使，留鎮大梁，付以河南之事。又以麻答、耶律郎五分駐鎮、定，付以河北之事。乃漢祖之兵未至，而翰弃大梁，遂失河南；在明之兵未行，而郎五弃定州，遂失河北。麻答之弃鎮州，則爲亂兵所逐，漢祖并未命將出師也。蓋三將皆飽掠思歸，本不欲久留中國，又因德光已死，述律遭囚，兀欲擅立，國中多事，故去志益決，無復顧戀耳。

蘇逢吉等爲相，多遷補官吏。楊邠多抑之。李濤上疏言：『今關西紛擾，外禦爲急。二樞密宜授以要害大鎮。』楊邠、郭威見太后泣訴，稱：『臣等從先帝起艱難中，今天子取人言，欲弃之於外。』太后怒，讓帝，因詰責宰相。濤曰：『此疏臣獨爲之，他人無預。』濤罷歸私第。

濤能抗張彦澤，而未免附逢吉，蓋性剛使氣，而未能忘懷於權利也。詰責而鋭然自承，是其故態。

邠、（岐）［涇］、同、華四鎮俱上言李守貞與永興、鳳翔同反。始，守貞聞杜重威死而懼，陰有异志，乃招納亡命，養死士，治城塹，繕甲兵，晝夜不息。僧總倫言守貞必爲天子，守貞信之。會趙思綰據長安，奉表獻御衣於守貞，守貞乃自稱秦王。遣驍將王繼勳據潼關。

梁、唐、晋皆一傳而易主，漢之國本不固，幼主初立，守貞自以前朝宿將，素著威名，故欲乘勢爲晋、漢二祖之所爲耳。史稱聞重威死而懼，恐未然也。

以郭從義充永興行營都部署，將侍衛兵討趙思綰。削奪李守貞官爵，以白文珂爲河中行營都部署，王峻爲都監，會兵討之。王景崇閲集鳳翔丁壯，詐言討思綰，遣使請降於蜀，亦受守貞官爵。

三鎮連兵，有輔車之勢。然思綰但附守貞，景崇更求援於蜀也。

鳳翔節度使趙暉至長安，表王景崇反狀益明，請進兵擊之。

景崇必不受代，暉之進兵，勢不容已。

自河中、永興、鳳翔三鎮拒命，朝廷遣諸將討之。自春徂秋，莫肯攻戰。帝患之，乃以郭威爲西南軍前招慰安撫使，諸軍皆受威節度。威問策於馮道。道曰：『守貞自恃舊將，爲士卒所附；願公勿愛官物以賜士卒，則奪其所恃矣。』威從之。由是衆心始附於威。

是時天子之立，惟在士卒之擁戴耳。唐莊宗何以失之，晋、漢二祖何以得之，道見之熟矣，故爲威謀，首在於此，而威亦莫逆於心也。且道此策，豈僅可以制守貞哉？自前唐末造，士卒狃於重賞，故置君不如弈棋。迨晋祖爲契丹所立，而軍賞浸薄；漢祖因之，首罷括率之令，雖民困稍蘇，而軍心不免觖望。道見及此，故勸威以官物賜士卒，衆心即翕然歸之。所以遂移漢祚者，未嘗不由於此也。

郭威與諸將議征討，諸將欲先取長安、鳳翔。扈從珂曰：『三叛連衡，推守貞爲主，守貞亡，則兩鎮自破矣。若捨近而攻遠，萬一王、趙拒我前，守貞掎我後，此危道也。』威善之。乃與白文珂等三道攻河中。

以當日兵勢，必無越河中而攻長安、鳳翔者。諸將畏守貞，故欲先擊王、趙，以剪其羽翼耳。然就三鎮而揣其能否，若先擊王、趙，守貞或能出兵救之； 先攻河中，則思綰必不敢離長安，景崇方恃蜀爲援，更不欲離鳳翔也。

諸將欲急攻城，郭威曰：『守貞前朝宿將，健鬥好施，城臨大河，樓堞完固，未可輕也。且彼憑城而鬥，我仰而攻之，何异帥士卒投湯火乎！ 不若且設長圍而守之。思綰、景崇，但分兵縻之，不足慮也。』

威之困河中取守貞，與高行周之困鄴都取杜重威，同一機略。

李守貞屢出兵欲突長圍，皆敗而返。遣人賫蠟丸求救於唐、蜀、契丹，皆爲邏者所獲。城中食且盡，守貞憂形於色，召總倫詰之，總倫曰：『大王當爲天子，但此分野有灾，待磨滅將盡，只餘一人一騎，乃大王鵲起之時也。』守貞猶以爲然。

蜀以兵援王景崇者，以與鳳翔接境，力足相及，故納其降，因攘其地耳； 安能越長安而救河中？ 唐兵久不北出，更無遠赴之理。契丹業舉已得之河南北而輕弃之，豈能爲守貞更出兵哉？ 即使蠟書悉達，亦復何益！ 守貞之計窮矣，乃猶信總倫之佞語，真死而不悟者，其貪愚更甚於趙延壽也。

王景崇遣兵出西門，趙暉擊破之。景崇退守大城，塹而圍之，數挑戰，不出。蜀主遣安思謙將兵救鳳翔，又遣韓保貞引兵出(沂)[汧]陽以分漢兵之勢。思謙屯渭水,漢益兵戍寶鷄,思謙引還。

景崇所恃者,蜀之援也。思謙中道引還,景崇已坐困矣。所以尚能固守者,糧未盡也。

蘇逢吉惡李崧。崧弟嶼僕夫葛延遇與逢吉之僕李澄謀告嶼謀反。逢吉因召崧至第,收送侍衛獄。嶼自誣『與崧及弟嶬等合二十人,謀因山陵發引,縱火作亂』。詔誅崧兄弟、家屬及辭所連及者,皆陳尸於市。

馮道得全,李崧族誅,豈徒有幸不幸,良以道貧而崧富也。貴而能貧,真處亂世之良法哉! 崧不死於白再榮而死於逢吉,同一被殺,而遲早有時。

李守貞遣使求救於唐。唐主命李金全將兵救河中,軍於沂州之境。候騎白:『有漢兵數百在澗北,皆羸弱,請掩之。』金全令曰:『敢言過澗者斬!』及暮,伏兵四起,金鼓聞十餘里,金全曰:『嚮可與之戰乎?』乃退保海州。

唐主出兵救河中,蓋猶未忘韓熙載『恢復祖業』之說也。先以羸形示之,旋以虛聲震之,此漢之疑兵耳,而金全已懼而遁矣。蜀兵之救鳳翔者尚屯渭北,唐兵之救河中者僅至沂州,相距不啻千里,固由士無鬥志,亦以勢不相及也。

王景崇累表告急於蜀,蜀主命安思謙再出兵救之。思謙進屯散關,敗漢兵於玉女潭。韓保貞出新關,軍於隴州。趙暉告急於郭威,威自往赴之,戒白文珂、劉詞曰:『賊之驍鋭盡在城西,我去必來突圍,爾曹謹備之!』威至華州,聞蜀兵食盡引去,威乃還。

思謙再救鳳翔,雖未能解圍,猶勝李金全也。然蜀兵亦不復出矣。

鑒評別録卷五十八

後漢紀二

隱皇帝（諱承祐，高祖第二子，在位二年）

郭威將至河中，白文珂出迎之。李守貞遣王繼勳等引精兵千餘人，襲漢柵，軍中狼狽不知所爲。劉詞曰：『小盜不足驚也！』帥衆擊之。河中兵退走。威至，詞迎馬首請罪。威厚賞之。（乾祐二年）

威戒諸將防河中兵突圍，而不虞其夜襲也。然守貞困守孤城，即乘虚幸勝，安得支久？

史弘肇之子德珫頗讀書，不樂父之所爲。有舉人呼於貢院門，蘇逢吉命執送侍衛司，欲其痛捶而黥之。德珫言於父曰：『書生無禮，自有臺府治之，非軍務也。』弘肇即破械遣之。

其父惡文士，其子頗讀書，父子志趣不同，有如此者。弘肇因德珫之言，立將呼噪之舉人破械縱遣，雖父子之間所言易入，亦性直而猶知從善也。

長安城中食盡，趙思綰不知所出，郭從義使人誘之。李肅等因説令出降，思綰從之。朝廷以思綰爲華州留後，令便道之官。思綰遷延，三改行期。從義密白郭威，執思綰并常彦卿及其父兄部曲，皆斬之。

思綰好以酒吞人膽，云『吞膽千枚，則膽無敵』，今納降而駢首就戮，其膽仍未壯也。

郭威攻河中，克其外郭。李守貞收餘衆，退保子城。諸將請急攻之，威曰：『涸水取魚，安用急爲！』李守貞及妻與子崇勳等自焚，威入城，獲其子崇玉等及所署丞相靖宗、孫願、樞密使劉芮、國師總倫，送大梁，磔於市。

至是磨滅俱盡，更無一人一騎矣，總倫所云『鵲起』者安在乎？

西京留守王守恩性貪鄙，專事聚斂。抒厠、行乞之人，不免(科)[課]率，或縱麾下令盗人財。有富室娶婦，守恩與俳優數人往爲賓客，得銀數鋌而返。

留守相公與俳優往娶婦之富家博賞，此千古僅見之事，不知其何以率屬臨民也。

郭威還至洛陽。守恩自恃位兼將相，肩輿出迎。威怒，以爲慢己，辭以浴，不見，即以頭子命白文珂代守恩爲留守。守恩猶坐客次，吏白：『新留守已視事於府矣。』

與俳優詣賀富室，何其卑也；坐肩輿出迎安撫，又何倨也。以守恩之貪鄙，誠不可久苟留都之任，但威以其慢己而輒罷之，亦非出於公心；至其以頭子易置大臣，隳亂綱紀，歐公論之是已。

郭威至大梁，入見，帝勞之，賜金帛、衣服、玉帶、鞍馬，辭曰：『臣受命期年，僅克一城，何功之有！且臣將兵在外，凡鎮安京師、供億所須、使兵食不乏，皆諸大臣居中者之力也，臣安敢獨膺此賜！』

威之辭讓，非真有功不伐也。所欲者大，故不亟亟於加官增禄耳。然亦可謂善處功名之際者矣！

趙暉急攻鳳翔，周璨謂王景崇曰：『公鄉與蒲、雍相表裏，今二鎮已平，蜀兒不足恃，不如降也。』景崇曰：『吾更思之。』後數日，外攻轉急。景崇與家人自焚，璨降。

三鎮已平其二，鳳翔豈能獨守乎？然郭威不俟鳳翔之平而遽歸京師，蜀不乘威之東去而再出兵以援鳳翔，均未爲得計也。

汝州防禦使劉審交卒。吏民詣闕上書，以審交有仁政，乞留葬汝州，得奉其丘壟，詔許之。馮道曰：『吾嘗爲劉君僚佐，觀其爲政，無以逾人，但推公廉慈愛之心以行之。使天下二千石皆效其所爲，何患不如劉君哉！』(三年)

求循吏於五季之末，殆亦所云事半功倍者矣。道乃云爲政無以逾人，而推之曰『公廉慈愛』，不知公廉慈愛即絜矩之道、民之父母也。以此爲政，宰天下可矣，豈止二千石！

朝廷欲移易藩鎮，因其請赴嘉慶節上壽，許之。高行周等皆入朝，徙行周爲天平節度使，符彦卿爲平盧節度使，慕容彦超爲泰寧節度使。其餘各鎮亦多有徙易。

自前唐中葉，節度使多不入朝，亦不受代。至後晉而跋扈已極，往往一經移鎮，即稱兵拒命。朝廷務爲姑息，莫敢誰何。威柄倒持，由來已久。今乃於嘉慶節同時入朝，同時移鎮，同時受代，無一梗令者，固由初平三叛，群情震懾，抑亦窮則必反，亂極思治之機兆乎！

朝廷以契丹入寇，議以郭威鎮鄴都，史弘肇欲威仍領樞密使，蘇逢吉以爲故事無之，弘肇曰：『領樞密使，則可以便宜從事，諸軍長服。』帝從弘肇議。逢吉曰：『以内制外，順也；今反以外制内，其可乎！』

威平三叛，未嘗不領樞密，故直以頭子易置西京留守，此弘肇之議所由來也。仍應以逢吉『以内制外』之議爲正。

郭威辭行，言於帝曰：『太后從先帝久，多歷天下事，陛下宜稟其教而行。蘇逢吉、楊邠、史弘肇皆先帝舊臣，盡忠徇國，推心任之，必無敗失。至於疆埸之事，臣願竭其愚駑，庶不負驅策。』

威平三叛，則推功於在内諸大臣，兹出禦契丹，亦勸帝委任舊臣，其雅量忠謨，有足多者。

帝自即位以來，楊邠總機政，郭威主征伐，史弘肇典宿衛，王章掌財賦。邠頗公忠，退朝門無私謁，雖不却四方饋遺，有餘輒獻之。弘肇督察京城，道不拾遺。是時承契丹蕩覆之餘，公私困竭，章捃摭遺利，以實府庫；屬三叛連衡，宿兵累年而供饋不乏。

是時漢邦新造，高祖旋殂，嗣主暗弱，頗昵群小，乃能内平三叛，外禦契丹，藩鎮慴服，國家粗安，諸臣之功亦何可没也！

王章聚斂刻急。舊制，田税每斛更輸二升[斗]，謂之『雀鼠耗』，章始令更輸二斗，謂之『省耗』；舊錢出入皆以八十爲陌，章始令入者八十，出者七十七，謂之『省陌』；有犯鹽、礬、酒麯之禁者，錙銖、涓滴，罪皆死。

此即史所云『捃摭遺利、以實府庫』者，其立法專在剥民以奉上，桑、孔所不爲也。雖暫濟一時軍須，而國本傷矣。然收税則計斛加耗，收錢則重入輕出，其弊亦後世所難免。而章悉輸公帑，尚不至如後世之徒飽私橐也。

帝左右嬖倖浸用事，太后親戚亦干預朝政，邠等屢裁抑之。太后有故人子求補軍職，弘肇怒而斬之。

用事干政，裁抑之是也；求補軍職，不予可也，殺之則過矣。蓋弘肇剛愎酷虐，其督察京城，所以能使道不拾遺者，惟恃多殺以威衆耳，無他術也。

太后之弟業爲武德使，帝寵任之。會宣徽使闕，業欲之，帝及太后亦諷執政。邠、弘肇以爲『内使遷補有序，不可以外戚超居』，乃止。

此邠等之裁抑太后親戚也，不失爲持正。

内客省使閻晋卿次當爲宣徽使，久而不補。

一宣徽使也，李業欲之，則以爲不可超居；晋卿次當得之，又靳而不予，何也？

樞密承旨聶文進、飛龍使後匡贊、翰林茶酒使郭允明皆有寵於帝，久不遷官，共怨執政。劉銖罷青州歸，久奉朝請，未除官，亦怨執政。

文進等皆帝之左右嬖倖，郭威辭行，所云『遠放讒邪』者，正指此輩也。銖鎮平盧，貪虐恣横，被征幾致拒命，不予以官，洵不爲枉；惟保大留後王饒，曾潛通於李守貞，入朝厚結弘肇，乃更遷大藩，則銖之怨非無因也。

帝年益壯，厭爲大臣所制。邠、弘肇嘗議事於帝前，帝曰：『審圖之，勿令人有言！』邠曰：『陛下但禁聲，有臣等在。』

帝所云『勿令人有言』者，固已有先入之言也。蓋左右之怨謗，非一日矣。

帝積不能平，左右因乘間譖之於帝，云：『邠等專恣，終當爲亂。』帝信之。蘇逢吉與弘肇有隙，知李業等怨弘肇，屢以言激之。

帝之謀去邠等，雖由於左右之譖構，而逢吉亦有力焉。然逢吉第欲激業等使去弘肇耳，邠等則非所忌也。

帝與李業、聶文進、後匡贊、郭允明謀誅邠等，議既定，入白太后。太后曰：『兹事何可輕發！更宜與宰相議之。』業曰：『先帝嘗言，朝廷大事不可謀及書生，懦怯誤人。』太后復以爲言，帝忿曰：『國事非閨門所知！』

『國事非閨門所知』，是也；然左右嬖倖，何足與謀哉！至云『大事不可謀及書生』，則謬論矣。即其言果出先帝，亦以謀反篡位未可與書生共謀耳，不足訓也。

業等以其謀告閻晋卿，晋卿恐事不成，詣弘肇第欲告之，弘肇以他故辭不見。

晋卿以不得宣徽使怨執政，故業等以其謀告之，冀其助己；而不料晋卿之陰懷兩端也。晋卿與朝貴飲酒於王章第，教弘肇爲手勢令，蓋素昵於弘肇者也。

邠等入朝，有甲士數十自廣政殿出，殺邠、弘肇、章於東廡下。聶文進亟召宰相、朝臣宣云：『邠等謀反，已伏誅。』又召諸軍將校，帝親諭之，皆拜謝而退。

三執政之死，何异孤雛、腐鼠哉！　固由兵從中起，出於不意；　亦由心本無他，疏於自防也。

收捕邠等親戚、黨與、傔從，盡殺之。遣供奉官孟業賫密詔詣澶州及鄴都，令李洪義殺王殷、郭崇（義）［威］等殺郭威及王峻。又急詔征高行周等入朝。

行周與符彦卿、慕容彦超等皆當時名將，故急召入衛，以威在鄴方握重兵，恐其拒命而生變也。

李業等命劉銖誅郭威、王峻之家，銖極其慘毒，嬰孺無免者。命李洪建誅王殷之家，洪建但使人守視，仍飲食之。

三家同時坐誅，而有幸不幸，以銖素怨執政，借手以快其私；　洪建爲業之兄，勢足與抗也。

使者至澶州，李洪義不敢發，引孟業見王殷。殷囚業，遣陳光穗以密詔示郭威。威謂魏仁浦曰：『奈何？』仁浦曰：『公，國之大臣，功名素著，握强兵，據重鎮，一旦爲群小所構，禍出非意，不可坐而待之。』

威與楊邠等皆先朝佐命大臣，共執朝政，固同功一體之人也。邠等既誅，帝即賜以鐵券許之不死，威亦不免自疑。乃不量事體之輕重，及洪義等之能否輒即馳一介之使，賫數行之詔，欲取大將之首於百萬軍中，是激之反也。

威乃召郭崇威、曹威及諸將，告以楊邠等冤死及有密詔之狀，曰：『君輩當取吾首以報天子，庶不相累。』崇威等皆泣曰：『天子幼冲，此必群小所爲，願從公入朝，蕩滌鼠輩以清朝廷。』

仁浦所云『不可坐待』，固已勸威舉兵矣；威見崇威等，轉欲其奉行詔書，何也？蓋威初無异志，至是則必不肯束手待誅；迨擁兵而南，則騎虎之勢成矣。歐《史》云『威匿詔書，召仁浦謀於卧内，仁浦勸威反，倒用留守印更爲詔書，詔威誅諸將校，以激怒之，將校皆憤然效用』，與《通鑒》所書不同。胡身之以爲温公必本於《周史》，周臣爲其君諱，理固然也。

慕容彦超入朝。帝悉以軍事委之。帝聞郭威舉兵南向，遣侯益及閻晋卿等將禁軍趣澶州。威至澶州，李洪義納之。王殷以所部兵從威涉河。

洪義以孟業予王殷，殷因以密詔示威，至是復納威於澶州。洪義黨於威者也。

郭威趣滑州，義成節度使宋延渥迎降。威取滑州庫物以勞將士，且諭之曰：『聞侯令公已督諸軍自南來，今交戰則非入朝之義，不若奉行前詔，吾死不恨！』皆曰：『國家負公，公不負國，所以萬人争奮，侯益輩何能爲乎！』王峻徇於衆曰：『我得公處分，俟克京城，聽旬日剽掠。』衆皆踴躍。

鄴都起兵之日，先諭諸將，取首以報天子，將以試衆心之向背耳；至是兵（以）［已］涉河，勢難中止，乃更以奉行前詔爲言，此亦周之史臣爲其祖諱飾，不足信也。既取滑州庫物以賞犒之，復許剽掠京城以歆動之，已志在攻取大梁矣，何前詔之足云乎！

帝議欲自往澶州，聞郭威已至河上，甚有悔懼之色，私謂竇貞固曰：『屬者亦太草草。』威軍至封丘，人情恟懼。慕容彥超言於帝曰：『臣視北軍猶蠛蠓耳。』退，見聶文進，問北來兵數及將校姓名，曰：『是亦劇賊，未易輕也！』

彥超與漢祖爲同母兄弟，素稱驍勇，聞召首先入衛，尚不失急難禦侮之義。但於帝前則云『視北軍若蠛蠓』，及退而詢問，則詫爲『劇賊』，不俟交鋒，膽先怯矣。彥超直好爲大言耳，非果有勇也。

帝復遣袁義等帥禁軍與侯益會屯赤岡。慕容彥超以大軍屯七里店。南、北軍遇於劉子陂。帝欲自出勞軍，太后曰：『郭威吾家勛舊，但按兵守城，飛詔諭之，觀其志趣，必有辭理，則君臣之禮尚全，慎勿輕出。』帝不從。

帝不從太后言者，爲左右所惑也。威舉兵以誅群小爲名，前已有表自陳，乞執付軍前矣。帝若詔諭，威必復申前請，李業、聶文進輩何以自解乎？此所以勸帝自出，挾爲孤注也。

時扈從軍甚盛，太后遣使戒聶文進曰：『大須在意！』對曰：『有臣在，雖百郭威可擒也！』至暮，兩軍不戰，帝還宫。

帝雖出師，不敢遽薄北軍，威因帝自出，亦未敢輕犯南軍，故相持不戰。

慕容彥超大言曰：『陛下來日宫中無事，幸再出觀臣破賊。臣不必與戰，但叱散使歸營耳！』

以北軍不戰爲畏己，故又作大言也。彦超與聶文進，皆好爲大言者。一戰而敗，彦超奔還兖州，文進亦弃軍弗顧，祇辦一走矣。

帝欲再出，太后力止之，不可。既陣，郭威戒其衆曰：『吾來誅群小，非敢敵天子也，慎勿先動。』久之。

昨日不戰以此，史補書之。

慕容彦超引輕騎直前奮擊，郭崇威、李榮帥騎兵拒之。彦超馬倒，幾獲之。彦超引兵退，麾下死者百餘人，於是諸軍奪氣，稍稍降於北軍。

帝悉以軍事委彦超，諸軍視爲强弱者也。彦超敗，則諸軍不戰自敗矣。

侯益與吴虔裕等皆潛往見郭威，威各遣還營。

是時帝已成孤立之勢。聶文進輩必不敢見郭威，然亦不知何往。

郭威謂宋延渥曰：『天子方危，公近親，宜以牙兵往衛乘輿，且附奏陛下，願乘間早幸臣營。』延渥未至御營，亂兵雲擾，不敢進而還。

威稱兵犯闕，延渥同黨助逆，帝於此時，方慮其加害於己，安敢引近延渥之牙兵以自衛，并輕身幸威營、自投虎口乎？此事理之必無者，史書之，欲寬威弑君之罪耳，將誰欺乎！

南軍多歸於北。慕容彦超與麾下十餘騎奔還兗州。帝獨與三相及從官數十人宿於七里寨，餘皆逃潰。

三相、從官，皆文臣耳；武臣不歸北軍，即逃避矣。

帝策馬將還宫，至玄化門，劉銖在城上，問帝左右：『兵馬何在？』因射左右。帝回轡，西北至趙村，追兵已至，帝下馬入民家，爲亂兵所弒。蘇逢吉、閻晋卿、郭允明皆自殺。聶文進挺身走，軍士追斬之。

銖已屠郭威、王峻之家，城破必無全理，豈有不願帝及三相入城共守者乎？『射左右』之説，必係周祖於事後加之罪耳，與《周太祖紀》書郭允明弒帝正同。温公不以弒帝屬允明，猶以射左右屬銖，何也？是時扈從之兵，皆隸文進，自慕容彦超敗後，文進不聞督軍進戰，史亦不著其何往，今與逢吉等同死於北郊，始知其猶未離帝左右也。至李業奔陝州，後匡贊奔兗州，卒亦不免，則又不及文進等之死猶爲『君亡與亡』也。

郭威聞帝遇弒，號慟曰：『老夫之罪也！』威至玄化門，劉銖雨射城外。威自迎春門入，歸私第。

但守玄化門，不守迎春門，何也？蓋有開門納威者矣。銖既射威，知其必不射帝左右也。

諸軍大掠，烟火四發。王殷、郭崇威言於郭威曰：『不止剽掠，止有空城耳。』威乃命諸將禁止掠者，不從則斬之。至晡，乃定。

克京城旬日剽掠，王峻先有成約，茲猶未至旬日耳。

竇貞固、蘇禹珪自七里寨逃歸，郭威使人訪求得之，尋復其位。貞固爲相，值楊、史弄權，李業等作亂，但以凝重處其間，自全而已。

爲相而謀自全，馮道之徒也。

郭威命有司遷隱帝梓宫於西宫。或請如魏高貴鄉公故事，葬以公禮。威曰：『倉卒之際，吾不能保衛乘輿，罪已大矣，況敢貶君乎！』馮道率百官謁見威，威見道猶拜之，道受拜如平時，徐曰：『侍中此行不易！』

潞王之入也，道首議班迎勸進，惟恐後時，至此乃踞受威拜，何也？蓋威雖圖取大位，而是時不肯稍露形迹，必俟次第布置，中外略定，然後取之；道揣知其意，故仍待之如平時，此正與威心心相印者也。未幾威遣道迎湘陰公贇，贇不疑道，亦不疑威，贇父崇亦不疑威之欲害其子，皆不露形迹之效也。道與威，固有相喻於無言之表者矣。

郭威帥百官起居太后，奏請早立嗣君。太后誥稱：『郭允明弑逆，神器不可無主。河東節度使崇，忠武節度使信，高祖之弟；武寧節度使贇，開封尹勛，高祖之子。其令百官議擇所宜。』贇，崇之子也，高祖養視如子。

太后之誥，威爲之也，以弑逆歸罪允明，正如司馬氏之誅成濟。贇非高祖子，而與勛并稱者，威憚崇，故欲立其子也。

郭威、王峻入見太后，請以勛爲嗣。太后曰：『勛久羸疾，不能起。』威出諭諸將，諸將請見之，太后令左右以卧榻舉之示諸將，諸將乃信之。於是威帥百官表請以贇承大統。遣馮道等詣徐州奉迎。

勛羸廢已久，威等豈不知之？而首以爲請者，崇、信既昭穆不相當，而贇又非真高祖子，故不得不以勛爲請，直至太后明言其不能起，舉示諸將，然後贇之立更無异議，威固早有成算耳。

郭威帥百官上言：『皇帝到闕，動涉浹旬，請太后臨朝聽政。』

徐州至大梁七百里，兼程數日可達，乃必請太后臨朝者，示不敢專也。大抵威之爲此，不予河東以舉兵討賊之名耳。

劉銖、李洪建皆梟首於市，而赦其家。郭威謂公卿曰：『銖屠吾家，吾復屠其家，怨仇反覆，庸有極乎！』由是數家獲免。王殷屢爲洪建請免死，威不許。

威得國無异於晋、漢，而行事則非五季諸君所及。殆天心悔禍，將以啓趙宋之治歟？胡身之以爲：殷先與洪建同僚，故爲之請。竊謂洪建不屠殷家，爲同僚耳；殷爲洪建請，正以全其百口也。

鎮州、邢州奏：『契丹主將數萬騎入寇，攻内丘，陷饒陽。』太后敕郭威將大軍擊之，威發大梁。

契丹誠宜備禦，然是時迎贇未至，主位方虚，威柄國之臣何可遽出？此自威欲之，非必太后使之也。

武寧節度使贇留鞏廷美等守徐州，與馮道等西來。郭威至滑州。留數日，贇遣使慰勞。諸將受命之際，相顧不拜，私相謂曰：『我輩屠陷京城，其罪大矣。若劉氏復立，我輩尚有種乎！』威聞之，即引兵行。

不於都中少留數日，以待嗣君，而於滑州趑趄不進，何也？諸將之言，乃威意中之言也。陷京城者諸將，主其事者誰歟？嗣君復立，威豈有全理乎？此固軍心之將變，而其間必有致之者矣。

郭威至澶州，將發，將士數千人忽大噪。威命閉門，將士逾垣而入，曰：『天子須侍中自爲之！』或裂黄旗以被威體，共扶抱之，呼萬歲震地，因擁威南行。

此逾垣入、裂黄旗、呼萬歲之將士，必非一無主名也，隱而不書耳。陳橋兵變，黄袍加身，此其藍本乎？

郭威上太后箋，請奉宗廟，事太后爲母。至韋城，下書撫諭大梁士民，以昨離河上，在道秋毫不犯，勿有憂疑。

先藉禦寇以專兵權，旋因兵變以取大位，至是置契丹不問，反戈内向，脅太后以不得不從。威之心迹，亦不復自爲掩飾矣。自後唐明宗、潞王，皆以養子纘大統，威請事太后爲母，亦欲自附於養子之列也。而其後嗣，亦以柴氏子入繼。

威至七里店，竇貞固帥百官出迎拜謁，因勸進。威營於皋門村。

使馮道在都，迎謁勸進，必帥百官亟爲之，不似前之坐而受拜矣。道迎贇未還，故首推貞固耳。

贇至宋州，王峻、王殷聞澶州軍變，遣郭崇威將七百騎往拒之。崇威忽至宋州，陳於府門外，贇大驚，闔門登樓詰之。對曰：『澶州軍變，郭公恐陛下未察，故遣崇威來宿衛，無他也。』贇召崇威，崇威不敢進。

崇威之七百騎，亦如宋延渥之牙兵，托言宿衛，皆妄也。延渥阻兵而不能達，事之有無未可知，崇威則召之不應矣。

馮道出與崇威語，崇威乃登樓，贇執其手而泣。崇威以郭威意安慰之。少頃，崇威出。

贇召不進，聞道語即登，不知道作何語，大抵言贇之爲人易與耳。

董裔説贇曰：『道路皆言郭威已爲帝，陛下豈可深入！請急召張令超，諭以禍福，使夜以兵劫崇威，奪其兵。掠睢陽金帛，募士卒，北走晋陽。彼新定京邑，未暇追我，此策之上也！』贇猶豫未决。是夕，崇威密誘令超，令超帥衆歸之。贇大懼。

是時贇欲免禍，止有北走晋陽一策，此不待智者而後知也。至欲召令超劫崇威，掠金帛，募士卒，則皆迂腐之論。令超爲護聖指揮使，帥禁軍隨馮道等迎贇，名爲宿衛，實則禁防。崇威至即與之合，何肯劫之，亦何待誘之哉！勿論金帛不可得，倉卒召募，亦安有士卒與之同赴危地哉！然則爲贇計者，惟有保據徐境，秣馬厲兵，糾合父叔，悉舉河東、忠武之衆，移檄各鎮，聲罪致討，敗則以身殉之，誓不與郭威并生，庶不失與國同休戚、共存亡之義耳。不知出此，而信其甘言、利其擁立，輕弃軍府，冒昧奔赴，以致中途狼狽，進退失據，即欲苟全、倖免，亦何可得哉！

郭威遺贇書，召馮道先歸。道辭行，贇曰：『寡人此來，所恃者，以公三十年舊相，故無疑耳。今崇威奪吾兵，事危矣，公何以爲計？』道默然。賈貞數目道，欲殺之。贇曰：『汝輩勿草草，此無預馮公事。』

三十年舊相，歷幾朝、事幾君矣，而可信乎？甚矣，贇之愚也！胡身之以爲：贇不從貞之意，由於素敬道之名德。竊謂道固爲當時所敬，而是時贇勢孤身危，方且偷生旦夕，安敢殺道以速禍哉！即貞亦徒有欲殺之心，而未免多所顧慮也。

崇威遷贇於外館，殺其腹心董裔、賈貞等數人。太后誥，廢贇爲湘陰公。馬鐸引兵入許州，劉信自殺。太后誥，以侍中監國。百官藩鎮相繼上表勸進。

贇廢、信死，漢之宗室，惟崇在耳。於是監國之命，假之太后，而勸進者接踵而至，遂議即真矣。

鑒評别録卷五十九

後周紀一

太祖皇帝（姓郭氏，諱威，邢州堯山人，父簡，事晋爲順州刺史。帝在位四年）

漢太后下詔，授監國符寶，即皇帝位。制曰：『朕周室之裔，虢叔之後，國號宜曰周。』（廣順元年）

帝自以爲虢叔之後，雖譜系無考，然較之晋祖起自沙陀，而自以爲石碏之後者，猶爲有説。

楊邠、史弘肇、王章等皆贈官，官爲斂葬，仍訪其子孫敘用之。

弘肇有弟弘福尚存，邠、章之子孫不著於史。

凡倉場、庫務掌納官吏，無得收斗餘、稱耗。舊所進羡餘物，悉罷之。

斗餘、税耗，王章之苛斂；羡餘，則方鎮之進奉，剥民奉上，以希恩寵者。帝首革其弊，可謂有恤民之心者已。

犯竊盜及奸者，并依晉天福元年以前刑名；罪人非反逆，無得誅及親族，籍没家貲。

史稱晉天福中，奸有夫婦人，無問强和，男女并死。漢法：竊盜一錢以上皆死。奸盜之罪，至晉漢而嚴重已極。又罪非反逆，往往族誅籍没，更多冤濫，帝故并革其弊，皆新政之可觀者也。

初，河東節度使劉崇聞隱帝遇害，欲舉兵南向；聞迎立湘陰公，乃止，曰：『吾兒爲帝，吾又何求！』李驤陰説崇曰：『觀郭公之心，終欲自取，公不如疾引兵逾太行，據孟津，俟徐州相公即位，然後還鎮，則郭公不敢動矣。不然，且爲所賣。』崇怒曰：『腐儒欲離間吾父子！』命左右曳出斬之。奏於朝廷，示無二心。

崇本與郭威有隙，自威秉政，即募兵選士，隱若敵國，威所以憚崇而迎立其子以餌之也。威欲自取，不惟心有所貪，亦復勢不獲已，此不待智者而始知。崇不聽忠言，而甘心爲威所賣，何其愚也！

及贇廢，崇乃遣使請贇歸晉陽。詔報以『湘陰公比在宋州，今方取歸京師，必令得所，公勿以爲憂。公能同力相輔，當加王爵，永鎮河東。』

崇之意欲請贇歸而稱帝耳。帝方以贇爲質，何可得哉！

契丹請和，帝遣朱憲報聘，且叙革命之由，以金器、玉帶贈之。以王殷爲鄴都留守，以備契丹。

契丹以入寇來，以請和去，似專爲助周革命者，蓋亦有天焉。

慕容彦超遣使入貢，帝慮其疑懼，賜詔安慰之，曰：『今兄事已至此，言不欲繁，望弟扶持，同安億兆。』

彦超與漢祖有兄弟之親，素以驍勇著名，亦帝所憚也。胡身之云：『「今兄」當從薛《史》作「令兄」，指漢祖而言。今按其文義，「兄」，乃帝自謂也。蓋帝平日與彦超同列而齒長，以「弟」呼之，至是仍不改，亦如以「兄」呼王峻耳。薛《史》作「令兄」恐誤。

劉崇即皇帝位於晋陽，仍用乾祐年號。

自三代以降，享國之久，無過東西兩漢，昭烈繼起，而高、光之緒未絶於三分。享國之促，無過於後漢，河東稱帝，而高祖之業尚延於一鎮。

殺湘陽公於宋州。北漢主聞之，哭曰：『吾不用忠臣之言，以至於此！』爲李驤立祠，歲時祭之。

湘陰公必無久全之理。以時勢推之，其死應在北漢主稱帝之後也。驤密爲北漢主計，利害甚明，即不用其言，何至遽加刑戮？立祠致祭，亦何及乎！

帝謂王峻曰：『朕起於寒微，備嘗艱苦，一旦爲帝，豈敢厚自奉養以病民乎！』命峻疏四方貢獻珍美食物，下詔悉罷之。

史録其詔，有云『所奉止於朕躬，所損被於氓庶，積於有司之中，甚爲無用之物』，可謂約而盡矣。

詔曰：『朕生長軍旅，不親學問，未知治天下之道，文武官有益國利民之術，各具封事以聞，咸宜直書其事，勿事辭藻。』

直書其事，勿事辭藻，章奏之體，固應如是，孰謂帝不學哉！竊謂帝天資甚美，故每有舉措，皆非世主所及。其卒蹈篡弒，由於死亡迫切，并習見歷代革命之事，故沿襲爲之而不以爲怪也。

北漢主使劉承鈞復契丹招討使潘聿撚書，欲循晉故事，求援契丹。契丹主大喜。北漢主以承鈞爲招討使，與白從暉等將步騎萬人寇晉州。

北漢雖建國稱帝，而未敢出師，兹得契丹之助，始爲晉州之役。其兵以興復爲名，書『寇』者，沿《周史》舊文，與書蜀諸葛亮『入寇』正同。

帝悉出漢宫中寶玉器數十，碎之於庭，曰：『凡爲帝王，安用此物！』仍戒左右，自今珍華悦目之物，無得入宫。

不以珍味悦口，不以珍華悦目，與『玩物喪志』『不貴异物』之古訓若有合也，孰謂帝不學哉！

敕：『朝廷與唐本無仇怨，緣淮軍鎮，各守疆域，無得縱兵擅入唐境。商旅往來，無得禁止。』

北漢既與契丹合，必將大舉來伐，方從事於北，不欲復啓釁於南也。

契丹主遣使如北漢，告以『周使田敏來，約歲輸錢十萬緡』。北漢主使鄭珙以厚賂謝契丹，自稱『侄皇帝致書於叔天授皇帝』，請行册禮。

歲輸錢十萬緡，猶用敵國之禮也；厚賂則不止十萬緡矣。稱叔侄而請册立，則不敢以敵國自居矣，但未至如石氏之稱父子耳。契丹於是背周而助漢。

初，帝討河中，已爲人望所屬。李穀時爲轉運使，帝數以微言動之，穀但以人臣盡節爲對，帝以是賢之。即位，首用爲相。

討河中時，即數以微言動李穀，其意固别有在矣。因見詔書處分合宜，而得范質；因以人臣盡節爲對而得穀。帝明於擇相，與漢祖之專任蘇逢吉者迥别。

北漢主遣李存瓌將兵自團柏入寇。契丹主欲引兵會之，與酋長議於九十九泉。諸部皆不欲南寇，契丹主强之。至火神淀，述軋等弑契丹主，而立述軋；諸部奉德光之子述律攻述軋，殺之，立述律爲帝，自火神淀入幽州。

契丹主助北漢南伐，旋以内亂遇弑，亦天之不祐漢也。史稱述律不親國事，每夜酣飲，達旦乃寐，日中方起，國人謂之『睡王』，蓋其材質又在兀欲之下已。

唐將邊鎬平湖南，馬希崇舉族遷於金陵。

是時楚地并入於唐，桂管爲南漢所取，南漢始盡有嶺南之地。

帝以北漢、契丹之兵猶在晋州，以王峻爲行營都部署，將兵救之。北漢主攻晋州，久不克。會大雪，民聚保山寨，野無所掠，軍乏食。契丹思歸，聞峻至蒙坑，燒營夜遁。峻遣仇弘超等將騎兵追之，及於霍邑，縱兵奮擊，北漢兵墜崖谷死者甚衆。契丹比至晋陽，士馬什喪三四。北漢主始息意於進取。

北漢所恃者契丹耳，述律既以昏酣不理國事，又有晋州之挫失，安能再事大舉以助南伐？區區河東一鎮，碌碌如劉崇者，何足與謀興復哉！

以曹英爲都部署，與史延超等將兵討慕容彦超，唐主發兵五千援彦超。張令彬大破之於沭陽。初，彦超以周室新造易摇，故北召北漢及契丹，南誘唐人，使侵邊鄙，冀朝廷奔命不暇，然後乘間而動。及北漢、契丹自晋州北走，唐兵敗於沭陽，彦超之勢遂沮。（二年）

彦超謀反，布置亦有方略，但不與河東同時舉兵，第召之使引契丹侵邊，殆欲其與周相持爲鷸蚌，而己得坐收漁人之利邪？亦知帝未嘗一日忘兖州乎？故旌旆北還，即干戈東指矣。

曹英等至兖州，設長圍。慕容彦超屢出戰，藥元福皆擊敗之，彦超不敢出。十餘日長圍合，遂進攻。初，彦超將反，［崔］周度諫曰：『公於國家非有私憾，胡爲自疑！况主上開諭勤至，苟撤備歸誠，則坐享泰山之安矣。』彦超怒。

元福勇略冠諸將，彦超非其敵也。長圍既合，遂成坐困。此必帝之廟算。所云『涸水取魚』者。昔以施之河中，今復以施之兖州耳。帝所忌者二人，一則劉崇，以其爲漢祖之弟，又雄踞太原也；一則彦超，以其爲漢祖之同母弟，素以驍勇知名，劉子陂之戰又旗鼓相當也。二人自知必不爲帝所容，故崇稱帝而彦超謀反。［周］度乃勸以撤備歸誠，真腐儒之見矣。豈知開諭愈勤，正其疑忌愈甚者乎！

唐之言事者猶獻取中原之策，韓熙載曰：『郭氏有國雖淺，爲治已固，我兵輕動，必有害無益。』

唐因馬氏之亂而取湖南，故言者以郭氏有國日淺，欲因慕容彦超之叛經略中原，而不知其未可一例論也。熙載獨言用兵有害無益，殆亦自悔其前言之謬歟！

帝以曹英等攻兗州久未克，下詔親征。

帝先欲親救晋州，已戒嚴矣，以王峻之言而止。慮乘輿一離都邑，則根本頓虚，彦超必將乘其後也。知前之不赴晋州，則知今之必征兗州矣。

帝至兗州，命諸軍進攻。先是，術者紿彦超云：『鎮星行至角、亢，兗州之分，其下有福。』彦超乃立祠而禱之。官軍克城，彦超方禱鎮星祠，帥衆力戰，不勝，乃焚祠，與妻赴井死。子繼勳出走，追獲殺之。官軍大掠，城中死者近萬人。

彦超之禱鎮星祠，亦如馬希廣之作大像，皆所云『國將亡聽於神』者也。帝善政殊多可紀，惟克城不能止剽掠，京城既罹其害，兗州復被其毒，殊失吊民伐罪之義。

帝如曲阜，謁孔子祠。既尊，將拜。左右曰：『孔子，陪臣也，不當以天子拜之。』帝曰：『孔子百世帝王之師，敢不敬乎！』遂拜之。又拜孔子墓，命葺孔子祠，禁孔林樵采。

尊百世之師，正下拜之禮，遂爲後世法。孰謂帝不學哉！

李濤之弟澣在契丹爲勤政殿學士，與濤書，言：『契丹主童騃，專事宴游，無遠志，非前人之比，朝廷若能用兵，必克；不然與和，必得。二者皆利於速。度其情勢，他日終不能力助河東也。』會中國多事，不果從。

此時契丹國勢雖非前比，而中國兵力深入北伐，亦難言必克；若議和，則早經遣使奉幣，而河東以卑禮厚賄固結其心，此時再申前議，恐亦難言必得。滸此書不足據也。

天平節度使高行周卒。行周有勇而知義，功高而不矜，策馬臨敵，叱咤風生，平居與賓僚宴集，侃侃和易，人以是重之。

行周勇略，當時非無其倫，難在功高而不伐耳，故能以富貴令終。

漢法，犯私鹽、麴，無問多少抵死。鄭州民有以屋税受鹽於官，過州城，吏以爲私鹽，執而殺之，其妻訟冤。始詔犯鹽、麴者以斤兩定刑有差。

帝即位已寬奸、盜之罪，至是復緩鹽、麴之刑。皆除漢苛法，然五斤以上杖斃，亦未爲輕也。

劉言使王逵等以朗州之兵攻潭州，邊鎬弃城走，唐將守湖南諸州者聞長沙陷，相繼遁去，言盡復馬氏嶺北故地，惟郴連入於南漢。

唐先取漳、泉不能守，而爲留從效所據，兹取湖南不能守，而爲言所據。

李穀以病臂久未愈，三表辭位，帝遣中使諭之曰：『卿所掌至重，朕難其人，苟事功克集，何必朝禮！』穀入見面陳，帝不許。穀不得已復視事。未能執筆，令刻名印用之。

帝於文臣則重李穀，於武臣則重藥元福。其知人，非五季之君所及。

敕：『民有訴訟，必先歷州縣及觀察使處決，不直，乃聽訟於臺省。或自不能書牒，倩人書者，必書所倩姓名、居處。若無所倩，聽執素紙。所訴必須己事，毋得挾私客訴。』

此即禁越訴、禁訟師及事不干己不得妄告也。至今以爲定法。無人書牒，聽執素紙，當時尚未有官設代書邪？

唐主削邊鎬官爵，流饒州。唐主以比年出師無功，乃議休兵息民。或曰：『願陛下數十年不用兵，可小康矣！』唐主曰：『將終身不用，兵何數十年之有！』

兵可百年不用，不可一日不備，因師出無功，遂欲終身不用兵，固足以休兵息民矣，然兵之用不用，豈專由唐主爲政哉！外侮之來，何以禦之！

敕：『約每歲民間所輸牛皮，三分減二；計田十頃，税取一皮，餘聽民自用及買賣，惟禁賣於鄰國。』漢法，私犯牛皮一寸抵死；至是，李穀建議，均於田畝，公私便之。

此猶是推廣鹽麴斤兩定刑之法，而變通之以便民，亦除漢苛法也。漢法如是，其享國之尤促，宜哉！

前世屯田皆在邊地。唐末，中原宿兵，所在皆置屯田，户部别置官司統領，不隸州縣，或容庇奸盗。梁太祖擊淮南，掠得牛以千萬計，給東南諸州農民，使歲輸租。自是歷數十年，牛死而租不除。帝素知其弊，會知青州張凝

請罷營田務，李穀亦以爲言。詔：『罷營田務，隸州縣；悉罷牛租課。』是歲，户部增三萬餘户。（三年）

營田務但逋賦役、容奸盗耳。牛死不除租，則病民甚矣。此皆利國便民之政，次第舉行，乃帝任李穀之效也。五季干戈雲擾，其君臣大抵重軍務而輕民事，其立法多主於剥民以供軍，惟帝以恤民爲心，可謂有人君之度者已。

鎮寧節度使榮屢求入朝，王峻忌其英烈，每沮止之。至是復求入朝，會峻行視決河，帝許之。榮入朝，峻聞之，遽自河上歸。

峻爲人，頗似安重誨，其恃功恃舊，恣横殆有甚焉。其忌榮而沮其入朝，較重誨之忌從珂，尤不可解。

王峻晚節益狂躁，奏請以顔衎、陳觀代范質、李穀爲相，帝曰：『俟朕更思之。』峻力論列，語浸不遜，帝曰：『今方寒食，俟假開，依卿所奏。』峻乃退。

榮，帝子也，而力沮之；質、穀，帝所倚畀也，而欲罷之，詎非以其不肯附己，故不欲使之在帝左右邪？峻之心，殆不可問。

帝幽峻於别所，見馮道等泣曰：『王峻凌朕太甚，欲盡逐大臣，翦朕羽翼。朕惟一子，專務間阻，暫令詣闕，已懷怨望。豈有身典樞機，復兼宰相，又求重鎮！觀其志趣，殊未盈厭。無君如此，誰則堪之！』貶峻商州司馬。峻至商州，得腹疾，帝命其妻往視之，未幾卒。

榮入朝甫歸澶州，峻即有商州之貶，得非榮面陳峻之專横，贊帝決去之邪？然則峻之忌榮，殆亦逆料其必不容己乎？

自唐末以來，所在學校廢絶，蜀毋昭裔請刻板印《九經》，蜀主從之。初，唐明宗之世，馮道、李愚請令判國子監田敏校正《九經》，刻板印賣，朝廷從之。至是板成，獻之。由是，雖亂世，《九經》傳布甚廣。

世皆知刻板印經始於道，今按《通鑒》所書，乃知昭裔創始於蜀，而道等因之，益廣其傳於中國也。觀秦漢及南北兵争之際，方知《九經》歷五季而傳布轉廣，雕板之效也。

帝自入秋得風痹疾，術者言宜散財以禳之。帝欲祀南郊，始築圜丘、社稷壇、太廟於大梁。遣馮道迎社稷、太廟神主於洛陽。

因禳疾而始郊天，毋乃非昭事之誠乎！

鄴都留守王殷恃功專横，何福進密以殷陰事白帝，帝疑之。殷入朝，留充京城内外巡檢。殷每出入，從者常數百人。殷請量給鎧仗，帝難之。時帝體不平，力疾御滋德殿，殷入起居，遂執之。下制：誣殷謀以郊祀日作亂，流登州，出城殺之。

二王佐帝舉兵，固同功一體之人也。峻死則行將及殷，况又恃功專横，挾震主之威乎！

唐楚州刺史田敬洙請修白水塘溉田以實邊，李德明因請大闢曠土爲屯田，修復所在渠塘堙廢者。吏因緣侵擾，大興力役，奪民田無數，民愁怨無訴。然白水塘竟不成。

屯田水利，言之殊足動聽，行之易以滋弊，不得其人，妄事興作，未有不擾民者。此事堪爲前鑒。

加晋王榮兼侍中，判内外兵馬事。時帝有疾，群臣希得進見，中外恐懼，聞晋王典兵，人心稍安。（顯德元年）

使王峻柄任如故，沮晋王不得入朝，周室危矣。

軍士有流言郊賞薄於唐明宗時者，帝聞之，召諸將至寢殿，讓之曰：『朕自即位以來，惡衣菲食，專以贍軍爲念，汝輩豈不知之！乃縱凶徒騰口，不思己有何功而受賞，於汝輩安乎！』皆惶恐謝罪，退，索不逞者戮之，流言乃息。

周祖因軍士流言而戮不逞，世宗因諸將之不用命而誅樊愛能等，皆足矯歷朝姑息之失。然非徒以法齊之，實能以身率之也。非周祖之躬行節儉，世宗之親臨督戰，亦安能折服驕兵悍將之心哉！

帝屢戒晋王曰：『昔吾西征，見唐十八陵無不發掘者，惟多藏寶玉故也。我死，當衣以紙衣，斂以瓦棺；速營葬，勿作石羊、虎、人、馬，惟刻石置陵前曰：「周天子平生好儉約，遺令用紙衣、瓦棺，嗣天子不敢違也。」汝或吾違，吾不福汝！』

帝親見唐諸陵之發掘，故遺令諄諄以薄葬爲屬，亦猶漢世祖之以霸陵獨完爲前鑒也。然以天子之陵，即云葬用紙、瓦，易代之後，亦何足取信哉！刻石似可不必。

帝命趣草制，以王溥爲中書侍郎、同平章事。宣制畢，帝曰：『吾無恨矣！』帝殂，晋王即皇帝位。

既戒晋王勿使魏仁浦離樞密院，至是又趣草制以溥爲相，迨宣制，則自謂無恨，知人之明，病亟猶不稍亂，貽謀詎不善哉！

北漢主聞太祖晏駕，自將兵三萬，與契丹將楊衮兵萬餘人入寇。世宗欲自將兵禦之，群臣皆以爲不宜輕動，帝曰：『劉崇幸我大喪，輕朕年少新立，有吞天下之心，朕不可不往。』

豈惟崇欺世宗年少？諸將亦然。

馮道固争，帝曰：『昔唐太宗定天下，未嘗不自行，朕何敢偷安！』道曰：『未審陛下能爲唐太宗否？』帝曰：『以吾兵力，破劉崇如山壓卵耳！』道曰：『未審陛下能爲山否？』帝不悦。惟王溥勸行，帝從之。

帝之此行，不必以唐太宗爲例，殊似後唐莊宗之援潞州也。惟决計親征，所以能挫强敵，其後軍威大振，皆此一戰之效。道之庸懦，固不足與謀，然其言甚峻，情同面折，殊不似其平日之語，殆亦欺帝年少邪，抑將死而失其常度邪？溥首贊大計，固爲不負周祖。

北漢乘勝進逼潞州。命符彦卿引兵自磁州固鎮出北漢軍後，郭崇副之；王彦超引兵自晋州東出邀北漢，韓通副之；樊愛能等將兵先趣澤州，向訓監之。

按諸軍布置次第，彦卿等以奇兵出其後，彦超等以正兵出其前，愛能等則帝之前鋒也。

帝過澤州，北漢主不知帝至，過潞州不攻，引兵而南，前鋒擊却之。帝趣諸軍亟進，遇北漢主於巴公原。時劉詗將後軍未至，帝部分諸將，介馬自臨陣督戰。北漢主見周軍少，謂諸將曰：『吾自破之，何必契丹！』楊衮望周軍曰：『勍敵也，未可輕進！』北漢主曰：『時不可失，公勿言，請觀我戰。』衮不悦。

帝之以少勝衆，固由親督諸將力戰，亦由北漢主失契丹之助也。

北漢主麾軍先進，張元徽將千騎擊周右軍。合戰未幾，樊愛能、何徽引騎兵先遁，右軍潰。步兵千餘人降於北漢。帝見勢危，自引親兵犯矢石督戰。

若非帝躬親督戰，周軍必大敗。

趙匡胤謂同列曰：『主危如此，吾屬何得不致死！』乃與張永德分兵爲左右翼，匡胤身先士卒，北漢兵披靡。

轉敗爲勝，匡胤之功爲多，自是遂受知於帝，而宋室之業，實肇基焉。《通鑒》例書『太祖皇帝』，兹仍書名。

北漢主知帝自臨陣，褒賞張元徽，趣使進兵。元徽前略陣，馬倒，爲周兵所殺。北軍由是奪氣。時南風益盛，周兵争奮，北漢兵大敗。楊衮畏周兵之强，且恨北漢主之語，全軍而退。

北漢兵之敗，由於失元徽；周兵之勝，由於得匡胤。兵以鋒氣爲用，故全軍争此一將也。

樊愛能、何徽引數千騎南走，剽掠輜重，帝遣近臣追諭止之，莫肯奉詔，揚言：『契丹大至，官軍敗績，餘衆已降虜矣。』

右軍步兵降漢者千餘人，而愛能等所將騎兵數千，復乘勢剽掠，抗不奉詔。若非帝力戰破敵，亂將作矣。

劉詞遇愛能等於塗，愛能等止之，詞不從，引兵而北。時北漢主尚有餘衆萬餘人，阻澗而陣。詞至，復與諸軍擊之，北漢兵又敗。

愛能等有死罪四：接戰先遁，一也；縱兵剽掠，二也；揚言官軍敗績、摇動人心，三也；止劉詞之軍、幾致有誤赴援，四也。

北漢主帥百餘騎由雕窠嶺遁歸。帝收愛能、徽及所部軍使以上七十餘人，責之曰：『汝曹非不能戰。今望風奔遁者，正欲以朕爲奇貨，賣與劉崇耳！』悉斬之。自是驕將惰卒始知所懼，不行姑息之政矣。

愛能等接戰而先遁，聞周兵大捷而復還，正以累朝宿將，習見姑息之政，以爲必可邀恩貸死也。

北漢主求救於契丹，契丹主許發兵救晉陽。

北漢此舉，事雖無功，不得不謂之有志於興復也。至是則自救不暇矣。

帝遣符彦卿等北征，入北漢境，其民争迎周師，泣訴劉氏賦役之重，願供軍須，助攻晉陽，北漢州縣繼有降者。帝遣使與諸將議攻取，皆言『芻糧不足，請且班師』。帝不聽。

兵方大捷，已挾破竹之勢，民皆重困，各懷望雨之思，此誠時之不可失者。帝不從諸將之議，於計未爲失也。

諸軍聚於太原城下，不免剽掠，北漢民失望，稍稍保山谷自固。帝聞之，馳詔禁止剽掠，安撫農民，止征今年租稅，募民入粟拜官有差；仍發澤、潞、晉、絳、慈、隰及山東近便諸州民運糧以饋軍。遣李穀詣太原計度糧芻。

民困賦役，願供軍須助攻太原，而諸軍轉肆剽掠，此蓋狃於京城、兗州之近事，而諸將亦莫之禁也。帝雖馳詔禁止，猶征租稅，何以慰來蘇之望乎！

馮道卒。道少以孝謹知名，唐莊宗世始貴顯，自是累朝不離將、相、三公、三師之位。爲人清儉寬弘，人莫測其喜愠，滑稽多智，浮沉取容，嘗著《長樂老叙》，自述累朝榮遇之狀，時人往往以德量推之。

歐公以道爲無廉耻，温公比之不正之女，竊謂道正孔子所惡之『鄉願』也。自述其榮遇、人推其德量，非孟子所云『衆皆悦之』『自以爲是』者乎！

帝至晉陽城下，契丹數千騎屯忻、代之間，爲北漢之援。遣符彦卿等將步騎萬餘擊之。戰於忻州城下，史彦超恃勇輕進，爲契丹所殺，彦卿引兵還晉陽。會久雨，士卒疲病，乃議引還。藥元福言於帝曰：『進軍易，退軍難。』帝曰：『一以委卿。』元福乃勒兵成列而殿。北漢果出兵追躡，元福擊走之。

周祖攻河中、攻兗州，皆先設長圍然後坐而取之。帝不能用其成法以困河東者，北漢之兵力尚强，又有契丹之援，故長圍未易設也。

帝於政事大小皆親决，百官受成而已。高錫上書諫，以爲：『四海之廣，萬幾之衆，雖堯舜不能獨治，必擇人而治之。陛下一以身親，降君尊而代臣職，無乃失爲政之本乎！』帝不從。

錫所言，乃『勞於求賢，逸於任人』之説也。然人不易得，率作興事，安得不以身先之？如漢之光武、明帝，精勤庶務，不得不謂之賢君也。況帝嗣位之初，恩信未洽，境蹙事煩，疆埸多故，而可垂拱明堂，晏然爲太平天子乎？錫此書，亦腐儒之見也。

初，宿衛之士，累朝相承，務求姑息，不欲簡閱，恐傷人情，由是羸老者多。但驕蹇不用命，實不可用，每遇大敵，不走即降，失國多由於此。帝知其弊，乃命大簡諸軍，精鋭者升之上軍，羸者去之。又召募天下壯士，咸使詣闕，命趙匡胤選其尤者爲殿前諸班。由是士卒精强，征伐四方，所向皆捷。

汰羸卒以强禁旅，募壯士以實京師，隱然有以内制外之意。宋祖罷藩鎮兵權，令諸州簡精鋭悉送汴都，固已權輿於此。

北漢主疾病，命其子承鈞監國，尋殂。契丹遣使册命承鈞爲帝，更名鈞；勤於爲政，愛民禮士，境内粗安。

北漢以一鎮之地，所以能立國延世者，亦由於繼體有人，不專恃契丹之援也。

鑒評别録卷六十

後周紀二

世宗皇帝（諱榮，本姓柴氏，邢州龍崗人，柴氏女適太祖，是爲聖穆皇后；后兄守禮生帝，從姑長於太祖家。帝少以謹厚見愛，太祖遂以爲子，在位六年）

上以漕運自晋、漢以來不給斗耗，綱吏多以虧欠抵死，詔：自今每斛給耗一斗。（顯德二年）

漕米給耗，必前朝舊法，而晋漢務爲苛刻，遂廢不行；帝始定爲每斛一斗之數。後世雖不無增損，而行之至今。

契丹自晋、漢以來屢寇河北，輕騎深入，無藩籬之限，郊野之民每困殺掠。言事者稱深、冀之間有胡盧河，横亘數百里，可浚之以限其奔突。詔王彦超、韓通將兵夫浚之，自是契丹不敢涉胡盧河。

欲限寇騎，莫若浚河。此即北宋塘濼所自昉。

詔群臣極言得失，略曰：『朕於卿大夫，才不能盡知，面不能盡識，若不采其言而觀其行，審其意而察其忠，則何以見器略之淺深，任用之當否！』

帝之求言，意在延訪以别人才，不僅聽受以裨君德也。

帝常憤廣明以來中國日蹙，高平既捷，慨然有削平天下之志。會秦州民夷有詣大梁獻策請恢復舊疆者，帝納其言。

中國之日蹙，由於土宇之分裂，實始於方鎮之割據。使帝享國年久，奪藩鎮兵權，重内以制外，不俟宋祖矣。

上命近臣各著《爲君難爲臣不易論》及《開邊策》。王樸獻策，以爲：『中國之失吴、蜀、幽、并，皆由失道。其始失之也，莫不以君暗臣邪，兵驕民困，奸黨内熾，武夫外横。今欲取之，莫若反其所爲而已。』

上策莫若自治，未有不自治而能攘外者。此探本之論，必先君臣交勉，思艱圖易，未可遽議開邊也。

又曰：『夫進賢退不肖，所以收其才也；恩隱誠信，所以結其心也；賞功罰罪，所以盡其力也；去奢節用，所以豐其財也；時使薄斂，所以阜其民也。俟群才既集，政事既治，財用既充，士民既附，然後舉而用之，功無不成矣！』

爲政首在用人，用人先以恩信結其心，而賞罰各得其當，此最要亦最難者也。專論豐財阜民，不言選將練兵，蓋選將即在用人之中，練兵必以豐財阜民爲本也。樸所言殊有次第。

又曰：『攻取必先其易者。唐與吾接境幾二千里，其勢易擾。擾之當以無備之處爲始，備東則擾西，備西則擾東。南人懦怯，聞小有警，必悉師以救之。師數動則民疲而財竭，不悉師則我可以乘虛取之。江北諸州將悉爲我有。既得江北，江南亦易取也。』

此乃遠交近攻之策，亦即『亟役以疲之，多方以誤之』者也。江淮唇齒，防江必先防淮；淮南既失，則長江之險與敵共之，江南亦不可保矣。

又曰：『得江南則嶺南、巴蜀可傳檄而定。南方既定，則燕地必望風款附。若其不至，移兵攻之，席捲可平矣。惟河東必死之寇，不可以恩信誘，當以强兵制之。然彼自高平之敗，力竭氣沮，必未能爲邊患。宜且以爲後圖，俟天下既平，一舉可擒也。』

樸此策頗似諸葛之隆中對，於天下大勢，如示諸掌。所謂識時務之俊杰也！後世宗取江北，未及取江南；宋祖削平諸國，卒如樸策，惟席捲燕地之言不驗。

上謀取秦、鳳，求可將者。王溥薦向訓。上命訓與王景、昝居潤偕行。景以鳳翔兵自散關趣秦州。

欲攻淮南，先取秦、鳳，以其去長安較近，易爲邊患，且恐出師南征，蜀或由此入寇關中以撓之也。

敕天下寺院，非敕額者悉廢之。禁私度僧尼，是歲，天下寺院存者二千六百九十四，廢者三萬三百三十六，見僧四萬二千四百四十四，尼一萬八千七百五十六。

五季之君，其篤信佛教遠不及唐以前，而民間流傳猶廣。帝示以限制，亦禁遏之有漸也。

王景等拔黄牛八寨。蜀主以李廷珪爲北路行營都統，高彦儔爲招討使，吕彦（琦）［珂］副之，趙崇韜爲都監。

趙季札聞周師入境，單騎馳還成都。蜀主怒，斬之。

周師已入秦州境，季札自請往秦州禦周師，乃聞警先逃，故蜀主斬之。

西師與蜀李廷珪等戰於威武城（南）［東］，不利，胡立等爲蜀所擒。蜀主遣間使如北漢及唐，欲與之俱出兵以制周，北漢主、唐主皆許之。

三國實有連衡之勢。帝將伐唐，先取秦鳳者，正欲挫蜀，使不敢出兵，乃伐謀因以伐交也。

帝以縣官久不鑄錢，錢益少，敕始立監，采銅鑄錢，自非縣官法物、軍器及寺觀鐘磬鈸鐸之類，凡民間銅器、佛像，五十日内悉命輸官，給其直；過期隱匿不輸，五斤以上罪死，不及者論刑有差。

既廢寺院，復毁佛像，帝固不佞佛矣。但佛若有靈，必不藉寺院銅像爲憑依；佛若無靈，又何寺院、銅像之足云乎！此皆僧尼誑惑愚民，作無益害有益耳。廢之、毁之，與佛無與也。

王景遣張建雄將兵二千與蜀將王巒戰於黄花谷，連破之，虜巒及其將士三千人。李廷珪等退保青泥嶺。蜀雄武節度使韓繼勳弃秦州，奔還成都，判官趙玭舉城降，成、階二州皆降。

秦州既克，成、階自下，鳳州必不能守矣。

唐主喜人佞己，由是諂諛之臣多進用，政事日亂。先是，每冬淮水淺涸，唐人常發兵戍守，謂之『把淺』。壽州監軍吴廷紹以疆埸無事，坐費資糧，悉罷之。劉仁贍上表固争，不能得。

唐失江北，由於諂諛競進，政事日亂也；豈止疏於防淮哉！

帝以李穀爲淮南道前軍行營都部署，王彦超副之，督韓令坤等十二將以伐唐。

唐主自期終身不用兵，迨蜀主約共出師制周，雖許之而卒無以應之。今周師至矣，若之何？

王景等圍鳳州，韓通分兵城固鎮以絶蜀之援兵。克鳳州，擒蜀威武節度使王環及都監趙崇溥等將士五千人。崇溥不食而死。

秦州既失，李廷珪等兵敗遁還成都，蜀主亦置鳳州於度外，不復發兵赴援矣。

唐人聞周兵將至而懼，劉仁贍神氣自若，部分守禦，衆情稍安。唐主以劉彦貞爲北面行營都部署，皇甫暉爲應援使，姚鳳爲都監，屯定遠。李穀等爲浮梁，自正陽渡淮，連敗唐師。

不能扼淮力戰，而聽周師爲浮梁以濟，宜其敗也。

吴越王弘俶遣陳彦禧入貢，帝以詔諭令出兵擊唐。

唐主屢遣使由海道通契丹及北漢，欲與共圖中原，今爲周所攻，不聞二國以一旅南向；而弘俶及王逵均奉詔出兵以掎唐之後矣。

帝下詔親征，命李重進將兵先赴正陽，白重贊將親兵三千屯潁上。李穀攻壽州，久不克。唐劉彦貞引兵救之，以戰艦數百艘（越）［趣］正陽，爲攻浮梁之勢。李穀畏之，召將佐謀，欲『退守浮梁以待車駕』。帝聞其謀，亟遣中使乘驛止之。比至，已焚芻糧，退保正陽。（三年）

壽州有劉仁贍固守，猝不可拔，而北軍又不習水戰，此穀所以懼而退也。可見防江必先防淮。

帝至陳州，亟遣李重進引兵趣淮上。李穀奏：『賊艦中流而進，弩炮不能及，若浮梁不守，則衆心動摇。車駕親臨，萬一糧道阻絶，其危不測。願且駐陳、潁，俟李重進至，臣與之共度，賊艦可禦，浮梁可完，立具奏聞。若但厲兵秣馬，春去秋來，使賊疲敝，取之未晚。』帝不悦。

穀意以爲乘輿所莅，宜出萬全，不可冒險輕進，計未爲失。所云『春去秋來，使賊疲敝』，則猶是王樸之策也。

劉彦貞聞李穀退，引兵直抵正陽。劉仁贍固止之，彦貞不從。仁贍曰：『果遇，必敗。』乃益兵乘城爲備。李重進度淮逆戰於正陽東，大破之，斬彦貞，生擒咸師朗等，斬首萬餘級。唐人大恐。

壽州雖固守不下，而軍威之振，恃此一戰。帝平江北，論功應以重進爲第一。

帝至正陽，以李重進代李穀爲都招討使，命諸軍圍壽州，徙正陽浮梁於下蔡鎮。征宋、亳、陳、潁、徐、宿、許、蔡丁夫數十萬以攻城，晝夜不息。唐兵萬餘人維舟於淮，營於塗山之下。帝命趙匡胤擊敗之。

帝攻壽州，蓋用附近民丁更番迭進，使守者疲於拒守；別以行營兵擊唐之援兵，以絶其望救也。

詔以武平節度使王逵爲南面行營都統，使攻唐之鄂州。

是時湖南半屬於逵，故令其以朗州之兵向武昌，以掎唐之後也。

下蔡浮梁成，上自往視之。命趙匡胤倍道襲清流關。皇甫暉等走入滁州，匡胤麾兵直抵城下。暉出戰，擒之，并擒姚鳳，遂克滁州。

張文禮之叛，暉實脅之，唐莊宗因以失國。後入南唐，固驍將也。與鳳并擒，唐軍之氣益奪已。

劉詞薦趙普才可用。會滁州平，范質薦普爲滁州軍事判官，趙匡胤與語，悦之。時獲盜百餘人，皆應死。普請先訊鞫然後決，所活十七八，匡胤益奇之。

此普受知於宋祖之始。

帝詗知揚州無備，令韓令坤等將兵襲之，戒以毋得殘民。令坤奄至揚州，先遣白延遇以數百騎馳入城，城中不之覺。令坤繼至，唐東都營屯使賈崇弃城走，副留守馮延魯髡髮僧服匿佛寺，軍士執之。

揚州爲江北重鎮，周師已渡淮克滁州，而揚州猶不設備，是弃之也。

唐主遣人以蠟丸求救於契丹。静安軍使何繼筠獲而獻之。

契丹止能救河東，安能救江南哉！　蠟書即達，彼亦必不出師。

吴越王弘俶遣路彦銖攻宣州，羅晟帥戰艦屯江陰。　唐静海制置使姚彦洪帥兵民萬人奔吴越。

朗州之兵已拔鄂州長山寨，吴越之兵復攻宣州，皆金陵之上游；　而下游復屯戰艦，作溯江向京口之勢。是時金陵已三面受敵，況周主自以大軍駐壽州，復以輕兵襲取揚州，勢將臨江乎！　泰州不守，通州豈能獨立？　彦洪所以絶江而南奔也。

唐主遣司空孫晟與禮部尚書王崇質奉表入見，願比兩浙、湖南，仰奉正朔，俾作外臣。　晟等至上所，上遣中使以晟詣壽州城下，且招諭之。　劉仁贍見晟，戎服拜於城上。　晟謂仁贍曰：『君受國厚恩，不可開門納寇。』上聞之，甚怒，晟曰：『臣爲宰相，豈可教節度使外叛邪！』上乃釋之。

唐主初遣牙將王知朗賫書請息兵修好，以兄事帝；　帝以其仍用敵國之禮，不答。　繼遣翰林學士鐘謨、工部侍郎李德明奉表稱臣來請平，帝仍不答。　故復遣晟等奉表入見也。　帝之意必欲割取江北，豈稱臣納貢遂足動其聽哉！

唐主使李德明、孫晟言於上，請去帝號，割壽、濠、泗、楚、光、海六州之地，仍歲輸金帛百萬，以求罷兵。　上以淮南之地已半爲周有，諸將捷奏日至，欲盡得江北之地，不許。

帝之意但欲得江北之地，俾南唐稱臣納貢、畫江而守，至於自帝其國，非所論也。　蓋是時韓令坤已克揚州，勢不盡得江北不止也。　若規取江南，須俟之平蜀之後。

李德明奏請歸白唐主，盡獻江北之地。上許之。孫晟因奏遣王崇質與德明先歸。上賜唐主書曰：『俟諸郡之悉來，即大軍之立罷。』德明勸唐主割江北之地，唐主不悦。宋齊丘以割地爲無益，陳覺等素惡德明，因譖之，以爲賣國求利，唐主斬德明於市。

唐主請割壽、濠等六州，但以緣淮諸郡予周耳。若盡獻江北，則長江之險與周共之矣，故不願也。

吴越將吴程攻常州，破其外郭；唐宣、潤大都督燕王弘冀部分諸將，爲戰守之備。唐主遣柴克宏將兵救常州，大破吴越兵，斬首萬級。

湖南兵之攻鄂州者，既爲潘叔嗣所殲；吴越兵之攻常州者，又爲克宏所挫。唐兵雖屢衄於江北，而江南尚可枝梧，故其國未至於亡也。

路彦銖攻宣州不克，聞吴程敗，引歸。

吴越之兵至是悉罷。唐主以江南無虞，故再出師以拒周。蓋其所以稱臣割地，遣使屢請者，非徒畏周師之强，實畏吴越之逼也。

唐主命齊王景達將兵拒周，以陳覺爲監軍使，邊鎬爲應援使。唐將陸孟俊自常州將兵趣泰州，周兵遁去，孟俊復取泰州；進攻揚州，韓令坤弃揚州走。帝遣張永德將兵救之，令坤復入揚州。帝又遣趙匡胤將兵屯六合，匡胤令曰：『揚州兵有過六合者，折其足！』令坤始有固守之志。

吴越兵退，則唐之勢張。其用兵分二道，景達以大兵由瓜步濟江趣六合，爲正兵；孟俊以輕兵由常州濟江趣泰州，爲奇兵，皆以規復揚州也。使非張、趙二將之兵，則揚州非復周有矣。

帝命諸軍攻壽春，久不克。會大雨，營中水深數尺，攻具及士卒失亡頗多，糧運不繼，李德明失期不至，乃議旋師。或勸帝東幸濠州，聲言壽州已破，從之。

帝之幸濠州，非徒以久雨也。吴越之退兵，江南之出師，韓令坤之弃揚州，帝應俱有所聞。知江北之地未可遽得，而壽州有劉仁贍固守，攻拔不易，故暫退休兵，以俟再舉耳。

韓令坤敗唐兵於城東，擒陸孟俊，殺之。趙匡胤大破唐齊王景達兵於六合，殺獲近五千人，於是唐之精卒盡矣。

揚州有此兩勝，所以不失。

渦口奏新作浮梁成。帝如渦口，欲自至揚州，范質等以兵疲食少，泣諫而止。以渦口爲鎮淮軍。帝留李重進等圍壽州，自渦口北歸大梁。

帝初自陳州趣正陽，李穀止之；兹欲自渦口赴揚州，質等止之。帝進取過鋭，動輒親臨，雖兵精將猛，亦以未遇勍敵，故所向克捷耳。鑾輿頻動，應出萬全，二相之言，未爲失也。

以周行逢爲武平節度使。行逢既兼總湖、湘，乃矯前人之弊，留心民事，悉除馬氏横賦，貪吏猾民爲民害者皆去之，擇廉平吏爲刺史、縣令。劉言、王逵舊將多驕横，行逢壹以法治之。

行逢雖起自草澤，竊踞一方，而察吏安民，有足稱者。遂盡得馬氏故地。

行逢妻鄧氏嘗諫行逢用法太嚴，行逢怒曰：『婦人何知！』鄧氏請之村墅視田園，遂不復歸府舍。一旦，自帥僮僕來輸税，行逢曰：『何自苦如此！』鄧氏曰：『公爲節度使，不先輸税，何以率下！』行逢欲與之歸，不可，曰：『公誅殺太過，恐一旦有變，村墅易爲逃匿耳。』

鄧氏賢婦，將以身諫行逢也。其帥僮僕輸税，欲其不忘爲里正時代人輸税之苦；其避居村墅，欲其省刑耳。

初，唐興營田於淮南，民甚苦之；及周師至，争奉牛酒迎勞。而將帥專事俘掠，民皆失望；相聚立堡自固，操農器爲兵，積紙爲甲，時人謂之『白甲軍』。周兵討之，屢爲所敗，先所得唐諸州，多復爲唐有。

帝之伐太原也，其民争以食物迎周師，願供軍須，助攻晉陽。因軍士不免剽掠，以致失望。兹淮南之民亦猶河東之民也，而將帥專事俘掠，殆有甚焉。以帝之嚴明，而軍政不肅，此吊民伐罪，專屬王者時雨之師乎？

向訓奏：請以廣陵之兵并力攻壽春，俟克城更圖進取，詔許之。滁州守將亦弃城去。唐諸將請據險以邀周師，宋齊丘曰：『如此則怨益深』，乃命諸將各自保守，毋得擅出擊周兵。由是壽春之圍益急。

是時壽春既固守不下，而舒、蘄、和等州又爲唐將朱元、李平所取，諸州亦多復爲唐有，江北及淮上之軍聲勢不接、糧援易阻，揚、滁必不能支，故不如弃之而并力於壽春也。

張永德與李重進不相悦，唐主聞之，以蠟丸遺重進，誘以厚利，其書皆謗毁及反間之語。重進奏之，帝大怒，召唐使者孫晟責之。晟正色抗辭，請死而已。帝殺晟并其從者百餘人，既而悔之。

晟之出使也，自謂『終不負永陵一抔土』，至此亦可云從容就義矣。山東鄙儒，安可訾乎！

唐主遣兵部郎中陳處堯持重幣，浮海詣契丹乞兵。契丹不能爲之出兵，而留處堯不遣。

契丹國勢今非昔比，唐主特未知之耳。受其幣、留其使，而不爲出兵，『睡王』其未醒邪？

周兵圍壽春連年未下，城中食盡。齊王景達遣許文稹等將兵數萬救之，軍於紫金山，與城中烽火相應，又築甬道，欲運糧以饋之。將及壽春，李重進邀擊大破之，奪其二寨。（四年）

周軍久攻，其力已疲；唐軍初至，其勢方鋭。此轉敗爲勝之機會也。一戰而大挫，全軍爲之奪氣矣。城中亟望糧援，乃烽火相應、甬道將成，而不能出兵應接，宜其坐困也。

劉仁贍請以邊鎬守城，自帥衆决戰，齊王景達不許，仁贍憤邑成疾。其幼子崇諫夜泛舟渡淮北，爲小校所執，仁贍命腰斬之，左右莫敢救。周廷構使求救於夫人，夫人曰：『軍法不可私！』趣命斬之。將士皆感泣。

是時壽州城中食盡，必不能支，若甬道成而饋運通，則士氣振而人心固矣。軍機决於呼吸，景達方駐濠州，距壽州三百八十里，安能待請命而後出兵乎！以仁贍之忠勇，而失此一機，或當時别有掣肘邪？其妻亦巾幗丈夫也！

議者以唐援兵尚强，多請罷兵。李穀寢疾在第，帝使范質、王溥就與之謀，穀上疏以爲：『壽春危困，破在旦夕，若鑾駕親征，則將士争奮，援兵震恐，城中知亡，必可下矣！』上悦。

穀初止帝親臨淮上，兹乃贊帝親征壽春，誠以其食盡力窮，必難支久，雖有援兵，而屢敗之餘鋭氣消沮，不難一舉而挫之也。

帝發大梁。初周與唐戰，不能敵其水軍。帝於汴水側造船數百艘，命唐降卒教北人水戰。數月後，縱横出没，殆勝唐兵。至是，命王環將水軍數千，自閔河沿潁入淮，唐人見之大驚。

北欲攻南，必習水戰，此特小試於淮耳。

帝度淮，抵壽春城下，躬擐甲胄，軍於紫金山南，命趙匡胤擊唐先鋒寨及山北一寨，皆破之，斷其甬道，由是唐兵首尾不能相救。帝還下蔡。唐將朱元舉寨萬餘人降。

是時唐以景達爲元帥，而遠駐濠州，怯懦可見；諸將惟朱元差强人意，而爲陳覺所疑，意不自安，尋即納降，其餘碌碌如邊和尚輩，何足當宋祖哉！其敗宜已。

帝軍於趙步，諸將擊唐紫金山寨，大破之，殺獲萬餘人，擒許文稹、邊鎬、楊守忠。餘衆沿淮東走，帝將騎數百循北岸追之，諸將以步騎循南岸追之，水軍自中流而下，唐兵戰溺死及降者殆四萬人，獲船艦、糧仗以十萬數。

唐兵之敗，固在意中，然第於兩岸追之，而中流無水軍并力，亦不能殺獲如此之衆也。

帝賜劉仁贍詔，使自擇禍福。仁贍病甚，不知人，周廷構等作仁贍表，遣使來降。帝賜仁贍詔，遣張保續入城宣諭，仁贍子崇讓復出謝罪。帝大陳甲兵，受降於壽春城北。廷構等舁仁贍出城，卧不能起，帝慰勞賜賚，復令入城養疾。仁贍尋卒。

柴克宏救壽州，未至而卒，可謂以死全勇；仁贍亦庶幾以死全節，皆死得其時者也。然仁贍之死，已遲數日矣。

韓令坤之父倫，干預政事，貪污不法，爲人所訟。令坤泣請，詔免死，流沙門島。倫後赦還，居洛陽，與柴守禮及當時將相王溥等之父游處，倚勢恣横。洛陽人畏之，謂之『十阿父』。

庸人因子貴而倚勢撓法，同時乃至十人，豈當時將相皆『犁牛之子騂且角』者邪！帝雖因令坤而免倫死，仍配之沙門；守禮則但以元舅尊之，優其俸給，不令至大梁，官止光禄卿，仍予致仕，亦可云善處頑父者矣。

竇儼上疏，以爲：『爲政之本，莫大擇人；擇人莫先宰相。自有唐之末，輕用名器，始爲輔弼，即兼三公、僕射之官。未得則以趨競爲心；既得則容默爲事。乞令即日宰相於南宫三品、兩省給舍以上，各舉所知。』

南宫三品、兩省給舍，皆天子近臣，其才品德望，有不難自達於主知者。若但憑宰相之舉，轉恐未必出於至公已。

又請『令盜賊自相糾告，以其所告貲産之半賞之；或親戚爲之首，則論其徒侶，而赦其所首者』。《自首律》云：『得相容隱之親屬爲之首，同自首法。』正與此同義。胡氏注以爲『親戚相與爲盜，其中有能自首者則赦之』，非是。

又，『累朝已來，屢下詔，聽民多種廣耕，止輸舊税，及其既種，有司履畝而增之，故民皆疑懼，而田不加闢。夫爲政莫如敦信，信苟著矣，則田廣穀多，藏之民猶藏之官也』。

五季干戈之際，野多曠土，故令民廣種新田，止征舊賦，勸之使盡力墾闢也。蓋世業口分之制久廢，而不可復矣。

帝至鎮淮軍，濟淮至濠州城西。濠州東北有十八里灘，唐人柵其上，環水自固。帝命康保裔等攻拔之。李重進破濠州南關城。帝自攻濠州，拔其水寨及羊馬城。團練使郭廷謂表：『請遣使詣金陵禀命，然後出降』。帝許之。

帝攻濠州，唐不能救，殆即割弃江北之漸乎！

帝大破唐兵於洞口，因鼓行而東，至泗州城下，督將士攻城，守將范再遇舉城降。帝聞唐戰船數百艘泊洞口，遣騎詗之，唐兵退保清口，上追至楚州西北，大破之，擒其應援使陳承昭。唐之戰船在淮上者於是盡矣。

唐非能命將出師以救淮東也，承昭所將者緣淮郡縣之兵耳，烏足抗帝之大軍哉！

郭廷謂使者自金陵還，知唐不能救，命録事參軍李延鄒草降表。延鄒責以忠義，廷謂以兵臨之，延鄒擲筆曰：『大丈夫終不負國爲叛臣作降表！』廷謂斬之，舉濠州降。

孫晟從容就義，延鄒慷慨赴死，均爲國捐軀，而延鄒幕府末僚，與晟地位懸殊，則忠烈出於天性也。

帝攻楚州，克其月城，防禦使張彦卿固守不下。帝自督諸將攻克之，彦卿與都監鄭昭業猶帥衆拒戰，矢刃皆盡，彦卿舉繩床鬥死。所部千餘人，無一降者。（五年）

城亡與亡，彦卿不愧守臣矣。帝以壽州爲忠正軍，旌劉仁贍之節，彦卿忠烈乃過於仁贍也。

帝使武守琦將數百騎趣揚州，唐人悉焚揚州官民廬舍，驅其人南渡江。周兵至城中，守琦以聞。帝聞泰州無備，遣兵襲之，拔泰州。王漢璋克海州。以令坤權揚州軍府事。帝至揚州，命令坤發丁夫萬餘，築故城東南隅爲小城以治之。

揚州，江北重鎮，控扼要津，南通京口，密邇金陵，南北用兵必争之地。唐焚揚州，欲弃江北也。帝以令坤城守揚州，必取江北也。

上如迎鑾鎮，屢至江口，遣水軍擊唐兵，破之。上聞唐戰艦數百艘泊東汭洲，遣慕容延釗將步騎、宋延渥將水軍循江而下。大破唐兵於東汭州。遣李重進將兵趨廬州。

帝之水軍，先僅小試於淮，至是遂大戰於江，而唐失其天塹之險矣。

唐主聞上在江上，恐遂南渡，又耻降號稱藩，乃遣陳覺奉表，請傳位於太子弘冀，使聽命於中國。時淮南惟舒、廬、蘄、黄未下。覺白上，請遣人渡江取表，獻四州之地，畫江爲境，以求息兵。帝曰：『朕興師止取江北，爾主舉國内附，朕復何求！』

帝之志得江北即止，蓋是時西有蜀，北有北漢、契丹，皆鄰國而爲仇敵，王師必不敢渡江而南也。

唐主復遣劉承遇奉表請獻江北四州，歲輸貢物數十萬。於是江北悉平，得州十四、縣六十。

畫江而守，惟孫吴可支曹魏。陳失江北，而隋師渡江，金陵不守矣；唐豈能久乎！

初，馮延巳以取中原之策説唐主，由是有寵。延巳嘗笑烈祖戢兵爲齷齪，曰：『安陸所喪纔數千兵，爲之咨嗟者旬日；豈如今上暴師數萬於外，而擊球宴樂無异平日，真英主也！』延巳與其黨更相唱和。常夢錫屢言延巳等浮誕不可信，唐主不聽。

方延巳議取中原，不惟唐主樂聞，同黨唱和，群臣附之者應亦不少；謂爲浮誕不可信者，獨一夢錫耳。至是夢錫之言不幸而中，而唐已失地降號，亡國之兆見矣。後之謀國者，尚鑒兹哉！

帝謀伐蜀，以高防爲西南面水陸制置使。高保融再遺蜀主書，勸稱臣於周，蜀主集將相議之。李昊曰：『諸將能拒周乎？』皆曰：『請以死衛社稷！』蜀主命昊草書，極言拒絶之。

既得江北，即謀伐蜀，亦猶司馬氏之欲圖吴，先取蜀也。帝何嘗一日忘江南哉！旋因親征河北，未遑西討耳。若帝必欲加兵，雖稱臣亦何益哉！

初，唐宋齊丘多樹朋黨，躁進之士争附之。及許文稹等敗於紫金山，國人恟懼，會司天奏：『天文有變，人主宜避位禳灾。』唐主曰：『誰可以托國者？』李徵古曰：『宋公，造國手也，陛下何不舉國授之！』陳覺亦以爲言。

是時齊丘老矣，唐國方有累卵之危，乃欲乘機以取大位，多見其貪而愚也。

鐘謨以李德明之死怨齊丘，言於唐主曰：『齊丘乘國之危，遽謀篡竊，陳覺、李徵古爲之羽翼，理不可容。』

謨意非至公，而言殊不謬。

唐主下詔暴宋齊丘等罪惡，聽齊丘歸九華山舊隱，官爵悉如故；陳覺責授國子博士，宣州安置；李徵古削奪官爵，賜自盡。齊丘至九華山，唐主命鎖其第，穴墻給飲食。齊丘嘆曰：『吾昔獻謀幽讓皇族於泰州，宜其及此！』乃縊而死。（六年）

齊丘老而不死，以待幽囚，蓋有天道焉。使其中年殞喪，何至雉經！

淮南饑，上命以米貸之。或曰：『民貧恐不能償。』上曰：『民，吾子也，安有子倒懸而父不爲之解哉！安在責其必償也！』

貸米而不責其償，施异量之恩以撫新附之民也。

王樸卒。上臨其喪，以玉鉞卓地，慟哭不能止。朴性剛而鋭敏，才略過人，上以是惜之。

樸與帝，一君一臣，如手足之捍頭目也。樸殁而帝旋殂，遂致陳橋之變，國步遽移。假令帝不永年，樸荷托孤之重，宋祖亦安能攘取大物舉若拾遺哉！

詔：以北鄙未復，將幸滄州。

欲伐南唐，先取秦、鳳，所以折蜀之勢，使不敢東出；欲平河東，先取瀛、莫，所以折契丹之勢，使不敢南寇。帝初欲伐蜀，俟取蜀據上游，以水軍出峽，順流而向金陵，揚州之兵渡江應之，則江南指麾可定。既定江南，然後移兵河北，復燕雲十六州之地，以制契丹；區區河東，失其奥援，勢成坐困，取之易於反掌。此帝與王樸之成算也。兹因蜀地險遠，未可驟圖，而北鄙多虞，亟須經理，於是暫罷西討之師，更爲北征之舉，不盡如樸之初策已。

命韓通等將水陸軍先發。通奏：自滄州治水道入契丹境，栅於乾寧軍南，補壞防，開游口三十六，遂通瀛、莫。

通入北境治水通道，而契丹不能與争者，一因部落散處、兵難驟集，一因夏令已屆，暑雨將降，胡騎不便於馳突也。

上至滄州，即日帥步騎數萬直趨契丹之境。至乾寧軍，契丹寧州刺史以城降。至益津關，守將終廷輝以城降。上宿於野次，侍衛不及一旅，從官皆恐懼；胡騎連群出其左右，不敢逼。

帝驟入北境，旋以疾南還，契丹未聞命將出師也。固足見帝之神武，而史所書或過其實。

趙匡胤至瓦橋關，守將姚内斌以城降，上入瓦橋關，莫州刺史劉楚信以城降。李重進等引兵繼至，瀛州刺史高彦暉以城降。於是關南悉平。

帝平關南，兵不血刃。契丹將吏，既不能戰，亦不能守，即震懾天威，當不至是。蓋是時已届仲夏，北軍人既怯暑，馬尤憚雨，故不肯入塞而南耳。未必非别有狡謀，誘帝深入，俟秋高馬肥，然後起傾國之兵與之一决也。

宴諸將於行宫，議取幽州。諸將以爲：『虜騎皆聚幽州之北，未宜深入。』上不悦，趣先鋒指揮使劉重進先據固安。上自至安陽水，命作橋，會日暮，還宿瓦橋。上不豫而止。

契丹兵勢，雖今非昔比，要非蜀、唐所可同日語也。常勝之家，難與慮敵，帝之鋭欲深入，得非狃於江北之每戰必克、關南之無城不拔，遂有輕視契丹之心乎！諸將之言，未爲怯也。

契丹主遣使者日馳七百里詣晋陽，命北漢主發兵撓周邊。聞上南歸，乃罷兵。

聚騎兵於幽州之北，而馳使北漢，令其發兵撓邊，蓋欲俟周兵之至，自以胡騎邀其前，而令北漢大發兵以掎其後也。使帝深入不止，必與契丹大戰於幽州城下，勝負未可知矣。以帝之雄武，猛將如雲，士卒精練，若於此時乘屢勝之勢，一戰而大破契丹，驅之出塞，則燕雲可復，而耶律之氣折矣。帝賫志遽殁，北宋繼之，因有議和、納幣之舉。迨遼亡而金源勃興，遂釀靖康之禍，而南北復分，豈偶然哉！

唐清源節度使留從效遣使入貢，請直隸中朝。詔報以『江南近服，方務綏懷，卿久奉金陵，未可改圖，勉事舊君，諒達予意。』

却泉州之請，所以服金陵之心也。

唐主遣其子從善與鍾謨入貢，上問謨曰：『江南亦治兵、修守備乎？』對曰：『既事大國，不敢復爾。』上曰：『不然。吾與汝國大義已定，保無他虞。至於後世，則事不可知。歸語汝主：可及吾時完城郭、繕甲兵，據守要害，爲子孫計。』

帝之伐唐，初非吊民伐罪、兵以義動也。帝欲割取其江北之地，并責以稱臣納貢耳。既得江北，則江南易取，王樸之策如是，帝豈果置江南於度外哉！觀其亟謀伐蜀可見已。機有可乘，則以全力期於必得；事尚須緩，則以大度示之不疑。且既以奪其長江之險，彼城郭要害何足阻吾行師哉！此自英雄作用。而温公遽擬以《洪範》之『無偏無黨』、文王之大畏小懷，其猶未免爲帝所愚乎！

上欲相樞密使魏仁浦，議者以仁浦不由科第，不可爲相。上曰：『自古用文武才略爲輔相，豈盡由科第邪！』以仁浦爲中書侍郎、同平章事，樞密使如故。

自朱梁以降，權歸樞密，宰相備員行文書而已。周祖始專任李穀，王樸繼之，至是任遇遠出樞密使之上。『不由科第不可爲相』之説，五季干戈之際，猶牢不可破，蓋其由來久矣。

上疾大漸，尋殂。上在藩，多務韜晦，及即位，破高平之寇，人始服其英武。

帝以英烈爲王峻所忌，每沮止其入朝；迨周祖有疾，以帝判内外兵馬事，而人心安。則在藩固非專務韜晦，亦非高平戰勝始以英武爲衆所服也。

其御軍號令嚴明，人莫敢犯，應機决策，出人意表。又勤於爲治，發奸擿伏，聰察如神。文武參用，各盡其能，人無不畏其明而懷其惠。然用法太嚴，末年浸寬。登遐之日，遠邇哀慕。

温公論五季之君，以周世宗遠過唐莊宗，是已。竊謂世宗才略，不亞唐太宗，所以不能致太平者，亦有故焉。太宗承隋末大亂之際，雖群雄并起，其實皆盗賊耳，故天戈所指，克日蕩平。世宗雖纘周祖之緒，而疆宇本蹙，若唐、若蜀、若吴越，皆竊據江湖，傳國數世，基固難拔；雖以南漢之狂暴，而盤踞嶺表，未可控搏。又有北漢、契丹，眈眈焉思乘其後，與太宗之時勢异矣。故太宗可以雲捲飆馳，指麾而定天下；世宗則必遠交近攻，次第經略，觀釁而後動、見可而後進，不能以一舉成功也。又以享年不永，佐命文武諸臣亦非房、杜、英、衛之匹，故所就不及太宗之什一耳。

宣遺詔，梁王宗訓即皇帝位，生七年矣。

《通鑑》書周事，至幼主嗣位而止。至陳橋兵變、宋祖篡立，皆不書，爲國諱也。

契丹主遣其舅使於唐，泰州團練使荆罕儒募客使殺之。唐人夜宴契丹使者於清風驛，酒酣，起更衣。久不反，視之，失其首矣。自是契丹與唐絶。

唐雖臣事於周，而未嘗不私通於契丹也。此伐交之一策，蓋契丹之意，必以爲唐取其首而獻之周也。

兩漢史斷 六卷

序

余自少時喜讀《漢書》，因而頗知漢事。竊謂《春秋》三傳以降，惟《史記》及前後《漢書》、《三國志》備具史法，非他史所及。《春秋》久列於經，三傳附之，未宜僅以史論。《史記》多與經傳互相出入，所載漢事斷自太初，未能本末悉賅。惟班、范二《書》紀載詳實，兩京之興衰理亂粲然布列，展卷瞭如。蔚宗之作，誠未足齊軌蘭臺，然序次分明，文藻華贍，自云『體大思精』，殆非侈説。學者通經後，將欲博稽諸史，是必專心二書，朝夕研摩，得其倫脊，而又於其間參觀《太史》以拓其規模，旁通《三國》以明其書法；《晉書》以下不妨縱目流覽。譬諸草木，區以别矣。惟是二《書》，辭旨浩博，有文顯而事隱者，有文見於此事詳於彼者，有以此事例彼事始明其得失者，有以後事證前事始悉其顛末者，每於校勘之餘偶有所得，輒命筆劄記。閲時既久，積成卷帙，爰以暇日，手自編録，名曰《兩漢史斷》。史之爲道，將以臚舉善惡，明著成敗，固一代爰書也，讀史者平心斷之而已。自慚謬陋，知不免以周璞宋石爲大雅所譏，亦庶乎管中窺豹時見一斑云爾。

咸豐三年歲在癸丑，中秋佳日，秀野亭生黄恩彤自序於知止堂中。

兩漢史斷卷一

前漢上　高帝

陳　涉

陳涉，一介細民耳。乃當暴秦全勝之時，忽焉輟耕太息，窺覦非分，何也？此廢封建之所致也。三代以來，天下之變，恒在强諸侯，未有以匹夫發大難之端者。豈獨其民氣淳哉？蓋自天子以及公、侯、伯、子、男星羅棋布，防制周密，百里之地各置君、卿、大夫、士，以撫柔其民，而簡其不率。此時即有神奸巨猾，亦陰受約束而無敢動。迨封建廢而天子之勢孤矣，爲守令者既不能久於其職，復不能自行其意，又往往不得其人，於是政多苟且，而與民弗親，民亦泛泛焉靡所托命。倉卒有變，揭竿斬木之徒得以群起而斃之，此必至之勢也。涉見及此，故曰：『帝王將相豈有種乎！』而項籍亦曰：『彼可取而代也。』即漢高亦曰：『大丈夫當如此矣。』三人志量不同，要其所見一也。彼始皇者懲六國之禍，不肯建侯以樹兵，詎知草澤英雄固已竊睨其旁而思乘其後哉！（此條并見《知止堂集》）

芒碭斬蛇

芒碭斬蛇，後世侈爲符應。但此乃高帝初起，設言以服衆耳，未必果有此事。即如所云『白帝子、赤帝子』者，以五行推之：秦爲水德，故色尚黑，數用六；金爲水母，故云『白帝子』也。漢興，張蒼以爲水德，公孫臣、賈誼以爲土德，迄無定論。迨文帝時黃龍見成紀，蒼議始屈，武帝改正朔而色尚黃，數用五，則土德明矣。火爲土母，故云『赤帝子』也。哀帝時夏賀良始造爲赤精子之讖，旋以妖妄伏誅。竟西漢之世，未有云漢爲火德者。至東漢始改爲火德，則以光武信讖，仍踵賀良之說耳。

鴻門之會

高帝鴻門之會，所恃者獨項伯耳。假令伯之說不行，羽之意不轉，雖百樊噲何益哉！蓋是時羽本無害帝之意，第范增教之。《史》所記『饗士合戰』及『項莊舞劍』，皆增爲謀主，而羽坦然不以介意，故伯得以周旋其間，卒脫帝於厄。所可異者，帝托言『如廁』，獨騎與噲等從間道走歸脫身，行四十萬軍中如履無人之境，千載下不能無疑，或亦伯遣人導之邪？

秦漢之際天下大機有三

秦漢之際，天下大機有三：方其初發難，以誅暴君爲名首唱群雄者，獨楚耳。章邯擊殺項梁，秦威大振，楚勢頹衰。使遂乘勝疾攻以全力下楚，而後以次加兵諸國，此破竹之勢也。乃邯以楚兵爲不足慮，北渡河與張耳相持於巨鹿堅城之下，紛紜莫決，俾懷王得以徙都彭城，收集散亡，易置諸將。迨項羽救趙，一戰而破秦虜邯，由是關以東非復秦有矣。此一機也。羽屠咸陽，誅子嬰，天下已定，假令尊事義帝，守其成約，分王諸侯，罷遣就國，其勢莫敢先動，此七國之形也。乃分齊爲三而不王田榮，王張耳於常山而不王陳餘，遂至挑怒兩雄，兵端復起。及至殺韓成以張良資漢，高帝因之還定三秦，東面而爭天下。此二機也。楚漢相持，智勇俱困，淮陰侯破魏、下趙、連燕代、定全齊，擊殺龍且，南拓地至廣陵。當是時，爲漢則漢勝，爲楚則楚勝。使其納蒯通之計，兩利俱存，三分天下，鼎足而立，則南至淮北極邊、東至海西控韓魏，不難據而有之。而漢王畫關以西得全秦之地，項王畫淮以南得全楚之地，是三國之局也。拒而弗聽，助漢滅楚，而高帝乃得混壹區宇，建磐石之宗焉。豈非天哉！

楚漢成敗不關地勢

項羽弃關中都彭城，當時説者即咎羽失策，淮陰侯亦以爲言。此所謂知其一未知其二也。關中固天府上腴，而自古立國，所依賴者人心也。高帝入關，除秦苛法，秋毫無取，乃秦民所德也。項羽詐坑秦降卒二十餘萬於新安城南，及入關又屠咸陽、燒宫室，所至殘滅，乃秦民所仇也。若留都關中，新恩未洽，舊怨莫解，倉卒變生，且有肘腋之患。此乃不可一朝居者，所以決計東歸，而智如亞父亦不聞出片言以沮之也。且楚漢之成敗，豈獨關地勢哉？大抵楚所急者戰，漢所重者守；楚之摧漢在破其軍，漢之敝楚在絶其糧。夫以項羽之勇、楚兵之精，未可以力屈也。惟有堅壁以疲之、斷饋餉以饑之耳。蓋羽爲人，剽輕善怒，怒則起而親將，親將則必勝，勝則益驕，而不顧其後，而其諸將又均非漢敵。羽一不親將則必敗，敗則羽益怒，而求戰益急，漢於是走險阻以避其鋒，樹黨與以分其勢，又時時遣彭越反梁地，横據胸腹，燒積聚以破其家，此羽所以百戰百勝，卒至兵罷食盡、垓下就禽也。

楚漢事機相似

楚漢間事機有絶相似者：陳涉遣武臣及張耳、陳餘略下趙地，耳、餘共立臣爲趙王。涉怒，欲盡誅臣等家而發兵擊趙。相國房君諫曰：『秦未亡，今又誅臣等家，是生一秦。不如因而賀之，使急引兵西擊秦。』涉從其計。韓信平齊，請自立爲假王，高帝怒罵，張良、陳平諫曰：『漢方不利，安能禁信之自王？不如因立善遇之，使自爲守。不然變生。』高帝從其計。此皆事機之間不容髮者也。

漢初諸异姓王

漢初异姓諸王多非高帝舊臣，其封亦非帝意，特一時權置耳。有因項羽舊封而不改者：燕王藏荼、長沙王吴芮是也。有舊曾爲王、失國後以功徙封者：張耳故常山王、後徙趙，英布故九江王、後徙淮南是也。有以自請得立者：韓信下齊請爲假王因得封、後徙楚是也；有初未爲王，因將兵定其地就立爲王者：韓王信初爲韓太尉，擊下項羽所立韓王鄭昌，因封韓王；彭越初爲魏相國，定梁地因封梁王是也。其最後以親愛得封者，惟一燕王盧綰耳。夫王者，降帝一等，至貴也；跨州列郡，連城數十，子孫世世勿絶，大福也。而諸公與高帝非有肺腑之戚、金石之交也。若以功論，首推韓信，彭越、英布次之。其人皆具梟雄之姿，高帝素所畏忌，特一時急仗其力，不得不裂土剖符以塞其望。蓋當予之之時，早思所以奪之矣。夫以蕭、曹之勛舊，張、陳之計謀，絳、灌、舞陽之戰功，不過封萬户、位列侯，彼諸公者竟儼然叨竊大名，雄據千里，帝之心詎能平哉！不數年間，次第誅夷，同歸於盡，乃勢所必至者也。若長沙以僻陋倖免，盧綰以奸人致敗，張偃以公主續封，則又當别論矣。

高帝所師乃戰國之封建

高帝矯亡秦孤立之失，初封功臣，又虞尾大，於是悉誅韓彭以降，更以子弟代之。刑牲約誓：『非劉不以孤寒崛起，宗姓未蕃，勢與周初异，其封三庶孽割天下大半，亦有所不得已也。帝本王』。洵磐石之宗已。乃曾不數傳，卒釀七國之變，何哉？蓋所師者，戰國之封建，非周初之封建也。

高帝斬丁公

高帝斬丁公以戒二心之臣，後世服其義。不知此乃帝英雄作用耳。蓋丁公故楚梟將，不得已而降，帝度其終不爲我用，故因而斬之，以除後患。其曰『丁公爲臣不忠，使項王失天下，後世爲人臣無若丁公』云云，特假以爲名耳。不然，彼項氏諸臣背親向疏、誤主賣國、罪不容誅者，孰有如項伯哉？封爲列侯、錫之宗姓，何也？

匈奴和親

高帝誅秦夷項，屢當大敵，瀕於危者數矣。乃百挫不撓，卒成帝業。獨於平城之困，不思滌刷仇耻，反采劉敬和親之議，至欲以長公主遠嫁單于，何與曩時勇怯迥殊哉？此非力不能也，勢不可也。自六國迄秦以逮楚漢，中國苦兵久矣。是時天下初定，瘡痍未復，而冒頓以梟猊之姿，坐擁控弦三十萬衆，其勢方張。若力與之角，必難卒解，兵連禍結，中國將益以大困。且帝本提三尺以布衣取天下，非有深仁厚澤洽乎人心，而漢邦新造，方且皇皇焉日不暇給。倘釋此弗圖，遽欲疲中國以事外夷，禍變之作，將有不及防者，是亡秦之續也。帝見及此，故不惜摧剛爲柔，含垢忍辱，一切付之包荒，俾中國得以及時休息，而我新造邦亦得乘此間暇更制定法，植洪基而固大本。此誠帝之大度大略，建四百年靈長之祚者也。异日吕后當國，單于書辭誖嫚，樊噲不勝其忿，請以十萬衆横行匈奴中。噲老將習兵，其言當非夸侈，而季布斥爲『可斬』，猶高帝意也。（此

條并見《知止堂集》）

四皓

高帝末年溺惑戚姬，因欲以趙王如意易太子，大臣屢諫不聽。吕后用留侯策，卑禮致四皓而儲位始定。後之論者或妄有所疑，不知此正留侯真知高帝而中其所畏也。夫四皓安足畏哉？蓋帝雖箕踞嫚駡，而深知重士。故酈生以酒徒而爲上賓，陳平以亡虜而爲親臣，至自明其得天下之故以用三杰，蓋真知天下輕重之權繫乎士也。四皓，特篤老就木之人耳，使其痼疾烟霞，膏肓泉石，帝度外置之久矣。何必求之數歲不得，猶時時懸諸心目間哉？蓋四皓皆天下之奇士也，觀其對帝言曰：『陛下輕士善駡，臣等義不辱。竊聞太子仁孝，恭敬愛士，天下莫不延頸欲爲太子死者，故臣等來耳。』帝聞此言，不禁氣奪而心折矣。己所不能致之天下奇士而太子能致之，則其得士可知，其得天下人心亦可知。故語戚姬曰：『我欲易之，彼四人輔之，羽翼已成，難動矣。』蓋不特畏四人爲之羽翼，而畏天下爲之羽翼也。孟子有言曰：『二老者，天下之大老也。而歸之，是天下之父歸之也。天下之父歸之，其子焉往？』留侯知此意矣。其以四皓助太子，實隱然以天下助太子也。（此條并見《知止堂集》）

母后干政

母后干政，外戚顓權，西漢之所以亡也。究其所由，則高帝貽謀之不臧也。帝不能防閑吕后，以致辟陽之寵，穢迹彰聞。晚年雖以色衰弛愛，而誅韓葅彭，倚爲謀主，復與計及异日曹參、王陵、陳平諸人更代作相，是不獨以太阿假之，直以後事屬之矣。故一旦宮車晏駕，后即盜移魁柄，玩惠帝於股掌，不翅嬰、孺。嗣復臨朝稱制，廢立自專，公然以審食其爲左丞相，留之禁中，竟不知耻。又分王諸吕，以禄爲上將軍、産爲相國，典兵持衡，提挈樞要。一時功臣宿將，罔弗屏息縮項，莫敢誰何。斯時劉氏之危甚於累卵，使非内有絳侯曲逆、外有朱虚東牟，恐漢祚之移，不俟新莽矣。後世不知援以爲戒，於是椒房紈綺始以恩澤封侯，繼以元舅秉國，浸尋至於末造，卒釀王氏之篡。蓋其所由來漸矣。

楚漢士多知兵

楚漢承戰國之後，士多知兵。今按其籌策，大抵明乎主客之形者也。淮陰侯虜魏豹、禽夏説，復與張耳移兵攻趙，趙王拒之井陘。李左車説陳餘曰：『此乘勝而去國遠鬥，其鋒不可當。願假奇兵從間道絶其輜重，足下深溝高壘勿與戰。彼前不得鬥，退不得還，野無所掠，不至十日而兩將之頭可致於麾下。』陳餘不聽，遂有泜水之敗。楚使龍且救齊，與韓信會戰高密。或説龍且曰：『漢兵遠鬥窮戰，其鋒不可當。齊楚自居其地戰，兵易敗散。不如深壁，令齊王使其信臣招所亡城，亡城聞其王在楚來救，必反漢。漢兵二千里客居，齊城皆反之，其勢無所得食，可無戰而降也。』龍且不聽，遂有濰水之敗。英布反，渡淮擊楚，楚發兵與戰。爲三軍，欲以相救爲奇。或説楚將曰：『兵法：「諸侯自戰其地爲散地」，今別爲三，彼敗吾一軍，餘皆走，安能相救？』楚將不聽，果及於敗。故用兵而不明主客之形者，鮮有不敗者也。若周亞夫之深壁堅守，別遣精兵絶吴、楚糧道，待其饑疲引去始以追擊，一戰成功，乃善於以主制客者也。

蕭相國

蕭相國無汗馬之勞，而功次第一。當時群臣不服，後世亦以爲高帝私豐沛故人。此淺見也。相國填撫關中，給軍食，固根本，俾高帝釋内顧之憂，東面而争天下，卒成帝業，所謂萬世之功。鄂君之論是已，然未盡也。夫當日漢與楚争，諸將均非項籍之敵，其足以制籍者獨有一韓信耳。微相國，信奚由進？故《史記》於《相國世家》大書曰：『何進言韓信，漢王以信爲大將軍。』然後書其填撫巴蜀、留守關中，功次厘然可見。

曹相國

曹相國攻城野戰，凡下二國、縣一百二十一，得王二人、相三人、將軍六人，至身被七十創，可謂壯哉！及爲齊相，乃師蓋公，用黄老術安集東表。後入佐惠帝，復以飲啖不事事致畫一之歌。生平戰功亞淮陰、相業比酇侯，後世名臣所號爲『出將入相』者，罕其儷焉。夫黄老之術果足治天下哉？蓋自六國以逮楚漢，天下苦兵革久矣。狂馳者不中道而息肩，惟其勞也；倒懸者不擇人而呼救，惟其危也。斯時之民，勞極而求息、危極而求安，故從欲順流與之休息，以不治治之而天下治。蓋公所謂『治道貴清凈而民自定』者，非徒術爲之，時爲之也。故夷吾之霸齊、子産之治鄭、蕭曹之定漢，皆救時良相，易地則皆然。

圯橋授書

圯橋進履、黄石授書，後世以爲神怪。其實皆留侯寓言也。所傳乃《太公兵法》，當時非無此書，特侯能心知其意耳。至侯晚過濟北，見穀城山下黄石取而寶祠之，此與從赤松子同意，皆寓言也。其後至以黄石殉葬，每上冢伏臘祠黄石，此其子孫非知侯者，或知而不忍拂其意邪？

留侯始終爲韓

留侯始終爲韓。其佐漢定天下，特藉手以復韓仇耳。高帝知之，故待以賓師而不臣也。方韓亡秦盛，天下無釁可乘，不得不僥倖於博浪之一椎。迨其事不成，則超然遁迹於無何有之鄉，而未嘗不時時物色豪杰以圖後舉。其匿項伯，亦以項氏爲楚世將，志在報秦也。及群雄并起，侯從高帝，首勸項梁求韓公子成立爲韓王，而已爲司徒，侯之心未嘗一日忘韓可見矣。是時秦兵尚强，而韓王成非命世才，難以立國，故侯隨高帝入關，奮其智勇，卒使秦兵破解，子嬰屈膝，秦昔以加之韓者，吾今亦以加之秦，侯不大快矣哉！迨高帝就封巴蜀，侯勸其燒絶棧道，蓋惟恐其東面争天下也。詎意侯歸韓而項羽以侯佐漢之故枉殺韓王成，是昔之仇爲秦，而今之仇爲項也。故間行歸漢，佐高帝夷滅項氏，以報王成於地下，其心與博浪何异哉！迨高帝稱尊，天下已定，侯之志遂矣，事畢矣，惟有辟穀導引，謬托神仙，栖身物外已耳。故其自稱曰：『家世相韓，韓滅，不愛萬金之資爲韓報仇，强秦天下振動，今以三寸舌爲帝者師，封萬户，位列侯，此布衣之極，於良足矣。』夫先爲韓報秦，侯之所敢言也；後爲韓報項，侯之所不敢言也。然其心事豈不昭然若揭哉？與日月争光可也。

周　市

留侯始終爲韓，後世每知之。若周市者，亦魏忠臣也。市特大梁一布衣耳，非若留侯五世相韓，受國厚恩也。方陳涉初起，使市略定魏地，欲立爲王，齊趙復從而推轂，市乃堅辭不受。迎魏故寧陵君公子咎於陳，使者五反卒得迎歸，擁立爲王，以紹魏後。純忠大節，詎易於草澤中求之哉？迨舉事無成，身死秦軍，何其烈也！若咎者，被秦圍急，爲民約降，約定，乃自殺身殉社稷，而務恤其民，抑亦不愧人君矣。

陳丞相

陳丞相學本黄老而好爲陰謀。生平六出奇計，他不具論。最可异者，高帝平城之困，與冒頓旗鼓相當，丞相獨能乘間通謀閼氏。是時韋韝毳幕，警衛嚴密，不知何人爲之介紹？且男女既别，言語不通，不知何人爲之傳譯？勿論其計云何，作用固已奇矣。迨因樊噲之故結怨呂嬃，慮被中傷，先請留中宿衛以伐其謀，復故爲飲醇戲婦以速其譖。夫平爲高祖大功臣，位上相，乃呂后所忌也。今飲醇戲婦、溺情酒色，足卜其志之無他，此后所樂聞也。蕭相國多買田宅以自污而高帝大悦，正是此意。但蕭尚待客教之，而陳反借呂嬃之譖口以白之，詎知譖之乃遠勝於譽之？此時爲呂嬃者，已不覺墮其術中而爲之用矣。夫當百萬軍中得行其計於敵主之配，又能於憂讒畏譏之時假彼怨婦之口以釋猜后之疑，此其智術奚翅高出尋常萬萬哉！丞相與留侯并稱謀臣，即論狀貌，留侯如婦人好女，丞相亦美如冠玉，洵漢初二妙也。但留侯事事脱灑，丞相事事精密；留侯事事正大，丞相事事回曲；留侯事事可愛而可敬，丞相事事可愛而可畏。

兩韓信

漢初有兩韓信：一爲大將軍，封楚王；一爲韓太尉，封韓王。世皆知楚王信之功爲諸將冠，而不知高帝初封漢王，從杜南入蝕中，是時楚王信尚未知名，其首建大謀，勸帝還定三秦、東面争天下者，韓王信也。《史記·韓王信傳》中記載甚明，《漢書》於《韓王信傳》仍襲《史記》舊文，而《高祖本紀》則系諸蕭何薦韓信、拜爲大將軍之下，似此謀出自楚王信者，其誤明矣。

樊將軍

樊將軍鴻門之會，世稱其勇。然其爲人非直勇也，方高帝初入咸陽，欲止宫休舍，噲首進讜言，與留侯之論合。帝用其謀，於是封秦重寶府庫，還軍霸上。异日得藉口以謝項羽者，幸賴有此。而帝因以益收秦民之心，何其智也！蕭曹不及矣。及英布舉兵，帝卧病不見群臣，噲乃排闥直入，以數語回天，何其忠也！絳灌不及矣。迨將兵擊燕，帝誤聽譖言，使陳平馳傳載周勃代噲，并即軍中行誅，一經受詔，即蒲伏反接、束身歸命，何其恭也！韓彭不及矣。即如淮陰侯失王，托病鞅鞅，噲獨跪拜送迎，稱臣盡禮，詎非心知其冤、深敬其能，不以盛衰易交哉？就此一節，亦非常情所及。

婁敬

漢初謀臣，張陳而外，當推婁敬第一。方高帝定都洛陽，群臣莫諫。賴敬一言，遂徙長安。建二百年不世之業。及帝從事匈奴使者，十輩皆言可擊，惟敬覘悉其情；迨平城挫衄，首議和親以安中國，其益大矣。帝賜以宗姓，有以也。

兩漢史斷卷二

前漢中　惠帝至武帝

高后報匈奴書

《史記·匈奴傳》不載平城秘計，但以爲厚遺閼氏。故桓譚以意揣之。惟班氏載冒頓《遺高后書》云：『兩主不樂，無以自娛。願以所有，易其所無。』悖嫚極矣。及后《報書》乃云：『敝邑恐懼，退日自圖。年老氣衰，發齒墮落，行步失度。單于過聽，不足以自污；敝邑無罪，宜在見赦。』何其辭之卑也！是時高帝謀臣宿將布滿漢廷，即不肯挑釁强胡，無難守邊固圉，遽令女主做乞憐之語，辱莫大焉。乃平城秘計諱而不傳、而備載此書何也？豈秘計之辱更甚於此邪？

審食其

辟陽侯審食其，真吕黨也。乃漢誅諸吕，而食其僅以罷相，仍不失侯，初不解其故。及讀《朱建傳》，方知惠帝曾下食其吏，欲誅之。賴建説幸臣閎孺爲請於帝而免。及大臣誅諸吕，食其與諸吕至深，所以不及於難者，皆建與陸賈爲之計畫也。然文帝於是失刑矣。厥後淮南厲王入朝，直以金椎椎殺食其。肉袒伏闕，正其三罪，昌言曰：『謹爲天下誅賊，報母之仇。』雖一時暴戾之舉，詎非千古大快事哉！

文帝從諫

文帝寬仁恭儉，具上聖之資。其從諫之美，尤非世主所及。帝欲以虎圈嗇夫爲上林令，聞張釋之之言而止，即召釋之驂乘，徐行問以秦之敝，遂拜釋之爲公車令。與馮唐論將，唐譏帝不能用頗、牧，因言雲中守魏尚之賢，不應下吏削爵。帝即令唐持節赦尚，復以爲雲中守，而拜唐爲車騎都尉。之二人者，皆殿陛執戟小臣，乃一言之合，既用其説，復行其賞。臣下有不輸忠獻納者哉？故袁盎之言曰：『陛下每朝，郎官上書疏，未嘗不止輦受。其言不可用，置之；言可采，未嘗不稱善。欲以致天下賢士大夫，日聞所不聞以益聖。』有以也夫！

鬻爵始文帝

鬻爵之令，人皆知始於武帝，不知文帝行之而天下被其利。此其事自晁錯發之。錯説帝以重農貴粟，貴粟之道，在於募民入粟縣官，得以拜爵。如此粟有所渫，取有餘以供上用，則貧民之賦可損。帝從其議，令民入粟於邊，拜爵有差。後錯復説帝：侯邊食足支五歲，則令民入粟郡縣。郡縣足支一歲以上，可時赦毋收農民租。帝悉從之。是以十二年即賜民田租之半，次年遂除田租。人第知帝躬行節儉，恩施异量，而不知其所以能行者，則由於以拜爵收富民之粟，即以歲入抵貧民之租，正所謂『爵者上之所擅，出於口而不窮；粟者民之所種，生於地而不乏。損有餘補不足，令出而民利』者也。迨景帝始令民半出田租，後因歲旱復修賣爵令，而裁其價以招民。蓋武帝之置武功爵，已權輿於此矣。

文帝除肉刑

文帝之除肉刑，乃千古刑法之一大變也。肉刑之設，三代共之，至秦而恣爲峻酷。於是有鑿顛、抽脅、鑊烹之誅，其勢固已窮而將變。漢初定三章之法、作九章之律，漸以疏闊。至文帝乃始毅然斷然，一旦取三代聖王之定制，自我作古，掃除定張，以加惠宇内。此誠帝之大仁大勇。而其事乃自一弱女子發之，不亦异哉！方緹縈救父上書，其言曰：『妾傷夫死者不可復生、刑者不可復屬，雖後欲改過自新，其道亡繇。』可謂婉而悲矣。然非帝篤愛斯民，實有怵惕惻怛之心，亦安能一聞斯言，即沛若時雨，普施此异量之恩哉！迄今三復詔書，至忱痛不可卒讀。獨惜在事諸臣不能仰體奉行，乃至定笞法爲三百五百，又不笞臀而笞背，棰無定制，人且屢更，遂至宛轉呼號，死者相枕。幸而不死，不可爲人。當時以爲名輕而實重，要之非帝意也。至景帝減笞法定棰令，後王因之，屢有折衷。於是法乃益輕，民以鮮死。文帝之遺澤及萬世矣。班史《刑法志》以爲『刑輕則民不畏，而犯法者多』，議欲行肉刑以復古，不知三代之民養以井田、教以學校，其慮之甚深而防之最密，故其民遷善遠罪而不自知。偶有犯法，又必使忠信之長、慈惠之師究其致罪之由，而求其可生之路。直至情無可恕、法不容寬，而後與衆弃之，雖加以肉刑，不爲濫也。後世於教養之法一切以鹵莽滅裂從事，而治獄之吏又不能無所枉抑於其間，圖治者不揣其本，乃欲斷支體、刻肌膚以重制其末，詎非文帝所謂『痛而不聽』者哉？且後世事事不能復三代之舊，而專師其肉刑，抑獨何哉！善夫孔融之論曰：『上失其道，民散久矣。而欲繩之以古刑，投之以殘弃，非所謂與時消息者也。』且被刑之人，慮不念生，志在思死，類多趨惡，莫復歸正。夙沙亂齊，伊戾禍宋，趙高、英布爲世大患，不能止人爲非，適足絶人爲善。吁！此千古不易之論也。（此條并見《知止堂集》）

賈　誼

文帝時匈奴内侵，諸侯强大逾制，賈誼所以痛哭流涕也。其所言『衆建少力，以强幹弱支』，實切要之論。漢卒行之。又請益封梁、淮南，而七國之變，卒賴梁王扞之。諫封淮南四子爲王，其後二子俱以反誅，何見之明也！至請試屬國，欲以五餌係單于，班氏譏其『術疏』，故削而不録。及考《新書》所云『五餌』者：『賜之盛服車乘以壞其目，賜之盛食珍味以壞其口，賜之音樂婦人以壞其耳，賜之高堂邃宇、倉庫、奴婢以壞其腹，於來降者上召幸之相娱樂親酌而手食之以壞其心』，亦可謂洞達彼情、妙於控制者矣。後世雄才大略、長駕遠馭之主，何嘗不操是術哉！

文帝賞鄧通

人之好尚，不能無偏，往往有一念惑溺之私，至盡隳其平素操持而不能自制。文帝身衣弋綈，所幸慎夫人衣不曳地，乃至惜百金之費罷作露臺，恭儉之德爲兩漢所莫及。獨賞賜幸臣鄧通，多至十數巨萬，不亦异乎！史稱通謹身媚上，無他技能，此帝之幸也。使其怙寵竊權，擾亂國紀，其爲主德之累，豈小小哉！然帝雖幸通，而丞相申屠嘉因通居朝怠慢，召欲斬通，帝但使使持節召通而已，卒使丞相得伸其威。此則帝之明也。

七國之變

七國之變，吴王濞首倡邪謀，布置亦有方略。其用兵約分三路：已與楚、淮南諸王合兵西向洛陽，入函谷關，爲正兵；齊、趙諸王定河間、河内，入臨晋關，以分漢兵之勢，爲支兵；燕王定代、雲中，入蕭關走長安，爲奇兵。又復南連甌越、北約匈奴，其鋒甚鋭，其勢尤大。景帝所以納袁盎之策，不惜誅晁錯以謝者，誠爲其虚聲所怖也。厥後淮南、燕王既不從逆，齊王後悔自殺，濟北爲其郎中令所守不得發兵，膠東諸王共圍臨淄、頓兵堅城之下不解，獨吴、楚兵鼓鋭而前，又爲梁所扞不得西，故漢將周亞夫得以下吴楚、酈寄得以下趙、欒布得以下齊。匈奴既不敢入邊，而東越且斬吴王之頭以希功賞。是何也？七國雖云合從，而其勢不一，其謀未堅。且一梁足以牽制吴、楚，一臨淄足以牽制全齊，故漢得以坐制其弊，三月而收成功。不惟順逆之道殊，抑以利鈍之形异也。是時去漢初未遠，謀臣建劃往往用前人遺策，田禄伯説吴王：『願得五萬人别循江淮而上入武關』，此高帝入秦之路也。桓將軍説吴王：『所過城邑不下，疾西據洛陽武庫，食敖倉粟，阻山河之險以令諸侯』，此酈生勸高帝之謀也。鄧都尉説周亞夫：『以梁委吴，深溝高壘，使輕兵絶吴餉道，俟吴梁相弊而糧食竭，然後以全强制其罷極』，此高帝取項羽之術也。然漢之所以制七國者，豈徒以形格而術屈之哉？文帝在位二十七年，深仁厚澤，天下歸心久矣。周人之思召公，愛其甘棠，况其子乎！此景帝之金城也。故徐樂論之曰：『天下之患，在土崩不在瓦解。誠能無土崩之勢，雖有强國勁兵，不旋踵而身爲禽。』噫！此非徒漢一時之事，乃千古之龜鑒也。

晁錯

晁錯之才、之學雖不及賈誼，而明於料事、忠於謀國，乃誼後一人也。削諸侯以安宗廟，誼者發其謀，而錯犯難力行之。七國之變，使景帝始終任錯，所裨益豈小哉！乃入袁盎之譖，輒行東市之誅。迨錯誅而兵不解，又聞鄧公言，始喟息追恨，不亦晚乎！史載誅錯爰書，謂其議令帝自將兵而身居守，容或有之，至云欲以徐僮之旁地予吴，則文致之辭也。夫錯方議用兵，而無端割地予吴，何至矛盾若此哉！誼欲以五餌係單于，而錯論兵則欲以蠻夷攻蠻夷，又請募民徙塞下，省徵調之煩。後世制勝安邊，舉不外此。洵萬全之上策哉！

周亞夫功遜賈生

周亞夫堅壁昌邑以敝吴楚，猶細柳之軍也。然其所以藉手成功者，則在以梁委之。使非文帝豫入賈生之策，以親子王梁，拓其土宇，則勢不足以扞蔽關中。彼吴楚且將乘其蠭起之勢，鼓鋭而前，亞夫即欲堅卧不起，何可得哉！故七國之破，乃賈生先有以制之。救焚之術無過曲突徙薪，獵獸之功莫若發蹤指示，亞夫雖勛高諸將，遜賈生一等矣。

周亞夫力争王信之侯

亞夫守高帝約，力争王信之侯，其用意甚深，非漢廷諸臣所及。即賈、晁善謀，亦止知削强藩，而不知抑外戚也。使景帝能用其言，編諸令甲，垂示後昆，豈復有五侯之濫恩，卒釀新莽之巨禍哉！至匈奴王徐盧等五人降，帝欲侯之以勸後，是即賈生五餌之一，乃兵機權道，非經制也。亞夫以爲背主來降，侯之無以責人臣守節，則失之迂矣。夫使匈奴之臣人人爲其主守節，於漢何有哉？宜帝斥爲『不可用』也。

申屠嘉

申屠嘉以材官蹶張、由軍功積資格取相位。以視蕭、曹、周、陳，瞠乎後矣。但其居位頗著大節，非碌碌者方。袁盎見嘉請問，嘉對以不受私語。盎乃直攻其短，斥爲『愚相』，嘉欣然謝過，引列上客，已屬恒情所難。且當文帝時，因鄧通侍上不敬，召欲斬通；及景帝時，又因晁錯鑿太上廟堧垣，奏請誅錯。夫通固文帝之肺腑弄臣，而錯則景帝之腹心謀主也。嘉乃持法守正，無少回曲，直至通叩頭出血、上爲請乃解；及誅錯不得，則悔不先斬以聞，遂發憤嘔血死。固足見漢初相權之重，而嘉之剛毅不撓，詎得以無學術少之哉！

武帝用司馬遷

武帝用人，別有一番作用。他不具論，即其用司馬遷，實有出乎尋常意計之外者。帝游宴後庭居中決事，用士人則多不便，而中人又往往闒冗不稱意。遷學貫天人，文章爾雅，漢廷莫二，帝心賞久矣。適會李陵之事，坐法當刑，於是下之蠶室，引諸閹寺之班而畀以樞機之任。班史稱遷被刑後爲中書令，尊寵任職，蓋刑之適所以任之。帝之詔令醇古，炳焉與三代同風，大抵遷居中爲之屬稿也。而恭、顯之竊柄，實權輿於此。

武帝征匈奴

武帝好大喜功，事多可訾，夏侯勝所以建不立廟樂之議也。獨其罷黜百家、表章六經，爲一代右文盛典。而征伐匈奴，亦不得譏其黷武窮兵也。漢都長安，北與匈奴鄰，其勢足爲邊患。故高帝以三十萬衆困於平城，至文、景而侵暴彌甚，乃至候騎掠甘泉、烽火達京師。雖屢結和親，遺以宗女，厚賂而其患莫息也。武帝襲四代成業，强藩削弱，無末大之虞；士民素附，有金城之固。於是赫然發憤，命將出師，深入窮追，浮河西、絶大幕，竭中國兵力，大小數百戰，前後二十餘載，海内虚耗，而匈奴因以離困，遂封狼居胥，渡余吾水，斬首以千萬計，虜名王、貴人以數百計。較其戰功，周秦以來未之有也。故帝下詔有曰：『高皇帝遺朕平城之憂，高后時單于書絶悖逆，昔齊襄公復九世之仇，《春秋》大之。』而其告太子則曰：『我爲其勞，汝爲其逸』，蓋所以刷先朝之耻、遺後嗣以安，此誠帝之雄才大略也。是以昆邪款塞，王庭北徙，再傳至元康、神爵間，而匈奴乖亂，五單于争立日逐，呼韓傾國歸命，蒲伏稱臣，遣子入侍。史稱是時『邊賊宴閉，牛馬布野，三世無犬吠之警』。詎非賴帝撻伐之餘威有以震讋而屈伏之哉！

武帝聚斂之術

武帝聚斂之術，始終凡三變。其所以未至大亂者，固由文景之遺澤在民，亦由屢變法而卒不加賦也。其初因府庫之積，忿蠻夷之害，招徠甌越，開西南夷，置滄海郡，又與匈奴絶和親，兵連不解，大農告匱，於是令入物者補官，出貨者除罪，入奴婢者得終身復，入羊者爲郎；又置武功爵，級十七萬，凡直三十餘萬金。此一變也。然第即文景賣爵之舊制而推廣之，固非强民以必從也。繼因驃騎再出，渾邪來降，賞賜亡算，而梁楚頻年河決，山東普被水灾，穿渠振饑，費以億計。於是更造錢幣，大興鹽鐵，算及舟車，又尊顯卜式以風示天下，而列侯封君、富商大賈莫肯出財以佐縣官，於是下告緡之令，嚴酬金之罰，因而破家失爵者累累相望，此二變也。然亦第欲取富者之有餘，以補官之不足，其占吝不應者始以法繩之，使人人皆卜式，則一切之法可省也。厥後，帝亦知諸法難行，於是罷告緡，專任桑羊，分置鹽鐵均輸官，更於京師設平準，盡籠天下之貨物，貴則賣之，賤則買之，俾商賈不得牟利，而盡歸於官。此三變也。班史所謂『國用饒裕而民不益賦』者也。唐之劉晏用此意也。

武帝不惜巨費以振饑

武帝聚斂之術，一切皆秕政也。所以不致大亂者，非徒不加賦，尤在不惜巨費以振饑也。元狩三年，山東被水，民多困乏，帝既遣謁者虚郡國倉廪以振之，又募富民相假貸，猶不能相救。乃徙貧民於關以西，及充朔方以南新秦中七十餘萬口，衣食皆仰給縣官，數歲，貸與産業，費以億計。此誠异量之恩，非後世所能及。而關西、新秦中初徙之民，漸成土著，又足以實畿輔而儲邊備，則亦非鰓鰓焉徙爲移民移粟苟且旦夕之計也。

武帝作沈命法

武帝中年以後，吏治競爲嚴急，而盜賊滋起。梅免、百政、段中、杜少之徒，大群數千，小群數百，攻城擄掠，吏莫敢訶。於是遣綉衣使者發兵逐捕，誅殺以千萬計，猶不能禁。此皆帝窮兵黷武、掊克聚斂之所致也。不正其本，乃更作『沈命法』，凡盜起而不發覺及發覺而不悉捕者，二千石以下至小吏皆死。由是小吏畏誅、大吏懼罪，上下相爲諱匿，以避重法。而盜賊益不可制。文景之遺澤寖以微矣。使非晚年悔禍，付托得人，不爲亡秦之土崩者幾希。

公孫弘以春秋治獄

公孫弘以曲學阿世被譏，及爲三公，被汲黯斥其詐，但其議論有足多者。卜式輸財助邊，問其何欲，則以『不願爲官』及『無冤』對，上以語弘，弘曰：『此非人情。不軌之臣不可以爲化而亂法』，所以杜幸恩之漸，其意深矣。軹有儒生詆郭解，解客殺此生，斷其舌，吏以責解。解實不知。弘曰：『解布衣任俠，以睚眦殺人。解不知甚於解知之。』遂族解。主父偃相齊，使人告齊王與姊奸，王自殺。弘曰：『齊王自殺，無後國除，爲郡入漢。偃本首惡，非誅偃無以謝天下。』遂族偃。此二議甚當。皆本《春秋》以治獄者也。若弘生平可訾者，惟出董仲舒相膠西王、徙汲黯爲右内史耳。主父奸人之雄，求烹得族，不足惜也。

衛青

衛青之貴，起於椒房。然漢之威加匈奴，實自青始，其功良不細矣。漢史本傳所列斬首捕虜，大抵據幕府功狀，而不及其將略。後世見其位大將軍，封侯，貴震天下，以爲半由外戚恩澤耳。及觀《伍被傳》：『被與淮南王論青之爲人，曰：「臣所善黄義從大將軍擊匈奴，言大將軍遇士大夫以禮，待士卒有恩，衆皆樂爲用。騎上下山如飛，神力絶人。又謁者曹梁使長安來言大將軍號令明，當敵勇，常爲士卒先。須士卒休乃舍，穿井得水乃敢飲，軍罷士卒已逾河乃渡。皇太后所賜金錢，盡以賞賜，雖古名將不過也。」』信如所云，青之立功絶域，詎曰天幸哉！且青生平有大過人者三：定襄之役，蘇建盡亡其軍，獨以身歸，或勸青斬建以明威。青乃囚建詣行在，不敢於境外專誅，一也。李廣失道自殺，青未嘗怵迫之也，廣子敢銜怨，輒擊傷青，青匿諱不言，二也。青貴重，漢廷群臣莫敢抗禮，惟汲黯長揖不拜，青賢黯，數問以朝廷所疑，遇黯加於平日，三也。史稱青『爲人仁善退讓，以和柔自媚於上』。夫仁善退讓，古君子之泛愛不伐也，未易求之武臣，顧乃得之外戚哉！若以爲和柔媚上之具，則苛矣。

李廣

李廣爲漢名將而志量偏狹。其不獲封侯令終，有以也。即如廣失職，屏居南山下射獵，夜過灞陵亭，爲醉尉所止，此未爲辱也。漢法禁夜行，故尉曰：『今將軍尚不得夜行，何乃故也！』此其言甚正，即使不醉，亦無可訾，何仇怨之有哉？迨廣起守右北平，乃請尉與俱，至軍而斬之。嘻，亦太甚矣！由此推之，其生平睚眦必報可知矣。若韓安國受辱於獄吏田甲，迨起爲梁内史，甲肉袒謝罪，卒善遇之，庶乎長者之風矣。

班書李陵傳

班氏點竄《史記》，往往不及原文，惟所補《李陵傳》最爲明密。蓋司馬遷坐陵得罪，故爲《陵傳》不便敘其戰功，但云『殺傷匈奴萬餘人，且引且戰，連門八日』而已，此引嫌也。班氏《補傳》始詳列其孤軍血戰之功及矢盡援絶不得已納降之故，又隱然見其惓惓不忍忘漢之心；復與蘇武同傳，兩兩對鏡，以正其不能死節之罪。中間情事曲折始末、問答慷慨嘘唏，千載下如聞如見。孟堅生平極著意之文，亦極稱意之文也。

卜式

卜式真長者也。與弟分財，一無所取，獨以牧羊致富。弟破其産，數分己財以贍之，内行已不可及。迨武帝伐匈奴，式輸財助軍，帝遣使問所欲，則曰：『愚以爲賢者宜死節，有財者宜輸之，如此而匈奴可滅也。』大哉斯言！簪纓冠劍之倫有愧色矣。及爲郎牧羊，因論治民之道，緐氏、成高，迭彰勣績，夫豈空言無實者比哉！後爲齊相，值吕嘉反，首執『主辱臣死』之誼，請父子死南越，詔所謂『義形於色』非邪？或曰：武帝勸助邊而式倡輸，募從軍而式首奮，雖無所丐請，安知非窺意旨以幸恩澤乎？曰：此猶平津〔一〕之議，非知式者也。使式果有他腸，則當其封關内侯、位御史大夫，術已售矣，志已得矣，自當與桑、孔比而言利，爲保位固寵之謀。乃首請罷鹽鐵船算，以致忤主左遷；又昌言請烹弘羊，抵觸權幸，更甚於汲黯之廷詰張湯，此豈有所爲而爲之乎！如式者，非徒質直好義，抑亦漢廷骨鯁大臣哉！

蘇武張騫

蘇武爲匈奴所留，居北海上，十九年乃得歸，隨從官屬還者九人。張騫使月氏，道經匈奴中，爲所留，居匈奴西十餘年，因亡走月氏，留歲餘，還，復爲匈奴所留。會單于死，國内亂，乃得乘間脱歸。先後留十三年。隨行百餘人，還者止二人。後世但知典屬國之杖節不屈，而於博望侯則第稱其通西域、窮河源，以爲鑿空而已。詎知其峥嶸大節、奉使不辱若此哉！兩人俱於匈奴中娶妻生子，亦相似。

吾丘壽王論禁挾弓弩

吾邱壽王本末俱無足觀，獨其與公孫弘議禁民挾弓弩一事，最爲切中事理。弘議：盗賊多挾弓弩，吏不敢捕。若禁民挾弓弩，則盗賊執短兵。短兵接則衆者勝，以衆吏捕寡賊，其勢必得。其言似已。壽王以爲：所爲禁者，爲盗賊以之攻奪也。攻奪之罪死。然而不止者，大奸之於重誅固不避也。恐邪人挾之而吏不能止，良民以自備而抵法禁，是擅賊威而奪民救也。於是弘之議詘矣。夫懸令甲以禁良民而奪其禦寇之利器，彼盗賊者觸令甲而不恤，擅利器而莫敢誰何，吾恐吏之捕盗未必果得，而盗之掠民將日甚一日而益無忌憚也。後之君子欲彌盗以安民者，慎毋徒師平津之遺策哉！

金日磾

武帝立少子，以霍光、金日磾、上官桀、桑弘羊受遺輔政。其後桀、弘羊皆以反誅，光擁昭立宣，爲漢伊周，功無與二，身死三年，宗姓夷滅。獨日磾以功名終，世傳忠孝，慶流奕葉，非其子孫獨賢，家法固殊也。日磾之謹厚畏慎，他不具論。即如武帝遺詔，以捕反者馬何羅功封日磾及光、桀并爲列侯，獨日磾以昭帝幼，不肯受封，此其慮甚深。夫捕何羅，日磾一人之功耳，光、桀無與也。乃當日不封，迨帝崩後始三人俱封，何也？故侍中王忽揚言曰：『帝崩，忽常在左右。安得遺詔封三子事？群兒自相貴耳。』觀忽此言，則知日磾之不肯受封，有以也。

車千秋

車千秋以寢郎微末，上書白衛太子之冤，片言寤主，旬月取宰相。登庸之速，傅説而後，一人而已。史稱其敦厚有智，居位自稱。但考其生平，方武帝時千秋初視事，即率御史、中二千石共上壽頌德美，勸上『施恩緩刑，玩聽音樂，養志和神，爲天下自虞樂』，不聞他有建白也。迨輔昭帝，霍光詢以政事，則曰『惟將軍留意，即天下幸甚』，終不肯有所言。千秋之歷相兩朝，如是而已。蓋武帝居中決事，權歸大將軍，丞相但取充位，無甚重輕；昭帝冲幼，中外一決於光。光置相但取其柔謹易制，故千秋得以濫厠其間，在位十二年，每有吉祥嘉應，數被褒賞，晚節安車入朝，尊禮殊异。中間因議徐仁事忤光，又賴杜延年之言而解。鼎鉉至重，乃得之如此其易，居之如此之久且安，容容厚福，殆千古一人哉！

注釋：

〔一〕 魏按：平津，指公孙弘。公孙弘被封平津侯。

兩漢史斷卷三

前漢下　昭帝至平帝

眭孟以術殺身

漢儒好陰陽災异，往往以一言之合取重。當時亦有用其術以殺身者，惟眭孟尤爲不冤。元鳳三年，萊蕪山南有大石自立，昌邑枯木復生，上林苑中枯柳卧地亦自立，生有蟲，食葉成文曰『公孫病已立』。孟推《春秋》之意，以爲故廢之家公孫氏當復興，因使友人上書，以漢帝應求索賢人，禪以大位，退自封百里，如殷周二王后。此妖言也。是時昭帝冲幼，大將軍專權秉政，孟乃傅會經義，假托神怪，欲建非常以希後福。倘霍光有窺覦神奇之心，是導之篡也。光明正其罪，坐以大逆不道，立予誅夷，其忠誠豈不昭然若揭哉！孟爲董仲舒弟子，仲舒之學專精於《春秋》災异，弟子著籍者衆，乃吕步舒背其師説，而仲舒下吏幾死；孟祖其師説，而躬蹈大戮，甚矣學術之蔽也！

上官皇后

昭帝皇后，上官安女也。立爲后時，年甫六歲。安以謀反誅，后年少不與謀，故得不廢。及昭帝崩，后年十四五耳。昌邑王賀徵入即位，尊爲皇太后。因賀行淫亂，大將軍霍光白太后，廢賀而立宣帝。史稱是日太后坐武帳中，珠襦盛服，侍御數百人，皆持兵，期門武士陛戟陳列，殿下群臣以次上殿，召昌邑王伏前聽詔。尚書讀奏，歷數王淫亂諸不法狀。太后曰：『止。爲人臣子，當悖亂如是邪？』群臣奏王當廢，太后詔曰『可』。大將軍於是解脱璽綬奉上太后，扶王下殿。以幼女當大事而能不亂，斯亦奇矣。宣帝立，尊爲太皇太后，立四十七年始崩。計后自六歲爲皇后，十四五即爲皇太后、晋太皇太后。實近古所罕。

宣帝不好儒

宣帝任法而不好儒，論者或病其刻。但帝最重刑獄，所頒詔令多爲後世法，有行之至今不廢者。如『子匿父母、妻匿夫、孫匿大父母，皆勿坐；父母匿子、夫匿妻、大父母匿孫，罪殊死，皆上請』，此即親屬得相容隱之律也；『年八十以上，非誣告、殺傷人，他皆勿坐』，此即年老收贖之律也。又如，『令郡國歲上繫囚以掠笞若瘐死者所坐名、縣、爵、里，丞相、御史課殿最以聞』，及置廷尉平、躬幸宣室齋居决大事，皆欽恤之大者。史稱德侔殷宗、周宣，洵無忝焉。至其謂太子曰：『漢家自有制度，不能純用王道』，未免『雜霸』之譏；若所云『俗儒不達時宜，好是古非今，使人眩於名實，何足委任』，則其言未爲過也。孔子之言曰：『殷因於夏禮，所損益可知；周因於殷禮，所損益可知』，此言古今之异，宜也。孟子之言曰：『盡信書則不如無書』，又曰：『不以文害辭，不以辭害意，以意逆志，是爲得之』，此言讀書之不容泥也。後之末學，往往不知古人之意，爲書所愚，此俗儒通病，而漢儒尤甚。蓋其初承秦火之後，聖教中微，一切申韓黄老雜出其間，齊魯之士掇拾殘牘，轉相授受，學者惟知株守師説，沾沾從事於章句訓詁，又每挾五行灾异爲逢時動主之資，及試之於事，非迂闊不切，即格礙難行。此誠帝所大不取也。歷觀西京諸儒，惟賈誼之通達治體、劉向之痛詆外戚，奏議卓犖可紀，此外有裨當世者幾人哉！即如元帝以蕭望之爲師，貢、薛、韋、匡相次柄用，之數人者，褎然稱巨儒矣。究其設施，視丙、魏何如哉？天下之治亂，視宣帝時何如哉？數傳而後，孔光、劉歆之徒，以儒術希世取寵，而王莽乃得假托周公，緣經飾僞，拱手攘取神器。追思宣帝『亂吾家者太子』之言，何其明也！

（此條并見《知止堂集》）

丙吉魏相

宣帝中興，丙、魏并稱名相。魏相明於故事似蕭何，丙吉務持大體似曹參。然其爲政，必本陰陽月令。相請選明經、通知陰陽者分主四時，時至，明言所職，以和陰陽。吉問牛喘，以爲方春少陽用事，未可大熱，恐時氣失節，有所傷害，此其所見略同。蓋以三公任專燮理，漢法每以灾异歸咎輔相，而是時陰陽五行之學盛行，朝廷所重經術首在於是。故必假以爲説，方足以動上聽而輯群議。其實兩人所以佐主匡時者，不恃乎此也。

宣帝殺趙蓋韓楊

宣帝殺趙蓋韓楊，論者以爲主德之累。及考諸臣致罪之由，大抵自取之也。趙廣漢尹京兆，漢興以來所莫及，但縱客私酤，爲丞相吏所逐，輒遷怒案劾蘇賢，并以他法論殺榮畜。事發被案，復持丞相婢死曖昧之事欲相迫脅。至自將吏卒突入相府，召夫人跪庭下，責以殺婢，并收奴婢十餘人去。摧辱大臣，逆節傷化，誠有如蕭望之所劾者。況又賊殺不辜，其死宜矣。蓋寬饒爲司隸，刺舉無所回避，京師爲清。乃以久任不遷發憤上書，詞涉怨謗，又因《韓氏易傳》言『五帝官天下，三王家天下，家以傳子，官以傳賢，若四時之運，成功者去，不得其人則不居其位』，不知其意何居？吏議以爲意欲求禪，大逆不道，不可謂盡出文致也。韓延壽治郡，恩信周洽，有循吏之風，因爲蕭望之所忌，以延壽在東郡時曾散放官錢千餘萬，遣御史按問。延壽即以望之在馮翊時散放官錢百餘萬，掠治屬吏，欲相劫持。嗣望之事卒無實，而延壽竟以僭上不道坐誅。今按其爰書，大抵即本傳所云『都肄講武，設斧鉞旌旗習射禦』之事，但漢家軍禮自有定制，恐僭逾之罪，延壽不能辭也。若楊惲者，行能不及三人遠甚，徒以宰相子告反者得侯，失職怏怏，出言怨望，其不保首領，何足惜哉！

蕭望之

史稱蕭望之明經持重，議論有餘。今觀其論烏孫之不可恃而還少主，論匈奴之不可伐而施仁義，論單于敵國應待以不臣之禮，皆議論之卓然可稱者。但其爲人，怙勢而恃才，方爲御史大夫，則輕丞相丙吉，輒與鈞禮，并曰『侯年能父我邪？』此非儒者之言也。他若沮耿壽昌常平之設，駁張敞贖罪之議，劾趙廣漢，陷韓延壽，均致之死，其意以諸人行能皆出己右，故或以經義折之，或以危法中之，其心詎可以對天下後世哉！晚節柄用，欲退石顯，又爲傾邪之鄭朋所誤，卒隕厥身。可謂自貽伊戚者矣。

元帝用貢薛韋匡

元帝向用儒術，史稱貢薛韋匡相次柄用。但究其設施，貢禹忠直敢言，雖不盡可行，而請減宮人、輕算賦、慎選舉，俱切中當時之弊。薛廣德以直諫著稱，然於帝御樓船，輒當乘輿欲自刎，以頸血污車輪，已屬争所不必争。若韋元成之碌碌無所短長，匡衡初附石顯，迨顯失勢，復上書條其舊惡，爲王尊所劾，卒以越界溢占官田四百頃坐法罷黜，晚節不終，適足爲經術之辱矣。

捕盗

捕盗爲國家要政，而古今積弊如出一轍，堪爲喟嘆。元帝責丞相、御史曰：『惡吏負賊妄意，良民至亡辜死；或盗賊發吏不亟追，而反繫亡家，後不敢復告，以故寖廣。』此即後世誣陷良民、抑勒事主之弊。漢吏治最爲近古，且當時承宣帝綜核名實之政，而有司惡習已至於此。帝乃以二千石選舉不實、在位多不稱職歸咎大臣，知治本矣。

漢儒經術

西京諸儒，董仲舒最爲醇雅。天人三策，粹然一出於正。他所建白，大抵以五行灾异爲言。匈奴質子一議，班氏已譏其迂；其切於時事者，惟限民名田一議，後師丹復祖述之。孔光等奏請：諸侯王至關内侯、吏民名田，皆無得過三十頃，卒寢不行。至王莽乃力行均田之法，旋以招亂，蓋復古之難也。宣帝時，耿壽昌奏置常平倉，而蕭望之以爲有動衆之功，恐生旱氣，民被其灾。其後置倉平糶，大爲民便，卒亦未嘗旱也。元帝時，貢禹以民弃本逐末，請罷鑄錢，租税禄賜皆以布帛及穀，使百姓一意農桑。議者以爲交易待錢，布帛不可寸寸分裂，禹議遂寢。至魏文帝始踵其説，見諸施行，卒以巧僞滋多，復行錢幣。夫通經貴乎致用，立法期於可行，是以賈生建策，身殁而效彰；家令籌邊，費省而事集。今諸儒援經立説，動輒以古裁今，乃當時苦其難行，後世行之而徒以滋弊，亦安事此紛如聚訟爲邪？高帝所謂『腐儒』，宣帝所謂『俗儒』，非邪？

漢儒論天子廟制

《商書》『七世之廟可以觀德』，此議禮家『天子七廟』之制所自昉。其間昭穆迭毁，不載於《詩》《書》，而詳於戴《記》，大抵漢儒之説也。漢時建言罷郡國廟，定宗廟迭毁禮，始自貢禹，未及施行。元帝永光四年，韋元成爲相，始定議宗廟在郡國者勿復修，旋議五廟之制，以高帝爲太祖之廟，世世勿毁；太上皇、惠、文、景帝廟皆親，盡宜毁，悼考廟親未盡，如故。其時與議諸臣以太上皇爲漢始祖，廟不宜毁者，平當也。以文帝爲太宗，廟不宜毁者，許嘉等二十九人也。以武帝爲世宗，廟不宜毁者，尹忠也。以悼考廟於昭穆非正宜毁者，尹更始等十八人也。元帝依違一年，始定議：高帝爲太祖，文帝爲太宗，景帝爲昭，武帝爲穆，昭帝與宣帝俱爲昭，悼考親未盡，太上、惠帝廟皆親盡，宜毁。於是大禮乃定。但禮家皆言天子七廟、諸侯五廟，今元成議以太祖四親爲五廟，是天子而用諸侯之禮矣。洎匡衡爲相，元帝寢疾，夢祖宗譴，告以郡國廟不宜罷，意欲復之，兼復諸毁廟。衡深言不可，自爲文禱謝祖宗及諸毁廟主，申明不敢逾禮修復之由，願以身塞殃咎，甘墜溝瀆。厥後，帝久不平，諸所罷寢廟園次第修復，并尊武帝爲世宗，後世不得議損益之禮。衡亦不能固争。迨成帝初立，衡復奏請惠、景二帝及太上皇廟悉罷之。迹衡生平，寡所執持，其堅守一議始終不易者惟與石顯比而沮甘陳封賞，及踵元成前議建毁廟之制而已。嗣是，太上皇廟既罷旋復，世世奉祠，并復申擅議宗廟弃市之令。哀帝初，丞相孔光等又以宗廟迭毁之次當以時定爲言，下群臣雜議。彭宣等五十三人均與韋、匡前議同，仍請毁武帝廟，於是劉歆議曰：『武帝南滅百粤，北攘匈奴，功莫大焉。高帝爲太祖，文帝爲（文）太宗，武帝爲世宗。禮：「天子七廟」，其正法也。宗不在此數中。苟有功德，則宗之，不可預爲設數。故於殷，太甲爲太宗、太戊爲中宗、武丁爲高宗，繇是言之，宗無數也。或説「宗者，宗其道而毁其廟」，名與實异，非尊德貴功之意也。詩云：「蔽芾甘棠，勿剪勿伐，召伯所茇。」思其人猶愛其樹，况宗其道而毁其廟乎？武帝廟不宜毁。』上從其議。歆又上言曰：『正昭穆則孫常與祖相代，此遷廟之殺也。聖人於其祖，出於情矣，禮無所不順，故無毁廟。』自貢禹建迭毁之議，惠、景廟及太上皇寢園廢而爲墟，失禮意矣。班彪論之曰：

『漢承絶學之後，祖宗之制因時制宜，自元成後學者蕃滋，貢禹議毁宗廟，後數復紛紛不定，何者？禮文缺微，古今异制，各爲一家，未易偏定也。』觀諸儒之議，劉歆博而篤矣。此後儒議天子廟制之始，故撮其大要，略記於此。

宣帝重守令

宣帝起自閭閻，知民疾苦，故最重守令之選。厥後，置相必先令治民，未歷郡縣者往往試之三輔，其用意甚美。但人才各有所宜，亦難概論。即如黄霸爲西京循吏之首，薛宣所在稱治，爲世吏師。朱博雖好爲奇譎，而威信行於吏民。三人志趣不同，要之皆良有司也。及先後入相，霸、宣皆不知大體，爲上所輕，不能久於其位。博且以傾危亂政自殺其身。誠以才有所限、器有所極，宰百里、理一郡，其與師率百僚、填撫四海，大小固不侔也。故蕭望之論張敞曰：『敞能吏，任治煩亂，材輕非師傅之器。』斯言得矣。

帝師作相

漢初置相，必選列侯。武帝用公孫弘，始以文學進，此漢法之變也；猶封爲平津侯，遂成故事，則仍沿初制也。霍光引用蔡義爲丞相，時年八十餘，貌猶老嫗，行步俯僂。光第取其衰庸易制，其曰『人主師當爲宰相』，特飾辭耳。自此張禹、孔光皆以帝師及師子晋位鈞衡，尊禮隆備，究其有裨於當世幾何哉？歷考漢中葉以後，師傅卓然有稱者，獨一蕭望之耳。乃元帝不能聽望之忠言，疏許史而退石顯；成帝偏納張禹邪説，親任王氏而不疑。漢祚中衰，實由於此。

成帝尊信張禹

成帝尊信張禹，舉朝莫二。因屢有灾變，吏民上書，多言王氏專政所致。帝頗以爲然，密訪於禹。禹以爲：『灾變之意深遠難見，故聖人罕言命，不語怪、神，性與天道，自子貢之屬不得聞，何況淺見鄙儒？陛下宜修政事，以善應之。』此其言甚當，足以救漢儒依托《洪範》《春秋》，妄言灾异之失，非精於《論語》者弗能道。史稱禹爲《論語章句》，諸儒爲之語曰：『欲爲《論》，念張文。』良有以也。然而王氏因此益以牢固，遂釀篡奪，禹之罪可勝誅哉！通經所以致用，乃不用以扶正，而用以濟邪，以此而云經術，不若舉六藝而束之高閣矣。

韋平父子作相

西漢以儒術父子爲相者，惟韋賢及子元成、平當及子晏，大抵居位碌碌，寡所建明。故史稱其『服儒衣冠，傳先王語』，『然皆持禄保位，被阿諛之譏』。惟平當不肯强起受侯印，韋元成陽爲病狂讓爵避兄，其廉潔有足多者。竊意兩姓家法，大抵畏懼恬退，循分奉職，故得濟美後先，積資格以致高位。殉國之臣與保家之主，固未可一概論也。若平晏改事新莽，封就新公，又不足言矣。

王　嘉

漢末骨鯁死節之臣，不愧輔相者，獨有一王嘉耳。哀帝嬖惑董賢，封賞亡度，嘉犯顔極諫，乃至封還詔書，深有合於持危扶顛之義。嗣因大赦，請復用廷尉梁相等，帝遂因以爲罪，下吏詰問，嘉從容引對，吏不能詰，卒死獄中，可爲酸鼻。嘉自云『不能進賢退不肖，死有餘責』，而以賢爲故丞相孔光。後帝思其言，遂以光代嘉爲相。考是時，光與公孫禄等首以『迷國罔上』劾嘉，而嘉瀕死猶稱其賢，在嘉誠厚矣。光靦然人面，竟代其位而不辭，毋亦有愧於心乎！《嘉傳》載：『光等共劾嘉，惟龔勝以爲嘉坐薦相等微薄，應以「迷國罔上，不道」，恐不可以示天下。』而《勝傳》乃云：『嘉資性邪僻，所舉多貪殘吏，位列三公，陰陽不和，諸事并廢。咎皆由嘉，迷國不疑。』一人之言，兩《傳》互异，何也？或紀載之舛歟？夫以嘉之爲人，而可以『邪僻』目之哉？是時，丁、傅、鄭、董佞幸盈朝，奢淫放縱，何事不可？以奸陰陽、隳庶政，而以爲咎皆由嘉哉！勝高潔之士，與孔光志趣迥殊，不應爲此謬言也。

元后成王氏之篡

外戚干政，皆倚母后爲重。雖以吕氏之權，根株盤互，一旦高后崩逝，大臣得以起而誅之。王氏雖有十侯、五大司馬，大抵競爲侈靡，以第宅、輿馬、聲色、游俠相高，志初不在大也。哀帝時，丁傅用事，王氏日疏，假令元后於此時奄然殂謝，彼莽者方就國，恐懼之不遑，敢有异謀哉？乃哀帝享祚不永，又以私憾誅王嘉，罷丁明，徒倚一少不更事之大司馬董賢與之狎比，内乏維城之寄，外無柱石之臣。及宫車晏駕，賢惶怖不知所爲，元后於是復召用莽，一以大權付之，而新室之勢成矣。厥後，莽即真五年，元后年八十四乃終，身歷五朝，坐成外家之篡，豈非天哉！故元后之壽考，漢之妖孽也。

漢儒不明義利之辨

漢儒爲學，大抵不明於義利之辨。能言正誼明道者，董仲舒一人而已。如夏侯勝教門人曰：『士患不明經術。經術若明，取青紫如俯拾地芥耳。』韋賢及子元成并以儒學取相位，魯人爲之語曰：『遺子黄金滿籯，不如一經。』此其意皆以經術爲利禄之途，故往往好爲陰陽灾异以冀多言或中，取寵當時。末年緯書雜出，學者喜其新奇，又相與背經而信讖，此乃陰陽灾异之末流，浸淫放失以至於此。王莽知天下之所趨重者有在，於是假托《金縢》《大誥》，以經術文奸僞，造丹石金匱，以符命惑衆。甚且遠征沙鹿，近傅元將，從容指揮，坐移漢鼎。迨所謀既遂，又欲以嚴刑絶其後，豈知在廷國師大儒已有更名『劉秀』者矣。

太守輕重

漢初，封建與郡縣并行，而諸侯王之權重，故王國之相尊於天子之守。景帝始令諸侯不得治國，天子爲置吏。嗣是叠加繩削，藩國益輕，於是太守之權重。故嚴安言於武帝曰：『今外郡之地，或幾千里，列城數十，形束壤削，脅帶諸侯。上觀齊晋之所以亡，公室卑削，六卿太盛也。今郡守之權，非特六卿之重，地幾千里，非特閭閻之資；甲兵器械，非特棘矜之用。以逢萬世之變，則不可勝諱。』其意與賈誼、晁錯相反，而實相似。蓋後世藩鎮之禍，固已胚胎於此。厥後欲抑其權，於是特置部刺史，以六條察二千石罪狀，得專誅罰。數傳而後，太守之權益輕，故王嘉言於哀帝曰：『部刺史察過悉劾，發揚陰私，二千石益輕賤，吏民慢易之，小失意則有離畔之心。國家有急，取辦於二千石，二千石尊重乃能使下。』其意復與嚴安相反，皆補苴救弊之策也。吁，天下至大，天子及公卿大夫莫能居中而理，不得不分置守令以填撫其民，乃權重既虞末大難制，權輕又恐威令不行，無以應倉卒之變。王者因時制宜，固必有所折中損益於其間哉！

立國有偏重之勢

自古立國，其勢不能不有所偏重，以僥一時之利。迨利得而害隨之，必且矯枉過直，而偏重彌甚。究之所備在此，所患在彼，則非人之所能爲也。高帝欲藉諸將之助以僕項羽，不得不裂地而王之。未幾，雲合霧集，成垓下之功者，异姓諸王力也。迨天下已定，强大難制，漸成瓦解，於是悉從剪薙，一切以子弟代之。未幾，共誅諸吕，卒安劉氏者，同姓諸王力也。數傳而後，寖以驕僭，往往帝制自爲； 驟加繩削，遂成七國之變，此皆偏重之勢有以致之。厥後痛懲其弊，於是重抑其權，益分其地，遂至宗室日輕，外戚日重，因循不革，而新莽之禍作焉。諸吕不能逞志於前，王氏得以成事於後者，所偏重者异也。惟擇術亦然。高帝規模粗就，節目疏闊； 惠文與民休息，而偏重在黄老； 景武昭宣儒臣漸進，而文網稍密，偏重在申韓； 元成以後，始專用儒。乃初用黄老而治，中用申韓而强，末用儒而弱且亂。哀平短祚，新莽即假經術以盗其國。然則天下之治亂，固不繫法而繫人哉！

兩漢史斷卷四

後漢上　光武

劉伯升首建中興之業

東漢中興之業，劉伯升首建義旗，沘水一戰，新莽震懾，功高勢逼，慘被誅夷，君子壯其志而悲其遇焉。雖光武大勛集於河北，而其初破家結客、造謀舉事，皆伯升力也。使其於正位之初，特詔褒表，崇以徽號，葬以殊禮，詎不足抒九京之憤、快義士之心哉！乃當日俱不出此，第於建武二年封二子爲王，以其一嗣兄仲，後遲至十五年，始追謚爲齊武公，而仲亦追謚爲魯哀公。越二年，乃俱晋爲王。一切恩澤，均依帝兄封王故事，與仲無异焉。夫以伯升之創大功、膺首禍，而顧與碌碌若仲者漫無區别乎？且更始枉殺伯升，固光武之仇也。及其勢窮顛殞，妻子來歸，光武既爲之改葬霸陵，復封其三子悉爲列侯，可謂以德報怨矣。使死者有知，彼伯升者能不爲之痛心哉！

齊武不欲先舉尊號

漢兵初起，諸將議立劉氏以從人望。齊武王以爲：『南陽立宗室，恐赤眉復有所立，如此必將内争，非所以破莽也。俟破莽降赤眉，然後據尊號未晚。』諸將不從，遂立更始。其後赤眉亦立劉盆子，攻殺更始，而劉永復稱帝於梁，爲光武所誅。卒如齊武王言。

東漢天下大機

東漢之初，天下大機亦有三：方春陵初起兵，力單寡小，長安之敗勢已不支。使遂惶怖束手，甄阜、梁邱賜不難以十萬之衆進而蹂之，將爲安衆之續矣。賴伯升會下江之兵并力合勢，沘水再戰，遂斬阜、賜，大崩其軍，於是兵威始振，新莽墮膽。此一機也。王尋、王邑將百萬之衆擊宛，先攻昆陽，諸將憂念妻孥，不知所措。使遂散歸各城，則昆陽立拔，而宛下之兵勢將瓦解，是蹈東郡之轍矣。賴光武圖畫成敗，糾合營部，身爲軍鋒，所向摧破，衆軍乘之，誅王尋、走王邑，累戰大捷，於是三輔豪杰聞風回應，莽遂授首。此二機也。光武以大司馬徇河北，值王郎起兵，州郡騷動，道路梗阻，形勢危迫。使從官屬之計，間行脱歸，或南入洛陽，或西詣長安，不爲朱鮪所制，必爲赤眉所虜矣。賴耿弇首建大謀，邳彤續陳至計，兼得漁陽、上谷二郡精兵，於是破滅邯鄲，略定河北，威聲日盛，而中興之業基焉。豈非天哉！

光武都洛陽

高帝初欲都洛陽，因劉敬建議，即日西都長安，論者以爲得地利。及光武中興，乃不都長安而都洛陽，何哉？時勢异也。高帝初入關即除秦苛法，及漢中再舉，首定三秦，後雖連年東出，而蕭何佐太子留守關中，勞來填撫，民心歸附久矣。且是時天下初定，關東諸异姓王跨州列郡，雄踞千里，勢且難制，脱一旦有變，中州之地四面受敵，不若關中形勢利便，足以進戰退守，此留侯所以力贊高帝決計從敬策也。光武帝業成於河北，未嘗西入關也。是時更始、赤眉迭據長安，而隗囂假息於隴右，公孫竊號於巴蜀，又相與眈眈焉竊睨其旁而思乘其後，勢不能以旦夕平也。此與高帝時不啻徑庭矣。故光武建號高邑，遣吴漢率十一將軍降下洛陽，因定都以號召天下。厥後諸將收復長安，勘定隴蜀，而洛陽宗廟宫闕規制略備。長安兵燹之餘，多所殘毁，帝方與民休息，重復改作，於是循周之舊，漢遂東矣。

兵機不同

兵機猝發，移步换形，霍將軍所謂『方略者，未可以成法拘』也。王尋、王邑以百萬之衆會於昆陽，光武第以敢死三千人從城西水上衝其中堅，城中亦鼓噪而出，中外合勢，遂破其軍。此乃『以寡擊衆，及鋒而用之』，所謂『先人有奪人之心』也。及光武擊銅馬於鄡，賊數挑戰，光武堅營自守，積月餘，賊食盡，夜遁，追至館陶，大破其衆，此乃『以逸待勞，持重以敝之』，所謂『先爲不可勝，以待敵之可勝』也。蓋昆陽之戰，彼强我弱，不得不出必死以求生。鄡之戰，彼亂我整，固當籌計萬全，而坐制其後。此事機之异也。

用兵師古人成法

用兵各有其機，往往有同師古人成法而利鈍迥殊者。泚水之戰，甄阜、梁邱賜以精兵十萬，阻兩川間爲營，絶後橋，示無還心，此淮陰背水之陣也。及爲漢兵所敗，阻水不能退，遂致斬溺二萬餘人，兩將同時授首，則背水之害也。延岑、李寶與赤眉逢安戰於杜陵，大爲所敗，寶遂降安，岑收散卒走。寶密與岑約，使岑還兵挑戰，安空營擊之。寶乃悉拔赤眉旌幟，更立己幡旗，此淮陰拔趙幟立漢幟之計也。及安等戰疲還營，見旗幟皆白，大驚亂走，自投川谷，死者十餘萬，則易幟之利也。同師淮陰，而彼以大敗，此以大勝，則以阜、賜之敵爲劉伯升，而岑、賨之敵爲逄安耳。軍之勝敗，固決於將之智愚哉！

光武明攻守之略

光武起自兵間，深明攻守之略，故一時廟算，多非諸將所及。彭寵圍朱浮於薊，帝遣鄧隆救之。隆軍潞南，浮軍雍奴。遣吏奏狀。帝謂吏曰：『營相去百里，豈得相及？北軍必敗。』後寵果大破隆軍，浮不能救。吴漢進逼成都，阻江北爲營，使副將劉尚別屯江南，相去二十餘里。帝聞大驚，讓漢曰：『公既輕敵深入，又與尚營緩急不復相及，賊若出兵綴公，以大衆攻尚，尚破，公即敗矣。』後公孫述果出兵十餘萬攻漢，別將萬餘人攻尚，令不得相救。漢戰敗被圍，銜枚夜出，與尚合軍力戰，始得轉敗爲勝。董憲圍賁休於蘭陵，蓋延往救之。帝敕延曰：『可直擣郯，則蘭陵自解。』延先赴蘭陵，拔圍入城，憲大兵踵至，延懼，突出，因往攻郯，帝讓之曰：『先赴郯者，出不意耳。今賊計已立，圍豈可解乎？』延攻郯，果不能克。如此類者，殆難枚舉。是以馮异上書有云：『詔敕戰攻，每輒如意；私心斷決，未嘗不有悔。國家獨見之明，久而益遠。』此非歸功於上、謬爲謙讓已也。竊謂高祖之才、之識，有時出三杰下；光武之才、之識，則遠出二十八將上。

光武敕吴漢罷諸郡兵

吴漢圍隗囂於西城，光武敕漢曰：『諸郡甲卒俱坐費糧食，若有逃亡，則沮敗衆心。宜悉罷之。』漢貪并力攻囂，遂不能遣。糧食日少，逃亡者多，及公孫述救至，漢遂退敗，此一事足爲行軍龜鑒。夫兵豈必以多寡爲勝敗哉？兵多而饋運難繼則乏食而饑，饑卒十不能當精卒一；兵多而統御無方則失律而亂，亂兵千不能當整兵百。且兵者，以鋒氣爲用者也。勝敗決於彈指，勇怯移於轉瞬，一勝則怯夫横劍，鋒厲而氣猛也；

一敗則勇士拋戈，鋒挫而氣餒也。自古兩軍角逐，以多而敗，以少而勝者，不知凡幾。豈不繫乎將之智愚哉？故徵兵必先籌餉，增兵不如選將。

光武平群盜

自古王師之平群盜，未有不絶其糧食，持重以坐制其敝者。梟賊初起，人自爲戰，其鋒未易挫也。而所至以擄掠爲資，利於奔突，難於支久。故善戰者因其所短以制之。光武攻董憲，憲招誘五校餘賊數千人以自救。諸將請戰。帝知五校乏食，敕各堅壁以待。頃之五校糧盡，果引去。乃攻憲，大破之。五校入漁陽，陳俊説光武：『宜令輕騎出賊前，使百姓各自堅守，以絶其食，可不戰而殄。』如其計，賊果潰散。馬成圍李憲於舒，令諸軍各深溝高壘，憲數挑戰，成堅壁不出，城中食盡，乃攻之，遂屠舒斬憲。此皆當日方略按册可考者。方赤眉之擁衆入關也，號稱百萬，勢若風雨，亦既禽更始、走鄧禹，幾於所向無敵。徒以關中大饑，遺民保壁自守，無所掠食，不得已引而東歸。於是馮异破之於峭底，光武邀之於宜陽，厲鋭師以臨殘寇，振天威以懾游魂，故雖以數十萬衆，一旦釋甲投戈，肉袒歸死，詎非以飽制饑、以整制亂之明效大驗也哉！

光武初政

東漢初政，有扶西漢之偏者，封功臣列侯，大國四縣，餘各有差。視韓、彭則儉，視蕭、曹則豐矣。更定百官俸千石以上，減於西京舊制；六百石以下，增於舊制。大吏裁其有餘，小吏補其不足矣。有矯西漢之失者，退功臣而進文吏，勛舊賴以保全，賢才無礙升擢，非復列侯作相矣。西域三十六國遣侍子請都護，則還其侍子，厚加賞賜，不以新定之中國從事於無益之外夷，非復遠戍屯田矣。有復西漢之舊者，田租三十税一，行五銖錢，罷州牧，復署刺史之類是也。

光武好儒學

高帝不喜儒生，至云『馬上得天下，安事詩書？』而光武投戈事藝、息馬論道，此非徒志趣殊也。蓋高帝承暴秦坑儒之後，天下廢學久矣，帝又崛起阡陌，未聞洙泗之教，其厭薄詩書宜也。光武少游太學，受《尚書》，學有師法，而佐命勛臣多起自諸生，恂恂爾雅，又是時去西京未遠，天下皆重儒術，若非振興文教，亦無以新斯人之耳目而洗濯其心思。是以帝於受命之初，六合未一，方且命將出師，皇皇焉日不暇給，而即於其間建周後、祠孔子、起太學、置博士，首以此爲當務之急焉。東京文治之盛，權輿於此矣。

光武封功臣

光武封功臣，大者不過數縣，又不任以吏職。惟高密、膠東、固始三侯與參國議，其餘加特進、奉朝請而已。咸得保其始終，誅譴罕及。此不獨帝之善於處置，即諸臣亦非西漢比也。西漢功臣，多草澤奸猾之雄，往往放縱而輕犯法。東漢功臣，半出儒生文吏，故雖感會風雲，奮其智勇，而束脩謹飭，多有可稱。如鄧禹之篤行淳備，寇恂之經明行修，馮异之有功不伐，賈復之闔門授經，祭遵之雅歌投壺，毋庸贅論。乃至勇如吴漢，而謹質形於體貌；　猛如姚期，而信義重於朝廷；　悍如臧宫，而謹信質樸，勤於職事。李忠之在丹陽，以禮化俗；　耿純之在東郡，既去見思。其餘諸公，亦皆恪慎奉法，鮮有跋扈。用能保持爵邑，留慶子孫，良有以也。高祖之封功臣也，與之誓曰：『使黄河如帶，泰山如礪，國以永存，爰及苗裔。』嘻，抑亦大且誇矣。光武之封功臣也，賜之策曰：『在上不驕，高而不危；　制節謹度，滿而不溢。敬之敬之！傳爾子孫，長爲漢藩。』又特頒詔書，申放縱之戒，箴之以『臨淵履冰』。夫以諸臣之賢，而帝之所以提撕警覺者著明深切，斤斤焉於剖符裂地之初，大爲之坊，以杜其漸。蓋其規模閎遠矣，奚翅加高帝一等哉！

光武不用功臣爲相

西漢之初，例以列侯作相。而光武以吏事責三公，功臣抑而不用，非徒優禮元勛，不忍以簿書相勞苦，亦以戡亂用武，飾治用文，功臣特一時之用，而三公任專燮理，佐天子致太平，未宜以虎臣矯矯厠其間也。當時佐命諸臣，如寇恂之經明行修，名重朝廷；賈復之剛毅方直，素重大節，未嘗不兼文武之資，抱將相之器，使其脱兜鍪被衮冕，師率百僚，潤色鴻業，誰曰不宜？乃與蓋延、馬武之倫一例置之哉？考建武三公，若侯霸、歐陽歙、戴涉、蔡茂、杜林玉、况張純輩，大抵碌碌，未有奇節，且多以罪誅，頡頏寇、賈者罕見其人。史稱光武退功臣而進文吏，固未免矯枉過直哉！

光武躬親吏事

光武恢廓大度，同符高祖。銅馬、赤眉以大衆屢抗王師，一旦崩角歸降，曠然洗滌，與之更始，其長安舊臣、隴蜀故將，靡不蠲釋夙嫌，量才甄録。此所以天下歸心，用集中興之業者也。惟躬親吏事，綜核名實，有類宣帝。何其寛嚴頓异、疏密迥殊也？蓋艱難之會，以曠蕩爲恩，故不惜推心置腹以收攬雄豪；宫府之中，以勤能爲最，故不憚引繩批根以督責郎吏。此帝之權也。乃至内外群官自行選舉，尚書近臣不免棰樸。史稱是時『法理嚴察，職事過苦，廷臣莫敢正言』，則盛德之累不少矣。

光武以吏事責三公

三公職掌鈞衡，任專燮理。故陳平不對錢穀之問，丙吉耻居按吏之名。其地位本與群吏殊也。光武之待三公，直以長吏簿責之耳。其下侯霸璽書曰：『崇山、幽都何可偶？黄鉞一下無處所。欲以身試法邪？』何其嚴且厲也！使霸稍知愧怍，能一日尸其位乎？嗣是，韓歆以直言被罪，而歐陽歙、戴涉均斃命牢獄，其餘亦鮮能久於其任者，惟馮勤以佳吏進，號爲稱職，以善自終。帝之不用功臣作相，蓋有以也。然而東京相業，欲求蕭、曹、丙、魏不可得已。

光武戒厚葬

自始皇葬驪山，窮極奢侈。漢興，雖稍革其弊，而諸陵置園起邑，所費不貲。臣下化之，飾終往往逾制。楊王孫所以甘心裸葬，用矯陋俗也。末季寇亂，冢墓多被發掘，迨赤眉入長安，而諸陵均罹盗劫，而霸陵以薄葬獨完。光武目睹其效，故於七年下詔曰：『世以厚葬爲德，至於富者奢僭，貧者單財，倉促乃知其咎。』此悲士大夫冢墓之被發也。二十六年，將作大匠以壽陵廣袤爲請，帝曰：『太宗識終始之義，景帝能遵孝道，遭天下反覆，而霸陵獨完，豈不美哉！』此美霸陵之獨完，而因以傷諸陵之莫保也。用是布告天下，明示忠臣孝子、慈兄悌弟以薄葬送終之義。敕『自製地勿過二三頃，不起山陵』，帝之恭儉明達，同符太宗矣。然霸陵之所以獨完者，豈獨以薄葬哉？文帝深仁厚澤，洽乎人心，千載而下，猶且油然生感，况近在百餘年間，流風未泯，赤眉雖暴，獨非西京之遺民哉！必有過霸陵而嘘唏愾慕，不忍踐其壟而樵其薪者矣。人主特患不爲文帝耳，勿徒計較於陵制崇卑、葬禮隆薄，鰓鰓焉豫爲萬世後慮也。

光武解散盗賊

光武時，天下初定，群盗并起，聚散無常，所在攻劫，此乃赤眉、青犢之餘孽，誅不勝誅者也。使於此時仍循武帝故事，分遣綉衣之使，益嚴沈命之法，則殺戮必多，勢且激而爲變；而郡縣群吏慮干重辟，又將相率諱匿，巧避苟免，馴致盗賊益不可制。帝見及此，於是遣使曉諭，聽群盗自相糾擿，五人共斬一人者，除其罪，其牧、令、守、長概不束以文法，甚至畏愞弃城者，不以爲負吏逗留，故縱者亦置之不問，但以禽討爲效。惟蔽匿者乃罪之。由是更相追捕，次第解散，魁帥徙之他郡，黨輩歸於田里。史稱是時牛馬牧放，邑門不閉，其效可睹矣，詎非開國之初務存疏闊以安反側哉！

光武損抑外戚

光武損抑外戚，陰、郭族屬位不過九卿，此以王氏爲殷鑒也。明帝恪遵定制，後宫之家不得封侯干政，乃至功如新息，輟畫雲台，其防微杜漸如此。迨章帝而馬防始拜車騎將軍，雖以賞破羌之功，固與建武初制不合。自此以後，竇憲、閻顯、梁冀之徒相與接踵而起矣。

樊陰爲外戚儀表

東漢外戚，樊、陰至爲畏慎，此固由光武防制周密，亦其家法固殊也。樊氏始自君雲，陰氏始自子方，各以温厚仁孝致産巨萬，見重鄉里。子孫世其家法，是以宏儵則父子濟美，識興則兄弟垂休。并能高而不危，滿而不溢。洵軀紫之典型、椒房之儀表也。儵弟鮪欲爲子求楚王英女，儵止之曰：『建武時吾家一宗五侯，女可以配王，男可以尚主，但以貴寵過盛，即爲禍患，故不爲也。』興辭封爵，謂貴人曰：『外戚家苦不知謙退，嫁女欲配侯王，娶妻眄睨公主，愚心實不安也。富貴有極，人當知足。』斯皆深識遠慮，何其不謀而合邪！厥後，鮪果坐楚事獲罪，興弟子封尚酈邑公主，竟以殺主被誅，父母從坐。兩賢之言至斯驗矣。

光武罷車騎材官

自高帝命天下郡國選材力武猛之士，以爲輕車騎士、材官、樓船，各有員額。常以立秋日講肄課試，平地用車騎，山阻用材官，水戰用樓船，西漢兵威於是稱盛。光武起自兵間，久厭武事，且悉天下疲耗，思樂息肩，故建武之初，特詔罷輕車騎士、材官、樓船，及軍假吏復還民伍，而且省都尉之官，輟都肄之法。是時百姓初離兵革，翕然稱便。然而戎備自此弛矣。未幾，羌夷交侵，郡國盜起，倉卒徵發，士非素習，一切取辦，黔首囂然，手不嫻擊刺之技，耳不悉金鼓之節，目不別旌旗之色，一旦臨敵，每戰常負，覆軍殺將，史不絶書。數傳而後，和、熹臨朝，政歸鄧氏，以爲『文德既興，武功可廢』，遂寢搜狩之禮，第以儒雅相高。然而戎備自此弛矣。乃至遷民避寇，奔北不遑，亦足赧矣。末年張角之徒懷挾妖僞，八州并發，烟焰絳天，牧守梟裂，不得已遠征三邊殊俗之兵，非我族類，獷悍難制，殺良冒功，益以大擾，偃兵之效，至是而極。不得不追咎貽謀之不臧已。

光武廢郭后

光武廢郭后而易太子，洵不免爲盛德之累。然帝所失不在後之廢，而在先之立也。陰后本以淑貿令儀爲帝夙所欽慕，至有『娶妻當得陰麗華』之嘆。故起兵之初，即於當成里舍結縭成禮，是天立之配也。此時安有郭后哉？迨帝以司隸赴洛，而陰后留新野、徙淯陽，崎嶇戎馬之間幸得生全，脱於虎口，亦可悲矣。使帝於奉迎之日即沛然下詔，正位長秋，母儀天下，誰曰不宜？乃置陰而立郭，何也？夫郭后之納，實惟更始二年，在陰后之後，且同爲貴人，所以越次得立者，以有子耳。考是時爲建武二年，陰后於更始元年歸帝，旋即分隔，其無子宜也。但以時揆之，后春秋甫二十有二，螽斯之慶，正未可量，有何迫不及待，而遽齒諸嬪御之列哉！既而郭后位號已定，陰后眷顧方隆，以致郭后憤恚不平，積成嫌釁，於是有廢立之事。因母而并及子，不亦悔乎！厥後帝待郭后及故太子强恩禮不衰，郭后及强尤能以義命自安，與陰后及明帝始終無間，即兩姓椒房亦各以恪恭奉法保厥富貴，論者蓋兩賢之。然此特天之有以玉成之耳，若遇非其人，夫婦、父子、兄弟之間恐有難言者矣。

光武以赤伏符建號

讖緯之學起於西漢之末，王莽因之造作符命，以攘取大物，此左道當誅者也。智如光武，受命中興，而稱尊建號必援赤伏符。末年起明堂郊兆，復宣布圖讖於天下，何也？或當時傳習方盛，愚民易惑難曉，不得不依托神怪，以厭服人心邪？乃以讖文超拜王梁爲司空，幾無异新莽之哀章，殊不可解。

光武信讖

甚矣光武之信讖也！建武三十年，群臣請封禪，帝特頒詔書，深自抑損，并嚴爲之禁，至以髡兼屯田之刑杜盛稱虚美之漸，何其明且斷也！曾不數年，因讀《河圖・會昌符》有云：『赤劉之九，會命岱宗』，於是按索《河》《洛》讖文，復行封禪。夫封禪之禮不見於經，特方士妄誕，侈陳福應以誑惑世主，求濟其私耳。帝既灼然知其無謂，及一睹讖文，頓喪其生平之所守，何其無特操也！且讖文虚僞更甚於封禪，以帝之明而信之不疑、奉之惟謹，何也？《東觀記》稱：『帝因日食，避正殿，御廡下讀圖讖，以致淺露中風，發疾幾殆。』嘻！亦惑矣。厥後帝諸子如楚王英、濟南王康、阜陵王延，均以造作圖讖潛謀不軌致於罪辟。斯信讖之效哉！

光武黜吕太后

光武祠高廟，不以吕太后配食，而上薄太后尊號曰『高皇后』，配食地祇。蓋以西漢之亡由外戚，外戚之僭由母后，而吕后實爲厲階，故抑之以示戒，是已。但非帝之所宜出也。以吕后之穢德彰聞，誠不足作配至尊，母儀後嗣。然高祖始終與之敵體，未嘗或廢。且自升配以來，歷西漢二百餘年，莫之有改。今茲紹統中興，舉行大謚，而乃變亂舊章，且以子孫擅易祖宗之配，非所以崇孝思、隆上儀也。薄后雖賢，敢歆其祀哉！厥後永元中，章德竇皇后崩，太尉張酺等追論竇氏過惡，請依光武黜吕太后故事，貶太后尊號，和帝詔曰：『禮：臣子無貶尊上之文，其勿覆議！』斯言得之矣。

鄧禹

東京功臣，以鄧禹爲首，但其功殊無甚足録者。勇敢不及吴漢、賈復，威略不及寇恂、耿弇，沈鷙不及馮异、岑彭。及其杖鉞入關，始則避赤眉而不敢擊，後乃屢戰屢負盡亡其軍，僅以二十四騎脱身歸命，亦憊甚矣。自古人才各有短長，用違其宜，鮮克有濟。禹一畫策臣耳，留諸帷幄運籌，是其所長；一旦畀以西討重任，將二萬之兵，當赤眉數十萬衆，同行將佐又大半庸才，無一足膺方面之寄者，禹雖善謀，亦安能抵掌指揮、坐制此百戰必死之寇哉！光武固非不知禹者，乃用其所短，何也？使禹而遇高祖，固當使之簪筆從容，肩隨良、平之後，必不與黥、彭、絳、灌并驅争先也。

馬援

余每讀《馬援傳》，而不禁廢書三嘆也。援流寓邊陲，間關隴蜀，識子陽之必敗，贊季孟以東歸，一見光武，即嘆爲真人，舉宗委命，何其智也！西破羌戎，遂清隴右；南誅側貳，克定交州；北行障塞，烏桓奔走，皆以偏師立功絶域，何其壯也！五溪之役，慷慨請行，皓首遠征，據鞍顧盼，乃至壺頭險阻，曳足空勞，義不圖存，甘心殉國，何其忠也！詳兹品第，洵足方駕耿、馮，頡頏寇、賈，餘子碌碌，曾何足倫！徒以拔自西州，既非南陽故人，亦非河北舊將，孤寒羈旅，落落難合，初歸洛陽，便投閑散，迨從定隗囂，得來歙疏薦，始綰郡符。自是功勤日著，名位日顯，於是有伏波之拜，新息之封。雖云大器晚成，其致此蓋綦難矣。方援之屯田上林也，上書曰：『臣援自念歸身聖朝，奉事陛下，本無公輔一言之薦，左右爲容之助，臣不自陳，陛下何因聞之？』三復斯言，不覺涕泗之横集已。夫援不惜馬革裹尸，但畏長者家兒，詎非以疏逖之臣處功名之際，嫌疑形迹，謗口易騰，慮有難以自免者乎！卒遭梁松之譖，復被馬武、侯昱之誣，遂致(苡薏)〔薏苡〕文犀，沉冤莫白，名滅爵絶，國土不傳，家屬杜門，葬不歸墓，能勿爲之痛心哉！夫以世祖之保全功臣，伏波之以死勤事，一有讒夫交構其間，竟致恩禮不終，九京飲恨。然則文帝之於賈生，又何足怪乎？

宋均矯詔平蠻

中國之於蠻夷，羈縻勿絶而已，非能禮義約束之，更非能威力屈服之也。五溪之役，劉尚先以進戰捐軀，馬援復以阻險病殁。方謂蠻勢鴟張，必且負固弄兵，難以猝解。及讀《宋均傳》，始知蠻非難制也。特二將志在立功，持之趨急耳。均本以謁者爲援監軍，值援卒於師，士多疾疫，死者大半。均慮軍遂不反，乃與諸將會議矯制，遣司馬吕種奉詔書入虜營，喻以恩信，因勒兵隨其後，群蠻震怖，相與斬其大帥，束手請降。均乃遣散其衆，爲置長吏而還。光武嘉之，迎賜金帛，原其矯制之罪。使伏波計早出此，亦何至雲頽朝壘，貔貅半化沙蟲；星隕宵營，蜿蜒永依窟室也哉！

隗囂

自古人才，豈盡以成敗論哉？顧所遇何如耳。東漢之初，群雄并起，而一時佐命，多出南陽，次則河北，豈非遘會乘時，攀龍附鳳者乎！此外如隗囂者，亦人杰也。方其起事之初，奉漢威靈，暴莽罪惡，義師雲合，多士響臻，文武兼資，隴阺底定，固非草澤倔强之所爲矣。及更始西京建國，一聞徵命，束手歸朝，其心詎有他哉！徒以政亂内訌，斬關逃死，乃復收召部曲，扞寇保疆，仍與洛陽信使頻通，遣子入侍，固未嘗自絶於漢也。嗣因惑諸將淺謀，懲更始已事，觀望遲疑，漸成乖剌。乃以區區兩郡，抗拒王師；卒之北面公孫，先蜀受禍，豈其初志然哉！勢迫計窮，(挺)[鋌]而走險，以至此也。夫始拒方望之諫，一意以奉聖公；繼納王元之策，二心以事光武，何其如出兩人邪？吁，使囂早遇真人，定君臣之分，其功名詎出二十八人下哉！

劉恭

劉恭真長者也！初以式侯之子被掠於赤眉，旋歸更始，襲父爵爲侍中，固非有恩遇殊特足以固結其心也。迨更始爲赤眉所破，窘急請降，勢將被戮，恭獨傾身扞蔽，執義力争，乃至拔劍引吭，甘心先死，可謂義形於色矣。卒得誠感梟狼，延聖公旦夕之命。及其繯首荒城，尸横野草，恭復收藏骸骨，免飽烏鳶，卒殺謝禄爲之報仇，豈非始終一節，不以常變死生易其志哉！乃光武第赦而不誅，不聞褒表，反爲更始子鯉所殺。何也？

光武薄待彭寵

光武御將最寬，其待功臣尤厚。仇若朱鮪，不失封侯；叛若鄧奉，尚思曲貸。鄧、賈諸公以下，往往賞溢於功。獨其薄待彭寵，有不可解者。方光武之徇河北、走信都也，前無寸土，後迫强敵，君臣命懸絲發，使非得漁陽、上谷二郡之兵，大事去矣。雖倡義之謀始自耿氏父子，而寵之功詎不偉哉？及洛陽正位，大勛景集，從龍諸帥咸得裂地剖符，不聞下尺一之詔褒表寵功，更錫爵土。反納朱浮之譖，遽徵入朝，騰書自陳，不爲申理，以致寵挾功怨望，遂萌反側。迨叛形已露，又不聞特降璽書，分別功罪，許以自新，乃輒加以兵，使之勢迫計窮，鋌而走險。明主之於功臣，應如是乎！且帝之待耿況，亦無以大异於寵。其所以不肯俱反者，固由志趣不同，亦緣内無青蠅之隙，而二子弇、舒均以將軍入充宿衛，弇尤貴幸封侯，足繫其心耳。不然，難保其不爲寵也。夫竇融雖以河西五郡來歸，然是時天下已定，去就不難决也，其初亦曾遣一將、發一旅以濟王師乎？即帝之定隴破囂，亦豈專資五郡力乎？較諸漁陽、上谷之功，殆不可以同年語。乃帝既崇之以上公，復優之以殊禮，一門兩侯、三公主、四二千石，恩澤渥厚，一時功臣莫與比焉。以帝之明、之公，而俾諸將不免積薪之嘆乎？其亦有幸有不幸哉！

東漢重復仇

復仇之風，至東漢而始盛。劉賜兄顯報怨殺人，吏捕顯殺之。賜與顯子信結客報仇，殺亭長妻子四人。趙憙從兄爲人所殺，憙結客往復仇，而仇家皆疾病無相距者，憙釋之去；仇病瘉自縛詣憙，憙不與相見，後竟殺之。自兹以後，郅惲、蘇不韋之屬，史不絶書矣。推原其故，蓋是時郡縣專殺，吏緣爲奸，而豪猾大姓憑倚吏勢，以游俠相高，往往因一朝私忿，結客殺人。或以賕請出罪，或以亡命稽誅，或以遇赦倖免，受其害者積怨莫伸，於是瞋目厲兵，還相報復。而儒者篤信《公羊》，輒援齊襄、伍員之義盛加揚詡，推爲高節。乃至賢如杜詩，亦以遣客爲弟報仇被徵。吁，匪直紀綱之紊，抑亦經術之疏也。

卓茂劉寬

卓茂出行，有人認其馬。茂曰：『子亡馬幾何時？』曰：『月餘日矣。』茂有馬數年，心知其謬，默解與之。他日，其人別得馬，乃以馬還茂。劉寬出行，有失牛者就寬車認其牛，寬無所言，下駕步歸。有頃，其人別得牛，乃以牛還寬。此二事絶相類，殆有似於直不疑之償金，雖未爲得中，要不失君子之厚。若戴封被賊掠奪財物，餘縑七匹，仍追以與之，則不可訓矣。

桓譚奏議可觀

桓譚奏議，卓犖可觀。其於當時之弊，指摘尤切。論法令云：『今決事輕重不齊，奸吏得因緣爲市，所欲活則出生議，所欲陷則入死比。可令明習法律者校定科比，一其法度，則天下知方而獄無冤濫。』論抑末云：『今富商大賈多放錢貨，收税與封君比入，是以衆人慕效，不耕而食。可令商賈專役一己，不敢以貨與人，勢寡力弱，必歸田畝。』論復仇云：『今人相殺傷，雖已伏法，而私結怨讎，子孫相報，至於滅户殄業，而俗稱豪健。雖有怯弱，猶勉行之。宜申明舊令：若已伏官誅，而私相殺傷者，雖一身逃亡，家屬皆徙邊，傷者加二等。如此則仇怨解而盗賊息。』論讖云：『天道性命，聖人難言，子貢以下，不得而聞。今巧慧伎數之人，增益圖書，矯稱讖記，以欺惑貪邪詿誤人主，其事雖有時合譬，猶卜數隻偶之類。宜屏群小之曲説，述五經之正義。』所言皆著明深切。且當時緯書盛行，獨能尊經抑讖，尤足正諸儒矯僞之失。然以此觸怒光武，遂放廢，抑鬱以終。夫譚本以博學洽聞爲宋宏所薦，乃以鼓琴進，以非讖退，光武非知譚者也。喜其《新論》，忽其奏議，何也？

東漢人多爲圖讖所惑

甚矣人之愚而好怪也！新莽依托讖記，造作符命，既伏誅矣。乃東漢之初，此風轉盛，何也？公孫述引《録運法》曰：『廢昌帝立公孫。』又引《援神契》曰：『西太守乙卯金。』自謂據西方爲白德，而代王氏得其正序。劉揚造作讖記云：『赤九之後，癭揚爲主。』揚病癭，因以惑衆。此皆襲『赤伏符』之虚誕，因而竊據一方，窺覦非分，曾不旋踵，卒就梟夷，何益之有哉！夫述本坐制全蜀，揚亦分王真定，欲假神怪以濟其私，猶有説也。新城山賊張滿，特一亡賴子耳。乃公然祭告天地，自云當王。迨被執臨刑，始太息以爲『讖文誤我』，不彌可嗤乎！然猶知其誤也。楊春卿以圖讖事公孫述，述破，春卿自殺。臨命戒其子曰：『吾綈帙中有先祖所傳秘記，爲漢家用，爾其修之！』以殺身之術爲傳家之業，死而不悟，尤惑之甚者矣。而其子統及孫厚竟相繼以讖學顯。

劉平魏譚

赤眉之亂，掠人爲食。趙孝王琳、兒蒙、車成、淳于恭之屬皆兄弟相代就死，賊感其義，卒得兩全。誠過人之行，足以砥世礪俗。然亦有不可解者。劉平爲母求食，逢餓賊將烹之。平叩頭曰：『願歸食母畢，還就死。』賊哀而遣之。既食母訖，遂還詣賊，賊嘆爲烈士，於是得釋。魏譚爲饑寇所獲，等輩數十人以次當烹，令譚執爨，暮輒執縛。賊有夷長公者密解其縛，欲縱之。譚不肯去，願先就烹。長公義之，衆得俱免。夫不幸而爲賊所執，末如何矣，幸而爲所釋，可以已矣。乃一則還而就烹，一則留以待烹，固執硜硜之小諒，甘縻鼎鑊以喂虎狼，不祥孰大焉？而推爲盛節，不亦蔽乎？

東漢吏績

東漢吏績，每多粉飾。即如中牟三异，後世述爲美談。但所云蟲不犯境，豎子有仁心者猶有説也；因行阡陌，坐桑下，有雉過止其旁，遽以爲化及鳥獸，不亦侈乎？光武問劉昆曰：『前在江陵，反風滅火；後在弘農，虎北渡河。行何德政而致是？』昆對曰：『偶然耳。』斯誠長者之言矣。充斯類也，鳳凰麒麟、嘉禾甘露之屬，何一非偶然哉？

宣秉王良

東漢風俗淳厚，士大夫争以名節相高。而朝廷重廉白之操，往往特加褒表，以風厲末俗。是以一時名臣如宣秉、王良、郭丹、吴良之倫，并以節儉退讓著稱當代。甚至處位優重而草衣糲食，妻子困匱，固亦有過人者。然此特肥遁之風、枯槁之致耳。若乃膺爵荷禄，受福王明，其所以報主恩、隆國體者，正自有在。釋此弗圖，第鰓鰓焉素富貴而行貧賤，抑亦難爲下矣。方王良被徵至滎陽，過其友人，友人不肯見，曰：『不有忠言奇謀，而取大位，何往來屑屑不憚煩也？』良慚，遂連徵不應。吁，味斯言也，豈徒足以箴良之失？使諸公聞之，毋亦爽然自失矣乎？

兩漢史斷卷五

後漢中　明帝至安帝

明帝尊師崇學

明帝幼即辨慧，及即位，政尚綜核，同符世祖。論者不免察察之譏，然是時法令分明，幽枉必達，吏稱其職，民安其業。故永平之政，號爲熙洽。其尊師崇學，尤非世主所及。帝師事桓榮，恩禮隆渥，每大射養老禮畢，輒引榮及弟子升堂執經，自爲下説。及榮病篤，車駕臨問起居，入街下車，擁經而前，撫榮垂涕，良久乃去。可謂尊德樂道始終勿替者已。又多征名儒以充禮官，豐衣博帶布列岩廊，每宴集則論難衎衎，響如振玉，乃至羽林介胄之士悉通《孝經》，匈奴慕化，亦遣伊秩訾王、大車且渠來入就學。儒風之盛，奚翅高出兩京而已哉！

明帝納諫

明帝性褊好察，公卿數被詆毁，近臣至見提曳。獨其虚衷納諫有足多者。帝詔賜降翳子縑，尚書誤以十爲百，帝大怒，召郎，將笞之。僕射鐘離意叩頭曰：『過誤之失，常人所容，若以懈慢爲愆，臣當先坐』，乃解衣就格。帝意解，即貰郎。嘗以事怒郎藥崧，以杖撞之，崧走入床下，帝怒甚，疾言曰：『郎出，郎出！』崧曰：『天子穆穆，諸侯煌煌，未聞人君，自起撞郎。』帝即赦之。尚書令宋均删剪疑事，帝以爲有奸，收郎縛格之。諸尚書皆惶恐謝罪，均厲色曰：『忠臣執義，無有二心，均雖死不易志！』帝嘉其不撓，即貰郎。寒朗考案楚獄，辭連列侯耿建等四人，朗心知其冤，乃上言建等無辜，帝怒其持兩端，促提下。朗曰：『願一言而死。』因極言楚獄多冤及考囚連染故入狀。帝意解，詔遣朗出。越二日，車駕自詣洛陽獄録囚，理出千餘人。此皆一言感悟，立即轉圜。廟謚『顯、明』，不亦宜乎！

伏、桓累世名儒

東漢名儒，蔚宗以伏、桓并稱，而謂桓爲尤盛。其實桓非伏比也。伏氏自西漢之初濟南伏生傳今文《尚書》，日後世傳經學，清静無競，東州號爲『伏不鬥』。七傳至儒，客居教授，遂家東武；八傳至理，以名儒爲成帝師，官至高密太傅，别自名學；九傳至湛，代鄧禹爲大司徒，封陽都侯，經明行修，造次必於文德，爲建武賢相；湛子隆奉使不屈，爲張步所害。厥後以文學顯者，曰『晨』、曰『無忌』。無忌孫完即獻帝伏皇后之父也，爲曹操所害，伏氏始衰。蓋自周末歷秦及漢，以經學世其家者且五百年，中間爲帝師、爲宰相，封侯傳國幾二百年，而且再殉國難，大節炳著，遂與漢祚終始，嗚呼盛矣哉！桓榮於西漢之末始以《尚書》教授，晚擢博士，爲明帝師，於是晋位太常，引拜五更，恩禮優渥，諸儒莫比。子鬱繼之，以經授章、和二帝；再傳至孫焉，復以經授安、順二帝；三傳至曾孫鸞，四傳至元孫典、彬，俱以經術致爵位、著名迹。祖孫五世以儒學顯者且二百年，在東京可謂獨有一代，以視伏氏，瞠乎後矣。

賈逵假讖以顯左氏

西漢《春秋》之學，惟《公羊》早立學官，至宣帝而《穀梁》繼之。《左氏》號爲『孤學』，傳習未廣。建平中，劉歆欲立《左氏》，爲諸儒所排，事遂中止。然其學漸興，鄭興、陳欽、賈徽之徒并以專家著稱當代。光武用欽子元之議，始立《左氏》學，以李封爲博士，而諸儒議論讙嘩，公卿以下數廷争之。會封卒，《左氏》復廢。章帝特好《左氏》，詔徽子逵入講大義。逵言：《左氏》義深君父，《公羊》多任權變；又五經家皆無以證圖讖、明劉氏爲堯後者，《左氏》獨有明文；五經家皆言顓頊代黄帝而堯不得爲火德，《左氏》以少昊代黄帝，即圖讖所謂帝宣，如令堯不得爲火，則漢不得爲赤。自是群儒息喙，《左氏》益顯於世。諸家之説短長姑不具論，第以《左氏》羽翼聖經，表表古學，非假圖讖卒不克與《公》《穀》并行，士生此時，而欲如桓譚之尊經抑讖，洵不免方枘而圓鑿矣。逵摘讖互异三十餘事，諸言讖者皆不能答，固非信讖者也。其言《左氏》，必援讖以證其説，則權以濟事，不足爲學術病也。厥後鄭康成一代大儒，猶從馬融考論圖緯，乃至臨終猶以讖决之。故余以爲兩漢皆重儒術，而諸儒所恃以震世而動主者，西京則五行灾异，東京則圖書讖記。

竇憲尊禮鄧彪

自古奸臣竊柄亦有方略，往往轉相師承，後先同術。竇憲當太后臨朝，内干機密，出宣詔命，以前太尉鄧彪先帝所重而仁厚委隨，故尊爲太傅，凡有施爲，皆外令彪奏，内白太后，事無不從。又屯騎校尉桓郁累世帝師而和退自守，故薦令授經禁中。所以内外協附，莫生疑异。此即王莽尊用孔光之故智也。憲與莽皆漢賊臣，鬼蜮狐鼠，自當不謀而合。而數公者均以累朝名德，受國厚恩，當此主少國疑、政出房闥，不能尊奬王室、稍抑外戚之權，乃相與低首下心，甘就權奸之羈靮，而不以爲耻，獨何心哉？

竇憲北伐匈奴

竇憲一紈絝惡少年耳，生平恣睢暴戾，鄙詐淺中，無足比數。惟以得罪太后，自請北擊匈奴，乃得勒功燕然，幾空朔幕。孟堅既爲之勒銘，蔚宗復盛相誇詡，以爲功過衛、霍。此未爲篤論也。武帝時，匈奴全盛，帝傾中國之兵力財力，僅乃勝之，衛、霍之功良不細矣。嗣是匈奴内亂，部落分崩，呼韓款塞，稽首來庭；郅支遠遁，莫逃顯戮。蓋邊城宴閉，烽火不驚者且數十年。中更新莽以迄東漢，雖叛服不常，要未敢深入爲患。至和帝初，又爲鮮卑所破，遠遁於史侯河西，勢極微弱，備詳於魯恭、宋意之疏，而司徒袁安言之尤力。故當日之匈奴，太异乎昔日之匈奴矣。憲將羌胡邊雜之師，資耿秉等諸將之勇，乘南單于欲圖北徙之便，三道并進，遠鶩長驅，遂躪龍庭而蹂雁磧。此非憲果有威略，抑亦鎸金石難爲功，摧朽腐易爲力也。而遽以陵駕衛、霍，不亦侈乎？

丁鴻發竇憲之罪

竇憲專權跋扈，驕縱不法，漢廷諸臣如樂恢、何敞之倫尚敢以直言舉證其失，而丁鴻尤爲深切。鴻因日食之變，乃上封事以爲咎由竇氏，歷指三桓專魯、田氏擅齊、六卿分晋及吕氏、王氏爲戒。雖未斥言其潛圖不軌，而所云陰侵陽、臣陵君，上威損、下權盛，道悖於下、驗見於天，雖有隱謀、神照其情，可謂言無不盡。是以帝覽奏感悟，旋以鴻行太尉事兼衛尉，將兵屯南北宫，而竇氏誅矣。夫鴻之劾憲，無以异乎王章之攻王鳳，乃成帝初納章言，未幾中變，而王氏之勢成；和帝深感鴻忠，假以事權，而竇氏之勢敗。此不獨二主明暗不同，亦以成帝不能割太后之私恩，而和帝先有内臣鄭衆爲之謀主也。士之有幸不幸，乃國之有幸不幸哉！

竇氏罪狀未明

竇氏之罪，成於鄧疊之母元及憲女婿郭舉。史稱元、舉出入禁中，舉得幸太后，遂共圖爲殺害。帝陰知其謀，乃與中常侍鄭衆定議誅之。所記元、舉逆謀本屬曖昧，且竇氏曾否與謀，尤難臆斷。參觀《鄭衆傳》，亦記載未詳，初以爲疑。及讀《張酺傳》，方知當日罪狀本未明也。酺本以持正與竇景抵牾，及竇氏誅，乃上疏曰：『竇氏雖伏厥辜，而刑罪未著，後世不見其事，但聞其誅，非所以垂示國典，宜下理官與天下平之。』時不能用。夫竇死誠不足惜，但未能明正其罪，而專任内奄以傾外戚，不亦謬乎！

東漢風俗

東漢風俗，大抵崇孝義、尚志節廉讓，雖未必悉合中行，而不失爲狂狷。此非獨其士習端、民氣厚也，蓋朝廷所以砥礪而鼓舞之者有其具也。光武初興，首徵卓茂，尊爲太傅；嚴光求志不屈其高，規模固已遠矣。嗣是明帝嘉趙孝兄弟之篤行，章帝慕淳于恭之道德，褒江革之巨孝，靡不徵以安車，寵以尊官，優以殊禮，乃至温綸嗟嘆，隆碣表揚；安帝稍陵夷矣，猶特徵薛包，引拜侍中。夫此數君子者，不過一介之士、一節之行耳，又皆華首耆艾，非有奇謀宏畫裨益國家，而諸帝既破格登庸，復改容加敬，詎非藉以厲世磨鈍、針偷貶薄、聳萬目之觀瞻、堅群情之嚮往哉！吁此所由，降及衰叔[二]，而黨錮諸賢猶相與抗棱露角，抵觸奸閹，之死靡忒也。

和熹太后

和熹，漢之賢太后也。躬崇節儉，損抑外家，遭時紛紜，乃能轉危爲安，海内蒙福。惟始終不肯歸政安帝，爲世所譏。蔚宗以爲：『建光之後，主柄有歸，遂乃名賢戮辱，便孽黨進，衰斁之來，兹焉有徵。故知持權引謗，所幸者非已；焦心恤患，自强者惟國。』意謂太后逆料安帝昏庸，慮難負荷，故未肯挈威福之重，輕以相畀。但杜根上書，慘遭撲殺；鄧康切諫，遽絶屬籍。謁廟録囚，動勞玉趾，居然昧牝晨之戒，闕復辟之義，蓋明德之仁賢、吕雉之專横，和熹實以一身兼之。卒致釁成嗣主，禍烈宗門，孰貽之成哉？夫以鄧陟之謹身奉法，外戚罕比，世稱其賢；迨横遭讒構，憂懼捐生，世憫其冤。但迹其生平，亦有不可解者。方陟之西討凉部叛羌也，既未嘗身在行間，而諸將任尚、司馬鈞又奔北不支，輿尸載路，并無寸功可紀；後以轉輸疲敝，徵還朝廷，以太后故，迎拜陟爲大將軍，一切依竇憲故事，親迎郊勞，錫賚駢蕃，寵靈顯赫，光震都鄙。太后此時何以不聞下罪陟之詔，裁异量之恩，而陟先曾固讓封爵至於五六，何以一聞寵命，公然受之不辭邪？無論竇氏怙侈滅宗足爲鑒戒，且憲平匈奴有大功，今以失律應罰，而憑恃椒房猥蒙上賞，獨不有怍於中邪？將欲厭主心而塞讒口，蓋亦難矣。班氏謂霍光之禍始於驂乘，余亦謂鄧陟之禍始於迎拜大將軍。

鄧　康

東京外戚，鄧氏號爲謹飭。第太后久持魁柄，陟等默不一言，惟康首陳讜議，以爲宜崇公室，自損私權。使太后翻然啓悟，歸正嗣主，退居長樂，含飴弄孫，豈不休哉！乃拒諫不聽，反入宫婢之譖，遂致削官絶籍，放遣歸國，何其戾也！夫是時宗門貴盛，康獨以抵牾自罹咎責，淺見者鮮不以愚憨爲譏。未幾時移世易，福過灾生，一門七人死不以命，而康轉得徵爲侍中，洊晋太僕，以功名善終。始知阿指者未爲工、守正者未爲拙也。方康之爲太僕也，因聞竇章賢，欲與交，章不肯，康益重之，遂薦入東觀爲校書郎。迹其生平，固方雅君子哉！

郭躬陳寵

東漢名臣，多依經讖進身。惟郭躬以明律世其家學，用法務在寬平，治獄多存矜恕。值明帝政尚苛察，獨能引義力争，保全正復不少。竇固北征，劾副將秦彭專殺，詔誅之。朝臣多同固議。躬以彭專軍别將，兵事呼吸，不容先關主帥，於法無罪。帝乃貰彭。中常侍孫章宣詔失誤，尚書劾以矯制，罪當腰斬。躬以章是誤非故，律止罰金。帝從躬議。蓋庶幾乎張釋之、于定國之風。當時以躬與陳寵并稱，但寵議法律，往往附會經讖，拘而不通，至以『經禮三百，曲禮三千』失禮入刑，相爲表里，因而援引《甫刑》『大辟二百，五刑三千』之文奏請删定律令，約省科比，定爲大辟二百、餘罪二千八百，以符《甫刑》三千之數。削足適履，尤屬穿鑿。較躬之守法持正，瞠乎後矣。史稱郭氏自躬父宏後，數世皆傳法律，子孫公一人、侯三人、廷尉七人、二千石侍中郎將二十餘人、侍御史正監平甚衆，詎非積有陰德，流慶雲礽哉！夫張湯爲西京酷吏，而其子安世貴幸封侯，遞傳九葉，其末孫純、奮俱以三公爲東京名臣，二漢列侯莫與爲比，論者幾疑天之報施有時而爽矣。鋪觀郭氏致福之由，詎非粲然衆著者乎？

陳忠論治盗

漢至安帝，紀綱漸弛，兼之水旱兵役，民多流亡，因而盗賊并起。郡縣更相飾匿，莫肯糾發。此由治趨亂之一大機也。當時廷臣惟陳忠見及於此，乃上疏曰：『穿窬不禁，則致强盜；强盜不斷，則致攻盜；攻盜成群，必生大奸。而州郡莫以爲憂，欲采虚名，諱言盜賊，是以盜發之家不敢申告，鄰舍比里更相壓迮，或出私財以償所亡。其大章著不可掩者，乃肯發露。陵遲之漸，皆由於此。宜撰立科條，嚴加糾罰，冀以猛濟寬，驚懼奸慝。』斯真藥石之言，朝廷莫能用也。曾不數年，而范容、周生起九江，徐鳳、馬免起陰陵，張嬰起廣陵，華孟起歷陽，多者擁衆數萬，次亦數千，篡囚徒，攻城邑，殺守令，甚至建立僞號，署置百官，江淮大擾。命將出師，連年始定。其何故哉？蓋以承平日久，文恬武嬉，平時以小盜爲不足慮，相與巧爲掩蔽，苟飾目前。及其徒党轉盛，叛亂已成，始驅烏合之兵，猝當蜂起之寇，覆軍殺將，長患損威，此勢所必至者也。夫障横潰者難爲功，塞涓滴者易爲力，使當日早納忠策，頒下州郡，禁奇邪，嚴保伍，别奸良，明購賞，慎選良二千石董率令長，假以便宜，授之方略，不以有盜爲負，而以諱盜爲罪，并不以此前縱盜爲誅，而第以後此之獲盜爲效，行之以實，持之以堅，將小盜止斯强盜息，强盜息斯攻盜散，攻盜散則大奸亦無自而生。彼范容等若而人者，其初不過草澤輕黠亡命之徒，非有可藉之資、可憑之險，及其未發而制之，一亭長力耳，又何至釀成巨患，致煩州郡數萬之兵，馮、滕二將之略，僅乃克之哉！

班超定西域

東漢將帥立功邊塞、威震殊方者，竇憲之擊匈奴、班超之定西域、段熲之誅叛羌是已。憲以元舅之尊，帥十萬之衆，挾大漢之威，乘匈奴之敝，故得一舉而空朔庭。熲將兵一萬五千，親冒矢石，西摧燒當八種之兵，東破先零三輔之寇，大小百八十戰，斬首三萬八千六百餘級，用錢多至四十四億，雖功效暴著，其勞費亦不貲矣。超初以假司馬出使西域，所將止吏士三十六人耳，獨能計斬虜使，威服鄯善，嗣是撫于闐、定疏勒、下康居、破龜兹、擊莎車、摧月氏、誅焉耆，奮其智勇，濟以恩威，於是城郭五十餘國震蕩駭汗、納質内屬，計所須中國之兵，惟假司馬徐幹所將弛刑及義從千人、和恭等所將兵八百人而已。夫以一介之使馳萬里之外，孤軍懸絶，饋運莫繼，乃能以夷攻夷，因其兵食，卒成大功。是以和帝降詔，以爲『不動中國、不煩戎士，得遠夷之和、同异俗之心』，嗚呼偉矣哉！

注釋：

〔一〕魏按：衰叔：衰微末世。

兩漢史斷卷六

後漢下　順帝至獻帝

張綱

張綱年少官卑，因見順帝委縱宦官，輒發憤上書，請割損左右以順天心。及奉使巡行風俗，又埋輪都亭，奏劾梁冀罪惡，比諸封豕長蛇，宜加大辟，何其壯也！厥後出守廣陵，單車遽造劇寇張嬰之壘，曉以禍福，感以恩信，俾數萬虎狼之衆，一旦面縛歸降，又何斷也！夫嬰等糾黨反叛，屢抗王師，寇亂揚、徐積十餘年，罪在不赦，而綱遽以便宜蕩其瑕穢，安其反側，曠然與之更始，雖功在南州，亦可謂軼出繩墨之外矣。使冀挾夙嫌，輒風有司劾以縱寇專擅，何患無辭？乃當日第遏絶其封，不聞文致其罪，何也？或時方厭兵，廟堂務存姑息，冀之計有所不能行邪？然而漢於是失刑矣。

張衡論讖

東漢諸儒，能確然不爲圖讖所惑者，桓譚、鄭興、張衡輩數人而已。興知讖不足信，迨承光武之問，不敢明斥其非；譚則直以經義折之，然亦第概言其虛誕而已；衡乃實指讖所由起，以爲成於哀平之際，又歷言其與經傳不合之處，而斷之以欺世罔俗，譬猶畫工惡圖牛馬而好作鬼魅，可謂曲盡情僞。詎非因順帝本非篤於信讖，故不憚爲是云云邪？ 使生建武之世，能爲譚之直言，抑爲興之巽語，未可知也。

梁冀

竇氏始於融而敗於憲，梁氏始於統而敗於冀。初皆起自河西，中以后族貴盛，卒以驕溢覆宗。其本末大抵不甚相遠。但憲之惡非冀比也，憲猶有破匈奴之功，而冀無有也；憲猶知陽尊鄧彪、桓郁，冀則枉殺李固、杜喬矣。憲拜大將軍、封侯、食邑二萬户，冀則禮儀比蕭何，增封比鄧禹，賞賜比霍光，朝會與三公絶席，且食邑三萬户矣。憲第宅奢麗，冀則大起第舍，窮極土木，連房洞户，臺閣周通，又采土築山，以象二崤，多拓林苑，殆將千里矣。憲使客刺殺韓紆之子及都鄉侯劉暢，冀則刺殺洛陽令吕放，鴆殺荆州刺史吴樹，笞殺郎中袁著，又冤殺郝挈、胡武、士孫奮等及無辜數十百人矣。憲潛圖弑逆，其迹未著，冀則以煮餅毒弑質帝矣。歷觀兩京外戚，淫侈驕盈，横恣暴戾，未有如冀之甚者。是時天子坐擁虚器，如綴旒然，使冀蓄莽、操之志，一摇足而炎鼎傾矣。徒以紈絝乳臭，苟焉縱欲，取快目前，無他智略，是以黄鉞一下，如翦狐雛。此非桓帝之力能制冀，亦以冀固不難制也。夫椒房親貴，内托母后之尊，外挾將軍之重，根株盤互，城社阻深，類非外廷諸臣所能摇撼，是以憲之罪雖發自丁鴻，猶須鄭衆爲之謀主，况以冀父子秉國至專且久，血屬周親布列津要，公卿將校盡出私門，中外半其腹心，左右爲之耳目，若欲别樹勛賢，顯加褫奪，事機一露，禍不旋踵。人主無可依賴，不得不於深宫之内謀諸宦官，此單超等五侯所以共成誅冀之功也。史稱梁氏誅後，連及公卿、列校、刺史、二千石死者數十人，故吏賓客免黜者三百餘人，朝廷爲空。吁，可畏哉！ 然自是太阿之柄授之貂璫矣。

左雄疏陳時弊

東漢至中葉以降，選舉猥雜，令長不得其人，又多貴戚賓客、中官子弟濫厠其間，於是吏治日非，民以重困。左雄疏陳其弊，至爲明切。所云『典城百里，轉動無常，各懷一切，莫慮長久』；謂殺戮不辜爲威風，聚斂整辦爲賢能，視民如寇仇，税之如豺虎』，此言令長更代紛紜，因而肆爲威虐，以割剥其民也；又云『監司項背相望，見非不舉，觀政於亭傳，責成於期月，言善不稱德，論功不據實，虚誕者獲譽，拘檢者離毁』，此言刺史、太守行部，期會迫促，廉察失真也。又漢時郡縣群吏如功曹、掾史、三老、亭長之屬，均由守令自行辟召，不命於朝，而力能作民禍福，故虞經以獄吏平反、朱邑以嗇夫尸祝。違斯道者，害亦均焉。左雄并論之曰：『鄉官部吏，職卑禄薄，車馬衣服，一出於民，廉者取足，貪者充家。』蓋小吏倚勢作奸，魚肉良懦，其弊一至於此！夫令長親民之官，而漢時事多專决，榷任尤重。乃既不能慎選其人，復不令久居其職，太守刺史又相與瞻循濡忍，不以時精核其貪廉勤惰而舉劾之，遂致朱爲紫奪，白與黑淆。及至奸贜發露，乃敢公然亡命逃刑。迨會赦、行賕，仍得洗滌。馭吏如此，將欲有司之奉法循理，不亦難乎！委牛羊於豺狼，而責以司牧，其效可睹矣。民離盗熾，厥有由哉！

桓帝尊禮處士

漢至桓帝，王綱解紐，炎祚微矣。而尊禮處士，纁帛頻頒，蒲輪累駕，乃至即家而拜太守，遣工而圖狀貌，恩禮優渥，有加靡已。而徐稚、姜肱、魏桓之倫乃相與高舉遠引，鴻飛冥冥，何也？詎非以主昏政亂，蝨賊内訌，匡之則力有不能，循之則義有不可，因而竄逃江海，自完其皎然不滓之身邪？稚語茅容曰：『大樹將顛，非一繩所維，何爲栖栖不遑啓處？』肱告其友曰：『明明在上，猶當固其本志。今政在閹豎，夫何爲哉！』桓謂其鄉人曰：『干禄求進，所以行其志也。今後宫千數，其可損乎？厩馬萬匹，其可減乎？左右權豪，其可去乎？使桓生出死歸，於諸子何有哉！』吁，人主内無修身勤政之實，外博禮賢下士之名，將欲縶白馬之踪，回青雲之躅，孟子所云『虚拘』者非耶？若數君子者，進不輕身以溷危朝，退不徼名以罹黨禍，庶幾潛龍碩果者矣。

東漢舉孝廉

東漢舉孝廉，往往取諸郡縣之吏。士每以艱苦卓絶之行聳動當世，所云『以是知名』者也。夫取人以孝，則毁瘠廬墓，洵足多也；然已有居隧道中行服二十餘年，生子五人者矣。取人以廉，乃至太守而身銼蒭，司直而妻負薪，列侯而逃封不知何往，不亦過乎！王符論曰：『今貢士者不復准其才行，但虚造聲譽，妄生羽毛，覽其狀則德侔顔、冉，核厥實則不及中人。』然則當日孝廉之舉，類多名不稱實者矣。南郡太守法雄歲終欲舉孝廉，以子真頗知人，乃大會諸吏，令真於牖間密占察之，遂得散吏胡廣；河南尹田歆謂其甥王諶曰：『今當舉六孝廉，多得貴戚書命，不宜相違。欲自用一名士，以報國家，爾助我求之。』諶送客於大陽郭，遂得門下吏種暠。此二事殊相類。夫孝廉云者，首行義也，次經術也，否亦以吏績也。乃平時憒憒焉漫無區别，迨臨時始取決於其子與甥之一盼，不知真、諶操何藻鑒，遽能定臧否於俄頃邪？即使所舉果賢，已不足訓，况聽受書屬者邪？吁，此左雄所以有限年復試之議歟？

東漢重舉主

東漢最重舉主，仕至同官，不敢均禮，至有三公就列，隔以雲母屏風者，蓋朝廷亦重違其義也。而士之報恩尤重。王吉舉桓典孝廉，後吉以罪誅，典弃官收葬，服喪三年，負土成墳，爲立祠堂，盡禮而去。向苗舉桓鸞孝廉，苗卒，鸞去職奔喪，終三年然後歸，孝子之奉親不是過也。非惟舉主也，郡縣吏之與守令，亦多竭節以事之者。廉范爲鄧融功曹，融以事徵下獄，范變姓名爲廷尉獄卒，侍衛左右，盡心勤勞；融疴殁，范復身自將車送其喪，歸葬畢乃去。公孫瓚爲郡上計吏，太守坐事徵，瓚改容服詐稱侍卒，身執徒養；太守徙日南，瓚遥辭墳墓，隨之南去，遇赦得歸。寧陽主簿詣闕訟縣令之枉，十上公車，幾陷大辟。臧洪之與張超，不惜殺身以殉之，雖貞臣之事君，蔑以加也。夫舉主誠不可忘，至於廬墓終喪則過矣；長吏誠不忍負，至於背公死黨則非矣。然而東京以後，此事罕聞。

皇甫規

東漢羌患最烈，屢寇三輔。朝廷命將出師，覆亡相繼。初以爲必有奸黠酋豪爲之渠帥構煽其間。及觀《皇甫規傳》，方知皆由邊將撫馭失宜有以致之。如規所言：乘常守安則加侵暴，苟競小利則致大害；征勝則虚張首級，軍敗則隱匿不聞，甚至戰士暴骨原野，軍資輸致權門，以此而欲制勝安邊，何可得哉？及規以中郎將監關西兵，乃廣設方略，大著威信，舉奏長吏貪穢不奉法者，於是群羌慕義相率歸降以數十餘萬計，西垂略定。旋爲宦官所惡，誣規賂羌致其文降，璽書誚讓。規乃上書自訟，以爲『信如言者，前世尚遺匈奴以宫姬，鎮烏孫以公主，今臣但費千萬以懷叛羌，將有何罪？』其言可謂直而盡矣。夫急則資其力以定紛紜，緩則弃其功以循左右，此馭將所忌也。使桓帝當日專以西事委規，假以便宜而責其功效，即段熲之師不煩再出矣。

竇武陳蕃

竇憲竊柄而袁安、任隗折其萌，梁冀擅權而李固、杜喬守其正，常侍亂國而陳蕃、竇武攖其鋒。此六君子者，皆奉公死節之臣也。乃袁、任卒以自全，李、杜不保首領，陳、竇不免族誅，何哉？蓋竇太后雖不能裁抑諸弟，有時爲正論所屈，故憲深恨安、隗而終無以害之；固、喬既以持正與冀抵牾，迨議立清河王尤惓惓爲社稷計，冀雖積怨，亦不過後先策免而已，未幾劉文事起，於是清河王死而李杜并及於難，斯亦所遇有幸不幸也。武挾后父之重，蕃居鼎輔之尊，内倚中宫，外仗群賢，以之剪除閹寺，如孤雛腐鼠耳。乃舉事之先，蕃則露章陳奏，使之驚疑；武既誅管霸，收鄭颯，而不以時定，反出宿歸府，以致曹節、王甫輩得以竊節奪璽，矯詔發兵，挾天子以號令指麾，部署略定。而武始稱兵向闕，由外攻之，冒不韙之名，以僥一旦之幸。衛太子不能得志於江充，况如武者竟貿貿焉蹈其覆轍邪？其敗宜矣。武既被誅，蕃乃率官屬門生八十餘人持刃突入承明門，攘臂大呼欲何爲乎？噫，此非遇之不幸，而謀之不臧也。

袁、楊累世三公

西漢父子作相，第稱韋、平；東漢則累世臺衡，殆難枚舉，而袁、楊爲尤盛。袁氏之爲三公者，曰安、曰敞、曰湯、曰逢、曰隗，楊氏之爲三公者，曰震、曰秉、曰賜、曰彪，并以名德尊顯，見重累朝，遂與漢祚終始。及考其本末，方知袁非楊比也。袁良明經作吏，始自平帝時，至孫安而大貴；楊喜自高帝時以功封赤泉侯，三傳而敞爲丞相，又五傳而至震。是袁氏第顯於東漢，而楊氏早盛於西漢矣。袁氏之有安，猶楊氏之有震，清忠亮直，足相頡頏。此後袁氏之堪以繼安者，惟敞而已。湯尚廉謹不失家法，逢、隗碌碌，乃倚中常侍袁赦爲内援，安之風節掃地盡矣。而楊氏自震以降，代以純白著稱，秉之祛三惑，無异震之凛四知也；賜之詆佞幸，無异震之斥嬖寵也。彪生不辰，屬當傾覆，而發權閹巨萬之贜、折奸回遷都之議，亦可謂無忝厥祖。較諸逢、隗，相去烏可以道里計乎？是以安曾孫閎見家門富盛、兄弟驕奢，慨然興嘆，比諸晋之三却；降及紹、術，遂覆厥宗。而彪以一身崎嶇卓、操、傕、汜之間，盡節衛主，屢蹈危機，卒以物望所歸，不忍加害。迨當塗受禪，猶得以禮自全。雖修爲才累，庸足訾乎？

鈎黨之禍

党禍之作，始於牢修之告李膺，而成於朱虚之訐張儉，皆誣也。然亦各有以致之。諸君子處穢濁之朝，皦皦自持，不阿權貴，行芳志潔，洵有拔出流俗之外者；乃至盛相標榜，譏議公卿，已不得爲無罪矣。即以二事衡之：張成善風角，占之當赦，遂教子殺人；李膺爲河南尹，收捕送獄，果以赦免，膺竟殺之，於是牢修之獄起矣。夫殺人者死，捕之是也，違赦專誅，不亦過乎！中常侍侯覽家在防東，殘暴百姓，張儉爲東郡督郵，劾覽及其母罪，請誅之。覽遏絶章表，儉於是破覽冢宅，籍没資財，由此結仇，於是朱并之獄起矣。夫宦官不法，劾之可也。虐及枯骨，不滋甚乎？膺是時綰符京輦，當官行法，雖過猶有説也；若儉者一郡吏耳，既未受命於朝，亦無由自達於主，遽欲拔城社之巨奸，仆貂璫之近嬖，位卑言高，力小謀大，宜其及矣，乃不自揆度，輕發難端，遂致清流受禍，瓜蔓株連，上自薦紳，下迨韋布，命填牢户者百有餘人，其死、徙、廢、錮復六七百人，衣冠文章滛焉垂盡。爲儉者既不能慷慨引决以謝天下，又不肯束身就獄與李杜同死，烏竄鼠伏，屏息偷生，反致過宿留止之家屠身滅族復以數十百計，誰生厲階，至於此極！使儉稍知愧憤，施何面目自立於天地間邪？乃黨禁既解，徐返舊廬，久之被徵入朝，尸官衛尉，獨何心乎？以視范孟博之爲人，猶蘭艾也。

何進

國家之事，有垂成而忽敗，遂至決裂不可收拾者，此乃人謀之失，而非天之有所靳也。陳、竇謀誅宦官，事垂成矣，所以卒受其禍者，以未能悉收禁兵歸於掌握，致曹節、王甫輩得假以爲資也。何進以元舅之重，亦既誅蹇碩、代領西園禁兵，又自以兄弟部曲及外兵合而蹙之，所謂龍驤虎步、高下在心，其勢與陳竇异。是時諸常侍、黄門均罷還里舍，詣進謝罪，計絀智窮，第叱武士次第收縛，須臾決矣。乃遲疑不發，致張讓等得以關白太后，仍復入直，未幾遂有嘉德之變，進既被誅，宦官亦同歸於盡，而漢祚隨之。屠沽、斗筲，洵不足與共國家大事哉！　乃蔚宗概以委之於天，不亦謬乎！

皇甫嵩

東漢之末，在廷諸臣兼資文武足以匡時定亂者，惟一皇甫嵩耳。嵩與董卓共擊破王國，朝廷以卓爲并州刺史，令以兵委嵩，卓不從。嵩兄子酈勸嵩討卓，以除凶害，嵩以專誅不可，言之於朝，此尚不失爲持正。及卓專權廢立，逆節彰露，忌嵩將兵在外，乃徵爲城門校尉，因欲殺之。長吏梁衍説嵩迎立至尊，奉令討逆，發命海内，徵兵群帥，此誠撥亂反正之大機，不煩再計決者；　乃束身歸朝，懸命虎口，以僥幸萬一之生，不亦憊乎！　王允誅卓，既使嵩攻郿塢、滅董氏，李傕之亂，不以軍事委嵩，而專任吕布，亦可怪也。

朱儁

漢末名將，皇甫嵩而外，次推朱儁。儁圍黄巾於宛，賊帥韓忠乞降，諸將欲聽之。儁以爲『海内一統，與秦項之際民無定主不同，若受其降，無以懲惡』，此議甚正。迨急攻不克，儁登山望之，顧謂司馬張超曰：『賊今欲出不得，所以死戰。不若撤圍，俾賊自出，自出則意散，破之必矣。』遂解圍。忠果出戰，因擊，大破之。此誠洞見敵情、深悉兵機者。夫以儁之威名智略，使與陶謙約從連盟，糾合山東諸帥，扶義而西，以掃除奸穢，輔翼弱主，拯救殘黎，真時雨之師也。彼李傕、郭汜輩方將惶怖救死之不暇，敢執旗鼓抗顔行哉！乃計不出此，一聞徵召，即釋甲歸朝，謂軍吏曰：『以君召臣，義不俟駕，況天子詔乎？』夫獻帝制於賊臣，危若朝露，所頒尺一，皆傕等爲之耳。儁豈不知，而以爲天子詔邪？厥後傕、汜相攻，奉使和解，遂被劫質，憤懣以終，惜哉！

兩漢世臣

漢重世族，士大夫往往能世其家，故西漢名臣後裔，每多顯於東漢。如張良六世而得皓，賈誼九世而得逵，申屠嘉七世而得剛，蘇建八世而得章，韋賢五世而得彪，鄭崇八世而得康成，杜延年五世而得篤，馮野王三世而得衍；又如張超出自留侯，韓棱出自弓高，酈炎出自廣野，此外世吏二千石、號爲著姓冠族者殆難枚舉。詎非以流風餘澤家法固殊，而朝廷篤念舊勛，登進較易，用得蟬聯鵲起，世濟其休哉！

丞相輕重

漢初丞相權重，所請事無不從。至武帝居中決事，於是政歸中書，而丞相之任漸輕。中興以後，天子躬親吏事，國之樞機，王之喉舌，進退誅賞，一由尚書而已。三公之所以异乎衆職者，不過得專辟舉，而往往出自中旨，不能自由；位雖尊重，權已不屬，故陳忠以爲『有名無實』。乃遇有灾异，仍以故事策免，罕有久於其位者，冤哉！夫假天樞於閹豎，輸斗柄於婦黨，而選用輔臣，但取清慤柔質、循分守職之人，無事則充位備員，有變則俯首引咎，近習尸其功，鼎鉉受其過，此所由紀綱日紊而百職不修也。

刺史州牧

漢外吏惟郡守爲尊。初時但以丞相史分刺諸州，武帝嫌其權輕，乃更置刺史。太守秩二千石，而刺史僅六百石。『王人雖微，諸侯之上』，此《春秋》法也。其職以六條刺舉不法，非條所問，即不省。蓋設刺史以分太守之權，而不得侵太守之職；且傳車周流，非有定鎮，特一直指使者耳。成帝時，議者不明設官本意，但較爵秩，以爲卑不統尊，於是改置州牧，專官統理諸郡，而太守之權益輕。夫太守領支郡，尚慮其權重；而擅專刺史與典方州，遽不虞其末大而難制？此措置之失也。光武見及於此，故罷州牧，仍置刺史，宣布六條，一如舊法，并省歲盡詣都奏事，但因計吏以聞，用息煩擾。中葉以後，政出房闥，綱紀撓毁，而外無畔吏，職貢惟虔，詎非强幹弱枝、控制得宜之明效歟？洎乎靈帝，入劉焉之議，於是更置州牧，以爲足資鎮壓。故焉據益州，擅造帝服；嗣是袁紹取冀，輒下制書；劉表鎮荆，僭行郊祀；魏祖資兖，遂構皇業。漢祚之殄，禍基於此矣。

東漢立法之弊

自古英辟變法，將以矯弊，顧法立而弊乘之，昧者以爲弊生法外，而不知其恒相因也。光武懲新莽之竊柄而因以盜國，於是大權獨攬，一切不以假人，三公則奉令承教而已，功臣則衣税食租而已，宗室外戚均不得與聞國政，蓋所以尊主抑臣、强幹弱枝，用矯西京元、成以降君权旁落之弊。明、章紹統，遵而勿改。乃至九重親理簿書，乘輿躬録囚徒，勤政之美，邁古罕聞。然而柄歸獨操，勢漸孤立，一旦宮車晏駕，或嗣主孩提未臨九五，或皇儲失育迎立宗藩，朝無柱石之臣，内乏維城之寄，不得不以威福之重假之中宮，擁戴之勛歸諸近幸，此勢所必至者也。夫女主臨朝，未宜與士大夫楚楚相對，必且引肺腑以參帷幄，藉熏椓以司傳宣，所至口銜天憲、手握神樞，城社憑依，遂成專擅，縱恣不禁，跋扈隨之。此又勢所必至者也。是以中葉以降，内官外戚，盤互交錯，始因外戚之横，而資内官以圖之；繼因内官之惡，而資外戚以制之，卒之内官足以圖外戚，而外戚恒不足制内官。遞盛遞衰，倏得倏失。延至叔末，而椒畹與貂璫同歸糜爛，奸雄乘勢，遂移龜鼎。此皆弊之相因，非法能禁者也。雖然，亦有天焉。歷稽東漢諸帝，自明帝以下，年多不永：章帝三十三，和帝二十七，安帝三十二，順帝三十，桓帝三十六，靈帝三十四，加以前星屢墜，皇統三絶，母后稱制幾成故事。由是外戚、内官之勢成焉。然則國家將欲建不拔之基，固當慎簡輔弼，廣樹勛賢，震動恪恭，祈天永命哉！

三國書法

十卷

序

昔陳壽作《三國志》而裴松之爲之《注》,《志》所未備以《注》補之。故論者以松之爲壽功臣。竊謂松之非知壽者也。松之論壽書,以爲『銓叙可觀,事多審正』,是已;而病其『失在於略,時有脱漏』,不知壽書之略,略所當略也。《注》所引書,壽非不知之,特削而弗書耳,非脱漏也。史家之例,有書有不書,一斷以義而已。今裴氏繁徵博引而寡所取裁,非惟不知壽,亦不知史也。

世之鄙儒不能博觀全史,但株守朱子《綱目》之説,往往以帝魏寇蜀譏壽之失,因而并譏《資治通鑑》,以爲司馬温公病。不知《通鑑》作於北宋,北宋之得國,無以异於魏也,而又甚焉:魏祖尚有扶漢之功,宋祖第有篡周之罪;魏祖篡漢於數十年之後,宋祖篡周於一旦夕之間。温公爲北宋之臣,若不以正統予魏,何以爲太祖地乎?予魏實予宋也。《綱目》作於南宋,南宋之立國,無以异於蜀也,而有不及焉:蜀主未嘗稱臣於魏,宋主固已稱臣於金;蜀主專任武侯而魏畏之如虎,宋主枉殺鄂王而金輕之若屬國。朱子爲南宋之臣,若不以正統予蜀,何以爲高宗地乎?予蜀亦予宋也。故温公與朱子,非必所見不同,所處之時异也,然皆以异代之臣修异代之史,故可以率行其意而左右之耳。

若壽之所處,則極難焉:壽本蜀人,蜀亡而入仕於晉。欲尊蜀乎?是心存舊主而貳於晉也;欲抑魏乎?晉之統固受之魏者也,魏非正統,是晉無所受也,是晉之三祖均將擯諸僞朝也(習鑿齒作《漢晉春秋》貶魏尊蜀,以爲晉受漢統,意以譏切桓温耳。其援共工、吴楚,皆曲説也。且是時晉已南渡,與蜀正同,故不復以貶魏爲嫌也)。壽以羈旅之臣處孤危之地，乃敢奮其筆舌不避嫌疑，獨不爲家族計乎！故壽之尊魏抑蜀，有所不得已也。然其爲書，簡而不漏，詳而不贅，尊魏而不掩其惡，抑蜀而不没其實，諱晋而不滅其迹，微而顯，曲而直，隱寓夫褒貶而顯示夫懲勸，動有合於《春秋》之書法焉，真良史哉！

余嘗謂壽實以正統予蜀，著之爲論已，然未盡也。山居多暇，每取其書翻覆觀玩，偶有所得，輒命筆劄記，久之始彙成一編，名曰《三國書法》，計分十卷。非敢云億則屢中，如彼飛蟲，時亦弋獲云爾。

咸豐七年歲在丁巳，秀野亭生黄恩彤自序於知止堂之南軒，時重陽後三日。

凡例

一、是書所録陳《志》原文，均有關予奪書法者；非此不録，大事亦録。

一、是書節録原文，其不聯屬者，俱空一格；聯屬則否。

一、是書所録原文，不增減一字，惟於諸葛丞相《傳》中補入《後出師表》，據裴《注》也。

一、是書所録詔、策有加删節者，如《魏公九錫》之類，其褒稱功德，皆誇侈之辭，無足録也；又如廢齊王芳、廢高貴鄉公髦之類，其增飾罪狀，皆污衊之語，不可録也。故但存其事而削其文。

一、是書所録表、疏，有全行登載者，如群下尊先主爲漢中王及先主上書漢帝之類，名正言順，公義炳著，陳氏大書特書屢書不一書者，所以深予之也，故備録之以明書法。

一、世俗流傳三國事迹，如曹操及身未篡、先主伐吴非策、托孤失辭之類，幾於萬口雷同，兹均就當日情事一一辨之。

一、陳氏作《志》，尤措意者先主《志》及諸葛、關侯《傳》耳。兹廣録原文，分段注釋，以發明陳氏之意。

一、關侯忠義，彪炳寰宇，歷代疊有褒崇，本朝躋諸顯祀，與文廟并重。然非詳核陳《志》，不知侯之功在季漢至爲奇偉也。是書於侯頗有發明。

一、是書第據魏、蜀二《志》以明其書法。若吴之爲國，陳氏已擯諸僭僞之列，故不復論，論其目録而已。

三國書法卷一

三國志

目録

『三國』者何？魏、蜀、吴也。『志』者何？著之於册也，猶『記』也、『書』也（遷《史》稱『記』、固《史》稱『書』，此稱『志』，義同）。魏、蜀、吴既三分天下各自立國矣，不謂之『三國』不可也，不一其國亦無從正其統也。先魏者何？尊魏也。魏則何爲尊之？晋受魏統，尊魏實尊晋也，且以存漢也。自初平元年訖建安二十五年，皆以獻帝紀年，雖空名虚器，有若贅疣，而漢固未嘗亡也。然則何以不書漢？漢名而魏實，書漢則没其實也。魏之太祖意中無漢久矣，此二十五年漢未嘗亡，而直書曰魏，不予以存漢之功，而明著其無君之罪也。吴之立國先於蜀，次蜀於魏者何？亦以存漢也。山陽廢而昭烈興焉，漢猶未亡也。若吴之爲國，割據耳矣，僭僞耳矣，故擯之於後也。

魏志

武帝操　文帝丕　明帝叡　齊王芳　高貴鄉公髦　陳留王奐

魏稱帝者何？予其爲帝也，名曰予實不予也。魏之帝受之漢，晋之帝受之魏，晋之受魏無以异乎魏之受漢，不予魏帝是不予晋帝也。姑予以帝之名，有所不得已也。史家書帝之事，例曰『本紀』而不敢斥其名，今不曰本紀而名之，曰操、曰丕、曰叡，則固不予其帝也。三少帝但稱王、公者何？廢也。

蜀志

劉焉　劉璋

蜀先二牧者何？著蜀之始也，爲先主驅除者也。焉牧蜀，實據蜀也，絶於漢矣；璋不能自立，而附於操，固漢之亂臣也。且蜀亦卒非璋有也。先主取蜀而漢統賴以不墜焉，權而不失其正，不必以取諸同姓爲嫌也。

先主備　後主禪　先主甘后　後主敬哀后

稱先主、後主者何？不敢以帝予之也。壽本蜀人，而仕於晋，是時蜀爲晋并，後主歸降，壽不敢帝蜀明矣。後主不稱安樂公，仍稱主者何？予其爲主也（魏之三少主不稱帝，吴之三嗣主不稱主）。魏之妃稱皇后，蜀則去皇稱后，吴則但稱夫人。夫不稱皇者，嫌於魏也；猶稱后者，別於吴也。后爲帝配，予其后仍予其帝也（王肅云：『漢總皇帝之號，有別稱帝，無別稱皇，皇是其差輕者也。』《蜀志》之去皇稱后，亦是此義）。

吴志

孫堅　孫策　吴主權　孫亮　孫休　孫皓　孫破虜吴夫人　吴主權謝夫人

孫亮全夫人

吴先列孫堅、孫策者何？權襲父兄之業也。權始書吴主者何？吴至權而國始定，不得不以主予之也。三嗣主第書姓名者何？權已稱臣於魏矣。雖未納土，吴非權有，子孫不得爲吴主也。堅以下皆削其僭號，正名也；仍書於本志者，不没其實也。堅妻吴夫人冠以『破虜』者何？尊漢也。袁術表堅行破虜將軍，固漢帝所命也。若權、若亮妻，則第曰『夫人』而已矣。

三國書法卷二

魏　志

武帝操

太祖武皇帝，沛國譙人也。姓曹，諱操，字孟德。漢相國參之後。桓帝世，曹騰爲中常侍大長秋，封費亭侯。養子嵩嗣，官至太尉，莫能審其生出本末。嵩生太祖。

書太祖者何？魏之太祖也。目録不稱皇此稱皇者何？《魏史》舊文也。曹爲參後，固漢之世臣也。騰閹而參之胤絶矣，嵩不得爲參後也。他傳記并云『嵩，夏侯氏子，惇之叔父』，此云『莫審其生出本末』者何？疑之也。猶陳琳《檄》所云『乞丐携養，贅閹遺醜』之意也。疑嵩所以深詆操也。

太祖少機警，有權數，而任俠放蕩，不治行業，故世人未之奇也。

書操之爲人也。機警而濟以權數，任俠而出以放蕩，行業安在乎！直一無賴子耳。所以相漢而卒爲漢賊也。

年二十，舉孝廉，爲郎。

以任俠放蕩，不治行業之紈袴惡少年，而忽有此舉乎，孝耶、廉耶？常侍孫、太尉兒耶？固必有以致之矣。此微而顯者也。

冀州刺史王芬、南陽許攸、沛國周旌等，連結豪杰，謀廢靈帝、立合肥侯，以告太祖，太祖拒之。

書拒芬等者何？予操也。君子不没人善，可予則予之。

卓遂弑太后及弘農王。太祖至陳留，散家財，合義兵，將且誅卓。冬十二月，始起兵於己吾。是歲中平六年也。

書起兵者何？予操也。董卓弑逆，人人得而誅之。操舉兵誅卓，爲漢討賊也，義也。始書年何？操之有事於天下，自此始也。

初平元年　袁紹與韓馥謀立幽州牧劉虞爲帝，太祖拒之。

書拒紹、馥者何？予操也。廢立大事，非臣下所敢言，拒之誠是已。吁，使操始終一節，詎非漢之純臣乎？奈何再拒人而卒躬自篡也？予之亦以愧之也。

三年　信乃與州吏萬潛等至東郡，迎太祖，領兖州牧。

書操始得兖州，肇魏基也。是時兖州刺史劉岱爲黄巾所殺，濟北相鮑信倡吏民迎操。操之領州，固非天子命也。直自領之耳，亦不請命於天子也。

四年　孫策受袁術使，渡江，數年間，遂有江東。

書吴之始也。吴之立國，匪直先於蜀，并先於魏矣。曰受袁術使者，非天子命也，然自是江東非復漢有矣。僭也，僞也。

下邳闕宣聚衆數千人，自稱天子，徐州牧陶謙與共舉兵，取泰山、華、費，略任城。秋，太祖征陶謙，下十餘城。謙守城不敢出。

興平元年春，太祖自徐州還。初，太祖父嵩去官後還譙。董卓之亂，避難琅琊，爲陶謙所害。故太祖志在復讎。夏，復征陶謙，拔五城，遂略地至東海，還過郯。謙將曹豹與劉備屯郯東，要太祖。太祖擊破之，遂攻拔襄賁，多所殘戮。

書兩征陶謙何？志在并徐也。操貪而無厭，兖、徐接壤，得兖則望徐也。初征以謙與宣同逆，誣之也。謙長者，卒不惜以徐州讓先主，肯隨一妄男子反乎（謙卒斬宣）？復征以復父讎，托之也。嵩死久矣（《後漢書》：『謙别將守陰平，士卒利嵩財寶，遂襲殺之』），何以至此始復讎，且初征何以不云復讎也？托之復讎以快其殺戮而已矣。書之以著操之不仁也（《後漢書》并兩征爲一，不及此之詳實）。

二年　冬十月，天子拜太祖兖州牧。

書操始受天子命牧兖也。操之牧兖且四年矣，至此始書天子拜者，先直自領之也。

建安元年，秋七月，楊奉、韓暹以天子還洛陽，奉别屯梁。太祖遂至洛陽，衛京師。暹遁走。天子假太祖節鉞，録尚書事。洛陽殘破，董昭等勸太祖都許。九月，車駕出轘轅而東。

操以天子遷都於許，由是假其名號，以順討逆，太阿之柄，操得而持之矣。此特書也。

以太祖爲大將軍，封武平侯。於是以袁紹爲太尉，紹耻班在公下，不肯受。公乃固辭，以大將軍讓紹。天子拜公司空，行車騎將軍。

前書太祖屢矣，至此改書公者何？大將軍、司空，皆漢三公，故曰『公』也。操在許，挾天子以自重，稱公所以厭於天子也。以大將軍讓紹者何？畏紹也，非誠讓也。紹在外，操在内，天子之事，操實專之，讓猶不讓也。

吕布襲劉備，取下邳。備來奔。程昱説公曰：『觀劉備有雄才而甚得衆心，終不爲人下，不如早圖之。』公曰：『方今收英雄時也。殺一人而失天下之心，不可。』

書『來奔』，爲先主危也。先主非依操也，歸於天子也，固已入操彀中矣。以操之猜忌，知先主英雄，既聞程昱之謀，而卒莫之殺，非能容之也，亦非果欲收之爲己用也。王者不死，蓋有天命存焉。天命者何？人心是已。

三年　九月，公東征布。十月，屠彭城。進至下邳，决泗、沂水以灌城。月餘，布將宋憲、魏續等執陳宫，舉城降。生禽布、宫，皆殺之。泰山臧霸、孫觀、吴敦、尹禮、昌豨各聚衆從布，布敗，獲霸等。公厚納待，遂割青、徐二州，附於海以委焉。

書禽布、降霸者何？著操之定徐州、漸逼青州也。至是而操跨有河南之地，西通關中，東連海上矣。故次年即從事於河北。

四年　袁紹既并公孫瓚，兼四州之地，衆十餘萬，將進軍攻許。諸將以爲不可敵。公曰：『吾知紹之爲人，志大而智小，色厲而膽薄，忌克而少威，兵多而分畫不明，將驕而政令不一。土地雖廣，糧食雖豐，適足以爲吾奉也。』秋八月，公進軍黎陽，使臧霸等入青州，破齊、北海、東安，留于禁屯河上。九月，公還許，分兵守官渡。

書袁、曹構兵之始也。是時群雄略盡，天下大勢決於袁、曹。袁勝必滅曹，曹勝必吞袁，不容以兩立也。紹欲攻許，固知曹之不能一日忘河北也。操智足料紹，故先軍黎陽，示以聲勢；分遣臧霸入青州，以窺其後；于禁屯河上，以當其衝；仍分兵守官渡，以制其要。紹未至而操先應之，故能以弱敵强，而卒破紹也。

袁術自敗於陳，稍困，袁譚自青州遣迎之。術欲從下邳北過，公遣劉備、朱靈邀之。會術病死。程昱、郭嘉聞公遣備，言於公曰：『劉備不可縱。』公悔，追之不及。

書遣，爲先主幸也。董承之難將作矣。先主不出，庸得免乎？

備之未東也，陰與董承等謀反。至下邳，遂殺徐州刺史車胄，舉兵屯沛。遣劉岱、王忠擊之，不克。

五年春正月，董承等謀泄，皆伏誅。

書『謀反』、書『伏誅』何？《魏史》舊文也。舊文何以不削？曰：不必削也。當時承等實以謀反誅，削之則没其實也。且操之所謂『反』者，反操耳，非反漢也。何以知非反漢？曰：《蜀志》詳書之矣。其文曰：『先主未出時，獻帝舅、車騎將軍董承辭受帝衣帶中密詔，當誅曹公。遂與承及長水校尉种輯、將軍吴子蘭、王子服等同謀，會見，使未發，事覺，承等皆伏誅』，足徵承等乃奉詔誅操，先爲所害。《魏志》所書『謀反』，實誣之也。至是而操無君之心不可復掩已。

公將自東征備。諸將皆曰：『與公争天下者，袁紹也。今紹方來，而弃之東，紹乘人後若何？』公曰：『夫劉備，人杰也。今不擊，必爲後患。』

書公自征者何？著操之憚先主也。先主羈旅孤危，而爲操所憚乃甚於紹，有以見其真人杰也。（《後漢書》：『田豐説袁紹曰：「操今東擊劉備，兵連未可卒解，今舉軍而襲其後，可一往而定。兵以幾動，此其時也。」紹不能用。』）

紹衆大潰，紹及譚弃軍走。渡河追之，不及。冀州諸郡多舉城邑降者。公破紹，天下莫敵矣。

此特書也。操得河北，而魏業以成，自破紹始也。

七年　紹自軍破後，發病嘔血。夏五月，死。小子尚代。譚自號車騎將軍，屯黎陽。

書袁氏内亂之始也。紹廢長立幼，故死而尚代，尚乃小子也。於是譚擅號擁兵，亂將作也。

九年　八月，審配兄子榮夜開所守城東門内兵，配逆戰，生禽配，斬之。鄴定。

書操定鄴、取冀州也。

天子以公領冀州牧。

操之欲冀州久矣，曰天子以之，實自以之也。自是操恒居鄴，委漢帝於許都，視若弁髦矣。

十年春正月，攻譚，破之，斬譚，誅其妻子。冀州平。……初，袁紹以甥高幹領并州牧。公之拔鄴，幹降，遂以爲刺史。幹聞公討烏丸，乃以州叛，守壺關城。

十一年　公圍壺關，三月，拔之。幹遂走荆州，上洛都尉捕斬之。

書操之取冀州兼取并州也。

十二年春二月丁酉，令曰：『吾起義兵誅暴亂，於今十九年，所征必克，豈吾功哉！乃賢士大夫之力也。……其促定功行封。』於是大封功臣二十餘人，皆爲列侯，其餘各以次受封。

書大封者何？罪專擅也。爵莫貴於列侯，乃不請於天子，而直以令行之，無君之罪，孰大於是！次年又書『論荆州服從功，侯者十五人』，亦此例也。

北征烏丸……斬蹋頓及名王以下，胡、漢降者二十餘萬口，遼東單于速僕丸及遼西、北平諸豪弃其種人，與尚、熙奔遼東。……太守公孫康即斬尚、熙及速僕丸等，傳其首。

書操之并取幽州也。紹至是無種矣。操至是益無忌矣。次年即有丞相之命。

十三年春正月，公還鄴，作玄武池以肄舟師。

書肆舟師者何？將南征也。

漢罷三公官，置丞相、御史大夫。夏六月，以公爲丞相。

書罷三公、置丞相者何？操欲爲丞相也。三公鼎貴而丞相專尊，御史大夫特丞相之亞耳。甫置而即以操爲之，然則非漢罷之、置之、以之也，操自罷之、自置之、自以之而自爲之也。托諸漢焉耳。

秋七月，公南征劉表。八月，表卒，其子琮代，屯襄陽，劉備屯樊。九月，公到新野，琮遂降。備走夏口。

書操之取荆州也。先主至是幾無立足之地矣。操見取荆州之易也，於是更有吞吴之意。

益州牧劉璋始受征役，遣兵給軍。

書受征役者何？惡璋也。璋以宗室擁大藩，坐視主弱國危而不之救，乃因操取荆州，内懷震懼，輒屬役若僕妾然，君子之所惡也。惡璋所以予先主也。

十二月，孫權爲備攻合肥，公自江陵征備至巴邱，遣張憙救合肥。權聞憙至，乃走。公至赤壁，與備戰，不利，於是大疫，吏士多死者，乃引軍還。備遂有荆州、江南諸郡。

書遂有江南諸郡者何？幸之也。非徒爲先主幸，爲漢幸也。漢之宗室人杰，獨有先主耳。乃崎嶇戎馬，奔走南北數千里間，卒不能得尺寸之地。是時天下大勢駸駸乎折而入於操，而先主亦將老矣。今得荆州，以爲取蜀根本，蜀存而漢賴以不亡，故曰爲漢幸也。赤壁之戰，權實資先主以兵，不書權者何？權畏操觀望，所以敢戰者，恃先主也。其不惜以荆州姑予先主者，懼操復至，而以先主塞其冲也。

十六年春正月，天子命公世子丕爲五官中郎將，置官署，爲丞相副。

凡書天子命者，皆假之也，非天子命也。操爲丞相，而以子自副，固其權也。漢既置御史大夫爲丞相副矣，名副實不副也，丕乃真副也。丞相有副，自丕始也。魏之篡漢，操計之熟矣，乃猶遲疑而不敢取。至丕則舉若拾遺焉。書丕，兆漢亡也。

十七年春正月，天子命公贊拜不名，入朝不趨，劍履上殿，如蕭何故事。

書如蕭何故事者何？操由丞相進爲相國也。漢初置相國，後罷，置丞相，何故事則皆相國之禮也。此魏公九錫之漸。

割河内之蕩陰、朝歌、林慮，東郡之衛國、頓丘、東武陽、發干，鉅鹿之癭陶、曲周、南和，廣平之任城，趙之襄國、邯鄲、易陽，以益魏郡。

書割十四縣以益魏郡者何？操欲封國於魏，故益之以自廣也。孰割之？操割之也。

十八年　夏五月丙申，天子使御史大夫郗慮持節，策命公爲魏公，又加九錫。

操至是遂受魏公之封矣。地包十郡，禮隆九錫，侈矣哉！是時，操曾上書固讓，削而不書，不予其讓也，僞也。嗚呼，自王莽創爲九錫，操踵效之。而後之奸雄篡竊人國，行之若條格然，實操作俑也。夫操雖不臣，較諸後之公行廢弑，猶爲此善於彼。而君子首惡操者，其作俑也。

十九年　三月，天子使魏公位在諸侯王上，改授金璽、赤紱、遠游冠。

書加禮者何？操欲王也。所加皆王禮也。

十一月，漢皇后伏氏坐昔與父故屯騎校尉完書，云帝以董承被誅怨恨公，辭甚醜惡。發聞，后廢黜死，兄弟皆伏法。

書漢皇后者何？正名也，以尊之也。尊之則胡爲坐之？操坐之也。承被誅而帝恨操，承固奉帝詔圖操也。前書謀反，操誣之也。后書辭何以『醜惡』？因罪狀操，故操以爲醜惡也。孰廢黜之？非帝廢黜之，而操廢黜之也。何以死？弑也。弑何以不書？嫌於晋也。魏弑后耳，晋直弑帝矣。於高貴鄉公書『卒』，則伏后書『死』，宜也。以后故而誅及兄弟，則后之死於弑，不書而書也。

二十年　十一月，劉備襲劉璋，取益州，遂據巴中。

書取益州者何？著蜀之始也。蜀存而漢不亡，所以深予先主也。璋既役屬於操，張魯降而巴中并爲魏有矣。書『取』、書『遂據』，幸之辭也。

二十一年　夏五月，天子進公爵爲魏王。

書進爵者何？由公而進也。漢自諸吕後，未有异姓爲王者，有之，自操始也。王者，帝之漸也，將復進也。操欲王久矣，至此直自進之耳。是以天子之詔策及操之上書三讓，皆削而不書也，僞也。於後改『公』書『王』，從其實也。

二十二年　夏四月，天子命王設天子旌旗，出入稱警蹕。……冬十月，天子命王冕十有二旒，乘金根車，駕六馬，設五時副車，以五官中郎將丕爲魏太子。

書備物殊禮者何？著其僭也。行天子之事，服天子之服，子爲太子，操已公然篡漢矣，衹欠一禪耳。然則操何以不遽禪？曰：操之意亦亟矣。徒以是年先主遣張飛、馬超等屯下辨，次年吉本、耿紀等倡義攻許，又次年先主破夏侯淵於陽平，斬淵，而關侯虎踞荆州，兵力盛强，圍曹仁、禽于禁、誅龐德，威震華夏，操至欲遷都以避其鋭。夫宗藩人杰稱兵於外，忠義□者發難於内，固操之所大懼也。操老矣，更事熟而慮患深，其不敢遽禪，有以也。且其意以爲：天子之事、天子之服吾既兼而有之矣，禪不禪等耳，禪則天下將被以惡名，而益興問罪之師；不禪猶得挾天子以濟其私，而假空名以號令於天下。故操之篡漢，無俟於禪也。操之未受禪，無解於篡也。然則操果不欲禪乎？曰：孫權助逆、關侯遇害，操之患紓矣，固將禪矣，而天奪其命焉，是以不及禪也。

二十三年春正月，漢太醫令吉本與少府耿紀、司直韋晃等反，攻許，燒丞相長史王必營，必與潁川典農中郎將嚴匡討斬之。

書『反』者何？爲漢反魏也，予其反也。何以明其爲漢反魏？曰：本等皆漢臣也，而王必實丞相長史，則魏臣也。必乃操之腹心舊吏，爲操將兵守許，因以伺察漢帝者也。攻許而燒其營，是反魏也。漢臣自御史大夫以降，官非不備也，其心知有魏耳。吉等獨能反魏以助漢，事敗而身殉焉，不愧漢臣矣。備書其官而繫之以漢，深予之也。

二十四年春正月，夏侯淵與備戰於陽平，爲備所殺。三月，王自長安出斜谷，軍遮要以臨漢中，遂至陽平。備因險據守。夏五月，引軍還長安。

操於是失漢中矣。

遣于禁助曹仁擊關羽。八月，漢水溢灌禁軍，軍没，羽獲禁，遂圍仁。使徐晃救之。

書『獲禁』『圍仁』者何？著關侯之功也。先主駐漢中以窺秦，關侯出襄樊以向許；淵、禁皆魏名將，以次斬、禽，操之膽落矣，敢議禪乎！

孫權遣使上書，以討關羽自效。王自洛陽南征羽，未至，晃攻羽，破之。羽走，仁圍解。

書孫權上書『自效』者何？罪黨惡也。權慮關侯破魏後不利於己，故與操通謀，潛師以掎其後也。書南征未至者何？畏而不敢進也，亦猶司馬懿拒諸葛，但堅壁而不敢戰也。晃非能破關侯也，權遣將襲取荆州，故侯師潰而自破焉。使侯大義不伸於天下者，權之罪也。

二十五年春正月，至洛陽，權擊斬羽，傳其首。庚子，王崩。

書『傳首』并書『王崩』者何？惜關而快操也。操所忌者，關侯耳。今以賊權助操，慘被梟裂，天其不祚漢矣！乃首至而操即死，若侯之靈有以褫其魄焉，此天下萬世之所共快也。王何以書『崩』，著其僭天子也。

評曰：漢末天下大亂，雄豪并起，而袁紹虎視四州，强盛莫敵，太祖運籌演謀，鞭撻宇内，攬申商之法術，該韓白之奇策，官方授材，各因其器，矯情任算，不念舊惡，終能總御皇機，克成洪業者，惟其明略最優也，抑可謂非常之人、超世之杰矣。

評操但著其乘亂而起，破袁紹而成魏業，其迎漢帝、遷許都事之大者而不一及焉，有以見操但欲假天子以濟其私，意固不在漢也。曰『鞭撻宇内』，曰『矯情任算』，而姑許以『明略最優』，誠以操特奸人之雄，非帝王之器也。曰『抑可謂』者，極不滿之辭也。

三國書法卷三

魏志

文帝丕

文皇帝諱丕，字子桓，武帝太子也。中平四年冬生於譙，建安十六年爲五官中郎將，副丞相。二十二年立爲魏太子。

書丕，但舉其生年官閥而已。《魏書》曰：『帝生時，有雲氣青色而圓如車蓋當其上終日。望氣者以爲至貴之證，非人臣之氣。年八歲，能屬文。有逸才，遂博貫古今經傳、諸子百家之言〔二〕。善騎射，好擊劍。舉茂才，不行』云云，兹俱不書，不予之也。

太祖崩，嗣位爲丞相、魏王。

書嗣位者何？襲父業也。是時漢帝遣御史大夫華歆奉詔策授，不書，削之也，僞也。

改建安二十五年爲延康元年。

書改元者何？丕改之也。魏王嗣位，漢帝改元，漢聽於魏也，僭也。

初，漢熹平五年，黄龍見譙，光禄大夫橋玄問太史令單颺："此何祥也？"颺曰："其國後當有王者興，不及五十年，亦當復見。天事恒象，此其應也。"内黄殷登默而記之。至四十五年，登尚在。三月，黄龍見譙，登聞之曰："單颺之言，其驗兹乎！"

書黄龍何？將禪也。奸雄竊國，必假托神怪以誣天而惑衆。新莽之丹石金匱操是術也。颺死久矣，乃於四十五年後借登之口傳颺之言，又援渺如風影之橋玄以證之，多見其妄也。

夏四月丁巳，饒安縣言白雉見。

書白雉何？黄龍之例也。雉之見否，誠不可知，且旋集旋舉，固已翱翔滅没於亡何有之鄉矣。而縣輒敢上言者，知丕之樂聞斯言也，且未必不風之使言也。是時，賜田租牛酒、大酺告廟，均削而不書，惡其侈也。

六月辛亥，治兵於東郊，庚午遂南征。

書南征何？著丕之無父也。操死未期，輒於盛陽之月動無名之師、伐不寇之國，是無故而以墨絰即戎，不孝孰大焉！丕之南征，非南征也，以兵挾禪耳，故行至曲蠡而反也。

甲午，軍次於譙，大饗六軍及譙父老百姓於邑東。

書大饗何？譏非禮也。丕是時自以爲高祖之幸沛，光武之幸春陵矣。設伎樂百戲，父死之謂何？

八月，石邑縣言鳳凰集。

書鳳凰者何？白雉之例也，皆風之使言也。丕圖禪亟矣，白雉能毋化爲鳳凰乎？

丙午，行至曲蠡，漢帝以衆望在魏，乃召群臣卿士告祠高廟，使兼御史大夫張音持節、奉璽綬禪位。册曰：『咨爾魏王：……天之歷數在爾躬，允執厥中，天禄永終，君其祗順大禮，饗兹萬國，以肅承天命。』

書至曲蠡者何？著其逼也，逼漢帝使速禪也。是時丕在軍中，不禪則兵不解也。猶録禪册者何？存其迹也（魏禪晋册不録）。册非漢帝爲之，丕自爲之也。李伏、許芝稱説圖讖，及群臣勸進者累數萬言，丕上書固讓累數千言，何以概置不書？削之也。魏之代漢，名禪而實篡也。托於禪而避篡之名，又僞讓焉，將以欺天下後世，尤君子所甚惡也。君固讓之，臣固勸之，皆僞也。是以削而不書也（裴注乃一一詳爲補録，失陳氏筆削之義矣）。

乃爲壇於繁陽。庚午，王升壇即阼，百官陪位。事訖，降壇，視燎成禮而反。改延康爲黄初，大赦。

書受禪也。其文止此而已。告天之文削而不書者何？不予其受命於天也。

黄初元年十一月癸酉，以河内之山陽邑萬户奉漢帝爲山陽公，行漢正朔，以天子之禮郊祭，上書不稱臣，京都有事於太廟，致胙；封公之四子爲列侯。

帝降爲公，漢至是亡矣。先主不稱尊號，何以奉宗廟乎？

二年　秋八月，孫權遣使奉章，并遣于禁等還。丁巳，使太常邢貞持節拜權爲大將軍，封吴王，加九錫。

書奉章者何？權稱臣於魏也。官爵殊禮，一如操之所得於漢者。將以縻權，而權卒不可致也。自度不能爲丕下，而姑臣焉，而旋貳焉，而卒叛焉，使彼得以討叛爲名而加兵焉。權亦失策矣哉！

三年　閏月，孫權破劉備於夷陵。

此先主之敗於陸議[二]也。權告捷，故書。

七年　夏五月丙辰，帝疾篤。召中軍大將軍曹真、鎮東大將軍陳群、征東大將軍曹休、撫軍大將軍司馬宣王并受遺詔輔嗣主。丁巳，帝崩。

書司馬受遺詔者何？兆魏亡也。宣王者何？追尊也；不書名，爲晋諱也。然則何以不書帝？曰：晋受禪始尊懿爲帝，於《魏志》不應書也。

明帝叡

吴將諸葛瑾、張霸等寇襄陽。撫軍大將軍司馬宣王討破之，斬霸。

書破吴何？懿之禦寇功也。

太和元年　新城太守孟達反。詔驃騎將軍司馬宣王討之。

二年春正月，宣王攻破新城，斬達，傳其首。

書破新城何？懿之討叛功也。威名於是日重矣。

蜀大將諸葛亮寇邊，天水、南安、安定三郡吏民叛應亮。遣大將軍曹真都督關右，并進兵。右將軍張郃擊亮於街亭，大破之。亮敗走，三郡平。丁未，行幸長安。

此諸葛伐魏之始也。書曰『大將』，予之也。諸葛爲蜀奉辭伐罪，堂堂之陣，正正之師，允副乎長子丈人之任焉，故予之以大將也。則何爲書『寇邊』？曰：《魏史》舊文也。舊文何以不削？曰：不敢也。其不敢奈何？曰：晋之三祖世爲魏將，而與蜀敵，尊晋不敢不尊魏，尊魏不敢不寇蜀，寇蜀不得不寇亮也。凡書蜀入寇，皆此例也。真遠非諸葛敵，街亭之戰，馬謖特以違節制敗，諸葛自以糧盡引還耳。曰『大破』者，誇辭也。是時魏主露布天下，兹則削而不書也（裴氏載之注中，非知陳氏者）。

十二月，諸葛亮圍陳倉。曹真遣將軍費曜等拒之。

書圍陳倉何？報街亭之役也。

四年　秋七月，詔大司馬曹真、大將軍司馬宣王伐蜀。九月，大雨，伊洛河漢水溢。詔真等班師。

書伐蜀何？報陳倉之役也。師未出境而以雨罷，不成伐也，畏蜀也。

五年　春三月，諸葛亮寇天水，大將軍司馬宣王拒之。

伐蜀之師未出，而諸葛又至矣。拒之者何？將戰也。何以不戰？懿不敢戰也。

青龍元年春正月甲申，青龍見郟之摩陂井中。二月丁酉，幸摩陂觀龍，於是改年。

書龍見者何？志妖也。龍爲君象，不飛於天而蟠於井，幽辱之象也。以後屢書龍見井中，皆此例也。叡不知恐懼以答天戒，乃以妖爲祥，臨觀不已，又改年以應之，天之所弃也。未幾，叡死，而魏亂矣。

二年　春三月庚寅，山陽公薨。帝素服發哀，遣使持節典護喪事。丙寅，詔有司以太牢告祠文帝廟，追謚山陽公爲漢孝獻皇帝，葬以漢禮。

備書山陽葬禮者何？予魏也。雖篡其位，猶得善其終焉。抑亦不失爲厚也。自兹以降，禪代之主大抵求爲獻帝而不可得矣。噫！

是月，諸葛亮出斜谷，屯渭南。司馬宣王率諸軍拒之。詔宣王但堅壁拒守，以挫其鋒。

書堅壁拒守何？爲晋祖諱也。何諱？諱巾幗之辱也。諸葛兵入，而懿率諸軍以拒，衆寡非不敵也，何爲但堅壁拒守乎？但者，止辭也。夫以主制客，必時出鋭將奇兵，先登陷陣方足挫其鋒耳。未有止於堅壁拒守者也。懿非諸葛敵，畏而不敢出。稱詔者，所以自文其怯也。然懿自揣非敵，而固壘以老蜀師，雖智勇如諸葛，卒不能進。固深於兵者也。

司馬宣王與亮相持，連圍積日。亮數挑戰，宣王堅壘不應。會亮卒，其軍退還。

書不應者何？不敢應也。會者何？適逢其會也。天不祚漢，諸葛無禄，故懿得坐收不戰之功耳。不然，則軍不解矣。魏君大夫能無旰食乎？

景初二年春正月，詔太尉司馬宣王帥衆討遼東。

八月　丙寅，司馬宣王圍公孫淵於襄平，大破之，傳淵首於京都。海東諸郡平。

書懿之定遼東也。於是威加海外矣。

十二月乙丑，帝寢疾不豫。

三年春正月丁亥，太尉宣王還至河内。帝驛馬召到，引入卧内，執其手謂曰：『吾疾甚，以後事屬君。君其與爽輔少子。吾得見君，無所恨。』宣王頓首流涕。

書叡以後事屬懿者何？罪懿也。懿三世舊臣，受恩深矣，顧托之重，諄諄若是。曾不數年，而少子安在乎！爽安在乎！

注釋：

〔一〕　魏按：言，《三國志》裴注原文作『書』。

〔二〕　魏按：陸議，即陸遜。

三國書法卷四

魏 志

齊王芳

齊王諱芳，字蘭卿。明帝無子，養王及秦王詢宫省。事秘，莫有知其所由來者。

書養子者何？譏亂宗也。人主無子，則宜以宗藩入繼，未有養子干大統者，此叡之失也。或以芳爲任城王楷子，兹曰『莫知其由來』者何？疑之也，亦猶前志書嵩曰『莫能審其生出本末』也。操之嫡胤，至是已絶矣。

大將軍曹爽、太尉司馬宣王輔政。

并書二輔者何？其權均也。

以太尉爲太傅，持節統兵都督諸軍事如故。

書以懿爲太傅者何？陽尊之實奪之權也。猶持節統兵者何？未遽奪其兵也。爽忌懿，而稱詔以行之，釁自此始矣。

正始五年春二月，詔大將軍曹爽率衆征蜀。……五月丙午，大將軍曹爽引軍還。

書征蜀者何？爽欲樹威於外也。爽專魏政，既内奪懿權矣，而蜀者懿素所畏也，是時，諸葛既歿非昔之蜀矣，故爽悉師西出，僥倖一戰之勝，則將侈然以爲功，出懿上焉，而不虞師出之無功也。書『引還』，耻爽也。

嘉平元年春正月甲午，車駕謁高平陵，太傅司馬宣王奏免大將軍曹爽、爽弟中領軍羲、武衛將軍訓、散騎常侍彦官，以侯就第。

先書謁陵者何？爽兄弟悉從也。何以免？懿所奏也。懿奏則芳何爲遽從？挾以兵不得不從也。懿之欲甘心於爽者久矣，伺其出而中發焉，故不及防也。

戊戌，有司奏：收黄門張當付廷尉，考實其辭，爽與謀不軌。又尚書丁謐、何晏、鄧颺、司隸校尉畢軌、荆州刺史李勝、大司農桓範皆與爽通奸謀，夷三族。

爽就第五日，而張當之獄興焉，收當以陷爽也。有司之奏，懿使之也；廷尉之付，懿付之也；『考實』者何？刑求也；『又』者何？株連也；曰『與謀』、曰『通謀』者何？事無左證，但誅其意也。借張當之口陷爽等以滅族之罪，而因以誅鋤异己焉。自是大權一歸司馬氏矣。

丁未，以太傅司馬宣王爲丞相，固讓乃止。

書讓丞相何？僞讓也。僞讓則何以止？曰：止猶不止也。懿之威震主矣，丞相之命，芳有所不得已也。懿既擅誅一大將軍而斬艾朝望若屠羊豕然，孱兹幼主，直股掌間物耳。太阿之柄，懿獨操之矣，何必藉丞相以爲重乎！據其實而不欲居其名，此其所以讓也，故曰僞也。然則懿果止乎？曰：暫止耳，非竟止也，遲之斯受之矣；其卒不爲丞相者，死，不及待也。

三年　四月丙午，聞太尉王凌謀廢帝立楚王彪，太傅司馬宣王東征。五月甲寅，凌自殺。六月，彪賜死。

書東征凌者何？師之有名者也。凌以人臣而謀廢立，其死宜矣。然凌之意，以爽誅後，曹氏日弱，司馬氏日强，芳實幼闇，不能制懿，故欲擁立長君以安社稷耳。其名逆也，其意忠也。

秋七月　戊寅，太傅司馬宣王薨。以衛將軍司馬景王爲撫軍大將軍、録尚書事。

懿死而師繼焉，司馬氏之勢成矣。

六年春二月　戊戌，中書令李豐與皇后父光禄大夫張緝等謀廢易大臣，以太常夏侯玄爲大將軍。事覺，諸所連及者皆伏誅。

書『連及皆伏誅』何？罪濫誅也。大臣者何？司馬師也。不名何以知爲師？曰：師爲大將軍，今欲廢而易之以玄，是以知爲師也。是時廷尉獄辭誣豐等以謀反，兹但書謀廢易大臣何？著其實也，直筆也。

三月，廢皇后張氏。

緝誅逾月而后廢，坐父廢也。非芳廢之，師廢之也。廢后即廢帝之漸也。

秋九月，大將軍司馬景王將謀廢帝，以聞皇太后。甲戌，太后令曰：『皇帝芳……不可以承天緒、奉宗廟』，使兼太尉高柔奉策，用一元大武告於宗廟，遣芳歸藩於齊，以避皇位。是日，遷居别宫，年二十三。

后廢數月而帝亦廢矣。師以豐、緝等廢己之謀后與帝均與聞焉，故廢后因并廢帝，所以報也。書『將謀』者何？直筆也。春秋之義，人臣無將也。師以臣廢主，其言不順，必假太后之令行之，故『以聞』也。聞則太后何以遽出令，迫於師也。何迫？曰：《魏志》詳書之矣（見裴注）。此不書，不敢也。

高貴鄉公髦

高貴鄉公，諱髦，字彦士，文帝孫，東海定王霖子也。正始五年，封郯縣高貴鄉公。少好學，夙成。齊王廢，公卿議迎立公。十月己丑，公至於玄武館。群臣奏請舍前殿。公以先帝舊處，避止西廂。群臣又請以法駕迎，公不聽。庚寅，公入於洛陽。群臣迎拜西掖門南。公下輿將答拜，儐者請曰：『議不拜。』公曰：『吾人臣也。』遂答拜。至止車門下輿。左右曰：『舊乘輿入。』公曰：『吾被皇太后徵，未知所爲。』遂步至太極東堂，見於太后。其日即皇帝位於太極前殿，百僚陪位者欣欣焉。

《志》於魏諸主罕書其美，此書髦美，後亦不無德言。書舉者何？罪司馬氏也。使其果有忠於魏之心，才如髦者，自當左右夾輔，以獎成令德，共享榮名。乃不出此，而專權震逼，釁積惡彰，卒致成濟之變。此非髦之不君，而司馬氏之不臣也。然髦以宗支冲幼入繼大統，朝有權奸，不能韜潛光耀，遵養俟時，而乃於迎立之初輒自表暴，以招嫌忌，亦非自全之道也。是時百僚陪位欣欣，而師若昭者不翅芒刺在背矣。髦之不終，已兆於此。

正元元年冬十月　癸巳，假大將軍司馬景王黄鉞，入朝不趨，奏事不名，劍履上殿。

此即所謂蕭何故事，漢曾以之寵异操者。師以策立，故有是命。是時髦立且一年矣，始論師功而加禮焉。師得毋觖望矣乎！

二年春正月乙丑，鎮東將軍毌邱儉、揚州刺史文欽反。戊戌，大將軍司馬景王征之。閏月己亥，破欽於樂嘉，欽遁走，遂奔吴。甲辰，安風〔淮〕津都尉[二]斬儉，傳首京都。

儉貳於師者也。其舉兵以誅師爲名，師以爲『反』，髦未必以爲『反』也。儉誅而師益横矣。

司馬景王薨於許昌。二月丁巳，以衛將軍司馬文王爲大將軍、録尚書事。

書昭之繼師，一如師之繼懿，著司馬氏之專魏也。然則髦胡爲以之？曰：司馬氏之勢成矣，髦雖魏主，擁空名而已，權不屬焉。昭欲爲之，髦不得不以之也。

夏四月庚戌，賜大將軍司馬文王衮冕之服，赤舄副焉。八月庚午，命大將軍司馬文王加號大都督，奏事不名，假黄鉞。

兩書加禮者何？昭欲之也。師不能驟得者，昭遽得之矣，并得乎師之所不能得焉。髦之憚昭，甚於憚師也。

甘露二年夏四月　甲子，以征東大將軍諸葛誕爲司空。

書以誕爲司空何？昭以之也。誕貳於昭，故以司空徵之，謀奪其兵也。

乙亥，諸葛誕不就徵，發兵反，殺揚州刺史樂琳。

誕何以反？必以討昭爲名也。

丁丑，詔曰：『諸葛誕造爲凶辭……今宜皇太后與朕暫共臨戎，速定醜虜，時寧東夏。』

昭討誕而挾髦俱行者何？髦非芳比，昭懼己出而髦乘其後也。且慮魏諸臣或有從中起贊髦以圖己者也。并挾太后者何？誕舉兵必稱奉太后密詔，故昭并挾太后以伐其謀也，且可假以制髦也。自古未有太后臨戎者，書之以深惡昭也。

三年春二月，大將軍司馬文王陷壽春城，斬諸葛誕。

誕誅而昭益無忌矣。髦亦不能忍矣。逾年即有雲龍門之變。

夏五月，命大將軍司馬文王爲相國，封晋公，食邑八郡，加之九錫。文王前後九讓乃止。

書殊禮者何？賞討誕功也。九讓乃止者何？受其實而讓其名也，止非竟止也。

五年　夏四月，詔有司率遵前命，復進大將軍司馬文王位爲相國，封晋公，加九錫。

昭於是受而不讓矣。詔策九錫文不録者何？略之也。魏之封昭，猶漢之封操也。

五月己丑，高貴鄉公卒，年二十。皇太后令曰：『吾以不德，遭家不造，昔援立東海王子髦以爲明帝嗣……賴宗廟之靈，沈、業即馳語大將軍，得先嚴警，而此兒便將左右自雲龍門，雷戰鼓，躬自拔刃，與左右雜衛共入兵陣間，爲前鋒所害。此兒既行悖逆不道，而又自陷大禍，重令吾悼心不可言。昔漢昌邑王以罪廢爲庶人，此兒亦宜以民禮葬之。』癸卯，大將軍固讓相國、晉公、九錫之寵，太后詔『聽所執……』。戊申，大將軍文王上言：『高貴鄉公率將從駕人兵，拔刃鳴金鼓向臣所止；懼兵刃相接，即敕將士不得有所傷害，違令以軍法從事。騎督成倅弟、太子舍人濟，横入兵陣，傷公，遂致殞命。輒收濟行軍法。……輒敕侍御史收濟家屬付廷尉，結正其罪。』

書公卒者何？弑也。弑則何爲書『卒』？爲晉諱也。諱則何以知爲弑？曰：繼録太后之令，終正成濟之罪，是以知爲弑也。太后之令，昭假之也。欲避弑君之惡名，故假太后令追廢髦，使不得爲君也。自古暴主有歿加惡謚者矣，未有歿而追廢之者。先卒而後廢，則其不以令終可知也。且令内明言『與左右雜衛共入兵陣間，爲前鋒所害』，則其事固不可掩也。相國之位、晉公之封、九錫之禮，昭既受之矣，至此復固讓者何？弑髦意不自安，欲示貶損以塞責也。太后聽之者，固昭意也。然則誅成濟，尚有合於討賊之義乎？曰：自己丑至戊申越二十日，且髦已葬矣，不得已而後誅濟以自解。昭之心，途人知之矣。律以董史之法，直書曰『昭弑其君』可也。此曲而直者也。

陳留王奐

景元元年夏六月丙辰，進大將軍司馬文王位爲相國，封晉公，增封二郡，并前滿十，加九錫之禮，一如前奏

［詔］。文王固讓乃止。

賞策立功也。昭新弑髦，意猶未安，故仍不遽受也。

四年春二月，復命大將軍進位，爵賜一如前詔。又固辭乃止。

復命者何？昭自命也。自命何以又固辭？曰：愈命之愈辭之，愈辭之愈命之，則受之有名也。

夏五月，詔曰：『蜀蕞爾小國……今使征西將軍鄧艾督帥諸軍趣甘松沓中……雍州刺史諸葛緒督諸軍趣武都高樓……』又命鎮西將軍鍾會由駱谷伐蜀。……冬十月甲寅，復命大將軍，進位爵賜一如前詔。

昭至是不復辭矣。而其意不在公也。公者，王之亞也。昭知蜀將亡，故亟受公封，預爲平蜀後論功進爵地也。

十一月　自鄧艾、鍾會率衆伐蜀，所至輒克。是月，蜀主劉禪詣艾降。巴蜀皆平。

書蜀亡也，蜀亡而漢亡矣。

咸熙元年春三月己卯，進晉公爵爲王，封十郡，并前二十。

猶操之封魏王也，昭不復辭矣。

八月庚寅，命中撫軍司馬炎副貳相國事。

猶丕之副操也。

冬十月　丙午，命撫軍大將軍、新昌鄉侯炎爲晋世子。

猶丕之爲魏世子也。

二年　夏五月，命晋王冕十有二旒，建天子旌旗，出警入蹕，乘金根車，六馬，備五時副車，置旄頭雲罕，樂舞八佾，設鐘虡宫懸。進王妃爲王后，世子爲太子，王女、王孫，爵命之號如舊儀。

書僭也。曰『如舊儀』者何？一如操之僭於漢者也。昭至是已篡魏矣，行將禪矣。

八月辛卯，相國晋王薨。

猶操之死，不及禪也。

壬辰，晋太子炎紹封襲位，總攝百揆，備物典册，一皆如前。……十二月壬戌，天禄永終，曆數在晋，詔群公卿士具儀設壇於南郊，使使者奉皇帝璽綬册，禪位於晋王，如漢魏故事。

書如漢魏故事者何？快魏也。魏之篡漢，操之計工而意良苦矣。曾不數傳，司馬氏踵而效之，直奉行故事而已，出乎爾者反乎爾者也。作法以自蹈其子孫，而爲天下萬世快。死者有知，操目不瞑矣。

注釋：

〔一〕　魏按：『安風淮津都尉』，『淮』字衍，应作『安風津都尉』。

三國書法卷五

魏志

妃后　諸臣

武宣卞皇后，琅琊開陽人，文帝母也。本倡家。年二十，太祖於譙納后爲妾。……建安初，丁夫人廢，遂以后爲繼室。諸子無母者，太祖皆令后養之。

此操妻而丕母也。倡也，倡而妾之，又廢其妻而妻之，諸子均從而母之。書之以譏家之不正也。

文昭甄皇后，中山無極人，明帝母。建安中，袁紹爲中子熙納之。熙出爲幽州，后留養姑。及冀州平，文帝納后於鄴。

著甄之失節也。殺人而奪其婦，盗賊夷狄之行也（甄后以愛弛有怨言，賜死）。

文德郭皇后，安平廣宗人也。……早失二親，没在銅鞮侯家。太祖爲魏公時，得入東宫。……黄初三年立爲皇后。

『没』者何？没爲婢也。操后倡也，丕后婢也。

明悼毛皇后，河内人也。黄初中，以選入東宫，明帝時爲平原王，進御有寵……及即帝位，以爲貴嬪。太和元年，立爲皇后。……初，明帝爲王，始納河内虞氏爲妃，帝即位，虞氏不得立爲后，太皇卞太后慰勉焉。虞氏曰：『曹氏自好立賤，未有能以義舉者也。然后職内事，君聽外政，其道相由而成，苟不能以善始，未有能令終者也。殆必由此亡國喪祀矣！』虞氏遂絀還鄴宫（後毛以愛弛怨望，賜死）。

著毛氏之以寵奪嫡也。備録虞氏之言，以譏魏之失。嘻，虞氏過矣！獨不爲太皇太后地乎？

明元郭皇后，西平人也。世河右大族。黄初中，本郡反叛，遂没入宫。明帝即位，甚見愛幸，拜爲夫人。……帝疾困，遂立爲皇后。齊王即位，尊后爲皇太后……值三主幼弱，宰輔統政，與奪大事，皆先咨啓於太后而後施行。毌丘儉、鍾會等亂，咸假其命而以爲辭焉。

没入宫者何？反者家屬没爲宫婢者也。丕特以婢爲后耳，叡則取諸反者之孥矣。疾困何以立爲后？郭謀爲太后也。叡自以子幼，而以後事屬郭也。而司馬氏因以行廢立焉。豈獨毌丘儉等假其命以爲辭哉！虞氏之言，至此驗矣！

夏侯惇　夏侯淵　曹仁　曹洪　曹休　曹真　夏侯尚

書魏功臣而以夏侯與曹同傳者何？先宗臣也。夏侯何以宗？曰：操父嵩，實夏侯氏子也。《志》言

『不審其生初[一]本末』，乃傳首惇、淵，而仁、洪次之，以明夏侯不异於曹也。楙等之婚於曹氏，其瀆明矣。

荀彧　荀攸　賈詡

書魏謀臣，而以二荀與賈詡同傳者何？斥二荀也。詡，漢之賊也。董卓既誅，王室粗定，李傕等得詡爲謀主，於是稱兵犯闕，王允遇害，而漢益大亂不可支。詡罪大矣！二荀舊德名流，自當羞與詡伍，而乃輔操以成魏業。魏業成而漢祚傾焉，其去詡幾何哉！同傳者，抑二荀於亂賊之列也（裴氏譏其失類，非知陳氏者）。

書彧以异議見忌者何？著操之亟於圖篡也。彧以爲：太祖本興義兵以匡朝寧國，秉忠貞之誠，守退讓之實；君子愛人以德，不宜如此。太祖由是心不能平。會征孫權，表請彧勞軍於譙，因輒留彧，以侍中、光禄大夫，參丞相軍事。太祖軍至濡須，彧疾留壽春，以憂薨……明年，太祖遂爲魏公矣。十七年，董昭等謂太祖宜進爵國公、九錫備物，以彰殊勳，密以諮彧。彧佐操成霸業，爲謀臣首，功大而地親，乃以不附邪臣，遂成乖刺，卒以嫌忌迫致之死，操真寡恩哉！彧死而操『遂爲魏公』，然則彧不死，操將不爲魏公乎？曰：操之勢成矣，彧初佐之而中禁之，有以知其不能禁也，卒亦將不復禁也。授人以刃而戒其割，多見其無及也，魏諸臣受官於建安者，皆不書『漢』，惟於彧書『漢侍中』，亦以見彧之猶未忘漢也。

袁渙　張範　凉茂　國淵　田疇　王脩　邴原　管寧

荀賈傳後，應及鐘繇、華歆輩矣，乃不遽書，而次列袁渙諸人者何？崇德也。渙等在魏，初無赫赫之稱，位望亦不甚顯，但操以詐力取天下，一時蜂起雄鋭之士，惟以兵機權道相騖於功名，而涣等獨以行檢著稱，所謂『風雨如晦，鷄鳴不已』者非耶？并書田疇、管寧者何？皆不仕於魏者也。是時士競趨於魏矣，而若人者抱硜硜之節，卒不屈焉，節完而名高矣。亟書之以愧夫士之競趨於魏者也。

董　昭

昭曰：『自古以來，人臣匡世，未有今日之功；有今日之功，未有久處人臣之勢者也。明公雖邁威德、明法術，而不定其基爲萬世計，猶未至也。定基之本，在地與人。宜稍建立，以自藩衛。』……後太祖遂受魏公、魏王之號，皆昭所創。

特書以罪昭也。操之篡，昭實導之。然昭特揣知操意而迎其機耳。故蘇則斥爲佞也。

蘇　則

徵拜侍中，與董昭同僚。昭嘗枕則膝卧，則推下之，曰：『蘇則之膝，非佞人之枕也。』初，則及臨淄侯植聞魏氏代漢，皆發服悲哭。文帝聞植如此，不聞則也。帝在洛陽，嘗從容曰：『吾應天受禪，而聞有哭者，何也？』則謂爲見問，須髯悉張，欲正論以對。侍中傅巽掐則曰：『不謂卿也。』於是乃止。

書則推昭者何？著則之直，因以斥昭之佞也。書則與植聞禪悲哭者何？著則之不忘漢，因以明植之不附篡也。使操不立丕，而傳位於子建，漢祚或可少延矣乎！

衛覬

魏國既建，拜侍中。文帝即王位，徙爲尚書。頃之，還漢朝爲侍郎，勸贊禪代之義，爲文誥之詔。

覬以魏臣還漢朝者何？丕還之也，入之漢以圖禪也。其勸贊奈何？曰：托衆望以導其從，述丕意以速其決，名勸而實逼也。凡獻帝詔策，皆丕使覬爲之耳。書之以著其實也。

注釋：

〔一〕魏按：『初』，原书作『出』。

三國書法卷六

蜀　志

二牧（劉焉，子璋）

評曰：　昔魏豹聞許負之言，則納薄姬於室；　劉歆見圖讖之文，則名字改易。　終於不免其身而慶鍾二主。　此則神明不可虛要，天命不可妄冀，必然之驗也。

薄姬者何？　文帝母薄太后也。　劉歆改易名字者何？　改爲劉秀以應圖讖也。　二主者何？　文帝、光武也。　言天命在二主，非豹、歆所得而妄冀也。　此以豹、歆擬焉，以文帝、光武擬先主也。

而劉焉聞董扶之辭則心存益土，聽相者之言則求婚吴氏，遽造輿服，圖竊神器，其惑甚矣。

心存益土者何？　焉聞扶言益州分野有天子氣，故謀牧蜀，而不知應在先主，亦猶歆之更名，而不知應在光武也。　吴氏者何？　將軍吴壹妹，先主定蜀後，納爲夫人，既稱尊號，策爲皇后者也。　焉聞相者言『此女當大貴』，故爲子瑁聘焉，而不知應在爲先主配，亦猶魏豹聞薄姬當生天子，故背漢中立，而不知應在文帝也。　以見先主之興早有徵兆焉，特爲之驅除者也。

璋才非人雄，而據土亂世，負乘致寇，自然之理，其見奪取，非不幸也。

璋碌碌庸闇，蜀非其有矣。先主不取，非并於魏，即并於吴。望其少延漢祚，得乎？

三國書法卷七

蜀　志

先主（劉備）

先主姓劉，諱備，字玄德，涿郡涿縣人。漢景帝子中山靖王勝之後也。

書帝胄也。《光武紀》（范《書》成於陳《志》之後，史例則同，故每引之）：『高祖九世孫，出自景帝長沙定王發』，此其例也。（不惟非常侍養子可比，亦非相國後所得偷擬。）

勝子貞，元狩六年封涿縣陸城亭侯，坐酬金失侯，因家焉。先主祖雄、父弘，世仕州郡。雄舉孝廉，官至東郡范令。

書世系也。以見非成帝、子輿詐冒天潢者比也。《光武紀》：『定王發生舂陵節侯買，買生郁林太守外，外生鉅鹿都尉回，回生南頓令欽，欽生光武』，此其例也。（較『莫能審其生出本末』者何如？）

舍東南角籬上有桑樹生高五丈餘，遥望見童童如小車蓋。往來者皆怪此樹非凡，或謂當出貴人。

書瑞兆也。《高祖紀》：『武負王媪見其上常有怪，又所居上常有雲氣』，此其例也。（丕之『青雲』不書。）

先主少時，與宗中諸小兒於樹下戲，言『吾必當乘此羽葆蓋車』。叔父子敬謂曰：『汝勿妄語，滅吾門也。』

書大志也。高祖縱觀秦皇帝曰：『大丈夫當如此矣。』光武聞讖言『劉秀當爲天子』，曰：『何用知非僕耶！』此其例也。（《魏志》無之。）

年十五，母使行學。與同宗劉德然、遼西公孫瓚俱事故九江太守、同郡盧植。

書舊學也。《東觀記》：光武『受《尚書》於中大夫、廬江許子威』；《後漢紀》：光武『受《尚書》，略通大義』，此其例也。（《魏志》於操書其『任俠放蕩』，於丕不書其『博通古今』。）

身長七尺五寸，垂手下膝，顧自見其耳。

書奇表也。高祖之『隆准龍顔，左股七十二黑子』；光武『身長七尺三寸，大口、隆准、日角』，此其例也。（魏《志》無之。）

少語言，善下人，喜怒不形於色。

書大度也。高祖『寬仁愛人』，光武『謹厚』，此其例也。（較『機警權變』者孰賢？）

好交結，豪俠年少争附之。中山大商張世平、蘇雙等貲累千金，販馬周旋於涿郡，見而异之，乃多與之金財。先主由是得用合徒衆。

書得衆也。光武兄伯升『好俠養士』，此其例也。（較『不治行業，世未之奇』者何如？）

靈帝末，黄巾起，州郡各舉義兵。先主率其屬從校尉鄒靖討賊，有功，除安喜尉。

書始進也。討賊，義也；以功爲尉，正也。（較無端『舉孝廉』者何如？）

後領平原相。郡民劉平素輕先主，耻爲之下，使客刺之。客不忍刺，語之而去。其得人心如此。

書得人心者何？人心之所歸，即天命之所屬也。《高祖紀》書：『諸從者日益畏之，沛中子弟多欲附者』，此其例也。（魏《志》無之。）

謙表先主爲豫州刺史，屯小沛。

此先主領州之始也。是時操争徐州，故陶謙表先主爲刺史，以共拒操也。表者何？請命於天子也。（較操之自領兖州者何如？）

謙病篤，謂别駕麋竺曰：『非劉備不能安此州也。』謙死，竺率州人迎先主。先主未敢當。

謙以州授先主，與賢也。先主未敢受，遠利也。書之，兩予之也。（操領兖州，未聞其讓。）

下邳陳登謂先主曰：『今漢室陵遲，海内傾覆，立功、立事，在於今日。彼州殷富，户口百萬，欲屈使君撫臨州事。』先主曰：『袁公路近在壽春，此君四世五公，海内所歸，君可以州與之。』登曰：『公路驕豪，非治亂之主。今欲爲使君合步騎十萬，上可以匡主濟民，成五霸之業，下可以割地守境，書功於竹帛。若使君不見聽許，登亦未敢聽使君也。』北海相孔融謂先主曰：『袁公路豈憂國忘家者邪？冢中枯骨，何足介意。今日之事，百姓與能，天與不取，悔不可追。』先主遂領徐州。

著陳、孔交勸者何？著衆望也。元龍之豪氣、北海之名德，而殷殷推轂若是，則先主之允孚衆望可知也。（操領兖州，奉迎者止一鮑信耳。）

是年操始挾漢帝都許，未遑東略。其表先主爲將軍兼封亭侯者，欲資其力以拒袁術也。

曹公表先主爲鎮東將軍，封宜城亭侯。是歲建安元年也。

先主是時幾入操彀中矣。禮之將以縻之也，實忌之也。

從曹公還許，表先主爲左將軍，禮之愈重，出則同輿，坐則同席。

書『遣』者何？幸其免也，董承之難將作矣。

袁術欲經徐州北就袁紹，曹公遣先主督朱靈、路招要擊術，未至，術病死。

書受詔誅操者何？帝憚操，欲倚先主以除之也。方帝之初遷於許，未嘗不以操爲忠。及習見其無禮，

先主未出時，獻帝舅車騎將軍董承辭受帝衣帶中密詔，當誅曹公。先主未發。是時曹公從容謂先主曰：『今天下英雄，惟使君與操耳。本初之徒，不足數也。』先主方食，失匕箸。遂與承及長水校尉种輯、將軍吴子蘭、王子服等同謀。會見使，未發。事覺，承等皆伏誅。

而默揣其不臣，慮見逼辱，不得不早爲之計。先主宗室人杰，帝度其力能制操，故托諸戚臣，付以密詔，而不虞事機之偶泄也。自是先主遂與操離矣，亦不能復事帝矣。（陳氏評所云『揆彼之量，必不容己』者。）

先主乃殺徐州刺史車胄，留關羽守下邳，而身還小沛。曹公遣劉岱、王忠擊之，不克。

書先主與操構兵之始也。於是復據徐州。

五年，曹公東征先主，先主敗績。曹公盡收其衆，虜先主妻子，并禽關羽以歸。先主走青州。

書先主失徐州，并失關侯也。虜妻子何以不諱？曰：《高祖紀》：太公吕后被拘於楚不諱，則此不必諱也。

青州刺史袁譚，先主故茂才也。將步騎迎先主。先主隨譚到平原，譚馳使白紹。紹遣將道路奉迎，身去鄴二百里，與先主相見。駐月餘日，所失亡士卒稍稍來集。

書先主依袁紹也。紹欲與先主共圖操，故盡禮也。亡卒知先主所在，而來集焉，有以見其得人心也。

關羽亡歸先主。

特書『歸』者何？予關侯之忠於先主也，幸先主之復得侯也。

先主遣糜竺、孫乾與劉表相聞。劉表自郊迎，以上賓禮待之。益其兵，使屯新野。

書先主依劉表也。表慮操南窺江漢，故倚先主以備之。

荆州豪杰歸先主者日益多，表疑其心，陰禦之。

是時先主得諸葛矣。不書者何？未著也。書豪杰多歸者何？『拔茅茹以其彙』之義也。

十二年，曹公北征烏丸，先主説表襲許，表不能用。

特書説表襲許者何？此天下之大機也。荆與許鄰，袁亦操敵，懸軍遠出而不顧其後，操之失算也。使先主之説行，襲許得漢帝以號令天下，聲操罪而討之，操進失所恃，退靡所歸，河北新附郡縣未忘袁氏，必有反操以應先主者。合而蹙之，操可禽矣。表亦非必見不及此，其不能用者，疑先主也。疑先主破操後將不利於己也。亦知操之心未嘗一日忘荆州乎？不旋踵而北征之軍返旆南矣。

曹公南征表。會表卒，子琮代立，遣使請降。先主屯樊，不知曹公卒至。至宛，乃聞之，遂將其衆去。

操至而琮降矣。先主何以不知？琮不令知也。

過襄陽，諸葛亮説先主攻琮，荆州可有。先主曰：『吾不忍也。』

書諸葛始此。攻琮者何？權也。是時荆州非琮有矣，非琮有則攻而取之可也，權不失正者也。不忍者何？仁也，義也。仁故不忍乘琮之危，義故不忍負表之托。先主惟能充此不忍之心，所以流離顛踣而卒能有立於天下也。然則不忍於琮何以卒忍於璋？曰：琮騃豎子耳。表於先主不薄，死骨未寒，而遽奪所有，仁者不爲也。若璋，固非其比也。

琮左右及荆州人多歸先主。比到當陽，衆十餘萬。

書得衆也。

或謂先主曰：『宜速行保江陵。今雖擁大衆，披甲者少。若曹公兵至，何以拒之？』先主曰：『夫濟大事必以人爲本。今人歸吾，吾何忍弃去？』

『或』之説，兵機也。先主可謂知本矣，當危急存亡之際，而不忍輕弃其衆以失人心，此誠帝王之度，非常人所及也。夫不急據江陵以收軍實，徒擁襁負之民哀哀中路，日行僅數十里，而不虞追兵之躡其後，爲計亦疏矣。乃先主確然守之不變，而智如諸葛亦不聞有所可否者，所見略同也。

先主遣諸葛亮自結於孫權。

先主結權拒操，戰勝赤壁，操自是不敢復窺吴，而先主因得據荆以圖蜀，三分之局實定於此，乃天下之大機也。特書遣諸葛者，著其功也。

權遣周瑜、程普等水軍數萬，與先主并力，與曹公戰於赤壁，大破之，焚其舟船。先主與吴軍水陸并進，追到南郡，時又疾疫，北軍多死，曹公引歸。

書大破者何？著戰功也。先主每與操戰，輒爲所敗，兹足刷耻矣。《魏志》書『至赤壁，戰不利，於是大疫，吏士多死』，皆《魏史》舊文也，爲操諱敗也。兹書『追到南郡，時又疾疫，北軍多死』，以見疾疫在大敗退走之後，非因疾疫而致敗也。

先主表琦爲荆州刺史。……琦病死，群下推先主爲荆州牧，治公安。

琮降而琦立焉，先主於是不負表矣。琦不永年，先主牧荆，名正而言順也。

權稍畏之，進妹固好。先主至京見權，綢繆恩紀。

書『進妹』者何？非先主意也，權進之也。『進』者，以下奉上之辭也。然則權何爲自卑？曰：先主得荆州，踞權上游，故權畏之也。『固好』，名也；『畏之』，實也。『至京見權』者何？先主初結權，第遣諸葛往耳，至此始與權相見也。『京』者何？吴都也（時權都京口）。『綢繆恩紀』者何？與權妹婚也，將圖蜀，故不肯失歡於吴也。

十六年，益州牧劉璋遥聞曹公將遣鍾繇等向漢中討張魯，内懷恐懼。别駕從事蜀郡張松説璋曰：『曹公兵强無敵於天下，若因張魯之資以取蜀土，誰能禦之者乎？』璋曰：『吾固憂之而未有計。』松曰：『劉豫州，使君之宗室而曹公之深仇也，善用兵，若使之討魯，魯必破。魯破，則益州强，曹公雖來，無能爲也。』璋然之，遣法正將四千人迎先主，前後賂遺以巨億計，正因陳益州可取之策。

此下書先主之取蜀也。松、正實首其謀，亂自内作者也。

先主留諸葛亮、關羽等據荆州。

書留諸葛亮等者何？ 荆州根本，慮吴、魏乘其後也。

將步卒數萬人入益州。 至涪，璋自出迎，相見甚歡。 張松令法正白先主，及謀臣龐統進説，便可於會所襲璋。 先主曰：『此大事也，不可倉卒。』

可取矣，而不遽取者，惡其無名也。

明年，曹公征孫權，權呼先主自救。 先主乃從璋求萬兵及資寶〔一〕，欲以東行。

書欲東行何？ 明先主固非亟意取蜀也。

璋但許兵四千，其餘皆給半。 張松書與先主及法正曰：『今大事垂可立，如何釋此去乎！』松兄廣漢太守肅，懼禍及〔二〕己，白璋發其謀。 於是璋收斬松，嫌隙始構矣。 璋敕關戍諸將文書勿復關通先主。 先主大怒，召璋白水軍督楊懷，責以無禮，斬之。

至是而先主取蜀之計决矣。 釁乃自璋君臣開之。

乃使黄忠、卓膺勒兵向璋。 先主徑至關中，質諸將并士卒妻子，引兵與忠、膺等進到涪，據其城。 ……分遣諸將平下屬縣。 諸葛亮、張飛、趙雲等將兵溯流定白帝、江州、江陽，惟關羽留鎮荆州。

十九年夏 進圍成都數十日，璋出降。

書取蜀也。 蜀有主而漢祚不傾矣。 自是鎮荆州者，關侯一人而已。 其勢得毋稍孤矣乎！ 書曰『惟』者，危之也。

先主復領益州牧，諸葛亮爲股肱，法正爲謀主，關羽、張飛、馬超爲爪牙，許靖、麋竺、簡雍爲賓友。及董和、黄權、李嚴等本璋之所授用也，吴壹、費觀等又璋之婚親也，彭羕〔三〕璋之所排擯也，劉巴者宿昔之所忌恨也，皆處之顯任，盡其器能。有志之士，無不競勸。

書新政也。爲政之道，首在用人。專任諸葛而群賢并進，巴蜀氣象爲之一變焉。大書之所以深予之也。『評』所云『知人待士』，正此謂也。（魏《志》不聞有此。）

二十年，孫權以先主已得益州，使使報欲得荆州。先主言：『須得凉州，當以荆州相與。』權忿之，乃遣吕蒙襲奪長沙、零陵、桂陽三郡。先主引兵五萬下公安，令關羽入益陽。

書先主與權隙也。將争荆州也。

是歲，曹公定漢中，張魯遁走巴西。先主聞之，與權連和，分荆州、江夏、長沙、桂陽東屬，南郡、零陵、武陵西屬，引軍還江州。

書先主與權和也，將圖漢中也。漢中，蜀之門户而秦之咽喉，地有所必争，故不暇更争荆州也。然而荆州已失其半矣。

二十四年春，自陽平南渡沔水，緣山稍前，於定軍山勢作營。淵將兵來争其地。先主命黄忠乘高鼓噪攻之，大破淵軍，斬淵。

書戰功也。有定軍之捷而得漢中，亦猶有赤壁之捷而得荆州也。

曹公自長安舉衆南征。先主遥策之曰：『曹公雖來，無能爲也，我必有漢川矣。』及曹公至，先主斂衆拒險，終不交鋒，積月不拔，亡者日多。夏，曹公果引軍還，先主遂有漢中。

大書『遂有漢中』者何？有漢中則退足以保蜀，進可以入秦，且高祖初封之地，漢所自始也。於後，諸葛出師必取道於此。

秋，群下上先主爲漢中王，表於漢帝曰：『平西將軍都亭侯臣馬超、左將軍領長史［領］鎮軍將軍臣許靖、營司馬臣龐羲、議曹從事中郎軍議中郎將臣射援、軍師將軍臣諸葛亮、蕩寇將軍漢壽亭侯臣關羽、征虜將軍新亭侯臣張飛、征西將軍臣黄忠、鎮遠將軍臣賴恭、揚武將軍臣法正、興業將軍臣李嚴等一百二十人，上言曰：「昔唐堯至聖而四凶在朝，周成仁賢而四國作難，高后稱制而諸吕竊命，孝昭幼冲而上官逆謀，皆馮世寵，藉履國權，窮凶極亂，社稷幾危。非大舜、周公、朱虚、博陸，則不能流放禽討，安危定傾。伏惟陛下誕姿聖德，統理萬邦，而遭厄運不造之艱。董卓首難，蕩覆京畿；曹操階禍，竊執天衡。皇后太子，鴆殺見害，剥亂天下，殘毁民物。久令陛下蒙塵憂厄，幽處虚邑。人神無主，遏絶王命，厭昧皇極，欲盗神器。左將軍領司隸校尉豫、荆、益三州牧宜城亭侯備，受朝爵秩，念在輸力，以殉國難。睹其機兆，赫然憤發，與車騎將軍董承同謀誅操，將安國家，克寧舊都。會承機事不密，令操游魂得遂長惡，殘泯海内。臣等每懼王室大有閻樂之禍，小有定安之變，夙夜惴惴，戰栗累息。昔在《虞書》，敦序九族，周鑒二代，封建同姓，《詩》著其義，歷載長久。漢興之初，割裂疆土，尊王子弟，是以卒折諸吕之難，而成太宗之基。臣等以備肺腑枝葉，宗子藩翰，心存國家，念在弭亂。自操破於漢中，海內英雄望風蟻附，而爵號不顯，九錫未加，非所以鎮衛社稷，光昭萬世也。奉辭在外，禮命斷絶。昔河西太守梁統等值漢中興，限於山河，位同權均，不能相率，咸推竇融以爲元帥，卒立效績，摧破隗囂。今社稷之難，急於隴、蜀，操外吞天下，內殘群僚，朝廷有蕭墻之危，而禦侮未建，可爲寒心。臣等輒依舊典，封備漢中王，拜大司馬，董齊六軍，糾合同盟，掃滅凶逆。以漢中、巴、蜀、廣漢、犍爲爲國，所署置依漢初諸侯王故典。夫權宜之制，苟利社稷，專之可也。然後功成事立，臣等退伏矯罪，雖死無恨。」』

備書諸臣之表者何？暴操之惡、著先主之正，因以伸諸臣之義也。凡志內未敢遽書者，藉表以明之也。以後所書各表，皆此義也。

遂於沔陽設壇場，陳兵列，衆群臣陪位讀奏訖，御王冠於先主。

先主上言漢帝，曰：『臣以具臣之才，荷上將之任，董督三軍，奉辭於外，不得掃除寇難，靖匡王室，久使陛下聖教陵遲，六合之內，否而未泰，惟憂反側，疢如疾首。曩者董卓造爲亂階，自是之後，群凶縱橫，殘剥海內。賴陛下聖德威靈，人神同應，或忠義奮討，或上天降罰，暴逆并殪，以漸冰消。惟獨曹操，久未梟除，侵擅國權，恣心極亂。臣昔與車騎將軍董承圖謀討操，機事不密，承見陷害，臣播越失據，忠義不果。遂使操窮凶極逆，主后戮殺，皇子鴆害。雖糾合同盟，念在奮力，懦弱不武，歷年未效。常恐殞没，孤負國恩，寤寐永嘆，夕惕若厲。今臣群僚以爲在昔《虞書》敦叙九族，庶明勵翼，五帝損益，此道不廢。周鑒二代，并建諸姬，實賴晉、鄭夾輔之福。高祖龍興，尊王子弟，大啓九國，卒斬諸吕，以安太宗。今操惡直醜正，實繁有徒，包藏禍心，篡盗已顯。既宗室微弱，帝族無位，斟酌古式，依假權宜，上臣大司馬漢中王。臣伏自三省，受國厚恩，荷任一方，陳力未效，所獲已過，不宜復忝高位以重罪謗。群僚見逼，迫臣以義。臣退惟寇賊不梟，國難未已，宗廟傾危，社稷將墜，誠臣憂責碎首之負。若應權通變，以寧靖聖朝，雖赴水火，所不得辭，敢慮常宜，以防後悔。輒順群議，拜受印璽，以崇國威。仰惟爵號，位高寵厚，俯思報效，憂深責重，驚怖累息，如臨於谷。盡力輸誠，奬厲六師，率齊群義，應天順時，撲討凶逆，以寧社稷，以報萬分。謹拜章因驛上還所假左將軍、宜城亭侯印綬。』於是還治成都。

書群臣尊先主王漢中，而先主不復辭讓者何？曰：不容辭也，無可讓也。是時，操已爲魏王矣。漢室之危，甚於累卵，屏藩所寄，舍先主其誰屬焉？大書其表，所以深予之也。（操封魏王之詔策不書。）

二十五年，魏文帝稱尊號，改年曰『黄初』。或傳聞漢帝見害，先主乃發喪制服，追謚曰『孝愍皇帝』。

不書受禪，第書『稱尊號』何？禪，僞也，僞則天下所不予也。稱號改年，特丕自稱之、自改之耳。『或傳漢帝見害』者何？疑於弑也。魏圖篡久矣，途人知之矣，且嘗弑后矣。雖有『山陽』之封，而傳者未之信也，直以爲漢帝見害云爾。喪服册謚，烏可已乎？

是後在所并言衆瑞，日月相屬。

書受命之符也。曰『衆瑞』，瑞不勝書也。曰『并言』，言者非一也。（較魏之『黄龍』『白雉』何如？）

故議郎陽泉侯劉豹、青衣侯向舉、偏將軍張裔、黄權、大司馬屬殷純、益州别駕從事趙莋、治中從事楊洪、從事祭酒何宗、議曹從事杜瓊、勸學從事張爽、尹默、譙周等上言：『臣聞《河圖》《洛書》，五經讖、緯，孔子所甄，驗應自遠。謹案《洛書·甄曜度》曰：「赤三日德昌，九世會備，合爲帝際。」《洛書·寶號命》曰：「天度帝道備稱皇，以統握契，百成不敗。」《洛書·録運期》曰：「九侯七杰争命，民炊骸道路，籍籍履人頭，誰使主者玄且來。」《孝經·鈎命决録》曰：「帝三建九會備。」臣父群未亡時，言西南數有黄氣，直立數丈，見來積年，時時有景雲祥風，從璇璣下來應之，此爲异瑞。又二十二年中，數有氣如旗，從西竟東，中天而行，《圖》《書》曰：「必有天子出其方。」加是年太白、熒惑、填星常從歲星相追。近漢初興，五星從歲星謀；歲星主義，漢位在西，義之上方，故漢法常以歲星候人主。當有聖主起於此州，以致中興。時許帝尚存，故群下不敢漏言。頃者熒惑復追歲星，見在胃昴畢；昴畢爲天綱，《經》曰：「帝星處之，衆邪消亡。」聖諱豫睹，推揆期驗，符合數至，若此非一。臣聞聖王先天而天不違，後天而奉天時，故應際而生，與神合契。願大王應天順民，速即洪業，以寧海内。』

書豹等表陳圖讖者何？後漢重内學，《光武紀》『强華奉赤伏符』之例也。（魏之李伏、許芝不書。）

太傅許靖、安漢將軍糜竺、軍師將軍諸葛亮、太常賴恭、光禄勳黄權、少府王謀等上言：『曹丕篡弑，湮滅漢室，竊據神器，劫迫忠良，酷烈無道。人鬼忿毒，咸思劉氏。今上無天子，海内惶惶，靡所式仰。群下前後上書者八百餘人，咸稱述符瑞，圖、讖明徵。間黄龍見武陽赤水，九日乃去。《孝經·援神契》曰：「德至淵泉則黄龍見。」龍者，君之象也；《易·乾九五》：「飛龍在天。」大王當龍升，登帝位也。又前關羽圍樊、襄陽，襄陽男子張嘉、王休獻玉璽，璽潛漢水，伏於淵泉，暉景燭耀，靈光徹天。夫漢者，高祖本所起定天下之國號也，大王襲先帝軌迹，亦興於漢中。今天子玉璽神光先見，璽出襄陽，漢水之末，明大王承其下流，授與大王以天子之位，瑞命符應，非人力所致。昔周有烏魚之瑞，咸曰休哉。二祖受命，《圖》《書》先著，以爲徵驗。今上天吉祥，群儒英俊，并起《河》《洛》、孔子讖、記咸悉具至。伏惟大王出自孝景皇帝中山靖王之胄，本支百世，乾祇降祚，聖姿碩茂，神武在躬，仁覆積德，愛人好士，是以四方歸心焉。考省《靈圖》，啓發讖、緯，神明之表，名諱昭著。宜即帝位，以纂二祖，紹嗣昭穆，天下幸甚。臣等謹與博士許慈、議郎孟光，建立禮儀，擇令辰，上尊號。』

書許靖等勸進者何？《光武紀》書諸將群臣復奏之例也。其言曹丕篡弑、湮滅漢室、竊據神器，所以正丕之罪也。又言大王出自孝景皇帝中山靖王之胄宜即帝位、以纂二祖，所以紹漢之統也。備書之以明先主之即帝位名正而言順、應天而服人也。（魏之群臣勸進俱不書。）

即皇帝位於成都武擔之南。

大書『即皇帝位』者何？高祖即皇帝位於汜水之陽，光武於鄗南千秋亭五成陌即皇帝位，此其例也。（丕但書『升壇即阼，視燎成禮』，不書即皇帝位。）

爲文曰：『惟建安二十六年四月丙午，皇帝備敢用玄牡，昭告皇天上帝后土神祇：漢有天下，歷數無疆。曩者王莽篡盜，光武皇帝震怒致誅，社稷復存。今曹操阻兵安忍，戮殺主后，滔天泯夏，罔顧天顯。操子丕，載其凶逆，竊居神器。群臣將士以爲社稷墮廢，備宜修之，嗣武二祖，龔行天罰。備雖否德，懼忝帝位。詢於庶民，外及蠻夷君長，僉曰：「天命不可以不答，祖業不可以久替，四海不可以無主。」率土式望，在備一人。備畏天明命，又懼漢阼將湮於地，謹擇元日，與百僚登壇，受皇帝璽綬。修燔瘞，告類於天神，惟神饗祚於漢家，永綏四海！』

大書告天之文何？著其受命於天也。《光武紀》備載祝文，此其例也。（丕祝文不書。）

章武元年夏四月，大赦，改年。

書改元也。建安已改黄初矣，此不章武可乎？

以諸葛亮爲丞相。

首書相諸葛者何？ 尊賢也。 高祖之於蕭何、光武之於鄧禹，此其例也。

立宗廟，祫祭高皇帝以下。

書立廟、祫祭者何？ 尊祖也。 光武即尊位，祠高祖、太宗、世宗於懷宫，此其例也。

五月，立皇后吴氏，子禪爲皇太子。

書立后、建儲也。

初，先主忿孫權之襲關羽，將東征。 秋七月，遂帥諸軍伐吴。 孫權遣書請和，先主盛怒不許。

書伐吴何？ 聲其罪而討之也。 吴爲蜀之與國，又婚姻也。 權乃附操而襲荆州，并害關侯，函首於魏，不義不昵，罪孰大焉！ 且權不獨得罪於先主也，操之所以不敢遽禪者，畏關侯耳。 權乃爲操嗾使，而除其所畏，故操死丕遂受禪，是魏之篡漢，權實助之。 權固漢賊臣，罪不末减於操也。 假令關侯不遇害，而操旋死，則丕嗣位之初，士衆未附，且其才萬萬不及操，而關侯得於是時出荆襄以向宛洛，先主别自出漢中以下秦川，東西飆發，犄角互進，丕不惟不敢議禪，必且首尾狼狽，力不能支，覆魏定漢，千載一時矣。 此故諸葛隆中之初計，與先主日夜圖維而庶幾遇之者也。 乃以權附操之故，失荆州并失關侯，以致先主之志不遂、諸葛之謀不售，而漢之業卒不可復，此先主所以盛怒於權，不與兩立者也。 第云爲關侯復仇，猶淺之乎測先主、而小之乎罪權也。 然則先主不伐魏而伐吴，得無失策乎？ 曰： 吴爲魏臣，復奪我荆州，爲門庭之寇，伐魏則吴必伺隙而乘我，故欲伐魏，不得不先伐吴也。即未能禽權并舉其地，但得復取荆州，亦足拓夔巫之隘而通漢沔之津，於計未爲失也。此所以先主決意東征，而智如諸葛，曾不聞出一言以阻之也。然則諸葛何以不從？曰：留蜀以備魏也。魏知先主悉師以出，而不敢規復漢中者，畏諸葛也。

二年　夏六月，黄氣見自秭歸十餘里中，廣數十丈。後十餘日，陸議〔四〕大破先主軍於猇亭，將軍馮習、張南等皆没。先主自猇亭還秭歸，收合離散兵，遂弃船舫，由步道還魚復，改魚復縣曰『永安』。

先書『黄氣見』者何？敗徵也。自猇亭失利，而先主不復出兵矣。旋殂，而漢祚微矣。當時讖言『赤衰黄代』，黄者，赤所惡也。黄氣廣數十丈，赤衰之兆也。

孫權聞先主住白帝，甚懼，遣使請和。先主許之，遣太中大夫宗瑋報命。

書權請和者何？先主雖敗，猶爲權所懼也。先請不許，此何以許？權也。

三年春二月，丞相亮自成都到永安。

丞相不從，此何以到？先主不豫，故招之也。

先主病篤，托孤於丞相亮，尚書令李嚴爲副。

書托孤者何？重丞相也。曾子曰『可以托六尺之孤』，此其義也。

夏四月癸巳，先主殂於永安宮。

不書崩者何？嫌於魏也。書『殂』者何？予其爲帝也。《書》曰『帝乃殂落』，此其義也。漢承堯後，數典不忘其祖也。

亮上言於後主曰：『伏惟大行皇帝邁仁樹德，覆燾無疆，昊天不弔，寢疾彌留，今月二十四日奄忽升遐，臣妾號咷，若喪考妣。乃顧遺詔，事惟太宗，動容損益。百寮發哀，滿三日除服，到葬期復如禮；其郡國太守、相、都尉，縣令、長，三日便除服。臣亮親受敕戒，震畏神靈，不敢有違。臣請宣下奉行。』五月，梓宮自永安還成都，謚曰昭烈皇帝。秋八月，葬惠陵。

書『殂』以予其爲帝矣，其文猶隱也。又載諸葛上後主書，以著其爲帝之實（丕、叡之遺詔不書）。書梓宮、書謚、書陵，皆以帝制予之也。

評曰：先主之弘毅寬厚，知人待士，蓋有高祖之風、英雄之器焉。

以高祖擬之，見其無忝厥祖也。

及其舉國托孤於諸葛亮，而心神無貳，誠君臣之至公，古今之盛軌也。

特許其托孤得人，以爲古今盛軌，隱以愧司馬氏也。懿受托孤之重，無以异於諸葛，而因以爲利焉，毋亦赧顔於蜀之君臣乎！

機權幹略，不逮魏武，是以基宇亦狹。

此但以地之廣狹論才之優絀也。既云有高祖之風，而乃不逮魏武乎？然其不逮者，特機權幹略云爾。英雄之氣，固在此不在彼也。

然折而不撓，終不爲下者，抑揆彼之量必不容己，非唯競利，且以避害云爾。

操欲篡漢，必不能容先主。先主不爲操所容，則亦未繇與之比肩而事漢帝，其卒據蜀自帝者，誠有所不得已也。此陳氏識微之論也。

注釋：

〔一〕魏按：寶，應爲『實』字。

〔二〕魏按：及，應爲『逮』字。

〔三〕魏按：彭羕後有『又』字。

〔四〕魏按：陸議，即陸遜。

三國書法卷八

蜀　志

後主（劉禪）

後主諱禪，字公嗣，先主子也。建安二十四年，先主爲漢中王，立爲王太子。及即尊號，册曰：『惟章武元年五月辛巳，皇帝若曰：太子禪，朕遭漢運艱難，賊臣篡盗，社稷無主，格人群正，以天明命，朕繼大統。今以禪爲皇太子，以承宗廟，祗肅社稷。使使持節丞相亮授印綬，敬聽師傅，行一物而三善皆得焉，可不勉與！』

書册立者何？重其始也。（丕、叡爲太子之册文俱不書。）

三年夏四月，先主殂於永安宫。五月，後主襲位於成都，時年十七。

書即位也。并書其年者何？幼而聽於諸葛也。

建興元年遣尚書郎鄧芝固好於吴，吴王孫權與蜀和親使聘，是歲通好。

書與吴通好也。先主已許權和矣，至是復遣使，而權答聘也。

二年春，務農殖穀，閉關息民。

書諸葛治蜀也，將南伐也，欲攘外先安内也。

三年春三月，丞相亮南征四郡，四郡皆平。……十二月，亮還成都。

書南征四郡者何？ 意不在四郡也，丞相欲伐魏久矣，而四郡背叛，方將乘我之後。 南征者，爲北伐地也。

五年春，丞相亮出屯漢中，營沔北陽平石馬。

書出屯漢中者何？ 將北伐也，爲漢討賊，繼先主之志也。 自是丞相不復還成都矣。 噫！

六年春，亮出攻祁山，不克。

書不克何？ 街亭之敗也，不書敗，未至大敗也。

冬，復出散關，圍陳倉，糧盡，退。 魏將王雙率軍追亮，亮與戰，破之，斬雙，還漢中。

師再出矣。 退者何？ 糧盡也。 退而破軍斬將，雖退猶勝也。

七年春，亮遣陳式攻武都、陰平，遂克定二郡。

書拓地也，攻則克也。

冬，亮徙從府營於南山下原上，築漢、樂二城。

書徙府築城何？　爲久駐計也。

是歲，孫權稱帝，與蜀約盟，交分天下。

稱帝，權自稱之也。　來告，故書。　交分天下者何？　約共伐魏也。

八年秋，魏使司馬懿由西城、張郃由子午、曹真由斜谷，欲攻漢中。　丞相亮待之於城固、赤阪，大雨道絶，真等皆還。　是歲，魏延破魏雍州刺史郭淮於陽溪。

司馬懿不曰宣王者何？　正敵國之體，故書名也。　師出無功，而郭淮復爲魏延所破，司馬洵非諸葛之敵也，何論曹真乎！

九年春二月，亮復出軍圍祁山，始以木牛運。　魏司馬懿、張郃救祁山。　夏六月，亮糧盡退軍，郃追至青封，與亮交戰，被箭死。

復出而復退者何？　仍以糧盡還也。　郃，魏之大將，亦名將也。　乃戰即被殺，而懿不能救，懿之膽自此破矣，不敢復戰矣。

十年，亮休士勸農於黄沙，作流馬木牛畢，教兵講武。

書休士勸農者何？　師屢出而糧屢匱，故作屯田以省饋餉也。　作木牛并作流馬者何？　便運也。　教兵講武者何？將再舉也。

十一年冬，亮使諸軍運米，集於斜谷口，治斜谷邸閣。

書勸農之效也。運者何？以木牛運也。米集而復治邸閣者何？爲久駐計也。丞相之志，不滅魏不歸也。

十二年春二月，亮由斜谷出，始以流馬運。

第書『運』，不書戰何？丞相所急籌者，運耳，戰非所難也。丞相之不戰，實司馬之不敢戰也。

秋八月，亮卒於渭濱。

書歿於王事也。一渭濱也，尚父以此興，丞相以此亡，有幸不幸也。

征西大將軍魏延與丞相長史楊儀争權不和，舉兵相攻，延敗走。斬延首。

丞相卒而蜀軍亂矣。幸不爲魏軍所乘者，秘不發喪，故懿有鑒於張郃，而不敢追也。

儀率諸軍還成都。

延誅而諸軍還，全師而歸也，爲諸軍幸也。其不與俱還者，丞相耳。爲丞相悲，實爲蜀漢悲也。

以左將軍吴壹爲車騎將軍，假節督漢中（以代魏延）。

漢中，蜀之重地，將以出師伐魏者也。丞相歿而以壹代督，蜀其無人矣乎！

以丞相留府長史蔣琬爲尚書令，總統國事。

後主仍委政於琬，遵丞相之教也。

十三年　夏四月，進蔣琬位爲大將軍。

將屯漢中，故進位也。

十四年夏四月，後主至湔，登觀阪，看汶水之流，旬日還成都。

書至湔何？譏嬉游也。看汶水流，耽於逸也。旬日乃還，久於外也。丞相歿而後主之心日肆矣。

延熙元年　冬十一月，大將軍蔣琬出屯漢中。

出屯，不復出師矣。

七年閏月，魏大將軍曹爽、夏侯玄等向漢中，鎮北大將軍王平拒興勢圍，大將軍費禕督諸軍往赴救，魏軍退。

蜀不出師，而魏來伐，幸有以拒之。

九年　冬十一月，大司馬蔣琬卒。

琬卒，後主乃自攝國事矣。

十六年春正月，大將軍費禕爲魏降人郭循所殺。

書爲降人所殺何？譏無備也。禕死而蜀無人矣。獨有一姜維耳，豈能久乎！

著蜀之所以亡也。

景耀元年　宦人黄皓始專政。

五年　姜維復率衆出侯和，爲鄧艾所破，還住沓中。

維伐魏屢矣。與艾戰輒敗，維非艾敵也。書『還住沓中』者，畏艾，故避之也。

六年夏，魏大興徒衆，命征西將軍鄧艾、鎮西將軍鍾會、雍州刺史諸葛緒數道并攻。於是遣左右車騎將軍張翼、廖化、輔國大將軍董厥等拒之。……冬，鄧艾破衛將軍諸葛瞻於綿竹。

數道并攻猶可拒也，綿竹破而蜀不支矣。

用光禄大夫譙周策，降於艾……是日，北地王諶傷國之亡，先殺妻子，次以自殺。

書用譙周策何？導主出降，周之罪也。（陳氏師事周，而書法不隱。）書北地王自殺何？予其自殺也。國君死社稷，予王所以譏後主并斥周也。

後主舉家東遷，既至洛陽，策命之……爲安樂縣公。食邑萬户……公泰始七年薨於洛陽。

安樂、萬户，無以异於山陽也，但不復行天子之禮耳，漢至此亡矣！書令終何？晋猶不失爲厚也，予之也。

評曰：後主任賢相則爲循理之君，惑閹竪則爲昏暗之后。傳曰：『素絲無常，唯所染之』，信矣哉！賢相者何？諸葛也，蔣、費抑其次也。閹竪者何？黄皓也。此謂後主特中人之姿，未嘗以大無道亡國也。

三國書法卷九

蜀　志

諸葛亮(子瞻)

亮躬耕隴畝，好爲《梁父吟》。

書隱居也。隱然以耕莘釣渭擬之。

身長八尺，每自比於管仲、樂毅，時人莫之許也。惟博陵崔州平、潁川徐庶元直與亮友善，謂爲信然。時先主屯新野。徐庶見先主，先主器之，謂先主曰：『諸葛孔明者，卧龍也，將軍豈願見之乎？』

書素望也。自比於管、樂，人稱曰卧龍，諸葛固非常人也。

先主曰：『君與俱來。』庶曰：『此人可就見，不可屈致也。將軍宜枉駕顧之。』由是先主遂詣亮，凡三往，乃見。

書高節也。大有爲之君必有所不召之臣，兩予之也。

因屏人曰：『漢室傾頽，奸臣竊命，主上蒙塵。孤不度德量力，欲信大義於天下，而智術短淺，遂用猖獗，至於今日。然志猶未已，君謂計將安出？』亮答曰：『自董卓已來，豪杰并起，跨州連郡者不可勝數。曹操比於袁紹，則名微而衆寡，然操遂能克紹，以弱爲强者，非惟天時，抑亦人謀也。今操已擁百萬之衆，挾天子以令諸侯，此誠不可與争鋒。孫權據有江東，已歷三世，國險而民附，賢能爲之用，此可以爲援而不可圖也。荆州北據漢、沔，利盡南海，東連吴會，西通巴、蜀，此用武之國，而其主不能守，此殆天所以資將軍，將軍豈有意乎？益州險塞，沃野千里，天府之土，高祖因之以成帝業。劉璋暗弱，張魯在北，民殷國富而不知存恤，智能之士思得明君。將軍既帝室之胄，信義著於四海，總攬英雄，思賢如渴，若跨有荆、益，保其岩阻，西和諸戎，南撫夷越，外結好孫權，内修政理；天下有變，則命一上將將荆州之軍以向宛、洛，將軍身率益州之衆以出秦川，百姓孰敢不簞食壺漿以迎將軍者乎？誠如是，則霸業可成，漢室可興矣。』先主曰：『善！』

書大略也。未出草廬，而天下大局已定於掌握中，後卒不出所算焉，真天下才也！

於是與亮情好日密。關羽、張飛等不悦，先主解之曰：『孤之有孔明，猶魚之有水也。願諸君勿復言。』

書殊遇也。水者魚之所以生死者也，先主與諸葛，已定生死之交矣，豈他人所得間乎！夫以諸葛之賢、關張之忠，當其始進而猶不悦焉。士處功名之際，難矣哉！

先主至於夏口，亮曰：『事急矣，請奉命求救於孫將軍。』時權擁軍在柴桑，觀望成敗，亮説權曰：『海内大亂，將軍起兵據有江東，劉豫州亦收衆漢南，與曹操并争天下。今操芟夷大難，略已平矣，遂破荆州，威震四海。英雄無所用武，故豫州遁逃至此。將軍量力而處之：若能以吴、越之衆與中國抗衡，不如早與之絶；若不能當，何不案兵束甲，北面而事之！今將軍外托服從之名，而内懷猶豫之計，事急而不斷，禍至無日矣！』權曰：『苟如君言，劉豫州何不遂事之乎？』亮曰：『田横，齊之壯士耳，猶守義不辱，况劉豫州王室之胄，英才蓋世，衆士仰慕，若水之歸海，若事之不濟，此乃天也，安能復爲之下乎！』權勃然曰：『吾不能舉全吴之地，十萬之衆，受制於人。吾計决矣！非劉豫州莫可以當曹操者，然豫州新敗之後，安能抗此難乎？』亮曰：『豫州軍雖敗於長阪，今戰士還者及關羽水軍精甲萬人，劉琦合江夏戰士亦不下萬人。曹操之衆，遠來疲弊，聞追豫州，輕騎一日一夜行三百餘里，此所謂「强弩之末，勢不能穿魯縞」者也。故兵法忌之，曰「必蹶上將軍」。且北方之人，不習水戰；又荆州之民附操者，逼兵勢耳，非心服也。今將軍誠能命猛將統兵數萬，與豫州協規同力，破操軍必矣。操軍破，必北還，如此則荆、吴之勢强，鼎足之形成矣。成敗之機，在於今日。』權大悦。

大書結權以拒操也。是時先主幾無容身之地矣，而權復畏操觀望，吴諸臣多勸迎降。使操得渡江，勢且并吴，而劉璋暗弱，不能自立，蜀亦必爲操并。由是混一六合，坐移龜鼎，漢祚之亡，不旋踵矣。賴諸葛一言，而權助劉拒操之意始决，於是有赤壁之捷。而操不敢復窺江表，而先主因得據荆以圖蜀，而關侯因得出兵襄樊以震動華夏，而操因以有所憚而不敢禪，而先主卒得據蜀稱帝，延至後主三十餘年，紹漢統勿絶，皆諸葛一言之力，有以迎其機而贊其事也。其有功於季漢大矣哉！管樂何足云乎！

即遣周瑜、程普、魯肅等水軍三萬，隨亮詣先主，并力拒曹公。曹公敗於赤壁，引軍歸鄴。先主遂收江南。

大書赤壁戰功，先主於是遂有江南矣。據荆爲圖蜀之本，蜀之立國，實肇於此。魚得水而始化，引喻非虚也。

以亮爲軍師中郎將，使督零陵、桂陽、長沙三郡，調其賦税，以充軍實。……成都平，以亮爲軍師將軍，署左將軍府事。先主外出，亮常鎮守成都，足食足兵。

一書督三郡，調賦税以充軍實；再書留守成都，足食足兵。一依蕭相國填撫關中之例書之。

二十六年，群下勸先主稱尊號，先主未許。亮説曰：『昔吴漢、耿弇等初勸世祖即帝位，世祖辭讓，前後數四，耿純進言曰：「天下英雄喁喁，冀有所望。如不從議者，士大夫各歸求主，無爲從公也。」世祖感純言深至，遂然諾之。今曹氏篡漢，天下無主，大王劉氏苗族，紹世而起，今即帝位，乃其宜也。士大夫隨大王久勤苦者，亦欲望尺寸之功如純言耳。』先主於是即帝位。

特書決大計也。引純爲言者，將致先主於光武也。

策亮爲丞相，曰：『朕遭家不造，奉承大統，兢兢業業，不敢康寧，思靖百姓，懼未能綏。於戲！丞相其悉朕意，無怠輔朕之闕，助宣重光，以照明天下，君其勖哉！』

爲丞相，備書其策何？予其爲相也。相如諸葛，庶幾無忝此策命矣。故書之。（操爲丞相之策不書。）

章武三年春，先主於永安病篤，召亮於成都，屬以後事，謂亮曰：『君才十倍曹丕，必能安國，終定大事。若嗣子可輔，輔之；如其不才，君可自取。』亮涕泣曰：『臣敢竭股肱之力，效忠貞之節，繼之以死！』

書托孤也。自取之言，先主豈猶不諒諸葛乎！抑有激而云乎？曰：非有激也，誠也。然則不且失言矣乎？曰：先主生亂世，閲變故多矣，習見夫操相漢而取漢，且琮不才而爲操取，璋不才而爲己取。當此群雄虎争，非才無以立國。子而不才，其爲人所取也决矣。與其爲他族取，而吾子無措足之地，不若丞相自取，猶必有以全吾子也。此君臣值艱危之際，發悲痛之辭，未可局以常理也。且陳氏詳書此語於諸葛傳中者，亦以愧司馬也。懿受魏主之托，但云『以後事屬君，君其與爽輔幼子耳』，不聞有自取之命也。乃未幾而自取之矣。後主未必非不才，而諸葛之輔之者，始終兢兢，未之或貳。於先主自取之言，何嘗幾微有動於中乎？此天下後世所以仰諸葛若鸞鳳、惡司馬如梟鴟也。

先主又爲詔敕後主曰：『汝與丞相從事，事之如父。』建興元年，封亮武鄉侯，開府治事。頃之，又領益州牧。政事無巨細，咸决於亮。

書輔後主也。亦以美後主之遵遺詔而專任諸葛也，兩予之也。

南中諸郡，并皆叛亂，亮以新遭大喪，故未便加兵，且遣使聘吴，因結和親，遂爲與國。三年春，亮率衆南征，其秋悉平。軍資所出，國以富饒，乃治兵講武，以俟大舉。

南征，意不在南也。東聘，意不在東也。將大舉北伐，爲漢討賊也。

五年，率諸軍北駐漢中。

特書出師，以重其事也。

臨發，上疏曰：『先帝創業未半，而中道崩殂，今天下三分，益州疲弊，此誠危急存亡之秋也。然侍衛之臣不懈於内，忠志之士忘身於外者，蓋追先帝之殊遇，欲報之於陛下也。』

首稱『先帝』者，述先主之志以動後主之聽也。周公告成王，必稱文武，此其義也。

誠宜開張聖聽，以光先帝遺德，恢弘志士之氣，不宜妄自菲薄，引喻失義，以塞忠諫之路也。

規後主以納諫也。后從諫則聖，故亟言之。

宫中府中，俱爲一體，陟罰臧否，不宜异同。若有作奸犯科及爲忠善者，宜付有司論其刑賞，以昭陛下平明之理，不宜偏私，使内外异法也。

戒後主不宜惑於近習也。宫中與府中等耳，而不免异同者，宫内而府外也。人主勿視宫中爲私人，而刑賞一付有司，則平明之理彰而偏私之弊除，法不撓於近矣。後主柔暗，漸不免爲左右所持，故諄諄以爲戒也。其後卒用宦官黄皓，以至亡國。

侍中、侍郎郭攸之、費禕、董允等，此皆良實，志慮忠純，是以先帝簡拔以遺陛下。愚以爲宫中之事，事無大小，悉以咨之，然後施行，必能禆補闕漏，有所廣益（《文選》有『也』字）。

進賢以養成君德也。《書》曰：『侍御僕從，罔非正人。』又曰：『慎簡乃僚，毋以巧言令色、偏辟側媚，其惟吉士。』此其義也。允卒能制黄皓，使不敢爲非，終允之世，皓位不過黄門，無負此舉也。

將軍向寵，性行淑均，曉暢軍事，試用於昔日，先帝稱之曰能，是以衆議舉寵爲督。愚以爲營中之事，悉以咨之，必能使行陳和睦，優劣得所（《文選》有『也』字）。

擇將以留充宿衛也。不侈言其勇略，而惟取其『性行淑均』，此晉文用郤縠之義也。亦异乎世之擇將者矣。寵卒以征蠻戰歿。

親賢臣，遠小人，此先漢所以興隆也； 親小人，遠賢臣（文選作『士』），此後漢所以傾頹也。先帝在時，每與臣論此事，未嘗不嘆息痛恨於桓、靈也。

桓、靈何以傾漢？ 宦官蠱之也。是時後主寵愛黄皓，干政之端見矣。潛折其萌而不直翹其過，大臣格君當如是也。

侍中、尚書、長史、參軍，此悉貞良死節之臣（《文選》有『也』字），願陛下親之信之，則漢室之隆，可計日而待也。

重言諸臣者何？ 慮爲近習所間也。欲隆漢室，自親信諸臣始，即所云『親賢臣，遠小人』者也。反是則桓、靈之覆轍不遠矣。 丞相之憂，在鄰敵，尤在宫省也。

臣本布衣，躬耕於南陽，苟全性命於亂世，不求聞達於諸侯。先帝不以臣卑鄙，猥自枉屈，三顧臣於草廬之中，諮臣以當世之事，由是感激，遂許先帝以驅馳。後值傾覆，受任於敗軍之際，奉命於危難之間，爾來二十有一年矣。先帝知臣謹慎，故臨崩寄臣以大事也。

自叙受任之重、見知之深，非諸臣比，則報先帝宜有异乎諸臣也。世徒知諸葛之才、之略、之忠、之義，以爲不可及耳，而自述其受知先帝，則曰『謹慎』，惟帝知丞相、惟丞相自知之也。謹慎者何？ 臨事而懼，好謀而成，聖之所與也。

受命以來，夙夜憂嘆，恐托付不效，以傷先帝之明，故五月渡瀘，深入不毛。今南方已定，兵甲已足，當獎率三軍，北定中原，庶竭駑鈍，攘除奸凶，興復漢室，還於舊都。此臣所以報先帝而忠陛下之職分也。

此自任以天下之重也。定中原、復漢室，功莫大焉，第以爲職分而已，若曰中原一日不定、漢室一日不復，則負慚於先帝，兼獲罪於陛下，是即不稱其職而有虧於分也。此伊尹之志也。

至於斟酌損益，進盡忠言，則攸之、禕、允之任也。

閫外之事，丞相任之矣，而不能兼顧閫內也。故重言攸之等，以堅後主之信也。

願陛下托臣以討賊興復之效；不效，則治臣之罪，以告先帝之靈。責攸之、禕、允等之慢，以彰其咎。（李善《文選注》：「《蜀志》載亮表云：『若無興德之言，則戮允等以彰其慢』，今此無上六字，於義有闕。」誤矣。按：李氏所見《蜀志》，自是另本。今殿本及北監本《蜀志》均與《文選》同）陛下亦宜自謀，以諮諏善道，察納雅言，深追先帝遺詔。

内外之事，丞相與侍中分任其責矣。而終以勖勉後主者，責難於君之義也。言路開則主德日新，故復以『諮諏』『察納』諄諄言之。仍稱遺詔者，始終不忘先帝也。

臣不勝受恩感激，今當遠離，臨表涕零，不知所言。遂行，屯於沔陽。

備書《出師表》者何？予討賊也。功雖不成，大義伸於天下萬世矣。

六年春，揚聲由斜谷道取郿，使趙雲、鄧芝爲疑軍，據箕谷，魏大將軍曹真舉衆拒之。亮身率諸軍攻祁山，戎陣整齊，賞罰肅而號令明，南安、天水、永安三郡叛魏應亮，關中響震。

丞相一出而三郡應之，兵以順動，不戰而人服也。曰『戎陣整齊』、曰『賞罰肅號令明』，以見街亭之失非丞相用兵之過也。

魏明帝西鎮長安，命張郃拒亮，亮使馬謖督諸軍在前，與郃戰於街亭。謖違亮節度，舉動失宜，大爲張郃所破。亮拔西縣千餘家，還於漢中，戮謖以謝衆。

街亭何以破？謖違節度也。戮謖，戮所當戮也。不戮謖，賞罰不肅也。（陳氏書謖敗以『違節度』，不爲謖脱罪也。乃傳者謂：陳氏父爲謖吏，被髠，因怨諸葛，而短其將略，誣之甚矣！按：謖傳云：『先主臨薨，謂亮曰：「馬謖言過其實不可大用」，亮猶不然，以謖爲參軍，每引見談論，自晝達夜。建興六年，亮出軍向祁山，拔謖統大衆在前，與魏將張郃戰於街亭，爲郃所破，士卒離散。亮退軍還漢中，謖下獄物故，亮爲之流涕。』其書謖罪狀甚明。裴注引《襄陽記》：『蔣琬後詣漢中，謂亮曰：「天下未定，而戮智計之士，豈不惜乎！」亮涕泣曰：「孫吴所以能制勝於天下者，用法明也。兵交方始，若復廢法，何用討賊耶？」』又引習鑿齒之言，譏『亮殺有益之人，不可與言智』，豈知陳氏之意者哉！）

上疏曰：『臣以弱才，叨竊非據，親秉旄鉞以厲三軍，不能訓章明法，臨事而懼，至有街亭違命之闕，箕谷不戒之失，咎皆在臣授任無方。臣明不知人，恤事多暗，《春秋》責帥，臣職是當。請自貶三等，以督厥咎。』於是以亮爲右將軍行丞相事，總統如前。

戮謖而不自貶，非所以明罰也，至此始可謝衆矣，亦可以對謖矣（操、懿輩但進位耳）。

補：

亮聞孫權破曹休，魏兵東下，關中虚弱。

書覷釁也。釁有可乘，將謀雪耻也。

十一月，上言曰：『先帝慮漢、賊不兩立，王業不偏安，故托臣以討賊也。以先帝之明，量臣之才，故知臣伐賊，才弱敵强也。然不伐賊，王業亦亡。惟坐而待亡，孰與伐之？是故托臣而弗疑也。』

仍首先帝者何？述先主之志也。『漢賊不兩立、王業不偏安』，理也；『不伐賊，王業亦亡。坐待亡，孰與伐之』，勢也。理則當伐，勢則不得不伐，故出師無疑也。

臣受命之日，寢不安席，食不甘味；思惟北征，宜先入南：故五月渡瀘，深入不毛，并日而食。臣非不自惜也：顧王業不可偏安於蜀都，故冒危難以奉先帝之遺意也。

自叙其南征專爲北伐也。

而議者謂爲非計。

非謂南征非計，謂北伐非計也。街亭一挫，言者紛紛矣。此丞相所以發憤而抗疏也。

今賊適疲於西，又務於東，兵法『乘勞』：此進趨之時也。謹陳其事如左：

疲於西，謂長安之役也；務於東，謂曹休之敗也。陳其事者，將以破議者之説也（『務』似作『鶩』。諸本皆同，不敢輕改）。

『高皇帝明并日月，謀臣淵深，然涉險被創，危然後安；　今陛下未及高帝，謀臣不如良、平，而欲以長策取勝，坐定天下：　此臣之未解一也。

援高帝以明今之當戰也。

『劉繇、王朗，各據州郡，論安言計，動引聖人，群疑滿腹，衆難塞胸；　今歲不戰，明年不征，使孫策坐大，遂并江東：　此臣之未解二也。

非以繇、朗之坐失江東爲未解也。今之蜀無异昔之吴，乃議者不知引繇、朗爲戒，轉欲蹈其覆轍焉，此所未解也。

『曹操智計，殊絶於人，其用兵也，仿佛孫、吴，然困於南陽，險於烏巢，危於祁連，逼於黎陽，幾敗北山，殆死潼關，然後僞定一時耳；　况臣才弱，而欲以不危而定之：　此臣之未解三也。

援操以明今日之不得不戰也。

『曹操五攻昌霸不下，四越巢湖不成，任用李服而李服圖之，委夏侯而夏侯敗亡，先帝每稱操爲能，猶有此失；况臣駑下，何能必勝：　此臣之未解四也。

援操之屢敗，以明街亭小挫，未足沮吾鋭也。

『自臣到漢中，中間期年耳，然喪趙雲、陽群、馬玉、閻芝、丁立、白壽、劉郃、鄧銅等，及曲長、屯將七十餘人，突將無前；（賓）[賨]叟、青羌，散騎、武騎一千餘人，此皆數十年之內，所糾合四方之精鋭，非一州之所有；若復數年，則損三分之二也。當何以圖敵？此臣之未解五也。

士難得而易失，以見兵貴及鋒而用之也。

『今民窮兵疲，而事不可息；事不可息，則住與行，勞費正等；而不及今圖之，欲以一州之地，與賊持久：此臣之未解六也。』

此出師正文也。即所謂『不伐賊王業亦亡』者也。蜀之所以自立而與魏争雄者，恃能戰耳。若以一州之地劃疆坐守，其能久乎？此實當日之形勢，惟丞相知之。姜維所以連歲出師者，遵遺教也。

夫難平者，事也。昔先帝敗軍於楚，當此時，曹操拊手，謂天下已定。然後先帝東連吴、越，西取巴、蜀，舉兵北征，夏侯授首：此操之失計，而漢事將成也。然後吴更違盟，關羽毁敗，秭歸蹉跌，曹丕稱帝：凡事如是，難可逆見。

操之事將定矣，而敗於赤壁；先主之業將成矣，而失之荆州。丞相不得不痛惜關侯也。

『臣鞠躬盡瘁，死而後已；至於成敗利鈍，非臣之明所能逆睹也。』

盡力以事君，而要之以死，是知其不可而爲之者也。所謂其愚不可及也。丞相真大賢矣哉！（此世所謂《後出師表》者也。陳《志》不載，裴注取張儼《默記》備録其文，乃必不可缺漏者也，故補書之。）

冬，亮復出散關，圍陳倉，曹真拒之，亮糧盡而還。魏將軍王雙率騎追亮，亮與戰，破之，斬雙。

書散關之役，與後主志略同。

七年，亮遣陳式攻武都、陰平。魏雍州刺史郭淮率衆欲擊式，亮自出至建威，淮退還，遂平二郡。

後主志不書退淮此書，書徙府築城此不書，互有詳略也。

詔策亮曰：『街亭之役，咎由馬謖，而君引愆，深自貶抑，重違君意，聽順所守。前年耀師，馘斬王雙；今歲爰征，郭淮遁走；降集氐、羌，興復二郡，威鎮凶暴，功勛顯然。方今天下騷擾，元惡未梟，君受大任，幹國之重，而久自絶損，非所以光揚宏烈矣。今復君丞相，君其勿辭。』

書復相何？賞功也。備録詔策，予之也。

九年，亮復出祁山，以木牛運，糧盡退軍，與魏將張郃交戰，射殺郃。

書祁山之役，與後主志略同。殺郃，足報街亭矣。

十二年春，亮悉大衆由斜谷出，以流馬運，據武功五丈原，與司馬宣王對於渭南。亮每患糧不繼，使己志不申，是以分兵屯田，爲久駐之基。耕者雜於渭濱居民之間，而百姓安堵，軍無私焉。

兵加鄰敵而民不擾，庶幾乎王者吊伐之義矣。此非孫吳所知，何論孟德、仲達乎！（陳氏所謂『應變非所長』者，殆謂此也。譏之乎，抑予之乎？）

相持百餘日。其年八月，亮疾病，卒於軍，時年五十四。及軍退，宣王案行其營壘處所，曰：『天下奇才也！』

書相持何？懿不敢戰也。諸葛殁而嘆爲『天下奇才』，借懿以盛推諸葛也。以懿之梟雄，且仇敵也，而猶心折焉，其品定矣。（安有天下奇才而乏應變之略者乎！）

亮遺命葬漢中定軍山，因山爲墳，冢足容棺，斂以時服，不須器物。詔策曰：『惟君體資文武，明睿篤誠，受遺托孤，匡輔朕躬，繼絶興微，志存靖亂；爰整六師，無歲不征，神武赫然，威震八荒，將建殊功於季漢，參伊、周之巨勳。如何不吊，事臨垂克，遘疾隕喪！朕用傷悼，肝心若裂。夫崇德序功，紀行命謚，所以光昭將來，刊載不朽。今使使持節左中郎將杜瓊，贈君丞相武鄉侯印綬，謚君爲忠武侯。魂而有靈，嘉兹寵榮。』

書遺命并書哀策者何？美其有終也。

初，亮自表後主曰：『成都有桑八百株，薄田十五頃，子弟衣食，自有餘饒。至於臣在外任，無别調度，隨身衣食，悉仰於官，不别治生，以長尺寸。若臣死之日，不使内有餘帛，外有贏財，以負陛下。』及卒，如其所言。

前書《出師表》，討賊之義也、謀國之忠也；後書此表，持身之儉也，居官之廉也。嗚呼，二十郡、九錫，何如八百株桑、十五頃薄田哉！

亮性長於巧思，損益連弩，木牛流馬，皆出其意；推演兵法，作八陳圖，咸得其要云。

此世俗盛推諸葛，詫爲天下奇才者也。於篇末附言之，以見大節初不在此，而才藝亦不可及也。

亮言教書奏多可觀，别爲一集。

因才藝而并及其文章也。

景耀六年春，詔爲亮立廟於沔陽。秋，魏征西將軍鐘會征蜀，至漢川，祭亮之廟，令軍士不得於亮墓所左右芻牧樵采。

書遺烈也。蜀爲立廟，宜也。乃至魏將征蜀，猶致祭而護墓焉。丞相之德感鄰敵，至矣哉！

臣壽等言：臣前在著作郎，侍中領中書監濟北侯臣荀勖、中書令關内侯臣和嶠奏：使臣定故蜀丞相諸葛亮故事。亮毗佐危國，負阻不賓，然猶存録其言，耻善有遺，誠是大晋光明至德，澤被無疆，自古以來，未有之倫也。輒删除復重，隨類相從，凡爲二十四篇。篇名如右。

此陳氏奉晋武帝命，編定諸葛文集訖，因表上之也（在作《三國志》以前）。附書於傳後者，其論諸葛，與傳足相發也。曰『故蜀』、曰『危國』，不曰『僞』也。

亮少有群逸之才，英霸之器，身長八尺，容貌甚偉，時人异焉。遭漢末擾亂，隨叔父玄避難荆州，躬耕於野，不求聞達。

首論丞相之爲人也。品其才曰『逸群』，品其器曰『英霸』，品其貌曰『甚偉』，品其節曰『躬耕不求聞達』，以見丞相固三國一人也。

時左將軍劉備以亮有殊量，乃三顧亮於草廬之中；亮深謂備雄姿杰出，遂解帶寫誠，厚相結納。

次論丞相之遇先主及先主之得丞相也。以丞相有殊量，君知臣也；丞相謂先主雄姿杰出，臣知君也。兩美之也。

及魏武帝南征荆州，劉琮舉州委質，而備失勢衆寡，無立錐之地。亮時年二十七，乃建奇策，身使孫權，求援吴會。權既宿服仰備，又睹亮奇雅，甚敬重之。

次言丞相之使吴結權以拒操也。曰『建奇策』何？先主用此策轉敗爲功，故曰『奇』也；曰『奇雅』何？奇而正也。吁！自楚漢以來，士之用奇立功者史不絶書矣，奇而雅則未可多得也。前有留侯、後有丞相而已。曰『時年二十七』，補傳所未書也。

即遣兵三萬人以助備。備得用與武帝交戰，大破其軍，乘勝克捷，江南悉平。後備又西取益州。益州既定，以亮爲軍師將軍。備稱尊號，拜亮爲丞相，録尚書事。

次言丞相佐先主之功也。求援於吴，丞相首建此策，赤壁戰勝而平江南、取益州，蜀因以立國矣。

及備殂殁，嗣子幼弱，事無巨細，亮皆專之。

次言丞相攝國事以佐後主也。曰『幼弱』，爲後主諱其不才也。

於是外連東吴，内平南越，立法施度，整理戎旅，工械技巧，物究其極，科教嚴明，賞罰必信，無惡不懲，無善不顯，至於吏不容奸，人懷自厲，道不拾遺，疆不侵弱，風化肅然也。

次言丞相治蜀之功也。外聯吴内平越，而立法整戎，一切俱舉焉。其設施次第釐然可案也。

當此之時，亮之素志，進欲龍驤虎視，苞括四海，退欲跨陵邊疆，震蕩宇内。又自以爲無身之日，則未有能蹈涉中原、抗衡上國者，是以用兵不戢，屢耀其武。

次言丞相出師以伐魏也。『進欲苞括四海』，復漢之業也；『退猶震蕩宇内』，抑魏之勢也。志氣之盛，可謂壯哉！自念身歿無繼，於是殫力竭命，冀及身而庶幾有功焉，抑足悲也。

然亮才，於治戎爲長，奇謀爲短，理民之幹，優於將略。而所與對敵，或值人杰，加衆寡不侔，攻守异體，故雖連年動衆，未能有克。

此因丞相出師無功，而短其奇謀、絀其將略，所謂以成敗論人者也，且爲晋祖地也。人杰者何？懿也。巾幗之辱，諱而不敢言，則姑以奇謀將略予之也。『衆寡不侔』何？懿衆而諸葛寡也。『攻守异體』何？諸葛攻而懿守也。又以見懿以衆應寡、以守待攻，幸而不敗耳，非果有奇謀將略足以加乎諸葛也。且前之稱諸葛者曰『建奇策』矣，又曰『奇雅』矣，豈奇於昔者不奇於今乎？曰『整理戎旅』矣，曰『治戎爲長』矣，豈優於治戎者不優於爲將乎！此則陳氏故相抵牾，欲後人因以求其意者也。

昔蕭何薦韓信，管仲舉王子城父，皆忖己之長，未能兼有故也。亮之器能政理，抑亦管、蕭之亞匹也，而時之名將無城父、韓信，故使功業陵遲，大義不及耶？

又言丞相出師無功，由於一身兼將相之任，顧此未免遺彼也。蜀有相而無將，陳氏殆深爲關侯惜也。

天命何歸？歸於晋也。蜀滅魏則漢復，而晋無所受之矣。故丞相之無功，天以蜀予魏也，實以魏予晋也。

蓋天命有歸，不可以智力争也。

前文低昂隱約，歷指其由，卒乃委諸天命。天實爲之，謂之何哉！以見丞相并非謀之不臧也。

次言丞相之既殁，而人思之，引孟子之言以明之。

青龍二年春，亮帥衆出武功，分兵屯田，爲久駐之基。其秋病卒，黎庶追思，以爲口實。至今梁、益之民，咨述亮者，言猶在耳，雖甘棠之咏召公，鄭人之歌子産，無以遠譬也。孟軻有云：『以逸道使民，雖勞不怨；以生道殺人，雖死不忿。』信矣！

論者或怪亮文彩不艷，而過於丁寧周至。臣愚以爲咎繇大賢也，周公聖人也，考之《尚書》，咎繇之《謨》略而雅，周公之《誥》煩而悉。何則？咎繇與舜、禹共談，周公與群下矢誓故也。亮所與言，盡衆人凡士，故其文指不得及遠也。然其聲教遺言，皆經世綜物，公誠之心，形於文墨，足以知其人之意理，而有補於當世。

末方論丞相之文章也。論其器能政理，則比之管仲、蕭何；論其黎庶追思，則比之召公、子産；及論其文之丁寧周至，則比之周公。陳氏之推尊丞相者至矣哉！（世俗猶云『有所不滿』，何也？）

瞻工書畫，强識念，蜀人追思亮，咸愛其才敏。每朝廷有一善政佳事，雖非瞻所建倡，百姓皆傳相告曰：『葛侯之所爲也。』是以美聲溢譽，有過其實。

非瞻之聲聞過情，乃丞相之遺澤在民也。周人之思召公，愛其甘棠，况其子乎！此非不滿於瞻，乃益以重丞相也。

六年冬，魏征西將軍鄧艾伐蜀，自陰平由景谷道旁入。瞻督諸軍至涪停住，前鋒被，退還，住綿竹。艾遺書誘瞻曰：『若降者，必表爲琅邪王。』瞻怒，斬艾使。遂戰，大敗，臨陣死，年三十七。……長子尚，與瞻俱殁。

斬使力戰，敗則父子殉焉，抑亦不愧丞相之子孫矣。丞相之有瞻，猶先主之有諶也。（瞻少子京入晋，仕至廣州刺史。）

評曰：諸葛亮之爲相國也，撫百姓，示儀軌，約官職，從權制，開誠心，布公道；盡忠益時者雖仇必賞，犯法怠慢者雖親必罰，服罪輸情者雖重必釋，游辭巧飾者雖輕必戮；善無微而不賞，惡無纖而不貶；庶事精煉，物理其本，循名責實，虚僞不齒；終於邦域之内，咸畏而愛之，刑政雖峻而無怨者，以其用心平而勸戒明也。可謂識治之良才，管、蕭之亞匹矣。然連年動衆，未能成功，蓋應變將略，非其所長歟？

歷叙其治蜀之政、之法、之功、之效、之心，重贊累嘆，而擬以管、蕭，若曰『此特小用於蜀，限於時地，一如仲之霸齊、何之守關中耳。若擴而大之，伊、周何以加焉？』乃有才如此，卒無以成恢復之功，何也？求之而不得其故，則設爲疑似之辭曰：『蓋應變將略非其所長歟？』因以自明其説之未必然也。此陳氏曲筆，而微旨存焉。讀者合全傳觀之，有以得其用意之所在矣。

三國書法卷十

蜀志

關羽

先主於鄉里合徒衆，而羽與張飛爲之禦侮。

書關并及張者何？同功一體也。《書》曰：『予有禦侮。』此其義也。

先主爲平原相，以羽、飛爲别部司馬，分統部曲。先主與二人寢則同床，恩若兄弟。而稠人廣坐，侍立終日，隨先主周旋，不避艱險。

書二人之忠於先主，因以見先主之厚於二人也。兩予之也。（世俗『桃園』之説，因此傅會。但恩若兄弟，不曰『約爲兄弟』也。）

先主之襲殺徐州刺史車胄，使羽守下邳城，行太守事，而身還小沛。建安五年，曹公東征，先主奔袁紹。曹公擒羽以歸，拜爲偏將軍，禮之甚厚。

書關侯之見羈於操，厚爲所禮而卒不爲用也。

紹遣大將軍顔良攻東郡太守劉延於白馬，曹公使張遼及羽爲先鋒擊之。羽望見良麾蓋，策馬刺良於萬衆之中，斬其首還，紹諸將莫能當者，遂解白馬圍。曹公即表封羽爲漢壽亭侯。

書關侯之勇也，直取良如無物也，萬衆如無人也。

初，曹公壯羽爲人，而察其心神無久留之意，謂張遼曰：『卿試以情問之。』既而遼以問羽，羽嘆曰：『吾極知曹公待我厚，然吾受劉將軍厚恩，誓以共死，不可背之。吾終不留，吾要當立效以報曹公乃去。』遼以羽言報曹公，曹公義之。乃羽殺顔良，曹公知其必去，重加賞賜。羽盡封其所賜，拜書告辭，而奔先主於袁軍。左右欲追之，曹公曰：『彼各爲其主，勿追也。』

書侯之義也，兼美操也。

從先主就劉表。表卒，曹公定荆州，先主自樊將南渡江，别遣羽乘船數百艘會江陵。曹公追至當陽長阪，先主斜趣漢津，適與羽船相值，共至夏口。

書侯之功也。先主敗於當陽，幾無容身之地矣，所以卒能復振，與吴并力，旋有赤壁之勝者，恃夏口之兵也。侯之功不亞諸葛矣。

孫權遣兵佐先主拒曹公，曹公引兵退歸。先主收江南諸郡，乃封拜元勛，以羽爲襄陽太守、蕩寇將軍，駐江北。先主西定益州，拜羽董督荆州事。

大書收江南、封拜元勛，著侯之功冠諸將也。駐江北者，拒操也；督荆州者，獨當一面也。侯與諸葛，一相一將也。

羽聞馬超來降，舊非故人，羽書與諸葛亮，問『超人才可比誰類？』亮知羽護前，乃答之曰：『孟起兼資文武，雄烈過人，一世之杰，黥、彭之徒，當與益德并驅争先，猶未及髯之絶倫逸群也。』羽美鬚髯，故亮謂之『髯』。羽省書大悦，以示賓客。

書諸葛答書者何？非譏護前也，惟丞相知侯，故有絶倫逸群之目。張且非匹，况餘子乎？

羽嘗爲流矢所中，貫其左臂，後創雖愈，每至陰雨，骨常疼痛，醫曰：『矢鏃有毒，毒入於骨，當破臂作創，刮骨去毒，然後此患乃除耳。』羽便伸臂令醫劈之。時羽適請諸將飲食相對，臂血流離，盈於盤器，而羽割炙引酒，言笑自若。

特書以著侯之大勇也。匪直勇而已，神全而不囿於形，侯知道者也。

二十四年，先主爲漢中王，拜羽爲前將軍，假節鉞。是歲，羽率衆攻曹仁於樊。曹公遣于禁助仁。秋，大霖雨，漢水泛溢，禁所督七軍皆没。禁降羽，羽又斬將軍龐德。梁、郟、陸渾群盗或遥受羽印號，爲之支黨，羽威震華夏。

先主駐漢中，則侯出師襄樊，此丞相定算也。圍曹仁、降于禁、誅龐德，皆魏之梟雄大將也。至是而操破膽矣，不敢遽議禪代矣。大書之以著侯之功也。嗚呼，侯之威奚翅震乎當日之華夏而已哉！

曹公議徙許都以避其鋭，司馬宣王、蔣濟以爲關羽得志，孫權必不願也。可遣人勸權躡其後，許割江南以封權，則樊圍自解。曹公從之。先是，權遣使爲子索羽女，羽罵辱其使，不許婚，權大怒。

畏侯而議徙許都者何？許與樊近，慮侯克許而奉漢帝以號召天下也。用二臣之計，故勸權躡其後（《魏志》所云『權上書請自效』者，妄也），而適逢權之怒焉。漢祚固將傾矣，侯其如之何！

又南郡太守糜芳在江陵，將軍傅士仁屯公安，素皆嫌羽自輕己。羽之出軍，芳、仁供給軍資，不悉相救，羽言『還當治之』，芳、仁咸懷懼不安。於是權陰誘芳、仁，芳、仁使人迎權。

内變作矣，將安歸乎！嘗疑先主之雄略，諸葛之謹慎，乃以荆州重地專委之侯，更不遣一軍以爲犄角，卒至魏當其前、吴躡其後，糜、傅潰其中，首尾狼狽，遂以不支，不得謂非計之偶失。及讀《劉封傳》，方知侯圍樊城、襄陽，連呼封及孟達令發兵自助，不應，後達降魏，先主卒賜封死，則是蜀之所以不復遣軍者，殆以襄、漢接境，勢足相及，而不虞封等之坐視不救也。後雖誅封，亦何益乎！

而曹公遣徐晃救曹仁，羽不能克，引軍退還。權已據江陵，盡虜羽士衆妻子，羽軍遂散。權遣將逆擊羽，斬羽及子平於臨沮。

侯之不能伸大義於天下者，權之罪也。漢之不能再延，魏之所以遽禪者，侯遇害之故也。

張飛

先主奔江南。曹公追之，一日一夜，及於當陽之長阪。先主聞曹公卒至，弃妻子走，使飛將二十騎拒後。飛據水斷橋，嗔目横矛曰：『身是張益德也，可來共决死！』敵皆無敢近者，故遂得免。

大書斷橋之功，以著飛之忠勇也。

初，飛雄壯威猛，亞於關羽，魏謀臣程昱等咸稱羽、飛萬人之敵也。

借昱等以重飛也，重飛益以重關侯也。（書司馬嘆諸葛爲天下奇才，亦此意也。）

馬　超

先主遣人迎超，超將兵徑到城下。城中震怖，璋即稽首。

超至而璋降，先聲怖之也。此超之功，故書。

黄　忠

建安二十四年，於漢中定軍山擊夏侯淵。淵衆甚精，忠摧鋒必進，勸率士卒，金鼓振天，歡聲動谷，一戰斬淵，淵軍大敗。

斬淵而漢中遂定，忠之功大矣，故特書之。

趙　雲

及先主爲曹公所追於當陽長阪，弃妻子南走，雲身抱弱子，即後主也，保護甘夫人，即後主母也，皆得免難。

雲免後主於難，功之大者也，故特書之。

楊戲

戲以延熙四年著《季漢輔臣贊》。其所頌述，今多載於《蜀書》，是以記之於左。

《蜀志》終於楊戲者何？以其曾著《季漢輔臣贊》也。先主據蜀，仍用漢號，稱季漢者，别乎後漢也。《志》何以不曰『季漢』而曰『蜀』？蜀者，對魏、吴而名之，故曰『三國』也。季漢則政統也，陳氏作《志》於蜀亡入晉之後，不敢以正統予先主，戲作贊則在後主之世，故稱爲『季漢』也。録其贊因以存其統也。陳氏不爲魏、吴諸君臣作贊，則蜀亦一例不贊，兹爲戲傳於全志之末，而以所作贊繫焉，若曰『此第因戲傳而并載之耳，於魏、吴無嫌也，而蜀之君臣固已各爲之贊矣。此與諸葛傳中并載所上編定文集表、姜維傳中并載《却正論》同一微指也。』

昔文王歌德，武王歌興。夫命世之主，樹身行道，非惟一時，亦由開基植緒，光於來世者也。自我中漢之末，王綱弃柄，雄豪并起，役殷難結，生人塗地。於是世主感而慮之，初自燕、代則仁聲洽著（起涿郡），行自齊、魯則英風播流（牧徐州），寄業荆、郢則臣主歸心（依劉表），顧援吴、越則賢愚賴風（結孫權），奮威巴、蜀則萬里肅震（收益州）。厲師庸、漢則元寇斂迹（定漢中），故能承高祖之始兆（封漢中王），復皇漢之宗祀也（即皇帝位）。

前評先主第云有高祖之風，兹引戲論乃顯然以命世紹統予之。

然而奸凶懟險，天征未加，猶孟律之翔師，復須戰於鳴條也。天禄有終，奄忽不豫。

此言先主未及伐魏而殂，不能行湯武之誅也。

雖攝歸一統，萬國合從者，當時雋乂扶携翼戴，明德之所懷致也。蓋濟濟有可觀焉。

因主而及其臣也。

遂乃并述休風，動於後聽。其辭曰：

皇帝遺植（出自孝景），爰滋八方，别自中山（靖王之後），靈精是鍾，順期挺生，杰起龍驤。始於燕、代，伯豫君荆，吴、越憑賴，望風請盟，挾巴跨蜀，庸漢以并。乾坤復秩，宗祀惟寧，躡基履迹，播德芳聲。華夏思美，西伯其音，開慶來世，歷載攸興。——贊昭烈皇帝

忠武英高，獻策江濱，攀吴連蜀，權我世真。受遺阿衡，整武齊文，敷陳德教，理物移風，賢愚競心，僉忘其身。誕靖邦内，四裔以綏，屢臨敵庭，實耀其威，研精大國，恨於未夷。——贊諸葛丞相

關、張赳赳，出身匡世，扶翼携上，雄壯虎烈。藩屏左右，翻飛電發，濟於艱難，贊主洪業，侔迹韓、耿，齊聲雙德。交待無禮，并致奸慝（謂關驕於士大夫，張不恤小人也），悼惟輕慮，隕身匡國。——贊關雲長、張翼德

撫遠紀略

一卷

序

撫遠爲道光中一大事。當時首建其議者，兩江總督牛公鑒；力贊其决者，前協辦大學士伊公里布；而始終其事者，則欽差大臣、大學士耆公英。余初從牛公防守金陵，并未與聞撫議，迨耆公、伊公允彼所請，余始見其使，與之定約釋兵，又從伊公赴東粤籌辦通商善後事宜。伊公薨，耆公繼之，而大局始定。迨英吉利互市開關粗就條理，而米利堅、佛蘭西各使踵至，均不免非分之干，其餘各小國亦竊睨其旁，妄生覬覦，洵數百年來中外一大變動也。計自二十二年壬寅秋，至二十六年丙午秋，前後五年。初與余共事者，侍衛咸公齡，嗣擢道員去，繼之者按察使趙公長齡，中間一赴香港，再赴澳門，剛柔疊用，操縱互施，雖有時俯順其情，要未敢稍失國體，蓋亦不料其幸底於成焉。惟是此事雖累經入告，而樞廷秘牘，外間罕得而窺，其留於羊城節署者，又因咸豐之變，毁失無存。自維年來心力漸衰，每憶舊事，十不記一，恐世人悠悠之口，無從徵信，爰於暇日檢核文案，參以默識所及，芟繁録要，粗加排比，手繕成書，名曰『道光撫遠紀略』，聊存篋衍，用示後昆云爾。

同治四年，歲次乙丑，正月既望，前撫粤東使者黄恩彤自序於知止堂中。

撫遠紀略

禁鴉片烟第一

我宣宗成皇帝天授神武，勤政愛民，正位之初，平定回疆，生致首逆張格爾，威加萬里之外。嗣是年豐人和，河清海晏，閭閻不聞枹鼓之鳴，士大夫但習俎豆之事。時恩彤始釋褐爲比部郎，竊幸躬逢承平之盛焉。自十五年後，言事者每稱宜嚴鴉片之禁，蓋鴉片産自外洋英吉利，商舶違禁運載進口，愚民吸食者日衆，往往成癮致疾，而白金之漏卮出洋者歲難數計。西台諸臣，因其促我民命，耗我國帑也，故屢以爲言，聖意亦爲之動，然亦第申明舊例，嚴敕中外而已，未嘗有所更張也。

十八年（戊戌），太常寺少卿黄公（爵滋）上漏卮難填一疏，歷叙紋銀出洋實數，歲以千餘萬計，又援《酒誥》『群飲拘殺』之文，以爲烟之害更甚於酒，吸食者罪死方足示戒。其言最爲悚切，於是奉旨下中外大臣博議，時於于役江南數月之久，未與聞也。

是時中外之議不一，大抵以吸食爲罪不至死者居大半，而山西巡撫申公（啓賢）言之尤切，略云：『竊觀自古國家往往以財用匱乏而以重法繩下，迨重法既行，而人情恇擾，亦未見其財用之充足也。申韓之法，非所行於堯舜之朝』云云。惟漕運總督周公（天爵）以爲吸食必應論死，又云必須用兵捕拿烟販，又請於京城各門分派御史搜檢出入。而湖廣總督林公（則徐）尤痛切言之，并有另折密陳，外廷不得見也。未幾，樞臣定議會奏，吸食者絞監候，開館興販以次加重有差。十九年（乙亥），新例既頒，但懲内民，未及外人也。而議者之意未已，以爲外洋之來源不塞，則内地之横流莫禦，然於杜絶之方，亦未有定論也。是時督粤者鄧公（廷楨），雖設法嚴辦，積重難返，一時未收成效；而林公復建繳槍自首之議，以爲遵諭呈繳者不下萬人，民氣蒸蒸丕變，朝命罷鄧公，以林公代之。

林公莅粤，即禁茶出口，以爲可以制彼死命，并頒手諭諭之曰：『茶葉一物，爾等得之則生，不得則死，大皇帝於爾等有關性命之物，曾不稍爲靳惜。爾等昧於情理，乃以鴉片烟害我中國民命』云云。其實彼國飲茶，但嗜其味，并非資以爲生，故不懼也。繼又令英商繳烟領茶，不聽，於是出其不意，遣兵圍彼公司館，驅逐沙文（内民爲之傭工者）、買辦（内民爲之買食物者），禁斷食物，英員義律震恐，乃令各商繳烟二萬餘箱，焚之。

初，林公之令該商繳烟也，與之約曰：『烟一箱償茶葉若干斤。』至是僅以一斤予之，義律不受。林公復遣廣州太守余公（保純）諭之曰：『爾等販烟多至二萬餘箱，厥罪大矣。今但焚烟而不治罪，恩莫厚焉。既往姑置弗咎，嗣後再有夾帶鴉片進口者，船貨入官，人即正法，爾可先具切結，以憑照辦。』義律謂余君曰：『我等來中國貿易，船有船主，貨有貨主，一船之貨，并非專屬一商。今因一商夾帶鴉片，即累及各商，并及船主，於法不平。且外國人犯法，宜由本國治以應得之罪，若徑由中國正法，從前不聞有此。』余君以所言白林公，公曰：『若不肯具結，則不准貿易。』義律復請於余君曰：『嗣後英國貨船不准駛入虎門，俱在澳門停泊，由中國官員監視盤查貨物，全行起卸上岸，再用小船剥載至黄埔出售，亦可杜夾帶鴉片之弊。』余君復以白林公，公弗許（以官員難得其人，盤查徒以滋弊）。於是英商之在澳者，一并驅逐出洋，而兵端自此起矣。（以上各情，余君言之最悉。）

絶市用兵第二

方義律之被逐出洋也，與余君言，頗形狡悍。余君以白林公，公亦慮其怒而反噬也，乃謀豫爲之備。是時水師提督駐虎門者關公（天培），其人勇而知義，尤慷慨喜自負。每云：『兵精可用。』林公深倚仗之，乃檄令調集兵船，列虎門外洋面以待。嗣義律果以兵船數隻駛至，我兵開炮擊之不動，彼亦開炮傷我弁兵，旋即駛去。林公奏一勝仗。義律乃航海赴天津，叩關呈訴大學士、直隸總督琦公善。諭令回粵聽候查辦，并具疏以聞。朝命罷林公，即以琦公代之。

二十年（庚子），琦公莅粵，則議撫，并用鮑鵬爲耳目。鮑鵬者，粵之香山人，素與義律狎者也。屢至蓮花城（海中小山，在虎門外），招之與議，議久不決。先是，康熙中，英國曾於舟山互市，舊有紅毛館在大道頭（地名，在定海城外）。義律見粵市之驟難復通也，於是以兵船突犯定海，鎮兵不能禦，遂入其城據之。

二十一年（辛丑），朝命宗室奕公（山）爲靖逆將軍，湖南提督、一等侯楊公（芳）爲參贊大臣，率兵赴粵，命協辦大學士、兩江總督伊公（里布）爲欽差大臣，率兵赴浙分剿。罷琦公，以刑部尚書祁公墳代之。而浙撫烏公（爾恭額）亦罷，擢四川布政使劉公（韵珂）代之。

英船突犯虎門，關公禦之，敗績戰歿。奕公與義律戰於廣州，不利，遂圍廣州，踞四方炮台（在城北），俯瞰城中，勢不支，乃令廣州太守余君緀城出與議和，犒以銀六百萬，圍解。（先是楊公初至，義律憚其威名，亦未測我兵虚實，（當）[嘗]浼洋商遞稟云：『不討別情，只求通商。』楊公許之，具疏奏聞，粵東貿易如故。嗣奉旨不准，奕公亦至，楊公囑弈公再爲奏請，奕公不可，竟一戰而敗。）

伊公擒獲英員安突特及其兵二十餘人，義律恐其就戮也，願還定海以釋俘爲請。伊公許之，遣安突特等歸，定海收復。（以上所記，略存梗概，不能詳悉。）

是年春，伊公移防上海，江蘇巡撫裕公（謙）代爲欽差大臣赴浙，駐軍四明。余先於上年典試粤西，差旋途次，閱邸抄，發往江蘇，以道員用，旋補授江南鹽法道。是年三月，抵金陵，即往上海，謁見伊公，并接印任事，以前任乃太守顔君（以燠）攝篆，方隨伊公在滬也。伊公欲留余襄事，余請暫赴金陵本任，未幾伊公爲裕公劾罷，即代爲兩江總督。

裕公抵四明，志在滅敵，氣甚鋭。適於海上俘獲一外國人，剥皮肢解之。而浙閩總督顔公（伯燾）亦威武奮揚，屢騰章疏，至有『無敵可剿』『恨敵不來』之語。是時英國以義律之生事而不能成事也，撤令歸。更以璞鼎查代之，益集兵船，多至百艘，次第駛集粤洋，將謀北犯。沿海戒嚴。是年秋，英兵犯定海，我軍失利，三總兵戰殁，遂失定海。又進至招寶山，防兵潰，遂失鎮海，復進至四明，裕公不能禦，出城謀退保他郡，中途仰藥死之。更犯厦門，顔公禦之失利，退保福州，遂失厦門及鼓浪嶼。

朝命河南巡撫牛公（鑒）爲兩江總督，未至，先以江蘇巡撫梁公（章鉅）兼攝，梁公駐防上海。余於七月奉檄赴蘇攝按察使。甫一月，朝命大學士、宗室奕公（經）爲揚威將軍，侍郎文公（蔚）爲參贊大臣，率兵赴浙進剿，於蘇州安設糧臺，以梁公綜理其事。公以大臣且至，儲偫宜先，即奏明馳回蘇州，趕緊籌備。其上海防務，檄余往代。余駐滬月餘，時同事者水師提督陳公（化成）、總兵王公（士元），間嘗按視海塽，體察形勢，所恃僅一綫危塘，無險可扼。而弁兵駐防已久，漸生懈弛，心竊憂之。會牛公至，余鄉試座主也，（當）［嘗］將防守事宜管窺所及者開折密陳，即代還蘇州。

是年冬，奕公以大兵至蘇，復廣募義勇，大抵江北獷悍無籍之徒，握刃荷戈，翺翔蘇市，吴人大恐。余隨梁公晝夜巡行彈壓，人心略定。而新任按察使李公（星沅）亦至，同時奉命協理糧臺者，又有前任布政使孫公（善寶）、管公（遹群）。會梁公因積勞觸發舊疾，於接見僚屬之際，忽而暈絶，移時始蘇，即以年逾七旬引疾乞罷，布政使程公（矞采）護理巡撫，余攝藩司。

二十二年（壬寅），奕公率兵前進。初，余官比部，屢因會讞詔獄，爲公所知，至是疏請調余隨營襄理軍務。得旨，俟交卸藩篆，即行前往。會江寧布政使成公（世瑄）因病請假，檄余赴金陵攝理，成公旋即開缺，余是以未往軍營。奕公進戰失利，退保杭州，敵衆盤踞三城如故。

是年夏，敵人乘南風以兵船犯上海。時總督牛公進駐寶山，提督陳公親登炮台與戰，敗績，死之。牛公禦之於海塘，失利，退保昆山。寶山、上海相繼失陷，敵於是有入江圖犯金陵之意。

金陵議撫第三

先是，牛公退保昆山，即援乾隆中緬甸成案，奏請撫議，奉旨未允。六月，英船駛入圌山關，直犯鎮江，提督齊公（慎）禦之城外，失利退走。敵攻城，陷之，副都統海公（齡）自焚死。

事聞，朝命兩淮鹽運使但公（明倫）加按察使銜防揚州，四品卿李公（湘棻）防清江。敵又犯揚州，商人顔崇禮餉以銀五十萬，乃舍揚州而趨金陵，仍於儀征大張告詞。略云『中國官憲，待我不平。道光十九年，大臣林則徐查辦鴉片，既未能捉拿各國走私之人，止其進口，又不酌議章程妥辦，乃將駐粤英國官商强行拘留，嚇以死罪，勒令將鴉片全行繳出，此不端者一。義律赴北海口投文爵閣督部堂琦善，旋據照會，仍赴廣東酌議。義律回粤，與琦善多次面議未明，而在京宰相奏請撤回琦善，另派大將軍奕山前來征戰，致英人强取虎門炮台，并攻省城，勒取銀兩以贖。此不端者二。大臣裕謙及各省將軍等，往往遇英人遭風破船，或被誘上岸，擅行俘掠殘殺，并敢欺詐妄奏，此不端者三。貿易一端，英商與各省民人，有益無害，惟粤省官員欲專其利，奏設十三行洋商，止准在粤貿易，俾各官得以高下其手，任憑勒索。此不端者四。今來中國，務求伸冤者，大端有三：賠還所奪貨物及年來戰費，一也；兩國官員，以友誼平行，二也；割讓海島，給英人居住，三也。得此三者，其餘不難善定』云云。經儀征令録白牛公，公以彼示語雖狂謬，而意主伸冤，而尚可羈縻，當即照會璞使，略云『中外通商已二百年，何至今日忽改舊章？實由鴉片流毒而起。禁鴉片并禁通商，非我皇上懷柔遠人之本意，禁通商而大啓兵端，猶非我皇上綏遠萬邦之本意也。至廣東查辦之原委，本部堂未能深悉。近閲儀征抄呈公使所貼告示，以結好伸冤爲詞，乃知兩國本意，原無不合，衹因形迹之間，愈離愈遠，致成決裂。如果中國相待於情理未愜，不妨據實指陳，由本部堂代奏。若徒恃船堅炮利，日事戰争，兵連禍接，何日可了？幸熟思而審處之』云云。仍具疏以聞，時六月二十日也。蓋撫議始此。

是時，余擢授江蘇按察使，仍攝布政使，辦理城守事宜。牛公尚在東路未回，而江寧將軍德公（珠布）年逾八旬，室有六妾，其人風燭餘光耳。余往與商禦敵之策，默無一語，但云：『人死衹污一片土，何懼哉！』余知其難與言，即函請牛公率兵速回，以固根本。仍會商在籍太僕寺少卿蔡公（世松），糾集闔城大小紳士，分段防守，以清内奸，親率江寧太守樊君（師仲）及上元、江寧二令，逐户清查，力行保甲。其老幼婦女，願出城避兵勿禁。三日内，部署粗定。牛公回省，方知朝命將軍耆公（英）爲欽差大臣，又起用前協辦大學士伊公（里布）爲乍浦副都統，會同前來，辦理撫議事務，而彼兵船四十餘隻，連日駛至儀鳳門外草鞋夾江面停泊，其兵弁一名郭富，一名巴駕。

七月初一日，璞使有回文一件，略云『欣聞皇帝明降諭旨，交與耆、伊兩大臣專辦和好之事，心極快悦。

上年六月，初到中國，即以善定和好等情照會兩廣總督祁，後至浙省，又以前情兩次照會浙江撫院劉，揚威將軍奕，均在案。今接來文，方知年來隔絶之情，得以通達。并祈將情由轉諮大臣奕、伊知之』云云。自是彼情略有轉機。惟郭、巴二人欲索犒師銀三百萬圓，牛公正言拒之。

初三日，伊公至。初六日，耆公至。時續到兵船共八十餘隻，駐泊江面，我弁兵亦在城上對江險要之處列炮以拒，相持不决。初七日，耆公遣佐領塔芬布等前往該船，告知欽差已到，彼即將請求各款列單交塔芬布代爲呈遞。單内所開：一系索還洋銀二千一百萬圓，本年先交六百萬圓，餘分年帶交。一系求賞香港作爲馬頭，并求准往廣州、福州、厦門、寧波、上海等處貿易。一系與中國官員用平行禮。大抵仍不出彼示所云之三大端也。正在酌擬，分别准駁。初八日，彼使忽聞有調壽春鎮兵來省之信，以爲議和乃緩兵譎計，將俟援兵齊集，内外夾攻。即换紅旗，并列大炮，約俟次早攻城，勢甚猖獗。諸大臣同赴督署會商，以江寧省城周五十餘里，分段防守，兵力本單；所調江西、徐州、湖北各官兵，均新經挫衄，士氣不揚，未敢恃以爲用；兼之江南民氣柔弱，一聞此信，即有男婦數萬人赴各衙門籲請救命，萬一危城莫保，不惟三省根本動摇，且恐長江頓失鎖鑰，所關尤巨。於是連夜備文，允其所請。令塔芬布等持往該船，彼使見回文後，立即换旗撤兵，但以塔芬布等系微末員弁，不足取信，更請大員出城面訂，時江寧太守樊君心明口訥，諸大臣恐其未足了此，商令侍衛咸公齡偕余同往。咸公，余舊友，曾任吉林副都統，隨耆公襄理軍務者也。余謂之曰：『事急矣，敢辭難乎！』遂於初九日黎明聯騎出城，至儀鳳門外之静海寺。

是日巳刻，其副使麻恭帶同隨員馬禮遜上岸，至静海寺請見，執禮甚恭。麻恭言語不通，而馬禮遜生長澳門，頗曉漢文，兼能華語，實其謀主也。余曉以通商之利、用兵之害，二公使唯唯，其請求各款，逐加詰辨，固執如初。蓋西人性膠結難解，各款均覬覦已久（乾隆中進京朝貢，其使臣即以五口通商、香港寄居爲請），志在必得，斷難折以空言。况先奉回文，均蒙允許，更非事後所能争矣。欽差奏疏略云：『該使求給洋銀二千一百萬圓一款，查初擬款單本索洋銀三千萬元，經張喜再三駁減，始定爲二千一百萬圓之數。（張喜，京城人，曾隨伊公在四明軍營，因安突特釋回收還定海，屢至該船往來傳諭，爲彼所信，至是仍以伊公舊恩動之也。）據稱以六百萬作烟價，三百萬爲商欠，一千二百萬作兵費。侍衛咸齡等詰以烟價已由廣東還銀，六百萬豈得重索；商欠宜由洋行清理，何能官爲償還？至爾國所用兵費，更不能取償於中國，向其反復駁辨。據該使聲稱，鴉片并非英國所產，均系購自鄰國，攸關成本，自被燒二萬箱，賠折不少，前給之六百萬，不及原價一半，是以仍須補還；至商欠本應向洋行清理，因洋行延宕不還，積欠甚巨，只求行文廣東查明，勒限追交，倘不能追出，仍須官爲保交。其兵費一節，此時既經議和，兵船均應犒賞遣散，所費不貲，若不蒙議給，則兵船之願退與否，渠等不得過問。倘征戰不息，恐中國將來費用不止此數；若和好通商，所入税銀，三年之内，數足相抵，不致有虧公帑等語。該使求賞香港寄居，并請在廣州、福州、厦門、寧波、上海等處貿易一款，侍衛咸齡等以『香港業經爾等建造房屋，尚可乞恩准予借居，其廣州等五處貿易，未免爲地過多，至貿易輸税各條例，亦應及早詳議』，向其明晰詰問。據該使聲稱，此香港爲寄居之地，必須廣州等五處爲銷貨之所，如果不准給予，渠等現在占據之厦門、寧波、鎮海、定海、乍浦、寶山、上海、鎮江各處亦不退還。至渠等至各處貿易，應納税銀，照中國則例，按數輸將，并不延欠，惟渠等在粤久被洋行朘削，嗣後應請自行投商，公平交易，其税銀即由領事赴海關完納，不經洋行之手，以免侵扣等語。（當時問答之語甚多，此其百之一耳，以曾登奏牘，故録存之。）

七月二十四日，諸大臣與英公使會晤，酌定條款，大約不出前三大端。謂之萬年和約，用漢文及西洋拉體那字寫立書册，鈐定印信，彼公使亦加用圖記，自是撫議乃定。諸大臣具疏上聞，得旨允其所請。

八月二十八日，兵艦全數出江，諸大臣派員護送至圖山關外，入海揚帆南去。鎮江、寶山、上海、厦門、乍浦、寧波、鎮海次第收復，惟定海、鼓浪嶼彼尚留兵踞守，約俟三年後撫賞事竣，再行交還。

九月十四日有旨，牛公逮問；耆公授兩江總督，留辦善後；伊公授廣州將軍、欽差大臣，馳往粤東查辦通商納税一切事件，余與咸公隨同前往，時伊公與咸公先行，余交卸藩篆，有經手軍需報銷未完，留蘇清理一月，始束裝取道浙江，按程南下。

十一月行抵江西省城，晤巡撫吴公（文鎔），始知臺灣誅殺洋人，幾致生變。先是，臺灣鎮道達公（洪阿）、姚公（瑩）於上年兩次奏報擊壞洋船多隻，擒獲其人百餘名，均膺懋賞。金陵議撫時，彼屢以爲言，并具文申訴，以爲實系西國商人遭風破船，鳧水上岸被獲，并非陣擒，求爲釋放。諸大臣行文福建，因隔海未及轉行，而鎮道已將其全加誅戮。璞使聞之，以鎮道捏奏冒功，故違和約，欲帶兵船前往報復，耆公力爲之阻止，具疏奏聞，朝命浙閩總督怡公（良）渡海確查，捏奏冒功屬實，鎮道治罪有差。

粤東復市第四

是年十二月十六日，余至廣東省城，伊公與咸公於一月前早到，同居將軍署中，余亦寓居東院。時粤東新遭警擾，内民與外人爲仇，募勇數萬，結隊横行，驕悍難制，余竊憂之。私謂伊公曰：『粤患未已，不在外而在内也。』伊公曰：『内外何以和輯？』余曰：『循外人則民謗，循内民則外嗔，此地議撫，難於金陵十倍矣。』伊公曰：『且徐圖之。』蓋伊公爲人，深沉多大略，尤能置利害毁譽於度外，嘗書二語遺余曰：『洋務祇可粗枝大葉去畫，不必細針密縷去縫。』余心韙其言。

二十三年（癸卯），余仍寓將軍署中。是時督粤者祁公（頊），昔爲大司寇，余官西曹時，受知最深。而臬長徐公（繼畬），又余同門石交也。每語及粵東隱患，與余所見略同。於是遣散壯勇，拿獲游棍錢江、何大庚，置之獄，省城頓形安謐，而各屬盜蜂起（皆散勇爲之）。

粵海關監督文公（豐），篤行君子也。先命庫使夏君，將税課定額陋規實數，并洋商抽提行用，徹底清查，至是開關造報，余逐款鈎稽數日，頗得其要領。商之咸公，相與言於伊公曰：『今欲改定税則，辦法有二：撤退洋商，將抽提行用及海關各項陋規一并裁正歸公，則歲入可加三倍，一也。酌留洋商，將出入口大宗貨物，如茶葉、湖絲、棉花、洋布之類，逐件加增，冷僻貨物，如鐘錶、洋參、洋緞之類，逐件議減，則所增之數，百倍所減之數，二也。』伊公沉思久之，乃曰：『裁正歸公，最爲便捷，但行用陋規，雖裁仍在，恐彼黠者有所藉口，不若減冷貨而增大宗，税從貨出，可以由我操縱。但酌留洋商，恐彼不從。』余曰：『彼之欲去洋商，乃洋商嗾使，非其本意。在金陵無所聞，到粵始知之。且彼商與内地洋商，交易已久，未必即肯舍舊趨新也。今姑將裁商與彼不便之處剴切具文，行知璞使，看其有無轉機，再籌辦法可耳。』伊公曰：『諾。』

於是照會璞使，略云『中國洋商，一如英國之擔保會，一切貿易事宜，均惟洋商是問，事有責成。若另投不知誰何之商，萬一有匪徒誆騙逃走，必致無從緝追，一可慮也。既無寬大棧房可以居積，又乏殷實保家墊付價值，而洋貨數多，非若中國散商小販可以隨時出售，必致壅滯不銷，有誤轉運，二可慮也。貿易既分，緝私倍難，税餉易滋偷漏，且英國用洋錢，而納税須用紋銀，多一傾鎔，添一折耗，估色較平，動致争論，三可慮也。不如仍留舊商，但不存官行之名，任憑英商自投』云云。璞使接到此文，遲久未復，後乃以所慮誠是，但成約不可輕改爲辭，具文搪塞。未幾伊公薨於位，時三月也。（聞璞使接奉前文，立即集商會議，均以爲然。但恐一留行商，仍踵宿弊，是以屢議不决。羅伯聃云：『衆商先謀去公司，公司去而貿易不如有公司時。今又謀去洋行，既去矣，恐异日求復設而不可得。』璞使之意已轉，因馬禮遜沮之而止。迨通市後，雖有新商，而舊商如故，仍不出此議。）

四月，朝命耆公爲欽差大臣，來粵接辦商税事件。余商之咸公曰：『耆公到粵須時，我兩人株守無益，不如逕赴香港，示以不疑，即在彼將加減税則，逐款詳議，一月之内，可以十得八九，耆公一至，即可核明定案，事緩則變，機不可失。』咸公以爲然。適璞使遣隨員李太郭來唁，余即以此意曉之。李太郭聞而踴躍，歸白璞使，定期遣火輪船迎急水門外。余偕咸公赴香港，寓居洋樓，璞使不時請見，執地主之禮，諸西員亦耦具無猜，而羅伯聃往來尤數。蓋其人本英國巨商查頓之司事，久在粵東，兼通漢文華語，諳悉商税事宜，璞使倚爲謀主者也。

香港本海中荒島，在急水門外，地屬新安，距縣城一百餘里。舊有蛋户十餘家，傍岸寄居，捕魚糊口。近日英人據爲己居，實非香港，乃全島東偏瀕海之裙帶路也。與九龍東西相值，隔一海港，英人利其港，内可以泊船避風，岸上可以築樓居貨，故於乾隆中遣使朝貢，即以爲請，未獲邀允，至是始受廛於此，其地初經開闢，房屋無多，洋樓尤少，較諸澳門相去遠矣。有二炮臺，俱在平地。開一直路約二十餘里，可以馳馬行車，間有内民潛往貿易，大抵貧而無賴，鋌而走險者也。有天主堂一，書院一，規制卑隘，書院稱馬公書院，蓋馬禮遜之父老馬禮遜頗通漢文，在粵最久，曾充副使，進貢入京，英人推爲文學之士，故書院仍假其名也。余與咸公在香港二十餘日，税則略定，仍不出增大宗減冷貨之辦法。（一日語羅伯聃：『舊税最重者洋參，每斤征至銀百兩，而鐘錶、洋緞或以件計，或以匹計，税亦甚重。今洋參分别上下，減去十分之九，餘亦遞減大半。所議加者茶葉，每擔不過七錢；棉花，每擔不過一錢五分；可謂減多加少矣。』羅伯聃曰：『此言是也，而非其實也。洋參等貨，舊税固重，但進口本屬無多，又精細易於懷挾，故百年來徒有重税之名，竟無一納税之貨。今大減其額，商人憚於走私，必有報關輸税者，是昔無而今有也。至茶葉、棉花均系大宗，物質尤重，難於夾帶，但使每擔酌加四錢、二錢，積微成巨，歲增奚啻百萬？如此辦理，於天朝公帑，大有進益，此時且不必論，行之一年，便見分曉。』）

耆公將至，余與咸公乘火輪船回廣州。時徐公擢福建布政使，余調廣東按察使。五月，耆公至。吾與咸公面陳改定税則一切辦法，耆公曰：『所事已得十之九，所争者茶葉、棉花耳，餘不必較也。』乃定期接見璞使，所以羈縻之者，示以恩信而節以禮。蓋耆公爲人，貌奇偉而多智術，思慮精密，尤悉情僞。璞使在其籠絡中，易於控馭。先是，茶葉每擔稅銀一兩三錢，棉花每擔一錢五分，而行用陋規，浮於此數。余與羅伯聃議：茶葉每擔增至二兩，棉花每擔增至三錢。余因訪知英商運茶回國，每擔稅洋錢二十五圓，較中國加至數倍，當欲於二兩外更有所加。羅伯聃云：『須俟耆大臣自向公使言之。』至是余白耆公，公責璞使曰：『茶葉産自中國，英人以運貨之船販回，雖歷重洋，實搭便爾，非更有運費也。乃於本國納稅每擔洋錢二十五圓，按七折，共紋銀十七兩五錢，而中國納稅僅一兩有餘，不及十分之一，亦大失其平矣。今即不必多有所增，每擔亦須加至三兩。』璞使以商力不給爲辭。余曰：『今之商，猶是昔之商也。昔也正稅之外，行用陋規孰非取之於商？今第以正稅輸官，而行用陋規，概行裁革，於商何不利焉？何難以昔之行用陋規，并作正稅完納乎？』璞使無以應，遂議定茶葉每擔增至二兩五錢，棉花每擔增至四錢，其餘增減有差。於是更定通商章程十五條，并將貨稅分款造册諮部，具疏上聞。一面開關照新例互市，并官設銀號，由領事以洋錢赴號改鑄紋銀，按卯交庫，仍照粵庫砝碼另行仿鑄，頒發五口，一體遵用，時七月初一日也。（二十五年，粵海關具奏，略云：『粵海關稅未定新章以前，歲入約在一百三十萬兩上下，最旺之年，亦未過一百六十萬兩，尚有不及一百萬兩者。自更定新章以後，連年增收多至二百餘萬兩，及二百三十餘萬兩不等，而上海等口尚未并計在內。相比舊額，溢收幾及百萬。）

稅則既定，璞使遣馬禮遜來言曰：『鴉片爲人害，中國禁之是也。然名禁實不禁也。今禁之不爲不嚴，而吸食如故，販運如故，中國無如不良之民何也，而英國亦無如不良之商何也。且禁之則不准進口，彼得於海中交易，名爲禁烟，實則免稅，彼獲厚利而不納稅，無怪乎愈禁而愈不止也。爲今之計，與其禁之，不如稅之，耆大臣若以此意入告，增稅必多。』并有說帖一紙。余白耆公，公躊躇曰：『鴉片弛禁，璞使蓄意久矣。先不言而今始言之，得毋別生枝節乎？』余曰：『彼所言其名非也，其實是也。今若據理據法正言拒絕，彼轉有辭。不若設爲重税以難之。』乃謂馬禮遜曰：『耆公非不知名禁不如實税也，但中國烟禁甚嚴，吸食者罪至死，今遽請弛禁，大皇帝斷不依允，中外大臣亦必力争。耆公即冒罪奏請，恐亦無濟，且奸民與奸商走私漁利，由來已久，一旦弛禁，能必其進口報關，遵例納税乎？誠恐徒有弛禁之名，仍無納税之實，誰任其咎？公使如必欲耆公奏請，莫若先納税銀五百萬兩，作爲一年定額，即由公使匯交，即明各商先之走私原非得已，今之納税，實出至誠，以後按年照額完納，統歸公使保交，或邀恩允准，亦未可知。』馬禮遜曰：『販烟獲利誠厚，亦安能先納五百萬之税乎？』余曰：『林大臣昔年燒毁二萬箱，當時必不能收繳净盡，乃爾國索還烟價在廣東，先有六百萬，在金陵又有四百二十萬，足見鴉片之成本重而餘利多。今中國弛禁，每年止索税銀五百萬，未爲過也。如一時不能如數，先交三百萬，餘於半年内分兩限完納，或於此中劃抵中國補還英國之銀，似亦甚便，可回復公使，斟酌爲之。』其議遂寢。耆公還金陵，咸公擢寧紹台道赴浙，余亦於八月擢廣東布政使。

收復定海第五

金陵議撫，凡先被所踞之寧波、鎮江兩府城，上海、寶山、鎮海三縣城，及乍浦、厦門，均即如約次第收復，僅定海一縣城及鼓浪嶼小島，洋人仍留兵據守，約俟三年撫賞完竣，再行退還。二十四年（甲辰），璞使回國，代者爲德庇士，狡而猂，每因細故，輒生事端，耆公仍設法羈縻之，往往折以成約，彼亦無可置喙。是年夏，忽欲將鼓浪嶼先行交還，閩督劉公諮商到粤，余與耆公謀曰：『德使事事欲見已長，以彰璞使之短，而采訪英商輿論，皆云：璞使與羅伯聃皆爲中國大臣所愚，以致税額加增，定例過嚴。（時所定善後條約，如英人上岸行走，均有定界，不准結伴任意閑游，及走私漏税，或五口以外私行貿易，船貨一并查抄入官之類，所以約束夷人甚備。）反不如未用兵以前，得以自便。揣度彼隱情，未必不思改約，而又無釁可尋，故以先交鼓浪嶼償我以爲藉口，違約之端，不可不防。』當即函致劉公，囑其安撫居民，暫緩復業，一面行文德使，申明定約，以鼓浪嶼彈丸小島先還原自無防，但成約俱在，鼓浪嶼可以先還，則定海亦可遲交，是以此時未便收受。德使見耆公識破其隱，遲久不復，仍囑厦門洋員向劉公慫恿，時閩省襄辦洋務藩伯徐公所見略同，亦堅持成約以拒之。德使技無所施，始切實具文，以鼓浪嶼此時自可先還，定海届期亦必交還，斷不遲延，毋庸過慮。於是鼓浪嶼先行收復。

二十五年（乙巳），余擢廣東巡撫。先是，英人來粤貿易二百年，定制不准進城，惟大臣林公於十九年招羅伯聃進城，即系之獄，旋釋之。洋人以不准進城，視同异類，致爲粤人不齒，心甚憾焉。金陵議撫，璞使即請進城拜謁諸大臣，以申誠敬，初以恐驚百姓拒之。璞使約以輕車簡從，不持一兵，當於公所准其進見。璞使執禮甚恭，宴犒盡歡而散。瀕行，復進城拜辭，亦無异説。迨至粤東，屢於城外謁見諸大臣，不復以進城爲請。揣其意，或因新與粤民構怨，慮及乘間報復，是以格外慎重，而馬禮遜於税則定議後屢請進城，蓋是時英人於廣州議設領事，馬禮遜自以素稱能事，當膺是選，故預建此議，以備將來與地方官分庭抗禮也。未幾，廣州領事派李太郭暫管，馬禮遜撤回香港，旋即病故，進城之議遂寢。是時上海、寧波洋人均進城勿禁，而地非省會，在粤諸洋人無從藉口也。會福州省城有洋人占踞烏石山之事，其人即李太郭，閩省官民竟不能拒。余聞之，謂攝南海令吴君廷獻曰：『福州亦省會也，此間洋員必有從而效尤者，行即至矣。』未幾，而英國領事馬額莪果以爲言，米國領事福士繼之。余檄諭之曰『據稱粤東薄待外國人，由於不准進城，是大不然。中國官員衙署多在城内，而分設城外者亦復不少；巨紳富室，城内有之，城外亦有之。并非城内爲貴、城外爲賤也。富貴之人，散處於關厢市鎮，終歲不進城，而人不以爲輕；貧賤之人，肩挑背負，日日進城，而人不以爲重。并非進城爲榮，不進城爲辱也。外國人來粵專爲貿易，而馬頭行棧俱在城外，不在城内，領事與地方官公文往來，不因城外而有阻，即有面商事件，地方官盡可出城相就。并非進城有益、不進城有損也。以毫無關貴賤、榮辱、損益之事，而條約既不准行，民情又不以爲可，所當翻然改圖，方爲曉事知幾』云云。洋使無可置喙，亦即中止，而德使從此生心矣。是年京察，余蒙恩交部議叙，并奉硃諭，有『協力籌維，共成敉定』之褒。

二十六年（丙午），撫賞各款截至上年十二月一律完竣。方將按約收復定海，德使乃認不准進城即不能如約，爲要挾之計。余與耆公屢經申明成約，載之公文，又復折以情理，動以利害，加以函信（余有《致德使論進城不便書》，見《文集》），德使遲久不復，即有回文，亦語多難解。余與耆公謀曰：『彼以定海爲奇貨可居，若索之愈急，則持之愈堅矣。不若姑緩之，計彼留兵定海，所費不貲，皆取諸商，日久商力不給，必且轉而就我。』於是遲至七月，而定海收復。洋務至是蕆事。未幾，余主試武闈，以年老武生符成梅弓馬可觀，乞賞千把總虛銜，冒昧奏請，獲咎罷官。

二十七年（丁未），余罷官後，仍奉留粵差委之命。遂移寓粵華書院。遇有洋務，耆公仍虛衷諮訪。而襄事者，爲按察使趙公（長齡）。公初以肇慶守被議罷官，旋賞給主事，偕余隨耆公辦理洋務，累遷至今官，熟悉情僞，尤工文檄，余得藉以息肩焉。旋蒙賞給六品頂戴。春間，忽有德使帶兵艇十餘隻，進泊省河，占據十三行洋館，并求見耆公有面訴事件。遣弁詢其來意，據云：『英人半年以來，屢被粵人欺侮，地方官不爲約束，亦不懲辦，是以帶兵前來與粵人理論，非敢干犯官長。倘能將滋事民人枷號示衆，即可退兵，否則定與粵人決戰，以争勝負。』耆公偕余出城接見德使，諭以『粵人欺侮英人，總因用兵後夙嫌未釋，且金顿致斃粵人二命，至今未抵，豈能專責粵人生事？况并無主名，地方官從何懲辦？今欲以兵决戰，無論衆寡不敵，且亦斷無不擇人而浪戰之理，此事必須從緩查辦，不可過急』。德使亦無可置辭。但云：『渠因粵人不願即約束，英人不許進城未免示弱，今既欺侮難堪，非進城不可。』余曰：『以禮進城，地方官尚可曉諭紳民，酌量妥辦；若以兵進城，更有何説？但和議從此決裂，貿易從此禁斷，不知何人任其責！』德使色沮，余亦偕耆公回城。德使復遣洋員密的羅禀請再議，耆公令趙公復與接見，德使以此時不便進城固也，但何時可以進城，必須預爲約定，渠亦不至無以對英人矣。趙公歸白耆公，余謂耆公曰：『西洋諸國，凡定條約必俟十二年後方可更易，今即依彼例，俟十二年後再議可也。』趙公與之辯論數四，德使堅執不從，卒定二年之約始去。

二十八年（戊申），耆公述職進京，旋留供職。以廣東巡撫徐公（廣縉）代之，布政使葉公（名琛）擢巡撫。時余再奉留粵差委之命，并傳旨敦勉，有『平日辦理洋務，尚能圓通』之諭。然自此洋務多不與聞。夏，有林某來請見，稱有機密事必須面禀。林某者，山東淄川人，曾充供事，因投軍營未收，潛入洋館，爲馬禮遜幼弟之師，教以漢文華語。馬禮遜死，林某失所倚，寄居粵省燕濟會館。余知其非端人，拒弗與見。仍諭以若有機密事，可見藩臬陳之。時布政使李公（璋煜）、按察使即趙公，皆山東人也。當遣弁帶林某往見二公，未幾二公來見，方知所陳乃外匪勾結土匪謀逆，已遣僞軍師林姓潛入花縣，欲招會匪入夥。二公委員帶同眼綫，馳往緝獲林姓等七人解省，起有黄緞僞詔，墨濃字大，語極悖逆。余謂二公曰：『上年德使曾備文抄送一書稿，系内地奸民糾彼同逆，德使自明其拒而不聽。迨屢經行文，令其指出送書人籍貫姓名，則置之不答。今所獲僞詔，必此人所爲也。雖幸爾破案，然大猾巨奸結成死黨，斷不肯吐露真情。必須設法研訊，務得首惡，徹底究辦，庶足消患未萌，免致釀成巨禍。』二公深以爲然。未幾，余蒙恩以同知起用，赴部候選，旋即束裝起程，未知此案如何辦結。然兩粵軍務從此起矣。（二十九年余赴京投供乞養，將歸，聞粵東不靖，因二年届期，英人必欲進城，粵人内拒而弗納也。是時德使業經回國，代者文翰，人尚安静，而粵紳候選道許公祥光等，糾合華商，不與交易，故洋人不得逞，進城仍復中止。當時徐、葉二公，均膺子男世爵。至咸豐六年，而其禍烈矣。余有《致許觀祭論英人進城不難阻止書》，見《文集》。）

僞天王洪秀全雖在廣西起事，實廣東花縣人也。林姓等潛至花縣，顯系秀全勾結，其僞詔爲秀全所給無疑。使當日破案則可以消患未萌，何至釀成十餘年之巨禍哉！（原眉批）

撫米利堅第六

米利堅系極西一大洲，與英吉利隔一海，初屬役於英，乾隆中英欲加税，且脅以兵，米人怒，始叛英而自爲一國。三十六部落，地頗大，産物亦多。來粤貿易，足抵英之大半，其船以花旗爲標識，故粤人稱爲花旗。近乃自稱曰合衆國，商人不販鴉片烟，不滋事，有名醫伯駕者，在粤久，治病皆愈，藥不索值，人皆愛之。十九年繳烟及連年用兵皆英國，而米國不與焉。二十三年，新例既定，通行各國，而美國領事福士有國中亦差公使來中國議和之説。余有所聞，即遣同知銅君（麟）向其探詢，并曉以兩國原無不和，何須再議？十萬里重洋，何必徒勞跋涉？福士答以業已起程，勢難中止，揣其意蓋欲觀光上國，藉抗衡英國也。二十四年正月，有米國公使顧盛船抵澳門，寓居洋館。時總督祁公因病請假，旋即開缺，巡撫程公喬采兼理督篆。顧使呈遞公文，籲請進京。程公與余揀派同知沈君（棣輝）赴澳開導阻止。一面具疏上聞。會耆公由兩江調任粤東，仍佩欽差大臣關防，總理各口商税事務。顧使聞之，在粤静候。四月，耆公至，即往澳門接見顧使，時隨往者余與主事趙公（長齡）、候選道潘公（仕成）也。

顧使見耆公後，呈出條約四十七款，内多必不可行。余偕潘、趙二公，屢與辯論，顧使未能領悟。而副使滅多士德，國中副統領之子也。（米國不立國王，主國事者曰『立統領』，彼國言『伯理璽添德』；次曰『副統領』，即國相也。）年少桀黠，有口辯，嘵嘵不已。幸伯駕居間傳譯，言語可通，相持二十餘日不決。余謂耆公曰：『洋人性固執，我終日與言，十不達一二，欲其轉圜難矣。不若以不能行之故，叙入一書致之。彼得書可以翻成拉體那字，文義雖不盡悉，尚可十得七八，較之口舌，功相倍也。』耆公以爲然。余即代撰一書，略云『中國與合衆國及英吉利各國，東西相距遥遠。其所以通好往來者，實由各國利在通商，各國有求於中國，非中國有求於各國也。各國來粤通商，既至中國，應以中國爲主。亦如中國商人赴各國貿易，所到之國即所主之國，乃一定之理、一定之勢也。中國之待各國，不容有偏，偏則各國不服。是以新定英吉利章程，凡一切有益遠商之事，不俟各國請求，即通行一體照辦。此即一無所偏之明證。各國商人，自應遵奉新章，交易輸税。彼此相安，方合客隨主人之義。倘此國商人欲行此例，彼國商人又欲行彼例，則中國之章程紊亂，各國亦靡所適從，非各國之利也。中國與各國交涉，僅貿易一端，其一切制度，則迥不相同。中國有中國之制度，各國亦有各國之制度，中國不能因與各國和好，即改制度而就各國；亦猶各國不能因與中國和好，即改制度而就中國。即如中國與英國構兵連年，迨經議和，以後所定通商善後章程，仍不能違中國之制度。書册俱在，可考而知。至兵者不祥之器，不得已而後用之，合衆國與中國毫無釁隙，且遠隔十餘萬里重洋，得其地不能守，得其民不能治，兩國均不乏明於料事之人，豈有無端用兵之理？况用兵與通商不能并行，其理尤至近易明』云云。蓋顧使不諳中國制度，所見不出西洋各國，又以中國厭兵，故將用兵列入條款，是以書中及之。顧使得書頗悟。伯駕來云：『耆大臣心如明鏡，無所不照。』蓋亦心折此書也。嗣是妄求各款，遵即删除。（余有致減多士德二書，見《文集》。）遂商定約册，鈐印互换，并呈出統領國書，由耆公代爲呈遞，具疏奏聞。顧使回國。未幾，余蒙恩旨，賞戴花翎，隨帶加二級，并有『辦事認真，不辭勞悴』之褒。

撫佛蘭西第七

佛蘭西之在西洋，素稱大國，與英吉利鄰，世爲仇敵。其國王先有拿破侖者，好兵，卒爲英擒，羈禁小島以終，佛人恨焉。方米利堅之叛英也，屢征不服，佛出兵助之，英始不支，故佛昵米而仇英，米亦忌英而德佛。佛國頗富，人憚遠涉，來粤商船歲不過一二，所載皆鐘錶、玻璃細巧之物，粤商稱爲巴黎器者也。（巴黎乃佛國都，工巧所集。）

二十一年，將軍奕公山與英戰不利，時有駐澳佛國二僧玉實、玉哲助順之説，縣丞張君裕以聞，奕公意以佛與英世仇，可資其力，乃招二僧晋省撫慰之，令其致書本國。未幾有二人，一名真盛意，一名昌時忌，自稱佛官，來粤請見。奕公優加宴犒，及詢以何時可以出關夾攻，所索兵費頗多，而師期甚緩。奕公察其不誠，厚贈遣之去。

二十二年，英人於金陵就撫，即有佛使謝西爾（一名則濟勒）駕船駛至，停泊數日，隨同英船出江，又有巴日一船，駛至上海，與謝西爾揚帆同去。

二十三年，余至粤東，又有拉地蒙冬者，自稱領事求見，余遣同知銅君詢其來意，語多支離，而謝西爾上書總督祁公，以英人反復不足信，請中國遣使臣至其國，講求修船制炮攻守之法，以備防剿。祁公浼余作書答之（書見《文集》）。謝西爾留粤洋不去。

二十四年，米使顧盛在澳門議定條約，即聞佛國續有使臣將至。迨顧使回國，而佛使拉萼尼帶兵船八隻駛至澳門，寓居洋館，并備文請見。余與潘、趙二公仍隨耆公赴澳，時八月十八日也。二十日，耆公接見拉使，執禮甚恭，携有洋婦，自云曾出使於俄羅斯，其婦俄羅斯女也。察看其人，目動言肆，殊形狡猾。其來意亦不肯吐露。時有久經携眷住澳之佛人加略利，頗通漢文，兼能華語，居間傳譯，似爲拉使所信用。潘公向其偵探，亦不得要領。嗣是連次接見，始以助攻英人爲辭，并云佛國當遣使臣進京朝見，即留住京城，中國亦遣使臣至佛國都城駐扎，庶彼此消息，常可以互相扶助，蓋猶是謝西爾書中所云云也。耆公折以定制，正言拒之。

越數日，拉使來見，又曰：『既不准佛使進京，若仿大西洋故事，由國中選明習天文之人送京當差可乎？』余應之曰：『西洋人進京，始於前明末年，其時中國天文失傳，不得不借資外國。我朝人文輩出，推步精詳，是以遣高守謙等各回本國。無須佛國之人再往襄事矣。』拉使又曰：『英人之所以横行，恃其船與炮也，其法皆創自佛國，而英竊取之。中國重文輕武，更不講求水戰，是以英人得逞。若遣使臣往佛蘭西講求船炮水戰之法，以中國人之聰明，不出三年，可盡其妙。英人若再生事，破之何難？中國獨無意乎？』余應之曰：『中國年來仿造夾板船，鑄銅鐵炮，均與西洋工巧無异，公使應早有所聞。至水戰之法，惟在因地制宜，宜於西洋者，不必宜於中國，况臨敵决勝，移步换形，頃刻百變，豈可執一？亦非佛國所能教也。』

越數日往見，拉使又曰：『英人近在香港，逼近廣州，將來難免滋擾。渠蒙中國大臣優待，且素恨英人，情願以兵船數隻，停泊虎門洋面，代中國彷守。即在近岸建樓，以便官兵栖止，一切兵費工費，佛國自行籌備，并不仰及中國，英人斷不越虎門而窺廣州。渠之爲中國謀者何如？』余斥之曰：『公使之意良厚，而言則過矣。香港乃海中荒島，孤立無援，非戰守之地。是以准予英人建屋寄居。虎門乃省河第一要津，水師提督駐守重地，斷不能容留异國之人。且炮臺林立，戍有重兵，今非昔比，敵船能飛渡乎？何必借資客兵之力！至英人在香港建屋，一切費用皆取於商，佛人貿易不及英百分之一，若欲在中國度地營居，留兵戍守，勞費無益，乃失策之大者，請三思之。』拉使語塞。（余復致加略利一書，末云：『足下曾言，譬如人有屋一所，被人占住一間，不能逐去。而朋友借居，則靳而勿予，未免失算。其説似已。不佞則謂屋被賊占，爲朋友者惟有助主禽賊，以屋遺主，方爲良友耳。若乘勢亦欲占屋一間，是幸主之危，援賊爲例，大非君子之道也。』加無以應。）

越數日，拉使并未請見，偵探亦無動静。余白耆公曰：『拉使技窮矣。但彼以兵船多隻，航海遠來，意必有在，連日以甘言嘗試，虚聲恫喝，我不爲動。彼求無一獲，難保不别生事端。近聞佛國有路樸朗兵船一隻，駛往東北，其心叵測，不可不防。察看副使斐列勒人尚安静，但言語不通，無從駕馭。惟有籠略加略利，令其説轉拉使，尚是一策。』耆公於是遣員吴君廷獻往見加略利，贈以親書聯扇，并曉以中國自有制度，不可越分妄求，爾久住中國，素諳事體，當勸爾公使，勿再瀆請，致遭駁斥，轉爲英人所笑。加唯唯。至是以前各款均置不議，而天主教弛禁，則堅以爲請。

余復致加略利一書，略云：『中國禁天主教，乃禁中國之人藉天主教爲名，公行不法。并未嘗禁西洋之天主教。中國自崇儒教，西洋自重天主教，兩不相妨，亦各不相謀也。今欲强西洋人舍其天主教而改奉中國之儒教，不待智者知其不能矣。但西土愛慕儒教如足下者，國之君相未嘗禁之也。若足下籍儒教之名，犯本國之法，恐亦不能曲宥之也。中國於習天主教之人，何以异是？』加無以應。但云：『康熙三十二年，曾奉禮部議，准天主教與僧、道、喇嘛一體弛禁有案，并非專指外國之人，當將模拓碑文呈驗。』查看碑文，即系刊録原案，紙色暗舊，字劃間有殘缺，與案牘體式，一切吻合，似非虚捏。詰以碑文傳自何人、得自何處，據稱實系當年從中國流傳西土，故老素所寶藏。佛國昔年并無能書漢文之人，亦不解刊石立碑之事，何能憑空撰出？即以碑文而論，當時亦曾禁天主教，因西洋人徐日升等懇請，始行弛禁，佛國事同一例，何難奏請施恩？蓋彼既援禮部成案爲口實，非空言所能折服矣。

余謀諸耆公曰：『天主教弛禁，固與定例相違，但洋人[人]情固執，不得不曲示羈縻。今姑准所請，必應先與之約者有二端：一、外國人不准赴内地傳教；一、内地習天主教之人藉教爲非，及另犯别項罪名，仍照本例治罪。如此雖弛仍禁也。』公曰：『諾。』乃傳諭拉使，亦無异言。

耆公具奏，略云：『天主教自前明由西洋麗瑪竇傳入中國，各省愚民被惑入教，在所難免，惟三百年來并未滋事，與白蓮、八卦、白陽等項邪教不同。因其藉教爲非，致有誘污婦女，誆取病目之事，是以定例嚴禁。但隨同習教之人，雖罪罹遣戍，一經當堂跨過十字木架，即准改悔免罪。本屬法嚴意寬。且自定例以來，京中間有破案，而外省拿辦者甚屬廖廖，亦因其尚無不法重情，姑免深究，幾與不禁無异。洋使拉萼尼既航海遠來，再四籲請，可否仰邀皇上逾格天恩，將中外人民凡有學習天主教，專意勸善，并不滋事爲非者，概免治罪。如有誘污婦女、誆取病目及另犯別項罪名，仍照各本律例定擬，不得稍從末減。至佛蘭西及各外國習教之人，止准在通商五口地方建堂禮拜，不准擅入内地傳教煽惑。倘有違背條約，越界妄行，地方官一經拿獲，即解交各國領事管束懲治，不得遽加刑戮，致生釁隙。似於俯順遠人之中，仍不失杜漸防微之意。除將呈出碑模諮送軍機處備查外，謹照録原文，恭呈御覽。』奉旨允行。拉使旋即揚帆出海。

（佛國亦有貿易條約三十五款，與英、米二國無异，其所重不在貿易也。時又有澳門洋人士利威拉邊多曾經請見，更定貿易章程；又北爾日喀國領事蘭瓦請頒《稅則》，皆瑣屑不足録。）

後序

右所編次《撫遠紀略》七篇，共一卷，所記皆關緊要節目，至今粗能記憶及尚有文案可稽者，據事直書，不加增飾。至其細微曲折，千回萬轉，非十餘年後所能追思，以及繁文末節，無關損益，舉闕而弗録。當日起釁之由，肇自禁烟，而成於絶市。夫以宣宗成皇帝之聖文神武，林大臣之公忠體國，將以救民命而肅國法，豈料其決裂乃至是哉！迨至兵連禍接，江海鼎沸，自非牛公周知情僞，孰敢據情上陳？非伊、耆二公洞悉機宜，安能動中肯綮？而非聖主如天之度，兼覆無垠，又安能以堯階干羽化覃海外哉！

余於十八年間供職西曹，提調律館，以纂例爲職，乃力議加重罪名，而出使不得與聞。及二十一年改官江南，謁伊公於上海，意在留余襄事，而以暫返金陵未果。迨奕將軍帥兵赴浙，業經奏調隨營，又以攝藩，迄未前往，幾番欲即仍離，亦若限於局外，詎意二十二年金陵議撫，乃竟入乎其中，遂致始終無以自脱哉！當時議者皆以英爲禍首，而佛、米素與不睦，故佛每進助順之説，米亦深以英爲可恨，以爲資二國之力可制英人，而粤民屢與洋人哄，若可恃以禦侮。余每謂三國外若水火，内實狼狽，在西洋則不無蠻觸之争，在中國則隱有輔車之勢，必不肯戕同類以媚天朝。而粤民見利忘義，剽悍輕浮，難與争鋒，亦難與持久，必不可倚以爲用。聞者往往心非而目笑之。詎意曾不十年，竟不幸而言中哉！此所由繕録終篇，不僅擲筆三嘆也。

附：撫夷論

英夷不靖已三年矣。無論昔之言戰言防，均成畫餅；即今之言造船、言築炮、言練水勇、言築臺堡者，亦復毫無把握。大約言戰守者均未與該夷接仗，不能悉其伎倆，而但參考成書，如《練兵實紀》《紀效新書》《金湯十二籌》《洴澼百金方》所云云者，以爲可以施之今日，甚或誤信稗史，以周郎江上之火、鄂王湖中之草乃水戰之秘訣。而不知該夷之船堅炮烈，斷難力敵，亦無術破。以肉身禦大銃，雖銅筋鐵肋，立成齏粉。往往備之累歲，敗之崇朝。夷船在海中，浪湧如山，束薪灌脂之小舟，豈能攏近？即近矣，而彼隨帶三板多隻，不難即時撲滅；至以草網輪之法，或可施之小小輪船，若近日内地所造之水輪船耳。夷人以十餘丈之火輪船，大船水激輪飛，奮迅飄忽，木簰大練且不能遏，而欲以盈尺徑寸莖柔杆弱之腐草，投諸茫茫巨浸之中，將以縛其輪而膠之，此真夢囈之語，不值一噱者也。言善後者，明知無制彼之術，而不能不敷衍完局，除造船、築炮數著之外，更有何法？其實以船而論，同安梭船僅足入海捕盜，不足禦夷。即潘觀察所造之船，堅厚長大，裝炮亦多，窮中國工力物力，不能復加於此，而以當夷船，恐亦難言制勝。至大炮來自西洋，名曰紅衣，實紅夷也，彼乃造炮之祖也。我未能得其制築之秘，而火藥不及，彈子不及，炮手更萬萬不及，遽欲與之争能，勿亦不揣本而齊末乎！

竊謂夷之不能制者大約有五：舟如堅城，銅墻鐵壁，舵手純熟，駕駛如飛，一也；一切炮火猛烈，機法靈巧，連環轟擊，竟日不休，二也；彼伏舟中，我立岸上，以逸乘勞，反主爲客，三也；孤軍深入，有進無退，七：我軍失利，頓成瓦解，四也；朝東暮西，瞬息千里，我備其七，彼攻其一，五也。夷之不足慮者亦有五：萬里重洋，徵調不及，一也；水土不服，易生疾病，二也；負船爲穴，不敢深入，三也；得城旋弃，不能固守，四也；性貪安逸，夫制於婦，五也。而中國之所以控制而羈縻之者，惟在通商。夷居西北極邊，地冷人稀，向無田賦，而國中一切經費全資商税，雖添設馬頭，如檳榔嶼、葛拉巴、新嘉坡等多至二十餘處，而尤以廣州爲第一。其所以呈交鴉片者，非畏法也，慮絶其通商也。其所以以兵犯順者，非謀逆也，圖復其通商也。其所以滋擾他省而不肯蹂躪廣州者，非畏靖逆也，自護其馬頭也。上年粤東百姓燒毁洋樓，搶奪夷貨，而璞酋置不報復者，非畏粤民也，恐結怨益深，則通商撤兵之後，將有猝不及防者也。其厦門、上海等處均過而不留，寧波雖久據而以假仁假義要結民心，亦系爲將來設立馬頭，不肯殘敗其地而戕賊其民也。不求讓税而甘心輸税者，無税則我得禁止華商與之交易，故遵例輸將，以饜我之心而平我之氣也。然則馭夷之法概可知已。捐釋前嫌，示以寬大，裁減陋規，明定税則，無事則示以恩，有事則折以信，彼既灼然知用兵之害、通商之利，自當伏首貼耳，歌咏皇仁，不復有盗弄潢池之事矣。

（録自稿本《公文類存》第六册）

稀齡追憶録

四卷　續録一卷

自序

近世卿大夫往往自著年譜，蓋昉於太史公之自序，其所由來遠矣。不佞少承儒業，早應科舉，自十一至二十六歲，馳騖名場者十六年。迨通籍後，自二十六至四十九歲，揚歷中外者二十四年，雖碌碌寡所建樹，而大獄大兵，均曾與其事。北攬三衛之故墟，南控五管之殊俗，盤錯糾紛，中更變故多矣。又自四十九至七十一歲，罷官歸養者二十三年。未嘗不晨昏定省，菽水承歡。適值盜起軍興，烟塵澒洞，聯團禦寇，不能一日安居。則亦非林下優游，無事可紀者也。年來重睹升平，而精力衰耗，往事强半遺忘，閉目沈思，恍如昨夢。竊嘗綜計平生，承父母之教而事詩書，資師友之助而爲文章，受宗工之知而忝科名，膺上官之薦而至通顯，均有不能忘懷者。又況渥沾四朝豢養，父子俱荷主恩，自愧樗庸，不能仰酬萬一，尤應恭書於册，垂示後昆，以志葵藿之微忱焉。用是按年排比，手繕成書，厘爲四卷，挂漏滋多，略存梗概。命曰《稀齡追憶録》，何敢云『年譜』哉！

同治十一年歲次壬申正月穀日，七十二叟黄恩彤自序。

稀齡追憶録卷一

寧陽黄恩彤石琴自述

黄氏之先，舊籍山西洪洞縣，前明永樂初來遷於寧陽，始祖諱鑒。

九世，至太學府君，諱宏健，字懷遠，恩彤之曾祖考也。覃恩貤贈資政大夫、廣東巡撫。妣王太君貤贈二品夫人。

十世，至文學府君，諱尚璨，字綉琳，恩彤之祖考也。貤贈奉直大夫、刑部主事加一級，晋贈資政大夫、廣東巡撫（縣志有傳）。妣張太君貤贈宜人，晋贈二品夫人。

十一世，至太學府君，諱宗皋，字翹元，恩彤之考也。誥封奉直大夫、刑部主事加一級，晋封資政大夫、廣東巡撫（縣志有傳）。前妣劉太君早卒，誥贈宜人，晋贈二品夫人。妣劉太君誥封宜人，晋二品夫人。

嘉慶六年辛酉。

三月三日，余生於添福莊東宅，初名丕範。長兄諱丕節，後更恩霨。長余二歲，出嗣長房（《縣志》有傳）。

七年壬戌，二歲。

八年癸亥，三歲。

九年甲子，四歲。

十年乙丑，五歲。

余孩提學語，與長兄依太夫人膝下，太夫人授以唐詩數十首，輒能誦記。至是，兄七歲，太府君爲延師周華章先生（諱文正）教之於家塾。余自請入學，太府君憐其幼，笑而許之，受讀《毛詩》。

十一年丙寅，六歲。

仍從周先生受讀《毛詩》。

十二年丁卯，七歲。

仍從周先生受讀《四書》。

十三年戊辰，八歲。

仍從周先生受讀《尚書》。

十四年己巳，九歲。

仍從周先生受讀《易經》。

十五年庚午，十歲。

從母舅文學劉商珍先生（諱淑連）受讀《春秋左氏傳》，始學爲詩文。

十六年辛未，十一歲。

從外兄明經劉斐園先生（諱枋苞，《縣志》有傳）受讀《禮記》。始與兄俱應童試，邑侯山陰陳公（諱淦）招入内署面試，喜余幼而能成文，批其卷曰：『真千里駒也。』拔置前十名。

十七年壬申，十二歲。

仍從劉先生受讀《公羊》《穀梁》二春秋傳及《國語》《國策》，始學爲律賦。

十八年癸酉，十三歲。

從明經韓素堂先生（諱從樸，《縣志》有傳）受讀《昭明文選》，始學爲古詩。

十九年甲戌，十四歲。

仍從韓先生温理舊業。至是兩應童試，縣、府俱列前茅，院試輒被乙。此次出場，録文稿以質師長，許其必售，案發仍黜。

二十年乙亥，十五歲。

仍從韓先生受讀《周禮》。縣試取第一名，仍受知於山陰陳公也。

二十一年丙子，十六歲。

是年科試，學使高郵王公（諱引之，仕至工部尚書）以八韻賦成賦（此唐人試士之遺制）爲韵試考（古）諸童生，擢余第一，遂補邑庠生。秋應省試録科，複擢第一，闈卷備薦。是年，齊夫人來歸，同邑太學生、贈文林郎、諱沐清、字樂亭翁長女也。

二十二年丁丑，十七歲。

從泰安明經齊東墅先生（諱以禮）受業於家塾。附學者數人，明經趙君萌浦湘、文學齊君石城建業諸君子也。

二十三年戊寅，十八歲。

授徒於家塾，南村劉生介方、北村族子玉龍皆來就學，均長余十歲也。恩科省試，薦而未中。長兄以郡試第一補邑庠生。

二十四年己卯，十九歲。

隨長兄從寧柳堂先生（諱雲程，進士，江西臨川知縣，洊升同知。《縣志》有傳）受業於邑城劉氏之式齋書院。同學劉氏兄弟三人（澍芳，字雨村，郡增生；偉瞻，字蓬山，舉人，東昌府學訓導，軍功加國子監典簿銜；登翰，字蘭署，拔貢生，禦賊殉難，議恤雲騎尉世職，入祀忠義祠），寧氏兄弟二人（天章，字耀寰，優貢生；憲，字時田，進士，四川萬縣知縣。《縣志》俱有傳）。互相切磨，深得同人之益。省試薦而未中，旋受知於學使太湖李公（諱振祜，仕至刑部尚書、太子太保），觀風、歲試、經古皆第一，准作優生食餼。

二十五年庚辰，二十歲。

授徒於式齋書院，仍與劉氏兄弟同學。

道光元年辛巳，二十一歲。

授徒仍前。恩科省試，薦而未中，科試仍取第一。長子師訚生。

二年壬午，二十二歲。

授徒於家塾。郯城吴君錦塘步韓來共學，省試同舉於鄉（錦塘後成進士，直隸望都知縣）。座師道州何公（諱凌漢，仕至工部尚書）、武威牛公（諱鑒，仕至兩江總督），房師堂邑令李公（諱應彪，武清人，山東循吏也）。

三年癸未，二十三歲。

會試罷歸，授徒仍前。

四年甲申，二十四歲。

從學者二十餘人，余授徒不拘成法，各視其材而課之業，察其勤惰而躬自督率之，挍文各予一題，以學力之淺深爲題之難易，俾各盡一日之長。既以杜傳觀襲取之弊，兼可收觸類旁通之益，故及門成就頗多。

五年乙酉，二十五歲。

授徒仍前。夏病吐紅，太府君禁止爲文，俾養静於園中，因撰《追凉瑣語》一卷（少作古文，罕有存者，故編入《外集》）。

次子師侃生。

稀齡追憶録卷二

寧陽黄恩彤石琴自述

道光六年丙戌，二十六歲。

會試中式，殿試二甲，賜進士出身。以部屬簽分刑部，堂派安徽司行走。座師襄平蔣公（諱攸銛，大學士）、長白玉公（諱麟，兵部尚書）、蒲城王公（諱鼎，仕至大學士）、蕭山湯公（諱金釗，仕至協辦大學士）、山陰陸公（諱以莊，仕至工部尚書），房師貴陽宋公（諱劭穀，仕至廣東鹽運使）。夏，赴部供職，辰集酉散，自是以爲常。始讀律例，有疑則請教於劉君玉坡（韵珂，時官主事，仕至浙閩總督）。曾纂《律例録要》五卷（稿被友人携去，不存）。秋，隨衆上堂白事畢，大司寇閩縣陳公若霖獨詢余籍貫年歲甚悉，并加勖勉。同事疑有先容，而余初不解何以動公也，然受知始此。從此，歷任堂官均蒙器重，而長白相國託公津、德州相國盧公蔭溥、蒲城王公鼎、大司寇長白明公山、寶公興、儀征史公致儼、高平祁公、山陰戴公敦元，知任尤深。

七年丁亥，二十七歲。

先是，太府君偕太夫人挈眷就養來京。都門薪桂米珠，余以額外主事，僅支六品半俸，貧窘倍於家居時。賴太府君謹身節用，太夫人手校米鹽，粗足自給。余於征逐游戲，亦一概謝絶。秋，同司主稿某君因論契買婢女，與掌印某君意見不合，各具説帖争辨。大司寇因其不能和衷，撤退主稿以余充補。力辭不獲，勉强視事，書生驟膺治獄，心滋懼焉。

八年戊子，二十八歲。

提督衙門奏交宛平民朱老兒劫財殺人一案，提訊供認不諱。余獨疑其贜證未確，詳細研究數日之久，始盡得刑求誣枉狀。白諸各堂，奏明立予平反，俾免失入。自此愈知讞獄之難。

九年己丑，二十九歲。

以三年學習期滿，奏留引見，准作候補。旋奉堂派秋審處行走，仍不時派審疑獄。有旗人烏凌阿、民人尹四黑各供認刃傷於四輩身死一案，屢經覆訊，忽認忽翻。余以凶刀大而傷痕細，顯有不符，詳加研訊，卒無確供實據，乃將二犯俱釋，另緝正凶，奏明完案。

十年庚寅，三十歲。

有刑部書吏周載控告户部書吏蔡繩祖等假印、假照等情一案，屢訊未有確供。余從案内之貼寫劉永朋，究出積年舞弊始末。因蔡繩祖等首要各犯先已遠颺，又從夥党馮景韓究出各犯逃匿地方。白諸各堂，奏請飭緝歸案，并欽派大臣會同確審詳查，將各犯分别治罪，失察堂司各官嚴加議處。是案株連凡數百人，一年之久方能奏結。

是年，齊夫人以疾卒。夫人長余一歲，同以三月三日生，歸余十餘年，始終無違言忤色，孝順能得堂上歡。生二子四女，夫人殁後，三、四兩女相繼夭殤。余每值生辰，輒追念不忘也。

十一年辛卯，三十一歲。

有深州牧某列款禀訐本管清河道某一案。欽差刑部侍郎特公登額、戴公宗沅馳往查辦，奏派余偕員外郎瑞君（元，仕至湖北按察使，殉難）、蘇君（彰阿，仕至湖南布政使）、主事方君（用儀，仕至陝西糧道）隨帶前赴保陽，留住一月。按款查明覆奏，將各官分别治罪有差。

是年，孫夫人來歸，濟寧大學士寄圃相國之孫女、户部尚書太子太保諱瑞珍字元卿謚文定之長女也。

十二年壬辰，三十二歲。

充秋審處坐辦。尋充律例館提調。有直隸奸民王法中來京傳習邪教一案，余偕同事郎中張君（澧中，仕至刑部侍郎）訊明該犯習白蓮教，傳徒多人。并向同教之閻致遠等究出傳習離卦教之尹資源父子，及傳習大成教之吉三白、傳習紅陽教之孟洛藏等首從各數百人，散在直隸、山東各州縣，呈堂奏請飭拿歸案。會同欽派大臣提犯研審確供，分别正法外遣。失察之地方官交部分别治罪議處（案結後，德州相國盧文肅公曰：此輩非徒國家隱憂，亦吾鄉伏戎也。今既盡法懲辦，河北可稍安矣。迨咸豐初，群盜蜂起，而卦匪餘孽一無蠢動，果如文肅言）。又有民人芮九控告庫丁戴雲峰等吞帑舞弊一案，余與同事主事李君（璋煜，仕至蘇州布政使），查出截留安徽解部絨斤變價銀四萬兩，各官吏朋分侵蝕，得有衆證確據，將案内各犯奏明，分别正法。

十三年癸巳，三十三歲。

充提牢官。因不值班期内失察，已革頭等侍衛李相清越獄脱逃，奏奉部議，降三級調用。尋即遵例呈請捐復，經吏部奏准引見，開復原官。本部奏留，派充熱河都統衙門辦事司員。

是年，孫夫人以疾卒。夫人賢而早夭，生二女俱不育。

十四年甲午，三十四歲。

赴熱河差次。太府君偕太夫人挈子女往就養，寓居曠園，蒙古鄂貝勒行館也。環山臨水，頗具登眺之勝。時都統長白武公忠額，都門舊識，相待甚優。同事刑部郎中張君晋、理藩院員外郎吉君爾杭阿及協領文君（祥，仕至凉州副都統），均和衷共濟。而熱河道霍君隆阿、承德府知府吉君（年，仕至奉天府尹）一皆苔岑素洽，公餘不乏觴咏之樂，幾忘其爲塞外也。

長兄中式本省鄉試舉人。

十五年乙未，三十五歲。

都統轄卓索圖、昭烏達兩盟十六旗蒙古，兼承德府及所屬六州縣中外交涉，案牘滋紛。蒙古多有重名，住址亦靡定所，每遇傳提，往往避匿，各扎薩克又代爲隱飾，空文支涸，以致案懸莫結，乃相沿積弊也。余與同事白都統，行文兩盟長，通飭各旗，嗣後蒙古犯證到案，不交府管押，但責成原解章吉看守，隨到隨訊，訊明立即開釋，不稍拖累，但不許仍前避匿。由是各旗一律奉行，蓋其所以避匿者非他，正恐管押拖累也。并奏定清查州縣交代巡守圍場條約，及嚴禁偷挖金礦各章程，均奉部覆准，通飭遵照辦理。

是年袁夫人來歸，長山安州牧諱輝字篤庵季女也。

十六年丙申，三十六歲。

更名恩彤。

有翁牛特旗公爵桑嘎巴拉列款京控該扎薩克王不法等情一案，奉旨交都統查辦提訊，多系子虚。該公慮恐坐誣，輒令家詹浼刑司書吏章振山以千金行賄。余聞知，立將該吏拘禁，白諸都統，將該公奏參革爵，該吏治罪，案得速結。

又有土默特旗人聯名列款京控該扎薩克貝子一案，奉旨派大學士文公（孚）來熱河會同查辦，當偕隨帶司員史君（致蕃，仕至雲南布政使）、福君（謙）提集卷證，按款查明覆奏，將該貝子交理藩院議處。

所有節年襄辦幕府文案，彙爲《灤陽奏牘》二卷。

十七年丁酉，三十七歲。

三年差滿，經都統嵩公溥保奏，以主事儘先補用，免其試俸。奉旨允准。三月回京銷差，仍充律例館提調，總辦秋審、減等、贖鍰等處。尋補直隸司主事。

太府君偕太夫人挈子女南歸，爲長子師誾娶婦甯氏，以長女歸於劉氏，婿名廷佑。

師誾補邑庠生。

十八年戊戌，三十八歲。

升授直隸司員外郎。

有安徽旌德縣金姓老民懷挾封章，在刑部門外自刎身死。本部具奏，并呈進封章，乃系控告安慶府審斷不公，故入伊子金有應死罪。奉旨派協辦大學士湯公（金釗）、刑部侍郎吴公（文鎔，仕至湖廣總督，剿寇遇害）馳往查辦，奏准。以余與同部員外郎祥君（麟，仕至鎮江府知府）、主事易君（棠，仕至陜甘總督）、吏部主事夏君（恒）隨帶，赴皖查核卷宗。方知此案迭次上控，纏訟十有六年。犯證久羈，發長逾尺，幾不辨男女。且屢經拷訊，供情甚屬游移。余偕同事諸君虛衷研究，反覆開導，不加一刑，并當堂爲之薙發，以釋其疑懼，各犯證始漸次吐露真情。遂將居中簸弄之訟師吕九生，及代作封章之戴姓生員提案嚴詰，無可狡辯，一一供認不諱。乃按律分别治以應得之罪，釋株連者數十人，群情悦服。

續復奉旨赴浙江、江寧查辦事件。順道赴南河覆勘閘工。至次年首夏差竣，隨同欽使回京覆命。

十九年己亥，三十九歲。

升授四川司郎中，派充律例館管理提調，總理漢檔房，仍總辦秋審等處。

因平反薊州解部旗丁孫三、趙四等死罪，奉旨賞加二級。

又有旗人秀慶之妻被扎身死，犯無主名，屢審未有確供。余偕同事郎中寶君（俊，仕至大理府知府）究出正凶趙九，供認圖奸不遂，逞忿故殺屬實，覆詰不移。余以旁無見證，未獲凶刀，雖十分可信，尚有一綫可疑。爰商同寶君白諸各堂，比照男子拒奸殺人無據之例，將趙九擬以斬候秋審入緩奏，奉俞旨允准。

又有内庫被竊銀兩，奉旨將值班章京兵丁及庫使庫丁一并交部嚴審。余偕寶君研訊數十晝夜，各官兵均極口呼冤。余謂寶君曰：我兩人技止此矣，案無贓據，安可濫事刑求。於是白諸各堂，將全案人衆均予保釋。刑部堂司各官自請議處。旋奉部議，罰俸一年餘。

在部十餘年，以讞獄爲職，所治重大疑難之案，殊難枚舉，且多失於記憶，姑述數案，亦不能詳也。

是年，京闈充同考官，分第四房，得士劉祝庚等十四人，後成進士者五人，由小京官中式後升主事、員外郎者二人，由舉人得官仕至知府者二人。

長孫生，取名力田。

道光二十年庚子，四十歲。

上年冬，京察届期，保列一等。今春，引見記名，以道府用。旋蒙召對垂詢出身、履歷、居官年分及父母兄弟甚悉。恩彤一一覆奏。復奉聖諭：『汝在部久，治獄多矣，上年内庫失銀，是汝承審，何以未能訊出正犯？』恩彤惶恐叩頭，奏曰：『臣讞鞫無能，當時曾隨堂官奏請議處，至今且愧且懼。』聖諭：『案内既無正犯，豈容濫及亡辜，何愧懼之有？』恩彤叩頭謝恩而出。

尋奉旨充廣西鄉試正考官，副考主事林君（揚祖，仕至甘肅布政使），同司舊好也。承命後十日出都，道經直隸、河南、湖北、湖南，乘傳遄行，與林君朝夕過從，頓忘長途跋涉之苦。八月初，抵桂林，依期入闈扃試。九月初，放榜，得士唐啓華（年十六）等如額，後成進士者三人。十月初，由桂林啓程北旋。行抵長沙，謁晤毓中丞（泰），始知前已奉旨以道員發往江蘇。余以但見邸鈔，未奉部文，仍偕林君回京覆命。

十二月初抵京，奉旨補授江南鹽法道，具折謝恩，即蒙召見。詢及沿途年歲及地方情形，并湖北被水流民是否安插得所。恩彤奏曰：『臣等南行，六月初，抵楚境，灄口水勢方盛，沿途頗有流民。迨北歸殊無所睹，詢之輿論，知地方官前已施粥賑恤。秋後水落田出，相將復業矣。』又蒙聖諭：『廣西文風若何？汝等曾搜遺卷否？』恩彤奏曰：『廣西小省，士子入闈不及三千人，薦卷不過五百本，兩主考校閲盡有餘力。臣等於薦卷内取中，未能足額，又於遺卷内搜閲取中三名。至其文理，固不如諸大省之詞氣充沛，而骨理頗清，兼饒秀拔，是其所長也。』仰窺聖容，甚爲和霽。竊念恩彤以西曹末吏，事宣廟十餘年，惟是年召對二次，恭聆天語。自外任後，屢蒙簡擢，均奉旨毋庸來京請訓。迨具折奏請陛見，復奉硃批暫緩前來。未幾，因妄言獲罪，遂未由再睹天顔，實微臣之不幸也。

是年，太府君爲次子師侃娶婦劉氏。以次女歸於周氏，婿名滂杭。

稀齡追憶録卷三

寧陽黃恩彤石琴自述

道光二十一年辛丑，四十一歲。

先是領憑，於上年十二月出京，旋里度歲，後於是年二月赴江南鹽法道任。三月初抵江寧，時署任顏君(以燠)帶印隨節帥協揆伊公里布在上海防夷。余小住二日，即赴滬謁見伊公。尋奉飭知接印任事，回署鹽道，以督銷爲職，所轄大半在安徽境内，蘇省惟江寧一府兼有分巡之責。淮綱積弊，尤在走私。不惟梟徒充斥，奸商亦以夾帶爲利藪。余詳稽成法，以清理江面、嚴核水程爲杜絶夾私之要領。遂遴委幹員，於出江過境鹽船，不時抽查，起獲商私數十萬斤，禀請嚴辦，此風稍戢。尋即離任，未能整頓有效。

是時楚兵調防，連檣東下。向例：自金陵舍舟登岸，陸行兩站，至丹陽仍復乘舟。爲日無幾，而多此一番輾轉更換，地方疲於供給，軍行更滋濡滯。余詳陳利弊，函呈大府，變通舊章，改爲長船直下。廉使頗有异同，中丞梁公(章鉅)以爲便，亟從之。又禀准改定金陵駐防兵米章程。時方奉旨保舉良吏，梁公首以余薦，目爲江南第一。七月，奏委署理按察使。時英吉利兵船占踞寧波，沿海戒嚴，上命揚威將軍奕公(經)督大兵，進剿於蘇省，設立後路糧台。梁公方帶兵駐防上海，聞信馳回，奏明措置軍需，檄余赴滬接防。八月，帶印抵軍營，時同事者提督陳公(化成)、總兵王公(士元)也。在防月餘，新任總督牛公(鑒)至，余交替回蘇。未幾，將軍大兵雲集，多有招募江北獷悍匪徒，帶刀翱翔，吴民大恐。余隨梁公晝夜巡查，申明約束，俾免滋事。梁公尋因老病奏請開缺，以布政使程公（矞采）署理撫篆，所遺藩篆以余署理，當即具折謝恩，兼陳軍備。奉硃批：軍務緊要之時，一切奮勉，妥慎爲之。按察使李公星沅升任江西布政使，余兼攝臬篆。將軍復於進兵啓行時，奏調軍營，奉旨：俟交卸藩篆，即行前往。方料理束裝，適江寧布政使成公（世瑄）因病請假，一時攝篆乏人，大府奏委余前往署理，軍營之行不果。

道光二十二年壬寅，四十二歲。

二月，赴江寧署藩司任，尋升授江蘇按察使，仍留署藩司。

先是，太府君偕太夫人就養來南，同居金陵官廨。至是因水土不服，挈二子及眷屬北歸。

是年夏，夷船駛至寶山，官軍禦之失利，督府退保江寧。夷船連檣入江，聚泊江寧城外草鞋夾江面，直儀鳳門。將軍撥兵登陴，城内僅有湖北、徐州、江西兵千餘名。城大兵單，戰守勢難兼顧。余白督府，率同守令清查保甲，遣令老幼婦女出城避兵，揀留壯丁，分守衢巷，以靖内奸，人心略定。會夷酋悔過就撫，督府代爲奏請，欽使將軍耆公（英）、副都統伊公（里布）先後來至，遣佐領塔芬布出城接見夷目馬禮遜，帶回事目清單。欽使量從所請，夷目仍請大員出與面議，遂令余偕侍衛咸君（齡），於初九日早至儀鳳門外静海寺，招夷副使麻恭來見，曉以利害，結以恩信，一一聽從。自是禁約番兵，不許登岸，亦不阻遏江面往來船隻。二十四日，欽使偕督府與其正使璞鼎查互换約册，夷船遂於八月二十八日出江入海，揚帆南去。成公先以疾卒，新授布政使王公（庭蘭）於九月抵任。

余交卸後，奉命隨伊公往廣東辦理通商善後各事宜，未能赴臬司本任。時伊公已升任廣州將軍，帶同咸君先行。余於十月杪由蘇赴粤，十二月望後，始抵羊城，寓居將軍署内之東偏。

道光二十三年癸卯，四十三歲。

各國番舶來粵通商，向歸洋行經理。至是，撤行改歸官辦，一切增減稅則，稽察偷漏各事宜，商同粵海關監督。文公（豐）徹底清查，通盤籌畫，粗有端倪。

三月間伊公卒。上命耆公來粵接辦。余商之咸君曰：『耆公到粵需時，我兩人株守無益，不若徑往香港，就彼將《稅則》逐款詳議。耆公一至，即可覆核定案。』咸君以爲然。遂於四月間，同坐火輪船赴港，寓居洋樓，與夷目羅伯聃往復辯論，酌議《稅則》。減洋參、鐘錶之冷貨，增茶、棉、綫、布之大宗，一切均有條目。聞耆公將至，余與咸君仍坐火輪船回省。

旋即奉旨調補廣東按察使。

五月，耆公抵粵。接見夷使，酌定善後章程，并將《稅則》分款列册，奉部覆准，頒發中外，一體遵行。各夷商自七月朔爲始，照新章互市如初。是年，稅課比舊額頓增銀百餘萬。

八月，奉旨升授廣東布政使，具折謝恩，并陳地方情形。奉硃批：『一切妥爲辦理，撫綏事宜尤當不辭勞瘁，詳慎認真，勉益加勉。』

粵東俗浮民悍，自夷變後，盜賊充斥，劫殺公行。而不逞之徒又往往假攻夷復仇爲名，聚衆抗官，斂錢肥己。余前在差次訪悉其情，即偕臬使徐公（繼畬）白諸大府。拿獲浙江游棍錢江及何大賡等，加重懲辦。至是，復將江西游棍列款京控之范守誠及其夥友訟師劉叢蘭并置之法，刁風爲之頓戢。

師閶中式本省鄉試舉人。

道光二十四年甲辰，四十四歲。

粤省積年用兵，糜帑多至千餘萬。前任藩司存公（興）設局核算報銷，業經清出眉目。余以通判沈君（棣輝，仕至廣東布政使）綜理其事。於是按照定例，逐案具題奉部准銷，其應歸外銷者，亦查悉本款，責成各州縣分限彌補，均歸有著。尚有准銷未領銀八萬兩，發商生息，撥充本省緝捕之用。半年事竣。

先是，《通商新例》甫頒，即有米利堅領事福士，聲稱彼國亦有使臣來議和約。是年正月，果有夷使顧盛寓居澳門夷館，尋即呈遞公文，籲請進京。耆公赴澳與見，余偕候選主事趙君（長齡，仕至山西巡撫）、候補鹽運使潘君（仕成）隨往。駐澳二十餘日，辨論數十次。諭以情理，折以法度，顧盛漸知領悟，北上之請中止。耆公具奏，并以余襄理夷務頗著微勞，可否鼓勵以奬勤勞。另有旨，同日奉旨：『廣東布政使黄恩彤辦事認真，不辭勞勩，著加恩賞戴花翎，并賞加二級，准其隨帶，欽此。』顧盛定約回帆。

復有弗蘭西使臣拉萼尼，於八月間來至澳門求見。余與趙、潘二君復隨耆公赴澳接見，迭有干求，均即斥駁。拉萼尼因所求不允，始援康熙間禮部奏准成案，堅以天主教免罪爲請。當與之約，止准外國人在通商各海口建堂禮拜，不准赴内地傳教；内地民人借教爲非，應仍照中國定例治罪。拉萼尼亦即聽從，轉船西歸。

粤東向未編定省例，案牘棼如，易滋歧誤。余於署内設局，派通判甯君（立悌）悉心鈎考，依類排纂，彙集成書，刊行各屬，一體遵守。

時有武生邱大斌呈報永安縣長埔山場出産礦砂，每砂百斤，可煎出鉛二十餘斤、銀二三兩不等，未便任民私采，應請勘辦歸公。并自備礦砂，帶同諳匠赴司。當即試煎，所得銀、鉛與呈報數目相符。余以坑冶之利，歷代不廢，具載史册。前明開礦滋弊，由於任用奄人，横征無度，并非礦不可開。况粤省自乾隆中曾經開礦二百餘處，均因不敷工本，旋即封閉。而桑枝林一廠至今開采如故，成案可援。遂白諸大府奏明，官爲募丁試采，召匠煎煉，歲得銀一萬餘兩，掃數歸公，惟以鉛斤變價，充廠員薪水、工匠雇直之用。司其事者，趙君（長齡）、沈君（棣輝）及即用知縣李君（福泰，仕至廣東巡撫）也。

粵省司道公捐河工經費，余倡捐銀五千兩，移奬議叙。

次子師侃以中書科中書舍人即選。

道光二十五年乙巳，四十五歲。

正月，奉旨升授廣東巡撫，具折謝恩，并陳地方情形。奉硃批：一切勉力認真，以副簡任。

粵東政務以弭盗防夷爲尤亟，余在藩臬任内，隨時率屬整頓，未敢稍懈。至是，會同耆公詳陳弭盗之策。略曰：廣州所屬地方，内河外海，水鄉則溪港紛歧，洋面復島嶼錯雜，奸徒伏莽竊發，飄忽靡定，故向來盗案視他省爲多。近年撤退壯勇，流而爲匪，是以搶劫頻聞，較前更甚。臣等叠經嚴飭地方文武，認真緝捕，設立讞局，一經獲犯，立即研審，盡法懲治。計所獲巨盗梁亞辰、余汰平等動以數十百計。現復督屬於陸路分設卡房，派撥兵役，按段巡防，力行保甲，責令衿耆首報；於水路添設巡船，揀派弁目，督帶兵丁，梭織巡緝。仍於舊存捕費一萬兩外，公捐廉銀一萬九百餘兩，又於塾辦軍需未領項下提出銀八萬兩，發商生息，隨時撥用，無虞支絀云云。又嚴窩主之罪，廣擄贖之條，增建社學，以息械鬥之風。拿獲黄悟空、高明遠，以散會匪之黨。均經分案奏明嚴辦。

又詳陳防夷之策。略曰『欲靖外侮，先防内變。粵民性情剽悍，難與争鋒，亦難與持久。倘因三元里一戰，遽信爲民足禦侮，恐亦未可深恃。該夷現雖釋怨就撫，而一切駕馭之方與防備之具，均不可一日不講。但當示以恩信，妥爲羈縻。一面慎固海防，簡練軍實，尤必撫柔我民，所欲與聚，所惡勿施，以固人心而維邦本。庶在我有隱然之威，因以折彼囂然之氣』云云。奉硃批：『覆奏逐條明晰，隨時相機妥辦可也。』

又查明沿海私墾沙田，令墾户首報歸屯作爲世業。計香山等縣，共得沙田二十萬畝，歲征租銀八萬餘兩，撥充戰船炮臺歲修經費。又於虎門官圈沙田一萬三千餘畝，歲收租息，添募壯丁作爲額兵，分臺常川駐守，以固省垣門户。

又議定新設戰船十一只，按其大小，酌給歲修經費及配駕弁兵口糧。大船九隻，平時分撥獅子洋等處，扼要巡防，有事調赴虎門，與各臺犄角聯絡，互爲聲援；小船三隻，仍歸各營，爲捕盗之用。均經奏明，奉部覆議，通飭遵照。

又因英夷受廛香港，已在裙帶路創築洋樓。新安所屬九龍地方與香港東西對峙，中隔海峽，聲息相聞，先經移駐副將一員，帶兵駐防。惟并無衙署兵房，亦無城垣炮臺，不足以壯聲威。遂勸諭官紳，捐資建立石城，并衙署、營房、炮臺一律完固，數月工竣，與澳門之前山寨形勢正同。

五月，學政李公(棠階)丁憂開缺，余兼署學政，尋即卸事。

是科長兄會試中式第五名，殿試成進士。奉旨以知縣即用，分發四川。

道光二十六年丙午，四十六歲。

上年京察，正月奉硃諭：『廣東巡撫黄恩彤協力籌維，共成敉定，著交部議叙，欽此。』宣廟御極以來，外省大吏惟總督間有京察議叙者，巡撫概未之及。恩彤望輕資淺，得荷褒嘉，洵异數也。是以具折謝恩。略云：『伏念臣東魯寒儒，西曹末吏，叠蒙簡擢，洊歷封疆。愧撫綏之乏術，慮措置之乖方。乃履任甫届一年，值考績恰逢三載，荷丹綸之下賁，俯賜褒揚；承紫綍之遥頒，兼叨甄叙。榮逾華衮，非夢想所敢期；惕若冰淵，實感悚之交集。惟有永矢靖共，益加奮勉』云云。旋奉部議加一級。

先是，英酋璞鼎查於金陵就撫罷兵，即將占踞之寧波、鎮江二府城，鎮海、上海、寶山三縣城，乍浦、厦門二島概行交還，惟鼓浪嶼小島及定海縣城尚留兵未撤。上年已將鼓浪嶼交還。至是年七月，并將定海收復，夷務蕆事。

八月，粤東鄉試，余監臨文闈，榜發。復主試武闈，取士如額。有文昌縣武生符成梅，年逾八旬，弓馬可觀。余以文武判爲兩途，不容與年老文生賞給舉人副榜者并論，可否仿照耆民恩例，給予千把總虚銜，具折奏請。因於嘉慶年間奏准成案失於援引，致與定例有違。奉旨交部嚴加議處，吏部照妄行條奏例，從重議以降三級留任覆奏。奉旨革職，仍留廣東，交耆英差遣委用。

道光二十七年丁未，四十七歲。

移寓越華書院。旋蒙賞給六品頂戴。耆公仍不時諮訪，時趙君（長齡）已升任臬司，久經勤理夷務，熟悉情僞，余得藉以息肩。乃於寓内之紅雲明鏡亭觀覽書史，温理舊業。間將粤東景物耳目所及者，各爲之賦，彙爲《憩亭賦稿》一卷。或評點《資治通鑒》，以消永日。

是年春，長兄卒於蜀中。余聞信驚怛，立即寬爲寄資，俾其柩眷得以遄歸。

道光二十八年戊申，四十八歲。

耆公述職晋京，旋留内閣供職，代者爲徐公（廣縉）。時恩彤再奉留粤差委之命，并傳旨策勉，以平日辦理夷務尚能圓通，如果始終奮勉，再行奏請恩施。恩彤望闕叩頭謝恩。然自此夷務多不與聞。

七月，奉上諭：黄恩彤留粵差委業經年餘，前已賞給六品頂戴，尚無職任，著以同知歸部選用，即行來京，欽此。

九月，由粵挈眷北歸，比及抵里，已歲除矣。溯自壬寅春，太府君偕太夫人挈子女旋里，中間恩彤遠宦嶺表，雖累經遷官，未離羊城一步。疊次專丁迎請兩大人，均因道遠時艱，未肯南來就養，計久違定省已閱八年。至是上堂拜見，竊幸雙親康健，子女團圞，天倫重聚，且喜且悲。回憶年來浮江泛海，崎嶇於干戈風浪中，與魑魅魍魎周旋酬酢，萬里孤臣憂讒畏譏，不知税駕何方，豈料復有今日哉！開年後祭祖，先掃邱壠，拜訪親族，與父老子弟握手話疇昔，真相對如夢寐也。

師侃生子，取名守田。

稀齡追憶録卷四

寧陽黄恩彤石琴自述

道光二十九年己酉，四十九歲。

二月，赴部投供，奉部示：老親年逾七旬，獨子例應終養，飭令回籍。（時有友人云：但於新供聲明迎養，即無礙選。余仍據實填寫。）

四月，旋歸。余於粵東解組之次年，曾以乞養下情呈請督府代奏，未允，至是得遂烏私。於是掃除舊舍，定省之暇教子侄讀書。有時循行阡陌，課僕耕耘。

三十年庚戌，五十歲。

宣宗成皇帝龍馭上賓，恩彤初擬赴京叩謁梓宫，撫閩中丞徐公（繼畬）復致書敦勸云：灑血淚於弓劍之旁，非爲幹澤。恩彤心珮其言。第以上年赴京謁選時，向例應俟聖駕經行，於道旁叩頭請安。余謁見御前大臣請示，以爲可以不必，因而中止。竊思獲咎孤臣，安可冒昧越分，以致迹涉妄爲。於是追隨地方官成服，望陵跪叩舉哀，以抒鼎湖之痛。

黄氏宗祠久圮，恩彤隨侍太府君，於南街舊基修復闔族宗祠。并於宅内東南隅創建家廟，以奉本支曾祖以下神主。

師闇生子，取名福田。

咸豐元年辛亥，五十一歲。

黄氏宗祠既經創建，家譜亦應亟修。余董率族中諸弟侄輩，稽核舊譜碑，分别支派，編定《汶南黄氏世譜》，序而梓之，板藏宗祠中。

又以吾鄉蠶事不講，亦不樹桑。余於《農政全書》中檢取有關蠶桑者，次第編纂爲《蠶桑録要》五卷。

二年壬子，五十二歲。

師闇會試中式，殿試二甲，賜進士出身，改翰林院庶吉士。太府君聞報，喜見顔色，歡飲至醉。顧恩彤曰：汝兄弟相繼成進士，均不得與館選，吾亦知足，無復餘望矣，小子乃倖獲之邪？已而嘆曰：吾老矣，汝兄不可復見，詎期汝在吾眼前邪？吾不喜小子之倖獲，而喜汝之生還也。

寧陽舊志，年久漫漶。邑侯清苑陳公紀勛先經設局重修，屬余總司編録。至是成書二十四卷授梓，其體例備詳余《後序》中，板存縣署（後燬於火）。

侄寶書中式本省鄉試舉人。

咸豐三年癸丑，五十三歲。

師闇散館一等，授職編修。

先是，粵西發逆突踞金陵，勢將北竄。余在部呈捐軍需銀一千兩，議叙加二級，紀録五次。會朝議仿照川楚堅壁清野之法，於東省舉行團練。上命廷臣各舉在籍官紳，總司其事。户部尚書孫公瑞珍保薦四人，余與焉。聞命後，竊以官紳散處各郡縣，勢難會商。不如於本省四正四隅分爲各路，就近督辦，較易爲力。遂以愚見函商省局，給諫毛公（鴻賓）亦以爲然。復偕同事前閩督劉公韵珂，於兖郡謁晤撫東中丞李公（惪）面商，意見不同，事即中止。李公尋卒，方伯劉公（源灝）始采末議，入告，以爲可行，於是分路分局之議始定。此事言之易而行之難，余有《團練匯議》一書，言之頗悉。

去歲，余既爲《蠶桑録要》，復就《農政全書》中擇其有關種樹宜於北方者，依類排纂，厘爲十二卷，命曰《農書録要》。又節年彙成《兩漢史斷》六卷，至是脱稿，均手自繕録，不以假諸鈔胥也。

師侃生子，取名開田。

四年甲寅，五十四歲。

太府君雖年逾八旬，仍康强善飯，行不扶杖。正月初三日，雪後散步中庭，猝中風寒，一時暈眩，用薑藥救治始甦。延醫診視，迭進參苓，遷延日月，遂成痿痹。

咸豐五年乙卯，五十五歲。

撫皖中丞福公（濟）以軍務孔棘，幕府需人，奏請以余前往襄事，并遣弁持書來見。當以太府君病勢日增，何敢遠離膝下，復書力辭。仍請代爲陳情，未幾奉旨，不允所請。恩彤得以卒遂烏私者，實荷聖主之矜全也。師闇在京供職，太府君每思之不已。良由節年來，余久違膝下，全賴師闇在家侍養，以代子職，太府君素所鍾愛。此際轉側需人，非在左右居不安也。遂函諭師闇乞假歸，因留侍疾。

六年丙辰，五十六歲。

自上年秋，河决銅瓦，經流北趨，下游湖陂强半淺涸。繼以冬暖無雪，春復少雨，至是年夏，遂叠被蝗蝻之灾。蓋魚蝦子失水而變蝻，蝻長翅而成蝗，蝗復遺子而成蝻也。余糾合諸父老，率子弟，邀集鄰村合力捕除，幸不爲患。因就耳目所經，著《去螣必效録》上下二卷。其大指在勸民及早自捕蝗蝻，庶幾簡易迅速，不致遷延滋蔓。一切官辦成法，概置勿道。

咸豐七年丁巳，五十七歲。

是年，旱蝗依前捕除略盡。惟山中蝗子成蝻，在穹崖邃谷中，初時無人過問，八月初長成翅股，跳躍便捷，蜂擁下山，遂不可禦。幸早禾均已登場，未甚成灾。余所著《去螣必效録》中，有官督搜山一法，實已慮及於此。同治初，蝗蝻復熾，余白長吏力行搜山法，遂不至爲患。而非於湖陂初生時，遵古人秉畀炎火成訓，聚薪焚毁，究無以拔本塞源也。

十二月十四日，太府君壽終，享年八十有四。

八年戊午，五十八歲。

四月，恩彤奉旨馳赴天津，交前大學士耆英差委。是時，英吉利、弗蘭西、米利堅、俄羅斯四國夷使各以兵舶駛集津門，敂關請見，妄有干求。上命大學士桂公（良）、尚書花公（沙納）前往接見。因耆公在粤年久，熟悉夷情，賞給都統銜，會同籌辦；恩彤曾與耆公共事，故有是命也。遂束裝啓行，兼程抵津。會耆公先已回京，諸夷亦均就撫，余即呈請兩大臣奏明回籍終制，并以親母年已七十九歲，例應終養，奉旨允准，遵即遄歸。歷觀諸史，自班、馬外，惟陳壽《三國志》書法不隱，論者多譏其尊魏抑蜀，不知其實以正統予蜀。余曾摘舉要義，著之爲論，梁茝林中丞亟稱之，采入所著《三國旁注》中。兹復取全書，抉其微旨，爲《三國書法》十卷，手繕成帙。

師侃生子，取名稔田。

九年己未，五十九歲。

二月，安葬太府君於苗家河曲先塋之次，啓前妣劉太夫人封，遷棺祔焉。

余自少時無他嗜好，惟以文史自娱。通籍後，雖吏事敦迫，稍暇輒從事翰墨。所作詩賦古文，積有篇數，未及編次成册。至是，始於定省之暇，手自繕録，彙爲十三卷，命曰《知止堂集》；又編近作爲《續集》六卷；餘文爲《外集》六卷。其《奏牘》九卷及雜著若干卷，亦并附焉。

先是，滋陽明府莫公（熾）以《縣志》應修，屬鄭君（毓森）浼余爲之編纂。莫公復面晤諄囑。於是增損舊《志》，删存新事，共爲書十三卷。因莫公尋卒，兼值寇擾，未及授梓，稿存鄭氏。

咸豐十年庚申，六十歲。

上届辦理團練，始自癸丑，迨乙卯馮官屯大捷，河朔肅清，團防悉撤。至是，捻匪跳梁於淮北，屢犯曹濟，勢漸披猖。朝命前户部侍郎杜公（翿）來東聯團禦寇，奏准分派官紳，照舊章就近督辦。余仍與其事。時已七月，趕即制械聯村，糾合丁壯，操演技藝，束以隊伍。未及就序，九月間，寇忽大至，官軍力不能禦，遂渡長溝而東，寧城當冲，倉卒失守。余事後聞信，以太夫人年衰久病，恐致驚憂，乃躬親隨侍，避往東山，留師閭在家防禦。不料於十七日，行至中途，突與賊遇，數瀕於危，倖免於難。師閭糾合族衆，聯絡鄰村，鎮静防守，賊騎迭經窺伺，未致闌入焚掠。寇退，奉太夫人歸。時南氛孔熾，風鶴數驚。余以團丁本系農民，未經行陣，一當狂寇，勢必不支；惟有築壘固守，以逸待勞，賊無輜重，以擄掠爲資，但使野無所掠，自致饑困。於是獨力輸資募丁，環村築壘四百丈。時值隆冬，冰堅易合，不兩月壘成。壘外取土，因高爲深，不待浚而壕亦成。

十一年辛酉，六十一歲。

築壘未固，春融輒復傾圮。時大帥郡王僧格林沁帶大兵駐濟寧，相機進剿，賊鋒屢挫。三月間，復乘隙北竄。余奉太夫人暫避南山，寇退，乃督子侄率族衆加築壘墻，鄰村亦相與助力，添置火器，儲備鉛藥，屹然可恃。八月，賊復大至，遠近村民競來避難，晝夜登陴固守，賊不敢犯。

文宗顯皇帝龍馭上賓，恩彤隨地方長吏，成服哭臨如禮。

同治元年壬戌，六十二歲。

賊氛甚熾，歲輒數至，雖築有村壘，而土性疏惡，屢築屢圮，難以爲固。乃於春間復竭力輸資募丁，將壘墻一律易以土墼，擇要添建炮臺，并於舊壕外掘壕二道，寬深各以二丈計。所掘之土，堆積成堤，堤上插蒔刺梅，外復繞以荆榛，用遏賊之逼近。又於門外兩旁，各築子墻，墻外接開雙壕一二里許，俾賊馬不能横逸，一經闖門，即於門樓開炮擊之。又於壘外四隅，各開直壕一二里許，俾賊馬不能馳驟環繞，各臺量炮力所及，趁勢擊之。自此防守嚴固，賊雖屢至，不復窺伺，人皆恃以無恐。嗣後遠近争相仿效，數百里堡寨林立，賊既無所掠食，亦無地栖身，漸以疲困。土匪聚集九山，將謀劫掠。余函致地方文武，糾集鄰團，令師闇親往會辦，立即驅逐潰散。杜公回京覆命，酌保團練出力官紳。余奉部議叙加一級，師闇加詹事府贊善銜。余復有《團練續議》一書，與前著《團練匯議》分爲二卷。

同治二年癸亥，六十三歲。

是年，僧邸剿撫捻逆，蒙亳肅清。又剿平鄒縣白蓮池及淄川縣城久踞之賊，齊魯亦漸安堵。

是年，袁夫人以疾卒。夫人自歸余後，相從南北二十餘年，患難共之。生一子，早殤。撫師闇兄弟姊妹如己出，不知其爲繼母也。余先有妾楊氏，至是侍余料理井臼米鹽之事。

三年甲子，六十四歲。

六月，大帥曾公（國藩）督師攻下金陵，江南底定。而發逆與捻匪餘孽合而爲一，其勢復熾。

先年，齊、孫二夫人已厝於先塋之次。是年，以袁夫人并爲一壟。

力田補郡學生。

同治四年乙丑，六十五歲。

南賊復北竄吾鄉，告山以南被擾尤甚。余與族鄰完守入保，幸得無虞。僧邸追賊於曹西，陷陣遇害，鄒魯爲之震恐。上命一等侯曾公移軍東剿，人心稍安。

五年丙寅，六十六歲。

南賊屢至，曾公與撫東中丞閻公（敬銘）於運河東岸築墻防守，賊不能越。又於河西追擊，屢破之，鄒魯安堵。曾公尋以目疾，乞假離營。上命肅毅伯李公（鴻章）代將其軍。

同治六年丁卯，六十七歲。

五月，南賊因河防稍懈，合股搶渡而東，其衆難以數計，吾鄉正當其沖。余督子侄，率衆憑壘固守。賊騎環繞窺伺，日數十次，開炮縱擊，均即逡巡退却。如是月餘，始東竄海濱，登萊大擾。李公派重兵慎守運河，杜其回竄，分遣大將劉銘傳、郭松林二公，會合諸將，督帶勁旅，跟踪追剿，節節掃蕩。至十二月而山東平。自寇擾以來，閲八年之久，城郭危於累卵，閭井困於倒懸。至是重睹升平，人有更生之慶。

余年來每有所感，輒爲詩歌，料檢舊稿，厘爲四卷，竊取周人『鴻雁』之義，命曰《飛鴻集》，後又爲《續集》一卷，附入文集。

十一月二十八日，太夫人壽終，享年八十有六。

同治七年戊辰，六十八歲。

三月，奉太夫人合葬於先太府君之墓。余以養親事畢，年迫七旬，禮合傳家；且二子早經成立，力能自謀，乃將祖遺田産爲之分析，令其同宅各爨。酌留莊田，以爲晚年饘粥之資。

仍遣師闓回京供職。

福田補縣學生。

八年己巳，六十九歲。

先是，軍務完竣，奉旨團練捐輸均查明給與議叙。縣侯儋州張公（煒）綜計余家節年捐款共一萬二千金，余以曾任大員，不敢仰邀議叙。縣侯逕詳撫東中丞丁公（寶楨）具奏，奉旨交部議叙移奬。時師誾已加五品銜，侃亦加員外郎銜，均賞戴花翎，洵非夢寐所敢望也。

開田補縣學生。

同治九年庚午，七十歲。

師誾於前年冬，已赴京銷假。是年留長孫力田在家，復遣其眷屬續行赴京。余自少時喜觀《資治通鑒》，洎官粵東，購得鄱陽胡氏元本重雕善本，暇即流覽。迨罷官留粵，乃取其書，點定句讀，偶有所見，輒加評語，分別條記。十餘年來，隨時增益，多至數千條。復爲芟煩録要，以細書著之眉端。至是又以卷帙重大，艱於翻閱，録爲别本，共六十卷，命曰《鑒評别録》。竭二年之力，手繕卒業，其編書大指，略詳《凡例》中。

又以《離騷》舊注多未分明，更爲《分段約説》一卷。

同治十年辛未，七十一歲。

余既編定《鑒評别録》，復取五十以後七十以前所作制義，選録三百篇，命曰《傳家制義》，分爲五集，手繕成帙。又以試律百餘首，分爲三卷，及律賦數首附於制義之後。至五十以前所作制義，已兩次編定授梓矣。倘此後天假之年，仍當有所綴屬，以遺餘日。

稀齡追憶録續録

寧陽黄恩彤石琴自述

同治十一年壬申，七十二歲。

師闇奏辦翰林院事兼撰文，并充功臣館提調。又因大婚成，以襄事微勞，遇有坊缺，開列在前。

同治十二年癸酉，七十三歲。

河工秸料改歸地方承辦，頗爲民累。以道里計，寧陽不在應派之列。余言之邑侯，轉禀大憲請豁免，未允。稿存《文集》。

同治十三年甲戌，七十四歲。

穆宗毅皇帝龍馭上賓，恩彤成服哭臨如禮。

師侃遘疾遽歿。

光緒元年乙亥，七十五歲。

先是，師闇京察保列一等，引見未記名。至是，補詹事府右春坊右贊善覆帶記名，以道府用，簡放廣西思恩府知府。便道歸省，小住月餘，挈眷赴粤。

寶書署臨清州學正，卒於官。

諸孫力田、守田、福田、開田先後爲之娶婦。是年，守田生子，小字延齡。

光緒二年丙子，七十六歲。

師闓到任，旋即調補桂林府知府。

自春徂秋，亢旱异常，大無麥禾，道殣相望。惟蕎麥豐熟，饑民藉以糊口。余竭力周恤本宗二百餘家大小七百餘口，幸得存濟。又修整圍墻以禦外寇，兼寓以工代賑之意。

力田生子，小字桂遷。

光緒三年丁丑，七十七歲。

節年每作詩歌，積百餘篇，編爲《餘霞集》三卷。又將近作制義數十篇，編爲《傳家續集》一卷。手録清本，存之篋中，非徒敝帚自珍，亦俾後之人知余老不廢學也。

長媳甯氏淑人殁於桂林府署，淑人賢孝，余甚悼之。

福田生子，小字西成。

光緒四年戊寅，七十八歲。

《傳家制義》各集，門人多請授梓，乃覆加檢勘，得二百篇，分爲初、二兩集。又於中選其明白易曉者，得數十篇，更名《勝金集》，以授初學。春仲召匠開雕，初秋蕆事，并附刊試律百二十首。

是年無麥，糧價奇昂。秋禾大穰。

開田生子，小字松茂。

光緒五年己卯，七十九歲。

咸豐初，曾修《縣志》成書，書頗印行，板存縣署。庚申之變，并毁於火。至是，邑侯翼城高公鋭志重修，屬余總司纂録。余以桑梓文獻，未敢固辭，爰偕同事諸君，訂舊增新，仍按前志門目，編爲二十四卷。設局六閱月，是年五月杪殺青畢工。

師闓因辦全州土匪，經大憲奏請，以道員候補，旋即援例乞養北歸。十月抵里。

力田隨任粤西，捐助滇省善後經費，議叙通判即用，并加鹽提舉銜。

守田捐助黔省善後經費，議叙州同知職銜。

光緒六年庚辰，八十歲。

拙著詩賦古文，早經次第手繕成帙，爰於夏日召匠開雕，孟冬蕆事。共爲《正集》、《續集》、《外集》及《飛鴻集》、《三國書法》各若干卷。約存印本，用質同人，餘俟續刊。

開田生子，小字棣華。

光緒七年辛巳，八十一歲。

明年壬午，爲余重逢鄉舉之年，東撫周公（恒祺）先期援例案具奏，奉上諭：前廣東巡撫黄恩彤早年登第，由部曹洊任封圻，緣事革職。旋奉旨以同知起用，并得有三品封典。現在年逾八旬，鄉舉再逢，洵屬藝林盛事。著加恩賞加二品銜，准其重赴鹿鳴筵宴，以惠耆年，欽此。

福田生子，小字閏成；力田生子，小字閏豐。以二子皆生於閏七月之杪也（以上手録）。

光緒八年壬午，府君八十二歲。

開春以來，精神尚健，眠食均能照常。二月初十日，忽觸發昔年氣逆舊症，因而濕痰上湧，險徵叠出，百方醫治，總無大效。纏綿兩月餘，直至節届立夏，始克就痊。入秋以後，眠食漸次如恒，而語言聲音終覺低弱，步履一切亦遜於前。

稔田生子，小字喜雨。

光緒九年癸未，府君八十三歲。

自去年病後，總未全臻康復。冬月畏寒殊甚，開正天氣漸暖，起居日形强健，暇時仍流覽書史，藉以自娱。四月，爲先祖資政公修建墓碑，尚能躬詣先塋，叩拜如禮。五月初八日晨起，忽覺行步蹇滯，深以爲慮，猶復自檢方書料量藥品，精神無异平時。晚刻就寢，睡眠亦穩。詎意是夜子丑間，突爾濕痰上湧，頓形危險，亟進參湯等劑，略無起色。延至初九日申刻，壽終正寢。

右府君《稀齡追憶録》年譜四卷，又《續録》一卷。自嘉慶六年辛酉起，至光緒七年辛巳止，皆府君手自叙述。壬午以後二年，則不孝濡泪編次，嗚呼痛哉！

府君自通籍以來，受宣廟特達之知，揚歷中外二十餘年，事業文章播傳海内。此編所記，皆由追憶而成，未免多有遺漏。庚戌以後乞養歸田，定省之餘，留心著作，又值寇氛肆擾，風鶴頻驚，築壘聯團，經營創建，所以籌捍禦、衛桑梓者，記載亦多未詳。不孝屢奉嚴命，勿許再作《行狀》。自當仰承先志，即以原稿授梓，以爲傳信之編，用備史館采擇，而府君生平學問政績，於此亦可略志梗概云。

男黄師誾泣血謹述

賜同進士出身、敕授文林郎、翰林院檢討、國史館總纂、孫婿陳秉和頓首拜填諱

附録

清史稿·黄恩彤傳

黄恩彤，字石琴，山東寧陽人。道光六年進士，授刑部主事，治獄數有平反。充提牢，以疏防越獄降調，尋復之。充熱河理刑司員，却翁牛特蒙古公賄，黜其爵。累遷郎中。二十年，出爲江南鹽巡道，遷按察使，署江寧布政使。英兵犯江寧，耆英、伊里布令恩彤偕侍衛咸齡赴敵艦議款，隨同定約。事復，復隨伊里布赴廣東，籌議通商。改番舶互市歸官辦，增減税則，稽查偷漏，悉由恩彤與粤海關監督文豐商定。調廣東按察使，遷布政使。美利堅人顧盛請入京，恩彤赴澳門辯折，止其行，賜花翎。

二十五年，就擢巡撫。恩彤疏陳洋務，略曰：『欲靖外侮，先防内變。粤民性情剽悍，難與争鋒，亦難與持久。未可因三元里一戰，遽信爲民足禦侮也。該夷現雖釋怨就撫，而一切駕馭之方與防備之具，不可一日不講。但當示以恩信，妥爲羈縻，一面慎固海防，簡練軍實。尤必撫柔我民，所欲與聚，所惡勿施，以固人心而維邦本。庶在我有隱然之威，因以折彼囂凌之氣。』疏入，上韙之。尋届京察，與耆英并被議叙。籌備海防，裁虎門屯丁，以沙田租税充戰船炮臺歲修之費。二十六年，英人争入城，議久不决，粤民憤不可諭，恩彤前疏不爲時論所與，被劾。會監臨文武鄉試，疏請年老武生給予武職虚銜，詔斥其違例，褫職，交耆英差遣。尋以同知銓選。

二十九年，告養歸。咸豐初，在籍治團練。天津議和，命隨耆英往，恩彤至，則款議已定，仍請終養。同治中，以禦捻匪功，予三品封典。光緒七年，鄉舉重逢，加二品銜。尋卒。

（《清史稿》卷三七一《列傳》一百五十八）

寧陽續志·黄恩彤傳

黄恩彤，原名丕范，字綺江，號石琴，别號南雪，尚璨孫，宗臯子（尚璨、宗臯并見前志封贈録及篤行傳）。生而歧异，穎悟性成。五歲偕胞兄丕節（後更名恩霨）入家塾讀書，寓目不忘，有神童之稱；年十五縣試第一，學使者考古復列首選；補邑諸生，益肆力於學。歲科試則冠其曹，旋以優等食餼。道光壬午舉於鄉，丙戌成進士，以部屬用，簽分刑部，潛心律例之學。大司寇閩縣陳公（若霖）一見許爲國器。時則有户部僞造銀庫、截餉、邪匪傳教三案，案各連逮數百人，承審者每至束手。大司寇特派恩彤讞其獄，獨能搜抉弊端，指擒首惡，窮治黨與，次第論如法。其株連無辜，悉縱遣之，一時翕然稱平允。尋充律例館提調，總辦秋審減等贖緩等處先後十餘年，治疑獄不可以數計。曾以刑曹奉使出塞，充熱河都統幕僚，佐理三載，蒙民悦服。代歸，送者絡繹過廣仁嶺，謝遣始去。屢隨大臣之保陽、之清江、之吴、之皖、之浙查辦事件，俱得要領以聞，罪其吏不職者。

己亥充順天鄉試同考官，得士劉祝庚等十四人；庚子充廣西鄉試正考官，得士唐啓華等如額。旋奉江南鹽法道之命。鹽道以督銷爲職，所轄大半在安徽境内，蘇省惟江寧一府，兼有分巡之責。淮綱積弊，尤在走私，不惟梟匪充斥，奸商亦以夾帶爲利藪。恩彤乃詳稽成法，清理江面，嚴核水程，遴委幹員，於出江過境鹽船不時抽查，起獲商私數十萬斤，稟請嚴辦，其風頓戢。

升授江蘇按察使，攝理江寧藩篆。時英吉利因違禁絶市，輒以兵舶數百艘騷於沿海，入江抵金陵敂關求撫賞。大臣雖允其請，相持未決。恩彤親見其酋，曉以利害，結以恩信，遂斂船去。又隨大臣赴粤，增減税則，酌定善後事宜，俱載條約，復市如初。會弗（法）蘭西、米（美）利堅諸國續有使臣至，撫之如英，均奉約惟謹。

調廣東按察使，升布政使，奉旨辦事認真，不辭勞勩，賞戴花翎，并加隨帶二級。旋授廣東巡撫。因俗施治，擇要興除。粤省地處海疆，民風頑悍，盜劫、拜會、打單、搶掠等案，層見叠出。恩彤統籌全域，寬備緝捕經費，嚴定賞罰章程，選派文武，設法督同地方官，廣布綫目，兜截搜拿，陸續擒獲林大眉、黄悟空、陳昌基、劉亞聰、盧亞音等巨盜數百名，盡法懲治，匪徒震懾，農商獲安。弊革而吏不驚，事集而民不擾，清而不激，嚴而不苛，政績丕著。

恭逢察典，奉硃諭協力籌維，共成敉定，著交部議叙，蓋异數也。尋以主試武闈爲老生乞恩有違定例，部議鎸職留粤差委。未及一年，以同知起用。上意眷注未衰，而恩彤以親老遵例歸養。家食二十年，迨養親事畢，年且七十矣。遂不復出。咸豐中，淮匪北擾，兩次奉命督辦團練，首建分路分局之議，倡率聯村築堡，人共爲守，俾賊無所掠，久而自困，卒如其策。光緒壬午，重逢鄉舉之年，奉旨賞還二品銜，准與鹿鳴宴。年八十三卒。

恩彤爲人，玉色鶴立，眉目如畫，嗜學如饑渴。扬歷中外二十餘年，未嘗一日廢讀。詩文兼工諸體，雱霈芬葩，擺脱庸近，力追古作者。歸田後，定省餘暇，爲學益勤，薈蕞貫串，陶冶百家。弟子從游者衆，經其噓呵，皆知名當時。本邑重修志乘，兩次總司筆削，無不欽其精核。所編文集及雜著百餘卷，累數百萬言，皆手繕清册，藏於家塾，梓行者百不逮一。

兄恩霨，進士，四川即用知縣。子二人，師闓，進士，翰林院編修，累官廣西桂林府知府、儘先補用道；

師侃，貢生，中書科中書舍人，加員外郎銜，俱以團練賞戴花翎。孫五人：力田，增貢生，即選通判，加鹽提舉銜；守田，州同銜；福田，附貢生；開田，廪生；稔田，監生。

贊曰：岱峰嶕嶫，汶派淵淪，山川鐘毓，篤生偉人。郎官應宿，粉署策勛。三吴百粤，征轡駪駪。陸讋水栗，向化歸仁。循陔念切，拜表情陳。鹿宴周甲，鳳詔重申。文章經濟，超越群倫。

（清光緒十三年版《寧陽續志·列傳》）

黄恩彤與鴉片戰後外交

陳鍫

黄恩彤之名，在鴉片戰争後之外交文件中雖不爲稀見，而歷來治史者殊鮮談及其人。良以黄氏一生未有獨當一面之行爲，吾人心目中但知其爲伊里布及耆英所差遣之屬員而已。年前於北平圖書館見有抄本《道光年奏稿》十册，書名雖爲奏稿，實則奏議僅居十之一二，餘則什抄各種公牘而成，館中爲易今名，實不觚也。中有黄石琴中丞《撫夷論》一篇，覺其識見明達，殊非并時諸人所能及。石琴爲恩彤之字，因遂留心其著作，得《撫遠紀略》一書，書爲宣統三年濟南國文報館油印本，流傳甚少〔二〕，中所記爲自道光二十二年至二十七年參與辦理和議之經過，一如西人回憶録之體。雖書成於同治四年，距其事已二十載，自謂『緊要節目粗能記憶，及有文案可稽者，至其細微曲折，千回萬轉，非追思所及』，然作者以局中人所自言，而自云據事直書，不加增飾，吾人縱認其有記憶失真及見解主觀之處，要之實爲明瞭當時交涉之絶好史料。由其書所記，則知黄氏在此和議中，實居重要地位，而交涉中之遺聞軼事，爲其他記載所未及者亦復不少。後又見其所著《知止堂全集》及《黄恩彤五種》〔二〕，雖有刻本，亦鮮流傳。於黄氏益有所知（集中未載《撫夷論》，度自删去，以免時謗；《撫遠紀略》生前之未刻，或亦此故也）。鴉片之役，今值百年紀念，爰本黄氏之作，參以官私記載，述其經歷，以著其在中國外交史上之地位，而緯論當時撫夷派之外交政策及其所辦和約。

伊里布、耆英爲當時撫夷派之代表人物，然實際從事與外人口談筆涉者多爲黄氏，若謂伊、耆爲政策之主動者，恩彤則實行之外交家也。而伊、耆之於黄氏，幾於言聽計從，和約中多數交涉之原則，多本諸黄氏所擬議。故黄氏雖非居撫夷派領袖之地位，而其影響於當時外交者則甚大。自江寧締約，至虎門、望厦諸約，始爲伊里布、耆英及牛鑒合辦外交時期，次爲伊之獨自辦理，而耆繼之，雖人物不同，而政策則一脉相承。三時期中，皆由黄氏承辦諸事。且當伊薨於位、耆未至任之數月中，黄氏躬負其責，交涉税則，耆至，所事已得十九。黄氏之在伊、耆心目中蓋爲一種專家性質，伊、耆在當時即所謂撫夷專家，即同光時代之所謂洋務專家，而今日之所謂外交家〔三〕，黄氏則又爲其所用之專家也。

黄氏所參預之外交，爲屈辱之外交，本無外交可言；伊、耆諸人辦理和約，爲清議所集矢，吾人今日談及不平等條約之起源，輒太息於當時謀國者之不忠。然史實所示，則伊、耆等於議定條約時，亦嘗竭其智慮，以謀挽回中國之利權。黄氏於此貢獻良多。其口舌之磋商、書劄之辯駁，功尤不可没。當時外人之與耆、黄接觸者，均膺服其才能之優越與性格之高超〔四〕，諸人之失敗實非源於外交本領之不良，抑或喪心病狂，甘爲敵用，良由昧於世界智識，於所不必争者極力争之，而於所必争者反置不争，且多自爲得計也。且吾人今日認爲所必争而未争者，在當時反對派，亦未嘗以爲不可也，於黄等又復何尤？

抑所深引爲遺憾者，若黄氏與耆英之識見，知己知彼，實出時人之上，深明空言非可禦敵，而言和乃爲不得已之下策，曾未能於創痛巨深之餘，推勝敗之原，爲圖强效智之提倡，則固由其思慮所及，不出時代所範圍，而亦以身在局中，已干時忌，設更力繩敵美，將益無所逃於衆論。故其目光所注，但在撫局之久延；其所成就，亦衹爲良好之外交家，而不足以語於大政治家之列。此外，主戰者則惟以林則徐未獲與英人一決勝負爲遺憾，而不信力之不敵。林氏本人固知有仿效外人長技之必要，而亦未敢昌言〔五〕，又不得其位，難行其志。是以雖經戰敗之辱，主戰者但諉其咎於主撫之誤國，其自大也如故；主撫者得相當之覺悟，而未能有雪耻之遠謀。此役之教訓，十餘年後，乃不能不再歷之。

附黄氏生平略歷[六]：黄恩彤字石琴（一八〇一—一八八二）[七]，山東寧陽人。道光六年進士。刑部主事，充提牢，以疏防越獄降調。尋復職，充熱河理刑司員，却翁牛特蒙古公賄，累遷郎中。道光二十年出爲江蘇鹽法道，遷按察使，署江寧布政使，參與江寧和議。隨伊里布赴粤，調廣東按察使，升布政使。二十五年署巡撫，二十六年革職。二十七年以同知候選。二十九年告養。咸豐中在籍辦團練，同治初禦捻有功，予三品封典。光緒七年鄉舉重逢，尋卒。

一　江寧和議與黄恩彤

江寧和議爲鴉片戰争之結束，而爲伊里布、耆英撫綏政策之實現。此種政策之抬頭以及和議之成於江寧，斯有黄氏加入外交之集團。故未叙黄氏外交經歷之前，當一先言戰中撫綏政策之發展。

鴉片戰争中主戰、主和兩派勢力，實迭爲消長。始則主從嚴禁烟者得勢，爲林則徐當政時期。繼而林氏罷斥易以琦善，及琦善辦理不善，宣宗赫然震怒，决心開戰，其間轉變，蓋悉系於朝廷之態度[八]。及戰事失敗，撫議開始，乃爲伊里布、耆英之當政時期。

伊里布之現身於鴉片戰争，始於道光二十年七月，英人第一次占領定海時，伊奉命赴浙收復。伊到浙即奏言江浙水師之寡弱頽靡，與乎夷人船炮堅利，認爲實難取勝，而琦善正在辦理交涉，更不宜冒進，以致相左[九]。伊實負有軍事之責，而其主張則專重於外交（所謂羈縻）。據英人推測，伊前此曾任雲貴總督，地邇英屬，於大英帝國之威力，早有所知，斯爲其主撫政策之由來[一〇]。然此言殊乏佐證，吾人毋寧認爲伊之主撫，實由其觀察之鋭敏，及曾受琦善之影響，蓋伊曾與浙撫劉韵珂談及，前此固專意剿辦，曾經具折密奏，有『必使該夷創痛巨深，方冀可以懾服』之豪語，而奉命來浙，方知前言之不能自踐〔一一〕。可見伊之態度，乃經一番閱歷而改變。而琦善獲罪之後，宣宗上諭并斥伊之順從琦善坐失機宜，而令伊將琦之來往書劄，包封進呈，不許有一隱匿，自取戾咎〔一二〕，足見伊、琦兩人意見，實甚一致。伊雖未必盡爲『順從』，而琦之與外人接觸在先，而主撫甚力，所告語於伊者，當不無影響也。琦善、伊里布與耆英之政策，實自成爲統系，而當時穆彰阿當國，在朝中爲之支柱，乃使其政策終達於實施〔一三〕。

吾人於伊里布之章奏中，覺其可嘉之處，在於既知己弱而敵强，則自認勦攻之無把握，而請事羈縻，未若其他疆吏之故作大言，飾捷邀賞。伊之外交信念，一爲琦善在粤必能『化頑梗爲馴柔』〔一四〕，一則英人亦能講信義以釋俘爲還地之條件。故上奏極言英人之恭順，而同時聲言防範之加意，宣宗方意琦善到粤必能了事，故亦深以伊之辨理爲然。及琦善交涉失敗，乃遷怒并及於伊里布，責其未能及早收復定海，『伸天討而快人心』，『可謂庸懦之至』〔一五〕。乃革職逮京，并得遣戍之處分。

伊之撫綏政策，第一次乃未成功。當時清議對之，自甚抨擊，而首先與之爲難者，則爲浙撫劉韵珂。劉於伊之所陳奏，深引爲疑，以爲與其所聞於事實者，大爲相反，其言甚婉而多諷〔一六〕。吾人所堪注目者，則伊之再度登台，乃爲劉之所推薦，蓋戰争既起，英人勢如破竹，炮火器械之猛烈精巧，爲中國所萬不能敵，乃亦爲劉氏之所知〔一七〕，而兵丁之『心膽俱寒』〔一八〕，又使其彷徨無策。於是極力保奏伊之老成謹慎，鎮静深沉，『通省士民之所愛戴，逆夷之所信服』〔一九〕，及『公忠體國，不急功不好名，爲生平所僅見』，而個人與之并無私交，純爲大局起見〔二〇〕。事勢所迫，伊乃重復起用。

是伊之獲再起與撫議之終底於成，以及黄恩彤之所以參與外交之事，均與劉之陳薦有關。劉固與林則徐同調主戰者〔二一〕，其臚陳定海不可通商八弊，爲當時同爲『持論甚正』〔二二〕，而斯時忽變而請用伊里布主撫，且爲十可慮之説，『危言要挾』〔二三〕，時論多譏其巧於趨弊〔二四〕。然吾人可謂劉之爲人『機警多智』〔二五〕，故其見事甚明。始雖攻擊伊里布，繼而身歷其境，乃知伊之所言并非虚誣，乃變更其論調也。

劉之機巧，上自宣宗，曾有『朕不若爾動輒邀譽於人』之語〔二六〕。遠之外人，亦謂其一遇糾紛，每能置身局外，諉責他人，於外人則從不正面衝突，而善用種種陰謀，以濟其欲〔二七〕。時人尤謂劉見浙兵不可恃，以戰事委之裕謙、奕經，已則專固省防。浙人德之。及事急，則再創調停之説，而又慮和議成於浙省爲天下詬，乃移禍於江蘇。及撫議成，則又致書於伊、耆論和約有弊之處，以明己之與撫局無與〔二八〕。劉氏之力求免謗，情所誠有，然戰事之委於他人，固非劉之所能左右。而尤以移禍於江蘇，更非其力之所能及。蓋兵事之延及江省，乃英人之預定計劃，欲以封鎖運河，以迫中國之屈服〔二九〕，而江蘇官吏乃請伊里布赴江也。

伊里布之起用，亦即爲耆英受命之時，伊即奉令交耆差遣者。二人自京，一路同行〔三〇〕，吾人想像，由沿途談話之中，耆英早已接受伊之意見。耆素有滿洲才子之目〔三一〕，其才智不出伊里布下。故其於事態之認識，亦極明瞭。耆抵浙後所奏言『此時之患，不在兵力之不厚，而患兵力之不精；不患議剿之不固，而患攻剿之不得其勢。制夷之法，必須先知其性，所謂知己知彼，百戰百勝』〔三二〕，以及『再四熟商，請暫事羈縻』〔三三〕，與伊里布若出一轍。宣宗始則責其驚慌失措，辦理不善〔三四〕，而英人已入長江，陷諸要邑，兩江總督牛鑒及蘇撫程矞采迭請伊里布來江，乃對於伊、耆之政策不能不加以許可。伊、耆奉命入蘇，英人之勢則已更盛，伊、耆、牛三人乃極言『寇勢方張，據我要害，四肢之害漸及腹心，若不招撫，狼突豕奔，何所不至？倘從此南北阻遏，禍患更難枚舉；且該夷船堅炮猛，初尚得之傳聞，及親上其船，目睹其炮，益知非兵力所能制伏』〔三五〕。耆氏於戰後游歷江浙殘破之區，深嘆死事諸人之死非其罪，謂戰非不力也，防非不嚴也〔三六〕，不啻即自言其撫之不能已也。耆之外交政策更有一種信念，謂禦夷不外『剿』『撫』二字。『剿』必確有把握，

『撫』則待以至誠，『方剿未嘗不可用撫，既撫則未便輕易言剿』[三七]，固不可不防其狡詐，尤不可不示以誠信，蓋亦如伊里布之深信英人可孚以誠信者，而更認既撫之後，必無後患，英人嗜利，其意但在貿易，無土地之野心也。[三八]

宣宗此時態度之改變，良由其見（一）英人船堅炮利非力所能敵[三九]；（二）前此料其船不能入長江者，今乃知其能[四〇]；（三）長江既踞，則鹽漕無出，南北斷絶[四一]；（四）英人將北上天津，危及京畿[四二]；（五）前此料其祇能水戰，今乃知其亦能陸戰[四三]；（六）滿蒙將領，更無可用之人[四四]；（七）國内情形，杌隉不安，不了此局，内亂將起[四五]；（八）英人并無土地之野心，所求不過恢復通商[四六]；（九）防費浩巨，不如以此款撫之[四七]；（十）主戰派經戰敗之後，亦已沮喪，不再嘵嘵。於時穆彰阿每聞敗報，輒顧左右曰『如何』，蓋自謂其料事之明[四八]。在此情境之下，宣宗乃卒徇伊、耆之請，明降諭旨，宣示和議。

凡此節所述伊、耆之觀點，劉韵珂之引薦伊里布，牛鑒之請伊來蘇，及宣宗之允許和議，所以説明撫綏政策之發展，及和議之所以卒成於金陵，而爲黄恩彤所以參與和議之由來，而可與下文所述黄氏之外交思想相爲參證者。

黄氏前此固未嘗與外人一生關係，道光二十年戰争發生時，黄奉命典試廣西，旋授江蘇鹽法道。二十一年三月，以前任此職之顔以燠方隨伊里布在滬，遂至滬見伊[四九]。伊、黄前此是否曾有關係則未可知，而此時伊一見黄即留其襄助和議[五〇]，其心目中自認黄爲人才可用。黄辭以暫赴金陵本任[五一]，蓋鹽法道本爲優缺，而和議則任勞而任怨者。是年黄攝按察使，時奕經、文蔚率兵赴浙，檄黄往上海代防務[五二]。黄氏此時既受主撫者之知，而又亦爲主戰者所重，個人對之則未定所適從。及至滬按視海堧，體察形勢，見所恃者僅一綫危塘，無險可扼，而弁兵、駐防之兵漸形懈弛，深感地位之危險。會牛鑒繼裕謙任兩江總督，牛爲黄之鄉試座主，黄乃將防守事宜開折密陳，即代還蘇州〔五三〕，江寧和議牛氏實爲首建之人〔五四〕，黄氏對之則甚爲推許，謂非牛能周知情僞，孰敢據情上陳〔五五〕，足見其師生之間沆瀣一氣，與黄氏後來之見用，不無有關者也。

黄氏旋攝藩篆，道光二十二年奕經又調黄隨營襄事，蓋前此黄官刑部，以會讞詔獄爲奕所知，故力招之。會布政使成世瑄開缺，黄乃未往軍營〔五六〕，是黄之卒置身於和議，而未效命於疆場，其中似亦有天。和局之竟底於成，黄深引以爲始願所不及〔五七〕，黄固未嘗自願爲外交家也。曾謂當供職兩曹提調律館以纂律例爲職，嘗力議加重烟禁之罪名，幾番若即若離，不意身入其中，無以自脱〔五八〕。集中咏落花詩云：『舒卷還如雲出岫，行藏都付絮沾泥』，於參與撫局之舉，更慨乎自傷之矣〔五九〕。觀黄氏雖於撫夷派諸人極致欽崇之意，謂伊里布深沉多大略，尤能置利害於度外〔六〇〕；謂耆英多智識，思慮周密，尤悉情僞〔六一〕，而辦理和議爲『活人百萬有天知』〔六二〕；并贊二人之『洞悉機宜，動中肯綮』〔六三〕。而於禁烟主戰之林則徐則亦深加尊佩，憫惜其遇而望其再起〔六四〕，固非處於對立之地位也。

耆、伊抵金陵時，英人即將和約各款開單列出，其翌日（七月初八日）英人疑中國將調兵，無議和誠意，即換紅旗，列大炮欲攻城。諸大臣會商，官兵新經挫衄，士氣不揚，未敢恃以爲用，兼之江南民氣柔弱，一聞此信，即有男婦數百人，赴各衙門籲請救命。於是連夜備文，允其所請。命塔芬布等持往英船。惟英人以塔等爲微末員弁，不足取信，更請大員出城。此種責任本爲首府所應負，而時江寧太守樊心明口訥於言，諸大臣恐其未足了事，乃商令黄恩彤與咸齡同往〔六五〕，是黄氏本亦無與英人交涉之必要，特以其才具見長，爲伊、牛等所習知，故事急以爲用（咸齡爲隨耆英來之四等侍衛）。當時往見英人之舉，有如身入虎口，黄氏自記，得命令後，謂咸齡曰：『事急矣，敢辭難乎』〔六六〕，良自負其膽略。設使吾人而在當日，當亦不以此言爲可笑。

二人於初九日聯騎至儀鳳門静海寺，見英副使麻恭（Major Malcolm）及馬禮遜（J.N.Morrison），黄氏告以通商之利、用兵之害，於其各款逐加辨詰，而知英人各款，自乾隆以來覬覦已久，志在必得，難折以空言，且先時牛鑒回文，均加允許，更非所能争〔六七〕。黄氏此行，自認并無成績，然在諸大臣之心目中，咸、黄二人，『當英人恃其槍炮，方欲盛氣相凌，而能冒險出城，不動聲色，明白開導，折以大義，示以無欺，卒能議定通商，罷兵息仗，繼籌商條約，屢至夷船，往來濤浪之中，折衝於兵戈之際，夷情得以貼服』〔六八〕，實爲稀有之才。其奏請甄叙之語，并非同於尋常褒揚屬吏者，實有心折之意焉。

此時黄氏居藩司之職，負有地方之責，乃令城内行保甲之法，凡居民鋪户對以五十家立一柵，給以牌册，晝啓夜閉，以防城中奸民乘亂劫掠，其法甚善。白門之人亦甚德之。而當時正在議和時期，故黄氏出示乃不能不謂『夷人爲乞撫而來，非求戰也』，以安民心。遂爲士大夫所不滿。自黄氏親往訂盟，日與英人來往，又有傳其一日在城外夷船夜飲一宵未歸者。又以一日英人在南門執中國婦女之手，爲居民捽毆，英人將執兵往鬥，黄亟登舟往謝，而以翌日枷鎖軍犯數名以示歉，旋出示曉諭軍民，謂外夷重女輕男，執手爲其本俗，其言所本，則爲定海俘英人時，得英國《朝儀圖》，圖中有國内大臣謁女主屈一膝以手執女主之手而吻之之像也。江寧遂傳以爲口實。〔六九〕

江寧和約於七月二十四日訂定，據諸大臣之章奏，則黄之力爲多〔七〇〕。條約内容爲人所共知，毋庸贅述。黄氏對之之意見，雖未明言，然自序《撫遠紀略》曾云：『前後五年，辦理撫局，剛柔迭用，操縱互用，雖有時俯順其情要，未敢稍失國體』〔七一〕，固并此約而言，初未嘗以約中各款引以爲憾也。以當時主戰者之多，吾人想像，簽訂此約時，朝中言路定有一番騷動，大肆抨擊，而乃於官書中竟未一見及此類章奏，殊爲可怪。蓋自時事中變，識時務者不復談兵〔七二〕，而雨過忘雷尤爲國人之積習〔七三〕，其時偶有一二疏，如兵科給事中董宗遠之力争款議者，亦留中不獲見於世也〔七四〕。朝中大臣如祁寯藻亦曾『持正力争』，外省疆吏如劉韵珂則進十不可不慮之書於伊、耆[七五]，要之當時和約中，爲國人所最不滿者爲下列數點：（一）開口岸等於割地奉夷，開門揖盗；（二）賠款等於輸歲幣（中國亦嘗用軍費，商欠與官無分，廣州已賠鴉片價）；（三）鈐國寶等於簽賣身文契；（四）官吏平等，體制攸關；（五）不提禁烟，漏銀無盡；（六）夷人挈眷居住，毫無中外界限；（七）釋放漢奸，亂民生心；（八）他國起而效尤。[七六] 實則（一）（三）（四）（六）數點，在今日觀之，事極尋常，而前此行商專利，既爲官吏所把持，行商本已攤負欠款，亦爲官吏所剥削，故政府須負商欠之責。（五）則禁烟本爲中國内政問題，英人認爲不能干涉中國内政，但亦不能與中國合作禁烟。英人且不認戰争乃爲鴉片而起，故約中自不之及，國人則不知禁烟之權固操之在我也。（七）則當時中國疆吏有一巧妙辦法以補救，即漢奸雖可釋放，而前此其人曾犯他罪者，其原罪則不能隨而赦宥。故官吏戰後於漢奸則多方故繩以法，而使英人無從置喙。（二）賠款則爲戰敗之唯一屈辱，中除軍費之外，英人方面，認爲中國固可禁烟，然没收鴉片不以其道。

江寧條約雖爲城下之盟，而并非不平等條約之起源，黄恩彤於是役辦理交涉，初次呈現其外交天才，而於條約本身，則爲無功無過。

二 黄恩彤與中英虎門條約

江寧條約，於通商細則未加詳議，清廷乃授伊里布爲欽差大臣、廣州將軍赴粤，專辦一切章程，耆英留於江省，會辦三省通商事宜[七七]。當時清廷未有專辦外交之機關，此後欽差大臣兼兩廣總督之地位等於外交總長，而兩江、閩浙總督又不啻次長[七八]，而其他中外大臣非派令兼辦夷務，則無外交之義[七九]。伊里布之赴粤也，以咸齡、黄恩彤兩月以來『駕馭夷酋，動中竅要，該夷極力信服，此時前赴廣東，多有與該夷面商之處』，必須二人『始終其事，方可得免差池』〔八〇〕，故特奏請召往。英人時以祇伊赴粵而耆不與，疑而致問，請伊、劉代奏，上諭以問耆英，耆奏言：英人蓋不知臣之仍與撫事，且不知黄恩彤、咸齡亦已赴粵，故有此請〔八一〕。咸、黄此時遂成爲和議中所不可缺少之人物。

黄氏以交卸藩篆，故到粵時後於伊里布者一月〔八二〕。黄氏到粵後之所爲，乃益見其才具。前此黄之地位次於咸齡，及後咸齡調往江蘇以道員用，黄則薦升至巡撫，自由於伊、耆之逐漸器黄過於咸也。此時中英所交涉者通商章程，其中最重要者厥爲税則，伊、耆於和約中最大之成就在此，而幾完全爲黄恩彤之貢獻。其交涉詳情，當詳述之。

黄氏既受事，即取粵海關監督文豐所造之税課定額、陋規實數并洋商抽提行用之報册，逐款鈎稽者數日，因得其要領，思得交涉之主要原則，商之咸齡而貢獻其意見於伊里布：

『今欲改定税則，辦法有二：撤退洋商，將抽提行用及海關各項陋規，一并裁正歸公，則歲入可三倍，一也。酌留洋商，將出入口大宗貨物如茶葉、湖絲、棉花、洋布之類，逐件增加，冷僻貨物如鐘錶、洋參、洋緞之類逐件議減，則所增之數百倍於所減之數，二也。』〔八三〕

伊里布沈思久之，決定采取第二項辦法，但恐酌留洋商，英人不從。黄謂欲去洋商，乃洋商嗾使，非其本意，在金陵無所聞，到粵始知之，且彼商與内地洋商交涉已久，未必即肯舍舊趨新也；今姑將裁商與彼不便之處，剴切具文，行知璞使，看其有無轉機，再籌辦法可耳〔八四〕。蓋中國官吏，深以行商制度爲莫大方便，官吏可諉卸不少責任，而不知英人久已極感行商獨占之痛苦，非取銷之不可。今人言行商制度者，僉知戰後之廢除獨占，而不知此時尚有一番交涉，幾有死灰復燃之勢，是可加以注意者也。

伊照會璞鼎查（Sir Henry Pottinger）略云：『中國之洋商，一如英國之擔保會，一切貿易章程，均惟洋商是問，事有責成。若另投不知何有之商，萬一有匪徒誆騙逃去，必致無從緝追，一可慮也。既無寬大棧房可以居積，又乏殷實保家墊付價值，而洋貨數多，非若中國散商小販，可以隨時出售，必致應滯不銷，有誤轉運，二可慮也。貿易既興，緝私倍難，税餉易滋偷漏，且英國用洋錢，而納税用紋銀，多一傾鎔，添一折耗，估色較平，動致争論，三可慮也。不如仍留行商，但不存官行，任憑英商自投。』璞鼎查以成約不能輕改爲覆。據黄氏所聞，則璞接得前文，集商會議，僉以爲然，但恐一留行商，仍踵宿弊，屢議不決。羅伯聃曰：『衆商先謀去公司，公司去而貿易不如有公司時；今又謀去洋行，既去矣，恐异日求復設而不可得』，璞使意已轉，因馬禮遜沮之而止〔八五〕。

行商之保留，既不得英人之同意，黄氏乃專致意於税則之磋商。時伊里布於三月中薨於位，耆英繼其任。當耆未至之時，黄氏商於咸齡曰：『耆公到粤需時，我兩人株守無益，不如徑赴香港，示以不疑，即在此將加減税則逐款詳議，一月之間可以十得八九；耆公一至，即可核明決定，事緩則變，時不可失。』咸以爲然。適璞使遣李太國（H.N.Lay）來唁，黄以此告意之，遂與英人訂期〔八六〕，并禀告耆英，耆以入奏〔八七〕。此事可見黄氏之善於臨機，勤於治事，及勇於負責之處，而税則之議定，則幾全出其一手也。

黄、咸二人在港二十餘日，税則略定，其交涉手腕頗爲狡獪。一日，黄語羅伯聃曰：『舊税最重者洋參每斤徵至百兩，而鐘表、洋緞，或以匹計，或以件計，税亦甚重，今洋參分别上下，減去十分之九，餘亦遞減大半，所議加茶葉每擔不過七錢，棉花每擔不過一錢五分，可謂減多加少矣。』羅伯聃答以：『此言是也，而實非也，洋參等貨，舊税雖重，但進口本居無多，又精細易於懷挾，故百年來徒有重税之名，竟無一納税之貨，今大減其額，商人憚於走私，必有報關輸税者，是昔無而今有也。至茶葉棉花，均係大宗貨物，［物質］尤重，難於夾帶，但使每擔加酌四錢，積微成巨，歲增百萬矣。』〔八八〕

及耆英至時，黄已調廣東按察使，而陳一切辦法，耆深許其能，謂所事已得八九，所争者茶葉棉花耳，餘可不較〔八九〕。耆、黄蓋均采避輕就重之法，苟茶葉可以加税，其他則可不甚較，以爲不予夷以小利，恐啓争端〔九〇〕。先是茶葉每擔税銀一兩三錢，棉花每擔一錢五分，而行用陋規浮於此數，中國官吏所資固在後者。黄氏先與羅伯聃議茶葉增至二兩，棉花每擔增至三錢，復多方探訪，得知英商運茶回國，每擔税洋錢二十五元，較中國多至數倍，乃以二兩之税額爲不足，復求增加。羅伯聃推以俟耆大臣自向公使言之。

是時黄以告耆英，耆英乃要求茶葉加至三兩，璞使以商力不給爲辭，黄謂『今之商猶昔之商也，昔也正税之外行用陋規，孰非取之於商？今第以正税輸官，而行用陋規，概行裁革，何不利焉？何難以昔之行用陋規并作正税完納乎？』其言甚正，璞無以應。卒議定茶葉每擔增至二兩五錢，棉花每擔增至四錢，其餘增減有差。〔九一〕

此項交涉之成功，爲耆、黄最得意之事，而實與國家有利。當時茶葉出口每年四十五萬擔，棉花進口五十萬擔，兩項收入，每年二百餘萬兩。道光二十五年粤海關奏言：關税未定新章以前，歲入約在一百三十萬兩上下，最旺之年亦不過一百六十萬兩，尚有不及一百萬兩者，自更定新章，連年徵收多至二百餘萬兩，及二百三十餘萬兩不等，溢收幾及百萬。〔九二〕當時所定税則（他物大概百分之五），於中國有利而於英人亦然，前此英人根本不知何者爲中國之税則，正税之外擔負尤多於此。最不利者乃於廣東之地方官吏，以條約所規定不能如前此肆行中飽矣。

中英虎門條約於十月八日成立，載税則於約章之中，是爲協定關税之起源，愚莫甚焉。然耆英及穆彰阿等則認『夷性多疑，事既得有頭緒，亟應堅其所約，以免再有反復』，蓋以此爲得計。約中有領事參預中國海關行政，擔保其商納税，約束英國水手，領事裁判權，以及片面最惠國條款之拘束，亦爲主權之重大損失，然耆等對於前二者認爲乃便易之辦法，而後者則表示中國公平之態度，皆由於智識不足，實爲可憫。黃氏於擬議稅則固聰明過人，惟於此等條款，則亦并無异議。於最惠國條款則嘗舉之告美使顧盛（CalebCushing），謂新定英吉利貿易章程，凡一切有益遠商之事，不俟各國請求，即通行一體照辦，此即中國待各國一無所偏之明證。〔九三〕中國當時任何人心目中，絶未夢想將來有赴各國通商之事也。此種觀念，直俟同治年間與日本訂約時方有改變。當時耆英所訂之通商章程，在反對派眼光中，蓋亦無不可，主戰者最所痛心之處，仍惟爲賠款及開五口通商。於此等喪權之處，亦未嘗以之咎議和者。

稅則既定，英人提及鴉片開禁問題，黃氏此段交涉之方法，甚爲巧妙，而爲歷來談禁烟歷史者所未及。英人方面，見中國事事之有名無實，禁烟亦然，璞鼎查乃遣馬禮遜來言，謂：『鴉片爲人害，中國禁之是也，然名禁而實不禁也。今禁之不爲不嚴，而吸食與販者如故也，中國無如不良之民何也，英國亦無如不良之商何也。且禁之則不准進口，彼得於海中交易，名爲禁烟實則免稅。爲今之計，與其禁之，不如稅之。耆大臣若以此意入告，增稅必多。』并具有稅帖一紙。黃以此告耆英，耆英甚恐英人將堅持此種要求，節外生枝，爲和議障礙，無以應之。黃謂彼所言其名非也，其實是也，今若據法據理，正言拒絶，彼轉有辭，不若設爲重稅以難之。乃謂馬禮遜曰：『耆公非不知名禁不如實稅也，但中國烟禁甚嚴，吸食者罪至死，今據情弛禁，大皇帝斷不依允，中外大臣亦必力争，耆公即冒罪奏請，恐亦無濟。且奸民與奸商走私漁利，由來已久，一旦弛禁，能必其進口報關，遵例納稅乎？誠恐徒有納稅之名，仍無納稅之實，誰任其咎？公使如必欲耆公奏請，莫若先納稅銀五百萬兩，作爲一年定額，即由公使彙交，以明各商先之走私，并非得已，今之納稅實出至誠，以後按年照額完納，統歸公使保交。或邀恩允准，亦未可知。』馬禮遜答謂：『販烟獲利誠厚，亦安能先納五百萬之稅乎？』黃曰：『林大臣昔年毁烟二萬箱，當時必不能收繳净盡，乃爾國索還烟價，在廣東先有六百萬，在金陵又有四百二十萬，足見鴉片之成本重而餘利多。今中國弛禁，每年祇索税銀五百萬，未爲過也。況一時不能如數，先繳三百萬，於半年内分兩限完納，或於此中劃抵中國之銀，亦似甚便。』其議遂寢〔九四〕。耆英曾以此事入奏，謂凡事當先清其源，獨禁烟應先截其流，而利之所在，雖白刃當前，奸民亦必觸而不顧，徒務禁烟之名，而任其陽奉陰違，不獨貽笑外夷，即内地奸民亦將狎而生玩。當此夷務初定之時，弛張均無把握，操縱實出兩難〔九五〕。蓋隱寓贊成開禁之意。而宣宗對於烟禍實所深惡，此時雖無奈外人何，而上諭則仍申禁烟從嚴之意。〔九六〕耆英自不敢明請嚴禁，其對付英人惟有用黄氏此法，及告外人以自己地位之爲難。〔九七〕故鴉片戰争本爲禁烟而爆發，而戰後禁烟問題，乃以不了了之。耆訂約後，旋返兩江總督之任，黄氏則於八月中擢布政使〔九八〕，以其議和之功也。

三　黄氏與美、法之交涉

中英訂約之時，美法各派公使，接踵而至，當時中國既以與英訂約爲下策，故於美法之繼請，殊覺爲難。伊里布與耆英對此則認爲中國既許英人，若阻他國，恐又生枝節，而西洋船支、衣服既難分别，若附於英國潜行貿易，亦無從覺察，廣東通商情形，本屬百弊叢生，洋商苦累不堪，英人發難，各國本坐觀成敗，暗與英人交通，今英得所欲，他國向隅，心必不平，一英國已足爲害，況合各國使一耶？故如各國欲新開碼頭則不可許，英國欲據碼頭爲獨有，則聽其争，最上之策，則『因勢利導，一視同仁』〔九九〕。

美使顧盛之來廣州，携總統國書，聲言必須進京覲見。廣州官吏，乃大感恐慌，倉皇入奏〔一〇〇〕。於時耆英已回金陵，朝命仍佩欽差大臣關防，回署粤督與之交涉。耆英未至之時，乃由黄恩彤出面，對之極力開導，阻其北上。黄認爲美人此來，名爲觀光上國，實則誇耀英夷；同時法國亦有人在此窺伺，若美使北上之請可以中止，則不至爲法籍口效尤，故急探尋美使所要求之條約内容，顧盛但云載在國書，不肯輕露，惟表示美國不效英國所爲，決不加兵他國，占據他國土地。黄氏料定美人令索碼頭重啓邊釁之處，當無可慮，惟因其十萬里重洋來中國，既勞且費，若全不允其所請，未必遽肯回帆[一〇一]，乃虚與委蛇，以俟耆英之來。

耆英到後，顧盛出條約四十七款，其中耆英認爲必不能行而又堅持甚力者有十事：（一）有事可徑赴都察院申訴；（二）洋樓焚燒，官爲賠修；（三）洋貨三年不銷，發還税款；（四）官設棧房，代爲貯貨；（五）中國之敵國及與國，均許美國往來貿易；（六）商船進口，不歸領事約束，請中國統轄護理，他國若有凌害，中國代爲報復；（七）貨船遇有敵兵追襲，中國護助攻擊；（八）兵船一到港口，與炮臺互相放炮，以將（示）敬意；（九）京中内閣或部院衙門，收受其國文書；（十）兩國用兵，仍須准予商人搬回，免遭殃害。此中各款之以後數條，在今日觀之，毫無不可許之故，或爲中國主權所在求之不得者，而當時則以天朝制度攸關，視爲非同小可，而成爲交十者或窒礙難行，或諸多流弊，此外瑣屑悠謬，貪利取巧，尤不一而足[一〇二]。

涉之難題。

耆英接見顧使，仍由黄氏隨往，外有候選主事趙長齡及候選道潘仕成[一〇三]。黄氏此時地位爲廣東地方官，而非耆英之隨員，然交涉事務則非黄不可。黄氏即本耆英之意，偕趙、潘二人與美使辯論，相持二十餘日不決。黄氏乃發現中外交涉，語言不通，輾轉傳譯，甚難傳達意見，爲交涉之礙，乃商於耆英，謂不如以不能行之故，叙入一書，彼得書可以翻譯成文，文意雖不能盡悉，尚可十得七八，較之口舌爲功相倍。耆英以爲然[一〇四]，其書即由黄氏代撰，以制度爲言，對美使但談原則而不及細節：『中國與合衆國及英吉利各國，一東一西相去遼遠，其所以通好往來，實由各國利在通商，不辭險遠，航海而來，各國有求於中國，非中國有求於各國也。各國之來粤通商大小不一，而既至中國，應以中國爲主。此亦如中國商人赴各國貿易，所到之處即以其國爲主，乃一定之理、一定之勢也。中國之待各國，不容有所偏。……至各國商人之來中國，則應遵奉新章，交易輸税，方能彼此相安，有合乎客從主人之意。倘此國商人欲行此例，彼國商人又欲行彼例，則中國之章程紊亂，而各國亦靡所適從，通商大局，因之益壞，不惟非中國之利，亦非各國之利也。且中國與各國交涉者，僅貿易一端而已，其餘一切制度，則迥不相同，中國有中國之制度，各國亦有各國之制度。中國不能因與各國和好即改制度而就各國，亦如各國不能因與中國和好即改制度而就中國也。即如中國、英國構兵連年，已成仇敵，迨經議和之後，所定通商善後章程，仍不能違中國制度，書册俱在可考而知。至兵者不祥之器，不得已而後用之，合衆國與中國毫無釁隙，且遠隔十萬里重洋，言語不通，風俗各别，得其地不能守，得其民不能治，兩國均不乏明於料事［之人］，豈有無端用兵之理。夫用兵與通商不能并行，用兵則有礙通商，通商則不宜用兵，尤理之至近而易見者也。』〔一〇五〕

黄氏蓋認爲顧使之所以有無理要求，乃基於其不諳中國制度與西洋各國迥殊，而深訝和約本爲修好而生，其中忽提及用兵時之問題，何其不倫？因揣美國之意當以中國厭兵憚戰，故將用兵列入條款，所以書中於此反復言之〔一〇六〕。黄氏對於此書，甚爲自負，謂顧盛之隨員伯駕（Dr.Peter Parkers）來云，耆大臣心如明鏡無所不照，乃爲美人見此書而心折之表示，而顧使得書，遂亦删除所妄求各款也〔一〇七〕。

黄氏既代耆英致書顧盛討論交涉之原則，而私又作書與美副使威伯士德，辯論條款中之兩點：一、官賠貨價，二、官賠洋樓及設棧房。關於官賠貨價，黄謂情有弗順，勢有弗便，力有弗給，蓋貿易非中國所招，乃外人之自願，中國收税不及百分之一，何能爲外人保險，且關部本無捕盗之責，何得枉受賠贓之罰？中國於自己商民之受意外損失，向無代賠之説，安得獨厚於外人？且官中又安得此閑款哉？〔一〇八〕關於洋樓賠修，棧房存貨，謂此皆洋行之舊制，今洋行既撤，則不能責之於官，若請復設洋行，則洋樓棧房可以仍照舊規辦理，洋行不設，官不與聞〔一〇九〕。此事遂亦成罷論。

七月二日，中美條約簽訂於望厦，據耆英所奏：『奴才督同黄恩彤及各委員，逐款指駁，不敢稍爲遷就。往復辯論，多者十餘次，少者亦五六次。該夷理屈詞窮，始肯照依芟除。所得結果，則爲現定貿易章程與上年新符合者，計居十分之八。』〔一一〇〕顧盛此來，固自認所抱宗旨爲訂一公平及光榮於雙方之條約〔一一一〕。然以耆英及黄恩彤當日所處之地位，所以應付之者，已不勝舌敝唇焦矣。黄氏於此年乃蒙恩旨賞戴花翎，隨帶加二級，并有『辦事認真，不辭勞瘁』之褒〔一一二〕。

方中美訂約時，法使剌萼尼（Théodose M.M.J.deLagrené）亦到，剌所負之使命爲商業而兼宗教，其個人之熱心與努力，則尤幾全爲後者。〔一一三〕其爲人則好大喜功，挾兵艦八艘而至，隱有示威之意。耆英與之接見，所携者仍爲黄恩彤及潘、趙二人。剌氏既以天主教弛禁爲主旨，交涉之初，則先提若干題外要求，以使對方迷炫。

剌先述來意，以助攻英人爲辭，而提法國當遣使臣進京覲見，即留住於京城，中國亦遣使赴法，庶彼此消息常通，可以互相扶助，耆英以定制拒之〔一一四〕。中國遣使赴法之事，當耆、剌交涉之前，謝西耳（Cécille）曾提議於祁，恩彤爲祁作答書，曾告以『中國士大夫不慣風濤，若航海七萬里，恐不能達，商賈游客，又多不曉事之人，往亦無濟，誠以重洋所限，天水蒼茫，中國之人望而興嘆，非若泰西之人不憚遠涉也』〔一一五〕，其言甚足表示中國當時之惰性。剌氏見此項交涉不通，亦不堅執，越數日，又提議：中國不准使臣進京，宜仿大西洋故事，選習法國明天文之人送京當差。黄氏則答以『今日中國人文輩出，推步精詳，無須法人襄事』，再加婉謝。剌又勸：英之所以横行，恃其船與炮也。其法皆創自法國，中國重文輕武，更不講求水戰，是以英人得逞。若遣使往法蘭西，講求船炮水戰之法，以中國人之聰明，不出三年可盡其妙。英人若再生事，破之何難？黄氏應以『中國年來仿造夾板船，鑄鐵鑄炮，均與西洋工巧無异，公使應早有所聞。至水戰之法，惟在因地制宜，宜於西洋者不必宜於中國，況臨敵决勝，移步换形，豈可執一，亦非法國所能教也』〔一一六〕。黄之答詞，誠善於外交之詞令，而吾人之感想，則深覺其於法使此言并無所動，實於戰爭之失敗，并未有重大之覺悟也。

黄氏固爲有心之人。觀其初至廣東抵臬司任時，曾周歷水濱，閱視炮台，復詣軍功廠查驗新造大戰船及購自外洋之夾船〔一一七〕。在香港與璞鼎查議税則時，則與羅伯聃談論炮臺之法，極爲注意，并記其語爲《壬癸問答》〔一一八〕，以資考核。於其他西洋智識，亦甚留心。後此爲巡撫時，曾與著《瀛環志略》之徐繼畬致書討論魏源《海國圖志》之得失，譏其於外國輿圖，未能有所依據。於英人郭實拉（Gützlatt）所撰《西洋地理志》，亦評其猥什，不及瑪基士舊書之明晰，然文煩事增，亦足供外史之采〔一一九〕。其於西學良有研究，宜若於西人之長技，有仿效之决心，然其主張，則粤東炮臺宜少而不宜多，戰船尤宜小而不宜大，以臺多則兵分，敵人可以全力攻一臺，小臺不守，大臺動摇，一臺失利，各臺瓦解；至於大船，則夷人番卒以海爲家，非一代習之、一人成之，我之水師弁兵，欲加訓練，非旦夕可就；大船但爲防夷一時之事，小船則平日防盗所必需，故已估各船均應停造，將來但增十數大船以備防夷，而須多造師船以捕盗〔一二〇〕。而此時之對法使，更表示中國無學習西洋水師之必要，殊堪惜其有見於近，無見於遠，樂聞新知而難除舊習，與耆英之亦嘗深識英人軍事實力，亦曾購買洋槍炮，而於美使所贈之槍炮戰術之書，則婉辭却之〔一二一〕，并無提倡新式戰術之舉動爲同病也。吾人解釋者，黄此種見解，雖由於所見未遠，亦由其所抱宗旨，中外交涉苟得其法，以通商爲羈縻，而不爲意見之争，自可消弭戰禍於無形（其説將詳言之於下）。仿效西洋，究有成效與否，尚不可知，此時則力所不及，事或無需，而何必昌言以招敵忌、引人言哉？故其講究西洋智識，實以爲外交之參考，而并無意於復仇。而其成就，亦只限於外交方面，而未嘗於文化有所影響。

剌使數種提議，既均不受同意，越數日，黄氏往見，乃又提英人近在香港，將來難免滋擾，法願以船數隻停泊虎門洋面，代中國防守，即在近岸建樓，以便官兵栖止，一切兵費工費，法自行籌備，英人斷不能越虎門而窺廣州。黄氏斥之曰：『公使之意良厚，而言則過矣。香港乃海中孤島，孤立無援，非戰守之地，是以准予英人建屋寄居。虎門乃省河第一要津，水師提督戰守重地，斷不能容留他國，且炮臺林立，駐有重兵，今非昔比，敵船斷不能飛渡，不必藉客兵之力。且英人在港建屋，一切費皆取於商；法人貿易不及什一，在中國度地營居，勞費無益，乃失策之大。』剌使無語〔一二二〕。法人欲借虎門之事，亦非真有其意，然此種提議，自屬嚴重問題。黄氏於是又自致加略利一書，謂：『法欲與英人爭勝乎？是務虚名而受實累也。欲與中國爲難乎？適足爲英人笑也。足下曾云：人有屋一所，被賊占踞一間，不能逐去，而朋友借居，則斬而勿予。不佞則謂：屋被賊占，爲朋友者惟有助主禽賊，以屋還主，方爲良友耳。若亦欲乘勢占屋一間，是幸主之危，援賊爲例，大非君子之道也。』〔一二三〕

法國之屢次進言願助中國抗英，當時議者均希望其實能如此。一般人觀念於英人深所痛恨，認爲英爲禍首，而美法素與不睦，苟資二國之力，即可以制英人〔一二四〕，所謂以夷制夷之策也。主戰者如林則徐即希望英禍可由他國干涉，以各國貿易均爲英國所阻，憤憤不平，故欲由該國派來兵船與之講理〔一二五〕。主和者如伊里布亦嘗論：『若優待美夷免其貨税，又將英夷貿易移給美夷，則美夷感荷天恩，必力與英夷相抗。英夷船炮多自海外各國租賃裹脅而來，若美爲我用，各國聞知，無不瓦解，兵法中本有伐交之説，而以夷制夷之法漢唐以來載於史册者不一而足，仿而行之未爲失體。』〔一二六〕此種觀念，實不因主剿主撫而异也。黄氏則獨有透闢之見解，故於法使之甘言無動於中。黄每告人：三國外若水火，而内實狼狽，在西洋則不無蠻觸之爭，在中國則隱有輔車之勢，必不肯自戕同類〔一二七〕。且無論夷情叵測，其離合難以遥揣，自古中國之於外夷，必力能制之，而後可以收之以爲用，未有不能制而可借此夷之力，以制彼夷也。西洋諸國，惟法爲大，美次之，然其地遠隔重洋，非中國控制所能及。若資其兵力，勝負未可預必，而兵費即應籌及。不勝則英夷由此結怨，邊釁益開；即使能勝，而彼自恃有功，必不免無厭之求，更難駕馭，殊非計之上者[一二八]。其言實不易之至理，百年來，能道此者有幾人哉？

法使之以甘言嘗試、虚聲恫愒，黄氏自稱我不爲動，但亦料彼求無一獲，難保不别滋事端[一二九]。越數日之沉静，剌萼尼乃以所來之主旨天主教弛禁爲言，其態度則在所必得，非若前此事事遷就矣。黄氏交涉，既感棘手，乃又以私人交誼致加略利一書，叙述中國之禁天主教，乃禁中國之人假天主教之名，公行不法，并未嘗禁天主教之一切也。中國自崇儒教，西洋自重天主教，兩不相妨，亦各不相謀也，今欲强西洋人舍其天主教而改奉中國儒教，不待智者知其不能矣。但西士愛慕儒教，如足下者，國之君相，未嘗禁之也。若足下藉行教之名，犯本國之法，恐亦不能曲宥之也。中國於習天主教之人，何以异是[一三〇]？加氏乃出康熙三十二年禮部議准天主教與僧道喇嘛一體弛禁摹拓碑文呈驗，以爲口實，乃非空言所能折服之者[一三一]。駁詰愈嚴，請示益堅[一三二]，交涉幾成僵局。

法國之所要求者爲傳教自由，中國之所慮者爲教民藉教違法，黄氏由此點之認識乃生一折中辦法，而貢獻其意見於耆英，謂天主教弛禁，固與定例有違，但洋人性情固執，不得不曲示羈縻，不如姑准所請。必先與之約者有二端：一、外國人不准赴内地傳教，二、内地習天主教者，若有藉教爲非及另犯别項罪名，仍照本例治罪，如此雖弛猶禁也。遂商之法使，亦無异言[一三三]。於是雙方得以圓滿解決，中法黄埔條約，乃於十月二十四日成立。

四　和約以後之黄恩彤與外交(上)

廣東巡撫時之黄恩彤

由上所述，歷次和約之交涉，黄恩彤之功獨多，伊里布、耆英輒次奏摺均叙及黄氏之『多方設法，辯論再三』，『一手經理，恩信相孚』，推譽之者備至。伊、耆固未嘗攘黄氏之功以爲己功也。此時宣宗政策，方信任撫夷派之説，力冀和平無事，故於耆英所奏情形，均甚嘉許。耆自述其辦理和約，有『連日以來，心力交勞』之語，雖爲實情，亦本奏摺之常語，而特加諭語，囑其『隨時珍重，務保康强』〔一三四〕，足見聖眷優隆，亦見撫局之一日不可無耆英也。此時爲耆英之黄金時代，亦爲黄氏之最光榮之時期。道光二十五年，黄乃擢爲巡撫，黄由藩司升任，初非异數，然其簡在帝心，實代表撫夷派之當政時期也。

當道光二十四年，璞鼎查歸國，代者爲德庇士(J.F.Davis)，在黄、耆之眼光，德氏甚狡而悍，較之璞使難於對付，每有細故輒生事端。耆英仍設法羈縻，往往責以成約，使其無可置喙。是年夏，德氏提議先交還鼓浪嶼，蓋江寧和約時議定英人仍行占領定海及鼓浪嶼，俟中國還清賠款後同時交還。而是時期限未到，忽有此議，閩浙總督劉韵珂莫測其意，諮商於粤。黄氏聞之，乃謀於耆曰：『德使事事欲見其長，以彰璞使之短，而采訪英商輿論，均云樸爲中國大臣所愚，以致税額加增，定例加嚴，反不如未用兵前得以自便。此番之意，定爲欲改成約，而又無釁可尋，故以先交鼓浪嶼償我，以爲藉口違約之端，不可不防。』當即函致劉韵珂，囑其安撫居民；一面行文德庇士，申明訂約，謂鼓浪嶼先還原自無妨，但成約具在，鼓浪嶼可以先還則定海亦可遲交，是以未便接受。德使回文申明亦必如期交還，於是鼓浪嶼先行收復〔一三五〕。實則黄氏此番之觀察，乃其神經過敏，英人之欲先還鼓浪嶼，以其地不宜衛生，與駐兵健康有礙，而中國已無釁端，樂得歸還，非有他意〔一三六〕。然黃氏之辦外交，先事提防，不輕貽人以口實，吾人殊不能不佩其思慮之縝密焉。

黃氏爲廣東巡撫時所遭遇之外交問題，爲英人入城問題，而爲鴉片戰後至英法聯軍時期之最困難問題。按江寧條約并無入城之規定〔一三七〕。江寧初定約後，英人亦并未主張入城。惟廣州英僑人多，而居留之地小，遂提出入城問題。粵民對於英人既痛惡而深鄙，則堅力反對〔一三八〕，而英人引以爲辱，要求之心益熾，而此時又屢有民夷之衝突。

耆英到粵即知民夷兩不可侮，『辦理稍有違協，必致重啓釁端』，所處地位甚爲困難。當黃恩彤初到廣東時，亦即發現此點，曾告伊里布，謂：『粵患未已，不在外而在内也。徇外人則民謗，徇内民則外人嗔，此地議撫，難於金陵十倍。』〔一三九〕二人均有見乎此，而均無善策足以彌縫之。

耆下車半年即出告示勸告人民，謂：『本部堂稔知粵省民心甚固，民氣甚强，即使愚忠愚孝，亦屬可嘉可喜，而其中假公濟私，見財忘命者，正不乏人。今既統制是邦，力須勸懇并用，教戒兼施。』又一示云：『内撫爾衆，外接各國，其中親疏厚薄，有一定之差等，即有不易之權衡。本部堂若將應厚者薄，應薄者厚，則是倒行逆施，斷無此情理，不獨上無以對君父，下亦何顔以對士庶。』〔一四〇〕蓋既未敢開釁於英人，而亦不敢公然拂粵民之意，兩姑之間難以爲婦，委婉陳辭，苦心勸導，固未知粵民對之并未深諒。

璞鼎查在南京時，曾請進城拜謁，諸大臣初甚驚恐，結果則爲『盡歡而散』。馬禮遜於稅則定議後屢請入城，未幾廣州領事由李太國充任，馬回香港旋病故，進城之議遂寢。時上海、寧波外人均進城勿禁，而地非省會，在粵外人無從藉口。會福州省城，有洋人占踞烏石山之事，其人即李太國。黃氏一聞此訊，即謂南海令吴廷獻曰：『福州亦省會也，此間洋員必有效尤者，行即至矣。』未幾，英、美領事果以入城之事爲言〔一四一〕。

黄氏應付之法，則勸告外人進城實爲不必要之事，黄自記檄諭之語有云：『據稱粤東薄待外國人由於不准進城，是大不然。中國官員衙署，多在城内，而分設城外者亦復不少；巨紳城内有之，城外亦有之，非城内爲貴，城外爲賤也。富貴之人，散處於闗厢市鎮，終歲不進城，而人不以爲輕；貧賤之人，肩挑背負，日日進城，而人不以爲重，并非進城爲榮，不進城爲辱也。外國人來粤專爲貿易，而碼頭行棧，俱在城外，不在城内；領事與地方官公文往來，不因城外而有阻，即有面商事件，地方官盡可出城相就，并非進城有益，不進城有損也。以毫無闗貴、賤、榮、辱、損、益之事，而條約既不准行，民情又不以爲可，所當翻然改圖，方爲曉事。』〔一四二〕當時事暫中止，蓋由於英人已暫事忍耐。是年京察，黄氏交部議叙，并奉硃諭有『協力籌維，共成敉定』之褒〔一四三〕，爲其最後之光榮。此後則不幸事件，相繼而起。

英人之求入城也甚力，而粤民之拒之則彌堅。耆、黄居督撫之位，既不能峻拒外人，乃思於粤民再加勸導，遂大受民間之不滿。

是年歲暮（一八四六年一月十三日），耆、黄合出告示，勸告百姓，竟謂『廣爲自來未有外人入城之舉，近年英官屢欲議定入城，但均因體諒民意，迄未准行，今又重提此事，因即布令紳士，使告居民。而紳士公禀，僉謂民心不欲，業已告知英官，而渠引福州爲例，故望紳民人等務念二國業已和平，皇上於中外人民，一視同仁，且除厦門無城垣外，福州、上海、寧波各口英人皆已入城，并無事故發生，紳民人等宜勿再反對。』〔一四四〕此示貼於洋行之前，即爲人民撕毁，另貼告示，大責英人之罪惡，及此舉之欺壓官吏，并謂苟英人進城者，則滅其種，毁其廬，以泄公憤。城中亦有紳民告示，大意略同。府署門前則爲另一布告，謂倘外人入城，義民將攫官而誅之〔一四五〕。

其禍乃及於廣州知府劉潯之身，劉因偶笞犯道者，群民謂其爲媚夷而凌民，噪集入署，毁其冠服〔一四六〕。

耆英、黄恩彤乃急出告示，謂地方官首要在得民心，知府因答人民而失民心；而人民聚衆毁署，亦屬過當爲。此布告人民速即遣散，人民如我子女，必不弃之不顧，亦無庸恐外人之加害。而將劉氏去職，以平民怒。繼又出一示，謂本督撫治粤已歷年數，愛民盡職之心，可質天日。近年與外國訂約，盡我心力，無非欲安我人民。英人又堅持進城之説，本督撫前出告示，本欲諮詢民意，今知民人義憤，特再示告，以釋群疑，前次之告示，非即允許英人入城，民心不欲，本督撫絶不逆民意以順外人也〔一四七〕。所以將順民心者，亦無微不至矣。

人民之忿怒未平，外人之要求又起。道光二十六年，爲收復定海之期，德庇士乃以不准進城，即不能如約交還定海爲要脅〔一四八〕。耆英屢與申明成約，又復折以情理，動以利害，德均遲遲不復，即有回文，亦語多難解。黄氏知據理難以力争，乃將實在情形，坦白以告德使。其私人致德使書，有謂進城不便之原因：第一，百姓不願者有二端：（一）人民數百年，從未見外國商民進城，一聞此事衆論沸騰，謡言四起。（二）用兵以來遭英人蹂躪，積怨於中，一聞進城，則必以爲心懷惡意，迨聞其急於進城，則懷疑益甚，群起拒絶。第二，紳士所不欲者亦有二端：（一）英人進城，其中賢愚不等，易生滋擾，各國接至，中外什處，閭巷難安，一時即可無事，日久必有他虞。（二）福州有領事占踞烏石山之事，恐英人援以爲例，或建屋豎旗，有礙風水，瞰人家室，更爲不便。第三，官之所慮當不在此，亦有二端：（一）官雖有權，而民之勢太衆，官若出示曉諭，百姓不但不遵，且從而撕毁之，若脅以威，激成衆怒，必生事端。（二）官准英人入城，而百姓聚衆拒之，官不能禁，則無辭以對英人。强欲禁之，又無術以制百姓。英人中道退出，則示粤民以怯，若恃强猛進，必成械鬥，兩國失和，將自此始，所關尤大〔一四九〕。英人得書後，時以方得政訓府令，不必操之太急〔一五〇〕，故德氏并未堅持。四月中，與耆英又訂協定於虎門。雙方同意進城之舉暫緩，惟并非取銷〔一五一〕。英人雖未即進城，中國官吏則甚恐其藉此不肯交還定海。黄氏意見，以爲彼以定海爲奇貨，若索之愈急，則持之愈堅矣，不若姑緩之，計彼留兵定海，所費不貲，皆取諸商，日久商力不給，必且轉而就我，以此意進言於耆英，至七月中果收復定海〔一五二〕。

此時廣東之屢次民夷衝突，耆英、黄恩彤心力交瘁，而一般主剿夷之士大夫聞之，則興高采烈。戰争之結果，主戰者亦深知官兵之窳敗、夷勢之猖獗，及見粤民暴動，英人竟無如之何，則以爲夷所懼者在此，足資以抗之矣。此種論調亦不自此時始，當林則徐在粤時，即極力訓練壯丁水勇以爲戰資〔一五三〕；戰事期中，朝中言官之倡言練水勇、辦團練、招鹽梟足以破敵者不一而足〔一五四〕，皆以爲兵不如民，民心可用。然所謂粤東之民心民氣者，則如王庭蘭所言，逆夷滋事，豈但漢奸引導，實亦百姓使然，自林氏禁烟過嚴，兵怨之，夷怨之，私販之莠民亦怨之，故當逆夷蠢動之時，群相附和，反恐逆夷不勝，鴉片不行〔一五五〕。奕山、隆文亦有同樣之奏言〔一五六〕。外人評論，則謂林則徐所招之壯勇，徒能劫掠，毫無戰鬥能力〔一五七〕。此時英人在粤雖屢遭横遇，而政府當局，方持慎重隱忍之策，故事態未增嚴重，而中國朝中言官則躍躍欲試，而深憾耆、黄之『一味恇怯，任意欺蒙』〔一五八〕，有不滿之辭〔一五九〕。

四月中，湖廣道監察御史曹履泰上奏，極言粤中官吏措置之不當，民心之不可失，略謂『粤東官民上下相爲冰炭，臣二十三年春，曾赴粤東，博采輿論，而知粤民與英夷爲仇讎，即與地方官爲仇讎，粤民誓不准英夷入城，且深知英夷之不足畏。若仍迫以開館之事，誠恐變生肘腋，而禍不可勝言。故斷不可强民之所不欲，以從夷人之欲，粤東安則海疆均可晏然矣。』上諭：『著該督撫悉心體察，一面慎重妥辦，一面據實奏聞。』〔一六〇〕

耆英、黄恩彤於五月乃合上一奏，加以辨覆，先言廣東暴動之事業已處置平帖，屈民就夷，萬萬無此辦法。英夷雖已就撫，實則仇讎。此乃官民之不約同心者。但官則馭之以術，民則直行其意。若謂以仇夷之故因而仇官，則全出情理之外。英夷求進粵城，不過游覽都市，拜謁官長，以爲光榮，并無立夷館之説。繼又申論粵民之性情彪悍，難與争鋒亦難與持久，必因三元里之事，遽信夷不足畏，民足禦夷，究亦未可深恃〔一六一〕。宣宗硃批，於其答覆認爲明晰，囑其相機妥辦。而時論於此疏之言竟公然不信民心之足禦夷益大不滿，黄氏因被參劾〔一六二〕。黄自記更言：『粵民見利忘義，彪悍輕浮，必不可倚以爲用。』〔一六三〕奏中所言，蓋已爲委婉矣。而深嘆『平日一爲此言，及以夷制夷之不可，聞者皆心非而目笑之，意詎不十年，竟不幸而言中哉？』〔一六四〕

黄氏蓋認爲苟欲禁止英人入城，自有良好辦法，絶不必出之暴舉妄爲，其《致江翊雲給諫書》云：『粵民如果真與夷爲仇，制之甚易。夷之來中國，爲貿易計耳，一切皆仰給於内民，如果衆心堅一，但能不與交易，而通事、買辦、麻占、沙文、艇户、挑夫及販賣食物之細民，一皆絶夷而勿與通，不出三日，不煩一兵，而夷已出困矣。今貪其利者如蟻附膻，甚且爲之腹心耳目，夷之憑恃甚堅。而一二粗通文墨、不安本分、不曉事體、不知誰何之人，徒欲假忠義之名，自快一時之筆墨，今日標紅單，明日標白帖，刊刻張貼，欲以空言攝黠虜之心，不知區區伎倆，早被他族窺破。揚之則雄兵百萬，按之則實烏有先生，何益之有哉？嘗謂粵東民夷猶冰炭也。無冰則炭不登於爐，無炭則冰不結於池，而及其相遇，則爆怒而不相入。粵之所以賦甲諸省者，爲通商也，實通洋也，即通夷也。此數十百萬之衆，攘攘而來，不過爲此赤發緑睛之數百怪物有寶可探耳。今勿論我閉關絶市，即使彼忽斂舶而去，羊城無業者之若干萬人，從何安頓哉？此亦不可相無之二物，而偶有交涉，動輒相争而不相下，與冰炭何异哉？』〔一六五〕通商一事，乃黄氏所認唯一制夷之道，因做《撫夷論》一篇，以闡明其全部外交之立場，論中首駁時人言戰守者之閉户造車，無裨於實際，謂：『……均未與該夷接仗，不能悉其伎倆，而但參考成法，以爲可以施之今日；甚或誤信稗史，以周郎江上之火，鄂王湖中之草，乃水戰之秘訣。而不知該夷之船堅炮烈……往往備之累歲，敗之崇朝。夷船在海中，浪湧如山，束薪灌脂之小舟，豈能攏近？即近矣，而彼隨帶杉板多支，不難即時撲滅。至以草綱之法，或可施之小小輪船，若近日内河所造之水輪船耳，夷人以十餘丈之火輪船，大船水激輪飛……大牌大鍊，且不能遏，而欲以盈尺經寸，莖弱幹柔之腐草，投諸茫茫巨浸之中，將以縛其輪而膠之，此真夢囈之談，不值一噱者也。』〔一六六〕蓋以戰争之中，主勦夷者多以火攻一策爲制勝之要術，一若夷不足破者〔一六七〕。『而言善後者，明知無制彼之術，而不能不敷衍完局，除造船鑄炮數著之外，更有何法？其實以船而論，勿論同安梭船，僅足入海捕盗不足禦夷，即潘觀察所造之船，堅厚長大、裝炮亦多，窮中國物力工力，不能復加於此，而以當夷船，恐亦難言制勝。至大炮來自西洋，名曰紅衣，實紅夷也，彼乃造炮之祖也。我未得其製造之秘，而火藥不及，彈力不及，炮手更萬萬不及，遽欲與之争能，勿亦不揣本而齊末乎？』〔一六八〕

黄氏認爲，若以武力相拼，固不如英人之敵，然夷亦并非無術以制之者：『夷之不能制者，大約有五：彼舟如堅城，銅墻鐵壁，航水純熟，駕駛如飛，一也。一切炮火猛烈，機法靈巧，連環攻擊，竟日不休，二也。彼居舟中，我立岸上，以逸待勞，反主爲客，三也。孤軍深入，有進無退，我軍失利，頓成瓦解，四也。朝東暮西，瞬息千里，我備其七，彼攻其一，五也。夷之不足慮者亦有五：七萬里重洋，徵調不及，一也。水土不服，易生疾病，二也。負船爲穴，不敢深入，三也。得地旋弃，不能固守，四也。性貪安逸，夫制於婦，五也。而中國所以控制而羈縻之者，惟在通商。夷居西北極邊，地冷人僻而無田賦，其國中一切經費，全資商税，雖添設馬頭，如噶喇吧、新加坡等多至二十餘處，而尤以廣州爲第一。其所以呈繳鴉片者，非畏法也，慮絶其通商也；其所以以兵反順者，非謀逆也，圖復其通商也；其所以滋擾他省而不肯蹂躪粤省者，非畏粤省也，自護其馬頭也。上年粤東百姓，燒毁洋樓，搶奪夷商，而樸酋置不報復者，非畏粤民，恐結怨愈深，則通商撤兵之後，將有猝不及防者也。其厦門、上海均過而不留，寧波雖久據，而以假仁假義要結民心，亦係爲將來設立馬頭起見，不肯戰破其地，而戕賊其民。不求讓税，而甘心納税者，無税則我得禁止華商不與交易，故遵例輸將，以饜我之心，而平我之氣也。然則馭夷之法，概可知已。指釋前嫌，示之寬大，裁剪陋規，明定税則。無事則撫以恩，有事則折以信。彼既灼然知用兵之害，通商之利，自當伏首貼耳，歌咏皇仁，不復有盜弄潢池之事矣。』

此中所論，於當時情勢，雖不免有隔膜之處，然其指出英人最大目的在於通商，戰争爲通商而起，非爲反順，其不在粵作戰，并非有所懼於粵，於粵民之暴動，更非有所怯，但求發展其商業，其見解實超於其時代多多矣。

五　和約以後之黄恩彤與外交（下）

黄恩彤之罷斥與歸隱

道光二十六年廣東秋闈，黄氏以巡撫爲文武監臨。有年老武生符成梅弓馬可觀，黄奏請賞給千把總虚銜。此原小事，而十二月竟奉旨革職〔一六九〕。黄氏革職之原因，初不在此，即爲上年民夷衝突，燒毁府署，爲衆論所集〔一七〇〕，而所覆曹履泰之疏，又反對粵東民心之可禦夷，益爲言路所不滿也〔一七一〕。黄氏之罷斥，實非僅爲尋常官吏之遷降，乃代表朝中外交政策之大變遷。蓋戰争已歷數年，創痛已淡，主撫者之功績已不能再有著見，主勦者之論調又藉民心之説而加强。宣宗於烟禍永爲痛心，於耻辱更難慊然。雖於耆英之眷遇尚未盡衰，而於黄氏則不稍容恕，正或以亦知黄爲耆之左右手，耆之政策多本於黄之建議，懲黄即所以儆耆也。黄氏所遺之缺，初由耆英兼署，繼而以徐廣縉代之，耆英知釁終不免，乃力奏『憤恨衰老，支持竭蹶』〔一七二〕，請帝默簡才能預爲儲備，一年後，終遂所請，如釋重負。而宣宗乃由『洞察廣東官畏夷、夷畏民、民畏官之情形，特擢徐廣縉爲廣督』、葉名琛爲巡撫〔一七三〕，於是徐、葉等乃實行林則徐所傳授『民心可用』之政策〔一七四〕，大反耆、黄之所爲，民、夷問題日益糾紛，卒至有英法聯軍戰爭之爆發。

黄氏雖革去巡撫之職，而并未脱離外交之任務，仍奉留粤差遣之命。耆英遇有洋務，仍虚衷諮訪，而襄其事者爲趙長齡，黄旋蒙六品頂帶〔一七五〕。二十七年三月，又有佛山毆打英美人之事，是時英内閣業已更迭，外相又爲鴉片戰時之巴麥斯登素主强硬對華者。訓令德庇士於中國民衆虐待英人之事，不可含糊了結〔一七六〕。四月中，德庇士乃帶兵艇，進虎門，泊省河，占十三行，求見耆英，耆遣弁詢其來意，云：英人半年以來，屢受粤人欺侮，地方官不爲約束，亦不懲辦，是以帶兵前來，向粤民理論，非敢干犯官長，倘能將滋事民人枷號示衆，即可退兵，不然定與粤人決戰，以争勝負〔一七七〕。耆英乃偕黄氏出城接見德使，告以『粤人欺侮英人，總因用兵後，夙嫌未消。且英人亦曾毆斃粤人二命，至今未抵，豈能專責粤民生事？且并無主名，地方官從何懲辦？今欲以兵決戰，無論衆寡不敵，且亦斷無不擇人而戰之理，此事必須從緩查辦，不可過急。』德氏乃謂渠因粤民不願，即約束英人不許進城，未免示弱，今既欺侮難堪，非進城不可。黄氏答以『以禮進城，地方官尚可曉諭紳民，酌量妥辦，若以兵進城，更有何説。但和議從此決裂，貿易從此禁斷，不知何人負其責？』黄氏偕耆英回城後，德復派員請再議，耆英命趙長齡接見，德使意以此時不便進城固也，但何時方可進城，必須預爲約定，渠亦不至無以對英人。黄氏乃建議於耆英，謂西洋諸國，凡定條約，必俟十二年後方可更易，今即依彼例，俟十二年再議，蓋認爲約中因無載入城之事也。其交涉根據，良爲合理。然以德庇士之態度堅決，卒與耆英定二年後入城之約而去〔一七八〕。

是年又有黄竹岐之民夷衝突，德庇士意欲再度示威。耆英知『決裂即在頃刻，事關大局，未便以此重開邊釁』，因即懲凶并建議保護英人，事乃得息〔一七九〕。耆英乃力請入覲，以求卸責。二十八年獲准，并留京任體仁閣大學士。蓋宣宗以酬其數年之勞，亦以粵事將另取別法也。於是擢徐廣縉爲粵督帶欽差大臣關防。而黃恩彤則再奉留粵差遣之命，上諭謂其『辦理撫夷，尚能圓通』，故『交徐廣縉差遣，遇事藉資指揮，以收指臂之力，以後如果奮勉出力，披瀝血誠，該督撫自能據實保奏，候朕施恩。倘不知振作，藉詞推卸，難掩衆人耳目，即著隨時參奏。試問黃恩彤能當此重咎否？凛之！』〔一八〇〕蓋宣宗雖不滿黃氏之政策，而認爲其辦事手腕，尚屬難得。此時方加譴責，知其心中必有不平，故思仍用其長而特嚴其儆也。在宣宗之意，徐廣縉雖政策不同，而遇有交涉時，黃氏尚不失爲良佐。然徐廣縉既專主利用民心，於英人采絶不敷衍辦法，黃氏於洋務，從此遂不與聞〔一八一〕。

黃氏此時誠有進退維谷，啼笑皆非之感。然其對於外交及内政，態度并不十分消極，雖無權無位，而仍時常貢獻其意見，而切望其言之能行。

當前年黃爲巡撫時，德庇士曾備文鈔送一書，係内地奸民糾夷人同謀叛逆，德自明其拒而不許，黃氏曾屢行文，令其指出送書人籍貫姓名，則置而不問〔一八二〕。是年夏，黃已卸職，忽有林某請有機密面禀，黃以已已無位，諭其若有機密可告藩臬陳之。時布政使爲李璋煜，按察使爲趙長齡也。以後乃知所陳爲外匪勾結土匪，已遣僞軍師林姓潛至花縣，欲招會匪爲夥。李、趙委員帶同眼綫，緝獲林姓等七人。有黃緞僞詔，因以上年與外人之一段交涉告之，謂所獲僞詔必此人所爲，必須設法研究，務得首惡，庶免釀成大禍。李、趙深以爲然，而黃氏不久離粵，竟不知此案下落〔一八三〕。黃自注其事云：洪秀全雖在廣西起事，實廣東花縣人也，林姓潛在花縣，顯係秀全勾結，使當時破案，則可以消患未萌矣〔一八四〕。是段交涉，蓋有關於太平天國之起事及與外人關係。黃氏若久任粵撫，與洪秀全之行動，當稍有影響，非若其後鄭祖琛輩之煦煦爲仁，養寇成患者矣〔一八五〕。

徐廣縉既無所用於黄恩彤，而黄氏之獲罪經時漸久，乃以同知起用，赴都候選，自此遂與外交生涯告别。然黄於外交之事，蓋已深感趣味。而其政策之自信，亦不因失職而差減。故當其離粤之後，猶拳拳致書於粤中官吏，論英夷進城不難阻止〔一八六〕，以是時二年之約期瞬届也。黄氏之作此書，亦猶跛者不忘履、眇者不忘視者歟？

書中所言，仍本其素昔主張以通商爲羈縻之手段，自謂『此事籌之已熟，知其萬不能出我彀中』，故爲言之：『英夷之於貿易，不啻性命，數年兵端之開，由於絶市，而就撫之局定於通商。今進城與否，與貿易無增損也，直蛇足耳。萬一届期，夷性難馴，紛紜莫決，但當密諭城外各華商，一律閉廛罷市。仍間語英商曰：我輩所以與爾交易者，以彼此有利也，爾等渡七萬里重洋，運貨求售，殊甚勞費，我輩亦多外省之人，涉江湖，越嶺嶠，携重資，身家性命，均攸繫焉，豈敢輕於一擲而不知愛惜哉？今爾之公使，專欲進城，游覽都市，拜見官長，以爲光榮，置貿易於膜外；粤民强悍，必啓争端，釁隙一開，市廛大受擾，損資虧本，所喪實多，爾等禍由自取，無可悔恨，我輩何爲坐受連累？惟有捆載一切，各歸故土，另作他圖，不欲羈旅此邦，於壁上觀鬥。一面遍語各國夷商曰：我輩所以不敢交易，慮受英商之累也；既避英商，不能不并爾各國之商一概謝絶，統俟事平，再申前好，此時惟有付之浩嘆。又密遣沙文、麻占等私語英商及各國夷商，以華商罷市，伊等無可經營，現擬散去。如此鼓動此間，而夷情不轉者未之有也。計此時夷酋必鳴之於官曰：進城自進城，通商自通商，華商因進城而阻貿易，是違約也。官應之曰：昔之洋行，官商也，官得而鈐束之；今之華商，民商，官不得而調遣之，前於萬年和約中載明裁撤官行，聽英商與華商任便交易，官不過問，交易既須任便，則不交易亦須任便，官何從過問乎，非違約也。至此而夷關於進城之説，必中止矣。』

所言利用商人之辦法，實行上恐所難能。此種辦法，自未受廣東當局采納，以徐、葉等方采取更强硬之手段也。

黄氏經此挫變，宦味闌珊，赴部投供後，以親老丁單，告回籍終養〔一八七〕，咸豐初安徽巡撫福濟徵薦，極力以親老辭，而福奏亦未獲詔准〔一八八〕。良以文宗政策，方更積極對外，穆彰阿、耆英均已罷斥，黄氏之不獲起用，固意中事也。

及咸豐八年英法聯軍至天津，京中震動，以桂良、花沙納交涉不得手，乃念及前此撫夷派之人物。以耆英爲熟悉夷務，重加起用，派其赴津襄辦夷務。又有諭旨令黄恩彤馳往天津，聽候耆英差遣〔一八九〕。冀此等撫夷專家，可收救急之效。黄氏以父服未闋，母病方深，呈請桂、花兩大臣代奏終制終養〔一九〇〕。而致書於耆英左右之趙長齡，謂不畏勞，不避難，人臣之節固應如是，况以相國之知己，閣下之同心，何敢稽留觀望？無如事處兩難，身不由己，俟母病稍可放心，即當星速馳往〔一九一〕。黄氏之推辭不出，雖由於孝思不匱，亦以今昔殊時，好景難再，况亦無成竹在胸也。其後黄至津，則和議已成〔一九二〕，耆英則先以與英人交涉，英人於廣州得其奏摺，怒其報告匿辭，不再信任。耆靦覥無聊，未得旨回京，爲肅順所媒孽，竟已賜死，黄氏未與共事，未始非其個人之幸也。

黄氏長於外交之才略，既未獲展，在籍之時，則發揮之於辦理團練以防捻匪，集中所著《籌捻芻議》〔一九三〕諸篇，可具見之。而以此功同治中得三品封典。方其閉門養親、堂名知止之時，回首前塵，固未嘗不勝其悒悒之感也。録其《五十初度》詩四首之二，以作終篇：『知命須安命，休官勝服官。年華飄去忽，意興覺闌珊。戀闕仍傾藿，循陔正采蘭。朝來愁對鏡，難覓駐顔丹。節鉞曾虚領，非才合避賢。邊防慚上策，世事感中年。騎虎愁回轡，聞鷄懶著鞭。不堪憶炎海，跕跕墜飛鳶。』

二十九年歲盡，寫於靈境寓廬。

（燕京大學歷史學會編：《史學年報》，第三卷第二期，一九四〇年十二月）

注釋：

〔一〕 北平圖書館藏本，北平人文科學研究所有傳鈔本。

〔二〕 前者北平人文科學研究所有藏本，後者北平圖書館有藏本。

〔三〕 蔣廷黻師《近代中國外交史資料輯要》卷上，頁一二〇。

〔四〕 Chinese Repository. Sept. 1841；亦見 H.B.Morse.The International Relations of the Chinese Empire,Vol.I,P.320 小注引。

〔五〕 參看 G.Chen. Lin Tse-Lisu。

〔六〕 據《清史稿》卷三七八《列傳》一五八《祁寯傳》附《黄恩彤傳》。《史稿》附黄傳於祁傳後實不當，縱不爲黄立傳，亦宜附於《耆英傳》中。魏按：今中華書局標點本《清史稿》爲卷三七一。

〔七〕 據《知止堂集·續集》卷六，咸豐八年，黄氏呈請桂、花兩大臣代奏，中有『現年五十八歲』之語，以中國計生年法推之，黄生於一八〇一；《清史稿》本傳載光緒七年卒，是卒於一八八一。魏按：《清史稿》本傳云：『光緒七年，鄉舉重逢，加一品銜。尋卒。』今據《稀齡追憶録》其子黄師閭補記，黄氏實際卒於光緒九年（一八八三）五月初八日。

〔八〕 參看蔣廷黻：《琦善與鴉片戰爭》，《清華學報》第六卷第三期，頁二，『論鴉片戰爭之分爲三時期』。

〔九〕 《籌辦夷務始末》，道光朝卷十二，頁一，卷十三，頁一〇—一一。

〔一〇〕 J.F.Davis.China During the War & After the Peace (London,1852).Vol.I,P.53.

〔一一〕 《籌辦夷務始末》，道光朝卷三十六，劉奏。

〔一二〕 《籌辦夷務始末》，道光朝卷二十五，頁八。

〔一三〕　耆英自言吾爲琦善之友，而所爲乃過之。見Davis同書Vol.I,P307. 耆力贊伊里布爲該夷所信服，見《籌辦夷務始末》卷四十八，頁四一。關於穆彰阿，陳康祺《郎潛紀聞》有『穆相當國，耆英、伊里布、琦善諸人懼懦無遠略。……有士人賦詩云：海外方求戰，朝端竟議和。將軍伊里布，宰相穆彰阿。』江上蹇叟（夏燮）《中西紀事》卷六，頁二三，謂『方琦相之赴粵議撫也，穆相與有力焉。以凡軍國大事，皆穆相主之，軍機入直內廷，其在上前多造膝語，故穆相之主持撫事，中外莫得其詳。』

〔一四〕《籌辦夷務始末》，道光朝卷十七，頁四〇。

〔一五〕Davis，同書，Vol.I,P.62.

〔一六〕《籌辦夷務始末》，道光朝卷十六，頁二六—二九。

〔一七〕《籌辦夷務始末》，道光朝卷三十五，頁五。

〔一八〕《籌辦夷務始末》，道光朝卷三十五，頁六。

〔一九〕《籌辦夷務始末》，道光朝卷三十六，頁一八。

〔二〇〕《籌辦夷務始末》，道光朝卷四十四，頁三五。

〔二一〕Davis，同書，Vol.F, PP.253 — 254。王嘉楨《在野邇言》卷十八頁一三有記劉、林關係之密切事。

〔二二〕《中西紀事》，卷二十二，頁五。

〔二三〕《籌辦夷務始末》，道光朝卷四十四，頁二九；《中西紀事》卷七，頁一六。

〔二四〕《清史稿》卷三七八本傳。魏按：今中華書局標點本《清史稿》爲卷三七一。

〔二五〕《清史稿》卷三七一本傳。

〔二六〕《籌辦夷務始末》，道光朝卷六十五，頁五六。

〔二七〕Davis，同書，Vol.I,P.65；又Vol.II,P.21.

〔二八〕《清史稿》卷三七一本傳；《中西紀事》卷二十二，頁七。

〔二九〕Lord Ellenborough to Queen Victoria,Oct.2nd,1841. Letters,I,P336.

〔三〇〕《籌辦夷務始末》，道光朝卷四十七，頁二二。

〔三一〕王之春：《椒生隨筆》卷七，頁一一。

〔三二〕《籌辦夷務始末》，道光朝卷四十七，頁二三—二四。

〔三三〕《籌辦夷務始末》，道光朝卷四十八，頁七。

〔三四〕《籌辦夷務始末》，道光朝卷四十七，頁二三，又頁四〇。

〔三五〕《籌辦夷務始末》，道光朝卷五十九，頁三三。

〔三六〕見《史料旬刊》耆奏。

〔三七〕《籌辦夷務始末》，道光朝卷六十三，頁三四。

〔三八〕《籌辦夷務始末》，道光朝卷六十三，頁三四。

〔三九〕伊、耆、牛、劉等奏，及齊慎奏『臣統兵數十年，未見敵如此之强者，今非昔比』。（《籌辦夷務始末》，道光朝卷五十六，頁二三。）

〔四〇〕散見《籌辦夷務始末》中各奏。

〔四一〕《籌辦夷務始末》，道光朝卷五十三，頁二七劉奏。

〔四二〕《籌辦夷務始末》，道光朝卷五十三，頁八牛奏。

〔四三〕《籌辦夷務始末》，道光朝卷三十一，頁三七上諭。

〔四四〕裕謙、奕山、奕經，非死即敗。

〔四五〕官私紀載言當時社會情形，作亂者不勝枚舉。

〔四六〕《籌辦夷務始末》，道光朝卷五十三，頁五。
〔四七〕《籌辦夷務始末》，道光朝卷五十三，頁八牛奏。
〔四八〕見《軟塵私議》，是書爲林文忠公長曾孫林源熇姻丈所藏，上書子方、芋村、藹山、仙圃述，其人無可考，蓋皆爲文忠友人，自京中致書，中所述京中情形，極可資史事之參益。
〔四九〕黄恩彤《撫遠紀略》，頁五。
〔五〇〕《撫遠紀略》，頁五。
〔五一〕《撫遠紀略》，頁五。
〔五二〕《撫遠紀略》，頁六。
〔五三〕《撫遠紀略》，頁六。
〔五四〕《撫遠紀略》，序頁一。
〔五五〕《撫遠紀略》，後序頁一。
〔五六〕《撫遠紀略》，頁六—七。
〔五七〕《撫遠紀略》，序頁一。
〔五八〕《撫遠紀略》，後序頁一。
〔五九〕《知止堂全集·正集》卷六，《詩·七言律》，頁一一。
〔六〇〕《撫遠紀略》，頁一五。
〔六一〕《撫遠紀略》，頁一八。
〔六二〕《知止堂全集·正集》卷六，《詩·七言律》，頁八，《道光丙午二月三日爲耆介春節相周甲生辰，江南士大夫於妙相庵拜公畫像遥祝藩厘，并繪圖聯咏郵寄羊城，因綴四律》之一。

〔六三〕《撫遠紀略》，後序頁一。

〔六四〕《知止堂全集·正集》卷六《聞林少穆西謫和成蘭生方伯作》云：『小范胸中十萬兵，羊城隱隱作長城。漢家便欲誅征側，秦將終須用孟明。珠海烽烟愁倚劍，玉門風氣冷沾纓。天恩指日刀環賜，莫謂孤忠意不平。』

〔六五〕《撫遠紀略》，頁一一。

〔六六〕《撫遠紀略》，頁一一。

〔六七〕《撫遠紀略》，頁一二。

〔六八〕《籌辦夷務始末》，道光朝卷六十一，頁二〇。

〔六九〕《中西紀事》。

〔七〇〕《籌辦夷務始末》，道光朝卷六十一，頁二〇。

〔七一〕黄恩彤《撫遠紀略》，序頁一。

〔七二〕《移情集》（鈔本）卷二，徐繼畬致林樹梅書，見二十五年五月五日《大公報·史地周刊》引。

〔七三〕《軟塵私議》。

〔七四〕梁廷枏《夷氛聞記》（商務）卷四，頁八七，亦見北平圖書館藏鈔本，鴉片戰争史料，南通劉長華記。

〔七五〕《中西紀事》卷九，頁八。

〔七六〕《中西紀事》卷二十二，頁一〇。

〔七七〕《籌辦夷務始末》，道光朝卷六十二，頁四〇。

〔七八〕《籌辦夷務始末》，道光朝卷七十二，頁一四。蔣廷黻《中國與近代世界大變局》，《清華學報》第九卷第四期，頁八二〇，但未言及兩廣總督之重要，乃以其爲欽差大臣之故，亦未數及閩浙總督。

〔七九〕《籌辦夷務始末》，咸豐朝卷一，頁一二。

〔八〇〕《籌辦夷務始末》，道光朝卷六十一，頁二四。

〔八一〕《籌辦夷務始末》，道光朝卷六十二，頁四八。

〔八二〕《撫遠紀略》，頁一五。

〔八三〕《撫遠紀略》，頁一五。

〔八四〕《撫遠紀略》，頁一六。

〔八五〕《撫遠紀略》，頁一六。 據Davis同書所記，耆英曾向之提議留行商，經其拒絕。

〔八六〕《撫遠紀略》，頁一七。

〔八七〕《籌辦夷務始末》，道光朝卷六十六，頁二。

〔八八〕《撫遠紀略》，頁一八。

〔八九〕《撫遠紀略》，頁一八。

〔九〇〕《籌辦夷務始末》，道光朝卷六十七，頁二—四。

〔九一〕《撫遠紀略》，頁一八—一九。

〔九二〕《撫遠紀略》，頁一九。

〔九三〕《撫遠紀略》，頁二八。

〔九四〕《撫遠紀略》，頁一九—二〇。

〔九五〕《籌辦夷務始末》，道光朝卷七十，頁八。

〔九六〕《籌辦夷務始末》，道光朝卷七十，頁八。

〔九七〕Davis同書，并記一八四四時耆英曾致照會，提議鴉片貿易雙方默許，見Vol.II,P.258.

〔九八〕《撫遠紀略》，頁二一。

〔九九〕《籌辦夷務始末》，道光朝卷六十四，頁三七，伊奏；頁四四—四五，耆奏。
〔一〇〇〕《籌辦夷務始末》，道光朝卷七十一，頁六—九，程矞采奏。
〔一〇一〕《知止堂全集·正集》卷九《復劉玉坡督部論米夷情僞書》。
〔一〇二〕《籌辦夷務始末》，道光朝卷七十二，頁一五—一七。
〔一〇三〕《撫遠紀略》，頁二七。
〔一〇四〕《撫遠紀略》，頁二八。
〔一〇五〕《知止堂全集·外集》文四，頁二—四《致夷酋書（代耆閣部）》。
〔一〇六〕《撫遠紀略》，頁二九。
〔一〇七〕《撫遠紀略》，頁二九。
〔一〇八〕《知止堂全集·外集》卷六，文三，頁六—七《與米夷副使威伯士德論官賠貨價不便》。
〔一〇九〕《知止堂全集·外集》卷六，文三，頁七—八《與威伯士德論洋樓棧房官不過問》。
〔一一〇〕《籌辦夷務始末》，道光朝卷七十二，頁一五—一八。
〔一一一〕Chin.Rep.,Dec.,1845.
〔一一二〕《撫遠紀略》，頁二九。
〔一一三〕H.M.Cole,Origins of French Protectrate over Cathlic Missions in China, 见 American Journal of International Law, 論剌氏動機甚詳。
〔一一四〕《撫遠紀略》，頁三一。
〔一一五〕《知止堂全集·外集》卷六，頁一，《與弗酋謝西耳論中國不能遣使赴法蘭西（代祁督部）》。
〔一一六〕《撫遠紀略》，頁三二。

〔一一七〕《知止堂全集·正集》卷七，文二，頁一，《上都督祁公論粵東炮臺戰船書》。

〔一一八〕《知止堂全集·外集》卷六，頁九—一二，《壬癸問答》。

〔一一九〕《知止堂全集·正集》卷九，文二，頁一九—二六，《與徐松龕中丞論西洋諸夷書》。

〔一二〇〕《知止堂全集·正集》卷七，文二，頁一，《上都督祁公論粵東炮臺戰船書》。

〔一二一〕《籌辦夷務始末》，道光朝卷七十二，頁一五—一八。

〔一二二〕《撫遠紀略》，頁三二。

〔一二三〕《知止堂全集·外集》卷六。

〔一二四〕《撫遠紀略》後序，頁一。當英人占鼓浪嶼時，有美船進廈，官吏報告即謂英美將起衝突。見Davis，同書，Vol.I,P.163.

〔一二五〕《林文忠公政書·兩廣奏稿》卷四，頁一七。

〔一二六〕《籌辦夷務始末》，道光朝卷二十一，頁二一—二二。

〔一二七〕《撫遠紀略》後序，頁一。

〔一二八〕《籌辦夷務始末》，道光朝卷七十五，頁三八—三九，耆英、黃恩彤合奏，以《紀略》所記考之，可信爲黃之主張居多也。

〔一二九〕《撫遠紀略》，頁三二。

〔一三〇〕《知止堂全集·外集》文三，頁六。

〔一三一〕《撫遠紀略》，頁三四。

〔一三二〕《籌辦夷務始末》，道光朝卷七十三，頁四，耆英奏。

〔一三三〕《撫遠紀略》，頁三四。

〔一三四〕《籌辦夷務始末》，道光朝卷六七，頁五。

〔一三五〕《撫遠紀略》，頁一一。

〔一三六〕Davis，同書，Vol.II,P.121.

〔一三七〕《江寧條約》第二款云：『大皇帝恩准英國人民代同所屬家眷，寄居沿海之廣州、福州、厦門、寧波、上海等五處港口，貿易通商無礙。』中文所謂港口實與英文之citis或towns意義稍殊，參看本報第二卷第五期，頁二五六，陸欽墀《英法聯軍占領廣州始末》。

〔一三八〕W.C.Costin, Great Britain and China, p.133 ; S.W.Williams,Middle Kingdom,PP.573—574.

〔一三九〕《撫遠紀略》，頁一五。

〔一四〇〕《道光年奏稿》，此示原文極爲稀見，倖存於此。

〔一四一〕《撫遠紀略》，頁二二。

〔一四二〕《撫遠紀略》，頁二二—二三。

〔一四三〕《撫遠紀略》，頁二二—二三。

〔一四四〕Chin.Rep.,1840,PP.46 —47.原示未見，據意譯。

〔一四五〕Chin.Rep.,1840,P.51.

〔一四六〕王之春《國朝柔遠記》，卷十二，頁九。

〔一四七〕Chin.Rep.,1846,PP.53—55.

〔一四八〕《撫遠紀略》，頁二二； Davis,P.151.

〔一四九〕《撫遠紀略》，頁二二。

〔一五〇〕《知止堂全集・外集》文六，《與德庇士論進城不便書》。

〔一五一〕 Lord Aberdeen to Sir J.F.Davis,April 17,1846.

〔一五二〕 H.B.Morse,Op.cit,PP.379—387.

〔一五三〕《撫遠紀略》，頁二三。

〔一五四〕 如《籌辦夷務始末》道光朝卷二十九，頁三，高人鑑奏練水勇；卷五十五，頁一六，呂賢基奏團結人心；卷五十八，頁五八，麟廣奏招鹽梟；呂賢基《呂文節公奏稿》，頁五，請用鹽梟；陳廣鏞《籀經堂集》卷二，頁二，用團練之法等。

〔一五五〕 王致曾望顏書，《中西紀事》《防海紀略》《夷氛聞記》均載之。

〔一五六〕《籌辦夷務始末》，道光朝卷二十七，頁三二—三三。

〔一五七〕 Davis，同書，Vol.I,P.34 及 47.

〔一五八〕《籌辦夷務始末》，咸豐朝卷八，曹履泰奏，雖其言在後，足表示其時觀念。

〔一五九〕 Davis，同書，Vol.II,P.250.

〔一六〇〕《籌辦夷務始末》，道光朝卷七十五，頁三四—三九。耆、黃合奏，《清史稿》載此奏於《黃恩彤傳》中。

〔一六一〕《清史稿・列傳》卷一五八，黃氏本傳。

〔一六二〕《撫遠紀略》，後序，頁一—二。

〔一六三〕《撫遠紀略》，後序，頁一—二。

〔一六四〕《知止堂全集・正集》卷九，文二，頁二二—二三，《論粵東民夷書》。

〔一六五〕《道光年奏稿》，《黃石琴中丞撫夷論》。未載著作年月，按其有言『上年燒毀洋樓』之語，此爲道光二十二年事，故當作於此時。

〔一六六〕《道光年奏稿》，《黃石琴中丞撫夷論》。

〔一六七〕 見《籌辦夷務始末》，道光朝，卷二十六，朱成烈奏； 卷四十一，金應麟奏； 卷五十一，杜受田奏。而尤爲詳細具體者爲鈔本《道光二十年英夷叛考》之《剿逆説》（是書爲人文科學研究所藏，題聽秋聲館鈔藏。按： 聽秋聲館爲丁紹儀之號。丁，無錫人，僑居福建，道咸時人。是篇下記江南刻本，度其説當時甚流行也）。

〔一六八〕《道光年奏稿》，《黄石琴中丞撫夷論》。

〔一六九〕《清史稿》本傳； 《撫遠紀略》頁二三。

〔一七〇〕 王之春《國朝柔遠記》，卷十二，頁一〇。

〔一七一〕《清史稿》本傳。

〔一七二〕《清史稿・列傳》卷一五七本傳； 《籌辦夷務始末》，道光朝卷七十六，頁二九。

〔一七三〕《籌辦夷務始末》，同治朝卷七十八，頁一八，王家璧奏。

〔一七四〕《籌辦夷務始末》，同治朝卷七十八，頁一八，王家璧奏。

〔一七五〕《撫遠紀略》，頁二三。

〔一七六〕 Lord Palmerston to Sir J.F.Davis,1847,12/1.

〔一七七〕《撫遠紀略》，頁二三。

〔一七八〕《撫遠紀略》，頁二四。

〔一七九〕《籌辦夷務始末》，道光朝卷七十八，頁三〇—三二； Costin,PP.132—133.

〔一八〇〕《籌辦夷務始末》，道光朝卷七十八，頁三六。

〔一八一〕《撫遠紀略》，頁二四。

〔一八二〕《撫遠紀略》，頁二六。

〔一八三〕《撫遠紀略》，頁二〇—二七。

〔一八四〕《撫遠紀略》，眉注。

〔一八五〕耆英在粤即以嚴於捕盗著名。

〔一八六〕《知止堂全集·正集》卷九，文二，頁二三—二六，《與許冰薹觀察論英夷進城不難阻止書》。

〔一八七〕《知止堂全集·續集》卷五，《復福中丞書》。

〔一八八〕《知止堂全集·續集》卷五，《三復福中丞書》。

〔一八九〕《知止堂全集·續集》卷六，頁一九，《上前閣部耆公請暫緩啓程書》。

〔一九〇〕《知止堂全集·續集》卷六，頁二一—二三。

〔一九一〕《知止堂全集·續集》卷六，頁二，《致趙怡山廉訪書》。

〔一九二〕《清史稿》本傳。

〔一九三〕《知止堂全集·續集》卷五，頁七—一一。以後曾、李之策多不出於是，與本文無涉，不詳論。

後記

自二〇一四年開始，歷時六年，逾二百萬字的《黄恩彤文集》終於整理、點校完成，即將出版面世了。筆者此時的心情頗爲複雜，既有喜悦，更多感慨。

本書的整理點校工作，不是哪一級交付的任務，更没有列入任何經費資助課題，而是自己退休後業餘時間的自選項目。當然，此之所謂『退休』，衹是説是年滿六十周歲辦理了退休手續；其實我是退而未休的：一方面，我受聘於山東外事職業大學，仍從事全職工作，另一方面，家中上有老母，下有兒孫，事情也不少。之所以會自討苦吃，經常廢寢忘食地從事這樣一項艱苦的工作，是基於以下的心理：

首先，是黄恩彤其人的傳奇經歷所具有的吸引力。在中國面臨三千年未有之大變局的年代，黄恩彤因參與中英《南京條約》及其後與英、法、美等國的貿易税則談判，成爲中國近代史上一位頗有影響也素有争議的人物。但人們對他的瞭解大抵僅限於此，且對其評價不無片面、偏頗之處。他究竟是怎樣一個人？其八十三歲的一生都經歷了什麽？作爲出身農家、通過科舉走上仕途的傳統士大夫，他具有怎樣的學養？在文史之學的創作和研究上曾有過怎樣的成就？對此，筆者從年輕時就聽到家鄉父老各種不同的説法，雖褒貶不一，而褒者居多，與歷史教科書上的簡略記載頗有歧异。但要查找相關的書籍資料一探究竟，却難得一見。因爲他的著作雖然堪稱宏富，而且大多曾經刊刻，但流傳下來的屬鳳毛麟角。已整理出版者既付闕如，刻本又大多散佚，研究工作訖無進展，當然不會有相關的研究論著。所以筆者早有夙願，當時間、精力許可時，搜集整理其主要著作正式出版，爲開展學術研究提供一部可資參考的文獻資料，庶幾應該具有填補學術空白的意義。

其次，是對桑梓文獻散佚的切膚之痛。寧陽與周邊縣市區相比，各種歷史文獻散佚最甚。筆者二〇一〇年受命主編《泰安區域文化通覽・寧陽卷》（泰山出版社二〇一一年出版）時，對此有特别深切的感受。當時主要參考資料是黄恩彤所總撰之《寧陽縣志》。而該縣志受體例限制，收録的資料又頗爲有限。故雖與各位參編同仁竭盡全力廣采博搜，成書之後仍不無遺憾。蓋因原始資料匱乏，而能參考的間接資料亦十分有限。俗語云：『巧婦難爲無米之炊。』況本就乏米，而本人又非巧婦乎！當時即發願，自己有生之年應爲挖掘、整理桑梓文獻做一些工作；而這方面工作，理當從搜集整理黄恩彤著作開始。因爲他不僅創作了豐富的文學作品，還有卷帙浩繁的歷史及其他著作，絶非一般的政客或腐儒；至於對寧陽的歷史文化，則不啻有集大成之功。在此之後，我又參與點校了康熙、乾隆、咸豐、光緒各版本的《寧陽縣志》，更加堅定了這一想法。

有了這樣的想法，僅僅是最初的一步。真正開始做起來，才發現存在很多的困難。

困難之一，是黄氏著作搜集之難。整理古籍的基礎是求得善本作爲底本。黄氏著作大多衹刊印過一次，有的僅存手稿，好處是不存在版本歧异，缺點則是散佚嚴重，原版難覓。筆者手頭没有一部原刊黄氏著作，縣内有關單位收藏黄氏著作極爲有限，拜訪黄氏後人也幾無所得。好在賴友人相助，搜集到了黄氏主要的文史著作，美中不足的是全爲複印本，頗有模糊不清之處。有時爲確定一處文字的正誤，要參照多種間接材料始敢作爲定讞。個中甘苦，一言難盡。

困難之二，是電腦録入之難。此類古籍舊本，不僅全爲繁體，而且异體字頗多，有些已廢棄不用，録入工作非一般打字人員所能勝任。所以衹能親自操作，校對與録入工作同步進行。我大體按每天一千字作爲定額，如因事耽擱，則次日一定彌補。因爲辨識、校對頗爲煩難，往往要到凌晨一兩點鐘纔能完成。因右手長時間使用鼠標，靈敏度也一度受到影響。親友中有人知道我是義務進行這樣的艱苦勞動，頗爲不解，且再三勸我停止這項工作，但我不爲所動，仍樂此不疲。

困難之三，是出版經費之難。第一步整理、點校完《鑒評别録》《兩漢史斷》《三國書法》三部歷史著作之後，本想定名《鑒評别録（外二種）》先期出版，但因古籍整理類著作銷路有限，出版社要求必須承擔出版費用，而歷時兩年，經費無從落實，衹得暫時擱置。隨後開始整理、點校《知止堂集》《飛鴻集》《餘霞集》等文學著作。完成之後，定名《黄恩彤文集》。幸賴中國人民政治協商會議寧陽縣委員會、寧陽縣文化和旅游局籌集到經費，本書得以問世。

此書歷經數年終能問世，要感謝山東外事職業大學孫承武校長，是他爲我的整理、點校工作提供了各種便利；要感謝寧陽縣政協侯濤主席和寧陽縣文化和旅游局石玉奎局長，是他們從支持家鄉文化建設的高度籌措出版經費；要感謝齊魯書社領導和責任編輯孔帥，尤其是孔帥代爲搜集、複印部分原著，并反復找笔者磋商、精心編校，保證了本書的順利出版。至於個人爲此付出的勞動，則求仁得仁，亦復何怨！

本書對黄恩彤著作的選編和整理、點校工作，因筆者水平所限，難免有不當或錯誤之處。誠摯歡迎有關專家學者及廣大讀者批評指正。

魏伯河

二〇二〇年十月十一日於濟南